KB041839

증보판

대한민국 헌법사전
大韓民國 憲法事典

이헌환 편저

박영사

Korean Constitutional Law Dictionary

Revised Edition

By

Lee Heon Hwan

Professor of Law school,
Ajou University

Seoul
Parkyoung Publishing & Company
2023

〈증보판〉 머리말

대한민국 헌법사전의 초판을 상재한 지도 어언 3년이 가까워지고 있다. 초판을 발간한 후에 많은 분들이 과분한 칭찬의 말씀과 함께 책에 대한 다양한 의견을 말씀해 주시었다. 특히 2022년에 서거하신 김철수 선생님께서는 우리나라 헌법학계에서 꼭 필요하고 중요한 작업을 시도하였다는 점을 높이 평가하시면서, 지속적으로 업데이트하여 자료로 활용될 수 있게 하라는 귀한 말씀을 전해주시었다. 필자로서는 스승님으로부터 격려의 말씀을 듣는 것만으로도 더 이상의 즐거움이 없는 것이었다.

많은 분들의 말씀 중에, 「사전」이라는 것에 너무 집착하여 활자가 작고 2단으로 편집되어 읽기가 쉽지 않다는 의견이 적지 않았기 때문에, 증보판은 책의 크기도 확대하고 활자도 크게 하여 좀 더 읽기가 편하도록 하고자 하였다. 또한 누락된 항목을 보완하고 새로운 이론이나 판례, 그리고 2023년 3월까지 개정된 법률들을 반영하여 기존의 서술을 보충하다보니 책의 분량이 대폭 늘어나게 되었다.

증보판을 발간하는 데에 보탬이 되는 귀한 말씀을 전해주신 분들 중에서, 학술원 회원이신 김효전 선생님을 각별히 언급하지 않을 수 없다. 선생께서는 초판 발간 후 곧바로 전체 내용을 정독하시고 꼼꼼히 수정할 부분을 지적해 주셨을 뿐만 아니라, 누락되거나 꼭 필요한 항목들을 별도의 파일로 작성하시어 필자에게 전해주셨다. 비록 전부 반영하지는 못하고 필자의 선택에 따라 증보판에 수록하였으나, 앞으로 두고두고 염두에 두어야 할 사항들이었다. 선생께서는 우리나라 헌법학의 내용뿐만 아니라 헌법학자들의 인물사전도 정리하면 좋겠다는 말씀을 하셨고, 아울러 외국의 국가별 헌법학자들을 포함하여 전 세계의 헌법학 및 헌법학자들을 일목요연하게 정리하는 작업이 필요하다고 역설하셨다. 필자를 포함하여 후학들이 반드시 이루어야 할 과제이다.

이번 증보판에서도 초판 발간 이후 새롭게 저술된 논문과 저서들을 가능한 한 반영하고자 하였다. 초판에서 그랬던 것처럼, 새로운 참고논문과 저서들은 QR코드를 통하여 확인할 수 있게 하였다. 혹시 누락되거나 오류가 있다면 기탄없이 지적해주시기를 바란다.

증보판을 만드는 데에 기여하신 박영사의 안종만 회장님, 안상준 대표님, 이승현 차장님, 정연환 과장님, 그리고 편집부의 여러분들에게 감사드린다.

2023년 초여름에

편저자 이 헌 환 識

머리말

오늘날 법은 공동체 내에서 삶의 언어이자 개인과 국가의 존재방식을 규정하는 도구이다. 따라서 법은 한 개인의 주관적 인식과 개념으로만 인식되어서는 안 된다. 공동체의 객관적 규범인 법을 탐구하는 학문으로서의 법학은 개념에 관한 탐구가 그 출발점이 될 수밖에 없다. 이 점은 헌법학도 다르지 않다. 더욱이 헌법은 국가공동체의 근본법이기 때문에 헌법을 이루는 여러 개념에 대한 공동체 구성원들의 합의가 매우 중요하다.

우리나라의 헌법학은 성리학적 유교국가이었던 조선에서 입헌민주적 법치국가인 대한민국으로 이행하는 과정에서 법언어와 개념들이 확고하게 정립되지 아니하였고, 특히 일제강점기의 영향으로 일본식 표현과 개념들이 우리나라의 헌법학계를 지배하였다. 다행히 50년대 후반에 독일에 유학하여 현대헌법학을 연구·도입한 김철수 선생은 우리나라 헌법학의 기초를 굳게 다져 놓았다. 1988년에 설립된 헌법재판소의 적극적 역할은 우리 헌법학의 지평을 단순히 책에서만이 아니라 헌법현실에까지 넓히는 계기가 되었고, 1990년대 이후에는 독일, 프랑스, 미국 등 선진국에 유학한 수많은 연구자들로 인하여 헌법학이 더욱 풍요롭게 되었다. 하지만, 연구자들이 많아지고 학문적 논의의 폭이 넓어지는 만큼, 논자에 따라 사용하는 용어도 다양하게 나타나고 개념상의 상이함이 나타나기도 하였다.

이 책은 그동안 우리나라의 헌법학자들의 교과서와 논문들을 종합하여 우리 헌법학계에서 사용되는 용어들을 가나다순으로 정리한 것이다. 특히 2020년 초반까지 간행된 약 2,400여 편의 헌법학 논문을 참고하여 가능한 한, 최신의 이론과 견해들을 요약·정리하고자 하였다. 교과서나 논문에서 상세하지 않은 경우에는, 법학사전, 철학사전, 정치학사전, 역사학사전, 위키피디아, 네이버, 다음 등 다양한 자료들을 활용하여 정리하고자 하였다. 특히, 참고한 헌법학 논문들은 하나하나 저자들을 인용표시를 함이 타당하겠으나, 책의 분량을 고려하고 또 사전이라는 특성을 감안하여 생략하였다. 참고논문 중 중요한 약 1,000여 편의 논문들은 책의 표지에 표시된 별도의 QR코드를 통하여 찾아볼 수 있게 하였다.

개념어를 정리한 사전이기 때문에 헌법학 저서나 논문에서 사용되는 용어는 사소하더라도 모두 표기하여 관련어를 찾아볼 수 있게 하였다. 헌법학을 학습하는 사람이나, 입법·사법·행정의 실무자들에게 도움이 되기를 기대한다. 혹 누락된 용어가 있다면 후일에 다시 추가할 것을 기약한다. 또한 서술 중에서 잘못되거나 부족한 부분이 있다면 전적으로 필자의 탓이므로, 독자들께서 기탄없이 지적해주실 것을 감히 요청드린다.

부족함이 많은 이 책을 학문과 인생의 스승이신 김철수 선생님께 감히 봉정하고자 한다. 구순이 눈앞인데도 끊임없이 학문적 열정을 보여 주시고, 최근에는 국제인권법분야에까지 관심을 돌리시어, 헌법학자로서 한 국가의 차원을 넘어 범인류적 차원의 세계인권의 확립과 실현을 위하여 노력하시는 선생님께 경외와 존경의 마음을 담아 이 책을 봉정한다.

책이 나오기까지 끊임없는 격려와 지도로 이끌어주신 홍정선 선생님께도 큰 감사의 말씀을 올린다. 최근까지 법제처 주관의 행정기본법 제정의 책임을 맡으시어 머지않아 법률로 제정될 것으로 기대된다. 끝으로 박영사의 안종만 회장님, 안상준 대표님, 실무적으로 애써주신 이승현 과장, 정연환 대리, 편집부원 여러분들에게도 감사드린다.

장마, 코로나, 태풍으로 유난히 어려운 여름날에

편저자 이 헌 환 識

차 례

스마트폰으로 본 QR코드를 스캔하면
「대한민국 헌법사전」의 참고문헌 목록을 열람할 수 있습니다.

ㄱ

가결선포행위可決宣布行爲 국회의 입법절차는 「(법률안) 제출-심의-표결」의 순서로 행해지는데, 법률안이 표결되어 가결되면 의장은 가결을 선포하게 된다. 법률안의 심의과정에서는 제안설명이나 찬성·반대의 토론이 있거나 법률안의 수정동의를 할 수 있다. 이와 같은 입법절차에서 명백한 흠이 있는 경우, 권한쟁의심판을 통하여 법률안이 위헌임을 확인하고 그 무효를 확인할 수도 있다. 다만, 헌법재판소는, 국회의장이 야당의원들에게 본회의 개회일시를 국회법에 규정된 대로 적법하게 통지하지 않음으로써 그들이 본회의에 출석할 기회를 잃게 되었고, 그 결과 법률안의 심의·표결과정에 참여하지 못하게 되었다면 이로써 헌법에 의하여 부여된 야당의원들의 법률안 심의·표결의 권한이 침해된 것이라고 하였으나, 그럼에도 불구하고 법률안가결선포행위의 위헌여부에 대해서는 인용의견이 과반수에 이르지 아니하여 기각하였다(헌재 1997.7.16. 96헌라2). 하지만, 일부 국회의원에 대한 권한침해가 다수결의 원칙과 회의공개의 원칙과 같은 입법절차에 관한 헌법의 규정을 명백히 위반한 흠에 해당한다면 법률안가결선포행위는 무효로 될 수 있다고 하면서도, 해당사건에서는 그 흠이 명백히 헌법규정을 위반하였다고 하기 어렵다고 판단하였다(헌재 2011.8.30. 2009헌라7). 헌법재판소는 또한, 국회 법제사법위원회 위원장이 2022.4.27. 국회 법제사법위원회 전체회의에서 검찰의 수사권을 원칙적으로 배제하고 제한적으로만 인정하는 검찰청법 일부개정법률안과 형사소송법 일부개정법률안을 법사위 법률안으로 각 가결선포한 행위가 국회법을 위반하여 청구인들의 법률안 심의·표결권을 침해하였는지에 관하여 5:4의 의견으로 긍정하는 의견이 많았으나, 동 행위에 대한 무효확인청구는 5:4의 의견으로 기각의견이 다수이었고, 이어서 국회의장이 2022.4.30. 국회 본회의에서 검찰청법 수정안을 가결선포한 행위와 2022.5.3. 국회 본회의에서 형사소송법 수정안을 가결선포한 행위가 청구인들의 법률안 심의·표결권을 침해하였는지에 관하여는, 5:4로 기각의견이 다수이었으며, 국회의장의 가결선포행위가 무효인지의 여부에 관해서도, 5:4로 유효하다고 판단하였다(헌재 2023.3.23. 2022헌라2). 같은 날, 헌법재판소는 가결선포행위의 효력정지를 구하는 가처분을 기각하였다(헌재 2023.3.23. 2022헌사366).

가구제제도假救濟制度 ㊐ provisional remedies/interim reliefs, ㊔ vorläufige Rechtsmittel/Rechtsschutz, ㊕ recours provisoires. 1. **의의** 본안소송이 계속될 것을 전제로 하여 판결이나 결정이 확정될 때까지 잠정적으로 원고 또는 청구인의 권리를 보전하기 위한 제도이다. 일반적으로 금전적인 것에 대해서는 가압류(假押留), 비금전적인 것에 대해서는 가처분(假處分)이라 한다. 2. **소송유형과 가구제제도** 1) **민사소송상의 가구제** 민사소송에는 사법상의 권리관계의 확정절차, 보전절차, 실현절차가 있는데 가구제에 해당하는 보전절차는 민사소송절차에 의한 본안재판을 전제로 하는 것 이외에도 파산법상의 보전처분은 물론, 민법상의 담보권의 설정, 채권자대위권, 채권자취소권 등의 행사, 부동산등기법에 의한 가등기 등의 제도가 있다. 그러나 협의로 보전처분이라 할 때에는 위 민사집행법상의 가압류와 가처분을 말한다. 가압류는 금전채권의 집행보전으로서 집행의 대상이 될 수 있는 재산을 미리 압류하여 두는 것이고, 가처분은 계쟁물에 대한 가처분과 임시의 지위를 정하기 위한 가처분으로 나눌 수 있다. 계쟁물에 관한 가처분은 비금전채권의 집행보전을 위하여 현상을 유지하는 강제처분을 하는 것이고, 임시의 지위를 정하기 위한 가처분에는 잠정적이지만 만족의 단계까지의 집행이 인정되고 또 피보전권리도 금전채권까지 포함할 수 있다. 2) **헌법소송상 가구제** 헌법소송상의 가구제제도는 헌법소송의 제기와 헌법재판소의 종국결정간에 상당한 시간이 소요되는데 그 기간동안 사실관계가 완성되어 버리면 나중에 승소하더라도 그 목적을 달성할 수 없게 되어 본안결정의 실효성을 확보할 수 없게 될 우려가 있으므로 본안결정이 있기까지 잠정적으로 임시의 법적관계를 규율할 가구제절차를 인정하고 있다. 헌법소송의 제기는 원칙적으로 집행정지의 효력이 없기 때문에 헌법소송이 제기된 이후에도 위헌으로 다투어지고 있는 공권력작용이 계속해서 효력을 가지고 집행될 뿐만 아니라, 헌법재판소가 종국결정을 하게 되는 시점에는 위헌으로 다투어지고 있는 헌정실현이 이른바 '완성된 사실'로서 더 이상 치유할 수 없는 단계에까지 이를 수도 있다는 점이다. 가처분제도의 취지는 본안판결이 실효성을 잃는 것을 방지하기 위한 것임을 고려하면, 현행 헌법재판소법은 가구제제도에 관한 규정이 미흡하다고 할 수 있다. 독일의 경우 실정법상 연방헌법재판소에 가처분을 할 수 있는 권한을 부여하는 규정으로는 연방헌법재판소법 제32조 이외에도 연방대통령에 대한 탄핵절차와 관련한 제53조, 연방법관에 대한 탄핵절차와 관련한 제58조 제1항, 연방헌법재판소 재판관에 대한 퇴직이나 파면절차와 관련한 제105조 제5항이 있으며, 선거심사법 제16조 제3항이 있다. 우리나라 헌법재판소법은 가처분심판을 일반심판절차에서 규정하지 않고 이를 특별심판절차 중 정당해산심판(법 제57조)와 권한쟁의심판(법 제65조)에서만 가처분심판을 허용하고 있다. ➜가처분. 3) **행정소송상 가구제** 행정소송상 가구제제도는 현행행정소송법 제23조에서 집행부정지의 원칙을 규정하면서 예외로 엄격한 요건 하에서 집행정지를 인정하고 있다. 민사집행법상의 가처분의 인정여부에 대하여 행정소송법 제8조에서 「특별한 규정이 없는 사항에 대하여는 법원조직법과 민사소송법의 규정을 준용한다.」고 규정하고 있는데 그 해석에 관해 학설이 대립하고 있고, 대법원의 입장은 민사집행법의 가처분제도는 행정소송에 준용할 수 없다는 입장이다(대판 1992.7.6. 76마54). 세무소송·환경소송·특허소송 등에서 가구제가 문제된다.

가변명부식可變名簿式 **비례대표제**比例代表制 ㊎ flexible list, ㊆ lose gebundene Liste. ➜ 비례대표제.

가부동수可否同數 ㊎ casting vote, ㊆ die ausschlaggebende Stimme, ㊂ voix prépondérante. 안건표결에서 찬성과 반대의 표가 동수인 경우이다. 외국의 경우에는 가부동수인 경우, 의장이 결정표를 던지도록 하는 예가 있으나, 우리나라에서는 가부동수인 경우에는 부결된 것으로 본다(헌법 제49조 제2문). 영국 하원의장은 결정표를 던질 권리를 가지며, 미국 상원의장인 부통령은 일반적으로는 표결권을 갖지 않지만, 가부동수인 경우에는 결정표를 가진다(미국헌법 제1조 제3항).

가사소송家事訴訟 ㊎ family litigation, ㊆ Familienverfahren, ㊂ procédure familiale. 가사소송은 가정법원이 가정 내 혹은 친족간의 분쟁 등에 대하여 소송절차에 의하지 않고 특례절차에 의해 심리·재판하는 제도를 말한다. 혼인 · 입양 관계, 부모와 자 관계, 후견인관계, 상속관계 소송 등이 이에 속한다. 넓은 의미의 가사소송은 가정법원의 전속관할에 속하는 소송으로, 그 성질에 따라 가사사건을 가사소송사건과 가사비송사건으로 나뉘며, 가사소송사건은 판결로, 가사비송사건은 심판에 의한 것으로, 가사소송사건은 가 · 나 · 다류로, 가사비송사건은 라류 및 마류로 세분하고 있으며 이 중 나류와 다류 가사소송사건과 마류 가사소송사건을 조정의 대상으로 한다. 가사소송법이 정하고 있다.

가산점제도加算點制度 ⓔ added point, ⓓ hinzugefügter Punkt, ⓕ Point ajouté. 공무원채용에서는 원칙적으로 능력주의가 적용되어야 하지만, 그 예외로서 특정의 요인에 대하여 일정한 비율로 점수를 더해주는 경우, 이를 가산점이라 한다. 헌법재판소는, 국가공무원 7급 시험에서 기능사자격에는 가산점을 주지 아니하고 기사 등급 이상의 자격증에 가산점을 주는 것(헌재 2003.9.25. 2003헌마30), 벽지근무교원에게 가산점을 주는 것(헌재 2005. 12.22. 2002헌마152) 등은 헌법에 위반되지 않으나, 국가유공자 등의 가족에게까지 10%의 가산점을 주는 것(헌재 2006.2.23. 2004헌마675 등), 현역이든 방위병이든 관계 없이 군복무를 마친 것이 확인이 되면 해당 사람에게 공무원 및 공기업 채용 시험에서 만점의 5%의 가산점을, 2년 이하의 복무자는 3%의 가산점을 부여하도록 하는 것(헌재 1999.12.23. 98헌마363) 등은 헌법에 위반된다고 결정하였다. ➜ 제대군인가산점결정.

가식적 헌법假飾的 憲法 ⓔ semantic constitution, ⓓ semantische Verfassung, ⓕ constitution sémantique. 장식적 헌법이라고도 한다. ➜ 헌법의 존재론적 분류.

가예산假豫算 ⓔ a provisional budget, ⓓ vorläufiges Budget, ⓕ budget prévisionnel. 회계연도개시 전까지 예산안이 국회에서 의결되지 못한 경우에 최소한의 국정운영을 위해 1개월 이내의 예산을 임시로 국회의 의결을 받아 집행하는 제도이다. ➜ 예산.

가정법원家庭法院 ⓔ the Family Court, ⓓ der Familliengerichtshof, ⓕ Cour de Famille. ➜ 각급법원의 지위와 조직.

가족구성권家族構成權 ➜ 혼인과 가족에 관한 권리.

가중다수결加重多數決 ➜ 다수결원리.

가중법률유보加重法律留保 ⓓ qualifizierte Gesetzesvorbehalte. 헌법이 특정한 요건을 정하여 그러한 요건 하에서만 기본권을 제한할 수 있도록 하는 것. 우리 헌법 제21조 제4항(언론 · 출판의 사회적 책임조항)이 이에 해당한다. ➜ 법률유보.

가처분假處分 ⓔ provisional disposition/measure, ⓓ einstweilige Verfügung, ⓕ mesures conservatoires/ provisoire/temporaires. **민사소송**에서 가처분은 금전채권 이외의 특정의 지급을 목적으로 하는 청구권을 보전하기 위하거나, 또는 쟁의(爭議) 있는 권리관계에 관하여 임시의 지위를 정함을 목적으로 하는 재판을 말한다. 헌법재판에서 가처분은 본안사건에 대한 결정의 실효성을 확보하기 위하여 본안결정이 있기 전에 본안사건에서 다툼이 있는 법관계를 잠정적 · 임시적으로 지위를 정하는 가구제제도이다. **헌법재판소법**에서는 정당해산심판과 권한쟁의심판에 대해서만 규정을 두고 있다. 즉, 헌법재판소는 정당해산심판의 청구를 받은 때에는 직권 또는 청구인(정부)의 신청에 의하여 종국결정의 선고시까지 피청구인의 활동을 정지하는 결정을 할 수 있다(헌법재판소법 제57조). 이 규정에 대해서는 청구인의 정당활동의 자유를 침해한다고 볼 수 없다는 헌법재판소의 결정이 있다(헌재 2014.2.27. 2014헌마7). 또한 헌법재판소가 권한쟁의심판의 청구를 받았을 때에는 직권 또는 청구인의 신청에 의하여 종국결정의 선고 시까지 심판 대상이 된 피청구인의 처분의 효력을 정지하는 결정을 할 수 있다(헌법재판소법 제65조). 그러나 위 두 심판절차 외에도 권리구제형 헌법소원심판절차(헌법재판소법 제68조 제1항)에서도 가처분의 필요성이 있을 수 있고, 달리 가처분을 허용하지 아니할 상당한 이유를 찾을 수 없으므로 위 **헌법소원심판청구사건**에서도 가처분이 허용된다(헌재 1999. 3.25. 98헌사98; 2000.12.8. 2000헌사471). 규범통제에서의 가처분은 규범에 대한 직접적인 가처분과 재판의 정지를 명하는 가처분이 있으며, 권리구제형 헌법소원심판에서는 법령의 효력을 정지시키는 가처분을 인정하고 있다(헌재 2002.4.25. 2002헌사129). 탄핵심판에서는 가처분이 허용될 가능성이 거의 없다.

가치상대주의價値相對主義 ㊎ value relativism, ㊍ Wertrelativismus, ㊊ relativisme des valeurs. 대상이 주관의 요구를 충족시키는 성질, 또는 정신행위의 목표로 되는 것을 가치라 하는데, 어떤 가치의 절대적 타당성을 부인하고 모든 것이 상대적이라는 입장이 가치상대주의이다. 정치사상으로서 민주주의이론은 가치의 다양성과 상대성을 전제로 하는 것인데, 바로 그 다양성과 상대성을 부인하고 절대적인 가치와 이념을 주장하는 경우에는 민주주의원리와 충돌된다. 즉, 특정의 이념이나 사상 또는 정치적 신념이나 세계관만이 옳고 절대적이라고 하여 그 외의 모든 것을 정치과정에서 배제한다면 민주주의라 할 수 없다(**가치구속적 민주주의**). 이는 인간의 인식에 한계가 있다는 전제에서 절대적인 가치는 있을 수 없고, 인류역사상 이념적 절대성을 주장하는 것이 언제나 개인적 자유의 적이었다는 경험에 기초하고 있다. 이에 기하여 민주주의의 이름으로 민주주의 자체를 공격하거나 자유의 이름으로 자유 자체를 위협하는 경우에는 헌법질서의 적으로서 이를 방어하고 투쟁하는 것이 필요하고 이것이 곧 방어적 민주주의 내지 투쟁적 민주주의론이다. 이는 민주주의의 가치상대주의적인 관용에 일정한 한계가 있음을 인정하는 것이다. ➜ 방어적 민주주의.

가치성價値性 가치를 가지거나 표현하는 성질. 헌법학에서 헌법이란 특정국가에서 추구하는 시대정신의 헌법적 구현이기 때문에 그 시대정신의 구현에는 자연히 동시대의 지배적 이데올로기에 대한 헌법적 가치판단이 투영되는 것이고 헌법의 이러한 가치지향적 성격은 곧 헌법의 특성을 이룬다. ➜ 헌법의 특성.

가치적 컨센서스(가치질서설) ㊍ Wertordnungstheorie. 국가공동체가 지향하는 가치에 관한 합의(Konsens)를 헌법이라고 보는 입장에서 그 합의를 일컫는다. 통합과정론적 헌법이해의 입장에서 강조하는 것으로, 이 입장에 따를 때에는 국가의 통치구조는 사회공동체를 정치적인 일원체로 동화·통합시키기 위한 통합구조일 뿐이며, 기본권은 사회 저변에 흐르고 있는 가치적 컨센서스가 집약되어 있는 하나의 법형식이자, 통합과정의 생활형식 내지 법질서의 바탕이 되는 가치체계 내지 문화체계로 이해된다. 또한 기본권은 국가로부터의 자유나 국가에 대항하기 위한 자유가 아니라 국가를 위한 자유 즉, 국가적 통합과정에 참여하기 위한 자유로 이해함으로써, 기본권의 국가창설적 기능을 강조한다. 이에 따라 기본권의 주관적 공권성보다는 공동체의 객관적 법질서로서의 성격을 강조하게 된다. ➜ 헌법관.

가치체계價値體系 ⓔ value system, ⓓ Wertsystem, ⓕ système de valeur. 인간사회에서는 끊임없이 무엇인가에 관하여 평가를 하고 그 평가에 따라 모든 가치의 우열을 정하게 되는데 이것이 가치체계이다. 모든 사회는 그 체제에 적응하는 가치체계가 있으며, 이는 그 사회의 문화에 침투되어 있다. 이것이 소위 지배적 가치체계이다. 통합과정론적 헌법이해의 입장에서는 한 사회의 가치체계가 최고의 법적 형식으로 구현된 것이 헌법이라고 한다. 헌법적 관점에서는 기존의 지배적 가치체계에 대항하는 새로운 가치체계가 나타나는 경우에 이에 대한 수용 여부가 중대한 헌법적 쟁점으로 대두된다. 예컨대, 우리나라에서 과거 유교적 가치체계에 따른 호주제나 남녀평등의 문제가 새로운 가치체계에 따라 변화된 것을 상기하라.

가택권家宅權 ⓔ domestic right, ⓓ Hausrecht, ⓕ droit domestique. 가택권은 자신의 지배영역에 놓인 건물, 주거, 토지 등 공간적 범주에서 그 공간의 지배권을 갖는 자가 제3자의 출입 · 체류 등에 대하여 자유로이 정할 수 있는 법적 권한의 전체를 의미한다. 사법상 가택권은 개인으로서 갖는 행동 자유의 일부를 구성하는 것이며, 국가에 대해서는 주거의 불가침에 의하여 보호된다. 공법상 가택권은 행정기관이 그에 의한 지배가 이루어지는 공적 공간에 대하여 특정된 공적 목적으로의 사용이 보장될 수 있도록 당해 공간의 출입 그리고 이용에 관한 행위들을 정할 수 있는 권한이다. 공법상 가택권은 공적 공간에 대하여 관할권을 갖는 행정기관의 장이 가진다. 행정기관의 장이 갖는 공법상 가택권은 개개의 법률이 그에 대해서 별도의 근거를 마련하지 않은 경우에도 일종의 '부속권한'으로서 인정된다. 공법상 가택권은 공물관리권의 내용 가운데 공물에 대한 위험방지 및 장해제거 권한의 한 부분에 해당한다. 공법상 가택권은 공적 공간의 지배자가 갖는 권한이라는 점에서 공물경찰권과 구별된다. 공공건물 등에의 출입규제는 공법상 가택권의 핵심적 내용을 이루며 출입금지조치는 발령 목적에 따라 공법적 성격 여부가 정해진다. 질서유지권은 공법상 가택권과 엄격하게 구별되지 않고 혼용되기도 하지만, 회의에서의 질서유지와 관련된 권한으로 한정하여 파악되기도 한다. 공법상 가택권은 가택권자에 의하여 그 행사가 위임 · 위탁될 수 있다. 그러나 경찰이 가택권을 위임받아 위험방지 임무를 고권적으로 수행하는 것은 허용되지 않는다. 경찰이 공법상 가택권과 관련된 작용을 함에 있어 타인의 권리를 침해하는 경우에는 이를 수권하는 별도의 법률적 근거가 필요하다. 공법상 가택권자는 가택권의 실현을 위하여 경찰에게 행정지원을 요청할 수 있다. 행정지원에 의하여 실현될 가택권 행사의 적법성은 공법상 가택권자에게 적용되는 법에 따라 판단되어야 한다. 현행 국회법은 공법상 가택권은 명시적으로 규정하고 있지는 않으나, 국회법 제10조의 국회질서유지권 규정, 제143조의 경호권 규정 등에서 의장의 공법상 가택권을 인정할 수 있다. 의장이 갖는 가택권 및 경호권은 국회의 구성원인 의원에 대해서도 미친다.

각급법원各級法院**의 지위**地位**와 조직**組織 ➜ 법원의 지위와 조직.

각료閣僚 ⓔ cabinet member/minister, ⓓ Minister, ⓕ ministre. 내각을 구성하는 장관급 공직자를 말한다. 우리나라에서는 국무위원으로서 국무회의에 참석하는 장관급 공직자를 일컫는다. 각료들의 회의를 각료회의 혹은 내각회의라 한다. 우리나라에서는 국무회의라 칭한다.

각하결정却下決定 ⓔ decision of dismissal, ⓓ die Entscheidung der A-limine-abweisung ⓕ jugement de rejet/arrêt de rejet. 광의로는 국가기관에 대한 행정상 또는 사법상의 신청을 배척하는 처분을 말하고, 협의로는 **민사소송법**상 소가 소송조건을 구비하지 아니하거나 상소가 그 요건을 구비하지 아니한 때, 소 또는 상소를 부적법한 것으로 하여 본안재판에 들어가지 아니하고 바로 소송을 종료시키는 것을 말한다. **형사소송법**에서는 각하라는 용어를 쓰지 않고 기각으로 통일하고 있다. **헌법소송**에서는 협의의 각하로서, 청구가 부적법한 경우에 하는 결정을 일컫는다. 즉, 위헌법률심판의 경우 법원의 위헌법률심판제청(헌법재판소법 제41조 제1항)에 대하여 민사소송법 제254조를 준용하여, 소장기재사항의 흠의 보정명령을 이행하지 않거나 인지를 첩부하지 않은 경우 명령으로 소장을 각하하도록 하며(헌법재판소법 제41조 제3항), 위헌법률 헌법소원심판(헌법재판소법 제68조 제2항)의 심판청구가 부적법한 때에도 각하결정을 한다. 부적법사유가 재판관 사이에 서로 달라 의견일치를 이루지 못하고 전체적으로 부적법의견이 5인 이상이더라도 각하결정이 허용되지 아니하고, 5인 이상의 재판관의 의견이 일치하는 부적법사유만을 그 근거로 할 수 있다(헌재 1998.7.14. 98헌라1 참조). 법원의 위헌법률심판제청(헌법재판소법 제41조 제1항)에서 재판의 전제성이 없는 법률이나 법률조항에 대하여 심판을 구하는 경우(헌재 2009. 9.24. 2007헌가15)와, 이미 헌법재판소가 위헌으로 선고한 법률이나 법률조항에 대하여 심판을 구하는 경우(헌재 1989.9.29. 89헌가86)에도 각하결정을 한다. 헌법소원심판의 경우, 지정재판부의 사전심사에서, ⅰ) 다른 법률에 따른 구제절차가 있는 경우 그 절차를 모두 거치지 아니하거나 또는 법원의 재판에 대하여 헌법소원의 심판이 청구된 경우 ⅱ) 제69조의 청구기간이 지난 후 헌법소원심판이 청구된 경우 ⅲ) 제25조에 따른 대리인의 선임 없이 청구된 경우 ⅳ) 그 밖에 헌법소원심판의 청구가 부적법하고 그 흠결을 보정할 수 없는 경우, 지정재판부 재판관 전원의 일치된 의견에 의한 결정으로 헌법소원의 심판청구를 각하한다. 지정재판부는 전원의 일치된 의견으로 제3항의 각하결정을 하지 아니하는 경우에는 결정으로 헌법소원을 재판부의 심판에 회부하여야 한다. 헌법소원심판의 청구 후 30일이 지날 때까지 각하결정이 없는 때에는 심판에 회부하는 결정(심판회부결정)이 있는 것으로 본다(헌법재판소법 제72조). 헌법재판소법은 위헌법률심판과 헌법소원심판에서만 각하결정규정을 두고 있으나 정당해산심판, 탄핵심판, 권한쟁의심판 등의 경우에도 각하결정을 할 수 있다(헌법재판소법 제40조). ➜ 헌법재판소 결정의 종류.

간이귀화簡易歸化 ⓔ facilitated/easy naturalization, ⓓ die erleichterte Einbürgerung. 국적법 제6조 제1·2항 각호의 규정에 해당하는 외국인으로서 대한민국에 일정기간 이상 계속하여 주소가 있는 사람은 법이 정한 일정한 요건에 해당하는 경우에 귀화허가를 받을 수 있는데, 이때의 귀화를 일컫는다. ➜ 귀화.

간이법원簡易法院 ⓔ small-sized simple court/summary court. 소가(訴價)가 작은 소액사건의 청구에 관련된 민사소송의 제1심 또는 벌금이하의 형에 해당하는 죄 외에 일정한 간이 범죄에 관련된 형사사건의 제1심의 재판권을 가진 법원을 말한다. 미군정기에 제정된 법원조직법(군정법률 제192호 1948.5.4. 제정)에서는 간이법원을 두었으나(동법 제5장), 간이법원 판사 89인만을 선발한 채 개원이 되지 못하였다. 정부수립 후 법원조직법에서는 설치되지 못하였다. 외국의 경우, 기초법원, 근린법원, 신속처리법원, 간이재판소 등 여러 유형의 간이법원을 두고 있다.

간이재판소簡易裁判所 일본 간이법원의 명칭이다. ➜ 간이법원.

간접민주주의間接民主主義 ㊐ indirect democracy, ㊕ indirekte Demokratie, ㊋ démocratie indirecte. ⇔ 직접민주주의. 국민이 정치에 참여하는 경우를 의원 기타 공무원의 선거에 한정시켜 국민이 그의 대표자인 의원 기타의 피선기관을 통하여 통치권을 행사하는 민주주의 방식. ➜ 대의제.

간접선거間接選擧 ㊐ Indirect election, ㊕ indirekte Wahl, ㊋ Élection indirecte. ⇔ 직접선거. 선거인이 직접 자신의 의사를 표현하지 아니하고 제3자를 통해 선거권을 행사하는 경우이다. 일반선거인은 중간선거인을 선출하는 데에 그치고 그 중간선거인이 대통령이나 의원 등을 선출하는 제도이다. ➜ 선거의 기본원칙.

간접적 안락사間接的 安樂死 ➜ 안락사.

간접적용설間接適用說 ➜ 기본권의 효력.

간접차별間接差別 ㊐ indirect discrimination, ㊕ die mittelbare Diskriminierung. 간접차별은 일반적으로 ① 다수의 집단에 동일한 기준을 적용하지만, ② 사회적 고정관념 · 관행 · 제도 · 사실상의 차이 때문에, ③ 결과적으로 불평등한 경우를 의미한다. 예를 들어, 교도관을 채용하는 경우, 남녀에게 동일한 키와 몸무게 기준을 요구하는 경우 여성에게 불리할 수밖에 없다. 또한 동일한 회사에 근무하는 부부에게 둘 중 한 명을 그만두게 하는 경우, 여성이 사직하게 하는 것은 남녀의 사회적 역할에 대한 고정관념에 따른 차별이 된다. 우리나라에서는 1999.2.8.에 제정되고 1999.7.1.부터 시행된 '남녀차별금지 및 구제에 관한 법률(2006.3.30. 폐지)'에서 「남성과 여성에 대한 적용조건이 양성중립적이거나 성별에 관계없는 표현으로 제시되었다고 하더라도 그 조건을 충족시킬 수 있는 남성 또는 여성이 다른 한 성에 비하여 현저히 적고 그로 인하여 특정 성에게 불리한 결과를 초래하며 그 조건이 정당한 것임을 입증할 수 없는 때에도 이를 남녀차별로 본다.」(제2조 제1호 후문)고 규정하여 간접차별의 개념이 도입되었다. 또한 2001.8.14. 제정되고 2001.11.1.부터 시행된 '남녀고용평등과 일 · 가정양립지원에 관한 법률'에서도 「사업주가 채용조건이나 근로조건은 동일하게 적용하더라도 그 조건을 충족할 수 있는 남성 또는 여성이 다른 한 성(性)에 비하여 현저히 적고 그에 따라 특정 성에게 불리한 결과를 초래하며 그 조건이 정당한 것임을 증명할 수 없는 경우」를 차별에 포함하고 있다. 어느 정도의 불평등한 결과가 있는 경우에 간접차별로 볼 것인지에 관하여 미국고용평등위원회의 **4/5규칙**이 주목되는바, 미국고용평등위원회는 어떠한 고용상의 기준에 의해 소수집단의 비율이 다수집단의 비율의 4/5 미만인 경우에 그 기준을 소수집단에게 불평등효과를 야기한 것으로 간접차별에 해당한다고 판단하고 있다. 간접차별의 경우에는, ① 중립적인 기준을 적용하였으나, ② 사회적 고정관념 · 관행 · 제도 · 사실상의 차이 때문에, ③ 일부 집단에 대해 불평등한 결과를 가져왔는지의 여부에 따라 간접차별이 있는지를 판단한 후, ④ 합리적인 이유가 있는지를 평등심사기준(자의금지원칙과 비례의 원칙)을 통하여 판단하여야 한다.

간통죄 ➜ 성적자기결정권.

감사요구권監査要求權 ➜ 감사원.

감사원監査院 ㊄ Board of Audit and Inspection. 1. **의의** 국가의 예산집행에 대한 회계감사와 공무원의 직무감찰을 담당하는 대통령 직속기관이다. 현행(1987년) 헌법 제4장 제2절 제4관(제97~100조)에 규정되어 있다. 2. **연혁** 1919년 수립된 대한민국임시정부 헌법에서는 국가의 회계에 대하여 **회계검사원**會計檢査院이 담당하도록 하고 있었으나, 해방될 때까지 실질적으로 기능하지는 못하였다. 대한민국정부가 수립된 1948년 헌법에서는 국가의 수입·지출에 대한 결산검사를 담당하는 **심계원**審計院이 설치되고, 정부조직법에 의하여 공무원에 대한 감찰을 담당하는 **감찰위원회**監察委員會가 설치되어 감사제도가 그 틀을 갖추게 되었다. 제3공화국 헌법은 회계감사와 직무감찰을 통합하여 **감사원**을 두었고(1962년 헌법 제92~95조), 1963.3.5. 법률 제1286호로 제정된 감사원법에 의하여 심계원과 감찰위원회를 통합하여 1963.3.20. 감사원이 설치되었다. 이후 1987년 현행헌법에 이르기까지 헌법에 규정되어왔다. 3. **헌법상 지위** 감사원은 헌법기관으로서 대통령 소속하에 설치된 중앙행정기관이다. 헌법편제상 정부에 소속되어 있으므로 행정부수반으로서의 대통령소속기관으로 보는 견해가 있고, 국가원수로서의 대통령에 소속되어 있다는 견해도 있다. 감사원은 대통령소속기관이기는 하지만, 직무상 독립된 기관이다(감사원법 제2조 제1항). 그 독립성을 제도적으로 뒷받침하기 위하여 감사원장임명에서 국회의 동의(헌법 제98조 제2항), 감사위원의 정치운동금지(감사원법 제10조), 겸직제한(감사원법 제9조) 등을 통한 신분보장과, 인사·조직·예산의 독립성을 통한 기관독립성의 확보(감사원법 제2조 제2항, 제18조)가 규정되어 있다. 감사원은 합의제의결기관이다. 헌법에 직접 규정되어 있지 않으나, 감사원법에서 「감사위원회의는 재적 감사위원 과반수의 찬성으로 의결한다」(감사원법 제12조 제2항)고 하여 이를 명시하고 있다. 4. **구성** 헌법상 감사원은 원장을 포함한 5인 이상 11인 이하의 감사위원으로 구성하도록 하고(제98조 제1항), 감사원법에서 감사원장을 포함한 7인의 감사위원으로 구성하도록 하고 있다(제3조). 감사원장은 국회의 동의를 얻어 대통령이 임명하고(헌법 제98조 제2항), 감사위원은 감사원장의 제청으로 대통령이 임명한다(제98조 제3항). 감사원장과 감사위원은 임기 4년이고 1차에 한하여 중임할 수 있다(제98조 제2·3항). 감사원장의 정년은 70세, 감사위원의 정년은 65세이다(감사원법 제6조 제2항). 5. **권한** 감사원은 세입·세출의 결산검사·보고권 및 회계검사권을 가진다. 즉, 감사원은 국가의 세입·세출의 결산, 국가 및 법률이 정한 단체의 회계검사를 담당한다. 「감사원은 세입·세출의 결산을 매년 검사하여 대통령과 차년도국회에 그 결과를 보고하여야 한다.」(헌법 제99조). 또한 감사원은 행정기관 및 공무원의 직무에 관한 감찰을 담당한다. 감찰권의 범위에는 공무원의 비위감찰 뿐만 아니라 행정감찰도 포함한다. 감사원의 직무감찰권의 범위에 인사권자에 대하여 징계 등을 요구할 권한이 포함되고, 위법성 뿐만 아니라 부당성도 감사의 기준이 되는 것은 명백하며, 지방자치단체의 사무의 성격이나 종류에 따른 어떠한 제한이나 감사기준의 구별도 찾아볼 수 없다(헌재 2008.5.29. 2005헌라3). 감사원의 회계검사 및 직무감찰의 범위는 감사원법에 규정되어 있다(동법 제21~24조). 지방자치단체의 사무도 법률이 정한 바에 따라 감사대상에 포함된다. 감사원법 제52조에 따라 감사원규칙을 제정할 수 있다. 6. **공공감사 기타** 1) **공공감사** 중앙행정기관, 지방자치단체 및 공공기관의 자체감사기구의 구성 및 운영 등에 관한 기본적인 사항과 효율적인 감사체계의 확립에 필요한 사항을 규율하기 위하여 「공공감사에 관한 법률」이 제정되어 있다. 2) **감사청구권** 부패방지 및 국민권익위원회의 설치와 운영에 관한 법률 제72조에 근거하여, 공공기관의 사무가 법령위반 또는 부패행위로 인하여 공익을 현저히 해하는 경우 19세 이상의 국민 300명 이상의 연서로 감사원에 감사를 청구할 수 있도록 하고, '국민감사청구심사위원회'에서 감사실시 여부를 결정하고 그에 따라 감사원에서 감사를 실시한 후 그 결과를 통보하도록 하고 있다(➜ 국민감사청구). 아울러 공익감사청구 처리규정(감사원 훈령)에 근거하여 19세 이상 300명 이상의 국민, 시민단체 등 일정 자격을 갖춘 자가 공익을 목적으로 특정사항에 대하여 감사를 청구하면 이를 심사하여 감사의 필요성이 인정되는 경우 감사를 실시하여 그 결과를 청구인에게 통보하는 제도(공익감사청구)도 운용되고 있다. 국회는 의결로 감사원에 대하여 「감사원법」에 따른 감사원의 직무 범위에 속하는 사항 중 사안을 특정하여 감사를 요구할 수 있다(**감사요구권**). 이 경우 감사원은 감사 요구를 받은 날부터 3개월 이내에 감사 결과를 국회에 보고하여야 한다(국회법 제127조 제1항).

감사제도監査制度 1. **의의** 접근방법에 따라 다르게 설명할 수 있지만, 감사제도는 주인인 국민이 대리인인 공직자의 도덕적 해이를 방지하기 위하여 제3자로 하여금 대리인의 성과를 점검하고 그 결과를 보고하도록 제도화한 것(대리인이론), 혹은 행정업무의 관리 · 개선을 위해 정책을 평가하여 환류시키는 것(시스템이론)으로 이해할 수 있다. 결국 감사제도는 정부부문의 책임성을 확보하고 공공자원의 효율적 관리 및 행정운영을 개선하기 위한 제도이다. 법적으로는 법적 권한을 부여받은 감사주체가 공공부문의 책임성 확보와 성과제고를 위하여 공공부문의 시스템, 정책 · 사업, 업무 · 활동 등에 대해 일정한 기준 및 지표를 근거로 감독하고 검사하는 행위를 말한다. 현행 헌법에는 제4장 정부 제2절 행정부 제4관에 감사원을 규정하고 있다(제97~100조). 2. **입법례** 감사기관의 제도화는 독립기관형과 입법부형, 행정부형으로 나눌 수 있다. **독립기관형**의 경우 제도적으로는 사법부에 속하면서도 독립성이 인정되는 경우를 포함한다. 네덜란드, 독일, 룩셈부르크, 벨기에, 슬로바키아, 슬로베니아, 아일랜드, 에스토니아, 일본, 체코, 칠레, 그리스, 스페인, 이탈리아, 터키 포르투갈, 프랑스 등이 이에 속한다. **입법부형**은 노르웨이, 뉴질랜드, 덴마크, 멕시코, 미국, 스웨덴, 아이슬란드, 영국, 오스트리아, 폴란드, 호주, 핀란드, 헝가리, 캐나다, 이스라엘 등이 이에 속한다. **행정부형**은 우리나라와 스위스가 이에 속한다. 우리나라는 1948년 헌법에서는 직무감찰과 회계검사를 분리하였으나, 1962년 헌법(제3공화국헌법)에서 양자를 통합하였다(➜ 감사원). 심의결정의 방식에 따라 합의제형과 독임제형으로 나눌 수도 있다. 3. **최고감사기구의 의의와 역할** 최고감사기구는 공공감사수행을 통해 정부의 세입과 세출 등 공공자원집행에 대한 책임성과 투명성을 확보하고, 공공부문의 운영과 관리실태에 대한 독립적 견해를 제공하는 감사전담 국가기관이다. 최고감사기구의 역할 · 기능은 20세기 후반에 등장한 성과지향적 공공관리개혁에 따라 감사패러다임이 변화하면서, 적발 및 비판기능에서 조언 및 평가기능으로 확대되는 경향을 보이고 있다. 오늘날에는, 정보기술의 발달, 세계화, 민주화, 지방분권의 확대 등으로 공공부문에 대한 국민적 관심과 요구가 증대되고, 특히 국내적으로는 권력구조 개편의 문제와 맞물리면서 국가감사제도에 대한 관심이 증대되고 있다. 아울러 과거 합법성 위주의 전통적 회계검사가 재정운영의 결과 및 성과중심의 통제로 변화되고 있고, 사후적 통제와 함께 계획에 대한 예방적 통제가 강조되고 있다. 감사기구는 그 역할기능상 독립성, 전문성, 합법성, 공정성, 투명성, 책임성, 효율성이 요구된다.

감사청구권監査請求權 헌법 및 법률 기타 규범에서 정한 바에 따라 일정한 범위의 국민이 감사를 청구할 수 있는 권리이다. 현행법제하에서는 ① 부패방지 및 국민권익위원회의 설치와 운영에 관한 법률 제72조에 근거한 감사청구권(국민감사청구권)(➜ 감사원) ② 공익감사청구 처리규정(감사원 훈령)에 근거한 감사청구권(공익감사청구권)(➜ 감사원) ③ 지방자치단체 주민의 감사청구권(지방자치법 제21조) 등이 있고, ④ 국회의 감사요구권도 넓은 의미의 감사청구권에 포함시킬 수도 있다. 국민감사청구권은 법률상의 권리이며, 공익감사청구권은 법률상의 권리로 인정할 수 없지만, 감사원에서 스스로 정한 훈령에 따라 권리를 부여하고 있다. 지방자치단체 주민의 감사청구권은, 지방자치단체의 19세 이상의 주민이, 시·도는 500명, 제175조에 따른 인구 50만 이상 대도시는 300명, 그 밖의 시·군 및 자치구는 200명을 넘지 아니하는 범위에서 그 지방자치단체의 조례로 정하는 19세 이상의 주민 수 이상의 연서(連署)로, 시·도에서는 주무부장관에게, 시·군 및 자치구에서는 시·도지사에게 그 지방자치단체와 그 장의 권한에 속하는 사무의 처리가 법령에 위반되거나 공익을 현저히 해친다고 인정되면 일정한 사항을 제외하고 감사를 청구할 수 있도록 하는 권리이다.

감청판결監聽判決 ➜ 도청판결.

감치監置 [영] court-ordered detention/confinement, [독] Inhaftierung/Einsperrung, [프] detention/emprisonement. 감치는 형사절차와는 별개로 법정질서위반자, 의무불이행자 등에 대해 법원이 재판장의 명령에 따라 사법경찰관리·교도관·법정경위 또는 법원사무관 등으로 하여금 구속하게 하여 교도소·구치소 또는 경찰서 유치장에 유치하여 최대 30일 간 신체를 구속하는 것을 말한다.

감형減刑 [영] mitigation of punishment/penalty, [독] Strafmilderung/ Strafmilderung, [프] atténuation/réduction de peine. 대통령이 형의 선고를 받은 자에 대하여 형을 변경하거나 형의 집행을 감경하는 것을 말한다. 일반감형은 죄 또는 형의 종류를 정하여 그에 해당하는 모든 범죄인에게 일률적으로 일정량의 감경을 하는 것으로, 국무회의의 심의를 거쳐 대통령령으로 행한다. 특별감형은 특정인에게 일정량의 형을 감경하는 것이다. 법원에서 선고된 형이 변경되는 효과를 가지며, 감형으로 형기가 만료되거나 경과된 경우에는 즉시 석방된다.

강간죄强姦罪 [영] rape, [독] Notzucht, [프] viol. 형법상의 강간죄에 대하여 헌법적인 쟁점은 그 객체를 부녀로 한정하고 있었던 구형법규정(제297조)과 이를 정당화한 대법원판결(대판 1967.2.28. 67도1)이었으나, 2012.12.18. 형법개정으로 그 객체가 '사람'으로 확대되었고, 이후 대법원은 2013.5.16. 전원합의체판결에서 부부 사이의 강간죄의 성립을 인정하였다(대판 2013.5.16. 2012도14788, 2012전도252).

강제노동强制勞動 = **강제노역**强制勞役 [영] forced labour/compulsory labour/unfree labour, [독] Zwangsarbeit, [프] Travail forcé. 강제노동은 공권력 혹은 사인(집단 포함)에 의한 제재 및 처벌의 위협에 따라 본인의 의사와 무관하게, 자발적으로 제공되지 않는 모든 종류의 노동행위를 일컫는다. 강제노역(强制勞役), 무자유노동(無自由勞動: unfree labour)이라고 하기도 한다. 전시, 사변 및 이에 준하는 비상사태에 이루어지는 강제노동을 징용(徵用)이라고 한다. 우리나라에서는 '강제징용'이라는 용어가 쓰이기도 하지만, 징용이라는 용어는 자체로 강제성을 포함하고 있다. 다만, 일제강점기에 일본국의 '국민총동원령'에 따라 행해졌던 징용은 당시 대한민국(임시정부)의 관점에서는 그 자체로 불법이었기 때문에, '강제징용'이라고 할 수 있다. 국제노동기구(ILO)는 1930년 제29호 협약에 따라 모든 형태의 강제노동을 폐지하기로 결의하였다. 1932년 정식 발효됨에 따라 이를 비준한 세계 159개국에서 강제노동이 폐지되었으며, 이는 현재까지도 유효하여 비준국 내의 강제노동행위는 불법으로 간주된다. 2014년에는 1930년의 협약을 보완하여, 인신매매나 채무노예 등 민간영역에서의 강제노동에 대한 예방, 보호, 구제를 규정하고, 과도기조항을 삭제하는 의정서를 채택하였다. 우리나라는 2022.4.18. 국회의 비준동의를 얻어 동 협약을 공포하였다. 또한 1966년의 「시민적·정치적 권리에 관한 국제규약」(➔ 시민적·정치적 권리에 관한 국제규약) 제8조 제3항은 법원의 재판에 의한 형의 선고 등의 경우를 제외하고는 어느 누구도 강제노동을 하도록 요구되지 아니한다고 규정하고 있다. 우리나라 현행 헌법 제12조 제1항 후문은 「… 누구든지 법률과 적법한 절차에 의하지 아니하고는 처벌·보안처분·강제노역을 받지 아니한다」고 규정하고 있다. 헌법재판소는 강제노동에 관한 1966년의 규약과 우리 헌법이 실질적으로 동일한 내용을 규정하고 있는 것으로 이해하고 있다(헌재 1998.7.16. 97헌바23). 징병제도는 헌법상 국민의 의무로 규정되어 있고 법률에 의하여 부과되므로 강제노역이 아니다. 다만, 전환복무, 보충역, 승선예비역, 공중보건의 등의 대체복무제도가 사실상 징병제를 비군사적 목적으로 확대하는 강제노동의 편법이라는 비판이 있다. 또한 재산형에 관한 환형처분으로서의 노역장유치는 법률과 적법절차에 의한 강제노역으로 인정된다. 사인(私人) 간의 강제노역에 해당하는 것으로 근로기준법상 강제근로의 금지가 있다. 즉, 「사용자는 폭행·협박·감금 그 밖에 정신상 또는 신체상의 자유를 부당하게 구속하는 수단으로써 근로자의 자유의사에 어긋나는 근로를 강요하지 못한다.」(근로기준법 제7조). 이에 위반하는 경우에는 5년 이하의 징역 또는 5천만원 이하의 벌금에 처하도록 하여(개정 2017.11.28.), 가장 엄하게 처벌된다.

강제동원强制動員 ㊍ forced mobilization, ㊎ Zwangsmobilisierung, ㊏ Mobilisation forcée. 사전적 의미로는 어떤 목적을 위하여 당사자의 의사에 반하는 강제적 수단을 통하여 사람이나 물건을 모으는 행위라 정의할 수 있다. 특정한 시대적 개념으로서 '강제동원'은, 만주사변(1931.9.18.) 이후 태평양전쟁 종료시(1945.8.15.)까지 일본제국이 식민지 지역을 포함한 제국영역을 대상으로 실시한 인적·물적·자금 동원 정책을 말한다. 일본제국의 본격적인 인력동원은 「국가총동원법」(1938.4.1. 공포, 5월 시행) 이후 실시되었다. 강제동원된 지역은 일본, 남사할린, 식민지(조선 및 대만), 점령지·전쟁터 등에서 행해졌다. 학계에서는 강제성에 대해 '신체적인 구속이나 협박은 물론, 황민화 교육에 따른 정신적 구속, 회유, 설득, 본인의 임의결정, 취업사기, 법적 강제'로 판단하고 있다. 2002년 일본변호사협회에서도 '강제란 육체적 정신적 강제를 포함'한다고 규정하였고, 1993년 일본 중의원 예산위원회에서도 '전시체제기 강제란 단지 물리적 강제뿐만 아니라 본인의 의사에 반한 모든 종류의 행위'라고 규정하였다. 대한민국 정부수립 이후 강제동원에 대한 배·보상문제의 해결이 오랫동안 지연되다가 2000년대에 이르러 대한민국 국회가 그에 관한 법률을 제정하였는데, 이에 따르면, 일본제국이 만주사변 이후 태평양전쟁 종료시까지 한반도 지역에서 강제적으로 동원하여 군인·군무원·

노무자 · 위안부 등의 생활을 강요한 행위를 말한다(대일항쟁기 강제동원 피해조사 및 국외강제동원 희생자 등 지원에 관한 법률(강제동원조사법) 제2조 참조). 일제의 강제동원에 관해서는, 2004년에 「일제강점하강제동원피해진상규명등에관한특별법(법률 제7174호, 2004.3.5. 제정, 시행 2004.9.6.)」과 2008년의 「태평양전쟁 전후 국외 강제동원희생자 등 지원에 관한 법률(법률 제8669호, 2007.12.10. 제정, 시행 2008.6.11.)」의 두 법률로 제정되었다가, 2010년 「대일항쟁기 강제동원 피해조사 및 국외강제동원 희생자 등 지원에 관한 특별법 (강제동원조사법)(법률 제10143호, 2010.3.22. 제정, 시행 2010.3.22.)」로 통합되었다. 한일청구권협정과 맞물려 그 배상의 허용 여부가 크게 쟁점이 되었다. ➜ 한일청구권협정.

강제선거强制選擧 ⇔ 자유선거. 강제선거는 입후보 여부, 투표 여부 및 선거운동 여부까지도 선거권자의 의사에 반하여 강제적으로 행해지는 선거를 말한다. ➜ 선거의 기본원칙.

강제위임强制委任 = **기속위임**羈束委任 = **명령적 위임**命令的 委任 ㊊ imperative mandate, ㊍ Imperatives Mandat, ㊉ mandat impératif. 특정집단을 대표하는 자와 대표되는 자 사이의 관계의 성질을 명령적이며 기속적인 위임관계로 보는 것. 명령적 위임은 중세(中世)의 신분제의회에서 적용되던 것인데, 귀족 · 성직자 · 시민 등 각 신분에서 선출되는 의원은 수임자(受任者)로서 위임자인 선출모체의 의사에 구속되며, 위임된 범위 안에서 행동하고, 선출모체에 보고를 하는 의무를 가졌다. 만약 위임된 범위를 벗어나서 행동하였을 경우 그 행동은 무효가 되는 것이며, 명령에 반하여 위임자에게 손해를 끼쳤을 경우 손해를 배상할 책임이 있고, 위임자의 의사에 의하여 파면되었다. 오늘날에는 각 주의회(州議會)의 명령에 구속되는 미국 상원의원이나 국제회의에 파견되는 각국의 사절 등에서 그러한 관계를 볼 수 있다. ➜ 국민대표관계의 법적 성질.

강제위임금지强制委任禁止**의 원칙** 대의민주주의 하에서 국민의 대표인 의원(議員)은 전체 국민의 대표자이기 때문에 국가정책을 결정함에 있어서 선거구민이나 특정한 사람의 지시나 명령을 받지 않는다는 원칙이다. 명령적 위임 배제의 원칙 혹은 자유위임의 원칙이라고도 한다. 국민의 대표자인 의원은 특정한 국민의 대리인이나 사자(使者)가 아니며 수임인(受任人)도 아니다. 따라서 국가의 정책결정에 있어서 이들의 영향을 받지 아니한다. ➜ 국민대표관계의 법적 성질.

강제징용强制徵用 ➜ 강제동원.

강학講學**의 자유** ㊊ freedom of education, ㊍ Lehrfreiheit, ㊉ liberté d'éducation. 강학(講學)의 자유란 연구의 자유의 연장선상에서 보장되는 것으로, 가르치는 자유, 교수(敎授)의 자유라고도 한다. 강학의 자유는 대학이나 고등교육기관에 종사하는 교육자가 자신의 연구결과물을 자유로이 교수하거나 강의하는 자유를 말한다. 초 · 중 · 고교의 교사는 자신의 연구결과를 학회보고 · 기고 · 출판 등을 할 수는 있으나, 학생들에게 이를 여과없이 교육할 수는 없다(헌재 1992.11.12. 89헌마88). 강학의 자유는 강학의 내용이나 방법, 형식, 시간, 장소 제약받지 아니하고 학술적 견해의 표명을 보장하는 것이다. 따라서 교수는 강학내용이나 강학방법에 누구의 지시나 감독에도 따르지 아니하고 독자적으로 결정하며, 강의실에서는 학문적 견해를 자유로이 표명할 수 있다(학설의 자유). 교수의 자유는 무제한적 자유는 아니다. 즉 자유민주적 기본질서를 부인 또는 파괴하는 내용의 교수는 허용되지 않는다. 이는 헌법을 파괴하는 수단이 될 수 있기 때문이다.

강행규정強行規定 · **임의규정**任意規定 · **효력규정**效力規定 · **훈시규정**訓示規定 **강행규정**은 반드시 준수될 것이 요구되고, 법원과 당사자의 의사나 태도에 의하여 그 구속을 배제할 수 없는 성질의 규정이다. 이에 위반한 행위나 절차는 무효이며, 법원은 직권으로 이를 고려하여야 한다. 소송제도의 기초를 유지하거나 당사자의 기본적인 이익을 보장하는 등 고도의 공익적 요청에 기한 규정이 이에 해당한다. 예를 들면 법원의 구성, 법관의 제척, 전속관할, 심판의 공개, 당사자능력, 상소제기기간 등에 관한 규정이 이에 속한다. **임의규정**은 주로 당사자의 소송수행상의 편의와 이익을 보호하기 위하여 정하여진 규정이다. 따라서 당사자의 의사나 태도에 의하여 그 적용이 어느 한도까지는 배제되거나 완화될 수 있다. 그러나 사법상의 임의규정과는 달리 소송법에서 임의규정은 예외적으로만 인정된다. 소송절차의 획일성과 안정성의 확보를 위하여 당사자가 임의로 소송절차를 변경하는 것은 원칙적으로 허용되지 않기 때문이다. 따라서 소송법 영역에서는 법이 명문으로 인정한 경우에 당사자가 합의로써 그 적용을 배제할 수 있다. 예컨대, 관할의 합의(민사소송법 제29조), 불항소의 합의(민사소송법 제390조)가 있다. 민사소송법상으로 법규의 위반으로 인하여 불이익을 받을 당사자가 이의를 제기하지 않을 때에 그 흠이 치유되는 규정들도 임의규정으로 본다. 예를 들면 당사자의 소송행위의 방식, 법원의 기일통지서 · 출석요구서 · 소송서류의 송달, 증거조사의 방식 등에 관한 규정이 이에 속한다. **효력규정**은 이에 위반하면 그 행위나 절차의 효력에 영향을 미치는 규정을 말한다. 의무규정이라고도 한다. 강행규정과 임의규정은 모두 효력규정이다. **훈시규정**은 법률의 규정 중 오로지 법원이나 행정부에 대한 명령의 성질을 가진 규정으로서, 이에 위반하여도 그 행위나 절차의 효력에 영향을 미치지 않는다. 소송법규는 대부분 효력규정이지만 법원의 행위에 관한 규정, 특히 직무를 정한 규정 중에는 훈시규정이 많다. 민사소송법상 훈시규정으로는 판결선고의 기간(제199조), 판결선고의 기일(제207조 제1항), 판결송달의 기간(제210조 제1항), 항소기록의 송부기간(제400조), 상고이유서제출기간(제428조 제2항), 소송기록의 송부기간(제 438조) 등이 언급되고 있다. 헌법재판소는 심판사건의 접수일로부터 180일 이내에 종국결정의 선고를 하도록 규정한 헌법재판소법 제38조에 대한 위헌확인 사건에서 동 조항이 훈시규정이라고 판시한 바 있다(헌재 2009.7.30. 2007헌마73). 대법원도 다수의 절차법상의 규정이 훈시규정이라고 하고 있다. 이에 권력분립원칙에 따른 입법자의 의도, 국민의 신속한 재판을 받을 권리, 국민의 준법의식 등에 기하여 비판하는 견해가 있다.

강화조약講和條約 ㊀ treaty of peace/peace treaty, ㊂ Friedensvertrag, ㊄ traité de paix. 1. **의의** 양국 간 또는 수 개국 간에 발생한 전쟁상태를 종국적으로 종지하여 평시의 정상관계를 회복하는 것을 강화(講和)라 하고, 이를 위한 대표적인 형식이 강화조약이다. '평화조약'이라고도 한다. 강화조약은 전쟁의 종료, 평화의 회복을 선언함과 동시에 강화의 조건(영토의 할양 · 배상금의 지불 등)을 규정하며 그 이행을 확보하기 위한 담보수단을 정하는 경우도 있다. 특히 다자간 강화조약에서는 관계국이 조약내용에 대해 일치할 수 없는 등 일부의 전쟁 당사국에 대해서 체결되지 않는 경우가 있다(예 제1차 세계대전의 독일과 미국, 제2차 세계대전의 일본과 소련). 이 경우 법률관계(주로 승전국 · 패전국간의 통상관계와 국민의 재산관계 등)의 부적합성을 제거하기 위해 사실상 전쟁상태를 종료하는 전쟁상태 종결선언([예] 소·일공동선언)에 의해 별도로 우선 평화를 회복하는 수단이 있다(최종적으로는 양국간 강화조약의 체결이 원칙이다). 최근 휴전협정이 항구화하여 사실상 평시관계가 회복되면서 영토의 최종적 귀속 등이 미결정인 상태로 남는 등 강화조약의 기능이 현저히 약화되고 있다. 2. **강화조약체결의 방식과 절차** 강화에 관한 기본적 조건을 정한 조약이 강화조약이다. 강화에 선행하여 휴전협정 및 강화예비조약을 체결하는 경우도 있지만 강화예비조약은 항상 체결되는 것은 아니다. 강화조약은 일반조약을 체결하는 경우와 마찬가지로 체약국이 각각 전권대표를 임명하고, 전권위임장은 서로 상대국 전권대표에게 제시하여 각 사열에 제공한다. 전권위임장의 어떠한 것이 적합하지 않을 때는 타방은 이것을 전권으로서 수용하는 것을 거절할 수 있다. 전권은 각국의 원수가 임명하는 것이지만 원수 자신이 자국을 대표하여 강화의 체결을 하는 경우는 자신 고유의 권한으로 이루어진다. 강화조약은 일반의 조약과 마찬가지로 정문(正文) 조항을 들고(예를 들면 베르사유 조약의 경우는 프랑스어와 영어, 조문 말문), 조약발효에 대해서 규정한다. 양자간 조약은 비준서의 교환에 의하고, 다자간 조약은 그 기탁에 의해 실시된다.

개괄조항概括條項 ➜ 일반조항.

개괄주의概括主義 [영] general principle, [독] Generalprizip, [프] principe général. ⇔ 열기주의. 개괄주의란 특별히 예외로 규정된 사항을 제외한 대개의 사항을 포괄하여 행정쟁송의 대상으로 인정하는 주의이다. 반면, 열기주의(列記主義)란 행정쟁송이 가능한 사항을 나열하여 적어놓는 방식, 즉 한정된 사항만을 행정쟁송의 대상으로 인정하는 주의이다. 열거주의라고도 한다. 개괄주의와 열기주의의 차이는 행정쟁송 사항을 규정하는 방식과 그에 따른 사안의 범위가 다르다는 데 있다. 개괄주의는 행정쟁송을 제기할 수 있는 사항의 범위가 넓고 일반적이기 때문에 열기주의보다 국민의 권리구제에 충실한 장점이 있다. 그러나 행정쟁송 사항의 한계가 불명확하고, 행정쟁송이 남발될 수 있는 단점이 있다. 열기주의는 행정쟁송의 대상이 명확하다는 장점이 있지만, 개괄주의에 비해 국민의 권리구제가 충실하지 못하다는 단점이 있다.

개발이익환수開發利益還收**에 관한 법률** [영] Restitution of Development Gains Act. 토지에서 발생하는 개발이익을 환수하여 이를 적정하게 배분하여 토지 투기를 방지하고 토지의 효율적인 이용을 촉진하여 국민경제의 건전한 발전에 이바지하는 것을 목적으로 1989.12.30.에 제정한 법률(법률 제4175호, 1989.12.30., 제정, 시행 1990.1.1.)을 말한다. 총칙과 개발부담금, 보칙으로 구성된 전문 29조와 부칙으로 구성되어 있다. 헌법재판소는 개발이익환수에 관한 법률 관련 사건에서 부과대상토지의 가액산정에 대해 일부위헌결정을 내린 것을 제외하고는(헌재 1998.6.25. 95헌바35등(병합)), 포괄위임금지의 원칙이나 재산권보장에 위반되지 않는다고 결정하였다(헌재 2000.8.31. 99헌바104; 2002.5.30. 99헌바41; 2016.6.30. 2013헌바191 등). ➜ 토지공개념.

개발제한구역開發制限區域 [영] development restriction area. 도시의 경관을 정비하고, 환경을 보전하기 위해서 설정된 녹지대로, 그린벨트(greenbelt)라고도 한다. 우리나라에서는 1971.7.30. 도시계획법에서, 서울지역을 효시로 도시의 무질서한 확산을 방지하고, 도시주변의 자연환경을 보전하여 도시민의 생활환경을 확보하는 동시에 보안상 도시개발을 제한할 필요가 있다고 인정될 때에는 도시 주변

지역에 대한 개발제한구역을 설치할 수 있도록 하였다가, 2002년에 「국토의 계획 및 이용에 관한 법률(법률 제6655호, 2002.2.4. 제정, 2003.1.1. 시행)」로 대체되면서, 폐지되었다. ➜ 토지공개념.

개방명부제開放名簿制 **비례대표제**比例代表制 = **자유명부식**自由名簿式 **비례대표제** [영] free list, [독] freie Liste. 각 정당이 작성한 명부 중 어느 하나를 선택하고 이어서 그 명부 중의 인물을 선택하게 하는 비례대표제의 실현방식. 정당의 수뇌부에 의해 일방적으로 정해지는 후보자선정과 명부 내의 후보 순위를 선거인의 손으로 바꿀 수 있게 함으로써 민주성을 강화한다. ➜ 비례대표제.

개방성開放性 [영] openness, [독] Offenheit, [프] caractère ouvert/ouverture. 헌법의 특성 중의 하나. 헌법은 정치적 타협의 결과이지만, 장래의 정치적 투쟁이나 타협에 대하여 열려 있다는 의미이다. 즉 헌법이 갖는 규범적 효력으로 인하여 장래의 정치적 형성에 영향을 미치지만, 기존의 정치적 타협의 내용이 아닌 새로운 사항에 대해서는 새로운 정치적 투쟁과 타협을 통하여 형성될 수밖에 없고 그에 대하여 개방적인 입장을 갖게 된다.

개방조약開放條約 개방조약이라 함은 일정한 조약에 규정된 권리·의무를 다른 비가맹국들에도 확대·적용할 목적으로 제3국의 가입을 인정하는 뜻의 조항을 조약내용에 두고 있는 조약을 말한다. 국제연합헌장(國際聯合憲章)이 대표적이다. 조약 속에 제3국의 가입을 인정(초청)함을 규정하는 조항을 가입조항이라 한다. 가입조항이 있는 조약 중에도 일반으로 모든 국가에 가입이 개방되어 있는 것과 그렇지 않은 것이 있다. 예컨대, 특정범위의 국가에 대하여는 무조건 가입이 인정되나 기타의 가입에는 현체약국의 전부 또는 특정수의 동의(同意)를 조건으로 하는 것([예] 1944년의 국제민간항공조약, 국제연합헌장)이 있다.

개별사건법률個別事件法律 [영] private bill/private act, [독] Einzelfallgesetz/Individualgesetz, [프] projet de loi d'intérêt local. 개별적·구체적 상황 또는 사건을 대상으로 하는 법률로서 처분적 법률의 일종. ➜ 처분적 법률.

개별인법률個別人法律 [영] private bill/private act, [독] Einzelpersonengesetz, [프] projet de loi d'intérêt local. 일정범위의 국민만을 대상으로 하는 법률. ➜ 처분적 법률.

개별적 법률유보個別的 法律留保 [영] einzelner Gesetzesvorbehalt. 개별적 기본권에 법률유보조항을 두어서 특정 기본권을 법률로 제한할 수 있다고 규정하는 것을 말한다. 일반적 법률유보에 대응하는 개념이다. 개별적 법률유보조항이 있는 기본권(예컨대 헌법 제12조 제1항 신체의 자유, 제23조 제3항 재산권 등)은 「법률이 정하는 바에 따라」 제한이 가능하다. 그와 같은 자유나 권리가 「법률에 의하지 아니하고는」 제한되지 아니한다고 하는 것은 「법률에 의해서만」 제한이 가능하다는 것을 의미한다. 그러나 그러한 개별적 기본권에 관하여 헌법은 다만 법률에 의한 제한허용성만을 규정하고 있을 뿐 제한의 목적이나 제한의 방법은 규정하고 있지 아니하다. 제한의 목적이나 제한의 방법에 대해서는 일반적 법률유보조항(헌법 제37조 제2항)에서 일괄적으로 규정하고 있다. 과거 유신헌법에서는 개별적 기본권 조항에 모두 「법률이 정하는 바에 따라」 인정되거나 제한될 수 있다고 규정하여 기본권의 실정성을 강조하였다. ➜ 법률유보. ➜ 기본권의 제한.

개별적 헌법유보個別的 憲法留保 특정의 개별적 기본권에 대하여 헌법적 질서 또는 특정의 헌법원리에 의하여 제약된다는 명문의 규정을 두는 것을 말한다. 헌법상 표현의 자유에 대한 제21조 제4항, 재산권행사의 공공복리적합성을 규정한 제23조 제2항, 군인 등에 대한 이중배상금지를 규정한 제29조 제2항 등이 이에 속한다. ➜ 기본권의 제한.

개선改選**과 해임**解任 ➜ 사·보임.

개성個性**의 자유로운 발현권**發現權 **= 인격**人格**의 자유발현권**自由發現權 [영] freedom to act according to one's natural personality, [독] Recht auf freie Entfaltung der Persönlichkeit, [프] droits de la personnalité. 각자의 인격과 개성에 따라 서로 다른 행복을 추구하는 권리, 즉 인격의 자유로운 발전과 실현의 권리를 말한다. 헌법재판소는 여러 결정에서 일반적 행동자유권과 개성의 자유로운 발현권을 동시에 헌법 제10조에서 규정하는 행복추구권의 내용으로 적시하고 있다(헌재 1998.5.28. 96헌가5등). ➜ 행복추구권.

개연성이론蓋然性理論 [영] probability theory, [독] die Wahrscheinlichkeitstheorie, [프] théorie de probabilité. 환경분쟁에 있어서 인과관계의 증명은 과학적으로 엄밀한 증명을 요하지 아니하고 침해행위와 손해발생 사이에 인과관계가 존재한다는 상당한 정도의 개연성이 있음을 입증하는 것으로 족하고 가해자는 이에 대한 반증을 한 경우에만 인과관계의 존재를 부인할 수 있다는 이론으로, 피해자의 입증책임부담을 덜어주는 이론이다. 일반적으로 불법행위로 인한 손해배상청구사건에 있어서 가해행위와 손해발생 간의 인과관계의 입증책임은 청구자인 피해자가 부담하나, 대기오염이나 수질오염에 의한 공해로 인한 손해배상을 청구하는 소송에 있어서는 기업이 배출한 원인물질이 대기나 물을 매체로 하여 간접적으로 손해를 끼치는 수가 많고 공해문제에 관하여는 현재의 과학수준으로도 해명할 수 없는 분야가 있기 때문에 가해행위와 손해의 발생 사이의 인과관계를 구성하는 하나하나의 고리를 자연과학적으로 증명한다는 것이 매우 곤란하거나 불가능한 경우가 많으므로, 피해자에게 사실적인 인과관계의 존재에 관하여 과학적으로 엄밀한 증명을 요구한다는 것은 공해로 인한 사법적 구제를 사실상 거부하는 결과가 될 우려가 있는 반면에, 가해기업은 기술적·경제적으로 피해자보다 훨씬 원인조사가 용이한 경우가 많을 뿐만 아니라, 그 원인을 은폐할 염려가 있기 때문에, 가해기업이 어떠한 유해한 원인물질을 배출하고 그것이 피해물건에 도달하여 손해가 발생하였다면 가해자측에서 그것이 무해하다는 것을 입증하지 못하는 한 책임을 면할 수 없다고 보는 것이 사회형평의 관념에 적합하다(대판 2009.10.29. 2009다42666). 환경분쟁에 있어서 위법성판단과 관련하여 수인한도론과 함께 중요성을 갖는다. ➜ 환경권.

개의開議 [영] Opening of Meeting. 회의를 개시하는 것. 국회 본회의는 오후 2시(토요일은 오전 10시)에 개의한다. 다만 의장은 각 교섭단체대표의원과 협의하여 그 개의시를 변경할 수 있다(국회법 제72조). 본회의는 재적의원 1/5 이상의 출석으로 개의한다(국회법 제73조 제1항). 의장은 본회의 개의시로부터 1시간이 경과할 때까지 개의정족수에 달하지 못하면 유회(流會)를 선포할 수 있다(국회법 제73조 제2항). 회의 중 개의정족수에 달하지 못할 때에는 의장은 회의의 중지 또는 산회를 선포한다. 다만, 의장은 교섭단체대표의원이 의사정족수의 충족을 요청하는 경우 이외에는 효율적인 의사진행을 위하여 회의를 계속할 수 있다(국회법 제73조 제3항). ➜ 국회의 회기와 회의.

개의改議 ㊎ change of a bill. 국회법상 발의된 의안(議案) 또는 동의(動議)에 대한 번안동의와 수정동의를 말한다. 번안동의(飜案動議: a motion for change of a bill)는 본회의에서는 의안을 발의한 의원이 그 의안을 발의한 때의 찬성자 2/3의 동의를 얻어서, 위원회에서는 위원의 동의로 발의하되 재적의원 과반수의 참석과 출석의원 2/3 이상의 찬성으로 의결한다. 그러나 본회의에서는 안건이 정부로 이송된 후에는 번안할 수 없으며, 위원회에 있어서는 본회의에 의제가 된 후에는 번안할 수 없다(국회법 제91조). 의안에 대한 수정동의(修正動議: a motion for amendment)는 그 안을 갖추고 이유를 붙여 의원 30인 이상의 찬성자와 연서하여 미리 의장에게 제출하여야 한다. 그러나 예산안에 대한 수정동의는 의원 50인 이상의 찬성이 있어야 한다. 위원회에서 심사보고한 수정안은 찬성 없이 의제가 되며, 위원회는 소관사항 외의 안건에 대하여는 수정안을 제출할 수 없다. 또 의안에 대한 대안은 위원회에서 그 원안을 심사하는 동안에 제출하여야 하며, 의장은 이를 그 위원회에 회부한다(국회법 제95조).

개인연관성·사회연관성 이론個人聯關性·社會聯關性 理論 미국의 이중기준이론(➜ 이중기준이론)이 독일에도 적용될 수 있는가에 관하여 전개된 독일의 이론이다. **독일 연방헌법재판소**는 어떤 자유가 더 근본적인 자유인가를 판단함에 있어 민주주의를 핵심가치로 여기는 미국과 달리 기본권의 목적으로서 인간의 존엄성을 주된 논거로 삼고 있다. 독일 판례에 따르면 자유권의 의미가 개인의 핵심적 자유영역에 대하여 크면 클수록 자유권에 대한 보호는 강화되고, 한편 개인의 직업활동이나 사회경제적 활동을 통하여 타인과 사회적 연관관계에 위치함으로써 타인의 자유영역과 접촉하고 충돌할수록 개인의 자유영역에 대한 보다 광범위한 제한이 가능해진다(BVerfGE 7, 377; 39, 1; 45, 187 등). 이러한 개인연관성의 관점은 자유권의 보호에 있어서 생명권, 신체의 자유, 개인적 사적 영역의 보호, 개인의 성향과 인생관에 따라 자신의 인격을 발현하고 행동할 자유를 가장 근본적인 자유, 즉 다른 모든 자유의 근거이자 조건으로 파악하고 있다. 이러한 핵심적 자유에 대한 국가의 제한은 엄격한 심사를 요구한다. 나아가 개인연관성의 관점은 각개의 개별적인 자유권을 하나의 특정 심사기준에 귀속시킬 수 없으며, 동일한 기본권이 침해되는 경우에도 구체적인 경우에 따라 심사기준이 달리 적용될 수 있음을 의미한다. 즉 대표적인 경제적 자유인 직업의 자유와 재산권의 보장에 있어서 자유영역의 성격에 따라 상이한 심사기준이 적용될 수 있다. 직업의 자유는 자유로운 인격의 발현과 긴밀한 관계에 있고 개성신장을 보장하기 위한 중요한 기본권으로 이해된다. 그러나 직업의 자유가 갖는 이러한 개인적 성격에도 불구하고 기업의 경우는 개인연관성보다는 사회연관성이나 사회적 기능이 뚜렷하므로 보다 광범위한 제한이 가능한 것이다. 재산권의 보장과 관련하여서도 독일 연방헌법재판소는 재산권의 여러 기능 중에서 재산권의 개인적 가치 즉 경제적 개성신장을 통하여 개인의 자유와 인격발현을 보장하는 의미로 파악하고 있다. 그러나 이러한 재산권도 사회적 연관성이나 사회적 기능이 크면 클수록 보다 광범위한 제한가능성을 인정할 수 있고 그에 따라 위헌심사의 강도가 달라질 수 있다(완화된 심사). **우리나라 헌법재판소**의 경우에도 '제한된 자유영역이 한편으로는 기본권의 주체(개인)에 대하여, 다른 한편으로는 사회에 대하여 어떠한 의미를 가지는가'에 따라 상이한 심사밀도를 정할 수 있다는 개인연관성·사회연관성의 관점을 기준으로 삼아, 침해된 법익이 개인연관성을 가질수록 더욱 보호되어야 하며, 사회연관성을 가질수록 입법자에 의한 광범위한 규율이 될 수 있다고 판단하고 있다(헌재 1998.12.24. 89헌마214; 1999.4.29. 94헌바37; 1999.10.21. 97헌바26; 2003.4.24. 99헌바110; 2004.10.28. 99헌바91; 2005.9.29. 2002헌바84 등).

개인정보個人情報 ㊎ personal data/information. ㊔ personenbezogenen Daten, ㊕ donnée personnelles. 개인에 관한 정보 가운데 직·간접적으로 각 개인을 식별할 수 있는 정보를 가리킨다. 국제기구나 국가에 따라 그 정의에 약간씩 차이가 있다. OECD이사회권고(1980년)는 「식별된 또는 식별될 수 있는 개인에 관한 모든 정보」라고 하고 있으며, EU의 1995년 「개인정보처리에 있어서 개인정보의 보호 및 정보의 자유로운 이동에 관한 유럽의회 및 이사회의 지침」에서는 개인정보를 「식별된 또는 식별 가능한 자연인에 관한 정보, 즉 신체적·정신적·심리적·경제적·문화적·사회적 특성의 요소에 의해서 직·간접적으로 식별되는 자연인에 관한 정보」라고 정의하고 있다. 우리나라도 규정하고 있는 법률에 따라 그 정의가 약간씩 다르다. 「**정보통신망 이용촉진 및 정보보호 등에 관한 법률**」에서 개인정보라 함은 「생존하는 개인에 관한 정보로서 성명·주민등록번호 등에 의하여 당해 개인을 알아볼 수 있는 부호·문자·음성·음향 및 영상 등의 정보(당해 정보만으로는 특정 개인을 알아볼 수 없는 경우에도 다른 정보와 용이하게 결합하여 알아볼 수 있는 것을 포함한다)」를 말한다(동법 제2조 제1항). 이메일 주소, 취미, 출신학교 등은 다른 정보와 용이하게 결합할 경우 당해 개인을 알아볼 수 있는 정보라 할 것이므로 '개인정보'에 해당한다(서울중앙지법 2007.2.8. 2006가합33062). 「**개인정보보호법**」에서 개인정보란 「살아 있는 개인에 관한 정보로서 성명, 주민등록번호 및 영상 등을 통하여 개인을 알아볼 수 있는 정보(해당 정보만으로는 특정 개인을 알아볼 수 없더라도 다른 정보와 쉽게 결합하여 알아볼 수 있는 것을 포함한다)를 말한다」(동법 제2조 제1호). 「**전자서명법**」에서 「개인정보라 함은 생존하고 있는 개인에 관한 정보로서 성명·주민등록번호 등에 의하여 당해 개인을 알아볼 수 있는 부호·문자·음성·음향·영상 및 생체특성 등에 관한 정보(당해 정보만으로는 특정 개인을 알아볼 수 없는 경우에도 다른 정보와 용이하게 결합하여 알아볼 수 있는 것을 포함한다)를 말한다.」(동법 제2조 제13호). **일본**은 '개인정보의 보호에 관한 법률'에서 개인정보를 「생존하는 개인에 관한 정보로서 당해 정보에 포함된 성명, 생년월일 기타 기술 등에 의하여 특정한 개인을 식별할 수 있는 것(다른 정보와 용이하게 조합할 수 있고, 그에 의하여 특정 개인을 식별할 수 있게 되는 것을 포함한다)」이라고 규정하고 있다(동법 제2조 제1항). **프랑스**는 '정보처리 축적 및 자유에 관한 법률' 제2조에서 「개인정보는 직접 또는 간접적으로 식별확인번호나 그를 확인하게 해주는 하나 이상의 요소를 참고함으로써 식별되거나 식별가능한 개인에 관한 정보로 구성된다. 개인이 식별가능한지를 결정하기 위해서는 신원확인을 이용가능하거나 정보처리의 책임자가 접근가능하거나 혹은 어떤 다른 사람이 소유할 수 있는 모든 수단을 고려할 것이 권고된다.」고 하고 있다. **독일**은 '연방개인정보보호법' 제3조 제1항에서 「개인정보란 신원이 확인되었거나 확인가능한 자연인(정보주체)의 인적, 물적 환경에 관한 일체의 정보를 의미한다.」고 하고 있다. **영국**은 '개인정보보호법' 제1조 제1항에서 「개인정보는 다음 (a), (b)로부터 식별할 수 있는 생존하는 개인에 관한 데이터를 의미한다; (a) 당해 정보 (b) 정보관리자가 보유하고 있거나 앞으로 보유할 가능성이 많은 기타 데이터나 정보 또는 해당 개인에 대한 의견의 표현이나 해당 개인에 대한 다른 사람들 또는 정보관리자의 의도를 드러내는 모든 표시를 포함한다.」고 하고 있다. **미국**의 경우 1995년 클린턴 행정부의 정보인프라기획단(Information Infrastructure Task Force, IITF)이 제시한 '개인정보의 제공과 이용에 관한 원칙'에서 개인정보를 「개인을 식별할 수 있는 정보(information identifiable to the indivisual)」로 정의하고 있다. 연방법에서는 개인정보의 내용이 각기 법률제정목적에 따라 세부적으로 정하여져 있어 개인정보에 관한 총괄적 규정을 찾기 어렵다. 다만 1998년의 아동 온라인 프라이버시보호법(Children's Online Privacy Protection Act)」에서는 개인정보를 「개별적으로 식별가능한 개인에 관한 정보」로 정의하면서, 여기에서 성명, 주소, 이메일주소, 전화번호, 사회보장번호 등을 포함한다고 규정하고 있다.

개인정보보호법個人情報保護法 ㊇ Personal Information Protection Act. 우리나라에서 1995.1.부터 '공공기관의 개인정보보호에 관한 법률'이 제정·시행되었으나, 사적 기관에서의 개인정보보호문제가 심각함에도 불구하고 이에 대한 체계적 입법이 미흡하여 위 법률을 폐지하고 새롭게 제정한 법률이 '개인정보보호법'이다. 동법은 개인정보의 수집·유출·오용·남용으로부터 사생활의 비밀 등을 보호함으로써 국민의 권리와 이익을 증진하고 개인의 존엄과 가치를 구현하기 위하여 개인정보의 처리에 관한 사항을 정하기 위하여 제정된 법률이다(법률 제10465호, 2011.3.29., 제정, 2011.9.30. 시행). 이 법은 개인정보의 수집·이용·제공 등 개인정보 처리에 관한 기본원칙, 개인정보의 처리 절차 및 방법, 개인정보 처리의 제한, 개인정보의 안전한 관리를 위한 관리·감독, 정보주체의 권리, 개인정보 권리침해에 대한 구제 등을 담고 있다.

개인정보보호個人情報保護**의 원칙**原則 개인정보와 관련하여 국가의 정보수집·처리행위가 정당화되기 위해서는 헌법 제37조 제2항의 '필요한 경우에 한하여 필요한 만큼만 기본권이 제한되어야 한다'는 과잉금지원칙이 준수되어야 한다. 따라서 수집목적이 헌법적으로 정당화될 수 있어야 하고(목적의 정당성), 정보의 수집범위가 수집목적을 달성하기 위하여 반드시 필요한 최소한의 정도에 그쳐야 하며(수단의 최소침해성), 또한 수집목적은 수집당시에 반드시 특정되어야 하고 수집된 자료의 이용은 특정된 수집목적과 일치하여야 한다(목적구속의 원칙). 개인정보의 처리와 관련하여 과잉금지의 원칙은 다음과 같은 특수한 요청들로 구체화되어 나타날 수 있다. 첫째, 개인정보의 처리에 있어서 그 목적이 수집단계에 미리 명확히 특정되어 있어야 할 뿐만 아니라, 그 이후의 처리단계에 있어서도 수집시의 특정된 목적과 일치되게 저장 또는 이용되어야 한다(목적구속의 원칙). 둘째, 개인정보의 수집은 합법적이고 공정한 절차에 의하여야 한다. 정보주체에게 알리거나 동의를 얻어서 수집되어야 하고, 가능한 한 정보주체로부터 직접 수집되어야 한다(수집제한의 원칙). 셋째, 정당하게 개인정보를 수집하였다고 하더라도 그 입력이나 처리의 과정에서 오류가 발생하지 않도록 항상 개인정보의 정확성과 최신성에 신경을 써야 할 것이다. 또한 개인정보의 분실 또는 불법적인 액세스, 파괴, 사용, 수정, 개시 등의 위험에 대비하여 합리적인 안전조치를 취하여야 한다(정확성·안전성의 원칙). 넷째, 특정된 목적을 위해 수집된 개인정보는 다른 기관에서 다른 목적을 위해 수집된 개인정보와 원칙적으로 통합되지 않고 분리된 상태로 유지되어야 한다(정보분리의 원칙). 다섯째, 개인정보의 처리시스템에 대하여 공개를 일반정책으로 함으로써 개인정보의 존재와 성격 및 주요한 이용목적을 명확히 하고 그 정보의 관리자를 명확히 하여 일반적인 권한의 소재를 밝히기 쉽도록 하여야 한다(시스템공개의 원칙). 여섯째, 적법하게 수집되고 보유되는 개인정보라 하더라도 그 입력이나 이용, 제공 등에 있어서는 당사자의 식별을 최소화하기 위한 조치가 요구된다(익명성의 원칙). 현행 정보보호법(2020.2.4. 개정 법률 제16930호, 2020.8.5. 시행)은 「개인정보 보호 원칙」이라는 표제 하에 위의 각 원칙을 규정하고 있다(제3조). 즉, 명확한 처리목적과 그에 필요한 최소한의 개인정보의 적법·정당한 수집(제1항), 목적 외의 활용 금지(제2항), 개인정보의 정확성·완전성 및 최신성의 보장(제3항), 개인정보의 안전한 관리(제4항), 개인정보처리 사항 공개 및 열람청구권 등 정보주체의 권리 보장(제5항), 사생활침해의 최소화(제6항), 익명 내지 가명처리(제7항), 정보주체의 신뢰성 확보(제8항) 등을 규정하고 있다.

개인정보자기결정권個人情報自己決定權 1. **의의** 자신에 관한 정보가 언제 누구에게 어느 범위까지 알려지고 또 이용되도록 할 것인지를 그 정보주체가 자율적으로 통제하고 결정할 수 있는 권리를 말한다. 자기정보관리통제권이라고도 한다. 이러한 자기정보통제권은 정보의 수집·보관·제공 등을 거부한다거나 자신의 의사에 반하거나 잘못된 개인정보의 보유나 처리에 대하여 정정이나 폐기를 청구하는 소극적인 측면에서부터 각 개인이 자신에 관한 정보에 접근하여 열람이나 조사를 청구하거나 정보를 공개할 것을 요청하는 적극적인 측면까지 포함한다. 2. **헌법적 근거** 개인정보자기결정권의 헌법적 근거에 관하여, ① 헌법 제10조를 근거로 하는 견해, ② 헌법 제17조를 근거로 하는 견해, ③ 헌법 제10조와 제17조를 종합적으로 이해하는 견해 등이 있다. 헌법재판소와 대법원은 ③의 견해를 따른 것으로 이해된다(대판 1998.7.24. 96다42789; 헌재 1995.12.28. 91헌마114; 2005.5.26. 99헌마513 등). 더 나아가 헌법재판소는 개인정보자기결정권을 독자적 기본권으로 처음으로 인정한 결정에서, 제17조와 제10조를 근거로 제시하는 한편 「동시에 우리 헌법의 자유민주적 기본질서규정 또는 국민주권원리와 민주주의원리 등을 고려할 수 있으나, 개인정보자기결정권으로 보호하려는 내용을 위 각 기본권들 및 헌법원리들 중 일부에 완전히 포섭시키는 것은 불가능하다고 하면서 헌법적 근거를 굳이 어느 한두 개에 국한시키는 것은 바람직하지 않은 것으로 보이고, 오히려 개인정보자기결정권은 이들을 이념적 기초로 하는 독자적 기본권으로서 헌법에 명시되지 아니한 기본권이라고 보아야 할 것이다.」라고 판시하였다(헌재 2005.5.26. 99헌마513 등). 다만 헌법재판소는 이후의 결정에서는 헌법 제10조와 제17조 이외의 다른 헌법원리들을 함께 언급하는 결정은 거의 없고 제10조와 제17조만을 드는 결정들이 다수이다(헌재 2005.7.21. 2003헌마282 등). 개인정보자기결정권은 사생활의 비밀과 자유에 근거한 기본권이지만, 기존의 사생활의 비밀과 자유 조항만으로는 제대로 보호되기 어려웠던 '중립적 정보에 대한 통제'와 '정보의 통제를 위한 청구권의 행사'를 가능하게 한다는 점에서 사생활의 비밀과 자유와는 구별되는 독자적 기본권으로서의 의미를 갖는 것이다. 3. **주체** 개인정보자기결정권은 인간의 권리이므로 내·외국인을 불문하고 그 주체가 될 수 있으며, 원칙적으로 자연인만이 주체가 될 수 있지만, 법인도 예외적으로 그 주체가 될 수 있다. 개인정보보호법에서는 '살아 있는 개인에 관한 정보'에 한정하고 있다(동법 제2조 제1호). 4. **입법례** 개인정보

보호에 관한 외국의 입법례로서, **미국**은 공공 및 민간부문을 구분하여 전자는 프라이버시법(Privacy Act, 1974)으로, 후자는 개별입법인 공정신용기록법(Fair Credit Reporting Act, 1974), 공정한 채무수집 실행법(Fair Debt Collection Practices Act, 1977), 전자통신프라이버시법(Electronic Communications Privacy Act, 1986), 어린이 온라인프라이버시보호법(Children's Online Privacy Protection Act, 1999) 및 GLBA(Gramm-Leach-Bliely Act, 1999)와 FCRA(Fair Credit Reporting Act, 1970) 등으로 규제하고 있다. **영국**은 공공부문과 민간부문을 구별함이 없이 개인정보처리 등에 대한 일반법으로서 정보보호법(Data Protection Act, 1998)을 제정 · 운용하고 있다. **일본**은 각 지방자치단체의 조례에 의해 그 틀이 마련되어 1988.12.「행정기관이 보유하는 전자계산처리에 관한 개인정보의 보호에 관한 법률」이 제정되었다. 개인정보보호법은 2003년 제정되었으며, 개인정보관련 여러 개념의 정의와 개인정보의 적정한 취급에 관한 기본이념, 그리고 국가와 지방자치단체의 책무와 더불어 개인정보를 취급하는 사업자가 준수해야할 의무 등에 대하여 규정하고 있다.
5. **내용** 개인정보자기결정권은 최소한의 필요범위 내에서 정당한 목적 하에 개인정보가 수집되고 이용 · 제공되어야 함에도 불구하고, 이러한 제한에 부합되지 않는 개인정보침해행위가 있을 경우 정보주체는 동 침해행위에 대한 금지를 요구할 수 있다는 내용의「자기정보처리금지청구권」과 자신에 관한 정보의 열람은 언제든지 청구할 수 있고, 동 정보가 부정확 · 불완전할 경우 이에 대한 수정을 요구할 수 있다는 내용의「자기정보열람청구권(자기정보접근권)」및「자기정보정정청구권」,「자기정보사용중지 · 삭제청구권」(➜ 잊혀질 권리)의 형태로 구체화될 수 있다. 우리나라에서 개인정보자기결정권에 대한 일반적 규율로는「개인정보보호법(법률 제10465호, 2011.3.29., 제정, 2011.9.30. 시행)이 있고, 법개정을 통하여 징벌적 손해배상제도와 법정손해배상제도를 도입하고 있다. 이 외에도 다양한 개별법률에서 규율하고 있다.

개인주의個人主義 ㊇ individualism, ㊈ das Individualismus, ㊉ L'individualisme. 1. **의의** 개인주의는 개인의 도덕적 가치를 중시하는 도덕적 입장, 이데올로기, 정치철학, 사회적 시각 등을 의미한다. 개인주의자는 자신의 목표와 욕망을 행사하는 것을 촉진하며, 따라서 개인의 독립과 자립에 가치를 두고 개인의 이익이 국가나 사회집단 보다 우선시되어야 한다고 주장한다. 그들은 사회나 정부의 기관 같은 외부 요소들이 개인의 행동에 영향력을 행사하는 것에 반대한다. 개인주의는 전체주의, 집단주의, 권위주의, 공동체주의, 국가주의, 세계시민주의, 부족주의 등에 대조되는 것으로서 정의되기도 한다. 개인주의는 사회구성원이 사회 공공의 이익을 추정하지 않고 개인적으로 자신의 이익이 무엇인지를 추구한다고 주장한다. 개인주의자들은 특정한 하나의 철학에 따르지 않으며 다양한 요소를 혼합하고, 특정 측면에서 그의 개인적인 관심사를 기반으로 하는 입장을 취한다. 사회적 단계에서 개인주의자는 개인적으로 구축한 정치, 도덕의 영역에 참여한다. 독립적인 사고와 의견은 개인주의자의 공통된 특징이다. 루소는 그의 사회계약 안에서의 일반의지의 개념은 단지 개인의지의 합이 아니라 개인의 이익을 증진시킨다고 주장했다. 사회와 집단은 그들이 행위에 있어서 타자고려(집단지향)의 행위보다는 자기고려(개인주의적)의 정도의 면에서 다를 수 있다. 2. **사상적 기원** 개인주의의 역사적 연원은 고대 그리스의 원자론으로 거슬러 올라갈 수 있지만, 서구의 르네상스 이후 문명의 발전과 더불어 개인주의가 주요한 흐름이 되어, 프로테스탄티즘, 계몽사상, 자연권사상, 자유시장경제 등으로 나타났다. 개인주의의 등장에 대하여 개인과 사회의 상호관계를 어떻게 규정해야 하는가의 문제를 두고 여러 견해가 주장되고 있다. 다양한 개인적인 가치나 행동을 인정하는 것이 민주적이고 성숙한 사회를 담보한다는 주장과, 사회와 공동체의 이익에 배치될 수 있다는 주장이 혼재한다. 3. **개인주의의 영향** 개인주의는 철학, 사상, 정치, 경제 등 사회 전반에 영향을 미쳐 새로운 공동체질서를 구축하는 원리로 작용하였다. 1) **철학적 개인주의** 철학적 측면에서 개인주의는 윤리적 에고이즘, 에고이스트적 아나키즘, 실존주의, 자유주의, 인본주의, 쾌락주의, 자유분방주의(Libertinism), 객관주의, 철학적 아나키즘, 주관주의, 유아론 등 다양한 철학적 주장으로 발전하였다. 2) **정치적 개인주의** 정치적 측면에서 개인주의는, 사회기관(국가, 종교적 도덕성 등)의 강제력에 맞서 개인의 자율권을 보호하는 것을 중시한다. 시민 자유지상주의는 시민의 자유를 강조하거나 모든 종류의 권위(국가, 기업, 동조압력에 의한 사회규범)에 맞서 개인의 자유와 권리를 옹호하는 정치 경향을 의미한다. 자유주의(Liberalism)는 개인의 자유에 대한 신조를 강조한다. 이런 믿음은 특히 계몽시대 이후 많은 서구 철학자들에 의해 중요한 가치로 인식 되었다. 이것은 중동 이슬람 문화권이나 아시아의 유교문화의 집단주의에 의해 자주 거부당한다. 여기서 말하는 자유주의란 현대 미국의 자유주의와 다르며, 고전적 자유주의라 할 수 있다. 이 자유주의는 계몽시대에 뿌리를 두고 있으며 왕권신수설, 세습 지위, 국교 등의 기존 통치 이론의 근본 가정들을 부정했다. 존 로크는 종종 고전적 자유주의 철학의 기초를 정립한 인물로 간주된다. 18세기 미국에서 군주제와 상속 귀족제의 영향력이 없는 최초의 근대 자유주의 국가가 설립되었다. 개인주의의 사상적 귀결 중에는 국가의 해체를 주장하는 아나키즘과도 연결된다. 3) **경제적 개인주의** 경제적 개인주의는 개인이 경제적 의사결정을 할 때 외부의 강제력에서 벗어난 자율성이 있어야 한다고 주장하는 신조이다. 경제적 측면에서 고전적 자유주의는 19세기 영국, 서유럽, 미국 등지에서 개발된 정치 이론이다. 이것은 개인의 자유와 대중 정부에 대한 헌신에서 자유주의의 초기 형태를 따르지만, 자유 시장과 고전 경제학에 대한 헌신에서 자유주의의 초기 형태와 구별된다. 주목할 만한 19세기 고전적 자유주의자들로는 세이(Jean-Baptiste Say), 맬더스(Thomas Robert Malthus), 리카르도(David Ricardo) 같은 이들이 있다. 고전적 자유주의는 20세기에 미제스(Ludwig von Mises)와 하이에크((Friedrich Hayek)에 의해 부활했으며, 프리드만(Milton Friedman), 노직(Robert Nozick), 로마스키(Loren Lomasky), 잔 나비슨(Jan Narveson)에 의해 더욱 개발되었다. 고전적 자유주의란 용어는 20세기 이전의 모든 자유주의들을 포괄하는 용어로 사용되기도 한다. 정치적 자유주의로부터 파생된 다양한 경제적 개인주의는 개인주의적 아나키즘, 상호주의(Mutualism)적 아나키즘, 자유지상주의적 사회주의(Libertarian socialism, 혹은 사회주의적 자유지상주의 또는 좌파 자유지상주의), 좌파 자유지상주의, 우파 자유지상주의 등으로 분기하고 있다. 자유지상주의는 자주 우익의 사상으로 간주되지만, 반드시 그렇지는 않다. 4. **우리나라에서의 개인주의** 우리나라의 경우에는 20세기 초까지 지속되었던 세습적 왕조체제, 성리학적 세계관과 국가관, 일제강점기의 국가우위적 사고, 국토 분단 하에서의 독재정, 국가주도의 자본주의적 경제성장 등의 여러 요인들이 복합적으로 작용하여 개인주의에 대한 부정적 인식이 강하였다. 양 극단적 사고인 개인주의와 국가중심적 사고를 넘어 양자를 포괄하는 새로운 사상체계가 요구되고 있다.

개체귀속성個體歸屬性 = **개인성**個人性 ㊇ individuality, ㊈ die Individualität/ Persönlichkeit, ㊊ Le individualité/La personnalité. 어떤 가치나 이익이 이를 주장할 수 있는 특정 개체에 귀속된다는 것. 기본권의 권리적 구성요소('개체귀속성', '청구성', '처분성', '면책성') 중의 하나이다. ➜ 기본권의 구성요소.

객관법적 질서客觀法的 秩序 ㊈ objektivrechtliche Ordnung. ➜ 객관적 법규범 2.

객관적 가치질서客觀的 價値秩序 = **객관적 법질서**客觀的 法秩序 = **객관적 규범질서**客觀的 規範秩序 객관적 가치질서(objektive Wertordnung), 가치기속질서(wertgebundene Ordnung), 가치결단(Wertentscheidung), 가치결단적 원칙규범(wertentscheidende Grundsatznorm), 가치서열질서(Wertrangordnung), 객관적 법질서(objektive Rechtsordnung), 객관적 법규범으로서의 기본권(Grundrechte als objektive Rechtsnorm), 객관법적 성격(objektiv-rechtliche Charakter), 객관적 법규범(objektive Rechtsnorm), 객관법적 기본권내용(objektiv-rechtliche Grundrechtgehalte), 객관법적 내용(objektiv-rechtliche Gehalte), 의무지우는 기본권(verpflichtende Grundrechte), 기본권의 의무화(Verpflichtung der Grundrechte) 등으로 쓰이기도 한다. 1. **기본권의 양면성(이중성)에서의 객관적 가치질서** 기본권의 성격과 관련하여 주관적 공권성과 객관적 가치질서 혹은 객관적 법질서, 객관적 법규범으로서의 성격이 논의된다. 이 때의 객관적 가치질서라는 표현은 서독 연방헌법재판소가 Lüth 판결(➜ Lüth 판결)에서, 「기본권은 개인의 국가에 대한 주관적 방어권 뿐만 아니라 동시에, 법의 모든 영역에 유효한 헌법적인 근본결단(Grundentscheidung)으로서 그리고 입법 · 집행 · 사법에 방향과 동기를 부여하는 객관적 가치질서(objektive Wertordnung)를 동시에 내포하고 있다.」고 하였고, 이후 서독헌법재판소의 일관된 견해로 유지되었다. 다만, 초기에는 가치와 관련하여 논증하던 입장을 바꾸어 객관적 법규범, 객관적 법으로서의 측면, 객관적 법의 내용 등으로 이해하고 있다. 오늘날에는 '기본권의 객관법적 성격'이라는 표현이 가장 널리 쓰이는 것으로 보인다. 용어로서 주관적 권리(subjektives Recht)에 대응하여 객관적 법(규범)(objektive Recht)이라는 표현으로 사용된 것으로 생각된다. 개인의 주관적 권리에는 미치지 않고 원리 혹은 원칙으로 기본권이라 할 수 있는 규범의 내용이 정해지는 경우(예컨대, 국가의 행위기준으로서 영장 없이는 체포할 수 없다는 원칙을 규정한 경우), 이는 개인의 주관적 권리가 아니라 객관적 규범(질서)이라 할 수 있다. 이 객관적 규범이 주관적 권리로 규정되는 경우에는 그 주관적 권리는 객관적 규범(질서)을 내포한다고 일컫게 된다. 기본권의 객관법적 성격의 문제는, 제도보장론(➜ 제도보장론), 기본권충돌과 국가의 해결의무(➜ 기본권충돌), 기본권의 대사인적 효력(➜ 기본권의 대사인적 효력), 기본권의 방사효(Ausstrahlungswirkung)(➜ 방사효), 국가의 기본권보호의무(➜ 기본권보호의무), 기관과 절차에 대한 기본권의 효력 문제(➜ 기본권의 효력) 등에 광범위하게 영향을 미치는 논의이다. 문제는 객관적 가치질서라거나 객관적 법질서 혹은 객관적 법규범이라 할 때 그 의미가 무엇이냐 하는 것이다. 이에는 그 의미를 협의로 이해하는 견해, 광의로 이해하는 견해 그리고 최광의로 이해하는 견해가 있다. 2. **협의로 이해하는 견해** C. Schmitt는 배분의 원리에 따라 헌법을 법치국가적 영역과 국가적 영역으로 나누어, 전자는 기본권주체가, 후자는 국가가 원칙적으로 무제한적 자유와 지배력을 가진다고 본다. 기본권은 전국가적·무제한적 자유를 의미하여 제도화가 불가능하지만, 그 외의 영역은 국가에 의한 제도화가 가능하다고 한다. 자유는 제도가 아니며, 조직되고 형성되는 공법적 제도가 될 수 없고, 자유의 내용은 국가에 의하여 규정되거나 법률의 규정에 따라 정해지는 것이 아니며, 무엇이 자유인지는 최종적으로 자유로워야 할 사람만이 정할 수 있다고 한다. 그리고 국가에 의해 창설되는 제도 영역은 예컨대 바이마르 헌법상 종교단체의 제도적 보장과 일반신앙의 자유와 같이, 헌법적 권리가 아닌 헌법률적 권리로서의 기본권을 내포할 수 있으며, 이 기본권이 비록 헌법적 권리로서의 기본권(자유권)을 연계적·보충적으로(konnexe-komplementär) 보장한다 하더라도 이는 제도적 보장일 뿐 기본권이 아니라고 한다. 제도적 보장에 부수하는 기본권이 전국가적이어서 자유권만큼 강력했더라면 '헌법적인' 기본권이 되었을 것이지만, 그 정도에 미치지 못하기 때문에 제도적 보장에 머무르고 만 '헌법률상의 기본권' 정도이기 때문에 그 제도적 보장이 주관적 권리에 미치지 못하는 객관적 법(규범)으로서의 기본권내용을 의미하게 된다. **R. Smend**는 헌법이 국가통합적 과제를 안고 있고, 기본권은 헌법적 차원에서 규정된 것으로서 국가통합적인 헌법의 전체목적에 기여하도록 해석되어야 하며, 개인의 기본권과 국가통합이 상충될 경우에는 언제나 국가통합이 우선하며 기본권의 보장은 국가통합의 범위 내에서만, 국가통합에 의하여 정당화되는 범위 내에서만 가능하게 된다. 이 때 기본권은 순수하게 국가구성을 위한 것이라기보다는 국가의 자기목적인 스스로의 생존과 생명을 위해 국민을 지배하기 위한 수단·도구로 된다. 이러한 이해에 따르면, 기본권은 주관적 권리로서의 측면을 부인할 수는 없지만, 그보다는 국가통합이라는 객관적 법으로서의 성격이 우선되며, 기본권의 객관적 법(규범)적 내용이란 주관적 권리로서의 기본권과는 달리 국가통합을 위하여 이를 제약하는 기본권의 객관적 측면을 말한다. **P. Häberle**는 제도적 기본권론을 주장하여, 기본권(자유권)은 이미 헌법에 규정되어 있거나 혹은 계수되어 있는 내용들과 전통적·법적으로 주어져 있는 일련의 규범복합체를 통하여 형성된 생활영역을 통하여서만 실현될 수 있다고 한다. 이 규범복합체는 초개인적인 것이다. 이 주장은 주관적 권리로서의 기본권이 이미 객관적 제도로 형성되어 있는 생활관계 속에서 실현될 때에 기본권의 객관적·제도적 측면이 개인들을 의무지우며, 주관적 권리로서의 기본권을 형성하며 제한하고 한정하는 관계를 의미한다. 그러므로 개인적 자유는 제도로서의 자유의 상태 — 자유는 제도이다 — 로 존재하며 개인적인 자유는 제도적으로 보장된 생활관계 즉 기본권의 제도적 측면을 필요로 하고, 이는 기본권이념이 사회적 현실에서 실현됨을 뜻한다고 한다. 개인적인 자유는 그 자유를 지지해주고 만들어주는 객관적 법질서를 필요로 한다고 한다. 그리고 개인의 권리적 측면과 객관적인 측면은 서로 대등한 관계에서 상호 강화하며 영향을 미치는 관계에 있다고 본다. 또한 제도화된 기본권은 기본권 자체에 내재해 있던 고유법칙성(Eigengesetzlichkeit) 혹은 기본권 자체의 내재적 구성요소(immanente Bestandteil)이기 때문에 기본권 자체의 내재적 한계로 작용하고 이익형량이나 최소한의 법익형량의 과정과 통제 없이 제한이 가능하다고 본다. 3. **광의로 이해하는 견해** 객관적 법으로서의 기본권을 협의로 이해하는 견해들은 제도적 보장(C. Schmitt)이나, 국가통합(R. Smend) 혹은 초개인적 이익을 위한 기본권의 제도화(P. Häberle) 등 기본권 외의 다른 목적을 위한 제한적 의미로 이해하지만, 광의로 이해하는 견해들은 이보다 객관적 법으로서의 기본권내용을 더 넓게 확장하여 일반화하여 이해하면서도, 최광의로 이해하는 견해보다는 추상화의 정도에서 덜한 견해들이다. **M. Sachs**는 객관적 법으로서의 기본권의 내용을 주관적 권리로서의 기본권을 보장하는 데에 미치지 못하는 정도의 기속력을 가진, 주관적 권리로서의 기본권 이외의 효력을 나타내는 기본권의 객관적 측면을 주관적 권리로서의 기본권을 부여하지 않는 부분, 즉 '약화된, 강하지 않은, 단순히 원칙적인 기속력을 가진 기본권규범의 내용', '엄격하지 않은 의미의 기속력이 있는 기본권규범', 주관적 권리로서의 기본권을 '강화하고 보충하는', 주관적 권리로서의 기본권 이외의 '부가적인 규범요소'로 이해하여, '약화된 객관적 법으로서의 기본권내용'으로 이해하고 있다. **K. Hesse**는 객관적 법으로서의 기본권내용을 객관적 법질서의 요소로 이해하여, 사법분야(私法分野)를 포함하여 공동체의 모든 법질서의 구성요소로서 그 내용을 이룬다고 한다. 공동체의 전체 법질서는 구성원의 지위(Status)를 확실하게 하고 보호해주며 형성해주지만, 그 한계를 긋는 역할을 하며 또한 개인을 공동체의 일원이 되도록 공동체 내에 편입시키며 공동체의 기초를 형성한다고 한다. 또한 객관적 법으로서의 기본권은 이를 위하여 해석되어야 한다고 본다. 그리하여 공동체의 전체 법질서는 주관적 권리로서의 기본권들의 실현을 통하여 생명으로 채워졌을 때에 비로소 현실성을 얻는다고 한다. 국가공동체의 전체 법질서는 그 존재목적이 공동체의 이익과 개인의 주관적 권리로서의 기본권이 '상호 보완 · 강화되는 관계(gegenseitige Ergänzung und Verstärkung)'가 되도록 정서함으로써 공동체의 기초를 형성하게 되고 이것이 기본권의 객관적 측면의 내용이다. 4. **최광의로 이해하는 견해** **R. Alexy**의 견해에 의하면, 기본권의 객관적 측면은 주관적 권리로서의 기본권을 기본권권리자로부터 가능한 한 최대로 추상화하여, 기본권을 개인적인 권리자에 한정하지 아니하고 가능한 모든 영역에까지 실현하도록 의무화함으로써 얻어지는 것이다. 즉, 주관적 권리에 관계되는 모든 것들을 추상화하여 그 효력범위를 개인적인 차원에 머무르지 않게 넓히고 제한적인 주관적인 권리로서의 기본권의 범위를 추상화하여 객관적인 의무로 넓게 전환함으로써, 즉 최대로 추상화하여 주관적 권리로서의 기본권을 훨씬 더 넓은 의미의 기본권 내용을 실현할 의무로 전환하는 것이다. 객관적 법으로서의 기본권 내용은 그 자체로 가능한 한 최대한으로, 또 최적으로, 가능한 한 모든 영역에서, 가능한 한 효율적인 방법을 써서, 그리고 실현하여야 할 기본권 내용도 가능한 넓혀서 실현할 것을 의무화하는 것이다. 가장 단순화시키면, 기본권의 객관적 측면은 최고단계로 일반화 · 추상화된 기본권 혹은 기본권원칙으로서, '기본권을 실현하여야 한다'로 표현될 수 있다. 5. **결론** 기본권규범의 객관적 측면이란 모든 법규범들이 갖는 법규범내용을 실현할 의무를 뜻하는 것으로, 각 개인적인 영역, 즉 각 개인에게도 최적의 수준으로 주관적 권리로서의 기본권을 실현하라는 의무를 포함하고 있고, 그 결과 개인에게 최적의 수준의 주관적 권리로서의 기본권까지도 주어지게 된다. 기본권의 객관적 측면을 이와 같이 이해하게 되면, C. Schmitt, R. Smend, P. Häberle, K. Hesse 등의 이해와는 다르게 이해하는 것이다. C. Schmitt의 경우에는 오직 한정된 기본권에서만 객관적 측면을 인정하고 이를 제도적 보장으로 이해하고 있으며, R. Smend의 경우에는 기본권의 객관적 측면을 국민통합을 위한 것으로 이해하고, P. Häberle는 기본권의 객관적 측면이 주관적 권리로서의 기본권을 사회적 관련성을 위해 제한하는 원리로 이해하고 있으며, K. Hesse의 경우에는 기본권의 객관적 측면의 내용이 법질서의 요소로 해석되어 최종적으로 공동체의 기초를 형성하기 위한 것으로 이해한다. 결국, 기본권의 객관적 측면, 혹은 기본권의 객관적 가치질서성에 관한 논의는 기본권의 권리성과 그것이 보장되고 실현되어야 하는 법질서를 어떻게 관련시켜 설명할 것인가에 관한 견해 차이로 이해된다. 또한 기본권이라는 용어 자체의 이중성과도 관련된다고 생각된다. 독일어의 어법상 기본권이라는 말은 자연권으로서의 인권이 헌법질서에 편입되면서 만들어진 용어이고 이에는 권리라는 요소와 함께 그 권리가 실현되는 질서라는 요소를 포함하는 것으로 받아들여지는 것이다. 따라서 기본권은 개인의 입장에서는 주관적 권리의 요소를 당연히 가지지만, 그 권리가 보장되고 실현되는 질서가 없이는 기본권이라 할 수 없다. 이 질서는 개인의 몫이 아니라 그를 포함하여 다른 사인과 국가를 통해 형성되고 유지되는 것이기 때문에, 기본권은 개인에게는 주관적인 권리로서 그리고 다른 사인과 국가에게는 그것을 최대한으로 실현해야할 의무로 나타나게 된다. 개인의 주관적 권리를 포함하는 기본권규범의 효력은 동일한 기본권규범의 의무적인 측면이 국가로 하여금 그러한 주관적 권리를 보장하도록 하는 기속성을 포함하고 있으므로, 개인에게 권리를 보장하는 데에 그치지 아니하고 개인적 영역 및 사적 영역을 포함한 가능한 국가의 모든 영역에 기본권원칙이 실현되도록 기속한다. 따라서 기본권의 객관적 측면을 공동체 등을 위하여 기본권을 제한하는 원리로 이해할 것이 아니라, R. Alexy의 견해에 따라 기본권 내지 기본권원칙을 가능한 한 최대한, 즉 최적으로 실현하라는 의무로 이해하는 것이 타당하다. 기본권의 객관적 측면을 이처럼 이해할 경우 주관적 권리로서의 기본권의 제한은 공동체 등을 위한 제한이 아니라 기본권의 최적실현을 위한 불가피한 제한을 의미하는 것이고 또 그러한 한도 내에서만 정당화되고 허용되는 것이다. 6. **관련 문제** 1) **제도보장이론** 객관적 질서로서의 제도보장이론에서는 기본권의 보호보다도 제도의 유지가 목적이었기 때문에 상호간의 관련성을 염두에 두지 않았다. 2차 대전 이후의 새로운 이론전개에서는 객관법적 질서인 제도로부터 기본권이 도출될 수 있는가의 문제와 관련하여 제도규정으로부터 기본권유사의 권리들을 도출할 수 있는 것으로 본다. 2) **기본권의 방사효**(Ausstrahlungswirkung) 기본권의 객관법적 성격은 국가 및 사인을 구속하는 강제적 법규범으로서 공법영역 및 사법영역 모두에서 효력을 가진다. 즉, 기본권의 객관적 측면으로서 국가 및 사인의 기본권실현의무는 공법과 사법의 전 영역에서 타당하다. 3) **기본권충돌과 국가의 해결의무** 사법상의 법률주체들 사이에서 각각의 이익을 실현하려는 경우에는 기본권 간의 충돌이 야기될 수 있고, 이 때 국가는 기본권의 객관법적 성격, 즉 기본권을 실현할 의무에 기하여 개입의무를 지게 된다. 4) **국가의 기본권보호의무** 기본권의 객관법적 성격은 국가의 기본권보호의무의 근거로 주장되기도 한다. 국가의 기본권보호의무를 기본권의 객관법적 성격에 근거한다고 볼 때, 기본권에 대한 국가의 지위는 종전의 자유권에 대한 소극적 지위에 머무르는 것이 아니라 적극적으로 기본권을 실현하고 보호해야할 의무의 주체로 성립될 수 있다. 5) **기관과 절차에 대한 기본권의 효력 문제** 기본권의 객관법적 측면은 일반 기본권과 절차적 기본권에서도 특별한 기관과 절차를 통하여 기본권이 실현될 수 있도록 할 의무를 부여한다. 국가기관은 실체적인 기본권들을 준수하여야 할 의무 뿐만 아니라 관련되는 절차형성을 통해 기본권을 효과적으로 기능할 수 있도록 해야할 의무를 진다. 관련 절차법이 기본권의 효과적인 기능에 부적합한 경우에는 기본권의 본질적인 내용을 침해할 수 있다. 7. **우리나라 헌법재판소의 입장** 우리나라 헌법재판소는 기본권의 주관적 공권성과 객관적 법질서성이라는 기본권의 이중성을 인정하는 입장을 보여주고 있다. 헌법재판소는 「국민의 기본권은 국가권력에 의하여 침해되어서는 아니된다는 의미에서 소극적 방어권으로서의 의미를 가지고 있을 뿐만 아니라, 헌법 제10조에서 국가는 개인이 가지는 불가침의 기본적 인권을 확인하고 이를 보장할 의무를 진다고 선언함으로써, 국가는 나아가 적극적으로 국민의 기본권을 보호할 의무를 부담하고 있다는 의미에서 기본권은 국가권력에 대한 객관적 규범 내지 가치질서로서의 의미를 함께 갖는다. 객관적 가치질서로서의 기본권은 입법·사법·행정의 모든 국가기능의 방향을 제시하는 지침으로서 작용하므로, 국가기관에게 기본권의 객관적 내용을 실현할 의무를 부여한다.」고 하여(헌재 1995.6.29. 93헌바45), 기본권의 객관적 가치질서 혹은 객관법적 성격을 국가의 기본권실현의무를 부여하는 성격으로 이해한다. 다만, 헌법재판소 결정 중에는 기본권과 헌법상의 질서원리를 대비하여 이중성을 인정하는 듯한 결정도 있다. 즉, 「직업선택 혹은 수행의 자유는 각자의 생활의 기본적 수요를 충족시키는 방편이 되고, 또한 개성신장의 바탕이 된다는 점에서 주관적 공권으로서의 성격이 두드러지는 것이기는 하나, 다른 한편으로는 국민 개개인이 선택한 직업의 수행에 의하여 국가의 사회질서와 경제질서가 형성된다는 점에서 사회적 시장경제질서라고 하는 객관적 법질서의 구성요소이기도 하다.」라고 하여(헌재 1996.8.29. 94헌마113), 기본권의 이중성을 인정하는 듯한 결정을 내리고 있다. 또한 집회의 자유는 「주관적 권리로서의 성격을 가지는 동시에, 자유민주주의를 실현하려는 사회공동체에 있어서 불가결한 객관적 가치질서로서의 성격을 아울러 가진다.」고 하였다(헌재 2016.9.29. 2014헌가3). 그러나 이 때의 객관적 법질서(가치질서)가 무엇을 의미하는 것인지는 명확하지 않다. 국가와 사인에게 기본권실현의무를 부과한다는 의미로 기본권의 객관법적 측면을 이해하는 관점에서 본다면, 직업의 자유라는 기본권을 최대한으로 보장하기 위한 국가의 실현의무를 부여하는 것이 직업의 자유라는 기본권의 객관적 가치질서 혹은 객관법적 측면이므로, 직업의 자유를 사회적 시장경제질서의 구성요소로서 이해하는 것은 기본권의 이중성과는 무관한 것이다.

객관적 규범통제客觀的 規範統制 ㉳ objective norm-control, ㉢ objektive Normenkontrolle. 법률을 위헌으로 판단할 경우, 구체적 규범통제제도에서는 동 법률을 당해사건에 적용하는 것을 배제하여 개별적 효력을 갖게 하는 것이지만, 위헌으로 결정된 법률 또는 법률조항의 일반적 효력을 부인하여 효력을 상실시킬 수도 있다. 전자는 구체적인 사건에서 주관적인 권리구제에 중점을 두는 것이고, 후자는 위헌으로 결정된 법률의 일반적 효력 내지 대세적 효력을 부인하여 동 법률 또는 법률조항을 반복하여 적용하지 못하게 하는 것이다. 미국의 경우에도 위헌법률심사는 구체적인 사건에 당해규범을 적용하지 못하게 함이 원칙이지만, 동 법률 또는 법률조항을 일반적으로 효력상실하게 하는 선언적 판결(declaratory judgment)이 가능하다.

객관적 법규범客觀的 法規範 1. 법규범 중에서 개인의 주관적 권리가 아니라 **객관적인 법제도 혹은 법질서**로서의 성격을 가지는 것. 헌법에 의하여 일정한 제도가 보장되면 입법자는 그 제도를 설정하고 유지할 입법의무를 지게 되고 이에 따라 제정된 법규범은 그 자체 개인의 주관적 권리를 직접 보호하기 위한 것이 아니라 제도 자체의 최소한의 존립을 위하여 정해지는 것이므로 주관적 법규범으로서보다는 객관적 법규범으로서 기능하게 된다(헌재 1997. 4.24. 95헌바48 참조). 2. **객관적 법질서 혹은 객관적 규범질서**와 같은 의미로 써서, 주관적 권리와 객관적 법제도 전반을 포함하는, 공동체의 전체 법치주의(법치국가)적 질서를 의미한다. 객관법적 질서(objektivrechtliche Ordnung)라고 쓰이기도 한다. ➜ 기본권의 성격. ➜ 객관적 가치질서.

객관적 소송/쟁송客觀的 訴訟/爭訟 1. 개인의 주관적 권리구제를 위한 소송이 아니라 기본권보장을 포함하는 **공동체의 법질서의 확립과 보호를 위한 소송**을 일컫는다. 구체적 규범통제의 경우, 개인의 구체적 권리의 구제를 위하여 행해지지만, 당해소송에서 위헌으로 판단된 법률 혹은 법률조항의 효력을 무효로 함으로써 판결의 일반적 효력(一般的 效力) 내지 대세적 효력(對世的 效力)을 부여하여 동 법률 혹은 법률조항이 더 이상 적용되지 않도록 하는 경우 객관적 소송으로서의 성격을 갖는다. 2. **행정쟁송법**에서 권리구제와는 상관없이 당사자의 권리·이익의 침해를 요건으로 하지 않고 행정법규의 정당한 적용만을 목적으로 하는 공익상의 필요에서 제기하는 소송을 말한다. 민중소송(民衆訴訟)이나 기관소송(機關訴訟)이 이에 해당한다. ➜ 행정쟁송제도.

객관적·체계적 해석 ㊀독 objektive-systematische Interpretation. ➜ 헌법의 해석.

거듭처벌금지의 원칙 ➜ 일사부재리의 원칙.

거소투표居所投票 ㊀영 abode polling/abode ballot/abode voting. 투표소에 직접 가지 않고 거주하는 곳에서 우편으로 투표할 수 있는 부재자투표의 한 종류이다. 공직선거법 소정의 사항에 해당하는 사람은 선거인명부작성기간 중 거소투표신고를 한 후, 투표용지를 송부받아 기표한 후 회송용 봉투에 봉함하여 등기우편으로 발송한다(공직선거법 제38조 및 제158조의2 참조). 거소에서 기표하기 때문에 유권자의 의사가 왜곡될 우려가 있다는 비판이 있다.

거주요건居住要件, **선거에서의**- 국가와 지방자치단체의 선거에서 피선거권자에게 요구되는 요건으로서, 국내 혹은 당해 지방자치단체 내에 일정기간 거주할 것을 요건으로 하는 것. 대통령선거에서는 선거일 현재 5년 이상의 국내거주가 요건으로 되어 있다(공직선거법 제16조 제1항). 대통령후보자의 국내거주요건은 1962년 헌법부터 1980년 헌법까지는 헌법에서 직접 규정하였으나, 1987년 헌법에서 이를 삭제하고 법률로 규정하였다. 따라서 헌법에서 규정하지 않는 입후보제한사항을 법률에서 규정하고 있다는 점에서 위헌의 소지가 있다.

거주·이전居住·移轉**의 자유** ㊀영 freedom of residence and movement, freedom to live or travel or study where one likes, ㊀독 Recht auf Freizügigkeit, ㊀프 liberté d'aller et de venir/liberté de circulation. 1. **의의** 헌법 제14조는 「모든 국민은 거주·이전의 자유를 가진다.」고 규정하고 있다. 거주·이전의 자유는 모든 국민이 자신이 원하는 장소에 주소나 거소를 정하고 이를 이전하거나, 그 의사에 반하여 거주지를 이전당하지 않을 자유이다. 거주·이전의 자유는 인간의 사회·경제적 활동을 위하여 필요한 요소이며 특히 자본주의사회에서 경제적 활동과 직접 관련되므로, 거주·이전의 자유는 사회·경제적 자유로서의 성격을 가진다. 개인의 신체이동이라는 점에서 신체의 자유와도 직접적으로 관련된다. 개인의 사적 활동의 보장이라는 점에서 사생활의 보호영역이라고도 할 수 있지만, 순수한 사적 영역의 보호라기보다는 자유로운 사회 · 경제적 활동을 보장하는 데에 중점이 있다. 거주란 일정한 곳에 자리를 잡고 머물러 사는 것을 말하며, 헌법 제16조의 주거와는 구별된다. 이전은 자신이 머무는 곳을 옮기는 행위를 의미한다. 1919년의 바이마르 헌법에서 처음으로 명문화되었다. 우리나라 헌법에서는 1948년 헌법부터 계속 규정되어왔다. 2. **법적 성격** 거주 · 이전의 자유는 주관적 공권으로서 복합적 성격의 자유이다. 즉, 인신의 자유로서의 성격과 경제적 기본권으로서의 성격을 아울러 가지고 있다. 3. **주체** 거주 · 이전의 자유의 주체는 원칙적으로 내국인이다. 자연인 뿐만 아니라 법인이나 단체도 포함된다. 외국인에 대해서는 출입국관리법 등을 통하여 제한된다. 외국인 중 외국국적동포 즉 대한민국 정부수립 이전에 국외로 이주한 동포를 포함하여 대한민국국적을 보유하였던 자 또는 그 직계비속으로서 외국국적을 취득한 자 중 대통령령이 정하는 자의 출입국과 국내에서의 체류에 대해서는 「재외동포의 출입국과 법적 지위에 관한 법률」로 규율하고 있다. 북한주민의 경우 영토조항과의 관계에서 대한민국 헌법상 거주 · 이전의 자유의 주체가 되며, 해외에서 대한민국 영역 내로 입국할 수 있는 권리를 가진다고 볼 수 있다. 다만, 남북한 관계에 관한 견해에 따라 달리 볼 수도 있지만, 남북한의 관계를 어떻게 보든지 간에 북한 주민은 대한민국의 국민으로 보아 헌법상의 거주 · 이전의 자유를 인정함이 타당하다. 4. **내용** 이에는 크게 국내 거주 · 이전의 자유와 국외 거주 · 이전의 자유로 나누어 볼 수 있다. 1) **국내 거주 · 이전의 자유**는 대한민국 영역 내에서 주소, 거소, 현재지를 자유롭게 정하고 옮길 수 있는 자유이다. 북한지역도 대한민국의 영토이므로 북한지역에도 자유로이 거주 · 이전할 수 있다고 보아야 하지만, 현실적으로 대한민국의 헌법이 효력을 미치지 못하므로 인정되지 않으며, 오히려 국가보안법상 잠입 · 탈출죄(동법 제6조)를 구성할 수 있다. 다만, 남북교류협력에 관한 법률에 따라 통일부장관의 승인을 얻으면 북한을 방문할 수 있다(동법 제9조). 2) **국외 거주 · 이전의 자유**는 국외이주의 자유, 해외여행의 자유 및 귀국(입국)의 자유를 포함한다. 국외이주는 대한민국의 통치권이 미치지 않는 지역으로 자유로이 이주하는 것을 말하며, 외국에서의 영주나 장기간체류를 포함한다. 해외여행의 자유는 대한민국의 통치권이 미치지 않는 다른 나라로 여행하는 자유이며, 출국의 자유를 전제로 한다. 또한 입국의 자유도 보장된다. 국적이탈의 자유 내지 국적변경의 자유는 대한민국국적을 버리고 외국국적을 취득할 수 있는 자유를 말한다. 그러나 무국적의 자유는 허용되지 않는다. 국적이탈허가는 기속행위이므로 병역기피의도가 있음을 이유로 한 법무부의 불허처분이 부적법하다고 함이 대법원판례이다(대판 2000.12.22. 99두2826). 자진하여 대한민국국적을 포기하고 외국국적을 취득한 경우 대한민국국적을 상실하도록 한 국적법 제15조 제1항은 과잉금지원칙에 위배되지 아니하고 거주 · 이전의 자유 및 행복추구권을 침해하지도 않는다고 함이 헌법재판소결정이다(헌재 2014.6.26. 2011헌마502). 3) **이동의 자유의 문제** 한 곳에서 다른 곳으로 일시적으로 이동할 자유에 관하여 헌법재판소는 과거 거주 · 이전을 거주지와 체류지를 중심으로 그러한 장소의 설정과 이전을 강제당하지 않을 자유로 보아, 거주 · 이전의 자유에 포함되는 것으로 이해하였으나(헌재 1996.6.26. 96헌마200; 2004.10.28. 2003헌가18), 이 후 거주 · 이전의 자유를 생활형성의 중심지를 선택하고 변경하는 행위를 보호하는 자유라 하여, 이동의 자유를 이전의 자유로 포섭하지 아니하고 일반적 행동의 자유로 이해하고 있다(헌재 2011.6.30. 2009헌마406(서울광장

차폐사건)). 여행의 자유를 이전의 자유로 보는 것과 같이, 이동의 자유도 이전의 자유로 이해함이 타당하다. 5. **제한과 한계** 거주·이전의 자유도 헌법 제37조 제2항에 따른 제한을 받는다. 국가안전보장을 위한 제한으로, 계엄법상 계엄사령관의 특별조치(계엄법 제9조), 군사시설에의 출입제한·강제퇴거(군사시설보호법 제7·9조) 등을 들 수 있고, 질서유지를 위한 제한으로 형사소송법상 형사피고인의 주거제한(동법 제101조 제1항), 구 사회보호법(2005년 폐지)상 보호처분(동법 제3조), 경찰관직무집행법과 소년법상 보호조치, 보호처분(경찰관직무집행법 제4조; 소년법 제32조), 소방법상 강제처분(동법 제55조) 등을 들 수 있다. 공공복리를 위한 제한으로 감염병의 예방 및 관리에 관한 법률과 마약류관리법상의 환자의 강제수용 및 치료(감염병의 예방 및 관리에 관한 법률 제42조; 마약류관리에 관한 법률 제40조), 결핵예방법상 결핵환자 및 보균자 입원(동법 제25조), 민법상 부모의 거소지정권(동법 제914조), 부부 동거의무(동법 제826조 제1항) 등이 있다. 특수신분관계에 있는 자들도 관련법률에 의해 규율된다. 국외 거주·이전의 자유와 관련하여 해외이주법, 출입국관리법, 여권법 등으로 규율하고 있다.

건강권健康權 **= 보건권**保健權 ㉮ right to health, ㉯ Recht auf Gesundheit, ㉰ droit à la santé. 1. **개설** 1) **의의** 건강권은 보건권과 동의어로 사용되고 있다. '건강(health)'의 사전적 의미는 사람이 주위환경에 계속적으로 잘 대처해 나갈 수 있는 신체적·감정적·정신적·사회적 능력의 정도를 말하며, 적극적으로 완전한 신체적·정신적·사회적 안녕의 상태를 의미하고, 단지 질병이 없거나 허약하지 않은 소극적인 의미에 그치지 아니한다. 건강은 생존의 목적이 아닌, 일상생활에 잘 대처할 수 있는 능력을 말하는 것으로 신체적 역량뿐만 아니라, 사회적·개인적 대처능력을 강조하는 긍정개념이며, 정신적·육체적인 이상(異常)의 유무를 주된 관점으로 본 몸의 상태나 몸에 탈이 없고 튼튼함을 말한다. 1948년에 창설된 WHO(World Health Organization)는, 건강을 완전한 신체적, 정신적 상태 및 사회적 안녕을 의미하며, 단순히 질병이나 허약(infirmity)이 없는 것만을 의미하는 것은 아니라고 정의하였다가, 1986년 건강증진을 위한 오타와 헌장(Ottawa Charter for Health Promotion)에서 다시 이전의 개념규정에서 '완전한'이라는 용어를 삭제하여, 건강이란 삶의 목표가 아닌, 일상적인 생활을 위한 수단이며, 건강은 신체적 능력은 물론 사회적·개인적 수단을 강조하는 적극적 개념이라고 규정하였다. 이후 WHO는 1998년 육체적, 정신적, 사회적 관점에서의 건강에 대한 정의에 '영적 안녕(spiritual well-being)' 부분을 새로이 추가함으로써, 건강을 정의함에 있어 4가지 영역을 동시에 고려하였다. 건강개념을 보건학적으로 이해하는 입장에서는 WHO의 개념을 그대로 차용하고 있지만, 헌법학에서는 명확하게 정의되고 있지 않다. 오히려 건강이 무엇인지에 대하여 적극적으로 정의하려고 하기보다는 헌법상 건강권에서 구체적으로 도출될 수 있는 여러 가지 권리들을 찾아내고 그러한 내용을 종합하여 건강은 어떠한 모습으로 헌법적으로 구현되고 있는지를 이해하는 것이 적절하다. 2) **헌법적 근거** (1) **간접적 근거** 헌법상 명시되어 있지는 않지만, 대다수 견해들은 헌법상 건강권의 존재를 인정하고 있다. 건강권의 근거로서 그 근거규정으로는'인간다운 생활을 할 권리'에 관한 헌법 제34조 제1항, '환경권'에 관한 헌법 제35조 제1항, '국가의 국민보건보호'에 관한 헌법 제36조 제3항 등이 제시된다. 또한 인간의 존엄과 신체를 훼손당하지 아니할 권리에 관한 헌법 제10조 제1문이나 헌법 제12조 내지 제13조도 보건권의 근거규정으로 언급되기도 한다. (2) **직접적 근거** 인간다운 생활을 할 권리의 내용으로 건강권을 파악하는 견해에서는 질병을 사회적 위험으로 보아 이로부터의 보호와 건강증진은 국가적 · 사회보장적 과제라 강조하며 헌법 제34조 제1항의 사회보장권의 일부로 건강권이 도출된다고 한다. 또한 헌법 제36조 제3항은 「모든 국민은 보건에 관하여 국가의 보호를 받는다.」라고 규정하고 있다. 이 규정에서는 '건강'이라는 용어 대신에 '보건'이라는 용어를, '권리를 가진다.'는 표현이 아니라 '국가의 보호를 받는다.'는 표현을 사용하고는 있으나, '보건'이라 함은 국민이 자신의 건강을 유지하며 생활하는 것으로서 '건강'이라는 개념과 동일하며, 헌법이 비록 '보건에 관한 권리를 가진다.'라고 규정하지 아니하고, '국가의 보호를 받는다.'라고 규정하고 있다고 하더라도 이는 국민의 건강에 대한 국가의 보호의무를 정하고 있는 동시에 일정한 범위에서의 건강권을 보장하고 있는 것이라고 보아야 한다. **헌법재판소**도, 「헌법 제36조 제3항이 규정하고 있는 국민의 보건에 관한 권리는 국민이 자신의 건강을 유지하는 데 필요한 국가적 급부와 배려를 요구할 수 있는 권리를 말하는 것으로서, 국가는 국민의 건강을 소극적으로 침해하여서는 아니 될 의무를 부담하는 것에서 한걸음 더 나아가 적극적으로 국민의 보건을 위한 정책을 수립하고 시행하여야 할 의무를 부담한다는 것을 의미한다.」고 판시한바 있다(헌재 1995.4.20. 91헌바11; 2009.11.26. 2007헌마734). 개별법령에서는 「건강가정기본법」, 「건강검진기본법」, 「국민건강증진법」 등에서 '건강'이라는 용어를 사용하고 있다. **2. 연혁** 국제법상의 건강권의 법원(法源)은, 통상 비차별적 건강권에 대한 세계인권선언(The Universal Declaration of Human Right, 1948)과 그 실현을 보다 구체적으로 명시한 경제적 · 사회적 및 문화적 권리에 관한 국제규약(International Covenant on Economic, Social and Cultural Rights, ICESCR, 1966)에서 찾는다. 그런데, 국가별 사회문화적 배경의 차이에 따라, 건강권의 이러한 국제법상 법원적 의의는, 국내법에서의 기본권으로서 해석됨에 있어서 차이를 유발하고, 따라서 국가별 서로 다른 형태의 헌법, 노동법, 의료관련법령 및 건강보험/의료보호법 등의 발전양상으로 표명되었다. 그러므로, 국가별 기본권으로서의 건강권과 의료접근권에 대한 접근은, 그 사회의 다양한 가치와 의식에 대한 이해를 토대로 하여야 하며, 획일적 기준을 적용하여서는 안된다. 3. **내용** 1) **사회복지학적 견해** 건강권은 사회복지학적 측면에서는 세 가지 측면에서 이해할 수 있다. 이는 ① 건강할 권리(right to health), ② 건강 돌봄을 받을 권리(right to health care), ③ 건강 돌봄 과정에서의 권리(right in health care)가 그것이다. 건강권을 구체적 기본권으로 인정하고 확보하려 한다면 재원과 전달체계 등 의료서비스를 제공하는 기재를 시장원리에 맡긴다면 권리로서의 보장은 어렵다. 건강을 권리로 인정하기 위해서는 정책 내지 내용을 결정하는 과정에서 보건의료서비스 공급자와 관리 조정자의 협의가 충분히 이루어지는 것뿐만 아니라 서비스 이용자들의 참여를 보장해야 한다. 2) **헌법학적 견해** (1) 건강권(보건권)은 소극적으로는 국가에 대하여 자신의 건강을 침해당하지 않을 권리와 적극적으로는 국가에 대하여 보건을 유지하도록 요구할 수 있는 권리를 포함한다. 국가의 건강침해금지와 관련하여서는 국민의 신체에 대한 강제적 의학실험 · 예방접종 · 불임시술 등을 금지하는 것이 이에 해당하고, 적극적 보호의무로는 위생시설의 설비 · 주택개량 · 식품유통과정에 대한 관리 감시 · 마약단속 · 의약품의 오 · 남용의 방지 등이 있다.

미국산 쇠고기 및 쇠고기 제품 수입위생조건 위헌확인 사건(헌재 2008.12.26. 2008헌마419 등)은 건강권의 소극적 의미로서의 건강침해행위 배제권이 포착될 수 있는 사건이었다. (2) 보건에 관한 권리는 국민이 자신의 건강생활에 대해서 국가의 보호를 받을 수 있는 것을 그 내용으로 한다. 구체적으로는 국가권력에 의한 건강생활의 침해금지와 보건생활의 침해에 대한 국가의 적극적인 보호의무를 그 내용으로 한다. 국가의 적극적인 보호의무는 기본권의 객관적 가치질서로서의 성격에서 나오는 것이기 때문에 국가는 단순한 소극적인 침해금지만으로 만족해서는 안 되고 국민보건을 위해서 필요한 적극적인 시책을 펴나가야 할 의무를 진다. (3) 건강권은 국민이 국가를 상대로 자신과 가족의 건강한 생활을 침해하지 않을 것을 요구하고 나아가 국가에게 건강한 생활의 유지에 필요한 급부와 배려를 요구할 수 있는 권리이다. 헌법 제36조 제3항과 연관하여 건강권을 이해할 때, 건강권은 보건에 관한 국가의 보호 의무만을 의미하는 것이 아니라 주관적 공권이면서 동시에 객관적 가치질서의 성격을 가진다. 주관적 공권으로서의 건강권은 공권력에 의한 건강침해에 대한 방어적 성격을 가짐과 동시에 적극적인 배려로서 국가에 대하여 국민의 위생과 건강을 유지하는 데 필요한 시설이나 환경을 요구할 수 있는 사회적 기본권으로서의 성격을 지닌다. '건강권의 침해'란 현실적인 침해상태는 물론 그 전 단계로서의 '침해가능성', 즉 '건강침해의 잠재적 위험성'도 포함한다고 보아야 한다. 따라서 건강권의 내용에는 건강에 대한 침해행위금지, 자신의 건강에 대한 관리통제, 건강한 생활환경의 조성요구는 물론 '건강침해의 위험성이 있는 제 행위의 배제요구'도 포함된다는 것을 의미한다. 헌법재판소는 미국산 쇠고기 및 쇠고기 제품 수입위생조건 위헌확인 사건에서 청구인들이 침해당하였다고 주장하는 기본권을 헌법 제36조 제3항에 근거하는 것으로 판단하면서, 건강권을 규정하고 있는 우리 헌법 제36조 제3항이 모든 국민은 보건에 관하여 국가의 보호를 받는다는 형식에 주목하고, 국가가 국민의 생명·신체의 안전에 대한 보호의무를 다하지 않았는지 여부를 헌법재판소가 심사할 때에는 국가가 이를 보호하기 위하여 적어도 적절하고 효율적인 최소한의 보호조치를 취하였는가 하는 이른바 '과소보호금지원칙'의 위반 여부를 기준으로 삼아, 국민의 생명·신체의 안전을 보호하기 위한 조치가 필요한 상황인데도 국가가 아무런 보호조치를 취하지 않았든지 아니면 취한 조치가 법익을 보호하기에 전적으로 부적합하거나 매우 불충분한 것임이 명백한 경우에 한하여 국가의 보호의무의 위반을 확인하여야 한다(헌재 2008.12.26. 2008헌마419)고 판시하여 위 사안을 국민이 국가에 대하여 적극적으로 요구하는 차원으로서의 건강권의 사회권적 성격에 근거하여 기본권침해여부를 판단하였다. 4. **건강권과 의료보장체계** 헌법상 건강권을 구체화하는 것은 의료보장체계를 통해서이다. 의료보장체계는 국민보건제도(National Health Service: NHS)와 의료보험 또는 질병보험(Medical Insurance/ Sickness Insurance)으로 대별된다. 우리나라의 경우는 위 두 가지 제도 중 의료보험제도를 입법적으로 선택하고 있다.

건국강령建國綱領 대한민국 임시정부에서 1941.11.28. 새 민주독립국가의 건설을 위하여 포고한 강령이다. 대한민국 임시정부 공보 제72호(1941.12.8. 간행)에 실려 있다. 이를 기초한 사람은 조소앙(趙素昂, 1887-1958)이고, 국무회의에서 약간의 수정을 거쳐 발표되었다. 대한민국 임시정부는 1919.「대한민국 임시헌장」을 통해 민주공화국 수립이라는 독립운동의 대원칙을 천명하였고, 1931.4.「대한민국 임시정부 선언」을 발표하여 개략적인 독립 후 국가 건설계획을 밝혔다. 나아가 태평양 전쟁 발발이 가시화되는 시점에 일제의 패망을 전망하면서 일제로부터 국토와 주권을 되찾아 민족국가를 건설하기 위한 구체적 계획을 세워 발표한 것이 바로 「대한민국 건국강령」이었다. 건국강령은 총강(總綱) · 복국(復國) · 건국(建國)의 3장으로 구성되어 있다. 제1장 '총강'에서는 민족국가 건설의 방향을 제시하였고, 제2장 '복국'에서는 독립운동의 단계와 임무를 3단계로 구분하여 규정하였다. 제3장 '건국'에서는 대한민국 임시정부가 해방 이후 어떤 국가를 만들고자 했는지 잘 드러내고 있는데, 정체는 민주공화국이고 균등사회를 실현한다는 전제 아래 이를 위한 구체적이고 세부적인 방안을 정리해 놓았다. 전체적으로는 강령을 기초한 조소앙의 삼균주의에 바탕하고 있으며, 당시 중국 관내 지역 독립운동 세력을 통일해 가는 과정에서 작성되었기 때문에 이념적으로는 좌우를 망라한 통일된 민족국가 건설을 구상하고 있다. ➜ 삼균주의.

건국헌법建國憲法 이 표현은 대한민국헌정사의 시적 범위의 문제와 관련된다. 즉, 대한민국헌정사를 1948년에까지만 소급하고 그 이전의 헌정사, 즉 대한제국, 대한민국임시정부, 미군정기를 대한민국 헌정사에 포함시키지 않는 입장에서, 1948년 헌법을 대한민국을 건국한 최초의 헌법으로 보아 '건국헌법'으로 칭하는 것이다. 그러나 이러한 표현은 자칫 현재의 대한민국을 2차 대전 이후 분단된 상황 하에서 미군정기의 권력을 승계한 것으로 오해할 수 있고, 일제강점기의 불법성을 전혀 인정하지 못하는 결과로 될 수 있다. 그리고 헌법상 영토규정에 대한 해석이나 북한의 헌법상 지위와 관련하여 역사적 사실을 왜곡하거나 논리적 일관성을 갖지 못하는 문제점이 있다. ➜ 대한민국 헌정의 연속성. ➜ 제헌헌법.

건설적(구성적) 불신임투표제도建設的(構成的) 不信任投票制度 ㊈ constructive vote of no confidence, ㊍ konstruktives Mißtrauensvotum, ㊉ motion de censure constructive. 1. **의의** 차기수상을 연방의회 재적의원 과반수의 찬성으로 미리 선임하지 않고는 정부를 불신임하지 못하게 하는 제도로서 독일식 의원내각제 특유의 제도이다. ➜ 독일식 의원내각제. 2. **연혁** 이원정부제적 정부형태를 가졌던 바이마르공화국 헌법은 제54조에서 내각불신임제를 규정하였다. 그러나 다수의 군소정당에 의한 다당제구조를 가졌던 탓에 각 정당의 이해관계에 따라 서로 다른 정치적 이유에 근거하더라도 정부불신임에만 동의하게 되면 쉽게 불신임의 결과를 낳을 수 있게 되었고, 그에 따라 정국의 불안정과 독재자의 출현으로 귀결되었다. 불신임을 표시하는 단순한 일치(부정적 · 소극적 일치)에 그 근거를 두어 대부분 논리적 · 법적 · 정치적으로 무가치이지만, 결과에 있어서는 결정적인 국법행위로 되는 것이고, 장래의 정부구성을 위한 행위라기보다는 단순히 현 정부에 대한 방해행위에 그친다고 평가되었다(C. Schmitt). 이를 일컬어 '파괴적 불신임투표제(distruktives Mißtrauensvotum)'라 일컫는다. 2차 대전 이후 바이마르헌법상의 파괴적 불신임투표제에 대한 반성으로 여러 주(Land)에서 주 정부형태에 대한 다양한 안들이 제시되었고, 연방의 정부형태에 대한 숙고를 거쳐 기본법 제67조에서 새로운 합리적인 정부불신임제가 규정되었다. 후임수상의 선출이라는 적극적 일치를 내각에 대한 불신임의 전제로 한 것이다. 이를 '건설적 불신임투표제'로 부르게 되었다. 대다수의 주 헌법에서도 이를 채택하고 있다. 3. **내용** 건설적 불신임투표제는 두 가지 측면에서 작동된다. 즉, 의회에서 정부(수상)를 불신임하는 경우(기본법 제67조)와 수상이 자신에 대한 신임여부를 의회에 묻는 경우(기본법 제68조)이다. 전자는 의원내각제에 고유한 정부불신임권의 제도화이고 후자는 이에 대응하는 수상의 의회해산권의 제도화이다. 건설적 불신임투표의 발의(發議)는 연방하원 재적의원 1/4 이상, 혹은 1/4 이상으로 구성되는 교섭단체(Fraktion)가 지명한 연방수상후보를 새로운 연방수상으로 선출할 것을 제안함으로써 시작된다(Geschäftsordnung des Deutschen Bundestages BTGO(1980), § 97). 제안과 후임자선출 사이에 48시간의 숙고기간을 둔다(기본법 제67조 제2항). 차기 수상후보가 재적의원 과반수의 찬성으로 선출되면 연방의회는 연방대통령에게 현직 연방수상의 해임을 요청할 수 있으며, 연방대통령은 이에 따라 현직 연방수상을 해임하고 선출된 자를 임명하여야 한다(기본법 제67조 제1항). 차기 수상후보가 재적의원과반수의 획득에 실패한 경우에는 불신임안은 자동적으로 부결된 것으로 보며 더 이상의 절차진행은 없다. 불신임의 대상은 현직 연방수상에 국한된다. 개별각료에 대해서는 불신임이 인정되지 않지만, 불신임이 아니더라도 연방수상이나 개별각료에 대해서 비난결의(Mißbilligungsbeschlüße)를 할 수 있다는 것이 일반적인 견해이다. 건설적 불신임제는 연방수상이 자신의 신임여부를 연방의회에 물어 그 신임을 얻지 못하는 경우에 연방의회를 해산할 수 있도록 하는 데에도 나타나 있다. 기본법 제68조 제1항은 이를 명시하여, 「신임을 요구하는 연방수상의 제안이 연방의회의원 과반수의 찬성을 얻지 못할 때에는 연방대통령은 연방수상의 제청으로 21일 이내에 연방의회를 해산할 수 있다. 해산권은 연방의회가 다른 연방수상을 선출하면 즉시 소멸한다.」고 규정하고 있다. 이 신임요구권은 내각의 동의를 요하지 않고 연방수상의 단독결정에 따른다. 제안과 투표 사이에 48시간의 숙고기간이 필요하다(기본법 제68조 제2항). 연방수상의 신임요구에 대해 연방의회가 거부할 경우, 연방수상은 연방대통령에게 연방의회해산을 요구하거나 입법긴급사태의 선언(기본법 제81조)을 요구할 수 있다. ➜ 입법긴급사태. 4. **실제사례** 건설적 불신임투표는 독일헌정 실제에서 두 번 있었다. 첫 번째는 1972.4.27. 야당이 연방수상 브란트에 대해 발의한 불신임투표제안이었는데, 과반수를 얻지 못하여 부결되었다. 두 번째는 1982.10.1. 헬무트 슈미트 수상에 대해 발의한 불신임투표제안이었는데, 차기 연방수상으로 콜이 선출됨으로써 슈미트수상을 퇴임시키고 정권교체에 성공하였다. ➜ 의원내각제.

검열檢閱 언론 · 출판 · 예술 등의 분야에 대한 표현내용을 공권력에 의하여 검사, 열람하는 행정제도를 말한다. 헌법재판소는 「검열은 행정권이 주체가 되어 사상이나 의견 등이 발표되기 이전에 예방적 조치로서 그 내용을 심사, 선별하여 발표를 사전에 억제하는, 즉 허가받지 아니한 것의 발표를 금지하는 제도」로 정의하고 있다(헌재 1998.12.24. 96헌가23). 우리나라의 경우, 최초로 검열을 법으로 규정한 것은 1907년에 대한제국 법률 제1호로 제정, 공포된 「광무신문지법(光武新聞紙法)」이었다. 이 법은 제10조에서 「신문지는 매회 발행에 앞서 내부 및 관할 관청에 각 2부를 납부해야 한다.」고 명시하여, 신문에 기재해서는 안될 사항을 자세히 열거하고 있었다. 일제강점기에는 총독부가 처음에는 신문과 그 밖의 간행물을 모두 검열하였으나, 1919년의 3 · 1혁명 이후 무단정치에서 문화정치로 전환하면서 신문만을 사후검열로 바꾸었다. 광복 후 검열제도는 당연히 폐지되었으며 법에 따라 전시나 계엄령이 선포되는 비상사태하에서만 검열을 실시할 수 있게 되었다. 제3공화국 헌법에서는

「언론·출판에 대한 허가나 검열과 집회·결사에 대한 허가는 인정되지 아니한다. 다만, 공중도덕과 사회윤리를 위해서는 영화나 연예에 대한 검열을 할 수 있다.」고 규정하여(제18조 제2항) 헌법으로 금지하였으나, 제4공화국 헌법(유신헌법)에서는 이 금지규정을 삭제해 버렸고 제5공화국 헌법에서도 동일하였다. 현행헌법에서 다시 언론출판에 대한 허가나 검열은 인정되지 않는다는 규정을 두었고(제21조 제2항), 검열과 관련된 각종 법률들을 헌법에 맞추어 개정하였다. ➜ 표현의 자유.

검찰시민위원회檢察市民委員會 ㉧ Citizen Prosecutorial Committee. 검사의 공소제기, 불기소 처분, 구속취소, 구속영장재청구 등에 관한 의사결정 과정에서 국민의 의견을 직접 반영하여 수사의 공정성과 투명성을 제고하고 국민의 인권을 보장하기 위하여(검찰시민위원회 운영지침 제1조) 설치된 위원회이다. 2008년 '국민의 형사재판 참여에 관한 법률'이 시행되면서 형사재판에 있어서의 국민의 참여가 가능해지고, 더불어 검찰의 공소권의 행사과정에 국민이 참여할 수 있는 제도를 검찰에서 스스로 마련하였다. 유사한 외국의 사례로서는 미국의 대배심제도(grand jury system)와 일본의 검찰심사회제도를 들 수 있다. 미국의 대배심제도가 사전적 통제기능을 가진다면 일본의 검찰심사회는 사후적 통제기능을 가지며, 그 심의대상도 서로 다르다. 이와 비교하여 우리나라의 검찰시민위원회제도는 검사의 공소권행사에 대한 국민의 참여라는 측면에서 볼 때 미국의 대배심제도와 일본의 검찰심사회제도와 유사성이 있는 것처럼 보이나 구체적으로 공소제기 뿐만 아니라 불기소 처분의 적정성은 물론 나아가 구속취소와 구속영장의 재청구에 관한 적정성까지 대상범위에 넣고 있고, 사전심의를 한다는 점에서도 그 차이를 보이고 있다. 대검예규로 검찰시민위원회 운영지침(2010.7.2. 제정, 대검예규 제544호, 개정 2018.9.20. 제965호)이 상세히 규정하고 있다. 현재의 제도에 관해서는 심의요구의 주체, 위원회결정의 법적 구속력 여부, 심의대상사건의 범위, 심의기준 등에 관하여 개선의 필요성이 주장되고 있다.

검찰심사회檢察審査會 1. **의의** 검찰심사회제도는 일반 국민으로부터 선발된 11명의 검찰심사원에 의해 구성되는 검찰심사회가 검사의 불기소처분에 대한 상당여부를 심사하는 일본국의 제도이다. 1948년 검찰의 기소권 독점을 견제하고 범죄 피해자를 구제하기 위해 미국의 대배심제도 대신 도입한 기구이다. 거의 활성화되지 못하고 있다가 2004.5.28. 법률 제62호로 검찰심사회의 결정에 법적 구속력을 부여하는 것을 내용으로 하는 개정이 이루어졌고, 2009.5.21.부터 시행되어 현재에 이르고 있다. 제도의 목적은 공소권의 행사에 있어서 민의를 반영하여 그 적정을 도모하는 데에 있다. 범죄피해자나 고소·고발인의 신청으로 심사가 개시되는 것이 원칙이지만, 언론보도 등이 계기가 되어 개시되기도 한다. 2. **검찰심사원의 자격** 검찰심사회는 관할구역 내에서 중의원선거권을 가진 사람들 중 추첨을 통하여 선발된 11인의 심사위원과 11인의 보충원으로 구성된다. 이들을 검찰심사원이라 칭하며 재판소의 비상근직원으로서의 신분을 가지고 있다. 임기는 6개월이며, 3개월에 한 번씩 구성원이 바뀐다. 3. **직무** 검찰심사회의 직무는 첫째, 검사가 행한 불기소처분의 상당 여부를 심사하는 것, 둘째, 검찰직무의 개선에 관한 건의 및 권고를 하는 것으로 되어 있다. 이 중 무엇보다도 중요한 것은 검사의 불기소처분에 대한 심사여부라 할 수 있다. 또한 검찰심사회는 자율성과 심사의 공정성을 담보하기 위하여 독립하여 그 권한을 행사한다. 원칙적으로 과반수로 의결을 하는데, 기소

상당의 의결과 기소의결에 대해서는 8인 이상의 다수를 필요로 한다는 중요한 예외가 있다. 검찰심사회의 의결은 기소상당, 불기소부당, 불기소상당 등의 의결로 이루어진다. 먼저 기소상당의 의결은 검찰관이 당해 사건을 불기소한 부분에 대해 부당하다고 함에 그치지 않고, 기소하는 것이 상당하다고 판단될 때 내리는 결정으로서 검찰심사원 11명 중 8명 이상의 찬성이 필요하다. 이 의결이 내려진 경우에 검찰관은 신속하게 그 의결을 참고하여 기소함이 타당한지를 재검토한 후에 기소 또는 불기소의 처분을 하여야 한다. 여기서 다시금 불기소의 처분이 내려지게 되면 검찰심사회에 의한 제2단계의 심사가 진행되게 된다. 심사 후 다시 기소하여야 한다고 판단하면 기소의결이 이루어진다. 이 경우에는 기소의결의 의결서를 송부받은 지방재판소가 검찰관의 직무를 행할 변호사를 지정하고 이 변호사가 검찰관에 대신하여 공소를 제기하게 된다(강제기소제도). 그리고 불기소부당의 의결은 기소상당의 의결을 하는 경우 이외에 검찰관이 사건을 불기소한 것이 부당하다고 판단될 때 내리는 결정이다. 이 의결이 내려진 경우에 검찰관은 신속하게 그 의결을 참고하여 불기소처분의 상당 여부를 재검토한 후에 기소 또는 불기소의 처분을 하여야 한다. 여기서 다시금 불기소처분이 내려진다 하더라도 기소상당의 의결이 내려진 경우와는 달리 검찰심사회에 의한 제2단계의 심사는 진행되지 않는다. 마지막으로 불기소상당의 의결은 검찰관이 사건을 불기소처분을 한 것에 대해 상당하다고 판단한 경우에 내리는 결정이다. 4. **평가와 과제** 재판원제도의 도입과 함께 일본 형사법집행과정에 국민이 참여한다는 점에서 긍정적인 평가가 주를 이루지만, 검찰심사회의 심사대상이 불기소처분으로 한정하고 있다는 점과 기소상당의 결정을 제외한 검찰심사회의 결정에 대해서는 구속력을 인정하고 있지 않은 점, 그리고 피의자의 지위도 명확하지 않다는 점과 새로 도입된 변호사에 의한 공소제기 및 유지제도를 어떻게 운영할 것인지에 대한 실질적인 방안이 보다 요구되고 있다는 점은 앞으로도 풀어야 과제로 남아 있다.

검찰청檢察廳 [영] prosecutor's office, [독] Staatsanwaltschaft, [프] Bureau du procureur. 검찰(檢察)은 범죄 수사 및 공소 제기, 재판 집행 등 국가의 권력 작용으로, 그 직무를 담당하는 공직자를 검사(檢事)라고 칭한다. 법관에 대응하는 표현은 검찰관이다. 검찰청은 검사의 사무를 총괄하는 대한민국의 중앙행정기관이다(검찰청법 참조). 우리나라 검찰제도는 일제강점기에 일본제국으로부터 이식되어 식민지통치의 효율을 위하여 경찰을 통제하기 위한 제도로 이용되었다. 해방 후 미군정에 의하여 그대로 존치되었고, 독재기를 거치면서 독재권력에 충실히 봉사하는 역할을 하였다. 민주화 이후에는 검찰이 개혁을 위한 목소리들이 오랜 기간 지속되었고, 2020년에는 고위공직자범죄수사처가 입법되었다. ➜ 특별검사제.

게리맨더링gerrymandering 1. **의의** 특정 정당이나 특정 후보자에게 유리하게 혹은 불리하게 자의적으로 부자연스럽게 선거구를 획정하는 것을 말한다. 1812년 미국 매사추세츠주 주지사 E.게리가 상원선거법 개정법의 강행을 위하여 자기당인 공화당에 유리하도록 선거구를 분할하였는데, 그 모양이 샐러맨더(salamander: 불 속에 산다는 전설상 동물)와 같다고 하여 반대당에서 샐러 대신에 게리의 이름을 붙여 게리맨더(gerrymander)라고 야유하고 비난한 데서 유래한 말이다. 넓은 의미에서는 인종적 게리맨더링(racial gerrymandering)도 정치적 게리맨더링(political gerrymandering)으로 간주될 수 있다. 2. **인종적 게리맨더링** 이는 인종에 따라 선거구를 획정하여 인종간 분포를 획일화하는 것으로, Gomillion v. Lightfoot, 364 U.S. 339(1960), Wright v. Rocketfeller, 376 U.S. 52(1964), White v. Register, 412 U.S. 755(1973), City of Mobile v. Boldon, 446 U.S. 55(1980) 등 여러 사건에서 다루어졌으나, 연방대법원은, 인종적 게리맨더링이 평등권조항을 위배하였다는 주장을 받아들이기 위하여는, 인종차별적 의도와 인종차별적 효과를 입증하여야 한다고 판시하였다. 특히 City of Mobile v. Boldon 판결에서 Stewart 대법관의 다수의견은 일반적으로 차별적으로 투표권이 약화되었다는 주장이 인정되기 위하여, 원고는 그가 속하는 인종수에 비례하여 대표를 선출하지 못하였다고 하는 효과 외에 선거구획정이 "그 이상의 인종적인 차별을 위하여 의도적인 책략으로 고안되었거나 기능하였다"는 사실을 입증하여야 한다고 하였다. 1982년 투표권법의 개정 이후에는 gerrymandering에 관한 소송은 평등권조항보다 투표권법 제2조에 근거하여 제기되고 있으며, 연방대법원이 인종적 gerrymandering을 이유로 1인 선거구의 재조정계획을 파기한 적은 없다. 3. **정치적 게리맨더링** 다수당의 지배를 유지하기 위하여 선거구간의 유권자를 분산하는 정치적 게리맨더링 관련 사건은 1973년의 Gaffney v. Cummings, 412 U.S. 735(1973) 사건이 최초이었다. 이 사건에서 Connecticut주의 의원정수배분위원회(appoptionment board)는 여러 선거구의 인구편차를, 주요한 두 정당이 대략 비례적으로 의원수를 차지할 수 있도록 할 의도로 입안했다고 주장함으로써 정당화하려고 하였으나, 연방대법원은, 어떤 정치적 고려 없이 만들어진 선거구획정이 "선거구가 엄청나게 편파적으로 획정되는 결과"를 야기할 가능성을 인정하였지만, 그 계획이 인구수에 따라 의석을 공정하게 배분하려고 했기 때문에 그러한 정치적인 동기만으로는 그 계획을 위헌이라고 하기에 충분하지 않다고 하였다. 1983년의 Karcher v. Daggett, 462 U.S. 725(1983)에서 정치적 게리맨더링 문제를 언급하기 시작하여, Davis v. Bandemer, 478 U.S. 109(1986) 사건에서, Indiana 주의 민주당원들은 공화당이 만든 주의회의 선거구획정계획은 위헌적인 정치적 게리맨더링이라는 주장을 심리하였다. 연방대법원은 처음으로 정치적 게리맨더링에 근거한 평등권조항의 위반이라는 주장이 재판의 대상이 되는 것을 명백히 하였지만, 다수의견은 "비록 주의회가 어느 정당의 선거결과에 불리한 영향을 끼치기 위한 특별한 의도를 갖고 선거구를 재획정하였다고 하더라도, 그 선거구재획정이 사실상 투표에서 그 정당을 불리하게 하지 않았다면 그 정당원에 대하여 위헌적인 차별이 있다고 할 수 없다"고 주장하였다. 이 판결은 Badham v. Eu, 488 U.S. 1024(1989)에서도 유지되었다.

견제牽制와 균형均衡이론 [영] a theory of checks and balances, [독] System durch Gleichgewicht und gegenseitige Kontrolle, [프] théorie des freins et des contrepoids. 국가권력의 작용을 입법·행정·사법의 셋으로 나누고, 이를 각각 별개의 독립된 기관에 분담시켜 상호간에 견제와 균형을 유지하게 함으로써 국가권력의 집중과 남용을 방지하려는 정치조직의 원리를 말한다. 권력분립론의 근간이 되는 정치조직원리이다. 이는 적극적으로 국가의 활동을 강화하여 정치적 능률을 올리기 위한 원리가 아니라, 소극적으로 국가권력의 남용과 자의적인 행사를 방지함으로써 국민의 자유와 권리를 보호하고자 하는 자유주의적 원리이다. 삼권분립론은 원래 혼합정체론에서 유래되었기 때문에, 그 이론적 기원은 멀리 그리스에까지 소급된다. 그리스의 역사가인 폴리비우스(Polybius)는 그의 저서

「역사(Historiai)」에서 로마공화정은 군주정치원리에 입각한 집정관, 귀족정치원리에 입각한 원로원, 민주정치원리에 입각한 평민회의가 로마의 최고권력을 나누어 가지도록 하였다. 이들 세 기관이 서로 견제와 균형을 이루도록 하는 원리를 채택하였기 때문에 그토록 강대해질 수 있었다고 하면서, 이러한 원리에 입각한 로마공화정이야말로 가장 이상적인 정치형태라고 하였다. 이와 같은 원리는 절대주의가 쇠퇴하는 시기의 정치사상가들인 뷰캐넌(G. Buchanan) · 해링턴(J. Harrington) · 시드니(A. Sidney) · 템플(W. Temple) 등으로 계승되었으며, 로크(J. Locke)와 몽테스키외(Montesquieu)에 이르러 근대자유주의의 정치원리로 확립되었다. 그러나 실제로 제도화된 것은 18세기 말 미국에서였다. 미국의 입법 · 행정 · 사법의 삼권분립, 국회의 양원제, 지방분권 등이 모두 견제와 균형의 원리를 실현하려는 것이고, 정당의 존재는 이러한 원리를 원활하게 해 주는 기능을 하고 있다. 그리고 프랑스에서는 1791년의 헌법과 1795년의 '공화국 제3년의 헌법'에 채택하였고, 불문헌법국가인 영국에서도 대헌장(Magna Carta) · 권리청원(Petition of Rights) · 권리장전(Bill of Rights) 등에 표현된 헌법적 원칙이 명예혁명 이후 효력을 발생함에 따라 서서히 이 원리를 실시하게 되었다. 그리하여 이 원리는 근대자유주의국가의 근본적인 헌법원리로 되었고, 오늘날에 있어서는 보편적인 헌법원리로 되어 있다. 미국의 「연방주의자 논집(The Federalist Papers)」은 또한 정부의 권한을 제한하고 권력남용을 방지할 수 있는 방법으로 견제와 균형이라는 개념을 찾아내 최초로 언급했다. 견제와 균형은 양원제 입법부와 관련해서 주로 사용되는 말이며, 해밀턴과 매디슨 두 사람은 양원제 입법부를 가장 강력한 정부 부서로 보았다. 보통선거를 통해 선출된 열정이 넘치는 하원의원들은 연방 의회에 의해 임명된 보다 보수적인 상원에 의해 견제와 균형을 이루게 되었다. 해밀턴은 「연방주의자 논집(The Federalist Papers)」 No. 78에서, 연방의회와 연방사법부 사이의 견제와 균형을 위하여, 연방대법원은 연방의회나 주의회에 의해 통과된 법률의 합헌성을 결정할 수 있는 권한을 지녀야 한다고 주장했다.

결단주의적 헌법관決斷主義的 憲法觀 ㉠독 Dezisionismus. ➜ 헌법관.

결부조항結付條項 **= 불가분조항**不可分條項 **= 부대조항**附帶條項 **= 결합조항**結合條項 ㉠영 package deal clause, ㉠독 Junktim Klausel. 헌법이 입법위임을 하면서 동시에 그 법률이 일정한 요건을 충족하거나 일정한 내용을 규정할 것을 정하도록 한 법률조항을 말한다. 독일어 Junktim은 라틴어에서 유래한 것으로 기속을 의미한다. 결부조항은 헌법이 두 가지 내용을 묶어서 입법위임을 하고 있기 때문에 어느 하나에 대한 입법의 흠결이 있는 경우에는 위헌으로 된다. 현행헌법 제23조 제3항은 「공공필요에 의한 재산권의 수용 · 사용 또는 제한 및 그에 대한 보상은 법률로써 하되, 정당한 보상을 지급하여야 한다.」고 규정하여 보상과 공용침해를 정하고 있다. 독일기본법 제14조 제3항 제2문은 「공용수용은 보상의 종류와 범위를 정한 법률에 의하여 또는 법률에 근거하여서만 행하여진다.」고 있고, 이 규정이 결부조항이라 함에 이의가 없으나, 우리 헌법의 경우 결부조항 여부에 대하여 견해가 나뉜다. **결부조항긍정설**은 헌법 제23조 제3항을 동일한 법률 가운데 재산권의 수용 · 사용 · 제한과 보상의 방법과 기준을 하나로 결합하여 규정하여야 한다는 의미로 이해하여 결부조항이라 본다. 보상규정을 두지 않거나 불충분하게 규정하는 경우에는 위헌무효이고 수용의 근거가 될 수 없다. 입법부작위 위헌소원이나 국가배상청구도 가능하다고 본다. **결부조항부정설**은 독일헌법과 달리, 보상의 방법과 기준을 하나로 결합하여 명시하지 않았고, 「보상은 법률로써 하되」라고 하여 보상에 관하여 입법형성권을 인정하고 있어서 이를 반드시 결부조항으로 볼 필요가 없다는 견해이다. ➜ 재산권의 사회적 제약과 공용제한.

결사結社의 자유 ㊍ right of association, ㊇ Vereinigungsfreiheit, ㊈ droit d'association/droit syndical. 1. **의의와 주체** 결사란 다수인이 일정한 공동의 목적을 위하여 계속적인 단체를 결성하는 자유를 뜻한다. 구성원이 2인 이상이어야 하고, 공동목적이 있어야 하며, 다수인의 임의적 · 자발적 결합이어야 하고, 계속성이 있어야 한다(대판 1982.9.28. 82도2016). 공동목적은 영리단체도 포함한다(헌재 2002.9.19. 2000헌바84). 법이 특별한 공공목적을 위하여 그 구성원의 자격을 제한하고 있는 특수단체는 결사의 자유의 보호대상이 아니다(헌재 1994.2.24. 92헌바43〈주택조합의 조합원자격을 무주택자로 제한하는 경우〉). 법인의 결사의 자유도 보호된다(헌재 2002.9.19. 2000헌바84〈약사법인의 경우〉). 2. **결사의 종류** 목적에 따라 정치적 결사와 비정치적 결사로 구분된다. 헌법 제21조의 결사의 자유규정은 결사의 자유에 관한 일반법적 성격을 갖는다. 정치적 결사로서 정당은 헌법 제8조에 의해 보호되므로, 헌법 제8조 규정은 제21조 규정의 특별법적 규정이다. 비정치적 결사인 종교단체 · 교단은 헌법 제20조의 종교의 자유에 의하여, 그리고 학문 · 예술적 목적의 결사인 학회 · 예술단체는 헌법 제22조의 학문 · 예술의 자유에 의하여 근로자의 결사인 노동조합은 헌법 제33조의 근로3권 등의 특별법적 규정에 의하여 보호된다. 3. **결사의 자유의 내용** 적극적으로는 ① 단체결성의 자유 ② 단체존속의 자유 ③ 단체활동의 자유 ④ 결사에의 가입 · 탈퇴의 자유, 소극적으로는 탈퇴의 자유와 가입하지 않을 자유를 내용으로 한다. 소극적 자유와 관련하여, 사법상 결사에 가입하지 않을 자유는 당연히 인정되지만, 공법상의 결사(변호사회, 의사회, 변리사회, 약사회 등)에의 가입강제는 허용된다. 4. **결사의 자유의 제한** 국가안전보장, 질서유지, 공공복리를 위하여 제한이 가능하다. 과거 「사회단체등록에 관한 법률(법률 제621호, 1961.6.12.)」이 「사회단체신고에 관한 법률(법률 제4736호, 1994.1.7., 전부개정)」로 전면개정되어 등록제가 신고제로 변경되었고, 이 법률도 1997년에 폐지되었다(법률 제5304호, 1997.3.7., 폐지). 그러나 국가보안법상 반국가단체 · 범죄단체의 결사를 금지하고 있으며, 형법상 범죄단체조직죄가 존속하고 있고(위헌론 있음), 「폭력행위등 처벌에 관한 법률」에서 범죄단체조직죄가 규정되어 있다. 정당법상 해산정당의 대체조직금지(동법 제40조)도 결사의 자유의 제한에 속한다. 적법하게 성립한 결사도 그 활동이나 목적이 원래의 목적이나 활동에 반하는 것으로 볼 경우에는 사후적인 제한이 가능하지만, 표현의 자유의 제한의 법리가 적용되어야 한다. 결사의 자유를 제한하더라도 비례의 원칙을 준수하여야 하며, 본질적 내용을 침해할 수 없고, 사전허가제는 허용되지 아니한다. 노조설립신고제는 결사에 대한 허가제가 아니다(헌재 2012.3.29. 2011헌바53). ➜ 표현의 자유.

결산심사권決算審査權 ㊇ Rechnungslegung. 국회는 예산안을 심의하고 확정할 뿐 그 예산의 집행은 관계국가기관의 권한에 속한다. 집행결과의 적정성 여부에 관해서는 국회가 심사권을 갖는다. 이러한 사후의 심사를 결산이라 한다. 예산안확정권과 함께 국회의 재정에 관한 권한을 실질적으로 보장하기 위한 수단이다. 헌법상 감사원은 세입·세출의 결산을 매년 검사하여 대통령과 차년도 국회에 보고하여야 한다(제99조). 정부는 결산을 작성하여 검사한 후 국회에 제출한다. 기획재정부장관은 국가회계법에서 정하는 바에 따라 회계연도마다 작성하여 대통령의 승인을 받은 국가결산보고서를 다음 연도 4월10일까지 감사원에 제출하며(국가재정법 제59조), 감사원은 이렇게 제출된 국가결산보고서를 검사하고 그 보고서를 다음 연도 5월 20일까지 기획재정부장관에게 송부하여야 한다(동법 제60조). 정부는 감사원의 검사를 거친 국가결산보고서를 다음 연도 5월 31일까지 국회에 제출하여야 한다(동법 제61조). 정부가 세입·세출의 결산을 국회에 제출하면, 결산을 소관상임위원회에 회부하고 소관상임위원회는 예비심사를 하여 그 결과를 국회의장에게 보고한다(국회법 제84조 제1항). 의장은 결산에 이 보고서를 첨부하여 이를 예산결산특별위원회에 회부하고 그 심사가 끝난 후 본회의에 부의한다(동 제2항). 예산결산특별위원회의 결산심사는 제안설명과 전문위원의 검토보고를 듣고 종합정책질의, 부별 심사 또는 분과위원회 심사 및 찬반토론을 거쳐 표결한다. 이 경우 위원장은 종합정책질의를 할 때 간사와 협의하여 각 교섭단체별 대표질의 또는 교섭단체별 질의시간 할당 등의 방법으로 그 기간을 정한다(동 제3항). 국가정보원 소관의 결산심사는 정보위원회가 해당 부처별 총액으로 하여 의장에게 보고하고, 의장은 정보위원회에서 심사한 결산에 대하여 총액으로 예산결산특별위원회에 통보한다. 이 경우 정보위원회의 심사는 예산결산특별위원회의 심사로 본다(동 제4항). 의장은 예산안과 결산을 소관 상임위원회에 회부할 때에는 심사기간을 정할 수 있으며, 상임위원회가 이유 없이 그 기간 내에 심사를 마치지 아니한 때에는 이를 바로 예산결산특별위원회에 회부할 수 있다(동 제6항). 국회는 결산에 대한 심의·의결을 정기회 개회 전까지 완료하여야 한다(동법 제128조의2). 결산의 심사 결과 위법하거나 부당한 사항이 있는 경우에 국회는 본회의 의결 후 정부 또는 해당 기관에 변상 및 징계조치 등 그 시정을 요구하고, 정부 또는 해당 기관은 시정 요구를 받은 사항을 지체 없이 처리하여 그 결과를 국회에 보고하여야 한다(동법 제84조 제2항 제2문). 결산심사결과 정부의 결산이 위법·부당하다고 인정할 때에는 탄핵소추, 국무총리와 국무위원에 대한 해임건의 등이 가능하다. ➜ 국회의 권한.

결선투표제決選投票制 ⓔ runoff voting/runoff election/ballotage, ⓓ Stichwahl, ⓕ scrutin de ballottage. 선거에서 '일정 득표율 이상'이 당선조건일 때, 이를 만족하는 후보가 없는 경우에, 득표수 순으로 상위 후보 몇 명만을 대상으로 2차 투표를 실시하여 당선자를 결정하는 방식이다. 2회투표제(二回投票制, two-round system, second ballot)라고도 부른다. 프랑스의 대통령선거에서 1차 투표 후 최고득표자가 과반수를 얻지 못하는 경우, 일정한 기간 협상을 한 후, 상위 2인에 대해 다시 투표를 하여 상대다수의 방법으로 당선자를 결정한다. 이론상으로는 유권자의 의사를 정확히 반영할 수 있어서 민주적 정당성에 더 부합한다고 할 수 있지만, 각 정당이 결선투표 전에 미리 전략적으로 행동할 가능성이 있어서, 진보세력의 집권을 차단하는 제도라는 비판도 있다. 우리나라의 경우, 대통령선거와 국회의원선거에서 헌법상 상대다수대표를 채택하고 있고, 대통령선거에서 상위득표자 2인의 득표수가 동일하다고 하는, 가능성이 거의 희박한 경우에 국회에서 결선투표로서 간선하도록 하고 있다. 대통령선거의 경우, 과반수에 미달하는 당선자에 대하여 그 정당성이 문제되는 경우가 있었고

(노태우대통령), 그에 따라 결선투표제를 도입하여야 한다는 정치적 요구가 나타나기도 하였다. 그러나 이러한 문제점은 대통령당선자 결정에 관련된 헌법규정이 직선제와 간선제를 왔다갔다 하면서 간선제규정(예컨대, 예외적 국회간선제: 헌법 제67조 제2항)이 잔존하여 나타나는 문제점이라 함이 적절하다. 따라서 경험적으로 보아, 헌법상 대통령당선자 결정방법은 상대다수제를 채택하고 있다고 보아야 하며, 결선투표제를 도입하기 위해서는 헌법개정이 필요하다고 봄이 타당하다.

결정전치주의決定前置主義 국가배상사건의 간이·신속한 해결을 도모하기 위하여 손해배상의 소송제기에 앞서 배상심의회의 배상금 지급결정을 거치게 한 원칙이다. 종래에는 국가배상청구소송을 하려면 반드시 먼저 배상심의회의 배상금지급결정을 거치도록 하였으며, 헌법재판소도 이 규정에 대하여 합헌으로 결정한 바 있다(헌재 2000.2.24. 99헌바17·18·19(병합)). 헌법재판소의 결정 후, 손해배상의 소송은 배상심의회에 배상신청을 하지 아니하고도 이를 제기할 수 있도록 국가배상법이 개정되었다(국가배상법 제9조: 법률 제6310호, 2000. 12.29., 일부개정, 2000.12.29. 시행). 즉 필요적 전치주의에서 임의적·선택적 전치주의로 바뀌었다. 종래 국가배상법 제16조는, 배상심의회의 배상금 지급결정에 신청인이 동의하거나 지방자치단체가 배상금을 지급한 때는 민사소송법의 규정에 의한 재판상의 화해가 있는 것으로 의제하여 확정판결과 같은 효력을 인정하고 있었으나, 헌법재판소에서 위헌판결(헌재 1995.5.25. 91헌가7)이 내려짐으로써 삭제되었다(법률 제5433호, 1997.12.13., 일부개정). ➜ 국가배상제도.

결정정족수決定定足數 ㊐ Quorum, ㊍ Kollegium, ㊏ le quorum. 헌법재판소의 심판절차에서 사건에 관한 결정을 하는 데에 필요한 정족수. 국회의 의결정족수와는 다르다. 일반적으로는 종국심리에 관여한 재판관 과반수의 찬성으로 결정하지만, 법률의 위헌결정, 탄핵의 결정, 정당해산의 결정 또는 헌법소원에 관한 인용결정을 하는 경우(헌법 제113조 제1항)와 헌법재판소의 종전의 의견을 변경하는 경우(헌법재판소법 제23조 제2항)에는 재판관 6명 이상의 찬성이 있어야 한다. ➜ 종국결정.

결정준수의무決定遵守義務 ➜ 기속력.

결합조항結合條項 ➜ 결부조항.

겸직금지兼職禁止 ㊐ Prohibition of Concurrent Offices/incompatibility, ㊍ Inkompatibilität, ㊏ Incompatibilité. 1. **의의** 겸직금지 및 제한은 공무원과 공공단체의 임직원 등 법령에 의하여 공공성이 강한 지위나 신분에 있는 자가 그 직의 업무상 독립성과 공공성 또는 공정성을 훼손하는 것을 방지하기 위하여 법률로써 직무범위를 제한하는 것을 말한다. 공직자 또는 관련 직위의 이해관계충돌의 우려를 해소하기 위한 제도이다. 겸직금지 및 제한의 목적은 업무규제의 성격과 함께 업무의 독립성을 보장하기 위한 성격도 동시에 가지고 있다. 2. **법적 성격** 겸직금지 및 제한은 헌법상 직업선택의 자유, 경제활동의 자유, 공무담임권 등 국민의 기본권을 제한하는 규정이라는 점에서 반드시 법률에 의하여야 한다. 따라서 겸직금지 및 제한은 그에 따른 공익과 사익 간의 비교형량을 통한 기본권 제한의 일반원리에 따라야 한다. 3. **규정방식** 겸직금지 및 제한의 규정방식은 열거방식, 포괄금지방식, 동시규정방식이 있다. 4. **금지 및 제한 영역** 현행 법제 하에서 겸직금지와 제한은 ⅰ) 공무원의 겸직금지 및 영리업무금지(헌법재판소법(제14조), 국민권익위원회법(제17조), 국가공무원법

(제64조), 감사원법(제9조), 국가인권위원회법(제10조), 국가정보원법(제8조 등), 금융위원회설치법(제9조), 방송통신위원회법(제9조) 등 많은 개별법률이 있다) ii) 선거직공무원의 겸직금지와 제한(국회법(제20조), 국회의원수당등에 관한 법률(제5조), 지방교육자치에 관한 법률(제9, 23조), 지방자치법(제35, 96조) 등), iii) 공공단체 임직원의 겸직금지 및 제한(공공기관운영에 관한 법률(제37조), 국립대학병원설치법(제16조), 국립중앙의료원의 설립·운영에 관한 법률(제13조) 등 다수의 법률이 있다), iv) 공적 조합·특수법인 임직원의 겸직금지(공무원연금법(제12조), 국민건강보험법(제23조), 기술신용보증기금법(제24조), 농업협동조합법(제52조), 법률구조법(제31조) 등 다수의 법률이 있다), v) 특수한 업무를 수행하는 사기업 임직원의 겸직금지(금융지주회사법(제39조), 보험업법(제14조), 사립학교법(제23조), 은행법(제20조) 등 다수의 법률이 있다), vi) 자격자 관련 겸직금지(공증인법(제6조), 변호사법(제38조), 세무사법(제16조) 등과 한의사·치과의사·전문의 등 자격인정규정 등이 있다. 5. **특히 헌법영역에서** 헌법영역에서 주로 문제되는 것은 입법부·행정부·사법부의 각 영역의 재직자가 다른 영역의 직위를 겸할 수 있는가의 문제이다. 사법부의 경우, 행정부나 입법부의 직을 겸할 수 없다고 헌법에서 명시하는 외국의 입법례가 많으나 우리나라 역대헌법은 규정이 없었다. 입법부와 행정부의 경우, 정부형태에 따라 겸직여부가 정해진다. 즉, 의원내각제 혹은 이원정부제의 경우에는 겸직이 허용되는 것이 일반적이며, 대통령제의 경우 겸직이 허용되지 않는 것이 일반적이라 할 수 있다. 다만 국가에 따라서는 의원과 각료의 겸직을 허용하는 경우도 있다. 우리나라의 경우, 1948년 제헌헌법은 국회의원의 지방의회 의원 겸직금지(제48조), 대통령·부통령의 국무총리 혹은 국회의원 겸직금지(제53조), 현역군인의 국무총리·국무위원 겸직금지(제69조)를 규정하고 있었다. 양원제를 규정한 1952년 헌법은 양원의원 겸직금지(제32조)가 추가되었다. 의원내각제를 채택하였던 1960년 헌법은 위의 각 규정들과 함께, 대통령의 공·사직 취임금지(제53조)가 규정되었다. 대통령제를 규정하였던 1962년 헌법은 국회의원의 대통령·국무총리·국무위원·지방의회의원 기타 법률이 정하는 공사의 직의 겸직금지(제39조), 현역군인의 국무총리·국무위원 겸직금지(제69조)를 규정하였다. 1969년 헌법은 국회의원이 법률이 정하는 공사의 직을 겸할 수 없도록 하여(제39조), 각료로 될 수 있는 길을 열어놓았다. 1972년 유신헌법은 통일주체국민회의 대의원의 국회의원 및 법률이 정하는 직의 겸직금지의무가 규정되었고(제37조 제3항), 현역군인의 국무총리·국무위원 겸직금지(제63조 제3항, 제64조 제4항), 국회의원의 법률이 정하는 직의 겸직금지(제78조), 1980년 헌법은 대통령선거인의 국회의원·공무원 겸직금지(제41조 제1항 단서)가 추가되었다. 1987년 현행헌법은 대통령선거인의 겸직금지규정이 삭제되었을 뿐, 1980년 헌법과 다르지 않다. 특히 국회의원과 행정부각료 겸직가능성이 여전히 열려 있는 점에서 대통령제에서 이질적이며, 헌법으로 이를 금지하여야 한다는 견해도 있다.

경계이론境界理論 [독] Schwellentheorie/Umschlagtheorie. ➜ 재산권의 사회적 제약과 공용침해.

경과규정經過規定 [영] transitional provisions, [독] Übergangsbestimmungen/Übergangsvorschriften, [프] dispositions transitoires. 법령의 제정·개폐가 있는 경우에 구규정과 신규정의 적용관계 등 구법으로부터 신법으로 이행하는 데에 필요한 경과적 조치를 정한 규정을 말한다. 그 **내용**은 (1) 구법과 신법의 적용에 관한 시간적 한계 (2) 종전의 법령의 효력에 관한 조치 (3) 종전의 법령에 의한 행위의 효력에 관한 조치 (4) 종전의 법령하에서 생긴 상태를 일정한 제한하에 또는 잠정적으로 승인하는 것 (5) 신법의 최초의 적용에 관한 특례조치 (6) 행정기관의 신설·개폐의 경우의 기관 및 직원의 경과처리 (7) 법인이나 단체의 재산처분·조직변경의 조치 등 여러 가지가 있다. 경과조치는 원칙적으로 다음과 같은 **순서**로 배열한다. (1) 일반적 경과조치는 맨 앞에 두고, 개별 조문에 대한 경과조치는 그 다음에 둔다. (2) 개별 조문에 대한 경과조치는 조문의 순서에 따라 배열한다. (3) 경과조치 위반에 대한 행정처분을 규정해야 하는 경우에는 그 경과조치의 실체 규정 뒤에 둔다. (4) 다른 법령의 개정에 따라 경과조치가 필요하면 그 개정규정 바로 뒤에 그에 따른 경과조치를 둔다. **경과규정의 흠결**에 대해서는 대법원과 헌법재판소 간에 견해차이가 있다. **대법원**은 「개정 법률이 전부 개정인 경우에는 기존 법률을 폐지하고 새로운 법률을 제정하는 것과 마찬가지여서 원칙적으로 종전 법률의 본문 규정은 물론 부칙 규정도 모두 효력이 소멸되는 것으로 보아야 하므로 종전 법률 부칙의 경과규정도 실효되지만, 특별한 사정이 있는 경우에는 그 효력이 상실되지 않는다고 보아야 한다. 여기에서 말하는 '특별한 사정'은 전부 개정된 법률에서 종전 법률 부칙의 경과규정에 관하여 계속 적용한다는 별도의 규정을 둔 경우뿐만 아니라, 그러한 규정을 두지 않았다고 하더라도 종전의 경과규정이 실효되지 않고 계속 적용된다고 보아야 할 만한 예외적인 사정이 있는 경우도 포함한다. 이 경우 예외적인 '특별한 사정'이 있는지는 종전 경과규정의 입법 경위·취지, 전부 개정된 법령의 입법 취지 및 전반적 체계, 종전 경과규정이 실효된다고 볼 경우 법률상 공백상태가 발생하는지 여부, 기타 제반 사정 등을 종합적으로 고려하여 개별적·구체적으로 판단하여야 한다.」고 일관되게 판단하고 있다(대판 2002.7.26. 2001두11168; 2008.11.27. 2006두19419; 2008.12.11. 2006두17550; 2012.1.27. 2011두815; 2012.3.15. 2011두27322; 2015.9.15. 2014두15504 2019.10.31. 2017두74320 등). 이에 대해 **헌법재판소**는 「형벌조항이나 조세관련 법규를 해석함에 있어서, '유효한' 법률조항의 불명확한 의미를 논리적·체계적 해석을 통해 합리적으로 보충하는 데에서 더 나아가, 해석을 통하여 전혀 새로운 법률상의 근거를 만들어 내거나, 기존에는 존재하였으나 실효되어 더 이상 존재한다고 볼 수 없는 법률조항을 여전히 '유효한' 것으로 해석한다면, 이는 법률해석의 한계를 벗어나는 것으로서, '법률의 부존재'로 말미암아 형벌의 부과나 과세의 근거가 될 수 없는 것을 법률해석을 통하여 이를 창설해 내는 일종의 '입법행위'에 해당하므로 헌법상의 권력분립원칙에 반할 뿐만 아니라 죄형법정주의, 조세법률주의의 원칙에도 반하는 것이다. 또한 헌법정신에 맞도록 법률의 내용을 해석·보충하거나 정정하는 '헌법합치적 법률해석' 역시 '유효한' 법률조항의 의미나 문구를 대상으로 하는 것이지, 이를 넘어 이미 실효된 법률조항을 대상으로 하여 헌법합치적인 법률해석을 할 수는 없는 것이어서, 유효하지 않은 법률조항을 유효한 것으로 해석하는 결과에 이르는 것은 '헌법합치적 법률해석'을 이유로도 정당화될 수 없다 할 것이다.」고 하고, 「… 전부개정법의 시행에도 불구하고 이 사건 부칙조항과 관련된 규율을 하지 않음으로써 생긴 입법상의 흠결을 보완하기 위하여 '특별한 사정'을 근거로 이 사건 부칙조항이 실효되지 않은 것으로 해석하는 것은 헌법상의 권력분립원칙과 조세법률주의의 원칙에 위배된다고 할 것이다.」고 하여 대법원의 견해에 반대하고 있다(헌재 2012.5.31. 2009헌바123,126(병합)). 또한 「(1) 법률이 전부 개정된 경우에는 기존 법률을 폐지하고 새로운 법률을 제정하는 것과 마찬가지여서 종전의 본칙은 물론 부칙 규정도 모두 소멸하는 것이므로 특별한 사정이 없는 한 종전 법률의 부칙 중 경과규정도 실효된다. (2) 형벌조항이나 조세법의 해석에 있어서는 헌법상 죄형법정주의, 조세법률주의의 원칙에 따라 엄격하게 법문을 해석하여야 하고, 합리적인 이유 없이 확장해석하거나 유추해석할 수는 없는바, '유효한' 법률조항의 불명확한 의미를 논리적·체계적 해석을 통해 합리적으로 보충하는 데에서 더 나아가, 해석을 통하여 전혀 새로운 법률상 근거를 만들어 내거나, 기존에는 존재하였으나 실효되어 더 이상 존재한다고 볼 수 없는 법률조항을 여전히 '유효한' 것으로 해석한다면, 이는 법률해석의 한계를 벗어나 '법률의 부존재'로 말미암아 형벌의 부과나 과세의 근거가 될 수 없는 것을 법률해석을 통하여 창설해 내는 일종의 '입법행위'로서 헌법상의 권력분립원칙, 죄형법정주의, 조세법률주의원칙에 반한다.」고 하여(헌재 2012.7.26. 2009헌바35, 2009헌바82(병합); 구조세감면규제법제56조의2제1항등위헌소원), 반대입장을 견지하고 있다. ➜ 변형결정의 기속력.

경과조약經過條約 ㊔ Überleitungsvertrag. 경과조약은 전쟁과 점령으로 발생하는 문제의 규율을 위한 조약으로 1952.5.26.에, 독일연방공화국과 연합 3국 사이에 독일의 서쪽 부분에 관하여 서구연합의 점령제도의 종식을 인정하여 협정된 독일조약의 다수의 부대조약의 하나이다(1954.10.23. 개정). 경과조약은 독일조약과 함께, 그리고 1949.8.6.에 제정되고 1951.3.6.에 개정된 점령조례(Besatzungsstatut)의 폐지와 동시에 1955.5.5.에 효력을 발생하였다. 그것은 점령기구에 의해 공포된 법규정, 행정처분 및 판결들의 상세한 사항들의 계속적용을 규정하고, 독일연방공화국과 그 구성주들로 하여금 그것들을 일정한 전제 하에 폐지하거나 개정하도록 허용하였다. 그리하여 그것은 나치의 범죄의 형사소추에 관한 독일 사법(Justiz)에 일정한 제한을 조정하였다. 경과조약의 결과로 점령법은 연방법에 의해 대체되었다. 1990년 독일통일 후 효력을 상실하였다.

경력직經歷職**공무원** 공무원 중, 실적과 자격에 따라 임용되고 그 신분이 보장되며 평생 동안(근무기간을 정하여 임용하는 공무원의 경우에는 그 기간 동안) 공무원으로 근무할 것이 예정되는 공무원을 말하며, 그 종류로 일반직공무원과 특정직공무원이 있다(국가공무원법 제2조 제2항, 지방공무원법 제2조 제2항). ➜ 공무원제도.

경비계엄警備戒嚴 ㊂ precautionary martial law. ➜ 계엄.

경상보조금經常補助金 정당에 대한 국가의 보조금의 일종으로, 최근 실시한 임기만료에 의한 국회의원선거의 선거권자 총수에 보조금 계상단가를 곱한 금액을 매년 예산에 계상하고, 매년 분기별로 균등하게 각 정당에 지급하는데, 이를 경상보조금이라 한다(정치자금법 제25조 제1항).

경성헌법硬性憲法 ㊂ rigid constitution, ㊔ starre Verfassung, ㊇ constitution rigide. ⇔ 연성헌법. ➜ 헌법의 분류.

경자유전耕者有田**의 원칙** ㊂ Land-to-the-tiller policy, ㊔ Land in Bauernhand, ㊇ Politique de la terre à la barre. 1. **의의** 경자유전의 원칙은 농지는 경작자만이 소유할 수 있다는 원칙을 말한다. 즉 투기나 재산증식의 목적이 아니라 직접 경작에 종사하는 자만이 농지를 소유할 수 있다는 의미한다.

농업은 국민의 생존권과 관련된 식량안보 차원에서 접근하여야 한다고 보기 때문에, 각국은 정도의 차이는 있으나 예외 없이 경자유전의 원칙을 준수하고 있다. 현행헌법 제121조 제1항은 「국가는 농지에 관하여 경자유전의 원칙이 달성될 수 있도록 노력하여야 하며, 농지의 소작제도는 금지된다.」고 규정하고 있다. 2. **연혁** 고려시대 및 조선시대에는 경자유전의 원칙이라는 개념 자체가 없었다. 갑오경장을 계기로 봉건적 소작제는 폐지되었으나 반봉건적 소작제로 변천하면서도 농민은 여전히 지주계층인 양반들의 소작인 신분에서 크게 벗어나지 못하였고, 한편 자본을 축적한 양민의 소작인으로 전락한 경우도 발생하였다. 일제강점기에는 일본의 봉건적 소작제가 널리 보급되어 조선시대보다 더 열악한 봉건적 소작제도가 부활되었기 때문에, 경자유전의 원칙은 개념조차 없었다. 해방 후 미군정에 의하여 공산화의 방지목적으로 소작제금지와 더불어 최초로 경자유전의 원칙이 사회적 중요 쟁점으로 부각되었다. 이러한 노력으로 1948년 제헌헌법 제86조에서 「농지는 농민에게 분배하며, 그 분배의 방법, 소유의 한도, 소유권의 내용과 한계는 법률로 정한다.」고 규정하였다. 이 규정은 경자유전의 원칙과 소작제금지의 원칙을 이념으로 하여 제정된 것이다. 이 규정에 근거하여 1949년에 농지개혁법이 제정되어, 일부 예외를 제외하고는, 일체의 농지의 소작, 임대차, 위탁경영 등 행위를 금지하였다. 1962년 개정헌법은 유상매수·유상분배의 농지개혁이 종료됨으로써 제헌헌법 제86조의 한시법적 농지분배 규정을 폐지하고, 그 이념적 배경인 소작제금지의 원칙을 명문화하였다. 소작제를 금지함으로써 경자유전의 원칙을 실현할 수 있다고 본 것이다. 실제로 소작, 임대 및 위탁경영을 엄격히 제한함으로써 경자유전의 원칙을 한층 강화시켰다. 1987년 개정헌법 제121조 제1항에 의하여 경자유전의 원칙은 헌법상 법률유보로 규정되고, 소작제는 전면 금지하였다. 농지법(법률 제4817호, 1994.12.22., 1996.1.1. 시행)이 제정되면서, 동법 제6조 제2항에 규정된 비농업인의 예외적 농지소유허용에 관한 규정을 두어 헌법상 법률유보에 관한 제121조 제1항을 사실상 무력화시켰다는 비판이 제기되었다. 3. **외국의 입법례** 일본은 경자유전의 원칙에 따라 농지매매허가제를 실시하여 비농가의 농지소유를 규제하고 있다. 독일은 토지거래법(GrdstVG; Grundstuecksverkehrsgesetz)에 의하여 농지거래는 농업청의 인가를 받아야 한다. 독일의 특이한 사항은 비농업인의 농지소유를 불허하지는 않으나, 비농업인과 같은 조건으로 농지를 매입하고자 하는 농업인에게는 농지선매특권을 인정하고 있다는 것이다. 대만의 경우 1953.1.26. 총통령으로 경자유기전설시조례를 시행했는데, 경자유전의 원칙에 따라 전래적인 소작제도를 폐지하여 농업생산을 증대하고 농민의 생활수준을 향상시켜 농가경제번영과 토지자본의 산업자본화로 공업발전에 기여하고자 하였으나, 현재 경자유전의 원칙을 폐기하였다. 프랑스는 농업경영과 관련된 농지의 권리변동은 현지사에게 신고하여야 하고, 각 현이 정하는 일정범위 이상의 농지소유는 현지사의 허가를 요한다. 덴마크의 경우는 비농업민은 2ha 미만의 농지를 소유할 수 있다. 농민자격제를 실시하여 현장실습과정을 이수해야 농민이 될 수 있다. 연방헌법(제104조③f)에는 「연방정부는 농민의 농지소유를 공고히 하기 위한 규정을 제정할 수 있다.」고 규정한다. 또한 농지거래허가제를 통하여 경작자(가족농)의 농지 소유를 확보한다(농민농지법). 스위스는 헌법에 명문으로 규정하고 있다. 4. **경자유전원칙의 존폐론** 1) **폐지론** 우리 역사에서 노정된 전근대적인 토지소유관계와 이를 바탕으로 한 신분관계를 금지하는 헌법 제121조의 경자유전의 원칙과 소작제도금지는 오늘날 그 의미를 상실했고, 오늘날 세계경제구조와 국내경제구조에 적합하지 않으므로 폐지하는 것이 타당하다는 주장이 있다. 2) **존치론** 경자유전의 원칙은 봉건적 소작제의 청산 및 남북한 체제 대결구도 하에서 정치적 지지세력확보라는 역사성을 갖고, 안정적 식량공급과 토지투기 억제라는 국민경제의 건전성 확보에 기여한다. 또한, 입법자가 시대상황에 맞게 탄력적으로 운영할 수 있도록 규정하고 있고, 현행 농지법에서도 비농업인의 상속·이농에 의한 농지소유를 허용하는 등 상당한 융통성이 확보되고 있다는 점을 들어 존치할 것을 주장한다. 3) **개정론(헌법변천론)** 개정론 역시 궁극적으로 경제논리에 입각해 있는 점은 폐지론과 유사하다. 오늘날 농업생산성을 높이기 위해서는 농지소유형태의 근본변화를 포함한 농업생산자본의 근대적 이행이 필요하다. 나아가 경자유전의 원칙을 현실의 변화를 고려하여 「경작자는 경작지를 소유 또는 점유한다.」로 포괄적으로 해석하여 헌법해석을 통한 헌법변천을 시도하고, 이러한 헌법변천이 인정될 수 없다면 궁극적으로 헌법개정이 필요하다고 주장한다. 헌법 제121조 제1항에서 말하는 경자유전의 원칙은 본래적 의미에서 상당히 진화하고 일차적인 어의가 확대·변화하였다는 것을 이유로 헌법변천에 해당한다고 보는 견해도 있다. 헌법재판소는 전근대적인 법률관계인 소작제도의 청산과 부재지주로 인하여 야기되는 농지이용의 비효율성을 제거하기 위하여 경자유전의 원칙을 국가의 의무로 천명하고 있는 것으로 보고 있다(헌재 2003. 11.27. 2003헌바2). ➜ 농지제도.

경쟁競爭**의 자유** ㊀ freedom of competition, ㊁ Wettbewerbsfreiheit, ㊂ liberté de concurrence/libre concurrence. 직업의 자유는 영업의 자유와 기업의 자유를 그 내용으로 포함하고 있으며, 이에 근거하여 누구든지 자유롭게 경쟁에 참가할 수 있다. 경쟁의 자유는 기본권의 주체가 직업의 자유를 실제로 행사하는 데에서 나오는 결과이므로 당연히 직업의 자유에 의하여 보장되고, 다른 기업과의 경쟁에서 국가의 간섭이나 방해를 받지 아니하고 기업활동을 할 수 있는 자유를 의미한다(헌재 1996. 12.26. 96헌가18). ➜ 직업의 자유.

경쟁자소송競爭者訴訟**=경합자소송**競合者訴訟 ㊁ Konkurrentenklage 경쟁 내지 경합관계 즉, 경쟁자에 대한 수익이 자신의 권리를 침해하였다고 주장하는 소송절차가 경합자소송 혹은 경쟁자소송이다. 기본적으로 경쟁저해적 수익처분, 시장에의 신규진입이나 공무원의 임명을 둘러싼 다툼으로, 소송유형에 따라 소극적(방어적) 경쟁자소송(die negative(defensive) Konkurrentenklage), 적극적(공세적) 경쟁자소송(die positive(offensive) Konkurrentenklage) 그리고 — 적극적 경쟁자소송의 특별한 양태로서의 — 배타적 경쟁자소송(verdrängende Konkurrentenklage;Konkurrentenverdrängungsklage)으로 나눌 수 있다. 배타적 경쟁자소송을 경합자소송 또는 경원자소송으로 칭하기도 한다. 행정법상 인허가나 면허, 보조금지급 등에서 주로 원고적격의 확대와 관련하여 문제된다. 헌법적으로는, 직업의 자유와 그 내포로서의 경쟁의 자유와 관련된다. 즉, 직업의 자유는 다른 사인과의 경쟁에서 국가의 간섭이나 방해를 받지 않고 국가에 의하여 자유경쟁이 왜곡됨이 없이 경제활동을 할 수 있는 경쟁의 자유를 함께 보장하므로 경쟁자에 대한 수익처분으로 인하여 경쟁에서 불리하게 된 사인은 경쟁자소송(또는 경합자소송), 헌법소원 등을 통하여 경쟁의 자유에 대한 침해를 주장할 수 있다.

경정결정更正決定 1. **법원 및 헌법재판소의 경우** ㊁ Berichtigungsbeschluss 1) **민사소송법** 민사소송

법 제211조에서 규정하고 있다. 판결에 잘못된 계산이나 기재, 그 밖에 이와 비슷한 잘못이 있음이 분명한 때에 법원은 직권으로 또는 당사자의 신청에 따라 경정결정(更正決定)을 할 수 있다. 경정결정은 판결의 원본과 정본에 덧붙여 적어야 한다. 다만, 정본에 덧붙여 적을 수 없을 때에는 결정의 정본을 작성하여 당사자에게 송달하여야 한다. 경정결정에 대하여는 즉시항고를 할 수 있다. 다만, 판결에 대하여 적법한 항소가 있는 때에는 그러하지 아니하다. 재판에는 구속력이 있어 함부로 변경하지 못하는 것이 원칙이나 그 판결의 본지에 변경을 줌이 없이 다만 표현의 오류를 경정하는 것은 모순으로 보지 않으며, 오히려 소송경제에도 적합하다. 표현상의 오류인 이상 판결의 어떤 부분에 존재하여도 무방하다. 경정결정은 판결과 일체를 이루고 처음부터 경정된 내용의 판결이 선고된 것과 동일하다. 형사소송법에는 아무런 규정이 없으나 동일하다고 볼 수 있다. 2) **헌법재판소법**은 민사소송법을 준용하여 결정의 경정을 인정하고 있다(헌법재판소법 제40조 제1항). 2. **세법의 경우** [영] determination of reassessment. 신고과세제도하에서 신고의무자의 고의적인 무신고나 허위신고 또는 고의가 아닌 부당한 신고에 대해서 정부가 조사한 자료에 입각하여 과세표준을 정정 결정하는 것을 경정결정이라고 한다.

경제·과학자문기구經濟·科學諮問機構 국민경제의 발전과 과학기술의 진흥에 관련되는 정책수립에 관하여, 대통령의 자문에 응하기 위하여 두는 기구이다. 우리 헌법은 과학기술의 진흥과 국민경제의 발전을 서로 연계하여 규정하고 있다(헌법 제127조). 과학기술의 진흥을 위하여 독자적인 규정체계를 요구하는 주장도 있다. 경제과학자문기구의 설치는 제헌헌법 당시부터 논의되었으나 현실화되지 못하다가, 제3공화국(1962년) 헌법에서 필수적 헌법기관으로 되었다가, 1972년 유신헌법 이래 임의기관으로 규정되었다. 제3공화국에서는 「경제과학심의회의법」이 제정되고 경제과학심의회의가 설치되었다. 현행헌법 하에서는 임의기관으로 국민경제자문회의(국민경제자문회의법; 법률 제5992호, 1999. 8.31. 제정, 1999.8.31. 시행)와, 국가과학기술자문회의(국가과학기술자문회의법; 법률 제4361호, 1991. 3.8. 제정, 1991.3.8. 시행)를 두고 있다.

경제민주주의經濟民主主義 [영] economic democracy, [독] Wirtschaftdemokratie, [프] la démocratie économique. 1. **의의와 연혁** 경제생활에서 민주적인 요구·정책·제도를 실현해 나가려는 사상이나 제도를 말한다. 다시 말하면, 경제민주주의는 경제적 자원배분의 의사결정이 민주적이어야 할 뿐만 아니라 그 전제로서 시장경제의 메커니즘을 요구하는 것이다. 경제민주화라고도 하며, 정치적 민주주의에 대응하는 말이다. 경제민주주의는 경제영역에서도 민주적 원칙들을 적용하여 헌법상 민주주의 원리를 확장하고자 하는 것이다. 고전적 자유주의의 모순으로 빈부격차가 만연하던 19세기 초, 처음으로 등장한 정치경제학 용어가 '경제민주주의'이다. 경제민주주의를 주창한 사람들이 있었고, 1920년에 독일 노동운동단체에서 처음으로 이를 실용화하였고, 바이마르헌법에 반영되었다(제151조). 정치적 민주주의가 대체로 18~19세기에 시민의 정치적 자유를 보장하기 위하여 등장한다면 경제적 민주주의는 1930년대 이후 자본주의 시장경제 하에서 불거진 경제적 불평등의 심화가 정치적 민주주의까지 위협하는 데에 따라 등장한다. 민주주의의 본질이 국가의 의사결정에 국민들이 직접 혹은 간접으로 참여하는 데 있으므로 경제민주주의는 이와 같은 민주주의의 본질을 국민의 경제생활에서도 관철시키고자 하는 것이다. 경제민주주의는 경제주체 각자에게 경제활동의 균등한 기회를 보장하는 동시에 시장경쟁에 공정한 조건이 만들어지도록 국가가 적극적으로 보장하도록 역할과 책무를 요청할 수 있음을 의미한다. 그래야만 사회적 약자를 포함하여 모든 국민의 인간다운 경제생활이 보장될 수 있고, 비로소 정치적 민주주의도 본래의 의미를 가질 수 있기 때문이다. 그리하여 민주주의의 외연과 내포는 경제민주주의로 확장되고 통상 민주주의라고 할 때는 대체로 경제생활상의 민주주의를 포함하는 것으로 적극적으로 이해된다. 정치영역에서 정치적 민주화가 필수적인 요소이듯이 경제영역에 있어서도 경제민주화는 필수적인 요소이다. 다만 경제영역의 독자성을 인정하여 어느 정도의 민주화를 수용할 것인지가 문제된다. 경제의 민주화는 시장을 존중하는 사회적 시장경제의 범위 안에서 구체화되는 원칙이어야 한다. 2. **헌법규정** 현행헌법은 전문에서 「국민생활의 균등한 향상」을 선언하고 기본권조항에서 「모든 국민의 인간다운 생활과 사회보장·사회복지에 관한 국가의 의무(제34조 제1·2항)」를 규정하고 있다. 또한 「건강하고 쾌적한 환경에서 생활할 권리(제35조)」를 보장하고 나아가 「근로자의 고용의 증진과 적정임금의 보장(제32조 제1항)」 및 근로조건의 기준을 「인간의 존엄성을 보장하도록 법률로 정할 것(제32조 제3항)」을 규정하고 있다. 우리 헌법은 또한 경제 질서에 관한 규정으로 「대한민국의 경제질서는 개인과 기업의 경제상의 자유와 창의를 존중함을 기본으로 한다.(제119조 제1항)」고 정하고 있으며, 「국가는 균형있는 국민경제의 성장 및 안정과 적정한 소득의 분배를 유지하고, 시장의 지배와 경제력의 남용을 방지하며, 경제주체간의 조화를 통한 경제의 민주화를 위하여 경제에 관한 규제와 조정을 할 수 있다.(제119조 제2항)」고 규정하고 있다. 3. **내용** 경제민주주의는 거시주체 영역과 미시주체 영역이라는 두 가지 측면을 가진다. 전자는 모든 국민의 인간다운 생활을 보장하기 위한 완전고용·사회보장·사회복지 등을 달성하기 위하여, 자본과 노동이라는 핵심 주체들 간의 민주적 합의를 할 수 있도록 사회적 합의의 장을 마련하거나, 경제의 주요 주체라고 할 수 있는 재벌이나 대기업과 중소기업 간의 민주적 관계를 근거지을 수 있는 부분이다. 후자는 경제활동의 여러 분야나 단계에서 근로자들이 이익분배나 기업의 의사결정에 참여할 수 있는 권리를 보장하는 것으로, 노동자의 단결권·단체교섭권·단체행동권이나 산업민주주의의 주장 등, 미시주체들 간의 민주적 관계를 구체화하는 영역이다. 따라서 경제민주주의는 한편으로는 사회복지국가의 건설을 지향하고, 다른 한편으로는 자본주의 경제체제의 수정을 그 내용으로 하는 것이라고 볼 수 있다. 4. **헌법재판소결정** 헌법재판소는 경제헌법 판례에서는 헌법의 기본원리로서 '사회적 시장경제질서'를 확인하고 있다. 즉 헌법재판소는 우리헌법상의 경제이념이 「자유시장경제질서를 기본으로 하면서도 사회국가원리를 수용」하고 있는 것으로 보아 경제적 자유와 개입에 관한 경제민주주의의 이론적 표지에 부합하는 경제헌법 해석을 하고 있다(헌재 1998.5.28. 96헌가4 등; 2002.7.18. 2001헌마605 등). 다만, 원칙적 수준에서 헌법재판소는 진보적 해석을 하고 있지만, 그것을 구체화시키는 각론적 수준의 헌법해석에서는 보수적 견해를 나타내는 태도를 보이고 있다(헌재 1999.11.25. 98헌마55; 2006.11.30. 2006헌마489 등). 이러한 태도에 대해 사회적 기본권의 해석에서 사법소극주의(judicial passivism)의 태도를 취하는 경향이나, 헌법 제119조 제2항의 경제민주주의를 기본권제한의 한계규정 정도로만 인식하여 노동·산업민주주의로까지 수렴하는 경제민주화의 적극적 해석을 시도하지 않고 있다는 점 등을 지적하면서 비판하는 견해도 있다. 5. **경제민주주의의 한계** 우리 헌법에서 경제민주화는 '경제주체간의 조화를 통하여' 할 수 있도록 제한을 두고 있는데, 이는 경제민주화 개념의 극단적인 확장을 자체적으로 제한하고 있는 것이라 할 수 있다. '경제주체간의 조화'를 통한 국가의 경제에 대한 규제와 조정으로 양극화 해소, 빈곤층에 대한 사회보장제도 등 사회안전망 확보, 대기업과 중소기업 간의 공생 보장, 부의 불균형한 분배구조의 시정, 경제력 집중의 완화 등을 추구하고, 이러한 문제들을 해결하기 위하여 민주적으로 구성된 정부가 경제분야에 대한 규제와 조정을 하는 것이다. 국가가 경제에 대한 규제와 조정을 할 때는 화폐경제 · 자유경쟁 · 계약의 자유 등 자본주의적 자유시장경제질서의 근간을 이루는 사적 자치의 기본은 유지해야 하고, 경제에 관한 규제와 조정은 법치국가적 절차에 따라 행해져야 한다. 이는 자본주의의 테두리 안에서 규제와 조정을 행하는 경제계획은 무방하지만 전면적인 국가관리경제를 의미하는 계획경제는 허용되지 않음을 의미하는 것이다.

경제민주화民主化 ㊀ democratization of economy, ㊁ die Demokratisierung der Wirtschaft, ㊂ démocratisation de l'économie. ➜ 경제민주주의.

경제사회노동위원회經濟社會勞動委員會 ㊀ Economic, Social and Labor Council. 1998.3.28. 대통령령으로 설치되었다가 1999.5.24. 법률(노사정위원회의설치및운영에관한법률)로 설치된 노사정위원회가 2007.4.27. 경제사회발전노사정위원회로 개편되었고(노사정위원회의설치및운영에관한법률), 2018.6.12.에 관련법률이 경제사회노동위원회법으로 전면개정되어 경제사회노동위원회로 변경된 것이다. 대통령소속의 동 위원회의 주요 기능은 고용노동 정책 및 이와 관련된 산업 · 경제 · 복지 및 사회 정책 등에 관한 사항, 노사관계 발전을 위한 제도 · 의식 및 관행의 개선에 관한 사항, 근로자 · 사용자 등 경제 · 사회 주체 간 협력 증진을 위한 사업의 지원 방안에 관한 사항, 그 밖에 대통령이 자문하는 사항 등을 심의하고 의결한다(경제사회노동위원회법 제3조 제2항). 조직의 핵심 회의체는 본위원회이다. 본위원회는 심의 · 의결기구로서 위원장 1명과 상임위원 1명, 근로자 · 사용자를 대표하는 위원 각 5명, 정부를 대표하는 위원 2명, 공익을 대표하는 위원 4인으로 구성된다(동법 제4조 제1항).

경제사회발전노사정위원회經濟社會發展勞使政委員會 ㊀ Economic and Social Development Commission/the Tripartite Commission for Economic and Social Development. 노동자와 사용자 및 정부가 신뢰와 협조를 바탕으로 노동정책 및 이와 관련된 사항을 협의하고, 대통령의 자문에 응하게 하기 위하여 설치된, 비상근장관급을 위원장으로 하는 대통령자문기구이다. 경제사회발전노사정위원회는 1998.1.15. 외환위기를 극복하고 노사관계를 개혁하며, 민주주의와 시장경제의 병행 발전이라는 목표를 실현하기 위해 구성되었다(1기). 1998.3.28. 대통령령인 노사정위원회설치운영규정이 제정되고, 5월에 제2기 위원회가 구성되었다. 1999.5.24. 노사정간의 합의에 의해 「노사정위원회의설치및운영에관한법률」이 제정 및 공포됨으로써 제3기 노사정위원회가 출범하게 되었다. 2006.5.에 열린 노사정대표자회에서 노사정위원회 개별에 대한 합의가 이뤄지고, 관련 법률이 개정됨으로써 2007.4.27. 노사정위원회가 경제사회발전노사정위원회로 개편되었다. 2018.6.12. 경제사회발전노사정위원회법을 경제사회노동위원회법으로 전부개정하면서 위원회의 명칭도 경제사회노동위원회로 변경하였다. ➜ 경제사회노동위원회.

경제적 기본권經濟的 基本權 ⓔ economic basic rights, ⓓ die ökonomische Grundrechte, ⓕ droits économiques fondamentaux. 내용에 따라 기본권을 분류하는 경우, 경제적 영역에서의 기본권을 일컫는다.

경제적·사회적經濟的·社會的 **및 문화적**文化的 **권리**權利**에 관한 국제규약**國際規約 ⓔ International Covenant on Economic, Social and Cultural Rights, ICESCR. 1966.12.16. 유엔 총회에서 채택된 다자간 조약이다. 사회권 규약 또는 A규약이라고도 한다. U.N. 인권위원회에서 세계인권선언에 이어 1954년, 경제적, 사회적, 문화적 제 권리에 관한 규약안(A안)과 시민적, 정치적 권리에 관한 규약안(B안)을 성안하여 제21차 국제연합 총회에서 찬성 105, 반대 0으로 가결되었다. 동 규약에는 공통적으로 총칙·인민자결권의 규정 이외에 A규약이 정하고 있는 여러 권리는 일(노동)할 권리, 기술적·직업적 지도, 훈련계획, 완전한 생산적 고용(제6조), 공정·안전, 건강한 노동조건, 승진의 기회, 휴식·유급휴가의 보장(제7조), 노동조합 및 그 연합체의 결성·가입, 파업권(제8조), 사회보장을 받을 권리(제9조), 가정의 존중, 자유의사에 의한 혼인, 산전·산후(産前·産後) 휴가, 아동이나 연소자의 보호(제10조), 의식주를 포함한 생활수준의 유지, 환경의 개선, 기아로부터의 해방(제11조), 신체적·정신적 건강, 의료의 보장(제12조), 교육을 받을 권리, 무료 초등의무교육, 장학금제도, 학교선택의 자유(제13조), 무료 초등의무교육 미실시 지역에 있어서의 구체적 실시계획을 2년 이내에 작성·채택하여야 한다는 약속(제14조), 과학문화의 보존·발전·보급, 과학연구·창작활동의 자유존중, 과학적·문화적·예술적 창작품으로부터 발생하는 이익의 보호, 과학적·문화적 국제협력(제15조) 등이다.

경제적 자유주의經濟的 自由主義 ⓔ economic liberalism, ⓓ das ökonomische Liberalismus, ⓕ libéralisme économique. 개인의 경제적인 이익추구를 자유롭게 방임하면 사회전체의 경제적 번영도 실현된다고 보고, 개인과 기업의 경제활동에 대한 정부의 보호·간섭이나 통제를 거부하는 사상이다. 경제적 자유주의는 사유재산의 권리 및 보호, 이윤추구의 존중, 사회계약론적 자유주의를 지향하는 경제활동에서의 자유로움을 옹호한다. 또한 무역의 장벽을 철폐하고 정부의 보조금 지원과 독점사업이 인정되지 않는 자유방임적 자본주의를 지지한다. 국가주도적인 절대주의적 경제이론을 넘어서서 근대 자본주의의 토대를 마련한 애덤 스미스가 주창한 이론이다. ➜ 스미스, 애덤.

경제조항 ➜ 사회적 시장경제질서.

경제질서經濟秩序 **= 경제체제**經濟體制 ⓔ economic system, ⓓ Wirtschaftliche Ordnung/Wirtschaftssystem, ⓕ système économique. 경제질서 혹은 경제체제란 국가의 기본적인 경제적 구조를 말한다. 경제질서의 유형으로, 자본주의적 자유시장경제질서와 사회주의적 계획경제질서 및 사회적 시장경제질서의 세 가지로 나눌 수 있다. **자본주의적 자유시장경제질서**는 자유주의사상을 기초로 하고 있는 근대의 경제질서이다. 사유재산을 보장하고 개인의 경제활동의 자유를 보장하며 경제영역에 대한 국가의 간섭을 원칙적으로 금지한다. **사회주의적 계획경제질서**는 모든 생산수단을 국유화하고 경제영역에서의 모든 활동을 국가의 계획 하에 행하며, 개인의 경제활동이 국가의 명령과 통제 하에 있는 경제질서이다. 통제경제질서라고도 한다. **사회적 시장경제질서**는 사유재산제의 보장과 자유경쟁을 기본원리로 하는 시장경제질서를 근간으로 하면서, 부분적으로 사회주의적 계획경제를 가미한 경제질서를 의미한다. 1919년 Weimar 공화국 헌법에서 최초로 도입하였다. ➜ 사회적 시장경제질서.

경제학적 국가론 국가란 일정한 생산관계의 유지를 목적으로 하는 지배조직이라고 한다. 마르크스주의의 국가론이 이에 속하고, 그 밖에 F. 오펜하이머 등도 이 국가론을 주장한다. ➜ 국가.

경제헌법經濟憲法 ㉧ Wirtschaftsverfassungsrecht. 경제헌법은 경제적 삶에 필수적인 여러 가지 가치를 기본권으로서 보장하고, 경제적 삶의 질서와 관련한 기본적이고 중요한 사항을 규율하는 경제에 관한 국가의 법적 기본질서이다. 말하자면, 경제공동체로서의 국가의 경제에 관한 최고법을 의미한다. 경제헌법은 개별 경제주체들의 기본권적 가치를 보장할 뿐만 아니라, 공동체 전체의 경제적 안정과 발전의 도모라는 공공의 이익을 실현하기 위해 필요한 국가의 역할까지 규율하는 것으로 이해된다. 1941년의 건국강령에는 경제에 관한 사항들이 언급되어 있었고, 해방 이후의 여러 헌법 초안들과 제헌헌법에서 경제 장을 별도로 두었다. 이는 독일의 바이마르 헌법과 그의 영향을 받은 중국의 여러 헌법안들이 경제 장을 두고 있었다는 점에서 그 연원을 찾을 수 있다. 제헌헌법상 기본적 인권의 장과 경제 장의 경제헌법 조항들은 이후의 헌법개정에서도 약간의 문구수정이 있기는 했으나 그 기본골격이 그대로 이어지고 있다고 할 수 있다. 현행 헌법 제9장 및 여러 경제관련 조항과 기본권 규정 등은 이른바 '명시된 경제헌법'이라 할 수 있다. 또한 경제헌법에는 민주주의나 법치주의, 사회국가원리 등 명시되지 않은 규범도 경제헌법에 포함된다. 경제헌법은 경제와 관련한 입법, 집행, 사법의 규범적 기준이 된다. 그리고 경제질서란 이러한 경제헌법을 구체화한 결과이다.

경찰국가警察國家 ㉨ police state, ㉧ Polizeistaat. ㉫ état policier. 근대의 법치국가가 성립되기 전인 17 · 18세기 유럽의 절대군주 시대에 군주가 내정 전반에 걸쳐 경찰권을 통하여 그 권력을 자의적으로 행사하였던 형태의 국가를 말한다. 경찰국가는 독일의 전신인 프로이센에서 군주를 중심으로 그 휘하의 관료군이 봉건영주의 분권적 지배를 타파하고 중상주의와 부국강병을 병용하면서 각종 복지 · 보호행정을 통해 국내 산업을 육성하려 한 데서 비롯되었다. 라이프니츠, 볼프, 리셜리외, 콜베르 등에 의하여 이론적으로 정립되었으나, 국민의 자유를 중시하는 법치국가론의 등장으로 경찰국가의 이론은 배척되었다. 오늘날에 있어서도 흔히 경찰권을 남용하여 국민의 생활을 감시 · 통제하는 국가를 비난하는 말로 쓰이기도 한다.

경찰허가警察許可 ㉧ Polizeierlaubnis. 경찰목적을 위하여 일반적으로 금지된 행위를 특정한 경우에 해제하여 적법하게 일정한 행위를 할 수 있게 하는 행정처분(行政處分)을 말한다. 예컨대 영업의 허가, 건축의 허가가 이에 해당한다. 일반적 금지의 해제이고 새로운 권리를 설정하는 행위가 아닌 점에서 특허와 다르다. 허가를 하여야 할 것인가의 여부는 경찰관청의 자유재량에 속하는 것이 아니라 경찰상 장해의 염려가 없으면 허가를 하여야 하는 기속재량에 속한다. 경찰허가는 신청의 인적사정에 따라 부여되는 대인적 허가(예컨대 운전면허)와, 물건 또는 설비 등의 물적 사정에 따라 부여되는 대물적 허가(예컨대 건축물 사용허가)로 분류된다. 허가의 기준을 반드시 법률로 규정해야 하는 것은 아니라고 함이 헌재 결정이다(헌재 1996. 10.4. 93헌가13등).

경합자소송 ➜ 경쟁자소송.

경향기업傾向企業 특정한 종교나 이념에 따라 운영하는 기업. 당해 특정종교나 이념에 따르지 않는 경우 해고를 할 수 있고, 헌법상 종교의 자유가 적용되지 않을 수 있다. ➜ 종교의 자유.

경험주의적 연구방법經驗主義的 硏究方法 ㉖ empirical approach, ㉣ empirische Methodenlehre, ㉫ Enquête empirique. 헌법을 연구하는 방법 중의 하나로서, 관념론적 이해가 아니라 경험론적 이해가 중심이 된다. 헌법사회학적 연구방법이라 할 수 있다. 이 학파는 인간의 세계인식에 있어서 경험이 차지하는 불가침의 역할을 역설함과 함께 이성이나 직관에도 응분의 의의를 인정하고 있다. 경험주의 입장에서는 규범으로서의 헌법이 아니라 존재하는 헌법의 측면을 사회과학적 조사방법론을 통해 조사하고 그 실태를 구명하고자 한다. 헌법해석학에서 가치의 중요성을 부인하고 오늘날에는 분석철학적 방법을 응용하고 있다.

경호권警護權 ㉖ the power of guard. 경호란 사전적으로 위험한 일이 일어나지 않도록 미리 조심하고 보호하는 것을 말하는 것으로, 위험을 사전에 차단하고 안전하도록 조심하고 보호하는 것을 말한다. 경호에 관한 법적 개념은 「대통령 등의 경호에 관한 법률」에서 찾아볼 수 있다. 동 법률 제2조 제1호는 「경호란 경호 대상자의 생명과 재산을 보호하기 위하여 신체에 가하여지는 위해(危害)를 방지하거나 제거하고, 특정 지역을 경계 · 순찰 및 방비하는 등의 모든 안전 활동을 말한다.」라고 정의하고 있다. 국회법에는 국회의장의 경호권이 규정되어 있지만, 경호에 관한 정의는 없다. 국회법에는 제143조에 「의장은 회기 중 국회의 질서를 유지하기 위하여 국회 안에서 경호권을 행사한다.」라고 규정되어 있다. ➜ 국회자율권.

※ 경호권과 국회질서유지권 비교

구 분	경호권	질서유지권
근거조문	국회법 제143조	국회법 제10조, 제49조, 제145조
행사 주체	국회의장만 행사	국회의장: 본회의 위원장 : 위원회
행사 요건	회기 중 국회의 질서유지목적	의원이 본회의 또는 위원회의 회의장에서 국회법 등에 위배하여 회의장의 질서를 문란하게 한 때
행사 범위	국회 경내, 국회 건물	회의장
국가경찰공무원 요청	국회의장이 국회운영위원회의 동의를 얻어 정부에 파견요청	불가(국회경위 등에 의한 행사)

계급국가설階級國家說 ➜ 국가.

계급제도階級制度 ➜ 사회적 특수계급.

계모자간 혈족관계繼母子間 血族關係 전처의 출생자와 재혼한 아버지의 처(계모) 사이에 혈족관계로 간주할 것인가에 관하여, 1990년까지는 법정혈족관계가 성립하는 것으로 민법에서 정하였으나, 1990년 민법개정으로 1991.1.1.부터는 법정혈족관계가 성립하지 않게 되었다. 이에 대하여 헌법재판소는 합헌이라 판단하였다(헌재 2011.2.24. 2009헌바89).

계몽주의啓蒙主義 ㉖ Enlightenment, ㉣ Aufklärung, ㉫ Lumières. 1. **의의** 계몽주의란 프랑스어로 Siècle des Lumières(빛의 세기)를 뜻하는 말로 17 · 18세기에 유럽과 신세계를 휩쓴 정치 · 사회 · 철학 · 과학이론 등에서 광범하게 일어난 진보적 · 지적 사상운동으로, 현재의 자본주의의 근간이며 계몽사상(啓蒙思想)이라고도 부른다. 계몽이란 인간의 어리석음을 깨우친다는 뜻을 갖고 있다. 칸트는 인간이 미성숙으로부터 벗어나 타인의 지도 없이 이성적으로 사는 것 또는 미완성 상태에서 완성태로 나아가는 것을 계몽이라 하였다. 계몽사상은 인간이 이룩한 문화와 문명에 고취되어 인간의 지성 혹은 이성을 바탕으로 문화와 문명을 진보·발달시키려는 사상 또는 그러한 행동을 포함하는 적극적인 상태를 가리키는 말이다. 계몽사상은 이와 같은 정신으로 인간의 존엄과 평등, 자유권을 강조함으로써 유럽의 중세 시대를 지배한 전제군주와 로마 가톨릭교회와 신학의 족쇄로부터 인간 이성의 해방을 주창하였다. 계몽사상의 의의는 국가·정부의 역할을 결정적으로 바꾸었다는 것이다. 국가는 더 이상 목적이 아니라 국민의 권리를 보장하고 유지하기 위해 존재하는 수단이 되어야 한다고 한 것이다. 인간의 권리와 행복을 보장하기 위해 만들어진 국가는 당연히 국민의 동의를 받지 않고는 존재할 수 없다. 국가가 그 책임을 다하지 않고 민의를 배반한다면 민중은 혁명적인 저항권을 발동해 국가를 교체·폐지할 수 있다. 이런 연유로 계몽사상은 17·18세기 시민혁명에 지대한 영향을 끼치고 새로운 시대를 열게 한 것이다. 대표적 계몽사상가로 Hobbes(1588~1679), Locke(1632~1704), Montesquieu(1689~1755), Voltaire(1694~1778), Rousseau (1712~1778), Diderot(1713~1784), D'Alembert(1717~1783), Kant(1724~1804), Condorcet(1743~1794), Hegel(1770~1832) 등이 있다. 계몽주의의 특징은 이성·관용·자율·인권이라는 개념, 사회·정치에 대한 과학적 방법의 적용, 인간의 진보를 가로막는 미신과 로마 가톨릭교회 성직자들의 권력에 대한 거부 등을 들 수 있다. 계몽사상가들은 그러한 권위의 원천들을 부정하고 대신 그 자리에 이성과 자유로운 탐구라는 새로운 깃발을 세워야 한다고 주장했다. **2. 각 국가의 계몽사상** 1) **프랑스**의 계몽사상은 프랑스혁명 이전에 시작되었다. 몽테스키외, 볼테르, 루소, 디드로, 달랑베르, 엘베시우스 등 백과전서파들이 주도하였다. 계몽사상은 프랑스 혁명의 계기가 되었으며 민중들에게 지배 계급의 착취와 억압은 하늘이 정한 것이 아니라 혁명을 통해 깨부수어야 한다는 강한 사회개혁 의지를 심어주었다. 민중들의 이러한 사회의식은 프랑스 혁명의 원천이 되었으며, 오늘날까지도 저항권사상으로 표현되고 있다. 볼테르나 몽테스키외, 디드로는 앙시앵 레짐 사회에 고착하는 종교적 편견, 사회적 기성관념에 비판을 가했으며, 영국에서 뉴턴 물리학의 경험주의, 로크의 감각론 등이 수입되어 프랑스 계몽주의 철학 형성에 영향을 주었다. 몽테스키외의 「법의 정신(1748)」, 루소의 「사회계약론(1762)」 등의 저술이 나타나 국가와 사회에 대한 기본인식에 큰 변화를 주었고, 대혁명으로 전개되었다. 19세기 전반기 계몽주의의 인식론, 과학론, 역사론은 콩트의 실증주의에 계승되었고, 한편 보편적 이성에 대한 신뢰는 루아이에 코랄, 주프로와(1796~1842) 등에 계승되었다. 2) **영국**의 경우, 넓은 의미로서의 영국 계몽철학은 17세기 초의 프랜시스 베이컨에서 18세기 말의 애덤 스미스, 제러미 벤담에 이르는 경험론의 철학과 거의 같다고 해석되는데, 좁은 뜻으로는 존 로크에서 스미스까지의 18세기 철학을 총칭한다. 3) **독일**의 계몽사상은 당시 시민사회의 발달이 미미했기에, 프랑스의 계몽사상에 영향을 받았는데, 프랑스와는 다르게 독자적으로 발달했다는 특징이 있다. 독일의 계몽주의는 영국이나 프랑스의 계몽주의보다 늦게 나타나는데, 다른 유럽 국가들과 다른 방향으로 발전했다. 당시 독일은 300여 개의 국가들이 신성로마제국이라는 형태 안에 연방국가로 유지되고 있었다. 프랑스의 영향을 받아 당시에 외국문화가 독일인들의 생활과 사상에 깊숙이 침투하고 있을 때, 계몽주의는 외국문화에 대한 반발로 표출되었다. 계몽주의는 다른 나라의 것을 모방하는 것에 벗어나 다양한 문화들을 수용하고 발전시키면서 독일 내에서 전성기를 맞이한다. 인간의 사고가 기존의 종교적 규범에서 벗어나 자유로운 형태로 발전하면서 계몽주의는 더 나아가 세상에 대한 비판적인 사고를 강조한다. 계몽주의 시대의 문학 또한 인간의 합리적 이상에 도달하기 위한 목적을 가진 것으로 간주되며, 이성과 법칙을 중요시 여겼다. 주목해야 할 것은 프랑스나 영국의 계몽주의가 국가를 대표하는 사상으로 발전하여 근대 시민혁명의 이론을 제공한 것에 비해, 독일의 계몽주의는 혁명의 원리와 결합되지 않았다는 사실이다. 계몽군주라 불리는 프리드리히 2세와 같은 군주에게는 계몽주의는 국가혁명의 원리가 아니라 영국과 프랑스와 같은 강력한 국가건설을 위한 서구화의 일환이었다. 절대적인 권력을 행사하는 군주제 국가에서 일반적으로 나타나듯이 프로이센의 계몽주의도 프리드리히 대왕의 사망과 함께 그 성격이 변화하였다. 프리드리히 대왕 사후 프로이센의 계몽주의는 국가와 사회를 변혁시키는 실천적인 성격을 상당 부분 상실하고, 보다 관념적인 성격을 띠게 되었다. 이와 같은 경향은 대표적인 계몽주의 철학자인 칸트의 사상에서도 나타난다. 이미 초기의 독일 계몽 철학자들은 형이상학적 종교론이나 경건주의 신앙 등에 천착하는 경향이 있었는데, 칸트의 철학 세계도 계몽주의를 공적 생활과 사적 생활을 철저히 구분지음으로써 시민 정신의 자유로운 발현보다는 시민의 교양으로서 특수화하는 데 기여하였다. 4) **이탈리아**의 계몽주의의 대표주자는 체사레 베카리아(Cesare Beccaria)였다. 그는 형사재판 제도의 개혁을 다룬 「범죄와 형벌(Dei delitti e delle pene)」을 썼다. 이 책은 형벌을 규제하는 원리들에 대한 최초의 체계적 진술로 평가되고 있다. 베카리아는 고문과 참수형을 비판하고 종교적 죄를 범죄로 취급하는 가톨릭 교회에 의문을 제기했으며, 훗날 사형제도의 폐지 등 인권 신장에까지 크게 영향을 미쳤다. 3. **계몽주의의 영향** 계몽주의는 전제와 억압을 거부하며 현대의 민주주의, 인권과 시민의 자유에 대한 제도적 보장, 세속주의와 종교적 다양성, 개인의 윤리적 자율성, 과학적 태도 견지 등에 큰 영향을 미쳤다. 계몽주의는 사상과 행동 그리고 진보를 가로막는 정통 사상과 권위를 깨부수는 것을 목표로 삼았고 이러한 진보적 태도는 프랑스 혁명의 정신적 토대가 되었다. 훗날 에밀 졸라 등 프랑스의 지식인들의 사상 등에도 큰 영향을 미쳤다.

계속繫屬 · 係屬 ㊎ pendency of a lawsuit, ㊈ Abhängigkeit einer Klage, ㊄ pendance d'un procès. 사건이 특정한 법원의 재판 대상으로 되어 있는 상태.

계속비繼續費 ㊎ continuing expenditure, ㊈ laufende Ausgabe, ㊄ dépenses continues. 여러 해에 걸친 사업의 경비를 미리 일괄하여 국회의 의결을 얻고, 이를 변경할 경우 외에는 다시 의결을 얻을 필요가 없는 경비. 국가의 예산은 회계연도마다 새로 심의 결정하는 것이 원칙이나, 계속비는 예외이다. 수년간 계속되는 사업 등은 계속비라는 항목으로 총경비(總經費)와 각 연도마다 지출할 금액을 미리 정하여 국회의 의결을 얻어야 한다(헌법 제55조 제1항). 계속비의 연한은 5년 이내이다(국가재정법 제23조 제2항). 다만, 사업규모 및 국가재원 여건상 필요한 경우에는 예외적으로 10년 이내로 할 수 있다(동조 제2항 단서). 또한 기획재정부장관은 필요하다고 인정하는 때에는 국회의 의결을 거쳐 계속비의 지출연한을 연장할 수 있다(동조 제3항). 계속비의 성질상 매년도의 지출잔액은 예정연한이 끝날 때까지 순차로 이월하여 사용할 수 있다. 그 밖에 지방자치단체에서도 계속비제도가 인정되고 있다(지방자치법 제143조). ➜ 예산.

계속비의결권繼續費議決權 계속비에 대한 국회의 의결권. 최초의 계속비에 대한 의결권 뿐만 아니라 계속비의 지출연장을 위해서도 국회가 의결권을 갖는다. ➜ 계속비.

계약설契約說 ➜ 사회계약설.

계약유보이론契約留保理論 ㉢ Vertragsvorbehaltstheorie. 기본권의 대사인적 효력에 관한 독일의 이론 중, W. Leisner가 주장한 것으로서, 기본권이 사인 간에 직접 적용될 수 있는 유형을 사회적 압력단체와 사인 간의 관계 및 대등한 사인 간의 관계로 나누어, 전자의 경우 사회적 압력단체를 공권력과 유사하게 보아 기본권의 효력이 직접 미친다고 보고, 후자의 경우 계약관계에서는 사인 상호간의 계약에 의한 기본권의 제약이 가능하지만 그 제약의 정도는 법률에 규정한 범위를 넘어서지 못하며, 비계약관계에서는 기본권이 서로 충돌하게 되고 그 효력의 우선순위는 '이익형량의 원칙'에 의하여 정해져야 한다고 본다. ➜ 기본권의 대사인적 효력.

계약契約**의 자유** ㉢ freedom/liberty of contract, ㉢ Vertragsfreiheit, ㉢ Liberté contractuelle. 계약자유의 원칙(契約自由의 原則)은 개인이 독립된 자율적 인격을 가진 권리주체로서 타인과의 법적 생활을 영위해나감에 있어서 법의 제한에 부딪치지 않는 한, 계약에 의한 법률관계의 형성은 완전히 각자의 자유에 맡겨지며, 국가와 법도 그러한 자유의 결과를 될 수 있는 대로 승인한다는 원칙을 말하는 것이다. 이는 사적자치(개인의사 자치)의 원칙의 가장 전형적인 표현이다. 계약자유의 원칙은 소유권 절대의 원칙·과실책임주의와 더불어 근대민법의 3대원칙을 이루고 오늘날에도 기본원칙으로서의 성격을 유지하고 있다. 상대방 선택의 자유, 계약체결의 자유, 계약내용 결정의 자유, 계약방식의 자유 등을 그 내용으로 한다. 계약의 자유는 자본주의 자유경제를 발달하게 하고, 나아가 인류사상 그 유례를 볼 수 없을 만큼 문명·문화의 발달에 크게 공헌하였다. 그러나 19세기 말에서 20세기에 들어오면서 자본주의의 고도의 발전에 따라 개인 사이에 재산소유의 불평등이 현저해지고 경제적 강자와 약자 사이의 대립과 투쟁이 격화되자 계약의 자유는 사회에서 경제적 강자에게만 편리한 제도인 반면, 경제적 약자에게는 유명무실하게 되었을 뿐만 아니라, 오히려 불리한 제도가 되어 버렸다. 계약의 자유는 소유권과 결합함으로써 경제적 약자를 지배하는 제도로 전환하기에 이르렀다. 경제적 약자는 경제적 강자가 제시하는 계약조건에 따라 계약을 체결할 수밖에 없게 되었으며(부종계약(附從契約)), 계약자유의 원칙을 관철하면 경제적 강자를 보호하게 되는 반면, 경제적 약자를 압박하는 결과가 되기에 이르렀다. 그리하여 20세기 현대의 법이념은 계약자유의 원칙에 대하여 제약을 가하는 것이 사회정의에 부합한다고 보아, **계약자유의 원칙에 대한 여러 제한**이 가해지고 있다. **계약체결의 자유의 제한**으로, 공법상의 체약 강제와 사법상 체약 강제가 있다. **상대방선택의 자유의 제한**으로, 상대방 선택의 자유도 일정한 자만 계약할 수 있으며 또는 일정한 자는 배척하지 않으면 아니 된다고 되어 있다(노동법관계). **계약내용 결정의 자유의 제한**으로, 강행법규에 의한 제한, 사회질서에 의한 제한, 규제된 계약에 의한 제한, 약관에 의한 계약, 기타 민법, 이자제한법 등에서 약자에 불리한 내용을 정하는 것을 제한하고 있다. **계약방식 자유의 제한**으로, 증여에 관한 서면 표시 규정,

부동산소유권이전을 내용으로 하는 계약, 건설공사 도급계약, 어음·주식·단체협약 등의 방식이 요건으로 되는 경우가 많다.

계약임용제契約任用制 ➜ 교수재임용제.

계엄戒嚴 ㉨ martial law, ㉣ das Kriegsrecht/der Belagerungszustand, ㉲ La loi martiale/tat de siege. 1. **의의** 계엄이란 전시·사변 또는 이에 준하는 국가비상사태의 경우 병력으로써 군사상의 필요(군사계엄) 또는 공공의 안녕질서를 유지할 필요가 있을 때 대통령이 일정한 지역을 구획하여 사법·행정사무의 일부 또는 전부를 군기관(계엄사령관 또는 군사법원)에 이관하는 것을 말한다(헌법 제77조 제1항, 계엄법 제1조, 제6조). 2. **종류** 비상계엄(非常戒嚴)과 경비계엄(警備戒嚴)이 있다(헌법 제77조 제2항). 두 계엄 모두 헌법 제77조 제1항의 요건을 충족하여야 한다. 비상계엄은 행정 및 사법기능의 수행이 현저히 곤란한 경우에(계엄법 제2조 제2항), 경비계엄은 일반행정기관만으로는 치안을 확보할 수 없는 경우에(계엄법 제2조 제3항) 선포할 수 있다. 비상계엄이 훨씬 강력한 계엄이며, 따라서 비상계엄에 따른 일련의 비상조치의 내용에 관해서는 헌법에 명시하고 있다. 3. **발동요건** 경비계엄과 비상계엄 모두 헌법상 요건을 충족하여야 한다(헌법 제77조 제1항). ① 전시·사변 또는 이에 준하는 비상사태가 있을 것. 계엄의 발동필요성 여부는 대통령이 판단한다. ② 병력동원의 필요성이 있을 것. ③ 국무회의의 심의를 거칠 것(헌법 제89조 제5호). 선포사항, 계엄사령관 임명, 계엄사령관에 대한 지휘감독 등에 대해서는 계엄법을 따른다(계엄법 제3~6조 참조). ④ 계엄선포 후 지체없이 국회에 통고할 것. 국회폐회 중인 때에는 국회에 소집요구를 하여야 한다(계엄법 제4조 제2항). 4. **계엄의 내용과 효력** 비상계엄이 선포된 경우에는 계엄지역 내의 행정·사법사무 전부가 군의 권력 아래로 이관되며 법률이 정하는 바에 따라 영장제도·언론·출판·집회·결사의 자유와 거주·이전의 자유 또는 단체행동과 재산권 등에 관하여 특별한 조치를 할 수 있다(헌법 제77조 제3항; 계엄법 제7조 제1항, 제9조 제1항). 헌법이 아닌 법률에서 거주·이전의 자유 또는 단체행동과 재산권 등에 관하여 특별한 조치를 할 수 있도록 한 것에 대하여 위헌의 의심이 있으나, 헌법규정을 예시적으로 보아 합헌이라 함이 다수설이다. 경비계엄이 선포된 경우에는 계엄지역 내의 군사에 관한 행정·사법사무가 군의 권력하에 이관된다(계엄법 제7조 제2항). 국민의 자유와 권리에 관한 특별조치는 허용되지 않으며, 군사법원의 관할권도 확대되지 아니한다. 계엄선포 중 국회의원은 현행범인 경우를 제외하고는 체포 또는 구금되지 않는다. 5. **계엄의 해제** 대통령은 국가비상사태가 평상상태로 회복하거나 국회가 재적의원 과반수의 찬성으로 그 해제를 요구한 때에는 계엄을 해제하고 이를 공고하여야 한다(헌법 제77조 제4·5항, 계엄법 제4·11조). 이때에도 국무회의의 심의를 거쳐야 하며, 국방부장관 또는 행정안전부장관은 계엄 상황이 평상상태로 회복된 경우에는 국무총리를 거쳐 대통령에게 계엄의 해제를 건의할 수 있다(계엄법 제11조 제2·3항). 계엄이 해제된 날부터 모든 행정사무와 사법사무는 평상상태로 복귀한다. 비상계엄 시행 중 군사법원에 계속(係屬) 중인 재판사건의 관할은 비상계엄 해제와 동시에 일반법원에 속한다. 다만, 대통령이 필요하다고 인정할 때에는 군사법원의 재판권을 1개월의 범위에서 연기할 수 있다(계엄법 제12조). 이 단서규정에 대하여 대법원은 합헌으로 판시한 바 있다(대판 1985. 5.28. 81도1945). 6. **계엄에 대한 통제** 정부 내의 통제장치로서 국무회의 심의, 관계자의 부서나 건의 등이 가능하다. 국회 · 법원 · 헌법재판소 등 외부 기관에 의한 통제는 사후적 통제로서의 의미만 갖고 있다. 계엄선포행위 자체는 통치행위로서 사법심사의 대상이 되지 않는다고 본다. 그러나 계엄선포 후 내려진 포고령이나 개별적 · 구체적 집행행위는 당연히 사법심사의 대상이 된다.

계엄선포권戒嚴宣布權 ➜ 계엄.

계엄해제요구권戒嚴解除要求權 대통령의 계엄선포를 통고받은 국회가 재적의원 과반수의 찬성으로 그 해제를 요구한 때에는 계엄을 해제하고 이를 공고하여야 한다(헌법 제77조 제4 · 5항, 계엄법 제4 · 11조). 국회의 계엄해제요구권은 1962년 헌법에서 처음 규정되었는데, 이 때에는 「재적의원 과반수의 찬성」이라는 요건이 규정되어 있지 않았다. 이 요건은 1972년 헌법에서 부가되어 현행헌법에까지 이르고 있다. ➜ 계엄.

계획경제질서計劃經濟秩序 ➜ 경제질서.

계획국가計劃國家 [독] Planungsstaat. 사회국가의 내용에 관한 여러 견해 중의 하나로서, 사회국가는 장기적인 계획(Plan)에 의한 사회정책에 의해서만 실현될 수 있다는 의미에서 사회국가의 본질을 계획국가라고 하는 견해이다. ➜ 사회국가.

계획(적) 법률計劃(的) 法律 [독] Plangesetz. 법률의 내용이 사회경제영역의 일정한 방향과 계획을 담고 있는 경우를 일컫는다. 오늘날의 사회국가는 전통적인 침해행정의 테두리를 넘어서 포괄적이며 계획적인 형성, 부조 및 배려와 같은 과제를 수행하여야 하며, 경제과정이나 사회과정에 대하여 전반적인 계획을 통하여 사회의 발전방향과 정책을 제시하여야 하는 의무를 부담한다. 이에 따라 법정립과 집행의 고전적 형식 이외에 국가활동의 새로운 법형식이 점차 증대하여, 처분적 법률, 계획법률, 보조금지급 등에 의한 급부의 보장 등이 나타나고 있다. 특히 국가의 계획의무는 법치행정의 원리와 결합하여 계획(적) 법률이라는 형태로 나타난다.

고등법원高等法院 ➜ 법원의 지위와 조직.

고문拷問**을 받지 아니할 권리** [영] the right to the prohibition of torture, [독] Recht auf die Freiheit von Folter, [프] Droit de ne pas être torturé. 1. **서론** 고문은 인간의 존엄성을 직접적으로 침해하는 범죄행위이다. 고문은 그 피해자의 인간성과 신체를 파괴할 뿐만 아니라 그 가해자를 포함하여 사회 전체를 비인간화하는 속성을 가지고 있다. 오늘날 고문의 금지는 국제관습법으로 되고 있다. **2. 고문금지의 사상과 그 역사** 고문은 고대사회로부터 서구의 중세, 동양의 전제군주시대에까지 적어도 3000여 년 동안 합법적이었다. 프랑스의 볼테르와 몽테스키외, 영국의 벤담, 이탈리아의 베카리아 등에 의해 고문이 크게 비판을 받았으며, 18세기 중엽부터 폐지되기 시작하였다. 그러나 1930년대에 독일 등의 전체주의국가들이 다시금 고문을 자행하였고, 2차대전이 끝난 후 본격적으로 고문금지가 논의되기 시작하였다. 1948년 세계인권선언 제5조는 고문을 받지 아니할 권리를 규정하였고, 1966년의 시민적 · 정치적 권리에 관한 국제규약 제4조와 제7조는 고문금지의무와 고문당하지 않을 권리를 규정하였다. 1973년부터 1984년까지 유엔에서 고문금지에 관한 수많은 결의가 만장일치로 채택되었는데, 그 중 중요한 것은 1975.12.의 고문방지선언과 1984년의 고문방지협약이었다. 고문방지협약은 1987.6.26.에 발효되었다. 우리나라에서도 과거 조선시대까지 고문은 합법적이었고, 일제강점기의 식민치하의 고문은 해방 이후에도 크게 영향을 미쳤다. 1948년 헌법은 고문에 관하여 아무런 규정을 두지 않았다가, 1962년 헌법에서 처음으로 규정되어 현행헌법에까지 이어지고 있다. 그러나 헌법규정에도 불구하고 현실적으로는 수많은 고문이 자행되었고, 1967년 동백림사건, 1973년 최종길교수의문사사건, 1974년 인혁당과 민청학련사건 등이 그 대표적 사건들이었다. 제5공화국시기에는 소위 3대 고문사건으로, 1985.9.의 김근태씨 고문사건, 1986.6.의 부천서 성고문사건, 1987.1.의 박종철군 고문치사사건 등이 자행되었다. 6·10민주화항쟁으로 새 헌법이 만들어졌음에도 불구하고 고문이 완전히 근절되지는 않았다. 3. **고문을 받지 아니할 권리의 의의** 고문방지협약 제1조 제1항은 「이 협약의 목적상 "고문"이라 함은 공무원이나 그 밖의 공무 수행자가 직접 또는 이러한 자의 교사·동의·묵인 아래, 어떤 개인이나 제3자로부터 정보나 자백을 얻어내기 위한 목적으로, 개인이나 제3자가 실행하였거나 실행한 혐의가 있는 행위에 대하여 처벌을 하기 위한 목적으로, 개인이나 제3자를 협박·강요할 목적으로, 또는 모든 종류의 차별에 기초한 이유로, 개인에게 고의로 극심한 신체적·정신적 고통을 가하는 행위를 말한다. 다만, 합법적 제재조치로부터 초래되거나, 이에 내재하거나 이에 부수되는 고통은 고문에 포함되지 아니한다.」고 규정하고 있다. 고문은, 반인륜적 범죄이자, 인격을 침해하는 대표적 불법행위이며, 인간을 학대하는 제도적 폭력행위이고, 비밀리에 자행되며, 반문명적 행위로서 절대적으로 금지된다. 고문의 가장 큰 목적은 자백을 받아내기 위함이다. 따라서 자백에 대한 법적 취급이 뒷받침되지 않으면 근절되기 어렵다. 4. **고문을 받지 아니할 권리의 보호법익** 고문을 받지 아니할 권리의 보장은 곧 인간존엄성의 존중과 국가의 도덕성의 보장을 목적으로 한다. 고문은 인간의 존엄성 뿐만 아니라 국가권력의 정당성과 도덕성까지도 말살시킨다. 5. **고문을 받지 아니할 권리의 보장** 이를 위해서는 첫째, 고문범죄를 엄중히 처벌하여야 한다. 고문방지협약 제4조는 「1. 당사국은 모든 고문행위가 자기 나라의 형법에 따라 범죄가 되도록 보장하며, 고문미수, 고문 공모 또는 가담에 해당하는 행위도 마찬가지로 다룬다. 2. 당사국은 이러한 범죄가 그 심각성이 고려된 적절한 형벌로 처벌될 수 있도록 한다.」고 하여 고문방지에 대한 국내법적 규율을 강조하고 있다. 둘째, 고문 등에 의한 자백의 증거능력을 부인하여야 한다. 독수(毒樹)의 과실이론(果實理論)이 그 한 예이다. 고문방지협약 제15조에서도 「당사국은 고문의 결과 행해진 것으로 입증된 진술이 모든 소송에서 증거로 원용되지 아니하도록 보장한다. 다만, 위의 진술사실이 고문 혐의자에 대한 소송에서 그 진술이 행하여졌다는 증거로 원용되는 경우에는 제외한다.」고 규정하고 있다. 우리나라의 경우, 고문 등에 의한 자백강요가 자백의 증거능력에 미치는 영향에 관하여, 그 임의성을 부인하는 취지로 보아 증거능력을 부인한 판결이 있었고(대판 1981.10.13. 81도2160), 그 후 대법원의 일관된 입장이다. 2004년에는 피고인이 공판정에서 간인과 서명·무인한 사실을 인정하여 형식적 진정성립이 인정되면 실질적 진정성립이 추정된다고 보았던 과거의 판례를 변경하여, 피고인이 검사작성의 조서에 서명·날인하였더라도, 법정에서 조서내용의 진정성을 부인하는 경우에는 증거능력이 인정되지 않는다고 판례를 변경하였다(대판 2004.12.16. 2002도357). 셋째, 피의자신문에 변호인이 참여하는 것을 보장하여야 한다. 헌법재판소는 합당한 이유없이 피의자신문시 변호인참여의 요구를 거부한 행위는 위헌이라 하고 있다(헌재 2004.9.23. 2000헌마138). 넷째, 고문피해의 적정배상과 피해자의 완전한 사회복귀를 보장하여야 한다. 고문방지협약 제14조에서도 「당사국은 자기 나라의 법체계 안에서 고문행위의 피해자가 구제를 받고, 또한 가능한 한 완전한 재활수단을 포함하여 공정하고 적절한 배상을 받을 수 있는 실효적인 권리를 보장한다. 고문행위의 결과로 피해자가 사망한 경우, 피해자의 부양가족이 배상받을 권리를 가진다.」고 하고 있다. 다섯째, 고문범죄에 대한 공소시효를 배제하여야 한다. 마지막으로, 고문방지협약 제21조에서 특정당사국이 협약상의 의무를 위반하는 경우 다른 당사국이 고문방지위원회에 이의를 제기할 수 있는 제도를 규정하고, 제22조에서 고문 등의 피해를 입었다고 주장하는 개인이 고문방지위원회에 직접 조사를 요청할 수 있는 제도를 규정하고 있는 바, 우리나라의 경우에도 이 규정들을 적극적으로 수용하여야 한다.

고시告示 ㊇ notice, ㊂ Bekanntmachung/Anzeige, ㊄ annonce administrative. 행정기관에서 국민에게 어떠한 내용을 알리는 것을 뜻하는 것이다. 법규범체계상 원칙적으로 법규로서의 성질을 가지지 아니한다. 다만, 고시가 법령의 수권(일정한 자격, 권한, 권리 따위를 특정인에게 부여하는 일)에 따라 법령을 보충하는 사항을 정하는 경우에는 근거법령 규정과 결합하여 대외적으로 구속력 있는 법규명령의 효력을 갖는다(대판 1999.11.26. 97누13474). 그리고 고시의 내용이 국가의 기본권보호의무를 위반하는 경우에는 그로 인해 초래되는 기본권침해의 현재성 및 직접성을 인정하여 헌법소원의 대상이 될 수 있다(헌재 2008.12.26. 2008헌마419, 423,436(병합)). ➜ 행정입법.

고시류조약告示類條約 모(母)조약의 실시·집행을 위하여 보충적으로 체결되는 시행약정(implementing arrangement)이나 모조약의 일부 내용을 수정하기 위한 각서교환(exchange of notes) 등에 대해서는 복잡한 국내절차를 취하는 것이 적당하지 아니하므로, 관계부처와 협의를 거쳐 외교통상부장관이 체결절차를 취하고 그 중 특정한 것에 대하여는 그 내용을 관보에 고시할 수 있는데, 이렇게 체결된 조약을 실무편의상 '고시류조약(告示類條約)'이라 칭한다. 고시류조약은 ① 이미 체결된 조약에 규정된 내용을 시행하기 위한 집행적 성격의 세부사항에 관한 합의 ② 조약의 본질적 내용을 변경함이 없이 이를 일부 수정하기 위한 합의 등에 사용된다. 고시류조약에 대한 사법심사는, 헌법재판소에 의해서는 행정입법에 대한 예외적 심사와 같이, 예외적으로만 허용되고, 원칙적으로 명령과 같은 효력을 가지는 것으로 보아 법원에 의한 위헌·위법심사가 가능하다.

고위공직자범죄수사처高位公職者犯罪搜査處 1. **법제정** 1996년 이래 20여 년 동안 제기되어 온 고위공직자의 범죄에 대한 수사 문제를 해결하는 방안으로, 기존의 검찰과는 독자적인 형사사법기관을 설치하기 위한 법률로서, 2020.1.14. 제정된 「고위공직자범죄수사처 설치 및 운영에 관한 법률」에 따라 설치되는 형사사법기관이다. 2. **위헌 여부(헌재 2021.1.28. 2020헌마264)** 1) **독립기관 여부** 법률로써 '행정각부'에 속하지 않는 독립된 형태의 행정기관을 설치하는 것이 헌법상 금지된다고 할 수 없다. 2) **중앙행정기관 여부** 수사처는 대통령을 수반으로 하는 행정부에 소속되고 그 관할권의 범위가 전국에 미치는 중앙행정기관으로 보는 것이 타당하다. 3) **권력분립 위반 여부** 수사처가 독립된 형태로 설치되었다는 이유만으로 권력분립원칙에 위반된다고 볼 수 없다. 수사처는 입법부, 행정부, 사법부를 비롯한 다양한 기관 간 견제와 균형이 이루어질 수 있으며, 국회, 법원, 헌법재판소에 의한 통제가 가능할 뿐 아니라 행정부 내부적 통제를 위한 여러 장치도 마련되어 있다. 4) **입법재량 여부** 별도의 수사기관을 설치할지 여부는 국회의 폭넓은 재량이 인정된다. 수사처와 다른 수사기관 사이의 권한 배분의 문제는 헌법상 권력분립원칙의 문제라고 볼 수 없다. 독립된 기관의 설치·운영에 대한 입법자의 결정은 명백히 자의적이거나 현저히 부당하다고 볼 수 없는 한 존중되어야 한다. 5) **대상범죄규정의 합리성** 수사처의 수사나 기소의 대상이 되는 범죄를 한정하여 규정한 것에는 합리적인 이유가 있다. 6) **평등권 침해 여부** 수사처의 수사 등의 대상이 된다고 하여 대상자에게 실질적인 불이익이 발생한다거나 대상자의 법적 지위가 불안정해진다고 볼 수 없고, 따라서 청구인들의 평등권을 침해한다고 할 수 없다. 7) **영장청구권자인 검사** 헌법에 규정된 영장신청권자로서의 검사는 검찰청법상 검사만을 지칭하는 것으로 보기 어렵다. 8) **영장주의 원칙 위반 여부** 수사처검사는 소추권자이자 인권옹호기관으로서의 역할을 한다. 수사처검사는 법률전문가로서의 자격도 충분히 갖추었다. 따라서 공수처법 제8조 제4항은 영장주의원칙을 위반하여 청구인들의 신체의 자유 등을 침해하지 않는다(권력분립위반 및 적법절차위반, 사법권독립 및 평등권 침해 부분에 관하여 반대의견 있음).

고유사무固有事務 **= 자치사무**自治事務 ㊐ municipal affairs, ㊍ eigene Angelegenheit/selbstverwaltungsangelegenheit/komunalangelegenheit, ㊈ affaires municipales. 지방자치단체가 자체의 존립목적을 달성하기 위하여 수행하는 사무. 위임사무와 대응되는 개념이며, 지방자치단체의 본래의 사무라는 뜻에서 자치사무(自治事務)라고도 부른다. 헌법 제117조에 규정된 「주민의 복리에 관한 사무」와 지방자치법 제13조에 규정된 「그 관할구역의 자치사무」가 바로 고유사무에 해당한다. 지방자치단체는 그 존립목적을 수행하기 위하여 법률상 국가 또는 다른 자치단체의 권한에 속한 것을 제외하고는 임의로 주민의 복리를 위해 필요한 각종 사무를 수행할 수 있다. 이러한 사무를 임의사무(任意事務) 또는 수의사무(隨意事務)라고 한다. 고유사무에는 임의사무 외에도 법적으로 의무화되어 있는 사무도 있다. 이러한 사무를 필요사무(必要事務)라 하는데, 초등학교의 설치·관리가 그 대표적 예이다. 지방자치법 제13조 제2항에 예시된 사무는 지방자치단체의 고유사무만을 예시한 것이 아니고 법령에 의해 지방자치단체에 속한 위임사무도 포함되고 있다. 이를 분류해 보면 지방자치단체의 존립과 유지·관리에 관한 사무, 산업지능 및 지역개발에 관한 사무, 복리증진 및 교육문화에 관한 사무로 나눌 수 있다. ➜ 지방자치단체의 사무.

고유한 의미의 헌법 ㊍ die Verfassungsbegriff im eigene Sinne. 국가의 최고기관을 조직·구성하고 이들 기관의 행위의 방법, 권력기관의 상호관계 및 활동범위를 규정하는 것. 시간적·공간적 제약을 넘어서 역사상 나타난 모든 헌법의 고유한 특성과 의미에 따라 공통점을 추출하여 헌법을 추상적으로 규정하는 것을 의미한다. 이러한 의미의 헌법은 이론상 의미가 있으나, '지금, 여기'에서의 헌법적 문제들을 해결하기에는 적절하지 않다. ➜ 헌법의 개념.

고전적 대통령제古典的 大統領制 ➜ 대통령제.

고전적 의원내각제古典的 議院內閣制 ➜ 의원내각제.

고전적 입헌주의古典的 立憲主義 ➜ 입헌주의.

고정명부식固定名簿式 **비례대표제**比例代表制 ㊀ closed list, ㊁ starre Liste, ㊂ liste rigide. ➔ 비례대표제.

고충처리인제도苦衷處理人制度 언론고충처리인제도는 2004년에 '언론중재 및 피해구제에 관한 법률'을 제정하면서 언론사 스스로 언론피해를 자율적으로 예방하고 구제한다는 목적 아래 설치한 제도이다. 「언론중재 및 피해구제 등에 관한 법률」 제6조 제1항은 「종합편성 또는 보도에 관한 전문편성을 하는 방송사업자, 일반일간신문을 발행하는 신문사업자 및 뉴스통신사업자는 사내에 언론피해의 자율적 예방 및 구제를 위한 고충처리인을 두어야 한다.」고 규정하고, 제2항에서 「언론의 침해행위에 대한 조사, 사실이 아니거나 타인의 명예 그 밖의 법익을 침해하는 언론보도에 대한 시정권고, 구제가 필요한 피해자의 고충에 대한 정정보도·반론보도 또는 손해배상의 권고, 그 밖에 독자나 시청자의 권익보호와 침해구제에 관한 자문」 등을 그 권한과 직무를 규정하고 있다.

곤잘레스 판결 = 구글스페인 판결 CJEU, Case C-131/12(2014.5.13.). 1. **사건 개요** 스페인 변호사 곤잘레스(Mario Costeja Gonzàlez)는 인터넷 검색사이트 구글(Google)에 자기 이름을 넣어 검색하면 12년 전 자신이 소유하던 부동산의 경매 공고가 실린 신문이 링크되어 나오는 것을 알고, 스페인 정보보호원(AEPD)에 해당 정보의 삭제를 청구하였다. AEPD는 2010.7.30. 신문사에 대한 청구를 기각하고, 구글에 대해서는 검색 색인에서 해당 정보를 삭제하고 장래에도 접근할 수 없도록 하는 조치를 취하라는 결정을 내렸다. 구글 측은 스페인 고등법원에 위 결정의 취소를 구하는 소송을 제기하였다. 스페인 고등법원은 위 재판을 진행하던 중 유럽사법재판소(CJEU)에 EU의 개인정보지침의 해석에 관한 선결적 판단을 요청하였다. 2. **판결요지** 스페인 고등법원이 CJEU에 판단을 요청한 사항은, 첫째, 구글스페인의 개인정보처리 서버가 미국에 있는 상황에서 EU법이 구글스페인에 적용되는지 여부, 둘째, 1995년 개인정보보호지침(Directive 95/46/EC)이 구글과 같은 검색엔진 사업자에도 적용되는지 여부, 셋째, 제3자가 적법하게 정보를 공개하고 있는 상황에서 정보주체가 검색엔진 사업자에게 접근차단을 요구할 권리가 있는지 여부였다. CJEU는 위 질의에 대하여 다음과 같이 결정하였다. 첫째, 비록 회사의 개인정보 처리 서버가 유럽 밖에 위치하고 있다고 하더라도 검색엔진 운영자가 검색엔진에 의해 제공되는 광고의 판매를 촉진하기 위하여 EU 회원국 내에 자회사나 지사를 두고 그러한 활동을 지향하고 있다면 EU법은 그 회사에 적용된다. 둘째, 검색엔진은 EU 개인정보보호법상 정보처리자에 해당한다. 1995년 개인정보보호지침 제2조 제b호는 개인정보의 처리를 "자동화된 수단에 의하든 그렇지 않든 상관없이 개인정보에 대하여 행해지는 모든 작업"으로 정의하고 있는데, 검색엔진이 개인정보를 수집하고, 검색하고, 기록하고, 조직하고, 공개하고, 이용할 수 있게 하는 것은 개인정보의 처리에 해당한다. 셋째, 검색엔진은 정보주체의 이름 등을 통하여 찾기 힘든 정보에 접근할 수 있도록 함으로써 정보의 전반적 확산에 결정적인 역할을 하고 있으며, 검색엔진의 활동과 관련하여 이루어지는 개인정보의 처리는 웹사이트의 발행인에 의해서 이루어지는 것과 독립적이며, 부가적이다. CJEU는 이러한 판단 아래 곤잘레스가 주장한 잊혀질 권리를 인정하였다. CJEU는 당초 적법하게 처리된 정확한 정보라고 하더라도 시간의 경과에 따라 해당 정보가 수집 또는 처리된 목적에 비추어 더 이상 필요하지 않을 경우 1995년 개인정보보호지침에 위반된다고 판단하였다. 특히 목적과의 관계에서 또 흘러간 시간에 비추어, 정보가 부정확하거나, 부적절하거나,

관계가 없거나, 과도해 보일 때 그렇다고 보았다. 이런 경우 정보주체는 검색결과 리스트에 연결하는 것을 제거하도록 요구할 수 있는 권리를 가진다고 보았다. 3. **판결의 의미** 1) **잊혀질 권리의 실체 인정** 곤잘레스 판결은 1995년 개인정보보호지침에서 잊혀질 권리를 도출함으로써 잊혀질 권리의 실체를 인정하였다는 점에서 큰 의의가 있다. 곤잘레스 판결 이후 잊혀질 권리의 도입 정당성을 놓고 벌이는 논쟁은 의미가 없어졌다. 쟁점은 잊혀질 권리의 적용범위로 넘어갔다. EU 집행위원회도 잊혀질 권리가 GDPR에 처음 등장하는 것처럼 설명하는 것은 잘못이라고 강조한 바 있다. 완전히 새로운 권리의 도입이 아니라, 개인정보보호지침에 있는 정보주체의 권리를 확장한 데 불과하다는 것이다. 그러나 CJEU가 정보주체의 권리로서 잊혀질 권리라는 법률용어를 직접 사용한 것은 아니었다. 스페인 고등법원의 선결적 판단 요청의 내용을 정리하면서 곤잘레스와 스페인 정부의 주장으로 잊혀질 권리라는 용어를 사용하였을 뿐이다. CJEU의 판결 내용이 스페인 정부 등이 주장하였던 잊혀질 권리와 동일하기 때문에 CJEU의 곤잘레스 판결은 잊혀질 권리를 인정한 판례라고 보아도 무방하다. 2) **적용범위의 제한** CJEU가 잊혀질 권리를 검색엔진 회사에만 적용하고 처음 기사를 게재한 신문사에는 적용하지 않은 것은 의미가 크다. 신문사 웹사이트의 정보 처리가 순수하게 언론보도 목적으로 이루어지는 경우 1995년 개인정보보호지침의 적용을 받지 않게 된다. 하지만 재판부는 정보의 처리에 있어서 신문사 웹사이트와 검색엔진의 역할을 구분한 후 검색엔진은 웹사이트에 부가하여 그리고 독립적으로 활동한다고 판단하였다. 즉 검색엔진은 인터넷 이용자가 정보주체의 이름을 이용해서 해당 정보에 접근하도록 하고, 여러 정보를 체계화해서 정보주체의 상세한 프로필을 제공함으로써 정보주체의 기본적 권리에 심각한 영향을 끼치고 있다는 것이다. 따라서 개별 언론사의 웹사이트를 그대로 두고 검색엔진에 대해서만 개인정보의 삭제를 요구한다고 하더라도 이를 부당하다고 보기 어렵다. CJEU 판결에 따르면 신문사 웹페이지에 서 해당 정보가 삭제되지 않기 때문에 검색엔진에서 정보주체의 이름이 아닌 다른 검색어를 사용하면 해당 정보를 찾을 수 있다. 3) **사안별 비교형량** 곤잘레스 판결은 비교형량을 중시하여 정보주체가 원한다고 해서 잊혀질 권리가 언제나 인정되는 것은 아니라는 점을 분명히 하였다. 곤잘레스 판결은 그 자체가 비교형량의 결과이다. 정보주체의 이름을 검색할 경우 해당 정보가 차단되어 정보주체의 프라이버시를 보호하면서, 해당 정보는 존속하도록 하여 다른 사람의 알 권리를 충족시키는 해결방안을 제시한 것이다. 그렇기 때문에 곤잘레스 판결은 잊혀질 권리를 인정하였다는 의미 못지않게 잊혀질 권리의 적용범위를 제한하였다는 의미도 갖는다. 즉 잊혀질 권리가 일반적인 정보 삭제권이 아니라는 점을 명확히 하였으며, 그 적용범위를 제한함으로써 절대적인 권리처럼 읽혀질 수 있는 잊혀질 권리에 대한 오해를 상당부분 해소하였다. ➜ 잊혀질 권리.

공개선거公開選擧 ⇔ 비밀선거. 공개선거는 선거인의 투표행위와 투표내용을 공개하는 것으로서, 호명(呼名)·거수(擧手)·기립(起立)·기명(記名) 등의 방법이 있다. 공개선거는 비밀선거원칙을 채택하는 나라에서 투표의 책임을 명백히 한다는 뜻에서 예외적으로 채용되기도 하지만, 자유로운 의사표시를 방해할 위험이 크기 때문에 선거의 공정성이나 자유로운 분위기를 보장할 수 없다는 단점이 있다. 과거 사회주의 국가들에서 주로 채용되었던 제도이며, 베트남, 중화인민공화국, 라오스, 쿠바,

북한 등에서 유지되고 있다. ➜ 선거의 기본원칙.

공개성公開性 ㊎ openness/publicity, ㊍ Offenheit/Publizität/Öffentlichkeit, ㊄ publicité. 공개성의 사전적 의미는 어떤 사실이나 사물, 내용 따위를 여러 사람에게 널리 터놓는 특성을 말한다. 개방성이라고도 한다. 공개성은 지식, 기술 기타 자원에 대한 접근가능성, 행위의 투명성, 조직구조에의 참입(參入)가능성, 참여의 포괄성 등을 말하기도 한다. 논자에 따라 공공성과 같은 의미로 사용하기도 하고, 혹은 공공성의 한 구성요소로 이해하기도 한다. 오늘날에는 국가영역(행정영역)의 정보, 의료정보, 기술정보 등의 영역에서 요구되는 포괄적 개념이다. ➜ 공공성.

공개재판公開裁判**을 받을 권리** ㊎ right to public trial, ㊍ Recht auf die Öffentlichkeit der Gerichtsverhandlung, ㊄ droit a la publicité des débats judiciares. 1. **의의와 연혁** 1) **의의** 공개재판의 원칙은 공정한 재판을 담보하여 재판에 대한 국민의 신뢰를 높이기 위하여 재판을 공개하는 제도로서, 근대적 재판제도의 근본원칙 중 하나다. 본래, 재판의 공개주의는 '재판의 비밀주의'에 대립되는 개념이다. 공개의 개념은, 장소적 의미로, 누구든지 해당 장소에 자유로이 출입할 수 있으며 그 안에서 벌어지는 사실 등을 관찰할 수 있음을 의미하며, 시간적 의미로, 자유로이 출입 가능한 공간에서 특정 시간에 발생하는 사실 등을 인지할 수 있어야 하고, 공공의 의미로, 해당 사실 등이 일반 공중에 널리 인지될 수 있어야 한다. 이러한 의미의 공개는 주로 법정공개에 논의가 집중된다. 오늘날 공개의 의미의 추가적인 확장요소는 해당 장소와 시간에 구애받지 아니하고 미디어 등에 의한 공개가 가능한지의 여부가 논의되고 있다(미디어공개:특히 재판중계제도). 오늘날 미디어공개는 전통적인 법정공개의 원칙에 대한 예외이자 공개수단의 확대를 의미한다. 2) **연혁** 공개재판의 원칙(또는 공개주의)을 처음으로 법에 명시하기 시작한 것은 프랑스 형사소송법으로 알려져 있다(1808. 11.16. 프랑스 형사소송법 제519조 제2항: 「심리는 공개되어야 한다(L'audience sera publique)」). 현행헌법 제27조 제3항에서는 「모든 국민은 신속한 재판을 받을 권리를 가진다. 형사피고인은 상당한 이유가 없는 한 지체없이 공개재판을 받을 권리를 가진다.」라 하여 재판청구권의 한 내용으로 공개재판을 받을 권리를 인정하고 있다. 동조의 표현만으로는 공개재판을 받을 권리가 마치 형사피고인에게만 인정되는 것으로 볼 수도 있으나 헌법 제109조가 「재판의 심리와 판결은 공개한다.」고 규정하고 있으므로 통일적 해석에 따라 모든 국민에게 인정되는 권리라고 본다. 이에 따라 법원조직법 제57조 제1항은 「재판의 심리와 판결은 공개한다.」라고 규정하였다. 한편 형사소송법은 명문의 규정을 두고 있지는 않으나, 제361조의5 제9호에서 공판 공개규정의 위반을 절대적 항소이유로 보고 있다. 공개재판을 받을 권리는 일정한 제한을 받을 수 있다. 헌법 제109조 제2문은 「심리는 국가의 안전보장 또는 안녕질서를 방해하거나 선량한 풍속을 해할 염려가 있을 때에는 법원의 결정으로 공개하지 아니할 수 있다.」고 규정하고 있으며 법원조직법 제57조 제1항 단서 역시 「다만, 심리는 국가의 안전보장, 안녕질서 또는 선량한 풍속을 해칠 우려가 있는 경우에는 결정으로 공개하지 아니할 수 있다.」고 규정하고 있다. 미국 수정헌법 제6조(The Sixth Amendment to the U.S. Constitution)도 「형사피고인은 신속하고 공개적인 재판을 받을 권리가 있다.」고 규정하고 있다. 2. **재판중계제도** 미디어공개를 의미하는 재판중계제도는 다시 재판중계와 재판중계방송으로 나누어진다. 양자는 미디어와 매스미디어의 개념상의 차이점은 물론, 발생가능한 권리침해 정도나 방식의 차이, 이로 인한 제도의 허용여부나 도입필요성, 나아가 운용의 측면에서도 허가 요건, 심급의 차이 등 다양한 측면에서 구별될 수 있다. 재판중계의 정당성은 먼저 시민의 알 권리(right to know)와 언론의 자유(freedom of the press)에서 찾을 수 있다. 1) **재판중계** 재판중계는 해당 법정의 공간적 한계를 극복하기 위해 미디어를 이용하는 미디어공개의 한 방식으로, 이른바 법원내부적 중계(gerichtsinterne Übertragung)방식을 말한다. 원격지 법원으로 중계하는 것도 가능하다. 공간적으로 제약된 법정을 미디어를 통해 확장함으로써 방청인원을 확대하여 법정질서의 혼란이나 더 많은 공중에게 재판을 알리는 효과가 있다. 뿐만 아니라 개인의 정보자기결정권이나 사적 영역의 자유가 침해될 가능성을 감소시킬 수 있다. 이 개념은 내부업무상 중계나 원격영상재판과는 구별된다. 그리고 불특정다수를 대상으로 하는 방송이 아니기 때문에 재판중계방송과는 다른 개념이다. 현행 법원조직법 제59조는 「누구든지 법정 안에서는 재판장의 허가 없이 녹화, 촬영, 중계방송 등의 행위를 하지 못한다.」고 규정하고 있다. 이에 따라 「법정 방청 및 촬영 등에 관한 규칙(대법원규칙 제2751호, 2017.8.4. 일부개정, 2017.8.4. 시행)」 제4조는 촬영 등을 위한 신청과 피고인 등의 동의 및 재판장의 허가를 규정해 두고 있으며, 여기에서 허가발령의 기준은 「공공의 이익을 위하여 상당하다고 인정되는 경우」로 규정되어 있다. 2014년 일부개정으로 신설된 「법정 방청 및 촬영 등에 관한 규칙」 제6조는 재판장의 재량으로 중계목적의 녹음·녹화·촬영을 허용할 수 있도록 하였다. 여기에서 중계란 동조 제2항에 따라 소속 법원 혹은 원격지 법원 내의 시설을 이용하는 법원 내부적 중계, 즉 재판중계를 의미한다. 또한 2017년 개정법률은 촬영 등의 허가 시에, 재판장은 소송관계인의 변론권·방어권 기타 권리의 보호, 법정의 질서유지 또는 공공의 이익을 위하여 촬영 등 행위의 시간·방법을 제한하거나 허가에 조건을 부가하는 등 필요한 조치를 취할 수 있도록 하였다(동 규칙 제5조 제2항). 2) **재판중계방송** 재판중계방송은 재판실황을 방송국 등이 중간에서 연결하여 일반대중에게 전파기술적인 수단을 통해 상영하고 전파하는 것이다. 방송이라는 측면에 중점을 둔다면, 재판중계방송은 매스미디어의 문제이다. 미디어가 둘 또는 다수의 특정인 간의 커뮤니케이션, 즉 통신인 반면, 매스미디어수단은 일반 대중, 즉 공중을 지향한다는 데에 양자의 차이가 있다. 재판중계방송은 법원 외부적 중계가 된다. 이는 매스미디어를 이용하여 개방적 수신자 집단인 불특정다수의 일반 공중에게 재판절차의 내용이 전파되는 것이다. 3) **정책적 방향** 재판의 공개는 우선, 「원칙적 금지-예외적 허용」이라는 적극적 방식에서 「원칙적 허용-예외적 금지」라는 소극적 방식으로 변경할 필요가 있고, 장소적 접근성의 확대라는 의미를 갖는 재판중계도 재판절차의 공정성과 투명성, 소송참여자의 권리보호를 위하여 적극적으로 시행되도록 대법원규칙을 개정할 필요가 있고, 마지막으로, 재판중계방송의 경우에도 적정하게 규율할 것이 요청된다. → 재판청구권.

공공기관公共機關**의 개인정보보호**個人情報保護**에 관한 법률** → 개인정보보호법.

공공단체公共團體 ㊊ public entity, ㊈ öffentliche Einrichtung/öffentlichrechtliche Körperschaften, ㊄ entité publique. 공공단체란 국가로부터 특별한 존립목적을 부여받고 설립된 법인으로서 공법인(公法人) 또는 자치단체(自治團體)라고도 한다. 공공단체는 국가와는 별개의 법인격이라는 점에서 국가기관과 구별된다. 자기의 사무를 자기의 기관을 통하여 집행한다는 의미에서 공공단체의 행위를 자치행정이라 말하고 그 주체로서 법인격을 가지며, 행정목적을 수행하는 공법인이다. 광의의 공공단체는 다시 지방자치단체와 지방자치단체 이외의 공공단체인 협의의 공공단체를 포함하며, 협의의 공공단체는 공법상 단체, 공법상 재단 그리고 영조물법인으로 분류하는 것이 통설이다. 행정소송법상 행정청에 공공단체가 포함되느냐의 여부와 관련하여 행정법상 논란이 있다.

공공무해성公共無害性 ➜ 직업의 자유.

공공복리公共福利 ➜ 기본권의 제한.

공공복리적합의무公共福利適合義務, **재산권행사**財産權行使**의** - ➜ 재산권의 사회적 구속성.

공공부조청구권公共扶助請求權 ➜ 사회보장수급권.

공공선택이론公共選擇理論 [영] public choice theory. 공공부문에 대한 의사결정을 분석하기 위해 경제학적 방법을 원용한 이론으로서, 경제학적 분석 방법을 원용하여 공공부문에서 전개되는 제도의 상호작용을 설명하고 바람직한 방향을 제시하고자 하는 이론들을 총칭하여 공공선택이론이라 한다. 방법적 기원은 홉스(Hobbes)에까지 거슬러 올라가며, 1785년 M. Condorcet의 Condorcet Paradox 등을 거쳐, D. Black의 의회내 위원회 의사결정과정연구, K. Arrow의 다수결원리의 제도적 분석, A. Downs의 민주주의에 관한 경제학적 분석 등이 전개되었고, 노벨경제학상 수상자인 J. Buchanan과 G. Tullock 등에 의하여 입법과정에 대한 경제학적 관점의 분석에까지 이르렀다. 이 외에 V. Ostrom, W. Niskanen, G. Stigler, W. Riker 등의 학자들이 연구하였다. 이 방법론을 사법부의 의사결정과정에 적용하여 설명하고자 한 학자로 M. Shapiro, W. Landes, R. Posner가 있고, 사법의 정치화, 정치의 사법화에 관한 실증적인 연구를 행한 John Ferejohn, B. Weingast 등이 있다. 방법론적 특징으로 합리적 선택(사익추구) 가정과 방법론적 개인주의를 전제한다. 공법이론에 적지않은 영향을 미쳐, 투표과정과 다수결원리, 공익의 개념, 입법과정, 위헌법률심사를 통한 사법판단, 행정재량론, 사법심사론 등, 정치·입법·사법의 각 과정에 대하여 폭넓게 적용하려는 연구가 활발하게 이어지고 있다.

공공성公共性 [영] publicness/publicity, [독] Öffentlichkeit, [프] publicité. 1. **일반적 의미** 공공성은 사전적으로는 「한 개인이나 단체가 아닌 일반 사회 구성원 전체에 두루 관련되는 성질」이라고 설명되고 있다. 반대개념은 사사성(私事性)이다. 공공성의 공(公: public)은 국가수준의 공적 영역의 지시하는 개념이며, 공(共: common)은 공동체와 결사 수준의 공적 영역을 지시하는 개념으로 이해된다. 이에 대비되는 영역이 곧 사(私: private)를 지시하는 개념으로 볼 수 있다. 공공성의 일반적 정의는, 「국가가 지속성을 유지하기 위하여 마련된 공통의 질서, 기구, 공간, 자산, 활동, 가치 등 다양한 '공적인 것들'에게 '사적인 것들'에 대비하여 부여된 공적 의무(책무) 일반을 의미」하는 개념이다. 공공성은 공(公: public)-공(共: common)-사(私: private)라는 세 영역의 관계에 관한 논변이다. 2. **학문영역별 문제상황** 1) **행정학에서의 공공성** 행정학에서 공공성의 문제는 정부부문과 정부활동의 범주 안에 있는 조직, 기구, 참여자, 활동 등의 존재에 관심을 두어 공공성을 판단한다. 1970년대 오일쇼크(oil shock) 이전에는 국가의 질서와 성장을 위한 정부의 주도적이고 독점적인 역할은 명확하여, 정부와 사회 간의 경계가 뚜렷하였고, 정부는 시민일반을 대상으로 하는 보편적 서비스의 제공자로서 선명한 공공성(의무와 정체성)을 가졌다. 그 이후, 특히 2008년 세계 금융위기 이후에는 전지구적으로 사적인 것으로 정의되었던 기업이 공적인 역할을 수행하고, 공적인 것으로 정의되었던 정부가 사적인 효율성과 전문성을 추구하는 패러독스가 발생하게 되었다. 이로 인해 오늘날에는 공공성의 판별이 더욱 어려워지는 상황에 있다. 이러한 상황은 행정학에서의 공공성 개념을 더욱 어렵게 만들고 있다. 2) **정치학에서의 공공성** 정치학에서 공공성은, 시민의 자유로운 소통과 연대를 가능하게 하는 허브(hub)로서 사회 곳곳에 위치하고 공적인 성격을 지녔던 '제도화된 만남의 공간들과 관계들'로서, 민주적 시민을 양성하는 인큐베이터이자 학교이고, 시민의 집합적 의사를 시스템에 투영하는 채널이자 플랫폼으로서 공론장(public sphere)으로 정의된다. 현대사회에서는 그러한 공론장이 약화되고 파괴되고 있다고 진단한다. 3) **경제학에서의 공공성** 경제학에서는 공공재(common goods)에 대한 학술적 관심 및 이러한 공공재의 지속가능성을 유지하기 위한 조건들에 대한 이론적 이해에 초점을 두고 있다. 4) **헌법학에서의 공공성** 헌법학 나아가 일반 법학에서 공공성이라는 말은 '시설적으로 조직화된 국가'의 성격을 나타내는 개념으로 이해하는 형식적 이해로 출발하였다. 공·사법의 구별은 이의 대표적인 반영이었다. 따라서 공공성은 공적인 것으로 곧 국가적인 것을 의미하였다. 오늘날에는 이러한 형식적 이해를 극복하고 실질적 이해를 주장하는 학자들의 연구가 나타나고 있다. 예컨대, R. Smend는 공공연함, 일반적 이익의 영역에 대한 접근 가능성, 공개적 토론·공개절차에서 진리·결백 및 정의가 획득된다는 공공성에 대한 신뢰, 집단적 생활영역의 주체, 즉 대중, 현대국가의 고유한 과제적 본질 등의 개념요소와 관련지어 공공성 개념을 기존과는 전혀 다른 의미로 재해석하였다. A. Rinken은 오늘날 민주적 헌법질서에서 공공성의 구조를 res publica로 표현하면서, 이러한 공공성의 구조는 ⅰ) 공공성: 국민(das Volk: populus) ii) 공적인 것: 정의로운 사회질서(salus publica), iii) 공공적 헌법과정(Publizität), iv) 분화된 공공성 질서로서의 민주주의 등을 개념요소로 한다고 한다. 헌법학에서는 다수인에 의한 자유롭고 평등한 의사소통과 그를 통한 공공복리의 실현, 그리고 사회적 법치국가 헌법질서의 핵심적 요소로 이해하는 견해가 있다. 공공성의 법적 의미와 더불어 공공성의 담지자가 누구인가가 중요하다. 국가가 그 담지자인가 사회가 그 담지자인가가 문제될 수 있다. 3. **철학적 관점** 공공성의 문제는 동서철학에서 공히 다루어진 문제이다. 개괄적으로 요약하면, 첫째, 공공성은 공과 사의 문제에서 출발한다. 둘째, 공과 사의 관계는 사에서 시작하여 공으로 나아간다. 이때 사는 사사로움, 즉 자신의 사익이 배제된 올바른 상태, 즉 인과 의에 기초한 사이다. 이러한 사만이 온전히 공으로 나아갈 수 있다. 셋째, 동양적 관점에서는 공이 예에 바탕할 때, 비로소 공공으로 비상하게 된다. 넷째, 이때 공공은 나와 타자 사이에 존재하는 것이며, 이것은 무한히 확장되어 나아가는, 즉 사회, 국가, 전 세계로 뻗어나가는 것이다. 영역의 차원에서 보면, 영역의 차원에서 공과 사는 동심원적 상대성과 연속성을 전제로 한다. 공은 상대적으로 작은 범위를 둘러싸고 있는 큰 범위를 의미하며, 사는 상대적으로 큰 범위에 둘러싸인 작은 범위를 의미한다. 다섯째, 공공성은 내가 타자에 대한 책임의식을 가지는 것이며, 타자 또한 나에게 책임의식을 가지고, 양자가 공적 합의에 도달한 상태를 의미한다. 여섯째, 그러므로 공공성은 자신에게서 비롯하여 사랑과 정의를 전체 세계에 실현하는 것이다. 이때 공공성은 바로 사랑과 정의의 실천원리가 된다. 일곱째,

따라서 천지만물을 하나의 몸으로 여긴 사람이 공공시민이며, 이런 마음의 태도가 바로 공공성인 것이다. 여덟째, 결론적으로 공공성은 영원불변의 올바른 이념을 따르고, 모든 사람의 마음에 부합하여 세상 모든 사람들이 옳다고 여기는 곳에 늘 존재하는 것이다.

공공소송公共訴訟 ㉶ public law litigation. ➜ 공익소송. ➜ 사법권.

공공신탁이론公共信託理論 ㉶ Public Trust Doctrine, ㉧ Öffentliche Vertrauens- lehre ㉫ doctrine de la fiducie publique. 공공신탁이론은 모든 항행가능한 수로와 그 부대토지와 같은 공동체의 존속과 번영에 필수불가결한 몇몇 자연자원들은 그 소유자가 국가이든 개인이든 상관없이 일반대중의 편익을 위하여 공공신탁을 받은 수탁자(trustee)로서 일반대중이 이용할 수 있는 상태로 그 자원들을 보전하는 것을 말한다. 이 이론은 5세기 유스티니아법전(the Justinian Institute)에 의하여 「자연법에 의하여 공기, 흐르는 물, 바다 이 3가지는 인류의 공유(common)이다.」라고 최초로 공식적으로 선언된 후 대부분의 유럽국가들의 관습과 법규정으로 규정되었으며, 영국의 보통법(common law)을 통하여 발전되었다. 이 이론의 적용을 받아 영국 국왕은 모든 항행가능한 수로와 그 부대토지(all navigable waterways and the lands lying beneath them)를 모든 국민들의 편익을 위하여 공공신탁을 받은 수탁자(trustee)로서 소유하고 있는 것이라고 하였다. 1970년에 Joseph L. Sax가 공공신탁이론을 항행가능한 수로와 그 부대토지와 같은 일부 제한된 영역에만 적용할 것이 아니라 대기오염·수질오염·살충제살포·방사능·소음 등 전반적인 환경문제 및 자원활용문제에 널리 적용시키자고 주장함으로써 더욱 발전하는 결정적인 계기가 되었다. 이 이론에 의하면 어떤 자연자원에 대하여는 사적 배타권(private exclusion rights)을 배제하여 항구적인 신탁을 받은 상태 하에 놓여 있다는 것이다. 사적 소유를 우리의 자연적이고 역사적 자원에 대한 파괴의 원천으로 보는 환경론자와 보전주의자들에게는 공공신탁원리에 대한 강력한 지지를 형성하고 있으며, 반대로, 사적 소유를 자유시장체제와 헌법상 보장된 자유의 방파제로 보는 사람들에게는 자유에 대한 큰 제약으로 받아들이고 있다. ➜ 환경권.

공공장소이론公共場所理論 = **공적광장이론**公的廣場理論 ➜ public forum 이론.

공권公權 ㉶ public right, ㉧ öffentliches Recht, ㉫ droit public. 공법관계에서 인정되는 특별한 이익을 향유할 수 있는 법률상의 힘을 말한다. 권리란 일정한 이익을 향유하게 하기 위하여 법이 인정하는 힘으로서, 법규범을 통해 개인에게 승인된, 개인이 자신의 이익을 추구하기 위해 작위·부작위·급부·수인을 청구할 수 있는 법적인 힘을 말한다. 공·사법의 이원적 체계를 전제할 경우, 공권은 공법관계에서 인정되는 권리이다. 19세기 중엽 C. F. Gerber가 「공권론(Über öffentliche Rechte)」에서 국가권력과 국민 간에 권력적인 지배관계가 아닌 순수한 법률적인 권리의무관계가 성립할 가능성을 논증하였고, 이어서 O. Bühler가 공권의 성립 요소로서 강행법규의 존재, 사익보호성, 국가에 대한 청구권부여성의 세 가지를 제시하였다. Jellinek는 공권론을 처음으로 체계화하여 개인적 공권을 자유권·수익권·참정권 등으로 나누었다. 공권(public right)은 사법상의 권리, 즉 사권(private right)에 대응한다. 또한 소송을 통한 구제가 인정된다는 점에서 그러한 구제가 인정되지 않는 단순한 반사적 이익(Rechtsreflex/Reflexrecht)과 다르고, 권리라는 점에서 의무인 공의무(公義務)와 대응한다. 공권은 국가적 공권과 개인적(주관적) 공권으로 구분하는 것이 일반적이다. 국가적 공권은 국가 또는 공공단체나 그 권한을 위임받은 사인(私人)이 우월한 의사의 주체로서 개인에 대하여 가지는 공권이다. 이는 그 목적에 따라 경찰권, 규제권, 공기업특권, 공용부담권, 과세권, 공물관리권, 재정권, 군정권 등으로 나눌 수 있으며, 그 내용에 따라 하명권, 강제권, 형성권, 공법상 물권 등으로 나눌 수 있다. 개인적(주관적) 공권은 개인이 국가 또는 공공단체나 그 권한을 위임받은 사인에 대하여 가지는 권리이다. 헌법상으로는 기본권의 형태로 나타난다. 오늘날에는 사회적 법치국가에서 개인의 권리의 확대가 나타나고 있는바, 추상적 권리로 인정되었던 사회적 기본권의 구체적 권리화, 반사적 이익의 보호이익화, 헌법상 기본권규정을 통한 권리의 도출, 행정법학상 재량행위에 대한 해석의 변화로 인한 무하자재량행사청구권과 행정개입청구권의 인정, 행정과정에서의 절차적 권리의 확장(원고적격의 확대) 등으로 인해 개인적(주관적) 공권의 범위가 확대되고 있다.

공권력公權力**의 행사**行使 **또는 불행사**不行使 ➜ 헌법소원.

공동결정제도共同決定制度 ㊀ die Mitbestimmung. 1. **의의와 역사** 공동결정은 노동자가 기업의 최고 결정기관에 직접 참가하여 기업경영의 여러 문제를 노사공동으로 결정하는 것을 말한다. 독일의 공동결정은 두 개의 축으로 구성된다. 하나는 사업장기본법에 따라 사업장협의회(Betriebsrat)에 부여된 경영참여권을 통해 이루어지고, 다른 하나는 공동결정법에 따라 노사동수로 구성되는 감독이사회(Aufsichtsrat)에서의 공동의사결정을 통해 이루어진다. 독일의 공동결정제의 역사는 19세기 중반까지 거슬러 올라가서, 1848년 혁명 이후 노동자위원회가 법적 기반 없이 자율적으로 결성되었다. 독일 통일 후 1891년에 개정된 「영업조례」(Gewerbeordnung)에서 노동자위원회를 뒷받침하기 위한 법적 토대가 처음으로 마련되었고, 1차대전 중인 1916년에 제정된 「구국봉사법」(Gesetz über den Vaterländischen Hilfsdienst)은 전쟁에 중요한 사업장에서 근로자 또는 사무직근로자가 50인 이상인 경우 근로자 복지문제에 관한 청취권을 가지는 근로자위원회 또는 사무직근로자위원회 설치를 의무화했다. 1차대전 후 1919년 「바이마르헌법」(Weimarer Verfassung)은 제165조에서 노동자평의회(Arbeiterräte)를 헌법기구로 인정했다. 나치가 권력을 장악하면서 1934년 「국가노동질서법」(Gesetz zur Ordnung der nationalen Arbeit)의 제정을 계기로 폐기되기도 하였으나, 2차대전 후 1920년의 「사업장평의회법」(Betriebsrätegesetz)을 기초로 제정된 1946년 「통제위원회법」(Kontrollratgesetz)은 사업장평의회의 설립 및 활동에 관한 통일된 원칙을 제정했다. 서독정부가 수립된 후 1951년에 아데나워 수상 시기에 「석탄철강산업공동결정법」(Montan-Mitbestimmungsgesetz)이 통과되었다. 1952년 10월에는 석탄철강산업 이외에 적용되는 「기업구조법」(Betriebsverfassungsgesetz)이, 1956년 「공동결정보완법」(Mitbestimmungsergänzungsgesetz)이 제정되었고 1972년에는 「기업구조법」이 개정되면서 공동결정제가 확대되었다. 1976년 「근로자 공동결정에 관한 법」(Gesetz über die Mitbestimmung der Arbeitnehmer)이 제정되면서 공동결정제가 다시 확대되자 사용자단체는 헌법소원을 제기했다. 그러나 헌법재판소는 1976년 이 법 뿐만 아니라 공동결정제 자체를 합헌으로 판결했다(BVerfGE 50, 290). 2001년 독일정부는 세계화와 노동세계의 변화 등에 부응하여 공동결정제를 강화하는 방향으로 「공동결정법」을 개정했으며, 2004년에는, 공동결정법의 적용을 받지 않는 중기업을 위한 '1/3참여법(Drittelbeteiligungsgesetz; DrittelbG)'이 제정되었다. 2. **공동결정의 구체화** 독일에서 공동결정제는 사업장 차원과 기업차원에서 시행된다. 사업장 차원에서는 사업장평의회가 해당 사업장에 종사하는 근로자 전체를 대표하며 기업차원에서는 감독이사회에 근로자 대표가 파견된다. 1) **감독이사회 참여** 현재 공동결정제는 「석탄철강산업공동결정법」, 「기업구조법」, 「공동결정법」으로 삼원화되어 있다. 「석탄철강산업공동결정법」은 2차 세계대전 후 패전과 연합국 점령이라는 특수한 상황에서 군수산업의 핵심에 해당하는 석탄철강산업을 통제하는데 목적이 있었기 때문에 처음부터 감독이사회에 노사가 동수로 참여하는 공동결정제가 채택되었다. 석탄철강산업에서는 이사회의 노무이사도 노조가 추천한다. 석탄철강산업을 제외한 여타 산업에 적용되는「기업구조법」과 「공동결정법」은 경제민주주의의 구현을 위한 수단을 마련하는 데 의미가 있으며 종업원 수를 기준으로 한 기업규모에 따라 적용대상이 구분된다. 공동결정에 관한 「기업구조법」이 적용되지 않거나 제한적으로 적용되는 사업장도 있다. 연방정부, 주정부, 지자체 등 공공기관에서는 별도의 「인사대표법」이 적용되고 있고 복지 및 교육기관, 학문 및 예술단체, 정당, 노조, 사용자단체, 언론기관에서는 평의회가 구성되지만 그 권한은 제한되어 있다. 해운항만 사업장에서도 특별 규정이 적용되고 있다. 2) **사업장평의회** 기업차원의 공동결정제와는 달리 사업장 차원에서는 종업원 5인 이상의 기업에 적용되는 사업장평의회에 의한 공동결정제가 있다. 사업장평의회의 역할은 사업장협약(Betriebsvereinbarung)을 체결하는 것이다. 사업장평의회 위원 수는 정규직 근로자 수에 따라 상이하다. 사업장평의회의 권한은 참여권(Mitwirkungsrecht)과 주도권, 동의거부권을 포함하는 공동결정권(Mitbestimmungsrecht)으로 구분된다. 노사가 동등한 자격으로 논의하고 결정할 수 있는 공동결정권에도 단계가 있다. 우선 사업장 질서, 일일 노동시간 배정, 휴가계획 작성, 기술적 통제도구의 도입 및 활용, 그룹노동 수행에 관한 원칙, 후생시설 설치 및 운영 등 복지 부문에서 평의회는 공동결정권을 가진다. 인사 분야에서는 이력서 양식, 근로계약 양식, 선발기준 작성에서만 공동결정권을 가진다. 종업원의 활동을 변화시켜 해당 종업원의 지식이나 능력의 보완을 필요로 하는 조치를 계획하거나 수행할 때 평의회는 필요한 직업훈련 조치에 관해 공동 결정한다. 후생계획의 작성은 전적으로 공동결정 사안에 속한다. 이 분야에서 평의회는 주도권을 행사할 수 있다. 종업원의 채용, 그룹화, 전환배치, 전근발령의 경우에 평의회는 동의거부권을 가진다. 이에 대해 사용자는 노동법원을 통해서만 자신의 의사결정을 관철할 수 있다. 사용자가 근로자를 해고할 때 평의회가 행사할 수 있는 이의제기권은 해당 근로자로 하여금 노동법원에 제소할 수 있는 권리를 부여한다. 3. **제도에 대한 평가** 공동결정제에 대해서는 긍정 · 부정의 양 측면의 평가가 있다. 이론적 측면에서 공동결정제가 비효율적이라는 평가, 사유재산에 기초한 시장경제의 경쟁질서와는 양립불가능하다는 지적, 기업가치에 부정적 영향을 미친다는 점, 근로자 참여로 인한 재분배효과는 효율성 향상을 상쇄할 수 있다는 주장 등의 부정적 평가가 있는 반면, 근로자가 의사결정에 참여하거나 목소리를 내는 것이 정보문제와 불완전계약이 존재하는 현실에서 긍정적인 영향을 미칠 수 있다는 주장, 노사간 갈등 완화와 종업원의 사회적 통합을 촉진하여 경제적 효율성을 증진시키는 효과도 있다는 주장, 인적 자본투자에 대한 보상이 적절히 이루어짐으로써 적절한 자본투자가 이루어진다는 주장 등의 긍정적 평가도 있다. 4. **새로운 과제** 공동결정제도는 오늘날, 지식경제의 발전에 따른 근로자지위의 변화로 인한 노사관계의 변화, 세계화와 유럽통합에 따른 외국자본의 입장, 주주자본주의로의 이행에 따른 갈등가능성, 공동결정제에 대한 사용자 측의 공세 등이 지적되고 있다.

공동체론共同體論 = **공동체주의**共同體主義 ㊞ communitarianism, ㊕ Kommunitarismus, ㊣ Communautarisme. 공동체론 혹은 공동체주의란 개인주의에 대립되는 정치사상으로, 자유주의가 확립된 이후 20세기 후반에 등장하였다. M. Sandel, A. MacIntyre, M. Walzer, C. Taylor 등이 대표적인 학자이다. 공동체론은 개인과 공동체 사이의 연관을 강조하는 철학이다. 개인의 자유를 중시하는 전통적인 자유주의와 개인의 책임을 강조하는 보수주의의 입장을 절충한 입장으로서, '미덕' 혹은 '덕성(virtue)'이라 불리는 가치를 중시하는 인간중심적 이론이다. A. Etzioni 등이 주창한 공동체주의는 자유주의와 달리 개인의 자유보다는 평등의 이념, 권리(right)보다는 책임(responsibility), 가치중립적 방임보다는 가치판단적 담론을 중시한다. 공동체주의는 근대 개인주의의 보편화에 따른 윤리적 토대의 상실, 즉 고도산업사회화에 따른 도덕적 공동체의 와해와 이기적 개인주의의 팽배에 의한 원자화 등의 현상에 대한 불만의 이론적 표출로 볼 수 있다. 자유주의적 공동체주의와 보수적 공동체주의, 발생론적 공동체주의와 규범적 공동체주의, 자유주의적 공동체주의와 공동체주의적 자유주의 등으로 나누어 설명하기도 한다. 자유주의와 공동체주의 사이의 차이점을 간략히 서술하면 다음과 같다. 자유주의의 주요 특징으로, 첫째, 자유주의는 공동선보다 개인의 권리와 자유를 우선시하는 원칙(in dubio pro libertate)을 옹호한다. 둘째, 국가는 보호뿐만 아니라 시민의 권리와 자유의 확장을 보장할 책임이 있다. 셋째, 국가는 사상적, 철학적, 윤리적, 종교적 문제에서 중립적이다. 넷째, 자유주의는 국가에 대한 개인의 의무보다는 개인의 권리를 중시한다. 마지막으로 자유주의는 소극적인 권리와 자유, 이른바 '…로부터의 자유'(소극적 자유)에 주목하며, 이른바 '…에 대한 자유'(적극적 자유)로 표현되는 적극적인 권리와 자유에 대해서 회의적이다. 공동체주의는 자유주의에 반대되는 원칙과 이상을 옹호한다. 첫째, 공동체주의는 이른바 in dubio pro communitate라는, 개인의 권리보다 공동선을 우선시한다는 원칙을 가정한다. 둘째, 공동체주의적 관점에서 국가는 공동선을 보호할 의무가 있다. 셋째, 국가의 주요 의무는 지역사회의 정체성과 무결성의 존중에 기여할 가치를 방어하는 것이다. 따라서 국가는 이념적, 철학적, 윤리적, 종교적 분쟁에 있어서 중립적이어서는 안 된다. 넷째, 공동체주의는 공동체에 대한 개인의 권리와 자유의 평등을 옹호한다. 마지막으로 공동체주의적 관점에서는 특정 집단이나 공동체의 구성원이 향유하는 권리인 적극적인 권리와 자유에 주로 중점을 두어, 집단적 권리와 집단적 권리를 우선시한다.

공동체유보共同體留保 ㊞ Community reservation, ㊕ Gemeinschaftsvorbehalt, ㊣ réservation communautaire. 인간은 공동체의 구성원으로서 공동체구속성(Gemeinschaftsgebundenheit der Person)을 가진다. 따라서 공동체를 계속 존속하게 하고자 하는 이상 그 구성원으로서 공동체의 존속에 필요한 의무를 부담하게 된다. 이러한 부담은 공동체에 유보되어 있기 때문에 이를 공동체유보라 하며, 현대국가에서는 공동체의 한 형태로서 국가에 이러한 부담을 부과하도록 유보하고 있으므로, 이를 국가유보라 한다. 병역이나 조세 등이 공동체유보 혹은 국가유보에 해당한다. 공동체유보 혹은 국가유보의 경우에는 당해 공동체 혹은 국가가 아니면 그러한 부담을 부과할 수 없다.

공론화公論化 ➜ 숙의민주주의.

공리주의功利主義 ⓔ utilitarianism, ⓓ Utilitarianismus/Nützlichkeitsprinzip, ⓕ utilitarisme. 19세기 중반 영국에서 나타난 사회사상으로, 공리성(utility)을 가치 판단의 기준으로 하는 사상이다. 곧 어떤 행위의 옳고 그름은 그 행위가 인간의 이익과 행복을 늘리는 데 얼마나 기여하는가 하는 유용성과 결과에 따라 결정된다고 본다. 넓은 의미에서 공리주의는 효용·행복 등의 쾌락에 최대의 가치를 두는 철학·사상적 경향을 통칭한다. 하지만 고유한 의미에서의 공리주의는 19세기 영국에서 벤담(J. Bentham, 1748-1832: 양적 공리주의), 존 스튜어트 밀(J. S. Mill, 1806-1873: 질적 공리주의) 등을 중심으로 전개된 사회사상을 가리킨다. 공리주의는 '다수결의 원리'에 기초한 민주주의적 정치 제도와 사유재산 보호의 틀 안에서 점진적인 분배의 평등을 강조하는 복지 사상의 발달에 큰 영향을 끼쳤다. 특히 영국에서는 페이비언 사회주의(Fabian Socialism)의 사상적 근거를 제공하며 영국 사회사상의 중요한 원천이 되었다. ➜ 밀. ➜ 벤담.

공명선거추진활동公明選擧推進活動 사회단체 등의 선거개입은 원칙적으로 금지된다. 공직선거법에서는 사회단체 등은 선거부정을 감시하는 등 공명선거추진활동을 할 수 있도록 하고 있다(동법 제10조). 다만, 법이 정한 일정한 단체는 그 명의 또는 그 대표의 명의로 공명선거추진활동을 할 수 없다. 이에는 특별법에 의하여 설립된 국민운동단체로서 국가 또는 지방자치단체의 출연 또는 보조를 받는 단체, 후보자의 배우자와 후보자 또는 그 배우자의 직계존·비속과 형제자매나 후보자의 직계비속 및 형제자매의 배우자가 설립하거나 운영하고 있는 단체, 특정 정당 또는 후보자를 지원하기 위하여 설립된 단체, 선거운동을 하거나 할 것을 표방한 노동조합 또는 단체 등이 포함된다(제10조 제1항).

공무담임권公務擔任權 ⓔ the right to hold/take public office, ⓓ Recht auf Zugang zum öffentlichen Ämtern, ⓕ le droit d'occuper/d'assumer une fonction publique. 1. **의의** 헌법 제25조는「모든 국민은 법률이 정하는 바에 의하여 공무담임권을 가진다.」고 규정하고 있다. 공무담임권은 일체의 국가기관과 공공단체의 직무를 담임할 수 있는 권리이다. 이에 비해 피선거권은 선거직 공무원이 될 수 있는 자격요건이기 때문에 공무담임권보다 좁은 개념이다. 말하자면, 공무담임권은 피선거권과 모든 공직에 취임할 수 있는 공직취임권을 포괄하는 개념이다. 독일기본법은 제1장 기본권 장(章)이 아니라 제2장 연방과 주 장(章)에서「모든 독일인은 적성, 능력, 전문적 성적에 따라 공직에 취임할 평등한 기회를 갖는다(제33조 제2항).」고 규정하고 있다. 2. **주체** 국민주권원리에 따라 대한민국국적의 자연인만이 공무담임권을 가진다. 다만, 외국인은 법률이 정하는 바에 따라 공직을 담임할 수 있다(국가공무원법 제26조의3, 지방공무원법 제25조의2 참조). 구체적인 법률에 따라 외국인이 공직취임의 자격과 지위를 획득한 경우에는 당해 법률에 기한 공무담임권이 인정된다. 3. **내용** 헌법상 보장되는 공무담임권의 내용에는 공직취임 기회의 자의적 배제의 금지와, 사회국가원리에 입각한 공직제도를 보장하는 차원에서의 공무원신분의 부당한 박탈이나 권한의 부당한 정지의 금지가 포함된다. 구체적으로 보면, 첫째, 공무담임의 기회보장으로, 공무담임의 평등한 기회를 헌법상의 권리로 보장하는 것이다. 둘째, 선거직이든 임명직이든 해당 공직에 취임한 자가 정당한 사유 없이 그 직을 박탈당하지 않도록 신분보장을 하는 것이다. 승진임용기회의 보장은 공무담임권의 보호영역에 포함되지 않는다. 셋째, 해당 공직의 직무를 수행할 권리를 포함한다. 직무수행권은 특정장소나 보직을 요구할 권리를 포함하지는 않는다. 4. **제한과 한계** 공무담임권은 헌법 제37조 제2항의 규정에 따라 법률에 의하여 제한될 수 있다. 공직선거법에서 피선거권의 결격사유를 규정하고 국가공무원법에서 자격요건을 규정하고 있다. 공무담임권을 제한하는 경우에도 그 본질적 내용은 침해할 수 없다.

공무수탁사인公務受託私人 공적인 행정업무 권한이나 공권력적 지위를 부여받아 자신의 이름으로 처리하는 권한을 가진 사인을 말한다. 일반적인 사인의 경우 행정객체가 되는 것이 일반적이나 예외적으로 공적인 업무를 처리 할 권한을 부여받은 사인은 그 범위 안에서 행정주체의 지위에 서게 된다. 이 경우의 사인을 공무수탁사인이라고 한다. 공무수탁사인의 예로는 토지수용에 있어서의 사업시행자, 학위를 수여하는 사립대학 총장, 항해 중인 선박의 선장, 별정우체국장 등이 있다. 방송광고심의위원회(헌재 2008.6.26. 2005헌마506)와 한국토지공사(대판 2010.1.28. 2007다82950)는 공무수탁사인이지만, 한국증권거래소(헌재 2005.2.24. 2004헌마442)는 공무수탁사인이 아니다.

공무원公務員 ㉞ (public) official/officer/public servant/civil servant, ㉣ ein öffentlicher Beamte, ㉫ Un fonctionnaire. 국가 또는 지방자치단체의 공무에 종사하는 사람을 말한다. 넓은 의미의 공무원은 행정부 뿐만 아니라, 입법부 · 사법부에 종사하는 자까지 포괄한다. 공무원은 국가공무원과 지방공무원으로 분류되며, 공무원의 직(職)은 경력직과 특수경력직으로 구분된다. 좁은 뜻으로는 선거에 의해 선출된 의원(議員)이나 사법부의 법관(法官) 등은 제외하고 행정부소속의 공직자들만을 의미한다. 대통령의 공무원임면권에서 말하는 공무원은 행정부소속의 공무원만을 말한다. **국가공무원법**은 공무원의 직(職)을 크게 경력직과 특수경력직으로 나누고, 경력직은 다시 공무원을 일반직 · 특정직 · 기능직 공무원으로, 한편 특수경력직도 정무직 · 별정직 · 계약직 · 고용직 공무원으로 분류하고 있다(국가공무원법 제2조 참조). **지방공무원법**도 국가공무원법에 준하여 공무원을 분류하고 있다. 공무원의 지위와 신분에 관하여는 헌법 제7조에서 「① 공무원은 국민 전체에 대한 봉사자이며, 국민에 대하여 책임을 진다. ② 공무원의 신분과 정치적 중립은 법률이 정하는 바에 의하여 보장된다.」고 규정하고 있다. 공무원에 준하는 지위로서, 사립학교의 교원, 대한민국학술원 회원, 공공기관 내지 공직유관단체 임직원이나 그 밖에 공공성 있는 업무를 행하는 자(벌칙 적용에 한정), 법조윤리협의회의 위원 · 간사 · 사무직원, 공공기관의 임직원 · 운영위원회의 위원과 임원추천위원회의 위원으로서 공무원이 아닌 사람(벌칙규정을 적용할 경우) 등은 이를 공무원으로 본다.

공무원의 근로3권 제한勤勞三權 制限 ➜ 근로3권.

공무원의 기본권제한基本權制限 공무원은 특수신분관계(➜ 특수신분관계)로서 기본권이 제한될 수 있다. 다만 공무원도 국민이므로 국민으로서의 지위와 공무원으로서의 지위가 조화될 수 있도록 한정적으로 제한되도록 하여야 한다. 1. **정치활동의 제한** 국가공무원법(제65조)과 지방공무원법(제57조)은 공무원의 일정한 정치활동을 금지하고 있다. 이에 따라 공무원은 집단 · 연명으로 또는 단체의 명의를 사용하여 국가의 정책을 반대하거나 국가정책의 수립 · 집행을 방해해서는 안 된다(국가공무원복무규정 제3조 제2항). 또한 직무수행 시에 근무기강을 해치는 정치적 주장을 표시하거나 상징하는 복장 또는 관련 물품을 착용해서는 안된다(동 규정 제8조의2 제2항). 정당법 규정에는 정당의 발기인이나 당원이 될 수 없도록 하고(동법 제22조 제1항단서), 공직선거법에서는 선거에 영향을 미치는 행위를 할 수 없도록 하고 있다(제85 · 86조). 다만, '공무원의 지위를 이용하지 아니한 행위'는 할 수 있다(헌재 2008.5.29. 2006헌마1096). 2. **근로3권의 제한** ➜ 근로3권. 3. **특수신분관계에 의한 제한** ➜ 특수신분관계.

공무원의 선거중립의무 공무원은 헌법(제7조 제1항)과 법률(국가공무원법, 지방공무원법)에 따라 일정한 의무를 부담하지만, 특히 공직선거법상의 공무원의 선거중립의무가 부가되어 있다. 즉, 공직선거법 제9조 제1항은 「공무원 기타 정치적 중립을 지켜야 하는 자(기관 · 단체를 포함한다)는 선거에 대한 부당한 영향력의 행사 기타 선거결과에 영향을 미치는 행위를 하여서는 아니된다.」고 규정하고 있다. 이 규정에서 공무원의 범위가 어떻게 되는가에 관하여 많은 논란이 있다. 헌법재판소는, 「선거에서의 공무원의 정치적 중립의무는 '국민 전체에 대한 봉사자'로서의 공무원의 지위를 규정하는 헌법 제7조 제1항, 자유선거원칙을 규정하는 헌법 제41조 제1항 및 제67조 제1항 및 정당의 기회균등을 보장하는 헌법 제116조 제1항으로부터 나오는 헌법적 요청이다. … 대통령은 행정부의 수반으로서 공정한 선거가 실시될 수 있도록 총괄 · 감독해야 할 의무가 있으므로, 당연히 선거에서의 중립의무를 지는 공직자에 해당하는 것이고, 이로써 공선법 제9조의 '공무원'에 포함된다.」고 하고 있다(헌재 2004.5.14. 2004헌나1 노무현대통령 탄핵기각사건). 선거중립의무를 지는 공무원에 「대통령」을 포함할 것인지에 관해서는 논의의 여지가 있다. 왜냐 하면, 대통령직은 행정부수반이라는 지위에서 공정선거를 책임지는 지위이기도 하지만, 그 자신이 철저한 정치적 공무원이라는 점에서 그 정치적 지위를 겸유하고 있다. 따라서 사안의 구체적 내용에 따라 중립의무위반에 해당하는지의 여부를 결정함이 타당할 것으로 보인다.

공무원임면권公務員任免權 ㉧ authorities on the appointment and dismissal of officials, ㉣ das Ernennungs- und Entlassungsrecht der Beamten, ㉫ autorités sur la nomination et la révocation de fonctionnaires. 1. **의의** 헌법 제78조는 「대통령은 헌법과 법률이 정하는 바에 의하여 공무원을 임면한다.」라고 규정하여, 대통령에게 공무원관계를 발생, 변경, 소멸시킬 수 있는 공무원임면권을 부여하고 있다. 이 때의 공무원은 행정기관소속의 공무원 및 고위공무원단에 속하는 일반직 공무원을 의미한다(➜ 공무원). 임면에는 단순한 임명과 면직은 물론 보직 · 전직 · 휴직 · 징계처분 등이 포함되는 넓은 개념이다. 임명이란 공무원의 신분을 부여하여 공무원관계를 발생시키는 행위를 말하는데, 임명행위, 선거, 법률의 규정, 채용계약의 형식에 의하여 행해진다. 면직이란 임용권자의 결정에 의하여 공무원의 지위를 박탈하는 것을 말한다. 면직에는 의원면직과 일방적 면직이 있다. 의원면직이란 공무원 자신의 사직의사표시에 의거하여 임용권자가 당해 공무원의 공무원관계를 소멸시키는 처분을 말한다. 권고사직, 명예퇴직은 의원면직에 속한다. 의원면직은 사직원의 제출과 임용권자의 제출된 사직원의 수리에 의해 행해지는 쌍방적 행정행위이다. 일방적 면직이란 공무원 본인의 의사와 관계없이 임용권자가 일방적인 의사결정에 의하여 공무원관계를 소멸시키는 처분을 말한다. 이를 흔히 강제면직이라고도 한다. 일방적 면직에는 징계면직과 직권면직이 있다. 징계면직이란 공무원의 공무원법상의 의무위반에 대한 징계로서 내려지는 파면과 해임을 말한다. 파면과 해임은 모두 공무원의 신분을 박탈하는 징계처분인 점에서는 동일하지만 공직에의 취임제한, 퇴직급여 및 퇴직수당 급여의 제한 등 그 부수적인 효과가 다르다. 직권면직이란 법령으로 정해진 일정한 사유가 있는 경우에 본인의 의사와 관계없이 임용권자가 직권으로 공무원의 신분을 박탈하는 것을 내용으로 하는 처분을 말한다. 국가공무원법상에는 직권면직의 사유를 명시하고 있다(국가공무원법 제70조). 대통령에게 공무원임면권을 부여하는 것은 헌법 제66조 제4항에 「행정권은 대통령을 수반으로 하는 정부에 속한다.」라는 규정에서 나오는 행정부의 조직권자로서의 권한을 행사할 수 있도록 하는 것이다. 공무원임면권이란 단순히 「임명」에 그치는 것이 아니라, 「면직」할 수 있는 권리도 당연히 포함된다. 2. **직업공무원제와 공무원임면권** 대통령의 공무원임면권은 제도적 보장으로서의 직업공무원제도와 관련되어 있다. 직업공무원제도란 행정의 일관성과 고유성 및 효율성을 유지하기 위하여 헌법과 법률에 의하여 공무원의 신분을 보장하며, 공무원의 임용이 공무원 개인의 능력이나 업적에 따라 보장되는 공무원제도를 말한다. 따라서 대통령의 공무원임면권은 헌법상의 직업공무원제도의 보장이라는 기본원칙에 위배되어서는 아니된다. 대통령의 공직임명은 국가원수의 지위에서 행하는 헌법기관의 구성의 측면과 행정부수반으로서의 지위에서 행하는 행정부소속 공무원의 임명으로 구분할 수 있다. 3. **공무원임면권의 제약** 대통령의 공무원면권의 행사는 헌법과 법률이 정하는 바에 의한다. 즉 행정기관소속 5급 이상의 공무원은 소속장관의 제청으로 중앙인사위원회와 협의를 거쳐 국무총리를 경유하여 대통령이 임용하고, 기타 6급 이하의 공무원은 그 소속장관이 임용한다. 그러나 대통령이 공무원을 임면함에 있어서 재량행위가 아니라 법률에 따라 그 임명에 있어서의 제약은 물론 그 면직에 대하여서도 일정한 제약이 있다. 첫째, 선거직 공무원은 대통령의 임명대상이 아니다. 다만 국회에서 선출한 헌법재판소 재판관은 예외적으로 대통령이 임명한다. 그리고 국회에서 선출한 3인 및 대법원장이 지명한 3인의 헌법재판소 재판관의 임명권은 형식적 권한에 불과하다. 둘째, 임명자격이 정해진 공무원은 일정한 임명자격요건을 갖춘 자 중에서 임명하여야 한다. 예컨대 검사나 교육공무원 등은 일정한 자격요건이 법상 정해져 있다. 셋째, 일정한 고위공무원의 임명에는 국무회의의 필수적 심의를 거쳐야 한다. 검찰총장 · 합동참모의장 · 각군참모총장 · 국립대학교총장 · 대사 기타 법률이 정한 공무원과 국영기업체관리자의 임명이 그러하다. 넷째, 중요헌법기관구성원의 임명에는 국회의 인사청문회를 거친 후 동의를 얻어야 한다. 대법원장 · 대법관, 헌법재판소장 · 재판관, 국무총리, 감사원장의 임명의 경우가 그렇다. 다섯째, 임명에 있어서 일정한 기관의 제청을 요하는 공무원의 경우에는 그 제청이 있어야만 대통령은 임명할 수 있다. 대법관, 국무위원, 행정각부의 장, 감사위원의 경우가 이에 해당한다. 여섯째, 그 밖에도 국회법 등에서 정한 중요공직자의 임명에는 국회의 인사청문회를 거쳐야 한다. 다음으로 면직에 대한 제약으로서는, 첫째, 일반직 공무원이나 신분이 보장되는 별정직 공무원은 적법절차에 의한 법정면직사유(탄핵 · 형벌 · 징계 등)가 없는 한 파면시킬 수 없다. 둘째, 국회가 해임건의를 한 국무총리나 국무위원은 특별한 사유가 없는 한 해임하여야 한다(➔ 해임건의권). 셋째, 헌법재판소의 탄핵결정을 받은 공무원에 대하여, 대통령은 사면에 의하여 복직시킬 수 없다. 4. **관련판례** 헌법재판소는 공무원관계와 직업공무원제에 대하여 「공무원이란 직접 또는 간접적으로 국민에 의하여 선출 또는 임용되어 국가나 공공단체와 공법상의 근무관계를 맺고 공공적 업무를 담당하고 있는 사람들을 의미하며, 공무원도 각종 노무의 대가로 얻는 수입에 의존하여 생활하는 사람이라는 점에서는 통상적인 의미의 근로자적인 성격을 지니고 있다. 다만 공무원은 임용주체가 궁극에는 주권자인 국민 또는 주민이기 때문에 국민전체에 대하여 봉사하고 책임을 져야 하는 특별한 지위에 있고, 그가 담당하는 업무가 국가 또는 공공단체의 공공적인 일이어서 특히 그 직무를 수행함에 있어서 공공성·공정성·성실성 및 중립성 등이 요구되기 때문에 일반근로자와는 달리 특별한 근무관계에 있는 사람이다.」라고 하면서, 공무원인 근로자를 일반근로자와는 다른 특별한 근무관계에 있는 자로 정의하고 있다(헌재 1992.4.28. 90헌바27 등). 또한 직업공무원제에 대해서도「직업공무원제도 하에서 입법자는 이사건 규정의 직권면직을 통해 행정의 효율성 이념을 달성하고자 할 경우에도 직업공무원제도에 따른 공무원의 권익보호가 손상되지 않도록 조화로운 입법을 하여야 하는데, 직제가 폐지되면 해당 공무원은 그 신분을 잃게 되므로 직제폐지를 이유로 공무원을 직권면직 할 때는 합리적인 근거를 요하며, 직권면직이 시행되는 과정에서 합리성과 공정성이 담보될 수 있는 절차적 장치가 요구된다. 직제가 폐지된 경우 직권면직을 할 수 있도록 규정하고 있는 지방공무원법 제62조 제1항 제3호는 직업공무원제도를 위반하고 있다고 볼 수 없다.」라고 판시하고 있다(헌재 2004.11.25. 2002헌바8). 대법원은 임용에 있어서 결격사유가 있는 자를 임명하는 행위의 효력에 관하여「공무원임용결격사유가 있는지의 여부는 채용후보자 명부에 등록한 때가 아닌 공무원관계가 설정되는 임용 당시에 시행되던 법률을 기준으로 하여 판단하여야 하며, 임용 당시 공무원임용 결격사유가 있었다면 비록 국가의 과실에 의하여 임용 결격자임을 밝혀내지 못하였다 하더라도 그 임용행위는 당연 무효로 보아야 한다.」라고 판시하고 있다(대판 1987.4.14. 86누459; 1996. 2.27. 95누9617). 헌법재판소도「공무원에게 가해지는 신분상의 불이익과 보호하려는 공익을 비교할 때 금고이상의 형의 집행유예 판결을 받은 것을 공무원의 당연퇴직사유로 규정한 법률조항이 입법자의 재량을 일탈하여 공무담임권, 평등권 등을 침해하는 위헌의 법률조항이라고 볼 수는 없다.」라고 판시하고 있다(헌재 2003.12.18. 2003헌마409). 헌법재판소와 대법원의 판례에 비추어보면, 직업공무원제는 보장되어야 하는 것이지만, 결격사유가 있는 공무원에 대해서는 그 신분을 보장하지 않고 있다. 따라서 대통령의 공무원임면권은 그러한 한도 내에서 행사되어야 하는 것이다. 그러므로 대통령은 공무원임용에 있어서 결격사유에 해당하는 자를 임용할 수 없으며, 결격사유에 해당하는 자를 임용하는 것은 행정부조직권자로서의 대통령의 정당한 권한의 행사라 할 수 없으며, 당연무효이다.

공무원제도公務員制度 ㉷ civil service system, ㉻ Öffentliches Dienstsystem/ Beamtentum/Berufsbeamtentum(직업공무원제도), ㉲ Système de service public. 1. **의의** 1) **공직자와 공무원** 공직(public service/öffentliche Dienst)이란, 첫째, 국민의 공복(public servant)이라는 뜻이다. 공복이란 국민의 심부름꾼이며 봉사자란 의미이다. 공직이 결코 국민과 백성을 다스리고 통제하고 군림하는 직책이 아님은 물론이다. 둘째, 공직은 국민의 대표자로서 역할과 기능을 가진다. 공직자는 국민의 복리를 위하여 최선을 다하여 봉사하여야 할 책임을 진다. 공직자는 국민에 대하여서 책임과 의무를 가진 봉사자로서의 공직윤리를 가져야 한다. 셋째, 공직은 공적 임무(public mission)를 수행하며 실천하는 직위이므로, 사적 이익을 위하여 공직을 수행하여서는 안 된다. 이러한 성격을 가진 공직자는 최광의로는 국가와 공공단체 등 모든 공법상의 단체 · 영조물 · 재단 등에서 공무를 수행하는 모든 인적 요원을 총칭하는 개념이다. 여기에는 선거직공직자까지 모두 포함된다. 광의의 공직자에는 공무원을 비롯하여 계약근무관계에 있는 공직자까지 포함한다. 협의의 공직자는 공무원 및 근무계약에 의한 공직자만을 의미하여, 최협의로는 공무원만을 지칭하는 개념이다. 일반적으로 공무원제도에서 말하는 공무원은 협의의 공직자, 즉 공무원과 근무계약에 의한 공직자만을 지칭하는 것이 관례이다. 직업군인이나 단기복무 중인 군인, 법관, 선거직공직자 등의 정무직공직자는 별도의 법률에 의하여 규율되는 것이 일반적이므로, 통상의 공무원제도에 포함되지 않는다. 현행 헌법은 공직자와 공무원을 구별하지 않고 공무원으로 통칭하고 있기 때문에 사용된 조문에 따라 그 의미를 다르게 이해하여야 한다. 개념적으로 보면, 공직자의 개념이 가장 포괄적이고, 공무원이라는 표현이 그 다음이며, 직업공무원이라는 표현이 가장 좁은 개념이다. 2) **공무원제도의 특성** 공무원관계는 사법상의 근무관계에서와는 달리 국가나 공공단체의 임명행위에 의하여 성립하는 충성의 근무관계라는 특성을 가지고 있다. 이러한 특성이 가장 잘 나타나는 것이 직업공무원제도이지만, 근무계약에 의하여 임용된 '비공무원인 공무담당자'에게도 약하게나마 나타난다. 말하자면, '비공무원인 공무담당자'도 그들이 행하는 공무의 통치기능적 성격으로 인해 단순한 사법상의 근무관계와는 다르게 보아야 한다. 오늘날에는 공직제도의 이원화현상, 즉 전통적인 공무원관계와 근무계약에 의한 공법상의 근무관계라는 이원적 구조로 확대되는 경향이 일반적이기 때문에, 공직제도 내지 공무원제도를 어떻게 설정할 것인지의 문제는 헌법적 결단사항으로서 정해질 필요가 있다. 2. **민주주의와 공직제도** 헌법상의 통치구조는 그 인적 구성원인 공직자들의 투철한 사명의식과 책임감이 전제되지 않고는 실현될 수 없다. 통치질서의 기본이념으로서의 민주주의원리는 공직제도의 구현에도 마찬가지로 적용되어야 한다. 첫째, **민주적인 공직윤리**가 확립되어야 한다. 공직은 이기적인 자아실현의 도구일 수는 없다. 과거 성리학적 유교국가이었던 조선시대에는 소위 '입신출세(立身出世), 양명후세(揚名後世)'라 하여 공직이 한 개인 혹은 가문의 최고가치로 인식되었으나, 이는 공적 영역이 철저히 왕의 영역이었고 따라서 그 공적 영역에 대한 도전이 허용되지 않았던 시기의 가치일 뿐이었다. 오늘날과 같은 국민주권주의시대에는 국가의 공적 영역 자체가 국민에 의하여 형성되고 유지되기 때문에 그 공적 영역에 봉사하는 공직자들도 민주적인 공직윤리에 충실하여야 한다. 다만, 공직자들도 공직자이기 이전에 개인으로서의 자유와 권리를 갖기 때문에 개인의 지위와 공직자로서의 지위가 적절히 조화되어야 할 것이다. 둘째, **민주적인 수직적 질서체계**가 확립되어야 한다. 민주국가에서는 정책의 최종적인 결정권자는 원칙적으로 국민대의기관인 의회이다. 행정부 소속의 공직자들은 정책결정의 제안자이거나 보조자일 수는 있어도 최종적인 결정자는 아니다. 행정부 내의 공직자들은 수직적 질서체계 내에서 상명하복의 관계를 가질 수밖에 없다. 물론 이러한 상명하복의 관계는 직무상 기속이나 복종이지 사람에 대한 것이 아니며, 맹목적 복종인 '예속'이 되어서는 안 된다. 셋째, **정치적 중립성**이 요구된다. 공직자는 원래 특정정당이나 정치집단에 봉사하는 지위가 아니다. 정치권력의 형성과정이 민주적인 국가에서는 공직자는 그 정치권력의 형성과정에 관여하거나 개입해서는 안 된다. 정당이 아무리 전국정당으로서 다수당의 지위를 갖고 있다고 하더라도 특정정당은 결코 국민전체의 대표일 수 없다. 만약 특정정당이 스스로 국민전체의 대표임을 자임한다면 이는 곧 일당독재로 이어질 가능성이 크고 소수자보호를 필수적인 요소로 하는 민주주의국가가 될 수 없기 때문이다. 곧 민주국가에서는 국민의 선택에 따라 다수당이 소수당으로 되거나 그 역의 경우도 충분히 보장되어야 하기 때문에 영속적 지위를 갖는 공직자들이 특정정당의 옹호자가 된다면 이는 곧 민주주의의 파괴로 이어질 것이다. 물론 공직자들은 공직자이기 이전에 국민으로서의 지위를 갖기 때문에 국민으로서 정치적 의사형성에 참여하는 것은 가능하다. 바로 이 지점에서 공직자의 정치적 기본권과 정치적 중립성 사이의 긴장관계가 발생한다. 국회의원이나 지방자치단체의 선거직 공직의 경우 일정기간 전에 사직하도록 하는 것도 바로 이 긴장관계를 해소하기 위한 장치이다. 넷째, **법치주의적 책임구조**가 요청된다. 공직의 직무수행은 철저히 법치주의에 기반을 두어야 함이 오늘날의 법의 지배 내지 법치국가의 요청이지만, 때로 직무집행과 관련하여 공직자의 법적 책임과 국민의 권리보호 사이의 긴장관계가 나타난다. 헌법상 공무원의 직무상 불법행위에 대한 손해배상청구권과 국가책임의 원리를 엄밀한 법적 합리성을 갖추도록 하여야 할 것이다. 다섯째, **사회국가적 이념**을 실현하는 공직제도이어야 한다. 공직제도는 사회국가의 실현수단인 동시에 공직제도 자체가 사회국가의 대상이자 과제이다. 사회국가적 공직제도는 사회의 자체적인 힘에 의하여 해결할 수 없는 사회국가적 목적을 실현하는 인적 도구로서의 기능을 갖도록 하여야 한다. 또한 공직제도 자체도 사회국가적 이념에 따라 운영되어야 한다. 즉, 직무범위나 직무환경의 개선, 생활보호와 사회보장, 후생복지제도 등 공직제도 내의 사회정의를 실현하는 것이 공직자들이 사기진작과 직무능력 향상 및 민주적 공직윤리의 확립 등에 기여할 것이다. 3. **헌법적 구체화** 현행헌법은 공무원제도에 관하여 비교적 상세히 규율하고 있다. 헌법 제7조는 공무원에 관한 핵심규정으로서, 공무원의 헌법상 지위 및 직업공무원제의 보장을 정하고 있다. 그 외에 제29조 제1항은 공무원의 불법행위책임과 국가의 배상책임, 제33조 제2항은 공무원인 근로자의 근로3권 제한을, 제65조 제1항 및 제111조 제1항 제2호의 고위공무원에 대한 탄핵규정, 제78조의 대통령의 공무원임명권 등에 관하여 규정하고 있다. 현행법상 공무원은 국가공무원과 지방공무원으로 구분된다(➜ 공무원 참조). 우리나라의 공무원제도는 정무직공무원의 일부를 제외하고는 대부분 성적제를 채택하고 있다고 할 수 있다(국가공무원법 제2조, 제26조, 경찰공무원법 제7조, 교육공무원법 제2장). 국민주권주의와 국민의 기본권 보장을 양대 지주로 하고 있는 우리나라의 헌법이념상 공무원은 과거와 같이 집권자에의 충성관계나 관료적인 공리로서가 아니라 국민의 수임자로서 국민에게 봉사하는 것을 본래의 사명으로 하고 전문적 기술적 행정을 담당함을 그 목적으로 하는 기관이라는 의미에서 공무원 제도는 민주성과 중립성, 전문성, 능률성을 가진 직업공무원임을 특질로 하는 것이다(헌재 1993.9.27. 92헌바21). 공무원의 국민에 대한 책임은 정치적 · 윤리적 책임 뿐만 아니라, 일정한 경우 법적 책임도 부담한다. 정치적 책임은 선거직공직자의 선거에 의한 심판, 국무총리 · 국무위원에 대한 해임건의 등이 있고, 법적 책임으로는 대통령 등에 대한 탄핵제도, 국가배상책임, 공무원의 징계책임, 변상책임, 형사책임 등이 있다. 4. **직업공무원제도**의 제도화 ➜

직업공무원제도.

공법상 단체公法上 團體 ㉮ public law organization, ㉯ Körperschaft des öffentlichen Rechts. 공법상의 법인으로서 국가적 과제를 수행하기 위하여 설치된 제도를 말한다. 재향군인회, 국가유공자단체, 특수임무수행자회, 고엽제전우회, 재향경우회, 군인공제회, 대한지방행정공제회, 농·임·축협, 인삼협, 중소기업협, 경찰공제회, 새마을금고협 등등 법률에 근거하여 설치된다. 법률상으로는 공법인 중에 공공조합의 형태를 띠는 경우가 많다. 공직선거법이나 정치자금법에서는 선거운동 혹은 정치자금 등과 관련하여 '단체'로 표현하고 있다.

공법인公法人 ㉮ public corporation, ㉯ juristische Person des öffentlichen Rechts, ㉰ personne morale du droit pulic. 특별한 공공목적을 위하여 특별한 법적근거에 의하여 설립된 법인이다. 사법인(私法人)에 대응하는 것이다. 공법인도 독립된 권리주체라는 점에서 사법인과 동일하나, 사법인이 사적 목적을 위하여 설립된 법인인 데 대하여 공법인은 특정의 공공목적을 위하여 설립된 법인이다. 광의로는 국가와 공공단체를 모두 포함한 의미로 사용되고, 협의로는 공공단체와 같은 뜻으로, 최협의로는 공공단체 중에서 지방자치단체 이외의 것을 가리키는 말이다. 공법인에 대하여는 그 목적에 부합되는 한도 내에서 행정권을 부여할 수 있다. 공공조합·공사단이 그 예이다. 공법인은 국가의 특별한 감독, 공과금의 면제 등과 같이 사법인과는 다른 실정법상의 취급을 받는 경우가 많으나 그에 관한 모든 법률관계가 공법관계인 것은 아니고 그 사업의 실질적 내용, 실정법상의 규정 등에 의하여 구체적으로 결정하는 것이다. 기본권주체성과 관련하여, 공법인은 기본권주체성이 부인된다. 공권력의 행사자인 국가, 지방자치단체나 그 기관 또는 국가조직의 일부나 공법인은 기본권의 '수범자'이지 기본권의 주체가 아니고 오히려 국민의 기본권을 보호 내지 실현해야 할 '책임'과 '의무'를 지니고 있을 뿐이다(헌재 1994.12.29. 96헌마365; 2006.2.23. 2004헌바50). 국회 노동위원회, 지방자치단체 혹은 그 장, 지방의회 등도 기본권주체성이 인정되지 아니한다. 예외적으로 대학, 언론기관, 축협중앙회 등은 기본권주체성이 인정된다.

공산주의共産主義 ㉮ communism, ㉯ Kommunismus, ㉰ communisme. 공산주의의 어원은 라틴어인 communis에서 유래하며 공동이나 공유를 의미한다. 공산주의는 자본가계급이 소멸되고, 노동자 계급이 주체가 된 생산수단의 공공 소유에 기반을 둔 무계급 사회조직, 공동체 형성에 관한 이론, 또는 그러한 체제를 목표로 삼는다고 주장하는 다양한 정치 운동들을 일컫는다. 공동생산주의 혹은 공동재산주의로 표현하면 이해하기 쉽다. 경제적으로는 필요에 따라 분배받고, 능력에 따라 일하는 경제구조로 지칭된다. 공산주의는 맑스주의, 레닌주의, 스탈린주의, 기타 다양한 형태로 분기하였다. 맑스에 의해 주장된 공산주의는 사유재산제도를 폐지하고 일체의 생산수단과 소비수단의 사회화를 주장하는 이념이다. 생산수단이 사회 전체의 소유에 속하면 계급적 착취 또는 계급적 대립이 소멸되고 종래에는 국가도 소멸한다고 본다. 일반적으로 사회주의와 공산주의를 동일한 의미로 사용하는 경우도 있으나, 역사적·사상사적 의미에서는 반드시 같지는 않다. 사회주의는 사상적 관점에서, 공산주의는 경제학적 관점에서 분류할 수도 있다. 사상적 관점에서는 사회주의와 자유주의가 대립되며, 경제학적 관점에서는 자본주의와 공산주의가 대립되는 것으로 이해할 수도 있다.

공생관계 심사共生關係 審査 ➜ symbiotic relationship test. ➜ state action 이론.

공서양속公序良俗 ㊐ public order and good morals, ㊍ öffentliche Ordnung und gute Sitten, ㊉ orde public et bonnes moeurs. '공공의 질서와 선량한 풍속'을 줄인 말로서, 민법에서는 「선량한 풍속과 사회질서」라는 말로 표현되어 있다(동법 제103조: 「선량한 풍속 기타 사회질서에 위반한 사항을 내용으로 하는 법률행위는 무효로 한다.」). 선량한 풍속이란 사회의 일반적 도덕이나 윤리관념으로서 모든 국민에게 요구되는 최소한도의 도덕률을 말한다. 사회질서란 국가사회의 일반적 이익인 공공적 질서를 말한다. 양자는 그 내용과 범위가 대부분 일치하므로 이론상 구별하기 곤란하다. 공서양속은 사회적 타당성 내지는 사회성을 의미한다. 공서양속은 공공복리를 지향하는 현대민법에 있어서 지도원리의 하나가 되었다. 판례에 의해 인정되는 예로는, 인륜에 반하는 행위, 정의에 반하는 행위, 신체의 자유를 극도로 제한하는 행위, 사람의 경제적 자유를 극도로 제한하는 행위, 요행성이 현저한 행위, 생존권에 위협을 줄 정도로 장래 취득할 재산을 처분하는 행위 등으로 유형화하고 있다. 공서양속규정은 헌법학에서는 기본권의 제3자효 내지 대사인적 효력의 문제에서 간접적용설의 한 내용으로 설명되고 있다. ➜ 기본권의 대사인적 효력.

공소시효公訴時效 ㊐ limitation period for prosecution, ㊍ Verfolgungsverjährung, ㊉ délai de prescription pour les poursuites. 범죄행위가 종료한 후 일정한 기간이 지날 때까지 그 범죄에 대하여 기소를 하지 않는 경우에 국가의 소추권 및 형벌권을 소멸시키는 제도이다. 헌법상으로는 대통령의 경우, 형사상 불소추특권(헌법 제84조)에 따라 내란 또는 외환의 죄를 제외하고는 재직 중 형사소송법의 공소시효가 정지된다(헌재 1995.1.20. 94헌마246). 따라서 대통령의 임기만료 혹은 탄핵에 의한 파면의 경우 공소시효가 다시 진행된다. 형사법의 집행을 담당하는 국가의 소추기관이 법제도상 군사반란 내지 내란행위자들에 의해 장악되거나 억압당함으로써 이들의 의사나 이익에 반하는 소추권 행사가 더 이상 가능하지 않게 되는 등 반란행위나 내란행위를 처벌하여야 할 법률의 기능이 마비되어, 적어도 위 행위자들에 관한 한 법치국가적 원칙이 완전히 무시되고 법률의 집행이 왜곡되는 법질서상의 중대한 장애사유가 있는 경우에는, 비록 헌법이나 법률에 명문의 규정은 없다 하여도 단순한 사실상의 장애를 넘어 법규범 내지 법치국가적 제도 자체에 장애가 있다고 보아야 하고, 이러한 장애로 군사반란행위자와 내란행위자가 불처벌로 남아있을 수밖에 없는 상태로 있는 기간 동안에는 공소시효가 정지된다고 보아야 하며, 또 이것이 공소시효제도의 본질에도 부합하는 해석으로 성공한 내란도 처벌되어야 한다는 당위성에 합치되고 정의의 관념과 형평의 원칙에도 합치한다(헌재 1996.2.16. 96헌가2: 5 · 18특별법). 형벌불소급의 원칙은 "행위의 가벌성" 즉 형사소추가 "언제부터 어떠한 조건 하에서" 가능한가의 문제에 관한 것이고, "얼마 동안" 가능한가의 문제에 관한 것은 아니므로, 과거에 이미 행한 범죄에 대하여 공소시효를 정지시키는 법률이라 하더라도 그 사유만으로 헌법 제12조 제1항 및 제13조 제1항에 규정한 죄형법정주의의 파생원칙인 형벌불소급의 원칙에 언제나 위배되는 것으로 단정할 수는 없다(같은 결정). 공소시효가 아직 완성되지 않은 경우 진행중인 공소시효를 연장하는 법률은 이른바 부진정소급효를 갖게 되나, 공소시효제도에 근거한 개인의 신뢰와 공시시효의 연장을 통하여 달성하려는 공익을 비교형량하여 공익이 개인의 신뢰보호이익에 우선하는 경우에는 소급효를 갖는 법률도 헌법상 정당화될 수 있다(같은 결정).

공영방송公營放送 ㊎ public service broadcasting. 공영방송은 공적(公的) 주체에 의해 설립되고 운영되는 방송으로서, 국가가 설립·운영하는 국영방송(國營放送) 또는 개인이나 사적 단체가 설립·운영하는 민영방송(民營放送)과 구별된다. 공영방송은 방송의 설립과 운영의 주체를 기준으로 한 개념이라는 점에서 방송의 내용을 기준으로 하는 개념인 "공익적 방송"과는 구별되어야 한다. 다만 공영방송이 무엇인지는 개념상 명확하지 않다. 헌법재판소는 첫째, 설립 연혁과 지배구조, 둘째, 특별한 공적 책임 여부 및 방송법상의 특별 취급 여부, 셋째, 「공직선거법」과 「정당법」상 특별한 권한과 의무 등을 근거로 공영방송 여부를 판단하였다(헌재 2013.9.26. 2012헌마271). 공영방송의 지위는 기본권의 수범자이자 주체이고, 동시에 방송기능보장을 위한 제도보장의 성격을 갖는다. 국영방송이 국가로부터, 민영방송이 운영 주체인 특정 개인 또는 단체의 이해관계로부터 자유로울 수 없으며, 이에 비해 공영방송은 국가와 특정한 사회세력으로부터의 독립이라는 이중적 독립성이 요구된다. 또한 공영방송의 조직구성과 재원조달에 있어서도 공영방송의 독립성이 관철될 필요가 있다. 방송법에서 주로 규율되며, 한국방송공사법, 방송통신위원회 설치 및 운영에 관한 법률, 방송문화진흥법 기타 세부사항들에 관련한 법률들이 있다.

공용침해公用侵害 = **공용수용**公用收用 = **공용제약**公用制約 ㊎ eminent domain/taking/expropriation. ㊍ Enteignung, ㊋ expropriation pour cause d'utilité publique. 공공필요에 의한 재산권의 공권력적인 제약을 말한다. 침해란 재산권의 가치를 감소시키는 일체의 작용이다. 신체, 생명, 자유 등 비재산적 침해는 공용침해라고 하지 않는다. 헌법 제23조 제3항은 공용침해의 형태로서 재산권의 수용, 사용, 제한을 규정하고 있다. 이 세 가지를 모두 일컬어 공용침해, 공용제약 또는 넓은 의미의 공용수용이라 한다. (좁은 의미의) 수용은 재산권의 강제적인 박탈을 의미하며, 사용이란 재산권의 강제적이고 일시적인 사용을 의미하고, 제한이란 재산권에 가하여지는 일체의 공법상의 제한을 의미한다. 헌법 제23조 제3항에 대해 내용규정과 보상규정을 분리해서 볼 것인가, 아니면 분리하지 않고 함께 봐야 하느냐를 놓고 경계이론과 분리이론이 다투어지고 있다. ➜ 재산권의 사회적 제약과 공용침해.

공의무公義務 ㊎ public obligation, ㊍ die öffentliche Pflicht, ㊋ Obligation publique. 공의무는 공권에 대응한 개념으로서, 공익을 위한 공법상의 의사에 구속되는 것을 말하며, ① 주체에 따라서는 국가적 공의무와 개인적 공의무, ② 내용에 따라서는 작위·부작위·수인·급부의무로 나눌 수 있다. 헌법상 국가적 공의무는 국가가 국민에 대하여 지는 의무로서 기본권보장의무가 이에 속한다. 개인적 공의무는 헌법상, 재산권행사의 공공복리적합의무(제23조 제2항), 교육의 의무(제31조), 근로의 의무(제32조), 납세의 의무(제38조), 국방의 의무(제39조), 환경보전의무(제35조) 등이 있고, 명문규정은 없으나, 국법준수의무, 법률상 의무, 준법서약의무 등이 있다. 행정법상으로는 ① 법령이나 법령에 의한 행정행위에 의하여 발생되는 경우가 많은 점, ② 의무불이행시 행정권의 자력집행이 인정되는 점 등의 특성이 있다. 또한 일신전속적인 경우에는 이전이나 포기가 제한되며, 사권과의 상계가 금지되는 경우가 많다.

공익公益 ㊎ public interest, ㊍ die öffentliche Interesse, ㊋ intérêt public. 1. **개념** 공공의 이익을

말한다. 공익은 개념의 다차원성, 개념의 추상성, 집단성, 개인적 귀속가능성의 속성을 지닌다. 공익 개념은 다양한 차원에서 접근할 수 있다. 첫째, '누구의 이익을 말하는가'라는 관점 즉 공익의 향유 주체가 누구인가의 관점에서 접근할 수 있다. 군주 지배 하의 고권적 권위주의시대에는 군주 내지 국가의 이익을 공익이라 하였다. 자유주의 시대 이래 공동체 자체의 이익이라는 견해와 공동체 구성 원인 인간 내지 개인의 이익으로 환원될 수 있어야 한다는 견해가 대립되었다. 오늘날에는 공익의 주체가 되는 인간의 집단을 일반적으로 공중(the public, die Allgemeinheit)이라 칭하고 이 공중의 이익을 공익으로 정의하려는 경향이 일반적이다. 둘째, '누가 결정할 것인가'의 관점에서 접근할 수 있다. 민주주의 원칙에 따를 때 공통의 의사는 곧 다수의 의사라고 할 수 있고, 다수의 의사는 오늘날 대의제 민주주의에 따라 형성된다. 따라서 국민대표기관인 의회가 일차적으로 공익결정기관으로서 지위를 가진다. 다만 의회는 공익의 내용을 구체적으로 정하지 아니하고 추상적으로 규정하는 경우가 많으며, 공익의 내용을 구체적으로 결정하는 의무는 행정권에 주어지는 경우가 많다. 이 경우, 행정권에 어느 정도의 재량이 주어지는가에 대한 사법심사의 가능성을 인정할 것인가에 관한 문제가 있다. 오늘날에는 긍정함이 일반적이다. 셋째, '어떻게 결정할 것인가'의 관점에서 접근할 수 있다. 이는 공익판단의 방법론의 문제이다. 정당국가의 경향이 일반화되고 있는 오늘날에는 행정절차법제의 정비가 요청된다. 특히 전문가에 의한 공익판단에 대한 통제의 문제도 제기되고 있다. 결론적으로 공익이란, '어떤 이익상황이 특정한 법적 주체의 개별적 이익에만 관련되는 것이 아니라 국가나 공동단체, 기타 사회의 여러 공공영역이나 계층 또는 집단의 공공성과 관련하여 그 정당성이 판단되어야 할 때의 공동체 이익'을 말하는 것으로 이해될 수 있다. 영미의 경우에는, 다수의 이익, 민주사회에서의 사회의 보편적 합의, 공동선, 효율성과 형평성 등의 관념을 통하여 개념정의를 시도하고 있으며, 특히 절차적 논의가 중시되고 있다. 2. **공익개념의 법률적 구체화** 공익개념 요소는 공동체 다수이익, 이익보장, 재산권 제약, 보편적 가치, 공공재 생산 및 공급, 공개성 등 구체화되는 법률에 따라 다르게 나타난다. 우리나라의 경우, 1950년대 이래 분야별로 볼 때, 노동은 절차 공정성으로서의 공익, 환경·금융·산림·행정관리는 포괄적 일반이익으로서의 공익, 건설과 농림수산은 행위제한 근거로서의 공익, 정보통신과 교통은 지원과 보호 대상으로서의 공익, 경제와 산업은 일반이익과 특수이익이 병존하는 공익이 나타나는 것으로 이해되고 있다. 3. **공익판단에 있어서 입법·행정 및 사법의 과제** 우리나라의 경우 입법영역에서는, 전통적인 권위주의적 공익개념을 넘어서서, 법적 개념으로서의 공익개념을 입법적으로 체계화하고 구체화할 필요가 있다. 행정 영역에서는, 공익판단의 내용과 함께, 공익판단과정 자체의 절차법적 통제가 중대한 과제로 된다(절차법적 구조화). 사법영역에서는, 민주적 정당성의 취약성을 극복하고, 공익판단에서의 이익형량에 대한 정치한 법해석체계를 갖추어야 한다.

공익감사청구公益監査請求 공익감사청구 처리규정(감사원 훈령)에 근거하여 19세 이상 300명 이상의 국민, 시민단체 등 일정 자격을 갖춘 자가 공익을 목적으로 특정사항에 대하여 감사를 청구하면 이를 심사하여 감사의 필요성이 인정되는 경우 감사를 실시하여 그 결과를 청구인에게 통보하는 제도이다. ➜ 감사원.

공익법운동公益法運動 ㊂ public interest law movement. 1. **개념** 공익법운동에 대해서는 확정적인 개념이 확립되어 있지는 않다. 대체로 '사회적으로 중요한 권리이지만 그 이익이 잘게 쪼개져 흩어져 있고(diffuse), 개인이 향유하는 이익에 비해 비용이 많이 들며 그 이익을 향유하는 집단이 소외되어 있기 때문에 제대로 보호받지 못하는 경우에 이를 권리로서 실현하기 위한 현실적 노력 또는 사회운동'을 일컫는 것으로 받아들여지고 있다. 논자에 따라 약자·소수자의 인권, 소수자 인권보호를 위한 제도적 권력 및 자본권력에 대한 감시와 사법접근권 확보를 포함하기도 한다. 2. **연혁** 공익법운동은 1900년대 **미국**에서 시작된 것으로 이해함이 일반적이다. 1909년 '유색인종의 발전을 위한 전국협회(National Association for the Advancement of Colored People NAACP)'가 발족되어 특히 흑인의 인권보호를 위한 중요사건에서 변호를 통해 활동하였다. 1920년 창설된 미국시민자유연맹(American Civil Liberties Union:ACLU), 랄프 네이더의 소비자보호운동으로 이어졌고, 1970년대에는 공익소송 등을 통하여 활발하게 활동하였다. **영국**의 경우에는 개인주의적·자유주의적 경향에 따라 개인의 권익보호를 개인의 소권행사에 맡겨두는 경우가 많았으나, 1960년대 이후 사회적 약자인 소수인종, 빈민, 여성, 소비자 및 미혼모 등에 대한 법적 권리구제를 위한 공익법운동이 전개되어, 1980년대 이후 적극적으로 활성화되었다. **우리나라**의 경우, 일제강점기에 독립운동을 하던 운동가들을 변호하는 인권변호사의 활동을 시초로 하여, 1970-80년대 독재권력에 저항하던 민주화인사들을 변호하던 인권변호사들과 소외된 노동운동가들을 변호하던 노동변호사들이 공익법운동의 범주에 포섭될 수 있었으며, 1987년 민주화항쟁 이후 1990년대에 들어와 본격적으로 전개되기 시작하였다. 3. **공익법운동의 활동유형** 공익법운동은 공익소송(public interest law litigation), 입법운동, 연구조사, 공익법교육 및 중개활동 등으로 유형화할 수 있으며, 구체적으로는, 여성, 장애인, 이주와 난민, 빈곤과 복지, 주민자치, 등의 영역에서 공익단체 변호사 파견 및 네트워킹, 공익소송과 제도 개선, 단체활동가 법률교육 및 법률매뉴얼 출판, 공익법 관련 연구 및 조사, 공익활동 프로그램 개발 및 중개, 그리고 인턴쉽 운영 등의 활동 등을 포함한다. 4. **과제** 첫째, 왜곡되고 편향된 사회적 인식과의 끊임없는 담론투쟁으로서의 공익법 운동의 성격을 명확히 하여야 한다는 점, 둘째, 조직적인 측면에서 다양하고 다변화된 공익법 운동의 형태를 체계화하고 좀 더 발전시킬 필요가 있다는 점, 셋째, 내용적인 측면에서, 소수자의 인권보호와 민주화와 권력 감시, 자유권과 사회권의 조화와 통합을 이루어나가야 한다는 점 등이 지적되고 있다.

공익소송公益訴訟 ㊂ public interest litigation. 1. **의의** 공익소송(public interest litigation, PIL)은 소송의 형태로 공익(public interest)을 실현하고자 하는 것을 말한다. Black's Law Dictionary에서는 공익소송을 '대중 혹은 사회공동체를 구성하는 특정 계층의 금전상의 이익 또는 그들의 법적 권리나 책임에 영향을 주는 일종의 이익과 같은 소위 말하는 공익(public interest)이나 일반적 이익(general interest)의 실현을 위해 법원에 제기하는 소의 일종'이라고 정의하고 있다. 공익에 영향을 미치는 모든 법분야 즉 공익법분야에 관련된 소송으로 폭넓게 정의할 수도 있다. 불특정다수의 이익 보호, 약자 및 소수자의 권익보호, 불합리한 사회제도의 개혁을 위한 제도개혁소송 등도 포함할 수 있다. 전통적으로 공익실현을 위한 정책결정은 원래 정치의 장(場)인 입법부의 몫이었지만, 오늘날에는 사법권의 정책형성기능이 강조되면서, 사법의 장(場)에서도 공익을 실현하기 위한 정책결정이 행해지기 시작하였다. ➜ 사법권. 판결의 형태로 행해지는 사법부의 정책결정은 전통적인 사법권의 행위방식을 크게 변화시키고 있으며, 국민들의 입장에서도 공익을 실현하기 위하여 소송이라는 행위방식을 적극적으로 채택하고 그에 따라 기존의 전통적인 제도와 이론의 변화를 추구하고 있다. 2. **공익소송의 순기능과 역기능** 1) **순기능** (1) **공익실현기능** 공익소송은 법원의 판결을 통하여 확산된 이익인 공익을 실현하여 사회를 변동시킬 뿐만 아니라 공익소송 그 자체를 공론경쟁에 참여하는 하나의 의사소통적 행위라고 볼 수도 있다. (2) **권리구제기능** 공익소송은 불특정 다수인의 소액 피해에 대한 권리구제의 기능을 함으로써 장차 국가기관이나 기업으로 하여금 권리침해 또는 위법행위를 반복하지 못하도록 하는 예방적 기능을 수행할 수 있다. 미국의 1달러소송이나 우리나라의 공중전화환불소송과 같이, 이익단체를 통해 이익이 대변되지 못하는 사회적 약자의 이익이나 개인적 이익으로 환원하기 어렵지만 사회 전체에 야기되는 공익적 피해를 방지하는 데 기여하는 의미가 있다. 이로써 법치주의를 신장하는 데 기여할 수 있다. (3) **자기지배의 실현기능** 공익소송은 소송의 사회화를 통하여 공화주의적 실천과 다수민주주의를 지향하고 다수국민의 사법에의 실질적 참여를 가능하게 한다. (4) **사회개혁을 통한 발전역량의 도모** 공익소송은 사회의 변동을 이끌어 사회개혁, 개량, 발전의 계기가 된다. 미국의 흑백인종분리정책에 대한 기획소송이나 테스트소송(시험소송), 우리나라의 망원동유수지사건 등, 사회정책이나 위험관리 및 재해예방의 구축을 통하여 사회개혁과 개량, 발전을 도모한다. 2) **역기능** (1) **기존 소송체계와의 양립 불가능성** 공익소송제도는 객관소송화의 우려, 남용의 위험 등, 개인의 권리구제 및 분쟁해결을 위주로 하는 기존 소송체계와의 정합성을 도모하기 어려운 요소가 있다. (2) **사법의 정치화 가능성** 공공정책에 관한 정책적 쟁점의 해결을 입법부가 아닌 사법부에서 맡는 데에 따른 사법의 과도한 정치화의 우려가 있다. (3) **사법 의존도의 증가** 사회적 공론장에서 충분한 토론과 합의를 이끌어내지 못하고 최종적으로 사법부에 의존함으로써 공익 내지 공공성의 실현을 소수의 법관에게 전가할 우려가 있다. 3. **외국의 입법례** 1) **미국** 미국에서는 1960년대 공익법운동의 활성화 이래 변호사단체의 pro bono 활동, 로펌 및 사회단체의 적극적 활동으로, 민간기구의 평등권, 적정절차, 프라이버시권 등 민권 분야 일반이나 소비자·환경 문제 등에 대해 법원을 통한 소송뿐 아니라 행정위원회에서의 문제제기, 대중계몽, 입법운동 등 다양한 형태로 공익법운동을 전개하고 있다. 구체적 소송수단으로, 대표당사자소송(class action), 광역소송(multidistrict litigation, MDL), 파렌스 파트리에 소송(parens patriae action), 납세자소송(taxpayer's suit/action), 징벌적 손해배상(punitive damages/exemplary damages) 등 다양한 소송형태가 있고, 각 관련분야의 많은 사건이 판례로 확립되어 있다. 2) **유럽연합(EU)** 유럽연합은 구성국들에게 소비자보호법, 지적재산권법, 이행지연법(late payment law) 관련 대표소송절차(representative procedures)를 채택할 것을 권고하였다. 그러나 손해배상까지 그 범위가 확대되지는 않았으며, 현재 경쟁법위반(competition law infringement), 사이버 공간의 프라이버시 침해(electronic invasion of privacy), 소비자보호를 위한 집합적 구제에 대한 손해배상청구 인정여부를 검토하고 있다. 특히 집단분쟁해결을 위하여 1993년에 불공정약관규제조항의 규제수단으로서 단체소송제도를 도입하였다. 이러한 단체로서는 영국의 공정거래국(Competition and Markets Authority, CMA), 아일랜드의 소비자원(National Consumer Agency, NCA), 북유럽의 옴부즈만(ombudsman), 독일의 소비자보호단체(Verbraucherschutzverein) 등을 들 수 있다. 3) **독일** 독일에서는 일찌기 단체소송제도(Verbandsklage)가 확립되었고, 오늘날에는 개별법률에서 다양하게 규율하고 있다. 환경법상의 환경단체소송법, 자본투자 관련 표본소송절차(Musterverfahren), 이익환수청구제도(Gewinnabschöpfungsanspruch) 등이 제도화되어 있다. 4) **프랑스** 프랑스는 소비자보호법 규정에서, 소비자의 집단적 이익을 위한 소송(Action exercée dans l'intérêt collectif des consommateurs), 공동대리소송(Action en représentation conjointe) 및 단체소송(Action de groupe)으로 소의 종류를 3가지로 분류하여 정하고 있다. 5) **영국** 공익소송 관련 대표소송(representative action), 집합소송(Group Litigation), 집단소송(Collective Action)이 있고, 환경공익소송이 있다. 6) **일본** 지방자치법상의 주민소송제도, 소비자단체소송, 소비자집합소송제도 등이 있다. 7) **기타** 이 외에도 중국, 인도, 남아공 등에서 공익소송이 제도화되어 있다. 4. **우리나라의 공익소송** 1) **공법소송에서의 공익소송** 인권 및 법률제도 개선과 관련한 헌법소송, 공익실현과 관련된 행정권 행사에 대한 행정소송은 그 자체로 공익소송적 속성을 가진다. 행정소송법상 민중소송제도, 지방자치법상 주민소송제도 등이 공법소송상의 공익소송이라 할 수 있다. 2) **민사소송에서의 공익소송** 민사소송법상 다수당사자소송, 증권관련 집단소송, 소비자단체 및 개인정보단체의 단체소송, 집단분쟁조정제도, 징벌적 손해배상제도 등이 도입 혹은 도입논의가 이루어지고 있다.

공익실현의무公益實現義務 민주적 정당성을 가지는 국가권력은 그 존재이유로부터 공익을 실현할 의무를 갖는다. 헌법은 제46조 제2항('국가이익 우선의무')에서 국회의원의 공익실현의무를, 제69조('국민의 자유와 복리의 증진')에서 대통령의 공익실현의무를 규정하고 있다. 정당에 관하여 헌법재판소는 「우리 헌법 및 정당법상 정당의 개념적 징표로서는 ① 국가와 자유민주주의 또는 헌법질서를 긍정할 것, ② 공익의 실현에 노력할 것, ③ 선거에 참여할 것, ④ 정강이나 정책을 가질 것, ⑤ 국민의 정치적 의사형성에 참여할 것, ⑥ 계속적이고 공고한 조직을 구비할 것, ⑦ 구성원들이 당원이 될 수 있는 자격을 구비할 것 등을 들 수 있다.」고 하여(헌재 2006.3.30. 2004헌마246), 정당의 개념요소에 공익실현의무를 들고 있다. 이에 정당의 개념요소에 공익실현의무를 포함하는가에 대하여 반대하는 견해도 있으나, 정당 자체가 국민의 이익을 위한 자발적·지속적 조직임을 고려하면 정당도 공익실현의무를 가져야 하고, 따라서 정당의 개념요소에 포함된다고 봄이 타당하다.

공익公益**의 이론** ⓔ public interest doctrine. 공익의 이론이라 함은 국민의 알 권리의 대상이 되는 사항은 국민에게 알리는 것이 공공의 이익이 된다는 이론이다(Time, Inc. v. Hill, 385 U.S. 374(1967)). 공익과 보도가치성(newsworthiness)의 이론이라고도 한다. 여기의 공공의 이익이란 프라이버시 권리보다 표현행위에 포함된 공적인 이익을 말한다. 공적 이익은 사회구성원이 어떤 사실을 아는데 대하여 정당한 관심을 가지며, 또한 그것을 아는 것이 사회에 이익이 되는 것이라 할 수 있다. 단순히 타인의 호기심을 충족시키는 것에 불과한 것은 정당한 관심의 대상이라 보기 어렵다. 어떤 것이 공공의 정당한 관심사가 되느냐를 결정하는 데에는 사회의 관습 등을 참고해야 하는데 이는 공동체의 관행과 풍습의 문제이다. 일반인의 알 권리에 대상으로 될 수 있는 것은 어떤 가치를 가지는 것이어야 하느냐에 대하여 미국의 판례는 보도적 가치, 교육계몽적 가치 및 오락적 가치 등을 들고 있다. 이러한 가치가 있는 사실을 표현하는 것은 공공의 이익에 해당하는 것이며, 일반인의 알 권리의 대상이 된다고 한다. 여기에는 모든 사건들과 정보가 포함될 수 있는데 살인, 다른 범죄, 체포, 경찰의 일제단속(police raids), 자살, 결혼, 이혼, 사고, 마약중독, 희귀한 병에 걸린 여자, 12세 소녀의 출산, 몇 년전 피살된 것으로 알려진 사람의 출현 등이 포함된다. 그러나 공공의 이익에 관한 보도라고 하더라도 거기에 허구나 허위의 요소가 가미되어 세인의 눈에 그릇 인식되는 경우에도 개인의 프라이버시의 침해가 성립될 수 있다. 구체적으로 프라이버시 권리와 공공의 이익과의 비교형량에 있어서는 표현의 목적의 차이, 침해되는 개인의 프라이버시 권리의 성질, 침해의 정도 등이 고려되어야 하고 침해됨으로써 얻어지는 공공의 이익의 범위 및 중요성을 고려하여 구체적인 상황에 따라 판단하여야 할 것이다. 뉴스성(newsworthiness)은 공적 이익(public interest), 공적 인물(public figures), 공적 기록(public records) 이라는 세 가지의 요소를 가지고 있다. ➜ 프라이버시권.

공적광장이론公的廣場理論 ➜ public forum doctrine.

공적인물이론公的人物理論 ㊐ public figures rule. ➜ 프라이버시권. ➜ 표현의 자유.

공정경쟁의무公正競爭義務 공직선거법 제7조는 선거에 참여하는 (후보자가 되고자 하는 자를 포함하여) 정당·후보자 및 후보자를 위하여 선거운동을 하는 자는 선거운동을 함에 있어 이 법을 준수하고 공정하게 경쟁하여야 하며, 정당의 정강·정책이나 후보자의 정견을 지지·선전하거나 이를 비판·반대함에 있어 선량한 풍속 기타 사회질서를 해하는 행위를 하여서는 아니된다고 하고 있다. 선거의 공정성을 확보하기 위한 규정이다.

공정보도의무公正報道義務 공직선거법 제8조는 방송·신문·통신·잡지 기타의 간행물을 경영·관리하거나 편집·취재·집필·보도하는 자와 인터넷언론사가 정당의 정강·정책이나 (후보자가 되고자 하는 자를 포함하여) 후보자의 정견 기타사항에 관하여 보도·논평을 하는 경우와 정당의 대표자나 후보자 또는 그의 대리인을 참여하게 하여 대담을 하거나 토론을 행하고 이를 방송·보도하는 경우에는 공정하게 하여야 한다고 규정하고 있다. 언론사가 정치적 경향성을 표현할 수 있는가에 대한 논의는 언론보도의 공정성 개념에 포함되는지의 여부로 판단되어야 한다. 일반적으로 언론기관이 정치적 성향을 명시적으로 밝히는 것은 허용되지 않는다고 본다. 선거보도의 공정을 확보하기 위하여 공직선거법은 선거방송심의위원회(제8조의2), 선거기사심의위원회(제8조의3), 인터넷선거보도심의위원회(제8조의5), 선거방송토론위원회(제8조의7), 선거여론조사심의위원회(제8조의8)을 설치하고 있다. 또한 선거보도에 관한 반론보도의 특칙(제8조의4), 인터넷언론사에 대한 정정보도의특칙(제8조의6) 등이 규정되어 있다.

공정선거지원단公正選擧支援團 공직선거법 제10조의2, 제10조의3에서 규정하고 있는 공정선거지원을 위한 기구이다. 2018년 법개정 전에는 선거부정감시단이라 불리었다. 각급선거관리위원회(읍·면·동선거관리위원회 제외)는 선거부정을 감시하고 공정선거를 지원하기 위하여 공정선거지원단을 둔다. 공정선거지원단은 선거운동을 할 수 있는 자로서 정당의 당원이 아닌 중립적이고 공정한 자 중에서 중앙선거관리위원회규칙으로 정하는 바에 따라 10명 이내로 구성하되, 일정한 경우, 추가 구성할 수 있다. 공정선거지원단은 관할 선거관리위원회의 지휘를 받아 이 법에 위반되는 행위에 대하여 증거자료를 수집하거나 조사활동을 할 수 있다. 중앙선거관리위원회는 인터넷을 이용한 선거부정을 감시하고 공정선거를 지원하기 위하여 중앙선거관리위원회규칙으로 정하는 바에 따라 5인 이상 10인 이하로 구성된 사이버공정선거지원단을 설치 · 운영하여야 한다.

공정公正**한 재판**裁判 ⓔ the right to a fair trial, ⓓ das Recht auf ein faires Gerichtsverfahren, ⓕ le droit à un procès équitable. 실질적 정의를 보장하는 정당한 재판을 말한다. 당사자가 제소된 것에 대하여 적절한 고지를 받아, 질서있는 평온한 심리의 장에서 스스로를 변호하거나 상대방의 주장에 반박하는 증거를 제출하는 적절한 기회를 부여받고, 누구에게서도 영향을 받지 아니하는 공평무사한 심판자에 의하여 법에 따라 판정이 내려지는 재판이다. 이와 관련된 다양한 권리들이 세계인권선언 제10조, 미국헌법 수정 제6조(적법절차에 포함), 유럽인권규약 제6조, 시민적 및 정치적 권리에 관한 국제규약 제14조 등에 규정되어 있다. 독일기본법에는 직접 규정되어 있지 않으나, 법치국가원리상 당연한 것으로 수용되고 있다. 현행 헌법에는 '공정한 재판'에 관한 명문의 규정이 없지만, 헌법 제27조의 재판청구권에 의하여 함께 보장된다고 보아야 한다. 헌법재판소의 결정에 따르면, 획일적인 궐석재판 허용(헌재 1998.7.16. 97헌바22), 미결수용자가 수사 · 재판을 받을 경우 재소자용 의류 강제착용(헌재 1999.5.27. 98헌마5), 검사가 수감된 자를 매일 소환하는 것(헌재 2001.8.30. 99헌마496), 형사재판 피고인의 사복착용 불허(헌재 2015.12.23. 2013헌마712), 디엔에이감식시료 채취영장 발부과정에서 채취대상자의 진술 혹은 불복절차를 두지 않는 것(헌재 2018.8.30. 2016헌마344) 등은 공정한 재판을 받을 권리를 침해한다. 하지만, 구속기간 제한(헌재 2001.6.28. 99헌가14), 약식절차에서 정식재판청구 시 약식명령보다 더 중한 형의 불허(헌재 2005.3.31. 2004헌가27), 형사소송법 제312조 제1항에서 검사작성 피의자신문조서의 증거능력 인정요건을 명시한 것(헌재 2005.5.26. 2003헌가7), 원진술자가 외국에 거주하여 예외적으로 전문증거의 증거능력을 인정하는 것(헌재 2005.12.22. 2004헌가27), 소송지연 목적이 명백한 기피신청의 기각(헌재 2009.12.29. 2008헌바124), 증거신청에 대하여 법원의 재량에 의한 증거채택 여부 결정(헌재 2012.5.31. 2010헌바403), 기피신청 시 당해 법관 소속 법원 합의부에서 기피재판을 하는 것(헌재 2013.3.21. 2011헌바219), 정당해산심판에서의 민사소송 법령의 준용(헌재 2014.2.27. 2014헌마7), 민사재판 당사자로 출석하는 수형자의 사복착용불허(헌재 2015.12. 23. 2013헌마712) 등은 공정한 재판을 받을 권리를 침해한 것이라 할 수 없다고 보고 있다. ➜ 재판청구권.

공존이론共存理論 성문헌법을 사회구성원의 공존을 위한 합의의 결과로 보고 이에 그 정당성의 근거가 있다고 보는 견해이다. 성문헌법의 정당성을 논증하기 위한 이론 중의 하나이다.

공직부패방지제도公職腐敗防止制度 부패의 개념은 역사적 전통과 정치적 · 사회문화적 환경에 따라 다르기 때문에 보편적 개념정의를 내리기 쉽지 않다. 흔히 부패를 분류하기 위하여 공직중심 · 시장중심 · 공익중심 등의 세 가지 범주를 활용한다. 공직중심에서의 부패개념은 공직과 그 공직에 주어진 의무조항을 일탈하는 것, 즉 자신의 직위를 이용해 개인적인 이익을 추구하거나 또는 다른 사람에게 부당한 영향력을 행사하는 것을 말하고, 시장중심의 부패개념은 부패한 공직자가 자신의 직책

수행을 하나의 사업으로 보고, 그 곳에서의 수입을 극대화하려 한다는 것으로 파악하며, 공익중심의 부패는 공익을 침해하는 행위, 즉 국민대중의 이익에 손해를 끼치는 권력자와 공무원의 일탈행위로 규정한다. 일반적인 부패관련 연구에서 부패의 개념은 공직중심의 부패, 즉 공직 의무조항의 위반과 공직을 이용한 위법 · 일탈행위를 부패로 파악하고 있다. 공공기관과의 관계에서 '부패'라는 용어는 '부정(fraud)'이라는 용어와 함께 사용되는 경우가 많다. '부정 · 부패' 또는 '부정행위'라는 용어에서 보듯이 일반적으로 공공기관의 부정 · 부패란 광의로는 공직자에 의하여 행하여지는 일체의 불법 · 부당행위를 의미한다. 이 경우 법적 문제와 도덕적 문제와의 구별을 곤란하게 만든다. 협의의 공직부패는 광의의 공직부패 개념 가운데 공직자의 직무의무 위반행위만을 의미하는 것으로 공직자가 직무상 의무에 반하여 사익을 추구하거나 공익을 침해하는 일체의 행위를 말한다. 여기에는 형벌법규 위반행위뿐만 아니라 행정법 또는 당해 공공기관의 내부 규정에 의하여 징계를 가할 수 있는 모든 행위가 포함되게 된다. 최협의의 공직부패는 협의의 부패 개념 중 공직자의 직무에 관한 범죄행위만을 의미하는데, 형법상의 직무범죄에 한하지 않고 특별형법상의 직무범죄를 모두 포함한다. 우리나라에서 최초의 반부패를 위한 입법은 1961년4월의 부정축재특별처리법으로 알려져 있는데, 이후 정치부패방지를 위해 공직선거법, 정치자금법, 정당법, 지방자치법, 국정감사및국정조사에관한법률, 국회법, 인사청문회법 등이 제정 · 보완되었고, 행정부패방지를 위해 부패방지법, 국가공무원법, 공직자윤리법, 감사원법, 행정절차법, 민원사무처리에관한법률, 공공기관의정보공개에관한법률, 회계관계직원등의책임에관한법률, 특정금융거래정보의보고및이용에관한법률, 공무원징계령, 직무감찰지침, 공공감사기준,공무원복무규정, 공무원윤리헌장, 공무원의 직무관련고발지침, 비위면직자공직재임용제한에관한규정, 공직기강업무규정 등이 있었다. 우리나라에서의 부패방지를 위한 본격적인 입법은 1990년대 이후에 본격화되었다. 2001년에 부패방지법이 제정되었으나, 2008년에 국민고충처리위원회를 통합하여, 부패방지권익위법(법률 제8878호, 2008.2.29. 제정, 2008.2.29. 시행)으로 제정되었고, 청탁금지법(법률 제13278호, 2015.3.27. 제정, 2016.9.28. 시행)이 시행되고 있다.

공직선거및선거부정방지법 과거 대통령선거법 · 국회의원선거법 · 지방의회의원선거법 및 지방자치단체의장선거법을 통합하여 하나의 법률로 만든 것이 공직선거및선거부정방지법(법률 제4739호, 1994.3.16. 제정, 1994.3.16. 시행)이었다. 제헌헌법에 의한 대통령 및 부통령선거는 따로 법률에 의하지 아니하고 헌법규정에 따라 1948.7.20. 국회에서 간접선거로 선출하였다. 대통령 · 부통령선거법은 2차 개헌 후인 1952년에 처음 제정되었다(법률 제247호, 1952.7.18. 제정, 1952.7.18. 시행). 의원내각제를 채택하였던 제2공화국 헌법에서는 양원합동회의에서 대통령을 선출하도록 하고 있었기 때문에 따로 법률을 정하지 않았다. 대통령제를 채택한 제3공화국 헌법 하에서 대통령선거법이 따로 제정되었다(법률 제1262호, 1963.2.1. 제정, 1963.2.1. 시행). 유신시대와 5공시대를 거치면서 대통령선거제도가 변경되면서 대통령선거법도 수 차례 개정되었다가, 1987년 직선제 대통령선거법으로 다시 제정되었다(법률 제3937호, 1987.11.7. 제정, 1987.11.7. 시행). 한편, 국회의원선거법은 해방 후 미군정하에서의 입법원의원선거법에 연원한다. 미군정 하에서 남조선대한국민대표민주의원을 대신하여, 남조선과도입법의원설치에 관한 군정법령 제118호에 따라 간접선거로 입법의원선거가 행해졌다. 당시 간접선거는 4단계의 간접선거로서, 일제강점기의 도회 선거와 유사하게 한 것이었다. 이러한 절차를 거쳐 1946년 12월에 설립된 남조선과도입법의원은 남조선과도정부 법률 제5호로 입법의원의원선거법을 제정하였다. 이 법을 기초로 하여, 1947.3. 군정법령 제175호로 국회의원선거법이 제정되어 제헌국회의 의원들을 선거로 선출하였다. 정부수립 후, 군정법령을 개정하여 대한민국 정부 하의 국회의원선거법(법률 제17호, 1948.12.23. 일부개정, 1948.12.23. 시행)으로 정하였다. 이 후 양원제국회 도입 등으로 인해 수차례 법이 개정되었다. 지방자치제가 실시된 후에는 지방의회의원선거법(법률 제4005호, 1988.4.6. 제정, 시행 1988.5.1. 시행)과 지방자치단체의장선거법(법률 제4312호, 1990.12.31. 제정, 1990.12.31. 시행)이 제정되어 시행되었다. 대통령선거법과 국회의원선거법 및 지방의회의원선거법과 지방자치단체의장선거법 등은 1994.3., 공직선거및선거부정방지법으로 통합되었다. 이 법률은 다시 2005년에 공직선거법으로 제목이 바뀌었다. ➜ 공직선거법.

공직선거법公職選擧法 [영] Public Official Election Act. 1994.3. 공직선거및선거부정방지법의 명칭을 변경하여 공직선거법(법률 제7681호, 2005.8.4. 일부개정, 2005. 8. 4. 시행)으로 개정하였다. 현행 선거법은 선거운동과 관련하여 혼탁, 과열, 불법, 부정 선거를 방지하고 공정성을 확보하기 위한 취지로 규제중심적으로 규율하고 있다. 이로 인해 공공이익을 목적으로 유권자의 참여와 정보를 제공하는 시민단체의 선거운동의 자유가 제한된다. 뿐만 아니라, 개별 지역단위에서 시민들이 자율적으로 정치적 의사를 형성하고 스스로를 조직화하는 등 민주적 정치활동의 기초를 불가능하게 만들고 있다는 비판이 있다. 따라서 전국단위 선거와 지방선거 등에서 선거운동의 자유와 공정성을 보장하기 위해서 선거운동방법에 대한 적용대상과 범위를 좀 더 구체적이고 명확하게 제시할 필요가 있으며, 기본권으로서의 정치적 표현의 자유를 제약하는 규정들을 개선하여야 한다는 지적이 있다.

공직취임권 [독] das Recht auf den Zugang zu öffentlichen Dienst. ➜ 공무담임권.

공천公薦 [영] public recommendation/nomination, [독] Empfehlung/Nominierung, [프] nomination. 정당에서 선거에 출마할 후보자를 공식적으로 추천하는 것을 말한다. 법률상으로는 후보자의 추천으로 표기되고 공천은 법률상 사용되는 용어는 아니다. 정당의 공천행위는 정당의 내부적 자율행위로서의 성격과 국가 선거제도의 일부분으로서 국가의 통제대상으로서의 성격을 모두 가진다고 봄이 다수의 견해이다. 대통령의 경우 각 국가의 민주적 전통과 경험에 따라 다르게 나타난다. 미국의 경우 각주의 주민이 참여하는 예비선거(caucus or primary)를 거쳐 결정된다. 미국은 정당의 공직선거후보자 추천제도인 예비선거제도에 대하여 초기에는 정당의 자유로 보았다가(Newberry v. United States, 256 U.S. 232(1921)), 국가의 통제대상으로 보았다가(Nixon v. Herndon, 273 U.S. 536(1927); Nixon v. Condon, 286 U.S. 73(1932); U.S. v. Classic, 313 U.S. 299(1941); Smith v. Allwright, 321 U.S. 649(1944); Terry v. Adams, 745 U.S. 461(1953) 등 White Primary Cases), 최근에는 다시 정당의 자유 쪽으로 균형추를 이동시키고 있다(California Democratic Party v. Jones, 530 U.S. 567(2000)). 국회의원의 경우, 지역선거구에서는 후보자를 추천하여 공표하는 것이며, 비례대표제의 경우에는 비례대표명부에 순위를 매겨 등재하는 것을 일컫는다. 독일의 경우, 후보자추천과 관련하여 정당법에서 (1) 비밀투표의 원리와 (2) 선거법 및 정당의 당헌을 통한 선거과정 관리라는 두 가지를 강조하고 있다. 정당의 당내민주주의와 함께 공천과정의 민주성과 자율성이 중요하다. 공천의 결정방식에 따라 상향식 공천과 하향식 공천으로 나뉠 수 있다. 상향식 공천은 국민참여경선제의 형태로 제도화되어 있다. ➜ 국민참여경선제. ➜ 미국대통령선거제도.

공청회公聽會 [영] public hearing, [독] die öffentliche Sitzung/die öffentliche Verhandlung, [프] audience publique. 국가 또는 지방자치단체의 기관이 일정한 사항을 결정함에 있어서 공개적으로 의견을 듣는 회의를 말한다. 공청회는 국가나 지방자치단체의 의사결정과정에 국민을 참여시켜 민주적인 의사결정을 하는 제도로서, 민주주의의 요청에 부응하는 제도이다. 공청회는 청문(聽聞)과 유사하면서도 주로 국민의 여론이나 전문가의 의견을 듣기 위한 제도라는 점에서 청문이 주로 불이익처분의 상대방의 의견을 듣는 제도인 것과 다르다. 국회의 위원회는 제정법률안 및 전문개정법률안에 대하여는 공청회를 개최하여야 하며(국회법 제58조), 중요한 안건 또는 전문지식을 요하는 안건을 심사하기 위하여 공청회를 열 수 있다(제64조). 그밖에도 국민에게 중대한 영향을 미치는 국가작용의 과정에서 공청회를 거치도록 규정하고 있는 법률이 많다. 공청회의 일반적 절차와 방법에 대하여는 행정절차법이 규율하고 있다(행정절차법 제38~39조의2). ➜ 행정절차법.

공탁금납부명령제供託金納付命令制 ➜ 헌법소원심판.

공판배심公判陪審 ➜ 배심제.

공판정진술권公判廷陳述權 공판정진술권이란 범죄피해자가 당해 사건의 재판 절차에 증인으로 출석하여 자신이 입은 피해와 사건에 관하여 의견을 진술할 수 있는 권리를 말한다. 형사소송법 제294조의2에 규정되어 있다.

공평公平**한 제한의 원칙** 기본권충돌의 해결원칙 중의 하나로, 충돌하는 기본권들이 그 효력에 있어서 우열을 가리기 어려운 경우에, 모든 기본권에 비례적으로 공평하게 제약을 가함으로써 각 기본권의 핵심영역을 유지함은 물론 기본권 모두의 효력을 양립시키려는 원칙이다. 헌법재판소는 「두 기본권이 서로 충돌하는 경우에는 헌법의 통일성을 유지하기 위하여 상충하는 기본권 모두가 최대한으로 그 기능과 효력을 나타낼 수 있도록 하는 조화로운 방법이 모색되어야 할 것」이라고 하여 이 원칙을 택하고 있다(헌재 1991.9.16. 89헌마165). ➜ 기본권의 충돌.

공표명령公表命令 ➜ 법위반사실 공표명령.

공해배제청구권公害排除請求權 ➜ 환경권.

공해예방청구권公害豫防請求權 ➜ 환경권.

공화국共和國 [영] republic, [독] Republik, [프] république. 공화제(共和制, republic)은 주권이 국민에게 있는 정체이다. 역사적으로는 정치체에 대한 다양한 분류의 한 부분으로 이해되었지만, 오늘날에는 단순히 군주가 없는 체제로 의미가 단순화되어 있다. 공화국이라는 말 자체는 라틴어 ‘res publica’에서 유래되었다. 공화제를 주장하고 실현하려는 정치적인 태도나 이념을 공화주의(共和主義; republicanism)라고 하며, 공화제를 채택하는 국가를 공화국(共和國)이라 한다. 키케로는 공화제의 어원인 ‘res publica’를 '국민의 것'을 일컫는 ‘res populi’로 풀이했다. 동양에서 사용되는 공화(共和)란, 중국 주나라 여왕(厲王)의 폭정으로 반란이 일어나자 왕은 도피하고 제후들이 힘을 합쳐 나라를 다스렸다는 '공화시대'에서 유래하였으나, 오늘날의 공화정의 의미와는 전혀 다르다. 공화제는 그 개념내포상 민주주의와 결합하여 민주공화국(democratic republic)을 지향하지만, 역사적으로는 반드시 그렇지는 않았다. 예컨대, 고대의 로마공화정이나 중세의 이탈리아 자치도시 등 공화정이라고 불리지만, 실제로는 소수 엘리트집단에 의해 국정이 주도되는 경우도 있었다. 이를 과두정적 공화제(oligarchic republic)라고 부른다. 오늘날에는 민주적 정부형태로서 대통령중심제, 의원내각제, 이원집정부제 등으로 구현되고 있다. 다만, 사회주의와 같이 이념적 출발점이 다른 입장에서 공화제를 표방한 독재제도도 있다.

공화국共和國**의 순차**順次**매김 = 공화국의 시대구분**時代區分 대한민국임시정부의 임시헌장에서 「민주공화국」이라는 표현이 사용된 이래, 일제강점기와 미군정기를 거쳐 분단상황에 이르러 남북한이 각각 헌법을 제정하여 정부를 구성하였던 헌정사에서, 특히 남한의 대한민국정부는 그 정치적 격변이 있을 때마다 헌법을 새로 만들고, 그에 따른 헌정을 새로운 공화국으로 표현하여 순차를 새로 부여하여 왔다. 1948년 제헌헌법 이래 9 차례 개정된 각 헌법의 전문 중에서 공화국의 순차를 직접 표시하는 헌법은 1980년의 소위 제5공화국 헌법이었다('제5공화국의 출범에 즈음하여'). 이에 공화국의 순차를 두고 학계에서 약간의 논란이 있다. 첫째, 1987년 헌법 하의 헌정을 **제6공화국으로 칭하는 견해**는, 새로운 순차로 명명된 헌법이 형식상 헌법개정이지만, 실질상 헌법제정으로 보는 견해이다. 즉, 1948년 헌법은 제헌헌법으로 당연히 제1공화국이며, 4 · 19혁명 후의 헌법은 권위주의체제가 종식되고 정치세력이 실질적으로 교체되어 새로운 공화국이 출범되었기 때문에 새로운 순차로 제2공화국이라 함에 이의가 없다. 1962년 헌법은 5 · 16 쿠데타 이후 군사정부를 거쳐 새롭게 제정 · 성립되었다는 점에서 제3공화국으로 명명할 수 있다. 1972년 소위 유신헌법도 초헌법적 국가긴급권의 발동을 거쳐 성립하였다는 점에서 제4공화국으로 본다. 12 · 12와 5 · 18 친위쿠데타를 거쳐 성립한 제5공화국은 스스로 헌법에 제5공화국의 출범을 명시하였기 때문에 제5공화국으로 명명할 수밖에 없다. 이어서 6 · 10 민주화항쟁을 거쳐 성립한 1987년 헌법은 집권세력이 국민에게 굴복하여 새롭게 쟁취된 헌법이라는 점에서 제6공화국이라 명명한 것이다. 헌법재판소와 대법원도 이 견해에 따르고 있다. 둘째, 1987년 헌법 하의 헌정사를 **제5공화국의 연장으로 보는 견해**는, 제9차 개정의 현행헌법이 직선제개정이 주된 내용이었기 때문에 1980년 헌법의 연장에 불과하다고 본다. 그러나 1980년 헌법 성립 시의 주된 정치세력과 1987년 헌법성립 시의 주된 정치세력이 달랐고, 1987년 헌법의 규범적 효력의 근거가 민주주의 원리에 부합하는 것이었기 때문에 1980년 헌법과는 명백히 다르다는 점에서 동의하기 어렵다. 셋째, 정부형태를 기준으로 하여 **제4공화국이라는 견해**는, 제1공화국과 제2공화국은 정부형태가 변경되었으므로 당연히 다르다고 보고, 제3공화국은 제2공화국 헌법의 개정절차에 의하지 아니하고 새롭게 만들어진 헌법이자 최초로 국민투표에 의한 개정이었다는 점에서 달리 명명할 수 있다고 본다. 또한 유신헌법과 제5공화국 헌법은 제3공화국 헌법의 연속으로 본다. 현행헌법은 헌정의 민주화를 위한 헌법이라는 점에서 새롭게 순차를 매겨 제4공화국으로 본다. 넷째, **순차매김을 부정하는 견해**는, 일관된 기준이 없고 그때그때의 정치적 격변에 따라 매겨진 것이므로 굳이 순차를 매길 필요가 없다는 견해이다. **결론적으로**, 국가형태 · 정부형태 · 통치방식 등에 따라 순차매김의 기준을 다변화할 필요가 있다는 견해와, 헌정의 민주성의 정도에 따라 구분할 필요가 있다는 견해, 헌법규범과 헌법현실을 연계하여 판단할 필요가 있다는 견해 등이 다양하게 존재하고 있지만, 우리나라 헌정의 시간적 범주를 어디까지로 할 것인지의 문제와도 연계되어 있고, 정치권력의 민주적 성격 여하 즉 실체적 정치권력의 성질과도 관계가 있기 때문에 일률적으로 규정하기는 쉽지 않다. 대한민국임시정부를 헌정사로 포괄한다면, 1919년의 임시정부가 제1공화국이며, 분단기를 제2공화국으로 보고, 이후 통일된 대한민국을 제3공화국으로 볼 수도 있을 것이다.

공화력共和曆 [영] republican calendar. 고유명사로는, 프랑스혁명 당시 국민공회가 그레고리력을 폐지하고 개정한 달력으로 혁명력이라고도 한다(1793). 보통명사로는, 절대군주정 내지 전제정으로부터 공화제로 변경한 후 달력의 명칭을 말한다. 우리나라의 경우, 3 · 1혁명 후 성립된 대한민국 임시정부의 달력을 강학상 공화력이라 부를 수 있다. 즉, 1919년을 공화력 원년이라 할 수 있다.

공화적 군주제共和的君主制 [프] monarchie républicaine. 오늘날 공화국의 실질적 통치자는 대통령 혹은 수상이며, 이들은 과거 군주와 같은 지위를 향유한다고 보아, '선출된 군주(elect king)'로 불리기도 한다. 뒤베르제는 공화적 군주국을 '경제적으로 가장 발달하고 또한 가장 오랜 민주주의의 역사를 가진 국가에서 공화국이 취하는 현대적 형태'로 지칭하고 있다. 권력분립국가에서 행정부권력이 우위에 있는 미국 · 영국 · 프랑스 등의 국가는 '선출된 군주'에 의한 공화적 군주제라 할 수 있으며, 비민주적인 권위주의적 색채가 남아 있는 국가들은 공화적 군주제로 칭하기 어렵다. 결국 공화적 군주제는 민주적인 선거절차를 거쳐 대통령 혹은 수상이 선출되는 경우, 그 권한이 다른 부(입법부 · 사법부)보다 우위에 있는 국가들을 말한다. ➜ 정부형태.

공화주의共和主義 [영] republicanism, [독] Republikanismus, [프] républicanisme. 공화주의는 흔히 군주독재에 반하는 인민주권에 의한 공동의 정치형태로 이해되거나, 정치 · 사회 면에서 사적 이익보다 평등을 목표로 한 공적 이익을 중요시하는 도덕적 철학으로 이해된다. 공화주의는 시대의 맥락과 시대가 정한 정의의 보편적 법칙에 따라 그 의미가 달라질 수 있어 간단히 정의될 수 없다. 일반적으로 공화주의는 라틴어 어원인 'res publica'의 의미에 따라 무분별한 사적 이익의 추구보다 공적 이익을 중시하여 사회공동체에 참여하는 자주적 공민이 정치의 주체가 되어야 하며, 공화국은 그러한 공민적 덕이 없으면 존재할 수 없다는 정치이념으로 인식된다. 이상국가론을 주창했던 플라톤의 이데아 사상과 인간을 정치적 동물로 보았던 고대 그리스의 정치사상을 르네상스기에서 근 · 현대에 걸친 서양사회에서 자각적으로 계승하고자 하였던 일련의 사상적 총칭이다. 1. **고전적 공화주의 - 아리스토텔레스의 공화주의**: 아리스토텔레스에 의해 체계화된 고전적 공화주의는 정치사회와 인간본성의 연관성에 기초한 것으로 이후 서구 정치사상의 기틀이 된다. 공화주의적 전통에서 '자유와 지배'는 불가분의 관계다. 여기서 지배는 타자의 지배가 아닌, 자기지배를 뜻하며 자유도 독립된 개인의 자유가 아닌, 정치공동체 내의 정치활동에 참여함으로써 누리는 공민적 자유를 말한다. 자유롭고 평등한 공화주의적 정치공동체에서는 모든 시민에게 요구되는 덕성이 있다. 그러한 덕성은 용기와 절제 · 정의감 등이고 이에 더해 관용과 자긍심 · 온정주의 · 지혜로서의 신중함이 중요시된다. 바람직한 공화국은 덕성과 지혜에 의거해 권력이 배분되고 시민들이 그들의 역량을 최대한 발휘할 수 있는 기회가 자유롭고 완전하게 보장되는 정치사회이다. 그러나 지혜에 의한 정치는 일반적 합의,즉 다수결의 원칙에 의해 제약된다. 여기서 지혜와 합의를 결합시키려는 노력은 법에 의한 합리적 지배로 나타난다. 공화주의적 법의 지배는 권력의 비인격화를 의미하며 이는 다수대중의 불만과 반감을 해소할 수 있다. 플라톤이 말한 법과 시민의 덕성과의 상관관계, 즉 법의 성격에 따라 시민의 덕성이 규정된다는 관점에 의거해 정치사회의 형성과 유지는 입법을 어떻게 하느냐와 그 내용이 관건이 되는 것이다. 오늘날 헌법에 보장된 천부적 인권사상은 자연법사상에 연원하고 자연법은 고전적 공화주의의 이념에 뿌리가 닿아 있다. 2. **마키아벨리의 공화주의** 마키아벨리는 고전적 공화주의를 계승한 독특한 공화주의를 발전시켰다. 마키아벨리는 정치사회를 신체에 비유해 생로병사로 설명한다. 한 사회가 몰락하지 않기 위해서는 건강한 사회를 유지해야 하고 그 건강은 평등의 보장으로 실현된다. 부정·부패의 만연은 병든 사회이고 그 부패의 원인은 사회의 불평등에 있다. 불평등이 팽배하면 타자에 대한 지배와 억압이 심화되고 사회규범과 질서가 붕괴됨과 동시에 부패로 그 사회는 몰락할 수 밖에 없다는 것이다. 극단적 이기주의에서 유래되는 불평등과 부패와 혼란을 극복·해소하고, 인민이 공동체를 위해 살 수 있도록 하기 위해서는 사회의 질서와 공정한 룰을 수립해내야 하는데, 이는 사회가 한 계급에 의해 일방적으로 지배당하지 않은 상황을 만들어 내는 것을 말한다. 공공의 이익 내지는 공공선 이념이 탄생하는 공간이자 시민적 덕성이 재생산되는 공간으로서의 사회를 만들기 위해서는 공정한 제도와 공공적 질서의 확립이 중요한 것이다. 다시 말해 공화주의는 평등주의의 사회적 구현을 통해 공익적 질서의 구축과 이를 자발적으로 지키는 시민적 덕성으로 이룩될 수 있는 것이다. 3. **루소의 공화주의** 루소가 추구한 이상사회는 모든 사회 성원들의 독립된 삶의 보장과 자유로운 인간관계를 형성할 수 있어야 하며, 이를 위해 반드시 개별 구성원들 사이에 경제적 평등·사회적 평등이 전제되어야 한다는 것이다. 루소의 평등주의적 공화주의는 기존의 자유와 평등이 양립할 수 없다는 입장을 정면으로 배척하고 자유와 평등은 양립가능할 뿐 아니라 평등을 자유의 근거로 제시하고 평등이 없이는 자유가 없다는 점을 강조한다. 정의사회란 공공선, 즉 사회공동의 이익을 최우선적으로 생각하는 일반의지가 지배하는 사회다. 이런 사회에서는 공동 가치와 선이 구현됨과 동시에 평등하고 자유로운 개인으로 인간답게 살 수 있다. 그런데 이런 정의사회를 수립하기 위해서는 사회적 평등이 요구된다. 경제적 불평등은 개인들로 하여금 사적 이익을 우선시하게 함으로써 정의를 훼손하기 때문에 공공선을 추구하는 일반의지가 원활하게 작동하기 위해서는 사람들 간의 경제적 평등이 일차적으로 이뤄져야 한다. 루소의 공화주의의 특징은 사회불평등의 원인을 사유재산제로 파악했다는 점과 당시 자본주의 사회의 불평등의 본질적 내용을 '인간과 인간 사이의 지배 종속관계'의 정립으로 간주해 이를 인간 존엄성이라는 관점에서 비판하고 극복하고자 했다는 점이고 공화주의를 평등주의라는 관점에서 바라봄으로써 공화주의를 한층 격상시켰다고 할 수 있다. 4. **우리나라의 경우** 최장집은 '서구에서 공화주의라는 말은 한국인의 심성 속에 깊이 자리 잡은 공동체 전체에 대한 애정, 향토애, 민족애와 크게 다를 바 없는 내용으로 민주주의가 일련의 절차적·제도적 장치만으로는 제대로 작동하고 발전하기 어렵다는 문제의식에서 그 의미가 발생한다'고 하면서, '공화주의는 공공선에 대한 헌신, 공적 결정에 대한 적극적인 참여와 모든 시민이 공동체로부터 배제되지 않고 권리와 혜택을 누리는 시민권의 원리, 시민적 덕에 대한 강조를 핵심 내용으로 한다. 즉, 그것은 적극적 시민으로서 정치에 대한 참여와 선출된 공직자의 시민에 대한 사회적·도덕적 책임성의 윤리를 함축한다. 따라서 논리 전개의 방향은 자유주의와 역순으로 작용한다. 사적 자유와 권리로부터 국가의 기능을 도출하고 공적 질서를 구축하는 것이 자유주의라고 한다면, 공화주의는 공익을 우선시하면서 사익이 공적 영역을 침해하면 정치가 부패하고 공공선이 훼손된다고 믿는다. 또한 자유주의가 경쟁의 논리를 강조한다면, 공화주의는 참여의 윤리를 강조한다.'고 하고 있다.

과도입법의원過渡立法議院 ➜ 남조선과도입법의원.

과도過度**한 광범성**廣範性**의 원칙**原則 [영] the overbreadth doctrine. 1. **의의** 어떤 법률상의 용어의 의미가 너무 광범위하고 그로 인하여 국가가 규제하거나 간섭할 수 없는 기본권 주체의 행위에까지 그 법률에 의한 제한이나 제재가 불필요하게 적용되는 경우, 법률상 용어의 의미가 '과도하게' 광범위함을 이유로 하여 문면상 무효(void on its face)로 판단하는 원칙이다. 즉 헌법적으로 보호되지 않는 표현을 규제하는 법률이 헌법적으로 보호되는 표현까지도 과도하게 규제하는 것을 금지하는 원칙이다. '광범위성 원칙'으로 표현하기도 한다. 미국연방대법원에서 표현의 자유를 제한하는 법률의 합헌성 심사에서 개발한 심사기준들 중 대표적인 것이 '막연하기 때문에 무효의 원칙'과 '과도한 광범성의 원칙'이다. 즉, 표현의 자유를 제한하는 법률이 규정의 문면상 막연하게 규정되어 어떤 표현행위들이 어떤 요건 하에서 금지되고 처벌되는지가 불명확하다면 그 법률은 위헌이라는 것이 '막연하기 때문에 무효의 원칙'이고, 표현의 자유를 제한하는 법률규정이 문면상 광범위하게 규정되어 헌법적으로 보호되어야 할 표현행위까지 적용의 단계에서 과도하게 포섭하면서 금지한다면 그 법률은 위헌이라는 것이 '과도한 광범성의 원칙'이다. 2. **근거** 미국 연방대법원은 「과도한 광범성의 원칙은 헌법상 보호되는 표현행위에 대한 위축효과를 막기 위해서 사법부가 고안한 원칙」이라거나(Massachusettes v. Oakes, 491 U.S. 576, 584 (1989) (plurality opinion)), 「이 원칙은 보호되는 표현의 민감한 성격에 기초한 것」이라고 하여(New York v. Ferber, 458 U.S. 747, 768 (1982)), 과도하게 광범위한 법률은 신중하게 집행해서 헌법상 보호되지 않는 표현만 규제한다고 하더라도, 헌법상 보호되는 표현이 규제대상에 포함되었다는 그 사실만으로 위축효과(chilling effect)를 발생하여 표현의 자유를 침해하게 된다고 하였다. 따라서 표현의 자유에 대한 제한은 위축효과가 발생하므로 표현의 자유를 규제하는 법률은 헌법상 보호되는 표현행위가 위축되지 않도록 필요한 범위에서 명확하게 규정되어야 한다는 데에서 과도한 광범성의 원칙이 도출된다. 최초의 판결은 Thornhill v. Alabama, 310 U.S. 88 (1940)이다. 3. **'막연하기 때문에 무효의 원칙'과의 차이점** 1) **개념상의 차이** 두 개념의 정확한 구별이 어렵다는 견해도 있으나, 막연하므로 무효의 원칙은 법률에 사용된 용어의 의미가 명확하지 않아서 수범자에게 예측가능성을 주지 않고 법집행자에게 자의적인 집행을 허용하므로 무효라는 것이고, 과도한 광범성의 원칙은 사용된 용어의 의미는 명확하지만 광범위해서 해당 법률이 금지할 수 있는 행위뿐 아니라 헌법적으로 보호되는 행위까지 금지한다면 과도하게 광범위하여 무효라는 것이다. 막연하므로 무효의 원칙의 주된 관심은 불확실성인데 반하여 과도한 광범성의 원칙의 주된 관심은 범위다. 2) **근거상의 차이** 막연하므로 무효의 원칙은 수정헌법 제5조 및 제14조의 적법절차 조항에서 헌법적 근거를 찾는다. 과도한 광범성의 원칙은 표현의 자유에 대한 위축효과를 방지하기 위하여 인정되는 원칙이므로 그 헌법적 근거는 수정헌법 제1조이다. 3) **적용범위상의 차이** 과도한 광범성의 원칙은 표현의 자유를 제한하는 입법에만 적용되지만, 막연하므로 무효의 원칙은 모든 법 영역에 적용된다. 막연하므로 무효의 원칙에서 요구되는 명확성은 적용 영역에 따라 다르다. 형사법에서는 강한 정도의 명확성이 요구되지만 민사법에서는 입법권을 존중한다. 표현의 자유를 침해하는 법률의 경우 헌법상 권리의 침해가능성이 없는 사안에 비해서 더 강한 정도의 명확성을 요구한다. 4) **당사자적격상의 차이** 과도한 광범성의 원칙의 경우 헌법적으로 보호되지 않는 행위를 한 사람도 법정에 서지 않은 제3자의 표현의 자유 침해를 이유로 해당 법률의 위헌을 주장할 수 있다. 막연하기 때문에 무효의 원칙의 경우 통상의 적용무효 주장이나 문면무효 주장을 할 수 있다. 따라서 해당 법률의 적용을 받는 당사자만 청구인적격이 있다. 다만 표현의 자유 침해가 쟁점인 사안에서는 두 원칙 간 차이는 없다. 4. **우리나라 헌법재판소의 채택 여부** 우리 헌법재판소는 1998년 출판사및인쇄소의등록에관한법률 제5조의2 제5호 등 위헌제청 사건에서 과도한 광범성의 원칙을 처음으로 명시하였다(헌재 1998.4.30. 95헌가16). 하지만, 이후의 결정에서는 대부분의 사건에서 명확성의 원칙으로 해결하고 있다. 또한 과도한 광범성의 원칙을 침해의 최소성 위반으로 다룬 결정이나(헌재 2014.4.24. 2011헌가29), 과잉금지원칙으로 판단한 사례(헌재 2010.11.25. 2010헌바53)도 있다. 결론적으로 보아, 우리 헌법재판소는 미국에서 형성된 막연하므로 무효의 원칙과 과도한 광범성의 원칙을 독일식 법치국가원리에서 파생된 명확성원칙의 내용으로 이해하여 서술하고 있고, 기본권제한입법이 과도하게 광범위한 개념을 사용하고 있을 경우 명확성원칙 위반 여부로 판단한 결정과 과잉금지원칙 위반 여부로 판단한 결정이 혼재되어 있으며, 두 원칙을 함께 검토한 결정도 상당수 있다. 또한 과도한 광범성의 원칙이 표현의 자유를 제한하는 입법 이외의 다른 기본권관련 사건에도 폭넓게 활용되고 있다. 과도한 광범성의 원칙은 헌법소원심판청구에서 자기관련성의 요건을 완화하는 논거로 사용될 수 있다.

과두정치·과두제寡頭政治·寡頭制 ㉭ oligarchy, ㉢ die Oligarchie, ㉫ oligarchie. 소수의 사람이나 집단이 사회의 정치적·경제적 권력을 독점하고 행사하는 정치체제를 말한다. 과두제(oligarchy)란 말은 그리스어에서 '소수(少數)'를 뜻하는 'oligo'와 '지배(支配)'를 뜻하는 'arkhos'에서 비롯되었다. 이는 특정한 통치형태를 뜻한다기보다는 권력을 차지하고 행사하는 사람이나 집단의 수에서 비롯된 개념으로서, 한 사람이나 집단이 권력을 독점하는 독재정치(autocracy)나 군주정(monarchy), 다수에게 권력이 분산된 민주정치(democracy)와 구분된다.

과세요건명확주의課稅要件明確主義 헌법상 조세법률주의의 한 내용으로, 과세요건을 법률로 규정하였다 할지라도 그 규정내용이 지나치게 추상적이고 불명확하다면 과세관청의 자의적 해석과 집행을 초래할 염려가 있으므로 그 규정내용이 명확하고 일의적이어야 한다는 원칙이다. 법률의 명확성원칙과 관련된다. ➜ 조세의 기본원칙. ➜ 조세법률주의.

과세요건법정주의課稅要件法定主義 헌법상 조세법률주의의 한 내용으로, 납세의무를 발생하게 하는 납세의무자, 과세물건을 포함한 과세대상, 과세표준, 세율 등 과세요건과 조세의 부과·징수방법과 절차를 모두 국민의 대표기관인 국회가 제정한 법률로 정하여야 한다는 원칙이다. 경제현실의 변화나 전문적 기술의 발달에 즉시 대응할 필요 등 부득이한 사정이 있을 경우에는 법률로 규정하여야 할 사항에 관하여 국회 재정의 형식적 법률보다 더 탄력성이 있는 행정입법에 위임하는 것이 허용된다(헌재 1997.10.30. 96헌바92). 이 때 위임입법의 허용한계가 문제될 수 있다. ➜ 조세의 기본원칙. ➜ 조세법률주의.

과소보호금지過少保護禁止**의 원칙** ㊇ the principle of under-protection-prohibition, ㊈ das Prinzip des Untermaßverbot, ㊉ le principe de sous-protection-interdiction. 1. **의의** 기본권이 보호하는 법익을 기본권주체인 제3자의 위법한 위해로부터 보호하여야 할 국가의 의무를 기본권보호의무(➜ 기본권보호의무)라 하는데, 이 때 국가의 보호조치는 법익을 보호하기 위하여 적합하고, 효과적이며, 수인할 수 있는 것이어야 한다. 국가 특히 입법자는 기본권보호의무의 이행과 관련하여 광범위한 형성의 자유를 가지지만, 그 보호의무의 이행의 정도와 관련하여 헌법이 요구하는 최소한의 보호수준보다 낮아서는 아니되는데 이것이 과소보호금지의 원칙이다(헌재 1997.1.16. 90헌마110 참조). 2. **독자적 원칙 인정 여부** 1) **학설** (i) **동일설** 과잉금지와 과소보호금지는 동전의 양면과 같은 관계이기 때문에 과소보호금지와 과잉금지 양자는 비례성원칙의 동일한 결과이고, 양자는 법익의 보호를 위해 필요한 수단 그리고 법익침해의 경우 즉 국가의무불이행의 경우 필요한 수단을 선택하도록 입법자에게 요구하는 것이라고 한다. 필요한 수단은 입법자의 형성의 자유의 상한이든 하한이든 기본권보호의무를 충족시켜주기 때문에 과소보호금지는 과잉금지원칙으로부터 도출되지 않는 어떠한 추가적 요청을 입법자에게 하고 있지는 않다고 한다. 즉, 효율적인 보호조치를 취하는지 여부도 결국 협의의 비례성원칙에 의하고 이는 형량의 과정을 거친다는 점에서 과잉금지원칙과 차이가 없다는 것이다. (ii) **독자성설** 과소보호금지원칙은 과잉금지원칙과 다른 기능을 수행하기에, 과소보호금지원칙은 과잉금지원칙의 외형으로서 이해될 수 없다고 본다. 이 설에 의하면 과잉금지원칙은 입법적 및 헌법적으로 정당한 목적과 입법자에 의해 보장되고 헌법상 허용되는 수단 간의 관계라는 필요성 심사단계에 초점을 둔 원칙이지만, 과소보호금지원칙은 각각의 기본권보호의무에서 정하는 최소한의 보호수준, 즉 보호의무의 목적에 초점이 있어 두 원칙은 각각 다른 영역을 규율하는 것이라고 한다. 2) **검토** 과잉금지원칙은 국가가 부작위하는 경우 헌법상 심사기준으로서 역할을 하지 못하지만 과소보호금지원칙은 이러한 국가의 부작위의 경우 심사기준으로서 작용한다. 또한 과잉금지원칙은 국가가 기본권제한을 유발하는 행위를 하지 말 것을 요구하지만, 과소보호금지원칙은 기본권적 법익의 피해자가 가진 기본권의 보호를 위해 국가가 일정한 행위를 해 줄 것을 요구한다. 과잉금지원칙은 비례성심사에 있어서 필요성에 중점을 둔 것이고, 과소보호금지원칙은 적절성과 효율성에 그 중점이 있다는 점에서 양 원칙의 심사기준이 일치하지도 않으므로 과소보호금지원칙은 과잉금지원칙과는 다른 독자성을 지닌 원칙이라는 입장이 타당하다. 3. **최소한의 보호수준** 헌법이 요구하는 최소한의 보호수준을 일반적 · 일률적으로 확정할 수는 없으므로 개별사례에 있어서 첫째, 관련 법익의 종류 및 그 법익이 헌법질서에서 차지하는 위상, 둘째, 그 법익에 대한 침해위험의 태양과 정도, 셋째, 상충하는 법익의 의미 등을 비교형량하여 구체적으로 확정해야 한다. 따라서 헌법상의 기본권체계에 있어서 핵심적인 의미를 갖는 국민의 생명 · 신체의 안전 등과 같은 기초적인 기본권적 법익들의 보호에 관하여 규율하는 경우에는 최소한의 보호수준이 강화되고 그 만큼 입법자의 입법형성의 여지는 축소된다. 4. **헌법재판소에 의한 통제의 강도** 입법자의 보호의무이행에 대한 헌법재판소의 통제의 강도는 일률적인 것이 아니고 관련된 기본권적 법익의 중대성, 그 가해의 심각성, 그 가해의 빈도 등에 따라서 달라지게 된다. 그에 따라 기본권적 법익에 관한 보호입법에 대한 심사에 있어서 헌법재판소가 가하는 통제의 강도는 명백성통제, 설득력통제 혹은 주장가능성통제, 내용통제 등의 심사기준으로 단계적으로 구분될 수 있다. 1) **명백성통제**는 보호의무 위반이 일견 명백한지의 여부를 통제하는 것으로, 입법자의 예측판단권을 광범위하게 인정하므로 입법자가 재량의 한계를 명백히 일탈하였는지를 헌법재판소는 심사하게 된다. 입법자에게 정치적 재량이나 경제정책적 재량이 인정되는 입법에 대해서 통제하는 경우에 명백성 심사를 하게 된다. 개인이 일반적으로 타인과의 사회적 연관관계에 놓여지는 경제적 활동을 규제하는 경제정책적 법률을 제정함에 있어서는 입법자에게 좀 더 광범위한 형성권이 인정되고 결국 입법자에게 유리하게 입증책임이 분배된다. 따라서 입법자의 예측판단이나 평가가 명백히 잘못되었는가 하는 명백성의 통제에 그치게 되는 것이다. 2) **설득력통제(주장가능성통제)**는 입법자가 문제의 법률을 통하여 제시한 보호구상 자체가 설득력이 있는지의 여부에 대한 통제로서, 헌법재판소는 입법자의 예측판단이 실체적·내용적으로 타당한지 여부의 판단은 하지 않지만 입법자가 사용한 판단자료를 모두 활용하여 미래에 있어서 법률의 효과가 납득할 만한가의 여부를 판단해야 한다. 설득력통제는 그 실질상 국가기관이 기본권을 침해하는 판단을 내리는 과정에서 기울여야 할 주의의무에 대한 심사라고 할 수 있으며 주로 경제·세법 영역에서 복잡하고 쉽게 인식할 수 없는 사실관계를 규율하는 입법에 대해 사용되는 심사기준이다. 3) **내용통제**는 입법내용에 대한 엄밀한 통제로서, 헌법재판소가 입법자의 예측판단이 내용적·실체적으로 타당한가를 심사하는 것으로 일반적으로 침해되는 법익이 생명권이나 신체의 자유, 의식주 등 인간의 기본적 욕구, 직업의 자유 등 가장 기본적이고 개인적인 자유가 관련되는 영역에 적용한다. 내용통제의 심사기준 하에서는 입법자의 예측판단을 내용통제에 의한 헌법재판소의 예측판단으로 대체하게 된다. 5. **헌법재판소에 의한 통제의 한계** 국가가 적극적으로 국민의 기본권을 보장하기 위한 제반조치를 취할 의무를 부담하는 경우에는 설사 그 보호의 정도가 국민이 바라는 이상적인 수준에 미치지 못한다고 하여 언제나 헌법에 위반되는 것으로 보기 어렵다. 헌법재판소는 입법자가 보호수단의 선택과 관련하여 형성의 여지를 갖고 있을 때에는, 입법자가 과소보호금지의 원칙에 위반하였더라도, 그에게 '특정의 조치'를 취할 의무를 부과할 수는 없고 기본권침해만을 확인할 수 있을 뿐이다.

과잉금지過剩禁止**의 원칙**原則 **= 넓은 의미의 비례원칙**比例原則 ㉺ principle of proportionality, ㉵ das Prinzip des Übermaßverbot/Grundsatz der Verhältnißmäßigkeit, ㉴ Principe de proportionnalité. 1. **의의** 헌법 제37조 제2항은 「국민의 모든 자유와 권리는 국가안전보장·질서유지 또는 공공복리를 위하여 필요한 경우에 한하여 법률로써 제한할 수 있으며, 제한하는 경우에도 자유와 권리의 본질적 내용을 침해할 수 없다.」고 하여 '일반적 법률유보'를 규정하면서, 그 방법원리로서 '필요한 경우에 한하여' 제한을 허용함으로써 기본권제한의 한계를 정하고 있다. 현행헌법은 과잉금지원칙을 명시적으로 언급하고 있지 않으나, '필요한 경우에 한하여'란 표현을 통하여 과잉금지원칙을 수용하고 있다. 과잉금지원칙은 이미 헌법재판소 초기의 판례에서 법률의 위헌성을 판단하는 기준으로 적용되기 시작한 이래, 이제는 평등원칙과 함께 가장 빈번하게 사용되는 핵심적인 위헌심사기준이 되었다. 2. **헌법적 근거** 1) **법치주의원리** 명문의 규정이 없는 경우, 일차적으로 과잉금지원칙은 국가권력을 제한하려는 법치주의원리에 그 이론적 바탕을 두고 있다. 독일 연방헌법재판소와 마찬가지로, 우리나라 헌법재판소도 과잉금지원칙을 법치주의원리로부터 파생하는 헌법적 원칙으로 판시하고 있다(헌재 1992.12.24. 92헌가8). 2) **자유권** 과잉금지원칙은 공익실현을 위하여 개인의 자유를 제한하는 경우에도 최소한의 필요한 정도에 그쳐야 한다는 요청으로서 자유권의 본질 자체로부터 나온다. 특히 독일기본법이 자유권만을 기본권으로 규정하고 있는 데에서 자유권에 대한 제한원리로서 과잉금지원칙이 도출되었다. 자유에 대한 모든 국가권력의 침해는 제한적이므로, 합리적인 근거가 있어야 하고, 특별한 정당성이 필요하며, 이에 따라 과잉금지원칙이 당연한 귀결로서 도출된다. 따라서 법률유보조항에 내재하는 불문법적 헌법상의 원칙이 바로 과잉금지원칙으로서, 자유권의 본질에 내재하는 것이다. 3) **헌법 제37조 제2항** 헌법 제37조 제2항은 두 가지 중요한 원칙을 제시하고 있다. 우선, '필요한 경우에 한하여'란 표현을 통하여, 기본권은 국가에 의하여 제한될 수 있으나 기본권의 제한은 공익실현을 위하여 반드시 필요한 경우에 한하여 필요한 만큼만 허용될 수 있다는 과잉금지원칙을 기본권제한의 원칙으로서 제시하고 있고, 다음으로, 기본권의 본질적 내용은 침해되어서는 안 된다는 기본권제한의 최종적 한계를 설정하고 있다. 한편, 과잉금지원칙은 입법자 뿐만 아니라 법적용기관 등 모든 국가권력을 구속하는 포괄적인 헌법원칙으로서, 자유를 제한하는 모든 국가공권력에 대하여 적용되는 일반적 법원칙이다. 이에 대하여 헌법 제37조 제2항에서 구체화된 과잉금지원칙은 단지 입법자에 대한 요청으로서 기본권제한입법의 한계규정이다. 즉, 헌법은 제37조 제2항에서 모든 법률유보에 내재한 헌법적 요청, 즉 입법자에 대한 요청을 명문으로 규정한 것이다. 따라서 헌법 제37조 제2항에 규정된 과잉금지원칙은 입법자와의 관계에서 부분적인 헌법적 근거를 제공할 뿐이다. 4) **결론** 헌법이 명시적으로 규정하고 있는지의 여부와 관계없이 과잉금지원칙은 자유권의 본질과 법치주의원리로부터 도출되는 불문법적 헌법원리이다. 헌법 제37조 제2항은 헌법원리인 과잉금지원칙이 입법자와의 관계에서 구체화된 헌법적 표현이다. 따라서 과잉금지원칙의 헌법적 근거는 자유권, 법치국가원리 및 헌법 제37조 제2항이다. 3. **의미** 1) **자유권보장의 기술** 자유권은 개인의 자유를 보호하는 것이고, 이에 대하여 법률유보는 공익의 실현을 확보하고자 하는 것이다. 과잉금지원칙은 '자유를 제한하는 국가공권력에 대한 제한원리'이며, '기본권제한의 한계'라고 할 수 있다. 이에 따라 과잉금지원칙에 부합하는 수단을 선택해야 할 국가의 의무, 즉 개인의 자유를 가장 적게 제한하는 수단을 선택해야 할 의무를 국가권력에 부과한다. 2) **헌법원리**로서의 과잉금지원칙 과잉금지원칙은 법치주의적 헌법원리로서 입법 · 행정 · 사법의 모든 국가권력에 대하여 구속력을 가진다. 과잉금지원칙은 입법자에게는 입법의 지침으로서, 행정청 및 법원과 같은 법적용기관에게는 해석의 기준으로서, 국가행위의 위헌성을 심사하는 국가기관(헌법재판소나 법원)에게는 입법자나 법적용기관의 행위가 과잉금지원칙을 준수하였는지를 심사하는 심사기준으로서 작용한다. 4. **적용범위** 과잉금지의 원칙은 오늘날 법의 일반원칙으로 이해되어 공 · 사법에서 널리 통용되고 있는 원칙이다.

학계의 다수견해와 일련의 헌법재판소 판례는 헌법 제37조 제2항의 과잉금지원칙을 자유권과 본질적으로 그 성격을 달리하는 참정권, 청구권적 기본권, 사회적 기본권 등에도 적용되는 것으로 이해하지만, 다른 견해도 있다. ➜ 평등심사의 기준과 강도. 5. **내용** 넓은 의미의 과잉금지원칙은 일반적으로 네 가지 부분원칙으로 구성된다. ① 목적의 정당성(Grundsatz der Gerechtigkeit des Zwecks) ② 방법의 적절성(Grundsatz der Methodeneignung) ③ 피해의 최소성(Grundsatz des geringstmöglichen Eingriffen) ④ 법익균형성(Grundsatz der Güter- abwägung) = 좁은 의미의 비례성원칙(Grundsatz der Verhältnißmäßigkeit im engeren Sinne)이 그것이다. 과잉금지원칙은 목적의 정당성, 방법의 적절성, 피해의 최소성, 법익의 균형성을 순차적 · 누적적으로 적용하여야 하는 엄격한 심사기준이다. 1) **목적의 정당성** 기본권을 제한하는 입법은 국가안전보장, 질서유지, 공공복리를 위한 정당한 목적이 있어야 한다. 과잉금지의 원칙에 목적의 정당성을 포함할 필요가 없다는 견해도 있으나, 자유와 권리를 제한하는 국가의 조치의 과잉여부를 판단하기 위해서는 그 조치가 갖는 목적에 대한 평가를 반드시 거칠 수밖에 없다는 점에서 목적의 정당성이 인정되지 않고서는 수단의 합법성을 검증할 수 없고, 독일의 과잉금지원칙의 경우도 사실상 목적에 대한 평가를 전제로 한다는 점 등을 고려하면, 목적에 대한 평가문제를 심사기준으로서 포함하는 것이 적절하다. 헌법재판소는 목적의 하나로서 국가안전보장에 대하여 「국가의 존립 · 헌법의 기본질서의 유지 등을 포함하는 개념으로서 결국 국가의 독립, 영토의 보전, 헌법과 법률의 기능, 헌법에 의하여 설치된 국가기관의 유지 등의 의미」로 이해한다(헌재 1992.2.25. 89헌가104). 그리고 헌법 제119조 이하에서 경제와 관련하여 규정되고 있는 바의 '균형있는 국민경제의 성장과 안정, 적정한 소득의 분배, 시장의 지배와 경제력남용의 방지, 경제주체간의 조화를 통한 경제의 민주화, 균형 있는 지역경제의 육성, 중소기업의 보호육성, 소비자 보호 등'을 헌법 제37조 제2항의 공공복리의 구체화로 이해한다(헌재 1996.12.26. 96헌가18). 대통령의 지시로 대통령비서실장, 문화체육부 장관 등이 정부에 대해 비판적 활동을 한 문화예술인이나 단체를 정부 문화예술지원사업에서 배제하기 위한 목적으로 한국문화예술위원회 등 소속 직원에게 특정 개인이나 단체를 사업에서 배제하도록 한 일련의 지시행위가 다투어진 것이며, 이에 대하여 위헌으로 결정하였다(이른바 문화계 블랙리스트 사건 헌재 2020.12.23. 2017헌마416). 동 결정에서 헌법재판소는 표현의 자유 침해여부를 판단함에 있어서 심사기준의 강도를 먼저 제시하였고, 이에 따라 과잉금지원칙을 구체적으로 적용함에 있어서 목적의 정당성을 침해하였다고 판단하였다. 2) **방법의 적절성** 적합성의 원칙(Grundsatz der Geeignetheit), 목적유용성의 원칙, 충분성의 원칙 등으로 불리기도 한다. 방법의 적절성이란 '수단이 추구하고자 하는 사안의 목적에 적합하고 필요하고 효과적이어야 한다'는 원칙을 말한다(1989.12.22. 88헌가13). 적합한 수단은 법적으로 허용되는 것이어야 한다. 입법자가 추구하는 목적에 적합한 수단은 복수로 존재할 수 있다. 적합한 수단 가운데 어느 하나가 선택될 수도 있고 동시에 다수의 수단이 선택될 수도 있다. 반드시 하나의 수단만이 선택되어야 할 필요는 없다. 방법의 적절성은 선택된 수단의 목적 실현에의 기여라고 하는 방향성을 의미한다. 따라서 채택된 수단이 설정된 목적과 같은 방향으로 기여하기만 하면 적합한 것으로 인정된다. 3) **피해의 최소성** 필요성원칙(Grundsatz der Erforderlichkeit), 최소침해의 원칙, 최소수단선택의 원칙이라고도 한다. 피해의 최소성은 '입법자는 공익실현을 위하여 기본권을 제한하는 경우에도 입법목적을 실현하기에 적합한 여러 수단 중에서 되도록 국민의 기본권을 가장 존중하고 기본권을 최소로 침해하는 수단을 선택해야 한다'는 것을 말한다(헌재 1998.5.28. 96헌가5). 피해의 최소성은 독일법상의 필요성의 원칙을 내용적으로 좀 더 적확하게 표현한 것으로 이해된다. 우리 헌법재판소는 기본권 제한의 최소성과 관련하여 기본권의 행사여부에 대한 제한과 기본권의 행사의 방법에 대한 제한을 구분하고, 후자를 좀 더 피해가 적은 방법으로 이해한다(헌재 1998.5.28. 96헌가5). 4) **법익의 균형성** 좁은 의미의 비례원칙, 수인가능성의 원칙, 상당성의 원칙, 초과침해금지의 원칙 등으로 불리기도 한다. 법익의 균형성이란 입법에 의하여 보호하려는 공익과 침해되는 사익을 비교형량할 때 보호되는 공익이 더 커야 한다는 것을 말한다(헌재 1990.9.3. 선고 89헌가95). 목적의 정당성은 규정이 추구하는 목적 그 자체의 정당성 여부의 판단인 것에 비하여 법익의 균형성은 목적의 실현정도와 자유와 권리의 제한정도의 비교를 통한 합리적인 조화를 구현하는 것이다. 법익의 균형성은 형량개념을 도입한 것으로서 정의의 구체적 실현을 의미하지만, 공익과 사익은 원칙적으로 차원이 다른 것이기 때문에 이를 평등개념으로는 포섭할 수 없다.

과잉포함過剩包含·**과소포함**過少包含 ㊞ overinclusive · underinclusive. 과잉포함은 입법목적 내지 정부목적의 달성에 필요한 사람보다 더 많은 사람들에게 부담을 지우거나 권리를 침해하는 것을 의미하며, 과소포함은 충분히 포함시키지 않거나 포함되어야 할 것이 포함되지 않는 것으로서, 법률의 목적에 관련하여 특히 평등원칙을 위반하여 유사한 상황에 처해 있는 사람들에게 영향을 미치지 않는 것을 말한다. Church of the Lukumi Babalu Aye v. City of Hialeah, 508 U.S. 520 (1993) 참조. ➜ 과도한 광범성의 원칙. ➜ narrowly tailored law.

과징금過徵金 ㊞ penalty surcharge. 과징금은 1980.12.31. 제정된 「독점규제 및 공정거래에 관한 법률」에서 처음 도입되어 130개 법률에서 규정되어 있었다가, 2021년 제정된 행정기본법(2021.3.23. 제정, 법률 제17979호, 2021.9.24. 시행) 제28-29조에서 통일적으로 규정되었다. 동법 제28조 제1항은 과징금을 「행정청이 법령 등에 따른 의무를 위반한 자에 대하여 그 위반행위에 대하여 부과하는 금전상 제재」로 정의하고 있다. 현행법상 과징금은 크게 부당이익 환수 과징금, 순수한 금전적 제재로서의 과징금, 영업정지대체 과징금으로 유형을 구분할 수 있다. 과징금은 반드시 법률에 근거하여야 한다(행정기본법 제28조 제1항). 과징금은 금전적 제재 수단이라는 점에서 벌금이나 과태료와 유사하다. 그러나 **과징금**은 행정기관이 부과한다는 점에서 사법기관이 결정하는 **벌금**과 구별되고, **과태료**가 행정청에 대한 협조의무 위반에 대해 부과하거나 경미한 형사사범에 대한 비범죄화 차원에서 부과되는 반면, 과징금은 일반적으로 법규 위반으로 얻어진 경제적 이익을 환수하거나 영업정지처분을 갈음하여 금전적 제재를 부과한다는 점에서 차이가 있다. 과징금을 납부하지 아니하는 경우, 과징금부과처분을 취소하고 영업허가 취소 · 정지처분을 할 수 있는지의 여부는, 행정기본법상 규정이 없으나, 개별법률이 따로 정하지 않는 한 허용되지 않는다. 행정기본법 제28조 제1항은 행정청을 수범자로 하는 규정이다. 과징금과 형벌 또는 과태료를 병과할 수 있느냐에 대하여는 규정이 없으나 가능하다고 봄이 다수설과 판례이다(헌재 2003.7.24. 2001헌가25 참조). 과징금의 근거가 되는 법률을 정할 때에는 법률이 정하는 사항을 명확히 하여야 한다(행징기본법 제28조 제2항). 과징금은 전액 납부가 원칙이나 법률 소정의 사유가 있는 경우 연기 혹은 분할납부가 가능하다(행정기본법 제29조 참조).

과태료過怠料 ➜ 과징금.

과학기술자科學技術者**의 권리**權利 헌법 제22조 제2항은 「저작자 · 발명가 · 과학기술자와 예술가의 권리는 법률로써 보호한다.」고 규정하여 과학기술자의 권리를 보호해야 할 국가의 의무를 규정하고 있다. 원칙적으로 저작자 · 발명가 · 과학기술자와 예술가의 권리는 학문 · 예술의 자유에 의하여 보호되지만, 헌법은 이를 특별히 명시하고 있다. 또한 헌법 제127조 제1항은 「국가는 과학기술의 혁신과 정보 및 인력의 개발을 통하여 국민경제의 발전에 노력하여야 한다.」고 규정하고 있다. 이 규정은 과학기술의 혁신과 정보 및 인력의 개발을 위한 국가의 의무를 규정하고 있다. 다만, 국가의 의무를 국민경제의 발전을 위하여 과학기술의 혁신과 정보 및 인력의 개발을 하도록 규정하고 있어서, 과학기술 자체의 발전을 한정적으로 이해하고 있는 듯이 보인다. 과학기술 자체의 발전은 학문의 자유로 보장되기도 하지만, 특히 과학기술의 부분은 독자적으로 규정할 필요가 있다.

관계이론關係理論 [독] Beziehungstheorie. 국민과 국가의 관계를 설명하는 H. Kelsen의 이론으로, 그는 국민이 법질서에 복종하는 수동적 관계(passive Beziehung), 법질서제정에 참여하는 능동적 관계(aktive Beziehung), 법질서로부터 자유로운 소극적 관계(negative Beziehung) 등 세 가지 관계이론을 정립하였다.

관권국가官權國家 [독] Obligkeitsstaat. 국가를 자기목적적 존재로 보고 법의 강제력을 확보하기 위하여 관료조직과 강제기구를 갖추어 인간의 행동양식을 강제하는 국가를 일컫는다. 법과 국가를 동일시하는 H. Kelsen의 국가관이다.

관련성이론關聯性理論 [독] Anknüfungstheorie. 헌법상의 재산권보장과 관련하여 '재산 그 자체'가 이에 포함되는가에 관한 독일의 논의이다. 특히 재산권보장과 국가의 과세권행사에 따른 국민의 조세부담 사이에서, 조세가 '재산 그 자체'에 변화를 가져오게 되는 경우(도살적 효과) 재산권침해로 되는가의 문제이다. 1995년의 판결(BVerfGE 93, 121)에서는 재산권과 조세와의 관련성을 인정하여 '절반과세의 원칙'을 제시하기도 하였으나, 2006년 판결(BVerfGE 115, 97)에서는 소득세 및 영업세를 다투는 헌법소원사건에서 이의 적용을 배제하였다. 현재에는 1995년 판결에서 제시한 절반과세기준을 다른 조세에는 적용하지 않고 상대화하면서도 조세와 재산권의 일정한 관련성은 여전히 인정하고 있다. 소득세나 영업세와 같이 구체적 · 주관적인 법적 지위의 조세관련성이 인정되면 과세권에 의한 재산권침해는 생기지 않는다고 본다.

관료사법官僚司法 [영] judicial bureaucracy, [독] Justizbürokratie, [프] bureaucratie judiciaire. 사법부의 조직이 관료제적으로 구성되는 것을 말한다. 관료제의 특징인 수직적 위계질서가 강조되고, 사법부 구성원들 사이에 피라미드 형태로 서열화되어 철저히 상명하복을 요구하는 사법조직이다. 우리나라의 경우 일제강점기에 확립된 사법관료주의가 정부수립 이후에도 그대로 유지되면서 법관의 관료화를 초래하여, 대법원장을 정점으로 하여 말단의 법관에 이르기까지 철저한 연공서열에 따라 사법부가 구성됨으로써, 독립적인 사법부로서 국민의 기본권 보호보다는 독재권력에 충실히 봉사하였다는 비판을 받고 있다. ➜ 법원의 관료화. ➜ 법원행정처.

관료제官僚制 [영] bureaucracy, [독] Bürokratie, [프] bureaucratie. 원래 관료제도는 합리성을 이념으로 조직된 대규모의 분업체제 내에서 특징적으로 나타나는 조직형태 또는 특정의 지배적 사회계층을 토대로 형성된 관리집단이 공리의 추구를 위해 조직한 행정조직을 말한다. 국가권력의 조직과 관련하여, 행정부 영역에서 관료제는 직업공무원제도와 연계하여 중요한 조직원리로 작용할 수 있지만, 사법부는 법관 개개인이 독립적인 국가기관인 점에서 관료제와 친하지 않다. 관료제의 기본적 특성은 ① 모든 직위의 권한과 관할의 범위가 법규에 의하여 규정되는 점, ② 모든 직위는 철저한 위계제(位階制: hierarchy) 내지 피라미드 형태로 서열화하며, 철저한 상명하복(上命下服)을 요구하는 점, ③ 권한행사 및 임무수행이 문서화된 법규에 의하여 규정되는 점, ④ 직위의 담당자는 철저한 비개인성(非個人性)을 유지해야 하는 점, ⑤ 전문성에 따라 임용되고, 능력주의가 중시되는 점, ⑥ 성숙한 관료제는 자기보존능력의 확보를 통해 할거주의 및 부서이기주의, 파벌주의가 발생할 우려가 있고, 극심한 비효율과 책임전가로 이어질 수 있는 점 등이 지적되기도 한다.

관리작용管理作用 [독] Schlicht-hoheitliches Verwaltungshandeln. 행정주체가 공물, 공기업 등을 관리 경영하는 것과 같이 공권력 주체로서가 아니라 재산 또는 사업의 관리주체의 지위에서 국민을 대하는 작용을 말한다. 관리작용과 국고작용을 합쳐서 비권력적 국가작용이라 칭한다. 관리작용은 공행정작용으로서 공공복리의 실현과 밀접한 관련이 있기 때문에 공권력으로서의 실질을 가지며, 기본권의 효력이 미친다.

관방학官房學 [영] cameralism, [독] Kameralismus, [프] caméralisme. 16세기 중엽부터 18세기 말까지 약 200여 년에 걸친 절대주의 국가 시대에 독일 및 오스트리아에서 발달한 행정지식·행정기술 등을 집대성한 학문체계. 절대군주제 시대에 군주를 보조한 소수의 신하들이 근무하는 사무실을 관방이라 불렀는데, 이 신하들에게 국가 통치에 필요한 행정적 기술 및 지식을 보급한다는 목적을 지닌 학문이 관방학이었으며, 그 학파를 관방학파라고 한다. 이 학파를 오늘날의 행정학의 기원으로 보는 견해도 있다. 재정학·경제학·행정학·법학을 비롯하여 기술공예·농림학·통계학·인구론에까지 영향을 미치고 있다. 이 학파는 전기와 후기로 분류할 수 있으며, 후기 학파는 J.H.G 유스티와 J.조넨펠스 등에 의해 체계화되었다가 해체되었지만, 학파의 국가주의적 사상은 독일의 여러 사회과학 분야에 계승되었다.

관보도착시설官報到着時說 ➜ 법률의 효력발생.

관보발행시설官報發行時說 ➜ 법률의 효력발생.

관습법慣習法 [영] custom/convention/usage, [독] Gewohn- heitsrecht, [프] droit coutumier. 사회질서와 선량한 풍속에 반하지 않는 관습이 단순한 예외적·도덕적인 규범으로서 지켜질 뿐만 아니라 사회의 법적 확신 내지 법적 인식을 수반하여 법의 차원으로 굳어진 것을 말한다. 관습법의 성립조건은 (1) 관행이 존재하여야 하고, (2) 관행에 대한 일반의 법적 확신이 있어야 하며 (3) 관행이 사회질서에 위반하지 말아야 한다. 관습법은 성문법에 대하여 원칙적으로 보충적 효력을 가지는데 불과하다. ➜ 관습헌법.

관습헌법慣習憲法 [영] constitutional convention, [독] Konventionalverfassung/Verfassungsgewohnheitsrecht, [프] constitution coutumière. 1. **의의** 공동체에서 발생한 관행 또는 관습이 반복하여 행해지고, 헌법으로서 규범력을 가지는 데에 대한 구성원들의 법적 확신을 통하여 국가 내의 최고법으로서의 규범성을 획득하여 헌법과동일한 효력을 가지는 것을 말한다. 실제에서의 관행 또는 관례(usage)나 사실상의 관습(custom)과는 구별된다. 영국과 같은 불문헌법국가에서는 성문헌법은 없지만, 실질적 의미의 헌법은 존재하기 때문에 관습헌법과 실질적 의미의 헌법은 상호중첩되기도 한다. 헌법관습법(Verfassumgsgewohnheitsrecht)은 성문헌법의 범위 안에서 이루어지는 헌법의 관행이며, 관습헌법(Konventionalverfassung)은 불문헌법의 대명사이므로 양자를 개념적으로 엄격히 구분해야 한다는 견해도 있다. 2. **인정 여부** 대체적으로 성문의 헌법을 가진 국가에서는 헌법에 직접 명시되지는 않았으나, 성문의 헌법에 내재되어 있는 불문의 헌법규범이 나타날 수는 있지만, 이러한 규범은 어디까지나 성문헌법의 규범적 범위 이내에서 성문헌법이 규정하지 않거나 애매한 사항을 보충하는 데에서만 인정할 수 있다는 것이 다수설이다. 헌법재판소는 성문헌법이라고 하여도 그 속에 모든 헌법사항을 빠짐없이 완전히 규율하는 것은 불가능하고 또한 헌법은 국가의 기본법으로서 간결성과 함축성을 추구하기 때문에 형식적 헌법전에는 기재되지 아니한 사항이라도 이를 불문헌법 내지 관습헌법으로 인정할 소지가 있다고 하고 있다(헌재 2004.10.21. 2004헌마554 · 566(병합)). 3. **성립요건** 헌법재판소는 관습헌법이 성립하기 위하여서는 관습법의 성립에서 요구되는 일반적 성립요건으로 다음의 다섯 가지를 지적하였다. 첫째, 기본적 헌법사항에 관하여 어떠한 관행 내지 관례가 존재하고, 둘째, 그 관행은 국민이 그 존재를 인식하고 사라지지 않을 관행이라고 인정할 만큼 충분한 기간 동안 반복 내지 계속되어야 하며(반복 · 계속성), 셋째, 관행은 지속성을 가져야 하는 것으로서 그 중간에 반대되는 관행이 이루어져서는 아니 되고(항상성), 넷째, 관행은 여러 가지 해석이 가능할 정도로 모호한 것이 아닌 명확한 내용을 가진 것이어야 한다(명료성). 다섯째, 이러한 관행이 헌법관습으로서 국민들의 승인 내지 확신 또는 폭넓은 컨센서스를 얻어 국민이 강제력을 가진다고 믿고 있어야 한다(국민적 합의). 4. **관습헌법 사항** 헌법재판소는 관습헌법으로 규율하는 사항이 단지 법률로 정할 사항이 아니라 반드시 헌법에 규율되어 법률에 대하여 효력상 우위를 가져야 할 만큼 기본적 헌법사항일 것을 요한다고 본다. 5. **효력** 성문헌법과 경성헌법을 가진 국가에서 관습헌법은 형식적 의미의 헌법을 개폐할 수는 없고 단지 보충하는 효력만을 가진다. 관습헌법이라 하더라도 사실로서 반복된 관행이나 관습에 규범력을 부여하는 것이므로 적극적으로 당해 관행이나 관습을 부인하는 행위가 있게 되면 헌법변천에 의해서도 변경될 수 있다. 그리고 명시적인 헌법규정으로 기존의 관습헌법과 다른 내용을 규정함으로써 관습헌법을 변경할 수도 있다. 헌법재판소는 관습헌법의 변경은 헌법상 마련된 헌법개정절차 이외에 국민적 합의성을 확인하는 것으로도 가능하다고 본다(헌재 2004.10.21. 2004헌마554 · 566(병합)). 이 결정의 반대의견(전효숙 재판관 1인)은 서울이 수도라는 관습헌법이 존재한다고 인정할 수 없고, 설령 이를 인정하더라도 관습헌법을 변경하려면 반드시 성문헌법의 개정절차를 거쳐야 한다고 보지 아니한다. 또한 이 반대의견은 신행정수도 후속입법인 「신행정수도 후속대책을 위한 연기·공주지역 행정중심복합도시 건설을 위한 특별법(2005.3.18. 법률 제7391호, 2005.7.21. 법률 제7604호 일부개정, 2006.1.22. 시행)」에 관한 결정에서 3인(전효숙·이공현·조대현 재판관)의 별개의견으로 유지되었다(헌재 2005.11.24. 2005헌마579, 763(병합)).

관용寬容의 원칙 ⓔ principles on tolerance, ⓓ Prinzipien zur Toleranz, ⓕ principes de tolérance. 1. **의의** 관용의 원칙은 의견이 다를 때 논쟁은 하되 물리적 폭력에 호소하지는 말아야 한다는 이념을 말한다. 1995.11.16. 제28차 유네스코총회에서 채택된 관용의 원칙에 관한 선언(Declaration of Principles on Tolerance)에 따르면, 관용이란 우리 세계의 문화와 우리의 표현 형태, 인간 존재의 방식 등의 풍부한 다양성에 대한 존중이며, 수용이며, 이해이다. 그것은 지식, 개방성, 커뮤니케이션, 사상과 양심과 신념의 자유에 의해 증진된다. 관용은 차이 속의 조화이다. 그것은 도덕적 의무일 뿐만 아니라 정치적, 법적 필요조건이다. 평화를 가능하게 하는 덕목인 관용은 전쟁의 문화를 평화의 문화로 바꾸는 데 이바지한다(Art. 1.1). 관용은 양보나 겸손이나 은혜가 아니다. 관용은 무엇보다도 다른 이의 보편적 인권과 기본적 자유를 인정하는 적극적 태도이다. 관용은 어떠한 상황에서도 이러한 기본적 가치를 침해하는 것을 정당화하는 데 이용될 수 없다. 관용은 개인, 집단, 국가에 의해 행사되어야 한다(Art. 1.2). 관용은 인권, 다원주의 (문화적 다원주의를 포함), 민주주의, 법의 지배를 지지하는 책임감이다. 그것은 독단주의와 절대주의에 대한 거부를 뜻하며 각종 국제적 인권문서들이 정해 놓은 기준을 확인하는 것이다(Art. 1.3). 인권의 존중과 일치하는 관용의 실천은 사회의 불의를 용인한다든지 자기의 확신을 포기 또는 약화시키는 것을 뜻하는 것이 아니다. 그것은 한 사람이 자유로이 자기 자신의 확신을 고수하고 다른 사람이 그들의 확신을 고수하는 것을 인정하는 것을 뜻한다. 그것은 원래 용모, 상황, 언사, 행위, 가치 등에서 다양한 인류가 평화롭게 지금 그대로 살아갈 권리를 지니고 있다는 사실을 받아들임을 뜻한다. 그것은 또한 한 사람의 견해가 다른 사람에게 강요되어서는 안 된다는 것을 뜻한다(Art. 1.4). 위 선언은 매년 11월16일을 국제관용의 날로 선언하였다. 2. **적용영역** 관용의 원칙은 표현의 자유를 기본권으로 인정하는 자유민주주의 체제에서 정치, 종교, 도덕, 학문, 사상, 양심 등과 이에 관한 언론, 출판, 집회, 결사의 자유 즉, 표현의 자유의 영역에서 폭넓게 적용된다. 관용의 원칙은 어떤 이론이나 주장을 틀렸거나 해롭다는 이유로 표현 자체를 봉쇄하면 안 된다는 것이다. 복수정당제도 정부에 대한 반대를 반역으로 간주하지 않는다는 관용의 표현이다.

광역자치단체廣域自治團體 지방자치법 제2조 제1항이 규정하는 특별시, 광역시, 특별자치시, 도, 특별자치도의 행정기구와 의회를 말한다. 정부의 직할에 속하고, 그 하급 단체인 기초자치단체 중 시(市)는 도(道)의 관할구역 안에, 군(郡)은 광역시 또는 도의 관할구역 안에 들어가며, 자치구(自治區)는 특별시와 광역시 안에 들어간다. 광역자치단체는 ① 지방자치단체의 구역·조직 및 행정관리 등에 관한 사무, ② 주민의 복지증진에 관한 사무, ③ 농림·상공업 등 산업진흥에 관한 사무, ④ 지역개발 및 주민생활환경시설의 설치·관리에 관한 사무, ⑤ 교육·체육·문화·예술 진흥에 관한 사무, ⑥ 지역민방위 및 소방에 관한 사무 등을 맡고 있다. ➜ 지방자치의 기본법제.

광주민주화항쟁光州民主化抗爭 1980.5.18.부터 5.27.까지 전두환 등 신군부 쿠데타세력이 무고한 시민들을 무차별적으로 학살하고, 이를 빌미로 하여 신군부세력이 집권하게 된 사건이다. 광주민중항쟁, 광주민주항쟁, 광주학살, 광주사태, 5 · 18 등으로 불리기도 했으나, 오늘날에는 광주민주화항쟁 혹은 광주민주화운동으로 명칭이 통일되어 있다.

교과서소송敎科書訴訟=**교과서재판**敎科書裁判 **1. 개설** 교과서제도와 교과서의 역할과 위치 등에 관한 기본인식을 교과서관이라 할 때, 교과서의 내용의 무오류성에 기한 「닫힌 교과서관」과 오류가능성을 인정하고 융통성있게 그 내용의 수정가능성을 열어두는 「열린 교과서관」이 있다. 국정제나 검정제는 닫힌 교과서관을, 인정제나 자유발행제는 열린 교과서관을 반영한다. 교과서관은 교육의 자유, 일반적 행동의 자유, 학문의 자유, 표현의 자유 등과 밀접하게 관련이 되어 있다. 우리나라의 경우 닫힌 교과서관에 입각하고 있다. 즉, 초 · 중등학교의 교과서에 대해서는, 「초 · 중등교육법」 제29조 제2항의 위임을 받아 대통령령으로 '교과용도서에 관한 규정'을 두고 있다. 동 규정에 따르면, '교과서'라 함은 학교에서 학생들의 교육을 위하여 사용되는 학생용의 서책 · 음반 · 영상 및 전자저작물 등을 말한다(동 규정 제2조 제2호). 교과서와 지도서를 합쳐서 '교과용도서'라 한다(동 규정 제2조 제1호). 교과용도서에는 교육부가 저작권을 가진 '국정도서', 교육부장관의 검정을 받은 '검정도서', 국정도서 · 검정도서가 없는 경우 또는 이를 사용하기 곤란하거나 보충할 필요가 있는 경우에 사용하기 위하여 교육부장관의 인정을 받은 '인정도서' 등이 포함된다(동 규정 제2호 제4-6호). 어떤 과목을 국정도서로 할 것인지 혹은 기존의 검 · 인정도서에서 국정도서로 변경할 것인지 혹은 검 · 인정도서로 할 것인지의 여부는 교육부장관이 고시하도록 되어 있는데(동 규정 제4조), 이 때 교육부장관의 고시에 대하여 불복하는 경우에 문제될 수 있다. 또한 검 · 인정도서의 경우, 교과용도서심의위원회의 심의를 거쳐 그 합격 여부를 정하도록 하고 있으며(동 규정 제10조), 불합격한 도서의 경우, 검정신청자가 이의신청을 할 수 있고, 교육부장관은 이를 받아들이지 않는 결정을 할 수 있다(동 규정 제10조의2 참조). 이의신청을 기각하는 결정에 대해서는 행정심판 또는 행정소송을 제기할 수 있다(동 규정 제10조의2 제3항). 이와 같이 교과서에 대한 국가의 관여에 대응하는 일체의 소송을 교과서소송이라 할 수 있다. **2. 일본의 경우** 일본의 교과서검정제도는 2차대전 후 연합국최고사령부(SCAP: Supreme Commander of the Allied Powers, GHQ: General Headquarters)의 지시를 받고 있던 점령 시기에 만들어져 비교적 민주적인 제도였으나, 미국의 동아시아정책의 변화로 다시 집권한 일본의 구지배층은 과거의 국정제와 같은 방식으로 검정제를 운영하고자 하였다. 이러한 움직임에 대해 교과서 저자인 이에나가 사부로(家永三郞)는 자신의 교과서인 「신일본사」의 1963년 불합격 및 1964년 조건부합격 및 300여 곳 수정명령처분에 대하여, 모두 헌법에서 인정한 표현의 자유를 부정하는 것이며, 헌법에서 금지한 검열에 해당하므로 위헌이며 교육기본법을 위반하는 것이라고 주장하면서, 이로 인한 정신적 · 물질적 손해배상을 청구하는 민사소송으로 1965.6.12. 처음 교과서소송을 제기하여 대항하였다(제1차 교과서소송). 이어서 1966년에 불합격처분을 내리자 1967.2.23. 불합격처분 취소소송의 형태로 소를 제기하였다(제2차 교과서소송). 1982년 교과서파동 이후 1983년 조건부 합격판정이 되자, 이에나가는 1984.1.19. 1980년, 1982년, 1983년 각 검정처분의 일부 항목들에 대하여 손해배상을 청구하는 민사소송을 제기하였다(제3차 교과서소송). 제1차 교과서소송은 1974.7.16. 1심 판결이 있었는데, 교과서검정제도의 합헌성을 인정하였지만, 일부처분의 과도함을 인정하여 10만 엔의 배상을 명령하였다. 그러나 2심은 한 차례 파기환송 후 원고의 청구를 기각하였으며(1986.3.19.), 1993.3.16. 최종심인 최고재판소는 원고의 청구를 전부 기각하였다. 제2차 소송의 제1심판결은 1970.7.17. 교과서검정제도는 합헌이나, 불합격처분은 사상심사에 해당하는 검열이므로 위헌·위법하고, 국가교육권을 부인하고 국민교육권을 인정하는 등 원고승소로 판결하였다. 이 판결은 1975.12.20.의 항소심판결에서도 유지되었으나, 1982.4.8. 최고재판소에 의해 파기환송되었고, 1989.6.27.에 동경고등재판소에 의해 소의 이익이 없음을 이유로 각하되었다. 제3차 교과서소송은 1989.10.3. 제1심 판결에서 교과서검정제도와 검정처분이 합헌·합법이지만, 수정의견이 재량권을 남용한 위법이 있다고 하여, 10만엔의 손해배상청구를 인용하였다. 제2심은 1993.10.20. 남경대학살, 일본군의 잔학행위 등을 포함한 3개 부분의 위법성을 인정하고 원고 일부승소로 판결하였다. 1997.8.29. 최고재판소는 2심에서 위법하다고 인정된 부분 외에 731부대의 전면삭제요구도 위법하다고 인정하여 40만엔의 손해배상을 명하여 원고 일부승소로 판결하였다. 외형상 원고 일부소송으로 마무리되었지만, 검정제도 자체에 대한 위헌성은 확인되지 않았다. 3. **우리나라의 경우** 1) **개괄** 교과서에 관한 최초의 판결은 제3공화국 때인 1969.3.6. 서울고등법원 판결이었다(서울고법 1969.3.6. 68구129,131). 이 판결에서 원고는, 1968년의 교육법 제157조에 규정한 검인정제가 헌법상 금지된 허가, 검열제도를 규정하여 학문의 자유권, 언론출판의 자유권에 관한 헌법의 규정에 위반된 것이므로, 이러한 법령을 근거로 한 원고들에 대한 부적격처분은 위법하다고 주장하였으나, 서울고법은 교육법의 검인정에 관한 규정이 공공복리를 위하여 필요한 것이고, 그 규정으로 인하여 언론, 출판의 자유의 본질적 내용까지를 침해한다고는 볼 수 없다고 하여 원고의 청구를 기각하였다. 1986.8.12.에는 교과용 도서에 대한 검정행위는 자유재량이 아니라 기속재량에 속한다는 판결이 있었다(서울고법 1986.8.12. 83구910 판결). 이후 문교부의 검정에 따른 불합격처분에 대한 불복에 관련한 일련의 판결들이 있었다(대판 1988.11.8. 86누618; 서울고법 1991.1.17. 90구2064; 대판 1992.4.24. 91누6634; 대판 1992.5.12. 91누1813 등). 1992.11.12. 헌법재판소는 국정제 혹은 검인정제에 관한 결정은 국가의 재량권에 속한다고 하면서, 중학교 국어교과서에 대한 국정제가 학문의 자유나 언론·출판의 자유를 침해하지 않는다고 하였다(헌재 1992.11.12. 89헌마88). 2) **근현대사 교과서 파동** 2008년 후반기에 한국근·현대사의 서술방식을 놓고 큰 사회적 논란이 벌어졌다. 정부는 고등학교 근·현대사 교과서 발행사들에 대하여, 이 사건 협의회가 마련한 55항목에 대한 수정권고안에 따라 각 검정교과서들의 일부 내용을 수정하라는 내용의 수정권고를 하였는데, 이에 출판사는 저자들에게 연락하지 아니하고 내용을 수정하였고, 저자들은 심의절차 위반을 이유로 정부의 처분에 대하여 불복하였다. 제1심은 저자들의 동의없이 출판사가 수정된 내용으로 승인받은 처분은 교과용도서심의회의 심의를 기치지 않은 하자가 있다고 하여 원고의 주장을 모두 인용하였다(서울행법 2010.9.2. 2009구합6940 판결). 정부의 항소에 따른 제2심은 1심판결을 취소하고 원고의 청구를 기각하였으나(서울고등법원 2011.8.16. 2010누31319 판결), 대법원은 수정명령의 내용이 표현상의 잘못이나 기술적 사항 또는 객관적 오류를 바로잡는 정도를 넘어서서 이미 검정을 거친 내용을 실질적으로 변경하는 결과를 가져오는 경우에는 새로운 검정절차를 취하는 것과 마찬가지라 할 수 있으므로 검정절차상의 교과용도서심의회의 심의에 준하는 절차를 거쳐야 한다고 하여 고등법원의 판결을 파기환송하였다(대판 2013.2.15. 2011두21485 판결). 이 판결은 같은 취지의 파기환송심을 거쳐 2014.3.27. 대법원에서 상고가 기각되면서 최종 확정되었다. 3) **역사교과서 국정화파동** 한국사 교과서의 국정화 관련 논란은 2002년 일본 극우에 의한 교과서 파동, 2003년 한국근현대사 교과서의 발행 검정화와 정치계의 교과서 논쟁, 2005년 한국 교과서포럼 출범, 2008년 금성 교과서 좌편향 논란, 2010년 중등 교육 역사 및 한국사 교과의 검인정 교과서 체제 개편, 2013 교학사 한국사 교과서 사태 등을 거치면서, 2014.1.8. 당시 여당이었던 새누리당이 역사 과목을 종전의 단일 국정 교과서로 되돌리는 방안을 검토한다고 하여 대두되었다. 격렬한 사회적 논란이 있은 후, 2016.12.27. 1년 유예 후 2018년도에 도입하기로 했으나, 박근혜 대통령 탄핵 후 문재인 정부가 출범한 지 3일 만인 2017.5.12.에 국정교과서의 폐기를 지시하였다. 2017.5.31. 교육부가 중·고등학교 역사교과서 발행체제를 국정·검정 혼용에서 검정체제로 전환하도록 고시를 개정하였다.

교섭단체交涉團體 ㊊ negotiating party/negotiation group, ㊍ Fraktion, ㊋ groupe parlementaire. 국회에 일정 수 이상의 의석을 가지는 정당에 소속된 국회의원들로 구성되는 국회 내의 정파적 집단을 일컫는다. 국회법 제33조에 규정되어 있다. 우리나라의 경우 헌법상 교섭단체에 관한 규정을 두고 있지 아니하며, 1948.10.2. 제정된 「국회법」에서도 교섭단체를 규정하지 않았다. 그러나 1949.7.29. 개정된 국회법은 20인으로 구성되는 '단체교섭회'라는 용어를 사용하여 교섭단체를 규정하였다. 1960.9. 개정 국회법은 '단체교섭회'라는 용어를 그대로 사용하면서 그 구성의원수를 참의원의 경우 10인 이상으로 하여 구성원 요건을 완화하였다. 1963년 11월 폐지제정된 국회법은 처음으로 '교섭단체'라는 용어를 사용하고 의원수도 10인 이상으로 하였다(제6~8대 국회). 그러나 유신헌법 하에서 개정된 「국회법」은 구성 의원수를 20인 이상으로 하여 하한을 상향하였고 오늘날에 이르고 있다(제9대 국회 이후).

교사의 권리와 의무 ➜ 교원의 권리와 의무.

교수敎授**의 자유**自由 ➜ 학문의 자유.

교수재임용제도敎授再任用制度 일정한 계약기간 동안 임용된 대학 교원의 자질과 실적 등을 평가·사정하여 계약기간 후에 다시 임용하는 제도이다. 교수들의 연구풍토 조성을 위한다는 명목으로 유신헌법 시대인 1975년부터 도입되었으나, 체제저항적 교수에 대한 군사독재의 탄압수단으로 남용되었다. 1975년 사립학교법 개정 시에는 「정관이 정하는 바에 따라 기간을 정하여」 임면할 수 있도록 하였으나, 1999년 개정 시에 「정관이 정하는 바에 따라 근무기간·급여·근무조건·업적 및 성과약정 등 계약조건을 정하여」 임면할 수 있도록 하였다. 1999년 이전에는 교수재임용제라고 불리었으나, 1999년 법개정 후에는 계약제임용 혹은 기간임용제라고 주로 불린다. 헌법재판소는 교수재임용제가 위헌이 아니라고 하였다가(헌재 1993.5.13. 91헌마190; 1998.7.16. 96헌바33), 제도 자체는 위헌이 아닐지라도 재임용거부사유 및 사전절차, 사후구제절차 등에 대해 아무런 규정을 두고 있지 않는 것이 헌법상 교원지위법정주의에 위반된다는 이유로 헌법불합치결정을 하였다(헌재 2003.2.27. 2000헌바26; 2003.12.18. 2002헌바14등). 이에 따라 2005년에 교육공무원법과 사립학교법을 개정하고 이 법들의 시행일 이전에 재임용거부되었던 교원들을 구제하기 위한 「임용탈락구제법」을 제정하였다. 이 법에 의한 재심결정은 과거의 재임용거부처분이 부당하였음을 확인하는 데에 그치고 소급효를 갖지는 아니한다(헌재 2006.4.27. 2005헌마1119). ➜ 교원지위법정주의.

교원기간임용제敎員期間任用制 고등학교 이하 각급학교 교원의 임용권자는 휴직 혹은 직무이탈자의 보충, 한시적 교과담당, 교육공무원 유경험자 필요시, 유치원방과후 과정 등의 경우에, 예산의 범위에서 기간을 정하여 교원 자격증을 가진 사람을 교원으로 임용할 수 있도록 하고 있다(기간제교원: 교육공무원법 제32조 제1항). 기간제교원에 대해서는 신분보장이 되지 아니하는 등, 정규직 교사와는 상당한 처우의 차이가 있다(교육공무원법 제32조 참조). 대학교원에 대해서는 계약제임용이라고 하여 계약조건을 정하여 임용할 수 있게 하고 있다(교육공무원법 제11조의4 참조). ➜ 교수재임용제도.

교원노동조합敎員勞動組合 ㉧ Teachers and Educational Workers' Union. 이승만 정권 아래서 독재정권의 하수인 노릇을 강요당했던 교원들이 1960년 4 · 19 직후 추진한 노동조합 결성운동. 1960.4.29. 대구시 교원조합결성준비위원회를 결성한 것을 시발로 5.22.에는 교원노조의 전국적 연합체인 한국교원노조연합회가 결성되었다. 5.29. 정부의 해체명령에 대응하여, 8.20. 대구 달성공원에서 〈교원노조탄압반대 전국조합원 궐기대회〉를 개최하고 가두시위 등으로 저항하였다. 1년여의 투쟁에도 불구하고 교원노조는 끝내 설립신고필증을 교부받지 못한 채 5 · 16군사쿠데타를 맞아 좌절되었다. 이 후 1986년 5 · 10교육민주화선언, 1987년 6월 전국적인 민주화운동의 열기 속에서 결성된 '민주교육추진 전국교사협의회'(약칭 전국교사협의회)로 이어져서 사학비리 척결운동, 촌지 없애기 운동 등을 전개하였으며, 1989.5.28. 전국교직원노동조합에 계승되었다. ➜ 전국교직원노동조합.

교원단체敎員團體 우리나라의 교원단체제도는 1949. 12.31. 제정 교육법에서 '교육회'제도를 도입한 후, 1997년까지 이어지다가, 1997년의 교육기본법과 교원지위향상을 위한 특별법에서 '교원단체'제도를 도입하였다. 이어서 1999.7.1.에 「교원의 노동조합 설립 및 운영 등에 관한 법률(법률 제5727호, 1999.1.29. 제정, 1999.7.1. 시행)」에서 교원노조의 설립과 운영 제도를 도입하였다. 2019년 현재에는 교원노동조합 이외에 별도의 교원단체에 관한 법령은 없다. ➜ 교원의 지위에 관한 권고.

교원소청심사위원회敎員訴請審査委員會 ㉧ Appeal Com- mission for Educators(ACE) 각급학교 교원의 징계처분과 그 밖에 그 의사에 반하는 불리한 처분에 대한 소청심사를 담당하기 위하여 「교원의 지위 향상 및 교육활동 보호를 위한 특별법」 제7조 제1항에 근거하여 설치된 대한민국 교육부의 소속기관이다. 2005년 1월 27일 발족하였다. 교원의 재임용거부처분에 대한 소청심사도 담당한다.

교원敎員**의 정치활동**政治活動 1. **의의** 교육의 자율성, 전문성 및 정치적 중립성과 관련된 교원의 정치적 활동을 말한다. 교원의 결사의 자유와도 관련된다. 2. **입법례** OECD 국가의 대부분은 초 · 중 · 고 교원 및 교원단체의 정치활동이 허용된다. 미국은 교원 개인과 교원단체 모두 정치활동이 허용된다. 교원들은 양대 교원단체인 전국교원협의회(NEA: National Education Association)와 미국교원연합(AFT: American Federation of Teachers)에 속해 있으며, 양 단체는 정치활동위원회를 두고 의회선거 캠페인을 비롯한 각종 정치활동을 전개하고 있다. 원칙적으로 교원의 정치활동은 자유로우며 단지 교육의 특수성에 따라, 교직업무 수행기간동안의 정치활동금지, 정치활동을 위한 모금 강요금지, 교원단체선택가입 강요금지, 공무원인 교원의 정치헌금 권유·수령금지(Hatch Act) 등 일정한 제한이 있을 뿐이다. 영국의 경우, 전국교사노조(NUT: National Union of Teachers), 전국교원협회 및 여성교원노조(NASUWT: National Association of Schoolmasters and Union of Women Teachers) 등 다양한 교원단체가 존재하는데, 특정정당을 지지하거나 제휴하지는 않지만, 교원의 의회진출을 지원하고 있다. 교원단체소속 교원들은 자유로이 정당에 가입하여 활동을 할 수 있고, 교원단체는 공개적으로 정치자금을 모금할 수 있으며, 당원인 교원은 학교 근무시간 외에는 자유로이 정당활동을 할 수 있다. 공무원인 교원은 직위에 따라 세 범주로 분류되어 정치활동의 범위가 정해져 있다. 프랑스의 경우, 초·중·고가 모두 공교육으로 운영되므로 교원은 모두 공무원이다. 따라서 공무원의 정치활동과 마찬가지로 정치활동이 보장된다. 전국교육연합(FEN: Federation de l'Education Nationale), 통합노조연합(FSU: Federation Syndicale Unitaire) 등의 교원노조가 강력한 힘을 가지고 있으며, 정당과 긴밀한 연대를 하고 있다. 교원은 정당가입이 자유롭고 국회의원에 많이 진출하여 단일직종 중 가장 높은 비중을 차지하고 있다. 독일에서도 교원의 정치참여는 적극적으로 보장된다. 교원은 자유로이 정당에 가입할 수 있고, 휴직 후 공직에 출마할 수 있으며, 낙선 후 원래의 직책으로 복귀할 수 있다. 교양 및 교육 동맹(VBE: Verband Bildung und Erziehung), 교육 및 학술노동조합(GEW: Die Gewerkschaft Erziehung und Wissenschaft), 직업학교교원연방동맹(BLBS: Bundesverband der Lehrerinnen und Lehrer an Beruflichen Schule) 등 다양한 교원단체가 정치활동을 하고 있다. 다만, 교원의 정치적 자유는 수업과 관련하여 제약을 받는다. 일본의 경우는 우리나라와 비슷하게 엄격히 교원의 정치활동을 제약하고 있다. 단지 기미가요·일장기 법제화반대와 같이 간접적 정치활동만이 보장될 뿐이다. 교원의 정치활동은 원칙적 허용, 예외적 금지의 방법으로 규제되어야 한다. 국제기구의 권고에서도 UNESCO/ILO의 '교원의 지위에 관한 권고'에서 「교원은 시민이 일반적으로 향유하는 모든 시민적 권리를 자유롭게 행사할 수 있어야 하고 공직취임이 가능해야 한다.」고 권고하였다.(➜ 교원의 지위에 관한 권고) 3. **우리나라의 경우** 현행 헌법 제31조 제4항에서 「교육의 자주성·전문성·정치적 중립성 및 대학의 자율성은 법률이 정하는 바에 의하여 보장된다.」고 규정하고 있다. 또한 교육기본법 제6조에서 「교육은 교육 본래의 목적에 기하여 운영·실시되어야 하며 어떠한 정치적·파당적 기타 개인적 편견을 전파하기 위한 방편으로 이용되어서는 아니 된다.」고 규정하고 있다. 우리나라에서는 시국선언이라는 형태의 교원노조의 행위에 대하여 정치활동이라는 이유로 형사처벌되는 사례가 빈번하여 강하게 비판받고 있다. 특히 교원노조의 정치활동에 대해서는 논란이 많았다(헌재 2014.8.28. 2011헌바32등). ➜ 전국교직원노동조합. ➜ 교원의 지위·권리와 의무.

교원의 지위·권리와 의무 **I. 개설** **1. 교원의 개념** 교원(teacher;Lehrer/Lehrerin)은 일반적으로 유치원·초등학교·중학교·고등학교·대학 등에서 소정의 자격을 가지고 원아나 학생을 돌보거나 가르치는 사람을 일컫는다. 전통적 의미의 훈장, 스승, 선생 등의 의미도 포함한다. 실정법상으로 정의된 규정이 없으나, 교육기본법의 규정을 유추하면, 교원은 교육자로서 전문성·신분·지위를 보장받고,

경우에 따라서는 정치적 기본권이 제한될 수 있는 자라고 할 수 있다(교육기본법 제14조 참조). 교원 외에 학교 운영에 필요한 행정직원 등 직원을 합쳐서 교직원이라 한다. 헌법재판소는「교육의 목적은 학교교육의 분야에서뿐만 아니라 정치·경제·사회·문화의 모든 영역에서도 항상 강력히 실현되어야 하지만, 오늘날의 교육은 주로 조직화·제도화된 공교육기관인 학교에서 이루어지는 학교교육이 그 중심을 이루고 있고, 학교교육의 수행자가 바로 교원」이라고 하고 있다(헌재 1991.7.22. 89헌가106). 1966년 국제노동기구(ILO)와 국제연합교육과학문화기구(UNESCO)가 공동작성하여 채택한 '교원의 지위에 관한 권고(Recommendation concerning the Status of Teachers)'에서는 교원을「학교 내에서 학생의 교육을 책임지고 있는 모든 사람」으로 정의하고 있다. 다만 동 권고는 대학교수는 포함하고 있지 않다. ➜ 교원의 지위에 관한 권고. 교원의 범위는 공·사립학교에 모두 적용한다고 하여 국공립과 사립을 구별하고 있지 않다. **2. 교원의 법적 지위** 교원은 교육기본법 및 초중등교육법·고등교육법 등에 따라 그 지위가 정해지는 것이므로, 특수신분관계의 일종이다. ➜ 교원지위법정주의. 따라서 교원도 원칙적으로 기본권의 향유주체가 된다. 다만 기본권제한의 필요성이 좀더 존재한다고 볼 수 있다. 말하자면 교원의 기본권의 문제는 기본권주체의 문제가 아니라 기본권의 제한과 그 범위의 문제이다. 교원의 법적 지위에 대해서는 교육공무원으로서의 지위, 근로자로서의 지위, 전문가로서의 지위로 나누는 견해도 있고, 교권의 관점에서, 교육할 권리, 신분상권리, 재산상 권리로 나누는 견해도 있다. 국공립 교원과 사립학교 교원의 경우, 공무원으로서의 지위와 근로자로서의 지위가 충돌하는 측면이 있다. **3. 법적 규제의 차별화** 개념상으로는 고등학교 수준까지의 학교를 규율하는 초·중등교육법 상의 교원과 대학 수준의 학교를 규율하는 고등교육법 상의 교원을 모두 포함하지만, 대학 수준의 학교에 재직하는 교원(총장, 학장, 교수·부교수·조교수 및 강사: 고등교육법 제14조 제2항)은 통상 '교수'로 칭하며, 학문의 자유의 범주에서 규율된다. ➜ 학문의 자유. **II. 교원의 권리·의무** **1. 교원의 권리** **1) 교육할 권리(수업권=교수권)** 이는 교원이 갖는 교육에 관한 권리로서, 교육과정편성권, 교재선택권, 교육활동권, 교육방법결정권, 평가권, 학생지도 및 징계권 등을 포함한다. 다만 초·중등교원의 경우, 법률상 학교의 장이 정하도록 하고 있다(초·중등교육법 제24조 참조). 교원의 수업권의 헌법적 근거에 대해서는, 행복추구권설, 학문의 자유설, 교육권설 등이 있으나, 학문의 자유설이 타당하다고 생각된다. **2) 신분상의 권리** 의사에 반한 신분조치를 당하지 않을 권리, 직무집행권, 처분사유설명서 교부권 및 후임자 보충발령 유예권, 재심청구 및 행정쟁송권, 여교원의 동등신분 보장권, 교원의 단체 결성과 교섭협의권 및 노동조합결성권, 권고사직을 당하지 않을 권리, 불체포특권 등을 포함한다. **3) 재산상의 권리** 교원은 보수청구권, 연금청구권, 실비변상청구권 등을 가진다. **2. 교원의 의무** 교육공무원은 국가공무원법상의 공무원의 지위에 해당하여 국가공무원법의 적용을 받는다. 이는 사립학교 교원의 경우에도 마찬가지이다. 따라서 공무원의 기본의무(교육공무원법 제56-57조, 제60조 등), 즉, 성실의무, 법령준수의무, 복종의 의무, 비밀엄수의무 등을 가지며, 이 외에도 직무전념의무, 청렴의 의무, 친절·공정의 의무, 품위유지의무, 정치운동 및 집단행동금지의무 등이 있다. **3. 교원의 정치적 기본권** 초중등교육법상의 교원은 정당이나 그 밖의 정치단체의 결성에 관여하거나 이에 가입할 수 없었으나(국가공무원법 제65조 제1항), 헌법재판소는 초중등교원이 정당 외에 「그 밖의 정치단체」의 결성에 관여하거나 가입할 수 없도록 한 것이 헌법에 위반된다고 결정하였다(2020.4.23. 2018헌마551). 따라서 초중등교원의 경우 정당 외의 정치적 결사를 결성하거나 이에 가입하는 것은 가능하다. ➜ 교원의 정치활동.

교원教員**의 지위**地位**에 관한 권고**勸告 ㉮ The UNESCO-ILO Recommendation concerning the Status of Teachers, ㉯ Empfehlungen zum Status von Lehrenden, UNESCO/IAO, ㉰ Recommandation OIT/UNESCO concernant la condition du personnel enseignant. ILO는 1948년에 ILO 제87호 '결사의 자유 및 단결권 보장조약', 1949년에 동 제98호 '단결권 및 단체교섭권조약'을 채택하였고, 또한 1958년에는 '교원의 여러 문제에 관한 전문가회의', 1963년에는 '초 · 중학교 교사의 사회 · 경제조건에 관한 전문가회의'를 개최하고, 교직의 사회적 · 경제적 지위향상에 관심을 보여 왔다. 한편 유네스코에서도 1953~54년의 국제공교육회의에서 '초 · 중등학교 교원의 양성과 지위에 관한 권고'를 채택하였고, 또한 각 지역(남미, 아시아, 아프리카)에서의 회의나 국제적인 여러 조사의 실시, '교육상의 차별대우 반대에 관한 권고'(1960), '직업 · 기술교육에 관한 권고'(1962) 등, 수많은 권고를 채택하여 왔다. 1963년 이후는 ILO · 유네스코 양 기관이 각기 전문 담당영역을 정하여, 긴밀한 협력 · 제휴와 조사를 행한 결과, 1963년 ILO의 전문가 회의 및 1964년 유네스코의 '교원의 지위에 관한 전문가회의'의 결론을 바탕으로 하여, 1965년에 12개 사항 162항목으로 된 '교원의 지위에 관한 권고초안(Text of the Draft Recommendation concerning the Status of Teachers)'을 작성하고, 각 가맹국 및 유네스코 자문단체에 송부하였다. 이 '권고초안'을 개정하기 위해서, 1966.2.17~28.에 제네바의 ILO 본부에서 '교원의 지위에 관한 ILO · 유네스코 공동전문가회의'가 개최되었고, 29개국으로부터 한 사람씩 정부가 추천한 전문가와 WCOTP(세계 교직원단체총연합)과 같은 국제교원단체에서 옵저버가 출석하였다. 이 전문가회의에서는 전문(前文)과 본문 13장 145항목이 '권고안'으로 채택되었다. 1997년에는 고등교육교사의 지위에 대한 권고(Recommendation Concerning the Status of Higher Education Teaching Personnel)가 채택되었다. 1966년의 권고안에 대해 우리나라 헌법재판소는 국내적 효력을 갖지 아니한 것으로 결정하였다(헌재 1991.7.22. 89헌가106).

교원지위법정주의教員地位法定主義 ㉮ the principle of statutory reservation of teachers' status 1. **의의** 헌법 제36조 제1항은 「학교교육 및 평생교육을 포함한 교육제도와 그 운영, 교육재정 및 교원의 지위에 관한 기본적인 사항은 법률로 정한다.」고 규정하고 있다. 이 규정은 국민의 교육을 받을 권리를 좀 더 효과적으로 보장하기 위하여 교원의 지위에 관한 기본적인 사항을 법률로써 정하도록 한 것으로서, 교원의 지위에 관한 한, 근로3권을 규정한 헌법 제33조 제1항에 우선하여 적용된다(헌재 1991.7.22. 89헌가106). 헌법 제31조 제6항이 규정한 교원지위 법정주의는 단순히 교원의 권익을 보장하기 위한 규정이라거나 교원의 지위를 행정권력에 의한 부당한 침해로부터 보호하는 것만을 목적으로 한 규정이 아니고, 국민의 교육을 받을 기본권을 실효성 있게 보장하기 위한 것까지 포함하여 교원의 지위를 법률로 정하도록 한 것이다(헌재 1998.7.16. 96헌바33). 반면 교육제도에 관한 기본방침을 제외한 나머지 세부적인 사항까지 반드시 형성적 의미의 법률만으로 정하여야 하는 것은 아니다(헌재 1991.2.11. 90헌가27). 2. **내용(헌법재판소 결정)** 교원지위법정주의를 구현하기 위해서는 교육재정의 확충을 통하여 교육환경을 개선하고, 교원의 지위가 헌법상 교육의 자주성 · 전문성 · 정치적 중립성을 침해하지 않도록 보장되어야 한다. 임용기간이 만료된 교원의 재임용을 아무런 절차적 보장도 없이 임용권자의 재량에 맡기는 것은 위헌이다(2003.2.27. 2000헌바26). 교원징계재심위원회의 재심결정에 대하여 교원만 행정소송을 제기할 수 있도록 하고 학교법인 또는 그 경영자에게는 이를 금지한 교원지위향상을 위한 특별법에 대하여, 헌법재판소는 합헌결정을 내렸으나(헌재 1998.7.16. 95헌바19), 판례를 변경하여 위헌으로 판단하였다(헌재 2006.2.23. 2005헌가7).

교원징계재심위원회敎員懲戒再審委員會 교원의 징계와 기타 불리한 처분에 대한 소청, 그리고 교육공무원의 중앙고충에 대해 심사하는 교육과학기술부 소속기관이다. 1991.7.16. 교원지위향상을위한특별법에 의거해 교원징계재심위원회라는 이름으로 처음 설립됐다. 2005.1.27. 교원소청심사위원회로 명칭을 변경했다. 소청심사 청구는 국 · 공 · 사립을 망라하여 유치원에서 대학에 이르기까지 유아교육법 제20조, 초 · 중등교육법 제19조, 고등교육법 제14조에 명시된 교원이면 누구나 할 수 있다. 심사위원회는 위원장 1명을 포함하여 7명 이상 9명 이내의 위원으로 구성하되 위원장과 대통령령으로 정하는 수의 위원은 상임으로 한다.

교육국가敎育國家 ㊎ education state, ㊍ Erzieungsstaat, ㊇ état d'instruction. 교육국가는, 소극적으로는 국민에게 실효성있는 교육을 제공하여야 할 국가의 의무나 책임 또는 과제를 의미하고, 적극적으로는 국가가 교육의 주체가 되어 국가가 지향하는 가치관이나 국가목표 등을 일방적으로 강제하는 국가를 말한다. 소극적인 의미의 교육국가는 사회영역에서 확립된 혹은 필요한 교육의 자주성과 공공성을 국가가 부담하는 것을 의미한다. 따라서 소극적 의미의 교육국가에서는 부모의 자녀교육권과 관련하여 사립학교의 자유를 강조하게 된다. 현행헌법 제31조는 교육에 관한 포괄적인 권한과 책임을 국가에 부여함으로써 국공립학교가 원칙이고 사립학교가 예외임을 표현하고 있다. 즉 사립학교는 공립학교를 대체하는 것이 아니라 이를 보완하는 부수적 역할을 가진다. 우리나라의 경우, 현실적으로는 국가재정 등을 이유로 전체 교육기관 중에서 사립학교의 비중이 훨씬 크다. 적극적인 의미의 교육국가를 강조할 경우에는 과거 독일의 나치나 일제강점기의 점령교육, 사회주의 등 전체주의 국가들의 획일적 · 강제적 교육을 정당화하는 근거가 될 수도 있다. 교과서의 국정화도 적극적 교육국가의 한 측면이다.

교육권敎育權 ➜ 교육기본권.

교육기본권敎育基本權 ㊎ fundamental rights to education, ㊍ Grundrechte auf die Erziehung, ㊇ droits fondamentaux à l'éducation. 1. **개설** 현행헌법 제31조 제1항은「모든 국민은 능력에 따라 균등하게 교육을 받을 권리를 가진다.」고 규정하고 있다. 이 규정은 교육을 받을 권리, 국민의 학습권, 수학권, 교육권 등 다양한 용어로 사용되고 있으며, 학생의 교육을 받을 권리, 부모의 교육권, 교원의 교육권, 국가의 교육권(한) 등의 근거로 해석되고 있다. 헌법재판소도 헌법 제31조 제1항 규정을 교육권으로 이해한 경우도 있고(헌재 1991.2.11. 90헌가27), 국민의 교육을 받을 권리를 '수학권'으로, 교원의 가르칠 권리를 '교육권'으로 이해하고 있다(헌재 2000.12.14. 99헌마112). 이에 대하여 제31조 제1항의 권리를 포괄적으로 '교육기본권'으로 보고, 학생의 교육받을 권리는 '수학권'으로, 부모 또는 교원에게 인정되는 권리는 '교육을 할 권리'로, 국가의 교육권은 헌법상의 의무로서 '교육권한'으로 이해하는 견해가 있다. 2. **의의** 교육기본권은 '모든 인간의 인간적인 성장발달을 위하여 필요한 교육에 관한 헌법상의 포괄적인 기본적 인권'이라 정의할 수 있고, 이는 학습권과 교육권을 포괄하는 상위개념으로서 구체적인 관련당사자들의 권리의무관계를 명확히 제시해줄 기준으로서의 의미를 가진다. 교육권은 '국민의 교육기본권을 실현하기 위하여 각 주체들이 가질 수 있는 개별·구체적인 권리 또는 권한이라 할 수 있다. 3. **교육기본권의 내용** 1) **국민의 교육을 받을 권리** ➜ 교육을 받을 권리와 교육의 자유. 2) **부모의 교육권(교육을 시킬 권리)** 부모의 교육권은 헌법 제31조 제1항에 의하여 인정되는 것으로, 헌법상의 기본권으로 보장된다고 함이 일반적이다. 다만 혼인과 가족생활의 보장에 관한 헌법 제36조 제1항, 행복추구권을 규정하는 헌법 제10조 및 헌법에 열거되지 아니한 자유와 권리에 관한 제37조 제1항에 근거한다고 보는 견해도 있다. 부모의 교육권은 미성년인 자녀에게 미치는 것으로 봄이 타당하며, 초등교육과 법률을 정하는 교육을 받게 할 의무를 규정하는 헌법 제32조 제2항에 따라 의무로서의 성격도 가지고 있다. 미성년인 자녀의 교육을 받을 권리와 부모의 교육권이 충돌하는 경우에는 둘 다 헌법상 기본권이므로 기본권의 충돌로 해결되어야 하는 것으로 볼 수도 있으나, 부모의 교육권이 자녀의 교육을 받을 권리에 대한 보완적 성격을 가지는 것으로 보아 기본권 충돌의 문제로 전면적으로 적용하기보다는 구체적인 사안에 따라 해결함이 적절하다. 3) **교원의 교육권** 대학교원의 교육권은 학문의 자유에 근거한 교수(教授)의 자유로서 헌법상 기본권으로 인정된다. 하지만 유치원 및 초·중등학교 교사 등 일반적인 교사의 교육권은 기본권이 아니라 법률상의 권리로 이해된다. 다만 헌법재판소의 소수의견에서는 기본권성을 인정하는 견해도 있다(헌재 1992.11.12. 89헌마88). 부모의 교육권과 교원의 교육권 사이에 갈등이 있는 경우에는, 기본권성을 갖는 부모의 교육권에 대하여 교원의 교육권을 규정하는 법률에 의한 제한의 문제(헌법 제37조 제2항)로 보아야 한다. 교원의 교육권과 국가의 교육권한 사이에 갈등이 있는 경우 둘 다 법률을 정하는 입법형성권에 속하는 것으로 볼 수 있고, 이 때 일반적으로는 국가의 교육권한이 교원의 교육권보다 우위에 있다고 보아야 할 것이다. 다만 국가의 교육권한이 헌법상의 교원의 지위 즉, 헌법 제34조의 교육의 자주성·전문성·정치적 중립성을 침해하는 경우에는 위헌성을 다툴 수 있을 것이다. 4) **국가의 교육권(한)** (1) **헌법적 근거** 헌법 제31조 제6항은 「학교교육 및 평생교육을 포함한 교육제도와 그 운영, 교육재정 및 교원의 지위에 관한 기본적인 사항은 법률로 정한다.」라고 규정하고 있다. 이 규정은 교육법정주의를 규정한 것으로 국가의 교육권의 헌법적 근거로 인정함이 일반적이다. 헌법재판소도 마찬가지이다(헌재 2000.4.27. 98헌가16, 98헌마429 병합; 2004.5.27. 2003헌가1). 다만, 헌법 제31조 제5항에 규정된 국가의 평생교육 진흥의무도 헌법적 근거가 될 수 있다고 보는 견해도 있다. (2) **권리인가 권한인가** 국가의 교육권이 권리인지 혹은 권한인지에 관하여도 견해의 대립이 있다. '권리'란 일정한 이익을 향유할 수 있도록 법이 인정하는 힘이라고 한다면, 국가가 교육영역에서 중요한 사항을 법률의 형식으로 규율하고, 교육의 내용을 형성하며, 교육환경을 조성하는 과제는 국가가 일정한 이익을 향유하기 위하여 법이 인정하는 힘이라고 하기에는 부적절하다. 국가는 헌법이 부여한 입법권, 행정권, 사법권을 가지고 있으며, 이를 행사하여 교육영역에서 구체적인 질서를 형성할 수 있다. 이러한 국가의 교육권을 권리라고 한다면, 국가가 권리의 주체가 되어버린다는 면에서 개인을 의무주체로 이해할 수밖에 없다. 일반국민의 교육을 받게 할 의무(헌법 제31조 제2항)는 헌법에서 직접 유래하는 것이지 권리자인 국가의 상대방으로서 의무를 가진다고 할 수 없다. 따라서 국가의 교육권은 국가가 교육영역에서 일정한 행위를 할 '권한'이라고 함이 적절하다. 헌법재판소도 권한이자(헌재 1992.11.12. 89헌마88; 1999.3.25. 97헌마130; 2000.4.27. 98헌가16, 98헌마429 병합; 2004.5.27. 2003헌가1 결정), 문화적 권력으로(헌재 1992.11.12. 89헌마88; 2000.3.30. 99헌바113; 2002.3.28. 2000헌마283; 2003.3.27. 2002헌마573; 2006.2.23. 2003헌바84 등) 이해하고 있다. 헌법상의 국가의 교육권한은 교육기본법, 초·중등교육법 및 고등교육법 등의 법률에서 구체화되고 있다. 국가의 교육권은 교육입법권·교육행정권·교육사법권을 의미하고, 교육행정권은 교육감독권과 교육지도권으로 구성되며, 교육지도권은 교육적 측면의 장학지도권과 관리적 측면의 행정지도권으로 구성된다. (3) **국가교육권의 내용** 국가교육권의 내용은 교육외적 사무 및 교육내적 사무에 관한 국가의 권한으로 구성되어 있다. 이 중 교육내적 사무에 관한 국가의 권한인 교육내용 결정권에 관해서는 논란이 있지만, 교육의 기회균등 실현, 교육의 자주성 및 교육법정주의와의 조화 그리고 교육의 정치적 중립성의 보장을 위하여 인정될 수 있다. 헌법재판소도 동일한 입장이다(헌재 1992.11.12. 89헌마88). (4) **한계와 제한** 국가의 교육권은 국민적 정당성의 확보(헌재 1992.11.12. 89헌마88; 2000.3.30. 99헌바113; 2002.3.28. 2000헌마283; 2003.3.27. 2002헌마573; 2006.2.23. 2003헌바84), 교육을 받을 권리의 실효성있는 보장(헌재 1992.11.12. 89헌마88), 그리고 교육의 자주성·전문성·정치적 중립성 및 대학의 자율성과의 조화(헌재 1992.11.12. 89헌마88) 등의 헌법적 한계를 지니고 있으며, 이를 위하여 제한이 가능하다. (5) **상충관계** 학생의 교육권을 국가의 교육권보다 우선시하고(헌재 2004.5.27. 2003헌가1, 2004헌가4 병합), 학교교육에 관한 한 보호자의 교육권과의 상충은 원칙적으로 보호자의 교육권을 우선시하며(헌재 2000.4.27. 98헌가16, 98헌마429 병합), 실제적 조화의 원칙에 따라 해결하고(헌재 1999.3.25. 97헌마130, 단 법익형량의 원칙을 제시한 결정도 있다(헌재 2000.4.27. 98헌가16, 98헌마429 병합)), 교원의 교육권과의 관계는 교육적 가치의 실현 여부로 그 우선 여부를 판단하며, 학교설립·경영자의 교육권과의 관계는 학교의 설립·경영주체에 따라 개별적으로 접근할 필요가 있다(헌재 2001.1.18. 99헌바63).

교육기회청구권敎育機會請求權 자녀에게 적절한 교육의 기회를 줄 것을 청구할 수 있는 학부모의 권리를 말한다. 헌법 제31조 제1항이 정하는 교육을 받을 권리에 이 권리가 포함된다는 견해가 있다. ➜ 교육의 권리.

교육위원敎育委員 [영] member of the board of education. ➜ 교육위원회.

교육위원회敎育委員會 [영] the board of education. 1. 교육자치를 실시하기 위한 기관으로 「**지방교육자치에 관한 법률**」에 의하여 특별시·광역시·도에 설치되어 그 지방자치단체의 교육 및 학예에 관한 주요 사항을 심의·의결하는 기관을 말한다. 제헌헌법 제16조에 따라 제정된 「교육법」에서 규정한 시·군교육위원회가 1952.6. 발족되었는데, 교육위원은 시·읍·면의회에서 선출하였다. 도교육행정은 도지사의 책임 하에 도청의 문교사회국에서 관장함으로써 교육행정은 사실상 일반 행정에 통합 · 운영되었다. 도의 경우 교육위원회는 자문기관에 불과하였다. 5 · 16 군사쿠데타 이후 교육위원회는 폐지되고 1961.9. 교육에 관한 임시특례법에 따라 교육 · 학예에 관한 사항은 감독청 즉, 문교부의 감독 하에서 처리되게 되어, 교육자치제는 실질적으로 중단되었다. 1961.10.에는 행정기구를 개편해 군교육구와 시교육위원회를 폐지하고 시장 · 군수 산하의 교육과로 개편하였다. 서울특별시와 도의 경우 특별시장과 도지사 산하의 교육국으로 개편해 교육자치제는 완전히 소멸되었다. 1987년 민주화 이후 1988년에 교육법이 다시 개정되어, 개정교육법 제15조와 제16조에서 교육위원회의 설치와 구성을 규정하였고 교육위원은 지방의회에서 무기명투표로 선출하게 되었다. 2001년의 지방교육자치에 관한 법률 개정법률은 학교운영위원회 위원 전원을 선거인단으로 하여 교육위원과 교육감을 선출하도록 개정되었다. 2006.2. 제주특별자치도 설치 및 국제자유도시 조성을 위한 특별법(약칭: 제주특별법)에서 교육감 및 교육의원직선제가 처음 도입되었다. 2006.12.의 지방교육자치에 관한 법률 개정으로 교육감 및 교육의원직선제가 전국적으로 확대되었다. 2010년 지방선거에서 주민직선 교육감과 교육의원이 선출되었다. 2010.2.26. 국회는 지방교육자치에 관한 법률을 개정하면서 교육위원회제도와 교육의원에 대하여 2014.6.30.까지 존속하는 것으로 하여, 일몰제를 의결했다. 이에 따라 기존의 교육위원회의 권한과 사무 등은 시 · 도의회 내에 설치되는 교육 · 학예에 관한 사무를 심사하는 상임위원회로 이관되었다(2010.2.6. 개정법률 부칙 제6조). 2023년 현재에는 교육위원회제도가 폐지되었다. **2.** 2018.4.17. 개정된 **국회법**에 따라 기존의 교육문화체육관광위원회를 교육위원회와 문화체육관광위원회로 분리하였다. 교육위원회는 국회법 제36조 및 제37조 제1항 제5호의 규정에 의거하여 교육부에 속하는 의안과 청원 등의 심사 기타 법률에서 정하는 직무(국정감사 및 조사 등)를 행하고 있다.

교육을 받을 권리와 교육의 자유 ㊀ right to education, ㊂ das Recht auf Erzieung, ㊄ Droit à l'éducation, **1. 의의** 1) **개념** 현행 헌법 제31조 제1항은「모든 국민은 능력에 따라 균등하게 교육을 받을 권리를 가진다.」라고 하여 교육을 받을 권리를 규정하고 있다. 넓은 의미의 교육을 받을 권리는 개개인의 능력에 따라 균등하게 교육을 받을 수 있는 수학권(修學權) 뿐만 아니라, 학부모가 그 자녀에게 적절한 교육의 기회를 제공하여 주도록 요구할 수 있는 교육기회제공청구권까지 포괄하는 개념이며, 좁은 의미의 교육을 받을 권리는 교육을 받는 것을 국가로부터 방해받지 아니함은 물론 교육을 받을 수 있도록 국가의 적극적인 배려를 요구할 수 있는 권리를 말한다. 이를 수학권 또는 학습권이라고 부르기도 한다. '교육기본권'은 학습권과 교육권을 포괄하는 상위개념으로서 구체적인 관련당사자들의 권리의무관계를 명확히 제시해 줄 기준으로서의 의미를 가질 수 있다고 보면서, 종래의 '교육에 관한 권리의 총칭'으로서 사용되었던 광의의 교육권과 구별하여, 협의의 교육권은 '국민의 교육기본권을 실현하기 위해 각 주체(관련당사자)가 가질 수 있는 개별적이고 구체적인 권리 또는 권한'을 의미할 수 있다고 본다. 법 제31조의 교육에 관한 규정을 종합적으로 이해하여 이를 교육의 자유와 권리라는 개별적 기본권으로 파악하려는 견해도 같은 맥락이다. 헌법재판소는「헌법 제31조 제1항은 …국민의 교육을 받을 권리를 보장하고 있는데, 그 권리는 통상 국가에 의한 교육조건의 개선 · 정비와 교육기회의 균등한 보장을 적극적으로 요구할 수 있는 권리로 이해되고 있다.」

고 하면서(헌재 1992.11.12. 89헌마88), 교육을 받을 권리의 적극적인 측면만을 강조하고 그 소극적인 측면을 배제하고 있다. 헌법재판소의 태도는 교육을 받을 권리를 사회적 기본권으로 파악하는 일반적인 학설의 경향과 일치하지만, 교육을 받을 권리의 자유권적인 측면을 소홀히 하는 문제가 있다. 2) **연혁** **우리나라의 경우** 임시정부의 요인들에게 삼균주의의 영향으로 수학권 또는 학습권에 대한 현대적인 권리인식이 확립되어 있었으며, 그 결과 1941년 건국강령과 1944년 제6차 임시헌장에서 '學權', '受學權', '教育의 權', '免費受學權', '就學要求權'이라는 교육인권을 선언하였으며, 1948년 제헌헌법 제16조에서 「모든 국민은 균등하게 교육을 받을 권리가 있다. 적어도 초등교육은 의무적이며 무상으로 한다.」라고 규정하여 교육에 관한 권리조항을 두었다. 1962년 헌법 제27조 제1항에서는 「모든 국민은 능력에 따라 균등하게 교육을 받을 권리를 가진다.」고 규정하여 현재에 이르고 있다. **서구의 경우**, 절대군주국가시대의 절대주의의 옹호자들은 민중교육의 필요성을 인정하지 않았으며, 교육은 정치의 일환으로 신민에게 체제이데올로기를 주입시키고 군주를 위한 충성스러운 병사와 산업전사를 만드는 데 그 목적이 있었다. 시민혁명 이후 자유롭게 교육을 받을 권리를 보장하고자 하는 노력은 미국의 독립시기와 프랑스 혁명기에 나타났다. 이 시기에는 이성적인 존재로서의 인간을 전제로 교육문제를 매우 중요시 하였으며, 특히 프랑스 혁명기의 교육계획은 탈레랑의 교육권론, 꽁도르세의 교육권론, 르페르쉐의 교육권론 등의 세 계보로 나뉘어 졌다. 산업혁명과 더불어 노동자들은 인간다운 생존권의 요구와 결부하여 '교육은 자선이 아니라 권리'이며, '교육을 제공하는 것이 정부의 의무'라는 인식을 가지고 교육권을 주장하였다. 이러한 민중의 교육운동은 19세기 중반 이후 각국으로 퍼져 제1차 세계대전 이후 탄생한 사회주의 국가의 교육권구조의 중심을 이루었으며, 20세기의 자본주의 국가에서도 생존권 규정의 하나로 '교육을 받을 권리'를 선언하게 되어 교육권은 체제의 차이를 초월하여 인정되었다. 특히 1919년 바이마르 헌법에서 생존권을 선언한 이후 교육에 대한 전반적인 경향은 교육에 대한 방임에서 교육의 제공으로, 분리교육(남녀 또는 귀족과 평민의 別學)에서 통합교육(共學)에로 진전되었다. 그리고 교육에 관한 논의는 시혜(施惠)의 편이 아니라 교육을 받는 편의 학습권과 발달권의 입장에서 전개되어, 오늘날 헌법이나 법률을 통하여 보장되고 있다. 미국의 경우에는 교육에 관한 권리를 헌법에 규정하지 않고 주의 권리로 남겨두었으며, 각 주의 헌법에서는 교육에 관한 장을 두고 있다. 또한 국제적인 차원에서도 1948년 세계인권선언은 제26조에서 '교육을 받을 권리'와 '적어도 초등 및 기초적인 과정에서는 무상이어야 한다'는 규정을 채택하였으며, 아울러서 교육이 '인격의 완전한 발전 및 인간의 기본적인 자유와 권리의 강화'를 지향할 것을 규정하였다. 3) **헌법적 기능** 교육을 받을 권리는 헌법 전문의 기회균등과 최고도의 능력발휘 규정, 헌법 제10조의 인간존엄성 존중 및 행복추구권, 제11조의 평등권 등과 이를 구체화하는 교육기본법 상의 제 규정에 의하여, 학습자의 인격과 개성을 중시하여 그 능력이 최대한 발휘될 수 있도록 하는 것이라고 할 수 있다. 이는 곧 교육의 수월성 확보를 의미한다. 2. **법적 성격** 현행 헌법의 해석상 교육을 받을 권리를 사회권으로 보는 것에는 학설과 판례가 대체로 일치된다. 다만, 교육을 받을 권리의 자유권적 성격을 인정할 것인가의 문제와, 사회권이라 하더라도, 그 법적 성격을 어떻게 이해할 것인가에 대하여는 견해가 나뉜다. 교육을 받을 권리의 사회권적 성격과 함께, 교육을 받는 것을 국가로부터 방해당하지 않을 권리인 교육의 자유까지도 포괄하는 개념으로 이해한다면 자유권적 성격도 동시에 가지게 된다. 이 경우 부모의 자녀에 대한 교육권이 요구되며 국가는 이에 간섭할 수 없게 된다. 교육을 받을 권리를 사회권으로 이해할 경우, 그 법적 성격에 대해서는 프로그램규정설, 추상적 권리설, 불완전한 구체적 권리설, 구체적 권리설, 원칙규범설 등이 있다(➜ 사회권의 법적 성격). 생각건대 교육을 받을 권리의 사회권적 측면을 사회국가적 관점에서는 좀 더 적극적으로 해석한다면, 구체적 권리로 이해하거나, 형량을 거쳐 확정적인 권리가 될 수 있다고 보는 원칙규범설로 이해함이 적절하다. 교육을 받을 권리를 주관적 공권인 동시에 객관적 가치질서로서의 성격도 가진다고 보는 견해도 있다. 3. **주체** 교육을 받을 권리의 주체는 학령아동만이 아니라 중·고등학생, 대학생, 일반시민 등을 포함하는 모든 국민이며, 성격상 자연인만이 그 주체가 되며 법인은 그 주체가 될 수 없다. 외국인도 국내에서 교육을 받을 수 있으나 헌법상 교육을 받을 권리의 주체는 아니다. 부모의 자녀교육에 관한 권리는 모든 인간이 누리는 불가침의 인권으로서 혼인과 가족생활을 보장하는 헌법 제36조 제1항, 행복추구권을 보장하는 헌법 제10조 및 헌법 제37조 제1항에서 나오는 중요한 기본권으로 보고 있다(헌재 2000.4.27. 98헌가16). 독일의 경우에는 기본법에서 부모의 자녀교육권을 인정하고 있으며, 교육에 관한 국가의 권한과 부모의 권리가 긴장관계에 놓이게 되면 부모의 교육권을 우월하게 인정한다. 그리고 그 구체적 내용으로 학교선택의 자유, 교육내용선택의 자유, 교육기회제공청구권, 학교참가권 등을 들고 있다. 헌법재판소는 부모가 자녀를 교육시킬 학교를 선택할 수 있는 권리를 교육을 받을 권리에 포함하는 것으로 해석하고 있다(헌재 1995.2.23. 91헌마204). 교육실시의 주체는 국가교육권설과 국민교육권설이 있으나, 국가와 국민 모두가 교육주체가 된다고 봄이 타당하다. 사학의 경우, 부모와 사학재단 및 교사 모두가 교육의 주체로 된다(헌재 2001.11.29. 2000헌마278). 교사의 **수업권**은 교육을 받을 권리와 상호 불가분의 관계에 놓여 있으나, 헌법 제31조의 교육을 받을 권리와는 그 주체에 있어 다른 권리이다. 교사의 수업권과 학생의 수학권 및 부모의 교육권이 충돌할 경우 학생의 수학권을 우선시함이 헌법재판소의 결정이다(헌재 1992.11.12. 89헌마88; 2009.3.26. 2007헌마359). 4. **내용** 1) **'능력에 따라'** 능력에 따른 교육이란 정신적·육체적 능력에 상응하는 교육을 말한다. 이는 정신적·육체적 능력 이외의 성별·종교·경제력·사회적 신분 등에 의하여 교육을 받을 기회를 차별하지 않고, 즉 합리적 차별사유 없이 교육을 받을 권리를 제한하지 아니하는 것이다(헌재 1994.2.24. 93헌마192). 합리적 차별에 대한 판단기준으로 완화된 심사기준과 엄격한 심사기준을 사용하고 있다(헌재 2001.2.22. 2000헌마25). 대학은 능력에 상응하는 교육을 위하여 자율적인 신입생선발을 할 수 있어야 하며, 대학의 신입생선발의 자율성이 과도하게 침해되어서는 안된다. 기여입학은 부모의 경제적 능력에 따라 입학을 허가하는 제도이므로 정원내의 입학을 허용할 경우 다른 학생의 능력에 따라 교육을 받을 권리를 침해하게 된다. 2) **'균등하게'** 균등하게 교육을 받을 권리란 먼저 자유권적 측면에서는 학습능력 이외의 성별·종교·사회적 신분 등에 의하여 교육을 받을 기회를 차별받지 아니하는 것을 의미한다. 중·고등학교과정에서 남·여학교를 구별하고 합리적인 범위 내에서 교과목의 차이를 두는 것은 합헌이라고 볼 수 있다. 교육평준화시책으로 초·중등학교에서 실시되고 있는 학구제와 내신제 및 학생생활기록부 등에 대하여 헌법재판소는 이를 모두 합헌이라고 판단하고 있다. 그러나 실질적인 교육평준화가 이루어지지 않고 학교 간 학력차가 존재한다는 사실을 외면하고 내신을 획일적으로 적용한다면 위헌의 소지가 있다고 본다. 균등하게 교육을 받을 권리란 사회권적 측면에서는 모든 국민이 균등하게 교육을 받을 수 있도록 국가가 교육시설을 설치 · 운용하고 교육의 외적 조건의 정비를 요구할 수 있음을 의미한다(헌재 2000.4.27. 98헌가16). 교육기본법은 국가와 지방자치단체로 하여금 적절한 교육시설을 강구하게 하고, 장학금제도와 학비보조제도를 실시하며, 야간제 기타의 방법을 강구할 의무를 지우고 있다(제7조, 제28조). 균등하게 교육을 받을 권리와 관련하여 교육참여청구권이 포함되느냐가 문제되고 있으나, 독일연방헌법재판소는 참여권(Teilhaberechte)의 이론으로 이를 원칙적으로 긍정하고 있다. 그러나 이는 국가가 교육시설을 독점하고 있는 독일의 경우에 타당하다고 볼 것이다. 3) **'교육을'** 교육은 가정교육, 사회교육(평생교육), 학교교육 등 다양한 형태로 이루어지지만, 그 중에서도 학교교육이 중심이 되고 있다. 기본권으로서의 교육을 받을 권리는 사교육보다 공교육이 그 중심이 된다. 초 · 중 · 고등학교의 교육은 공교육의 기능에 적합하게 이루어져야 하며 교사의 주관적인 신념이나 가치관을 일방적으로 주입시키거나, 교사의 이익을 관철하기 위한 수단으로 학생들을 이용하여서는 아니 된다. 헌법재판소는 보통교육의 단계에서 학교 교재 내지 교과용도서에 대하여 국가가 어떠한 형태로 간여하여 영향력을 행사하는 것은 부득이 한 것이며, 각급학교 · 학년과 학과에 따라 국정 또는 검 · 인정제도의 제약을 가하거나 자유발행제를 허용하거나 할 수 있는 재량권을 갖는다고 보고 있다(헌재 1992.11.12. 89헌마88). 4) **'받을 권리'** 교육을 받을 권리는 수학권 또는 학습권으로 부르기도 한다. 이는 수업권 또는 교육권에 대응하는 개념으로 모든 국민이 태어나면서부터 교육을 받아 학습하고 인간적으로 성장 · 발달할 수 있는 권리를 말한다. 교육을 받을 권리에는 학생들이 자기가 학습할 장소와 시설을 자유롭게 선택할 권리가 인정되어야 하며(헌법재판소는 반대: 헌재 2006.1.26. 2005헌마98), 나아가서 학부모가 그 자녀에게 적절한 교육의 기회를 제공하여 주도록 요구할 수 있는 교육기회제공청구권도 포함된다고 할 것이다. 5. **효력** 교육을 받을 권리의 자유권적 측면, 즉 자유롭게 교육받는 것을 국가에 의해 방해당하지 않을 권리는 대국가적 효력만이 아니라 대사인적 효력의 문제도 제기할 수 있다. 예컨대 사립학교의 경우 학교법인의 학교경영에 의해 교육을 받을 권리가 침해되는 경우에는 대사인적 효력을 가질 수 있다. 교육을 받을 권리의 사회권적 측면, 즉 국가에 대하여 교육을 받을 수 있도록 적극적인 배려를 요구할 수 있는 권리는 대국가적 효력만을 가진다. 6. **교육의 의무와 무상 의무교육** 1) **의의** 헌법 제31조 제2항은 「모든 국민은 그 보호하는 자녀에게 적어도 초등교육과 법률이 정하는 교육을 받게 할 의무를 진다.」고 규정하고 있다. 교육기본법 제8조 제1항은 「의무교육은 6년의 초등교육 및 3년의 중등교육으로 한다. 다만, 3년의 중등교육에 대한 의무교육은 국가의 재정여건을 고려하여 대통령령이 정하는 바에 의하여 순차적으로 실시한다.」고 규정하였다가, 2005년 법개정으로 단서조항을 삭제함으로써 3년의 중등교육에 대한 의무교육을 전면적으로 실시하였다. 교육의 의무의 주체는 학령아동의 친권자 또는 그 후견인이다. 의무교육은 무상이다(헌법 제31조 제3항). 무상의 범위는 무상범위법정설, 수업료면제설, 취학필수비무상설 등이 있으나, 취학필수비무상설이 다수설이며 타당하다.

유아교육법 제24조 제1항은 「초등학교 취학직전 3년의 유아교육은 무상으로 실시하되, 무상의 내용 및 범위는 대통령령으로 정한다.」고 규정하여 유아교육의 중요성과 무상성을 입법적으로 반영하고 있다. 아울러 유아교육에 대한 지원방법, 비용고시 및 표준유아교육비 산정 등에 관하여 필요한 사항은 교육부령으로 정하도록 하고 있는바, 유아원에 대해 교육부에서 정하는 특정한 회계기준이나 방법을 사용하도록 강제하는 것은 헌법에 반하지 아니한다. 초중등교육법 제13조 제1항은 「모든 국민은 보호하는 자녀 또는 아동이 6세가 된 날이 속하는 해의 다음 해 3월 1일에 그 자녀 또는 아동을 초등학교에 입학시켜야 하고, 초등학교를 졸업할 때까지 다니게 하여야 한다.」고 규정하여, 취학의무를 정하고 있다. 다만, 법정의 사유에 따라 취학의무를 면제받거나, 유예할 수 있다(동법 제14조). 국가는 평생교육을 진흥하여야 한다(헌법 제31조 제5항). 평생교육이란 학교의 정규교육과정을 제외한 학력보완교육, 성인 문자해득교육, 직업능력 향상교육, 인문교양교육, 문화예술교육, 시민참여교육 등을 포함하는 모든 형태의 조직적인 교육활동을 말한다(평생교육법 제2조 제1호). 7. **교육의 자유와 교육제도의 보장** 1) **교육제도의 기본원칙** 교육을 받을 권리는 교육제도를 통해 구현되며, 교육제도는 수학권과 교육권이 확립될 수 있도록 설정되어야 한다. 헌법 제31조 제4항은 「교육의 자주성 · 전문성 · 정치적 중립성 및 대학의 자율성은 법률이 정하는 바에 의하여 보장된다.」고 규정하고 있다. 이 규정은 입법자가 교육관련입법을 할 경우에 반드시 준수해야 하는 입법형성권의 한계조항(헌법직접적 한계조항)으로 이해되기도 한다. **교육의 자주성**은 교육을 받을 기본권을 가진 피교육자인 학생들의 권익과 복리증진에 저해가 되어서는 아니되고, 또 국가와 사회공동체의 이념과 윤리에 의하여 제약을 받게 된다(헌재 1997.12.24. 95헌바29). 또한 초 · 중등학교의 교육자는 교육의 자유를 누리지만, 대학의 교수와 같은 정도의 자유를 향유하지는 않는다. **교육의 전문성**은 교육정책이 수립과 집행은 교육전문가가 담당하여야 함을 의미한다. 교육활동은 고도의 지식을 필요로 하는 정신적 활동이므로 교원에 대한 훈련을 통해 지식과 소양을 갖추도록 하여야 한다. 또한 고도의 자율성과 사회적 책임성을 가져야 한다. **교육의 정치적 중립성**은 국가권력이나 정치세력과 사회세력 등의 압력으로부터 벗어나야 한다. 이 규정으로부터 교원의 정치활동과 노동운동이 금지되지만, 교원으로서의 본질적 활동에 장애가 되지 않는 한, 과도한 금지는 허용되어서는 안된다. 왜냐하면 교원도 기본적으로 시민의 자유를 향유하기 때문이다. 다만, 교육의 정치적 중립성은 우리나라의 경험상 민주화에 대한 탄압의 수단으로 이용된 측면이 있어서, 오히려 교육의 **공공성**이라는 표현으로 개정함이 타당하다고 본다. 2) **지방교육자치제도** 교육자치제도는 지방자치단체가 당해 지방의 특성에 맞게 당해지역의 교육사무를 일반행정조직과는 구별되는 교육행정기관이 담당하도록 하는 제도이다. 현행 「지방교육자치에 관한 법률」에는 교육자치기구로 의결기관인 지방의회와 집행기관인 교육감을 두고 있다. 과거 지방의회의 교육의원제도와 교육위원회제도가 있었으나, 폐지되었다(➜ 교육위원회). 3) **교육제도법정주의** 헌법 제31조 제6항은 「학교교육 및 평생교육을 포함한 교육제도와 그 운영, 교육재정 및 교원의 지위에 관한 기본적인 사항은 법률로 정한다.」고 규정하고 있다. 이 규정에 따라 입법자는 국민들의 요청과 시대적인 상황 등을 고려하여 최적의 교육기반을 조성함에 있어서 광범위한 재량을 가진다. 이 규정의 해석과 관련하여 기본권형성적 법률유보인가 아니면 기본권제한적 법률유보인가의 논의가 있다. 원칙적으로 기본권형성적 법률유보로 보고 제31조 제4항의 교육의 자주성 · 전문성 · 정치적 중립성을 담보하는 법률을 정할 것을 입법자에게 의무지우는 것으로 보는 것이 적절하다. 이 규정은 근로3권을 규정한 제33조 제1항에 우선하여 적용된다(헌재 1991.7.22. 89헌가106)(➜ 교원지위법정주의). 교육제도법정주의와 관련하여, 교육재정법정주의(➜교육재정법정주의)와 교원기간임용제(➜ 교원기간임용제), 그리고 교수재임용제도가 문제된다(➜ 교수재임용제도).

교육教育**의 의무**義務 ➜ 국민의 기본의무.

교육教育**의 자유** ➜ 교육을 받을 권리와 교육의 자유.

교육의 자주성自主性 ➜ 교육을 받을 권리와 교육의 자유.

교육재정법정주의教育財政法定主義 교육재정은 국가나 지방공공단체가 교육활동을 지원함에 필요한 재원을 확보하고 배분하며 평가하는 일련의 활동을 말한다. 교육재정의 특수성으로는 고도의 공공성, 장기효과성, 실적측정곤란성 등을 들 수 있다. 관련법률로는 교육세법과 지방교육재정교부금법이 있다. 전체 국가예산 중에서 교육예산이 차지하는 비중이 매우 낮기 때문에 교육예산을 일정한 비율로 유지하여야 한다는 주장도 있다. ➜ 교육(教育)을 받을 권리.

교육제도법정주의教育制度法定主義 ➜ 교육을 받을 권리와 교육의 자유.

교육진흥의무教育振興義務 국가는 헌법 제31조 제6항에 따라 학교제도에 관한 포괄적인 규율권한과 자녀에 대한 학교교육의 책임을 부여받고 있다. 따라서 국가는 모든 학교제도의 조직, 운영, 감독에 관한 포괄적인 권한 즉, 학교제도에 관한 전반적인 형성권과 규율권을 가지고 있다. 이를 위한 기본법으로, 1997년에 기존의 교육법을 폐지하고 교육기본법을 제정하였다가, 2007.12.에 대폭 개정하여 현재에 이르고 있다. 교육기본법 제3장에서는 국가의 교육진흥의무에 관하여 상세하게 규정하고 있다.

교차관계적 이원론交叉關係的 二元論 ➜ 국가 · 사회 구별론.

교차투표交叉投票 **= 자유투표**自由投票 [영] free vote/crossvoting/unwhipped vote/conscience vote, [독] freie Abstimmung, [프] vote libre. 의회에서 의안표결시 각 의원이 소속 정당의 당론과는 상관없이 유권자의 태도나 자신의 소신에 따라 투표하는 것을 말한다. 미국의 경우 국회의원은 철저히 지역대표의 성격을 띠고 있어서 의원들은 선거구 유권자의 이익을 당론보다 우선시키므로 각 정당이 소속 의원에게 당론을 따르도록 구속하기가 사실상 불가능하다. 각 의원은 소속정당과는 관계없이 철저히 유권자의 여론과 자신의 소신에 근거해 투표하므로 소속정당의 당론과는 반대되는 타 정당의 당론에 찬성하는 교차투표가 보편화되어 있다. 우리나라의 경우 각 정당의 당론이 유권자의 여론이나 소신에 우선하며 당론이 심하게 분열되는 몇몇 법안에 대해서만 사전 여야합의에 따라 교차투표가 부분적으로 인정되고 있다. 과거 소신있는 국회의원들 중에는 당론에 반대하여 교차투표를 하였다가 당의 징계에 따라 제명이나 출당 혹은 당원권정지 등의 징계를 받은 적이 있었고, 이를 계기로 국회의 민주화와 정치개혁을 위해 법안실명제, 표결실명제의 전면적 시행과 교차투표가 활성화되어야 한다는 여론이 제기되기도 하였다.

구글-스페인 판결 ➜ 곤잘레스 판결.

구두변론주의口頭辯論主義 ⓔ the rule of oral argument, ⓓ das Prinzip der mündlicher Verhandlung/das Mündlichkeitsgrundsatz, ⓕ le principe de l'oralité. 구두변론주의란 법원이 당사자의 구두에 의한 공격·방어를 근거로 하여 심리·재판하는 주의를 말한다. 형사소송에서 공판기일에서의 변론은 구두로 하여야 하며(형사소송법 제275조의3), 특히 판결은 법률에 다른 규정이 없으면 구두변론을 거쳐서 하여야 한다(형사소송법 제37조 제1항). 구두변론주의는 구두주의와 변론주의를 내용으로 한다. 구두주의는 법원이 법정에 출석한 사람의 구술에 의하여 제공된 소송자료에 기하여 재판을 하는 주의로서, 서면주의에 대립하며, 서면주의의 폐해를 극복하기 위한 원칙이다. 구두주의는 실체적 진실발견에 효과적이지만, 법관의 기억이 명확하지 않으면 공판절차에서의 변론내용을 증명하기 힘들다. 이에 반해 서면주의는 재판의 진행에 효율적인 측면이 있다. 헌법재판의 경우, 탄핵심판·정당해산심판·권한쟁의심판의 경우 구두변론을 원칙으로 하고, 위헌법률심판 및 헌법소원심판의 경우 서면심리를 원칙으로 한다(헌법재판소법 제30조).

구속拘束 ⓔ arrest/custody/detention/apprehension, ⓓ Festnahme/Verhaftung/Gefangennahme, ⓕ l'arrestation/retenue. ➜ 영장제도.

구속영장拘束令狀 ⓔ detention order, warrant of/for confinement/arrest/custody, writ of confinement/arrest/custody, ⓓ Haftbefehl, ⓕ mandat d'arrêt/ordre d'arrestation. 수사단계에서의 피의자와 공소제기 이후의 피고인을 형사사법기관이 구속하고자 할 때, 전자의 경우 검사에 의해 청구된 피의자 구속을 법관이 허가해 주는 것이며, 후자의 경우 법원이 피고인의 구속을 명령하는 것이다. 피의자의 구속과 피고인의 구속은 오직 법원 또는 법관이 발부한 영장에 의해서만 이루어질 수 있다(형사소송법 제70조 이하, 제201조). 수사단계의 피의자구속의 경우 검사가 구속영장의 발부를 법관에게 청구하고, 법관은 피의자를 법정에서 직접 심문하여 구속여부를 결정하는 영장실질심사제도를 통해 영장발부 여부를 결정한다. 피고인구속의 경우 법원이 직접 구속영장을 발부하여 집행기관인 사법경찰관리를 통해 피고인구속을 집행하도록 한다. 구속영장제도는 1954년의 제정 「형사소송법」에서부터 도입 시행되었다. 수사단계의 피의자구속의 경우 영장에 의하지 아니하는 긴급구속제도를 두었으나, 1995년 제8차 형사소송법 개정에서 긴급구속의 명칭이 긴급체포로 바뀌었고, 오늘날에는 정식영장에 의한 구속제도만 시행되고 있으며, 피의자신문을 통해 구속영장의 발부를 결정하는 구속영장실질심사제도가 도입되어 지금까지 시행되고 있다. 헌법 제12조에 따라 수사절차에서의 피의자 구속에 대한 청구권자는 검사에 한하므로 사법경찰관은 검사에게 그 청구를 신청할 수 있을 뿐이다. 구속영장의 청구는 서면에 의하여야 하고, 이 경우 검사는 구속의 필요를 인정할 수 있는 자료를 제출하여야 한다. 동일한 범죄사실에 관하여 그 피의자에 대하여 이전에 구속영장을 청구하거나 발부받은 사실이 있을 때에는 다시 구속영장을 청구하는 취지 및 이유를 기재하여야 한다. 구속영장의 청구를 받은 법관은 신속히 구속영장의 발부여부를 결정하여야 한다. 이 경우 상당하다고 인정할 때에는 구속영장을 발부한다. 구속영장에는 피의자의 성명, 주거, 죄명, 피의사실의 요지, 인치·구금할 장소, 발부연월일, 그 유효기간과 그 기간을 경과하면 집행에 착수하지 못하며 영장을 반환하여야 할 취지를 기재하고 법관이 서명날인하여야 한다(동법 제75조 제1항, 제209조). 법관이 구속영장을 발부하지 아니할 때에는 청구서에 그 취지 및 이유를 기재하고 서명날인하여 청구한 검사에게 교부한다. 구속영장은 검사의 지휘에 의하여 사법경찰관리가 집행하고, 교도소 또는 구치소에 있는 피의자에 대하여 발부된 구속영장은 검사의 지휘에 의하여 교도관이 집행한다(동법 제81조, 제209조). 검사는 필요에 의하여 관할구역 외에서 구속영장의 집행을 지휘하거나 당해 관할구역의 검사에게 집행지휘를 촉탁할 수 있다(동법 제83조 제1항, 제209조). 사법경찰관리는 필요에 의하여 관할구역 외에서 구속영장을 집행하거나 당해 관할구역의 사법경찰관리에게 집행을 촉탁할 수 있다(동법 제83조 제2항, 제209조).

구속영장실질심사제拘束令狀實質審査制 ➜ 영장실질심사제.

구속적부심사제拘束適否審査制 ➜ 체포 · 구속적부심사제도.

구속전 피의자심문제도拘束前 被疑者訊問制度 ➜ 영장실질심사제도.

구인拘引 구인이란 법원 · 재판장 · 판사가 피고인이나 증인을 법원이나 기타 지정한 장소로 인치하여 억류하는 재판 또는 그 집행을 의미한다. 구인 후에 구금이 불필요하다고 판단되면 그 인치일로부터 24시간 이내에 석방해야 한다(형사소송법 제71조). 형사소송법에서는 피고인이나 증인이 정당한 사유없이 소환 또는 동행명령에 불응할 경우 구속영장에 의하여 구인할 수 있다(형사소송법 제73조). 민사소송법에서는 형사소송법상 구인에 관한 규정을 준용한다(민사소송법 제312조). 구인을 위해서는 구속(구금)의 실체적 요건과 동일한 요건(형사소송법 제70조)이 요구될 뿐 구금의 경우와 같은 절차적 요건은 요구되지 않는다. 구인이라고 해서 구금보다 가벼운 특별한 요건이 정해져 있거나 구금보다 요건이 완화되어 있지도 않다. 따라서 소환에 정당한 이유 없이 불응한다고 하여도 그 사유만으로 당연히 구인할 수 있는 것이 아니고, 그 소환 불응으로 인하여 「도망할 염려가 있다고 인정되는 때」에 한하여 구인을 할 수 있다(형사소송법 제74조 참조).

구체성具體性 ⓔ concreteness, ⓓ Konkretheit, ⓕ concret/concrétude. 사물 그 자체가 가지는 현상적 · 개별적 · 실재적 성질을 말한다. 구상성(具象性)이라고도 한다. 이에 반해 추상성(抽象性)은 사물의 본질적 · 보편적 · 관념적인 성질을 가리킨다. 법학에서 구체성은 특정의 개별적 대상이나 관념에 법규범이 적용되어 현실화된 상태를 일컫는다. 예컨대, 형법에서 구체적 위험이라고 할 경우, 그 위험의 발생가능성이 확정적이며 그 내용이 명확한 경우를 말한다. 또한 헌법에서 구체적 규범통제라 할 경우, 법규범이 적용되어 현실적으로 법규범이 예상하는 결과가 발생하여 일정한 사태(Sachverhalt)로 나타난 경우에, 다시 말하여 사건(case)이 발생한 경우에 적용된 규범의 상위규범적합성을 판단하는 것이다. 이에 비해 추상적 규범통제는 법규범이 현실적으로 적용되지 않은 상태에서 규범 자체에 대하여 상위규범적합성을 판단하는 것이다.

구체적 권리설具體的 權利說 ➜ 사회권의 법적 성격.

구체적 규범통제具體的 規範統制 ⓔ concrete review, ⓓ die konkrete Normenkontrolle. 구체적 사건이 발생한 후 당해 사건에 적용된 규범이 상위의 규범에 합치하는지의 여부를 심사하는 제도를 말한다. 법규범은 그 형식에 따라 헌법 하위에 법률 · 명령 · 규칙 · 조례 · 규칙(자치단체장) 등이 있는데, 각각의 경우 상위법규범에 위반되면 그 효력이 부인된다. 이 때 당해 규범이 구체적으로 적용되어 현실적으로 개인의 권리·이익에 변경을 가져오게 되었을 때에 비로소 당해 규범의 효력을 다툴 수 있게 하는 것이 구체적 규범통제이고, 구체적 적용이 없더라도 당해 규범의 효력을 다툴 수 있게 하는 것이 추상적 규범통제이다. 우리나라의 경우 구체적 규범통제가 원칙이다. 현행헌법이 채택하고 있는 규범통제의 종류는, 위헌법률심판, 헌법재판소법 제68조 제2항에 따른 헌법소원심판(위헌심사형 헌법소원), 법규범 자체에 대한 헌법소원심판, 헌법소원심판에서 이루어지는 부수적인 규범통제, 권한쟁의심판에서 이루어지는 규범통제, 명령·규칙에 대한 법원의 위헌·위법심사 등이다(➜ 각 항목 참조). ⇔ 추상적 규범통제. ➜ 규범통제.

구체적 사건성具體的 事件性 ➜ 사건·쟁송성.

구한말영토승계론舊韓末領土承繼論 헌법 제3조는 「대한민국의 영토는 한반도와 그 부속도서로 한다.」고 규정하고 있는바, 분단을 전제로 하는 헌법 제4조의 평화통일조항과의 관계가 문제된다. 이에 제3조의 영토조항을 정당화하기 위하여, 국제평화주의론, 유일합법정부론, 미수복지역론, 구한말영토승계론 등의 다양한 학설이 주장되고 있다. ➜ 영토조항.

국가國家 ㊂ state/nation, ㊀ der Staat/die Nation, ㊁ État. 1. **의의** 국가는 일정한 영역과 주민을 다스리는 배타적인 정치적 조직과 주권(권력)을 가진 공동체, 즉 정부를 지니고 있으며 대내 및 대외적 자주권을 행사하는 정치적 실체이다. 혹은 일정한 지역을 기초로 하여 존립하는 다수인의 조직화된 정치단체라 할 수 있다. 막스 베버는 '국가는 일정 영토 내에서 물리력을 단독으로, 그리고 합법적으로, 사용할 수 있게 되는 상황 발현에 성공한 인간의 무리'라고 하였다. 국가는 일정 지역의 인간이 그들의 공동체적 필요를 위하여 창설한 것으로, 그 구성원들을 위하여 일체성과 계속성을 가지고 과업을 수행하며, 내외의 적으로부터 공동체를 지키고 유지하려는 목적을 가진 조직이다. 2. **국가기원론** 1) **신의설**神意說 국가는 신의 뜻에 따라 성립되었다는 설이다. 2) **실력설**實力說 국가는 실력에 의한 정복을 통하여 지배·복종관계가 성립되었다는 설로서, 정복설이라고도 한다. 3) **가족설**家族說 국가는 가족으로부터 씨족·부족을 거쳐 근대국가로 성립되었다는 설이다. 4) **계급국가설**階級國家說 국가는 경제적 지배계급이 피지배계급을 착취하기 위한 수단으로 성립되었다는 설로서, 사회주의(공산주의)의 국가이론이다. 5) **사회계약설**社會契約說 국가는 인민의 동의에 의한 사회계약으로 성립되었다는 설이다. 홉스(Hobbes)는 자연상태를 '만인의 만인에 대한 투쟁'으로 보고, 이로부터 나타나는 혼란과 불안을 해소하고 평화를 유지하기 위하여 국가에 개인의 주권을 양도하는 복종계약을 체결하였다고 본다(**복종계약설**). 로크(Locke)는 자연상태는 비록 평화적이기는 하지만, 사회적 갈등이 야기될 경우에 이를 해결하기 위한 수단으로 권리를 대표에게 위임하는 위임계약·신탁계약이 필요하고, 이를 통해 성립된 것이 국가라고 본다(**위임계약설**). 루소(Rousseau)는 평화로운 목가적 자연상태로부터 개인의 사적 소유권으로 인해 발생한 불평등으로 인해 야기되는 혼란과 불안정을 제거하고 원래의 자연상태로 돌아가기 위하여 전체 인민의 자유의사에 기한 사회계약을 체결하고 이로 인해 성립되는 것이 국가라고 본다(**사회계약설**). 사회계약설이 오늘날 가장 널리 받아들여지는 이론이며, J. Rawls, D. Gauthier, R. Dworkin, R. Nozick 등으로 이어지고 있다. 6) **동양의 국가이론**

은 세 가지로 요약된다. 첫째는 노장사상에 입각한 도가(道家)의 국가를 들 수 있다. 이는 일체의 인위적인 행위를 배제하면서 무위자연의 소국과민(小國寡民)을 주장하는 사상으로, 국가가 간섭하는 일이 적고 그 규모가 작아질수록 올바른 국가의 형태가 갖추어진다는 설이다. 둘째는 법가(法家)의 국가를 들 수 있는데, 이는 인위적인 강제와 부국강병을 주장하는 국가관이다. 셋째는 유교(儒敎)의 국가를 들 수 있는데, 도가의 무위자연과 법가의 강제를 배격하고, 중용(中庸)의 도(道)를 구현하는 것을 최고의 덕목으로 삼는 현실지향적인 국가관이다. 3. **국가본질론** 1) **일원적 국가론** 국가를 하나의 관점으로만 파악하는 견해들이다. 사회학적 국가론은 R. 매키버, H.라스키, L. 뒤기 등이 주장하는 것으로, 공통적인 특징은 국가를 현실적으로 존재하는 실체로 보지 않고, 그 기능에 착안하여 작용 또는 관계로 파악하는 것이다. 경제학적 국가론은 국가를 일정한 생산관계의 유지를 목적으로 하는 지배조직으로 보는 이론이다. 마르크스주의의 국가론이 이에 속하고, 그 밖에 F.오펜하이머 등도 이 국가론을 주장한다. 법학적 국가론은 법적으로 통일된 질서가 국가의 특질이라는 설이다. 여기에는 권리객체설 · 권리주체설 · 법관계설 · 법질서설이 있다. 권리객체설은 중세부터 근세까지의 가산국가(家産國家)의 사상에서 주장된 것으로, 국가를 군주의 권리객체로 보는 설이다. 권리주체설은 19세기의 국가법인설에 입각하여 주장된 설이다. 법관계설은 국가를 지배자와 피지배자 사이의 통치관계로 보는 설이며, 레닌 등이 주창하였다. 이상 3가지가 국가의 법적 측면을 추상하여 논하는 데 비해서, 법질서설은 국가가 국가로서 존재할 수 있는 근거는 법(질서) 이외에는 없다고 주장하는 이론으로, 그 전형은 H.켈젠의 순수법학이다. 2) **이원적 국가론** 국가의 성격을 구명하기 위해서는 2가지 방법에 의하여야 한다고 하는 입장으로, G. Jellinek가 대표적이다. 그는, 국가는 일면으로 사회적 형태이고, 타면으로 법적 제도이므로 그 각각에 따라 사회학적 국가론과 법학적 국가론이 성립한다고 주장한다. 사회학적 국가개념은 국가란 원시적 통치권을 가지고 정주하는 인간의 단체적 통일체이다. 법학적 국가개념은 국가란 원시적 통치권을 가지고 있는 정주하는 국민의 사단이라고 본다. 이러한 관점은 국가주권설 및 국가법인설과 연결된다. 3) **다원적 국가론** 국가란 전체사회가 아닌 여러 부분사회 중의 하나로 본다. 헤겔적인 '국가절대론'에 대한 반격으로 주장되었다. 국가와 전체사회의 구별, 주권의 가분성(다원성), 국가목적의 특정성 등을 내용으로 한다. 4. **국가의 구성요소(국가3요소설)** 국제법적으로는, ① 항구적인 주민(permanent population) ② 일정한 영역(defined territory) ③ 정부(government) ④ 다른 국가와 관계를 맺을 수 있는 능력(capacity to enter into relations with the other states)를 가져야 한다고 규정하였다(몬테비데오 협약: Montevideo Convention on the Rights and Duties of States, 1933.12.26. 제정, 1934.12.26. 발효, 제1조). 국가법에서는 통상 국가구성의 3요소로서 국민(nation/population, Staatsvolk), 영토(territory, Staatsgebiet), 주권(souvereignty, souveränität)이다. 이에 더하여 정부를 제4요소로 보는 견해도 있다. 국가의 발전 단계는 통상 안보국가, 개발국가, 민주국가, 복지국가 순으로 이루어지는 것이 역사적 경험이다.

국가고권이론國家高權理論 연방국가에서 전체국가와 지방국(구성국) 사이에 주권의 소재가 어디에 있는가에 관한 이론 중의 하나이다. 연방국은 지방국의 계약에 의해 성립된 것으로 보고, 계약내용에 반하는 연방법을 무시하거나 연방에서 탈퇴하는 것이 지방국의 당연한 권한이라고 하는 것이 국가고권이론이다. 지방국의 주권성을 강조한 미국의 C. J. Calhoun의 이론이 독일에 계수되어, v. Seydel이 주장하였다.

국가과학기술자문회의國家教育科學技術諮問會議 ㊎ Presidential Advisory Council on Education, Science & Technology. 현행 헌법 제127조에 의거하여 1991. 3.8. 제정된 국가과학기술자문회의법에 따라 1991. 5.31. 설립된 대통령 직속 자문기관이다. 노태우 정부가 1989.6.5.부터 1990.12.31.까지 한시적으로 과학기술자문회의를 운영했으나, 제 기능을 발휘하지 못했으며, 행정개혁위원회가 상설자문기구 설치를 대통령에게 건의하여, 관련법이 제정되어 국가과학기술자문회의가 발족했다. 2001년까지 제1기~제5기 자문회의(위원장 2년 상임)를 운영했으며, 2004.3. 법개정으로 대통령이 의장을 맡음으로써 자문회의 위상이 한층 강화됐다. 2008.10.29. 과학기술정책은 물론 교육 및 인재정책에 대한 자문도 수행할 수 있도록 국가교육과학기술자문회의로 확대·개편하였다가, 2018년 법개정으로 국가과학기술자문회의법(법률 제15343호, 2018.1.16. 전부개정, 2018.4.17. 시행)으로 다시 변경되어 시행되고 있다.

국가구조청구권國家救助請求權 ➜ 공공부조청구권. ➜ 사회보장수급권.

국가긍정의무國家肯定義務 정치단체 특히 정당의 경우, 국가긍정의무가 정당의 의무 중의 하나로 이해된다. 정치단체가 국가를 부정하는 경우에는, 반국가단체로 평가되어 국가보안법이 적용될 수 있다. 정당이 국가를 부정할 경우에는 해산의 대상이 될 수 있다. ➜ 정당해산제도.

국가기관國家機關 ㊎ national institution/state organ, ㊍ das Staatsorgan, ㊋ organe de l'État. 헌법의 수권을 받아 국가의사 형성과 집행에 참여하여 국법질서에 대하여 일정한 권한을 누리는 공법상의 지위와 조직을 말한다. 삼권분립주의하에서는 입법기관·사법기관·행정기관의 셋으로 대별된다. 국가기관의 설치·조직과 그 권한은 국민의 자유와 권리의무에 중대한 관계가 있고, 또한 예산을 필요로 하기 때문에 중요한 국가기관은 반드시 국회에서 제정하는 법률에 의하도록 하는 것이 입헌주의의 원칙이다(국가기관법정주의). 국가기관은 그 기관을 구성하는 구성원의 수에 따라 독임제기관과 합의제기관으로 나누어지며, 권한과 기능에 따라 의결기관·집행기관·자문기관·심의기관·선거기관·감사기관·행정관청·보조기관·조사연구기관·부속기관 등으로 나누어진다. 헌법재판소의 권한사항 중 기관간 권한쟁의는 「국가기관 상호간, 국가기관과 지방자치단체간 및 지방자치단체 상호간」에 제기되는 것으로서(헌법 제111조 제1항 제4호), 이 때의 국가기관의 범위가 문제된다. 헌법재판소는 '국가기관'에 해당하는지 아닌지를 판별함에 있어서는 그 국가기관이 헌법에 의하여 설치되고 헌법과 법률에 의하여 독자적인 권한을 부여받고 있는지 여부, 헌법에 의하여 설치된 국가기관 상호간의 권한쟁의를 해결할 수 있는 적당한 기관이나 방법이 있는지 여부 등을 종합적으로 고려하여야 할 것이라고 하고 있다(헌재 1997.7.16. 96헌라2). ➜ 권한쟁의심판.

국가기관설國家機關說 ➜ 정당.

국가기관으로서의국민 주권의 보유자로서의 「전체국민」에 대비하여 주권의 행사자로서의 국민을 국가기관으로서의 국민으로 보는 견해이다. 국가기관으로서의 국민은 선거권을 가진 유권자의 총체이자 능동적 시민의 총체로서, 국민투표기관이자 선거기관으로 기능한다. 이러한 의미의 국민은 객관적·법적으로 형성된 기능체이다. Jellinek는 주권의 행사자로서의 국민을 1차 국가기관이라 하고 이에 의해 선출된 의원들로 조직하는 의회를 2차 국가기관이라 칭하였다. 국가법인설 내지 국가주권설의 입장에서 국가와 국민을 대립적으로 이해하는 경우에는 국민이 국가기관의 하나라고 이해할 수 있으나, 국민이 국가의 주권적 근거라고 보는 국민주권설의 입장에서는 굳이 국민의 국가기관성을 강조할 필요가 없다. 국민은 국가를 형성하기 위한 원천이지 형성된 국가의 기관으로 될 수는 없다.

국가기능國家機能 ㊇ functions of state/state functions, ㊆ Staatsfunktionen, ㊈ fonctions d'état. 국가기능은 국가론적 차원에서는 1차적 기능(공동체의 안전 및 질서유지기능), 2차적 기능(공동체 구성원의 복리증진기능)으로 분류할 수 있고, 헌법적 차원에서는 그 작용의 성질 혹은 형식에 따라, 입법기능, 집행(행정)기능, 사법기능으로 분류하거나(➜ 권력분립, ➜ 사법의 관념), 그 내용에 따라 분류할 수도 있다. 통상 국가기능은, 논자에 따라 차이가 있기는 하지만, 오늘날에는 국가활동의 복잡성과 다양성에 따라 다양하게 분류되고 있다. 첫째, **대외적 주권수호기능** 외국의 공격과 침략으로부터 국가주권과 영토 및 국민을 보호한다. 외교, 국방, 경제협력 등으로 수행되며, 군에 의하여 뒷받침된다. 우리 헌법에서는 국가안전보장으로 표현되고 있다. 둘째, **공동체의 안전 및 질서 유지기능** 공동체의 영토 내에서 질서를 유지하고 평화를 보장하는 것으로, 범죄 통제 및 예방, 형사사법 및 형벌제도, 내부적 헌법수호 등으로 나타난다. 우리 헌법에서는 질서유지로 표현된다. 셋째, **인권보호기능** 국가는 공동체 구성원인 국민의 인권을 존중하고 보장할 책임과 기능을 갖는다. 이 기능은 국가의 존재이유이기도 하다. 넷째, **입법 및 정책수립기능** 법치주의를 기반으로 하는 오늘날의 국가는 입법과 그 집행을 통해 공동체 구성원들의 안전과 평화를 도모하는 기능을 가진다. 다섯째, **인프라구축기능** 국가는 공동체 구성원들의 삶에 관련되는 광범위한 인프라를 구축하는 기능을 가진다. 이에는 도로, 철도, 대중교통, 물공급, 위생, 쓰레기수거, 공항, 해안방어 시설, 수로, 통신, 가스 및 전기 공급, 우편과 같은 서비스들이 포함된다. 물론 이러한 인프라 설비들은 국가가 독점하는 것은 아니다. 여섯째, **국제평화유지기능** 국가는 다른 주권국가들과 건전하고 번영하는 관계를 수립하기 위한 정책, 절차 및 외교 전략 수립을 담당한다. 이를 위해 국가는 다른 국가들과 협력적 관계를 구축하고 국제기구를 결성하여 공동의 이해관계를 추구한다. 일곱째, **경제적 조정기능** 국가는 공동체 구성원들의 복리증진을 위하여, 국내에서 유통되는 통화와 자연자원을 관리하고, 타국과의 경제적 관계를 설정하고 관리하는 기능을 가진다. 재정정책, 통화정책, 과학기술진흥, 보조금, 조세정책, 대외무역정책, 구조정책, 소득정책 등 다양한 경제정책을 수립하고 집행하는 기능을 가진다. 여덟째, **기타** 교육정책과 문화정책, 환경 및 자연보호 등의 영역에서 국가의 역할기능이 확대되고 있다.

국가기능이론國家機能理論 ㊇ governmental function theory. ➜ 기본권의 효력.

국가기밀國家機密 ㊇ state secrets, ㊆ Staatsgeheimnisse, ㊈ secret d'état. 국가기밀은, 숨기어 남에게 드러내거나 알리지 말아야 할 일 또는 밝혀지지 않았거나 알려지지 않은 내용을 의미하는 국가비밀 중에서 그 중요도가 높은 것으로서, 국가의 안전을 위하여 외국에 대하여 비닉할 것을 요하는 국방상 또는 외교상의 정보 등으로서 그것이 권한 없이 공개되는 경우 국가의 안전에 손해를 생기게 하는 것을 말한다. 헌법 제17조(사생활의 비밀과 자유), 제18조(통신의 비밀)와 형법 제127조(공무상 비밀의 누설), 제316조(비밀침해), 제317조(업무상 비밀누설죄), 통신비밀보호법 제3조(통신 및 대화 비밀의 보호) 등은 「사적 비밀」의 보호와 관련된 조항이고, 헌법 제27조 제2항(중대한 군사상 기밀), 형법 제98조(간첩 등), 제113조(외교상 기밀의 누설), 국가보안법 제4조(목적수행), 그리고 군형법 제13조(간첩 등), 제80조(군사기밀누설) 및 군사기밀보호법 제1조 내지 제16조 등은 국가비밀 중 국가기밀의 보호와 관련된 조항이고, 형법 제127조(공무상 비밀누설죄)는 국가비밀 중 직무상 비밀의 보호와 관련된 조항들이다. 강학상으로는, 국가기밀은 ① 통상의 지식과 경험을 가진 다수인이 알고 있지 아니한 사항일 것(비공지성), ② 국가 또는 국민 전체의 이익을 위해 비닉할 필요성이 있을 것 (보호의 필요성), ③ 그 비밀의 내용은 헌법과 법률에 적합할 것 (허용성), ④ 그 비밀은 관할 기관이 작성한 진정한 것일 것(진정성) 등 4가지 요건이 필요하다. **비공지성**에 대해서는 공지의 사실도 포함된다는 최광의설(대판 1997.7.16. 선고 97도985 전원합의체 판결 중 소수의견), 국내에서는 비록 공지의 사실에 속하는 사항이라 하더라도 북한에서 공지에 사실에 속하지 않은 사항이면 군사상 이익에 속하는 한 국가기밀에 해당한다는 광의설(대판 1987.5.26. 선고 87도432 판결), 공지된 사실 등은 기밀로서의 가치를 상실하였기 때문에 기밀성을 부인하여야 하고 또한 적국이나 반국가단체에 대해 기밀로 해야 할 이익도 가치도 없다는 협의설, 기밀의 비공지성 이외에 은밀성이 포함된다는 최협의설이 있으나 광의설이 다수의 견해이다. **보호의 필요성**에 관한 판단기준과 관련하여, 그것이 누설되는 경우 국가의 안전에 국가의 안전에 명백한 위험을 초래한다고 볼 만큼의 실질적인 가치가 있어야 한다는 실질비설(헌재 1997.1.16. 92헌바6 등)과, 국가기관 등이 일반에 알려지는 것을 금한다는 뜻을 명시적으로 표시한 것이면 비밀에 해당한다는 형식비설, 그리고 병합주의가 대립한다. **허용성**은 보호대상인 비밀의 내용이 위헌 또는 위법한 경우 국가기밀로서 법의 보호를 받을 수 있는지를 말하는 것으로 국정공개의 원칙과 국민의 알 권리 등에 비추어 볼 때 위법한 내용은 국가기밀로서 보호된다고 할 수 없다. 다만 위법한 내용이더라도 외국에 전달하여 위험을 초래한 경우에는 처벌의 여지가 있다. **진정성**과 관련하여, 자국에 대한 비방적 뉴스나 날조된 문건이 대외적 안전에 위험을 초래할 가능성이 있는 경우에는 국가기밀과 상관없이 처벌의 가능성이 있다고 볼 것이다. 국가기밀은 정보공개법상 비공개정보 여부와 관련하여 빈번히 논의된다. ➜ 군사기밀. ➜ 정보공개제도.

국가기원론國家起源論 ➜ 국가.

국가긴급권國家緊急權 ㊄ emergency power, ㊈ Staatsnotstandrecht, ㊆ pouvoir de crise/contrôle de l’état d’urgence/les pouvoirs exceptionnels. 1. **의의와 구별개념** 전쟁 · 내란 · 경제공황 · 대규모 자연재해 등 평상시의 입헌주의적 통치기구로서는 대처할 수 없는 긴급사태에 있어서 국가의 존립을 보전하기 위하여 특정한 국가기관에게 인정되는, 긴급조치를 취할 수 있는 비상의 예외적 권한이다. 대통령제국가에서 대통령의 궐위와 같이 헌법기관이 주어진 헌법상의 권한을 행사하지 못하는 상태인 ‘헌법장애상태’와는 구별된다. 2. **연혁** 국가긴급권은 **로마공화국**의 입헌적 독재에 기원하여 서구의 중세나 근대에 다양하게 이론화되었으나, 1차 대전 후 제도화되었다. **영국**의 경우 국왕의 대권(the Royal Prerogative)의 당연한 내용으로 인식되었고, 양차 대전 후 다양한 법률들이 제정되었다. **미국**

은 관행상 인정되었던 것이 남북전쟁기간 중 Milligan 판결(1866)을 계기로 그 한계가 명확해졌으며, 헌법상 명문의 규정이 없이 전쟁권한법, 비상사태법 등으로 규율되었다. **독일**은 프로이센헌법에서 헌법상 최초로 명문화되었다. 바이마르헌법에서 지나치게 포괄적이고 광범한 긴급권을 규정하였다가 「독재로 통하는 다리」로 남용되었다. 이에 1949년 독일기본법은 긴급권을 규정하지 않았다가, 1968년에 기본법 개정으로 입법적 비상사태, 대내적 비상사태, 방위전쟁상태 등으로 나누어 규정하고 있다(GG §§ 80a-81, Absch. 10a). **프랑스**는 1791년 '포위상태(État de siège)'에 대처하는 법률이 제정되었다가 그 개념을 확대하여 긴급사태(l'état d'urgence)로 전개되었고 1841년 헌법과 1848년 헌법에 도입되었다. 현행 프랑스헌법은 헌법 제16조의 대통령의 비상대권(les pouvoirs exceptionnels), 헌법 제36조의 계엄(état de siège), 그리고 1995년 4월 3일 법률상의 비상사태(le régime législatif de l'état d'urgence)의 세 가지 경우가 존재하고 있다. 3. **유형** 긴급의 정도에 따라 입헌주의적 임시조치권, 초입헌주의적 비상조치권, 초헌법적 국가긴급권으로, 위기정부의 성격에 따라 행정형, 입법형으로, 시간적 관점에 따라 사후적·교정적 긴급권, 사전적·예방적 긴급권으로, 법계에 따라 헌법에 명문화하는 대륙형, 주로 개별법률로 규율하는 영미형으로 분류할 수 있지만, 가장 의미있는 분류는 **합헌적 긴급권**과 **초헌법적 긴급권**으로 나누는 것이다. **합헌적 긴급권**은 입헌적 독재라 불리기도 하는 것으로, 그 근거로, 평상시 법치주의기구로는 국가적 위기를 대처하기 어렵고, 비상적 사태가 예견되는 이상 헌법에 미리 합법적 제도로 규정하여 헌법의 파괴를 막을 수 있으며, 긴급권의 행사요건을 정하여 그 남용을 방지할 수 있다는 점을 든다. **초헌법적 긴급권**의 경우, 인정 여부에 관하여, 긍정설은 기존의 합헌적 조치로는 긴급사태를 극복할 수 없을 경우 국가의 자위적 행위가 필요하고 법이론이 아니라 정치적 논리에 의하여 정당화될 수 있다고 본다. 부정설은 법치주의를 부정하는 행위는 어떠한 이유로도 정당화될 수 없다고 본다. 극단의 초헌법적인 상황이 전개될 경우 법논리를 넘어서 예외적으로 인정될 수 있다고 보는 것이 다수설이다. 옐리네크의 사실적인 것의 규범력(normative Kraft des Faktischen)론으로 정당화될 수도 있다. 헌법재판소는 「국가보위에관한특별조치법」에 대해 초헌법적인 국가긴급권을 대통령에게 부여하고 있다는 점에서 이는 헌법을 부정하고 파괴하는 반입헌주의, 반법치주의의 위헌법률이라고 하였다(헌재 1994.6.30. 92헌가18; 2015.3.26. 2014헌가5). 이는 결국 극단적인 초헌법적 비상사태를 누가 어떻게 판단하는가 그리고 그 사태에 대한 대응이 적절하였는가의 문제로 귀결된다. 4. **현행헌법상 국가긴급권** 1) **연혁** 제헌헌법은 대통령의 긴급명령권·긴급재정처분권(제57조)과 계엄선포권(제64조)를 규정하였으며, 제2공화국헌법은 긴급명령권을 삭제하고 요건을 강화하여 긴급재정명령·처분권(제57조)과 계엄선포권(제64조)을 규정하였으며, 제3공화국헌법은 긴급명령권을 부활시키고 긴급재정경제명령 및 처분권을 규정하였다(제73조). 제4공화국헌법은 대통령에게 헌법적 효력을 갖는 악명높은 긴급조치권(제53조)과 계엄선포권(제54조)을 규정하였다. 제5공화국헌법은 법률적 효력을 갖는 비상조치권(제51조)과 계엄선포권(제52조)을 규정하였다. 2) **현행헌법** 현행헌법은 대통령에게 헌법의 수호자로서의 책무를 부여하고(제66조), 긴급명령권·긴급재정경제명령권·긴급재정경제처분권(제76조)과 계엄선포권(제77조)을 부여하고 있다. 현행헌법이 발효한 이후에는 1993년에 금융실명제를 위한 긴급재정경제명령이 단 한 차례 발동되었다. (1) 긴급명령권 ➜ 긴급명령권. (2) 긴급재정경제명령권 ➜ 긴급재정경제명령권. (3) 긴급재정경제처분권 ➜ 긴급재정경제처분권. (4) 계엄선포권 ➜ 계엄. 3) **국회의 통제** 대통령은 계엄, 긴급명령, 긴급재정경제명령·처분권을 갖는다. 이에 대해 국회는 사후통제를 할 수 있다. 대통령이 계엄을 선포한 때에는 지체없이 국회에 통고하여야 하며, 국회는 재적의원 과반수의 찬성으로 계엄의 해제를 요구할 수 있고, 해제요구가 있으면 대통령은 계엄을 해제하여야 한다(헌법 제77조). 대통령이 긴급명령, 긴급재정경제명령·처분을 한 경우에도 지체없이 국회에 보고하여 승인을 얻어야 한다(헌법 제76조). 이 때의 승인의 의결정족수는 별도의 규정이 없으므로, 일반 의결정족수인 과반수의 출석에 과반수의 찬성으로 승인여부를 결정할 수 있다고 본다. 계엄과 마찬가지로 재적의원 과반수의 승인이 필요하다는 견해도 있다. 계엄해제요구에 필요한 재적의원과반수 찬성은 계엄에 대한 승인이 아니라 해제의 요건이라는 점에서 더 강화된 정족수를 정하고 있다고 볼 것이지만, 긴급권행사의 경우의 승인은 일반정족수로 할 수 있다고 해석하는 경우에 더 쉽게 긴급권행사를 승인하지 않는 것이 가능하다는 점에서 긴급권행사에 대한 통제가 더 용이하다고 볼 수 있다. 국회의 계엄해제요구권은 1962년 헌법에서 처음 규정되었는데, 이 때에는 「재적의원 과반수의 찬성」이라는 요건이 규정되어 있지 않았다가, 1972년 헌법에서 부가되어 현행헌법에까지 이르고 있음을 감안하면, 일반정족수로 승인 혹은 불승인이 가능하다고 봄이 타당하다. 4) **사법적 통제** 국가긴급권은 그 남용의 우려가 크기 때문에 되도록 발동하지 않는 것이 바람직하다. 현행 헌법은 국가긴급권의 내용·효력통제·한계를 명확히 규정하여 그 남용과 악용을 막아 국가긴급권이 헌법보호의 비상수단으로서 기능을 다하도록 하고 있다. 현행헌법의 국가긴급권의 한계로서, 목적상 정치권력의 주관적 목적이 아니라 정상적인 헌정질서의 회복이라는 객관적 목적에 부합하여야 하고, 발동기간은 일시적·임시적이어야 하며, 발동요건은 헌법의 규정에 적합하도록 하여야 하고, 발동범위는 최소한에 그쳐야 한다는 점을 들 수 있다. 현행헌법상 국가긴급권의 행사요건에 관한 판단은 대통령에게 주어져 있고, 국무회의가 유일한 사전적 통제장치이나, 프랑스헌법과 같이, 국회의장과 헌법재판소의 공식적 자문을 거친 후에 발동하도록 요건을 강화함이 바람직하다. 또한 현행헌법은 국회의 승인이라는 사후적 통제장치가 있으나, 대통령과 국회다수파가 일치할 경우에는 승인을 거부하기 어렵게 된다. 사후적으로 헌법재판소와 법원에 의한 통제로서, 긴급권발동의 적헌성심사와 구체적 명령과 처분에 대한 내용통제가 중요하다고 볼 수 있다. 국가긴급권 발동행위 자체는 통치행위로서 사법심사의 대상이 되지 않는다 함이 통설이다. 단 긴급권발동의 형식적 요건에 대한 판단은 가능하다. 대법원은 계엄선포행위 자체에 대해서는 사법심사를 거부하였으나(대판 1979.12.7. 79초70 등), 과거 유신헌법의 긴급조치권행사의 결과인 긴급조치 제4호에 대하여, 그 발동 요건을 갖추지 못한 채 목적상 한계를 벗어나 민주주의의 본질적 요소인 표현의 자유를 침해하고, 영장주의에 위배되며, 법관에 의한 재판을 받을 권리와 학문의 자유 및 대학의 자율성 등 헌법상 보장된 국민의 기본권을 침해하는 것이므로, 그것이 폐지되기 이전부터 유신헌법은 물론 현행 헌법에 비추어 보더라도 위헌·무효라 하였다(대판 2013.5.16. 2011도2631; 2018.11.29. 2016도14781). 그러나 이에 기한 손해배상청구에 대해서는 이를 부정하고 있다(대판 2015.3.26. 2012다48824). 이 판결들은 긴급조치권

자체를 부정하는 것은 아니며, 그 요건해당여부에 관해서만 판단한 것이다. 헌법재판소도 유신헌법상의 긴급조치권 규정 자체를 판단하지 아니하고, 동 규정에 의해 발령된 구체적인 긴급조치의 각호에 대해서 현행헌법을 판단기준으로 하여 심판하여, 모두 위헌으로 결정하였다(헌재 2013.3.21. 2010헌바132 등). 대법원과 헌법재판소의 판례를 비교하여 보면, 대법원은 긴급조치의 위헌 여부에 대한 심사권은 최종적으로 대법원에 속한다고 본 반면, 헌법재판소는 그 심사권한은 헌법재판소에 전속한다고 하였다. 그리고 대법원은 위헌 여부의 심사기준을 유신헌법으로 보면서도, 현행 헌법에 비추어 보더라도 위헌이라고 하였으나, 헌법재판소는 그 심사기준을 유신헌법 아닌 현행 헌법이라고 하였다. 현행헌법상 긴급권은 법률로서의 효력을 가진다고 봄이 통설이므로, 구체적인 법률적 명령·법규명령과 처분 그리고 입법사항에 대해서는 일반적인 사법심사나 헌법재판소의 위헌법률심사 혹은 헌법소원의 대상이 된다.

국가로부터의 자유 ㊇ freedom from the state, ㊈ die Freiheit vom Staat, ㊉ la liberté á partir de l'état. 개인의 기본권을 국가 이전의 천부의 것으로 이해하는 입장에서 기본권의 본질을 국가로부터의 자유라고 보는 견해이다. 독일의 C. Schmitt의 견해가 대표적이다. ➜기본권이론. ➜ 헌법관.

국가면책사상國家免責思想=**국가무책임사상**國家無責任思想 ㊇ state immunity, ㊈ staatliche Immunität, ㊉ immunité d´état. 국가면책사상은 두 가지 측면에서 사용된다. 하나는 주권면제, 왕의 면책특권과 동일한 의미로 사용되어, 왕은 잘못을 저지를 수 없다(The king can do no wrong: rex non potest peccare)는 격언에 따라 왕의 행위에 따른 책임은 그 신하의 책임으로 된다고 하여 왕은 모든 민·형사책임으로부터 면제된다는 사상이다. 다른 하나는 국제법상 국가에 인정되는 법적인 면책을 말하는 것으로, 국가에게 귀속되는 행위와 국가의 재산은 타국의 재판관할권으로부터 면제를 향유할 권리를 가지고 타국은 면제를 부여할 의무를 진다는 사상이다. 이는 국제법의 기본원칙 중 하나인 주권평등존중의 원칙의 논리적 귀결이다. 대등한 자는 대등한 자에 대해 지배권을 갖지 못하는(par in parem non habet imperum) 것이다. 주권면제 내지 왕의 면책특권은 군주주권론 하에서 확립된 원칙이었으나 오늘날의 국민주권론 하에서는 폐기되었다. 국가면제와 주권면제는 역사적으로는 완전히 동일한 의미는 아니지만, 오늘날에는 거의 같은 의미로 사용되고 있다.

국가목표규정國家目標規定 ㊈ Staatszielbestimmung. 국가목표규정은 시민에게 주관적 권리를 부여하는 것은 아니고, 국가권력(입법, 집행, 사법)을 특정의 목표를 수행하도록 법적 구속력을 가지고 의무를 부여하는 헌법규범으로 정의된다. 알렉시의 기본권이론(➜ 알렉시의 기본권이론)에 있어서의 원리의 성격을 국가목표규정에 부여함으로써 객관적 질서성과 동일시하려는 이론구성을 하는 견해도 있다. 헌법의 핵심적인 내용을 기본권-제도보장-국가목표규정으로 분류하고, 국가목표규정의 위상을 독립적인 영역으로 만들고자 하는 입장도 있다. 국가목표규정은 국가에게 특정한 의무를 부여하지만, 국민개개인에게 그러한 특정국가목표를 실현하도록 청구할 권리를 부여하지는 않는다. 국가의 존재의의와 국가의 정당성의 근거를 의미하는 국가목적과 구별된다. 국가목표규정은 헌법상의 개인적 권리로 규정하기에는 충분하지 않거나 부적절한 경우에 사회가 지향하여야 할 가치를 실현할 방향을 명령하고 지시하는 과제를 부여한다. 우리 헌법의 국가목표조항은 헌법 제5조(국제평화유지의무), 제9조(전통문화 계승 · 발전 및 민족문화창달의무), 제31조(평생교육진흥의무), 제32조(근로환경조성의무), 제34조(인간다운 생활을 할 권리), 제34조 제2항(사회보장 · 사회복지 증진의무), 제34조 제3항(여자의복지 · 권익향상의무), 제34조 제4항(노인 · 청소년 복지향상의무), 제34조 제5항(재해 예방과 국민보호의무), 제35조(환경보전의무), 제36조 제2항(모성보호의무), 제36조 제3항(국민보건보호의무), 제123조 제4항(중소기업과 농 · 어민보호), 제123조 제5항(농 · 어민과 중소기업의 자조조직 육성의무), 제127조(과학기술의 혁신과 정보 및 인력의 개발의무) 등을 들 수 있다. 국가목표규정은 대국가적 효력을 가지지만, 이에 위반하였다고 하여 헌법위반이라고 하기에는 부적절하다. 다만, 구체적인 경우에, 국가목표규정에 따라 명백히 국가의 의무가 존재함에도 불구하고 이를 이행하지 않았다면 헌법위반으로 될 수 있다. 결국 국가목표규정은 입법자에게 광범위한 입법재량을 부여하기 때문에 위헌성 여부를 다투는 것은 지극히 어렵다.

국가배상제도國家賠償制度 ㊎ the state compensation system ㊍ Staatshaftung/Amtshaftung, ㊊ responsabilité de l'État. 공무원의 행위를 통해 행해지는 국가행위로 인해 개인이 손해를 입은 경우 중, 공무원의 불법행위가 원인인 경우에 국가가 이를 배상하는 제도이다. ➜ 국가책임제도, ➜ 국가배상청구권, ➜ 손실보상청구권.

국가배상책임國家賠償責任**의 성질** ➜ 국가배상청구권.

국가배상청구권國家賠償請求權 ㊎ claims for state compensation or indemnity, ㊍ Anspruch auf Schadensersatz, ㊊ la responsabilité administrative. 1. **의의와 연혁** 공무원의 직무상 불법행위로 인하여 손해를 받은 국민이 국가나 공공단체를 상대로 하여 배상책임을 청구하는 권리로서, 현행헌법 제29조 제1항에서 「공무원의 직무상 불법행위로 손해를 받은 국민은 법률이 정하는 바에 의하여 국가 또는 공공단체에 정당한 배상을 청구할 수 있다. 이 경우 공무원 자신의 책임은 면제되지 아니한다.」고 규정하고 있다. 연혁적으로는 사법의 영역에서 발전하였지만, 오늘날은 그것이 갖는 피해자구제, 손해분산, 위법행위억제 등의 기능을 통하여 궁극적으로는 국민의 기본권을 보장하고 법치국가원리를 실현하는 중요한 헌법상의 권리구제 메커니즘으로 인식되고 있다. 영미법계에서는 「The King can do no wrong」원칙과 같이 국가무책임원칙이 강조되었으나, 몇몇 사법부의 판결을 거쳐 1947년 영국의 Crown Proceedings Act(국왕소추절차법), 미국의 1946년 Federal Tort Claims Act(연방불법행위청구법)에 의하여 일정한 범위 내에서 국가책임을 인정하게 되었다. 대륙법계에서는 프랑스는 Conseil d'Etat의 판례를 통하여, 독일은 바이마르헌법과 기본법을 통하여 국가배상책임을 인정하였다. 2. **법적 성격** 법적 성격과 관련하여, i) 헌법 제29조의 법적 성질이 입법방침규정인가 직접적 효력규정인가 ii) 국가배상천구권의 본질이 재산권인가 청구권인가 iii) 공권인가 사권인가 iv) 국가배상법이 공법인가 사법인가 등의 4가지가 논의된다. i)의 문제는 직접적 효력규정이라 함이 통설 · 판례이다. 국가배상법 외에 국가배상에 관한 다른 규정이 없으면 민법을 적용하여야 한다(국가배상법 제8조). ii)의 문제는 재산권으로서의 성격보다는 청구권적 성격이 더 강하다고 봄이 통설 · 판례이다. iii)의 문제는 소송실무상 행정소송이 아닌 민사소송으로 처리하고 있으나, 그 본질은 공권으로 이해함이 타당하다. iv)의 문제는 국가배상법이 공건인 국가배상청구권을 실현하는 법인 점, 국가배상청구의 원인행위가 공법적 작용인 점, 국가배상법이 단체주의적 공평부담의 원칙을 선언한 것으로서 행정주체가 의무를 선언하고 있는 점 등에 비추어 공법으로 이해함이 타당하다. 3. **국가배상책임의 성질** 이에 대한 학설로서, 대위책임설(공무원에 대위하여 혹은 대신하여 지는 책임이란 설), 자기책임설(공무원이 사용자로서 국가가 직접 지는 책임이라는 설), 절충설(중간설; 공무원의 고의·중과실이 있는 경우는 대위책임이나, 경과실의 경우에는 국가의 자기책임이라는 설) 등이 있다. 공무원의 고의·과실이 개입되는 경우 국가가 자기책임을 진다는 것에 대해 비판하는 견해도 있으나, 국가의 무과실책임·위험책임의 원리에 충실하여야 한다는 점에서 자기책임설이 타당하다. 4. **주체** 헌법 제29조의 국민에는 국민과 내국법인을 포함한다. 외국인은 국가배상법 제7조에 의하여 상호주의가 적용된다. 상호주의는 반드시 상대국과 조약이 체결될 필요는 없다(대판 2015.6.11. 2013다208388). 헌법 제29조 제2항은 군인·군무원·경찰공무원에 대하여 이중배상을 금지하고 있으므로 이들의 기본권주체성이 부인된다. 5. **내용** 1) **유형** 국가배상청구권은 공무원의 직무상 불법행위로 인한 경우(국가배상법 제2조)와 공공시설의 설치·관리의 하자로 인한 경우(국가배상법 제5조)로 나뉘어 있다. 2) **성립요건** i) 공무원 또는 공무를 위탁받은 사인(공무수탁사인)의 행위일 것. 판례상 카투사, 소집 중인 향토예비군, 시청소차운전수, 소방원, 집행관 등은 공무원이지만, 시영버스운전수, 의용소방대원, 한국토지공사는 공무원이 아니라고 한다. ii) 직무상 행위일 것. 직무의 범위에 관하여 협의설, 광의설, 최광의설 등이 있으나, 판례는 국가나 지방자치단체의 권력적 작용 뿐만 아니라 비권력적 직용도 포함하되, 단순히 사경제의 주체로서 행한 작용은 포함하지 않는다고 보지만(대판 2004.4.9. 2002다10691), 포함하여야 한다는 견해(최광의설)가 있다. 직무를 '집행하면서'의 의미는 객관적으로 직무행위와 외관상 관련이 있는 것으로 인정되는 행위도 포함한다(외형설). iii) 불법행위일 것. 이는 고의나 과실에 의하여 법령을 위반한 행위이다. 작위·부작위·행위지체 등을 포함한다. 국회의원의 입법행위는 포함되지 않는다고 함이 판례이다(대판 1997.6.13. 96다56115). 다만, 그 입법내용이 헌법의 문언에 명백히 위반됨에도 불구하고 국회가 굳이 입법한 것과 같은 특수한 경우에는 인정할 수 있는 것처럼 판결하고 있다(대판 2008.5.29. 2004다33469). 불법행위의 입증책임은 피해자에게 있으나, 사안에 따라 입증책임이 경감 내지 완화되는 경우도 있다. 위법성의 의미에 관하여는 행위불법설, 결과불법설이 있으나, 당해 공무원의 행위가 객관적으로 정당성을 상실한 것인지의 여부에 따라 판단하는 상대적 위법성설이 타당하다. iv) 손해가 발생할 것. 불법행위로 인해 타인에게 손해가 발생하여야 하며, 정신적·물질적 불이익을 모두 포함한다. 불법행위와 손해사이에 상당인과관계가 있어야 한다. v) 자동차손해배상보장법 상의 손해배상 책임이 있는 경우에도 국가배상법이 적용된다. 3) **배상청구의 상대방** 배상청구의 상대방이 국가에 한정되는가 아니면 국가와 행위자인 공무원 양자에게 선택적 청구가 가능한가에 대하여, 자기책임설의 입장에서는 국가에게만 한정된다고 보는 것이 논리적이다. 6. **제한** 1) **이중배상청구의 금지** 헌법 제29조 제2항은 「군인·군무원·경찰공무원 기타 법률이 정하는 자가 전투·훈련등 직무집행과 관련하여 받은 손해에 대하여는 법률이 정하는 보상외에 국가 또는 공공단체에 공무원의 직무상 불법행위로 인한 배상은 청구할 수 없다.」고 규정하는바, 이 규정은 원래 국가배상법 제2조 제1항의 단서로 규정되었던 것을 대법원의 위헌판결(대판 1971.6.22. 70다1010) 이후 유신헌법에서 헌법전에 편입한 것이었다. 이 규정에 대하여 여러 차례 위헌여부의 다툼이 있었으나 헌법재판소는 헌법규정이라는 이유로 합헌이라고 판단하였다(헌재 2005.5.26. 2005헌바28 등). 헌법개정이 되는 경우 삭제되어야 한다. 2) **법률에 의한 제한** 헌법 제37조 제2항의 기본권제한의 일반원리에 따라 제한이 가능하다. 국가배상심의회의 결정전치주의는 2008년 임의적 전치주의로 개정되었다(국가배상법 제9조).

국가법國家法 ㊕ Staatsrecht. 국가의 형태, 성질, 조직, 체계, 작용 등에 관한 법으로서, 국가에 관한 전체 법질서 가운데 중심부분을 차지하면서 국가권력의 법적 근거와 행사에 대하여 규율하는 동시에 국가작용에 관한 나머지 하위법규범의 생성과 효력의 전제를 이루는 법이다. 이에 관한 학문이 국가법학(Staatsrechtslehre)이다. 국가법과 헌법은 '실질적 의미의 헌법'과 '형식적 의미의 헌법'의 구분과 일치한다. 즉 실질적으로 국가법적 내용이면 실질적 의미의 헌법이며, 국가법적 내용이 아니더라도 헌법전에 규정될 수 있다(형식적 의미의 헌법) ➜ 국가법학.

국가·법 동일설國家·法同一說 ➜ 순수법학이론. ➜ 헌법관.

국가법인설國家法人說 ㊕ juristische Staatsperson. 국가를 법적 주체로서의 법인으로 보는 학설이다. 독일에서 W. 알브레히트와 C. F. v. 게르버를 거쳐 G. 옐리네크에 의하여 완성된 학설이다. 이 설에 의하면 국가는 법적으로 법인이며, 회사와 같은 법인에 여러 기관이 있듯이 군주는 국가라는 법인의 국가원수인 지위의 기관이라고 주장한다. 이 경우, 국가의 최고권력인 주권은 군주나 국민에게 있는 것이 아니라 국가 그 자체에 있다고 보기 때문에 국가주권설로 이어진다. 시민계급이 갓 성장한 당시의 독일로서는 전통적인 군주주권설도 취할 수 없고, 그렇다고 혁명기 프랑스의 인민(국민)주권설도 취할 수 없었기 때문에 소극적 혁명이데올로기로서 양 이론을 절충하여 국가주권설을 채택하였고, 그러한 점에서 이 학설은 정치적 타협의 산물이라는 비판을 받는다. 오늘날에는 국가가 조약을 체결하거나 민사계약의 당사자로서 법적 주체가 되기도 하므로, 주권론은 더 이상 타당하지 않더라도, 국가를 법적 주체로 생각하는 입장은 여전히 유효하다.

국가법학Staatsrechtslehre = **국법학** 19세기 독일에서 발달한 국가와 국가법에 관한 학문분야이다. 독일에서는 관방학(官房學) 또는 국가학(國家學)이라는 이름으로 국가의 여러 활동을 분석·평가하는 학문이 성행하였는데, 19세기 후반에 이르러 법전의 정비, 입헌주의(立憲主義)의 채용, 사법학(私法學)의 발달 등의 영향을 받아, 국가의 활동 및 이와 국민 간의 관계를 법률학적으로 파악하려는 시도가 활발해졌다. 독일 국법학의 아버지라 일컬어지는 요한 모저(Johann J. Moser)로부터 C. F. v. 게르버, P. 라반트, R. 그나이스트 등을 거쳐 공권(公權)이론과 주권(主權)의 자기제약의 이론을 내세운 G.옐리네크에 의해 완성되었다. 국가법은 추상적·일반적인 국가에 대한 법이 아니라 특정한 공동체에 존재하는 구체적·개별적인 국가에 관한 법이기 때문에 국가법학은 추상적·일반적인 국가에 대하여 논의하는 국가학과 구별된다. 국법학은 20세기에 접어들면서 그 학문적 독자성이 강화되어 헌법학으로 정착되었다. 오늘날에는 헌법학으로 통칭된다.

국가변천론國家變遷論 국가라는 공동체의 변화양상과 각 양상의 구조원리 등에 관하여 연구하는 학문이다. 서구국가의 변천과정은 고대-중세-근세-근대-

현대로 이어지는 것으로 이해함이 일반적이다. 오늘날에는 동양국가들을 포함하여 전지구적 관점에서 새롭게 정립될 필요가 있다. ➜ 국가.

국가보상청구권國家補償請求權 ㉢ Right to claim national compensation, ㉣ Recht auf nationale Entschädigunganspruch, ㉤ droit de réclamer une indemnisation nationale. 적법한 또는 무과실의 공권력발동으로 말미암아 권익을 침해당한 국민이 국가에 대해 보상을 청구할 수 있는 권리를 말한다. 손실보상청구권과 형사보상청구권을 포함한다. ➜ 손실보상청구권. ➜ 형사보상청구권.

국가보안법國家保安法 ㉢ National Security Act. 1. **의의 및 제 · 개정** 국가보안법(National Security Act)은 1948.12.1.「국헌을 위배하여 정부를 참칭하거나 그에 부수하여 국가를 변란할 목적으로 결사 또는 집단을 구성한 자(동법 제1조)」를 처벌하기 위하여, 일제강점기의 치안유지법과 보안법을 기반으로 하여 제정한 법률이다. 최초의 법률은 본문 6개조 및 부칙으로 간략한 법률이었으나 1년여 만에 전부개정되어, 1949년 개정에서 단심제와 보도구금을 규정하였다. 이후 이승만 정부가 독재권력을 전횡하고 진보당의 조봉암 등에 대해 사형을 선고하였던 1958년에 사회 및 정치 영역을 탄압하기 위하여 소위 2 · 4파동을 통해 전면 폐지제정되어 본문 40개조로 강화되었고, 독재권력의 전가의 보도처럼 남용되었다. 이 시기에는 이현령비현령(耳懸鈴鼻懸鈴)의 법으로 '막걸리보안법'이라고 불릴 만큼 광범위하게 적용되어 그 혐의자가 14만 명에 달할 정도이었다. 4 · 19혁명 후 2 · 4파동 이전의 국가보안법으로 회귀하여, 특수형사절차인 보도구금제를 폐지하고, 16개조로 전부개정되었다. 1961년 5 · 16쿠데타 이후 1961.7.3. 반공법을 제정하여 반국가단체 중 특히 공산계열의 활동에 대한 제재를 규정하여, 국가보안법과 함께 운용되었다. 박정희정부 시기에는 국가보안법보다 반공법에 의한 규율이 훨씬 많았다. 10 · 26 사태 이후, 12 · 12쿠데타 및 5 · 17쿠데타를 거쳐 집권한 신군부 세력은 1980.12.31. 국가보안법과 반공법이 그 성격이 유사하고 중복된 조문이 많아 국가보안법으로 통합하여 개정하고 당일 시행하였다. 1987년 민주화 이후 국가보안법은 대표적인 반민주악법의 하나로 거론되면서 폐지론이 강하게 대두되었다. 1990년 헌법재판소는 국가보안법이 "'자유민주적 기본질서'에 위해를 줄 경우에만 적용된다 할 것이므로 이러한 해석 하에 헌법에 위반되지 아니한다"고 하여 한정합헌결정을 내렸다(헌재 1990.4.2. 89헌가113). 1991.5.31.에 동법을 개정하여,「국가보안법」을 해석 · 적용함에 있어서 국민의 기본적 인권을 최대한 보장하여야 한다는 원칙을 확인하고, 입법목적과 규제대상을 구체화하고 남북교류협력에관한법률과의 적용한계를 명백히 하면서 처벌대상을 축소함으로써 기본적 인권을 최대한 보장하고 대북정책의 효율적인 추진을 적극 뒷받침할 목적으로 개정하여 당일 시행하였다. 또한 1992년에 헌법재판소는 구속기간 연장에 관한 국가보안법 제19조에 대하여 지나치게 인권을 제약한다고 하여 위헌결정을 하여 동 규정의 일부를 무효로 하였다(헌재 1992.4.14. 90헌마82). 이후 2022년 현재까지 타법개정이나 용어 등의 개정을 위한 법개정으로 13차 개정에 이르고 있다. 2. **존폐론** 1) **현황** 1991년 법개정 이후에도 국가보안법에 대한 국내외의 개정 내지 폐지론이 빈번하게 주장되었다. 국제적으로 미국 국무부의 인권보고서, 국제사면위원회의 성명, 유엔인권이사회의 권고 등이 있었고, 국내에서는 국가인권위원회가 처음으로 국가보안법에 대한 폐지의견을 제시하였다. 2004년 초부터 개정 또는 폐지에 관한 여론이 활발히 일어났으나, 야당의 극심한 반대로 개정 또는 폐지가 유보되었다. 이후 진보정권과 보수정권이 번갈아 집권하면서 국가보안법은 때로는 그 적용이 축소되기도 하고 때로는 확대·강화되기도 하는 등, 2022년 현재에도 여전히 유효한 법으로 남아 있다. 2) **폐지론** (1) **논거** ① 용어가 추상적이고 불명확한 개념으로 되어 있어 자의적 해석으로 남용될 우려가 있고, 북한의 위협을 과장하여 인권유린을 가져왔던 악법이며, 국제적 여론도 폐지를 권고하고 있다. ② 동법이 헌법상 기본적 인권을 침해하고 있고, 자유민주주의는 세계의 보편적 가치이나 빈공은 이데올로기이므로 양자간의 접합은 부적절하다. ③ 영토규정이 북한지역을 포함하지만 사실상 실효성이 없다. ④ 북한을 반국가단체로 보는 것은 시대상황에 맞지 않고, 북한을 실체로 인정한 7·4 남북공동선언, 7·7 선언, UN 동시가입, 6·15 공동선언, 남북공동선언 등과 모순되므로 냉전의 산물인 국가보안법은 폐지되어야 한다. (2) **비판** ① 1991.5.31.의 법개정으로 남용의 우려가 해소되었다. ② 법개정을 통해 법상의 용어들의 유추해석 내지 자의적 판단의 여지가 거의 없다. ③ 남북간의 관계는 민족 내부의 특수관계이지만, 남한이 북한을 승인하는 문제는 별개의 사안이다. ④ 북한의 대남적화통일전략과 폭력혁명노선이 포기되었다는 증거가 없다. ⑤ 외국의 경우에도 반국가범죄를 엄격하게 처벌하고 있다. ⑥ 자유민주주의체제를 전복하려는 북한의 의도에 휘말리는 결과가 된다. ⑦ 남북교류협력법과 국가보안법은 상치되는 것이 아니라 그 규율의 목적이 다르다. ⑧ 남북간의 교류가 있음에도 북한의 비공식적·대내적 변화가 없으므로 법의 존재가치가 남아 있다. 3) **존치론** (1) **논거** ① 법 자체의 제정취지인 안보위협의 상황에 대한 대처의 필요성이 여전히 남아 있으며, 대남적화라는 북한의 입장이 변화되지 않았다. ② 국제적으로는 사회주의 내지 공산주의가 퇴조하고 있으나, 국내에서는 여전히 좌익 사회주의 활동이 유지되고 있다. ③ 외국의 경우에도 반국가활동에 대한 처벌과 제한이 상존하고 있다. ④ 자유민주주의를 근간으로 하는 남한에서는 완전하지는 않지만 인권이 보장되고 있으나 북한은 그렇지 않으므로, 국가보안법의 운용의 묘를 살려 북한의 대남전략·전술에 대비할 필요가 있다. (2) **비판** ① 과거의 냉전의 산물인 국가보안법을 폐지함이 시대의 흐름에 부응한다. ② 특별법인 국가보안법이 아닌 일반법인 형법으로도 규율이 가능하다. ③ 외국의 정치형법들도 엄격히 적용이 제한되거나 유명무실하다. ④ 과거와 달리 북한도 국가보안법 폐지를 절대적 전제조건으로 하고 있지 않다. 4) **개정론** (1) **논거** ① 과거 남한 내부적으로 국가보안법이 남용된 사례들이 많았으나, 위헌성을 제거하는 법개정을 통해 엄격하게 적용을 제한할 수 있다. ② 폐지가 초래할 국가안보상의 공백과 대북한 관계의 혼란을 방지할 필요가 있다. ③ 국가보안법상 문제되는 제규정들을 더욱 명확하게 규정함으로써 남용을 방지할 수 있다. ④ 자유민주주의를 근간으로 하는 대한민국에 대한 적대세력은 북한만으로 한정할 수는 없고, 형법만으로는 이에 강력하게 대처할 수 없다. (2) **비판** ① 북한형법이 남한을 '반국가단체'로 규정하고 있으므로 남한에서만 개정하는 것은 안보상의 위협을 피할 수 없다. ② 개정론자들이 주장하는 법용어의 추상성·불명확성은 판례나 법적용과정에서 어느 정도 해소되었다. ③ 국가보안법 적용의 대상이 되는 사건들의 중대성에 비추어 일반형법상의 수사와는 달리 취급될 필요가 있다. 5) **대체론** 대체론은 ① 국가보안법의 명칭을 변경하거나, 민주질서보호법으로 대체하자는 주장과, ② 국가보안법을 폐지하되 중요 내용은 형법에 포함시키고, 여타 내용은 규제목적에 따라 여권법, 밀항단속법, 출입국관리법 등에서 규율하자는 주장이다. 이에 대해서는, ① 민주질서보호법으로 대체입법하더라도 국가보안법과 동일한 혹은 유사한 비판이 있을 것이다. ② 오히려 민주질서보호법의 적용 대상과 범위가 국가보안법보다 더 넓어져서 자의적 해석으로 인한 남용의 위험이 클 수 있으며, 특히 북한과의 관계에 대한 규정을 두지 않을 수 없을 것이다. ③ 명칭을 변경하더라도 부정적 이미지를 해소하는 데에는 도움이 될지 모르나 실익이 없을 것이다. ④ 일반형법에 포함시키자는 주장에 대해서는, 특별형법으로서의 국가보안법의 성격을 도외시하는 것으로서, 법률의 체계상 적합하지 않다. 3. **헌법재판소 결정** 국가보안법에 관한 효시가 된 헌법재판소 결정은 **헌재 1990.4.2. 89헌가113**, 국가보안법 **제7조**에 관한 위헌심판(한정합헌)이다. 이 결정에서 헌법재판소는,「국가보안법 제7조 제1항 및 제5항의 규정은 각 그 소정의 행위가 국가의 존립·안전을 위태롭게 하거나 자유민주적 기본질서에 위해를 줄 명백한 위험이 있을 경우에만 축소적용되는 것으로 해석한다면 헌법에 위반되지 아니한다」고 하여, 이후의 헌법재판소 결정의 모델이 되었다. 이 결정에는 한정합헌결정을 반대하는 반대의견이 있다. 같은 뜻의 결정으로는, 헌재 1990.6.25. 90헌가11; 1992.1.28. 89헌가8(집시법도 한정합헌); 1997.1.16. 89헌마240; 1999.4.29. 98헌바66; 2002.4.25. 99헌바27등; 2003.5.15. 2000헌바66; 2004.8.26. 2003헌바85등; 2015.4.30. 2012헌바95등('동조'부분 반대의견, '소지·취득한 자' 부분 반대의견 있음)이 있다. **헌재 1992.4.14. 90헌바23 결정**은 (개정 전) 국가보안법 **제9조 제2항**에 대한 헌법소원으로 역시 한정합헌으로 결정하였다. **헌재 1992.4.14. 90헌마82결정**은 국가보안법 **제19조**에 대한 헌법소원으로 위헌으로 결정하였다. 이 결정에서 헌법재판소는「국가보안법 제19조가 제7조 및 제10조의 범죄에 대하여서까지 형사소송법상의 수사기관에 의한 피의자구속기간 30일보다 20일이나 많은 50일을 인정한 것은 국가형벌권과 국민의 기본권과의 상충관계 형량을 잘못하여 불필요한 장기구속을 허용하는 것이어서 결국 헌법 제37조 제2항의 기본권제한입법의 원리인 과잉금지의 원칙을 현저하게 위배하여 피의자의 신체의 자유, 무죄추정의 원칙 및 신속한 재판을 받을 권리를 침해한 것이다.」라고 하였다. 같은 뜻의 결정으로 헌재 1999.10.21. 98헌마362이 있다. **헌재 1996.10.4. 95헌가2** 결정은 (1991.5.31. 법률 제4373호로 개정된) 국가보안법 **제7조 제1항 등**에 대한 위헌제청에 대하여 헌재 1990.4.2. 선고 89헌가113 결정과 같은 뜻의 결정이었다(반대의견 1인). **헌재 1997.1.16. 92헌바6 등** 결정은, (1991.5.31. 개정 후의) 국가보안법 **제4조 제1항 제2호 "나" 목, 제6조제1항 등**에 대한 헌법소원으로 역시 한정합헌 및 합헌으로 결정하였다. 이 결정에서 **구 국가보안법 제7조 제1항·제3항·제5항 및 제8조 제1항**에 대해서도 한정합헌으로 결정하였다. 같은 뜻으로 헌재 2003.5.15. 2000헌바66 ; 2014.9.25. 2011헌바358 등이 있다. **헌재 1997.6.26. 96헌가8 등** 결정은 국가보안법 **제19조**에 대한 위헌제청으로 합헌으로 결정하였다. 헌재 1997.8.21. 96헌마48도 같은 뜻이다. **헌재 1998.7.16. 96헌바35** 결정은, 구 국가보안법 **제10조(불고지죄)** 위헌소원이었으나, 합헌으로 결정하였다. **헌재 1998.8.27. 97헌바85** 결정은, 국가보안법 **제6조 제2항(잠입·탈출죄)** 위헌소원은 한정합헌으로 결정되었다. **헌재 2002.11.28. 2002헌가5** 결정은, 국가보안법 **제13조(특수가중)**에 대한 위헌제청으로, 형의 불균형 및 형벌법규의 명확성 원칙에 반하여 **위헌**으로 결정되었다. **헌재 2018.3.29. 2016헌바361** 결정은, 국가보안법 **제14조(자격정지 병과)**에 대한 위헌소원으로 합헌으로 결정되었다. 이 결정에는 '소지한 자' 부분 위헌(5인), '동조' 부분 위헌의 반대의견(1인)이 있다. **헌재 2020.11.26. 2014헌마1175 등** 결정은 긴급조치 국가배상 관련 **재판취소 사건**이었으나, 헌법재판소의 심판대상이 되는 예외적인 '법원의 재판'으로 볼 수 없다고 하여 각하되었다. 위헌의 반대의견이 있다. 헌재 2021.9.30. 2015헌마349 결정은 재미교포 '토크콘서트' 북한 여행기 발언 사건의 기소유예처분취소 헌법소원으로, 청구인의 국가보안법위반(찬양 · 고무등), 명예훼손 혐의를 인정한 피청구인의 기소유예처분이 청구인의 평등권과 행복추구권을 침해하였다고 보아 인용결정되었다. **구 반공법**(1980. 12. 31. 법률 제3318호 국가보안법 부칙 제2조로 폐지) **제7조**(현행 **국가보안법 제9조**)에 관하여, 헌법재판소의 해석원리를 수용한 **대판 2013.6.28. 2010도3810 판결**이 있다.

국가보위비상대책위원회國家保衛非常對策委員會 1979년 10 · 26 사건 이후 전면에 등장한 신군부가 내각을 장악하기 위해 설치한 임시행정기구이다. 줄여서 국보위라고 한다. 전두환 보안사령관 겸 중앙정보부장 서리를 중심으로 하는 신군부 강경세력이 사회적 혼란을 수습한다는 명분을 내걸고 1980.5.31. 설치하였다(국가보위비상대책위원회설치령; 대통령령 제9897호, 1980.5.31. 제정, 1980.5.31. 시행). 위원회는 행정부 각료 10명, 군요직자 14명 등 모두 24명으로 구성됐으며, 최규하 대통령이 위원장을 맡았다. 위원회의 위임 사항을 심의, 조정하기 위해 상임위원회를 설치하고 13개 분야별 분과위원회를 두었는데, 상임위원회 위원장은 전두환이 맡았다. 전두환은 보안사령부, 중앙정보부, 국보위까지 장악하면서 최고 실세로 떠올랐다. 국보위는 결성 직후인 6월 부정 축재와 국기 문란, 시위 주도 등의 혐의를 씌워 정치인과 교수, 목사, 언론인, 학생 등 329명을 지명수배하고 김종필, 이후락, 김진만, 박종규 등 유신 핵심세력이 공직에서 물러나도록 하였다. 7.9.에는 장차관급 38명을 포함한 232명의 고위 공무원을 쫓아내었다. 이 때 공직에서 물러난 사람들이 민주화 이후 강제해직의 위헌 · 위법성을 주장하면서 대거 국가배상청구를 하기도 하였다. 국보위는 중화학공업 투자를 재조정하고 대학에 졸업정원제를 도입했으며 과외를 금지하고 출판 및 인쇄물을 제한하는 한편 삼청교육을 실시하는 등 사회적 파급이 큰 정책들을 한꺼번에 도입하였다. 이 같은 활동을 통해 공포정치가 확산되고 있던 가운데 가택연금 상태에 있던 김영삼 당시 신민당 총재가 8.13. 정계은퇴를 발표하고 8.16. 최규하 대통령이 물러나는 등 정치적 조정 작업이 일단락되자 전두환은 8.27. 통일주체국민회의에서 제11대 대통령으로 선출되었다. 이어 10월 국가보위입법회의법이 통과되자 이 법에 따라 국가보위비상대책위원회는 입법권을 가진 **국가보위입법회의**로 개편되었다(국가보위입법회의법). 국가보위입법회의는 신군부의 제5공화국 출범을 위한 기반을 마련한 후 11대 국회가 개원하면서 해산되었다. 국가보위비상대책위원회는 준집정관적인 국가지배체제로 시민에 의한 국가통제권을 상실케 하였으며, 국가보위입법회의는 국민의 대표로 구성되지 않은 입법기관으로서 신군부의 집권을 정당화하고 국가보위비상대책위원회에서 행한 일련의 조치들을 사후적으로 제도화, 법제화시킴으로써 면죄부를 주려한 것으로서, 위헌적일 뿐만 아니라 불법적이면서 불합리한 통치행위로서 군부의 친위쿠데타의 통치도구일 뿐이었다. 헌법재판소는 국가보위입법회의의 입법에 대한 절차적 위헌은 다툴 수 없고(헌재 1994.4.28. 91헌바15등), 동 입법의 실체적 위헌 여부에 대해서는 재판의 전제성에 대한 검토를 거쳐 현행헌법 하에서 그 위헌성 여부를 다툴 수 있다고 하였다(헌재 1989.12.18. 89헌마32등). 1989년의 결정에서 헌법재판소는 국가보위입법회의의 입법에 대한 제소를 금지한 구 헌법 부칙 제6조 제3항에 대한 헌법소원을 각하하였다.

국가보위國家保衛**에 관한 특별조치법**特別措置法 1971년 국가비상사태에서 국가의 안전과 관련되는 내정 · 외교 및 국방상의 조처를 사전에 취할 수 있도록 비상대권을 대통령에게 부여하기 위하여 제정된 법률이다. 1971.12.27. 법률 제2312호로 제정되었는데 전문 12조와 부칙으로 되어 있다. 1971년 미국과 중국이 핑퐁외교로 화해분위기로 접어들고 국제질서 전반에 데탕트 무드가 조성되자, 1971. 12.6. 당시 대통령 박정희는 국가가 안전보장상 중대한 시점에 있다고 보고, 국가안보를 저해하는 모든 행위를 용납하지 않으며, 무책임한 안보논쟁을 삼갈 것과 최악의 경우, 기본권의 일부도 유보할 결의를 하여야 할 것이라는 내용의 국가비상사태를 선언하였다. 그러나 당시 이러한 대통령의 선언을 구체화할 실정법적 근거가 없었으므로 여당이었던 민주공화당은 대통령의 선언을 뒷받침하기 위한 법률안을 작성하여 야당의 강력한 반대를 무릅쓰고 입법화시켰다. 이 법률의 제정 이듬해인 1972년의 유신헌법은 대통령에게 영도자적 지위를 부여했다는 점에서 이 법률에 대한 헌법적인 뒷받침을 하였다고 볼 수 있다. 이 법률은 제5공화국헌법 시행 후인 1981.12. 「국가보위에 관한 특별조치법폐지법률」에 따라 폐지되었다. 이 법률이 당시 헌법하에서 과연 합헌이었는가에 대하여 의문을 제기할 수도 있었으나, 이 법률의 제정 후 10개월 만에 10월 유신(1972.10.17.)이 있었다는 점에서 이 법률의 제정은 10월 유신의 전주곡이라 할 수 있다.

국가보위입법회의國家保衛立法會議 ➜ 국가보위비상대책위원회.

국가부양원칙國家扶養原則 ㊕ alimentation principle, ㊀ Alimentationsprinzip, ㊁ principe alimentaire. 공무원이 생계와 노후를 걱정할 필요없이 직무에 전념할 수 있도록, 공무원에게 위임된 직무에 상응하는 적정한 급여와 연금을 국가가 제공해야 하는 의무를 부담해야 한다는 원칙을 말한다. 독일 기본법 제33조 제5항, 대한민국 국가공무원법 제46조 이하 참조.

국가부양의무國家扶養義務 ㊀ Alimentationspflicht. ➜ 국가부양원칙.

국가본질론國家本質論 ➜ 국가.

국가비상사태國家非常事態 ㊕ state emergency, ㊀ Staatsnotstand, ㊁ état d'urgence. 입헌주의국가에서 전쟁이나 내란, 경제공황 등과 같은 비상사태가 발발하여 국가의 존립이나 헌법질서의 유지가 위태롭게 된 때를 말한다(헌재 1994.6.30. 92헌가18 참조). 전쟁, 내란, 중대한 경제적 위기, 자연재해 등 다양한 요인에 의해 발생할 수 있으며, 오늘날에는 세계화로 인한 다른 국가의 위기상황이나 세계적 경제체제의 위기로 인해 초래될 수도 있다. 독일헌법상 헌법장애상태와는 구별되는 개념이다. ➜ 헌법장애상태. ➜ 국가긴급권.

국가사단설國家社團說 ➜ 국가법인설.

국가사무國家事務 ㊕ national services/national affairs, ㊀ nationale Dienste/nationale Angelegenheiten, ㊁ services nationaux. 국가사무란 국가의 존립 목적을 위하여 필요한 사무를 말한다. 고유사무(자치사무)에 대응하는 개념이다. 국가사무는 국가가 직접 그 기관에 의하여 행하는 것이 원칙이지만,

따로 공공단체나 그 기관 또는 민간인에게 위임하여 수행하는 경우도 있다(➜ 지방자치단체의 사무).

국가·사회구별론國家·社會區別論 ⓓ die Unterscheidung von Staat und Gesellschaft. 1. **문제인식** 국가(Staat, state)는 사회(Gesellschaft, society)를 기반으로 하여 존재하면서 그 사회에 일정한 사회질서와 평화를 부여하는 기제(apparatus)로 인식된다. 물론 이 경우에 언급하는 사회라는 표현도 '공동의 생활을 영위하는 인간의 집단'이라는 가장 일반적·보편적 개념으로부터 각 학문 영역에 따른 다양한 도구개념이 있다. 발생사적 측면에서 근대적 의미의 사회는 재산을 소유한 개별 인간과 이들의 상호작용 및 직업분화를 관할하는 질서·규범·제도의 복합체를 뜻한다. 시민사회는 바로 전근대적 의미의 신분사회와 대비하여 신분적 속박에서 벗어난 개별 성원들이 계약을 통하여 자유로운 교환행위를 이루어가는 생활의 장을 지칭한다. 법치주의와 입헌주의의 관점에서 국가와 사회는 어떠한 관련성을 갖는가, 즉 국가는 사회를 초월하여 사회와는 무관하게 존재하는가, 아니면 국가가 곧 사회인가, 국가는 단지 사회의 한 부분체계에 불과한가 등등에 관한 물음이 곧 국가와 사회의 구별의 문제이다. 이 문제는 유럽에서 특히 후발 산업국가이자 전통적으로 단체주의적 사고가 강하게 지배하였던 독일에서 깊이 논의된 주제이다. 2. **연혁** 영미법계 국가에서는 국가와 사회의 구별이 특별한 관심을 끌지 못하였는데, 이는 국가라는 개념이 법적으로 구성되지 않았으며 국가와 시민사회의 대립과 갈등이라는 문제가 존재하지 않았기 때문이었다. 근대국가가 등장한 18세기까지 유럽에서는 아리스토텔레스적 전통에 따라 국가와 사회가 동일시되었다. 국가와 사회가 구별되기 시작한 것은 절대주의 후기와 초기 입헌주의 시기이었다. 이 시기는 절대군주를 정점으로 하는 지배계급이 형성되어 국가로 간주되고 통치대상으로서 국민 내지 사회가 이원적으로 인식되었던 시기이었다. 아울러 국가의 발생 내지 정당성에 관하여 사회계약사상이 태동하여 지배권력으로서의 국가로부터 자유로운 영역 즉 사회영역이 인식되기 시작하였다. 프랑스혁명을 거치면서 신분사회가 서서히 소멸되고 부르주아 시민사회가 등장하여 경제·종교·교육 등의 영역들이 탈국가화하면서 국가와 사회가 분화되기 시작한 것이다. 19세기 시민사회의 등장으로 국가영역과 시민사회영역의 구성원이 분리된 것으로 이해되면서 국가-사회 이원론이 주장되었다. 19세기 후반에 이르러 민주주의가 발달하여 제도적으로 입헌주의가 확립되자 치자-피치자 동일성 및 국민-국가권력 동일성의 사고가 대두되고 국가와 사회의 일원론이 등장하였다. 3. **일원론** 1) **마르크스레닌주의의 일원론** 마르크스레닌주의의 법관에 따르면, 종국적으로 국가는 사멸한다(국가사멸론). 그러나 현실적으로 프롤레타리아독재가 실현되었음에도 불구하고 국가는 사멸하지 않았다. 이에 Stalin은 사회주의에서는 사회주의 국가가 사멸하지 않고 오히려 사회의 재구성을 위한 원동력으로 작용한다고 하였다. 이에 따라 국가와 사회는 하나의 통일체를 구성하고 국가와 사회 내지 국가와 개인의 이원론은 폐지된다고 한다. 2) **동일성이론** 이 견해는 국가와 사회는 동일한 인간적 단체를 각각 대표하는 것에 지나지 않는다고 본다. H. Ehmke가 대표적이며, R. Smend도 이에 포함될 수 있다. 국가와 사회를 대립시키는 것은, 독일후기입헌주의국가들에서 나타난 것처럼, 시민의 자유는 보장하겠지만, 결코 정치적 자유는 보장할 수 없기 때문이다. 이에 대해 Ehmke는 영미의 헌법사상을 지향하여 정치적 공동체(시민사회)를 오직 하나뿐인 인간의 단체로 이해하고자 한다. 이 시민단체가 신뢰(trust)를 매개로 하여 정부로 연결되고 이 정부가 곧 국가라는 것이다. 4. **이원론** 이원론에는 이상주의적 이원론과 법실증주의적 이원론 그리고 다양한 형태의 교차관계적 이원론을 들 수 있다. **이상주의적 이원론**은 Kant, Fichte, Humboldt 등이 사회우위적 이원론과 Hegel과 같이 국가우위적 이원론이 있다. 이들은 국가와 사회를 구별하면서도 그 상호관계를 부인하지는 않았다. **법실증주의적 이원론**은 존재와 당위를 엄밀히 구별하는 법실증주의적 국가관에 따른 것이다. G. Jellinek와 H. Kelsen이 대표적이다. 이들은 국가와 사회를 엄밀히 분리하면서 완전한 단절관계를 주장하였다. **교차관계적 이원론**은 국가와 사회를 분리하되, 그 상호간의 교차관계를 인정하는 견해들이다. i) 분리설(Trennungstheorie)은 민주주의원리, 법치국가원리, 사회국가원리 등에서는 국가와 사회의 분리를 전제로 하여 개념화된 것이라고 본다. J. Isensee가 대표적이다. ii) 차별설(Distinktionstheorie)은 국가와 사회를 엄격하게 분리하지는 않고 단지 구별하는 정도에 그친다. Böckenförde, von Arnim, Herzog, D. Grimm 등등이 이 입장에 동조한다. 이들은 두 부분을 유동적이며 변증법적으로 상호보완하는 관계로 파악하여 '조직적-제도적 특화현상(organisatorisch-institutionelle Sonderung)'에 지나지 않는다고 본다. 국가는 여전히 필수적인 질서권력이자 규제권력이며, 사회는 결코 스스로 자신을 규제하지는 않으므로, 기본질서의 유지와 자유의 위협에 대한 저지 그리고 국가의 통일성 확보를 위해 국가가 요구된다고 한다. iii) 제3영역설(Die Lehre vom Dritten Sektor) 이 견해는 G. F. Schupert가 주장하는 것으로, 국가와 사회를 엄밀히 구별하지 아니하고 정책연계망(policy network)을 통해 정치적 결정을 행하는 다양한 영역 중의 하나로서 시장과 국가 사이에 존재하는 그와 동등한 지위의 제3영역을 구성한다고 한다. iv) 기능적 차별화이론(Die Lehre der funktionellen Differenzierung) K. Hesse가 대표적이며 H. Dreier, Hermes, Zippelius, Stettner 등이 이에 따르고 있다. 이 견해에 의하면, 국가는 결코 사회보다 우위에 그리고 사회보다 먼저 존재하는 실체적 단위가 아니다. 국가는 현대 산업사회의 자치적 조직의 일부일 뿐이다. 곧 수많은 부분체계가 참여하는 작용의 한 연계적 맥락에 해당되는 다원주의적 국가이다. 국가와 사회의 구별은 현실적인 것이 아니다. 이 구별은 사회적 전체체계와 그와 구분되는 정치체계인 국가 사이에 그 기능과 역할이라는 측면에서 구분되는 표현일 뿐이다. 국가와 사회를 동일시하는 견해로 이해될 수도 있다. 5. **새로운 과제** 고전적 자유주의 헌법이론은 국가와 사회의 이분법에 근거하여 국가권력의 통제를 통한 사적 자치의 확보에 초점을 맞추었다. 뿐만 아니라 현대사회의 사회영역의 탈정치화로 인한 다원사회 내의 여러 자율영역에서 국가권력을 대신한 사회적 권능의 통제문제도 헌법적으로 중요한 논의주제로 되었다. 특히 오늘날 국가를 초월하여 연계된 초국가사회에서는 새로운 헌법적 문제가 제기되고 있다. 이러한 문제는 단순히 지역적으로 구획된 한 국가의 국가-정치만으로는 대처하기 힘들며, 글로벌 거버넌스로 표현되는 초국가적 · 전지구적 현실인식과 접근법으로 국가와 사회의 새로운 역할을 기획할 필요가 있다. 최근에 주창되는 사회헌법론(➜ 사회헌법론)에 주목할 필요가 있다.

국가3요소이론國家三要素理論 ➜ 국가.

국가소멸론國家消滅論 ㊎ withering away of state, ㊍ Absterben des Staates, ㊏ Dépérissement de l'État. 공산주의 이론가들인 마르크스-엥겔스의 국가관에 따르면 국가란 계급투쟁의 산물이며, 법은 국가를 존속하고 유산계급이 무산계급을 억압하기 위한 도구로서 이해한다. '국가는 악'이라는 국가관을 가지고 있으며, '법'은 유산계급이 무산계급을 억압하는 수단이기 때문에 국가와 법은 근원적으로 불필요한 것으로 본다. 따라서 계급이 사라지고, 계급투쟁이 사라진 공산주의 사회에서는 국가와 법은 존재할 이유가 없게 된다고 하는 것이 '국가소멸론'이다. 즉, 프롤레타리아와 자본가 사이의 계급투쟁에서 자본주의사회를 폭력혁명으로 타도하고 프롤레타리아 독재를 실현하면 계급지배의 도구인 국가는 자연히 소멸한다는 공산주의 이론이다. 모든 사회는 경제적 생산관계의 기반 위에 유물론적 변증법의 필연성 법칙에 따라 발전하게 된다는 유물사관의 결정론에 기반을 둔 이론이다. 레닌에 이르러서는 국가는 소멸되어야 하는 것이지만, 국가의 소멸은 첫째, 프롤레타리아 폭력혁명에 의한 부르주아 국가의 '폐지'과정, 둘째, 부르주아 국가의 폐지 과정 이후에 프롤레타리아 독재에 의한, 잔존하는 프롤레타리아 국가 혹은 반국가(semi state:준국가)의 '소멸'과정으로 이루어진다는 2단계 국가소멸론으로 전개되었다. 스탈린에 이르러서는 반국가 혹은 준국가를 '새로운(신) 국가'로 명명하였다. 마르크스-레닌주의자들이 주장하는 국가는 '권력의 도구' 또는 '특수한 조직'으로 간주하기 때문에 정당과 같은 정치조직에 대한 국가의 우위를 인정하지 않으며, 국가는 흔히 '국가기구' 또는 '공화국', '국가정권', '정권기관'등과 같은 용어와 동일시되어 사용된다. 따라서 당-국가에서 당 우위라는 표현은 국가의 개념에 있어 협의의 국가(국가기구)보다 우위라는 것이다. 이러한 마르크스-레닌주의 논리에 대해 첫째, 생산수단의 소유관계에 있어서 국가는 소멸되는데 생산수단은 국가의 소유로 한다는 것은 "사라진 국가가 소유하고 있는 재산"이라는 모순이 발생하는 것이며, 둘째, 하부구조인 경제적 생산구조가 마침내 프롤레타리아계급의 폭력혁명에 의하여 정치권력을 장악한 후에 생산수단을 국가소유로 이전한다는 것은 경제적 생산구조의 우위의 관점에서 모순되며, 모든 사회는 경제적 생산관계를 기초로 하여 변증법적 필연성의 법칙에 따라 발전한다는 결정론과도 상치되고, 셋째, 공산주의 국가에서 계급투쟁이 종식되었다고 선언된 지 오래전이지만 국가와 법은 소멸되지 않았으며, 오히려 더욱 강화된 측면으로 나타났다는 비판이 있다.

국가안전보장國家安全保障 ㊁ national security, ㊂ nationale Sicherheit, ㊄ la sécurité nationale. ➜ 기본권의 제한.

국가안전보장회의國家安全保障會議 ㊁ National Security Council, ㊂ Nationaler Sicherheitsrat, ㊄ Conseil national de sécurité. 국가안전보장에 관련되는 사항들에 관해 대통령에게 자문하는 대통령 직속 자문기관이다. 제3공화국헌법에 최초로 규정되어 현행헌법에까지 규정되고 있다. 헌법 제91조 제1항은 「국가안전보장에 관련되는 대외정책 · 군사정책과 국내정책의 수립에 관하여 국무회의의 심의에 앞서 대통령의 자문에 응하기 위하여 국가안전보장회의를 둔다.」고 규정하고 있다. 필수적 자문기구이자 국무회의의 전심기관(前審機關)이다. 헌법규정에 따라 국가안전보장회의법(법률 제1508호, 1963.12.14. 제정, 1963.12.17. 시행)이 제정되었고, 수 차에 걸쳐 개정되었으며, 가장 최근의 개정은 2014년에 있었다.

국가연합 ➜ 국가형태론.

국가원로자문회의國家元老諮問會議 ⓔ the Advisory Council on State Affairs. 대통령이 국정 운영에 필요한 조언과 자문에 응하기 위하여 설치되는 대통령 직속 헌법기관이다. 현행 헌법 제90조는 「① 국정의 중요한 사항에 관한 대통령의 자문에 응하기 위하여 국가원로로 구성되는 국가원로자문회의를 둘 수 있다. ② 국가원로자문회의의 의장은 직전대통령이 된다. 다만, 직전대통령이 없을 때에는 대통령이 지명한다. ③ 국가원로자문회의 조직 직무범위 기타 필요한 사항은 법률로 정한다.」고 규정하고 있다. 1980년 헌법 제66조에서 「국정자문회의」라고 하였던 것을 1987년 헌법에서 「국가원로자문회의」로 명칭을 바꾸었다. 국가원로자문회의법(법률 제4002호, 1988.2.24. 제정, 1988.2.25. 시행)이 제정되었으나, 1989.3.29.에 폐지되었다. 1987.4.13. 호헌조치 이후 퇴임이 예정되어 있었던 대통령 전두환이 국가원로자문회의법을 강화하여 실질적인 영향력을 미치고자 시도한 적이 있었다. 현재에는 법률이 폐지된 후 헌법규정만 남아 있다.

국가원수國家元首 ⓔ Head of state, ⓓ Staatsoberhaupt, ⓕ Chef d'État. 1. **의의** 헌법상 주권국가의 통일성과 항구성을 상징하며, 외국에 대해서는 국가를 공식적으로 대표하고, 국내에 있어서는 최고의 통치권을 행사하는 공적 인물이자 국가기관을 말한다. 국가기관이지만 국가원수 한 사람으로 구성되는 기관이다. 국가원수가 2명 이상인 경우도 있다(안도라). 2. **헌법상 지위** 1) **의원내각제 Parliamentary system**에서는 국가원수는 명목상 최고 행정부공직자이다. 행정부 권한행사의 책임과 정당성은 입법부에서 다수결로 선출되는 정부수반(수상)이다. 의원내각제 공화국들에서는 국가원수는 통상 대통령으로 불리며 대통령제나 반대통령제에서의 대통령과는 반대되는 주로 의례적이고 상징적인 지위의 중요한 기능을 갖는다. 의원내각제 국가들에서 국가원수는 입법부와 전혀 무관한 국가도 있고, 그렇지 않고 수상임명과 같은 최소한의 권한을 가진 국가도 있다. 2) **반대통령제 Semi-presidential systems**는 대통령과 의원내각제의 양태를 조합한 제도로서, 정부는 대통령과 의회에 모두 책임을 진다. 3) **대통령제(Presidential system)**에서는 입법부와는 무관하게 국민에 의하여 직접 혹은 간접적으로 국가원수가 선출된다. 대통령은 의회에 대하여 책임을 지는 것이 아니라 국민에게 책임을 진다. 각 국가의 헌정의 실제상으로는 군사독재나 쿠데타를 통해 국가원수로 되는 경우가 많았다. 4) **사회주의적 일당독재국가들(Single-party states)**의 경우 헌법상 국가원수가 실제상의 정치적 실권자와 일치하지 않는 경우가 대다수이었다. 3. **역할** 1) **상징적 역할(Symbolic role)** 국가원수는 개별 국가의 충성과 통일성 및 권위의 인적 상징으로서 살아 있는 국가 상징으로서의 역할을 한다. 2) **행정적 역할(Executive role)** 대다수의 국가에서는 행정적 권한이 국가원수에게 위임되지만, 그 권한이 실질적인지 혹은 형식적인지에 커다란 차이가 있다. 영국이나 일본과 같은 입헌군주국의 경우에는 국왕의 권한은 지극히 형식적인 데에 그치고 실질적인 정치적 결정권은 내각에 주어진다. 형식적이지만 정책결정권, 고위공직자임명권, 외교권, 군사에 관한 건 등에 대해 최종적인 재가를 요구하는 경우가 많다. 3) **입법적 역할(Legislative roles)** 입법부와 관련한 국가원수의 역할에 있어서도 의원내각제와 대통령제국가에서 차이가 있다. 지극히 형식적인 권한일지라도 의원내각제의 경우 의회의 개원을 국가원수의 연설로 시작하는 경우도 있다. 대통령제 국가의 경우에는 의회에 대하여 국가원수로서의 지위에 따라 입법부를 소환하거나 해산하는 경우도 있지만, 이는 미국식 대통령제라기보다는 신대통령제로 평가되는 국가들에게서 볼 수 있다. 4) **기타 특권(Other prerogatives)** 영전 수여, 면책특권, 재량권, 사면권 등을 가진다. 4. **구체적 사례** 1) **군주제의 경우** 전제군주제인 경우에는 국가원수가 정부수반도 사실상 겸직한다. 입헌군주제 국가들에서는 군주가 국가원수를 맡으며 국민이 선출한 총리가 정부수반을 맡는다. 드물게 선거로 군주를 선출하는 국가들도 있지만 선거권자가 제한되어 있다. 2) **공화제의 경우** 공화제의 경우 대통령제를 도입한 국가의 경우엔 대통령이 정부수반이자 국가원수가 된다. 정부수반인 국무원 총리와 국가원수인 주석이 거의 비슷하게 이원화된 중국의 경우엔 둘 다 국가원수로 취급한 예도 있다. i) **의원내각제**의 경우 대부분 대통령을 명목상의 국가원수로 둔다. 주로 사회적으로 명망 높은 인물을 대통령 자리에 앉혀 국가통합의 상징으로 삼는 경우가 많다. ii) **이원집정부제**의 경우, 내각제에 가까운 이원집정부제 국가에서는 상징적인 국가원수인 대통령 밑에 실권자 정부수반인 총리가 있는 형태를 취한다. 반면 대통령중심제에 가까운 이원집정부제 국가에서는 형식상으로는 대통령이 국가원수로서 국방과 외교를 책임지고 총리가 정부수반으로서 경제와 내무를 담당한다고 하지만, 실제로는 대통령이 국가원수와 실질적인 정부수반을 겸하는 것처럼 국정이 운영되며 총리가 오히려 상징적 존재가 되어 대통령을 보필하는 최고위직의 보좌관처럼 된다. 프랑스가 대표적인 케이스이다. 다만 프랑스의 헌정 체제에서는 대통령과 총리의 정당이 불일치하는 동거정부 상황에선 대통령이 상징적 존재로 밀려나고 총리가 실권자처럼 되어 잠시 의원내각제처럼 변형된다. 일부 이원집정부제 국가에서는 명목상 대통령 = 국가원수, 총리 = 정부수반이라는 공식을 부정하는 경우도 있다. 스리랑카의 경우 이원집정부제를 표방함에도 대통령이 국가원수 겸 정부수반으로 되어 있고 총리는 2인자일 뿐이다. iii) **대통령중심제**에 총리직을 둔 경우에는 총리는 행정부의 2인자로서 대통령을 보좌하는 역할이 된다. 총리가 오히려 상징적인 직위가 되는 것이 일반적이다. 우리나라의 경우도 이에 속한다.

국가원조이론國家援助理論 ⓔ state assistance theory. ➜ 기본권의 대사인적 효력. ➜ state action 이론

국가위기관리國家危機管理 위기의 개념은 학문분야에 따라 다양하게 정의되는데, 정치학에서는 주로 안보와 관련하여, 행정학에서는 주로 재난과 관련하여 정의된다. 안보중심의 위기개념은 국가적 위기상황을 평화와 전쟁의 전환점으로 파악하고 전쟁발발 직전의 급박한 상황, 즉 국가 간 긴박한 사태의 발생으로 상호간 평화적인 해결책이 아니라 전쟁의 상황에 도달하게 되는 상황이라 할 수 있고, 재난중심의 위기개념은 자연적, 인위적, 사회적 재난을 일컫는다. 대통령훈령인 「국가위기관리기본지침」에서는 '국가위기'를 '국가주권 또는 국가를 구성하는 정치 · 경제 · 사회 · 문화 체계 등 국가의 핵심요소나 가치에 중대한 위해가 가해질 가능성이 있거나 가해지고 있는 상태'로 정의하고 있다. 현재 국가위기는 안보상의 제반법령과 함께, 「재난 및 안전관리 기본법」으로 규율하고 있다. 이에 「국가위기관리기본법」을 제정하여야 한다는 주장이 있다.

국가유공자國家有功者 국가유공자는 나라를 위하여 공헌하거나 희생한 사람을 말한다. 「국가유공자 등 예우 및 지원에 관한 법률」 제4조는 동법의 적용대상인 국가유공자를 18개로 정하고 있다. 유사제도로 보훈보상대상자(보훈보훈대상자 지원에 관한 법률), 5 · 18민주유공자(5 · 18민주유공자예우 및 단체설립에 관한 법률), 과학기술유공자(과학기술유공자 예우 및 지원에 관한 법률), 특수임무유

공자(특수임무유공자 예우 및 단체설립에 관한 법률), 의사상자(의사상자 등 예우 및 지원에 관한 법률) 등이 있다.

국가유기체설 [영] Organicism/Holism, [독] Organizismus, [프] Organicisme. 전체를 부분의 집합이 아니라, 하나의 생명처럼 보는 유기적 세계관을 유기체설이라 하는데, 국가를 이러한 하나의 유기체로 보는 입장이다. 유기체적 국가관이라고도 한다. 국가란 국민을 구성요소로 하지만 국민들이 모여서 하나의 유기체를 형성하는 독립된 의사를 가진 단체라 한다. 플라톤이 국가(polis)를 '거대한 인간'으로 생각하고 '철인정치론', '이상국가론'을 전개한 것이나, T. 홉스가 기하학적 방법에 의하여 국가론을 전개하면서도 국가를 거대한 괴물(Leviathan)로 파악하고 주권은 그 혼, 행정관은 그 관절, 법률은 인공적 이성, 국가의 분열은 그 질병, 내란은 그 죽음 등으로 설명한 것이 유기체적 국가관에 기초한 것이었다. 이들의 비유적인 유기체설을 넘어 체계적인 국가학설로는 18세기의 기계론적·원자론적·계몽주의적 국가관에 대항하여 노발리스, A.H.v. 뮐러, F.v. 슐레겔 등 독일의 낭만주의자에 의하여 주장됨으로써 비롯되었다. 국가는 메커니즘(mechanism)이 아니고 살아 있는 유기체(organism)라고 주장함으로써, 기성질서를 옹호하는 보수적·반동적 이데올로기가 되었다. 19세기에 접어들어, 독일국가학을 독자적인 위치에 서게 하는 데에 크게 기여하였으며, 국가법인설에도 영향을 끼쳤다.

국가유보國家留保 ➜ 공동체유보.

국가유사설國家類似說 ➜ 기본권의 대사인적 효력.

국가國家**의 교육권한**敎育權限 교육의 영역에서 국가와 개인(사회) 중 어느 쪽이 주체적인 권리자가 되어야 하는가의 문제에서, 국가가 교육에 대하여 책임을 지고 모든 국민에게 능력에 따라 교육의 기회와 가능성을 부여하여야 한다는 국가중심주의와, 국가는 개인(사회)의 교육주체성을 인정하고 개인(사회)에 교육을 맡기되 국가는 보충적으로만 교육에 개입하여야 한다는 개인(사회)중심주의가 대립될 수 있다. 전통적으로 유럽(특히 단체주의적 사고가 강한 독일)이나 아시아의 전통적 유교국가에서는 국가중심주의교육이 우선시되었다면, 사회영역의 발전으로부터 국가로 발전된 미국의 경우에는 국가영역보다 사회영역의 교육이 우선시되었다. 미국의 경우 유수의 대학들이 사립학교인 것은 이에 연유한다. 교육의 공공성이라는 측면에서 보면, 공공성을 담보하는 주체가 사회영역인가 국가영역인가의 문제로 귀결된다. 국가중심주의 교육을 강조하게 되면 자칫 국가우월주의 교육으로 오도될 수도 있다. 마찬가지로 개인(사회)중심주의 교육을 강조하게 되면 자칫 사회통합을 저해할 수도 있다. 따라서 어느 입장을 선택하더라도 교육의 공공성에 기반하여 교육의 자주성·전문성·정치적 중립성이 보장될 수 있도록 제도화되어야 한다. 현행헌법에서는 제31조 제1항(교육을 받을 권리) 규정과 제36조 제6항(교육제도법정주의)에서 국가중심주의를 표방하고 있다. ➜ 교육을 받을 권리와 교육의 자유. ➜ 교육기본권.

국가의사결정國家意思決定 ➜ 정책결정.

국가國家**의 수호**守護 ➜ 헌법의 수호.

국가이성國家理性 [영] reason of state, [독] Staatsräson, [프] raison d'État. '국가이성'은 프랑스어인

'raison d'État'를 번역한 말로 '국가이유(國家理由)'로도 번역된다. 다른 윤리적 이유에 우선하는 국가 공익상의 이유이다. 보편적인 합법성이나 통상이성을 능가하는 개별적인 배려나 비도덕적인 힘의 행사에 대한 정치적 요청을 포함한다. 국가이성은 i) 국가의 생존강화의 목적으로 권력이 법·윤리·종교보다도 우선해야 한다는 것, ii) 권력 자체에 높은 목적합리성을 인정하는 것, iii) 국가는 그 존재이유를 국가 자체 내에서 찾아야 한다는 것 등의 3가지 측면을 가진다. 16세기 초부터 중엽의 이탈리아에서 귀챠르디니(F. Guicciardini)와 보테로(G. Botero)에 의해 유통하기 시작한 용어이다. 마이네케(F. Meinecke)나 크로체(B. Croce)는 마키아벨리(N. Machiavelli)를 보편적 자연법이 아닌 국가의 개별이익을 정치학의 기초에 둔 국가이성론의 선구자로 보고 피히테(J. G. Fichte)와 헤겔(G. W. F. Hegel) 등의 독일국가학과의 연속성을 강조하였다. 국가이성론은 '초법규적인 절대권력'에 의한 '일시적' 조치라는 논쟁적인 요소를 포함한다. 또한 국가이성론의 분석은 내셔널리즘의 고찰과 연계된다.

국가이익우선의무國家利益優先義務 the duty to prefer a national interests to a private interests. 헌법 제46조는 「① 국회의원은 청렴의 의무가 있다. ② 국회의원은 국가이익을 우선하여 양심에 따라 직무를 행한다. ③ 국회의원은 그 지위를 남용하여 국가·공공단체 또는 기업체와의 계약이나 그 처분에 의하여 재산상의 권리·이익 또는 직위를 취득하거나 타인을 위하여 그 취득을 알선할 수 없다.」고 규정하고 있다. 이 규정은 국회의원이 사적 이익이나 지역구의 이익을 넘어서 국가 전체의 이익을 우선하여 국가의사결정에 참여하여야 한다는 의무이다. 자유위임의 근거규정으로 이해되기도 한다(헌재 1994.4.28. 92헌마153). 국회의원 본인 뿐만 아니라 사적인 관련이 있는 특정의 제3자에게 재산상의 권리·이익 또는 직위를 취득하거나 타인을 위하여 그 취득을 알선하는 경우도 금지된다고 보아야 한다. 헌법규정에 따라 국회법에서도 이 의무를 규정하고 있다(제24조(선서), 제29조(겸직금지), 29조의2(영리업무종사금지 등)). 국회의원이 이 규정들을 위반하였을 경우에는, 국회는 윤리특별위원회의 심사를 거쳐 그 의결로써 징계할 수 있다(국회법 제155조).

국가인권위원회國家人權委員會 ⓔ National Human Rights Commission. 1. **의의와 연혁** 인권의 보호와 향상을 위한 업무를 수행하는 국가기관으로 독립적 지위를 가지는 합의제 행정기관이다. 헌법에는 규정이 없으나, 국가인권위원회법(법률 제6481호, 2001.5.24. 제정, 2001.11.25. 시행)이 2001년 제정되었다. 20세기에 들어와 인권이 범인류적으로 가장 중요한 가치로 인식되자, UN은 1946년부터 인권보장을 위한 국내기구를 설치할 것을 권장하였으며, UN 인권위원회는 1978년 「국가인권기구(NI)의 구조·기능에 관한 가이드라인」(제네바 원칙)을 제정하고, 총회에서 인준하였다. 1990년대에는 국가인권기구의 워크샵이 진행되어 「파리원칙」이 성안되고 1993년 UN 총회에서 채택되었다. 「파리원칙」은 국가인권기구설립에 관한 국제사회의 보편적인 기본준칙으로 「국가인권기구는 인권을 보호하고 향상시키는데 필요한 권한을 가져야 한다. 국가 인권기구는 다른 국가권력으로부터 독립적 지위를 보장받기 위하여 그 구성과 권한의 범위를 헌법 또는 법률에 의하여 구체적으로 부여받아야 한다.」고 규정하고, 국가인권기구의 권한과 책임, 구성과 독립성 및 다원성의 보장, 운영 방식, 준사법적 권한을 가진 국가인권기구의 지위에 관한 추가원칙 등에 걸쳐 국가인권기구의 기본적 요건들을 구체적으로 열거하고 있다. 우리나라는 1993년부터 국가인권기구설립을 위한 다양한 요구가 나타났고, 2001년에 국가인권위원회법이 제정·공포되어 같은 해 11월부터 국가인권위원회가 출범하였다. 그러나 집권정부의 인권인식에 따라 인권위원회의 조직과 활동이 축소·위축되기도 하였다. 이것은 국가인권위원회가 헌법기구가 아닌 대통령 소속의 법률상 기구라는 점이 크게 작용하였다. 따라서 국가인권위원회의 독립성과 자율성을 최대한 확보하기 위해서는 「파리원칙」에 따라 국가인권위원회를 헌법상의 기구로 격상하여 그 조직과 활동을 보장할 필요가 있다. 2. **우리나라 국가인권위원회** 1) **조직**(국가인권위원회법 제5~10조) 위원회는 위원장 1명과 상임위원 3명을 포함한 11명의 인권위원으로 구성한다. 인권위원은 국회가 선출하는 4명(상임위원 2명을 포함한다), 대통령이 지명하는 4명(상임위원 1명을 포함한다), 대법원장이 지명하는 3명을 대통령이 임명한다. 위원장은 국회의 인사청문을 거쳐 대통령이 임명한다. 위원장과 인권위원은 정무직공무원이며, 인권위원은 특정 성(性)이 10분의 6을 초과하지 않아야 한다. 위원장과 위원의 임기는 3년이며 1회 연임할 수 있다. 위원장과 인권위원은 일정한 신분보장과 면책특권을 가지며, 법이 정한 일정한 직을 겸할 수 없다. 정당에 가입하거나 정치운동에 간여할 수 없다. 2) **업무** 위원회는 다음의 업무를 수행한다. i) 인권에 관한 법령(입법과정 중에 있는 법령안을 포함한다)·제도·정책·관행의 조사와 연구 및 그 개선이 필요한 사항에 관한 권고 또는 의견의 표명 ii) 인권침해행위에 대한 조사와 구제 iii) 차별행위에 대한 조사와 구제 iv) 인권상황에 대한 실태 조사 v) 인권에 관한 교육 및 홍보 vi) 인권침해의 유형, 판단 기준 및 그 예방 조치 등에 관한 지침의 제시 및 권고 vii) 국제인권조약 가입 및 그 조약의 이행에 관한 연구와 권고 또는 의견의 표명 viii) 인권의 옹호와 신장을 위하여 활동하는 단체 및 개인과의 협력 ix) 인권과 관련된 국제기구 및 외국 인권기구와의 교류·협력 x) 그 밖에 인권의 보장과 향상을 위하여 필요하다고 인정하는 사항 등이다. 위원회는 업무수행을 위하여 자료제출이나 조회, 청문회, 시설방문조사, 정책과 관행이 개선 또는 시정권고, 법원 및 헌법재판소에 대한 의견제출, 보고서 작성 등을 할 수 있다. 3) **조사와 구제** (1) **조사대상과 진정인** 국가기관, 지방자치단체, 「초·중등교육법」 제2조, 「고등교육법」 제2조와 그 밖의 다른 법률에 따라 설치된 각급 학교, 「공직자윤리법」 제3조의2 제1항에 따른 공직유관단체 또는 구금·보호시설의 업무 수행(국회의 입법 및 법원·헌법재판소의 재판은 제외한다)과 관련하여 「대한민국헌법」 제10조부터 제22조까지의 규정에서 보장된 인권을 침해당하거나 차별행위를 당한 경우 및 법인, 단체 또는 사인(私人)으로부터 차별행위를 당한 경우 그 인권침해나 차별행위를 당한 사람 또는 그 사실을 알고 있는 사람이나 단체는 위원회에 그 내용을 진정할 수 있다(동법 제30조 제1항, 제31조). (2) **직권조사** 위원회는 진정이 없는 경우에도 인권침해나 차별행위가 있다고 믿을 만한 상당한 근거가 있고 그 내용이 중대하다고 인정할 때에는 직권으로 조사할 수 있다(동법 제30조 제3항). (3) **조사방법** 위원회는 i) 진정인·피해자·피진정인 또는 관계인에 대한 출석 요구, 진술 청취 또는 진술서 제출 요구 ii) 당사자, 관계인 또는 관계 기관 등에 대하여 조사 사항과 관련이 있다고 인정되는 자료 등의 제출 요구 iii) 조사 사항과 관련이 있다고 인정되는 장소, 시설 또는 자료 등에 대한 현장조사 또는 감정(鑑定) iv) 당사자, 관계인 또는 관계 기관 등에 대하여 조사 사항과 관련이 있다고 인정되는 사실 또는 정보의 조회 등의 방법으로 진정에 관하여 조사할 수 있다(동법 제36조 제1항). 기타 조사방법에 대해서는 법에서 상세히 규정하고 있다(동법 제36조 제2~7항). (4) **진정에 대한 처리** 진정에 대해서는 각하, 관계기관 이송, 진정인에의 통지, 조언, 기각, 합의권고, 조정위원회의 조정, 고발 및 징계권고, 법률구조요청 등을 할 수 있다(동법 제32 · 33조, 제39~48조). 진정에 대한 조사 · 조정 및 심의는 비공개로 하되, 위원회의 의결이 있을 때에는 공개할 수 있고(동법 제49조), 진정처리결과와 권고 등은 다른 법률에서 공표가 제한되거나 사생활이 비밀이 침해될 우려가 없는 한, 공표할 수 있다(동법 제50조).

국가작용國家作用 1. **의의** 국가공권력이 구성원인 국민에 대하여 행하는 통치의 작용으로, 통치작용이라고도 한다. 일반적으로 권력분립원리에 따라 입법작용, 집행작용(행정작용), 사법작용으로 나뉘는데, 이는 국가기능을 입법기능, 집행기능, 사법기능으로 나누는 것을 전제로 한다. 규범적 관점에서는 입법기능은 규범정립작용, 집행기능은 규범실현 내지 구체화작용, 사법기능은 규범확인 내지 선언작용이라 할 수 있다. 입법작용은 국민의 대표기관에 의한 일반추상적 법규범의 정립작용으로서, 무엇을 법규범으로 할 것인가에 대한 다양한 정치적 의지의 구체화과정이다. 입법작용은 법규범을 필요로 하는 사실에 관하여 장래의 규범적 판단을 위한 기준을 정립하는 행위이다. 따라서 입법작용은 사실행위로서의 성격을 갖는다. 집행작용은 입법부에 의해 정립된 법규범을 사실관계에 적용하는 작용으로서 역시 사실행위로서의 성격을 갖는다. 사법작용은 규범이 적용된 사실과 규범 사이의 일치여부를 판단하는 작용으로서 엄격한 규범논리적 작용이다. 2. **국가작용의 범위와 한계** 1) **입법작용의 범위와 한계** 입법작용은 헌법이 정한 절차에 따라 헌법이 한계지우고 있는 실체적 한계를 준수하여야 한다. 이는 곧 입법작용의 합헌성을 의미한다. 입법작용의 결과물인 법률은 일반추상성, 명확성을 갖추어야 하며, 포괄적 위임입법금지원칙, 과잉금지원칙 등 헌법이 정한 입법의 원칙들이 준수되어야 한다. ➜ 입법권. ➜ 입법권의 범위와 한계. 2) **집행작용의 범위와 한계** 집행작용은 입법의 하위작용으로서 법규범에 따라 법을 구체화하고 집행함으로써 국가목적을 실현하는 작용이다. 따라서 집행작용은 형식적 합법성을 가장 중요하게 고려하여야 하는 국가작용이다. 고도의 집행재량을 인정할 것인가와 관련하여 통치행위론이 논의된다. ➜ 통치행위. 3) **사법작용의 범위와 한계** 사법작용은 입법부에서 정립된 규범과 이의 집행의 결과인 사실 사이의 일치여부를 판단하는 작용이므로, 구체적인 사법권행사의 범위와 한계에 따라 그 권한을 행사한다. ➜ 사법권의 범위와 한계. 3. **국가작용의 종류** 국가작용은 크게 권력작용과 비권력작용으로 나뉘고, 비권력작용은 관리작용과 국가작용으로 나뉜다. 각 항목 참고.

국가재건비상조치법國家再建非常措置法 5 · 16군사쿠데타가 있은 후 국회가 해산되고 헌법의 기능이 일시 중지됨에 따라 국가통치를 위하여 국가재건최고회의에서 제정한 법률이다. 쿠데타 직후 헌법 일부조항의 효력을 정지하고 민정이양 때까지 입법 · 사법 · 행정의 전권을 행사하는 국가재건최고회의의 설치를 핵심으로 하는 법률이다. 전문 24조와 부칙으로 되어 있었다. 부속법령으로, 국가재건최고회의법(법률 제618호, 1961.6.) · 부정축재처리법(법률 제623호, 1961.6.) · 혁명재판소 및 혁명검찰부조직법(법률 제630호, 1961.6.) · 인신구속 등에 관한 임시특례법(법률 제644호, 1961.7.) · 집회에 관한 임시조치법(법률 제713호, 1961.9.) 등이 있었다. 이 법은 쿠데타 후 이전의 제2공화국헌법에 따라 정해진 것이 아니므로 명백히 위헌인 법률이었으나, 소위 '사실의 규범력'에 따라 정치적으로 정당화되었다고 볼 수 있다. 이 법에 따라 개정된 제3공화국헌법 부칙 제5조에서는 이 법 또는 이에 의거한 법령에 의하여 행하여진 재판 · 예산 또는 처분은 그 효력을 지속하며, 새로운 헌법을 이유로 소를 제기할 수 없도록 규정하여 위헌논쟁의 소지를 배제하였다.

국가재건최고회의國家再建最高會議 1961년 5 · 16 군사쿠데타로 정권을 장악한 박정희 소장 등 군부세력이 소위 '혁명과업'의 완수를 위해 민정이양 때까지 비상조치로 설치하여 입법 · 사법 · 행정 3권을 행사했던 국가최고통치기관이다. 처음에는 장도영(張都暎) 육군참모총장을 의장으로 하는 군사혁명위원회로 발족했으나, 이틀 뒤인 5.18. 국가재건최고회의로 개칭하였다. 같은 해 6.6. 제정된 「국가재건비상조치법」에 설치근거를 두었다. 이어 박정희 소장은 장도영 등 군부 내 반대세력을 숙청한 뒤 7.3. 국가재건최고회의 의장에 추대됐다. 국가재건최고회의는 일종의 과도기적 회의체정부이었다. 1963.12.17. 제3공화국 정부가 수립될 때까지 존속했다.

국가재정國家財政 ➜ 재정헌법.

국가절대주의國家絶對主義 ➜ 절대주의국가.

국가정보원國家情報院 ㉮ National Intelligence Service (NIS). 국가의 정보활동에 관한 기본정책을 수립하고 집행하는 대통령 직속의 국가 최고정보기관으로, 국정원으로 약칭된다. 국가정보원이라는 기관 명칭은 김대중 정부시절인 1999년부터 사용된 것이며, 그 이전의 명칭은 중앙정보부(1961~1981), 국가안전기획부(1981~1999)이었다. 국정원의 전신인 중앙정보부는 1961년 5 · 16 군사쿠데타 직후 쿠데타 핵심세력인 김종필에 의하여 미국 중앙정보국(CIA)과 연방수사국(FBI)을 모방하여 설치되어, 정부에서 가장 강한 영향력을 가진 기관이 되었다. 박정희 정권 기간 중 중앙정보부는 정권의 독재화를 위한 정치개입과 반독재 민주세력의 탄압그리고 그 과정에서의 인권탄압으로 많은 비판을 받았다. 1980.12. 12 · 12쿠데타로 권력을 장악한 전두환 정권은 중앙정보부의 기구를 부분적으로 개편하면서 그 명칭을 국가안전기획부(안기부)로 변경했다. 전두환 · 노태우 정권 기간 중 안기부는 본연의 업무 외에 정치개입과 반정부세력 탄압 등 과거 중앙정보부 시절의 부정적 활동에서 크게 벗어나지 못했다. 김영삼 정부 출범 이후 안기부의 권한과 위상을 축소하는 개혁을 단행했지만 정보독점에 근거한 탈법적 사회통제활동을 완전히 청산하지는 못했다. 김대중 정부 출범 직후인 1999.1. 안기부의 명칭을 국가정보원으로 바꾸고 종전의 부정적 요소들을 제거하여 재출범했다. 그 직무범위를 한정하여, 국외 정보 및 국내 보안정보(대공(對共), 대정부전복, 방첩, 대테러 및 국제범죄조직)의 수집 · 작성 및 배포, 국가 기밀에 속하는 문서 · 자재 · 시설 및 지역에 대한 보안 업무(보안감사 제외), 형법 중 내란의 죄, 외환의 죄, 군형법 중 반란의 죄, 암호 부정사용의 죄, 군사기밀보호법에 규정된 죄, 국가보안법에 규정된 죄에 대한 수사, 국정원 직원의 직무와 관련된 범죄에 대한 수사, 정보 및 보안 업무의 기획 · 조정 등에 제한하고 정치관여금지를 명문화하고 있다.

국가정책결정國家政策決定 ➜ 정책결정.

국가조직론國家組織論 국가조직의 기본원리와 그 실현태로서의 국가기관에 관한 기본이론과 각 국가기관의 권한과 작용을 논의하는 학문분과. 헌법학에서는 통치기구론, 통치조직론, 국가기구론 등으로 불리기도 한다.

국가주권설國家主權說 국가권력의 주체를 군주도 국민도 아닌 독립된 법인격을 가진 국가 그 자체로 보는 견해이다. 이 이론은 19세기 독일에서 군주주권론과 인민주권론의 어느 것도 채택하지 못하는 상태에서 소극적 혁명이데올로기로서 양 이론을 절충하여 채택한 이론이다. 국가법인설과 연결된다(➜ 국가법인설). 이 견해는 그로티우스, 헤겔, 라반트, 알브레히트 등이 주장하였고, 옐리네크에 의하여 체계화되고 완성되었다.

국가중립성國家中立性 ㊐ state neutrality/neutrality of state, ㊇ Neutralität des Staates, ㊉ neutralité de l'État. 1. **개념과 적용영역** 1) **개념** '국가중립성'이란 사회구성원들이 서로 다른 다양한 종교적, 도덕적, 철학적 신념체계를 지니고 살아가는 현대 다원주의 사회에서 국가는 어떤 특정한 가치관을 편파적으로 지원·장려하여서는 안 되며, 국가는 그 여러 다양한 신념체계들에 대해 중립적이어야 한다는 주장을 말한다. 중립성은 어느 편도 들지 않고 거리를 두는 것, 분쟁 혹은 경쟁 당사자 어느 쪽에도 영향을 미치지 않는 것을 의미하는 소극적 중립성(negative neutrality)과 특정한 요인이 판단이나 결과에 영향을 미치지 않게끔 적극적으로 규제하는 것을 의미하는 적극적 중립성(positive neutrality)으로 나눌 수 있다. 또한 국가작용이 낳을 결과(효과)와 국가작용의 이유 내지 근거에 초점을 맞추어 결과(효과)중립성(neutrality of result; Ergebnisneutralität/Wirkungsneutralität)과 근거중립성(neutrality of reasons; Begründungsneutralität)으로 나누고, 근거중립성을 의도/목적의 중립성(neutrality of intent/aim)과 정당화의 중립성(neutrality of justification)으로 나누어 설명하기도 한다. 결과중립성은 국가작용이 경쟁하는 가치관들에 미치는 효과가 균등할 경우에 중립성 요청이 충족된다고 보는 것으로, 이에 대해서는 국가중립성을 잘못 이해한 것이라는 평가가 있다. 국가중립성원리는 결과측면이 아니라 근거측면에서 이해하여야 한다. 용어로서는 절대적 중립성(강한 중립성)과 한정된 중립성(약한 중립성)으로 쓰이기도 한다. 또한 중립성 입론을 분류하여, 기회의 중립성, 결과의 중립성, 목적의 중립성, 절차의 중립성으로 나누기도 한다(W.A. Galston). 2) **적용영역** 우리나라 헌법의 경우 국가의 종교 중립성, 법원과 검찰과 국가정보원의 정치적 중립성, 대통령을 포함한 행정부 공무원의 정치적 중립성, 중앙은행과 공정거래위원회 및 국가인권위원회의 정치적 중립성, 교육의 정치적 중립성, 교사의 정치적 중립성 등이 헌법과 법률에서 규정되어 있다. 명시적인 규정이 없더라도 예컨대 노동3권 중 단체협약에서의 국가의 중립성 등 사안의 본질상 국가중립성이 요청되는 경우가 있다. 논자에 따라서는 자본으로부터의 국가중립성을 언급하기도 한다. 법학적 관점에서의 국가중립성의 문제는 종교적, 세계관적 및 윤리적 다원주의에 관련될 뿐만 아니라 다양한 법영역 및 법규율의 영역에서 논란이 되는 문제이다. 정당에 대한 국가의 중립성, 노동문제에서의 국가의 중립성, 국제법에서의 국가중립성의 문제에까지 중립성의 문제가 확장되고 있다. 2. **논의의 연혁과 쟁점** 국가중립성은 국가작용과 관련된 자유주의 특유의 정치도덕원리이다. 국가는 좋은 삶에 관한 견해들 사이에서 중립성을 지킴으로써, 자신의 목적을 스스로 선택하는 자유롭고 독립적인 자아로서 인간을 존중하도록 요구된다. 그러므로 국가가 특정한 선(the Good; das Gute)을 본질적으로 가치있는 것으로 인정하고 이 가치관에 따른 특정한 삶의 방식을 강조 또는 조장하고 이에 배치되는 삶의 방식을 금지 또는 배제하는 것은 국가의 윤리적 중립성에 배치된다. 동서양을 막론하고 고대 정치사상에 따르면, 정치의 목적은 도덕적으로 훌륭한 인간을 키워내는 것이며(완전주의), 국가공동체가 궁극적으로 지향하는 목적은 가치있는(선한) 삶이며, 사회생활의 제도들은 그 궁극목적을 실현하기 위한 수단이라고 보는 반면, 근대 이후의 자유주의 정치이론은 공동체와 관계된 정치적 생활을 최고의 인간을 성취하는 목적이나 시민들의 도덕적으로 훌륭한 삶에 관계하는 것으로 여기지 않는다. 자유주의 정치이론은 가치있는 삶에 대한 특정한 이해방식을 증진시키기보다는 관용, 공정한 절차, 개인의 권리를 존중할 것을 역설한다. 이러한 자유주의적 중립성에 대하여 1980년대부터 국가중립성을 핵심으로 하는 자유주의 자체가 오늘날 특히 영미의 법철학 및 정치철학계에서 공동체주의자들과 완전주의자들로부터 강한 도전을 받고 있다. 쟁점은 인간존재의 본질(특히 자아관(自我觀: self-understanding)) 및 국가의 존재의의에 관한 근본적인 물음과 관련이 있다. **3. 내용 1) 자유주의적 중립성** 개인의 원자론적 성격(atomism)과 개인주의(individualism)를 바탕으로 하는 자유주의적 인간관을 가진 자유주의자들이 중립성을 정당화하는 방식은 크게 네 가지로 나누어 볼 수 있다. 첫째는 '회의주의' 내지는 '상대주의'에 호소하는 방식, 둘째는 공리주의적 방식(J.S.Mill), 셋째는 칸트적인 방식으로 '좋음(the good; das Gute)에 대한 옳음(the right; das Rechte)의 우선성'에 호소하는 방식(I. Kant), 넷째는 공동체주의의 비판을 통해 새로운 '정치적 자유주의'의 입장에서 정치적 권위에 요구되는 '정당성 요구'에 입각하여 국가중립성을 정당화는 방식(J. Rawls)이 있다. **2) 공동체주의적 중립성** M. Sandel, A. MacIntyre, J. Raz, M. Walzer 등의 공동체주의자들은 자유주의의 주요한 철학적 토대인 '좋음(the good; das Gute)에 대한 옳음(the right; das Rechte)의 우선성'과 자발주의적 자유관을 비판하고, 무연고적(unencumbered) 자아관을 배척하여 연고적(encumbered) 자아관과 '옳음에 대한 좋음의 우선성'을 주장함으로써 국가의 윤리적 중립성을 배격한다. 공동체주의의 입장에서는 인간의 가치와 완성된 삶을 추구하는 일은 분명 개인적 문제가 아니라 이미 그 사람이 깊이 얽히어 있는 사회관계의 그물 속에서 일어나고, 그것에 의존한다고 파악한다. 자유주의자들이 정의(옳음)를 사회제도의 제일 미덕으로 간주하는 데 반해, 공동체주의자들은 정치제도의 제일 미덕은 시민들의 좋은 삶(선함)을 장려하는 것이라고 주장한다. **3) 우리나라의 경우** 우리나라는 오랜 역사 속에서 국가공동체에 의하여 다양한 가치나 신념체계가 개인의 삶을 규정하고 국가에 의하여 강제되는 역사를 경험해 왔다. 과거 선도국가의 경험이나 불교국가의 경험에서는 국가영역에서 종교를 우선시함으로 인하여 개인의 삶에도 영향을 미치는 경우가 많았으며, 특히 유교국가인 조선의 경우에는 삼강행실도나 주자가례와 같이 유교적 가치와 행위방식을 공동체구성원들에게 강제하는 경우가 있었고, 그러한 방식을 추종하는 구성원들을 사회적으로 우대하는 정책을 쓰기도 하였다. 20세기 100년 동안 강점기의 식민정책, 해방 후 분단기의 독재정 등에서 국가우월적 가치관에 따른 국가의 일방적 강요를 경험하였다. 뿐만 아니라 민주주의가 정착된 이후에도 예컨대 박근혜정부에서의 역사교과서국정화와 같이, 정부가 국민들에게 획일적 역사관과 가치를 강요하는 예도 있었다. 서구의 경우, 기독교적 가치와 사회인식이 중세라는 시대를 규정했음은 주지의 사실이다. 오늘날 서구에서 근대의 핵심적 관념이었던 자유주의에 대하여 재인식되고 있음은, 한편으로는 서구사회 자체의 변화를 위한 노력이기도 하지만, 다른 한편으로는 전지구적 인류사회의 재구성이라는 시대적 요청을 반영한 것으로 볼 수도 있다. 오늘날 국가중립성의 문제는 서구적 의미의 자유주의와 공동체주의의 이론적 대립의 양상으로 나타나고 있지만, 이는 개인보다는 국가공동체의 가치가 더 중시되었던 동양사회에서도 논의의 실익이 있다고 볼 수 있다. 오늘날 국가중립성의 문제는 개별국가 단위의 규율의 차원에서 뿐만 아니라 전지구적 차원에서 전지구적 공동체와 개인의 관계를 설정하는 데에 기여할 수 있는 개념으로 기능할 수 있다고 생각된다.

국가창설적 기능國家創設的 機能, **기본권의** – 통합론적 헌법이해에서는 국민의 기본권에 내재하는 주관적 권리와 객관적 질서가 상호 기능적인 보완관계를 유지하면서 사회공동체를 동화시키고 통합시키는 기능을 수행하는 경우에는 민주주의가 필요로 하는 여러 여건들이 저절로 형성되는데 이것이 기본권의 민주주의적 기능이라고 본다. 이러한 민주주의적 기능은 곧 국가창설적인 기능으로 나타난다. 이 입장에서는 기본권은 국가로부터의 자유나 국가에 대항하는 자유가 아니라 '국가를 위한 자유' 즉 국가적 통합과정에 참여하기 위한 자유로 이해한다.

국가책임제도國家責任制度 ㊀ the state liability, ㊁ Staatshaftung/Amtshaftung, ㊂ responsabilité de l'État. 국가의 행위로 말미암아 개인에게 손해를 발생하게 하였을 경우, 이를 전보하는 제도를 총합하여 국가책임제도라 한다. 국가의 행위는 국가기관의 구성원인 공무원의 행위를 통해 나타나고 그에 따라 그 책임은 공무원의 행위에 대한 책임으로 귀결한다. 따라서 국가책임은 곧 공무원의 직무상 행위로 인한 손해의 전보라는 형태로 나타난다. 이 때의 공무원은 입법, 행정, 사법의 전 국가영역에 속해 있는 공무원이다. 입법부의 행위는 공무원인 의회의원들의 행위의 결과로서 법률이라는 형식으로 나타나고 따라서 법률제정에 따른 책임이라 할 수 있다. 예컨대 법률이 위헌으로 판단된 경우에는 당해 위헌법률로 인한 손해발생에 대하여 책임을 지울 수 있는가가 문제된다. 독일에서는 입법적 불법(legislatives Unrecht)이라 하여 그 손해배상가능성이 논의되고 있다. ➜ 입법적 불법. 하지만, 법률이 위헌이라 하여 의회 또는 국가가 손해배상책임을 지는가에 대해서는 법리가 완전하게 정립되어 있지는 않다. 집행작용으로서의 행정부의 행위도 마찬가지로 그 소속 공무원의 행위로 나타난다. 집행되는 법률이 공익목적달성을 위한 정당한 법률임에도 그 집행행위로 인해 손해를 발생하게 하는 경우에는 손실보상의 문제로 되고, 법률은 정당하지만 집행주체인 공무원이 동 법률에 위반하여 집행한 경우에는 공무원의 불법행위로서 손해배상의 문제로 된다. 이 때 국가는 당해 손해에 대하여 책임을 지되, 공무원의 고의 여부 혹은 과실 정도에 따라 공무원 개인의 책임범위가 정해진다. 여기서 국가의 손해배상책임의 법적 성질의 문제가 제기된다. 사법영역에서도 국가책임이 논의될 수 있다. 즉, 사법부의 판결이 불법적 행위에 기한 것으로 판단되는 경우에 법관의 책임이 문제될 수 있다. 미국의 경우 법관윤리규범을 위반한 경우에 그 배상책임이 빈번히 문제되고 있다.

국가표준제도國家標準制度 헌법 제127조 제2항은 「국가는 국가표준제도를 확립한다.」고 규정하고 있다. 이에 따라 과학기술의 혁신과 산업구조고도화 및 정보화사회의 촉진을 도모하여 국가표준기본법(법률 제5930호, 1999.2.8. 제정, 1999.7.1. 시행)이 제정되었다. 또 국가공업의 발전을 위하여 KS

표시제도 등 표준제도를 도입하고 있다(산업표준화법 참조).

국가학國家學 ㉳ theory of the state, ㊀ Staatslehre/Staatswissenschaft, ㊁ théorie de l'état. 국가의 본질, 조직, 발달, 국가와 법의 관계 따위를 연구하는 학문이다. 일반적으로 국가를 인식하는 접근방법으로는 국가의 사실적 형성과 그 기초 및 발전에 초점을 두는 접근방법과, 국가생활을 형성하는 데 표준으로 삼아야 할 법률 규범에 초점을 두고 인식하는 두 방법이 있다. 전자는 사회적 형태로서의 국가의 생성·존립 과정의 과학적 인식이기에 사회학적 국가론 또는 국가사회학으로 불리며, 후자는 국가를 법률적 현상으로 다루기에 법학적 국가론 또는 국법학으로 불린다. 단체적 내지 공동체적 사고가 강하게 지배했던 독일에서는 정치가 단체 내지 공동체로서의 국가를 중심으로 한 지배현상으로 나타났기 때문에, 영미에서 정치학(political science)에 해당하는 학문이 국가학으로 발달하였다. J.K.블룬칠리의 「근대국가학(Lehre vom modernen Staat)」(1875)을 거쳐 G.옐리네크의 「일반국가학(Allgemeine Staatslehre)」(1900)에서 집대성된 학문이다. 국법학을 거쳐 오늘날의 헌법학으로 정립되었다. ➜ 국가법학.

국가행위(의제)이론國家行爲(擬制)理論 ㉳ state action doctrine. ➜ 기본권의 효력.

국가형태론國家形態論 1. **의의** 국가형태가 무엇을 의미하는가에 관해서는 명확하게 정의내리기는 쉽지 않지만, 넓은 의미로 국가의 전체적 성격을 나타내는 전반적인 조직과 구성에 관한 유형으로 이해할 수 있다. 정부형태와는 구별되지만 상호 밀접한 관련이 있다. 학자에 따라서는 국가형태의 상위개념으로 국가유형을 들고, 국가의 역사적 본질과 계급적 성격에 따라, 노예제국가·봉건제국가·자본주의국가·사회주의국가로 구분하고 각각의 국가유형 내에 다양한 국가형태가 있다고 설명하기도 한다. 2. **이론적 전개** 1) **고전적 이론** 플라톤은 좋은 국가로서 군주제·귀족제·민주제로 나누고 이들이 타락한 경우, 폭군제·과두제·극단적 민주제로 된다고 하고 있다. 아리스토텔레스는 군주국·귀족국·민주국으로 나누고 이들이 변질될 경우 폭군정·과두정·중우정(衆愚政)으로 된다고 하였다. 2) **근대적 이론** 옐리네크는 국가의사의 구성방법을 기준으로 군주국과 공화국으로 분류하고, 군주국은 세습군주국·선거군주국, 전제군주국·제한군주국으로, 공화국은 귀족공화국·민주공화국으로 분류하였다. 렘(H. Rehm)은 국가권력의 담당자에 따라 군주국·귀족국·계급국·민주국으로 분류하고, 국가권력의 최고행사자에 따라 민주정·공화정, 간접민주정·직접민주정, 연방제·단일제, 입헌정·비입헌정 등으로 분류하였다. 3) **현대적 이론** 우리나라에서는 주권의 소재에 따른 국체와 국가권력의 행사방법에 따른 정체를 구별하여 국가형태를 논하는 국체·정체론이 있었으나, 오늘날 주권의 소재가 군주에게 있다는 주장은 없고, 전제정을 표방하는 국가도 없기 때문에 실익이 없는 논의이다. 오늘날에는 국가권력의 구조·목적·행사방식에 따라 각기 다르게 볼 수 있다고 한다. 즉, 국가권력의 구조에 따라 단일국가·연방국가로, 국가권력의 목적에 따라 자유민주국가·권위주의국가로, 국가권력의 행사방식에 따라 대통령제·의원내각제·반대통령제(이원정부제)·회의정체 등으로 나눌 수 있다고 한다. 국가권력의 작동양태에 따라 자유민주주의 모델과 권위주의 모델로 분류하는 견해도 있다. 3. **단일국가·연방국가·국가연합** 1) **의의** 단일국가는 통치권을 중앙에 집중시키는 중앙집권주의에 입각한 국가이다. 연방국가는 통치권이 각 연방구성주들에 분산되어 있는 분권주의에 입각하여 각 구성주들이 결합하여 하나의 국가로 되는 국가이다. 국가연합은 독자적인 주권을 가진 국가들 간에 연합조약을 통해 하나의 연합체를 형성하는 국가로서, 일종의 조약공동체이다. 2) **상호간의 차이** (1) **단일국가와 연방국가** 단일국가는 주권적으로 하나의 주권만이 존재한다. 이에 반해 연방국가는 각 구성주들이 제한적인 주권을 가진다. 단일국가에서 지방자치제가 강하게 실현되면 연방국가와 비슷하게 될 수 있지만, 지방자치체가 전체적인 하나의 법질서에 종속하기 때문에 연방국가의 구성주와 같은 독자적인 법질서를 구축할 수는 없다. 다만, 오늘날 지방자치제가 강화되는 추세에서 점차 연방국가화의 경향을 보이는 점을 간과할 수 없다. (2) **연방국가와 국가연합** 연방국가는 진정한 주권국가이지만 국가연합은 진정한 의미의 국가나 주권국가로 볼 수는 없다. 연방국가는 연방헌법에 근거한 영속적 결합체이지만, 국가연합은 조약에 따라 성립하고 잠정적이며 한시적인 결합체이다. 연방국가는 국제법상 주체가 되고 국제법상 책임을 부담하지만, 국가연합은 국제법상 주체가 될 수 없고 국제법상 책임은 각각의 개별국가가 부담한다. 연방국가의 통치권은 연방 내부에서 연방과 구성주들에게 분할되지만, 국가연합의 통치권은 각각의 국가가 보유한다. 연방국가의 병력은 연방에 속하지만, 국가연합은 각 개별국가가 독자적으로 병력을 보유한다. (3) **EU의 경우** 유럽연합(European Union)은 국가연합의 단계를 넘어 연방국가화하고 있는 과정에 있다. 리스본조약을 거쳐 2009.12.1. 유럽연합헌법이 제정되어 그 결속력이 국가연합보다 한층 강화되었다. 4. **「공화국」의 현대적 변용** 오늘날에는 공화국의 개념정립에 적지 않은 어려움이 있다. 서구에서는 1970년대 이래 공화주의가 논의되고 있다. ➜ 공화주의. 오늘날 대통령제의 대통령이나 의원내각제 국가에서의 수상을 일컬어 공화적 군주로 칭하는 예도 있다. ➜ 공화적 군주제. 5. **대한민국의 국가형태** 1) **의의** 헌법 제1조 제1항은 「대한민국은 민주공화국이다.」고 규정하고 있다. 이 규정은 우리나라의 이름이 「대한민국」이라는 점과 국가형태가 「민주공화국」임을 밝히고 있다. 2) **민주공화국의 개념과 규범성** 민주공화국이 무엇을 의미하는가에 대하여, ① 민주는 정체를, 공화국은 국체를 규정한다는 설, ② 민주는 민주정체를, 공화국은 공화정체로 보아 민주공화국을 정체에 관한 규정으로 보는 설, ③ 민주공화국 자체를 국체로 보는 설 등이 있으나, 민주와 공화국을 별개로 보기보다는 하나의 의미체로 봄이 타당하다. 민주공화국의 규범적 가치는 첫째, 헌법개정의 한계사항이며, 둘째, 국가권력의 정당성을 부여하고, 셋째, 국민의 기본권보장의 근거규정이며, 넷째, 권력분립 및 민주적인 권력행사와 통제 등을 그 기본요소로 한다. 민주공화국을 군주국으로 변경하는 것은 허용되지 아니한다. 3) **민주공화국의 내용** ① 대한민국은 민주공화국으로서 국민주권주의에 기초한다. ② 국민주권주의를 실현하기 위한 방법원리로서 대의제를 채택하고(간접민주정) 예외적으로 국민투표제(직접민주정)를 가미하고 있다. ③ 민주공화국인 대한민국이 추구하는 민주주의는 자유민주주의이다. 이는 권위주의나 전체주의 혹은 사회주의적인 인민민주주의를 배척한다. 자유민주주의를 수호하기 위하여 헌법상 방어적 민주주의를 채택하고 있다. ④ 오늘날의 자유민주주의는 사회복지국가원리를 포함하고 있으며, 대한민국 헌법도 또한 이를 수용하고 있다. ⑤ 대한민국은 단일국가이다. ⑥ 민주공화국은 장래 통일대한민국의 헌법핵이며, 결코 부정되어서는 안 된다. ➜ 정부형태.

국고보조금國庫補助金 ➜ 보조금.

국고작용國庫作用 **= 국고관계**國庫關係 국고작용이란 국가 등이 사경제활동의 주체로서 행하는 작용을 뜻하는 행정법상 개념이다. 국고관계에서의 행위는 사법관계에 속하며 국가를 당사자로 하는 계약에 관한 법률, 국유재산법, 공유재산관리법 등의 특수한 규정들은 사법규정이 된다. 판례 역시 조달계약을 사법상 계약으로 본다. 국고관계에서는 행정주체의 우월적 지위가 인정되지 않을 뿐만 아니라, '같은 성질의 관계는 같은 성질의 법률로 규율되어야 한다'는 의미에서 사법이 적용되고 그 분쟁의 해결은 민사소송절차에 의하게 된다. 내용적으로는 일반 개인 상호간의 행위와 다를 것이 없으나, 그 작용의 목적과 효과가 직접 공공성을 지닌다는 점에서 특별한 법적 규율을 받는 관리작용과 행정주체가 사경제의 주체의 지위로서 하는 국고작용을 합쳐서 비권력적 행정행위라 한다.

국고작용설國庫作用說 ㊛ Fiskustheorie. 공법인의 기본권주체성과 관련하여 원칙적으로 기본권주체성이 부정되지만, 국고작용의 분야에서만 기본권주체성을 긍정하려는 견해이다. 국가권력에 대한 공법적 기속이 실현되지 못할 때 국가권력을 최소한 사법상의 일반원칙에라도 기속시키기 위하여 등장한 이론이다.

국고채무부담행위國庫債務負擔行爲 예산 외에 국가의 부담이 될 계약을 체결하는 행위를 말한다. 국채를 모집하거나 예산 외에 국가의 부담이 될 계약을 체결하려 할 때에는 정부는 미리 국회의 의결을 얻어야 한다(헌법 제58조). 예산 외에 국가의 부담이 될 계약이란 국가가 1회계연도를 넘는 기간에 걸쳐서 계속되는 채무를 부담하는 계약을 말하는데, 수년에 걸친 외국인 고용계약 · 토지임차계약 등이 이에 속한다. 채무의 효력이 그 회계연도에 한정되고 그 연도 내에 채무의 변제를 완료하는 것이라면 정부는 예산의 범위 내에서 당연히 이러한 계약을 체결할 수 있는 것이며 별도로 국회의 의결을 얻을 필요가 없다. 그러나 채무의 효력이 다음 회계연도 이후에도 계속될 경우에는 예산의 효력은 1년에 그치는 것이므로, 이러한 채무를 부담하기 위해서는 예산 외에 별도로 국회의 의결을 얻어야 한다(국가재정법 제25조). 국회의 의결을 얻어서 이러한 계약을 체결했다 해도 다음 회계연도 이후의 지출에 관하여서까지 국회의 동의를 얻은 결과가 되는 것은 아니지만, 이러한 동의가 있은 후에는 국회는 다음 회계연도 이후에 있어서 정부의 동의 없이 그 지출을 삭감할 수 없게 된다. 국고채무부담행위는 국가가 주채무를 부담하는 계약뿐만 아니라 보증채무를 부담하는 계약까지도 포함된다. 국고채무부담행위는 다음 연도의 세출이 되는 채무부담계약을 국회에서 동의하는 것이므로 계속적인 사업 집행의 계속비와 동일한 효과가 있는 것이나, 일정한 연할액(年割額)이 없는 점에서 계속비와는 다르고, 보다 탄력적 · 유동적인 운용을 할 수 있는 것이므로 공공사업 등에 활용된다.

국공립학교國公立學校**에서의 종교**宗敎**의 자유**自由 1. 서론 1) **쟁점영역** 국공립학교의 교육에서 종교가 법적 쟁점으로 부각되는 상황은 교육내용이 문제된 경우와 교육내용외의 교육지원 · 환경 등(이하 교육환경)이 문제된 상황으로 나누어 볼 수 있다. '교육내용'은 국가의 교육제도의 핵심적 요소이다. '교육내용'이란 구체적으로 교육과정, 교육목표, 교과내용, 교육방법 등 그 교육의 내용에 관련된 모든 사안을 말하며, 국가의 교육권한이란 이들을 규율 · 지도 · 통제하는 기능, 즉 학교제도의 조직, 계획, 지도 및 감독에 관한 모든 권한을 포함한다. '교육환경'은 위 교육내용의 전달을 위해 필요한 환경이다. 교육환경은 주로 물질적 급부 내지는 환경 조성의 영역에 속한다. 국가는 교육권한을 가지므로 교육내용 뿐만 아니라 교육환경에 대해서도 학교제도에 관하여 전반적 형성권, 규범제정권, 학교감독권을 함께 갖는다. 2) **관련기본권** 국가의 교육권한의 행사과정 중 국공립학교 학생의 종교의 자유의 제한의 헌법적 정당화 문제, 부모의 교육권과의 관계, 교사의 권리와의 관계 등이 문제된다. **2. 비교법적 고찰** 1) **독일의 경우** 독일 기본법에서는 그 제4조 제1항과 제2항에서 종교의 자유를 보장하고 있다. 독일 연방헌법재판소는 동 조항에 대하여 일관되게 확장해서 해석하고 있다. 즉, 신앙의 자유는 단순히 신앙을 가지는 자유를 포함할 뿐만 아니라, "자신의 신앙 기준에 근거하여 자신의 전체 행동의 방향을 설정하고, 자신의 내적인 신앙의 신념에 따라 행동하는 자유"도 포함하는 것으로 해석하고 있다(BVerfGE 32, 98; 33, 23; 42, 312; 83, 341; 93, 1; 108, 282). 또한 스스로 종교적 동기에 기반한 구제활동이나 자선활동도 이러한 보호영역에 포함된다(BVerfGE 24, 236; 53, 366). 종교적 행위라도 내적 신앙의 자유와 관련된 종교행위일수록 더 엄격한 보호의 대상이 되는 것이 연방헌법재판소의 입장이다. 국가의 종교적 중립성에 대해서는, 국가는 정교분리의 원칙에 따르며, 종교에 대한 일체의 개입이나 교회의 국가에 대한 일체의 영향력 행사를 부정하고, 국가는 종교 및 세계관을 중립적인 관점으로 마주하여 바라보고 있다는 인식의 원칙, 즉 분리원칙(Trennungsgrundsatz)을 고수하다가, 1960년대 후반 학계의 비판에 따라 1970년대부터 이른바 영역구별이론과 대등원칙이 사용되었다. 영역구별이론(Bereichsscheidungslehre)은 국가와 교회가 각자 사안에 대해 기본적으로 각각 규율한다는 것이다. 연방행정재판소는 중립성 명령에서 중립이란, 특정 당파에 속하는 것이 아니라 초당파적 및 비당파적 지위를 수용하는 것으로 보았다(BVerwGE 87, 115(127 f.)). 대등원칙(Paritätsgrundsatz)은 초당파적 및 비당파적 지위를 가진 국가는 각각의 종교나 종교 및 신앙단체를 대등하게 대하여야 하며 특히 법적 규율에 있어서 어떤 특별 지위를 인정하지 않는다는 것이다. 이러한 이론은 적극적인 종교진흥(positive Religionspflege)정책으로 사전배려적 중립성과 진흥적 중립성으로 나타난다. 2) **미국의 경우** 미국 수정헌법 제1조는 "연방의회는 국교를 설립하거나 종교의 자유로운 행사를 금지하는 법률을 제정하지 못한다."는 말로 시작된다. 수정헌법 제1조에 규정된 '종교행위의 자유'(free exercise of religion)는 '국교설립금지'와 함께 '종교의 자유'의 다른 한 축이 된다. 미국헌법상의 '종교행위의 자유'의 내용과 그 법리 전개를 살펴보면, 내적 신앙의 자유와 관련된 종교행위일수록 엄격심사의 대상이 되기 쉽다는 점, 엄격심사의 대상이 되지 않는 종교적 관행 등의 경우 보통 연방대법원에 의해 이익형량심사가 행해진다는 점 등으로 요약될 수 있을 것이다. 국교설립금지조항에 대해서는 1971년 레몬(Lemon) 판결이 나오기 전에는, 미 연방대법원은 일단 이른바 '중립성 원칙'을 강조하면서, "분리의 벽(wall of seperation)"이 있음을 확인하였었다. 1970년대 이후 위헌판단 심사기준으로 레몬기준(Lemon test: Lemon v. Kurtzman, 403 U.S. 602(1971)), 1984년 이후 승인기준(endorsement test: Lynch v. Donnelly, 465U.S.668(1984)), 강요기준(coercion test: Lee Weisman v. 505 U.S. 577(1992)) 등이 채택되었고, 사안마다 적절한 심사기준을 채택하고 있다. **3. 문제상황별 판례** 1) **교육내용** (1) **독일의 무슬림 여학생의 혼성 수영수업 비면제 사건(BVerfG, Beschluss der 2. Kammer des Ersten Senats vom 08. 11. 2016)** ① **사실관계** 이슬람 교도인 청구인은 2011년과 2012년도 당시 11살 및 12살로 헤센 국립 김나지움 5학년에 재학 중이었다. 청구인 부모는 혼성 수영수업이 이슬람의 복장규정과 일치하지 않는다는 이유를 들어 가족 전체를 대표해 교장에게 청구인에게 해당 수업의 면제를 요청하였으나, 교장은 양심의 충돌이 필요한 수준만큼 입증되지 않는다는 이유를 들어 이 면제 요청을 거부하였다. 교육청은 이에 대한 이의를 받아들이지 않았다. 이후 청구인이 행정재판소(VG), 헤센 행정재판소 그리고 연방행정재판소에 제기한 소송도 기각되었다. 연방헌법재판소는 본 헌법소원을 부적법 각하하였다. ② **법정의견** 연방헌법재판소는 헌법소원이 청구요건을 갖추지 못하고 있다고 보아 각하하였으나, 중요한 논점들에 대해서 상세히 서술하였다. 요컨대 이 결정은 교육내용과 관련하여, 종교적 사유를 이유로 일부 또는 전부를 면제해 달라고 요청할 수 있는 것이 종교의 자유의 보호범위에 포함되는지 그리고 그것의 한계는 무엇인지 문제된 것에 대해 실제적으로 판단을 하고 있다. 이 결정은 기본법 제4조 제1항과 제2항에서 명시한 종교 자유를 개입하는데 필요한 실체적 전제조건과 긴밀히 연관이 있다. 종교의 자유는 그 세부적인 보호영역이 기본권 주체 본인의 종교적 자기인식(Selbstverständnis)에 의해 강하게 좌우되는 기본권이다. 예를 들어 헌옷 수거가 영업적 이익을 위한 것이므로 직업수행의 자유라는 기본권의 보호를 받는지 또는 종교적 교리에 기반한 이웃사랑에 따르기에 기본법 제4조 제1항과 제2항(신앙의 자유)의 보호를 받는지 여부는 개인의 동기에 달려 있다. 그런데 이러한 동기의 남용을 방지하기 위해 본인의 종교적 자기인식을 설득력 있게 설명해야 할 필요성이 이후 추가되었다. 연방헌법재판소는 이 헌법소원을 근거가 없다는 이유로 기각할 수도 있었으나 이미 '진술이 충분히 설득력 있어야 한다'는 요건 측면에서 헌법소원의 허용성과 근거에 의구심을 제기하여 이를 갖추지 못하였다고 보아 각하하였다. (2) **미국의 아미시교인 의무교육법 위반 사건**(Wisconsin v. Yoder 406 US 205 (1972)) ① **사실관계** 1970년대 당시의 위스콘신 주의 주법(州法)은 모든 아동들이 공립·사립 여부를 막론하고 16세까지는 학교에 의무적으로 다닐 것을 요구했다. 그러나, 피고인 Yoder, Yutz, Miller는 그들의 종교적 가르침을 이유로 해서 그 자녀인 아동들을 초등학교 8학년 후에는 학교에 보내지 않았다. 아미시(Amish)의 교의에 의거하면 구원을 얻기 위해서는 모든 아미시 공동체의 구성원들이 농사를 지어서 그 생계를 꾸려나가야 했다. 이러한 생활방식과 고등학교에서 가르치는 가치들이 서로 맞지 않았으며, 그에 따라 위 피고인들이 해당 아동들을 학교에 보내지 않은 것이다. 그 결과, Yoder를 포함한 위 세 명은 위스콘신 주(州) 의무교육법 위반으로 하급심에서 유죄판결을 받았다. 그 후 그들은 연방대법원에 이 사건에 대한 판단을 구하였다. ② **법정의견** 다수의견(Burger 대법원장이 집필)에 따르면, 해당 주정부가 수정헌법 제1조의 종교의 자유의 가치를 넘어 특정연령까지 의무교육을 강제할 "절대적" 권한을 가지는 것은 아니라고 판시했다. 모든 주는 학령 아동의 부모들에 관해 특정 연령까지 그 아동들의 의무교육을 요구할 강한 이익을 가진다. 그러나 이 이익은 절대적인 것은 아니고 수정헌법 제1조상의 종교의 자유조항에 근거하여 보호되는 이익들과 서로 "형량"(balanced) 되어야만 한다. ③ **평가** 이 결정은 교육내용과 관련하여, 종교적 사유를 이유로 일부 또는 전부를 면제해 달라고 요청할 수 있는 것이 종교의 자유의 보호범위에 포함되는지 그리고 그것의 한계는 무엇인지 문제된 것에 대해 실제적으로 판단을 하고 있다. 이 사안에 있어서는 청구인의 요청이 종교적 사유를 이유로 하며 합당하다는 점을 들어, 이를 거부하는 주법은 위헌이라고 한 것이다. 그리고 이 사건은 종교의 자유와 충돌을 일으키는 주법의 합헌성 심사에 '이익형량심사'가 사용됨을 보여주고 있다. 대부분의 수정헌법 제1조 종교의 자유 관련 사건들에서 州가 긴절한 州의 이익을 입증할 것을 필요로 한다. (3) **비교 및 시사점** 독일에서는 무슬림 여학생이 종교적 이유에서 혼성 수영수업에서 면제해달라는 요청에 있어서는 독일 연방헌법재판소는 이것이 종교적 사유인지가 불분명하다는 판단을 내렸는데, 그 기저에 있는 사고는 이러한 수영수업 실시가 국가의 교육권한으로서 학생을 대상으로 실행할 수 있는 권한이라는 전제가 있다. 따라서 종교적 사유인지 명확히 소명하지 못하는 이러한 요청에 의해서는 이와 같은 국가의 교육권한을 배제할 수 없다. 그리고 이 연방헌법재판소의 2016년 결정 및 그 바로 직전의 연방행정법원의 태도는 과거 1993년의 연방행정재판소가 이러한 종교적 사유에 근거한 스포츠수업배체 요청을 받아들였던 태도를 변경한 것으로 평가되고 있다. 미국에서는 아미시 교인이 종교적 이유에서 의무교육을 면제해달라는 요청과 관련한 사건이었는데, 미연방대법원의 법정의견은 청구인의 요청이 종교적 사유를 이유로 하여 합당하다는 점을 들어, 이를 거부하는 주법은 위헌이라고 판단하였다. 독일과 미국 사이에 이러한 차이가 난 이유로는 먼저 아미시라는 독특한 종교집단을 가진 미국의 사회적 배경의 차이도 들 수 있겠지만, 또 하나는 독일의 기본법에는 교육에 대해서 규정되어 있고 기본권으로서의 교육권 및 권한으로서의 국가의 교육권한도 해석상 도출되지만, 미국의 연방헌법에는 교육을 특별히 규정하고 있지 않아서 교육권이 연방헌법상 기본권도 아니며, 교육은 원칙상 각 주의 재량이라는 인식이 미국 헌법해석상 존재한다는 점에도 기인한다고 보인다. 또한 독일에서는 만 14세 이상이면 본인이 단독으로 종교를 선택할 수 있다는 점이 명문의 법률로도 정해져 있기 때문에, 해당 사건이 독일에서 발생하였다면, 해당 자녀들은 만 14세 이상이기 때문에 독일의 해당 재판소나 연방헌법재판소는 부모가 아니라 해당 자녀의 의사를 바로 물어서 판단하였을 것으로 보인다. 종합하여 검토할 때, 미국이든 독일이든 학생의 종교적 자유의 제한이 문제될 경우에도 그러한 제한을 무릅쓰고 국가의 교육권한을 여전히 배타적으로 행사하여야 하는 영역은 존재한다. 그러나 당사자의 종교적 자유의 관계를 고려할 때 국가의 교육권한을 필요최소한으로 해석하여 획정하면서 종교적 자유의 보장을 꾀하는 방법은, 위와 달리 포함적인 중립성의 방향이라고 평가할 수 있다. 독일에서는 실제적 조화원칙(규범조화적 해석)을 사용하여서, 미국에서는 이익형량적 방법을 통해 그러한 결론에 이를 수 있는 사례들이 있다는 점을 확인할 수 있다. 2) **교육환경에서의 상징 또는 국기** (1) **독일의 공립학교 내 예수상 사건**(BVerfGE 93, 1(1995)) ① **사실관계** 1995.5.16. 연방헌법재판소는 모든 초등학교 교실에 십자가 또는 예수상을 게시할 수 있음을 규정한 1983년부터의 바이에른 초중등학교 규정(BayVSO: Bayerische Volksschulordnung)의 해당 부분인 제13조 제1항 3문이 위헌이고 무효라고 결정하였다. 연방헌법재판소는 해당 규정이 학생들의 종교적 자유를 침해할 뿐만 아니라 학부모들의 종교적 자유와 부모로서의 권리도 침해한다고 판시하였다. 판결요지는 "종립학교(Bekenntnisschule)가 아닌 의무교육 국립학교의 교실에 예수상이나 십자가를 비치하는 것은 기본법 제4조 제1항에 위배된다." "바이에른 초중등학교 규정(BayVSO) 제13조 제1항 3문은 기본법 제4조 제1항과 합치되지 않아 무효이다."라는 것이다. ② **법정의견** 다수의견의 출발점은 독일 기본법상 종교의 자유는 내심의 신앙의 자유뿐만 아니라 그에 따른 행위의 자유 모두를 포함한다는 것이었다. 다수의견은 종교의 자유는 그 내용으로 "공유될 수 없는 신앙 의식의 행위"에 참여하지 않을 자유도 포함하고 있음을 지적하였다. 기본법 제140조와 그 조항에 따라 현재에도 효력을 갖는 바이마르 헌법 제136조 제4항은 종교적 행사에 개인의 참여를 강요하는 행위를 분명히 금하고 있다. 더 나아가 기본법은 개인의 종교 생활을 위한 보호 영역에 관해 "다른 종교의 신봉자나 대립적인 종교단체들의 공격이나 방해에 대항해 …(중략)… 지켜"주도록 국가에 의무를 부과했다고 다수의견은 지적했다. 종교의 자유 조항에 대해서 연방헌법재판소는, "[그 조항은] 다양한 종교와 종파에 대한 국가의 중립성의 원칙을 내포한다. 한 국가 안에는 상이하고 혹은 적대적이기까지 한 종교적·이데올로기적 신념 체계가 한 곳에 모여 존재하고 있는데, 국가는 신앙의 문제에 있어서 중립성을 유지하기만 하면 평화로운 공존을 유지할 수 있다."고 설시하였다. 이 판결에서 연방헌법재판소는 기본법 제6조 제2항에 따른 부모의 자녀양육권 및 동법 제4조 종교의 자유 조항에는 특정한 종교와 세계관에 따라서 그 자녀를 교육할 권리가 포함된다고 밝혔다. 그리고 마찬가지로 부모들은 자녀들에게 해롭거나 나쁘다고 생각되는 신념으로부터 자녀들을 지킬 권리를 가진다. 연방헌법재판소는 바이에른 주의 해당 법령이 이러한 기본권을 위반했다고 판단했다. 학생들은 학교 교실에서 십자가라는 상징에 피할 수 없이 맞닥뜨릴 수밖에 없으며 "십자가 아래에서" 공부하고 생활해야만 한다. 학교 교실에서 십자가에 노출되는 것과 교실 이 외의 장소에서 다종한 종교적 상징에 노출되는 것 사이에는 중대한 차이가 있다. 바로 전자는 국가에서 비롯되었다는 점이 있어서 문제된다. 국가에서 비롯되지 않은 다른 상징들에 개인이 노출되는 것은 큰 문제가 없다. 또한 국가에 의해 이 상징과 마주칠 것이 강요가 된다 하더라도, 이 경우 그 상징이 종교적·교의적 의미가 없다고 평가된다면 문제는 생기지 않을 것이다. 그렇지만 이 사례에서 십자가는 기독교에 부분적으로 기반하여 형성되어왔던 서구 문화권에서의 단순한 '문화적' 상징이라기보다는, 기독교라는 특정 종교의 종교적 상징이라는 것으로 평가되어야 한다는 것이 이 사례에서의 헌법재판소의 다수의견의 설시이다. 다시 말해 다수의견은 십자가가 그 종교의 교의적 의미로부터 분리될 수 없다고 설시한 것이다. 3인의 반대의견이 있었다. ③ **평가** 독일에서의 학교내 종교의 자유에 있어서 그리고 기본법상 정교관계의 해석에 있어서, 이 예수상 판결은 중대한 결정으로 평가받고 있다. 예수상 판결은 약 20년이 지난 현재에도 종교의 자유 및 국가의 종교적 중립성 문제과 관련하여 지속적으로 논쟁 및 연구의 대상이 되고 있다. Starck나 Isensee의 비판이 있기도 하지만, 십자가가 교실에 걸려 학생들이 십자가의 존재를 피할 수 없는 경우는 이러한 비차별적인 대안이 없다고 할 것이므로 이는 기본법의 위반이라고 할 것이고 따라서 연방헌법재판소의 법정의견이 타당한 것으로 보인다. **(2) 미국의 공립학교 내 십계명 사건**(Stone v. Graham, 449 U.S. 39 (1980)) ① **사실관계** 각 공립학교 교실에서 십계명을 반드시 게시할 것을 규정한 켄터키 주법이 있었다. 그리고 Stone은 이러한 것이 위헌이라고 주장하는 부모들의 집단에 속한 사람이었다. 사건의 논쟁에서 한 참고사항이 된 것은, 16cm x 20cm 사본의 하단에 "십계명의 세속적인 적용은 서구 문명과 미국의 보통법 속의 기본 법제로서 그것이 채택된 점을 통해 분명히 알 수 있다"는 알림사항을 표기했다는 점이었다. 그리고 이러한 십계명 인쇄물은 사적 기부를 통해 모은 돈으로 구입된 것이었고, 그것은 공립학교 교실들에 게시되었다. ② **법정의견** 5대4의 결정으로, 연방대법원은 켄터키 주 법률을 위헌이라고 결정했다. 법정의견은 켄터키 주 법률의 위헌 여부를 분석하기 위해 Lemon 기준을 사용하였고, 요컨대 이 법은 첫 번째 조건 즉 '입법 목적이 세속적이어야 한다'는 점을 위반했다는 결론을 내렸다. 다시 말해서 연방대법원의 법정의견은 그 법이 세속적인 목적을 가지고 있다는 켄터키 주의 주장을 받아들이지 않았다. 주 법의 목적과 관련해서, 연방대법원은 켄터키 주 법이 어떠한 세속적 목적도 가지고 있지 않으며, 오히려 "매우 두드러지는 … 본질상 완전히 종교적인" 목적을 가진 것이라고 판단하였다. 켄터키주는 "십계의 세속적 기능"을 강조하였으나, 연방대법원의 법정의견은 그 주장을 배척하였다. 법원은 십계명 게시행위 그 자체가 그 메시지에 관한 공적인 '지원'을 나타내기 때문에, 복사본을 사적으로 구입해서 기부한 것인지 아닌지 여부는 문제와 상관이 없다고 간주하였다. ③ **평가** 이 판결의 의미는 먼저, 공립학교에서의 필수적인 종교적 상징 또는 그에 대한 필수적 가르침은 그러한 메시지에 대한 정부의 '지원'을 입증하기에 충분하며 따라서 Lemon 심사기준에 의할 때 이는 위헌이라는 것이다. 다음으로, 비록 공립학교가 십계명을 읽는 이로 하여금 그것을 세속적 관점으로서 인식할 것을 기대한다 하더라도, 이 십계명의 역사적이고 종교적인 기초가 있기 때문에 그 게시물은 종교적인 의미가 있는 것임을 부정할 수 없다는 것이다. **(3) 미국의 국기경례·충성서약 사건** ① **사실관계** 국기경례와 충성서약의무제(pledge of allegiance) 핵심 쟁점은 헌법체제하에서 애국심의 고취, 국민통합의 유지라는 목적을 위해 소속된 국가에 대한 충성맹세를 제도화할 있는지 및 나아가 이를 강제까지 할 수 있는지에 대한 것이다. 1892년부터 미국 전역의 공립학교에 퍼져나간 충성서약은 그 시작시기부터 표현의 자유 및 종교의 자유에 위반된다는 비판 및 소송에 직면하여, 1942년 개정을 거쳐 미국은 유일신인 하느님을 믿는 종교적인 국가라는 점을 선언하면서 충성서약 문구 속에 "하느님 아래"라는 문언을 추가하였다. ② **Gobitis 판결과 Barnette 판결** "하느님 아래"라는 현행의 문구가 추가되기 이전에, 이와 같은 국기경례강제가 합헌이라고 한 Gobitis 판결과 바로 3년뒤 이러한 국기경례강제는 위헌이라고 한 Barnette 판결이 있었다. Gobitis 판결(Minersville School District v. Gobitis, 310 U.S. 586 (1940))은 펜실베이니아 주 미너스빌의 한 공립초등학교에서 형제인 2명의 여호와 증인 신도 학생들이 국기경례를 거부한 것을 이유로 제적되자, 아버지인 Gobitis가 관할학군을 상대로 소송을 제기하면서 문제된 사건이다. 본 사건에서 연방대법원은 공립학교에서 국기경례를 강제하는 주법을 합헌으로 판단하였는데, 국기경례는 종교적이지 않고 일반적인 세속적 의미를 지니며, 국가안전의 근거를 형성하는 국가적 통일성(national unity)은 가장 높은 헌법적인 가치라고 판시하였다. 8대1로 대법원은 교육위원회의 주장을 받아들였다. 다수의견을 집필한 Frankfurter 판사는 이 사건의 쟁점을 수정 제1조의 종교행사의 자유 위반여부로 보면서, '개인의 권리'와 안정·조화와 궁극적으로 국가안전을 위한 '사회적 필요성'을 형량하는 이익형량 기준(balancing test)을 적용하여 합헌으로 판결하였다. 위 판결은 3년 뒤 Barnette 판결(West Virginia State Board of Education v. Barnette, 319 U.S. 624 (1943))로 번복되었다. 연방대법원은 기존의 입장을 변경해 주정부가 국기경례와 충성서약을 강제하는 것은 정부권한의 한계를 초과하여 수정 제1조의 정신을 침해하는 것이라고 보았다. 이후 연방대법원은 충성서약의 위헌여부에 대하여 직접적으로 입장을 밝힌 바가 없다가, 2002년에 제9 순회항소법원은 Newdow v. U.S. Congress, 328 F.3d 466 (9th Cir. 2002) 사건에서 충성서약이 위헌이라고 판단했는데, 이 결정은 사회적으로 큰 파장을 일으켰다. 2004년에 제기된 사건에서는 연방대법원은 해당 원고의 청구인적격이 없다는 이유를 들어 본안판단을 회피하였다. ③ **평가** 신의 존재 여부, 국가에의 애국심 등 가치에 대한 추구 또는 비판은 양심의 자유, 종교의 자유, 표현의 자유로 보장되며, 정부가 이를 강제할 권한을 헌법에 따라 보유하고 있는지는 해석상 확실하지 않다. 따라서 국가에 대한 애국심은 복종을 강요하는 방법 대신에 그에 대한 지적 논의와 비판적 접근에 바탕하고 그를 통하여서만 수용될 수가 있다. 즉 정부권한의 한계를 넘어 수정헌법 제1조를 침해하는 것이라고 보는 것이 위 선례를 고려할 때 자연스러울 것이라고 평가할 수 있다. (4) **비교 및 시사점** 독일의 판례 및 미국의 판례를 볼 때, 소극적 신앙의 자유와 적극적 종교의 자유의 충돌시 이 신자와 비신자의 관용에서 찾아져야 한다는 주장도 있지만, 이 주장은 소수자 보호라는 기본권 규정의 이상에 걸맞지 않은 것으로 보인다. 소극적 신앙의 자유와 적극적 종교의 자유의 충돌시에는 소극적 신앙의 자유의 보장을 우선으로 하면서 나머지의 자유도 규범조화적으로 해석하여 보장될 필요가 있다. 3) **교육환경 내 학생의 종교적 표현** (1) **독일의 여학생의 부르카와 히잡금지 논란** 독일연방헌법재판소의 사례 중에서 교사의 종교적 표현이나 의상이 문제된 건은 유명한 두 결정이 있었고(2003년 히잡결정과 2015년의 결정), 사회와 학계에서는 이러한 여학생의 부르카와 히잡착용 금지 지도에 관한 논의가 활발히 있어 왔고, 여전히 독일에서 진행중이며 차후 개별 주 헌법재판소나 연방헌법재판소에도 문제가 제기될 소지가 있다. (2) **미국의 학생 티셔츠의 성경 문구 사건(Harper v. Poway Unified School District(9th Cir.) (2006))** ① **사실관계 및 배경** 미국 제9연방항소법원의 Harper v. Poway Unified School District (2006) 판결은 학생들이 학교 내에서 종교적 표현의 권리를 행사할 경우 생길 수 있는 문제상황을 보여준다. 이 사건에서 캘리포니아 내 한 고등학교의 동성애자 학생들은 학교 내에서 말하기가 억제되고 있는 성적 지향의 차이에 대한 관용을 증진하기 위한 목적에서 침묵의 날을 조직하였다. 다음날 Tyler Harper라는 그 학교의 학생은 앞면에는 "수치스러워 하라, 우리 학교가 신이 비난한 것을 용인하였다"라고 쓰여 있고 뒷면에는 "동성애는 수치스럽다, 로마서 1장 27절"이라고 쓰여 있는 티셔츠를 입었다. 학교 공무원들은 그에게 티셔츠를 벗을 것을 요구하고 그를 설득하는 동안 교실에서 나오게 했다. ② **판시사항** 제9 연방항소법원은 이 사건에서 학교 공무원들이 자신의 수정헌법 제1조의 권리를 침해하였다는 Harper의 주장을 받아들이지 않았다. 2:1로 의견이 나뉜 판결에서 다수의견을 집필한 Stephen Reinhardt 판사는 팅커(Tinker) 판결(Tinker v. Des Moines Independent Community School District, 393 U.S. 503 (1969))을 인용하면서 다른 학생들의 권리에 대한 해악을 방지하기 위해 학생의 헌법상 권리는 제한될 수 있다고 하였다. 그는 해당 티셔츠는 성적 지향에 기초한 괴롭힘에 반대하는 학교 정책을 위반하는 것이 될 수 있다고 결론내렸다. 항소법원 판결에 대해 Harper는 연방대법원에 상소하였지만, 그가 고등학교를 졸업하게 되어, 연방대법원은 2007년 초 하급법원에 판결을 무효화할 것을 명령하고 해당 사건을 각하하였다. ③ **소결** 1969년의 틴커(Tinker) 판결 이후에도 몇몇 학교 공무원들은 학교 식당의 식전 기도, 학교 시설 내 특정 장소에서의 기도를 위한 학생의 자율적 회합, 다른 학생들에 대한 학생의 전도 행위와 같은 특정 행위를 금지하는 것으로 학생 자유와 제약의 혼합 상태에 대응하였다. 이러한 문제에 대한 수년간의 불확실성 이후 종교적 자유와 시민 자유의 강화를 원하는 몇몇 이익 집단들이 "공립학교 내 종교적 표현"이라는 가이드라인을 고안하였고, 1995년 미 교육부는 각 공립학교 책임자에게 이를 송부하였다. 교육부는 2003년 가이드라인을 개정하면서 학생들의 종교적 목적의 표현 및 집회의 자유에 더 큰 중요성을 부여하였다. 가이드라인에도 불구하고, 종교적 표현에 참가할 학생의 권리와 적대적이지 않은 환경에서 교육받을 다른 학생들의 권리 사이에 여전히 존재하는 긴장을 보여주고 있다. 4) **교사의 권리** (1) **독일의 히잡결정(BVerfGE 108, 282; 2003.9.24.)** ① **사실관계** 이슬람 교사인 페레쉬타 루딘(Fereshta Ludin)은 연방 Baden-Württemberg 주의 학교에서 수습공무원으로 취직하고자 하였다. Stuttgart의 고등학교 당국은 그녀가 수업 시간에 머리스카프(히잡)를 착용하는 것을 포기할 의사가 없었기 때문에 개인적인 적합성 결여로 입사지원을 거부하였다. 특히, 머리스카프와 관련된 문화적 분열이라는 '객관적' 효과는 신앙문제에서 국가중립성과 양립할 수 없었다. Stuttgart 행정법원, Baden-Württemberg 행정 법원 및 연방행정법원에서 Ludin의 고용거부에 대한 소송은 기각되었다. ② **판시사항** 연방헌법재판소 제2원은 5대3으로 연방행정재판소의 판결을 뒤집고 사건을 환송하였다. 판결에 따르면 Baden-Württemberg주 행정법원과 관할당국의 결정은 교사의 기본권을 침해한다. 재판소는 기본법 제33조 제1항과 제2항이 신앙의 자유에 대한 기본적 권리를 보장하며, 따라서 고소인은 헌법상 실행가능하지 않은 방식으로 공직에 대한 접근이 거부되었다고 판단하였다. 판결에 따르면 학교와 수업에서 교사가 이슬람 머리스카프를 착용하는 것을 금지하려면 주의 법적 규제가 필요하다고 하였다. ③ **판결의 의의** 연방헌법재판소는 이 사건에서, 먼저 국가의 중립성이라는 점을 특히 주목해보았을 때, 국가는 "모든 시민들의 안식처"가 되어야 한다고 설명하였다. 기본법은 국교의 도입을 금지하며 "특정 교파의 특권이나 다른 종교 추종자들의 배제를 금지한다" 정부는 또한 상이한 종교와 세계관을 가진 공동체들의 동등한 대우를 보장해야 하며 특정 종교 단체를 지지해서는 안 된다. 위 판결은 이것은 정부의 "인간의 존엄과 자기 결정과 개인적 의무에 의한 개성의 자유로운 발달로 특징되는 인간성의 이미지에 … 기초한 … 사상과 종교의 다양한 신념에 대한 개방성"에서 유래한다고 지적한다. 한편 이 사건에서 연방헌법재판소는 존중적인 "사전배려적" 중립성(respektierende "vorsorgende" Neutralität)이라는 개념을 제시하였고, 또한 국가에게 명령되는 중립성은 국가와 교회 간의 엄격한 분리의 의미에서의 거리를 두는 중립성이 아니라 "개방적이고 포괄적(포함적)이며 모든 종파를 위한 신앙의 자유를 동등하게 진흥하는 국가의 태도"(진흥적 중립성)라고 한 바 있다. 이러한 설시의 취지는 배제적 중립성의 측면보다는 포함적 중립성에 해당한다고 평가할 수 있다. 이어서, 학생들의 종교에 대한 자유에 대해 검토하면서, 어떤 종교적 상징물을 인정하고 존경하며 어떤 상징물을 배척·거부할지는 개인이 결정하는 것이지만, "다른 신념의 표현이나, 숭배의 행위 혹은 종교적 상징물을 접하지 않을 권리는 없다"고 연방헌법재판소는 설시하였다. 따라서 이러한 교사의 히잡착용은 종교의 자유에 의해 원칙적으로 '허용'되는 것이다. 다만, 이 히잡결정에서 당시의 뜨거운 논쟁에 대해 연방헌법재판소는 '다만, 주의 법률을 근거로 하였다면 히잡은 금지될 수도 있다'고 덧붙이며 다소 어중간한 결론을 내렸기에 이 결정은 나오자마자 학계에서 많은 논란을 야기시키기도 하였다. 2015.1.27. 연방헌법재판소 제1원은 2003년의 결정을 좀 더 구체적으로 명시하고, 당시 제2원이 추구했던 노선에 어느 정도 긴장을 주면서 "이념적 · 종교적 중립국가에서 요구하는 것은 교회와 국가의 엄격한 분리라는 의미에서 이해되는 거리두기로 간주되지 않으며, 노르트라인-베스트팔렌 학교법에 따라 모든 교단에 대해 동등하게 신앙의 자유를 증진하는 개방적이고 포괄적인 태도로 간주되며, 공립학교 교사의 머리스카프 전면 금지는 헌법과 양립할 수 없다고 하였다. 연방 헌법재판소의 판결로 머리스카프 금지 여부는 주별로 다르게 규율되었다. (2) **미국의 관련 판례** 미국에서는 교사들이 공립학교 시스템의 대행자로 행위할 경우 법원은 그들의 권리가 국교설립금지조항에 의하여 제한된다고 판시해왔다. 그러나 근무시간이 아닐 경우 공립학교 종사자들은 자유롭게 예배에 참여하고 합법적인 범위 내에서 전도활동을 할 수 있다. 먼저, **근무시간 중 종교적 행위**에 대하여, 연방지역법원은 Roberts v. Madigan, 921 F.2d 1047 (10th Cir. 1990) 판결에서 콜로라도 공립학교 교장이 5학년 교사에게 교실 벽에서 종교적 포스터를 떼도록 하고 "그림 성경", "예수의 인생"이라는 제목의 책을 학급문고에서 제외하도록 명령한 행위를 유효하다고 보았다. 법원은 또한 해당교사에게 교사책상에서 성경을 치우도록 하고 수업시간 동안 성경 읽기를 삼가도록 하는 교장의 명령도 지지하였다. 법원은 학교 교장들은 국교설립금지조항의 잠재적 침해를 예방하고 학생들을 종교적으로 억압적인 환경에서 보호할 권위가 필요하다고 강조하였다. Bishop v. Aronov, 926 F.2d 1066 (11th Cir. 1991) 사건에서 제11항소법원은 앨라배마 대학이 생리학 교수 Bishop에게 부과한 제한조치의 유효성을 인정하였다. 이 교수는 자신의 강의에서 자신의 연구에서의 기독교 신념의 역할을 자주 피력해왔고, 인간 생리학에 대한 "기독교 관점"을 제공하는 선택 강의 시간을 계획하였다. 법원은 Bishop는 저작 출판 등으로 자신의 종교적 관점을 표현할 권리를 여전히 보유하고 있기 때문에 대학 당국의 교수 방식을 통제로 그의 학문적 자유는 위태로워지지는 않는다고 지적하였다. **근무시간 외 종교적 행위**에 대해서는, 공립학교 시스템이 교사의 공적 의무와 그들의 개인적 시간 사이에 어디에서 선을 그을 것인가는 명확하지는 않다. Wigg v. Sioux Falls School District, 382 F.3d 807 (8th Cir. 2004) 사건에서 한 교사는 자신을 해당학구의 여러 공립초등학교에서 진행되는 방과 후 활동으로 복음주의 기독교 집단인 Good News Club에서 교육자로 활동할 것을 허용하지 않은 사우스 다코타 학구를 상대로 소송을 제기하였다. 연방지방법원은 Barbara Wigg라는 해당교사는 자유롭게 해당클럽에 참여하여야 한다고 판시하면서도 해당교육청은 해당교사가 자신이 고용된 학교에서는 해당클럽 활동에 참여할 수 없도록 주장할 수 있다고 판시하였다. 항소법원은 원심판결을 확정하면서 한편 해당교사의 권리 보호에 대하여 한층 더 나아갔다. 해당교육청은 해당교사를 근무학교에서의 프로그램에서 배제할 수 없다고 본 것이다. 법원은 학교 일과 시간이 종료되면 Wigg는 한 명의 시민이 되며 자신이 근무하는 학교를 포함하여 어떤 학교에서든 자유롭게 Good News Club의 교육자가 될 수 있다고 보았다. 법원은 어떤 합리적인 관찰자도 해당클럽 모임이 학교 자산 내에서 이루어지더라도 Wigg의 방과 후 역할을 학구를 대표하여 수행하는 것으로 여기지 않을 것이라고 하였다. 일반적으로 법원은 공립학교는 학과 시간 특히 학생의 출석이 요구되는 시간 동안 교사의 종교적 표현을 규제하는 실질적 재량이 있다고 판시해왔다. 그러나 법원은 또한 비학과 시간으로 그러한 규제를 확대하려는 학교의 시도는 교사의 종교적 자유에 대한 지나치게 광범위한 개입을 구성한다고 판시해왔다.

국교國敎**의 부인**否認 ➜ 종교의 자유.

국군통수권國軍統帥權 현행헌법 제74조 제1항은 「대통령은 헌법과 법률이 정하는 바에 의하여 국군을 통수한다.」고 규정하고 있다. 「국군을 통수한다」 함은 국군의 총지휘권자로서 군정·군령권(軍政軍令權)을 가지고 있음을 말한다. 현행 헌법은 군에 대한 문민통제의 원칙에 따라 군정·군령일원주의를 채택하고 있고, 대통령이 이를 담당한다. 대통령의 국군통수권은 헌법과 법률에 의하여 행사되는데, 헌법상 군사에 관한 중요사항 및 군사정책은 국가안전보장회의의 자문과 국무회의의 심의를 요하도록 되어 있고(헌법 제89조 제6호·제91조 제1항), 또 대통령의 통수권행사는 국법상의 행위이기 때문에 반드시 문서로써 해야 하며, 국무총리와 관계 국무위원의 부서가 있어야 한다(헌법 제82조). ➜ 병정통합주의.

국기國旗 ㊀ national flag, ㊁ Nationalflagge, ㊂ drapeau national. 1. **의의** 국기는 한 국가를 상징하는 깃발을 말한다. 미승인국가나 속령·자치주 등이 그 상징기를 두는 경우도 있다. 국가에 따라 국기를 별칭으로 부르는 경우가 많다. 미국의 '성조기', 프랑스의 '삼색기' 등이 그 예이다. 대한민국의 경우, '태극기(太極旗)'라고 부른다. 조선민주주의인민공화국(북한)은 '인공기(人共旗)'로 약칭하여 부른다. 2. **유래와 관련규정** 국기와 국장에 대하여는 헌법에 직접 명시하는 경우도 있고, 개별 국가의 전통에 따라 불문헌법으로 정하는 경우도 있다. 대한민국 현행헌법은 국기, 국장(國章)에 대하여 별도의 규정이 없으나, 북한의 경우, 국장, 국기를 명문화하고 있다(조선민주주의인민공화국 사회주의헌법 제7장). 대한민국 국기는 구한말 1882년 박영효가 최초로 도안한 것으로 알려져 있다(역관 이응준이라는 견해도 있다). 임시정부기와 미군정기에 계속 사용되다가, 1948년 정부수립 후 1949.10.15.에 국기제작법 고시(문교부 고시 제2호)를 통해 공식적으로 그 형식 및 깃봉을 정하여 시행하였다. 1984.2.21. 기존의 '국기제작법'과 '국기게양방법에 관한 건'으로 이원화되어 있던 대통령령을 통합하여 '대한민국 국기에 관한 규정'을 제정하였고, 2007.1.26. 「대한민국 국기법」이 제정되어 2007.7.27.부터 시행되었다. 통일헌법이 제정되는 경우, 국기에 관한 사항도 헌법에 명시할 필요가 있다.

국기에 대한 경례 거부 ➜ 양심의 자유.

국내법우위론國內法優位論 ➜ 국제법과 국내법의 관계.

국무원불신임제國務院不信任制 1952년의 제1차 헌법개정(발췌개헌)에서 신설된 제도로서, 1952년 헌법 제70조의2에서 규정하고 있다. 동 규정은, 「① 민의원에서 국무원불신임결의를 하였거나 민의원의원 총선거 후 최초에 집회된 민의원에서 신임결의를 얻지 못한 때에는 국무원은 총사직을 하여야 한다. ② 국무원의 신임 또는 불신임결의는 그 발의로부터 24시간 이상이 경과된 후에 재적의원 과반수의 찬성으로 행한다. ③ 민의원은 국무원의 조직완료 또는 총선거 즉후의 신임결의로부터 1년 이내에는 국무원불신임결의를 할 수 없다. 단, 재적의원 3분지 2이상의 찬성에 의한 국무원불신임결의는 언제든지 할 수 있다. ④ 총사직한 국무원은 신국무원의 조직이 완료될 때까지 그 직무를 행한다.」고 규정하였다.

국무원제國務院制 ㉧ the State Council, ㉤ Staatsrat, ㉫ Conseil d'État. 국무원은 행정부에 속하는 국가의 중요정책을 결정하는 최고의 합의제의결기구를 칭하는 여러 표현 중의 하나이다. 국가마다 또는 시대에 따라 국가평의회, 국무회의, 추밀원, 최고회의 등으로 사용되기도 한다. 국무원제는 정부형태에 따라 그 권한이 달라지는 것으로, 대통령제 하에서는 대통령의 자문기구 내지 보좌기구로 기능하는 경우가 많으며, 의원내각제 하에서는 정책결정의 실질적 기능을 담당하게 된다. 1. **우리나라의 국무원제**는 대한민국임시정부의 정부조직법이었던 「대한민국임시정부장정」에서 처음 등장하였다가(제1장), 1차 개헌(1919.9.11. 대한민국임시헌법)에서 대통령제 하에서의 국무원으로 헌법에 편입되었으며(제5장), 2차 개헌(1925.4.7. 대한민국임시헌법: 의원내각제개헌)에서 국무회의제로 변경되었다가, 3차 개헌(1927.3.5. 공포, 동 4.11. 시행 대한민국임시약헌)에서 채택한 집단지도체제인 국무위원제로 개정되었으며, 4차 개헌(1940.10.9. 대한민국임시약헌)에서 주석제 하의 국무위원회제로 개정되어 5차 개헌(1944.4.22. 대한민국임시헌장)까지 이어졌다. 정부형태에 따라 기관의 명칭이 변경되었지만, 명칭으로서의 국무원제는 1919년의 1차 개헌에서 처음 헌법에 규정되었다. 1948년 정부수립 후 제헌헌법에서도 국무원제를 규정하였지만(제4장 제2절), 대통령의 권한을 보좌하는 기구이었다. 1960년의 제3차 개헌에서 의원내각제 하의 국무원이 채택되어 실질적인 권한을 행사하는 기관이 되었다. 2. **중국의 국무원** 중화인민공화국 국무원은 중화인민공화국의 중앙행정기관으로 건국초기에는 정무원이라고 칭했다가 국무원으로 변경되었다. 중앙인민정부라고 부르기도 한다. 국무원의 수장인 국무원총리는 국가주석의 제청으로 지명된 후보를 전국인민대표대회에서 투표로 선출하며, 국무원부총리와 국무위원은 국무원총리가 지명한 후보를 전국인민대표대회가 인준한다. 총리, 부총리, 국무위원의 임기는 각각 5년이며 2번까지 연임할 수 있다. 국무원은 상무회의와 전체회의로 구성되어 있으며 두 회의 모두 국무원총리가 주관한다.

국무위원國務委員 ㉧ member of the State Council. 정부의 최고정책심의기관인 국무원 혹은 국무회의의 구성원을 일컫는다. 현행 헌법에서는 국무회의의 구성원을 말한다. 15인 이상 30인 이하로 구성된다(헌법 제88조 제2항). 국무위원은 군인이어서는 안되며(문민원칙), 국무총리의 임명제청에 따라 대통령이 임명한다(헌법 제87조 제1항). 국회의원을 겸직할 수 있다. 국무위원은 인사청문회법에 따라 인사청문회 절차를 거쳐야 하지만, 반드시 국회의 임명 동의가 필요한 특별인사청문회 대상은 아니다. 국무위원은 국정에 관하여 대통령을 보좌하며, 국무회의의 구성원으로서 국정을 심의한다(헌법 제87조 제2항). 현행 헌법상 국무회의는 의원내각제의 의결기관인 국무회의(내각회의)와는 달라서 대통령의 권한에 속하는 정부의 중요정책을 심의하는 심의기관이기 때문에 국무위원은 의결권을 가지지 않고, 실제에 있어서 의결하는 경우가 있다 하더라도 대통령은 이에 구속되지 않는다. 국무위원은 국무회의의 소집을 요구하고, 국무회의에 의안을 제출하며(헌법 제89조 제17호, 정부조직법 제12조 제3항), 국무회의에 출석·발언하고, 그 심의에 참가할 권한과 의무가 있다. 국무위원은 대부분 행정 각부의 장에 임명되므로 2가지 지위를 겸하고 있으나, 양 지위는 헌법상 구별되며 차이가 있다. 특히, 국무총리와의 관계에 있어서, 국무회의에서는 국무총리도 같은 국무위원으로서 대등한 지위에서 국정을 심의하되, 다만 국무회의의 부의장이라는 점에서 차이가 있을 뿐이다. 그러나 행정 각부의 장으로서의 지위에 있어서는 국무총리가 대통령의 명을 받아 행정에 관하여 행정 각부를 통할하기 때문에 그의 지휘·감독을 받는다(헌법 제86조 제2항, 정부조직법 제15조). 국무총리는 국무위원의 해임을 대통령에게 건의할 수 있고(헌법 제87조 제3항), 국회는 국무총리 또는 국무위원의 해임을 대통령에게 건의할 수 있으며, 이 해임건의는 국회 재적의원 3분의 1 이상의 발의와 국회 재적의원 과반수의 찬성이 있어야 한다(헌법 제63조). 국무위원은 대통령권한대행권(헌법 제71조)과 대통령의 국법상 행위에 대한 부서권(副署權)을 가지며(헌법 제82조), 국회에 출석하여 국정처리상황을 보고하거나, 의견을 진술하고 질문에 응답할 수 있다(헌법 제62조).

국무위원임명제청권國務委員任命提請權 국무총리의 권한 중의 하나로, 대통령에게 국무위원을 임명해 줄 것을 요청하는 권한이다. 각료제청권 또는 장관제청권이라고도 한다. 헌법 제87조 제1항은 「국무위원은 국무총리의 제청으로 대통령이 임명한다.」고 규정하고 있다. 대통령이 국무위원을 임명할 때 인사권을 남용하지 못하도록 견제하기 위한 조항이다. 임명제청이 없이 대통령이 국무위원을 임명한 경우, 유효설과 위헌무효설이 나뉘지만, 헌법규정상 명백히 임명제청을 거쳐 임명하도록 하고 있으므로 위헌무효로 봄이 타당하다. 임명제청에 대통령이 구속되는지의 여부에 관해서는 헌법이 규정하고 있지 않지만, 대통령이 구속되지 않는다고 봄이 적절하다. 왜냐하면 대통령은 국무총리에 대한 해임권도 가지기 때문에 사실상 국무총리가 대통령의 의사에 반하여 임명제청하기를 기대할 수는 없기 때문이다.

국무총리國務總理 [영] prime minister/chancellor/premier, [독] Kanzler, [프] Chancelier. 1. **의의와 연혁** 국무총리(수상)는 의원내각제 혹은 반대통령제에서 내각의 수반이자 행정부 각료들의 수장이다. 국무총리제(수상제)는 14세기 영국에서 유래하여, 18세기에 영어를 못하였던 George 1세 치하에서 Walpole이 사실상의 정부수반으로 21년간 재임하면서 내각책임제가 시작되었으며, 멜번, 윌리엄 피트, 디즈레일리 등을 거치면서 19세기 초에 정착되었다. 20세기에 들어와 많은 나라들이 수상제를 채택하고 있으며, 정부형태가 다양해짐에 따라 국무총리제(수상제)도 다양한 형태로 분기하였다. 2. **비교법적 검토** 대통령제 하에서 원칙적으로 국무총리를 두지 않는다. 대신 부통령제를 두는 경우가 있다. 의원내각제에서는 국무총리는 내각의 수반으로서 실질적 행정권을 집행한다. 바이마르공화국이나 프랑스와 같은 이원정부제 하에서는 대통령이 통치권력을 가지면서 국무총리(수상)는 그 집행기관으로 기능하게 된다. 영국과 같은 수상정부제에서는 수상이 행정의 실질적인 책임을 지고 이를 집행한다. 스위스와 같은 의회정부제 하에서는 7인의 각료가 교대로 대통령에 취임하며 국무총리는 없다. 신대통령제 하에서 대통령의 보좌기관으로 국무총리를 두는 경우가 있다. 3. **우리나라 국무총리제 변천사** 우리나라는 대한민국임시정부에서 국무원을 둔 경우 국무원총리라는 이름으로 국무총리제를 둔 경우가 있었다(➜ 국무원제). 1948년 제헌헌법에서는 국무원과 국무총리를 두었는데, 이는 이승만에 의하여 의원내각제초안이 대통령제로 급작스럽게 변경됨으로써 잔존했던 것이었다. 1차 헌법개정에서 국무총리의 권한이 강화되기도 하였으나, 2차 개헌에서 국무총리제가 폐지되고 부통령제로 변경되었다. 3차 개헌의 결과인 제2공화국 헌법에서는 의원내각제를 도입하여 국무총리가 실질적인 행정권의 집행자이었다. 대통령제를 채택한 제3공화국 헌법의 국무총리는 대통령의 보좌기관으로서 정부의 제2인자이면서 국무회의 부의장의 지위를 갖고 있었다. 유신헌법이라 불리는 제4공화국헌법은 신대통령제 헌법이었으므로 국무총리의 지위는 대통령에 완전히 종속되었다. 다만, 국회에서 국무총리에 대한 해임의결이 있으면 국무위원 전원을 해임하도록 하는 연대책임을 규정하고 있었다. 제5공화국 헌법도 제4공화국 헌법과 별반 다르지 않았다. 4. **헌법상 지위** 1) **헌법상 지위** 현행 헌법상 국무총리는 미국식 대통령제에는 이례적인 제도로서 대통령의 보좌기관이자 정부의 제2인자로서의 지위를 가진다. 프랑스의 이원정부제의 국무총리에 가깝다고 평가되어 헌정실제상 분점정부의 가능성을 열어 놓고 있다고 평가된다. 국무총리는 대통령 보좌기관으로서의 지위, 국무회의 부의장으로서의 지위, 타 국무위원보다 우월한 지위, 행정부 제2인자로서의 지위, 중앙행정관청으로서의 지위 등을 가진다. 2) **신분상 지위** 국무총리는 국회의 동의를 얻어 대통령이 임명한다. 국회의 동의를 받지 못한 상태에서 국무총리서리라는 지위가 빈번히 활용되었으나, 위헌이라는 비판으로 오늘날에는 이용되지 않고 있다(➜ 국무총리서리). 국무총리는 군인인 신분에서는 임명될 수 없으며(문민원칙), 국회의원을 겸직할 수 있다. 이 겸직가능성은 이익충돌의 위험이 있으므로 금지함이 바람직하다. 국회는 국회재적의원 3분의 1 이상의 발의에 의하여 국회재적의원 과반수의 찬성으로 대통령에게 국무총리해임을 건의할 수 있다(헌법 제63조). 5. **권한** 국무총리는 국무위원 및 행정각부의 장의 임명제청권과 해임건의권을 가진다(헌법 제87조)(➜ 국무위원임명제청권, ➜ 국무위원해임건의권). 또한 대통령권한대행권을 가지는바, 국민에 의하여 선출되지 않은 국무총리라는 점에서 민주적 정당성이 문제된다(➜ 대통령권한대행). 국무총리는 대통령의 국법상 행위에 대하여 관계 국무위원과 함께 부서권(副署權)을 가진다(➜ 부서권). 이 외에도 국무회의 심의권, 행정각부 통할권, 국회출석·발언권, 총리령 발령권 등을 가진다. 6. **의무와 책임** 국무총리는 국회출석·답변의무, 해임건의에 따를 의무, 부서에 대한 책임 등을 가진다. 국무총리의 책임은 법적 책임보다는 정치적 책임을 지는 경우가 더 많다.

국무총리서리國務總理署理 ㉮ an acting premier/prime minister, ㉯ Schauspiel Kanzler, ㉰ Chancelier par intérim. 대통령이 국무총리후보를 임명 또는 지명한 후 국회의 승인 또는 동의가 있기까지 동 후보를 국무총리서리로 임명하여 국무총리의 권한을 행사하게 하는 제도이다. 우리 헌법사에서는 헌법에 규정된 바가 없었으나, 1948년 헌법 이래 짧게는 3일, 길게는 7개월 가까운 기간 동안 19회에 걸쳐 국무총리서리를 임명하였다. 제1공화국 헌법은 선임명후승인, 즉 대통령이 국무총리를 임명한 후 국회의 사후승인을 얻도록 하고 있었으며(국무총리는 대통령이 임명하고 국회의 승인을 얻어야 한다), 제3공화국헌법은 국무총리임명에 국회의 동의를 필요로 하지 않았다. 제1공화국헌법 당시 국무총리에 임명되었지만 국회의 승인을 얻지 않은 지위를 국무총리서리로 칭하였는데, 이 역시 헌법에는 규정이 없었다. 제4공화국헌법은 국무총리임명에 대하여 사전동의를 의미하는 선동의후임명의 방식(국회의 동의를 얻어 대통령이 임명한다)으로 변경한 까닭에 대통령이 국무총리로 지명하여 국회의 동의를 요청한 상태에서 국회가 동의하지 않은 경우 국무총리서리로 임명하여 국무총리의 권한을 행사하게 하였다. 특히 전두환·노태우 두 정부에서는 9회에 걸쳐 국무총리서리가 임명되기도 하여 헌법재판소에 권한쟁의심판이 제기되기도 하였으나, 서리가 교체되는 등으로 모두 각하되었다. 이의 위헌 여부에 관하여 대다수의 견해는 위헌이라는 입장이었지만, 예외적인 경우에는 합헌일 수 있다는 견해도 있었다. 김영삼정부가 들어선 후에는 위헌론에 영향을 받아 헌법이 정한 절차에 따라 국무총리의 임명동의를 받아 국무총리를 임명하고 그 제청으로 국무위원을 임명하는 절차를 밟게 되어 국무총리서리의 문제는 제기되지 않았다. 김대중정부가 들어선 후 정치적 연합의 일방이었던 김종필을 국무총리로 지명하여 국회에 동의를 요청하게 되자 국무총리서리 문제는 다시 제기되었다. 야당의 반대로 국무총리의 임명이 힘들어지자, 대통령 김대중은 김종필을 국무총리서리로 임명하고 그 제청으로 국무위원으로 임명하였는데, 이에 야당이 대통령을 상대로 헌법재판소에 권한쟁의심판을 제기하였다. 헌법재판소는 3인의 위헌의견과 1인의 합헌의견이 있었으나, 5인의 각하의견에 따라 심판청구를 각하하였다(헌재 1998.7.14. 98헌라1).

국무총리·국무위원해임건의권國務總理·國務委員解任建議權 헌법 제63조 제1항은 「① 국회는 국무총리 또는 국무위원의 해임을 대통령에게 건의할 수 있다. ② 제1항의 해임건의는 국회재적의원 3분의 1 이상의 발의에 의하여 국회재적의원 과반수의 찬성이 있어야 한다.」고 규정하여 국무총리와 국무위원회에 대한 해임건의제도를 채택하고 있다. 국무총리에 대한 해임제도는 원래 의원내각제의 핵심제도이다. 우리나라 헌정사에서는 제1차개헌(제70조의2)과 제2차개헌(제70조의2)에서 국회의 정부불신임권을 제도화한 바 있었고, 제3공화국헌법에서는 국회는 국무총리 또는 국무위원의 해임을 대통령에게 '건의'할 수 있고, 대통령은 특별한 사유가 없는 한 이에 응하도록 하고 있었다(제59조). 유신헌법에서는 국회는 국무총리 또는 국무위원에 대하여 개별적으로 그 해임을 '의결'할 수 있다고 규정하였다(제97조 제1항). 제5공화국 헌법도 마찬가지이었다. 현행헌법은 국무총리와 국무위원의 해임건의권과 해임건의안의 의결정족수만을 규정하고 있을 뿐, 해임건의사유에 대해서는 언급이 없다. 따라서 탄핵소추사유에 비교하여 직무집행상 위헌·위법이 있는 경우 뿐만 아니라 중대한 과오나 능력부족, 기타 정치적 책임이 있는 경우로 넓게 이해하여야 한다. 국무총리해임건의에 대해 대통령이 구속되는가에 관하여 긍정설과 부정설이 있다. 엄격히 법적 관점에서는 구속되지 않는다고 보아야 할 것이지만, 이는 헌법적 관습으로 확립될 가능성이 있다고 본다. 즉, 대통령이 국회의 국무총리해임건의에 대하여 이를 받아들이면 그 자체로 헌법적 관습으로 될 가능성이 크다. 왜냐하면, 그 이후의 국무총리해임건의에 대해서도 전례를 들어 수용할 가능성이 크기 때문이다. 국무총리에 대한 해임건의가 있고, 대통령이 국무총리를 해임하는 경우에는 국무위원전원이 사직하여야 하는가에 관하여 부정설이 다수설이다. 의원내각제와 비교할 때 정부불신임과는 달리 보아야 하므로 부정함이 타당하다. 국무위원해임건의에 관해서는 헌법상 두 가지 가능성이 있다. 하나는 헌법 제63조가 규정하는 국회의 국무총리·국무위원 해임건의권이며, 다른 하나는 헌법 제87조 제3항의 국무총리의 국무위원해임건의권이다. 전자는 국회 재적의원 3분의 1 이상의 발의에 의하여 국회재적의원 과반수의 찬성이 있어야 한다. 후자에 관해서는 해임건의 요건에 관하여 헌법상 명시적인 규정이 없다. 따라서 국무총리가 국무위원의 해임건의를 하는 경우에는 특별한 사유나 요건이 필요하지 않다. 국무총리의 해임건의가 있더라도 대통령은 이에 구속되지 않는다고 보아야 한다.

국무회의國務會議 ㉧ state council/cabinet council/cabinet meeting, ㉩ Kabinettsrat, ㉥ conceil de cabinet/conceil des ministres. 행정부의 권한에 속하는 중요 정책을 심의하는 헌법상의 기관이다. 미국식 대통령제에서는 국무회의가 헌법기관이 아니다. 의원내각제에서의 국무회의는 국가원수가 주재하지만, 실제로는 수상이 주재하는 내각회의가 실질적인 국무회의이다. 이원정부제에서는 대통령이 주재하는 국무회의는 적어도 동거정부가 아닌 한 명실상부하게 국가의 최고정책심의기구이다. 우리나라에서는 과거 대한민국임시정부에서부터 국무회의제를 채택하였다. 1919.4.11.의 대한민국임시헌장 하에서의 정부조직법에 해당했던 대한민국임시정부장정(1919.4.25. 제정)에서 처음 국무회의라는 표현이 나타났고, 이후 5차 개헌이 진행되면서 국무위원회 혹은 국무회의로 규정되어 있었으며 응의(應議), 의정(議定)의 표현이 사용되었으나 모두 의결(議決)의 의미를 가졌던 것으로 보인다. 제헌헌법은 국무원을 두면서 대통령이 의장인 국무회의를 규정하여 의결기관으로 하였고(제헌헌법 제71조), 제2공화국헌법은 의원내각제이었으므로 국무회의는 당연히 의결기관이었다. 제3공화국헌법에서는 국무회의를 행정부 내의 최고 심의기관으로 규정하고 있는데, 이것은 의원내각제에서의 의결기관인 내각회의와 구별되며, 대통령제에서의 임의적 자문기관인 각료회의(cabinet meeting)와도 다르다. 1987년 현행 헌법에까지 국무회의 규정은 국무위원의 수를 제외하고는 별로 개정되지 않았다. 현행헌법상(제88-89조) 국무회의는 헌법상 필수기관이며, 행정부의 최고정책심의기관이자 독립된 합의제기관이다. 대통령 및 국무총리와 15인 이상 30인 이하의 국무위원으로 구성되고, 대통령은 국무회의의 의장이 되며, 정부의 권한에 속하는 중요한 정책을 심의한다. 대통령은 국무회의 의장으로서 국무회의를 소집·주재한다. 의장이 사고로 인하여 직무를 수행할 수 없는 경우에는 부의장인 국무총리가 그 직무를 대행한다. 국무회의는 구성원 과반수로 개의하고, 출석구성원 3분의 2 이상의 찬성으로 의결한다. 국무회의가 심의하는 사안은 헌법 제89조에 열거되어 있는데, 이는 **필수적 심의사항**이다. 국무회의심의사항에 대하여 심의없이 국법상 행위를 한 경우의 효력에 관하여 유효설과 위헌무효설이 있으나, 심의기관인 점을 고려하면 유효설이 타당하다. 다만, 헌법위반의 사유로 정치적 책임에 따라 탄핵사유로 될 수는 있다.

국민國民 ㊐ nation, ㊍ Volks, ㊏ nation. ① 국적을 가진 사람의 총칭. ② 국가의 구성원 전체를 하나의 통일체로 보아 일컫는 말로서, 인민과 같은 의미이다. 우리나라 헌법사에서는 과거 대한민국임시정부 헌법에서는 인민이라는 말로 사용되었으나, 분단 이후 남쪽의 대한민국은 국민으로, 북쪽의 조선민주주의인민공화국에서는 인민이라는 말로 사용하고 있다.

국민감사청구國民監査請求 부패방지 및 국민권익위원회의 설치와 운영에 관한 법률 제72조에 근거하여, 공공기관의 사무가 법령위반 또는 부패행위로 인하여 공익을 현저히 해하는 경우 19세 이상의 국민 300명 이상의 연서로 감사원에 감사를 청구할 수 있도록 하고, '국민감사청구심사위원회'에서 감사실시 여부를 결정하여 그에 따라 감사원에서 감사를 실시한 후 그 결과를 통보하도록 하고 있다. ➜ 감사원.

국민개념2분설國民槪念2分說 국민주권론에 있어서 국민을 전체국민과 유권적 시민의 총체로 2분하여 전체국민은 주권의 귀속주체 내지 주권의 보유자(이념적 주권자)이고, 주권의 현실적 행사자(현실적 주권자)는 유권적 시민의 총체로 보는 견해로서, 전체국민을 이념적 주권자로 보아 국민주권을 단지 이념적 내지 정치적·이데올로기적 개념으로 이해하면서(국민주권이념설), 그 현실적·구체적 행위자인 유권적 시민의 총체를 통해 국가의사를 직접 결정하거나, 국민적 합의에 기초해야 한다는 당위가 도출되며, 이로써 국민주권의 규범적 의미가 확보될 수 있다고 본다(국민주권규범설).

국민개병제國民皆兵制 ➜ 징병제.

국민거부國民拒否 ㊇ popular veto/citizen's veto/veto referendum/rejective referendum/abrogative referendum, ㊈ abrogatives Referendum/aufhebendes Referendum, ㊊ veto populaire/veto référendum/référendum de rejet. 국민거부는 유권자 중 특정소수에 의해 서명된 청원이 현존 법률, 헌법개정안, 헌장개정이나 명령 등의 폐지에 관하여 공적인 선거(플레비시트)를 강제하는 수단을 규정하는 레퍼렌덤의 한 유형이다. 최소한의 형태로는 의사일정까지 제출하여 심의하도록 행정기관 혹은 입법기관에게 의무지우는 수단을 규정하는 레퍼렌덤의 한 유형으로 직접민주주의의 한 형태이다. 이탈리아 헌법 제75조가 규정하고 있다. 새로운 법률을 입법할 것을 제안하는 국민발안이나 입법적 레퍼렌덤과는 달리, 국민거부는 현존의 법률 등의 폐지를 제안하도록 허용하는 것이다. 법률이 통과한 후 짧은 시간 이내에 혹은 현존의 법률에 대하여 행해진다. 이를 지지하는 입장은 국민거부가 소수가 부담하게 될 특수한 이해관계에 대한 보호막이며 소수자의 권리를 보호한다고 지적한다. 비판하는 입장은 현안인 쟁점에 관하여 강한 집착을 가진 사람들에 의해 직접민주적 투표가 지배되는 것을 지적한다. ➜ 국민투표제.

국민경제자문회의國民經濟諮問會議 국민경제의 발전을 위한 중요 정책의 수립에 관해 논의하고 대통령에게 자문하기 위하여 설립된 기구이다. 헌법 제93조에 명시돼 있지만 임의적 기구이어서 구성되지 않았다가, 1999년 「국민경제자문회의법(법률 제5992호, 1999.8.31. 제정, 1999.8.31. 시행)이 제정되어 설치되었다. 국민경제의 발전을 위한 전략 및 주요정책방향의 수립, 국민복지의 증진과 균형 발전을 위한 제도의 개선과 정책의 수립, 국민경제의 대내외 주요 현안과제에 대한 정책대응방향의 수립, 기타 국민경제의 발전을 위하여 대통령이 부의하는 사항에 관한 자문을 수행한다.

국민공회國民公會 ㊊ Convention nationale. 프랑스혁명 당시 국민의회-입법의회를 거쳐 1792.9.21. 공화정을 수립하기 위하여 선출된 의원으로 구성된 의회이다. ➜ 프랑스혁명.

국민國民**과 대표**代表**의 관계** ➜ 국민대표관계의 법적 성격.

국민국가國民國家 **= 민족국가**民族國家 ㊇ nation state, ㊈ Nationalstaat, ㊊ État-nation. 국민국가는 구성원 대다수가 동일한 문화를 공유하고 그것을 인식하고 있는 국가이다. 이는 문화적 경계선이 정치적인 그것과 합치되는 관념이다. 한 정의에 따르면 국민국가는 그 구성원의 대부분이 언어나 보통의 혈통과 같은 것으로 국가를 정의하는 요소들에 의해 결합된 주권국가이다. 이는 지배적인 인종적 집단을 가질 필요가 없는 country와는 다른 개념이다. 역사적 관점에서 볼 때, 근대 유럽에서 시민혁명을 거쳐 형성된 근대국가를 지칭하는 의미로 많이 사용되며, 민족국가로 사용되기도 한다. 국가의 주권이 동일한 문화를 공유하는 동일민족 또는 국민에게 있는 주권국가이다. 오늘날에는 국제관계의 주체로서의 주권국가는 국민국가일 것이 요구된다. 민족주의로 번역되는 내셔널리즘의 운동이나

2차 대전 이후 식민지를 벗어나 독립을 달성한 신흥독립 국가는 기본적으로는 국민국가의 체제를 취하고 있다.

국민권익위원회國民權益委員會 ⓔ Anti-Corruption and Civil Rights Commission. 고충민원의 처리와 이에 관련된 불합리한 행정제도를 개선하고, 부패의 발생을 예방하며 부패행위를 효율적으로 규제함으로써 국민의 기본적 권익을 보호하고 행정의 적정성을 확보하며 청렴한 공직 및 사회풍토의 확립에 이바지하기 위하여 설치된 국무총리 소속 중앙행정기관으로, 1994.4.8. 설치된 국민고충처리위원회, 2002.1.25. 설치된 국가청렴위원회, 1984.12.15. 설치된 국무총리행정심판위원회를 통합하여 2008.2.29. 신설되었다. 관련법률로 「부패방지 및 국민권익위원회의 설치와 운영에 관한 법률(약칭: 부패방지권익위법)(법률 제15617호, 2008.2.29. 폐지제정, 2008.2.29. 시행)이 있다. 국민의 권리보호와 권익구제 및 부패방지, 고충민원, 중앙행정심판위원회의 행정심판 등에 관련된 업무를 처리한다(동법 제12조 참조).

국민대표관계代表關係**의 법적 성질**法的性質 1. **문제의 소재와 개념** 1) **문제의 소재** 국민주권주의와 대의제 민주주의를 기본원리로 하고 있는 우리 헌법에서, 국민과 그 대표기관 간의 관계는 어떻게 이해할 수 있는가, 그리고 어떤 국가기관이 국민대표기관인가, 특히 선거에 의해 선출되지 아니한 기관도 국민대표기관이라 할 수 있는가 하는 문제가 있다. 2) **국민대표개념의 성립** 근대적 국민대표개념은 17세기 이후 영국에서 점진적·무의식적으로 등장하였으며 프랑스의 경우 1789년 대혁명 후 명령적 위임제가 폐지되고 자유위임이 선언되었고 1791년 헌법에서도 국민(nation)주권과 국민대표-자유위임이 채택되는 등 의식적이고 급격하게 진행되었다. 이후 서구 대의제 헌법에서는 국민대표-자유위임을 규정하였고 오늘날에 와서도 정당국가적 현실과 직접민주로 인해 약간의 변용이 있으나 그대로 유지되고 있다. 이러한 국민대표개념은 자유주의적 부르주아의 희망과 국민주권론의 결합을 의미하였다. 국민대표개념에 바탕한 대의제는 과거의 신분체제에 대해서는 혁명적이었지만 루소적 민주주의에 비해서는 보수적 원리를 의미하였다. 2. **국민대표개념의 내용** (1) 대의제 민주주의에 있어 국민과 그 대표기관 간의 관계를 의미하는 국민대표관계는 독특한 공법상의 관계이다. 국민대표기관이 국민을 대표한다는 의미는 무엇인가에 관하여, G. Jellinek는 '대표란 어떤 한 인간과 다른 하나 또는 둘 이상의 인간과의 관계가 그것으로 전자의 의사가 바로 후자의 의사로 보게 되어, 양자를 법적으로 하나의 인격으로 간주할 수 있는 관계를 말한다.'고 하였다. (2) 종래 국민대표개념은 국민대표기관이 개개의 국민이나 선거구민, 또는 특정 이익집단이나 정당을 대표하는 것이 아니라 국민 전체를 대표하며, 국민으로부터 명령적 위임을 받는 것이 아니라 어느 누구의 지시나 명령에도 구속되지 않고 의원 스스로의 독자적 판단에 의해 국민 전체를 대표하는 것을 의미하였다. 국민 전체는 유권자의 총체가 아니라 주권을 가진 정치적·이념적 통일체로서의 국민을 의미하며 대표기관이 대표하는 것은 유권자의 현실적·경험적 의사가 아니라 전체 국민의 추정적 의사라 할 수 있다. 그런 점에서 국민대표자는 익명의 파악할 수 없는 유권자의 대변인이 아니라 자신이 이해하는 정의의 대변인이자 집행자이다. 따라서 국민 대표자의 결정의 자유는 의원의 지위의 핵심적 요소이며 따라서 국민의 국민대표자에 대한 영향력은 그를 선출하는 것 이상으로는 미치지 않는다. 또한 국민대표개념은 주권자인 국민이 그 대표기관에 위임하는 것이며, 각 선거구에서 유권자가 그 대표자에게 위임하는 것이 아니라는 점에서 집합적 위임(mandat collectif)을 의미하고, 인민이 정한 특정 행위를 대의기관이 행하여야 한다는 것이 아니라 헌법상 대표기관의 권한에 속하는 일체의 사항에 대하여 국민의 일반의사를 표명하는 것을 그 기관에 인정하는 것을 의미한다는 점에서 일반적 위임을 의미한다. 3. **국민대표관계의 법적 성격** 1) **학설** 이에는 크게 법적 관계를 부인하는 주장과 이를 인정하는 주장으로 나눌 수 있다(정당대표설은 정당국가에 따른 대표의 현실을 설명한 것이지 국민대표개념의 법적 성격을 설명하는 이론이라 할 수는 없다). (1) **법적 대표관계 부인설** i) **정치적 대표설**은 과거 라반트와 말베르, 宮澤俊義 등이 주장한 이래 많은 학자에 의해 수용되었고 우리나라에서도 유력한 견해라 할 수 있다. 라반트는 '의원은 국가법적 의미에서 어느 누구의 대표도 아니다. 그의 권한은 선거구민에게서도, 전체 국민에게서도 나온 것이 아니다. 의원의 권한과 의무는 직접적으로 법률로부터 나온다. 선거는 단지 의원의 임명방식일 뿐이다. 선거가 끝나면 의원과 선거인의 법적 유대는 끝난다. 의원은 자신의 고유한 의무에 따른 판단에 의해 행동하여야 한다. 의원은 누구의 지시나 명령에 구속되지 아니하며 선거권자나 정당간부에게 대하여 소명의무도 없으며 의원에게 그에 대한 책임을 물을 수도 없다.'고 하여 국민대표는 정치적 대표일 뿐이며 법적으로는 무관계임을 주장하였다. 이러한 주장을 따라 일본의 宮澤俊義같은 학자도 국민대표 개념은 이데올로기적 개념이며 법과학적으로 성립할 수 없는 개념으로 국민의 대표자와 국민 간에는 실정법상으로는 아무런 관계가 없으며 국민대표개념은 이러한 실정법적 관계의 부존재를 은폐하는 용어에 지나지 않는다고 하였다. ii) **사회적 대표설**은 사회학적 의미에서의 대표란 위임자와 수임자의 두 사람 사이의 권리관계를 가리키는 것이 아니라 선거에서 표명된 여론과 그 결과인 의회의 구성 사이의 사실관계를 의미하며 사진이 촬영된 물체를 나타내듯이 당선자가 선거인을 대표하는 그런 의미에서의 대표로 본다. iii) **비판** 정치적 대표설은 국민대표를 허구적인 것으로 만들고, 사회적 대표설은 대의민주주의의 현실에 대한 비판론이나 대안모색이 계기를 제공하는 현상분석론은 될지언정 대표관계의 성질론으로 볼 수는 없다는 비판이 있다. (2) **법적 대표관계 인정설** 국민대표관계를 법적 대표관계로 보는 견해는 법적 위임관계로 보는 입장과 법정대표관계로 보는 입장, 그리고 헌법적 대표로 보는 입장이 있다. i) **법적 위임관계관계설**은 국민대표관계를 국민이 그 대표기관에게 권한을 위임한 법적 위임관계로 이해한다. 이러한 주장은 국민대표기관에게 위임된 권리는 국민에게 있고 권리의 행사는 의원에게 위임된 것으로 보는 것이나 이는 자유위임에 의한 명령과 지시의 금지, 의원의 선거인에 대한 책임의 면제에 비추어 인정될 수 없으므로 초기에 일부학자에 의해 주장되다가 일찍 포기되었다. 그러나 최근 헌법적 위임관계로 보는 견해가 있다. 즉 헌법 제1조 제2항에서 모든 권력은 주권자인 국민으로부터 나온다고 선언하고 있는 점에서 볼 때 국회의원이 행사하는 모든 권력은 본래 국민에게 있는 것으로서 이를 국회의원이 선거를 통해 국민으로부터 넘겨받은 것으로 봐야 할 것이라 하고 이렇게 넘겨받은 권력을 국민 전체에 봉사하기 위하여(헌법 제7조 제1항) 양심에 따라(헌법 제46조 제2항) 행사해야 할 의무를 지게 된다고 하고 이는 국민과 국회의원 간에 법적 위임관계가 있음을 이르는 것이며 이때의 위임은 민법상의 명령적 위임과는 전혀 성질이 다른, 헌법의 영역에만 있을 수 있는 위임이라 하며, 굳이 이름을 붙인다면 헌법적 위임이라 할 수 있을 것이라 한다. 이 견해에 대해서는 법실증주의적 관점에서는 국민 전체는 권리주체성이 없으며 국민이 자기의 권리를 위임하는 것은 법이론상 불가능하고, 선거는 선임행위에 불과하며 위임을 의미하지 않으며, 국회 등 국가기관의 권한은 헌법에 의해 수여되며 애초부터 당해 국가기관의 권한은 위임받은 것이 아니고, 강제위임을 부인하는 근대적 대표개념에 과거 명령적 위임과는 다르나 위임관계로 파악하는 것은 타당치 않다는 비판이 가해진다. ii) **법정대표설**은 옐리네크의 주장이다. 그는 국민대표개념을 기관관계로 설명하고 있다. 그에 의하면 국민은 합의제의 제1차국가기관이고 국민대표는 제2차기관이며 선거는 대표자와 전국민간의 계속적인 결합, 즉 법적 관계로만 존재할 수 있는 기관관계를 구성한다고 한다. 그런 점에서 국민과 대표기관은 법적 통일체이며 국민은 국민대표를 통하여 법적 의미에서 조직화된다고 한다. 그러나 이 학설에 대해서는, 민법상 대표이론을 유추하여 선임관계와 대표관계를 혼동하였고, 국민대표기관은 헌법상 국민과 함께 독립기관이며 독자의 의사를 가진 국가기관이며, 국회의 권한은 헌법에서 직접 국회에 부여한 권한이며 애초 국민의 권한은 아니라는 비판이 있다. iii) **헌법적 대표설**은 국민과 대표기관 간에 어떤 위임관계도 존재하지 아니하며 대표기관의 권한은 헌법에서 직접 나오는 것이라 하면서도 국민주권주의와 대의제 민주주의에 관한 헌법규정으로부터 대표기관은 헌법적 의미에서 국민의 대표라고 한다. 즉 모든 권력은 국민으로부터 나온다는 헌법 제1조 제2항과 입법권은 국회에 속한다는 헌법 제40조를 체계적으로 연관해서 해석하면 입법권을 행사하는 국회와 그 구성원인 의원은 국민의 헌법적 대표기관이라고 하지 않을 수 없다고 하며 그러한 직접적 표현이 헌법 제46조 제2항이라 한다. 이 견해에 대해서는, 헌법 제1조 제2항은 대표기관의 국민대표성에 관한 근거규정이지 헌법적 대표설의 근거규정이 아니며, '헌법적'이란 말의 의미가 애매하고, 법적 대표성을 부인하면서 법적 대표의 범주에 포함되는 헌법적 대표설을 주장하는 것은 논리적 모순이라는 비판이 있다. (3) **결론** 국민대표의 법적 성격의 문제는 ① 국민이 주권을 가진다는 것이 법적 개념인가, 그래서 애초 주권자인 국민이 가지고 있던 입법권, 행정권, 사법권 등을 헌법을 통해 다른 국가기관에 부여한 것인가, 아니면 국민은 법적으로 주권이나 통치권을 가질 수 없는 존재이고 입법권 등 통치권은 애초부터 헌법에 의하여 국회 등 국가기관에 부여된 것인가, ② 국민은 법적으로 대표될 수 있는 존재인가, ③ 대표될 수 있다면 국민과 대표기관과 어떤 법적 관계가 존재하는가, ④ 선거와 대표는 어떤 관계에 있는 것인가, 국민대표기관은 선거에 의해 선출된 기관만을 말하는 것인가, ⑤ 법적 대표 또는 헌법적 대표와 정치적 대표라는 의미의 차이는 무엇인가 하는 점 등 여러 가지 문제와 관련되어 있다. 국민대표개념이 자유위임을 의미하는 이상 민법상의 대리나 위임의 개념으로는 국민대표개념을 설명할 수 없다. 그렇다면 대표기관과 국민간의 관계가 법적으로 무관계하고 정치적, 이념적 의미에서의 대표관계를 의미하는 것인가? 이 점에 관해서는 첫째, 법적 내지 헌법적이라는 것과 정치적이라는 것의 의미의 차이는 무엇인가? 법적 내지 헌법적이라는 말은 그것이 법적 규범성을 가지고 법적 효과를 가지는 것을 의미한다고 할 수 있다. 그렇다면 정치적 이데올로기가 그냥 정치적 영역에 머무르는 것이 아니고 정치적 투쟁에서 승리함으로써 헌법규범으로 실정화되었을 때에도 그것은 여전히 정치적 이데올로기로서의 의미만 있다

할 것인가. 예컨대 대의제가 시민혁명의 과정에서 당시 부르조아계급의 승리로 헌법상의 기본원리로 채택되었다면 그것은 정치적 이데올로기가 법적 규범성을 가지고 그런 내용에 맞는 질서가 이루어질 것을 요구하는 것으로 볼 수 있다. 둘째, 국민과 그 대표기관 간에 민법적 대리나 위임관계는 존재하지 않는다고 하더라도 국민대표자가 특정 개인이나 정당, 선거구, 계급 등의 이익을 대표해서는 안되고 국민 전체의 이익을 대표해야 한다는 것은 구속력있는 법적 개념이다. 말하자면 국민대표자는 특정 이익집단이나 정당의 대표자가 아니라 국민전체의 대표자라고 하는 점, 그리고 이를 보장하기 위해 국민대표자는 누구의 지시나 명령에도 구속되지 않으며 그 국회의원의 경우 직무상 행한 발언과 표결에 대해서는 누구에게도 책임을 지지 않는 자유위임이 인정되는 것이라는 점, 그리고 이는 단순히 정치적·선언적 의미가 아니라 헌법적 구속력을 가지는 것으로 그 법적 효과로는 이에 위배되는 입법(예컨대 당적 변경시 의원신분을 상실토록 하는 규정은 의원이 사실상 국민이익보다 정당이익을 대표토록 하는 것이기 때문에 위헌이라 하는 경우) 기타 국가작용은 위헌이며, 소정의 헌법재판절차를 통해 그 효력을 부인할 수 있다는 점에서 찾을 수 있다. 그런 점에서 국민대표개념은 정치적 의미뿐 아니라 법적 효과를 가진 법적 대표를 의미한다고 보아야 한다. 셋째, 만약 통치작용의 기초를 이루는 국민주권-대의제원리를 법적 의미가 없는 정치적·이데올로기적인 것으로 본다면 통치작용에 관한 헌법규정은 법적 의미 없는 정치적 모래 위에 서 있는 것과 같은 위험성을 가질 수 있다. 그리하여 국민주권-대의제민주주의는 정치적 수사가 되어버릴 수도 있다. 문제는 국민대표를 법적 관계로 인정함에 있어 국민이 과연 법적 주체로서 주권을 가지는가, 그리고 국민이 대표될 수 있는 존재인가 하는 점에 있다. 정치적 대표설을 주장하는 입장에서는 주권자인 국민은 법적 개념도 아니고 주권을 가질 수 있는 법인격체도 아니며 통일적 의사를 가질 수도 없는 존재로서 대표될 수도 없는 존재로 본다. 이에 대해 주권의 주체로서 국민은 조직화된 크기는 아닐지라도 유동적이나마 구체적 이념적 통일체로서 현존하기 때문에 비록 실정법적으로 법적 의사를 형성할 수 없다고 하더라도 주권자로서 주권을 보유함에 지장이 없다고 하고 이를 정치적·이념적인 것으로 보는 법실증주의는 헌법이념이나 헌법정신도 헌법의 핵심인 절대적 의미의 헌법이 된다는 사실을 무시한 것이라 보는 견해가 있다. 의문이 없지는 않지만, 주권자로서의 국민은 단순히 정치적 수사가 아니라 현존하는 실체이며 주권의 보유자이며 모든 권력의 원천이라 할 수 있고 이것이 헌법 제1조 제2항이 정한 바라 할 수 있다. 다만 국민은 국민대표기관을 통하지 아니하고는 그 자체 독립적인 의사를 가지지 아니하며 그 의사는 대표기관을 통하여서만 결정·표현된다고 할 수 있다. 그런 점에서 사법적 위임관계든 헌법적 위임관계든 위임관계로 설명하는 것은 타당하지 못하다. 그리고 대표기관은 그 자체 독립한 법인격체는 아니며 헌법에 의해 부여된 권한의 범위내에서 국민을 대표하여 독립하여 권한을 행사할 수 있고 국민 전체의 이익을 위하여 권한을 행사하여야 한다. 대표기관이 권한범위내에서 행한 의사결정은 헌법에 따른 법적 효과가 발생한다. 이렇게 본다면 국민 대표기관은 국민의 기관이라 할 수 있다. 이 점은 국가법인설과 국가주권설의 입장에서 주권자인 국민의 존재를 인정하지 아니하고 유권자인 국민을 제1차기관으로, 대표기관을 제2차기관으로 보는 옐리네크의 입장과는 다르다. 이러한 주장에 대하여 국민대표기관은 국가의 기관이지 국민의 기관은 아니라는 비판이 있을 수 있다. 그러나 이러한 비판은 국가를 국민과 구별되는 독립한 법인격체로 보고 이러한 국가가 주권을 가진다고 보는 옐리네크의 입장으로 귀결되게 된다. 그러나 이러한 입장은 국민주권국가에서는 수용될 수 없다. 그러면 누가 국민대표기관인가? 선거에 의해 선출된 기관만이 국민대표 기관인가? 이는 선거와 대표는 어떤 관계에 있는가와 관련된다. 이 점에 관해 국민대표개념의 법적 성격을 부인하는 견해는 선거와 대표는 아무 관계가 없다고 보고 어떤 국가기관도 법적 의미에서 대표관계는 존재하지 않는다고 한다. 이에 대해 G. Jellinek는 선거가 대표자와 전체국민 간에 계속적 결합, 즉 기관관계를 구성한다고 보고 선출된 기관만이 국민대표기관으로 본다. 그러나 법적 대표관계를 인정하면서도 선거와 대표는 관계가 없다고 보는 견해도 있다. 또 헌법적 대표설을 취하는 학자들은 선거와 대표관계는 직접적 관계가 없고 선출되지 아니한 기관도 국민대표가 될 수 있다고 본다. 선거는 국민주권주의과 국민대표주의를 실현하는 한 방식이지 선거에 의해 국민대표관계가 창출되는 것은 아니다. 국민대표기관은 헌법상 부여된 권한 범위 내에서 독립적으로 국민 전체의 이익을 위해 그 권한을 행사하는 기관으로서 헌법에 의해 정해지는 것이며 선거에 의해 선출된 기관만이 국민대표기관이라 할 것은 아니다. 4. **국민대표개념의 현대적 변화** 종래의 국민대표개념은 반대표제와 정당국가현상에 따라 변화된 모습으로 나타나고 있다. 먼저 19세기 중엽 이후 보통선거의 원칙의 확립과 인민의 일반의사결정에의 직접참여가 인정됨에 따라 국민대표기관의 인민으로부터의 독립성을 상실하기 시작하였다. 즉 보통선거의 원칙의 도입에 따라 유권자는 이해관계를 달리하는 여러 계층으로 구성되고 그 이익을 옹호하기 위하여 후보자, 정당에 정책, 공약제시를 요구하게 되었고 유권자와 의원의 관계는 공약을 구체화하는 일종의 대리유사의 관계로 변화하였다. 또한 직접민주제가 대표제의 보완 또는 교정을 위해 도입되고 이러한 반대표제에 있어서는 유권자의 다수에 의해 표명된 국민의사를 가능한 한 정확하게 표명하고 집행하는 것을 목표로 하게 되었고 대표자의 인민의 의사에의 구속도 인정하게 되었다. 이러한 변화의 이론적 요인은 인민주권론과 그 담당자로서의 민중의 지위 강화라 할 수 있다. 그래서 Dicey같은 학자는 대표제의 핵심은 입법부가 선거인단 또는 국민의 의사를 표명 또는 실행하지 않으면 안된다는 것이라 하였고 프랑스의 에스맹은 고전적 순수대표제의 **반대표제**, 현대적 대표제로의 전환을 주장한 바 있었다. 또한 현대에 있어 정당국가의 발전에 따라 선거의 의미변화와 의원의 지위변화에 따라 종래 국민대표-자유위임의 의미가 변질되게 되었다. 이에 따라 일부 학자들은 국회의원은 소속정당의 기본강령이나 선거공약에 구속된다거나 정당관련적 자유위임을 주장하고 있다. ➜ 정당국가적 민주주의.

국민대표성國民代表性 '대표'의 사전적 의미는 「어떤 일을 집단을 대신하여 하는 것이나 그 사람을 이르는 말」로서, 어떤 단체나 법인의 기관이 어떤 행위를 하면 그 단체나 법인의 행위와 같은 법적 효과가 발생할 때, 그 행위 혹은 행위자를 일컫는다. 국민대표성은 국민대표(주로 의회의원집단 혹은 의회)가 어떤 행위를 하는 경우 국민 전체의 행위로서의 법적 효과가 발생하는 것을 의미한다. 헌법학에서는 전체국민과 대표 사이의 법적 성질이나, 정당해산 시 소속의원의 자격상실여부와 관련하여 정당기속성(정당대표성)과 대비되어 논의된다. ➜ 국민대표관계의 법적 성질. ➜ 정당해산제도.

국민발안國民發案 ㉧ initiative, ㉦ Volksinitiative/Volksbegehren, ㉥ initiative. ➜ 국민투표제.

국민소환제도國民召還制度 ⓔ Recall, ⓖ Volksabberufung, ⓕ recall. 1. **의의** 국민소환제도란 법정의 요건에 따라 임기 중에 있는 선출직 공직자에 대하여, 개인 혹은 집단적으로 임기를 종료시키기 위해 투표에 부의하는 제도를 말한다. 국민소환은 국민투표, 국민발안과 함께 국민의 자기통치 즉, 직접민주주의적 요소를 가진 대표적인 제도이다. 그러나, 비교적 많은 국가들이 채택하고 있는 국민투표나 국민발안과 달리, 선진민주국가들에서는 국민소환제도를 채택하고 있는 국가는 드물다. 다만, 주 혹은 지방단위에서 주 혹은 지방의회의원이나 주지사나 자치단체장에 대한 주민소환을 채택한 국가는 상당히 있다. 우리나라도 건국 이후 소환투표에 대한 규정이 없다가 2006.5.24. 법률 제7958호로 주민소환제에 관한 법률이 제정되어, 2007.7.부터 시행되었다. 그러나 국가단위에서 의회의 구성원이나 대통령에 대한 국민소환제도를 채택한 국가는 선진민주국가들보다는 저개발국가 혹은 정치적으로 미성숙한 국가들에서 적지 않게 볼 수 있다. 2. **외국의 입법례** 1) **프랑스** 프랑스는 헌법 제27조제1항에서 「모든 강제위임(기속위임)은 무효이다.」라고 선언하고 있기 때문에, 국민소환제도의 도입은 헌법상 원칙적으로 허용되지 않는다. 2) **미국** 미국은 주의회 의원에 대한 소환제도는 있지만, 연방국가 단위의 소환제도는 없다. 연방헌법 제정 당시에 연방의회 의원에 대한 소환제도가 논의된 바 있으나, 인준 시에는 이러한 내용이 삭제되었다. 또한 연방대법원은 수정 헌법 제10조 등을 근거로 하여, 각 개별 주는 연방헌법에 따라 부여된 임기와 권한을 가진 연방공무원(연방의원 포함)의 임기나 자격 등을 변경할 권한을 갖고 있지 않다는 점을 확인한 바 있다(U.S. Term Limits, Inc. v. Thornton, 514 U.S. 779(1995); Cook v. Gralike, 531 U.S. 510(2001)). 3) **독일** 독일은 바이마르 공화국에서 의회가 발의하여 해임안을 내고 국민투표로 확정하는 다소 변형된 대통령에 대한 소환제도가 있었으나, 오히려 이러한 제도가 바이마르 공화국을 붕괴시켜 나찌 독일을 발생시킨 원인 중의 하나였다고 보고, 현재는 국민소환제도를 채택하고 있지 않다. 4) **영국** ➜ 영국의 국민소환제도. 3. **국민소환제도의 헌법적 쟁점** 1) **대의제 민주주의와 자유위임의 원칙** 현대의 대의제 민주주의에서는 선출된 대표가 유권자 내지 정당의 의사에 기속되지 아니하고 자유롭게 정책결정에 참여할 수 있다고 하는 자유위임의 원칙이 확립되어 있다. 따라서 유권자의 정치적 의사에 배치된다는 이유로 국민소환을 허용한다면, 자유위임원칙에 정면으로 위반할 소지가 있다. 국민소환이 이러한 자유위임원칙과 충돌하지 않도록 하려면 정책결정 혹은 정치적인 문제와 관련된 것은 소환의 사유에 포함할 수 없고, 위헌 또는 위법행위를 한 경우로 그 소환사유를 제한할 필요가 있다. 이는 국회의원의 면책특권 및 소수자 보호의 민주주의 이념과도 관련이 있다. 2) **국회의원의 국민대표성** 국회의원은 지역구 혹은 전국구 비례대표로서 선출되지만, 일단 선출된 후에는 지역의 대표가 아니라 국민전체의 이익을 위하여 활동하여야 할 의무를 가진 국민대표가 된다. 그런데, 만일 지역구 유권자들에 의한 국민소환을 인정한다면, 국회의원의 지역대표로서의 성격을 강요하는 일이 될 수 있다. 또한 선출된 지역과 상관없이 소환발의와 투표가 가능하다고 한다면, 정치적 비중이 있는 의원을 지속적으로 국민소환의 대상으로 하려고 하는 현실적인 문제도 있을 수 있다. 3) **주민소환대상인 지방의원과의 형평성 문제** 국회의원 국민소환제도를 도입하려고 하는 입장에서는, 지방의회의원이나 자치단체장에 대한 주민소환제도가 인정되는데 국회의원에 대해서는 이를 인정하지 않는 것은 형평에 맞지 않고,

평등권 위반이라고 주장한다. 그러나, 주민소환으로 인해 지방단위에서 발생하는 정치적인 불안정과, 국가단위에서 발생하는 정치적 불안정은 같다고 할 수 없고, 지방자치단위와 국가단위에서는 민주주의의 실현형태와 그 참여양태가 다르다. 뿐만 아니라, 지방의회의원과 국회의원은 그 대표성에서 본질적으로 다르다고 할 수 있다. 따라서 지방의회의원 · 단체장에 대해서는 소환제도를 두면서 국회의원에 대해서는 소환제도를 두지 않는 것은 합리적 차별로 볼 수 있는 근거가 충분하다고 할 수 있다. **4) 헌법상 무죄추정의 원칙과의 충돌 문제** 소환의 사유를 형사처벌을 받을 경우로 정하는 경우, 형사판결이 확정될 때까지 소환을 할 수 없게 될 것이다. 국회의원 임기가 4년이므로 소환대상인 행위가 있은 후 임기만료 전에 형사재판이 확정될 수 있는가의 문제도 있다. 일정한 형사처벌이 되면 현재의 규정에 의해서도 피선거권을 상실하여 자동적으로 의원직을 상실하기 때문에 소환제도가 유용한가의 의문도 생길 수 있다. **5) 소환사유와 절차의 문제** 소환사유를 과도하게 제한하면 유용한 제도가 되기 어렵고, 사유를 광범위하게 인정하게 되면 정치적인 악용이 가능하고 헌법적인 쟁점을 야기하게 된다. 소환사유를 어떻게 정하는가에 따라서는 사실확인절차나 법적인 검토절차가 필요한지도 고려되어야 한다. **6) 헌법규정사항과 법률규정사항의 구별** 국민소환제를 도입할 경우에 헌법에 국민소환제도를 어느 정도까지 규정할 것인지도 문제된다. 헌법에서 요건을 정하지 않고 법률에서 주요요건을 정하게 하면 법률에 의해 소환제도가 실질적으로 무력화될 우려도 있다. **4. 소환제도의 유형** 현재 국민소환제를 도입한 국가들을 살펴보면 크게 3가지 유형의 국민소환제를 두고 있다. ① 유권자 발의-유권자 투표(영국, 벨로루시, 에콰도르, 에티오피아, 키리바티, 키르키즈스탄, 리히텐슈타인, 마이크로네시아, 나이제리아, 베네주엘라), ② (주로 대통령과 부통령에 대해) 국가기관 발의-유권자 투표(오스트리아, 독일, 아이슬란드, 팔라우, 루마니아, 세르비아, 타이완, 투르크메니스탄), ③ 유권자 발의-국가기관 결정(우간다) 등의 방식이 있다. **5. 맺음말** 현실적으로 국민소환제에 대한 요구가 높지만, 이를 도입하기 위해서는 다양한 쟁점과 제도정합성 및 파생효과를 면밀하게 검토하여야 한다. 아울러 제도를 도입한 경우 야기될 수 있는 부작용도 신중히 고려하여야 한다. 즉, 대화와 타협의 정치의 실종, 동성혼자와 같은 정치적 소수자에 대한 지속적 소환 시도, 부정확한 의혹제기를 통한 소환 시도, 반대의 가능성이 큰 장기적 정책을 배척하고 대중영합적 정책에 치중하는 것 등, 제도를 통해 실현하고자 하는 이익보다는 그로 인한 부작용과 불이익이 더 큰지도 고민하여야 한다. 무엇보다 중요한 것은 국회의원의 윤리성과 책임성을 강화하는 것이다. 국회가 스스로 의원자격심사나 윤리심사제도를 강화하여 자정제도의 실효성을 높이는 일이 무엇보다 우선되어야 한다. 이를 전제로 국회의원 소환제도를 도입하려고 한다면, 소환발의의 요건, 소환사유로 부적절한 경우, 소환절차 등 국민소환을 위한 요건과 소극적 사유 등에 대하여 반드시 법률로써 정해야 한다. ➜ 직접민주주의. ➜ 국민투표제.

국민의, 국민에 의한, 국민을 위한 정부 ㊊ the government of the people, by the people and for the people. 1861년 노예제를 반대하는 A. 링컨이 미국 제16대 대통령으로 취임한 후 남부 7개주가 이탈하여 미국연방을 만들어 북부에 대항하였다. 남북전쟁이 한창이던 1863.1., 링컨은 미국의 300만 명에 이르는 노예의 해방을 선언하였다. 1863.11.19.에 남북 전쟁 중 가장 격전지였던 펜실베이니아 주게티즈버그에서 전쟁 희생자의 영령을 위한 봉헌식이 행해졌다. 이 식장에서 링컨은 남북 전쟁이 민주주의 유지를 위한 전쟁이라고 규정하며, '국민의, 국민에 의한, 국민을 위한 정부'를 언급하였다. 민주주의의 핵심이자 요체를 가장 잘 표현한 말로, 전 세계의 민주주의의 핵심 슬로건으로 받아들여지고 있다. 1958년의 프랑스 제5공화국 헌법(제2조)에서도 그대로 수용되었다.

국민의 기본의무基本義務 ㉧ basic duties of citizens. 1. **의의** 국가구성원인 국민이 부담하여야 할 기본적인 의무를 말한다. 이에는 고전적인 의무와 현대적인 새로운 의무로 구성된다. 고전적인 의무는 헌법에 규정된 납세의 의무, 국방의 의무와 헌법에 규정되지 않은 헌법준수의무, 법률준수의무, 국가수호의무이다. 새로운 의무는 사회국가의 이념에 봉사하는 의무로서 교육의 의무, 근로의 의무, 재산권행사의 공공복리적합의무, 교육을 시킬 의무, 토지경작 및 이용의 의무, 자연보호와 환경보전의무, 기본권을 남용하지 않을 의무 등을 들 수 있다. 분류방법에 따라 다양하게 나눌 수 있다. 2. **법적 성격** 국민의 기본의무가 인간의 의무인가 혹은 국민의 의무인가에 관하여 논의가 있으나, 의무라는 성격상 국민이 갖는 실정법상의 의무라고 봄이 적절하다. 3. **내용** 1) **납세의무** 국가의 통치활동에 필요한 경비를 충당하기 위하여 국민이 조세를 부담할 의무를 말한다. 헌법 제38조는 「모든 국민은 법률이 정하는 바에 의하여 납세의 의무를 진다.」고 규정하고 있다. 조세는 국가 또는 지방자치단체가 재정수요를 충족시키거나 경제적·사회적 특수정책의 실현을 위하여 국민 또는 주민에 대 하여 아무런 특별한 반대급부없이 강제적으로 부과징수하는 일체의 경제적 부담을 의미한다. 납세의무는 국가공권력의 자의적인 과세로 인하여 국민의 재산권을 침해당하지 아니하여야 한다는 소극적 성격과 국민이 국가에 대하여 재정적 부담을 진다는 적극적 성격이 있다. 치외법권자를 제외하고 국내에 재산이 있거나 과세대상이 되는 이익이 있는 경우에는 내외국인이나 내외국법인 모두에게 부담된다. 과세를 위해서는 조세법률주의(합법률성의 원칙)와 조세공평주의(합형평성의 원칙)가 적용되어야 한다. 2) **국방의무** 국방의 의무는 외국 또는 외적의 침략으로부터 국가의 독립을 유지하고 영토를 보전하기 위하여 부담하는 국가방위의무이다. 헌법 제39조 제1항은 「① 모든 국민은 법률이 정하는 바에 의하여 국방의 의무를 진다. ② 누구든지 병역의무의 이행으로 인하여 불이익한 처우를 받지 아니한다.」고 규정하고 있다. 병역의무의 이행은 국가나 공익목적을 위하여 개인이 특별한 희생을 하는 것이라고 볼 수 없다(헌재 1999.12.23. 98헌마363). 국방의무의 주체는 대한민국 국민이다. 직접적 병역의무는 대한민국남성에 한한다. 이는 평등권을 침해하지 않는다(헌재 2010.11.25. 2006헌마328). 공익근무요원으로 병역을 마친 자에게 현역병지원을 허용하지 않는 것은 평등권이 침해되지 않는다(헌재 2010.12.28. 2008헌마528). 국방의 의무는 직접적인 병력형성의 의무뿐만 아니라 간접적인 병력형성의무 및 병력형성 이후 예컨대 시위진압명령과 같은 군작전명령에 복종하고 협력하여야 할 의무를 포함한다. 양심적 병역거부는 법률(병역법)이 정하는, 현역입영 또는 소집통지서에 응하지 않을 정당한 사유에 해당한다(대판 2018.11.1. 2016도10912)(➜ 양심적 병역거부). 병역의무 이행으로 불이익한 처우를 받아서는 안 된다. 제대군인가산점제도(헌재 1999.12.23. 98헌마363), 군법무관에 대한 개업지제한(헌재 1989.11.20. 89헌가102)은 위헌이다. 국립사범대재학생이 병역의무이행으로 졸업이 늦어져서 우선취업의 기회를 상실한 것은 불이익한 처우가 아니다(헌재 2006. 5.25.

2005헌마715). 국방의무이행에 따른 불이익과 병역의무이행에 따른 불이익은 다르다(헌재 2003.6.26. 2002헌마484 참조). 3) **교육을 받게 할 의무** 친권자나 후견인이 그 보호하는 어린이에게 초등교육과 법률이 정하는 교육을 받게 할 의무이다. 헌법 제31조 제2항은「모든 국민은 그 보호하는 자녀에게 적어도 초등교육과 법률이 정하는 교육을 받게 할 의무를 진다.」고 규정하고 있다. 이는 윤리적 의무가 아니라 법적 의무이다. 친권자나 후견인 같은 보호자가 의무의 주체이다. 의무의 대상이 되는 교육은 초등교육과 법률이 정하는 교육이다. 현재에는 중학교까지 무상교육을 실시하고 있다. 4) **근로의 의무** 근로의 의무는 개인이 자신의 생활을 영위하기 위하여 적극적으로 일을 할 의무를 말한다. 헌법 제32조 제2항은「모든 국민은 근로의 의무를 진다. 국가는 근로의 의무의 내용과 조건을 민주주의원칙에 따라 법률로 정한다.」고 규정하고 있다. 일을 하고 안하고는 원칙상 개인의 자유에 맡겨진 것이지 국가가 강제할 수 없는 것이지만, 노동능력이 있음에도 노동하지 아니하는 자에게는 국가가 적극적으로 최저한의 생활보호를 제공하지 않는다는 것을 선언하는 의미만을 가진다. 우리나라 헌법이 만들어진 미군정기에 일부 사회주의적 경향을 반영하여 근로의 의무가 규정된 것으로서, 정부수립 초기에는 신국가건설을 위하여 노동의 중요성을 인식하고 이를 독려하는 의미에서 그 의미가 있었으나, 오늘날에는 굳이 헌법적으로 노동의 의무를 확인할 필요는 없다. 따라서 헌법개정 시에 삭제함이 바람직하다. 5) **재산권행사의 공공복리적합의무** 헌법 제23조 제2항은「재산권의 행사는 공공복리에 적합하도록 하여야 한다.」고 규정하고 있다. 통상 재산권의 사회적 구속성으로 표현되고 있으며, 재산권의 공공성·사회성을 선언하는 규정이다. 이 규정에 따라 토지나 주택의 공개념이 도출될 수 있다. 자연인인 국민과 법인 그리고 일정한 범위의 외국인과 외국법인이 주체로 될 수 있다. 6) **환경보전의무** 헌법 제35조 제1항 후단은「국민은 환경보전을 위하여 노력하여야 한다.」고 규정하고 있다. 표현상 '노력하여야 한다'고 하고 있으나, 이는 국민에게 부과되는 헌법상 의무로 보아야 한다. 내외국인 및 무국적자 뿐만 아니라 내외국법인에게도 적용된다.

국민의 사법참여 ㊥ judicial participation of citizens. 1. **사법권의 기능변화와 국민주권주의** 현대사회의 사법권은 몽테스키외가 말하는「법의 말을 하는 입」이라거나「일종의 확성기」로서 단순한 법적용작용에만 그치는 것은 아니며, 2차대전 후 일반화된 헌법재판제도의 확립은 사법권을 단순히 법률의 적용작용만이 아닌 적극적인 법창조기능까지도 요구하고 있다. 이는 현대의 입헌국가에서 근대국가의 구성원리인 권력분립의 원리를 실질화하여, 사법권력도 또한 다른 두 권력과 마찬가지로 실질적인 국가권력의 담당자로 지위가 변화하였음을 보여주는 것이다. 일반적으로 볼 때, 입법부의 구성원은 국민의 선거를 통하여 구성되고, 행정부의 장은 국민투표를 거치거나, 선거를 통하여 구성된 입법부의 다수파에 의하여 결정되기 때문에 국민주권주의적 시각에서의 민주적 정당성이 확보되지만, 사법부는 그 구성원인 법관이 선거에 의하여 선출되기보다는 독자적인 임명방법을 통하여 임명되는 예가 많기 때문에 그 민주적 정당성이 취약한 것이 사실이다. 국민주권주의의 원리는 법관의 지위에 대한 인식상의 변화를 요청한다. 법관의 지위는 과연 법관이 공동체규범의 수호자로서의 규범적 대표성을 가질 수 있는가라는 문제로 이어진다. 법관의 규범적 대표성의 문제는 수범자(Normadressat)인 일반국민의 규범인식과 직업법관의 규범인식이 어느 정도 일치하는가의 문제이다.

입법부가 국가정책결정을 위한 국민의 대표라고 한다면, 사법부는 규범공동체로서의 국가의 규범적 대표성을 갖는 지위로 보아도 무방할 것이다. 헌법원리로서의 국민주권주의가 사법권력의 차원에서 어떻게 구체화될 수 있는가 하는 문제는 오늘날 우리나라에서 빈번히 논의되고 있는 국민의 사법참여의 문제를 해결하기 위한 선행적 인식틀로서의 의미를 갖는다. 「… 모든 권력은 국민으로부터 나온다」고 정한 헌법규정(제1조 제2항 후단)은 사법권력에 대해서도 당연히 타당한 원리이기 때문이다. 2. **국민의 사법참여의 형태** 국민주권주의의 원리로부터 사법권을 조망할 때, 국민의 사법참여는 매우 다양한 모습을 띠고 있다. 국가권력의 형성과정과 국가권력의 권한행사과정이라는 두 측면에서 국민의 참여의 문제를 접근하면, 사법부에 대한 국민의 참여는 사법권력을 형성하는 과정에서의 참여와 사법권력의 권한행사의 과정에서의 참여라는 두 가지의 큰 범주로 나뉠 수 있다. 전자는 사법부의 구성원을 충원하는 과정에서의 국민참여로 나타나고, 후자는 가장 소극적인 형태로서 헌법상의 재판공개원칙에 따른 재판의 방청에서부터 가장 적극적인 형태로서 판결에 대한 참여에 이르기까지 넓은 스펙트럼으로 나타날 수 있다. 구체적인 제도들을 살펴보면, 공개재판제도, 사법모니터링제도, 배심제도, 참심제도, 양형위원회제도, 기소절차에서의 국민참여제도, 판결전 조사제도, 비소송적 분쟁해결제도, 비전임법관제도, 민중재판제도 등을 들 수 있다. 이와 같은 다양한 제도들 중에서 어느 제도를 채택할 것인가는 법치주의에 기한 전문성과 민주주의에 기한 규범적 대표성을 고려하여 판단하여야 하겠지만, 제도의 채택단계에서 고려하여야 할 것은 각 제도에서의 의사결정들에 대하여 어느 정도의 법적 구속력을 인정할 것인가가 중요한 판단기준이 될 수 있고, 또한 이러한 법적 구속력이 현재의 법체계와 조화될 수 있는가를 고려하여야 한다. ➜ 국민참여재판. ➜ 배심제.

국민주권론國民主權論 · **국민주권주의**國民主權主義 ➜ 주권이론.

국민참여경선제國民參與競選制 1. **의의와 기본구조** 국민참여경선제는 정당의 대의원과 당원, 일반 시민들에 의해 공천이 결정되는 방식으로 상향식 공천의 방식이다. 참여의 폭, 즉 개방성이 확대될수록 후보공천 과정의 민주성이 더 높다고 평가된다. 상향식 공천은 후보선정주체(selectorate)를 어떻게 구성하느냐에 따라서 여러 가지 방식이 존재하며, 선정주체의 기준을 포괄적(inclusive)으로 할 것인지, 배타적(exclusive)으로 할 것인지에 따라서 참여주체가 당원과 일반 유권자로 나뉘게 된다. 이 기준에 따라 개방형(open primary)과 폐쇄형(closed primary)으로 나뉘며, 개방할 경우 그 비율과 방식은 어떻게 하는지에 따라 다시 부분개방형과 완전개방형으로 나뉘게 된다. 이와 같은 제도의 차이에 따라 선거의 결과가 상이해질 수 있기 때문에 이를 두고 후보자들 간의 대립과 갈등이 발생한다. 2. **우리나라에서의 도입과 개선방안** 우리나라에서 정당의 공직후보자 선출에 국민참여경선제가 처음 도입된 것은 2002년 제16대 대통령선거를 앞두고 실시된 각 정당들의 후보자 경선에서부터였다. 2004년 17대 총선에서 정당들은 상향식 공천방식을 도입했지만 실제로 경선이 실시된 곳은 한나라당 15곳, 민주당 73곳, 열린우리당 86곳으로 경선실시지역비율이 저조하였으며 나머지는 예전과 같이 하향식의 단일후보공천이 이루어졌다. 2007년 제17대 대선 경선에서는 한나라당은 부분개방형 경선방식을, 대통합민주신당은 완전개방형 경선방식을 채택하였다. 2008년 제18대 총선에서는 하향식 공천 일변도로 바뀌면서 무소속출마 등 부작용들이 나타나기도 하였다. 2012년 19대 총선에서의 개방형 경선제도 도입, 2016년 20대 총선에서의 '안심번호 경선제도' 도입 등의 노력이 있었으나, 현실적으로 다양한 갈등과 논란을 불러일으켰다. 현행 정당법과 공직선거법은 공직선거후보자 추천을 당헌으로 정할 것(정당법 제28조 제2항 제8호), 공직선거후보자 추천을 민주적 절차에 따라야 할 것(공직선거법 제47조 제2항)과 그러한 민주적 절차의 예시로서 당내경선실시 가능성(공직선거법 제6장의2 이하) 등을 규정하고 있을 뿐, 나머지 구체적인 내용은 당헌에 위임하는 데 그치고 있다. 정당공천제도의 개선방안으로는, 첫째, 공천은 민주적 경선으로만 하도록 할 것, 둘째, 비례대표후보자 공천절차도 반드시 민주적 경선절차에 따라야 함을 선거법에 명시할 것, 셋째, 국민참여경선(open primary)을 할 수 있는 근거를 선거법에 규정할 것 등이 지적되고 있다.

국민참여재판國民參與裁判 ㊎ citizen participation in trials. 국민이 형사재판에 배심원 또는 예비배심원으로 참여하는 제도이다. 2007.6.1. 공포된 「국민의 형사재판 참여에 관한 법률(약칭: 국민참여재판법)(법률 제8495호, 2007.6.1. 제정, 2008.1.1. 시행)」을 근거로 2008.1.1.부터 시행되어 같은 해 2.12. 대구지방법원에서 배심원이 참여한 재판이 처음 열렸다. 대상사건은 「법원조직법」 제32조 제1항(제2호 및 제5호는 제외)에 따른 합의부 관할 사건, 동 사건의 미수죄·교사죄·방조·예비죄·음모죄에 해당하는 사건, 이 사건들과 관련된 사건들이다. 단, 이들 사건의 피고인이 원하지 않거나 배제결정이 있는 경우 국민참여재판을 하지 않는다. 국민참여재판은 필요적 국선변호재판이다. 배심원은 만 20세 이상의 대한민국 국민으로 해당 지방법원 관할구역에 거주하는 주민 가운데 무작위로 선정된다. 정당한 사유 없이 법원에서 통지한 선정기일에 출석하지 않으면 200만 원 이하의 과태료가 부과될 수 있다. 배심원으로 선정돼 재판에 참여한 사람에게는 법률에서 정한 여비가 지급된다. 배심원의 유·무죄에 대한 평결과 양형에 관한 의견은 '권고적 효력'을 지닐 뿐 법적인 구속력은 없다. 배심원들이 결정한 유·무죄 평결을 판사가 따르는 미국의 배심원제도와는 달리 국민참여재판에서는 판사가 배심원의 평결과 달리 독자적 결정을 내릴 수 있다. 다만, 배심원의 평결과 다른 선고를 할 경우에는 판사가 피고인에게 배심원의 평결 결과를 알리고, 평결과 다른 선고를 한 이유를 판결문에 분명히 밝혀야 한다. 기타 구체적인 사항은 국민의 형사재판 참여에 관한 법률에서 상세히 규정하고 있다. 현행 제도에 관하여, ① 개시요건에서 피고인신청주의와 법원의 직권 또는 검사의 신청에 따라 회부할 수 있게 할 것인지의 여부 ② 평결방식을 단순다수결 대신 가중다수결(3/4 찬성)을 채택할지의 여부 ③ 평결의 효력을 권고적 효력에서 「배심원의 평결을 존중하여야 한다」는 존중의무를 명시하여 '사실상의 기속력'을 부여할지의 여부 ④ 배심원 수를 7인제와 9인제만을 유지하고, 배심원 연령을 만 19세 이상으로 변경할 필요 등에 관하여 개선의견이 있다. 또한 행정소송과 민사소송에도 국민참여재판제를 도입하여야 한다는 견해가 있다.

국민청원國民請願 ➜ 전자청원제도.

국민투표권國民投票權 ㊎ the right to national referendum, ㊍ das Recht auf ein nationales Referendum, ㊇ le droit au référendum national. 넓은 의미의 국민투표는 선거 이외에 국정상 중요한 사항에 관하여 국민이 행하는 투표이다. ➜ 국민투표제. 국민투표제의 다양한 수단들 중 헌법규정에 따라 국민에게 인정되는 국민투표의 권리가 국민투표권이다. 현행 헌법상 국민투표는 헌법 제72조의 대통령이 국민투표부의권에 대응하는 국민투표권과 헌법 제130조 헌법개정안에 대한 국민투표권의 두 가지가 있다. ➜ 국민투표부의권. ➜ 헌법개정.

국민투표무효소송國民投票無效訴訟 ➜ 국민투표제.

국민투표법國民投票法 ⓔ National Referendum Act. 헌법 제72조의 규정에 의한 외교·국방·통일 기타 국가안위에 관한 중요정책과 헌법 제130조의 규정에 의한 헌법개정안에 대한 국민투표에 관하여 필요한 사항을 규정하기 위하여 제정된 법률이다. 최초로 제정되었을 때에는 5·16 쿠데타 이후 국회의 권한을 대행하는 국가재건최고회의의 권한행사와 관련한 것이었으나, 유신헌법시대에 대통령의 부의에 따른 국민투표와 헌법개정안 국민투표에 관하여 처음 규정하였다. 1987년 헌법에서도 헌법 제72조와 제130조의 국민투표만이 허용되고 있다. 신임투표와 연계한 국민투표의 가능성에 대하여 헌법재판소는 부정하고 있다. ➜ 국민투표부의권. 투표인명부와 관련하여, 2007.6.28. 헌법재판소는 「국민투표법(1994. 12. 22. 법률 제4796호로 개정된 것) 제14조 제1항 중 "그 관할 구역 안에 주민등록이 된 투표권자"에 관한 부분은 헌법에 합치되지 아니한다. 위 법률조항 부분은 2008.12.31.을 시한으로 입법자가 개정할 때까지 계속 적용된다.」고 결정하여(헌재 2004헌마644, 2005헌마360(병합)), 재외국민을 배제하고 있는 것을 헌법불합치로 결정하였다. 2009년의 법개정으로 「재외동포의 출입국과 법적 지위에 관한 법률」 제2조에 따른 재외국민으로서 같은 법 제6조에 따른 국내거소신고가 되어 있는 투표권자」를 동 조항에 추가하였으나, 주민등록이나 국내거소신고가 되어 있지 않는 경우 국민투표권을 행사할 수 없도록 한 조항이 헌법에 위반되고 2015.12.31.까지 계속적용을 명하는 헌법불합치결정을 내렸다(헌재 2009헌마256, 2014.7.24.). 2022.5. 현재 법개정이 이루어지지 않고 있다.

국민투표부의권國民投票附議權 ⓔ the right to submit to a national referendum. 1. **헌법 제72조의 의의와 성격** 1) **의의** 헌법 제72조는 「대통령은 필요하다고 인정할 때에는 외교·국방·통일 기타 국가안위에 관한 중요정책을 국민투표에 붙일 수 있다.」고 규정하고 있다. 현행헌법은 기본적으로 국민주권주의와 대의제 민주주의에 기초하면서, 이의 보완 또는 교정을 위해 직접민주제를 도입하고 있다. 헌법 제72조의 국민투표는 헌법개정안에 대한 국민투표(헌법 제130조 제2항)와 함께 이를 표현한 것이다. 헌법상의 이러한 직접민주제적 요소의 의미를 어떻게 이해할 것인가와 관련하여 대의제 원리에 더 비중을 두는 입장과 직접민주제적 요소를 강조하는 입장이 있다. 이러한 입장차이는 국민투표부의사항이나 절차, 그리고 국민투표의 효과 등을 해석하는 데에서 나타나고 있다. 대의제를 중시하는 입장에서는 헌법 제72조의 의미를 축소해석하려는 데 비해 직접민주제적 요소의 의미를 중시하는 입장에서는 이를 확장해석하려는 경향을 보인다. 헌법 제72조는 국가중요정책에 대한 국론분열과 대립의 위기를 타개하는 위기극복수단으로서 의의도 있다. 헌법 제72조에 의한 국민투표가 현실적으로는 대통령의 신임투표로서 기능할 가능성이 크다. 즉 국민투표를 통해 대통령이 자신의 민주적 정당성의 기반을 강화하는 목적으로 이용할 수 있고, 부결되는 경우 사퇴하지 않을 수 없는 현실에 부닥칠 수 있다. 국민투표제는 독재를 정당화하고 강화하는 플레비시트독재의 위험을 안고 있으며, 변화를 거부하고 현상을 계속 유지하려는 보수적 결과를 초래한다는 것도 문제로 지적된다. 2) **연혁 및 입법례** (1) **연혁** 우리나라 헌정사상 국가의 중요정책에 대한 국민투표제를 처음으로 규정한 것은 1954년 제2차 개정헌법(제7조의2)이었으나, 동 헌법은 국민투표의 대상을 '주권의 제약 또는 영토의 변경을 가져올 국가안위에 관한 중대사항'에 한정하였고, 그 발의도 대통령이 아니라 국회의 가결후 민의원의원 선거권자 50만인 이상의 찬성으로 하도록 하였다. 대통령이 국가의 중요 정책을 국민투표에 붙일 수 있는 권한을 처음으로 규정한 것은 1972년 제4공화국헌법이었다(제49조: 대통령은 필요하다고 인정하는 때에는 국가의 중요한 정책을 국민투표에 부칠 수 있다). 1980년 제5공화국헌법은, 「외교 · 국방 · 통일 기타 국가안위에 관한 중요정책」으로 한정하였고, 현행헌법에도 이어지고 있다. 헌정사상 국민투표가 실시된 것은 6회이며 그 중 1975.2.12.에 실시된 국민투표가 유신헌법과 박정희대통령에 대한 신임투표의 성격을 가진 것을 제외하고 나머지 5회의 국민투표는 헌법개정을 위한 국민투표였다. (2) **입법례** 국민투표에는 내용적으로 헌법제 · 개정에 대한 국민투표, 입법 내지 정책에 대한 국민투표, 그리고 신임투표 등이 있다. 또한 국민투표에 대한 발안권자도 대통령이나 정부인 경우, 의회인 경우, 일정수 이상의 국민인 경우 등이 있다. 헌법 제72조와 관련하여 국민투표를 규정하는 외국의 입법례 중 대통령 또는 수상이 발안권자이면서 입법 내지 정책에 대한 국민투표를 규정하고 있는 경우로는 프랑스 제5공화국헌법의 법률안에 대한 대통령의 국민투표부의권(제11조), 바이마르헌법상 의회의결법률에 대한 대통령의 국민투표부의권(제73조 제1항), 이집트헌법의 중요정책 국민투표부의권(제152조), 스페인헌법의 중요한 정치적 결정에 대한 국민투표(제92조)를 들 수 있다. (3) **국민투표의 유형과 헌법 제72조의 국민투표의 성격** 국민투표(➜ 국민투표제)는 i) 필수적 국민투표와 임의적 국민투표, ii) 사전적 국민투표와 사후적 국민투표, 그리고 iii) 레퍼렌덤(referendum)과 플레비시트(plebiscite) 등으로 분류할 수 있다. 헌법 제72조의 국민투표는 대통령의 자유재량에 의해 회부하는 임의적 국민투표이며 사전적 국민투표이다. 헌법 제72조의 국민투표가 레퍼렌덤을 의미하는 것인가 아니면 플레비시트를 의미하는 것인가에 대해서는 논란이 있다. 헌법 제72조의 국민투표는 기본적으로 레퍼렌덤이지만 후술하는 바와 같이 플레비시트적 성격을 가지는 경우가 있을 수 있다. **2. 부의사항** 헌법 제72조에 의한 국민투표의 대상이 되는 사항은 외교 · 국방 · 통일 기타 국가안위에 관한 중요정책이다. 국가안위에 관한 중요정책이라는 이유로 헌법개정안이나 법률안에 대한 국민투표나, 대통령에 대한 신임투표, 국회해산 여부를 묻는 국민투표 등도 가능한가가 문제된다. 1) **헌법개정을 위한 국민투표** 헌법 제10장이 규정하는 헌법개정절차에 의하면 국회의 의결절차를 거쳐 국민투표를 거치도록 하고 있으므로 국가안위에 관한 중요정책이라는 명분으로 헌법개정안을 국회의결절차를 거치지 않고 바로 국민투표에 부의하는 것은 이러한 절차를 회피하는 것이어서 원칙적으로 허용되지 않는다고 본다. 2) **법률안에 대한 국민투표** '국가안위에 관한 중요정책'에 법률안도 이러한 정책의 범위에 속한다 할 수 있을 것인가의 문제이다. 이에 대해서는, 원칙적으로 입법은 그 대상에 포함되지 않으며 국민이 구체적이고 세부적인 입법까지도 국민투표로 결정한다는 것은 대의제의 원리에도 모순되고 기술적으로도 어렵다고 하여 부정하는 견해와, 국민투표부의권이 대통령의 위기극복수단으로서의 성격을 가진다는 점, 법률의 핵심적 내용을 중요정책으로 제시하여 국민투표에서 통과된다면 이를 구체적인 법률로 제정할 경우 국회에서 반대하기 어렵다는 점을 들어 긍정하는 견해가 있다. 정책에 대한 찬반만을 묻는 국민투표의 성질상 중요정책의 기본내용만 결정하고 그것이 법률을 통해 실현되어야 할 경우 세부적인 내용의 법률안은 국회에서 논의하여 결정하는 것이 대의제와 입법권을 국회에 부여한 헌법 제40조에도 부합한다 할 것이다. 3) **신임투표 인정여부** 헌법 제72조에 근거하여 직접 대통령의 신임을 묻는 국민투표 또는 중요정책과 결부하여 신임을 묻는 국민투표가 허용되는가의 여부가 문제된다. 학설은, 정책과 결부하지 않고 바로 신임을 묻는 국민투표는 인정되지 아니하나 중요정책과 연계된 신임투표는 가능하다는 견해가 보통이나 반대로 중요정책과 연계한 신임투표는 인정되지 않고 신임 자체만을 묻는 국민투표는 헌법상 금지되는 것은 아니며 법률에 근거규정을 두는 경우 가능하다는 긍정설과, 대통령에 대한 신임투표는 플레비시트의 성격을 띤 것으로 외교·국방·통일 기타 국가안위에 관한 중요정책이 아니므로 대상이 되지 않는다고 보는 부정설이 있다. 이에 대해서는 노무현대통령 탄핵과 관련한 헌법재판소의 결정에서 언급되고 있다. 헌재 2004.5.14. 2004헌나1 결정에서 헌법재판소는「국민투표의 본질상 '대표자에 대한 신임'은 국민투표의 대상이 될 수 없으며, 우리헌법에서 대표자의 선출과 그에 대한 신임은 단지 선거의 형태로써 이루어져야 한다. … 대통령은 헌법상 국민에게 자신에 대한 신임을 국민투표의 형식으로 물을 수 없을 뿐만 아니라 특정정책을 국민투표에 붙이면서 이에 자신의 신임을 결부시키는 대통령의 행위도 위헌적인 행위로서 헌법적으로 허용되지 않는다. … 헌법은 대통령에게 국민투표를 통하여 직접적이든 간접적이든 자신의 신임 여부를 확인할 수 있는 권한을 부여하지 않는다.」고 하여 직접 신임을 국민투표형식으로 묻는 것도 허용되지 않고 정책과 결부하여 신임을 묻는 것도 허용되지 않는다고 하였다. 헌재 2003.11.27. 2003헌마694등(병합) 결정에서 4인의 반대의견도 대통령이 타의에 의해 물러나는 경우로 '판결 기타의 사유로 그 자격을 상실한 때'로 규정하고 있는 헌법 제68조 제2항과 탄핵결정에 의해서만 물러나게 하는 헌법 제65조, 그리고 대통령의 임기를 5년으로 절대적으로 보장하고 있는 헌법 제70조에 비추어 신임투표는 인정되지 않는다고 하였다. 결론적으로, 정책과 결부하든 않든 원칙적으로 신임투표는 인정되지 않는다. 4) **국회해산에 관한 국민투표의 허용 여부** 헌법 제72조에 근거하여 국회의 해산 여부를 국민투표에 부의할 수 있는가 여부에 관하여 국민주권의 입장에서 당연한 일일뿐더러 만약 가결되면 국회해산과 총선거를 실시할 수 있고 부결되는 경우 대통령이 불신임에 대한 책임을 짐은 당연하다고 보는 긍정설과, 헌법 제72조에 의한 국민투표는 정책에 대한 투표를 의미한다는 점, 헌법 제72조에 의한 국회해산을 인정한다면 자유위임에 바탕한 대의제 민주주의에 대한 중대한 제한을 초래하며, 사실상 국회의원에 대한 국민소환을 인정하는 것이 된다는 점에서 국회해산에 관한 국민투표는 허용되지 않는다고 보는 부정설이 있다. 부정설이 타당하다. 3. **국민투표의 방법과 절차** 1) **방법** 헌법 제72조에 의한 국민투표는 대통령이 제안한 안건에 대한 찬반투표가 보통이라 할 수 있다. 그런데 찬반투표가 아닌, 선택적 국민투표가 가능한지도 문제될 수 있다. 헌법 제130조 제2항에 의한 헌법개정안에 대한 국민투표의 경우 국회의 의결을 거친 헌법개정안에 대한 국민투표를 의미하므로 찬반투표가 되겠으나 헌법 제72조에 의한 국민투표의 경우 대통령이 복수의 안을 제안하고 그 중 국민들로 하여금 선택하도록 하는 것도 가능하다고 할 것이다. 그러나 현행 국민투표법 제60조는 찬성·반대 중 선택하여 표하도록 하여 찬반국민투표를 예정하고 있다. 2) **절차** 국민투표는 국민투표법에 정한 바에 따라, 발안-공고-운동 및 관리-투표-결과의 공표 및 통보-확정-소송 및 재투표의 순서로 행해진다. 국민투표의 효력에 관하여 이의가 있는 투표인은 투표인 10만인 이상의 찬성을 얻어 중앙선거관리위원장을 피고로 하여 투표일로부터 20일 이내에 대법원에 제소할 수 있다(제92조). 대법원은 국민투표법 또는 국민투표법에 의하여 발하는 명령을 위반하는 사실이 있는 경우라도 국민투표의 결과에 영향을 미쳤다고 인정하는 경우에 한하여 국민투표의 전부 또는 일부의 무효를 판결한다(제93조). 국민투표의 전부 또는 일부의 무효판결이 있는 경우 재투표를 실시하여야 한다(제97조 제1항). 4. **효력** 1) **재부의의 금지** 헌법 제72조에 의하여 국민투표가 실시되고 그 결과가 확정된 경우에는 법치주의의 일사부재의의 원칙에 따라 동일사안을 다시 국민투표에 부칠 수 없다. 2) **기속력 여부** ① **자문적 국민투표설** 헌법 제72조의 국민투표는 자문적 성질을 가지는 것으로 보아, 대통령과 국회 등이 그 결과에 기속되지 않는다고 본다. 헌법상 대의제도를 더 중시하여 대통령이나 국회는 그 결과를 고려하여 자유로이 정책을 결정하면 된다고 본다. ② **기속적 국민투표설** 대통령이 제안한 정책에 대한 국민투표에 의한 결정은 원칙적으로 국회와 정부, 법원과 같은 대의기관을 구속한다고 본다. 입법이 필요한 경우 국회는 국민투표에 의한 결정에 구속되며, 국회에 의해 그 결정을 변경할 수 없다. 또한 행정계획이나 행정입법, 행정처분 등 정부나 지방자치단체에 의한 행정작용도 국민투표의 결정에 구속된다고 보아야 할 것이고 법원의 재판도 이에 구속된다고 본다. ③ **대통령의 사임 여부** 국민투표에 의해 대통령이 발안한 정책이 부결된 경우 대통령이 사임하여야 하는가에 대해서는 사임하여야 할 법적 의무가 있다거나 해임된다고 볼 수는 없다 할 것이다.

국민투표제國民投票制 ㉠ referendum, ㉢ Referendum, ㉣ Référendum. 1. **의의** 국민투표제 또는 국민표결제(國民票決制)는 선거 이외에 국정상 중요한 사항에 관하여 국민이 행하는 투표이다. 국민이 직접투표에 참여함으로써 국민의 의사를 묻고 결정하는 직접민주제의 한 형식이다. 2. **유형** 국민투표에는 국민거부·국민소환·국민발안·좁은 의미의 국민투표 등의 유형이 있다. **국민거부popular veto**는 의회에서 제정한 법률에 대하여 일정한 숫자의 국민이 서명하여 당해 법률의 전부 또는 일부의 폐지 또는 시행반대를 위하여 국민투표를 청원하는 제도이다(➜ 국민거부). **국민소환recall**은 국민들의 청원에 의하여 임기 중에 있는 공직자에 대하여 개인 혹은 집단적으로 임기를 종료시키기 위하여 국민투표에 부의하는 제도이다. 국민소환은 사회주의 국가에서 찾아볼 수 있으나 자유민주주의국가에서는 찾아보기 어렵다. 다만, 미국의 경우 주 차원에서 국민소환제가 도입된 경우가 있다. 2003년 캘리포니아 주지사가 미국역사상 두 번째로 소환된 적이 있다. ➜ 국민소환제도. **국민발안 initiative**은 헌법이나 법률의 제정 혹은 개정을 청원하여 이를 국민투표에 부의하는 제도이다. 이탈리아 헌법 제71조, 그리스 헌법 제120~121조에 규정되어 있다. 우리나라에서도 제3공화국 헌법에서 국회의원선거권자 50만인 이상의 서명으로 헌법개정발안권을 부여한 적이 있었다. **좁은 의미의 국민투표**는 중요정책 또는 법안에 대하여 국민이 직접 찬반의 의사를 표현하는 제도이다. 실시의 임의성 여부에 따라 선택적 국민투표와 필수적 국민투표로 나눌 수 있고, 정책에 대한 찬반투표인가 그에 더하여 최고정책결정권자에 대한 신임까지 묻는가에 따라 레퍼렌덤(국민표결)과 플레비시트(신임투표)로 나눌 수 있으며, 실시지역규모에 따라 전국단위 국민투표와 지역단위 국민투표로 나눌 수 있다. 중요한 것은 레퍼렌덤(referendum)과 플레비시트(plebiscite)이다. **레퍼렌덤**이란 대체로 헌법상 제도화되어 있는 헌법규범적인 것으로, 국민의 투표로써 일정한 사항을 최종적으로 확정하는 국민표결제, 즉 헌법에서 국민투표의 방법으로 표결될 것을 정하고 있는 사항을 국민투표로서 확정하는 것을 의미한다. 대개 헌법개정안이나 국가의 중요한 일 등을 국민의 표결에 붙여 최종적으로 결정하는 데 사용된다. 대상에 따라 '헌법안에 대한 레퍼렌덤'과 '법률안에 대한 레퍼렌덤'으로 나눌 수 있고, 강제성의 유무에 따라 '필수적 레퍼렌덤'과 '임의적 레퍼렌덤'으로 나눌 수 있다. **플레비시트**는 헌법상 제도화되어 있지 아니한 헌법현실적인 것으로 통치권의 정당성 또는 계속집권 여부나 일정한 정책에 대한 임의적, 헌법현실적, 신임투표적 국민결정이라 할 수 있다. 그러나 레퍼렌덤과 마찬가지로 국민투표라는 형식을 띠면서도 실질적으로 전제적 지배를 정당화하는 수단으로 악용되는 경우가 없지 않다. 예컨대 국민투표로써 영토의 귀속이나 집권자에 대한 신임을 확인하는 경우 등을 들 수 있다. 프랑스의 나폴레옹 및 나폴레옹 3세의 신임투표, 샤를 드 골 대통령의 1969년의 신임투표, 독일의 1933년 국제연맹 탈퇴, 1934년 히틀러의 총통 취임, 1955년 자르(Saar) 문제에 대한 플레비시트 등의 사례가 있었다.

국민표결國民票決 ㊀ Volksabstimmung. ➜ 국민투표제.

국방의무國防義務 ㊂ the duty of national defence. ➜ 국민의 기본의무.

국사재판國事裁判 ㊀ Staatsgerichtsbarkeit. 1803년 미국의 Marbury v. Madison 판결에서 영향을 받아, 대륙법계에서도 국가의 중요한 정치적 영역에 해당하는 헌법분쟁을 사법기구에서 해결하고자 하였는데, 이러한 재판을 국사재판이라 칭하였다. 말하자면, 헌법재판이라는 용어가 정착되기 전 중요한 국사에 관한 재판이라는 의미에서 사용된 용어이다. 오스트리아나 독일의 주들에서 국사재판권이라는 이름으로 다양하게 제도화되었다. ➜ 국사재판소.

국사재판소國事裁判所 ㊀ Staatsgerichtshof. 독일 바이마르공화국 이전 비스마르크 헌법인 1871년 헌법에서는 주 내부의 헌법분쟁에 대한 해결기구는 연방참사원(Bundesrat)이 담당하였다. 정치적 영역에 해당하는 헌법분쟁을 사법기관의 형태를 띤 재판소가 해결하는 것이 가능한가에 관하여 회의적이었기 때문에, 바이마르 이전에는 연방차원에서 독립적인 국사재판소 형태의 헌법분쟁 해결기관이 존재하지 않았다. 바이마르헌법 제19조에 근거하여 1921.7.9. 국사재판소에 관한 법률(Gesetz über den Staatsgerichtshof)이 제정되어 연방차원의 최초의 사법기구인 헌법재판기관이 역사에 등장하였다. 국사재판소의 관할은 탄핵심판(Ministeranklageverfahren), 제국과 주들 간의 분쟁(föderative Streitigkeiten), 주들 간의 법적 분쟁(Rechtsstreitigkeiten zwischen Ländern), 주 내부의 헌법분쟁(Verfassungsstreitigkeiten innerhalb eines Landes) 등이었다. 바이마르 공화국의 출범이 새로운 정치적 실험이었고, 바이마르 공화국 헌법의 제정자들이 신헌법의 정치적 분쟁을 법적인 소송으로 바꾸어 정치적 안정을 도모하고, 주내의 분쟁이나 연방과 주의 분쟁 등을 해결하기 위한 제도로 정치적 사법기관을 설치한 것이 바로 국사재판제도였다. 국사재판소는 특히 프로이센과 제국정부 간의 분쟁에 대해 중재하면서 상당한 역할을 하였고, 소송 주체를 확대하여 제국정부나 주정부 뿐만 아니라 정당, 교회, 자치구, 교섭단체 등에게도 당사자능력을 인정하여 많은 실질적 분쟁에 대한 중재자로서의 역할을 하였다. 그러나 고유한 재판소를 갖지 못하고 제국최고재판소에 설치되었고, 독자적 집행권한이 없는 등의 한계가 있었다.

국선대리인제도國選代理人制度 ⓔ court-appointed counsel system. 변호사를 선임할 능력이 부족한 국민을 위해 국가가 선정해 주는 소송대리인 기타 해당 절차를 대리할 대리인을 일컫는다. 형사소송에서의 국선변호인처럼 대리인의 자격에 변호사의 자격을 요하는 경우에는 국선변호인이라 할 수 있지만, 반드시 변호사가 아니더라도 대리인이 될 수 있는 경우에는 국선변호인이라 칭할 수 없다. 말하자면 국선대리인은 형사소송에서의 국선변호인(➜ 국선변호인)과 형사소송 이외의 절차에서의 국선대리인을 포함한다. 헌법재판소의 국선대리인과 행정심판에서의 국선대리인, 그리고 유사한 제도로 법률구조기관에 의한 변호인선임이 있다. 헌법재판소에 **헌법소원심판**을 청구하려는 자가 변호사를 대리인으로 선임할 자력이 없는 경우에는 헌법재판소에 국선대리인을 선임하여 줄 것을 신청할 수 있고, 헌법재판소가 공익상 필요하다고 인정할 때에는 국선대리인을 선임할 수 있다(헌법재판소법 제70조 제1 · 2항). **행정심판**에서도 청구인이 경제적 능력으로 인해 대리인을 선임할 수 없는 경우에는 위원회에 국선대리인을 선임하여 줄 것을 신청할 수 있다(행정심판법 제18조의2). **국세심판**에서도 조세에 관한 이의신청인, 심사청구인 또는 심판청구인은 재결청에 소정의 요건을 모두 갖추어 대통령령으로 정하는 바에 따라 변호사, 세무사 또는 세무대리업무등록부에 등록한 공인회계사를 국선대리인으로 선정하여 줄 것을 신청할 수 있다(국세기본법 제59조의2 제1항; 2018.1.1. 시행). 또한 특허심판의 경우에도 특허심판원장은 산업통상자원부령으로 정하는 요건을 갖춘 심판 당사자의 신청에 따라 대리인(국선대리인)을 선임하여 줄 수 있다(특허법 제139조의2 제1항; 2019.7.9. 시행). 법률구조기관((대한법률구조공단, 한국가정법률상담소, 대한가정법률복지상담원, 대한변협법률구조재단 등)에 의한 변호인선임은 국선대리인은 아니다.

국선변호인國選辯護人 ⓔ official defense counsel/court-appointed counsel, ⓓ Offizialverteidiger, ⓕ avocat commis d'office/avocat de la défense officielle. 법원이 직권으로 피고인의 이익을 위하여 선임하는 변호인으로, 사선변호인과 대립되는 개념이다. 헌법 제12조 제4항 단서는 「형사피고인이 스스로 변호인을 구할 수 없는 경우에는 국가가 변호인을 붙인다.」고 하고 있다. 헌법규정에 따라 형사소송법 제33조에서 상세히 규정하고 있다. 피고인이 구속된 때, 미성년자 · 70세 이상의 노인 · 농아자 · 심신장애자의 의심이 있는 때, 사형 · 무기 또는 3년 이상의 징역이나 금고에 해당하는 사건으로 기소된 때에, 변호인이 없는 경우 법원은 직권으로 변호인을 선정하며, 경제적 어려움을 비롯한 그 밖의 이유가 있을 경우에는 법원은 피고인이 청구가 있는 경우에 변호인을 선정하게 된다. 또한 피고인의 연령 · 지능 및 교육 정도 등을 참작하여 권리보호를 위하여 필요하다고 인정하는 때에는 피고인의 명시적 의사에 반하지 아니하는 범위 안에서 법원은 변호인을 선정하게 된다. 국선변호인의 선정은 법원의 선정결정에 의한다. 물론 국선변호인의 선정에 선행하여 국선변호인의 선정에 관한 취지를 고지하여야 한다. 고지는 서면에 한하도록 하고 있다(형사소송규칙 제17조 제2항). 공소제기가 있은 후 변호인이 없게 된 때에도 마찬가지이다(형사소송규칙 제17조 제4항). 국선변호인에 대한 보수, 즉 국선변호인의 선정에 의한 형사소송비용은 대법원규칙으로 정하는 바에 따라 법원이 지급하도록 되어 있다(형사소송비용 등에 관한 법률 제2조 제3호, 제8조, 제9조, 제10조 참조). ➜ 변호인의 조력을 받을 권리.

국세國稅 ㊊ national tax, ㊍ nationale Steuer, ㊎ taxe nationale. 국세는 국가의 재정수입을 위하여 국가가 부과·징수한다는 점에서 지방자치단체의 재정수입을 위하여 지방자치단체가 부과·징수하는 지방세(地方稅)와 대립된다. 구체적인 국세의 세목들은 국세기본법 제2조에 규정되어 있다. 국세에 대한 일반법으로는 국세기본법과 국세징수법이 있다. 국세의 부과에 대하여는 실질과세의 원칙(국세기본법 제14조)·신의성실의 원칙(동법 제15조)·근거과세의 원칙(동법 제16조) 등이 있으며, 세법의 적용에 대하여는 부당침해금지의 원칙과 소급과세금지의 원칙(동법 제18조), 세무공무원의 재량한계 엄수의 원칙(동법 제19조), 기업회계의 존중의 원칙 등이 있다(동법 제20조).

국세조사國勢調査 ➜ 인구(주택)총조사.

국세조사판결國勢調査判決 ➜ 인구조사판결.

국약헌법國約憲法 다수의 국가가 복합국가·연방국가를 조직할 때 각 지분국의 국제적 협약에 따라 제정되는 헌법이다. 이러한 헌법은 단순히 통치자와 피통치자 사이의 계약이 아니라 국민과 중앙정부 및 연방을 구성하고 있는 각 지방정부들이 관련되어 있다. 또한 연방을 구성하는 각 지방정부들은 독자적인 헌법제정권을 보유하는 경우가 많다. 1787년의 미국 헌법과 1841년의 스위스 연방헌법이 그 예이다. ➜ 헌법의 분류.

국왕國王**의 대권행위**大權行爲 ㊊ prerogative acts/royal prerogative/crown prerogative. 국왕의 대권행위는 보통법(common law)상, 혹은 대륙법계의 일부 군주제국가에서 인정되는 것으로, 국가통치과정에서 군주에게 부여된 광범위한 관습적 권한이나 특권, 면책을 의미한다. 이는 제정법(statutes)이나 보통법에 근거하기보다는 군주의 고유한 권한으로 인식되었다. 오늘날에는 국가원수의 행위로 이해되기도 한다. 전쟁선포, 군대의 파견, 대외정책수행과 조약체결, 공직 및 사법관의 임명, 사면 및 영전수여 등의 권한을 포함한다. 이 특권은 법률에 의하여 제한될 수 있다. ➜ 통치행위.

국외國外 **거주·이전**居住·移轉**의 자유** ➜ 거주·이전의 자유.

국유재산이론國有財産理論 ㊊ state property theory. ➜ 기본권의 대사인적 효력.

국유화國有化 ㊊ nationalization, ㊍ Verstaatlichung, ㊎ nationalisation. 국유화 혹은 공유화(公有化)는 개인의 사유재산 혹은 공공단체(➜ 공공단체)의 공유재산을 국유재산으로 전환하는 것 또는 그 과정을 말한다. 국가간의 관계에서도 국유화가 있을 수 있으며, 국제법에 따라 규율된다. 국유화의 반대개념은 민영화이다. 국유화의 대상은 재산적 가치가 있는 모든 것을 포함하여 공공서비스나 공공재, 정신적인 가치가 있는 것(예컨대 무형문화재)도 포함될 수 있다. 국유화는 민간 소유자에 대한 정당한 보상 여부와 무관하게 진행될 수도 있다. 국유화는 정부가 해당 재산에 대한 통제권을 확립한다는 점에서 재산의 분배와 다르다. 국유화는 원칙적으로 이데올로기와는 무관한 개념이지만, 사회주의 내지 공산주의에서는 경제기반을 이루는 가장 기초적인 개념으로 받아들여진다. 사회주의는 생산수단의 국유화를 포함하여, 경제의 조직구조, 제도, 나아가 경영방식까지 변혁하고자 하며, 이 과정에서 국유화는 중요한 기초개념으로 작용한다. 자본주의국가에서도 국유화는 경제정책으로 채택될 수 있다. 다만, 자본주의 국가에서 국유화의 효과나 장·단점에 대해서는 긍정·부정의 논란이 있다. ➜ 민영화.

국적國籍 ⓔ nationality, ⓓ Staatsangehörigkeit/Nationalität, ⓕ Nationalité. 1. **의의** 국가의 구성원인 국민이 되는 자격을 말한다. 국적을 가진 자는 헌법상의 기본적인 자유와 권리를 향유하며, 또한 국민의 기본의무를 부담한다. 국적을 얻을 수 있는 자격은 각 국가의 법률에 정해져 있다. 유사개념으로 시민권과 영주권이 있다. 국적자가 곧 시민권자로 되는 나라(예; 우리나라, 호주, 뉴질랜드)에서는 국적과 시민권을 구별할 필요가 없지만, 국적자라도 시민권이 부여되지 않거나(미국령 9개섬 주민들, 타이완), 시민권자라도 국적이 부여되지 않는(중국 홍콩, 마카오) 경우처럼 국적과 시민권이 명백히 구분되어 사용되기도 한다. 중국은 국민과 공민으로 나누어, 국민은 국적을 가진 사람, 공민은 호구(戶口)를 가진 국민을 일컫는데, 공민이 시민권과 같은 의미로 사용된다. 영주권은 체류자격을 획득하는 것일 뿐 국적 또는 시민권을 얻는 것이 아니므로 시민으로서의 권리를 갖지는 못한다. 미국의 경우 영주권은 10년마다 갱신되며, 영주권자가 5년이 지나면 시민권을 신청할 자격이 주어진다. 영국은 국적자의 범주가 7가지이다. 2. **국적결정 원칙** 국적은 다국적허용 여부에 따라 **단일국적주의**와 **복수국적주의**로 나뉜다. 현행 국적법은 원칙적 단일국적주의, 예외적 복수국적주의를 택하고 있다. 복수국적자는 국적법 제11조의2~제14조의4 및 동 시행령(대통령령) 제16조에서 상세히 정하고 있다. 국적법은 남성 복수국적자가 18세가 되어 병역준비역으로 편입된 때로부터 3개월 이내 혹은 병역을 마치거나 면제된 후 2년 이내에 자유롭게 국적을 선택할 수 있도록 하되(국적법 제12조 제2항), 그 이후부터는 병역 문제를 해소하지 않는 한 국적 이탈을 할 수 없도록 하고 있다(동 제14조 제1항 단서). 이 조항 때문에 복수국적자는 만 38세가 되기 전까지는 한국 국적을 포기할 수 없고(병역법 제71조 참조), 한국에서 3개월 이상 체류하면 병역의무가 부과된다(병역법시행령 제147조의2 제1항 제3호). 2010.5.부터 '선천적인 복수국적자'와 출생 후 '만 20세 이전에 부모의 귀화에 의해 외국 시민권을 자동 취득하고 6개월 이내 국적보유신고한 자'는 한국 내 외국국적 불행사서약을 하고, 남성은 병역 의무를 이행하는 조건 하에 복수국적을 허용하도록 대한민국 국적법이 개정되었다. 여성은 만 22세 전까지 외국국적 불행사서약을 할 수 있으며, 남성은 만 22세가 지났어도 군복무 후 2년 내에 외국국적 불행사서약을 할 수 있는 기회가 추가로 주어진다. 선천적인 복수국적에 한하여 2010.5.4.자 개정공포일 즉시 시행되었다. 이에 따라 한국에서 선천적인 복수국적을 허용받을 수 있는 나이는 1988.5.4. 출생자부터 해당된다. 또한 남성의 경우는 해외 거주하는 자에 한하여 병역 여부와 관계없이 만 18세가 되는 해의 3.31.까지 한국 국적을 포기할 수 있다. 해당 기한이 지났을 경우에는 병역 의무를 해소하기 전까지 한국 국적을 포기할 수 없다. 그러나 국적법 제12조 제3항에 의해 원정 출산으로 태어난 자, 현역 또는 보충역으로 병역 의무를 이행하지 않은 자는 복수국적을 허용받을 수 없고 하나의 국적만을 선택해야 한다. 또한 복수국적자는 한국 출입국 시에는 한국 여권을 사용해야 하며, 해외에서는 선택적으로 사용할 수 있다. 3. **국적의 취득** 국적취득은 선천적 취득과 후천적 취득으로 나뉘는데, 선천적 취득은 속인주의(혈통주의)와 속지주의(출생지주의)로 나뉜다. 우리나라는 원칙적으로 속인주의를 택하면서 예외적인 속지주의를 택한다(국적법 제2조).

속인주의는 부계혈통과 모계혈통을 모두 포함한다(헌재 2000.8.31. 97헌가12). 후천적 취득은 출생 이후 다른 나라의 국적을 취득하는 경우로서 현행 국적법은 혼인 · 인지 · 귀화 등을 규정하고 있다(동법 제3-8조). 혼인의 경우, 배우자가 대한민국 국민인 외국인이면, 간이귀화(국적법 제6조 제2항)가 가능하다. 과거에는 대한민국 국민의 처가 되는 경우에 자동으로 국적을 취득하게 한 때도 있었으나, 남녀평등에 반한다는 점에서 1998년 법개정으로 변경하였다. 혼인기간을 두고 있는 것은 간이귀화를 악용하는 것을 막기 위한 것으로 보이지만, 삭제함이 바람직하다. 귀화는 일반귀화와 간이귀화, 그리고 특별귀화로 나뉜다(➜ 귀화). 재외국민은 헌법상 보호를 받는다(헌법 제2조 제2항). 이민을 한 재외국민도 당연히 국적을 보유하며, 국민으로서 선거권을 보유한다(공직선거법 제37-46조, 제14장의2, 국민투표법 제14조 제1항, 주민투표법 제6조). 재외동포에 대해서는 「재외동포의 출입국과 법적 지위에 관한 법률」이 제정되어 있다(➜ 재외동포). 4. **북한국적주민** 북한국적주민의 경우, 헌법의 영토규정에 따라 당연히 대한민국의 국적을 가지는 것으로 본다(대판 1996.11.12. 96누1221). **북한이탈주민**에 대해서는 「북한이탈주민법(법률 제5259호, 1997.1.13. 제정, 1997.7.14. 시행)」이 있다. 국적이탈에 대해서는 다른 국적을 취득하거나 복수국적자인 경우에만 허용되고, 무국적은 허용되지 아니한다(국적법 제14 · 15조 이하 참조). 대한민국 국민이었던 외국인은 국적을 회복할 수 있다(국적법 제9조)(➜ 국적회복).

국적변경國籍變更 · **이탈**離脫**의 자유** ➜ 거주 · 이전(居住 · 移轉)의 자유. ➜ 국적.

국적회복國籍回復 대한민국의 국민이었던 외국인은 법무부장관의 국적회복허가(國籍回復許可)를 받아 대한민국 국적을 취득할 수 있다(국적법 제9조). 대한민국 국적을 가졌다가 국적을 이탈한 사람에게 귀화허가가 아니라 국적회복허가를 통해 다시 대한민국 국적을 부여하는 것이다. 단, 1) 국가나 사회에 위해(危害)를 끼친 사실이 있는 사람, 2) 품행이 단정하지 못한 사람, 3) 병역을 기피할 목적으로 대한민국 국적을 상실하였거나 이탈하였던 사람, 4) 국가안전보장 · 질서유지 또는 공공복리를 위하여 법무부장관이 국적회복을 허가하는 것이 적당하지 아니하다고 인정하는 사람 등은 국적회복을 허가하지 아니한다. 국적회복을 허가받은 자는 국민선서를 하고 국적회복증서를 수여받은 때에 국적을 취득한다. 국민선서는 면제할 수 있다. 미성년인 자(子)의 경우 수반취득도 가능하다.

국정감사 · 조사권國政監査 · 調査權 ㉧ the power on the inspection/investigation of congress, ㉯ Untersuchungsrecht, ㉰ enquête du congrès. 1. **의의** 국회가 국정 전반에 관하여 혹은 특정 사안에 관하여 조사를 행하는 것으로, 헌법과 국정감사 및 조사에 관한 법률에서 정하는 '국정'의 개념은 '의회의 입법작용 뿐만 아니라 행정 · 사법을 포함하는 국가작용 전반'을 뜻한다. 국정감사는 국정의 전반을, 국정조사는 국정의 특정사안을 대상으로 한다(헌법 제61조, 국정감사 및 조사에 관한 법률 제2 · 3조). 대상의 차이로 인해 국정감사와 국정조사는 그 시기 · 기간 · 방법 · 절차 · 한계 · 효과 등에서 약간의 차이는 있으나, 기본적으로는 큰 차이가 없다. 2. **연혁** 원래 의회의 감사는 1689년 영국 의회가 아일랜드 전쟁 패배의 책임을 규명하기 위해 조사(investigation)를 한 것이 기원이다. 특정사안인 점에서 국정조사이었다. 이러한 전통을 이어 미국은 의회가 청문회를 통해 국정조사를 하는 것이 일상화되었으며, 1921년에 의회에 회계감사원(General Accounting Office: GAO)을 두어 회계감사

(audit)와 평가(evaluation) 및 조사(investigation)를 담당하였다. 회계감사원이 상시적으로 기능하게 되어 사실상 국정전반에 대한 일정한 기간 내의 감사는 필요하지 않게 되었다. 우리나라의 경우에는, 제헌헌법부터 제3공화국 헌법까지는 헌법상 국정감사권을 명문화하여 국회에 강력한 권한을 부여하였다. 그러나 유신헌법에서는 국정감사·조사권이 삭제되었고, 제5공화국 헌법에서는 국정조사권만 인정되어 국회의 국정감사 기능이 약화되었다. 현행헌법에서 국회의 국정감사 및 조사권을 다시 부활하여 국정의 감시·비판에 관한 국회 기능이 강화되었다. 3. **법적 성질** 국정감사와 국정조사의 법적 성질에 관해서는 독립적 권능설과 보조적 권능설, 신독립적 권능설이 있다. 독립적 권능설은 국회가 국가최고기관인 점을 강조하여 최고기관인 국회가 당연히 갖는 독립적 권능이라고 보며, 보조적 권능설은 국회가 보유하는 헌법상 권한들을 행사하는 데에 필요한 보조적 권한이라 본다. 신독립적 권능설은 국회의 최고기관성이 아니라 권력분립의 관점에서 국회가 정부에 대하여 갖는 독립적인 통제기능인 점을 강조한다. 신독립적 권능설이 타당하다. 4. **주체** 국회가 주체이다. 이 때의 국회는 국회본회의, 상임위원회이다. 국정조사의 경우에는 특별위원회가 포함된다. 국정감사나 국정조사와 관련하여 권한쟁의가 다투어지면, 국회본회의, 상임위원회, 특별위원회가 당사자로 될 수 있다(➜ 권한쟁의심판). 5. **대상기관(범위)** 감사의 대상기관은 입법, 행정, 사법의 전 국가기관이 국회의 소관 상임위원회의 관할로 되어 있으므로, 전 국가기관이 감사의 대상기관이자 감사의 범위에 속한다. 특히 지방정부의 사무에 관한 국정감사가능성을 두고 논란이 많았기 때문에, 국정감사 및 조사에 관한 법률 제7조에 이에 관하여 상세히 규정하고 있다. 감사원법에 따른 지방정부의 감사대상을 포함한다. 국정조사는 특정한 사건에 대한 것이므로 그 대상을 규정하지 않았다. 6. **행사방법** 국정감사·조사의 방법에 관해서는 국정감사 및 조사에 관한 법률에서 비교적 상세히 규율하고 있다. 국정감사의 경우(동법 제2조), 국회는 국정전반에 관하여 소관 상임위원회별로 매년 정기회 집회일 이전에 국정감사 시작일부터 30일 이내의 기간을 정하여 감사를 실시한다. 다만, 본회의 의결로 정기회 기간 중에 감사를 실시할 수 있다. 감사는 상임위원장이 국회운영위원회와 협의하여 작성한 감사계획서에 따라 한다. 국회운영위원회는 상임위원회 간에 감사대상기관이나 감사일정의 중복 등 특별한 사정이 있는 때에는 이를 조정할 수 있다. 국정조사의 경우(동법 제3조), 국회는 재적의원 4분의 1 이상의 요구가 있는 때에는 특별위원회 또는 상임위원회로 하여금 국정의 특정사안에 관하여 국정조사를 하게 한다. 이 조사 요구는 조사의 목적, 조사할 사안의 범위와 조사를 할 위원회 등을 기재하여 요구의원이 연서한 서면으로 하여야 한다. 의장은 조사요구서가 제출되면 지체 없이 본회의에 보고하고 각 교섭단체 대표의원과 협의하여 조사를 할 특별위원회를 구성하거나 해당 상임위원회에 회부하여 조사를 할 위원회를 확정한다. 이 경우 국회가 폐회 또는 휴회 중일 때에는 조사요구서에 따라 국회의 집회 또는 재개의 요구가 있는 것으로 본다. 조사위원회는 조사의 목적, 조사할 사안의 범위와 조사방법, 조사에 필요한 기간 및 소요경비 등을 기재한 조사계획서를 본회의에 제출하여 승인을 받아 조사를 한다. 본회의는 제4항의 조사계획서를 검토한 다음 의결로써 이를 승인하거나 반려한다. 조사위원회는 본회의에서 조사계획서가 반려된 경우에는 이를 그대로 본회의에 다시 제출할 수 없다. 7. **한계** 1) **권력분립상 한계** 국정감사·조사권은 그 목적에 의한 한계로서,

국회의 입법, 예산심의, 행정감독, 자율권에 관한 사항 및 국회의 기능을 실효적으로 행사하기 위한 것에 한정되어야 한다. 국정감사 및 조사에 관한 법률은 감사·조사 시의 기밀누설 주의의무(제14조 제1항), 사후처리방안(동법 제16조 제2항) 등을 규정하고 있으며, 국회가 직접 행정처분을 할 수는 없다. 사법권독립보장을 위한 한계로서, 국정감사·조사는 계속 중인 재판에 관여할 목적으로 행사되어서는 안 된다. 그러나 사법권의 본질적 내용을 침해하지 않는 범위 내에서 국민적 의혹이 있는 사건에 대한 감사는 가능하다고 보아야 한다. 감사·조사는 검찰권행사의 공정성을 담보하기 위하여 수사 중인 사건의 소추에 관여할 목적으로 행사되어서는 안 된다. 하지만 소추에 관여할 목적이 아닌 경우에는 예컨대, 사건배당의 합리성이나 검찰인사권행사 등에 관해서는 감사가 가능하다고 보아야 한다. 국정감사는 원칙적으로 지방자치단체의 고유사무에는 미치지 않는다고 보아야 한다. 다만, 지방자치단체의 고유사무와 위임사무 사이에 구분이 애매한 경우가 적지 않으므로, 그 범위를 명확히 할 필요가 있다(국정감사 및 조사에 관한 법률 제7조 참조). 2) **기본권보장을 위한 한계** 국정감사는 헌법 제17조에서 정하는 사생활의 비밀과 자유를 침해하여서는 아니 된다(국정감사 및 조사에 관한 법률 제8조). 그러나 사생활과 그의 공적 성격의 문제는 명확히 구분되기 어렵기 때문에 좀 더 명확히 규정할 필요가 있다. 사생활에 대한 감사와 그 공개의 문제는 별개이므로 법률로 엄격히 규정할 필요가 있다. 국정감사는 헌법 제12조에서 정하는 불이익진술거부권을 침해해서는 안된다. 국회에서의 증언·감정에 관한 법률 제3조에서 명시하고 있다. 3) **국익보호를 위한 한계** 국가기밀 등과 같이 국익에 관련된 중요사항에 대해서는 국정감사나 조사의 대상이 되지 아니한다. 국회에서의 증언·감정에 관한 법률 제4조에서 상세히 규정되어 있다. 8. **결과보고 및 처리**(국정감사 및 조사에 관한 법률 제15~16조) 감사 또는 조사를 마쳤을 때에는 위원회는 지체 없이 그 감사 또는 조사 보고서를 작성하여 의장에게 제출하여야 한다. 중간보고도 가능하다. 보고서를 제출받은 의장은 이를 지체 없이 본회의에 보고하여야 한다. 국회는 본회의 의결로 시정요구, 이송 등으로 감사 또는 조사 결과를 처리한다. 정부 또는 해당 기관은 처리결과를 국회에 보고하여야 한다. 9. **문제점과 개선방안** ① 피감기관의 과다와 단기간의 문제, ② 자료 제출과 증인출석 관련 문제, ③ 감사 의제의 비조직성과 비체계성 문제, ④ 금융실명제법과 통신비밀보호법과의 갈등 문제, ⑤ 국정감사를 준비하는 전문성의 부족과 함께 정보의 비대칭 문제, ⑥ 인기위주의 감사와 정책감사의 상실 문제, ⑦ 국정감사결과 사후결과와 조치의 처리 문제 등이 지적되고 있다. 이러한 문제점들에 대하여, ① 국회와 감사원의 감사기능의 통합적 연계, ② 정책 지향적 국정감사를 위한 입법지원기구의 필요성이 강조되고 있다.

국정조사권國政調査權 ➜ 국정감사·조사권.

국정통제권國政統制權 1. **의의** 전통적인 권력분립원리가 국가기능을 분리하여 상호견제하도록 함으로써 국민의 자유와 권리를 보장하는 데에 중점이 있었다면, 오늘날 권력분립원리는 의회의 입법권이 약화되고 정부에 대한 견제 및 통제기능으로 중심축이 이동하고 있다. K. Löwenstein이 동태적 권력분립론을 주장하면서 국가기능을 정책결정, 정책집행, 정책통제라는 새로운 접근법을 제시한 것도 오늘날에 있어서의 국가정책결정과 그 집행에 대한 통제가 그만큼 중요함을 보여주는 것이다. 특히 국회의 국정통제권은 정치적 책임과 합리적 권한행사를 위해 필수적인 제도로 자리잡고 있다. 2. **국회의 국정통제권** 현행 헌법상 국회의 국정통제권은 헌법기관의 구성과 존속에 관한 권한(국회의 인사권), 탄핵소추권, 국정감사·조사권, 정부와 대통령의 국정수행에 대한 통제권 등으로 구분할 수 있다. 1) **헌법기관구성 및 존속에 관한 권한** (1) **인사청문회제도** 이는 헌법상의 주요고위직 공직자의 임면에 대한 국회의 관여와 통제의 권한을 말한다. 기본적인 제도로서, 인사청문회제도가 있다(➜ 인사청문회제도). (2) **대통령의 사법기관구성권에 대한 통제** 대통령이 국가원수의 지위에서 다른 헌법기관구성에 직접적인 권한을 가지는데, 이에는 헌법재판소의 장, 대법원장 및 대법관 등의 임명에 국회의 임명동의를 요하도록 하고 있다. 사법기관의 구성에 국회의 임명동의를 요하도록 하는 것은 사법권의 민주적 정당성의 확보 및 권력분립의 다른 한 축인 국회의 합리적인 통제를 통하여 대통령의 임면권행사가 적절히 행해지도록 견제하는 것이다. 대법관의 경우 대법원장이 임명을 제청하고 국회의 동의를 얻어 대통령이 임명하도록 하고 있지만, 제도적으로는 바람직하지 아니하다. 대법원장의 임명제청권은 이를 폐지하는 것이 타당하다. 각계의 인사로 구성되는 대법관추천위원회를 통해 후보자를 확정하고 대통령이 국회에 임명을 요청하도록 하는 것도 한 방법이다. 미국과 같이 대통령이 지명하고 국회의 동의를 얻도록 하는 것도 고려할 만하다. (3) **대통령의 행정부구성에 대한 통제** 헌법상 국무총리와 감사원장 임명에는 국회의 동의를 요한다. 법률상 인사청문회를 거쳐야 하는 행정부 공직자는 국무위원, 방송통신위원회 위원장, 국가정보원장, 공정거래위원회 위원장, 금융위원회 위원장, 국가인권위원회 위원장, 국세청장, 검찰총장, 경찰청장, 합동참모의장, 한국은행 총재, 특별감찰관 또는 한국방송공사 사장의 후보자 등이다(국회법 제65조의2 제2항 제1호). 법률상의 인사청문회 대상인 공직은 국회의 인사청문보고서는 참고자료일 뿐 대통령을 구속하지 않는다. 행정부구성에 대한 통제에서 가장 중요한 수단은 국무총리·국무위원에 대한 해임건의권이다(➜ 국무총리·국무위원 해임건의권). 2) **탄핵소추권** ➜ 탄핵제도. 3) **국정감사·조사권** ➜ 국정감사·조사권. 4) **정부와 대통령의 국정수행에 대한 통제권** 국정 일반에 대한 국회의 대정부견제권으로서, 각종의 요구권·동의권·승인권 등을 통하여 구현된다. (1) **대통령의 국가긴급권발동에 대한 통제권** 대통령은 계엄, 긴급명령, 긴급재정경제명령·처분권을 갖는다. 이에 대해 국회는 사후통제를 할 수 있다. 대통령이 계엄을 선포한 때에는 지체없이 국회에 통고하여야 하며, 국회는 재적의원 과반수의 찬성으로 계엄의 해제를 요구할 수 있고, 해제요구가 있으면 대통령은 계엄을 해제하여야 한다(헌법 제77조). 대통령이 긴급명령, 긴급재정경제명령·처분을 한 경우에도 지체없이 국회에 보고하여 승인을 얻어야 한다(헌법 제76조). ➜ 국가긴급권. (2) **정부의 재정작용에 대한 통제권** 국회는 예산안을 의결·확정하고(헌법 제54조), 결산심사권을 가진다(국가재정법 제61조·국회법 제128조의2). 나아가 예비비의 의결과 지출에 대한 승인을 한다. 예비비항목을 두는 경우 그 지출은 차기 국회의 승인을 얻어야 한다(헌법 제55조 제2항). 국회는 국채 모집(기채동의권)이나 예산 외의 국가의 부담이 될 계약의 체결에 대한 동의권을 가진다(헌법 제58조). 긴급재정경제명령·처분도 대통령의 재정상 권한행사이므로 국회의 사후승인을 얻어야 한다. (3) **국무총리 및 국무위원 출석요구권·질문권** 국회나 그 위원회의 요구가 있을 때에는 국무총리·국무위원 또는 정부위원은 출석·답변하여야 하며, 국무총리 또는 국무위원이 출석요구를 받은 때에는 국무위원 또는 정부위원으로 하여금 출석·답변하게 할 수 있다(헌법 제62조 제2항). 국회의 이러한 권한은 원래 의원내각제적 요소로 볼 수 있다. 국무총리·국무위원에 대한 출석요구와 질문에 대해서는 국회법 제121~122조의2에 상세히 규정하고 있다. 또한 긴급히 발생한 현안문제에 대해서는 의원 20인 이상의 찬성과 질문요구서 제출로 긴급현안질문을 할 수 있는 긴급현안질문제도를 두고 있다(국회법 제122조의3). (4) **외교·국방정책수행에 대한 동의권**(헌법 제60조) 국회는 상호원조 또는 안전보장에 관한 조약, 중요한 국제조직에 관한 조약, 우호통상항해조약, 주권의 제약에 관한 조약, 강화조약, 국가나 국민에게 중대한 재정적 부담을 지우는 조약 또는 입법사항에 관한 조약의 체결·비준에 대한 동의권을 가진다. 또한 국회는 선전포고, 국군의 외국에의 파견 또는 외국군대의 대한민국 영역 안에서의 주류(駐留)에 대한 동의권을 가진다. (5) **일반사면에 대한 동의권** 대통령의 사면권행사에 있어서 일반사면은 국회의 동의를 얻어야 한다(헌법 제79조 제2항). 일반사면은 특정범죄를 행한 불특정다수에 대한 사면이므로, 범죄와 형벌을 법률로 정한 국회의 의사를 물어 그 형벌을 면제하도록 하는 것이다.

국제國制 ➜ 대한국국제.

국제관습법國際慣習法 ⓔ customary international law, ⓓ Völkergewohnheitsrecht /internationales Gewohnheitsrecht, ⓕ droit international coutumier. 국제사회에서 국가간의 묵시적 합의에 의하여 일반적으로 행하여지고 있는 관행(慣行)을 국제관습이라 하고 이 관행을 준수하는 것이 의무적이라고 인정할 수 있을 정도의 법적 신념(法的 信念)이 확립될 때 국제관습법이 된다. 국제관습법은 불문국제법(不文國際法)이다. 통일적 입법기관이 없는 국제사회에서 국제사회 전반에 걸쳐 타당한 이른바 보편국제법(普遍國際法)은 거의 모두가 국제관습법규의 형태를 취하고 있고, 관습법은 여전히 국제법의 중심적 역할을 하고 있다. 국제관습법이 성립되기 위해서는 일정한 관행이 있어야 하고, 그 관행을 준수하는 것이 의무적이라고 인정할 수 있을 정도의 법적 신념이 확립되어 하나의 규범으로 성립되어야 한다. 국제사회 전체에 해당하는 일반관습법(general customary law)과 특정지역에 해당하는 지역(또는 특별)관습법이 있다.

국제교원노조연맹國際敎員勞組聯盟 ⓔ Education International, ⓓ Bildungsinternationale, ⓕ Internationale de l'Education. 국제교원노조연맹은 각 나라 교직원 노동조합의 국제 연대를 위해 결성된 조직이다. 2011년 현재 가입 국가만 170개가 넘으며 우리나라의 전국교직원노동조합(전교조)와 한국교원단체총연합회(한국교총)도 가입하고 있는 세계 최대 규모의 교원노조 연대조직이다. 1980년대 중반에 국제교원노조연맹의 결성 움직임이 시작되었다. 당시 세계 교원노조는 노조조합 활동을 중심으로 해 온 세계교원단체연합(World Confederation of Organizations of the Teaching Profession)과 특수 직능별 연대조직 활동을 주력으로 했던 국제자유교원노조연맹(International Federation of Free Teachers Unions) 두 단체로 양분돼 있었다. 1985년 첫 통합 제의가 나왔고 1988년부터 합병 논의가 구체적으로 진척되어, 1990년대 들어 사회주의 국가들의 붕괴를 계기로 1993년 국제교원노조연맹으로 통합하였다. 1993년 한국의 전교조도 이 단체에 가입하여 단체의 정당성을 세계적으로 인정받았다. 이후에도 두 단체는 긴밀한 연대 관계를 유지하면서 2010년 국제교원노조연맹이 한국의 전교조 소속 교사들이 대거 징계를 받은 것에 항의를 하기도 했다. 이듬해인 2011년 국제교원노조연맹은 한국 정부에 교사 탄압을 중지할 것을 촉구하는 긴급결의안을 채택했다. 국제교육연맹은 사무국 외에 아프리카, 아시아, 유럽, 남아메리카, 북아메리카 등 주요 대륙에 별도의 사무소를 운영하고 있다(http://www.ei-ie.org/).

국제노동기구國際勞動機構 ⓔ International Labor Organization(ILO), ⓓ Internationale Arbeitsorganisation, ⓕ Organisation internationale du Travail. 노동조건을 개선하여 사회정의를 확립하고 나아가 세계평화에 공헌하기 위하여 설립된 국제기구이다. 1919.6. 베르사이유 평화조약이 조인됨으로써 국제연맹 산하 준독립기구로 설립되었으며, 1944.5. 미국 필라델피아에서 개최된 제26차 회의에서 기구의 설립취지와 목적을 확인하는 선언문을 채택하고, 1946.12. UN전문기구로 편입되었다. 1948년부터 제29차 총회에서 채택된 국제노동헌장에 입각하여 운영되고 있다. 2018.11. 현재 187개국이 회원국으로 가입해 있다. 상설기구는 회원국대표 총회, 이사회, 이사회의 통제를 받는 국제노동사무국으로 구성돼 있다. 주요 활동은 협약 및 권고의 채택과 시행 감독, 기술협력 활동으로 크게 나눈다. 협약 및 권고는 각 국가의 개별적인 특수한 사정에 따라 비준 여부가 정해지기 때문에, ILO는 이를 존중하면서 개별국가에게 협약비준을 위한 감독활동을 강화하고 있다.

국제법國際法**과 국내법**國內法**의 관계** ➜ 국제법존중주의.

국제법우위론國際法優位論 ➜ 국제법존중주의.

국제법國際法**의 헌법화**憲法化 ⓔ constitutionalization of international law, ⓓ Konstitutionalisierung des Völkerrechts, ⓕ constitutionnalisation du droit international. 국제법의 헌법화는 국제적 질서 자체 내에서의 정치에 대한 법적 통제를 행하려는 시도이다. 베스트팔렌 체제 이래 국제관계는 규범적 규율보다는 현실적인 힘의 역학관계로 인식되었기 때문에 그때그때의 국제적 현실에 따라 한 국가가 다른 국가의 의사를 지배하는 양상으로 나타났다. 하지만 오늘날의 국제관계는 단순히 힘의 역학관계만이 아니라 국가간의 조약을 통해 일정한 규범을 확인 및 동의하고 이를 준수할 것을 합의하는 단계에 이르렀다. 조약 또는 선언이라는 형태로 확립된 국제간의 규범적 규율이 국내의 헌법에도 이입되는 현상이 곧 국제법의 헌법화이다. 입헌주의의 본질이 현실적인 국가권력의 자의성을 규범적으로 규율하는 것이라고 한다면, 국제법의 헌법화는 국제관계에 대한 규범적 규율과 실효성을 국내적으로 담보하는 것이다. 아울러 인류보편의 가치로서의 인간의 존엄과 이를 실현하기 위한 국제인권법의 발전으로 국내적 차원에서의 이념과 가치를 국제관계에도 실질적으로 확보할 수 있도록 하는 것이 요청된다. 이는 국내 헌법의 원리와 이념이 국제적으로도 규범화하는 것으로서, **헌법의 국제법화**라 할 수 있다.

국제법존중주의國際法尊重主義 1. **의의** 헌법 제6조는 「① 헌법에 의하여 체결·공포된 조약과 일반적으로 승인된 국제법규는 국내법과 같은 효력을 가진다. ② 외국인은 국제법과 조약이 정하는 바에 의하여 그 지위가 보장된다.」고 규정하여, 국제법존중주의를 명시하고 있다. 2. **국제법과 국내법의 관계** 국제법과 국내법의 관계에 관하여 **입법례**로는, i) 조약이 주권의 제약에 동의하는 것이라는 입장에서 국제법규의 국내법규에 대한 우월성을 규정하는 헌법으로 독일기본법(소수설), 이탈리아

헌법, 프랑스 제4공화국 헌법 등이 있고, ii) 조약이 헌법에는 하위이나 법률보다는 상위라고 보는 헌법으로 프랑스 헌법, 독일기본법(다수설)이 있으며, iii) 국내법과 동일한 효력을 가지는 것으로 보는 헌법으로 미국 등 대다수 헌법이 이에 속한다. **학설**은 국제법과 국내법은 차원을 달리 하는 법체계로 보는 입장(이원설: Triepel, Anzilotti, Walz 등)과 동일한 법체계로 보는 입장(일원설: Kelsen, Verdross, Jellinek, Zorn 등)이 있다. 3. **국제법의 국내법적 효력** 국내법과 국제법의 효력에 관해서는 국제법우위론과 국내법우위론이 있다. 동의법률이라는 형식을 통해 국제조약을 국내법으로 수용하는 독일의 경우에는 국제법을 국내법으로 수용하는 것이므로 크게 문제되지 않으나, 국제법이 국내적으로 곧바로 효력을 발생하는 경우에 어느 것을 우위에 둘 것인가가 문제된다. 현행 헌법은 이에 관하여 직접적인 규정을 두고 있지는 않지만, 국제법이 국내법률과 동위의 효력을 가지는 경우에는 법률이 가지는 정당화의 방법(예컨대 국회의 동의)을 거쳐야 한다. 4. **일반적으로 승인된 국제법규** i) **의의** 이는 세계 다수국가에 의하여 일반적으로 승인된 보편적·일반적 규범을 말한다. 반드시 우리나라가 승인할 필요는 없다. 성문의 국제법규와 국제관습법을 포함하며, 유엔헌장의 일부, 국제사법재판소규정, 제노사이드금지협정, 포로에 관한 제네바협정 등과 같이 일반적으로 승인된 국제조약도 포함한다. 헌법학계와는 달리 국제법학계에서는 국제관습법만을 의미한다고 본다. ii) **헌법재판소 결정** 양심적 병역거부를 인정하는 시민적·정치적 권리에 관한 국제규약이 일반적으로 승인된 국제규약이라고 볼 수 없고(헌재 2011.8.30. 2008헌가22), 국제연합의 '인권에 관한 세계선언' 및 시민적·정치적 권리에 관한 국제규약, ILO의 '교원의 지위에 관한 권고' 등의 국내법적 효력을 부인한다(헌재 1991.7.22. 89헌가106). ILO의 제87호, 제98호, 제105협약, 제151호 협약들은 우리나라의 비준이 없었을 뿐만 아니라, 일반적으로 승인된 국제법규라고 할 수도 없다(헌재 1998.7.16. 97헌바23; 2005.10.27. 2003헌바50). 미군정청의 법령포고행위는 국제관습법상 재판권이 면제되는 주권적 행위로 인정된다(헌재 2017.5.25. 2016헌바388). 5. **조약** ➜ 조약. 6. **외국인의 법적 지위의 보장** 외국인의 법적 지위에 관하여 각국헌법은 상호주의 또는 평등주의를 채택한다. 상호주의(호혜주의)는 상대국 헌법이 우리나라 국민을 처우하는 데에 상응하여 동일하게 처우하는 원칙이며, 평등주의는 내국인과 외국인을 동등하게 취급하는 주의이다. 우리나라는 헌법 제6조 제2항에서 「외국인은 국제법과 조약이 정하는 바에 의하여 그 지위가 보장된다.」고 하여 상호주의를 채택하고 있다. 또한 국내에 체류하는 외국인의 처우를 위하여 「외국인처우법(법률 제8442호, 2007.5.17. 제정, 2007.7.18. 시행)」이 제정되어 있다.

국제사법재판소國際司法裁判所 ㉠ International Court of Justice: ICJ, ㉢ Internationaler Gerichtshof, ㉫ Cour internationale de Justice. 국제사법재판소는 1944.8. 미국 워싱턴 D.C.에서 열린 덤버턴 오크스회의(Dumbarton Oaks Conference)에서 상설 사법기관 설치의 필요성이 강조되면서 설립 논의가 시작되어 1945.4.에 44개국 대표가 참여한 법률가위원회(Committee of Jurists)에서의 논의를 거쳐 같은 해 샌프란시스코회의(San Francisco Conference)에서 새로운 사법기관 설치를 최종적으로 결정하여 탄생되었다. 재판소는 총회와 안전보장이사회에 의하여 선출된 각기 다른 국적의 15명의 판사로 구성된다. 재판소의 판사로 선출되기 위해서는 각국에서 최고위 법관직에 임명될 수 있는 자격을 구비해야 한다. 판사의 임기는 9년이며 재선이 가능하다. 3년마다 15명의 판사 중 5명을 재선출한다. 재판소는 법관 중에서 3년 임기의 재판소장 및 부소장을 선출한다. 국제연합 회원국은 당연히 국제사법재판소 규정 당사국이 된다. 국제사법재판소는 1946.10.15. 안전보장이사회 결의에 따라 규정 당사국이 아닌 국가들에게도 개방했다. 국제사법재판소의 관할권은 당사국에 대한 관할과 분쟁에 대한 관할로 나눈다. 당사국에 대한 관할은, 제소되는 사건의 당사자는 국가에 한하며 국제기구나 개인은 당사자가 될 수 없다. 분쟁에 대한 관할은, 분쟁 당사국 간에 합의가 있는 경우에 한한다. 국제사법재판소의 권고적 의견은 법적 구속력이 없다는 점에서 판결과 다르나 그 중요성은 높게 평가된다.

국제연맹國際聯盟 ㉺ League of Nations. 제1차 세계대전(1914.7.~1918.11.) 이후인 1920.1.10. 승전국(연합국)인 영국과 프랑스를 중심으로 스위스 제네바에서 창설된 국제평화기구이다. 국제연맹은 국제 평화와 안전 유지 및 경제 · 사회적 국제협력 증진을 목표로 설립되어 국제연합(UN)의 전신으로 불린다. 그러나 제2차 세계대전(1939.9.~1945.8.) 승전국이 모두 출범 멤버로 참여한 유엔과 달리 강대국 미국 등이 불참하였다. 국제연맹은 애초 윌슨(Thomas W. Wilson: 1856~1924) 미국 대통령의 제안으로 만들어졌다. 그러나 당시 공화당이 다수였던 미국 상원은 미국의 유럽에 대한 불간섭의 원칙을 천명한 먼로주의(1823)에 맞지 않는다며 가입 비준을 거부했다. 패전국인 독일은 물론 러시아혁명(1917.11.) 직후의 소련도 가입이 인정되지 않다가, 1926년과 1934년에 각각 가입했다. 원래 42개 회원국으로 출발한 국제연맹은 소련의 가입 등으로 한때 63개국에 달하기도 했으나 이후 탈퇴 · 제명 등으로 회원국이 감소세로 돌아섰다. 설립 당시 상임이사국은 영국과 프랑스, 일본제국, 이탈리아 왕국 등 4개국이었다. 국제연맹은 집단안보와 무기감축, 개방외교 등을 표방했으나, 설립 이후 국제분쟁에 무기력한 모습을 보였고, 2차 대전을 막는 데도 아무런 역할을 하지 못했다. 결국 1945.10.24. 유엔이 창설되면서 국제연맹은 업무와 위임통치령, 자산 등을 모두 유엔에 인계하고 해체됐다.

국제연합國際聯合 ㉺ United Nations, ㉣ Vereinte Nationen, ㉲ Organisation des Nations unies. 제2차 세계대전 중에 연합국들은 전후 국제 평화와 안전을 유지하기 위한 국제기구의 설립 필요성을 검토했다. 국제연맹(League of Nations)의 실패 경험을 토대로 보다 일반적이고 범세계적인 기구가 돼야 한다는 구상이었다. 미국 루스벨트 대통령과 영국 처칠 수상은 1941.8.14. '대서양 헌장'을 통해 종전 후 새로운 세계 평화체제의 정착을 희망했으며, 1942.1.1. 독일 · 이탈리아 · 일본 등 추축국(樞軸國)에 대항해 싸운 26개국 대표들이 미국 워싱턴에 모여 '연합국선언'(Declaration by United Nations)에 서명했다. 연합국선언은 대서양 헌장의 목적과 원칙에 따른 공동행동을 재확인하는 한편, 국제연합 창설을 위한 연합국의 공동노력을 천명했다. 또 루스벨트 대통령이 제안한 '국제연합(United Nations)'이라는 용어를 최초로 사용했다. 미국 · 영국 · 중국 · 소련 등 4개국은 1943.10.30. 모스크바 외상회의에서 일반적 국제기구의 조기 설립 필요성에 합의했다. 또 1944.8.~10. 미국 워싱턴 교외 덤바턴 오크스(Dumbarton Oaks) 회의에서 '일반적 국제기구 설립에 관한 제안'을 채택, 국제연합의 목적, 원칙 및 구성 등에 합의하고 전문 12장의 유엔 헌장 초안을 마련했다. 1945.2. 얄타회담에서 안전보장이사회의 표결방식 등 미해결 사항이 타결됐고, 1945.4.25. 50개국 대표들이 미국 샌프란시스코에서 '국제기구에 관한 연합국 회의'를 열고 초안을 바탕으로 유엔 헌장(Charter of the United Nations)을 작성했다. 뒤늦게 동참한 폴란드를 포함해 총 51개국이 6.26. 헌장에 서명했으며, 10.24. 미국 · 영국 · 프랑스 · 소련 · 중화민국 등 과반수가 넘는 46개국이 헌장 비준서를 기탁함으로써 국제연합이 공식 발족했다.

국제연합헌장國際聯合憲章 [영] Charter of the United Nations [독] Charta der Vereinten Nationen [프] Charte des Nations unies. 국제연합(UN) 헌장(Charter of the United Nations)은 국제연합의 근본조직과 기본적 활동원칙을 정한 근본법으로, 회원국의 권리와 의무를 명시하고, 제반 기관과 절차를 규정하고 있다. 국제조약으로서 주권과 평등, 국제관계에서의 무력사용 금지 및 모든 인간의 기본권 향유에 이르기까지 국제관계의 주요 원칙을 성문화했다. 전문(前文), 목적과 원칙, 회원국의 지위, 주요 기관, 분쟁의 평화적 해결, 평화에 대한 위협, 평화의 파괴 및 침략 행위에 관한 조치, 국제경제 협력, 비자치 지역 등 19장 111조로 구성되었다.

국제인권규약國際人權規約 [영] International Covenants on Human Rights/ International Bill of Human Rights [독] Internationaler Pakt über die Menschenrechte [프] Pactes internationaux relatifs aux droits de l'homme. 국제인권규약은 세계인권선언(the Universal Declaration of Human Rights: UDHR)을 경제적 · 사회적 · 문화적 권리(A규약)와 시민적 · 정치적 권리(B규약)로 구분하여 조약으로 만든 것이다. '경제적 · 사회적 및 문화적 권리에 관한 국제규약'(International Covenant on Economic, Social and Cultural Rights)(A규약 또는 사회권규약으로 약칭), '시민적 및 정치적 권리에 관한 국제규약'(International Covenant on Civil and Political Rights)(B규약 또는 자유권규약으로 약칭), '시민적 및 정치적 권리에 관한 국제규약의 선택의정서'(Optional Protocol to the International Covenant on Civil and Political Rights)(제1선택의정서로 약칭), '사형의 폐지를 목표로 하는 시민적 및 정치적 권리에 관한 국제규약의 제2선택의정서'(Second Optional Protocol to the International Covenant on Civil and Political Rights, Aiming at the Abolition of the Death Penality)(사형폐지의정서 또는 제2선택의정서로 약칭) 등의 4가지 규약들을 총칭하여 국제인권규약이라 한다. A규약(전문 및 31개조)은 사회국가의 이념에 의해 국가의 적극적 관여가 요구되는 것으로 점진적인 달성이 목표인 것에 대해, B규약(전문 및 53개조)은 18세기 이래의 전통적인 자유권적 기본권으로 즉각 실시가 요구되었다. 또한 세계인권선언에는 없었던 민족자결권이 A · B 양 규약의 각각 1조에 규정되어 있다. 또한 제2선택의정서(전문 및 11개조)는 B규약 6조(생명에 대한 권리 및 사형)를 발전시켜 사형집행의 금지와 사형폐지를 위해 필요한 조치를 취할 의무(사형폐지의정서 1조) 등을 규정한다. 국제인권규약은 국제연합이 작성한 많은 인권보호조약([예] 인종차별철폐협약, 여성차별철폐협약)의 기초를 이룬다.

국제인권법國際人權法 [영] international human rights law(IHRL), [독] Internationales Menschenrechtsgesetz, [프] Droit international des droits de l'homme. 국제인권법은 한 국가의 차원을 넘어 모든 인간의 권리와 존엄성을 차별 없이 확인하는 일련의 국제규범이다. 인간존엄성의 근본 또는 기초를 이루는 것으로 천부적 권리성(birthright), 보편성(universality), 불가양성(inalienability), 불가분성(indivisibility), 상호의존성(interdependency) 등의 특징을 가지는 인권을 실현하기 위하여 국제사회

에 적용되는 규범이라고 정의할 수 있다. 인권발달사에서 개인차원(individual-based), 국가(사회)차원(nation(society)-based), 범인류적 차원(global-based)으로 그 인식범주가 확대되면서, 인종, 성별, 출신지역, 신분, 성적 지향 기타 모든 차별요소들을 넘어서 한 인간으로서 평가되고 취급되어야 한다는 것을 전제로 한다. 유럽에서 1648년 이래 베스트팔렌 체제 하에서는, 대외적으로 단일성과 배타성을 가지는 것으로 이해된 국가주권(state sovereignty) 개념-이른바 '베스트팔렌 주권(Westphalian sovereignty)'-을 전제로 하여, 국가와 국가 사이의 관계에 관한 기본규범으로서 국제법이 확립되었고, 인권문제는 국내적인 것으로 국가와 국민의 관계로 인식되어 본질적으로 국내문제로서 다른 국가나 국제사회가 개입할 권한이 없는 영역으로 여겨졌다. 따라서 개별국가마다 인권보장의 방법과 정도에 차이가 있었다. UN의 성립과 세계인권선언의 반포에 의해 국가를 초월한 보편적 인권보장에 대한 인식과 관심이 확립되면서, 인권에 관한 범인류적 규율이 강조되기 시작하였다. 개인은 한 국가의 부속물이 아닌 독립된 권리의 주체로 국제법의 전면에 등장하게 되었고 국제법과 국제사회는 기존의 '국가가치(state values)'가 아닌 '인간가치(human values)'를 지향하는 것으로 그 존재 이유와 목적이 새로이 정립되고 있다. 인간가치의 최고이념으로서 인간의 존엄은 초종교적인 보편적 가치로서 승인되고 있다. 말하자면, 동양의 불교, 유교, 도교 등에서 전제된 가치이었을 뿐만 아니라, 서구의 기독교사상, 이슬람 사상에서도 강조되었던 것이었다. 이 외에도 아프리카의 우분투(Ubuntu) 사상, 아메리카 인디언의 인간존중 및 평화사상 등은 인류공통의 보편적 가치로서의 인간의 존엄을 나타내고 있다. 서구의 입헌주의 및 법치주의의 확립과정에서 인식된 개인과 국가, 그리고 오늘날 전지구적인 공동체인식이 점차 강조되고 있는 상황에서, 서구적인 이념 뿐만 아니라 동양적인 가치와 공동체이념에 대한 새로운 접근도 이루어지고 있다. '너 없이 나만(without you, only I)'이 아니라 '너 없으면 나도 없다(without you, without me)'라는 상호공존적(co-existential), 상호의존적(inter-dependent), 상호관련적(inter-related) 인간관이 중시되고 있다. 오늘날의 세계는 covid-19 팬데믹과 같이 현상적으로도 서로가 서로에게 밀접한 관련성을 가지고 거의 동시간적으로 영향을 미치고 있음이 자명하게 드러나고 있다. 이와 같은 상황인식에 기초하여 성립된 국제인권관련 조약들은, 과거 베스트팔렌 체제 수준의 인식체계에서는 국제조약을 다루는 국제법의 영역으로 다루어졌으나, 오늘날에는 국제법의 헌법화 및 헌법의 국제법화경향이 나타나면서(➜ 국제법의 헌법화), 헌법학에서도 중요하게 취급되기 시작하였다. 이에 따라 이러한 조약들은 단순히 체약국들 사이의 효력을 가질 뿐만 아니라 전지구적인 인류공동체의 '헌법'으로까지 인식되고 있고, 따라서 여타의 국제조약보다 상위의 효력을 가지는 것으로 보아야 한다는 견해도 등장하고 있다. 물론 아직은 국제인권 관련 조약들을 국내 헌법적 차원에서 일반적으로 수용하기보다는 개별국가들마다 서로 다른 방식으로 국내 법체계로 편입하는 단계에 머무르고 있지만, 국제공동체의 보편적 인식에 기초하여 강제성을 가지는 규범으로 될 가능성이 점차 커지고 있다고 할 것이다. ➜ 세계인권재판소. 또한 범인류적 인권문제는 1948년 세계인권선언 이후 오늘날에는 경제적, 사회적 및 문화적 권리에 관한 국제규약(ICESCR) 및 시민적 및 정치적 권리에 관한 국제규약(ICCPR)과 같은 여러 보편적 및 지역적 문서에 의해 지지되고 있을 뿐만 아니라 노동자의 권리를 보장하기 위한 국제노동법, 국가간 거래를 보호하기 위한 국제경제법, 국제저작권법, 국제공정거래법, 국제형사법 등이 확립되고 있다. 바야흐로 전지구적 지배체제(global governance)의 기본이념으로서의 세계입헌주의의 핵심적 요소로 인식되고 있다. 용어상으로는 국제인권(international human rights)으로 표현하기보다는 범인류적 인권(global human rights)으로 표현함이 더 적확하다. '국제적(international)'이라는 표현은 '국가간(between nations)'을 의미하는 것이므로 개별국가를 전제로 하는 인식체계이다. 이에 비해 '범인류적(global)'이라는 표현은 '전체로서의 인류(human-beings as the whole)'를 의미하므로 범인류적 인권인식체계에 더 유용한 표현이라 할 수 있다. 국제인도법(international humanitarian law)과는 구별된다.

국제인도법國際人道法 ⓔ international humanitarian law(IHL)/laws of armed conflict, ⓓ Humanitäres Völkerrecht, ⓕ loi humanitaire internationale. 국제인도법은 무력분쟁 발생 시 분쟁의 수단을 통제하기 위한 일련의 국제법체계이다. 군에서는 무력충돌법(laws of armed conflict) 혹은 전쟁법(law of war)으로 부르기도 한다. 국제적십자운동의 창시자인 앙리 뒤낭의 발의로 제정된 제네바협약(1864)을 비롯하여 그 추가의정서, 그리고 주로 무기 등을 제한하는 조약인 헤이그협약, 이외 대인지뢰협약, 특정재래식무기에 관한 협약, 전시 문화재 보호에 관한 협약 등이 이에 속한다. 특히 제네바협약의 경우에는 제1·2차 세계대전을 거치면서 점점 발달하여 총 4개 협약과 3개 추가의정서를 갖추고 있다. 제1협약은 육전에서의 부상자 구호, 제2협약은 해전에서의 부상자 및 난선자 구호, 제3협약은 전쟁포로 보호, 제4협약은 민간인 보호를 주 내용으로 하며 제1 추가의정서는 4개 협약의 내용을 보충하면서 국제적 무력분쟁에 적용되며, 제2 추가의정서는 비국제적 무력분쟁에 적용된다.

국제적 인권보장체계國際的人權保障體系 international human rights protection system, ⓓ Internationales System zum Schutz der Menschenrechte, ⓕ système international de protection des droits de l'homme. 1. **의의** 국제적 인권보장체계는 개별 국가의 인권보장의 차원이 아니라 범인류적 차원에서 인권보장을 위한 기본이념과 그 실현체계를 의미하는 것이다. 개별국가의 헌법과 국제인권규범은 범인류적 인권의 보편적 보장과 실현이라는 공통의 목적을 가지고 유기적인 상호작용과 협력을 통하여 지구적·통합적 규범체계를 이루어가는 조화적·발전적 관계로 인식되어야 한다. → 국제인권법. 2. **국제적 인권보장체계** 국제적 인권보장체계는 전지구적 내지 범인류적 인권을 실현하기 위한 기관으로 구성된다. 현재 국제적 인권보장기관으로 유엔체제하에서 만들어진 기관(유엔인권보장기관)과 지역인권보장체제에 의해 만들어진 기관(지역인권보장기관)이 있다. 유엔의 인권보장기관은 크게 "유엔헌장에 근거하여 만들어진 기관"(헌장근거기관)과 "유엔에서 만든 인권조약에 근거한 기관"(조약근거기관)으로 분류할 수 있다. 헌장근거기관으로 핵심적인 것은 인권이사회와 인권최고대표사무소가 있다. 조약근거기관은 유엔에서 만든 9개의 주요 인권조약(9대 인권조약)에 근거하여 설립된 이행감시기관을 말한다. UN 인권이사회(Human Rights Council)는 1946년에 만들어진 인권위원회(Commission on Human Rights)를 이어받아 만들어진 것이다. 인권위원회는 유엔 경제사회이사회의 보조기관으로 만들어져 국제인권규범을 만들기 위한 연구를 하는 것이었으며 특히 인권선언, 두 개의 인권규약과 유엔에서 만들어진 대부분의 인권조약 초안의 작성에 기여하였다. 인권최고대표 사무소(OHCHR)는, 1993년에 개최된 인권에 관한 국제회의(World Conference on Human Rights)

에서 채택된 비엔나선언에서, 유엔총회에 인권보장활동을 담당하는 고위관리인 인권최고대표 직을 설치할 것을 촉구하였고 이에 따라 1993.12.20. 총회결의에 따라 인권최고대표직을 설치하였고, 동시에 그 작업을 뒷받침하는 조직으로 인권최고대표사무소를 만들었다. 인권최고대표는 다양한 인권관련 임무를 담당하고 있다. 주된 임무는 인권침해 방지, 인권보장, 인권보호를 위한 국제적 협력의 촉진, 유엔에 있어서의 인권관련 활동의 조정, 인권분야에서의 유엔 체제의 강화와 효율화, 유엔 기관들이 수행하는 임무에 인권적 접근을 통합하는 것 등이다. 지역인권보장기관의 기본적인 성격은 유엔인권보장기관의 성격과 큰 차이가 없다. 다만 유엔이라는 보편적 체제보다 동질성이 강한 지역국가간에 만들어진 기관이므로 내용면에서 실효성이 강화된 기관과 절차를 만들기 용이하다는 차이는 있다. 지역인권보장체계는 유럽지역의 유럽인권재판소, 아프리카 지역의 아프리카 인권재판소, 미주 지역의 미주인권재판소 등이 설치되어 있고, 아시아지역의 인권보장체제는 ASEAN의 인권보장체제와 아랍 인권보장체제가 논의되고 있다. ASEAN의 경우, 아시아헌법재판소연합(AACC)가 설치되어 아시아지역의 헌법재판소 내지 인권재판소의 설립을 위한 노력이 이어지고 있다. 아랍지역의 경우, 22개국 회원국을 가진 아랍국가연맹(League of Arab States, or Arab League(아랍연맹)) 체제 내에서 2004년에 아랍인권헌장(Arab Charter on Human Rights)이 채택되어 2008년 발효하였다. 이로써 법적 구속력 있는 인권문서를 가지게 되었으며, 장래에 아랍지역 국가들의 공통된 인권재판소가 설치되는 것을 기대할 수 있게 되었다.

국제평화주의國際平和主義 이는 국제평화유지에 노력하고 침략전쟁을 부인하며, 국제법질서를 존중하는 주의를 말한다. 오늘날 국제평화주의는 서구적 민주주의의 공통적 현상이다. 전쟁의 금지와 평화의 보장은 국제적 민주주의의 보장을 위해서는 불가결한 것이다. 헌법상에 적극적으로 평화유지에 관한 조항을 두기 시작한 것은 제2차 세계대전 후부터이다. 우리나라 헌법은 전문에서 「… 밖으로는 항구적인 세계평화와 인류공영에 이바지함으로써…」라고 하여 평화질서의 대원칙을 규정하고, 제5 · 6조에서 침략전쟁의 금지와 국제법규의 존중, 외국인의 법적 지위 보장에 관한 규정을 두어 평화유지에의 노력을 천명하고 있다.

국참사원國參事院 = **국사원**國事院 ➜ Conseil d'État.

국채國債 ⓔ state bond/sovereign bond, ⓓ Staatsanleihe, ⓕ obligation d'état. 국가가 국회의 의결을 얻어 공공 및 재정투 · 융자의 자금을 조달하기 위하여 발행하는 채권(債券)을 말한다. 이를 규율하는 법으로 「국채법(1949.12.19. 제정, 2014.12.30. 전부개정 법률 제12864호)」이 있다. 법률상으로는 「정부가 (법률에 따라) 공공목적에 필요한 자금의 확보 등을 위하여 발행하는 채권(債券)을 말한다.」고 규정하고 있다(국채법 제2조 제1호). 국채는 중앙정부가 발행하는 채권만을 지칭하며, 지방자치단체나 정부투자기관이 발행하는 채권은 지방채, 특수채 등으로 불린다. ➜ 지방채.

국체 · 정체론國體 · 政體論 주권의 소재에 따라 국가형태를 분류하는 것을 국체라 하고, 주권의 행사방법에 따라 국가형태를 구분하는 것을 정체라 한다. 20세기 초 독일의 Hermann Rehm이 국가형태를 헌법형태(Verfassungsform)와 정부형태(Regierungsform)로 구별한 데에서 영향을 받았다. 우리나라의 경우, 임시정부기나 정부수립기에 국체 · 정체에 관하여 다양한 맥락에서 사용된 것을 볼 수 있는데,

이는 그 의미에 관하여 명확한 합의가 없었기 때문으로 이해된다. 오늘날에는 주권의 소재가 국민에게 있음이 명확하고 전제정을 표방하는 국가도 없기 때문에 실익이 없는 논의라 함이 일반적이다. ➜ 국가형태론.

국토균형발전國土均衡發展 ➜ 지역균형발전.

국회가택권國會家宅權 ➜ 국회자율권. ➜ 가택권.

국회구도결정권國會構圖決定權 ➜ 국회구성권.

국회구성권國會構成權 강학상 명확히 정의된 것은 아니나, 선거권자가 투표를 통하여 국회 내 정당간의 의석분포를 결정하는 권리로 이해할 수 있다. 유권자가 설정한 국회의석분포에 국회의원들을 기속시킴으로써, 선거 후 국회의원이 당적을 임의로 변경하지 못하게 할 의도로 주장되었다. 1996.4.11. 시행된 제15대 국회의원선거 후 의석 과반수를 얻지 못한 신한국당에서 자유민주연합 소속으로 당선된 4인의 국회의원을 탈당시키고 무소속 11인과 함께 신한국당에 입당시킨 데 대해 제기된 헌법소원사건에서, 「국민의 국회의원 선거권이란 국회의원을 보통 · 평등 · 직접 · 비밀선거에 의하여 국민의 대표자로 선출하는 권리에 그치며, 국민과 국회의원은 명령적 위임관계에 있는 것이 아니라 자유위임관계에 있으므로, 유권자가 설정한 국회의석분포에 국회의원들을 기속시키고자 하는 내용의 "국회구성권"이라는 기본권은 오늘날 이해되고 있는 대의제도의 본질에 반하는 것이어서 헌법상 인정될 여지가 없고」라고 하여 기본권으로서 국회구성권을 인정하지 않았다(헌재 1998.10.29. 96헌마186). 국회구도결정권으로 칭하기도 한다.

국회규칙國會規則 ㉢ National Assembly Regulations. 헌법 제64조 제1항은 「국회는 법률에 저촉되지 않는 범위 안에서 의사(議事)와 내부규율에 관한 규칙을 제정할 수 있다.」고 규정하고, 이를 따라 국회법 제169조에서 규칙제정권을 명시하고 있다. 법적 성격에 대해서는 **명령설**과 **자주법설**이 있는데, 국회의 자주적 결정에 의하는 것이면서 국회법 등 법률의 시행세칙 또는 국회의 내규로서, 그 형식적 효력은 명령과 동일한 것으로 본다. 국회규칙은 헌법과 국회법이 정하지 않은 기술적 · 절차적 사항에 대한 규정을 두고 있다. 국회규칙 중 국회 자체의 활동이나 국회의원과 직접 관련되는 사항은 본회의의 의결을 거쳐서 제정하고, 국회사무처나 국회도서관의 운영 또는 소속직원에 관한 사항은 국회의장이 운영위원회의 동의를 얻어서 제정하는 것이 일반적이다. 국회규칙은 제정 · 개정과 동시에 효력을 가지며 국회 내에서만 적용되므로 공포될 필요가 없다.

국회단독입법國會單獨立法**의 원칙** 국회단독입법의 원칙은 국회의 입법이 다른 국가기관의 사후적인 관여, 예컨대 사후적인 행정부의 재가나 사법부의 동의 등의 관여가 없이 행해지는 것을 의미한다. 규범형식으로서의 「법률」을 정하는 과정 즉 입법과정에서 다른 정부기관의 관여, 즉 정부의 법률안제출권, 대통령의 법률안거부권, 공포 등은 국회단독입법의 원칙을 위반한다고 볼 수는 없다. ➜ 입법권.

국회독점입법國會獨占立法**의 원칙** 법규사항이나 헌법상 법률로 정하도록 하는 조직법률 등에 대해서는 반드시 국회가 독점하여 정하여야 한다는 원칙이다. 즉, 「법률」이라는 규범형식은 국회만이 정할 수 있다는 것이다. 의회유보의 원칙과도 관련된다. ➜ 의회유보의 원칙. ➜ 입법권.

국회선진화법國會先進化法 1. **의의와 도입취지** 국회에서 쟁점안건의 심의과정에서 물리적 충돌을 방지하고 안건이 대화와 타협을 통하여 심의되며, 소수 의견이 개진될 수 있는 기회를 보장하면서도 효율적으로 심의되도록 할 필요가 있고, 예산안 등에 대하여는 법정기한 내 처리가 될 수 있도록 제도를 보완하며, 의장석 또는 위원장석 점거금지 등으로 국회내 질서유지를 강화하는 등 민주적이고 효율적인 국회를 구현하기 위하여 국회법에 도입한 제 제도들을 말한다. 집권여당의 의사강행수단이었던 국회의장 직권상정제도를 엄격히 제한하는 한편 회의장 및 의장석 점거라는 야당의 관행적 의사저지수단을 불법화하는 것 등을 내용으로 하는 국회선진화법이 국회 개혁차원에서 제정되었다.

2. 내용 국회선진화법은 2012.5.25. 국회법개정으로 신설된 제도로서, 1) 안건조정위원회제도 2) 의안자동상정제도 및 예산안 등 본회의자동부의제도 3) 국회의장의 심사기간지정사유 제한 및 직권상정 제한 4) 안건신속처리제도 5) 법사위의 체계 · 자구심사에 대한 소관위원회의 본회의부의요구제도 6) 무제한토론제도 7) 의장석 등 점거금지와 회의장출입 방해행위 금지 및 징계강화 등 7 가지의 제도적 장치를 통틀어 일컫는 말이다. 1) **안건조정위원회제도** 국회에 제출된 법률안은 관련 상임위원회에서 취지설명, 검토보고 후, 질의답변을 포함한 일반적 토론(대체토론)을 한 후, 축조심사와 찬반토론을 거쳐 표결한다(국회법 제58조 제1항). 이 때 대체토론이 끝난 후 위원 상호간에 이견이 있어 재적위원 3분의 1 이상의 요구가 있는 경우에는, 예산안 등 법이 정한 안들을 제외하고는, 이견조정을 위하여 해당 안건을 안건조정위원회에 회부한다(법 제57조의2 제1항 본문). 안건조정위원회는 위원장 1명을 포함한 6명의 위원으로 구성한다(법 제57조의2 제3 · 5항). 조정위원회는 90일 내에 조정안을 마련하여야 하는데, 조정안은 재적 조정위원 3분의 2 이상의 찬성으로 의결한다(제57조의2 제2 · 6항). 조정위원회에서 의결한 조정안은 소위원회의 심사를 거친 것으로 보며, 위원회는 조정위원회에서 조정안이 의결된 날부터 30일 이내에 그 안건을 표결한다(제57조의2 제7항). 조정위원회에서 그 활동기한 내에 안건이 조정되지 아니하거나 조정안이 위원회에서 부결된 경우에는 소속 상임위원회 위원장은 해당 안건을 소위원회에 회부한다(제57조의2 제8항). 이 제도는 다수파의 일방적인 의사진행을 막고, 여야간의 대화의 장을 또 한 번 제공함으로써 타협할 수 있는 기회를 제공하는 동시에 소수파에게는 안건처리를 지연시킬 수 있는 시간적 여유를 준다는 점에서 상임위원회 내의 소수파를 위한 것으로 이해된다. 다만 조정위원회에서 그 활동기한 내에 안건이 조정되지 아니하거나 조정안이 위원회에서 부결되어 소위원회로 회부되면 결국 상임위원회 내의 다수파에게 유리하게 된다. 다수파의 입장에서 보면 안건신속처리제도보다는 안건조정위원회에 의한 조정제도가 의사의 신속한 진행을 위하여 더 효율적인 수단이 될 수 있다. 2) **의안자동상정제도 및 예산안 등 본회의자동부의제도** 쟁점법안의 경우에는 위원회에 회부되어 법 제59조에 규정된 숙고기간이 경과한 후 상당한 시일이 지나도 위원회에 상정되지 못하는 경우, 위원장이 간사와 합의하여 달리 정하지 아니하는 한, 법정의 숙고기간이 경과한 후 30일이 경과한 날 이후 처음으로 개회하는 위원회에 상정된 것으로 간주하도록 규정하고 있다(법 제59조의2). 예산안 등과 의장이 지정한 세입예산안 부수 법률안(체계 · 자구심사를 위하여 법사위에 회부된 법률안을 포함한다)의 경우에는 위원회는 매년 11월 30일까지 심사를 마쳐야 한다(법 제85조의3 제1항). 위원회가 위 기한 내에 심사를 마치지 아니한 때에는 의장이 각 교섭단체대표의원과 합의하여 달리 정하지 아니하는 한, 그 다음 날에 위원회에서

심사를 마치고 바로 본회의에 부의된 것으로 본다(제85조의3 제2항). 이 규정은 예산안 등과 세입예산안 부수법률안에 대해서 의안 심의와 예산안 심의 의결을 신속히 하기 위하여 도입된 것이다. 이 제도는 예산안심의의 효율성을 실현할 수 있고 예산안 의결을 정치적 타협의 수단으로 활용하는 것을 봉쇄할 수 있게 되었다는 점에서 집권여당에 유리한 제도로 평가된다. 3) **국회의장의 심사기간지정사유 제한 및 직권상정 제한** 의장은 위원회에 회부하는 안건 또는 회부된 안건에 대하여, 그리고 국회 법사위에서의 법률안의 체계 및 자구의 심사에 대하여 천재지변, 전시, 사변 또는 이에 준하는 국가비상사태의 경우에는, 각 교섭단체대표의원과 협의하여 그리고 그 이외의 경우에는 의장이 각 교섭단체대표의원과 합의가 있는 경우에는 위원회의 심사기간을 지정할 수 있고(법 제85조 제1항, 제86조 제2항), 위원회가 이유없이 그 기간내에 심사를 마치지 아니한 때에는 의장은 중간보고를 들은 후 다른 위원회에 회부하거나 바로 본회의에 부의할 수 있으며, 법사위가 지정된 기간내에 심사를 마치지 아니한 때에는 바로 본회의에 부의할 수 있다(법 제85조 제2항, 제86조 제2항). 이 제도는 여당과 야당간에 심각한 이견이 있어 위원회의 심의를 거치지 아니한 안건을 바로 본회의에 상정하여 의결하는 과정에서 여야 의원간의 물리적 충돌을 막고, 여당과 야당간의 대화와 타협을 통해 합의할 수 있도록 하기 위한 것으로 소수파 야당에게 유리한 제도로 볼 수 있다. 4) **안건신속처리제도(패스트트랙)** 법사위를 포함한 상임위원회에 회부된 안건에 대해서 의원은 재적의원 과반수의 동의를 얻어 의장에게 요구하거나 안건의 소관 위원회 재적위원 과반수의 동의를 얻어 소관 위원회 위원장에게 안건신속처리를 요구할 수 있다. 이 경우 재적의원 5분의 3 이상 또는 안건의 소관 위원회 재적위원 5분의 3 이상이 찬성하는 경우 의장의 지정을 거쳐 신속처리안건으로 지정된다(제85조의2 제1 · 2항). 안건신속처리동의가 가결된 때에는 의장이 각 교섭단체대표의원과 합의한 경우를 제외하고는 위원회에서는 해당 안건을 그 지정일부터 180일 이내에 심사를 마쳐야 하고, 그 기한 안에 신속처리대상안건의 심사를 마치지 아니한 때에는 그 기한이 종료된 다음 날에 소관 위원회에서 심사를 마치고 법사위로 회부된 것으로 본다. 다만, 법률안 및 국회규칙안이 아닌 안건은 바로 본회의에 부의된 것으로 본다(법 제85조의2 제4항). 명시적인 규정은 없으나, 소관 위원회는 위원회심사의 일반규정에 따라 180일 이전에라도 심사를 하여 안건을 가결 혹은 부결시킬 수 있다. 안건이 부결되면 신속처리절차는 종료된다. 안건이 180일 이내에 소관 위원회에서 가결되거나 180일을 경과한 경우에 법사위에 회부되는데, 법사위는 신속처리대상안건에 대한 체계 · 자구심사를 그 지정일(체계 · 자구심사단계인 법사위에서 발의하여 신속처리안건으로 된 경우)로부터, 신속처리대상안건으로 지정된 안건을 소관 위원회가 180일 내에 처리하지 못하여 법사위에 회부된 것으로 보는 날로부터, 혹은 신속처리대상안건으로 지정한 소관 위원회에서 180일 이내에 심사를 종료하여 법사위로 회부된 경우(법 제86조 제1항) 그 회부된 날로부터, 90일 이내에 마쳐야 하고, 그 기간 내에 심사를 마치지 아니한 때에는 그 기간이 종료한 다음 날에 본회의에 부의된 것으로 본다(법 제85조의2 제3 · 5항). 다만, 법사위 소관의 법안(고유법(固有法))인 경우에는 별도의 체계 · 자구심사를 필요로 하지 않는다고 보아, 90일을 경과하지 않더라도 180일을 경과한 때에 본회의에 부의된 것으로 봄이 타당하다. 법사위 소관의 사항에 관하여 특별위원회가 설치된 경우에는 타 위원회의 법안(타위법(他委法))으로 볼 것인지 아니면 법사위의 고유법으로 볼 것인지에 따라 결론이 달라질 여지가 있다. 법사위의 고유법으로 보더라도 특위의 심사를 법사위의 심사로 보기 어렵기 때문에, 특위에서 의결되든 되지 않든 180일 경과 후 법사위에 회부된 것으로 보아야 할 것이다. 이 경우, 특위 자체의 존속기간이 정해져 있는 경우에는, 규정이 없지만, 당해 존속기간의 종료 시를 180일 경과 시로 보는 것이 타당할 것이다. 기간 종료 전에 특위가 연장될 경우에는 180일을 경과하는 날 다음 날에 법사위로 회부된 것으로 보아야 할 것이다. 법사위에 회부된 안건은 90일 이내에 처리되지 못한 경우 그 다음날에 본회의에 부의된 것으로 될 것이다. 명시적인 규정은 없으나, 법사위는 타 위원회의 법안(타위법)에 대하여 90일 이내에라도 위원회심사의 일반규정에 따라 안건을 심사하여 가결 혹은 부결시킬 수 있다. 안건이 부결되면 신속처리절차는 종료된다. 안건이 90일 이내에 법사위에서 가결되거나 혹은 본회의에 부의된 것으로 간주되는 신속처리대상안건은 본회의에 부의된 것으로 보는 날부터 60일 이내에 본회의에 상정되어야 하고, 60일 이내에 본회의에 상정되지 아니한 때에는 그 기간이 경과한 후 처음으로 개의되는 본회의에 자동으로 상정된다(법 제85조의2 제6 · 7항). 본회의에 부의된 것으로 보는 날로부터 1일을 경과한 후에는(국회법 제93조의2) 60일 이내의 언제라도 국회의장은 안건을 본회의에 상정할 수 있다. 소관 위원회 · 법사위의 심사기일은 의장이 각 교섭단체의 대표의원들과 합의한 경우에는 단축될 수 있다(제85조의2 제8항). 이 제도는 여당과 야당의 합의를 촉진하기 위한 제도로서의 성격이 강하지만, 최장 330일이나 걸리는 점을 감안하면 의사절차의 신속성 내지 효율성을 실현하기 위해서는 일정을 단축할 필요가 있다. 5) **법사위의 체계 · 자구심사에 대한 소관위원회의 본회의부의요구제도** 법사위가 체계 · 자구심사를 위하여 회부된 법률안에 대해서 회부된 날부터 120일 이내에 이유 없이 심사를 마치지 아니한 때에는 심사 대상 법률안의 소관 위원회 위원장은 간사와 협의하여 이의가 없는 경우에는 바로 의장에게, 이의가 있는 경우에는 해당 위원회 재적위원 5분의 3 이상의 찬성으로 해당 법률안의 본회의 부의를 서면으로 요구할 수 있다(법 제86조 제3항). 의장이 본회의 부의요구가 있은 날부터 30일 이내에 각 교섭단체대표의원과 합의가 이루어지지 아니한 때에는 그 기간이 경과한 후 처음으로 개의되는 본회의에서 해당 법률안에 대한 본회의 부의 여부를 무기명투표로 표결한다(법 제86조 제4항). 이 제도는 법사위의 체계 · 자구심사제도가 법안이 본회의에 회부되기 직전에 반드시 거쳐야 하는 입법과정상 필수적인 절차인 점을 이용하여 쟁점법안에 대한 본회의 의결을 지연시키기 위한 수단으로 활용되어온 것을 시정하기 위한 제도이다. 이 제도는 집권여당으로 하여금 야당을 설득하기 위하여 타협과 양보를 하게 한다는 점에서 소수파에게 유리한 제도라고 볼 수 있다. 6) **무제한토론제도** 의원은 본회의에 부의된 안건에 대하여 재적의원 3분의 1 이상의 요구로 무제한토론을 의장에게 요구할 수 있고, 이 경우 의장은 해당 안건에 대하여 무제한토론을 실시하여야 한다(법 제106조의2 제1항). 이 경우 의원 1인당 1회에 한정하여 토론할 수 있다(동조 제3항). 무제한토론을 실시하는 본회의는 무제한토론 종결 선포 전까지 산회하지 아니하고 회의를 계속한다. 무제한토론을 철저히 보호하기 위하여 본회의 개의 및 회의계속요건인 재적의원 5분의 1 이상의 출석을 적용하지 아니하고 회의를 계속하도록 규정하고 있다(동조 제4항). 무제한토론을 실시하는 안건에 대하여 토론을 할 의원이 더 이상 없거나 재적의원 3분의 1 이상의 요구에 의한 무제한토론의 종결동의가 재적의원 5분의 3 이상의 찬성으로 가결되는 경우(동조 제6항)에는 의장은 토론의 종결을 선포하여야 하고, 지체 없이 해당 안건을 표결하여야 한다(동조 제7항). 무제한토론을 실시하는 중에 해당 회기가 종료되는 때에는 무제한토론은 종결 선포된 것으로 보고, 해당 안건은 바로 다음 회기에서 지체 없이 표결하여야 한다(동조 제8항). 예산안 등 및 지정된 세입예산안 부수 법률안에 대한 무제한토론은 매년 12월 1일까지 적용하고, 실시 중인 무제한토론, 계속 중인 본회의, 제출된 무제한토론의 종결동의에 대한 심의절차 등은 12월 1일 자정에 종료한다(동조 제10항). 이 제도는 쟁점안건의 심의와 관련하여 물리적 충돌을 완화하는데 기여할 것으로 기대되지만, 매 회기마다 무제한토론을 요구할 경우 모든 안건에 대한 심의·의결이 중단된다는 점에서 소수파에 의하여 의사지연의 수단으로 남용될 우려가 있다. 7) **의장석 등 점거금지와 회의장 출입 방해행위 금지 및 징계강화** 의원의 본회의장 의장석 또는 위원회 회의장 위원장석의 점거 금지 의무(법 제148조의2)와 의원에 대한 본회의장 또는 위원회 회의장 출입방해금지의무(법 제148조의3)를 규정하고, 동시에 의원이 본회의장 의장석 또는 위원회 회의장 위원장석을 점거하고 점거 해제를 위한 의장 또는 위원장의 조치에 불응한 경우에는 일반적인 징계절차와 달리 윤리특별위원회의 심사를 거치지 아니하고 바로 본회의의 의결로써 이를 징계할 수 있도록 하여 신속한 징계가 가능하도록 개정하였다(법 제155조 단서, 제155조 제7호의2). 의장석과 위원장석 점거행위 금지 및 이에 대한 징계절차의 간소화와 징계의 정도를 강화한 것은 국회운영의 효율성을 실현시키고자 하는 다수파의 이익에 부합하는 제도라고 할 수 있다. 3. **위헌 여부** 1) **학설** 위헌설은 i) 국회선진화법이 일반다수결이 아닌 가중다수결을 채택한 것은 헌법상 일반다수결원칙을 원칙으로 하는 것에 반하고, ii) 3/5의 찬성을 요하는 것이 오히려 소수파인 2/5에게 입법주도권을 주는 결과가 되어 대의민주주의원리와 국민주권원리에 반하며, iii) 선거결과인 과반수의 제1당이 의결권을 행사하지 못하여 다수 국회의원들의 심의·표결권을 침해하여 위헌이라고 한다. 이에 대해 합헌설은 i) 헌법 제49조의 문언은 “헌법 또는 법률에 특별한 규정이 없는 한” 일반다수결원칙을 채택하도록 하고 있어서 법률로 가중다수결을 규정할 수 있고, ii) 다수결이 중요한 의사결정 수단이라는 것을 인정하더라도 대화와 설득의 상대방으로 소수를 존중하는 합리적 절차에 의한 다수결을 형성하는 것이 오히려 대의제 민주주의의 본질로 보아야 하며, iii) 안건조정제도에서의 2/3의 가중다수결은 상임위원회중심의 입법의 현실에 부합하는 것이라고 주장한다. 2) **헌법재판소 결정(헌재 2016.5.26. 2015헌라1)** (1) **심판청구사유** 2015.1. 새누리당 의원 19명은 국회의장과 기획재정위원장을 상대로 국회선진화법이 무조건적인 합의를 강요해 자유로운 토론을 보장하는 의회주의와 다수결원리에 반한다며 권한쟁의심판을 청구하였다. 그 이유로 우선 국회의장이 수년째 계류 중인 북한인권법 등의 심사기간 지정을 거부했고, 둘째 기획재정위원장이 서비스산업발전기본법의 신속처리대상안건 지정요구를 거부했으며 셋째, 국회선진화법에서 창설한 법안의결정족수인 국회재적의원 3/5인 180인에도 미달하는 127명만의 의원이 찬성하여 국회선진화법을 의결하였고, 찬성자 중에서도 제18대 국회의원의 67명만이 제19대 국회에 입성하여 국회선진화법제정주체와 동일성결여를 이유로 자신들의 법률안 심의·의결권을 침해했다고 주장하면서 권한쟁의심판을 청구하였다. (2) **결정요지** i) 법률의 제·개정 행위를 다투는 권한쟁의심판의 경우에는 국회가 피청구인적격을 가지므로, 청구인들이 국회의장 및 기재위 위원장에 대하여 제기한 이 사건 국회법 개정행위에 대한 심판청구는 피청구인적격이 없는 자를 상대로 한 청구로서 부적법하다. ii) 신속처리대상안건 지정동의가 적법한 요건을 갖추지 못하였으므로, 이 사건 표결실시 거부행위로 인하여 기재위 소속 위원인 청구인의 신속처리안건지정동의에 대한 표결권이 직접 침해당할 가능성은 없으므로 이에 대한 심판청구는 부적법하다. iii) '의장이 각 교섭단체 대표의원과 합의하는 경우'를 심사기간 지정사유로 규정한 국회법 제85조 제1항 제3호가 헌법에 위반된다고 하더라도, 법률안에 대한 심사기간 지정 여부에 관하여는 여전히 국회의장에게 재량이 인정되는 것이지 법률안에 대한 심사기간 지정 의무가 곧바로 발생하는 것은 아니다. 따라서 국회법 제85조 제1항 제3호의 위헌 여부는 이 사건 심사기간 지정 거부행위의 효력에 아무런 영향도 미칠 수 없다. iv) 국회법 제85조 제1항에 국회 재적의원 과반수가 의안에 대하여 심사기간 지정을 요청하는 경우 국회의장이 그 의안에 대하여 의무적으로 심사기간을 지정하도록 규정하지 아니한 입법부작위는 입법자가 재적의원 과반수의 요구에 의해 위원회의 심사를 배제할 수 있는 비상입법절차와 관련하여 아무런 입법을 하지 않음으로써 입법의 공백이 발생한 '진정입법부작위'에 해당한다. 따라서 이 사건 입법부작위의 위헌 여부와 국회법 제85조 제1항은 아무런 관련이 없고, 그 위헌 여부가 이 사건 심사기간 지정 거부행위에 어떠한 영향도 미칠 수 없다. 이 결정에서는 2인의 기각의견과 2인의 인용의견이 소수의견으로 개진되었다. 4. **개선점** i) 심사기간 지정제의 요건을 완화하여 국회 재적의원 과반수가 요청하는 경우에도 심사기간을 지정할 수 있도록 하고, ii) 안건신속처리제에 있어서도 가중다수결인 '재적의원 3/5 이상'을 '재적의원 과반수'의 찬성으로 신속처리 동의 정족수를 완화할 필요가 있으며, iii) 최장 330일을 요하는 안건신속처리제도 그 일정을 축소할 필요가 있다.

국회소집요구권國會召集要求權 국회의 회기와 그에 따른 회의는 정기회와 임시회 그리고 특별회가 있다. 특별회는 국회해산 후 새로 선출되는 국회의원이 소집되는 집회로서 현행헌법상 인정되지 않는다. 정기회는 법률에 정해져 있으므로(국회법 제4조: 매년 9월1일), 소집요구할 수 있는 회의는 임시회이다. 임시회는 대통령과 국회의원 1/4 이상의 요구에 의하여 집회된다(헌법 제47조 제1항). 대통령이 임시회의 집회를 요구할 때에는 기간과 집회요구의 이유를 명시하여야 한다(헌법 제47조 제3항). 임시회의 소집요구가 있으면 의장이 집회기일 3일 전에 공고한다. 이 경우 둘 이상의 집회 요구가 있을 때에는 집회일이 빠른 것을 공고하되, 집회일이 같은 때에는 그 요구서가 먼저 제출된 것을 공고한다(국회법 제5조 제1항). 국회의원 총선거 후 첫 임시회는 의원의 임기 개시 후 7일에 집회하며, 처음 선출된 의장의 임기가 폐회 중에 만료되는 경우에는 늦어도 임기만료일 5일 전까지 집회한다. 다만, 그 날이 공휴일인 때에는 그 다음 날에 집회한다(국회법 제5조 제3항).

국회의 권한權限 1. **개관** 국회의 권한은 정부형태에 따라 다르다. 특히 행정부에 대한 비판·감시권에서 많은 차이가 있다. 의원내각제 국가의 경우 일반적으로 행정부에 대한 국회의 우위가 인정되지만, 대통령제의 경우 국회와 정부가 균형을 이루는 것이 일반적이다. 국회의 권한을 형식적으로 파악할 경우 의결권·동의권·승인권·통고권·통제권 등으로 설명할 수도 있다. 통상 실질적 분류에 따라 설명하는데 학자에 따라 약간씩 차이가 있다. 2. **입법권** 입법권의 개념과 특성(개념, 특성,

처분적 법률), 입법권의 범위와 한계(법률제정권, 제정절차, 국회선진화법, 위헌심사, 한계, 헌법개정, 조약체결 · 비준동의권) ➜ 입법권. 3. **재정권** 재정입헌주의, 재정의회주의, 조세의 기본원칙, 예산심의확정권, 결산심사권, 재정행위동의 · 승인권 등 ➜ 재정권. 4. **헌법기관구성권** 인사청문회제도, 국무총리 등 임명동의, 국무총리 · 국무위원 해임건의➜ 헌법기관구성권. 5. **국정통제권** 탄핵소추, 국정감사 · 조사제도, 국정수행통제권 ➜ 국정통제권. 6. **국회자율권** ➜ 국회자율권.

국회의 내부조직內部組織 1. **의의** 국회는 국민의 대표기관이며 그 의사결정은 국회의원의 합의를 거쳐 이루어지기 때문에 국회의원 개개인의 독자적 활동이 보장되어야 한다. 합의제기관의 특성상 조직이 합리적 운영을 위하여 일정한 조직체계를 갖추고 있다. 합의제기관의 특성상 수직적 위계질서가 중시되기보다는 수평적 협력질서가 더 중시된다. 따라서 헌법은 국회의 조직에 관하여 의장 1인과 부의장 2인을 선출한다고 하는 규정(헌법 제48조) 외에 구체적인 내부조직에 관한 사항을 정하도록 하는 구체적인 위임규정이 없으나, 법률에서 정함에 아무런 문제가 없다. 2. **국회법상의 조직** 1) **국회의장과 부의장** 국회는 의장 1인과 부의장 2인을 선출한다(헌법 제48조). 의장과 부의장은 국회에서 무기명투표로 선거하고 재적의원 과반수의 득표로 당선된다. 선거는 국회의원 총선거 후 첫 집회일에 실시하며, 처음 선출된 의장 또는 부의장의 임기가 만료되는 경우에는 그 임기만료일 5일 전에 실시한다. 다만, 그 날이 공휴일인 경우에는 그 다음 날에 실시한다. 재적과반수의 득표자가 없을 때에는 2차투표를 하고, 2차투표에도 재적과반수의 득표자가 없을 때에는 최고득표자가 1명이면 최고득표자와 차점자에 대하여, 최고득표자가 2명 이상이면 최고득표자에 대하여 결선투표를 하되, 재적의원 과반수의 출석과 출석의원 다수득표자를 당선자로 한다(국회법 제15조). 의장과 부의장의 임기는 2년으로 하며, 국회의원 총선거 후 처음 선출된 의장과 부의장의 임기는 그 선출된 날부터 개시하여 의원의 임기 개시 후 2년이 되는 날까지로 한다(동법 제9조 제1항). 보궐선거로 당선된 의장 또는 부의장의 임기는 전임자 임기의 남은 기간으로 한다(동조 제2항). 의장은 국회를 대표하고 의사를 정리하며, 질서를 유지하고 사무를 감독한다(동법 제10조). 의장은 위원회에 출석하여 발언할 수 있지만, 표결에는 참가할 수 없다(동법 제11조). 의장 · 부의장은 국회의 동의를 받아 사임할 수 있다(동법 제19조). 의장 · 부의장은 법률로 정한 경우 이외에는 의원외의 직을 겸할 수 없다(동법 제20조). 의장은 당적을 보유할 수 없다(동법 제20조의2). 의장 궐위시의 의장직무대리, 임시의장, 사무총장의 의장직무대행, 보궐선거 등에 관해서는 국회법에 상세히 규정하고 있다(동법 제12~14조, 제16~18조 참조). 2) **위원회** ➜ 위원회제도. 3. **교섭단체** ➜ 교섭단체. 4. **보조기관** 국회의원의 의정활동을 보조하는 기관으로 국회사무처(국회법 제21조), 국회예산정책처(국회법 제22조의2, 국회예산정책처법), 국회입법조사처(국회법 제22조의3, 국회입법조사처법), 국회도서관(국회법 제22조, 국회도서관법), 국회미래연구원(국회미래연구원법) 등의 기관을 설치하고 있다. 국회사무처 사무총장은 국회의장의 처분에 대한 행정소송의 피고가 된다(국회사무처법 제4조 제3항). 국회사무처 사무총장은 일정한 경우 국회의장의 직무를 대행한다(국회법 제14조).

국회의사록國會議事錄**의 공표 · 배포**公表 · 配布**의 자유** ➜ 의사원칙.

국회의원國會議員**과 국회의장**國會議長 **간의 권한쟁의** ➜ 권한쟁의.

국회의원國會議員과 대통령大統領 간의 권한쟁의 ➜ 권한쟁의.

국회의원소환제도國會議員召還制度 ➜ 국민소환제도.

국회의원윤리강령國會議員倫理綱領 ⓔ general ethics principles of members of the National Assembly. 국회는 국가정책결정과 관련하여 이해당사자들의 첨예한 이해관계가 충돌하는 장이며, 국회의원은 그러한 이해충돌의 장에서 자신 혹은 제3자의 사익을 위해 행동하고자 하는 유혹을 끊임없이 받게 된다. 이 문제는 민주주의국가에서는 필연적인 현상으로 나타나고 있고 각 국가들은 이에 대한 다양한 제도나 규범들을 마련하고 있다. 미국의 경우 상하원의원윤리법이 있고, 독일은 독일연방의회윤리강령을 제정하였으며, 일본은 정치윤리강령을 두고 있다. 우리나라의 국회의원윤리관련 규범은 헌법 · 국회법 · 국회의원윤리강령 · 국회의원윤리실천규범 · 공직자윤리법 등이 있고, 공직사회의 부정부패범죄를 방지하기 위하여 공무원범죄에 관한 몰수특례법(1995.1.5. 제정)이 있다. 국회의원윤리강령은 제13대 국회에서 국회의원의 부정부패사건이 빈발하자, 1991년에 제정된 강령으로서 이를 위반한 경우 국회법상 징계책임을 지게 된다(국회법 제155조). 내용은 다음과 같다.

국회의원윤리강령(제정 1991.2.7.)

국회의원은 주권자인 국민으로부터 국정을 위임받은 대표로서 양심에 따라 그 직무를 성실히 수행하여 국민의 신뢰를 받으며, 나아가 국회의 명예와 권위를 높여 민주정치의 발전과 국리민복의 증진에 이바지할 것을 다짐하면서, 이에 우리는 국회의원이 준수할 윤리강령을 정한다.

1. 우리는 국민의 대표자로서 인격과 식견을 함양하고 예절을 지킴으로써 국회의원의 품위를 유지하며, 국민의 의사를 충실히 대변한다.
2. 우리는 국민을 위한 봉사자로서 오직 국민의 자유와 복리의 증진을 위하여 공익우선의 정신으로 성실하게 직무를 수행하며, 사익을 추구하지 아니한다.
3. 우리는 공직자로서 직무와 관련하여 부정한 이득을 도모하거나, 부당한 영향력을 행사하지 아니하며, 청렴하고 검소한 생활을 솔선수범한다.
4. 우리는 국회의 구성원으로서 서로간에 정치활동상 공정한 여건과 기회균등을 보장하고 충분한 토론으로 문제를 해결하며, 적법절차를 준수함으로써 건전한 정치풍토를 조성하도록 노력한다.
5. 우리는 책임있는 정치인으로서 우리의 모든 공사행위에 관하여 국민에게 언제든지 분명한 책임을 진다.

국회의원윤리실천규범國會議員倫理實踐規範 국회의원윤리강령을 구체화하는 국회규칙으로, 1991.5.20.에 제정되어 두 번 개정되었다(국회규칙 제200호, 2017.3.2. 일부개정, 2017.4.22. 시행). 본문 15개조와 부칙으로 이루어져 있다.

국회의원의 지위 · 권한과 의무 1. **의의** 국회의원은 그 자신이 곧 헌법기관으로서의 지위를 가진다. 즉 독임제기관이다. 아울러 국회의원은 국민대표기관인 국회의 구성원으로서 헌법상 및 법률상 지위와 권한을 가지며, 신분상으로도 다른 공직자와는 달리 취급된다. **2. 국회의원의 헌법상 지위** 1) **국민의 대표자로서의 지위** 국회의원은 국민의 보통 · 평등 · 직접 · 비밀선거로 선출되는 국민의 대표이다. 국회의원은 국민 전체의 대표자로서 국민 전체의 이익을 위하여 행동하여야 하고, 무기속위임 혹은 자유위임에 따라 전체국민 혹은 선거구민의 의사와는 무관하게 독자적인 양식과 판단에 따라 직무를 수행한다. 다만, 오늘날 과학기술의 발달에 따라 그때그때 국민의 여론을 파악하는 것이 상대적으로 용이하므로, 실질적으로 국민전체의 의사에 따르는 실질적 기속위임으로 파악할 수 있다. 2) **국회구성원으로서의 지위** 국회의원은 헌법기관인 국회의 구성원이므로(헌법 제41조 제1항), 국회의 운영 및 활동에 참여할 수 있는 권한과 권리를 가지며, 헌법상 및 국회법상의 의무를 진다. 3) **지위의 변천**(정당대표자로서의 지위 강화경향) 오늘날 국회의원 대부분은 특정정당에 소속되어 있어서 소속정당의 지도부에 의해 당론이 결정되고 국회의원은 그 결정에 따라 움직이는 거수기에 불과한 경우가 많다. 그러나 헌법상 국회의원은 국민의 대표자이지 소속정당의 대표자가 아니다. 따라서 당적이 변경되더라도 국회의원직은 그대로 유지된다. 다만 비례대표의원의 경우 소속정당에 대한 국민의 선택에 따라 국회의원직이 부여되므로 정당소속원으로서의 지위를 우선시하여, 당적이 이탈·변경되는 경우 국회의원의 지위를 상실하는 것으로 하고 있다(공직선거법 제192조 제3항 제3호). 이처럼 국회의원의 국민대표로서의 지위가 약화되고 정당소속원으로서의 지위가 강화되는 경향이 나타나고 있지만, 그럼에도 불구하고 국민대표자로서의 지위와 정당대표로서의 지위가 충돌하는 경우에는 국익우선의무(헌법 제46조 제2항)에 따라 국민대표자로서의 지위가 우선한다고 봄이 타당하다. 특히 정당의 당론과 배치되게 표결하는 교차투표(자유투표)의 경우(국회법 제114조의2) 국민대표자로서의 지위에서 당연히 인정된다. 3. **국회의원의 신분상 지위** 1) **의원자격의 발생** 의원자격의 발생시기는 당선인의 결정으로 발생한다는 당선결정설, 당선인결정과 피선거인의 취임승락에 의하여 발생한다는 취임승락설, 전임의원의 임기만료일 다음날로부터 개시된다는 임기개시설 등이 있으나, 공직선거법은 임기개시설을 취한다(동법 제14조 제2항). 단, 임기개시후 실시하는 재선거·보궐선거 등의 경우에는 당선이 결정된 때로부터 개시된다(위 조항 단서). 비례대표의원의 경우, 중앙선거관리위원회의 승계결정의 통고시부터 발생한다(공직선거법 제200조 제2항). 2) **의원자격의 소멸** 의원자격의 소멸은, 임기만료, 사직, 퇴직, 제명, 자격심사. 당적변경, 위헌정당해산 등의 사유가 있다. **임기만료**는 4년의 임기가 종료되는 것이다(헌법 제42조). **사직**은 의원의 자유로운 의사에 따라 국회의 허가를 얻어 그 직을 그만두는 것이다. 폐회 중에는 국회의장이 사직을 허가할 수 있고(국회법 제135조 제1항), 사직허가여부는 국회에서 토론없이 표결한다(동조 제3항). **퇴직**은 사망 혹은 임기만료 이외에, 국회법상 겸직금지규정위반(제29조, 제29조의2), 사직원 제출후 공직선거후보자로 등록하는 경우(제136조 제1항), 피선거권상실(제136조 제2항), 당선무효·선거무효와 금고이상의 유죄판결 확정 등의 사유로 직을 그만두는 것이다. 당선무효의 사유는 공직선거법 제17장 보칙에 상세히 규정되어 있다. 국회의원 본인의 경우 최소기준이 벌금 100만원이며, 배우자 및 선거관련자의 경우 300만원이다. ➜ 선거범죄. 형사사건으로 금고이상의 유죄판결이 확정되고 그 형이 실효되지 않은 경우에도 퇴직사유가 된다(공직선거법 제19조 제2호: 피선거권상실). **제명**은 국회 윤리특별위원회의 심사와 본회의 보고를 거쳐 본회의에서 재적의원 2/3의 찬성으로 의결하며, 법원에 제소할 수 없다(헌법 제64조 제3·4항). **자격심사**는 국회에서 의원자격의 보유에 필요한 피선거권의 여부, 겸직으로 인한 자격상실 여부 등을 심사한다(헌법 제64조 제2항). 국회법상 제명과 동일한 절차를 거친다(국회법 제138~142조). **당적변경**은 제3공화국 헌법에서 「국회의원은 임기 중 당적을 이탈하거나 변경한 때 또는 소속정당이 해산된 때에는 그 자격을 상실한다.」(제38조 본문)고 규정한 적이 있으나, 이는 국민대표자로서의 지위와 정당소속원으로서의 지위를 동일시하는 것으로 헌법이론상 수용하기 어렵다고 본다. 유신헌법 이후 삭제되었다. 비례대표국회의원의 경우에 당선인이 소속정당의 합당 · 해산 또는 제명 외의 사유로 당적을 이탈 · 변경하거나 둘 이상의 당적을 가지고 있을 때에는 그 당선을 무효로 하거나 퇴직된다(공직선거법 제192조 제3항 제3 · 4호). **위헌정당해산**의 경우, 명시적인 규정은 없으나, 헌법재판소는 지역구의원과 비례대표의원 모두 자격을 상실하는 것으로 본다(헌재 2014.12.19. 2013헌다1: 통진당해산사건). 지역구의원의 경우 선거구민이 선택한 것이므로 그 자격을 상실시키는 것은 문제가 있다. 4. **국회의원의 권한과 권리** 1) **일반적 권한과 권리** 국회의원은 헌법기관의 구성원으로서 독자적 · 개별적으로 권한과 권리를 가진다. 즉, 상임위원회와 본회의에서의 발언권(국회법 제104조), 긴급현안질문을 포함한 질문권 · 질의권(국회법 제122조, 제122조의2, 제122조의3), 의원 30인 이상의 발의를 요하는 의원자격심사청구권(국회법 제138조), 재적의원 1/4 이상의 발의를 요하는 임시회소집요구권(헌법 제47조) · 국정조사요구권(국정감사 및 조사에 관한 법률 제3조) · 의원석방요구권(국회법 제28조) 등의 의안발의권(국회법 제79조), 토론 · 표결권(국회법 제106~114조의2), 수당 · 여비수령권(국회법 제30조)(➜ 세비) 등을 가진다. 이러한 권리는 기본권은 아니다(헌재 1995.2.23. 90헌마125). 2) **국회의원의 특권** ➜ 국회의원의 특권. 5. **국회의원의 의무** 1) **헌법상 의무** 「국회의원은 청렴의 의무가 있다.」(헌법 제46조 제1항). 또한 「국회의원은 국가이익을 우선하여 양심에 따라 직무를 행한다.」(헌법 제46조 제2항, 국회법 제24조 선서조항). 「국회의원은 그 지위를 남용하여 국가 · 공공단체 또는 기업체와의 계약이나 그 처분에 의하여 재산상의 권리 · 이익 또는 직위를 취득하거나 타인을 위하여 그 취득을 알선할 수 없다.」(헌법 제46조 제3항, 국회법 제155조 제1호(징계)). 의원은 국무총리 또는 국무위원 직 외의 다른 직을 겸할 수 없으며, 당선 전부터 일정한 직을 가진 경우에는 임기개시일 전까지 그 직을 휴직 또는 사직하여야 한다(국회법 제29조 제2항). 2) **국회법상 의무** 국회의원은 ① 본회의 · 위원회 출석의무(국회법 제155조 제8호) ② 의사법령 · 규칙준수의무(국회법 제145조) ③ 품위유지의무(국회법 제25조) ④ 영리업무종사금지의무(국회법 제29조의2) ⑤ 다른 의원 모욕금지, 발언방해금지의무(국회법 제146~147조) ⑥ 의장의 질서유지명령 복종의무(국회법 제145조, 제155조 제6호) ⑦ 의장석 또는 위원장석 점거금지의무(제148조의3) ⑧ 회의장출입 방해금지의무(제148조의3) 등이 있다. 국회의원의 윤리성 제고를 위하여 '국회의원윤리강령'(➜ 국회의원윤리강령) 및 '국회의원윤리실천규범'(➜ 국회의원윤리실천규범)이 있다. 3) **의무위반에 대한 제재** 국회의원의 의무불이행에 대하여는 그 제재로서, 자격심사, 징계 등이 가능하다(국회법 제138조, 제142조, 제155조).

국회의원의 특권特權 [영] privileges of members of parliament/individual parliamentary privileges, [독] Privilegien der Parlamentsabgeordneten, [프] Privilèges des parlementaires. 1. **의의** 국민의 대표자로서의 지위를 가지는 국회의원은 입법활동 및 국정의 감시 · 비판을 위하여 그 직무수행에 있어서 일반국민과는 다른, 자유롭고 자주적이며 독립적인 활동이 필요하다. 이를 위하여 헌법과 법률에서 여러 가지 특권과 권한 내지 책임을 부여하여 국가의사형성에 참여하도록 하고 있다. 일본국헌법학에서는 의원의 특전(特典)이라 한다. 우리나라 헌법상으로는 불체포특권(헌법 제44조)과 면책특권(헌법 제45조)이 규정되어 있고 국회법상으로는 세비 기타 편익을 받을 권리(국회법 제30조)가 있다. **2. 면책특권** ➜ 면책특권. 3. **불체포특권** ➜ 불체포특권. 4. **세비 기타 편익을 받을 권리** 의원은 따로 법률이 정하는 바에 따라 수당과 여비를 받는다(국회법 제30조). 이에 관하여 「국회의원수당 등에 관한 법률(국회의원수당법: 법률 제2497호, 1973.2.7. 제정, 1973.2.7. 시행(2018.6.12. 일부개정)」이 제정되어 있다. 세비의 성격에 관해서는 비용변상설과 보수설이 있으나, 국회의원수당법은 비용변상설에 따르고 있다. 수당과 여비 등의 세비는 성질상 압류가 금지된다(대결 2014.8.11. 2011마2482). ➜ 세비. 5. **개헌론** 국회의원의 특권의 근본적인 목적이나 취지에도 불구하고 현실적으로 남용되거나 악용된 사례가 적지 아니하였고, 그 범위와 한계를 둘러싸고 개선하여야 한다는 주장이 빈번히 제기되었다. 헌법적 차원에서는 헌법상 특권조항에 법률유보조항을 두어 면책특권 혹은 불체포특권의 제외사유를 법률로 정할 수 있도록 하여야 한다는 주장이 힘을 얻고 있고, 법률적 차원에서는, 국회법상으로 면책특권과 불체포특권을 제한할 수 있도록 하자는 주장이 있다. 면책특권의 경우(➜ 면책특권), 허위사실유포나 명예훼손이 직무행위에 포함되느냐의 문제가 핵심적 쟁점으로 대두되고 있고, 불체포특권의 경우(➜ 불체포특권), 형사소송법 및 국회법에서 구체적으로 규정을 정하여야 한다는 주장이 있다. 법률적 차원의 경우, 헌법에서 규정하고 있지 않은 사항에 관하여 하위법률로 제한함이 부적절하다는 주장이 있다.

국회의 조직組織과 구성構成 1. **의의** 국가권력의 한 축으로서 의회는 단원제(unicameralism)와 양원제(bicameralism)의 두 가지 모델로 정착되어 있다. **2. 단원제와 양원제** 1) **단원제** 단원제(單院制)는 의회가 민선으로 구성되는 하나의 합의체로써 구성되는 의회제도를 말한다. 의회가 하나의 원으로 구성되기 때문에 의회구성의 다양성은 배제되고, 국민의 보통·평등·직접·비밀선거로 선출되는 의원만으로 구성되는 것이 원칙이다. 국민의 의사를 대표하는 기관이 단일하다는 것은 곧 국민의 의사를 하나로 집약시킬 수 있음을 의미한다는 점에서 민주주의의 원칙에 가장 적합한 형태라 할 수 있다. 이 때문에 프랑스 혁명기에 시에예스와 루소는 단원제 의회를 주장하였으며, 프랑스 혁명 후 단원제 의회로 이어졌다. 그러나 그 의회의 과격한 의사결정으로 붕괴되고 말았다. 오늘날 신생 독립국가들은 국가의사의 신속한 결정과 효율적인 집행을 위해 주로 단원제 의회를 택하는 경우가 많다. 2) **양원제** 양원제(兩院制)는 의회가 두 개의 상호 독립적인 합의체로 구성되어 활동함으로써 원칙적으로 두 합의체의 일치된 의사를 의회의 의사로 간주하는 의회 구성원리이다. 양원제는 역사적으로 영국의 귀족원(상원)과 평민원(서민원, 하원)의 형태로 발전하였는데, 초기에는 귀족원이 실질적 권한을 가지다가 민주주의의 발전에 따라 평민원이 실질적인 권한을 갖게 되었다. 양원제의 상하 양원의 권한의 우열관계는 국가마다 차이가 있다. 양원제는 상원의 구성원리의 차이에 따라 유형을 나눌 수 있다. 하원의 구성원리는 선거의 기본원칙(보통·평등·직접·비밀선거)에 따라 선출된 의원으로 구성됨이 일반적이며, 상원은 국가마다 약간씩 차이가 있다. 그 구성방법으로, ① 신분형(영국) ② 연방형(미국·독일·스위스) ③ 지역대표형(일본·한국 제2공화국) ④ 직능대표형(아일랜드) 등으로 나눌 수 있다. 양원의 상호관계는 균형형(미국·프랑스 제5공화국·스위스)과 불균형형

(영국 · 프랑스 제4공화국 · 독일)으로 분류할 수 있지만, 균형형도 엄밀하게 균형을 이루고 있다고 보기는 어렵다. 양원은 ① 조직독립의 원칙 ② 의결독립의 원칙 ③ 의사일치의 원칙 ④ 동시행동의 원칙을 그 운영원리로 하고 있다. 필요한 경우에는 양원합동회의를 운영할 수도 있다. 3) **장 · 단점** 양원제의 장점은 ① 신중한 의안처리로 단원제의 경솔함과 급진성을 방지할 수 있고, ② 의회구성에 있어서 권력분립원리의 도입으로 다수의 횡포를 방지할 수 있으며, ③ 어느 한 원이 정부와 충돌할 경우 다른 한 원이 중재할 수 있으며, ④ 상원의 성격에 따라 연방국가적 성격이나 지역대표성 혹은 직능대표성 등을 다양하게 반영할 수 있다. 단원제의 장점은 ① 신속한 의사결정을 할 수 있고, ② 의회운영의 경비를 절약할 수 있으며, ③ 책임소재가 명확하고, ④ 여야의 구성대비에 따라 정부에 대한 견제력이 강화될 수 있으며, ⑤ 보수화를 억제하여 새로운 정치세력의 등장이 용이하고, ⑥ 의회권력의 단순화로 인하여 변화에 쉽게 대처할 수 있다는 장점이 있다. 3. **통일한국의 국회** 우리나라의 경우, 1차 개헌(1952) 후 양원제를 채택하였으나 4 · 19혁명 때까지 상원이 구성되지 않았다. 4 · 19혁명 후 양원을 구성하였으나, 혁명 후의 혼란상으로 제대로 운영되지 못하였다. 제3공화국 헌법(1962) 이래 단원제로만 구성되어 왔으나, 양원제로 개헌하여야 한다는 주장이 개헌논의 때마다 빈번히 제기되었다. 특히 통일한국에 대비하여 그 실현시기는 유보하더라도, 헌법상 의회의 기본구도를 양원제로 하여야 한다는 주장이 힘을 얻고 있다. 남북한 사이에 체제상의 이질성을 극복하고 인구수의 차이를 고려하여 양원으로 구성함이 바람직하다. 4. **국회의 내부조직** ➜ 국회의 내부조직.

국회國會의 헌법상 지위 1. **서언** 권력분립원리에 따른 입법기능을 담당하는 기관으로서의 국회가 갖는 헌법상 지위는 국가형태(단일국가 혹은 연방국가 여부), 헌법개정의 난이도(연성헌법 혹은 경성헌법 여부), 그리고 정부형태(의원내각제 혹은 대통령제 기타)에 따라 약간의 차이가 있다. 단일국가에서는 국가권력이 중앙에 집중되어 있고, 의회가 입법권을 전속적으로 행사하기 때문에 상대적으로 의회의 권한이 강력한 반면, 연방국가에서는 구성주의 의회가 입법권을 분할하여 가지므로 연방정부의 권한은 상대적으로 약하다고 할 수 있다. 연성헌법국가는 의회의 권한으로 헌법을 개정할 수 있으므로 경성헌법국가보다 그 권한이 강력하다고 할 수 있다. 의원내각제의 경우 의회가 정부를 구성하고 전복할 수 있으므로 대통령제 국가보다 강력하다고 할 수 있다. 이와 같이 의회의 헌법상 지위는 국가마다 차이가 있을 수 있지만, 근대 이후의 권력분립국가에서는 국민의 대표기관인 점, 입법기관인 점, 국정통제기관인 점에서는 공통하다고 할 수 있다. 더불어 헌법상 여러 국가최고기관 중의 하나인 점도 인정되고 있다. 2. **국민대표기관으로서의 국회** 국회의 국민대표기관성은 국민대표주의의 법적 성격의 문제이기도 하다. ➜ 국민대표관계의 법적 성질. 헌법재판소는 국회의 자율권과 관련하여 국회의 대표기관성을 인정하고 있다(헌재 2006.2.23. 2005헌라6). 오늘날에는 정당국가화의 경향에 따라 국민대표로서의 성격보다는 정당대표로서의 성격이 강하게 대두되고 있다. 3. **입법기관으로서의 국회** 국회의 가장 본질적 권한은 입법권이지만, 정부의 법률안제출권이나 대통령의 법률안거부권, 국가긴급권 등 예외가 있다. ➜ 입법권. 오늘날에는 입법내용의 전문성, 위임입법의 증가, 정부의 관여 증가 등으로 입법부가 통법부화하는 경향이 있다. 그럼에도 불구하고 형식적 의미의 법률은 반드시 국회를 거치도록 함으로써 국민의 의사를 대표기관이 승인하게 하는 절차가 반드시 필요하다. **4. 정책통제기관으로서의 지위** 국회의 입법기관으로서의 지위가 약화됨에 따라 상대적으로 정부에 대한 비판 및 감시기관으로서의 지위가 중시되고 있다. ➜ 국정통제권. **5. 주권행사기관의 하나로서의 국회의 최고기관성** 국회는 국민의 의사를 대표하여 국가의 최고정책 내지 최고의사를 결정하는 최고기관으로서의 지위를 갖는다. 유일한 최고기관인지의 여부에 관하여 의회정부제나 프랑스의 국민공회와 같이 역사적으로는 의미가 있으나 오늘날에는 여러 최고기관 중의 하나라는 데에 별다른 이견이 없다. 말하자면 국회는 행정부나 (헌법재판소를 포함한) 사법부 등의 다른 최고기관에 의하여 견제될 수 있으므로 유일한 최고기관이라고 할 수는 없다.

국회의 회기會期와 회의會議 1. **입법기와 회기** 총선거에 따라 구성된 국회의원의 임기가 개시된 후 임기만료까지의 기간을 의회기 또는 입법기(legislative period)라고 한다. 제20대 국회라 하면 20번째의 회기(입법기)를 말한다. 회기(session)는 의회기 내에서 국회가 활동할 수 있는 일정한 기간을 말한다. 회기는 소집일로부터 기산하여 폐회일까지이다. 국회의 정기회의 회기는 100일을, 임시회의 회기는 30일을 초과할 수 없다(헌법 제47조 제2항). 과거 제3공화국헌법은 정기회 회기일수를 120일로 하였고, 제4 · 5공화국헌법은 90일로 하고 있었다. 제4 · 5공화국헌법은 연간 국회개회일수도 제한하여 연 150일을 초과할 수 없게 한 적도 있으나, 현행헌법은 연간개회일수 제한규정을 삭제하여 상설화를 가능하게 하고 있다(국회법 제5조의2 참조). 국회의 회기에는 정기회, 임시회, 특별회가 있다. **정기회**는 법률이 정하는 바에 의하여 매년 1회 집회된다(헌법 제47조 제1항). 국회법은 매년 9월 1일을 집회일로 하고 그 날이 공휴일인 때에는 그 다음날에 집회하도록 하고 있다(동법 제4조). **임시회**는 대통령 또는 국회재적의원 1/4 이상의 요구에 의하여 집회된다(헌법 제47조 제1항 후단). 대통령이 임시회의 집회를 요구한 때에는 기간과 집회요구의 이유를 명시하여야 한다(동조 제3항). 국회의원 총선거 후 최초의 임시회는 국회의원 임기개시 후 7일에 집회한다(국회법 제5조 제3항). **특별회**란 국회가 해산된 후 새로 선출된 국회의원이 소집되는 집회를 말하는데, 현행헌법에는 국회해산제도가 없으므로 이에 관한 규정은 없다. ➜ 회기계속의 원칙. **2. 휴회 · 폐회** 휴회(recess/adjournment)는 국회가 회기 중 그 의결로 활동을 일시 중지하는 것을 말한다(국회법 제8조 제1항). 국회는 휴회 중이라도 대통령의 요구가 있을 때, 의장이 긴급한 필요가 있다고 인정할 때 또는 재적의원 4분의 1 이상의 요구가 있을 때에는 국회의 회의를 재개한다(동조 제2항). 폐회(close)란 회기의 종료에 의하여 국회가 그 활동을 중지하는 것을 말한다. 3. **개의 · 정회 · 유회 · 산회** 개의(開議: openning)는 회의를 개최하는 것이며, 정회(停會:prorogation)는 개의된 회의를 일시 중단하는 것으로 회의중지라고도 하며, 유회(流會: adjournment)는 정족수미달로 회의가 성립하지 못한 것을 말한다. 산회(散會: break-up/termination)는 개의 후 개의정족수에 미달하거나 회의안건의 의사가 종료하였을 때 회의를 종료하는 것이다. 본회의는 오후 2시(토요일은 오전 10시)에 개의한다. 다만, 의장은 각 교섭단체 대표의원과 협의하여 그 개의시(開議時)를 변경할 수 있다(국회법 제72조). 본회의는 재적의원 5분의 1 이상의 출석으로 개의한다(동법 제73조 제1항). 의장은 개의시각부터 1시간이 지날 때까지 개의정족수에 미치지 못할 때에는 유회를 선포할 수 있다(동법 제73조 제2항). 회의 중 개의정족수에 미치지 못할 때에는 의장은 회의의 중지 또는 산회를 선포한다. 다만, 의장은 교섭단체 대표의원이 의사정족수의 충족을 요청하는 경우 외에는 효율적인 의사진행을 위하여 회의를 계속할 수 있다(동법 제73조 제3항). 4. **임기개시 · 임시회 · 원구성** 임기개시(beginning of term)는 국회의원의 임기종료일 다음날의 0시부터이다. 국회의원 총선거 후 첫 임시회(special session)는 의원의 임기개시 후 7일에 집회하며, 처음 선출된 의장의 임기가 폐회 중에 만료되는 경우에는 늦어도 임기만료일 5일 전까지 집회한다. 다만, 그 날이 공휴일인 때에는 그 다음 날에 집회한다(국회법 제5조 제3항). 의장 등의 선거에서 국회법 소정의 사유에 해당할 때에는 출석의원 중 최다선(最多選) 의원이, 최다선 의원이 2명 이상인 경우에는 그 중 연장자가 의장의 직무를 대행한다(국회법 제18조). 의장직무대행은 새로운 의장단선출을 위한 의사진행의 권한, 예컨대, 의사진행발언 허용, 산회선포 등의 권한을 가지되, 휴회선포를 국회법 제8조에 따른 국회의 의결이 없이는 할 수는 없다.

국회자율권國會自律權 ⓔ parliamentary autonomy, ⓓ parlamentarische Autonomie, ⓕ autonomie parlementaire. 1. **의의** 국회의 자율권이란 국회가 의사 기타 내부사항에 대하여 다른 기관의 간섭을 받지 아니하고 헌법 · 법률 및 국회규칙에 따라 자율적으로 규율할 수 있는 권한을 말한다. 권력분립의 원칙에 따라 국회의 자율성을 보장하려는 데 그 목적이 있다. 국회규칙제정권(國會規則制定權) · 의사자율권(議事自律權) · 질서유지권(秩序維持權) · 내부조직권(內部組織權) · 의원자격심사권((議員資格審査權) · 징계권(懲戒權) 등을 포함한다(헌법 제64조 참조). 2. **내용** 1) **국회규칙제정권** 국회는 법률에 저촉되지 않는 범위 안에서 의사(議事)와 내부규율(內部規律)에 관한 규칙을 제정할 수 있다(헌법 제64조, 국회법 제166조). 국회규칙은 국회의 자주적 결정에 의한 독자적 법규범이면서(자주법설), 국회법 등 법률의 시행세칙 또는 국회의 내규로서, 그 형식적 효력은 명령에 준하는 것으로서 국회법의 하위규범이다. 나라에 따라서는 국회규칙만으로 규율하는 경우도 있다(미국). 국회규칙은 의사와 내부규율을 대상으로 하는데 그에 대하여는 헌법과 국회법에서 비교적 자세한 규정이 있으므로 국회규칙은 기타의 기술적 · 절차적 사항에 대한 규정을 두고 있다. 국회규칙 중 국회 자체의 활동이나 국회의원과 직접 관련되는 사항은 본회의의 의결(국회법 제109조)을 거쳐서 제정하고, 국회사무처나 국회도서관의 운영 또는 소속직원에 관한 사항은 국회의장이 운영위원회의 동의를 얻어서 제정하는 것이 일반적이다. 국회규칙은 제정 · 개정과 동시에 효력을 가지며 국회 내에서만 적용되므로 공포될 필요가 없다. 또 법률하위규범이므로, 법률에 저촉되지 않는 범위 안에서 제정되어야 한다. 의사에 관한 규칙은 국회에 출석한 국무위원이나 정부위원, 증인, 감정인, 방청인 등의 제3자에 대하여도 효력이 있으나, 국회의 내부규율에 관한 규칙은 일반 국민에 대하여는 효력이 없다. 원만한 회의진행 등 회의의 질서유지를 위하여 방청을 금지할 필요성이 있었는지에 관하여는 국회의 자율적 판단을 존중하여야 하는 것이다(헌재 2000.6.29. 98헌마443). 국회규칙으로는 국회도서관운영에 관한 규칙, 국회사무실배정에 관한 규칙, 국회에서의 중계방송 등에 관한 규칙, 국회정보공개규칙, 국회청원심사규칙 등 다수가 있다. 2) **의사자율권** 국회의 회기와 회의에 관한 사항, 의사일정, 의안발의 · 동의 · 수정 등 국회의 의사진행과 입법절차를 지배하는 헌법원칙은 헌법이 명시적으로 규정하고 있는 경우도 있으나 다른 한편으로는 국회법과 국회규칙으로 규정되어 있는 경우도 있다. 국회법과 국회규칙이 규정하고 있는 입법절차를 지배하는 원칙은 입법절차에 관한 헌법원칙의 해석으로부터 나오는 것으로 국회법과 국회규칙은 헌법의 원칙을 단지 확인하고 있는 것에 불과하다. 헌법 등에 규정이 없는 경우에는 국회의 자주적인 결정에 의한다. 입법절차의 하자와 관련하여 헌법은 권한쟁의심판을 통하여 통제하는 제도를 두고 있다. 입법절차상의 권한쟁의문제는 일반적으로 국회의원과 국회의장 간에 야기되는데 여기에는 국회의장의 법률안가결선포행위가 국회의원의 심의·표결권을 침해하고 있는가 하는 것이 대부분 문제된다(➜ 가결선포행위). 3) **질서유지권** 국회는 국회법에 따라 내부질서 유지를 위하여 **내부경찰권**과 **국회가택권**을 가진다(국회법 제143~145조). 국회는 국회나 회의장의 질서유지를 위하여 필요한 조치를 스스로 결정할 수 있는 질서자율권을 가진다. 질서자율권은 질서유지권과 경호권을 통하여 행사된다. 의원이 본회의 또는 위원회 회의장에서 질서를 문란하게 할 경우 의장 또는 위원장이 경고 또는 제지, 발언 금지, 퇴장, 회의중지, 선회 등을 할 수 있는데(국회법 제145조), 이를 질서유지권이라 한다. 국회의 질서유지를 위하여 의장은 경호권을 가지는데, 국회 소속의 경위(警衛)는 회의장 건물 안에서, 운영위원회의 동의를 받아 국가로부터 파견된 국가경찰공무원은 회의장 건물 밖에서 경호하도록 되어 있다(국회법 제144조). 회의장에서의 통상의 질서유지권은 경호권보다는 좁은 개념이다. 국회가택권은 공법상 가택권의 일종으로서, 국회의장이 국회에서 제3자의 출입·체류 등에 대하여 자유로이 정할 수 있는 법적 권한의 전체를 의미한다. 국회가택권을 행사하는 경우에는 국회의 정상적인 기능수행을 확보한다는 요청과 더불어 헌법상의 기본권, 비례원칙 등이 고려되어야 한다. ➜ 가택권 4) **내부조직권** 국회는 의장·부의장의 선출, 위원회의 구성, 위원 선출 등에 관하여 자율권을 가진다(➜ 국회의 조직과 구성). 5) **국회의원신분 관련 권한** 국회는 의원의 자격심사 및 징계, 의원의 체포·구금 등에 대한 동의, 의원의 석방요구, 의원의 청원의 허가, 의원의 사직허가 등 의원의 신분에 관한 권한을 가진다. (1) 의원의 자격심사 국회는 의원의 자격을 심사할 수 있다(헌법 제64조 제2항). 의원이 자격은 피선거권 보유여부, 겸직금지의 직에 취임하지 아니할 것, 적법한 당선인일 것 등의 자격요건을 말한다. 자격심사는 윤리특별위원회의 예심을 거쳐 본회의에서 재적의원 2/3 이상의 찬성이 있어야 의원자격이 상실된다. 그 결과에 대하여는 법원에 제소할 수 없다(헌법 제64조 제4항). 법원에 제소할 수 없다고 하고 있으나, 사법심사의 대상이 되지 아니한다고 해석함이 타당하다. (2) 의원의 징계권 국회는 의원을 징계할 수 있다(헌법 제64조 제2항). 의원의 징계사유는 국회법 제155조에 상세히 규정되어 있다. 징계의 종류는, 공개회의에서의 경고, 공개회의에서의 사과, 30일 이내의 출석정지, 제명 등이다(국회법 제163조 제1·2항). 징계의 절차는 국회법에 상세히 규정하고 있다(동법 제163조). (3) 의원의 사직허가 의원이 사직하고자 할 때에는 의장에게 사직원을 제출하고 국회의 표결로 처리한다. 폐회 중일 때에는 의장이 허가할 수 있다(국회법 제135조 제1항). 3. **한계와 사법심사** 국회의 자율권의 행사에 대하여 어느 정도까지 사법심사가 가능한가에 대해서는, 헌법재판소의 위헌법률심사권과의 관계에서 문제된다. **심사긍정설**은, 헌법재판소는 법률의 형식적 심사권을 가질 뿐 아니라 실질적 법치주의에 따라 정당한 법의 적용을 보장하여야 하므로, 모든 법률문제의 적부까지 판단할 권한을 가진다고 한다. **심사부정설**은, 국회가 적법한 절차에 따라 의결·공포된 이상 국회의 자주성을 존중하여 그 유무효를 판단하여서는 아니된다고 본다. 결론적으로, 법치주의의 원리상 모든 국가기관은 헌법과 법률에 의하여 기속을 받는 것이므로 국회의 자율권도 헌법이나 법률을 위반하지 않는 범위내에서 허용되어야 하고 따라서 국회의 의사절차나 입법절차에 헌법이나 법률의 규정을 명백히 위반한 흠이 있는 경우에도 국회가 자율권을 가진다고는 할 수 없다(헌재 1997.7.16. 96헌라2).

국회중심입법國會中心立法의 원칙 헌법 제40조는 「입법권은 국회에 속한다.」고 규정하고 있는데, 「국회에 속한다」의 의미가 무엇인가에 관하여, 국회중심입법의 원칙과 국회단독입법의 원칙 및 국회독점입법의 원칙을 규정하고 있다는 견해와, 국회중심입법의 원칙만을 의미한다는 견해로 나뉜다. 이 문제는 「입법」을 형식적으로 이해하는가 혹은 실질적으로 이해하는가에 따라 결론이 달라진다. 즉, 국회를 형식적 의미의 법률을 정립하는 기관으로 보면, 헌법에 규정된 법률사항에 대한 입법은 국회가 독점하며, 국회 이외의 기관이 「법률」이라는 형식으로 입법해서는 안된다는 것을 의미한다. 물론 실질적 의미의 법률을 국회가 아닌 다른 국가기관이 입법할 수도 있지만, 이는 형식적 의미의 법률이 아니다. 즉, 「법률」이라는 규범형식이 아니라 「규칙」, 「명령」, 「조약」, 「조례」 등의 규범형식을 가진다. 또한 국회단독입법의 원칙 혹은 국회독점입법의 원칙도 「법률」이라는 규범형식을 국회만이 정할 수 있다는 의미이다. 물론 법률안제안권이나 법률안거부권, 법률안공포권 등과 같이, 타 부서의 관여를 인정할 수 있으나, 최종적으로 「법률」이라는 규범형식을 정하는 것은 오직 국회만이 담당한다. ➜ 입법권의 범위와 한계.

국회프락치사건 국회 프락치 사건은 1949.6., 이른바 '남로당 프락치(공작원)'로 제헌국회에 침투, 첩보공작을 한 혐의로 김약수 의원 등이 체포된 사건을 말한다. 당시 국회 부의장이던 김약수를 비롯하여 노일환, 이문원 등 진보적 소장파 의원들이 외국군(미국, 소련)의 완전철수, 남북정당, 사회단체 대표로 구성된 남북정치회의 개최를 주요내용으로 하는 '평화통일방안 7원칙'을 제시하자, 평화통일, 자주통일을 불온시하고 북진통일만을 주장했던 제1공화국 정부는 이들이 남로당 공작원과 접촉, 정국을 혼란시키려 하였다는 혐의로 김약수 등 13명을 검거하였다. 사건은 철저한 보안이 유지된 가운데 조사되었으며, 7개월 후인 11.17. 첫 공판이 열린 이후 3개월간 심리가 계속되었다. 또한 이 사건은 체포된 의원들이 관여한 반민특위의 해체에도 영향을 미친다. 이들은 최고 10년부터 최하 3년까지의 실형을 선고받고 서대문형무소에 수감되었으나, 2심 계류중 한국전쟁이 일어나 서울을 점령한 조선인민군에 의해 모두 석방되었고 대부분 월북하였다. 1990년대 이후 이 사건에 대하여 북한정부가 개입하였다는 사실이 밝혀지기도 하였다.

군가산점제도軍加算點制度 ➜ 가산점. ➜ 평등심사의 기준. ➜ 제대군인가산점결정.

군경원호제도軍警援護制度 ➜ 보훈제도.

군국주의軍國主義 ㉧ militarism, ㉤ Militarismus, ㉲ le militarisme. 강한 군사력을 국가의 주된 목표로 삼고, 국민생활의 최상위 행위를 전쟁과 그에 대한 준비 등으로 하려는 것이다. 정치학에서는 국가 예산의 10분의 1 이상을 군사비로 지출할 경우, 그 사회를 군국주의 사회라고 지칭한다. 군국주의 체제는 일반적으로 나라 또는 사회에 있어서 전쟁 및 전쟁준비를 위한 배려와 제도가 반항구적으로 최고의 자리를 점하고, 정치 · 경제 · 교육 · 문화 등 국민생활의 다른 전 영역을 군사적 가치에 종속시키려는 사상 내지 행동양식을 보인다. 군국주의의 폐해는 국가가 호전적 · 침략적인 성격을 갖게 되어, 국가에서 실시하는 모든 정책이 군사행동와 관련된 방향으로 진행되도록 한다는 것이다. 군국주의에 있어서는 국가가 목적을 이루기 위한 수단으로서의 군사력이나 군대정신이 그 자체 목적으로 되는 경향이 있고, 군사체제를 통상의 사태로 보는 특징이 있다. 군국주의를 택한 국가로는 스파르타와 군인황제시기의 로마 제국 등이며, 제1차 세계대전 때의 독일 제국과 오스트리아-헝가리 제국 등의 동맹국들과, 제2차 세계대전 때의 나치 독일과 일본제국, 이탈리아 왕국 등의 추축국들도 군국주의 체제를 국가의 주된 목표로 삼았다. 라스웰이 명명한 병영국가(the Garrison State)는 군국주의를 구현한 국가이다.

군령軍令 ➜ 국군통수권.

군령 · 군정이원주의軍令 · 軍政二元主義 **= 군령 · 군정분리주의** ➜ 국군통수권. ➜ 병정분리주의.

군령 · 군정일원주의軍令 · 軍政一元主義 **= 군령 · 군정통합주의** ➜ 국군통수권. ➜ 병정통합주의.

군법무관軍法務官 군법무관은 통상적으로는 군에서 군검찰, 군법원 등 군사재판 기타 법무에 관한 사항을 담당하는 직을 말하며, 「군법무관임용 등에 관한 법률」에서 군법무관은 육 · 해 · 공군의 법무과 장교를 말한다(동법 제2조). 군법무관은 군사법원법상 군판사, 군검사 등의 직책을 담당할 수 있다(군사법원법 제23조, 제41조 등 참조). ➜ 군사법원.

군사계엄軍事戒嚴 군사상의 필요에 따라 선포되는 계엄을 말한다. 비상계엄의 한 종류이지만, 법률상의 개념은 아니다. ➜ 계엄.

군사기밀軍事機密 ㊊ military secret, ㊍ militärisches Geheimnis, ㊈ secret militaire. 1. **의의** 군사기밀보호법 제2조에 따르면, 군사기밀이란 「일반인에게 알려지지 아니한 것으로서 그 내용이 누설되면 국가안전보장에 명백한 위험을 초래할 우려가 있는 군 관련 문서, 도화, 전자기록 등 특수매체기록 또는 물건으로서 군사기밀이라는 뜻이 표시 또는 고지되거나 보호에 필요한 조치가 이루어진 것과 그 내용」을 말한다. 법상의 정의에 더하여 대법원은 「군형법 제80조에서 말하는 군사상의 기밀이란 반드시 법령에 의하여 기밀사항으로 규정되었거나 기밀로 분류 명시된 사항에 한하지 아니하고 군사상의 필요에 따라 기밀로 된 사항은 물론 객관적, 일반적인 입장에서 외부에 알려지지 않은 것에 상당한 이익이 있는 사항도 포함한다고 해석하여야 하고 군사기밀보호법 제2조 소정의 범위에 국한되지 않은 것이라고 보아야」 한다고 하고 있다(대판 1990.08.28. 90도230). 2. **유사개념** 군사기밀에 대해서는 국가기밀과 혼용되면서 여러 법률에서 다루고 있다. 즉, 형법 제98조 제2항의 '군사상의 비밀', 국가보안법 제4조 제1항 2호의 '국가기밀', 군형법 제13조 제2항의 '군사상 기밀' 등으로 규정되고 있다. 3. **문제점** 과거의 역사적 경험상 국가의 안전보장이 개인의 인권보장보다 훨씬 우선시되어 특정 정치집단과 독재권력이 정권유지나 비리은폐의 수단으로서 국가안보를 강조하였고, 이러한 상황하에서 군사상의 기밀을 정의하고 구분하여 적용하는 것은 군사기밀을 과도하게 확장해석할 여지를 두었다. 이로 인해 국민의 알 권리를 침해할 여지가 있고, 명확성의 원칙과 과잉금지원칙을 침해하였다는 의심이 있다. 헌법재판소는 「군사기밀의 범위는 국민의 표현의 자유 내지 "알 권리"의 대상영역을 최대한 넓혀줄 수 있도록 필요한 최소한도에 한정되어야 할 것이며 따라서 군사기밀보호법 제6조, 제7조, 제10조는 동법 제2조 제1항의 "군사상의 기밀"이 비공지의 사실로서 적법절차에 따라 군사기밀로서의 표지를 갖추고 그 누설이 국가의 안전보장에 명백한 위험을 초래한다고 볼 만큼의 실질가치를 지닌 것으로 인정되는 경우에 한하여 적용된다 할 것이므로 그러한 해석하에 헌법에 위반되지 아니한다」고 한정합헌으로 결정하였다(헌재 1992.2.25. 89헌가104). ➜ 국가기밀.

군사법원軍事法院 ⓔ military court/court martial, ⓓ Standgericht/Kriegsgericht, ⓕ cour martiale/tribunale militaire. 군사재판을 관할하기 위하여 설치되는 특별법원으로, 우리나라에서는 해방 이후 '군법회의'라고 지칭하여 오다가 1987년 군법회의법이 군사법원법으로 전면개정되어 군사법원으로 개칭하였다. 헌법상으로는 1954년 헌법에 처음으로 규정되었다. 현행헌법은 「군사재판을 관할하기 위하여 특별법원으로서 군사법원을 둘 수 있다.」고 하고 있다(제110조 제1항). 또한 군인·군무원이 아닌 국민이 군사재판을 받지 않을 권리를 규정한다(제27조 제2항). 이 기구는 군형법, 기타의 형벌법령에 규정된 죄를 범하였을 때 그 특별권력관계의 목적과 임무의 특수성 때문에 일반 형사소송절차와는 다른 특별한 소송절차로써 재판하기 위한 제도로서 특별법원(➜ 특별법원)의 일종이다. 군사법원에 관한 법률로서는 군사법원법이 있다. 군사법원의 관할은 군사법원법 제2조(신분적 재판권)와 제3조(계엄법 및 군사기밀보호법)에 규정되어 있다. 과거 민간인이 전투용에 공하는 시설을 손괴한 경우에도 군사법원의 관할이었으나, 위헌으로 선언되었다(헌재 2013.11.28. 2012헌가10). 군사법원은 고등군사법원과 보통군사법원을 두고 있는데, 항소법원으로서의 고등군사법원은 국방부에 두고 1심법원으로서의 보통군사법원은 국방부, 육군본부 및 각 사령부 등에 둔다. 다만, 전시·사변 또는 이에 준하는 국가비상사태 시에는 이 같은 보통군사법원 외에 편제상 장성급 장교가 지휘하는 부대 또는 기관 등에 보통군사법원을 설치할 수 있다(군사법원법 제6조 제3항). 고등군사법원을 폐지하고 2심을 서울고등법원으로 이관하여야 한다는 주장이 있다. 군사법원의 재판관은 군판사와 심판관으로 구성되는데(군사법원법 제22조), 군판사는 각 군 참모총장이 소속 군법무관 중에서 임명한다(군사법원법 제23조). 군 검찰사무는 군검찰부가 담당하며(군사법원법 제36조), 고등검찰부와 보통검찰부로 하고, 고등검찰부는 국방부와 각 군 본부에 설치하며, 보통검찰부는 보통군사법원이 설치되어 있는 부대와 편제상 장성급 장교가 지휘하는 부대에 설치한다(군사법원법 제36조 제2항). 군검찰부의 직무는 군검사가 담당한다(군사법원법 제37조). 대법원은, 군사법원이 특정군사범죄를 저지른 일반국민에 대하여 가지는 재판권은 '신분적 재판권'이라는 명칭에도 불구하고 그 이후에 범한 일반범죄에 대하여 미치지 않으며 그 이전에 범한 일반 범죄에 대하여도 미치지 않는다고 판시하였다(대결 2016.6.16. 2016초기318). 평시 군사재판제도를 폐지하고 전시에만 설치·운영되도록 하여야 한다는 주장이 설득력을 얻고 있다.

군사재판軍事裁判 ➜ 군사법원.

군인판결軍人判決 ⓓ Soldatenbeschluß. BVerfGE 28, 36(1970.2.18.) 독일연방헌법재판소는 「독일연방공화국은 국민들에게 자유민주적 기본질서를 방어할 것을 기대하고 있으며, 이 자유민주적 기본질서를 반대하기 위한 목적으로 기본권을 남용하는 것을 용납하지 아니하는 민주국가이기에 방어적 민주주의 원칙은 연방군대 내부에서도 타당하다.」고 판시하였다. 이 판결은 이 후 연방 군 내에서의 표현의 자유판결에도 그대로 유지되었다(BVerfGE 44, 197(1977.2.3.)).

군주국가君主國家 ⓔ monarchism, ⓓ Monarchismus, ⓕ monarchisme. 군주국가는 군주주권에 입각하여 세습적인 군주에 의해 통치되는 국가를 의미하며, 국민주권에 입각하여 군주의 존재를 부정하고 국민으로부터 유래한 권력에 의해 통치되는 공화국가와 대비된다. 절대군주국가와 입헌군주국가, 의회주의적 군주국가로 나뉘어지며, 오늘날 대부분의 군주국가는 의회주의적 군주국가이다. ➜ 국가형태론.

군주주권론君主主權論 ➜ 주권이론.

군통수권軍統帥權 ➜ 국군통수권.

군판사軍判事 군사법원에서 재판관의 직무를 수행하는 군법무관을 일컫는다. 군검사에 대응하는 직이다. ➜ 군사법원.

권고적 의견(효력)勸告的 意見(效力) ⓔ advisory opinion(effect), ⓓ beratende Meinung(Wirkung), ⓕ avis(effet) consultatif. 권고적 의견은 공무나 입법기관에 의해 제기되는 법적 문제에 관하여 법관이나 법원 혹은 위원회 등 법률직 공직자가 제시하는 비구속적 의견을 말한다. 특정의 사건을 심판하는 효과를 갖지는 않으며 법에 관한 합헌성 여부나 해석 등을 단순히 권고하는 것이다. 입법부나 행정부가 사법부에 중요문제를 확인하는 절차를 두는 나라도 있는데, 이 때 사법부의 의견은 권고적 의견으로 된다. 법적인 기속력은 갖지 않지만 결정의 방향이나 내용을 제시하는 것이므로 사실상 기속력을 가지는 경우가 많다. 헌법재판소의 결정 중 입법촉구결정의 경우에 입법의 방향이나 내용을 제시하는 예가 있는데 이러한 결정은 기속적이지는 않으며 권고적 의견에 그치는 효과가 있다. 국제법 영역에서 위원회나 국제적 사법기관의 경우 권고적 의견을 발하는 예가 많다.

권력權力 ⓔ power, ⓓ Macht/Gewalt, ⓕ pouvoir. 사전적인 의미로는, 개인 또는 집단이 다른 개인이나 집단을 자신의 의사에 따르게 하는 힘을 의미한다. 국가와 관련될 경우에는 국가권력, 정치권력 등의 의미로 사용되지만, 넓은 의미로는 다른 사람을 자신의 의사에 복종하게 할 수 있는 사회적인 힘을 의미한다. 자기의사를 관철시킬 수 있는 모든 가능성(M. Weber), 의도한 결과를 만들어내는 힘(B. Russel), 결과를 변화시킬 수 있는 능력(R. Dahl) 등으로 정의되기도 한다. 유사개념으로, 폭력은 단순한 물리적 힘을 의미하고, 영향력은 다른 사람을 복종시킬 수 있는 심리적 내지 내면적 힘을 의미하며, 권위는 어떤 힘이 정당한 것으로 인정되는 준거를 의미한다.

권력국가權力國家 ⓔ the authoritarian state, ⓓ authoritärer Staat, ⓕ État authoritaire. ➜ 권위주의체제.

권력분립론權力分立論 = **권력분립주의**權力分立主義 ⓔ separation of powers, ⓓ Gewaltenteilungstheorie, ⓕ séparation des pouvoirs. 1. **의의** 권력분립이란 국가작용의 원활한 수행과 국민의 기본권보장 및 국가권력의 남용방지를 위하여 권력을 여러 개의 독립된 기관에 분산시켜 행사하게 함으로써 서로 견제하고 균형을 이루도록 하는 정부 구성원리를 말한다. 국가권력을 제한하고 합리화시킴으로써 정치적 생활질서를 보장하는 원리이다. 권력분립론은 전통적으로 입법권(legislative power) · 집행권(executive power) · 사법권(judicial power)의 3권을 중심으로 전개되어 왔으므로 이를 '삼권분립론'이라고도 한다. 역사적으로 볼 때, 국가기능 내지 작용에 대하여 처음으로 이론적으로 분류한 사람은 아리스토텔레스(Aristoteles)이다. 그는 국가권력의 세 구성요소를 심의권(Deliberate Assembly, Die beratende Gewalt), 집행권(Executive, Die Verwaltung), 사법권(Courts of Law, Die Rechtspflege)으로 나누고, 이들 각각의 기관에 대하여 어떠한 방법으로 관직을 분배할 것인가에 대하여 상세히 기술하여 국가의 기능과 국가기관을 구별하여 인식하고 있었다. 역사적으로 권력분립론은 국민주권론과 더불어 절대권력에 대항하는 하나의 무기로서 등장하였다. 권력분립론은 권력행사의 효율을 높이기 위한 적극적 원리가 아니고, 권력의 남용을 방지하기 위한 소극적 원리로서 자유주의적 정치조직원리이다. 권력분립론은 국민주권과 달리 자기목적적인 원리가 아니며, 국가권력으로부터 국민의 자유를 지키기 위하여 고안된 도구적 원리이다. 권력분립론은 민주주의와 반드시 결합하는 것은 아니다. 루소는 주권의 불가분성에 근거해 권력분립론에 반대하였다. 권력분립은 '권력의 분할(division of powers)'과, 분할된 권력들 상호간의 '견제와 균형(checks and balances)'을 두 요소로 한다. 군주가 모든 권력을 가지고 있던 시기에는 권력의 분할이 강조되었으나, 권력의 분할이 당연한 것으로 간주되는 오늘은 '권력간 견제와 균형'이 강조된다. 2. **권력분립론의 발전** 1) **로크Locke의 2권분립론** 권력분립론은 로크의 「시민정부2론」에서 처음 주장되었다. 그는 국가의 권력을 입법권·집행권·동맹권(federative power:외교권)으로 구분하고, 집행권과 동맹권은 한 기관이 담당하여야 하며, 입법권은 다른 기관에게 맡겨야 한다고 하였다. 그는 사법권을 집행권의 일부분으로 파악하는 대신 동맹권을 국가권력의 한 축으로 보았다. 이런 점에서 오늘날의 권력분립론과는 다소 거리가 있다. 그는 국가권력의 상호 견제와 균형에 관하여는 언급하지 않았으며, 오히려 입법권의 최고성을 강조하였다. 그의 이론은 영국의 헌정에 영향을 미쳐 의원내각제로 발전하였다. 2) **몽테스키외Montesquieu의 3권분립론** 몽테스키외는 「법의 정신」에서 입법권·집행권·재판권의 3권분립론을 주장하였다. 몽테스키외의 삼권분립론은 권력의 남용으로부터 인민의 정치적 자유를 지키기 위한 것이었다. 그는 「권력을 가진 사람은 그 한계점을 발견할 때까지 권력을 남용하게 되어 있으므로, 권력의 남용을 막기 위하여는 권력의 그런 속성을 이용해서 권력들끼리 서로 견제하고 균형을 이루도록 해야 한다」고 주장하였다. 몽테스키외의 삼권분립론은 미국연방헌법(1787)과 프랑스인권선언(1789) 및 혁명헌법(1791)에 그대로 반영되었다. 프랑스인권선언 제16조는 「권리가 보장되지 않고 권력분립이 되지 아니한 모든 사회는 헌법을 가지고 있지 아니한다.」고 선언하였다. 몽테스키외의 삼권분립론은 오늘까지도 여러 나라의 헌법에 강한 영향을 주며 권력분립론의 고전으로 평가되고 있다. 3. **권력분립론의 이념과 논리** 권력분립론은 국가권력을 억제·제약하여 국민의 자유를 보장하기 위한 것으로, 자유주의적·소극적·권력회의적이며 정치적 중립성을 갖는다. 하지만 권력분립론에서 국가권력의 한계가 직접적으로 유래하지는 않으며, 논리적으로 인권선언이 선행되어야 한다. 권력분립론은 먼저 **권력의 분립**이 행해져야 한다. 이는 국가기능 내지 국가작용을 구별하여 이를 나누는 것으로 몽테스키외 이래 입법·집행·사법의 각 기능을 나누는 것이 일반적이다. 오늘날 동태적 관점에서 뢰벤슈타인의 정책결정·정책집행·정책통제의 구분법도 제시되고 있다. 분립된 각 권력은 조직상 서로 대등하고 독립인 기관에 배분되고 분리되어야 한다. **권력의 분리**는 조직상 요청과 함께 인적 측면에서 겸직금지가 포함되어야 한다. 의원내각제의 경우 권력분립의 한 변용이며 기능적 측면에서 권력분립이 이루어지고 있다. 기능상 분립 및 기관상 분리된 권력 간에는 조화와 통일을 위하여 상호 견제와 균형(checks and balances), 즉 **권력의 균형**이 이루어짐으로써 권력분립이 완성된다. 4. **근대적 권력분립론의 제도화** **영국**의 경우, 국가권력은 국왕 · 의회 · 내각 · 사법부 등에 분할되어 있다. 의회는 양원으로 구성되며, 하원이 우월하다. 내각은 하원 다수당이 구성한다. 내각과 의회 사이에는 내각불신임권과 의회해산권으로 균형이 이루어지고 있다. 사법부는 조직상 원래 상원에 속해 있었으나, 2008년부터 독립된 최고법원이 구성되어 있다. **미국**의 경우, 몽테스키외의 권력분립론을 가장 충실히 따르고 있다. 행정부 수장인 대통령은 국민직선이 반영된 선거에서 선출된다. 의회는 상하 양원으로 구성되어 있고 상원이 우월하다. 사법부는 대통령이 지명하고 상원이 인준하는 대법관으로 구성된다. 미국의 경우 위헌법률심사권을 가진 연방대법원이 실질적인 권력보유자로 기능하여 가장 엄격한 권력분립이 행해지고 있다. **프랑스**의 경우, 행정부는 5년 임기의 국민직선의 대통령에게 맡겨지며, 입법부는 상하 양원으로 구성된다. 대통령은 의회를 해산할 수 있고, 수상과 각료에 대한 임명권을 가진다. 사법부는 헌법평의회(Conceil constitutionnel)와 파기원(Cour de cassation)을 최고사법기관으로 하는 일반법원으로 구성된다. **독일**의 경우, 입법권은 하원인 연방의회(Bundestag)와 상원인 연방참사원(Bundesrat)으로 구성된다. 하원이 우월하다. 대통령이 있으나 형식적 권한만 가진다. 연방정부는 연방의회에서 선출되는 수상과 각료로 구성된다. 건설적 불신임투표제가 채택되어 있다. 사법부는 각 란트의 사법부와 연방의 사법부로 구성된다. 5. **권력분립제의 유형** 입법부와 행정부의 관계에서 보면, 엄격분립형(프랑스 1791년, 1848년 헌법, 미국헌법), 균형형(의원내각제 국가), 입법부우위형(의회정부제, 국민공회제), 행정부우위형(입헌군주제, 신대통령제 국가)로 나눌 수 있으며, 입법부와 사법부의 관계에서 입법부우위형(영국), 균형형(미국), 사법부우위형(오스트리아헌법, 이태리헌법, 독일기본법, 스페인헌법 등 헌법재판제도 국가) 등으로 나눌 수 있다. 6. **권력분립론의 현대적 변용** 20세기 들어 국가의 권력구조에 많은 변화로 인해 권력분립이론에도 변화를 가져왔다. 1) **권력구조의 변화의 양상**으로, 첫째, **민주주의 이념의 보편화와 실질적인 국민주권원칙의 실현** 오늘날은 몽테스키외에 의해 고전적인 권력분립원칙이 주장되던 시대와는 달리, 자유민주적 평등사회가 구현되고 그에 따라 권력의 원천으로서 국민이 국가권력의 형성과 유지 · 존속에 실질적인 역할을 담당하게 되었다. 국민의 적극적인 역할과 참여가 강조되는 참여민주주의(participatory democracy) 내지 숙의민주주의(deliberative democracy)가 민주주의의 새로운 실천형태로 주창되고, 그로 인해 국가권력 자체도 단순히 기능적 · 조직적으로 분리하는 것이 아니라 새로운 권력분립의 메커니즘을 모색할 것을 요청하고 있다. 둘째, **정당국가화 경향**을 통한 입법권과 집행권의 통합 현상이다. 이로 인해 국가권력의 대립구도가 '의회 대 집행부'에서 '여당 대 야당'으로 바뀌었다. 이런 현상은 집권정당이 의회에서 다수를 차지한 경우에 더욱 두드러진다. 또한 정당의 의사결정은 실질적으로 정당 수뇌부에 의하여 이루어지므로, 입법권과 집행권이 모두 집권정당의 수뇌부에 집중되는 현상이 발생하게 되었다. 한편 집행부와 의회는 각각 사법부 수뇌부에 대한 임명권과 임명동의권을 갖는 경우가 많으므로, 정당을 통한 권력통합현상은 사법부의 구성에도 영향을 미친다. 셋째, 이른바 **행정국가화 경향**이다. 사회가 복잡해지고 복지국가기능이 강조되면서 국가기능이 확대되었고, 그 결과 집행부의 조직과 권한이 급격히 비대해지고 집행부와 입법부의 균형이 깨지게 되었다. 집행부의 기능과 권한은 입법 · 사법의 영역으로도 확대되어, 집행부의 행정입법권이 급격히 확대되었고, 각종 위원회를 중심으로 입법 · 집행 · 사법을 모두 관장하는 경우도 증가하였다. 특히 사회국가의 요청에 의한 국가의 급부국가적 기능이 확대됨으로써 행정국가화 경향은 강화되고 있다. 고전적 권력분립론에서 의회가 핵심적 지위를 차지하고 있었다면, 오늘날에는 행정부가 주도적 지위를 갖고 있다. 넷째, '**사법국가화**'의 문제이다. 위와 같은 정당국가 · 행정국가화 경향 속에서 입법권과 집행권을 모두 통제할 수 있는 권력으로 사법권의 중요성이 강조되게 되었다. 사법부가 입법부 · 집행부를 효과적으로 견제할 수 있는 핵심적인 기능과 권한은 헌법재판이며, 헌법재판의 핵심은 위헌법률심사이다. 헌법재판권은 고전적인 사법의 개념을 변화시키고 있으며, 그와 아울러 권력분립상 사법권을 실질적인 권력보유자로서 국가권력을 공유하는 자(co-holders of state power)의 지위로 바꾸어 놓고 있다. 위헌법률심사제도를 갖고 있는 통치체제를 '사법통치(juristocracy)'라고도 한다. 한편 많은 나라에서 헌법재판권을 일반법원으로부터 독립한 재판기관에 귀속시킴으로써 사법부 자체의 권력구조에도 커다란 변화가 나타나고 있다. 2) **기능적 권력통제이론** 오늘날의 자유민주국가에서는 단순한 초국가적 자유의 보호수단으로서의 권력분립이 기술이 아니라, 민주주의 및 국민주권원리의 실질적 구현을 위한 실효적인 권력통제의 메커니즘을 추구하게 되었다. 그에 따라 오늘날의 권력분립론은 기계적이고 획일적인 권력분리에서 목적지향적이고 유동적인 기능의 분리로, 그리고 권력간의 대립적 제약관계가 아닌 기관간의 협동적인 통제관계로 변화되고 있고, 형식적인 권력분리에서 실질적인 기능통제로 전환되고 있다. 오늘날 연방제도, 지방자치제도, 직업공무원제도, 복수정당제도, 헌법재판제도, 국가와 사회의 관계에 관한 이론 모색 등이 새로운 권력분립 이론의 모델로 제시되고 있다. **연방국가제도**는 '수직적 권력구조'와 '수평적 권력구조'의 양 측면을 모두 갖는 것으로서 중앙정부 중심의 정당제도가 갖는 권력통합현상을 저지하고 수정하는 강력한 권력통제수단으로 작용하고 있다. **지방자치제도**는 '수직적 권력분립'의 핵심요소 중의 하나로서, 중앙집권적 권력에 대한 강력한 통제수단으로 작용한다. 물론 지방자치제도가 중앙정부로부터 규정되는 하향식이 아니라 지방으로부터 중앙정부로 영향을 미치는 상향식 제도로 구성되는 것이 중요하다. **직업공무원제도**는 '정치세력'으로부터의 정치적 중립성과, 전문성 · 신분보장, 능력제 등의 합리적 관료제도를 통해 자의적 국가권력에 대한 통제수단으로 기능하고 있다. 이는 국가권력 내부에서 '**수직적 권력분립**'의 효과를 기대할 수 있는 것으로 평가된다. **복수정당제도**는 민주주의의 중요한 핵심요소로서, 여당과 야당으로 나누어 정책결정과 집행에 관여하는 것이 오늘날의 정치과정의 일반적 현상이므로 이러한 측면에서 권력분립의 새로운 양상을 보여주고 있다. **헌법재판제도**는 전통적인 권력분립론에서 예상하지 못했던 사법관념의 변화와 실질적 권력으로서의 지위를 확립하는 데에 결정적인 기여를 하였고, 그에 따라 헌법재판제도 자체가 갖는 권력분립론상의 지위도 크게 달라졌다고 할 수 있다. 따라서 헌법재판제도가 갖는 권력통제기능을 고려한다면 그에 따른 권력분립론의 변화도 필연적이라 할 수 있다. **국가와 사회의 관계**에 관한 인식의 변화 또한 기존의 권력분립론을 새롭게 인식하게 하는 계기로 작용하고 있다. 즉, 전통적으로 국가와 사회는 서로 대립되는 관계로 인식되어 국가의 역할을 가능한 한 축소하려는 경향을 보여 왔으나, 오늘날의 국가와 사회는 이원론적인 관점에서 상호교차적인 관계로 인식되거나, 국가를 사회의 한 부분으로 인식하는 부분사회론, 조합주의적 국가이론 등 다양한 국가이론이 등장하여 그에 따른 국가권력 통제이론도 변화되고 있다. 3) **뢰벤슈타인의 동태적 권력분립론** 권력구조의 변화는 권력분립에 대한 인식의 변화를 가져왔고, 그 결과 새로운 이론들이 제시되었다. 대표적인 이론이 뢰벤슈타인의 이른바 '동태적(dynamic) 권력분립론'이다. 그는 입법 · 집행 · 사법의 3분법에 기초한 기존 권력분립론을 비판하고, 국가의 기능을 정책결정 · 정책집행 · 정책통제로 나눌 것을 주장했다. 뢰벤슈타인은 정책통제 기능이 국가의 가장 핵심적인 기능이라고 보았다. 그는 정책통제 장치를 '수직적 통제'와 '수평적 통제'로 구분하고, '수평적 통제'를 다시 '기관간 통제'와 '기관 내 통제'로 나누었다. (1) 수직적 통제는 '연방정부와 주정부간의 상호통제', '중앙정부와 지방자치단체간의 상호통제' 등을 말한다. (2) 수평적 통제 중 '기관간 통제'는 의회 · 정부 · 법원 상호간의 통제를 말하고, '기관 내 통제'는 '의회 내에서 상 · 하원의 상호통제', '집행부 내에서 각 부서에 의한 상호통제' 등을 말한다. 7. **우리 헌법에서의 권력분립** 역사적으로는 제2공화국 헌법 이외에는 모두 대통령제를 채택하였고, 주로 집행부우위적 경향을 보였다. 특히 제1공화국의 이승만정부는 뢰벤슈타인에 의해 집행부우위의 전형적인 신대통령제로 지적되었으며, 제4공화국 헌법은 대통령의 절대우위를 규정한 집행부우위를 표방하고 있었다. 현행 헌법은 입법권 · 행정권 · 사법권을 각각 국회, 대통령을 수반으로 하는 정부, 법원에 귀속시키고 있다(헌법 제40조; 제66조; 제101조). 또한 삼권의 견제와 균형 및 권력통제를 위한 장치로서 다음과 같은 내용을 규정하고 있다. **국회와 정부 사이의 상호견제제도**로서, 첫째, 헌법상 국회의 대정부 견제장치로, 행정각부의 설치 · 조직 및 직무범위에 관한 입법권(제96조), 대법원장임명에 대한 동의권(제104조 제1항), 국무총리임명에 대한 동의권(제86조 제1항), 대법관임명에 대한 동의권(제104조 제2항), 국무총리 · 국무위원 해임건의권(제63조), 대통령 기타 고위 공무원에 대한 탄핵소추권(제65조), 예산안의결권(제54조), 중요조약의 체결 · 비준동의권(제60조 제1항), 국정감사 · 조사권(제61조), 선전포고 기타 군사상 외교행위에 대한 동의권(제60조 제2항), 대통령의 긴급명령 · 긴급재정경제명령에 대한 승인권(제76조), 계엄해제요구권(제77조 제5항), 대통령의 일반사면에 대한 동의권(제79조 제2항), 국무총리 · 국무위원 · 정부위원에 대한 출석답변요구권(제62조) 등이 있다. 둘째, 헌법상 정부의 대국회 견제장치로, 임시회 요구권(제47조), 법률안거부권(제53조), 국회출석발언권(제62, 81조), 긴급명령권 및 긴급재정경제명령권(제76조), 계엄선포권(제77조), 중요정책에 관한 사항의 국민투표회부권(제72조), 헌법개정안 발의권(제128조) 등이 있다. **국회와 법원 사이의 견제제도**로서, 첫째, 국회의 법원에 대한 견제장치로, 대법원장 · 대법관임명동의권(제104조 제1 · 2항), 법원의 조직에 관한 입법권(제102조 제3항), 법원예산안의결권(제54조) 등을 통해 법원을 견제하고, 둘째, 법원의 대국회 견제장치로, 선거재판권과 위헌법률심판제청권(제107조 제1항) 등으로 국회를 견제할 수 있다. **정부와 법원 사이의 견제제도**로서, 첫째, 정부의 법원에 대한 견제장치로, 대통령의 대법원장 · 대법관임명권(제104조 제1 · 2항), 법원예산안편성권(제54조), 사면권(제79조), 계엄선포권(제77조) 등으로 법원을 견제하고, 둘째, 법원의 대정부 견제장치로, 대법관임명에 대한 대법원장의 제청권(제104조 제2항), 행정재판권과 명령 · 규칙 · 처분에 대한 위헌 · 위법 심사권(제107조)을 통해 정부를 견제한다. 특히 헌법재판기관인 **헌법재판소**는 현대국가에서 사법부의 확대 · 강화를 보여주는 것으로, 사법부의 대외적 측면에서는 입법부와 집행부에 대하여 그리고 대내적으로는 법원에 대하여도 일정한 견제역할을 하고 있어 권력분립의 중요한 요소로 이해되고 있다. 헌법재판소의 구성의 측면에서 헌법재판소 재판관(9인)은 대통령이 임명하되, 3인은 국회에서 선출하는 사람을, 3인은 대법원장이 지명하는 사람을 임명해야 한다(제111조 제2 · 3항). 이것은 헌법재판소에 대한 국회 · 정부 · 법원의 견제권을 인정한다는 의미와 함께, 국회 · 정부 · 법원 상호간의 견제장치로서의 의미도 갖는다. 헌법재판소장은 대통령이 임명하되 국회의 동의를 얻도록 하였다(제111조 제4항). 헌법재판소는 국회 · 정부와의 관계에서도 헌법재판 관할사항을 통해 국회와 정부를 견제한다(제111조 제1항). 정부는 헌법재판소 재판관 및 헌법재판소장 임명권과 헌법재판소 예산안편성권 등을 통해 헌법재판소를 견제하고, 국회는 헌법재판소예산안에 대한 의결권(제54조), 헌법재판소의 조직 · 운영에 관한 입법권(제113조 제3항) 등으로 헌법재판소를 견제할 수 있다. **헌법재판소와 법원의 관계**에서는, 법원의 재판에 대한 헌법소원을 인정하지 않으므로(헌법재판소법 제68조 제1항), 법원의 재판에 대하여는 본격적인 견제장치가 없다. 다만, 소송당사자가 법원에 위헌법률심판의 제청신청을 하여 기각된 경우에 헌법소원심판을 청구할 수 있도록 하여 법원을 견제할 수 있는 길을 열어놓았다(헌법재판소법 제68조 제2항). 법원은 헌법재판소 재판관 3인을 지명하는 것 외에 헌법재판소에 대한 특별한 견제장치를 가지고 있지 않다. 헌법재판소가 법률(헌법재판소법)의 명시적 근거 없이 하는 한정위헌 · 한정합헌 결정에 대해, 법원이 그것을 위헌결정으로 인정하지 않고 당해 법률조항을 그대로 적용해 재판함으로써 헌법재판소에 대한 견제를 시도한 바 있었으나, 법원의 그러한 재판은 결국 헌법소원을 통해 취소되므로 견제의 방법이 되지 못한다(➜ 재판소원). 현행헌법상 권력간 견제제도는 **이 외에도**, 선거관리기능의 독립, 지방자치제, 기관 내부 권력통제(공무원제도, 감사제도, 심급제도, 임기제도) 등이 규정되어 있다.

권력분점론權力分占論 국가권력을 둘 혹은 더 이상의 다수의 정치세력에게 나누어 갖게 하는 권력이론. 권력분립이론도 제도화된 권력분점이론의 일종이다. 정부형태에 따라 권력을 분점하는 양상도 상이하게 나타난다. 대통령제 또는 이원정부제하에서 대통령의 소속정당과 의회의 다수파가 일치하지 않는 경우에 분점정부라고 하기도 한다. ➜ 분점정부.

권력權力**에의 의지**意志 ㊈ will to power, ㊀ Wille zur Macht. ㊊ volonté de pouvoir. 아들러(A. Adler)에 의해 기초가 정립된 개념의 하나로서, 인간의 행동에 동기를 부여하고 있는 원천을 권력에 대한 의지라고 말한다. 아들러는 이 용어를 니체(Nietzsche)에게서 차용하였다. 아들러는 열등감을 기반으로 인간행동을 이해하려고 했는데 그 열등감에서 생기는 불만감을 극복하는 보상행동으로서 자신의 나약함을 극복하는 힘 · 지배력 · 우월성을 추구하는 「권력의지」를 볼 수 있다고 했다. 헌법학적 관점에서는, 통치자가 권력으로 규범과 국민의 합의를 부정하고 입헌주의를 배제하려는 「권력에의 의지」에 대항하여, 헌법제정권력자인 국민이 갖는 헌법을 수호하고 실현하려는 의지인 「헌법에의 의지(Wille zur Verfassung)」 또는 「규범에의 의지(Wille zur Norm)」에 대비하여 사용된다.

권력의 개인화個人化 **= 권력의 인격화**人格化 ㊐ personalization of power, ㊍ Personalisierung der Macht, ㊊ personnalisation du pouvoir. 권력의 개인화는 일응 국가권력을 집권자 개인의 인격과 동일시하고 국가권력을 개인의 권력으로 환치시키는 것을 일컫는 것으로 정의할 수 있다. 뒤르케임(Emile Durkheim)은 권력을 개인적 권력과 제도화된 권력으로 나누고, 민주주의의 발전을 권력의 탈개인화와 제도화로 이해하였다. 또한 민주주의적 사회에서 권력의 개인화를 예외적인 현상으로 간주하였다. 그러나 뒤베르제는 민주사회에서도 권력의 개인화는 예외적인 현상이 아니라 보편적인 현상이며, 권력의 탈개인화가 오히려 예외적인 현상이라고 간주했다. 특히 뒤베르제는 거대 언론과 대중 매체가 정치지도자를 영화배우나 스포츠 스타처럼 다루기 때문에 권력의 개인화는 더욱 더 가시적인 현상이 되고 있다고 판단했다. 그러나 권력의 개인화가 현대 정치의 보편적 현상이 되었다고 해서 개인화된 권력이 정치적 정당성 논란에서 벗어날 수 있는 것은 아니다. 특히 뒤베르제에 따르면, 정치권력의 정당성과 관련하여 더 논란이 되는 것은 '개인의 권력'(povoir personnel)보다는 '개인화된 권력'(pouvoir personnalisé)의 문제였다. 물론 정당성이란 개념은 일종의 신념체계를 의미하기 때문에 어느 사회나 정치체제에서도 정당성에 대한 완전한 합의(consensus)에 도달할 수 있는 것은 아니다. 뒤베르제의 논의에서 중요한 것은 개인화된 권력의 정당성 그 자체에 대한 것보다는 개인의 정당성(légitimité personnelle)이 제도적 정당성(légitimité institutionnelle)으로 대체되고 있으며, 권력의 개인화에 있어서 제도의 역할, 즉 '제도화된 개인화(personnalisation institutionnalisée)'의 중요성이 분명히 강조되고 있다는 점이다. 즉 개인화된 권력이 민주적이냐 비민주적이냐의 문제는 전적으로 제도화의 문제와 관련되어 있다는 점이다. 우리나라의 경우, 유신헌법상의 대통령의 지위가 모든 국가권력을 장악하는 권력집중적 구조를 갖고 있었는데, 이에 대해 헌법학자들은 권력의 행사가 대통령 1인에게 집중되는 것이 권력의 제도적 운영을 요구하는 민주주의의 흐름에 위배된다는 점을 부인하지 않으면서도, 권력의 개인화를 역사적 필연으로 인정하고 있었다. 그러나 민주주의의 제도는 본질적으로 권력자의 전제적 권력을 제한함으로써 국민의 의사에 따르게 하는 데에 목적을 두고 있다. 따라서 권력의 개인화는 그 정의상 제도화와 반대되는 개념일 수밖에 없다. 즉 민주주의는 법과 제도가 권력자를 통제할 경우 제도화되는 것이고, 권력자가 법과 제도를 무시할 경우 개인화되는 것이다. 유신헌법은 그 제정과정에서부터 기존의 헌정질서를 부정하는 것에서 시작되었고, 헌법상의 권력구조 역시 대통령의 권력에 대한 효과적인 통제를 제한하고 있다는 점에서 개인화된 권력의 창출을 지향하고 있으며, 반대로 정당간의 민주적인 협의와 토론의 과정은 원천적으로 봉쇄된 비대칭적 구조를 띠게 되었다. 이 점에서 민주적으로 제도화된 권력을 담당하는 개인에 대해 관심을 집중한다는 의미에서의 권력의 개인화를 말하는 뒤베르제의 주장은 박정희의 '권력의 개인화'를 필연적인 현상으로 이해하고 권력의 독재화 경향을 정당화하는 유신시대 헌법학자들의 논의와 분명히 구별된다.

권력적 국가작용權力的 國家作用 권력적 국가작용은 국가기관이 우월한 지위에서 명령과 같은 형식으로 강제력을 행사하는 것을 말한다. ➜ 국가작용.

권력적 사실행위權力的 事實行爲 ➜ 사실행위.

권력적 행정조사權力的行政調査 행정조사란 행정기관이 정책을 결정하거나 직무를 수행하는 데 필요한 정보나 자료를 수집하기 위하여 현장조사·문서열람·시료채취 등을 하거나 조사대상자에게 보고요구·자료제출요구 및 출석·진술요구를 행하는 활동을 말한다. 행정조사 중에 강제적 조사방법을 수반하는 경우를 권력적 행정조사라 한다. 권력적 행정조사의 경우 영장주의가 적용되는지가 문제된다. 행정상 즉시강제와는 달리 영장을 발부받을 충분한 시간적 여유가 있으므로, 원칙적으로 영장주의가 적용된다. 다만, 긴급한 상황 아래에서 영장을 발부받을 충분한 시간적 여유가 없거나 행정조사의 목적을 달성할 수 없는 경우에는 예외가 인정된다.

권력집중형 정부형태權力集中型 政府形態 정부형태의 분류에서 권력을 분산하는 권력분산형 정부형태와 권력을 집중하는 권력집중형 정부형태로 분류하는 견해가 있다. 권력집중형 정부형태는 역사적으로 전체주의와 권위주의 정부의 정부형태에서 나타나는 것이다. 특히 사회주의 국가들이 민주집중제 정부형태를 표방하고 있는바, 이는 권력집중형 정부형태에 다르지 않다. ➜ 정부형태.

권력통제규범 국가권력을 제한하고 합리화시킴으로써 정치적 생활질서를 보장하는 규범으로서 헌법이 가지는 특성 중의 하나이다. 입헌주의 초기에는 국민소환, 국민발안, 중요정책에 대한 국민투표 등을 통한 직접적 권력통제가 중요하였으나, 오늘날의 대의제민주주의 국가에서는 간접적인 권력통제의 수단이 제도화되어 있다. 즉, 헌법적 수권에 의하여 국가권력을 담당하는 국가기관들 사이에 견제와 감시를 통해 특정 국가기관의 권력남용이나 과잉권력행사를 방지하는 것이다. 권력분립원리가 가장 대표적인 헌법상의 권력통제규범이다. ➜ 권력분립론.

권력통합주의權力統合主義 모든 사회적 및 국가적 권력을 하나로 통합할 것을 지향하는 원리. 서구의 근대사회 이전의 절대군주제, 동양의 전제군주제 등에서 모든 국가권력이 하나로 통합되어 있었다. 사회주의 내지 공산주의 이론에 따른 국가관에서는 노동자·농민(proletariat)이 주권자이고 이들의 의사는 당(黨)이 독점하여 행사한다고 본다. 따라서 모든 국가권력은 당의 의사에 종속하며 하나의 통합된 권력으로 나타난다. 권력분립원리를 채택하는 나라에서도 분립된 권력이 형해화하는 경우에는 권력통합 현상이 나타난다. 예컨대, 우리나라의 유신헌법은 외형상 권력분립이 보장되었으나, 실질적으로는 행정부 수반인 대통령에게 모든 권력이 집중되어 있었으므로 사실상 권력통합주의 헌법이었다고 할 수 있다. ➜ 유신헌법.

권리구제형 헌법소원심판權利救濟型 憲法訴願審判 헌법재판소법 제68조에서는 권리구제형 헌법소원과 위헌심사형 헌법소원을 규정하고 있다. 즉, 동조 제1항은 「공권력의 행사 또는 불행사로 인하여 헌법상 보장된 기본권을 침해받은 자는 법원의 재판을 제외하고는 헌법재판소에 헌법소원심판을 청구할 수 있다. 다만, 다른 법률에 구제절차가 있는 경우에는 그 절차를 모두 거친 후에 청구할 수 있다.」고 규정하고 있다. 이 헌법소원이 본래의 헌법소원이라고 할 수 있는 권리구제형 헌법소원이다. 제1종 헌법소원심판사건이라고 한다. ➜ 헌법소원심판.

권리론權利論 ㉳ theory of rights, ㉯ Theorie der Rechte. 기본권은 법적 권리의 일종이며, 그 본질과 속성을 구명하기 위해서는 권리(rights; Rechte)에 대한 해명이 필요하다. 권리에 관한 논의는 1913년 W. N. Hohfeld, “Some Fundamental Legal Conceptions as Applied in Judicial Reasoning,” in: Yale

Law Journal 23(1913), pp. 16-59에서 비롯되었다고 말해진다. Hohfeld는 법적 추론과 법학에서 '권리'라는 개념이 엄밀하게 구분되지 않은 채, '법적인 청구', '법적인 자유'(legal privilege; legal liberty), '법적인 권능'(legal power), 그리고 '법적인 면책'(legal immunity)을 지칭하는 혼용된 개념으로 사용되고 있다고 지적하면서 이러한 권리개념의 애매함과 불분명함이 종종 잘못된 법적 추론과 결론으로 이어진다고 주장하였다. Hohfeld에 따르면, 請求權은 타인을 향한 적극적인 요구 주장이며, 自由權은 타인의 請求權으로부터의 자유이다. 權能은 타인의 기존 법률관계에 대한 적극적인 '處分力'이며, 免責은 어떤 법률관계에 대한 것으로서 타인의 '처분력'으로부터의 자유이다. Hohfeld의 권리론은 독일에서 전개된 양대 권리론, 즉, 이익설 및 의사설과 결합하면서 법철학 영역에서 이론적 발전을 모색하고 있다.

권리 · 권한 · 권능 · 권원權利 · 權限 · 權能 · 權原 ㊎ right · authority · competence · title. 권리(right)는 '일정한 법적 이익을 위하여 법이 인정하는 힘'으로 정의되며, 권한(authority)은 '타인을 위해 일정한 법률효과를 발생하게 하는 행위를 할 수 있는 법률상의 자격'을 의미하고, 권능(compentence)은 '권리의 내용을 이루는 개개의 법률상의 힘'을 의미하며, 권원(title)은 '일정한 법률상 혹은 사실상의 행위를 하는 것을 정당화시키는 원인'을 의미한다. 맥락에 따라 혼용되기도 하지만 정확히 구분하여 사용할 필요가 있다.

권리보호權利保護**의 이익**利益 ㉯ Rechtsschutzinteresse. ➜ 헌법소원심판.

권리장전權利章典 ㊎ Bill of Rights. 일반적으로 개인이 가지는 기본적인 권리들을 문서화한 것을 일컫는 것으로, 근대사회에서 천부인권설이 확립되면서, 인간의 천부적인 권리 또는 자연권을 법제화한 것을 말한다. 영국의 권리장전(1689), 미국의 권리장전(1789), 프랑스 인권선언(1789), UN의 인권선언(1948) 등을 권리장전이라 할 수 있으며, 대부분의 국가들은 헌법에 기본적인 권리 목록을 규정하고 있고 이를 권리장전이라 할 수 있다. 통상 명예혁명 후 영국의 권리장전이나 미국의 수정헌법상의 권리장전을 일컫기도 한다.

권리청원權利請願 ㊎ petition of rights, ㉯ Petition von Rechten, ㉰ pétition de droits. 1628년 스페인과의 전쟁 비용을 조달하기 위하여 찰스 1세가 의회를 소집하자, 의회는 강제공채와 불법투옥 문제를 둘러싸고 왕과 대립을 하게 되었고, 하원의원이었던 E.쿠크 등이 중심이 되어 국왕에게 청원이라는 형식으로 권리선언을 한 것이 곧 권리청원이다. 역사적으로 보면 주권이 국왕으로부터 의회로 옮겨지는 계기가 되었다. 마그나카르타, 권리장전과 함께 영국 헌법의 중요문서이다. 권리청원 승인 이후에도 찰스 1세는 국정을 독단적으로 운영하였으며, 1629년 의회를 해산함과 동시에 의회의 지도자를 투옥한 뒤 11년간 의회를 소집하지 않고 전제정치를 하였다. 이것이 청교도혁명의 직접적인 원인이 되었다.

권리포기權利抛棄**의 이론** ➜ 프라이버시권.

권승렬안權承烈案 미군정기 당시 헌법제정을 위하여 제헌국회의 헌법기초위원회에서 유진오박사와 행정연구회가 합작하여 작성한 「유진오 · 행정연구위원회 합작안」을 주축안으로 하고, 「권승렬안」을 참고로 하여 심의를 진행하였다. 「권승렬안」은 「유진오사안」을 토대로 약간의 수정을 가한 것이라는 견해와 법조계 내부의 인사들에 의해 만들어진 안이라는 견해가 있다. 내용적으로는 유진오안과 어느 정도 차이가 있고, 대한민국임시정부헌법들을 많이 참고하였다는 점, 미국식 발상이 많이 엿보인다는 점, 당시의 특수한 시대적 요구와 현실을 반영하고자 노력한 점 등이 지적되고 있다.

권역별圈域別 **비례대표제 = 권역별**圈域別 **연동형**聯動型 **비례대표제** ⓔ the Regional Party-list Proportional System. 권역별 비례대표제는 말 그대로의 의미에서는 비례대표제를 권역별로 시행한다는 것으로 병립형과 연동형이 모두 가능하다고 할 수 있다(➜ 비례대표제). 그러나 통상적으로는 권역별 비례대표제는 전국을 몇 개의 권역으로 나눈 뒤 인구 비례에 따라 권역별 의석수를 먼저 배정한 뒤 그 의석을 정당투표 득표율에 따라 나누는 것이다. 그리고 권역별 지역구 당선자 수를 제외한 나머지에는 비례대표를 배정하는 방식이다. 즉, 권역별 연동형 비례대표제와 동일한 의미로 사용된다.

권위주의체제權威主義體制 ⓔ authoritarian regimes, ⓓ Autoritäre Regime, ⓕ régimes autoritaires. 권위주의체제는 강력한 중앙권력과 제한적인 정치적 자유를 특징으로 하는 정치 형태를 지칭한다. 정치학적 · 형식적으로는 민주주의적인 의회제를 취하면서 일부의 집단이 독재적인 힘을 가지고 의회나 국민을 무시하고 지배권을 행사하려는 국가를 권위주의체제 국가라고 한다. 민주주의 체제의 대척점으로 본다. 다만 전체주의 체제에 비하면 강도가 비교적 약한 것으로 이해된다. 정치학자 후안 린즈(Juan Linz)는 권위주의(Authoritarianism) 정체를 4가지 특성을 사용하여 정의했는데 그 내용은 다음과 같다. 첫째, 정치적 다원성(plurality)의 제약: 입법부, 정당, 이해집단 등에 대한 정권 차원에서의 제약을 가하는 경우, 둘째, 감정(emotion)에 기초한 정통성(legitimacy) 기반: 특히 내란이나 저개발 등 쉽게 식별될 수 있는 사회 문제에 맞서 싸우기 위한 방편으로써 정권을 필요악으로 간주할 때, 셋째, 극소한(minimal)의 사회적 동원: 대개 반정권 활동이나 정치적 적수의 억압 등에 의해 야기, 넷째, 비공식성(informality): 그 정체가 모호하거나 변하기 쉬운 행정부 등을 지적하고 있다.

권한고권權限高權 자주조직권(自主組織權), 대내고권(對內高權)이라고도 한다. ➜ 주권.

권한대행權限代行 1. **의의** 권한대행은 공법상(公法上) 어떤 국가기관 또는 국가기관의 구성원의 권한을 다른 국가기관이나 국가기관의 구성원이 대행하는 것을 말한다. 모든 국가기관은 자신에게 부여된 권한을 스스로 행사해야 하는 것이 원칙이지만, 여러 사유로 인하여 스스로가 국법이 부여한 권한을 행사할 수 없는 경우가 발생할 수 있다. 이에 대비하여 헌법과 법률은 권한대행의 성립사유 · 권한대행자 등 권한대행과 관련한 규정을 마련하고 있다. 현행 헌법은 대통령 권한대행의 성립사유와 권한대행자에 관하여 제71조에서 규정을 하고 있을 뿐 다른 헌법기관의 권한대행과 관련해서는 규정하고 있지 않다. 오늘날 인사청문회제도 등의 인사검증제도로 인해 헌법기관의 임명과 관련한 제도와 환경에 변화가 있어서 헌법기관의 임명이 지체되는 경우에 대통령 외의 다른 헌법기관의 권한대행에 대해서도 논의를 할 필요가 있다. 특히 권한대행체제 아래에서 헌법기관 권한대행자의 직무범위가 어디까지 미치는지 그리고 어느 범위까지 권한을 행사할 수 있는지 등에 관하여 논의되어야 한다. 2. **헌법기관 권한대행의 직무범위** 1) **논의의 필요성** 인사청문회제도의 도입에 따른 헌법기관 구성에 장시간이 소요되는 경우 필연적으로 권한대행체제의 기간도 비례하여 길어질 수밖에 없다. 장기간에 걸친 권한대행체제 아래에서 헌법기관 권한대행이 어느 범위까지 직무대행의 권한을 행사할 수 있는가 하는 문제는 상당히 중요하고 헌법기관 권한대행의 직무범위를 명확히 하는 작업의 필요성이 요청된다. 2) **대통령과 다른 헌법기관 권한대행을 구별할 필요성** 첫째, 대통령 권한대행의 경우에는 그 근거가 헌법에 직접 규정되어 있으나, 다른 권한대행은 헌법상 규정이 없다. 둘째, 대통령을 제외한 기타의 헌법기관 권한대행의 경우에는 헌법상 근거는 존재하지 아니하고 단지 법률에서 그 권한대행에 대하여 규정하고 있다. 국무총리의 경우에는 정부조직법 제22조가, 대법원장의 경우에는 법원조직법 제13조 제3항이, 감사원장의 경우에는 감사원법 제4조 제3항이, 헌법재판소장의 경우에는 헌법재판소법 제12조 제4항이 각각 권한대행에 대하여 규정하고 있다. 그러므로 권한대행의 직무범위가 어디까지 미치느냐를 논의함에 있어서는 헌법상의 근거를 가진 대통령 권한대행과 법률상의 근거만을 가진 기타 헌법기관의 권한대행은 구분하여 논의를 진행할 필요가 있다. 3. **대통령 권한대행의 직무범위** ➜ 대통령권한대행. 4. **대통령 이외의 헌법기관 권한대행의 직무범위** 대통령 이외의 헌법기관 권한대행의 직무범위가 문제되는 경우로는 국무총리, 감사원장, 대법원장, 헌법재판소장 등을 들 수 있다. 이들 헌법기관이 문제되는 이유는 이들 헌법기관의 권한대행이 헌법상의 근거에 기초하지 않고 법률적 근거에 기초해서 성립되기 때문이다. 법률상 근거에 기초한 헌법기관 권한대행이 피권한대행기관이 본래 가지는 헌법상의 권한을 아무런 제한 없이 행사할 수 있는가 하는 문제가 제기된다. 법률상의 권한대행의 경우 피권한대행기관이 가지는 헌법상의 권한은 원칙적으로 행사할 수 없다고 해석하는 것이 타당하다. 국무총리 권한대행의 경우에는 국무총리의 헌법상 지위와 우리 헌법에서 국무총리가 가지는 독특한 성격 및 행정권의 수반인 대통령의 건재 등을 고려한다면 비록 국무총리 권한대행의 헌법상 근거는 없지만 권한대행이 국무총리의 헌법상 권한을 행사할 수 있다고 보는 것이 타당하다. 감사원장 권한대행의 경우 행사할 수 있는 헌법상 권한으로 가장 문제되는 것은 감사위원 임명제청권이라 할 수 있다. 감사원의 경우 직무수행과 관련해서는 고도의 독립성이 요구된다는 점, 감사원은 합의제 헌법기관이라는 점을 고려할 때 감사원장 직무대행이 감사위원 임명제청권을 행사한다는 것은 헌법 정신과 부합하지 않는다. 따라서 감사원장 직무대행은 감사위원 임명제청권을 행사할 수 없다고 봄이 타당하다. 대법원장의 경우에도 여러 가지 헌법상의 권한을 보유하지만 권한대행과 관련하여 가장 문제가 되는 것은 대법관 임명제청권이다. 대법원장 권한대행이 헌법에 규정된 대법관 임명제청권을 행사하는 것은 타당하지 않다. 5. **대통령 권한대행과 관련한 쟁점** ➜ 대통령권한대행.

권한분쟁權限紛爭 지방자치단체를 포함하는 국가기관들이 가진 각각의 권한 사이에 다툼이나 충돌이 있는 경우를 말한다. 이를 해결하는 방법으로 행정부 내에는 국무회의의 조정기능이 있고(헌법 제89조 제10호), 국가기관 상호간, 국가기관과 지방자치단체 간 및 지방자치단체 상호간의 권한분쟁은 헌법재판소가 관장한다. ➜ 권한쟁의심판.

권한쟁의심판權限爭議審判 [영] jurisdictional dispute/conflict of jurisdiction, [독] Zuständigkeitsstreit/Kompentenzkonflikt/Kompetenzstreitigkeit/Organstreitigkeit, [프] conflit de compétence/conflit de jurisdictions. 1. **의의** 1) **의의** 권한쟁의심판은 국가기관 상호간 또는 국가기관과 지방자치단체 간 그리고 지방자치단체 상호간에 헌법과 법률에 의한 권한과 의무의 범위와 내용에 관하여 다툼이 있

는 경우 헌법소송을 통하여 이를 유권적으로 심판함으로써 국가기능의 수행을 원활히 하고, 국가기관 및 지방자치단체 상호간의 견제와 균형을 유지시켜 헌법이 정한 권능질서의 규범적 효력을 보호하기 위한 제도이다(헌재 2010.12.28. 2009헌라2). 현행헌법 제111조 제1항 제4호는 「국가기관 상호간, 국가기관과 지방자치단체 간 및 지방자치단체 상호간의 권한쟁의에 관한 심판」을 헌법재판소의 관할사항으로 정하고 있다. 헌법재판소법 제61조 제1항은 국가기관 상호간, 국가기관과 지방자치단체 간 및 지방자치단체 상호간에 권한의 존부 또는 범위에 관하여 다툼이 있을 때 당해 국가기관 또는 지방자치단체는 헌법재판소에 권한쟁의심판을 청구할 수 있다고 규정하고, 같은 조 제2항은 권한쟁의심판청구는 피청구인의 처분 또는 부작위가 헌법 또는 법률에 의하여 부여받은 청구인의 권한을 침해하였거나 침해할 현저한 위험이 있는 때에 한하여 할 수 있다고 규정하고 있다. 여기에서 권한이란 주관적 권리의무가 아니라 국가나 지방자치단체 등 공법인 또는 그 기관이 헌법 또는 법률에 의하여 부여되어 법적으로 유효한 행위를 할 수 있는 능력 또는 그 범위를 말한다(헌재 2010.12.28. 2009헌라2). 따라서 권한쟁의심판은 개인의 주관적 권리보호를 목적으로 하는 것이 아니라 헌법질서를 수호·유지하기 위한 객관적 소송이다. 아울러 권한쟁의를 통하여 국가와 자치단체 간의 수직적 권력통제와 국가기관 및 자치단체 상호간의 수평적 권력통제를 실현하여 안정된 국가질서의 유지와 형성에 기여하게 된다. 2) **종류** 헌법재판소법 제62조는 권한쟁의심판의 종류로서, ⅰ) 국가기관 상호간의 권한쟁의심판(국회, 정부, 법원 및 중앙선거관리위원회 상호간의 권한쟁의심판), ⅱ) 국가기관과 지방자치단체 간의 권한쟁의심판(정부와 특별시·광역시·특별자치시·도 또는 특별자치도 간의 권한쟁의심판, 정부와 시·군 또는 지방자치단체인 구 간의 권한쟁의심판), ⅲ) 지방자치단체 상호간의 권한쟁의심판(특별시·광역시·특별자치시·도 또는 특별자치도 상호간의 권한쟁의심판, 시·군 또는 자치구 상호간의 권한쟁의심판, 특별시·광역시·특별자치시·도 또는 특별자치도와 시·군 또는 자치구 간의 권한쟁의심판)을 세 종류로 규정하고, 지방교육자치에 관한 사무의 경우 교육감이 당사자로 되도록 규정하고 있다(동조 제2항). 교육감과 해당 지방자치단체간 권한쟁의심판은 상이한 권리주체가 아니므로 권한쟁의심판청구가 허용되지 아니한다(헌재 2016.6.30. 2014헌라1). 국민은 권한쟁의심판의 당사자가 될 수 없다(헌재 2017.5.25. 2016헌라2). 다만, 행정소송법상 민중소송의 가능성은 있다(행정소송법 제3조 제3호 참조). 행정각부 상호간의 권한획정은 국무회의의 심의사항으로, 심의결과에 불복할 경우 권한쟁의가 가능하다는 견해가 있으나, 대통령과 국무총리에 의하여 조정될 것이므로, 허용되지 않는다고 봄이 타당하다. 3) **권한쟁의심판과 행정쟁송** (1) **상호관계** 헌법재판소의 권한쟁의심판과 행정상 쟁송은 공법상 쟁송으로서의 성격을 가지는 것으로 상호 중첩적인 부분이 있고 그에 따라 관할상 충돌의 여지가 있다. (2) **권한쟁의심판과 기관소송** 행정소송법 제3조 제4호는 국가 또는 공공단체의 기관상호간에 있어서의 권한의 존부 또는 그 행사에 관한 다툼이 있을 때에 이에 대하여 제기하는 소송으로 기관소송을 규정하고, 다만, 헌법재판소법 제2조의 규정에 의하여 헌법재판소의 관장사항으로 되는 소송은 제외하는 것으로 하고 있다. 따라서 권한쟁의심판과 기관소송은 관할충돌의 문제는 발생하지 아니한다(➜ 기관소송). (3) **권한쟁의심판과 지방자치법상의 소송**(➜ 지방자치법상의 소송) ① 매립지소송 지방자치법은

2009.4.의 법개정을 통해 공유수면매립지귀속 지방자치단체결정에 대하여 대법원에 소송을 제기할 수 있게 하고 있다(지방자치법 제5조). 이에 대해 위헌 주장이 있고, 동 규정이 있음에도 불구하고 권한쟁의심판이 가능하다는 견해가 있고, 실제로 헌법재판소에서도 공개변론이 열리기도 하였다(2015헌라3). ② 상급기관의 시정명령 이의소송(지방자치법 제188조 제6항)은 대법원에 대한 소제기와 헌법재판소의 권한쟁의심판청구가 가능하다. 이 규정이 위헌이라는 주장도 있다. ③ 위임사무에 관한 위임 행정청의 직무이행명령에 대해 지방자치단체장이 제소할 수 있도록 한 규정(지방자치법 제189조)은, 위임사무에 대해서는 지방자치단체(장)의 권한쟁의심판 청구가 인정되지 않음을 고려할 때 위임 행정청의 감독권 행사의 적법성을 확보하기 위해 필요하다. 기관소송으로서의 성격을 가진다. (4) **권한쟁의심판과 항고소송** 권한쟁의심판권은 헌법상의 권한분쟁 뿐만 아니라 법률상의 권한분쟁도 포함한다. 행정소송법상 법원은 공법상의 분쟁에 대하여 행정재판권을 행사할 수 있고, 따라서 헌법재판소의 권한쟁의심판권과 법원의 행정재판권이 충돌할 수도 있다. 상급기관의 처분이 법령에 위반된다고 여길 경우, 자치단체는 항고소송의 원고가 될 수 있으므로 자치단체는 국가(상급 자치단체)의 처분이 법령에 위반됨을 이유로 항고소송을 제기하거나 또는 국가(상급 자치단체)의 처분이 자치단체의 권한을 침해한 것으로 보아 권한쟁의심판을 청구할 수 있기 때문이다. 이 경우 권한쟁의심판과 행정소송이 중복되나, 헌법조문에 따라 헌법재판소의 관할로 보아야 한다. **2. 심판청구요건** 1) **청구권자** (1) **청구권자의 범위** 권한쟁의심판 청구기관은 국가기관 또는 지방자치단체이다. 국가기관이라 함은 국가의사형성에 참여하여 국법질서에 대하여 일정한 권한을 누리는 헌법상의 지위와 조직을 말한다. 국가인권위원회와 같이, 법률에 근거한 국가기관의 경우에는 권한쟁의심판의 당사자능력이 인정되지 아니한다(헌재 2010.10.28. 2009헌라6). 헌법재판소법은 국가기관 상호간의 권한쟁의심판을 '국회 · 정부 · 법원 및 중앙선거관리위원회 상호간의 권한쟁의심판'으로 규정한다(제62조 제1항 제1호). 헌법재판소 초기에는 이 조항을 열거조항으로 이해하여 좁게 해석하였다(헌재 1995.2.23. 90헌라1). 즉, 국회와 정부, 국회와 법원, 국회와 중앙선거관리위원회, 정부와 법원, 정부와 중앙선거관리위원회 등등 법률에서 열거된 기관들 사이에만 권한쟁의심판이 가능한 것으로 해석하고, 각 기관 내부의 구성부분들 상호간에는 권한쟁의가 허용되지 않는 것으로 해석한 것이다. 그러나 각 국가기관 내부의 구성부분들 사이에도 권한쟁의를 허용하는 독일의 예에 비추어 바람직하지 않다는 비판에 따라, 헌법재판소는 이 규정을 열거조항이 아닌 예시조항으로 보아 특히, 국회에서 **국회의장과 국회의원 사이의 권한쟁의심판**을 적법하다고 하였다(헌재 1997.7.16. 96헌라2). 이에 따라 국회의장과 국회의원 사이, 국회의 위원회와 국회의장 사이, 국회의원과 국회 상임위원회 위원장 사이 등 권한을 가진 자가 독립한 헌법기관으로서의 지위를 가지는 경우에는 권한쟁의심판 청구가 가능하다. 이 경우 당해 권한을 가진 자가 피청구인적격이 있는 자이다. 예컨대, 법률제 · 개정행위의 과정에서 소관 상임위원회의 권한에 관한 사항인 경우에는, 국회의장이 아니라 소관상임위원회의 위원장을 상대로 청구하여야 하며(헌재 2010.12.28. 2008헌라7), 법률제 · 개정행위 자체를 다투는 권한쟁의심판의 경우, 국회의장이나 소관 상임위원회 위원장이 아니라 국회를 상대로 하여야 한다(헌재 2016.5.26. 2015헌라1). 소위원회 및 그 위원장은 헌법에 의하여 설치된 국가기관이라

볼 수 없고, 따라서 권한쟁의심판의 청구인 능력이 인정되지 아니한다(헌재 2020.5.27. 2019헌라4). 한 국가기관의 구성부분인 개별 국가기관이 가진 권한은 대내적인 관계에서 침해가능할 뿐 다른 국가기관과의 대외적인 관계에서는 침해될 수 없다. 예컨대, 대통령이 국회의 동의없이 조약을 체결·비준하였다고 하더라도 국회의 구성부분인 국회의원의 심의·표결권이 침해될 수는 없다(헌재 2007.7.26. 2005헌라8; 2008.1.17. 2005헌라10). 이 경우, 다른 수단을 통하여 동의없는 조약 자체의 효력을 다툴 수 있을 뿐이다. 법무부장관은 국회의 입법행위와 관련하여 권한쟁의심판의 청구인적격을 갖지 않는다(헌재 2023.3.23. 2022헌라4). 국가기관과 지방자치단체 간의 권한쟁의심판에서도 헌법재판소법은 국가기관을 정부라고만 규정하고 있지만(제62조 제1항 제2호), 이를 예시적으로 보아 넓은 의미의 정부(국회·법원 포함) 혹은 독자적 권한을 가진 그 구성부분이 당사자로 될 수 있다. 다만, 지방자치단체 상호간의 경우(제62조 제1항 제3호)에는 이를 예시적으로 해석할 필요성 및 법적 근거가 없다는 입장이다(헌재 2016.6.30. 2014헌라1). 제62조 제2항에서 교육감을 당사자로 한 것은 지방자치단체 내부관계가 아니라 국가기관 혹은 다른 지방자치단체와 권한쟁의를 다툴 경우에 당해 지방자치단체가 아니라 교육감이 당사자로 되는 것을 규정한 것이다. 국가기관과 지방자치단체간의 권한쟁의심판에는 정부와 특별시·광역시·도 및 시·군·자치구가 청구권자가 된다. 지방자치단체 상호간의 권한쟁의심판에는 특별시·광역시·도 및 시·군·자치구가 청구권자가 된다. 지방의회의원과 지방의회의 장 간의 권한쟁의심판은 헌법재판소가 관장하는 권한쟁의에 속하지 아니한다(헌재 2010.4.29. 2009헌라11). 지방자치단체의 장은 국가위임사무에 대해 국가기관의 지위에서 처분을 행한 경우에 권한쟁의심판청구의 당사자가 될 수 있다(헌재 2006.8.31. 2003헌라1). 지방자치단체는 헌법 또는 법률에 의하여 부여받은 그의 권한, 즉 지방자치단체의 사무에 관한 권한이 침해되거나 침해될 우려가 있는 때에 한하여 권한쟁의심판을 청구할 수 있다(헌법재판소법 제61조 제2항). 기관위임사무는 지방자치단체의 사무가 아니므로 이에 대해 다른 지방자치단체가 제기한 권한쟁의심판은 부적법하다(헌재 2008.12.26. 2005헌라11). 교육감소속 교육장·장학관 등에 대한 징계사무는 기관위임사무로서 국가사무이고 따라서 국가기관인 교육과학기술부장관의 징계의결 요구는 교육감의 권한을 침해한 것으로 볼 수 없다(헌재 2013.12.26. 2012헌라3). (2) **제3자 소송담당** 제3자 소송담당이란 권리관계의 주체가 아닌 자가 자신의 이름으로 타인에 대한 소송을 수행할 수 있는 소송수행권을 보유하는 것을 말한다. 제3자 소송담당은 법률의 규정에 의하여 제3자에게 소송수행권이 인정되는 법정 소송담당과 권리관계 주체가 자신의 의사에 따라 제3자에게 소송수행권을 부여하는 임의적 소송담당으로 구분될 수 있다. 헌법재판에서 제3자 소송담당의 문제는 헌법소원심판과 권한쟁의심판절차를 제외하고는 실질적인 의미가 크지 않다. 권한쟁의심판절차에서 제3자 소송담당 문제는 다수당인 여당이 묵인하고 있는 정부와 국회 간의 권한분쟁을 야당 또는 소수의 개별의원이 권한쟁의심판절차를 청구하는 유형으로 제기된다. 헌법재판소는 헌법재판소법에 명문의 허용규정이 없으며 다수결원리와 의회주의 본질에 반한다는 등의 이유로 제3자 소송담당을 인정하지 않고 있다(헌재 1998.7.14. 98헌라1; 2007.7.26. 2005헌라8; 2008.1.17. 2005헌라10). 그러나 학계에서는 소수자 보호와 권력분립원리의 실현이라는 이유로 이를 인정해야 한다는 의견이 지배적이다. 2)

청구기간 권한쟁의의 심판은 그 사유가 있음을 안 날부터 60일 이내에, 그 사유가 있은 날부터 180일 이내에 청구하여야 하며, 이 기간은 불변기간이다(헌법재판소법 제63조 제1·2항). 사유가 있음을 안 날이라 함은 다른 국가기관 등의 처분에 의하여 자신의 권한이 침해되었다는 사실을 특정할 수 있을 정도로 현실적으로 인식하고 이에 대하여 권한쟁의심판청구를 할 수 있게 된 때를 말하며 그 처분의 내용이 확정적으로 변경될 수 없게 된 것까지 요구하는 것은 아니다(헌재 2007.3.29. 2006헌라7). 불변기간이므로, 청구기간경과 후에는 정당한 사유가 있어야만 청구할 수 있다. 불변기간준수여부는 직권조사사항이다. 3) **청구사유** 심판청구는 피청구인의 처분 또는 부작위가 헌법 또는 법률에 의하여 부여받은 청구인의 권한을 침해하였거나 침해할 현저한 위험이 있는 경우에만 할 수 있다(헌법재판소법 제61조 제2항). '처분'은 입법·행정·사법의 작용을 포함하는 넓은 의미의 공권력의 행사를 의미한다. 피청구인의 부작위를 다투는 경우에는 작위의무가 있어야 한다. 사실행위나 내부적인 행위도 포함하며, 당해 처분으로 말미암아 청구인의 법적 지위에 변화를 가져오는 경우이어야 한다. 권한쟁의심판의 대상이 되는 '권한'은 헌법 또는 법률이 특정한 국가기관에 대하여 부여한 독자적인 권능을 말한다. 따라서 국가기관의 행위일지라도 헌법과 법률에 의하여 부여된 독자적인 권능을 행사하는 경우가 아니라면 국가기관이 그 행위를 함에 있어서 제한을 받더라도 권한을 침해당할 가능성이 없으므로 권한쟁의심판을 청구할 수 없다(헌재 2010.7.29. 2010헌라1). 헌법재판소법은 권한쟁의의 청구사유로서 권한의 침해 또는 그 위험성을 요구하는 적극적 권한쟁의만을 규정하고 자신의 권한이나 의무가 없음을 확인하는 **소극적 권한쟁의**는 명문규정이 없다. 이에 대해 긍정·부정의 견해가 있으나, 입법을 통해 인정할 여지가 있다. 장래 예상되는 처분은 처분이 행해질 가능성이 명확하고 예외적인 경우에 인정될 수 있다(헌재 2004.9.23. 2000헌라2). 국가의 부작위의 경우, 헌법재판소는 초기에는 기각하였으나, 최근에는 부적법각하하고 있다(헌재 2014.3.27. 2012헌라4). 4) **청구서기재사항** 권한쟁의심판의 청구서에는 청구인 또는 청구인이 속한 기관 및 심판수행자 또는 대리인의 표시, 피청구인의 표시, 심판 대상이 되는 피청구인의 처분 또는 부작위, 청구 이유, 그 밖에 필요한 사항을 기재하여야 한다(헌법재판소법 제64조 참조). 5) **심판청구 취하** 권한쟁의심판이 객관적 소송으로서의 성격을 가지지만, 민사소송법 제266조를 준용하여 당사자가 스스로 자유롭게 취하할 수 있다(헌재 2001.6.28. 2000헌라1). 3. **심판절차** 권한쟁의의 심판은 구두변론에 의하며, 재판부가 필요하다고 인정하는 경우에는 변론을 열어 당사자, 이해관계인, 그 밖의 참고인의 진술을 들을 수 있다. 재판부가 변론을 열 때에는 기일을 정하여 당사자와 관계인을 소환하여야 한다(헌법재판소법 제30조 참조). 헌법재판소가 권한쟁의심판의 청구를 받았을 때에는 직권 또는 청구인의 신청에 의하여 종국결정의 선고 시까지 심판 대상이 된 피청구인의 처분의 효력을 정지하는 결정을 할 수 있다(헌법재판소법 제65조)(헌재 1999.3.25. 98헌사98). 4. **심판의 결정** 1) **결정정족수** 권한쟁의의 심판은 재판관 전원으로 구성되는 재판부에서 관장한다(헌법재판소법 제22조 제1항). 재판부는 재판관 7명 이상의 출석으로 사건을 심리하며, 재판부는 종국심리에 관여한 재판관 과반수의 찬성으로 사건에 관한 결정을 한다(헌법재판소법 제23조). 다만, 권한쟁의심판에서 종전에 헌법재판소가 판시한 헌법 또는 법률의 해석 적용에 관한 의견을 변경하는 경우, 재판관 6명 이상의 찬성이 있어야 한다(동조 제2항 제2호). 2) **결정의 내용** 헌법재판소는 심판의 대상이 된 국가기관 또는 지방자치단체의 권한의 유무 또는 범위에 관하여 판단한다. 이 경우에 헌법재판소는 권한침해의 원인이 된 피청구인의 처분을 취소하거나 그 무효를 확인할 수 있고, 헌법재판소가 부작위에 대한 심판청구를 인용하는 결정을 한 때에는 피청구인은 결정 취지에 따른 처분을 하여야 한다(헌법재판소법 제66조). 권한쟁의심판을 통해 법률의 무효를 확인할 경우, 위헌법률심판의 정족수 및 결정의 효력이 준용되는지에 관하여, 헌법재판소는 가결선포행위에 대해서는 위헌이나 무효가 아니라고 하였다(➜ 가결선포행위). 위헌결정과 권한쟁의심판결정이 서로 층위를 달리하는 제도이므로, 절차는 무효로 하되 잠정유효확인이라는 변형결정을 하여야 한다는 견해와, 가결선포행위에 대한 효력정지가처분신청의 방법을 활용하여야 한다는 견해가 있다. 3) **결정의 효력** 헌법재판소의 권한쟁의심판의 결정은 모든 국가기관과 지방자치단체를 기속하며, 국가기관 또는 지방자치단체의 처분을 취소하는 결정은 그 처분의 상대방에 대하여 이미 생긴 효력에 영향을 미치지 아니한다(헌법재판소법 제67조 제1·2항). 즉, 장래효를 가진다. 이 규정은 선의의 제3자를 보호하기 위한 규정이므로, 당해처분의 상대방이 청구인인 경우 법 제67조 제2항은 적용되지 아니한다. 헌법재판소는 입법절차의 흠으로 권한침해를 확인한 인용결정의 기속력에 위헌·위법한 결과의 제거의무까지 포함되는지에 관하여, 4인의 다수의견은 인정하지 않았으며 1인의 소수의견은 이를 인용하여야 한다고 하였다(헌재 2010.11.25. 2009헌라12).

궐위闕位 ➜ 대통령 권한대행.

귀속재산歸屬財産 ⓔ the property devolving upon the State. 이승만 정부가 일제강점기 시기 일본인들이 소유하였다가 패망하면서 남겨두고 간 재산, 즉 귀속재산('적산(敵産)')이라고도 함)을 처리하기 위하여 제정한 귀속재산처리법상의 개념이다. 동법 제2조에 따르면, '귀속재산'은 「단기 4281.9.1.부 대한민국정부와 미국정부간에 체결된 재정 및 재산에 관한 최초협정 제5조의 규정에 의하여 대한민국정부에 이양된 일체의 재산」을 지칭한다. 6·25 전쟁 휴전 이후 대한민국에 이양된 소위 '수복지구'에 있던 일본인 소유 재산도 포함한다. 귀속재산처리법 참조. 내용상 한시적 성격을 가진 법률로서 이미 역사적 소명을 다하였는데도 이를 존치할 필요가 있는지에 대해 논란이 있었는데, 귀속재산에 여전히 미처리·미종료·미완결된 부분이 존재하여 법률이 존치할 필요가 있다고 하여, 2020.3.에 개정되어 유효한 법으로 남아 있다.

귀화歸化 ⓔ naturalization, ⓓ Einbürgerung, ⓕ Naturalisation. 귀화란, 일정의 조건을 갖춘 외국인의 신청에 의해 국가가 그에게 국적을 부여하는 것을 말한다. 국적을 취득하는 방법은 선천적 취득(생래적 취득)과 후천적 취득(전래적 취득)으로 구분되는데, 전자는 출생이라는 사실로 국적을 취득하는 것이며, 후자는 혼인·인지 및 귀화의 방법이 있다. 자신의 희망에 의한 신국적의 취득은 보통 구국적의 이탈의사를 수반하고 이 이탈은 충성의무의 위반이 되어 반역죄로 몰리는 경우도 있었지만(The naturalization Act, 1870 제정 전의 영국), 오늘날에는 조건이 엄격하기는 하지만 귀화를 인정하지 않는 법제는 거의 없다. 국가가 귀화를 희망하는 자에 대해 그 국적을 부여하는 경우에도 법정의 조건을 구비하였을 때는 당연히 국적의 취득을 인정하는 국가(예 미국)와 법정의 조건을 구비해도 귀화를 인정할 것인지 않을 것인지를 국가가 자유롭게 결정할 수 있는 국가(예 영국)가 있다. 우리나라의 경우 귀화허가를 통하여 귀화가 가능하므로 후자에 속한다. 귀화신청인이 법률이 정하는 귀화의 요건을 갖추었더라도 귀화를 허가할 것인지의 여부에 관하여 재량권을 가진다(대판 2010.7.15. 2009두19069). 귀화는 일반귀화, 간이귀화 및 특별귀화로 나뉘어진다. **일반귀화**는 국적법 제5조 소정의 요건을 구비한 경우 허가하는 귀화로서, 1) 5년 이상 계속하여 대한민국에 주소가 있을 것, 1)의2 대한민국에서 영주할 수 있는 체류자격을 가지고 있을 것, 2) 대한민국의 「민법」상 성년일 것, 3) 법령을 준수하는 등 법무부령으로 정하는 품행 단정의 요건을 갖출 것, 4) 자신의 자산(資産)이나 기능(技能)에 의하거나 생계를 같이하는 가족에 의존하여 생계를 유지할 능력이 있을 것, 5) 국어능력과 대한민국의 풍습에 대한 이해 등 대한민국 국민으로서의 기본 소양(素養)을 갖추고 있을 것, 6) 귀화를 허가하는 것이 국가안전보장 · 질서유지 또는 공공복리를 해치지 아니한다고 법무부장관이 인정할 것 등의 요건을 충족하여야 한다. **간이귀화**는 국적법 제6조 소정의 요건을 구비하는 경우 허가하는 귀화로서, 대한민국에 3년 이상 계속하여 주소가 있는 외국인으로서, 1) 부 또는 모가 대한민국의 국민이었던 사람, 2) 대한민국에서 출생한 사람으로서 부 또는 모가 대한민국에서 출생한 사람, 3) 대한민국 국민의 양자(養子)로서 입양 당시 대한민국의 「민법」상 성년이었던 사람 등의 요건을 충족하여야 한다. 배우자가 대한민국국민인 외국인의 경우, 1) 그 배우자와 혼인한 상태로 대한민국에 2년 이상 계속하여 주소가 있는 사람, 2) 그 배우자와 혼인한 후 3년이 지나고 혼인한 상태로 대한민국에 1년 이상 계속하여 주소가 있는 사람, 3) 제1호나 제2호의 기간을 채우지 못하였으나, 그 배우자와 혼인한 상태로 대한민국에 주소를 두고 있던 중 그 배우자의 사망이나 실종 또는 그 밖에 자신에게 책임이 없는 사유로 정상적인 혼인 생활을 할 수 없었던 사람으로서 제1호나 제2호의 잔여기간을 채웠고 법무부장관이 상당하다고 인정하는 사람, 4) 제1호나 제2호의 요건을 충족하지 못하였으나, 그 배우자와의 혼인에 따라 출생한 미성년의 자(子)를 양육하고 있거나 양육하여야 할 사람으로서 제1호나 제2호의 기간을 채웠고 법무부장관이 상당하다고 인정하는 사람인 경우에도 간이귀화가 가능하다. **특별귀화**는 국적법 제7조 소정의 요건을 구비하는 경우 허가하는 귀화로서, 1) 양자로서 대한민국의 「민법」상 성년이 된 후에 입양된 사람을 제외하고, 부 또는 모가 대한민국의 국민인 사람, 2) 대통령령으로 정하는 바에 따라 대한민국에 특별한 공로가 있는 사람, 3) 대통령령으로 정하는 바에 따라 과학 · 경제 · 문화 · 체육 등 특정 분야에서 매우 우수한 능력을 보유한 사람으로서 대한민국의 국익에 기여할 것으로 인정되는 사람 등의 경우 인정되는 귀화이다. 외국인의 자(子)로서 대한민국의 「민법」상 미성년인 사람은 부 또는 모가 귀화허가를 신청할 때 함께 국적 취득을 신청할 수 있고, 부 또는 모가 대한민국 국적을 취득한 때에 함께 대한민국 국적을 취득한다(수반취득: 국적법 제8조).

규범구체화적 행정규칙規範具體化的 行政規則**과 규범해석적 행정규칙**規範解釋的 行政規則 ㊀ Norm-konkretisierende und norminterpretierende Verwaltungsvorschriften. **규범구체화적 행정규칙**은 규범해석적 행정규칙과 구별되어야 한다. 규범을 구체화하는 행정 규칙을 통해 행정청은 법률적인 수권에 근거하여 법원에서 제한적으로만 심사될 수 있는 불확정적 법개념을 법원칙에 적합한 방법으로 보충할 수 있다. 규범구체화규칙은 원자력이나 환경과 같이 고도의 전문지식과 기술이 필요한 분야에서 관계 법률이 필요한 규율을 구체적으로 정하지 못하고 그 규율을 사실상 행정기관에 맡긴 경우에 행정기관이 법률의 시행을 위하여 그 규율 내용을 구체화하기 위하여 제정하는 행정규칙이다. 규범구체화적 행정규칙은 외부적인 효과를 가진다. 독일 연방행정재판소는 환경법 및 과학기술법 분야에서는 규범구체화적 행정규칙만을 인정하였다. 2004년에 연방행정재판소는 사회법에서 자격요건을 정하는 행정규칙과 관련하여, 제3자에게 직접적인 외부적 효과를 미치는 행정규칙은 관련자에게 충분히 알려야 하며 이는 법치국가원리와 효과적인 법적 보호의 보장에서 도출되어야 한다고 결정하였다(Art. 19 Para. 4 GG). 이러한 유형의 행정규칙의 경우 공표가 없으면 효력이 없다. **규범해석적 행정규칙** 또는 **법령해석적 행정규칙**은 법규의 적용, 특히 법규상 불확정 개념을 적용할 때에 상급행정기관이 하급행정기관에 대하여 법령해석을 통일시키고 그 적용방향을 확정함으로써 행정의 합리화를 기하기 위하여 발하는 행정규칙이다. 범규범이 다의적이라든지 또는 매우 해석하기 어려운 경우, 특히 불확정법개념이 있는 경우 이를 어떻게 해석하여야 하는지에 대하여 상급행정청이 해석의 기준을 정하여 통일적이고 일원적인 법적용을 보장하는 기능을 갖는다.

규범논리주의規範論理主義 ㊀ Normlogismus, 규범적 사회과학으로서의 법학의 방법론의 하나로서, 3원구조인 존재, 당위, 의지의 각 요소 중, 당위의 관점에서만 법학을 이해하는 입장을 말한다. 한스 켈젠의 순수법학은 존재와 의지의 요소를 배제하고 순수히 당위적 요소만을 법학의 소재로 보고, 전체 법학의 체계를 당위의 논리체계로 이해하고자 한다. 이 입장에서는 국가는 곧 법질서와 동일시되고 그 법질서는 각기 상이한 수준에 위치하는 여러 규범으로 이루어지는 단계구조로 파악된다. 이것이 법단계설이다. 이에 따르면 전체 국법체계는 상위규범이 하위규범을 정당화하는 근거로 되는 논리적 연속체로 이루어져 있다. 이 때 실정법체계에서 가장 상위에 위치하는 것이 헌법이다. 그리고 이 헌법의 정당성의 근거는 근본규범(Grundnorm)이다. 근본규범은 그 이상의 논리적 근거를 필요로 하지 않는 근원적인 규범이자 모든 규범을 정당화하는 원천인 규범이다. 그것은 다만 실정법체계를 인식론적으로 근거지우기 위하여 고안된 하나의 법논리적 조건 내지 전제로서, 실정법의 타당근거를 구하기 위하여 법질서의 최상위에 위치시켜 놓은 환상적 규범이며, 의제규범이다. 법학을 최상위의 근본규범으로부터 최하위의 규범에 이르기까지의 순수한 규범의 논리체계로 이해하는 것이 규범논리주의이다.

규범성規範性 ㊀ normativity, ㊀ Normativität, ㊀ normativité. 규범(norm)이란 인간의 사회생활에 있어서 판단, 행위, 평가 등의 기준이 되는 행동양식이다. 즉 '…이다'라는 존재(is)의 법칙이 아니라 '…이어야 한다'는 당위(ought to)의 법칙으로, 구체적으로는 사회에서 지지를 얻은 일정한 가치관에 따라 행위를 규율하는 규칙을 말한다. 즉, 규범이란 특정의 사회에서 채택된, 행위의 평가기준이라고 할 수 있다. 철학적으로는 어떤 명제의 진위(眞僞), 행위의 선악, 예술작품의 미추(美醜) 등과 같이 사물을 평가할 때 기준이 되는 것을 말한다. 사회적 차원에서 규범이 되는 것으로는 통상 법률, 도덕, 윤리, 관습 등이 포함된다. 이 규범들은 일정한 제재(制裁)를 수단으로 하여 행위를 규제하는 점에 있다. 즉, 규범을 준수하는 행위주체는 사회적인 칭찬, 즉 플러스의 제재를 받게 되지만 반대로 규범을 준수하지 않는 행위주체는 사회적인 비난, 즉 마이너스의 제재를 받게 된다. 또한 규범은 행위주체에 의한 학습, 즉 사회화의 과정을 통하여 재생산된다. 규범은 이와 같이 제재나 사회화의 과정을 통하여 사회질서의 존속에 공헌하게 된다. 법학에서 규범성은 특정 법의 내용이 이와 같은 규범으로 되는 성질을 말한다.

규범영역 분석이론規範領域 分析理論 = **핵심규범영역존중론**核心規範領域尊重論 ➜ 기본권의 충돌.

규범유지規範維持**의 원칙**原則 ㊀ der Grundsatz der Normerhaltung(favor legis). 입법자가 정한 법률에 대하여 다양한 해석이 가능한 경우에는 위헌의 의심이 있더라도 그 법률규정을 헌법에 합치되는 의미로 해석하여 당해 규범을 유지함으로써 입법자의 의사를 최대한 존중하여야 한다는 원칙이다. 합헌적 법률해석의 근거로서 언급되는 입법권에 대한 존중의 한 내용이다. 입법권에 대한 존중은 헌법이 허용하는 범위 내에서 합헌적 법률해석을 통하여 입법자가 의도한 바의 최대한이 가능하다면 유지될 것을 요청한다(BverfGE 86, 288(1992)). 우리 헌법재판소도 「이와 같은 합헌해석은 헌법을 최고법규로 하는 통일적인 법질서의 형성을 위하여서 필요할 뿐 아니라, 입법부가 제정한 법률을 위헌이라고 하여 전면 폐기하기 보다는 그 효력을 되도록 유지하는 것이 권력분립의 정신에 합치하고 민주주의적 입법기능을 최대한 존중하는 것이어서 헌법재판의 당연한 요청이기도 하다.」고 하고 있다(헌재 1990.6.25. 90헌가11).

규범의 계층구조 ➜ 법단계설.

규범적 헌법規範的 憲法 ㊇ normative constitution, ㊀ Normative Verfassung. ➜ 헌법의 존재론적 분류.

규범조화적 해석規範調和的 解釋 ㊀ Prinzip der Harmonisierung/praktische Konkordanz. 실제적 조화의 원리라고도 한다. 헌법의 통일성을 실현하기 위한 두 가지 원칙으로, 이익형량의 원칙(Prinzip der Güterabwägung)과 조화의 원칙(Prinzip der Harmonisierung)이 확립되고 있는데, 이 중 조화의 원칙은 규범조화의 원칙(praktische Konkordanz)이라 칭하기도 한다. 규범조화의 원칙은 기본권의 충돌이 있는 경우 이익형량을 통해 어느 한 기본권만을 타 기본권에 우선시키지 아니하고, 충돌하는 기본권 모두가 최대한으로 그 기능과 효력을 나타낼 수 있도록 조화의 방법을 찾는 것을 말한다. 이는 충돌하는 기본권 상호간의 긴장·부조화현상을 최대한으로 완화시켜 조화적인 효력을 나타내도록 하는 것이기 때문에 헌법의 통일성이라는 관점에서는 이익형량의 방법보다도 헌법정신에 더 충실한 해결방법이다. 규범조화적 해석의 방법론으로는 충돌하는 기본권 모두에게 일정한 제약을 가함으로써 두 기본권 모두의 효력을 양립시키되 두 기본권에 대한 제약은 필요한 최소한도에 그치게 하는 과잉금지의 방법과, 충돌하는 기본권을 다치지 않는 일종의 대안을 찾아내서 해결하려는 대안식 해결방법과, 유리한 위치에 있는 기본권의 보호를 위해서 가능하고 필요한 수단일지라도 그 모든 수단을 최후의 선까지 동원하려는 것만은 삼가려는 최후수단의 억제방법이 있다. 기본권의 내재적 한계를 논증하기 위하여 독일연방헌법재판소가 1970년에 정립한 이론이다. ➜ 기본권의 충돌.

규범조화이론規範調和理論 = **규범조화적 해석**規範調和的 解釋 ➜ 기본권의 충돌.

규범주의적 헌법관規範主義的 憲法觀 ㊀ Normativismus. ➜ 헌법관.

규범통제제도 ㊀ System der Normenkontrolle. 1. **의의** 하위규범이 상위규범에 위반되는지 여부를 심사하여, 위반되는 것으로 인정될 경우 그 효력을 상실하게 하는 제도이다. 켈젠의 법단계설의 관점에서는 하위규범이 상위규범에 위반될 때에는 당연히 무효라고 보아야 하지만, 문제는 그 무효를 확인하고 선언하는 제도적 장치와 그 구체적 실현구조이다. 실정법체계의 최상위규범인 헌법이 불문의 법원리에 위반한 경우에는 원칙적으로 그 무효를 선언할 수 없지만, 헌법규범에 위반하는 하위의 법률이나 명령, 조례, 규칙 등은 일정한 제도적 장치를 통하여 효력을 부인할 수 있다. 법률에 위반하는 명령이나 조례, 규칙 등도 마찬가지이다. 법체계의 규범적 통일성을 위하여 규범통제제도는 반드시 필요한 제도이며, 법치주의의 핵심이다. **2. 유형** 1) **통제대상**에 따라 **구체적 규범통제**는 규범 적용의 결과 발생한 구체적 사건을 전제로 하여 규범통제가 행해지는 경우를 말한다. 헌법재판에서는 법률의 위헌 여부가 재판의 전제가 된 경우에 한하여 소송당사자의 신청 또는 법원의 직권에 의하여 위헌심사를 제청하거나 법원이 직접 위헌심사를 하는 경우이다. 규범 자체의 위헌성 여부보다는 구체적 사건의 해결에 중점이 주어져 있다고 볼 수 있다. **추상적 규범통제**는 구체적 사건이 발생하지 않더라도 규범 자체의 성립단계 혹은 성립 후 규범 자체를 직접 대상으로 하여 규범통제가 행해지는 경우를 말한다. 규범이 적용된 구체적 사건이 전제되지 않고 규범 자체의 위헌여부를 직접 다루기 때문에 규범 자체의 효력의 인정여부에 더 중점이 있다고 볼 수 있다. 2) **통제시점**에 따라 **사전적 · 예방적 규범통제**는 규범이 성립되는 과정에서 혹은 규범이 효력을 발생하기 전에 규범통제가 행해지는 경우를 말하는 것으로, 주로 의회의 입법과정에서 위헌 여부가 다투어지는 경우에 일정한 요건 하에 위헌심사가 행해진다. 프랑스의 경우가 그 예이다. 사전적 · 예방적 규범통제는 추상적 규범통제만이 가능하다. **사후적 · 교정적 규범통제**는 규범으로서 효력을 발생한 후에 규범통제가 행해지는 경우를 말한다. 사후적 · 교정적 규범통제는 구체적 및 추상적 규범통제가 모두 가능하다. 3) **통제제도**의 유형에 따라 **일반법원형**은 통상의 법원이 규범통제권을 가진 경우를 가진 경우를 말하며, 분산형이라고도 한다. 미국과 일본이 그 예이다. **헌법재판소형**은 특히 위헌여부에 관한 심판을 특정 기관에 집중하여 심판하게 하는 경우이다. 집중형이라고도 한다. 헌법재판소형 국가에서는 구체적 규범통제와 추상적 규범통제를 병용하는 국가가 있다(독일, 프랑스). 우리나라는 위헌법률심사에 관해서는 헌법재판소형을 택하고, 위헌 · 위법 명령 · 규칙의 심사는 일반법원에 맡기는 구조를 택하고 있다. 4) **통제의 직접성 여부**에 따라 ➜ 본원적 규범통제와 부수적 규범통제. ➜ 위헌법률심사제도. ➜ 헌법재판제도.

규범통제형 헌법소원規範統制形 憲法訴願 개인의 권리구제가 아니라 규범에 대한 통제를 목적으로 하는 헌법소원으로, 우리나라에 특유한 헌법소원형태이다. 위헌심사형 헌법소원, 헌법재판소법 제68조 제2항의 헌법소원, 제2종 헌법소원 등으로 불리기도 한다. ➜ 헌법소원심판.

규율밀도規律密度 ㊙ Regelungsdichte. 규제밀도, 규율정도라고도 한다. 규율밀도는 특정 사태(Sachverhalt)가 법적 규제를 필요로 하는 정도이며, 특히 입법위임에 의한 행정입법의 제정에서 위임입법이 행정입법을 규율하는 정도를 말한다. 헌법의 기본권조항들도 각각의 규정이 하위법률의 구체화정도를 정하고 있다고 할 경우, 각각의 규율밀도를 정한 것이라 할 수 있다. 의회는 국민의 권리이익의 보호라는 목적을 달성하는 데에 필요한 정도로 상세하게 행정을 규율하여야 한다. 즉 법률은 위임명령의 판단기준(위임의 취지)이나 행정처분의 판단기준(처분의 요건이나 내용)을 조문화함에 있어서 매우 구체적이고 명확하게 하여야 함을 의미한다. 독일 연방헌법재판소는 법적 규제의 밀도에 대한 요건을 본질성 이론에서 도출했으며, 규제의 밀도가 높을수록 해당 조항이 당사자의 기본적 권리를 침해하는 정도가 더 심하다는 판례법을 일관되게 공식화하였다. 관련된 독일 판례로서, 1972년 재소자 결정(BVerfGE 33, 1), 1972년 전문의 결정(BVerfGE 33, 125), 1972년 대학입학 정원제 결정(BVerfGE 33, 303), 1977년 성교육수업 결정(BVerfGE 47, 46), 1978년의 핵발전소 결정(BVerfGE 49, 89), 1980년의 조세핀 무첸바하 결정(BVerfGE 83, 130) 등이 있다. 이는 조례 또는 규칙에도 모두 적용된다. 규율밀도가 높다고 할 경우, 재판소의 통제정도(강도)가 높아진다. 명확성의 원칙과 동일시될 수 있다. 우리나라 헌법재판소의 결정에서도 언급되고 있다. 헌법재판소는 「규율대상이 기본권적 중요성을 가질수록 그리고 그에 관한 공개적 토론의 필요성 내지 상충하는 이익간 조정의 필요성이 클수록, 그것이 국회의 법률에 의해 직접 규율될 필요성 및 그 규율밀도의 요구정도는 그만큼 더 증대되는 것으로 보아야 한다.」고 하였고(헌재 2004.3.25. 2001헌마882), 이어지는 결정들에서도 이를 답습하고 있다. 헌재 2004.10.28. 99헌바91; 2006.12.28. 2005헌바59; 2008.7.31. 2007헌가4; 2009.10.29. 2007헌바63 등 참조. 미국의 narrowly tailored law와 대비될 수 있다. ➜ 법률유보의 원칙. ➜ 의회유보의 원칙.

규칙規則 법규범의 형식으로서 규칙은 헌법과 법률이 정하는 바에 따라 다른 의미를 갖는다. 법령에 해당하는 규칙은 국회규칙(➜ 국회규칙), 대법원규칙(➜ 대법원규칙), 헌법재판소규칙(➜ 헌법재판소), 중앙선거관리위원회규칙(➜ 중앙선거관리위원회), 감사원규칙(➜ 감사원), 지방자치단체의 장의 규칙(➜ 자치입법권), 행정규칙(➜ 행정규칙) 등이 있다.

규칙제정권規則制定權 법률하위규범인 규칙을 제정할 수 있는 권한을 말한다. 규칙제정권이 인정되는 것은 당해 기관의 독립성과 자율성 및 전문성을 확보하기 위한 것이다. 헌법에 의한 것으로서, 국회(헌법 제64조), 대법원(제108조), 헌법재판소(제113조), 중앙선거관리위원회(제114조) 등이 있고, 법률에 의한 것으로서, 지방자치단체의 장과 교육감(지방자치법 제29조, 지방교육자치에 관한 법률 제25조), 감사원(감사원법 제52조), 중앙노동위원회(노동위원회법 제25조), 공정거래위원회(독점규제 및 공정거래에 관한 법률 제48조) 등이 기관이 규칙을 제정할 수 있다. 행정기관은 행정조직 내부에서 조직과 활동을 규율하기 위하여 규칙을 제정할 수 있다. 이를 일반적으로 행정규칙이라고 한다. 조직규칙, 근무규칙, 영조물규칙 등으로 구분된다. 행정규칙은 법적 근거가 없더라도 제정할 수 있다. ➜ 행정입법.

균등처우均等處遇**의 원칙**原則 근로기준법 제6조는 「사용자는 근로자에 대하여 남녀의 성(性)을 이유로 차별적 대우를 하지 못하고, 국적·신앙 또는 사회적 신분을 이유로 근로조건에 대한 차별적 처우를 하지 못한다.」고 규정하고 있는데, 이를 균등처우의 원칙 또는 차별적 처우 금지의 원칙이라 한다. 차별금지사유로 성별, 국적, 신앙, 사회적 신분 등을 정하고 있다. 고용정책기본법, 남녀고용평등과 일·가정 양립 지원에 관한 법률(남녀고용평등법) 등에서도 차별금지를 규정하고 있다. ➜ 평등권.

균형발전均衡發展 ➜ 지역균형발전.

균형성심사均衡性審査 좁은 의미의 비례성심사 즉 법익의 균형성심사를 말한다. ➜ 평등심사의 기준.

균형이론均衡理論 의원내각제의 본질적 특성이 무엇인가에 관하여 균형이론과 책임이론이 주장되어 왔다. 균형이론은 프랑스의 에즈멩, 뒤기, 오류 등에 의해 주장된 것으로, 분립된 권력 간의 균형에 더 초점을 두어 집행권과 입법권의 균형 및 집행권과 입법권의 공화라는 두 개의 기본원리에 입각하고 있다고 보는 견해이다. 권력 사이의 균형은 정부불신임권과 의회해산권이라는 수단들에 의한 의회와 정부 사이의 균형, 양원제 및 정부의 이원화(국가원수와 수상)에 의한 의회 및 정부 내부의 균형, 그리고 권력의 공화원리로 구성된다. ➜ 의원내각제.

Gratz 판결 Gratz v. Bollinger, 539 U.S. 244 (2003). 1. **사실관계** 미시간주립대학의 학부입학전형정책은 덜 대표된 소수인종에 속한 지원자에게 100점 만점 중 20점을 부여하였다. 불합격자 중 소수인종에 속하지 않은 지원자가 연방헌법 수정 제14조와 1964년 민권법 제7편 위반 등을 이유로 가처분(injuctive relief)을 청구하는 소송을 제기하였다. 2. **연방대법원의 판결** Grutter 판결과 달리 Gratz 판결에서 연방대법원은 미시간주립대학의 입학전형정책이 헌법에 위반된다고 판단하였다. 20점을 부과한 것이 많은 사례에서 결정인 요소로 작용했기 때문에, 입학사정관이 지원서를 심사할 수 있는 재량권을 가진다고 하더라도 이 정책은 정치하게 재단된(narrowly tailored) 수단이 될 수 없었다. 미시간주립대학의 학부입학전형정책은 소수계층 지원자들을 인종 외의 기준으로 분류하지 않았다. 결국 미시간주립대학은 인종을 입학전형에 수치적 요소로 사용할 수 있을 만큼 충분히 최소화하지 못하였던 것이다. 3. **판결의 의미** Grutter 판결과 마찬가지로 Gratz 사건에서도 교육현장의 다양성을 추구하는 대학의 이익이 엄격심사기준의 '필요불가결한 공익' 요소를 충족시킨다는 선례를 구축한 반면에, Gratz 사건의 입학전형정책은 엄격심사기준의 '정치하게 재단된 수단'이라는 요소를 정립한 점에 의미가 있다. ➜ 적극적 평등실현조치.

Grutter 판결 Grutter v. Bollinger, 539 U.S. 306 (2003). 1. **사실관계** Michigan주립대학 법학대학원은 학생구성체의 다양성을 추구하면서, 특히 적게 대표된 소수인종집단 출신 학생들의 '임계량'(critical mass)을 확보할 수 있는 입학전형정책을 실시한 것이 문제되었다. 이 목적을 달성하기 위하여 이 대학은 정원할당제(quota)를 사용하는 대신에 입학전형에서 인종을 정성적인 '가점요소'(plus factor)로 사용하였다. 2. **연방대법원의 판결** O'Connor 대법관이 집필한 다수의견은 엄격심사기준을 사용하여, 미시간주립대학 법학대학원이 정원할당제를 사용하는 것은 불가능하지만 인종을 가점요소로 사용하는 것은 허용된다고 판시하였다. 연방대법원은 법학대학원이 다양한 학생구성체를 확보하는 것이 절박한 공익이라는 점을 인정하였는데, 그 이유로 "국가가 시민의 눈높이에서 정당성을 획득한 지도자 집단을 양성해야 하기 때문에" 법학대학원의 교육현장에서 학생구성체의 다양성은 중요하다고 설파하였다. 연방대법원은 첫째, 입학전형정책이 "고도로 개인화되고(individualized) 종합적인(holistic) 심사"를 채택하고 있는가 아니면 인종별 할당을 채택하고 있는가, 둘째, 법학대학원이 인종중립적인 대안을 적용하는 방안을 진지하게 선의(good faith)로 고려하였는가, 셋째, 입학전형정책이 모든 인종집단 구성원에게 부당한 피해를 끼치지는 않는가 하는 세 개의 주요요소를 확인하고 정치하게 재단된 것임을 인정하여 합헌으로 판단하였다. 3. **판결의 의미** 이 판결은 연방제5항소법원의 Hopwood 판결의 취지를 파기한 것이다. 1996년 연방제5항소법원은 이 사건에서 인종을 고려한 텍사스주립대학 법학대학원의 입학전형정책을 무효화하였는데, 연방대법원이 이송명령(certiorari)를 발하지 않았기 때문에 2003년 연방대법원이 Grutter 판결을 선고할 때까지 연방제5항소법원이 Hopwood 사건에서 밝힌 법리가 구속력 있는 선례 구실을 하고 있었다. Hopwood 사건에서 연방 제5항소법원은 연방대법원의 Bakke 판결에서 Powell 대법관이 주장한 바를 배척하고, 입학전형정책에서 인종별 분류방식을 사용하여 다양성을 추구하는 것은 절박한 공익이 될 수 없다고 판시하였다. 학생구성체의 다양성을 실현하기 위하여 인종을 고려하는 것은 정당화될 수 없기 때문에 텍사스주립대학 법학대학원의 입학전형방법은 엄격심사를 통과할 수 없다고 본 것이다. 연방대법원은 Grutter 판결에서 텍사스주립대학 대신 미시간주립대학 법학대학원의 입학전형정책을 심사하면서 연방제5항소법원의 선례를 파기하고, 법학대학원 입학전형정책에서 인종을 고려하는 것은 합헌이라고 선언하였던 것이다. ➜ 적극적 평등실현조치.

그로티우스Grotius, Hugo(1583.4.10.~1645.8.28.) 네덜란드의 법학자. 델프트의 명문가 출신으로, 11세에 라이덴 대학에 입학하여 14세에 졸업하여 변호사가 되었다. 1613년 대사로서 영국에 파견되고 1619년 아르미니우스파의 지도자의 한 사람으로서 종신 금고(禁錮)의 선고를 받았으나 1621년 아내 마리아의 도움으로 프랑스에 망명, 루이 13세의 보호를 받았다. 그동안 저술에 전념, 유명한 「전쟁과 평화의 법 De jure belli ac Pacis libri tres(1625)」을 출간하였는데, 이것은 1630년 전쟁의 참화를 보고서 인류 평화 확립을 위해 집필한 것이었다. 1631년 일단 귀국했으나 다시 망명, 1634년 스웨덴의 관리가 된 후, 1635-45년 주불 대사를 지냈다. 1645년 사직, 네덜란드로 귀환 도중 로스토크에서 사망했다.

Griswold v. Connecticut, 381 U.S. 479(1965) 1. **사실관계** Griswold 대 코네티컷 사건에서는 1873년에 제정된 코네티컷 주의 Comstock법이 문제되었다. 동법은 '피임할 목적으로 모든 약물, 의약품 또는 도구'를 사용하는 것을 불법으로 규정하고 그 위반자는 '50달러 이상의 벌금 또는 60일 이상 1년 이하의 징역 또는 벌금'으로 처벌될 수 있게 하였다. 1950년대까지 매사추세츠와 코네티컷 두 주만이 이같은 법률을 두고 있었다. 이 법규정에 대한 다툼이 빈번히 제기되었으나 법률을 무효로 하는 데에는 실패하였다(Tileston v. Ullman(1943), Poe v. Ullman(1961) 등). 1954년부터 PPLC(Planned Parenthood League of Connecticut)의 이사로 근무하던 Estelle Griswold는 Dr. Buxton(PPLC 의료자원봉사자)와 함께 코네티컷 주 뉴헤이븐에 1961.11.1. 피임 클리닉을 열고, 같은 날 피임상담과 처방을 원하는 기혼여성으로부터 수십 건의 예약을 받았다. 며칠 되지 않아 경찰이 찾아왔고, Griswold는 병원의 운영에 대해 자세히 설명하고 주법 위반을 공개적으로 시인하였다. 일주일 후, Griswold와 Buxton은 체포되어 기소되었고, 벌금 100달러의 유죄판결을 받았다. 이에 대해 불복하였으나, 코네티컷 대법원에서 유죄판결이 확정되었다. Griswold는 동법이 프라이버시의 권리를 침해하였다고 하여 연방대법원에 상고하였다. 2. **판결요지** 사건에서는 헌법은 기혼부부가 피임약 사용에 관한 상담을 받을 수 있는지에 대한 주의 제한에 반하여 결혼생활의 사생활을 보호할 권리를 보호하느냐가 문제되었다. Douglas 대법관이 집필한 7-2 판결에서 대법원은 헌법이 사실상 피임에 대한 주의 제한으로부터 결혼생활의 사생활의 권리를 보호한다고 판결하였다. 대법원은 헌법이 사생활에 대한 일반적인 권리를 명시적으로 보호하지는 않지만, 수정헌법 제1조, 제3조, 제4조 및 제9조 등의 조항에서 추론할 수 있으며, 이 권리는 주에서 결혼한 부부의 피임법사용을 불법으로 취급하지 못하게 한다고 하였다. 코네티컷 주법은 무효로 되었다. Warren, Brennan, Goldberg 대법관들이 동의의견을 표명하였고, Harlan, White 대법관은 수정헌법 제14조의 적법절차 조항이 사생활에 대한 권리의 근거라고 하면서 동의하였다. Stewart, Black 대법관은 반대의견을 주장하였다. **3. 판결의 의의** 이 판결은, 결혼한 부부가 정부의 제한없이 피임약을 구매하고 사용할 수 있는 자유를 미국헌법이 보호한다고 한 연방대법원의 획기적인 판결이었다. 이 판결에서 프라이버시의 권리의 헌법적 근거를 명확히 하였으며, 이후의 여러 사건에서 프라이버시권의 논거로 인용되었다. 미혼커플의 피임의 권리를 인정한 Eisenstadt v. Baird 405 U.S. 438(1972), 낙태권을 인정한 Roe v. Wade , 410 US 113 (1973)(단, 2022.6.24. Dobbs v. Jackson 판결에서 번복되었다), 약사 외의 무면허자의 16세 미만자에 대한 무처방 피임약 판매금지 위헌판결인 Carey v. Population Services International, 431 U.S. 678(1977), 동성애자에 관한 Lawrence v. Texas, 539 U.S. 558(2003), 동성결혼을 합법화한 Obergefell v. Hodges, 576 U.S. 644(2015) 등이 Griswold 판결의 법리를 인용한 사례들이다. 다만, 2022.6.24.의 낙태권 부인판결이래 프라이버시권에 근거하여 인정한 다수의 판례에 대해 연방대법원이 이를 번복할 가능성이 예의주시되고 있다.

그린벨트Green Belt → 개발제한구역.

Greenpeace Nordic Ass'n 판결 → 기후변화소송.

극단적 민주주의極端的 民主主義**=급진적 민주주의**急進的 民主主義 [영] radical democracy, [독] Radikal-demokratie/radikale Demokratie, [프] démocratie radicale. 급진적 민주주의는 민주주의가 미완성, 포괄적, 연속적, 성찰적 과정이라는 사고에 따라, 평등과 자유의 급진적 확장을 옹호하는 민주주의 유형이다. 극단주의(extremism)와 급진주의(radicalism)를 다르게 이해하는 입장도 있지만, 민주주의와 합하여 사용될 때에는 같은 의미로 이해하는 견해가 일반적이다. 달버그(L. Dahlberg)에 따르면 이론적으로, 신자유주의와 신자유주의적 개념에 도전하는 전략이 필요하다고 주장하는 적대적(agonistic) 관점(E. Laclau, C. Mouffe, R. M. Unger, S. S. Wolin), 모든 사람이 자유롭고 평등하게 참여하여 숙의(deliberation)를 통해 해결책을 찾고자 하는 숙의적(deliberative) 관점(J. Habermas, J. Rawls, J. Cohen), 후기 맑시즘(post-Marxism)의 입장에서 지역적 자치공동체를 기반으로 하여 정당과 같은 사회의 주요 이데올로기 운동의 지역적·법적 자율성을 중시하는 정치시스템을 추구하는 자율주의적(autonomist) 관점(C. West, I. Mittler, P. Virno, R. Dunsyevskaya)의 세 가닥이 있다고 본다. 급진적 민주주의는, 전통적인 형식적 민주주의가 단순히 투표에 참여하는 데에 그침으로써 대중이 의사결정과정에 실질적으로 참여하지 못하고 신자유주의를 합리화 내지 정당화하는 현상에 대해, 새로운 형식의 민주주의를 추구함으로써 진정한 자유와 평등을 실현할 것을 추구한다. 간접민주주의에 더하여 직접민주적 방식으로 공동체의 의사결정에 참여하는 다양한 방안들을 추구하고 있다. 특히 인터넷의 발달은 의사소통수단의 변화를 가져와 새로운 정치공동체와 민주주의 문화를 형성하고 있다.

근대자연법론 ➜ 자연법론.

근대적 입헌주의近代的 立憲主義 **헌법** ➜ 헌법의 개념.

근로기본권勤勞基本權 ➜ 노동기본권.

근로기준법勤勞基準法 ⓔ Labor Standards Act. 근로기준법은 근로자의 근로 및 노동에 관한 법률로서, 민법의 특별법에 해당한다. 최초의 근로기준법은 1953.5.10.에 제정되어 그해 8.9.부터 시행되었다. 원래 근로계약 역시 민법에서 다루는 부분이었지만, 고용주와 노동자간의 근로계약관계는 실질적으로 대등하지 않은 경우가 많았기 때문에 근로자 보호를 위해 만든 특별법이다. 이 법은 근로자들이 받아야 하는 최소한의 근로조건을 정하고 있다. 따라서 가령 어떤 근로자가 사용자와 체결한 근로계약내용이 이 법에 위반된다면, 그 부분은 법적으로 무효며, 부당노동계약에 해당한다. 설사 근로자가 거기에 동의했더라도 아무런 의미가 없으며, 사용자가 처벌받는다. 이 법에서 임금, 노동 시간, 유급 휴가, 안전 위생 및 재해 보상, 사용자의 폭행 금지 등에 관한 것을 규정하고 있다. 또, 이 법의 적용대상은 일부 예외를 제외하고 단기노동자(아르바이트 노동, 단기계약직), 장기노동자(정규직, 장기계약직 등)를 가리지 않으며, 인종, 민족, 성별, 종교, 국적을 가리지 않는다. 따라서 외국인 노동자라 할지라도 한국에서 일을 하면 대한민국 근로기준법의 보호를 받는다. 공무원의 경우에도 근로기준법이 일반법으로 적용되나 공무원에 관련된 법령이 특별법으로서 우선 적용되고 이것이 단순히 근로기준법보다 불리하다는 사정만으로는 구제받을 수 없다(헌재 2017.8.31. 2016헌마404). 선원의 근로기준에 관해서는 선원법이 규율하고 있다. ➜ 노동의 권리. ➜ 노동3권.

근로3권勤勞三權 ➜ 노동3권.

근로勤勞**의 권리**權利 ➜ 노동의 권리.

근로勤勞**의 의무**義務 ➜ 노동의 의무.

근로자勤勞者 **개념** 1. **정의규정** 노동관계법상 근로자의 정의규정에는 세 가지 유형이 있다. 즉, 근로기준법상의 근로자, 노동조합 및 노동관계조정법 상의 근로자, 근로자직업훈련촉진법상의 근로자이다. 근로기준법상의 근로자를 협의의 근로자라 하고, 노동조합 및 노동관계조정법과 근로자직업훈련촉진법상의 근로자의 개념을 광의의 근로자라 한다. 2. **근로기준법상의 근로자** 1) 법률규정 근로기준법은 근로자를 「직업의 종류와 관계없이 임금을 목적으로 사업이나 사업장에 근로를 제공하는 자」로 정의하고 있다(제2조 제1항 제1호). 근로기준법상 근로자의 정의는 최저임금법, 산업재해보상보험법, 근로자퇴직급여보장법, 남녀고용평등과 일·가정 양립 지원에 관한 법률 등 대부분의 노동관련 법령에서 준용되고 있다. 이와 구별되는 정의는 노동조합 및 노동관계조정법 제2조 제1호와 고용정책기본법 제2조에 두고 있다. 그러나 노동조합법과 고용정책기본법의 근로자 정의규정을 준용하는 법령은 거의 없으므로, 개별 법령에서 별도의 정의규정이나 준용규정을 두지 않는 한 원칙적으로 근로기준법상 근로자가 노동법상 통일적인 기준이며, 노동관련 법령의 적용을 받기 위해서는 근로기준법 상의 근로자에 해당되어야 한다. 2) **근로자개념의 기본요소** 근로기준법이 정의하고 있는 근로자개념의 기본요소로는 ⅰ) 사업 또는 사업장에서, ⅱ) 임금을 목적으로, ⅲ) 근로를 제공하는 자이다. 그리고 근로기준법은 근로자가 사용자에게 근로를 제공하고 이에 대하여 임금을 지급하는 것을 목적으로 체결된 계약을 가리켜 '근로계약'이라고 정의하고 있다(제2조 제1항 제4호). 3) **판례의 경향** 대법원은 1994년에 「근로기준법상 근로자에 해당하는지 여부를 판단함에 있어서는 그 계약이 민법상의 고용계약이든 또는 도급계약이든 그 계약의 형식에 관계없이 그 실질에 있어 근로자가 사업 또는 사업장에 임금을 목적으로 종속적인 관계에서 사용자에게 근로를 제공하였는지 여부에 따라 판단하여야 하고, 여기서 종속적인 관계가 있는지 여부를 판단함에 있어서는 업무의 내용이 사용자에 의하여 정하여지고 취업규칙 또는 복무규정 등의 적용을 받으며, 업무수행과정에서도 사용자로부터 구체적, 개별적인 지휘·감독을 받는지 여부, 근로자 스스로가 제3자를 고용하여 업무를 대행케 하는 등 업무의 대체성 유무, 비품·원자재나 작업도구 등의 소유관계, 보수의 성격이 근로 자체의 대상적 성격이 있는지 여부와 기본급이나 고정급이 정하여져 있는지 여부 및 근로소득세의 원천징수 여부 등 보수에 관한 사항, 근로제공관계의 계속성과 사용자에의 전속성의 유무와 정도, 사회보장제도에 관한 법령 등 다른 법령에 의하여 근로자로서의 지위를 인정받는지 여부, 양 당사자의 경제·사회적 조건 등을 종합적으로 고려하여 판단하여야 할 것」이라고 판단하고 있었고(대판 1994.12.9. 94다228590), 이 문장은 근기법상 근로자 개념을 판단할 때 공식처럼 인용되었다. 2006년에는 위 판결에 더하여 「다만 기본급이나 고정급이 정하여졌는지, 근로소득세를 원천징수하였는지, 사회보장제도에 관하여 근로자로 인정받는지 등의 사정은, 사용자가 경제적으로 우월한 지위를 이용하여 임의로 정할 여지가 크다는 점에서, 그러한 점들이 인정되지 않는다는 것만으로 근로자성을 쉽게 부정하여서는 안 된다.」고 판시하여 미묘한 변화를 나타내고 있다(대판 2006.12.7. 2004다29736). 해고된 자가 노동위원회에 구제신청을 한 경우에도 근로자로 인정된다(대판 1992.3.31. 91다14413). 실업자인 근로자도 당연히 포함되는 것으로 봄이 타당하다(대판 2004.2.27. 2001두8568). 위임직채권추심인, 골프장경기보조원(캐디), 구직자, 항만하역노동자, 전교조해직자, 레미콘 운송차주, 학습지교사, 택배기사, 아이돌보미, 지입차주, 보험모집인, 양복점재봉공, 퀵서비스종사자, 방문판매회사 판매대리인, 드라마제작국 외부제작요원, 광고영업사원, 수영장회원운송기사, 화물운송업회사와 도급계약을 체결한 운송기사, 정수기렌탈회사 지점장, 법무법인 변호사 등이 문제되고 있다. 3. **노동조합 및 노동관계조정법 상의 근로자 개념** 헌법 제33조 제1항에서 정한 근로자는 대한민국 국적을 가진 근로자를 의미한다. 이 때 근로자는 직업의 종류를 불문하고 임금·급료 기타 이에 준하는 수입에 의하여 생활하는 자를 말한다(노동조합 및 노동관계조정법 제2조 제1호). 즉 사용자에게 고용되어 자신의 노동력을 제공하고 그 대가로서 임금·급료 기타 이에 준하는 수입에 의하여 생활하는 자를 말한다. 해고된 자도 해고의 효력을 다투는 한 근로자이 지위가 있다(대판 1992.3.31. 91다14413). 실업자는 긍정·부정의 견해가 있으나, 긍정함이 타당하다. 대법원은 근로기준법과 노조법은 그 입법목적에 따라 근로자개념을 다르게 규정하고 있는 점, 노조법 제2조 제4호 라목 단서는 기업별 노동조합의 조합원이 사용자로부터 해고됨으로써 근로자성이 부인될 경우에 대비하여 마련된 규정이므로 이러한 경우에만 한정적으로 적용되며, 애초부터 특정 사용자에의 종속관계를 필요로 하지 않는 산업별·직종별·지역별 노동조합 등의 경우에까지 적용되는 것은 아닌 점을 근거로, 노조법상의 근로자에는 특정한 사용자에게 고용되어 현실적으로 취업하고 있는 자 뿐만 아니라, 일시적으로 실업상태에 있는 자나 구직 중인 자도 노동3권을 보장할 필요성이 있는 한 그 범위에 포함된다고 하였다(서울여성노조판결: 대판 2004.2.27. 2001두8668). 자영농, 자영업자, 자유직업종사자 등은 이 법상의 근로자에 해당하지 않는다. 오늘날에는 근로자성의 판단을 위한 새로운 시도로서, 종전의 근로자의 판단기준 내지 요소를 현실에 맞게 바꿈으로써 새로운 유형의 취업관계를 포섭할 수 있도록 하여야 한다는 견해와 노동법의 적용을 근로자와 비근로자의 구분에 따른 양단의 적용관계로 결정하던 것을 다층적으로 분류함으로써 근로자는 아니지만 근로자와 비견되는 사회적 보호의 필요성이 있는 자들의 일정 범주를 설정하고 이들에 대해서도 부분적인 노동보호법을 유추·확대 적용하자는 견해가 있다.

근로조건기준법정주의勤勞條件基準法定主義 근로조건의 기준은 법률로 정하여야 한다는 원칙이다. 헌법 제32조 제3항은 「근로조건의 기준은 인간의 존엄성을 보장하도록 법률로 정한다.」고 규정하고 있다. 근로조건은 근로계약의 기본적 내용으로서 이를 법률로 정하는 것은 계약자유의 원칙에 대한 중대한 제약을 의미한다. 근로조건이라 함은 사용자와 근로자 사이의 근로관계에서 임금·근로시간·후생·해고 기타 근로자의 대우에 관하여 정한 조건을 말한다(대판 1992.6.23. 91다19210). 근로기준법에서 정하는 기준에 미치지 못하는 근로조건을 정한 근로계약은 그 부분에 한하여 무효로 하며(근로기준법 제15조 제1항), 무효로 된 부분은 근로기준법이 정한 기준에 따른다(동조 제2항). 근로시간은 휴게시간을 제외하고 주 40시간을 초과할 수 없으며, 1일 근로시간은 8시간을 초과할 수 없다(근로기준법 제50조 제1·2항). 또한 취업규칙에서 정하는 바에 따라 2주 이내의 일정한 단위기간을 평균하여 1주 간의 근로시간이 40시간의 근로시간을 초과하지 아니하는 범위에서 특정한 주에 40시간의 근로시간을, 특정한 날에 8시간의 근로시간을 초과하여 근로하게 할 수 있다. 다만, 특정한 주의 근로시간은 48시간을 초과할 수 없다(동법 제51조). 이를 **탄력적 근로시간제**라 한다. 근로기준법 제51조 제2항에 따르면, 사용자는 근로자대표와의 서면 합의에 따라 법이 정한 사항을 정하면 3개월 이내의 단위기간을 평균하여 1주 간의 근로시간이 40시간의 근로시간을 초과하지 아니하는 범위에서 특정한 주에 40시간의 근로시간을, 특정한 날에 8시간의 근로시간을 초과하여 근로하게 할 수 있다. 다만, 특정한 주의 근로시간은 52시간을, 특정한 날의 근로시간은 12시간을 초과할 수 없다. 단위기간을 얼마로 하느냐에 따라 시간외 수당을 부여하지 않을 수도 있으므로, 자칫 노동자에게 큰 부담으로 작용할 수 있다. 대법원판례에 따라 허용되었던 **정리해고제**가 법률로 명시되어, 긴박한 경영상의 필요가 있는 경우 사용자가 경영상 이유에 의하여 근로자를 해고할 수 있게 하고 있다(근로기준법 제24조). 이 외에 퇴직금중간정산제와 퇴직보험제, 선택적 근로시간제 등이 도입되어 있다.

근무성적평정제도勤務成籍評定制度 ㊂ performance evaluation/performance rating, ㊈ Leistungsbewertung, ㊋ évaluation des performances. 조직구성원의 근무실적·근무수행 능력·근무수행 태도 등을 체계적·정기적으로 평가해 인사관리에 반영하는 제도를 말한다. 근무성적 평정의 방법에는 여러 가지가 있다. 그 중 중요한 것으로는, 평정요소를 나열하고 각 요소마다 등급을 설정하여 해당 등급에 표시함으로써 평정하는 도표식 평정법(graphic rating scale), 평정성적의 분포가 어느 한쪽에 치우치지 않도록 성적분포의 비율을 미리 정해 놓는 강제배분법(forced distribution), 평정받을 자들을 서로 비교해서 서열을 정하는 서열법(ranking method), 산출실적에 따라 평가하는 산출기록법(production records), 한 사람을 평정하는데 상관 · 동료 · 부하직원 등 여러 사람이 참여하는 집단평정법(集團評定法), 직무수행의 기준을 미리 정하여 놓고 실적을 여기에 비교시키는 직무기준법(職務基準法), 그 밖에 서술적 보고법, 사실표지법(事實標識法) 등 여러 가지가 개발되어 있다. 행정부 중앙직공무원의 경우, 4급 이상의 고위공무원단의 역량평가와 5급 이하의 일반직공무원의 근무성적평정으로 나누어 평가한다. 법원공무원과 헌법재판소공무원, 선거관리위원회공무원, 지방공무원 등의 경우 각 근거법령에 따라 근무성적평정이 행해진다. 법관에 대한 근무성적평정(judicial performance evaluation system)은 법원조직법 제44조의2에 근거하여 대법원규칙으로 정해져 있다(판사 근무성적 등 평정 규칙[대법원규칙 제2666호, 2016.6.1., 일부개정, 2016.6.1.시행]). 특히 평정방법의 경우, 법원 내부의 평정만을 채택하고 있어서, 사건당사자, 변호사단체, 시민단체 등 법원 외의 평정방법을 강구할 필요가 있다.

근본규범根本規範 ㊀ Grundnorm. 순수법학자 H. 켈젠이 그의 법단계설(法段階說)에서 실정법상 최상위인 헌법의 타당근거로서 가설적으로 설정한 개념이다. 실정법질서는 최하위의 규칙이나 조례에서 그 타당근거를 찾아 거슬러 올라가면 명령 → 법률 → 헌법으로 올라가며, 헌법이 실정법질서의 궁극적 타당근거가 되는 것이고, 그 이상의 타당근거는 실정법질서에서는 더 이상 논할 필요가 없다는 것이 법실증주의의 입장이다. 헌법 자체를 정당화시켜주는 타당근거로서 켈젠이 가설적으로 설정한 것이 근본규범의 개념인데, 그것은 엄격히 말하면 실정법의 개념이 아니고 그 관념성에 의하여 스스로 타당한 규범으로서, 법질서를 하나의 통일된 체계로 파악하기 위한 인식론적 전제가 되고, 최고의 법창설권위를 설정하는 창설주체로서 기능하는 개념이다. ➜ 규범논리주의.

금지통고제禁止通告制 ➜ 집회 · 결사의 자유.

급부국가給付國家 ㊂ benefit state, ㊀ Leistungsstaat. 전통적 행정활동은 사회질서 유지를 위한 '침해행정'과 이를 위한 '재정행정'이 중심이었으나, 자본주의사회의 발전과 더불어 개개인의 생존을 위하여 국가나 자치단체의 배려 즉 생존배려(Daseinsvorsorge)가 필요하게 되었다. 이에 착안하여 독일의 E.포르스트호프는 그의 저서 「급부주체로서의 행정」(1938)에서 생존배려를 위한 급부행정을 제시하고 이를 위한 국가를 급부국가라 하였다. 이러한 의미의 급부국가는 사회국가원리의 새로운 종류의 급부국가적 구체화로서, 사회적 법치국가에 있어서의 기능변천을 받아들이며, 그 기능상실을 보충하고, 그 지도적 임무를 수행하는 국가이다. 급부행정은 기본권을 헌법상의 목표로서 실현한다. 그것은 배분적으로, 계획적으로, 통제적으로, 자금보조적으로, 모든 자에 대해서 기본권을 효과적인 것으로 하려고 한다. 급부행정의 전형적인 영역에는 사회보장을 중심으로 하는 사회보장행정, 공공시설이나 공기업 등에 의한 서비스와 재화를 제공하는 공급행정, 자금을 보조하는 조성행정의 3가지가 있다. 1990년대 이후 국가의 독점적 영역으로 여겨지던 생존배려영역이 사경제주체에게 위탁되거나 민영화되면서, 급부국가는 보장국가(➜ 보장국가)로 변화하고 있다.

급부권給付權 ㊀ Leistungsrechte. 참여권(Teilhaberechte)라고도 한다. 오늘날의 사회적 법치국가에서는 개인은 국가적인 예방, 설비, 할당 및 재분배에 의존하고 있으며, 개인의 자유는 스스로 보장할 수 없는 사회적 및 국가적 조건이 있다는 것을 일반적으로 인식하고 있다. 독일기본법은 주로 전통적인 인간 및 시민의 자유와 권리의 보장에 국한하여 자유권적 기본권만을 규정하고 있고, 바이마르 헌법과는 달리 사회적 기본권을 포기하며, 그 대신에 개인의 직접적인 청구권의 근거가 되지 못하는 '사회적 법치국가'라는 형식을 규정하는 방식을 택하고 있다. 학자에 따라서는 자유권을 확대해석하여 헌법상 사회권을 인정하려는 견해도 있다. 다만, 독일 연방헌법재판소는 제한된 범위에서 시원적인 급부권과 파생적인 급부권을 인정한다(BVerfGE 45, 376).

급부행정給付行政 ➔ 급부국가.

급진주의자 판결急進主義者 判決, Extremistenbeschluß BVerfGE 39, 334(1975.5.22.). Bonn 기본법은 헌법의 기본질서로서 자유로운 민주적 기본질서의 옹호를 규정하고, 연방공무원법과 공무원법대체법에서 이를 받아 같은 규정을 정하고 있다. 본 사례는 냉전이 한창이었던 1970년대를 시대적 배경으로 하고 있다. 슐레스비히-홀스타인 주 법률가양성규칙(1972.5.25.) 제25조 제2항이 제1차 국가시험 후의 시보에의 취임 시, 상급지방법원장에 의한 심사를 규정하고, 그 거부사유로서, 「후보자가 시보에 부적절하거나(ungeeignet), 채용에 부적합한(nicht würdig) 것으로 되는 경우」로 하고 있었다. 동 주의 공무원법 제9조 제1항 제2호는 공무원으로서의 직분을 충족하는 요건으로서, 「기본법의 의미에 있어서 자유로운 민주적 기본질서를 수호하는 자」라고 규정하고 있어서, 이것이 거부의 전제이었다. 원고는 1971년10월에 제1차국가시험을 치르고, 다음 해 시보취임의 후보자로 신청하였지만, 7월에 상급재판소장은 이를 거부하였다. 거부사유는 원고가 킬 대학 재학시절에 공산주의법률가소조(Roten Zelle Jura)의 행사에 참가하였다는 것에 따른 것이었다. 이외에도 원고의 대학생활 중 학생회 부정선거에 가담하였고, 그것으로 표창까지 받았다는 것을 제시하였다. 연방헌법재판소는 모든 공직자는 기본법상의 가치질서에 구속되므로, 자유민주적·사회국가적·법치국가적 질서를 거부하거나 이에 저항하는 자를 공직에 취임시켜서는 안 되며, 국가에 봉사하려는 자는 국가는 물론 국가의 헌법질서를 비방하거나 공격하여서는 아니된다고 결정하였다. 이 결정에 대해, 과거가 아니라 현재의 단순한 정당소속은 그것만으로는 공무원의 공무수행의 의무위반을 발생시키지 않는 한 공무원의 채용을 거부하는 사유로 되지 아니하고, 과거의 활동은 후보자의 장래의 행동의 예측으로서 중요한 한에서만 채용판단시에 이용될 수 있으며, 정당에 대한 위헌판단이 되지 않은 단계에는 후보자의 특정정당소속은 후보자거부의 기회를 감독관청에 부여하는 것은 아니고, 직업선택이 자유는 공무원관계와는 별도인 예비근무에는 적용되지 아니한다는 등의 3인의 소수의견이 있었다. 냉전기의 정치적 상황에서 방어적 민주주의를 확인한 판결이었다. ➔ 방어적 민주주의.

기각결정棄却決定 ➔ 헌법재판의 결정.

기간임용제期間任用制 ➔ 교원기간임용제.

기관간 권한쟁의機關間 權限爭議 ➔ 권한쟁의심판.

기관과 절차에 대한 기본권의 효력 ➔ 기본권의 효력.

기관구성권機關構成權**과 정책결정권**政策決定權**의 분리**分離 대의원리의 개념요소로서, 주권자인 국민이 직접 정책을 결정하지 아니하고 정책을 결정할 기관을 별도로 분리하는 것을 말한다. 주권자인 국민은 정책결정기관을 선임한 후 그 기관을 통제·감시함으로써 기관의 민주적 정당성을 지속적으로

부여하게 된다. ➜ 대의원리.

기관소송機關訴訟 ⓓ Organstreit. 국가 또는 공공단체의 기관 상호간의 권한의 존부 또는 그 행사에 관한 다툼이 있을 때에는 이를 해결하기 위하여 제기하는 행정소송을 말한다. 기관 상호간의 권한의 존부 또는 그 행사에 관한 분쟁은 행정권 내부의 권한행사의 통일성 확보에 관한 문제로 상급기관의 감독권이나 기관 상호간의 협의에 의하여 내부적으로 처리되는 것이 통례이지만, 이러한 분쟁에 대하여도 법원의 공정한 판단에 의하여 기관 상호간의 권한질서를 유지하기 위하여 법률에서 소송절차에 의하여 해결하도록 특별한 규정을 둔 경우가 있다. 헌법재판소법은 제61조에서 국가기관 상호간, 국가기관과 지방자치단체간 및 지방자치단체 상호간에 권한의 존부 또는 범위에 관하여 다툼이 있을 때에는 당해 국가기관 또는 지방자치단체는 헌법재판소에 권한쟁의심판을 청구할 수 있으며, 이 심판청구는 피청구인의 처분 또는 부작위가 헌법 또는 법률에 의하여 부여받은 청구인의 권한을 침해하였거나 침해할 현저한 위험이 있는 때에 한하여 이를 할 수 있다고 규정하고 있다. 또한 행정소송법 제3조 제4호는 국가 또는 공공단체의 기관상호간에 있어서의 권한의 존부 또는 그 행사에 관한 다툼이 있을 때에 이에 대하여 제기하는 소송으로 기관소송을 규정하고, 다만, 헌법재판소법 제2조의 규정에 의하여 헌법재판소의 관장사항으로 되는 소송은 제외하는 것으로 하고 있다. 따라서 권한쟁의심판과 기관소송은 관할충돌의 문제는 발생하지 아니한다 ➜ 권한쟁의심판.

기관위임사무機關委任事務 ➜ 위임사무.

기금基金 기금은 국가가 특정한 목적을 위해 특정한 자금을 신축적으로 운용할 필요가 있을 때에 한해 법률로써 설치되는 특정 자금을 말한다. 기금은 일반회계나 특별회계와는 달리 세입 · 세출 예산에 의하지 아니하고 예산과는 별도로 운용될 수 있다. 과거에는 예산회계법과 기금관리기본법에 의해 규율되었으나, 국가재정법으로 통합되었다. 현행 국가재정법에 의하면 국가는 특정한 목적을 위하여 특정한 자금을 신축적으로 운용할 필요가 있을 때에 한하여 법률로서 특별한 기금(基金)을 설치할 수 있도록 규정되어 있다(국가재정법 제5조). 기금을 설치하기 위해서는 반드시 근거법률이 있어야 한다(동조 제1항 후문). 기금관리에 대해서는 국가재정법 제4장에서 상세히 정하고 있다. 재정에 관한 권한을 갖는 국회는 기금의 설치 · 운용에 대하여 통제할 권한을 가진다. 즉, 기금운용계획안의 제출(국가재정법 제68조), 심의 · 확정(국회법 제84조의2), 기금운용평가(국가재정법 제82조), 기금결산심사(국회법 제84조, 제84조의3), 국정감사 · 조사(국가재정법 제83조) 등의 권한을 가진다. ➜ 재정권.

기능적 교차관계 ➜ 국가 · 사회구별론

기능적 권력통제이론機能的 權力統制理論 ➜ 권력분립론.

기독교적 국가관基督敎的 國家觀 기독교의 교리에 입각한 국가관을 말한다. 신에 의해 창조된 인간이 낙원으로부터 추방당한 후 다시 신에게로 복귀하는 것을 구원이라 하고, 구원을 위하여 지상에 신의 대리인으로 임명된 교황이 지상의 지배자이며, 인간세상의 국가는 교황으로부터 그 지배권위를 인정받은 군주가 통치한다는 관점이다. 구교(천주교)적 국가관과 신교(개신교)적 국가관에 이론상 약간의 차이가 있다.

Gideon v. Wainwright, 372 U.S 335 (1963) 1. **사실관계** 1961년 플로리다 주 파나마의 한 당구장에서 맥주를 도난당한 절도사건이 발생했을 때 경찰은 근처의 떠돌이 Clarence Earl Gideon을 혐의자로 체포하였다. 당시 Gideon은 모든 형사피의자는 변호사의 도움을 받을 권리가 있다고 명시된 수정헌법 제6조와 변호사 선임능력이 없을 경우 국선변호사를 지정하도록 하는 판례가 있었던 것을 알고 국선변호사를 요구하였으나, 재판부는 살인사건 등 중범죄자에만 국선변호사 선임을 요구할 권리가 있다면서 거부했다. 절도 전과가 있었던 기드온은 변호사 없는 재판에서 5년형을 받았다. 개인의 기본권을 보장하는 연방헌법을 신뢰했던 Gideon은 복역 중에 자신의 사건을 재심리해달라는 탄원서를 연방대법원에 제출하였다. 2. **법원판결** 대법원의 판결은 1963.3.18. 선고되었으며, Hugo Black 대법관이 법정의견을 집필하였다. 판결은 만장일치이었으며, Clark과 Harlan 대법관은 동의의견을, Douglas 대법관은 별개의견을 집필하였다. 대법원 판결은 특히 Powell v. Alabama(1932) 사건을 인용하면서 비사형범죄에 적용할지를 놓고 뜨거운 논쟁을 불러일으켰다. Betts v. Brady(1942)는 문맹이나 피고인의 낮은 지능, 또는 특히 복잡한 사건과 같은 특정 상황이 존재하지 않는 한 주 법원 형사소송에서 법원이 임명한 변호사가 필요하지 않다고 판시하였다. Betts 판결은 연방사건에서만 구속력이 있는 수정 제6조를 주에도 적용할지에 대하여 상황에 따라 선택적으로 적용하였다. 3. **판결의 의의** Gideon 판결은 변호사를 고용할 여력이 없는 피고인이 원하는 경우 변호사의 조력을 받는 것은 미국헌법에 따라 주를 구속하는 기본적 권리이며 공정한 재판과 적법절차에 필수적이라고 주장하면서 Betts를 번복하였다. 2002년 대법원은 이 원칙을 확장하여 이 권리가 징역형으로 처벌될 수 있는 모든 사건에 적용된다고 판결하였다. 변호인 선임의 권리는 경범죄 및 청소년 형사절차로 확대되었다. 오늘날 주와 지방에서는 주 및 카운티 기반의 국선변호인부터 빈곤한 피고인을 대변하는 개인 변호사에게 비용을 지급하는 시스템에 이르기까지 다양한 시스템을 사용하여 변호를 제공하고 있다. 그러나 판결 후 50년이 넘는 기간 동안 상당한 진전이 있었음에도 불구하고 기드온의 약속은 여전히 이루어지지 않고 있다고 평가되고 있다.

기록표결記錄表決 → 표결.

기명투표記名投票 투표용지에 가부여부와 투표한 의원의 성명을 기재하여 투표하는 방법이다. 국회법상 전자투표와 기록표결이 원칙으로 되어 있어서 기명투표가 원칙으로 되어 있다. 자유위임원칙에 비추어 의원의 의사는 자유·비공개이어야만 교섭단체나 정당, 이익단체 등으로부터 자유로울 수 있다. 이에 기명투표가 원칙이 되는 경우에는 의원에 대한 민주적 통제는 강화되지만, 정당과 이익단체로부터 의원을 보호하는 것이 어려울 수 있다. 양자 간에 적절한 조화가 요청된다.

기본권基本權 [영] fundamental rights/basic rights, [독] Grundrechte, [프] droits fondamentaux. I. **기본권 일반이론 - 총론** 1. **기본권의 개념** 1) **의의** 기본권은 인간이 인간으로서 살아가기 위해 반드시 필요한 기본적인 권리를 말한다. 인간이 최소한의 생존을 위해 필요한 권리는 시대와 사상에 따라 달리 인식되었으나, 인간이 태어날 때부터 가지는 천부(天賦)의 권리로서 자연권(natural rights)으로 인식되기 시작한 것은 18세기 유럽에서 시민계급이 대두한 이후이었다. 근대혁명을 거친 후 국가공동체의 기본적인 구성과 유지·존속의 원리가 입헌주의 및 법치주의 원리로 정착된 이후, 그 핵심내용으로서 인간의 기본적인 권리의 보호는 국가의 존재이유로 받아들여지게 되었다. 서구에서 발전한 인권사상과 기본정신은 오늘날 전지구적인 기본이념과 원리로 추구되고 있다. 2) **인권과 기본권-용어의 문제** 우리나라 헌법규정에서는 '자유와 권리', '기본적 인권'으로, 헌법재판소법에서는 '기본권'으로 표현되고 있다. 외국의 예로는 각 국가의 역사적 · 정치적 경험의 차이에 따라, 영미에서 'human rights(인권)', 'civil rights(시민권)', 'fundamental rights(기본적 권리)', 'fundamental human rights(기본적 인권)', 'civil liberties(시민적 자유)', 'basic rights(기본적 권리)' 등으로, 독일에서는 'Grundrechte(기본권)', 'Menschenrechte(인권)'로, 프랑스에서는 'droits fondamentaux(기본적 권리)', 'libertés publiques(공적 자유)', 'droits de l'homme(인권)', 'libertés fondamentales(기본적 자유)', 'droits politiques(정치적 권리)' 등으로 사용되고 있다. 미국의 경우 fundamental rights는 연방대법원의 심사강도와 관련하여 엄격심사를 요하는 권리를 의미하는 것이며, 독일의 경우 Grundrechte는 헌법사적 경험에서 법실증주의적 인권관에 따라 국가에 의해 창설된 권리라는 의미를 갖는다. 프랑스의 경우 인권선언(1789)에서 자연법적 성격을 가지는 libertés publiques(공적 자유)가 유래하였지만, 오늘날에는 droits de l'homme(인권), droits fondamentaux(기본적 권리), libertés fondamentales(기본적 자유) 등의 용어가 사용되고 있다. 우리나라 헌법학 및 헌법현실에서 사용하는 용어들 중에 가장 보편적으로 사용되는 용어가 '기본권'이라는 용어인데, 이는 우리나라 헌법학이 갖는 경로의존적 경향에 따른 것이다. 즉, 일제강점기를 거치면서 독일헌법학을 수용한 일본국헌법의 영향으로 인해 우리 헌법학계가 독일지향적으로 형성되었고, 그에 따라 독일에서 사용하는 'Grundrechte(기본권)'가 보편적으로 수용되고 있는 것이다. 헌법규정은 오히려 미국의 영향으로 '기본적 인권'이라는 용어를 사용하고 있다. 발생사적 의미로 볼 때 인권은 근대 자연법론의 영향에 따라 인간이 가지는 천부인권으로서의 성격을 중시하는 것으로 볼 수 있으며, 기본권은 법실증주의적 관점에서 국가에 의해 창설된 권리로서의 성격을 중시하는 것으로 볼 수 있다. 개념적으로 보면, 기본권은 인권 중에서 헌법적 차원에서 보호되어야 하는 권리라는 의미로 이해하더라도 무방하다. 또한 오늘날에는 인권과 기본권이라는 용어가 혼용되고 있기 때문에 기본적인 관념상의 차이를 무시해도 좋다고 할 수 있다. 즉, 기본권론은 자연권 사상에 기반을 둔 천부인권론에 기초하여 헌법에서 보장하는 일련의 자유와 권리에 관한 규범적 이해의 체계라고 할 수 있다. 이러한 의미의 기본권론은 시민의 권리 내지 국민의 권리를 포함하고 국가내적인 자유와 권리인 사회권(생존권), 청구권적 기본권, 참정권 등을 포함한다. 또한 오늘날에는 범인류적 차원의 제3세대 인권까지도 논의되고 있기 때문에 기본권론은 넓은 의미의 인권론으로 포섭되고 있다. 2. **인권(기본권)의 연혁** 고대로부터 인간의 본성에 관한 탐구는 종교의 형태로 나타났고, 세상의 모든 고등종교는 인간의 본성적 욕구로서 자유 · 평등 · 정의 및 박애에 관한 사상체계를 갖고 있었다. 그러나 이러한 사상체계가 인간의 기본적 권리로서 인식되기 시작한 것은 서구의 계몽주의 시대부터이었다. 르네상스와 종교개혁 그리고 대항해시대를 거쳐 종교의 자유와 일반적인 의사표현의 자유가 확립되기 시작하였고, 왕권신수설에 기반을 둔 봉건적 권위주의는 자연권과 개인의 권리를 보호한다는 정당성을 확보한 근대적 국민국가의 이념 앞에 굴복하였다. 또한 봉건적인 독점경제는 중상주의를 거쳐 개인의 사유재산권에 기반을 둔 자유시장에 굴복하였다. 이와 같은 기독교의 세속적 보편주의적 윤리관으로 인해 자유주의적 인권담론이 발전하였고, 강력한 혁명세력인 중산층이 등장하여 근대혁명을 완성시켰다. 바야흐로 전근대사회의 신(神)중심적 사고가 근대의 인간중심적 사고로 전환되었다. 19세기의 산업혁명시대에는 유럽의 혁명과 미국의 남북전쟁·노예해방으로 자본주의적 산업화가 심화되었고 이를 뒷받침한 것이 자유주의적 인권관이었다. 19세기 초기부터 싹트기 시작한 민족주의와 사회주의적 인권관은 19세기 후반 노동계급·여성의 참정권 투쟁과 경제적·사회적 권리에 대한 투쟁으로 이어졌다. 20세기에 들어서자, 근대 자본주의의 귀결로서 식민주의와 침략주의, 제국주의로 인하여 1·2차 세계대전이라는 인류사의 참화를 겪은 후, 국제연맹, 국제노동기구, 복지국가 등 인권의 국제적 보장을 위한 제도와 기구들이 잇달아 등장하였다. 특히 2차 대전이 종료한 후에는 UN이 결성되고 세계인권선언이 선언되었다(1948.12.10.). 이후 각 대륙의 지역단위 인권규약들이 잇달아 체결되었고, UN도 '경제적·사회적·문화적 권리에 관한 규약'(A규약)과 '시민적·정치적 권리에 관한 규약'(B규약) 그리고 A규약과 B규약 각각의 부속 선택의정서로 구성된 국제인권규약을 통해 인권의 국제적 보장을 위한 조약을 체결하였다(1966.12.16.). 20세기 후반, 과학기술의 발달에 따른 정보화사회의 전개와 전지구적 변화양상은 개인의 인권에 대한 새로운 인식틀을 요구하고 있고, 더불어 EU와 같은 국가통합은 전통적인 인권과 기본권에 대한 성찰적 재인식을 요구하고 있다. EU는 2000.12.에 유럽연합기본권헌장을 채택하여 인류의 보편적 가치로서의 인권과 기본권에 대하여 망라적으로 규정하고 있다. 3. **기본권의 기능** ➜ 기본권의 기능. 4. **기본권의 분류와 체계** ➜ 기본권의 분류와 체계. 5. **기본권의 법적 성격** ➜ 기본권의 법적 성격. 6. **기본권과 제도보장** ➜ 제도보장. 7. **기본권의 주체** ➜ 기본권의 주체. 8. **기본권의 효력** ➜ 기본권의 효력. 9. **기본권의 갈등(경합과 충돌)** ➜ 기본권의 경합. ➜ 기본권의 충돌. 10. **기본권의 제한** ➜ 기본권의 제한. 11. **기본권의 보호** ➜ 기본권의 보호. II. **개별기본권-기본권 각론** 1. **인간의 존엄과 가치·행복추구권** ➜ 인간의 존엄과 가치·행복추구권. 2. **평등권** ➜ 평등권. 3. **자유권** ➜ 자유권. 4. **참정권** ➜ 참정권. 5. **사회권(생존권)** ➜ 사회권. 6. **청구권** ➜ 청구권적 기본권. 7. **헌법에 열거되지 아니한 자유와 권리** ➜ 헌법에 열거되지 아니한 자유와 권리.

기본권관基本權觀 ➜ 기본권이론.

기본권구조의무基本權救助義務 1. **의의** 기본권주체 스스로 자신의 기본권을 침해하거나 침해할 가능성이 있는 경우에 국가가 갖는 구조의무를 말한다. 즉, 기본권주체 스스로 자기 기본권을 고의나 과실로 침해하거나 침해할 가능성이 있는 경우에 국가가 기본권적 법익을 보호할 의무를 말한다. 헌법 제10조 후문에 규정한 기본권보장의무(➜ 기본권보장의무)의 한 내포로 받아들여지고 있다. 기본권주체 자신의 기본권침해 혹은 침해가능성, 예컨대, 자살, 자상, 음주, 흡연, 마약, 단식투쟁, 인신공양, 위험한 스포츠 등을 자초위해라 하는데, 기본권침해주체와 기본권피해자와 동일하다는 점에서 개인과 국가 사이의 관계로 된다. 자신이 고의로 기본권을 침해할 경우 기본권구조의무는 기본권주체에 반하여 국가가 기본권을 보호할 수 있는지에 관한 문제이다. 2. **인정가능성** 자신의 기본권을 자신에게 유리하게 혹은 위험스럽게 행사할지의 여부는 기본권주체의 자기책임에 속하고 때로는 기본권의 포기로 되기도 한다. 따라서 국가가 개입할 수 있는지의 여부는 기본권주체가 아닌 객관적인 헌법적 법익을 침해하는가의 여부에 달려 있다. 기본권주체가 스스로 처분할 수 없는 기본권인 경우에는 국가의 보호가 필요하며, 기본권주체의 행위로 인해 개인적 법익이 아니라 객관적인 헌법적 법익이 위험에 처하거나 침해될 경우에는 국가가 개입할 수 있다고 봄이 타당하다.

기본권귀속능력基本權歸屬能力 ➜ 기본권보유능력.

기본권능력基本權能力 ➜ 기본권보유능력.

기본권보유능력基本權保有能力 = **기본권주체능력**基本權主體能力 = **기본권능력**基本權能力 = **기본권향유능력**基本權享有能力. ㊀ Grundrechtsfähigkeit/Grundrechtsträgerschaft. 기본권을 보유 내지 향유할 수 있는 기본권귀속능력을 말한다. 기본권능력, 기본권주체능력 혹은 기본권향유능력이라고도 한다. 민법상의 권리능력보다도 광범위하여 사자(死者)와 태아에게도 인정되는 경우가 있다. 반대로 민법상의 권리능력보다도 협의로 인정될 때도 있는데, 예컨대, 외국인의 기본권능력이 제한되는 경우이다. 기본권행위능력과 구별되는 개념이다. ➜ 기본권의 주체.

기본권보장규범 헌법의 특성 중의 하나로서, 헌법이 국민의 기본권을 보장하기 위한 규범이라는 점을 표현하는 말이다. 헌법의 여러 기능 중에서 가장 중요한 기능이다. 왜냐 하면 헌법의 다른 기능들이 모두 국민의 기본권을 보장하기 위한 수단으로서 인정되는 기능들이기 때문이다. ➜ 헌법의 특성과 기능.

기본권보장의무基本權保障義務 ㊂ the duty of the state to guarantee the fundamental human rights, ㊀ die Staatliche Gewährleistungspfflight von Grundrechten. 1. **서론** 1) **의의** 현행헌법 제10조 후문은 「국가는 개인이 가지는 불가침의 기본적 인권을 확인하고 이를 보장할 의무를 진다.」고 규정하고 있다. 통상 이 규정을 국가의 기본권보장의무를 규정한 것으로 이해하고 있다. 기본권보장의무의 개념에 대해서는 견해의 차이가 있다. **광의로 이해하는 견해**는, 헌법 제10조 후문의 기본권보장의무를 기본권을 보장하기 위해 국가가 부담하는 의무로 폭 넓게 인정하여 국가는 소극적으로 국민의 기본권을 침해하지 않아야 하며(침해금지), 적극적으로는 국가기관이 그 권한을 행사하여 기본권이 실현될 수 있도록 해야 하고(실현의무), 사인과 국가와의 관계에서 뿐만 아니라 사인간의 관계에서도 기본권이 보장될 수 있도록 국가가 의무를 부담하는 것으로 이해한다. 이 견해에서는 보장의 대상이 되는 기본권을 자유권적 기본권에 한정하지 아니한다. **협의로 이해하는 견해**는, 기본권보장의무를 기본권보호의무와 동일시하여, 기본권에 의하여 보호되는 기본권적 법익을 사인인 제3자의 침해로부터 보호하여야 할 국가의 의무를 기본권보호의무로 보고, 기본권주체들의 기본권적 법익에 대하여 다른 기본권주체의 행위 혹은 다른 기본권영역으로부터 유래하는 위험을 국가가 억제하여 각 기본권 주체가 자신의 기본권을 원만히 행사할 수 있도록 법질서를 형성·유지해야 할 국가의 의무로 이해한다. 우리 헌법 제10조 후문과 같은 규정이 없는 독일에서의 논의를 따르는 입장이다. **헌법재판소**는 상세한 설명 없이 국가의 「기본권보장의무」, 혹은 유사한 표현으로 「국가의 의무」, 「국가의 행위의무 내지 보호의무」, 「국가의 보호의무」 등을 결정의 논거로 인용하였다가(헌재 1992.7.23. 90헌바2등; 1993.12.23. 92헌가12; 1993.12.23. 92헌바11; 1996.4.25. 94헌마129, 95헌마121; 1996.11.28.

96헌가15 등), 1997년의 결정에서 「우리 헌법은 제10조에서 국가는 개인이 가지는 불가침의 기본적 인권을 확인하고 이를 보장할 의무를 진다고 규정함으로써, 소극적으로 국가권력이 국민의 기본권을 침해하는 것을 금지하는데 그치지 아니하고 나아가 적극적으로 국민의 기본권을 타인의 침해로부터 보호할 의무를 부과하고 있다.」고 하여(헌재 1997.1.16. 90헌마110 · 136(병합)), 기본권보호의무를 심사기준의 하나로 삼아 판단하기 시작하여, 이후의 판결에서도 이를 수용하고 있다(헌재 2008. 7.31. 2004헌바81; 2009.2.26. 2005헌마764). 이는 기본권보장의무와 기본권보호의무를 동일시하는 입장으로 이해될 수도 있지만, 오늘날에는 기본권보장의무를 사인들 간에 한정하지 않고 있다(헌재 2018.8.30. 2014헌바148등). 국가의 기본권보장의무는, 초기 자유주의가 요구했던 바와 같이 국가가 개인의 자유와 권리를 침해하여서는 아니 된다는 정도에 그치는 것이 아니라, 더 나아가 개인의 기본권이 실질적으로 최대한 보장될 수 있도록 하여야 하는 적극적 내용을 포함한다(헌재 2007.4.26. 2005헌마1220). **결론적**으로 보아, 국가의 기본권보장의무는 널리 국가기관이 그 가진 권한을 행사하여 소극적 및 적극적 방법으로 국민의 기본권 자체의 보장 뿐만 아니라 기본권적 법익을 확보하여야 하는 의무를 의미한다. 2) **구별개념** (1) 방어권과 기본권보장의무를 대비할 때, 전자는 자유권에 한하지만, 후자는 사회권을 포함할 수 있기 때문에 그 범위가 넓다. 또한 전자는 국가의 간섭을 배제하는 것을 전제하지만, 후자는 적극적으로 개입할 것을 요한다. 법적 구조에 있어서 기본권보장의무를 넓은 의미로 이해하는 경우에는 국가와 국민 또는 국가와 피해자 및 가해자라는 관계가 나타난다. 기본권보호의무로 좁게 이해하는 경우에는 국가, 가해자, 피해자라는 삼각구조가 나타난다. 위반에 대한 통제방법상, 방어권은 헌법소원이 가능하지만 기본권보장의무는 원칙적으로 허용되지 아니한다. 다만 객관소송의 형태로 헌법소원을 인정한다면, 허용될 가능성이 있다. 또한 기본권보장의무를 협의로 이해하여 기본권보호의무와 동일시하면서 (헌법상 열거되지 아니한 권리로서) 기본권보호청구권을 인정할 경우 구제가능성이 있다. (2) 기본권의 대사인적 효력과 대비할 때, 사인 간에 기본권이 보장되도록 하는 점 및 사법적인 구제절차가 인정된다는 점에 공통점이 있지만, 보장주체, 절차상의 차이, 이론적 논리구성의 차이 등이 있다. 3) **법적 성격** 기본권보장의무를 도의적 · 정치적 의무라는 견해와 법적 의무라는 견해가 있었으나, 오늘날 도의적 · 정치적 의무라는 견해는 없다. (헌)법적 의무로 봄이 타당하지만, 이에도 입법방침규정설과 직접적 효력규정설이 있다. 국가의 기본권보장의무는 단지 선언적 의미만을 가지는 것이 아니라 구체적으로 국가를 구속하여 입법 · 집행 · 사법이 기본권을 존중하고 실현하도록 하는 규범적 구속력을 가지며, 이의 위반이 있는 경우, 여러 법적 장치를 통해 구제가 가능하다는 점에서 직접적 효력을 갖는다고 봄이 타당하다. 재판규범의 성격도 가진다(대판 1996.12.19. 94다22927). 4) **대상과 범위** (1) **대상** 기본권보장의무의 대상을 자유권적 기본권에 한정하는 견해와 그 이외의 생존권적 기본권 등 모든 기본권을 대상으로 한다는 견해가 있다. 전자는 기본권보장의무를 기본권보호의무와 동일시하는 입장에서 기본권보호의무는 객관적 보호형식을 취하므로 객관적 법익으로서의 기본권적 법익을 그 보호대상으로 하고 개인의 주관적 법익은 보호대상이 되지 않으며, 생존권적 기본권의 내용이 되는 사회적 급부는 보호의무의 적용대상 밖에 있다고 한다. 후자는 기본권의 구체화를 통한 기본권의 실질적 보장의 경우도 기본권보장의무로 인정된다고 할 것이므로 국가의 입법에 의한 구체화를 필요로 하는 생존권적 기본권과 청구권적 기본권도 입법이나 행정에 의해 실현되어야 한다는 점에서 기본권보장의무의 대상이 된다고 한다. 독일의 경우 기본법 제1조 제1항 제2문의 기본권효력규정과 동법 제2조 제2항 제1문의 기본권의 법적 성격에서 국가의 기본권보호의무를 도출하는 경우 자유권적 기본권만이 보호의무의 대상이 된다고 할 수 있으나, 우리 헌법 제10조에서 모든 불가침의 기본적 인권에 대한 국가의 일반적인 기본권보장의무를 명시하고 있고, 또한 헌법의 개별규정에서 기본권보장의무를 구체화하고 있으므로 기본권보장의무의 대상은 자유권적 기본권 뿐만 아니라 생존권적 기본권, 참정권적 기본권, 청구권적 기본권 등 모든 기본권을 대상으로 한다고 할 것이다. (2) **범위** 기본권보장의무의 범위와 관련하여 제3자에 의한 기본권침해에 대한 보장만을 기본권보장의무로 보는 견해와 제3자는 물론 국가기관에 의한 기본권침해에 대한 보장의무도 포함하는 견해가 있다. 전자는 기본권보장의무와 기본권보호의무를 동일시하는 입장에서 기본권보장의무는 바로 이러한 제3자에 의한 기본권침해를 국가가 보호해야 한다는 이념 하에 기본권의 객관적 성격의 하나로 보호명령기능을 추가함으로써 독자적인 의의를 갖고 창안된 이론이라고 한다. 독일의 이론을 따르는 입장이다. 후자는 기본권보장의무는 침해자(사인)-국가-피해자(제3자)의 삼각관계를 전제하는 것은 아니며, 국가는 기본권침해자인 일면을 가지고 있지만 아울러 기본권보장자로서의 일면을 가지고 있으므로 기본권침해자가 누구인가를 불문하고 국민의 생명과 신체안전, 재산 등 기본권을 보장하는 것이 국가의 의무라고 하는 것이다. 후자의 견해가 타당하다. **2. 내용** 1) **주체와 유형** (1) **주체** 전통적으로 기본권은 국가의 침해에 대한 국민의 방어권 내지 주관적 공권으로 생각하였기 때문에 국가만이 기본권보장의무의 의무자라 함이 일반적이었으나, 오늘날에는 사인과 사회적 세력 등도 기본권침해의 가능성이 커지고 그에 따라 기본권의 대사인적 효력이 논의되기에 이르렀기 때문에, 사인이나 사회세력도 기본권보장의무의 주체로 볼 수 있다. (2) **유형** 기본권보장의무의 의무주체, 작용, 보장내용, 침해주체에 따라 기본권보장의무의 유형을 분류할 수 있다. **의무주체**에 따른 기본권보장의무는 크게 국가기관의 기본권보장의무와 사인의 기본권보장의무로 나눌 수 있으며, 전자는 다시 입법권의 기본권보장의무, 행정권의 기본권보장의무, 사법권의 기본권보장의무, 공공단체 등의 기본권보장의무로 분류할 수 있다. 입법권의 기본권보장의무로는 입법형성의무, 입법개선의무, 입법폐지금지의무 등으로 나눌 수 있다. 행정권의 기본권보장의무는 행정개입의무, 행정절차참여의무, 행정입법의무 등으로 나눌 수 있다. 사법권의 기본권보장의무는, 구체적 분쟁이 있는 경우 재판작용을 통하여 법률을 해석·적용함에 있어 합헌적 해석을 할 의무를 진다, 후자는 국민인 사인의 기본권보장의무, 사회적 세력이나 단체 등의 기본권보장의무로 나눌 수 있다. **작용**에 따른 기본권보장의무는 크게 소극적인 침해금지의무, 기본권의 적극적 실현의무로 나눌 수 있다. 전자는 헌법상 명시되어 있는 기본권과 그 외 헌법에 명시되지 않은 자유와 권리를 침해하지 않을 의무를 말한다. 후자는 기본권주체가 기본권을 현실적으로 행사함에 있어 기본권을 침해하는 것은 물론 어떠한 장애가 있는 경우 이를 제거해 줌으로써 기본권이 실효적으로 보장되도록 하는 것이다. **내용**에 따른 기본권보장의무는 의무의 이행주체에 대하여 어떤 영역을 보호하여야 할 영역인가를 부담지우고 있는 것에 따라 금지의무, 보호의무, 위험의무로 나눌 수 있다. 금지의무(Die Verbotspflicht)란 기본권보장을 위해 기본권보장의무 주체에 대하여 특정한 행위를 금지하는 것을 요구하는 경우에 나타나는 의무이다. 보호의무(Die Sicherheitspflicht)는 제3자에 의한 법률에 위반되는 위법한 기본권침해에 대하여 보장의무의 이행주체에게 기본권을 보호할 의무를 부과하는 의무이다. 위험의무(Die Risikopflicht)는 보호의무에 의하여 기본권의 침해를 가져올 수 있는 적법한 위험으로부터 국민의 기본권을 보장하는 의무이다. **침해주체**에 따른 기본권관계에 상응한 기본권보장의무는 기본권존중의무, 기본권구조의무, 기본권보호의무, 국제적 보호의무, 자연재해방지의무 등으로 나눌 수 있다(후술). 2) **의무이행의 정도** 이는 헌법상 기본권보장의무를 어느 정도 이행하여야만 헌법상의 기본권보장의무를 다하였다고 할 수 있는 것인가의 문제이다. 이와 관련하여 과잉금지원칙(➜ 과잉금지원칙), 과소보호금지의 원칙(➜ 과소보호금지의 원칙), 기본권의 본질적 내용침해 금지(➜ 기본권의 본질적 내용) 등이 논의된다. 과잉금지원칙이 문제되는 경우는, 기본권보장의무자가 그 의무를 이행함에 있어 원칙적으로 수단선택에 있어 넓은 재량권을 가지고 있지만 기본권의 보호라는 목적을 달성하는데 필요한 최소한의 기준을 넘어서는지의 여부에 달려 있다. 과소보호금지원칙은 입법자가 기본권보장의무의 이행정도와 관련하여 헌법이 요구하는 최저한의 보장수준에 미치지 못해서는 안된다는 것이다. 기본권의 본질적 내용은 기본권의 근본요소이므로 이를 제한하는 경우 기본권이 형해화 또는 내적 공동화를 초래하게 되어 유명무실하게 되므로, 그 침해를 금지한다. 3) **의무의 구체적 내용** 헌법상의 기본권은 다양한 침해주체로부터 침해될 가능성이 있고, 각각의 침해양상에 따라 기본권관계가 다르게 형성된다. 이에 따라 기본권보장의무의 내용도 다르게 나타날 수 있다. 침해주체에 따른 기본권관계에 상응하여 기본권존중의무, 기본권구조의무, 기본권보호의무, 국제적 보호의무, 자연재해예방의무 등으로 나눌 수 있다. **기본권존중의무**는 전통적인 개인과 국가 사이에서 문제된다. 자유주의 및 자연법론에 입각한 기본권인식은 기본권을 소극적·방어적 성격을 띠며 전통적으로 국가에 대한 방어권, 즉 주관적 권리로 이해되었다. 국가는 자유권과 평등권에서 주로 문제되는 소극적 기본권실현의무(침해금지의무)와 청구권·참정권·사회권에서 주로 문제되는 기본권의 적극적 실현의무로 나눌 수 있다. **기본권구조의무**는 기본권주체가 스스로 자신의 기본권을 침해하거나 침해할 가능성이 있는 경우, 예컨대, 자살, 자상(自傷), 음주, 흡연, 마약, 단식, 인신공양, 위험스포츠 등의 자초위해의 경우, 국가가 갖는 구조의무이다. 이는 기본권포기(➜ 기본권의 포기)와도 관련이 있다. 자초위해의 경우, 기본권주체 자신의 보호와 객관적인 헌법적 법익의 보호를 위하여 인정될 여지가 있다. **기본권보호의무**는 기본권적 법익에 대한 국가의 보호의무로서 기본권이 보호하는 법익을 기본권주체인 제3자의 위법한 위해로부터 보호할, 즉 그 위해를 예방하거나 그로 말미암은 피해발생을 방지할 국가의 의무를 말한다(➜ 기본권보호의무). **국제적 보호의무**는 국제화사회에서 국가, 국제기구, NGO 등의 여러 국제법주체들이 개인의 기본권을 침해하는 가능성이 증대하고 있고, 이에 대응하여 개인의 기본권을 보호할 국가의 의무가 국제적 보호의무이다. 국가영역을 넘는 사안에서 외국과의 관계에서 국가권력의 제한된 결정과 행위 그리고 책임가능성은 그 사안과 관련된 기본권주체에 대한 기본권보호에도 영향을 미칠 수 있다. 외국 기타 국제법적주체들의 행위에 대해서는 헌법상의 국제법존중주의가 적용될 수 있지만, 국가는 외국의 군사적·경제적 침해를 비롯한 모든 침해로부터 국가의 독립과 존속을 지키고 국가와 국민의 안전과 이익을 극대화할 의무를 갖는다. 국제적 보호의무에는 대외적 보호의무와 외교적·영사적 보호의무로 나뉜다. **자연재해예방 및 보호의무**는 국가가 자연재해를 미리 예방하거나 발생한 재해를 복구할 의무를 말한다. 자연재해는 재해 중에서 자연에 의한 재해만을 일컫는다. 현행헌법 전문(… 자손의 안전과 자유와 행복…)과 제34조 제6항(재해예방과 위험으로부터 국민보호), 제36조 제3항(국민보건보호) 등의 규정에서 국가의 재해예방의무를 정하고 있다. 3. **기본권보장의무의 한계와 통제** 1) **한계** (1) **헌법상 한계** 기본권보장의무는 자유주의적·인격주의적 인간관, 민주적 기본질서, 사회적 시장경제주의, 복지국가주의 등의 헌법상의 제 원칙과 제도에 기속된다. 사인간의 관계에서의 기본권보장에 관하여 국가는 사적 자치의 원칙과 개인의 자기결정권을 침해하지 않도록 하여야 한다. (2) **입법상 한계** 기본권보장의무는 국민의 대표기관인 국회의 입법을 통하여 구체화되는 입법재량의 영역에 속한다. 그러나 입법재량도 헌법상 명시적 입법의무가 있거나 해석상 인정되는 경우 이를 이행하지 않으면 입법부작위(➔ 입법부작위)로 기본권을 침해하게 된다. (3) **사회·경제적 한계** 국가의 기본권보장은 국가가 갖는 법적·사실적 수단을 통해 행해지는 것이므로, 입법 또는 행정재량이 인정되는 영역에서 특정한 수단만을 선택할 의무는 없으며, 예산 등 광범위한 수단을 동원하여 최소한의 수준의 보장과 본질적 내용의 보장이 국가의 의무로 인정될 수 있다. 2) **의무위반에 대한 통제** (1) **입법권의 의무위반과** 통제 입법부는 위헌입법의 제정, 입법부작위, 입법개선 불이행, 절차위반의 법률제정, 법률의 부당한 폐지 등으로 기본권보장의무를 위반할 수 있다. 이 경우에는, 대통령의 위헌법률거부권 행사, 헌법재판소의 위헌법률심사, 헌법소원, 입법청원, 국가배상청구 등이 가능하다. (2) **행정권의 의무위반과 통제** 헌법 및 법률에 위반한 행정권 행사, 위헌·위법의 명령·규칙의 제정·시행 등으로 기본권보장의무를 위반할 수 있다. 이 경우, 행정심판 및 행정소송, 형사사법절차상의 수단, 헌법소원, 청원, 국가배상, 형사보상청구, 범죄피해자구조청구, 국정조사·감사, 탄핵 등의 구제수단이 있을 수 있다. (3) **사법권의 의무위반과 통제** 사법권에 의한 의무위반은 헌법·법률의 왜곡에 의한 판결과 그 집행, 사법행정에 의한 침해 등이 가능하다. 이 경우, 심급제도에 의한 구제, 형사보상청구권, 대통령의 사면권, 법관에 대한 탄핵, 국가배상 가능성 등의 구제수단이 있을 수 있다. (4) **사인에 의한 의무위반과 통제** 사인의 기본권보장의무위반에 대한 통제는 헌법을 구체화하는 개별법률에서 침해태양과 그에 대한 형벌 내지 행정벌, 손해배상 등으로 구현된다. 3) **기본권보호청구권** 기본권보장의무를 기본권보호의무와 동일시하고, 국가가 보호의무를 이행하지 않는 경우에, 기본권의 객관법적 측면에 따라 개인에게 기본권보호청구권이 인정되는가의 문제가 기본권보호청구권의 문제이다(➔ 기본권보호의무).

기본권보호영역基本權保護領域 ㊀ der Schutzbereich der Grundrechte. 기본권규정에서 보호되는 생활영역을 말한다. 기본권구성요건(Grundrechtstatbestand), 규범영역(Normbereich) 혹은 효력영역(Geltungsbereich)이라고도 한다. 개별적 기본권은 특정한 사물적·내용적 범위를 가지는데, 이 범위는 입법자에 의하여 확정된다. 보호영역의 문제는 본래의 의미에서의 기본권제한의 문제는 아니지만, 이와 관련이 있다. 기본권의 보장과 제한의 전제로서 기본권의 보호영역 내지 구성요건을 정의하는 것은 기본권의 내용과 범위를 명확히 하고 구체화하기 위한 것으로서 기본권의 효력범위의 확정의 문제이다. 보호영역의 확정은 기본권에 대한 개입 내지 침해의 여부를 판단하는 데에 있어서 선결조건이 된다. 통상의 경우에 기본권의 내용과 보호영역은 일치하지만, 기본권의 제한이 있는 경우에는 내용과 보호영역이 반드시 일치하지는 않는다. 국가공권력행사의 기본권 적합성을 심사할 때는 다음의 단계에 의거한다. 첫째, 사인의 행위나 이와 관련된 보호이익이 어떠한 기본권의 보호영역에 속하는가를 먼저 확정하고, 둘째, 국가가 개인의 보호영역을 제한하였는지를 심사하며, 셋째로, 국가가 개인의 기본권을 제한하였다면 그 조치가 제한의 한계, 즉 형식·내용·방법·목적상의 한계를 일탈하지 않은 제한인지를 심사하여야 하고, 마지막으로 개별헌법조항이 규정한 헌법상의 한계에 따라 이루어졌는지를 검토한다.

기본권보호의무基本權保護義務 ㊍ Grundrechtliche Schutzpflicht des Staates. 1. **서론** 1) **의의** 기본권보호의무란 기본권적 법익을 기본권 주체인 사인에 의한 위법한 침해 또는 침해의 위험으로부터 보호하여야 하는 국가의 의무를 말한다(헌재 2009.2.26. 2005헌마764, 2008헌마118(병합)). 다시 말하여 동등한 기본권 주체들의 기본권영역들을 상호획정하고, 그렇게 획정된 영역에서 타 기본권 주체의 행위나 영역으로부터 나오는 기본권적 법익에 대한 위험을 억제하여 각 기본권 주체가 자신의 기본권을 원만히 행사할 수 있도록 법질서를 형성·유지해야 할 국가의 의무라고 할 수 있다. 기본권보장의무(➜ 기본권보장의무)와 동일시하는 견해도 있으나, 기본권보호의무는 헌법 제10조 후문의 기본권보장의무의 내용 중의 하나로 봄이 타당하다. 기본권보호의무는 다른 사람의 기본권보호영역을 침해하는 침해자와 그 침해로부터 보호를 요구하는 피해자 그리고 보호의무자인 국가의 삼각관계를 이루며, 기본권보호의무에 의해 보호되는 이익이 생명·재산·신체 등의 천부적인 자유영역이라는 점에서 사회국가적 차원에서 요구되는 국가의 보호와는 구별된다. 헌법재판소도 이와 같이 이해하고 있다(헌재 1997.1.16. 90헌마110등). 2) **사상사적 배경** 공동체의 구성원들을 내외의 공격으로부터 안전하게 보호하고 질서를 유지하는 것은 고대로부터 국가공동체의 기본적 과제 중의 하나이었다. 입헌주의적 관점에서 이를 체계화한 것은 근대사회 이후의 계몽사상가들이었다. 홉스는 국가형성의 중요한 동기나 국가존립의 본질적인 정당성의 근거는 국가의 보호의무와 질서의무를 위한 최고의 근거가 되는 국민의 보호에 있다고 하였다. 로크는 시민의 생래적이고 국가 이전에 형성된 생명, 재산과 자유 등의 인권을 보호하기 위하여 시민은 그들간의 동의(사회계약)을 통하여 자신의 자유를 축소하고 국가에 일정한 권리를 부여하고 자신의 안녕과 권리보호라는 임무를 국가에 맡기게 된다고 하였다. 19세기 이후에는 국가권력에 의한 국민의 자유를 유린하는 데에 주목하여 자유주의적 관점에서 방어권적 요소들만을 기본권으로 수용하였다가, 현대사회에 이르러 과학기술의 발전과 국가의 적극적인 역할의 요구 등에 따라 생명·건강·재산·환경 등 전반적인 국민생활의 영역에서 국가의 기본권보호의무가 재조명되기 시작하였다. 3) **연혁** (1) **독일** 독일에서는 국가의 보호의무와 관련하여 서독헌법재판소 초기부터 기본법 제1조 제1항에서의 표현된 보호의무와의 관계에서 기본권적 보호의무에 관한 언급이 있었고((BVerfGE 1, 97), 구체적으로는 기한판결(Fristenlösung)을 시작으로 성과를 보이기 시작하였다가(BVerfGE 35, 202), 1975년 제1차 낙태판결

(BVerfGE 39, 1)에서 입법자의 보호의무 위반을 인정한 이래 연방헌법재판소의 확립된 법리로 되었다. 이 후에도 슐라이어 인질사건(BVerfGE 46, 160), 수인에 대한 접촉금지조치(BVerfGE 49, 24), 제1차 Kalkar 원자력발전소 결정(BVerfGE 49, 89), 원자력발전소건설인가 관련 Müllheim-Kärlich 결정(BVerfGE 53, 30), 비행기소음사건(BVerfGE 56, 54), 객관적 원리로서의 의견표명의 자유(BVerfGE 57, 295), 제2차 낙태판결(BVerfGE 88, 203) 등등에서 기본권보호의무이론을 확립하였다. (2) **우리나라** 우리나라에서는 1997년에 헌법재판소가 교통사고처리특례법 제4조 등에 대한 헌법소원(헌재 1997.1.16. 90헌마110, 90헌마136병합)에서 기본권보호의무를 심사기준들 중 하나로 채택하였고, 이 결정이 기본권보호의무에 관한 결정의 효시로 되었다. 이 후의 결정에서 헌법재판소는 기본권보장의무와 기본권보호의무를 혼용하여 사용하고 있다(헌재 2001.11.29. 2000헌바37; 2002.5.30. 2001헌바28; 2002.11.28. 2001헌바50; 2003.3.27. 2001헌마116; 2003.9.25. 2002헌마533; 2008.7.31. 2006헌마711; 2009.2.26. 2005헌마764, 2008헌마118(병합); 2011.2.24. 2009헌마94; 2018.5.31. 2015헌마1181 등). 2. **방어권적 기본권과 기본권보호의무의 비교** 방어권적 기본권과 기본권보호의무는 기본권적 법익을 보호한다는 점은 동일하다. 그러나 전자는 국가와의 관계에서 국가의 침해로부터의 자유, 즉 소극적 지위를 보장하여 주지만, 후자는 사인 상호간에 있어서 개인의 기본권을 보호하기 위한 활동을 국가에 요구하는 적극적 지위를 매개하여 준다. 방어권과 기본권보호의무의 수범자는 모두 국가이지만, 방어권에 있어서는 국가가 기본권에 대한 위험원이 되고, 기본권보호의무에 있어서 위험원은 국가가 아니라 제3자이다. 그리고 방어권은 헌법에 의하여 직접적 효력을 발휘하지만 국가의 보호의무는 일반적으로 법률의 매개를 통하여 이루어진다. 3. **헌법적 근거** 1) **학설** 기본권보호의무의 헌법적 근거에 대해서는 입헌주의 헌법의 본질 및 기본권의 이중성(➜ 기본권의 이중성)의 한 내포인 기본권의 객관적 측면, 그리고 실정헌법규정 등이 근거로 제시된다. 논자에 따라, 입헌주의 헌법과 민주공화국의 선언규정에서 기본권보장의무를 도출하고 헌법 제10조 후문이나 헌법전문은 단지 이를 확인하는 것으로 보는 견해, 헌법이 정하고 있는 기본권보장과 국가의 본질적 기능과 목적 그리고 헌법 제10조 제1항을 근거로 드는 견해, 실정헌법보다는 기본권의 객관적 가치질서의 측면에서 기본권보호의무를 도출하는 견해, 헌법 제10조 후문의 규정을 통해서 통치권력의 기본권구속성에 따른 국가의 기본권보호의무를 당연한 것으로 보아 헌법 제10조 후문을 근거로 드는 견해, 우선 헌법 제10조 후문을 근거로 들고 그밖에 헌법전문, 헌법 제21조 제4항, 헌법 제30조를 간접적 근거로 드는 견해, 기본권의 객관적 측면에서 보호의무의 근거를 찾기보다는 헌법 제10조 제2문에서 찾는 것이 합리적이라는 견해 등이 주장되고 있다. 2) **헌법재판소** 헌법재판소의 합헌의견은 헌법 제10조 후문을 기본권보호의무의 근거로 들고(헌재 1997.1.16. 90헌마110등; 2008.7.31. 2004헌바81의 다수의견), 위헌의견은 헌법전문, 헌법 제10조, 제30조, 37조 제1항을 기본권보호의무의 근거로 들고 있다(헌재 1997. 1. 16. 90헌마110등). 특히 헌재 2008.7.31. 2004헌바81 결정은 「국가가 국민과의 관계에서 국민의 기본권보호를 위해 노력하여야 할 의무가 있다는 의미뿐만 아니라 국가가 사인 상호간의 관계를 규율하는 사법(私法)질서를 형성하는 경우에도 헌법상 기본권이 존중되고 보호되도록 할 의무가 있다는 것을 천명한 것이다.」라고 하고 있다. 3) **결론** 자유권만을 규정

하고 있는 독일기본법의 해석상 국가의 기본권보호의무는 기본권의 객관법적 측면을 근거로 하는 것으로 할 수 있으나, 사회권 규정 및 여러 규정에서 적극적인 국가의 보호의무를 명시하고 있는 우리나라 헌법에서는, 헌법 제10조 후문을 원칙적인 근거규정으로 보고 개별규정에서 국가의 보호의무를 정한 경우에는 당해 규정이 직접 근거로 된다고 봄이 타당하다. 헌법재판소도 각 개별규정에서 국가의 보호의무가 인정된다고 하고 있다. 따라서 헌법 전문(안전과 자유와 행복), 제10조 후문, 제30조(범죄피해자구조청구권), 제36조(혼인과 가족생활, 모성보호, 보건보호), 헌법 제124조(소비자보호운동) 등에서도 국가의 보호의무가 발생한다고 봄이 타당하다. 4. **기본권보호의무의 구성요건** 1) **보호대상** 기본권보호의무는 자유권적 기본권에 의하여 보호될 가치가 있는 모든 법익과 관련하여 발생할 수 있다. 생명, 신체와 관련된 것 뿐 아니라 재산권, 신체의 자유, 자유로운 직업활동 등 자유권적 기본권의 법익과 관련하여서도 문제될 수 있다. 그러나 사회적 기본권의 내용이 되는 사회적 급부는, 보호의무가 기존의 법적 지위를 사인의 위해로부터 보존하는 것을 목표로 하기 때문에 보호의무의 적용대상에서 제외된다. 2) **'사인私人'인 제3자의 침해** 기본권보호의무는 사인인 제3자가 타인의 기본권적 법익에 위법적으로 가해하였거나 그러한 위험이 있는 경우에 발생한다. 사인 이외의 위험원, 즉 자연력에 의한 위해 또는 기본권주체 스스로 자신의 기본권적 법익에 대하여 초래하는 자초위험도 포함시키는 견해가 있으나, 재해예방의무나 기본권구조의무로 이해할 수 있으므로, 기본권보호의무에는 포함되지 않는다고 봄이 타당하다. 기본권보호의무의 경우에는 가해자인 사인, 국가, 그리고 피해자인 사인이라는 삼각관계가 형성된다. 3) **'위법'한 침해** 기본권적 법익에 대한 침해는 '위법'한 것이어야 한다. 정당한 파업, 시장에서의 공정한 경쟁, 타인의 의사표시에 대한 비판 등은 이에 해당하지 않는다. 위법성에 대한 궁극적인 판단기준은 법률이 아니라 헌법이다. 4) **위해 또는 위해의 위험의 존재** 보호의무를 야기하는 가해는 현재의 가해(Verletzung) 뿐만 아니라 가해의 위험(Gefährdung)을 포함한다. 위험원인 사인이 법익에 대한 가해를 의도하였는지 또는 주관적으로 알고 있었는지 여부는 중요하지 아니하다. 5. **보호의무의 내용** 1) **보호의무의 수범자** 국가가 보호의무의 수범자이다. 기본권이 국가의 모든 권력을 구속하는 것과 마찬가지로 입법·행정·사법의 모든 국가조직이 기본권 보호의무를 진다. 단 기본권 보호의무는 법률이라는 매개를 통하여 확정되기 때문에 일차적으로 입법자가 보호의무를 이행할 책임을 진다. 입법자에게는 기본권 보호를 위하여 폭넓은 재량이 주어지지만, 때에 따라서는 규범제정의무와 입법개선의무가 부과된다. 행정기관과 사법기관은 입법자에 의하여 제정된 법률을 집행·적용함에 있어서 기본권 규정으로부터 나오는 보호기능을 존중하여야 한다. 2) **보호의무 이행에 대한 헌법재판소의 통제** 국가가 보호의무를 이행함에 있어서는 헌법이 요구하는 최저한의 보호수준을 하회하여서는 안된다는 과소보호금지의 원칙을 준수하여야 한다. 즉 보호의무의 이행과 관련하여 국가는 최적의 보호를 제공할 의무를 지지만, 그 이행 여부의 통제에 있어서는 통제기관은 필요한 보호의 하한을 통제함에 그친다. 또한 헌법재판소의 통제의 강도도 일률적인 것이 아니고 관련된 기본권적 법익의 중대성, 그 침해의 심각성, 그 침해의 빈도 등에 따라 달라지게 된다(헌재 1997.1.16. 90헌마110등). 따라서 헌법상의 기본권 체계에 있어서 중심적인 의의를 가지는 생명·신체의 안전 등과 같은 기본권적 법익들의 보호에 관하여는 최저한의 보호수준이 강화되고 그만큼 입법자의 입법형성의 여지는 축소된다. 입법자가 보호수단의 선택과 관련하여 형성의 여지를 갖고 있을 때에는 입법자가 과소보호금지의 원칙에 위반하였더라도 헌법재판소는 입법자에게 특정의 조치를 취할 의무를 부과할 수는 없고, 기본권 침해만을 확인할 수 있을 뿐이다. 6. **기본권보호청구권** ➜ 기본권보호청구권.

기본권보호청구권基本權保護請求權 ㉣ Anspruch auf grundrechtliche Schutzpflicht. 1. **논의의 의의** 국가가 그의 보호의무를 전혀 이행하지 아니하거나 충분히 효과적으로 이행하지 아니하는 경우에 피해자인 사인이 국가의 보호의무에 상응하는 주관적인 보호청구권을 보유하는지, 아니면 국가에게 개인의 자유를 보호할 의무를 부과하는 규범만이 존재할 뿐인지가 문제된다. 이 문제는 기본권의 객관적 성격으로부터 개인적인 주관적 공권으로서의 청구권을 인정할 것인지의 문제이기도 하다. 또한 보호청구권의 문제는 고려되어야 할 다양한 요소가 있음에도 사법적 판단을 통하여 이를 해결하는 것이 타당한가의 문제와 민주적 정당성을 가진 입법권에 대한 과도한 통제가 아닌가하는 문제이기도 하다. 2. **학설** 보호청구권을 부정하는 견해는 기본권의 객관적 내용의 구체화는 1차적으로 입법자에게 위임되어 있고, 하나의 권리가 소구가능할 정도의 보호를 받기 위해서는 그 내용이 확정되어 있어야 하므로 객관적 가치질서로서의 기본권은 실현의 방향만을 제시할 뿐 여기서부터 보호청구권을 도출할 수는 없다고 한다. 긍정설은 이와는 달리 보호의무에 상응하는 보호청구권이 인정되어야 개인의 기본권보호에 더 효율적이라고 주장한다. 3. **결론** 사인에 의한 기본권의 침해가 많아지면서 국가의 기본권 보호의무는 계속 확대될 것이다. 기본권의 객관적 성격에 관한 논의도 기본권 강화를 위해서 출발한 것이므로 이 모든 것을 입법자의 자유재량에 맡겨 놓게 되면 기본권 보호 논의를 반감시키게 될 것이다. 따라서 이에 발맞추어 헌법에서 파생하는 보호의무가 다른 실정법적 방법으로 충족될 수 없고, 기본권 침해가 명확할 경우에는 기본권의 객관적 성격에서 개인의 주관적 권리인 보호청구권이 도출될 수 있다고 봄이 타당하다.

기본권상충基本權相衝 ➜ 기본권충돌.

기본권서열이론基本權序列理論 = **기본권등급론**基本權等級論 ➜ 기본권의 충돌.

기본권수반형基本權隨伴型 ➜ 제도보장.

기본권수범자基本權受範者 ㉣ Grundrechtsadressat. ⇔ 기본권향유자(기본권보유자)(Grundrechtsträger). 기본권주체 혹은 기본권향유자의 기본권에 기속되는 자가 기본권수범자(Grundrechtsadressat) 혹은 기본권수규자이다. 즉, 개인이 가진 기본권을 주장할 수 있는 상대방이 기본권수범자이다. 기본권의 주관적 권리성을 우선시하여 대국가적 효력을 강조하는 입장에서는 원칙적으로 기본권수범자는 국가이다. 기본권의 객관적 측면 혹은 그에 따른 방사효를 인정하여 기본권의 효력을 확대하는 입장에서는 기본권수범자는 국가와 사인(私人)을 모두 포함한다. ➜ 객관적 가치질서.

기본권의 갈등葛藤 ㉣ Grundrechtskonflikt. 기본권 간의 마찰과 모순으로부터 야기되는 제반문제를 일컫는 것으로, 기본권의 경합과 충돌을 포괄하여 이르는 표현이다.

기본권의 경쟁競爭 · **경합**競合 ㉢ constitutional rights concurrence, ㉣ Grundrechtskonkurrenz, ㉤ concurrence des droits constitutionnels. 1. **의의** 기본권의 경쟁 또는 경합은 동일한 기본권의 주체

가 국가에 대하여 동시에 여러 기본권의 적용을 주장할 수 있는 경우, 즉, 일정한 공권력작용에 의해서 어느 기본권주체의 여러 기본권영역이 동시에 침해를 받았을 때 그 기본권주체가 국가권력에 대해서 동시에 여러 기본권의 효력을 주장하는 경우를 말한다. 하나의 공권력 작용에 대해 둘 이상의 기본권주체의 기본권들이 관련되는 경우를 '기본권제한의 수평적 누적(horizontale Eingriffskumulation)'이라 한다. 서로 경합하는 기본권들의 제한가능성과 제한정도를 헌법이 각각 다르게 정하고 있다면 어느 기본권의 효력을 얼마만큼 인정할 것인가의 문제이다. 예를 들어, 종교단체발행의 신문에 대하여 국가가 간섭하는 경우 헌법상의 종교의 자유와 언론의 자유, 집회참석자를 체포·구속하는 경우 신체의 자유와 집회의 자유, 정치단체가입을 이유로 교사를 파면한 경우 결사의 자유와 직업수행의 자유 및 수업권, 예술작품 강제철거에 대하여 예술의 자유와 재산권 등 여러 기본권들이 경합한다. 기본권 경합은 대국가적 효력의 측면에서 중요한 의미를 갖는다. 기본권 경합의 문제는 법률유보의 유무에 따라 기본권에 대한 제한가능성이 기본권마다 다르다는 것을 전제로 해서 구성된 이론이다. 2. **유사경합**類似競合; **부진정경합**不眞正競合 기본권의 경합은 진정한 기본권경합의 문제이므로 유사경합(외견적 경합)과 구별된다. 유사경합이란 하나의 사안에서 복수의 기본권이 관련된 경우라 하더라도 일반법과 특별법의 관계를 가지거나, 특별한 지위에 있는 기본권만 문제되는 경우를 말한다. 예를 들어, 학문적 표현이나 예술적 수단을 이용한 광고를 하는 경우에 영업의 자유 이외에 학문과 예술의 자유를 주장한다면, 이러한 광고는 학문적 지식이나 예술을 전달하는 수단이 아니므로 학문의 자유나 예술의 자유로서 보호받지 못한다. 따라서 이러한 경우에는 진정한 기본권경합의 문제는 발생하지 않는다. 정치성을 띤 예술표현은 외관상 예술의 자유와 표현의 자유의 보호법익에 모두 포함되는 것처럼 보이지만, 정치적인 예술표현은 예술의 자유의 보호대상이 되지 않으므로 표현의 자유에 의해서만 보장된다고 보아야 할 것이다. 헌법재판소도 부진정경합을 기본권경합으로 보지 아니한다(헌재 1999.12.23. 99헌마135; 2000.12.24. 99헌마112; 2003.9.25. 2002헌마519; 2004.4.29. 2002헌마467 등 참조). 3. **해결이론** 기본권경합의 해결기준은 사안의 해결을 위하여 어느 기본권이 위헌성판단의 기준이 되어야 할 것인가를 결정하는 문제이다. 즉, 기본권보호의 효력을 어느 기본권에 근거할 것인지의 문제이다. 1) **제한의 정도가 다른 기본권이 경합하는 경우**에는 헌법상 제한의 가능성과 정도가 가장 작은 기본권, 즉 기본권의 효력이 가장 강한 기본권이 우선되어야 한다는 **최강효력설(다수설)**과 효력이 약한 기본권 즉, 제한의 정도가 가장 강한 기본권이 우선되어야 한다는 **최약효력설(소수설)** 등이 있다. 제한이 다른 기본권들이 경합하는 경우에는 문제된 사안과 직접적으로 관련되는 기본권이 우선되어야 한다. 직접적으로 관련되는 기본권이 무엇인가는 기본권을 주장하는 기본권주체의 의도와 기본권을 제한하는 공권력의 동기를 감안하여 개별적으로 판단하여야 한다. 그러나 사안과의 관련성이 동일한 경우에는 최강효력설에 따라 해결한다. 이 경우에도 기본권의 효력이 되도록 강화되는 해결책을 모색하는 것이 바람직하다. 독일에서는 최근 기본권의 강화효력이 논의되고 있다. 2) **제한의 정도가 동일한 경우**에는 당해 사안과 직접적으로 관련되는 기본권을 우선 적용하는 직접관련기본권적용의 원칙과 직접관련기본권을 확정할 수 없는 경우에는 관련된 기본권을 모두 적용하는 관련기본권전부적용의 원칙이 적용된다. 3) **헌법재판소**도 하나의 규제로 인해 여러 기본권이 동시에 제약을 받는 기본권경합의 경우에는 기본권침해를 주장하는 제청신청인과 제청법원의 의도 및 기본권을 제한하는 입법자의 객관적 동기 등을 참작하여 사안과 가장 밀접한 관계에 있고 또 침해의 정도가 큰 주된 기본권을 중심으로 해서 제한의 한계를 따져 보아야 한다고 판시하였다(헌재 1998.4.30. 95헌가16).

기본권의 구성요소構成要素 명문의 규정으로 혹은 헌법해석에 의하여 헌법상 보장되는 인간의 권리라는 의미에서의 기본권은 정치적 혹은 사회적 의미에서가 아니라 법적 의미에서 규정될 수 있는 요소들을 갖추어야 기본권으로 평가될 수 있다. 이를 기본권의 구성요소라 하는데, 이에는 권리적 요소, 실정적 요소 및 헌법적 요소의 세 가지가 있다. 1) **권리적 요소** 헌법상 기본권은 법적 권리로서 보장되는 것으로, 개체귀속성과 청구성, 처분성 및 면책성의 4 요소로 이루어져 있다. **개체귀속성**(個體歸屬性=**개인성**個人性)이란 어떠한 가치나 이익이 특정한 개체에게 전속적으로 귀속된다는 것을 말하며, **청구성**請求性(**소구성**訴求性)이란 타자에 대하여 권리의 내용을 실현시키는 주장을 할 수 있는 힘이고, **처분성**處分性이란 권리주체가 자신의 자유의사에 의해 이를 양도하거나 포기할 수 있는 권능이란 의미이며, **면책성**免責性이란 타자의 의사에 의해 일방적으로 권리와 관련된 법률관계가 형성, 변경, 소멸되지 않는 등 타자의 법적인 권능이나 통제로부터 자유를 확보하는 권리의 속성을 말한다. 2) **실정적 요소** 기본권은 실정헌법에 의하여 그 권리성이 부여된 것을 의미한다. 기본권 중에는 자연권으로서의 인권을 헌법에 규정한 것도 있고, 자연적 권리와는 무관하게 특정 헌법제도로 인해 헌법상 국민의 권리로 규정한 것도 있다. 후자의 경우에는 그 권리의 내용과 효력도 헌법에 의하여 정해진다. 비록 명문으로 규정하지 않더라도 헌법해석상 헌법적 차원으로 보호되어야 하는 권리도 있다(➜ 헌법에 열거되지 아니한 자유와 권리). 기본권을 헌법질서의 한 내포로 보고, 그 객관적 질서성 혹은 객관적 규범성을 인정하는 견해가 있다(➜ 기본권의 이중적 성격). 3) **헌법적 요소** 기본권은 그 의미내포상 헌법이 보장하는 권리라는 의미를 가진다. 헌법이 보장한다 함은 법률의 차원이 아니라 헌법의 차원에서 보장한다는 것을 의미하므로 헌법상의 권리와 법률상의 권리는 구별된다. 우리 헌법재판소도 이 점을 분명히 하고 있다(헌재 2007.4.26. 2004헌바60 참조). 헌법상의 권리와 법률상의 권리의 구별은 헌법소원의 대상이 될 수 있는가의 문제와 직결된다(➜ 헌법소원심판).

기본권基本權**의 기능**機能 ㊀ Grundrechtsfunktionen. 기본권은 개인에게 주관적 권리를 갖게 하며, 법의 기속을 받는 국가가 존중해야 하는 객관적 법일 뿐만 아니라 모든 보유자에게 개인적 선호에 따라 주장할 수 있는 구체적 요구를 부여한다. 모든 주관적 권리는 객관적 법규범에 근거하며, 주관적 방어권은 객관적인 기본권규범의 법적 효과이다. 일반적으로 개별적-방어권적 차원은 다른 파생적 기본권보다 우선한다. 기본권은 헌법적인 자유보장의 전통을 받아들이고 특수한 불법적 경험을 극복하게 하였으며, 그 결과 개인의 자기결정을 인간존엄공식을 통한 규범적 구성의 출발점으로 삼았다. 헌법의 인간상의 핵심은 개인의 자기결정권과 개인책임의 원칙이며 이는 인간의 존엄에 내재되어 있고, 특정영역에서 개인의 기본권으로 형상화되어 있다. 개인은 사회적인 공동적 삶에서 요구되는 제한에 종속되며, 개인의 자주성은 유지된다. 자유주의적 법치국가적 기본권이해는, 사회국가원리와 함께, 헌법상의 기본권구성의 토대이자 출발점이다. 독일 연방헌법재판소는 '법치국가 형태의 사회적 민주주의'로 표현한다. 구체적으로 기본권의 기능을 살펴보면, 첫째, (소극적 지위에서) 국가에 대한 시민의 방어권(Abwehrrechte)으로서의 기능으로서, 개인의 처분에 맡겨진 기본권적으로 규범화된 자유와 법적 이익은 국가의 침해로부터 보호된다. 즉, 국가는 이 자유를 받아들일 의무가 있으며 시민은 모든 침해를 방어할 수 있다. 둘째, (적극적 지위에서) 급부권(Leistungsrechte)으로서의 기능으로, 기본권의 행사를 보장하기 위해 기본권은 개별적인 경우에 시민에게 국가의 적극적 행위에 대한 요구를 부여한다. 예컨대 독일기본법상 모성보호와 부조를 받을 권리와 같이 몇몇 권리가 급부권(또는 참여권(Teilhaberechte))으로 규정되어 있다. 최저생계유지에 관한 권리와 같이, 엄격한 조건 하에서 방어권으로부터 급부권이 발생할 수도 있다. 셋째, (능동적 지위에서) 협력권(Mitwirkungsrechte)으로서의 기능으로서, 기본권은 협력권으로서 국가의 의사결정 참여를 보장한다. 선거권, 공무담임권, 병역 등이 그것이다. 넷째, 제도보장으로서의 기능으로서, 기본권은 주관적 권리를 보장하는 것 외에도 일부 기본권은 특정 법제도 혹은 기관의 존재를 보장하기도 한다. 혼인 및 가족제도, 교육제도, 사유재산제 및 상속제도 등이 그것이다. 다섯째, 객관적 가치결정으로서의 기능으로, 기본권은 객관적인 가치체계로서 생명과 삶, 의견의 다양성, 예술과 과학, 전문적 활동과 재산의 사용 등의 가치들을 헌법적으로 보장한다. 그 결과 일반법을 해석하고 적용할 때 기본권을 통한 기본법의 가치판단을 고려해야 한다.

기본권의 내재적 한계內在的 限界 ➜ 기본권의 제한.

기본권의 대사인적 효력對私人的效力 ㊎ third party effect of fundamental rights, ㊍ die Drittwirkung der Grundrechte. 1. **서론** 1) **의의** 독일에서는 기본권의 수평적 효력(Horizontalwirkung der Grundrechte), 사법에서 기본권의 효력(Geltung der Grundrechte im Privatrecht), 사법질서에서의 기본권의 효력(Geltung der Grundrechte im Privatrechtsordnung), 사법에 대한 기본권의 영향(Hineinwirken der Grundrechte in das Privatrecht) 등이 사용되고 있다. 기본권은 전통적으로 국가권력으로부터 개인의 자유와 권리를 보호하기 위한 대국가적 방어권으로 인식되었기 때문에 기본권의 효력은 사인간에는 인정되지 않았다. 그러나 오늘날에는 기본권을 침해하는 주체가 국가에 그치지 아니하고 거대한 조직이나 단체 등의 사회세력과 국제조직과 다국적기업 등을 포함한 외국·외국인 등으로 다양화하고 있고, 그에 따라 그 구제를 위하여 기본권의 효력이 확장될 필요가 증대하고 있다. 국제적 영역의 경우에는 각각의 침해의 양태에 따라 그 구제를 위한 수단과 이론적 논의가 있다(➜ 기본권의 침해와 구제). 국내법질서 내에서 기본권의 효력이 대사인적 관계에까지 확장될 필요가 있다는 데에는 이론(異論)이 없지만, 이를 어떤 법리로 구현할 것인가에 대해서는 나라마다 차이가 있다. 2) **대사인적 효력을 구체화하는 방법** (1) **헌법에 명시하는 방법** 이 방법은 헌법에 직접 규정을 둠으로써 가장 확실하게 대사인적 효력을 보장하는 방법이다. 현행헌법상으로는 표현의 자유와 관련된 제21조 제4항이 이에 해당하는 규정이다. 스위스, 남아프리카공화국, 포르투갈 등의 헌법은 기본권을 사인에게도 적용할 수 있다는 명문규정을 두고 있다. (2) **입법에 의하는 방법** 이 방법은 헌법에 명시적인 규정을 두지는 않지만, 헌법 제37조 제2항에 근거한 입법을 통하여 기본권의 대사인적 효력을 명시하는 방법이다. 남녀평등과 강제노역금지를 규정한 근로기준법, 남녀고용평등과 일·가정 양립

지원에 관한 법률, 언론중재 및 피해규제 등에 관한 법률 등이 있다. 이 방법의 경우에는 원칙적으로 대국가적인 기본권을 사인에게도 적용하는 경우에는 해석론을 통하여 엄격한 헌법적 정당화가 있어야 한다. (3) **헌법해석에 의하는 방법** 헌법이나 법률에 명문의 규정이 없는 경우에 해석을 통하여 기본권의 대사인적 효력을 확장하는 방법이다. 2. **외국의 이론** 1) **미국의 이론** ➜ State Action 이론. 2) **독일의 이론** (1) **학설** 독일에서 기본권의 대사인적 효력의 논의는, Weimar 헌법의 경험에 따라 자유권만을 기본권으로 규정하고 있는 기본법에서, 자유권이 대사인적 효력을 가는가의 문제로부터 출발하였다. 원칙적으로 국가에 대한 효력만을 가지는 것으로 이해되었던 자유권이 비국가적 주체들로부터 침해되는 데에 대응하여 이를 보호할 필요성이 인식되면서 그 법리를 어떻게 구성할 것인가의 문제가 제기된 것이다. ① **효력부인설** 헌법에 보장된 기본권의 효력은 헌법상 명문의 규정이 없는 한, 국가에 대해서만 효력을 가질 뿐 사인에 대해서는 미치지 않는다는 입장이다. 사인 사이의 문제는 헌법이 관여할 사항이 아니고 전적으로 사법에 의하여 규율되는 영역이라고 본다. 이는 기본권이 본질적으로 국가에 대한 항의적 성격을 가지는 것이며, 사인간의 자유로운 합의에 따라 자신의 기본권을 스스로 제한하는 것은 허용되며, 사인에 기본권침해에 대해서는 법률적인 보호로써 충분하여 헌법의 기본권을 동원할 필요가 없고, 기본권의 대사인적 효력을 인정할 경우 공·사법의 체계를 흔들 우려가 있으며, 헌법상 명시적인 규정이 없다는 점 등을 근거로 든다. 바이마르 헌법 하의 다수설이었다. ② **효력인정설** ⅰ) **직접적용설** 기본권이 더 이상 국가에 대한 방어권으로 해석되어서는 안 되며 대중적인 산업사회에서는 집단, 단체, 대기업 그리고 개별적인 권력에 대한 기본권적 보호가 필요하다고 보고, 원칙적으로 기본권은 헌법규범에서 아무런 제약이 없는 경우에만 시민상호간의 사법관계에 적용되고, 의심이 있는 경우에는 기본권을 모두에 대해 일반적으로 적용될 수 있는 법원칙(Rechtsgrundsätze)으로 보는 것이 헌법의 의도라는 점에서 기본권은 사인 관계에서도 직접 적용된다고 본다. 당사자들이 현실적으로 평등한 상태에 있는 경우에는 일방 당사자가 자신의 자유의 일부를 처분하는 의무를 부담하는 계약은 원칙적으로 허용되지만, 일방 당사자가 자신의 기본권적 자유를 완전히 포기하거나 그 본질적인 내용이 침해될 정도로 제한되는 것은 허용되지 않는다는 것이다(Nipperdey, Leisner). 이에 대해 전통적인 이원적인 공·사법체계에 혼란을 초래하고 사적 자치에 크게 위협이 된다는 비판이 있다(Flume, Dürig 등). '사법질서에 대한 기본권의 영향'이라는 문제와 '사인간에 있어서 기본권의 직접적인 효력' 문제는 다르다는 점을 지적하면서, 사적 자치의 침해, 법적 안정성의 훼손 우려, 권력분립원칙의 훼손 등을 들어 비판하는 견해도 있다(Papier). ii) **간접적용설** 제3자에 의한 기본권 침해를 방어하기 위한 개별적인 민법상의 보호규범이 없는 경우에 사법이 위임된 보호를 이행하는 방법은 바로 가치충전이 가능하거나 가치충전을 필요로 하는 사법상의 개념이나 공서양속·일반조항을 통하는 것이다(공서양속설). 제3자에 대한 기본권의 절대적(직접적) 효력은 개인의 자율과 자기책임을 위한 기본권에 의하여 상대화되며, 사인상호간의 법률관계는 바로 헌법으로 인하여, 개별법(여기서는 사법)과 나아가서는 타인의 권리에 대한 사인의 침해를 방어하는 법률의 지배를 받게 된다(Dürig). iii) **판례** 서독연방최고재판소(BGH)는 초기에는 Nipperdey의 견해를 따랐으나, 1957년의 연방헌법재판소의 Lüth 판결 이후 간접적용설로 입장을 바꾸었다. 연방노동재판소(BAG)도 초기의 직접효력설의 입장에서 1984년 이래 간접적용설로 변경하였다. 연방헌법재판소는 1957년 Lüth 판결(BVerfGE 7, 198)에서 간접적용설을 채택한 이후 1969년 Blinkfüer 판결, 1990년의 Handelsvertreter 판결, 2000년의 Benetton I 판결, 2003년의 Benetton II 판결 등 노동법과 민사법분야에서 간접적용설을 확립하고 있다. (2) **대사인적 효력의 근거** 헌법이나 법률에 명문의 규정이 없는 경우에 기본권의 대사인적 효력을 정당화하는 법적 논리는 다양한 근거를 가진다. 먼저, **기본권의 객관법적 측면** 내지 객관적 가치질서성을 근거로 기본권의 대사인적 효력을 정당화하는 입장이다. 독일 연방헌법재판소는 기본권에는 객관적인 가치질서가 체화되어 있고, 이는 헌법상 근본결정으로서 사법(私法)을 포함하여 모든 법분야에 타당하다는 것을 전제하고, 민사재판의 법관은 사법(私法) 해석에 있어서 기본권의 효력을 오인하여 판결하게 되면, 그 판결은 기본권을 침해한 것이 된다고 판시하였다(BVerfGE 7, 198 (205); 28, 243 (261); 35, 79 (114 ff.). 한편, 기본권의 효력확장의 헌법적 근거를 국민의 기본권에 대한 **국가의 보호의무**로 보는 견해가 있다. 이 이론은 민법의 일반조항을 통한 기본권의 간접적 효력이론의 소극성을 비판하면서 사인의 기본권 침해행위에 대해 국민을 보호해야 할 입법자의 의무와 함께 사법부 역시 입법이 부재하는 경우라도 기본권보호의무를 근거로 기본권합치적 사법해석을 해야 할 의무가 있다는 점을 강조한다(➜ 기본권보호의무). 3) **영국의 수평적 효력이론** (1) **연혁과 쟁점** 영국에서 사인에 대한 기본권 적용문제는 유럽인권협약의 국내적 수용을 규정한 1998년 인권법(Human Rights Act 1998)의 제정에서 비롯되었다. 영국은 유럽인권협약상 권리규정을 국내로 수용하면서 인권법 제6조에 공권력(public authority)이 인권협약상 권리에 합치되지 않는 방법으로 행동하는 것을 불법으로 규정하였고, 동조 제3항에 이런 공권력에는 '법원'과 '공적 성질의 기능(function of public nature)을 행사하는 자'가 포함된다고 규정하여 인권법상 기본권의 효력대상을 명시적으로 규정하였다. 여기서 공적 기능을 행사하는 사적 주체도 인권협약상 기본권의 적용대상이 되는가라는 문제가 발생하였다. 더 많은 논란을 불러일으킨 것은 바로 인권법 제6조 제3항이 법원을 인권협약상 기본권 합치적 행위를 해야 하는 공권력으로 규정하였다는 점이다. 결국 영국도 기본권 적용대상에 있어 '공적 성질의 기능을 행사하는 자'의 해석과 사인과 사인간의 분쟁을 보통법 및 법률 적용으로 판단해야 하는 법원이 기본권을 어떻게 보장해야 하는가, 즉 기본권의 수평적 효력을 어떻게 인정할 것인가가 가장 중요한 논제였다. 사인에 대한 기본권 확장의 논의는 크게 두 가지 방향, 즉 공적 기능이나 국가 관련성이 있는 사인에 대한 통제, 그리고 법원의 기본권 기속성에 따른 사인에 대한 기본권의 적용문제를 중심으로 논의되어 왔다. 사법질서에 있어 기본권의 수평적 효력 논의는 독일과 유사한 이론적 논의를 보이고 있다. (2) **학설** i) 인권법이란 국가를 대상으로 하는 국제법인 인권협약을 수용한 것이기에 당연히 그 적용대상을 공권력과 공적 기능으로만 한정해야 한다는 **수평적 효력 부인이론**, 그리고 ii) 인권법이 법원을 기본권의 적용대상으로 규정하였기에 사적 분쟁을 조율하는 법원도 기본권의 준수를 위하여 선례구속원칙에서 벗어나 새로운 민사적 소인(cause of effect)을 창설하거나 적극적 법해석을 통해 사인들에게도 기본권 효력을 인정하여야 한다는 **직접적 수평효력이론**이 제기되었다. iii) 그렇지만 영국 역시 오늘날은 **간접적 수평효력이론**이 일반적 지지를 받고 있다. **간접적 수평효력이론**에는 인권협약상 권리를 보호해야 할 적극적 의무, 즉 보호의무를 근거로 보통법을 발전시켜야 한다는 **강한 간접적 수평효력이론**과 법원은 인권협약상의 권리를 그대로 적용하기 보다는 그 권리의 가치나 원칙을 반영해야 한다는 **약한 간접적 수평효력이론**으로 견해가 나뉜다. 이는 독일이론의 영향으로 보이며 독일의 국가보호의무이론과 간접효력이론의 수용으로도 볼 수 있을 것이다. 한편 iv) 민주주의, 권력분립원칙을 근거로 하여 사인간의 분쟁을 다루는 법원은 협약상 권리를 보호해야 할 적극적 주체는 될 수 없기에 적극적 법해석을 통해 새로운 법 창설행위를 하는 것은 헌법적 원리에서 자제되어야 한다는 **헌법적 자제론**도 제기되고 있다. 즉, 영국은 인권법상 공권력, 공적 기능을 하는 자 및 법원이 유럽인권협약에 기속된다는 규정과 이에 대한 해석을 통해 기본권의 효력대상을 확장하고 있다. (3) **판례** 법원이 사인간의 분쟁에 있어 기본권의 수평적 효력을 적극적으로 고려한 분야는 대부분 언론사에 의한 프라이버시 침해문제(Campbell v. MGN판결(2004), Mosley v News Group Newspapers Ltd. 판결(2008)), 사용자의 근로자 해고문제(X v. Y 판결(2004)) 그리고 동성애자 차별문제(Ghaidan v Godin-Mendoza 판결(2004), Bull and Bull v Preddy and Hall(2013)) 등 그간 보통법이나 입법에 의한 보호가 부족했던 부분으로 한정되며 그 근원에는 법률에 의한 기본권보호와 제한이라는 법의 지배원칙이 자리 잡고 있다. 3. **우리나라의 이론과 판례** 1) **학설** 우리나라의 학설 중에는 기본권의 대사인적 효력의 개념을 불필요한 개념이라는 주장도 있으나, 대부분의 견해는 기본권의 대사인적 효력의 문제를 기본적으로 독일의 그것과 매우 유사하게 언급하고 있다. 즉, 기본권을 그 성격에 따라 분류하여 성질상 사인간의 관계에 적용할 수 없는 기본권에 대해서는 대사인적 효력을 부인하고, 헌법의 명문규정 또는 성질상 사인 간의 관계에 직접 적용될 수 있는 기본권에 대해서는 직접적 효력을 인정하며, 성질상 사인 간에 적용될 수 있는 기본권에 대해서는 간접적인 효력을 인정하고 있다(공서양속설). 기본권의 효력확장의 근거로는, 기본권의 이중성 내지 객관적 질서성에 근거하여 대사인적 효력을 인정하여야 한다는 견해가 있으며, 최근에는 헌법 제10조 제2문 「국가는 개인이 가지는 불가침의 기본적 인권을 확인하고 이를 보장할 의무를 진다.」라는 명문규정에서 사인에 대한 기본권의 효력확장의 근거를 찾는 견해가 많아지고 있다(➜ 기본권보장의무). 그 헌법적 근거로는 헌법해석을 통한 객관적 질서성, 헌법 제10조 제2문의 국가보호의무와 더불어 법치국가원리와 헌법 제37조 제2항 및 권력분립원칙 등이 함께 고려되어야 할 것이다. 결론적으로 기본권의 성질상 사인 사이의 법률관계에도 적용될 수 있는 기본권은 사법의 일반조항들을 통하여 **간접적용**된다고 본다(공서양속설). 2) **판례** 우리 대법원은 기본적으로 기본권이 대사인적 효력에 대해 부정적 입장을 보이다가, 최근의 판결에서 이를 수용하고 있다. 즉, 「헌법상의 기본권은 제1차적으로 개인의 자유로운 영역을 공권력의 침해로부터 보호하기 위한 방어적 권리이고, 다른 한편으로 헌법의 기본적인 결단인 객관적인 가치질서를 구체화한 것이기에, 사법을 포함한 모든 법 영역에 그 영향을 미치는 것이므로 사인간의 사적인 법률관계도 헌법상의 기본권 규정에 적합하게 규율되어야 한다. 다만 기본권규정은 그 성질상 사법관계에 직접 적용될 수 있는 예외적인 것을 제외하고는 사법상의 일반원칙을 규정한 민법 제2조, 제103조, 제750조, 제751조 등의 내용을 형성하고 그 해석 기준이 되어 간접적으로 사법관계에 효력을 미치게 된다.」고 판시하여(대판 2010.4.22. 2008다38288), 간접적용설을 취하고 있으며, 이후 적극적으로 수용되고 있다. 또한 헌법재판소도 「우리 헌법은 제10조에서 국가는 개인이 가지는 불가침의 기본적 인권을 확인하고 이를 보장할 의무를 진다고 규정함으로써, 소극적으로 국가권력이 국민의 기본권을 침해하는 것을 금지하는데 그치지 아니하고 나아가 적극적으로 국민의 기본권을 타인의 침해로부터 보호할 의무를 부과하고 있다.」고 하여 국가의 기본권보호의무를 결정이유로 제시하고 있다(헌재 1997.1.16. 90헌마110등). 3) **인정범위** (1) **직접적용되는 기본권** 현행헌법상 인간의 존엄과 가치·행복추구권, 언론출판의 자유, 근로3권 등의 기본권이 직접적용되는 것으로 언급되고 있다. (2) **대사인적 효력이 부인되는 기본권** 국가에 대해서만 주장될 수 있는 기본권은 성격상 사인에게는 적용될 수 없다. 청원권, 국가배상청구권, 형사보상청구권, 범죄피해자구조청구권, 재판절차진술권 등이 언급되고 있다. 무죄추정원칙에 대해 적용을 부인하는 견해도 있으나, 사인간에도 적용될 수 있다. (3) **간접적용되는 기본권** 위의 (1)과 (2)의 기본권들을 제외한 나머지 기본권들은 간접적용된다고 본다. 4) **결어** 독일의 경우, 헌법상 기본권은 자유권만을 규정하고 있으므로 기본권의 대사인적 효력의 문제는 자유권의 대사인적 효력의 문제로 한정하여 논의된다. 우리나라의 경우 헌법상 기본권은 사회권까지도 포함하고 있고 따라서 기본권의 대사인적 효력의 문제는 독일의 논의와 반드시 일치하지는 않는다. 논자에 따라서는 대사인적 효력의 인정범위와 관련하여 우리나라 학계의 논의가 무의미하다는 주장도 있으나, 사회적 기본권의 구체적 권리성이 강조되고 있는 상황에서 그 대사인적 효력의 문제가 제기될 가능성이 있으므로 논의의 가치가 있다고 볼 것이다.

기본권의 법적 성격法的性格 1) **의의** 기본권 내지 인권이 단지 정치적·선언적 혹은 사회적·인식적 의미만을 가지는 것이 아니라 국가권력을 통해 현실적으로 실현되도록 강제하고 효과를 발휘할 수 있게 하는 성질을 갖는가의 문제가 기본권의 법적 성격의 문제이다. 구체적인 논의 내용으로는, 기본권이 자연권이냐 혹은 실정권이냐, 주관적 공권으로서의 성격을 갖는가, 공권이자 객관적 법질서로서의 성격, 즉 이중적 성격을 갖는가의 세 가지 쟁점으로 논의된다. 2) **기본권의 자연권성** (1) **실정권설** 기본권도 권리이므로 실정법을 떠나서 존재할 수 없고, 근대자연법론이 가진 대국가적 항의권·방어권의 성격은 오늘날 그 의미가 거의 상실되었으며, 자연법적 원리는 실정헌법 속에 내재되어 있으므로, 더 이상 자연권을 강조할 필요가 없다는 등의 근거로 주장된다. (2) **통합론적 가치질서설** 헌법은 통합과정의 생활형식 내지 법질서이자 가치체계 내지 문화체계이며, 기본권은 사회 저변의 가치적 콘센서스이고, 기본권은 국가로부터의 자유나 국가에 대항하는 자유가 아니라 국가적 통합과정에 참여하는 자유이므로 기본권의 주관적 공권성을 강조하기보다는 공동체의 객관적 법질서로서의 성격을 강조하는 입장이다. (3) **자연권설** 기본권은 인간의 본성에 의거하여 인간으로서 가지는 권리이며, 기본권의 본질적 내용인 인권은 초국가적·전국가적 성격을 가지고, 인권 내지 기본권의 역사적·항의적 성격은 오늘날에도 여전히 타당하다고 보아야 한다는 근거를 갖는다. (4) **결론** 발생사적 의미에서 볼 때, 기본권의 자연권적 성격을 전면 배척하기 어려우며, 실정권설에 의할 경우, 헌법에 열거되지 아니한 자유와 권리를 설명하기 어렵고, 통합론적 관점은 자칫 기본권의 권리로서의 성격을 약화시킬 우려가 있다. 결국 기본권은 자연권으로서의 인권이 헌법전에 편입됨으로써 권리로서 구체화될 수 있다고 보아, 기본권 자체에 자연권적 성격을 내재하고 있다고 볼 것이다. 이렇게 이해하는 것이 현행헌법 제37조 1·2항의 올바른 해석을 가능하게 한다. 3) **기본권의 주관적 공권성** 주관적 공권은 개인이 자신을 위하여 국가에 대하여 작위 또는 부작위를 요청할 수 있는 권리를 말한다. 개인적 공권이라고 하기도 한다. 켈젠에 따르면, 기본권 특히 자유권은 실정법상 자유의 제한에 관한 규정을 두지 않음으로써 개인이 향유하는 반사적 이익에 불과하다고 본다. 하지만, 자유권이 침해되면 이에 대해 침해배제를 청구할 수 있기 때문에 권리성을 인정하여야 한다. 기본권의 권리성과 관련하여 특히 사회권의 권리성과 그 정도에 관하여 논란이 있다(➜ 사회권의 법적 성격). 오늘날에는 그 구체성의 차이는 있다 하더라도 권리성을 인정하여야 한다. 4) **기본권의 이중적 성격 문제** ➜ 기본권의 이중성.

기본권의 보호保護 ㊕ Schutz der Grundrechte. 1. **의의** 헌법상 보장된 국민의 자유와 권리, 즉 기본권은 최대한 보장되어야 한다. 이를 위하여 헌법은 「국가는 개인이 가지는 불가침의 기본적 인권을 확인하고 이를 보장할 의무를 진다.」고 규정하고 있다(제10조 후문). 헌법상 보장된 기본적 인권이 침해되었거나 침해될 우려가 있는 경우에는 여러 구제수단이 마련되어 있다. 이는 국가의 기본적 인권보장의무를 다하기 위한 제도적 장치들이다. 이에는 기본적 인권보장의무의 근거로서 국가의 기본권보장의무와 국가기관 및 사인에 의한 기본권침해의 경우의 다양한 구제방법이 있다. 2. **국가의 기본권보장의무** ➜ 기본권보장의무. ➜ 기본권보호의무. 3. **기본권의 침해와 구제** ➜ 기본권의 침해와 구제.

기본권의 분류分類**와 체계**體系 1) 기본권의 **분류** ① 성질에 따라, ⅰ) 인간의 권리(자연법적 원리에 기초하여 인간으로서 누리는 권리)와 국민의 권리(국가 내지 사회의 구성원으로서 누리는 권리) ⅱ) 절대적 기본권(본질상 법률로도 제한할 수 없는 기본권)과 상대적 기본권(법률로써 제한가능한 기본권) ⅲ) 진정한 기본권(주관적 공권으로서, 국가에 대하여 작위 또는 부작위를 요구할 수 있는 권리)과 부진정한 기본권(헌법이 정한 일정한 제도에 따라 반사적으로 누리는 권리) ② 주체에 따라, 자연인의 권리와 법인의 권리 ③ 효력에 따라, ⅰ) 현실적 기본권과 프로그램적 기본권(➜ 사회권의 법적 성질) ⅱ) 대국가적 기본권과 대사인적 기본권(➜ 기본권의 대사인적 효력) ④ 내용에 따라, ⅰ) 옐리네크의 지위이론(➜ 지위이론) ⅱ) 인간의 존엄과 가치, 평등권, 기타 개별기본권으로 나누는 견해(논자에 따라 약간의 차이 있음) ⑤ 인식범주에 따라, 개인기반의 권리(individual-based rights), 국가(사회)기반의 권리(nation(society)-based rights), 범인류적 권리(global-based rights)로 나눌 수 있다. ⑥ 기타 국제인권규범에서의 권리중심적 접근방법이나 국가의무의 유형화론과 같이 기본권을 통합적으로 이해하려는 견해도 있다. 2) 기본권의 **체계** ① 주기본권-파생적 기본권구분론 기본권을 주기본권과 파생적 기본권으로 나누어 인간의 존엄과 가치·행복추구권을 주기본권으로 보고 개별적 기본권들을 파생적인 기본권으로 이해하는 견해, ② 인간의 존엄과 가치와 평등원칙을 권리로서가 아니라 최고의 헌법이념이자 최고원리로 이해하고 개별적 기본권들을 각 분류에 따라 체계화하는 견해로 나눌 수 있다. 인간의 존엄과 가치 및 평등원칙은 그 자체 헌법원리이기도 하지만, 권리로서의 성격도 가진다고 함이 헌법재판소의 입장이다. 현행헌법상으로는, 인간의 존엄과 가치, 평등권(원리), 자유권, 참정권, 사회권(생존권), 청구권으로 구분함이 일반적이다. 유럽연합 기본권헌장은 전문, 제1절 존엄성, 제2절 자유, 제3절 평등, 제4절 연대, 제5절 시민권, 제6절 재판, 제7절 일반규정 등으로 체계화되어 있다.

기본권의 사회화社會化 근대 입헌주의 헌법의 형식적 법치주의 하에서 강조된 자유권 중심의 생활질서가 초래한 모순과 불평등에 대한 반성으로 실질적인 평등과 자유를 실현하려는 실질적 법치주의가 요구되었다. 이는 한 공동체 내에서 최소한의 생존조건들이 충족될 수 있도록 국가의 적극적 역할이 요구될 뿐만 아니라 개인에게도 국가에 대하여 적극적 행위를 요구할 수 있는 권리를 갖게 되었음을 의미한다. 이는 개인 중심의 인권인식으로부터 사회 내지 국가공동체 중심의 인권인식으로 인식의 범주가 확대되었음을 의미한다. 인권선언의 사회화로 쓰이기도 한다. Weimar 헌법에서 처음으로 사회권과 사회국가원리가 헌법에 수용된 이후 2차 대전 이후에는 많은 나라에서 헌법적으로 수용하였다. 1946년 프랑스 4공화국헌법, 1949년 서독 기본법, 1976년의 포르투갈 헌법, 1978년 스페인 헌법 등에 사회권과 사회국가원리가 규정되었고, 기본권에 대한 관심이 자유권에서 사회권으로 옮겨지게 되었다. 말하자면, 19세기의 기본권의 핵심이 자유권이었던 것이 20세기에 들어와 사회권으로 그 중심이 이동한 것을 일컬어 기본권의 사회화라고 한다. 한편, Weimar 헌법의 경험으로 자유권만을 헌법적 권리로 규정한 서독 기본법 하에서 자유권의 의미와 기능을 사회권적인 시각에서 해석하려는 경향을 말하기도 한다. 이를 자유권의 생활권화라고 하기도 한다. 즉, 국가나 다른 개인이 어느 개인의 자유를 침해할 수 없다는 의미의 '자유의 평등'에서, 자유를 향유할 수 있는 조건이 충족되지 않으면 자유라고 할 수 없다는 의미에서 '평등한 자유'로 자유의 개념이 변화되어, 방어권으로서의 자유권보다는 자유를 향유할 수 있는 조건을 청구할 수 있는 권리를 내포하는 자유권으로 이해하는 것이다.

기본권의 상실喪失 ㊦ Verwirkung von Grundrechten. 기본권 상실(실권; 실효; 권리행사의 저지)이란 헌법적 가치질서를 파괴하는 헌법의 적(특정인·특정단체)에 대하여 헌법소송절차에 따라 헌법이 보장하는 일정한 기본권(특히 자유권적 기본권: Freiheitsgrundrechte)을 그 특정인 또는 특정단체에 대해서만 상실시킴으로써, 헌법질서가 상향식으로 침해되는 것을 방지하기 위한 제도이다(독일기본법 제18조). 기본권을 남용하는 개인적인 헌법의 적들로부터 사전적, 예방적으로 헌법을 수호하려는 목적에서 규정된 것이다. 위헌정당해산제도와 함께 바이마르공화국의 붕괴 및 히틀러독재정권의 탄생을 경험한 결과의 소산이다. 독일기본법 제18조에서 열거하고 있는 기본권은, 언론의 자유(§5①), 교수의 자유(§5③), 집회의 자유(§8), 결사의 자유(§9), 서신·우편 및 통신의 자유(§10), 재산권보장(§14), 망명권(§16a) 등이다. 기본권상실의 수범자는 원칙적으로 자연인이며, 내국법인도 포함하지만, 정당은 제외된다. 망명권의 경우 외국인과 내국인을 포함한다. 기본법 제18조에서 의미하는 남용(Mißbrauch)의 개념은 자유민주적 기본질서(freiheitliche demokratische Grundordnung)를 침해하는 정치활동을 의미한다. 장래의 위험에 대해서도 청구할 수 있다. 기본권 상실의 신청은 연방의회(Bundestag)나 연방정부(Bundesregierung)·주정부(Landesregierung)가 연방헌법재판소에 기본권 상실을 청구한다. 헌법재판소는 제1단계에서 그 허용 여부를, 제2단계에서 구두심문을 거쳐 그 상실여부를 결정한다. 기본권의 상실기간은 무기·유기 모두 가능하나 후자의 경우 최소한 1년이다. 무기의 경우 2년 경과 후 원고나 피고의 신청으로 독일연방헌법재판소는 그 기간을 단축시키거나 장래에 향하여 무효로 할 수 있다. 연방헌법재판소가 단축결정을 한 경우에는 그 결정이 이루어진 후 1년이 경과하면 재검토를 신청할 수 있다. 그리고 제한되는 기본권의 종류는 열거주의 원칙(Enumerationsprinzip)이 적용되기 때문에 기본법 제18조에서 열거한 기본권이 아닌 것은 기본권상실에 포함되지 아니한다(다수설). 이 규정은 기본법 제21조 제2항의 위헌정당강제해산제도의 특별규정이다. 이 규정의 성격 내지 기능은 1차적으로 헌법수호기능, 2차적으로는 기본권보호의 기능을 한다는 견해, 기본권 상실은 특정의 기본권에 한정되어 있고 그 선언은 연방헌법재판소에 의하여 이루어지는 것이므로 기본권이라는 견해, 순수한 헌법수호기능을 가진다는 견해가 있다. 기본법 성립 이후 실제로 상실결정이 된 예는 없다. 1969.3.20. 연방정부가 독일국민신문 편집장에 대하여 기본권상실 청구를 하였지만, 헌법재판소가 기각하였다(BVerfGE 38, 23).

기본권의 서열이론序列理論 ➜ 기본권의 충돌.

기본권의 실효失效 ➜ 기본권의 상실.

기본권의 이중성二重性 **= 기본권의 양면성**兩面性 ㊕ Doppelcharakter der Grundrechte. 1. **의의** 기본권이 개인이 향유하는 주관적 공권임과 동시에 국가의 기본적인 법질서의 내용을 규정하는 객관적 가치질서(➜ 객관적 가치질서) 혹은 객관적 법규범으로서의 성격을 가지는가의 문제가 기본권의 이중성 내지 양면성의 문제이다. 기본권이 주관적 공권으로서의 성격을 가진다는 데에는 설명방법에서 약간의 차이는 있으나, 거의 이론(異論)이 없다. 하지만 객관적 법질서로서의 성격을 가지는가에 관해서는 견해대립이 있다. 2. **학설** 1) **긍정설** 기본권은 주관적 공권인 동시에 국가의 가치질서인 기본적 법질서의 구성요소로서 직접 국가권력을 제한하고 의무를 부담시킨다. 즉, 기본권은 객관적 가치질서로서 입법권·행정권·사법권 등 모든 국가권력을 구속하고 모든 실정법질서를 정당화시켜주는 정당성의 원천이라고 본다. 2) **부정설** 기본권은 천부인권으로서 자연권이므로 주관적 공권일 뿐이라고 본다. 기본권을 주관적 공권인 동시에 객관적 질서라고 파악한다면 기본권의 주관적 공권으로서의 성격을 약화시키고 기본권과 제도보장의 구별을 불명료하게 할 우려가 있다. 독일의 경우 기본법 제1조 제2항에서 「독일국민은 침범할 수 없고 박탈될 수 없는 인권을 모든 인간공동체의 기초로서, 세계에서 평화와 정의의 기초로서 인정한다.」고 규정하고 있기 때문에 기본권의 객관적 가치질서로서의 성격을 인정할 여지가 있다. 하지만 이러한 규정이 없는 우리나라 헌법에서는 기본권 자체가 객관적 질서로서의 성격을 가지는 것이 아니라, 자연권인 기본권이 헌법에 규정됨에 따라 비로소 헌법규범으로서 국가권력을 구속하는 객관적 질서가 될 뿐이라고 본다. 3. **헌법재판소**의 입장 우리나라 헌법재판소는 기본권의 주관적 공권성과 객관적 법질서성이라는 기본권의 이중성을 인정하는 입장을 보여주고 있다. 헌법재판소는 「국민의 기본권은 국가권력에 의하여 침해되어서는 아니된다는 의미에서 소극적 방어권으로서의 의미를 가지고 있을 뿐만 아니라, 헌법 제10조에서 국가는 개인이 가지는 불가침의 기본적 인권을 확인하고 이를 보장할 의무를 진다고 선언함으로써, 국가는 나아가 적극적으로 국민의 기본권을 보호할 의무를 부담하고 있다는 의미에서 기본권은 국가권력에 대한 객관적 규범 내지 가치질서로서의 의미를 함께 갖는다. 객관적 가치질서로서의 기본권은 입법·사법·행정의 모든 국가기능의 방향을 제시하는 지침으로서 작용하므로, 국가기관에게 기본권의 객관적 내용을 실현할 의무를 부여한다.」고 하여(헌재 1995.6.29. 93헌바45), 기본권의 객관적 가치질서 혹은 객관법적 성격을 국가의 기본권실현의무를 부여하는 성격으로 이해한다. 다만, 헌법재판소 결정 중에는 기본권과 헌법상의 질서원리를 대비하여 이중성을 인정하는 듯한 결정도 있다. 즉, 「직업선택 혹은 수행의 자유는 각자의 생활의 기본적 수요를 충족시키는 방편이 되고, 또한 개성신장의 바탕이 된다는 점에서 주관적 공권으로서의 성격이 두드러지는 것이기는 하나, 다른 한편으로는 국민 개개인이 선택한 직업의 수행에 의하여 국가의 사회질서와 경제질서가 형성된다는 점에서 사회적 시장경제질서라고 하는 객관적 법질서의 구성요소이기도 하다.」라고 하여(헌재 1996.8.29. 94헌마113), 기본권의 이중성을 인정하는 듯한 결정을 내리고 있다. 또한 집회의 자유는 「주관적 권리로서의 성격을 가지는 동시에, 자유민주주의를 실현하려는 사회공동체에 있어서 불가결한 객관적 가치질서로서의 성격을 아울러 가진다.」고 하였다(헌재 2016.9.29. 2014헌가3). 그러나 이 때의 객관적 법질서(가치질서)가 무엇을 의미하는 것인지는 명확하지 않다. 국가와 사인에게 기본권실현의무를 부과한다는 의미로 기본권의 객관법적 측면을 이해하는 관점에서 본다면, 직업의 자유라는 기본권을 최대한으로 보장하기 위한 국가의 실현의무를 부여하는 것이 직업의 자유라는 기본권의 객관적 가치질서 혹은 객관법적 측면이므로, 직업의 자유를 사회적 시장경제질서의 구성요소로서 이해하는 것은 기본권의 이중성과는 무관한 것이다. 4. **결론** 기본권의 객관적 가치질서 혹은 객관적 측면을 무엇으로 이해하는가에 따라 이중성 내지 양면성의 인정 여부가 달라질 수 있다. 국가와 사인에게 기본권실현의무를 부과한다는 의미로 기본권의 객관법적 측면을 이해하는 관점에서 본다면, 주관적 권리로서의 기본권이 객관적으로 실현될 수 있는 질서를 요청한다는 점에서 이중성 내지 양면성이 인정될 수 있을 것이다. 논자에 따라서는 우리 헌법 제37조 제2항과 기본권의 이중성은 서로 조화될 수 없다고 하여 부인하는 견해도 있다. 즉, 기본권 제한의 일반원리로서 질서유지를 위하여서도 '법률'로써 제한할 수 있는데, 기본권 자체에 질서로서의 성격을 인정하면 기본권 스스로 제한될 수 있다는 것을 의미하므로 타당하지 않다는 것이다.

기본권의 자연권화自然權化 2차 대전 이전까지 법학방법론에서 법실증주의적 경향이 주된 흐름이었다면, 2차 대전이 종식된 후에는 두 차례의 세계대전을 초래하였던 법학방법론에 대한 반성으로 근대 자연법론이 다시 부활하게 되었다. 근대법의 발전과정에서 중세의 신적 질서에서 근대의 인간적 질서로 변화하면서 자연법론이 크게 융성하였는데, 근대혁명이 완성된 후에는 예컨대, 나폴레옹 법전(1804)처럼 관념적·추상적 자연법이 실정법화하고, 자연법론에서 추구하는 법이 구체적인 실정법 규정의 내용으로 편입되었다. 이에 따라 법학방법론도 관념적·추상적 법원리를 추구하기보다는 실정법규정의 해석과 상호관계를 규명하는 데에 치중하였으며, 이것이 법실증주의이었다(➜ 법실증주의). 이러한 법실증주의의 경향은 독일의 경우 국가법인설 및 국가주권설에 근거하여 개인의 기본권을 국가가 부여하는 기본적 권리라는 이식에까지 이르렀고, 특히 1933년의 히틀러의 수권법(Ermächtigungsgesetz)은 법실증주의의 파탄을 보여주는 전형적인 예이었다. 법학방법론상의 법실증주의적 경향은 제2차 세계대전을 거치면서 인권유린을 정당화하기 위한 이론으로 원용되기도 하였다. 제2차 세계대전이 끝나자 인간의 존엄에 대한 반성과 권리에 대한 통찰은 다시 실정법질서보다 시원적(始原的)이며 실정법질서의 상위에 있는 천부불가침(天賦不可侵)의 자연법질서에 눈을 돌리게 되었다. 이를 **신자연법론**이라고 한다. 이러한 법학방법론적 변화는 기본권의 인식에도 영향을 미쳐 기본권을 국가가 설정해주는 실정권이 아니라 자연권으로서의 성격을 가짐을 강조하게 되었다. 이것이 기본권의 자연권화 경향이다.

기본권의 제3자효第三者效 ➜ 기본권의 대사인적 효력.

기본권의 제한制限 ㊎ the limitation of constitutional rights, ㊔ Begrenzung der Grundrechte. 1. **의의** 기본권의 제한이란 공익을 위하여 혹은 다른 사회구성원들의 기본권과의 조화를 위하여 혹은 국가안전보장과 질서유지를 위하여, 기본권의 개념과 범위와 같은 기본권의 구체적인 구성요소(➜ 기본권의 구성요소)를 획정하여, 기본권의 효력범위를 한정하는 것을 말한다. 개별적 기본권의 개념과 범위는 실제로 입법자에 의하여 구체화되기 때문에 기본권의 구성요소 결정에 있어서 입법자는 상당한 범위에서 형성의 자유를 가진다. 또한 기본권은 최대한 보장되어야 하기 때문에, 이를 제한하는 국가권력은 스스로 정당성을 입증하여야 하는바, 이것이 바로 기본권제한의 한계 문제이다. 2. **기본권제한이론의 기능** 기본권제한에 관한 이론은 첫째, 기본권제한의 남용을 방지하여 기본권을 최대한 보장하고, 둘째, 기본권제한의 법리에 헌법적으로 한계를 설정함으로써 자의적 내지 위헌적 기본권 침해를 예방하며, 셋째, 기본권제한이 공공복리를 위하여 행해지는 경우에는 이익과 재화의 분배라는 의미를 가진다. 3. **유형** 1) **헌법직접적 제한(헌법유보에 의한 제한)** (1) **의의** 헌법이 직접 특정 기본권을 제한하는 명시적인 규정을 두는 것이다. 기본권의 헌법적 한계라고 하기도 한다. 헌법유보라고 표현하기도 하지만, 헌법직접적 제한이라 함이 더 적절하다. 왜냐하면 헌법유보라 할 경우, 헌법에 맡겨 제한한다는 의미에서 마치 헌법개정에 따라 제한될 수 있는 것처럼 오해될 수 있기 때문이다. 헌법에서 직접 기본권을 제한하고 있으므로 헌법직접적 제한이라 함이 적절하다. 제한되는 기본권이 헌법상 기본권 전체인 경우와 특정 기본권에 한하여 제한하는 경우로 나눌 수 있다. 전자는 헌법상 기본권 일반이 특정의 제한원리에 따라 제한된다고 명시하는 것이다. 독일기본법 제2조 제1항은 「누구든지 타인의 권리를 침해하지 아니하고 또한 헌법적 질서 또는 도덕률에 위반하지 아니하는 한 인격의 자유로운 발현권을 가진다.」고 규정(공동체유보조항, 3한계이론이라고도 한다)에 대하여 일반적 헌법유보라는 견해가 있으나, 이는 인격의 자유로운 발현권이라는 개별적 기본권에 대한 헌법직접적 제한이라고 봄이 타당하다. 그 외에도 양심상의 집총거부(기본법 제4조 제3항), 대체복무제(기본법 제12a조 제2항), 집회의 자유(제8조 제1항), 결사의 자유(기본법 제9조 제1 · 2항) 등을 들 수 있다. 우리나라 헌법에서는 기본권 전체에 대한 일반적인 제한조항은 없고, 개별기본권의 경우, 정당의 목적 · 조직과 활동의 한계조항(헌법 제8조 제2 · 4항), 언론 · 출판의 한계(헌법 제21조 제4항), 재산권행사의 공공복리적합의무(헌법 제23조 제2항), 군인 등 이중배상금지(헌법 제29조 제2항), 공무원인 근로자의 근로3권 제한(헌법 제33조 제2 · 3항) 등이 들어지고 있다. 헌법 제110조 제4항의 비상계엄 하의 단심제의 경우, 재판청구권을 헌법에서 직접 제한하고 있다는 의미에서 헌법직접적 제한으로 볼 수 있다. 2) **법률유보에 의한 제한(헌법 간접적 제한)** 법률유보(Gesetzesvorbehalt)란 기본권의 내용과 한계를 개별적으로 확정하는 것을 헌법규정이 입법자에게 위임하여 기본권을 법률에 의하여 제한할 수 있게 한 것을 말한다. 법률에 맡긴다는 의미에서 법률유보라 한 것이다. 헌법간접적 제한이라고도 한다. 기본권제한의 일반원칙이다(후술). 3) **헌법내재적 한계(기본권의 내재적 한계)** 법률로써 제한할 수 없는 절대적기본권이 기본권의 내재적 한계에 의하여 제한된다는 입장이 있다. 타인의 권리·헌법질서·도덕률과 같은 공동체유보이론이나, 국가존립을 위한 국가공동체유보론 등이 이러한 입장이다. 우리나라 헌법재판소도 1990년의 간통죄사건에서 성적 자기결정권에 대하여 제한함으로써 기본권의 헌법내재적 한계를 인정하는 듯한 결정을 내린 적이 있다(헌재 1990.9.10. 89헌마82). 그러나 내재적 한계이론은 독일 특유의 이론으로서, 개별적 법률유보조항이 없는 절대적 기본권에 대한 기본권제한을 정당화하기 위한 논의이다. 우리 헌법 제37조 제2항과 같은 일반적 법률유보조항을 두고 있는 경우에는 굳이 헌법내재적 한계를 논할 필요가 없다. 특히 이를 인정하게 되면 자칫 헌법 제37조 제2항에서 규정하는 기본권의 본질적 내용의 침해금지를 무력하게 할 우려가 있다. 따라서 이 문제는 기본권제한의 한계문제로 해결되어야 한다. 3. **기본권제한의 일반원칙=법률유보 제한** 1) **의의** 헌법 제37조 제2항은 「국민의 모든 자유와 권리는 국가안전보장·질서유지 또는 공공복리를 위하여 필요한 경우에 한하여 법률로써 제한할 수 있으며, 제한하는 경우에도 자유와 권리의 본질적인 내용을 침해할 수 없다.」고 규정하고 있다. 이것은 헌법상 기본권제한의 일반원칙과 기본권제한의 한계를 규정한 것이다(➜ 법률유보). 이 규정은 일반적 법률유보조항이며, 개별적 법률유보조항에 대하여 일반법과 특별법의 관계에 있다. 2) **기본권제한의 형식 : '법률로써'** (1) **'법률로써'의 의의** 여기서의 법률은 국회에서 제정한 형식적 의미의 법률, 즉 '법률'이라는 규범형식을 말한다. '법률'이라는 규범형식은 국회만이 정할 수 있으므로(➜ 국회독점입법의 원칙), 기본권을 제한하는 경우에는 반드시 '법률'이라는 규범형식을 통하여야 한다는 것이다. 헌법재판소도 「헌법 제37조 제2항의 규정은 기본권 제한입법의 수권규정이자만, 그것은 동시에 기본권 제한입법의 한계규정이기도 하기 때문에, 입법부도 수권의 범위를 넘어 자의적인 입법을 할 수 있는 것은 아니」라고 하고 있다(헌재 1990.9.3. 89헌가95). 또한 「법률유보원칙은 단순히 행정작용이 법률에 근거를 두기만 하면 충분한 것이 아니라, 국가공동체와 그 구성원에게 기본적이고도 중요한 의미를 갖는 영역, 특히 국민의 기본권실현과 관련된 영역에 있어서는 국민의 대표자인 입법자가 그 본질적 사항에 대해서 스스로 결정하여야 한다는 요구까지 내포하고 있다(의회유보원칙).」고 하여 법률유보원칙의 의미를 확인하고 있다(헌재 1999.5.27. 98헌바70). 그러나 법률로 정해야 함에도 불구하고 헌법에서 다른 규범형식, 즉 법률과 동일한 효력을 가지는 긴급명령·긴급재정경제명령 및 국제조약으로 정할 수 있게 하는 경우에는 법률유보의 예외로 인정된다. (2) **법률의 요건** ① **법률의 일반성** 기본권을 제한하는 법률은 일반적으로 즉, 모든 국민에게 평등하게 적용되는 것이어야 하고, 특정인에게만 적용되어서는 아니된다. 과거 부정축재자처리법이나 정치활동정화법, 정치쇄신에 관한 법률 등은 법률의 일반성을 결하는 법률들이었는데, 이는 헌법에 직접 근거를 두고 있었으므로 형식상 위헌은 아니었다. ② **법률의 명확성과 구체성** 기본권을 제한하는 법률은 그 의미가 명확하여야 한다. 그렇지 않으면 「막연하기 때문에 무효」라는 원칙이 적용된다. 헌법재판소도 「법치국가원리의 한 표현인 명확성의 원칙은 기본적으로 모든 기본권제한입법에 대하여 요구된다. 규범의 의미내용으로부터 무엇이 금지되는 행위이고 무엇이 허용되는 행위인지를 수범자가 알 수 없다면 법적 안정성과 예측가능성은 확보될 수 없게 될 것이고, 또한 법집행 당국에 의한 자의적 집행을 가능하게 할 것이기 때문이다.」라고 하여 명확성의 원칙을 강조하고 있다(헌재 1990.4.2. 89헌가113; 1996.8.29. 94헌바15; 1996.11.28. 96헌가15; 1998.4.30. 95헌가16 등). 명확성원칙은 모든 기본권제한입법에서 요구되며, 특히 형벌의 구성요건에서 강조된다. 명확성·구체성 원칙의 준수여부는 당해 법률의 입법목적에 비추어 건전한 상식과 통상적인 법감정을 통하여 판단할 수 있으며, 구체적인 사건에서는 법관의 합리적인 해석을 통하여 판단할 수 있다. 또한 명확성 여부의 판단은 당해 법률의 입법목적과 다른 조항과의 연관성, 합리적 해석가능성, 입법기술상의 한계 등을 고려하여야 하며, 이러한 종합적인 고려에 의한 해석방법에 의하여 해석의 기준을 얻을 수 있는지의 여부를 결정하여야 한다(헌재 1994.7.29. 93헌가4; 1998.4.30. 95헌가16; 2005.6.30. 2002헌바83; 2012.3.29. 2010헌바100; 2014.7.24. 2012헌바277 등 참조). ③ **처분적 법률의 인정 여부** 오늘날 처분적 법률(➜ 처분적 법률)은 예외적으로 인정되는데, 너무 광범위하게 인정할 경우에는 법률유보원칙을 벗어나 기본권을 침해할 가능성이 커지게 된다. ④ **소급입법금지 원칙 및 신뢰보호의 원칙** 기본권제한입법은 소급입법금지 원칙(➜ 소급입법금지 원칙)과 신뢰보호의 원칙(➜ 신뢰보호의 원칙)도 준수되어야 한다. ⑤ **위임입법에 의한 기본권제한과 그 한계(포괄적 위임입법 금지의 원칙)** ➜ 포괄적 위임입법금지의 원칙. ⑥ **입법절차준수의 원칙** 기본권제한입법은 그 법률제정절차가 헌법의 일반원칙인 적법절차 원칙을 위반하여서는 안 된다. 명확한 입법절차위반의 법률은 법률로서의 효력을 가질 수 없기 때문에 당연한 원칙이다. 3) **기본권제한의 목적** 헌법 제37조 제2항은 기본권제한의 목적으로 「국가안전보장, 질서유지, 공공복리」를 들고 있다. 각각의 개념이 무엇인가에 대해서는 약간의 견해차가 있다. (1) **국가안전보장** 원래 국가의 안전보장은 제3공화국 헌법까지는 질서유지의 개념 속에 포함되는 것으로 넓게 이해하였으나, 제4공화국헌법에서 평화통일조항과 함께 새롭게 규정된 것이었다. 이에 따라 국가의 안전보장의 개념을 국가의 존립과 영토의 보전, 헌법의 기본질서의 유지 등을 포함하는 좁은 개념으로 이해함이 타당하다. 민주적 기본질서도 이에 포함된다. 헌법재판소도 「국가의 안전보장의 개념은 국가의 존립·헌법의 기본질서의 유지 등을 포함하는 개념으로서 결국 국가의 독립, 영토의 보전, 헌법과 법률의 기능, 헌법에 의하여 설치된 국가기관의 유지 등의 의미로 이해될 수 있을 것이다.」라고 하고 있다(헌재 1992.2.25. 89헌가104). 국가안전보장을 위한 기본권제한법률로는 형법, 국가보안법, 군사기밀보호법 등이 있다. (2) **질서유지** 질서유지의 개념은 과거 국가안전보장을 포함하는 넓은 의미로 이해하는 경우도 있었으나, 국가안전보장을 별도로 규정하고 있는 오늘날에는 국가질서나 민주적 기본질서는 국가안전보장에 속하고 질서유지는 좁은 의미로 보아 공공의 안녕질서를 의미하는 것으로 볼 수 있다. 이를 위한 법률로는 형법, 집회 및 시위에 관한 법률, 도로교통법, 성매매알선 등 행위의 처벌에 관한 법률, 청소년보호법, 경찰관직무집행법 등 다수의 법률이 있다. (3) **공공복리** 공공복리의 개념도 매우 다의적이다. 개인주의적 가치관에 의하면 공공복리란 궁극적으로 개개인의 이익과 복리에 한정하는 근대시민적 법치국가의 복리이다. 반면에 전체주의 내지 국가절대주의적 가치관에 의하면 공공복리란 개개인의 이익을 희생하더라도 국가 전체의 이익이 곧 공공복리가 된다. 오늘날 현대 사회복지국가의 헌법이념은 국민 개개인의 자유와 권리를 최대한 보장하면서도 궁극적으로 그 자유와 권리는 사회구성원 전체를 위한 공공의 이익으로 귀결되어야 한다. 헌법재판소는 공익과 공공복리를 동일한 의미로 사용하고 있다(헌재 1996.12.26. 96헌가18 참조). 헌법 제37조 제2항은 공공복리를 규정하고 제23조 제3항은 공공필요라고 규정하고 있어서 두 규정 사이의 관계가 문제된다. 공공필요에 의한 재산권제한은 손실보상제도와 관련된 것으로서 국가정책수행을 위하여 불가피한 것으로 공공복리의 개념보다는 넓게 해석되어야 한다. 공공복리를 위한 법률로는 국토의 계획 및 이용에 관한 법률, 건축법, 도로법, 하천법, 자연재해대책법, 전기통신사업법 등 다수의 법률이 있다. (4) **상호중첩성** 기본권제한의 목적으로서 국가안전보장, 질서유지, 공공복리는 그 개념적 포괄성으로 인하여 서로 중첩적으로 제시될 수 있다. 4) **기본권제한의 대상: 모든 자유와 권리** 헌법규정은 '모든' 자유와 권리라고 표현하고 있어서 제한대상의 범위가 어떤 것인가에 관하여 다른 견해가 있다. 자유권만에 한정한다는 견해가 있으나, 이 견해에 따를 경우 자유권 이외의 기본권에 대해서는 제한의 한계를 달리 설정하여야 하기 때문에, 타당하지 아니하다. 헌법상 명시된 기본권 뿐만 아니라 헌법에 열거되지 아니한 자유와 권리도 포함하는 것으로 보아야 한다. 절대적 기본권을 인정하는 견해에서는 절대적 기본권은 적용대상이 되지 아니한다. 5) **기본권제한의 필요: 과잉금지의 원칙** ➜ 과잉금지의 원칙. 4. **기본권제한의 한계: 본질적 내용 침해금지** ➜ 본질적 내용 침해 금지. 5. **기본권제한의 예외** 기본권제한의 예외는 규범형식으로서의 법률에 의하지 아니하거나, 과거에 법률에 의한 규율의 범위에 포섭되지 않았던 영역이 이론상 법치주의의 확대로 법률의 규율대상으로 되는 경우에 어느 범위까지 기본권제한원리를 배제할 수 있는가의 문제이다. 전자의 경우는 법률이라는 규범형식에 의하지 않고도 기본권이 제한될 수 있는 경우로서, 대통령의 긴급권, 조약, 헌법개정 등을 들 수 있고, 후자의 경우는 통치행위와 특수신분관계를 들 수 있다. 1) **국가긴급권에 의한 예외** (1) **긴급명령·긴급재정경제명령** 헌법 제76조는 일정한 요건 하에 대통령의 긴급명령과 긴급재정경제명령권을 규정하고 있고, 이는 법률과 동일한 효력을 가지므로, 이에 의해 기본권이 제한될 수 있다. (2) **비상계엄** 헌법 제77조는 비상계엄이 선포된 때에는 영장제도, 언론·출판·집회·결사의 자유에 대하여 특별한 조치를 할 수 있다고 규정하고 있다. 그리고 계엄법 제9조에서는 특별한 조치의 대상인 기본권을 거주·이전의 자유와 근로자의 단체행동과 재산권 등에 특별한 조치를 할 수 있다고 하고 있다(➜ 계엄). 또 민간인에 대한 군사재판도 가능하다(헌법 제27조, 제110조). 이러한 제한은 헌법에서 직접 규정하고 있으므로 법률에 의하지 않고도 가능하다. 2) **법치주의 적용확대의 경우** (1) **특수신분관계** ➜ 특수신분관계. (2) **통치행위** ➜ 통치행위. 2) **조약** 국회의 동의를 얻어 비준된 조약 및 일반적으로 승인된 국제법규는 법률과 동일한 효력을 가지므로 기본권을 제한할 수 있다. ➜ 조약. 3) **헌법개정** 개헌을 통하여 기본권을 제한할 수는 있을 것이나, 기본권을 폐지하거나 기본권의 본질적 내용을 침해하여서는 아니 된다. ➜ 헌법개정. 6. **기본권제한의 원칙일탈에 대한 통제** 기본권제한의 일반원칙, 기본권제한의 한계,

기본권제한의 예외 에 관한 헌법규범 및 이론에 위배되는 제한에 대한 통제장치로는 청원권, 행정심판, 행정소송, 명령·규칙·처분심사제도, 위헌법률심사제도, 헌법소원 등의 구제방법이 있다.

기본권의 주체主體 ⓓ Grundrechtsträger. 1. **의의** 1) **개념** 기본권의 주체란 헌법이 보장하는 자유와 권리를 향유하는 자를 말한다. 향유한다는 것은 기본권에 기속되는 자(국가 혹은 사인)에게 작위·부작위·급부·수인 등을 요구할 수 있는 법적 힘을 주장하여 자신의 권리를 관철하는 것을 말한다. 기본권의 주체가 되는지의 여부는 헌법소송에서는 당사자적격의 심사에 해당하는 것으로서 본안심사가 아니라 적법요건심사의 대상이다. 2) **관련개념** (1) **기본권주체능력과 기본권행사능력** 기본권주체가 될 수 있는 능력을 기본권주체능력 혹은 기본권향유능력, 기본권보유능력 등으로 말할 수 있는데, 이는 기본권주체가 특정한 기본권을 행사할 수 있는 능력인 기본권행사능력(기본권행위능력)과는 구별된다. (2) **기본권주체와 기본권수범자** 기본권주체의 기본권에 기속되는 자가 기본권수범자 혹은 기본권수규자이다(➜ 기본권수범자). 자연인은 원칙적으로 살아 있는 동안에 기본권주체이다. 기본권은 일반적으로 일신전속적(一身專屬的)이기 때문에 청구인이 사망하게 되면 헌법소원은 종료된다(헌재 1992.11.12. 90헌마33). 다만 재산권과 같이, 일신전속성이 상대적으로 약한 기본권의 경우에는, 청구인의 사망 이후에도 그 상속인에 의한 헌법소원절차의 수계가 가능하다(헌재 1993.7.29. 92헌마234). 3) **헌법관에 따른 기본권주체** (1) **법실증주의적 관점** 기본권을 국가에 의하여 부여되는 '법률 내의 자유'로 이해하는 법실증주의적 관점에서는 기본권주체는 '국민'에 한하고 외국인은 당연히 제외된다. 법인은 구체적인 법질서에 의하여 형성되는 '규범적 일원체'이기 때문에 기본권주체가 될 수 있다. 다만 공법인은 공권력의 주체이므로 기본권주체가 될 수 없다. (2) **결단주의적 관점** 기본권이란 천부적이고 전국가적인 자유와 권리이며 국가로부터의 자유가 기본권의 본질이라고 이해하는 결단주의적 관점에서는 외국인도 기본권주체가 된다. 법인은 국가에 의하여 창설되는 법인격이기 때문에 모든 공·사법인은 기본권주체가 될 수 없다. (3) **통합주의적 관점** 한 국가 내지 민족의 내적·완결적 정치적 통합을 위한 가치질서이자 문화질서로 기본권을 이해하는 통합주의적 관점에서는 외국인은 동화적 통합의 대상일 수 없고 기본권주체가 될 수 없다. 법인의 경우에는 내국법인의 경우 통합을 위한 구성부분이므로 기본권주체로 인정할 수 있다. 정당도 국가적 통합의 과정이자 수단이기 때문에 기본권주체가 될 수 있다. (4) **결론** 기본권주체의 문제는 어느 하나의 관점에서만 판단할 수 없다. 특히 오늘날 범인류적(global) 관점에서 인권 및 기본권에 대한 인식이 요청되는 상황에서 한 국가의 헌법질서만으로 그 주체를 규정하는 것은 현실적이라 할 수 없다. 따라서 세 가지 관점을 모두 아우르되(**3원구조적 관점**), 각각의 쟁점이 놓여 있는 문제범주를 기초로 하여 그 주체성 여부를 결정하여야 한다. 예컨대, 망명권의 경우 그 주체가 누구인가를 확정하기 위해서는 다투는 개인의 지위를 어떠한 범주에서 파악할 것인가가 선행되어야 한다. 2. **자연인**自然人**: 사람** 1) **문제범주와 기본권주체** 오늘날 인권 내지 기본권은 범인류적 차원에서 인류보편의 가치로 인식되고 있고, 그에 따라 새롭게 제기되고 있는 것이 제3세대 인권이다. 제3세대 인권은 국가와 상관없이 인간이면 누구에게나 인정되는 권리로서 기존의 개별국가 중심의 인권 내지 기본권 주체의 범위를 확대하도록 요청하고 있다. 따라서 망명권이나 연대권과 같이 범인류적 권리로 인정될 수 있는 경우에는 개별국가에서 헌법질서로 수용하여 기본권주체로 인정할 필요가 있다. 헌법재판소는「단순히 '국민의 권리'가 아니라 '인간의 권리'로 볼 수 있는 기본권에 대해서는 외국인도 기본권의 주체가 될 수 있다.」고 하고 있다(헌재 2012.8.23. 2008헌마430; 2001.11.29. 99헌마494; 2007.8.30. 2004헌마670; 2011.9.29. 2007헌마1083). 우리나라의 헌법질서에 따라 기본권주체를 논하는 경우 국민과 외국인 및 법인이 문제된다. 2) **국민** (1) **일반국민** 대한민국 국적을 가진 모든 자연인(=국민)은 당연히 기본권의 주체가 된다. ① **태아**胎兒 태아는 생명권의 주체이다. 헌법재판소는「모든 인간은 헌법상 생명권의 주체가 되며, 형성 중의 생명인 태아에게도 생명에 대한 권리가 인정되어야 한다. 따라서 태아도 헌법상 생명권의 주체가 되며, 국가는 헌법 제10조에 따라 태아의 생명을 보호할 의무가 있다.」고 결정하였다(헌재 2008.7.31. 2004헌바81). 독일의 경우 태아는 생명권의 주체가 아니라, 국가의 생명보호의무에 따라 보호된다(BVerfGE 88, 203). ② **배아**胚芽 헌법재판소는 초기배아는 기본권주체가 될 수 없다고 결정하였다(헌재 2010.5.27. 2005헌마346). ➜ 배아. ③ **사자**死者 사자도 일반적 인격권의 주체가 될 수 있다. 헌법재판소는「사자에 대한 사회적 명예와 평가의 훼손은 사자와의 관계를 통하여 스스로의 인격상을 형성하고 명예를 지켜온 그들의 후손의 인격권, 즉 유족의 명예 또는 유족의 사자에 대한 경애추모의 정을 침해한다고 할 것이다.」고 하였다(헌재 2010. 10.28. 2007헌가23). 독일 연방헌법재판소도 메피스토-클라우스 만(Mephisto-Klaus Mann) 결정(1971)에서 사자의 기본권주체성을 인정하였다. ➜ 메피스토-클라우스 만 결정. ④ **미성년자** 미성년자의 경우에도 기본권주체성이 인정되는 것은 당연하다. 다만, 기본권행사능력에 의하여 제한될 수 있을 뿐이다. 헌법재판소는 학생의 학교선택권(헌재 2012.11.29. 2011헌마827), 문화향유권(헌재 2004.5.27. 2003헌가1), 일반적 행동자유권(헌재 1993.5.13. 92헌마80) 등을 인정하고 있다. (2) **특수신분관계에 있는 국민** 특수신분관계(➜ 특수신분관계)에 있는 국민도 국민인 이상 기본권의 주체가 됨은 의문의 여지가 없다. 신분의 특수성으로 인하여 기본권제한의 정도가 달라지지만, 그 특수성과 무관한 기본권은 당연히 주체가 된다. 예컨대, 수형자라 하더라도 종교의 자유의 주체가 되는 것은 당연하다. (3) **재외동포** 재외동포는 재외국민과 외국국적동포로 나뉘는데, 재외국민의 경우, 일반국민에 준하여 기본권주체가 되며, 외국국적동포는 일정한 조건 하에서 국민으로서의 혜택을 받을 수 있다. (4) **북한주민** 북한주민은 규범적으로는 대한민국의 헌법질서 내에 있는 국민이므로 기본권주체가 된다. 다만, 북한지역에 대하여 대한민국헌법의 규범력이 사실상 제약되고 있는 현실을 감안하면, 그 행사능력은 대한민국의 법률에 의하여 특별한 제약을 받을 수 있다. 3) **외국인** 외국인은 범인류적 기본권의 경우에는 기본권주체가 될 수 있지만, 국가내적 헌법질서에서는 기본권주체성이 부인될 수 있다. 원칙적으로 기본권의 성질에 따라 그 주체성 여부가 판단되어야 한다. (1) **자유권** 외국인에게도 범인류적인 인권 즉, 인간의 존엄, 행복추구권, 생명권, 신체불가침권, 신체의 자유, 언론(speech)의 자유, 양심의 자유, 종교의 자유, 예술의 자유 등은 그 주체성을 인정할 수 있다. 그러나 집회·결사의 자유, 거주이전의 자유, 직업의 자유와 같이, 국가내적 자유권은 인정되지 아니한다. 헌법재판소는 직업선택의 자유에 관하여 기본권주체성을 원칙적으로 인정하지만, 세부적으로 규제하는 법률 혹은 시행령을 합헌으로 판단하였다(헌재 2011.9.29. 2007헌마1083등;

2012.8.23. 2008헌마430). 이는 외국인에게도 기본권주체성을 원칙적으로 인정하더라도 그 지위의 특수성에 따라 일반 국민과 달리 제한하더라도 법인류적 차원의 권리를 침해하지 않는 한, 이를 인정하는 것이다. (2) **평등권** 평등권은 범인류적 기본권에 속한다고 볼 수 있으므로 외국인도 평등권의 주체가 된다. 따라서 외국인에 대한 차별은 기본권의 성질상 제한과 상호주의에 따른 제한이 있을 뿐이다(헌재 2001.11.29. 99헌마494). (3) **참정권 및 사회적 기본권** 참정권은 국민주권의 원리에 따라 국민에게 유보된 기본권이다. 따라서 외국인에게 참정권은 인정되지 아니한다. 다만, 국가적 참정권과는 별개로 지방참정권을 부여하는 것은 헌법적 차원의 기본권이 아니라 법률적 차원의 권리를 인정하는 것이므로 허용될 수 있다. 사회적 기본권의 주체는 원칙적으로 국민이므로 외국인에게 인정될 수 없다. 다만, 사회적 기본권은 자유권 행사의 실질적 조건을 보장하는 것이어서, 입법자는 사회적 기본권의 내용을 외국인에게도 확장할 수 있다. 이 경우에도 헌법적 차원에서 기본권의 주체를 확장하는 것이 아니라 법률적 차원의 권리를 인정하는 것으로 봄이 타당하다. (4) **청구권적 기본권** 범인류적 기본권 및 자유권과 평등권의 주체성을 외국인에게 인정한다면, 그 침해에 대해 보호를 청구할 수 있는 절차적 기본권(재판청구권, 청원권 등)도 외국인에게 인정된다고 봄이 타당하다. 헌법재판소는 「'인간의 권리'로서 외국인에게도 주체성이 인정되는 일정한 기본권에 관하여 불법체류 여부에 따라 그 인정 여부가 달라지는 것은 아니다.」라고 하여 재판청구권은 성질상 인간의 권리에 해당한다고 보고 있다(헌재 2012.8.23. 2008헌마430). 4) **난민 및 망명권 문제** 난민의 인권(➜ 난민)과 망명권(➜ 망명권)은 범인류적 차원에서 그 주체성 여부를 판단하여야 한다. 오늘날 난민과 망명비호의 문제는 인류 전체의 공통의 과제로 대두되고 있고, 그에 따라 난민 혹은 망명을 원하는 상황에 있는 개인에게 기본권으로서 보호청구권 혹은 망명권을 인정할 여지가 있다. 이 경우 기본권 주체성이 인정될 수 있다. 3. **법인** 1) **인정 여부** 헌법관에 따라 법인의 기본권주체성 여부가 달라질 수 있다(전술). 헌법재판소는 성질상 법인이 누릴 수 있는 기본권은 당연히 법인에게도 적용하여야 할 것으로 본다(헌재 1991.6.3. 90헌마56). 또한 「법인도 법인의 목적과 사회적 기능에 비추어 볼 때 그 성질에 반하지 않는 범위 내에서 인격권의 한 내용인 사회적 신용이나 명예 등의 주체가 될 수 있고 법인이 이러한 사회적 신용이나 명예 유지 내지 법인격의 자유로운 발현을 위하여 의사결정이나 행동을 어떻게 할 것인지를 자율적으로 결정하는 것도 법인의 인격권의 한 내용을 이룬다고 할 것이다.」라고 하고 있다(헌재 2012.8.23. 2009헌가27). 2) **사법인과 사적 단체** 사법인이나 기타 사적 단체(권리능력 없는 결사)도 향유할 수 있는 기본권의 침해가 문제된 경우에는 헌법소원을 제기할 수 있다. 법인격이 있는 사법상의 사단이나 재단은 성질상 기본권주체가 될 수 있는 범위에서 청구인능력을 가진다. 인정되는 기본권은 평등권, 종교의 자유, 학문의 자유, 언론·출판·집회·결사의 자유, 재산권, 직업의 자유, 소비자의 권리, 청원권, 재판청구권, 국가배상청구권, 일반적 인격권(명예, 성명과 초상에 관한 권리 등 사법인의 배후에 있는 자연인의 보호에 기여하는 경우) 등이다. 사생활의 비밀과 자유, 주거의 자유, 예술의 자유 등에 관하여는 학설상의 견해대립이 있다. 단체의 부분기관은 기본권주체성이 인정되지 아니한다(헌재 1991.6.3. 90헌마56 참조). 3) **공법인** 공법인은 공법상의 사단(국가와 지방자치단체), 재단, 영조물(공적 과제를 수행하는 시설), 공기업,

정부투자기관 등을 말한다. 기본권의 주체가 아닌 자, 즉 공권력의 행사자인 국가, 지방자치단체나 그 기관 또는 국가조직의 일부나 공법인은 기본권의 '수범자(Adressat)'이지 기본권의 주체로서 그 '소지자(Träger)'가 아니고 오히려 국민의 기본권을 보호 내지 실현해야 할 책임과 의무를 지니고 있는 지위에 있을 뿐이다(헌재 1994.12.29. 93헌마120; 2006.2.23. 2004헌바50). 국회의 노동위원회(헌재 1994.12.29. 93헌마120), 국회의원(헌재 1995.2.23. 90헌마125), 지방자치단체의 장(제주도지사, 헌재 1997.12.24. 96헌마365)이나 의결기관(서울특별시의회, 헌재 1998.3.26. 96헌마345), 교육위원회의 구성원으로서 공법상의 권한을 행사하는 교육위원(헌재 1995. 9. 28. 92헌마23등), 공법인인 농지개량조합(헌재 2000. 11. 30. 99헌마190) 등은 기본권주체성이 부인된다. 다만, 공권력의 주체라 할지라도 국가에 대해 독립성을 가지고 있는 독자적인 기구로서 기본권에 의하여 보장되는 생활영역을 고유한 업무영역으로 부여받은 경우에는 예컨대, 영조물인 국립서울대학교(헌재 1992.10.1. 92헌마68등), 축협중앙회(헌재 2000.6.1. 99헌마553) 등은 예외적으로 기본권주체가 될 수 있다. 4) **외국법인** 외국법인의 기본권주체성은 자연인으로서의 외국인과 마찬가지로 일정한 제한에 따라 인정되며 상호주의 원칙에 따른다. 4. **정당**의 기본권주체성 정당의 헌법상 지위는 중개적 권력체이지만(➜ 정당), 그 법적 성격은 헌법 제21조의 일반결사보다 강하게 보호되는 정치적 결사로서의 지위를 갖는다. 정당의 경우 다른 법인의 경우와 마찬가지로 기본권주체성이 인정된다. 헌법재판소도 사안에 따라 정당이 기본권주체성을 인정한다(헌재 1991.3.11. 91헌마21; 1993.7.29. 92헌마262; 1996.3.28. 96헌마9; 1999.11.25. 99헌바28 등).

기본권의 충돌衝突 ㊀ Grundrechtskollision. 1. **의의 - 개념과 논의필요성** 기본권의 충돌이란 상이한 복수의 기본권주체가 서로의 권익을 실현하기 위해 하나의 동일한 사건에서 국가에 대하여 서로 대립되는 기본권의 적용을 주장하는 경우를 말하는데, 한 기본권주체의 기본권행사가 다른 기본권주체의 기본권행사를 제한 또는 희생시킨다는 데 그 특징이 있다(헌재 2005.11.24. 2002헌바95, 96, 2003헌바9(병합)). 예컨대, 인공임신중절의 경우 모(母)의 건강권과 태아의 생명권 사이, 문학작품에서 개인의 사생활을 침해하는 경우 예술의 자유와 사생활의 비밀과 자유, 언론기관의 범죄사건보도에서 언론의 자유와 범인의 인격권, 합리적 사유 없는 자의적인 사원채용의 경우 계약의 자유와 평등권, 기업주의 공해산업운용의 경우 직업의 자유와 건강권, 종교단체 거리집회의 경우 종교의 자유와 시민의 교통권 등이 예이다. 우리 헌법에서는 일반적 법률유보규정이 있고 이에 따라 국가가 개인의 기본권을 제한하는 경우에 이익형량과 과잉금지, 비례의 원칙 등으로 처리할 수 있기 때문에 특별히 기본권 충돌을 논할 실익이 적다는 견해도 있으나, 기본권충돌의 문제는 복수의 기본권주체가 자신의 기본권을 주장하는 경우이므로 일반적 기본권제한의 문제상황과는 구별되는 유형적 특징이 있으므로 논의의 실익이 있다고 보아야 한다. 2. **구별개념** (1) 기본권의 충돌은 '복수'의 기본권주체를 요구한다는 점에서 '하나'의 기본권주체가 국가권력에 대하여 여러 기본권의 효력을 주장함으로써 생기는 **기본권의 경합**과 구별된다. (2) 기본권의 충돌은 기본권주체가 상호간에 자신의 기본권의 효력을 주장하는 것이 아니라 국가기관이 한 쪽 당사자의 기본권을 제한함으로써, 다시 말하여 기본권주체 중의 어느 일방이 국가에게 자신의 기본권을 보호해 달라고 요구하여 국가가 그에 응하여 다른 일방의 기본권을 제한하는 경우에 발생하며, 이 때 제한된 기본권의 주체가 '국가권력'에 대하여 자신의 기본권의 효력을 주장하는 것이기 때문에 **기본권의 제3자적 효력**과 구별된다. (3) 기본권과 헌법상 보호되는 **다른 법익**(국가안보, 공공복리 등)과의 충돌은, 이를 넓은 의미의 기본권충돌로 이해하는 견해도 있으나, 이는 기본권제한의 문제이기 때문에 기본권의 충돌이라 할 수 없다. (4) 외견상 충돌처럼 보이지만, 실제로 기본권충돌로 볼 수 없는 **유사충돌**類似衝突이 있으나, 이는 기본권충돌로 볼 수 없다. 예컨대 사람을 살해한 자가 자신의 행복추구권을 주장하는 것은 피해자의 생명권과 충돌되는 것처럼 보이지만, 살인행위는 행복추구권의 보호영역에 해당하지 않기 때문에 기본권의 충돌이라 할 수 없다. 결국, 기본권충돌의 여부는 당해 기본권의 보호영역에 해당하는지의 여부와 관련된다. 3. **해결이론** 1) **학설** (1) **입법자유영역이론**Die Theorie des legislatorischen Freibereiche 기본권충돌을 해결할 수 있는 명시적 규정이 헌법에 없기 때문에 그 해결은 입법자에게 맡겨져 있다는 주장이다. 헌법이 법률유보를 통하여 많은 기본권의 충돌을 해결하지만 명시적인 충돌해결규범이 없는 경우에는 입법자가 독자적인 갈등조정을 할 수 있다고 한다. 기본권부분에서 일어나는 모든 갈등상황에 대하여 헌법이 상세하고 적합한 해결책을 준비할 수 없기 때문에 이에 대한 헌법재판소의 결정은 불충분할 수밖에 없다고 보고 입법자의 일반적이고 추상적인 법규범을 통하여 대립되는 권리들을 정서하고자 한다. (2) **기본권의 위계질서론**Grundrechtsrangordnung=**기본권서열이론** 헌법이 충돌하는 기본권 중에 어떤 기본권에 보다 큰 규범적 중요성을 부여하고 있는가를 밝힘으로써 대립하는 기본권을 추상적으로 형량하려는 이론이다. 즉, 대립되는 기본권 중에서 어느 하나가 규범적으로 보다 높은 서열에 있다는 것을 증명함으로써 보다 약한 기본권을 후퇴시키고 보다 강한 기본권을 실현시키려는 이론이다. (3) **이익형량과 비례의 원칙** 독일연방헌법재판소는 이익충돌의 경우 추상적으로 판단할 것이 아니라 구체적 상황을 고려하여 판단하여야 된다고 하고 있는데, 여기서 소위 비례의 원칙과 이익형량의 방법을 기준 내지 방법으로 사용하고 있다. 이익형량은 충돌법익상호간에 우열을 인정하여 특정한 이익을 우선시키는 방법이다. 비례의 원칙은 충돌하는 법익이 모두 보호할 가치가 있다는 것을 전제로 하고서 구체적인 상황 속에서의 양 법익간의 관계를 고려할 것을 요구한다. 비례의 원칙은 적합성과 필요성 및 좁은 의미의 비례의 원칙을 내포하고 있다. (4) **실제적 조화**Praktische Konkordanz**의 원칙** 실제적 조화의 원칙은 헌법의 통일성의 원리에 입각하여 하나의 헌법규범이 다른 헌법규범과 대립되지 않도록 해석하여야 한다는 것을 전제로 한다. 헌법상 보호되는 법익 간에 충돌이 일어났을 경우 양 법익이 동시에 실현될 수 있도록 상호정서(相好整序)하여야 한다는 것이다. 여기서 양 법익을 최적으로(optimal) 실현될 수 있는 경계가 그어져야 하는데 그 경계획정은 그때그때의 구체적 사례에 있어서 비례적이어야 한다. 규범조화적 원리(해석), 형평성의 원리 등으로도 불린다. (5) **규범영역분석**Normbereichanalyse**이론** 이 견해는 먼저, 모든 기본권은 사실상의 혹은 법적인 개념의 해석을 통하여 이미 첫 번째로 제한되어 그 내용상 미치는 범위가 끝나는 곳에 일차적인 한계가 있고, 이어서 그 보장의 대상은 다른 부가적인 규범적 규정을 통하여 다시 한 번 그 한계를 부여받는다. 기본권의 보장대상과 그것에 부가되는 규범문구로 구성되는 기본권의 구성요소(규범영역)에 대한 세밀한 분석작업이 기본권과 관련된 모든 갈등(기본권 상호간의 충돌과 경합, 기본권과 다른 법익간의 대립)을 규범적으로 해소할 수 있다고 한다. 2) **판례** 헌법재판소는 기본권 충돌의 문제에 관하여 충돌하는 기본권의 성격과 태양에 따라 그때그때마다 적절한 해결방법을 선택, 종합하여 이를 해결하여 왔다. 대체로 이익형량의 원칙에 입각하여 규범조화적 해석을 도모함으로써 기본권충돌을 해결하려고 한다. (1) **이익형량의 원칙에 입각한 규범조화적 해석** 헌법재판소는 교사의 수업권과 학생의 학습권이 충돌하는 경우 이익형량의 원칙에 따라 판시하고(헌재 1991.7.22. 89헌가106), 보도기관의 언론의 자유와 피해자의 반론권이 충돌하는 경우 규범조화적 해석에 입각한 과잉금지원칙에 따라 해결하며(헌재 1991.9.16. 89헌마165), 신문업계과당경쟁에서 신문의 공적 기능과 개인의 사업활동의 자유 사이의 충돌에 대해서는 법익교량을 통하여 판단하였으며(헌재 2002.7.18. 2001헌마605), 개인적 단결권과 집단적 단결권이 충돌할 경우, 기본권서열이나 법익의 형량을 통하여 어느 한 쪽을 후퇴시킬 수는 없으며, 헌법의 통일성을 유지하기 위하여 상충하는 기본권 모두가 최대한으로 그 기능과 효력을 발휘할 수 있도록 조화로운 방법을 모색하되(규범조화적 해석; 헌재 1991.9.16. 89헌마165), 법익형량의 원리, 입법에 의한 선택적 재량 등을 종합적으로 참작하여 심사하여야 한다고 하였다(헌재 2005.11.24. 2002헌바95). (2) **언론의 자유와 인격권·사생활보호의 상충관계** 언론의 자유와 개인의 인격권 및 사생활의 보호와의 상충관계에 관해서는 이익형량의 원칙과 규범조화적 해석원칙의 구체화의 방법으로, 권리포기이론, 공익의 이론, 공적 인물이론 등을 수용하고 있다(헌재 1999.6.24. 97헌마265; 대판 2002.1.22. 2000다37524 등). (3) **기본권의 서열이론의 수용가능성** 헌법재판소와 대법원은 기본권의 서열화가능성을 언급하기도 한다. 예컨대 혐연권과 흡연권 사이에는 혐연권이(헌재 2004.8.26. 2003헌마457), 학생의 학습권과 교원의 수업권 사이에는 학습권이(대판 2007.9.20. 2005다25298) 상위의 혹은 우월한 기본권이라 하고 있다.
4. **결론** 기본권의 객관법적 성격을 강조하는 입장에서는 사인 간의 기본권 충돌에 대하여 국가가 이를 해결하여야 할 의무를 진다. 이 때 국가가 적절한 해결책을 제시하지 못하면, 국가는 기본권침해문제를 야기할 수 있다. 물론 이 때의 국가의 해결기준은 사법관계의 다양성에 비추어 어느 하나의 기준만을 정하기는 어렵다. 기본권충돌의 해결원칙을 정리하면, 첫째, 기본권충돌의 해결을 위해서는 어느 한 기본권을 완전히 희생시키지 않고 각 기본권에 대하여 최소한의 희생을 요구하는 데에 그쳐야 하며, 둘째, 기본권충돌은 결국 기본권제한의 원인이 됨을 고려하여야 하고, 셋째, 기본권충돌은 기본권간의 조절을 의미하므로 각 기본권 간에 최대한의 보장이 이루어지도록 하여야 하며, 넷째, 기본권충돌은 결국 기본권제한의 법리와 관련하여 이해되어야 한다는 것이다. 이론과 판례를 요약하면, **이익형량의 원칙**에 따라 기본권 사이의 우열을 정하는 경우 생명권·인격권·자유권 등이 우선되며, 우열을 정하기 어려운 경우에는, **형평성의 원칙**에 따라 공평한 제한의 원칙·대안발견의 원칙이나, 규범조화적 해석의 원칙에 따라 과잉금지의 원칙·대안발견의 원칙·최후수단억제의 방법 등이 선택될 수밖에 없다. 결론적으로 기본권충돌의 해결원칙은 과잉금지원칙이나 비례의 원칙 등에 입각한 규범조화적 해석이 가장 바람직하지만, 현실적으로 기본권의 구체적인 의미를 확인하는 해석작업은 헌법재판에 참여하는 모든 사람(당사자, 참고인, 법관 등)들에 의해 이루어지는 공동작업이라고 볼 수 있다.

기본권의 침해侵害**와 구제**救濟 ㊕ Eingriff in der Grundrechte und Rechtsmittel dafür. 1. **기본권침해와 구제의 유형** 국민의 자유와 권리 즉 기본권은 최대한 보장·보호되어야 하지만, 기본권주체의 입장에서는 다양한 형태의 기본권침해를 겪게 된다. 그 침해의 양태는 국가나 사인 혹은 국제조직과 다국적기업을 포함한 외국·외국인, 자연적 원인 등을 가리지 아니하고 발생하지만, 그에 대한 구제는 헌법질서 내에서 구체화된다. 1) **침해유형** 기본권이 침해되는 유형은 국가영역, 사회영역, 국제조직과 다국적기업 등을 포함한 외국·외국인에 의한 침해, 자연재해 등에 따라 구분될 수 있다. 이 중 외국·외국인에 의한 침해는 국내의 경우에는 국내법질서에 의해 구제될 수 있고, 국외인 경우에는 재외동포에 대한 국제적 보호의무(➜ 기본권보장의무)에 따라 구제될 수 있다. 자연재해의 경우에는 역시 국가의 기본권보장의무의 한 내포인 자연재해예방 및 보호의무(➜ 기본권보장의무)에 따라 구제될 수 있다. 국내법질서 내에서 기본권침해의 유형은 기본권침해의 주체에 따라 국가기관에 의한 침해와 사인에 의한 침해로 나눌 수 있고, 각각의 침해유형에 따라 구제수단이 정해져 있다. 2) **구제제도** 헌법상 기본권침해에 대한 구제수단으로는 청원권(제26조), 재판청구권(제27조), 국가배상청구권(제29조), 형사보상청구권(제28조), 손실보상청구권(제23조 제3항), 위헌법률심사 및 위헌·위법 명령·규칙·처분심사(제107조 제1·2항, 제111조), 행정쟁송(제107조 제2·3항, 제27조 제1항), 헌법소원심판(제107조 제1항 제5호) 등이 있다. 그리고 예외적인 수단으로 자구행위와 저항권을 들 수 있다. 기본권침해의 주체에 따른 침해유형과 그 구제방법은 다음과 같다. 2. **국가기관에 의한 침해** 1) **입법기관에 의한 침해와 구제** 입법기관에 의한 침해는 입법에 의하여 적극적으로 기본권을 침해나는 경우와 입법을 하지 않거나 불충분하게 하여 기본권을 침해하는 경우가 있다. (1) **적극적 입법에 의한 침해와 구제** ① **침해태양** 기본권은 모든 국가권력을 구속한다. 따라서 입법권도 기본권에 의하여 제약을 받으며 기본권의 유보 하에 행사되어야 한다. 헌법이 허용하는 범위와 방법을 일탈하여 기본권을 침해하는 법률을 제정하는 것은 허용되지 않으며 그러한 입법은 무효이다. ② **구제방법** ⅰ) **헌법소송** 위헌적인 법률에 대하여는 헌법재판소에 위헌법률심판을 통해 구제받을 수 있다. 현행헌법상 구체적 규범통제만 허용되고 추상적 규범통제는 허용되지 아니한다고 함이 통설이지만, 헌법소원의 한 형식으로 추상적 규범통제를 도입할 여지가 있다. 법률 중에 예외적으로 집행기관의 집행행위를 거치지 아니하고 직접적으로 국민의 권리의무에 권리변동을 가져오는 경우(처분적 법률)에는 헌법재판소에 당해 법률에 대한 위헌심사를 청구할 수 있다(헌재 1989.3.17. 88헌마1; 1990.10.8. 89헌마89; 1991.3.11. 91헌마21; 1991.11.25. 89헌마99 등 참조). 다만, 헌법재판소법상의 청구기간을 준수하여야 한다. ii) **법원의 사법심사** 국회의 입법은 행정쟁송의 대상이 되지 아니한다. 국회의 입법을 국회의 처분으로 보아 그 책임을 물을 수 있는가에 관하여, 독일에서는 국가책임법으로 논의되지만, 우리나라에서는 입법내용이 명백히 헌법의 문언에 위반하지 않는 한 국회의원 또는 국회에 대하여 국가배상을 청구할 수 없다고 본다(대판 1997.6.13. 96다56115 참조). iii) **청원**請願 기본권을 침해한 입법은 이를 폐지하거나 개정할 것을 청원할 수 있다. iv) **주권적 의사의 개입** 국민은 선거를 통하여 국회의원을 정치적으로 견제할 수 있다. 또한 국민소환이나 국민발안제, 국민거부 등의 직접민주제의 수단을 통하여 간접적으로 기본권침해법률을 배제할 수 있으나 현행헌법은 이를 채택하고 있지 않다. 현행헌법상 국민투표를 통한 법률의 제·개정에 관해서는 논란이 있다(➜ 국민투표부의권). (2) **입법부작위에 의한 침해와 구제** 입법부작위란 입법자에게 법률제정의 작위의무가 법적으로 존재하거나 입법자에게 입법의무의 내용과 범위를 정한 법률제정의 명백한 헌법상 수권위임이 입증됨에도 불구하고 입법자가 법률제정의무를 이해하지 않는 것을 말한다. 이처럼 입법부작위는 헌법상의 명시적인 규정 혹은 해석상 입법의무가 있음을 전제로 하는 개념이며, 단순입법부작위는 입법재량 내지 입법형성의 자유의 문제이므로 기본권침해가 문제되지 않는다. ① **진정입법부작위와 부진정입법부작위** 진정입법부작위란 입법자가 헌법상의 입법의무가 있는 사항에 관하여 전혀 입법을 하지 않음으로써 입법행위의 흠결이 있는 경우 즉, 입법권의 불행사를 말한다. 부진정입법부작위는 입법자가 헌법상 입법의무를 이행하여 입법을 하였으나, 그 입법이 내용·범위·절차 등이 해당사항을 불완전·불충분 도는 불공정하게 규율함으로써 입법행위에 결함이 있는 경우 즉, 결함있는 입법권행사를 말한다(헌재 1996.10.31. 94헌마108). 진정입법부작위는 입법의무의 이행이 전혀 없는 영의 상태라는 의미에서 양적 개념이라면, 부진정입법부작위는 입법의무의 이행이 있기는 하였으나 불완전·불충분한 경우이므로 질적인 개념이라 할 수 있다. ② **침해태양** 입법부작위로 인한 기본권침해는 국가의 적극적인 개입을 요구할 수 있는 기본권형성적 법률유보와 기본권구체화적 법률유보가 있는 기본권, 특히 사회권이나 청구권적 기본권에서 주로 문제된다. 진정부작위에 의한 기본권침해는 i) 헌법상 입법자가 입법의무를 가짐에도 불구하고 ii) 입법을 상당 기간 해태함으로써 iii) 직접 개인이기본권이 침해되어야 한다. 부진정부작위에 의한 기본권침해는 i) 헌법상 위임받은 특정내용이 법률에서 처음부터 배제된 경우 ii) 법률의 개정이나 폐지에 따라 입법의무불이행이 발생한 경우 iii) 법률을 제정할 대에는 문제가 없었으나 상황의 변화에 따라 법률을 개정하여야 함에도 불구하고 법률개정이 없는 경우 iv) 경과규정을 두지 아니한 경우 v) 입법개선의무를 위반한 경우 등에 발생할 수 있다. ③ **구제방법** i) **헌법소송(헌법소원)을 통한 구제** a) **진정입법부작위**의 경우 진정입법부작위에 해당한다고 하여도 헌법소원의 대상이 되려면 헌법에서 기본권보장을 위하여 법령에 명시적인 입법위임을 하였음에도 입법자가 이를 이행하지 않을 때, 그리고 헌법해석상 특정인에게 구체적인 기본권이 생겨 이를 보장하기 위한 국가의 행위의무 내지 보호의무가 발생하였음이 명백함에도 불구하고 입법자가 아무런 입법조치를 취하고 있지 않은 경우라야 한다(헌재 1993.3.11. 89헌마79; 1994.12.29. 89헌마2; 2000.6.1. 2000헌마18; 2001.6.28. 2000헌마735; 2006.4.27. 2005헌마968 등). 행정입법작위의무는 헌법적 의무이며 합리적인 기간 내이 지체가 아니라면 위헌적인 부작위이다(헌재 2002.7.18. 2000헌마707 참조). 입법부작위가 계속되는 동안에는 보충성원칙이 적용되지 아니하며(헌재 1989. 3.17. 88헌마1), 청구기간의 제한도 받지 아니한다(헌재 1994.12.29. 89헌마2). b) **부진정입법부작위**의 경우 부진정입법부작위는 해당 법률 자체를 대상으로 헌법위반이라는 적극적인 헌법소원 즉 위헌확인소원을 제기하여야 한다. 입법이 존재하므로 헌법소원의 보충성과 청구기간 등의 요건을 갖추어야 한다. 입법개선의무가 있는 경우에는 입법자가 입법개선의무를 이행하지 않음으로 인하여 기본권이 침해된 경우 이를 확인하는 헌법소원을 제기할 수 있고, 입법개선을 요하는 법률의 위헌성이 명백한 경우 그 법률의 무효선언을 구하는 헌법소원을 제기할 수 있다. ii) **법원의 사법심사**를 통한 구제 부진정입법부작위의 경우 불충분한 입법 자체가 기본권을 침해한 경우이므로 재판의 전제성요건을 갖추면 법원에 위헌법률심판제청신청을 할 수 있고, 이를 기각하면 위헌심사형 헌법소원을 제기할 수 있다. 사회권에 대한 입법부작위에 대하여 작위의무이행소송이나 부작위위헌 · 위법확인소송을 제기할 수 있느냐에 대하여 논란이 있으나, 권력분립원리에 비추어 부정함이 타당하다. 입법부작위에 대한 손해배상청구가 인정될 것인가에 대하여는 입법적 불법과 관련하여 논란이 있다. 2) **행정기관에 의한 침해와 구제** (1) **침해태양** 행정기관에 의한 침해는 i) 행정기관이 위헌법률을 그대로 집행함으로써 침해하는 경우 ii) 법률의 해석적용을 잘못하여 침해하는 경우 iii) 법률에 위반하여 기본권을 침해하는 경우 iv) 행정부작위로 인하여 기본권을 침해하는 경우 등으로 나눌 수 있다. (2) **구제방법** ① 행정기관을 통한 구제 관계공무원에 대한 징계 등을 청원할 수 있고, 행정심판 등의 행정구제수단을 통하여 구제받을 수 있다. 사전적 · 예방적 제도로서 행정절차법을 통하여 의견진술이나 자료제출의 기회를 부여받을 수 있다. ② 법원을 통한 구제로서 행정소송제도가 있다. 행정청의 부작위에 대해서는 부작위위법확인소송이 가능하다(행정소송법 제4조). 위헌 · 위법 명령규칙에 대한 심사제도를 활용할 수 있으며(헌법 제107조 제2항), 형사보상을 청구할 수 있다. ③ 헌법재판소에 의한 구제로서, 최종적으로는 헌법재판소에 헌법소원을 청구할 수 있다. 3) **사법기관에 의한 침해와 구제** 1) **침해태양** 사법기관에 의한 기본권침해는 위헌적인 법률이 적용, 법률의 해석 · 적용상 오류, 사실인정의 잘못 및 재판의 지연 등에 의하여 기본권이 침해될 수 있다. 2) **구제방법** 사법권에 의한 기본권침해에 대해서는 상소제도, 항고제도, 재심제도, 비상상고제도 등 등을 통해 구제받을 수 있으며, 특히 형사피고인의 경우 형사보상청구권을 통해 구제받을 수 있다. 법원의 판결에 대한 헌법소원은 인정되지 아니한다(헌법재판소법 제68조 제1항). 다만, 헌법재판소에 의하여 위헌으로 결정된 법률을 적용하여 재판한 경우에는 헌법소원의 대상이 되고 헌법재판소는 당해 판결을 취소할 수 있다(헌재 1997.12.24. 96헌마172등 참조). 3. **사인私人에 의한 침해와 구제** 기본권의 객관적 성격을 긍정하는 입장에서는 어느 사인의 기본권에 대해 다른 사인도 그 기본권을 침해해서는 안 되는 존중의무를 진다. 그러나 사인도 다른 사인의 기본권을 침해할 수 있다. 기본권을 침해받은 자는 고소 · 고발을 통해 국가의 형사사법의 집행을 구할 수 있고, 그에 따라 침해된 기본권을 회복할 수 있다. 또한 민사재판이나 손해배상청구를 할 수 있으며, 범죄피해자인 경우 그 구조청구를 할 수 있다(헌법 제30조). 4. **국가인권기구**에 의한 구제 1) **국가인권위원회**에 의한 구제 사법적인 권리구제절차 이외에 국가인권위원회법에 의해 설치된 국가인권위원회를 통해 구제받을 수 있다(➜ 국가인권위원회). 2) **국민권익위원회**에 의한 구제 부패방지 및 국민권익위원회의 설치와 운영에 관한 법률에 의거하여 설치된 국민권익위원회는 국민의 고충처리와 이에 관련된 불합리한 행정제도 개선 등의 업무를 수행하고 각 지방자치단체에도 시민고충처리위원회를 설치할 수 있다(동법 제12조, 제32조). 또한 국민권익위원회는 행정심판법에 따른 중앙행정심판위원회의 운영에 관한 사항도 관장한다(동법 제12조 제19호). 3) **법률구조제도 기타** 기본권침해에 대한 구제방법으로 재력이 없는 사람들을 위한 법률구조제도나 시대적 상황 등에 의해 구제받지 못했던 과거사에 대한 새로운 평가를 통한 기본권구제의 방법들이 채택되고 있다. 법률구조법에 의한 대한법률구조공단이나 각종 과거사위원회 등에 의한 기본권회복과 보상 내지 배상 등을 들 수 있다. 5. **예외적(비상적) 구제방법** 1) **자력구제** 근대 법원칙상 자력구제는 허용되지 아니함이 원칙이지만, 기본권침해의 긴박성에 따라 예외적으로 자력구제가 허용될 수 있다. 형법상 정당방위, 긴급피난, 자구행위 등이 있고, 민법상으로 점유권보호를 위한 지구행위가 인정된다. 2) **저항권** 실정법상의 구제방법으로 기본권침해가 구제되지 못하는 경우, 최후적인 수단으로 저항권이 인정된다. ➜ 저항권.

기본권의 포기抛棄 [독] Grundrechtsverzicht. 1. **의의** 1) **개념** 기본권포기는 기본권주체가 국가나 다른 기본권주체가 자신의 기본권을 제약하는 구체적 행위에 대해서 사전에 동의하는 것을 말한다. 다시 말하여 특정한 상황 또는 구체적인 사건에서 특정 기본권에 의하여 보호되는 법적 지위나 법익의 일부를 보호받지 않겠다는 의사를 적극적으로 표시하는 것이다. 예를 들면 영장 없이 가택을 수색하는 경우 자유의사로 이를 수용하는 행위, 재산권의 공용사용에 있어 보상 없이 사용하도록 허용하는 행위, 일정한 기간 동안 당국에 전화의 감청을 허용하는 행위, 타인에게 자신의 일기장이나 편지를 보여주는 행위, 항소심 재판이나 대법원의 재판을 받지 않겠다는 재판청구권의 포기 등이 이에 해당한다. '일정한 기본권제한에 대한 자발적인 승낙 내지 기본권적 보호이익에 대한 동의' 혹은 '기본권지위에 대한 개별적 처분' 혹은 '기본권적 보호이익에 대한 침해의 동의' 등으로 정의되기도 한다. 2) **법적 성격** 기본권주체의 입장에서 기본권포기는 자신의 결정에 따라 기본권적 보호법익을 처분한다는 점에서 기본권의 행사이지만, 기본권이 제약되는 결과가 발생한다. 이러한 점에서 기본권포기는 기본권행사와 기본권제약이라는 이중적 성격이 있다. 즉 기본권적 법익이나 지위의 처분이라는 점에서는 기본권행사이지만, 발생하는 법적 효과의 측면에서는 기본권제약이다. 기본권포기가 국가에 대해서 행해지면 전형적인 기본권관계, 즉 개인과 국가 사이의 양극관계를 이룬다. 그러나 기본권포기가 다른 기본권주체에 대해서 이루어지면 기본권적 3각관계가 형성된다. 이 때에는 기본권의 제3자적 효력이나 기본권보호의무가 검토되어야 한다. 3) **구별개념** 기본권포기와 기본권의 **소극적 자유**를 비교하면, 부작위를 통해서 실현되는 기본권행사의 한 유형으로서 기본권의 소극적 자유는 언제나 적극적 자유를 행사할 수 있지만, 기본권을 포기한 사람은 포기를 철회하거나 철회할 가능성이 유보되어 있지 않은 한 해당 포기에 구속된다. 또한 기본권의 포기는 현재 기본권을 행사하지 않을 뿐 언제든지 기본권을 행사할 수 있는 **기본권의 불행사**와도 구별된다. 또 국가나 다른 기본권주체에 의한 기본권제약이라는 점에서, 기본권주체 스스로 자기 기본권을 제약하거나 그러한 위험을 일으키는 **자초위해**와도 구별된다. 2. **허용 여부** 원칙적 부정설과 원칙적 긍정설 및 절충설이 주장되고 있다. 기본권을 개별 기본권주체의 이익과 보호에 이바지하는 주관적 권리라는 측면에서 바라보면, 기본권주체가 기본권적 이익과 지위를 자유롭게 처분하는 것은 권리의 구체적 내용으로서 보장된다. 한편 기본권을 객관적 측면에서 살펴보면, 기본권은 개별 기본권주체의 이익과 보호에서 벗어나 다양한 헌법적 보장과 의무를 요구한다. 따라서 기본권주체라도 자유롭게 기본권을 포기할 수 없다. 기본권포기의 허용 여부는 기본권의 이중성 내지 다중성이라는 성격을 전제하는 바탕 아래에서 개별 기본권을 구체적 적용 사안에 맞게 해석함으로써 결정하여야 한다. 기본권적 법익이나 지위의 처분은 헌법 제10조 제1문 후단의 행복추구권에서 도출되는 일반적 행동자유권을 통해서 기본권적으로 보장된다. 하지만, 기본권이 기본권주체 자신의 이익 이외에 다른 기본권주체의 이익이나 그 밖의 다른 헌법적 이익에도 이바지하면 기본권포기는 제한될 수 있다. 기본권포기의 허용 여부와 그 범위는 관련 기본권의 법적 성격, 제약의 종류와 강도, 지속기간, 남용의 가능성 그리고 포기자의 구체적 상황이 함께 종합적으로 고려되어 정해진다. 절충설이 타당하다. 3. **요건** 1) **기본권주체의 이익이 다른 헌법적 법익보다 우월할 것** 기본권이 기본권주체의 이익뿐 아니라 다른 헌법적 법익과 관련이 있으면 기본권주체의 처분권은 제한된다. 즉 기본권주체의 이익이 관련되는 다른 헌법적 법익보다 헌법적으로 우월하다고 인정될 때에만 기본권주체의 처분권은 인정된다. 2) **포기의 의사표시** 기본권포기가 인정되기 위해서는 포기의사가 표시되어야 한다. 이러한 의사표시는 원칙적으로 기본권주체만 할 수 있다. 기본권주체에는 자연인만 해당되는 것이 아니라 법인 그 밖의 단체와 외국인 및 무국적자도 기본권주체가 될 수 있는 범위 안에서 포함된다. 미성년자, 심신상실자, 행위무능력자처럼 기본권행사능력이 제한되는 기본권주체는 기본권행사능력이 제한되는 범위 안에서는 포기의사를 표시할 수 없다. 묵시적인 의사표시로도 가능하다. 의사표시의 상대방은 기본권을 제약하는 당사자이다. 3) **포기의 자발성** 포기결정은 기본권주체의 자유로운 의사로 하여야 한다. 이러한 포기는 기본권주체가 포기 여부를 결정할 수 있음을 알고 자기 행위의 결과나 그 위험 그리고 포기의 사정거리와 의미를 명확하게 인식하고 있다는 것을 전제한다. 그리고 자발적인 포기는 일정한 판단력을 바탕으로 한다. 이러한 판단력은 민법의 행위능력과는 별도로 기본권행사능력과 관련하여 개별적으로 판단하여야 하는데, 일정한 나이와 통찰력이 필요하다. 4. **효과** 1) **기본권행사의 일시적인 일부 정지** 기본권포기의 효과는 기본권 보호영역의 일부에만 미친다. 따라서 기본권주체가 기본권을 포기하더라도 기본권은 소멸하지 않고, 단지 그 행사가 부분적으로 그리고 일시적으로 정지될 뿐이다. 이때 정지되는 기본권행사는 기본권제약에 대한 방어권행사이다. 이것은 궁극적으로 포기된 기본권 영역의 보호를 권리구제수단을 통해서, 특히 사법적 구제수단을 통해서 관철할 수 없음을 의미한다. 2) **기본권제약행위의 정당화** 다른 기본권주체에 대한 기본권포기가 인정되면, 다른 기본권주체의 기본권제약행위는 합헌적인 것으로 인정된다. 이때 기본권을 포기한 영역은 사적 자치가 전적으로 적용되므로 이러한 영역에 국가는 관여할 수 없다. 따라서 기본권포기의 요건이 갖추어졌음이 확인되면 국가는 기본권포기에 따른 결과를 보장하여야 한다. 국가에 대한 기본권포기는 국가에 새로운 권한을 부여하지 않는다. 국가는 자신의 권한범위 안에서 활동할 수 있을 뿐이다. 기본권포기는 국가의 기본권제약행위를 정당화하는데 그친다. 기본권포기에 근거한 기본권제약은 그 안에서 합헌이다. 3) **기본권포기의 철회가능성** 기본권을 포기하더라도 기본권주체는 기본권주체라는 지위를 박탈당하거나 기본권 자체를 상실하지 않는다. 기본권주체는 여전히 기본권과 관련된 사건의 주체이며 지배자이지, 객체나 피지배자가 아니다. 기본권주체는 다른 약정이 없거나 헌법적 법익의 침해나 침해위험이 없는 한 원칙적으로 자유롭게 기본권포기를 철회할 수 있다. 기본권포기가 철회되면 기본권제약행위는 더는 정당성을 부여받지 못한다. 그러나 기본권제약행위 이전에만 기본권포기의 철회가 가능하다. 기본권제약행위 이후에 기본권포기가 철회되더라도 기본권제약행위의 합헌성이나 정당성은 박탈되지 않는다. 5. **한계** 1) **법치국가적 기본권제한의 한계** 다른 기본권주체에게 기본권을 포기하면, 유효한 포기의 범위 안에서 다른 기본권주체는 자신의 사적 유용성에 따라 자유롭게 포기자의 기본권을 제약할 수 있다. 따라서 기본권제약의 목적은 중요하지 않다. 그러나 국가에 대해서 기본권을 포기하면 유효한 포기의 범위 안에서도 국가는 자유롭게 포기자의 기본권을 제약할 수 없다. 기본권포기가 문제 될 때에도 기본권의 본질내용은 보장되어야 할 것이다. 따라서 기본권의 본질내용을 대상으로 하는 기본권포기는 허용되지 않는다고 보아야 할 것이다. 2) **개별내용에 대한 구체적인 포기** 기본권 전체를 포기하는 것은 허용되지 않고 기본권의 개별 내용 중 일부만을 포기할 수 있을 뿐이다. 또한 기본권은 모든 사람이나 국가기관에 대해서 포기할 수 없다. 즉 오직 특정된 사람이나 국가기관에 대해서만 기본권을 포기할 수 있다. 그리고 모든 시간에 대해서가 아니라 한정된 시간 안에서만 기본권포기가 인정된다. 3) **헌법과 법률의 우위** 기본권포기는 기본권주체의 의사표시와 다른 기본권주체와 국가의 행위를 통해서 실현되기 때문에 기본권포기도 헌법이나 법률에 위반될 수는 없다. 예를 들어 헌법이 금지하는 고문(헌법 제12조 제2항 전단)이나 검열(헌법 제21조 제2항)은 기본권주체의 동의에도 허용되지 않고, 법치국가원리의 요소인 법관의 자격이 있는 판사에 의한 재판을 받을 권리(헌법 제27조 제1항)는 포기될 수 없다.

기본권의 효력效力 ㊀ die Wirkung der Grundrechte. 1. **서론** 1) **기본권의 효력의 의의** 인권발생사적 측면에서 기본권은 그 침해주체가 국가에 한정된다는 인식에서 과거 국가의 전제권력으로부터 인간의 자유와 권리를 확보하기 위한 방어적 권리이었다. 국가의 기본권침해를 배제하고 국가행위를 제한하기 위하여 기본권이 미치는 범위가 어디까지인가의 문제가 기본권의 효력의 문제이다. 따라서 기본권 효력의 문제는 침해받는 자가 침해주체에 대하여 그 침해행위를 배제하고 자신의 기본권을 회복할 수 있는 가능성이 얼마나 되는가의 문제이다. 국가의 측면에서는 개인의 기본권을 어느 정도까지 침해 또는 제한할 수 있는가의 문제, 즉 기본권의 침해와 그 한계문제가 중요하지만, 개인의 측면에서는 침해에 대응하여 자신의 기본권을 주장할 수 있는 힘이 있어야 한다. 2) **논의구조의 변화와 효력확장론** 대국가적·방어적 권리로서의 기본권 인식에서 기본권의 침해와 그에 대한 기본권의 효력은 국가 대 개인이라는 일면구조에서 주장되는 것이었고, 기본권 수범자는 국가에 한정되었다. 하지만, 오늘날에 있어서는 기본권의 침해주체가 단지 국가에만 그치지 아니하고 다른 사인이나 외국·외국인, 국제기구, 자연재해 등으로 확대되었다. 이는 현실에서의 기본권침해양상이 국가에 의한 것에 그치지 아니하고 사인 혹은 기타 다양한 침해주체가 등장하여 다면구조를 나타내고 있으며, 기본권의 수범자가 확대되었음을 의미한다. 이에 따라 기본권의 효력의 문제는 대국가적 측면 뿐만 아니라 대사인적 측면 혹은 기타 침해주체에 대응할 수 있는 법리를 추구하게 되었다. 국가는 아니나 국가의 행위와 유사한 피해를 유발할 수 있는 사적 권력 집단에게 헌법상 기본권을 확대 적용하여 국민의 기본권을 실질적으로 충실히 보호하고자 하는 것이 바로 기본적 대사인적 효력이론, 즉, 기본권 효력확장이론이다. 뿐만 아니라 20세기 중반 이후 복지국가, 사회국가의 출현과 더불어 국가의 규제, 원조, 허가, 독점적 지위의 부여와 같은 형식으로 사회에 대한 국가의 개입이 증대되었고 국가의 역할을 사인에게 위임하거나 민영화하는 방식으로 공적 업무를 담당하는 사인 역시 늘어나 공사 행위간의 경계선이 점차 흐려지게 되었다. 이와 같은 국가 업무의 확장에 따라 사인에 대한 국가의 개입이나 위임 증대는 사인의 행위를 공권력의 행위로 보아 국가에 대한 헌법적 통제 수단을 이런 사인에게도 동일하게 적용할 필요성을 강조하게 되었고, 그에 따라 즉, 공법질서에서의 기본권 효력확장 논의도 이어졌다. 기본권이론적으로도 기본권 자체의 성격에 대한 재검토를 통해 기본권이 갖는 객관법적 성격을 규명하고 그에 따른 기본권의 방사효가 인정되면서, 제3자에 의한 기본권침해에 대응하는 국가의 기본권보호의무를 강조하기에 이르렀다. 이러한 관점의 변화는 침해주체를 중심으로 기본권을 이해하는 것이 아니라 피침해주체, 즉 침해되는 자의 입장에서 다양한 종류의 침해주체들의 침해에 대응하는 법리로 발전하였다. 한편 전통적인 기본권침해주체인 국가에 대한 기본권의 효력의 문제도 여전히 중시되고 있다. **2. 대국가적 효력** 1) **의의** 기본권은 역사적으로 국가에 대한 항의적·방어적 성격의 권리로 정립되면서 개인의 주관적 공권성이 강조되어, 모든 국민은 기본권에 기하여 국가에 대하여 적극적으로 작위 또는 부작위를 청구할 수 있다. 독일 기본법은 「이하에 규정된 기본권은 직접적 효력을 가지는 법으로서 입법, 집행, 사법을 구속한다.」고 규정하고 있다(제3조 제1항). 헌법상 규정된 사회권에까지 직접적 효력을 인정하기 어려웠던 바이마르 헌법의 경험으로 자유권만을 규정하고 있는 기본법에서는 기본권의 효력을 강화하기 위하여 당연한 규정이었다. 우리나라 헌법은 제10조 후문에서 「국가는 개인이 가지는 불가침의 기본적 인권을 확인하고 이를 보장할 의무를 진다.」고 규정하여 간접적으로 규정하고 있다. 2) **직접적 효력성** 독일기본법과 같은 직접적 효력규정이 없는 우리나라 헌법의 경우 기본권의 직접적 효력여부에 관하여 견해대립이 있다. 특히 사회권까지 규정하고 있는 우리 헌법의 해석상 기본권의 직접적 효력이 인정될 것인지가 문제된다(➜ 사회권의 법적 성격). 학설상 입법방침규정설과 직접적 효력규정설이 있으나, 오늘날 통설적 견해는 직접적 효력규정설을 취한다. 사회권도 자유권과 마찬가지로 최대한 보장되어야 하며, 사회권의 핵심적 내용은 반드시 보장하여야 하는 국가의 절대적 의무이자 기본권의 본질적 내용을 구성하는 부분이라고 할 수 있다. 국제연합의 경제적, 사회적, 문화적 권리의 법적 성격에 대한 국제적 논의에서 이들 권리를 사법적으로 집행가능한 권리라고 이해하고 개인에게 재판상 청구가 가능한 것으로 결론짓는 바와 같이 우리 헌법상의 사회권도 완전한 구체적 법적 성격의 권리이며 국가권력을 직접 구속하는 권리로 이해하여야 한다. 3) **국가작용에 따른 대국가적 효력** (1) **입법권에 대한 구속력** 기본권의 입법작용에 대한 구속력은 헌법 제10조, 제37조 제2항, 및 제111조에 비추어 명백하다. 국회의 입법권은 법률의 합헌성추정과의 원칙과 헌법합치적 법률해석의 원리로 담보된다. 다만, 헌법 제37조 제2항에 따라 기본권의 본질적 내용을 침해하지 않아야 하며, 과잉금지의 원칙에 위배되어서도 안된다. (2) **집행권에 대한 구속력** 집행권의 작용 중 권력적 작용에 대하여 기본권이 효력이 미친다는 데에는 이론(異論)이 없다. **비권력적 작용**은 공적인 과제를 사법적인 형식으로 이행하는 경우로서, 관리작용, 행정사법을 포함하는 국고작용이 있다. 비권력적 작용에 대해 기본권의 효력이 미치는가에 대해, 전면적 긍정설은 관리작용 뿐만 아니라 모든 국고작용에 기본권의 효력이 미친다고 보며, 부분적 긍정설은 순수한 국고작용에는 미치지 않고 관리작용과 행정사법에만 미친다고 본다. 부정설은 비권력작용에는 사법이 적용되므로 국가에 대한 공법적 제한은 인정되지 않으며, 기본권의 효력문제는 기본권의 대사인적 효력의 문제로 이해한다. 결론적으로, 사법적 작용도 공적 과제를 수행하기 위한 수단이고, 헌법 제10조에서 국가의 기본권보장의무를 규정하고 있으므로 이 때 국가는 권력적 작용의 주체에만 한정되지 아니하고 비권력적 작용의 주체까지 포괄하는 것으로 이해하여야 한다. 뿐만 아니라 기본권의 대사인적 효력도 인정되기 때문에 모든 국가작용에 대하여 기본권의 효력이 당연히 미친다고 보아야 한다. 비권력작용에 의하여 기본권이 침해된 경우에는 헌법소원이나 국가배상을 통하여 구제받을 수 있다. 소위 특수신분관계(특별권력관계), 통치행위, 자유재량행위, 국가긴급권 등에 대해서도 기본권의 효력이 인정된다. (3) **사법권에 대한 구속력** 법원의 사법작용도 기본권존중의 원칙이 적용된다. 다만, 재판소원이 인정되지 않으므로 사법작용의 기본권기속은 일정한 한계가 있다. 사법제도도 헌법의 최고가치인 인간의 존엄성 원칙에 기속된다. (4) **헌법개정권력에 대한 구속력** 헌법개정에서 한계긍정론에 따른 경우에는 헌법개정권력도 기본권에 기속된다. 다만, 기존의 헌법에서 헌법적 권리로 취급했던 것을 개정헌법에서 삭제하는 것이 허용되는가에 관해서는 언급하는 견해가 없지만, 삭제로 인해 헌법의 동일성을 해칠 정도의 핵심적 내용이 아닌 한 허용된다고 보아야 할 것이다. 4) **개별적 기본권의 대국가적 효력** (1) **인간의 존엄과 가치·행복추구권** 존엄권을 기본권으로 볼 경우, 이는 기본권의 핵심부분으로 모든 국가권력을 당연히 구속한다. 행복추구권도 마찬가지이다. (2) **평등권** 평등권도 국가권력을 구속한다. 다만, 평등은 상대적 평등을 의미하므로 입법자의 입법재량이 넓게 인정되며, 재량의 한계에 있어서 합리성, 자의의 금지, 이중기준, 우선처우 등의 기준이 적용된다. (3) **자유권의 대국가적 효력** 자유권은 소극적·방어적 공권이라는 전통적 관점에서는 당연히 국가권력을 구속한다. 오늘날의 사회국가에서 자유의 원리는 현대 국가질서의 구성요소이며 평등의 원리와 함께 헌법의 민주적 기본질서의 기초라고 보는 새로운 관점에서도 자유권의 국가권력 기속성은 인정된다. 3. **대사인적 효력** ➜ 기본권의 대사인적 효력. 4. **특히 기관과 절차에 대한 기본권의 효력** 1) **발전과정** 헌법의 기본권은 실체법적인 면이 강한 것이어서 소송법적인 용어인 기관과 절차 등과의 관련성이 헌법학에서 언급되는 일은 거의 없었다. 서독 연방헌법재판소의 1979년 Mülheim-Kärlich 결정에서 소수의견으로 제시된 것이 기본권과 기관과 절차와의 상호관계이다. 이 견해에 의하면「국가기관은 실체적인 기본권들을 준수하여야 할 의무뿐만 아니라 관련되는 절차형성을 통해 기본권을 효과적으로 기능할 수 있도록 해야 될 의무를 진다. 관련 절차법이 기본권의 효과적 기능에 부적합한 경우, 기본권의 본질적인 내용을 침해할 수 있다. 근본적으로 기본권질서에 적합한 절차가 기본권을 실현하고 효과적으로 만드는데 유일한 가능성을 제공한다. 이는 국가기관에게 절차규정들의 헌법적합적 해석과 운용을 요구한다.」고 판시하였다(BVerfGE 53, 30). ➜ 뮐하임-케를리히 결정. 이와 관련하여 학계에서는 일반론적인 접근보다는 개별기본권의 특성에 따른 차별화를 요구한다. 우선 헌법에 직접 언급된 절차적 기본권인 경우에 있어서는 국가에 의한 침해에 대한 방어로서의 주관적 권리도 인정되지만, 기관과 절차에 대한 요구도 포함된다. 재판청구권(기본법 제19조 제4항), 재판을 받을 권리(기본법 제101조), 청문권(기본법 제103조 제1항) 등도 기관과 절차에 관한 기본권의 객관적 질서성이 작용하여 객관법적인 절차 원리로 기능하게 된다. 2) **일반기본권의 기관과 절차에 대한 효과**

연방헌법재판소는 절차적 기본권이외에 일반 기본권에서도 객관적 질서성에서 나오는 기관과 절차에 대한 효과를 도출하고 있다. 집총거부권(기본법 제4조 제3항)과 정치적 망명권(기본법 제16조) 등의 기본권을 효과적으로 보호하기 위해 특별한 기관과 절차가 요구된다고 본다. 또한 방송의 자유를 위한 국영방송의 자유나 대학의 자치 등에 있어서도 이와 같은 적용이 가능하다. 연방헌법재판소는 더 나아가 절차형성과 기관과 절차에의 참여를 통한 기본권 강화를 인정하는 판례를 남기고 있다. 방송의 자유와 학문의 자유에 있어서, 그리고 대학입학과 등기소업무와 관련하여 참여권을 인정한바 있다. 이러한 연방헌법재판소의 일반화 경향에 대해 일부 우려의 목소리도 존재하지만, 다수견해는 이를 긍정적으로 평가한다. K. Hesse는 기관과 절차를 통한 기본권의 실현과 강화에 대하여, 기관과 절차는 현대국가에 있어 기본권 효력의 중요한 요소로서 기능하며, 기본권은 사회현실 속에서 법질서에 의한 형성이 요구되기 때문에 기관과 절차라는 수단을 통해 진정한 자신의 기능을 나타낼 수 있다고 본다. 또한 그는 현대국가에 있어서는 개인의 자유가 국가의 보호와 후원, 급부 등에 의해 의존하고 있으므로, 생활영역의 절차적 보장이 중요한 내용으로 등장하게 되므로 기본권이 절차와 기관에 의해 형성되도록 해야 한다고 주장한다. 3) **우리나라 헌법재판소** 우리나라 헌법재판소는 기본권의 객관법적 측면에서 나오는, 기관과 절차를 통한 기본권강화의 기능을 긍정적으로 인식하는 결정을 한 바 있다. 헌법재판소는 기간제임용에 관한 구사립학교법 제53조의2 제3항 위헌소원에서 부당한 재임용거부에 대하여 다툴 수 있는 사후의 구제절차에 관하여 아무런 규정을 하지 않고 있음을 이유로 헌법불합치 결정을 하였다(헌재 2003.2.27. 2000헌바26 참조). 이 판례는 헌법재판소가 기간제임용의 위헌여부가 아닌 절차상의 미비로 말미암아 교원지위가 불안전하게 되는 것을 헌법불합치의 근거로 삼았는데, 이는 교원이라는 직업의 자유의 객관법적 측면에서 나오는, 기관과 절차를 통한 기본권의 형성과 강화의 기능으로 설명될 수 있을 것이다.

기본권이론基本權理論 ㊀ Grundrechtstheorie. 1. **의의** 기본권이론은 기본권의 일반적 성격, 규범적 목표의 방향, 그리고 내용상의 영역범위 등을 체계적으로 이해하기 위한 이론을 말한다. 헌법상 기본권규정은 간결성, 추상성, 불확정성, 다의성 등으로 인하여 그 의미내용을 정확히 이해하기 쉽지 아니하며, 창조적-가치평가적 구체화를 통한 해석적 구체화가 필요하다. 기본권규범을 실현하기 위한 기본권의 해석은 기본권규정, 관련사안, 해석자의 해석행위라는 3각관계의 틀 내에서 이루어진다. 기본권해석은 해석자의 주관적 입장을 넘어 객관적으로 타당한 법리로 구성되어야 한다. 2. **헌법관과 기본권이론** 20세기 초 바이마르 헌법기에 형성된 헌법에 대한 이해방법은 기본권에 대한 이해방법에도 크게 영향을 미쳤으며, 2차 대전 후 독일의 민주주의의 발전과 함께 다양한 형태로 변화되었다. 존재(현실)-당위(규범)-의지의 세 요소 중 어느 하나에 중점을 두어 형성된 헌법에 대한 이해방법은 통합주의적 방법, 법실증주의적 방법, 결단주의적 방법으로 이론화되었지만, 어느 하나도 완결적이지는 않았다. 각각의 이론들은 2차 대전 이전까지 독일국법학 및 헌법학의 흐름을 형성하면서 기본권에 대해서도 독자적인 관점과 이론을 제시하였다. 1) **법실증주의적 관점과 기본권이론** (1) Jellinek의 기본권이론 Jellinek는 '지위론'을 주장하였다. 국민은 국가에 대하여 수동적 지위, 소극적 지위, 능동적 지위, 적극적 지위 등의 네 가지 지위를 가지며, 수동적 지위에서 국민의 국가에 대한 복종의무가, 소극적 지위에서 자유권이, 적극적 지위에서 수익권이, 그리고 능동적 지위에서 참정권이 나온다고 하였다. 그의 입장에서는 국가도 법인격으로서 하나의 의지주체이며 이러한 국가와 또 다른 의지주체인 국민 사이에는 지배와 복종의 관계로 나타난다. 기본권은 국가가 국민에게 부여하는 은총에 근거하는 것으로서 국가는 기본권을 국민에게 부여할 뿐만 아니라 필요한 경우 이를 회수할 수도 있다. 이 전제 하에서 국가 내의 법질서가 규제하지 않는 자유영역을 가지는데, 기본권은 이 자유영역을 침해당하지 않기 위하여 국가에 대하여 부작위를 요구할 수 있는 이른바 국가에 대한 방어적 권리로서 주관적 공권이라고 한다. (2) **Kelsen의 기본권이론** Kelsen에 있어서 국가란 자기목적 혹은 법목적을 위하여 존재하는 법질서이자 강제질서이다. 그는 국민은 법질서에 복종하는 수동적 관계, 법질서의 형성에 참여하는 능동적 관계, 법질서로부터 자유로운 소극적 관계를 갖는다고 한다. 국민의 국가에 대한 관계에서 가장 중요한 것은 국민의 법질서 복종의무이다. 자유는 국가적 강제질서가 부재하는 범위 내에서 향유하는 반사적 이익에 불과하다. 그러나 이러한 자유도 반드시 법률유보를 전제로 한 자유이며, 국가가 언제든지 침해 또는 제한 할 수 있는 것이다. 그런 점에서 Kelsen은 주관적 공권으로서의 기본권을 전혀 인정하지 않았다. (3) **비판과 문제점** 법실증주의적 기본권이론은 국가법인설 혹은 국가주권설의 입장에서 국가와 국민을 대립적인 관계로 보고 국민의 기본권을 이해하기 때문에 이론적으로나 실정헌법적으로나 오늘날 전혀 수용할 수 없는 이론이다. 2) **결단주의적 관점과 기본권이론** (1) **C. Schmitt의 기본권이론** Schmitt에 따르면, 시민적 법치국가는 시민의 자유를 보장하기 위해 '배분원리(Verteilungsprinzip)'와 '조직원리(Organisationsprinzip)'라는 두 가지 원리를 수용한다. 배분의 원리란 개인의 자유영역은 국가 이전에 부여된 것으로서 원칙적으로 무제한적인 반면에 이러한 개인의 자유영역을 침해할 수 있는 국가의 기능은 원칙적으로 제한을 받는다는 원리를 말한다. 이러한 배분의 원리는 일련의 기본권 내지는 자유권에 표현되어 있다. 조직의 원리인 권력구별은 배분의 원리를 실현하기 위한 것으로서 입법 행정 사법의 구별뿐만 아니라 국가권력행사기관들의 다양한 구별들에서도 나타난다. 기본권은 인간의 천부적이고 선국가적(先國家的) 내지 전국가적(前國家的) 자유와 권리를 뜻하기 때문에, 비정치적이고 무제한적인 영역이다. 따라서 민주주의원리에 의해 지배되는 정치적 영역에 의하여 부당하게 침해되거나 제한되어서는 안되기 때문에 비정치적인 법치주의원리가 적용되어야 한다고 한다. 이러한 의미의 법치주의원리는 어떤 정치체제와도 결합할 수 있다. 기본권은 원칙적으로 자유권을 의미하며 이 자유는 '국가로부터의 자유(Freiheit von Staat)'이자 국가에 대한 방어권(Abwehrrecht)을 말한다. 참정권이나 사회권은 무제한적 권리가 아니라 제한적이고 상대적인 권리이다. 그에 있어서는 자유권이 절대적 기본권이고 기타의 기본권은 상대적 기본권이 된다. 헌법판례에서 기본권의 방어기능은 본질적 기능 중의 하나로 인용되고 있다는 점에서 자유주의적 기본권이론은 기본권논증에 있어서 중요한 의미를 갖는다. 특히 이 이론이 기본권논증절차에 반영되어 자유제한의 필요성이 적극적으로 논증되지 않는 한 자유침해는 정당화될 수 없다는 논증규칙으로 전개되는 경우에 그러하다. 자유권에 속해 있지 않지만 자유권과 관련된 여러 제도들이 있는데 이를 보호하기 위하여 제도보장이론이 전개된다. 여러 제도들 중 공법적 성격의 제도들을 '제도적 보장(institutionelle Garantie)'으로, 사법적인 성격의 제도들을 '제도보장(Institutsgarantie)'이라 부른다(➜ 제도보장). (2) **비판과 문제점** 국가와 사회의 이원적 구조를 기초로 기본권을 국가에 대한 방어권인 주관적 공권으로 이해하고 국가로부터의 자유를 보장하는 것으로 이해하는 점은 법실증주의적 기본권관과 일치하지만, 반사적 이익이 아닌 전국가적·천부적·무제한적 자유로 보는 점, 기본권규범을 자유권과 제도보장으로 구분하여 기본권의 또다른 측면을 인정한 점이 차이가 있다. 다만, 무제한적·천부적 자유는 현실적으로 개인적 자유를 보장하는 수단이 될 수 없으며, 민주주의원리와 결합된 법만이 '법다운 법(정법: 正法)'이 될 수 있다. 또한 오늘날의 자유는 국가로부터의 자유가 아니라 '국가에로의 자유(Freiheit zum Staat)'가 중요하다. 아울러 기본권의 대사인적 효력을 인정할 수 없는 문제점이 있다. 3) **통합주의적 관점과 기본권이론** (1) **Smend**의 기본권이론 Smend는, 기본권을 법질서의 기초로서 국가에게 그 내용과 존엄성을 부여해주는 실질적 통합의 요소로 본다. 기본권은 하나의 가치체계 혹은 문화체계로서, 특정의 공동체의 바탕을 이루는 가치 및 문화가 그 공동체구성원의 콘센스(Konsens)에 의해 집약적으로나타나며, 이 기본권적 가치의 실현을 통해 정치적 생활공동체인 국가가 형성되고 유지된다고 본다. 그 결과로서, 기본권은 국가생활의 방향을 제시하는 지침이 되며, 기본권에 의해 국가가 창설된다고 보는 경우 국가로부터의 자유나 국가권력의 재한 혹은 국가작용의 한계 등은 인정될 수 없고, 통치구조에 관한 규정은 기본권과 대립되는 것이 아니라 기본권의 실현하기 위한 수단 혹은 기술적 장치를 의미하게 된다. 이러한 관점은 기본권을 객관적 규범으로 보는 점, 기본권을 제도적으로 이해하는 점, 기본권의 정치적 성격을 강조하는 점 등을 특징으로 한다. 이에 대해 기본권의 주관적 공권성을 지나치게 경시하며, 기본권의 의무성을 강조하고 권리성을 경시한다는 비판이 있다. (2) **Hesse**의 기본권이론 Hesse는 Smend의 이론에 기초하면서도 기본권의 주관적 공권성을 다시 강조한다. 그에 따라 기본권의 주관적 공권성을 인정하여 국가에 대한 방어권으로서의 성격을 인정한다. 아울러 기본권을 객관적 질서의 기본요소, 즉 민주주의질서·법치국가적 질서·사회국가질서 및 문화국가질서의 구성요소로 이해한다. 국가권력의 권한규정은 기본권에 대해 소극적일 수밖에 없으며, 기본권에 대한 제한법률은 기본권이 정한 범위 내에서 효력을 갖는다. 또한 주관적 권리로서의 개별기본권이 구체적으로 실행되어야만 전체 법질서가 현실적 질서로 된다. (3) **P. Häberle**의 기본권이론 독일헌법학상의 소위 **제도적 기본권이론**은 원래 Weimar 헌법상의 기본권규정의 해석을 에워싸고 진행된 논쟁에서 시작되었다. Weimar 헌법상의 기본권규정에는 개인의 주관적 공권 내지 방어권의 개념에 전적으로 포섭되기 어려운 제도, 예컨대 혼인 및 가족 제도와 사유재산제도 등이 포함되어 있었다. 기본권규정에 의해 보장된 이러한 객관법적 내용을 설명하기 위하여 제도보장이론이 등장하였다. Häberle는 오류(M. Hauriou)의 제도이론에 기초하여 기본권이론을 재구성하였다. 그에 따르면 기본권은 한편으로 개인적 공권으로, 다른 한편으로 제도로서 나타난다. 두 측면은 불가분으로 결합되어 있기 때문에 양자가 모두 총체적으로 기본권을 구성하며 강화시켜준다. 양 측면은 사로 별개로 분리되어 있는 것이 아니라 상호관련 및 등위의 관계에 있는 것이다. 기본권적으로 보장되는 생활영역은 제도화된 것, 즉 제도적인 것이다. 개인들은 주관적 공권으로서의 기본권을 통해서 객관적 생활관계라는 지붕 밑으로 편입되고 객관적 질서에 생명력을 불어넣어 주는 것이 개인이다. 기본권에 있어서 개인적 · 인적 요소와 객관적 · 제도적 요소는 상호교착되어 있다. 따라서 제도는 자유의 반대개념이 아니라 자유의 상관개념이다. 이에 대해 자유의 의미를 객관적 · 제도적인 의미만으로 파악될 수는 없고, 기본권과 제도를 혼돈하여 기본권을 공동화시킬 우려가 있다는 비판이 있다. 또한 자칫 자유가 제도 내에서 파악될 때 자유가 상실될 우려가 있으며, 입법자는 사회현실 내에서 기본권을 실현할 의무를 지는데 이 기본권이념이 다시 사회현실에 의하여 결정되기 때문에 순환논법에 빠지게 된다는 비판도 있다. 3. **Böckenförde의 구분** 기본권해석과 관련하여 기존의 기본권이론을 체계적으로 정리한 것이 Böckenförde이다. 그의 구분법은 헌법관에 따른 기본권이론을 좀 더 구체적으로 구분하고 있다는 점에서, 중복되기는 하지만, 정리의 차원에서 주목할 필요가 있다. 이 구분법을 **뵈켄푀르데의 공식**이라고도 한다. 1) **자유주의적 기본권이론**(liberale Grundrechtstheorie) C. Schmitt의 이론 참조. 2) **제도적 기본권이론**(institutionelle Grundrechtstheorie) Häberle의 기본권이론 참조. 3) **민주적 · 기능적 기본권이론**(demokratisch-funktionale Grundrechtstheorie) 민주적 · 기능적 기본권이론은 제도적 기본권이론과 마찬가지로 주로 자유주의적 기본권이론의 결함을 보정하고자 고안된 이론이다. H. Krüger와 H. Klein이 주장하는 이론이다. 자유주의적 기본권이론이 국가와 사회를 분리하고, 국가에게는 질서유지라는 공적 기능을 부여하고 사회에게는 사적 · 주관적 기본권을 배분한 것과는 달리, 민주적 · 기능적 기본권이론은 기본권의 공적 기능(öffentliche Funktion)을 중시하며, 특히 정치적 권리(politisches Recht)로서의 특성을 강조한다. 이 이론에 의하면 기본권은 민주국가실현에 기여하여야 하며, 이를 위해서 기본권은 기본권주체의 구속없는 임의(freies Belieben)를 위해서 보장되는 것이 아니라, 공적 관심 속에서 보장되어야 한다. 기본권의 자유영역의 보장은 무엇보다도 정치적 의사형성의 민주적인 과정을 가능하게 하고 보호하는 데에 있다. 기본권은 그 핵심에 있어서 개별적인 기본권보유자가 공적인 사항과 정치과정에 자유로이 관여할 수 있도록 하는 기능상 및 권한상의 근거규범이며, 기본권보유자와 국가간의 경계설정이나 권한배분의 규범은 아니다. 이 견해에 대해서는, 민주국가원리를 채택한 헌법해석을 위해 유용한 것임은 분명하지만 헌법상 보장된 모든 기본권에게 본질적으로 공적 과정에의 참여라는 정치적 기능이 인정되어야 할 것은 아니며, 비정치적인 기본권들도 분명 존재한다는 지적이 있다. 그리고 비정치적 기본권에 대해서 정치적 기본권이 우월적 지위를 갖는다고 볼 실정법적 근거가 없으며, 정치적 기본권이건 비정치적 기본권이건 상관없이 반드시 모든 기본권은 사적 관심에보다는 공적 관심에 보다 충실하게 행사되어야 한다고 해석해야 할 근거도 헌법규정상 발견되지 않는다는 비판이 있다. 4) **기본권의 가치이론**(Wertetheorie der Grundrechte) 이 이론은 R. Smend의 통합이론으로부터 출발하였다. H. Krüger가 주장하였다. 통합이론에 의하면 국가는 이념 및 가치를 실현하는 일종의 정신현상으로서, 하나의 체험공동체, 문화공동체 내지 가치공동체로서의 국가로 통합되어 가는 부단한 과정으로 이해한다. 통합현상으로서의 정치적 공동생활이란 실현할 가치에 관한 부단한 결단의 과정이며 동시에 결단된 가치내용의 실현으로 나타난다. 이러한 가치결단과 구체화의 현상형태를 R. Smend는 헌법상의 기본권에서 발견한다. 이로써 기본권은 헌법상 규정된 규범으로서의 가치체계로 이해된다. 결국 기본권이라는 가치체계를 통해서 통합현상으로서의 국가생활이 비로소 가능하게 된다. 이러한 의미에서 기본권은 통합의 필수적인 물적 내지 사항적 계기(sachliches Moment)를 구성하고, 물적 통합(sachliche Integration)의 객관적 요소가 된다. 즉 기본권은 하나의 체험공동체, 문화공동체 내지 가치공동체로 통합되어 가는 과정의 중요구성요소(maßgeblich konstituierende Faktoren)이다. 기본권은 국가창출의 도구(Instrumente der Staats- hervorbringung)로 이해된다. 기본권은 이처럼 공동생활의 필수적 중요요소 및 도구로 이해되기에, 이러한 의미에 적합하게 해석되어야 한다고 주장된다. 결국 기본권가치이론은 기본권의 공적 기능을 강조한 점에 있어서 민주적·기능적 기본권이론과 함께 공동보조를 취한다. 따라서 공적 기능을 강조한 점과 관련된 가치이론에 대한 평가로는 민주적·기능적 기본권이론에 대한 평가가 상당 부분 그대로 타당하다. 다른 한편, 기본권은 가치실현의 동적 과정 속에서 부단히 전개되어 가는 가치체계로 이해되기에, 기본권은 소위 정신과학적 방법(geisteswissenschaftliche Methode)의 대상이 된다. 기본권해석은 일종의 기본권적 가치의 실현으로서 그 자체 개방적인 기본권규범의 구체화를 필수적으로 수반하는 정신현상이 된다. 특히 기본권규정의 밀도가 대단히 느슨해서 규정된 기본권규범의 개방성이 크면 클수록 해석자에 의한 구체화의 가능성은 그 만큼 클 수밖에 없다. 헌법규정상의 기본권규범에 대한 이해와 그리고 그때그때 구체적 기본권분쟁사안에서 기본권규범의 실현을 위하여 구체화된 내용(기본권판례)에 대한 이해는 정신과학적 해석방법으로 가능하다. 기본권가치이론은 기본권해석을 가치실현의 구조 안에서 설명하고 이해하려는 것으로서 그 자체 원론적으로 타당하다고 본다. 그리고 이러한 가치이론에 응하여 주장된 정신과학적 방법은 해석원리로서는 타당한 면이 많다. 그렇지만 정신과학적 방법이 기본권규범의 구체화를 위한 신뢰할 수 있는 구체적 방법까지 직접 제공하는 것은 아니어서, 새로 결정되어질 기본권사안과 관련된 기본권구체화에 기여한 바는 그다지 많지 않다고 보아야 한다는 미판이 있다. 5)

사회국가적 기본권이론(sozialstaatliche Grundrechts- theorie) 사회국가적 기본권이론은 일단 시민적·법치국가 대신에 사회국가원리를 그리고 자유권에 대해서 사회적 기본권을 전면에 내세우는 이론이라 할 수 있다. P. Häberle가 주장한다. 사회국가는 사회를 자유시민의 자율적 생활공간으로 이해하고, 사회를 지배하는 국가에 대해서 사회는 소극적·방어적 내지 대립적 관계를 갖는 것으로 구성한 시민적·법치국가적 헌법을 지양하고, 법적·형식적 자유의 실현을 위해 필요한 실질적 사회조건을 유지 내지 창출하기 하여 사회에 대한 적극적 개입과 간섭을 하는 것을 자신의 헌법적 책무로 한다. 국가·사회의 관계 구조의 이러한 전환은 개인들에게 법적으로 보장된 자유는 국가 및 다른 시민에 의한 침해만 부정되면 저절로 실현될 거라는 믿음이 상실되었음을 반영한다. 이러한 새로운 구조 하에서 출현한 사회적 기본권은 국가에게 필요한 급부를 적극적으로 청구할 수 있는 것으로서 소극적·방어적인 자유권적 기본권과 그 성격을 달리 한다. 사회국가적 기본권이론은 사회적 기본권이 헌법전에 직접 보장되거나 헌법상 사회국가원리의 해석적 구체화의 현상으로 출현함으로써 발생되는 기본권의 의미체계의 구조적 수정 및 변경에 관한 이해를 위해서 필요한 이론이다. 그런데 이제 자유의 실질적 보장을 위한 자유의 평등한 조건의 보장을 위시한 사회국가적 과제를 이행해야 한다는 헌법적 명령이 강조되면서, 기본권의 의미체계 안에서 사회적 기본권과 자유권적 기본권, 평등과 자유 사이의 이념적 갈등이 빚어지고 있다. 이러한 상황에서 사회국가적 기본권이론은 기본권해석과 실현에 임하여 현실적으로 자유를 실질적으로 보장하기 위한 필수요건을 보장해야 한다는 전제하에서 자유에 대한 사회적 구속성을 전면에 내세우고 원칙적으로 평등과 사회적 기본권을 보다 중시하는 경향을 갖는다. 이 주장에 대해서는 헌법상 보장된 기본권에게 일반적으로 사회국가적 과제의 수행에 기여하는 방향으로 의미부여하는 사회국가적 해석입장을 실정헌법이 지지하고 있다고 볼만한 명시적 근거는 없다는 비판이 있다. 4. **R. Alexy의 기본권이론** ➜ 알렉시의 기본권이론. 5. **기본권이론에 대한 종합적 평가** 헌법상의 기본권들은 다양한 상황 속에서 상호 모순대립적인 관점과 이해관계가 투영되어 규정된 것들이다. 나아가 이러한 기본권들은 지속적으로 제기되는 도전적인 기본권사안들 속에서 그 의미내용이 구체적으로 확정되어야 하지만, 그 확정은 개별해당사안과 관련해서만 잠정적으로 이루어진 것이기 때문에, 기본권의 추상성은 결코 중지되지 않는다. 다양한 형식으로 다양한 수준에서 규정된 기본권을 모두 남김없이 모순 없이 구성된 하나의 의미체계로 통합하려는 시도가 있을 수 있지만, 성공가능성은 거의 없다. 그렇지만 실정헌법에 규정된 수준의 기본권규범을 개별사안에서 실현하기 위하여 필요한 구체화의 윤곽과 방향을 얻기 위한 의미부여의 시도는 불가피하다. 그리고 이러한 시도는 결국 주관적 관점과 선이해(Vorverständnis)의 영향 하에 놓여 있다. 이러한 시도를 통해 제시되는 이론들 상호간의 논쟁을 통해서 오히려 헌법상 보장된 기본권들은 이들 중 어느 하나의 이론체계에 모순 없이 포섭되지 않는다는 것이 밝혀졌다. 기본권은 주관적 공권 내지 대국가적 방어권으로만 이해되지 않는다. 기본권은 헌법의 질서기능을 수행하는 공적 제도며, 또한 공동체의 객관적 질서요소로서 객관적 법규성을 갖는다. 기본권의 규정과 해석은 공동체적 가치실현의 구조 속에서 이해되어야 한다. 그리고 이러한 구조는 자유민주적 기본질서로 구현되는바, 이러한 의미에서 자유민주적 의사결정과정에의 참여는 기본권의 중요기능이 된다. 현대국가는 실질적 자유를 보장하기 위하여 필요한 실질적 조건을 조성하는 급부기능까지 담당하며, 이에 상응하여 이제 기본권은 국가에 대한 적극적 급부청구권으로서의 의미도 부여된다. 물론 기본권에 대한 이러한 다양한 의미부여는 해석대상이 되는 기본권규정의 특성에 맞춰 재조정되어야 한다. 기본권해석 및 그를 위한 다양한 이론들은 해석 및 구체화를 이끌어가는 지침이며 또한 해석내용의 실질적 타당성을 주장하거나 비판하는데 원용될 수 있는 준거가 된다.

기본권적 입헌주의基本權的 立憲主義 ㊍ Grundrechts- konstitutioalismus. 근대인권사상의 발달에 따라 기본적인 자유와 권리들이 헌법에 규정되었고(권리장전), 이러한 기본권의 보장을 최고의 가치로 하는 실질적 입헌주의를 말한다. 입헌적 헌법이라고도 한다.

기본권제한의 누적累積 ㊍ Kumulation von Grund- rechtseingriffen. 하나의 공권력 작용에 대해 둘 이상의 기본권주체의 기본권들이 관련되는 경우를 '**기본권제한의 수평적 누적**(horizontale Eingriff-skumulation)'이라 한다. 예를 들어, 당구장업자에게 18세미만의 자의 출입을 금지하는 취지를 표시할 의무를 부과하는 경우, 당구장업자에게는 영업의 자유를, 18세 미만자에게는 일반적 행동의 자유를 제한하는 경우이다. 또한 하나의 동일 기본권주체에 대해 둘 이상의 공권력 작용이 가해져 복수의 기본권제한을 야기하는 경우를 '**기본권제한의 수직적 누적**(eine vertikale Eingriffskumulation)'이라 한다. ➜ 기본권의 경합. ➜ 기본권의 충돌.

기본권제한적 법률유보基本權制限的 法律留保 ➜ 법률유보. ➜ 기본권의 제한.

기본권존중의무基本權尊重義務 ➜ 기본권 보장의무.

기본권주체능력基本權主體能力 ➜ 기본권보유능력.

기본권행사능력基本權行使能力 = **기본권행위능력**基本權行爲能力 ㉧ Grundrechtsmündigkeit. 특정의 기본권을 현실적으로 행사할 수 있는 능력을 말한다. 미성년자, 심신상실자, 행위무능력자, 사자(死者)등의 경우, 기본권보유능력은 인정되더라도 기본권행위능력은 인정되지 않는 경우가 있다. 공무원, 군인, 경찰관, 재소자, 국·공립학교 재학생 등과 같은 특수신분관계에 있는 자도 기본권보유능력이 인정된다. 다만, 특수한 신분관계의 성질상 그 제한이 더 강할 수 있다. 기본권행위능력의 제한은 평등보호의 문제로 되는 경우가 많다. 기본권행위능력의 제한은 개별기본권의 내용에 따라 상이하게 고찰되어야 한다.

기본권향유능력基本權享有能力 ➜ 기본권보유능력. ➜ 기본권의 주체.

기본권형성적 법률유보基本權形成的 法律留保 ➜ 법률유보. ➜ 기본권의 제한.

기본법基本法 ① 기본이 되는 법. 근본법. ② 독일연방공화국기본법(Grundgesetz:GG)을 말한다. ➜ 독일기본법.

기본적 인권基本的 人權 ➜ 기본권.

기부금寄附金 ㉧ donations, ㉧ Schenkung, ㉧ donation. 민법상으로는 재산의 출연(出捐), 즉 무상증여를 의미하며, 사회통념상으로는 타인을 원조할 목적으로 아무런 대가도 바라지 않고 재산을 무상으로 주는 것을 의미한다. 기부금품모집에 관한 기본법으로 「기부금품법(법률 제14839호, 2017.7.26. 시행)」이 있고, 개별법률에서 기부금품을 규정한 법률들이 있다(위 법률 제3조 참조). 특히 정치자금과 관련하여, 공직선거법과 정치자금법에서 기부행위에 대하여 엄격히 규제하고 있다(정치자금법 제31~33조, 공직선거법 제112~117조 참조). 헌법재판소는 기부금품의 모집행위는 행복추구권에 의하여 보호되며, 법이 의도하는 목적인 국민의 재산권보장과 생활안정은 모집목적의 제한보다도 기본권을 적게 침해하는 모집행위의 절차 및 그 방법과 사용목적에 따른 통제를 통해서도 충분히 달성될 수 있다 할 것이므로, 모집목적의 제한을 통하여 모집행위를 원칙적으로 금지하는 구 「기부금품모집금지법」 제3조는 입법목적을 달성하기에 필요한 수단의 범위를 훨씬 넘어 국민의 기본권을 과도하게 침해하는 위헌적인 규정이라 하였다(헌재 1998.5.28. 96헌가5 참조).

기소독점주의起訴獨占主義 ㉧ Anklagemonopol. 기소독점주의는 범죄를 기소하여 소추하는 권리를 국가기관인 검사만이 독점하는 것을 말한다(형사소송법 제246조). 검사는 수사의 결과를 법률적으로 재해석하여 공소제기 및 공소유지의 가능성을 검토한다. 형벌권이 국가에 집중되고 재판의 방법이 규문주의(糾問主義)에서 탄핵주의(彈劾主義)로 이행하면서 근대국가에서는 기소독점주의가 일반적이다. 기소독점주의의 장점은 공공의 이익을 대표하는 자로서의 검사가 범죄·범인에 대한 피해자의 사적 감정이나 사회의 반향 등에 구애되지 않고 오히려 그러한 요소까지도 고려한 종합적인 입장에서서 기소의 시비를 결정할 수 있도록 하기 위하여 기소편의주의(起訴便宜主義)·검사동일체의 원칙과 함께 형사사법의 공정성을 도모한다는 점에 있다고 한다. 그러나 다른 한편으로는 검사의 독단·

전횡에 흐르기 쉽고 특히 정치세력과 직접 결합하는 경우에는 무소불위의 권력으로 독재권력의 도구로 될 가능성도 있다. 따라서 현 형사소송법에서는 검사의 기소독점에 대하여 몇 가지 점에서 이를 견제하는 장치를 두고 있다. 즉 고소·고발의 청구가 있는 사건에 대하여 검사가 기소 또는 불기소처분을 한 때에는 그 이유도 통지하도록 되어 있다(제258~259조). 또 불기소처분이 있는 경우에는 이에 불복하는 재정신청제도를 두고 있다(형사소송법 제260~262조의4 참조). 반드시 일치하지는 않으나, 재판상 준기소절차라고도 한다. 경미한 즉결심판사건의 경우 경찰서장에게 기소권이 있다(즉결심판에 관한 절차법 제3조 참조).

기소법정주의起訴法定主義 ➜ 기소편의주의.

기소유예처분起訴猶豫處分 ㉪ Absehen von Klager- hebung. 죄를 범한 사람에 대하여 공소(公訴)를 제기하지 않는 검사의 처분을 말한다(형사소송법 제247조 제1항). ➜ 기소편의주의. 헌법재판소는 기소유예처분에 불복하는 피의자도 헌법소원심판을 청구할 수 있다고 한다(헌재 1999.12.23. 99헌마403; 2003.1.30. 2002헌마181; 2004.5.27. 2004헌마27; 2007.2.22. 2005헌마245 등). 기소유예처분의 경우에는 형사보상을 청구할 수 없다(형사보상법 제26조 참조).

기소편의주의起訴便宜主義 ㉪ Opportunitätsprinzip. 기소결정의 방법은 법률이 일정한 전제조건을 정하여 두고 이에 적합하면 반드시 공소를 제기하여야 하는 **기소법정주의**와 일정한 조건에 적합한 것 외에 여러 가지 사정을 고려하여 검사에게 기소·불기소의 재량(裁量)의 여지를 인정하는 **기소편의주의**가 있다. 형사소송법 제247조는 「검사는 형법 제51조(범인의 연령·성행(性行), 지능과 환경, 피해자에 대한 관계, 범행동기·수단과 결과, 범행 후의 정황)에 따라 공소를 제기하지 않을 수도 있다」고 규정하고 있다. 이에 따라 범죄의 객관적 혐의가 인정되고 소송조건이 구비된 경우에도 여러 가지 정황을 판단해, 기소 전 단계에서 기소를 하지 않는 기소유예가 인정된다. 기소편의주의에는 이러한 기소유예 외에도 조건부기소유예와 기소변경주의가 있다. 조건부기소유예는 기소유예처분을 내림에 있어서 검사가 피의자에게 일정 지역에의 출입금지, 피해배상, 수강명령이행 등의 조건을 붙이는 조치이다. 기소변경주의는 기소된 사건의 기소 내용을 변경하거나 그 기소를 취소하는 것도 인정한다는 내용이다.

기속력羈束力 ㉞ restriction ability, ㉪ Bindungswirkung. **1. 의의** 1) **일반적 의미** 사법부가 한 번 내린 재판은 선고한 사법기관도 스스로 취소·변경할 수 없고 그 내용을 존중하여야 함을 원칙으로 하는데, 이를 재판의 기속력이라 한다. 재판의 자박성(自縛性)이라고도 한다. 현행법상 법원의 판결에 대하여서도 판결의 경정(민사소송법 제197조), 판결의 정정(형사소송법 제400조)이 인정되고, 민사소송의 결정·명령에 대하여서는 재도(再度)의 고안(考案)(민사소송법 제416조)이, 형사소송의 결정에 대해서는 경정(형사소송법 제408조 제1항)이 일반적으로 인정되어 넓은 예외를 가지며, 특히 소송지휘의 결정·명령에 대해서는 기속력이 인정되지 않는다(민사소송법 제208조). 행정법상으로는 구속력과 같은 뜻으로 쓰였으나 근래에는 기속력이라고 표현함이 일반적이다. 국세기본법상 국세심판청구에 대한 결정은 관계행정청을 기속한다고 규정하고 있는데(동법 제80조 제1항), 이는 심판청구에 대한 결정이 있으면 해당 행정청은 결정의 취지에 따라 즉시 필요한 처분을 하여야 한다는 의미의 기속이다. 2) **헌법소송법상의 의미** 헌법재판소의 심판에는 법규정에 따라 민사소송에 관한 법령과 형사소송에 관한 법령 및 행정소송법이 준용되지만(헌법재판소법 제40조 제1항), 각 소송의 판결이 갖는 기속력이 그대로 인정되는 것은 아니다. 즉, 헌법재판소법은 위헌법률심판(제47조 제1항), 권한쟁의심판(제67조 제1항), 헌법소원심판(제75조 제1 · 6항)에서 기속력을 규정하고 있다. 헌법재판소법 상의 기속력의 범위와 관련하여 위헌법률심판의 경우 「법원과 그 밖의 국가기관 및 지방자치단체」라고 하고, 권한쟁의심판과 헌법소원심판에서는 「모든 국가기관과 지방자치단체」라고 하고 있다. 따라서 국가기관이면 입법권, 행정권, 사법권, 지방자치권 등 어떤 국가권력을 행사하는지와 상관없이 모두 헌법재판소결정에 기속되는 수범자가 된다(**결정준수의무**). 하지만, 헌법재판소의 결정이 있는 경우에 입법부나 행정부 혹은 사법부의 국가기관들은 기속력의 범위와 한계를 다투어 헌법재판소결정에 구속되지 않으려 한다. 입법부가 진정입법부작위 위헌결정에 대하여 입법을 하지 않거나, 위헌결정된 법률을 재입법하거나, 헌법불합치결정에 대하여 입법개선을 하지 않는 경우, 대법원이 헌법재판소의 한정위헌결정이 기속력을 부인하거나, 헌법불합치결정과 다른 판결을 내리는 경우, 검사 불기소처분의 위헌확인 후 다시 동일한 처분을 내리는 경우 등이 그 예이다. 다른 국가기관의 이러한 주장을 극복하고 헌법재판소결정의 실효성을 보장하기 위해서는 헌법재판소결정의 기속력을 세밀하고 명확하게 검토할 필요가 있다. 특히 헌법재판소결정의 기속력은 헌법재판의 특수성에서 비롯된 특별한 효력으로서 다른 사법적 판결과 달리 보아야 한다. 2. **기속력의 본질** 1) **기판력과 기속력** 헌법재판소결정은 법원판결에 일반적으로 귀속되는 효력이 있기 때문에(헌법재판소법 제40조 제1항 참조), 불가변력은 물론 불가쟁력과 기판력을 가진다. 이와 함께 헌법재판소법 제47조 제1항, 제67조 제1항, 제75조 제1항 및 제6항은 각 심판에 대한 결정의 기속력을 규정하고 있다. 기판력은 일반적으로 당사자 및 법원과 관련된다. 그에 반해서 기속력은 모든 국가기관에 의무를 부과한다. 이러한 점에서 기속력은 헌법재판소결정에만 귀속되는 특별한 효력이다. 이에 따라 기속력과 기판력의 차이가 단지 양적인 확장에 그치는지 아니면 이러한 확장이 기판력을 질적으로 바꾸는 것인지에 관하여 견해의 차이가 있다. 2) **학설** 첫째로, 기속력과 기판력은 같지 않고, 기속력은 주관적 범위와 객관적 범위에서 기판력이 드러내는 결함을 보완하는, 주관적 및 객관적 범위가 확장된 효력이라고 보는 견해(**별도규정설**), 둘째로, 기속력과 기판력은 주관적 효력 범위 뿐만 아니라 객관적 효력 범위에서도 다르다고 보고, 기속력을 헌법재판소결정의 실효성을 보장하고 당사자의 권리구제를 위하여 법률이 특별히 인정한 특수한 효력으로 보는 견해(**특수효력설**), 셋째, 기속력과 기판력을 통일적으로 이해하고 소송물 개념으로 양자의 범위를 동일하게 파악하려는 견해(**기판력설**)가 있다. 3) **결론** 독일은 연방헌법재판소법 제31조 제1항을 따라 연방헌법재판소재판의 확정력이 주관적으로 확장된다. 이러한 확장이 단지 주관적 확장에 머무는지 아니면 확정력을 질적으로 바꾸는지가 다투어지는데, 지배적 견해는 연방헌법재판소법 제31조 제1항을 엄격하게 해석하여, 기속력은 기판력을 주관적 측면에서 확장하는 것으로 본다. 우리나라의 경우, 당사자와 그의 법적 승계인은 불가쟁력과 기판력으로 인해 형식적으로 확정된 헌법재판소결정에 구속되고, 헌법재판소는 같은 심판대상과 관련된 당사자의 후행 절차에서 더는 재판하지 못하거나 최소한 이전의 결정과 다르게 결정할 수 없다. 국가기관은 당사자도 법적 승계인도 아니기 때문에 헌법재판소결정에 구속되지 아니한다. 하지만 헌법재판소는 그 결정에 대한 자기집행력이 없으므로 헌법재판소결정을 완전하게 집행하기 위해서는 기판력의 보완이 필요하다. 그에 따라 헌법재판소법의 개별 조항으로 결정의 효력을 주관적으로 확장하는 규정을 두고 있다. 따라서 기속력은 헌법재판소법의 규정들은 헌법재판소 결정이 기판력을 질적으로 변경하는 것은 아니며, 기판력을 단지 주관적 측면에서 확장하는 것일 뿐이고, 객관적 측면에서는 확장하지 않는다고 본다. 3. **기속력의 근거** 1) **법률적 근거** 헌법재판소결정에 기속력을 부여하는 것은 헌법의 우위를 확보하기 위한 것이다. 헌법의 우위를 법적으로 관철하기 위해서는 그 결정에 충분한 구속력이 있어야만 하고 이를 위하여 법률에서 기속력을 명시하고 있다. 기판력은 법치주의원리라는 헌법적 근거를 갖기 때문에 명문규정이 없더라도 인정되지만, 기속력도 헌법적 근거를 가지는가에 대해서는 견해가 나뉜다. 기속력을 갖는 헌법재판을 법률에서 명시하고 있다는 점에서 헌법적 근거를 갖는다기보다는 법률적 근거를 갖는 것으로 봄이 적절하다. 왜냐하면 명문규정이 없더라도 헌법적 근거를 갖는다고 할 경우에는 다른 헌법재판도 기속력을 갖는 것으로 보아야 할 것이기 때문이다. 2) **이론적 근거** 법률적 근거 이외에 이론적으로 보아 기속력이 인정되는 근거로는, 헌법재판소결정의 최종성에 비추어 구속력이 인정되어야 국가법질서의 통일과 법적 안정성을 도모할 수 있는 점, 헌법재판소 결정이 주관적 권리보호 뿐만 아니라 객관적 헌법보호의 기능도 갖는다는 점, 헌법재판소가 법규범 및 국가기관의 행위를 심사하므로 그에 대한 결정은 모든 국가기관을 기속해야할 필요가 있다는 점, 헌법재판소는 자기집행력이 없기 때문에 결정의 집행을 위해서 국가기관을 구속하여야 한다는 점 등에서 근거를 갖는다. 4. **기속력의 내용** 1) **기속력의 효과** 첫째, 국가기관은 위헌결정된 법률의 적용이나 위헌확인된 공권력행사의 후속행위 등 헌법재판소결정에 저촉되는 행위를 하여서는 안된다. 둘째, 헌법재판소결정의 내용을 적극적으로 실현하여야 한다. 예컨대, 입법부작위나 공권력불행사 등이 위헌확인된 경우 적극적으로 입법 혹은 공권력을 행사하여야 한다. 나아가 위헌으로 확인된 공권력행사의 결과를 제거할 의무도 진다. 권한쟁의심판의 경우 권한침해의 확인결정이 있는 경우 피청구인은 위헌 · 위법상태를 회복할 의무를 진다. 단 헌법재판소는 상이한 입장이다(헌재 2010.11.25. 2009헌라12)(➜ 권한쟁의심판). 셋째, 국가기관은 후속사안에서 헌법재판소의 결정취지에 저촉하는 행위를 하여서는 안된다. 다만, 입법자는 위헌결정된 법률조항과 동일한 내용을 정한 다른 법률조항에 대해서는 폐지 혹은 개정의무를 지지 아니한다. 2) **준수의무** 모든 국가기관은 장래에 처분을 내릴 때에 헌법재판소결정을 준수하고 존중하여야 한다. 이러한 준수의무는 소극적 측면의 반복금지와 적극적 측면의 반응의무로 구성된다. **반복금지의무**는 원처분을 내린 국가기관을 포함하여 다른 국가기관도 같은 당사자에 대해서 같은 근거로 같은 처분을 하는 것이 금지된다는 것이다. **반응의무**는 다른 모든 국가기관은 자신의 권한범위 안에서 개별 사건에서 선고된 구체적 헌법재판소결정을 관철하는 데 필요한 것을 하여야 한다는 것이다. 단, 위 헌재 2010.11.25. 2009헌라12 참조. 5. **기속력의 대상** 1) **헌법재판소법 규정** 헌법재판소법상의 명시적인 기속력규정은 법률의 위헌'결정', 권한쟁의심판의 '결정', 헌법소원의 인용'결정'이라 하고 있다. 권한쟁의심판의 경우에는 결정이라 하여도 특별한 문제가 없으나, 법률의 위헌결정과 헌법소원의 경우에는 기속력이 문제가 될 수 있다. 2) **규범통제의 경우** **위헌결정**의 경우 헌법재판소법 제47조 제1항과 제75조 제6항에 따라서 다른 절차 없이 효력을 상실하는 기속력이 부여된다. 위헌으로 결정된 법률에 대한 위헌심판제청과 위헌으로 결정된 법률에 대한 헌법소원은 허용되지 않는다. **합헌결정**에 대해서는 기속력을 인정하는 견해와 부정하는 견해가 있으나, 법률의 합헌성은 구체적 사건에 관련하여 잠정적으로 확인되는 것일 뿐, 다른 사건에서 심사될 가능성은 여전히 남는 것이며, 입법자는 합헌결정이 있었어도 합헌으로 결정된 법률을 제한 없이 개정하거나 폐지할 수 있다는 점에서, 부정함이 타당하다(다수설). **변형결정**에 대해서는, 헌법재판소법을 엄격하게 해석하여 헌법재판소가 변형결정을 인정할 수 없다는 입장에서는 한정합헌결정과 한정위헌결정을 포함한 모든 변형결정이 기속력을 가질 수 없다고 한다. 그러나 변형결정을 인정하는 지배적 견해를 따르면, 변형결정이 법률에 대한 헌법합치적 해석의 일종인 점, 한정합헌 · 한정위헌 및 헌법불합치 등의 변형결정은 위헌결정에 포함된다는 점, 헌법재판소법 제47조 제1항은 한정적이 아니라 예시적으로 해석하여야 한다는 점, 변형결정의 필요성이 인정되는 한 기속력도 인정되어야 한다는 점 등에 근거하여, 한정합헌결정과 한정위헌결정에도 기속력이 인정되어야 한다고 본다. 헌법재판소는 변형결정에 기속력을 인정하지만(헌재 1992.2.25. 89헌가104; 1994.4.28. 92헌가3; 1997.12.24. 96헌마172 등 참조), 대법원은 한정위헌결정의 기속력을 부정한다(대판 1996.4.9. 95누11405; 2001.4.27. 95재다14 판결 등 참조)(➜ 변형결정). 변형결정의 필요성이 인정된다고 볼 때, 변형결정에도 기속력이 인정된다고 보아야 한다. 다만, 한정합헌결정과 한정위헌결정에서 단지 위헌으로 해석된 부분만 기속력이 있다. 헌법불합치결정의 경우 본질적으로 위헌결정이므로 기속력이 인정된다. 3) **헌법소원심판** 헌법소원이 인용되면, 공권력의 행사나 불행사가 청구인의 기본권을 침해하였음이 확정되고(헌법재판소법 제75조 제2항), 국가기관과 지방자치단체는 이전에 행한 공권력의 행사나 불행사를 반복하지 못하고 헌법재판소결정의 취지에 맞는 새로운 처분을 하여야 한다. 공권력의 행사나 불행사가 다시 다투어질 가능성은 같은 심판대상의 범위 안에서 기판력에 의해서 배제된다. 6. **기속력의 범위** 1) **주관적 범위** 기속력의 주관적 범위는 헌법재판소법에서(제47조 제1항, 제67조 제1항, 제75조 제1 · 6항) 규정하고 있는 바에 따라, 공권력의 보유자로서 모든 **국가기관과 지방자치단체**이다. 사인과 사적 단체 또는 정당은 기속하지 아니한다. **헌법재판소 자신**에 대해서는 기판력에 따른 구속이 인정될 뿐 기속력이 인정되지는 아니한다고 봄이 다수설이다. **입법자**와의 관계에서는 기속력의 범위에 대해 다툼이 있다. 입법자는 법률을 제정 · 개정 또는 폐지할 수 있으므로, 입법자가 위헌결정된 법률과 내용이 같거나 비슷한 새로운 법률을 제정할 수 있는지가 특히 문제된다. **동일규범반복금지**(Normwiederholungsverbot)에 대하여, 헌법재판소는 적극적으로 입장을 표명하지는 않고 있으며, 학설상 입법자의 입법형성권을 존중하여 입법자를 구속하지 않는다는 견해(비구속설)가 있으나, 법률상 국가기관에는 입법자도 포함한다는 점, 동일규범의 반복을 허용할 경우 헌법적 질서에 혼란을 야기할 수 있다는 점, 기속력이 법률상 근거를 가지므로 입법자 스스로 법률을 준수하여야 한다는 점, 새로운 사정이 발생할 경우 입법자는 위헌결정된 규범과 같은 내용의 법률을 다시 제정할 수 있다는 점 등에 따라 구속되지 아니한다는 견해(구속설)가 다수설이다. 독일연방헌법재판소는 이에 관하여 입장이 오락가락했으나, 반복입법을 위해서는 '특별한 근거(besondere Gründe)'를 요한다고 함으로써 기속력을 긍정하였고, 이에 논의의 실익이 없어졌다는 평가를 받고 있다. 미국의 경우 연방대법원의 위헌판결에 대응한 연방의회의 입법이 적지 않았으나, 이에 대해서는 긍정·부정의 평가가 나뉘고 있다. 2) **객관적 범위** 기속력의 객관적 한계 확정으로서의 기속력의 객관적 범위는 결정주문에 따라 결정된다는 점은 다툼이 없다. 소수의견이나 결정요지가 기속력에 포섭되지 않는다는 것도 다툼이 없다. 다만 결정이유에도 미치는지에 관해서는 의견대립이 있다. 기속력이 결정이유에도 미치는지는 논란이 있다. 결정이유는 중요이유와 방론(obiter dicta: 부수적 의견, 부수적 이유)으로 구성된다. 중요이유는 일반적으로 주문에 표현된 결론을 바꾸지 않고는 헌법재판소의 추론에서 배제할 수 없는 이유라고 할 수 있으며, 방론은 논의되는 부수적 근거를 말한다. 방론이 기속력을 갖지 않음은 다툼이 없다. 중요이유에도 기속력을 인정하려는 견해는, 헌법해석의 통일성과 법적용의 일관성을 확보할 수 있다는 점, 중요이유의 기속력은 위헌결정된 행위가 반복될 때에 그에 대한 통제수단으로 될 수 있다는 점, 재판소원의 배제에 대한 보완책이 될 수 있다는 점, 헌법수호자라는 헌법재판소의 기능을 수행할 수 있는 점, 주문만으로 내용을 파악하기 어려운 경우에는 중요이유를 참고할 필요가 있다는 점 등을 근거로 든다. 이에 대해 중요이유에 기속력을 부정하는 입장은 권력분립원칙에 따라 중요이유는 입법자를 구속하지 않는다는 점, 중요이유가 무엇인지가 불명확하다는 점, 후속사건이나 병행사건은 헌법재판소가 다시 심사할 수 있다는 점 등을 근거로 든다. 3) **시간적 범위** 헌법재판소결정의 효력은 결정 선고와 함께 발생하며, 따라서 헌법재판소결정의 기속력은 결정이 선고된 시점과 관련된다. 즉 헌법재판소는 심판대상을 오로지 선고 당시의 사실관계와 법적 상황과 관련하여서만 심사한다. 사실관계와 법적 상황이 결정 이후에 변경되면 이후의 사건에 대하여 헌법재판소는 다시 심사하여야 한다. 법적 상황 변화는 심사기준으로서의 헌법의 명시적 변화(헌법개정) 혹은 묵시적 변화도 포함한다. 7. **결어** 헌법재판소 결정의 기속력의 문제는 사법적 판결의 일반적 효력이라는 측면에서 접근하면서 헌법재판의 특수성을 적절하게 고려하여야 올바르게 파악될 수 있다. 특히 기속력은 기판력과 비교되면서 검토되었을 때에 그 범위와 한계가 명확하게 드러날 수 있다.기속력이 사법적 판결의 일반적인 효력이 아닌 헌법재판에 특유한 효력이므로, 기속력을 규율하는 실정법은 기속력을 이해하는 출발점이 되어야 하고, 그 자체가 엄격하게 해석되어야 한다.

기속위임羈束委任 → 강제위임.

기속위임금지羈束委任禁止**의 원칙** → 강제위임금지의 원칙.

기속적 국민투표설羈束的 國民投票說 → 국민투표부의권.

기속행위羈束行爲**와 재량행위**裁量行爲 ㊙ gebundener Verwaltungsakt und Ermessensakte. 1. **의의** **기속행위**는 행정작용의 근거가 되는 법규의 내용이 일의적·확정적으로 규정되어 있어서, 행정청이 기계적으로 법규를 집행하는데 그치는 행정행위를 말하고, **재량행위**는 법규의 해석상 행정청에 행위여부(결정재량)나 행위내용에 대한 선택의 가능성(선택재량)이 있어서, 여러 행위 중 하나를 선택할 수 있는 자유가 행정청에게 주어진 행정행위를 말한다. 재량행위의 경우 원칙적으로 개별적 수권은 필요하지 않지만 법률의 우위의 원칙은 적용된다. 전통적 견해는 재량행위를 기속재량(법규재량)과 자유재량(공익재량, 편의재량)으로 구분하여 기속재량의 경우에만 사법심사의 대상이 된다고 보았으나, 기속행위와 재량행위는 양적 차이에 불과한 상대적 개념으로, 기속재량과 자유재량의 구분이 반드시 명백한 것은 아니며 기속재량이거나 자유재량이거나 막론하고 사법심사의 대상이 된다는 점에서 구별의 실익이 없다. 다만, 판례는 기속재량행위는 원칙적으로 기속행위지만, 예외적으로 '중대한 공익상 필요가 있는 경우'에 이를 거부할 수 있다고 하고 있다고 하여, 기속재량행위의 법리를 인정하고 있다(대판 1998.9.25. 98두7503). 2. **구별의 실익** 1) **행정소송 대상 여부** 기속행위는 행정소송의 대상이 되지만, 재량행위는 행정소송의 대상이 되지 아니한다. 다만, 재량권을 일탈 · 남용하는 경우에는 행정소송의 대상이 된다. 일탈 · 남용 여부를 판단하기 위해서는 본안심리를 하여야 한다(통설 · 판례). 결과적으로 재량행위도 사법심사의 대상이 되므로 구별의 실익이 감소되었다. 2) **심사의 정도** 기속행위는 사실인정과 관련법규의 해석 · 적용 등의 전면적 심사를 행하지만, 재량행위는 재량의 일탈 · 남용만 심사하는 제한적 심사를 행한다(대판 2007.5.31. 2005두1329). 입증책임분배에 있어서 기속행위는 행정청이 적법성을 입증하여야 하지만, 재량행위는 원고가 재량권의 일탈 · 남용사유를 입증하여야 한다. 3) **부관의 가능성** 전통적 견해와 판례는 기속행위에는 부관을 붙일 수 없고 재량행위에는 부관을 붙일 수 있다고 한다. 다만, 기속행위에도 법령에 근거가 있어서 그 요건을 충족하기 위한 부관은 가능하며, 재량행위에도 성질상 부관을 붙일 수 없는 경우가 있다. 4) **주관적 공권(신청권)의 성립 여부** 기속행위는 행정청이 기속행위를 하여야 할 의무를 부담하고 개인에게는 공권(행정개입청구권 내지 특정행위발급청구권)이 성립한다. 재량행위는 원칙적으로 공권이 성립하지 아니하지만, 재량권이 0으로 수축되는 경우 혹은 무하자재량행사청구권이 인정될 경우에는 공권이 성립한다. 5) **취소판결의 기속력** 거부처분이 판결에 의해 취소되는 경우, 처분청은 이전 신청에 대한 처분을 해야 한다(행정소송법 제30조 제2항). 신청된 행위가 기속행위인 때에는 행정청은 신청대로의 처분을 하여야 하지만, 신청된 행위가 재량행위인 때에는 행정청은 판결의 취지에 따라 다른 이유를 들어 다시 거부처분을 할 수도 있다. 다만, 재량권이 0으로 수축된 경우 혹은 무하자재량행사청구권이 인정될 경우에는 신청에 따른 처분을 하여야 한다. 6) **존속력 여부** 기속행위는 불가변력이 있지만, 재량행위는 불가변력이 없고 일정한 경우에 행정청이 사정변경에 따라 취소 · 철회를 할 수 있다. 3. **기속행위와 재량행위의 구별기준** (1) **요건재량설** 근거법규가 요건에 관하여 일의(一意)적이고 확정적으로 규정하고 있다면 기속행위로, 요건에 관하여 아무런 규정을 두고 있지 않거나(공백규정), 불확정개념으로 행정의 종국목적만을 규정하고 있는 경우는 재량행위로 본다. 효과 측면에서의 재량을 전적으로 부인하여 합목적성의 고려가 배제된다는 한계가 있다. (2) **효과재량설** 행정재량은 법률요건의 해석과 적용이 아닌 법률효과의 선택에 있다고 보아, 근거법규가 효과에 관하여 '~하여야 한다', '~한다'라고 규정하고 있다면 기속행위로, 효과에 관하여 '~할 수 있다'라고 규정하고 있는 경우는 재량행위로 본다. 요건 측면에서의 재량을 전적으로 부인하여 합목적성의 고려가 배제된다는 한계가 있다. (3) **성질설** 당해 행정행위의 성질이 침익적 행정행위이면 기속행위로, 수익적 행정행위이면 재량행위로 구분할 수 있다는 주장이다. 수익적 행정행위를 기속행위로 보거나 침익적 행정행위라도 재량행위로 보는 것이, 개인의 이익보호를 위해 바람직한 경우가 있다는 점에서 한계가 있다. (4) **판단여지설** 법적용과정은 사실관계의 확인과 법률요건에 사용된 개념의 해석을 거쳐 사실관계를 해석된 법률요건에 포섭하는 과정으로 이루어지는데, 이 포섭단계에서 행정청의 판단여지가 생긴다고 한다(Bachof). 불확정개념으로부터 판단여지를 이끌어내는 견해도 있다(Uhle). (5) **기속행위원칙 및 형량결과 명확성설** 새로운 견해로서, Alexy의 원칙-규율 구분론을 적용하여, 전형적인 상황에서는 기속행위로 보고, 오직 비전형적 상황에서만 재량행위로 보는 견해이다. 전형적인 경우와 비전형적인 경우의 구분 기준으로 의도된 재량(intendiertes Ermessen)인지의 여부를 제시한다. (6) **종합설(통설 · 판례)** 1차적으로 당해 행위의 근거가 된 법규의 체제 · 형식과 그 문언에 따라 판단하되, 보충적으로 당해 행위가 속하는 행정분야의 주된 목적과 특성, 당해 행위 자체의 개별적 성질과 유형 등을 모두 고려하여 판단하여야 한다고 본다(대판 2001.2.9. 98두17593). 예를 들어, 원래 허용된 기본권을 회복시키는 '강학상 허가'는 기속행위, 새로운 권리를 설정해주는 '강학상 허가'는 재량행위로 본다. 4. **재량하자** 1) **의의** 재량권이 주어진 목적과 한계를 벗어나 행사되는 것을 말한다. 2) **유형** 재량하자는 재량권의 일탈, 남용 및 재량권의 불행사가 있다. 재량권의 일탈은 법령에서 정한 액수 이상의 과태료를 부과하는 것과 같이 법령상 주어진 재량의 외적 한계 벗어난 경우를 말한다. 재량권의 남용은 목적위반, 사실오인, 동기부정, 행정법일반원칙 위반 등과 같이, 재량의 내적 한계를 벗어난 경우를 말한다. 재량권의 불행사는 재량권을 전혀 행사하지 않거나, 이익형량 전혀 하지 않거나 혹은 이익형량 시 필수고려 대상을 포함하지 않은 경우를 말한다. 5. **재량행위의 통제** 1) **입법적 통제** 직접적으로는, 입법을 통하여 법률에 재량권의 범위와 내용을 구체화하여 규율할 수 있다. 간접적으로는, 국정감사권, 국무위원의 해임건의권 등 행정부에 대한 입법부의 견제수단을 통하여 통제할 수 있다. 2) **행정적 통제** 상급행정청에 의한 지휘 감독, 청문절차나 이유제시 등의 행정절차, 위법 · 부당한 행정처분에 대한 행정심판 등을 통하여 통제할 수 있다. 3) **사법적 통제** 재량권의 일탈 · 남용 혹은 불행사의 경우 행정소송을 통한 사법적 통제가 가능하고, 헌법소원을 통해 구제 받을 수도 있다.

기업국가企業國家 ㊎ Corporatocracy. 가상의 국가 정치 체제 중 하나로서 국가가 하나의 거대한 기업처럼 운영되는 국가체제를 말한다. 기본적으로 모든 국민은 국가 기업의 사원이며, 정치행위 역시 국가기업과 그 기업의 하청업체에서 이뤄진다. 시민권은 국가 기업의 사원 자격과 동일하며, 따라서 그 국가의 시민으로서의 권리는 국가 기업에서의 자신의 직책에 따라 결정된다. 국가가 시민을 위해 존재하는 것이 아니라 시민이 국가의 종업원이기에 근대 국가에서 내세우고 있는 각종 자유와 권리는 무의미해진다. 그런 점에서는 전체주의와 다르지 않다는 시각도 있다. 다른 의미로는 국가가 행해야 하는 기본적인 의무를 서비스 형태로 제공하는 국가형태를 말하기도 한다. 즉 국민은 고객이 되고, 세금 대신 서비스 이용료를 지불하면 국방, 교통, 교육, 기반시설 등의 인프라를 거대기업 또는 기업군에서 제공하는 것이다. 이 경우에는 기업국가보다는 기업형국가라고 부르는 것이 더 정확하다. 국가를 '주식회사'로 표현하는 경우에는 이러한 인식이 전제되어 있다.

기업企業**의 국민화**國民化 경제생활의 주체로서 기업의 윤리성과 사회적 책임을 강조하여, 기업이 한 개인의 소유의 대상으로 머무를 것이 아니라 전체 국민이 참여하고 공유하는 방향으로 나아가야 한다는 주장이다. ➜ 기업국가.

기업企業**의 자유**自由 ㉧ freedom of enterprise, ㉩ die Unternehmensfreiheit, ㉣ liberté d'entreprise. 1. **서언** 1) **기업의 개념** 기업의 개념은 기업의 존립 및 활동, 그리고 그 경제사회적 의의에 대한 관점에 따라 다양하게 정의되고 있고, 각국의 실정법의 태도 또한 일치되지 않고 있다. 규범적 차원에서 기업의 개념을 직·간접적으로 정의하고 있는 국내 법률규정들을 살펴보면, 기업활동 규제완화에 관한 특별조치법 제2조 제1호는 "기업활동"을 「법인 또는 개인이 영리를 목적으로 계속적·반복적으로 행하는 모든 행위 및 이에 부수되는 행위」로 규정하고 있으며, 사회적 기업 육성법 제2조 제1호는 "사회적 기업"을 「취약계층에게 사회서비스 또는 일자리를 제공하거나 지역사회에 공헌함으로써 지역주민의 삶의 질을 높이는 등의 사회적 목적을 추구하면서 재화 및 서비스의 생산·판매 등 영업활동을 하는 기업」으로 정의하고 있다. 상법상 '회사'는 「상행위나 그 밖의 영리를 목적으로 하여 설립한 법인」으로 정의된다(동법 제169조). 유럽사법재판소(ECJ;EuGH)는 기업을 「법형식과 재정조달의 방식에 상관없이 각 경제활동을 실행하는 단위」라고 하고, 「지속적으로 특정한 경제적인 목적을 추구하는 인격적, 실질적, 재산적 수단을 가진 통일적인 조직」으로 정의하여, i) 영리추구 ii) 지속성, iii) 통일적 조직 등을 기업의 주된 개념요소로 보고 있다. 상법상 회사의 경우 법인격이 요구되지만, 기업의 본질적 개념요소라고 할 수는 없다. '영리추구'와 관련하여, 기업의 목적은 주주의 이익을 극대화하는데 있으므로, 기업의 일차적 의무는 주주를 위한 투자이익을 극대화하는 데 있으며 이로써 종업원과 소비자의 이익이 자동적으로 확보된다고 보는 계약적 기업관과, 기업의 목적은 이윤의 창출이 아니라 광의의 공익을 실현하는 데 있고, 사회적 실체로서 사적 권력의 소유는 기업의 행위가 공공이익에 따를 때에만 정당화될 수 있다고 하는 사회적 기업관의 두 가지 입장이 대립하고 있다. 기업에 관한 현행 법체계는 계약적 기업관에 보다 가까운 것으로 평가된다. 2) **기업의 본질** (1) **기업과 개인의 구별** 헌법은 경제적 자유의 영역에서 명시적으로 기업과 개인을 구별하지 않고 있지만, 기업의 경제적 자유를 보장하기 위하여 개인과는 다른 시각에서 경영권 등과 같은 특징적인 기본권 보호범위를 구체화하기 위한 해석론이 요구된다. (2) **사법**私法**상 법인과 자연인의 구별** 인격(人格)의 취득에 있어서의 차이, 법률적으로 유효한 행위를 하기 위한 절차와 방법에 있어서의 차이, 인격의 상실상의 차이, 의사결정과정의 차이, 법인격소멸 후의 차이 등이 지적될 수 있다. (3) **법적 취급의 독자성** 기업의 자유의 독자성을 고려하여, 기본권주체성의 문제, 규제입법의 법률유보의 성격, 제한의 목적과 수단 및 한계의 문제에 관하여 다른 시각으로 차별적으로 접근할 필요성이 있다. 특히 '기업의 사회적 책임(CSR)'의 관점에서 기업의 경제적 자유에 대한 독자적 인식이 요청된다. 2. **기업의 자유의 헌법적 근거** 1) **학설** (1) **헌법 제15조(직업의 자유)로 보는 견해** 이 견해는 헌법 제15조는 문언상의 직업선택의 자유 이외에 직업행사의 자유, 겸직의 자유, 영업의 자유, 기업의 자유 등을 포괄하는 것으로 이해한다. 이 견해는 제119조에 대하여 매우 비판적인 입장을 취한다. (2) **헌법 제23조 재산권 규정으로 보는 견해** 이 견해는 직업의 자유로 보는 견해가 헌법상 문언을 지나치게 확장 해석하고 있다고 비판하면서, 기업의 자유 또는 영업의 자유의 근거규정으로서 헌법 제23조의 재산권 규정을 들고 있다. (3) **포괄적 기본권으로 보는 견해** 이 견해는 기업의 자유는 우리 헌법 제10조의 행복추구권, 헌법 제15조의 직업의 자유 및 여러 기본권에 근거하고 있다고 본다. 2) **판례** 헌법재판소는 일반적으로 기업의 자유의 근거를 헌법 제15조의 직업의 자유에서 도출하고 있다. 관련 판례들을 살펴보면, '택시운송기업의 운송수입금 납부제'에 관한 사건(헌재 1998.10.29. 97헌마345), '탁주 공급지역 제한제도'에 관한 사건(헌재 1999.7.22. 98헌가5), '자도소주 구입제도' 관련 사건(헌재 1996.12.26. 96헌가18) 등에서 직업의 자유는 영업의 자유와 기업의 자유를 포함한다고 하고 있다. 한편 '공권력행사로 인한 재산권침해에 대한 헌법소원' 사건에서 기업의 자유라는 주관적 공권을 헌법 제119조 제1항으로부터 직접 도출한 결정도 있다(헌재 1993.7.29., 89헌마31). 3) **소결** 대부분의 견해는 개별 기본권의 헌법적 근거는 성문헌법상 기본권규정으로부터 도출되어야 한다는 입장에서 기본권규정인 헌법 제15조 직업의 자유에서 그 헌법적 근거를 찾고 있다. 이에 대해 헌법 제119조 제1항이 반드시 국가목표규정으로 해석될 필요는 없고, 기본권규정 이외에 헌법적 가치판단이 내재된 규정에서도 기본권을 도출할 수 있으며, 기업의 자유는 경영권, 영업의 자유 등과 같이 특수한 보호영역을 내포하고 있으므로 직업의 자유와 구별되는 독자적 기본권으로 보아야 하고, 기업의 사회적 책임을 기업의 자유와 헌법적으로 조화롭게 해석할 필요가 있다는 점 등을 근거로 헌법 제119조 제1항을 그 근거규정으로 보아야 한다는 견해가 있다. 또한 기업의 자유를 직업의 자유와 구별되는 독자적 기본권으로 규정하고 있는 EU의 기본권헌장 제16조 및 헌법조약 제Ⅱ-76조를 참고할 필요가 있다고 본다. **3. 기업의 자유의 내용** 1) **시장진입의 자유** '시장진입의 자유'는 기업의 영업활동을 위한 전제에 해당한다. 그러나 공익적 목적을 이유로 전부 또는 일부 기업의 시장진입이 제한되는 경우로서, 에너지·수도·전기·통신·철도와 같은 공공인프라 시장을 들 수 있다. 경제발전 초기에는 이러한 인프라를 운용할 수 있는 재원을 정부가 보유하고 있는 경우가 많으므로 정부기관 또는 공기업에 의하여 사업이 운용되고 민간기업의 진입이 제한되지만, 경제성장의 단계가 고도화될수록 민간기업에 의한 경쟁체제 소위 민영화로 전환되는 양상을 보인다. 전매사업, 복권사업, 카지노사업 등과 같이 실제 경제활동은 시장에서 이루어지고 있다고 하더라도 공익적 목적의 실현이 우선이라고 보아 민간기업의 진입이 제한되는 경우도 있다(헌재 2006.7.27. 2004헌마924 '외국인 전용 카지노업 신규허가계획 위헌확인'사건: 합헌). 위와 같은 예외적인 경우를 제외하고는 시장진입의 자유가 폭넓게 보호되어야 할 필요가 있다. 2) **기업조직의 자유** '기업조직의 자유'는 기업의 창설과정과 경영과정 등 조직을 구성함에 있어 자율권을 가진다는 것을 의미한다. 다만, 공정한 시장경제질서의 실현, 평등이념의 실현, 지나친 창설의 방지 등의 목적을 위하여 제한될 수 있다. 남녀고용평등과 일·가정 양립 지원에 관한 법률, 장애인 고용촉진 및 직업재활법, 기업 구조조정 촉진법 등이 그 예이다. 기업조직의 자유와 관련하여 헌법재판소 결정으로 '약사법 제16조 제1항 등 위헌소원' 사건(헌재 2002.9.19. 2000헌바84 법인약국의 개설금지 위헌)을 들 수 있다. 3) **기업경영의 자유** '기업경영의 자유'는 기업이 이윤추구를 위해 시장에서 적극적으로 경영활동을 하는 자유를 의미한다. 기업경영의 자유에 대한 제한은 노동권과 관련하여 가장 큰 문제가 되고 있는데, 사용자의 경영권은 노동권과 달리 헌법에 명문으로 규정되어 있지 않기 때문에 그 권리성을 인정할 수 있는가에 대하여 긍정·부정의 견해가 대립되고 있다. 대법원은 경영권을 헌법상 기본권으로 인정하는 입장을 취하고 있다(대판 2003.7.8. 2002도7225). 긍정설이 타당하다. 4) **기업재산권** 기업재산권은 기업의 인적·물적 종합시설로서의 사업 내지 영업, 사적 유용성 및 그에 대한 원칙적 처분권을 내포하는 재산가치 있는 구체적 권리(헌재 1996.8.29. 95헌바36등) 등으로 정의되는데, 기업의 생존과 존립의 중요한 자원이며 기업활동의 근간이 되는 권리로 이해된다. ⅰ) 민법상 물권·채권, ⅱ) 특허법상 특허권, ⅲ) 실용신안법상 실용신안권, ⅳ) 의장법상 의장권, ⅴ) 상표법상 상표권, ⅵ) 저작권법상 저작권 등을 포함한다. '영업권'을 기업재산권으로 인정할 수 있는가가 문제되는데, 헌법재판소는 원칙적으로 영업권은 기업재산권의 범위에 포함되지 않으나, 등록 또는 허가를 받고 영업할 수 있는 권리가 영업권으로 표현되는 경우에는 재산권에 포함될 여지가 있다고 보고 있다. 4. **기업의 자유의 제한과 그 한계** 1) **헌법 제119조 제2항** 원칙적으로 기본권은 헌법 제37조 제2항에 따라 법률로써 제한될 수 있지만, 기업의 자유와 관련하여 구체적 기준을 제시하는 데는 한계가 있다. 이러한 측면에서 헌법 제119조 제2항에 규정된 '균형있는 국민경제의 성장 및 안정', '적정한 소득의 분배 유지', '시장의 지배와 경제력의 남용 방지', '경제주체간의 조화를 통한 경제민주화'는 헌법 제37조 제2항에 따른 공공복리가 경제질서 영역에서 구체화된 것으로 이해될 수 있으므로, 기업의 자유의 제한 및 그 한계에 대한 일반적인 기준이 될 수 있다. 이러한 일반기준들은 어느 영역에서 또는 어떠한 방법으로 기업의 자유를 보장하거나 제한할 것인가를 판단하는데 유용하게 활용될 수 있다. 2) **비례성의 원칙** (1) **단계이론** 기업의 자유는 경제적 기본권이라는 측면에서 직업의 자유와 공통분모를 형성하고 있으므로, 직업의 자유의 제한과 관련한 비례성 원칙의 특수한 이론으로 '단계이론(Stufentheorie)'의 적용 여부가 논의될 수 있다. ➜ 단계이론. 단계이론은 기업의 자유와 직업의 자유의 구조적 유사성에 비추어 기업의 자유에 대한 제한원리로 적용될 수 있다고 본다. 시장진입의 자유(직업선택의 자유), 기업경영의 자유(직업행사의 자유)에 대한 제한원리로 될 수 있다. (2) **비례성원칙의 일반적 적용** 헌법 제119조 제2항 및 단계이론으로 해결될 수 없다면, 결국 일반적 해결원리인 '비례성의 원칙'이 적용된다. ➜ 과잉금지의 원칙.

기여금寄與金 ➜ 부담금.

기채동의권起債同意權 정부가 국채를 모집하거나 예산외에 국가의 부담이 될 계약을 체결하려 할 때에는 미리 국회의 의결을 얻어야 한다(헌법 제58조). 이를 기채동의권 혹은 기채의결권이라고 한다. ➜ 재정권.

기초자치단체基礎自治團體 ➜ 지방자치의 기본법제.

기탁금寄託金**제도** 1. **의의** 기탁금은 두 가지 의미를 갖는다. 하나는, **정치자금법상**의 기탁금으로, 정치자금을 정당에 기부하고자 하는 개인이 정치자금법의 규정에 의하여 선거관리위원회에 기탁하는 금전이나 유가증권 그 밖의 물건을 말한다(정치자금법 제3조 제5호). 다른 하나는, **공직선거법상**의 기탁금으로, 공직선거(대통령선거, 국회의원선거, 지방선거)에 출마한 후보가 후보로 등록할 때 관할 선거관리위원회에 일정한 액수의 금액을 기탁한 후 당선여부 및 득표율에 따라 전부 혹은 일부 금액을 반환하거나 국고로 귀속하는 제도를 말한다(공직선거법 제56조). 2. **정치자금법상의 기탁금** 정치자금법상 정치자금의 종류는 당비, 후원금, 기탁금, 보조금, 당헌·당규에 의한 부대수입, 기타 정치활동을 하는 사람에게 제공되는 금전이나 유가증권·물건, 정치활동 소요비용 등이 있는데(정치자금법 제3조 제1호), 이 중 정당에게 기부되는 금전이나 유가증권 기타 물건이 기탁금이다. ➜ 정치자금 규제. 3. **공직선거법상의 기탁금** 1) **의의** 공직선거(대통령선거, 국회의원선거, 지방선거)에 출마한 후보가 후보로 등록할 때 관할 선거관리위원회에 일정한 액수의 금액을 기탁한 후 당선여부 및 득표율에 따라 전부 혹은 일부 금액을 반환하거나 국고로 귀속하는 제도를 말한다(공직선거법 제56조, 예비후보자의 경우 동법 제60조의2). 2) **연혁과 취지** 공직선거의 기탁금은, 대통령선거의 경우 직선제가 채택된 1987년 헌법 하의 대통령선거법에서 처음으로 채택되었고(정당추천 5천만원, 무소속 1억원), 국회의원선거의 경우 유신헌법 하에서 1972년 국회의원선거법에서 처음 채택되었다(정당추천 2백만원, 기타 300만원). 지방의회의원선거법은 1988년에(시·도의회 700만원, 구·시·군의회 200만원), 지방자치단체의장선거법은 1990년에(시·도지사 3천만원, 구·시·군의장 1천만원) 처음 도입되었다. 국회의원선거법은 1988년 법개정에서 정당추천후보 1천만원, 무소속후보 2천만원으로 기탁금을 규정하였는데, 이에 대해 헌법재판소가 헌법불합치결정을 내렸고(헌재 1989.9.8. 88헌가6), 1991년 법개정에서 정당추천과 무소속을 가리지 아니하고 1천만원으로 규정하였다. 1994년에 흩어져 있던 공직선거법률이 공직선거및선거부정방지법으로 통합된 후, 대통령선거 3억원, 국회의원선거 및 자치구·시·군의 장 선거 1천만원, 시도의회의원 선거 4백만원, 시·도지사 선거 5천만원, 자치구·시·군 의회의원선거 200만원으로 규정되었다(공직선거및선거부정방지법 제56조). 1997년 법개정에서 대통령선거의 경우 5억원으로 하고 있었는데, 헌법재판소가 헌법불합치 결정을 내렸고(헌재 2008.11.27. 2007헌마1024), 2012년 법개정에서 3억원으로 개정하였다. 기탁금 제도는 선거에 입후보하려는 자로 하여금 미리 일정한 금액을 기탁하게 하고 선거결과 일정수준의 득표를 하지 못할 경우 국고에 귀속시키는 등의 방법으로 금전적인 제재를 가함으로써 무분별한 후보의 난립을 방지하여 선거를 효율적으로 공정하게 운영하며, 아울러 다수표를 획득할 수 있도록 제도적으로 보장함으로써 공직선거의 신뢰성과 정치적 안정을 확보하기 위한 것이다(헌재 1996.8.29. 95헌마1083). 3) **기탁금액 및 납부방법** 공직선거의 후보자등록을 신청하는 자는 등록신청 시에 후보자 1명마다 각 선거의 후보자 기탁금을 중앙선거관리위원회규칙으로 정하는 바에 따라 관할선거구선거관리위원회에 납부하여야 한다. 예비후보자의 경우 그 등록 시에 해당 선거 기탁금의 100분의 20을 납부하고, 본 선거에서는 나머지 금액을 납부하여야 한다(공직선거법 제56조, 제60조의2 참조). 기탁금액은 대통령선거 3억원, 국회의원선거 1천500만원, 시·도의회의원선거 300만원, 시·도지사선거는 5천만원, 자치구·시·군의 장 선거 1천만원, 자치구·시·군의원선거 200만원 등으로 규정되어 있다(동법 제56조 제1항). 위 기탁금은 체납처분이나 강제집행의 대상이 되지 아니한다(동조 제2항). 4) **기탁금의 반환** 기탁금은 선거일 후 30일 이내에 기탁자에게 반환하는데, 그 기준은 15% 이상 득표의 경우 전액, 10-15%의 경우 절반, 예비후보자 사망 혹은 당내경선 후 탈락한 경우 전액(100분의 20)을 반환하고, 비례대표후보자는 당선된 경우 전액을 반환한다(공직선거법 제56조 제2항). 5) **기탁금 관련 헌법재판소 결정** ① **선거전 헌법소원심판청구의 적격여부와 기탁금액의 적정성 여부** 시·도지사선거에 입후보한 청구인이 후보자등록신청개시일보다 약 두 달 전에 청구한 경우를 가리켜 현재성(現在性)의 요건을 갖춘 것으로 보아야 한다. 헌법소원심판 청구 후 선거가 종료하였더라도, 앞으로 기본권침해의 반복이 확실히 예상되므로, 그 위헌 여부에 관한 판단은 헌법적으로 그 해명이 중대한 의미를 지니는 경우에 해당하여 심판청구의 이익이 인정된다. 기탁금제도는 그 기탁금액이 지나치게 많지 않는 한 이를 위헌이라고 할 수는 없다. 시·도지사선거의 경우 그 기탁금을 다른 선거들에 비하여 많게 규정하고 있다고 하더라도 그것만으로 다른 선거의 기탁금액에 비하여 합리적인 이유 없이 지나치게 많은 것이라고는 할 수 없다(헌재 1996.8.29. 95헌마108). ② **기탁금조항의 과잉금지원칙 위반 여부** 헌법재판소는 기탁금조항 및 기탁금반환조항과 예비후보자 기탁금조항은, 입법목적의 정당성 및 수단의 적합성, 침해의 최소성, 법익의 균형성 원칙에도 위반되지 않는다. 따라서 기탁금조항과 기탁금반환조항은 청구인의 공무담임권이나 평등권을 침해하지 아니한다(헌재 2017.10.26. 2016헌마623). ③ **비례대표기탁금** 비례대표 기탁금조항은 침해의 최소성 원칙에 위반되며, 위 조항을 통해 달성하고자 하는 공익보다 제한되는 정당활동의 자유 등의 불이익이 크므로 법익의 균형성 원칙에도 위반된다. 그러므로 비례대표 기탁금조항은 과잉금지원칙을 위반하여 정당활동의 자유 등을 침해한다(헌재 2016. 12.29. 2015헌마509). ④ **예비후보자기탁금 과다 여부** 헌법재판소는 대통령선거의 예비후보자등록을 신청하는 사람에게 대통령선거 기탁금의 100분의 20에 해당하는 금액인 6,000만 원을 기탁금으로 납부하도록 정한 공직선거법 제60조의2 제2항 후문 규정은 과잉금지원칙에 위배되어 공무담임권을 침해한다고 볼 수 없다(소수의견은 수단의 적절성과 침해의 최소성 원칙에 반하고 금액이 과다하여, 과잉금지원칙에 위배되어 경제적 약자의 공무담임권을 침해한다고 판단.)고 하였다(헌재 2015.7.30. 2012헌마402). ⑤ **지방선거기탁금 액수** 시·도지사선거는 5천만 원, 자치구·시·군의 장선거는 1천만 원, 시·도의회의원선거는 300만 원, 자치구·시·군의원선거는 200만 원을 각 후보자가 기탁금을 납부하도록 하는 공직선거및선거부정방지법(공선법) 제56조 제1항 제3호 내지 제6호는 공무담임권이나 평등권을 침해하지 아니한다. 또한 후보자의 득표수가 유효투표총수를 후보자수로 나눈 수 미만이거나 유효투표총수의 100분의 15 미만인 때는 기탁금을 반환받지 못하도록 규정한 공선법 제57조 제1항 제1호 및 제2항도 공무담임권이나 평등권을 침해하지 아니한다(헌재 2004.3.25. 2002헌마383, 법률개정 되었음). ⑥ **기탁금반환 기준** ⅰ) 지역구지방의회의원선거에서도 대통령선거나 지역구국회의원선거와 마찬가지로 유효투표 총수의 100분의 15 이상의 득표를 기탁금 및 선거비용 전액의 반환 또는 보전의 기준으로, 유효투표 총수의 100분의 10 이상 100분의 15 미만의 득표를 기탁금 및 선거비용 반액의 반환 또는 보전의 기준으로 규정한 공직선거법 규정(기탁금반환조항과선거비용보전조항)은 평등권을 침해하지 아니한다(헌재 2011.6.30. 2010헌마542). ⅱ) 국회의원을 선출하기 위한 선거에 입후보하기 위한 요건으로서 후보자가 납부하여야 할 기탁금을 어느 정도로 할 것인지, 그리고 그 반환에 필요한 득표수를 어떻게 정할 것인가의 문제 즉, 기탁금의 액수와 그 반환의 요건을 정하는 문제 또한 우리의 선거문화와 풍토, 정치문화와 풍토, 국민경제적 여건, 그리고 국민의 법감정 등 여러 가지 요소를 종합적으로 고려하여 입법자가 정책적으로 결정할 사항이라 할 것이다. 기탁금제도가 실효성을 유지하기 위해서는 일정한 반환기준에 미달하는 경우 기탁금을 국고에 귀속시키는 것이 반드시 필요하지만, 진지하게 입후보를 고려하는 자가 입후보를 포기할 정도로 반환기준이 높아서는 안 될 헌법적 한계가 있다. 유효투표총수를 후보자수로 나눈 수 또는 유효투표총수의 100분의 15 이상으로 정한 기탁금반환기준은 입법자의 기술적이고 정책적 판단에 근거한 것으로서 현저히 불합리하거나 자의적인 기준이라고 할 수 없다(헌재 2003.8.21. 2001헌마687). ⑦ **기탁금 반환사유** i) 지역구국회의원선거 예비후보자의 기탁금 반환사유로 예비후보자가 당의 공천심사에서 탈락하고 후보자등록을 하지 않았을 경우를 규정하지 않은 공직선거법 규정은 과잉금지원칙에 반하여 청구인의 재산권을 침해한다(헌재 2018.1.25. 2016헌마541). ii) 예비후보자의 기탁금 반환사유로 사망, 당내경선 탈락 등 객관적 사유로 후보자로 등록하지 못하는 자에 대해서는 기탁금을 반환하는 한편(공직선거법 제57조 제1항 제1호 다목 중 지역구국회의원선거와 관련된 부분), 법률상 장애가 없음에도 스스로 후보자등록을 하지 않은 자에 대해서는 기탁금을 반환하지 않도록 하는 것이 불합리한 차별이라고 보기 어렵다. 따라서 이 사건 법률조항은 청구인의 평등권을 침해하지 아니한다(헌재 2013.11.28. 2012헌마568).

기판력既判力 **= 실질적 확정력** ㉣ materielle Rechts- kraft. 1. **의의와 근거** 1) **의의** 종결된 당해소송은 물론이고 특히 나중의 소송절차에서도 형식적으로 확정된 판결에 당사자가 기속되는 것을 말한다. 확정된 판결이 가지는 규준성(Maßgeblichkeit)을 말하며, 실질적 확정력(materielle Rechtkraft), 내용적 확정력이라고도 한다. 민사소송에서는 소에 제기된 청구에 관한 재판과 행정소송에서는 소송물에 관한 재판이 기판력을 가진다. 헌법재판에서도 그와 같은 기판력을 가지지만 헌법재판의 특성 때문에 민사소송과 행정소송의 그것과는 차이가 있다. 자기구속력, 형식적 확정력이 당해 심판 그 자체와의 관계에서 헌법재판소 자신 또는 당사자에 대해 미치는 효력임에 반해, 기판력은 후행 심판에서 당사자 및 헌법재판소를 구속하는 효력으로서 반복청구금지(Wiederholungsverbot)의 효력이다. 기판력과 일사부재리의 효력이 동일한 것인지에 관하여 학설이 대립하지만, 일사부재리는 당사자가 없거나 확정하기 어려운 경우까지 반복금지의 근거를 제공할 수 있다는 점에서 그 효력범위가 다르다고 봄이 적절하다. 2) **규범통제결정과 기판력 문제** 개별적 공권력의 행사에 대한 헌법소원, 기관간 권한쟁의, 탄핵심판, 정당해산 등에서는 헌법재판소결정에 대해 기판력을 인정하는 것은 큰 문제가 없다. 하지만, 법령의 위헌여부에 관한 규범통제절차에서의 헌법재판소 결정에도 기판력을 인정할 것인지에 대해서는, 기판력을 인정할 수 있다는 견해가 다수설이지만, 사실인정과 밀접·불가분의 관계가 있는 기판력이론은 규범통제재판에서는 인정할 수 없다는 견해도 있다. 헌법재판소(헌재 1990.6.25. 90헌가11)와 대법원(대판 1991.6.28. 90누9346)도 인정하고 있다. 규범통제결정에서 기판력을 인정하더라도 그 실익은 크지 아니하며, 그 주관적 범위의 확장 여부와 관련이 있다. 3) **근거** 기판력은 법적 안정성 내지 법적 평온을 도모하는 것으로서 법치주의원리에 기반을 두고 있다. 현행헌법이나 헌법재판소법에는 기판력에 관한 명문의 규정은 없지만, 헌법재판소법 제39조에서 일사부재리 원칙을 규정하고, 제40조 제1항에서 민사소송법을 준용할 수 있도록 하고 있으며, 민사소송법 제216·218조, 행정소송법 제8조 제2항 등으로부터 실정법상 근거를 찾을 수 있다. 독일의 판례와 지배적 이론에서도 연방헌법재판소의 판결에 기판력을 인정하고 있다. 헌법재판소이 각하결정의 경우, 요건의 흠결을 보완하여 다시 심판청구를 하는 것은 기판력의 제약을 받지 아니한다(헌재 1993. 6.29. 93헌마123; 2001.6.28. 98헌마485 등 참조). 2. **기판력의 범위와 한계** 1) **객관적 범위와 한계** 기판력은 결정주문에만 인정된다(헌법재판소법 제40조 제1항 전문, 민사소송법 제216조 제1항). 심판대상에 대한 판단에 대해서만 기판력이 인정되기 때문에, 심판대상이 아닌 사항에 대한 판단에는 결정주문에 포함되었더라도 기판력이 귀속되지 않는다. 결정이유 또는 선결문제에 대한 판단내용은 그 자체로는 기판력이 없다. 2) **주관적 범위와 한계** 기판력은 소송사건의 당사자(청구인, 피청구인, 보조참가인을 제외한 소송참가인)와 그 소송승계인 그리고 헌법재판소 자신에게만 미친다(헌법재판소법 제40조 제1항 전문, 민사소송법 제218조 제1항). 절차에 참여할 수 있었던 사람이나 국가기관에게 기판력을 확장하려는 견해가 있으나, 불필요하다고 봄이 타당하다. 심판유형별로 볼 때, 권한쟁의심판의 경우에는 청구인, 피청구인인 국가기관 또는 지방자치단체에 대해, 정당해산심판의 경우, 청구인인 정부와 피청구인인 정당에 대해, 탄핵심판의 경우, 청구인인 국회와 피청구인인 피소추자에 대해 기판력이 미친다. 국회는 입법기가 종료하더라도 동일성을 띠므로 기판력이 미친다. 헌법소원심판의 경우에는 청구인인 사인과 공권력 주체에게 기판력이 미친다. 위헌법률심판의 경우에는 성격상 개별 당사자 간의 분쟁이 아니므로 기판력과는 친하지 않다. 이 경우에는 기속력에 근거하거나 일사부재리에 기한 반복금지원칙으로 규율하는 것이 용이하다는 견해가 있다. 3) **시간적 범위와 한계** 헌법재판소의 모든 결정은 선고당시에 존재하거나 예측가능한 사실관계와 법적 상태를 근거로 이루어지므로, 구두변론의 유무와 관계없이 결정선고시에 기판력이 생긴다. 사후적으로 재판의 기초가 된 사실관계 및 법률관계가 변경되면 기판력은 종료한다. 사실관계의 변화에서 사실관계는 헌법재판소결정이 근거하는 사실관계를 말하고, 변화는 헌법재판소결정의 내용에 영향을 미칠 정도로 의미있는 것이어야 한다. 법적 상태의 변화는 규범적 판단기준인 헌법의 변화와 규범의 해석에 영향을 주는 관련규범의 변화를 말한다. 헌법개정, 헌법에 대한 일반적 해석의 변화, 헌법변천, 관련규범의 개정이나 그에 대한 해석의 변화 그리고 일반적인 법적 견해의 변화 등이 그것이다. ➜ 확정력.

기피忌避 ➜ 제척 · 기피 · 회피제도.

기후변화소송氣候變化訴訟 ㊇ climate change litigation, ㊈ Gerichtsverfahren zum Klimawandel, ㊊ Litiges relatifs au changement climatique. 1. **의의** 기후변화소송은 기후변화 과학과 기후변화 완화 및 적응과 관련한 법 또는 사실에 관한 쟁점을 다루는, 행정기구나 사법기구 그 밖의 다른 조사기구(예컨대, 국가인권위원회)에 제기된 사건으로 정의할 수 있다. 기후변화의 부정적 영향을 예방 · 방지하고 그로 인한 손해를 전보하고자 하는 소송으로서 환경단체나 시민이 제기하는 소송들을 가리키는 것이 일반적이다. 전형적인 공익소송으로서의 성격을 가진다. 2. **기후변화 현상과 그에 대한 대응** 1) **현상적 측면** 전 세계가 기후변화로 인해 해수면 상승과 빙하의 유실 속도 가속화, 대형 산불, 폭염 등 기상이변의 심각한 위협을 마주하고 있다. 기후변화에 관한 정부간 협의체(Intergovernmental Panel on Climate Change(IPCC))가 2020년 발간한 보고서에 따르면, 기후변화는 더욱 빠른 속도로 진행되고 있으며, 산업화 이전 대비 2011년에서 2020년 사이 지구 평균온도는 1.09℃ 상승했고, 2021년에서 2040년 내에 지구 평균온도가 산업화 이전 대비 1.5℃ 높아질 가능성이 매우 크며, 장래에는 초극단적 기후위기가 일상화할 것이라고 경고하고 있다. 이처럼 심각한 기후 위기를 마주하는 오늘날, 전 세계적으로 정부로 하여금 기후변화에 더 적극적으로 대응하도록 촉구하는 기후변화소송도 기하급수적으로 증가하고 있다. 2) **대응의 단계** 기후변화소송은 3단계를 거쳐 왔다. 제1기는 2007년 이전으로, 주로 미국과 호주에서 정부와 공공기관을 상대로 환경기준을 더 엄격하게 할 것을 요구하는 행정소송이었다. 제2기는 2007년에서 2015년 사이에 제기된 기후변화소송으로, 유럽사법재판소를 통해 유럽 국가로 확장되었고, 이는 1997년 교토의정서의 발효와 대중의 기후변화에 대한 인식증가에 기인하였다. 2009년 코펜하겐에서 열린 유엔기후변화회의가 실패한 것도 이 시기의 기후변화소송의 급격한 증가의 원인이 되었다. 제3기(2015년 이후)는 기후변화소송이 아시아, 남미, 아프리카 등 전 세계적으로 발생한 시기이며, 파리협정이 2015년 서명되고, Urgenda 판결이 나온 시기로, 기후변화소송 건수가 폭발적으로 증가하였다. 3) **소송의 쟁점** 정부를 상대로 한 기후변화전략소송들의 주요 쟁점은 당사자적격, 권력분립, 정치문제법리 등을 포함한 재판가능성의 문제와 환경권의 권리성 여부, 국가의 의무를 어디까지 인정해야 하는지 등이다. 최근 기후변화소송의 특징은 국제규범, UNFCCC 및 IPCC의 보고서를 다수 인용하는 등 국제법과 국내법이 함께 쟁점이 되고 있다는 점이다. 또한 2015년 파리협정 체결이후에 제기된 전 세계 기후변화소송의 90% 이상이 "권리"에 근거한 소송(human rights-based climate change litigation)에 해당하고, 대다수는 각국의 온실가스감축목표의 위헌 · 위법성을 문제삼아 정부의 더 적극적인 기후변화대응조치를 종용하는 전략소송이며, 이러한 경향은 계속될 것으로 분석되고 있다. 3. **지향하는 가치** 1) **인권문제로서의 기후변화** 기후변화는 인권의 문제라는 컨센서스가 국제사회를 중심으로 모아지고 있다. 기후변화는 국제법상 인정되는 인권, 예컨대, 생명권, 신체의 자유, 안보, 재산권, 건강권, 식량에 대한 권리, 자기결정권, 생존권 등과 직결되는 문제이다. 기후변화는 생명권 및 아동의 권리, 생존권, 발달권, 건강권, 적절한 영양을 섭취할 권리, 사회보장을 받을 권리, 건강하고 안전한 환경을 향유할 권리 등을 위협하고 있다. 유엔인권이사회도 "깨끗하고 건강하며 지속가능한 환경에 대한 권리"를 인권으로 인정하였다(2021.10.8.) 2) **기후정의(climate justice)** 환경정의(environmental justice)는 보편적으로 정의된 개념이 없지만, 일반적으로 모든 시민들이 환경의 혜택과 개선, 그리고 동시에 환경적 부담과 위해를 동등하게 공유해야 한다는 원칙을 의미하고, 기후정의는 이 개념을 글로벌 차원으로 확장시킨 원칙이라고 할 수 있다. 기후변화로 인한 영향은 전 세계에 미치지만, 그 영향은 가장 가난하고 취약한 국가들에게 더 많은 영향을 불균형하게 미친다. 따라서 기후정의의 핵심은 형평성에 있다. 기후변화와 관련하여 공정성과 형평성을 도모하기 위해서는 국가가 서로 다른 책임을 인정하고, 각자의 책임과 역량에 맞는 온실가스감축목표를 이행하여야 하며, 이러한 이해는 1992년 리우 선언의 "공동의, 그러나 차별화된 책임원칙(원칙"에 반영되었다. 동 원칙은 구속력 있는 국제관습법(customary international law)은 아니지만, 여러 다자간 환경협정의 기반이 되고 있다. 3) **지속가능성** 지속가능 발전(sustainable development)은 "미래세대가 그들의 필요를 충족시킬 가능성을 저해하지 않으면서 현재세대의 필요를 충족시키는 발전"이며, 수평적 지평과 수직적 지평(세대간 형평)을 가지고 있다. 4) **세대간 형평(intergenerational equity)** 세대간 형평은 현재세대에 살고 있는 인류가 미래세대의 인류를 위해 어떠한 도덕적 법적 의무를 부담할 수 있는지의 문제로서, 지구의 자원에 접근하고 이용함에 있어서의 세대간의 공정성(fairness)을 의미한다. 서로 다른 세대에 속한 사람들은 자기가 속한 세대발전을 위한 의무와 책임이 있으며, 각 세대는 자신들이 사용한 자원 외에 일정량을 저축하여 미래세대에서 물려줘야 할 의무가 있다는 롤스(J. Rawls)의 주장을 철학적 배경으로 한다. 환경분야에서 세대간 형평이론은 E. B. Weiss의 이론이 다수 언급되는데, 그는 세대간 형평을 달성하기 위한 3가지 요소로 ① 선택권의 보호(Conservation of options), ② 생태계 질의 보호(Conservation of quality), ③ 접근권의 보호(Conservation of access)를 들고 있다. 세대간 형평원칙은 1945년 유엔헌장, 1972년 스톡홀름 인간환경선언, 1992년 환경과 발전에 관한 리우선언, 1992년 유엔기후변화협약(1992 UN Framework Convention on Climate Change, UNFCCC), 2015년 파리협정 국제환경법의 근본원칙이자 유엔기후변화협약(제3조 제1항)의 기본원칙으로 인정되었다. 국제사법재판소(International Court of Justice)는 특히 여러 판결에서 지속가능한 발전과 세대간 형평을 언급해왔다. 환경정책과 관련된 미래세대의 기본권, 세대간 형평원칙, 그리고 건강한 환경을 보호할 국가의 의무는 최소 63개 국가의 헌법에 명시적으로 규정되어 있고, 헌법에 명시적인 규정이 없더라도 최고재판소의 해석에 따라 인정되고 있다. 대표적인 판결로 네덜란드의 Urgenda 판결과 파키스탄의 Leghari 판결을 들 수 있다. 미래세대를 위한 건강한 환경을 향유할 권리 및 세대간 형평원칙에 근거하여 천연자원을 관리할 국가의 의무를 인정한 판례도 증가하고 있다. 공공신탁법리도 정부의 환경보호책임의 근거로 사용된다. 5) **세대내 형평**(intragenerational equity) 세대내 형평은 비록 동일 세대의 동시대를 살아가는 모든 사람이 신탁된 지구자원에 접근할 동등한 권리가 있지만, 국가 간 경제적 격차로 인하여 다수의 국가들은 이러한 권리를 향유하지 못하고 있다는 인식 하에, 기후위기가 특히 글로벌 사우스(Global South)에 있는 개도국 및 가난한 자들에게 더 불균형한 영향을 미치기 때문에, 개도국과 선진국 사이의 형평을 이루어내야 한다는 원칙이다. 4. **국제규범** 기후변화와 관련한 국제규범은 ① 시민적 및 정치적 권리에 관한 국제규약(자유권규약)(International Covenant on Civil and Political Rights)(1966.12.16. 채택), ② 유엔아동권리협약(1989.11.20. 채택, 1990.9.2. 발효), ③ 유엔기후변화협약(1992.5.9. 채택, 1994.3.21. 발효) ④ 교토의정서(1997.12.11. 채택, 2005.2.16. 발효) ⑤ 파리협정(Paris Agreement)(2015.12. 채택, 2016.12.3. 발효) 등이 있다. 특히 가장 최근의 것인 파리협정은 각 국가가 감축목표와 감축계획을 준수하게끔 강제할 수 있는 공식적인 기제가 없다는 한계가 있지만, 그 전문에서 세대간 형평과 인권을 존중해야 함을 규정하였고, 이는 현재세대뿐만 아니라 미래세대를 위해 환경을 보존할 각 국가의 도덕적 책임이 있다는 것을 천명한 것이라고 평가할 수 있다. 5. **중요판례** 1) **국제사법기관의 판결** (1) **미주인권재판소 권고의견**(2018년) ① **사실관계** 2016.3., 콜롬비아는 미주인권재판소에 Cartagena 협정과 국제관습법을 고려할 때, 미주인권협약상 환경적 해악에 대한 국가의 책임의 범위를 명확히 해 줄 것을 요청하였다. ② **심판대상 및 쟁점** 미주인권협약 제4조(생명권) 및 제5조(인도적 처우를 받을 권리), 제1조 제1항(권리를 존중할 의무) 및 제2조(국내법적 효과)와 관련하여 국가의 환경관련 의무가 성립되는지가 쟁점이 되었다. 미주인권재판소는 콜롬비아가 제기한 질의를 ⅰ. 미주인권협약이 건강한 환경을 향유할 권리를 독자적 권리로 규정하는지 여부, ii. 환경문제가 발생할 경우, 미주인권협약이 역외에도 적용되는지 여부, iii. 환경보호와 관련하여 생명권과 인격권을 보장하고 존중할 의무에서 도출되는 국가의 의무의 범위가 어디까지 인지로 정리하여 판단하였다. ③ **권고의견 요지** 2018.2.7. 미주인권재판소는 환경과 인권에 관한 역사적인 권고의견을 제시하였다. 건강한 환경이 있어야만 인권이 보장된다는 전제 하에, 미주인권재판소는 각 국가가 영토 안팎의 개인들이 환경적 해악을 받지 않도록 필요한 조치를 취해야 할 의무가 있다고 하였다. 또한 건강한 환경을 향유할 권리를 미주인권협약 제26조(경제적, 사회적 및 문화적 권리)로부터 도출되는 독자적인 권리로 인정하였다. ④ **권고의견의 의의** 동 권고의견은 국제인권법(International human rights law, IHRL)과 국제환경법(international environmental law, IEL)의 관계에 관한 중요한 시사점을 제기하며, 세계 곳곳에서 제기된 기후변화소송에 중요한 지침을 제공하였다. 미주인권재판소는 이 사건에서 i. 미주인권협약상 건강한 환경을 향유할 권리를 최초로 독자적인 권리로 인정하였고, ii. 환경적 해악과 관련된 사건에서 미주인권협약의 영토밖 적용범위에 대한 새로운 심사기준을 제시하였으며, iii. 인권법에 비추어 국경을 넘는 환경적 해악을 방지할 국가의 의무의 내용에 대하여 구체화하였다. **(2) EU사법재판소(Court of Justice of the European Union, CJEU)의 Carvalho and Others v. The European Parliament and the Council 판결(2021)** ① **사실관계** 포르투갈, 독일, 프랑스, 이탈리아, 루마니아, 케냐, 피지 국적의 아동 및 스웨덴의 청년 단체인 Sáminuorra을 포함한 10개의 가족과 단체는 EU가 더 엄격한 온실가스 감축목표를 회원국에 종용하도록 EU일반법원(EU General Court)에 제소하였다. 청구인들은 1990년 수준에 비하여 2030년까지 온실가스를 40% 감축할 것을 목표로 하는 EU의 현재의 감축목표는 위험한 기후변화를 방지하기에는 불충분하고 청구인들의 생명권, 건강권, 직업의 자유, 재산권을 침해한다는 이유로 제소하였다. 이후 유럽사법재판소(European Court of Justice)에 항소하였다. ② **심판대상 및 쟁점** 파리협정, 유럽연합 기능에 관한 조약(Treaty on the Functioning of the European Union, TFEU), EU지침(EU Directives)에 근거하여 청구인들이 EU가 더 엄격한 온실가스 감축목표를 세우도록 청구를 제기할 당사자적격이 인정되는지 여부가 쟁점이 되었다. ③ **판결요지** EU일반법원은 청구인들이 EU의 기후변화정책에 따라 직접적으로 그리고 개별적으로 영향을 받지 않았다는 절차적 하자를 이유로 동 신청을 각하하였다. 청구인들은 2019.7.11. 유럽사법재판소에 항소하였다. 2021.3.25. 유럽사법재판소는 일반법원의 명령을 인정하여 청구인이 EU의 기후정책으로 인하여 개별적으로 영향을 받는다는 것을 입증하지 못하여 당사자적격이 부인된다고 하였다. ④ **판결의 의의** 이 사건에서 청구인들에게 직접성과 개별적 관련성이 인정되지 않아 당사자적격이 부인되어 본안판단의 단계로 넘어가지 못하였다. 이러한 사실은 기후변화소송에서 개별적 관련성(혹은 기본권 침해가능성)이 인정되기 쉽지 않을 수도 있다는 것을 보여준다. **(3) 유엔아동권리위원회의 Sacchi et al. v. Argentina et al. 판결(2021)** ① **사실관계** 2019.9. Greta Thunberg을 포함한 16명의 아동은 유엔아동권리협약에 가입한 국가 중에서 온실가스를 가장 많이 배출하는 5개국(브라질, 아르헨티나, 프랑스, 터키, 독일)을 상대로, 이들 국가가 기후변화에 대응하여 온실가스감축을 위한 정부행위를 충분히 취하지 않아 파리협정 및 아동권리협약상의 권리(제3조 제1항 아동의 최선의 이익 원칙)를 침해하였다는 이유로 유엔아동권리위원회(United Nations Committee on the Rights of the Child)에 개인진정을 제기하였다. ② **심판대상 및 쟁점** 쟁점은 피진정 국가들이 국제법 및 국제협약상 아동의 권리(아동권리협약 제3조[아동의 최선의 이익원칙], 제6조[생명권], 제24조[건강권], 제30조[원주민 아동의 문화를 향유할 권리])를 침해했는지 여부이다. ③ **판결요지** 2021.9.22., 유엔아동권리위원회는 동 신청을 각하하였다. 유엔아동권리위원회는 미주인권재판소의 권고의견에서 제시한 환경보호와 관련된 역외 관할권에 관한 법리를 적용하여, 피진정 국가들이 자국의 영토에서 발생한 온실가스배출로 인하여 국경 밖 아동들의 건강에 해로운 영향을 미치고 있는 사실에 대한 법적 책임이 있다는 진정인들의 주장을 인정하였다. 동 위원회는 기후변화가 아동에게 특히나 더 많은 영향을 미치기 때문에, 그리고 아동권리협약의 협약국들이 법적 보호를 비롯한 특별한 안전장치(safeguards)를 받을 자격이 있다는 것을 인정하였으므로, 협약국들은 예측가능한 위협으로부터 아동을 보호할 더 엄격한 의무(heightened obligations)를 진다고 판단하였다. 그러나 선택의정서의 개인진정절차에 따라 진정인들이 모든 국내법상 구제절차를 다 소진한 후에 동 신청을 하였어야 함에도 불구하고 그렇게 하지 않은 절차상 하자로 각하하였다. ④ **판결의 의의** 이 결정에서 비록 유엔아동권리위원회는 신청을 절차상 이유로 각하하고 권고의견을 내리지 않았지만, 온실가스 배출로 인하여 아동의 생명권, 건강권, 문화에 대한 권리가 침해된다고 판단하고, 책임있는 국가의 역외 관할권이 인정된다고 본 것은 유의미하다. 또한 동 신청에서는 앞서 내려진 미주인권재판소의 권고의견을 수용하였고, 이는 지역인권재판소와 유엔인권기구들 간의 상호작용과 상호협력을 잘 보여주는 사례이다. (4) **유럽인권재판소의 Duarte Agostinho and Others v. Portugal and 32 Other States 사건** 2020.9.2. 6명의 포르투갈 국적의 아동 · 청년들(소제기 당시 각각 21세, 17세, 8세, 20세, 15세, 12세)은 33개국을 상대로, 피청구인 국가들이 기후 위기에 충분히 대응하지 않아 자신들의 생명권을 침해하였다는 이유로 유럽인권재판소에 제소하였다. 동 사건은 유럽인권재판소에 제소된 최초의 기후변화사건이고 아직 계류중이다. 2) **개별국가의 판결** (1) **필리핀 Oposa 판결(1993년)** ① **사실관계** 필리핀의 환경 및 천연자원부 장관은 상업적 벌채를 위해 389만 헥타르에 달하는 면적에 산림벌채허가권을 여러 기업에 발행해 주었다. 원고 아동들(부모가 대리)은 필리핀 열대우림의 파괴를 막기 위해 필리핀 비영리단체(Philippine Ecological Network)와 함께 제소하였다. 이 사건 원고들은 1987년 헌법 제15조 및 제16조의 건강한 환경을 향유할 권리 침해를 이유로 환경 및 천연자원부 장관이 벌채허가권을 발행하는 것을 저지하고자 하였다. 원고들은 또한 그들이 "자신들의 세대 및 아직 태어나지 않은 미래세대(unborn generation)를 대표한다"고 하였다. 원고들은 환경 및 천연자원부 장관이 벌채허가권을 발행할 때 벌채가능한 산림의 양보다 더 많은 벌채를 허용함으로써, 자신의 권한을 과도하게 남용하였다고 주장하였다. 피고는 이 사건은 정치적 문제이며, 청구원인이 부존재한다는 이유로 소각하신청을 하였다. 하급심은 쟁점이 된 사안은 공공정책에 대해서는 권력분립원칙상 법원이 관여할 수 없으며, 원고들의 주장을 인정하게 된다면 헌법에서 금지한 계약의 파기에 해당하게 된다는 이유로 각하하였다. ② **심판대상 및 쟁점** 우선, 현재세대가 자신들의 세대뿐만 아니라 미래세대를 대신하여 소제기를 할 수 있는지 쟁점이 되었다. 다음으로, 침해되는 권리가 존재하는지가 문제되었다. 환경 및 천연자원부 장관이 산림벌채허가권을 과도하게 발행한 것이 청구인들의 균형있고 건강한 환경을 향유할 권리를 침해하는지 여부가 쟁점이 되었고, 그 논거로 세대간 형평 법리가 인정되는지 여부가 쟁점이 되었다. 원고들은 천연자원은 모든 세대의 사람들이 소유하고 있으며, 만약 현재세대 성인들이 모든 자원을 고갈시킨다면 아이들과 아이들의 후손, 그리고 모든 미래세대로부터 자원을 빼앗는 것이라고 주장하였다. ③ **판결요지** 현재세대가 자신들의 세대뿐만 아니라 미래세대를 대신하여 소제기를 할 수 있는지와 관련하여, 대법원은 건강한 환경을 향유할 권리는 미래세대도 향유하는 근본적 권리이며, 건강한 환경을 유지할 세대간 책임이 인정되며, 이에 따라 각 세대는 다음 세대를 위해 환경을 보존할 책임이 있으며, 아동은 자신들의 현재세대와 미래세대를 대표하여 그러한 권리를 주장할 원고적격(locus standi)이 인정된다고 하였다(이러한 논리는 "Oposa 독트린"으로 널리 명명되고 있다). 이 논증에서 대법원은 "균형 잡힌, 건강한 생태계와 관련된 문제에서, 후속세대를 대신하여 소를 제기할 수 있는 법인격(personality)은 세대간 책임의 원칙에 기반할 수밖에 없다."라고 하였다. 이어 본안판단에 들어가 필리핀 대법원은 1987년 필리핀 헌법 제15조 내지 제16조의 건강한 환경을 향유할 권리를 소구가능한 구체적 권리로 인정하였다. 필리핀 대법원은 세대간 책임법리(doctrine of intergenerational responsibility)와 관련하여, 대법원은 이 사건은 헌법에 규정된 균형 있고 건강한 생태계를 향유할 권리라는 근본적 권리와 관련되는 바, 헌법 제16조에 따라 국가는 환경파괴를 해서는 안 되고, 국가의 산림을 사려 깊게 관리하고 보존할 책임이 있음을 내포하고 있다고 판단하였다. 필리핀 대법원은 "비록 건강한 환경을 향유할 권리는 '권리장전' 목차가 아닌 '원칙 선언 및 국가정책' 목차 하에 있지만, 그렇다고 하여 권리장전에 규정된 다른 시민적·정치적 권리보다 덜 중요하다. 그 외 쟁점으로는 산림벌채를 중지시키는 것이 하급심의 판단처럼 헌법에서 금지한 계약의 파기에 해당하는지 여부도 쟁점이 되었다. 필리핀 대법원은 산림벌채허가는 "계약"이 아닌 "허가"에 해당하는 것으로 공권력(police power)에 따른 제한을 받는다고 하였다. 일련의 논증을 거쳐 정부가 산림벌채허가권을 내 준 것이 원고들의 건강한 환경을 향유할 권리를 침해하였다고 판단하였다. ④ **판결의 의의** 동 판결은 세대간 형평법리에 근거한 기후변화소송과 논문에서 다수 인용되는 초창기 판결이다. 동 판결에서 대법원은 필리핀 헌법에 규정된 건강한 환경을 향유할 권리를 소구가능한 구체적 권리로 인정하고, 환경의 영역에서 세대간 형평 법리에 근거하여 현재세대가 미래세대를 대표하여 소제기를 할 수 있으며, 현재세대가 미래세대에 대한 환경보존의 책임이 있다고 인정하면서 국제환경법의 발전에 기여하였다. 동 판결이후, 필리핀 정부는 산림 벌채를 제한하는 등의 노력을 경주하였다. (2) **파키스탄 Leghari 판결**(2015) ① **사실관계** 원고 Leghari는 파키스탄 농민으로, 정부가 2012년 국가 기후변화 정책(National Climate Change Policy of 2012) 및 2014-2030 기후변화정책 이행을 위한 기본계획(Framework for Implementation of Climate Change Policy (2014-2030))을 실행하지 않고 있다고 주장하면서, 이로 인하여 건강한 환경을 향유할 권리를 포함하는 헌법 제9조(생명권) 및 제14조(생명의 존엄)의 권리 및 그 일부를 이루는 공공신탁법리, 지속가능발전원칙, 사전예방원칙(precautionary principle), 세대간 형평 등의 국제환경법 상의 원칙들이 위반되었다는 이유로 제소하였다. ② **심판대상 및 쟁점** 파키스탄 정부가 2012년 국가 기후변화 정책과 2014-2030 기후변화정책 이행을 위한 기본계획을 이행하지 않은 것이 원고의 기본권을 침해하는지 여부가 쟁점이 되었다. ③ **판결요지** 2015.9.4. Lahore 고등법원은 정부의 정책지연과 부작위가 원고의 근본적 권리를 침해한다고 판단하였다. 특히, 건강한 환경을 향유할 권리를 포함하는 생명권(제9조), 생명의 존엄(제14조)이라는 기본권이 민주주의, 평등, 사회 · 경제적, 정치적 정의라는 헌법상 원칙과 함께 읽히면, 지속가능발전, 사전예방원칙, 환경영향평가, 세대내 형평과 세대간 형평, 공공신탁법리라는 국제환경법상의 원칙을 모두 포함하게 된다고 하였다. 그리고 자국의 생태계와 생물다양성에 국한되는 환경정의로부터 기후정의로 나아가야 한다고 하였다. 그리하여 고등법원은 ⅰ. 정부부처로 하여금 기후변화담당자를 지명하여 기본계획이 이행될 수 있도록 할 것과 2015.12.31.까지 행동계획목록을 제출할 것과 ⅱ. 주요부처인사와 비정부기구, 기술전문가로 구성된 기후변화위원회(Climate Change Commission)를 창설하여 정부의 정책이행상황을 점검하도록 명령하는 결정을 내렸다. 뒤이어 고등법원은 2015.9.14.에는 기후변화위원회의 21명의 위원들의 이름과 권한을 적시한 추가결정을 내렸다. 이에 파키스탄 정부는 이에 따라 구체적인 계획을 세워 실행하기 시작하였고 연방정부는 2017년 파키스탄 기후변화법(Pakistan Climate Change Act 2017)을 제정하였다. ④ **판결의 의의** 동 판결은 최고법원 판결은 아니지만, 공공신탁법리, 세대내 형평, 세대간 형평, 지속가능성 원칙을 모두 인정하고, 생명권이라는 기본권에 건강한 환경을 향유할 권리를 포함한다고 판시하였다. 고등법원은 매우 진취적인 해석을 택하여, 원고가 생명권(제9조) 및 인간의 존엄(제14조) 위반만을 주장한 데에 반해, 고등법원은 생명권(제9조), 인간의 존엄(제14조), 재산권(제23조), 정보접근권(제23조)에 근거하여 건강한 환경을 향유할 권리가 기후변화에도 적용되고, 법원이 이에 근거하여 정부의 기후변화 정책을 모니터링 할 수 있다는 점을 밝혔다. 이러한 해석은 후속 사건에도 영향을 주고 있다. **(3) 네팔 Shrestha 판결(2018)** ① **사실관계** 2017.8.23. 청구인인 Padam Bahadur Shrestha는 네팔 정부에 새로운 기후변화법률을 제정할 것을 요구하였으나, 아무런 응답을 듣지 못하자, 법원에 네팔 정부가 새로운 기후변화법률을 제정하도록 직무집행명령(writ of mandamus)을 발부하도록 요청하였다. ② **심판대상 및 쟁점** 현행 1997년 환경보호법(Environment Protection Act of 1997)이 기후변화 완화와 적응을 위한 내용을 규정하고 있지 않으므로 불충분하고, 2011년 기후변화정책(Climate Change Policy of 2011)이 이행되고 있지 않은지 여부, 그리고 그로 인하여 네팔 헌법에 규정된 인간다운 삶을 영위할 권리(rights to a dignified life)와 건강한 환경을 향유할 권리가 침해되었는지 여부, 네팔 정부가 유엔기후변화협약 및 파리협정상의 의무를 위반하였는지 여부 등이 쟁점이 되었다. ③ **판결요지** 네팔대법원은 국가후견(parens patriae) 원칙에 따라, 환경보호를 통해 기후변화로 인한 영향을 완화하고 그에 적응하는 것은 정부의 의무라고 하였다. 대법원은 각종 국가정책에도 불구하고,그러한 정책들이 이행되지 않아 네팔 국민들은 기후변화로 인한 영향을 직접적으로 받고 있다는 점을 지적하였다. 그리고 대법원은 피청구인들이 기후변화, 기후 적응과 완화를 위한 정책을 도입하였지만, 기후변화문제를 해소할 수 있는 종합적인 법률이 없다는 점을 지적하였다. 이로 인하여 인간다운 삶을 영위할 권리(헌법 제16조) 및 청정 환경을 향유할 권리(헌법 제30조)가 제한(impede)받는다고 판단하였다. 2018.12.25. 대법원은 네팔 정부에게 기후변화의 영향을 완화하고 그에 적응하고, 화

석연료의 소비를 감축하고, 저탄소기술을 지원하고, 미래세대를 위한 환경정의를 보장하고, 2015년 파리협정의 약속을 이행할 수 있도록 하는, 환경오염으로 해악을 입은 사람들에게 보상을 해 줄 있는 과학적이고 법적인 제도를 마련할 수 있는 새로운 기후변화법을 제정할 것을 명령하였다. ④ **판결의 의의** 네팔대법원은 동 판결에서 환경보호를 통해 기후변화를 완화하고 이에 적응할 국가의 책임을 확인하고, 기후변화법이 제정되지 않음으로 인하여 인간다운 삶을 영위할 권리(헌법 제16조) 및 청정 환경을 향유할 권리(헌법 제30조)가 제한받고 있다는 점을 인정하였다. 대법원은 정부의 헌법상, 국제협약상 의무에 비추어 현행 제도가 불충분하는 판단 하에 적극적인 판단을 내렸고, 동 판결이후 네팔 정부는 2019년 환경보호법(Environment Protection Act of 2019) 및 2019년 산림법(Forests Act of 2019)을 제정하였다. (4) **콜롬비아 Future Generations 판결**(2018) ① **사실관계** 원주민 아동을 포함한 7세에서 25세 사이의 25명의 아동 및 청소년은 아마존의 산림파괴를 막지 못한 콜롬비아 정부부처, 지방정부, 3개의 지방 기업을 상대로 제소하였다. 파리협정, 2015년 콜롬비아법률 제1753호에 따라, 콜롬비아 정부는 아마존의 순 산림벌채율을 2020년까지 영(0)으로 만들고 온실가스 배출량을 감축하기로 규정하였다. 그러나 정부는 이를 달성하기 위한 적절한 조치를 취하지 않았고, 2015-2016년 기간 동안 오히려 아마존의 산림 벌채가 늘어났고, 원고는 이로 인하여 원고의 건강한 환경, 생명, 음식, 물에 대한 근본적 권리가 침해되었다고 주장하였다. ② **심판대상 및 쟁점** 제기된 쟁점은 5개로 요약할 수 있다 ⅰ. 헌법상 권리보호소송(acción de tutela)288)의 소송요건을 충족하였는가? ⅱ. 정부는 순 산림벌채율(net rate of deforestation)과 온실가스배출량을 감축시킬 법적 의무가 있는가? ⅲ. 정부와 기업행위가 청구인들과 미래세대의 근본적 권리를 침해하는가? ⅳ. 미래세대는 환경권을 향유하는가? ⅴ. 콜롬비아 아마존은 권리의 주체가 되는가? ③ **판결요지** 2018.4.5. 콜롬비아 대법원(Supreme Court of Justice)은 이 사건은 헌법상 권리보호소송의 소송요건을 충족하였다고 하였다. 이어 대법원은 본안판단으로 나아가 "생명권, 건강권, 생존권, 신체의 자유, 인간의 존엄이라는 근본적 권리들은 환경과 생태계와 관련되고 그에 따라 결정된다"고 하면서 원고의 기본권 침해를 모두 인정하였다. 대법원은 이 과정에서 콜롬비아 아마존이 권리주체라는 점을 최초로 인정하였고, 아마존의 산림벌채를 막기 위해 피고에게 5가지 의무사항을 이행할 것을 명령하였다. 또한 콜롬비아 대법원은 환경파괴가 현재세대뿐 아니라, 미래세대의 기본권을 침해한다고 하였다. 정부가 산림벌채율과 온실가스배출량을 감축시킬 법적 의무도 인정하였다. ④ **판결의 의의** 동 판결은 윤리적 이유에 근거하여 현재세대뿐만 아니라, 아직 태어나지 않는 미래세대의 환경에 대한 근본적 권리를 인정하고 파리협정과 국내법에 근거하여, 콜롬비아 정부의 온실가스감축을 위한 법적 의무를 인정한 판례이다. (5) **네덜란드 Urgenda 판결**(2019) ① **사실관계** 네덜란드 환경단체인 우르헨다 재단과 886명의 네덜란드 국민은 네덜란드 정부가 기후변화를 예방할 의무를 해태하였고, 법원이 정부로 하여금 더 적극적인 온실가스감축정책을 이행하도록 명령해 줄 것을 요청하였다. 사실심(1심) 법원(Hague District Court)은 기후변화가 가져오는 심각한 결과를 고려할 때, 국가가 기후변화완화조치를 취해야할 의무가 있다고 하였다. 그러나 사실심 법원은 우르헨다 재단이 유럽인권협약이나 네덜란드 헌법 위반을 주장할 수는 없다고 하였다. 다만, 국가가 위험한 상황을 완화하기 위해 예방적인 조치를 취해야 할 네덜란드 민법(Dutch civil code) 상의 주의의무를 위반하였다고 판단하였다. 2018.10.9. 항소법원(Hague Court of Appeals)도 사실심 법원의 판결을 인용하였지만, 재판규범에 대해서는 달리 판단하였다. 항소법원은 2020년 말까지 온실가스를 최소한 25% 감축하지 않음으로 인하여, 네덜란드 정부는 유럽인권협약 제2조 및 제8조상의 국가의 주의의무를 위반한 것이라고 판단하였다. 네덜란드 정부는 대법원에 상고하였다. ② **심판대상 및 쟁점** 네덜란드 정부가 네덜란드의 기후정책에 이미 설정된 기후목표보다 더 높은 온실가스감축목표를 부과해야 하는 의무가 있는지가 쟁점이 되었다. 우르헨다 재단은 유럽인권협약 제2조 및 제8조, 네덜란드 헌법 제21조, 네덜란드 민법상 일반적 주의의무에 따라 그러한 의무가 인정된다고 주장하였다. ③ **판결요지** 2019.12.20., 7여년 후, 대법원은 기후변화가 인권에 위협을 가하며, 그 위험에 대비하여 적절한 보호를 제공하기 위해서, 개인은 국가를 상대로 기본권 침해를 주장할 수 있어야 한다고 하였다. 그리고 네덜란드 대법원은 네덜란드 정부는 2020년까지 온실가스배출을 1990년 대비 25% 감축할 적극적 의무(positive obligation)를 부담해야 하며, 기후변화가 네덜란드 국민의 생명과 복지에 심각한 영향을 줄 위험이 있기 때문에, 유럽인권협약 제2조 및 제8조상의 의무에 따라 네덜란드 정부는 기후변화로부터 국민을 보호할 의무가 있다고 결론내렸다. 아울러 기후변화가 본질적으로 글로벌 문제라고 파악하여, 유럽인권협약 부속서I(Annex I) 국가들(네덜란드를 포함하는 선진국들)이 2020년까지 1990년 수준 대비 온실가스배출을 25-40%, 2050년까지 80-95%를 감축해야 하고, 네덜란드도 예외가 아니라고 하였다. 대법원은 항소법원이 국제사회가 필요하다고 간주한 감축목표, 즉, 2020년까지 최소한 25% 감축해야 한다는 목표를 정부가 준수해야 한다고 판단한 것은 항소법원의 권한 범위 내였다고 판단하였다. 정치문제와 관련하여, 대법원은 정부와 의회가 기후변화와 관련한 의사결정을 내리는 과정에서 유럽인권협약에서 나오며, 네덜란드 헌법이 가진 법의 한계를 준수했는지를 판단할 권한이 있다고 하였다. ④ **판결의 의의** 동 판결이후 헌법과 인권법에 근거하여 정부의 기후변화 대응에 대한 책임을 묻는 소송이 급격히 증가하고 있다. 프랑스의 기후변화소송이나 아일랜드, 노르웨이, 독일 등 전 세계적인 기후변화소송의 증가에 영향을 미쳤다고 분석되고 있다. 동 판결에서는 IPCC보고서와 파리협정 등 국제적 합의와 기후변화 완화를 위해 각 국가가 각자의 의무를 수행해야 한다는 점을 분명히 했으며, 유럽인권협약 제2조 및 제8조의 국가의 적극적 의무에 기초하여 인권을 보장하기 위해 국가가 적극적으로 기후변화에 대응해야 한다는 점을 확인하였다. 또한, 동 판결에서는 온실가스배출과 관련된 의사결정은 정부와 의회의 광범위한 재량에 맡겨져 있는 점을 인정하면서도, 그 과정에서 헌법과 유럽인권협약에 따른 법의 한계가 준수되었는지를 판단하는 것이 법치주의 하에서 법원의 의무라는 점을 강조하였다. **(6) 아일랜드 Friends of the Irish Environment 판결 (2020)** ① **사실관계** Friends of the Irish Environment(FIE)이라는 비영리법인은 아일랜드 정부가 2017년 국가온실가스감축계획(National Mitigation Plan)을 승인한 행위가 2015년 기후변화법(Climate Action and Low Carbon Development Act 2015), 헌법, 유럽인권협약을 위반한 것이라는 이유로 고등법원(High Court)에 제소하였다. 원고는 2017년 국가온실가스감축계획을 승인한 정부의 결정을 취소해줄 것과 법원이 정부로 하여금 새로운 국가온실가스감축계획을 세울 것을 명령해 줄 것을 요청하였다. 2019.9.19. 고등법원은 FIE가 당사자적격은 있지만, 정부가 아일랜드 헌법과 유럽인권협약상 의무를 위반하였다는 데에 동의하지 않았다. 2020.2.13. 상고허가를 받아 대법원에서 동 사건을 다시 다투었다. ② **심판대상 및 쟁점** 법인에 기후변화소송 제기의 당사자적격이 인정되는지, 건강한 환경을 향유할 권리가 헌법으로부터 도출되는지, 아일랜드의 2017년 국가온실가스감축계획에서 단기 온실가스감축목표를 세우지 않은 것이 관련 법률(2015년 기후변화법), 헌법, 유럽인권협약상 국가의 의무를 위반하는 것인지 여부가 쟁점이 되었다. ③ **판결요지** 2020.7.31. 대법원은 고등법원의 판단을 뒤집었다. 대법원은 정부의 2017년 국가온실가스감축계획이 2015년 기후변화법에 규정된 국가전환목표를 달성하기 위해 충분히 구체적이지 못하다는 이유로 위법(ultra vires)하다고 선언하였다. 그러나 기본권 침해 주장과 관련해서는, 법인인 FIE가 헌법(특히, 생명권과 신체의 자유) 그리고 유럽인권협약상의 기본권(제2조 생명권, 제8조 사생활의 자유) 침해를 이유로 소제기를 할 당사자적격을 가지지 못한다고 판단하였다. 또한 대법원은 아일랜드 헌법상 건강한 환경을 향유할 헌법상 권리가 열거되지 않은 기본권 혹은 헌법 문언에서 도출되는 기본권으로 인정될 수 없다고 하였다. ④ **판결의 의의** 이 사건은 전세계적으로 진행되고 있는 이른바 전략 기후변화소송의 하나이며, 최고법원이 정부의 기후변화완화정책이 위법하다고 판단한 사례 중 하나이다. 대법원이 정부의 정책재량이 인정되는 분야에 대한 적극적인 사법심사의 가능성을 열어준 의미가 있다. 대법원은 정부의 법적 의무가 있음을 확인해 주었다. 대법원은 건강한 환경을 향유할 권리라는 새로운 헌법적 권리를 인정하지 않았지만, 그러한 권리를 도출해 내지 않더라도, 기존의 헌법상 권리를 매개로 기후변화소송을 제기할 수 있는 가능성을 열어두었다는 점에서 의미있는 판결이다. (7) **노르웨이 Greenpeace Nordic Ass'n 판결**(2020) ① **사실관계** 원고인 환경단체(Young Friends of the Earth, Greenpeace, Grandparents Climate Campaign, Friends of the Earth Norway)들은 오슬로 법원(Oslo District Court)에 노르웨이 석유에너지부가 바렌츠해(Barents Sea)의 심해 석유와 가스 시추허가권을 부여한 것이 노르웨이 헌법 제112조(건강에 도움이 되는 환경에 대한 권리)를 위반한 것이라는 선언을 구하였다. 2018.1.4. 오슬로 법원은 피고의 손을 들어주었다. 원고는 노르웨이 헌법 제112조를 지나치게 좁게 해석한 것이라는 이유로 항소하였다. 2020.1.22. 항소심은 사실심의 판결을 인용하며 동 허가가 유효하며, 정치기관이 내린 결정에 대해서는 사법자제(restraint)가 요청된다고 하였다. 원고들은 대법원에 상고하였다. ② **심판대상 및 쟁점** 노르웨이 석유에너지부가 바렌츠해의 심해 석유와 가스 시추허가권을 부여한 것이 헌법에 합치하는지 여부가 쟁점이 되었다. ③ **판결요지** 2020.12.22. 대법원은 상고를 기각하였다. 대법원은 헌법 제112조는 의회가 환경적 문제를 제대로 고려하지 않은 경우 개인 혹은 단체가 동조항 침해를 이유로 직접 법원에 소를 제기할 수 있도록 해 주는 조항이라고 판단하였다. 하지만, 대법원은 노르웨이가 파리협정을 2016.6.20. 비준하였다는 점과 동 협정의 '공동의 그러나 차별화된 책임원칙'에 따라 노르웨이가 더 큰 책임을 져야 한다는 점을 지적하면서, 이에 노르웨이 의회가 온실가스배출량 감축을 규정하고 이를 위한 조치도 계획하고 이행하였다는 점을 지적하였다. 동시에, 미래에 시추된 석유가 배출하게 될 이산화탄소로 인한 영향은 불확실하여 석유 시추권을 부여하는 것을 금지할 명분이 되지 않는다고 판단하면서, 석유 및 가스 면허권이 유효하다고 판단하였다. ④ **판결의 의의** 노르웨이 헌법 제112조의 건강한 환경을 향유할 권리가 단순히 원칙적·선언적 규정이 아니라, 기본권 보호조항이라는 점을 확인하였다는 점에의 유의미하다. 동시에, 대법원은 정치기관이 내린 결정에 대해서는 사법자제가 요청되고, 법원이 의회의 결정을 파기하기 위해서는 국가의 중대한 의무 위반이 있어야 한다는 엄격한 기준을 밝혀 행정부와 입법부의 광범위한 재량을 인정하였다. 이 사건은 2021.6.15. 유럽인권협약 위반을 이유로 유럽인권재판소에 제소된 상태이다. **(8) 독일 Neubauer 결정**(2021) ① **사실관계** 독일의 연방기후보호법(Bundesklimaschutzgesetz, KSG)은 2050년까지 기후중립을 목표로 2019년 제정되었다. 2030년 이후의 기간 동안 감축해야 하는 배출량을 2025년에 연방정부가 법규명령(ordinance)을 통해 확정한다고 규정하고 있었다. 2020.2. (15세-32세 사이의 젊은) 청구인들은 연방기후보호법상의 불충분한 감축목표로 인하여 청구인들의 기본법 제1조(인간의 존엄), 제2조(생명권과 신체의 완전성), 제20a조(미래세대를 위한 생활기반을 마련할 책임)상의 기본권이 침해 내지 위반되었다고 주장하면서 헌법소원을 제기하였다. ② **심판대상 및 쟁점** 이 사건은 연방기후보호법 상의 온실가스배출감축에 관한 조항이 청구인들의 기본권을 침해하는지가 쟁점이 되었다. ③ **판결요지** 2021.3.24. 독일 연방헌법재판소는 2019.12.12.에 제정되었던 연방기후보호법 일부 조항에 대하여 헌법불합치 결정을 내렸다. 연방헌법재판소는 연방기후보호법이 2031년 이후의 구체적 목표를 설정하고 있지 않아 헌법에 합치하지 않는다고 판단하고, 입법자는 늦어도 2022.12.31.까지 2031년부터의 지속적인 감축목표를 사유에 따라 규정해야 한다고 판단하였다. 특히 2030년 이후 미래세대에게 허용되는 온실가스 배출량이 줄어들고 감축부담은 현저히 높아진다는 점을 지적하면서, 현재의 온실가스 허용배출량 관련 규정들로 인해 후속세대(subsequent generations)의 자유권이 침해될 것이 사실상 확실하기 때문에, 미래의 자유(future freedom)에 대한 침해의 비례성은 미래 시점이 아닌 현재 시점을 기준으로 판단되어야 한다고 판시하였다. 즉 기본법상에 보장된 기본권들은 서로 다른 시점 간을 관통하는, 이른바 '시점간(時點間) 자유의 보장(intertemporal guarantees of freedom, intertemporale Freiheitssicherung)'으로서 입법자에게 온실가스중립을 달성하기 위해 감축되어야 할 배출량을 현재세대와 미래세대의 자유권을 모두 존중하면서, 목표달성 시점인 2050년까지의 기간에 고르게 분배해야 하는 의무를 부여하는데, 현 연방기후변화법은 2030년까지의 규율 내용만을 포함하고 있어 2030년 이후의 미래세대에게 더 큰 감축부담을 전가하고 있고, 이러한 기본권 침해는 비례적이지 않아 위헌이라는 설명이다. ④ **판결의 의의** 연방헌법재판소는 환경정책의 입안과 입법에 있어 광범위한 입법형성권을 인정하는 태도를 보여 많은 비판을 받아왔지만, 동 결정은 기후보호와 관련된 그동안의 소극적인 태도를 벗어났다. 연방헌법재판소는, 기후변화가 실제 일어나고 있는 현실이며, 정부와 의회가 이를 완화하기 위해 노력해야 하고, 기후보호는 인권의 문제로 법원에 의한 재판이 가능하며, 정치기관은 기후중립에 이를 수 있도록 각 시기별로 신뢰할 만한 감축목표를 세워야 하고, 오늘날 세대는 탄소예산을 과도하게 소진함으로써 미래세대의 자유권을 제약하고 이들에게 부담을 전가하고 있다는 것이다. 동 결정은 네덜란드, 프랑스, 아일랜드, 파키스탄 기후변화판결과 마찬가지로 법원이 국가로 하여금 기후변화를 해결하기 위해 더 많은 노력을 경주하도록 판결을 내렸다는 점에서 유의미하다. 3) **요약 및**

전망 기후변화소송 판결들은 세대간 형평 법리에 근거하여 현재세대의 아동·청소년의 건강한 환경을 향유할 권리뿐만 아니라, 미래세대의 건강한 환경을 향유할 권리를 인정한 판결도 있으며, 관련 기본권으로 건강한 환경을 향유할 권리, 건강권, 생명권, 사생활의 자유, 평등권이 논의되었다. 파리협정 체결 이후에는 파리협정의 지구온도상승 목표와 IPCC의 보고서, 세대간 형평이 진지하게 고려되고 있다. 기후변화로 인하여 가장 많은 영향을 받게 될 글로벌 사우스 국가들(필리핀, 파키스탄, 네팔, 콜롬비아 등)은 미래세대의 건강한 환경을 향유할 권리를 보장해야 한다는 세대간 형평과 동시대를 살아가는 세대내 형평 원칙을 적극적으로 적용하고, 2015년 이후의 판결들은 IPCC의 보고서와 파리협정의 목표를 판단기준의 일부로 적극 채용하고 있다. 유럽의 경우, 2019년 국가의 주의의무 위반을 인정한 Urgenda 판결을 시초로, 아일랜드, 독일, 노르웨이에서 잇달아 판결을 내렸다. 특히, 네덜란드 Urgenda 판결에서 대법원은 정부가 시민에게 가지는 국가의 주의의무에 근거하여 국가의 보호의무를 긍정하였는데, 이는 미국 Juliana 판결과 캐나다 La Rose 판결에서 주장된 공공신탁법리와 그 맥락이 유사하다. 유럽 국가들도 환경 분야에서 입법형성권과 행정재량을 광범위하게 존중하면서도, 파리협정의 목표를 제시간에 이행하기에 현행 법률과 정책이행이 불충분한 경우에 적극적으로 법원이 개입하였음을 알 수 있다. 원고가 승소하지 못한 유럽 판결들은 현재 유럽인권재판소에 계류되어 있으며, 향후 유럽인권재판소의 판결에 주목할 필요가 있다. 6. **우리나라의 경우** 우리나라의 경우, 헌법 제35조에서 환경권을 명문으로 규정하고 있다. 우리 헌법재판소는 환경권을 종합적인 기본권으로 파악하고 있고, 국가의 기본권보호의무를 적용하여, 건강하고 쾌적한 환경에서 생활할 권리를 보장해야 할 국가의 의무를 긍정하였다(헌재 2008.7.31. 2006헌마711). 하지만, 이 결정에서는 입법자의 의무를 과소하게 이행하였다고 평가할 수는 없다고 하였다. 그 후 2019년 결정에서 위 선례를 변경하여 국가가 기본권보호의무를 과소하게 이행하여 청구인의 건강하고 쾌적한 환경에서 생활할 권리를 침해하여 헌법에 위반된다는 결정을 내린 바 있다(헌재 2019.12.27. 2018헌마730). 기후변화에 대한 권리가 환경권의 범위 안에 포섭된다면, 그리고 기후변화완화를 위한 입법이 없거나 현저히 불충분하여 국민의 환경권, 생명권, 신체의 자유 등의 기본권을 과도하게 침해하고 있다면 국가의 기본권보호의무 위반을 이유로 헌법재판소에 구제를 구할 수 있을 것이고, 이러한 의미에서 국제사법기관과 해외법원에서 내린 일련의 판결들은 중요한 비교점이 될 수 있을 것이다. 우리나라는 파리협정의 당사국임에도 불구하고, 기후위기에 적극적으로 대응하지 못하고 있다고 평가받고 있다. 이에 우리나라에서도 현재 청소년들이 온실가스배출량 감축과 관련하여 헌법소원을 제기하여 관련 사건들이 계류 중에 있으며, 동 소송들이 제기된 이후 2021.9.24.에 우리 국회는 기후위기 대응을 위한 탄소중립·녹색성장기본법(탄소중립기본법)을 제정하였고, 2022.3.25. 시행되었다. 동법 제8조 제1항의 중장기 국가온실가스감축 목표 규정에 대해서는 국제사회의 기준에 못 미치고, 미래세대에 탄소감축 부담을 미룬다는 이유로 헌법소원(2021헌마1264)이 제기되었으며, 2022.6.13.에는 태아 포함 5세 이하의 아이들이 동법 시행령 제3조 제1항 규정이 2030년 국가온실가스 감축목표치를 2018년 대비 40%로 규정한 것이 미래세대의 기본권을 침해하여 위헌이라고 주장하는 헌법소원도 제기되었다.

긴급명령권緊急命令權 ㊍ Notverordnung/gesetzvertretende Notverordnung. 1. **의의** 긴급명령은 국가

의 안위에 관계되는 중대한 교전상태에 있어서 국가를 보위하기 위하여 긴급한 조치가 필요하고 국회의 집회가 불가능한 때에 한하여 대통령이 발하는 법률의 효력을 가지는 명령이다(헌법 제76조 제2항). 2. **성격** 긴급명령은 정상적인 입법절차를 거쳐서 법률을 제정할 수 없는 비상사태를 극복하기 위하여 대통령이 발하는 긴급입법으로서 법률의 효력을 가진다. 국회중심입법주의의 중대한 예외이다. 긴급명령과 계엄을 비교하면, 계엄은 「전시·사변 또는 이에 준하는 국가비상사태」에 발동되지만, 긴급명령은 「국가안위에 관계되는 중대한 교전상태」에 발동된다. 동원되는 공권력의 경우 계엄은 군병력인 것에 대해 긴급명령은 경찰력이다. 계엄은 국회의 집회여부와 무관하게 발동될 수 있지만, 긴급명령은 국회의 소집이 불가능한 경우에 한하여 발동된다. 계엄은 국회에 통고하되 그 승인을 얻을 필요가 없고 대신 해제요구가 가능하지만, 긴급명령은 국회통고후 승인을 얻어야 하지만 해제요구를 할 수 없다. 기본권제한과 관련하여 계엄은 영장제도, 언론·출판·집회·결사의 자유에 한하여 특별한 조치를 할 수 있지만, 긴급명령은 제한이 없다. 3. **발동요건** 헌법규정에 의하면, 긴급명령은 첫째, 국가의 안위에 관계되는 중대한 교전상태가 있어야 한다. 중대한 교전상태란 선전포고가 없더라도 이에 준하는 외국과의 전쟁이나 내란·사변 등을 말한다. 중대한 교전상태는 국가의 안위와 직접 관련이 있어야 한다. 둘째, 국가보위를 위하여 긴급한 조치가 필요하여야 한다. 이 조치는 침략이 아닌 방위를 위한 것이어야 한다. 내용상 제약이 없으며, 입법사항 전반에 걸친다. 셋째, 국회의 집회가 사실상 불가능하여야 한다. 넷째, 국무회의의 필수적 심의를 거쳐야 한다(헌법 제89조 제5호). 필요한 경우 국가안전보장회의의 자문을 거쳐야 한다(헌법 제91조). 4. **국회의 승인과 효과** 긴급명령을 발한 때에는 지체없이 국회에 보고하고 승인을 얻어야 한다(헌법 제76조 제3항). 승인의결정족수에 관하여 재적의원과반수설과 출석의원과반수설이 있으나, 긴급명령이 국민의 자유와 권리에 대한 중대한 제한가능성을 내포하고 있으므로 엄격한 해석이 필요하고, 계엄해제요구 의결정족수가 재적의원과반수인 점에 비추어 재적의원과반수설이 적절하다. 수정승인이 가능한가에 대하여 긍정하는 견해도 있으나, 부정함이 옳다. 국회에서 승인하면 법률이 확정되는 것과 마찬가지로 긴급명령의 효력이 확정된다. 승인을 얻지 못하면 그 때부터 효력을 상실한다(헌법 제76조 제4항). 5. **효력** 긴급명령은 제정주체가 대통령이지만, 그 법적 효력은 일반법률과 동일하다. 6. **대통령의 공포** 대통령은 국회의 승인과 승인거부의 사유를 지체없이 공포하여야 한다(헌법 제76조 제5항). 7. **한계** 명문규정은 없으나, 긴급명령의 본질과 발동요건 등에 비추어, 긴급명령은 소극적으로 국가의 보위를 위하여서만 발동될 수 있고 적극적인 공공복리의 증진을 위해서는 발동될 수 없다. 또한 헌법을 개정하거나, 국회의 해산, 국회·헌법재판소·법원의 권한에 관한 특별조치, 군정의 실시 등은 할 수 없다. 8. **통제** 긴급명령에 대한 사전적 통제는 국무회의의 심의와 관련 자문기관의 자문 뿐이다. 사후적 통제는 승인권과, 긴급명령과 배치되는 법률제·개정권을 가진 국회의 통제가 중요하다. 법원의 위헌심사제청권과 헌법재판소의 위헌심판권(위헌법률심판권과 헌법소원심판권)에 기한 통제도 가능하다.

긴급사태緊急事態 ➜ 예외상태. ➜ 국가긴급권.

긴급재정경제명령권緊急財政經濟命令權 1. **의의** 긴급재정경제명령은 내우·외환·천재·지변 또는 중대한 재정·경제상의 위기에 있어서 국가의 안전보장 또는 공공의 안녕질서를 유지하기 위하여 긴급한 조치가 필요하고 국회의 집회를 기다릴 여유가 없을 때에 대통령이 최소한으로 필요한 재정·경제상의 처분을 하거나 이에 관하여 법률의 효력을 가지는 명령을 발하는 것을 말한다(헌법 제76조 제1항). 긴급경제명령을 긴급재정경제처분의 실효성을 뒷받침하기 위하여 발하는 종속적인 긴급입법으로 보는 견해도 있으나, 두 권한은 독자적인 것으로 봄이 적절하다. 2. **성격** 긴급재정경제명령은 정상적인 입법절차를 통하여 법률을 제정할 수 없는 비상사태를 극복하기 위하여 대통령이 발하는 긴급입법으로 국회입법권 및 재정의회주의의 예외이다. 3. **발동요건(헌법 제76조 제1항)** 첫째, 내우·외환·천재·지변 또는 중대한 재정·경제상의 위기가 있어야 한다. 위기의 우려가 있다고 하여 사전적·예방적으로 발할 수는 없다. 둘째, 국가의 안전보장 또는 공공의 안녕질서를 유지하기 위하여 긴급한 조치가 필요하여야 한다. 셋째, 국회의 집회를 기다릴 여유가 없는 경우이어야 한다. 이는 국회의 집회를 기다려서는 위기를 극복하기 어려운 경우를 말한다. 넷째, 국무회의의 심의를 거쳐야 하고, 필요한 경우에는 국가안전보장회의의 자문을 받아야 한다. 긴급재정경제명령은 평상시의 헌법 질서에 따른 권력행사방법으로서는 대처할 수 없는 중대한 위기상황에 대비하여 헌법이 인정한 비상수단으로서 의회주의 및 권력분립의 원칙에 대한 중대한 침해가 되므로 그 발동요건은 엄격히 해석되어야 할 것이다(헌재 1996.2.29. 93헌마186). 긴급재정경제명령이 헌법상의 요건을 충족하면 과잉금지원칙을 준수한 것으로 보아 따로 그 준수 여부를 판단할 필요는 없다(헌재 1996.2.29. 93헌마186). 4. **국회의 승인과 효과** 긴급재정경제명령을 발한 때에는 지체없이 국회에 보고하고 승인을 얻어야 한다(헌법 제76조 제3항). 국회에서 승인하면 법률이 확정되는 것과 마찬가지로 긴급재정경제명령의 효력이 확정된다. 승인을 얻지 못하면 그 때부터 효력을 상실한다(헌법 제76조 제4항 제1문). 이 경우 그 명령에 의하여 개정 또는 폐지된 법률은 효력을 회복한다(헌법 제76조 제4항 제2문). 5. **효력** 긴급명령은 제정주체가 대통령이지만, 그 법적 효력은 일반법률과 동일하다. 6. **대통령의 공포** 대통령은 국회의 승인과 승인거부의 사유를 지체없이 공포하여야 한다(헌법 제76조 제5항). 7. **한계** 명문규정은 없으나, 긴급명령의 본질과 발동요건 등에 비추어, 긴급명령은 소극적으로 국가의 보위를 위하여서만 발동될 수 있고 적극적인 공공복리의 증진을 위해서는 발동될 수 없다. 또한 헌법사항을 변경할 수 없으며, 재정과 경제에 관한 사항만을 그 내용으로 할 수 있다. 8. **통제** 긴급명령에 대한 사전적 통제는 국무회의의 심의와 관련 자문기관의 자문 뿐이다. 사후적 통제는 승인권과, 긴급재정경제명령과 배치되는 법률제·개정권을 가진 국회의 통제가 중요하다. 법원의 위헌심사제청권과 헌법재판소의 위헌심판권(위헌법률심판권과 헌법소원심판권)에 기한 통제도 가능하다.

긴급재정경제처분권緊急財政經濟處分權 1. **의의** 긴급재정경제명령은 내우·외환·천재·지변 또는 중대한 재정·경제상의 위기에 있어서 국가의 안전보장 또는 공공의 안녕질서를 유지하기 위하여 긴급한 조치가 필요하고 국회의 집회를 기다릴 여유가 없을 때에 대통령이 최소한으로 필요한 재정·경제상의 처분을 하는 것을 말한다(헌법 제76조 제1항). 2. **성격** 긴급경제처분은 광의의 처분으로서 행정작용이다. 행정작용은 원칙적으로 정부의 권한으로서 그 행사에 국회의 동의나 승인을 필요로 하지 아니한다. 그러나 행정작용 전반은 법치행정원칙에 따라 법률에 근거하여야 하고, 특히 재정에 관하여 재정의회주의에 따라 국회가 재정입법권, 예산안심의·확정권, 기채동의권, 예산외 국가의 부담이 될 계약체결동의권, 재정적 부담있는 조약체결동의권, 예비비지출승인권, 결산심사권 등을 가지므로 이러한 관여가 없이 대통령이 독자적으로 행정처분을 내리는 것은 예외적으로 허용될 뿐이다. 따라서 긴급재정경제처분은 법치행정 및 재정의회주의에 대한 중대한 예외이다. 3. **발동요건과 국회의 승인 및 효과, 대통령의 공포, 한계** 등은 긴급재정경제명령의 그것과 동일하다. 4. **효력** 긴급재정경제처분은 행정행위로서 행정작용으로서의 효력을 가진다. 5. **통제** 긴급재정경제처분은 국무회의의 심의를 거쳐야 하며, 사후적으로는 국회의 승인, 행정소송, 헌법소원 등의 통제수단이 있다.

긴급조치권緊急措置權 ➜ 국가긴급권.

긴급집회緊急集會 ➜ 집회 · 결사의 자유.

긴급체포緊急逮捕 ㉧ arrest without warrant. 중대한 범죄혐의가 있고, 법관의 체포영장을 발부받을 여유가 없는 경우에 먼저 체포를 한 후 사후에 영장을 발부받는 제도를 말한다. 형사소송법 제200조의3 제1항은 「검사 또는 사법경찰관은 피의자가 사형 · 무기 또는 장기 3년 이상의 징역이나 금고에 해당하는 죄를 범하였다고 의심할 만한 상당한 이유가 있고, 다음 각 호의 어느 하나에 해당하는 사유가 있는 경우에, 긴급을 요하여 지방법원판사의 체포영장을 받을 수 없는 때에는 그 사유를 알리고 영장없이 피의자를 체포할 수 있다. 이 경우 긴급을 요한다 함은 피의자를 우연히 발견한 경우 등과 같이 체포영장을 받을 시간적 여유가 없는 때를 말한다. 1. 피의자가 증거를 인멸할 염려가 있는 때 2. 피의자가 도망 또는 도망할 염려가 있는 때」라고 규정하고 있다. 사법경찰관이 긴급체포를 한 경우에는 즉시 검사의 승인을 받아야 한다(동조 제2항). 검사 또는 사법경찰관이 피의자를 긴급체포한 경우에는 즉시 긴급체포서를 작성하여야 한다(동조 제3항). 긴급체포서에는 범죄사실의 요지, 긴급체포의 사유 등을 기재하여야 한다(동조 제4항). 형사소송법 상의 긴급체포요건은 엄격한 해석을 요한다. 자진출석한 참고인이나 피의자는 긴급체포의 대상이 되지 아니한다. 긴급체포에 관해서는 형사소송법 제200조의3과 제200조의4 규정에 상세히 규율하고 있다. ➜ 구속.

긴급현안질문緊急懸案質問 국회의원 20인 이상의 찬성으로 국회 회기 중 현안이 되고 있는 중요한 사항을 대상으로 정부에 대하여 질문을 할 것을 의장에게 요구할 수 있다(국회법 제122조의3 제1항). 국회의원이 회기 중 현안이 되고 있는 긴급한 특정 문제나 사건을 따지기 위해 관련 국무위원을 불러 질문하는 것을 말한다. 특정 사안이나 사건을 다룬다는 점에서 국정 전반 또는 국정의 특정 분야를 대상으로 정부에 대하여 질문하는 대정부질문과 다르다. 질문절차, 실시여부의 결정, 질문시간 등에 대해서는 국회법 제122조의3에서 상세히 규정하고 있다. ➜ 국회의원의 권한과 의무.

긴절緊切**한 이익**利益 ➜ 압도적 이익.

긴즈버그Ruth Bader Ginsburg 1933.3.15.~2020.9.18. 루스 베이더 긴즈버그는 미국의 법조인으로 연방대법관을 지냈다. 미국 대통령 빌 클린턴이 연방대법관으로 지명하였다. 샌드라 데이 오코너에 이은 사상 두 번째 여성 연방대법관이며 첫 번째 유대인 여성 연방대법관이다. 뉴욕 브루클린 태생이다. 코넬대학교 학사과정을 마치고 결혼과 출산을 하였고, 하버드 로스쿨과 컬럼비아 로스쿨에서 수학하였다. 럿거스 로스쿨과 컬럼비아 로스쿨에서 재직할 동안 그는 학계에서 민사소송을 가르치는 몇 안되는 여성이었다. 법조인 경력의 상당한 부분을 성평등과 여성의 권리증진에 힘썼으며, 미국시민

자유연맹(ACLU) 변호사로서 여러 연방대법원 판결에서 승소하였다. 1970년대 그는 ACLU의 자원봉사변호인, 이사, 법문자문위원 등으로 일했고, 1980년부터 1993년까지 미국 컬럼비아 연방 항소법원 판사로 재직하였다. 2006년 오코너 연방대법관의 퇴임과 2009년 소토마요르 연방대법관 임명 사이의 기간 동안 그는 유일한 여성 연방대법관이었다. 이 기간 동안 작성한 단호한 소수의견은 법조인들과 대중의 주목을 받았으며, 2007년 Ledbetter v. Goodyear 사건의 소수의견으로 가장 잘 알려져 있다. 이 사건의 소수의견은 노동자가 임금차별소송에 승소하기 쉽도록 한 2009년 릴리 레드베터 임금평등법 제정에 기여한 것으로 평가받고 있다. 강렬하고 진보적인 소수의견(dissents)과 퇴임거부의 사로 미국 대중문화로부터 주목을 받았으며, 같은 브루클린 출신의 래퍼 노토리어스 B.I.G.에서 따온 '노토리어스 R.B.G.'라는 별명도 가지고 있다. 2020.9.18. 87세의 나이에 췌장암으로 세상을 떠났다. 대표적인 판결로, 군사학교에 남성만을 입학하게 하는 것이 성차별이어서 수정헌법 제14조의 평등조항을 위반하였다고 판단한 United States v. Virginia, 518 U.S. 515(1996), 지적 장애인에 대한 차별에 관한 Olmstead v. L.C., 527 U.S. 581(1999), 환경소송에서의 당사자적격 및 소의 이익에 관한 Friends of the Earth, Inc. v. Laidlaw Environmental Services, Inc., 528 U.S. 167(2000), 부쉬-고어 사건에서의 플로리다 투표의 효력에 관한 Bush v. Gore, 531 U.S. 98(2000), 저작권보호에 관한 Eldred v. Ashcroft, 537 U.S. 186(2003), 연방하급법원의 관할에 관한 Exxon Mobil Corp. v. Saudi Basic Industries Corp., 544 U.S. 280(2005), 사용자의 노동자소송에서의 차별에 관한 Ledbetter v. Goodyear Tire & Rubber Co., 550 U.S. 618(2007), 낙태에 관한 Gonzales v. Carhart, 550 U.S. 124(2007), 노동법상의 차별에 관한 Ricci v. DeStefano, 557 U.S. 557(2009), 오바마케어에 관한 National Federation of Independent Business v. Sebelius, 567 U.S. 519(2012), 종교적 회사의 영리행위에 관한 Burwell v. Hobby Lobby Stores, Inc., 573 U.S. 682 (2014) 등 다수의 사건에서 기념비적인 판결과 소수의견을 남겼다.

김구주석金九主席 본관은 안동(安東). 아명은 창암(昌巖), 본명은 김창수(金昌洙), 개명하여 김구(金龜, 金九), 법명은 원종(圓宗), 환속 후에는 김두래(金斗來)로 고쳤다. 호는 백범(白凡). 황해도 해주 백운방(白雲坊) 텃골[基洞] 출신. 김순영(淳永)의 7대 독자이며, 어머니는 곽낙원(郭樂園)이다. 18세에 동학에 입도하여, 19세에 팔봉접주(八峰接主)가 되어 동학군의 선봉장으로 해주성을 공략하였다. 을미사변으로 충격을 받고 귀향을 결심, 1896.2. 안악 치하포(鴟河浦)에서 왜병 중위 쓰치다(土田讓亮)를 맨손으로 처단하여 21세의 의혈청년으로 국모의 원한을 푸는 첫 거사를 결행하였다. 20대 후반에 기독교에 입교하여 진남포예수교회 에버트청년회 총무로 일했다. 1905. 을사조약이 체결되자 상경하여 상동교회 지사들의 조약반대 전국대회에 참석하였으며, 비밀단체 신민회의 회원으로 구국운동에도 가담하였다. 그 해 가을 안중근의 거사에 연루되어 해주감옥에 투옥되었다가 석방되었다. 그 뒤 1911.1. 데라우치 총독의 암살을 모의했다는 혐의로 안명근사건의 관련자로 체포되어 17년형을 선고받았다. 1914. 가출옥하였고, 1919. 3 · 1운동 직후에 상해로 망명하여 대한민국 임시정부의 초대 경무국장이 되었고, 1923. 내무총장, 1924. 국무총리 대리, 1926.12. 국무령(國務領)에 취임하였다. 이듬해 헌법을 제정, 임시정부를 위원제로 고치면서 국무위원이 되었다. 1929년 재중국 거류민단 단장을 역임하였고 1930년 이동녕 · 이시영 등과 한국독립당을 창당하였다. 이듬해 헌법을 제정, 임시정부를 위원제로 고치면서 국무위원이 되었다. 1929. 재중국 거류민단 단장을 역임하였고, 1931년 한인애국단을 조직, 1932년 1 · 8 이봉창의거와 4 · 29 윤봉길의거를 주도하였다. 1934년 임시정부 국무령에 재임되었고, 1940년 3월 임시정부 국무위원회 주석에 취임하였다. 1944년 4월 충칭 임시정부 주석으로 재선되고, 부주석에 김규식, 국무위원에 이시영 · 박찬익 등이 함께 취임하였다. 일본군에 강제 징집된 학도병들을 광복군에 편입시키는 한편, 산시성(陝西省) 시안(西安)과 안후이성(安徽省) 푸양(阜陽)에 한국광복군 특별훈련반을 설치하면서 미육군전략처와 제휴하여 비밀특수공작훈련을 실시하는 등, 중국 본토와 한반도 수복의 군사훈련을 적극 추진하고 지휘하던 중 시안에서 8 · 15광복을 맞이하였다. 1945.11. 임시정부 국무위원과 함께 제1진으로 환국하여, 그 해 12.28. 모스크바 3상회의의 신탁통치결의가 있자 신탁통치반대운동에 적극 앞장섰으며, 1946.2. 비상국민회의의 부총재에 취임하였고, 1947년 비상국민회의가 국민회의로 개편되자 부주석이 되었다. 그 해 6월 30일 일본에서 운구해온 윤봉길 · 이봉창 · 백정기 등 세 의사의 유골을 첫 국민장으로 효창공원에 봉안하였다. 이를 전후하여 대한독립촉성중앙협의회와 민주의원 · 민족통일총본부를 이승만 · 김규식과 함께 이끌었다. 1947.11. 국제연합 감시하에 남북총선거에 의한 정부수립결의안을 지지하였으나, 1948. 초 북한이 국제연합의 남북한총선거감시위원단인 국제연합한국임시위원단의 입북을 거절함으로써, 선거가능지역인 남한만의 단독선거가 결정되었다. 그러나 이러한 상황에서도 김구는 남한만의 선거에 의한 단독정부수립방침에 절대 반대하는 입장을 취하였다. 5 · 10제헌국회의원선거를 거부하기로 방침을 굳히고, 그 해 4.19. 남북협상차 평양으로 향하여, 김구 · 김규식 · 김일성 · 김두봉 등이 남북협상 4자회담에 임하였으나, 민족통일정부 수립에 실패하고 그 해 5.5. 서울로 돌아왔다. 1949.6.26. 서울 서대문구의 경교장에서 육군 소위 안두희에게 암살당하였다. 7.5. 국민장으로 효창공원에 안장되었고, 1962. 건국공로훈장 중장(重章)이 추서되었으며, 4 · 19혁명 뒤 서울 남산공원에 동상이 세워졌다. 저서로는 「백범일지(白凡逸志)」를 남겼다.

김대중정부金大中政府 김대중 정부 또는 국민의 정부는 1997.12.18. 제15대 대통령 선거에서 당선된 김대중 대통령이 이끌었던 정부이며, 대한민국 헌정 역사상 최초로 선거에 의한 여 · 야 정권교체로 출범한 정부이다. 제6공화국의 3번째 정부로 1998년2월25일에 출범해 2003년2월24일까지 존속했다. 일부에서는 DJP연합에 의한 정권교체이었기 때문에 불완전한 정권교체라는 비판 또한 있기도 하다. 대한민국 최초의 호남권 출신 대통령과 정부이다. 김영삼 정권 후반에 일어난 IMF 사태를 종식시키고 전두환 정권부터 시작된 IT 사업이 이 시기에 빛을 발하기 시작했으며 처음으로 대한민국 대통령으로서 햇볕정책을 추구하여 남북관계는 전례없이 호전되었고, 마침내 2000년 분단 이후 최초의 남북정상회담이 성사되어 6 · 15 남북 공동선언이 발표되었다. 이는 분단 50여 년만에 처음으로 남북의 최고 지도자들이 평화통일의 당위와 그 구현 방식에 있어 같은 목소리를 낸 남북 역사상 가장 큰 업적이었다. 경제 · 사회적으로는 1997년 외환위기 이후 점증하는 사회 양극화 속에 사회적 약자를 보호하기 위해 제대로 된 복지국가를 구축하기 위하여 생산적 복지를 주창하여 극빈층에게 기초생활을 보장하고, 자립 · 자조 · 자활을 지원해 개인의 창의성을 발휘하게 하며, 결과적으로 국민 전체의 생산성과 복지를 동시에 향상시키고자 노력하였다.

김병로金炳魯 1887.12.15.-1964.1.13. 김병로는 대한민국의 독립운동가 · 통일운동가 · 법조인 · 정치가이며 시인이다. 전라북도 순창 출신이며, 호는 가인(街人)이다. 유년 시절은 조부모 슬하에서 유교적인 소양을 쌓았으며, 일본 메이지대학(明治大學)과 주오 대학(中央大学)에서 수학하였으며, 1915.7. 귀국한 뒤, 1916. 경성법학전문학교 조교수로 출강하였다. 1917. 보성전문학교 강사가 되는 한편 사회적으로도 조선변호사협회 회장과 조선인변호사회장 등에 임명되어 활동을 하였다. 이후 경성전수학교와 보성법률상업학교의 강사로 형법과 소송법 강의를 맡았으며, 법학자 활동을 인정받아 1919.4. 판사에 임용되었고, 부산지방법원 밀양지원 판사로 활동하다가 1년 후인 1920.4. 사임하고, 변호사 활동을 시작하였다. 일제강점기 신간회 활동에 참여하였고, 각 학교의 법률학 전문 교수와 독립운동가들을 무료로 변호하는 인권변호사로 활약하며 이인, 허헌과 함께 강점기에 3대 민족 인권변호사로서 명망을 날렸다. 광복 후 1945.9. 한국민주당 창당에 참여하였으나, 결국 한국민주당의 정책노선에 반발하여 1946.10.에 탈당하고, 이후 좌우합작위원회와 남북 연석회의에 참여하였다. 후에 분단의 현실을 느껴 노선을 선회하여 대한민국 정부수립에 참여, 1948. 반민족행위특별조사위원회 특별재판부 재판부장과, 초대(初代) 대법원장을 지냈다. 그는 우리나라 사법(司法)의 기초를 다졌고 법전 뿐만 아니라 3심제도와 법복에 이르기까지 사법행정의 제반사를 정한 '사법부의 수장'이었다. 대법원장 시절 사법부의 독립을 지키고 국가보안법 폐지를 주장하는 등 이승만 정권의 노선에 반발하여 대립하였고, 대법원장 퇴임 후 이승만, 박정희 정부의 야당 인사로 활동하였다. 대한민국 정부로부터 1962. 문화훈장, 1963. 건국훈장 독립장을 수여받았으며, 1964. 자택에서 간장염으로 사망하였다. 그의 유해는 서울 강북구 수유동 선열묘역에 안장되었다. 2010. 전라북도 순창군에 대법원 가인연수관이 개관되었고, 대법원 주관으로 법학전문대학원 학생들의 변론경진대회인 가인 법정변론경연대회가 매년 개최되고 있다.

김붕준안金朋濬案 해방 후 임정의 조직과 국내조직을 흡수한 비상국민회의를 거쳐, 미군정의 자문기구인 남조선대한국민대표민주의원(민주의원)으로 전환하면서, 다양한 헌법초안들이 작성되었는데, 이 안들 중의 하나가 김붕준안이다. 김붕준안은 비상국민회의와 민주의원에서 작성한 민주의원안을 참고로 하여 김붕준이 작성하여 남조선과도입법의원에 제출한 안으로, 조선민주임시약헌초안 혹은 임시헌법기초위원회안으로 불리기도 한다. 임시정부의 헌법사상으로부터 영향을 크게 받았으며, 해방 당시 중간파의 헌정구상을 담고 있다고 평가된다. 1947.4., 남조선과도입법의원의 임시헌법 · 임시선거법기초위원회 연석회의에서 기제출되어 있던 서상일안과 함께 조선민주임시약헌안(통합안 또는 연석회의안)으로 통합되어 7월에 입법의원에 제출되었다. 1947.8.에 제2독회 후 미군정으로 이송되었으나, 인준보류로 말미암아 효력을 발생하지는 못하였다. 이후 5 · 10 총선 후 임정 출신과 중간파 출신이 정치적으로 약화되면서 헌법기초위원회에 적극적으로 참여하지 못하게 되었고, 임정헌법과 과도입법의원의 조선임시약헌의 영향은 더욱 영향력을 잃게 되었다.

김영삼정부金泳三政府 김영삼 정부(金泳三 政府, 1993.2.25.~1998.2.24.)는 대한민국의 제6공화국의 두 번째 정부이다. 공식 명칭은 문민정부(文民政府)로, 군인 출신이 아닌 일반 국민이 수립한 정부라는 뜻으로 이전의 군사 출신 정권과의 차별성을 부각시키고자 했다. 1990년 3당 합당의 결과로 대통령 선거에서 승리한 김영삼 대통령은 집권 초기 개혁과 공직자들의 재산 등록과 금융실명제 등을 법제화하여 부패추방 정책을 펼쳤고, 5 · 16 군사정변 이후 중단되었던 지방자치제를 전면적으로 실시하였다. 1994년 남북 정상회담을 위한 예비 접촉이 이루어져 남북 관계가 진전될 기미를 보였지만 김일성의 사망으로 남북 정상 회담이 무산되고, 김일성 조문 문제(일명 '조문파동')로 남북 관계는 다시 냉각되었다. 1995년에는 전두환 · 노태우 두 전직대통령에 대한 처벌을 감행하여, 전두환과 노태우는 1996.8., 각각 사형(전두환)과 징역 22년형(노태우)을 선고받았으나, 동년 12월, 항소심에서 무기징역(전두환)과 징역 17년형으로 감형됐고, 이듬해 1997.12.20., 대통령 김영삼이 국민 대화합을 명분으로 관련자를 모두 특별사면하여 석방함으로써 두 전직 대통령은 구속 2년여 만에 출옥하였다. 1996.12.26., 집권당인 신한국당은 안기부법과 노동법 날치기통과로 노동계와 정계에 엄청난 반발을 샀고, 이듬해 1월, 노동법파동으로 정국은 큰 혼란에 빠졌다. 임기말에는 아들 김현철로 인해 고초를 겪었다. 1997.12.5. 외환위기를 겪으며 국제통화기금에 자금지원을 신청하였다. 이로 인해 대한민국의 경제가 큰 위기에 처하게 되었으며, 이를 극복하기 위해서 국제통화기금에서 요구하는 조건들을 수행해야 했으며 경기 악화로 인해 온 국민이 큰 어려움을 겪었다. 이후 여당이던 신한국당은 대선에서 패배하여 정권교체가 되었다. 1997.12.18.에는 국민회의 김대중후보가 대통령에 당선되었다.

ㄴ

낙천·낙선운동落薦·落選運動 1. **의의** 시민단체가 공직선거에서 부적절한 후보자를 대상으로 공천반대와 낙선운동을 하는 것을 지칭한다. 낙천운동은 각 정당의 선거 출마자 결정과정, 즉 후보자 간 경선과정이나 당내 공천 심사과정에서 부적격 인사를 선정하여 탈락시키고자 하는 운동이다. 그리고 낙선운동은 본선과정, 즉 후보등록을 마친 인사 중 부적격인사를 탈락시키고자 하는 운동이다. 2. **외국 사례** 미국, 캐나다, 독일, 영국 등 선진국에서는 시민단체가 특정 정치인에 대해 낙선 또는 지지운동을 벌이는 것을 흔히 볼 수 있다. 미국은 각종 시민단체들이 선거를 앞두고 의원들의 의회 속기록과 각종 법안의 투표기록을 분석, 의정활동을 점수화해 유권자에게 제공한다. 워싱턴에만도 200여 개의 유권자 단체가 활동하고 있으며 환경보존유권자연맹(LCV), 노동총연맹산업별회의(AFL-CIO), 의정활동감시단(Congress Watch) 등이 대표적이다. 이 단체들은 선거기간에 TV광고와 전화공세 등을 통해 특정 후보에 대한 낙선운동을 집중적으로 펼친다. 독일과 영국의 경우는 환경·소비자·인권단체들이 담당 분야의 정책과 관련해 부적격 인물에 대해서 낙선운동을 펼치는 것이 일반적이다. 3. **우리나라의 사례** 1) **발단** 2000.1. 전국 412개 단체들로 구성된 '총선시민연대'가 발족하여 제16대 4·13 국회의원 선거에 대해 부적절한 후보자에 대한 공천반대, 낙선운동을 전개할 것을 천명하고 4월 3일 공천 반대자 64명과 반인권 전력 및 납세 비리, 저질 언행 관련자 22명 등 모두 86명의 낙선 대상자 명단을 발표했다. 피케팅이나 가두 방송, 현수막 게시 등을 통해 특정후보를 떨어뜨리고자 하는 운동을 전개했고, 이에 대해 정치권에서는 총선시민연대의 낙천·낙선운동은 불법이라고 비판했다. 그러나 총선연대는 낙선운동을 강행하면서 국민적 지지를 얻었다. 2) **경과** 86명의 낙선 대상자 가운데 59명(68.6%)이 떨어졌고, 22명의 집중 낙선 대상자 중의 낙선자는 15명(68.2%)이었다. 특히 수도권에서는 20명의 낙선 대상자 중 19명이 무더기로 떨어져 낙선운동의 위력을 과시하였다. 3) **법적 처리과정** (1) **법규정과 법원판결** (구)공직선거및선거부정방지법 제87조는 단체(노동조합 제외)는 그 명의 또는 대표의 명의로 특정 정당이나 후보자를 지지·반대하거나 지지, 반대하는 것을 권유하는 행위를 할 수 없다고 규정해 시민단체의 낙선운동에 대한 위법성 논란이 일었다. 중앙선거관리위원회는 낙선운동의 지도부를 검찰에 고발하여 낙선운동 지도부 30여 명이 법정에 서게 되었고, 재판과정에서 공직선거및선거부정방지법 제58조, 제59조, 제87조, 제111조, 제254조 등에 대한 위헌법률심판청구가 있었다. 헌법재판소의 결정이 있기 전에 대법원은 낙선운동의 위법성을 인정하여 낙선운동의 지도부에 대한 벌금형을 확정하였다(대판 2001.1.16. 2000도4576; 2004.4.27. 2002도315). 대법원판결은 낙천·낙선운동을 한 자가 그 낙천·낙선의 대상이 된 자에게 위자료를 지급할 의무를 인정하고 있다(대판 2004.11.12. 2003다52227). (2) **헌법재판소의 결정(헌재 2001.8.30. 2000헌마121·202(병합))** ① 다수의견 ⅰ) 제3자편의 낙선운동은 후보자측이 자기의 당선을 위하여 경쟁 후보자에 대하여 벌이는 낙선운동과 다르지 않다. 제3자편의 낙선운동은 일부 후보자들이 이를 상대 후보자를 비방하는 데 암묵적으로 악용할 우려가 있고, 선거의 공정을 해할 우려도 있다. 따라서 특정후보자를 당선시킬 목적의 유무에 관계없이, 당선되지 못하게 하기 위한 행위 일체를 선거운동으로 규정하여 규제하는 것은 불가피한 조치로서 그 목적의 정당성과 방법의 적정성이 인정된다. ii) 선거운동제한규정은 죄형법정주의의 명확성의 원칙에 위배된다고 할 수 없다. iii) 선거운동의 기간제한은 제한의 입법목적, 제한의 내용, 우리나라에서의 선거의 태양, 현실적 필요성 등을 고려할 때 필요하고도 합리적인 제한이며, 선거운동의 자유를 형해화할 정도로 과도하게 제한하는 것으로 볼 수 없다. iv) 선거운동기간 개시 전의 의정활동보고는 평등권 등을 침해한다고 할 수 없다. ② 반대의견 선거기간 개시 전의 의정활동 보고라 하여 선거기간 개시 후의 본래의 선거운동과 실질적으로 다를 것이 없다. 선거운동기회의 불균형은 일반의 예비후보자를 국회의원인 예비후보자에 비하여 합리적인 근거 없이 불리하게 차별대우하고 선거운동에 있어서의 기회균등을 박탈한 것이다. (3) **헌재결정의 문제점** 헌법재판소 결정은, 올바른 국민대표를 선출하기 위한 국민들의 선거운동의 자유를 제한하는 결과를 낳았다는 점에서 민주주의에 대한 중대한 도전으로 평가될 수 있다. 이 점은 이후의 공직선거법 개정을 통해 낙선운동이 부분적으로 허용되었음을 볼 때 더욱 그러하다(2004년 공직선거및선거부정방지법 제87조 개정). 다수의견의 핵심은, 첫째, 제3자의 낙선운동은 후보자편의 낙선운동과 동일시할 수 있다는 점, 둘째, 낙선운동의 위법성은 당선목적의 유무와는 상관없이 규제되어야 한다는 점에 기초하고 있다. 그러나 법논리적으로 헌법재판소의 결정은 결정적인 문제를 안고 있다. 선거에 있어서 특정 후보자에 대한 찬반의 견해는 언제나 존재할 수 있고, 그러한 국민의 의사는 자유로이 표현될 수 있어야 한다. 이는 헌법상의 국민주권의 원리, 의회주의 원리, 선거운동의 자유 등에 비추어 당연하다. 헌법재판소의 결정은 선거에 있어서 후보자가 다수일 경우에는 어느 정도 타당성을 가지는 것처럼 보인다. 그러나 후보자가 1인인 경우에는 그 논리적 일관성이 허물어지고 만다. 즉, 후보자가 1인인 경우에도 그 후보자에 대한 낙선운동이 가능하다고 하여야 할 것이고 그러한 경우에는 특정인을 당선시키기 위하여 타 후보자를 낙선시키려는 운동과는 전혀 다른 성격을 갖게 된다. 물론, 현행 공직선거법은 후보자가 1인인 때에는 투표없이 그 후보자를 당선인으로 결정하도록 하고 있지만(무투표당선), 이는 당선인 결정의 방법에 관한 문제일 뿐, 선거운동에 관한 문제는 아니다. 따라서 후보자가 1인인 경우에 당선방법을 어떻게 정하는가 하는 것은 입법정책의 문제이지 당선 혹은 낙선운동의 허용여부와는 무관한 것이다. 만약에 후보자가 1인인 경우, 투표자 과반수의 득표가 있어야 당선될 수 있다고 정하고, 그 후보자에 대한 낙선운동을 벌인다면, 그 행위도 위법하다고 할 수 있을 것인가? 헌법재판소의 논리에 따른다면, 당해 행위는 당선시키고자 하는 후보자가 없음에도 불구하고 제3자에 의한 당선운동이라고 하여야 하고 따라서 위법이라는 기이한 논리가 되어버린다. 2004년의 대법원판결도 동일한 문제점을 갖고 있다(대판 2004.4.27. 2002도315).

낙태죄落胎罪 ㊎ abortion, ㊕ Schwangerschaftsabbruch/Abtreibung, ㊔ avortement/interruption de grossesse. 1. **의의와 법적 규율** 1) **의의** 자연분만기 전에 자궁에서 발육 중인 태아나 배아(胚芽)가 자연적으로 혹은 인공적으로 모체 밖으로 배출되거나 모체 내에서 사망한 것을 낙태라 한다. 자연적으로 낙태되는 것은 유산 혹은 자연유산이라 칭하며, 인위적으로 낙태하는 것을 인공유산 혹은 인공임신중절이라고도 한다. 임신여성의 입장에서 「임신중지권」이라 함이 적절하다는 견해도 있다. 2) **법적 규율** (1) **낙태죄의 범죄화** 형법 제269조 제1항은 「부녀가 약물 기타 방법으로 낙태한 때에는 1년 이하의 징역 또는 200만원 이하의 벌금에 처한다.」(자기낙태죄)고 규정하고, 형법 제270조(의사 등의 낙태 등) 제1항은 「의사, 한의사, 조산사, 약제사 또는 약종상이 부녀의 촉탁 또는 승낙을 받아 낙태하게 한 때에는 2년 이하의 징역에 처한다.」(업무상 동의낙태죄)고 규정하고, 동 제2항은 「부녀의 촉탁 또는 승낙없이 낙태하게 한 자는 3년 이하의 징역에 처한다.」(부동의 낙태)고 규정하고 있다. 그리고 형법규정에 의하여 처벌되지 않는 예외사유를 특별법인 모자보건법 제14조에 규정하고 있다. (2) **모자보건법** 모자보건법 제14조 제1항 제1호는, 본인이나 배우자가 대통령령으로 정하는 우생학적 또는 유전학적 정신장애나 신체질환이 있는 경우, 제2호는 본인이나 배우자가 대통령령으로 정하는 전염성 질환이 있는 경우, 제3호는 강간 또는 준강간에 의해 임신된 경우, 제4호는 법률상 혼인할 수 없는 혈족 또는 친족 간에 임신된 경우, 제5호는 임신의 지속이 보건의학적 이유로 모체의 건강을 심각하게 해치고 있거나 해칠 우려가 있는 경우가 여기에 해당된다. 모자보건법 제14조 제1항 각호에서 언급한 사유에 해당되고, 본인과 배우자(사실상의 혼인관계에 있는 사람 포함)의 동의가 있으면, 의사는 인공임신중절 시술을 할 수 있다고 규정하고 있다. 모자보건법 상의 예외사유는 주로 객관적 사유에 의한 인공임신중절을 규정하고 있고, 그 의미내용이 명확하지 않다는 비판이 있다. **2. 외국의 경우** 1) **미국** 1960년대 초반 진정제복용 여성(1962)과 홍역감염여성(1964)에 대한 낙태권유로 촉발된 낙태논쟁은 1973년 Roe v. Wade, 410 U.S. 113 (1973)판결에서 임신을 중절할 것인가를 결정하는 권리가 헌법상 프라이버시권(right of privacy)에 포함된다는 것을 분명히 하게 되었다. 이 판결은 주의 규제는 임신 3분기의 제1기까지는 인정되지 않고 태아가 모체 외에서 생존이 가능한 시기 이후에는 원칙적으로 가능하다고 판단하고 당해 주법은 수정헌법 제14조의 적법절차조항(due process of law)에 위반한다고 하였다. 이후 1989년 Webster v. Reproductive Health Services, 492 U.S. 490, (1989) 판결은 3기 구분을 전제로 하지 않고, 임신 20주 이후에는 그 생존가능성의 검사를 의무화하고, 공립병원에서의 비치료적 인공임신중절을 금지하여 사실상 중절할 수 없도록 하는 미주리 주법의 규정을 합헌이라고 하였다. 1992년 Planned Parenthood v. Casey, 505 U.S. 833 (1992) 판결은 Casey 판결에서는 Roe 판결을 기본적으로 유지한다는 입장을 분명히 하면서, 임산부 본인의 동의요건, 미성년자의 경우 부모의 동의요건, 신고·보고요건 등 그 밖에 관하여 펜실베니아 주법을 합헌이라고 하였다. 그러나 2022.6.24. Dobbs 판결에서 연방대법원은, 헌법에 열거되지 아니한 권리로서 낙태에 대한 권리를 헌법이 부여하지 않는다고 주장하고, 낙태를 금지하여 범죄로 할지의 여부는 헌법적 권리의 침해의 문제가 아니며, 주가 규율할 수 있다고 하였다. 실제로 2022.8.5. 인디애나주의회는 낙태금지법을 통과시켜, 낙태를 불법화하는 첫 번째 주가 되었다. → Dobbs 판결. 2) **독일** 독일에서는 기본법 제1조 제1항의 '인간의 존엄'의 보장과 제2조 제1항의 생명에 대한 보호의무가 수태 이후의 태아에 대하여 인정되고, 상담의무를 수반하는 기한규제형의 입법이 위헌이 되고 있다. 1974년 구서독의 제15차 형법개정에 대한 1975.2.25. 위헌판결(BVerfGE

35, 1)에 이어서, 1993.5.28. 연방헌법재판소 판결은 1992년 '임산부 및 가족원호법'(Schwangeren- und Familienhilfegesetz) 제정에 따른 형법개정으로 12주 전의 임신중절을 '위법하지 않다'고 한 새로운 제218조 제1항을 위헌 · 무효로 판단했다(BVerfGE 88, 203). 이 판결의 다수의견은 미생아(未生兒)의 생명권에 대한 국가의 보호의무를 근거로 임신중절을 원칙적으로 금지할 수 있는 것을 전제로 여성의 헌법적 지위는 예외적인 상황에서만 허용될 수 있다고 하여 여성의 자기결정권을 상대화시켰다. 이 판결에서는 태아의 생명과 임산부 권리의 '비례적 조정'은 불가능하다고 하여 그 형량이 배제되고, 과소보호 금지의 원칙이 채용되고 있다. 3) **프랑스** 프랑스에서는 1972년 Bobigny 사건(Le Procès de Bobigny)을 계기로 1975년 제정된 인공임신중절법(1975 à la loi Veil)이 임신 10주 이내에 의료기관에서 의사에 의해 이루어진 자발적 의사에 근거한 중절(interruption volontaire)에 대하여 낙태죄의 적용을 중지했다. 이 법률의 합헌성을 인정한 1975.1.15. 헌법평의회(Conseil constitutionnel) 판결은 그 근거가 되는 헌법 규범으로 1789년 '인간과 시민의 권리선언' 제2조의 자유의 원칙(중절하지 않을 자유의 보장)과 1946년 헌법 '전문'(자녀와 모에 대한 건강의 보호)을 들었다. 이에 대하여 1974년 체결된 유럽인권조약 제2조가 '생명에 대한 권리'(droit à la vie)를 보장하였기 때문에 동법의 조약적합성이 문제되었다. 프랑스 헌법평의회는 헌법 제55조 조약의 우위원칙과의 관계에서 동법의 조약적합성을 심사할 수 있는 권한은 없다고 하면서 그 판단을 회피했지만, 1990.12.21. 국가평의회(le Conseil d'Etat) 판결에서 이 문제에 대한 판단이 나왔다. 또한 1988년 인공임신중절 의약품의 시장화를 인가한 가족복지부 장관의 결정에 대한 합헌성이 문제된 헌법평의회 판결에서 한편으로는 조약 제2조에 의한 태아 생명권의 존재를 인정하면서도, 다른 한편으로는 1975년 법 제1조가 임신 10주까지 곤궁 상태에 있는 여성의 결정에 의한 제약을 인정한 것을 이유로 양자가 '서로 모순되지 않는다'는 결론을 도출하였다. 여기서는 태반이 완성되기 전까지 태아의 생명권은 법률상 인정된 여성의 임신중절의 권리 앞에서 상대화되었다고 할 수 있다. 그 후 1975년 법 제1조의 중절이 가능한 기간을 10주에서 12주로 연장하고, 미성년자의 임신중절에 관한 보호자의 동의 요건을 한정적으로 폐지하는 것 등을 정한 '인공임신 중절과 임신에 관한 법률'(Loi n° 2001-588 du 4 juillet 2001 relative à l'interruption volontaire de grossesse et à la contraception, J.O. 7 juill.)이 2001.5. 30.에 채택되었고, 헌법평의회의 2001.6.27. 판결(n°2001-446DC)도 이에 대하여 합헌으로 판단했다. 인공임신중절에 대하여 프라이버시권을 근거로 하는 미국의 이론 구성과 비교할 때 프랑스에서는 개인의 신체적 자유나 사생활의 자유로 논의하는 경향이 강하고, 특히 중절의 권리를 '의학적으로 원조된 생식수단에 호소하는 권리'와 견주는 자신의 신체처분권으로 이론구성을 하는 것이 주목된다. 또한 이 시점부터 생명윤리법과 인공임신중절법을 통일적으로 논하는 관점이 나타난다. 4) **일본** 일본에서는 戰後 인구 억제 정책과 戰前부터의 우생정책의 연장으로 1948년 '優生保護法'이 제정되었다. 한편 형법에는 낙태죄가 규정되지만 우생보호법에 의한 적응형 규제를 느슨하게 이해하여 형법상의 규정은 거의 사문화되어 임신 22주까지 인공임신중절이 허용되었다. 이 우생보호법은 1996년에 '모체보호법'으로 개칭되어 불임수술, 인공임신중절을 규정하는 법률로 변경됨과 동시에 지방조직의 우생보호심사회 등도 폐지되었다. 일본에서는 태아의 생명권과의 관계

에서는 체외에서의 생명유지가 불가능한 시기는 임산부의 자기결정권 앞에서 태아의 권리는 상대화되고, 이 기간 내에 여성은 국가에 의해 임신의 계속을 강요받지 않는다. 즉 낙태죄로 처벌되지 않는다는 것이 원칙으로 받아들여진다. 그래서 일본에서는 입법론적으로도 이 원칙상 여성의 자기결정권을 명시한 법개정이 요구되고 있고, 모체보호법으로 변경된 후에도 생식의 권리 등에 관한 과제는 크다는 점을 지적할 수 있다. 3. **충돌 법익** 임신중절의 문제는 태아의 생명권(생명우선론)과 산모의 자기결정권(선택우선론)이 강하게 충돌하는 문제이다. 학설로는 비교형량설, 태아생명우선설, 인간존엄성설, 도덕적 갈등설, 양심의 자유설, 관계성설 등이 언급되고 있다. 어느 이익을 우선할 것인가의 문제는, 남자가 생계를 책임지고 여자가 가정 내에서 출산, 육아, 살림을 맡는 전통적인 남녀역할분리를 재구성한다는 역사적 의미를 가진다. 형법상 낙태죄의 주된 보호법익은 태아의 생명이며 이 생성 중에 있는 생명도 인간의 존엄과 가치의 존중이라는 헌법정신에 비추어 당연히 보호되어야 한다. 따라서 현재의 낙태죄를 전면 삭제하거나 법적인 장치를 통해 그 규범적 효력을 전면 무력화시키거나 낙태죄의 소추나 제재를 아예 포기해버림으로써 규범의 실효성을 박탈해 버리는 것은 바람직하지 않다. 뿐만 아니라 임신한 여성의 자기결정권 내지 프라이버시의 문제도 동시에 고려하여 적정한 법적 규제장치를 마련하는 것이 중요하다. 4. **헌법재판소 결정** 낙태죄와 관련하여 헌법재판소의 최초의 결정은, 2012.8.23. 2010**헌바**402 결정이다. 동 결정의 합헌의견은 태아가 생명권의 주체라는 점을 강조하여 태아는 성장상태와 관계없이 생명권의 주체로 마땅히 보호받아야 한다고 하였다. 반대의견은 임신 초기에는 임산부의 자기결정권을 존중할 필요가 있고, 임신초기의 낙태까지 전면적, 일률적으로 금지하고 처벌하고 있는 자기낙태죄 조항은 침해의 최소성 원칙에 위반된다고 강조하였다. 양측 견해는 4:4로 팽팽하였고, 반대의견은 위헌결정의 정족수를 채우지 못하였고, 낙태죄 조항은 합헌이 되었다. 또한 합헌의견은 의료업무종사자에 의하여 제기된 동결정에서 합헌의견은 생명보호를 하여야 할 의료업무종사자가 생명을 침해한다는 것은 모순이기 때문에 비난가능성이 더 높다고 판단하고, 형벌체계적합성의 원칙이나 벌금형이 과잉금지원칙에 반하는 것은 아니라고 주장하였다. **헌재** 2019.4. 11. 2017**헌바**127 결정은 위 결정을 번복하여, 헌법불합치(4인), 단순위헌(3인), 합헌(2인)으로 나누어졌고, 결국 7명의 위헌 의견으로 낙태죄 등에 대하여 헌법불합치로 결정되었다. 4인의 헌법불합치의 결정요지는, ⅰ) 자기낙태죄 조항은 임신기간 전체를 통틀어 모든 낙태를 전면적 · 일률적으로 금지하여, 위반할 경우 형벌을 부과함으로써 임신의 유지 · 출산을 강제하고 있으므로, 임신한 여성의 자기결정권을 제한한다. ii) 자기낙태죄 조항은 태아의 생명을 보호하기 위한 것으로서, 정당한 입법목적을 달성하기 위한 적합한 수단이다. iii) 태아가 모체를 떠난 상태에서 독자적으로 생존할 수 있는 시점인 임신 22주 내외에 도달하기 전이면서 동시에 임신 유지와 출산 여부에 관한 자기결정권을 행사하기에 충분한 시간이 보장되는 시기(결정가능기간)까지의 낙태에 대해서는 국가가 생명보호의 수단 및 정도를 달리 정할 수 있다고 봄이 타당하다. iv) 자기낙태죄 조항은 입법목적을 달성하기 위하여 필요한 최소한의 정도를 넘어 임신한 여성의 자기결정권을 제한하고 있어 침해의 최소성을 갖추지 못하였고, 태아의 생명 보호라는 공익에 대하여만 일방적이고 절대적인 우위를 부여함으로써 법익균형성의 원칙도 위반하였으므로, 과잉금지원칙을 위반하여 임신한 여성의 자기결정권을 침해한다. v) 자기낙태죄 조항과 동일한 목표를 실현하기 위하여 임신한 여성의 촉탁 또는 승낙을 받아 낙태하게 한 의사를 처벌하는 의사낙태죄 조항도 같은 이유에서 위헌이라고 보아야 한다. vi) 자기낙태죄 조항과 의사낙태죄 조항에 대하여 각각 단순위헌결정을 할 경우, 법적 공백이 생기게 된다. 입법자는 결정가능기간과 사회적·경제적 사유를 구체적으로 어떻게 조합할 것인지, 상담요건이나 숙려기간 등과 같은 일정한 절차적 요건을 추가할 것인지 여부 등에 관하여 입법재량을 가진다.

난민難民 [영] refugee, [독] Flüchtling, [프] réfugié. 1. **의의** 1) **난민의 정의** (1) UNHCR규정 1950.12.14. UN총회 결의 428(Ⅴ)에 의해 채택된 UNHCR규정 제6조A에서는 아래와 같이 정의하고 있다.「고등판무관의 권능은 다음과 같은 자에게 확대된다. A. ① 1926.5.12.과 1928.6.30. 협정 또는 1933.10.28.과 1938.2.10. 협약, 1939.9.14. 의정서 또는 국제난민기구 헌장(the Constitution of the International Refugee Organization)에 의하여 난민으로 간주된 자 ② 1951년 이전에 발생한 사건의 결과로 인하여 인종, 종교, 국적 또는 정치적 의견을 이유로 박해를 받을 현저한 우려가 있는 위협 때문에 자신의 국적국 밖에 있으면서, 국적국의 보호를 받을 수 없거나, 또는 그러한 위협이나 개인적인 편의가 아닌 다른 이유로 인해 국적국의 보호를 받기를 원하지 않는 자; 또는 무국적자로서 이전의 상주국 밖에 있으면서, 상주국으로 돌아갈 수 없거나, 또는 그러한 위협이나 개인적인 편의가 아닌 다른 이유로 인해 상주국으로 돌아가기를 원하지 않는 자. 임무를 수행하는 동안 국제난민기구가 정한 난민적격자에 대한 결정을 이유로 해서 당해 조항의 요건을 충족하는 자에게 난민의 지위를 배제시켜서는 안 된다.」 이 규정은 1951년 제네바에서 채택된 UN 난민협약에도 약간 변경하여 채택되고 있다. 즉, **UN 난민협약 제1조**는「인종, 종교, 민족 또는 특정 사회 집단의 구성원 신분 또는 정치적 의견을 이유로 박해를 받을 우려가 있다는 합리적인 근거가 있는 공포로 인하여 국적국 밖에 있는 자로서 그 국적국의 보호를 받을 수 없거나 또는 그러한 공포로 인하여 그 국적국의 보호를 받는 것을 원하지 아니하는 자」라고 규정하고 있다. 1950년 규정에서 '1951년 이전에 발생한 사건의 결과로 인하여'라는 문구를 삭제한 것이다. 1967.1.31.의 난민의정서(Protocol relating to the Status of Refugees: 1967.10.4. 발효)에서도 상기 난민협약과 유사하게 난민을 정의하고 있다. **우리나라 난민법** 제2조 제1호에서는「1. "난민"이란 인종, 종교, 국적, 특정 사회집단의 구성원인 신분 또는 정치적 견해를 이유로 박해를 받을 수 있다고 인정할 충분한 근거가 있는 공포로 인하여 국적국의 보호를 받을 수 없거나 보호받기를 원하지 아니하는 외국인 또는 그러한 공포로 인하여 대한민국에 입국하기 전에 거주한 국가(이하 "상주국"이라 한다)로 돌아갈 수 없거나 돌아가기를 원하지 아니하는 무국적자인 외국인을 말한다.」고 규정하여, 난민협약상의 정의와 거의 동일하게 규정하고 있다. **기타의 문서**에서는, 1969년의 '아프리카에 있어서 난민문제에 관한 아프리카통일기구(Organization of African Unity OAU) 협약' 제1조에서는 난민협약 및 난민의정서상의 난민정의에 추가하여「외부침략, 점령, 외국의 지배 또는 출신국 내지 국적국의 일부 또는 전부의 공공질서를 심각하게 해치는 사건으로 인하여, 출신국 또는 국적국 밖의 다른 장소에 피난처를 구하기 위하여 상주국을 떠날 수밖에 없었던 모든 자」를 난민의 범주에 포함하고 있다. 또한 박해의 원인으로서 피부색을 추가한 경우나 또는 대규모 인권침해를 추가한 경우도 있다. 오늘날에는 경제난민, 환경난민,

전쟁난민, 실향민 등 새로운 유형의 난민도 증가하고 있다. 2) **난민의 요건** 난민 **자격요건**으로는 난민협약과 난민의정서에서 요구하고 있는 요건을 충족시킬 것이 요구되는데, 이에는, ⅰ) 박해를 받을 우려가 있다는 충분한 이유가 있는 공포가 있을 것. 이 요건의 존재여부는 주관적 요소와 객관적 요소라는 양요소가 고려되어야 한다. ii) 인종, 종교, 국적, 특정 사회집단의 구성원신분 또는 정치적 의견으로부터 비롯되는 박해가 있어야 한다. 각각의 사유는 국제법상의 협약 등에 기초하여 해석할 수 있다. 예컨대, 1965년의 인종차별철폐협약(Convention on the Elimination of All Forms of Racial Discrimination) 제1조, 1966년의 국제인권규약(B규약) 제18조(종교의 자유), 세계인권선언 제2조 및 국제인권규약(B규약) 제26조(민족적 또는 사회적 출신, 재산, 가문, 또는 기타 지위 여하로 인한 차별 금지), 세계인권선언 제19조와 국제인권규약(B규약) 제19조(정치적 의견 관련) 등의 규정에서 유추할 수 있다. iii) 난민지위 신청일 현재 자신의 국적국 밖에 있는 자로서 자국 정부의 보호를 받을 수 없거나 또는 그러한 공포 때문에 그 국가의 보호를 받기를 원하지 아니 하는 자일 것. iv) 그러한 사건의 결과로서 종전의 상주국 밖에 있는 무국적자로서, 종전의 상주국으로 돌아갈 수 없거나, 또는 그러한 공포로 인하여 돌아가기를 원하지 아니하는 자일 것 등이다. 난민 **자격결정권자**는 난민협약의 당사국이다. 난민자격결정은 난민협약의 당사국의 특권이며, 또한 UNHCR규정의 목적을 달성하기 위한 난민자격결정은 UNHCR의 특권이다. 1951년의 난민협약과 1967년 난민의정서에서는 각 체약국으로 하여금 UNHCR과 협조하도록 규정하고 있다(동 협약 제35조 및 동 의정서 제2조). 특별협정이 체결되어 있지 않은 경우에는 체약국이 난민의 자격을 결정하도록 하고 있다. 또한 난민협약과 난민의정서의 체약국이 아닌 국가가 UNHCR과 협조하여 난민자격을 결정하기도 하는데, 이는 법적 의무에 근거한 것이 아니라 국제예양의 차원에서 협조하고 있는 것이다. 자격결정의 절차는 국제법상 명문규정이 없고 UNHCR의 권고안이 있을 뿐이어서 조약화가 요청된다. 난민자격이 **흠결**되는 경우에는, 난민협약의 적용이 중지되는 적용정지조항(난민협약 제1조 C항)과 보호가 필요하지 않거나 보호를 받을 가치가 없는 자에게는 본 협약을 적용하지 않는다는 난민으로서의 적용배제조항(난민협약 제1조 D, E, F)이 있다. 2. **난민의 보호** 1) **난민협약상 보호** 난민협약상으로는, ① 출입국의 자유를 보장하기 위하여, 여행증명서의 발급(동 협약 제28조), 추방 또는 송환의 금지(동 협약 제32조 및 제33조) ② 내국인 대우(동 협약 제4, 7, 16, 22, 23, 24, 29조 등) ③ 상주국의 국민에 부여되는 것과 동등한 대우(동 협약 제14조), ④ 최혜국 대우(동 협약 제15, 17조 제1항), ⑤ 비호국의 국내법상 외국인에게 일반적으로 부여되는 것과 동등한 대우(동 협약 제13, 18, 19, 21, 22조 제2항 등) ⑥ UNHCR과의 협력 및 편의제공(동 협약 제35조 및 난민의정서 제2조) 등이 있다. 2) **UNHCR에 의한 보호** 난민보호의 최종적 단계는 난민을 안전하게 본국으로 귀환시키거나 또는 자신이 원하는 국가에 정착시키는 것이지만, 현실적으로 본국으로의 귀환은 그리 용이한 것이 아니다. 따라서 난민보호의 최선의 대안은 영토국이나 제3국으로 하여금 난민에게 법률상 난민의 지위를 부여하게 하여, 그를 안전하고 합법적으로 체류할 수 있게 하는 것이다. UNHCR은 정치적 난민 이외에 다른 사유로 인한 난민까지도 난민으로 인정하여 보호하고자 노력하고 있다. 3) **국제적 보편규범에 의한 보호** 난민에 대한 최소한의 보호로서, 세계인권선언 제14조 제1항에 기한 망명비호권(Asylum)과 국제법상 강제송환금지의 원칙(principle of non-refoulement)에 의한 보호가 있다. 강제송환금지의 원칙은 1949년의 민간인보호에 관한 Geneva협약(Geneva 제Ⅳ협약) 제45조에서 처음으로 규정된 이래, 1950년 유럽인권협약 제3조, 1951년의 난민협약 제33조 제1항, 1969년 아프리카단결기구(Organization of African Unity)에서 채택된 '아프리카 난민문제의 특정측면에 적용되는 협약' 제2조 제3항, 1969년 미국인권협약 제22조 제8항, 1984년의 고문방지협약 제3조 제1항 등에서 직간접적으로 천명되고 있고, UNHCR의 집행위원회에서 재확인되거나, 제54차 인권소위원회에서도 그 중요성이 확인되고 있다. 3. **탈북자의 경우** 탈북자의 경우에는 국내법적 지위와 국제법적 지위가 다르게 평가되고 있다. 즉, 국내적으로는 탈북 북한주민도 대한민국의 국민으로 인정되지만, 국제법적으로는 남과 북이 서로 다른 국제법적 주체로 인정되고 있으므로 어느 일방이 타방의 국민을 자국국민으로 인정할 수 없는 관계이다. 특히 중국은 탈북자를 단순한 경제난민 내지 불법체류자 정도로 인식하고 있어서, 국제난민법에 의한 보호가 용이하지 않다. 중국 정부는 자국 영역 내에 체류중인 탈북자들에 대하여 일체의 영토적 비호를 인정하지 않는 입장을 보이고 있다. 또한 원칙적으로 탈북자는 난민협약 제31조 내지 제33조에 의해 북한으로의 강제송환 내지 추방은 금지되어야 하며, 동시에 인간이 처해 있는 상황을 불문하고 적용되는 보편적 국제인권조약에 명시된 기본적 권리에 입각해 역시 보호되어야 하지만, 현재의 중국정부는 탈북자를 강제소환하는 것으로 알려지고 있다.

'날치기' 입법 날치기 입법은 법률안 등에 대한 질의·토론이나 표결절차를 제대로 거치지 아니하고 법률안 등을 통과시키는 것을 말한다. 이승만 정부 당시 2·4파동에서 보듯이 제13대 국회 이전인 1990년대 이전에도 간간이 날치기 입법이 있었으나, 정국이 여소야대로 바뀐 1990년대부터 빈번히 행해졌다. 국민의 자유와 권리에 관한 중요법안들이 절차를 부시하고 기습적으로 처리되는 예가 많았으며, 그에 대해 헌법과 법률에 위반된다는 강한 지적이 많았다. ➜ 가결선포행위. ➜ 국회의원과 국회의장 간 권한쟁의. ➜ 권한쟁의. 날치기 입법을 방지하기 위한 제도로 2012.5.25. 국회법 개정으로 소위 '국회선진화법'을 도입하였다. ➜ 국회선진화법.

남녀평등男女平等 현행 헌법 제11조는 차별금지사유로 예시적으로 '성별·종교 또는 사회적 신분'을 들고 있다. 남녀평등의 문제는 우리나라 뿐만 아니라 전 세계적으로 중요한 쟁점이 되고 있으며, 서구에서는 20세기에 들어오면서 일찍부터 논의되기 시작한 주제이다. 우리나라의 경우에도 유교적 전통과 20세기의 일제강점기·남북분단기를 거치면서 여전히 극복되지 못한 사회적 문제로 남아 있으며, 21세기적 상황 하에서 정치적으로 그리고 헌법재판소의 결정에 의해 적극적으로 논의되고 있는 주제이다. 헌법상 남녀평등이념을 구현하기 위하여 「양성평등기본법」, 「남녀고용평등과 일·가정 양립지원에 관한 법률」 등이 제정되어 있고, 정치적 영역의 남녀평등을 위하여 적극적 평등실현조치의 하나로서, 비례대표국회의원선거 및 비례대표 지방의회의원선거에 후보자를 추천하는 때에는 그 후보자 중 100분의 50 이상을 여성으로 추천하되, 그 후보자 순위의 매 홀수에는 여성을 추천하도록 하고 있다(공직선거법 제47조 제3항). 지역구 국회의원의 경우에도 전국지역구총수의 100분의 30 이상을 여성으로 추천하도록 노력하여야 하며(동조 제4항), 이를 준수한 정당에게는 정치자금법상 여성추천보조금을 추가로 지급할 수 있도록 하고 있다(정치자금법 제26조). 사법질서인 민법규정에서의 남녀불평등에 대하여 헌법재판소와 대법원은 적극적으로 그 불평등을 해소하는 방향으로 판단하고 있다. 예컨대, 동성동본금혼규정(헌재 1997.7.16. 95헌가6), 출생에 의한 국적취득에서의 부계혈통주의(불합치결정: 헌재 2000.8.31. 97헌가12), 2005년 개정 전 민법상 자(子)는 부(父)의 성(姓)과 본(本)을 따르도록 한 규정(헌재 2005. 12.22. 2003헌가5등), 부부사이 강간죄(대판 2013. 5.16. 2012도14788등), 정리해고대상자선정 시 사내부부 중 여직원만을 의원면직하는 것(대판 2002.7.26. 2002다19292), 여성에게도 종중원의 자격을 부여하는 것(대판 2005.7.21. 2002다1178; 2008.10.9. 2005다30566; 2010.12.9. 2009다26596) 등이 있다. 또한 대법원은 민법 제781조 제6항에 따라 자녀의 성과 본이 모의 성과 본으로 변경된 사안에서, 성년인 그 자녀가 모가 속한 종중에 대하여 종원 지위를 인정하였다(대판 2022.5.26. 2017다260940). 제대군인지원에 관한 법률의 가산점제도는 원칙적으로 남녀평등의 문제는 아니지만, 사실상 남녀평등을 침해하는 결과로 되는 것으로서, 헌법상의 남녀평등원칙에 반한다고 하고 있다(헌재 1999.12.23. 98헌마363). ➜ 제대군인가산점결정. 다만, 병역의무를 남자에게 한정하는 것은 남녀평등을 침해한 것이 아니라는 결정이 있다(헌재 2011.6.30. 2010헌마460). 또, 혼인한 등록의무자 모두 배우자가 아닌 본인의 직계존·비속의 재산을 등록하도록 2009.2.3. 법률 제9402호로 공직자윤리법 제4조 제1항 제3호가 개정되었음에도 불구하고, 개정 전 공직자윤리법 조항에 따라 이미 배우자의 직계존·비속의 재산을 등록한 혼인한 여성 등록의무자는 종전과 동일하게 계속해서 배우자의 직계존·비속의 재산을 등록하도록 규정한 공직자윤리법 부칙(2009.2.3. 법률 제9402호) 제2조가 평등원칙에 위배되는 것으로 결정하였다(헌재 2021.9.30. 2019헌가3, 전원일치 의견).

남북관계발전에 관한 법률 [영] Development of Inter-Korean Relations Act. 대한민국헌법이 정한 평화적 통일을 구현하기 위하여 남한과 북한의 기본적인 관계와 남북관계의 발전에 관하여 필요한 사항을 규정할 목적으로 2005.12.29.에 제정된 법률이다. 노무현 정부는 전임 김대중 정부의 햇볕정책을 이어받아, 1990년에 제정된 「남북교류협력법(법률 제4239호, 1990.8.1. 제정, 1990.8.1. 시행), 1991년의 「남북기본합의서」 등을 계승하고 2005년에 「남북관계발전법(법률 제7763호, 2005.12.29. 제정, 2006.6.30. 시행)을 제정하였다. 2005년에 제정된 「남북관계발전법」 제3조와 2009년에 개정된 「남북교류협력법」 제12조는 남한과 북한의 관계는 국가간의 관계가 아닌 통일을 지향하는 과정에서 잠정적으로 형성되는 특수관계이고, 남한과 북한간의 거래는 국가간의 거래가 아닌 민족내부의 거래로 본다고 하고 있다. 또한 남북합의서의 체결·비준에 관한 사항을 규정하여 남북합의서의 법적 효력의 근거를 부여하고, 특히 국회는 국가나 국민에게 중대한 재정적 부담을 지우는 남북합의서 또는 입법사항에 관한 남북합의서의 체결·비준에 대한 동의권을 가진다고 규정하고 있다(제21조). 대통령은 남북관계에 중대한 변화가 발생하거나 국가안전보장, 질서유지 또는 공공복리를 위하여 필요하다고 판단될 경우에는 기간을 정하여 남북합의서의 효력의 전부 또는 일부를 정지시킬 수 있고, 국회의 체결·비준 동의를 얻은 남북합의서에 대하여 그 효력을 정지시키고자 하는 때에는 국회의 동의를 얻어야 한다(제24조 제2·3항).

남북교류법·국가보안법구별론 「남북교류협력법」과 「국가보안법」과의 관계에 관하여 헌법재판소의 다수의견이 택한 이론이다(헌재 1990.4.2. 89헌가113). 헌법재판소는 「현 단계에 있어서의 북한은 조국의 평화적 통일을 위한 대화와 협력의 동반자임과 동시에 대남적화노선을 고수하면서 우리 자유민주체제의 전복을 획책하고 있는 반국가단체라는 성격도 함께 갖고 있음이 엄연한 현실인 점에 비추어, 헌법 제4조가 천명하는 자유민주적 기본질서에 입각한 평화적 통일정책을 수립하고 이를 추진하는 한편 국가의 안전을 위태롭게 하는 반국가활동을 규제하기 위한 법적 장치로서, 전자를 위하여는 남북교류협력에관한법률 등의 시행으로써 이에 대처하고 후자를 위하여는 국가보안법의 시행으로써 이에 대처하고 있는 것이다.」, 「이와 같이 국가보안법과 남북교류협력에관한법률은 상호 그 입법목적과 규제대상을 달리하고 있으며 따라서 구 국가보안법 제6조 제1항 소정의 잠입 · 탈출죄와 남북교류협력에관한법률 제27조 제2항 제1호 소정의 죄(같은 조문 제1항 제1호 전단 소정의 죄도 같다)는 각기 그 구성요건을 달리하고 있는 것이므로 …」라고 하고 있다. 소수의견은 일반법 · 특별법론을 주장하고 있다. 남북교류협력에 해당하는 행위에 대해서는 국가보안법의 적용가능성을 차단할 필요가 있다는 점에서 보면, 일반법 · 특별법론이 더 타당하다고 할 것이다.

남북교류협력에 관한 법률 ㉢ Inter-Korean Exchange and Cooperation Act. 약칭 남북교류법. 1972년 7 · 4 남북공동선언, 1988년 대통령 특별선언(7 · 7선언)을 거쳐 1990년대부터 본격화한 남북한 간의 교류 · 협력정책에 따라, 1990.7.14. 국회 본회의에서 「남북교류협력에 관한 법률안」이 의결되었고 8월1일 정부가 「남북교류협력에 관한 법률」을 공포하고 8월9일에는 시행령을 제정 · 공포하였다. 그동안 「남북교류협력에 관한 기본지침」에 따라 행해지던 남북 간 인적왕래, 물자 반출 · 반입 등을 법률이 정하는 절차에 따라 체계적으로 규율할 수 있게 되었다. 1990년대에 남북경협과 금강산관광, 개성공단사업 등이 추진되고, 2000년대에 남북 간의 경제협력이 확대되면서 2005년 법개정에서 「남북 간의 거래를 민족내부 거래로 본다.」는 내용이 추가되었으며(개정법률 제12조 제2항), 2009년에 대폭 개정이 이루어졌다. 헌법재판소는 「현 단계에 있어서의 북한은 조국의 평화적 통일을 위한 대화와 협력의 동반자임과 동시에 대남적화노선을 고수하면서 우리 자유민주체제의 전복을 획책하고 있는 반국가단체라는 성격도 함께 갖고 있음이 엄연한 현실인 점에 비추어」라고 하여 남북한관계를 대립적 · 적대적 관계와 조화적 · 협력적 관계를 동시에 갖는 특수관계로 이해하였다(헌재 1993.7.29. 92헌바48). 또한 국가보안법과의 관계와 관련하여 헌법재판소의 결정이 있다(헌재 1990.4.2. 89헌가113). ➜ 남북교류법 · 국가보안법구별론.

남북기본합의서南北基本合意書 ➜ 남북 사이의 화해와 불가침 및 교류협력에 관한 합의서.

남북 사이의 화해和解**와 불가침**不可侵 **및 교류협력**交流協力**에 관한 합의서**合意書 남북기본합의서라고도 한다. 1980년대 후반, 소련의 미하일 고르바쵸프가 개혁개방을 주장하면서 사회주의진영의 해체를 동반한 탈냉전시대가 도래하게 되었다(소련과 동구권의 사회주의 해체물결: 蘇東波). 이에 대응하여 남북한도 탈냉전시대의 새로운 시대적 흐름에 편승하여 1991년 9월 UN회원국으로 동시에 가입하는 외교적 노력을 경주하였다. 노태우 정부는 사회주의 진영의 국가들을 대상으로 북방정책을 추진하는 외교적 성과를 바탕으로 북한과도 관계개선의 기회를 마련하고자 남북총리를 대표로 하는 5차례의 남북고위급회담과 13차례의 실무대표접촉을 통해 통일지향적인 남북관계에 관한 합의서를 채택하는데 성공하였다. 1991.12.13. 서울에서 열린 제5차 고위급회담에서 남북한은 화해 및 불가침, 교류협력 등에 관한 기본합의문을 채택하였다.

남북연석회의南北連席會議 ➜ 남북협상.

남북한관계南北韓關係 1. **헌정의 연속성과 남북한 정부의 관계** 한반도라는 하나의 공간(영토) 위에 두 개의 정부가 존재하고 있는 현재의 남북한의 상태는 남북한 정부 각각의 정당화논리에 기하여, 서로를 단지 사실상의 정부로만 평가하는 상황에 있다. 물론, 오늘날과 같이 남북한 정부를 모두 승인하고 각각 외교관계를 수립하고 있는 경우에는, 국제적으로는 한반도에 두 개의 국가가 존재하는 것으로 간주될 수 있다. 통일국가를 지향하는 입장에서는 현재의 상황은 하나의 과도적 현상에 속한다. 대한민국정부의 헌법학에서의 기존의 논의를 보면, 북한의 지위에 관하여, 국가설, 반국가단체설, 사실상의 정부설, 특수관계설(반국가단체로서의 성격과 협력적 동반자관계로서의 성격을 겸유한다는 설) 등의 여러 견해가 전개되고 있다. ➜ 영토조항과 통일조항. 남북한정부의 관계를 어떻게 인식할 것인가에 관해서는, 20세기 100년의 우리 헌정사를 어떻게 이해할 것인가의 문제와 밀접한 관련이 있다. 다시 말하면, 현재의 남북한의 분단상황과 조선 및 대한민국임시정부와의 관계에서 그 연속성 여부에 관하여 명확히 이해하여야만 남북한정부의 관계를 명확히 이해할 수 있게 된다. 이러한 관점에서 현재 남북한정부의 관계에 관해서 접근한다면, 3개의 견해가 주장될 가능성이 있다. 그 하나는, 남북한 정부 각각이, 과거의 조선과 대한제국 및 대한민국임시정부의 헌정과 현재의 남북한 정부와의 사이에 연속성이 완전히 단절되었다고 보는 불연속의 단독정부론(단정론)이며, 두 번째로, 조선과 대한제국 및 대한민국임시정부와의 연속성을 인정하면서 남북한 공히 각각의 정부만의 정통성 및 합법성을 주장하는 연속의 단독정부론이 그것이며, 세 번째로, 남북한정부 공히 조선과 대한제국 및 대한민국임시정부를 공통적으로 승계하고 있다고 보는 연속의 2정부론이 그것이다. 2. **불연속**不連續**의 단정론**單政論 이 견해는 일제강점기로 인해 과거 조선과 대한제국의 규범적 국가성이 단절되었다고 보는 견해로서, 해방 이후의 미군정기도 단순한 사실적 지배상태로서 과거의 조선 및 대한제국과 무관한 지배(점령)권력으로 인식하는 입장이다. 논리적으로 남한정부는 미군정권력으로부터 유래하고 북한정부는 혁명담론에 따른 새로운 국가의 성립으로 볼 수밖에 없다. 따라서 각각의 정부는 비록 그 헌법상 공간적 범위를 한반도 전체로 하고 있더라도, 국민, 영토, 주권 등의 측면에서, 남한정부는 38선 이남으로 그리고 북한정부는 38선 이북으로 한정할 수 밖에 없다. 아울러, 각각의 정부에서 6·25 전쟁 후 미수복지구는 휴전선 설정 후 남북한지역에 포함된 38선 이남 혹은 이북의 지역에 한하는 것으로 된다. 3. **연속**連續**의 단정론**單政論 이 견해는 남북한정부 공히 자신만이 조선과 대한제국 및 대한민국임시정부의 정통성을 계승하고 있다고 보는 견해이다. 북한정부의 경우, 1911년을 주체원년으로 표현하고 있다는 점에서 1910년의 병합조약으로 인하여 대한제국이 멸망하고, 이를 계승하여 새로운 사회주의국가를 수립한 것으로 보는 것으로 이해된다. 대한민국임시정부의 역사조차도 김일성우상화를 위한 역사로 종속시킨 것으로 보이지만, 적어도 민족사적 정통성의 측면에서는 북한정부만이 우리 민족의 정통적 계승국가라고 주장하고 있음은 분명한 듯하다. 이러한 견해는, 과거 동서독이 분단되어 있을 때 체결된 동서독기본조약에 대한 위헌법률심판제청 당시의 Bayern 주의 견해와 유사하다고 볼 수 있다. ➜ 1민족2국가. 대한민국 정부의 경우, 제헌헌법에 명시한 바와 같이, 대한제국을 승계한 대한민국임시정부의 법통을 계승하되, UN총회의 결의에 따라 '한반도 내에서의 유일한 정부'라고 인식하고 있는 것으로 보이지만, 이는 부정확한 견해이다. ➜ 한반도유일합법정부론. 기존의 남북한 관계에 관한 여러 학설 중, 반국가단체설의 입장이 이에 근거하고 있다고 생각되며, 1민족 1국가를 주장하는 견해라 할 수 있다. 4. **연속**連續**의 2정부론**二政府論 이 견해는 조선과 대한제국 및 대한민국임시정부로 계승된 국가성이 현재의 남북한정부의 상위에 존재하고, 그 하부정부로 남북한정부가 존재한다고 보는 견해이다. 대한민국임시정부가 추구하였던 통일대한민국이라는 규범적 국가 아래에 현재의 남북한정부가 잠정정부 내지 과도정부로 존재하며, 두 정부는 통일대한민국을 위하여 공동으로 노력하여야 하는 정부라고 인식하는 방법으로 1국가2정부론 혹은 1국가2체제론이라고 할 수 있다. 이 견해는 동서독 기본조약에 대한 독일연방공화국 헌법재판소의 시각, 즉 1민족 2국가론(지붕이론)과 유사하다. 다만, 1민족 2국가론은 하나의 민족이 2개의 국가를 그 하부에 두고 있다는 것이지만, 1국가2정부론은 하나의 국가 아래에 두 개의 정부가 존재하는 것으로 보는 것이므로 서로 구별될 수 있다. 물론, 국가를 법질서와 동일시하는 Kelsen 류의 견해에 따른다면, 남북한은 명백히 다른 법질서이므로 서로 다른 국가라 할 수밖에 없겠지만, 국가는 '하나의 통일된 법질서' 이상의 것으로 이해할 수 있다. 남북한정부 사이를 '나라와 나라 사이의 관계가 아닌 통일을 지향하는 과정에서 잠정적으로 형성되는 특수관계'라고 보는 헌법재판소의 결정이 이에 입각하고 있다고 해석할 수도 있을 것으로 보인다. 5. **결어** 위의 세 가지 견해는 20세기 100년의 헌정사에 대한 이해와 함께, 현재의 남북한의 분단상황에 대한 이해의 방법에서 서로 다른 두 가지 입장을 보여주고 있다. 그 하나는 대한국주의적 이해방법이며, 다른 하나는 소한국주의적 이해방법이다. **대한국주의적 이해방법**은 현재의 남북한정부를 모두 포함하는 하나의 국가를 전제로 하여 남북한정부를 모두 포괄하는 이해방법이며, **소한국주의적 이해방법**은 각각의 정부를 고집하여 그 정부만을 정통성있는 정부 내지 국가로 이해하고 다른 정부를 배척하는 이해방법이다. 불연속의 단정론 및 연속의 단정론이 소한국주의적 이해방법이라면, 연속의 2정부론은 대한국주의적 이해방법이다. 어느 이해방법이든 역사적 사실과 규범논리적 타당성을 기초로 하여 선택되어야 한다. 남북한정부의 각 헌법이 모두 통일을 지향하고 있다고 본다면, 통일대한민국의 견지에서 남북한 정부의 잠정성(Modus Vivendi)을 인정하고, 현 단계의 남북한정부의 관계는 1국가2정부라는 관점에서, 상호배타적인 관계로 인식하기보다는 상호협력적 관계로 인식하여 점차적으로 하나의 통일대한민국으로 나아가는 것이 바람직할 것이다.

남북협상南北協商 1945년 해방 이후 미·소 점령기에 통일대한민국을 수립하기 위하여 1948년 전조선정당사회단체대표자연석회의와 남북조선제정당사회단체지도자협의회 등 단독정부수립노선에 대항한 일련의 정치회담을 말한다. 1947.5. 한국문제 해결을 위한 제2차 미소공동위원회가 열렸으나 합의가 이루어질 가능성이 희박하였다. 이에 미국은 한국문제를 국제연합으로 이관하였고, 그 해 11월 국제연합 총회는 미국이 제안한 한국통일안을 통과시켰다. 1948.1. 이 결의에 의한 국제연합 임시위원단 방문을 소련과 북한측이 거부함으로써 남북의 통일선거 실시는 불가능하게 되었다. 이에 민족내부적으로는 남북협상을 통해 자주적으로 남북문제를 해결하고자하는 움직임이 나타났다. 남한 단독정부 수립을 주장한 이승만과 한국민주당은 남한만이라도 단독선거를 실시하여 정부를 수립한 뒤에 점진적으로 통일을 성취하자고 주장하였다. 이에 김구는 김규식과 함께 남한 단독정부

수립을 반대하였다. 이들은 남북정치요인회담을 통하여 통일정부 수립을 해야 한다고 하였고, 국론은 이승만 계열과 김구·김규식 계열로 양분되었다. 1948.2., 14개 정당과 51개의 사회단체로 구성된 중간파 정치세력의 집결체인 민족자주연맹은 위원장 김규식의 주재로 정치위원 홍명희와 원세훈 등 5명과 상무위원 안재홍·여운홍·최동오·유석현·이상백 등 17명이 김규식의 숙소인 삼청장에서 연석회의를 열었다. 이 회의에서 북한의 김일성과 김두봉에게 남북요인회담의 개최를 요망하는 서한을 보내기로 결의하였고, 한국독립당 위원장 김구의 승낙을 얻어 김구와 김규식 두 사람의 연서로 보낼 것에 합의하여 같은 달 16일 서울의 소련군 대표부를 통해 전달을 의뢰하였다. 이에 대해 국제연합 임시한국위원단의 인도대표 메논(V. K. K. Menon)과 중국대표 리우위완 등이 관심을 보였다. 그러나 북한으로부터 아무런 회답이 없자, 그 달 26일 국제연합 소총회는 미국대표의 제안에 따라 메논의 제1방안, 즉 총선거는 가능한 지역인 남한에서만 추진시킨다는 방안을 표결에 붙여 31대2로 가결되었다. 이로써 한국의 분단은 기정사실이 되었다. 이 보도가 국내에 전해지자 단독정부 수립을 추진하던 한국민주당과 대한독립촉성국민회를 비롯한 정당단체 대표들은 이승만을 방문하여 국제연합 소총회결의안 통과 축하국민대회를 열기로 하고, 이후의 선거대책을 토의하였다. 한편, 김구는 국제연합 소총회의 결의에 대해 한국을 분할하는 남한단독정부도, 북한인민공화국도 반대하며, 오직 남북통일을 위하여 최후까지 노력하겠다고 선언하였다. 그 뒤 북한은 김구와 김규식이 보낸 서신에 대해서는 언급 없이 김일성과 김두봉을 비롯한 9개 정당단체 대표자들의 연서로서 3.25.의 평양방송과 서신으로 북한민주주의민족통일전선 제26차 중앙위원회의 결정을 알려왔다. 4.14.부터 평양에서 남한의 모든 민주주의 정당사회단체와의 연석회의를 개최하고, 조선의 민주주의독립국가 건설을 추진시키는 것을 공동목적으로 하자는 내용이었다. 그리고 이 서한을 민족자주연맹·한국독립당·남조선노동당 등 17개 정당사회단체와 김구·김규식 등의 15명에게 전달하였다. 또한 단독선거를 반대하는 정당사회단체에도 이를 전달하였다. 김구와 김규식은 3.31. 그 동안 남북간에 오고간 서한을 공개하면서 이번 회담은 그들이 준비한 잔치에 참여만 하라는 것이 아닌가 하는 기우에도 불구하고, 남북요인회담을 요구한 이상 가는 것이 옳다고 본다고 공식태도를 밝혔다. 그 동안 이승만은 남북협상에 관해서는 김규식과 양해한 바에 따라 일체 언급을 회피하고 총선거 준비를 진행하였다. 국내의 여론이 찬반 양론으로 갈라져 들끓는 가운데 김구와 김규식은 북한측의 진의를 알아보기 위하여, 4.8. 안경근과 권태양을 평양에 파견하였다. 그들은 김일성과 김두봉을 직접 만나 김일성으로부터 우리가 통일을 위하여 만나 이야기하는 데는 아무런 조건도 있을 수 없으며, 김구·김규식 두 사람이 무조건 와서 모든 문제를 상의하면 해결된다는 회답을 가지고 돌아왔다. 이 보고에 김구는 북행을 결심하였으나, 김규식은 여전히 태도를 결정하지 못하였고, 이 때문에 평양회의는 당초 예정했던 4.14.에서 19.로 연기되었다. 이 사이에 서울에서는 4.14. 저명한 문화인 108명이 연서하여 남북요인회담의 지지성명을 발표하였다. 남북협상만이 조국의 영구분단과 동족상잔의 비극을 막는 구국의 길이라고 성원하여 북행의 명분을 찾던 김규식도 북행을 결심하게 하였다. 김규식에게 큰 기대를 걸고 있던 미군정의 하지(J. R. Hodge) 사령관은 그의 정치고문 버치(L. Bertsch) 중위를 보내 북행을 만류하였다. 김규식은 민족자주연맹 긴급간부회의를 소집, 자신이 북행에 앞서 김일성에게 5개 항의 조건을 제시하여 그 수락을 전제로 하겠다는 입장을 밝혔다. 그 조건은 어떠한 형태의 독재정치도 이를 배격할 것, 사유재산제도를 승인하는 국가를 건립할 것, 전국적 총선거를 통하여 통일중앙정부를 수립할 것, 어떠한 외국의 군사기지도 이를 제공하지 말 것, 미소 양군의 철퇴는 양군 당국이 조건·방법·기일을 협정하여 공포할 것 등으로, 김일성이 받아들이기 어려울 것으로 생각되는 것이었다. 4.18. 권태양과 배성룡 두 특사가 다시 평양으로 가서 김일성을 만나, 5개 항의 조건을 수락한다는 의사를 확인하였다. 이 사실은 이날 밤 평양방송을 통하여 남한으로 보도되었다. 김규식은 이것으로 북행의 명분을 세우고, 22일 민족자주연맹의 대표단 16명과 함께 평양으로 떠났다. 이미 김구가 단독으로 떠난(4.19.) 뒤였다. 이렇게 남북연석회의가 열리게 되었다. **남북연석회의**란 남북 정당·사회단체 대표자 연석회의의 준말로, 남북의 정당과 사회단체 대표자들이 한 자리에 모여 관심사인 문제를 토의하는 회의방식이었다. 남북연석회의는 1948.4.19.~23. 동안 평양에서 열려 남한의 단독 총선거를 반대하는 투쟁을 결의한 것이 출발이었다. 당시 북한은 한반도 전역에서의 총선거 실시라는 유엔 결의를 수행하기 위해 파견된 유엔한국임시위원단의 입북을 가로 막았으며 내부적으로는 인민회의에서의 헌법초안 마련, 인민군 창설, 주요산업 국유화 등 사회주의 개조작업을 진행하여 독자정권 수립을 진행시켜 나가고 있었다. 4.26. 연석회의의 공식일정이 끝난 다음 27일부터 30일까지 김구·김규식·조소앙·조완구·홍명희·김붕준·이극로·엄항섭·김일성·김두봉·허헌·박헌영·최용건·주영하·백남운 등 15명으로 구성된 남북요인회담이 개최되어, 김규식이 제시한 바 있는 5개 항의 조건을 중심으로 토의가 이루어졌다. 이어, 남북통일정부 수립방안을 작성하였는데, 그 내용은 다음과 같다. 첫째, 소련이 제의한 바와 같이 우리 강토에서 외국군대가 즉시 철거하는 것이 조선문제를 해결하는 유리한 방법이다. 둘째, 남북정당사회단체지도자들은 우리 강토에서 외국군대가 철퇴한 뒤에 내전이 발생할 수 없다는 것을 확인한다. 셋째, 외국군대가 철퇴한 이후 다음 연석회의에 참가한 모든 정당사회단체들은 공동명의로써 전조선정치회의를 소집하여 임시정부를 수립하고 통일적 조선입법기관을 선거하여 통일적 민주정부를 수립해야 한다. 넷째, 위의 사실에 의거하여 이 성명서에 서명한 모든 정당사회단체들은 남조선단독선거의 결과를 결코 인정하지 않을 것이며 지지하지도 않을 것이라는 것이었다. 남북요인회담을 진행되는 사이, 김구·김규식·김일성·김두봉은 이른바 '4김 회담'이라고 하여 김두봉의 제의 하에 연백평야에 공급하다 중단된 수리조합 개방문제, 남한으로 공급하다 중단한 전력의 지속적인 송전문제, 조만식의 월남허용문제, 만주 여순에 있는 안중근의 유골 국내이장문제 등에 관해 논의하였고, 이에 김일성은 수리조합 개방, 전력 송전에 대해서는 즉석에서 수락하였고, 조만식과 안중근 이장문제는 뒤로 미루었다. 그러나 김구와 김규식이 서울로 돌아와 국민들에게 이 사실을 발표한 며칠 뒤, 다시 수리조합과 전력송전을 중단하고 약속을 이행하지 않았다. 결국 남북협상은 아무런 성과도 거두지 못하고, 이후 대한민국 정부수립과정에서 이들 통일정부수립노선을 택하였던 인사들이 배제되는 결과만을 가져왔다. 미소냉전체제의 국제정세하에서 민족의 분열을 막고 통일국가수립을 위한 노력은 분단시대의 중요한 민족적 과제라 할 수 있다. 남북협상이 민족의 꿈으로 사라질 것을 예견하면서도 두 지도자가 북행을 결행한 것은 민족과 역사 앞에서 자기의 의무를 완수하겠다는 애국적 행동으로 평가되기도 하지만 한편으로 그들의 북행은 김일성단독정권 수립책략에 이용된 것이었다고 평가되기도 한다. 이후 북한은 대남전략에 입각하여 정당·사회단체 연석회의 또는 정치협상회의를 남북관계와 통일문제를 협의하는 회의체 형식으로 지속적으로 주장해 왔다. 1970년대에 들어와 당국 간 회담인 남북조절위원회가 가동되어 불완전하나마 사실상 서로의 실체를 인정한 후에도 이 연석회의 주장은 계속되었다. 그 명칭은 시기에 따라 바뀌어 왔지만 기본적으로 각계를 대표하는 인사들이 모여 남북의 입장을 떠나 개인적인 의사를 표명하고 이를 집합하여 결론을 낸다는 것에는 변함이 없다.

남북회담南北會談 분단 이후 남북간 대화로는 1970년대에는 남북 적십자회담, 남북조절위원회 회의, 남북탁구협회 회의 등이 열렸다. 1980년대에는 남북총리회담, 남북체육회담, 4차 스위스 로잔 체육회담, 남북적십자회담, 남북국회회담 예비회의 등이 있었다. 1990년대에는 남북고위급회담, 남북체육회담, 남북 특사교환을 위한 실무대표접촉, 남북정상회담을 위한 준비접촉, 4자 예비회담 및 6차의 본회담 등이 열렸다. 2000년대에는 남북정상회담, 남북장관급회담, 남북국방장관회담과 남북장성급군사회담 및 실무대표회담, 남북경제협력추진위원회 및 산하 경제실무회담, 이산가족면회소건설추진단회의, 부산 아시안게임 실무접촉 등이 있었다. 이 회담 중 1972.7.4.에 있었던 7·4 남북공동선언은 통일의 기본원칙을 천명하였으며, 2000년의 남북정상회담에서는 6·15 남북공동선언이, 2007년에는 10·4 남북공동선언이 있었으며, 2018년에는 세 차례의 정상회담이 있었고, 2019년에도 판문점에서 남북미 세 정상의 회동이 있었다.

남조선과도입법의원南朝鮮過渡立法議院 1946년 미군정이 정권을 인도하기 위해 설립하였던 과도적 성격을 띤 입법기관이다. 1946.5.6. 제1차 미소공동위원회가 무기휴회되자 미군정 당국은 김규식(金奎植)·여운형(呂運亨) 등 온건 좌우파 지도자들에게 좌우합작운동을 적극 알선하는 한편, 이들을 중심으로 과도입법의원을 구성하였다. 1946.6.29. 군정장관 러치(Lerche, A.L.)는 대한인민의 법령을 대한인민의 손으로 제정하는 입법기관의 창설을 미군사령관 하지(Hodge, J.R.)에게 건의하였고, 그 해 7.9. 하지의 동의를 얻어 군정법령 제118호를 통해 8.24. 남조선과도입법의원의 창설을 발표하였다. 미국은 입법기관을 설치하려는 이유에 대해 한국인에게 민주주의 제도를 훈련시키고 법령초안 작성 등의 실무기술을 익히게 함으로써 소련 지배 하의 북한체제에 대응하려는 것이라고 설명하였다. 이에 대해 군정연장설·통일정부지연설 등을 이유로 입법의원 창설을 비난하는 목소리도 있었다. 이에 하지와 러치는 입법의원이 행정권 이양의 한 단계이며 인민이 정부 운영에 참여하는 민주주의적 한 표현으로서, 남조선 단일정부 수립이나 기타 아무런 다른 목적도 없다고 성명을 발표하였다. 입법의원은 1946.10.21.부터 31.에 걸쳐 민선의원 45명을 간접선거로 선출하고 관선의원 45명은 하지가 임명하였다. 선거로 뽑힌 민선의원은 이승만의 독립촉성국민회 계열 등 보수세력이 많았고, 주한 미군사령관 하지 중장이 임명한 관선의원은 좌우합작파가 주력이었다. 그러나 중도좌파의 핵심인물인 여운형이 선거부정을 이유로 탈퇴했고, 장건상, 조완구 등 중도파도 대거 사퇴하였다. 그 해 11.4. 개원이 예정되었으나 좌우합작위원회에서 선거의 부정과 친일인사의 등장 등이 지적되면서 서울과 강원도의 입법의원 선거가 무효로 처리되었고, 이로 말미암아 재선거를 실시하여 개원이 1개월 연기되었다. 정식 개원일인 12.12.을 하루 앞둔 11일의 예비회담에서 한민당 출신 의원들은 서울시와 강원도의 재선거에 불만을 표시하고 등원을 거부하였기 때문에 법령에 규정한 회의구성의 정족수(전체 의원의 4분의 3)가 미달되는 사태가 일어났다. 이에 하지는 전체의원의 2분의 1로써 정족수를 구성하는 수정법안을 공포하여 이날 예비회의를 성립시켰고, 참석의원 53명 중 49표의 절대다수로 김규식이 의장에 당선되었으며, 1946.12.12. 57명의 의원이 중앙청 제1회의실에서 개원식을 거행하였다. 이로써 한국 근대사상 최초의 대의정치기관이 탄생되었으나 이곳에서 제정한 법령은 군정장관의 동의를 얻어야 그 효력이 발생하였기 때문에 정상적인 국회와는 그 성격에 차이가 있었다. 그러나 행정부·사법부와 더불어 남조선과도정부로 하여금 삼권분립의 형태를 갖추게 하였다는 데 그 의의가 있었다. 입법의원의 구성을 살펴보면 의장에 김규식, 부의장에 최동오·윤기섭, 상임위원회 위원장으로는 법무사법에 백관수, 내무경찰에 원세훈, 재정경제에 김도연, 산업노동에 박건웅, 외무국방에 황진남, 문교후생에 황보익, 운수체신에 장연송, 청원징계에 김용모 등이었다. 특별위원회 위원장으로서는 자격심사에 최명환, 임시헌법과 선거법기초작업에 김붕준, 행정조직법기초작업에 신익희, 식량·물가대책에 양제박, 적산대책에 김호, 부일협력·민족반역자·전범·간상배에 대한 특별법률조례기초에 정이형 등이었다. 입법의원에서 통과시킨 중요 제정법령으로는, 남조선과도입법의원법, 국립서울대학교설립에 관한 제102호법령의 제7조 개정, 하곡수집법, 미성년자노동보호법, 입법의원선거법, 민족반역자·부일협력자·간상배에 대한 특별법, 조선임시약헌, 사찰령 폐지에 관한 법령, 공창제도 등 폐지령, 미곡수집령 등이 있었다. 입법의원에서 처리한 것은 공포된 법률 11건, 심의한 법률 50여 건에 지나지 않았으며, 입법의원을 거치지 않고서 군정법령으로 공포된 것이 80건이나 된 것을 보면, 1948.5.에 해산되기까지 약 1년 반 동안 앞으로 수립될 정부의 입법부로서의 준비단계의 임무를 수행하였다고 볼 수 있다. 남조선과도입법의원은 1948.5.10. 대한민국 제헌의회 총선이 실시된 지 9일 후인 5.19. 과도정부 법률 제12호에 의해 해산했다. 과도입법의원 중 제헌국회 총선에 출마한 의원은 43명이었고, 그 중 13명이 당선됐다.

남조선과도정부南朝鮮過渡政府 1947년 미군정청이 행정권의 민정이양을 위해 잠정적으로 설치하였던 집행부이다. 1946.3., 「군정법령」 제64호로써 군정청 기구의 국(局)을 부(部)로 개칭하면서 군정청 기구가 대체로 확립되고, 이를 전후하여 각 부처장에는 한국인이 채용되어 한미 양부처장제를 실시하였다. 그 해 9월 미군정 당국은 부장회의 석상에서 군정장관 러치(Lerche)의 특별발표를 통해, 군정하의 행정권을 한국인에게 이양하겠다는 의사를 표시하였다. 이 발표에서 미국인은 고문으로 남아 부결권만 행사하며, 종래 한미 양국어로 사용하던 문서는 한국어만을 사용하도록 하는 조처가 단행되었다. 이 원칙에 따라 1947.2. 한국인 부처장을 통괄하는 민정장관에 안재홍을 임명하였다. 이로써 군정 2년을 맞이하게 되었고, 1946.12.에는 김규식을 의장으로 하는 관선 45명, 민선 45명의 의원으로 구성된 남조선과도입법의원을 창설하여, 당면한 제반 법령을 한국인들의 손으로 제정하도록 하였다. 이로써 사법부 대법원장에 김용무와 아울러 미군정이 이른바 입법·사법·행정의 삼권분립을 갖춘 통치기관이 성립되었다. 1947.5. 「군정법령」 제141호에 의한 38선 이남 지역의 입법·행정·사법 각 부문의 재조선미군정청한국인기관(在朝鮮美軍政廳韓國人機關)을 남조선과도정부라고 부르기로 함으로써 형식적으로는 미군정이 점차로 이양되는 절차를 밟았으나, 실권은 거부권을 가진 미국인 고문에게 여전히 남아 있었다. 그리하여 과도정부는 기구개혁위원회를 설치하여, 현실적인 기구개혁안을 작성하고 이를 실시하였다. 한편 7월에는 당시 미국에 있던 개화운동의 선구자인 서재필을 한미인최고의정관(韓美人最高議政官)으로 맞이하여 군정의 고문을 담당하게 함으로써, 이른바 군정의 조선인화에 더욱 진전을 보게 되었다. 남조선과도정부의 기구로는 종래의 13국6처를 13부6처로 하는 동시에, 인사위원회와 중앙경제위원회를 신설하였다. 그 동안 군정장관도 경질되어 1946.12.에는 소장 아놀드(Arnold, A. V.)의 뒤를 이어 소장 러치가, 1947.10.에는 러치의 사망으로 소장 딘(Dean, W. F.)이 뒤를 이었다. 과도정부는 1948.8. 대한민국 정부가 수립됨과 동시에 자동 소멸되었다.

남조선대한국민대표민주의원南朝鮮大韓國民代表民主議院 미군정기인 1946년에 설립된 미군정청의 자문기관이다. 모스크바 3상 회의에서 신탁통치안이 결정되자, 김구 등 임시정부계는 즉시 반탁운동을 전개, 1946.2.1. 비상국민회의를 열었다. 좌익 측이 민주주의민족전선 결성을 추진하자 미군정은 비상국민회의의 최고정무위원을 민주의원으로 개편, 군정사령관의 자문기관으로 삼았다. 조직은 의장 이승만, 부의장 김구 · 김규식, 의원에는 원세훈 · 김도연 · 백관수 · 김준연 · 백남훈 · 권동진 · 오세창 · 김여식 · 최익환 · 조완구 · 조소앙 · 김붕준 · 안재홍 · 박용희 · 이의식 · 여운형 · 황진남 · 백상규 · 김선 · 장면 · 김창숙 · 김법린 · 함태영 · 정인보 · 황현숙 등으로 구성되었다. 여기에는 좌익계를 제외한 인사들이 총망라되었다. 비상국민회의는 당초 최고정무위원회를 조직하기로 결의하고 구성을 이승만, 김구, 김규식 3인에게 일임하여 28명의 최고정무위원을 선출했으나 미군정청의 요청으로 명칭을 '민주의원'으로 바꾸었다. 성격도 미군정에 대한 자문기관의 성격으로 격하되었다. 회의는 2.14.에 개원했으며, 2.23. 〈민주의원 규범(규약)〉 32개 조를 결정함에 따라 기구가 다시 결정되어 의장 이승만, 부의장 김규식, 총리 김구, 비서국장 윤치영, 서무국장 고희동, 공보국장 함상훈, 통계국장 조종구, 기획국장 최익이 되었다. 매주 3회(화 · 목 · 토) 창덕궁에서 회의를 열어 미소공동위원회에 관해 제반문제를 검토하고 모든 우익세력이 미소공동위원회에 제출할 안건을 논의했다. 그러나 제1차 미소공동위원회가 개최되자 그 동안 신탁통치반대운동을 전개하던 우익진영은 분열되었다. 이승만이 의장을 사퇴했으며 김규식이 대리의장을 맡았으나 이승만이 남한만의 단독정부 수립을 주장하고, 김규식 등은 좌우합작운동을 추진함으로써 민주의원은 사실상 기능이 정지되어 사실상 소멸했다. 그 후신으로 1946.12.에 남조선과도입법의원이 성립되었다. 당시 러치 군정장관은 하지(J.R. Hodge) 미군사령관에게 한국인 입법기관의 창설을 건의하여 동의를 얻은 뒤 1946.8.24. 군정법령 제118호로 남조선과도입법의원의 창설을 발표하였다. 이 발표는 극도의 흥분상태에 놓인 좌 · 우 양파로부터 많은 비판을 받았으나 하지와 러치는 입법의원의 창설이 행정권이양의 한 단계일 뿐 다른 목적은 없다고 성명을 발표하였고, 1946.12.12. 민선의원 45명, 관선의원 45명으로 구성된 과도입법의원인 남조선과도입법의원이 개원하게 되었다. 이로써 민주의원이 사실상 그 기능을 상실하였으나, 정식으로 해산한 것은 제헌국회 성립 뒤인 1948.5.29.이었다.

납세의무納稅義務 ➜ 국민의 기본의무.

내각책임제內閣責任制 ➜ 영국식 의원내각제. ➜ 정부형태.

narrowly tailored law(narrow tailoring) 'narrowly tailored law'는 '정치(精緻)하게 재단(裁斷)된

법률'이라는 의미이다. 미국에서 평등심사기준으로서 확립된 엄격심사는 정부가 필수불가결한 정부의 목적을 달성하기 위하여 정치하게(정밀하게/섬세하게) 재단된(narrowly tailored) 수단을 선택할 것을 요구한다. 연방대법원은 수정 제1조의 권리(종교의 자유, 표현의 자유, 청원권)에 대한 정부의 규제가 '정치하게 재단되어야' 한다고 하였다. 이는 법률이 수정 제1조의 자유에 관하여 가능한 한 거의 제한이 없을 만큼 정확하게 규정되어야 한다는 것을 의미한다. 수정 제14조 상의 적정절차와 평등보호에도 정치하게 재단된 수단선택의 원칙이 적용된다. '정치한 재단(narrow tailoring)'은 정부가 주장하는 목적을 달성하기 위해 선택된 수단이 그 목적을 달성하기 위하여 특별히 그리고 정치하게 짜여질 것을 요구한다. 정치한 재단은, 어떤 법률이 너무 광범위하게 다 쓸어담아서, 보호되지 않는 표현과 함께 보호되는 표현도 금지하는 경우에 대법원이 사용하는 과도한 광범성 원칙과 관련이 있다. 과도한 광범성을 피하기 위하여 정부는 그들의 목적을 달성하기 위하여 가장 덜 제한적인 수단을 사용하도록 법률을 정치하게 재단하여야 한다. 예컨대, Frisby v. Schultz, 478 U.S. 474(1988) 판결은 거주지역에서의 피켓팅을 규제하는 시 조례(city ordinance)에 집중하였다. 조례가 합헌이라고 하였음에도 몇몇 대법관들은 조례가 너무 광범위하여 거주지에서의 모든 피켓팅을 잠재적으로 제한한다고 하면서 반대하였다. Frisby 판결의 다수의견은 한 채의 주택에만 피켓팅하는 데에 적용된다고 해석하고, 조례를 무효로 하거나 시로 하여금 거주지 피켓팅에 대한 가장 덜 제한적인 수단을 찾도록 강제할 필요는 없다고 보았다. 정치한 재단은 엄격심사에만 한정되지는 않는다. 최근에는 연방대법원은 McCullen v. Coakley, 573 U.S. 464(2014) 판결에서 낙태병원 밖에서의 항의를 규제하는 매사추세츠 주법률을 무효로 하였다. 대법원은 법률이 내용에 근거하지 않았으며 따라서 엄격심사에 따르지 않는다고 결정하였다. 그러나 대법원장 John Roberts는 "비록 법률이 내용중립적이라 하더라도, 중대한 정부이익에 기여하도록 정치하게 재단되어야 한다"고 설시하였다. 대법원은 언론의 자유 사건들에 엄격심사를 적용함으로써 정치한 재단을 확고히 한다. 정치한 재단을 확실히 하기 위하여 대법원은 언론자유 사건을 심사하는 경우에 엄격심사의 기준을 개발하였다. 엄격심사를 충족하기 위하여는, 정부는 법률이 필수불가결한 정부 이익(a compelling government interest)에 적합하고 그 규제가 가장 덜 제한적인 수단을 사용함을 충족하고 있음을 제시하여야 한다. R.A.V. v. St. Paul, 505 U.S. 377(1992) 판결에서 대법원은 모든 십자가 태우기(cross burning)를 금지하는 조례를 무효로 하였다. 대법원은 이 조례가 정치하게 재단되지 않았고 주가 그 규제에 실질적인 이익을 갖지 못하는 언론을 억압할 수 있다고 하였다. Gooding v. Wilson, 405 U.S. 518(1972) 판결에서 대법원은 조지아 주의 평화법률의 침해에서 '모욕적인 언어(opprobrious language)'라는 표현이 너무 광범위하고 평화의 침해를 불러일으키지 않는 언론을 포함할 수 있다고 결정하였다. 그러므로 정부는 그의 필수불가결한 이익을 증진하기에 필요한 것 이상의 언론에 제한을 둘 수 없다. 정치하게 재단된 법률은 입법부 및 행정부에 너무 광범위하지 않는 법률을 제정하도록 요구하는 한편으로, 법률이 완벽하기를 요구하지는 않는다. 연방대법원장 Roberts는 Williams-Yulee v. Florida Bar, 115 S.Ct. 1656(2015) 사건에서 법관선거운동에서 언론을 제한하는 것을 합헌으로 하면서 이 점을 설시하였다. 그의 의견에서 Roberts는 제한은 정치하게 재단되어야 하지만, 완전하게 재단될 필요는 없다고 하였다. 정치한 재단은 정부의 목적과 그 수단 사이의 적정성의 문제이며, 심사법원이 정부의 목적을 달성하는 데에 필요한지의 여부, 정부의 이익에 기여하는 대안적 방법이 유용한지 그리고 적절한지의 여부를 결정할 것을 요구한다. 입법부의 목적과, 반드시 완전하지는 않더라도 합리적인 방법 사이의 적정성을 허용한다. 그것은 반드시 하나의 최선의 처분이 아니라 기여되는 이익에 비례하는 범위의 것을 의미한다. 원고는 주어진 규제에 대한 덜 부담적인 대안을 생각하고 항변할 수 있어야 한다. 정치한 재단 요건과 명확한 서술 원칙은 많은 효과를 갖지만, 양자에 공통한 하나의 효과는 호의적이지 않은 결과를 달성하기 위한 법률을 기초하는 것과 관련된 비용에서의 증가이다. 정치한 재단은 정부로 하여금 덜 제한적인 수단을 채택할 것을 요구하지는 않는다. 정치한 재단은 제한이 과소포함적(underinclusive)이거나 과잉포함적(overinclusive)이어서는 안된다는 것을 의미한다.

내부경찰권內部警察權 ➜ 국회자율권.

내용에 근거한 제한과 내용중립적 제한content-based and content-neutral restrictions of speech **1. 의의** 표현의 자유는 표현과 관련된 모든 것 즉 표현의 내용, 방법, 시간, 장소, 행사 등을 보장하는 데에 의의가 있으며, 원칙적으로 국가는 표현의 자유를 규제해서는 안된다. 하지만 표현의 자유는 개인의 인격실현과 민주정치의 확립이라는 순기능만이 아니라 타인의 권리, 국가안보, 공공질서, 공공복리 등을 침해할 수 있는 역기능도 있기 때문에 그 제한의 가능성이나 필요성도 인정될 여지가 크다. 특히 인터넷 등 의사표현의 수단이 급격히 발전한 오늘날의 사회에서는 표현의 자유의 제한원리가 더욱 중요한 의미를 갖게 되었다. 표현의 자유의 제한 즉 규제는 표현내용에 근거한 규제와 내용중립적 규제로 구별되며, 이에 따라 상이한 심사기준이 적용된다. 미국 연방대법원은 표현내용규제에 대하여는 엄격심사기준을, 표현중립적 규제에 대하여는 중간심사기준을 적용하고 있다. **2. 미국에서의 법리전개** **1) 최초 판례** 1970년대까지 미국 법원은 내용근거 규제와 내용중립적 규제를 구별하지 않았다. 연방대법원은 Schacht v. United States, 398 U.S. 58(1970) 판결에서 처음으로 내용에 근거한 법과 내용중립적인 법을 구별하였다. 연방대법원은 이 판결에서, 연극의 내용이 군대를 모욕하는 경우 배우에게 군복착용을 금지하는 법을 위헌으로 결정하였다. 배우도 연극공연 중에 정부를 공개적으로 비판할 권리를 포함하는 표현의 자유를 가지며, 따라서 군복을 착용한 배우가 군의 명예를 저하시키는 발언을 한 것에 대해 처벌하는 것은 이러한 헌법상 권리에 대한 침해라고 판단하였다. 연방대법원은 모든 공연에서 군복착용을 금지하는 것은 내용중립적 규제이지만, 군대를 조롱하는 연극 중에만 군복 착용을 금지하는 것은 내용에 대한 규제라고 보았다. 이후 연방대법원은 Police Department of Chicago v. Mosley, 408 U.S. 92 판결(1972)에서, 학기 중 학교 인근에서 행해지는 모든 시위를 금지하면서 단지 학내 노사분규에 관한 평화적인 노동 시위만을 예외로 두고 있는 시카고시 조례(city ordinance)에 대하여 위헌으로 결정하였다. 법원은 시카고시 조례의 가장 큰 문제점은 주제(subject matter)에 근거하여 허용되는 시위를 규정하고 있는 점이라고 보았다. 즉 학내 노사분규에 관한 평화적 시위는 허용되지만 그 밖의 다른 모든 평화적 시위는 금지되고 있는데, 이러한 차별은 그 시위의 내용에 관한 것이라고 보았다. 모든 시위를 금지하는 것은 내용중립적 규제이지만, 평화적 노동시위라는 예외를 인정하는 차별은 내용에 근거한 것이라고 판단하였다. 법원은 그러한 내용에 근거한 규제는 "보다 주의깊게 심사되어야 한다"는 것을 분명히 하였다. 2) **발전 내용근거 제한**의 경우 구체적으로 무엇에 근거하는지에 관하여, **관점**(viewpoint)에 근거하는 것만으로 보는 입장과 **관점 및 주제**(subject matter) 모두를 내용근거로 보는 입장이 판례상 나타났다. 관점(viewpoint) 규제는 특정한 쟁점 혹은 주제에 대한 표현을 규제하는 것 이상으로서, 논쟁이나 쟁점의 일방만을 규제하며 다른 측에 대해서는 규제하지 않는 것이다. 즉 특정 쟁점에 대한 일방의 견해를 동일한 쟁점에 대한 다른 견해보다 법이나 법원에서 훨씬 우호적으로 다루는 것을 뜻한다. 예컨대 정부정책에 우호적인 표현은 허용하면서 비판적인 표현은 금지시키는 것은 허용되지 않으며, 공원에서 낙태찬성론자의 시위는 허용하면서 낙태반대론자에 대하여는 불허하는 것은 위헌이다. 연방대법원도 Boos v. Berry, 485 U.S. 312(1988) 판결에서 외국대사관의 500피트 이내에서 외국정부를 비판하는 표시물을 금지하는 콜럼비아지구 법률을, 표현된 견해에 근거하여 표현을 구별하고 있다고 하여 위헌이라고 결정하였다. 이에 비하여 주제(subject matter) 규제는 정부가 표현의 주제에 근거하여 규제하는 것으로서, Carey v. Brown, 447 U.S. 455(1980) 판결에서 가장 잘 나타나고 있다. 연방대법원은 거주지에서 고용장소와 관련된 노동 피켓팅을 제외하고는 일체의 피켓팅을 금지하는 Illinois 주법률을 위헌이라고 판단하면서, 동 법이 노동에 관한 주제에 대한 표현은 허용하면서 다른 것은 금지하기 때문에 위헌임을 지적하였다. 연방대법원은 정부에게 허용될 수 있는 공적 논쟁 주제를 선택할 수 있게 하는 것은 정치적 진실 추구를 통제할 수 있게 하는 것임을 강조하고 있다. **내용중립적인 규제**를 판단함에 있어서는 규제가 메시지와 상관없이 모든 표현에 대하여 적용되는 경우에는 내용중립적인 것이다. 이러한 범주에 해당하는 법은 표현을 규제하지만 특정 관점이나 주제를 대상으로 채택하고 있지 않다. 예컨대 공공시설에서 모든 사인(signs)의 포스팅(posting)을 금지하는 법은 관점 혹은 주제와 상관없이 모든 표현에 적용되기 때문에 내용중립적일 수 있다(Members of the City Council of L.A. v. Taxpayers for Vincent, 466 U.S. 789(1984). 연방대법원은 Turner Broadcasting System v. Federal Communication Commission, 512 U.S. 622(1994) 판결(Turner I 판결)에서 케이블방송국에게 지방상업방송과 비상업적 지방교육방송 등 지역방송을 포함시킬 수 있도록 채널 일부를 배정하기를 요구하고 있는 연방법을 내용중립적이라고 판결하였다. 3) **심사기준** 내용근거와 내용중립의 구별이 실질적 의미를 가지는 것은 내용근거 규제와 내용중립적인 규제에 대하여 상이한 심사기준이 적용되는 점이다. 연방대법원은 "내용에 근거한 규제는 무효로 추정된다"고 선언하고(R.A.V. v. City of St. Paul, 505 U.S. 377, 382(1992)), **내용근거 규제**는 **엄격심사기준**을 충족해야 하지만, 반면에 내용중립적 규제는 중간심사기준만을 충족하면 된다는 것이 일반적 원칙이라고 판단하였다(Turner Broadcasting System v. Federal Communication Commission 판결). 성적 표현과 관련된 U.S. v. Playboy Entertainment Group, Inc., 529 U.S. 803(2000) 판결, Ashcroft v. American Civil Liberties Union, 542 U.S. 656(2004) 판결, 성적 표현영역 외에 허용되지 않는 주제 규제임을 이유로 위헌으로 한 Republican Party of Minnesota v. White, 536 U.S. 765(2002) 판결 등도 같은 취지이다. 연방대법원은 표현에 대한 규제가 내용을 이유로 표현을 억압하고 불이익을 주거나 차별적 부담을 주는 경우 엄격한 심사기준을 적용하여, 규제가 필수불가결한 주의 이익을 위한 것이며, 그 목적을 위해서 정치하게 재단되었음을 입증할 경우에만 합헌으로 판단된다고 하였다. **내용중립적 규제**에 대해서는 **중간심사기준**이 적용된다. 즉 내용중립적 규제의 위헌성여부를 판단함에 있어서는 중간심사기준이 적용되어 정부는 실질적이거나 중요한 정부의 이익을 위하여 정치하게 재단된 것임을 입증해야 한다(U.S. v. O'Brien, 391 U.S. 367, 377(1968)). 전통적으로 공적 장소에서의 내용중립적 규제의 경우 내용중립적인 시간, 장소, 방법의 규제에 대한 심사기준을 충족하는지 여부를 심사한다(Ward v. Rock Against Racism, 491 U.S. 781(1989)). **4) 내용근거에 따른 구별법리에 대한 평가** 정부에게 특정 견해나 주제에 대한 규제를 허용하는 것은 사상의 시장을 왜곡하는 것이라는 비판(K. Karst), 진실추구의 침해, 자기지배에의 참여 방해, 개인의 자기실현의 좌절 등을 이유로 내용근거규제가 위헌이라는 비판(G. Stone), 개념 및 적용상 어려움에 기한 비판(M. Redish), 양자의 구별의 명확한 기준이 부재하다는 비판(C. Calvert, W.R. Huhn) 등이 제기되고 있다. **5) 실제적 문제점** **(1) 낮은 가치의 표현(low value speech)의 문제** 내용에 근거한 모든 규제가 위헌으로 추정되어 엄격심사기준이 적용된다는 원리는 규제되는 내용이 그러한 보호를 받을 가치가 없는 경우에도 적용되는가가 문제된다. 연방대법원은 Chaplinsky v. New Hampshire, 315 U.S. 568(1942) 판결에서 처음으로 공식화한 이후, 불법행위, 위협, 도발적 언사, 허위사실, 음란과 같이 보호되지 않는 표현의 범주가 있음을 인정하여 왔다. 내용에 근거한 법의 합헌성은 규제되는 표현의 가치에 의존하며, 법원은 정치적, 예술적, 문학적, 과학적 표현은 표현으로서의 가치가 높으므로 이를 침해하는 법은 엄격심사기준을 충족시켜야 되지만, 음란물이나 도발적 언사 등의 표현은 표현으로서의 가치가 낮으며 규제는 더 이상의 심사없이 합헌으로 판단된다고 보았다. 이에 대해 ⅰ) 정치적 담론을 증진시키지 않으며, ⅱ) 표현이 비선호 사상이나 정치적 견해와 무관한 규제이고, ⅲ) 청중에 대한 강한 비인지적(noncognitive) 효과를 가졌으며, ⅳ) 전체 표현의 자유의 체계에 대하여 부당한 해악이 없이 오랫 동안 규제되어 왔다는 점에서 정당하다는 입장(G.R. Stone)과, 법원이 수정헌법 제1조의 기본원리에서 배제하고자 하는 일정한 가치판단을 주입한다는 비판이 있다(T. Emerson). 낮은 가치의 표현에 대하여 연방대법원은 New York Times v. Sullivan, 376 U.S. 254(1964) 판결에서 약간의 변화를 나타내고 있다. 이 판결에서 연방대법원은 낮은 가치의 표현을 제한하는 경우에도 위축효과 등 표현의 자유에 대한 중대한 위험을 가져올 수 있음을 인정하였다. 또한 R.A.V. v. City of St. Paul, 505 U.S. 377, 388(1992) 판결에서 보호되지 않는 표현의 범주 내에서도 내용에 근거한 규제에 대해서는 엄격심사기준이 적용되어야 한다는 입장을 취하였다. **(2) 원칙의 동요(動搖)** 내용근거규제와 내용중립적 규제 사이에 약간의 동요가 나타난 것은 연방대법원이 문언상 내용에 근거한 규제에 대하여 목적이 정당화될 수 있다는 이유로 내용중립적인 것으로 인정하고 있다는 점이다. 연방대법원은 Renton v. Playtime Theaters, Inc., 745 U.S. 41(1986) 판결에서, 주택지역, 단독 또는 복수가족주택, 교회, 공원 또는 학교로부터 1000피트 이내에서의 성인극장의 설치·운영을 금지하는 조례에 대하여 수정헌법 제1조에 근거한 주장을 받아들이지 않고, 시간, 장소, 방법 규제에 의하여 분석되는 것이 적절하다고 보았다. 조례가 내용 중립적인 것인지 혹은 내용에 근거한 것인지 여부를 판단함에 있어서, 동 조례는 성인극장에서 상영되는 영화의 내용이 아니라 공동체주변에 대한 극장의 부수적 효과(secondary effects), 즉 범죄율, 재산가치, 도시 주민의 질을 대상으로 한 것이므로 내용중립적인 것으로 결정하였다. Brennan 대법관의 반대의견이 있다. 이후의 판결에서는 Renton 판결의 입장이 일관되게 유지되는 않고 있다. Boos v. Berry, 485 U.S. 312(1988), City of Cincinnati v. Discovery Network, Inc., 507 U.S. 410(1993), City of Erie v. PAP's A.M., 529 U.S. 277(2000), Hill v. Colorado, 530 U.S. 703(2000) 등 판결 참조. (3) **내용근거 규제가 가능한 경우** 연방대법원은 일정한 경우에 정부가 견해 중립적인 한에서 내용에 근거한 선택을 할 수 있다고 함으로써 이를 허용하고 있다. 주정부소유의 공영 텔레비전 방송국이 대통령후보자의 논쟁을 방송하면서 소수후보자를 배제한 경우, 비공적 포럼으로 보아 정당하다고 한 Arkansas Educational Television Commission v. Forbes, 523 U.S. 666(1998) 판결, 예술가를 지원하는 국립예술기금에게 가치를 위한 품위와 존중을 고려할 권한을 부여한 연방법이 관점중립적이라는 이유로 합헌이라고 한 National Endowment of Arts v. Finley, 524 U.S. 569(1998) 판결, 공립대학의 학생활동비의 강제적 징수의 합헌성을 긍정한 Board of Regents v. Southworth, 529 U.S. 217(2000) 판결 등이 있다. 연방대법원은 일정한 경우 정부가 관점중립적인 한에서 내용에 근거한 선택을 할 수 있다고 봄으로써 정부가 내용에 근거한 규제를 할 수 있도록 허용하고 있다. 3. **우리나라 헌법재판소의 도입과 전개** 1) **원칙** 우리나라 헌법재판소도 표현내용에 대한 규제와 표현중립적 규제를 구별하고 있으며, 이에 따라 표현에 대한 규제의 심사강도를 다르게 적용함을 강조하고 있다(헌재 2002.12.18. 2000헌마764). 그러므로 (1) 표현의 내용에 대한 규제는 매우 엄격한 요건 하에서만 허용되는 반면, (2) 내용중립적 제한, 즉 표현의 내용과 관계 없는 표현의 시간·장소·수단·방법 등에 대한 규제는 합리적인 범위 내에서 폭넓은 제한이 허용된다(위 결정). 말하자면, 문제되는 규제가 표현의 내용에 근거한 것인지의 여부가 먼저 판단되어야만 심사강도가 정해진다는 것이다. 2) **과잉금지원칙과 내용근거 규제** 헌법재판소는 "표현행위자의 특정 견해, 이념, 관점에 근거한 제한은 표현의 내용에 대한 제한 중에서도 가장 심각하고 해로운 제한"이라고 보았다(헌재 2002.12.18. 2000헌마764). 구체적 결정으로, 구 형법 제104조의2 국가모독죄 규정도 표현내용에 대한 규제로서 과잉금지원칙에 위배되어 표현의 자유를 침해하며(헌재 2015.10.21. 2013헌가20), 대통령의 지시로 정부에 대해 비판적 활동을 한 문화예술인이나 단체를 정부 문화예술지원사업에서 배제하기 위한 목적으로 한국문화예술위원회 등 소속 직원에게 특정 개인이나 단체를 사업에서 배제하도록 한 일련의 지시행위를 목적의 정당성을 침해하였다고 하여 위헌으로 결정하였다(이른바 문화계 블랙리스트 사건 헌재 2020. 12. 23. 2017헌마416). 문화계 블랙리스트 사건에서 헌법재판소는 목적의 정당성 이외의 수단의 적합성, 침해 최소성, 법익 균형성 원칙 위반 여부를 더 이상 살피지 않고, 표현의 자유가 침해되었다고 결정하였다. 헌법재판소는 과잉금지원칙의 부분 원칙 중 주로 최소침해성의 원칙과 관련해서 이를 판단하였으며, 법익균형성의 원칙에서도 이 점을 논한 경우가 있다. 즉, 과잉금지원칙의 심사강도를 결정하는 것이 아니라 과잉금지원칙의 적용에 따른 부분원칙의 침해여부를 판단함에 있어서 표현내용에 의한 규제인지, 표현방법에 의한 규제인지를 밝히고 있다. 구 정치자금에 관한 법률 제12조 제2항에 대한 헌재 2010.12.28. 2008헌바89 결정, 헌재 2012.7.26. 2009헌바298 결정, 헌재 2014.4.24. 2011헌바254 결정, 형법 제

105조의 국기모독죄에 관한 헌재 2019.12.27. 2016헌바96 등이 그것이다. 3) **사전허가금지** 사전허가금지와 관련하여, 정기간행물 등록, 방송사업허가, 인터넷신문의 등록 등의 사전허가금지에 대해서도 표현내용을 이유로 한 규제가 아니라고 하여 헌법이 금지하는 사전허가가 아니라고 하여 합헌으로 결정하였다(헌재 1997.8.21. 93헌바51; 2001.5.31. 2000헌바43 등; 2016.10.27. 2015헌마1206 등). 집회의 자유에 대해서는 표현의 내용에 근거한 규제인지에 관해서는 직접 판단하고 있지는 않다. 헌법재판소는 집회에 대한 규제가 내용에 관한 것인지, 장소, 시간 등에 관한 것인지를 고려하지 않고 있으며, 행정청에 의한 사전허가는 헌법상 금지되지만, 입법자가 법률로써 일반적으로 집회를 제한하는 것은 헌법상 '사전허가금지'에 해당하지 않는다는 것만을 밝히고 있다(헌재 2009.9.24. 2008헌가25). 4) **보호가치가 낮은 표현과 내용규제** (1) **음란표현** ➜ 음란표현. (2) **비방 및 모욕적 표현** 공직선거법 제251조(후보자비방죄)의 위헌여부를 판단한 헌재 2010.11.25. 2010헌바53 결정에서 헌법재판소는 비방의 표현이 헌법상 표현의 자유의 보호영역에 해당하는지 여부에 대해서 명시적인 언급은 하지 않고, 선거운동의 자유 제한의 문제로 보았으며, 이에 대하여 과잉금지원칙을 적용하여 선거운동의 자유를 과도하게 제한하는지 여부를 검토하여 합헌으로 결정하였다(헌재 2012.11.29. 2011헌바137도 같은 뜻). 형법 제311조(모욕죄)에 관하여 일정한 내용의 모욕적 표현의 경우에도 표현의 자유의 보호영역에 포함될 수 있는지가 문제되었는데, 헌법재판소는 모욕죄 조항에 의하여 명예권과 표현의 자유라는 두 기본권이 충돌하게 된다고 보았다. 헌법재판소는 모욕적 표현이 표현의 자유의 한 내용으로서 인정된다 하더라도 사람의 인격을 경멸하는 가치판단의 표시가 공연히 이루어진다면 그 사람의 사회적 가치는 침해된다는 점, 그로 인해서 사회의 구성원으로서 생활하고 발전해 나갈 가능성도 침해받지 않을 수 없다는 점 역시 분명히 하면서, 합헌으로 결정하고 있다(헌재 2011.6.30. 2009헌바199; 2013.6.27. 2012헌바37; 2016.3.31. 2015헌바206 등; 2020.12.23. 2017헌바456 등). (3) **혐오표현** 성별 등의 사유를 이유로 한 차별적 언사나 행동, 혐오적 표현 등을 통해 다른 사람의 인권침해를 금지하고 있는 서울시 학생인권조례 제5조 제3항이 학교구성원들의 표현의 자유를 침해하는지에 관하여 헌법재판소는 특정 표현의 내용, 혐오적 표현이라는 이유만으로는 표현의 자유의 보호영역에서 배제되는 것은 아니라고 보았으며, 음란표현, 비방표현, 모욕적 표현의 경우에서와 마찬가지로 표현의 자유의 보호영역에는 해당하되 헌법 제37조 제2항에 따라 제한이 가능하다고 하고, 서울시 학생인권조례가 헌법 제37조 제2항 과잉금지원칙에 위배되는지 여부에 대해 판단하였으며, 표현의 자유를 침해하지 않는다고 결정하였다(헌재 2019.11.28. 2017헌마1356). ➜ 혐오표현.

네 가지 큰 물결이론 근대헌법에서 현대헌법으로 이행하는 헌법의 역사적 발전과정을 설명하는 앙드레 오류의 이론. 제1물결 – 미국독립과 프랑스혁명, 제2물결 – 1830년과 1848년 프랑스혁명, 제3물결 – 제1차 세계대전 이후, 제4물결 – 제2차 세계대전 이후. 1980년대 후반 이후를 제5물결로 평가하는 견해가 있다.

Nation 주권론主權論 ➜ 주권이론.

노동기본권勞動基本權 1. **의의** 노동자의 인간다운 생활을 보장하기 위하여 헌법이 정한 노동권(제32조 제1항) 및 단결권(團結權) · 단체교섭권(團體交涉權) · 단체행동권(團體行動權)(제33조 제1항)을 통틀어서 일컫는 말이다. 좁은 의미로는 노동자가 향유하는 기본적 인권, 즉 헌법 제33조의 노동 3권만을 지칭한다. 헌법상 사회복지국가원리와 사회적 시장경제질서원리에 기초하여 인간다운 생활을 할 권리를 주기본권으로 하는 생존권적 기본권을 실현하기 위하여 노동의 권리, 노동3권을 보장하는 것이 필수적이다. 1919년 바이마르 헌법에서 노동기본권이 처음으로 규정되었다. 헌법재판소는 노동기본권이라는 표현 대신 근로기본권으로 사용하고 있다(헌재 1991.7.22. 89헌가106). 2. **노동기본권의 규정체계** 1) **직접적 규정** 노동과 관련된 직접적 규정은 헌법 제32조의 근로의 권리, 제33조의 근로3권 및 제32조 제2항의 근로의 의무조항이다. 이와 함께 헌법상 생존권적 기본권 규정들은 노동기본권과 밀접한 관련성을 가지고 있다. 즉, 헌법 제34조 제1항의 인간다운 생활을 할 권리와 제2항 이하의 제 규정들, 즉 사회보장 · 사회복지증진의무(제2항), 여자의 복지와 권익향상노력(제3항), 노인과 청소년의 복지향상정책 실시의무(제4항), 신체장애자 및 질병 · 노령 기타 생활무능력자 보호(제5항), 재해예방 및 위험으로부터의 국민보호(제6항) 등의 조항들이 노동자 보호를 위한 규정으로 이해된다. 2) **간접적 규정** 이 외에도 헌법상 사회복지국가원리와 사회적 시장경제질서와 관련된 제 규정들은 노동기본권과 간접적인 관련성을 가진다. 이에는 인간의 존엄과 가치 · 행복추구권, 평등권, 거주 · 이전의 자유, 직업의 자유, 집회 · 결사의 자유, 재산권보장 등의 규정들이 그것이다. 국민의 절대다수를 차지하는 노동자들의 최소한의 생존을 확보하지 못한다면 이는 곧 헌법상의 사회국가원리 내지 복지국가원리 그리고 국가의 기본권보장의무를 이행하지 않는 것이며, 현대 입헌주의헌법의 기본원리를 포기하는 것이다. ➜ 노동의 권리.

노동3권勞動三權 1. **서론** 1) **노동3권의 의의 및 기능** (1) **의의** 노동3권은 노동자의 인간다운 생활을 보장하기 위해 헌법에서 정한 단결권(團結權; the right to organize), 단체교섭권(團體交涉權; the right to bargain collectively), 단체행동권(團體行動權; the right of collective action)을 말하며, 헌법 제33조 제1항에서 규정하고 있다. 이에 근거하여 노동조합법에서 규율하고 있다. 1948년의 제헌헌법에서부터 결사의 자유(헌법 제21조 제1항)와는 별도로 노동3권을 단결권, 단체교섭권 및 단체행동권으로 구분하여 명시하고 있다. 독일기본법은 자유권의 하나로서 결사의 자유 조항에 규정하고 있다. (2) **기능** 노동3권은 경제적인 약자인 노동자들이 사용자와의 관계에서 실질적인 대등성을 확보하여 노동조건의 결정이나 지위의 향상에 있어 노사자치주의를 실현하도록 하고 이를 통해 노동자의 생존권을 확보하는 기능을 한다. 2) **노동3권의 법적 성격** (1) **학설** ① **자유권설** 노동3권은 자유권에 속하는 집회 · 결사의 자유의 특수형태에 지나지 않기 때문에 일종의 자유권적인 성질의 것이며 '근로자가 국가로부터 단결 내지 단체행동을 이유로 제재를 받지 않는 것을 주요 내용'으로 하기 때문에 자유권이라고 한다. ② **생존권설** 노동3권은 국가에 대해서 노동3권의 보장을 적극적으로 요구할 수 있는 생존권적 성질의 권리라고 한다. 즉, 노동3권은 노동자의 생존권을 무엇보다도 노동관계의 장에서 실현하려는 것이며, 노동자의 인간생활 전반을 규정대상으로 하는 것이 아니고 노동관계와 관련된 측면에서 종속노동 내지 노동의 종속성을 자각한 노동자가 생존을 유지하기 위한 수단으로서 인정된 것이라 본다. ③ **혼합권설** 노동3권은 자유권으로서의 성질과 생존권으로서의 성질을 함께 가지는 일종의 혼합권적인 성질의 권리라고 한다. 즉 노동3권의 행사로 인해서 야기될 수도 있는 형사책임을 물을 수 없다는 점에서는 '국가로부터의 자유'라는 자유권적인 성질을 갖는다고 볼 수 있지만, 생존을 방해하고 침해하는 사용자등의 행위에 대해서 국가에게 그 적극적인 개입과 대책을 요구할 수 있다는 점에서는 생존권적인 성질을 갖는다고 한다. ④ **자기결정권설** 노동조합과 그 활동은 노동자가 대항자인 사용자, 자본가와 대등한 입장에 서서 자기의 경제적 제조건의 결정과정에 관여하는 것을 보장하는 수단이라 본다. (2) **판례** 헌법재판소는 초기에는 생존권적 성격을 강조하는 입장이었으나, 점차 자유권적 성격을 강조하는 입장으로 변화되었다. 즉, 초기에는 헌법 제32조 및 제33조에 각 규정된 노동기본권은 근로자의 근로조건을 개선함으로써 그들의 경제적, 사회적 지위의 향상을 기하기 위한 것으로서 자유권적 기본권으로서의 성격보다는 생존권 내지 사회권적 기본권으로서의 측면이 보다 강한 것으로 그 권리의 실질적 보장을 위해서는 국가의 적극적인 개입과 뒷받침이 요구되는 기본권이라고 하였다가(헌재 1991.7.22. 89헌가106결정), 「노동3권은 국가공권력에 대하여 근로자의 단결권의 방어를 일차적인 목표로 하지만, 노동3권의 보다 큰 헌법적 의미는 근로자단체라는 사회적 반대세력의 창출을 가능하게 함으로써 노사관계의 형성에 있어서 사회적 균형을 이루어 근로조건에 관한 노사간의 실질적인 자치를 보장하려는 데 있다. 근로자는 노동조합과 같은 근로자단체의 결성을 통하여 집단으로 사용자에 대항함으로써 사용자와 대등한 세력을 이루어 근로조건의 형성에 영향을 미칠 수 있는 기회를 가지게 되므로 이러한 의미에서 노동3권은 '사회적 보호기능을 담당하는 자유권' 또는 '사회권적 성격을 띤 자유권'이라고 말할 수 있다.」고 하였다(헌재 1998.2.27. 94헌바13등). (3) **소결** 독일헌법학의 해석론에 따라 자유권적 성격을 강조하는 견해도 있으나, 사회권적 성격이 우월한 혼합권으로서의 성격을 가진다고 봄이 다수설이다. 또한 노동3권은 개인적 기본권의 측면보다는 집단적 기본권으로서의 측면이 강하다. **2. 노동3권의 주체** 1) **근로자** 헌법 제33조 제1항은 「근로자는 근로조건의 향상을 위하여 자주적인 단결권·단체교섭권·단체행동권을 가진다.」고 규정하여 근로자가 노동3권을 가짐을 정하고 있다. 직업선택의 자유와 노동3권의 의미가 하나의 체계적인 관계를 형성하는 것으로 본다면, 헌법 제33조의 근로자의 의미는 경제활동 주체로서 종속적인 지위에서 직업활동을 하는 자를 일컫는 것으로 볼 수 있다. 아울러 노동3권이 경제적·사회적 약자를 위한 사회권적 성질을 가진다고 보면, 종속적인 지위에서 자신의 노동력을 직업활동의 원천으로 행하는 자 중에서, 경제적·사회적 약자의 지위에 서는 자가 헌법 제33조의 근로자의 외연을 설정하는 하나의 기준요소를 이루는 것으로 볼 수 있다. 노동조합 및 노동관계조정법은 근로자를 「직업의 종류를 불문하고 임금·급료 기타 이에 준하는 수입에 의하여 생활하는 자」(동법 제2조 제1항)로 규정하고 있다. 이 규정은 경제활동주체로서 종속적인 지위에서 현재 구체적으로 직업에 종사하고 있는 자 뿐만 아니라 추상적인 의미에서 직업에 종사하려는 자를 포함하는 의미로 이해할 수 있다. 학설은 근로기준법상 근로자개념과 노동조합법상 근로자개념은 차이가 있다는 점에 일치하고 있다. 2) **외국인** 외국인에 대한 노동3권의 주체성에 관해서는 국내 헌법학자와 노동법학자 간의 견해의 차이를 볼 수 있다. 헌법학자들은 기본권의 성질론에서 파악하여, 자유권적 기본권은 그 성질상 모든 인간에게 천부인권으로 보장되는 것이므로 국적여하에 관계없이 보장되는 것으로 보아야 하지만, 사회권적 기본권의 경우에는 통상 국가내적인 권리이기 때문에 내

국민에게만 적용되는 것으로 보아야 한다는 것이다. 따라서 노동3권을 사회권적 기본권으로 파악함으로써 외국인인 근로자에 대해서는 노동3권의 주체성이 인정되지 않는 것으로 보는 것이 다수설이다. 이에 반해 노동법학계에서는 대체로 외국인인 근로자에 대해서도 노동3권의 주체성을 인정하는 것이 다수설의 입장으로 보인다. 외국인인 근로자에 대해서도 당해 외국인이 근로계약 체결당사자가 될 수 있는 한, 헌법 제33조의 노동3권의 주체가 될 수 있는 것으로 인정하여야 할 것이다. 국제조약을 근거로 하여 그 주체성을 인정하는 견해도 있다. 3) **공무원의 노동3권** (1) **서설** 헌법 제33조 제2항에서는 「공무원인 근로자는 법률이 정하는 자에 한하여 단결권 · 단체교섭권 및 단체행동권을 가진다.」고 함으로써 문언상으로 공무원도 근로자임을 정하면서도 노동3권에 대한 제한가능성을 열어놓고 있다. 1948년부터 1960년 5 · 16쿠데타 전까지는 제헌헌법에 의해 공무원의 노동기본권이 원칙적으로 허용되었으나, 실제 활동은 미미하였다. 1987년 민주화운동의 결과 헌법 제33조 제2항에 공무원노동기본권 보장의 헌법적 근거가 적시되고 사회민주화 분위기에서 민간부문의 노동조합 결성과 활동이 급증하였다. 1998년 외환위기 직후 김대중 정부의 1998년 2 · 6사회협약에 의해 1999.1.부터 각 기관(부처)별로 공무원직장협의회의 설립이 허용되면서 6급 이하 하위직 공무원들은 1948.8. 정부수립 후 처음으로 조직화가 가능해졌고, 조직적인 목소리를 내게 되었다. 또한 1999.7.에는 교원의 노동조합 설립 및 운영 등에 관한 법률(교원노조법)이 시행되었다. 2000.2. 100여 개 협의회 260명의 대표가 참석하여 '전국공무원직장협의회발전연구회(전공연)'을 조직하였다. 2006년에는 공무원노조법(법률 제7380호, 2005.1.27. 제정, 2006.1.28. 시행)이 제정되었다. 공무원노조는 조직상의 다양한 이합집산을 거쳐 2009년 전국공무원노조, 전국민주공무원노조, 법원노조 등이 합병하여 전국공무원노동조합으로 재탄생한 후 노조설립신고서를 제출하였으나, 노동부가 같은 해 12.24. 설립신고서를 반려한 후 법외노조로 된 후 오늘에 이르고 있다. 이 외에 한국공무원노조(2012.12.), 대한민국공무원노동조합총연맹(2012.7.17.) 등이 결성되어 있다. (2) **공무원의 근로자성** 공무원도 노동의 대가로서 보수를 받아 생활하는 자라는 의미에서는 근로자라 할 수 있다(헌재 1992.4.28. 90헌바27). (3) **국제노동기구ILO협약과 공무원노조** ① 공무원의 노동3권에 관한 ILO 협약 ILO협약 제87호는 모든 노동자 및 사용자에게 결사의 자유를 보장하고 있다. 그리고 협약 제87호, 협약 제98호 및 제151호는 모두 군인 및 경찰의 단결권에 대하여 국내법에 위임하고 있다. 공무직 종사자에 대하여 규정하고 있는 제151호는 고위직 공무원, 기밀업무 종사자에 대하여는 단결권 제한이 가능하다고 보고 있다. ILO협약이 파업권에 대하여는 자세히 규정하고 있지 않기 때문에 이 협약이 파업권까지 포함하는지는 불분명하다. ② ILO 협약의 국내법적 효력 우리나라의 경우 5급 이상의 공무원 및 기밀업무 종사자는 노조가입대상이 아니라는 점에서 공무원 노동기본권 관련 법령이 모든 노동자나 사용자에게 단결권을 보장하는 ILO협약 제87호에 반하는 것으로 보인다. 그러나 ILO협약 제87호가 우리나라 헌법상 노동기본권과 결사의 자유를 포함하는 개념이라는 점, ILO협약도 고위공무원이나 기밀업무 종사자에 대하여는 노동기본권을 제한할 수 있다고 한다는 점에서, 고위공무원 및 기밀업무 종사자에 대한 노조가입 제한이 ILO협약에 반한다고 할 수는 없다. 우리나라 헌법재판소는 공무원에 대한 파업의 제한은 모든 국가에서 공통적인 현상으로 이러한 제한은 ILO나 유럽인권협약과도 합치한다고 보고 있다(헌재 2008.12.26. 2005헌마971등). 3. **노동3권의 내용** 1) **단결권** (1) **의의** 개인 근로자가 단체를 형성하거나 근로자 단체에 가입하여 활동할 수 있는 권리와 근로자 단체가 자주적으로 활동할 수 있는 권리를 말한다(적극적 단결권). 단체는 근로자가 주체가 되어 자주적으로 조직되어야 하고(자주성), 근로조건의 유지·향상을 추구하는 것을 목적으로 하여야 하며(목적성), 조직에 필요한 기본사항을 정하는 규칙과 운영조직을 갖추고 계속적으로 활동하는 복수의 인적 결합체(단체성)를 의미한다. 일시적인 결합체인 쟁의단도 포함된다. (2) **내용** 단결권은 결사의 자유에 대한 특별법적 성격을 가지지만, 사회권적 특성을 강하게 가지므로 결사의 자유의 일반원리와는 다르게 접근하여야 한다. 단결권은 개인적 단결권과 집단적 단결권으로 나누어 볼 수 있다. 개인의 단결권에 대한 불법적인 제한은 부당노동행위가 된다(노동조합 및 노동관계조정법 제81조). 근로자는 노동단체에 가입하지 않을 **소극적 단결권**을 가진다. 헌법재판소는 소극적 단결권을 인정하면서도 그 근거를 헌법 제10조에서 파생되는 일반적 행동의 자유 또는 헌법 제21조 제1항의 결사의 자유에서 찾고 있다(헌재 2005.11.24. 2002헌바95·96등). 근로자의 노조가입·탈퇴는 원칙적으로 자유이지만(Open shop), 근로자의 단결권 보장을 위한 강제조직의 유형으로는 Closed shop(비노조원 비고용), Union shop(고용근로자 노조가입의무 부과), Maintenance of Membership(노조탈퇴 불가, 탈퇴시 해고) 등이 있다. Union shop 협정은 헌법상의 근로자의 단결권을 침해하는 것은 아니다(헌재 2005.11.24. 2002헌바95·96등). 2) **단체교섭권** (1) **의의** 근로자가 단결권에 기초하여 사회·경제적 지위향상을 위하여 집단적으로 사용자단체와 교섭할 수 있는 권리를 말한다. 국가의 행정관청이 사법상 근로계약을 체결한 당해 행정청은 사업주로서 단체교섭의 당사자의 지위에 있는 사용자에 해당한다(대판 2008. 9.11. 2006다40935). (2) **내용** 노동조합과 사용자 또는 사용자단체는 신의에 따라 성실히 교섭하고 **단체협약**을 체결하여야 하며 그 권한을 남용하여서는 아니되며, 노동조합과 사용자 또는 사용자단체는 정당한 이유없이 교섭 또는 단체협약의 체결을 거부하거나 해태하여서는 아니된다(노동조합 및 노동관계조정법 제30조). 이에 위반하면 부당노동행위가 된다(동법 제81조 제3호). 사용자의 성실교섭의무위반에 대한 형사처벌은 계약의 자유나 기업의 자유를 침해하지 아니한다(헌재 2002. 12.18. 2002헌바12). 공무원인 노조원의 쟁의행위를 처벌하면서 사용자측인 정부교섭대표의 부당노동행위에 대해서는 민사구제절차만 거치고 형사처벌하지 않았다고 하여 단체교섭권을 침해한 것은 아니다(헌재 2008.12.26. 2005헌마971). 2010년 법개정으로 복수노조가 허용됨에 따라 단체교섭절차도 변경되었다(노동조합 및 노동관계조정법 제29조의2~제29조의5). 단체교섭의 대상이 되는 내용의 범위는 원칙적으로 근로조건의 유지·개선에 한정되어야 하지만, 그 외에 경영권·인사권 참여가 문제되고(➜ 공동결정제도), 노조원에 대한 부당해고의 문제가 빈번히 문제가 되고 있다. (3) **근로자참여 및 협력증진 문제** (구)노사협의회법이 「근로자참여 및 협력증진에 관한 법률(약칭: 근로자참여법)」로 변경되어 시행되고 있다. 동법은 근로자와 사용자 쌍방이 참여와 협력을 통하여 노사 공동의 이익을 증진함으로써 산업 평화를 도모하고 국민경제 발전에 이바지함을 목적으로 하며(제1조), 근로조건에 대한 결정권이 있는 사업이나 사업장 단위로 노사협의회를 설치하도록 하고 있다(제4조). 이 노사협의회는 노동조합의 활동에 영향을 미치지 못한다(제5조). 3) **단체행동권**: (1)

의의 근로자가 근로 조건 등에 관한 요구를 관철하기 위하여 사용자에 대하여 집단적으로 압력을 취할 수 있는 권리를 말하며 단체행동권에는 쟁의행위권과 조합활동권이 있다. 법상 '노동쟁의'라 함은 노동조합과 사용자 또는 사용자단체 간에 임금·근로시간·복지·해고 기타 대우 등 근로조건의 결정에 관한 주장의 불일치로 인하여 발생한 분쟁상태를 말한다(노동조합 및 노동관계조정법 제2조 제5호). (2) **내용** 쟁의행위는 근로자측에서는 파업(strike)·태업(sabotage), 보이콧(boycott), 생산관리, 피켓팅(picketing) 등의 방법이 있고, 사용자측에서는 직장폐쇄가 있다. 사용자의 직장폐쇄에 대해서는 위헌여부의 논란이 있다. 정당한 쟁의행위가 아닌 경우에 손해를 입은 사용자는 노동조합에 대해 손해배상을 청구할 수 있다(대판 2011.3.24. 2009다29366). 헌법재판소는 「형법상 업무방해죄는 모든 쟁의행위에 대하여 무조건 적용되는 것이 아니라, 단체행동권의 내재적 한계를 넘어 정당성이 없다고 판단되는 쟁의행위에 대하여만 적용되는 조항임이 명백하다고 할 것이므로, 그 목적이나 방법 및 절차상 한계를 넘어 업무방해의 결과를 야기시키는 쟁의행위에 대하여만 이 사건 법률조항을 적용하여 형사처벌하는 것은 헌법상 단체행동권을 침해하였다고 볼 수 없다.」고 하고 있다(헌재 2010.4.29. 2009헌바168). 공익사업에서 노동쟁의가 발생한 경우 모든 공익사업에 대해 직권중재가 가능했으나, 2006년 법개정으로 필수유지업무를 정하여 그 대상을 제한하였다(노동조합 및 노동관계조정법 제42조의2~46조의6). (3) **단체행동권의 한계** 쟁의행위는 그 목적·방법 및 절차에 있어서 법령 기타 사회질서에 위반되어서는 아니되며, 조합원은 노동조합에 의하여 주도되지 아니한 쟁의행위를 하여서는 아니된다(노동조합 및 노동관계조정법 제37조). 쟁의행위는 그 조합원의 직접·비밀·무기명투표에 의한 조합원 과반수의 찬성으로 결정하여야 한다(동법 제41조 전단). 복수노조의 경우 교섭대표노조가 결정된 경우에도 절차에 참여한 전체 노동조합의 조합원들의 투표에 의한다(동법 제41조 후단). 쟁의행위는 비폭력·비파괴적이어야 한다(동법 제42조). 사용자의 직장폐쇄가 정당한 쟁의행위로 인정되기 위한 요건과 직장폐쇄의 개시 자체는 정당하지만, 이후 근로자가 쟁의행위를 중단하고 진정으로 업무에 복귀할 의사를 표시하였음에도 사용자가 직장폐쇄를 계속 유지하면서 적극적으로 노동조합의 조직력을 약화시키기 위한 목적 등을 갖는 공격적 직장폐쇄의 성격으로 변질된 경우, 그 이후의 직장폐쇄는 정당성을 상실하는 것으로 봐야 한다(대판 2017.7.11. 2013도7896; 2018.3.29. 2014다30858). 주요방위산업체에 종사하는 근로자중 전력, 용수 및 주로 방산물자를 생산하는 업무에 종사하는 자는 쟁의행위를 할 수 없으며(동법 제41조 제2항), 사업장의 안전보호시설, 필수유지업무 등에 대해서는 쟁의행위를 할 수 없다(동법 제42조 제2항, 제42조의2). 4. **노동3권의 효력** 노동3권은 원칙적으로 대국가적 효력을 가지며, 동시에 대사인적 효력을 가진다. 사인 간에 직접 적용된다(➜ 기본권의 대사인적 효력). 5. **노동3권의 제한** 노동3권에 대해서도 다른 기본권에서와 마찬가지로 국가안전보장, 질서 유지 및 공공복리를 위하여 필요한 경우 법률로써 이를 제한할 수 있다(헌법 제37조 제2항). 1) **공무원인 근로자의 노동3권 제한** (1) **법규정** 헌법 제33조 제2항은 「공무원인 근로자는 법률이 정하는 자에 한하여 단결권·단체교섭권 및 단체행동권을 가진다.」라고 규정한다. 이에 근거하여 국가공무원법에서는 일반의 공무원은 노동운동을 금지하며 다만 '사실상 노무에 종사하는 공무원'에 대하여 예외로 허용한다(동법 제66조 제1항). 대통령령인 국가공무원복무규정에서는 '사실상 노무에 종사하는 공무원'을 우정직 공무원에 한정하고 있다(공무원 복무규정 제28조). 지방공무원법에는 조례에서 정하는 사실상 노무에 종사하는 자에게는 노동3권을 보장하고 있지만(제58조), 지방자치단체들은 조례를 제정하지 않은 경우가 많다. 헌법재판소는 「'사실상 노무에 종사하는 공무원'의 개념이 불명확하여 명확성의 원칙에 반하는지에 관하여 살피건대, 통상 '사실상 노무'의 개념은 '육체노동을 통한 직무수행의 영역'으로서 '사실상 노무에 종사하는 공무원'은 공무원의 주된 직무를 정신활동으로 보고 이에 대비되는 신체활동에 종사하는 공무원으로 해석된다.」고 하고 있다(헌재 2005.10.27. 2003헌바50 · 62, 2004헌바96, 2005헌바49(병합)). (2) **공무원의 노동3권의 제한근거** 공무원의 노동3권을 제한하는 근거로는 첫째, 공무원 임용행위가 공법상 계약의 성질을 갖는다는 점, 둘째, 공무원은 국민전체에 대한 봉사자(헌법 제7조)라는 점, 셋째, 업무가 공공성을 갖는 점, 넷째, 근로조건의 결정이 법률이나 예산에 의존한다는 점, 다섯째, 공무원의 보수는 근로의 대가이기도 하나 직무의 효율적 수행을 확보한다는 의미도 가지고 있는 점, 여섯째, 공무원에게는 일반근로자에게 인정되지 않는 권리와 의무가 인정된다는 점 등의 특수성이 있다. 헌법재판소는 교원의 경우 공교육을 담당한다는 직무의 특성상 일반노동자와 그 노동관계에서 본질적인 차이가 있다고 하고(헌재 1991.7.22. 89헌가106), 노동법원리가 그대로 적용될 수 없다고 하고 있다(헌재 1992.4.28. 90헌바27). 2) **교원** 교원에게 단결의 자유를 부인함은 ILO등 국제 기준에 어긋나는 것이어서 「교원의 노동조합 설립 및 운영에 관한 법률」이 제정되었다(1999.1.9. 제정, 1999.7.1. 시행). ➜ 교원의 지위에 관한 권고. 동법은 초중등교육법에서 정한 교원의 노동조합 설립에 관하여 규율하고 있다. 교원이었다가 해고된 사람으로 부당노동행위 구제신청을 한 사람까지 포함한다. 교원의 노동조합은 일체의 정치활동을 하여서는 아니 된다(동법 제3조). 동법은 대학교원의 노동조합 설립 및 운영에 관해서는 규율하고 있지 않는다. 이에 대해 헌법재판소는 「교원노조를 설립하거나 가입하여 활동할 수 있는 자격을 초 · 중등교원으로 한정함으로써 교육공무원이 아닌 대학교원에 대해서는 근로기본권의 핵심인 단결권조차 전면적으로 부정한 측면에 대해서는 그 입법목적의 정당성을 인정하기 어렵고, 수단의 적합성 역시 인정할 수 없다.」고 하여 2020.3.31.을 시한으로 헌법불합치 결정하였다(헌재 2018.8.30. 2015헌가38). 현행 노동조합 및 노동관계조정법 제2조 제4호 정의규정에서 「근로자가 아닌 자의 가입을 허용하는 경우」 노동조합으로 보지 아니하도록 하고 있다. 해직된 교원을 조합원으로 인정하고 있는 전국교직원노동조합에 대해, 당해 규약을 개정하라는 노동부의 명령을 이행하지 않았고, 그에 따라 2013.10. 노동부는 전교조에 대하여 법외노조로 통보하였다. 이에 불복하여 전교조가 제기한 법외노조 취소소송에 대하여, 2014.6. 1심에서 법외노조통보가 정당하다는 판결이 있었고, 2015.5. 헌법재판소가 교원노조법의 해직자조항이 합헌이라고 결정하였으며(헌재 2015.5.28. 2013헌마671, 2014헌가21(병합)), 2016.1. 2심에서도 법외노조통보가 정당하다는 판결이 있었다. 그러나, 2020.9.3. 대법원은 법외노조 통보가 위법하다고 판결하여, 전교조 합법화의 길을 열었다. 3) **주요방위산업체 근로자의 단체행동권의 제한** 헌법 제33조 제3항은 「법률이 정하는 주요 방위산업체에 종사하는 근로자의 단체행동권은 법률이 정하는 바에 의하여 이를 제한하거나 인정하지 아니할 수 있다.」고 규정하고 있다. 노동조합 및 노동관계조정법 제41조 제

2항은 「「방위사업법」에 의하여 지정된 주요방위산업체에 종사하는 근로자중 전력, 용수 및 주로 방산물자를 생산하는 업무에 종사하는 자는 쟁의행위를 할 수 없으며 주로 방산물자를 생산하는 업무에 종사하는 자의 범위는 대통령령으로 정한다.」고 규정하고 있다. 집단적 노사관계에서는 국제노동기구와 우리나라 헌법의 기본원칙에 대한 준수가 중요하다. 4) **헌법 제37조 제2항에 의한 제한** 노동3권은 헌법 제37조 제2항에 의해서 제한될 수 있다. 따라서 노동3권이 인정되는 근로자의 권리를 제한하는 경우에는 과잉금지원칙에 적합하여야 하며, 노동3권의 본질적 내용을 침해할 수 없다. 헌법재판소는 「현행 헌법의 해석에서는 국민의 기본권인 단체행동권을 제한하는 법률규정이 헌법에 위배되지 않기 위하여는 헌법 제37조 제2항에서 정하고 있는 기본권제한 입법활동의 한계라고 할 수 있는 과잉금지의 원칙이 지켜져야 할 것이다. 즉 입법의 목적이 헌법과 법률의 체제상 그 정당성이 인정되어야 하고, 입법자가 선택한 방법이 그 목적의 달성을 위하여 효과적이고 적절해야 하며, 입법목적을 달성하기 위하여 똑같이 효과적인 방법 중에서 기본권을 보다 적게 침해하는 방법을 사용하여야 하고, 입법에 의하여 보호하려는 공익과 이로 인하여 침해되는 사익을 비교형량하여 양자 사이에 합리적인 비례관계가 이루어져야 한다.」고 하고 있다(헌재 2003.5.15. 2001헌가31).

노동勞動의 권리權利 1. **노동의 권리의 의의** (1) **의미** 노동의 권리의 의의에 대하여 여러 가지 견해가 있다. 사전적 개념으로는 '인간이 생활에 필요한 기본적 수요를 충족시키기 위한 육체적 · 정신적 활동을 할 수 있는 권리'로 이해할 수 있고, 적극적인 의미에서 '인간이 생활에 필요한 기본적 수요를 충족시키기 위한 육체적 정신적 활동을 할 수 있는 권리로서, 노동능력을 가진 자가 일을 하려고 하여도 일할 기회를 가질 수 없을 경우에 일할 기회가 제공되도록 국가의 적극적인 개입과 뒷받침이 요구되는 권리'로 파악하고 있다. (2) **노동기본권으로서의 노동의 권리** 우리 헌법상 일반적으로 노동의 권리와 노동3권을 개별적 기본권의 차원에서 따로 설명하고 있다. 이 노동의 권리와 노동 3권을 포괄하여 노동활동권, 근로기본권 또는 노동기본권으로 표현되기도 한다. 이에 대해 현행 헌법상 근로의 표현을 쓰고 있기 때문에 근로기본권이라는 표현을 사용하기는 하나, 관련 법률에서 노동이라는 표현이 일반적으로 사용되고 있으므로 헌법상 근로라는 용례보다는 노동이라는 것이 일반적인 용례라고 보고 있다. (3) **헌법규정** 노동의 권리에 대한 해석을 함에 있어서는 관련된 직접적인 규정 뿐만 아니라, 헌법상 사회권과 경제관련 조항을 함께 고려하여야만 그 의미와 범위가 명확해 질 수 있다. 헌법 제32조는 노동의 권리를 규정한 것으로 사회권과는 직접적인 관련성을 가진다. 헌법 제34조 인간다운 생활을 할 권리를 비롯하여, 제34조 제2항 이하에서 규정된 국가의 사회보장 · 사회복지증진의무, 국가의 여자의 복지와 권익향상노력, 국가의 노인과 청소년의 복지향상정책 실시의무, 국가의 신체장애자 및 질병 노령 기타 생활능력이 없는 국민의 보호, 국가의 재해예방 및 위험으로부터 국민보호노력 등에 관한 규정도 노동권 보장의 근본적인 의미를 파악하기 위해서는 관련조항 등과 연결해서 보아야 할 것이다. 또한 직접적인 규정은 아니지만, 간접적으로는 헌법상 기본원리 내지 기본질서로서의 사회복지국가 원리 및 사회적 시장경제질서에 관련된 내용도 노동기본권과 간접적인 관련성을 가지고 있다. 2. **노동의 권리의 연혁** 노동권은 자연법사상의 영향 아래 노동의 자유로서 기본권으로 신체의 자유와 이동의 자유를 포함한 자유권의 일종으로 인식되었다. 1793

년 프랑스헌법 제18조에서 노동의 자유가 처음 규정되었다. 아울러 19세기 후반 사회주의 사상의 대두와 함께 사회적 기본권의 요구는 노동권에 대한 능동적 보호를 요청하게 되었다. 그 후 20세기에 들어와서는 이러한 노동권은 적극적 의미와 내용을 갖는 사회적 기본권으로 파악되었다. 이러한 흐름 속에서 사회적 기본권을 근간으로 하는 바이마르 헌법(제163조), 프랑스 1946년 헌법(제4공화국 헌법) 일본 전후 헌법 등에 규정되었다. 우리 헌법도 제헌헌법의 초안에서부터 「모든 국민은 노동의 권리와 의무를 가진다. 노동조건의 기준은 법률로써 정한다. 여자와 소년의 노동은 특별한 보호를 받는다.」고 규정하고 노동에 대한 논의를 하였다. 제헌국회 회의록에 따르면, 유진오 전문위원은 '모든 국민은 근로의 권리와 의무를 가진다고 하는 것을 규정한 근본정신은 근로를 모든 국민의 의무로 삼는 동시에 근로를 하고 싶으나, 근로를 할 자리가 없어서 근로를 하지 못하는 사람에게 직장을 제공하도록 하자는 것이며, 근로를 국가를 세우는 기본으로 중요시 한다는 그 정신을 제17조에서 나타낸 것'이라고 밝히고 있다. 제헌헌법 제17조는 제1항에서 근로의 권리와 의무를 제2항에서는 근로조건 기준의 법정, 제3항에서는 여자와 소년노동의 특별한 규정하게 되었다. 그 후, 1962년 제5차 헌법개정에서 헌법 제28조 근로의 권리와 의무를 구분하면서 국가의 고용증진 노력의무를 규정한 이후 몇몇 자구만 변경된 채 현행에 이르고 있다. 3. **노동의 권리의 법적 성격** 1) **사회권 여부** 노동권의 법적 성격에 대해서는 두 가지 논쟁이 계속되고 있다. 첫째는 노동권이 자유권의 성격인지, 사회권의 성격인지, 자유권과 사회권의 성격을 아울러 가지고 있는지의 문제이다. 대체로 자유권과 사회권의 성격을 동시에 갖는다는 것이 우세하다. 둘째는 사회권적 성격과 관련하여 프로그램, 법적 권리설인 추상적 권리와 구체적 권리설에 관한 논의가 계속해서 진행되고 있다. 이 내용의 핵심은 추상적 권리는 구체적인 입법에 의해서만 비로소 실현될 수 있는 권리이며, 노동의 권리의 측면에서 본다면 이는 국가가 노동자에게 노동의 기회를 제공하지 못한 경우에 국가에 대하여 노동의 기회를 제공해 줄 것을 요구하거나 이에 갈음하여 생계비지급을 요구할 수 있는 구체적 권리가 아니라는 것이며, 구체적 권리설은 국가에 대해 일할 기회를 적극적으로 요구할 수 있는 구체적 성질의 것이며, 이에 따르면 노동의 기회를 제공해 줄 것과 최소한 취업할 때까지 실업수당을 지급할 것을 국가에 요구할 수 있는 현실적인 권리로 보는 것이다. 헌법재판소는 「노동권을 인간이 자신의 의사와 능력에 따라 근로관계를 형성하고, 타인의 방해를 받지 않고 노동관계를 계속 유지하며, 노동의 기회를 얻지 못한 경우에는 국가에 대하여 노동의 기회를 제공하여줄 것을 요구할 수 있는 권리를 말한다.」고 판시하고 있다(헌재 2008.9.25. 2005헌마586). 이러한 노동권은 생활의 기본적인 수요를 충족시킬 수 있는 생활수단을 확보해 주고 나아가 인격의 자유로운 발현과 인간의 존엄성을 보장해주는 기본권이다. 또한 노동권은 사회적 기본권으로서 국가에 대하여 직접 일자리(직장)를 청구하거나 일자리에 갈음하는 생계비의 지급청구권을 의미하는 것이 아니라, 고용증진을 위한 사회적·경제적 정책을 요구할 수 있는 권리에 그친다(헌재 2002.11.28. 2001헌바50). 2) **대체적 권리설** 이러한 기존의 노동권의 법적 성격에 대한 논의에 노동권이 추상적 권리인가 구체적 권리인가의 대립은 더 이상 실익이 없는 논쟁이라는 관점에서 대체적 노동권으로 이해하는 견해도 있다. 그 이유로 노동기준법, 직업안정법, 고용정책기본권, 고용보험법, 노동자직업능력개발법 등 다수의 고용관련 입법들을 통해 이미 노동권의 상당한 부분들이 구체적 권리로 형성되었기 때문이라고 평가하고 있다. 이러한 새롭게 제시되는 노동권의 법적 성격은 '현행 헌법상의 노동권의 법적 성격을 구체적 권리설에서 한 걸음 더 나아가 이를 대체성 내지 보충성을 가진 구체적 권리로 보게 된다면 기존의 완전한 노동권, 한정적 노동권 논의의 대립이나 추상적 권리설, 구체적 권리설의 대립을 극복할 수 있다는 것이다. 대체적 노동권 개념은 노동권의 내용 문제의 종착점에 노동권의 법적 성격의 문제가 있으므로 그 교차 지점을 포착하여 이 지점에서의 문제는 내용의 문제가 아니라 성격의 문제로 치환하여 법리적 모순을 극복하려는 것이다. 대체적 권리설은 완전한 노동권의 실현은 자본주의 사회에서 사실상 불가능한 것이지만, 그럼에도 불구하고 헌법상 노동권이 완전한 노동권의 외형으로 규정된 것은, 그것이 완전한 노동권을 전제로 한 것이 아니라 대체적 보충적 내용의 노동권 즉, 직업안정을 위한 시설보장, 실업시의 소득보장, 취약계층의 취로보장, 경영해고제한, 적극적 고용창출의 보장을 예정한 것이라고 본다. 또한 대체적 노동권의 개념은 국가가 노력한다 할지라도 일자리를 제공하지 못할 수 있는 불가항력적인 상황을 전제로 하여서도 설정할 수 있는 개념이기 때문에 자본주의 혹은 사회주의 체제와 무관하게 인정될 수 있다는 것이다. 대체적 권리설에 따르면 국가는 고용보장의 제1차적 책임주체로서 그 규범적 내용에 있어 대체적 제도에 의한 노동권 보장을 통해 완전한 노동권 보장에 접근해 가야 할 법적 노력의무를 부담하는 것으로 볼 수 있다. 대체적 노동권의 보장 내용과 수준이 확정 가능하다고 한다면 합리적인 이유 없이 현행법을 새로운 입법행위나 행정행위에 의하여 감축하는 경우에는 물론이고 나아가 국가가 전혀 입법을 하지 않는 부작위에 의한 소극적 침해의 경우나 현행 입법이 불충분한 경우도 위헌으로 제소할 수 있고 또한 국가배상청구도 가능하다는 것이다. 4. **노동의 권리의 범위** 노동의 권리의 범위와 관련하여, 국민이 노동의 권리를 요구할 수는 없지만, 국가에 대하여 노동기회청구권만은 요구할 수 있는가, 아니면 노동기회제공을 청구하고 이것이 불가능한 경우 생계비 지급을 요구할 수 있는가의 문제가 핵심이며, 근로권의 내용에 관한 논의는 노동권은 무엇을 국민에게 보장하는 것인가의 문제와 노동권의 성격에 관한 논의, 즉 노동권은 어디까지 보장될 수 있느냐의 문제를 함께 가지고 있다. 5. **노동의 권리의 주체** 노동의 권리의 주체는 원칙적으로 대한민국 국민에 한한다. 노동조합은 주체가 될 수 없다. 외국인은 주체에서 제외된다고 봄이 일반적이지만, 헌법재판소는 산업기술연수생 사건에서 근로의 권리를 '일할 자리에 관한 권리'와 '일할 환경에 관한 권리'로 양분한 후 후자의 권리는 자유권적 성격이 있어 '인간의 권리'라고 판단하여 외국인에게도 인정된다고 보았다(헌재 2007.8.30. 2004헌마670). 헌법재판소의 결정에 대해서는 외국인 근로자의 기본권 주체성 여부를 근로의 권리에서 찾는 것이 체계정합성에 문제가 있다는 비판이 있다. 「외국인 근로자의 고용 등에 관한 법률」에 따른 외국인의 경우, 제한적으로 직업선택의 자유를 가진다고 보고 노동의 권리를 직접 침해한 것은 아니라고 본다(헌재 2011. 11.29. 2007헌마1083등). 6. **노동의 권리의 효력** 노동의 권리는 원칙적으로 대국가적 효력을 가지는 기본권인 동시에 대사인적 효력을 가지는 기본권이다. 헌법은 「국가는 사회적·경제적 방법으로 근로자의 고용의 증진과 적정임금의 보장에 노력하여야 하며, 법률이 정하는 바에 의하여 최저임금제를 시행하여야 한다.」고 규정하고 있다(제32조 제1항 후문). 7. **노동의 권리의 내용** 1) **국가의 고용증진노**

력 헌법상 국가는 노동자의 고용증진에 노력하여야 하므로, 노동의 권리의 내용은 근로기회제공을 요구할 수 있는 권리이지 나아가 생계비지급까지 요구할 수 있는 권리는 아니다. 헌법재판소는 「근로의 권리는 사회적 기본권으로서, 국가에 대하여 직접 일자리(직장)를 청구하거나 일자리에 갈음하는 생계비의 지급청구권을 의미하는 것이 아니라, 고용증진을 위한 사회적·경제적 정책을 요구할 수 있는 권리에 그친다.」고 하고 있다(헌재 2002.11.28. 2001헌바50). 2) **노동자의 적정임금보장노력과 최저임금제 실시** 적정임금과 최저임금의 실시는 헌법적 요청이다(제32조 제1항 후문). ➜ 적정임금. 또한 헌법 제32조 제4항의 규정에 따라 여자에게도 동일노동·동일임금의 원칙이 적용되어야 한다. 「최저임금법」에서는 「최저임금은 근로자의 생계비, 유사 근로자의 임금, 노동생산성 및 소득분배율 등을 고려하여 정한다. 이 경우 사업의 종류별로 구분하여 정할 수 있다.」고 규정하고 있다(동법 제4조 제1항). 퇴직금의 경우, 「근로자퇴직급여 보장법」에 의하여 보장된다. 3) **노동조건기준의 법정주의** ➜ 근로조건기준법정주의. 4) **여자·연소자근로의 보호와 차별금지** 헌법 제32조 제4항은 「여자의 근로는 특별한 보호를 받으며, 고용·임금 및 근로조건에 있어서 부당한 차별을 받지 아니한다.」고 규정하고, 근로기준법, 남녀고용평등과 일·가정 양립지원에 관한 법률 등에서 구체화하고 있다. 또한 「연소자의 근로는 특별한 보호를 받는다.」고 규정하고, 근로기준법(제64조)에서 최저취업연령을 15세로 상향조정하였다. 5) **국가유공자 등의 우선적 근로기회 부여** 헌법 제36조 제6항은 「국가유공자·상이군경 및 전몰군경의 유가족은 법률이 정하는 바에 의하여 우선적으로 근로기회를 부여받는다.」고 규정하고, 「국가유공자 등 예우 및 지원에 관한 법률」에서 이를 구체화하고 있다. 6) **기타 신앙·사회적 신분 등에 의한 차별대우 금지** 근로기준법과 직업안정법 등에서는 성별·연령·국적·신앙·사회적 신분 등에 따른 차별대우의 금지를 규정한다. 관련하여 「기간제 및 단시간근로자 보호 등에 관한 법률」이 제정되어 있다. ➜ 노동기본권.

노동쟁의勞動爭議 ➜ 노동기본권. ➜ 노동3권.

노동조건기준법정주의勞動條件基準法定主義 ➜ 근로조건기준법정주의. ➜노동의 권리.

노동조합勞動組合 ㊎ labor union/trade union, ㊍ Berufsvereinigung/Gewerkschaft, ㊈ syndicat(- ouvrier, - professionnel, - industriel). 1. **정의** 노동조합의 정의는 시드니 웹(S.Webb)에 따르면 노동자가 주체가 되어 자주적으로 단결하여 노동 조건의 유지, 개선 기타 경제적, 사회적 지위의 향상을 도모함을 목적으로 조직하는 단체 또는 그 연합 단체이다. 우리나라 노동조합 및 노동관계조정법 제2조는 「근로자가 주체가 되어 자주적으로 단결하여 근로조건의 유지·개선 기타 근로자의 경제적·사회적 지위의 향상을 도모함을 목적으로 조직하는 단체 또는 그 연합단체」로 정의하고 있다. 2. **역사** 산업혁명 이후 초기 노동조합 활동은 자본가와 국가의 탄압을 받았으며 법률적으로 금지되었다. 최초의 노동조합은 17세기 영국에서 노동자들이 결성한 우애조합, 공제조합 등이었다. 영국 의회는 1799년 단결금지법을 제정하여 노동조합의 결성을 금지하였기 때문에 이들 조직은 비밀 결사의 형태를 띠었다. 초기 노동조합의 주요 활동은 일정한 조합비를 걷었다가 사고가 발생했을 때 지급하는 일종의 상호부조이었다. 1820년대 영국은 노동조합을 금지하는 법률(단결금지법, 18세기 제정)을 폐지하였고 노동조합 활동이 합법화되었다. 이후 유럽과 미국 등 산업화된 국가에서 노동조합 운동이 계속되어 1890년 무렵에는 서구 열강 대부분의 국가에서 노동조합이 합법화되었다. 1890. 5.1. 첫 노동절 기념집회가 프랑스 파리에서 개최되어 노동조합의 달라진 위상을 보여주었다. 미국에서는 19세기 여러 단위 노동조합들이 만들어지기 시작하였다. 자본가들은 최악의 경우 노동조합 간부를 청부살인하는 등 악랄하고 극심한 탄압을 하였으나 노동운동의 발전을 막지는 못하였다. 1869년 결성된 노동자 기사단은 후일 세계산업노동자로 개칭하였으며 이 단체의 마더 존스와 같은 노동운동가들은 미국 노동운동 역사에 큰 족적을 남겼다. 1886.5.1. 미국 시카고에서는 8만 명의 노동자들과 그들의 가족들이 8시간 노동제를 요구하며 미시건 거리에서 파업집회를 가졌다. 19세기 미국 노동자들은 10~12시간의 장시간 노동, 저임금, 임금삭감으로 노동인권을 존중받지 못하고 있었으며, 석유사업 및 탄광사업가인 록펠러가 고용주인 슈일킬 탄광의 노동자들이 자신들의 생존권과 관련된 문제인 임금삭감에 항의하다가 주동자들이 교수형으로 처형되는 일도 있었다. 즉, 8시간 노동제를 요구하는 파업은 노동자들이 노동인권을 존중받기 위한 단결이었다. 이 날 노동자들은 평화적인 시위를 하였으나 경찰은 이들을 폭도로 몰아 탄압하였다. 이 과정에서 발포가 있었고 다수의 노동자들이 희생되었다. 당시 미국의 보수언론들도 미국 정부의 노동운동 탄압을 정당화하기 위해 빨갱이 딱지붙이기 곧 공산주의 딱지를 붙이기를 했다. 이후 제2 인터내셔널은 이 날을 노동절로 기념하게 되었다. 이 사건은 큰 사회적 반향을 가져왔고 결국 노동자의 기본적 권리인 8시간 노동제가 실현되는 계기가 되었다. 3. **우리나라의 경우** 일제강점기이던 1920년대 산업화가 진행되면서 노동친목회, 노동회, 노우회와 같은 지역합동 노동조합이 생겨났다. 또한 인쇄공과 같은 숙련노동자들은 직업별 노동조합을 세웠다. 이러한 노동운동의 성장을 바탕으로 1924년4월 조선노동총연맹이 출범하였다. 한국의 노동조합은 노동인권 쟁취를 위한 단결투쟁과 함께 식민지 지배에 대한 저항운동을 벌였다. 일제강점기 노동계에서는 부두에서 짐을 배로 실어 나르는 노동자들이 임금삭감에 항의하여 파업투쟁을 하는 등 노동자들이 노동인권을 쟁취하기 위한 투쟁이 활발하였다. 이러한 투쟁은 노동자들이 단결투쟁만이 노동인권을 쟁취하는 수단임을 깨닫는 아주 중요한 계기가 되었다. 대표적인 노동조합 관련 운동으로는 1929년 원산의 노동자들의 원산총파업투쟁, 1930년 고무공장 노동자들의 파업투쟁 등이 있다. 1970~1980년대는 노동운동이 성과를 거둔 시기이었다. 1970.11.13. 청계피복노조의 전태일의 분신사망이 시발점이 되어 노동운동이 본격화되기 시작하였다. 이후 1970년대 노동자 특히 여성노동자들은 자본가들과 이들의 편에 선 관리자들로부터 노동인권을 존중받지 못하였으므로, 여성노동자들은 자본가들의 탄압 및 박정희 군부독재정권의 악선전에도 노동조합을 결성하여 단결함으로써 노동운동을 하였다. 이러한 노력으로 여성노동자들은 노동인권을 쟁취하여 갔다. 1980년대 노동자들도 단결하여 자신들의 권리를 쟁취하여 갔다. 하지만, 21세기에 들어선 오늘날에도 헌법에서 보장된 노동자의 기본적 권리인 단결권, 단체교섭권, 단체행동권이 자본에 의해 탄압되는 등 노동조합은 해결할 과제가 많이 있다. 4. **노동자의 정치참여** 20세기에 들어 영국의 노동당, 독일의 사회민주당과 같은 노동조합의 지지를 기반으로 하는 정당들이 생겨나면서 노동조합의 영향력 역시 증대되었다. 1924년 영국에서는 노동당이 총선에서 승리하여 램지 맥도널드는 최초의 노동조합 출신 영국 총리가 되었다. 또한, 1919년 국제노동기구가 설립되어 국제적인 노동 인권 문제를 다루기 시작하였다. 1930년대 히틀러의 나치 독일이 사회민주당의 활동과 노동조합의 활동을 전면 금지 시키는 등 독일에서는 노동조합 운동의 큰 위기가 있기도 하였으나 2차 대전에서 나치가 패망한 이후 다시 활동을 시작하였다. 5. **유형** **조직대상**에 따라, 기업별로 하여 결성된 노동조합을 기업별 노동조합이라 하고 산업 직군에 따라 조직된 노동조합을 산업별 노동조합이라 한다. **가입유형**에 따라, 클로즈드 숍(closed shop)(노동조합 조합원 자격이 고용의 조건이 되는 조직 형태이다. 조합원 자격을 상실할 경우 고용계약도 해지됨), 유니언 숍(union shop)(채용된 노동자가 일정 기간 이내에 노동조합에 가입하는 것이 의무적인 형태의 노동조합), 에이전시 숍(agency shop)(노동조합의 가입에 대한 강제는 없으나 단체교섭 당사자인 노동조합이 조합원이 아닌 노동자에게서도 조합비를 걷을 수 있는 형태의 노동조합), 오픈 숍(open shop)(노동조합의 가입 여부와 조합비의 납부가 온전히 노동자의 의사에 따라 이루어지는 형태의 노동조합)으로 나뉜다. 6. **국제연대와 기구** 전 세계 최대 노동조합 연대 기구로는 국제 자유 노동조합 연맹(ICFTU)과 세계 노동 연맹(WCL)을 합병하여 2006.11. 결성된 국제 노동조합 연맹(ITUC)으로 전 세계 국가별 노동조합 305개, 노동자 1억 7,500만명이 151개국에서 가입하고 있다. 또 다른 노동조합 국제 연대 기구는 세계노동조합 연맹(WFTU)이 조직되어 있다. UN 산하의 전문기구로 국제노동기구(國際勞動機構, International Labour Organization, ILO)가 있다. ➜ ILO.

노동헌법勞動憲法 경제적 약자인 노동자의 권리를 보호하기 위한 헌법상의 규정들을 총괄하여 노동헌법이라 한다. 우리 헌법에서는 제32조의 근로의 권리, 제33조의 근로3권이 대표적인 노동헌법규정이다. 그 외에 평등권, 안전권, 사회권, 참심제 노동법원 도입 근거 조항, 경제조항, 직접민주제 등도 노동자들의 삶에 직접적인 영향이 있으므로 이들까지 포함하여 '광의의 노동헌법'이라고 할 수 있다. 현행헌법을 개정하여 노동가치를 구현하는 헌법으로 개정하여야 한다는 목소리가 커지고 있다.

노무현정부盧武鉉政府 노무현 정부(2003.2.25.~2008. 2.24.)는 대한민국의 제6공화국의 네 번째 정부이다. 참여정부(參與政府)로도 불린다. 노무현 정부는 국정목표로, 국민들과 함께 하는 민주주의, 더불어 사는 균형발전 사회, 평화와 번영의 동북아시아 시대 등을 제시하였으며, 원칙과 신뢰, 공정과 투명, 대화와 타협, 분권과 자율의 4대 국정원리를 국가 운영의 기본방침이자 추구하는 가치로 삼았다. 또 첫째, 외교·통일·국방 분야에서는 한반도 평화체제 구축, 둘째, 정치·행정 분야에서는 부패 없는 사회, 봉사하는 행정, 참여와 통합의 정치개혁, 지방분권과 국가 균형 발전, 셋째, 경제 분야에서는 동북아시아 경제 중심국가 건설, 자유롭고 공정한 시장질서 확립, 과학기술 중심사회 구축, 미래를 열어 가는 농어촌 건설, 넷째, 사회·문화·여성 분야에서는 참여복지와 삶의 질 향상, 국민통합과 양성평등의 구현, 교육개혁과 지식문화강국 실현, 사회통합적 노사관계 구축 등을 12대 국정과제로 삼았다. 참여정부는 제16대 대선에 당선된 노무현 대통령의 취임과 함께 2003.2.25.에 취임과 동시에 새천년민주당이 여당이 되었으나 노무현 대통령은 임기 중 새천년민주당을 탈당하였고, 이후 열린우리당에 입당하여 열린우리당이 여당이 되었다. 2004.3.12.에 국회에서 노무현 대통령의 '정치적 중립성'을 이유로 여당인 열린우리당이 반발하는 가운데 새천년민주당과 한나라당, 자유민주연합의 주도하에 찬성 193표, 반대 2표로 대통령을 대상으로 탄핵소추안을 통과시켜, 노무현 대통령의 직무가 정지되고 고건 국무총리가 대통령의 권한을 대행했다. 그러나 같은 해 5.14. 헌재에서 탄핵소추안이 기각되었다. 2004.6.에 출범한 제17대 국회는 헌정사상 최초로 민주계열 정당이 의회권력을 장악하면서 출범부터 정치개혁에 대한 국민적 기대를 모았다. 참여정부의 대북 정책은 전임 대통령 김대중의 햇볕정책을 근간으로 하였다. 참여정부는 제2차 북핵위기 직후에 출범하였다. 2006.7.과 10. 북한이 장거리 미사일 발사와 핵실험을 실행한 이후에는 6자회담을 중심으로 핵폐기를 위한 노력을 기울였다. 2007.2.에는 2 · 13 합의가 있었고, 2007.10.2. 도보로 군사분계선을 넘어 10.4.까지 평양을 방문, 김정일 국방위원장과 정상회담을 가진 뒤 8개 조항의 10 · 4공동선언문을 발표했다. 정치적으로는 정당명부식 비례대표제의 도입으로 입법부를 개혁하고, 권위적 정치문화를 극복하며, 지역구도의 청산과 지방분권을 위하여 국가균형발전특별법, 신행정수도건설특별법, 지방분권특별법으로 국토균형발전 3대 특별법을 제정하였다. 신행정수도건설특별법 제정으로 집권 초기에 시행한 것이 신행정수도 이전 계획이었으나 헌법재판소의 위헌 결정에 의해 수도이전은 불가능하게 되었다. 그 후 신행정수도 이전 계획은 수정되어 행정중심복합도시건설특별법으로 수정되어 세종특별자치시 건설로 이어졌다. 그러나 4대 개혁입법 및 과거사 조사위원회 추진을 놓고 여야간 대립이 격화되면서 정쟁이 심화되었다. 그 결과 여러 개혁입법을 위한 노력이 진행되었으나 야당과의 충돌로 무산되었고, 또한 이념지향적인 문제에 집착한다는 비판을 받기도 했다. 퇴임 후 이명박 정부가 노무현정부의 각종 범죄혐의를 조사하는 과정에서 2009.5.23.에 자살하였다. 정경유착의 단절, 권위주의의 청산, 시민사회의 성장 등은 노무현 정부의 대표적인 성과로 평가받고 있다. 또한 제2차 남북정상회담의 성사와 한 · 미 FTA 타결도 긍정적인 평가를 받고 있다. 그러나 코스피지수가 175% 상승하는 등 주식 시장이 호황을 누렸음에도 청년실업과 비정규직이 급증하고 부동산 가격이 폭등하는 등 경제정책과 언론정책 등에서는 실패한 것으로 평가되고 있다.

Neubauer 결정 ➜ 기후변화소송.

노태우정부盧泰愚政府 제6공화국 최초의 정부이다. 1987.6. 전 국민적인 민주화 시위로 집권당의 대통령 후보이던 노태우가 대통령 직선제를 중심으로 한 6 · 29 선언을 발표했다. 이후 대통령 5년 단임의 직선제와 4년 임기의 국회 단원제를 기본으로 한 새 헌법이 10.29. 공포되었고, 12.16. 대통령 선거가 실시되었다. 이 선거에서 노태우 후보가 당선되어, 이듬해 2.25. 제13대 대통령에 취임했다. 32년 만에 국민의 직접선거로 구성된 제6공화국이 출범했다. 집권 초기에는 5공청산의 기치를 내걸고 5공인사들을 대부분 정리, 자진 퇴임을 유도하여 과거와의 단절을 표방하였다. 서울올림픽을 성공적으로 개최했고, 해마다 꾸준한 경제 성장도 이루어 냈다. 대북정책에 대해서는 1988년에는 7 · 7 선언으로 알려진 '민족자존과 번영을 위한 대통령 특별선언'을 발표하면서 1989.9.에는 한민족 공동체 통일 방안을 발표하고, 서울 올림픽 이후에는 동유럽의 공산권 국가와도 외교관계를 맺어 남북관계 개선을 추구했다. 1990년 통일민주당, 신민주공화당과의 3당 합당을 추진해 1990.3. 신한국당의 전신인 민주자유당을 창당, 초대 총재에 추대되었다. 전교조를 불법화하고 1500명의 교사들을 해직, 파면시켜 켜 학원민주화의 요구가 거세졌다. 1991.9.18.에는 남북이 유엔에 동시가입했다. 그러나 빈부격차 문제는 계속 확대되었으며, 대통령 자신이 엄청난 부정부패 자금을 몰래 축적해 국민들의 지탄을 받았다. 김영삼 정부에서 전두환과 함께 5 · 18민주화항쟁의 반란수괴로 구속되어 징역 22년6

월을 선고받았다가 17년형으로 감형되었으며, 1997.12.20. 김영삼정부에 의해 사면복권되었다.

논리해석論理解釋 ➜ 헌법의 해석.

농·어민農·漁民 **및 중소기업**中小企業**의 보호·육성**保護育成 1. **의의** 헌법 제123조는 「① 국가는 농업 및 어업을 보호·육성하기 위하여 농·어촌종합개발과 그 지원 등 필요한 계획을 수립·시행하여야 한다. ② 국가는 지역간의 균형있는 발전을 위하여 지역경제를 육성할 의무를 진다. ③ 국가는 중소기업을 보호·육성하여야 한다. ④ 국가는 농수산물의 수급균형과 유통구조의 개선에 노력하여 가격안정을 도모함으로써 농·어민의 이익을 보호한다. ⑤ 국가는 농·어민과 중소기업의 자조조직을 육성하여야 하며, 그 자율적 활동과 발전을 보장한다.」고 규정하여, 농수산업정책, 지역적 경제촉진과 중소기업정책의 필요성을 구체적으로 강조함으로써, 지역간의 경제적 차이를 조정하고, 국민경제적 이유에서 일정 경제부문이 변화한 시장조건에 적응하는 것을 용이하게 하거나 또는 경쟁에서의 상이한 조건을 수정하기 위하여, 경제적으로 낙후한 지역이나 일정 경제부문을 지원할 국가의 과제를 규정하고 있다(헌재 1996.12.26. 96헌가18). 2. **구체적 내용** 1) **농업 및 어업의 보호·육성** 국가는 농업 및 어업을 보호·육성하기 위하여 농·어촌종합개발과 그 지원 등 필요한 계획을 수립·시행하여야 한다. 근대화로 인한 상대적 열악성을 해소하고 농어촌에 대한 국가적 지원이나 계획을 통해 농어업인 등의 삶의 질을 향상시키고 지역 간 균형발전을 도모하고자 하는 것이다. 이를 위하여 「농어업인삶의질법」이 제정되어 있다. 2) **지역 간 균형있는 발전** 국가는 지역간의 균형있는 발전을 위하여 지역경제를 육성할 의무를 진다. 국가지역정책은 농·어촌의 이주현상과 대도시에로의 지나친 인구집중을 방지하고 국토의 균형있는 인구분산을 이루게 함으로써, 궁극적으로 경제성장과 안정이라는 경제적 목표를 달성하는데 기여할 뿐만 아니라 전국적으로 균형있는 경제, 사회, 문화적 관계를 형성하는 사회정책적 목표를 촉진토록 하는데 있다(헌재 1996.12.26. 96헌가18). 3) **중소기업의 보호·육성** 국가는 중소기업을 보호·육성하여야 한다. 중소기업의 보호는 넓은 의미의 경쟁정책의 한 측면을 의미하므로, 중소기업의 보호는 원칙적으로 경쟁질서의 범주내에서 경쟁질서의 확립을 통하여 이루어져야 한다(헌재 1996.12.26. 96헌가18). 4) **농·어민의 이익보호** 국가는 농수산물의 수급균형과 유통구조의 개선에 노력하여 가격안정을 도모함으로써 농·어민의 이익을 보호한다. 이 규정은 농·어민의 경제적 이익을 보호함과 동시에 최종소비자인 전체 국민을 보호하려는 것이다. 5) **농·어민과 중소기업의 자조조직의 육성** 국가는 농·어민과 중소기업의 자조조직을 육성하여야 하며, 그 자율적 활동과 발전을 보장한다. 과거 농·어민의 자조조직은 흔히 정치적 이용의 대상이 되었기 때문에 구 헌법에서는 '정치적 중립을 보장한다.'고 규정하였으나, 현행헌법은 '그 자율적 활동과 발전을 보장한다.'고 수정하였다. 이와 관련하여 농어민과 중소기업의 자조조직인 협동조합에 관한 규정 대신에 협동조합설립권을 기본권으로 인정하여 명시적으로 규정하자는 주장도 있다. 기본권으로 규정된다면 이 규정은 불필요할 것이다.

농지農地**의 임대차**賃貸借**와 위탁경영**委託經營 ➜ 농지제도.

농지전용제도農地轉用制度 1. **서론** 1) **의의** 농지전용허가제도는 농지를 농작물의 경작과 다년성식물의 재배 등 농업생산 또는 농지개량 외의 다른 용도로 사용하려면 농림축산식품부장관의 허가를 받도록 하는 제도로서, 1972.12.18. 제정된「농지의 보전 및 이용에 관한 법률」에서 도입되어, 1994년 농지 관련 법률을 통합한「농지법」에 편입되었다. 2) **내용** 농지전용에 관한 규정은 농지법 제34조~제43조에 규정되어 있다. 법에 의한 농지전용 방법은 허가, 협의, 신고 등으로서, 협의제도와 신고제도는 농지전용허가를 받지 않아도 된다. 농지전용 허가 · 협의 권한은 농림축산식품부장관에게 있으나, 절차 간소화를 위해 전용면적에 따라 시 · 도지사 또는 시장 · 군수 · 구청장에 위임하였다. 3) **농지전용 허가절차**(농지법 제34조 및 동 시행령 제32~33조) 농지를 전용하고자 하는 자는 농림축산식품부장관의 허가를 받아야 한다. 농지전용허가 심사 절차는 농지전용의 허가 또는 변경허가를 받고자 하는 자는 농지전용허가신청서를 해당 농지의 소재지를 관할하는 시장 · 군수 · 구청장에게 제출한다. 시장 · 군수 또는 자치구 구청장은 관할 농지전용허가신청서 등을 송부받은 때 심사기준에 따라 심사한 후 그 송부 받은 날부터 10일 이내에 시 · 도지사에게 송부한다. 시 · 도지사는 10일 이내에 이에 대한 종합적인심사의견서를 첨부하여 농림축산식품부장관에게 제출하고 농지전용허가 신청자에게 농지전용허가증을 발급한다. 4) **농지전용허가 제한시설** 농지법 제37조는 농지전용허가에 제한되는 시설을 지정하고 관련 시설에 대하여 대통령령으로 위임하고 있다(농지법 시행령 제44조 참조). 2. **법적 문제** 1) **농지전용 운영체계상의 법적 문제** 현행 농지법상 농지의 소유 및 농지전용이 가능한 농업인의 정의가 불명확하여 신규농민의 농지전용이 증가하고 있다. 이런 상황에서 농지전용 허가(협의) 및 신고 절차가 행정부의 일방적인 의사결정 구조로 진행되는 문제점이 있다. 또한 농지법 제35조상의 농업용시설의 필요성에 대한 객관적 기준이 미흡하다는 문제가 있다. 2) **농지전용 토지의 사후관리** 현재의 농지법상의 농지전용은 불법전용을 조장하는 측면이 있다. 또한 농지전용 이후 전용된 농지에 대한 지도단속 과정의 투명성이 결여되어 불법전용 행위 묵인, 처벌 감경 등 단속과 관련한 부조리가 빈발하고 있다. 3. **농업진흥지역의 농지관리의 필요성** 현행 농지전용 관련 제도는 개별 분산 소규모 농지전용을 허용할 뿐 아니라 면적을 억제한다는 취지로 오히려 소규모 전용을 강요하는 실정이다. 이 때문에 문제점의 근본적인 해결을 위해서는 소규모 분산 농지전용과 농업진흥지역 내 농지전용에 대한 규제를 강화할 필요가 있다. 또한 농지전용으로 인한 개발이익환수제도 보강과 농지보전에 대한 보상 강화의 필요성도 제기된다. 4. **농지전용제도의 절차상 문제점** 현행 농지법상 농지전용은 지방자치단체의 허가로 행해지는데, 농지관리는 국가적으로 중요한 의미를 가지기 때문에 이를 관리 운영하는 위원회의 구성을 객관적이고 전문가의 참여가 가능하도록 할 필요성이 있다.

농지제도農地制度 ㊞ agrarian system, ㊀ Agrarsystem, ㊂ système agraire. 1. **의의** 농지제도란 농지의 소유, 이용 및 임대차, 전용, 조성 및 정비, 보전 등의 이념과 방향 및 수단 등에 관하여 법적으로 규율하는 제도를 말한다. 2. **변천과정** 근대 이전에는 토지의 사적 소유에 관한 법제도가 있었으나 근대적 법제도와 비교하여 매우 취약하였다. 조세부과를 위한 공부(公簿)로서 양안(量案)이 있었으나 현실과 일치하지 못하여 부정확하였다. 1897년 대한제국 정부가 양전사업(量田事業)을 통해 토지소유권관계를 명확히 하고자 하였으나 러 · 일전쟁으로 중단되었다. 일제강점 후 토지조사사업을 통해 토지소유권, 토지가격, 지형 등을 조사하였으며, 등기제도를 도입하였다. 1920년 이후 산미증산계획이 실시되면서 식민지지주제가 형성 · 발전되어 자작농과 소작농이 몰락하였다. 1932년에는 조선

소작조정령(朝鮮小作調停令), 1934년에 조선농지령(朝鮮農地令)을 제정하여 소작쟁의를 규율하도록 하였다. 해방 후 1948년4월 미군정에 의해 1차 농지개혁이, 1950년에 대한민국 정부에 의해 2차 농지개혁이 이루어져 식민지지주제가 자작농체제로 확립되었다. 1972년12월에는 농지보전을 목적으로 「농지의 보전 및 이용에 관한 법률」이 제정되어 도시계획구역 밖의 농지에 한해 농지전용허가제가 도입되고, 공공투자에 의해 시행된 농지개량사업지구 내 농지의 전용에 대해 농지조성비제도가 도입되었다. 1994년에 「농지법」이 제정됨으로써 여러 법률로 규율되던 농지관련법률이 일원화·체계화되었다. 3. **농지제도의 법률체계** 농지제도에 관해서 규율하고 있는 주요법률은 농지에 관한 기본틀을 규정한 헌법과, 농업·농촌에 관한 기본이념과 정책방향을 규정하고 있는 농업·농촌 및 식품산업기본법, 농지를 포함한 국토의 개발·이용 및 계획에 관한 종합적 법인 국토의 계획 및 이용에 관한 법률, 그리고 농지의 소유·이용 및 보전에 관하여 규정하고 있는 농지법을 들 수 있다. 그 외에도 농업기반공사 및 농지관리기금법, 농어촌정비법, 국토기본법, 도시 및 주거환경정비법, 산업입지 및 개발에 관한 법률, 택지개발촉진법 등 직·간접적으로 농지와 관련된 규정을 두고 있는 개별법들도 산재해 있다. 4. **농지제도의 기본원칙** 1) **경자유전의 원칙** ➜ 경자유전의 원칙. 2) **농지보전의 원칙** 헌법 제122조는 농지에 대하여 필요한 제한과 의무를 부과할 수 있음을 규정하고 있고, 농지법 제3조에서 「① 농지는 국민의 식량공급과 국토환경보전의 기반이고 농업과 국민경제의 균형 있는 발전에 영향을 미치는 귀중한 자원이므로 소중히 보전되어야 함은 물론 공공복리에 적합하게 관리되어야 하며 그에 관한 권리의 행사에는 필요한 제한과 의무가 따른다. ② 농지는 농업의 생산성을 높이는 방향으로 소유, 이용되어야 하며 투기의 대상이 되어서는 아니된다.」라고 규정하였고, 동법 제4조에서 「② 국가와 지방자치단체는 농지에 관한 시책을 수립할 때 필요한 규제와 조정을 통하여 농지를 보전하고 합리적으로 이용할 수 있도록 함으로써 농업을 육성하고 국민경제를 균형 있게 발전시키는 데에 이바지하도록 하여야 한다.」고 하여 국가의 농지보전의 원칙을 구체적으로 밝히고 있다. 헌법상 농지에 대하여 필요한 제한과 의무를 할 수 있도록 하고 있는 것과 농지법의 규율이 조화될 수 있도록 법률을 규정하고 해석할 필요가 있다. 3) **공공복리적합의 원칙** 헌법은 제23조 제1항에서 「모든 국민의 재산권은 보장된다. 그 내용과 한계는 법률로 정한다.」고 하고 제2항에서 「재산권의 행사는 공공복리에 적합하도록 하여야 한다.」고 규정하고 있고, 제122조에서 국토에 관하여 법률이 정하는 바에 따라 필요한 제한과 의무를 과할 수 있음을 밝히고 있다. 또한 농지법 제3조는 「농지에 관한 권리의 행사에는 필요한 제한과 의무가 따르고, 투기의 대상이 되어서는 아니 된다.」고 하여 농지에 관하여 공공복리 적합의 원칙을 선언하고 있다. 헌법상의 대원칙인 사유재산권 보호와 공공복리의 원칙을 어떻게 합리적으로 해석하고 농업인의 피해를 최소화하는 방향으로 실현시켜 나갈 것인가 하는 점이 중요한 과제이다. 5. **농지전용제도** ➜ 농지전용제도. 6. **농지의 임대차와 위탁경영** 1980년 헌법에서 처음으로 농지의 위탁경영과 임대차가 가능하도록 규정하였고, 현행헌법도 이를 규정하고 있다(제121조 제2항). 이는 경자유전의 원칙의 예외에 해당한다. 전근대적인 소작제도는 금지하면서 이에 대한 대체제도로서 위탁경영과 임대차라는 방식을 허용하고 있다. 하지만, 농지의 위탁경영이나 임대차가 자칫 경자유전의 원칙을 무의미하게 할 우려가 있기 때문에,

헌법상 '농업생산성의 제고와 농지의 합리적 이용 또는 불가피한 사정'이 있을 때에 법률로 인정된다. 이에 따라 농지법 제6조는 「농지는 자기의 농업경영에 이용하거나 이용할 자가 아니면 소유하지 못한다.」고 규정하여 경자유전의 원칙을 재확인하고, 법정의 사유가 있는 때에는 위탁경영이나 임대차를 인정하고 있다(농지법 제9조 및 제23조).

Numerus-Clausus 판결 Numerus-Clausus는 한정된 수 혹은 폐쇄된 수라는 의미이다. 독일의 이 판결은 대학입학정원제한 판결이라고도 한다. 1. **1차 Numerus Clausus 판결(BVerfGE 33, 303(1972))** 1960년대 후반 대학진학희망자가 급증하는 상황에서 대학이 증설되지 못한 채, 서독은 주 단위 대학입학정원(지역 Numerus Clausus; 지역-NC)과, 주로부터 위임을 받아 연방 단위 대학입학정원(연방-NC)으로 나누어 정원을 배정하고 있었다. 함부르크와 뮌헨에서 졸업시험 평균성적 3.25(낮은 수가 우수함)로 각각 의대를 지원한 두 원고는 등급순위가 낮아 정원 내에 들지 못하자 바이에른 주와 함부르크 대학입학법이 근거하고 있는 연방의 대학입학정원 제한제도가 기본법 제12조의 「교육장소를 자유로이 선택할 자유(Recht, Ausbildungsstätte frei zu wählen)」를 위반하는 것이라고 주장하였고, 각 주 행정재판소가 헌법재판소에 위헌여부 심사를 구하였다. 연방헌법재판소는 기본권이 참여권(Teilhaberecht)으로 이해될 수 있는가의 여부와 기본권으로부터 기존의 급부제도에 평등하게 참여하는 것 외에 국가의 급부를 청구할 권리를 추론해낼 수 있는가의 문제에 대하여 논하였다. 연방헌법재판소는 기본법 제12조 제1항(직업의 자유)가 평등권과 사회국가원리와 결합하여 '주관적 입학요건을 충족하는 모든 국민의, 그가 선택하는 대학의 학과에서 공부할 권리'를 포함한다고 하였다. 그리고 이 권리는 '공권력의 침해에 대한 자유권의 전통적인 보호기능'과 결합될 수 없으리라는 전제 하에 이 권리를 참여권이라고 해석하였다. 그러나 연방헌법재판소는 기존의 교육수용능력의 확대참여권이라고 하여 국민에게 인정될 것인가에 대해서는 판단을 유보하였다. 이 판결은 자유권만을 규정하고 사회권을 규정하지 않은 서독 기본법에서 사회권을 어떻게 도출할 수 있는가와 관련된다. 대학입학 정원제한 판결은 1977.2.8.에 2차 판결이 있었다(BVerfGE 43, 29(1977)). 2. **최근 Numerus Clausus 판결(BVerfGE 147, 253(2017))** 슐레스비히-홀슈타인(Schleswig-Holstein)주와 함부르크(Hamburg)주에서 각각 의대에 지원한 두 원고가 입학정원에 따른 성적미달을 이유로 입학을 거절당하자, 각각 행정소송을 제기하였다. 독일 겔젠키르헨(Gelsenkirchen) 행정재판소는 연방헌법재판소에 의과대학입학 배분을 규율하고 있는 대학기본법(Hochschulrahmengesetz)과 '대학입학을 위한 공동 기관 설립에 관한 조약'(2008년 조약)의 실행과 비준을 위한 개별 주의 규정이 독일 기본법에 합치하는지 여부를 결정해 달라는 위헌법률심판을 청구하였다. 연방헌법재판소는 주법에 따라 의과대학에서의 수학을 위한 여타의 소양보다 단지 아비투어 성적만을 주요 요건으로 하는 선발절차는 연방법을 우선으로 한다는 기본법 제31조에 불합치하여 무효라고 판단하고, 2019.12.31.까지 의과대학 선발절차가 헌법재판소가 제시하는 내용으로 새롭게 수정되도록 요구하였다. 본 결정은 연방-NC의 큰 틀은 유지하되 세부적인 절차적 요소를 수정하는 데 그친 것이라 연방-NC자체의 폐지를 원하는 학생들의 요구를 충족시키지는 못할 것으로 보인다.

누적연기투표累積連記投票 ➜ 연기투표제.

누진세累進稅 ㉑ progressive tax, ㉓ progressive Steuer, ㉒ Taxe progressive. 소득금액이 커질수록 높은 세율을 적용하는 세금으로, 과세물건의 수량이나 화폐액이 증가할수록 점차 높은 세율을 적용하는 것을 말한다. 반대개념은 역진세(逆進稅: regressive tax)이다. 종합부동산세의 과세방법을 '인별 합산'이 아니라 '세대별 합산'으로 하여 누진세를 규정한 종합부동산세법 해당부분에 관하여, 특정한 조세 법률조항이 혼인이나 가족생활을 근거로 부부 등 가족이 있는 자를 혼인하지 아니한 자 등에 비하여 차별 취급하는 것이라면 비례의 원칙에 의한 심사에 의하여 정당화되지 않는 한 헌법 제36조 제1항에 위배된다고 하는 결정이 있다(헌재 2008.11.13. 2006헌바112 등).

New York Times Co. v. Sullivan, 376 U.S. 254 (1964) 판결 공직자에 대한 명예훼손 여부에 관하여 '실제적 악의 원칙'을 확립한 판결이다. 1. **사실관계** 1960.3.29. 민권운동가들이, 킹(Martin Luther King Jr.) 목사가 주도한 앨라배마주의 수도 몽고메리에서의 비폭력시위에 가담한 흑인들에 대한 테러 · 협박과 경찰의 가혹한 진압방법을 비난하는 전면광고를 뉴욕타임즈 신문에 게재하자, 경찰국장인 설리반(Sullivan)이 신문사와 광고주를 상대로 명예훼손소송을 제기하였다. 문제가 된 광고부분은 경찰이 앨라배마주립대학을 포위하고 항의하는 대학생들을 배고파서 굴복하게 할 목적으로 식당을 폐쇄하였다는 것과 경찰이 각종 명목으로 킹목사를 7차례나 체포하였다는 것 등이었는데 위 부분은 사실과 다른 것임이 밝혀졌다. 이에 대하여 앨라배마주법원은 명예훼손의 성립을 인정하고 징벌적 손해배상을 포함하여 50만불의 손해배상을 명하였고, 앨라배마주대법원은 위 판결을 지지하였다. 그러나 미연방대법원은 다음의 이유로 이를 파기환송하였다. 2. **판결 내용** 미연방대법원은, ① 정부에 대한 국민의 자유로운 비판의 보장으로써만 시민자치(self-governance)가 이룩될 수 있으므로 "공공의 문제에 관한 토론은 제한 없이, 활발하고 널리 개방되어야 하며 이는 정부나 공직자에 대한 격렬하고, 따갑고 때로는 불유쾌한 날카로운 공격을 포함할 수도 있다는 원칙"에 비추어 위 광고는 현재의 주요한 공공의 문제에 대한 불만 및 항의의 표시로서 헌법적 보호를 받을 자격이 있다고 보여지고, ② 허위사실의 발표는 자유로운 토론에 있어 불가피하고 언론의 자유가 생존할 수 있는 숨쉬는 공간(breathing space)을 확보하기 위해서는 허위사실의 발표도 어느 정도 보호되어야 하는데, 피고가 그 발표내용의 진실성을 입증하여야만 면책되게 하는 것은 만일 어떤 사실이 진실이라고 믿고 또한 그것이 객관적으로 진실이라고 하더라도 법정에서 그것을 증명할 수 없다거나 비용이 많이 들 것이라는 염려 때문에 이를 발표하지 못하는 자기검열(self-censorship)로 이끌어 공공의 토론에 대한 활력과 다양성을 제한하므로 이는 헌법상의 언론자유의 보장원칙에 반하는 것이라고 설시하고, ③ 언론의 자유에 관한 연방헌법 수정 제1조는 공직자의 공적 행위에 관한 잘못된 보도에 대하여 명예훼손으로 인한 손해를 배상받기 위해서는 그 보도가 '실제적 악의(actual malice)'에 의하여, 즉 그 내용이 허위임을 알았거나 또는 허위인지의 여부에 대하여 무분별하게 무시하고서(with knowledge that it is false or with reckless disregard of whether it was false or not) 이루어졌다는 증명을 하여야 한다고 판시하였다. 3. **판결의 의의** 위 New York Times판결은 종래 언론의 자유 범위 밖에 있는 것으로 여겨지던 명예훼손법분야에 대하여 처음으로 헌법적 제한을 가하여 언론자유의 범위를 획기적으로 확대시킨 점에서 큰 평가를 받고 있다. 즉 공직자에 대하여는 진실의 입증책임을 피고로부터 전환시켜 원고가 발표내용이 허위라는 것 및 피고가 그 내용의 허위를 알았다거나 무분별하게 이를 무시하였다는 것을 입증하도록 하는 이른바 '실제적 악의 원칙'(actual malice rule, New York Times rule이라고도 한다)을 수립함으로써 공직자에 대한 명예훼손이 인정되는 범위를 극도로 축소시켜 common law의 엄격책임원칙을 근본적으로 수정하는 결과를 가져왔다. 같은 취지의 후속 판결로 Garrison v. Louisiana, 379 U.S. 64 (1964) 판결, Curtis Publishing Co. v. Butts, 388 U.S. 130 (1967) 판결 등이 있다. 4. **우리나라에의 도입 여부** 우리나라에서 '실제적 악의 원칙'을 그대로 도입할지에 대하여는 찬반 양론이 있다. 대법원은 과거에는 공직자 또는 공적 인물에 대하여 미국의 '실제적 악의 원칙'을 적용하여야 한다는 주장에 대해서는 이를 명시적으로 배척하였다(대판 1997.9.30. 97다24207; 1998.5.8. 97다34563 판결 참조). 최근, 헌재 1999.6.24. 97헌마265 결정은 '실제적 악의 이론'을 우리식으로 수용하고자 한 것이며, 이를 인용한 대판 2002.1.22. 2000다37524, 37531 판결은 '실제적 악의 이론'을 배척한 종전의 판례태도를 포기한 것으로 보인다.

능력주의能力主義 ㊞ Meritocracy, ㊛ Meritokratie, ㊥ méritocratie. 사회적 지위나 부(富) 혹은 권력 등의 재화나 가치의 분배에 있어서 개인의 재능, 노력 및 성취도 등을 평가하여 차등적으로 보상해주는 것을 긍정하고 그러한 사회를 추구하는 정치철학의 한 부류이다. 실적주의(merit system)과 같은 의미로 사용하는 경우가 많으나 엄밀히 말하면 그 의미가 다르다. 실적주의는 엽관주의(spoilssystem)에 반대되는 개념이다. 능력주의에 대해서는, 사회적 계층이동성 문제, 평가과정의 공정성 문제, 성취 후의 연공급제에 따른 비효율성 문제, 사회계급의 고착화 문제, 불평등의 심화 문제 등 여러 가지 관점에서 찬반의 논의가 있다. 샌델은 능력주의를 전제정치라 부르기도 한다.

능률성能率性**의 원칙** 능률성(efficiency)은 일반적으로 투입(input)에 대한 산출(output)의 비율을 말한다. 효율성이라고도 한다. 능률성은 행정학에서 주로 사용되는 개념이다. 기계적 능률성(mechanical efficiency)과 사회적 능률성(social efficiency)으로 나누어 볼 수 있다. 기계적 능률성은 행정과 경영의 유사성이 강조된 정치·행정이원론 시대에 중요시된 능률관으로, 능률성을 기계적·물리적·금전적 측면에서 파악한 개념이다. 한편 1930년대 중반 이후의 인간관계론의 등장과 더불어 강조된 사회적 능률성은 행정의 사회목적 실현, 다원적인 이익들 간의 통합조정 및 행정조직 내부에서의 구성원의 인간적 가치의 실현 등을 내용으로 하는 능률관을 말한다. 사회적 능률은 또한 민주성의 개념으로 이해되기도 한다. 헌법상으로는 국회의 운영과 관련된 의사원칙에서 중요시하는 개념이다. ➜ 의사원칙.

니코마코스 윤리학倫理學 ㉠ Ἠθικὰ Νικομάχεια, ㊞ Nicomachean Ethics, ㊛ Nikomachische Ethik, ㊥ Éthique à Nicomaque. 니코마코스 윤리학은 인간생활의 선에 관한 과학으로서 윤리학에 관한 아리스토텔레스의 철학을 담은 책이다. 아리스토텔레스가 아테네에 세운 리케이온 학당에서 강의한 행복 및 도덕에 관한 논설을 그의 아들인 니코마코스가 10권으로 정리한 것이다. 제5권에서 정의(Justice)가 평등과 밀접한 관계를 맺고 있음을 상설하여 오늘날에도 빈번히 인용되고 있다.

ㄷ

다수결원리多數決原理 ⓔ principle of majority rule, ⓖ Mehrheitsprinzip/ Majoritätsprinzip, ⓕ principe de la majorité. 1. **의의** 민주주의를 실현하기 위한 하나의 형식원리로서, 참여자 전원의 의사의 합치가 불가능한 경우에 '지금, 여기서'의 해결책을 얻기 위하여, 참여자 중 더 많은 다수의 의사에 따라 문제의 결론에 도달하도록 하는 원리이다. 라틴어 major pars에서 기원하였다. 소수의 의견보다는 다수의 의견을 따르는 것이 잘못될 위험이 적다는 전제 하에 다수의 결정에 따르는 방식이다. 또한 참여자들의 개별적인 의사를 존중하는 바탕 위에서 이를 집단 전체의 일반의사로 통합하고 승화시키는 것이다. 다수결원칙은 결과의 원칙이 아니라 과정과 절차의 원칙이다. 2. **민주주의와 다수결원리** 오늘날 다수결이 민주적 의사결정방법이라는 데에는 자명한 사실로 받아들여지지만, 민주주의 개념이 다의적이므로 민주주의의 의미를 어떻게 이해하느냐에 따라 다수결원리와 민주주의의 관계가 달라질 수 있다. 1920년대 독일 히틀러시대와 같이 민주적 방법에 의한 민주주의의 파괴도 있었으며, 때로는 다수결이라는 이름으로 독재 혹은 다수의 횡포를 정당화하는 예도 적지 않았다. 오늘날에는 민주주의-대의제-다수결이 상호 연관되면서 다수결이 민주주의의 개념필연적인 것으로 받아들여지고 있다. 민주주의에서 다수결원리는 첫째, 그때그때의 다수가 확인될 수 있고, 확정된다는 것을 전제로 하며, 그러한 한에서 민주주의에서 수적 전체는 사실상 또는 가능한 투표의 합계이다. 둘째, 다수가 결정한다는 것은 다수가 상이한 대안들 가운데에서 선택할 수 있고, 사실상 결정을 내린다는 것이다. 셋째, 다수결원리는 공동체의 기본적 결정들이 국민의 다수나 국민의 대표들에 의하여 이루어진다는 것을 포함한다. 3. **다수결의 전제조건** 다수결의 전제조건으로서, 첫째, 결정참여자 상호간의 평등성, 둘째, 다수결을 정책결정수단으로 하는 데에 대한 합의, 셋째, 결정되어야 할 문제가 절대적 · 근본적 대립관계에 있는 것(예 종교 · 세계관)이 아닐 것, 넷째, 토론 · 절충 · 타협의 자유로운 분위기가 보장될 것, 다섯째, 관점의 다양성과 다수관계의 가변성, 즉 현재의 소수자가 장래에 다수가 될 가능성 등을 들 수 있다. 이 조건들이 충족되지 못하는 경우에는 다수의 폭정으로 이어질 수 있다. 소수자의 의사가 다수의 의사로 될 수 있기 위해서는 표현의 자유가 보장되어야 한다. 4. **다수결의 정당화** 다수결의 정당화 방법은 학자에 다라 다양하게 주장된다. 로버트 달(R. Dahl)은 자기결정의 극대화(maximizing selfdetermination), 합리적 요구들에 대한 필요조건들의 귀결로서의 다수결(majority rule as a necessary consequences of reasonable requirements), 올바른 결정의 가능성 향상(more likely to produce correct decisions), 효용의 극대화(maximizing utility)등의 네 가지를 든다. 칼 슈미트(C. Schmitt)는 충분한 논의의 장이 마련될 것과 다수와 소수의 교체가능성을 든다. 울리히 쇼이너(U. Scheuner)는 결정 참여자 사이의 평등원리에 기초한 구성, 다수결로 결정될 범위의 모든 구성원들을 포함하는 확고한 법적 유대의 존재 및 견해와 정당의 다양성 인정과 결정의 개방성을 들고 있고, 헤세(K. Hesse)는 소수와 관련하여 볼 때 다수관계의 가능성 및 다수관계의 변경가능성이라는 기본전제 하에서만 실질적으로 정당한 결정방식이 된다고 하며, 슈테른(K. Stern)은 투표권자의 평등, 자유롭고 개방된 의견과 의사형성을 기초로 한 규율된 절차에 의한 다수의 확인을 전제조건으로 든다. 5. **다수결의 종류** 다수결은 단순 다수결(상대다수결), 절대다수결, 일반 다수결, 가중 다수결, 만장일치제의 다섯 가지로 나눌 수 있다. **만장일치제**는 오늘날 다양한 현대민주주의 국가에서는 사실상 실현이 불가능하다고 할 수 있다. **단순다수결**은 1표라도 많은 쪽으로 결정하는 방식이다. 현행헌법상 대통령선거와 국회의원선거에서 채택된 방식이다. 단순다수결에서는 기권투표는 포함하지 않는다. **절대다수결**은 전체의 반수보다 한 표라도 더 많을 것을 요구하는 경우를 말한다. 절대다수결은 기권표를 포함한다. **일반다수결**은 재적 과반의 참여와 참여자의 과반이 찬성할 것을 요구하는 방식을 말한다. 합의제 의결기관인 국회는 헌법과 법률에서 달리 정한 경우가 아니면 재적의원 과반수의 출석과 출석의원 과반수의 찬성으로 의사를 결정하게 된다(국회법 제109조). 헌법에서는 국회의원 재적 과반의 찬성을 요구하는 경우도 정하고 있는데, 이런 경우는 사실상 가중다수결이라고 보아야 할 것이다. **가중다수결**은 일반다수결보다 결정기준을 더 높게 요구하는 경우이다. 대통령의 탄핵에 관한 규정, 헌법개정안에 대한 국회의 의결에 재적의원 3분의 2 이상의 찬성을 요구하는 것, 또는 국회법에서 재적의원 또는 출석의원 5분의 3 이상의 찬성을 얻도록 하는 것 등이다. 가중다수결이 어떤 경우에 선택되는가를 설명하는 이론들로는, 경제적 선호모델(Economic Preference Model), 공간모델(The Spatial Model), 정밀성 모델(Accuracy Model) 등이 있다.

다수대표제多數代表制 **= 다수대표선거제** ㊦ Mehrheitswahlsystem. ➜ 대표의 결정방식.

다원적多元的**국가론** ㊐ pluralist theory of state. 국가주권의 절대성을 부정하고, 주권을 다수의 집단으로 분할하려는 학설로서, 국가는 다양한 사회단체와 병렬적인 집단이며 단지 그 조정적 기능에 의하여 상대적인 우월성을 갖는다는 입장이다. 정치적 다원론이라고도 한다. 20세기 초에 영국의 J.피기스, H.래스키, E.바커, 미국의 R.매키버, 프랑스의 L.뒤기 등의 학자에 의하여 헤겔적인 '국가절대론'에 대한 반격으로 주장되었다.

다원적 민주주의多元的 民主主義 ㊐ a pluralist democracy, ㊦ eine pluralistische Demokratie, ㊥ une démocratie pluraliste. 정치적 다원주의(➜ 정치적 다원주의)에 기초하여 다수의 정당과 이익단체가 국민과 국가 사이에서 정치적 의사결정과정의 매개체로 활동하는 민주주의를 말한다. 국회·정당·정치인·이익집단 등 정치세력들이 다양한 정치적 견해를 형성하고 정책결정 및 집행과정에 적극적으로 참여하고 이들 간의 타협과 조정이 이루어지는 민주주의이다. 정치적 견해와 이익의 다양성을 기초로 하는 자유민주주의는 필연적으로 다원적 민주주의로 귀결한다. 다원적 민주주의에 반대하는 견해는 정당과 이익단체 등이 부분이익을 대변하는 조직체일 뿐이며, 국민 전체의 이익을 대변하여야 하는 국가의 정치적 의사형성에 관여하여서는 안된다는 입장을 갖는다. 이 입장에서는 사회의 특수이익을 대변하는 다원주의와 국가의 주권은 상호 배제적인 관계에 있다고 본다. 다원적 민주주의에 찬성하는 견해는 오늘날이 다원적 사회에서 정당과 이익단체는 불가피한 것으로 보고 이들을 어떻게 규제할 것인지 그 작용의 한계를 어떻게 설정하고 통제할 것인지에 국가의 과제가 있다고 본다. 이러한 견해 차이는 국가권력의 기원과 기능에 관한 견해차이로부터 유래한다. 우리나라 헌법은 자유민주주의를 헌법의 핵심으로 수용하고 복수정당제를 보장함으로써 다원적 민주주의에 기초하고 있다. 장래 통일 대한민국을 달성하는 과정에서는 다원적 민주주의를 부정하는 북한의 정치이념과 현실을 어떻게 극복하고 조화시킬 것인지가 중요한 과제로 대두될 것이다.

다원적 주권론多元的主權論 ㊍ pluralist theory of sovereignty. 다원적 국가론과 국제법우위론의 입장에서 국가주권의 최고성·독립성·유일성에 반대하여 각 부분사회의 복수주권을 주장하는 학설을 말한다. 국가를 시민단체(NGO)·종교단체·직업단체·지방자치단체 등과 본질적인 차이가 없다고 생각하는 부분사회론의 입장에서 출발하는 견해이다. 이 견해는 유럽, 특히 독일에서 발전한 관념적인 국가절대주의의 경향에 대응하여, 콜(Cole), 라스키(Laski) 등의 영미학자들에 의하여 주장된 다원적 국가론(➜ 다원적 국가론)의 입장에서 주권을 이해하는 견해이다. 전통적인 주권론이 영토를 기반으로 하여 국가의 구성원인 국민을 중심으로 하여 논의되었다면, 오늘날에는 정보통신기술의 발달에 따른 정보주권의 개념이 등장하고, 국가주권이 아닌 삶의 주체로서의 시민이 중심이 되는 시민주권론도 등장하고 있어서 주권론의 개념적 논의의 폭이 확장되고 있다. 새로운 형태의 다원적 주권론이라 할 수 있다. ➜ 주권이론.

다이시Dicey, Albert Venn. 1835.2.4.~1922.4.7. 앨버트 다이시는 영국을 대표하는 헌법학자이다. 옥스퍼드대학을 졸업하였다. 젊어서 「추밀원(The Privy Council)」(1860)이라는 저술로 아널드 역사상을 받았다. 1860년 트리니티 칼리지의 특별연구원을 거쳐, 그 후 법정변호사가 되고, 1882년부터 1909년까지 옥스퍼드대학 교수로 있는 한편, 1890년 칙선(勅選) 변호사로 선출되었다. 1884년 동료와 함께 「계간 법학평론」을 창간하였다. 「법학논쟁에 관한 영국법 적요(A Digest of the Law of England with Reference to the Conflict of Laws)」(1896)는 이 분야의 중요한 문헌인데, 특히 그를 유명하게 한 것은 「헌법학 입문(Introduction to the Study of the Law of the Constitution)」(1885)과 「19세기 영국에서의 법과 여론(Lectures on the Relation between Law and Public Opinion in England during the 19th Century)」(1905)이다. 두 저서 모두 그의 강의를 정리한 것이나, 명쾌·유려한 문장으로 되어 있어 헌법학의 고전으로 인정되고 있다. 오스틴(Austin)류의 형식적 법실증주의를 계승하여, 자유주의적이며 개인주의적인 헌법학을 수립하고 의회주권과 법의 지배와 헌법관행의 존중이 영국헌법의 특질이라고 하였다.

다층적 심사기준多層的 審査基準**의 방식** ➜ 평등심사의 강도.

Dr. Bonham's case 8 Co. Rep. 107; Eng. Rep. 638(1610). 1. **사건개요** 1600년대 초기 영국에서는, 런던지역에서 의사를 개업하기 위해서는 미리 왕립의사회에 가입하도록 하고 있었다. Cambridge대학의 학위를 가진 Dr. Bonham은 미가입의 상태로 개업하였기 때문에, 1606년 심문이 있은 후 의회로부터 벌금과 동 의사회의 허가가 있기까지의 의료업중지처분을 받고, 아울러 이에 따르지 않는 경우에는 구금에 처한다는 뜻의 통지를 받았다. 그러나 Bonham은 이 통지를 무시하였다. 이에 인해 의사회는 재차 벌금을 과하고 그를 투옥하였다. 이에 대하여 Bonham은 불법구금의 소를 제기하였다. 2. **판결** 왕립의사회의 항변서에는, 동 의사회가 Henry 8세의 특허장에 따라 런던지역의 의사에 대한 감독권을 부여받고 있고, 미가입인 상태로 개업한 자와 동 의사회의 규율위반자에 대하여 벌금 및 금고형을 과하는 권한을 인정받았으며, 벌금은 국왕과 절반으로 분배할 것과, 이 특허장이 Henry 8세와 Mary 여왕시대에 의회제정법으로 확인되었다는 것, 나아가 동법에서 의사회로부터 이송된 자를 교도소는 보석없이 구금할 것을 명하고 있는 것 등을 적시하고 있었다. 긴 논의 끝에 한 법관이 특허장과 의회제정법을 근거로 하여 의사회의 입장을 지지하는 의견을 말하였다. Coke는 이 의견에 반대하여 원고를 지지하고, 의사회는 예를 들어 동 의사회에 가입하지 않은 자라도 유능한 의사에게는 소정의 처분은 취할 수 없으며, 만약에 처분을 내릴 수 있는 권한이 있었어도 본 건의 경우는 그 행사방법을 잘못하였다는 두 가지 점에서 원고승소의 판결을 내렸다. 의회제정법에 대한 common law 우위의 소견은 위의 제1점의 이유에 관련하여 그 방론(orbiter dicta)으로서 진술된 것이었다. 즉, 벌금의 반을 받는 의사회는 사건의 당사자로 간주해야 하고, 이러한 당사자는 동시에 심판관으로 될 수는 없다고 한 것이다. Coke는 이것이 common law상 확립된 원칙이라고 말하고, 의사회에 이와 같은 권한을 부여한 의회제정법의 효력에 관하여, 의회제정법이 정의와 이성 혹은 코먼 로에 반하는 경우 혹은 집행이 불가능한 경우에는, common law는 당해 제정법의 효력을 제한하고, 무효로 선언할 수 있다고 하였다. 3. **판결의 의의** Coke의 주장 즉, common law의 의회제정법에 대한 우위라는 주장은 명예혁명 후 의회제정법의 우위의 확립에 의해 사라지게 되었지만, 오히려 미국에 커다란 영향을 미쳐서, 약간의 이론이 있기는 하지만, 미국의 위헌법률심사제의 확립에 크게 기여하였다고 평가되고 있다. 이 판결은 common law 지상주의를 의회제정법에 대한 우위로까지 철저하게 한 Coke의 해석을 보여주는 대표적인 것이었다. ➜ 쿠크.

단결권團結權 ㊊ right of organization, ㊀ Koalitions- freiheit, ㊃ la liberté d'association. ➜ 노동3권.

단계구조段階構造, **규범**規範**의** - ➜ 법단계설.

단계이론段階理論 ➜ 직업의 자유.

단기의회短期議會 ㊊ Short Parliament. 단기의회는 영국의 Charles I(1600.11.19.-1649.1.30.)가 소집한 1640년 봄의 3주 동안의 짧은 기간의 의회를 말한다. Charles I는 1629년 의회해산 이후 11년간 의회 없이 전제정치를 행하였지만, 스코틀랜드에 영국국교제도를 강제로 시행시키려다가 스코틀랜드의 장로파와의 사이에 충돌을 일으켰으며, 결국 장로파의 반란으로 이어졌다. 이에 Charles I는 반란을 토벌하기 위한 전비(戰費)를 조달할 목적으로 1640.4. 의회를 소집하였다. 그러나 의회는 국왕의 이와 같은 전비조달의 요구를 무시하고 오히려 국왕의 실정을 비난하였으며, 이에 Charles I는 3주 만에 다시 의회를 해산시켰다. 이후 Charles I의 필요에 의해 1649.11.3.에 다시 의회가 소집되었고, 청교도혁명을 거치면서 1660년까지 지속되어 장기의회로 넘어갔다.

단순법률유보單純法律留保 헌법상 개별적 법률유보든 일반적 법률유보든 법률유보 규정에서 아무런 요건을 정하지 아니하고 법률로 제한할 수 있다고 하는 규정을 「단순법률유보」라 하고 규정 자체에서 일정한 요건을 정하여 그 요건 하에서만 법률로 제한할 수 있다고 하는 규정을 「가중법률유보」라 하기도 한다. 이에 따르면 현행 헌법 제12조 제2항의 「법률에 의하지 아니하고는」, 제23조 제3항의 「그에 대한 보상은 법률로써 하되」 등은 단순법률유보조항이며, 헌법 제21조 제4항의 「타인의 명예나 권리, 공중도덕이나 사회윤리」 규정은 가중법률유보조항이라 본다. 이러한 견해에 대해 우리 헌법상 개별적 법률유보조항이 존재하지 않는다는 입장에서 단순, 가중의 구분은 적절하지 않다는 반대견해도 있다. ➜ 법률유보.

단심제單審制 한 번의 심판만으로 재판을 끝내는 것을 말한다. 헌법 제110조 제4항은 「비상계엄하의 군사재판은 군인·군무원의 범죄나 군사에 관한 간첩죄의 경우와 초병·초소·유독음식물공급·포로에 관한 죄 중 법률이 정한 경우에 한하여 단심으로 할 수 있다. 다만, 사형을 선고한 경우에는 그러하지 아니하다.」고 규정하여 군사법원에 의한 예외적 단심제를 정하고 있다. 이는 국민의 재판청구권을 중대하게 제한하는 것이다. 헌법직접적 제한의 하나로 볼 수 있다.

단원제單院制 ➜ 국회의 조직과 구성.

단일국가單一國家 ㊀ unitary state, ㊁ Einheitstaat. ㊂ Etat unitaire. ➜ 국가형태.

단일국적주의單一國籍主義 ➜ 국적.

단일예산주의單一豫算主義 ➜ 예산.

단임제單任制 ㊀ single nonrenewable term. 주요 공직에 재임하는 횟수를 한 번으로 한정하는 제도를 말한다. 일정한 임기를 갖는 대통령이나 국회의장, 대법원장, 헌법재판소장 기타 주요 공직을 여러 차례 재임할 수 있게 하는 경우, 보수화나 독점화의 우려가 있기 때문에 한 번만 재임할 수 있도록 하는 제도이다. 이에 대해 연임제는 연속해서 한 번 더 재임할 수 있게 하는 것이다. 중임제는 횟수에 상관없이 거듭하여 재임할 수 있게 하는 것이다. 재임 후 연임하지 않고 한 임기를 쉰 다음 다시 재임하는 것도 중임에 해당한다. 우리나라의 경우 대통령의 장기집권을 막기 위하여 1980년 헌법(5공 헌법)에서 최초로 대통령 단임제를 채택하였다. 이 경우 한 번 재임 후 한 임기를 쉬었다가 다시 재임하는 것도 허용되지 아니하는 것으로 해석된다. 현행 헌법도 대통령에 대해 중임할 수 없게 하고 있고(제70조), 대법원장의 경우 중임할 수 없도록 하지만(제105조), 국회의장과 헌법재판소장은 명시적인 규정이 없다. 따라서 국회의장은 재임 후 다시 국회의원선거에서 당선되어 국회의장으로 선임될 수도 있다. 헌법재판소장의 경우, 헌법재판관을 연임할 수 있으므로 다시 헌법재판소장으로 재임할 수 있다고 해석해야 할 것이다. ➜ 대통령 임기제.

단체교섭권團體交涉權 ㊀ the right of collective bargaining. ➜ 노동3권.

단체소송團體訴訟 ➜ 집단적 분쟁해결제도.

단체위임사무團體委任事務 ➜ 위임사무.

단체자치團體自治 ➜ 지방자치제도.

단체행동권團體行動權 the right of collective action. ➜ 노동3권.

단체협약團體協約 ➜ 노동3권.

담론이론談論理論 ㊀ theory of discourse/discourse theory, ㊁ die Diskurstheorie, ㊂ la théorie du discours. 1. **의의와 이론적 발전** 담화이론, 대화이론, 논의이론, 논변이론 등으로도 불린다. 담론 혹은 담화(discourse/Diskurs/discours)는 라틴어로 '여기저기 뛰어다닌다'는 의미인 discursus에서 유래한 말이다. 담론의 개념은 언어학, 철학, 사회학, 역사학, 미디어학, 문화연구 등 분야마다 조금씩 다르게 정의된다. 보통 세 가지의 의미로 설명된다. 첫째, 일상적인 언어소통과정에서 말하는 사람 상호간에 말을 주고 받거나 사고의 교환 등을 나타내는 언어행위를 말한다. 둘째, 동등한 위치와 동일한 양의 정보를 가지고 말하는 사람들 간에 합리적인 방법을 통하여 의견일치를 추구해가는 과정을 말한다. 셋째, 담론생산과정에 권력이 개입하여 의사소통과정을 왜곡하기 때문에 기존의 담론을 해체해야 한다고 보는 해체대상으로서의 담론의 의미이다. 공통적으로는 '어떤 사회의 구성원들간에 체계적으로 생성, 소통, 발전되는 다소 복잡하거나 복합적인 속성의 언어적 정보' 혹은 '현상이나 문제에 접근하는, 논리적 체계를 갖춘 언어적 논의의 틀'이라는 의미로 이해될 수 있다. 예컨대, 안보담론, 성장담론, 복지담론 등에서 '안보', '성장', '복지' 각각이 갖는 언어적 의미를 중심으로 논의가 이루어질 때, 각각의 담론이 성립하고, 사회적 관계에서 어느 한 담론이 다른 담론을 압도하는 경우에 현실을 지배하는 양식으로 된다. 학문영역에서 '담론'이 본격적으로 등장한 것은 합리적 이성을 핵심요소로 하는 '근대성(modernism)'에 대한 비판과 논쟁에서이다. 니체, 하이데거, 그람시, 알튀세, 바따이유, 푸꼬, 료타르, 호르크하이머, 아도르노 등등 모더니즘이 내포하고 있는 이성중심주의에 대해 근본적인 회의를 표명하면서 포스트모더니즘(postmodernism:후기근대 내지 탈근대)의 논리를 추구하면서 등장한 것이 담론이다. 1900년대 초까지는 합리성에 바탕을 둔 모더니즘이 지배하고 있었으나, 두 차례의 세계 대전과 근대의 냉전을 겪으며 이성에 기반을 둔 합리성이 타당한가에 대한 문제가 제기되었다. 포스트모더니즘은 이성 자체가 문제를 지니고 있으며, 이성으로부터 벗어나야 한다는 사상으로 발전하여, 탈이성적인 것, 다양성과 탈권위적인 것을 추구하고, 근대의 이성이 표방했던 규칙, 권위, 규율, 통제 등을 해체하고자 하였다. 후기구조주의를 사상적 핵심으로 하여 다방면으로 전개된 포스트모더니즘은 문제에 대한 확실한 답을 추구하기보다는 문제제기 자체에 의미를 두어 여러 사람들에 의하여 공통된 주제가 제기되는 것 자체를 의미하는 '담론'을 중시하게 되었다. 담론의 패러다임은 전통철학의 문제틀을 변환함으로써 포스트모던적(후기근대적) 조건 내지 탈형이상학적 조건 하에서의 철학의 새로운 가능성을 제시하는 하나의 유력한 시도이었다. **2. 하버마스의 담론이론** 담론이론의 가장 유명한 학자는 하버마스이다. 제2세대 프랑크푸르트 학파에 속하는 하버마스는 제1세대의 프랑크푸르트 학파나 포스트모더니즘 계열의 철학자들이 합리적 이성이나 주체개념을 향해 던진 문제의식을 기본적으로 공유하되, 모더니즘에서의 주체 중심적 사고를 '상호주체성(상호주관성: Intersubjektivität)' 사고로 바꾸는 새로운 패러다임 위에서, 근대성을 해체하거나 반대하지 않고 오히려 근대성을 복원하려 하였다. 이를 위해 먼저 하버마스는 막스 베버(M. Weber)의 합리성 개념을 새롭게 구성하여, '목적합리성(Zweckrationale oder zweckmäßige / instrumentelle Rationalität:인식적-도구적 합리성)'과 '의사소통적 합리성(kommunikative Rationalität)'으로 구분한다. 그리고 이에 토대를 두어 "체계(System)"와 "생활세계(Lebenswelt)"로 구성된 "이원적인 사회이론"을 설계한다. 이를 통해, 신화로부터의 해방을 의미하는 계몽이 다시 새로운 형태의 신화로 퇴보할 수밖에 없는 자기파괴성의 계기가 계몽의 역사 속에 내재해 있다는 "계몽의 변증"으로 자기모순에 빠진 '근대성'을 새롭게 복원하고자 하는 것이다. 아울러 하버마스는 "참여자 관점"에 기반을 둔 생활세계와, "관찰자 관점"에 바탕을 둔 체계로 구성된 이원적인 사회이론을 구축한다. 하버마스는 미드(G. H. Mead)와 뒤르켐(E. Durkheim)의 상호주관적 사회이론을 수용하여 생활세계를 이론적으로 근거지우고, 파슨스(T. Parsons)의 체계이론을 수용하여 체계를 설명한다. 3. **법학에서의 담론이론** 하버마스에 따르면, 후기 자본주의가 점점 성장하면서, 사회적 하부체계의 영역이 확장되고, 이로써 사회적 하부체계를 지배하는 체계의 논리가 의사소통으로 구성된 생활세계를 지배하는 "생활세계의 식민지화" 현상이 발생한다. 이 현상은 사회적 법제화가 진행되면서 이와 결부하여 발생한다. 생활세계가 체계의 식민지로 전락하면서, 인간이 삶을 영위해 나가는 생활세계는 자신의 고유한 역량을 상실하고, 체계의 매체인 화폐와 권력이 그 자리를 대신한다. 하버마스는 바로 이러한 문제를 이원적 사회이론을 통해, 즉 생활세계와 체계 사이의 균형을 적절하게 유지시킴으로써 해결하려 한다. 하버마스는 생활세계와 체계 사이의 균형을 유지하기 위하여 '합리적 담론(rationaler Diskurs)'를 주창한다. 보편적 화용론(universal pragmatics)를 기초로 하여 이상적 담화상황을 정의하고, 인간의 의사소통 행위 속에 내재해 있는 선입견 혹은 이데올로기를 드러내어 이를 비판적으로 반성할 수 있도록 하고자 한다. 하지만 합리적 대화 내지 담론은 일종의 도덕원칙이다. 따라서 합리적 담론을 법영역에 직접 적용할 수는 없다. 이에 하버마스는 K. Günther의 이론에 도움을 받아, '법의 담론이론(Diskurstheorie des Rechts)'을 새롭게 기획하고, 이를 통해 합리적 담론을 '심의 민주주의(deliberative Demokratie)'로 재구성한다. 즉 한편으로 하버마스는 법과 도덕을 준별하면서, 다른 한편으로는 '담론원칙(Diskursprinzip)'으로 이해된 민주주의를 통해 '법적 담론(juristischer Diskurs)'이 가능할 수 있다는 점을 논증한다. 그리고 이렇게 담론원칙으로 이해된 민주주의가 실현될 수 있는 한 예로서 '심의 민주주의' 이론을 원용한다. 이러한 시도는 구체적으로 다음과 같은 결론을 이끌어 낸다. 첫째, 종래의 국민주권 역시 일종의 '의사소통적 권력(kommunikative Macht)'으로 재해석할 수 있다. 둘째, 이렇게 국민주권이 의사소통적 권력으로 재구성되면서, 국민주권과 인권(기본권) 사이에 존재하던 긴장관계도 변증적으로 해소될 수 있다. 셋째, 이러한 이론적 기반 위에서 시민의 적극적인 참여를 전제로 하는 토론정치가 제도화될 수 있다. 특히 하버마스는 공론영역이 담고 있는 비판적인 힘을 되살리면서, 이 공론영역, 특히 제도화되지 않은 공론영역을 토론 민주주의가 실현되는 공간으로 근거짓는다. 이 제도화되지 않은 공론영역에서 진행되는 시민들의 자발적 토론민주주의는, 제도화된 공론영역에서 진행되는 대의적 민주주의를 보완함으로써, 이른바 "이원적 토론정치"를 실현하는 데 기여한다. 4. **담론규칙** 하버마스가 제시한 '이상적 담화상황', 즉 성공적인 담론을 위한 절차적 조건으로서의 담론규칙은 정책의 정당성확보와 정책과정의 민주화를 위하여 중요한 의미를 갖는다. 의사결정규칙으로서의 담론규칙에 대해서는 다수의 학자들이 의견을 제시하고 있다. Cohen은 ① 논증적인 토론 ② 포괄적이고 개방적인 참여 ③ 내외의 강제로부터의 자유 ④ 합리적 합의지향성과 다수결원칙 ⑤ 프라이버시를 제외하고 동등한 이익과 관련되는 모든 소재를 토의대상으로 할 것 ⑥ 욕구의 해석과 전정치적 태도와 선호의 변화도 토의대상이 될 것 등을 제시하였고, Dahl은 ① 관련자 모두의 참여 ② 평등한 참여기회 ③ 평등한 의사결정권 ④ 주제선택의 평등한 권리 ⑤ 정보와 근거의 공유 등을 제시하였으며, Alexy는 ① 합리적 동기에 의해서만 논쟁을 종결시켜야 하고 ② 평등한 참여와 함께 주제선택과 정보접근이 평등하게 이루어져야 하며 ③ 더 좋은 근거 이외에 어떤 강제나 협력적 진리추구 이외의 어떤 동기도 배제할 것 등을 제시하였다. 우리나라에서도 담론이론이 '절차이론'으로서, '실천이성'에 대한 신뢰에 기초하고, '자유주의'의 전통에 서있는 것으로 이해하여, 이를 기초로 헌법주의(Konstitutionalismus)적 법체계를 구축하려는 입장이 있다.

담세력원리擔稅力原理 ㊇ ability-to-pay principle. 조세의 공평의 의미에 관하여는 대립되는 두 견해가 있다. 즉 국가로부터 제공받은 이익(편익; benefit)에 비례하여 조세를 부담하는 것이 공평하다는 이익설의 관점(이익원리; benefit principle) 또는 등가원리(Äquivalenzprinzip)와, 조세를 부담할 수 있는 경제적 지불능력에 비례하여 부담하는 것이 공평하다는 능력설의 관점(담세력원리)가 있다. 이익설의 관점은 개별납세자가 여러 수익들을 명확히 밝히지 않는다는 점과 개개인이 받는 이익을 측정하기 어렵다는 난점이 있고, 능력설은 소득의 분배에는 기여하지만 재정의 수입면만 치중하고 있고, 담세력이 측정이 어렵다는 난점이 있다. 현대 재정의 주류는 능력설을 따르고 있고, 헌법재판소도 이에 기초하고 있다(헌재 1995.6.29. 94헌바39 등).

당내민주주의黨內民主主義 ㊇ inner democracy of political party. 1. **의의** 헌법 제8조 제2항은 정당의 목적, 조직 및 활동이 민주적이어야 한다고 규정하고 있다. 당내민주주의는 정당 내부의 민주성 확보를 통해 민주주의를 실현시키는 것으로서, 당의 정치적 주장, 운영, 당내의사의 결정, 공직선거추보자의 추천 등 당의 모든 활동이 민주주의 원리에 따라 이루어지도록 하는 것을 말한다. 당내민주주의의 실현은 결국 국가질서의 근간인 민주주의 원리가 정당 내에서 적용될 수 있도록 하는 것이며, 민주주의의 본질적 징표라고 볼 수 있는 국민주권·대의제·다수결·다원주의·자유민주적 기본질서의 내용이 정당의 운영과 활동의 근간이 되어야 함을 의미한다. 2. **헌법이론적 근거** 당내민주주의의 헌법적 근거는 정당의 민주적 기능이다. 국민주권주의에 기초한 국민의 정치적 의사형성이 정당의 기능이며, 국민주권주의의 실질적 실현방법은 곧 민주주의이므로, 정당이 민주적이지 않으면 국민의 정치적 의사형성과정 자체도 민주적일 수가 없다. 정당에게 요구되는 민주주의 요청은 당원과 조직 및 활동을 위한 기본적 질서로서 민주주의원리가 적용되어야 하고, 이러한 요청은 필요불가결한 최소한의 내용으로서의 의미를 갖는다. 이는 헌법이 정당에 요구하는 최소한의 원칙이다. 헌법원칙으로서 정당내부의 민주주의원칙은 첫째, 정당의 지도부가 당원의 신임에 기초하고 있어야 하고, 둘째, 경쟁자가 지도부로 될 수 있는 실질적 기회균등이 존재하여야 하며, 셋째, 당원에 의한 통제가 행해져야 한다. 넷째, 자유롭고 공개적인 의사형성이 정당화과정에서만이 아니라 각급의 지도적 당기관 자체 내에서 보장되어야 한다. 3. **구체적 내용** 1) **당헌과 강령의 민주성** 당헌과 강령은 정당의 기본법으로서 정당의 명칭, 조직과 활동 등에 관한 기본적인 사항을 정하는 정당의 내부규범을 말한다. 당헌과 강령은 공개되어야 하며(정당법 제28조 제1항), 당헌에는 법정의 사항이 규정되어야 한다(동조 제2항). 당헌과 강령은 당원들의 민주적인 의사소통과 토론을 가능하게 하는 규범이어야 한다. 2) **정당의 내부조직** 헌법 제8조 제2항 후문은 정당이 국민의 정치적 의사형성에 참여하는 데 필요한 조직을 갖추도록 하고 있다. 이 때의 조직은 양적 규모뿐만 아니라 질적 수준도 요구하는 규정이다. 정당의 최상급조직은 **전당대회**로서 정당내의 의회의 기능을 가진다. 전당대회는 당헌의 의결권 및 각종 최고위당직자의 선거권, 통제권 등을 가지고 있는 것이 보통이다. 전당대회 외에 집행조직으로 당대표, 원내총무, 사무총장, 최고위원회 등이 있다. 특히 최고위원회는 당헌에 따른 최고집행기관으로서, 그 민주적이고 효율적인 구성과 운영은 당내민주주의 실현을 위한 중요한 과제이다. 정당의 **지역단위조직**은 과거 지구당제도가 있었으나, 2004년 법개정으로 폐지되었다. 현재는 중앙당과 시 · 도당이 있다. 현실적으로 선거와 정당활동을 위한 지역적 정치조직이 필요하다는 점에서 제도개선의 여지가 있다. 당원은 정당 내의 참여자로서 정당의 의사결정과 조직의 운영 및 활동의 주체이다. **당원**은 그 입당 · 탈당이 자유로워야 하고, 특혜나 차별이 없이 평등하게 대우받아야 하며, 자유로운 토론을 위한 표현의 자유가 보장되어야 한다. 당원은 정당에 대한 충성의무를 진다. 또한 당원은 자의적으로 제명되어서는 안된다. 3) **정당 내에서의 선거** 정당 내의 상향식 의사형성을 위해 정당 내의 선거에서 당원들의 의사가 상향식으로 반영될 수 있어야 한다. 4) **공직후보자 추천의 문제** 공직선거후보자의 추천문제는 정당내부의 민주주의가 국가전체의 민주주의와 직접적인 관련을 맺고 있는 문제이다. 정당 내의 후보자추천의 과정이 민주적이어야만 선출된 후보자의 민주성을 담보할 수 있다. 정당법에서는 경선 등 자유방해죄, 매수 및 이해유도죄, 허위사실공표죄 등이 규정되어 있고(동법 제49~52조), 공직선거법에서도 당내경선 관련 매수 및 이해유도죄, 선거의 자유방해죄, 선거사무관리자 등 폭행 · 교란죄, 허위사실공표죄, 부정선거운동죄 등이 규정되어 있다. 정당의 공천도 사법심사의 대상이 된다(서울지법 2000.3.24. 2000카합489). 5) **재정투명성 확보 문제** 정당의 재정투명성을 확보하기 위하여 기탁금, 후원금, 정치자금의 수입 · 지출, 회계 등에 관하여 정치자금법에서 상세히 규율하고 있다.

당사자적격當事者適格 [영] standing, [독] Sachlegitimation, Prozesslegitimation. 일정한 권리 및 법률관계에 있어서 소송당사자(訴訟當事者)로서 유효하게 소송을 수행하고 판결을 받기 위하여 필요한 자격을 당사자적격이라 한다. 소송수행권(訴訟遂行權) 또는 소송실시권(訴訟實施權), 정당한 당사자(當事者)라고도 한다. 헌법소송법상으로는 청구인적격(請求人適格: Beschwerdebefugnis)이라는 용어로 사용된다. ➜ 청구인적격.

당사자적격완화이론當事者適格緩和理論 당사자적격확대이론 혹은 원고적격완화이론이라고도 한다. 증권관련 주주대표소송, 언론소송, 환경소송, 특허소송, 행정소송, 공익소송, 민법상 친생자관계부존재확인소송 등 다양한 소송에서 문제된 법률관계에 이해관계가 있는 자에게 폭넓게 당사자적격을 인정하고자 하는 이론이다. 법률에서 명확히 당사자적격을 확대하여 인정하는 경우도 있지만, 주로 사법부의 해석론에 따라 인정되는 경우가 많다.

당사자주의當事者主義 [영] adversarial system, [독] Gegenparteisystem. 민사소송에서는 소송에 관여할 권능과 책임을 당사자에게 맡기는 주의를 당사자주의(adversarial system), 법원에 맡기는 주의를 직권주의(inquisitorial system/Inquisitionssystem)라고 이해한다. 형사소송에서는 소송구조를 우선 재판기관과 소추기관의 분리 여부에 따라 규문주의와 탄핵주의로 나눈 뒤, 오늘날 규문주의적 소송구조가 극복되었다는 전제 아래 다시 탄핵주의 소송구조 하에서 소송의 주도권이 누구에게 부여되어 있는지에 따라 당사자주의와 직권주의 소송구조로 구분하는 것이 일반적이다. 역사적으로 보면, common law 국가인 영국과 미국에서 발달한, 당사자의 절차주도 및 소극적 판단자를 특성으로 하는 소송형태가 당사자주의이고, civil law 국가인 유럽대륙에서 법원이 사실 규명에 대한 책임과 의무를 지고 직권으로 당사자를 포함한 광범위한 증거조사를 하는 소송형태가 직권주의에 해당한다.

당3역黨3役 정당은 민주적인 내부질서를 유지하기 위하여 당원의 총의를 반영할 수 있는 대의기관 및 집행기관과 의원총회를 가져야 하며, 이는 당헌으로 정하여야 한다(정당법 제29조 참조). 통상 당대표(집단지도체제인 경우에는 최고위원 중 대표), 원내대표(원내총무라고 하기도 함), 사무총장, 정책위원회 의장 등의 직책을 두는 것이 일반적이며, 이 중 원내대표, 사무총장, 정책위원회 의장의 세 직책을 일컬어 당3역이라 한다.

당선결정설當選決定說 ➜ 의원자격의 발생.

당선소송當選訴訟 ➜ 선거쟁송.

당선소청當選訴請 ➜ 선거쟁송.

당선인결정當選人決定 **대통령선거**에서는 유효투표의 다수를 얻은 자를 당선인으로 결정한다. 다만, 후보자가 1인인 때에는 유효투표총수의 3분의 1이상에 달하여야 당선인으로 결정하며, 최고득표자가 2인이상인 때에는 국회재적의원 과반수가 출석한 공개회의에서 다수표를 얻은 자를 당선인으로 결정한다(헌법 제67조 참조). **국회의원선거**는 지역구와 비례대표의원으로 나뉜다. 지역구선거에서는 선거구별로 유효투표의 다수를 얻은 자를 당선인으로 결정한다. 다만, 최고득표자가 2인 이상인 때에는 연장자를 당선인으로 결정한다. 비례대표선거는 전국을 단위로 하여, 지역구선거에서 5석 이상의 의석을 가진 정당과 비례대표선거에서 유효투표총수의 3/100 이상을 득표한 정당에 대하여 비례대표국회의원선거에서 얻은 득표비율에 따라 각 정당이 제출한 명부 순으로 당선인을 결정한다(공직선거법 제187~189조). **지방의회의원선거**(시 · 도 및 자치구 · 시 · 군의원선거)도 지역구선거와 비례대표선거로 나뉜다. 지역구선거에서는 유효투표의 다수를 얻은 자(지역구자치구 · 시 · 군의원선거에 있어서는 유효투표의 다수를 얻은 자 순으로 의원정수에 이르는 자)를 당선인으로 결정한다(공직선거법 제190조). 비례대표선거에서는 유효투표총수의 100분의 5이상을 득표한 정당에 대하여 당해 선거에서 얻은 득표비율에 따라 의석을 배분한다(공직선거법 제190조의2). 비례대표시 · 도의원 수는 지역구시 · 도의원정수의 100분의 10(공직선거법 제22조 제4항), 비례대표자치구 · 시 · 군의원의 수는 자치구 · 시 · 군의원정수의 100분의10이다(공직선거법 제23조 제3항). **지방자치단체장선거**에서는 유효투표의 다수를 얻은 자를 당선인으로 결정한다. 최고득표수가 2인 이상인 때에는 연장자가 당선인으로 결정된다. 단 후보자가 1인인 경우에는 투표를 실시하지 아니하고, 선거일에 그 후보자를 당선인으로 결정한다(공직선거법 제191조 제3항). 각 선거에서 당선인결정의 위법을 이유로 당선무효의 판결이나 결정이 확정된 때에는 지체없이 당선인의 재결정 혹은 재배분을 한다(공직선거법 제194조).

당연무효설當然無效說 상위법률에 위반하는 하위법률은 처음부터 그 효력이 없다는 H. Kelsen의 무효 · 취소이론에 근거한 이론이다. 규범통제제도에서 당연무효설은 위헌법률은 외견상 법률인 것으로 보일 뿐 처음부터(ex tunc) 당연히(ipso iure) 법률로서의 효력이 없다는 것을 말한다. 헌법재판소의 위헌결정은 무효를 사후에 유권적으로 확인하는 확인판결로서 단지 선언적인 효력만을 지니게 된다. 소급무효설이라고도 한다. 이에 대하여 폐지무효설은 위헌법률은 법상 당연히 무효가 되는 것이 아니고 단지 소급적으로 폐지되어 무효로 되는 것이다. 헌법재판소의 위헌결정은 확정판결이 아니고 형성판결의 성격을 지닌다. ➜ 위헌결정의 효력.

당위當爲 ➜ 삼원구조.

당적변경黨籍變更 1. **의의** 국회의원이 재임 중 정당을 탈당하거나 이적하는 경우를 일컫는다. 의원의 국민대표성(또는 주민대표성)과 정당대표성이 서로 충돌하는 경우이다. 국회의원의 정당기속성은 일정한 한계를 갖는다. 헌법 제46조 제2항은 「국회의원은 국가이익을 우선하여 양심에 따라 직무를 행한다.」고 규정하고, 국회법에서도 제114조의2에서 「의원은 국민의 대표자로서 소속정당의 의사에 기속되지 아니하고 양심에 따라 투표한다.」고 규정하고 있다. 현대국가에서의 정당국가적 경향에 따라 국민대표성과 정당대표성은 전통적인 자유위임의 법리를 변형하거나 재해석될 필요가 있다. **2. 문제되는 경우** 1) **인위적인 정당분포의 변경** 여대야소나 기타 정치적 필요성에 따라 국회의원을 탈당시켜 당적을 변경하게 하여 정당간의 국회의석분포를 변경하는 경우 국민의 국회구성권 내지 국회구도결정권을 기본권으로 인정할 수 있는가가 문제된다. 학설상으로 국회구도결정권을 기본권으로 인정하는 견해가 있으나, 통설적 견해로 보기는 어렵다. 헌법재판소는 기본권으로 인정하지 아니한다(헌재 1998.10.29. 96헌마186). 2) **당적변경 시 의원직 상실여부** 국회의원의 정당기속성을 헌법에 명문으로 규정하는 것은 자유위임의 법리에 위반된다. 제3공화국 헌법에서 「국회의원은 임기 중 당적을 이탈하거나 변경한 때 또는 소속정당이 해산된 때에는 그 자격을 상실한다.」(제38조 본문)고 규정한 적이 있으나, 이는 국민대표자로서의 지위와 정당소속원으로서의 지위를 동일시하는 것으로 헌법이론상 수용하기 어렵다고 본다. 당적변경 시 의원직 상실을 헌법이 아닌 법률로 규정할 수 있는가에 대하여 헌법재판소는 인정한다(헌재 1994.4.28. 92헌마153). 현행 국회의원선거제도 하에서는 지역구의원과 비례대표의원으로 나누어 고찰할 필요가 있다. **지역구의원**의 경우, 유권자의 직접적인 선택에 따라 의원직을 갖게 되고, 무소속의원도 있기 때문에, 당적을 변경하더라도 의원직이 상실되지는 않는다고 봄이 타당하다. **비례대표의원**의 경우, 당해 정당에 대한 선호에 따라 정당명부식에 기초하여 선출되므로, 의원 개인보다는 정당에 대한 위임으로서의 성격이 강하므로, 의원 개인의 당적이탈 내지 당적변경의 자유를 제한한다고 봄이 타당하다. 공직선거법 제192조 제4항은 비례대표국회의원 또는 비례대표지방의회의원이 소속정당의 합당·해산 또는 제명외의 사유로 당적을 이탈·변경하거나 2 이상의 당적을 가지고 있는 때에는 퇴직되는 것으로 정하고 있다. 이에 대하여 비판하는 견해도 있다. 헌법재판소는 합헌으로 보고 있다(헌재 2014.12.19. 2013헌다1). 당적변경에 대하여 아무런 명문규정을 두지 않는 것이 위헌인가에 대하여 헌법재판소는 입법정책의 문제로 보고 있다(헌재 1994.4.28. 92헌마153). 3) **위헌정당해산 시 의원직 상실여부** 명문의 규정은 없으나, 헌법재판소는 위헌정당해산 시 국회의원직을 상실한다고 보고 있다(헌재 2014.12.29. 2013헌다1). 강제해산된 정당에 소속된 지방의회의원의 경우에도 의원직을 상실하는가에 대하여 헌법재판소는 침묵하고 있고, 중앙선거관리위원회가 지역구의원의 경우 무소속으로 자격을 유지하고 비례대표의원의 경우 자격을 상실하게 하였다. ➜ 정당해산제도.

대국가적 효력對國家的 效力, **기본권의 –** ➜ 기본권의 효력.

대권大權 ㊊ prerogative. 대권이란 '국가 원수가 국토와 인민을 통치하는 헌법상의 권한'을 말한다. 헌법학에서는 통치행위이론에서, 영국의 경우, 통치행위에 속하는 행위 중에 국왕의 대권(royal prerogative)이 포함되는 것으로 보고 있다.

대륙법大陸法 ㊊ civil law system/continental law system, ㊍ Zivilrechtssystem/Kontinentales Rechtssystem/Kontinental-europäisches Rechtssystem, ㊏ Système juridique continental. 대륙법은 유럽대륙의 법계라는 의미로서, 일찍이 유럽을 통일했던 로마의 법으로부터 영향을 받은 법계이다. 로마공화정은 초기 12표법(12表法:12銅版法)으로부터 리키니우스법, 호르텐시우스법을 거쳐 시민법(Ius Civile;civil law), 만민법(ius gentium) 및 자연법(ius naturale; national law)으로까지 발전하였다. 6세기에 유스티니아누스 1세(Justinian I) 황제가 로마법을 정비하여 유스티니아누스 법전(Corpus Juris Civilis; 로마법대전)을 편찬하여 로마법을 완성하였다. 한동안 잊혀져 있다가 11세기 말에 이르네리우스에 의해 발견된 유스티니아누스 법전은 그에 대한 강의요청이 쇄도하여 주석학파(Glossatoren)가 성립되었고, 볼로냐 대학 설립의 기초가 되었다. 이후 14세기에 르네상스와 더불어 로마법이 부활되어 후기 주석학파(Postglossatoren)에 의해 계승되었다. 로마시민법의 발전과 더불어 로마시대 초기부터 시작된 로마카톨릭교회의 교회법(canon law)도 성문화된 형태로 발전하였고, 로마시민법과 교회법은 상호 영향을 미치면서 보통법(jus commune)을 형성하는 데에 기여하였다. 보통법은 지방의 관습법(coutumes)에 지대한 영향을 미쳐 중앙집권화된 법질서에 포함되도록 하였다. 대륙법전통의 또다른 하부전통은 상법(commercial law)이다. 중세 이탈리아 도시상인들에 의하여 발달된 상법은 로마법이나 교회법과는 달리 실용적 창조물이었으며, 성격상 국제화되었다. 대륙법은 로마시민법, 교회법 및 상법으로 구성되어, 법체계의 개념과 제도, 민형사상의 실체법 · 절차법에 영향을 미쳤다. 철학적으로는 데카르트의 합리주의적 · 관념론적 철학과 결합하면서 법학방법론에 있어서도 연역법적 사고를 중시하고, 원리 및 체계 중심의 법학을 추구하여, 독일, 프랑스, 스페인 등의 유럽대륙의 주류적 법학방법론으로 자리잡았다. 대륙법은 분석적, 논리적이며, 성문법전(법전화)을 전제로 하여 법실증주의를 중시하여 법문간의 조화와 합치성을 추구한다. 독일, 프랑스, 스페인 등 유럽대륙의 거의 모든 나라들과 그 식민지였던 국가들이 이에 속한다. 우리나라 헌법은 대륙법적 경향이 강하지만 점차 영미법적 요소가 강화되고 있다. ➜ 대륙법과 영미법의 비교.

대륙법大陸法**과 영미법**英美法**의 비교** 영미법은 영국법과 미국법 및 과거 영국의 식민지 내지 영연방국가들에서 적용되는 법을 말하는 것으로, 유럽대륙 및 그 영향을 받은 국가들의 법체계인 대륙법계와 함께 세계의 양대 법계를 이루고 있다. 영미법계에 속하는 국가는 미국(루이지애나 주 제외)과 영국(잉글랜드와 웨일즈) 이외에도 캐나다(퀘벡 주 제외), 호주, 뉴질랜드, 인도 등 다수의 국가들이다. ➜ 영미법. 대륙법은 유럽대륙의 법계라는 의미로서, 일찍이 유럽을 통일했던 로마의 법으로부터 영향을 받은 법계이다. ➜ 대륙법. 영미법계와 대륙법계는 그 역사적 배경에서부터 법의 발전, 법의 소재, 입법의 방식, 법조인의 역할 등 다양한 점에서 대비된다. **첫째,** 영미법은 그 본질상 법원의 판례를 제1차적 법원(法源)으로 보는 '판례법주의' 또는 '불문법주의'를 취하는 반면, 대륙법은 의회가 제정한 법을 제1차적 법원으로 하는 '성문법주의'를 취하고 있다. **둘째,** 대륙법계와 영미법계는 양자 모두 게르만 관습법에 뿌리를 두고 있으며, 로마법과도 관계가 있다. 하지만, 로마법은 근대 이후 철학적으로는 데카르트의 합리주의적 · 관념론적 철학과 결합하면서 법학방법론에 있어서도 연역법적 사고를 중시하고, 원리 및 체계 중심의 법학을 추구하여, 유럽대륙의 주류적 법학방법론으로 자리잡았다. 영미법은 철학적으로는 베이컨의 경험주의에 바탕을 두고 귀납법적 방법론을 택하여 구체적 사건에서의 판결과 법리를 중시하며, 개별 판결들에 공통하는 법리를 확립하고자 한다. **셋째,** 대륙법계에서는 추상적 · 포괄적인 법률을 제정하여 그것을 해석하고 적용하는 과정을 통해 법이 발전되어온 반면, 영미법계에서는 '선례구속의 원칙(doctrine of stare decisis)'에 의하여 구체적인 판례를 통하여 점진적으로 법의 계속성을 유지하고, 만일 선례가 시대변화에 적응하지 못할 때에는 선례를 변경하는 방법으로 법을 발전시켰다. **넷째,** 불문법주의를 따르고 있는 영미법계 국가도 성문법을 가지고 있으며, 대륙법의 경우에도 판례법과 관습법을 인정한다. 다만 그 효력에는 차이가 있다. 대륙법계에서는 제정법을 우선시하고 관습법을 보충적인 법원(法源)으로 인정하고 있으며, 법조문은 세련되고 비교적 간결하며 추상적이고 용어의 개념화가 잘 이루어져 있다. 이에 반하여 영미법계에서는 산발적 · 부분적으로 입법을 하는 것이 일반적이며, 법조문도 아주 상세히 그리고 서술적 방식으로 규정하는 것이 일반적이다. **다섯째,** 대륙법계 국가에서는 역사적으로 법학자들이 법 발전을 도모하고, 실무의 법조인들은 제정된 법을 적용하는 기능적 역할을 담당하였다. 그러나 영미에서는 실무법조인들이 법발전을 담당해 왔으며, 그 예로서 실무법조인 단체가 중심이 되어 리스테이트먼트(Restatements:판례요록), 통일법전(uniform code) 등을 만들어 법발전에 기여하고 있다. 그러나, 오늘날에는 세계 각국 간 교류가 활발해지면서 대륙법과 영미법 간에도 점차 융합이 이루어지고 있고, 실제로 서로 접근해 가는 경향을 보이고 있다. 우리나라의 경우, 인신보호와 관련한 영장제도, 변호인의 조력을 받을 권리, 구속적부심제도, 법률유보원칙, 국가배상제도, 위기정부제도, 행정소송에 있어서의 사법형, 위헌법률심사제 등에서 영미법과 대륙법의 혼합과 교착을 볼 수 있다.

대륙식 의원내각제大陸式 議院內閣制 ➔ 의원내각제.

대배심大陪審 ㉢ Grand jury. 대배심은 영미법 국가에서 형사사건에서 피의자를 기소하기 위해 일반시민 가운데 무작위로 선발된 사람들로 구성된 집단을 말한다. 기소배심이라고도 한다. 영국에서 기원한 배심제도는 기소를 결정하는 대배심과 실체본안판결과정에서 유무죄를 결정하는 소배심(petit jury)으로 구분된다. 대략 20여 명으로 구성되며 12명으로 구성된 소배심과 비교하여 대배심이라고 한다. 이는 형사사법기관의 기소재량권 남용을 제한하기 위해 기소여부를 국민이 결정한다는 철학에 기한 것이다. 미국은 수정헌법 제5조에 규정되어 있다. 미국 연방 형사소송규칙(Rule 6, Federal Rules of Criminal Procedure)은 대배심은 16명에서 23명으로 구성되어야 하며, 12명 이상이 찬성해야 기소할 수 있다고 규정되어 있다. 대배심에 의한 기소를 받을 권리는 연방헌법에 규정되어 있음에도 수정헌법 제14조에 의해 각 주정부에 적용되지 않는다. 따라서 주헌법이나 법률이 이를 정하고 있지 않다면 대배심에 대한 권리는 자동으로 보장되지는 않는다. 연방법원(Federal court), 주법원(State court), 군법원(County court)의 형사소송 절차는 각각 차이가 있다. 대배심 증인은 대배심실내에서 변호사의 조력을 받을 권리(U.S. v. Manduljano (1976))나 미란다 고지를 받을 권리가 없다. 말하자면, 대배심 증인으로 강제소환되어 증언을 하다가 위증을 하면 위증죄로 처벌된다. 대배심 피고인은 자신에 대한 심사가 진행되는지 통지받을 권리가 없으며, 절차에 참여하거나 불리한 증인에 대해 반박할 권리도 없다. 또 피고인은 증거를 제출할 권리도 없다. 증거법에 의해 위법수집증거로 증거능력이 배제되거나 전문증거로 증거능력이 없는 증거도 대배심에서 사용할 수 있다. 수정헌법 제4조의 상당한 근거를 요한다는 조건을 대배심에서는 사용되지 않는다. 대배심절차의 독립성의 문제, 증거법칙완화에 따른 불충분한 증거에 기한 기소 문제, 비용과다의 문제 등이 지적되고 있다.

대법관大法官**이 아닌 법관**法官 법률이 정하는 바에 의하여 대법원에 두는 법관으로(헌법 제102조 참조), 넓은 의미로는 재판연구관을 포함하여 대법원에 소속된 법관을 말하며, 좁은 의미로는 대법관을 재판장으로 하여 구성되는 재판부에 참여하여 배석판사로서 재판을 담당하는 법관을 말한다. 1959년의 법원조직법 개정으로 대법원의 구성이 이원화되어 대법원의 재판부에 대법관이 아닌 법관이 참여할 수 있게 되었는데, 이 때의 법관을 대법원판사라 칭하였다(➜ 대법원판사). 개념상, 법관인 재판연구관을 포함하는 넓은 의미로 이해하면 현행헌법과 법원조직법상 「대법관이 아닌 법관」으로 재판연구관을 두고 있다고 할 수 있으나, 이는 옳지 않다. 왜냐하면 법원조직법상(제24조) 판사가 아닌 사람도 재판연구관으로 될 수 있기 때문에 재판연구관이라는 지위를 가진 자 중에서 일부는 「대법관이 아닌 법관」이 되고, 다른 일부는 그렇지 못하다는 개념혼란이 생기기 때문이다. 따라서 재판연구관은 「대법관이 아닌 법관」에 포함되지 아니한다고 보아야 한다. 현행법상으로는 「대법관이 아닌 법관」이 구체적 제도로 구현되어 있지 않다.

대법관회의大法官會議 ➜ 대법원의 조직.

대법원大法院 [영] Supreme Court. 현행헌법상 법원 중 최상급법원의 명칭이다. 해방 후 미군정에서 조선총독부재판소령을 그대로 존치시키고(1945.11.2. 군정법령 제201호), 사법부를 한국인화하는 인사발령을 내면서, 강점기의 최고사법기관이었던 朝鮮高等法院을 「Supreme Court」로, 覆審法院을 Court of Appeal로 표기한 것을 국문으로 번역하면서 「대법원(大法院)」, 「공소원(控訴院)」으로 표기하여 군정청 포고문을 발령하였는데, 이 때 처음으로 사용되었다. 아울러 대법관이라는 명칭도 이 때 처음 사용된 것으로 보인다.

대법원의 지위地位**와 조직**組織 1. **대법원의 헌법상 지위** 1) **헌법상 지위의 변천** (1) **제1공화국** 헌법상의 대법원은 대법원규칙제정권, 위헌법률심판제청권, 명령·규칙·처분의 위헌위법 여부에 대한 최종적 심판권을 가졌다. **제2공화국** 헌법상의 대법원은 대법원규칙제정권과 명령·규칙·처분의 위헌위법 여부에 대한 최종적 심판권을 가졌다. **제3공화국** 헌법상의 대법원은 위헌법률심사권을 비롯하여 헌법해석권과 정당해산심판권을 가졌고, 대법원장·대법원판사의 임명에는 법관추천회의제도를 채택함으로써 대법원의 행정부·입법부로부터의 독립을 보장하였다. 따라서 대법원은 최고기관의 하나로서 위헌법률심사기관·상고심재판기관·최고사법행정기관이었다. **제4공화국** 헌법상의 대법원은 명령·규칙·처분의 위헌위법 여부에 대한 최종적 심판권, 선거소송심판권, 위헌법률심판제청권을 가졌다. 법관의 실질적 임명권과 보직·징계권까지 대통령이 행사하였기 때문에 대법원은 사법행정기관으로서의 역할을 하였으나, 최고사법행정기관으로서의 지위를 가지지는 못하였다는 점에서 사법권이 약화되었다. **제5공화국** 헌법상의 대법원은 명령·규칙·처분의 위헌위법 여부에 대한 최종적 심판권, 선거소송심판권, 위헌법률심판제청권을 가졌다. 특히 대법원의 위헌법률심판제청권에 있어서는 법률의 위헌여부에 대한 우선판단권(불송부결정권)이 인정되었기 때문에 하급법원의 위헌법률심판제청이 있는 경우에도 대법원의 합의체에서 당해법률이 위헌이 아니라고 판단하면 헌법위원회에 제청하지 않을 수 있었다. 제4·5공화국 헌법상으로는 위헌법률심판제청권을 가지는 주체를 「법원」이라 하였으나, 하위 헌법위원회법에서 대법원이 의견서를 첨부할 수 있도록 하고, 만약 대법원장이 재판장이 되는 합의부에서 불필요하다고 인정할 경우에는 결정으로 제청서를 헌법위원회에 송부하지 아니하도록 하였다. 이는 명백히 헌법에 위반되는 것이었으나, 학설상으로도 아무런 비판이 없이 대법원에게 우선판단권을 준 것으로 이해하고 있었다. 2) **현행헌법상 지위** (1) **주권행사기관**으로서의 지위 법원은 국민의 이름으로 재판하는 국민의 수임기관이라는 점에서 국회·대통령·헌법재판소 등 다른 국가기관과 더불어 주권행사기관 중의 하나이다. (2) **최고기관**으로서의 지위 대법원은 국회·대통령·헌법재판소 등 다른 최고기관과 더불어 국가의 최고기관 중의 하나이다. (3) **최고법원**으로서의 지위 헌법 제101조 제2항은 「법원은 최고법원인 대법원과 각급법원으로 조직된다.」고 규정하여 대법원의 최고법원성을 명문화하고 있다. 다만 이 규정은 법원 중의 최고법원임을 규정한 것이지 유일한 최고사법기관임을 규정한 것은 아니다. 최고사법기관으로서의 지위는 헌법재판소와 함께 공유한다. (4) **기본권보장기관**으로서의 지위 대법원은 기본권보장기관으로서의 지위를 가지는데, 이 지위는 국민의 재판청구권을 통하여 구체화된다. (5) **헌법보장기관**으로서의 지위 대법원은 위헌법률심판제청권, 선거소송관할권, 명령·규칙의 위헌심사권 등을 통하여 헌법을 보장하는 헌법보장기관이다. (6) **최고사법행정기관**으로서의 지위 대법원은 인사를 포함한 사법행정을 독립하여 행사하는 최고사법행정기관이다. 사법행정권을 대통령에게 침해당한 역사적 경험에 비추어 대법원에 최고사법행정권을 부여하는 것은 필수적이다. 2. **대법원의 인적 구성** 대법원은 대법원장과 대법관으로 구성되지만, 법률이 정하는 바에 의하여 대법관이 아닌 법관을 둘 수 있다(헌법 제102조 제2항). 대법관의 수는 대법원장을 포함하여 14인으로 한다(법원조직법 제4조 제2항). 1) **대법원장** (1) **헌법상 지위** 대법원장은 최고법원인 대법원의 수장으로서, 규정은 없으나 대법원을 대표하며, 법원구성권과 사법행정권을 가진다(법원조직법 제13조). 대법원장은 대법관회의의 의장이며(법원조직법 제16조 제1항), 대법원전원합의체의 재판장으로서의 지위를 가진다. (2) **신분상 지위** 대법원장은 국회의 동의를 얻어 대통령이 임명하고(헌법 제104조 제1항), 임기는 6년이며 중임할 수 없다(헌법 제105조 제1항). 정년은 70세이다(법원조직법 제45조 제4항). (3) **권한** 대법원장은 법원을 대표하며, 대법관임명제청권(헌법 제104조 제2항), 각급판사임명권(헌법 제104조 제3항), 각급판사보직권(법원조직법 제44조), 헌법재판소재판관지명권(헌법 111조 제3항). 중앙선거관리위원회위원 지명권(헌법 제114조 제2항), 법원직원임명권과 사법행정권(법원조직법 제53조·제68조), 법률제·개정에 대한 의견제출권(법원조직법 제9조 제3항) 등을 가진다. 2) **대법관** (1) **헌법상 지위** 대법관이라는 명칭은 미군정기에 처음 붙여진 명칭으로 제2공화국 헌법에까지 사용되었다. 5·16군사쿠데타 후의 군사정부에서부터 제5공화국 헌법까지는 대법원판사(➔ 대법원판사)로 불리었다가 현행헌법에서 다시 대법관으로 환원되었다. 대법관은 최고법원인 대법원의 구성원으로서 대법관회의 및 대법관 전원합의체의 구성원이다. 또한 대법원장의 권한대행자로서의 지위를 가진다(법원조직법 제13조 제3항). (2) **신분상 지위** 대법관은 대법원장의 제청으로 국회의 동의를 얻어 대통령이 임명하며(헌법 제104조 제2항), 임기는 6년으로 하되 법률이 정하는 바에 의하여 연임할 수 있다(헌법 제105조 제2항). (3) **권한** 대법관은 대법원에서의 심판권을 가진다. 각 대법관은 동등한 권한을 가지며, 대법원재판서에는 합의에 간여한 모든 대법관이 의견을 표시하여야 한다(법원조직법 제15조). 또한 대법관회의의 구성원으로서 심의사항에 대한 의결권을 가진다(법원조직법 제16조 · 제17조). 3) **대법관이 아닌 법관** 대법원에는 법률이 정하는 바에 의하여 대법관이 아닌 법관을 둘 수 있다(헌법 제102조 제2항). 이 규정은 제5공화국 헌법에서 신설된 것으로 1959년 법원조직법 개정에서 처음 도입된 대법원판사제도(➜ 대법원판사)를 헌법적으로 근거지우기 위하여 규정된 것이다. 4) **재판연구관** 대법원에 대법원장의 명을 받아 사건의 심리 및 재판에 관한 조사 · 연구 업무를 담당하는 재판연구관을 둔다(법원조직법 제24조). 재판연구관은 판사로 보하거나 3년 이내의 기간을 정하여 판사가 아닌 사람 중에서 임명할 수 있다(동조 제3항). 재판연구관은 직접 자신의 이름으로 재판에 참여하는 자가 아니기 때문에 헌법적 근거를 두지 않아도 무방하다. 3. **대법원의 조직** 1) **대법관 전원합의체**全員合議體**와 부**部 대법원에는 대법관 전원합의체와 부를 두고 있다. 전원합의체는 대법관 전원의 3분의 2 이상의 합의체이다. 부(部)는 대법관 3명 이상으로 구성하며, 대법원장은 행정 · 조세 · 노동 · 군사 · 특허 등의 사건을 전담하여 부에서 심판하게 할 수 있다(동법 제7조 제2항 참조). 부(部)에서 먼저 사건을 심리(審理)하여 의견이 일치한 경우에는 전원합의체 사건이 아닌 한 그 부에서 재판할 수 있다(동법 제7조 제1항 참조). 2) **대법관회의**大法官會議 대법관회의는 대법관으로 구성된 회의체이며, 대법원장이 그 의장이 된다. 대법관회의는 대법관 전원의 3분의 2 이상의 출석과 출석인원 과반수의 찬성으로 의결한다. 의장은 의결에서 표결권을 가지며, 가부동수(可否同數)일 때에는 결정권을 가진다(법원조직법 제16조 참조). 3) **대법원 부설기관**附設機關 법원조직법에서 규정하고 있는 부설기관으로는, 법원행정처(제19조, 제67조 이하), 사법연수원(제20조, 제72조 이하), 사법정책연구원(제20조의2, 제76조의2 이하), 법원도서관(제22조, 제81조), 법원공무원교육원(제21조, 제77조 이하), 사법정책자문위원회(제25조), 법관인사위원회(제25조의2), 양형위원회(제81조의2) 등을 두고 있다. 4. **대법원의 권한** 1) **대법원의 심판권** 대법원의 심판권은 대법원 전원합의체에서 행사한다. 전원합의체는 대법원장이 재판장이 되고, 헌법과 법률에 다른 규정이 없으면 과반수로 결정한다(법원조직법 제7조 제1항). 전원합의체는 명령 · 규칙의 위헌 · 위법 여부, 종전판결의 변경, 부에서 재판하기 부적당한 경우 등의 사건을 심판한다(동법 제7조 제1항 참조). 대법원은 위헌 · 위법한 명령 · 규칙에 대한 최종적 심판권(헌법 제107조 제2항), 위헌법률심판제청권(제107조 제2항)을 가지고 선거소송, 상고심 · 재항고심 및 다른 법률에 따라 대법원의 권한에 속하는 사건(법원조직법 제14조)을 관할한다. 단, 비례대표 시 · 도의원선거와 시 · 도지사선거를 제외한 지방선거에 관한 소송은 고등법원이 제1심 관할법원이다. 재심대상판결에서 판시한 법률 등의 해석적용에 관한 의견이 종전 대법원판결에서 판시한 의견을 변경하는 것임에도 대법관 전원의 3분의 2에 미달하는 대법관만으로 구성된 부에서 심판한 경우, 민사소송법 제451조 제1항 제1호의 재심사유에 해당한다는 것이 대법원의 입장이다(대판 2011.7.21. 2011재다199). 2) **대법원의 규칙제정권** 대법원은 법률에 저촉되지 아니하는 범위안에서 소송에 관한 절차, 법원의 내부규율과 사무처리에 관한 규칙을 제정할 수 있다(헌법 제108조). 대법원이 대법원규칙을 정하도록 하는 것은 사법의 독립성을 기하고 기술적 · 합목적적 견지에서 소송기술적 사항을 사법부 스스로 규정하도록 하며, 최고법원인 대법원의 통제 · 감독권을 확보하기 위함이다. 대법원의 규칙제정권은 법규명령제정권이다. 따라서 법률에 저촉되지 아니하는 범위 내에서 제정되는 규범이므로 법률보다 하위규범이다. 규칙제정권의 범위는 헌법과 법률에 정한 사항 뿐만 아니라 대법원운용과 관련하여 스스로 필요하다고 판단하는 사항까지 포함한다(헌재 2016.6.30. 2013헌바370등). 이에는 사법부 내부사항, 민 · 형사소송의 소송절차에 관한 사항 기타 대법원이 필요하다고 판단하는 사항 등이 있다. 대법원규칙은 대법관회의의 의결로 제정하며, 법원행정처장이 관보에 게재하여 공포한다. 대법원규칙에 대한 위헌 · 위법심사는 헌법 제107조 제2항에 따라 대법원이 최종적 심판권을 가지지만, 이는 이해충돌의 위험이 있다. 따라서 사안의 내용에 따라 과거 법무사법 시행규칙 헌법소원사건(헌재 1990.10.15. 89헌마178)과 같이, 헌법재판소가 적극적으로 사법심사를 할 수 있도록 함이 바람직하다. 3) **대법원의 사법행정권** 사법행정권은 사법재판권의 행사나 재판제도를 운용 · 관리하기 위하여 필요한 일체의 행정작용을 말한다. 법관의 인사행정, 법원의 조직 · 구성 등의 운영 · 관리, 법원시설의 물적 관리, 재무관리 등이 있다. 사법행정기관은 대법원장과 대법원, 법원행정처 및 각급법원이 있다. 대법관회의는 대법원장의 권한행사를 보조하기 위하여 안건을 심의 · 의결하는 기관이다(법원조직법 제17조). 법관인사에 관한 중요사항을 심의하기 위하여 대법원에 법관인사위원회가 있다(법원조직법 제25조의2).

대법원판사大法院判事 대법원에 소속된, 대법관이 아닌 판사를 일컫는 명칭이다. 현재에는 법률이나 실무에서 사용되지 않는다. 1957년에 대법원의 사건수가 2,700여 건으로 폭주하자, 대법원에 판사 11명을 증원해 달라는 대법원의 요청이 있었고, 이에 대해 국회 법사위는 대법관을 15인으로 증원하고자 하였으나, 국회본회의에서 대법원의 요청대로 대법원판사 11인을 증원하는 것으로 하는 수정안이 통과되었다(1959.1.13. 법원조직법 개정). 이 개정법에서 대법원에 대법관 외에 따로 대법원판사라는 직책을 신설하였는데, 그 임명자격은 지방법원장 또는 고등법원부장판사와 같게 하였으며, 정원은 11인 이내로 하였다. 그리고 고등법원부장판사가 대법관의 직무대리를 할 수 있었던 것을 삭제하고 대법원판사의 직무대리만 할 수 있게 하였다. 말하자면, 대법원판사는 대법관을 재판장으로 하는 대법원의 한 부에 소속된 배석판사의 명칭이었다. 담당사건은 대법관만으로 구성된 합의부에서 행하는 사건 이외의 사건 즉, (i) 소송물가액 500만환 이하의 민사 및 인사관련소송 ii) 사형, 무기징역 또는 무기금고에 해당하지 않는 범죄에 관한 사건을 담당하였다. 그러나 이 제도는 대법원에 대법관 이외의 판사를 두는 것이 위헌의 의심이 있다는 주장이 있었고, 5 · 16쿠데타 후 군사정부하에서 1961.8.12. 법원조직법 개정으로 폐지되었다. 한편, 같은 법개정에서 쿠데타 후의 군사정부는 종전의 대법관이라는 명칭을 삭제하고 최고사법기관 구성원의 명칭을 대법원판사로 개칭하였다(국가재건비상조치법 제18조 제1항). 원래 대법관이 재판장이 되는 재판부의 배석판사이었던 직위를 대법관의 지위로 변경하여 최고사법기관 구성원의 지위를 격하시킨 것이었다. 대법원에 대법관이 아닌 법관을 둘 수 있는 근거는 제5공화국 헌법에 처음으로 규정되었다. 대법원판사라는 명칭은 1987년 헌법개정에서 다시 대법관으로 회복되었다.

대선거구제大選擧區制 ➜ 선거구제.

대사인적 효력對私人的效力, **기본권의** - ➜ 기본권의 효력.

대세효對世效 = **일반효**一般效 ㊂ absolute effect/erga omnes(inter omnes) effect, ㊀ absolute Wirkung/erga omnes(inter omnes) Wirkung, ㊁ L'effet erga omnes(inter omnes). 대세효는 소송당사자 등 특정한 사람에게만 주장할 수 있는 효력이 아니라 제3자 등 모든 사람에게 주장할 수 있는 효력을 말한다. 대응하는 표현은 inter partes로서 당사자 사이에만 주장할 수 있는 효력이다. ➜ 위헌결정의 효력. ➜ 기속력.

대심구조對審構造=**당사자주의구조**當事者主義構造 ➜ 당사자주의.

대심원大審院 1. **대한제국 말기**의 사법기관 중 최고심의 명칭이다. 1907.7. 정미7조약 체결 후 같은 해 12월에 2심제로 되어 있었던 기존 裁判所構成法(1895)을 개정하여, 구재판소(區裁判所) · 지방재판소(地方裁判所) · 공소원(控訴院) · 대심원(大審院)의 기관구조로 바꾸고, 2심제로 되어 있었던 심급을 3심제로 변경하였다. 지방재판소나 공소원의 2심판결에 대한 불복 혹은 황족의 범죄를 1심으로 담당하던 최종심급이었다. 대심원장과 민사부 · 형사부 각각 5인의 판사로 구성되었다. 판례변경이 필요한 경우 민형사부의 연합부를 구성하여 판결하였다. 1909년 기유각서 체결 이후 같은 해 10.16. 「統監府裁判所令」이 공포되고 10.28. 「裁判所構成法」이 폐지되면서 같이 폐지되었다. 같은 해 11.1.부터 통감부고등법원으로 그 기능이 대체되었다. 2. **일본국**에서 1875년부터 1947년까지 존속하였던 최고사법기관의 명칭이다. 일본국은 1875년에 司法省裁判所를 대신하여 大審院을 설립하여 행정권과 사법권을 분리하였다. 이후 1889.2.11. 공포되고 1890.11.29. 시행된 大日本帝國憲法(明治憲法)에는 사법기관의 명칭을 따로 두지 않았고, 하위 법률로 정할 수 있게 하였다(동 헌법 제57조). 이에 1890년 裁判所構成法(明治 23年, 법률 제6호)에서 大審院을 최고사법기관으로 하여, 控訴院, 地方裁判所, 區裁判所 등을 규정하였다. 1947년 裁判所構成法이 폐지되고 裁判所法이 제정됨에 따라 최고사법기관의 명칭도 最高裁判所로 바뀌었다.

대안발견代案發見**의 원칙** 기본권 충돌의 경우, 충돌하는 기본권들의 효력의 우열을 가릴 수 없을 뿐만 아니라 공평한 제한까지도 수용하기 어려운 경우 기본권 모두의 효력을 유지하는 대안 내지 절충안을 찾아내는 방법을 말한다. ➜ 기본권의 충돌.

대외무역법對外貿易法 대외무역을 진흥하고 공정한 거래질서를 확립하여 국제수지의 균형과 통상의 확대를 도모하며, 국민경제의 발전에 이바지하기 위하여 제정된 법률이다. 일제강점기인 1934.4. 칙령으로 일본본토에서 시행되던 「무역조절 및 통상옹호에 관한 법률」을 우리 나라에도 적용시켜 우리나라 최초의 대외무역관계법령이 시행되었다. 해방 후 1946.1. 군정법령으로 「대외무역규칙」이, 1957.12. 「무역법」이, 1967.4. 「무역거래법」이 시행되었다. 1986년말 「대외무역법」이 제정되어 시행되다가 1996.12. 전면개정되었고, 2007.4. 다시 전면개정되어 현재에 이르고 있다.

대위책임설代位責任說 ➜ 국가배상청구권.

대의민주주의代議民主主義 ㊂ representative democracy, ㊀ repräsentative Demokratie, ㊁ démocratie représentative. 1. **의의** 1) **개념** 대의민주주의란 국민들이 정기적으로 실시되는 선거에 참여하여 대표자를 선출하고 선출된 대표자들의 심의토론을 거쳐 국가의사 및 정책을 형성, 집행하는 제도를 의미한다. 국민이 직접 국가의 의사를 결정하는 것이 직접민주주의라면, 대의민주주의는 국민이 직접 결정하지 아니하고 대표자를 선출하여 그로 하여금 결정하게 하는 것이 간접민주주의이다. 따라서 대의민주주의는 대의제·간접민주주의와 동의어이다. 2) **등장배경과 장점** 대의민주주의는 근대국가의 규모에 따른 불가피성과 다수의 전제에 대한 우려로 말미암아 제도적으로 고안된 것이다. 즉 대의민주주의는 근대국가의 팽창된 규모와 시간의 문제를 해결한 제도로서 현실적으로 실현가능한 제도라는 성격을 가지는 한편으로 직접민주주의에 비해서는 엘리트주의적 측면을 가진다고 할 수 있다. 의사결정에 있어서는 결정에 도달하는 비용을 고려해야 하고 결정기구와 결정의 적용대상 집단이 다를 경우 후자가 감수하는 외부위험의 정도를 고려해야 한다. 선거에 의한 대의제는 의사결정비용을 그다지 증가시키지 않으면서도 외부적 위험부담을 감소시키는 장점이 있다. 이러한 과정에서 중요한 것은 선거의 공정성과 경쟁성으로 인한 결과의 불확실성이다. 이러한 불확실성은 이번 선거에 패배한 정치세력도 다음에는 승리할 수 있다는 기대를 가지게 할 수 있으므로 투표결과에 자발적으로 순응하게 만들 수 있는 것이다. 2. **대의원리의 구성요소** ➜ 대의원리. 3. **대의제의 조건** 대의제가 성립하기 위해서는 조건은, 첫째, 자유로운 시민의 존재와 입헌주의(constitutionalism)의 보장이다. 즉 법에 의해서만 개인의 권리에 대한 간섭이 허용되고 기본적인 개인의 권리보호가 중요시되는 사회를 전제로 해야만 참여가 확산되는 민주화가 가능하다고 볼 수 있다. 둘째, 민주적 참여(democratic participation)로 정부가 구성되어야 하는바 이를 위해서는 보통·평등선거권의 보장, 자유로운 정보의 유통, 결사의 자유, 정치적 경쟁의 자유 등이 보장되어야 한다. 셋째, 대표의 민주적 책임성(accountability)의 확보이다. 민주적 책임성은 수평적으로는 권력분립을 통한 견제를 통해 확보할 수 있고 수직적으로는 선거 등의 방식으로 대표에 대한 책임을 물을 수 있어야 한다. 넷째, 관료에 대한 통제의 문제로 근대국가에서는 국가운영의 전문성이 요구됨에 따라 관료들의 자율성이 증대되는바 대의제가 정착되기 위해서는 관료에 대한 적절한 통제가 가능해야 한다. 4. **대의제의 문제점** 위와 같은 대의제의 조건이 충족되지 않을 때 대의민주주의는 한계에 봉착하게 되고 대의제의 실패와 정치적 분업에 의한 관료화가 이루어지게 된다. 특히 정치적 무관심이 커지게 되면 오히려 민주주의가 후퇴할 수도 있다. 또한 시민과 대표 간의 멀어진 거리에 강력한 이익집단이 영향력을 행사하는 문제가 발생하기도 한다. 1) **다수결의 문제점** 대의제는 다수결 원리에 근거하고 있는바 이는 소수자 배제와 다수독재의 위험을 가지고 있다. 투표와 같은 다수결의 원리에 지나치게 의존하는 경우 민주주의의 갈등 해결능력이 크게 약화되고 민주주의의 안정성 자체가 위협받을 수 있다. 2) **대표의 실패** 대의민주주의에서는 대표자가 유권자와의 약속을 지키지 못했더라도 이에 대한 책임을 물을 수 있는 수단이 제한되어 있다. 따라서 주기적 선거이외에 책임을 물을 수 있는 수단이 별로 없고 선거 같은 수단도 대표에 대한 책임보다 지역주의 등의 요소가 크게 작용함으로 인해 제대로 기능하지 못할 경우 대표의 실패가 나타난다. 3) **공공선 개념의 결여** 대의민주주의와 같은 간접적이고 선호집합적(indirectly aggregative) 민주주의에서는 토론과 심의가 사라지고 있음을 문제시하였다. 이러한 광장민주주의의 소멸은 공공선에 대한 시민들의 관심을 줄게 만들고 더불어 공적문제에 대해 공동체의식을 가지고 참여하려는 공민을 소멸시키는 문제를 야기하기도 한다. 4) **기술적 관료주의와 정치영역의 제한** 정치적 분업이 시민과 대표간의 거리를 더욱 넓힘으로써 정치적 문제가 기술관료적으로 해결되고 있어 시민들의 정치적 무관심과 냉소주의는 확산되고 정치전문가가 주권자인 시민을 대체하고 있다. 특히 최근 우리나라에서도 시장담론을 중심으로 관료기술적 경영주의, 엘리트주의, 후견주의가 정치와 민주주의에 대한 부정적 인식을 직접, 간접적으로 확산시키고 있어서 민주주의 자체의 위기로 번지고 있다는 우려가 제기되고 있다. 또한 대중정당이 쇠퇴하면서 정당과 시민사회와의 거리가 멀어지고 있는 현상 또한 이러한 문제를 심화시키고 있다. 5. **우리나라의 민주주의의 문제와 해결방안** 최근 우리나라의 민주주의가 크게 성장하였지만, 한편으로는 민주화 이후의 민주주의가 퇴행할 가능성을 제기하는 주장들이 있다. 이러한 입장 중에서 위에서 지적한 대의민주주의의 일반적인 원인과 더불어 한국적인 특수성 차원을 중시하면서 우리나라 민주주의의 위기를 지적하는 입장이 있다. 즉 한국 민주주의의 역사구조적 차원에서는 냉전반공주의, 권위주의적 산업화, 과잉성장국가에 의한 독점적 대표체계와 협애한 이념적 스펙트럼의 형성문제를 제기한다. 그리고 행위과정적 차원에서는 협약에 의한 민주화로 인해 아래로부터의 요구가 배제된 지역정당체제가 고착된 상황과 성공의 위기에 의한 민주화로 인해 사회·경제민주화의 의제가 축소되고 기술관료적 경영주의의 입지가 커진 상황으로 인해 우리나라의 민주주의가 다시 퇴행할 수도 있음을 경고하고 있는 것이다. 이러한 입장들을 종합해보면 우리나라의 경우 일반적인 대의민주주의의 한계와 더불어 한국에서의 특수한 상황들이 결합되어 복합적인 문제가 나타나고 있다고 진단할 수 있다. 그리고 이에 대한 해결책으로는 한편으로는 민주적 참여와 책임성을 담보하지 못하는 현재의 정당제도나 선거제도와 같은 대표체계의 변화를 통해 바람직한 대의제 민주주의를 정착시키는 방향이 제기될 수도 있고 다른 한편으로는 대의제민주주의 자체의 한계를 보다 중시한다면 대안적 민주주의 제도로서의 참여민주주의, 심의민주주의, 결사체 민주주의, 전자민주주의 등의 요소에 대한 적극적인 도입의 시도를 추구하는 방향이 제기될 수 있다. 6. **여론**餘論 대의민주주의는 여전히 많은 문제를 내포하고 있지만, 한편으로는 현실적인 필요성과 장점이 존재하는 것이 사실이다. 또한 대의민주주의를 대체할 수 있다고 주장되고 있는 심의민주주의나 결사체민주주의, 전자민주주의 등의 방식은 아직 제도적으로 구체화되지 않았다는 불확실성이 있다. 물론 이러한 대안들이 현재의 대의제에 대한 자기성찰적 결과이자 보완책으로서의 의미는 충분하나 이러한 대안들이 작동하기 위한 조건들이 충분히 확보되어 있는지는 의문이다. 따라서 우리나라의 현 상황에서 필요한 것은 한편으로 대의민주주의에 대한 대안들이 다방면으로 실험되는 것과 더불어 기본적으로는 사회의 균열과 갈등을 대변하고 책임질 수 있는 대표체계의 형성과 이러한 대표체제 내에서의 실질적 경쟁이 확보되는 것이라고 할 수 있다. 사회의 갈등이 제도적으로 해결되어 질 수 있는 제도의 형성과 대표체계의 형성이 지속적으로 전 사회적 의제로 고민되어야 한다는 것인바 시민사회가 사익(私益) 간의 경쟁의 장으로서만 기능하지 않고 공공성을 회복하고 시민사회 자체의 민주적 능력을 고양하여 정치영역에 대한 감시와 참여를 강화하는 것이 필요할 것이다.

대의원리代議原理 = **대표원리**代表原理 [영] representative principle. 대의민주주의의 기초인 대의원리는 그 개념구조상 i) 국민과 대표자의 분리, ii) 국가의사결정권과 통치기관(대표기관)구성권의 분리, iii) 선거에 의한 국민대표자의 선출, iv) 전체국민의 대표로서의 국가의사결정권자, v) 명령적 위임의 배제, 국민의 전체이익과 추정적 의사의 우선, vii) 국가의사결정에 대한 법적 책임의 면제 등의 구성요소로 이루어져 있다. i) **국민과 대표자의 분리**는, 대의민주주의에서 국가권력을 행사하는 국민의 대표자와 그에 의해 지배·통치되는 주권자인 국민이 서로 구별된다는 것을 의미한다. 민주주의를 자기지배(Selbstherrschaft)라는 면에서 보면, 대의민주주의에서는 이념적으로만 자기지배가 이루어지고 현실적으로는 국민의 대표자에 의한 지배가 이루어진다. ii) **국가의사결정권과 통치기관대표기관구성권의 분리**는, 국가의사결정권(정책결정권)과 이를 보유·행사할 자를 정하는 권능(통치기관구성권)을 분리하여, 전자는 국민대표기관인 통치기관에게 권한으로 부여하고, 후자는 국민에게 권리로서 보장한다는 것이다. iii) **선거에 의한 국민대표자의 선출**은, 통치기관의 구성원에게 선거를 통한 민주적 정당성을 부여하는 방법이자 공적 업무수행에 적합한 공직자를 선출하는 방법이다. iv) **전체국민의 대표**로서의 국가의사결정권자는, 선출된 자는 선출방법과는 상관없이 전체국민을 대표한다는 것이다. v) **명령적 위임의 배제, 국민의 전체이익과 추정적 의사의 우선**은, 공동체구성원의 현실적 내지 주관적 의사와 국민전체의 일반의사가 충돌하는 경우에는 일반의사를 우선한다는 것이다. vii) **국가의사결정에 대한 법적 책임의 면제**는, 정책결정이 합법적일 때에는 그 집행의 결과가 잘못되더라도 그에 대한 정치적 책임을 지되 법적 책임을 지지는 않는다는 것이다.

대의제도代議制度 ➜ 대의민주주의.

대정부견제권對政府牽制權, **국회의** – 국회의 대정부통제기능, 국정통제권이라고도 한다. 현행헌법에서는, 국무총리임명동의권, 국무총리·국무위원 출석요구권 및 질문권, 국무총리·국무위원 해임건의권, 탄핵소추권, 국정감사·조사권, 긴급명령·긴급재정경제명령·처분에 대한 승인권, 계엄해제요구권, 선전포고 및 국군해외파병·외국군주류에 대한 동의권, 일반사면동의권 등이 있다. ➜ 국정통제권.

대중민주주의大衆民主主義 [영] mass democracy, [독] Massendemokratie, [프] démocratie de masse. 대중민주주의의 말그대로의 의미는 모든 국민이 정치적 주체로서 정치과정에 참여하는 민주주의라는 의미이다. 근대국가의 민주주의는 참정권이 유산시민들에게만 주어졌기 때문에 일반노동자나 여성, 소수자들이 정치에 참여할 수 없었다. 20세기에 들어와 보통선거권이 확대된 후 일반대중이 자유롭게 정치에 참여하고 정치적 주체가 되었는데, 이를 대중민주주의라 일컫는다. 대중민주주의 개념에 관하여 P. Kondylis는 모더니티에 대한 종합적이고 조화로운 사고로부터 포스트모더니즘에 대한 분석적이고 조합적인 사고방식으로 전환한 것이라고 본다. 근대 시민사회는 대중민주주의라는 새로운 사회구성체에 의해 밀려났다고 한다. Kondylis는 대중민주주의가 18세기 이후 대중의 사회적, 정치적 역할에 대한 일종의 타협, 즉 자유주의, 보수주의 및 사회주의의 종합을 의미한다고 한다. “자유주의에서 개인주의적 인권이 종합으로 되고, 사회주의에서 평등주의에 기반한 인권의 물질주의적 구체화로 되며, 보수주의에서 사회주의와 공유되는 국가관련성이 통합되어 대중민주주의의 가장 중요한 제도인 복지국가로 귀결되었다.” 그의 이해에서 대중민주주의는 공산주의의 실패 이후의 결과적인 제3의 것이다. 근대민주주의가 전제하는 것과는 달리, 현대 대중민주주의에서 대중은 단일한 의지를 형성하지 않으며, 민주적 의사결정과정이 아래에서 위로 이루어져서 정치지도자가 국민의 일반의지를 집행하는 역할일 뿐이라고 가정하는 것은 환상이라고 본다. 민중은 적극적인 소수자의 도움 없이는 정치적 의지형성에 결정적인 영향을 미칠 수 있는 위치에 있지 않기 때문에 소수의 엘리트가 중요하다고 본다. 이러한 소수자는 예를 들어 정당, 정치적 결사 및 언론인을 의미하며, 이들은 기능적 엘리트이다. 아울러 미디어의 역할이 강조된다. 이러한 제도에 대하여 칼 슈미트(Carl Schmitt)와 같은 보수적 사상가들은 대중민주주의에서 사회적 규범 및 가치에 대한 상대주의의 지배와 특히 정치적 책임이 붕괴되었다고 비판한다. 또한 하이에크(F. A. von Hayek)와 같은 자유주의적 철학자들도 현대 민주주의에서 대중의 지배가 쉽게 조작되고 원시적이며 비합리적이라고 비판한다. 유사개념으로 대중영합적 민주주의(popular democracy) 내지 포퓰리즘(populism)이 있는데, 엄격히 구별하여 사용하여야 한다.

대체복무代替服務 ➜ 양심적 병역거부.

대체적 분쟁해결제도代替的 紛爭解決制度 [영] Alternative Dispute Resolution(ADR), [독] Alternative Dispute Resolution(ADR) [프] Mode alternatif de règlement des conflits(MARC). 대체적 분쟁해결제도란 법원의 소송 이외의 방식으로 이루어지는 분쟁해결방식을 말한다. 대안적 분쟁해결제도라 하기도 한다. 소송 외의 분쟁해결제도는 미국에서 1960년대부터 다양하게 논의가 진행되었고, 실제로 다양하게 활용되어왔다. ADR은 운영주체에 따라 사법형, 행정형, 민간형으로, 또한 국가주도형, 민간주도형으로 나누기도 한다. 활용방식에 따라 기본적 분쟁해결과 절충적 분쟁해결방식으로 나누기도 한다. 분쟁해결의 방식으로 법원의 판결이라는 방식이 아니라 협상(negotiation), 조정(mediation), 중재(arbitration)와 같이 제3자의 관여나 직접 당사자간에 교섭과 타협으로 이루어지는 분쟁해결방식을 말한다. 사건의 종류와 성격 등에 따라 여러 가지 방식이 있을 수 있다. 대체적 분쟁해결은 판결에서 발생하게 되는 감정대립의 문제를 어느 정도 방지할 수 있고, 또한 당사자의 임의변제를 기대할 수 있기 때문에 집행법상의 문제를 수반하지 않으므로 채권의 종국적 만족이 용이한 장점이 있다. 또한 법원의 업무도 크게 경감하여 법원으로 하여금 나머지 소송사건에 진력할 수 있게 해준다. 우리나라의 경우, 소비자분쟁조정, 금융분쟁조정, 전자상거래분쟁조정, 의료분쟁조정, 환경분쟁조정 등에 활용되고 있다. 입법론으로 「ADR 기본법」 제정이 논의되고 있다.

대체정당代替政黨 정당이 헌법재판소의 결정으로 해산된 경우 해산된 정당의 강령(또는 기본정책)과 동일하거나 유사한 정당을 창당하는 경우 이를 대체정당이라 한다. 정당법 제40조는 이러한 정당을 창당하지 못하게 하고 있으며, 동 제41조 제2항은 해산된 정당의 명칭과 같은 명칭은 정당의 명칭으로 다시 사용하지 못하게 하고 있다. 대체정당은 정당이 특권을 부여받지 못하며 정부의 행정처분으로 해산된다.

대체토론大體討論 안건 전체에 대한 문제점과 당부(當否)에 관한 일반적 토론을 말하며 제안자와의 질의 · 답변을 포함한다(국회법 제58조). 국회의 위원회에서 안건을 심사할 때 안건의 취지설명과 전문위원의 검토보고를 들은 후, 대체토론을 하며, 그 후 축조심사 및 찬반토론을 거쳐 표결에 들어간다(국회법 제58조).

대통령大統領 대통령이라는 말은 미국헌법상의 president를 번역한 용어이다. president는 '회의주재자', '앞에 앉은 사람'이라는 의미로서 앞에 앉아 모임을 주재하는 사람을 뜻하며, chairman이나 speaker와 같은 의미이다. 淸國에서는 음역하여 伯理璽天德으로 사용되었고, 일본에서는 1854년 米日和親條約에서 大統領으로 처음 사용되었다. 大統領이라는 말은 전통적으로 중국에서는 쓰이지 않았고, 統領이라는 말은 통솔의 의미로 後漢書부터 역사서에 등장하여, 군관의 명칭으로 宋代와 淸代에 사용되었다고 한다. 우리나라에서는 1881년 紳士遊覽團이 大統領이라는 용어를 사용하였으며, 1882년 고종실록에 기록된 朝美條約文에서 伯理璽天德이라는 표기가 있다. 중국에서는 서양선교사들이 '選擧皇帝', '皇帝四年受代'등으로 번역한 예가 있고, 總統, 統領, 大統領, 總領, 總統領, 衆統領, 大總統, 民主, 首領, 大頭目, 國主 등 다양한 의역어가 있으며, 음역으로도 伯理璽, 伯理璽天德, 伯理師天德, 伯里喜頓, 伯勒西敦, 百理璽天德, 勃列西領 등의 다양한 표현이 있다. 主席으로 번역되기도 한다.

대통령권한대행大統領權限代行 1. **의의** 헌법 제71조는 「대통령이 궐위되거나 사고로 인하여 직무를 수행할 수 없을 때에는 국무총리, 법률이 정한 국무위원의 순서로 그 권한을 대행한다.」고 규정하고 있다. 현행법상의 권한대행은 국민의 선거에 의하지 않은 국무총리와 국무위원이 맡게 된다는 점에서 주로 민주적 정당성 관점에서 문제된다. 2. **외국의 입법례** 대통령의 권한대행에 관한 헌법조항은 정부형태의 유형에 따라 차이가 있다. 대통령제 정부형태의 경우 비교적 상세한 규정을 두고 있는 반면 의원내각제의 경우 대통령 권한대행에 대해 비교적 간단하게 규율하고 있다. 대통령 권한대행을 규정한 제도들로는 권한행사범위를 헌법에서 구체적으로 제한하고 있는 헌법(러시아, 프랑스, 그리스, 폴란드), 합의체를 구성하여 이러한 합의체에게 대통령 권한대행의 지위와 역할을 맡기는 헌법(아이슬란드, 아일랜드), 권한대행 취임시 취임선서를 규정한 헌법(남아프리카공화국, 필리핀), 부통령이 대통령직을 승계하거나 대통령 권한대행을 하는 헌법(미국 헌법), 대통령 권한대행이 성립되는 경우 권한대행자의 원래 직위를 일시 정지시키는 헌법(포르투갈, 헝가리) 등의 유형이 있다. 3. **권한대행 사유** 1) **의의** 헌법은 권한대행사유로 '궐위'와 '사고'를 규정하고 있다. '궐위'란 사망, 사임, 탄핵결정으로 인한 파면, 대통령취임 후 피선자격 상실 및 판결 기타의 사유로 자격을 상실한 때 등의 이유로 대통령이 대통령직에서 이탈한 모든 상태를 말한다. 헌법 제68조 제2항에 규정된바, 대통령당선자가 사망하거나 판결 기타의 사유로 자격을 상실한 때도 엄격한 의미에서의 대통령의 궐위는 아니지만, 기존 대통령의 임기만료와 새로운 선거 사이에 일시적인 궐위상태가 발생될 수 있으므로, 광의의 궐위에 포함시킬 수 있다. '사고'란 대통령이 재직하고 있지만 대통령권한을 행사하는 것이 불가능한 모든 상태를 말한다. 이 경우는 '사고의 발생'과 '직무수행의 불능'이라는 2가지 요건이 충족되어야 한다. 2) **사유판단권자** 궐위의 경우, 사망, 사임, 탄핵결정으로 인한 파면, 대통령취임 후 피선자격 상실 및 판결 기타의 사유로 자격을 상실한 때 등의 사유로 대통령직이 궐위된 경우는 객관적으로 판명되기 때문에 이러한 사유에 대한 판단권자의 판단이 필요하지 않고, 궐위라는 사실의 발생으로 헌법 제71조에 의해 권한대행자에게 당연히 대통령의 권한을 대행하는 권한이 발생한다. 사고의 경우, 사고의 발생'과 '직무수행의 불능'이라는 2가지 요건이 충족되어야 하는데, '사고'의 유형은 매우 다양하고, '직무수행의 불능' 여부도 객관적으로 명백하지 않은 경우가 있으므로 판단권자의 판단이 중요한 역할을 한다. 현행법은 누가 판단권을 갖는지에 대하여 아무런 규정을 두고 있지 않기 때문에, 해석론에 맡겨져 있다. 대통령의 의사표시가 가능한 경우에는 그 의사에 따라 권한대행이 가능하다. 행방불명, 해외순방 중 납치 · 연락두절, 교통사고 등으로 식물인간 상태인 경우처럼 의사표시가 불가능한 경우에는, 헌법재판소가 판단하여야 한다는 견해, 국무회의에서 판단하여야 한다는 견해, 국회에서 판단하여야 한다는 견해 등이 있으나, 현실적으로는 국무회의의 심의를 거칠 것이므로, 국무회의에서 판단하여야 한다고 봄이 현실적이다. 장기간의 사고의 경우 궐위로 간주하여 새로운 대통령을 선출함이 타당하다. 4. **권한대행의 순서** 외국의 경우, 미국에서는 부통령이 대통령직 승계와 대통령 권한대행을 하게 하고 있다(수정헌법 제15조). 독일에서는 상원의장(연방참사원의장)이 대통령 권한대행자이다(기본법 제57조). 프랑스에서는 상원의장, 정부의 순으로 대통령 권한대행을 한다(프랑스헌법 제7조 제4항). 우리나라의 경우, 헌법 제71조에 따라 국무총리와 법률이 정한 국무위원의 순서로 권한대행을 한다. 법률이 정한 국무위원의 순서는 정부조직법 제19조와 제26조에 따르면 대통령 권한대행은 국무총리, 기획재정부장관이 겸임하는 제1부총리, 교육부장관이 겸임하는 제2부총리, 과학기술정보통신부장관, 외교부, 통일부, 법무부, 국방부 … 중소벤처기업부의 순서이다. 헌법 제68조 제2항의 경우, 즉 대통령당선자가 사망하거나 판결 기타의 사유로 자격을 상실한 때에도 기존 대통령의 임기만료 후 새로운 대통령 선출 때까지 권한대행이 되어야 한다고 보아야 한다. 5. **권한대행의 기간** 대통령권한대행자의 권한대행기간에 관하여 헌법은 명시적으로 규정하고 있지 않다. 다만, 헌법 제68조 제2항은 대통령 궐위 시 '60일 이내'에 후임자를 선거하도록 하고 있어서 그 의미에 관하여 견해가 나뉜다. 즉, '60일'이 권한대행기간을 의미하는 것으로 보는 견해와 60일을 초과하는 예외적인 경우가 있을 수 있으므로, 반드시 60일에 한하지 않는다는 견해가 있다. '60일'을 후임자를 선거하여야 하는 기간을 의미하는 것으로 보고, 권한대행의 기간에 대해 헌법상 규정이 없는 것으로 보아, 예외적인 경우 궐위상태가 60일을 초과할 경우에는 권한대행도 계속되어야 한다고 봄이 타당하다. 새 대통령을 선거하는 기간인 60일이 너무 긴 기간이라는 견해도 있다. 사고의 경우에는 헌법상 아무런 규정이 없다. 국무회의의 심의를 거쳐 권한대행 기간을 결정해야 한다는 견해, 헌법정책상 헌법재판소가 결정하도록 해야 한다는 견해 등이 있다. 사유판단에서와 같이, 대통령의 의사표시가 가능한 경우에는 대통령이 그 기간을 정할 수도 있겠지만, 사고의 기간이 장기화하는 경우에는 사직함이 적절하다. 대통령의 의사표시가 불가능한 경우 사고의 경우 그 사고의 내용에 따라 대통령의 직무복귀를 기다릴 것인지 아니면 후임자를 선거할 것인지를 결정할 필요가 있고, 직무복귀를 기다리는 동안 권한대행이 이루어질 것이며, 후임자를 선거하는 것으로 결정하는 것으로 하는 경우 그 선거 시까지 권한대행이 행해질 것이다. 사고 시의 권한대행에 대하여 헌법에 규정이 없으므로, 어떤 방법과 절차로써 이루어질 것인지를 법률로 규율할 필요가 있다. 6. **권한대행의 직무범위** 1) **헌법규정** 헌법 제71조에 의할 때, 대통령 권한대행체제가 성

ㄷ

립하는 경우는 현직 대통령이 궐위되거나 사고로 인하여 직무를 수행할 수 없을 경우이고, 대통령 권한대행은 1순위가 국무총리이며 그 다음은 법률이 정한 국무위원의 순서로 대통령권한을 대행한다. 대통령 궐위의 경우 미국식 대통령제에서 채택하고 있는 부통령에 의한 대통령직 승계가 아니라 대통령 권한대행을 경유하여 새 대통령의 취임으로 연결된다는 점에서 프랑스식 제도와 유사하다고 평가된다. 2) **학설** 대통령 권한대행의 권한행사범위에 관해서는 세 가지 견해가 있다. **현상유지설**은 대통령 권한대행의 직무범위는 원칙적으로는 대통령의 권한 전반에 걸치겠지만 권한대행의 임시적인 성질로 보아 잠정적인 현상유지에만 국한되고 정책의 전환·대대적인 인사변동과 같은 현상유지를 벗어나는 적극적 형성행위는 권한대행의 직무범위를 넘는 것으로 본다. **궐위·사고구분설**은 대통령 권한대행의 직무범위와 관련하여 궐위와 사고를 구별하여, 대통령 궐위의 경우에는 반드시 현상유지적이어야 할 이유가 없으므로 대통령 권한대행의 직무범위는 대통령 권한전반에 걸치지만, 사고인 경우에 대행될 직무의 범위는 그 성질상 잠정적인 현상유지에 국한되고 기본정책의 전환이나 인사이동 등 현상유지를 벗어나는 직무는 대행할 수 없다고 한다. **무제한설**은 대통령 권한대행이 대통령의 권한을 행사함에 있어서 법적으로는 아무런 제한을 받지 않기 때문에 대통령의 모든 권한을 행사할 수 있다고 한다. 다만 이 견해도 권한대행제도의 성격상 가능한 한 권한을 대행하는 자는 실제 권한을 행사함에 있어서는 최단기간 동안에 국정운영에 필요한 적정한 수준의 직무에 대해서만 그 권한을 행사하는 것이 바람직하다는 입장을 취하고 있다. 행정법학계에서는 대통령 권한대행을 행정청의 권한의 (법정)대리의 문제로 이해하여, 대통령 권한대행의 경우 그 직무범위는 대통령 권한 전반에 걸치는 것으로 이해하는 견해가 통설이다. 3) **결론** 대통령 권한대행의 민주적 정당성의 결여와 권한대행의 본질적인 성질을 고려하여, 첫째, 행정부 외의 다른 부(府)소속 헌법기관의 임명권은 권한대행이 행사할 수 없다고 보아야 한다. 따라서 대통령 권한대행은 헌법재판소장·대법원장·대법관·중앙선거관리위원회 위원 3인·헌법재판소 재판관 3인에 대한 임명권은 행사할 수 없다고 해석하여야 한다. 다만 감사원장의 경우에는 대통령 소속기관으로 볼 수 있고 감사원의 헌법상 편제도 제4장 정부에 속해 있으므로 대통령 권한대행이 감사원장 임명권을 행사하는 것은 무방하다고 보아야 한다. 둘째, 헌법 제72조의 국민투표부의권은 민주적 정당성을 확보한 대통령만 행사할 수 있는 권한이고 권한대행이 행사하기에는 부적당한 것으로 이해하여야 한다. 셋째, 입법에 관한 권한 가운데 헌법개정안 제안권을 제외한 나머지 권한들은 대통령 권한대행이 행사할 수 있다고 보아야 한다. 넷째, 사법에 관한 권한 가운데 대통령 권한대행이 위헌정당해산제소권을 행사할 수는 있으나, 사면권의 행사에 대해서는 부정적으로 이해하는 것이 타당하다. 다섯째, 국무위원과 행정각부의 장 임명권을 행사할 수 있지만 개별 국무위원 임명이 아니라 개각 수준의 대폭적인 국무위원의 임명 내지 교체는 대통령 권한대행의 임시적·현상유지적 성격에 비추어 자제하는 것이 바람직하다. 여섯째, 계엄선포권을 포함한 국가긴급권을 민주적 정당성을 결여한 대통령 권한대행이 행사할 수 있을지에 대해서는, 지극히 예외적인 사태가 아닌 한 허용될 수 없다고 보아야 할 것이다. 7. **새로운 쟁점들** 1) **대통령의 형사상 특권(헌법 제84조)**이 대통령 권한대행에게도 적용되는가? 이를 부정하는 견해가 있으나, 대통령 권한대행의 대통령 직무의 원활한 수행을 확보할 필요성이 있다는 헌법 제84조의 규정 취지를 고려할 때 대통령 권한대행에게도 헌법 제84조가 적용된다고 해석하는 것이 타당하다. 따라서 대통령 권한대행이 그 직무를 수행하는 기간 동안 내란 또는 외환의 죄를 범한 경우를 제외하고는 형사상의 소추를 받지 아니한다고 봄이 적절하다. 2) 대통령 권한대행의 취임 시 대통령이 취임에 즈음하여 행하는 **취임 선서**(헌법 제69조)를 해야 하는가? 외국의 경우 권한대행에 대해서도 취임선서를 요구하는 예가 있음에 비추어 취임선서를 하게 하는 것이 바람직하다. 물론 이 경우에 헌법 제69조의 '대통령으로서의 직책을'이라는 표현은 '대통령 권한대행으로서의 직책을'이라고 바꾸어 선서하여야 할 것임은 자명하다. 3) 대통령의 **겸직금지의무(헌법 제83조)**가 대통령 권한대행에게도 적용될 수 있는가? 헌법 제83조는 「대통령은 국무총리·국무위원·행정각부의 장 기타 법률이 정하는 공사의 직을 겸할 수 없다.」고 규정하여 대통령에게 겸직금지의무를 부과하고 있다. 대통령 권한대행에게도 헌법 제83조가 적용되느냐의 문제가 제기될 수 있다. 이 문제는 부서권 행사와 국무위원과 행정각부의 장 임명제청권 행사에서 특히 문제가 된다. 국무총리가 대통령 권한대행으로 취임하는 경우에 대통령 권한대행에게는 헌법 제83조가 적용되지 않는다고 해석하는 견해가 있다. 이 견해에 의하면 대통령 궐위나 사고 시 국무총리가 대통령권한대행을 겸임하는 1인 2역을 수행하게 된다. 즉 대통령의 행위와 국무총리의 행위를 모두 하여야 한다는 것이다. 그러나 대통령의 겸직금지의무는 대통령 권한대행에게도 적용된다고 해석하는 것이 보다 타당한 헌법해석이라 할 것이다. 대통령의 궐위나 사고 발생 시 국무총리가 제1순위로 대통령권한대행이 되는 경우 권한대행으로서의 대통령의 권한행사는 따로 국무총리의 부서가 필요하지 않으며, 기타 국무총리의 권한은 그대로 국무총리가 갖는다고 봄이 적절하다. 4) **기타** 경호문제, 급여문제, 공식 업무보고의 문제 등이 있다. 8. **입법론** 현행 헌법상 대통령의 권한대행에 관해서는 규정이 충분하지 않다. 대통령 권한대행체제가 성립하는 경우 현직 대통령에게 적용되는 취임선서조항, 형사상 특권조항, 겸직금지의무조항 등이 대통령 권한대행에게도 적용되는지의 문제 등에 대하여 헌법해석을 통한 해결이 가능하지만, 법률의 제정을 통한 문제의 해결이 보다 근원적인 해결방안이 될 수 있다. 헌법에 반하지 않는 한도 내에서 현행 헌법의 대통령 권한대행조항을 참고하여 대통령 권한대행체제 성립과 운영에 관한 내용을 담은 법률을 제정할 필요가 있다.

대통령당선자大統領當選者 헌법과 법률이 정한 절차에 따라 대통령으로 당선된 자를 말한다. 헌법상으로는 (대통령) 당선자로 표현되어 있고(헌법 제67조·제68조), 공직선거법에서는 대통령당선인으로 표기하고 있다(제187조). 헌법상 대통령당선자로 하고 있으므로 공직선거법도 대통령당선자로 사용하는 것이 타당하다.

대통령선거인단大統領選擧人團 대통령제 국가에서 선거권자 전체가 직접 대통령을 뽑는 투표를 하지 않고, 그들이 뽑은 대표들이 비밀투표로 대통령을 선출하는 선거인의 단체를 말한다. **미국**의 경우, 대통령선거인은 4년마다 뽑는데, 11월 첫째 화요일에 각 주 단위로 전국에서 연기명(連記名) 투표로 실시되며, 그 투표에서 한 표라도 더 얻은 정당이 해당 주에 할당된 선거인 전체를 차지한다. 각 주에서 선출되는 연방 상하 양원 의원의 총수와 동일한 인원인 535인에다 워싱턴으로부터 선출 배정된 3인을 더한 538인의 선거인을 합쳐서 선거인단이라고 부른다. 이들 선거인단은 12월의 두 번째 수요일 다음에 돌아오는 월요일에 대통령을 뽑는 투표를 하는데, 투표인 총수의 과반수의 표를 얻은 자가 대통령이 된다. 간접선거 방법의 하나이지만, 미국의 경우 실질적으로는 직접선거와 같은 효과를 갖는다고 이해되고 있다. **우리나라**의 경우, 박정희 정권 말기의 '유신헌법'에서 '통일주체국민회의'라는 사실상 선거인단의 손을 거쳐 대통령을 뽑는 대통령 간접선거제도를 도입하여, 이른바 '체육관선거'라는 선거 형식 절차를 통하여 대통령이 선출되었다. 제5공화국 때에는 대통령선거인단 제도로 바뀌었다. 제5공화국 때의 헌법 제41조 제1항에 따르면, 대통령선거인의 수는 법률로 정하되 5,000인 이상으로 구성되었으며, 대통령선거인단에서는 대통령을 무기명투표로 선거하되 재적 대통령선거인 과반수의 찬성을 얻은 자를 대통령 당선자로 하였다. 대통령선거인으로 당선될 수 있는 자는 국회의원 피선거권이 있고 선거일 현재 30세에 이르러야 한다고 규정되어 있었다.

대통령의 지위地位**와 권한**權限 ㉢ Status und Kompetenzen des Staatspresidents. 1. **서언** 대통령은 우리나라에서 최고통치권을 지칭하는 용어로 사용되고 있다. 대통령은 국가의 최고 지도자로서 특정 시대에 국가라는 지배 및 통치 질서의 성격과 내용이 구체적으로 규정된 헌법체제의 한 구성요소이므로, 그러한 지배 및 통치 질서라는 삶의 총체적인 구조 및 그것이 형성된 역사 및 정신사적 변화 과정에 대한 이해가 없이는 그것의 본질이 파악될 수 없다. 이는 대통령이라는 지위가 한 국가의 역사성과 사회적 총체성의 핵심임을 보여준다. 입헌주의 국가에서는 국가의 최고지도자이자 최종책임자인 대통령을 헌법에 규정하여 그 지위와 권한을 명시하고 있다. 헌법에 규정된 대통령의 지위나 권한은 대통령이란 말 그대로 국정을 통괄하는 최고의 책임자일 뿐만 아니라, 그러한 차원을 넘어 역사 앞에서의 책임까지도 함축하고 있는 것이다. 따라서 헌법에 규정된 대통령의 지위와 권한을 명확히 이해하는 것은 헌법규범과 헌법현실의 합치 여부를 판단하는 데에 중요한 전제가 된다. 2. **대통령의 헌법상 지위** 1) **정부형태에 따른 대통령의 지위** 정부형태에 따라 대통령의 지위는 차이가 있다. **대통령제** 하에서는 행정부의 일원성(一元性)을 특징으로 하고 있고, 통상 대통령이 국민에 의해 직선으로 선출되어 그 정당성을 확보하여 강력한 권한을 갖는다. 국가 최고지도자로서 실질적인 권한을 가진다. **의원내각제** 하에서는 국가원수의 역할과 행정부수반의 역할이 분리되는 데에 특징이 있다. 대통령은 국가를 대표하고 국가의 계속성을 상징할 뿐 행정권의 행사에 직접 개입하지 않는 것이 원칙이다. 국가 최고지도자이기는 하지만 실질적인 권한을 가지지 않고 상징적이고 의례적인 지위를 가질 뿐이다. **혼합정부제 내지 이원정부제** 하에서는 대통령은 상당한 실질적 권한을 가진다. 대통령은 국민이 직접선거에 의하여 선출되는 것이 일반적이어서 국민으로부터 정당성을 획득하고 이에 따라 상당한 실질적 권한을 행사한다. 다만 대통령과 수상이 각각 다른 정당에 속하게 되는 경우 의회 다수파를 장악한 수상이 권한행사에 주도적인 역할을 할 수 있게 되고 그에 따라 대통령의 권한행사가 상대적으로 축소될 수도 있다. 2) **우리나라 대통령의 헌법상 지위의 변천** **제헌헌법** 하에서 대통령은 부통령제를 두는 등 원칙적으로 대통령제하의 대통령으로서의 지위를 가졌으나, 대통령이 국회에서 간선되었고, 국무회의가 의결기관이었던 점 등에서 의원내각제적 요소가 가미된 대통령제하에서의 대통령이었다. 제1차 헌법개정에서 직선제로 바꾸었으나 국회의 정부불신임제도 등 의원내각제적 요소가 강화되었다. 제2차 개헌으로 의원내각제적 요소가 약화되고 대통령제가 강화되었지만, 권위주의적 대통령의 권한행사로 나타났다. **제2공화국 헌법**은 전형적인 의원내각제적 정부형태를 채택하여 대통령은 형식적 · 의례적 권한을 행사하는 상징적 대통령의 지위를 가질 뿐이었다. 하지만, 계엄선포거부권, 정당해산제소거부권, 헌법재판소재판관 임명권 등의 약간의 실질적인 권한도 가졌다. **제3공화국 헌법**하에서 대통령은 대통령제하의 대통령의 지위를 가져 국가를 대표하고 행정권의 수반으로서 실질적인 권한을 가졌다. **제4공화국 헌법**인 유신헌법에서는 대통령은 통일주체국민회의에서 간선되고 국가권력이 대통령에게 집중된, 소위「영도적 대통령제」혹은「권력의 인격화」를 초래한 대통령제이었다.「절대적 대통령제」라고 불릴 만큼 가장 독재화된 대통령제이었다. **제5공화국 헌법**은 대통령선거인단에 의해 간선되었고, 국회의 정부불신임권과 대통령의 의회해산권으로 입법부와 행정부 사이에 균형을 이루는 것처럼 규정하였으나, 실질적으로는 권위주의적 대통령제로 운영되었다. 3) **현행헌법상 대통령의 지위** 현행헌법은 대통령직선제를 채택하여 그 민주적 정당성을 강화하고, 제5공화국헌법의 대통령우위적 경향을 완화하였다. 대통령의 비상조치권을 폐지하는 대신 긴급명령제도를 신설하여 대통령의 권한을 합리적으로 조정하였다. 국정감사권을 부활하고 연간회기제한규정을 삭제하여 국회의 권한을 강화하는 한편, 대통령의 국회해산권을 삭제하였다. 또한 헌법재판소를 설치하고 사법부의 인사독립권을 보장하는 등, 과거 유신헌법과 제5공화국 헌법이 가졌던 대통령우월적 권력구조를 완화하여 궁극적으로 3권 간의 권력균형을 도모하고 있다. 이러한 구조 속에서 현행헌법상 대통령은 국민적 정당성의 한 축으로서의 지위, 행정권수반으로서의 지위, 행정권수반으로서의 지위를 가진다. (1) **국민적 정당성의 한 축으로서의 지위** 대통령은 국민의 직접선거로 선출된다. 따라서 헌법상 국민적 정당성을 국회와 공유하고 있다. 국민적 정당성을 직접 확보하고 있는 대통령이 행정부의 수반이 되는 것은 당연하지만, 미국대통령제와는 달리 우리나라의 행정부는 국회의 동의를 요하는 국무총리제를 채택하고 있고 행정부의 내각구성에 있어서도 법률상 인사청문회를 거치도록 하고 있어서 국회의 강력한 통제를 받는다. 이에 따라 미국식 대통령제와는 다른 이원정부제적 구조를 가지고 있다고 평가되기도 한다. (2) **국가원수로서의 지위** 대통령은 국가의 원수이다(헌법 제66조 제1항). 상징적 · 명목적 · 의례적 지위와 권한을 행사하는 의원내각제나 현대적 군주제와는 달리, 실질적 권한을 향유하는 국가원수이다. ① **국가와 헌법의 수호자** 대통령은 국가의 독립 · 영토의 보전 · 국가의 계속성과 헌법을 수호할 책무를 진다(헌법 제66조 제2항). 또한 대통령은 취임 시에 헌법을 준수하고 국가를 보위하며 국민의 자유와 복리의 증진 및 민족문화의 창달에 노력할 것을 선서한다(헌법 제69조 참조). 즉, 대통령은 국가와 헌법의 수호자임과 동시에 국민의 기본권수호자이기도 하다. 국가원수로서의 지위에서 위헌정당해산제소권, 국가긴급권, 국가안전보장회의주재권 등을 가진다. ② **대외적 국가대표자** 대통령은 국가원수로서 외국에 대하여 국가를 대표한다(헌법 제66조 제1항). 국가대표자로서 대통령은 조약을 체결하고 비준하며, 외교사절을 신임 · 접수하고, 선전포고와 강화, 국군의 해외파견 및 외국군대의 주류를 허용한다(헌법 제60 · 73조) ③ **대내적 국정 최고책임자** 대통령은 국정의 최고책임자로서, 헌법상 국가기관구성권, 영전수여권, 조국의 평화적 통일을 위한 성실의무, 국민투표부의권 등을 가진다. (3) **행정권수반으로서의 지위** 대통령은 행정부의 수반으로서 행정부의 구성권을 가진다. 또한 국무회의의 의장으로서의 지위를 갖는다. 행정권의 내용으로, 군통수권, 행정정책결정 및 집행, 행정입법권 등을 가진다. 3. **대통령의 신분** 1) **대통령의 선거**(헌법 제67~68조) 현행헌법상 대통령은 국민의 보통·평등·직접·비밀선거에 의하여 선출한다. 대통령 선거에서 최고득표자가 2인 이상인 때에는 국회의 재적의원 과반수가 출석한 공개회의에서 다수표를 얻은 자를 당선자로 한다. 따라서 현행 헌법은 결선투표와 간접선거제를 채택하고 있다. 다만, 그 실현가능성이 매우 희박하기 때문에 현실적으로 이 규정들은 무의미하다고 할 것이다. 과거 대통령을 국회에서 간선으로 선출할 때의 잔재규정이다. 대통령후보자가 1인일 때에는 그 득표수가 선거권자 총수의 3분의 1 이상이 아니면 대통령으로 당선될 수 없다. 이는 단독후보자인 경우 최소한의 국민적 정당성을 확보하기 위한 규정이다. 요컨대, 현행헌법은 대통령직선제와 간접선거, 결선투표제, 무투표당선의 배제 등의 특색을 가지고 있다. 대통령의 임기가 만료되는 때에는 임기만료 70일 내지 40일전에 후임자를 선거한다. 대통령이 궐위된 때 또는 대통령 당선자가 사망하거나 판결 기타의 사유로 그 자격을 상실한 때에는 60일 이내에 후임자를 선거한다. 대통령으로 선거될 수 있는 자는 국회의원의 피선거권이 있고 선거일 현재 40세에 달하여야 한다. 공직선거법은 선거일 현재 5년 이상 국내에 거주하고 있는 40세 이상의 국민은 대통령의 피선거권이 있다고 규정하는데(동법 제16조 제1항), 헌법상으로는 연령조건만 있을 뿐 국내거주요건을 규정하고 있지 않기 때문에, 위헌의 의심이 있다. ➜ 대통령입후보연령. 2) **대통령의 임기** ➜ 대통령임기제. 3) **대통령의 권한대행** ➜ 대통령권한대행. 4) **전직대통령에 대한 예우** 헌법상 전직대통령의 신분과 예우에 관하여는 법률로 정하도록 하고 있다(제85조). 직전 대통령은 국가원로자문회의의 의장이 되고, 다른 대통령들은 그 위원이 된다(제90조). 국가원로자문회의는 필수적 헌법기관은 아니기 때문에, 반드시 둘 필요는 없다. 국가원로자문회의법은 1988.2.에 제정되었다가 1989.3.에 폐지되었다. 전직대통령에 대한 예우는 유족에게도 적용된다(전직대통령 예우에 관한 법률 참조). 4. **대통령의 권한** 1) **의의** 현행헌법상 대통령은 국가원수이자 행정권의 수반이다(제66조 제4항). 이에 따라 대통령의 권한을 국가원수로서의 지위와 행정부수반의 지위로 나누어 설명하는 것이 종래의 통상적 방법이었으나, 대통령의 권한 중에는 양 지위에서 도출된다고 볼 수 있는 것도 있으므로 반드시 양 지위에 따른 권한으로 설명할 필요는 없다. 권한의 구체적 내용에 따라 설명하면 다음과 같다. 2) **헌법기관구성에 관한 권한** 대통령은 국가 최고지도자로서 헌법기관을 구성할 권한을 갖는다. 이는 국가원수의 지위에서 헌법기관을 구성하는 경우와 행정부수반으로서 행정부를 구성하는 권한으로 나눌 수 있다. 전자에는 대법원장 및 (대법원장의 제청을 받아) 대법관의 임명권(헌법 제104조 제1·2항), 헌법재판소장과 헌법재판소 재판관의 임명권(헌법 제111조 제2·4항), 중앙선거관리위원회 위원 가운데 3인에 대한 임명권(헌법 제114조 제2항)을 갖는다. 대법원장 및 대법관, 헌법재판소장의 임명에 대하여는 국회의 동의를 요한다. 결국 대통령은 헌법재판관 3인과 중앙선거관리위원회 위원 3인만 독자적으로 임명할 수 있다. 후자에는 국무총리·국무위원, 감사원장, 행정각부의 장 및 주요 공직자임명권을 가진다. 국무총리는 국회의 사전동의를 얻어 임명하고(헌법 제86조 제1항), 국무위원 및 행정각부의 장은 국무총리의 제청으로 임명한다(헌법 제87조 제1항, 제94조). 감사원장은 국회의 동의를 얻어 임명한다(헌법 제98조 제2항). 감사위원은 감사원장의 제청으로 임명한다(헌법 제98조 제3항). 국회는 국무총리와 감사원장의 임명동의를 처리하기 전에 인사청문회를 실시한다(국회법 제65조의2). 3) **국민투표부의권** ➜ 국민투표부의권. 4) **입법에 관한 권한** (1) **국회에 관한 권한** 대통령은 국회의 임시회 소집을 요구할 수 있다(헌법 제47조 제1항). 이 경우 대통령은 집회요구의 기간과 이유를 명시하여야 한다(헌법 제47조 제3항). 임시회소집요구는 국무회의심의를 거쳐야 한다(헌법 제89조 제7호). 대통령은 국회에 출석하여 발언하거나 서면으로 의사를 표시할 수 있으며(헌법 제81조), 이는 정부수반으로서의 대통령이 국정의 원활한 수행을 할 수 있도록 부여한 것으로 국회에서의 발언이나 서면은 국회에 대하여 법적인 구속력을 가지지 못한다. (2) **입법에 관한 권한** ① 헌법개정안 제안권 대통령은 국무회의의 심의를 거쳐(헌법 제89조 제3호) 헌법개정안을 발안할 수 있다(헌법 제128조 제1항). 개정안 제안 후에는 헌법개정절차(➜ 헌법개정)를 따른다. ② 법률제정에 관한 권한 i) 법률안제출권 ➜ 법률안제출권. ii) 법률안거부권 ➜ 법률안거부권. iii) 법률안공포권 ➜ 법률안공포권. iv) 행정입법에 관한 권한 ➜ 행정입법. 5) **사법에 관한 권한** 1) **위헌정당해산제소권** 대통령은 국가와 헌법의 수호자로서 위헌정당해산제소권을 갖는다(헌법 제8조 제4항). 정당해산의 제소는 국무회의의 필수적 심의사항이다. ➜ 정당해산. 2) **사면권** ➜ 사면권. 6) **행정에 관한 권한** 대통령은 행정부의 수반으로서, 국군통수권(➜ 국군통수권)과 공무원임면권(➜ 공무원임면권)을 가진다. 7) **국가긴급권** 대통령은 긴급명령권, 긴급재정·경제처분 또는 명령권, 계엄선포권 등을 가진다. ➜ 국가긴급권. 5. **대통령의 특권** ➜ 대통령의 특권. 6. **대통령의 권한행사의 방법 및 통제** 1) **권한행사의 방법** (1) **문서주의와 부서제도** 대통령의 국법상의 행위는 문서로써 하며, 이 문서에는 국무총리와 관계 국무위원이 부서하도록 하고 있다(헌법 제82조). 문서주의를 택한 것은 대통령의 국법상 행위의 명확성을 통하여 확실한 행위의 증거를 남김으로써 권한행사에 신중을 기하도록 한 것이다. 부서(副署)란 대통령의 권한행사에 대한 일종의 제약으로서, 한편으로는 국무총리와 국무위원에게 책임소재를 분명히 하기 위한 것이다. 부서없는 대통령의 행위에 대해서는 위헌이나 유효하다는 견해가 있으나, 요건결여로 무효라 함이 다수설이다. (2) **국무회의 심의** 대통령은 그의 권한을 국무회의의 심의를 거쳐서 행사한다. 대통령은 국정의 기본계획과 정부의 일반정책, 중요한 대외정책, 헌법개정안, 재정에 관한 중요사항, 국회해산 등 일정한 사항에 관해서는 국무회의의 심의를 거쳐야 한다(제89조). 국무회의의 심의는 절차상 반드시 필요하지만 대통령은 그 심의결과에 기속되는 것은 아니다. (3) **자문기관의 자문** 헌법상 대통령은 국정의 중요한 사항에 관한 대통령의 자문에 응하기 위하여 국가원로로 구성되는 국가원로자문회의를 둘 수 있으며(제90조), 평화통일정책의 수립에 관한 대통령의 자문에 응하기 위하여 민주평화통일자문회의(제92조)를 둘 수 있다. 또 대통령은 국가안전보장에 관련되는 대외정책·군사정책과 국내정책의 수립에 관하여 국무회의의 심의에 앞서 대통령의 자문에 응하기 위하여 국가안전보장회의를 둔다(제91조). 국민경제의 발전을 위한 중요정책수립을 위하여 국민경제자문회의를 둘 수 있다(제93조 제1항). 이러한 자문기관의 조직·직무범위 기타 필요한 사항은 법률로 정한다(제90조 제3항, 제91조 제3항, 제92조 제2항). 2) **권한행사에 대한 통제** (1) **정부내 통제** 정부내 통제로서 ① 국무회의 심의 ② 국무총리·국무위원의 부서 ③ 국무총리의 국무위원임명제청 및 해임건의 ④ 자문기관의 자문 등이 있다. (2) **정부외 통제** **국회에 의한 통제**로서, 사전적으로, ① 중요조약의 체결·비준(제60조) ②선전포고·국군해외파견·외국군대 국내주류 ③ 일반사면 ④ 국무총리·감사원장·대법원장·대법관·헌법재판소장 임명동의권 등이 있다. 사후적 통제로는, ① 예비비지출 ② 긴급명령 ③ 긴급재정경제명령 ④ 긴급재정경제처분 등에 대한 승인권과 ⑤ 계엄해제요구권이 있다. 이 외에도 ① 국정감사·조사 ② 국무총리·국무위원 해임건의 ③ 대정부질문 ④ 탄핵소추 등을 통하여 대통령의 권한행사에 대한 통제를 할 수 있다. **법원에 의한 통제**로서, 대통령이 행한 명령·규칙 또는 처분이 헌법이나 법률에 위반되는 여부가 재판의 전제가 된 경우에는 대법원이 이를 최종적으로 심사할 권한을 가진다(헌법 제107조 제2항 참조). **헌법재판소에 의한 통제**로서, ① 탄핵심판 ② 긴급명령 등의 위헌법률심판 ③ 헌법소원심판 ④권한쟁의심판 등을 통해 통제할 수 있다. 최종적으로 **국민에 의한 통제**는 ① 대통령이 국민투표에 부의한 사안에 대하여 거부하는 방법 ② 저항권의 행사 ③ 기타 여론에 의한 통제 등이 가능하다. 7. **개헌론** 우리나라 헌정사에서 전개된 대통령제 정부형태에 대해서는 특히 제왕적 대통령제라는 비판이 강하게 제기되고 있고 그에 따라 분권형 대통령제 혹은 균형형 대통령제로 개헌하여야 한다는 견해가 많다.

대통령의 특권特權 국가원수이자 행정부수반으로서 대통령이 재임 중 직무를 원활하게 수행하기 위하여 헌법은 형사상 특권을 부여하고 임기 중 면직되는 데에 대해서도 엄격한 제한을 두고 있다. 1. **형사상 특권** 1) **의의** 헌법 제84조는 「대통령은 내란 또는 외환의 죄를 범한 경우를 제외하고는 재직중 형사상의 소추를 받지 아니한다.」고 하여 불소추특권을 규정하고 있다. ➜ 불소추특권. 이는 대통령의 헌법상 지위에 따르는 권위를 유지하면서 일상적인 업무를 수행할 수 있도록 하기 위한 것이다. 따라서 대통령은 재직 중에 내란 또는 외환의 죄를 범하지 않는 이상 재직 중에는 형사 피고인으로 재판을 받지 않는다. 헌법상 국민주권주의, 법 앞의 평등, 특수계급제도의 부인, 영전에 따른 특권의 부인 등의 기본원칙에 비추어 볼 때, 대통령 개인에게는 형사상 특권을 부여할 수는 없다. 이는 대통령이라는 특수한 직책을 원활하게 수행하고 헌법상 지위에 따르는 권위를 유지하여야 할 실제상의 필요 때문이다(헌재 1995.1.20. 94헌마246). 다만, 재직 중에 내란 또는 외환의 죄를 범한 경우는 제외된다. 죄를 범한 시점이 취임 전이든 후이든 포함된다. 2) **효과** 불소추특권에도 불구하고 대통령이 형사소추되면, **재판권부존재**를 이유로 공소기각판결을 하여야 한다(형사소송법 제327조 제1호). 국회의원의 면책특권은 형사소송법 제327조 제2호의 '공소제기의 절차가 법률의 규정에 위반하여 무효인 때'와 구별된다. 대통령의 형사상 특권은 신분보유기간, 즉 재임기간에만 인정되는 특권인 점에서 임기 만료 후에도 향유하는 국회의원의 면책특권과 차이가 있다. 대통령이 퇴직하면 형사소추가 가능하며, 내란 또는 외환의 죄를 제외한 범죄에 대해서는 재직 중 형사소송법상의 **공소시효가 정지**된다(헌재 1995.1.20. 94헌마246). 「헌정질서 파괴범죄의 공소시효 등에 관한 특례법」에 따라 내란죄와 외환죄의 경우에도 재직 중에 공소시효에 관한 형사소송법의 적용이 배제된다(제3조). 형법 제250조의 죄로서 '집단살해죄의 방지와 처벌에 관한 협약'에 규정된 집단살해에 해당하는 범죄의 경우도 마찬가지로 공소시효의 적용이 배제된다. 형사소추만 제외하고 있으므로, **민사소송·행정소송은 가능**하며, 퇴직 후에는 당연히 형사소추가 가능하다. 3) **범위** 특권은 형사상 수사,

특히 강제수사를 배제하는가? 헌법상 형사수사에 관해서는 침묵하고 있고, 소추의 개념이 소송의 제기와 진행을 의미하며, 국민의 알 권리를 충족하기 위하여, 그리고 증거인멸이나 수집곤란 등을 피하기 위하여 강제수사가 가능하다는 견해와 소추를 전제로 하지 않는 수사가 성립될 수 없고, 헌법 제84조의 형사상 소추는 형사소송법상의 공소의 제기보다 넓은 의미로 보아 체포·구금·압수·수색·검증 등을 포함하는 것을 이유로 강제수사 뿐만 아니라 임의수사도 할 수 없다는 견해가 대립된다. 이론상 대통령에 대한 형사수사는 이해의 충돌을 야기할 수 있으므로, 특별검사를 통해 수사할 수 있게 하고, 강제수사도 가능하게 하여야 할 것으로 본다. 또한 대통령의 형사책임추궁의 방식은 내란 또는 외환의 죄의 경우에는 형사책임을 지고, 그 외에 '헌법과 법률을 위배'한 경우에는 탄핵소추를 할 수 있게 하고 있으므로, 중대한 헌법·법률위반행위가 있는 경우에는 탄핵심판으로 이행하고, 그렇지 않은 경우에는 특별검사를 통해 수사할 수 있게 하는 것이 적절하다고 본다. 2. **직무상 면책특권** 대통령이 직무를 수행하면서 행하는 적법한 모든 행위에 대하여는 법적인 책임을 지지 않으며 그로 인해 파면되지 아니한다. 대통령의 판단 오류 등으로 인한 정책집행의 오류에서도 마찬가지이다. 다만 탄핵사유에 해당하는 경우에는 파면이 가능하다(➜ 탄핵제도).

대통령임기제大統領任期制 1. **대통령의 임기와 헌정사적 의의** 대통령의 임기를 어떻게 할 것인가의 문제는 우리나라 헌정사에서 매우 중대한 요소로 작용해 왔다. 대한민국 정부수립 이후 몇 차례의 개헌과 헌정사적 사건들은 당시 대통령과 그가 속한 정치세력들의 장기집권 욕심 때문에 발생하였다고 볼 수 있다. 이에 대한 반성으로 현행 헌법은 대통령 임기를 5년 단임제로 정했을 뿐 아니라(헌법 제70조), 임기규정을 개정한다 하더라도 헌법개정 제안 당시의 대통령은 개정된 임기규정의 적용을 받지 않도록 하였다(헌법 제128조 제2항). 단임제 규정으로 인하여 평화로운 정권교체가 가능해진 점은 헌정사의 경험으로 인정될 수 있지만, 민주주의가 성숙하여 장기집권 시도와 같은 반헌법적 사태가 일어나지 않을 것으로 보고, 대통령의 책임을 강화할 수 있도록 4년 중임제 또는 연임제를 주장하는 견해도 적지 않다. 2. **우리나라 대통령 임기규정의 연혁** 제헌헌법에서는 대통령과 부통령은 모두 국회에서 선출하였으며(제53조 제1항), 「대통령과 부통령 임기는 4년으로 한다. 단, 재선(再選)에 의하여 1차 중임할 수 있다. 부통령은 대통령 재임(在任) 중 재임(在任)한다.」고 하였다(제55조). 1952년 소위 발췌개헌에서는 대통령과 부통령을 국민이 직접 선출하도록 개정하고(제53조 제1항), 임기규정은 변경하지 않았다. 1954년 소위 사사오입개헌이라고 하는 제2차 개정헌법에서도 임기규정은 바뀌지 않았다. 그러나 부칙 제3조에서 이 헌법공포 당시의 대통령에 대해서는 중임제한을 적용하지 아니한다고 하여, 초대대통령에 한하여 중임제한을 철폐하였다. 1960년 제3차 개정헌법에서는 양원제 의원내각제를 채택하였으나, 국가의 원수이며 국가를 대표하는 대통령을 양원합동회의에서 선출하게 하면서, 임기는 5년, 재선에 의하여 1차에 한하여 중임할 수 있다고 정하였다(제55조). 1962년 제5차 개정헌법에서는 다시 대통령제로 권력구조를 바꾸었는데, 대통령을 국민이 선출하고(제64조 제1항), 그 임기는 4년으로 하며 1차에 한하여 중임할 수 있다고 규정하였다(제69조 제1항 및 제3항). 1969년 소위 삼선개헌이라 하는 제6차 개정헌법에서는 대통령 중임에 관하여 「대통령의 계속재임은 3기에 한한다.」고 개정하였다. 1972년 소위 유신헌법인 제7차 개정헌법은

「대통령 임기는 6년으로 한다.」고만 정하여(제47조), 단임 여부 혹은 중임이나 연임 제한규정도 두지 않아 종신집권이 가능하게 규정하였다. 1980년 제8차 개정헌법에서는 「대통령의 임기는 7년으로 하며, 중임할 수 없다.」고 하여 처음으로 단임제를 정하였다(제45조). 1987년 제9차 개정헌법인 현행 헌법은 「대통령의 임기는 5년으로 하며, 중임할 수 없다.」고 하여 단임제를 정하고 있다(제70조). 이는 당시 여당과 야당이 4년 1차 중임제가 여러 차례 장기집권 시도로 인하여 변질됐던 점 등을 감안하여, 단임제로 하되 임기를 5년으로 줄이는 데 합의한 결과이다. **3. 단임과 중임 및 연임의 개념과 장단점** 1) **단임제** 단임제는 대통령으로 단 한 번만 재직할 수 있다는 의미이다. 단임제를 하면, 대통령의 독재를 방지하고, 국정수행이 정치적 관점에서 이루어지는 것을 완화할 수 있으며, 대통령이 재선의 부담을 덜게 되어 정책결정과 집행에 보다 많은 에너지를 집중할 수 있고, 정책에 대한 신뢰성을 제고하며, 정치적 편의주의나 여론으로부터 자유롭게 정책결정을 할 수 있다는 장점이 있다. 그러나, 중간평가가 불가능하게 되고, 비교적 짧은 재임기간 때문에 레임덕이 빨라지며, 관료장악이 어려울 수 있고, 장기 정책 추진과 정책연속성에서 문제가 생길 수 있다는 점 등이 비판받고 있다. 대통령제 국가 중에서 대한민국, 필리핀, 키르키즈스탄, 남미의 멕시코, 콜롬비아, 엘살바도르, 과테말라, 온두라스, 파라과이, 아르메니아 등의 국가가 단임제를 채택하고 있다. 2) **중임제** 중임제라 함은 대통령으로 재직한 사람이 다시 대통령으로 재직할 수 있게 되는 것을 말한다. 이는 연속이든 불연속이든 모두 포괄하는 개념이다. 즉 연임의 경우도 포함되는 보다 넓은 개념이 된다. '1차에 한하여 중임할 수 있다'고 하면, 대통령직을 한차례 수행한 후 연속해서든 그 후이든 1차례 더 대통령으로 당선되어 재직할 수 있다는 것이다. 중임제를 하게 되면, 장기집권과 관권선거의 유혹을 받을 수 있으며, 세대교체 등이 원활하지 못할 수도 있다. 그러나 대통령의 직무수행에 관한 평가를 선거로 할 수 있게 되고 장기적인 정책을 추진하는 데에 용이하다고 볼 수 있다. 대통령이 1차에 한하여 중임을 할 수 있도록 정한 국가는 미국, 알바니아, 크로아티아, 에콰도르, 그리스, 헝가리, 아일랜드, 코소보, 폴란드, 포르투갈, 세르비아, 남아프리카 공화국, 튀니지, 터키 등이다. 칠레의 경우는 특이하게 대통령이 중임은 할 수 있지만, 연임은 금지하고 있다. 3) **연임제** 연임제(consecutive terms)는 연속하여서만 중임할 수 있는 것을 말한다. '1차 연임만 할 수 있다'는 의미는 대통령으로 재직하여 임기를 마쳐도 연이은 선거에서 당선되면 다시 대통령으로 재직할 수 있다는 것이다. 다만, 연임제한을 두되 중임제한은 두지 않은 경우도 가능하다. 1차 연임규정을 둔 국가는 프랑스, 독일, 오스트리아, 아르헨티나, 브라질, 불가리아, 체코, 에스토니아, 핀란드, 조지아, 이스라엘, 카자흐스탄, 라트비아, 리투아니아, 슬로바키아, 슬로베니아, 우크라이나 등이다. **4) 미국 대통령의 중임 사례** (1) **미국대통령의 임기 규정** 대통령임기에 관하여는 미국연방헌법 제2장 제1조, 수정헌법 제20조, 수정헌법 제22조 등에서 정하고 있으며, 이 중에서 수정헌법 제22조가 중임제에 관한 규정이다. 미국연방의회는 1947.3.에 대통령 중임에 관한 제한을 정하는 헌법개정안을 제안하고, 각 주의 인준은 1951.2.27.에 마무리되었다. 연방수정헌법 제22조는 「누구라도 2회를 초과하여 대통령직에 선출될 수 없으며, 타인이 대통령으로 당선된 임기 중 2년 이상 대통령직에 있었거나 대통령 직무를 대행한 자는 1회를 초과하여 대통령직에 당선될 수 없다.」고 규정하여, 연속이든 아니든 2회를 초과하여 대통령직에 선출되지 못한다고 한다. 연임이 아닌데 두 번 대통령에 재직한 대통령은 그로버 클리브랜드 대통령뿐이다. (2) **수정헌법 제22조의 배경** 미국연방헌법을 기초할 당시 해밀턴이나 매디슨을 비롯한 많은 헌법기초자들은 의회가 선출한 대통령을 종신직으로 하거나 종신제 국왕을 구상하기도 하였지만, 이 안들은 폐기되었다. 대통령직의 고정임기를 정하였지만, 중임 또는 연임에 대해서는 제헌회의에서 끝까지 어떻게 해야 하는지 정하지 못하였다. 이에 대해 대통령 재선을 가능하게 하면 대통령 후보자가 재선을 위하여 의회와 부패한 협상을 할 수 있다는 우려가 나오기도 하였다. 결국 제헌헌법은 대통령을 의회가 임명하지 않도록 하면서, 선거방식을 복잡하게 하되 재선에 대한 제한을 두지 않기로 결정하였다. 이후 초대 대통령인 워싱턴 대통령이 헌법규정에 아무 제한이 없음에도 1번의 연임 이후에 은퇴하기로 한 결정은 150여 년간 전통처럼 지속되었다. 제2차 세계대전 당시에는 루즈벨트 대통령이 1940년에 3선, 1944년에 4선에 도전하며 전시의 특별한 상황에 대비하였다. 그러나 전쟁종료 후 공화당과 민주당 보수파들은 향후 루즈벨트처럼 강력한 지도자가 다시 나타나면 강력한 리더십이 독재화될 것을 우려하여, 대통령의 중임을 제한하는 수정헌법 제22조를 추진하게 되었던 것이다. 5) **바람직한 대통령임기제** 대통령의 직무수행에 대한 책임을 묻거나 중간평가를 가능하게 하는 제도로는 불연속의 가능성이 있는 중임제보다는 바로 다음 임기 여부를 정하는 연임제가 더 적절하다고 할 수 있다. 또한, 국정의 안정성과 효율성 면에서도 중임제보다는 연임제가 적절하다고 볼 수 있다. 세대교체의 관점에서도 중임제 보다는 연임제가 더 나을 수도 있다. 미국 사례에서 본 바와 같이 중임제로 정하더라도 실제로 거의 연임제와 같이 운영되는 경우가 대부분이라 할 수 있다. 연임제를 할 경우에 정당정치가 정상화될 수 있다는 지적도 있다. 단임제의 경험에 의하면, 대선후보들이 현직 대통령에 대해 대선불개입, 탈당, 중립내각 내지 거국내각 구성 등을 요구하도록 조장한다. 인물선거 특징이 강한 대통령선거가 더욱더 인물중심으로 가게 되는 것이다. 하지만 4년 연임제에서는 대선과 총선이 인접하게 되고 정당선거적 특성이 뚜렷하게 발현될 수 있다. 연임제를 하더라도 장기집권을 막기 위하여 1차에 한한 연임이 적절할 것이다. 물론, 평화적인 정권교체를 단임제가 이루어냈다는 점에서 여전히 단임제가 의미가 있다는 주장도 있다. 역사적인 경험을 극복할 여건이 충분한가, 재선시에 관권선거가 발생할 우려를 해결할 수 있는가 하는 문제제기도 있다. 미국도 대통령 연임의 경우에 너무 재임기간이 길다거나 단임제 개헌을 해야 한다는 주장이 종종 나오기도 한다. 현재의 대통령 단임제로 인한 한계를 극복하기 위하여 4년 임기 1차 연임제가 적절하다는 주장이 대두되고 있다. 연임제를 도입한다고 하더라도, 연임제가 가져올 수 있는 문제 즉, 선거에서의 관권개입 문제, 선거를 의식한 무리한 정책의 추진과 같은 부작용이나 단점을 보완하는 등의 제도정비나 법률적 개선방안에 대해서도 대비할 필요가 있다.

대통령입후보연령大統領立候補年齡 = **대통령피선거권연령**大統領被選擧權年齡 ㊎ age of presidential candidacy. 우리나라 제헌헌법에는 대통령 입후보 연령제한이 없었다가, 1952.7.4. 1차개헌 직후 「대통령 · 부통령 선거법」(1952.7.18. 제정, 시행 1952.7.18. 법률 제247호)에서 대통령 및 부통령 선거권자는 21세, 후보자는 40세로 연령제한을 하였다(1963년 폐지). 5 · 16 쿠데타 후 제5차 헌법개정에서 대통령 피선거권자의 선거일 현재 5년 이상 국내 거주요건과 40세 요건이 규정되었다(헌법 제64조

제2항). 이는 쿠데타에 가담한 자들과 야당정치인들의 선거입후보를 원천적으로 차단하려고 한 것이었다는 분석이 있다. 이후 1987년 헌법개정에서 대통령 후보자의 국내 거주요건은 법률로 규정되고 연령요건은 그대로 현행헌법에까지 이어졌다. 2022년 대통령선거에서 연령요건을 완화하여야 한다는 주장이 제기되기도 하였다. 외국의 경우, 의회의원과 동일하게 **18세 이상**으로 하는 국가는, 아제르바이잔, 크로아티아, 프랑스, 가봉, 케냐, 몬테네그로, 세르비아, 슬로베니아, 우간다 등이며, 21세로 하는 국가는 키리바시이다(의회의원 동일). **25세**로 하는 국가는 니카라과이다(의회의원은 21세). 의회의원과 달리 **30세**로 하는 국가는 아르헨티나, 볼리비아, 보츠와나, 콜롬비아, 콩고민주공화국, 콩고공화국, 도미니카공화국, 에콰도르, 엘살바도르, 감비아, 온두라스, 파라과이, 타지키스탄, 베네주엘라 등이며, **35세**로 하는 국가는 앙골라, 오스트리아, 방글라데시, 벨라루스, 부르키나파소, 카보베르데, 카메룬, 중앙아프리카공화국, 칠레, 코모로, 코트디브아르, 키프로스, 기니비사우, 아이티, 헝가리, 아이슬란드, 인도, 인도네시아, 아일랜드, 키르키즈스탄, 라이베리아, 마다가스카르, 말라위, 몰디브, 멕시코, 모잠비크, 나미비아, 니제르, 나이지리아, 팔라우, 파나마, 페루, 폴란드, 포르투갈, 루마니아, 러시아, 르완다, 상투메프린시페, 세네갈, 스리랑카, 동티모르, 토고, 트리니다드토바고, 튀니지, 우크라이나, 우루과이, 미국, 우즈베키스탄, 잠비아 등이며, **40세**로 하는 나라는 아프가니스탄, 알바니아, 알제리, 아르메니아, 베냉, 불가리아, 부룬디, 체코, 지부티, 도미니카연방, 이집트, 적도기니, 에스토니아, 조지아, 독일, 가나, 그리스, 과테말라, 이라크, 카자흐스탄, 리투아니아, 모리타니, 모리셔스, 몰도바, 북마케도니아, 필리핀, 시에라리온, 슬로바키아, 소말리아, 시리아, 탄자니아, 튀르키예, 투르크메니스탄, 예멘, 짐바브웨 등이다. **45세**로 하는 나라는 차드, 네팔, 파키스탄, 싱가포르 등이다. **50세**로 하는 나라는 이탈리아, 몽골 등이다. 피선거권연령의 상한을 규정하는 나라도 있다. 세네갈 65세, 베냉/키르키즈스탄 70세, 부르키나파소/지부티/모리타니 75세 등으로 정하고 있다.

대통령제大統領制 ㊆ presidentialism, ㊃ Präsidialsystem, ㊈ Régime présidentiel. 1. **의의** 대통령제(大統領制) 또는 대통령중심제(大統領中心制)는 정부형태 중의 하나이다(➜ 정부형태론). 대통령주의제라고도 한다. 권력분립에 따라 입법부와 행정부를 엄격하게 분리하고 권력기관 상호간에 독립성을 강하게 유지하며, 국민에 의해 선출되는 대통령이 국가원수인 동시에 행정부수반으로서의 지위를 가지는 정부형태이다. 2. **연혁** 대통령제의 기원은 미국으로, 미국 헌법의 모태가 된 1787년 필라델피아 헌법제정회의의 구성원들이 영국 헌정의 부정적 측면에 대한 반성을 바탕으로 발전시킨 정부 형태다. 유럽식의 전제군주정을 대신하는 정부형태로서 선출된 군주(elect king)를 두고 로크의 사상에 영향을 받았으며, 몽테스키외의 권력분립 사상을 충실히 수용하였으며, 아메리카 원주민들의 이로쿼이동맹(Iroquois Confederation)에도 영향을 받은 것으로 알려지고 있다. 헌법제정과정에서 다원적 행정부를 구성하자는 의견도 있었으나, 정책집행에 대한 책임추궁의 가능성, 선거인단에 의한 선출, 4년 중임제 등을 합의하고 미국식 대통령제를 창안하였다. 미국 외에서는 19세기가 되면서, 1819년 콜롬비아를 시작으로 남미 국가에서 대통령제가 시행되었고, 이후 아프리카와 아시아 일부 국가를 중심으로 받아들여졌다. 3. **유형** 대통령은 정부형태에 따라 그 지위가 달라진다. **미국식 대통령제**는 엄격한 3권 분립에 입각한 고전적인 대통령제의 형태이다. 각 부 장관은 오로지 대통령에 계만 책임을 지고, 내각은 대통령의 자문기관에 불과하고, 부서(副署) 제도는 존재하지 않는다. 대통령 및 각부 장관은 의원직을 겸할 수 없고, 대통령은 입법에 관여할 수 없으나, 법률안 거부권은 갖는다. 미국식 대통령제는 의회의 집행부 통제력의 강약에 따라, 의회에 대한 집행부 우위의 해밀턴(Hamilton)형, 집행부에 대한 의회 우위의 매디슨(Madison)형, 양자가 대등한 지위를 가지는 제퍼슨(Jefferson)형으로 분류된다. **프랑스식 반대통령제**半大統領制는 대통령제와 의원내각제가 혼합된 형태의 정부형태이다. ➜ 이원정부제. **신대통령제**新大統領制는 대통령이 의회나 사법부에 대하여 절대적 우월한 지위에 있고, 전제군주제에서의 제왕에 버금가는 권력을 가진 경우의 대통령제를 의미한다. 나세르(Nasser)의 이집트 헌법, 마르코스(Marcos)의 필리핀 헌법, 우리나라의 이승만정부 헌법, 박정희정부의 유신헌법 등이 이에 해당한다. 4. **특징** 의원내각제와는 달리, 대통령이 국가원수의 지위와 행정부 수반의 지위를 모두 가진다. 대통령제는 정부의 임기(대통령의 임기)가 보장됨이 원칙이다. 따라서 대통령이 무능하거나 국민으로부터 신임을 잃었더라도 대통령을 해임할 방법이 없다. 국가에 따라 대통령에 대한 탄핵제도가 있지만, 헌법과 법률에 대한 중대한 위반행위가 있는 경우 등으로 사유가 제한되어 있다. 대통령제는 의회해산권이 인정되지 않기 때문에 의원의 임기도 보장된다. 대통령제는 대선에서의 1등(승자)이 모든 행정권력을 독식하는 승자독식 구조이다. 대통령제는 입법부와 행정부의 영역이 엄격히 분리되어 있으므로, 정부의 법률안발의권, 각료의 의원겸직, 의회 출석·발언권이 인정되지 않는 것이 원칙이다. 대통령이 의원 중에서 각료를 임명할 수도 있지만, 그 경우에는 의원직을 사퇴해야 한다. 민주적 정당성이 일원화되어 있는 의원내각제와는 달리, 대통령제는 국민에 의한 선거로 구성되는 기관이 의회와 대통령이므로 민주적 정당성이 이원화되어 있다. 5. **장단점** 1) **장점** 대통령제에서 대통령은 임기가 보장되어 의회의 신임 여부와 관계없이 재직하므로 정국이 안정되고, 정책을 장기적으로, 그리고 계획적으로 추진할 수 있다. 국가원수와 행정부수반이 동일인이므로, 국가의 두 중요한 권한(국가원수의 권한, 행정부 수반의 권한) 행사에 일관성을 기할 수 있다. 2) **단점** ① **책임추궁제도의 부재** 대통령제는 의회가 불신임권을 갖지 않고, 대통령의 임기가 원칙적으로 보장되기 때문에 아무리 대통령이 무능하고 국민으로부터 신임을 잃었더라도 해임할 방법이 없다. 탄핵 제도가 있지만, 탄핵은 대통령에게 중대한 법 위반 사실이 있을 경우에만 가능할 뿐, 단지 무능하다는 등의 이유로는 불가능하다. ② **승자독식구조** 대통령제는 대선에서 최고득표자가 행정부의 권력을 독점하는 승자독식 구조이다. 따라서 대통령제 하의 정당들에겐 대선에서 1등이 아니면 의미가 없고, 그 결과 정당들 간에 다음 대선 때까지 상대 정당을 무너뜨리기 위해 적대적 극한 대결이 펼쳐지는 경우가 많다. 특히 야당은 현 정부가 망하길 바라며, 정부의 임기 내내 사사건건 악의적인 국정 발목잡기를 하려는 경향을 보인다. ③ **독재화 우려** 대통령제는 기본적으로 승자독식구조라는 점, 대통령이 국가원수의 지위와 행정부수반의 지위를 모두 가진다는 점에서 대통령 1인에게 권력이 집중되어 있다. 또한 내각불신임권이 없어, 임기 중 해임될 위험도 없다. 따라서 대통령제는 막강한 권력을 장악한 무소불위의 독재자를 낳을 위험성이 상대적으로 높고, 실증적으로도 미국 이외의 나라에서는 거의 대부분 독재화의 경험을 가지고 있다. 6. **한국헌법상 대통령제** ➜ 대통령의 지위와 권한.

대통령주의제大統領主義制 ➜ 대통령제.

대통령직인수위원회大統領職引受委員會 ㊊ Presidential Transition Committee. 1. **의의** 대통령직인수위원회(大統領職引受委員會)는 대통령직 인수에 관한 법률(법률 제6854호, 2003.2.4. 제정, 2003.2.4. 시행, 2017.3.21. 개정)에 의거하여 대통령 당선인이 대통령직의 원활한 인수를 위한 업무를 위해 구성하는 위원회이다. 대통령 취임 이후 30일까지 존속한다(대통령직 인수에 관한 법률 제6조 제2항). 2. **연혁** 1987년 대통령선거 후 노태우 대통령당선자가 법률에 근거하지 아니하고 처음으로 대통령취임준비위원회를 발족시켰다. 대통령취임준비위원회는 정부로부터 업무를 보고받는 정도에 그쳤으며, 김영삼 대통령당선자가 당선된 후 노태우 대통령이 제정한 대통령직인수위원회설치령(대통령령 제13794호, 1992.12.28. 제정, 1992.12.28. 시행)에 의해 법제화되었다. 대통령직인수위원회의 활동의 법적 근거를 마련해주는 대통령직 인수에 관한 법률은 2003년에 제정되었다. 3. **구성** 대통령직인수위원회는 위원장 1인, 부위원장 1인, 24명 이내의 위원으로 구성되며(대통령직 인수에 관한 법률 제8조), 대통령당선인이 임명한다. 4. **업무** 대통령직인수위원회는 정부의 조직·기능 및 예산현황의 파악, 새 정부의 정책기조를 설정하기 위한 준비, 대통령의 취임행사 등 관련 업무의 준비, 대통령당선인의 요청에 따른 국무총리 및 국무위원 후보자에 대한 검증, 그 밖에 대통령직 인수에 필요한 사항 등의 업무를 수행한다(대통령직 인수에 관한 법률 제7조). 5. **국무총리·국무위원후보자의 지명**(동법 제5조) 대통령당선인은 대통령 임기 시작 전에 국회의 인사청문 절차를 거치게 하기 위하여 국무총리 및 국무위원 후보자를 지명할 수 있다. 이 경우 국무위원 후보자에 대하여는 국무총리 후보자의 추천이 있어야 한다. 6. **기타** 대통령직인수위원회가 대통령당선인의 직무수행과 관련하여 생산·접수하여 보유하고 있는 기록물 및 물품도 '대통령기록물'에 해당한다(대통령기록물 관리에 관한 법률 제2조 제1호 다목). 따라서, 이를 위원회의 존속기한이 경과되기 전까지 국가기록원으로 이관하도록 하고 있다(동법 제11조 제1항 단서). 대통령직인수위원회는 위원회의 활동 경과 및 예산사용 명세를 백서(白書)로 정리하여 위원회의 활동이 끝난 후 30일 이내에 공개하여야 한다(대통령직 인수에 관한 법률 제16조). 7. **보궐선거의 경우** 국정자문위원회 2017.5.9.에 실시된 제19대 대통령선거는 전임 박근혜 대통령의 파면으로 인한 궐위로 실시된 선거이었다. 공직선거법 상 궐위로 인한 선거로 당선된 자는 선거 다음 날 선관위에서 당선증을 받는 즉시 취임하도록 되어 있기 때문에, 제19대 대통령 선거에서는 인수위원회가 없었고 문재인 당선자는 5.10. 08시09분에 중앙선거관리위원회의 당선 의결 즉시 대통령으로 취임하였다. 그리고 문재인정부는 인수위의 역할을 대신하는 국정기획자문위원회를 출범시켜 취임 후 100일 동안 국정기획을 담당하였다.

대표관계代表關係**의 법적 성질**法的 性質 ➜ 국민대표관계의 법적 성질.

대표민주주의代表民主主義 ➜ 대의민주주의.

대표代表**의 결정방식**決定方式 넓은 의미로는 대의민주주의에서 누구를, 어떤 방법으로 또 어떤 기준으로 대표로 선출하는가가 곧 대표를 결정하는 방식의 문제이다. 예컨대, 독일 연방상원과 같이, 주의회에서 선출하거나 주의 특정직을 의원으로 하는 경우도 포함한다. 일반적으로는 의원을 어떻게 선출할 것인가의 문제로서, 지역선거구 단위에서 의원을 어떻게 결정할 것인가의 문제와 전국단위에서 의원을 어떻게 선출할 것인가 그리고 직능별로 대표를 인정할 것인가의 문제로 나뉜다. 직능대표제는 각 직능을 분류하는 것이 어렵기 때문에, 현실적으로 거의 사용되지 않는다. 지역선거구 단위에서는 한 선거구에서 의원을 몇 명을 뽑는가와 다수대표제와 소수대표제로 나뉘며, 전국 단위에서는 비례대표제를 채택할 경우 그 배분방식이 문제된다. 또한 지역선거구제와 비례대표제를 혼합한 혼합대표제도 그 제도화의 방법이 문제된다. 1. **다수대표제** 다수대표제란 다수의 후보자 중에서 가장 많은 득표를 한 후보자를 당선자로 하는 선거제도이다. 다수대표제는 상대적 다수대표제와 절대적 다수대표제로 구분할 수 있다. 상대적 다수대표제는 상대적으로 많은 유효득표를 한 사람을 대표로 선출한다는 점에서 1회제 다수대표제라고도 한다. 절대적 다수대표제는 1차 선거에서 과반수의 득표자가 있으면 그를 대표로 하고, 과반수의 득표자가 없는 경우에 결선투표를 실시하여 과반수 득표자를 대표로 결정하는 제도이다. 결선투표제 혹은 2회제 다수대표제라고도 한다. 다수대표제는 안정적 다수파를 확보할 수 있다는 장점이 있지만, 당선자를 내지 못한 유효표들을 사표로 하기 때문에 선거인의 정확한 의사를 대표구성에 반영하지 못하고, 소수파의 의회진출기회가 차단당하는 단점이 있다. 2. **소수대표제** 소수대표제는 다수를 얻지 못한 후보자도 의원의 자격을 인정하는 제도이다. 다시 말하면 최고득표를 하지 않더라도 차점이나 차차점이더라도 대표가 될 수 있게 하는 것이다. 한 선거구에서 2인 혹은 그 이상의 의원을 선출하는 경우가 이에 해당한다. 소수대표를 결정하는 방법으로는 누적투표법, 제한연기투표법, 순서체감법, 대선거구단기비위양식투표법 등이 있다. 3. **비례대표제** ➜ 비례대표제. 4. **직능대표제** 직능대표제는 선거인을 각 직역별로 나누고 그 직역을 단위로 하여 대표를 선출하는 방법이다. 주로 직능상원을 구성하는 경우가 있었으나, 오늘날에는 거의 활용되지 아니한다. 5. **혼합대표제** 혼합대표제는 지역선거구제와 비례대표제를 혼합하여 대표를 구성하는 방법이다. ➜ 비례대표제.

대표제代表制 ➜ 대표의 결정방식.

대학大學**의 자율성**自律性 ➜ 학문의 자유.

대학大學**의 자치**自治 ➜ 학문의 자유.

대한국국제大韓國國制 1899.(광무 2년) 8.14.에 반포한 대한제국의 근대적 헌법이다. 대한제국 국제라고도 한다. 1896년 독립협회·만민공동회 등이 중심이 되어 자주독립운동을 활발하게 전개하자, 이에 정부에서는 1897년 연호를 '광무(光武)'로 정하고, 같은 해 10월 국명을 '대한제국(大韓帝國)'으로 고쳐 내외에 자주국가임을 선포하였다. 대한제국의 정체(政體)와 군권(君權) 등의 국제를 제정하여 내외에 밝히겠다는 현실적 필요성에서, 고종은 1899.7.12. 법규교정소(法規校正所)에 조서(詔書)를 내려 국제를 초안하여 올리도록 하명하였다. 이에 법규교정소 총재 윤용선, 의정관 서정순·이재순·리센들(李善得)·브라운(柏卓安) 등이 검토, 토의한 끝에 「대한국국제」 9조를 채택하여 1899.8.17.자로 황제명으로 반포하였다. '헌법'이 아닌 '국제'라는 명칭을 사용한 것은 국회에서 제정된 것이 아니라 황제명으로 제정, 반포된 흠정헌법(欽定憲法)이었기 때문이다. 국제에 따르면, 황제는 무한 불가침의 군권을 향유하여 입법·사법·행정·선전(宣戰)·강화·계엄·해엄에 관한 권한을 가지는 것으로 규정하고 있다. 핵심규정은 자주독립국을 표명한 제1조(대한국은 세계 만국에 공인되온

바 자주 독립하온 제국이니라)와 전제군주국을 표명한 제2조(대한제국의 정치는 이전부터 오백년간 전래하시고 이후부터는 항만세(恒萬歲) 불변하오실 전제정치이니라)와 제3조(대한국 대황제께옵서는 무한하온 군권을 향유하옵시느니 공법(公法)에 이르는 바 자립정체이니라) 규정이다. 전제군주국에서 상징적 군주를 두는 입헌군주국으로 이행할 수도 있었으나, 일본제국의 침략정책으로 무산되었다.

대한국주의大韓國主義 남북한의 분단상황에 대한 이해의 방법에서 서로 다른 두 가지 입장 중의 하나이다. 대한국주의적 이해방법은 현재의 남북한정부를 모두 포함하는 하나의 국가를 전제로 하여 남북한정부를 모두 포괄하는 이해방법이며, 소한국주의적 이해방법은 각각의 정부를 고집하여 그 정부만을 정통성있는 정부 내지 국가로 이해하고 다른 정부를 배척하는 이해방법이다. ➜ 남북한관계.

대한민국임시약헌大韓民國臨時約憲 대한민국임시정부헌법 3차 개헌(1927.4.11.)과 4차 개헌(1940.10.9.) 후의 헌법 명칭이다. ➜ 대한민국임시정부헌법.

대한민국임시의정원大韓民國臨時議政院 대한민국임시의정원은 1919.4.10.-1946.2.6. 기간동안, 대한민국임시정부의 의회이며 임시정부의 입법부의 역할을 맡았던 기구이다. 임시의정원은 대한민국 임시헌법상 한국국민을 대표하는 단체로, 대한민국임시의정원 의원으로 구성되었다. 의회구성은 각 도별 대표와 비례대표가 있었고, 의정원의 구성형태는 단원제 의회였다. 1919.4.10. 각 도의 지역구 의원 29명을 선발한 뒤 4.11. 의정원 투표로 상하이 임시정부 각료를 선출했다. 4.10.의 초대 의정원의원은 20세 이상인 자로 무기명 투표로 선출하였으나, 1919.9.10.의 제2대 의정원의원 선거에는 일부 한국인 교민들이 투표에 참여하였고 1927.4.11.에 발표한 대한민국 임시의정원 제4차 약헌 제2장 제7조 이후에는 의정원의원 선거권과 피선거권 연령을 만 18세의 대한민국 인민으로 규정하였다. 광복 이후 1946.2.1. 비상국민회의(이듬해 국민의회로 개칭)로 계승되었다. 1919.4.11.까지 개최된 제1회 대한민국 임시의정원에서는 초대 의장에 이동녕, 부의장에 손정도를 선출하였으며 국호를 대한민국이라고 의결하였다. 같은 날, 대한민국 최초의 헌법인 대한민국 임시헌장을 채택하여 공포함으로써 명실상부한 대한민국 임시정부의 입법부로서의 역할을 수행하였다. 같은 해 9.11.에는 기존의 임시헌장을 대폭 개정하여 대한민국임시헌법(大韓民國臨時憲法)을 공포하였다.

대한민국임시정부大韓民國臨時政府 ⓔ Provisional Government of the Republic of Korea. 1919.4.11.~1948.8.15. 대한민국임시정부는 1919.3.1. 서울 파고다 공원에서 선포된 3 · 1 독립선언에 기초하여 일본제국의 대한제국 침탈과 식민통치를 부인하고 한반도 내외의 항일 독립운동을 주도하기 위한 목적으로 설립된 대한민국의 망명정부이다. 독립선언의 결과 상하이에서 항일 독립운동가들이 모여 1919.4.10. 임시의정원(臨時議政院)을 창설하였다. 여기에서 국호와 정부형태, 임시헌법 등을 논의하게 되었는데, 국호를 대한민국으로 정하고 이와 함께 대한민국 임시헌장을 제정하였다. 다음 날인 1919.4.11. 대한민국 임시헌장을 제정하고 상해임시정부를 결성하였다. 같은 해 9.11.에는 한성정부(서울), 대한국민의회(연해주) 등 각지의 임시정부들을 통합하여 상하이에서 단일정부를 수립하였다. 임시헌법은, 국호는 '대한민국'으로 하고, 정치체제는 '민주공화제'로 하여, 3 · 1운동을 3 · 1공화혁명으로 성격지웠다. 대통령제를 도입하고 입법 · 행정 · 사법의 3권분립제도를 확립하였다. 대한제국의 영토를 계승하고 구황실을 우대한다고 명시하였다. 초대 임시대통령은 이승만이 맡았으나 탄핵되었고, 이후 김구가 주석을 맡았다. 대한민국임시정부 헌법은 1919.4.11. 제정 후, 1919.9. 11.(제1차 개헌), 1925.4.7.(제2차 개헌), 1927.3. 15.(제3차 개헌), 1940.10.9.(제4차 개헌), 1944.4. 22.(제5차 개헌) 등 5차례 개정되었다. 대한민국 임시정부 하에서 윤봉길의사의 의거, 한국광복군 조직 등 독립운동을 활발하게 전개·지원하였고, 중국 국민당, 소련, 프랑스, 영국, 미국 등으로부터 경제적·군사적 지원을 받았다. 1945.8.15. 광복을 맞은 후 김구 등 임시정부 요인들이 귀국하였으며, 1948.8.15. 대한민국정부가 수립됨으로써 대한민국 임시정부는 해산하였다. 대한민국 임시정부의 초대 대통령이자 마지막 주석이었던 이승만은 1948년 대한민국의 초대 대통령이 되었다. 1987년 개정된 대한민국헌법 전문은 대한국민이 3.1운동으로 건립된 대한민국 임시정부의 법통을 계승한다고 명시하였다.

대한민국임시정부헌법大韓民國臨時政府憲法 1. **의의** 1919.4.11.에 수립되어 1948.8.15.까지 존속했던 대한민국임시정부의 헌법이다. 1919.4.11. 제정 후, 대한민국임시헌법(1919.9.11.; 제1차 개헌), 대한민국임시헌법(1925.4.7.; 제2차 개헌), 대한민국임시약헌(1927.3.15.; 제3차 개헌), 대한민국임시약헌(1940.10.9.; 제4차 개헌), 대한민국임시헌장(1944. 4.22.; 제5차 개헌) 등 5차례 개정되었다. 2. **기본사상** 3·1공화혁명을 구체화하여, 민주공화주의(➜ 민주공화주의)·삼균주의(三均主義)(➜ 삼균주의)·국민주권·자유권보장·삼권분립주의·의회제도·법치주의 및 성문헌법 등을 들 수 있다. 3. **정부형태** 대한민국임시정부 헌법은 입법기관인 임시의정원, 사법기관인 법원, 행정기관인 국무원을 두어 3권분립 헌정 체제를 갖추었다. 정부형태에 관해서는 대통령제(대한민국임시헌법, 전문, 8장, 본문 58개조－제1차 개헌), 국무령제(國務領制 대한민국임시헌법, 6장, 본문 35개조－제2차 개헌), 국무위원제(대한민국임시약헌, 5장, 본문 50개조－제3차 개헌), 주석제(主席制: 대한민국임시약헌, 5장, 본문 42개조－제4차 개헌) 및 주·부석제(대한민국임시헌장, 전문, 7장, 본문 62개조－제5차 개헌)로 달리하면서 27년간의 장구한 기간 동안 국내외 동포들에게 상징적 대표기관으로서 독립운동을 전개해 왔다. 4. **대한민국임시정부헌법과 제헌헌법** 대한민국임시정부의 헌법구상은 미군정기의 시간의 흐름에 따라 점차 약해지기는 했으나, 대한민국임시헌법안(민주의원안)-조선민주임시약헌초안(김붕준안)-조선임시약헌으로 계승되었다. 그러나 미군정과 우익세력이 헌법제정의 주도권을 장악하면서, 민주의원-입법의원-제헌국회를 거치면서 그 영향력이 축소되었고, 그 기본사상인 민주공화주의와 삼균주의 등이 제헌헌법에 충분히 반영되지 못하는 결과가 되었다. 장래 통일 대한민국의 헌법을 제정하는 과정에서는 반드시 대한민국임시정부의 헌법사상이 반영될 수 있도록 하여야 한다.

대한민국임시헌장大韓民國臨時憲章 대한민국임시정부 수립(1919.4.11.) 후 최초의 헌법의 명칭으로, 1차 개헌과 2차 개헌에서 대한민국임시헌법(1919.9. 11.; 1925.4.7.), 3차 개헌과 4차 개헌에서 대한민국임시약헌(1927.4.11.; 1940.10.9.)으로 명칭이 변경되었다가, 5차 개헌(1944.4.22.) 후 다시 대한민국임시헌장(大韓民國臨時憲章)으로 되었다.

대한민국헌법大韓民國憲法**의 기본원리**基本原理 1. **서언** 국가로서 대한민국은 1919년 3·1공화혁명 이후 성립된 대한민국임시정부로부터 기원한다(➜ 대한민국임시정부). 대한민국임시정부의 헌법은 5 차례 개정되면서, 민주공화주의, 삼균주의, 국민주권주의, 자유권의 보장, 삼권분립주의, 의회제도, 법치주의 및 성문헌법주의 등을 기본원리로 하여 유교국가 조선을 극복하고 서구의 근대적인 국가로 변화하기 위한 기본틀을 갖추고 있었다(➜ 대한민국임시정부헌법). 그러나 일제강점기로부터 해방된 이후 세계사적 이데올로기 대립으로 남북분단기를 맞게 되었고, 남북에 각각 정부가 수립되면서 국가의 기본법인 헌법의 기본원리도 상이하게 채택되었다. 남과 북을 모두 아우르는 대한국주의적 관점(➜ 대한국주의)에서는 장래 실현되어야 할 통일대한민국을 기초지우는 핵심적 법적 질서로서의 통일헌법의 기본원리를 추구하여야 할 것이지만, 현재의 분단상황 하에서 대한민국임시정부를 계승한 것은 남한지역의 대한민국임을 헌법전문에서 명기하고 있으므로, 현재의 대한민국 헌법의 기본원리를 중심으로 하여 장래의 통일대한민국 헌법을 모색할 수 있을 것이다. **2. 대한민국헌법의 기본원리** 1) **민주주의원리** (1) **다원적 민주주의와 자유민주주의** ➜ 민주주의. ➜ 민주적 기본질서. (2) **국민주권주의** ➜ 국민주권주의. ➜ 주권이론. (3) **대의민주주의** ➜ 대의민주주의. (4) **직접민주주의** ➜ 직접민주주의. (5) **선거제도** ➜ 선거제도. (6) **정당제도** ➜ 정당제도. 2) **법치국가원리** ➜ 법치주의. 3) **권력분립원리** ➜ 권력분립론. 4) **사회국가원리** ➜ 사회국가원리. 5) **평화국가원리** ➜ 평화국가원리 6) **문화국가원리** ➜ 문화국가원리.

대한민국헌정大韓民國憲政**의 연속성**連續性 대한민국의 법적 기원에 관하여 1919년설과 1948년설이 대립되고 있는데, 이는 조선-대한제국-대한민국임시정부-분단기의 역사적 현실을 어떻게 이해할 것인가와 밀접한 관련이 있다. 1948년설은 현재의 대한민국이 1948.8.15.에 성립하였다고 보고, 그 이전의 역사와는 연속성이 단절되었다고 보는 입장이다. 이에 반해 1919년설은 3 · 1운동을 3 · 1공화혁명으로 평가하며 대한민국임시정부가 대한제국을 법적으로 승계하였다고 보고, 현재의 대한민국이 대한민국임시정부를 승계하였다고 보는 입장이다.

대한법률구조공단大韓法律救助公團 ⓨ Korea Legal Aid Corporation. 경제적으로 어렵거나 법을 잘 모르기 때문에 법의 보호를 충분히 받지 못하는 사람들에게 법률구조를 하기 위하여 법무부 산하에 둔 재단법인이다. 1972.6.14.에 설립되었던 재단법인 대한법률구조협회의 후신으로, 1987년 법률구조법(법률 제3862호, 1986.12.23. 제정, 1987.7.1. 시행)이 제정되어 법률구조협회의 업무를 승계하였다. 2014.4.28.에 서울에 있던 본부를 김천으로 이전하였고, 전국의 법원과 검찰청이 있는 곳에 설치된 18개 지부와 40개 출장소, 72개 지소, 서울 · 수원 · 대전 · 대구 · 부산 · 울산 · 광주 등 전국 7곳에 개인회생 · 파산종합지원센터와 경북 김천에 법문화교육센터가 있다. 임원으로는 이사장 1명, 13명 이내의 이사, 감사 1명을 두고 있다. 이사장은 법무부장관이 임명하고, 이사와 감사는 이사장의 제청을 받아 법무부 장관이 임명한다. 주요 업무는 전국민을 대상으로 한 무료 법률상담, 일정한 대상자들에 대해 화해 · 조정 및 소송대리, 형사 무료변호 등 국민의 기본권을 옹호하고 법률복지 증진에 힘쓰고 있다.

대한제국大韓帝國 ⓨ Korean Empire. 대한제국은 1897년의 광무개혁 후 조선을 대한제국으로 국호를 변경하여 수립된 국가이다. 1897.10.12.(광무 원년)부터 1919.4.11.까지 간도지역과 한반도와 및 그 부속도서를 통치하였던 전제군주제 국가이다. 1910.8.29.에 일본제국에 의하여 강점을 당하여 그 영토 내에서 사실상 국가로서 기능하지는 못하였으나, 규범적으로 1919년 3 · 1공화혁명 후 대한민국임시정부로 승계되었다. 1899년(광무 3년) 오늘날의 헌법과 같은 「대한국국제(大韓國國制)」(➜ 대한국국제)를 반포하여 전제군주정을 대내외에 선포하였다.

대헌장 ➜ 마그나 카르타.

대화민주주의對話民主主義 ➜ 숙의민주주의.

대화이론對話理論 ➜ 담론이론.

덜 제한적制限的**인 수단선택**手段選擇**의 원칙**原則 ㉧ the principle of Less Ristrictive Alternative:LRA. ➜ 필요한 최소한의 수단선택의 원칙.

데니스 판결 Dennis v. U.S. 341 U.S. 494(1951) ➜ 명백하고 현존하는 위험 원칙.

Demeny Voting 영유아 선거권. ➜ 선거권.

double jeopardy ➜ 이중위험금지의 원칙.

도덕국가道德國家 윤리국가(ethical state, sittlicher Staat) 혹은 인륜국가라고 하기도 한다. 개념에 있어서는 동양에서의 그것과 서양에서의 그것이 다른 의미를 갖는다. 동양에서는 특히, 우리나라의 경우 유가(儒家)의 이상적인 국가상으로서, 국가공동체와 개인이 모두 유교적인 도덕성을 갖춘 국가를 의미한다. 공자, 맹자 등 유가의 선구자들과 조선의 이황, 이율곡, 조광조, 이항로, 유형원 등 유가의 예(禮)에 기초한 국가를 일컫는다. 서양에서는 플라톤의 이상국가론에서부터 헤겔의 윤리국가(sittlicher Staat)론으로 이어지고, 오늘날 지구화(globalization)의 현상 하에서 공적 영역의 윤리적 근거를 밝히고 이를 지구적 공동체의 지배체제(governance)의 기초적 원리로 이해하고자 하는 움직임을 보이고 있다.

도살조항屠殺條項 ㉧ slaughter clause, ㉣ Schlachtklausel. 의식이 있는 동물을 도축할 때에는 반드시 마취나 전기충격으로 기절시킨 뒤에 도축해야 한다는 스위스 헌법규정이다. 1893년에 헌법전에 편입되었다(§25a). 유대인들이 포유동물이나 새를 식용으로 도살할 경우 유대인들의 음식율법인 kash-ruth에 따라 도살해야 하는데, 이를 스위스헌법에서 금지하고 반드시 기절시킨 후 도축하도록 한 규정이다. 보통 실질적인 헌법사항이 아니어서 헌법학에서는 형식적 헌법조항으로 언급되는 경우가 많지만, 유대인들의 동물도살방식을 반대하고 스위스인들의 동물도살에 대한 헌법적 결단이라는 의미에서 보면 반드시 실질적 헌법사항이 아니라고 하는 것은 의심이 있다. 2016.1.1. 최종개정된 스위스헌법은 동물보호조항을 두고 있다(제80조).

도청판결盜聽判決 ㉣ Abhör-Urteil. BVerfGE 30, 1(1970.12.15.) 독일 기본법 제10조는 제1항에서 「신서, 우편 및 전기통신의 비밀」을 보장하고 제2항에서 법률에 의한 제한을 인정하고 있다. 그 후 기본법 제17조 개정법, 소위 「비상사태법」이 제정되고(1968.6.24.) 그에 따라 제2항 제2문으로서 「그 제한이 자유로운 민주적 기본질서 혹은 연방 또는 란트의 존립 또는 안전의 보장에 도움이 될 때에는, 법률에 의하여, 그 제한이 제한을 받는 자에게 통지되지 않는 뜻, 및 재판상의 방법(소제기의 방도)에 대신하여 의회가 선임한 기관 및 보조기관에 의한 사후심사를 행하는 뜻을 정할 수 있다.」고 부가하였다. 그리하여 이를 구체화하는 것으로서, 「신서, 우편 및 전기통신의 비밀을 제한하기 위한 법률(도청법)」이 제정되었다(1968.8.13.). 본 건은 추상적 규범통제 및 헌법소원에 기하여, 기본법에 대한 당해 추가부분이 기본법 제79조 제3항에 정한 기본법개정의 한계를 넘는지의 여부가 다투어진 것이었고, 본 판결은 5대3의 표결로 위헌주장을 기각하였다. 연방헌법재판소는 「사전통고

배제는 국가의 존속과 자유로운 민주적 기본질서의 수호를 위하여 국민이 당연히 수인해야 하는 것으로, 당사자에 대한 사전통고가 배제되고 법원에 의한 사후 심문절차가 부인되고 있다는 것만으로 법치국가 원리가 침해되었다고 볼 수없고, 사후심사의 관할기관도 법원에서 의회로 변경된 것에 불과하므로, 여전히 국가기관 상호간의 견제와 균형이 충분히 이루어지고 있다」는 점을 들어 기본법 제17조 개정법, 소위 「비상사태법」과 도청법은 합헌이라 판결하였다. 이 판결은 방어적 민주주의에 관한 중요판결로 여겨지지만, 반대의견이 강하게 부기되었고, 비판하는 견해가 많았다.

도태적 안락사淘汰的安樂死 사회적으로 생존할 가치가 없다고 인정되는 자에 대한 인위적 생명단절행위를 말한다. 나치정권에 의한 우생학적 단종시술이나 유태인·집시 등에 대한 명백한 살인행위 등이 그 예이다. 오늘날에는 명백히 살인행위로서 허용되지 아니한다. ➜ 안락사.

독도문제獨島問題 독도문제는 독도를 실효적으로 지배하고 있는 대한민국에 대해 일본이 그 영유권을 주장하면서 발생한 영토분쟁을 일컫는다. 대한민국은 공식적으로 영토분쟁은 없으며, 분쟁이란 단어는 적합하지 않다는 입장을 견지하고 있다. 독도는 동해에 위치하면서 대한민국에 훨씬 가깝게 위치해 있고, 동도(東島)와 서도(西島)를 중심으로, 주변의 암초 등을 포함하고 있으며, 현재 대한민국의 실효적 지배 하에 있다. 독도문제는 역사적 발견시기와 실효적 지배 여부, 1905년 일본 시마네현 고시에 의한 독도 편입의 유효성 여부, 1952년 샌프란시스코 강화조약에서의 독도에 관한 인식 등이 핵심쟁점으로 여겨지고 있다. 대한민국의 영토수호라는 관점에서 명확히 대처할 필요가 있다.

독립국가연합獨立國家聯合 [영] Commonwealth of Independent States(약칭 CIS). 1991년에 구 소련이 해체되고 난 후, 15개 구성공화국 가운데 발트3국(에스토니아·라트비아·리투아니아)과 조지아(그루지아)를 제외한 11개국이 참여해 1992.1.1. 창설한 국가연합체. 구 소련의 15개국 중에서 러시아·우크라이나·벨라루시·몰도바·아르메니아·아제르바이잔·카자흐스탄·투르크메니스탄·우즈베키스탄·타지키스탄·키르기스탄 등이다. 이 중 아제르바이잔은 1992년 10월 탈퇴하였다가 1993.9. 복귀하였으며, 투르크메니스탄은 2005년 탈퇴한 후로 준회원국이 되었고, 구성 2년 후 1993.10. 그루지아가 가입하였다가 2008년 러시아와의 전쟁 후 탈퇴함으로써 현재 10개국이 되었다. 독립국가연합의 행정수도는 벨라루시의 민스크이다. 독립국가연합은 그 성격이 명확하지 않은 점이 있으나, 1991.12.8.의 브레스트합의, 21일의 알마아타합의, 30일의 민스크합의 등 일련의 합의에 의하면, 정치적으로 완전한 독립주권국가의 연합체로서 회원국의 독자적인 상호동등성을 보장하고 있다. 독립국가연합의 조직은 최고협의기구인 국가원수평의회(정상회담)와 그 산하의 총리협의체, 그리고 가맹국의 해당 장관들로 구성되어 실무를 담당하는 각료위원회로 구성되어 있다. 정상회담은 연 2회 이상 개최하고, 협력체제의 효율적 확립을 위하여 6개월 임기의 순회의장제를 도입하였다.

독립기관獨立機關 = **독립규제위원회**獨立規制委員會 = **독립행정위원회**獨立行政委員會 [영] independent regulatory commission. 행정부나 입법부 혹은 사법부로부터 압력을 받지 않고 독립적인 입장에서 준입법적·준사법적 업무를 수행하는 합의제 행정기관을 말한다. 권력분립의 원칙상 국가기관은 입법·행정·사법의 어느 부서에 속해야 하지만, 그 직무의 성질상 어느 한 부에 소속하게 하는 것이 부적절하거나, 둘 이상의 부서의 직무로서의 성질을 가지는 경우, 혹은 직무 자체의 전문성 혹은 고도의 독자성으로 인해 어느 한 부서에 종속시키기 부적절한 경우에 입법 · 행정 · 사법의 3부(三府)가 아닌 별도로 독립된 기구로 설치되는 기관이다. 19세기 말 이래 주로 미국에서 발달한 제도로, 미국의 자본주의 경제의 발달에 따라 기존의 입법부나 사법부가 담당할 수 없는 업무가 등장하고, 행정부의 권력강화를 반대하는 미국의 전통과 경제규제의 공정성을 기하기 위해 등장한 위원회이다. 행정부나 입법부, 사법부로부터 독립성을 가지면서 준입법적 · 준사법적 기능을 수행한다. 미국의 경우, 연방통신위원회, 금융안정성위원회, 연방감사원, 연방에너지규제위원회, 연방통상위원회, 주간(州間)통상위원회, 연방전력위원회, 민간항공국 등이 이에 속한다. 영국의 경우, 민간항공국, 인사위원회, 자문알선중재위원회, 보건안전위원회, 경쟁위원회 기타, 독일의 경우, 연방회계검사원, 연방망규제청 등, 프랑스의 경우, 약물복용억제청, 연구 및 고등교육평가청, 공항공해통제청, 은행 및 보험통제청, 금융시장청, 경쟁청, 철도규제청, 전자통신과 우편규제청, 생명과학 및 건강에 관한 국가윤리자문위원회, 에너지 규제위원회, 권리보호청 기타 다수, 우리나라의 경우, 인권위원회, 금융통화위원회, 중앙노동위원회, 공정거래위원회, 대법원양형위원회 등을 독립규제위원회로 볼 수 있다. 고위공직자범죄수사처도 일종의 독립기관이다.

독립명령獨立命令 법률의 위임에 의거하지 않고 헌법에 의해 인정된 독자적인 권한으로 제정하는 명령을 말한다. 국가 비상사태의 경우 대통령의 긴급재정경제명령 및 긴급명령을 발할 수 있다. ➜ 국가긴급권. 독일의 나치시대의 총통(Führer)의 명령도 입법부로부터 전혀 견제받지 않는 독립명령의 성격을 가지고 있었다. ➜ 수권법.

독립선언서獨立宣言書 1919년 3 · 1운동을 전후하여 선포된 독립선언서는 선언서류를 포함하여 22편의 문서가 알려지고 있다. 이 중 가장 널리 알려진 문헌이 기미독립선언서(己未獨立宣言書)이다. 최남선이 초안을 작성하였다고 알려져 있으며, 마지막의 공약3장은 만해 한용운이 추가하였다고 알려져 있다. 1919.3.1. 3 · 1 운동 때 민족대표 33인이 독립을 선언한 글이다. 상해 대한민국 임시정부의 기초가 되었다.

독립성원리獨立性原理 Ⓓ Unabhängigkeitsprinzip. 정부형태론에서 입법부와 집행부의 조직 · 활동 · 기능이 엄격히 독립적인 경우를 말한다. ⇔ 의존성원리. ➜ 정부형태론.

독립적 권능설獨立的 權能說 ➜ 국정조사권.

독수독과이론毒樹毒果理論 Ⓔ Fruit of the poisonous tree, Ⓓ Früchte des vergifteten Baumes. 독이 있는 나무에서 열린 독이 있는 열매라는 뜻으로, 위법하게 수집된 증거(毒樹)에 의하여 발견된 제2차 증거(毒果)의 증거능력은 인정할 수 없다는 이론으로서, 미국의 연방대법원 판례(Wong Sun v. U.S., 371 US. 471(1963))에서 유래한 이론이다. 우리나라 형사소송법상의 증거법칙으로도 계수되어 2007년 형사소송법 개정으로 '위법수집증거배제의 원칙'으로 명문화되어 있다(동법 제308조의2). 독과수이론이라고도 한다.

독신조항獨身條項 ➜ 혼인퇴직세.

독일공산당KPD 해산판결 ➜ KPD 해산판결.

독일기본법獨逸基本法 독일연방공화국 기본법(Grund- gesetz für die Bundesrepublik Deutschland)은

독일연방공화국의 헌법이다. 나치 독일이 제2차 세계 대전에서 패망하면서, 독일은 영국·미국·프랑스·소련 4개국에 의하여 분할통치되었다. 그러나 이후 독일의 국가체제에 대해 점령국 간의 의견이 일치하지 않으면서, 1948년에 소련을 제외한 3개국의 점령지역에서 적용되는 헌법의 제정에 3개국과 베네룩스 3국이 합의하였다. 이후 각 주 의회 대표자로 구성된 회의가 Bonn에서 개최되었고, 이에 앞서 전문위원회가 기초한 초안(Herrenchiemsee 초안)을 바탕으로 심의에 들어갔다. 1949.5.8.에는 심의된 초안이 바이에른을 제외한 주 의회에서 가결되었고, 5.23.에 공포되어 다음 날부터 시행되었다. 동독과 통일하기 전까지의 임시 헌법이라는 의미에서 '기본법'(Grundgesetz)이라는 명칭을 사용하였으나, 1990년에 통일한 이후에도 통일헌법을 제정하지 않은 채 그대로 유지하고 있다. 2014.12.23.(BGBl. I S. 2438)에 마지막으로 개정되었다. 과거 서독의 수도 Bonn에서 기초하였다는 의미에서 'Bonn 기본법'이라고도 한다. ➜ 헤렌킴제 회의.

독일식 비례대표제 ➜ 비례대표제.

독일식 의원내각제獨逸式 議院內閣制 1. **독일정부형태 변천사** 독일은 신성로마제국기에는 왕권신수설에 따라 전제군주정이 계속되었고, 비스마르크헌법에 이르러 외견적 입헌주의를 채택하였다. 이에 반발하여 1919년 바이마르 헌법은 이원정부제를 내용으로 하는 민주적 입헌정부를 갖고 있었다. 바이마르헌법은 국민의 직선에 의한 대통령제를 채택하고 그에게 강력한 국가긴급권을 인정하면서, 수상임명과 의회해산권, 국민투표부의권, 국군통수권 등을 가진 국가원수로서의 지위를 인정하였다. 바이마르 헌법의 정부형태는, 칼 슈미트에 따르면, 의원내각제, 수상정부제, 내각책임제, 대통령제 등의 4 가지 가능성을 갖고 있었다. 그러나 독일에서 의회주의적 전통부재와 대통령제적 정향으로 이루어진 혼합적 의원내각제는 1933년 히틀러 독재체제의 등장으로 무너지고 말았다. ➜ 바이마르헌법. 2. **서독 기본법의 의원내각제** 2차 대전 후 서독 기본법은 연방제의 강조, 권력분립제의 강조, 국가원수(연방대통령)의 권한 축소와 권력남용에 대한 방지, 연방수상 지위의 강화와 의회 다수파의 자의성 배제, 군소정당 난립을 방지하기 위한 5% 저지조항 등을 채택하였다. 기본법하에서 독일 국가질서 또는 권력구조의 5대 원리는 공화국, 민주주의, 연방국가, 법치국가, 사회국가이다. 이 5대 원리를 근거로 독일의 권력구조는 과거의 군주제, 바이마르 공화국의 취약했던 권력구조, 히틀러의 공화정 파괴와 더불어 독재체제의 경험을 교훈삼아 새로운 형태의 의원내각제를 채택하였다. 기본법상의 의원내각제의 가장 큰 특징은 건설적 불신임투표제이다. 이 제도에 대하여 Löwenstein은 「통제된 의원내각제」라고 칭하였다. ➜ 건설적 불신임투표제. ➜ 의원내각제.

독일식 혼합대표제 ➜ 비례대표제.

독일의 정당공천제도政黨公薦制度 독일 정당법(§17)은 공천 제도에 대해서 (1) 비밀투표의 원리와 (2) 선거법 및 정당의 당헌을 통한 선거과정 관리라는 두 가지를 강조하고, 연방선거법을 통해 정당의 후보선출 시기와 절차를 규정하고 있다. 더불어 구체적인 선출과정은 당헌에 의해 결정되도록 하여 각 정당의 자율성을 보장하고 있다. 연동형비례제 하에서 유권자들은 지역구 후보와 정당에 대해 각각 표를 행사하기 때문에 독일의 정당들은 지역구 후보와 정당명부 후보를 모두 선출해야 한다. 연방선거법은 각 정당은 지역구당 1명의 지역구 후보를, 그리고 각 주당 하나의 정당명부를 제출할 수 있으며(연방선거법 §18⑤), 선거일 69일전까지 제출해야 한다(연방선거법 §19). 정당명부 후보선출에 대해서도 독일 연방선거법은 상세한 규정을 마련해 두고 있다. 다른 당의 당적을 가지고 있으면 정당명부 입후보가 불가능하며, 정당명부 후보는 지역구 후보를 선출하기 위해 구성된 당원총회, 또는 특별대의원 대회나 일반대의원대회에서 선출된 경우에만 정당명부에 오를 수 있는 자격이 주어진다. 지역구가 다수의 지구 단위로 이루어져 있을 경우, 해당 지역구의 후보선출은 연합 당원총회 또는 연합 대의원회에서 선출되게 된다(연방선거법 §21②). 독일의 정당법과 연방선거법은 기본적으로 각 정당들이 상향식 후보선출 과정을 통해 공직선거 후보자를 선출하도록 규정하고 있다. 하지만 이와 동시에 정당의 지도부의 권한을 명시하여 주 단위 당 집행위원회가 당원총회나 대의원회에서 선출된 후보에 대해 거부권을 행사할 수 있으며, 이 경우 재투표를 통해 후보가 최종 확정되도록 규정하고 있다(연방선거법 §21④). 독일의 연방선거법은 총선거와 관련된 절차뿐만 아니라 정당 내 공천 과정에 대해서도 자세히 규정하고 있으며, 연방선거법에서 다루는 내용 이상의 세부사항은 각 정당에서 당헌으로 규정하도록 명시하고 있다(연방선거법 §21⑤). 독일 주요 정당들의 공천제도는 정당법과 연방선거법에서 상향식 공천을 규정하고 있기 때문에 당원들의 직접 참여를 보장하고 있다는 점에서 선정 주체면의 포괄성(inclusiveness)을 갖는다고 볼 수 있다. 이에 더해 지역구나 광역단위의 당원총회 또는 대의원회에서 후보를 선정한다는 점에서는 분권화(decentralization)의 정도가 높다. 하지만 실제로 운영되는 양상을 보면 당원 참여의 중요성이 높지 않으며 지역의 정당 엘리트들의 영향력이 막강하다는 비판적인 시각이 존재한다. 공천과정에서 연방의 중앙당이 배제되는 분권화의 정착이 역설적으로 지역의 정당 엘리트들이 권력 브로커로 활동하며 후보자 공천과정에 영향력을 행사하는 것이다. 독일 주요 정당들의 정당공천제도는 제도적 측면에서는 지역 차원의 분권화와 선정 주체의 포괄성을 두루 갖추고 있는 듯 보이지만 실질적인 운영의 측면에서는 분권화된 구조 속에서 지역 정당엘리트들이 배타적 영향력을 행사하는 구조라고 할 수 있다.

독일조약獨逸條約 ㊃ Deutschlandvertrag: Vertrag über die Beziehungen zwischen der Bundesrepublik Deutschland und den Drei Mächten. 독일조약은 1952.5.26.에 독일연방공화국(서독)과 점령국 연합 3국(미 · 영 · 프) 사이에 체결된 국제조약이다(1954.10.23. 개정). 일반조약(Generalvertrag), 본 조약(Bonner Vertrag) 혹은 본 협약(Bonner Konvention) 등으로 불리기도 한다. 조약은 1949년 점령조례를 대체하여, 독일주권의 회복과 독일의 국제법적 지위를 정상화하였다. 1950년 한국전쟁과 동서 사이의 변화된 긴장관계를 배경으로 미국은 유럽방위공동체(EVG:Europäischen Verteidigungs- gemeinschaft) 내에서 독일이 기여하도록 추구하였다. 이는 독일에서의 점령제도의 종식과 주권국가의 권리를 부여하는 계기이었다. 동독에서는 일반전쟁조약(Generalkriegsvertrag)으로 불리었다. 조약은 독일과 영국, 미국에 의해 인준되었으나 부대사항들 때문에 프랑스는 인준을 거부하였다. 일부 새롭게 교섭되어 결국 1954.10.23. 파리의정서에 따른 개정으로 효력을 갖게 되었다. 1955.5.5.에 발효되었다. 개정된 조약은 독일연방공화국에게 입법, 군사, 국제 영역에 약간의 제한을 두면서 '그 대내외적 업무에 관하여 주권국가의 완전한 권한'을 수락하여 독일에게 유리한 것이었다. 독일조약의 상세규정과 부대조약은 전체적으로 베를린과 독일, 최종적인 평화규제와 독일재통일 등에 관련된 모든 권리와 책임의 유보 하에, 연합 3국의 특별법으로 표현되었다.

독일통일獨逸統一 1945년 제2차 세계대전에서 패전국이 된 독일은 소련군이 진주한 동독과 서방 연합군이 진주한 서독으로 나뉘어 분할 통치되었다. 그러다가 냉전체제가 굳어지면서 1949년부터는 동서 양쪽에 독립된 정부가 들어서서 분단이 공식화되었다. 1950년대 초에는 한때 중립 통일안이 제기되기도 했으나 무산되고, 60년대부터는 국제적 냉전 기류에 편승한 서독의 이른바 할슈타인원칙(Hallstein Doctrine: 동독과 외교관계를 수립한 국가와는 외교관계를 맺지 않는다는 원칙)에 따라 대결국면이 조성되어 동독은 베를린에 장벽을 둘러싸기도 하였다. 이러한 대결 국면이 전환기를 맞은 것은 1969년 브란트(Willy Brandt) 총리가 동방정책(Ostpolitik)을 추진하여 할슈타인원칙을 포기하면서부터이다. 이후 1972년대부터 1987년까지 약 15년간 34차례의 협상을 통해 과학 기술, 문화, 환경 등에 관한 협력체계를 구축하고, 동서독간 민간인의 교류가 이루어졌으며, 1982년 H.슈미트(Helmut Schmidt) 서독 총리의 동독 방문에 이어 1987년에는 호네커(Erich Honecker) 동독 공산당서기장이 서독을 방문함으로써 통일에 일대 전기가 마련되었다. 이러한 우호적 분위기 속에서도 동독 측은 1민족 2국가라는 통일 이념을 자본주의적 민족과 사회주의적 민족이라는 2민족론으로 바꾸어 통일에 소극적이었던 반면, 서독은 1국가 2체제론을 내세워 독일 민족의 연속성과 통일성을 강조하였다. 독일의 통일에 가장 영향을 미친 것은 고르바초프(Mikhail S. Gorbachyov)에 의해 추진된 소련의 개방과 개혁정책(페레스트로이카; Perestroyka)이다. 그 영향으로 동구권 국가들이 소련의 눈치에서 벗어나 민주화를 추진하게 되었고, 동독도 같은 행보를 걷게 되어 베를린 장벽이 무너지고, 첫 자유선거가 실시되어 드 메지에르(Lothar de Maiziere) 정권이 탄생하는 등 통일의 기운이 무르익었다. 이를 틈타 서독이 막강한 경제력을 내세워 소련에 경제협력을 약속하고 주변국가에 외교 공세를 펴면서 1990년 초부터 독일 통일의 외부 문제를 규정하기 위한 동서 양 당사국과 미국, 영국, 프랑스, 소련의 이른바 2+4회담이 열려 8월 말 통일조약이 체결되고, 9월에는 2+4 회담의 승인을 얻어 1990. 10.3. 마침내 민족통일을 이끌어 내게 되었다. 통일 후 1990.12.2. 전 독일 총선거를 실시하여 콜(Helmut Kohl) 총리가 이끄는 통일정부 구성을 끝냈지만, 통일 전 파산지경에 이르렀던 동독경제의 회복과 동서독 주민간의 경제적 격차 해소, 사회주의 체제에서 빚어졌던 재산권문제 등 많은 문제들을 헤쳐 나가고 있다.

독일헌법재판제도獨逸憲法裁判制度 1. **연혁** 19세기 초 미국의 위헌법률심사제도가 확립된 후 수 십년이 경과하면서 대륙으로 영향을 미쳤다. 독일에서는 헌법재판의 맹아적 형태로서 국사재판(國事裁判:Staatsgerichtsbarkeit)이 논의되기 시작하였고, Frankfurt헌법안에는 현재와 유사한 헌법재판제도가 마련되었으나 시행되지 못하였다. Weimar 헌법시기에는 국사재판에 관한 활발한 논의가 이루어졌다. 2차 대전 종료 후 1949.5.8. '독일기본법(GG)'이 제정되고 1951년 헌법재판소가 설치되었다. 2. **구성**(GG 제94조, BVerfGG) 연방헌법재판소는 헌법재판소장(President)과 부소장(Vice-President) 1인을 포함한 16인의 재판관(Judge)으로 구성된다. 재판관은 연방의회(Bundestag, 하원)와 연방참사원(Bundesrat, 상원)에서 각각 8인을 선출하고, 연방대통령이 임명한다. 연방의회에서의 재판관 선출은 간접선거에 의하는데, 12인의 의원으로 구성되는 재판관선출위원회(원내 교섭단체비율에 근거한

d'Hondt 방식의 비례대표제원칙에 따라 12인 선출)에서 2/3 이상(8인 이상)의 찬성으로 선출한다. 연방참사원에서는 투표수의 2/3 이상 찬성으로 선출한다. 제1재판부와 제2재판부의 3인씩 6인의 재판관은 연방최고법원들의 법관 중에서 선출된다. 재판관의 정년은 68세이며, 임기는 12년으로 연임 또는 중임할 수 없다. 재판관은 임기가 만료된 이후에도 후임자가 임명될 때까지 계속하여 그 직무를 수행한다. 연방의회와 연방참사원은 교대로 헌법재판소장과 부소장을 선출하며, 부소장은 헌법재판소장이 속하지 않는 재판부에서 선출되어야 하고, 최초선거에 있어서는 연방의회가 헌법재판소장을 선출하고 연방참사원이 부소장을 선출한다. 재판관 자격은 ① 40세 이상이어야 하고, 연방의회의원의 피선거권이 있어야 하며, 연방헌법재판소의 재판관이 될 의사를 사전에 서면으로 표명한 자로서 ② 독일법관법에 의한 법관의 자격이 있는 자이어야 한다. 3. **권한** 1) **규범통제** (1) **추상적 규범통제**(GG 제93조 제1항 제2호) 연방법률 또는 주법률이 기본법과 형식적·실질적으로 합치하는지의 여부, 주법률의 기타 연방법률과의 합치여부에 관하여 의견차이나 의문이 있는 경우, 연방정부, 주정부 또는 연방의회 의원 1/3 이상의 요구로 심판한다. 연방법률이 기본법 제72조 제2항(연방법률에 의한 규율의 필요)에 합치하는지의 여부에 관하여 의견차이가 있는 경우 연방참사원, 주정부 또는 주의회의 요구로 심판한다. 주헌법재판소가 기본법의 해석에 있어서 연방헌법재판소나 다른 주헌법재판소의 결정과 견해를 달리하고자 하는 경우에 당해 주헌법재판소의 제청에 의하여 심판한다. (2) **구체적 규범통제**(GG 제100조 제1항) 연방법률 또는 주법률이 기본법과 합치하는지의 여부 또는 주법률이 연방법률과 합치하는지의 여부가 재판의 전제가 될 경우에 법원의 제청에 의하여 당해법률의 합치 여부를 심판한다. 국제법규가 연방법률의 구성부분인지 여부 및 그 국제법규가 개인에 대해 직접 권리와 의무를 발생시키는지 여부에 관하여 의문이 있는 경우에는 법원의 제청에 의하여 심판한다. (3) **연방법률의 효력지속 여부**(GG 제93조 제1항 제2a호) 법률이 연방법률로서 효력을 지속하는가에 관하여 견해차이가 있는 경우 이를 심판한다. 2) **정당의 위헌여부심판**(GG 제21조 제4항) 정당의 목적이나 당원의 행위에서 자유민주적 기본질서를 침해 또는 부인하거나 독일연방공화국의 존립을 위태롭게 하는 정당은 위헌이며, 헌법재판소가 이를 결정한다. 3) **탄핵심판**(GG 제61조, 제98조 제5항) ① 연방대통령에 대한 연방의회 또는 연방참사원의 탄핵소추와 ② 법관에 대한 탄핵을 심판한다. 4) **기관쟁송**(GG 제93조 제1항 제1호) 연방최고기관(연방의회, 연방참의원, 대통령, 내각)의 권리·의무의 범위에 관한 분쟁 또는 기본법이나 연방최고기관의 직무규칙에 의하여 고유의 권리를 부여받은 '기타 관계기관'의 권리·의무의 범위에 관한 분쟁을 원인으로 하는 기본법의 해석을 담당한다. 5) **연방국가적 쟁송**(GG 제93조 제1항 제3·4호) ① 연방과 주간의 쟁송, 연방과 주 상호간의 권리·의무에 대한 견해차이, 특히 각 주가 연방법률을 시행하거나 연방감독에 관한 연방과 주간의 견해차이에 관한 쟁송 ② 다른 쟁송수단이 없는 경우에, 연방과 주간, 주상호간 또는 주내부에 있어서의 기타 공법상 쟁송 ③ 주의 법률이 연방헌법재판소에 권한을 부여한 주 내부의 헌법쟁송 6) **선거 및 의원자격에 대한 심판**(GG 제41조) 선거의 효력 또는 연방의회 의원자격의 취득이나 상실에 관한 연방의회의 의결에 대한 소원. 7) **헌법소원심판**(GG 제93조 제1항 제4a·4b·4c호) ① 공권력에 의해 기본권 또는 기본법 제20조 제4항(저항권), 제33조(국민으로서의 권리), 제38조(선거

권), 제101조(재판을 받을 권리), 제103조(피고인의 기본권) 및 제104조(자유박탈의 경우의 권리보장)에 규정된 권리를 침해당한 경우 누구나 헌법소원을 제기할 수 있다. ② 기본법 제28조의 지방자치행정권이 법률(연방 또는 주의 법률과 법규명령)에 의해 침해되었거나 주헌법재판소에 소원을 제기할 수 없는 경우로서 주에 의해 침해되었음을 이유로 지방자치단체와 지방자치단체조합이 헌법소원을 제기할 수 있다. ③ 연방의회선거에서 정당으로 불승인된 것에 대한 사단의 헌법소원도 가능하다. 8) **기본권 실효에 관한 심판**(GG 제18조) 자유민주적 기본질서를 공격할 목적으로 표현의 자유 특히 출판의 자유(제5조 제1항), 교수의 자유(제5조 제3항), 집회의 자유(제8조), 결사의 자유(제9조), 서신, 우편 및 전신의 비밀(제10조), 재산권(제14조), 망명권(제16조a)을 남용한 자는 헌법재판소의 결정에 의해 기본권의 효력을 상실하게 한다. 4. **심리와 관할(BVerfGG)** 헌법재판소는 전원합의체(Plenum), 각 8인의 재판관으로 구성되는 제1재판부(First Panel)와 제2재판부(Second Panel), 3인의 재판관으로 구성되는 지정재판부(Chamber)를 설치한다. 제1재판부는 규범통제절차(연방법률 또는 주법률의 기본법과의 형식적·실질적 합치여부, 주법률의 기타 연방법률과의 합치여부 심판, 연방법률 또는 주법률의 기본법과의 합치여부 또는 주법률이 연방법률과의 합치여부가 재판의 전제가 될 경우에 법원의 제청에 의한 심판)와 헌법소원(지방자치단체의 헌법소원과 선거법 영역상의 헌법소원 제외)의 심리를 관장한다. 제2재판부는 기본권 실효심판, 정당의 위헌여부심판, 선거심사, 탄핵심판, 기관쟁의, 연방국가적 쟁송, 국제법규가 연방법률의 구성부분인지 여부 및 그 국제법규가 개인에 대해 직접 권리와 의무를 발생시키는지 여부에 관하여 의문이 있는 경우에 법원의 제청에 의하여 심판, 법률이 연방법률로서 효력을 지속하는가에 관하여 견해차이가 있는 경우의 심판, 그 밖에 제1재판부에 속하지 않는 규범통제절차와 헌법소원심판의 심리를 관장한다. 한 재판부의 일시적인 아닌 과중한 부담으로 인하여 불가피한 경우에는 헌법재판소의 전원합의체에서 다음 연도가 개시되는 때로부터 효력을 가지는, 재판부의 재판권한을 재조정할 수 있다. 이 규정은 재판의 변론 또는 평의가 행하여지지 않은 계속 중인 절차에도 적용된다. 각 재판부는 6인 이상의 재판관이 출석하여야 하고, 법률에 다른 규정이 없는 한 참여재판관의 과반수 찬성으로 결정한다. 단, 기본권실효심판, 정당의 위헌여부심판, 탄핵심판에서 피청구인에게 불리한 결정을 하기 위해서는 재판부소속 재판관 전원의 2/3 이상의 찬성으로 결정하며, 가부동수인 경우는 기본법 또는 기타 연방법률에 합치하는 것으로 결정한다. 각 재판부가 법적 문제에 관하여 다른 재판부의 재판에 포함된 법해석과 견해를 달리할 경우 전원합의체가 이에 대해 결정한다. 전원합의체는 각 재판부 재판관의 2/3 이상이 참석하여 결정한다. 재판의 심리는 특별한 규정이 없는 한 구두변론에 기초하여 재판한다. 단, 모든 당사자가 구두변론을 명시적으로 포기한 경우는 제외한다. 구두변론에 근거한 재판은 판결(urteil)로, 그렇지 않은 재판은 결정(Beschluß)으로 내린다. 재판이나 그 이유에 대하여 반대의견을 주장한 재판관은 소수의견으로써 표시할 수 있으며 소수의견은 재판에 첨부한다.

독임제기관獨任制機關 ㉢ single system. 국가의사를 결정하는 행정기관의 설정방법으로서 행정관청에 그 권한을 일임하는 제도로, 합의제에 대응하는 개념이다. 일반적으로 대륙법계 국가에서는 국가의사를 결정하는 행정기관으로서 그 행정기관의 장인 행정관청에게 그 권한을 일임하는 독임제가 원칙이고, 영미법계 국가에서는 합의(또는 위원회)제가 많다. 우리나라는 대륙법계에 속하여 행정기관은 행정관청의 독임제가 원칙이 되고 있다. 예컨대 각부 장관, 처 · 청장, 군수, 경찰서장, 세무서장 등이 행정관청으로서 국가의사를 결정하는 독임제를 채택하고 있고. 기타는 모두 보조기관, 자문기관에 불과한 것이다. 독임제는 책임소재가 명확하고 능률적이며, 기밀이 보장되는 등의 장점이 있는 반면에 관료주의적 독단 전횡과 경솔 등의 단점이 있다. 사법부 구성원인 재판관이나 법관의 경우, 다수로 구성되는 재판부에 속하더라도 재판에 관한 한, 그 판단은 독립적으로 행해야 한다는 의미에서 독임제기관이라 할 수 있다.

독창적 헌법 ➜ 헌법의 분류.

Dobbs 판결 Dobbs v. Jackson Women's Health Organization(JWHO), 597 U.S. ___ (2022) 1. **사실관계** 이 사건은 2018년에 통과된 미시시피주의 재태연령법(在胎年齡法:Gestational Age Act)과 관련된 것으로, 동법은 의료적인 응급상황이나 심각한 태아기형을 제외하고 15주 이후 낙태를 금지하였다. 이 법은 또한 낙태시술자에게 면허정지와 같은 처벌을 적용하였다. JWHO는 연방 지역법원에 소송을 제기하고 재태연령법의 합헌성에 이의를 제기하였다. 청구인인 Thomas Dobbs는 미시시피주 보건관이었다. Dobbs는 사건이송영장(certiorari)을 청구하였고, 받아들여졌다. 연방대법원은 선택적인 낙태에 대한 모든 생존가능성 이전의 금지가 위헌인지 여부를 다루기 위한 영장을 부여하였다. 2. **사안의 쟁점** 미시시피주는 Dobbs를 통해 헌법이 낙태에 대한 권리를 규정하지 않는다고 하면서, 따라서 주정부는 정당한 주의 이익과 합리적으로 관련이 있는 경우 낙태를 자유롭게 금지할 수 있다고 주장하였다. 미시시피주는, 조약체결과 같은 주의 권한을 부인하지만 낙태를 제한할 수 있는 권한을 직접적으로 부정하지는 않는 수정헌법 10조에 의거하였다. 또한 미시시피주는 수정헌법 14조에 명시된 '자유'는 '미국의 역사와 전통에 깊이 뿌리를 둔' 기본권만을 의미한다고 주장하였다. 미시시피주는 더 나아가 수정헌법 14조가 비준될 당시 많은 주가 낙태를 금지했기 때문에 낙태는 기본적인 권리가 아니라고 주장하였다. 또한 미시시피주는 "생존가능성 기준선(viability line)"이 주의 이익을 보호하지 못하고 너무 자의적이거나 주관적이라고 주장하였다. 이와 대조적으로 JWHO는 낙태가 수정헌법 14조에 근거한다고 주장하였다. 신체자율성(physical autonomy)과 신체무결성(body integrity)은 '적법절차 조항에 의하여 보호되는 자유의 핵심적 요소'라고 주장하였다. 예를 들어, 피임은 '자유'라는 단어에 포함된다. JWHO는 또한 낙태 또는 자신의 신체를 소유할 수 있는 권리가 보통법 전통에서 중요하다고 주장하였다. 또한 여성건강은 연방법원이 생존가능성 기준선을 일률적으로 적용하였다고 지적하였다. 3. **판결이유** Alito 대법관이 Thomas, Gorsuch, Kavanaugh, Barrett 대법관이 가담한 다수의견(법정의견)을 집필하였다. 대법원은, 결정적인 문제는 '적절하게 이해된' 헌법이 낙태를 받을 권리를 부여하는지 여부라고 설명하였다. 대법원은 먼저 헌법이 낙태에 대해 명시적으로 언급하고 있지 않다고 밝혔다. 또한 대법원 판례에 따르면 낙태에 대한 주의 규제는 성별에 따른 차별이 아니므로 엄격한 심사의 대상이 아니다. 거기에서 대법원은 낙태가 국가의 역사와 전통에 깊숙이 근거되고 있지 않다는 것을 확인하였다. 대법원은 적법절차 조항이 두 가지 유형의 실질적인 권리, 즉 처음의 8개 수정조항에 의해 보장된 권리와, 기본적으로 간주되는 권리만을 보호한다고 자세히 설명하였다. 대법원은 미국 낙태의 역사가 "범죄로 하는 것", 즉 수정헌법 제14조가 채택될 당시 미국의 주의 4분의 3이 임신 중 어느 단계에서든 낙태를 범죄로 규정하였음을 지적하였다. 대법원은 이것이 Roe v. Wade 때까지는 사실이었고 따라서 "자유(liberty)"는 낙태를 국가의 자연, 역사 또는 전통에 뿌리를 둔 기본적 권리(fundamental right)로 인정하지 않을 것이라고 설명하였다. 실제로 대법원은 "Roe 판결이 이 역사를 무시하거나 왜곡했다"고 판시하였다. 대법원은 또한 "여러 주의 사람들"이 "잠재적 생명"과 "낙태를 원하는 여성" 사이의 이익을 법원과 다르게 평가할 수 있다고 설명하였다. 결국, 대법원은 낙태가 더 광범위하게 확립된 권리의 일부가 아니라고 결론지었다. 대법원은 낙태를 자율권 또는 "자신의 존재개념을 정의할 권리"와 연결하는 것이 "불법적 약물의 사용이나 매춘"에 대한 기본적 권리를 허용할 것이라고 말하였다. Roberts 대법원장은 법정의견에 동의하지만, Roe 판결과 Casey 판결의 폐기에는 동의하지 않았으며, Breyer, Sotomayor, Kagan 대법관의 반대의견이 있다. 4. **판결의 의의** 낙태가 기본적 권리의 지위를 부여받지 못하였다는 것은, 헌법적으로 다투어지고 있는 주의 낙태규제를 볼 때 합리성심사(rational-basis review)가 기준으로 사용되었다는 것이다. 중요한 것은, 주가 "정당한 이유로" 낙태를 규제할 수 있으며, 해당 법률이 헌법에 따라 다투어진다면, "강력한 유효성 추정"을 받게 된다는 것이다. 이 판결은 원래 태아의 생존가능성(viability) 이전의 낙태에 대한 기본적 권리를 주장한 판결이었던 Roe v. Wade(1973) 및 Planned Parenthood of Southeastern Pennsylvania v. Casey(1992)를 번복한 2022년 미국연방대법원 판결이다. 이 판결은 헌법이 낙태에 대한 권리를 부여하지 않는다고 주장하고, 낙태를 규제할 수 있는 권한은 '국민과 그들이 선출한 대표에게 되돌려진다고' 언급하였다. 말하자면, 낙태를 금지하여 범죄로 할지의 여부는 헌법적 권리의 침해의 문제가 아니며, 주가 규율할 수 있다고 한 것이다. 실제로 2022.8.5. 인디애나 주의회는 낙태를 불법화하는 낙태금지법을 통과시켜, 낙태를 불법화하는 첫 번째 주가 되었다.

동거정부同居政府 [프] gouvernement de la cohabitation. 프랑스와 같은 이원집정부제에 등장하는 정부 형태로, 여당과 의회 다수당이 다를 경우에, 대통령이 의회 다수당 출신의 인사를 총리로 기용함으로써 구성하는 연립정부를 일컫는다. 프랑스에서는 미테랑-시라크(1986~1988), 미테랑-발라뒤르(1993~1995), 시라크-조스팽(1997~2002) 등의 동거정부가 있었다. 이원정부제 내지 분권형 대통령제를 채택하고 있는 핀란드, 스리랑카, 우크라이나 등의 국가에서 동거정부가 등장하는 예가 있었다.

동물권動物權 [영] animal rights. 1. **의의** 동물권이란 사람이 아닌 동물 역시 인권에 비견되는 생명권을 지니며 고통을 피하고 학대당하지 않을 권리 등을 지니고 있다는 견해이다. 동물은 자연적 존재로서 인간의 다양한 욕구(식욕, 평화욕, 소통욕, 지배욕, 파괴욕 기타)에 대응하여 인간과 관계를 맺는다. 이 관계 속에서 동물이 인간에게 죽임을 당하거나 학대를 당하여 존재를 부정당하거나 고통을 받게 되는 경우에 동물에게도 권리를 인정하여 동물의 복지와 생명을 존중하자는 취지에서 주장되는 것이 동물권의 문제이다. 1975년 피터 싱어(Peter Singer)의 동물해방(Animal Liberation)이 발간된 후 본격적으로 논의되어 피터 싱어를 중심으로 한 동물복지주의와 톰 레건(Tom Regan), 게리 프랜시오니(Gary Francione) 및 스티븐 와이즈(Steven M. Wise) 등을 중심으로 한 동물권리론 그리고 양자를 절충한 신복지주의로 나눌 수 있다. 동물권을 인정하는 논리는 동물 자체에 생명권과 복지권을 인정하고 이를 통하여 생명과 복지를 구현할 수 있다는 입장과 먼저 인권을 확정하고 인간과의 관계에서 파생적으로 동물의 권리를 인정하는 입장이 있다. 전자는 권리의 분량적 계량화가 어렵고, 동물마다 어떤 내용의 권리가 있는지를 판단하기 어려우며, 축산동물과 축산농가와 같이 권리가 경합할 수 있다는 난점이 있다. 후자는 자신의 권리를 주장할 수 없는 유아나 중증장애인에게 법정대리인을 두는 것과 같이, 인간의 권리를 전제로 동물에게도 권리를 인정할 수 있다는 논리이다. 인간의 동물에 대한 감정이나 의사가 매우 불안정하고 가변적이기 때문에 보편화가 어렵다는 난점이 있다.

동서독기본조약東西獨基本條約 정식 명칭은 「Vertrag über die Grundlagen der Bezieungen Zwischen der BRD und der DDR」이며, 통상 Grundvertrag이라고 한다. 1972.12.21. 동베를린에서 조인된 동·서 독일 간의 관계정상화를 위한 조약이다. 1968년까지 동독과 서독은 냉전 구도 속에서 서로 적대시하였으나, 1970년대의 전 세계적인 데탕트정책에 힙입어 Willy Brandt의 동방정책에 의하여 양국 간의 냉전체제가 허물어지고 상호간에 교류협력을 위한 조약을 체결하였는데, 이것이 동서독 기본조약이다. 이 조약에 대하여 그 합헌성 여부가 다투어졌지만, 서독 연방헌법재판소는 지붕이론과 1민족2국가론에 따라 합헌으로 판결하였다. ➜ 지붕이론. ➜ 1민족2국가.

동성동본금혼同姓同本禁婚 동성동본(同姓同本)이란 성과 본관이 같은 일단의 사람들의 무리를 일컫는다. 종친(宗親) 또는 종족(宗族)·본종(本宗)·본족(本族)·동종(同宗)이라고도 한다. 동성동본 사이의 혼인은 신진 사대부에 의해 성리학이 도입되면서 조선시대 초부터 금지되었고, 일제강점기에도 조선의 관습법으로 인정되었으며, 대한민국에서도 1960.1.1.부터 시행된 민법에 이를 규정하였다(2005.3.31. 개정전 구 민법 제809조 제1항). 그러나, 중국에서는 중화민국 민법의 친속편(親屬編)이 시행된 1931.5.5. 동성금혼제도가 폐지되었고, 조선민주주의인민공화국에서는 1948년에 동성동본금혼제도가 폐지되었는데, 우리나라 민법 제정 당시에도 이에 대해 시대착오적 입법이라는 반론이 있었다. 동성동본금혼 규정에 대해서는 친족 관계를 확인하기 어려울 정도로 지나치게 광범위한 범위에서 단지 성과 본관이 같다는 이유로 혼인을 금지하는 것은 타당성이 없다는 이유로 계속 이의가 제기되었으며, 1978년, 1988년, 1996년에는 각각 1년 동안 '혼인에 관한 특례법'을 시행하여 동성동본인 사실혼 부부가 혼인신고를 할 수 있도록 법적으로 구제하였다. 결국, 1997년에 헌법재판소가 이 규정에 대해 헌법불합치 결정을 내려 효력을 중지시켰고(헌재 1997.7.16. 95헌가6), 2005.3.2. 국회에서 민법 개정안을 의결함으로써 같은 해 3.31.에 폐지되었다. 현재 우리나라에서는 8촌 이내의 혈족, 6촌 이내의 혈족의 배우자, 배우자의 4촌 이내의 혈족의 배우자인 인척이거나 인척이었던 자, 6촌 이내 양부모계의 혈족이었던 자와 4촌 이내의 양부모계의 인척이었던 자 사이에서의 혼인을 금지하고 있다(민법 제809조). ➜ 혼인과 가족에 관한 권리.

동성애同性愛 ➜ 성소수자.

동성혼同性婚 ㉭ same sex marriage, ㉢ Homosexuelle Ehe, ㉫ marriage homosexuel. 동성결혼(同性結婚) 또는 동성혼(同性婚)은 생물학적, 사회적으로 동일한 성별을 가진 두 사람 사이에 법률상, 사회상으로 이루어지는 결혼을 말한다. 20세기 후반부터 성소수자 운동인 LGBT(Lesbian, Gay, Bisexual, Transgender) 운동이 활발히 일어나면서 2001년 네덜란드를 시작으로 2019년 기준 전 세계 27개국에서 개인의 행복추구권과 평등권 등 인권과 시민권에 기초하여 동성결혼을 전면적으로 혼인의 형태로 포섭하고 이를 법적으로 시행하고 있다. 동성의 동반자관계를 혼인관계와 유사하게 법적으로 보호하는 시민 결합(Civil union) 제도를 시행하고 있는 국가들을 포함하면 전 세계 35개 국가가 동성 커플의 법적 지위를 보장하고 있다. 우리나라의 경우, 헌법재판소에서는 혼인을 '1남1녀의 정신적 · 육체적 결합'이라고 하거나(헌재 1997.7.16. 95헌가6), '남녀가 결합하는 것'이라고 하여(헌재 2011.11.24. 2009헌바146), 동성간의 혼인을 인정하지 않았으며, 대법원도 '혼인은 남녀의 애정을 바탕으로 하여 일생의 공동생활을 목적으로 하는 도덕적, 풍속적으로 정당시 되는 결합이다'라고 하거나(대판 1982.7.13. 82므4; 1999.2.12. 97므612; 2000.4.21. 99므2261; 2003.5.13. 2003므248; 2015.2.26. 2014므4734, 4741 등 참조), '혼인이란 남녀 간의 육체적, 정신적 결합으로 성립하는 것'이라고 하여(대결 2011.9.2. 2009스117), 동성간의 혼인을 허용하지 않고 있다고 하였다. 2014년 김조광수 감독이 서대문구청에 동성혼 혼인신고를 한 것에 대해 수리를 거부하고 신고불수리통지를 하자, 서울서부지법에 동성혼불수리처분취소소송을 제기하였다. 서울서부지법은 혼인의 헌법상 의미가 이성(異性) 간의 혼인을 의미함을 이유로 동성혼불수리처분취소소송을 각하하여 동성혼을 인정하지 않았다(서울서부지법 2016.5.25. 2014호파1842).

동시선거특례同時選擧特例 **동시선거**란 선거구의 일부 또는 전부가 서로 겹치는 구역에서 2종류 이상의 다른 종류의 선거를 같은 선거일에 실시하는 것을 말한다. 동시선거의 경우, 선거기간 및 선거사무일정이 서로 다른 때에는 선거기간이 긴 선거의 예에 따른다. **동시선거의 범위 및 선거일 결정, 동시선거의 투표방법** 등에 관해서는, 공직선거법 제14장 제202~217조 참조.

동의권同意權 ㉢ right to consent. 동의란 다른 사람의 행위에 대한 인허(認許) 내지 시인(是認)의 의사표시로서 행위자 단독의 행위만으로는 완전한 효과가 발생할 수 없는 경우에 이것을 보완하는 타인의 의사표시이다. 헌법상으로는, 국회의원체포동의권(제44조 제1항), 계속비지출동의권(제55조 제1항), 예비비동의권(제55조 제2항), 기채 혹은 예산 외에 국가의 부담이 될 계약에 대한 동의권(제58조), 조약체결 · 비준에 대한 동의권(제60조 제1항), 외국군대주류에 대한 동의권(제60조 제2항), 일반사면동의권(제79조 제2항), 국무총리임명동의권(제86조 제1항), 대법원장 · 대법관임명동의권(제104조 제1 · 2항), 헌법재판소장임명동의권(제111조 제4항) 등이 있다. ➜ 국회의 권한.

동의법률同意法律 ㉣ Zustimmungsgesetz. 독일기본법에서 동의법률은 세 가지 종류가 있다. 첫째, 연방상원의 거부법률(Einspruchsgesetz)에 대응하여 연방상원의 동의를 얻어야 성립하는 연방법률(GG 제77~78조 참조), 둘째, 국제 조약을 국내법체계에 편입하기 위하여 국내적인 동의가 주어지는 연방법률(국제조약 및 전환법률(Transformationsgesetz))(GG 제59조 제2항), 셋째, 주의회가 주정부에 의해 체결된 국가조약에 대해 동의를 하는 주법률 등을 일컫는다.

동의조약同意條約 ㉣ Staatsvertrag. 헌법 제60조 제1항에 따라 국회의 동의를 얻어 체결하는 조약을 말한다. 국회의 동의를 필요로 하지 않는 조약을 비동의조약 혹은 행정협정이라 한다. ➜ 조약의 체결절차(현행헌법상).

동일규범반복금지同一規範反復禁止 ➜ 기속력.

동일노동 · 동일임금同一勞動·同一賃金 [영] Equal pay for equal work, [독] Gleiches Entgelt für gleiche Arbeit, [프] Un salaire égal pour un travail égal. 성별, 정규직, 파트타임, 파견 사원 등의 고용 형태, 인종, 종교, 국적 등에 관계 없이 동일한 직업에 종사하고 동일한 노동을 하는 노동자에 대하여 동일한 임금수준을 적용하고 노동의 양에 따라 임금을 지급한다는 임금정책의 원칙이다. 국제노동기구(ILO), 국제연합(UN), 세계인권선언 등에 명시되어 있다. 2018.3. 기준으로, 동일노동 · 동일임금을 헌법에 명시한 국가로는 그리스 · 아르헨티나 · 포르투갈 · 멕시코 4개국이 있다. 2019.3. 기준으로, 법률로 이를 시행하고 있는 곳으로는 스웨덴, 일본, 캘리포니아 주 등이 있다. 우리나라의 경우, 근로기준법 제6조는 「사용자는 근로자에 대하여 남녀의 성(性)을 이유로 차별적 대우를 하지 못하고, 국적 · 신앙 또는 사회적 신분을 이유로 근로조건에 대한 차별적 처우를 하지 못한다.」고 하여 균등한 처우를 하도록 규정하고 있으나, 정규직과 비정규직 사이에 임금격차가 적지 않은 것이 현실이다.

동일성이론同一性理論 ➜ 자동성의 원리.

동트d'Hont**식 계산방법** ➜ 비례대표제.

동행명령同行命令 [영] order/warrant of accompanying, [독] Befehl der Begleitung, [프] mandat d'accompagnement. 국회, 법원, 행정부 등에 속하는 국가기관의 재판, 조사 혹은 수사의 과정에서 피고인, 증인, 참고인 등에 대하여 동행하여 줄 것을 요구하는 명령을 일컫는다. 법규정에서 동행을 요구할 수만 있도록 하는 법률이 많은 반면, 동행명령장을 발부하여 동행을 요구하도록 하는 법률도 있다. 후자의 경우, 형사소송법(제166조), 국회에서의 증언 · 감정에 관한 법률(제6조), 4 · 16 세월호참사 진상규명 및 안전사회 건설 등을 위한 특별법(제27조), 5 · 18민주화운동 진상규명을 위한 특별법(제28조), 일제강점하 반민족행위 진상규명에 관한 특별법(제21조), 진실 · 화해를 위한 과거사정리기본법(제24조) 등에 동행명령규정이 있다. 또한 한나라당 대통령후보 이명박의 주가조작 등 범죄혐의의 진상규명을 위한 특별검사의 임명 등에 관한 법률(제6조 제6 · 7항, 제18조 제2항)에서도 규정하였는데, 이 규정에 대하여는, 특별검사가 참고인에게 지정된 장소까지 동행할 것을 명령할 수 있게 하고 참고인이 정당한 이유 없이 위 동행명령을 거부한 경우 천만 원 이하의 벌금형에 처하도록 규정한 법률 제6조 제6 · 7항, 제18조 제2항이 영장주의 또는 과잉금지원칙에 위배하여 청구인들의 평등권과 신체의 자유를 침해하여 위헌이라는 헌법재판소 결정이 있다(헌재 2008.1.10. 2007헌마1468).

동화적 통합과정同化的 統合過程**으로서의 헌법** 헌법을 이해하는 한 방법으로서 독일의 R. Smend가 주장한 이론이다. 스멘트는 국가를 '다양한 이해관계를 가진 사회구성원이 하나의 정치적인 생활공동체로 동화되고 통합(Integration)되어가는 항구적인 과정'이라고 보고, 헌법은 그러한 통합과정을 규율하는 법질서라고 하였다. 그의 이론은 그 후 해벌레(P. Häberle), 콘라드 헤세(K. Hesse) 등에 의하여 계승 · 발전되었다. ➜ 헌법관.

두마Duma [러] дýма. 두마는 러시아의 의회의 명칭이다. 중세 루스족의 공국들이 채택한 의회체제로, 그리스의 민회와 비슷한 의사결정기구였다. 다수결이 아니라 만장일치제를 채택하였고, 합의를 이루지 못할 때에는 결투로 결정하였다고 한다. 러시아제국기인 1906.4.에 처음 개회하여, 1917년 러시아혁명 때까지 4회 선출되었다. 러시아제국기의 시의회, 러시아 연방 하원의회(국가두마), 러시아

연방 시대의 시의회와 지방의회를 가리키는 용어로도 사용되었다. 소비에트 연방 당시에는 소멸하였다가, 소련이 붕괴되고 탄생한 러시아 연방에 의해 하원의회인 국가두마(Госуда́рственная ду́ма(약칭: Госду́ма 고스두마)가 설치되었다. 러시아연방의 상원은 연방평의회(Сове́т Федера́ции(Federation Council))로 의석은 총 170석이다.

Duarte Agostinho and Others v. Portugal and 32 Other States ➜ 기후변화소송.

뒤기Duguit, L. 1859~1928. 레옹 뒤기(Léon Duguit)는 프랑스의 공법학자로서, 19세기 말과 20세기 초라는 세기의 전환기에 헌법학자로서 활약하였다. 프랑스의 고전적 헌법이론을 집대성한 에스맹(A. Esmein, 1848~1913)을 비롯하여 모리스 오류(M. Hauriou,1856~1929)와 함께 헌법의 사회학적 이해를 주장한 사람이다. 프랑스 제3공화국 시기의 프랑스는 경제적·사회적 조건과 국가기능 그리고 법사상 내지 사회과학방법론 모두에 있어 근본적인 변천의 시대였다. 자본주의의 고도화와 노동운동으로 인하여 사회문제가 심각해지고, 계급대립과 투쟁이 격화되는가 하면 행정기능의 확대와 강화로 야경국가에서 복지국가로, 개인주의에서 사회연대주의로의 진전이 시작되었다. 이러한 세기의 전환기에 헌법학자로서 뒤기는 실증주의, 사회적 연대주의, 객관주의 법이론, 객관법 또는 법의 준칙에 의한 국가권력의 제한 그리고 공공 서비스 이론 등을 전개하였다. 그는 사회현상을 경험적으로 취급하여 형이상학을 철저하게 배척하는 입장에서 전통적인 공법논리, 특히 권력주의적인 독일의 이론과 개인주의적인 프랑스의 이론을 날카롭게 비판하였다. 사회적 근본 사실인 사회연대 관계를 기초로 하여 주권의 관념과 권리의 관념을 부정해서 공무의 관념을 중심으로 공법 이론의 구성을 시도했다. 저서로는 「공법변천론(Les transformation du droit public)」(1912), 「법과 국가(The Law and the state)」(1917), 「헌법론(Traité de droit constitutionnel)」(1921~1925) 5권 등이 있다.

뒤베르제Duverger, Maurice. 1917.6.5.~2014.12.16. 모리스 뒤베르제는 프랑스의 정치학자이자 법학자이다. 보르도 대학에서 법학교수로 학술활동을 시작했으나, 주로 정치학 분야에 많은 업적을 남겼다. 1948년에는 보르도 대학에 최초의 정치학과를 개설하였고, 보르도 대학 이외의 다수의 대학에서 강의를 했다. 뒤베르제는 1989년에서 1994년까지 유럽의회 의원을 역임했다. 이탈리아 좌파민주당 소속으로 당선되었으며, 유럽의회 사민당 교섭단체 소속의원으로 활동했다. 뒤베르제는 행정법 전공으로 보르도에서 강의를 시작했지만, 법사회학과 헌법학에도 관심을 두었다. 정당론에 탁월한 업적을 남겨 그의 「정당론」은 정당 연구분야의 고전으로 받아들여지고 있다. 단순다수제는 양당제와 친화성이 있고, 결선투표제와 비례대표제는 다당제와 친화성이 있다는 뒤베르제의 법칙으로 유명하다. 그는 뒤베르제의 법칙 외에도 '준대통령제(semi-presidentialism)'의 개념도 1956년 르 몽드지 기고문에서 처음 사용하였다. 그에 의하면 준대통령제는 첫째, 직접 선거에 의해 선출된 국가원수인 대통령이 존재하며, 둘째, 내각은 의회에 대해 책임을 지고, 셋째, 대통령이 상당한 실질적 권한을 갖고 있다는 세 가지 특징을 갖는 정치체제를 지칭한다. 주요 저서로, 정당론(Les partis politiques)(1951), 사회과학 방법론(Méthodes des Sciences sociales)(1961), 정치란 무엇인가(Introduction à la politique)(1964), 정치제도와 헌법(Institutions politiques et Droit constitutionnel)(1970), 정치사회학(Sociologie politique)(1966), 서구민주주의의 두 얼굴(Janus: les deux faces de l'Occident)(1972) 등 많은 저서가 있다.

뒤베르제의 법칙loi de Duverger 선거제도를 통한 헌정체제와 정당제도의 상호관계에 관하여 뒤베르제가 1954년에 내세운 가설. ① 상대다수대표제는 양당제적 경향을, ② 비례대표제는 상호독립적인 다당제적 경향을, ③ 절대다수대표제는 정당 간 연립에 의한 절제된 다당제적 경향을 갖는다는 법칙이다.

Dred Scott v. Sandford, 60 U.S. (19 How.) 393(1857) 1. **사실관계** Dred Scott은 세인트루이스 출신의 미국 육군 군의관 John Emerson 소유의 노예이었다. 군인인 Emerson이 새로운 부임지로 옮겨갈 때마다 Scott을 데리고 다녔다. 1846년에 Emerson이 죽자 스콧은 세인트루이스로 돌아와서 Emerson의 미망인에게 소송을 제기하여 자유를 요구하였다. 그는 자신은 연방법에 의하여 노예제도가 금지된 일리노이와 위스콘신에서 오랫동안 살았으므로 자유인이 되었다는 것이다. 미주리 주법원이 Scott에게 불리한 판결을 내리자, 대법원에 상고하였다. 2. **연방대법원 판결** 노예제도에 반대하는 북부출신의 대법관들은 Scott의 편을 들었고, 노예제를 옹호하는 남부출신의 판사들은 미주리 주법원의 판결을 지지했다. 노예주인 메릴랜드주 출신인 대법원장 Roger B. Taney가 다수의견을 작성하여, "노예 흑인도, 자유 흑인도 미국 시민이 아니며, 따라서 그들은 연방법원에 제소할 권리가 없다"고 하였다. 또한 "노예제도를 금지하는 일리노이의 법은, Scott이 노예주인 미주리로 되돌아온 순간 그에게 효력을 상실한다"고 하고, "위스콘신에서 적용된 법은 그것이 미국헌법 수정 제5조를 침해한다는 점에서 위헌이기 때문에 효력이 없다"고 결론내렸다. 미국헌법 수정 제5조는 정부가 개인의 생명, 자유 및 자산을 법의 적정한 절차에 의하지 아니하고는 박탈하지 못하게 하고 있는데, 노예는 명백히 '자산'이라는 것이었다. 3. **판결의 의의** 이 판결에서 미국 연방대법원은 노예로 미합중국에 들어온 흑인과 그 후손은 그가 노예이든 노예가 아니든 미국헌법 아래 보호되지 않으며, 미국 시민이 될 수 없기 때문에 연방법원에 제소할 권리가 없다고 결정하였다. 또한 연방정부가 미국 영토 내의 노예제도를 금지할 권리가 없다고 판결하고, 적법절차 없이 주인으로부터 노예를 빼앗을 수 없다고 판결하였다. 위스콘신의 주법을 무효로 한 것은 미국 역사상 두 번째이었다. 미국 연방대법원 역사상 가장 최악의 판결로 여겨지고 있다.

드워킨Ronald Myles Dworkin, 1931.12.11.~2013.2.13. R. Dworkin은 1931년 미국 Rhode Island, Providence 태생의 유대인이었다. 1953년 Harvard 대학에서 철학을 전공했으며 하버드 법대에 입학하여 1957년 졸업하였다. 제2 순회항소법원의 Learned Hand 판사의 로클럭으로 근무하였다. 뉴욕의 로펌인 Sullivan & Cromwell에 잠시 재직한 후 Yale Law School의 법학교수가 되었다. 이후 Oxford의 법대, University College London, Bentham 대학 등의 법학교수로 재직하였고 여러 대학에서 강의하였다. 그는 법의 존재와 내용에 대한 일반적인 이론이 있을 수 있다는 것을 부인하고, 규칙-원칙 모델(rule and principle model)을 강조하였다. 저서로는, Taking Rights Seriously(1977), A Matter of Principle(1985), Law's Empire(1986), Life's Dominion: An Argument About Abortion, Euthanasia, and Individual Freedom(1993), Freedom's Law: The Moral Reading of the American Constitution(1996), Sovereign Virtue: The Theory and Practice of Equality(2000), Justice in Robes(2006), Is Democracy

Possible Here?(2006), Justice for Hedgehogs(2011), Religion Without God(2013) 등이 있고, 우리나라에 거의 모든 저서가 번역되어 있다.

드 파두 Marsile de Padoue 1275~1342. 드 파두(이탈리아어: Marsilio da Padova, 라틴어: Marsilius Patavinus)는 중세의 유명한 정치철학자이다. 파도바의 마르실리우스라고도 한다. 이탈리아 파도바에서 태어나 파도바대학교에서 의학을 공부하였으며 파리대학교에서는 오컴의 윌리엄(William of Ockham, 1280~1349) 밑에서 신학과 철학을 배웠다. 그는 파리에서 의학, 철학, 신학을 가르쳤으며 1313년에는 파리대학교의 총장이 되었다. 그는 자신의 논쟁적인 저작 「평화의 수호자(Defensor pacis)」를 루트비히에게 헌정하고 세속 정부권력의 독자성을 강력하게 옹호함으로써 황제권주의자의 면모를 보여주었다.

등록 · 신고제登錄 · 申告制 ➜ 언론 · 출판의 자유.

등록취소登錄取消 ➜ 정당.

등족회의等族會義 ➜ 삼부회(신분의회).

디지털 기본권 Digital 基本權 ⓔ Digital Constitutional Right. 1. **의의** '범주적 개념'으로서의 디지털 기본권은 일응 '디지털의 형태로 이루어진 정보 혹은 디지털 정보에 관한 기본권' 내지 '디지털 정보의 유통과 통제에 관한 기본권'이라고 정의내릴 수 있다. 디지털 기본권의 외연범위와 관련하여, 디지털과 관련된 기기(devices), 디지털을 기반으로 하는 기술(예컨대, 가상화폐나 AI 등), 디지털 디바이드(divide) 등과 관련된 자유나 권리의 문제도 포함될 수 있다. 하지만, 이 문제들은 각각의 영역에서 별도의 규율이 필요하므로, '디지털 정보의 유통과 통제'와 직접적으로 관련된 것에만 한정할 필요가 있다. '디지털 정보에 관한 기본권' 내지 '디지털 정보의 유통과 통제에 관한 기본권'이라고 정의내릴 수 있는 디지털 기본권은 결국 그 보호대상이 디지털 정보라는 점에서, 디지털 정보의 속성 내지 특성에 따라 디지털 기본권의 구조, 성격, 내용이 결정될 수 있다. 디지털 정보의 속성 내지 특성으로는, 첫째, '복제의 용이성, 원본과의 동일성, 보존의 영구성', 둘째, '정보저장, 정보처리 및 정보재생의 표준화', 셋째, '네트워크를 통한 정보의 공유 및 확산', 넷째, '미디어 이용자의 정보 선택 및 통제권의 강화' 등이 지적되고 있다. 2. **정보기본권 및 사이버 기본권과의 관계** (1) **정보기본권과의 관계** 정보법질서의 성격과 구조가 특정 시기와 특정 사회에서의 주된 커뮤니케이션 매체가 무엇이냐에 따라 결정되는 가변적 개념이라고 한다면, 정보기본권도 '매체개방적 개념범주'라고 할 수 있다. '매체개방적 개념범주'로 이해되는 정보기본권은 '디지털 정보에 관한 기본권' 내지 '디지털 정보의 유통과 통제에 관한 기본권'인 디지털 기본권의 상위의 개념이라고 할 수 있다. (2) **사이버 기본권과의 관계** 사이버 기본권이란 '사이버공간과 관련된 기본권'으로 정의내릴 수 있으며, 사이버공간의 기술적 물리적 기반이 인터넷이라는 점을 염두에 둔다면, 사이버 기본권은 곧 '인터넷 기본권'으로 이해될 수 있다. 사이버 기본권의 개념표지인 '사이버공간'은 인터넷이라고 하는 '네트워크'를 기술적 물리적 기반으로 하므로, 개념상 네트워크를 기반으로 하지는 않지만 정보 그 자체는 디지털의 형태로 이루어진 경우에는 사이버 기본권으로 포섭할 수 없게 된다. 이러한 측면에서 '디지털 기본권 사이버 기본권'이라는 관계가 성립되게 된다. 즉 '디지털 기본권 〉 사이버 기본권'이라는 관계가 성립된다. (3) **결론** 결론적으로 '범주적 개념'들인 정보기본권, 디지털 기본권, 사이버 기본권 간의 관계는 '정보기본권 〉 디지털 기본권 〉 사이버 기본권'으로 정리될 수 있다. 3. **디지털 기본권의 주요내용** 1) **인터넷 액세스권(인터넷 접근 · 이용권)** 인터넷은 오늘날 일종의 '공공재적' 성격을 갖고 있다고 할 수 있다. 바로 여기서 '인터넷 액세스권' 혹은 '인터넷 접근 이용권'이라는 기본권의 성립이 가능한지 그리고 인터넷 액세스권의 성격이 무엇인지의 문제가 제기될 수 있다. 인터넷에 대한 접근 및 이용이 인터넷을 통한 정보유통 및 표현의 자유의 '필요적 전제조건'이라고 한다면, 인터넷 액세스권을 디지털 기본권의 한 내용으로 포함시켜 기본권성을 인정할 필요가 있다. 인터넷 액세스권의 문제를 인터넷이라는 망(network)을 통해 유통되는 콘텐츠에 대한 자유로운 접근의 문제로 이해한다면, 이는 곧 '정보접근권'의 문제로 이해될 수 있다. 그리고 이와 관련하여 논란이 될 수 있는 것이 바로 망중립성(network neutrality)의 문제이기도 하다. 2) **익명표현의 자유** 표현의 자유는 디지털 기본권의 중핵을 이루는 기본권이라 할 수 있다. 디지털 네트워크가 갖는 중요한 특성 중의 하나인 '익명성'과 맞물려서 표현의 자유 중 익명표현의 자유가 갖는 의미를 조명할 필요가 있다. 익명표현의 자유는 "자신의 신원을 누구에게도 밝히지 아니한 채 익명 또는 가명으로 자신의 사상이나 견해를 표명하고 전파할 자유"를 의미하는 것으로서, 표현의 자유의 보호영역에 포함된다. 이는 디지털 네트워크 사회의 등장으로 인하여 '새롭게 인정된' 기본권은 아니며, 표현의 자유에 '당연히 내포되어' 있는 기본권이다. 표현의 자유에 있어서의 '익명성'이라는 요소는 표현의 자유가 보장되기 위한 '최소한의 필요조건'이라고 할 수 있다. 익명표현의 자유는 디지털 네트워크 상에서의 표현의 자유 혹은 인터넷 표현의 자유의 '본질적 내용'에 해당한다는 평가가 가능하다. 디지털 네트워크 시대에서 익명표현의 자유는 디지털 기본권이라는 개념범주의 한 내용으로 자리매김될 수 있다. 3) **개인정보자기결정권** 현재의 개인정보자기결정권의 개념과 내용에 대한 이해, 그리고 현행 개인정보 보호법제가 채택하고 있는 각종 개인정보 보호정책이 소위 '참여형 모델'을 전제로 하는 '정보주체의 참여의 확보 및 강화'를 넘어서서 '개인정보자기결정권의 절대화' 경향성을 띠고 있다는 점을 고려하면, 디지털 네트워크 시대에 있어서 개인정보자기결정권은 디지털 네트워크사회에 부응하는 방향으로 그리고 개인정보 보호와 활용 간의 균형과 조화를 이루는 방향으로, 재해석되고 재설정될 필요가 있다. 4) **잊혀질 권리** 오늘날 디지털 네트워크 환경에서 가장 논쟁적인 이슈가 되고 있는 것이 바로 '잊혀질 권리(right to be forgotten)'의 인정 문제이다. ➜ 잊혀질 권리. 잊혀질 권리는 디지털 네트워크 시대의 도래로 인한 문제점들 중의 하나인 사생활 및 인격권 침해를 해소하거나 완화하기 위한 수단 중의 하나로 조명을 받고 있는 것은 명백하다. 잊혀질 권리를 디지털 기본권이라는 개념범주의 한 내용으로 인정할 수 있는가의 문제도 잊혀질 권리의 권리성 인정 내지 법제화와 관련되어 있다. 5) **디지털콘텐츠에 대한 지식재산권자의 권리** 디지털콘텐츠는 디지털 정보 중에서도 '창작의 결과성'과 '거래의 대상성'을 강조하기 위한 개념범주로 이해될 수 있다. 디지털콘텐츠 제작자인 지식재산권자의 권리 보호 문제 내지 디지털콘텐츠의 보호 및 활용 간의 조화의 문제가 주된 쟁점이다. 디지털콘텐츠에 대한 지식재산권자의 권리는 단순한 법률상의 권리라기보다는 헌법 제22조 제2항(지식재산권보호) 및 제23조(재산권)에 근거하여 인정될 수 있는 '헌법상의 권리', 즉 기본권으로서의 성격을 갖는다고 할 것이다. 4. **결** 디지털 기본권이라는 개념범주는 고유한 체계, 내용, 의미를 가질 수 있다는 점에서 성립가능할 뿐만 아니라, 또한 디지털 네트워크 사회에서 발생할 수 있는 새로운 이익 충돌 상황에서 개인의 권익 보호, 다른 법익과의 균형과 조화를 위한 법제도 개선에 있어서 주요한 개념도구가 될 수 있다.

라드브루흐Gustav Radbruch 1878.11.21.~1949.11.23. 구스타프 라드브루흐는 신칸트학파의 서남독학파에 속하는 독일의 형법학자이자, 법철학자이다. 바이마르 공화국 법무장관을 지냈으며, Königsberg대학 · Kiel대학 · Heidelberg대학 교수를 지냈다. 바이마르 초기의 1920-1924년 사회민주당의 국회의원이 되어, 두 번에 걸쳐 법무장관을 맡아 형법 초안을 기초하였다. 독일 나치정권에 의해 1933.5.에 교수직에서 해임되었다가, 1945년에 복직하였다. 존재와 당위, 비판적 지성, 인식과 신앙의 이원론, 자유주의적 경향 등에서 칸트적 정신의 계승자이다. 라드브루흐 법철학의 핵심사상은 '법개념(Rechtsbegriff)'과 '법이념(Rechtsidee)'의 학설이다. 그는 법의 이념으로 정의(Gerechtigkeit), 법적 안정성(Rechtssicherheit), 합목적성(Zweckmäßigkeit)을 제시하였으며, '라드브루흐 공식(Radbruchsche Formel)'을 제시하였다. ➜ 라드브루흐 공식. 주요 저서로, 법철학 원론(Grundzüge der Rechtsphilosophie)(1914), 법철학(Rechtsphilosophie)(1932), 도미에의 사법풍자화(Karikaturen der Justiz), 법의 지혜(Kleines Rechtsbrevier), 법학 명상록(Aphorismen zur Rechtsweisheit), 마음의 길(Der Innere Weg) 등이 있다.

라드브루흐 공식 Radbruch 公式 ㊛ Radbruchsche Formel. 2차 대전이 종전한 후, 라드브루흐는 나치의 법에 관하여 「법률적 불법과 초법률적 법(gesetzliches Unrecht und übergesetzliches Recht)」이라는 공식으로 설명하였다. 1946년 발간된 논문의 원문에 따르면, 「정의와 법적 안정성이 서로 충돌하는 경우 그 해결방식은 다음과 같을 것이다: 제정되고 그 집행이 권력에 의해서 보장되는 실정법은 설령 그 내용이 부정의하고 비합리적이라고 하여도 (정의의 원칙보다는) 일단 우선성을 가진다; 그러나 실정법이 너무도 참을 수 없을 정도로 정의에 위반하는 경우에는 '정당하지 못한 법'이 되며 이때에는 정의가 법적 안정성에 우선한다. 물론 어떠한 경우에는 법률적 불법이며 어떠한 경우에는 비록 부정당한 내용을 지녔지만 그럼에도 효력을 갖는 법률인지를 확연하게 구별하는 것은 불가능하다. 그러나 한 가지 경계선만은 명백하게 확정할 수 있다. 즉, 정의가 단 한 번도 추구되지 않은 경우, 즉 실정법을 제정할 때 정의의 근본을 이루는 평등이 의도적으로 부인되고 침해되는 경우에는 그 실정법은 '정당하지 못한 법'조차도 될 수 없으며 법으로서의 자격 그 자체가 박탈되는 것이다.」 위의 언명은 (ⅰ) 정의와 법적 안정성의 갈등은 어느 일방의 절대적 우위에 의해 해소될 수 없다(정의와 법적 안정성 간의 모순). (ⅱ) 정의와 법적 안정성 간의 관계는 잠정적으로 법적 안정성이 상대적 우위를 차지한다(법적 안정성의 상대적 우위). (ⅲ) 실정법의 정의에 대한 위반이 '참을 수 없는' 정도에 이르렀을 때 정의는 법적 안정성에 우위를 차지한다(정의에 대한 참을 수 없는 위반)의 세 가지 테제로 정리할 수 있다. 라드브루흐는 '초법률적 법'이라는 언명을 통하여 정의의 실질적 내용을 구성하게 된다. 그는 기본적으로 초법률적 법을 자연법으로 이해하고 있다.

라살레Lassalle, Ferdinand 1825.4.11.~1864.8.31. 페르디난트 요한 고틀리프 라살레(Ferdinand J. G.

Lassalle)는 독일의 사회주의자 및 혁명사상가로 독일 사회민주당의 전신인 전독일노동자협회의 창설자이다. 부유한 유대 상인의 아들로 태어나 7살 위의 마르크스와 교유하고, 국가를 더 이상 '야경국가'나 경찰국가에 머무르게 하지 않고 경제를 점진적으로 사회화시키는 노동자 조합을 보장하는 사회적 변화에 적극적으로 참여하게 하고자 하였다. 마르크스주의자들 사이에서는 독일 사회주의운동의 창시자로서 칭송을 받고 있으며, 볼셰비키 혁명 이후에는 러시아에서 기념비가 세워진 사회주의 영웅들 가운데 한 사람으로 존경받고 있다.

라이프홀츠Leibholz, Gerhard 1901.11.25.~1982.2.19. 라이프홀츠는 1901년 베를린의 샬로텐부르크에서 태어났다. 부유한 부친 덕분에 매우 유복하고 리버럴한 환경에서 성장하였다. 그의 부친은 유태 신자이었으나, 라이프홀츠는 개신교세례를 받았고, 이른바 독일화된 유태인이었다. 제1차 세계대전 종전 후 1919.2.에 김나지움을 졸업한 라이프홀츠는 3개월 간 의용단 활동을 마치고 하이델베르크대학에 입학하였다. 여기서 2년 만에 '피히테와 민주주의사상'이라는 논문으로 철학박사학위를 취득하였다. 베를린으로 돌아온 라이프홀츠는 법학공부를 계속하여 1922년 제1차 국가시험에 합격하고 1924년에는 트리펠(Heinrich Triepel)의 지도로 '법 앞의 평등(Die Gleichheit vor dem Gesetz)'이라는 주제로 법학박사학위를 취득하여 학문적 명성을 얻었다. 1926년 제2차 국가시험(Assessorexamen)에 합격하여 법률가자격을 얻은 직후 라이프홀츠는 자비네 본회퍼(Sabine Bonhoeffer)와 결혼하였는데, 부인의 쌍둥이남매가 디트리히 본회퍼(Dietrich Bonhoeffer)이었고, 오빠가 클라우스 본회퍼(Klaus Bonhoeffer)이었다. 트리펠의 지도하에 교수자격논문을 통과한 후, 독일 동북부의 그라이프스발트(Greifswald) 대학에서 교수활동을 시작하였다. 1931년에 괴팅겐대학의 교수직을 제안받고 이를 수락하였다. 1933.4.7.에 직업공무원재건에 관한 법률(Gesetz zur Wiederherstellung des Berufs- beamtentums)이 공포된 후, 강제사직의 위기가 있었으나, 이를 모면하였다. 그러나 친나치적인 일부 학생들이 그의 강의를 방해하려는 움직임에도 불구하고 약 2년 동안 강의를 계속할 수 있었다. 하지만 나치의 광풍 속에서 1935.12. 스스로 퇴직을 청하였고 같은 해 12월부터는 34세의 퇴직교수가 되었다. 나치정권이 유태인들의 여권을 말소하기 시작하던 1938.9.에 영국으로 망명하였다. 부인 자비네의 남매이자 개신교목사였던 디트리히 본회퍼의 도움으로 영국에서 어렵게 망명생활을 하는 도중, 형이 자결하고 두 처남이 처형되는 등 고초를 겪었다. 2차 대전 종전 후 1947.6.에 객원교수로 괴팅겐에서의 강의를 재개하였다. 1951년에 그는 괴팅겐 법과대학에 그의 취향에 맞는 정교수직이 생길 때까지 괴팅겐대학의 정치학과에서 강의하라는 제안을 받고 이를 수락한다. 이후 1958년에 법과대학에 '정치학 및 국가학' 강의를 위한 정규교수직이 설치됨으로써 원래의 자리로 돌아가서 1970년 정년 때까지 머무르게 된다. 라이프홀츠는 1951.9. 4년의 임기로 독일 연방헌법재판소 제2원의 재판관에 선출되어, 자신의 주요 연구영역이던 의회, 정당, 선거에 관련된 사항을 맡았다. 1955년에 4년의 임기가 지난 후 우선 1년 동안 임기가 연장되었다. 임기가 종료되던 1963년에 라이프홀츠는 8년의 임기로 다시 한 번 선임되었다. 이로써 그는 1951.9.7.부터 1971.12.8.까지 무려 20여 년 동안 독일 연방헌법재판소 재판관으로 봉직하였다. ➜ 정당국가론.

Line Item Veto = 항목거부 ➜ 법률안거부권. ➜ 미국대통령의 권한과 한계.

랭델 교수법 Langdell Method 랭델교수법은 1870년부터 1895년까지 하버드법대 학장을 역임한 랭델(Christopher Columbus Langdell; 1826.5.22.-1906.7.6.)이 창안한 법학교수법이다. 랭델교수법(Langdell Method)은 법학교육에 실용주의 원칙을 적용하여, 학생들이 주어진 경우에 법이 어떻게 적용될 수 있는지 이해하기 위해 소크라테스식 문답법을 통하여 스스로의 추론능력을 함양하도록 하는 교수법으로, case method라고 부르기도 한다. 미국 로스쿨의 주요 교수법이며, 비즈니스, 공공정책 및 교육과 같은 분야에서도 채택되고 있다.

러닝메이트시스템running mate system ➜ 미국대통령선거.

Lucknow 조약 ➜ 세계인권재판소.

Leghari 판결 ➜ 기후변화소송.

Lebach 판결 BVerfGE 35, 202(1973.6.5.). 1969. 1.19.~20. 사이의 야간에 2명의 남자 A와 B가 독일 레바흐(Lebach)에 있는 독일연방군의 무기고를 경비하던 4명의 군인을 살해하고, 1명에게 중상해를 입힌 후에 총기와 실탄을 탈취하여 도주하였다. 위 두 명 외에 비록 범행에 직접 가담하지는 않았지만 2명 중 1인에게 총기사용법을 가르쳐준 제3의 C가 있었다. 독일 전 사회에 충격을 불러일으킨 이 사건이 일어난 후 몇 개월 후 1969년 여름 이 세 명은 체포되었고, A와 B는 무기징역형에 C는 방조범으로서 6년형을 선고받았다. 1972년 독일 제2국영방송(ZDF)은 “Der Soldatenmord von Lebach”(“레바흐 지역의 군인살해사건”)라는 제목의 다큐멘트 필름을 제작하였다. 이 프로그램에서 배우들이 위 3명의 역할을 맡았으며 각각의 실명과 사적인 관계들(이 세 명은 동성애 관계에 있었다)이 계속해서 자막으로 제시되는 내용을 담고 있었다. C는 1973년 가석방을 앞두고 있었는데, 그 프로그램의 방영은 자신의 인격권, 성명권, 초상권을 침해하고 자신의 재사회화를 위협할 것이라는 판단 하에 마인츠(Mainz)지방법원에 동 프로그램 방영금지가처분신청을 하였으나 인정되지 않았고 코블렌츠(Koblenz)고등법원에서도 마찬가지여서 헌법소원을 제출하였다. 헌법소원절차에서 청구인 C는 위의 프로그램방영은 독일기본법 제1조 제1항과 제2조 제1항에서 보장되는 인격권을 침해한다고 주장하였다. 독일헌법재판소는 청구인의 헌법소원이 이유있다고 판시하였다.

Reynolds v. Sims, 377 U.S. 533(1964) 판결 1. **사실관계** Alabama 주 헌법은 의회로 하여금 인구를 토대로 10년마다 선거구를 조정하도록 요구하고 있었지만 1901년 이래 한번도 선거구조정이 이뤄지지 않았다. 1960년의 인구조사통계에 의하면, 주 인구의 25.1%가 주상원의 과반수를 선출하는 선거구 내에 거주하고 있었고, 25.7%만이 주하원의 과반수를 선출하는 county들에 거주하고 있었다. 인구가 가장 많은 선거구와 가장 적은 선거구의 인구편차가 상원의 경우 41:1이었고 하원의 경우 16:1이었다. 2. **판결** Warren 대법원의 다수의견은 Alabama 주의 의원정수배분을 무효라고 판시하였다. 연방대법원은 “의회의원은 투표권자에 의하여 선출되지 농장이나 시 또는 경제적인 이익에 의하여 선출되는 것이 아니다”고 말하면서 의원이 대표하는 주된 것은 지역의 단체이익이라는 개념을 거부하였다. 연방대법원은 평등권조항은 “주의회 양원의 의석은 주민수에 따라 정하여질 것을 요구하고 … 주의회 의원 선출을 위한 개개인의 투표권은, 그 가치가 같은 주 내의 다른 지역에 거주하는 주민의 투표권과 비교할 때 본질적인 형태로 감소되었을 때에 그의 권리는 헌법적으로 침해된 것이다."고 판시하였다. 연방대법원은 "일반적으로 평등권은 문제가 되고 있거나 다투어지고 있는 정부의 행위에 대하여 동일한 관계에서 있는 자들을 동일하게 다룰 것"을 요구한다고 인식하였다. 연방대법원은 또한 선거구에 따라 주민수가 불평등한 선거구는 위헌으로 추정되므로, "1인1표"로부터의 일탈을 정당화시키기 위한 요소에 대한 입증책임이 주에 있음을 명백히 하였다.

레퍼렌덤referendum ➜ 국민투표제.

Renton v. Playtime Theaters, Inc., 745 U.S. 41(1986) 판결 1. **사실관계** 워싱턴 주의 렌턴 시는 주택지역, 단독 또는 복수가족주택, 교회, 공원 또는 학교로부터 1000피트 이내에서의 성인극장의 설치·운영을 금지하는 조례(ordinance)를 제정하였는데, 이에 Playtime Theaters, Inc.는 당해 조례에 대하여 불복하고 그 집행을 영구적으로 정지하도록 청구하였다. 2. **판결** 7대2의 판결로 연방대법원은 당 조례가 수정 제1조 및 제14조를 위반하지 않았다고 결정하였다. 대법원은 당 조례가 성인영화관 전체에 대한 금지가 아니라, 시간, 장소, 방법의 형태로 규제되었음을 인정하였다. 대법원은 법률이 성인동영상 영화관에서 보여지는 영화의 내용이 아니라, 그 영화관이 주변 공동체에 미치는 부수적 효과(secondary effects), 즉 범죄율, 재산가치, 도시 주민의 질을 대상으로 한 것이므로 내용중립적인 것으로 결정하였다. 대법원은 조례가 도시 삶의 질을 유지한다는 시의 이익이라는 실질적인 정부 이익에 기여하며, 시가 시내에서 성인극장을 운영하기 위한 합리적 기회를 부여하는 의사전달의 합리적 대안을 허용하고 있다고 보았다. 3. **판결의 의의** 선례와는 달리, Renton 판결의 법정의견은 표현내용에 따른 규제가 표현의 부차적 효과, 즉 의사전달적 효과와 관련이 없는 해악을 제거하기 위한 것을 목적으로 할 때에는 내용중립적인 것으로 보아야 한다고 결정하였다. 법문언상의 용어가 아니라 오히려 정당성에 근거하여 심사하였다. 즉 법의 용어가 아니라 부차적 효과를 제거하기 위한 목적에 의해서 정당화된다고 봄으로써 다른 입장을 취하고 있다. 이러한 입장은 이후의 판결에서 반드시 일관되게 적용되지는 않고 있다.

로마법Rome法; Ius Romanum ➜ 대륙법.

Roe v. Wade(1973) 판결 ➜ 낙태죄(미국). ➜ Dobbs 판결.

Lommers 판결 (Lommars v Minister van Landbouw, Natuurbeheer en Visserij, Case C-476/99, [2002] ECR- I 2891 (19 March 2002)). 1. **사실관계** 1993.11.15.에 네덜란드 농림부장관은 보육시설자리(nursery places)의 이용에 관한 예규(Circular)를 채택하였는데, 동 예규는 '긴급한 경우'를 제외하고는 원칙적으로 여성근로자만이 보육시설 자리를 이용할 수 있도록 규정하였다. 한편, 1995.12.5.에 농림부 공무원인 Lommers(남성)는 출생예정인 자신의 자녀를 위해 보육시설 자리를 예약할 줄 것을 농림부장관에게 요청하였지만, 남성공무원의 자녀는 오직 긴급한 경우에만 보육시설 자리를 배정받을 수 있다는 이유로 거절되었다. 이에 Lommers는 1995.12.28.에 농림부장관의 결정에 이의를 제기함과 동시에 평등대우위원회에 농림부장관의 조치가 「남녀평등대우법(Wet Gelijke Behandeling van Mannen en Vrouwen: WGB)」에 부합하는지에 대한 의견을 요구하였다. 1996.6.25.에 평등대우위원회는 농림부장관이 WGB 제1a조 제1항과 제5항을 위반하지 않았다고 결정하였고, 1996.9.11.에 농림부장관도 평등대우위원회의 의견에 기초해서 Lommers의 이의신청을 기각하였다.

이에 Lommers는 Hague 지방법원에 제소하였고, 1996.10.8.에 지방법원은 평등대우위원회의 의견을 인정하여 청구를 기각 하였다. 이에 Lommers는 1996.11.13.에 고등사회보장법원에 항소하였고, 동 법원은 문제해결을 위해 소송절차를 중단하고 ECJ에 사전결정을 신청 하였다. **2. ECJ의 판결** 고등사회보장법원이 ECJ에 의뢰한 질문은 다음과 같다. 즉, 원칙적으로 여성피고용인만이 정부보조금을 받는 보육시설을 이용할 수 있고, 남성피고용인의 경우에는 고용주가 긴급한 상황이라고 인정한 경우에만 이용할 수 있도록 규정한 네덜란드 농림부의 예규가 76/207/EEC 지침 제2조 제1항 및 제4항에 위배되는지 여부이다. 이에 대해 ECJ는 동 예규가 자신의 힘으로 자녀를 돌보고 있는 남성공무원에게도 보육시설의 접근을 허용하는 것으로 해석되는 경우에는 76/207/EEC 지침에 위배되지 않는다고 판시하였다. 특히, ECJ는 76/207/EEC 지침에 규정된 남녀평등대우권과 같은 개인적 권리에 대한 예외의 범위를 결정함에 있어서는 '비례성원칙'을 적절히 고려해야 한다고 주장하였다. 즉, 개인적 권리에 대한 예외는 '목표를 달성하기 위해 적절하고 필요할 것(appropriate and necessary in order to achieve the aim)'이라는 한계 내에 있어야 하고, 평등대우원칙은 추구된 목표의 요건과 가능한 한 양립될 것을 요구하였다. 이러한 전제 하에서 ECJ는 ⅰ) 이용가능한 보육시설의 숫자가 불충분해 일정한 제한이 불가피하다는 점, ⅱ) 남성공무원은 관련 서비스 시장을 통해 보육시설 자리를 이용할 수 있기 때문에 보육시설에 대한 남성공무원의 모든 접근이 배제되는 것은 아니라는 점, ⅲ) 긴급한 경우에는 고용주가 남성공무원의 요청에 대해 혜택을 부여할 가능성이 있다는 점 등을 고려하면, 본 사건의 국내법 규정은 '비례성원칙' 및 76/207/EEC 지침에 위반되지 않는다고 보았다. 3. **판결의 의미** Lommers 사건은 '긴급한 경우'를 제외하고는 원칙적으로 여성근로자만이 보육시설 자리를 이용할 수 있도록 규정한 국내법 규정이 문제된 사건이다. 이에 대해 ECJ는 동 예규가 자신의 힘으로 자녀를 돌보고 있는 남성공무원에게도 보육시설의 접근을 허용하는 것으로 해석되는 경우에는 76/207/EEC 지침에 위배되지 않는다고 판시하였다. 이 사건에서 ECJ는 적극적 평등실현조치의 심사기준과 관련해서 처음으로 '비례성원칙'을 직접 언급하였다. 그러나 ECJ는 이러한 '비례성원칙'에 대해 단순히 '목표를 달성하기 위해 적절하고 필요할 것'이라고 언급하고 있다. 따라서 '비례성원칙'의 구체적인 내용이 무엇인지, 일반적인 '비례성원칙'과 차이가 있는지 여부는 여전히 의문으로 남아있다. ➜ 적극적 평등실현조치.

로크Locke, John 1632.8.29.~1704.10.28. 존 로크는 영국의 계몽주의 사상가 · 정치철학자이다. 섬머셋셔(Somersetshire)의 작은 마을 라잉턴(Wrington)에서 법조인의 아들로 태어났다. 청교도 군인인 아버지로부터 청교도식 교육을 받고 자라났다. 1647년 웨스트민스터 기숙사학교 졸업 후, 1652년 옥스퍼드 대학의 크리스트 칼리지에 장학생으로 입학하여 언어, 논리학, 윤리학, 수학, 천문학을 두루 공부하면서 데카르트 철학을 처음 접하였다. 1660년 옥스퍼드 대학의 튜터로 5년간 활동한 후 1664년 경부터 과학, 특히 의학을 연구하였다. 1665~ 1666년 공사 비서로서 독일의 브란덴부르크에 머물렀으며, 이곳에서 종교적 관용에 관하여 눈뜨게 된다. 약 10여 년간 정계은퇴와 프랑스에서의 휴식을 거쳐 1679년에 귀국하였다. 1689년 명예혁명 후 윌리엄 3세가 즉위하자 1690년 공소원장이 되고, 망명 중 집필한 「인간오성론(An Essay concerning Human Understanding)」을 발표하여 일약 유명해졌다. 1700년 에식스에 은퇴하였다가 그곳에서 1704년에 사망하였다. 로크는 영국의 첫 경험론 철학자로 평가를 받지만, 사회계약론도 동등하게 중요한 평가를 받고 있다. 그의 사상들은 인식론과 더불어 정치철학에 매우 큰 영향을 주었다. 그는 가장 영향력 있는 계몽주의 사상가이자 자유주의 이론가의 한 사람으로 널리 알려져 있다. 그의 저서들은 볼테르와 루소에게 영향을 주었으며, 미국혁명뿐만 아니라 여러 스코틀랜드 계몽주의 사상가들에게도 영향을 미쳤다. 그의 영향은 미국 독립선언문에 반영되어 있다. 평화 · 선의 · 상호부조가 있는 낙원적 자연상태에서 노동에 의한 자기재산을 보유하는 자연권의 안전 보장을 위하여 사회계약에 의해서 국가가 발생되었다고 주장하였다. 국가의 임무는 이 최소한의 안전보장에 있다고 하는 것이 야경국가론이다. 사회계약설에 의하여 국가는 성립되었으나 국가는 절대권력을 행사하는 기관이 아니며, 홉스의 국가관과 대조적으로 입법부가 정한 법에 의해 행정부에서 통치되는 기관이었다. 국가가 그 기능을 제대로 수행하지 못했을 경우, 국민의 재산을 안전하게 보호할 의무, 계약을 성립한 국민에 의해 파기될 수 있다고 주장하였다(저항권). 국민은 계약에 의하여 국가에 자신들의 권력을 신탁(信託)하였다고 주장하여 국민주권을 기초하였으며, 명예혁명 후의 영국 부르주아 국가를 변론하고 영국 민주주의의 근원이 되었다. 로크의 정신에 관한 이론은 '자아정체성'에 관한 근대적 개념의 기원으로서 종종 인용되는데, 데이비드 흄과 루소 그리고 칸트와 같은 이후의 철학자들의 연구에 현저한 영향을 주었다. 그는 또한 정신을 백지상태(tabula rasa)으로 간주하였는데, 데카르트나 기독교 철학과는 다르게 사람이 선천적 관념을 지니지 않고 태어난다고 주장하였다. 저서로는, 인간오성론(An Essay concerning Human Understanding), 시민정부2론(Two Treatises of Government), 관용에 관한 편지(A Letter concerning Toleration) 등이 있다.

Lochner v. New York, 198 U.S. 45 (1905) 1. **사실관계** 뉴욕주는 제빵사들이 일주일에 60시간 또는 하루에 10시간 이상 일하는 것을 금지하는 the Bakeshop Act(1895)를 제정하였다. Lochner는 직원에게 일주일에 60시간 이상 일하도록 허용한 혐의로 기소되었다. 첫 번째 기소는 25달러의 벌금이 부과되었고, 몇 년 후 두 번째 기소는 50달러의 벌금이 부과되었다. Lochner는 첫 번째 유죄판결에 이의를 제기하지 않았지만 두 번째 유죄판결에 대해 항소하였고, 주 법원은 이를 기각하였다. 연방대법원에 상고하면서, 그는 수정헌법 제14조가 실체적 적법절차에 포함된 권리 중 계약의 자유를 포함하는 것으로 해석되어야 한다고 주장하였다. 2. **쟁점** the Bakeshop Act는 수정헌법 제14조의 적법절차 조항에 의해 보호되는 자유를 침해하는가가 쟁점이 되었다. 3. **판결이유** 법원은 뉴욕법을 무효화하였다. 4인의 찬성과 함께 Rufus Peckham이 집필한 **다수의견**은, 이 법이 개인의 계약의 권리와 자유에 대한 불합리하고 불필요하며 자의적인 침해를 구성한다고 하면서, 해당 법이 적법절차 조항을 위반하였다고 판결하였다. 4인의 대법관이 그 견해를 반대하였다. White, Day 대법관들이 가담하고 Harlan 대법관이 집필한 **반대의견**은, 계약의 자유는 규제의 대상이 된다고 주장하면서, 일반적인 복지에 영향을 미치는 문제와 관련한 입법행위를 심사하는 법원의 권한은, 공중보건, 공중도덕, 혹은 공공의 안전을 위하여 제정되었다고 주장하는 법률이 그러한 목적에 실제적인 혹은 실질적인 관계가 없거나, 의심의 여지없이 기본법에 의해 보장되는 권리에 대한 분명하고 명백한 침해인 경우에만 적용되는 원칙 내에 있을 때에만 존재한다고 하였다. Harlan은 또한 입증책임은 그러한 법령이 위헌임을 주장하는 당사자에게 있다고 주장하였다. Harlan은 법원이 법이 정당한 주의 이익을 다루는 유효한 건강조치라는 주의 주장에 충분한 비중을 두지 않았다고 주장하였다. 그는 대법원이 장시간 노동이 베이커리 직원의 건강을 위협한다는 뉴욕 주의회의 판단을 존중했어야 한다고 주장하였다. O. W. Holmes Jr. 대법관의 **반대의견**은 법원칙보다는 자유방임 경제학에 따라 Lochner의 사건을 결정한 다수의견을 비난하면서, 시민의 계약의 자유를 제한하는 많은 미국법률이 있다고 지적하였다. Holmes는 적법하게 제정된 주법이 미국의 전통에서 '기본적인 원칙을 침해한다'고 합리적으로 말할 수 있는 경우에만 적정절차 조항의 보장에 따라 위헌이 될 수 있다고 하였다. the Bakeshop Act는 명백히 그러하지 않았다. 4. **판결의 의의** 이 판결은 미국 연방대법원의 역사적 판결로, 제빵사의 최대 노동시간을 설정하는 뉴욕주 법이 수정헌법 제14조 상의 제빵사의 계약의 자유에 대한 권리를 침해한다고 판결한 것이다. 경찰권에 따라 규제하는 주의 권한을 광범위하게 해석하면서, Harlan 대법관은 Lochner 판결 이후의 판결에 시사점을 주는 그의 반대논리를 명확하게 하였다. 정부에 법이 합리적인 근거를 가지고 있음을 증명하도록 요구하기보다, 그는 법에 이의를 제기하는 당사자에게 심사에 충족되지 않았음을 증명하도록 요구하였다. 이후 30년 동안의 대법원의 적법절차 법리는 일관성이 없었지만 Lochner 이후의 여러 주요 노동사건에서 주의 경찰권에 대해 좁게 보는 관점을 취하였다. 예를 들어, Coppage v. Kansas(1915) 판결에서 법원은 황견계약을 금지하는 법령을 폐지하였고, Adkins v. Children's Hospital(1923) 판결에서 대법원은 최저임금법이 적법절차 조항을 위반했다고 판결하였다. 1934년 대법원은 Nebbia v. New York 판결에서 계약의 자유에 대한 헌법상의 기본권이 없다고 판결하였다. 1937년 대법원은 West Coast Hotel Co. v. Parrish 판결에서 Adkins를 명시적으로 기각하고 묵시적으로 계약의 자유가 제한되지 않아야 한다는 생각을 부인하였고, 1938년 U.S. v. Carolene Product Co. 판결에서 이중기준원칙과 증명책임 전환을 확립하여, Lochner 시대의 종말을 알렸다. 대법원은 Williamson v. Lee Optical of Oklahoma 판결(1955)에서 '이 대법원이 현명하지 못하거나, 부주의하거나 특정 생각의 부류들과 조화롭지 못하다는 이유로, 수정 제14조의 적정절차조항을 주 법률, 경제규제 및 산업여건을 무효로 하기 위하여 사용하는 시기는 지나갔다.'고 만장일치로 선언하여 조종을 울렸다.

뢰벤슈타인Löwenstein, Karl 1891.11.9.~1973.7.10. 독일 출신으로 미국에서 활동한 공법학자 · 정치학자이다. 1931년 뮌헨 대학 사강사(私講師)를 지냈으나 1932년 나치스의 유대인 박해를 피하여 미국으로 망명, 1934년 예일대학 정치학 부교수를 지냈다. 1936년 이후 애머스트 대학 William Nelson Cromwell 교수로 있으면서 법학과 정치학을 강의하였다. 헌법의 존재론적 분류로 유명하다. ➜ 헌법의 존재론적 분류. 저서로, Erscheinungsformen der Verfssungsänderung(1931), Political Power and the Governmental Process(1957), Verfassungsrecht und Verfassungspraxis der Vereinigten Staaten(1959) 등이 있다.

루소Rousseau, Jean-Jacque 1712.6~1778.7. 장 자크 루소는 스위스 제네바에서 태어난 프랑스의 사회계약론자이자 직접민주주의자, 공화주의자, 계몽주의 철학자이다. 가난한 시계공인 아버지 아이작 루소(Issac Rousseau)와 수잔 버나드(Suzanne Bernard) 사이에서 태어났다. 어머니는 출산후유증으로 사망했다. 10세 때 아버지마저 집을 나가 숙부에게 맡겨져 여러 직업에 종사하며 각지를 돌아다녀야만 했다. 1724년부터 법원서기가 되기 위한 직업 교육을 받았다. 1728년 이탈리아의 토리노에서 로마 가톨릭 세례를 받았으며, 장 조세프라는 세례명을 받았다. 1730년 로잔으로 이주하여 가명으로 음악사 생활을 했다. 1732년부터 1740년까지 샹베리와 샤르메트에서 바랑 부인 곁에 살면서 음악에 몰두하고, 많은 독서를 하며 다방면에 걸쳐 교양을 쌓는다. 1741년 계몽주의자인 달랑베르, 디드로와 파리에서 만나 친교를 맺었다. 1745년 루소는 23살의 세탁부 하녀 테레즈 르바쇠르와 결혼했다. 루소는 그녀가 낳은 5명의 아들을 모두 고아원에 보냈다. 1749년부터 루소는 디드로와 친교를 맺은 후, 그의 권유로 프랑스 아카데미의 학술 공모전에 「학문 및 예술론」이 1등으로 당선되어 이름을 떨쳤다. 디드로와 달랑베르의 「백과전서」 편찬에 참여하였다. 하지만, 「인간불평등기원론 Discours sur l'origine de l'inégalité parmi les hommes」(1755), 「정치 경제론 De l'économie politique」(1755), 「언어기원론 Essai sur l'origine des langues」(사후 간행) 등을 쓰면서 디드로를 비롯하여 진보를 기치로 내세우는 백과전서파 철학자나 볼테르 등과의 견해 차이를 분명히 하였다. 이후 「신(新) 엘로이즈 Nouvelle Héloïse」(1761), 인간의 자유와 평등을 논한 「민약론(民約論) Du Contrat social」(1762), 소설 형식의 교육론 「에밀 Émile」(1762) 등의 대작을 차례로 출판하였는데, 특히 「신 엘로이즈」의 성공은 대단하였다. 그러나 「에밀」이 출판되자 파리대학 신학부가 이를 고발하였고, 파리 고등법원은 루소에 대하여 유죄를 논고함과 동시에 체포령을 내려 스위스·영국 등으로 도피하였다. 영국에서 흄과 격렬한 논쟁을 일으킨 후, 프랑스로 돌아와 각지를 전전하면서 자전적 작품인 「고백록 Les Confessions」을 집필하였다. 1768년에 1745년 이래로 함께 지내온 테레즈 르바쇠르와 정식으로 결혼하였다. 그 후 파리에 정착한 루소는 피해망상으로 괴로워하면서도 자기변호의 작품 「루소, 장자크를 재판한다(Rousseau juge de Jean-Jacques)」를 쓰고, 「고독한 산책자의 몽상(Les Rêveries du promeneur solitaire)」을 쓰기 시작하였으나, 완성하지 못하고 파리 북쪽 에르므농빌에서 죽었다. 그가 죽은 지 11년 후에 프랑스 혁명이 일어났는데, 그의 자유민권 사상은 혁명지도자들의 사상적 지주가 되었다. 1794년 유해를 팡테옹으로 옮겨 볼테르와 나란히 묻었다. 평생 동안 많은 저서를 통하여 지극히 광범위한 문제를 논하였으나, 그의 일관된 주장은 '인간회복'으로, 인간의 본성을 자연상태에서 파악하고자 하였다. 인간은 자연상태에서는 자유롭고 행복하고 선량하였으나, 자신의 손으로 만든 사회제도나 문화에 의하여 부자유스럽고 불행한 상태에 빠졌으며, 사악한 존재가 되었기 때문에 다시 참된 인간의 모습(자연)을 발견하여 인간을 회복하지 않으면 안 된다는 것이다. 이와 같은 입장에서, 인간 본래의 모습을 손상시키고 있는 당대의 사회나 문화에 대하여 통렬한 비판을 가하였으며, 그 문제의 제기 방법도 매우 현대적이었다. 한편, 그의 작품 속에 나오는 자아의 고백이나 아름다운 자연묘사는 19세기 프랑스 낭만주의 문학의 선구적 역할을 하였다. 그는 일반의지론, 사회계약론, 교육론, 평등론, 공공선론 등에서 18세기적인 사회윤리를 가장 독창적으로 탐구한 사상가이었다. 그의 영향은 철학·정치·교육·문학 전반에 걸쳐 깊이와 넓이에 있어서 그 유례를 찾아볼 수 없다. 그의 문학적 지위는 프랑스 낭만주의 문학자 볼테르와 함께 19세기의 대표적 작가로서, 계몽 사상가 중의 한 사람이다.

Luther v. Borden 사건 Luther v. Borden, 48 U.S.(7 How) 1(1849). 통치행위의 사법심사여부에 관한 미국 판결이다. Rhode Island 주에서 주 거주민의 선거권확대를 위해 노력했던 Martin Luther가 폭력적으로 변질되자 주공무원인 Luther M. Borden가 그를 체포하였다. 이에 Luther는 주정부가 재산이 많은 계층에만 선거권을 인정하여, 연방헌법 제4조하의 공화국 보장규정에 반한다고 하여, Borden이 적법한 권한을 가지지 못하였다고 하였다. 이에 미국 연방대법원은 「어느 정부가 적법한지의 판단은 정치적 문제이므로 법원이 판단할 사항이 아니라, 연방의회와 연방정부가 결정할 문제」라고 하였다. 정치문제 판단의 기준이 무엇이냐의 문제를 제기한 판결로서 나중에 Baker v. Carr 사건에서 구체적 기준이 제시되었다. ➔ Baker v. Carr 사건.

뤼벡Lübeck **사건**BGHZ 154, 205(2003) ➔ 의사조력사망.

Lüth 판결 BVerfGE 7, 198(1958). 1. **사실관계** 함부르크주 공보실장인 Erich Lüth는 1950.9.20.에 독일영화주간을 개최하면서, 언론클럽 회장으로서의 인사말 중에 영화배급회사와 영화제작회사에 대하여 제3제국시대에 유대인 박해영화 「Jud Süß」의 감독 겸 각본가로서 제작에 참여한 Veit Harlan을 독일영화의 대표자로서 추대한 것의 위험성에 관하여 경고하였다. 당시 Harlan의 각본 · 감독으로 「영원한 연인」을 제작한 돔니크영화사는 Lüth의 해명을 요구하였다. Lüth는 신문지상에 공개장의 형식으로, Harlan은 나치시대에 유대인배척에 가담하였던 사람으로, Harlan이 영화계에 재등장한 것은 독일의 국제적 평가를 훼손한다고 하여 보이콧을 호소하였다. 돔니크영화제작사와 헤어초크 영화배급사는 함부르크 주법원(Landgericht)으로부터 ① 영화관 주인과 영화배급회사에 「영원한 연인(Unsterbliche Geliebte)」을 프로그램에 넣지 말 것, ② 관객에게 이 영화를 찾지 말 것을 선동하는 것을 금지하는 가처분을 얻었다. 이에 대한 Lüth의 항소는 함부르크 고등법원에 의하여 기각되었다. 두 영화사는 Lüth의 신청에 대하여 함부르크 주 법원에 제소하고 동 법원은 Lüth에 대하여, 민법 제826조(공서양속위반)에 따른 불법행위를 인정하고, ① 영화관 주인과 영화사에 「영원한 연인」을 프로그램에 넣지 말 것, ② 관객에게 이 영화를 찾지 말 것 등의 선동을 금지하고, 벌금형 혹은 구류벌을 과하는 뜻의 판결을 하였다. Lüth는 함부르크 고등법원에 항소함과 동시에, 1심 법원 판결이 기본법 제5조 제1항의 언론의 자유를 침해한다고 하여, 연방헌법재판소에 연방헌법재판소법 제90조에 기한 헌법소원신청을 하였다. 연방헌법재판소 제1법정은 1958.1.15.에, 함부르크 1심 주 법원 판결을 파기하고 원심으로 환송하였다. 2. **판결요지** 1) **기본권의 본질에 관하여** 기본권은 기본권사상사 · 제정사, 헌법소원신청제도의 취지 등으로부터, 제1차적으로는, 국가에 대한 시민의 방어권이다. 그러나 기본권은 동시에, 인간의 존엄과 인격발현권을 중심점으로 하는 객관적 가치질서를 형성하고 있고, 이 가치체계는 헌법의 근본적인 결정으로서 민법을 포함하는 법 전반에 타당한 해석지침이 된다. 2) **기본권의 사법에 있어서 실현방법에 관하여** 기본권의 내용은 객관적 규범으로서 기본권적 가치기준의 형식을 취하여, 공서양속의 일부를 이루는 강행법적 사법규정을 매개로 하여 침투한다. 그 중에서도 특히 민법 제826조의 공서양속의 방식인 일반조항을 침투지역(Einbruchstelle)으로 한다. 3) **연방헌법재판소의 재심사의 범위에 관하여** 민사법관은 기본권에 구속되는 것으로(기

본법 제3조 제1항), 민사법규정의 해석 · 적용에 있어서, 기본권의 효력을 존중하여야 한다. 재판관이 기본권적 가치기준을 오인한 경우에는, 판결에 의하여 기본권을 침해한다. 연방헌법재판소는 민사판결의 법적 하자 일반을 심사하는 것이 아니라, 민사판결이 기본권이 갖는 사법(私法)에의 사정거리와 효력(방사효; Ausstrahlungswirkung)을 적절히 판단하였는가 아닌가를 심사한다. 4) **기본법 제5조 제1항의 일반법률에 관하여** 언론의 자유의 기본권은 일반법률에 의하여 제한된다. 언론자유는 자유주의적 민주국가에 있어서 절대적 · 본질적이고 모든 자유 일반의 기초인 것으로, 이 권리의 가치내용은 모든 영역에 있어서 언론의 자유를 위한 원칙적 추정이 될 수 있도록 해석되어야 한다. 따라서 이 기본권은 일반법률에 의하여 제한되지만, 일반법률도 이 기본권으로부터 다시 제한될 수 있도록 상호작용한다. 일반법률이라 함은 언론의 자유의 활동에 우월하는 사회적 가치의 보호를 목적으로 하는 모든 법률이다. 5) **기본법 제5조 제1항의 언론의 자유의 범위에 관하여** 언론의 자유의 기본권은 언론 뿐만 아니라 언론 자체에 포함되는 가치판단으로부터 발생하는 효과도 보호한다. 언론의 자유와 타인의 법률상 보호법익이 충돌하는 경우는, 이익형량이 되어야 한다. 사법도 일반법률에 포함되며, 명예보호도 언론자유의 제약원인이 되지만, 이익형량의 방법에 따른 목적 · 수단의 관점에서 언론이 여론형성에 공헌하는 경우는, 언론의 자유의 적법성이 추정된다. 6) **보이콧선동과 민법 826조의 공서양속에 관하여** 민법 제826조는 기본법 제5조 제2항의 일반법률이다. 이 일반조항의 해석에 있어서는 언론의 자유의 기본권의 의의와 범위가 판정되어, 이익형량이 되어야 한다. 공서양속을 해석하는 경우에 법관은 기본권장(章) 중의 원칙적 가치결정과 사회적 질서원리를 준수하고(기본법 제1조 제3항), 가치질서의 내에서 언론의 자유의 기본권과 대립하는 기본권주체인 다른 사인의 보호법익을 이익형량에 의하여 조정하여야 한다. 보이콧 선동의 동기는 이익추구는 아니고, 목적은 독일의 국제적 신용의 보호이고, Lüth도 독일-이스라엘 간의 평화운동에 참가하여 태도에 성실함이 있고, 방법도 적법하다. Lüth의 언론은 자유주의적 민주제에 본질적인 여론형성에 공헌하는 것이며, Harlan의 직업상의 이익, 예술적 인격의 발현(기본법 제2조), 영화회사의 경제적 이익에 우월하다. 결국, 보이콧 선동을 포함한 언론은 반드시 민법 제826조의 공서양속에 위반하지는 않으며, 사안의 모든 사정을 형량하여 언론의 자유에 따라 정당화될 수 있다. 3. **판결의 의의** 이 판결은 언론의 자유의 기본권의 간접적, 제3자적 효력을 처음으로 인정하고, 기본권의 제3자적 효력에 관한 초석(cornerstone)이 되는 판결이다. 동시에 이 판결은 언론의 자유에 관하여 확립된 판례로서 「Lüth판결원칙」을 정립하여 언론 · 출판의 자유(기본법 제5조 제1항)의 영역에 있어서 「법관법」을 형성하는 계기가 되었다. 또한 이 판결은 기본권의 효력에 관한 효력부인설과 직접적 효력설(Nipperdey)을 부정하고 사법의 가치보충기능 및 가치보충의 필요가 있는 일반조항을 경유하여 사법관계에 있어서 기본권을 실현하는, 신중하고도 탄력적인 중용이 길을 택하고 있다. 이 판결에 주목하여야 할 것은 헌법의 근본결정으로서 객관적 가치질서가 창설되고, 언론의 자유는 자유주의적 민주국가에서 절대적 · 본질적인 기본권이며, 궁극적 기본권(finales Grundrecht)로서 자유 일반의 기초로 성격규정되어 언론활동이 여론형성적 의의를 가지고 공익성을 갖는 경우, 언론의 자유의 적법성이 추정되어 이익형량에 있어서 우월적 지위를 갖게 된다고 한 점이다.

리바이어던Leviathan T. Hobbes의 저서로 1651년에 저술되었다. 정식 제목은《리바이어던, 혹은 교회 및 세속적 공동체의 질료와 형상 및 권력》(Leviathan, or The Matter, Forme and Power of a Common-Wealth Ecclesiastical and Civil)이다. '리바이어던'은 구약성서 욥기 41장에 나오는 바다 괴물의 이름으로서, 인간의 힘을 넘는 매우 강한 동물을 뜻한다. 홉스는 국가라는 거대한 창조물을 이 동물에 비유한 것이다. 성립과정에 대하여 여러 가지의 억측이 있으나 사실 홉스는 영국에 그때까지 주권의 소재가 명확치 않았던 사실이 내란 혁명의 최대원인이라고 확신하고, 인간 분석을 통해 주권의 필요성을 논하고, 절대주권을 확립함으로써 인민의 안전과 평화를 달성할 것을 원하여 이 책을 저술한 것이다. 이 책은 4부로 되어 있다. 제1부는 그 소재이자 창조자이기도 한 인간이란 어떠한 것인가, 제2부는 어떻게 해서 또 어떤 계약에 의해서 국가가 만들어지는가, 주권자의 각종 권리 및 정당한 권력 혹은 권위란 무엇인가, 제3부로 그리스도교적 국가란 무엇인가, 제4부 암묵의 왕국이란 무엇인가 등을 각각에 걸쳐 고찰하고 있다. 이 책의 핵심내용은 제3부와 제4부에 서술되어 있는데, 로마 가톨릭교회로부터의 국가의 독립을 강조하였고, 신앙은 단지 내면적인 문제이고 국가는 이것을 구속할 수 없다고 주장했다. 로마 가톨릭교회가 지상의 국가에 대해서 총지배권을 가지고 있는 것은 성경의 잘못된 해석에 의한 것이라고 로마 가톨릭교회를 통렬히 비난하고 있다.

리스본조약 ➜ 유럽헌법.

Richmond 판결 Richmond v. J.A. Croson Co., 488 US 469, 109 S.Ct. 706(1989). 1. **사실관계** Virginia주 Richmond 시의회는 그 지역 건설업계에서 소수인종이 운영하는 회사가 과소대표되어(under-represented) 왔다고 결론을 내리고는 모든 시 건설계약의 30%가 소수인종이 운영하는 사업체에 할당될 것을 명하는 시조례를 제정했다. J.A. Croson회사는 이 시조례가 연방헌법상의 평등보호조항을 위반했다고 주장하면서 소송에서 위헌 여부를 다투었다. 항소법원은 시조례가 위헌이라 판시했고 Richmond 시가 연방대법원에 상고했다. 2. **연방대법원의 판결** 여성대법관인 O'Connor대법관에 의해 집필된 다수의견은, 과거의 소수인종에 대한 대대로의 차별을 보상하기 위한 목적 외에 다른 목적으로 시의회나 주의회가 소수인종 할당제를 입법화할 수는 없다고 보면서, Richmond 시조례에 대해 위헌판결을 내렸다. 인종적 차별이 평등심사를 통과해 합헌이 되기 위해서는, 그것은 긴절한 정부이익을 실질적으로 촉진하는 것이어야 한다. 그러나, 그것을 위해 선택된 수단은 입법목적 달성을 위해 '정치하게 재단되어야(narrowly tailored)'만 한다. 과거의 특정한 차별이 있었음이 발견되지 않고는 그것이 불가능하다. 어떤 인종이 어떤 사업에서 단순히 과소대표되었다는 것으로 그 자체가 합리성 없는 부당한 차별이 있었음을 증명하지는 못한다. 이 사건에서, Richmond 시는 그러한 과거의 특정한 차별이 있었음을 증명하지 못했고 따라서 위헌이다. 3. **판결의 의미** 이 판결은 적극적 평등실현조치에 엄격심사를 적용한 최초의 판결이다. 연방대법원은 적극적 평등실현조치의 합헌성심사에 전통적인 차별유형들에 적용했던 것과 똑같은 기준을 적용해야함을 분명히 하였다. 즉, 소수인종에 대한 우대조치도 '인종'에 근거한 차별이 되기 때문에 평등법리의 일반론을 적용하더라도 이것에 대한 위헌성 심사는 엄격심사가 되어야 한다는 것이다. ➜ 적극적 평등실현조치.

ㅁ

마그나 카르타 Magna Carta 영어로는 the Great Charter of Freedoms이며, 대헌장(大憲章)으로 번역된다. 영국 국왕 존이 프랑스의 영지를 상실하고 다시 전쟁을 일으켜 패전한 탓에 국가재정이 고갈되었고, 이를 해결하려고 귀족들에게 세금을 부과하자, 귀족들이 들고 일어나 영국 국민을 등에 업고 왕을 협박하여, 템스 강변의 러니미드(Runnymede)에서 왕에게 승인하도록 한 문서이다. 원문에는 개조번호(個條番號)가 없었으나 18세기 이래 63개조로 정리되어 있다. 새로운 요구를 내놓은 것은 없고 구래(舊來)의 관습적인 모든 권리를 확인한 문서로서, 대강의 내용은, 교회는 국왕에게 자유롭고, 왕의 명령만으로는 전쟁 협력금 등의 명목으로 세금을 거둘 수 없으며, 런던과 다른 자유시들은 자체적으로 관세를 정하고, 왕은 정해진 사안에서만 의회를 소집할 수 있으며, 잉글랜드의 자유민은 법이나 재판을 통하지 않고서는 자유, 생명, 재산을 침해받을 수 없다는 등이었다. 본래는 귀족의 권리를 재확인한 봉건적 문서였으나, 300여 년간 제대로 효력을 발휘하지 못하다가, 17세기에 이르러 왕권과 의회의 대립에서 왕의 전제에 대항하여 국민의 권리를 옹호하기 위한 최대의 전거(典據)로서 이용되었다. 특히 일반 평의회의 승인 없이 군역대납금 · 공과금을 부과하지 못한다고 정한 제12조는 의회의 승인 없이 과세할 수 없다는 주장의 근거로서, 또 자유인은 같은 신분을 가진 사람에 의한 재판이나 국법에 의하지 않으면 체포 · 감금할 수 없다고 정한 제39조는 보통법재판소에서의 재판요구의 근거로서 크게 이용되어 금과옥조가 되었다. 이와 같이 국민의 자유와 권리를 지키는 투쟁의 역사 속에서 항상 인용되는 가장 중요하고 기본적인 문서로서 영국의 헌정뿐만 아니라, 국민의 자유를 옹호하는 근대 헌법의 토대가 되었다.

마라케쉬협정Marrakesh協定 세계무역기구 설립을 위한 협정. 동 협정에 의해 세계무역기구(World Trade Organization)가 설립되었으며, 4개의 부속서를 통하여 다자간 및 복수국간 협정을 포함한다. 1994.4.15. 마라케쉬 각료회의에서 채택되어 1995. 1.1.에 발효된다. 4개의 부속서는 부속서 1A) 상품무역에 관한 협정, 부속서 1B) 서비스무역에 관한 협정, 부속서 1C) 지적재산권에 관한 협정, 부속서 2) 분쟁해결양해, 부속서 3) 무역 정책검토제도, 부속서 4) 복수국가간 무역협정이다. 우리 헌법재판소는 이 협정에 대해 적법하게 체결되어 공포된 조약이므로 국내법과 동일한 효력을 가지는 것으로 결정하였다. 헌재 1998.11.26. 97헌바65 참조.

마르크스주의 방법론 마르크스주의(Marxismus) 또는 마르크시즘(Marxism) 혹은 엥겔스식 표현으로 과학적 사회주의는 사회계급의 관계와 사회적 충돌에 초점을 둔 사회적 분석의 방법이자 세계관으로, 역사전개를 유물사관론으로 해석하며, 사회변동을 변증법적으로 해석한다. 마르크스주의 방법론은 경제 및 사회정치적 탐구를 하고 이를 자본주의 전개에 대한 분석 및 비평과 체제상의 경제변화내의 계급투쟁의 역할에 적용한다. 마르크스주의의 입장에서 헌법은 헌법규범 · 헌법의식 · 헌법

제도의 합성품이며, 현실의 사회관계가 헌법적 관계로 되기 위해서는 이 삼자가 결합되어야 한다고 한다. 이에 의하면 국가와 법이란 계급지배의 무기로써 기능한다고 보고 헌법도 그 이상도 이하도 아니며 상부구조의 일부로 보고 있다.

마버리 대 매디슨 사건 Marbury v. Madison, 5 U.S. (1 Cranch) 137 (1803). 1. **사실관계** 연방주의자인 제2대 아담스(John Adams) 대통령이 임기 종료 하루 전인 1801.3.2.에 법원조직법(The Judiciary Act of 1801)을 통과시켜 연방 치안판사들의 수를 늘리고 워싱턴 D.C. 구역의 연방 치안판사 42명을 모두 연방주의자인 사람들로 임명했다. 임기 종료일인 3월3일 대통령이 임명장을 서명하였고, 국무장관 존 마샬(John Marshall)도 서명하였다. 그러나 밤새 모든 임명장을 전달하는 것은 불가능하였고, 그 다음날 반연방주의자인 주권파(州權派; 공화파라고도 한다)인 제3대 제퍼슨(Thomas Jefferson) 대통령의 임기가 시작되었다. 제퍼슨은 대통령선서가 끝나자마자, 새 국무장관인 매디슨(James Madison)이 도착하기 전까지 국무장관 업무를 보던 새 법무장관 레비 링컨에게, 아직 전달되지 않은 임명장에 대해서 전달하지 말 것을 명령하였다. 새로 임명된 치안판사 중의 한 명인 마버리(Marbury)와 다른 세 명은, 법원법(The Judiciary Act of 1789)의 제13조를 근거로 하여, 연방대법원에 행정부가 임명장을 교부하도록 하는 명령을 내려달라고 소송을 제기하였다. 그 규정에 의하면, 연방대법원은「미합중국의 권위 하에(under the authority of the United States) 임명된 어떠한 법원에 대하여도, 이 권위 하에 관직을 보유하는 어떠한 자에 대하여도, 법률의 원칙과 관례에 따라서 인정되고 있는 경우에 있어서, 직무집행영장을 발할 수 있는 권한도 가지고 있다.」고 규정하고 있었다. Marshall이 대법원장으로 있던 연방대법원은 적지 않은 난관에 부딪혔다. 왜냐하면 연방대법원이 이 영장을 발한다고 하여도, 행정부가 이것을 무시할 것은 거의 확실하고, 연방대법원이 이 영장에 행정부를 따르게 할 수 없다고 스스로 확인하게 된다면, 법원의 위엄은 손상받게 되어 진퇴양난의 상황에 처했던 것이다. 2. **연방대법원 판결** 연방대법원장 Marshall은 진퇴양난의 딜레마를 절묘하게 해결하였다. Marshall은 원고 Marbury가 주장하는 임명장요구의 권리를 시인함과 동시에, 그것을 실현하지 않은 정부당국을 비난하였다. 그러나 연방대법원이 정부에 직무를 행하게 하는 영장을 낼 수는 없다고 주장하였다. 왜냐하면 이 법원법 제13조는 연방헌법 제3조를 위반하여 위헌이기 때문이라는 것이다. 즉, 연방대법원은 헌법에 의하여 규정된 연방대법원의 제1심 관할권에 해당하지 않는 사건을 재판할 권한은 갖고 있지 않다. 그런데도, 법원법 제13조는, 헌법이 정한 연방대법원의 관할권을 확대하여 규정하였기 때문에 위헌이라는 것이다. 다시 말하여, 헌법 제3조 제2절 2항은, 연방대법원은「연방의회가 정하는 예외의 경우를 제외하고, 또 그것이 정하는 규칙에 따른 법률 및 사실에 관하여」상소심의 재판관할을 갖는다고 헌법에 규정되어 있는데, 이 때의 '예외'는 재판관할권을 축소하는 변경의 경우에만 해당하는 것이고, 관할권을 확대하는 변경에는 해당하지 않는다고 해석한 것이다. 관할권을 확대하는 것은 헌법이 애초에 예정한 연방대법원의 권한을 넘어서는 것이고 따라서 위헌이라는 것이다. 3. **역사적 의의** 이 판결은 위헌법률심사제도의 효시를 이루는 판결로 여겨지고 있다. 이후 약 100년 뒤에 대륙법에도 전수되어 유럽의 헌법재판제도가 확립되는 계기가 되었다.

Marschall 판결 Hellmuth Marschall v. Land Nordrhein-Westfalen, C-409/95, [1997] ECR I-6363 (ECJ, 11 November 1997). **1. 사실관계** 1994.2. 독일 Nordrhein-Westfalen주의 A12등급 정년보장교원인 Marschall(남성)은 Schwerte 종합학교의 A13등급 승진에 지원했지만, 관할 행정청은 해당 직에 여성을 승진시킬 예정이라고 통보했다. 이에 Marschall은 이의를 제기했지만, 관할 행정청은 이를 기각했다. 그 이유는 공식적인 직무수행평가에 따르면 두 후보자가 동일한 자격을 갖고 있지만, 공모될 당시 A13 등급의 직에 남성보다 여성이 적기 때문에 「Nordrhein-Westfalen주 공무원법(Beamtengesetz fur das Land Nordrhein-Westfalen: BLNW)」 제25조 제5항 제2문에 따라 여성후보자가 승진되어야 한다는 것이었다. 이에 Marschall은 관할 행정법원에 소송을 제기했다. 관할 행정법원은 Marschall과 선발된 여성후보자의 자격이 동일하다는 점을 인정하면서, 소송의 결과는 76/207/EEC 지침 제2조 제1항 및 제4항과 BLNW 규정의 적합성 여부에 달려 있다고 판단해서 ECJ에 사전결정을 신청했다. **2. ECJ의 판결** 국내법원이 ECJ에 의뢰한 질문의 요지는, 남성보다 적은 수의 여성이 관련 상위등급의 직에 고용되어 있는 공공서비스 영역에서, 남성과 여성승진후보자가 동일한 자격조건(적성 · 능력 · 직무성과)을 가진 경우에 남성후보자에게 유리한 특별한 사유가 없다면 여성후보자가 우선권을 부여받아야 한다고 규정한 BLNW 규정 76/207/EEC 지침 제2조 제1항 및 제4항에 위배되는지 여부이었다. ECJ는 BLNW 규정은 일정한 조건, 즉 ⅰ) 여성후보자에게 부여된 우선권을 번복(override)하는 객관적 평가를 받을 수 있는 보장책을 남성후보자들에게 제공하는 경우와 ⅱ) 그러한 평가기준이 여성후보자를 차별하기 위한 것이 아닐 경우에는 76/207/EEC 지침 제2조 제1항 및 제4항에 위배되지 않는다고 판시했다. 우선, ECJ는 Kalanke 판결을 인용하면서 ⅰ) 여성이 과소대표된 분야에서 남녀승진후보자가 동일한 자격조건을 가진 경우에 여성에게 자동적으로 우선권을 부여하는 것은 성을 이유로 하는 차별에 해당한다는 점, ⅱ) 76/207/EEC 지침 제2조 제4항은 승진을 포함한 고용에의 접근과 관련한 국내조치, 즉 노동시장에서 경쟁할 수 있는 능력과 남성과 동등한 위치에서 성공(career)을 추구할 수 있는 능력을 향상시키기 위하여 여성에게 특별한 이익을 제공하는 국내 조치를 허용한다는 점, ⅲ) 76/207/EEC 지침 제2조 제4항은 동 지침에 규정된 '개인적 권리(성을 이유로 차별받지 않을 권리)의 예외'이기 때문에, 여성후보자를 특별히 우대하는 국내조치는 여성을 위한 절대적이고 무조건적인 승진우선권을 보장할 수 없고, 그 조항(제2조 제4항)에 규정된 예외의 한계를 일탈할 수 없다는 점 등을 확인했다. ECJ는 본 사건이 Kalanke 사건(➜ Kalanke 판결)과는 달리 '유보조항(saving clause)', 즉 개개의 남성후보자에게 유리한 특별한 사유가 있는 경우에는 여성이 승진우선권을 부여받지 못하는 효과를 초래하는 조항을 포함하고 있는 사실에 주목하여, 개별 후보자에게 특유한 모든 기준들을 고려하고 이들 기준 중 하나 이상이 남성후보자에게 유리한 경우에 여성후보자에게 부여된 우선권을 번복하는 객관적 평가를 남성후보자가 받을 수 있도록 제공하고 있다면, 위에서 언급한 한계를 일탈하지 않는다고 판시했다. **3. 판결의 의미** Marschall 사건도 여성이 과소대표된 영역에서 승진후보자인 남녀가 동등한 자격을 갖는 경우에 여성에게 우선권을 부여하는 국내법 규정이 문제된 사건이지만, Kalanke 사건과 다른 점은 '개개의 남성후보자에게 유리한 특별한 사유가 있는 경우'에는 여성에게 부여된 우선권이 번복될 수 있는

'유보조항'을 두고 있다는 점이다. 이에 대해 ECJ는 그러한 적극적 평등실현조치의 정당성을 긍정하였다. Marschall 판결은 국내법 규정이 일정한 조건, 즉 객관적 평가를 통한 여성우선권 번복이라는 '유보조항'을 두고 있는 경우에는 여성이 과소대표된 영역에서 여성우선권을 부여하는 조치를 처음으로 인정했다는 점에서 긍정적인 평가를 받을 수 있지만, Kalanke 판결과 마찬가지로 객관적 평가의 기준이 무엇인지, 그리고 그러한 평가기준 중에서 여성에 대해 차별적이지 않는 기준이 무엇인지에 대해 침묵하고 있다는 비판이 있다.

마스트리히트조약Maastricht Treaty 정식명칭은 '유럽연합조약(Treaty on European Union)'이다. EC(유럽공동체)에 가입한 12개국(벨기에, 덴마크, 독일, 그리스, 스페인, 프랑스, 아일랜드, 룩셈부르크, 이탈리아, 네덜란드, 포르투갈, 영국)이 새롭게 유럽연합(EU)을 설립하기 위해 1991.12.의 유럽이사회(EC 정상회의)에서 합의를 본 것에 기초하여 1992.2.7. 네덜란드의 Maastricht에서 서명되고, 구성국 정부의 조인을 얻어 1993.11.1.에 정식으로 발효한 조약이다. 유럽통화통합에 관한 일정, 유럽중앙은행설립, 서유럽연맹 주축의 군사정책 수행, 유럽의회에 EC조약 개정 승인권 부여, 유럽시민권 도입 등의 내용을 담고 있다. 마스트리히트 조약은 경제와 화폐통합, 공동의 외교정책과 안보정책, 내정과 사법에 관한 회원국들의 협조등 세 가지 축에 의해 지탱되고 있다. 이 조약에 따라 유럽공동체(EC)는 유럽연합(EU: European Union)으로 명칭을 바꾸었다.

마스트리히트 판결 Maastricht Urteil; BVerfGE 89, 155(1993.10.12.) 1. **사실관계** 1992.2.7.에 서명된 마스트리히트 조약으로 유럽연합이 설립되어 기존 유럽공동체를 근거지웠다. 이 조약은 또한 특정 국가주권이 유럽수준으로 이전되도록 규정하였다. 이것은 특히 마스트리흐트 조약이 유럽 경제통화연합을 설립하면서 통화 정책에 영향을 미쳤다. 독일에서는 EU조약이 1992.12.2. Bundestag에서 비준되었다. 또한 1992.12.21. 연방하원과 연방상원은 특히 기본법 제23조를 개정한 기본법개정을 의결하였다. 연방의회는, 통합된 유럽을 달성하기 위해 독일 연방공화국은 민주적, 헌법적, 사회적 및 연방주의 원칙과 보충성의 원칙에 충실히 따르고 이 기본법과 본질적으로 비교할 수 있는 기본권보호를 보장하는 유럽연합의 발전에 참여한다. 이를 위해 연방정부는 연방상원의 동의를 얻어 법률에 따라 주권을 이양할 수 있다고 하였다. 2. **헌법소원과 쟁점** 다양한 사람들을 대표하여 K. A. Schachtschneider, Hans-Christian Ströbele, U. K. Preuss 등은, 동의법률과 헌법개정에 대해 연방헌법재판소에 헌법소원을 제기하였다. 청구인들은 주권을 초국가적 유럽연합으로 이양하는 것은 독일 연방하원의 권력을 박탈하여 민주주의 원칙을 훼손한다고 주장하고, 또한 기본권관련 문제에 대한 결정이 이제 독일수준이 아닌 유럽수준에서 이루어지기 때문에 특정권한의 이동으로 인해 독일의 기본권이 침해될 수 있다고 주장하면서, 유럽연합 조약을 합법화하는 기본법 제23조의 개정은 본질적이고 개정불가능한 헌법원칙을 위반하기 때문에 그 자체로 기본법에 위배된다고 하였다. 3. **판결내용** 연방헌법재판소는 헌법소원을 각하하거나 기각하였다. 재판소는 청구인의 헌법소원이 마스트리흐트 조약을 승인하는 독일 동의법률에 위배되고 기본법 제38조에 따른 권리를 침해했다고 주장하는 경우에만 허용된다고 판단하였다. **기본권 보호**와 관련하여, 연방헌법재판소는 Solange II 결정에 근거하여 유럽차원에서 기본권의 충분한 보호가 보장되며, 현재 유럽연합으로 더 많은 권한이 이전되고 있다는 사실에 의해 축소되지 않는다고 반복하였다. 재판소는 기본법에서 보장하는 기본권 기준이 EU 공동체법에도 적용되므로 최종 결정권을 보유한다고 확인하였다. 통상적인 사건에서 유럽사법재판소는 유럽공동체법의 기본권 보호를 준수할 책임이 있다. "그러나 연방헌법재판소는 유럽사법재판소와 "협조적 관계"에서 독일에서 파생된 유럽공동체법의 적용가능성에 대한 관할권을 행사한다. 따라서 연방헌법재판소는 유럽공동체의 전체 영토에 대해 필수적인 기본권 기준에 대한 일반적인 보장에 의존한다."고 하였다. **민주주의의 원리**에 관하여도, 연방헌법재판소는 초국가적 노동조합에 참여하는 것이 노동조합 자체 내에서 민주적 원칙이 유지되는 한 근본적으로 민주주의 원칙에 위배되지 않는다고 판결하였다. 판결의 결정적인 문언에서 연방헌법재판소는 유럽연합의 특별한 형태를 특징짓기 위해 국가연합이라는 용어를 도입하였다. 유럽연합은 한편으로는 개별국가들이 고권적 권리를 가지고 있으므로 순수한 국가연합이 아니지만 다른 한편으로는 통일적으로 구성된 국민(Staatsvolk)을 기반으로 하지 않으므로 연방국가로 간주될 수 없다. "따라서 민주주의의 원칙은 독일연방공화국이 초국가적으로 조직된 정부간 공동체의 일원이 되는 것을 막지 않는다. 그러나 회원이 되기 위한 전제조건은 국가연합 내에서도 국민으로부터 나오는 정당성과 영향력이 확보되어야 한다는 것이다."고 강조하였다. 유럽연합의 **민주적 결함 주장**과 관련하여 헌법재판소는 국가의회와 유럽의회가 공동발언권을 가질 권리를 강조하였다. "유럽연합 국가그룹에서 민주적 합법성은 유럽기관의 행동을 회원국 의회에 피드백함으로써 필연적으로 발생한다. 또한 유럽연합의 제도적 구조 내에서 유럽국가들이 함께 성장함에 따라 회원국 시민들이 선출한 유럽의회에 의한 민주적 정당성의 중재가 점점 더 많이 발생하고 있다. 이미 현재 발전단계에 있는 유럽의회에 의한 합법화는 지원기능을 가지고 있으며, EC조약 138조 3항 및 그 영향에 따라 모든 회원국에서 일관된 선거법에 따라 선출되면 강화될 수 있다. 유럽공동체의 정치 및 입법에 대한 관심이 높아질 것이다. 연방의 민주적 기반이 통합에 맞춰 확장되고 통합이 진행됨에 따라 회원국에서 살아있는 민주주의가 유지되는 것이 중요하다."고 하였다. 그러나 EU로의 권한이전은 계속해서 특정영역으로 제한되어야 하며 **독일 입법부의 명시적인 승인**이 있는 경우에만 가능하다. 따라서 EU는 EU조약의 내용을 넘어 일방적으로 권한을 확장할 수 없다. 따라서 연방헌법재판소는 개별사건에서 EU기관의 향후의 법적 조치가 조약에서 부여된 주권을 넘어서는지 여부를 조사할 권리를 보유한다(ultra-vires-Kontrolle). 그러나 조약 자체는 유럽기관에 그러한 권한을 부여하지 않고 국가의회의 권한부여를 계속 보장한다. 따라서 민주주의 원칙에 위배되지 않는다. 마지막으로, 판결의 마지막 문장은 점진적인 유럽통합 과정에서 (예: 유럽의회에 권한을 추가함으로써) EU차원에서 민주주의를 강화하고 동시에 개별 회원국의 민주주의 원칙을 유지해야 할 필요성을 다시 한 번 강조한다. "따라서 계약적 및 헌법적 관점에서 연합의 민주적 토대가 통합과 함께 확장되고 통합이 진행됨에 따라 회원국에서 살아있는 민주주의가 유지되는 것이 중요하다."고 하였다. **4. 판결의 의의** 이 판결은 유럽연합의 건설과정에서 체결된 마스트리히트 조약에 대해, 독일정부의 연방제적 유럽연합 건설안에 대한 비판과 유럽연합의회의 비민주성 그리고 정부간 협력에 대한 불신 등으로 논란이 거듭되는 가운데, 연방상원에 의해 제기된 헌법소원에 대하여 연방헌법재판소가 내린 결정이다. 1993.10.12. 마스트리흐트 판결로 독일

연방 헌법재판소는 EU 마스트리흐트 조약과 독일기본법의 합치성을 확인하였다. 무엇보다도 경제통화연합의 도입과 함께 청구인이 문제삼았던, 유럽연합에 특정권한을 이전하는 것은 기본법이 보장하는 민주주의 원칙(Art. 20 Abs. 1 and 2, GG)을 위반하지 않았으며, 기본권 보호의 현저한 감소도 연결되지 않는다고 판결하였다. 이 판결 이후 유럽통합이 가속화되었고, 특히 사회정책 입법과 사회적 대화의 양 측면에서 유럽통합이 상당히 진척되었다. 사회정책 입법활동은 2000년대 들어서도 꾸준히 지속되었고 특히 노동조건과 종업원 참여 부분에서 괄목할만한 진전이 있었다. 사회적 대화에서는 2000년대 들어서 자율적 대화가 증가하였고, 사회적 동반자들 사이의 합의사항을 법으로 집행하기보다 자율적으로 실행하는 경우가 많아졌다. 사회적 대화의 범위와 종류가 다양해지고 노사 간 자율적 대화공간이 확대되었다. 비관론자들의 예상과 달리 유럽 차원의 사회적 공간이 확대되고 있는 것이다.

마이어, 오토 Mayer, Otto　1846.3.29.~1924.8.8. 슈트라스부르크대학, 라이프치히대학 교수를 역임하였다. 슈트라스부르크대학의 강사로서 행정법을 연구하기 시작하여 독일보다 앞서 있던 프랑스의 행정법을 연구하고, 이를 독일에 재생시킬 의도에서 1886년에 「프랑스 행정법이론」을 내고, 1895~1896년에는 「독일행정법(Deutsches Verwaltungsrechts)」(제2판 1914, 제3판 1924)을 완성하였다. 이로써 종래의 행정학적 방법으로부터 해방되어 법학적 방법에 의한 행정법학을 확립함으로써 독일 행정법학의 기초를 닦아 놓았다. "헌법은 변하지만 행정법은 변하지 않는다."는 그의 유명한 말은 「독일행정법」 제3판의 서문에 있다.

마크마옹MacMahon **사건**　마크마옹(Duc de Magenta Marie Edme Patrice Maurice Comte de Macmahon)은 프랑스의 군인 · 정치가이다. 슐레에서 출생하여 사관 학교를 졸업하고, 크림 전쟁(1855) · 알제리아 원정(1857~1858) · 이탈리아 전쟁(1859) 등에 참가한 후, 원수(元帥) · 공작이 되었다(1859). 1864~ 1870년 알제리 총독을 지냈다. 보불전쟁(1870~71) 때는 제1군단 사령관이 되었으나 스당의 전투에서 패배했다(1870). 뒤에 티에르와 함께 파리코뮌(Paris Commune)의 탄압에 성공, 티에르 실각 후 제3공화국 대통령이 되었다(1873-79). 대통령 재임 중 왕당파와 공화파의 투쟁은 극도로 치열했는데, 그는 왕당파를 지지하여 보수정권을 수립하였다(1877). 이 사건을 5 · 16 사건 또는 마크마옹 사건이라 한다. 그러나 의회해산 후 실시된 선거에서 공화파에게 대부분의 의석을 내주었고, 1879년1월에 대통령직을 사임하였다.

막연漠然**하기 때문에 무효**無效 **이론**　㊂ void for vagueness. ➜ 명확성의 원칙.

말베르그Malberg, R. C.　1861~1935. 레이몽 카레 드 말베르그(Raymond Carré de Malberg)는 프랑스의 법학자이자 지도적인 헌법학자이다. 캉(Caen), 낭시(Nancy) 및 스트라스부르(Strasbourg) 등의 대학에서 공법학교수로 재직하였다. 독일법학에 정통하였을 뿐만 아니라 집행권 개념의 연구에서 업적을 남겼으며, 의회우위의 일원적인 의원내각제의 대표적인 주장자이다. 국민주권의 연구에서도 유명하며, Nation 주권론과 Peuple 주권론의 도식적 대립에 대해, 1791년 헌법은 Nation 주권을, 1793년 헌법은 Peuple 주권을 체현하고 있다고 주장하였다. 양차 대전 사이에 바이마르 헌법에 반영된 독일 헌법학에 영향을 받아 프랑스 헌법에 철저한 실증주의적 이론과 비판을 발전시켰다. 다수대표제-비례대표제 논쟁에서 다수대표제를 옹호한 학자이다. 대표적 저작으로는 일반국가학론(Contribution à la théorie générale de l'Etat)(1920), 일반의사의 표현으로서의 법(La loi, expression de la volonté générale)(1931) 등이 있다.

망명권亡命權 ㊞ right of asylum, ㊞ Asylrecht, ㊞ droit d'asile. 망명권 또는 비호권(庇護權)은 일정한 지역에 들어온 범죄인이나 피난자를 인도로부터 보호하는 국제법상의 권리이다. 영토적 비호와 외교적 비호가 있다. 영토적 비호는 특정 개인이 비호를 희망하면서 한 나라의 영토내로 들어온 경우로 국가의 비호 허가 여부는 원칙적으로 그 국가의 자유라고 할 수 있다. 국가는 자국영역 내에 있는 자국민뿐만 아니라 외국인에 대해서도 속지적 관할권과 재량권을 가지고 있다. 따라서 국가는 원칙적으로 영토적 비호의 권리는 가지고 있으나 의무는 없다고 할 수 있다. 일반적으로 일반범죄자는 범죄인 인도에 관한 조약에 따르고, 정치범인 경우는 인도하지 아니하는 것이 국제관행이다. 외교적 비호권은 외교사절의 관서에 들어와 비호를 요구하는 경우로 일반범죄자의 경우는 보호하지 않으며 정치적 피난자는 경우에 따라 일시적으로 비호할 수 있다. 망명권에 관한 국제문서로는, 세계인권선언(1948), UN 난민협약(1951), 시민적 · 정치적 권리에 관한 국제규약(1966), 고문방지협약(1984), 유럽인권협약 제7의정서(1984), 미주인권협약(1969), 아프리카 인권헌장(1981), 영토적 비호에 관한 UN 선언(1967) 아프리카 통일기구 협약, 남미 카타헤나 선언 등이 있다. 독일기본법 제16조 제2항에도 규정되어 있다. ➜ 난민.

망명정부亡命政府 ㊞ government in exile, ㊞ Regierung im Exil, ㊞ gouvernement en exil. 망명정부는 정부를 구성하는 기본적인 틀을 모두 갖추고 있으면서도 일정한 이유로 영토 내에서 주권을 행사하지 못하는 단체를 뜻한다. 일반적으로 천재지변 · 쿠데타 · 전쟁 등으로 해외로 도피하는 경우가 많다. 같은 이유로 대부분의 영토를 잃고 일부의 영토만 통치하는 정권의 경우도 '망명정부'로 취급하기도 한다. 망명정부로 인정되기 위해서는 망명처에서 정부로서의 기능을 유지할 것, 본국 내에서 망명정부에 대한 일정한 지지가 있고 현 정부에 대한 일정한 저항이 계속될 것, 망명정부의 접수국에 의해 승인될 것이 요구된다.

매개체설媒介體說 ➜ 중개적 권력체설.

매디슨Madison, James 1751~1836. 버지니아 주 오렌지 카운티 출신으로, 1771년 뉴저지대(프린스턴대의 전신)를 졸업하고 법률을 공부했고 독립전쟁이 시작되던 1776년부터는 버지니아주 입법부에서 근무하면서 자신의 법률 지식을 바탕으로 버지니아주 헌법을 기초하였다. 또한 영국으로부터 완전히 독립한 이후인 1786년에 열린 아나폴리스 협회의 대표로 일했으며, 1787년 필라델피아에서 열린 헌법제정회의(constitutional convention)의 대표로 참가하여 연방헌법 제정에 가장 큰 역할을 했다. 매디슨은 해밀턴(Alexander Hamilton), 존 제이(John Jay)와 함께 '연방주의자논집(the Federalist Papers)'을 집필하여 연방헌법의 인준에 중요한 공헌을 하였다. 제3대 제퍼슨 대통령 하에서 국무장관을 지내면서, Marbury v. Madison 사건의 당사자이었다. 미국 제4대 대통령(1809~1817)에 재직하면서, 1812년 미영전쟁을 승리로 이끌어 미국을 영국으로부터 완전히 독립시켰다.

매디슨형型 **대통령제** 대통령제에서 의회가 행정부보다 강력하여 의회가 행정전반에 개입하여 집행부를 간섭·통제하는 정부형태로서, 집행부에 대한 의회우위의 대통령제를 말한다. ➜ 미국대통령제의 실현형태.

메피스토-클라우스 만 결정 Mephisto-Klaus Mann Beschluß BVerfGE 30, 173, Beschluß v. 24.2.(1971). 1. **사실관계** 1) 고인이 된 배우 겸 감독이었던 Gustaf Gründgens의 양자(養子)로부터의 소제기에 따라, 저자 Klaus Mann의 「메피스토-그 출세의 로망(Mephisto-Roman einer Karriere)」의 출판을 금지하는 것을 인정한 원심(연방일반재판소)의 판결에 대하여, 여성 출판인이 연방헌법재판소에 헌법소원을 제기하였다. 2) 이 가명소설의 저자는 1933년에 독일을 망명하여, 1936년 암스테르담에서 이 책을 출판한 후, 전후 베를린의 출판인에 의하여 이 책은 재판되었다. 이 소설의 주인공은 Hendrik Höfgen이라는 재능있는 배우이지만, 그는 정치적 신조를 왜곡하여 소위 인간적 도덕적 양심을 벗어버리고 나치 독일의 권력자들과 결탁하여 출세하는 것을 그린 작품이었다. 이 소설은 이와 같은 출세를 가능하게 했던 심리적·정신적 및 사회적 여건을 묘사하고 있었다. 소설의 주인공 Höfgen은 연극배우 Gustaf Gründgens를 모델로 하고 있었다. Gründgens는 1920년대에 Klaus Mann과 친구였으며, 그의 여동생 Erika와 결혼하였다가 이혼하였다. 소설상의 Höfgen의 많은 개별적 사실들은 Gründgens의 외부적 모습과 생애에 부합하고 있었다. 또한 이 소설은 Gründgens의 당시 주변 인물들을 모델로 하고 있었다. 3) 1963.8. 헌법소원청구인인 여성출판인은 메피스토 소설의 출판을 광고하였다. 이에 대하여 1963.10.에 사망한 Gründgens의 양자가 소송을 제기하여 다음의 주장을 하였다. 즉, 2~30년대의 독일 연극계를 단지 피상적으로라도 아는 독자라면 누구나 Höfgen을 Gründgens와 연결지을 수 있음에 틀림없을 것이다. 이 소설에서는 지어낸 많은 경멸적 서술들이 누구나 알 수 있는 진실인 사실과 연결되어 꾸며져 있기 때문에 Gründgens에 대하여 날조되고 명예를 크게 손상하는 인간상을 지어내게 된다는 것이다. 이 소설은 예술작품이 아니며 Klaus Mann이 Gründgens에 대하여 복수하려고 하는 실화소설이라는 것이다. Mann은 그의 여동생 Erika의 명예가 Gründgens와의 결혼으로 말미암아 침해되었다고 믿기 때문이라는 것이다. 원고 양자는 피고 여성출판인에 대하여 메피스토 소설의 출판을 금지할 것을 청구하였다. 4) 제1심 함부르크 지방법원은 기본법 5조 제3항 소정의 예술의 자유를 이유로 하여 청구를 기각하였으며, 피고는 1965년에 '이 소설의 등장인물은 전부 가공의 인물'이라는 해명을 덧붙여 출판하였다. 그러나 원고의 항소에 대하여 제2심 함부르크 주고등재판소는 원고와 사망한 Gründgens의 인격권을 보호한다는 견지에서 다음의 이유로 원고(항소인)의 청구를 인용하였다.「이 소설은 Gründgens의 명예와 위신, 사회적 명성을 침해하여 그에 대한 추억을 심히 손상한다. 비록 이 소설이 Gründgens의 전기는 아니며 또한 20~30년대의 독일 연극계의 역사적 스케치도 아니며 또한 그러한 의도도 없지만, 연극계를 아는 관중은 Höfgen이라는 인물 가운데에서 Gründgens의 모습과 생애에 대하여 기술하고 있다는 것을 알 수 있기 때문에 관중에게는 알려지지 않는 Höfgen의 또 다른 사건들과 행동 및 동기들이 Gründgens에게 해당되는 것이라고 생각할 수밖에 없는 것이다. 독자는 그와 같은 묘사에서 사실(Wahrheit)과 창작(Dichtung)을 구별할 수 없고, 더우기 Gründgens의 생활모습에 첨가하여 창작된 것이 가능하며 그럴 듯하게 보일 수 있는 것이다. 독자가 인식할 수 있는 만큼 충분히 관계가 없다는 것이 결여되어 있는 것이다. 모든 인물은 가공의 인물이라는 저자의 해명도 아무런 변화를 가져오지 못한다. 이 소설은 하나의 예술작품이기는 하지만, 독자는 Höfgen에게서 Gründgens를 다시 알아볼 수 있게 되기 때문에 Höfgen의 비열한 성격을 묘사하는 것은 Gründgens에 대한 모욕과 경멸 및 비방을 나타낸 것이다. 이 책은 소설형태의 비방의 글(Schmähschrift)인 것이다. 기본법 제5조 제3항(예술 · 학문 · 연구 · 교수의 자유)은 다른 기본권보다 상위에 있는 것이 아니다. 기본법 제1 · 2조 소정의 인간의 존엄 및 인격의 자유로운 발현과 저촉하는 때에는, 비교형량이 필요하고 본건에서는 원고에게 유리한 결과가 나올 수밖에 없다. 그러나 이 소설이 기본법 제1조가 보호하는 Gründgens의 은밀한 사적 영역을 침해하는 한 이익형량은 소멸하고 만다.」 5) 이에 대하여 여성출판인이 상고하였으나 패소하였다. 연방일반재판소는 인격권의 보호가 원고 · 피상고인인 양자의 경우에는 약간 제한되는 것이기는 해도, 민법 제823조 제1항에 기한 원고적격을 인정하고 또한 항소심의 예술의 자유와 그 제한의 논점을 긍정하였다. 이에 대하여 여성출판인이 헌법재판소에 헌법소원을 제기하였다. 그녀는 기본법 제1조, 제2조 제1항, 제5조 제1항 및 제3항, 제14조, 제103조 제1항 등과 헌법원칙인 비례의 원칙과 법적 안정성 위반을 주장하였다. 2. **판결요지** 사건을 심리한 재판관들의 견해가 가부동수로 갈았기 때문에 「가부동수의 경우 기본법 및 연방법률에 대한 위반은 확인될 수 없다」고 규정한 연방헌법재판소법 제15조 제2항 제4문에 따라 헌법소원은 기각되었다. 1) 기본법 제5조 제3항 제1문은 예술의 영역과 국가의 관계를 규율하는 가치결단적 원칙규범(wertentscheidende Grundsatznorm)이다. 이 규범은 동시에 개인의 자유권도 보장한다. 2) 예술의 자유는 예술창작활동만이 아니라 예술작품의 공연 및 유포를 포함한다. 3) 출판사도 예술의 자유의 권리를 원용할 수 있다. 4) 예술의 자유는 기본법 제5조 제2항 및 제2조 제1항 후단의 제한을 받지 아니한다. 5) 예술의 자유의 보장과 헌법상 보호되어야할 개인의 인격영역과의 사이에 충돌이 생긴 때에는, 헌법적 가치서열에 따라 해결되어야 한다. 이 경우, 기본법 제1조 제1항에 따라 보장되는 인간의 존엄이 특히 유의되어야 한다. 그 이유로서, (1) 예술의 자유가 단순히 기본법 제2조 제1항 후단에서 말하는 타인의 권리와 헌법적 질서 혹은 도덕률에 따라 제한된다고 하는 의견도 부인될 수밖에 없다. 이는 연방헌법재판소의 확립된 판례이고, 기본법 제2조 제1항의 보충성의 관계와 부합하지 않는다. (2) 그러나 자유권도 무제한적으로 보장되는 것은 아니다. 기본법 제5조 제3항 소정의 예술의 자유의 보장은 다른 기본권이 그러한 것과 같이, 사회공동체 내에서 자유로운 발현이 인정되어야 하고, 자기책임을 수반하는 인권으로부터 유래한다. 다만, 유보제한이 없는 예술의 자유의 보장의 한계는 일반 법률규정과 불확정조항과의 관계가 아니라 헌법자체의 가치규정과 가치서열에서 도출되어야 한다. 이 경우 전체헌법적 가치서열의 정점에 위치하는 기본법 제1조의 인간의 존엄에 특히 유의하여야 한다. (3) 예술작품이라는 것은 모델로 한 실존인물을 소재로 한 경우에는 현실세계와 미학세계의 일체화를 구성하게 된다. 예술도 자기고유의 영역의 활동임과 함께, 그 활동은 사회적 영역 중에 전개되어야 한다. 본건의 경우, 원심이 정당하게 판시한 것처럼, 사망한 배우 및 그 양자의 기본법 제1조 제1항에서 말하는 인격권영역의 보호의 요청이 예술의 자유의 일부인 서적의 출판의 자유를 제한하는 것으로 된 것이다. 3. **논점영역** 이 사안은 사인간의 기본권의 효력, 예술의 자유의 개념과 그 보장범위 및 제한, 예술의 자유와 인격권의 비교형량 등과 관련된 결정이다. 또한 사자의 인격권, 비교형량의 원칙 등을 포함하고 있다.

멜빌Melville **사건** Lord Melville로 불리던 Henry Dundas, 1st Viscount Melville이 해군재무상(Treasurer of the Navy)으로 재직 중 1805.4.8. 독직죄(瀆職罪)로 탄핵을 받은 바, 하원에서는 의장의 캐스팅 보트에 따라 탄핵이 가결되었지만, 상원에서는 무죄로 방면된(1806.6.12.) 사건이다. 영국에서는 1376년 William Latimer에 대한 탄핵을 시초로 하여, 약 70여 건이 제기되었으며, Melville 사건이 마지막 탄핵사건이다.

면책성免責性 ➜ 기본권의 구성요소.

면책특권免責特權 ⓔ immunity, ⓓ Immunität, ⓕ immunité. 특정 행위자의 행위에 대해 법적으로 책임을 묻지 아니하는 특권을 일컫는다. 좁은 뜻으로는 법률상 인정되는 특별한 권리만을 의미하나, 넓은 뜻으로는 이익이나 의무의 면제도 포함된다. 특히 공적 직무를 담당하는 자의 경우, 당해 행위 자체가 국가의 행위의 의미를 갖기 때문에 그의 행위에 대해 책임을 묻는 것은 자칫 국가의 책임을 배제하고 순수히 개인의 책임으로 전가할 우려가 있다. 또한 행위 자체의 성질에 따라 개인에게 책임을 지우는 것이 부적절한 경우도 있다. 면책특권은 국가마다 그 제도상 차이가 있다. 역사적으로는 영국의 경우, '왕은 과오를 저지를 수 없다(rex non potest peccare; The King can do no wrong)'라는 원칙이 있었으나, 오늘날에는 거의 폐기되었다. 면책특권은 면책의 조건에 따라 절대적 면책특권(Absolute immunity)과 제한적 면책특권(Qualified immunity)으로 나누어질 수 있다. 이는 미국의 공무원의 불법행위책임에서 구분되는 것으로, 절대적 면책특권은 공무원이 직무상 한 행위에 대해 형사상, 민사상 완전히 면책되는 것을 말하고, 제한적(한정적) 면책특권은 공무원에게 제한적인 조건하에 부여되는 법적인 면책을 말한다. 이 외에 외교관 면책특권(diplomatic immunity)은 외교관계에 관한 빈 협약에 의거, 외교관의 신분상의 안정을 위해 접수국의 민사 및 형사 관할권으로부터 면제되는 것을 말하며, 사법부 면책특권(Judicial immunity)은 법관이 법정에서 처분한 것에 대하여 민사상, 형사상 법적인 면책을 받는 것으로, 법관이 오판을 하여 상급심에서 파기환송하거나 파기자판을 하는 경우, 오판을 한 법관은 피해를 입은 소송 당사자에게 민사상 손해배상책임이 없으며, 오판으로 사형을 이미 집행하여도 살인죄, 과실치사죄 등의 형사책임을 지지 않는다. 헌법상 면책특권은 주로 국회의원의 면책특권에 대해 논의된다. ➜ 국회의원의 면책특권. 민간인의 면책특권으로는 사면법상(제5조) 면책특권, 부부간 면책특권, 증인의 면책특권, 기자의 면책특권, 자선단체의 면책특권 등이 있다.

면책특권免責特權, **국회의원의**- ⓔ immunity/Speech or Debate Clause, ⓓ Indemnität/parlamentarische Redefreiheit, ⓕ irresponsabilité. 1. **의의** 헌법 제45조는 「국회의원은 국회에서 직무상 행한 발언과 표결에 관하여 국회 밖에서 책임을 지지 아니한다.」고 규정하고 있다. 이를 면책특권이라 한다. 면책특권은 국회의원이 국민의 대표자로서 국회 내에서 자유롭게 발언하고 표결할 수 있도록 보장함으로써 국회가 입법 및 국정통제 등 헌법에 의하여 부여된 권한을 적정하게 행사하고 그 기능을 원활하게 수행할 수 있도록 보장하는 데에 있다(대판 1996.11.8. 96도1842). 불체포특권과 함께 대한민국 국회의원이 가지는 형사적 특권 중의 하나이다. 2. **연혁** 면책특권은 14세기 후반 영국에서 시작되어

1689년 권리장전(權利章典)에 규정된 이래 미국연방헌법에 와서 비로소 의원의 특권으로 인정하게 되었고, 오늘날 세계 각국의 헌법에서 인정되고 있다. 3. **법적 성격** 의원의 직무상 발언과 표결은 범죄 자체가 성립되지 않는다는 **면책특권설**(Immumtät)과 범죄는 성립하나 책임만 면제된다는 **책임면제설**(Indemnität)이 대립되고 있다. 형법상 인적 처벌조각사유로 보는 책임면제설이 타당하다. 4. **주체** 면책특권이 인정되는 자는 국회의원뿐이며 의원이 아닌 국무총리나 국무위원 · 정부위원 · 증인 · 참고인 등은 비록 원내 발언인 경우에도 이 특권이 인정되지 않는다. 또한 국회의원이 국무위원을 겸직하는 경우에도 국무위원으로서 한 발언은 면책특권의 대상이 아니다(반대견해 있음). 미국의 경우 국회의원이 수행했더라면 면책되는 행위라면 그 보좌관이 수행했더라도 면책된다는 판례가 있다(Gravel v. U.S. 408 U.S. 606(1972). 영국의 경우 의사절차에 참가한 증인 · 청원인에게도 면책특권이 인정된다. 면책특권의 대상이 되는 행위를 교사 · 방조한 자는 면책특권이 인정되지 아니한다. 면책특권은 임기 종료 후에도 유지된다. 5. **면책대상인 행위** 면책특권의 대상이 되는 행위는 국회의원이 직무상 국회 내에서 행한 발언과 표결이다. 1) **국회 내에서** 여기서 국회 내라 함은 국회의사당 내만을 의미하는 것이 아니고 의사당이 아닐지라도 본회의나 위원회가 개최되어 의원이 활동하고 있는 모든 장소를 포함한다. 2) **직무상 행한 발언과 표결** 발언은 의원이 직무상 행하는 모든 의사표시를 의미하며 여기에는 토론 · 질문 · 질의 · 사실의 진술 등이 포함된다. 표결이라 함은 의제에 관하여 찬 · 반의 의사를 표시하는 것을 말하며 그 방법에는 제한이 없다. 또한 면책의 대상이 되는 행위는 직무상의 행위이기 때문에 의사당 내에서 행한 발언일지라도 그것이 의제와 관계없는 발언일 경우에는 면책의 대상이 되지 않는다. 3) **명예훼손적 언동의 경우** 국회법 제146조에서 오욕이나 명예훼손을 할 수 없도록 하고 있고, 이를 위반한 경우 국회법에 따라 징계할 수 있도록 한다. 이에 면책특권 대상에 명예훼손적 언동이 포함되느냐에 관하여 의견대립이 있다. 불포함설은 국회법 제146조는 헌법 제45조의 면책특권의 헌법내재적 한계를 규정한 것으로 보아 사담이나 야유 그리고 폭행행위 등은 원내에서 행하여진 것일지라도 직무상의 행위라고 할 수 없으므로 면책되지 않으며, 모욕적인 언사는 면책되지 않고 오히려 명예훼손이나 모욕죄에 해당될 수 있다고 본다(다수설). 포함설은 국회법 제146조는 단지 국회 내의 징계의 실체적 성립요건만을 규정한다고 본다. 헌법에 별다른 규정이 없는 한 명예훼손적 행위도 면책특권의 범위 내에 속한다고 본다. 개별적 검토설은 형법상의 구성요건과 위법성조각사유를 기준으로 면책특권인정 여부를 개별적으로 판단하여야 한다는 견해이다. 4) **원고사전배포행위의 경우** 국회의원이 대정부질문을 하기 직전 회의장 밖에서 원고를 배포하는 경우, 1심은 회의장 밖이 국회 내에 해당하지 않는다 하여 면책특권을 부인하였으나(서울지법 1987.4.13. 86고합1513), 2심은 면책특권을 인정하였고(서울고법 1991.11.14. 87노1386), 대법원은 직무부수행위로 보아 면책특권을 인정하였다(대판 1992.9.22. 91도3317). 이 판결에서 대법원은, 「면책특권의 대상이 되는 행위는 직무상의 발언과 표결이라는 의사표현행위 자체에 국한되지 아니하고 이에 통상적으로 부수하여 행하여지는 행위까지 포함한다고 할 것이고, 그와 같은 부수행위인지 여부는 결국 구체적인 행위의 목적, 장소, 태양 등을 종합하여 개별적으로 판단할 수밖에 없다고 할 것이다.」고 하고, 또한 「원고의 내용이 공개회의에서 행할 발언내용이고(회의의 공개성), 원고의 배포시기가 당초 발언하기로 예정된 회의 시작 30분 전으로 근접되어 있으며(시간적 근접성), 원고 배포의 장소 및 대상이 국회의사당 내에 위치한 기자실에서 국회출입기자들만을 상대로 한정적으로 이루어지고(장소 및 대상의 한정성), 원고 배포의 목적이 보도의 편의를 위한 것(목적의 정당성)이라면, 국회의원이 국회본회의에서 질문할 원고를 사전에 배포한 행위는 면책특권의 대상이 되는 직무부수행위에 해당한다.」고 판결하였다. 또한 삼성X파일 사건에서 「국회 법제사법위원회에서 발언할 내용이 담긴 이 사건 보도자료를 사전에 배포한 행위는 국회의원의 면책특권의 대상이 되는 직무부수행위에 해당한다고 할 것이다.」고 하여 면책특권으로 인정하고 이 부분을 공소기각하여야 한다고 하였다(대판 2011.5.13. 2009도14442). 6. **면책의 효과** 면책의 효과는 국회 밖에서 책임을 지지 않는다는 것인데 이는 일반국민이 당연히 지는 민·형사상의 법적 책임을 지지 않는다는 의미이며 외부에 대한 정치적 책임까지 면제된다는 뜻은 아니다. 따라서 정당소속원인 의원이 국회 내에서의 행동으로 말미암아 그 소속정당으로부터 제명이나 징계처분 등의 제재를 받거나 출신지역구의 선거민들이 정치적 비난을 가하는 것까지를 면제하는 것은 아니다. 국회의원이 국회내에서 직무상 행한 발언 등에 관하여 「국회법」상의 징계가 가능할 것이냐에 대해서는 견해가 대립되고 있으나, 면책의 효과는 국회 밖에서 책임을 지지 않는다는 것이지 국회 내에서의 책임추궁까지 면제하는 것은 아니므로, 의원의 발언이 「국회법」에 규정된 징계사유에 해당될 경우에는 국회가 징계처분을 할 수 있다고 보아야 한다. 면책의 효과는 재임 중에는 물론 임기만료 뒤에도 적용된다. 또한 국회의원이 원내에서 발표한 의견을 원외에서 발표하거나 또는 출판하였을 경우에는 면책특권이 인정되지 않는다. 그러나 발언의 내용을 게재한 회의록을 공개·반포하는 행위는 공개회의에 있어서의 의사를 충실히 보도하는 경우에는 책임을 추궁당하지 않는다. 또 국회의원의 원내발언을 허가받아 동시에 중계하거나 사실 그대로 보도하는 행위는 책임을 지울 수 없다.

면허제도免許制度 일반적으로 금지되어 있는 행위를 특정한 경우에 허가하거나, 특정한 권리를 설정하는 행정행위(행정처분)를 말한다. 헌법재판소는 「면허제도는 헌법상 보장된 직업선택의 자유를 국회가 제정한 법률로 전면적으로 금지시켜 놓은 다음 일정한 자격을 갖춘 자에 한하여 직업선택의 자유를 회복시켜 주는 것에 해당한다.」고 하고 있다(헌재 1998.7.16. 96헌마246). 법령상 면허라고 하는 경우를 학문상으로 보면, 허가와 특허를 혼용하고 있는 경우가 많다. 따라서 법령상으로는 면허라고 하는 경우라도 학문상으로는 허가와 특허로 구별하여 설명한다. 대체로 대인적 허가의 경우, 예컨대, 운전·의사·조산사 및 간호사 면허 등의 경우에 법령상 면허라는 용어를 쓰는 경우가 많으나, 반드시 구별해서 법령상 쓰고 있는 것도 아니므로 법령상 면허라고 하는 경우에는 그 성질과 효력 등을 고려하여 구별할 필요가 있다.

명령·규칙 심사권命令·規則審査權 1. **의의** 헌법 제107조 제2항은 「명령·규칙 또는 처분이 헌법이나 법률에 위반되는 여부가 재판의 전제가 된 경우에는 대법원은 이를 최종적으로 심사할 권한을 가진다.」고 규정하고 있다. 명령·규칙심사권을 법원에 부여한 것은 상위법인 헌법이나 법률에 위반되는 하위법인 명령·규칙의 적용을 법원이 거부하여 국법질서의 통일을 유지하고자 하는 것이다. 행정권의 관점에서 보면, 규범정립행위인 행정입법행위와 사실적 법집행행위인 행정(처분)행위 중에서 행정입법행위에 대한 심사이다. ➜ 행정처분심사제. 2. **내용** 1) **심사주체** 심사주체는 각급법원 및 군사법원이다. 헌법재판소의 경우 명령·규칙에 대한 헌법소원과 관련된다(후술). 2) **심사대상** 여기서 명령이란 위임명령·집행명령 등 일반적 법규범을 의미하며, 여기에는 대통령령·대법원규칙·헌법재판소규칙·중앙선거관리위원회규칙 및 지방자치단체의 조례·규칙 등도 포함된다. 3) **심사기준** 위반여부의 판정기준은 헌법과 법률(실질적 의미의 헌법·법률 포함) 및 국회의 비준·동의를 받은 조약도 심사기준이 된다. 4) **심사요건** 현행헌법상 구체적 규범통제를 취하고 있으므로, 명령·규칙의 위헌·위법 여부가 재판의 전제가 되어야 한다(헌법 제107조 제2항). ➜ 재판의 전제성. 5) **심사의 범위** 법원은 형식적 심사권 및 실질적 심사권도 가진다. 형식적 심사권은 명령·규칙의 형식적 하자 즉, 적법한 절차에 따라 성립하였는지의 여부이고 실질적 심사권은 내용상 헌법과 법률을 위반하였는지의 여부이다. 3. **심사의 방법과 절차** 위헌명령·규칙의 위헌여부는 대법원장이 재판장이 되는 전원합의체에서 심리하여 과반수로 결정한다(법원조직법 제7조 제1항 제1·2호 참조). 4. **위헌·위법 명령·규칙의 효력** 명령·규칙이 헌법이나 법률에 위반된다고 인정되는 경우에는 법원은 그 명령·규칙의 당해 사건에의 적용을 거부할 수 있을 뿐이다(개별적 효력). 일반적 효력 여부에 관해서는 규정이 없으나, 대법원은 무효선언을 할 수 있다고 하였다(대판 1983.7.12. 82누148). 위헌·위법한 명령·규칙에 의거한 행정처분은 무효가 되거나 취소의 대상이 되나, 위헌·위법한 국회규칙에 의거한 국회의 법률제정이나 위헌·위법한 헌법재판소규칙에 의거한 헌법재판소 결정의 효력은 어떻게 되는가가 문제될 수 있다. 이는 위헌법률심사권과 명령·규칙 심사권이 별개의 기관에게 귀속됨으로써 헌법해석에 충돌이 발생할 경우 그것을 어떻게 조정할 것인가의 문제로서 헌법질서의 통일성확보와 관련이 있는 문제이다. 행정소송법 제6조는 행정소송에 대한 대법원판결에 의하여 명령·규칙이 헌법 또는 법률에 위반된다는 것이 확정된 경우에는 대법원은 이를 지체 없이 행정안전부장관에게 통보하고 행정안전부장관은 지체없이 관보에 게재하도록 하고 있다. 5. **명령·규칙에 대한 헌법소원** 명령·규칙이 구체적 집행절차를 매개로 아니하고 그 자체에 의하여 직접·현재 국민이 기본권을 침해하는 경우에는 헌법소원의 대상이 된다(헌재 1990.10.15. 89헌마178; 1995.12.28. 91헌마114; 1993.5.13. 92헌마80). 형식이 행정규칙이라 하더라도 실질적으로 법규명령의 성격을 가진다면 헌법소원의 대상이 된다(헌재 1992.6.26. 91헌마25). ➜ 변형결정의 기속력. ➜ 헌법소원심판.

명령설命令說 ➜국회규칙의 법적 성질에 관한 학설 중 한 견해. 자주법설에 대응함. ➜ 국회규칙.

명령심사제命令審査制 ➜ 명령·규칙 심사권.

명령적 위임命令的 委任 = **기속위임**羈束委任 ➜ 강제위임.

명망가민주주의名望家民主主義 ㊦ Honoratioren Demokratie. 명사민주주의(名士民主主義)라고도 한다. 고전적인 헬레니즘 시대의 초기 민주주의는 재력이나 일정 수준의 지적 능력을 갖춘 사람들에 의해 전문적으로 정치가 행해지도록 하였는데, 이를 명망가민주주의라 한다. 민주주의가 확립된 오늘날에는 정치 영역에서 한 개인의 역량에 따라 강력한 정치집단을 형성하고 그의 개인적 능력이 민주주의적 방식에 따라 정치세력을 형성하는 경우, 명망가민주주의라고 할 수 있다. 한 개인의 역량이 아니라 불특정 다수의 의사가 정치세력의 형성에 영향을 미치는 경우에는 명망가민주주의가 아니라 대중민주주의로 전환하게 된다. 우리나라의 경우 근대화 및 민주화의 과정에서 명망가에 의존하였다고 볼 수 있으나, 오늘날의 사회는 한 개인의 명망이 아니라 다수 대중의 의사에 따라 국가의 정책이 결정되는 대중민주주의 단계에 이르렀기 때문에 과거와 같은 명망가민주주의는 더 이상 영향을 미치지 못한다고 할 수 있다.

명목적 헌법名目的 憲法 ㊞ nominal constitution, ㊕ nominalische Verfassung. ➜ 헌법의 존재론적 분류.

명백明白**하고 현존**現存**하는 위험**危險 **원칙** ㊞ clear and present danger doctrine. 1. **의의** 언론·출판의 자유를 사후적으로 제약하려면 명백하고 현존하는 위험이 있어야 한다는 것, 즉, 표현과 위험 사이의 인과관계가 명백(clear)해야 할 뿐만 아니라, 위험발생이 시간적으로 근접하여 위험이 현존(present)할 경우에만 언론·출판의 자유를 제약할 수 있다는 원칙을 말한다. 표현의 자유의 한계 내지 표현의 자유를 제한하는 법률의 합헌성 판단기준이 되는 것이 바로 이 '명백·현존하는 위험의 원칙'이다. '명백·현존하는 위험의 원칙'을 표현의 자유의 '한계'로서의 의미에 무게를 두고 이해하면, 이 원칙은 표현의 자유 제한을 정당화하는 이론이 되어 표현의 자유 보장이 좁아지게 되고, 반대로 '명백·현존하는 위험의 원칙'을 표현의 자유를 제한하는 법률의 '엄격한' 합헌성심사기준으로서 이해하면, 이 원칙은 명백하고 현존하는 위험을 발생시키지 않는 한 모든 표현은 자유롭게 개진될 수 있다는 의미로 이해되어 표현의 자유 보장이 넓어지게 되기 때문이다. 적어도 미국 연방대법원에 의해서는 대체적으로는 '명백·현존하는 위험의 원칙'이 후자의 의미로 이해되고 활용되면서 표현의 자유 보장을 확대해주는 이정표로서 기능했다. 2. **명백·현존하는 위험의 원칙의 탄생** 1) **Schenck v. U.S.**, 249 U.S. 47, 39 S.Ct. 247, 63 L.Ed. 470 (1919) (1) **사실관계** 1917년의 방첩법(Espionage Act)은 고의로 미 육해군에서 불복종, 불충성, 의무이행 거부를 선동하거나 선동하려 하는 행위와 고의로 징병을 방해하는 행위를 처벌토록 규정하고 있었다. 제1차 세계대전 중에 Schenck는 우편으로 징집대상자 2명에게, 징집법이 위헌이며, 인간성에 대항하는 거악이고 징병 반대에 대한 비판은 교활한 정치인들과 탐욕적인 자본주의 언론사들이 만들어낸 합작품이라고 주장하는 전단을 보냈다. 전단지는 '협박에 굴복하지 말라'고 주장했지만, 징병법 폐지 청원과 같은 평화적인 방법만을 충고했다. Schenck는 방첩법을 위반했기 때문이 아니라 이에 위반되는 행위를 하려고 예비·음모했다는 이유로 기소되었다. Schenck는 전단지가 피징병자들의 징병을 방해하는데 영향을 끼치려는 목적 이외의 다른 목적을 가지지는 않는다는 배심원들의 주장에 대해 이를 부인하지는 않았다. (2) **판시사항** Holmes대법관에 의해 집필된 만장일치의 판결문은 표현의 자유를 누릴 수 있느냐 여부는 그 표현이 행해진 상황에 의해 영향을 받는다고 판시했다. 추론요지로서, 모든 행위의 성격은 그것이 행해진 상황이 무엇이냐에 크게 의존한다. 극장 안에서 갑자기 "불이야"라고 잘못 소리쳐 극장 안을 온통 혼란의 도가니로 만드는 것 까지 표현의 자유가 보호하는 것은 아니다. 중요한 것은 그 표현이 어떤 상황 하에서 행해져서 연방의회가 방지할 권한을 가지는 실질적 해악을 초래할 명백하고 현존하는 위험을 발생시킬 성격을 갖느냐이다. 그것은 '근접성과 정도'의 문제이다. 평화 시에는 괜찮을 표현도 전쟁 중에 행해지면 전쟁 노력에 큰 방해가 되어 허용되지 않을 수 있다. Schenck가 보낸 전단지는 전시에 행해진 표현으로서 명백하고 현존하는 위험을 발생시킨다. 하급심의 유죄결정을 인용한다. (3) **판결의 의의** Schenck판결은 표현을 규제하는 입법의 합헌성 심사기준인 '명백 · 현존하는 위험의 원칙'을 최초로 선언하고 적용했다. Schenck판결에서 Holmes대법관은 표현행위에 대한 완벽한 면책에는 반대했지만, '악행을 낳을 표현의 경향성만 있다면 아무리 해악 발생과의 근접성이 없다 하더라고 그 표현행위 규제입법은 정당하다는 기준,' 즉, 훨씬 더 제약적이고 훨씬 더 광범위한 표현행위의 규제를 담는 대안적 심사기준에도 반대했다. 하지만 이 판결 일주일 후에 내려진 유사한 사건인 Frohwerk v. U.S., 249 U.S. 204(1919)와 Debs v. U.S., 249 U.S. 211(1919)에서는 이 원칙이 표명되지 않았다. 3. **원칙의 변천** 1) **위험경향의 원칙(Bad Tendency Test)으로 후퇴-Gitlow v. New York,** 268 U.S. 652, 45 S.Ct. 625(1925) Schenck판결은 같은 해에 내려진 Abrams v. United States, 250 U.S. 616(1919) 사건에서는 채택되지 않고 위험경향의 원칙으로 후퇴하였다. Schenck판결은 특정 표현행위를 금지하는 법률을 위반했는지 여부를 다룬 것들이지만, 그 후에는 법률 자체가 일정한 표현을 위험하다고 판단해 직접 금지한 경우에도 명백 · 현존하는 위험의 원칙이 적용될 수 있는지가 다루어졌다. 그 첫 번째 사건이 바로 이 Gitlow사건이다. (1) **사실관계** Gitlow는 노동자들에게 파업을 선동하고 정부를 전복해 혁명적 무정부상태를 만들어야 한다는 내용의 '사회주의자 선언서'(socialist manifesto)를 출판했다. 그는 뉴욕주의 '무정부주의자 처벌법(criminal anarchy statute)' 위반으로 유죄판결을 받았는데, 동법은 뉴욕주 주의회가 보기에 실질적 해악의 위험을 초래할 개연성이 있는 특정한 성격의 표현들을 금하는 것을 내용으로 하고 있었다. 문제된 법조항은 위력, 폭력 및 불법한 수단으로 정부를 전복하는 것을 옹호하는 말도 금지하고 있었다. '사회주의자 선언서'를 읽고 정부 전복 등의 실질적 해악으로 나아간 사람이 있다는 증거는 없었다. Gitlow가 하급심의 유죄결정에 대해 연방대법원에 상고했다. (2) **판시사항** Sanford 대법관이 집필한 다수의견은, 주의회가 실질적 해악의 위험을 발생시킬 개연성이 있는 표현을 주법으로 직접 금지할 수 있다고 판시했다. 추론요지로서, 미국 연방대법원은 앞서 수정헌법 제1조 관련 사건들에 있어서 주된 쟁점은 문제된 표현이 실질적 해악을 초래할 "명백하고 현존하는 위험"을 가지고 있느냐에 있다고 보았다. 그러나, 뉴욕주 주법에 의해 구체적으로 성격 규정이 된 어떤 표현 속에 "명백하고 현존하는 위험"이 존재하는지는 뉴욕주의회가 결정해야 한다. Gitlow의 표현은 이러한 금지되는 표현의 범주 내에 든다. 주의회에 의한 결정이 이미 내려져 어떤 표현을 금지하고 처벌하는 것으로 주법이 정했다면, 의회가 이미 일정한 유형의 표현은 실질적인 해악을 발생시킨다고 결정했으므로 법원은 그 판단을 존중해야 하고 의회가 법규정을 통해 이렇듯 표현의 위험성을 판단해버린 경우에는 명백 · 현존하는 위험의 원칙이 적용되지 않는다. 정말 중요한 것은 그 법조항 자체가 위헌이냐 하는 것이다. 문제된 뉴욕주 주법의 조항은 위헌이 아니다. 주는 실질적 해악 발생의 위험을 초래할 개연성이 있는 표현을 금지할 수 있다. (3) **판결의 의의** 이 판결에서는 Schenck v. United State 판결(1919)에서 채택된 '명백하고 현존하는 위험'의 심사기준이 '위험경향 심사(Bad Tendency Test)' 원칙으로 대체되었다. 그러나, 이 Gitlow판결은 그 후 포기되었으며, 현재 미국 연방대법원의 결정들은 위법한 행위를 선동할 개연성에 다시 초점을 맞추고 있으며 주의회가 주법으로 어떤 표현이 그러한 개연성을 만들 수 있는지를 결정하지 못하게 하고 있다. 2) **'급박성'의 요건 추가 - Whitney v. California**(274 U.S. 357 (1927)) (1) **사실관계** 1919년에 Whitney는 사회당 전당대회에 참석하여 계파 중에 급진파쪽으로 가서 공산노동당(Communist Labor Party)을 만드는 것을 도왔다. 그 해 말에, Whitney는 공산노동당의 캘리포니아주 지부를 조직하기 위한 또 다른 전당대회에 참석했다. 거기서 Whitney는 정치적 행동을 할 것을 승인하는 결의안을 지지했고 노동자들에게 모든 선거에서 공산노동당 공천후보에게 투표할 것을 촉구했다. 이 결의안은 부결되었으며 더 극단적인 정치 행동이 채택되었고 Whitney는 그 결의안에는 반대했다. 캘리포니아주 주법인 '캘리포니아 과격단체운동 처벌법(California Criminal Syndicalism Act)'은 산업소유권 변화나 정치적 변화에 영향을 주려는 수단으로서 위법한 폭력행위를 옹호하는 단체를 결성하는 것을 법으로 금하고 있었다. Whitney는 이 법 위반으로 기소되어 재판을 받던 중, 공산노동당이 과격 테러조직이 되도록 할 의도는 전혀 없었다고 주장했다. 계속해서 그녀는 그녀가 폭력적인 정치변혁정책에서 공산노동당을 도울 의도가 전혀 없었기 때문에 그녀가 단지 공산노동당 전당대회에 참석했다는 사실만으로 그것이 범죄가 될 수는 없다고 주장했다. 따라서, 그 법은 적법절차에 의하지 않고 그녀의 자유를, 즉, 언론·출판·집회·결사의 자유를 빼앗은 것이라고 Whitney는 주장했다. (2) **판시사항** Sanford 대법관에 의해 집필된 다수의견은, 목적 달성에 영향을 주기 위해 불법한 수단의 사용을 옹호하는 조직에 고의적으로 그 구성원이 되는 것을 처벌하는 주법은 헌법에 의해 보장된 적법절차의 원칙과 언론·출판·집회·결사의 자유를 침해하지 않는다고 판시했다. 추론요지로서, 헌법에 의해 보장된 표현의 자유도 아무런 책임 없이 말할 절대적 권리를 부여하고 있는 것은 아니다. 어떤 표현이 범죄를 선동하거나 평화를 교란하거나 폭력을 통한 정부 전복을 꾀하는 경향을 보일 때처럼 공공복리에 적대적인 표현인 경우에는, 주는 이를 주에게 부여된 경찰권 행사의 일환으로서 표현의 자유 남용으로 처벌할 수 있다. 본 사건에서 '캘리포니아 과격단체운동 처벌법'(California Criminal Syndicalism Act)은 주의 공적 평화와 안정을 위협하는 범죄들을 옹호하는 조직을 돕거나 고의적으로 그 조직의 구성원이 되는 것이 주의 경찰권 행사에 의해 처벌될 수 있는 것이라 선언하고 있다. 그 처벌행위의 핵심은 불법적 수단의 옹호와 사용을 통해 원하는 목적들을 달성하기 위해 다른 사람들과 결합함에 있다. 이것은 그 성질에 있어 형법상 예비·음모의 단계에 해당하는 것이며 개인의 개별적 행위들보다 공적 안정에 훨씬 더 큰 위험을 수반한다. Whitney는 본 사건에서 그녀에게 적용된 '캘리포니아 과격단체운동 처벌법'(California Criminal Syndicalism Act)이 위헌이라 주장하지만, 그러한 주장은 대법원이 1심법원에서 끝난 사실판단에 관한 평결을 다시 하라는 것이 되므로 본 법원은 이를 받아들일 수 없다. (3) **판결의 의의** 이 판결은 Schenck판결의 '명백·현존하는 위험'의 심사기준에 그 위험이 '급박한(imminent)' 것이어야 한다는 요건을 추가했다는 점에서 중요하다. 이런 점에서 본 판결에서 Brandeis 대법관의 찬성의견은 일종의 반대의견으로 평가되어질 수도 있다. 주정부에 대항하는 위협적 행위를 '단순히 옹호'(mere advocacy)하는 표현을 했다는 이유만으로 이들을 처벌할 수 있다는 다수의견에 Brandeis 대법관이 추가한 '급박성'의 요건은 중요한 의미를 갖는다. 그래서, '단순한 옹호 기준'(mere advocacy test)은 그 후 살아남지 못했다. 오늘날, 과격단체운동을 계속 처벌하는 Smith Act에서도 '단순 옹호'에 그친 표현을 처벌하지는 않는다. 처벌이 가해지려면 강력한 정부전복 행위를 촉구하는 것이 필요하다. 따라서, '행위 촉구'(urging action)는 본 판결에서 Brandeis 대법관이 개진한 '명백하고 현존하는 급박한 위험'(clear and present imminent danger) 심사의 한 현대적 형태이다. 3) **명백하고 있을 수 있는 위험의 원칙(clear and probable danger)-Dennis v. U.S. 341** U.S. 494 (1951) 제2차 세계대전 후 발호한 공산주의에 대하여 미국 연방의회는 1940년에 New York주의 '무정부주의자처벌법(criminal anarchy statute)'과 비슷한 내용의 Smith법을 제정했다. 이 법 적용과 관련한 최초의 사건이 이 사건이다. (1) **사실관계** Smith법은 위력이나 폭력으로 정부를 전복하도록 가르치거나 이를 옹호하는 행위, 혹은 그것을 위해 사람들을 조직하는 것을 불법으로 규정했다. 또한 앞에서 말한 행위의 모의도 금지했다. Dennis와 공산당 간부들이 정부를 무력으로 전복하고자 모의했다는 이유로 유죄판결을 받았다. 공산당은 규율이 잘 되고 전략적 위치로 침투를 잘 하며 별명과 중의법(重意法)을 잘 쓴다는 점이 여러 증거들에 의해 입증되었다. 공산당은 엄격히 통제되었으며 당원간의 불화를 일체 용인하지 않았다. 공산당의 당헌, 강령, 성명서 등은 무력과 폭력에 의한 성공적인 정부 전복을 옹호했다. (2) **판시사항** Vinson 대법원장에 의해 집필된 4인의 다수의견은, 무력이나 폭력에 의한 정부 전복 옹호와 그 모의를 처벌하는 Smith법이 공산당 간부들에게 적용되는 것이 수정헌법 제1조에 위배되지 않는다고 판시했다. 추론요지로서, 수정헌법 제1조상의 권리를 제한하는 법률의 합헌성 심사에 있어서 표현행위가 비인쇄매체상에 비언어적으로 이루어졌다면 법 위반의 증거로서의 언론이나 출판에 근거한 유죄결정은 그 언론이나 출판이 금지된 범죄행위를 모의하거나 완수함에 있어 명백·현존하는 위험을 발생시킬 때에만 내려질 수 있다. 이 사건에서, Smith법은 무력이나 폭력에 의한 전복으로부터 정부를 보호하려 하고 있다. 확실히 이것은 정부가 언론을 제한하는 충분한 이유가 될 수 있다. 이제는, 명백·현존하는 위험이 존재하느냐가 결정되어야만 한다. 정부전복 기도의 성공이나 성공가능성은 그 정부전복 기도가 명백·현존하는 위험을 구성하는지를 판단하는 기준이 될 수 없다. 문제는 표현행위로 발생될 해악의 중대성이 해악발생의 위험회피를 위해 필요한 언론의 자유 제한을 정당화하느냐이다. Dennis 주도 단체의 문제된 표현행위들은 우리로 하여금 명백·현존하는 위험이 존재한다고 믿게 만든다. 위험이 있는지의 여부는 헌법문제이지 사실인정의 문제가 아니기 때문에 이것은 배심원이 아니라 판사가 판단하여야 한다. 하급심의 유죄결정을 인용한다. (3) **판결의 의의** Dennis판결에서 '명백·현존하는 위험(clear and present danger)'의 원칙은 '명백하고 있을 수 있는 위험의 원칙(clear and probable danger)'으로 후퇴했다. 그리고 급박성(immediacy)의 요건은 가능성(probability) 내지 중대성(seriousness)의 요건으로 바뀌게 되었다. 예상되는 해악 발생의 가능성이 아무리 적더라도 그 중대성을 이유로 언론은 제한될 수 있게 된 것이다. 이러한 기준 하에서 급진적인 정치적 표현은 거의 보장되지 않게 되었다. 그러한 표현은 항상 정부에게 위협이 되고 상상할 수 있는 가장 중대한 해악이 될 수 있을 것으로 보이기 때문이다. 4. **명백·현존하는 위험의 원칙의 현대적 기준-Brandenburg v. Ohio,** 395 U.S. 444 (1969) (1) **사실관계** KKK단의 리더인 Brandenburg는 텔레비전 방송사에 전화해 Hamilton카운티에서 열리는 KKK단 집회에 기자를 초청했다. 기자에 의해 이 집회는 녹화되고 텔레비전에 방영되었다. 한 녹화필름은 두건으로 얼굴을 덮고 무기를 든 12명의 사람들이 나무 십자가 주위에 모여 그 나무 십자가를 불태우는 장면을 담고 있었다. 유태인과 흑인들을 경멸하는 말들이 녹화필름에서 산발적으로 들렸다. Brandenburg가 연설을 했고 그는 연설 중에 "우리는 보복을 목적으로 하는 단체는 아니다. 그러나, 우리의 대통령이, 연방의회가, 연방대법원이 계속해서 백인들을 탄압한다면 어떤 보복조치가 취해져야만 할 수도 있다"고 말했다. 그리고 독립기념일인 7월 4일에는 40만명이 의회 앞에서 시위를 하고 이어서 두 그룹으로 나뉘어 일부는 Florida주로 일부는 Mississippi주로 행군할 것이라고 연설했다. Brandenburg를 피고로 한 소송이 이들 몇몇 녹화필름들에 근거해 제기되었다. 그는 Ohio주의 '과격단체운동 처벌법(criminal syndicalism statute)'에 의해 유죄판결을 받았다. 이 법은 사회변혁 달성의 수단으로 범죄의 의무, 필요성, 정당성을 옹호하거나 태업, 폭력, 불법적 방법의 테러를 옹호하는 것을 금했고 과격단체운동의 원칙을 가르치거나 옹호하기 위해 형성된 단체와 회합하는 것도 금하고 있었다. (2) **판시사항** 집필자를 밝히지 않은 판결(per curiam)에서 연방대법원은 폭력 사용이나 법 위반의 옹호가 급박한 불법적 행위를 선동하거나 야기하기 위한 것이고 또 그러한 선동 및 야기의 개연성이 있는 것이면 그러한 폭력 사용이나 불법의 옹호는 수정헌법 제1조와 수정헌법 제14조에 보장된 권리를 침해한다고 판시했다. 추론요지로서, 헌법상의 언론 · 출판의 자유는 폭력 사용이나 법 위반의 옹호가 급박한 불법적 행동을 선동하거나 야기하기 위한 것이거나 그럴 개연성이 있는 것인 경우 이외에는 주가 그러한 폭력 사용이나 불법의 옹호를 금지하거나 처벌하는 것을 허락하지 않는다. 위력이나 폭력에 호소하는 것의 도덕적 정당성이나 심지어 도덕적 필요성을 단지 추상적으로 가르쳐 주는 것이, 어떤 단체가 그러한 폭력적 행위로 나아가게 돕거나 조장하는 것과 같을 수는 없다. 양자의 행위를 명확히 구분치 못하고 함께 처벌하는 법률은 수정헌법 제1조와 제14조에 보장된 자유를 침해하는 것이다. KKK단의 집회 당시 그 집회에는 KKK단 단원 이외에는 아무도 없었고 집회에서 그들이 행한 인종적대적 발언이 누구에게도 즉각적으로 신체적 위협을 준 바 없었음에도 불구하고 Brandenburg가 단지 인종적대적 폭력이 '도덕적으로 적절함(moral propriety)'을 '추상적으로 가르쳤기(abstract teaching)' 때문에 Ohio주법에 따라 처벌된 것이다. Brandenburg의 발언은 직접적 행동을 선동한 것이 아니고 단순히 어떤 결과를 옹호한 것에 불과하므로 수정헌법 제1조와 제14조에 의해 보장되는 표현의 자유의 보호범위 내에 속한다. 즉, 그의 표현행위는 연방헌법이 정부의 통제로부터 면죄부를 준 '비난 발언'(condemnation speech)의 범주 내에 드는 것이다. 문제된 Ohio 州法의 취지는 단순한 옹호 발언을 처벌하려는데 있고, 법에서 서술된 유형의 행위들을 단순히 옹호하기 위해 다른 사람들과 회합하는 것을 금하려는데 있다. 그러므로, 하급심 판결은 유지될 수 없다. Brandenburg에 대한 유죄판결을 파기한다. (3) **판결의 의의** 이 판결은 언론의 자유를 제한하는 법률이 합헌성을 획득하기 위해서는 '위험의 급박성(imminence of danger)'이 존재해야 함을 잘 보여준다. 이 요건은 그 전 판결인 1966년의 Bond v. Floyd(1966)판결에서도 강조된 바 있었다. ➜ 브랜든버그 심사. 5. **명백 · 현존하는 위험의 원칙에 대한 평가** 첫째, 명백 · 현존하는 위험의 원칙이 1919년의 Schenck판결을 통해 탄생할 때부터 이 원칙에 대한 반대론이 미국 내에서 만만치 않게 제기되었다. 미국 역사상 가장 존경받는 하급심 법관 중 한 사람인 Learned Hand판사는 발언내용만을 문제 삼고 주위 상황은 고려하지 말자는 심사기준(Learned Hand Test)을 제시하기도 했으나, 받아들여지지 않았으며, 미국에서 그 이후 50여년간 명백 · 현존하는 위험의 원칙이 지배적으로 적용되었다. 둘째, 적어도 명백 · 현존하는 위험의 원칙 초기 관련 판결인 Schenck판결이나 Abrams판결 등에서는 표현의 내용이 사실상 실질적인 해악을 초래했다는 점에 대한 명확한 입증없이 모두 유죄로 선언되었다는 점에서, 명백 · 현존하는 위험의 원칙은 표현의 자유 보장 확대에 기여하는 바가 크지 않다는 지적들이 많았다. 셋째, 명백 · 현존하는 위험의 원칙은 위험 발생의 '급박성'이 있는지 여부의 사실인정에 따라 법적 판단이 달라진다. 비교적 현대에 와서 제기되는 명백 · 현존하는 위험의 원칙에 대한 비판론도 만만치 않다. 넷째, 몇몇 학자들은 동 원칙이 '명백 · 현존하는 위험'이라는 추상적이고 일반적인 기준을 사용함으로써 별 내용이 없는 이익형량심사의 한 형태가 되어 버렸다고 비판한다. 다섯째, 또 다른 이들은 명백 · 현존하는 위험의 원칙이 보호하고자 하는 표현은 원래부터 수정헌법 제1조에 의해 보호되는 표현 영역에 속하지 않는다고 비판한다. 그러나, 이러한 비판론들에도 불구하고 '명백 · 현존하는 위험의 원칙'은 '언론의 자유의 수호신'이라고 까지 불리워지면서, 표현의 자유 조항에 내실을 부여하고 특히 소수집단의 표현의 자유 보호에 큰 공헌을 해왔다는 긍정적인 평가를 받고 있다. 명백 · 현존하는 위험의 원칙은 표현의 자유의 '한계'로서 보다는 표현의 자유를 제한하는 법률의 '엄격한' 합헌성심사기준으로서 이해되어야 한다.

명예권名譽權 ㊎ right to the reputation, ㊍ Recht auf den Ruf, ㊏ droit à la réputation. '명예'는 사람이나 그 인격에 대한 '사회적 평가', 즉 객관적 · 외부적 가치평가를 말하는 것으로, 단순히 주관적 · 내면적인 명예감정은 포함하지 않는다(헌재 2005. 10.27. 2002헌마425 참조). 이 명예에 관한 권리가 명예권이다. 명예권의 헌법적 근거에 관해서는, 헌법재판소는 인간의 존엄과 가치로부터 유래하는 일반적 인격권에 포함된다고 보고 있다(위 결정 참조). 헌법 제10조의 인간이 존엄성 존중조항, 제17조의 사생활의 비밀과 자유조항, 제37조 제1항의 헌법에 열거되지 아니한 자유와 권리의 존중조항 등을 근거로 하여 보장된다고 보는 결정도 있다(헌재 2002.1.31. 2001헌바43 참조). 개인의 명예 보호를 구체화한 일반법으로는 민법과 형법을 들 수 있다. 민법은 제750조, 제751조에서 고의 또는 과실로 인한 위법한 명예훼손적 표현으로 타인에게 손해를 가하거나 타인의 신체, 자유 또는 명예를 해하거나 정신상 고통을 가한 경우에 손해배상책임을 지는 규정을 두고, 형법은 제307조 내지 제309조에서 공연히 사실(또는 허위의 사실)을 적시하여 명예를 훼손하거나, 사람을 비방할 목적으로 신문, 잡지 또는 라디오 기타 출판물에 의한 명예를 훼손하는 행위와 공연히 모욕하는 행위에 형사제재를 과하는 한편, 제310조는 위법성의 조각으로 처벌하지 아니하는 경우에 대한 규정을 둔 것이 그것이다. 언론매체의 명예훼손적 표현에 실정법을 해석 · 적용할 때에는 언론의 자유와 명예 보호라는 상반되는 헌법상의 두 권리의 조정 과정에 다음과 같은 사정을 고려하여야 한다. 즉, 당해 표현으로 인한 피해자가 공적 인물인지 아니면 사인(私人)인지, 그 표현이 공적인 관심 사안에 관한 것인지 순수한 사적인 영역에 속하는 사안인지, 피해자가 당해 명예훼손적 표현의 위험을 자초한 것인지, 그 표현이 객관적으로 국민이 알아야 할 공공성 · 사회성을 갖춘 사실(알 權利)로서 여론형성이나 공개토론에 기여하는 것인지 등을 종합하여 구체적인 표현 내용과 방식에 따라 상반되는 두 권리를 유형적으로 형량한 비례관계를 따져 언론의 자유에 대한 한계 설정을 할 필요가 있는 것이다. 공적 인물과 사인, 공적인 관심 사안과 사적인 영역에 속하는 사안 간에는 심사기준에 차이를 두어야 하고, 더욱이 이 사건과 같은 공적 인물이 그의 공적 활동과 관련된 명예훼손적 표현은 그 제한이 더 완화되어야 하는 등 개별사례에서의 이익형량에 따라 그 결론도 달라지게 된다(헌재 1999.6.24. 97헌마265). 최근에는 인터넷의 등장으로 명예훼손의 법리를 재검토할 필요성이 증대되고 있다.

명예혁명名譽革命 ㉢ Glorious Revolution. 명예혁명은 영국에서 1688년에 일어난 혁명이다. 의회와 네덜란드의 오렌지공 윌리엄이 연합하여 제임스 2세를 퇴위시키고 잉글랜드의 윌리엄 3세로 즉위하였다. 이때 일어난 혁명을 피 한 방울 흘리지 않고 명예롭게 이루어졌다고 해서 명예혁명이라 이름 붙였다. 명예혁명은 영국의 의회민주주의를 출발시킨 시발점이 되었다. 이후 어떠한 영국의 왕조도 의회를 무시하는 무소불위의 권력을 행사할 수는 없었다. 또한, 당시 작성된 1689년 권리장전은 영국의 역사에서 매우 중요한 위치를 점하고 있다. 영국에서 최초로 시민사회가 성립되는 데 크게 기여했고, 궁극적으로는 산업혁명에 영향을 주었으며, 산업혁명과 함께 영국이 세계에서 처음으로 근대 시민사회로 이행하는 밑바탕이 된 사건이다.

명예훼손名譽毁損 ㉢ defamation/calumny/vilification/traducement, ㉣ Üble Nachrede, ㉤ diffamation. 명예훼손은 공연히 구체적인 사실이나 허위사실을 적시하여 불특정 다수인에게 어떤 사람의 사회적 평판이나 지위·명예 또는 가치를 깎아내리는 행위를 말한다. 형법 제307조에 규정되어 있다. 헌법적으로는 '사실적시 명예훼손죄(형법 제307조 제1항)'를 둘러싸고 그 폐지여부가 논란이 되고 있다. 사실적시 명예훼손죄의 존치를 주장하는 입장은, 헌법이 표현의 자유도 보장하고 있지만 명예권도 보호하고 있는 만큼 개인의 인격권과 사생활의 자유도 보호해야 하기 때문에, 진실한 사실을 적시한 경우라도 침해될 수 있는 명예와 인격권은 형법상 충분히 보호할 가치가 있다는 것이다. 폐지론의 입장에서는 인격권이 보호할 가치가 있지만, 보호가치가 없는 허명(虛名)까지 보호하는 경우 표현의 자유를 침해할 우려가 크고 부작용도 크다는 점에서 형법의 보충성의 원칙 및 최후수단성에 비추어 볼 때 타당하지 않으며, 헌법상 과잉금지의 원칙에도 부합하지 않는 문제가 있다고 본다. 과잉금지의 원칙의 관점에서 볼 때 형벌이라는 수단은 일응 목적에 필요한 수단의 적합성을 갖추었다고 볼 수는 있겠지만, 허명까지 보호하는 경우에는 표현의 자유를 침해하게 되기 때문에 그 적합성이 문제될 수 있고, 최소침해의 원칙, 협의의 비례성의 원칙도 충족시키는가에 관하여 의문이 제기될 수 있다. 또한 형법 제310조는 진실한 사실의 적시가 오로지 공공의 이익에 관한 경우에 위법성을 조각시키는 규정이지만, 공공의 이익 여부에 관한 판단은 쉽지 않은 문제이다. 오늘날 세계적으로 명예훼손죄를 비범죄화하거나 최소한 비구금형으로 하고 있음은 명예보호를 위해 형벌 이외에 다른 수단, 즉 손해배상이라는 민사적 제재가 보다 효과적임을 보여주고 있다. 따라서 장기적으로는 사실적시 명예훼손죄를 폐지함이 타당하다고 보는 것이 다수의 견해이다.

명확성明確性**의 원칙** ㉣ Bestimmtheitsgrundsatz = **막연하기 때문에 무효의 원칙** ㉢ void for vagueness doctrine. 1. **의의** 명확성의 원칙이란 법치국가원리의 한 표현으로서 법률은 적용대상자가 그 규제

내용을 미리 알 수 있도록 분명하게 규정하여 장래의 행동지침으로 삼을 수 있도록 하여야 함을 그 내용으로 하는 기본권제한에 관한 헌법상의 원칙을 말한다. 법률은 명확한 용어로 규정함으로써 적용대상자에게 그 규제내용을 미리 알 수 있도록 공정한 고지를 하여 장래의 행동지침을 제공하고, 동시에 법집행자에게 객관적 판단지침을 주어 차별적이거나 자의적인 법해석을 예방할 수 있다(헌재 1992.4.28. 90헌바27등). 아울러 행정부와 법원의 입장에서 보면, 법률의 명확성원칙이란, 행정부가 법률에 근거하여 국민의 자유와 재산을 침해하는 경우 법률이 수권의 범위를 명확하게 확정해야 하고, 법원이 공권력행사의 적법성을 심사할 때에는 법률이 그 심사의 기준으로서 충분히 명확해야 한다는 것을 뜻한다(헌재 2003.11.27. 2001헌바35). 법의 명확성은 법의 형식성을 확보하고 유지하는 데 필수불가결한 요소이며 법률불소급원칙과 함께 법치주의의 내용을 이루어 법치국가원리가 지향하는 이념인 법적 안정성을 지키는 중대한 역할을 한다. **2. 헌법적 근거** 1) **법치국가원리** 법치국가원리는 모든 국가 작용은 법률에 의하여야 한다는 것으로 국민의 자유와 권리를 제한하고자 할 때 역시 명확한 법률에 의하여야 한다는 것이다. 헌법재판소도 「법치국가원리의 한 표현인 명확성의 원칙은 기본적으로 모든 기본권제한입법에 대하여 요구된다. 규범의 의미내용으로부터 무엇이 금지되는 행위이고 무엇이 허용되는 행위인지를 수범자가 알 수 없다면 법적 안정성과 예측가능성을 확보될 수 없게 될 것이고, 또한 법집행 당국에 의한 자의적 집행을 가능하게 할 것이기 때문이다.」라고 하여 법치국가원리를 명확성의 원칙의 근거로 삼고 있다(헌재 2000.2.24. 98헌바37). 형사 관련 법률에서는 명확성의 정도가 강화되어 더 엄격한 기준이 적용된다(죄형법정주의상의 명확성 원칙)(헌재 2001.6.28. 99헌바34). 2) **적법절차원리와 권력분립원칙** 영미법의 경우 적법절차원칙을 국가작용을 지배하는 일반원칙으로 폭넓게 적용함으로써 적법절차원칙에서 명확성의 원칙의 근거를 찾고 있다. 또한 입법부가 만든 법을 행정부가 집행하여 사법부가 해석하는 권력분립의 원칙은 헌법상의 기본원칙이며 따라서 입법부에서 제정된 법률은 집행부와 사법부의 자의적 적용을 배제하기 위하여 명확하게 만들어져야 한다. 헌법재판소도 「법률은 국민의 신뢰를 보호하고 법적 안정성을 확보하기 위하여 되도록 명확한 용어로 규정하여야 하는 것이다.… 법률이 불명확하면 입법권을 법관에게 위임하는 것으로 되기 때문에 권력분립의 원칙에도 반하는 것으로 되기 때문이다.」라고 판시함으로써, 권력분립의 원칙을 명확성의 원칙의 근거로 삼고 있다(헌재 1992.4.28. 90헌바27). 3) **평등의 원칙** 명확성의 원칙의 근거를 평등의 원칙에서도 찾을 수 있다. 명확성의 원칙은 수범자인 일반인뿐만 아니라 입법자와 법집행자에게도 효과를 미치고, 입법자와 법집행자에게 미치는 명확성의 원칙의 효과는 자의의 배제이고, 자의의 배제는 평등의 실현이다. 헌법재판소도 명확성의 원칙을 평등의 원칙에 근거하는 표현을 하고 있다(헌재 1990.4.2. 89헌가113). 일반적인 법규범을 제정하고 이를 집행함에 있어서 자의를 배제하고 명확성원칙의 준수를 요구하는 것은 입법과정과 법집행과정에서 의도적으로 발생하는 차별에 대해 평등의 원칙을 준수할 것을 요구하는 것을 의미한다. **3. 명확성 원칙의 적용영역** 1) **법치국가원리와 명확성 원칙** 명확성의 원칙은 가장 넓게는 법치국가 원리가 적용되는 전 영역에서 요구되는 원칙이다. 이는 모든 법률은 국민이 이해할 수 있도록 쉽게 만들어져야 한다는 것을 의미한다(헌재 2004.7.15. 2002헌바47 참조). 2) **기본권제한입법에서의 명확성 원**

칙 법률이 기본권을 제한하는 것일 때에는 일반적인 법률보다 훨씬 더 명확하게 규정되어야 한다. 헌법상의 기본권은 가장 넓게 보장되어야 하기 때문에, 불명확한 법률규정으로 기본권을 제한하는 경우에는 국가에 의나 자의적인 기본권침해의 가능성이 그만큼 커지게 된다. 헌법재판소는 「법치국가원리의 한 표현인 명확성의 원칙은 기본적으로 모든 기본권제한입법에 대하여 요구된다. 규범의 의미내용으로부터 무엇이 금지되는 행위이고 무엇이 허용되는 행위인지를 수범자가 알 수 없다면 법적 안정성과 예측가능성을 확보될 수 없게 될 것이고, 또한 법집행 당국에 의한 자의적 집행을 가능하게 할 것이기 때문이다.」라고 하였다(헌재 2000.2.24. 98헌바37; 1990.4.2. 89헌가113). 3) **표현의 자유의 제한입법에서의 명확성 원칙** 표현의 자유를 제한하는 법률은 자유경쟁을 통한 의사형성과정을 위축시키는 효과가 있기 때문에 법적 명확성이 강하게 요구된다. 언론·출판·표현의 자유와 관련하여, 일정한 신분 및 직업 또는 지역에 거주하는 사람에게 한정하여 적용되는 법령의 경우에는 그 사람들 중의 평균인을 기준으로 명확성 여부에 대한 판단이 이루어져야 한다. 미국연방대법원은 표현의 자유를 침해하는 법적 규제에 대해서는 보다 높은 수준의 명확성을 요구한 반면, 헌법재판소는 오히려 명확성 판단기준을 완화하는 경우가 있다(헌재 1990.4.2. 89헌가113; 1997.1.16. 89헌마240; 1996.10.4. 95헌가2; 2010.10.28. 2008헌마638). 다만 표현의 자유 영역에서 위헌심사기준으로서의 명확성 원칙 적용에 대한 우리 헌법재판소의 결정들은, 표현의 자유가 민주주의 헌법상 기본권으로서 가지는 중요성을 특별히 인식하고 이에 표현의 자유를 제한하는 입법에 대한 위헌심사에서는 보다 엄격하게 심사를 할 가능성이 크다는 점이다. 이를 정교하게 구체화하여 표현의 자유를 제한하는 법률에 대해서는 그 합헌성 추정의 범위나 정도를 상대적으로 좁게 보고 입증책임을 전환하여 강화된 높은 기준 하에 당해 입법이 위헌이 아님이 입증되지 않으면 합헌성 추정이 깨어지고 위헌무효라는 논리로 심사강도와 심사척도의 요소를 사용하여 체계화할 필요가 있다. 4) **죄형법정주의의 파생원칙으로서의 명확성 원칙** 죄형법정주의에서 파생되는 명확성의 원칙은 누구나 법률이 처벌하고자 하는 행위가 무엇이며 그에 대한 형벌이 어떠한 것인지를 예견할 수 있고 그에 따라 자신의 행위를 결정할 수 있도록 구성요건이 명확할 것을 의미하는 것이다. 만일 처벌법규의 구성요건의 내용이 모호하거나 추상적이어서 불명확하면 무엇이 금지된 행위인지를 국민이 알 수 없고 범죄의 성립여부가 법관의 자의적인 해석에 맡겨져 죄형법정주의에 의하여 국민의 자유와 권리를 보장하려는 법치주의의 이념은 실현될 수 없게 되므로 특별히 명확성의 정도를 엄격하게 요구하게 되는 것이다(헌재 2002.2.28. 99헌가8). 엄격한 명확성의 요청은 구성요건의 명확성과 제재의 명확성에서 구현되어야 하는데, 구성요건의 명확성의 원칙은 금지된 행위의 구성요건은 가능한 한 명백하고 확장할 수 없는 개념을 사용하여야 하며, 국민이 법률에 의하여 금지된 행위가 무엇인가를 알 수 있을 정도로 명확하여야 한다는 것이다. 처벌법규의 구성요건이 어느 정도 명확하여야 하는가는 일률적으로 정할 수 없고, 각 구성요건의 특수성과 그러한 법적 규제의 원인이 된 여건이나 처벌의 정도 등을 고려하여 종합적으로 판단하여야 한다(헌재 1997.3.27. 95헌가17; 대판 2004.7.9. 2004도810). 4. **명확성 원칙과 포괄위임입법금지의 원칙의 관계** 포괄적 위임의 금지는 위임입법의 영역에 있어 하위법규범에 입법을 위임하는 수권 법률에 명확성의 원칙이 적용되어 구체화된 것으로서의 성격을 가진다. 따라서 위헌여부를 판단함에 있어 명확성원칙의 위반과 포괄적 위임금지원칙의 위반이 동시에 제기된 경우에는 헌법 제75조에서 정하고 있는 포괄적 위임금지원칙의 위반여부만 심사하면 된다. 위임은 구체성·명확성 내지 예측가능성의 유무는 당해 특정조항 하나만을 가지고 판단하는 것이 아니라 관련 법조항 전체를 유기적·체계적으로 종합하여 판단하고, 위임된 사항의 성질에 따라 구체적·개별적으로 검토하여 판단한다. 처벌법규나 조세법규와 같이 국민의 기본권을 직접적으로 제한하거나 침해할 소지가 있는 법규에서는 포괄위임입법금지원칙이 요구하는 구체성·명확성의 요구가 강화되어 그 위임의 요건과 범위가 일반적인 급부행정의 경우보다 더 엄격하게 제한적으로 규정되어야 한다(헌재 1992.2.25. 89헌가104; 2007.10.25. 2005헌바96; 2009.10.29. 2007헌바63 등 참조).

모계혈통주의母系血統主義 → 혈통주의.

Morrison v. Olson 판결 → 미국의 특별검사제도.

모방적 헌법 → 헌법의 분류.

모범의회模範議會 ㊂ Model Parliament. 모범의회는 13세기 말 경인 1295.11. 에드워드 1세가 소집한 영국 최초의 중세적 신분제 비상설 의회이다. 귀족·고위 성직자 외에 하급 성직자의 대표, 각주에서 기사 2명, 각 도시에서 시민 2명씩 선발되어 참가했는데 영국 의회제도의 모델이라고 불리어진다. 영국의 의회는 노르만 왕조 이래의 봉건적 국왕 자문회의와 헨리 2세 이후 발달한 지방자치 제도와 결부되어 형성된 것이며 국왕의 자문기관으로서 사법적·행정적 성격을 띤 것이었다. 에드워드 3세 시대에는 정치적 성격도 강화되어 1376년의 '훌륭한 의회(good parliament: 1376.4.~6.)'대에 이르러서는, 비록 실패하기는 하였으나, 의회의 실질적인 정치적 역할을 도모하기도 하였다.

모성보호母性保護 헌법 제36조 제2항은 「국가는 모성의 보호를 위하여 노력하여야 한다.」고 하여 국가의 모성보호의무를 규정하고 있다. 이 규정은 현행 헌법에서 신설된 규정이다. 모성은 가족의 핵심적 규성요소일 뿐만 아니라 국가구성원인 국민의 생산적 모체가 되므로, 모성의 보호는 곧 가족과 국가사회의 건전한 존속·발전을 위한 필수적 조건이다. 모성보호의 구체적 내용은 국가의 모성보호의무에 대응하여, 모성을 보호받을 권리를 구체화하는 것이다. 그 내용으로, 첫째, 모성의 건강을 특별히 보호하여야 하며, 둘째, 모성으로 인한 불이익을 금지하여야 하고, 셋째, 모성에 대하여 적극적으로 보호하여야 한다. 이에 관한 법률로 모자보건법이 있고, 근로기준법, 한부모가족지원법, 남녀고용평등법, 고용보험법 등이 있다. 근로기준법 상, 임신 시 야간근로와 휴일근로의 제한(제70·71·74조 등), 임산부 보호(제74조 제2항), 태아검진시간 허용(제74조의2), 육아시간보장(제75조), 남녀고용평등법 상 배우자 출산휴가(제18조 제2항), 육아휴직 및 근로시간 단축(제19조), 고용보험법상 육아휴직급여(제70조) 등이 있다.

모스크바 3상회의三相會議 ㊂ The Moscow Conference of Foreign Ministers. 1945.12.16.~25.까지 소련의 모스크바에서 미국대표 번스(James F. Byrnes) 국무장관, 소련대표 몰로토프(Vyacheslav Molotov) 외무장관, 영국대표 베빈(Ernest Bevin) 외무장관 등 3개국 외무장관이 한반도의 신탁통치 문제를 포함한 7개 분야의 의제를 다룬 회의이다. 우리나라에 관하여 협의한 구체적 내용은 다음과 같다. 첫째, 한국을 완전한 독립국으로 발전시키기 위해 임시정부를 수립한다. 둘째, 한국 임시정부를 수립하기 위해 미국과 소련의 양군사령부 대표로서 미-소공동위원회를 2주일 이내에 구성한다. 셋째, 한국의 완전한 독립을 목표로 미국, 소련, 영국, 중국 4개국에 의한 최고 5년간의 신탁통치안을 협의한다. 국내의 언론에서 삼상회의 결과에 대한 소식이 보도되었고, 신탁통치에 대한 찬반으로 정국을 혼란에 빠뜨린 결과가 되었다.

목적구속目的拘束**의 원칙**原則 ➜ 개인정보 보호의 원칙.

목적론적 해석目的論的 解釋 Ⓓ teleologische Auslegung. ➜ 헌법의 해석.

목적目的**의 정당성**正當性 1. 기본권제한입법의 한계로서 **과잉금지원칙의 내용**이다. ➜ 과잉금지의 원칙. 2. 노동관계법상 **노동3권 행사**의 목적의 정당성을 말하기도 한다. 헌법 제33조 제1항은「근로자는 근로조건의 향상을 위하여 자주적인 단결권 · 단체교섭권 및 단체행동권을 가진다.」고 하여 노동3권의 행사가「근로조건의 향상을 위하여」행사되어야 함을 규정하고 있다. 이에 따라「노동조합 및 노동관계조정법」제1조는「근로자의 근로조건을 유지 · 개선하고 근로자의 복지를 증진함으로써 그 경제적 · 사회적 지위의 개선」을 노동3권 행사의 목적으로 들고,「노동조합 및 노동관계조정법」제2조 제5호와 제6호에서는 근로조건의 결정에 관한 노동관계 당사자의 주장의 관철을 쟁의행위의 목적으로 들고 있다. 이 규정들은 사업장 내에서 근로조건을 비롯한 경제적 이익추구에 그 목적을 두고 사용자가 처분가능한 사항으로 그 한계를 설정하고 있다. 따라서 사업장 내 근로관계가 아닌 정치적 목적이나 경영간섭 또는 제3자를 위한 연대활동(동맹파업)은 원칙적으로 제한된다. 그러나 노동조합의 정치활동을 전면 배제하거나 대사용자 관계에서만 노동3권이 인정된다고 제한할 수는 없다. 근로조건 개선과 직결되는 경우 입법투쟁, 정책요구투쟁도 노동기본권 행사의 목적이 될 수 있으므로 직접 근로조건의 결정에 관한 조합활동 이외에 다른 모든 조합활동이 제한되는 것은 아니다.

몬테비데오 협약 Montevideo Convention on the Rights and Duties of States. 1933.12.26.에 우루과이의 몬테비데오에서 개최된 제7회 미주국가회의(美洲國家會議)에서 채택되어, 다음 해 1934.12.26.에 발효된 협약이다. '국가의 권리와 의무에 관한 협약'이라고도 한다. 당사국은 14개국이며, 16개 조항으로 구성되어 있다. 국가의 요건으로서 (1) 영구적 주민, (2) 명확한 영역, (3) 정부, (4) 타국과의 관계를 맺는 능력을 언급하고 있고, 주권국가의 상호평등과 내정 · 외교에 대한 불간섭원칙을 규정한다(제4 · 8조). 또한 국가의 정치적 존재는 승인과는 관계가 없으며, 국가승인은 선언적 효과를 갖는 것에 불과하고 무조건의 것으로 취소할 수 없으며(제3 · 6조) 그 방법에는 명시적 또는 묵시적인 것이 있는 것(제7조) 등을 규정하여 국가승인이론의 하나의 입장을 제시하였다. 또한 1948년 미주기구헌장은 본 조약의 규정의 대부분을 이어받고 있다.

몰수沒收 Ⓔ confiscation/forfeiture, Ⓓ Beschlagnahme, Ⓕ confiscation. 몰수는 형법상 범죄행위와 관계있는 일정한 물품을 압수하여 국고에 귀속시키는 처분으로 형벌의 일종이다. 국제법에서는, 적국(敵國) 소유의 재산을 정당한 보상 없이 박탈하는 것을 말한다. 형법상으로는 보통 범죄행위를 구성한 물건이나 범죄행위를 제공한 물건, 범죄행위의 대가로 얻은 물건 등이 몰수대상이다. 몰수여부는 원칙적으로 법관의 재량에 달려 있지만, 일정한 경우 반드시 몰수를 해야 하는 필요적 몰수도 있다. 형법상 몰수는 부가형으로 되어 있어 다른 형벌을 선고하는 경우에 한하여 부과할 수 있지만,

몰수만을 독립하여 과할 수도 있다. 이와 같이 몰수는 형식상 형벌의 일종이지만 일종의 대물적 보안처분(對物的 保安處分)의 성질을 가지고 있다고 보는 것이 일반적이다. 특별법으로 「부패재산의 몰수 및 회복에 관한 특례법」, 「공무원범죄에 관한 몰수 특례법」, 「범죄수익은닉의 규제 및 처벌 등에 관한 법률」, 「특정경제범죄 가중처벌 등에 관한 법률」 등이 있고, 다수의 형사특별법에서 규정하고 있다.

몽테스키외Montesquieu, C. L. 1689.1.18.~1755.2.10. 계몽주의 시대의 프랑스 정치사상가, 법학자, 역사가이다. 영국의 사상, 특히 로크의 영향을 받아 절대군주제를 격렬하게 비판하고 국가의 기원, 법의 본성을 설명하고자 하였다. 법학과 관련하여서는, 몽테스키외는 토머스 홉스와 스피노자의 사회물리학(social physics)의 영향을 받아 법의 연구를 가치판단으로부터 순수화시키고 체계적인 경험적 관찰에 기초시키려 시도한 점에서 법사회학적 관점에서도 주목받고 있다. 1748년에 「법의 정신」을 발표하였는데, 이 책에서 그는 법학 연구에 처음으로 역사법학적, 비교법학적, 사회학적 방법을 적용하여 법학의 발전에 기여하였다. 그는 디드로, 달랑베르 등이 편찬한 「백과전서」에도 협력하는 등 프랑스 혁명의 사상적 토대를 만드는 데 공헌하였다. 그의 저서 「법의 정신」은 영국의 헌정을 모델로 하여 사회개혁을 위한 목적으로 집필한 것으로 당시 정치사상에 커다란 영향을 끼쳤다. 그는 여기서 군주정, 귀족정, 민주정이라는 과거 이론가들의 고전적 구분법을 버리고 자신의 고유한 분석틀에 따라 각 정부형태들의 활동원리를 정의했다. 그는 또 최초로 입법권, 사법권, 행정권으로 권력을 나누는 권력분립론, 입헌군주제도론 등을 전개하는 한편, 전제주의를 강하게 공격하면서 법은 각국의 여러 환경에 적합한 고유한 것이어야 한다고 주장했다. 그의 이런 주장은 인권선언과 미국헌법에도 영향을 미쳤다.

무과실책임無過失責任 ㉳ strict liability, ㉤ Gefährdungshaftung/verschuldensunabhängige Haftung, ㉲ responsabilité stricte. 무과실책임이란 손해를 발생시킨 특정인에게 고의나 과실 여부와 상관없이 법률상 손해배상 책임을 부과하는 법리를 말한다. 결과책임(結果責任)이라고도 한다. 과실(過失: negligence)에 대응하는 개념이다. 국가배상법상 「공공시설의 하자로 인한 손해배상(제5조 제1항)」이 무과실책임규정이다. 일반적으로는, 이익이 있는 곳에서는 그 이익과 관련하여 손해가 발생한 데에 대해 책임을 져야 한다는 보상책임의 원리, 위험이 있는 곳에서는 그 위험과 관련하여 손해가 발생한 것에 대하여 책임을 져야 한다는 위험책임의 원리, 행위자의 고의·과실과 무관하게 발생한 결과에 대해 책임을 져야 한다는 결과책임의 원리, 손해의 원인을 제공한 자가 손해에 대한 책임을 져야 한다는 원인책임의 원리 등이 근거로 되고 있다. 환경관련법률, 제조물책임법 기타 불법행위책임관련 입법에 도입되고 있다.

무국적無國籍**의 자유** ➜ 거주·이전(居住·移轉)의 자유.

무기대등武器對等**의 원칙** ㉳ the principle of equality of arms, ㉤ der Grundsatz der Waffengleichheit, ㉲ le principe de l'égalité des armes. 무기대등의 원칙(무기대등의 요구)은 절차적 원칙이며 입헌 민주주의 국가에서 최소한으로 요구되는 절차기준이다. 독일에서 무기대등의 원칙은 기본법 제103조 제1항의 법정에서 심리받을 권리와 효과적인 법적 보호를 보장할 관련 권리의 표현이다. 민·형사소송, 행정소송 등 모든 법적 소송에 적용된다. 법원이 판결을 내리기 전에 무기대등의 원칙은 무엇보다도 법적 통지의무(독일)에 의해 구현된다. 영미법계에서는 공정한 재판을 받을 권리의 한 내용으로 이해되고 있다. 유럽인권협약(ECHR) 제6조 제1항, 미주인권협약 제8조(공정한 재판을 받을 권리)와 시민적 및 정치적 권리에 관한 국제규약 제14조에 명시되어 있다. 우리 헌법재판소는 「형사재판절차에는 소극적 진실주의가 헌법적으로 보장되어 있음을 인정할 수 있는바, 형사피고인은 형사소송절차에서 단순한 처벌대상이 아니라 절차를 형성·유지하는 절차의 당사자로서의 지위를 향유하며, 검사에 대하여 "무기대등의 원칙"이 보장되는 절차를 향유할 헌법적 권리를 가진다고 할 것이다」라고 하고, 「헌법이 보장하는 공정한 재판절차를 어떠한 내용으로 구체화 할 것인가에 관하여는 입법부에게 입법형성의 자유를 부여하고 있음을 볼 수 있다.」 고 하고있다(헌재 1996.12.26. 94헌바1). 헌법재판소는 변호인의 조력을 받을 권리, 접견교통권, 19세 미만 성폭력범죄 피해자 진술에 관한 증거능력, 수사기록 열람·등사, 증인에 대한 차폐시설, 형사소송법의 증거채부결정, 형사소송비용 피고인 부담, 교도소 내 부당처우행위 등 다양한 사건에서 무기대등의 원칙을 언급하고 있다.

무기속위임無羈束委任 ➜ 자유위임의 원칙.

무노동무임금원칙無勞動無賃金原則 ⓔ no-work-no-pay principle. 사용자는 쟁의행위에 참가하여 근로를 제공하지 아니한 근로자에 대하여 그 기간 중의 임금을 지불할 의무가 없다(노동조합 및 노동관계조정법 제44조 제1항)는 원칙을 말한다. 노동조합은 쟁의행위 기간에 대한 임금의 지급을 요구하여 이를 관철할 목적으로 쟁의행위를 하여서는 아니된다(동조 제2항). 무노동무임금의 근거로는 근로자는 사용자에게 근로제공을, 사용자는 그 대가로 근로자에게 임금지급을 주된 권리·의무로 하는 근로계약관계(근로기준법 제2조 제1항 제4호)에서 찾을 수 있다. 즉 근로자의 근로제공이 중단되면 그 대가인 임금지급도 중단된다는 것이다. 그러나 무노동무임금원칙을 법으로 정하여 강제하는 것은 노사자치주의를 지향하는 집단적 노사관계의 원리에 비추어 볼 때 타당하지 않다는 이유로 노사간 지속적인 쟁점으로 남아 있다. 이 원칙의 적용은 노사간의 합의에 의하여 결정되어야 한다는 주장이 있으며, 쟁의행위기간 중의 임금지급 문제에 대하여 판례도 '노사간 합의'를 원칙으로 한다는 입장을 펴고 있다(대판 1995.12.21. 94다26721). 대법원은 근로를 불완전하게 제공하는 형태의 쟁위행위인 태업도 근로제공이 일부 정지되는 것이라고 할 수 있으므로, 여기에도 이러한 무노동무임금원칙이 적용된다고 봄이 타당하다고 판시하여(대판 2013.11.28. 2011다39946), 무노동무임금원칙을 엄격하게 해석하고 있다.

무상교육제도無償敎育制度**=무상 의무교육**無償 義務敎育 ➜ 교육을 받을 권리와 교육의 자유.

무소속후보자無所屬候補者 공직선거에서 정당의 추천을 받지 아니한 후보자를 말한다. 관할선거구안에 주민등록이 된 선거권자는 각 선거(비례대표국회의원선거 및 비례대표지방의회의원선거 제외)별로 정당의 당원이 아닌 자를 당해 선거구의 후보자("무소속후보자")로 추천할 수 있다(공직선거법 제48조 제1항, 지방교육자치에 관한 법률 제49조 제1항). 이는 정당추천후보자의 공천에 대응한다. 무소속후보자가 되고자 하는 자는 관할선거구선거관리위원회가 후보자등록신청개시일전 5일(대통령의 임기만료에 의한 선거에서는 후보자등록신청개시일 30일, 대통령의 궐위로 인한 선거 등에서는 그 사유가 확정된 후 3일)부터 검인하여 교부하는 추천장을 사용하여, 대통령선거는 3,500~6,000인

(광역자치단체별로 700인 이상), 지역구국회의원선거 및 자치구 · 시 · 군의 장 선거는 300~500인, 지역구시 · 도의원선거는 100인 이상 200인 이하, 시 · 도지사선거, 교육감선거는 1,000~2,000인(기초자치단체별로 50인 이상), 지역구자치구 · 시 · 군의원선거는 50~100인(다만, 인구 1천인 미만의 선거구는 30~50인)의 선거권자의 추천을 받아야 한다(공직선거법 제48조 제2항, 지방교육자치에 관한 법률 제49조 제1항). 무소속후보자는 특정 정당으로부터의 지지 또는 추천받음을 표방할 수 없다(공직선거법 제84조). 과거에는 무소속후보자의 경우 기탁금에 차이가 있었으나, 헌법재판소의 헌법불합치 결정으로 차이가 없어졌다(➜ 기탁금).

무제한토론제도無制限討論制度 ➜ 국회선진화법.

무죄추정無罪推定**의 원칙** ㉮ Presumption of Innocence/Innocent until proven guilty, ㉱ Grundsatz der Unschuldsvermutung, ㉲ Principe de présomption d'innocence. 1. **의의와 법규정** 1) **의의** 아직 공소제기가 없는 피의자는 물론 공소가 제기된 피고인이라도 유죄의 확정판결이 있기까지는 원칙적으로 죄가 없는 자에 준하여 취급하여야 하고 불이익을 입혀서는 안 되며 가사 그 불이익을 입힌다 하여도 필요한 최소한도에 그쳐야 한다는 원칙을 말한다(헌재 1990.11.19. 90헌가48; 1997.5.9. 96헌가17; 2009.6.25. 2007헌바25). 여기서 무죄추정의 원칙상 금지되는 '불이익'이란 '범죄사실의 인정 또는 유죄를 전제로 그에 대하여 법률적 · 사실적 측면에서 유형 · 무형의 차별취급을 가하는 유죄인정의 효과로서의 불이익'을 뜻한다(헌재 2010.9.2. 2010헌마418). 2) **법규정** 우리나라는 제5공화국 헌법에서 무죄추정을 명문화하여 현행 헌법 제27조 제4항은 「형사피고인은 유죄의 판결이 확정될 때까지는 무죄로 추정된다.」고 규정하고 있으며, 형사소송법도 1980년의 개정 법률에서 제275조의2를 신설하여 「피고인은 유죄의 판결이 확정될 때까지는 무죄로 추정된다.」라고 명시하여 그 실천원리를 규정하고 있다. 헌법 제27조 제4항이 명시되기 전에도 무죄추정원칙은 형사절차상 피고인 보호를 위한 지도적 이념으로 간주되었다. 우리나라가 1990.4.10.자로 가입한 '시민적 및 정치적 권리에 관한 국제규약'(International Convention on Civil and Political Rights)이 동년 7.10.자로 발효됨에 따라 동 규약 제14조 제2항에 「범죄의 혐의를 받는 모든 사람은 법률에 따라 유죄가 입증될 때까지 무죄로 추정 받을 권리를 가진다.」고 명시된 무죄추정원칙도 우리나라에서 재판규범으로서의 의미를 가지게 되었다. 2. **법적 성격** 무죄추정 원칙의 법적 성격에 대해서는 헌법상의 기본권으로 이해하는 입장과 형사절차를 지배하는 지도적 원칙으로 이해하는 입장으로 나뉘어져 있다. 기본권으로 이해하는 입장에서는 무죄추정에 대한 제한이 가능한지, 타 기본권과의 비교형량이 가능한지, 무죄추정원칙이 대사인적 효력을 방사시키는지 등이 문제될 수 있다. 기본권으로 볼 것인지 아니면 헌법상의 원칙에 불과한 것인지는 헌법소원의 제기가능성과 관련하여 의미가 있을 수 있지만, 무죄추정이 문제되는 경우에는 대개 다른 기본권의 침해가 아울러 문제될 것이므로 실제적인 의의는 크지 않다는 견해도 있다. 헌법재판소는 헌법 제27조 제4항의 규범내용을 기본권으로 이해하면서도, 형사절차의 전 과정을 지배하는 원리로 이해하기도 한다(헌재 2003.11.27. 2002헌마193(무죄추정권과 무죄추정원칙 혼용); 1992.1.28. 91헌마111; 1995.7.21. 92헌마144). 3. **입법례** 무죄추정원칙은 1789년 **프랑스 인권선언** 제9조에 명문화되기 시작한 이후로 오늘날 거의 모든 국가의 헌법 또는 형사소송법에 그 근거를 명시해두고 있거나 불문헌법에서 도출되고 있다. **영국**은 무죄추정원칙을 보통법(Common Law)상의 법원리로 인정해 오고 있었으며, 법원리로서 무죄추정원칙은 '합리적 의심 없이'(beyond reasonable doubt) 증명된 경우에 한하여 피고인의 유죄가 입증된다는 17세기 말의 확고한 보통법원리에 기초하여 탄생하였다. 그러나 무죄추정원칙은 입증책임전환의 또 다른 표현에 불과하다고 이해하고 있으며 판례는 무죄추정 개념 자체를 잘 사용하지는 않는다. **미국**은 헌법에는 무죄추정이 명문으로 규정되어 있지 않지만, 연방대법원은 무죄추정원칙을 헌법 개정 제5조 및 제14조의 적법절차조항을 구체화하는 절차의 공정성에 대한 권리의 본질적 내용이라고 판시함으로써 불문의 헌법원리로 인정되고 있다. **독일**에서는 헌법상 명문의 규정이 존재하지 않지만, 유럽인권협약 제6조 제2항과 UN국제인권규약 제14조 제2항의 무죄추정원칙이 독일연방에서 효력을 갖는 것으로 받아들여지고 있다. 학계와 판례는 무죄추정원칙이 헌법의 구성요소라는 점에 합의를 보고 있으며, 연방헌법재판소는 일관된 판례를 통하여 무죄추정이 법치국가원리의 구체적 표현이라고 판시하고 있다. **일본**은 헌법상 명문의 규정은 없으며, 일반적으로는 일본헌법 제31조를 적정절차조항으로 이해하여 이 조항에 무죄추정의 원칙도 포함된다고 파악하면서, '피고사건에 대하여 범죄의 증명이 없는 때'에는 무죄판결을 선고하도록 규정한 형사소송법 제336조는 헌법 제31조를 구체화한 조항으로 이해하는 입장이 다수설이다. 4. **무죄추정의 원칙의 내용** 1) **증거법상 무죄추정의 원칙** 무죄추정원칙의 일차적이고 직접적인 적용영역은 증거법 영역이다. 무죄추정원칙은 입증책임의 소재를 정하는 규칙임과 동시에 합리적 의심이 없을 정도의 유죄의 확신이라는 입증의 정도를 요구하는 소송법상의 법원리이다. 문제는 '의심스러울 경우에는 피고인의 이익으로'(in dubio pro reo)와 무죄추정원칙과의 관련성이다. 통설은 이 법리를 무죄추정원칙과 거의 동의어로 이해하고 있지만, 이 두 가지 원칙은 그 본질이나 적용범위와 관련하여 차이가 있다. 본질의 측면에서 보면, 무죄추정원칙은 소송법상의 제도임에 반하여 in dubio pro reo의 법리는 법관의 판단법칙으로서 실체법상의 책임주의에 속하는 것이다. 적용범위와 관련해서는, 무죄추정원칙이 법관의 심증형성시까지만 의미를 가지는 데 반해, in dubio pro reo의 법리는 심증형성이후에 그것도 입증불명(non liquet)이 명확한 상태에서만 효력을 발한다. 2) **무죄추정의 금지대상으로서의 불이익처분** 헌법재판소 결정(헌재 1990.11.19. 90헌가48; 1992.1.28. 91헌마111; 1994.4.28. 93헌바26; 1995.7.21. 92헌마144)과 학설에 의하면, 유죄의 확정판결이 있기까지는 죄 없는 자에 준하여 취급하여야 하고, 불이익을 입혀서는 안된다. 여기서 불이익처분은 유죄예단의 금지로 이해된다. 불이익처분의 개념을 구체적으로 확정함에 있어서는 현재 우리사회에 위험을 예방하고 절차를 확보하기 위한 다양한 수단들과의 관련성도 고려하여야 하며, 이에 따라 불이익처분이란, 유죄의 확정판결 이전에 형벌 또는 형벌에 준하는 처분으로서 사회윤리적 반가치판단이 담겨져 있는 처분을 말한다. 3) **수사상 강제처분과 무죄추정** 학설과 판례에서는, 피의자는 유죄의 판결이 확정될 때 까지 무죄로 추정되기 때문에 피의자에 대한 수사는 불구속으로 행하는 것이 원칙이며(헌재 1992.1.28. 91헌마111; 1995.7.21. 92헌마144), 구속기간은 가능한 최소한에 그쳐야 한다(헌재 1992.4.14. 90헌마82)고 이해하고 있다. 구속이 허용되는지의 여부는 형사소송법이 규정하고 있는 구속의 요건에 해당하는지의 여부에 달려있다는 점에서 보면, 무죄추정원칙이 구속의 당부를 판단하거나 불구속의 직접적인 근거가 된다고 보기 힘들다는 비판이 있다. 5. **무죄추정의 적용범위** 1) **인적 범위** 헌법의 문언은 형사피고인으로 규정하고 있으나, 피의자에게도 당연히 적용된다. 헌법재판소도 같은 견해이다(헌재 1992.1.28. 91헌마111; 1997.5.29. 96헌가17). 2) **물적 범위** 무죄추정의 원칙은 증거법에 국한되지 않고 수사절차에서 공판절차에 이르기까지 형사절차 전 과정에서 적용되며(헌재 2003.11.27. 2002헌마193), 기타 행정상 불이익에도 적용된다(헌재 1990.11.19. 90헌가48). 다만, 행정소송 판결이 확정되기 전에 과징금 부과 등 행정청의 제재처분에 대하여 공정력과 집행력을 인정하는 것은 무죄추정의 원칙에 반하지 않는다(헌재 2003.7.24. 2001헌가25). 3) **시적 범위** 무죄추정의 원칙은 유죄판결의 확정시까지 인정된다. 유죄판결의 확정은 대법원의 판결선고, 상소기간의 도과, 상소권의 포기, 상소취하에 의하여 이루어진다. 유죄판결 확정 후 재심을 청구하는 경우에는 무죄추정의 원칙이 적용되지 아니한다.

무직업無職業**의 자유** ➜ 직업의 자유.

무체재산권無體財產權 ㊆ right of intangible property. ➜ 재산권.

무해통항권無害通航權 ㊆ right of innocent passage. 국제법상, 선박이 연안국의 평화 · 질서 또는 안전을 해치는 일 없이 그 영해를 통항(通航)할 수 있는 권리를 말한다. 무해항행권이라고도 한다. 영해는 국가영역의 일부이기 때문에 원래는 국가가 배타적으로 권한을 행사할 수 있으나, 영해는 공해와 접속하는 해상교통의 통로이므로 공동이익을 위하여 항행의 자유를 확보할 필요가 있기 때문에 이런 제도가 인정되었다. ➜ 영역.

묵비권黙秘權 ➜ 진술거부권.

문리해석文理解釋 ➜ 헌법의 해석.

문면상 무효文面上 無效**=문면무효**文面無效 ㊆ void on its face/facial vagueness. '문언상 무효'라고 하기도 한다. 법률적용의 결과가 아니라 법률문언 자체의 의미와 내용에 대한 심사의 결과로서 문언 자체의 효과를 무효로 하는 것을 말한다. ➜ 문면심사와 적용심사. ➜ 과도한 광범성의 원칙. ➜ 막연하기 때문에 무효.

문면심사文面審査**와 적용심사**適用審査 ㊆ as-applied test and on-its-face test. 적용심사(as-applied test)란 법률의 합헌성 여부를 어떤 특정의 사건에서 그 법률을 적용하면서 개별적으로 심사하는 방법이다. 이에 의하면 그 특정사건에 적용한 결과가 합헌적이면 그 법률은 그대로 적용되고, 반대로 위헌적이면 그것은 적용상 위헌이 되고 이후 그 법률은 그 적용에 관한 부분은 제거된 것이 된다. 적용무효라 한다. 이와 같이 위헌심사를 개개의 법률의 적용마다 행하는 것은 소위 「적용의 가분성」을 인정하는 것이다. 주장요건(standing)의 문제를 포함한다. 헌법재판소 결정형식 중에서 한정결정과 관련된다. 문면심사(on-its-face test)란 법률의 합헌성에 관한 심사를 일반적으로 그 법률이 위헌적으로 적용될 수가 있는지 아닌지를 문제로 하여 만약 그 위헌적인 적용의 가능성이 있다고 하는 경우에는 그 법률은 문면상 위헌으로서 그 법률자체를 위헌으로 하는 심사방식이다. 문면무효라 한다. 이는 「적용의 가분성」을 부정하여 합헌인 적용과 위헌인 적용을 「불가분」으로 하는 것이다.

문민원칙文民原則 ㊆ principle of civilian supremacy. 민주주의 국가의 운영 과정에 군부의 개입을

배제하고 민간인(문민)이 국군의 통수권을 가진다는 원칙으로 민주주의 국가에서 중요한 원칙이다. 군(軍)이 문민통제를 받지 않는다면 군은 독자적 정치세력이 되며 실질적으로 정부를 능가하는 위상을 가지게 된다. 대한민국 정부수립 후 이승만 정부에서는 군 출신이 아닌 신성모를 국방부장관으로 임명하였으나, 6·25 당시 적절히 대처하지 못하였다는 비판이 있다. 5·16 쿠데타 후 군사정권이 들어서면서 문민통제는 완전히 무시되고 이는 5공 정권에서도 유지되었다. 김영삼정부는 하나회를 척결하는 등 군부의 힘을 약화시키면서 상황이 호전되었고 노무현정부에서도 문민원칙을 우선하고자 노력하였다. 그러나 박근혜정부에서는 기무사가 불법적으로 계엄령을 모의하는 등 여전히 군부가 문민통제와 민주주의에 위협적인 상황이 전개되었다. 문재인정부는 국방부장관을 민간인 출신으로 임명하겠다고 하였으나 실현되지 않고 있다. 외국에는 국방부장관을 민간인으로 두고 그 휘하에 군 최고지휘관을 배속하는 방안이 실시되고 있다.

문민정부文民政府 ➜ 김영삼정부.

문서주의文書主義 관료제적 형식주의라고도 하며, 모든 사무처리를 서면으로 행하는 것을 말한다. 관료의 모든 행정 처리나 의무, 그리고 책임이나 한계는 차후에 서면을 통해서만 증거로 확인될 수 있다는 것이다. 헌법상 대통령의 국법상 행위는 문서로써 하도록 하고 있다(헌법 제82조). ➜ 대통령의 지위와 권한.

문화국가원리文化國家原理 ㊎ the Principle of Cultural State, ㊍ Kulturstaatsprinzip, ㊈ le principe de l'état culturel. 1. **의의** 1) **문화의 의의** 사전적 의미에서의 문화란, 자연 상태에서 벗어나 일정한 목적 또는 생활 이상을 실현하고자 사회 구성원에 의하여 습득, 공유, 전달되는 행동 양식이나 생활양식의 과정 및 그 과정에서 이룩하여 낸 물질적·정신적 소득을 통틀어 이르는 말이며, 의식주를 비롯하여 언어, 풍습, 종교, 학문, 예술, 제도 따위를 모두 포함하는 것으로 설명되고 있다. 2013년 제정된 문화기본법은 제3조에서, 「이 법에서 “문화”란 문화예술, 생활 양식, 공동체적 삶의 방식, 가치 체계, 전통 및 신념 등을 포함하는 사회나 사회 구성원의 고유한 정신적·물질적·지적·감성적 특성의 총체를 말한다.」고 정의하고 있다. 이 외에 문화를 대상으로 한 개별법률들에서 문화와 관련된 다양한 개념정의가 있다. 2) **문화국가의 의의** (1) **문화와 국가의 관계** 근대 이전에는 국가가 문화를 인정하고 국가주도적 및 국가형성적으로 문화정책을 수립하고 시행하는 것으로 인식되었다. 근대시민사회 형성 이후에는 사회영역의 자율성이 강조되어 문화도 그 활동의 자유가 보장되어 문화가 국가로부터 자율성과 독자성을 획득하며, 문화에 대한 국가의 불개입과 중립성이 요청되었다. 현대사회에서는 국가로부터의 문화의 자율성과 독자성이 완전한 자유방임을 의미하지 않고, 또한 문화에 대한 국가의 중립성이 국가의 완전한 불개입과 무간섭을 의미하는 것이 아님을 강조하여, 문화의 자율성을 존중하고 보장하며, 국가의 문화정책적 중립성과 함께, 나아가 문화의 보호와 육성 그리고 발전을 위한 국가의 적극적인 역할과 과제가 문화국가원리의 실현을 위한 중요한 내용을 이루게 되었다. 다만 문화가 본질적으로 자율적인 사회영역에 속하는 것임에도 불구하고 여전히 국가영역의 문제로 보려는 시각은 문화국가개념이 안고 있는 근본적인 문제라는 지적이 있다. (2) **문화와 헌법의 관계** 문화와 헌법 양자의 관계는 문화현상으로서의 헌법과 헌법의 규율대상으로서의 문화의 구체적 내용을 통하여 이해할 수 있다. 문화의 측면에서 보면, 법 자체가 문화의 한 모습과 내용이며, 헌법은 그러한 법의 최고지위이자 근본규범으로 이해되는 문화현상 그 자체이다. 헌법의 측면에서 보면, 문화는 헌법이 예정하는 인간상을 실현함으로써 나타나는 공동체의 생활양식이자 인식체계라고 할 수 있다. 오늘날의 헌법상의 인간상은 인간의 존엄과 가치의 실현을 궁극적인 목적으로 하여, 개인의 자유와 평등의 보장 그리고 국가생활공동체의 유지와 발전을 위한 내용들을 담고 있어서, 헌법의 중요한 규율대상으로 되어 있다. (3) **문화국가의 개념** 문화국가란 문화의 자율성과 독립성을 존중하면서, 건전한 문화육성과 발전이라는 목적을 위한 국가의 역할과 과제를 통해, 문화영역에서의 실질적인 자유와 평등을 실현시키려는 국가라고 할 수 있다. 헌법상 문화국가원리의 의미와 내용은 국가목표규정의 성격을 갖는다. 헌법상 문화국가원리의 핵심개념인 문화는 헌법정신과 내용에 부합하는 문화를 의미하며, 이는 곧 헌법의 기본정신인 인간의 존엄과 가치의 보호, 개인의 자유와 평등의 보장 그리고 헌법상 주요 기본원리의 보장 등과 관련하여, 이러한 헌법정신과 내용에 부합하는 문화를 의미한다. 과거 대한민국임시정부기에 김구, 조소앙 등의 주장에서 이상적인 민족공동체의 국가상에 문화국가가 포함됨을 강조하기도 하였다. 2. **문화국가원리의 법적 성격** 1) **반전체주의국가성** 전체주의는 국가이익이나 민족복지 등과 같은 획일적 이념을 절대화하고, 다른 이념이나 가치를 배척함으로써 인류 보편적 이념이나 가치를 부정하는 독선적·배타적·절대적 정치이념으로서 일반 국민이나 타민족의 보편적 문화창조 능력과 진리의 보편성을 부정한다. 문화국가원리는 상대주의 다원주의적 문화를 본질적 내용으로 하는 것으로 전체주의와는 결코 공존할 수 없고 따라서 문화국가원리는 반전체주의 국가원리이다. 2) **평화국가성** 현대 헌법의 기본원리 중의 하나인 평화주의 이념은 문화국가이념과 함께 상호 보완적 관계에서 그 이념의 성격과 내용을 보충하는 공생적 이념으로서 기능한다. 평화국가는 보편적·다원적 인류의 가치를 존중하는 국가로서 곧 문화의 창조·유지·보전·전승의 가치적 활동을 승인하는 현대국가의 보편적 이념이라고 할 수 있다. 3) **복지국가성** 문화국가원리는 모든 국민에게 생활상의 문화적 기본적 수요를 충족시켜 줄 책무를 지니고 있는 문화급부국가의 이념을 내포하고 있다. 현대국가는 문화적 영역에 있어서도 복지국가이념에 의하여 문화국가이념을 보충할 수 있다는 의미에서 문화국가원리는 문화복지국가로서 성격을 아울러 내포하고 있다. 4) **민주국가성** 다원적인 상대주의 가치에 바탕을 두고 있는 현대 민주국가는 문화국가의 이념을 내포하고 있으며, 오늘날 문화형성주체와 문화향유주체가 일반 국민임을 생각할 때 문화국가는 당연히 국민국가이다. 국가의 문화규제와 간섭은 법치주의적 수단과 절차에 따라야 하고, 또한 자율성과 중립성을 침해하지 않는 범위 내에서 민주적 정당성을 갖추어야 한다. 문화국가원리는 민주주의의 보완을 위한 불가결한 원리로서 민주국가는 당연히 그 전제로서 문화국가로서의 성격을 가진다. 3. **문화국가원리의 내용** 헌법상 문화국가원리의 실현을 위해 가장 중요한 부분은 문화의 자율성과 독립성, 그리고 건전한 문화육성과 발전을 위한 국가의 역할과 과제이다. 1) **문화의 자율성과 독립성의 보장** 문화의 자율성과 독립성은 오늘날 문화와 관련된 모든 내용에 전제가 되는 것이며, 또한 중요한 본질적 속성이다. 자유로운 문화활동은 개인에게 "정신적·창조적 생활영역"이라 할 수 있는 문화영역에서 개인의 자유로운 인격발현, 개성신장, 자아실현을 가능하게 하는 중요한 수단이다. 문화는 국가생활공동체에서 구성원의 동질성, 정체성, 통합성을 위한 중요한 매개 수단이며, 나아가 이러한 문화적 동질성과 통합성은 전체 국가생활공동체의 통합을 위한 역할을 한다. 2) **국가의 역할과 과제** 국가의 구체적인 역할과 과제는 헌법적으로 요구된다. 국가는 문화의 본질적인 속성인 자율성과 다양성 보장을 통해 자유로운 문화활동과 문화형성을 장려하고 보장하며, 올바르고 건전한 문화형성의 토대와 기본조건을 마련하고, 문화의 보전과 다양한 문화육성 및 발전을 위하여 노력하여야 한다. 이와 더불어, 이러한 문화 관련 기관 및 단체에 대한 지원은 건전한 문화가 형성되고 발전할 수 있는 문화적 풍토를 조성하는데 중요한 역할을 하게 된다. 헌법재판소는 「오늘날에 와서는 국가가 어떤 문화현상에 대하여도 이를 선호하거나, 우대하는 경향을 보이지 않는 불편부당의 원칙이 가장 바람직한 정책으로 평가받고 있다. 오늘날 문화국가에서의 문화정책은 그 초점이 문화 그 자체에 있는 것이 아니라 문화가 생겨날 수 있는 문화풍토를 조성하는 데 두어야 한다.」고 하고 있다(헌재 2004.5.27. 2003헌가1). 또한 민족문화와 전통문화의 보호, 전통문화재의 보호, 유형·무형의 고유문화 발굴과 계승 등도 이와 마찬가지로 건전한 문화가 형성되고 발전할 수 있는 문화적 기반과 풍토를 조성하는데 중요한 의미를 갖는다. 3) **문화적 약자의 보호와 문화정책** 오늘날에는 문화적 생활을 충분히 향유하지 못하고 문화활동에 자유롭게 참여할 수 없는 이른바 문화적 약자를 보호하기 위한 문화복지정책이 필요하다. 헌법재판소는 「문화국가원리의 이러한 특성은 문화의 개방성 내지 다원성의 표지와 연결되는데, 국가의 문화육성의 대상에는 원칙적으로 모든 사람에게 문화창조의 기회를 부여한다는 의미에서 모든 문화가 포함된다. 따라서 엘리트문화뿐만 아니라 서민문화, 대중문화도 그 가치를 인정하고 정책적인 배려의 대상으로 하여야 한다.」고 하고 있다(헌재 2004.5.27. 2003헌가1). 3. **헌법상 문화국가원리의 구현** 1) **문화관련 헌법규정** 현행헌법 제9조에서 「국가는 전통문화의 계승·발전과 민족문화의 창달에 노력하여야 한다.」고 규정하고 있다. 헌법 제9조와 함께, 헌법 전문(… 정치·경제·사회·문화의 모든 영역에 있어서 각인의 기회를 균등히 하고 …), 제11조(… 정치적·경제적·사회적·문화적 생활의 모든 영역에 있어서 차별을 받지 아니한다.) 그리고 제69조(… 국민의 자유와 복리의 증진 및 민족문화의 창달에 노력하여 대통령으로서의 직책을 …)에서도 '문화'라는 용어가 각각 등장한다. 문화 관련 헌법규정들은 우리 헌법이 국가생활공동체를 유지하기 위한 중요한 요소로써 문화와 문화국가의 의미와 중요성을 받아들이고 있으며, 문화를 위한 국가의 과제와 더불어 문화와 국가의 기본적인 관계를 규정하고 있는 것이다. 2) **헌법 제9조** 문화에 관한 직접적인 규정으로서 헌법 제9조는 문화를 위한 하나의 국가목표규정으로 이해된다. 또한 문화국가원리의 내용과 실현에 관한 가장 기본적인 규정으로서의 의미를 갖는다. 헌법 제9조에서는 '전통문화'와 '민족문화'를 명시하여 그 중요성과 우선적 보호 그리고 이를 위한 국가적 의무를 좀 더 강조하는 것으로 볼 수 있다. 그렇다고 하여 전통문화와 민족문화만을 보호하는 것으로 문리적으로 이해하는 것은 헌법의 이념과 가치 그리고 근본원리들과 조화될 수 없으며, 국가의 문화 보호·육성·발전의 대상에는 원칙적으로 모든 다양한 내용의 문화가 포함된다고 보아야 한다. 3) **문화적 기본권(문화권)** ➜ 문화적 기본권.

문화예술계 블랙리스트文化藝術界 Blacklist 문화예술계 블랙리스트 사건은 이명박정부와 박근혜 정부

9년 동안 정부에 비판적인 문화계 및 예술계인사들의 명단을 작성하여 문화예술활동을 차단할 뿐만 아니라 반정부적 활동을 방해 또는 금지하였던 사건이다. 블랙리스트에 포함된 사람들에게는 문화예술활동에 대한 정부의 지원을 끊거나 사찰이나 검열 또는 활동상의 불이익을 도모하였던 것으로 나타났다. 2018.6.27., '문화예술계 블랙리스트 진상조사 및 제도개선위원회'는 이명박 정부와 박근혜 정부 시절에 블랙리스트 명단 규모는 2만1362명에 달했으며, 실제 피해를 입은 개인이나 단체는 총 9273명에 이른다고 발표하였다. 관련 공무원들과 산하기관 직원들 130여명에게도 무더기로 징계 및 수사의뢰 권고가 내려졌다. 헌법재판소는 문화예술인을 상대로 한 정보수집, 지원배제, 사찰, 활동상의 불이익 등이 개인정보자기결정권 침해, 특정한 정치적 견해를 표현한 자에 대한 표현의 자유 침해, 지원배제의 목적의 정당성 부인, 평등권 침해 등을 이유로 전원일치로 위헌으로 결정하였다(헌재 2020.12.23. 2017헌마416).

문화적 기본권文化的基本權 = **문화권**文化權 ㊎ cultural rights, ㊍ Kulturrechte, ㊂ droits culturels. 1. **의의** 문화권은 문화를 향유하고 있는 사람들의 다양한 양식들을 보호하고, 문화가 다양한 영역으로 발전하고 표현될 수 있도록 하는 권리이다. 문화권은 전통적인 의미에서의 사회복지의 요구를 넘어서는 구체적인 문화적 향유기회와 조건을 요구하는 적극적인 문화복지를 주장하는 것이며, 나아가 문화복지의 영역으로 포함할 수 없는 감성의 자유를 함께 주장하는 권리이다. 문화권은 이론적으로 완전히 규명된 인권이라기보다는 여전히 생성중인 권리라고 함이 적절하다. 2. **문화권의 형성과 전개과정** 문화권의 연구와 활동은 크게 세 단계로 나누어진다. 제1기는 「세계인권선언」이 나온 1948년부터 경제적·사회적 및 문화적 권리에 관한 국제규약(ICESCR)이 발효된 76년까지로서, 문화적 권리에 대한 보편적인 정의와 공통의 문제의식을 공유하는 시기로 볼 수 있다. 제2기는 76년부터 WTO 세계경제질서가 출범하기 이전인 94년까지로 주로 제3세계 국가들의 언어와 문화유산, 소수민족 문화에 대한 보호를 목적으로 하였다. 제3기는 WTO 출범 이후 지금까지로 세계화 과정에서 문화의 독점을 막고 문화적 다양성을 확보하려는 국제 문화단체들의 연대를 가시화하고 있는 시기라 할 수 있다. 특히 97년 유네스코에서 작성한 「문화적 권리에 대한 초안 선언」을 기점으로 문화다양성을 지켜내려는 노력들이 지속되었고, 2007.10.부터 발효한 '문화다양성을 위한 국제협약'으로 이어졌다. 문화권의 내용은 접근권, 참여권을 중심으로 하면서 점차로 발전권이라는 영역으로 확대되어 가는 경향을 보이고 있다. 발전권 측면의 문화권은 새롭게 형성되어 가고 있는 제3세대 인권이라 할 수 있다. 이 발전권은 인간의 사회적 삶의 여러 문제들과 결부되어 개인의 감성뿐만 아니라 삶의 환경 전반을 포괄하는 총체적인 발전의 관점에서 이해되고 있다. 따라서 문화권은 '문화적인' 특정 영역으로 제약되는 것이 아니라 정치, 경제, 사회 등의 여러 영역의 권리들과 긴밀한 연관관계를 형성하게 된다. 3. **문화권의 구체적 내용** 문화적 권리의 구체적 내용은 문화자유권, 문화평등권, 문화참여권, 문화환경권 등으로 나눌 수 있다. 문화자유권은 헌법상 표현의 자유, 학문·예술의 자유, 종교의 자유, 사상·양심의 자유 등을 통해 구현될 수 있다. 문화평등권은 양성평등, 성소수자보호, 이주노동자 문화평등, 탈북자, 장애인, 청소년 등 모든 영역에서 차별의 근거가 되는 사유가 문화향유의 측면에서 배제되어야 하는 것이다. 문화참여권은 문화형성과정에 대한 공적 접근, 문화교육권, 문화공공서비스, 문화행정참여 등에 대한 권리를 의미한다. 문화환경권은 주거문화, 보행, 문화영향평가, 문화재향유권 등을 포함한다. 문화권 보장을 위한 방안으로 문화헌장 제정이나 문화지표의 도입 등이 고려될 수 있다.

뮐하임-케를리히Mülheim-Kärlich **결정**(BVerfGE 53, 30, Beschluß v. 20.12. 1979.) 1. **사실관계** 이 결정에서는, 뮐하임-캐를리히에 있는 원자력발전소 건설에 있어서의 허가절차가 문제되었다. 관할권을 가진 주(Land) 정부는 신청을 위한 절차를 종료한 후에, 1975년에 제1차 부분허가를 부여하였다. 다만 이 부분허가는 운전허가가 아닌 시설건설에 관한 것이었고, 안전기술상 중요한 개개의 시설의 건설이 가능하다고 하는 것은 아니었다. 제1차 부분허가가 부여된 후, 그에 기한 몇 개의 해제결정이 있었지만, 본 건에서 문제된 제7차 해제결정은, 제1차 부분허가에 의하여 명해져 있었던 건설방식과는 다른 건축설계를 포함하고 있었다. 이에, 원자력발전소건설지로부터 약 7Km 떨어진 장소에 거주하고 있는 헌법소원 청구인 X는 설계변경은 원자력법 소정의 공시, 열람, 청문 등이 다시 행해지지 않으면 안되는 '중대한 변경'에 해당한다고 하여, 제7차 해제결정에 대하여 취소소송을 제기하였다. 허가관청이 행정재판소법 제80조 제2항 제4호에 기한 결정의 즉시집행을 명한 것에 대해서, 청구인 X는 동법 제80조 제5항에 기하여, 정지적 효력의 회복을 청구하였다. 1심(코블렌츠 행정재판소)는 해제결정의 집행정지를 인정하였지만, 2심(동 상급행정재판소)는 제3자 보호기능을 가진 것은 실체법상의 규정이고, 그 침해만을 X는 주장할 수 있지만, (X가 관련된) 원자력법 상의 허가절차 소정의 제3자 참가규정은 그러한 규정은 아니라고 하여, X의 청구를 배척하였다. X는 위 2심 결정이 생명 및 신체가 침해되지 않을 것을 보장하는 기본법 제2조 제2항 나아가 기본법 제19조 제4항을 침해한다고 하여, 헌법소원을 제기하였다. 2. **판결요지** 헌법소원은 적법하지만, 이유는 인정되지 아니하였다. 1) **다수의견** 헌법소원이 이유있는가 그렇지 않은가는, 상급 행정재판소의 결정이, 기본권의 의의에 관해서의 근본적으로 오해한 견해에 근거하고 있는가 아닌가에 따른다. 여기서 심사기준으로 된 것은, 실효적 권리보호를 구하는 권리와 관련되고 있는 기본법 제2조 제2항이다. 이 기본권의 객관적 내용으로부터, 국가는 그 보호 및 조성을 통해 기본권의 보호법익을 지키고 타자의 위법한 침해로부터 방어하는 국가기관의 의무가 발생하며, 국가는 원자력의 경제적 이용에 대한 허가에 관하여 상세하게 규율하는 실체법상 및 절차법상의 규정을 통해, 이 보호의무를 이행하고 있다. 또한 원자력발전의 심대한 잠재적 위험 때문에, 국가는 허가를 부여함으로써, 그 위태화에 관한 고유한 공동책임을 지게 된다. 이 국가의 보호의무와 공동책임의 문제에 더하여, 실체적 기본권과 절차법에 관한 이해가 중요한 역할을 행한다. 기본권보호는 광범위한 절차의 형식에 의해서도 의존될 수 있고, 기본권은 전체 실체법 뿐만 아니라 절차법에도 영향을 미친다고 하는 것이 연방헌법재판소의 확립된 판례이다. 이는 이 사건에서 문제된 기본법 제2조 제2항에도 타당한 것이고, 이 조항에 기한 기본권은, 원자력발전소 허가에 있어서의 행정절차 및 재판절차에 관한 제 규정의 적용에도 영향을 미친다. 하지만 이것은 원자력법상의 대규모절차(Massenverfahren)에 있어서 전체 절차의 하자가 기본권침해로 판단될 수 있다고 하는 것을 의미하지는 않는다. 기본권침해는 국가가 기본법 제2조 제2항에 규정된 법익을 보호한다고 하는 의무의 이행에 있어서 제정한 절차규정을 허가관청이 무시한 경우에만 문제되는 것이다. 그러나 헌법상의 중요성이 어떠한 원자력법상의 절차규정에 귀속하는가를 확정적으로 심사할 필요는 없다. 오히려 허가절차에의 제3자 참가규정은 헌법상의 중요성을 가진 규정이라는 것, 따라서 상급행정재판소의 견해에 반하여 건축허가의 변경은 원자력법상의 허가절차가 다시 행해질 필요가 있다는 것을 청구인은 주장할 수 있다는 것이 출발점이 된다. 그러나 이것이 청구인을 위하여 가정된다 하더라도, 그것이 행정재판소법 제80조 제5항에 의한 절차에서의 문제로 된 결정의 취소를 초래하는 것은 아니다. 이 사건 해제결정에 의한 건축방법의 변경이 제1차 부분허가로부터 벗어난 「중대한 변경」에 해당하게 된다면, 그것은 청구인의 기본권을 침해하고 있다고 하게 되지만, 이 점에 관해서의 최종적 심사는, 행정재판소법 제80조 제5항에 기한 절차에 따라 규정되고 있는 약식심사에 따라서가 아닌, 본안절차에서 행해질 수 있기 때문이다. 2) **소수의견(Richter Simon, Richter Heußner)** 2인의 재판관은, 제3자 참가에 관한 원자력법상의 규정이 가진 헌법적 중요성을 상급 행정재판소는 오인하였을 뿐만 아니라, 오히려 애당초 원고적격을 가진 청구인이 절차위반을 주장하는 것이 전혀 허용되지 않는다고 하는 것을 명확히 출발점으로 하고 있다. 반대의견은 다수의견과 달리, 상급 행정재판소의 판단이 절차하자에 관한 헌법상 오해에 기인하고 있다고 판단하였다. **3. 판결의 의의** 1) 이 결정은 이론적 및 실제적 영향력의 측면에서 연방헌법재판소 판례에 있어서 이정표(milestone)라고 칭해지고 있다. 특히 기본권보호의무와 관련하여 기관과 절차에 관한 기본권의 효력의 문제에 있어서 중요한 판결이다. 기관 및 절차에 따른 기본권의 실현은 새로운 기본권해석의 가장 중요한 조류의 하나이다. 기관 혹은 절차는 기본권에 적합한 결과를 가져오고, 그것을 효과적으로 보장하는 수단이라는 것이 명확하다. 2) 기본권의 실현에 있어서 필요한 절차형성이 문제이지만, 연방헌법재판소 결정들은, 기본법 제19조 제4항에 의한 '실효적 권리보호'의 보장의 흐름과, 실효적인 권리보호를 기본권에 본질적으로 부속하고 있는 기본권 보호 및 기본권의 실현을 강조하는 흐름의 두 가지가 있다. 뮐하임 케를리히 결정에 있어서 연방헌법재판소는 행정절차가 기본권보호에 관한 한에서, 행정절차의 형성에도 기본권이 영향을 미친다고 하는 것을 명확히 하였다. 하지만, 전체 절차의 하자가 기본권침해로 되는 것은 아니고, 국가가 제정한 절차규정을 허가관청이 무시한 경우에만 문제로 되는 것이기 때문에, 절차법 자체와는 구분할 필요가 있다. 또한 절차참가권과 참가책임(Beteiligungslast)의 문제, 즉, 참가를 배제하는 규율의 허용성, 의의, 범위에 관한 문제를 제기한다. 아울러, 어떤 행정절차법상의 규정이 헌법상 중요한가를 연방헌법재판소는 미해결인 채로 두었다는 비판이 있다. ➜ 기본권보호의무.

미결수용자未決收容者 재판 결과가 확정되지 않은 상태로 구금돼 있는 피의자 또는 형사 피고인을 말한다. 헌법재판소에서 문제된 사례로는 변호인 접견에 교도관 등의 참여(헌재 1992.1.28. 91헌마111), 미결수용자의 재판시 수용자용 수의의 착용(헌재 1999.5.27. 97헌마137, 98헌마5(병합)), 무죄 등 판결선고 후 의사에 반하여 교도소로 연행하는 행위(헌재 1997.12.24. 95헌마247), 신체부위 노출, 냄새, 소리 등으로 수치심, 당혹감, 굴욕감을 느끼게 하는 화장실 사용강제(헌재 2001.7.19. 2000헌마546), 군사법원의 재판을 받는 미결수용자에 대하여 면회횟수를 주 2회로 제한하는 것(헌재 2003.11.27. 2002헌마193) 등에 대해서는 모두 위헌의 결정을 내렸으며, 반면에 서신의 검열(헌재 1995.7.21. 92헌마144), 일간지 기사의 일부 삭제(헌재 1998.10.29. 98헌마4) 등은 합헌으로 판단하였다.

미국대통령선거제도美國大統領選擧制度 미국 대통령선거에 관하여는 미국 연방헌법 제2조에서 기본적인 사항과 절차를 정하고 있다. 미국연방헌법은 각 주에서 선거인단에 의하여 간선의 방식으로 연방대통령을 선출하도록 정하고 있다. 말하자면, 미국에서 대통령은 국민에 의하여 직접 선출되는 것이 아니라, 각 주에서 임명된 선거인들에 의하여 선출된다. 헌법기초자들은 대통령이 의회에서 선출되게 되면 대통령이 과도하게 의회에 의존하게 되고, 출마를 하려는 후보자가 의회의 지지를 얻기 위하여 바람직하지 않은 공약 등을 남발할 것을 우려하여, 대통령이 의회로부터 독립된 기관이 될 수 있도록 하기 위하여 의회가 대통령을 선출하지는 않도록 하기 위하여 고안된 제도이다. 연방헌법의 규정에 의하면 대통령의 임기는 4년으로 하고 동일한 임기의 부통령과 함께 선출되며, 각 주에서는 각 주의회가 결정한 방식에 따라 일군의 선거인단을 임명한다. 각 주 선거인단의 수는 당해 주가 연방상원과 연방하원에 선출한 의원의 수와 동일하게 한다. 총선거인단의 수는 상원의원에 해당하는 수 100명과 하원의원 수 현재 435명 및 워싱턴 특별구의 대표 3명(이 3명의 표는 1961년 수정헌법 제23조에 의함)을 합한 538명이 된다. 이 선거인단 총 538명 중 과반인 270표를 얻은 자가 대통령으로 당선되는 것이다. 가장 많은 선거인단수는 캘리포니아의 55명이고, 그 다음이 텍사스 38명, 뉴욕과 플로리다 29명 등의 순이다. 그러나 연방의회의 의원은 선거인단의 구성원이 될 수 없다. 또한 미국연방헌법은 선거인단의 선정방식을 정하지 않고 있다. 따라서 각 주에서 선거인단에 대해서도 각각 당해 주의회가 선거인단의 선정방식을 정할 수 있으며 이에 따라 다양한 방식으로 선거인단이 정해질 수 있다. 각 주에서는 1830년대 중반까지는 대부분의 주의회가 선거인단을 직접 지명하였지만, 그 이후에는 사우스 캐롤라이나(남북전쟁 때까지 임명방식을 취함)를 제외하고는 모든 주가 선거인단을 주민들이 선거로 선출하는 방식을 취했다. 미국대통령 선거절차는 대통령이 일반국민이 아닌 대통령선거인단에 의하여 선출되도록 되어 있기 때문에, 일반국민의 실제 지지율과 선거결과가 반드시 일치하는 것은 아니다. 이 점이 바로 2000년도에 Bush v. Gore, 531 U.S. 98, 104(2000) 사건에서 쟁점이 된 문제이기도 하다. 연방헌법에서 정한 절차와 각 주의 법률이나 당규정 등에 따라 정해진 대통령선거절차는 크게 네 단계로 나누어 1) **예비선거기간**: 전국전당대회에 참여할 주별 대의원 선출을 위한 코커스(caucus) 또는 프라이머리(primary) 2) **양대 정당의 후보자 확정**: 양대 정당 각각의 전당대회 3) **각 주의 유권자들이 주별 선거인단 선출** 4) 대통령 선출을 위한 **대통령 선거인단의 투표** 등으로 나누어진다. 코커스는 정당에서 주최하는 당원대회로서 당원들이 모여 후보들에 대해 논의하고 선거를 통해 지지후보를 밝히는 절차이다. 프라이머리는 당원 외에 일반 유권자의 참여를 허용하고 있으며, 참여자격을 지지자로 제한하는지 여부에 따라 개방형(open primary)과 폐쇄형(closed primary)으로 구분된다. 각 주는 코커스나 프라이머리에 대하여 법률로 정할 수 있고, 양자가 혼합될 수도 있다. 코커스나 프라이머리에서는 전당대회에 참여할 주별 대의원을 선출한다. 그 다음에 선출된 대의원들이 참여한 각 정당의 전국 전당대회(National Convention)에서 대선후보자를 확정한다. 이어서 전국 단위로 확정된 각 정당의 후보자를 놓고 각 주에서 특정후보를 지지하는 선거인단을 선출한다. 각 주에서 승리한 정당의 후보자는 그 주의 선거인단 전체를 차지한다(승자독식 방식). 말하자면 각 주는 자신의 주의 대통령을 선출하는 것이다. 각 주의 선거인단을 전국적으로 합산하여 더 많은 수를 얻은 자가 연방의 대통령이 된다.

미국대통령의 권한과 한계 1. **헌법규정과 그 의미** 미국헌법 기초자들이 고려하였던 중요한 메카니즘은 첫째, 제한적인 정부(Limited Government), 둘째, 법의 지배(Rule of Law), 셋째, 권력분립(Separation of powers), 넷째, 견제와 균형(checks and balances) 등이었다. 헌법은 대통령의 권한에 대하여 명확히 규정하고 있지는 않다. 대통령의 권한은 헌법적 관점에서 본다면, 특수하면서도 불명확하다. 즉 대통령의 권한 중의 몇 가지는 명확히 규정되어 있다는 점에서 특수하고, 대외관계에서의 대통령의 권한 및 군사에 관한 권한과 같이, 대통령의 권한의 한계와 범위가 명확히 정의되지 않았거나 해석상의 차이점을 둘 여지가 있다는 점에서 불명확하다. 오랫동안 연방대법원과 대통령 그리고 학계는 헌법의 문언이 무엇을 의미하는지를 논의하여 왔고, 전체적으로는, 대통령의 권한을 확장하는 방향으로의 해석이 제한하는 방향으로의 해석보다 훨씬 우위를 차지하여 왔다. 헌법은 대통령의 권한의 분석에 대한 출발점으로 대통령의 권한의 윤곽을 보여주되 명확하지는 않으며, 단순히 헌법만을 보고서 대통령의 권한을 정의하거나 서술할 수는 없다. 바로 이 점이 미국대통령의 권한문제가 가지는 특징이라 할 수 있다. 2. **미국 대통령의 권한 일반** 대통령은 하나의 시스템의 일부분이다. 그 시스템은 의회, 법원, 일반국민, 언론매체, 이익집단, 관료사회 등의 정치적 참여자들의 집합체이다. 미국의 헌정은 이들 시스템에의 참여자들에게 공유되고, 분리되며, 중복되고, 분산된 권한을 부여하는 시스템이다. 따라서 대통령의 권한은 이들과의 연관성 속에서 파악되고 이해되어야 한다. 헌법이 대통령제의 개략적인 윤곽을 창안하였다면, G. Washington은 불완전한 창조물을 작동가능하게 만들었고, 역사와 경험이 이 유동적인 제도를 보다 완전하게 형성하였다. 대통령권한의 확대과정에서는 의회의 최고 심부름꾼(chief clerk)으로서의 대통령이기를 바라는 헌법규정과 최고집행관(chief executive)으로서의 대통령이기를 바라는 필요성의 이론 사이의 치열한 다툼이 2세기 동안 지속되었다. 기회와 필요성 이 두 가지가 대통령의 권한을 확대되는 방향으로 전개시킨 요인이었다. 특히 2차대전 이후 '경영형 대통령(managerial presidency)'에 대한 요구는 정부를 더욱 확장되게 하였고, 그에 따라 대통령의 권한도 확장적 방향으로 전개되었다. Clinton Rossiter는 1956년의 저서에서 기능적인 측면에서 미국 대통령의 지위를 분류하여, 1) 국가원수(Chief of State)로서의 지위, 2) 행정부수반(Chief Executive)으로서의 지위, 3) 군통수권자(Command in Chief)로서의 지위, 4) 최고외교관(Chief Diplomat)으로서의 지위, 5) 최고입법자(Chief Legislator)로서의 지위 등으로 나누고, 여기에다, ① 정당당수(Chief of Party)로서의 지위, ② 국민의 목소리의 대변자(the Voice of the People)로서의 지위, ③ 평화의 수호자(Protector of the Peace), ④ 번영의 관리자(Manager of Prosperity) ⑤ 세계의 지도자(World Leader)로서의 지위 등의 5가지 기능을 추가하여 설명하였다. Genovese는 미국 대통령의 권한을 공식적 및 비공식적 권한의 두 가지로 분류하고 있다. 공식적 권한은 헌법상 규정된 권한을 말한다. 비공식적 권한은 헌법규정에서 근거하기보다는 정치를 통하여 획득된 권한 혹은 헌법에서 흠결되어 있는 권한들이다. 이 비공식적 권한들은 대통령 개인의 정치적 영역에 참여하는 능력(skill)에 의존한다. 공식적인 권한은 명령하는 능력(ability)을 의미하며, 비공식적 권한은 설득하는 능력을 의미한다. 대통령의 공식적 권한은 통시대적으로 명백히 남아 있지만,

대통령의 비공식적 권한들은 각 대통령 개인의 능력에 따라 매우 다양하다. 아래에서는 미국대통령의 권한을 국가원수로서의 권한, 행정부수반으로서의 권한, 대통령의 대외관계에 관한 권한, 군통수권자로서의 권한, 입법에 관한 권한, 대통령의 특권 등으로 나누어 구체적으로 각각의 권한들이 어디에 근거하며, 또 어떻게 변화되어왔는지에 관하여 살펴본다. 3. **국가원수로서의 권한** 미국의 대통령은 국가원수로서의 지위를 갖는다. 이 지위는 군주국의 국왕이나 의원내각제 국가에서의 대통령의 지위에 상응한다. 대외적으로 국가를 대표하여 외국의 사절들을 영접하고, 영전을 수여하며, 각종의 국가의식에서 주빈으로서 행동한다. 대통령은 국민전체의 존엄성과 위엄의 개인적인 구체화이자 대표이다. 4. **행정부수반으로서의 권한과 그 한계** 1) **행정부의 권한의 특징** 미국헌법 제2조는 「행정권은 미국연방의 대통령에게 부여되어 있다.」고 간략하게 서술하고 있다. 연방행정권은 의회와는 달리, 헌법문언에 의해 금지되어 있지 않는 한, 열거되어 있지 않은 근거로부터의 권한을 행사할 수 있다. 그러나 열거되어 있지 아니한 근거라고 하여 모든 사안에 대하여 대통령의 권한이 인정되지는 아니한다. 말하자면 대통령의 권한은 권력분립의 원칙 내에서 내재적인 한계를 가지는 것이다(Youngstown Sheet & Tube Co. v. Sawer, 343 U.S. 579(1952)). 행정부수반으로서의 대통령이 가지는 권한은, 연방공무원 임명권 및 해임통제권, 기소 및 사면권, 법해석권, 예산에 관한 권한 등으로 나뉜다. 2) **공무원임명권** 헌법 제2조 제2항 2목은 「대통령은 대사 기타 외교사절, 영사, 연방대법원의 판사 및, 임명방법이 이 헌법에 달리 규정되어 있지 않은 모든 연방공무원을 상원의 조언과 동의를 얻어 임명한다. 단 연방의회는 법률로써, 적당하다고 인정하는 하급공무원의 임명을 대통령에게 혹은 법원 또는 각 부의 장에게 위임할 수 있다.」고 규정하고 있다. 연방공무원의 각 직역들은 의회의 법률에 의해 설치되도록 하고 각 직역의 공무원을 임명하는 것은 행정부에 속하게 하는 것이다. 연방대법원은 Springer v. Government of the Philippine Islands, 277 U.S. 189(1928) 사건에서, 의회는 의회제정의 법률을 집행하는 개인을 임명하는 권한을 의회자신이 보유하여 법집행의 과정을 통제할 수는 없다고 지적하였다. 미국헌법은 연방공무원을 두 가지 종류로 나누고 있다. 그 하나는, 상원의 조언과 동의를 받아 대통령이 임명하는 중요 공무원(principal officers 혹은 primary officers)이며 다른 하나는 법률로써 대통령, 각부의 장 혹은 법원에 임명이 위임될 수 있는 하급 공무원(inferior officers)이다. 중요 공무원은 헌법상 명시되어 있고, 의회는 연방공무원직을 창설하면서 상원의 조언과 동의를 필요로 하는지의 여부를 법률에서 정할 수 있다. 문제는 하급 공무원의 경우이다. 하급 공무원은 헌법에 따라 대통령, 법원 및 행정각부의 장에게 위임될 수 있다. 이 중에서 대통령과 행정각부의 장에게 위임되는 경우는 크게 문제되지 아니하고, 법원(Courts of Law)에 의한 임명이 빈번히 문제되었다. 연방대법원은 Ex parte Siebold, 100 U.S. 371(1880) 사건에서, 의회가 순회법원에 선거감독인을 임명하는 권한을 부여할 수 있다고 하였다. 또한 통상적으로 대통령이 연방검사를 임명하지만, 결원이 생긴 경우에는, 대통령이 그 결원을 충원하기까지는 연방법원이 연방법에 따라 연방검사를 임명할 수 있다(U.S. v. Solomon, 216 F. Supp. 835(S.D.N.Y. 1963)). 그리고 법정외부에서의 법정모독 사건에서는 법원이 검사를 임명할 수 있다(Young v. U.S. ex rel. Vuitton et Fils S.A., 481 U.S. 787). 법원에 의한 연방공무원의 임명이 대통령의 권한을 제한하는 것인지의 여부가 가장 민감하게 문제된 사건이 특별검사의 임명과 관련한 Morrison v. Olson, 487 U.S. 654(1988) 사건이다. 이 사건에서 대법원은 '하급' 및 '중요' 공무원 사이의 구별기준은 명확하지 않으며, 기초자들도 그 구체적 지침을 정하지 않았다고 하면서, 특별검사가 상급자인 법무장관에 의하여 해임될 수 있는 점, 특별검사가 특정의 제한된 직무만을 행사하고, 아무런 일반적 행정권한이나 정책을 결정할 권한을 갖지 못한다는 점, 제한된 관할만을 가진다는 점, 임기가 직무수행완료 시까지 제한된다는 점 등 네 가지 요소에 의하여 특별검사를 하급 공무원으로 인정하였다. ➜ 미국의 특별검사제. 대통령의 연방공무원 임명권의 제약에 대한 판결 중에 다른 하나는 Freytag v. Commissioner of Internal Revenue, 501 U.S. 868(1991) 판결이 있다. 헌법 제2조 제2절 제3항에서는 상원 휴회 중의 결원임명을 정하여, 「대통령은 상원의 폐회 중에 발생하는 모든 결원을 임명위원회를 통하여 충원할 권리를 가진다. 단 이러한 임명위원회의 임기는 의회의 차기회기의 종료와 함께 만료된다.」고 하고 있다. 상원이 휴회 중인 때에 임명된 공무원은 상원의 회기종료 때까지 동의를 얻지 못하면 그 임명은 효력을 상실한다. 이 휴회중 임명조항은 헌법 제3조의 연방법관임명에도 적용된다. 3) **공무원해임권 및 통제권** 헌법상 명시적인 규정이 없으나, 대통령의 공무원해임권은 헌법 제2조 제1절의 임명조항과, 제3절의 '법률이 성실히 집행되는 데에 유의할' 의무로부터 유래한다고 이해되어 왔다. 대통령의 공무원해임권의 본질과 범위 및 한계에 관해서는 연방대법원의 판결에 의하여 그 법리가 형성되었다. 대통령의 해임권 문제를 논한 최초의 사건은 1926년의 Myers v. U.S., 272 U.S. 52(1926) 사건이다. 이 사건에서 대법원은, 대통령의 공무원해임권이 연방헌법상 제2조의 「집행권」과 「법률을 성실히 집행할 의무」에 포함된 권한이며, 이 해임권은 「순수히 행정적인 공무원(purely executive officers)」, 즉 집행작용만을 담당하는 공무원 전체에 미치는 대통령의 전권이라 하여 대통령의 공무원해임권이 배타적이고 독점적인 권리임을 인정하였다. Humphrey's Executor v. U.S., 295 U.S. 602(1935) 사건 및 Wiener v. U.S., 357 U.S. 349(1958) 사건에서 다시 확인되었다. 특히 뒤의 두 판결은 독립규제위원회 위원에게 대통령의 해임권이 미치지 않는다고 하면서, 그 근거로 형식적 및 실질적 근거를 제시하였다. 형식적 근거는 입법부 혹은 사법부의 대리기관으로서 준입법권(quasi-legislative power)이나 준사법권(quasi-judicial power)를 행사하는, 혹은 양자를 모두 행사하는, 법률에 의하여 창설된 기관에게는, 그것이 법률의 집행도 담당하고 있어도, 전권으로서의 해임권은 미치지 않는다는 것이며, 실질적 근거는 (a) 중립성(impartiality, nonpartisanship)이 요구되는 직무를 담당하는 공무원에 대하여는 대통령의 통제는 제한된다. (b) 전문가집단에 상응하는 훈련된 판단력이 요구되는 공무원에게는 특수한 실무경험을 통하여 그와 같은 판단력을 양성하기 위하여 장기의 안정된 임기가 보장될 필요가 있다. (c) 증거법칙에 입각한 법적 사고가 요구되는 분쟁재정과 같은 사법적 성격을 가진 직무를 담당하는 공무원에게는 대통령 뿐만 아니라 연방의회의 통제도 미치지 않는다는 것이었다. 이 중 형식적 근거는 Morrison v. Olson 판결에서 완전히 철폐되었다. 그리하여 어느 공무원이 집행과 다르게 준입법권 혹은 준사법권을 동시에 가지는 경우, 「순수히 집행적인 공무원」이 아니라 하여, 대통령의 해임권이 직접적으로 배제되는 것은 아니다. 이 경우, 대통령이 당해 공무원을 임의로 해임하지 않으면 안될 정도로 대통령의 권한행사에 있어서 중요한 의미를 가지는 정책형성권한을 가지는가의 여부가 문제되고, 가지지 않는 경우에는 당해 공무원은 이미 「순수히 집행적인 공무원」이 아니게 되고, 연방의회는 당해 공무원에 대한 해임권을 제약할 수 있다. 4) **기소 및 사면권** 대통령의 권한에는 기소권과 사면권이 포함되는데, 대통령의 기소권은 전적으로 의회의 법률제정권한의 행사에 의존한다. 대통령의 사면권은 헌법에서 명시적으로 규정하고 있고, 또한 의회에 의하여 수정되거나, 축소되거나 감축될 수 없다(Schick v. Reed, 419 U.S. 256, 266(1974)). 탄핵의 경우에 명시적으로 사면을 금지하는 것을 제외하고는, 대통령의 사면권에 주어지는 유일한 제한은 범죄를 예상하고 미리 사면할 권한을 포함하지는 않는다는 것이다. 대통령은 자신의 행정부에서 일했던 사람이나 대통령 자신이 범죄에 연루되었을 가능성이 있더라도 사면할 수 있고, 유죄선고 전이든 유죄선고 후이든 사면할 수 있으므로, 사실상 행정부의 기소기능에 대한 최종적 통제권을 보유한다. 5) **법해석권** 대통령은 특정 사건에 법을 적용하는 헌법적인 권한을 갖는다. 그는 행정권을 부여받고 있으며, 법률이 성실히 집행되는지를 유의할 의무를 지고 있다(헌법 제2조 제1절 및 제3절). 이 때 법률을 해석할 권한이 법을 집행할 권한에 부수적인 것인지가 문제된다. 대통령이 법률제정과정에서 거부권을 행사할지의 여부를 판단할 때에는 헌법의 원칙과 원리 그리고 가치들을 고려할 권한이자 의무를 갖는다는 것은 일반적으로 인정된다. 헌법과 법률이 심각하게 충돌된다고 생각하는 경우에 대통령은 거부권을 행사할 수 있지만, 이를 압도하여 법률이 제정된 경우, 대통령은 법률보다 헌법을 우선하여야 한다는 견해도 있으나, 위헌의 의심이 있더라도 법률을 집행하면, 그로 인한 피해자가 헌법의 해석에 참여하여 사법심사를 받을 수 있다. 6) **예산에 관한 권한** 이론상으로는 의회만이 국민들의 주머니에 접근할 수 있지만, 연방예산의 수립에 관한 대통령의 주도적 책임이 성립된 이후, 대통령과 행정부는 연방세출을 계획하고 입안하는 과정에서 주도적 역할을 담당하게 되었다. 대통령은 예산안을 제출하는 권한을 갖지는 않으며, 단지 의회에 대통령 자신이 필요하고 적절하다고(necessary and expedient) 생각하는 것에 대하여 예산상의 허용을 해줄 것을 예산총액으로 권고할(recommend) 수 있다. 예산불사용(Impoundment)의 문제는 the Congressional Budget and Impoundment Control Act of 1974(2 U.S.C.A. §601)에 의해 규율된다. 한편, 대통령 Clinton에 의해 1996.4.9. 서명되고 1997.1.1. 발효한 The Legislative Line Item Veto Act of 1995는 예산불사용이 취급되는 방법에 영향을 미쳤다. 이 법에서는 사실상 개별적인 세부항목을 거부할 권한을 대통령에게 부여하지 않고 있지만, 예산법률안에서의 특정항목을 거부하거나 취소할 수 있도록 허용함으로써, 대통령에게 기능적으로 상응한 것을 부여하고 있다. 5. **대통령의 대외관계에 관한 권한과 그 한계** 1) **일반론** 대외관계에 관한 헌법규정은 매우 빈약하여 많은 부분이 헌법상 함축된 권한과 초헌법적 권한으로부터 유래하였다. 전통적으로 대통령은 미국연방의 대외문제를 다루는 데에 책임이 있는 것으로 이해되었다. 대외문제에서 대통령과 입법부가 동일한 권한을 공유한다고 헌법이 규정하더라도, 대통령과 의회 사이에서 헌법상의 권력분립과 견제와 균형을 조정하는 것은 명확하지 아니하다. 국제적 영역에서의 행정부의 행위에 대한 입법부의 존중에 대하여 이론적으로 정당화한 판결은 U.S. v. Curtiss- Wright Export Corp., 299 U.S. 304(1936) 판결이다. 대법관 Sutherland는 법정의견에서, 헌법적으로 열거된 의회의 권한이 대외관계를 행하는 폭넓고도 본질적인 권한의 한 부분이라면, 의회는 대외관계 및 군사문제의 영역에서 의회의 권한을 폭넓게 행정권에 위임하는 것이 허용된다. 하지만, 대통령에게 부여된 권한은 무제한적이지는 않다. 의회는 열거된 헌법적 권한의 범위 내에서 행동하는 한, 이전에 행정권에게 전체적으로 재량적이었던 영역에서 행정권을 제한할 수 있다. 대통령이 대외관계에 있어서 유일한 행위자라고 하는 것은 상징적으로는 타당할 수 있어도, 대통령을 유일한 대외정책결정자라고 하는 것은 정확하지 않다. 대외관계에 관하여 대통령은 유일한 행위자이면서 또한 헌법상 책임을 진다. 대통령은 군사정책을 선언하고 집행하는 배타적 책임을 갖는다. 대통령의 대외정책수행에 대한 통제를 위하여 의회는 조언과 동의를 통하여 대통령의 행위에 소요되는 재정적 재원을 결정하거나 경제적 및 법적 수단을 만들 수 있다. 결국, 대외정책의 선택과 그 이행은, 대통령에 의하든, 의회에 의하든 혹은 그 둘의 합작이든, 헌법 제1조 제9절과 권리장전에서의 개인에 대한 헌법적 보호에 의해 완전히 제한된다. 2) **조약과 행정협정** 미국헌법은 **조약체결권**을 연방정부, 특히 대통령과 상원에 부여하고 있다. 일반적으로 행정부는 합의안을 협상하기 위한 대표단을 임명하고 감독하며, 만족할 만한 합의안이 도출되면 상원에 조약안을 제출한다. 조약안이 상원의 2/3의 동의에 따라 인준되면, 대통령은 그것을 비준하고 조약은 국제적인 의무로서 구속력있는 협정으로 된다. 그 국내법적 효력은 그 조약이 자기집행적인지 혹은 별도의 보충적인 입법이 필요한지에 따라 결정된다. 조약의 효력과 관련하여 연방대법원은 의회의 법률과 조약을 법적으로 동등한 것으로 취급하면서, 유효한 조약과 유효한 의회법률 사이에 충돌이 생긴 경우에, 주권적 의지의 최종적인 표현이 지배하여야 한다고 결정하였다. 대통령의 조약체결권의 제한은 헌법 제2조 제2절의 절차적 요건에 의해서뿐만 아니라 구조적이고 실체적인 헌법적 제약에 의해 행해진다. 조약체결권은 조약체결국과 관련된 문제에 한정되는 것으로 이해된다. 조약체결권은 또한 정부나 그 부속기관의 행위에 반한다고 판단되는 제한 및 정부 자체 및 주들의 특성으로부터 나오는 제한에 의한 경우를 제외하고는 제한되지 않는다. 조약체결권에 어떤 외적인 한계가 있는가에 관한 문제에 관해서는 Reid v. Covert, 354 U.S. 1, 16(1957) 판결에서 종결되었는데, 대법원의 다수의견은, 조약이든 행정협정이든 헌법의 제약으로부터 자유로운 의회 또는 행정부의 어떤 다른 부서에 권한을 부여할 수는 없다고 하였다. 조약에 대체하는 **행정협정**에 대해서는 아무런 절차도 규정하고 있지 않지만, 행정협정은, 상원의 인준이 없더라도, 충돌하는 주법률들에 대한 효력에 있어서는 공식적인 조약과 동일한 중요성을 갖는다. 연방대법원은 U.S. v. Belmont, 301 U.S. 324(1937) 판결에서 모든 국제적인 협약(compacts)과 협정(agreements)의 경우에 국제적 관계에 관한 완전한 권한이 연방정부에 있고 여러 주들의 측에서의 어떠한 삭감이나 간섭에 따르지 않으며, 따를 수 없다고 결정하였다. 상원의 동의없이 국제협정을 체결할 대통령의 권한의 정확한 범위는 명확하지는 않다. 극단적으로 보면, 조약이 대외정책을 실현할 배타적 수단이고 따라서 모든 행정협정은 월권적이라고 하여도 틀리지는 않다. 행정협정도, 조약과 마찬가지로, 일정한 한계가 있다. 대통령이 상원의 3분의 2의 동의없이 어떤 국제협정을 체결할 수 있다고 하여, 대통령이 조약에 상당하는 것을 상원의 인준없이 체결할 수 있음을 말하는 것은 아니다. **의회승인행정협정**(congressional-executive agreement)은 대통령에 의해 협상되고 상원 3분의 2의 동의가 아닌, 단순다수의 동의를 위해 양원에 제출되는 것이다. 최근의 실제에서는 조약형태의 무역협정이나 다자간 협정 등에서 별 문제없이 의회승인행정협정이 이용되었다. 그러나 이러한 의회승인협정 형태의 헌법적합성은 논란거리가 되며 사실상 문제있는 것으로 보인다. 의회승인행정협정은 현재로서는 미국의 대외관계 실무에서 정착된 것으로 보인다. 때때로 저항이 있기는 하지만, 40년 동안 상원은 단순다수인준을 위해 대통령이 양원에 국제적 협정을 제출하는 것을 찬성하여 왔다. 물론 연방정부의 구조에 핵심적인 헌법적 보호를 포기하는 것은 공직자들의 특권은 아니며, 더욱이 국가를 언제나 그러한 포기에 의해 구속되게 하는 것은 아니다. 3) **주의 행위에서의 연방대외관계의 최고성의 영향** 연방조약과 행정협정이 충돌하는 주법률들에 대해 우위에 있는 것처럼, 대외관계에 관한 권한은 주들과 공유되지 않고 연방정부에 배타적으로 부여된다. 제1조 제10절의 규정 즉, 어느 주도 어떤 조약이나 연합 혹은 연맹을 체결하지 못한다거나, 의회의 동의없이는 수입이나 수출에 관세 혹은 의무를 부담할 수 없다거나, 외국권력과 협약의 동의를 체결하지 못한다고 하는 것은, 연방정부 내의 대외정책의 책임의 분배가 어떻든간에, 그러한 모든 책임이 궁극적으로 연방차원에 두어진다는 일반적인 헌법원칙의 선언이다. 지방적 이해관계에 있어서는 연방의 여러 주들은 연방적인 목적이외에, 외국과의 미국연방의 관계를 포괄하여 존재한다. 미국의 외교행위에 대한 연방정부의 책임분배를 해치는 모든 주의 행위는, 그것이 현재의 연방의 대외정책과 양립하든 않든, 배타적인 연방의 책임영역에 대한 위헌적 침해로서 무효이다(Toll v. Moreno, 458 U.S. 1(1982) 참조). 6. **군통수권자로서의 권한과 그 한계** 군통수권에 대하여 헌법 제2조 제2절은 「대통령은 미국연방의 육해군의 총사령관이며, 각 주의 민병대가 미국연방의 사실상 군역에 복무하는 때에는 그 총사령관이 된다.」고 규정한다. 헌법 제1조 제8절은 전쟁을 선포할 권한을 의회에 위임한다. 그렇지만 미국연방의 군의 역사는 사전적인 의회승인이 없는 경우에 외국에 대하여 행정적으로 명령된 군사력 사용의 경우는 매우 많다. 그에 반해 그러한 행정부의 행위의 정당성에 관한 사법부의 결정은 거의 존재하지 않는다. 행정부에 의해 수행된 방어적 전쟁의 정당성은 Prize Cases, 67 U.S. (2Black) 635(1863)에서 연방대법원의 최소다수로 인정되었다. 방어적 전쟁을 수행하는 대통령의 권한의 존재는 폭넓게 인정되는 데에 반해, 그러한 권한의 범위는 명확한 합의를 보지 못하고 있다. 특정 경우에 헌법이 대통령에게 그의 재량에 따라 일방적으로 전쟁을 수행할 권한을 허용한다는 것은 헌법이 그러한 재량의 행사에 대하여 의회가 규제하는 것을 금지한다는 것을 의미하지는 않는다. 대통령의 행위가 의회의 위임에 근거하는 만큼, 의회는 그 위임을 철회할 수 있다. 베트남전쟁 당시에 채택된 전쟁권결의안(the War Powers Resolution)은 외국분쟁지역에서 의회승인없이 미국연방이 관여하는 권한을 제한한다. 그렇지만 미국연방이나 그 영역의 일부를 공격받았을 때 대통령이 의회로부터의 권한부여없이 전쟁에 군대를 파견하는 권한을 가진다는 것을 보장한다. 7. **대통령의 입법에 관한 권한과 그 한계** 1) **입법과정 일반론** 미국헌법 제1조 제7절은 의회 양원이 따라야할 입법의 과정을 개괄적으로 정하고 있다. 입법을 위해서는 먼저 위원회에 회부하고, 위원회에서 법안을 본회의에 상정하면, 양원의 의사일정에 따라 최종의결을 행한다. 양원에서 동일한 형태로 법안이 통과되면, 대통령에게 제출되고(be presented) 대통령은 서명 혹은 거부여부를 정한다. 대통령은 법률안을 승인할 경우에는 승인날짜와 승인되었음(Approved)을 기재한 후 서명한다. 법안은 서명한 날짜에 법률로 된다. 대통령이 법률안을 승인하지 않을 경우에는, 서명없이 거부서를 첨부하여 발의된 원에 환부하여 거부권을 행사한다. 환부된 법률안은 최우선으로 처리하며, 법률안의 개정은 허용되지 아니하며 호명투표(roll-call vote)를 행한다. 또 토론도 허용되지 않는다. 양원의 2/3 이상의 찬성은 재적의원이 아닌 출석의원을 기준으로 한다. 양원이 각각 거부된 법률안을 압도하는 데에 실패하면, 법률안은 폐기되고, 압도가 성공하면, 법률안은 대통령의 서명없이도 법률로 성립한다. 2) **보류거부(the pocket veto)** 대통령에게 제출된 법률안에 대해 대통령이 10일 이내에 서명하지 아니하면, 법률안은 법률로 성립한다. 그러나 서명해야할 10일 이내에 의회가 휴회하는 경우에는 법률안은 환부기간 이내에 환부할 수 없게 된다. 이 때 대통령이 서명날짜 이내에 서명하지 아니하면, 법률안은 법률로 성립하지 못한다. 이것이 보류거부이다. 연방대법원도 the Pocket Veto Case, 279 U.S. 655(1929) 판결에서 이를 인정하여, 의회가 회기 중 혹은 회기 말에 휴회함으로써 대통령이 법안을 환부할 수 없을 때에는, 법제정에서 장기간의 지연과 공적인 불확실성을 야기하므로 환부할 수 없는 법안은 법률로 되지 못한다고 하였다. 또한 Wright v. U.S., 302 U.S. 583(1938) 판결에서 대법원은 발의한 원의 3일간의 휴회는, 그 원이 기능적으로 법안을 수령할 수 있다면, 환부를 하지 못하게 하는 것은 아니라고 하였다. 보류거부가 있으면, 의회는 법률안을 재의결할 기회를 갖지 못한다. 3) **항목거부(일부거부: Line Item Veto)** 항목거부는 연방세출승인법안(a federal appropriations bill)에서 전체 법안을 거부하지 아니하고 특정항목(item or line)을 거부하는 권한이다. 1996년에 The Line Item Veto Act를 제정하여 1997.1.1.에 발효된 제도이다. 항목거부법은, 새로운 직접적 지출항목과 제한된 조세혜택을 포함하여, 의회에 의해 제정된 새로운 법에서 포함된 여러 규정 중의 어떤 것을 취소할 수 있는 권한을 대통령에게 부여하였다. 법률은 법제정 후 5일 이내에, 전체 법률을 서명하거나 어떤 개별적인 지출 혹은 제한된 조세혜택을 취소하도록 허용하였다. 그 점에서 거부된 항목을 회복할 수 있는 유일한 방법은 분리된 법안으로 그것을 다시 제정하는 것이었다. 이에 대해 대통령은 다시 거부할 수 있다. 그러나 법안에 반대했던 의원들은 효력발생 바로 다음날 대법원에 위헌여부를 다투는 소송을 제기하였다. 지역법원은 동법을 위헌이라 하였으나, 대법원은 Raines v. Byrd, 521 U.S. 811, 117 S.Ct. 2312(1997) 판결에서 당사자적격의 흠결을 이유로 기각하였다. 이어진 Clinton v. City of New York, 524 U.S. 417(1998) 판결에서 연방대법원은 의회에 의하여 보충되는 항목별거부권이 헌법의 제출조항(Presentment Clause)을 위반하였다고 결정하였다. 대법관 Stevens에 의해 집필된 다수의견은, 항목거부법이 법률을 제정하거나 폐지하기 위해 필요한 제출조항의 방법에 따르지 않았다고 결론지었다. 그 조항에서 정한 절차는 헌법에서 법안을 제정하거나 폐지하는 유일한 방법이라고 하였다. 법률은 적어도 두 가지 점에서 이러한 절차를 따르지 못하였다고 하였다. ① 대통령의 법안환부는 제출조항이 요구하는 것으로서, 법안이 서명되기 이전이 아니라 서명 이후에 발생한다. ② 취소는 법안의 일부분에만 적용할 수 있지, 제출조항은 전체법안에 대하여 거부를 요구한다. 아울러 대통령이 법제정과정에서 항목거부와 같은 권한을 가지고자 한다면, 그 변화는 헌법개정을 통하여야 할 것이라고 하였다. 2006년 Bush 정부에서 재입법을 시도하였으나 실패하였고, 2009년에는 항목거부법을 다시 입법하려는 시도가 있었다. 4) **입법적**

거부(의회거부권: legislative veto) ➜ 입법적 거부. 8. **대통령의 특권과 면책** 1) **일반론** 대통령은 국가원수로서, 국정의 최고책임자로서 권한을 행사하기 때문에 일반국민과는 다른 특권을 가진다. 헌법 제1조 6절은 의회의원이 원내에서 행한 발언 및 토론이 민형사상의 책임을 지지 않으며 그와 관련하여 대배심의 조사를 받지 아니한다는 의원의 특권을 규정하고 있지만, 대통령 및 행정부의 구성원들에게 이러한 종류의 특권을 부여한다는 헌법상 규정이 없다. 그러나 연방대법원은 여러 판결을 통하여 보통법상의 문제로서 특정 종류의 행정부 면책특권을 인정하여왔다. 대통령에 대해서는 직무상(official) 행위의 민형사상 책임 및 직무와 무관한(non-official) 행위에 대한 민사상의 책임의 문제가 대법원의 판결에 의하여 논의되어 왔으며, 입법부 혹은 사법부의 정보제공요구에 대한 행정부특권(executive privilege)의 문제가 판결에 의하여 정립되었다. 2) **형사상 특권** 헌법규정에는 구체적 규정이 없지만, 대통령이 형사상 특권을 가져야 한다는 데에 많은 견해들이 동의하고 있다. 535인의 의회의원과 수천 명의 연방법관들과 비교할 때 대통령은 1인이기 때문에 해임 이전에 모든 형사절차로부터 면제되어야 한다거나, 연방 혹은 주 법원이 현직 대통령을 어떤 방법으로 체포·감금하게 하는 것은, 헌법이 '법률이 성실히 집행될 것을 유의해야 할' 의무를 유일하게 대통령에게 부과하고 있고 연방법관이든 주법관이든 현직 대통령을 감금하게 하여 법률의 효율적인 집행을 위협해서는 안되기 때문에, 헌법상의 권력분립 원칙에 대한 중대한 위반이 될 것이라는 등의 주장이 그것이다. 더욱이 헌법은 현직공무원에 대한 탄핵절차를 규정하면서, 탄핵된 공무원이 유죄선고 및 직으로부터 해임된 후에는, 법률에 따른 기소, 재판, 판결, 처벌에 따라야 한다고 규정하고 있기 때문에, 의회가 탄핵을 심의하는 기회를 갖기 전에 대통령에 대하여 형사절차를 진행하게 하는 것은 불필요하다. 그러나 부통령 이하 다른 연방공무원들의 경우에는 탄핵절차 이전에 형사기소를 하는 것은 허용된다. 한편, 대통령의 재직 중 형사책임 면제는, 탄핵이든 임기만료든 그 직을 떠날 때까지 형사재판이 연기된다는 것을 조건으로 하면, 재직 중 기소될 수 없다고 할 필요는 없다. 대통령의 형사상 면책은 대통령의 행위가 직무상의 행위인가의 여부와 상관없이 인정된다. 3) **민사상 특권** (1) **직무상 행위에 대한 민사책임** 대통령은 그의 직무상 행위로 인한 민사책임에 대해서는 절대적인 면책을 받는다. 연방대법원은 Nixon v. Fitzgerald, 457 U.S. 731(1982) 판결에서, 미국연방의 전직 대통령은 그의 직무상 행위로 인한 손해배상책임에서 절대적으로 면제되며, 이러한 면책은 권력분립의 헌법적 전통과 역사에 의해 지지되는 것으로 대통령이라는 독특한 직무에 기능적으로 위임된 부수물이라고 하였다. 이 판결과 같은 날 선고된 Harlow v. Fitzgerald, 457 U.S. 800(1982) 판결에서, 연방대법원은, 대통령의 보좌관들도 상당히 광범위한 면책의 부여(qualified immunity)를 받아서, 명백히 성립한 법률상 혹은 헌법상의 권리(clearly established statutory or constitutional right)를 침해한 경우를 제외하고는, 그 직무수행상의 행위에 대한 민사소송으로부터 면책된다고 하였다. (2) **직무와 무관한 혹은 취임 전의 행위에 대한 민사책임** 대통령의 업무수행과 완전히 무관한 행위에 대한 면책은 인정되지 아니한다. 연방대법원은 Clinton v. Jones, 117 S.Ct. 1636(1997) 판결에서, 대통령취임 이전에 발생한 사건에 대한 민사소송에 대하여 임기종료시까지의 일시적 면책은 인정되지 아니하며, 직무와 무관한 행위에 대해서는 대통령은 면책될 수 없다고 하였다. 4) **행정부 특권**(executive priv-

ilege)의 문제 행정부 특권은 연방정부의 입법부나 사법부로부터의 요구에 대응하여 대통령이 그의 통제 하에 있는 정보나 기록을 제출하기를 거부하는 권리를 말한다. 현직 혹은 전직 대통령이 의회 청문회나 사법부의 증언요구에 대하여 자발적으로 혹은 비자발적으로 증언하거나 비디오테잎으로 증언한 사례는 적지 않지만, 그렇다고 대통령이 의회 혹은 사법부의 요구에 따라 증언해야할 의무를 성립시키는 것은 아니다. 헌법은 입법부의 특권은 규정하고 있지만, 행정부 특권은 근거할 수 있는 헌법규정이 없다. 행정부 특권에 대한 최초의 판결은 U.S. v. Burr, 25 Fed. Cas. 30, 34(No. 14, 692)(C.C.D. Va. 1807) 판결이다. 이 판결에서 Marshall은 부통령 Aaron Burr의 반역재판에 관련되었다고 생각되는 편지를 제출할 것을 요구하는 소환장을 대통령 Jefferson에게 발부하였다. 대통령 Jefferson은 자발적이라고 주장하면서, 편지를 제공하였다. 이어서 Mississippi v. Johnson, 71 U.S. (4 Wall.) 475(1867) 판결에서 연방대법원은, 의회든 대통령이든, 사법부에 의하여 그 행위가 제한될 수는 없다고 하였다. Eisenhower 대통령 동안에 행정부 특권은 세 가지의 중요한 발전을 하였다. 첫째로, 국가안보 분야에서, 연방대법원은 U.S. v. Reynolds, 345 U.S. 1(1953) 판결에서 결정하기를, 군은 국가안보가 문제되는 때에는 요구된 정보를 누설하기를 거절할 수 있다고 하였다. 두 번째 발전은 공평한 상호교환의 원칙(candid interchange doctrine)으로 알려지게 되었다. 상원의원 J. R. McCarthy의 의회조사로부터 행정부를 방어하려는 시도에서, 대통령 D. Eisenhower는 행정부의 모든 공무원들의 의견교환과 대화에 행정부 특권이 적용되게 하라고 지시하였다. 이 원칙은 행정부특권의 범위를 크게 변화시켰다. 즉 그것을 대통령 및 그의 최고 보좌관에서부터 행정부를 구성하는 무수히 많은 공직과 기관에까지 확대하였다. 마지막으로, 행정부특권의 세 번째 발전은 Kaiser Aluminum & Chemical Corp. v. U.S., 157 F. Supp. 939(1958) 판결에서 나타났다. 연방대법원은, 부서내부의 조언을 위한 특권은 외교나 국가안보의 중요성을 거의 갖지 않을 것이라고 하면서, 소송에서의 행정부특권을 결정하는 것은 궁극적으로 법원에 달려있다고 하였다. 이 사건에서 대법원은 행정부특권이라는 용어를 처음으로 사용하였다. 1960년대에는 행정부특권의 사용이 감소하였지만, 대통령 Nixon과 그의 보좌관들이 연루된 일련의 스캔들인 Watergate 사건에 의해 행정부특권의 문제는 중요한 헌법적 문제로서 대법원의 판단을 받게 되었다. 연방대법원은 U.S. v. Nixon, 418 U.S. 683(1974) 판결에서, 행정부특권의 일반원칙은 인정하면서도, 이 사건에서는 특권이 적용되지 않는다고 결정하여, 대통령에게 명령장에 따르도록 명하였다. 판결사항을 보면, 첫째, 연방대법원은, 권력분립원칙이 대통령의 특권주장에 대한 사법심사를 허용하지 않는다는 대통령의 주장을 배척하였다. 무엇이 법인가를 말하는 것이 사법부의 임무이며, 대통령이 아닌 법원이 행정부특권의 주장을 판단할 수 있다고 하였다. 둘째로, 연방대법원은 대통령의 행정권행사에서 대통령의 의견교환의 비밀성에 대한 특권은 인정된다고 하면서, 그 비밀성의 특권은 헌법상 배분된 직무영역 내에서 각 부서의 최고성으로부터 유래한다고 할 수 있다고 결론지었다. 셋째, 그러나 연방대법원은 행정부특권이 절대적인 것이라는 대통령의 주장을 배척하였다. 행정부특권은 단지 자격부여된(qualified) 특권일 뿐이며, 형사재판에서 모든 관련 사실들을 밝혀낼 필요성이 그보다 더 우선한다고 하였다. 행정부특권 주장은 전직 대통령에 의해서도 주장될 수 있다(Nixon v. Administrator of General Services,

433 U.S. 425(1977). 9. **여론**餘論 미국대통령의 권한은 헌법규정에서 명확히 규정되어 있지 않았음에도 불구하고 의회와 사법부와의 상호작용을 통하여 그 내용을 확정하면서 끊임없이 변화되어 왔다. 이러한 변화의 과정은 철저히 법의 지배라는 관점에서 이루어졌으며, 바로 이 점이 미국헌정의 가장 큰 장점임을 지적하지 않을 수 없다. 미국의 대통령제가 다른 나라에 이식되었을 때 쉽게 독재화하였던 것은 그 나라가 법의 지배에 철저하지 못하였던 것이 가장 큰 이유라고 생각된다.

미국대통령제 실현형태實現形態 미국대통령제의 경우, 엄격한 권력분립원리에 따라 견제와 균형의 테두리 안에서 운용되지만, 대통령의 개인적 정치역량이나 의회의 집행부통제력의 강약에 따라 세 가지의 유형을 보여주었다. 첫째, **해밀턴형 대통령제(Hamiltonian Model)**는 비상사태의 극복이나 급속한 경제개발의 필요가 있는 경우에 볼 수 있는 유형으로, 집행부가 입법과정을 포괄적으로 지배하고 대외정책과 재정경제정책을 독점적으로 결정하며, 집행부에 대한 헌법상의 권력통제장치가 거의 명목화되는 특징이 있다. 의회에 대한 집행부우위의 대통령제로서 능률성〉정통성의 도식이 성립한다. 둘째, **매디슨형 대통령제(Madisonian Model)**는 평상시에 무능한 대통령이 재직하는 경우에 볼 수 있는 유형으로서, 의회가 행정전반에 개입하여 집행부를 간섭 · 통제하는 것이 특징이다. 집행부에 대한 의회우위의 대통령제로서 능률성〈정통성의 도식이 성립한다. 셋째, **제퍼슨형 대통령제 (Jeffersonian Model)**는 평상시에 원내 다수당의 지지를 배경으로 하여 안정된 정치가 유지되는 유형으로서, 다수지배의 원리와 책임정치의 원리가 이상적으로 구현되는 것이 특징이다. 집행부와 의회가 대등한 지위에 있는 대통령제로서 능률성=정통성의 도식이 성립한다.

미국독립선언美國獨立宣言 ㊊ United States Declaration of Independence. 미국 독립선언은 1776.7.4. 당시 영국의 식민지 상태에 있던 13개의 주가 모여 필라델피아 인디펜던스 홀에서 독립을 선언한 사건을 말한다. 이 때 「미국 독립선언문」이 공표되었다. 독립선언이 있은 후 약 8년간에 걸친 싸움 끝에 1783.9.3.에 비로소 미국은 영국과 프랑스로부터 이른바 「파리 조약」을 거쳐 완전한 독립을 인정받게 되었다. 1787년에 필라델피아에서 '헌법제정회의'가 열렸으며 1788년에 연방헌법이 발효되었다.

미국의 특별검사제도特別檢事制度 ㊊ special prosecutor/independent counsel system. 1. **연혁** 특별검사제를 처음 도입한 미국에서는, 원래 특별검사제가 관행적으로 시행되어오던 것을 1978년에 법률로 처음 입법한 것이었다. 역사적으로 보아 **관행적인 특별검사**의 임명은 다섯 차례 있었다. 이러한 관행적 특별검사는 1987년에 법무부의 일반규칙으로 규정되어 법무장관의 재량으로 특정사건에 관하여 특별검사를 임명할 수 있게 하고, 각 개별 사건에 관하여 따로 법무부명령을 발할 수 있도록 하고 있다(Regulatory Independent Counsel; **규칙에 의한 특별검사** 28 C.F.R. §§600~603). 이에 대해 특별검사법에 의한 특별검사는 **법률상의 특별검사**(Statutory Independent Counsel)로 불린다. 주 차원에서는 일찍부터 특별검사 임명에 대한 여러 가지 법률이 마련되어 있었지만, 연방 차원에서는 법률로 성립되기 전에는 개별 사건마다 법무부의 규칙의 형태로 특별검사가 임명되어 활동하였다. 연방 차원의 특별검사제 도입의 계기로 된 것은 1972년에 발생한 Watergate 사건이었다. Nixon의 사임으로 사건이 종결된 이후에도, 형사법집행에 대한 대통령의 정치적 간섭에 대한 방어장치로서 특별검사법의 필요성이 강조되었고, 5년여의 논의 끝에 1978.10.26. 발효한 특별검사법은, 형사법집행에 관한 행정부 권력의 일부를 대통령으로부터 분리시켜 행정부 고위직 공직자들에 대한 수사와 기소의 일체성과 독립성에 대한 국민들의 신뢰를 보장하기 위한 제도로서 확립되었다. 이후 3차례(1983. 1.3., 1987.12.15., 1994.6.30. 각 발효하여 5년간 효력 지속)에 걸쳐 효력이 재부여되어 시행되다가 1999.6.30.에 그 효력을 종료하였다. 2019년에 트럼프 대통령의 우크라이나 스캔들에 대한 조사에서 뮐러가 특별검사로 임명되었는데, 이는 규칙에 의한 특별검사이었다. 2. **기본구조** 3차의 개정이 있었으나, 그 기본구조는 별로 바뀌지 않았는데, 마지막으로 효력종료된 1994년의 개정 법률에 따라 이를 살펴보면 다음과 같다. 1) **법적용을 받는 공직자** 이에는 대통령, 부통령, 법무장관을 포함한 내각 각료, 백악관 최고 보좌관, 법무장관 대리, 법무차관, 형법집행에 포함된 법무차관보, FBI의 장, CIA 국장, CIA 국장 대리, 국세청 장, 및 대통령의 당선 혹은 재선을 추구하는 중요 전국 선거위원회의 담당자, 의회 의원 등이었다. 의회 의원은 그 포함여부에 관하여 논란이 있었으나, 1994년 법개정에서 포함되었다. 2) **특별검사 임명절차** (1) **사전조사** 법무장관은 고위직 연방행정부공무원이 사소한 범죄 이외에 연방형법을 위반하였다는 특수한 정보를 입수하였을 때에는 사전조사(예비조사: preliminary investigation)를 하도록 요구된다(28 U.S.C. §591(a)(1994)). 사전조사를 함에 있어서 정보수령 후 30일 이내에 초동조사를 거쳐, 또는 의회의 특별검사 임명 요구가 있는 경우에, 90일(혹은 연장의 경우 150일) 이내에 사전조사를 행하고, 더 이상의 조사를 필요로 하는지에 대한 결정을 한다. 이 결정을 위해 법무장관은 대배심을 소집하거나 증인을 소환하지 못하고, 면책을 부여하지 못하며, 유죄인정협상에 참여해서는 안된다(28 U.S.C. §592(a)(1994)). (2) **특별검사(Independent Counsel) 임명 요청** 법무장관은 만약 주장된 혐의가 증거가 부족하여 더 이상의 조사나 기소가 보증되지(warranted) 않는다는 것을 알았다면, 조사를 종결할 수 있다(28 U.S.C. §592(b)(1994)). 반면에, 사건이 더 이상의 조사나 기소를 보증한다는 것을 알았을 때에는, 그는 콜럼비아 특별구 연방순회항소법원의 법원특별부(The Division of the U.S. Court of Appeals for District of Colombia Circuit)에 특별검사의 임명을 요청하여야 한다. 그리고 사전조사의 결과 어떤 결론도 내리지 못하더라도 특별검사를 요청하여야 한다(28 U.S.C. §592(c)(1994)). 특별검사를 필요로 하지 않는다는 법무장관의 결정은 사법심사의 대상이 되지 아니한다. (3) **특별검사의 임명** 법무장관의 요청에 따라 법원특별부(28 U.S.C. §49(1978))는 적절한 특별검사를 임명하고 그의 기소관할을 정하여야 한다(28 U.S.C. §593(b)(1994)). 수사 및 기소관할을 정할 때에 법원특별부는 법무장관이 요청한 주된 문제와 그에 관련된 모든 문제를 수사하고 기소할 권한을 보장하여야 하고, 수사 및 기소의 과정에서 발생하는 범죄, 즉 위증·사법방해·증거파기·증인협박 등에 관해서도 관할에 포함되는 것으로 하여야 한다(28 U.S.C. §593(b)(3)(1994)). 법원특별부는, 특별검사가 법무부에 요구한 데에 따른 사전조사를 거친 후 법무장관의 요청에 따라, 현직 특별검사의 관할을 확장하도록 허가할 수 있었다(28 U.S.C. §593(c)(1994)). 3) **특별검사의 권한과 의무** 특별검사는 모든 조사 및 기소 기능과 법무부, 법무장관, 및 기타의 법무부의 다른 공무원 혹은 직원들의 권한을 행사하는 완전한 권한과 독립적인 권위가 주어져 있었다(28 U.S.C. §594(a)(1994)). 이에는 대배심절차 진행, 증인 면책부여, 조세환급 조사, 기록증거 검토, 수사과정에서의 판결에 대한 항소, 공소제기, 정보편철, 기소유지 등을 포함하였다. 특별검사는 직무수행을 위한 보좌진을 독자적으로 임명할 수 있었다. 또한 특별검사는 5 U.S.C. §5315의 등급 IV에 해당하는 급여를 일당으로(per diem) 받을 수 있었으며, 법무부로부터 직무수행을 위한 지원을 받을 수 있었다. 특별검사는 법원특별부에 의해 정해진 관할과 함께 관련 사건들(related matters)의 이송을 법무장관 혹은 법원특별부에 요청할 수 있고, 법무장관도 스스로 관련 사건을 법무장관에게 이송할 수 있었다(28 U.S.C. §594(e)(1994)). 특별검사는 그 직무의 수행에 관하여 법무부의 성문의 혹은 기존의 지침에 가능한 한 따라야 하였다. 특별검사는 그의 활동에 관한 임시적인 문서 혹은 보고서를 공개하거나 의회에 보내도록 허용되었다(그러나 요구되지는 않았다). 그는 조사가 끝났을 때 법원에 최종 보고서를 제출하도록 요구되었다(28 U.S.C. §594(h)(1994)). 최종 보고서를 의회나 공중에게 공개할 것인지의 여부는 법원 특별부의 결정에 맡기고 있다(28 U.S.C. §594(h)(2)(1994)). 4) **특별검사에 대한 감독** 특별검사의 행위에 대한 감독은 의회에게 맡겨져 있었다. 특별검사는 그에 의해 행해진 조사나 기소의 진전상황에 대한 보고서를 연례적으로 의회에 제출하여야 하고, 탄핵의 사유를 구성할 수 있는 어떤 실질적이고 믿을 만한 정보가 있을 경우 특별검사가 하원에 통보하여야 하였다(28 U.S.C. §595(1994)). 특별검사의 해임은 탄핵, 형의 선고 외에, 법무장관의 직접적인 행위에 의해서만 그리고 선량한 사유(good cause), 신체 혹은 정신상의 장해, 혹은 동 특별검사의 직무수행을 손상시키는 다른 상태에 의해서만 가능하도록 하고 있었다(28 U.S.C. §596(a)(1994)). 특별검사에 대한 해임이 있을 경우에는 법무장관이 법원과 의회에 해임을 설명하도록 하여 감독의 수단을 규정하였다. 특별검사는 해임된 경우 연방 지역법원에 민사소송을 제기하여 사법심사를 받을 수 있고, 법원의 판결에 따라 복직되거나 다른 구제를 받을 수 있었다(28 U.S.C. §596(a)(3)(1994)). 5) **특별검사 직무의 종료** 특별검사의 직무의 종료는 두 가지 가능성이 있었다. 즉 특별검사 자신에 의하여 관할 사건에 대한 수사나 기소가 완결되어 법무부가 이를 수행하는 것이 적절하다고 하여 법무장관에게 통지하는 때와 최종 보고서를 제출하는 때, 그리고 법원 특별부의 판단에 의하여 특별검사 사건의 수사나 기소가 완결되어 법무부가 동 수사나 기소를 완료하는 것이 적절하다고 판단할 때에, 직무가 종료될 수 있었다(28 U.S.C. §596(b)(1994)). 6) **비용** 특별검사 사건에서의 인권의 보장에 관하여 특별검사법은 수사대상이 된 개인에 대하여, 변호사비용을 상환하는 방법을 택하고 있었다. 즉 특별검사 수사 후 그 조사대상이 된 사람에 대하여 아무런 기소가 제기되지 않는 경우에는, 그 사람의 청구에 의하여, 법원특별부가 수사가 없었더라면 발생하지 않았을 변호사비용을 상환하도록 하였다(28 U.S.C. §593(f)(1994)). 특별검사의 비용에 관하여는, 원칙적으로 제한을 두지 아니하되, 적절한 비용고려와, 합리적이고 합법적인 지출을 하도록 하고, 영수증은 확인관의 인증을 받도록 하였다(28 U.S.C. §594(l)(1994)). 3. **특별검사법의 합헌 여부(Morrison v. Olson, 487 U.S. 654)** 1) **사건 개요** 이 사건은 1982년에 환경청(EPA)의 Superfund Program이 정치적 조작에 의해 성립되었고 집행되지도 않았다는 주장에 대해 하원소위원회가 조사를 시작하면서 발생한 것이었다. 하원 사법위원회가 1985.12.5., 법무차관보 Theodore B. Olson과 Schmults와 Dinkins를 관련기록 불제출에 의한 의회조사방해로 고발하였다. 이에 1986.4.10. 법무장관 Meese는

ㅁ

Olson에 대한 혐의주장만을 법원특별부에 이송하였다. 특별검사로 임명된 Alexia Morrison은 Olson 외에도 Dinkins와 Schmults를 조사할 필요가 있다고 결론지었고, 1986.11.14., Morrison은 법무장관에게 관할을 확대해 줄 것을 요청하였으나 거절되었으며, 1987.1. 초, 다시 법원특별부에 관할확대를 요구하였다. 법원은 특별검사의 관할에서 Dinkins와 Schmults를 제외한 법무장관의 결정을 번복할 권한이 법원에게는 없다고 하면서도, 특별검사에게 Olson이 다른 두 사람과 함께 의회조사를 방해하려고 음모하였는지의 여부를 조사하도록 허락하였다. 특별검사 Morrison은 재빨리 대배심 배심원 명부를 작성하고 그 앞에서 증언하도록 Olson과 Schmults 및 Dinkins를 소환하였다. 세 사람은 모두 Morrison의 권한의 근거법률인 특별검사법률이 위헌임을 다투면서 소환장이 취소되어야 한다고 주장하였다. 2) **법원의 판결** (1) 1**심지역법원의 견해** 1심법원은 합헌으로 결정하였다. 법원특별부의 권한이 헌법 제3조 및 하급공무원(inferior officers)의 임명을 법원(Courts of Law)에 부여할 수 있는 권한을 의회에 주는, 임명조항인 제2조에 의해 지지된다고 하였다. 그는 특별검사가 임명조항의 의미 내에 있는 하급공무원이라고 하였다. 권력분립원칙을 위반했다는 주장에 대하여 Robinson은, 이전의 대법원의 견해를 인용하면서 제도에서의 해임에 대한 제한과 대통령의 감독의 결여 등이 특별검사를 만들려는 의회의 의도에 비추어 정당화된다고 하였다. (2) **항소법원의 견해** 1988.1.22. D.C.의 순회항소법원은 2:1로 특별검사 규정이 위헌이라고 판결하였다. 법원은 세 가지 문제에 관하여 언급하였다. 첫째는, 특별검사 임명절차가 ① 제2조의 임명조항을 위반했는가 ② 제3조의 사법부에 두어진 제한을 위반했는가 ③ 권력분립원칙을 위반했는가, 둘째로, 대통령의 공무원 해임권을 침해함으로써, 제2조를 위반했는가, 셋째로, 특별검사법률이 전체로 보아, 권력분립원칙을 위반했는가 등이다. 법원은 이들 각 질문에 긍정적으로 답하여 특별검사법률이 위헌이라고 판결하였다. (3) **연방대법원의 견해** 1988.6.29., 연방대법원은, Morrison v. Olson, 487 U.S. 654 판결에서 7대1(대법관 A. Kennedy 는 회피)로 법률의 합헌성을 긍정하였다. 대법원장 William Rehnquist는 법원의견을 썼고, Antonin Scalia가 반대의견을 제시하였다. ① **다수의견** 대법원은 법률에 관하여 네 가지 쟁점을 다루었다. 첫째로, 특별검사법에 의하여 헌법 제2조의 임명조항이 침해되었는가, 둘째로, 법원특별부의 역할이 헌법 제3조의 사법부의 권한과 그 범위를 위반하였는가, 셋째로, 동 법률이 정하고 있는 특별검사 해임사유가 헌법상의 대통령의 해임권을 침해하였는가, 넷째로, 동 법률이 권력분립의 원칙에 위반하였는가 등이었다. **첫 번째 문제**는 사법부에 특별검사를 임명하는 권한을 부여한 것이 **헌법의 임명조항**을 위반하는 것이 아닌가이었다. 미국 헌법 제2조 제2항 제2호의 하급 공무원(inferior officers) 규정은, 「의회는 법률로써, 적당하다고 인정되는 하급공무원의 임명을, 대통령에게 단독으로 부여하거나 법원 또는 각 부서의 장에게 위임할 수 있다.」고 하고 있다. 그리하여 특별검사가 동조에서 말하는 하급공무원에 속한다고 하면, 의회가 사법부에 그 임명권을 부여하는 것이 정당하다는 결과가 되는 것이다. 대법원은 특별검사가 하급공무원이며, 의회가 법원에게 특별검사를 지명하는 권한을 부여할 수 있다고 둘 다 긍정하였다. 즉 대법원은 특별검사가, 그 직무, 관할, 임기 등이 법률에 의해 제한되어 있고, 제한적이기는 하지만 법무장관이 해임권을 가지기 때문에 하급 공무원이라고 하였다. Rehnquist는 임명조항의 역사에서, 기초자들이 의회로 하여금 부서 간의 임명을 규정하는 권한을 갖지 못하게 의도하는 어떤 것도 없다고 하였다. **두 번째**는 **법원특별부의 특수한 책임**에 대한 다툼으로 넘어갔다. 그는 의회가 이들 여러 권한들을 특별부에 결코 위임하지 못하게 하는 어떤 것도 제3조에서 발견하지 못하였다고 하였다. 이 결론을 이끌어내기 위하여 그는 법원이 행정권 혹은 입법권을 행사해서는 안된다는 전통적인 견해의 목적은 사법부가 부당하게 다른 부서의 권한에 의해 침해되지 않는다는 것을 보장하기 위함이라고 하였다. **세 번째**로 **특별검사의 해임**에 관하여, Rehnquist는 먼저 특별검사의 해임에 관한 제한이 법률을 성실히 집행할 대통령의 권한을 침해하였는지에 초점을 맞추었다. 그 제한이 유효하다는 것을 유지하면서, 그는 이전의 판례들과 Morrison 사건을 구별하면서, 특별검사법률에서는 해임권이 행정부에 그대로 남아 있었기 때문에 대통령의 권한에 대한 침해가 없었다고 하였다. **끝으로 권력분립의 원칙**에 대한 법률의 전체적인 영향의 문제를 언급하였다. 그는, 권력분립의 원칙에 대하여 대법원이 엄격한 해석의 경향을 가져왔음을 인정하면서도, 그것이 곧 헌법이 정부의 세 부서가 '절대적 독립성'을 가져야 한다는 것을 의미하는 것은 아니라고 하였다. 나아가 사법부의 임명이 임명조항에 의해 허용되었기 때문에 행정권에 대한 사법부의 침해도 존재하지 않았다고 하여 권력분립원칙도 침해하지 않았다고 하였다. ② **반대의견**Scalia 대법관 Scalia는 반대의견에서, 법원이 헌법과 그 선례들을 특별하게 해석하였고, 권력분립에 대한 형식주의적 접근법을 채택하지 않는 것을 이유로 다수의견을 공격하였다. Scalia는 첫째로, 형사수사가 순수히 행정적인 권한이며, 둘째로, 특별검사법률이 대통령으로부터 그 권한의 행사에 대한 배타적인 통제권을 박탈하였기 때문에 위헌이라고 주장하였다. Scalia는 또한, 특별검사가 명백히 하급공무원이 아니라고 주장하면서, 다수의견의 제2조 임명조항 분석도 배척하였다. 반대의견을 마무리하면서, Scalia는 책임이 없는 검사를 창설하는 것은 공정성과 적정절차에 심각한 문제를 야기한다고 하면서 행정권은 대통령에게 있음을 강조하였다. 3) **판결의 의의** Morrison에서의 대법원의 판결은 두 가지 이유로 중요한 것이었다. 하나는 특별검사절차에 대한 판결의 특별한 의미와 관련이 있고, 다른 하나는 권력분립을 분석함에 있어서의 일반적인 의미와 관련이 있는 것이다. 대법원이 Morrison 사건에서 특별검사법률을 합헌이라고 한 것은 정당한 것으로 판단된다. 왜냐하면 대법원이 특별검사제를 무효화함으로 인하여 나타나는 광범위한 현실적 결과들을 인정하였기 때문이다. 만약 법원이 Morrison 사건에서 권력분립에 대한 기능주의적 접근법이 아니라 형식주의적 접근법을 추구하고 행정권의 범위라는 Scalia의 견해를 채택하였다면, 그것은 독립규제기관을 위헌으로 하는, 즉 현대 행정국가와 행정권의 확대에 대하여 엄청난 결과를 갖는 판결을 내리는 중요한 계기가 되었을 것이다. 이전의 판결들이 의회권한의 확장에 관한 관심을 반영한 반면, Morrison 사건의 판결은 법원이 행정권에 대한 너무 광범위한 이해에 대하여 의심스러워하는 것같다는 것을 보여준다. 권력분립제도의 심판자로서, 법원은 두 중요한 경쟁자들의 어느 쪽 편도 들지 않는 것으로 보인다.

미국 헌법해석논쟁美國憲法解釋論爭 ⓔ American Constitutional Interpretation Methodology. 1. **의의** 헌법규정은 그 내용이 대부분 개방적이고 불확정적이어서 법의 흠결이나, 일반조항 또는 불확정 개념의 문제가 다른 법영역에서와 마찬가지로 제기된다. 특히 미국헌법은, 내용이 매우 구체적이고 다양한 조항들을 포함하고 있는 대륙법계의 여러 헌법과는 달리, 그 내용이 매우 추상적이고 포괄적이며 또한 성기게 규정되어 있다. 말하자면, 미국헌법의 규범구조적 특징으로서 큰 틀에서의 성긴 그물같은 헌법규정들을 메꾸어 촘촘하게 만들고 국민의 기본적 인권의 보호와 국가행위의 합헌성을 보장하는 역할을 한 것이 바로 연방대법원이다. 이 과정에서 사회적 변화에 따른 새로운 권리의 필요성과 요청이 구체적으로 사법절차에서 현실화되었고, 미 연방대법원과 학계의 해석논의는 주로 이 헌법에 열거되지 아니한 권리(unenumerated rights)의 인정여부 및 그 헌법적 정당화를 둘러싼 논쟁, 즉 사법부의 헌법해석권한의 한계문제 및 법원의 민주적 정당성 문제로 제기되었다. 이는 의회제정법률을 무효화하는 기준 내지 척도로 헌법에 명문규정이 없는 권리를 선출되지 않은 사법부가 적극적으로 인정할 수 있는가 하는 문제이다. 미국의 헌법해석논쟁은 이와 같은 사법부의 역할과 관련하여, 헌법을 해석하는 기준과 방법에 관한 논의로 헌법문언과 제정자의 의도 혹은 제정당시의 의미에 어느 정도 구속되어야 하는가, 법관의 재량과 가치판단은 어느 정도 허용될 수 있는가 등에 관한 학자들 간의 논쟁을 말한다. 이러한 헌법해석론의 기저에는 민주주의와 사법심사, 헌법의 의의와 본질, 사법적극주의와 사법소극주의, 헌법재판기관의 역할 및 그 한계와 같은 보다 근본적인 문제가 놓여 있으며, 오늘날에도 헌법해석을 둘러싼 논쟁은 여전히 활발히 이뤄지고 있다. 2. **등장배경과 현황** 미국의 헌법해석논쟁은 연방대법원이 개인의 권리를 확대하는 방향으로 헌법규정을 해석하여 논쟁적인 결정을 내린 데에 대한 비판에서 시작되었다. 1930년대에도 헌법규정의 원래의 의미(original meaning), 원래의 의도(original intentions), 원래의 이해(original understanding) 등에 대한 학계의 논의와 연방대법원 판결에서도 찾아볼 수 있으나, 1950~60년대 Warren법원 시대(1953~1969)의 진보적 판결들이 헌법해석의 기준이나 해석재량의 통제 필요성에 대한 본격적인 논의를 촉발하였다. 이후 1973년의 Roe v. Wade판결로 야기된 헌법해석 방법논쟁과 공공선택이론이 제기한 혼돈의 정리(chaos theorem)가 배경이 되어 80년대 초부터 미국 학계는 방법론의 르네상스로 부를 정도로 치열한 방법론 논쟁을 벌이게 되었다. 이러한 해석론의 대립은 그 논리를 조금씩 바꾸어 가면서 오늘날까지 이어지고 있다. 원의주의와 비원의주의의 대립이 나타난 연방대법원 판결들은, 연방헌법 수정 제2조의 총기휴대에 관한 권리의 해석(District of Columbia v. Heller, 554 U.S. 570 (2008)), 연방헌법 수정 제4조의 불리한 압수·수색의 금지에 관한 해석(Kyllo v. United States, 533 U.S. 27 (2001); United States v. Jones, 565 U.S. 400 (2012)), 연방헌법 수정 제8조의 잔인하고 비정상적인 형벌의 금지의 해석(Trop v. Dulles, 356 U.S. 86 (1958); Roper v. Simmons, 543 U.S. 551(2005) 등), 연방헌법 수정 제14조의 평등보호와 적법절차의 해석(Brown v. Board of Education, 347 U.S. 483(1954)), 적극적 평등실현조치의 해석(Parents Involved in Community Schools v. Seattle School Dist. No. 1, 551 U.S. 701, 828 (2007), 프라이버시권(Griswold v. Connecticut, 381 U.S. 479(1965); Nat'l Aeronautics & Space Admin. v. Nelson, 562 U.S. 134 (2011)) 등의 판결에서 끊임없이 다투어졌고, 오늘날에도 이어지고 있다. 3. **헌법해석론의 주요 견해** 헌법해석은 두 가지 상반되는 인식론적 관점에 기반하고 있다. 즉 우주의 보편적 원칙과 인과관계의 경로를 인간의 힘으로는 거의 변경시킬 수 없다고 보는 전통적 관점에서는 헌법은 고정된 의미와 보편적 유효성을 가진 시대를 초월한 원칙들의 헌장으로 보게 될 것이고, 인간의 의지와 행동으로 역동적 우주를 선택할 수 있다고 보는 새로운 관점에서는 헌법은 시대에 걸쳐 유지되도록 다양한 상황과 미래 세대들의 목적에 적응될 수 있다고 보게 된다. 일률적으로 구분할 수는 없지만, 전자가 초기의 사법소극주의(judicial restraint)로부터, 해석주의(interpretivism), 문리주의(文理主義: literalism), 원의주의(原意主義: originalism), 원전주의(原典主義), 원래의 의도(original intent), 원래의 의미(original meaning), 원래의 이해(original understanding), 형식주의(形式主義: formalism), 신원의주의(新原意主義: new originalism) 등등으로 다양하게 표현되고 있고, 후자는 사법적극주의(judicial activism)로부터, 비해석주의(非解釋主義: non-interpretivism), 비원의주의(非原意主義: non-originalism), 비원전주의(非原典主義), 문언주의(textualism), 살아있는 헌법(living constitution) 등으로 표현되고 있다. 통상적으로 사용되는 표현은 원의주의와 비원의주의이다. 1) **원의주의**原意主義: originalism P. Brest교수에 의해 처음 창안된 것으로 알려진 원의주의는 '헌법전'이나 '헌법제정자의 의도'에 구속력을 부여하는 입장이다. '헌법의 의미는 제정 당시에 고정되었다고 이해함으로써 법관의 자의적 헌법해석을 통제하여 헌법해석의 객관성, 중립성을 확보하고자 하는 해석이론' 이라고 할 수 있다. 기본적으로 법규정의 채택당시 그 규정이 어떻게 해석되었는지에 근거함으로써, 그 문언과 제정자들의 본래의 의도가 헌법적 효력의 사법적 기준이 된다고 본다. 헌법의 의미의 고정성, 법관의 자의적 헌법해석에 대한 통제, 헌법해석의 객관성 확보 등을 내용으로 한다. 그 이론적 근거로 헌법의 법규범성과 성문성, 법의 지배, 민주주의와 국민주권주의 등을 제시하고 있다. 원의주의 논쟁은 위헌심사의 정당성에 관한 논쟁 즉, 사법적극주의(judicial activism)와 사법자제(judicial restraint)에 관한 논의를 포괄하는 논의로, 이들 논의와 원의주의는 헌법이 기본법이라는 전제에 기초하고 있다는 점에서는 공통점을 갖는다. 원의주의는 진보적 성향의 연방대법원 판결들에 대한 대응으로 시작되었으며, 오늘날에도 원의주의는 헌법에 대한 보수적인 관점으로 연결되기도 한다. 하지만 이 해석론은 민주주의 원칙과 심각하게 대립하는 것으로 보인다는 비판이 있다. 즉 200년 전의 헌법제정자들의 의도가 현재의 시민을 구속하는 것은 불합리하다는 것이다. 또한 원의주의 역시 해석의 중립성을 보장하지 않으며, 실제 판례에서 그러한 한계가 여실히 드러났다는 비판이 있다. 2) **비원의주의**非原意主義: non-originalism 비원의주의는 헌법문언과 헌법제정사에 대해 추정적 비중(presumptive weight)을 인정하되 그것이 최종적이라고 보거나 이에 기속된다고 보지 않는 입장으로 주장을 요약하면, 첫째, 헌법문언은 제정 당시의 사회적·언어적 상황에 비추어 해석해야 한다는 원의주의와는 달리, 헌법해석은 헌법 문언이 지닌 '현재의 의미'를 명확히 하는 것이며, 둘째, 제정자의 이해에 기초하여 해석할 것이 아니라 변화한 현실을 고려하여 '오늘의 이해'에 기초해서 헌법을 해석하여야 한다는 것이다. 오늘날에는 문언주의(textualism)와 살아있는 헌법론(the living constitution)으로 논의되고 있다. 문언주의(textualism)적 입장은, 원의주의자들은 헌법이나 법률을 해석할 때 그 본래의 취지와 제정당시의 의미를 검토하여야 한다고 주장하는 반면, 비원의주의적 입장에서는 원래의 의미는 제정자가 무엇을 의미했는지가 아니라 그 법률자체가 규정하는 바이고, 따라서 해석자는 제정자의 심리분석보다는 그 법률을 이해하는 것에 만족해야 한다고 주장한다(R. Bork,

W. Rehnquist, H. Black, A. Scalia). 살아있는 헌법론(the living constitution)은 헌법을 '살아있는 문서(living document)'로 보는 견해로서, 헌법의 규정은 사회의 성장과 혁신과 조화되도록 해석될 수 있다고 본다. 즉 헌법은 사회정치적 환경변화에 대응하여 성장하며, 이러한 생명력이 헌법의 위대한 힘이고 헌법의 대부분의 변화들의 원천이 된다는 것이다(R. Dworkin, M. Perry, L. Levy, W. Brennan). 4. **원의주의와 살아있는 헌법론(the living constitution)과의 조화** 미국의 헌정사는 그 헌법의 특수성으로 말미암아 끊임없이 헌법의 내용을 메꾸어가는 과정이었으며, 그 과정에서 원의주의와 살아있는 헌법 사이의 다툼의 과정이었다. 헌법해석론으로서 '살아있는 헌법론'의 전개와 발전은 당대의 정치·사회적 요청과 동시대인들의 가치관의 변화에 대응하여 헌법을 유지하고 적응시키려는 노력의 과정이었다. 20세기 후반 이후의 보수적 정치상황에서 원의주의의 우세 속에 살아있는 헌법론의 전개는 새로운 단계를 맞이하고 있는데, 원의주의 시각에서의 비판이 주를 이루고 있으나, 살아있는 헌법론을 주장하는 견해에서도 기존의 이론을 수정·보완하거나 적극적으로 원의주의의 오류를 지적함으로써 비판에 대응하는 모습을 보여 왔다. 오늘날에는 원의주의와 살아있는 헌법론의 양립가능성 혹은 조화를 모색하고 있다. 헌법의 해석을 '고정된 의미와 변화하는 적용'이라고 보고, 원의주의는 공동체의 근본법으로서 '헌법규정들이 새로운 환경에 적용'될 수 있는 동시에 그 '의미는 항상적이고 시대를 초월하여 영구적으로 유지'된다는 것으로 요약될 수 있다. 반면에 살아있는 헌법론은 변화하는 환경에 충족되도록 그 '의미가 진화'하고 그 의미가 각 세대의 근본적 가치를 표현하도록 '변화'한다는 것인데, 이렇게 보면, 양자는 모두 헌법은 세대를 거쳐 지속적(enduring)이어야 한다는 데 일치하고 있다. 또한 양자의 양립가능성 혹은 조화의 모색으로, 원의주의를, 헌법을 어느 정도 완성된 구조로 보면서 연방헌법 제5조의 개정절차(amendment)만이 헌법을 형성하는 유일한 방법이며, 사법심사는 헌법의 원래 계획된 대로의 헌법적 계약(bargain)을 실행할 때만 민주주의와 일치하고, 또 법관의 해석권한의 헌법적 구속을 강조하는 '마천루 원의주의(skyscraper originalism)'와, 이와는 대조적으로, 헌법을 시간이 지남에 따라 정치에 의해 미래의 문제를 해결할 것이 예정된 거버넌스를 위한 뼈대(골조, 틀)로 보고, 입법·행정부와 사법부는 변화하는 사회적 요구에 반응하여 헌법의 구성(construction)에 함께 참여하게 되며, 법관은 헌법의 원래의 의미를 적용하기 위해 상당한 헌법적 해석권한이 주어진다고 보는 '골조 원의주의(framework originalism)'로 구분하는 견해가 있다. 헌법문언의 원래의 의미와 그 문언의 근저에 놓여있는 원칙에 충실해야 하지만, 각 시대는 자신의 시대에 헌법문언과 원칙을 구체화하고 이행할 의무를 지는데, 각 세대의 사법부와 정치부문들은 다양한 정치적 제도의 형성, 입법, 선례의 창조를 통해 이 작업을 수행한다. 이를 '골조 원의주의'의 한 변형인 "문언과 원칙의 방법(the method of text and principle)"이라고 하면서 이 방법에 의하면 살아있는 헌법론은 허용될 수 있는 헌법해석의 한 과정이라고 설명한다. 5. **결어** 현재에는 헌법제정시기의 제정자·비준자의 의도와 이해를 고집하는 엄격한 원의주의는 거의 받아들여지지 않고, 헌법의 의미는 고정되어 있으되 그 이해는 현재적 필요성에 따라 변화될 수 있다고 하거나, 헌법은 제정될 때부터 미래의 문제에 대처하기 위해 골조만을 제시하는 것을 목적으로 하였기에 그 빈틈을 메우는 것은 후세대의 임무라고 하는 유연하고 완화된 원의주의가 점차 주류를 형성하고 있

다. 살아있는 헌법론이 제기하는 핵심적 쟁점, 즉 시대의 변화에 적응하는 헌법의 해석문제와 이를 통한 헌법의 지속력과 규범력의 확보문제, 사법심사의 민주적 정당성 문제는 성문헌법과 사법심사 제도를 가진 모든 체제에서 공통적으로 제기되는 쟁점이며, 헌법이 살아있다는 비유는 단지 수사에 그치는 것이 아니라 하나의 헌법해석론으로서 헌법을 인간의 인식과 가치관의 변화에 조응하게 해 줄 뿐만 아니라 오늘날 시대적 과제가 되고 있는 분배적 정의를 실현하고자 할 때 헌법이 그 준거와 기준이 되도록 한다는 점이 지적되고 있다.

미군정美軍政 1945.8.15. 제2차 세계대전에서 일본제국이 연합국에 항복하면서, 38도선 이남에서 미군이 1945.9.9.부터 1948.8.15. 대한민국 정부수립 전까지 다스린 미군의 통치기구이었던 재조선미육군사령부군정청(在朝鮮美陸軍司令部軍政廳, U.S. Military Government in Korea: USAMGIK)을 말한다. 1946.까지 미군정은 독자적으로 활동하였고 다만 사법부장 겸 검찰국장에 이인, 대법원장에 김용무를 임명해 사법권은 한국인들이 자치적으로 하게 하였다. 그러다가 한국인들에게 치안권 이양 및 정권 인계를 위해 1946.10. 과도입법의원 선거를 실시하였다(➜ 남조선과도입법의원). 1947.10. 미소공동위원회가 결렬됨에 따라 미국은 한국 문제를 유엔에 상정해서 유엔 총회의 결의 하에 해결하려는 정책으로 전환되었다. 1948.1. UN의 한국임시위원단이 한반도를 방문, 미군정은 방문을 수용했으나 소련 측에서는 방문을 거부함으로써 그 해 2월 한국의 가능한 지역(남한)에서만 선거를 실시하자는 미국의 제안이 UN에서 가결되었다. 1948.5.10. 남한에서 총선거가 실시되어 국회가 구성되었고, 8.15.에 대한민국 정부가 수립되었다. 이후 9월까지 윤치영, 조병옥 등의 실무자들을 통해 정권을 이양했고, 10월부터는 대한민국 정부의 군사 고문 겸 정치 고문으로 활동하다가 1949.6.에 철수하였다.

미란다 원칙 ㊈ Miranda warning/Miranda rights/Miranda rule. 미란다 원칙이란 수사기관이 범죄용의자를 체포할 때 체포의 이유와 변호인의 도움을 받을 수 있는 권리, 진술을 거부할 수 있는 권리 등이 있음을 미리 알려 주어야 한다는 원칙이다. 1966년 선고된 미국 미란다 대 애리조나 판결(Miranda v. Arizona 384 U.S. 436)에서 유래한다. 납치·강간 혐의로 체포된 미란다(Ernesto Miranda)가 주 법원에서 중형을 선고받은 후, 연방대법원에, 미국 수정헌법 제5조에 보장된 불리한 증언을 하지 않아도 될 권리와 제6조에 보장된 변호사의 조력을 받을 권리를 침해당했다고 주장하여 상고하였고, 연방대법원이 5:4로 미란다에게 무죄를 선고하였다. 미란다 원칙과 관련하여 우리나라에서는 헌법 제12조 제2항에서 「모든 국민은 고문을 받지 아니하며 형사상 자기에게 불리한 진술을 강요당하지 아니한다.」고 하여 진술거부권을 명문으로 규정하고 있으며, 2007년 형사소송법 개정으로 제244조의3을 신설하여 검사 또는 사법경찰관은 피의자를 신문하기 전에 진술거부권 등을 알려주도록 규정하였다.

미래효未來效 ㊈ ex-futuro effect, ㊦ ex-futuro Wirkung. 헌법재판소 결정이 있은 후 일정기간이 경과한 후에 효력을 상실하도록 하는 경우를 말한다. ➜ 위헌결정의 효력.

미소공동위원회美蘇共同委員會 ㊈ US-Soviet Joint Commission. 2차 세계대전 종전 후 한반도의 38선을 경계로 점령한 미국과 소련이 1946.3.20.부터 1947.10.21.까지 한반도의 임시정부 수립을 지원하기 위해 연합하여 구성한 회의이다. 개최 초기부터 미국과 소련의 의견차이로 인해 갈등을 빚었으며 결국 1차 회의(1946.3.20.)와 2차회의(1947.5.21.)까지 열렸으나 1947.10.18. 미국이 미소공동위원회의 휴회를 제안하였고, 1947.10.21. 소련의 대표단 철수로 아무런 성과 없이 해산되었다.

미수복지역론未收復地域論 현행 헌법상 영토조항의 정당화이론 중의 하나이다. 휴전선 이북지역은 조선민주주의인민공화국이라는 불법적인 반국가단체가 지배하고 있는 미수복지역이라는 견해이다. ➜ 영토조항.

미완성성未完成性 헌법의 특성 중의 하나이다. ➜ 헌법의 특성(헌법의 규범적 불완전성-헌법규범의 개방성 참조).

미주인권재판소美洲人權裁判所 ㉠ Corte Interamericana de Derechos Humanos **1. 설립경위** 1948. 4.30. 미주기구헌장(Carta de la Organización de los Estados Americanos)이 채택되었고(1951.12.13. 발효), 1948.5.2. 인간의 권리와 의무에 관한 미주선언(Declaración Americana de los Derechos y Deberes del Hombre)이 발효하였다. 1960.6.29. 미주인권위원회가 출범하고, 1969.11.22. 미주인권재판소 설립 근거인 미주인권협약(Convención Americana sobre Derechos Humanos)이 채택되었다(1978.7.18. 발효). 이에 따라 1979.5.22. 미주인권재판소의 재판관이 선출되어 1979.9.3. 코스타리카에 미주인권재판소가 설치되었다. **2. 미주인권체제의 특징** 미주인권체제는 인간의 권리와 의무에 관한 미주선언이 채택됨으로써 공식적으로 출범하였다. 실체적 규범은 인간의 권리와 의무에 관한 미주선언 및 미주인권협약이며, 감독기관으로는 준사법적 정치기구인 미주인권위원회와 사법기구인 미주인권재판소를 두고 있다. 미주인권위원회는 권고사항을 체약국(23개국)이 준수하지 않을 경우 미주인권재판소에 제소할 수 있다. 다만, 미주인권협약 당사국이며 미주인권재판소의 관할권을 수락한 국가에 대해서만 제소할 수 있다. 미주인권재판소는 미주인권협약을 해석하고 적용하는 것을 목적으로 한다. 공식언어는 스페인어, 영어, 포르투갈어 및 프랑스어이다. **3. 구성** 재판소장과 부소장 포함 총 7인의 재판관으로 구성된다. 재판소장과 부소장은 재판관 중에서 선출되며, 임기는 2년으로 중임이 가능하다. 재판관 선출은 비밀투표로 이루어지고, 미주인권협약 체약국 절대 과반의 찬성을 얻는 자가 선출된다. 같은 기간 동안 미주기구 회원국 당 한 명의 재판관만 재직할 수 있다. 재판관의 임기는 6년으로 1회에 한해 중임이 가능하다. 재판관의 임기가 끝나도 기존에 심리한 사건은 계속 담당한다. 재판관의 자격은 미주기구 회원국의 국민으로 인권분야에서 능력을 인정받은 법률전문가이고, 국적국이나 재판관을 추천하는 국가의 국내법에 따라 최고사법직을 수행할 자격을 갖춘 자이어야 한다. 모든 재판관은 비상근이다. 재판관은 독립성이나 공정성에 영향을 미칠 수 있는 다른 직을 겸할 수 없다. **4. 권한** 재판소의 권한은 쟁송적 관할권(función jurisdiccional)과 권고적 관할권(función consultiva)으로 나누어진다. 쟁송적 관할권은 미주인권협약에 규정된 권리 또는 자유의 침해와 관련하여 협약당사국이 책임이 있는지를 판단하고, 미주인권재판소 결정의 이행 여부를 감독한다. 당사자적격은 미주인권협약 체약국과 미주인권위원회에게만 인정되며, 미주인권재판소의 관할권을 수락한 국가에 대해서만 관할권을 행사할 수 있다. 적절하다고 판단되는 경우, 권리와 자유의 침해를 구성한 조치나 상황의 시정을 요구하고, 피해자에게 공정한 배상을 지급하도록 명할 수 있다. 개인의 권리 및 자유 침해와 관련하여 사안이 극도로 중대하고 위급하며, 손해 발생 시 회복

불가능할 경우 잠정조치를 취할 수 있다. 권고적 관할권은 미주기구 회원국 및 미주기구 기관에 대해 당사자적격이 인정되며, 미주인권협약 및 미주국가들이 가입한 인권관련 조약을 해석, 적용한다. **5. 심리 및 결정** 의사정족수는 5인, 의결정족수는 출석 재판관의 과반으로 하며 가부동수일 경우 재판소장이 결정권을 가짐진다. 표결은 재판관 연공서열의 역순으로 이루어지며, 연공서열이 동일할 경우 나이가 적은 자부터 투표한다. 변론은 공개를 원칙으로 하며, 심리는 비공개로 이루어진다. 미주인권재판소의 결정은 재판관의 투표내역과 함께 공개된다. 미주인권재판소의 결정은 종국적이며, 불복의 대상이 되지 아니한다. 협약당사국은 미주인권재판소의 결정을 이행할 의무가 있으며, 손해배상은 해당 국가의 국가를 상대로 한 강제집행에 관한 국내 절차에 따라 집행한다. 결정의 의미나 범위와 관련하여 의견 불일치가 있을 경우, 결정통지 이후 90일 이내 당사국의 요청에 따라 미주인권재판소가 해당 사항을 해석한다.

민사재판권民事裁判權 ➜ 재판권.

민영화民營化 ⓔ privatization, ⓓ die Privatizierung, ⓕ privatisation. **1. 개념과 역사** 민영화는 여러 가지 의미가 있으나, 가장 일반적으로 정부의 서비스나 자산을 공공부문에서 민간부문으로 이전하는 것을 의미한다. 또한 규제가 심한 민간기업이나 산업이 규제를 덜 받게 되는 규제완화의 동의어로 사용되기도 한다. 국유기업이나 지방자치단체 소유의 기업을 개인에게 매각하는 것을 의미하기도 한다. 다른 의미로 민영화는 사모펀드 투자자가 상장기업의 모든 주식을 매입하는 것을 의미하기도 한다. 민영화의 역사는 고대 그리스로 거슬러 올라가며, 중국의 송(宋), 명(明)에서도 민영화정책이 추진된 적이 있다. 사상적으로는 동양의 도교의 무위자연(無爲自然)과도 관련이 있다. 18세기 영국의 엔클로저(Enclosure)도 공유지의 사유화로서 민영화를 나타낸다. 근대 이후 국유재산에 대한 최초의 대량적인 민영화는 1933년과 1937년 사이에 나치 독일에서 발생하였다. 영국은 1950년대 철강산업을 민영화했고, 서독 정부는 1961년 공모로 폭스바겐의 과반지분을 매각하는 등 대규모 민영화에 착수하였다. 1980년대에 영국의 대처(Margaret Thatcher)와 미국의 레이건 (Ronald Reagan) 시대에 민영화는 세계적인 추세로 되기도 하였다. 소비에트 연방, 프랑스, 라틴 아메리카, 중동부유럽, 일본, 우리나라 등도 민영화의 추세를 따라가기도 하였다. 특히 우리나라는 국가주도의 자본주의적 성장의 과정에서 대부분의 경제영역이 국가소유로 되어 있었다가 1960년대 후반부터 민영화가 추진되었고, 2008년 이명박 정부에서 강력하게 추진되기도 하였다. **2. 민영화의 방식** 민영화는 1) 주식발행 2) 자산매각 3) 바우처(기업일부소유권)의 배포 4) 직원 바이아웃 5) 회사경영진의 공개주식매입 등의 방식이 있다. **3. 찬반론** 찬성론은, 업무의 전문성 향상, 행정의 부패방지와 능률성 향상, 민간경제의 활성화, 정부재정의 건전화, 자원의 효율적 배분 등을 근거로 하고 있으며, 반대론은, 자산의 해외매각으로 인한 국부의 유출, 재벌의 경제력 집중, 민간독점의 폐해, 부실경영, 책임성의 약화, 형평성의 저해, 안전성 약화, 가격인상효과 등을 근거로 한다.

민의원民議院 민의원이란 양원제 국회에서 하원에 해당하는 것으로서, 참의원과 함께 국회를 구성하는 일원을 말한다. 우리나라는 1952.7.4. 1차 개헌으로 대통령직선제와 양원제 입법부를 골자로 하는 이른바 발췌개헌안을 통과시켜 의회를 참의원과 민의원의 양원제로 하고, 종래의 국회 자체를 민의

원이라고 하게 되었으나, 4 · 19혁명 시까지 구성되지 못하였다. 제2공화국 시대에 민의원과 참의원의 양원으로 국회를 구성하였다(제2공화국 헌법 제3장 참조). 임기 4년의 민의원에는, ① 법률안과 예산안의 선의권(先議權)이 부여되었고, ② 국무총리의 지명권을 가지며, ③ 국무원(당시의 정부)은 민의원에 대하여 연대적 또는 개별적 책임을 지게 하였고, ④ 정부불신임권이 인정되었다. 1960.7.29.에 실시한 총선거에서 최초로 구성되었으나, 1961년 5 · 16군사쿠데타로 인하여 9개월 만에 민의원과 참의원은 해산되었다. 일본의 경우 중의원(衆議院)이라고 한다.

민정헌법民定憲法 ➜ 헌법의 분류.

민족국가民族國家 ➜ 국민국가.

민족문화民族文化 한 민족이 생산해낸 사고체계와 창조적 유산, 그리고 예술적 생산물을 지칭한다. 그것은 과거적인 것뿐만 아니라 현대적 양상 모두를 포괄한다. 민족문화는 민족정체성을 확립하고 유지하려는 민족주의적 경향과 밀접한 관련이 있다. 민족공동체는 민족문화를 통해 과거문화를 발굴해 존중하고 순수화하려고 한다. 이렇게 순수화한 문화는 민족관념을 유지하는 정치적 성격을 강하게 띤다. 더불어 민족문화는 선민의식을 보편화하려는 경향성을 지닌다. 민족문화를 통한 집단적 기억의 공유는 영토성과 연관된 경외심과 존경심을 불러일으키게 한다. 민족문화는 문화적 정체성을 구성하려는 노력을 통해 민족주의에 복무해 왔다. 18-19세기 근대형성기에 중요성이 부각되기 시작한 서구적 의미의 민족문화는 제국과 식민지의 관계에서 저항적 민족문화를 발생시켰다. 프란츠 파농(F. O. Fanon)은 식민주의와 연관해 민족문화를 「민족의 주체인 민중이 자신을 창조하고 그 자체를 보존하는 행동을 기술하고 정당화하고 찬미하기 위한 사고의 영역에서 민중이 행하는 노력의 총체」로 정의한다. 현행헌법상으로는, 제9조에서 「국가는 전통문화의 계승 · 발전과 민족문화의 창달에 노력하여야 한다.」고 규정하여 문화국가원리의 한 내포로 민족문화를 규정하고 있다(➜ 문화국가원리). 오늘날에는 다민족 · 다문화사회가 보편화되고 있어서 그 의미내용에 대하여 새로운 접근이 요구되고 있다.

민족적 민주주의民族的 民主主義 ㊐ national democracy. 2차 세계대전 이후 신생독립국들을 이끌었던 3대 이념으로 민족주의, 민주주의, 발전주의가 있었고, 민족주의와 민주주의를 결합한 것이 민족적 민주주의이었다. 우리나라에서 민족적 민주주의는 5 · 16쿠데타 후의 박정희 시대에 뚜렷이 등장하였다. 박정희는 쿠데타 직후에는 소위 '행정적 민주주의'를 표방하였으나, 1963년의 대선에서 야당후보 윤보선의 자유민주주의 담론에 대항하기 위하여 '민족적 민주주의' 담론을 주창하였다. 박정희가 대선에서 승리한 이후에는 1970년대 이후 한국적 민주주의로 변형되었다.

민주공화국民主共和國 ➜ 국가형태.

민주적 기본질서民主的 基本秩序 ㊔ die freiheitlich-demokratische Grundordnung. 1. **의의** 우리헌법은 전문의 「자유민주적 기본질서를 더욱 확고히 하여」, 제1조 제1항의 「대한민국은 민주공화국이다.」, 제8조 제2항의 「정당은 그 목적 · 조직과 활동이 민주적이어야 하며」, 동조 제4항의 「정당의 목적이나 활동이 민주적 기본질서에 위배될 때는 … 해산된다.」, 제32조 제2항의 「국가는 근로의 의무의 내용과 조건을 민주주의원칙에 따라 법률로 정한다.」 등의 규정을 통해 그 이데올로기적 기초로서 자유민주주의라는 이념적 지표하에 이를 구체적으로 구현하기 위한 (자유)민주적 기본질서를 밝히고 있다. 이상적인 민주주의는 정치형태로서의 민주주의, 즉 국민에 의한 통치를 그 수단과 방법으로 하면서도 정치이념으로서의 민주주의, 즉 인류사회의 보편적 가치 내지 공동선을 실현하는 경우라고 할 수 있다. 여기서 인류사회의 보편적 가치 내지 공동선이 무엇인가에 관해서는 다양한 견해가 있으나, 일반적으로 국민주권을 비롯하여 자유 · 평등 · 정의 등을 들고 있다. **2. 민주적 기본질서와 자유민주적 기본질서** 현행 헌법은 전문에서 '자유민주적 기본질서'라고 하고, 제4조에서 '자유민주적 기본질서'라고 하고 있으나, 제8조에서 '민주적 기본질서'라고 하고 있어 민주적 기본질서와 자유민주적 기본질서의 의의 및 관계에 관해 논란이 있다. 역사적으로 보아 민주적 기본질서는 자유주의적 민주적 기본질서와 사회주의적 민주적 기본질서로 전개되어 왔다. 이 점에서 우리 헌법은 사회주의적 민주적 기본질서가 아니라 자유주의적 민주적 기본질서를 채택하고 있음을 천명한 것이다. 자유주의적 민주적 기본질서의 개념을 전제로 하여, 민주적 기본질서를 자유민주적 기본질서와 사회민주적 기본질서를 포괄하는 개념으로 이해하는 입장에서의 자유민주적 기본질서는 '법문상으로는' 민주적 기본질서보다 좁은 개념으로 이해될 수 밖에 없다. 이는 근대적인 자유주의와 민주주의의 결합형태로서 오늘날에는 이미 극복된 민주주의이다. 우리 헌법이 지향하고 있는 기본적인 질서는 '자유민주주의에 입각하여 사회복지국가원리를 도입한 것'으로서 오늘날에는 자유주의의 개념변화에 따른 자유민주주의 개념의 확대로 이해되고 있다. 따라서, 헌법전상의 자유민주적 기본질서는 민주적 기본질서를 의미하는 것이라 할 수 있다. 다만, 맥락에 따라 근대적 의미의 자유민주주의로 한정하여 사용하는 경우에는 사회민주적 기본질서와 구별될 수 있다고 보아야 할 것이다. **1) 자유민주적 기본질서와 사회민주적 기본질서의 개념** (1) **자유민주적 기본질서의 개념** 헌법재판소는 구국가보안법 제7조 등에 대한 위헌심판에서, 자유민주적 기본질서란 「모든 폭력적 지배와 자의적 지배, 즉 반국가단체의 일인독재 내지 일당독재를 배제하고 다수의 의사에 의한 국민의 자치 · 자유 · 평등의 기본원칙에 바탕한 법치국가적 통치질서」라 하고, 「자유민주적 기본질서에 위해를 준다 함은 모든 폭력적 지배와 자의적 지배 즉 반국가단체의 일인독재 내지 일당독재를 배제하고 다수의 의사에 의한 국민의 자치, 자유 · 평등의 기본원칙에 의한 법치주의적 통치질서의 유지를 어렵게 만드는 것으로서 구체적으로는 기본적 인권의 존중, 권력분립, 의회제도, 복수정당제도, 선거제도, 사유재산과 시장경제를 골간으로 한 경제질서 및 사법권의 독립 등 우리의 내부체제를 파괴 · 변혁시키려는 것이다.」라고 하고 있다(헌재 1990.4.2. 89헌가113). (2) **사회민주적 기본질서의 개념** 사회민주주의는 자유민주주의를 부정하거나 배격하는 것이 아니라 (근대적인) 자유민주주의를 전제로 하면서 사회정의와 국민복지의 실현을 위하여 자유의 체계에 적절한 제한이 가해지는 민주주의라고 할 수 있다. 평등의 이념을 자유 못지않게 중시한다는 점에서 평등민주주의와 상통한다. **2. 민주적 기본질서와 헌법 제37조 제2항의 '질서'와의 관계** 양 질서개념은 차원을 달리한다는 입장은 민주적 기본질서를 헌법유보로 파악하여 제37조 제2항의 법률유보의 내용이 되는 것과의 차이를 강조하는 입장일 것이나, 독일기본법과 달리 민주적 기본질서를 기본권제한의 헌법유보로 보고 있지 않은 우리 헌법 하에서는 민주적기본질서는 헌법 제37조 제2항의 국가안전보장 · 질서유지에 포함된다고 보는 것이 타당하다. 따라서 민주적 기본질서를 유지하기 위하여 부득이한 경우에는 법률에 의한 제한이 가능하다 할 것이다. 3. **민주적 기본질서의 헌법상 구현** 1) **법적 기초 - 국민주권주의** 헌법 제1조 제2항은「대한민국의 주권은 국민에게 있고, 모든 권력은 국민으로부터 나온다.」고 규정하여 주권재민(主權在民)의 원칙을 규정하고 있다. 민주정치는 국민의 지배이어야 하며 또 국민의 자치로서 특징지워진다. 국민은 국민투표로서 직접적으로 정치에 참여할 수 있으며, 대표자를 선출함으로써 간접적으로 정치에 참여할 수 있다. 2) **자유민주적 기본질서의 실질화 - 국민의 자유와 권리 보장** 헌법전문의「우리 대한국민은 …우리들과 우리들의 자손의 안전과 자유와 행복을 확보할 것을 다짐하면서…」, 헌법 제10조의 인간의 존엄과 가치 · 행복추구권 및 국가의 기본권보호의무, 헌법 제37조 제2항의 일반적 법률유보 등의 규정을 통해 자유민주적 기본질서의 실질화를 위한 필수적 전제조건으로서 국민의 자유와 권리를 향유를 보장하고 있다. 3) **권력분립 · 정부의 책임성** 권력분립의 원리는 국민의 자유권을 보장하고 국가권력을 제한하기 위한 자유주의의 요청이라 할 수 있는바, 권력분립이 민주주의와 합치될 수 있는가에 대해 논란이 있었다. 국민주권론을 주장하면서 국가권력의 불가분성, 입법권의 우월, 권력집중제를 주장하는 Rousseau적 사유에서는 문제될 수 있겠으나, 오늘날에도 만약 권력분립론을 입법권의 우월을 전제로 한 권력배분론으로 이해한다면 민주주의와 대립되는 것은 아니라고 하겠다. 권력분립은 오늘날 국민의 의사를 빙자한 자의적 · 폭력적 지배에 대한 예방책으로서 중요한 의의를 가진다. 한편, 국가권력기관이 국가권력행사의 정당성을 제공해 준 국민에 대하여 책임을 져야 한다는 것은 민주정치의 한 요청이라고 할 수 있다. 우리 헌법은 국민소환 등 국민이 정부의 책임을 직접 물을 수 있는 제도를 두고 있지는 않으나, 다만 국회의 대정부견제권으로 정부의 책임을 물을 수 있도록 하고 있다. 4) **실질적 법치주의 · 사법권의 독립** 법치주의는 원래 자유주의의 원리로 발달한 것으로, 오늘날은 국민의 의사의 표현인 헌법이나 법률에 의한 통치, 즉 실질적 법치주의를 의미한다. 법치주의는 민주주의의 한 요소로 인정될 수 있는데 이것은 입법권의 우월사상과 국민총의의 표현인 법에 의한 지배에 그 근거를 두고 있다. 나아가, 법치주의의 중요한 한 요소로서, 헌법 제101조 제1항에서는「사법권은 법관으로 구성된 법관에 속한다.」, 제103조는「법관은 헌법과 법률에 의하여 그 양심에 따라 독립하여 심판한다.」고 규정하여 국민의 자유와 권리의 실질적 보장을 꾀하고 있다. 5) **복수정당제** 민주주의원칙은 반대와 갈등에 근거한 다양성이 특징적이며, 이러한 다원주의에 입각하여 국민의 다양한 여론을 반영하기 위하여 복수정당제가 요구된다. 헌법 제8조는 복수정당제를 보장하고 있는 바, 이와 관련해서는 특히, 야당의 활동의 자유가 보장되어야 한다. 6) **사회적 시장경제질서** 민주주의는 정치적 영역에서뿐만 아니라 경제적 · 사회적 영역에서도 보장되어야 한다. 헌법 제119조 제2항은 국가의 경제에 관한 규제와 조정에 대해 규정하고 있는 바, 이것은 경제적 민주주의의 실현을 규정한 것이라 하겠다(헌재 1989.12.22. 88헌가13). 헌법은 제119조 제2항에서「국가는 균형있는 국민경제의 성장 및 안정과 적정한 소득의 분배를 유지하고, 시장의 지배와 경제력의 남용을 방지하며, 경제주체간의 조화를 통한 경제의 민주화를 위하여 경제에 관한 규제와 조정을 할 수 있다.」라고 명시하고 있는데 이는 헌법이 이미 많은 문제점과 모순을 노정한 자유방임적 시장경제를 지향하지 않고 아울러 전체주의국가의 계획통제경제도 지양하면서 국민 모두

가 호혜공영(互惠共榮)하는 실질적인 사회정의가 보장되는 국가, 달리 말하여 자본주의적 생산양식이라든가 시장메커니즘의 자동조절기능이라는 골격은 유지하면서 근로대중의 최소한의 인간다운 생활을 보장하기 위하여 소득의 재분배, 투자의 유도·조정, 실업자 구제 내지 완전고용, 광범한 사회보장을 책임있게 시행하는 국가 즉 민주복지국가의 이상을 추구하고 있음을 의미하는 것이다. 7) **국제평화주의** 국제사회에 있어서의 민주주의가 달성되기 위해서는 국제평화주의가 요망된다. 헌법전문의 「밖으로는 항구적인 세계평화와 인류공영에 이바지함으로써」, 제5조 「대한민국은 국제평화의 유지에 노력하고 침략적 전쟁을 부인한다.」 등의 규정을 통해 선언되고 있다. 4. **민주적 기본질서의 헌법상 보호** 1) **개설** 국민주권주의와 더불어 헌법상 핵심적인 구성원리라 할 수 있는 민주적 기본질서가 침해된 경우, ① 제도화된 권력에 의한 침해에 대해서는 탄핵심판제도·위헌법률심사제도·헌법소원제도 등이 고려될 수 있고, 최종적으로는 국민의 저항권행사가 있을 수 있을 것이며, ② 개인에 의한 침해의 경우는 형사사법적인 제재가 불가피할 것이다. ③ 나아가, 정당에 의한 침해의 경우에는 헌법 제8조에서 위헌정당해산제도를 규정하고 있다. 2) **방어적 민주주의론** ➜ 방어적 민주주의.

민주적 정당성民主的 正當性 ㊊ democratic legitimacy, ㊍ demokratische Legitimität/Legitimation, ㊈ légitimité démocratique. 1. **의의** 국가권력의 형성이나 국가기관의 조직 혹은 국가권력의 행사가 민주주의적 요청을 충족시키며 이와 조화될 수 있어야 하는 당위성을 말한다. 사실적 힘이나 종교적 권위 등, 시대에 따라 국가공동체의 권력의 정당성을 인정하는 근거가 달랐지만, 근대 이후에는 국민주권원칙이 국가권력의 정당화근거로 확립되었다. 즉 모든 권력은 국민에로 소급되고 국민은 국가권력의 시원적 원천이다. 따라서 이 원칙에 합당하지 않은 어떤 종류의 권력도 정당한 권력이 될 수 없다. 현행 헌법 제1조 제2항에서 「대한민국의 주권은 국민에게 있고, 모든 권력은 국민으로부터 나온다.」고 규정하는 것은 대한민국의 국가권력의 정당성의 근원이 국민임을 명확히 표현한 것이다. 2. **정당화주체** 국가권력의 정당성을 부여하는 주체는 오직 국민 뿐이다. 이는 군주나 특정신분, 특정계급 등이 결코 국가권력을 소유하거나 그 원천임을 주장할 수 없음을 의미한다. 국민은 국가구성원인 개인의 총합으로서, 국적자 전체를 의미하므로 외국인이나 무국적자는 정당화주체가 될 수 없다. 다만, 지방자치제도의 발전에 따라 자치단체 내에 거주하는 외국인인 주민에게 참정권을 부여하는 경우가 있는데, 이는 입법정책의 문제로서 국가권력 자체의 정당성의 문제와 직결되는 것은 아니라고 본다. 3. **정당화 대상** 정당화되어야 하는 대상은 국가권력의 형성과 형성된 권력의 조직화 및 국가기관의 권한행사 전반에 걸쳐 정당성이 요구된다. 이는 국가권력이 민주적으로 형성되어야 하고 그 권력이 국가기관의 형태로 조직되는 과정도 또한 민주적이어야 하며, 그렇게 조직된 기관의 권한행사도 또한 민주적이어야 함을 의미한다. 4. **정당성의 구현형태** 민주적 정당성은 기능적-제도적 민주적 정당성(Funktionell-institutionelle demokratische Legitimation), 조직적-인적 민주적 정당성(Organisatorisch-personelle demokratische Legitimation), 사항적-내용적 민주적 정당성(Sachliche-inhaltliche demokratische Legitimation)으로 나눌 수 있다(Andreas Voßkuhle). **기능적-제도적 민주적 정당성**은 이는 국가권력의 형성과정의 정당성의 문제로서, 국가권력이 독립적으로 또 독자적으로 구성되고 그 기능을 부여받으며, 제도화된다는 것이다. 다만, 기능적-제도적 민주적 정당성은 국가기관이 국가권력을 행사할 지위와 자격이 있다는 것만을 보장하는 것이지 구체적인 행위에서의 민주적 정당성을 부여하지는 못한다. **조직적-인적 민주적 정당성**은 직무담당자와 국민 사이의 중단없는 정당성사슬을 요구한다. 즉 직무담당자는 국민이 직접선거를 통하여 선출하거나 국민에 소급되는 임명사슬을 통하여 결정되어야 한다. 국회나 대통령은 국민에게서 직접 조직적-인적 민주적 정당성을 부여받고 이어서 이들을 정당성의 중계자 내지 매개자로 하여 국무총리, 국무위원, 행정각부의 장, 개별공무원들이 임명된다. 헌법재판소장, 헌법재판관, 대법원장, 대법관, 일반법관 등도 정당성의 중계자 내지 매개자를 거쳐 임명된다. 다른 헌법기관의 구성원들도 마찬가지이다. 합의체기관의 경우 정당성의 중계 내지 매개가 결여되는 경우가 있을 수 있으나 이는 보충적인 경우에만 허용될 수 있다고 할 것이다. **사항적-내용적 민주적 정당성**은 국가권력행사가 그 내용에 비추어 국민에게서 도출되거나 국민의사로 매개되고 이러한 방식으로 국민에 의한 국가권력행사가 보장될 때에 인정된다. 이러한 의미의 국가권력행사의 민주적 정당성은 인적 민주적 정당성과 사항적 민주적 정당성이 함께 작용하여야 한다. 말하자면 인적 정당성을 확보한 공직자가 국민의사로부터 독립적인 권력행사를 하는 것을 방지할 필요가 있고, 이를 위하여 국민의 의사의 표현형태인 법률에 구속되도록 하여야 한다. 5. **정당성의 정도** 국가행위의 정당성은 조직적-인적 민주적 정당성과 사항적-내용적 민주적 정당성이 함께 고려되어야 한다. 조직적-인적 민주적 정당성이 강하게 표현될수록 사항적-내용적 민주적 정당성이 약화될 수 있다. 그에 반해 조직적-인적 민주적 정당성이 약해질수록 사항적-내용적 민주적 정당성이 더 명확하게 드러나야 한다. 예컨대 헌법재판소의 경우 조직적-인적 민주적 정당성이 약하기 때문에 사항적-내용적 민주적 정당성이 강화되어야 한다. 물론 이 양자는 상호 보충적인 관계는 아니다. 행정부는 대통령직선이나 국무총리 · 국무위원 · 행정각부의 장의 임명을 통하여 조직적-인적 민주적 정당성을 획득하고, 법률에 대한 구속과 정부의 국회에 대한 책임을 통하여 사항적-내용적 민주적 정당성을 획득한다. 사법부는 법관의 임명과 선출을 통하여 조직적-인적 민주적 정당성을 획득하며, 법률에의 엄격한 구속을 통하여 사항적-내용적 민주적 정당성을 획득한다. 지방자치행정의 경우, 국가법인 지방자치규정에 위반되지 않는 범위 내에서 국민에게서 비롯되는 정당성 대신에 주민에 의한 조직적-인적 및 사항적-내용적 정당성이 함께 작용한다.

민주주의民主主義 ㊎ democracy, ㊍ die Demokratie, ㊇ démocratie. 1. **기본개념** :그리스어인 dēmos(민중)와 kratos(cratia; 지배)라는 두 가지 단어의 합성어 dēmocratia에서 유래한 것으로 인간의 자유와 평등, 인권을 존중하는 입장에 서서 소수는 다수의 의지에 따르는 것을 공식적으로 인정한 권력형태를 말한다. 민주주의는 정치공동체 내에서 타인과의 공동생활이 불가피하며 정치적 지배를 피할 수 없다는 것을 전제로 하여 개인의 자유와 자기결정의 사고를 국가공동체 내에서 실현하고자 하는 원리로서, 국민의 자기결정과 자기지배의 결과로 나타나는 통치형태이다. 서구의 개인주의 · 자연주의 · 합리주의적 세계관으로서 국민전체가 정치에 참여하는 제도와 기본적 인권을 존중하는 사상이다. 2. **민주주의발전사** 고대그리스의 도시국가에서 발전한 직접민주주의는 BC 2 C 경 로마에 정복된 후 자취를 감추었으나, 17세기 후반부터 민주주의 사상이 다시 고개를 들기 시작하여 18세기에 부활하였다. 대표적 민주주의 사상가가 영국의 J. 로크이다(➔ 로크). 이어 프랑스의 몽테스키외는 1748년 「법의 정신」에서 행정 · 입법 2권에 제3의 사법의 독립을 추가시켜 삼권분립(三權分立)의 필요성을 강조하였다(➔ 몽테스키외). 그 후 1762년 J.J.루소는 「사회계약론」을 통하여 국민주권론을 주장하였다(➔ 루소). 로크, 몽테스키외, 루소의 민주주의 사상은 미국의 독립혁명과 헌법제정, 그리고 프랑스혁명의 정신적 지주가 되었다. 1787년 제정된 미국의 헌법은 역사상 최초로 삼권분립을 명시하였으며 자유민주제도를 성문화하여 근대 민주주의 정치제도가 시작되었다. 서구 민주주의의 특성은 민주주의의 정치제도가 도입되기 전에 사회가 먼저 자유체제로 발달하였다는 데 있다. 이미 사회가 경쟁적이고 개인주의적이며 시장경제원리가 성숙된 생활여건에 맞도록 발생한 것이 서구의 민주주의이다. 원래 평민지배의 민주주의는 사회를 수평적 관계로 평준화한다고 하여 BC 5C의 플라톤은 민주주의사상을 거부하였으며, 16세기 영국의 O.크롬웰도 부정적으로 보았고, 19세기 자유주의자 J.S.밀도 선거에서 노동자들이 다수결을 행사하지 못하도록 규제하여야 한다고 주장하기도 하였다. 그러나 평등사상에 기초한 민주주의는 자유체제로 발전하는 서구사회에 들어와 자유민주주의로 특성을 나타내었고, 개인주의가 성장하였다. 17-19세기에 발달한 시장경제체제는 경제관계 뿐만 아니라 전체 사회기능을 크게 변화시켰다. 전통적인 인습과 신분에 기초하였던 기존 사회는 개인의 기동성과 계약, 그리고 파격적인 경쟁원리에 맞추어 자유시장경쟁체제로 바뀌게 되었다. 자유주의 체제하에서는 항시 가변적인 사회생활에 불안을 느끼지 않을 수 없지만, 개인은 자신의 주인으로서 모든 선택의 자유를 누리게 되었고, 그로 인해 자유민주주의는 발전할 수 있었다. 그러나 자유민주주의 사회의 결함은 자유를 너무 강조한 나머지 불평등사회를 초래한다는 데 있다. 자유민주주의 체제에서는 경쟁으로 인해 불평등이 발생할 수 있으나, 경제적인 자유활동을 보장함으로써 전체 국민의 생활수준과 질을 높인다. 시장경쟁원리에서 낙오된 자들은 자유민주체제가 보장한 선거권을 발동하여 그들의 복지개선을 요구함으로써 생활의 안정을 보장받는다. 자유민주주의를 발전시킨 서구사회에서 일찍이 사회복지제도가 발달한 것은 자유민주체제가 보장한 시민의 자유선거권 행사로 얻어진 것이다. 자유민주주의사회에서 사회복지제도가 먼저 발달한 또 다른 이유는 국가의 안전을 위협하는 노동자의 불만을 해소하기 위하여 사회복지제도가 정책적으로 도입되었다는 사실이다. 자유민주주의 체제는 사회복지제도를 도입하여 자유경쟁을 규제하면서도, 한편으로는 시장경제원리에 입각한 경제생활과 자유로운 정당활동을 통하여 인간의 자유를 계속 발전시켜 나가고 있다. 이러한 경향은 자유민주주의의 개념확대로 이어져 오늘날에는 자유민주주의가 사회민주주의적 요소까지도 포함하는 것으로 폭넓게 이해되기도 한다(자유개념의 확대:평등한 자유, 적극적 자유). 3. **민주주의 용례** 민주주의의 용례로는 i) 직접민주주의(다수결의 원칙)와 간접(대의제)민주주의 ii) 자유주의적 · 입헌주의적 민주주의(자유민주주의)와 사회적 · 경제적 민주주의(사회민주주의) iii) 혼합민주주의와 평등민주주의 iv) 대중민주주의와 정당제민주주의 또는 의회민주주의 v) 엘리트 민주주의와 참여민주주의 vi) 시민민주주의와 인민민주주의 vii) 유기적 민주주의와 기능적 민주주의 viii) 대의제민주주의와 국민투표제민주주의 ix) 자본주의적 민주주의와 계획경제적 민주주의 등이 있다. 이러한 용례들은 민주주의라는 용어가 사용되는 영역과 관점에 따라 다양하게 나타나지만, 개념적으로 다수에 의한 지배 내지 의사결정이라는 점에는 차이가 없다. 이 외에도 정치적 민주주의, 사회적 민주주의, 경제적 민주주의, 숙의민주주의(심의민주주의, 토의민주주의; ➜ 숙의민주주의) 등이 빈번히 사용된다. 4. **민주주의의 본질** 이에 관해서는 민주주의를 정치형태로 파악하는 견해와 정치이념으로 파악하는 견해가 있다. 전자는 민주주의를 국민에 의한 통치라고 하는 특정한 정치형태 또는 정치방식으로 인식하는 견해로서, 그 본질적 요소는 i) 국민에 의한 국민의 지배 ii) 다수결의 원칙 iii) 정치과정의 자유와 공개성 등을 들 수 있다. 후자는 민주주의란 실현되어야 할 특정한 정치적 이념이나 목적으로 인식하는 견해로서, 입장에 따라 자유를 중시하는 견해(자유민주주의: 시민민주주의)와 평등을 중시하는 견해(평등민주주의: 사회민주주의)가 있다. 민주주의는 국가의사가 국민에 의하여 결정되어야 한다는 것을 전제로 하여, 국민 중의 능동적 시민의 총체가 직접 국가의사를 결정하거나 국민이 선출한 국민의 대표기관으로 하여금 국가의사를 결정하게 하는 정치원리로 이해하여야 할 것이다. 서독연방헌법재판소는 민주주의의 개념적 요소로서 ① 국민주권 ② 국민의 국정에의 참여 ③ 다수의 지배 ④ 자유로운 투표에 의한 다수의 확인 ⑤ 정치적 평등, 특히 선거권의 평등 ⑥ 다수국민에 대한 참정권의 보장 ⑦ 의견발표의 자유 ⑧ 자유로운 여론의 형성 ⑨ 교육의 기회균등 ⑩ 자유롭고 평등한 공직취임 ⑪ 자치행정에 대한 시민의 적극적 참여 ⑫ 위 원칙들의 국가적 영역 및 그 밖의 공공영역에로의 확대 등을 들고 있다(BVerfGE 2, 1). 5. **민주주의와 사회주의(공산주의)** K.마르크스는 1848년 '공산당선언(Communist Manifesto)'에서 「노동계급에 의한 혁명의 첫 단계는 노동계급을 지배계층으로 끌어올려서 민주주의 투쟁에서 승리하는 것이다.」라고 밝혔다. 마르크스는 공산주의운동을 민주주의를 위한 것으로 보았고, 오늘날의 모든 공산주의국가들도 스스로를 민주주의라고 부른다. 그러나 마르크스는 민주주의를 귀족과 왕권에 대한 평민의 지배가 아니라, 자본주의 지배에 대한 노동계급의 승리를 의미하는 것으로 풀이함으로써 민주주의를 계급혁명으로 보았다. 마르크스에 따르면 자본주의가 만들어 낸 노동계급은 자본주의를 축출하고 정권을 차지함으로써 자신들의 속박을 해방한다고 주장하였으며, 무산계급의 정권은 인민의 절대 다수를 포함하기 때문에 민주주의라고 말할 수 있다고 주장하였고, 혁명의 목적 또한 모든 인민을 인간다운 삶으로 해방하는 데 있다고 말하였다. 역사상 최초의 사회주의혁명인 1917년 러시아혁명은 노동계급의 이름으로 소수 전위대에 의하여 주도되었다. 사회주의혁명은 처음부터 마르크스가 주장한 대로 모든 노동계급이 참여한 것이 아니라 공산당에 의하여 엄하게 조직된 소수 전위대에 의한 것으로서 민주주의 특성을 상실하였다. 사회주의국가는 또한 1당체제를 고집하는 점에서 민주주의적이라고 할 수 없다. 민주주의는 넓은 의미에서 인간의 자유와 평등, 그리고 존엄성을 함축하고 있으며, 어느 사회계층도 다른 계층의 희생을 대가로 군림할 수 없다는 인도주의를 바탕으로 하고 있다. 그러나 사회주의국가는 소수 전위대에 의한 독재체제로서, 계급타파를 목적으로 하면서도 공산당에 의한 인민의 억압과 통치를 하고 있으며, 공산당원만이 지위상승의 특권을 누리고 일반 인민들에게는 기회가 박탈되어 있다는 점에서도 민주주의국가라 할 수 없다. 21세기에는 무장계급혁명보다는 프롤레타리아를 전위조직으로 한 민주적 선거혁명을 통한 맑스주의의 21세기적 단계에 들어섰다는 의견도 있다. 6. **민주주의의 구현방법** 정치방식으로서의 민주주의는 직접민주주의(➜ 직접민주주의)와 간접민주주의(➜ 간접민주주의, ➜ 대의제)의 방법으로 구현된다.

민주주의 논쟁民主主義論爭 1920년대에 Hans Kelsen과 오스트리아 마르크스주의자인 Max Adler 사이에 정치원리로서의 민주주의의 의미에 관하여 벌어진 논쟁이다. 켈젠은 민주주의를 특정의 정치형태 내지 정치방식으로 파악하여 국민에 의한 정치를 민주주의라고 하고, 아들러는 민주주의를 실현되어야 할 정치적 목적 또는 정치적 내용으로 파악하여 국민을 위한 정치가 민주주의라고 하였다.

민주주의民主主義**와 헌법재판**憲法裁判 ➜ 헌법재판과 민주주의.

민주평화통일자문회의民主平和統一諮問會議 ㉷ The National Unification Advisory Council. 제5공화국 헌법(1980) 제68조 제1항은 「평화통일정책의 수립에 관한 대통령의 자문에 응하기 위하여 평화통일정책자문회의를 둘 수 있다.」고 규정하였고, 1987년 헌법에서 이를 이어받아, 제92조 제1항에서 「평화통일정책의 수립에 관한 대통령의 자문에 응하기 위하여 민주평화통일자문회의를 둘 수 있다.」고 규정하였다. 1981년 「평화통일자문회의법」에 따라 헌법기관이자 대통령자문기구이며 범민족적 통일기구로 발족했다. 1987년 헌법개정 후 「민주평화통일자문회의법」이 1988.3. 제정 · 공포되어 1991.7. 제5기 자문위원이 위촉되었다. 1998년 민주평화통일자문회의의 사무처 직제를 폐지하고 통일부 소속으로 개편했다가, 1999년 대통령직속기관으로 독립했다. 자문위원은 지역대표(광역의회의원, 기초의회의원)과 직능대표 및 재외동포대표 등 모두 2만여 명으로 구성되어 있다. 조직은 대통령이 의장이 되는 전체회의와 25인 이내의 부의장(수석부의장 포함), 50인 이내의 위원으로 구성되는 운영위원회, 300-500인으로 구성되는 상임위원회, 10개 이내의 분과위원회, 시 · 도별 지역회의, 271개 국내외 지역협의회로 구성되며, 행정사무를 위한 사무처를 두고 있다. 주요업무는 ① 통일에 관한 국내외 여론 수렴 ② 통일에 관한 국민적 합의 도출 ③ 통일에 관한 범민족적 의지와 역량의 결집 ④ 그 밖에 대통령의 평화통일정책에 관한 자문 · 건의를 위하여 필요한 사항 등을 수행함으로써 조국의 민주적 평화통일을 위한 정책의 수립 및 추진에 관하여 대통령에게 건의하고 대통령의 자문에 응한다. 그 밖에 매월 기관지 「통일시대」를 발간한다.

민주화民主化 ㉷ democratization. 민주주의적으로 되어 가는 상태 또는 민주주의가 되게 하는 과정을 말한다. 마틴 립셋(Seymour Martin Lipset)을 대표로 하는 기능주의적인 정치발전론에서는, 경제발전이 상당히 진전되고 사회에 일정 소득수준 이상의 계층이 의미 있는 비율로 증가하여 다양한 사회집단이 서로 관용도를 높이고 또한 자신의 주장을 드러내면서 성장하면 정치적으로도 민주주의가 성장한다고 한다. 아담 스미스(A. Smith), 마르크스(K. Marx), 다렌도르프(R. Dahrendorf) 등의 고전적 정치발전론에서는, 부르주아지가 왕족의 독재와 귀족의 봉건주의적 권익옹호에서 사회를 자유롭게 하고 민주화로 진행되는 것이라고 한다. 냉전이 극복된 이후에는 세 종류의 논의가 전개되었다. 첫째는 문화론적인 정치발전론이다. 문명충돌론의 사무엘 헌팅턴(Smiuel Phillips Huntington), 사회자본론의 로버트 퍼트남(Robert D. Putnam) 등이다. 양자 모두 문화적인 특징을 거의 변하지 않은 중요한 변수로 언급한다. 헌팅턴의 경우는 종교를 축으로 한 문명을 고려하여 미 · 유럽의 기독교 문명은 이슬람교 문명이나 유교적인 중화문명과 다르기 때문에 다른 문명과의 충돌을 피하는 연구와 노력이 필요하다고 주장한다. 둘째는 정책론적 정치발전론이다. 민주화의 전파가 크게 진전된 속에서 그것을 촉구하고자 하는 희망과 그 흐름의 주도권을 장악하고자 하는 바람이 합쳐진 형태로 생성되었다. 셋째는 국제적 정치발전론이다. 한 국가를 기준으로 하는 것이 아니라 국제적인 전개의 큰 흐름 속에서 이웃국가들이나 지역에까지 민주주의가 전파되면 다른 국가들에게 민주주의가 전달되기 쉽다는 논의이다. 오늘날에는, 초국가적인 지구적 민주주의를 고려한 정치발전론도 있다.

민중소송民衆訴訟 ➜ 행정소송.

밀Mill, John Stewart 1806.5.20.~1873.5.7. 영국 런던의 펜턴빌(Pentonville)에서 스코틀랜드 출신의 철학자이자 역사학자인 제임스 밀(J. Mill, 1773~1836)의 장남으로 태어났다. 세 살 때에 그리스어를 배워 이솝 우화와 헤로도투스의 「역사」, 플라톤의

「대화편」 등을 그리스어로 읽었다. 여덟 살부터는 라틴어와 기하학, 대수학을 배워 오비디우스(Ovidius), 투키디데스(Thucydides) 등의 고전을 폭넓게 읽었다. 열두 살부터는 논리학을 공부했으며, 열세 살에는 아담 스미스(A. Smith, 1723~1790)와 리카도(D. Ricardo, 1772~1823) 등의 정치경제학을 공부하였다. 열네 살 때에는 제레미 벤담의 동생 사무엘 벤담(S. Bentham, 1757~1831)의 가족과 함께 프랑스에서 일 년을 보냈는데, 몽펠리에(Montpellier) 대학에서 화학, 동물학, 논리학 강의를 들었고, 고등수학을 배웠다. 파리에서는 경제학자 세이(J.B. Say, 1767~1832)의 집에 머무르며 사회주의 사회개혁가인 생 시몽(Saint-Simon, 1760~1825) 등을 만났다. 그리고 1820년대 초반부터 콩트(A. Comte, 1798~1857)와 서신으로 교류하며 실증주의 사상의 체계화에도 기여하였다. 밀은 이후에도 콩트를 재정적으로 후원하고 1865년에는 「오귀스트 콩트와 실증주의(Auguste Comte and Positivism)」를 저술하는 등 영국 사회에 실증주의 사상을 확산시키는 데 큰 영향을 끼쳤다. 열일곱 살 때인 1823년부터 아버지와 마찬가지로 영국 동인도회사(East India Company)에서 근무를 시작해, 1858년까지 36년 동안 재직하며 연구와 저술 활동을 하였다. 밀은 1865년부터 1868년까지 세인트 앤드류스(St. Andrews) 대학의 학장으로 재임하였고, 같은 기간 동안 런던 웨스트민스터에서 하원의원으로 선출되어 활동했다. 그는 1866년 최초로 의회에서 여성 참정권을 주장했으며, 비례대표제와 보통선거권의 도입 등 의회와 선거제도의 개혁을 촉구했다. 또한 노동조합과 협동농장을 중심으로 한 사회개혁과 아일랜드의 부담 경감 등도 주장하였다. 밀은 철학뿐 아니라 정치학, 경제학, 논리학, 윤리학 등의 분야에서 방대한 저술을 남겼으며, 폭넓은 영향을 끼쳤다. 그는 자신의 대부이자 스승이었던 벤담(Jeremy Bentham, 1748~1832)의 영향을 받아 공리주의(utilitarianism)를 사상의 기초로 하였으나, 쾌락의 계량 가능성을 주장한 벤담과는 달리 쾌락의 질적인 차이를 주장하며 벤담의 사상을 수정하였다. 밀은 인간이 동물적인 본성 이상의 능력을 가지고 있으므로 질적으로 높고 고상한 쾌락을 추구한다고 보았다. 곧 "만족한 돼지가 되는 것보다는 불만족한 인간임이 좋고, 만족한 바보보다는 불만족한 소크라테스가 좋다"는 것이다. 그리고 법률에 의한 정치적 제재를 중시한 벤담과는 달리 양심의 내부적인 제재로서 인간이 가지는 인류애를 중시하였다. 이러한 밀의 사상은 벤담의 '양적(量的) 공리주의'와 구분하여 '질적(質的) 공리주의'라고 불린다. 자유주의 정치철학의 발전에도 크게 기여하였는데, 「자유론」에서 밀은 '다수의 전제'로부터 개인의 자유를 보호하기 위한 '사상의 자유'와

'행복추구권(선택의 자유)', '결사의 자유'를 강조한다. 주요 저작으로는 「논리학 체계(A System of Logic)」(1843), 「정치경제학 원리(Principles of political Economy)」(1848), 「자유론(On Liberty)」(1859), 「대의정치론(Considerations on Representative Government)」(1861), 「공리주의(Utilitarianism)」(1863), 「영국과 아일랜드(England and Ireland)」(1868), 「자서전(Autobiography)」(1873) 등이 있다.

Miller v. Johnson 판결 Miller v. Johnson, 515 US 900, 115 S.Ct. 2475(1995). 1. **사실관계** 선거권법(Voting Rights Act)의 시행을 독려하는 연방법무부의 권유에 따라, Georgia주 주의회는 제11 주의원 선거구를 새로이 획정하였다. 26개의 카운티를 들쭉날쭉 포함하고 있는 이 선거구는 지리적 조화와 균형을 완전히 무시하고 불규칙하게 획정된 것이었다. 이 선거구 획정시의 주된 고려사항은 흑인이 과반수인 선거구를 만드는데 있었음이 명백하였다. 그 당시 Georgia주 전체인구 중에는 27%가 흑인이었다. 이 선거구 획정의 합헌성이 소송을 통해 다투어졌다. 항소법원은 원고승소판결을 내리면서 이 선거구 획정을 위헌선언 하였다. 연방대법원이 사건이송명령장을 발부하여 이 사건을 심리하게 되었다. 2. **연방대법원의 판결** Kennedy 대법관에 의해 집필된 다수의견은 주가 주로 인종적 고려에 근거해 주의원선거구를 획정한 것은 위헌이라고 판시하였다. 인종에 근거한 분류는 엄격심사의 대상이 되고, 따라서 그러한 분류가 합헌이기 위해서는 필요불가결한 주정부의 이익(compelling state interests)을 달성하기 위해 정치하게 구체적으로 입법화되어야 한다고 하였다. 3. **판결의 의미** 이 판결은 인종에 기한 게리맨더링의 합헌성 여부를 다툰 사건으로서 인종은 선거구 획정시 고려될 수 있는 하나의 고려요소일 수는 있으나 주요한 요소가 될 수는 없다는 것을 확인한 의미를 갖는다. ➜ 적극적 평등실현조치.

Miller test ➜ Miller 판결.

Miller 판결 Miller v. California, 413 U.S. 15 (1973) 1. **사실관계** 1971년 포르노 영화와 서적을 취급하는 캘리포니아 우편주문업의 소유자이자 운영자인 Marvin Miller는 서적 광고전단과 남녀 사이의 성적 행위를 사실적으로 묘사하는 영화를 송부하였다. 광고전단 5개가 캘리포니아 뉴비치에 있는 레스토랑에 송부되었다. 레스토랑 주인과 그의 어머니는 봉투 개봉 후 광고전단을 보자마자 경찰을 불렀다. Miller는 체포되어 「음란한 물건」의 판매 등을 경범죄로 처벌하는 캘리포니아 형법전 311.2(a) 위반으로 기소되었다. 이 법률은 이전의 두 개의 연방대법원의 음란 판결인 Memoirs v. Massachusetts, 383 U.S. 413(1966) 판결과 Roth v. U.S., 354 U.S. 476(1957) 판결에 기초하여 제정된 것이었다. 주법관은 배심원들에게 법률로 정의된 바의 캘리포니아 공동체 기준으로 증거를 평가하기를 지시하여, 유죄 평결이 되었다. Miller는 음란성에 대한 전국적인 기준만이 적용될 수 있다고 주장하여 캘리포니아 연방항소법원에 소를 제기하고 항소하였지만, 심사를 거절당하였고, 연방대법원에 상고하여 1972.1.에 구두변론이 행해졌다. 2. **법원판결** 연방대법원은 Roth v. U.S., 354 U.S. 476(1957) 판결에서 영국의 'Hicklin 심사'를 부인하여 음란성을 엄격하게 정의하여, '그 지배적 주제가 전체적으로 보아, 현재의 공동체 기준을 적용하여 평균인에게 외설적인 관심에 호소하는' 물건이라고 하였고, Memoirs v. Massachusetts, 383 U.S. 413(1966) 판결에서 '명백히 불쾌하고(patently offensive)' '전혀 사회적 가치를 보완함이 없는' 것만이 보호되지 않는다고 판결하여, Roth 기준을 재정의하였다. 연방대법원은 Miller 판결에서 Memoirs 판결에 명시된 음란성의 정의를 뒤집고 세 가지 기준을 고안하였다. 첫째, 현시점의 '공동체 기준(community standard)'을 적용하여, 그 작품이 전체적으로 볼 때, 호색적인 흥미(prurient interest)를 끌 수 있는지를 평균인이 알 수 있는지 여부 둘째, 해당 주법에서 구체적으로 정의한 대로 작품이 성행위 또는 배설작용을 노골적인 방식으로 묘사하거나 설명하는지 여부 셋째, 저작물이 전체적으로 중대한 문학적, 예술적, 정치적 또는 과학적 가치가 결여되어 있는지 여부 등이었다. 3. **판결의 의의** 이 판결은 Memoir 판결의 '전혀 사회적인 가치를 보완함이 없는(utterly without redeeming social value) 것'으로부터 '진지한 문학적, 예술적, 정치적 혹은 과학적 가치(serious, literary, artistic, political, or scientific)를 갖지 않는 것'으로 음란성의 정의를 수정하는 연방대법원의 이정표적 판결이다. 오늘날 세 갈래 기준(the three-prong standard) 혹은 Miller test라고 불린다.

Milligan 판결 Ex parte Milligan, 71 U.S. (4 Wall.) 2 (1866) 1. **사실관계** 미국 남북전쟁 중이던 1863.3.3.에 의회는 링컨 대통령에게 일정한 제한을 조건으로 인신보호영장(writs of habeas corpus)을 정지할 수 있는 권한을 부여하는 법률을 통과시켰다. 이는 '반란 또는 침략의 경우 공공의 안녕이 필요로 하는 때'에 인신보호영장의 정지를 승인하는 미국헌법 제1조 제9항에 근거하였다. 링컨은 계엄령(marshall law)을 선포함으로써 연방 반대자들을 처리하였는데, 그 내용은, 자의적 체포 및 구금을 정당화하는 인신보호영장 정지, 일반 민사법원이 아닌 군사법원(military commission)의 재판 등이었다. 1863년에 오하이오주의 민주당원인 정치인 클레멘트 발랜디검에 대한 유죄판결이 있었고 이에 대한 미국 연방대법원에의 상고는 기각되었다(Ex parte Vallandigham). 1864.10. Milligan 외 3인에 대해 반란 등 혐의로 군사법원이 소집되어 1864.12. Milligan 등에게 유죄를 선고하였다. Milligan 등은 1863년 법률에서 군사법원의 재판관할권이 없다고 주장하면서 법원에 석방을 청원하였다. 최종적으로 연방대법원에 상고가 받아들여졌고, 쟁점은 1) Milligan의 청구에 따라 인신보호영장을 발부해야 하는가? 2) Milligan은 석방되어야 하는가? 3) 군사법원이 관할권을 갖는가? 등의 세 가지이었다. 2. **판결** 연방대법원은 1866.4.3. 위의 세 가지 점에 대하여 모두 긍정하였다. 즉, 1863.3.3.의 법률에 근거하여 인신보호영장을 발부할 수 있고, 군사법원은 Milligan에 대하여 관할권이 갖지 않으며, 따라서 Milligan은 석방되어야 한다고 하였다. Davis 대법관이 집필한 다수의견에서, 군복무를 하지 않은 민간인이자, 민간법원이 아직 운영되고 있는 주에 거주하는 Milligan이 범죄로 기소될 경우 민간법원에 의한 재판을 받을 권리가 있다고 하였다. "법원이 열려 있으면 계엄은 절대 존재할 수 없다"고 하고, 계엄령을 "전쟁이 실제로 만연하는 군사작전"의 영역으로 제한하였다. 연방대법원은 군사법원의 관할권을 세 가지 유형으로 나누어, 하나는 평화 시와 전쟁 시 동시에 행사되는 것, 다른 하나는 미국 국경 외에서의 외국 전쟁이나, 주 또는 지역 내에서 반란 및 내전이 있는 경우, 그리고 세 번째는 미국의 영토 내에서 침략이나 반란이 일어날 때 또는 중앙정부에 대한 지지를 유지하는 주의 영역 내에서 반란이 있을 경우, 공공의 위험이 행사될 필요가 있을 때 행사된다고 하였다. 3. **판결의 의의** Milligan판결은 민간법원이 운영 중일 때 민간인을 재판하기 위해 군사법원을 이용하는 것은 위헌이라고 판결한 미국 대법원의 획기적인 판결이었다. 또한 계엄령을 "전쟁이 실제로 만연하는 군사작전” 영역으로 한정하였다는 점에서 전쟁 등의 시기에 국가긴급권을 포함한 대통령의 행동에는 한계가 있다는 전통을 확립하는 데 기여하였다.

밀턴Milton, John 1608.12.9.~1674.11.8. 「실낙원(失樂園)」의 저자로서 셰익스피어에 버금가는 대시인으로 평가되는 영국 시인이다. 런던의 부유한 공증인의 아들로 태어나 케임브리지 대학에서 공부했다. 7세에 성 바울 학원에 입학하여 라틴어 · 그리스어 · 헤브라이어를 배웠고, 청교도 신학자 T. 영으로부터 신학 지도를 받았다. 인문주의와 청교도주의가 그의 생애와 사상의 틀이 되었다. 그의 생애를 3기로 나누면 제1기(초기 시편의 시대, 1629~1640), 1637년 이탈리아 여행 후 20년간 제2기(정쟁 시대, 1640~1660)는 ‘산문 시대’라 불리며 많은 팸플릿으로 정치적 신조를 토로하여 시인의 명상을 버리고 자유를 위하여 싸웠다. 언론의 자유를 주장한 「아레오파지티카」(1644)는 이 시대 산문의 대표작이다. 1649년 찰스 왕의 사망 후 크롬웰 공화 정부의 외교 비서관으로서 국왕 처형을 둘러싼 외국의 비난에 맞서는 논쟁에 임했다. 과로 때문에 1652년 마침내 실명했다. 그의 노력에도 불구하고 공화제는 붕괴되고, 1660년 왕정복고가 되어 버렸다. 제3기(완성 시대, 1660~1674)는 위대한 서사시의 시대이다. 그는 처형만은 면했지만 세상에서 버림받아 재산도 잃은 실의와 고독 속에서 서사시 제작에 몰두했다. 눈이 보이지 않아 아내와 딸들에게 받아쓰게 하여, 고난 속에서 완성한 것이 불후의 걸작 「실락원」(1667)이다. 이어서 속편 「복락원」(1671), 극시 「투사 삼손」(1671)을 발표했다. 이 3대 작품을 완성한 후 얼마 되지 않아 사망하였다.

Badeck 판결 ECJ, C-158/97, 2000.3.28. 1. **사실관계** 독일 Hessen주는 1993.12.21.「공공행정부문에서 남녀평등권 및 여성에 대한 차별의 제거에 관한 법률(Hessisches Gesetz über die Gleichberechtigung von Frauen und Männern und zum Abbau von Diskriminierungen von Frauen in der öffentlichen Verwaltung: HGIG)」을 제정했다. 이 법의 목적은 구속력있는 목표를 통해 여성의 채용·승진조건과 근로조건에 관한 발전계획을 채택함으로써 공공서비스부문의 직에 대한 남녀의 평등한 접근을 보장하는 것이다(HGIG 제1조). 1994년 11월 28일에 Badeck을 포함한 Hessen주 의회 의원 46명은 HGIG의 일부 규정이 Hessen주 헌법에 합치되지 않는다고 주장하며 Hessen주 헌법재판소에 위헌소송을 제기했다. 이들은 HGIG가 ⅰ) 업적이 아니라 성을 이유로 하여 후보자에게 우선권을 부여한다는 점에서 '가장 뛰어난 자의 선발'이라는 헌법상 원칙에 반하고, ⅱ) 특정 집단에 대한 특권적 대우를 부여하는 것을 금지할 뿐 아니라 모든 개인에게 기본적 권리(특정 범주의 사람들에게 유리한 최종결과를 보장하기 보다는 출발선에서 평등한 기회를 시민에게 보장하는 권리)를 부여하고 있는 평등대우원칙에 반하고, ⅲ) Kalanke 사건에서의 ECJ의 해석에 따를 때 76/207/EEC 지침에 반한다고 생각했다. 이러한 상황에서 Hessen주 헌법재판소는 소송절차를 중단하고, HGIG 상의 몇몇 규정이 76/207/EEC 지침 제2조 제1항 및 제4항에 위배되는지 여부에 관해 ECJ에 사전결정을 신청했다. 2. **ECJ의 판결** ECJ는 Kalanke 판결과 Marschall 판결의 주요 내용을 언급한 후, 여성이 과소대표된 공공서비스 영역에서 여성에게 우선권을 부여하기 위한 조치의 적법성에 대한 일반적인 기준으로, ⅰ) 여성과 남성이 동일한 자격조건을 가진 경우에 여성에게 우선권을 자동적·무조건적으로 부여하지 않는 경우와 ⅱ) 후보자들이 모든 후보자의 특별한 개별적 상황을 고려하는 객관적 평가의 대상이 되는 경우에는 공동체법과 부합되는 것으로 간주된다고 판시했다. 또한 ECJ는 이러한 전제 하에서 5가지 질문에 대해 답변을 했다. 첫째, 과소대표성이 존재하고 남녀후보자가 동일한 자격조건을 갖추고 있을 경우, HGlG 제5조 제3항과 제4항의 여성발전계획 상의 목표의 구속력 때문에 여성에게 유리한 HGlG 제10조의 선발결정을 해야 하는 것이 76/207/EEC 지침에 위배되는지 여부에 대해, ECJ는 HGlG 규정이 모든 후보자에 대한 객관적 평가를 보장한다면 76/207/EEC 지침에 위배되지 않는다고 판시했다. 특히 ECJ는 여성우선권이, 소위 '유연한 결과할당제'라는 점, 자격조건을 평가하는 기준들이 전반적으로 여성에게 유리할 뿐 아니라 사회생활에서 실제 발생할 수 있는 불평등을 감소시킴으로써 형식적 평등이 아닌 실질적인 평등에 도달하는 것을 명백히 의도하고 있다는 점, '더 큰 법적 가치를 갖는 이유'가 제시되지 않은 경우에만 여성우선권이 부여된다는 점 등을 들어, 절대적이고 무조건적인 것은 아니라고 보았다. 둘째, HGlG 제5조 제7항이 76/207/EEC 지침에 위배되는지 여부에 대해, ECJ는 HGlG 규정이 76/207/ EEC 지침에 부합한다고 결정했다.

ECJ에 따르면, HGlG 제5조 제7항은 후보자들이 동일한 자격조건을 갖고 있는 경우에만 선발결정에 영향을 미칠 수 있고, '절대적인 상한'을 정하고 있는 것이 아니라 적절한 교육훈련을 받은 자의 수를 참고하여 상한을 정한 것으로, 이는 여성에게 우선권을 부여하기 위한 정량적 기준으로 실제사실(actual fact)을 활용한 것이기 때문에 공동체법의 관점에서 특별한 반대에 직면하지 않는다는 것이다. 셋째, 여성이 과소대표된 전문기술직종에서의 교육훈련 자리의 배분에 있어서 최소 절반 정도는 여성이 고려되도록 규정한 HGlG 제7조 제1항이 76/207/EEC 지침에 위배되는지 여부에 대해, ECJ는 HGlG 규정이, 여성지원자의 수가 불충분한 경우에는 교육훈련 자리의 절반 이상이 남성으로 채워질 수 있다고 명시적으로 규정하고 있고, HGIG 제7조 제1항이 '제한적 기회평등개념(a restricted concept of equality of opportunity)'의 일부를 구성하고 있다고 하여, 76/207/EEC 지침에 부합한다고 결정했다. 넷째, 여성이 과소대표된 영역에서, 부여될 직 또는 공직의 임용을 위한 법률 등에 규정된 요건을 충족하고 있다면, 적어도 남성과 동수의 여성지원자 또는 모든 여성지원자가 면접의 기회를 부여받도록 규정한 HGlG 제9조 제1항이 76/207/EEC 지침에 위배되는지 여부에 대해, ECJ는 HGlG 규정이 76/207/ EEC 지침에 부합한다고 결정했다. 다섯째, 집행위원회, 자문위원회, 집행기관, 감독위원회, 기타 집단기구에 임명을 하는 경우에 적어도 구성원의 절반은 여성이 되도록 규정한 HGlG 제14조가 76/ 207/EEC 지침에 위배되는지 여부에 대해 ECJ는 HGlG 제14조가 선출직에는 적용되지 않을뿐더러 강행규정이 아닌 임의규정이기 때문에 다른 기준이 고려될 수 있어서 76/207/EEC 지침에 위배되지 않는다고 결정했다. 3. **판결의 의미** Badeck 사건은 여성이 과소대표된 공공서비스 영역에서 남녀후보자가 동일한 자격조건을 갖추고 있을 경우, 임용·승진, 교육훈련 자리의 배분, 면접기회의 부여, 위원회의 구성 등에 있어서 일정한 비율 이상을 여성으로 채우는 것(목표제 또는 유연한 결과할당제)을 내용으로 하는 여성발전계획을 채택할 것을 요구하고 있는 국내법 규정이 문제된 사건으로, ECJ는 문제된 국내법 규정의 정당성을 긍정하면서 그 기준을 비교적 자세히 제시하였다는 데에 의미가 있다. 2개의 일반적인 정당화 기준으로, 하나는 자동적·무조건적으로 우선을 부여하지 말아야 한다는 것이고, 다른 하나는 후보자에 대해 객관적 평가를 해야 한다는 것이다. Kalanke 사건과 Marschall 사건에서 의문시 되었던 부분에 대해 비교적 상세한 설명을 하였다. 즉, ① '무조건적이고 절대적인 우선권'과 관련해서는, ⅰ) 적극적 평등실현조치가 유연한 결과할당제일 것, ⅱ) 후보자의 자격조건을 평가하는 기준들은 실질적 평등에 도달하기 위해 명백히 의도된 것일 것, ⅲ) 더 큰 법적 가치를 갖는 이유가 제시되는 경우에는 우선권이 부인될 것 등을 요구했고, ② '객관적 평가기준'과 관련해서는, ⅰ) 가사노동을 수행함으로써 얻은 능력과 경험은 반드시 고려하고, ⅱ) 선임권과 연령, 최종승진일은 중요할 경우 고려할 수 있고, ⅲ) 가족의 유무나 배우자의 수입을 고려될 수 없고, ⅳ) 육아나 부양가족의 간호로 인한 파트타임근로와 휴직 그리고 교육훈련종료의 연기는 평가에 부정적 영향을 미쳐서는 안 된다고 하였다. 또한 ECJ는 ⅰ) 목표 내지 할당을 설정할 때, 즉 우선권을 부여하기 위한 정량적 기준을 정할 때에는 적절한 교육훈련을 받은 자의 수와 같은 '실제 사실'을 기준으로 하면 적법성 심사에서 유리하다는 점, ⅱ) 최종결과(임용, 승진, 고용)를 달성하기 위한 것이 아니라 자격있는 여성에게 직업생활에의 진입 및 성공을 촉진시킬 수 있는 추가적인 기회, 즉 교육훈련 자리 또는 면접기회를 제공하는 경우에는 적법성 심사에서 유리하다는 점 등의 기준을 제시하고 있다. ➜ 적극적 평등실현조치.

바이마르공화국Weimar 共和國 ㊍ Weimarer Republik/ Die Republik von Weimar. 제1차 세계대전 후인 1918년, 킬(Kiel) 군항의 폭동 후 11월혁명으로 황제 빌헬름 2세가 망명하고 독일제국의 제정(帝政)이 붕괴되었다. 1919년 총선거에서 사회민주당과 민주당, 중앙당의 3당 연합인 민주공화파의 승리로 대통령 에베르트(Friedrich Ebert) 하의 연립내각으로서 바이마르 헌법의 공포와 함께 독일라이히(Deutsches Reich)가 수립되었는데, 이 정부가 바이마르 공화국이다. 바이마르 공화국에서는 바이마르 헌법에 의해 대통령이 매우 강력한 권한을 갖게 되었다. 대통령은 직접선거로 선출되기는 하지만 임기가 7년에 이르렀고 의회를 해산할 수 있었으며 긴급명령권 및 군대의 최고사령관 지위도 가졌다. 대통령제와 의원내각제의 혼합적 요소는 연방의회의 선출과 총리와 내각의 존재로 엿볼 수 있다. 기본적으로는 연방국가의 형태였지만 중앙권력이 연방보다 강력했다. 초기부터 바이마르 공화국은 혼란이 계속되었다. 독일 정부가 패전의 책임을 맡지 않기 위해서 연합정당에 정권을 떠맡기다시피 하여 수립되었기 때문에 명목상의 문제가 존재했다. 여기에 베르사유조약으로 인해 독일은 식민지를 잃고 1,300억 마르크에 달하는 막대한 배상금을 물게 될 처지에 놓여 있었다. 베르사유조약으로 독일이 내주어야 할 지역은 알자스, 프로이센, 포젠 등이었고 그 밖의 지역은 연합군의 감시 하에 놓이거나 국제연맹의 위임으로 소유 여부가 결정될 처지이었다. 대전 후 인플레이션 상황이 심각하여 많은 사람들이 생활고에 시달렸다. 화폐가치가 지나치게 떨어지고 일용품과 식량부족 상황에 처하게 되자 슈트레제만 총리의 노력으로 베르사유 조약이 다소 수정되었다. 이후 인플레이션은 유지되었으나 배상지불을 연장하는 도스안, 로카르노 조약 등을 통해 잠시나마 안정기를 갖게 되었다. 1925년 힌덴부르크(Paul v. Hindenburg)의 당선을 통해 공화국의 안정적 발전이 이루어지고, 독일 내부의 우익적 정치성향이 우세하게 되었다. 외국자본을 유입하여 공장이 재정비되었고, 생산에 주력하여 경기가 어느 정도 회복되었다. 과학과 학문, 예술 등의 측면에서도 발전을 보였고 1925년에는 국제연맹 안전보장이사회 상임이사국으로 선정, 1926년에 가입하기도 하였다. 그러나 1929년 세계공황이 찾아오고 바이마르 공화국에 대한 자본회수로 인해 독일 내부는 다시금 혼란스러워졌다. 실업자가 증가하고 경제가 어려워지자 당시 세력을 장악하고 있던 사회민주당은 사람들의 강한 반발에 부딪혀 1930년에 내각을 해체하기에 이르렀다. 대통령의 임기가 끝난 후 선거가 실시되어 힌덴부르크가 재당선되었지만, 독일 내부의 중산층들과 보수파들은 경제적 어려움으로 인해 쌓인 불신으로 인해 대부분 나치스당을 지지하였고, A. 히틀러 또한 힌덴부르크와 엇비슷한 지지율을 증명함으로써 나치스를 중심으로 한 결속이 굳어졌다. 이에 반해 좌익은 계속해서 정치적 합의점을 찾지 못하고 분열했기 때문에 독일 내의 대부분의 사람들이 불만을 품고 점차 나치스의 지지율이 높아지게 되었다. 이에 1933년에 힌덴부르크가 히틀러를 총리로 임명하자 나치스는 이후 즉각적으로 좌익 정당들을 탄압하고 선거를 통해 다수의석을 차지했다. 히틀러는 의회의 입법권을 행정부의 독립명령으로 행사할 수 있게 하는 수권법(授權法: Ermächtigungsgesetz ➜ 수권법)을 통과시킴으로써, 바이마르공화국의 종말을 고하게 하고, 총통(Führer)에 취임하여 나치시대를 열었다.

바이마르헌법Weimar憲法 ㉣ Weimar Constitution, ㉤ Weimarer Verfassung. 제1차 세계대전이 종전되고, 독일의 1918.11. 혁명으로 독일 제정(帝政)이 붕괴된 후, 1919년에 보통·평등·비례선거에 의하여 선출된 국민의회가 7.31.에 의결하고, 8.11. 공포한 헌법이다. 국민의회가 베를린이 아닌 바이마르에서 열렸기 때문에 바이마르 헌법이라 부른다. 후고 프로이스(Hugo Preuß)가 초안을 작성하고 막스 베버(Max Weber)가 자문위원으로서 검토하였다. 국가조직을 기본적 권리에 앞서 규정하는 근대헌법의 특징이 그대로 드러나 있다. 즉, 국가구조와 과제를 제1부에서 규정하고 제2부에서 국민의 기본 권리와 의무를 규정하고 있었다. 이 헌법은 종래의 비스마르크 헌법과는 달리, 민주주의 원리의 바탕 위에서 독일국민의 통일을 지도이념으로 하고, 다시 사회국가적 이념을 가미한 특색있는 헌법이다. 즉, 국민주권주의에 입각하여 보통·평등·직접·비밀·비례대표의 원리에 의거한 선거에 의하여 의원내각제를 가미한 대통령제를 채택하였다. 바이마르 헌법의 국가구조는 운영에 따라 대통령제 혹은 의원내각제로 될 수 있었다(➜ 독일식 의원내각제). 기본적 인권 편에서는, 19세기적인 자유민주주의를 기본으로 하면서 20세기적 사회국가의 이념을 취하여 근대 헌법상 처음으로 소유권의 사회성과 재산권행사의 공공복리 적합성을 규정하고, 인간다운 생존(사회권)을 보장하면서 경제조항(經濟條項)을 규정함으로써 20세기 현대 헌법의 전형(典型)이 되었다. 1933년의 히틀러 정권에 의한 수권법(授權法)을 비롯한 일련의 입법에 의하여 사실상 폐지되었으나, 그 후 세계의 민주주의 여러 나라에 많은 영향을 끼쳤다. 1945.6.5. 연합군이 정권을 인수하면서 최종적으로 바이마르 헌법은 폐기되었다.

박근혜정부朴槿惠政府 2013.2.25.~2017.3.10. 2012.12.19. 제18대 대통령 선거에서 당선된 박근혜 전 대통령의 정부이다. 제6공화국의 여섯 번째 정부로 1948년 정부수립 후 사상 처음으로 국민에 의해 탄핵되고 대통령 본인을 포함한 정부 주요 인사 대부분이 형사범죄로 기소된 정권이다. 2017.3.10. 헌법재판소의 탄핵인용결정으로 대통령이 파면되면서 예정보다 약 1년 일찍 끝났다. 경제민주화와 무상보육 등을 내걸고 당선되었고 창조경제와 문화 융성을 주요정책으로 제시했다. 정부 초기 국정현안을 뒤로 한 채 해외 순방이 잦았고 대통령이 한 말들을 이해하기 어렵다는 비판으로 임기 내내 불통 논란에 시달리기도 했다. 사상 처음 과반수(51.6%)의 지지를 얻어 당선되었으나 국가정보원·국방부 여론조작 사건, NLL 대화록 논란 등의 약점으로 초기 인선이 늦어지는 난항을 겪었다. 임기 중 주요 사건으로 2013.5. 청와대 대변인 성추문 의혹사건이 있었고, 2014.4. 세월호 침몰 사고, 12월 통합진보당 위헌정당해산 사건이 있었다. 2015.4. 성완종 리스트 사건이, 여름에 메르스 사태가, 10월 역사교과서 국정화 논란이 있었고 12월 일본과 위안부 합의를 하여 국민들로부터 비난을 받았다. 2016.2. 개성공단이 폐쇄되었고 7월에는 주한미군 사드(THAAD) 배치 논란이 있었다. 집권 4년 차인 2016.10. 말부터 박근혜-최순실 게이트를 비롯한 각종 논란과 의혹이 연달아 터지며 여론이 급속도로 나빠져, 결국 2016.12.9. 국회에서 탄핵소추안이 가결되었고 이듬해 2017.3.10. 헌법재판소의 탄핵인용결정으로 대통령직에서 파면되었으며, 박근혜-최순실 게이트에 연루된 공직사들과 정·재계 인사, 대통령 본인까지 형사범죄로 기소되었다. 탄핵소추안 가결 이후부터 대통령의 직무가 정지되면서 황교안 국무총리가 권한대행을 맡아 대통령선거를 관리하였고, 2017.5.9. 제19대 대통령으로 문재인 후보가 당선되어 5.10.부터 문재인 정부가 출범하면서 박근혜정부는 완전히 막을 내렸다. 박근혜 정부는 제6공화국 최초로 5년 임기를 채우지 못한 정부로 역사에 기록되었다.

박애博愛의 원리 영 philanthropy, 독 Philanthropie, 프 philanthropie. '박애'의 사전적 의미는 「모든 사람을 평등하게 사랑함」으로 새겨진다. 통상 프랑스 대혁명의 기본적인 이념으로 Liberté, Egalité, Fraternité를 말하는데, 여기서 Fraternité가 일본에서 번역되면서 '박애'로 오역(誤譯)되었다고 보는 것이 일반적이다. Fraternité의 가장 정확한 우리말은 '형제애(兄弟愛)' 혹은 '우애(友愛)'이다. 따라서 헌법학 교과서에서 프랑스혁명의 기본이념으로 표기하고 있는 '박애'는 '우애' 혹은 '형제애'로 이해함이 타당하다. '자유, 평등, 우애'의 구호는 로베스피에르가 1790.12.5.의 제헌의회 연설에서 국민방위대의 깃발에 '자유, 평등, 우애'의 글귀를 삽입하자고 제안한 바 있고, 구호로서 본격적으로 쓰이게 된 것은 1791년부터라고 알려져 있다. 흔히 '자유, 평등, 우애'는 프랑스혁명의 원리를 표명하는 것으로 간주되지만 적어도 헌법의 차원에서 세 이념이 명문화된 표현을 갖게 되는 것은 제2공화정(1848~1851)에 와서이다. 1848.11.4.의 헌법 전문(前文)의 제4조는 「프랑스 공화국의 원칙은 자유, 평등, 우애이다.」라고 하였고, 제4공화정의 1946. 10.27.의 헌법 제2조는 「공화국의 표어(la devise)는 자유, 평등, 우애이다.」라고 규정하였으며, 제5공화정의 1958.10.4.의 헌법 제2조도 「공화국의 표어(la devise)는 자유, 평등, 우애이다.」라고 규정하였다. 'Fraternité'는 동지와 적을 구분하는 단어일 뿐만 아니라 혁명에 참여한 남성과 여성을 구분하고, 차별하는 기준이 되기도 했다. 오늘날에는 프랑스혁명기의 여성의 역할에 대한 연구가 활발히 이루어지고 그에 따라 1791년에 '여성 권리 선언문(Declaration of the Rights of Woman and of the Female Citizen)'을 집필한 올랭프 드 구주(Olympe de Gouges, 1748~1793), '자유의 아마존(Amazone de la Liberté)'이라는 별명으로 알려진 테르외뉴 드 메리쿠르(Théroigné de Méricour, 1762~1817) 등의 사상이 주목을 받으면서, Fraternité의 의미에 대해 박애와는 다르게 이해하려는 견해도 있다. 다만, Fraternité를 '우애'로 이해하더라도, 인간의 인격·휴머니티를 존중하고, 각자 평등이라는 사상에 입각하여 인종·종교·관습·국적 등을 초월한 인간애를 의미하는 '박애'사상 자체는 오늘날 새롭게 이해될 필요가 있다.

박정희정부朴正熙政府 1961.5.16. 박정희소장을 주축으로 한 군부세력은 군사쿠데타를 통해 4·19혁명 후의 장면 정부를 전복한 후, 5.18.에 국가재건최고회의를 설치하고 군사통치를 시작하였다. 6.10.에는 중앙정보부를 설치하고, 군부 내의 반대세력을 숙청한 후 박정희 장군 자신이 국가재건최고회의의 의장이 되었다. 1962.12.17. 헌법을 개정하고 직선으로 대통령선거를 거쳐 1963.12.17. 제3공화국(第3共和國)을 수립하였다. 제2공화국 당시에 입안된 경제개발계획을 적극 추진하여 1960년대 경제성장을 급속히 추진하였다. 1964년에 베트남에 파병하였으며, 1965년에 일본과 이른바 청구권협정을 체결하여 국교를 재개하였고, 1967.6.8. 실시된 제7대 국회의원 선거에서 공화당이 재적의원 3분의 2이상의 의석을 차지한 것을 기회로 하여 1969년 삼선개헌을 강행하여 장기집권의 길을 열었다. 1971.4.27. 실시된 제7대 대통령선거에서 야당 후보와 치열한 접전 끝에 대통령 3선에 성공하였지만 1970년대 들어, 경제성장 과정에서 소외된 노동자의 문제가 '전태일 분신'으로 상징적으로 표출되고 이러한 산업화 과정의 긴장과 갈등이 경제위기로 이어지게 되고 이것이 정치적 위기로 전화되는 것을 차단하기 위해 정권 차원에서 1972년 유신을 선포하였다. 그럼에도 노동자 등의 사회적 불만의 누적과 함께 민주주의를 열망하는 사회세력과 학생들의 정권비판이 강력하게 전개되자, 1971.5.25. 실시된 제8대 국회의원 선거에서 여당인 민주공화당이 참패하였다. 정권에 대한 국민적 지지도는 하락하고 있는 와중에 학생데모를 진압하기 위하여 1971.10.15. '위수령'을 발동하여 각 대학에 무장군인을 진주시키고, 무기한 휴교조치와 더불어 민주화운동을 강력하게 탄압하였다. 박정희 정권은 1971.12.6. '안보위기'를 내세우며 전국에 '국가비상사태선언'을 발표하고 12.27.에 이 비상사태를 법적으로 뒷받침하고 대통령에게 강력한 비상대권을 부여하는 '국가보위에 관한 특별조치법'을 제정 · 공포하였다. 1972.10.17. '유신'을 선포하고 그 직후 전국에 비상계엄을 선포하면서 각종 정치집회를 금지하고 대학에 휴교령, 계엄당국의 야당 정치인들에 대한 연행 등 비상조치에 대한 일체의 반대토론이 제한된 상태에서 10.27. 대통령 박정희가 주재한 비상국무회의에서 헌법개정안이 의결 · 공고된 후 국민투표에 부쳐져, 1972. 11.21. 투표율 91.9%, 찬성률 91.5%로 헌법개정안이 통과되었다. ➜ 10월 유신. 장기 독재권력에 대한 국민적 저항이 들불처럼 번져가면서, 1974.1.7. 이희승, 김광섭, 이호철, 백낙청 등의 문학인들이 문인 및 지식인 61명 개헌청원서명을 발표하였고 다음 날인 1.8. 전남대생 1,000명의 개헌요구 시위가 발생하자, 박정희 정권은 같은 날 긴급조치 제1호를 선포하여 헌법에 대한 일체의 논의를 금지하고, 위반자는 영장 없이 체포, 15년 이하의 징역에 처하도록 하였으며, 긴급조치 제1호 위반자를 처벌하기 위한 비상군법회의 설치를 위하여 같은 날 긴급조치 제2호를 발동하였다. 그럼에도 국민의 저항이 계속되자 정권 내내 제9호까지 발령된 긴급조치와 계엄선포로 국민의 기본권을 제한하면서, 야당에 대한 공작과 민주화운동세력에 대한 탄압, 그리고 공안정국조성 등으로 정권을 유지하려고 하였으나, 김영삼총재에 대한 제명으로 부마항쟁이 발생하고, 김재규에 의한 대통령 시해사건(1979.10.26.)으로 정권은 종말을 맞이하게 되었다.

반국가단체反國家團體 국가보안법에서 반국가단체(反國家團體)는 정부를 참칭(僭稱)하거나 국가를 변란할 것을 목적으로 하는 국내외의 결사 또는 집단으로서 지휘통솔체제를 갖춘 단체를 말한다(국가보안법 제2조). 여기서 '정부를 참칭'한다 함은 합법적 절차에 의하지 않고 임의로 정부를 조직하여 진정한 정부인 것처럼 사칭하는 것을, '국가를 변란'한다 함은 대한민국 정부를 전복하여 새로운 정부를 구성하는 것을 의미한다. 반국가단체의 구성요건을 충족하기 위해서는 그 구성된 결사나 집단의 공동목적으로서 정부를 참칭하거나 국가를 변란할 목적을 갖추어야 하고, 이는 강령이나 규약 뿐만 아니라 결사 또는 집단이 실제로 추구하는 목적이 무엇인가에 의하여 판단되어야 하며, 어느 구성원 한 사람의 내심의 의도를 가지고 그 결사 또는 집단의 공동목적이라고 단정해서는 안 된다(대법원 2011.1.20. 선고 2008재도11).

반다수결주의反多數決主義 ㉢ counter-majoritarianism. 1. **의의** 헌법재판 특히 위헌법률심사제도 하에서, 다수결주의에 기초하여 제정된 입법부의 법률(정책결정)을, 주권자의 정치적 다수에 의하여 선출되지도 않고 다수에 대하여 일정한 정치적 책임도 지지 아니하는 헌법재판기관이 무효화하는 것은 다수결주의를 원칙으로 하는 민주주의원칙에 반한다는 주장이다. 다시 말하여 헌법재판기관이 입법부나 행정부에서 추진한 정책에 대하여 위헌이라 선언하고 그와 반대되는 정책결정을 내릴 때 그 결정은 국민의 의사에 반한다는 것이다. 헌법이 과거의 주권자의 정치적 의사인 반면, 현재의 정책결정은 현재의 구성원의 의지가 반영된 결과이므로 현재의 정책결정에 대하여 과거의 헌법으로 무효화시키는 것은 반민주적이라는 것이다. 간단히 말하면, 위헌법률심사제도(를 포함하는 헌법재판)는 입헌주의와 민주주의가 서로 충돌하는 괴리가 발생한다는 것이다. 2. **연혁** 20세기 초 Lochner 판결(1905)과 1930년대 New Deal 정책에 대한 미국연방대법원의 일련의 판결 이후 연방대법원의 판결이 국민의사에 반한다는 문제제기에 대하여 Alexander Bickel이 헌법재판이 민주적 정치체제에서 '반다수결주의적 힘(countermajoritarian force)'으로 작동되는 것이 '난제(difficulty)'라 지적하였는데, 이 표현을 빌어 헌법재판기관이 입법부와 행정부의 의사에 반하여 결정을 내리는 것을 '반다수결주의 난제(countermajoritarian difficulty)' 혹은 '반다수결주의 문제(countermajoritarian problem)'이라 불리워지게 되었다. 3. **개념** 반다수결주의 난제는 두 가지 측면에서 논의된다. 하나는, 전통적 견해로서, 헌법재판기관의 재판관들이 국민에 의하여 선출되지 않기 때문에, 그리고 그에 따라 국민에 대하여 정치적 책임을 지지 않기 때문에 반다수결주의적이라 할 수 있다는 것이다. 이를 '절차적 반다수결주의 난제'라 한다. 다른 하나는, 새로운 견해로서, 위헌결정을 통하여 정치적 다수의 의사를 실질적으로 뒤집는다는 측면에서 헌법재판기관의 활동을 반다수결주의라 할 수 있다. 이를 '실체적(실질적) 반다수결주의 난제'라 부른다. 양자 사이의 차이는 정치적 의사로서의 여론이 헌법재판기관의 결정에 영향을 미치는지의 여부이다. 4. **논의의 전개** 반다수결주의 난제는 헌법재판이 존재하는 한, 입헌주의와 민주주의의 끊임없는 충돌을 야기하게 되는 문제이다. 이에 대하여 정책결정과정의 흠결 보충과 소수자보호라는 측면에서 규범적으로 정당화하는 논의와 더불어, 난제 자체를 극복할 수 없게 되기 때문에 극단적으로는 헌법재판을 폐기하고 의회 중심의 정치체제로 복원해야 한다는 주장까지도 등장하고 있다. 최근에는 반다수결주의 난제 자체가 정당한 비판인지에 대한 연구가 전개되고 있다. 특히 헌법재판기관의 결정이 진정으로 결정 당시의 정치적 의사에 반하는 것인지의 문제를 판단함에 있어서, 헌법재판이 다수의 의사에 반하는지의 여부보다는 다수의 의사에 흠결이 존재하는 경우 이를 제대로 보정하고 있는지를 비판적으로 검토하는 것이 보다 합리적이고 생산적 논의라는 주장도 있다. 헌법에 대한 삼원구조적 접근법에 의하면, 헌법재판은 과거의 의지지향으로서의 헌법의 의미내용에 따라 현재의 정치적 다수의 의사가 평가되는 것을 의미하는 것이고, 현재의 정치적 의사의 주관적 성격을 헌법규범으로 객관화하는 과정이라 할 수 있다. 과거의 의지지향으로서의 헌법을 변경해야 할 만큼의 정치적 요구가 있다면 이는 헌법파괴나 폐지 혹은 새로운 헌법제정으로 평가될 것이며, 헌법재판 자체가 무의미하게 될 것이다. 따라서 적어도 헌법재판기관의 결정이 기존의 헌법규범을 파괴할 정도에 이르지 않는 한, 그 결정은 받아들여져야 하며, 그 한도에서 민주주의는 입헌주의에 복종해야 할 것이다. 이는 곧 민주주의 자체의 한계로 볼 수 있을 것이다.

반다원주의적 사고反多元主義的 思考 → 다원적 민주주의.

반대토론反對討論 의회에서 토론이 개시된 경우 상정된 안건에 반대하는 의사를 표시하는 발언을 말한다. 우리나라 국회나 지방의회의 경우 반대토론을 하고자 하는 의원은 의장에게 미리 통지하여야 하며 의장은 반대자와 찬성자를 교대로 발언하게 하되 반대토론자에게 먼저 발언하게 하도록 되어 있다(국회법 제106조, 각 지방의회회의규칙의「토론의 통지」항목 참조). 반대토론의 방식에 대하여 헌법재판소는「국회법 등에 반대토론 신청의 방식을 제한하는 규정이 존재하지 않고 피청구인이 제출한 증거자료인 일부 국회의원들의 반대토론 발언신청서만으로는 반대토론 신청방식에 관하여 국회 내 확립된 관행이 존재한다고 보기도 어려우며, … 1장의 신청서에 안건의·번호나 명칭의 특정 없이 여러 개의 법률안에 대한 반대토론을 함께 기재하여 신청하였다는 것만으로 그 반대토론 신청이 부적법하다고 단정할 수는 없」으며,「피청구인(국회의장)이 청구인에게 이 사건 법률안들에 대한 반대토론의 기회를 주지 아니한 채 이루어진 표결 결과에 따라 이 사건 법률안들에 대한 가결을 선포한 행위는 국회법 제93조를 위배하여 청구인의 법률안 심의·표결권을 침해하였다고 할 것이다.」고 하고 있다(헌재 2011.8.30. 2009헌라7).

반대통령제半大統領制 ➜ 이원정부제.

반대표半代表**의 원리 = 반대표민주주의**半代表民主主義 **= 반직접민주주의**半直接民主主義 간접민주제에 직접민주제를 가미하여 대의민주주의 내지 대표민주주의를 보완하는 제도원리이다. 에스멩(A. Esmein)이 대표적 주장자이다. ➜ 국민대표 관계의 법적 성질.

ㅂ

반론권反論權 ㉢ right of reply. 1. **의의** 반론권이란 넓은 의미로, 신문, 잡지, 방송 등 언론이 불공정한 보도나 논평으로 인해 피해를 당한 자가 해당 언론기관에 대해 반론의 게재 또는 방송을 할 수 있도록 요구할 수 있는 권리를 말한다. 이는 크게 두 가지 유형으로 구분된다. 하나는 보도 중의 명예훼손적인 내용에 대해 그 정정을 요구하는 정정권(訂正權)이고, 다른 하나는 본인이 작성한 반박문을 해당 미디어에 대하여 게재하도록 요구하는 반박권(反駁權)으로서, 이 경우에는 보도 내용의 잘못된 것을 반드시 요건으로 하지 않고, 사실에 대한 논박은 물론 비판 공격이나 주장 등에 관한 반론을 무료로 실어 주도록 요구할 수 있는 권리를 말한다. 후술하듯이 반론권을 반론보도청구권으로 좁게 이해하였던 과거의 법제에서는 정정보도청구권도 반론보도청구권의 개념에 포섭하였으나, 오늘날에는 언론중재법에서 반론권은 정정보도청구권과 반론보도청구권 및 추후보도청구권 등을 모두 포함하는 것으로 보아야 한다. 좁은 의미로 반론보도청구권과 동의어로 사용하는 예도 있다. 2. **입법례** 1) **프랑스** 프랑스는 세계에서 처음으로 입법으로 반론권을 보장한 나라이다. 프랑스는 1789년 대혁명 이후 너무나 자유로운 언론으로부터 개인의 인격권을 보호하는 법적 방편의 하나로 반론권을 모색하게 되었다. 이러한 노력은 그로부터 30여년 후인 1822년에 세계 최초의 반론권법을 입법화하기에 이르렀다. 이 법은「모든 신문 또는 정기 간행물의 보도에서 지명되거나 지시된 자는 누구든지 해당 신문 또는 정기 간행물의 소유자나 편집자에게 반론을 제기할 수 있으며, 반론을 요청받은 일간 신문은 3일 이내에, 기타 정기 간행물인 경우는 가장 가까운 다음 호에 반론문을 게재하여야 한다.」고 규정하고 있었다. 그 후 이 법은 최근까지 약 20번에 걸친 수정을 거듭하면서 오늘에 이르고 있다. 이 가운데 가장 기본이 되는 반론권 규정은 1881년의 출판법 제13조로서 그 동안 약간의 세부적인 사항에만 변화가 있었을 뿐 법조문의 주요 골격은 거의 그대로 유지되고 있다. 프랑스 출판법 제13조는「모든 신문과 정기 간행물의 보도에서 거명(擧名)되고 지시(指示)된 모든 사람은 반론권을 행사할 수 있다.」고 규정하고 있다. 방송에 대한 반론권은 오랫동안 인정되지 않았었으나, 방송에서의 인격권 침해 양상이 두드러지게 나타나면서 프랑스 의회는 1972년 방송협회법을 개정하여 반론권을 인정하였다. 개정법 제8조는 당초 「방송에 의하여 명예나 명성이 침해된 자연인」에 한하여 제한적으로 반론권을 인정하였으나, 지금은 「라디오와 텔레비전을 비롯한 방송과 영화, 뉴 미디어 등 비디오 매체에 의하여 명예와 명성이 침해된 모든 사람」이 반론권을 행사할 수 있도록 하고 있다. 2) **독일** 독일은 현재 연방 차원의 통일적인 반론권법이 존재하지 아니하고 각 주(州)마다 반론권 내용을 조금씩 다르게 규정하고 있다. 일반적으로 볼 때 독일의 반론권은 가치판단을 그 내용으로 하는 의견이나 논평, 진술에 대해서는 인정하지 아니하고, 단지 사실주장에 대해서만 반론이 인정되는 제한적인 권리이다. 독일에 있어서 반론권의 대상은 단순히 기자에 의한 취재기사에 한정되지 아니 하고, 사실주장이 들어있는 한 모든 종류의 언론 보도에 전부 적용된다. 반론권자가 반론권을 행사함에 있어서는 그 행사에 정당한 이익이 있어야 한다. 이 정당한 이익의 요건은 민법상의 「권리남용금지」규정을 반론권법에 적용한 것이다. 독일에서는 방송의 사회적 역할과 책임을 인쇄매체보다도 훨씬 더 강조하고 있다. 이렇게 방송에 대한 공적책임을 강조하는 만큼 방송에서의 반론권 규정은 그 어느 나라에서보다도 더 엄격하게 적용하고 있다. 방송에서의 반론권은 라디오와 텔레비전에 모두 적용되는데, 반론권의 주체와 유발방송과의 사실성 문제, 청구방법 등은 인쇄매체에서의 반론권의 요건과 동일하다. 이 반론권은 첫째, 유발방송의 사실주장에 국한되고 둘째, 반론요청은 방송책임자에게 자필로 서명한 서면으로 제출하여야 하며 셋째, 반론의 내용이 법에 저촉되는 것이어서는 아니 되고 넷째, 본인에게 정당한 이익이 있을 경우에만 인정된다. 이러한 반론은 유발방송 후 즉시 요구되어야 하며, 반론 방송은 늦어도 3개월 이내에 첨삭(添削)없이 방송되어야 한다. 3) **미국** 미국은 언론의 자유가 가장 잘 보장된 나라로 일컬어지고 있는 반면에, 신문에서의 반론권은 법적 권리로 인정되지 않고 있다. 다만 반론권과는 다른 접근법으로서 액세스권(right of access)이 인정되고 있다. 액세스권은 매스미디어에 자유로이 접근하여 이용할 수 있는 권리 즉, 보도매체 접근이용권을 말한다. 액세스권은 언론 매체를 단지 자신의 의견을 전달하는 장(場)으로 이용하고자 하는 권리를 의미하며, 가해자인 언론을 상대로 개인의 인격권을 보호하거나 피해구제를 위한 방법과는 무관하다는 점에서 반론권과 본질적으로 구분된다. ➜ 액세스권. 하지만, 신문에서의 반론권이 법적 권리로 인정되지 않는다고 하여, 미국에서 피해자가 재판을 통하지 않고 언론사를 상대로 신속하게 구제받을 수 있는 길이 막힌 것은 아니다. 특히 방송에서는 전파 자원의 희소성을 내세워 반론권과 같은 효과를 볼 수 있는 액세스권을 인정하고 있다. 4) **영국** 영국도 미국과 마찬가지로 반론권을 법적 권리로 인정하고 있지 않다. 그러나 방송에 의한 피해를 본 당사자는 별도의 불만처리 기구인 BCC(Broadcasting Complaints Commission)에, 신문에 의한 피해에 대해서는 PCC(Press Complaints Commission)에 각각 제소하여 구제를 받도록 함으로써 실제 반론권이 인정되는 것과 같은 효과를 꾀하고 있는 독특한 법적 구조를 가지고 있다. PCC는 법원과 같은 엄격한 심판 기구는 아니며, 우리나라의 언론중재위원회와 비슷하게 자율적 규제를 존중하는 기조위에서 피해자의 신청을 바탕으로 언론사와의 사이에서 조정을 하고, 이것이 여의치 않을 경우에만 결정을 내리게 된다. 영국의 언론피해 구제제도가 가지고 있는 또 다른 특색 중의 하나는 대륙법계의 반론권과는 달리 당사자가 자신의 주장을 펼칠 수 있는 법적 권리가 반드시 보장되는 것은 아니라는 점이다. 3. **우리나라의 반론권 제도** 1) **법적 근거** (1) **헌법적 근거** 넓은 의미의 반론권은 헌법상 보장된 인간의 존엄과 가치의 내포로서의 인격권(헌법 제10조), 그리고 사생활의 비밀과 자유(헌법 제17조)에서 그 근거를 찾을 수 있다. 또한 반론권은 보도의 진실성 여부를 가리는 것이라기보다는, 제4의 권력이라 지칭되는 막강의 언론기관에 의한 침해에 대하여, 수용자인 국민의 반박기회 보장이라는 점에서 헌법 제11조의 평등권도 그 근거가 된다. 직접적인 근거는 언론의 책임과 피해의 배상을 명시한 헌법 제21조 제4항의 규정을 들 수 있다. 헌법재판소는 반론권이 인정되는 취지로서, 「첫째, 언론기관이 특정인의 일반적 인격권을 침해한 경우 피해를 받은 개인에게도 신속·적절하고 대등한 방어수단이 주어져야 함이 마땅하며, 특히 공격내용과 동일한 효과를 갖게끔 보도된 매체 자체를 통하여 방어 주장의 기회를 보장하는 반론권제도가 적절하고 형평의 원칙에도 잘 부합할 수 있다는 점, 둘째, 독자로서는 언론기관이 시간적 제약아래 일방적으로 수집·공급하는 정보에만 의존하기 보다는 상대방의 반대주장까지 들어야 비로소 올바른 판단을 내릴 수 있기 때문에 이 제도는 진실발견과 올바른 여론형성을 위하여 중요한 기여를 할 수 있게 된다는 점」을 지적하고 있다(헌재 1991.9.16. 89헌마165). 우리나라의 반론권제도는 언론의 인격권 침해에 대한 효율적 대응 방안이라는 제도적 성격과 더불어, 다른 의견의 제시를 권리로 보장함으로써 언론의 자유를 신장하고자 하는 성격을 함께 가지고 있는 것으로 파악되고 있다. 학설에서는 액세스권을 광의와 협의로 구분하고, 넓은 의미의 반론권은 협의의 액세스권으로 설명함이 일반적이다. ➜ 액세스권. (2) **법률적 근거** 반론권에 관한 법률적 규제는 1980년대에 처음 등장하였다. 즉 넓은 의미의 반론권에 포함되는 반론보도청구권이 「언론기본법(1980.12.31. 제정, 1987.11.28. 폐지)」에 '정정보도청구권'이란 명칭으로 처음으로 규정된 후, 「정기간행물의 등록 등에 관한 법률(1987.11.28. 제정, 현재 「신문 등의 진흥에 관한 법률」로 2010.1.25. 전부개정)」에 존치되다가, 1995.12.30. 개정된 「정기간행물의 등록 등에 관한 법률」에서 그 용어를 종전의 '정정보도청구권'에서 '반론보도청구권'으로 변경하였다. 2005.1.27. 새롭게 제정된 「**언론중재법**」에서는 산재해 있던 반론권을 일원화하여, 정정보도청구권, 반론보도청구권, 추후보도청구권 등으로 정리하여 언론보도로 인한 피해자의 권리구제수단으로 규정하고 있다. 2) **정정보도청구권**訂正報道請求權 ➜ 정정보도청구권. 3) **반론보도청구권**反論報道請求權 ➜ 반론보도청구권. 4) **추후보도청구권**追後報道請求權 ➜ 추후보도청구권. 5) **인터넷뉴스서비스에 대한 특칙** 인터넷뉴스서비스란 인터넷신문 및 인터넷 멀티미디어 방송, 그 밖에 대통령령으로 정하는 것은 제외하고, 언론의 기사를 인터넷을 통하여 계속적으로 제공하거나 매개하는 전자간행물을 말한다(언론중재법 제2조 18호 참조). 인터넷뉴스서비스사업자는 언론중재법 제14조 제1항에 따른 정정보도 청구, 제16조 제1항에 따른 반론보도 청구 또는 제17조 제1항에 따른 추후보도 청구를 받은 경우 지체 없이 해당 기사에 관하여 정정보도청구 등이 있음을 알리는 표시를 하고 해당 기사를 제공한 언론사 등에 그 청구 내용을 통보하여야 한다(언론중재법 제17조의2 제1항). 인터넷뉴스사업자로부터 정정보도청구등이 있음을 통보받은 경우에는 기사제공언론사도 같은 내용의 청구를 받은 것으로 보며, 기사제공언론사가 정정보도청구(제15조 제2항), 반론보도청구(제16조 제3

ㅂ

항), 추후보도청구(제17조 제3항)에 따라 청구에 대하여 그 청구의 수용 여부를 청구인에게 통지하는 경우에는 해당기사를 매개한 인터넷뉴스서비스사업자에게도 통지하여야 한다(동조 제3항). 6) **언론중재위원회** ➜ 언론중재위원회. 7) **고충처리인제도**苦衷處理人制度 종합편성 또는 보도에 관한 전문편성을 하는 방송사업자, 일반일간신문을 발행하는 신문사업자 및 뉴스통신사업자는 사내(社內)에 언론피해의 자율적 예방 및 구제를 위한 고충처리인을 두어야 한다(언론중재법 제6조 제1항). 고충처리인의 권한과 직무는, 언론의 침해행위에 대한 조사, 사실이 아니거나 타인의 명예, 그 밖의 법익을 침해하는 언론보도에 대한 시정권고, 구제가 필요한 피해자의 고충에 대한 정정보도, 반론보도 또는 손해배상의 권고, 그 밖에 독자나 시청자의 권익보호와 침해구제에 관한 자문 등이다(동조 제2항). 헌법재판소는 고충처리인제도를 합헌으로 보고 있다(헌재 2006.6.29. 2005헌마165).

반론보도청구권反論報道請求權 ㉧ Right to Require Relevant Press Organization, etc. to Report Contradictory Statement. 1. **의의와 연혁** 1) **의의** 언론의 보도로 공표된 사실적 주장으로 인해 명예 등 인격권의 피해를 입은 자는, 보도 내용의 진실성과 관계없이 가해 언론사를 상대로 피해자 측이 작성한 자신의 입장이나 주장을 무료로 보도하여 줄 것을 청구할 수 있는 권리를 말한다(언론중재법 제16조). 반론보도청구는 명예훼손의 경우에 일반적인 불법행위책임인 손해배상과는 별개로 피해자에게 인정되는 원상회복청구권으로서 행사되는 구체적 권리이다. 2) **연혁** 반론보도청구권은, 언론기본법(1980.12.31. 제정, 1987.11.28. 폐지)에 '정정보도청구권'이란 명칭으로 처음으로 규정된 후, 정기간행물의 등록 등에 관한 법률(1987.11.28. 제정, 그 후 수차례의 개정을 거쳐, 현행 신문 등의 진흥에 관한 법률로 2010.1.25. 전부개정)에 존치되다가 1995.12.30. 개정된 정기간행물의 등록 등에 관한 법률에서 그 용어를 종전의 '정정보도청구권'에서 '반론보도청구권'으로 변경하였다. 2005.1.27. 새롭게 제정된 「**언론중재 및 피해구제 등에 관한 법률(약칭: 언론중재법)**」에서는 산재해 있던 반론권을 일원화하여, 정정보도청구권, 반론보도청구권, 추후보도청구권 등을 언론보도로 인한 피해자의 권리구제수단으로 규정하고 있다. 반론보도청구권은 문제된 언론보도의 진위 여부를 불문하며, 언론이 스스로 정정하는 것이 아니라 피해자가 작성한 보도문을 무료로 보도할 의무만을 진다는 점에서 서구의 반론권제도를 입법화한 것이다. ➜ 반론권. 2. **반론보도청구권자와 상대방** 1) **청구권자** 언론보도로 인한 피해 인격권의 주체가 될 수 있는 자이면 반론보도청구권을 행사할 수 있다. 따라서 자연인은 물론 법인도 가능하다. 언론중재법은 반론보도청구권자를 확대하여 규정하고 있다. 국가나 지방자치단체뿐만 아니라 국가나 지방자치단체의 하부조직인 기관이나 단체도 언론보도가 해당업무에 관한 경우에 반론보도청구권이 있으며, 국가기관 또는 단체의 장이 그 기관 또는 단체를 대표하여 반론보도를 청구할 수 있다(동법 제14조 제3항). 민사소송법상 당사자능력 인정 유무와 관계없이 기관이나 단체로 하나의 생활단위를 구성하고 보도 내용과 직접적인 이해관계가 있을 때는 그 대표자가 반론보도를 청구할 수 있다(동법 제14조 제4항). 대법원도 기관이나 단체에게도 당사자능력을 부여할 합리성과 정당성이 긍정될 수 있다고 하고 있다(대판 2006.2.10. 2002다49040). 언론보도로 '피해를 입은 자'는 언론의 사실보도와 반론보도청구권자 사이에 개별적 연관성이 있으면 충분하다. 법원은 개별적 연관성의 판단기준으로, 「언론보도에서 성명이나 초상 등을 통하여 특정되지 아니하였고 또한 사전 지식을 가지고 있는 사람이 아니라면 보도내용 자체로서는 보도의 대상이 되고 있는 사람이 누구인지를 알 수 없는 경우에도, 언론기관이 당해 보도를 하기 위하여 취재한 내용 등과 당해 보도의 내용을 대조하여 객관적으로 판단할 때에 당해 보도가 그 사람에 관한 것으로 명백히 인정되는 사람 또는 당해 보도를 한 언론기관에서 보도내용이 그 사람에 관한 것임을 인정하는 사람 등은 보도내용과 개별적인 연관성이 있음이 명백히 인정되는 자에 해당된다.」고 판시하고 있다(대판 2011.9.2. 2009다52649). 2) **상대방** 언론중재법은 반론보도청구권의 상대방으로 언론사, 인터넷뉴스 서비스사업자, 인터넷 멀티미디어 방송사업자를 규정하고 있다(동법 제14조 제1항). 여기서 언론사란, 언론중재법 제2조 각호에서 규정한 바에 따라 '방송법', '신문 등의 진흥에 관한 법률', '잡지 등 정기간행물의 진흥에 관한 법률', '뉴스통신 진흥에 관한 법률'에 규정되어 있다. 3. **반론보도청구의 대상** 1) **사실적 주장** 사실적 주장에 관한 언론보도로 피해를 입은 자는 언론보도의 진위여부와 관계없이 반론보도청구권을 행사할 수 있다. 여기서 '사실적 주장'이란 증거에 의하여 그 진위여부를 판단할 수 있는 사실관계에 관한 주장을 의미한다. 표현대상에 대한 객관적 인식을 사실관계로, 주관적 입장에 따른 가치판단을 의견으로 구분할 수 있다. 의견표현은 표현대상에 대하여 주관적 평가의 결과를 표현하는 것으로, 평가의 적절성 여부가 문제된다. 의견의 자유는 진실의무가 수반되는 사실보도와는 달리 두터운 보호를 받는다. 사실적 주장이 아닌 논평 기사나 비평 기사는 반론보도의 대상이 아니다. 사실적 주장과 의견표명의 구별에 관하여 대법원은 그 구별기준으로, 먼저 객관적으로 입증 가능하고 명확하며 역사성이 있는 것으로 행위자의 동기, 목적, 심리상태 등이 외부로 표출된 것이면 사실적 주장으로 판단하고, 사실적 주장과 의견표명이 혼재하는 형식으로 보도된 경우에는 원보도의 객관적 내용과 더불어 사용된 어휘의 통상적 의미, 전체적인 흐름, 문구의 연결방법뿐만 아니라 원보도의 배경이 되는 사회적 흐름 및 독자에게 주는 전체적 인상도 고려하여 사실적 주장 여부를 판단하여야 한다고 하고 있다(대판 2011.9.2. 2009다52649). 원보도가 제3자의 의견을 인용하여 보도한 경우 제3자가 실제로 그러한 의견을 표명한 것인지의 여부는 사실적 주장이지만, 원보도가 제3자의 의견을 인용하는 방식으로 자기의 의견으로 보도한 경우라면 의견표명으로 본다(대판 2006.2.10. 2002다49040). 2) **보도방식** 사실적 주장에 관한 언론보도라면 그 편집형식이나 공표방법에 관계없이 반론보도의 대상이 된다. 사진, 만화 등 형상적 표현도 사실주장이 포함되어 있다고 인정할 수 있는 범위에서는 반론보도의 대상이 되며, 다만 반론보도의 방법 등에 있어서 언어적 반론의 방법이 가능하다. 언론사가 특정 개인의 사실적 주장을 보도하거나 원고를 부탁하여 게재한 경우에 특별한 사정이 없는 한 특정 개인은 보도내용이나 게재된 기사가 자신의 사실적 주장과 다름을 이유로 반론보도청구를 할 수 있다. 언론이 특정 개인의 사실적 주장을 보도하거나 게재하면서 그 기사에서 지명되거나 개별적 연관성이 인정된 제3자가 피해를 받은 경우, 제3자는 해당 언론사를 상대로 반론보도를 청구할 수 있다. 3) **원보도 내용의 허위 여부 및 반론보도 내용의 진위 증명** 언론보도 등으로 피해를 입은 경우에는 보도내용의 진위에 관계없이 반론보도를 청구할 수 있다(언론중재법 제16조 제2항). 그 이유는 반론보도청구권이 원보도를 진실에 부합되게 시정보도해 줄 것을 요구하는 권리가 아니라 원보도에 대하여 피해자가 주장하는 반박내용을 보도해 줄 것을 요구하는 권리이기 때문이다. 반론보도청구자가 스스로 반론보도의 내용이 허위임을 알면서도 청구하는 경우는 피해자의 권리구제나 올바른 여론의 형성의 목적에 부합하지 않는 것으로 반론보도청구권을 남용하는 것이다. 반론보도는 언론기관의 편집의 자유를 제한하고 간접적으로 언론기관의 활동을 위축시켜 언론기관의 보도의 자유를 포함한 언론의 자유를 제한하는 것이다. 4) **반론보도문의 내용** 반론보도는 언론의 사실적 주장에 대하여 반박하거나 해명을 위하여 보충적 설명을 하는 것으로 그 내용도 사실적 주장이어야 한다(동법 제16조 제3항, 제15조 제5항). 반론보도의 내용은 원보도의 사실적 주장과 관념적으로 연관성을 가지는 사실적 진술과 이를 명백히 전달하는 데 필요한 설명에 국한되지만, 원보도의 사실적 주장에는 원보도에서 직접적으로 기술한 사항은 물론 원보도가 직접적으로 기술하지 않은 사실이라도 전체적인 보도의 취지, 경위, 내용 등을 통하여 간접적으로 표현하거나 암시하는 내용으로 인정할 수 있는 사실도 포함된다(대판 2006.11.23. 2004다50747). 반론보도는 필요한 경우에 원보도를 보충하는 내용이 포함될 수 있다. 그러나 원보도의 내용이 문제가 없음에도 상세하게 추가적 사실을 보완할 목적으로 행사할 수는 없다. 원보도가 사진, 만화 등 형상적 표현방식으로 사실주장이 포함되어 있는 경우 반론보도는 원칙적으로 언어적 반론의 방식으로 행사하여야 하지만 필요하다면 동일한 형상적 표현방식으로도 행사될 수 있어야 한다. 반론보도문에는 형사상 범법행위가 될 수 있거나 민사상 불법행위가 되는 경우와 같은 위법한 내용이 포함될 수 없다(동법 제16조 제3항, 제15조 제5항). 반론보도문에 대해서는 언론사에게 법적 책임을 지우는 것은 타당하지 않다. 다만, 반론보도문의 내용에 따른 타인의 법익침해가 발생한 경우 예컨대 명예훼손죄, 모욕죄, 공무상의 비밀누설죄 등의 형사상 책임과 민사상의 불법행위가 성립한 경우에 반론보도문의 주체가 형사상 또는 민사상 책임을 지는 것은 별개의 문제이다. 4. **반론보도문 게재 거부사유** 언론중재법은 ① 피해자가 반론보도청구권을 행사할 정당한 이익이 없는 경우, ② 청구된 반론보도의 내용이 명백히 사실과 다른 경우, ③ 청구된 반론보도의 내용이 명백히 위법한 내용인 경우, ④ 반론보도의 청구가 상업적인 광고만을 목적으로 하는 경우, ⑤ 청구된 반론보도의 내용이 국가·지방자치단체 또는 공공단체의 공개회의와 법원의 공개재판절차의 사실보도에 관한 것인 경우에 언론사는 반론보도청구를 거부할 수 있다고 규정하고 있다(동법 제16조 제3항, 제15조 제4항). 이는 반론보도의 남용으로부터 언론사의 언론의 자유가 위축되는 것을 방지하기 위한 것으로, 실무상으로는 반론보도청구자의 반론보도청구에 대해 언론사는 항변사유로 위의 반론보도청구의 거부사유를 주장한다. 1) **정당한 이익이 없는 경우** '정당한 이익이 없는 경우'란 피해자의 입장에서 반론보도청구를 정당화할 아무런 이익이 없는 것으로, 반론보도의 실질적 이익 내지 필요성이 없는 경우이다. 통상적으로 원보도의 내용으로 피해자의 명예 등 인격권이 침해를 받거나 공중에게 왜곡된 인상을 주는 경우에 원보도 내용을 반박하거나 오해를 시정하기 위하여 반론보도를 청구한다면 정당한 이익이 있는 것으로 본다. 원보도의 내용이 불충분하여 피해자에 대한 오해나 객관적 평가를 그르칠 염려가 있는 경우라면 원보도의 내용을 보완하기 위한 추가적 내용의 반론보도청구에도 정당한 이익을 인정할 수 있다. 반면에 원보도가 피해자의 법익에 대해 미치는 영향이 거의 없는 경우, 원보도가 이미 상당한 기간이 경과하여 반론보도가 피해자의 법익회복에 그다지 도움이 되지 않는 경우, 반론보도를 구하는 내용이 원보도의 지엽말단적인 사소한 것에만 관련되어 있어 이의 시정이 올바른 여론형성이라는 본래의 목적에 기여하는 바가 전혀 없는 경우, 언론이 스스로 원보도 이후 같은 비중으로 충분한 보도가 이루어져서 피해자의 반론보도청구의 목적이 달성된 경우 등의 경우에는 정당한 이익이 없는 것으로 판단한다. 이와 관련하여 법원은 원보도 후 당해 일간지에 피해자의 인터뷰기사가 보도되었어도 피해자가 요구하는 반박내용이 충분히 반영되지 않은 경우나 원래 방송에서 원고가 구하는 반론보도의 내용을 일부 보도하였으나 그 보도된 내용만으로는 원고가 구하는 반론이 충분하게 보도되었다고 보기 어려운 경우에는 반론보도청구의 정당한 이익이 있다고 판시하고 있다. 2) **명백히 사실과 다른 경우** 반론보도의 내용이 '명백히 사실과 다른 경우'의 의미는 그 주장 내용이 사회 보편적인 경험칙이나 역사적 사실, 자연과학적인 현상, 일반적인 과학적 원리나 공식 등에 반하는 것으로서 통상적인 교양을 갖춘 독자라면 특별한 조사나 검증절차를 거치지 아니하고서도 허위임을 곧바로 알 수 있는 것을 말한다. 반론보도문의 내용이 명백히 사실과 다른 경우 반론보도를 청구하는 것은 피해 구제를 벗어난 권리남용이다. 따라서 그러한 경우에는 언론사는 반론보도문의 게재를 거부할 수 있다. 3) **반론보도의 내용이 명백히 위법한 내용인 경우** 반론보도의 권리행사로 타인의 법익을 해하거나 사회적 법익을 침해하는 것은 금지되어야 한다. 따라서 반론보도문의 내용에 위법한 내용이 포함되어서는 안 된다. 반론보도문의 위법한 내용에 따른 법적 책임이 언론사에게 귀속될 수 없다. 반론보도의 내용이 위법한 경우 반론보도의 청구는 권리남용이 되어 허용되지 않는 것으로 보아야 한다. 4) **반론보도의 청구가 상업적인 광고만을 목적으로 하는 경우** 광고에 대해서는 반론보도를 청구할 수 없다. 시장경제 질서를 근간으로 하는 체제하에서 상업적 목적을 위한 광고는 언론사와의 광고계약을 통해 유료로 게재하는 것이 원칙이다. 반론보도가 인정되는 경우에 해당 언론사는 무료로 그것을 공표하여야 한다. 상업적인 광고만을 목적으로 반론보도를 허용한다면 언론사의 정상적인 광고 영업행위를 부당히 침해하는 것으로 반론보도청구자는 부당이득을 취득하게 된다. 부당하게 언론사의 영업적 이익을 침해하는 반론보도청구는 당연히 금지되어야 한다. 5) **반론보도의 내용이 국가 · 지방자치단체 또는 공공단체의 공개회의와 법원의 공개 재판절차의 사실보도에 관한 것인 경우** 언론보도가 국가, 지방자치단체 또는 공공단체의 공개회의와 법원의 공개재판절차에 관한 충실한 사실관계인 경우에는 반론보도청구의 대상에서 제외한다. 여기서 사실보도는 회의나 재판의 진행상황을 충실하게 외부에 전달하는 것이다. 만약 그 내용이 왜곡 · 과장되게 보도되었거나 중요한 사항을 누락하여 외부인이 전체상황을 잘못 이해할 수 있다면, 이를 바로 잡기 위해 반론보도가 허용될 수 있다. 상기기관의 공개회의와 공개재판절차에 관한 사실보도는 법률에 의하여 공개가 규정된 경우와 기관 스스로 공개를 허용한 경우에 한한다. 이 경우에 언론사에게 반론보도청구의 거부사유를 인정하는 이유는 우선 공개된 사실관계에 대하여 언론사의 왜곡이 사실상 어렵고, 내용의 진위를 제3자가 용이하게 확인할 수 있기 때문이다. 5. **선거관련 보도에 대한 반론보도청구 특칙** 민주주의 국가에서 언론의 자유는 선거과정에서도 충분히 보장되어야 한다. 공직 후보자의 공직담당 적격검증을 위한 언론의 자유도 보장되어야 한다. 언론사는 공공의 이익을 보호하기 위해 중립의 위치에서 유권자가 공직선거에서 올바른 선택을 할 수 있도록 특정 정당이나 후보자 개인에 대한 정책이나 사상, 신상정보 등의 정보를 공중에게 정확하게 전달할 본연의 기능을 담당하여야 한다. 후보자에게 위법이나 부도덕함을 의심하게 하는 사정이 있는 경우 언론사에게 이에 대한 문제 제기가 허용되어야 하고, 공적 판단이 내려지기 전이라 하여 그에 대한 의혹 제기가 쉽게 봉쇄되어서는 안 된다. 그러나 근거가 박약한 의혹의 제기를 광범위하게 허용할 경우 비록 나중에 의혹이 사실무근으로 밝혀지더라도 일시적으로 후보자의 명예가 훼손되고 임박한 선거에서 유권자들의 선택을 오도하는 중대한 결과가 야기될 수 있다. 공직선거법은 언론사가 정당의 정강·정책이나 후보자의 정견 기타 사항에 관하여 보도·논평을 하는 경우와 정당의 대표자나 후보자 또는 그의 대리인을 참여하게 하여 대담을 하거나 토론을 행하고 이를 방송·보도하는 경우에는 공정하게 하여야 한다고 규정하고 있다(동법 제8조). 언론사가 선거에 관한 공정보도의무를 위반한 경우에 선거방송심의위원회와 선거기사심의위원회는 선거방송과 선거기사의 시정을 요구할 수 있다. 이와 관련하여 언론보도로 인신공격, 정책의 왜곡선전 등으로 피해를 입은 정당 또는 후보자는 선거보도에 대한 반론보도청구를 할 수 있고, 선거에 관한 보도가 미치는 영향 및 그 시정의 긴급성을 고려하여 언론중재법상의 반론보도청구권의 행사절차와는 다른 내용의 반론보도청구권을 규정하고 있다(동법 제8조의4~8조의6 참조). 6. **반론보도청구권 행사절차와 조정 등** 반론보도청구에 관하여는 따로 규정된 것을 제외하고는 정정보도청구에 관한 언론중재법의 규정을 준용한다(동법 제16조 제3항). ➜ 정정보도청구권.

반민족행위처벌법反民族行爲處罰法 이 법은 일제강점기 당시 일본에 협력한 친일파의 행위를 반민족행위로 규정하고 이를 처벌하기 위하여 제정한 법률이다. 1948.8. 대한민국 제헌헌법 제101조에 의하여 국회에 반민족행위처벌법 기초특별위원회가 구성되었고, 그해 9월 22일 법률 제3호로서 이 법이 제정되었다. 반민특위법으로 약칭되기도 한다. 미군정기에 과도입법의원에서 부일협력자·민족반역자·전범·간상배에 대한 특별조례를 제정하려 하였으나, 미군정의 인준거부로 무산된 후, 1948년 정부수립 후 제정되었다. 당시 대통령 이승만의 반대로 인해 3차에 걸쳐 개정되는 우여곡절을 거쳐 1951.2.14.에 폐지되었다.

반민주행위자공민권제한법反民主行爲者公民權制限法 1960년 4·19혁명 후에, 3·15부정선거에서 반민주행위를 한 자의 공무원이 되는 자격 및 선거권·피선거권을 제한하기 위하여 제정된 법률이다. 3·15부정선거에 따른 4월혁명으로 자유당정권이 무너지고 제2공화국이 발족하였는데, 3·15부정선거 관련자 등에 대한 재판에서 재판부는 죄형법정주의의 원칙에 따라 무죄를 선고하는 일이 많았다. 이에 4·19부상자 등이 국회의사당을 점령하는 사태가 있었고, 이에 따라 1960.11. 헌법을 개정하여 소급입법에 의한 공민권 제한 및 처벌을 할 수 있도록 하였다(소급입법개헌). 이에 따라 공민권을 제한하기 위하여 제정된 것이 이 법률이다. 법률에서 「반민주행위자」는 '헌법 기타 법률이 보장한 국민의 기본권을 유린 또는 침해함으로써 민주주의의 제 원칙을 파괴한 행위'라고 정의하고 있다(동법 제2조). 동법에서는 반민주행위를 한 자에 대한 심사를 담당하는 심사대상자가 있었는데(동법 제5조), 그 대상자는 주로 3·15 부정선거 관련자들이었다. 서울특별시와 각 도에 특별검찰부장이 위촉하는 위원으로 구성되는 조사위원회를 두어 반민주행위를 조사하여 서울특별시와 각 도에 두는 심사위원회에 제출하도록 하되, 이 심사위원회는 특별재판소장이 위촉하는 위원으로 구성하며, 심사위원회의 심사에 따라 공민권을 제한하도록 하였다(동법 제6~12조 참조). 이에 대하여는 행정소송 등의 행동을 할 수 없도록 하였고, 공민권 제한의 기간을 법무부장관의 공고일로부터 7년으로 하였다. 5 · 16군사쿠데타 후 1962.3. 「정치활동정화법」에 따라 「반민주행위자공민권제한법」의 대상이 되는 자의 공민권을 제한할 수 있도록 하여 동법은 폐지되었다. 위헌성 여부에 관하여 논란이 많았다.

반복금지의무反復禁止義務 ➜ 동일규범반복금지. ➜ 기속력.

반사적 이익反射的 利益 ⓔ reflective interests, ⓓ Reflexrecht/Rechtsreflex. 반사적 이익이란 행정법규가 공익상의 목적으로 행정주체 또는 제3자에 대해 일정한 의무를 부과하고 있는 결과 개인이 간접적으로 받는 이익을 말한다. 반사적 이익은 원칙적으로 법의 보호를 받지 못하는 이익이므로, 그것이 침해된 경우에도 소송에 의해 구제 받을 수 없다고 함이 공권과 구별되는 점이지만, 오늘날에는 원고적격의 확대가 논의된다. ➜ 공권.

반응의무反應義務 ➜ 기속력.

반직접민주주의半直接民主主義 ➜ 반대표의 원리.

발언권發言權 ➜ 국회의원의 지위 · 권한과 의무.

발의권發議權 국회에서 의제로 될 수 있는 안건을 제출할 수 있는 권한을 말한다. 법률안 등 의안은 국회의원 10인 이상, 의원자격심사는 30인 이상, 임시회집회요구 · 국정조사요구 · 의원석방요구는 재적의원 4분의 1 이상, 국무총리 · 국무위원해임건의 · 탄핵소추안은 재적의원 3분의 1 이상, 헌법개정안과 대통령 탄핵소추안은 재적의원 과반수의 발의가 있어야 한다.

발췌개헌拔萃改憲 한국전쟁 중인 1952.7.4. 임시수도 부산에서 개정되고 7.7. 공포된 제1차 개헌을 달리 부르는 말이다. 정 · 부통령 직선제와 상 · 하 양원제를 골자로 하는 정부측 안과, 내각책임제와 국회단원제를 골자로 하는 국회 안 중에서 각각 발췌하여 절충해서 통과시켰다고 하여 발췌개헌이라 칭한다. 제2대 대통령 선거에서 재집권하기 위한 이승만의 대통령 직선제 개헌안에 반대하여 국회에서 내각책임제 개헌안을 주장하자, 관제데모 · 국회의원 납치소동이 일어나고 부산일대에는 계엄령이 선포되었다. 발췌개헌안은 당시 국무총리 장택상에 의한 것으로, 7.4. 경찰과 군대가 국회의사당을 포위한 가운데 기립투표방식에 의해 출석인원 166명 중 찬성 163, 기권 3으로 통과되었다. 이 발췌개헌에 따라 8.5. 정 · 부통령 직선제 선거를 실시, 압도적인 지지로 이승만이 당선되었다. 이때 내무장관으로서 개헌과정에서 이승만의 오른팔 역할을 한 이범석은 자유당 부통령후보가 되었으나, 이승만은 이범석의 족청계가 세력이 커지는 것을 막기 위해 선거도중 무소속의 함태영(咸台永)을 러닝메이트로 지지, 부통령에 당선시켰다. 발췌개헌은 ① 일사부재의(一事不再議)의 원칙에 위배되고, ② 공고되지 않은 개헌안이 의결되었으며, ③ 토론의 자유가 보장되지 않았고, ④ 의결이 강제되었다는 점에서 위헌인 헌법개정이었다.

방론傍論 ⓔ obiter dictum, obiter dicta(pl.), ⓓ obiter dictum, ⓕ obiter dictum. '다른 언급사항(other things said)'을 의미하는 라틴어로, 판결의 판결이유 중 당해사건의 판결과 직접적인 관계가 없는 부가적인 부분을 말한다. 영국 보통법에서 유래한 것으로, 영미에서는 판결이유는 선례로서 후에 일어난 사건을 구속하지만(선례구속의 원칙), 방론에는 구속력이 없다. 따라서 이후 사건의 법관이나 변호사는 이전 사건의 판결이유 가운데 본론(ratio decidendi)과 방론을 반드시 구별하여 사건을 검토하여야 한다. 우리나라에서는 선례구속의 원칙이 적용되지 않아 본론과 방론 모두 이후 사건에 대하여 구속적이지는 않지만, 이후의 비슷한 사건에 대하여 판결을 내리거나 그 판결의 평석에 유용한 경우가 많다. 다만, 방론이 장래의 법적 규율에 대한 방향의 제시나 방법을 언급하는 경우에는 입법권의 침해로 될 수 있다는 비판이 있다.

방법方法**의 적절성**適切性 ➜ 과잉금지의 원칙.

방법이원론方法二元論 ㉯ der Methodologische Dualismus. 이원론(二元論)은 세계나 사상(事象)을 두 개의 상호간에 독립적인 근본 원리로 설명하는 입장을 말한다. 법학에서는, 존재(Sein)와 당위(Sollen)를 엄격히 준별하여, 존재로부터 당위를 추론할 수 없다는 신칸트주의 철학으로부터 유래된 법학방법론이다. 즉, 가치고찰과 존재고찰은 독립된, 전혀 자신 속에 폐쇄된 원으로서 병존하는 것으로, 현실에서 가치를 이끌어내는 것은 불가능하다는 것이다. 하지만, 방법이원론은 평가와 가치판단이 존재사실에 의하여 영향을 받지 아니한다고 주장하는 것은 아니다. 존재사실과 가치판단 사이에는 인과적 관계를 가질 수도 있지만, 이는 논점이 아니며, 오히려 존재와 가치의 논리적 관계가 논점이다. 방법적 인식에 있어서 당위명제는 다른 당위명제에서만 연역적으로 이끌어낼 수 있고 존재사실을 기초로 하여 귀납적으로 수립할 수는 없다(라드브루흐).

방사효放射效 **= 파급효**波及效, ㉯ Ausstrahlungseffekt/Ausstrahlungswirkung der Grundrechte. 방사효란 방사선이 사방으로 퍼져 영향을 미치는 효과를 말한다. 헌법학에서는 기본권의 객관법적 성격이 전체 법질서에 파급되는 효과를 갖는다는 의미이다. 기본권의 제3자효 내지 사법질서에의 영향에 대하여 설명하는 것으로서 Dürig에 의하여 처음 주창되었다. ➜ 기본권의 대사인적 효력.

방송放送**의 자유** ㉵ Freedom of Broadcasting, ㉯ Rundfunkfreiheit, ㉴ La liberté de diffusion. 1. **의의와 보호범위** 1) **의의** 방송이라 함은 방송프로그램을 기획·편성 또는 제작하여 이를 공중에게 전기통신설비에 의하여 송신하는 것으로서 텔레비전방송, 라디오방송, 데이터방송, 이동멀티미디어 방송 등을 포괄한다(방송법 제2조 참조). 2) **보호범위** 방송의 자유는 방송보도와 관련되는 모든 행위 및 정보의 수집행위를 포함한다. 프로그램의 정치적 성격 여부와 상관없이 모든 종류의 프로그램이 방송의 자유에 의하여 보호된다. 방송의 자유는 프로그램 편성의 자유가 핵심적이다. 광고방송도 이에 포함된다. 2. **방송의 기능** 1) **정신적 인격의 자유로운 발현** 헌법 제21조 제1항이 보장하는 언론출판의 자유는 의사표현의 자유와 정보의 자유를 그 내용으로 하는데, 이는 정신적 인격의 자유로운 발현을 위한 것이다. 인격의 발현은 인간과 사회 그리고 사물에 관한 정보가 없이는 불가능하다. 그러므로 정보제공자 역할을 하는 방송이 가지는 기능은 개인의 정신적 자아실현을 위해서도 필수불가결하다. 2) **민주국가원리의 요소** 언론출판의 자유는 개인적 측면 외에도 여론형성을 통한 자유로운 공동체의 유지형성을 가능하게 하고 이를 통해 민주국가의 원리를 구현할 수 있게 해준다. 방송은 정치적 의사형성과 이의 교환 및 경쟁을 위하여 필수적이다. 3) **정보의 제공과 여론의 형성** 방송은 여론의 중개자일 뿐만 아니라 그 스스로 여론형성이 중요한 요소가 된다. 대중매체의 중요한 역할은 여론이 형성될 영역을 유도하기도 하고 전달하여 확산시키기도 하며 여론을 분류하기도 한다. 4) **문화생활** 방송은 오늘날 개인의 문화생활을 위한 중요한 수단으로 자리잡고 있다. 방송기술의 발달로 인해 한 국가 차원을 넘어 전 세계적인 차원에서 문화적 생활을 가능하게 하고 있기 때문에 개인의 문화생활의 폭이 한층 넓어지고 있고, 이를 위하여 방송에 대한 적절한 규율이 필요하다. 3. **법적 성격** 우리 헌법 제21조 제1항의 언론·출판의 자유로부터 도출되는 방송의 자유는 주관적 권리로서의 성격과 함께 자유로운 의견형성이나 여론형성을 위해 필수적인 기능을 행하는 객관적 규범질서로서의 제도적 보장의 성격도 함께 가진다. 방송의 자유는 종래 기술적 이유로 개인의 권리로서보다는 제도로서의 측면이 더 중시되었고, 방송의 자유는 국민을 위해 기여하는 자유로서, 개인과 공공의 자유로운 의견형성이라는 이익을 위하여 보장되어야 하는 것으로 이해되었다. 국가에 의해 설립된 공영방송의 경우에는 방송의 자유가 방송공사 등 공영방송 운영주체에게 준신탁적으로(quasi treuhänderisch), 신임에 기초하여(fiduziarisch), 이타적(altruistisch)·타익추구적으로(fremdnützich) 위임되는 것이다. 공영방송은 위와 같은 제약 하에서 헌법 상 방송의 자유의 기본권 주체가 된다. 오늘날에는 방송기술의 발달에 따라 개인방송도 가능해지고 있기 때문에, 개인의 방송의 자유도 검토할 필요가 있다. 4. **방송의 자유의 내용** 1) **기본적 정보의 제공** 방송의 자유의 가장 중요한 헌법적 과제는 기본적 정보의 제공이다. 이는 헌법 제21조 제1항으로부터 직접 추론된다. 방송사들은 방영프로그램을 통하여 국민에게 총체적인 정보를 제공하여야 하며 사회에 존재하는 다양한 의견들을 형평성있게 전달하여야 한다. 방송수신료로 재정을 충당하는 공영방송의 경우와는 달리 민영방송의 경우 광고수입 등의 재정적 이유로 시청자선호의 방송만을 제공할 수도 있다. 하지만 기본적 정보의 제공은 공영방송만의 몫은 아니며 민영방송의 경우에도 준수하여야 할 과제이다. 2) **프로그램의 자유** 프로그램의 자유는 우선적으로 어떠한 내용을 어떠한 형태로 방송할 것인가를 결정할 자유이다. 공영방송의 경우 기본적 정보제공은 헌법적 차원의 과제이기 때문에 프로그램의 자유도 그 한도 내에서 보장된다. 민영방송의 경우 공영방송보다 프로그램의 자유를 훨씬 더 넓게 향유할 수 있다. 3) **다양성의 형평성 확보** 방송은 공동체 내에 존재하는 다양한 의견을 표현하고 전달하여야 한다. 이 점은 공영방송과 민영방송에서 약간의 차이가 있기는 하지만, 민영방송이라 하여 완전히 무시되어서는 안된다. 5. **국가의 감독-허가와 승인의 헌법적 문제** 1) **국가감독의 헌법적 근거와 한계** (1) **근거** 현대에 있어서 방송은 타 언론매체보다 더 많은 규제를 받고 있는데 그 이유로 크게 세 가지를 들 수 있다. 첫째, 주파수 채널은 공공재원이기 때문에 정부 또는 이를 대신하는 기관이 일정한 조건하에 방송을 인가할 자격이 있다는 것이다. 둘째, 주파수의 희소성 논거는 방송을 위한 주파수가 물리적으로 대단히 한정되어 있기 때문에 방송사의 권리는 적절하게 규제될 수 있다는 것이다. 셋째, 방송매체의 성격에 중점을 두어 텔레비전은 인쇄매체보다 여론 형성에 보다 더 큰 영향력을 갖거나, 아니면 적어도 그런 것으로 널리 간주되고 있기 때문이다. 방송은 공공재원이니까 정부가 직접 또는 이를 담당하는 제3의 기관을 통해 주파수의 희소성과 영향력 때문에 일정한 조건하에 방송을 규제할 수 있다는 것이다. (2) **한계** ① **보충성의 원칙** 방송사의 통제는 방송사 스스로 행해지도록 하는 것이 원칙이며 방송사 내부구조에 의해 통제가 되지 않는 경우에 국가가 감독할

ㅂ

수 있다는 것이다. 이 원칙은 헌법으로부터 유래한다. 법률로 국가감독이 행해지는 경우 헌법 제37조 제2항에 따라 과잉금지원칙이 적용된다. ② **국가감독의 기준** 국가감독은 법규위반에 대해서만 행해지며 합목적성감독은 행해져서는 안 된다. 법적 감독은 명백하게 법규를 위반한 경우에 한정된다. ③ **국가감독 영역** 방송의 전 영역에 대하여 국가의 감독이 행해질 수 있는 것은 아니다. 특히 프로그램과 관련된 감독은 가능한 한 허용되어서는 안 된다. ④ **국가감독 수단** 국가가 직접 방송에 대해 감독하는 것은 허용되지 않는다고 보아야 한다. 대신 법률위반사항에 대해 통지하고 이의 시정을 구하는 것은 허용된다. 2) **허가와 승인의 헌법적 문제** 방송은 공적 의사형성의 매개체이자 중요한 요소이므로 방송의 공적 의사형성의 기능을 유지하기 위해서는 입법자에 의한 적절한 방송제도의 보호와 다양성 확보에 적합한 방송제도의 창설이 가능할 뿐만 아니라 나아가 이러한 방송제도의 형성임무가 입법자에게 부여되어 있다. 입법자는 광범위한 입법형성재량을 갖고 방송의 설립 등에 관한 실체적인 규율을 하는 바, 방송에 대한 허가와 승인이 문제된다. 방송사업에 대한 허가와 승인은 행정처분으로서의 성격을 가지는 것으로, 국민의 권리의무에 직접 관계가 있는 행위를 가리키는 행정청의 공법상의 행위이다. 방송사업허가제와 관련하여 헌법재판소는 「내용규제 그 자체가 아니거나 내용규제의 효과를 초래하는 것이 아니라면, 헌법 제21조 제2항의 금지된 '허가'에는 해당되지 않는다.」고 하고, 「헌법 제21조 제3항은 통신·방송의 시설기준을 법률로 정하도록 규정하여 일정한 방송시설기준을 구비한 자에 대해서만 방송사업을 허가하는 허가제가 허용될 여지를 주는 한편 행정부의 의한 방송사업허가제의 자의적 운영을 방지하고 있다.」고 하면서 「정보유통 통로의 유한성, 사회적 영향력 등 방송매체의 특성을 감안하고 헌법 제21조 제3항 규정에 비추어 보더라도 허가제를 실시하는 것은 허용된다.」라고 한다(헌재 2001.5.31. 2000헌바43, 52(병합)). 오늘날 기술의 발달에 따라 새로운 형태의 의사전달수단이 개발되고 있는바, 현행 방송법제는 이를 충분히 규율하고 있지 못하다. 또한 방송의 허가요건과 관련하여 방송사업의 허가시 그 요건과 기준을 방송법이나 그 시행령에 구체적인 기준 없이 심사기준과 절차를 추상적이고 일반적인 용어로 규정하고 있어서 헌법상 명확성의 원칙에 위반될 소지가 있다.

방송통신위원회放送通信委員會 방송 내용의 공공성 및 공정성을 보장하고 정보통신에서의 건전한 문화를 창달하며 정보통신의 올바른 이용환경 조성을 위하여 독립적으로 사무를 수행하는 기구이다(방송통신위원회의 설치 및 운영에 관한 법률 제18조). 2008.2. 이명박정부가 출범하면서 내세운 정부기구 축소개편 방침에 따라, 기존의 방송위원회에서 담당한 방송정책 및 규제, 정보통신부에서 담당한 통신서비스 정책과 규제를 총괄하는 **방송통신위원회**가 대통령 직속기구로 설립되었는데, 이 위원회 내에 설치된 기구가 **방송통신심의위원회**이다. 심의위원회는 국회의장 3인, 국회 소관상임위원회에서 3인을 추천받아, 이들을 포함하여 대통령이 위촉하는 9인의 위원으로 구성하고, 심의위원회 위원장 1인, 부위원장 1인을 포함한 3인의 위원을 상임으로 한다(동법 제18조 참조). 심의위원회의 직무는 방송통신위원회의 설치 및 운영에 관한 법률 제21조에 규정하고 있다. 제재 조치의 내용은 시청자에 대한 사과, 해당 방송 프로그램의 정정·수정 또는 중지, 방송 편성 책임자와 해당 방송 프로그램의 관계자에 대한 징계, 주의 또는 경고 등이다. 그러나 심의 규정 등의 위반 정도가 경미하여 제재조치를 명할 정도에 이르지 않은 경우에는 해당 사업자 또는 해당 방송 프로그램의 책임자나 관계자에 대하여 권고 또는 의견제시를 할 수 있다(동법 제25조 참조).

방어권防禦權 자신의 권리나 이익을 방어하는 권리를 말한다. 헌법학에서 기본적 인권의 발전사와 관련하여 국가에 대하여 개인의 자유와 권리·이익의 방어를 위하여 기본적 인권이 발생하였다고 본다. ➜ 기본권.

방어적 민주주의防禦的 民主主義 ⓔ militant democracy/defensive democracy, ⓓ abwehrbereite Demokratie/streitbare Demokratie/wehrhafte Demokratie. 1. **의의** 전투적 민주주의, 투쟁적 민주주의라고도 한다. 민주주의는 국민주권·자유·평등·정의를 실현시키기 위한 일정한 세계관 내지 가치관과 결부된 것이기 때문에, 결코 무개성·무방비한 통치형태는 아니다. 따라서 민주주의의 형식원리를 악용하여 민주주의가 가지는 일정한 가치를 침해하려는 적(敵)에 대해서는, 민주주의도 자신을 지키기 위한 투쟁적 혹은 방어적 장치를 갖추지 않을 수 없다. 이것이 바로 방어적 또는 투쟁적 민주주의이다. 다시 말하여, 민주적인 제도 내지 절차를 활용하여 민주주의를 전복하거나 파괴하려는 자들에 대하여 예방적인 조치를 취함으로써 민주주의를 방어할 기회를 가지는 법적·정치적 구조라 할 수 있다. 방어적 민주주의의 사상적 기원은 프랑스혁명 당시의 생 쥐스트(Saint Just)의 「자유의 적에게는 자유가 없다」라는 명제에서 구할 수 있으며, 현대적 의미로는, 1933년에 독일에서 미국으로 망명한 K. Löwenstein이 주창하였다. 그의 주장은, 민주주의 제도를 활용하여 집권한 다음 민주주의 체제를 폐제하려는 파시즘의 위협으로부터 민주주의를 방어하기 위해 비자유주의적 예방수단도 불사해야 한다는 내용을 담고 있었다. 일반적으로 민주주의는 모든 다양성을 허용하는 상대적인 개념이라 생각되어 왔으나, 절대주의적 세계관에 입각하여 민주주의의 전복을 꾀하는 민주주의의 적에 대해 방위할 필요가 있다. 따라서 방어적 민주주의는 반드시 방어할 가치가 있는 일정한 실질적 요소를 전제로 할 때만 성립될 수 있다. 그러므로 민주주의를 단순히 치자(治者)와 피치자(被治者)가 동일하다는 논리나 다수결의 원리에 의하여 이해하던 바이마르공화국 시대에는 방어적 민주주의 이론은 성립될 수 없었고, 단지 헌법의 보호문제만이 논의되었다. 그러나 민주주의의 형식논리를 자신들의 정권획득과 유지에 이용한 나치스 독재정권이 탄생한 경험을 토대로 방어적 민주주의의 문제는 서독기본법의 탄생과 더불어 성립되었다. 방어적 민주주의 이론은 오늘날 테러리즘(terrorism)에 대항한 헌법보호와 관련하여 논의되고 있다. 현대 민주국가의 헌법질서 하에서 '민주주의의 보호'인 동시에 '헌법의 보호'를 의미한다. 2. **독일기본법에서의 제도화** 제2차대전 이후 독일기본법은 방어적 민주주의제도로서 '기본권상실제도(기본법 제18조: ➜ 기본권의 상실)'와 '위헌정당해산제도(기본법 제21조 제2항: ➜ 정당해산제도)'를 도입하였다. 서독연방헌법재판소는 과거 냉전기에 여러 판례를 통하여 방어적 민주주의론을 확인하고 정립하였다(사회주의제국당(SRP) 해산결정(1952.10.23. BVerfGE 2, 1); 독일공산당(KPD) 해산결정(1956.8.17. BVerfGE 5, 85); 군인결정(1970.2.18. BVerfGE 28, 36); 도청결정(1970.12.15. BVerfGE 30, 1); 급진주의자결정(1975.5.22. BVerfGE 39, 334) 등 참조). 3. **현행 헌법상의 방어적 민주주의** 1) **헌법규정** 현행 헌법은 방어적 민주주의 구현을 위한 제도로서 위헌정당해산제도를 두고 있으나, 기본권상실제도는 규정하지 않았으며, 다만 헌법 제37조

제2항의 일반적 법률유보조항만이 존재한다. 헌법 제8조 제4항은 「정당의 목적이나 활동이 민주적 기본질서에 위배될 때에는 정부는 헌법재판소에 그 해산을 제소할 수 있고, 정당은 헌법재판소의 심판에 의하여 해산된다.」라고 규정하고 있다. 2) **판례** 헌법재판소와 법원의 일련의 국가보안법 위반 사건에 관한 판례들은 자유민주주의 수호를 위한 방어적 민주주의론을 수용하고 있는 것으로 볼 수 있다. 대법원은 제1공화국 시절 진보당이 평화통일론·자본주의를 지양한 복지정책론 외에 '우리는 자유민주주의를 폐기·지양하고 주요산업과 대기업의 국유 내지 국영을 위시한 급속한 경제건설, 사회적 생산력의 제고 및 사회적 생산물의 공정분배를 완수하기 위하여 계획과 통제의 제 원칙을 실현하여야 한다'는 취지의 사실상 계획경제체제를 도입하는 정강·정책을 취하고 있었음에도 불구하고, 그러한 강령·정책에 대하여 합헌판결을 내린 바 있다(대판 1959.2.27. 4291형상559). 그러나 당시 헌법에 정당해산에 관한 조항이 없었으므로 대법원의 판결에도 불구하고 공보실장의 행정처분에 의하여 강제해산되었다. 헌법재판소 결정으로, 국가보안법 제7조 제1항 및 제5항은 각 그 소정행위가 국가의 존립·안전을 위태롭게 하거나 자유민주적 기본질서에 위해를 줄 명백한 위험성이 있는 경우에 적용된다고 할 것이므로 이와 같은 해석 하에서는 헌법에 위반되지 아니한다고 할 것이라 한 결정이 있다(헌재 1990.4.2. 89헌가113). 2014년에는 통합진보당이 해산되었다(헌재 2014.12.19. 2013헌다1:➜ 통합진보당해산결정). 대법원은 다수의 판례에서 반국가단체를 인정하였으며, 최근의 판례로, 제5기 '한총련'을 반국가단체로 판단한 예가 있다(대판 1998.7.24. 98도1395). 방어적 민주주의의 채택을 민주주의의 본질을 침해하는 행위를 규제할 수 있음을 뜻하는 것으로 보는 한, 일반적 법률유보조항인 헌법 제37조 제2항도 개인 또는 단체가 민주주의를 부정하는 경우에 그 기본권 제한의 정당화근거가 될 수 있다는 점에서 방어적민주주의의 수용규정으로 파악할 수 있다. 3) **방어적 민주주의의 한계** 방어적 민주주의론의 적용에 있어 이를 지나치게 확대적용될 경우에는 민주주의의 파괴 내지 자기부정이 되는 까닭에 일정한 한계가 있다. 그 한계로서 i) 민주주의의 본질 그 자체를 침해하는 것이 아닐 것, ii) 국민주권·법치주의·사회국가·평화국가·문화국가 등 다른 헌법원리의 본질을 침해하는 것이 아닐 것, iii) 국가적 개입과 제한의 과잉금지의 원칙에 따라 필요최소한에 그칠 것, iv) 소극적·방어적인 것이고 적극적·공격적인 것이 아닐 것 등을 들 수 있다.

방위사태防衛事態 ➜ 입법긴급(비상)사태.

방청傍聽**의 자유** ➜ 의사원칙.

배분配分**의 원리**原理 ㊀ das Verteilungsprinzip. 칼 슈미트는 근대헌법을 법치국가적 구성부분과 정치적 구성부분으로 나누어 이해하고, 법치국가적 구성부분의 두 원리를 배분원리(Verteilungsprinzip)와 조직원리(Organisationsprinzip)로 나누어 설명한다. 배분원리는 개인의 자유영역은 국가 이전에 부여된 어떤 것으로서 전제되어 있고, 더욱 개인의 자유는 원리적으로 무제한하고. 이에 반하여 개인의 자유영역을 침해할 수 있는 국가의 기능은 원칙적으로 제약되어 있다는 원리이다. 이러한 배분의 원리는 일련의 기본권 내지는 자유권에 표현되어 있다. 조직원리는 배분의 원리를 실현하기 위한 것으로서 입법·행정·사법의 구별 뿐만 아니라 국가권력행사기관들의 다양한 구별들에서도 나타난다. 이러한 권력구별은 권력들 상호간의 통제와 억제를 실현해준다.

배심제陪審制 ㉮ jury system, ㉯ Schwurgericht/Jury System, ㉰ système de jury. 1. **의의와 기능** 8세기 프랑크왕국에서 근원하여 12세기에 영국에 이식되고, 오늘날 많은 나라에서 채택하고 있는 배심제도(jury system)는 비법률가인 일반인으로부터 무작위로 선정된 배심원들이 시민의 대표로서 국가의 재판권을 행사하는 것을 말한다. 그 적용영역에 있어서 나라마다 차이는 있지만, 민사재판과 형사재판 모두에 채택하고 있는 국가가 많다. 재판주체에 대한 국민의 참여는 순수한 민중재판에서부터 순수한 직업법관재판까지의 넓은 스펙트럼을 가질 수 있다. 그 중에서 배심제는 직업법관과 배심원이 각각의 역할을 맡아 재판과정에 참여하는 형태로서 일반국민이 직접 재판부의 일원으로 참여하는 참심제와는 구별되는 제도이다. 즉 배심제는 법정에서 배심원과 직업법관이 공동으로 재판권을 행사하는 것이 아니라, 서로 독립된 기관으로서 각자의 기능과 역할에 부여된 권한을 행사한다. 그러면서도 재판의 최종적 결과는 직업법관의 이름으로 행해진다는 점에서 참심제와 구별되는 것이다. 순수한 직업법관재판제도의 경우에는 사실판단에서부터 법률판단 그리고 최종적 결론인 양형결정에 이르기까지 모두 직업법관이 수행하므로, 전체 재판에 대하여 직업법관 자신이 단독으로 심리적 부담을 져야 하지만, 배심제에서는 재판과정 중의 일부분을 배심원이 분담하게 되므로 상대적으로 법관의 심리적 부담이 줄어들 수 있다. 오늘날 배심제는 민주주의적 가치들을 사법절차에 주입시키는 수단이자 평범한 지혜의 작은 결정체로서, 사법권력에 맞서는 보호자이자 국민에게 법을 교육해주는 제도로서, 그리고 법률에 정당성을 부여하는 제도로서 찬양되고 있다. 물론 배심제에 대한 비판적 견해도 없지 않아서, 고비용-저효율의 문제, 배심원들의 편견·무지로 인한 평결의 무책임성, 배심원에 대한 매수·협박의 위험성 등을 이유로 배심제를 폄하하기도 하지만, 적어도 배심제 자체를 폐지하자는 주장은 거의 없으며, 대부분 개선주장만이 존재하고 있다. 아무튼 배심제는 규범공동체의 유지와 공동체적 가치의 반영을 위한 제도로서, 사법과정의 민주성을 확보하고, 법관의 관료화를 억제하며, 인권보장에 기여할 뿐만 아니라 국민에게 친숙한 재판이 되게 하는 데에 유효한 제도로 평가되고 있고, 미국의 경우, 배심제의 기능에 대하여 대의제정부에서의 공직자들에 대한 견제기능, 부당한 기소에 대한 견제기능, 권력의 부패에 대한 견제기능, 법관의 고립화방지와 자질향상기능, 형사사건에서의 견제와 균형기능, 민사사건에서의 견제기능 등이 지적되고 있다. 2. **배심제의 유형** 배심원들이 어느 정도의 권한을 독자적으로 갖느냐에 따라 배심제는 다양하게 분류할 수 있다. 배심원들의 임무에 따라 심리배심(petit jury : 공판배심, 소배심)과 기소배심(grand jury : 대배심)으로 나눌 수 있고, 의무적인가의 여부에 따라 법정배심과 청구배심으로 나눌 수도 있다. 배심원이 재판에 관여하는 정도에 따라 분류하면, 사실관계를 포함하여 유무죄판단을 행하는 경우와, 유무죄판단과 함께 양형판단까지 행하는 경우로 나눌 수 있다. 일반적으로 배심원은 유무죄판단만을 행한다. 배심원이 내리는 결정에 대한 직업법관의 기속력에 따라 분류하면, 첫째, 직업법관이 배심원의 결정에 엄격히 구속되어 전혀 번복할 수 없는 경우(엄격기속형), 둘째, 원칙적으로 배심원의 결정에 구속되지만, 예외적인 경우에 이를 번복할 수 있는 경우(원칙적 기속형), 셋째, 배심원의 결정을 단순히 참고적 견해로만 고려하는 경우(단순참고형)로 구분할 수 있을 것이다. 3. **한국헌법상 배심제의 헌법적 허용성** 2004년 하반기에 출범한 「사법개혁위원회」에서 논의에 포함된 배심제에 대한 가장 큰 논점은 헌법적합성 여부이었다. 현행헌법에는 배심제나 참심제를 직접 규정하고 있는 명문규정이 없기 때문에 국민의 사법참여의 일환으로서의 배심제 혹은 참심제의 도입문제가 제기될 경우 현행 헌법상의 사법권 관련규정들과의 적합성이 논란이 되는 것이다. 배심제의 도입에 관한 견해는 세 가지로 분류할 수 있다. 그 첫째는, **위헌론**이다. 가장 핵심적인 이유는 우리 헌법상 명문규정이 없고, 배심제가 헌법 제27조 제1항이 정하는「헌법과 법률에 정한 법관」에 포함될 수 없다는 점이다. 둘째는, **합헌론**이다. 이 견해는 그 내용에 따라 다시 두 가지로 나뉜다. 그 하나는, 배심제는 사실문제에 관한 판단만을 행하고 법률문제에는 관여하지 않기 때문에 합헌이라는 견해(사실심 · 법률심준별론)와, 헌법해석상 제27조 제1항에는 배심제가 포함될 수 있고, 또한 법원조직법의 근거조항인 제101조 제3항에 따라 법원조직법의 개정만으로도 배심제가 도입될 수 있다는 주장이다. 셋째는, **제한적 합헌론**이다. 이 견해는 제27조 제1항의 규정을 탄력적으로 해석하여, 재판부에 법관이 참여하여 이를 주도적으로 이끄는 경우에는 배심원에 의한 재판을 법관에 의한 재판으로 해석하고자 하는 견해이다. 이들 각각의 견해들은 사법에 있어서의 국민주권주의의 실현과 그를 통한 사법의 민주적 정당성의 확보, 사법의 관료화와 폐쇄성을 억제하기 위한 제도의 모색, 인권보장을 위한 사법참여제도의 도입, 국민의 사법에 대한 친숙성을 제고하기 위한 제도의 도입 등의 총론적 입장에서는 별다른 차이를 보이고 있지 아니하다. 다만 각론적 입장에서 배심제를 도입하는 것이 헌법적합성을 갖는가의 문제에 관해서는 서로 다르게 나타나고 있다. 합헌론 중의 사실심 · 법률심준별론은 거의 대부분의 견해에서 배척되고 있다. 이 외에 쟁점이 되는 사항들은, 헌법해석방법론의 차이점(문언주의(textualism) 대 비문언주의(non-textualism)), 헌법제정자의 의사, 헌법 제27조 제1항에서 정한「헌법과 법률이 정한 법관」의 의미, 헌법 제110조(군사법원) 규정의 해석, 법원의 구성에 관한 헌법 제101조 위반 여부, 법관의 독립성(제103조) 침해여부, 피고인의 선택에 의한 배심제의 합헌성 여부, 항소심재판부를 직업법관으로만 구성함을 전제로 한 배심제의 합헌성 여부 등 여러 가지 쟁점이 제기되고 있다. 결론적으로 말하면, 우리 헌법상의 배심제 도입의 문제는 구체적인 제도에서 배심원의 결정에 대한 직업법관의 기속의 정도를 어떻게 정하느냐에 따라 위헌여부를 판단할 수 있을 것이다. ➜ 국민의 사법참여, ➜ 국민참여재판.

배아胚芽 [영] embryo, [독] Embryo, [프] embryon. 1. **의의** 배아란 인간의 수정란 및 수정된 때부터 발생학적(發生學的)으로 모든 기관(器官)이 형성되기 전까지의 분열된 세포군(細胞群)을 말한다(생명윤리 및 안전에 관한 법률 제2조 제3호). 배아는 사람으로 발전하고 성장할 수 있으므로 이를 보호하여야 함은 마땅하다. 특히 의학의 발달로 체외수정이 실현됨에 따라 배아의 생명도 보호되어야 하는가, 보호되어야 한다면 어느 정도로 보호되어야 하는가라는 문제가 제기된다. 헌법상 생명권을 폭넓게 보장하기 위해서는 생명은 수태의 시기에 이미 존재하는 것으로 보는 것이 타당하기 때문이다. 그러나 배아를 태아와 똑같이 다루기에는 문제가 있다. 특히 잔여배아의 처리와 관련하여 문제가 많다. 배아를 태아와 동일시할 경우 배아의 폐기는 낙태죄가 성립될 수 있기에 배아의 연구는 불가능할 수 있고, 연구실에서 수정된 배아를 자궁에 착상된 태아와 동일하게 다루는 것은 역시 문제가 있다. 따라서 배아에 대하여는 보호의 필요성과 함께 연구의 필요성도 반영하여 어느 정도까지 보호할 것인가가 관건이다. 2. **법률규정** 현행 '생명윤리 및 안전에 관한 법률'은 배아의 생성을 엄격히 제한하고 있다. 즉, 누구든지 임신 외의 목적으로 배아를 생성하여서는 아니된다고 규정하고, 임신을 목적으로 배아를 생성함에 있어서도 ① 특정의 성을 선택할 목적으로 정자와 난자를 선별하여 수정시키는 행위, ② 사망한 사람의 정자 또는 난자로 수정하는 행위, ③ 미성년자의 정자 또는 난자로 수정시키는 행위(혼인한 미성년자가 그 자녀를 얻기 위한 경우를 제외) 등을 하지 못하도록 하고 있다(제23조 1 · 2항). 또한 인공수태시술을 위하여 정자 또는 난자를 채취 · 보관하거나 이를 수정시켜 배아를 생성하고자 하는 의료기관은 보건복지부장관으로부터 배아생성의료기관으로 지정받도록 하고 있다(제22조). 그리고 배아의 보존기간은 원칙적으로 5년으로 하고 이 기간이 도래하면 법이 인정하는 연구목적으로 이용하지 아니하고자 하는 배아는 폐기하도록 하고 있다(제25조 제1 · 3항). 배아의 보존기간이 경과된 잔여배아는 발생학적으로 원시선이 나타나기 전까지에 한하여 체외에서 ① 불임치료법 및 피임기술의 개발을 위한 연구, ② 근이영양증 그 밖에 대통령령이 정하는 희귀 · 난치병의 치료를 위한 연구, ③ 그 밖에 국가위원회의 심의를 거쳐 대통령령이 정하는 연구 등의 목적으로 이용할 수 있도록 하고 있다(제29조). 그 밖에 체세포복제배아를 연구목적으로 생성하고 연구하는 것도 허용되고 있다(제31조, 제32조). 법에 의하여 허용된 배아 생성 등에 대해서도 위헌성 논란이 있지만, 법에 의해서 허용되어 생성된 배아 등도 생명권의 주체가 된다고 볼 수 있다. 그래야만 배아에 대한 더 두터운 보호를 기할 수 있기 때문이다. 3. **배아의 생명권주체성 여부** 1) **학설** 배아에게 생명권의 주체성을 부인하면서 배아를 생명권으로부터 도출되는 생명보호의무에 의한 보호대상으로는 보고 있는 견해가 있는가 하면, 출생을 목적으로 모체에 이식된 배아는 생명권의 주체성을 인정하고 그 밖의 배아는 적어도 국가의 생명보호의무에 의한 보호대상이 된다고 보는 견해도 있다. 2) **헌법재판소** 최근의 헌법재판소 판례는 후자와 비슷한 입장을 취하고 있는 것으로 판단된다. 즉, 헌법재판소는 착상 전의 초기배아가 헌법상 기본권의 주체로서 헌법소원을 제기할 청구적격이 있는지 및 배아생성자의 배아의 관리 또는 처분에 대한 결정권을 갖는지가 다투어진 사건에서 배아의 기본권주체성을 인정하지 않고 있으며, 배아생성자는 배아에 대한 결정권을 가지지만 제한될 수 있는 기본권으로 생명윤리법상 규정은 배아생성자의 결정권을 제한하는 비례의 원칙에 위배되지 않는다고 판시한 바 있다(헌재 2010.5.27. 2005헌마346). 헌법재판소는 출생 전 형성 중의 생명에 대해서 헌법적 보호의 필요성이 크고 일정한 경우 그 기본권 주체성이 긍정된다고 하더라도, 어느 시점부터 기본권 주체성이 인정되는지, 또 어떤 기본권에 대해 기본권 주체성이 인정되는지는 생명의 근원에 대한 생물학적 인식을 비롯한 자연과학 · 기술 발전의 성과와 그에 터잡은 헌법의 해석으로부터 도출되는 규범적 요청을 고려하여 판단하여야 할 것이라고 전제하면서, 「청구인 1, 2는 수정란 및 수정된 때부터 발생학적으로 모든 기관이 형성되는 시기까지의 분열된 세포군을 말하는 생명윤리법상의 '배아'(생명윤리법 제2조 제2호 참조)에 해당하며, 그 중에서도 수정 후 14일이 경과하여 원시선이 나타나기 전의 수정란 상태, 즉 일반적인 임신의 경우라면 수정란이 모체에 착상되어 원시선이 나타나는 그 시점의 배아 상태에 이르지 않은 배아들이다(이하에서는 '초기배아'라고 약칭하기로 한다). 이 시기의 청구인 1, 2가 수정이 된 배아라는 점에서 형성 중인 생명의 첫걸음을 떼었다고 볼 여지가 있기는 하나 아직 모체에 착상되거나 원시선이 나타나지 않은 이상 현재의 자연과학적 인식 수준에서 독립된 인간과 배아 간의 개체적 연속성을 확정하기 어렵다고 봄이 일반적이라는 점, 배아의 경우 현재의 과학기술 수준에서 모태 속에서 수용될 때 비로소 독립적인 인간으로의 성장가능성을 기대할 수 있다는 점, 수정 후 착상 전의 배아가 인간으로 인식된다거나 그와 같이 취급하여야 할 필요성이 있다는 사회적 승인이 존재한다고 보기 어려운 점 등을 종합적으로 고려할 때, 초기배아에 대한 국가의 보호필요성이 있음은 별론으로 하고, 청구인 1, 2의 기본권 주체성을 인정하기 어렵다.」고 판시하였다(헌재 2010.5.27. 2005헌마346). 즉, 헌법재판소는 기본권의 주체가 될 수 없으므로 헌법소원을 제기할 수 있는 청구인 적격을 부정한바 있다. 다만, 오늘날 생명공학 등의 발전과정에 비추어 인간의 존엄과 가치가 갖는 헌법적 가치질서로서의 성격을 고려할 때 인간으로 발전할 잠재성을 갖고 있는 초기배아라는 원시생명체에 대하여도 위와 같은 헌법적 가치가 소홀히 취급되지 않도록 노력해야 할 국가의 보호의무는 인정하고 있다(같은 결정). ➜ 기본권의 주체. ➜ 생명권.

Bakke 판결 Regents of the University of California v. Bakke 438 U.S. 265 (1978). 1. **사실관계** 의대에 진학하여 장래 유능한 내과의사가 되는 것이 목표이었던 Bakke는 California 주립대학 Davis 캠퍼스 의학대학원에 지원하였으나 불합격하였다. 이 의학대학원은 적게 대표된 소수인종 지원자와 비소수인종 지원자를 구별하여, 총 모집정원 100명 중 16명을 소수인종을 위한 특별전형에 배정하는 정원할당제(quota)를 실시하였다. Bakke는 소수인종과 비소수인종을 구별하는 특별전형이 민권법 제7편, 캘리포니아헌법 그리고 연방헌법 개정 제14조의 평등보호에 위반된다고 주장하였다. 2. **연방대법원의 판결** Powel 대법관이 집필한 다수의견(plurality opinion)은 5:4로 첨예하게 나뉘었는데, Harvard College가 학생의 다양성을 증진하기 위하여 수십 년간 사용해 온 'Harvard Plan'을 참고삼아, 대학이 인종을 입학전형요소로 고려할 수는 있지만 정원을 할당하는 것은 위법하다고 판시하였다. 특별전형이 없었더라도 Bakke가 불합격하였을 것이라는 사실을 대학 측이 입증하지 못하였기 때문에 결국 Bakke는 이 대학원에 입학할 수 있었다. 이 판결은 6개의 각각 따로 집필된 의견으로 나뉘었는데, 그 어느 것도 대법관 5명 이상의 찬성을 얻지 못하였다. 아무튼 5명의 대법관이 Bakke의 입학이 허가되어야 한다는 점에는 찬성하였고, 또 다른 5명은 일정한 상황에서는 공립학교가 인종을 입학전형요소로 고려하는 것이 합헌이라는 점에 찬성하였다. 3. **판결의 의미** 적극적 평등실현조치로 인해 발생하는 역차별의 문제가 처음으로 그리고 본격적으로 연방대법원의 판단을 받게 된 것이 바로 이 Bakke 판결이다. 동 판결은 일정비율 신입생의 인종만에 근거한 선발을 5인의 다수의견으로 위헌선언하였다. 따라서, 만약 대학이 인종은 여러 특별 입학사정의 고려요소들 중의 하나일 뿐이라거나, 따라서 입학은 여러 요소들을 고려하여 그 구체적 사정에 따라(on a case-by-case) 결정된다는 식으로 입학정책을 적절하게 다시 수립한다면, 그러한 인종별 할당은 합헌일 수 있다. Bakke 판결은 소수인종 우대정책인 적극적 평등실현조치에 아주 제한적인 효과만을 미쳤을 뿐이었고, 모든 적극적 평등실현조치 자체를 위헌판결한 것은 아니었다. ➜ 적극적 평등실현조치.

배타적 경제수역排他的經濟水域 ㊎ exclusive economic zone(EEZ). 자국 연안으로부터 200해리까지의 수역에 대해 천연자원의 탐사·개발 및 보존, 해양환경의 보존과 과학적 조사활동 등 모든 주권적 권리를 인정하는 유엔해양법상의 개념이다. 1982.12. 채택되어 1994.12. 발효된 유엔해양법협약(U.N. Convention on the Law of the Sea)은 ① 어업자원 및 해저 광물자원 ② 해수 풍수를 이용한 에너지 생산권 ③ 에너지 탐사권 ④ 해양과학 조사 및 관할권 ⑤ 해양환경 보호에 관한 관할권 등에 대해 연안국의 배타적 권리를 인정하고 있다. 한국 · 중국 · 일본은 유엔해양법협약의 관련국 잠정약정 규정에 따라 한국과 일본은 1998.10.9. 신한일어업협정에 가서명하고, 그 해 11.28. 서명한 데 이어, 1999.1.6. 국회비준을 거쳐 같은 해 1.22.부터 발효되었다. 협정 유효기간은 발효 시점으로부터 3년으로, 효력이 종료된 뒤에도 양국이 이의를 제기하지 않으면 자동으로 연장된다. 헌법재판소는 이 협정에 대하여, 「협정조항은 어업에 관한 협정으로서 배타적경제수역을 직접 규정한 것이 아니고, 이러한 점들은 이 사건 협정에서의 이른바 중간수역에 대해서도 동일하다고 할 것이어서 독도가 중간수역에 속해 있다 할지라도 독도의 영유권문제나 영해문제와는 직접적인 관련을 가지지 아니하므로, 이 사건 협정조항이 헌법상 영토조항을 위반하였다고 할 수 없다.」고 하고 있다(헌재 2009.2.26. 2007헌바35). 중국과는 2001.4.에 어업협정을 체결하고 그해 6월부터 발효되었다.

백지위임白紙委任 ㉞ blind trust, ㉣ Blind Trust, ㉫ carte blanche. 일반적으로 일정의 조건을 정하여 개인 또는 집단이 다른 개인이나 집단에게 권력 또는 권위를 이양하는 것을 위임이라고 한다. 그러한 조건을 전혀 정하지 않은 위임을 특히 백지위임이라고 한다.

버지니아권리장전 ㉞ Virginia Bill of Rights. 버지니아 인권선언이라고도 한다. 버지니아 권리 장전은 1776년에 선언된 장전으로서, 부당한 정부에 대한 저항의 권리를 포함한 인간에 내재하는 자연권을 선언한 것이다. 이 선언은 1776.6.12. 버지니아 의회에서 만장일치로 채택된 것이며, 6.29.에 채택된 「버지니아 헌법」과는 다른 문서이다. 이후 버지니아주 헌법 제1조로 편입되어 정리된 것이 버지니아 헌법에 들어가 있어 오늘날에도 법적으로 유효하다. 이 선언은 1776년 「미국 독립 선언」, 1789년 「미국 권리장전」 및 1789년의 프랑스 혁명의 「인간과 시민의 권리 선언」 등 이후 많은 문서에 영향을 주었다. 버지니아 권리장전은 당초 1776.5.20.부터 5.26.에 조지 메이슨(George Mason)이 기초하고, 이후 토마스 루드웰 리와 회의를 통해 정부를 만드는 권리를 가진 제13절을 추가하여 수정되었다. 이 선언은 북아메리카 시민에게 처음으로 헌법에서 개인의 권리를 보호한 것으로 생각된다. 이 선언은 16개 조로 구성되어 있다. 생명, 자유 및 재산의 자연권에 대한 고유의 성질을 확인한 것 외에도, 인민에 대한 종으로 정부의 개념에 대해 설명하고 또한 정부의 권한에 대한 각종 규제를 열거하고 있다.

버크Burke, Edmund 1729.1.12.~1797.7.9. 아일랜드 더블린 출신의 영국의 정치인이자 정치철학자, 연설가이다. 최초의 근대적 보수주의자로 '보수주의의 아버지'로 알려져 있다. 1758년 이후 아일랜드 수상이 된 윌리엄 해밀턴(William Hamilton)의 개인비서를 시작으로 정치활동을 개시하여, 1765.12. 하원의원으로 선출되었고, 1766년부터 정치인으로서 본격적인 활동을 시작했다. 1790년 「프랑스 혁명에 대한 성찰(Reflections on the Revolutions in France)」을 출판하여, 영국뿐만 아니라 유럽 전역에서 주목받는 정치가로 거듭났다. 당시 진보적인 정당으로 평가된 휘그당의 당원이었던 만큼 생전에는 보수주의자라는 평가를 받지 않았으나, 그가 주장한 대의제 정부, 자연적 귀족, 사유재산, 소집단의 중요성은 보수주의의 기본특징이 되었다. 그의 보수주의는 심정적이라기보다 이념적이며 철학적이라기보다 정치적이었다. 그러기에 그의 정치적 보수주의는 다양성과 법절차를 강조하는 자유주의 전통에서, 그리고 점진적 변화를 강조하는 제도주의의 틀 속에서 여전히 각광을 받고 있다.

벌칙규정罰則規定**의 위임**委任 벌칙규정의 일반적 · 포괄적 위임은 금지된다(➜ 포괄적 위임입법의 금지원칙). 다만 모법에 처벌대상행위의 구체적인 기준을 제시하고 형의 종류 및 상한을 정하여 위임하는 것은 가능하다. 헌법 제117조의 조례제정권에 벌칙을 내용으로 하는 제정권한을 포함하는가에 관하여 종래 견해대립이 있었다. 즉, 부정설에 의하면, 벌칙제정권은 헌법상 조례제정권의 범위를 넘어선 것이며, 조례의 벌칙제정권은 지방자치법 제28조에 의하여 부여된 권능이라는 견해이다. 긍정설은 지방자치단체가 조례에 벌칙규정을 두는 것은 조례의 실효성을 확보하기 위한 것이며, 행정상 필요한 상태의 실현을 목적으로 하는 것으로서 벌칙을 내용으로 하는 조례도 헌법상 부여된 자주입법권에 포함된다고 본다. 이러한 견해의 대립은 지방자치법 제28조 제1항 단서에서 「다만, 주민의 권리 제한 또는 의무 부과에 관한 사항이나 벌칙을 정할 때에는 법률의 위임이 있어야 한다.」고 규정함으로써 논쟁의 실익이 없어졌다. 헌법재판소는 「법률에 의한 처벌법규의 위임은 특히 긴급한 필요가 있거나 미리 법률로써 자세히 정할 수 없는 부득이한 사정이 있는 경우에 한정되어야 하고 이러한 경우일지라도 법률에서 범죄의 구성요건은 처벌대상인 행위가 어떠한 것일거라고 이를 예측할 수 있을 정도로 구체적으로 정하고 형벌의 종류 및 그 상한과 폭을 명백히 규정하여야 한다.」고 하고 있다(헌재 1997.9.25. 96헌가16).

범죄피해자구조청구권犯罪被害者救助請求權 1. **의의와 법규정** 현행헌법 제30조는 「타인의 범죄행위로 인하여 생명 · 신체에 대한 피해를 받은 국민은 법률이 정하는 바에 의하여 국가로부터 구조를 받을 수 있다.」고 하여 범죄피해자의 국가구조청구권을 헌법상의 기본권으로 규정하였다. 범죄피해자를 보호하기 위하여 형사소송절차에서 이미 1981년에 「소송촉진 등에 관한 특례법」에서 배상명령제도를 도입한 적이 있었다. 또한 헌법 제30조의 구조청구권을 구체화하기 위한 「범죄피해자구조법」도 1987년에 제정되어 1990년과 2005년에 각 개정되었다. 1990.12.31.의 개정, 2005.12.29.의 개정에서는 범죄피해구조요건을 완화하여 구조대상자의 범위를 확대하였다. 2005.12.23.에는 범죄피해구조와는 별도로 범죄피해자보호를 위한 기본법의 성격을 갖는 「범죄피해자보호법」을 제정하였다. 한동안 두 법률이 동시에 시행되다가, 2010.5.14.에 「범죄피해자보호법」과 「범죄피해자구조법」을 통합하여 「범죄피해자보호법」으로 일원화하였다(법률 제10283호, 2010.5.14. 전부개정, 시행 2010.8.15.). 2. **범죄피해자구조청구권의 법적 성격과 효력** 1) **범죄피해자청구권의 본질** 범죄피해자구조청구권의 본질에 관해서는, 국가가 범죄를 예방하고 진압할 책임이 있으므로 당연히 범죄피해를 당한 국민에 대하여 국가는 무과실책임을 져야 한다는 국가책임설, 국가가 사회보장 차원에서 범죄피해를 당한 국민을 구조해야 한다는 사회보장설, 국가가 범죄피해를 사회구성원에게 분담시키는 것이라는 사회부담설이 있다. 국가책임의 성질과 사회보장적 성질을 모두 갖는다고 봄이 적절하다. 또한 구조피해자가 피해의 전부 또는 일부를 배상받지 못하는 경우에 구조금이 지급되기 때문에(범죄피해자보호법 제16조 제1호, 제21조 참조), 보충적 성질을 갖는다. 2) **범죄피해자구조청구권의 법**

적성격-청구권성 여부 범죄피해자구조청구권의 법적 성격에 대해서는 청구권적 기본권인가 생존권적 기본권인가에 약간의 견해차이가 있다. 헌법조문의 배열 순서상 범죄피해자구조청구권을 규정한 헌법 제30조는 제29조까지의 청구권적 기본권 규정과 제31조부터의 생존권적 기본권 사이에 배치되어 있다. 범죄피해자구조청구권은 구조피해자가 피해의 전부 또는 일부를 배상받지 못하는 경우 국가가 나서서 그 피해를 보전해주는 것이라는 점에서 생존권적 기본권으로의 성격을 부인할 수 없다. 다른 한편 국가가 범죄를 예방하지 못하여 국민에게 발생한 피해를 책임진다는 성격이 인정된다고 할 수 있으며, 이러한 점에서 범죄피해자구조청구권은 국가배상청구권으로서의 성격이 있다는 점도 부인할 수 없다. 결국 범죄피해자구조청구권은 생존권의 성격이 있는 청구권적 기본권으로 이해하는 것이 다수의 입장이라고 할 수 있다. 3) **범죄피해자구조청구권의 효력** 범죄피해자 구조청구권을 규정하고 있는 헌법규정이 직접적 효력규정인가 아니면 입법방침규정인가에 대하여 견해가 다를 수 있다. 범죄피해자구조청구권을 청구권적 기본권으로 이해한다면 범죄피해자구조청구권 규정은 직접적 효력규정이라고 할 수 있을 것이나, 그렇지 않고 범죄피해자구조청구권을 생존권적 기본권의 일종으로 이해한다면 법률에의 형성유보로 볼 수 있다. 3. **범죄피해자구조청구권의 내용** 1) **구조금 청구주체** 범죄피해자구조를 청구할 수 있는 사람은 '범죄피해자' 즉, 타인의 범죄행위로 피해를 당한 사람과 사실혼을 포함한 배우자, 직계친족 및 형제자매이며(범죄피해자보호법 제3조 제1호), 생명 또는 신체를 해하는 범죄행위로 인하여 사망한 자의 유족이나 장해 또는 중상해를 당한 자이다(동법 제3조 제4호, 제18조 참조). 생명이나 신체에 대한 피해를 입을 수 있는 국민은 자연인이므로, 자연인만이 권리의 주체가 될 수 있으며, 법인은 그 성격상 주체가 될 수 없다고 하겠다. 외국인이 피해자이거나 유족인 경우에는 범죄피해구조에 대한 상호의 보증이 있는 경우에 한하여 주체가 될 수 있다(동법 제23조). 2) **구조금 지급청구 요건** 구조금 지급청구의 요건은, 구조피해자가 피해의 전부 또는 일부를 배상받지 못하는 경우와 자기 또는 타인의 형사사건의 수사 또는 재판에서 고소·고발 등 수사단서를 제공하거나 진술, 증언 또는 자료제출을 하다가 구조피해자가 된 경우에 청구할 수 있다(동법 제16조). 3) **구조금의 종류와 내용** 구조금은 유족구조금과 장해구조금, 중상해구조금으로 구분하는데, 유족구조금은 피해자가 사망한 경우에 사망 당시 월급액이나 월실수입액 또는 24개월 이상 48개월 이하의 범위에서 유족의 수와 연령 및 생계유지상황 등을 고려하여 대통령령으로 정하는 개월 수를 곱한 금액으로 하며, 장해구조금과 중상해구조금은 구조피해자가 신체에 손상을 입은 당시의 월급액이나 월실수입액 또는 평균임금에 2개월 이상 48개월 이하의 범위에서 피해자의 장해 또는 중상해의 정도와 부양가족의 수 및 생계유지상황 등을 고려하여 대통령령으로 정한 개월 수를 곱한 금액으로 한다(동법 제22조). 4) **유족의 범위 및 순위** 유족으로는 ① 사실혼을 포함한 배우자와 피해자의 사망 당시 피해자의 수입에 의하여 생계를 유지하고 있던 피해자의 자(子) ② 피해자의 사망 당시 피해자의 수입에 의하여 생계를 유지하고 있던 피해자의 부모, 손, 조부모, 형제자매 ③ 앞의 두 경우에 해당하지 아니하는 피해자의 자, 부모, 손, 조부모, 형제자매이다(동법 제18조). 유족의 순위는 위의 ①, ②, ③에 열거한 순서로 하고, ②와 ③에 열거된 사람 사이에서는 먼저 열거한 사람이 우선하며, 부모의 경우에는 양부모를 선순위로 하고 친부모를 후순위로 한다(동법 제18조 제

3항). 5) **구조금의 청구절차** 구조금을 받으려는 사람은 법무부령이 정하는 바에 의하여 그 주소지·거소지 또는 범죄발생지를 관할하는 지방검찰청에 설치된 '범죄피해구조심의회'에 신청하여야 한다(동법 제25조 제1항). 이 신청은 당해 범죄피해의 발생을 안 날로부터 3년 또는 당해 범죄피해가 발생한 날로부터 10년이 경과한 때에는 할 수 없다(동조 제2항). 구조금의 신청 후 지급결정, 재심신청, 긴급구조금지급, 결정을 위한 조사, 구조금의 환수 등 상세한 사항은 법률에 상세히 규정되어 있다(동법 제26-30조 참조)이 있으면 범죄피해구조심의회는 신속하게 구조금을 지급하거나 또는 지급하지 아니한다는 결정을 하여야 한다(동법 제26조). 6) **구조금의 지급제한**(동법 제19조) 범죄피해구조금의 신청이 있을지라도 ① 피해자와 가해자 간에 친족관계(사실상 혼인관계를 포함한다)가 있는 경우 ② 피해자가 범죄행위를 유발하거나 당해 범죄피해의 발생에 관하여 피해자에게 귀책사유가 있는 경우 ③ 그 밖에 사회 통념상 구조금의 전부 또는 일부를 지급하지 아니함이 상당하다고 인정되는 경우에는 대통령이 정하는 바에 따라서 구조금의 전부 또는 일부를 지급하지 아니할 수 있다. 그리고 범죄의 피해자 또는 그 유족이 당해 범죄피해를 원인으로 하여 「국가배상법」이나 다른 법령에 의한 급여 등을 지급받을 수 있는 경우에는 대통령령이 정하는 바에 따라서 구조금을 지급하지 아니한다(동법 제20조). 또한 국가는 범죄피해자 또는 그 유족이 당해 범죄행위를 원인으로 하여 손해배상을 받은 때에는 그 금액의 한도 내에서 구조금을 지급하지 아니한다(동법 제21조 제1항). 7) **국가의 손해배상청구권 대위** 국가가 범죄피해자에게 구조금을 지급한 때에는 그 지급한 금액의 한도 내에서 당해 구조금의 지급을 받은 사람이 가지는 손해배상청구권을 대위한다(동법 제21조 제2항). 국가는 손해배상청구권을 대위함에 있어서 대통령령이 정하는 바에 의하여 가해자인 수형자·피보호감호자의 작업상여금 또는 근로보상금으로부터 그 배상금을 지급받을 수 있다(동조 제3항). 4. **범죄피해자구조청구권의 제한** 범죄피해자구조청구권도 다른 기본권과 마찬가지로 헌법 제37조 제2항에 따라 국가안전보장·질서유지 또는 공공복리를 위하여 필요한 경우 법률로 제한할 수 있다. 그러나 구조청구권은 법률로 정해지는 형성적 유보의 측면이 강한 기본권이라고 할 수 있다. 현실적으로 구조청구권의 내용과 범위는 거의 전적으로 입법정책에 따라 결정되고 있다고 할 수 있다.

범죄피해자보호제도犯罪被害者保護制度 1. **의의** 범죄피해자보호는 형사사법절차에서 피해자의 법적 지위의 확보, 피해자보호를 위해 실시하는 적절한 조치, 피해자의 자립과 재활을 위한 지원 및 범죄의 고통을 완화하게 하는 국가와 공공단체 또는 민간단체의 활동을 말한다. 2. **외국의 제도** 세계적으로 범죄피해자 보상제도가 입법화되기 시작한 것은 1960년대 이후이다. **영국**에서는 거의 세계 최초로 1964년에 '범죄피해보상제도(Criminal Injuries Compensation Scheme)'가 마련되었다. 1996년에는 제2차 '범죄피해보상제도'가, 그리고 2001년에는 제3차 '범죄피해보상제도'가 마련되었는데, 여기서는 범죄피해보상업무를 담당할 행정기구로 '범죄피해보상청(Criminal Injuries Compensation Authority)'을 설치하였다. 1990년에는 범죄피해자에 대하여 경찰 등 수사기관이 제공해야 할 서비스의 기준을 제시한 '피해자 헌장(Victim's Charter)'을 제정하기도 하였다. **뉴질랜드**에서는 1963년에 형사재해보상법이 제정되었다. 세계 최초로 형사보상제도를 입법화한 실정법이라고 할 수 있다. **미국**

에서는 1965년에 캘리포니아(California)주에서 범죄피해자 보상제도(Victim Compensation Program)가 마련되었으며, 미 연방정부 차원에서는 1982년에 '피해자 및 증인보호법(The Victim and Witness Protection Act)'이 제정되었다. 이 법에 따라 범죄피해자구조기금(crime victims fund)이 창설되어 운영되고 있다. 미국의 캘리포니아 주에서는 1982년에 주 헌법 제1장 제28조에서 헌법 차원에서 피해자의 권리를 보호하기 위한 규정을 두었고, 피해자의 권리장전(Victims' Bill of Rights)이라고 불리게 되었다. **일본**에서는 1980년에 「범죄피해자등급부금지급법」(犯罪被害者等給付金支給法)이 제정되어 1981년부터 시행되고 있다. 또한 범죄피해구원기금을 창설하여 범죄로 불의의 죽음을 당하거나 중장해를 입은 사람들의 자녀 중 경제적 이유로 수학에 곤란을 겪는 사람들에게 장학금이나 학용품비를 제공해주는 장학 사업을 하고 있다는 것이 특징이다. **독일**에서는 1976년에 「범죄피해자보상법」이 제정되었으나, 그 보상요건이 엄격하고 제한적이어서 이 제도를 통해서 범죄피해자가 실질적인 국가의 지원을 받는 것이 용이하지 않았다. 그러다가 1985년에 이 법률이 전면적으로 개정됨으로서 비로소 범죄피해자에 대한 실질적인 국가지원이 가능하게 되었다고 한다. 형사소송절차상 범죄피해자에게 여러 가지 지위를 확보해줌으로써 범죄피해자를 보호하기 위한 「범죄피해자보호법」이 1986년에 제정되어 있다. UN 차원에서는 1985.11.29. 총회에서 '범죄 및 권력 남용피해자를 위한 정의에 관한 기본 원칙 선언(Declaration of Basic Principles of Justice for Victims of Crime and Abuse of Power)'를 채택하였는데, 범죄피해자의 보상과 관련하여 두 개의 조항을 두고 있다. 즉 동 선언 제12조에서는 범죄자 또는 기타 원인자로부터 충분한 보상을 받을 수 없는 경우, 국가는 (a) 중대한 범죄의 결과 신체에 상당한 상해를 입거나 신체 및 정신 건강에 손상을 입은 피해자, (b) 그런 피해로 인해 사망한 자 또는 신체적·정신적으로 불능하게 된 자의 가족, 특히 피부양자에게 경제적인 보상을 하도록 노력하여야 한다고 규정하고 있다. 그리고 제13조에서는 피해자를 위한 보상을 위해 전국적인 기금을 창설하고 강화하며 확충하도록 노력해야 한다. 필요한 경우에는 같은 목적을 위해 피해자의 국가가 보상 가능한 상태에 없는 경우에도 보상할 수 있는 기타 기금을 창설하는 것이 바람직하다고 규정하고 있다. 3. **우리나라의 제도** 1) **개요** 우리나라는 범죄피해자에 대한 보호를 위한 입법으로 1987년 「범죄피해자구조법」을 제정하여 국가의 범죄피해자구조금 지급을 제도화하였고, 「특정강력범죄의 처벌에 관한 특례법」 및 「성폭력범죄의 처벌 및 피해자보호 등에 관한 법률」 등에서 범죄피해자보호에 대한 방안들을 규정하고 있으나, 강력범죄가 심각한 사회문제로 제기됨에 따라 범죄피해자보호법이 제정되었다. ➜ 범죄피해자보호청구권. 범죄피해자보호기금법은 범죄피해자 보호 및 지원에 필요한 재원을 안정적으로 확보할 수 있도록 범죄피해자보호기금을 설치하는 것을 주요 내용으로 제정된 법률이다. 2) **현행법상의 제도** 현행법상으로는 범죄피해자보호법에 따라 범죄피해자구조제도(➜ 범죄피해자구조청구권)가 시행되고 있고, 이의 강화를 위하여 「범죄피해자보호기금법」이 제정되어 있다. 아울러, 범죄피해자에게 서비스를 제공하는 대표적인 기관으로는 스마일센터, 범죄피해자지원센터, 성폭력상담소, 해바라기아동센터, 여성·학교폭력피해자 원스톱지원센터, 아동보호전문기관 등이 제도화되어 있다. 3) **제도적 개선방안** 범죄피해자보호법의 개선방안으로, 구조대상의 확대, 범죄피해자에 대한 치료비지원의 개선, 경제적 지원을 위한 법제도의 정비 등이 지적되고 있고, 범죄피해자 보호·지원 기관의 전문화를 강화할 것이 요청되고 있다.

범주론範疇論 범주의 개념은 학문영역과 학파에 따라 다양하게 사용되고 있지만, 헌법학에서는 사물과 현상의 인식을 위한 범위의 의미로 사용한다. 예컨대, 한 국가의 시간적 범주는 최고법규범이 가진 국가적 정체성의 시간적 범위를 일컫는다. 이는 공간에 대해서도 마찬가지이다. 규범과학으로서의 헌법적 분석을 위해서는 그 연구대상인 헌법 자체가 가진 인식범주를 올바르게 설정하고 그 범주를 기초로 한 규범적 분석이 요청된다. 헌법이 가진 시간적 범주와 공간적 범주가 확정되지 않으면, 헌법적 쟁점의 결론이 달라질 수 있으며, 이는 헌법현상에 대한 올바른 판단이 될 수 없다. 따라서 헌법현상에 대한 해답을 구하기 위해서는 반드시 최소한 범주적 동일성을 전제로 하여야 한다. 예컨대, 대한민국의 시간적 출발점을 어느 시기로 하는가에 따라 현행 헌법의 해석론이 달라질 수 있는데, 시간적 범주에 대한 합의가 되지 않으면 단지 논자의 의견에 그치고 규범적인 해답을 구할 수는 없다.

법계法系 ⓔ legal family/legal system. 1. **개념** 법계란 법의 계보를 말한다. 법계론은 현존하는 다양한 국가의 법 시스템을 일정한 기준에 따라 분류하여 몇 개의 큰 그룹(법계)으로 나눌 수 있는지 여부와 그 방법을 연구하는 분야이다. 이를 통해 다양한 법 시스템을 이해할 수 있는 형식으로 제시하여 그 법 시스템에 대하여 쉽게 이해할 수 있게 하고, 어느 법 시스템이 그 그룹을 대표할 수 있다면 그에 대한 연구를 집중함으로써 비교법적 성과를 도모할 수 있다. 비교법, 법학방법론, 법사학, 법인류학 등의 영역에서 활용되는 연구주제이다. 법유형론이나 법문화학으로 불리기도 한다. 2. **연혁** 법계론은 19세기 유럽에서 연구되기 시작하였다. 독일의 Josef Kohler(1849-1919)가 법제도의 비교를 행하였으나, 분류하지는 않았으며, 프랑스의 Adhémar Esmein(1848-1913)은 로바법계, 게르만 법계, 앵글로색슨 법계, 슬라브 법계 및 이슬람 법계로 나누기도 하였다. 이 외에 Arminjon, Wieacker 등이 나름의 법계를 제시하기도 하였다. 오늘날에는 Zweigert-Kötz와 같이(1971), 유럽 중심의 분류법에서 벗어나 전지구적인 관점에서 새로운 분류법이 제시되고 있다. Hans Thieme, Erich Molitor, Erich Genzmer, Paul Koschaker, Franz Wieacker, Helmut Coing 등이 있다. 3. **분류기준** 서로 다른 법 시스템들은 유사하거나, 서로 관련되거나, 친화적이거나 혹은 밀접한 경우에 동일한 법계에 속하는 것으로 다루어질 수 있다. 따라서 설득력 있는 기준을 설정하는 것이 가장 중요하다. 그러나 이는 쉽지 않은 일이다. 1961년에 Konrad Zweigert는 역사적 배경과 발전과정, 법적 문제에 대한 지배적이고 특징적인 사고방식, 법의 기원과 출처 및 이를 다루는 방식과 이념적 요인 등을 제시하였다. 그는 유럽을 중심으로 대륙법계와 영미법계로 크게 분류하고, 하부 분류로, 로마법계, 게르만 법계와 스칸디나비아 법계로 나누었다. 오늘날에는, 거의 사라진 것으로 평가되는 사회주의법계, 힌두법계, 극동아시아법계 등이 추가되고 있다. 언어(language), 지정학적/영토적(geography/territory) 요인, 정치제도(political system), 종교(religion), 법원(the source of law) 등 다양한 기준에 따라 법계를 분류할 수 있다. 법계는 현실의 변화에 따라 끊임없이 유동적이기 때문에 분류자가 가진 관심의 방향에 따라 법계는 다양하게 분류될 수 있다. 방법론으로는, 경제학, 정치학, 사회학 및 인류학에서 파생된 방법에 기반한 연구가 유용할 수 있다.

법관法官 우리나라에서 법관이라는 용어가 처음으로 나타나기 시작한 것은 1894년 갑오개혁 이후이다. 동년 6월의 議案 중 各衙門官制의 法務衙門 부분에 「法官與律師」라는 표현이 등장하고, 또 동년 7월의 議案 중에 「司法官의 裁判없이 罪罰을 加하지 못하는 件」이라고 하여 「司法官」이라는 표현이, 1895년의 勅令 第45號의 法部官制에서 「司法官」이라는 표현 등이 나타난다. 그리고 1895년의 「法官養成所規程」에서 「法官」이라는 표현이 등장한다. 동 규정 제1조에서 「法官養成所는 速成ᄒᆞᆷ을 期하고 生徒를 汎募ᄒᆞ야 規定ᄒᆞᄂᆞᆫ 學課를 敎授ᄒᆞ고 卒後에 司法官으로 採用ᄒᆞ미 可ᄒᆞᆫ 資格을 養成ᄒᆞᄂᆞᆫ 處라」라고 하고 있는 것으로 보아, 이 때의 「法官」은 「司法官」을 줄인 말인 것으로 생각된다. 「법관」이라는 용어의 사전적 의미는 「행정관」에 대응하는 의미에서의 「사법관」과 동일시되어 「사법권의 행사에 관여하는 공무원. 곧 법관을 이름. 때로는 검찰관까지도 이름.」(새우리말 큰사전) 혹은 「법원에 소속되어 소송 사건을 심리하고, 분쟁이나 이해의 대립을 법률적으로 해결하고 조정하는 권한을 가진 사람.」(표준국어대사전)으로 정의된다. 일반적으로는, 「재판관」, 「심판관」등의 표현과도 의미상으로 동일시될 수 있다고 생각된다. 영미에서 말하는 「judge」라는 표현도 사전적 의미로는, 「1. 법정에서 사건을 판결하도록 임명된 공무원 2. 경쟁의 결과를 결정하는 사람 3. 어떤 견해를 제시할 수 있거나 그렇게 하도록 권한이 주어진 사람」으로 정의하고 있다. 독일어의 Richter는 「(넓은 의미에서) 무엇(etwas) 혹은 누군가(jemanden)에 관하여 판단하는 사람 혹은 (좁은 의미에서) 법적 분쟁에 관한 결정에 있어서 국가에 의해 권한이 부여된 공무원」이라고 정의된다. 이러한 정의들은 말 그대로 사전적 의미로서 가장 일반적인 의미와 제도적 의미를 모두 담고 있다. 이들 정의들이 규정하는 「법관」 혹은 「사법관」이 행하는 직무의 가장 핵심적인 요소는 「사실의 존재」와 그 사실에 대한 「규범적 판단」이라는 요소이다. 따라서 법관이 행하는 직무는 존재하는 사실에 관한 인식(사실인정)과 그에 대한 규범적 판단으로서의 법률의 해석 · 적용(법적 판단)이라는 두 가지 기본적 기능을 행사하는 것이며, 사실확정과 법적 판단 양자 사이에 정도의 차이는 있을지라도, 반드시 사실확정과 법적 판단의 양 권한을 모두 가진 자이어야만 「법관」이라고 할 수 있다(헌재 1995.9.28. 92헌가11). 고유의 의미의 법관의 개념은 사법기능을 담당하는 자로서, 헌법 및 법률의 해석 · 적용에 관한 다툼이 있을 때, 당사자의 제소를 기다려, 특별한 절차에서 행하는 최종적 구속력을 가진 법적 판단을 행하는 제3자라고 할 수 있다. 제도적 의미에서의 법관개념은, 우리나라의 경우, 헌법규정에서 (법원의 구성원인) 「법관의 자격은 법률로 정한다」(헌법 제101조 제3항)고 하여, 법관자격법정주의를 정하고 있는 것과 같이, 고유한 의미의 법관개념이 제도화될 경우에는, 사법권을 행사하는 특정의 국가기관에 배속될 수 있는 자격을 따로 정할 필요가 있고, 이때의 법관개념이 바로 제도적 의미의 법관개념이다. 현행 헌법에서는 법원의 구성원인 「법관」과 헌법재판소의 구성원인 「재판관」 및 군사법원의 구성원인 「재판관」을 규정하고 있는 바, 이들 각 용어들은 고유한 의미의 법관이 제도화되어 사용되는 명칭들이다. 사법관의 명칭을 「재판관」으로 통일할 필요가 있다.

법관유보法官留保**의 원칙** ㉿ Richtervorbehalt. 법관유보의 원칙이란 기본권을 침해하는 처분을 허용하거나 명령하는 것은 법관의 관여(Einschaltung)하에서만 가능하다는 것을 의미한다. 다시 말하면, 형사절차상 기본권 제한을 명령하거나 수사기관을 통한 기본권 제한을 승인하기 위해서는 반드시

ㅂ

법관이 개입하여야 한다는 원칙이다. 원칙으로서의 사전적 법관유보와 지체의 위험(Bei Gefahr im Verzug)이 있는 경우의 사후적 법관유보가 있다. 법관유보는, 형사절차상의 처분의 적정한 한계에 대해서 예방적으로 대응할 수 있고 대응해야 할 의무가 있는 독립적이고 중립적인 법관을 통해서 처분을 예방적으로 통제하는 것을 목적으로 한다. 법관은 원칙적으로 자신의 주도하에 업무를 수행하지 않는다. 형사절차에서 법관의 주도권을 금지하는 것은 법관의 중립성과 공평성을 담보할 수 있지만, 형사절차를 주도하는 수사기관에게서는 엄격한 중립성은 기대할 수 없다(BVerfGE 103, 142 (154) 참조). 따라서 수사기관의 권한남용을 사전에 통제하는 방안은 중립적인 법관에 의해서 최상으로 보장되어야 한다. 현행 헌법 제37조 제2항과 제12조 제1항은, 범죄수사는 법률유보의 원칙에 따라 법률에 근거해야 하고, 임의수사를 포함한 모든 범죄수사는 헌법적 한계로서 사법적 통제를 받아야 함을 정하고 있다. 문제는 검사의 영장청구권이 헌법상의 사법적 통제에 포함되는가이다. 사법적 통제의 의미에 관하여, 인적으로뿐만 아니라 해당 사건으로부터 독립성을 유지하고, 법률에 엄격하게 구속되어 피의자와 피고인의 권리를 최상으로 보장할 수 있는 객관적이고 중립적인 기관에 의하여 통제하는 것을 사법적 통제라 함이 독일연방헌법재판소의 입장이다(BVerfGE 103, 142 (151)). 검사의 영장청구권이 경찰의 영장청구에 대한 검사의 1차적 검토와 검사의 영장청구에 대한 법관의 2차적 검토라는 이중적 통제장치의 역할을 담당한다는 주장이 있으나, 이는 검사의 준사법기관적 성격을 강조하면서 수사지휘행위 자체를 사법적 성격을 갖는 것으로 오해한 데에서 기인하는 오류이다. 사법적 통제의 기본적 요구가 독립성과 중립성 및 객관성을 담보하는 데에 있다면, 검사의 수사지휘는 그 사실행위로서의 성격과 직무상의 주관적 욕구로 인해 독립성과 중립성 및 객관성을 담보하기에는 매우 부적절하다. 검사의 영장청구권이 법관유보를 핵심으로 하는 사법적 통제에 포함된다고 이해하는 것은 잘못이다.

법관의 독립獨立 ➜ 사법권의 독립.

법관의 보수報酬 ㊥ Remuneration of Judges. 법관의 보수는 사법권의 독립의 중요한 요소 중 하나이다. 현행법률로는 「법관보수법」이 있고, 구체적인 기준은 대법원규칙으로 「법관의 보수에 관한 규칙」이 있다. 현재 법조일원화가 실현되고 있기 때문에 임금체계도 변화될 필요가 있다.

법관法官**의 지위**地位 사법권의 담당자로서의 사법관은 역사적으로 보아 그 지위에 적지 않은 변천이 있었다. 과거 군주주의 시대 혹은 국가우월주의적 시대에는 사법관은 국가의 통치영역의 구성원으로서 피치자보다 우월적 지위를 향유하였다고 볼 수 있다. 과거 귀족에 의해 사법권이 행사되었던 영국이나 프랑스 혹은 유사한 수직적 신분체제를 갖고 있었던 나라들의 사법관들이 대부분 그러하였다. 그러나 오늘날에는 국가와 사회의 구별이 부인되고 실질적인 국민주권주의가 구현되는 민주주의가 실현되는 상황에서는, 사법관의 경우 국민 내지 시민으로서의 지위를 전제로 하여, 헌법 및 법률이 정한 바에 따른 지위가 보장되고 있다. 이른바 특수신분관계에 따른 지위로서, 헌법과 법률이 정한 바의 직무와 관련된 기본권의 제한만이 허용될 뿐, 그 외에 일반 국민으로서의 지위에서 향유하는 기본권은 제한되어서는 안된다. 특히 표현의 자유가 문제된다.

법관인사위원회法官人事委員會 법관인사위원회(法官人事委員會)는 법관의 인사에 관한 중요 사항을 심의하기 위하여 설치된 대법원소속의 위원회이다. 설치근거는 법원조직법 제25조의2 제1항이다. 인사위원회는 1. 인사에 관한 기본계획의 수립에 관한 사항, 2. 제41조 제3항에 따른 판사의 임명에 관한 사항, 3. 제45조의2에 따른 판사의 연임에 관한 사항, 4. 제47조에 따른 판사의 퇴직에 관한 사항, 5. 그 밖에 대법원장이 중요하다고 인정하여 회의에 부치는 사항 등을 심의한다. 인사위원회는 대법원장의 위촉으로, 위원장 1명을 포함한 11명의 위원으로 구성한다.

법관임기제法官任期制 법관의 임기는 영미의 경우, 종신직이 일반적이지만, 심급에 따라 임기가 정해지는 경우도 많다. 법관의 임기는 영국에서 1701년의 왕위계승법(Act of Settlement)에서 최초로 확립되었다. 즉 동법은 영국의 왕위를 신교도인 국왕 내지 여왕에 의하여 계승시키기 위하여 제정되었지만, 그 제3조의 말미에서 「… 법관의 임명은 죄과가 없는 한(during good behavior) 계속하는 것이며, 그들의 봉급은 확정되고 확립된다. 그러나 의회의 양원의 요구가 있는 때, 법관을 파면하는 것은 합법이다」고 규정하였다. 이 규정에서 비로소 법관의 신분이 국왕과 귀족원으로부터 독립하는 것으로 보장된 것이었다. 미국 헌법의 기초자들은 국민의 권리를 보장하기 위한 권력의 설계도를 작성하면서 법관직을 종신으로 하는 제도가 반드시 필요하다고 믿었다. 우리나라의 경우, 대법관의 임기는 6년이고, 그 밖의 일반 법관의 임기는 10년이며, 모두 법률이 정하는 바에 따라 연임할 수 있다. 다만 대법원장 임기는 6년으로 하며 중임할 수 없다(헌법 제105조). 법관임기가 10년으로 된 것은, 제헌헌법 당시 유진오 박사가 법관임기를 규정하면서 일제강점기의 법조인 출신들을 견제하기 위한 목적이었다고 하고 있다. 장래 헌법이 개정된다면, 법관의 임기를 개별화하여 대법관, 대법원판사, 각 심급의 법관들의 임기를 따로 정할 필요가 있다.

법관임명방식法官任命方式 권력분립의 한 축을 담당하는 사법부의 구성원인 법관을 임명하는 것은 법치주의의 실현구조로서의 사법기관의 구성방법이라는 측면에서 그리고 개인의 기본권을 보장하는 최후보루로서의 사법기관의 구성원을 구성하는 방법이라는 측면에서 매우 중요하다. 여러 국가들의 역사적 경험과 현실적인 제도에 따르면, 법관을 임명하는 방식은 크게, 임명제와 선거제로 나눌 수 있고, 임명제도 국가마다 다양하게 구현되고 있다. 1. **미국** 미국 연방법원 판사는 연방상원의 인준(confirmation)을 거쳐 대통령이 임명한다. 이는 연방대법원장과 8명의 연방대법관은 물론 연방항소법원 및 연방지방법원 판사의 경우도 동일하다. 연방대법원 · 연방항소법원 · 연방지방법원의 판사 임용이 별도로 이루어지며 연방지방법원 판사와 연방항소법원 판사 사이에 승진구조는 존재하지 않는다. 주법원 판사의 선발방식은 주에 따라 다양하다. 구체적인 선발방식에는 정당입후보법관선거(partisan judicial election), 비정당입후보 법관선거(nonpartisan judicial election), 경력직 선발제도(merit selection system), 주지사 임명(gubernatorial appointment) 및 의회선출(congressional selection) 등이 있다. 부판사(magistrate judge:과거 치안판사로 번역됨)는 추천위원회의 추천을 거쳐 연방지역법원 법관들의 투표를 거쳐 선발한다. 주의 부판사는 각주에서 정한 자격을 가진 자 중에서 주법원이 임용한다. 우리나라의 행정절차법상 청문주재자와 비슷한 연방행정청 소속의 행정법판사(Administrative Law Judge)는 경쟁시험을 거쳐 적합자 명부에 등재된 자 중에서 행정청에서 임용한다. 2. **영국** 영국은 2005년 헌법개혁법에 따라 2009.10.1. 12명으로 구성된 대법원이 설치되었다. 대법원은 사법부 수장인 최고법관(Lord Chief Justice)이 있고, 재판주재자인 대법원의장(President of the Supreme Court)와 각 대법관이 있다. 이 외에 항소법원, 고등법원, 순회판사, 구판사, 치안판사, 기록판사 등 다양한 법관직이 있다. 각 법관직의 임명방법은 법관인사위원회에서 행한다. 선발대상이 고등법원 판사 이하인 경우에는 법관인사위원회에서, 항소법원 판사 이상인 경우에는 선발위원단에서 각 추천을 받아 선발한다. 법무부장관에 해당하는 Lord Chancellor가 법관인사위원회 또는 선발위원단의 추천을 수락하면, 추천된 후보자는 공식적으로 임명된다. Lord Chancellor 단독으로 상당수의 법관을 임명하지만 특정 고위 법관의 경우에는 Lord Chancellor 또는 수상(Prime Minister)의 제청으로 여왕이 임명한다. 3. **독일** 독일은 연방사법기관으로 헌법재판소와 5개(일반, 행정, 재정, 사회, 노동)의 최고사법기관이 있다. 또한 직업법관과 명예법관이 있다. 2부로 구성된 연방헌법재판소의 각 재판부의 재판관 8명은 연방상원 및 연방하원에 의하여 2분의 1씩 선출되며, 각 재판부의 재판관 중 3인은 연방최고법원에서 최소 3년 이상 근무한 법관 중에서 선출되어야 한다. 연방최고법원의 법관 중 1인은 연방상원과 연방하원 중 어느 한 선출기관이, 2인은 다른 선출기관이 선출하며, 나머지 재판관 중 3인은 전자(연방최고법원 법관 중 1인 선출기관)의 선출기관이, 2인은 후자(연방최고법원 법관 중 2인 선출기관)의 선출기관이 선출하며, 재판관으로 선출된 자는 연방대통령에 의하여 임명된다(연방헌법재판소법 제2조 제3항, 제5조 제1항 및 제10조). 연방법원 법관은 연방 관할 주무관청의 장관과 법관선발위원회가 공동으로 선출하고 연방대통령이 임명한다. 독일기본법 제98조 제4항은 '주는 주법원 법관의 임명에 관하여, 주법무부장관이 법관선발위원회와 공동으로 결정할 것을 정할 수 있다'고 규정하고 있으므로, 각 주는 연방과는 달리 자율적으로 법관선발위원회의 설치 여부를 정한다. 수습법관은 사법시험 2차 성적과 실무수습성적 등을 고려하여 각 주정부 법무부장관이 임명하는데, 임명 후 5년 이내에 법관 또는 검사로 임명되어야 한다(독일법관법 제12조). 그 외에 임기직 법관, 파견법관, 기술판사 등이 있고, 각 법률에서 규율하고 있다. 명예법관으로 참심법관, 상사재판의 상사법관(Handelsrichter), 직업법원의 전문명예법관(Expertenehrenamtsrichter), 기타 일반 명예법관 등으로 구별된다(독일법관법 제45a조). 4. **프랑스** 프랑스의 법원조직은 일반 민·형사사건을 관할하는 일반법원과 행정사건을 관할하는 행정법원으로 이원화되어 있고, 헌법재판을 담당하는 헌법평의회(Counseil Constitutionnel)와 대통령의 책임을 묻는 탄핵재판소(Haute Cour) 및 정부구성원의 형사상 책임을 묻는 공화국재판소(Cour de la justice de République) 등이 있다. 좁은 의미의 사법권은 일반 민·형사사건을 담당하는 일반 사법법원(Juridictions Judiciaires)과 행정사건을 담당하는 행정법원(Juridictions Administratives)에 속해 있다. 헌법평의회 위원은 당연직 위원은 전직 대통령으로 종신직이다. 하지만 전직 대통령 중에는 참여를 거부하는 경우가 많았기 때문에 헌법평의회는 사실상 9명의 임명직 위원으로 구성된다. 임기 9년 단임제의 위원은 3명은 대통령이, 3명은 국민의회 의장이, 그리고 다른 3명은 상원의장에 의해 임명된다. 일반 사법법원의 사법관들은 '국립사법관학교(École Nationale de la Magistrature, ENM)를 통한 선발'과 '우회선발(Recrutement latéral)'의 두 가지 방식으로 선발된다. 국립사법관학교를 통한 선발에는 입학시험을 거쳐 국립사법관학교에 입학하는 '시험선발(Recrutement sur concours)'과 입학시험 없이 일정한 자격과 심사를 통하여 국립사법관학교에 입학하는 '자격선발(Recrutement sur titres)'이 있다. 일반 사법법원 사법관은 법무부장관의 제청으로 대통령이 임명한다. 5. **일본** 일본은 최고재판소 장관 및 최고재판소 판사 이외에 하급재판소 재판관인 고등재판소 장관, 판사, 판사보 및 간이재판소 판사를 두고 있으며, 2004년부터 일정 경력 이상의 변호사를 법원의 민사조정관 또는 가사조정관으로 임용하여 조정업무를 담당하게 하는 비상근재판관제도를 운영하고 있다. 최고재판소 재판관은 그 장인 재판관을 최고재판소 장관으로 하고 그 외의 재판관을 최고재판소 판사로 한다. 최고재판소 판사의 인원수는 14명이다(재판소법 제5조). 최고재판소 장관은 내각의 지명에 근거하여 천황이 임명하고, 최고재판소 판사는 내각이 임명하고 천황의 인증을 받는다(재판소법 제39조). 최고재판소 장관과 최고재판소 판사의 임기는 없고 정년만 있다(70세). 하급재판소 재판관에는 고등재판소 장관, 판사, 판사보 및 간이재판소 판사가 있다(재판소법 제40조). 하급재판소 재판관은 최고재판소가 지명한 자의 명부에 기초하여 내각이 임명한다(헌법 제80조). 이는 재판관으로서의 적격성은 최고재판소가 적절히 판단할 수 있다는 취지에서 최고재판소에게 하급재판소 재판관의 추천권을 부여함으로써 사법부의 자율성을 인정한 것으로, 명부는 최고재판소 재판관회의를 거쳐 작성된다. 하급재판소 재판관의 임기는 10년으로서 재임할 수 있고 법률이 정하는 연령에 달하면 퇴임하는데(헌법 제80조 제1항), 하급재판소 재판관 중 고등재판소, 지방재판소 또는 가정재판소 재판관의 정년은 65세이고 간이재판소 재판관의 정년은 70세이다(재판소법 제50조). 변호사를 상근재판관으로 임용하는 제도와 민사조정관 또는 가사조정관인 비상근재판관제도도 도입되어 있다. 변호사의 재판관 임용은 지방변호사회에 대한 응모와 변호사임관추천위원회에 의한 추천 및 일본변호사연합회를 경유하여 최고재판소 재판관회의에서 재판관을 지명하면, 내각에 의하여 재판관이 임명된다. 임기 2년의 비상근재판관은 변호사회 또는 변호사회연합회의 추천으로 일본변호사연합회를 통해 최고재판소에 임용신청을 하고 최고재판소가 임용한다. 6. **우리나라의 법관임명제도** 해방직후 미군정기에 만들어진 법원조직법에서는 대법원장 및 대법관은 재조 및 재야의 법조인들로 구성된 추천위원회에서 추천한 자를 임명하도록 되어 있었으나, 이 법원조직법은 제헌헌법에는 전혀 반영되지 못하였다. 정부수립 후 제헌헌법은 대법원장임명규정(국회승인-대통령임명)만 두었을 뿐, 대법관임명방식을 규정하지 않았기 때문에 대법관 임명방식은 법원조직법에서 정하였는데, 당시의 김병로 대법원장이 주도했던 법원조직법 제정과정에서 각 고등법원장을 포함한 법관회의의 제청으로 대통령이 임명하도록 하였다. 그런데 이 때 법관회의는 의결기관이었으므로, 대통령은 법관회의의 의결에 구속될 수밖에 없었다. 일반법관은 헌법에 규정을 두지 아니하고 법원조직법에서 대법관회의를 거쳐 대법원장이 임명하도록 하였다. 헌법위원회는 정치적 기관으로서의 성격이 강했으며, 부통령을 위원장으로 하고 대법관 5인과 국회의원 5인으로 구성하였다. 제2공화국에서는 헌법재판소와 대법원을 두었는데, 헌법재판소 심판관은 대통령, 대법원, 참의원이 각 3인씩 선임하였다. 최고사법기관 구성방법으로 헌법에서 대법원장과 대법관의 선거제가 도입되었다. 대법원장과 대법관은 법관의 자격이 있는 자들로 구성되는 선거인단에 의해 선거되도록 하고, 대통령은 이를 확인하도록 하였으나, 5·16쿠데타로 인해 무산되었다. 이승만 정부 후기의 법관연임법은 법관의 연임여부를 대통령이 결정하도록 하고 있었다. 5·16 쿠데타 이후에는 쿠데타정부에서 임의로 제3대 대법원장을 임명하였다. 대법관의 명칭도 대법원판사로 바꾸어 상대적으로 열등한 지위로 만들어버렸다. 일반 법관은 국가재건최고회의의 승인을 얻어 대법원장이 임명하도록 하였다. 제3공화국 헌법에서는 헌법재판소를 없애고 대법원이 헌법재판을 담당하게 하였다. 대법원장과 대법원판사들의 임명을 법관추천회의를 거치도록 하였는데, 형식상으로는 정치권력과 독립한 듯이 보였으나, 실질적으로는 국가재건최고회의 이후 사법권이 완전히 이에 종속되어 버렸기 때문에 추천회의 자체가 유명무실하였다. 일반법관은 대법원장이 임명하도록 하였다. 제4공화국 즉 유신헌법에 들어와서는 그나마 형식적이었던 법관추천회의 자체를 없애 버렸다. 대통령이 아무런 선행절차없이 국회의 동의를 얻어 대법원장을 임명할 수 있었고, 대법원판사는 헌법에서 그 임명방법을 정하지 않고 법원조직법에서 정하도록 위임하였다. 일반법관은 대통령이 임명하였다. 헌법위원회는 대통령, 국회, 대법원이 각 3인씩 선임하였고 대통령이 임명하였다. 제5공화국 헌법에서는 대법원판사 임명방식에 대하여, 유신헌법에서 법원조직법에서 규정하였던 것을 헌법에서 규정하였다. 즉 대법원장의 제청에 의하여 국회의 동의없이 대통령이 임명할 수 있도록 하였다. 일반법관은 대법원장이 임명하였다. 헌법위원회는 유신헌법과 동일하였다. 현행헌법은 헌법재판소 재판관은 대통령, 국회, 대법원이 각 3인씩 선임하여 대통령이 임명한다. 대법원장은 국회의 동의를 얻어, 대법관은 대법원장의 제청으로 대통령이 임명한다. 일반법관은 대법관회의의 동의를 얻어 대법원장이 임명한다. 대법원장이 대법관 후보자를 제청할 때에는 대법관후보추천위원회의 추천의견을 존중하도록 하고 있다(법원조직법 제41조의2 참조). 일반법관인 판사는 인사위원회의 심의를 거치고 대법관회의의 동의를 받아 대법원장이 임명한다(법원조직법 제41조).

법관자격법정주의法官資格法定主義 법관의 신분상 독립을 보장하기 위하여 법관의 자격은 법률로 정한다(헌법 제101조 제3항, 법원조직법 제42조). 현행법상 법관은 변호사자격이 있는 자로서 10년 이상 법조직역에 있던 사람 중에서 임용한다. 대법원장·대법관은 20년 이상의 법조경력을 가지고 45세 이상인 사람 중에서 임용한다. 미군정기에 입안된 법원조직법은 공인된 법과대학의 법률학 조교수 이상에 대하여 변호사 자격을 부여하여 법관이 될 수 있었으나 정부수립 후 법원조직법은 이를 삭제하여 법관의 자격을 일정한 시험을 거쳐 소정의 과정을 이행한 자에 한정하였다. 법학교수의 변호사 자격은 법원조직법의 개정을 통하여 가능하다. 헌법재판관이나 대법관의 경우 법학교수에게도 개방되어야 한다는 주장이 있다.

법관정년제法官停年制 ⓔ retirement age of judge. 법관을 종신직으로 하는 경우에는 정년이 없으나, 법관의 노쇠화를 방지하기 위하여 정년제를 두고 있다. 헌법재판소는 「법관은 국가의 통치권인 입법·행정·사법의 주요 3권 중 사법권을 담당하고 그 권한을 행사하는 국가기관이고, 다른 국가기관이나 그 종사자와는 달리 헌법과 법률에 의하여 그 양심에 따라 독립하여 심판하는 기관으로서, 법관 하나하나가 법을 선언·판단하는 독립된 기관이며, 그에 따라 사법권의 독립을 위하여 헌법에 의하여 그 신분을 고도로 보장받고 있다. 따라서, 법관의 정년을 설정함에 있어서, 입법자는 위와 같은 헌법상 설정된 법관의 성격과 그 업무의 특수성에 합치되도록 하여야 할 것이다.」고 하고 있다(헌재 2002.10.31. 2001헌마557). 현행헌법 및 법원조직법은 법관의 정년을 직위에 따라 대법원장과 대법관은 70세, 그 이외의 법관 65세로 하고 있다(헌법 제105조, 법원조직법 제45조 제4항). 제헌헌법은 임기는 두되(10년), 정년은 두지 않았으나, 법원조직법에서 정년제를 규정하고 있어서 위헌여부가 논란이 되었다. 법관의 정년 규정이 헌법에 처음 규정된 것은 제3공화국 헌법(1962)에서이다(65세).

법관징계法官懲戒 ⓔ judicial discipline. 법관의 직무상 또는 직무 외의 언행이나 비위행위에 대하여 일정한 제재를 가하는 것을 말한다. 법관의 비위행위를 규율하는 방식으로, 법관 징계를 의회의 특권으로 하는 의회형(영국형), 사법부 스스로 법관 징계를 담당하는 자율규제형(프랑스형), 유권자들로 하여금 법관을 해임하게 하는 유권자심판형(미국 일부 주), 탄핵절차만 허용하는 탄핵형(호주·뉴질랜드형) 등이 있다. 우리나라는 유신헌법에서 징계에 의한 파면을 처음 인정하였으나, 법관의 신분보장에 대한 과도한 제약이라는 비판에 따라, 5공 헌법 이후에는 징계에 의한 파면을 인정하지 않고 있다. 징계처분의 종류는 정직·감봉·견책의 세 종류로 하고 있다(법관징계법 제3조). 징계는 대법원장이나 대법관, 법원행정처장, 사법연수원장, 각급 법원장, 법원도서관장의 징계청구에 따라 법관징계위원회의 의결의 거쳐 대법원장이 행한다(법관징계법 참조). 단심(單審)의 불복절차가 있다.

법관징계위원회法官懲戒委員會 법관의 징계를 위하여 법관징계법에 따라 대법원에 설치한 위원회이다(동법 제4조). 위원회는 위원장 1명과 위원 6명으로 구성하고, 예비위원 3명을 둔다(동법 제4조 제2항). 위원회의 위원장은 대법관 중에서 대법원장이 임명하고, 위원은 법관 3명과 변호사, 법학교수, 그 밖에 학식과 경험이 풍부한 사람 중 각 1명을 대법원장이 각각 임명하거나 위촉하며, 예비위원은 법관 중에서 대법원장이 임명한다(동법 제5조 제1·2항).

법관추천회의法官推薦會議 미군정기 법원조직법은 대법원장 및 대법관을 재조 및 재야의 법조인들로 구성된 추천위원회에서 추천한 자를 임명하도록 하였으나, 제헌헌법에 전혀 반영되지 못하였다. 법관추천회의가 처음 헌법에 규정된 것은 1962년의 제3공화국 헌법이었다. 즉 대법원장과 대법원판사들의 임명을 법관추천회의를 거치도록 하고(제99조 제1·2항 참조), 일반법관은 대법원장이 임명하도록 하였다(제99조 제3항). 제4공화국 헌법(유신헌법)은 법관추천회의 자체를 없애버렸다. 현행 헌법은 헌법상 대법원장과 대법관에 대해서는 추천회의 방식을 규정하고 있지 않으나, 법원조직법에서 대법관후보추천위원회를 두어 대법관후보자를 추천하도록 하고 있으나(제41조의2), 구속적 효과를 갖지는 않는다.

법관탄핵法官彈劾 ⓔ judge impeachment, ⓓ Richteranklage. 1. **서언** 탄핵제도(impeachment, Anklage)는 국가권력담당자나 고위공직자 등의 헌법침해행위로부터 헌정질서를 수호하기 위한 제도이다. ➜ 탄핵제도. 우리 헌정사상 실제로 법관이 탄핵된 사례는 없고 다만, 제12대 국회에서 대법원장 유태흥에 대한 탄핵소추에 관한 결의안이 부결된 바가 있고(1985.10.21.), 제18대 국회에서 대법관 신영철에 대한 탄핵소추안이 폐기된 사례가 있었다(2009.11.12. 국회법 제130조 제2항에 따른 기한경과로 인한 폐기). 2021년에 있었던 법관탄핵소추에 대하여, 헌법재판소는 탄핵심판 계속 중 피청구인이 임기만료로 퇴직한 경우, 탄핵심판의 이익이 인정되지 아니하여 부적법하므로 각하해야 한다고 하고 있다(헌재 2021.10.28. 2021헌나1(법관(임성근)탄핵사건)). 2. **미국** 1803년 이래 연방법관은 15명이 탄핵소추당하였고(평균 14년에 1명), 이 중에서 8명만이 상원에서 탄핵결정을 받아 파면되었다. 연방대법관은 Samuel Chase 한명만 하원에서 소추되었으나 상원에서 탄핵이 기각되었다. 탄핵소추의 실제사유들을 보면, 정신적 불안과 재판중 주취상태, 재판 중 자의적이고 고압적인 재판지휘를 한 것, 권한 남용, 재판거부, 소송당사자와 부적절한 사업상 관계, 파산관재인 임명을 편파적으로 한 행위, 탈세, 위증혐의와 뇌물요구 모의 혐의, 연방대배심에서 위증한 혐의, 성폭력, 허위진술, 절차방해 등의 사례가 있었다. 3. **일본의 탄핵제도와 사례** 1) **법규정** 일본국 헌법은 탄핵의 대상으로서 재판관만을 인정하고 있다. 일본의 탄핵제도에 관한 헌법상의 규정은 헌법 제64조와 제78조에 규정되어 있다. 헌법은 파면의 소추를 받은 재판관을 재판하기 위하여 국회에 탄핵재판소를 설치할 수 있다는 것과, 탄핵재판소는 양원의 의원으로 조직될 것을 정하고 있다. 그 외, 탄핵사유·소추기관·소추절차 등에 대해서는 국회법 및 재판관탄핵법에서 정하고 있다. 국회법에서는 헌법상의 용어를 사용하여 '탄핵재판소'라는 명칭을 사용하지만, 재판관탄핵법에서는, '재판관탄핵재판소'라는 용어를 사용하고 있다. 또한 국회법에서는 '소추위원회'를 사용하고 있고, 재판관탄핵법에서는 '재판관소추위원회'라는 용어를 사용하고 있어 같은 기관에 대한 법률상의 용어가 혼재하고 있는 실정이다. 2) **소추위원회와 탄핵재판소의 구성** 재판관탄핵법은 소추위원회는 중의원의원·참의원의원 각각 10인으로 구성하고, 예비원을 각각 5인씩 둔다고 규정하고 있다(동법 제5조 제1항). 그리고, 소추위원 및 예비원은 각 원에서의 선거에 의하며(동법 제5조 제2항, 제4항), 임기는 중의원의원 혹은 참의원의원의 임기와 같다(동법 제5조 제6항)고 하고 있다. 탄핵재판소는 재판원으로 구성된다. 사법재판소와의 혼동을 피하기 위함이겠지만, '재판관'을 일반명사로서가 아닌 관직명으로 취급하고 탄핵재판소에서는 '재판원'이라는 명칭을 사용하고 있다. 재판원은 중의원의원·참의원의원 각 7인씩, 총 14인으로 정해져 있다. 소추위원회의 정족수는 각 원에서 7인 이상(3분의 2 이상)이 참가할 것을 규정하고 있다(재판관탄핵법 제10조 제1항). 소추위원회의 의사는 원칙적으로 출석소추위원의 과반수로 정하지만, 파면소추 및 그 유예를 결정에는 출석의원 3분의 2 이상의 찬성을 요한다(동법 제10조 제2항). 3) **탄핵심리** 탄핵재판소의 심리 및 재판은 양원 선출의 재판원이 각각 5인 이상 출석하여야 한다(동법 제20조). 탄핵재판소는 합의제를 취하며, 14인의 재판원 전원에 의한 심리와 재판을 예상하고 있다. 파면의 재판을 함에는, 심리에 관여한 재판원의 3분의 2 이상의 합의가 필요하다. 그 외의 재판에 대해서는, 관여재판원의 과반수에 의한다(동법 제31조 제2항). 파면소추를 받은 재판관은 변호인을 선임할 수 있으며, 파면의 재판은 구두변론에 근거하여 행해지고, 소추위원이 심판에 입회한다. 4) **자격회복재판**資格回復裁判**과 면관유보규정**免官留保規定 재판관탄핵재판에 의하여 박탈된 제 권리를 회복하려고 하는 제도가 바로 자격회복재판이다. 이 자격회복재판을 받을 자격은, 첫째, 파면판결 후 5년 이상을 경과하고, 그 동안에 발생한 사유를 감안하는 경우(동법 제38조 제1항 제1호), 둘째, 정당한 사유 없이 파면된 경우에 회복된다. 면관보류제도는 재판관으로부터 사표가 있더라도, 탄핵의 소추가 있은 후에는 사임시킬 수 없다는 것이다. 즉, 탄핵재판의 결과가 있을 때까지는 면관을 보류해 두는 제도이다(동법 제41조). 5) **탄핵재판의 효력** 재판관이 탄핵되어 탄핵재판소에서 탄핵의 선고를 받게 되면 파면되어 그 직을 상실한다(재판관탄핵법 제37조). 그리고, 다른 법률의 규정에 의하여 법조인으로서의 자격도 상실한다. 구체적으로 말하면, 탄핵파면된 재판관은, 재판소법(제46조 제2호)에 의해 재판관으로서 재임될 수 없을 뿐만 아니라, 검찰청법(제20조 제2호)에 의해 검찰관으로 임명될 수 없으며, 변호사법(제6조 제2호)에 의해 변호사개업도 할 수 없다. 6) **탄핵사례** 1948년부터 2018년까지 일본 재판관소추위원회의 통계상 9건의 소추청구(두 건은 동일인)가 있었고, 7건에 대하여 탄핵을 결정하였다. 재판관이 파면된 실제 사유를 보면, 약식명령과 집행 등에서 심각한 직무태만, 향응 등 뇌물, 법원직원인 여성에 대한 스토킹행위와 명예나 성적 수치심을 해치는 익명 메일을 반복하는 행위, 아동성매매, 전철 내 성추행 등이 있다. 4. **기타 국가의 법관탄핵제도** 탄핵제도의 기원이라 할 영국에서는 1376년부터 1806년까지는 탄핵사례가 있으나, 1806년 이후로는 탄핵사건이 없고 법관에 대한 탄핵도 없었다. 독일도 법관탄핵제도가 상세하게 마련되어 있으나, 지금까지 한명도 탄핵된 일이 없다. 프랑스는 대통령과 정부구성원에 대한 탄핵만 명시되어 있다. ➜ 탄핵제도.

법규法規 ㉵ regulation/law/statute, ㉯ Rechtssatz. 법규의 의미는 사용례에 따라서 의미가 달리 이해된다. 통상으로는 일반국민의 권리·의무에 관한 일반·추상적 규범으로, 법률과 같은 의미로 사용된다. 이와 같은 법규의 개념은 근대 입헌주의 및 법치주의의 소산으로서, 국민의 권리·자유 및 재산에 대해 침해를 가하는 국가의 작용은 반드시 국민의 대표기관인 국회의 동의를 얻어 제정한 법률에 근거해야 한다는 것을 의미한다. 현행 헌법은 제40조에서 '입법권은 국회에 속한다'라고 규정하고 있는 바, 실질설에 의하면 이 때의 입법은 바로 법규의 제정을 의미한다. 행정법상 법규명령은 법규로서의 성질을 가지는 명령이라는 의미이다.

법규명령法規命令 ➜ 행정입법.

법규적 효력法規的 效力 ㉯ Gesetzeskraft. 입법부가 아닌 행정입법 혹은 대법원판결이나 헌법재판소 결정이 법규와 같은 효력을 갖는가의 문제이다. 법규적 효력이 문제되는 경우는 행정법에서 행정규칙의 법규성 여부가 문제되며, 헌법재판소 결정이 법규적 효력을 갖는가에 관하여 논의가 있다. 1. **행정규칙의 법규성 문제** 행정규칙은 행정입법의 일종으로, 행정조직 내부에서 행정조직이나 행정사무처리의 기준으로서 제정된 일반추상적 규범을 말하며, 이는 법규성을 가지는 볍규명령과는 달리 행정내부적인 조직 및 사무처리의 기준인 내부법에 불과하며, 그 결과로 법규성, 즉 외부적 구속력을 갖지 않는 행정입법으로 이해되었다. 그러나 형식과 실질에 있어서 그 법적 형태의 구별이 명확하지 않아 법규명령과의 구별이 쉽지 아니하여, 그 법규성 여부가 행정법학에서 오래 전부터 논의되어 왔다. 2. **헌법재판소 결정의 법규적(법률요건적) 효력 문제** 헌법재판소 결정에 법률적 속성이 인정될 것인가, 다시 말하여 헌법재판소 결정에 일반구속력과 최종구속력을 인정할 것인가의 여부가 헌법재판소 결정의 법규적 효력의 문제이다. 법률적 효력, 법률요건적 효력, 일반적 효력, 일반효, 형성력 등으로 표현하는 경우도 있다. ➜ 헌법재판소 결정의 효력.

법다원주의法多元主義 ㉵ legal pluralism, ㉯ Rechtspluralismus, ㉰ Pluralisme juridique. 1. **논의의 배경** 하나의 사회 영역(social arena) 내에서 둘 이상의 법제도나 법전통이 공존하는 것을 의미한다. 공간적 관점에서 가장 협소한 지방적 차원의 법질서에서부터 가장 확대된 세계적 차원의 법질서까지, 예컨대, 지방법, 국가법, 국제법 및 초국가법이 있고, 법원(sources of law)의 관점에서, 예컨대,

관습법, 고유법(indigenous law), 종교법, 소수민족 또는 특정 문화집단과 연관된 법 등이 있으며, 규율영역의 관점에서, 예컨대, 사적(私的) 집행 및 사법적 결정, 민영교도소 그리고 새롭게 형성 중인 사적 입법활동의 결과물인 초국가적 상사법체계(국제상관습법(lex mercatoria)) 등과 같은 준법적(準法的:quasi-legal) 활동이 있다. 이러한 다양한 법체계들 사이의 잠재적인 충돌은 사회 내의 개인이나 집단이 사전에 자신의 상황에 어떤 법적 체계를 적용시켜야 하는지 확신하지 못하게 함으로써 불확실성을 조장할 수 있다. 이러한 충돌 상태는 동시에 사회 내의 개인이나 집단이 공존하는 법적 권원 중 자신의 목적을 이루는 데에 유리한 것을 기회주의적으로 선택할 수 있게 하기도 한다. 더 나아가 법은 성질상 그 적용대상을 지배하는 것으로 여겨지고 있지만, 법적 권원들이 서로 경쟁하는 법다원성이 있다는 점에서 이러한 주장이 도전받고 있다. 독일의 경우, 1814년의 티보-사비니 논쟁으로 등장한 역사법학파와 19세기 말의 E. Ehrlich에서 기원하여, 법과 국가를 동일시하였던 켈젠을 넘어서, 법인류학적 다원주의를 전개하기에 이르렀다. 하지만 국가의 지배영역이 확장되면서 법인류학적 다원주의는 점차 설득력을 잃어가고, 오늘날에는 새로운 형태의 법다원주의, 즉 '초국가적 법다원주의'가 등장하고 있다. 한 국가의 차원을 넘어서는 세계적인 기능체계는 자신에게 적합한 법형식을 자율적으로 생산하고 있으므로, 이를 통해 다원적인 법들이 공존할 수 있다고 본다(G. Teubner). 지난 30여 년 동안 법다원주의란 개념은 법인류학, 법사회학, 비교법, 국제법 분야에서 중요하게 다루어지고 있고 이러한 학제 간에(multidisciplinary) 점점 많은 관심을 불러 일으키고 있지만, 그 개념이 반드시 일치하지는 않고 있다. 2. **개념의 문제** 법다원주의를 논할 때 가장 핵심적이면서 어려운 점은 곧 '법'을 정의하는 것이다. 법다원주의는 법인류학에서 1970년대에 식민지 및 후기식민지에서의 법사용 실태를 연구하면서 처음 학계의 관심을 끌기 시작하였다. 그 맥락에서의 '법다원주의'는 주로 관습법 규범이 국가법(state law)의 일부로 편입 또는 인정받는 것을 의미하거나(M.B.Hooker), 공식적 인정 여부와는 상관없이 국가법과 더불어 고유한 규범과 제도들이 독립적으로 공존하는 것을 의미하였다(L.Pospisil). 1980년대 말에는 법다원주의가 법사회학 연구의 중심무대를 차지하면서 영향력 있는 학자들이 이것을 '법과 사회의 관계를 재정의하는데 있어 핵심이 되는 테마(S.E.Merry)', 또는 '포스트모더니즘적 관점에서 본 법의 핵심적 개념(Boaventura d.S. Santos)'이라고 명명하였다. 이 때부터 법다원주의는 비교법, 정치학, 국제법 그리고 제한적이지만 법철학에까지 침투하였다. 하지만 법다원주의의 정의는 심각한 개념상 혼란과 의견의 불일치로 점철되어 있다. 불일치 요인 중 하나는 여러 분야의 참여학자들이 서로 다른 개념 및 체계를 도입하고 있다는 것이다. 법다원주의를 원용하는 문헌은 포스트모더니즘, 자기생산(autopoiesis), 인권, 관습법에 대한 페미니스트적 관점, 국제무역 등 다양한 분야에서 나타나고 있고, 혼란과 의사소통상의 오류를 피하기 어렵다. 법다원주의를 다루는 학자들 중에서 가장 잘 채택되는 '법'의 정의는 J. Griffiths의 그것이다. Griffiths는 Sally Falk Moore가 언급한 '준자율적 사회 영역(semi autonomous social field: 규칙을 생성하고 강제할 수 있는 능력을 갖는 사회 영역)'이 법다원주의의 연구 목적을 위해 법을 정의하고 한계지을 수 있는 최선의 방법이라고 주장하였다. 하지만, Moore는 자신의 개념을 하나의 '법'이라고 분류하는 데에 거부감을 표시하였다. 또 다른 선구적인 연구(1983)에서 Marc Galanter는 '필자가 말하는 고유법이란 널리 통용되는 민간의식이 아니라 대학, 스포츠 리그, 주거 단지 및 병원과 같은 다양한 제도적 배경에서 찾을 수 있는 고정된 형태의 사회적 질서이다.'라고 하고 있다. 또한 Gordon Woodman은 1998년 논문에서 법다원주의자들이 법적 규범질서를 다른 규범질서와 구별하는 명백한 기준을 찾지 못하였다고 결론내리면서, '법은 국가법이라는 가장 명백한 형태에서부터 비공식적 사회적 통제의 가장 애매모호한 형태까지를 포괄하여 존재한다고 결론지어야 할 것이다.'라고 하였다. 2005년의 논문에서 John Griffiths는 '그동안 법의 개념 연구를 계속한 결과 필자는 법사회학 이론의 형성 목적을 위해 차라리 '법'이라는 용어를 단념하는 것이 낫다는 결론에 이르게 되었다. … '법다원주의'라는 표현은 "규범적 다원주의(normative pluralism)" 또는 "규제상의 다원주의(regulatory pluralism)"로 재정의될 수 있고 또한 그렇게 해야 할 것이다.'라고 하였다. 오늘날 Griffiths는 적절한 법의 정의가 불가능하다는 것을 인정하고 있다. 이처럼 법다원주의를 정의하는 것은 매우 어려운 것임에도 불구하고, 개념상의 난제를 피하면서 현대 법다원주의 현상 중 여러 중요하고도 흥미로운 특징들을 강조하는 틀을 마련하고자 하는 시도가 이어지고 있다. **3. 새로운 분석틀**(Tamanaha) 1) **여섯 가지 규범적 질서체계** 법다원주의 개념을 필요로 하는 사회의 장(social arenas)에는 여섯 가지 규범적 질서체계의 범주로 나눌 수 있다. ① 공식적인 법체계, ② 관습적/문화적 규범체계, ③ 종교적/문화적 규범체계, ④ 경제적/자본주의적 규범체계, ⑤ 기능적 규범체계, ⑥ 공동체적/문화적 규범체계 등이 그것들이다. 공식적 또는 실증적 법체계(official or positive legal system)는 제도화된 법적 도구, 즉, 입법기관, 행정기관이나 사법기관에 의해 실현되며, 국가 및 개인의 권력 및 권리의 근원이 되기도 한다. J. Habermas가 생활세계의 법제화(juridification of the life world)라고 명명한 공식적 법체계이다. 나머지 다섯 가지 범주는 공식적인 법체계와 성격을 달리하는 규범적 질서체계이다. 관습적/문화적 규범체계(customary/cultural normative system)는 사회적으로 공유된 규칙 및 관습을 포함한다. 고유법(indigenous law)이나 전통법(traditional law)이라고도 한다. 특히 서구적 관점에서 식민지시대와 그 후의 신생국 내에 잔존하는 법제도들에 대한 명칭과 범주로 논의된다. 종교적/문화적 규범체계(religious/cultural normative system)는 관습적 규범체계의 한 측면이기도 하지만, 나름의 특징적인 규범체계들의 근원 및 지향점이 될 수 있다. 경제적/자본적 규범체계(economic/capitalist normative system)는 사회의 장내에서 이루어지는 자본주의적 생산 및 시장 거래와 관련 있거나 이를 구성하는 규범 및 제도들로 이루어진다. 오늘날의 경제적 세계화 과정은 이러한 규범적 체계들을 확장시키는 원동력이 됨과 동시에 이 규범적 체계들의 지지를 받기도 한다. 관습적·종교적 규범체계와 유사하게 이들 규범의 대부분은 공식적 법체계의 인정을 받고 이에 포섭되기도 하지만, 예컨대, 신국제상관습법(new lex mercatoria)과 같이 독립적으로 법적 지위를 갖는 것으로 인정되기도 한다. 기능적 규범체계(functional normative system)는 순수한 상업적 이익 이상의 특정한 기능, 목적, 또는 활동과 연관해서 조직·정리된 규범체계를 말한다. 기능을 지향하는 규범체계의 예로는 대학, 병원, 박물관, 스포츠리그, 그리고 하나의 네트워크로서의 인터넷이 있다. 이들은 설립된 목적을 달성하기 위해 어느 정도의 자율성(autonomy)과 자치(self-governance), 규제능력 그리고 내부적인 지시 체계를 갖추고 있고 여러 교차점에서 공식적 법체계와 상호작용을 한다. 이들은 종종 상업적 측면을 가지고 공동체를 위해 활동하기도 하지만 그 특유의 기능적 지향성 때문에 다른 규범체계와 차별화된 성격을 가지게 된다. 마지막으로, 가장 모호하기는 하지만, 공동체적/문화적 규범체계(community/cultural normative system)는 공동의 생활 방식을 가지는 집단이 만들어 내는 정신적 일체감을 말한다. 보통은 지리학적인 경계선 내에 위치하는 공통의 언어 · 역사를 가진 집단을 공동체라고 보지만 인터넷을 통해 상호작용하는 공동체도 존재할 수 있다. 세계화가 진행되면서 기존의 경계선이 많은 부분 사라져 버리기도 했지만, 반대로 정체성, 자치 및 경제적 기회에 급박한 위협이 발생할 수도 있다는 불안감을 구성원들에게 심어주어 공동체 내부의 집단 또는 개별 정체성을 한층 더 강화시키는 경향도 있다. '법다원주의'라는 용어는 서로 경쟁하고 충돌하는 공식적 법체계 또는 공식적 법체계와 기타 규범체계간의 상호작용을 분석하기 위해 사용되었지만, 위에 언급한 범주들은 대략적인 구분이다. 따라서 위 범주들은 중첩될 수도 있고 그 한계선상에 있는 것들도 있으며, 다른 방식으로 재정렬될 수도 있다. **2) 규범체계 간의 충돌과 그 원인** 위의 여섯 가지 규범적 질서는 ① 구속적인 권위를 지니고 ② 정당성을 가지며 ③ 규범적 우위를 점하고 있고 ④ 대상범위 내에 있는 사항에 대해 통제를 가하거나 가할 수 있다는 네 가지 특징 중 하나 이상을 가지고 있다. 이 병존하는 규범적 질서의 원천들은 이미 충돌이 예정되어 있다. 이러한 충돌의 여파가 확대될 수 있고 이러한 충돌이 법다원주의의 가장 역동적인 측면 중 하나에 해당한다. 그래서 법체계 중 일부는 다른 법체계와의 상호작용을 예견하여 저촉법원칙(conflict rules)이나 준거법 결정의 원칙(choice of law rules)과 같은 조항을 두기도 하지만 대부분의 경우 타 규범체계와의 상호작용에 대해 침묵하고 있다. 충돌은 각 규범 질서의 내부에서 경쟁하는 부분끼리 일어날 수도 있지만 병존하는 규범체계 사이에서도 일어날 수 있다. 충돌을 조정하기 위해 다양한 해법이 존재하기도 하지만 대부분의 충돌은 해소되지 못한 채 사회의 장 내부에서 공공연한 갈등 요소로 남아 있게 된다. 다른 체계로부터 자신의 체계를 지키려는 경우와 개인과 집단이 그들의 목표 또는 비전을 달성하기 위해 규범질서의 원천을 전략적으로 사용하는 경우 등의 두 측면에서 충돌이 야기된다. 이 두 경우에 다원적인 상황 속에 어떻게 상호작용을 하는지 관찰하면서 사회의 장 내의 전략적 행위자들이 다수의 규범적 체계가 존재하는 상황 속에서 어느 체계에 호소하고 반응하는지를 관찰하는 것이다. **3) 충돌 상황에 있는 체계 간의 관계 및 전략** 여러 법다원주의 상황 속에서 발생하는 긴장과 상호충돌은 공식적인 국가법체계와의 충돌 및 공존하는 비국가적 체계 간에도 발생할 수 있다. 공식적 국가법체계와의 충돌은 공식적 국가법체계가 비국가적 체계에 대해 중립적인 태도를 취하면서 어느 정도의 자율성을 인정하거나 무시할 수도 있고, 금지할 수도 있으며, 혹은 경쟁 체계를 흡수할 수도 있다. 충돌하는 규범 및 제도가 금지되는 경우에는 경쟁하는 체계와 힘의 우위를 가리는 시험대가 된다. 비국가적 체계 간의 충돌은 공존하는 체계의 관점 및 법다원주의 상황에 처해 있는 전략적 행위자의 관점에서 본다면 보완적인 공존의 필요성도 인정될 수 있다. 충돌하는 체계 사이의 상호작용 및 해결전략에 대해 네 가지 주장이 제시되고 있다(Tamanaha). 첫 번째 주장은 세계화와 더불어 경제적/자본주의적 규범체계가 현 시대의 새로운 규범 중 가장 강력한 추진력 및 침투력을 가지고 있다는 것이다. 두 번째 주장은 충돌이 있을 때, 그 사회의 장 내의 전략적 행위자들은 현존하는 공식적 법체계의 지지를 요청한다는 것이다. 세 번째 주장은 법다원주의 상황에서 개인 및 집단들이 하는 전략적 선택에 영향을 미치는 중요한 요인으로 지리적인 또는 문화적인 '거리' 외에 정보, 비용, 지연과 같은 장애요인이 있다는 것이다. 공식적 법체계가 가질 수 있는 문제점인 고비용, 저신뢰, 불공정성 (비효율, 부패 또는 편향성) 때문에 사적 중재나 비공식적 해결을 선호할 수도 있다. 마지막 주장은 법다원주의 상황에서 전략적 행위자들이 계속 동일한 법체계나 규범체계에 호소하거나 지지한다고 속단해서는 안 된다는 것이다. 상황에 따라서는 관습이 국가법과 충돌할 때 한 당사자가 관습을 지지하다가 바꾸어서 국가법에 호소할 수도 있다. 법다원주의 상황에서 전략적 행위자들은 자신의 전반적인 이익에 유리할 때에만 일관된 태도를 보인다. 4. **헌법다원주의의 문제** ➜ 헌법다원주의. 5. **결어** 공존하면서 경쟁하는 규범체계를 가지는 사회의 장 안의 개인이나 집단은 그들의 목적을 추구하기 위해 경쟁하는 체계를 서로 대립시켜 충돌하게 하거나 무시하거나 혹은 보완적으로 활용할 수 있다. 이 선택은 규범적 체계 자체 및 그 체계들이 어떻게 상호작용하는지와, 행위자들이 어떻게 법다원주의 상황을 인지·대처·반응하는지에 따라 정해진다. 법다원주의의 연구에서는 '법'의 개념에 대한 집착보다는 개념상의 개방성을 전제하면서, 국가법이 모든 규범의 우위에 있다고 생각하는 오류와 국가법과 기타 다른 법규범체계가 동등한 위치에 있다고 생각하는 오류를 피해야 한다.

법단계설法段階說 ㊗ Stufentheorie des Rechts. 법단계설이란 법(法)에는 상·하위의 단계가 있다고 주장하는 학설을 말한다. 오스트리아의 공법학자 A.메르클이 주창하고 순수법학자 H.켈젠이 완성하였다. H. 켈젠(1881~1973)은 법을 순수하게 논리적으로 고찰한 결과 한 국가의 법은 법규의 잡다한 집적이 아니라, 법질서 전체는 단계적으로 정연히 질서를 이루어 연속하여 일체를 이루는 것이라고 주장하였다. 다시 말하여 법 규범들이 하나의 체계를 구성하고 있으며, 각각의 법규가 갖는 효력의 근거는 그 상위 법규에서 찾아야 한다고 한다. 가장 근원적인 법으로서는 근본규범이 있고, 그 밑에 국제법·헌법·법률·명령·판결 등이 있다고 하는 것이 이 설의 요체이며 이를 법단계설(法段階說)이라 한다. 이러한 단계질서를 정적(靜的)으로 보면 판결이 법률에, 또 법률이 헌법에 그 타당성의 기초를 두고 있는 것처럼 하위규범이 상위규범에 그 타당성의 기초를 두고 있는 관계로 파악할 수 있고, 이를 동적(動的)으로 보면 추상적·일반적인 상위규범이 차례로 하위규범을 창설하고, 그에 의하여 자신을 구체화하여가는 과정으로 이해할 수 있다고 하였다. 켈젠이 주장한 바와 같이 법이 단계를 이루어 존재한다는 것은 부정할 수 없는 점이나 근본규범이 존재한다고 하는 것은 사실에 반(反)하고 또 국제법이 헌법의 상위에 있다고 하는 것에 대하여도 비판이 있다. 정치학이나 사회학, 신학 등과 구별하여 법학의 독자성을 주장하고, 법의 성질·구조를 명확히 한 점에서 켈젠이 법학에 크게 기여한 점은 부인할 수 없다.

법률法律 ㊐ law/act/statute, ㊗ Gesetz, ㊕ loi. 1. **의의** 법률의 개념은 이를 형식적 의미와 실질적 의미로 구분할 수 있다. 형식적 의미의 법률은 입법기관이 입법절차에 따라 법률의 형식으로 정하는 모든 규정을 의미하며, 실질적 의미의 법률은 국가기관에 의한 법규범, 즉 법규를 뜻한다. ➜ 법규. 2. **성질** 첫째, 입헌민주국가에서 법률은 헌법의 규범화 요구에 따라 정립되는 것이므로 민주적 정당성을 갖추어야 하고 민주적 절차에 따라 제정되어야 한다(**민주성**). 둘째, 법치국가적 질서에서 요구하는 법률로서의 요건으로, 그 내용이 명확하고 확정적일 것을 요구하며(**명확성**), 합리적이고 안정적이며 평등한 내용을 규정하여야 하고(**합리성 · 안정성 · 평등성**), 일반적이고 추상적인 내용이어야 한다(**일반성 · 추상성**). 일반성이란 불특정 다수인, 즉 적용 대상이 모든 사람임을 말하며, 추상성이란 법률이 모든 사건에 적용되어야 한다는 것을 뜻한다. 오늘날에는 사회국가적이나 행정국가적 요청을 실현하기 위하여 개별적이고 구체적인 사항을 규율하는 법률도 있으며 이러한 법률을 처분적 법률(Maßnahmegesetz)이라고 한다. ➜ 처분적 법률. 3. **법률의 형태와 체계** 근대시민국가의 법률은 일반적이고 추상적인 법규범으로서 일반적 법률의 형태만으로도 충분하였으나, 현대사회국가에서는 국가가 적극적으로 국민의 기본권보장과 생활배려까지도 보장할 필요가 있기 때문에 법률의 형태와 체계는 일반적 법률 이외에, 처분적 법률, 예산법률과 같은 계획법률(Plangesetz), 조약의 체결 · 비준에 대하여 법률의 형태로 처리하는 동의법률(Zustimmungsgesetz) 등이 나타나고 있다. 사법적 재판을 매개로 하지 아니하고 직접 사인의 구체적 권리를 박탈하는 사권박탈법(➜ 사권박탈법)이나, 특정인에게 구체적 처벌을 가하는 법률, 소위 사법적(재판적) 법률은 어떠한 이유로도 허용되지 아니한다. 4. **내용** 1) **법규사항** 헌법 제2장에서 규정하는 국민의 권리와 의무에 관한 사항은 반드시 법률로 규정하여야 한다(기본권법률규율주의). 2) 입법사항(법률사항) 헌법과 법률에서 법률로 규정할 것을 정하고 있는 사항으로, 국가기관조직사항, 국가중요정책사항, 기타 법률사항 등이 있다. 5. **효력** 법률은 헌법보다 하위의 효력을 갖는다. 헌법에 위배되는 법률은 무효이다. 법률은 규칙이나 명령보다는 상위에 있으므로, 법률은 규칙이나 명령의 기준이 된다. 6. **법률제정절차** ➜ 법률제정절차.

법률개선의무法律改善義務 ㉑ legal amendment obligations, ㉣ Nachbesserungspflicht des Gesetzes. 1. **의의** 법률개선의무란 입법자가 현재의 법률로는 더 이상 법현실을 규율하기에 적합하지 않을 때에 국회가 이를 개선하여야 하는 것을 일컫는다. 독일에서는 기본권보호의무와 관련하여, '입법자가 현재의 법률로는 헌법에 의해 정해진 기준에 따른 보호의무를 다할 수 없을 때에 그 법률의 수정이나 보충을 통해서 법률의 결함을 제거하고, 보호의무를 수행하기 위한 최소한의 기준이 보장되도록 하여야 한다.'고 정의되기도 한다(BVerfGE 88, 203(309)). 법률개선의무는 입법자가 헌법과 어긋나는 법률의 잘못을 헌법에 맞게 바로잡아야 할 적극적이고 구체적인 입법의무이다. 법률개선의무는 입법자가 헌법을 위반하였을 때에 비로소 소극적으로 확정되는 상대적 의무이다. 헌법재판소는 '입법개선의무'라는 용어를 사용한다(헌재 1998.12.24. 89헌마214; 1999.10.21. 97헌바26; 2004.1.29. 2002헌가22; 2008.10.30. 2005헌마723 등). 2. **헌법적 근거** 국가권력으로서 입법권자는 헌법이 부여한 일정한 국가적 과제(Staatsaufgaben)를 수행한다. 특히 헌법이 명시적으로 규정하고 있는 국가목적조항(Staatszielbestimmung)이나 입법위임(Gesetzgebungsaufträge) 등에서 지시하고 있는 일정한 국가적 과제를 수행하기 위하여는 입법자도 그에 상응하는 입법활동을 하여야 한다. 이처럼 국가적 과제는 헌법에 의하여 명문으로 규정되는 경우도 있지만, 묵시적으로 부여되는 국가적 과제 등은 헌법해석의 방법을 통하여 드러나기도 한다. 입법권자는 광범위한 입법재량권을 가지지만, 헌법에서 명시적으로 혹은 해석상 입법의무를 부과하는 경우 이를 이행하지 않게 되면 입법부작위로서 위헌으로 판단되고 그에 따라 국가가 책임을 져야 한다(진정입법부작위). 법률이 있음에도 그 입법의 내용·범위·절차 등이 당해 사항을 불완전·불충분·불공정하게 규율함으로써 입법행위에 흠결이 있는 경우에는 이를 교정하여야 할 책임이 있다(부진정입법부작위). 뿐만 아니라 입법권자는 법률을 제정할 때에 아직 예상할 수 없었던 새로운 변화 때문에 법률의 규범력을 유지하기 어렵게 되는 경우에는 법률의 이행이 적절한지의 여부나 법률의 효력이 의도한 대로 발생하고 있는가에 대한 관찰이 필요하다(법률관찰의무). 3. **법률개선의무의 발생원인** 법률개선의무의 발생원인은 3가지가 제시될 수 있다. ① 입법자가 법률을 제정할 때에 법률의 내용·범위·절차 등 규율사항을 불완전·불충분·불공정하게 규율하여서 법률이 이미 제정 당시에 위헌이면(부진정입법부작위) 법률개선의무가 문제 된다. ② 법률이 근거하는, 규율에 중요한 사실이나 법률의 작용에 대한 예단이 효력이 발생하고 나서 전체적으로 혹은 부분적으로 잘못된 것으로 밝혀지면 법률개선의무가 발생할 수 있다. ③ 사실관계와 법적 상황이 바뀌어서 법률과 사실의 불일치가 발생하면(사실관계와 법적 상황 변화) 법률개선의무가 나타날 수 있다. 이때에 변화대상은 법률을 제정할 때에 예측할 수 없었던 변화에 국한된다. 그리고 이러한 변화는 법률의 위헌성에 영향을 미쳐야 한다. 4. **법률개선의무의 내용** 국가가 기본권보호의무를 지니고 있지만 입법자가 사회현상을 잘못 진단하거나 변화된 사회환경으로 인하여 이러한 의무를 적절히 수행하고 있지 못하여 기본권을 침해하는 법률이 존재하는 경우에는 법률교정의무나 법률개선의무가 있다고 보아야 할 것이다. 헌법재판소는 헌법불합치결정을 하는 경우에 '헌법불합치결정은 위헌적 상태를 제거해야 할 입법자의 입법개선의무를 수반하게 된다'고 하여 입법자의 법률개선의무를 긍정하는 결정을 하고 있다(헌재 1998.12.24. 89헌마214등; 2001.11.29. 99헌마494; 2001.12.20. 2001헌마484; 2002.7.18. 2000헌바57 등). 5. **법률개선의무 불이행의 효과** 헌법불합치된 법률은 입법자가 법률을 개선하지 않으면, 그 효력을 상실하고, 그것은 더는 행정처분이나 재판의 근거가 되지 못한다. 이 경우에는 헌법불합치결정은, 이론(異論)이 있기는 하지만, 단순위헌결정과 같은 효력을 갖는다. 입법자가 상당한 기간 안에 또는 기한이 설정되면 그 기한 안에 법률을 개선하지 않아서 법률이 효력을 상실하여도 입법자의 법률개선의무는 여전히 존속한다. 입법자가 헌법불합치로 결정된 법률을 개선하기는 하였으나 법률개선의무가 불완전하게 이행되어 위헌상태를 완전하게 제거하지 못하였다면, 헌법불합치로 결정된 법률을 개선할 입법자의 의무는 개선된 법률을 개선할 의무로 바뀌어 존재한다. 이러한 법률에 대해서는 위헌법률심판이나 위헌소원심판이 청구될 수 있고, 불완전하게 개선된 법률로 말미암아 헌법이 보장한 자기 기본권을 침해받은 자는 이 법률에 대한 헌법소원심판을 청구할 수 있다. 6. **개선의무불이행에 대한 통제** 이 경우 사안에 따라 입법부작위에 대한 헌법소원이 가능할 수 있다. 또한 개선의무의 대상이 된 법조항을 포함하는 법률 자체의 효력을 다툴 수도 있을 것이다.

법률구조제도法律救助制度 ⓔ legal aid system, ⓓ Prozesskostenhilfe, ⓕ Aide juridique. 1. **의의 및 연혁** 법률구조는 국가가 직접적이고 적극적으로 법률서비스시장에 개입하여 빈곤 등을 이유로 법적 대리인 및 법원시스템에 접근할 수 없는 사람들에게 재판상 또는 재판 외의 다양한 법률서비스를 제공하는 것으로서, 법률구조법은 「법률구조란 경제적으로 어렵거나 법을 몰라서 법의 보호를 충분히 받지 못하는 자의 기본적 인권을 옹호하고 나아가 법률복지를 증진시키기 위한 목적을 달성하기 위해 법률상담, 변호사 내지 공익법무관에 의한 소송대리, 그 밖에 법률사무에 관한 모든 지원을 하는 것을 말한다.」고 하고 있다(동법 제1조, 제2조). 역사적으로 법률구조는 19세기 유럽의 변호인과 공정한 재판을 받을 권리에 그 뿌리를 두고 있다. Mauro Cappelletti는 개인이 경제적, 사회적, 문화적 권리를 법적으로 실현할 수 있도록 함으로써 개인이 사법에 접근할 수 있도록 하는 데 법적 지원이 필수적이라고 주장하였다. 국가의 법률구조정책은 초기에는 주로 이혼 등의 가족법에 초점을 맞추었으나, 1960년대와 1970년대에는 경제적, 사회적, 문화적 권리로 확장되었다. 오늘날에는 빈곤자, 소외자, 차별받는 자 등, 사회 전반에 걸쳐 법적 약자들을 지원하고 그 법적 지위를 보장하는 한 방안으로 채택되고 있다. 대륙법계 국가는 민사소송에서, 영미법계 국가는 형사소송에서 법률구조를 강조한다. 2. **근거** 1) **국가의 기본권보장의무의 실현** 헌법 제10조 제2문에서「국가는 개인이 가지는 불가침의 기본적 인권을 확인하고 이를 보장할 의무를 진다.」고 하여 국가에 기본권보장의무를 부과하고 있다. 기본권보장의무에는 적극적 보장의무와 소극적 보장의무가 있는데, 적극적 보장의무는 국가가 인권을 단순히 존중하고 침해하지 않는데 그치는 것이 아니라 적극적으로 일정한 조치를 취할 의무를 부과하는 것을 내용으로 한다. 또한 국가는 국가가 아닌 제3자의 침해행위로부터도 기본권적 가치를 보장할 의무를 부담한다(기본권보호의무). 헌법 제10조로부터 국가는 개인의 기본권적 이익을 침해해서는 안 될 뿐만 아니라, 기본권에 대한 국가의 적극적 보장의무에 따라 당해 기본권이 보장하는 개인적 법익이 침해되거나 침해가 급박한 경우에는 국가는 그 보장을 위한 실효성 있는 절차적 방안을 갖출 의무가 도출될 수 있다. 2) **재판청구권의 실현** 헌법 제27조에 규정되어 있는 재판청구권은 국민에게 실효적, 실질적으로 보장되어야 하며 수인할 수 없을 정도로 법원에의 제소를 어렵게 하여 단지 명목적인 권리가 될 정도로 제한되어서는 안 된다. 재판청구권은 법원접근권의 보장을 포함하고 있다. 법원접근권은 법치국가원리로부터 도출되는 기본권으로 봄이 우리나라와 독일의 학계 및 헌법재판소의 일반적 견해이다. 일반적으로 법원에의 접근가능성은 소송비용의 부담능력과 변호사조력에 의존하기 때문에 입법자는 평등원칙에 따라 무자력자도 소송에서 자신의 이익을 주장할 수 있도록 배려하여야 하고, 당사자는 무자력으로 인하여 소송수행이 불가능하게 되어서는 안 된다고 보았다. 즉, 국가의 충분한 소송구조가 없어서 당사자가 최소한의 생존마저도 침해되는 곳에 위헌성이 존재하게 된다고 본다. 유럽인권협약도 법원에의 접근을 보장하고 있다(제5 · 6 · 13조 참조). 유럽연합기본권헌장이 시행되면서 제47조 제3항에서 소송구조청구권이 기본권으로 규정되어 있다. 헌법재판소는 공정한 재판을 받을 권리는 헌법 제27조의 재판청구권에 의하여 함께 보장되는 것으로 본다. 또한 효과적인 권리의 보호도 재판청구권의 한 내포로 보아야 한다. 3) **무기평등의 원칙의 보장** 당사자주의 소송구조 하에서는 무기평등의 원칙이 매우 중요한 소송상의 원칙이며, 이것이 지켜지기 위해서는 무자력자에 대한 법률구조가 필수적이다. 무기대등의 원칙은 주로 형사절차와 관련하여 논의되고 있지만, 민사소송의 경우에도 무기대등의 원칙이 보장되어야 하는 것은 당연한 것이다. 4) **사회국가원리의 실현** 법률구조는 법치국가적 가치의 구현에 기여하지만 이에 그치지 않고 사회국가원리 내지 복지국가적 관점에서도 일정한 헌법적 가치를 구현하는 것으로서, 인간다운 생활을 할 권리를 실현하는 방법이기도 하다. 다양한 형태의 법률구조제도를 통하여 빈곤 또는 무지로 인하여 법률상 구제가 필요함에도 불구하고 그 권리를 행사할 수 없는 이에게 국가가 적극적으로 법률서비스시장에 개입하여 법률서비스를 제공받을 수 있게 하여야 할 헌법적 의무가 도출된다. 9으로서 법 앞의 평등, 변호인의 조력을 받을 권리, 공정한 재판을 받을 권리를 보장하여 사법에 대한 접근을 제공하고자 하는 것이다. 법률구조는 국가가 제공하는 복지로서 복지국가의 실현에 이바지한다. 3. **기본권으로서의 법률구조청구권** 우리나라의 경우 헌법해석상 법률구조청구권을 인정할 근거가 충분하다고 할 수 있다. 외국의 경우 헌법상 적극적으로 또는 헌법해석을 통해 법률구조청구권을 인정하는 것이 일반적인 경향이라고 할 수 있다. 다만, 재판청구권의 한 내포로 이해하는 경우와 법원접근권의 한 내포로 이해하는 경우의 차이는 있다. 스위스에서는 무자력자의 권리보호청구권을 기본권으로 보장하고 있다. 독일연방헌법재판소도 소송구조청구권(Anspruch auf Prozesskostenhilfe)을 기본법 제3조 제1항의 일반적 평등원칙, 제20조 제1항의 사회국가원리로부터 도출하고 있다. 유엔인권위원회(UN Human Rights Committee)도 시민적 및 정치적 권리에 관한 국제규약 제2조 제3항 및 제14조 제3항과 관련하여 법률구조를 하지 않는 것은 법적 구제를 받을 권리를 방해하는 것이고 그 자체로 인권침해라고 판단하였다. 유럽연합기본권헌장은 제47조에서 법률구조청구권을 규정하고 있다. 이 외의 개별국가 헌법으로, 몰타헌법 제39조 제6항c, 포르투갈헌법 제20조 제1항, 스페인헌법 제119조, 체코공화국 기본권과 기본자유 헌장 제40조 제3항, 사이프러스 헌법 제30조 제3항d, 스위스헌법 제29조 제3항, 이탈리아헌법 제24조 제3항, 러시아헌법 제48조 제1항, 이란헌법 제35조, 인도헌법 제39A조, 필리핀헌법 제11조 등을 들 수 있다. 4. **결론** 법률구조청구권은 많은 국가들과 국제인권규범에서 헌법상 권리로 인정되고 있고, 우리나라 헌법의 해석론에서도 헌법상 권리로서 충분한 자격을 가질 뿐만 아니라, 헌법 규정으로 볼 때도 법률구조청구권은 이미 일부 규정되어 있는 것으로 볼 수 있다. 장래 개헌이 된다면, 「경제적, 신체적, 시간적, 지역적인 어려움 등으로 인하여 효과적인 권리구제를 받을 수 없는 사람은 법률구조를 청구할 권리를 가진다. 구체적인 내용은 법률로 정한다.」는 내용으로 헌법전에 명시할 필요가 있다.

법률구조청구권 ➜ 법률구조제도.

법률국가法律國家 법치국가 발전의 초기단계로 국가의 권한행사나 국민의 자유와 권리를 제한하거나 의무를 부과하려고 하는 경우에는 국민대표기관인 의회가 정하는 법률에 의하여야 하는 국가를 말한다. 이 때의 법치주의는 곧 국가작용의 법률적합성 내지 법률합치성(합법률성)만을 의미하였다. 이것이 형식적 법치주의이다. ➜ 법치주의.

법률대위명령法律代位命令 ➜ 행정입법.

법률만능주의法律萬能主義 법이면 무엇이든 가능하다는 법에 대한 맹목적인 신뢰를 의미하는 것으로, 입법만능주의라고도 한다. 헌법학에서는, 법과 국가를 동일시하는 법실증주의적 헌법이해의 입장(Kelsen)에서, 모든 국가작용을 법작용과 동일시하여, 국가의 정당성은 법의 자기정당성(selbstlegitimation)으로 치환되기 때문에 어떠한 내용의 법도 정당화된다고 본다. 이는 법률만능주의적 통치로 귀결되어 '법률의 독재' 내지 '법률에 의한 강권통치'를 초래한다.

법률안거부권法律案拒否權 ㊇ veto power, ㊆ Veto, ㊄ veto. 1. **의의** 현행헌법 제53조 제2항은 「법률안에 이의가 있을 때에는 대통령은 제1항의 기간 내에 이의서를 붙여 국회로 환부하고, 그 재의를 요구할 수 있다. 국회의 폐회 중에도 또한 같다.」고 규정하고 있다. 이 규정은 국회의 고유한 권한인 법률제정권에 대하여 대통령이 직접적이고 실질적으로 개입할 수 있도록 하는 것으로서, 법률안재의요구권(法律案再議要求權)이라고도 한다. 고대 로마에서 유래하여 유럽 입헌군주제 하에 절대적 거부권으로 국왕에게 인정되었던 것이었다. 현대국가에서는 미국헌법에서 유래하여 대통령제 국가에서 채택되고 있는 제도로서 절대적 거부권이 아닌 한정적 거부권으로 인정되고 있다. 우리나라는 의원내각제 헌법인 제2공화국헌법을 제외하고 역대헌법은 모두 대통령의 법률안거부권을 인정하고 있었고, 법률안거부권이 실제로 행사된 예도 제헌의회 이래 70여 회에 달한다. 2. **제도적 의의** 대통령이 가지는 법률안에 대한 거부권은 대통령으로 하여금 그 공포단계에서 법률을 실질적으로 심사하게 만드는 것으로, 미국에서 대통령제를 고안하면서 만든 제도이다. 이는 권력분립원리의 견제와 균형의 원칙상 의회의 입법권에 대한 대통령의 견제수단으로서의 의미를 갖는다. 우리나라의 제헌헌법에서 대통령의 법률안거부권을 인정한 이유에 대해 기초자인 유진오 박사는 단원제 국회의 경솔과 횡포를 방지하기 위한 것이라고 한다. 또한 법률안거부권은 법률안에 대한 대통령의 이의제기권 및 실체적 심사권을 의미한다. 법률안거부권은 국회를 통과한 법률안이 헌법이 규정하는 입법절차가 준수하였는지의 형식적 심사권뿐만 아니라 법률안의 내용이 헌법에 합치하는지의 실체적 심사권을 대통령에게 부여하는 기능을 한다. 이는 대통령의 헌법수호의무를 뒷받침하기 위한 것이다. 결국 대통령의 법률안거부권은 국회로 하여금 보다 신중하고 올바르게 입법권을 행사하도록 통제할 수 있게 하고, 헌법을 침해하는 입법행위에 대해 법률의 적용 이전단계에서 대통령으로 하여금 위헌여부를 다시 살펴보도록 하여 헌법질서를 수호할 수 있게 한다. 하지만, 법률안거부권이 갖는 제도적 가치에도 불구하고 대통령이 법률안거부권을 남용하면, 오히려 국회의 법률제정권이 형해화될 수도 있다. 따라서 헌법은 대통령이 법률안거부권을 행사할 경우에 국회가 가중다수결을 통하여 최종적인 결정권자가 될 수 있도록 하고 있다. 3. **법적 성격** 환부거부권은 의회의 재의결을 통하여 극복될 수 있는 '제한된 거부권'(Qualified Veto Power)인 반면, 보류거부권은 의회의 재의결을 거칠 수 없는 '절대적 거부권'(Absolute Veto Power)의 성격을 갖는다. 환부거부권의 법적 성질과 관련하여, 대통령의 법률안거부권이 법률의 완성에 어떠한 성격을 가지는가에 대하여는 논란이 있다. 법률의 완성에 대한 정지조건, 즉 대통령의 환부거부권 행사의 결과 '국회에서 재의결되지 않을 것'을 '정지조건'으로 하여 법률로 확정되지 않는 효과가 발생하는 것을 의미한다는 설(정지조건설), 법률의 완성에 대한 해제조건, 즉 환부거부권의 행사로 법률안이 법률로 확정되지 않는 효과가 발생하고, 국회에서 재의결할 경우 그 효과가 해제된다고 보는 설(해제조건설), 취소권을 의미한다는 설(취소권설), 공법상의 특유제도라는 설(공법특유제도설) 등이 있다. 생각건대 법률안거부권은 법률안을 적극적으로 확정하는 권한인 군주의 재가권(裁可權)과는 구별되므로, 이는 국회가 재의결할 때까지 법률로서의 확정을 정지시키는 소극적인 정지적 거부권으로 보아야 한다(정지조건설)(통설). 정지조건설에 의할 때에는 대통령은 재의요구 후 재의결 전까지 그 재의요구를 철회할 수 있다. 4. **유형**

법률안에 대한 대통령의 거부권행사 유형으로는 환부거부와 보류거부가 있다. 1) **환부거부** 환부거부(direct veto/regular veto)란 대통령이 국회가 정부에 이송한 법률안에 대하여 지정된 기간 내에 이의서를 붙여 국회에 재의를 요구하는 환부의 방식으로 거부를 하는 것을 말한다. 헌법 제53조 제2항은 「법률안에 이의가 있을 때에는 대통령은 제1항의 기간 내에 이의서를 붙여 국회로 환부하고, 그 재의를 요구할 수 있다. 국회의 폐회 중에도 또한 같다.」라고 정하여 이러한 환부거부의 방식을 채택하고 있다. 이에 의할 때 대통령은 이송되어 온 법률안에 대하여 이의가 있으면 환부거부를 하거나 아니면 법률안에 서명하여 공포하여야 한다. 대통령은 법률안의 일부에 대하여(**일부거부**: item veto) 또는 법률안을 수정하여(**수정거부**) 재의를 요구할 수는 없다(헌법 제53조 제3항). 즉, 헌법은 법률안 전부에 대한 재의요구권만을 인정하고 있다. 미국의 경우에는 양원제를 채택하고 있기 때문에 대통령은 문제된 법률안을 발의하였던 상원 또는 하원으로 환부함으로써 거부권을 행사한다. 법률안을 환부받은 원(院)에서 재적의원 3분의 2 이상의 찬성으로 가결하면 법률안을 다른 원(院)으로 이송하고, 다른 원(院)에서도 재적의원 3분의 2 이상의 찬성으로 가결한 경우, 그 법률안은 법률로 확정된다(미국 헌법 제1조 제7절 제2항). 2) **보류거부** 보류거부(pocket veto)란 국회의 장기휴회나 폐회 등으로 인하여 대통령이 지정된 기일 내에 환부할 수 없는 경우에 그 법률안이 자동적으로 폐기되는 제도이다. 미국에서는 보류거부가 명문으로 인정되고 있으나, 현행헌법상 보류거부가 인정되고 있는지에 관하여는 부분긍정설과 부정설이 있다. 부분긍정설에 의하면 보류거부는 원칙적으로 인정되지 않지만 국회의원의 임기만료로 폐회되거나 국회가 해산된 경우에는 환부가 불가능하기 때문에 법률안이 폐기되므로 보류거부가 예외적으로 인정된다는 입장이다. 그러나 헌법상 회기계속의 원칙(헌법 제51조)을 취하고 있고, 국회 폐회 중의 환부를 인정하고 있으며(헌법 제53조 제2항), 15일 이내에 공포나 재의요구를 하지 않으면 법률로서 확정되기 때문에(헌법 제53조 제5항) 보류거부는 인정될 수 없다고 볼 것이다(부정설). 국회의 임기만료로 인한 폐회나 해산으로 인하여 법률안이 폐기되는 것은 보류거부라기보다는 새로운 국민적 정당성에 근거한 새 국회가 지난 국회의 의안을 이어받지 않는 것, 즉 지난 국회의 민주적 정당성이 끝남에 따르는 반사적 효과에 불과하다. 5. **행사요건** 1) **실질적 요건** 법률안거부권행사의 실질적 요건에 대하여 명문의 규정은 없다. 그러나 제도의 취지에 비추어 볼 때 거부권의 행사에는 정당한 사유와 필요성이 있어야 한다. 집행불능의 법률안, 국익에 반하는 법률안, 정부에 부당한 정치적 압력을 가하는 내용을 담고 있는 법률안, 위헌적 법률안 등에 대한 거부권의 행사가 그 예이다. 2) **절차적 요건** 대통령이 법률안에 대해 거부를 하는 경우에는 법률안이 정부로 이송된 후 15일 내에 국무회의의 심의를 거쳐 이의서를 붙여 국회로 환부하고, 그 재의를 요구한다(헌법 제53조 제1 · 2항). 이의서에는 국무총리와 관계국무위원이 부서를 하여야 한다. 6. **통제** 대통령의 법률안재의요구가 있을 때에 국회는 이를 재의에 붙여 재적의원 과반수의 출석과 출석의원 3분의 2 이상의 찬성으로 전과 같은 의결을 하여 그 법률안을 법률로서 확정시킬 수 있다(헌법 제53조 제4항). 이로써 국회는 대통령의 법률안 거부권의 행사에 대응하여 이를 통제할 수 있다. 즉 대통령의 법률안의 거부에 대하여 국회는 재의결함으로써 대통령의 거부를 무력화시킬 수 있다. 대통령의 법률안 거부가 국회에 의해 무력화되었을 때에 대통령은 이 법률의 공포를 거부하면서 국회에 대항하려고 할 수 있는데, 이런 경우에 대비하여 헌법은 국회의 재의결로 확정된 법률이 정부에 이송된 후 5일 이내에 대통령이 공포하지 아니할 때에는 국회의장이 이를 공포한다고 정하고 있다(헌법 제53조 제6항 제2문). 이러한 국회의장의 법률공포권은 권한인 동시에 의무로서의 성질을 가진다.

법률안공포권法律案公布權 국회에서 의결된 법률안은 정부에 이송되어 15일 이내에 대통령이 공포한다(헌법 제53조 제1항). 이 기간 내에 대통령이 공포나 재의요구를 하지 아니한 경우에는 15일이 경과한 때에, 재의요구에 따라 국회가 재의결한 때에는 법률안은 법률로서 확정된다(헌법 제53조 제4·5항). 대통령은 확정된 법률을 지체없이 공포하여야 한다(헌법 제53조 제6항 제1문). 정부는 대통령이 법률을 공포한 경우에는 이를 지체없이 국회에 통지하여야 한다(국회법 제98조 제2항). 법률안이 이송된 후 대통령이 15일 이내에 공포나 재의의 요구를 하지 않아 확정된 경우 또는 국회의 재의결로 확정된 법률이 정부에 이송된 후 5일 이내에 대통령이 공포하지 아니할 때에는 국회의장이 이를 공포한다(헌법 제53조 제6항 제2문). 법률은 특별한 규정이 없는 한 공포한 날로부터 20일을 경과함으로써 효력을 발생한다(헌법 제53조 제7항). 공포는 법률의 효력발생요건이다. 따라서 공포되지 아니한 법률은 효력이 없다. 국회의장의 공포해야 하는 경우도 마찬가지이다. 이 때 국회의원은 국회의장을 상대로 권한쟁의심판을 청구할 수 있을 것이지만, 권한쟁의심판은 확인심판일 뿐 이행심판이 아니므로 한계가 있다. 이러한 경우에는 법률이 확정되었음에도 불구하고 효력을 발생하지 못하는 문제가 있다. 따라서 공포가 없어도 일정한 요건에 따라 효력을 발생할 수 있도록 하는 입법이 필요하다.

법률안재의요구권法律案再議要求權 ➜ 법률안거부권.

법률안제출권法律案提出權 ㉰ right of proposing and submitting bills. 법률안제출권·법률안제안권·법률제안권 또는 법률발의권이라고도 한다. 현행헌법은 제52조에서 「국회의원과 정부는 법률안을 제출할 수 있다.」고 규정하여 국회의원 및 정부를 법률안제출권자로 정하고 있다. **입법례**를 보면, 영국 등 의원내각제 국가에서는 의원과 내각(정부)이 모두 법률안제출권을 가지는 것이 원칙인 반면, 미국 등 엄격한 삼권분립주의를 취하는 대통령중심제 국가에서는 정부가 법률안제출권을 가지지 못하는 것이 원칙이다. 의원내각제 정부형태에서는 내각에서도 법률안제출권을 가지고 있으나, 대통령중심제하에서는 입법권과 행정권을 엄격히 분립시키고, 의원이 장관직을 겸직하지 못하며, 법률안제출권을 의회의 고유한 입법권에 속하는 것으로 보기 때문에 정부의 법률안제출권을 인정하지 않는 것이다. **우리나라**는 대통령중심제이면서도 정부가 법률안제출권을 가지는 것은 이례적인 제도로서 의원내각제적 요소가 가미된 절충식 제도라고 할 수 있다. 이는 제헌 당시 헌법초안이 의원내각제로 되어 있던 것을 이승만박사에 의하여 하루아침에 갑자기 대통령중심제로 바뀌는 과정에서 의원내각제적 요소를 변경시키지 못한 것이 큰 원인이며, 또한 행정권의 강화를 위한 정치적 이유와 현실적 필요성이 있었기 때문이다. 정부가 국회에 법률안을 제출할 때에는 국무회의의 심의를 거친 후(헌법 제89조 제3호), 제안이유서를 붙여 국회의장에게 보낸다. 국회의원이 일반 법률안을 발의할 때에는 의원 10인 이상의 찬성을 얻어 그 법률안에 제안이유서를 붙이고 찬성자와 연서한 후 국회의장에게 제출한다(국회법 제79조). 다만, 예산상 또는 기금상의 조치를 수반하는 법률안 기타 의안의 경우에는 비용추계서를 같이 제출해야 한다(국회법 제79조의2). 국회의장은 법률안이 발의 또는 제출된 때에는 이를 인쇄하여 의원에게 배부하고 본회의에 부의하며, 소관 상임위원회에 회부하여 그 심사가 끝난 후 본회의에 보고한다. 다만, 폐회 또는 휴회 중에는 본회의의 보고를 생략하고 회부할 수 있다(국회법 제81조 제1항).

법률요건적 효력法律要件的 效力 ➜ 헌법재판소결정의 효력.

법률우위法律優位**의 원칙** [독] Vorrang des Gesetz. 법률의 형식으로 표현된 국가의사는 헌법을 제외하고는, 법적으로 다른 모든 국가작용보다 상위에 있다는 뜻의 원칙이다. 다시 말해, 모든 국가작용은 법률에 위반되지 않아야 한다는 원칙이다. 따라서 행정기관이나 사법기관 등 모든 국가기관은 국회가 정한 법률에 구속되고 이를 부정할 수 없다(행정과 법률의 법률에 대한 구속). 영국의 법치주의의 내용과 관련하여 다이시는 법률의 법규창조력, 법률의 우위, 법률유보의 원칙을 들고 있다. 행정영역에서는 법치행정의 원칙(행정의 법률적합성의 원칙)으로 나타난다.

ㅂ

법률유보法律留保 [독] Gesetzesvorbehalt. 1. **의의와 근거 및 기능** 1) **의의** 헌법이 기본적 인권을 직접 제한하지 않고 법률에 위임하는 경우에 이를 법률유보라 한다(➜ 기본권의 제한). 현행헌법 제37조 제2항에서 명시하고 있다. 2) **근거** 법률유보의 이론적 근거는 헌법상 법치주의와 민주주의 그리고 권력분립원칙에 근거하고 있다. 법률유보의 실정법적 근거로는, 입법권이 국회에 속한다는 원칙조항인 헌법 제40조, 기본권의 제한은 법률로써 하여야 한다고 한 헌법 제37조 제2항, 법률이 법규명령에 위임할 경우 구체적으로 범위를 정하여야 한다고 제한하는 헌법 제75조, 그 외에 제75조에 준하는 제90조를 들 수 있다. 3) **기능** 법률유보는 기본적 인권의 제한에 대한 한계로서의 의미를 가진다. 이러한 한계는 형식상 한계와 내용상 한계를 포함한다. 헌법 제37조 제2항은 일반적인 기본권제한의 법률유보조항이자 기본권제한입법의 한계를 규정한 조항이다. 법률유보는 또한 각 기본권주체가 가지는 기본권을 적절하게 조절함으로써 배분의 기능을 갖고 있으며, 소수자보호에 기여한다. 2. **법률유보의 종류** 1) **일반적 법률유보와 개별적 법률유보** 일반적 법률유보는 모든 기본권에 대하여 어떠한 조건 하에서 법률로써 제한될 수 있는지를 일괄하여 규정하는 경우이다. 현행헌법 제37조 제2항이 이에 해당한다. 개별적 법률유보는 개별 기본권조항에서 법률에 의한 제한가능성을 규정하고 있는 경우를 말한다. 통상 '법률에 의하여', '법률로써', '법률이 정하는 바에 따라' 등으로 개별기본권조항에서 규정하는 경우이다. 개별적 법률유보는 단순히 '법률'만을 규정에 두는 경우와, 당해 기본권제한법률이 어떠한 경우에 제정될 수 있는지에 관하여 그 요건을 규정하고 그 요건에 해당하는 경우에만 법률로 제한할 수 있다고 하는 경우가 있다. 전자를 단순법률유보, 후자를 가중법률유보라 부르는 견해도 있으나, 일반적 법률유보규정을 두고 있는 우리나라 헌법에서는 논의의 실익이 없다. 2) **기본권제한적 법률유보와 기본권형성적 법률유보** 기본권을 침해하는 것을 내용으로 하는 법률유보를 기본권제한적 법률유보라 하고, 법률을 통하여 비로소 기본권의 내용이 구체화되는 경우를 기본권형성적 법률유보라 한다. 법치주의 초기에는 자유권을 중심으로 국가에 대한 저항적 내지 방어적 의미에서 법률유보를 이해하였기 때문에 기본권제한적 법률유보만이 중요하였으나 오늘날에는 사회권 내지 적극적 급부행정이 중시되기 때문에 그러한 종류의 국가행위까지도 법률유보에 포함되어야 한다. 독일의 경우 자유권만이 헌법에 규정되어 있기 때문에 양자의 구별이 의미가 있으나, 우리나라의 경우, 사회권도 헌법에 규정되어 있으므로, 그 구별의 의의가 크지 않다. 자유권과 사회권 모두 헌법상 일정한 권리의 내용이 전제되어 있다고 보면, 중요한 것은 법률에서 그러한 권리를 어느 정도 헌법이 예정하는 내용과 합치하도록 하는가가 문제되는 것이지 법률에서 정하기 때문에 기본권의 내용이 확정된다고 볼 수는 없다. 따라서 모든 기본권 관련법률은 헌법이 정한 기본권을 구체화하기 위한 것으로 이해할 수 있다. 다만 자유권은 그 성질상 최대한의 보장이 요구되는 것이므로 국가에 의한 간섭을 기본권제한적 성격을 가지는 것으로 이해할 수 있다. 헌법재판소는 재산권에 관한 규정을 기본권형성적 법률유보로 이해하고 있다(헌재 1993.7.29. 92헌바20). 3. **법률유보의 적용영역** 법치주의원리는 법에 의한 지배를 의미하고, 법의 의한 지배는 지배의 '근거'와 '형식'에서 법규범을 요구한다. 국가의 지배는 다양한 국가작용으로 작동하기 때문에 법치주의원리에 따르면 모든 국가작용은 법규범에 근거하여야 하고 법규범의 형식으로 이루어져야 한다. 모든 국가작용은 원칙적으로 실정법체계 안에서 최고의 법규범인 헌법에 근거하여야 하고, 이러한 국가작용들 가운데 입법작용은 법률이라는 형식으로, 집행작용과 사법작용은 이러한 법률을 집행하는 처분이나 적용하는 판결의 형식으로 이루어진다. 집행작용은 곧 법치행정 즉 행정의 법률적합성의 문제와 특히, 위임입법의 범위문제로 귀결되고, 사법작용은 사법조직의 법정주의(법원조직법정주의)와 사법절차의 법정주의로 귀결한다. 이 중 헌법재판소를 포함한 사법조직은 헌법상 헌법재판소 규정(제6장)과 법원 규정(제5장) 그리고 헌법재판소법 및 법원조직법 등과 각 절차에 관한 법률(헌법재판소법, 민·형사소송법)에서 규율하고 있다. 4. **법률유보의 적용범위** 1) **의의** 법률유보원칙은 국민의 기본권과 관련된 중요한 사항에 관하여 형식적 의미의 법률에 근거하여 규율하도록, 특히 의회유보원칙은 국민의 기본권과 관련된 본질적인 사항에 관하여 형식적 의미의 법률에 의하여 규율하도록 요구한다. 이러한 의미에서 형식적 의미의 법률에 근거하는 것만으로도 충분히 실현되는 '넓은 의미의 법률유보원칙'은 반드시 형식적 의미의 법률에 의하도록 요구하는 '좁은 의미의 법률유보원칙'인 의회유보원칙을 포함한다(헌재 1999.5.27. 98헌바70; 2008.2.28. 2006헌바70; 2009.2.26. 2008헌마370 등). 하지만, 오늘날에는 의회가 모든 사항을 법률로 정하기 어렵고 그에 따라 행정부에 일정한 사항을 위임할 수 있도록 하고 있다(헌법 제75조). 이 때 법률에서 어느 정도까지 하위 행정입법에 위임할 수 있는가가 특히 행정법학에서 깊이 논의되고 있다. 이는 규율하고자 하는 사항에 관하여 법률에서 어느 정도까지 상세하고 명확히 규정되어야 하는가의 문제이다. 법률유보원칙은 의회유보원칙을 통해 반드시 의회가 제정한 형식적 의미의 법률에 의하여 규율되어야 할 사항을 한정함과 동시에 포괄위임입법금지원칙을 통해 위임입법이 필요하고 허용되는 경우에 형식적 의미의 법률이 행정입법에 위임하면서 지켜야 할 한계를 설정하기도 한다. 따라서 법률유보원칙은 의회유보원칙이라는 좁은 의미에서는 위임입법의 금지와 그 범위로 동일하게 이해될 수 있다. ➜ 의회유보의 원칙. 2) **의회유보원칙과 포괄적 위임금지의 원칙의 관계** 의회유보원칙과 포괄위임입법금지원칙은 공통적으로 법률유보원칙과 연결되어 있지만 의회유보원칙은 반드시 의회가 제정한 형식적 의미의 법률에 의하여 규율해야 할 사항을 한정함으로써 결코 행정입법에 위임될 수 없는 한계를 설정하는 반면에 포괄위임입법금지원칙은 형식적 의미의 법률에 근거하여 행정입법에 위임할 때 행정입법에 위임될 수 있는 사항에 관한 위임의 한계를 설정한다는 점에서 차이가 있다. 이러한 차이와 함께, 의회유보원칙과 포괄위임입법금지원칙은 반드시 형식적 의미의 법률에 의하여 규율해야 하는 사항과 적어도 형식적 의미의 법률에 근거하여 규율되어야 하는 사항을 각각 전제하여 형식적 의미의 법률로 규율되어야 할 사항을 확인하여 줌으로써 법률유보원칙과 관련된다는 점, 그리고 의회의 권한과 행정부의 권한 사이에 경계를 설정함으로써 법치주의에서 도출되는 권력분립원칙에 근거를 두고 있다는 점에서 공통점을 갖는다. 3) **학설상의 논의** 전통적으로 법률유보의 범위에 관해서는 침해유보설, 전부유보설, 사회유보설(급부행정유보설), 권력유보설 등이 있었으나, 오늘날에는 1970년대 이래 독일에서 **본질성설**이 형성되어오면서, 본질성설(중요사항유보설)이 다수의 견해로 자리잡고 있다. 본질성설(중요사항유보설)은 19세기의 입헌주의적, 시민자유주의적으로 특징지워진 공식, 즉 자유와 재산에 대한 침해가 문제가 되는 경우에 한하여 법률이 필요하다고 하는 공식과 결별하고, 민주주의적 정당성을 갖는 의회의 법률제정절차를 중시하며, 수권법률의 명확성을 강화하기 위하여 법률의 규율밀도를 강화하는 것이 중요하다는 관점에서 주장된다. 이 견해는 헌법의 명령의 대상을 기존의 행정권이 아니라 의회로 하여, 의회로 하여금 공동체의 생활에 본질적인 사항은 반드시 법률의 형식으로 하여야 할 뿐만 아니라 그 내용도 구체적이고 명확해야 한다는 점을 지시하는 것이다. 4) **헌법재판소의 입장** 헌법재판소는 조세법분야에서 국민의 헌법상 기본권 및 기본의무와 관련된 중요한 사항 내지 본질적인 내용에 관한 사항에 대한 정책형성기능은 원칙적으로 입법부가 담당하여 법률의 형식으로 수행해야 한다는 일반론을 제시하고 있으며(헌재 1997.9.25. 96헌바18), 중학교의무교육과 관련된 결정에서도 입법자가 교육에 관한 본질적인 사항에 대하여는 반드시 스스로 기본적인 결정을 내려야 하고, 그러한 기본적 사항의 결정을 행정부에 위임하여서는 안 된다는 것을 선언하는 규정이라고 말하고 있다(헌재 1991.2.11. 90헌가27). 이 외에도 여러 사례에서 본질성설에 입각한 것으로 보이는 결정들이 있다. 다만, 본질성설에 입각하면서도 당해 문제된 사항이 본질적 사항에 포함되는가의 여부에 관해서는 재판관들 사이에 견해차이가 있다.

법률의 합헌적 해석合憲的 解釋 → 합헌적 법률해석.

법률의 효력발생效力發生 법령 등 공포에 관한 법률(약칭: 법령공포법) 제11조는 법률의 공포 및 공고의 절차를 규정하여, 「① 헌법개정·법률·조약·대통령령·총리령 및 부령의 공포와 헌법개정안·예산 및 예산 외 국고부담계약의 공고는 관보(官報)에 게재함으로써 한다. ② 국회법 제98조 제3항 전단에 따라 하는 국회의장의 법률 공포는 서울특별시에서 발행되는 둘 이상의 일간신문에 게재함으로써 한다. ③ 제1항에 따른 관보는 종이로 발행되는 관보와 전자적인 형태로 발행되는 관보로 운영한다. ④ 관보의 내용 해석 및 적용 시기 등에 대하여 종이관보와 전자관보는 동일한 효력을 가진다.」고 규정하고 있다. 또한 제12조는 공포일과 공고일을 규정하여, 「제11조의 법령 등의 공포일 또는 공고일은 해당 법령 등을 게재한 관보 또는 신문이 발행된 날로 한다.」고 하고 있다. 제13조는 시행일을 규정하여, 「대통령령, 총리령 및 부령은 특별한 규정이 없으면 공포한 날부터 20일이 경과함으로써 효력을 발생한다.」고 하고 있다. 구체적인 경우에 법령 등의 효력이 언제 발생하는가에 관하여, i) 최초구독가능시설 ii) 관보일자시설 iii) 관보발행시설 iv) 관보도착시설 v) 지방배포시설 등이 있으나 최초구독가능시설이 통설이자 판례이다.

법률제정절차法律制定節次 1. **개관** 법률제정절차 곧 입법절차는 ① 법률안 제안 ② 법률안 심의·의결 ③ 정부이송 ④ 대통령의 법률안거부·확정 ⑤ 법률의 공포와 효력발생 등의 순서로 이루어진다. 2. **법률안 제안** 법률안 제안권자는 국회의원과 정부이다(헌법 제52조). 국회의원은 10인 이상의 찬성으로 의안을 발의할 수 있으며, 의안을 발의하는 의원은 그 안을 갖추고 이유를 붙여 소정의 찬성자와 연서하여 이를 의장에게 제출하여야 한다(국회법 제79조). 의원이 예산상 또는 기금상의 조치를 수반하는 의안을 발의하는 경우에는 그 의안의 시행에 수반될 것으로 예상되는 비용에 관한 국회예산정책처의 추계서 또는 국회예산정책처에 대한 추계요구서를 함께 제출하여야 하며, 다만, 국회예산정책처에 대한 비용추계요구서를 제출한 경우에는 제58조 제1항에 따른 위원회의 심사 전에 국회예산정책처의 비용추계서를 제출하여야 한다(국회법 제79조의2 제1항). 위원회도 법률안을 제안할 수 있는데, 위원회가 예산상 또는 기금상의 조치를 수반하는 의안을 제안하는 경우에는 그 의안의 시행에 수반될 것으로 예상되는 비용에 관한 국회예산정책처의 추계서를 함께 제출하여야 하며, 다만, 긴급한 사유가 있는 경우 위원회의 의결로 추계서 제출을 생략할 수 있다(국회법 제79조의2 제2항). 정부의 법률안은 국무회의 심의를 거쳐 대통령이 서명하고, 국무총리와 관계 국무위원이 부서하여야 한다. 정부가 예산상 또는 기금상의 조치를 수반하는 의안을 제출하는 경우에는 그 의안의 시행에 수반될 것으로 예상되는 비용에 관한 추계서와 이에 상응하는 재원조달방안에 관한 자료를 의안에 첨부하여야 한다(국회법 제79조의2 제3항). 3. **법률안의 심의·의결** 1) **회부** 국회의장은 법률안이 제출되면 이를 인쇄하여 의원에게 배부하고 본회의에 보고한 후(폐회·휴회 등으로 보고할 수 없을 때에는 생략), 소관 상임위원회에 회부하여 심사하게 한다(국회법 제81조). 위원장은 간사와 협의하여 회부된 법률안(체계·자구 심사를 위하여 법제사법위원회에 회부된 법률안은 제외한다)의 입법 취지와 주요 내용 등을 국회공보 또는 국회 인터넷 홈페이지 등에 게재하는 방법 등으로 10일 이상 입법예고하여야 한다(국회법 제82조의2 참조). 의장은 천재지변의 경우, 전시·사변 또는 이에 준하는 국가비상사태의 경우, 의장이 각 교섭단체 대표의원과 합의하는 경우에는 위원회에 회부하는 안건 또는 회부된 안건에 대하여 심사기간을 지정할 수 있고, 전 2자의 경우에 해당할 때에는 의장이 각 교섭단체 대표의원과 협의하여 해당 호와 관련된 안건에 대해서만 심사기간을 지정할 수 있다(국회법 제85조 제1항). 이 때, 위원회가 이유 없이 지정된 심사기간 내에 심사를 마치지 아니하였을 때에는 의장은 중간보고를 들은 후 다른 위원회에 회부하거나 바로 본회의에 부의할 수 있다(동 제2항). 2) **위원회의 심의** (1) **상임위원회 심사** 위원회는 회부된 법률안에 대하여 위원회 상정 → 제안자 취지설명 → 전문위원 검토보고 → 대체토론 → 소위원회심사보고 → 축조심사 → 찬반토론 → 의결(표결)의 순서로 심사한다(국회법 제58조 참조). 위원회에서 본회의에 부의할 필요가 없다고 결정된 의안은 본회의에 부의하지 아니한다(국회법 제87조 본문). 이를 **pigeon-hole**이라고 한다. 다만, 위원회의 결정이 본회의에 보고된 날부터 폐회 또는 휴회 중의 기간을 제외한 7일 이내에 의원 30명 이상의 요구가 있을 때에는 그 의안을 본회의에 부의하여야 한다(국회법 제87조 단서). 이를 위원회의 해임(discharge of committee)이라 한다. (2) **국회선진화법의 안건신속처리제** ➜ 국회선진화법. (3) **법제사법위원회 체계 · 자구 심사** 위원회의 심사를 마친 법률안은 법제사법위원회에 회부되어 체계 · 자구심사를 거치게 된다(국회법 제86조 참조). 의장은 직권상정이 가능한 경우 심사기간을 정할 수 있으며, 이 기간 내에 심사가 없으면 바로 본회의에 부의할 수 있다(동조 제2항). (4) **전원위원회 심사** 위원회의 심사를 거치거나 위원회가 제안하는 의안 중 정부조직에 관한 법률안, 조세 또는 국민에게 부담을 주는 법률안 등 주요 의안에 대해서는 당해 안건의 본회의 상정 전이나 상정 후 재적의원 4분의 1이상의 요구가 있으면 의원 전원으로 구성되는 전원위원회의 심사를 거친다(국회법 제63조의2 참조). (5) **본회의 심의 · 의결** 체계 · 자구심사를 거친 법률안은 본회의에 상정되어 심사보고, 질의 · 토론을 거쳐 재적의원 과반수의 출석과 출석의원 과반수의 찬성으로 의결된다(국회법 제93조 참조). 본회의는 위원회의 보고서제출 후 1일이 지나야 의안을 상정할 수 있다(국회법 제93조의2). 의원이 본회의에 부의된 안건에 대하여 국회법의 다른 규정에도 불구하고 시간의 제한을 받지 아니하는 토론을 하려는 경우에는 재적의원 3분의 1 이상이 서명한 요구서를 의장에게 제출하여야 한다. 이 경우 의장은 해당 안건에 대하여 무제한토론을 실시하여야 한다(국회법 제106조의2: ➜ 국회선진화법). 의장은 질의나 토론이 끝났을 때에는 질의나 토론의 종결을 선포하고, 표결을 선포하며, 표결선포 후에는 누구든지 안건에 관하여 발언할 수 없다. 표결방법은 전자투표를 원칙으로 하고 특별한 사정이 있는 경우 기립표결로 할 수 있다. 표결이 끝나면 의장석에서 그 결과를 선포한다(국회법 제109~113조 참조). (6) **법률안의 수정동의** 의안에 대한 수정동의(修正動議)는 그 안을 갖추고 이유를 붙여 30명 이상의 찬성 의원과 연서하여 미리 의장에게 제출하여야 한다. 다만, 예산안에 대한 수정동의는 의원 50명 이상의 찬성이 있어야 한다(국회법 제95조). 수정동의에 대해서는 국회법 제95조에서 상세히 정하고 있다. 4. **정부이송** 국회에서 의결된 법률안은 의장이 이를 정부에 이송한다(국회법 제98조 제1항). 5. **대통령의 거부권 행사** ➜ 법률안거부권. 6. **공포** ➜ 법률안공포권.

법률주권法律主權 근대 이후 대의제의 논리에 따라 국민의 주권적 의사는 국민의 대표기관인 의회에 의하여 표현되는 것이었기 때문에, 국민주권은 곧 의회주권을 의미하는 것이었다. 나아가 주권적 의사를 대변하는 의회의 의사는 규범형식으로서의 법률에 의하여 표명되는 것으로 이해되었기 때문에, 의회주권은 곧 법률주권과 동일시되었다. 말하자면 법률은 곧 국민의 일반의사의 표현으로 간주된 것이다. 하지만 현대적 입헌주의에서는 법률이 헌법에 적합한지의 여부에 대한 심사, 즉 위헌법률심사제도가 확립되었고, 의회의 법률은 헌법에 합치되는 범위 내에서만 정당성을 가지는 것으로 인식되었다. 이는 곧 의회주권=법률주권의 등식이 허물어졌음을 의미하는 것이며, 법률주권이 종식되었음을 드러내는 것이었다. 법주권론과 같은 의미로 사용되기도 하지만, 약간의 뉘앙스의 차이가 있다. ➜ 법주권론.

법발견法發見 [영] legal finding or finding of justice, [독] Rechtsfindung, [프] détermination/recherche du droit applicable. 성문법 또는 불문법에 대한 해석, 유추 또는 사물의 본성(die Natur der Sache)으로

ㅂ

부터의 추론을 통해 생활사태(Lebenssachverhalt)에 적용할 법규범을 결정하는 것을 말한다. 법획득(Rechtsgewinnung)과 동의어로 쓰이기도 한다. ➜ 법획득.

법복종의무法服從義務=**법준수의무**法遵守義務 ㊀ Rechtsgehorsamspflicht, '법복종의무'란 합헌적 법률과 이에 근거한 국가행위에 대한 복종의무를 말한다. 독일의 경우 기본법 제2조 제1항에서 기본권의 헌법적 한계로서 「헌법질서」를 규정하고 있다. 법복종의무는 국가의 지배가 가능하기 위한 전제조건이자 법질서가 기능하기 위한 전제조건이지, 법의 규율대상이 아니다. 법의 지배 내지 법치를 국가공동체의 형성 및 유지·존속의 기본원리이자 최고원리로 받아들여 국가를 형성하였다면, 그 국가의 지배수단으로서 법에 대한 복종의무는 당연한 원리이다. 법질서에 대한 복종은 법치국가에서 지극히 당연한 것이기 때문에 법복종의무는 헌법적으로 명시적으로 규율될 필요가 없고, 국민의 기본의무로서 당연히 전제되는 의무이다. 법적 공동체로서 국가는 국민의 법복종의무 없이는 존재할 수 없다. 법치국가원리가 국가에 대하여 '법에 의한 지배의 의무'를 부과한다면, 이러한 국가의 의무에 대응하는 것이 바로 '법에 복종해야 할 국민의 의무'이다. 법질서와 국가에 대한 존중의무는 국가가 기본권을 보장한 것에 대한 필수적인 대응물이기도 하다.

법실증주의法實證主義 ㊂ legal positivism ㊀ Rechtspositivismus. ㊁ Positivisme juridique. 법실증주의는 법의 이론이나 해석·적용에 있어서 어떠한 정치적·사회적·윤리적 요소도 고려하지 않고, 오직 법 자체만을 형식논리적으로 파악하려는 입장이다. 법률실증주의(法律實證主義)라고도 한다. 실정법(實定法)만을 법으로서 인정하는 사상으로, 인식의 대상을 경험적 부여에 한정하고 그것을 초월한 일체의 것을 형이상학적으로 부정하는 실증주의의 정신이 법사상이나 법학의 영역에서 나타난 것이다. 실정법을 초월하는 자연법(自然法)의 존재를 인정하지 않는다는 점에서 자연법론에 대립된다. 법실증주의는 실정법체계의 완전무결성에 대한 확신을 바탕으로 법관에 의한 법창조 내지 자의적 판단을 배제하려는 사상인 것이다. 그리하여 법실증주의는 법학 및 실정법의 발전과 그것을 통한 국가권력의 확립에 크게 기여하였다. 법실증주의가 법사상에서 지배적 지위를 차지한 것은 19세기인데 이 시기는 근대국가가 확립되면서 근대법체계가 정비되는 때이다. 프랑스혁명을 통해 자연법론이 인권선언과 그 사법적(私法的) 표현인 프랑스민법전으로 귀결되자 이제 더 이상 자연법론에 대한 탐구는 불필요하며 법학은 자연법이 결집되어 있는 실정법의 의미내용과 조문 간의 관련성을 해석해 내는 것이 주된 임무라는 생각이 지배하게 되었다. 법실증주의는 독일에서는 개념법학(概念法學), 일반법학(一般法學)과 순수법학(純粹法學)으로 나타났으며, 프랑스에서는 주석법학(註釋法學), 영국에서는 공리주의법학(功利主義法學)과 분석법학(分析法學)으로 나타났다. 19세기 중반 이후에는 실정법 일원론이 지배적이지만 실정법에 대해 어떻게 접근할 것인가, 실정법이나 그 체계를 어떻게 분석할 것인가에 대해서는 견해가 분분하여 다양한 법학연구나 법사상·법이론이 대두하였다. 따라서 '법실증주의'에 의해 실정법에 대한 실증적·경험적 연구 전반을 포함하여 받아들이는 방법과 실정법 규범이나 그 체계의 논리적 분석·종합만을 받아들이는 방법이 있다. 오늘날에는 후자가 보다 일반적이며 거기에는 법이란 주권자의 명령이라고 하는 영국의 벤담(J. Bentham)과 오스틴(J. L. Austin)의 분석법학, 독일의 일반법학, 법질서를 명령의 체계로 보는 켈젠(H. Kelsen)의 순수법학, 북유럽의 리얼리즘법학, 영국의 하트(H. L. A. Hart), 라즈(J. Raz)의 현대 분석법학 등이 포함되어 있다. 그러나 법실증주의는 법이 사회현상의 하나이며 전체 사회와의 관련 속에서만 그 본질과 기능이 제대로 밝혀질 수 있다는 것을 도외시한다는 비난을 면하지 못하였다. 법실증주의가 법체계를 다른 사회적 요소와 분리하여 독자적인 체계로 이해하는 것을 반대하여 법사회학(法社會學), 사회학적 법학과 법현실주의(法現實主義) 등이 등장하게 되었다. 또한 법실증주의는 법을 만능의 수단으로 이해한 결과, 법이라는 형식을 갖추기만 하면 어떠한 것도 허용될 수 있다고 하는 형식적 법치주의로 흘러 악법(惡法)도 법으로 인정함으로써 법을 빙자한 불법을 자초하는 결과를 가져왔고 이러한 법실증주의의 경향은 20세기의 제2차 세계대전을 거치면서 인권유린을 정당화하기 위한 이론으로 원용되었다. 그러다가 제2차 세계대전이 끝나자 인간의 존엄에 대한 반성과 권리에 대한 통찰은 다시 실정법질서보다 시원적(始原的)이며 실정법질서의 상위에 있는 천부불가침(天賦不可侵)의 자연법질서에 눈을 돌리게 되었다. 이를 신자연법론(新自然法論)이라고 한다. 법실증주의의 공과에 대해서는, 첫째, 법에 대한 가치중립적 태도를 확립했다는 점, 둘째, 법을 사회의 공동질서를 위한 명령으로 파악한 점, 셋째, 법해석의 기준을 법률문언에 한정하여 그 논리적 귀결을 중시하는 것을 법획득의 방법으로 확립한 점, 넷째, 법과 도덕을 엄격히 구분한 점, 다섯째, 법 준수의무를 강조한 점, 여섯째, 법효력의 근거를 합법성과 실효성에 둔 점 등이 지적되고 있다. 법실증주의에 대한 비판으로서는 오늘날 드워킨(R. Dworkin)의 비판이 가장 잘 알려져 있다. 거기에서는 어려운 사건(hard case)의 사법적 결정에 이용되는 원리 · 정책이 주목되며 법과 도덕분리론이 부정되고 있다. 또한 독일의 논의에서도 법개념이 정의 또는 정당함을 필연적으로 포함하고 있는 것으로서 법과 도덕분리론이 부정되고 있다. 또한 일상의 정치적 · 법적 언어 속에는 국가권력 절대시나 법으로의 절대적 복종, 입법부의 전능성(全能性), 법과 권력 · 강제의 동일시, 정의란 힘이라는 견해를 가리키기 위한 것으로 법실증주의가 사용되는 경우가 있다. 또한 실정법체계는 논리적으로 완벽하여 '법의 흠결'이 아니고, 재판관은 그 완벽한 법을 사건에 기계적 형식적으로 적용해야만 한다는 개념법학을 의미하는 것으로 사용되는 경우도 있다.

법실증주의 헌법학 Rechtspositivistische Verfassungslehre ➜ 헌법관.

법안실명제法案實名制 [영] real-name proposal system. 국회법 제79조 제2항에 따르면, 국회에서 의원이 법률안을 발의할 때에는 발의의원과 찬성의원을 구분하되, 법률안 제명(題名)의 부제(副題)로 발의의원의 성명을 기재하도록 하는데, 이를 법안실명제라 한다. 법률안을 발의할 경우, 구체적으로 제안자의 실명을 밝히도록 하여 법률안발의자의 정치적 책임소재를 명확히 하는 데에 목적이 있다. 예를 들어 '애국의원단'과 같이 불특정 집단이나 개인이 법률안을 발의할 수 없게 하는 것이다.

법法 **앞의 평등**平等 ➜ 평등권(평등원칙).

법외노조法外勞組 법외노조란 노동조합 및 노동관계조정법이 요구하는 조건들에 부합하지 않아 노동관계법의 보호를 받지 못하는 노동조합을 말한다. 노동관계법상 노동조합으로 인정되지는 않지만, 헌법상 결사의 자유에 따른 보호를 받을 수는 있다. 과거 전교조가 법외노조통보를 받아 노동조합의 지위를 인정받지 못하였으나, 대법원 판결 및 노동부의 시행령 개정으로 노동조합의 지위를 회복하였다. ➜ 전국교직원노동조합.

법원法源 ⓔ sources of law, ⓓ Rechtsquelle, ⓕ source du droit. 법원(法源)은 법의 존재형식 또는 현상상태를 말한다. 법을 인식하는 근거, 법이 비롯되는 근거라 하기도 한다. 법원은 크게 성문법과 불문법으로 나뉜다. 성문법은 의회나 기타 법률의 제정 주체에 의하여 의식적으로 법으로 정해져서 문장의 형식으로 존재하는 것으로, 제정법이라고도 한다. 헌법, 법률과 명령 규칙, 조례 등이 있다. 불문법은 형식적으로 성문의 법전으로 존재 하지는 않지만 국민의 생활에 법적효력으로써 규율하는 법형태를 말한다. 불문법에는 관습법, 판례법, 조리 등이 있다. 성문법과 배치되는 관습법이 존재하는 경우에 법원으로서의 성문법과 관습법의 효력상의 우열이 문제된다. 이는 성문의 법으로 존재하는 사항에 대하여 관습법으로써 성문법을 개폐할 수 있는지 아니면 성문법이 없는 사항에 대하여만 관습법 즉 불문법이 적용될 수 있는지에 대하여는 견해가 대립되고 있다. 우리나라의 경우 헌법적 관습(관습헌법)이 논란이 되기도 하였다(➜ 관습헌법).

법원法院 현행헌법상 사법권을 담당하는 기관의 명칭. 헌법 제5장에 규정되어 있다. 원래 「법원」이라는 명칭은 일제강점기에 일본국 사법기관의 명칭인 「재판소」와 구별하기 위하여 대한제국과 대만의 식민지사법기관의 명칭으로 사용된 것이다. 조선말과 대한제국기에 도입된 명칭인 「재판소」로 환원하는 것도 고려할 만하다.

법원유보法院留保 ⓓ Gerichtsvorbehalt. 국가기능으로서의 사법기능을 구체화하는 사법권을 분립되고 독립적인 사법기관이 전담하여 오직 당해 사법기관만이 결정할 수 있도록 하여야 한다는 원칙이다. 현행헌법 제101조 제1항의 「사법권은 법관으로 구성된 법원에 속한다.」는 규정은 이를 표현한 것이다. 사법기관의 명칭은 재판소 혹은 법원으로 될 수 있기 때문에 재판소유보 혹은 법원유보라 할 수 있다. 이는 행정부나 입법부에 속하면서 사법기관(재판소 혹은 법원)을 최종심으로 하지 않는 사법기관을 창설할 수 없음을 의미한다. 법원유보와 함께 행정부의 행위에 대한 사법적 통제의 수단으로서 '법관유보'에 관한 특별규정을 두고 있다(헌법 제12조 제3항). ➜ 법관유보의 원칙.

법원의 관료화官僚化 관료화란 사회기관과 조직이 엄격히 규정된 규칙과 의사소통 통로에 따르도록 더 집중화된 통제와 강요된 복종으로 나아가려는 경향을 말한다. 과거 우리나라 법원의 경우, 법조충원과정이 일회적인 사법시험 성적만을 기준으로 하였고, 법관인사제도에서 '지방법원 배석판사 → 지방법원 단독판사 → 고등법원 배석판사 → (대법원 재판연구관)→ 지방법원 부장판사(지방부장) → 고등법원 부장판사(고등 부장) → 법원장 → 대법관 → 대법원장'의 단계적 서열구조가 형성되어 있었다. 이러한 인사구조는 독립적인 규범주체여야 할 판사들을 상·하위 계급으로 나누고 보다 선망 받는 직위를 쟁탈하기 위한 경쟁구조에 편입시켰으며, 그 과정에서 사법행정권자의 눈치를 보게 하는 도구로 활용되었다. 이와 같은 수직적 관료화는 헌법상 독립된 법관의 지위와는 거리가 먼 법원조직의 폐단이었으며, 이에 따라 법원개혁논의에서는 빠지지 않는 주제이었다. 이를 해결하기 위해서는 법원보직의 꽃으로 불리는 고등법원 부장판사제도를 폐지하고, 서열식 인사구조를 해체하며, 특수보직 인사를 축소하고, 대규모 법관 인사발령제도를 폐지할 필요가 있다는 의견이 제시되고 있다. 2014년 법원조직법 개정에서 판사임용의 자격으로 변호사 경력 10년 이상을 요구하는 것으로 바뀌었으며, 이에 따라 법조일원화가 실현되고 있다. 그 외에도 지역법관제의 확대, 개방형직위제, 간이판사 유사제도 등 법관의 다양화가 필요하다는 주장이 있다. 2020년3월에 고등법원 부장판사제도가 폐지되었다.

법원의 지위地位**와 조직**組織 1. **기본개념** 현행헌법 제5장 법원(제101~110조)은 헌법재판권을 제외한 사법권에 관하여 규정하고 있다. 헌법재판권이 사법권에 포함되는가의 여부에 관하여는 견해가 나뉘지만(➜ 사법의 개념), 헌법상의 「법원」 규정이 사법권을 규정하고 있다는 데에는 이의가 없다. 헌법 제101조 제2항은 「법원은 최고법원인 대법원과 각급법원으로 조직된다.」고 하여, 사법권의 담당기관으로서 법원의 지위와 조직을 정하고 있다. 즉, 법원은 대법원을 정점으로 하여 하급심판기관인 각급법원으로 구성되는 기관 간 위계조직을 정하고 있다. 헌법규정에는 대법원의 지위와 구성에 관하여는 비교적 상세히 정하고 있지만, 각급법원의 구체적인 내용은 명시되어 있지 아니하고 법원조직법에 위임하고 있다. 2. **대법원의 지위와 조직** ➜ 대법원의 지위와 조직. 3. **각급법원의 지위와 조직** 1) **근거법률** 헌법 제102조 제3항은 「각급법원의 조직은 법률로 정한다.」고 규정하고, 하위법률인 법원조직법에서 상세히 규정하고 있다. 각급법원은 제2심 법원인 고등법원(법원조직법 제3편 제1장), 특허법원(동 제2장), 지방법원(동 제3장), 가정법원(동 제4장), 행정법원(동 제5장), 회생법원(동 제6장) 등이 있고, 특별법원으로 군사법원을 두고 있다(군사법원법). 2) **고등법원** 고등법원은 판사인 고등법원장과 판사로 구성된다. 고등법원의 소재지는 서울 · 부산 · 대구 · 광주 · 대전 · 수원의 6곳에 설치되어 있다(「각급법원의 설치와 관할구역에 관한 법률」(법률 제15248호, 2017.12.19. 시행) 별표1 참조). 또한 제주 · 전주 · 청주 · 춘천 · 창원에는 각 관할고등법원의 원외재판부를 두고 있다(「고등법원 부의 지방법원 소재지에서의 사무처리에 관한 규칙」(대법원규칙 제2507호, 2013.12.12. 시행). 고등법원의 심판권은 법원조직법에서 상세히 규정하고 있다(동법 제7조 제3항 및 제28조 참조). 3) **특허법원** 특허법원은 고등법원에 준하여, 특허법원장과 판사로 구성되며, 대전에 소재하고 있다(법원조직법 제28조의2 이하, 각급 법원의 설치와 관할구역에 관한 법률(법률 제15248호, 2017.12.19. 시행 별표1 참조). 과거의 특허쟁송은 특허청 안의 특허심판소와 항고심판소를 거쳐 대법원에 속하도록 하였으나, 헌법재판소의 헌법불합치결정(헌재 1995.9.28. 92헌가11)으로 1998년3월1일부터 특허법원이 설치되었다. 현재는 특허심판원-특허법원-대법원의 구조를 가지고 있다. 특허법원의 심판권은 법원조직법에서 상세히 규정하고 있다(동법 제28조의4 참조). 4) **지방법원** 지방법원은 판사인 지방법원장과 판사로 구성된다(법원조직법 제29조). 지방법원 및 가정법원의 사무의 일부를 처리하게 하기 위하여 그 관할구역에 지원과 가정지원, 시법원 또는 군법원 및 등기소를 둘 수 있다(법원조직법 제3조 제2항). 시 · 군법원제도는 과거 순회심판소로 불리던 것을 변경하여 시 · 군법원으로 명칭을 바꾼 것이다(법률 제4765호, 1994.7.27. 시행). 지방법원의 심판권은 합의부, 항소부, 단독판사, 시 · 군법원의 심판권으로 나뉘어 있다(법원조직법 제32조 이하 참조). 5) **가정법원** 가정법원은 가사에 관한 소송 · 비송사건 · 조정 및 소년보호사건을 심판하는 법원으로, 가정법원장과 판사로 구성된다(법원조직법 제37조 이하). 가정법원은 서울 · 부산 · 대구 · 광주 · 대전 · 인천 · 수원에 설치되어 있으며, 각 가정법원 관할지역의 지원에도 설치되어 있다(각급 법원의 설치와 관할구역에 관한 법률, 법률 제15248호, 2017.12.19.시행 별표1 참조). 6) **행정법원** 행정법원은 판사인 행정법원장과 판사로 구성된다. 과거 행정쟁송은 행정심판전치주의에 따라 반드시 행정심판을 거친 후 관할 고등법원을 거쳐 대법원에 이르는 구조를 취했으나, 1998.3.1.부터 행정심판전치주의가 폐지되고 임의적 전치주의로 변경됨에 따라 행정법원이 행정사건의 제1심법원으로 되었다. 현재 서울에는 행정법원이 설치되어 있으나, 지방에는 지방법원에서 행정사건을 담당한다. 행정법원의 관할은 행정소송법에서 정한 사건과 다른 법률에 따라 행정법원의 관할로 되는 사건을 제1심으로 심판한다(법원조직법 제40조의4). 7) **회생법원** 도산사건을 전문적으로 처리하기 위하여 2017.3.1.자로 신설된 법원이다(2016.12.27. 법원조직법개정 법률 제14470호, 부칙 제1조 참조). 기거에는 파산법원으로 칭해졌다. 회생법원에 회생법원장과 판사를 둔다. 회생법원은 법인회생 · 법인파산 · 일반회생 · 개인회생 · 개인파산 · 국제도산 사건과 그 관련사건을 관장한다. 회생법원은 회생사건에 대하여 제1심(회생법원 합의부 관할 사건 및 단독판사 관할사건) 혹은 제2심(단독판사관할 사건의 항소심)으로 기능하도록 하여 기본적으로 지방법원과 동일한 심급을 형성한다(법원조직법 제40조의7). 8) **군사법원** 군사법원의 설치근거로서, 헌법 제110조 제1항은 「군사재판을 관할하기 위하여 특별법원으로서 군사법원을 둘 수 있다.」고 규정하고(➜ 특별법원), 군사법원의 상고심은 대법원에서 관할한다(헌법 제110조 제2항). 군사법원의 조직 · 권한 및 재판관의 자격은 법률로 정한다(헌법 제110조 제3항). 군사법원은 제1심 관할법원으로서 보통군사법원과, 제2심 관할법원으로서 고등군사법원이 있다(군사법원법 제10조, 제11조). 군사법원의 심판과 절차에 대하여는 군사법원에 상세히 규정되어 있다. 군사법원에도 즉결심판제도가 도입되어 있다. 군사법원에 대해서는 일반법원에서 관할하도록 함이 적절하다는 비판이 있고 그에 따라 헌법개정 시에 이를 반영하여야 한다는 의견이 있다.

법원재구성플랜 ➜ 코트 패킹 플랜.

법원행정처法院行政處 ㊊ the National Court Administration. 법원에 관한 인사 · 예산 · 회계 · 시설 · 송무(訟務) · 등기 · 호적 · 공탁 · 집달관 · 법무사 · 법령조사 · 통계 및 판례편찬에 관한 사무를 관장하는 대법원의 기관이다. 정부수립 후 처음 제정된 법원조직법에서부터 설치된 법원행정기관이다. 5 · 16군사쿠데타 이후 제3공화국 시기에는 군인 출신이 처장과 차장으로 재임하는 경우도 있었다. 법원행정처에 대법관 중에서 대법원장이 보하는 처장과, 판사 중에서 대법원장이 보하는 차장을 둔다(법원조직법 제68조). 처장은 대법원장의 지휘를 받아 법원행정처의 사무를 관장하고, 소속 직원을 지휘 · 감독하며, 법원의 사법행정사무 및 그 직원을 감독한다. 차장은 처장을 보좌하여 법원행정처의 사무를 처리하고, 처장이 궐위되거나 부득이한 사유로 직무를 수행할 수 없을 때에는 그 권한을 대행한다(동법 제67조). 법원행정처장 및 차장은 사법행정에 관하여 국회 또는 국무회의에 출석하여 발언할 수 있다(동법 제68조). 사법행정의 모든 권한이 대법원장에게 집중되어 있고, 대법원은 그 권한을 법원행정처를 통하여 행사하게 되어 있어서, 제왕적 대법원장이라는 비판이 있다. 그에 따라 법원행정처를 폐지 내지 대폭 개편을 통해 그 역할과 기능을 개혁하여야 한다는 주장이 대두되고 있다. 2018년에는 법원행정처 대신 사법행정회의와 법원사무처를 두어야 한다는 개선의견이 제시되기도 하였다.

법위반사실 공표명령公表命令 법률에서 금지한 행위를 위반한 사실을 공표하도록 명령하는 행정청의 처분이다. 구 독점규제 및 공정거래에 관한 법률 제27조에서 금지행위규정에 위반한 사업자단체에게 「법위반사실의 공표」를 명할 수 있도록 규정하였는데, 이 규정에 대하여 헌법재판소는 양심의 자유는 침해하지 않지만, 일반적 행동의 자유 및 명예권, 그리고 무죄추정의 원칙에 위반하는 것으로 결정하였다(헌재 2002.1.31. 2001헌바43). 이에 따라 2004년의 법개정으로 「법위반사실의 공표」를 「시정명령을 받은 사실」로 개정하였다(독점규제 및 공정거래에 관한 법률(법률 제7315호, 2004. 12.31. 일부개정).

법의 단계구조론 ➜ 법단계설.

법의 3중의 효력론 17세기 후반, 영국 Charles 2세 시대에 common law법원의 법관을 역임한 Mathew Hale은 법의 3중의 효력을 다음과 같이 전개하였다. 즉 ① Potestas Coerciva - 이것은 국왕의 전 신민에게 미치는 것이지만, 국왕에게는 미치지 않는다. 국왕은 법의 강제력 하에 있지 않다. ② Potestas Directiva - 이것은 국왕을 의무지우는 것으로, 국왕이 대관식에서 행하는 엄숙한 서약, 대헌장에 관한 반복적 확인, 신민의 제특권에 관한 법과 제정법 등이 그것을 입증하는 것이다. ③ Potestas Irritans - 많은 경우 법은 국왕을 구속하는 것이고, 그 행위가 법에 반하면 무효로 된다. Hale의 견해에 따르면, 국왕은 법의 강제력에 복종하는 것은 아니지만, 법에는 그에 반하는 행위를 무효로서 취소하는 힘이 내재한다. 이것은 법의 강제력은 국왕의 인격에 있어서 신성성과 존엄성에는 미치지 않는다는 원칙과, 불법한 행위에 대하여서는 구제가 이루어지지 않으면 안 된다는 현실의 요청과의 조정을 법의 효력의 차별로부터 이끌어내려는 입장이다. Hale의 법의 효력론은 「합법화」된 악에 대한 구제가 초법적 수단에 호소하는 정치적 제재로서가 아니라, 법의 틀 내에서 문제가 해결되어야 한다는 방향을 시사하는 것으로 해석할 수 있을 것이다. 또 그것은 「국왕은 악을 행할 수 없다」라든가, 「국왕이 행하는 바는 악이 될 수 없다」라든가, 「국왕은 그 행위에 관해서의 책임을 지지 않는다」는 등의 격언과 구체적 사실과의 조정이 필요할 때에, 불법한 행위에 관하여는 직접적인 행위자가 강제에 복종해야 한다(실현된 사항은 국왕의 행위가 아니라 각료 내지 실현기관의 행위이다)고 하는 견해이다.

법의 정신 ㊎ The Spirit of Law, ㊍ De l'esprit des lois. 프랑스의 사상가인 몽테스키외(Charles-Louis de secondat, Baron de la Brède et de Montesquieu)가 1748년에 집필한 저서이다. 법이란 보편적이고 초월적인 명령이 아니라 풍토, 풍속, 종교, 국민성 등 개별적인 여러 현상의 제 조건과 관련된 필연적인 관계라고 이해하여 법에 대한 경험적·사회학적 고찰을 제시하였다. 그는 공화정, 군주정, 전제정의 3개 정치체제를 대표적 국가형태로 보고 각각의 역사적 성쇠를 비교 분석하였다. 이 책에서 몽테스키외가 강조한 것은 풍토(風土)결정론과 권력분립론이다. 풍토결정론에 대해서는 많은 학자의 비판을 초래하였지만, 본서의 본질은 풍토의 작용은 중요하지만 인간생활은 거기에 그치지 않고 다양한 사회적이고 도덕적인 환경 하에 있으며 그 복합적 관계의 결과로서 법이 출현하였다는 주장으로 받아들여지고 있다(알 튀세르). 권력분립론에 대해서는 영국의 사회를 오해한 것이라는 비판(Dicey)도 있지만, 오늘날까지 그 영향을 미치고 있다. 최근에는 권력분립론 이외에 그의 사회과학적 방법론이나 정치 및 사회이론에 대한 재평가가 행해지고 있다.

ㅂ

법의 지배 ㊎ the rule of law, ㊋ Rechtsstaat, ㊈ règne de la loi. ➜ 법치주의.

법익法益**의 균형성**均衡性 ➜ 과잉금지원칙.

법익형량法益衡量 **= 비교형량**比較衡量 **= 이익형량**利益衡量 **= 가치형량**價値衡量 ㊎ balancing, ㊋ Abwägung/Güterabwägung/Interessenwertung, ㊈ équilibre. 1. **의의** 구체적인 사안에서 상호충돌하는 가치들과 규범들(이익들, 목표들, 의무들) 사이를 비교하여 그 중 어느 하나가 해당 사안에서 기타의 대안들보다 더 중요하다고 판단하고 이를 선택하는 실천적 판단을 통상 '법익형량', '이익형량' 또는 '가치형량'이라고 한다. 2. **구체적 내용** 법규범은, 구성요건과 법률효과가 비교적 명확하게 확정적인 내용을 갖는 확정적 법규범과, 추상적이고 이상적인 가치를 담고 있는 법원리규범으로 구분되는데, 법률효과 실현방식의 측면에서 보면, 전자는 구성요건이 충족되면 자신이 요구하는 내용이 100% 실현될 것을 요청하는 규범이라면, 후자는 그 내용이 가능한 한 최적으로 실현될 것(optimization)을 요청하는 성격을 갖는 법규범이다. 특정한 사안에서 ① 서로 충돌하는 법원리들 간의 비중의 우위성을 결정하여 어떤 법원리가 문제의 사안에 적용될 것인지 그리고 ② 그 법원리로부터 어떠한 구체적인 법률효과가 발생하는지를 결정하는 추론이 바로 '법익형량'이다. 법해석에서 법원리의 적용방식은 이익형량의 방법으로 나타나고, 확정적 법규의 적용방식은 '포섭추론'(subsumption: 개별적 사실관계가 일반적 법규범에 해당된다는 판단), 즉 법적 삼단논법의 과정으로 나타난다. 그리고 이익형량의 산물은 확정적 법규범이며 이렇게 획득된 확정적 법규범은 해당 사안에서 법적 삼단논법의 대전제로 활용되어 구체적인 결론에 이르게 된다. 3. **헌법상 적용** 1) **기본권충돌과 이익형량의 원칙** ➜ 기본권의 충돌. 2) **비례의 원칙(과잉금지의 원칙)과 이익형량의 원칙** ➜ 과잉금지의 원칙. 3) **언론·출판의 자유의 심사기준** ➜ 언론·출판의 자유.

법인격法人格 ㊋ Rechtspersönlichkeit. 법적 측면에서 권리·의무가 귀속되는 인격으로, 권리·의무의 주체가 될 수 있는 자격이나 지위를 말한다. 권리능력과 같은 뜻이다. 자연인과 법인 두 가지가 인정된다.

법인격 없는 사단社團**·재단**財團 법인격 없는 사단과 재단은 사단 또는 재단으로서의 실체를 가지면서, 주무관청으로부터 허가를 받지 못하였거나 설립등기를 하지 않음으로 인해 현실적으로 법인격을 취득하지 못한 단체를 말한다. 권리능력 없는 사단과 재단이라고 하기도 한다. 민법에 의해 규율된다.

법인法人**의 기본권주체성**基本權主體性 ➜ 기본권의 주체.

법적 실존주의法的實存主義 ㊈ existentialisme juridique. 실존주의는 본질에 앞선 본질 존재가 아니라 개별적인 '현실' 존재를 강조하는 철학사조이다. 법적 실존주의는 규범으로서의 법에서 출발하여 현실을 판단하는 것이 아니라 개인이 처해 있는 현실적 세계의 상황 속에 단독으로 존재하는 현실 존재의 파악에서 출발하여 규범으로서의 법을 추구하는 것을 말한다. 예컨대 국민투표를 통해 확보된 국민적 정당성이 모든 것을 압도한다고 할 때, 현실의 국민의 의사가 기존의 규범을 압도하는 것이 되고 이것이 곧 법적 실존주의라 할 수 있다. 현실-규범-의지의 3원론적 관점에서는 규범이 작동하는 독자적인 현실로부터 규범의 의미를 이해하는 것을 의미하며, 개인에게 주어지는 현실 내에서 행위자의 의지적 요소까지 고려하여 규범으로서의 법을 인식하고 이해하는 것이다.

법적 안정성法的 安定性 ㉧ legal stability, ㉠ Rechtssicherheit, ㉣ stabilité juridique/Sécurité juridique. 법이념으로 정의, 합목적성, 법적 안정성의 세 가지를 들 수 있다. ➜ 라드브루흐. 법적 안정성은 법의 존재를 위한 가장 기본적 조건으로서, 법적 안정성과 정의는 항상 대립하면서도 항상 같이 작용하며, 어느 하나가 절대적으로 우월한 개념이 되는 것이 아니라 서로 의존하면서 비교형량되는 것이다. 법적 안정성에는 여러 요소가 있다. 첫째, 결정이 올바른가를 판단하기 전에 결정 자체가 내려져야 한다는 결정의 요구 또는 결정강제이다. 둘째, 법의 결정에는 일정한 형식이 갖추어져야 한다는 법의 실정화(實定化)이다. 여기에는 법의 명확성과 실효성이 포함된다. 셋째, 법을 담당하는 기관의 결정은 임의로 취소·변경되어서는 안 된다는 법적 결정의 안정성이다. 이에 의하여 입법부에서 제정한 법률은 개정절차와 위헌법률심사를 거쳐서만 효력을 다툴 수 있고, 행정부에서 제정한 행정입법이나 행정청이 행한 행정행위는 공정력·확정력 등에 의하여 법정절차와 위헌·위법의 명령·규칙·처분심사 또는 행정심판·행정소송을 거쳐서만 효력을 다툴 수 있으며, 법원에서 내린 판결은 심급제도를 거쳐서 확정된 이상 기판력·기속력 등에 의하여 재심절차 이외에는 누구에 의하여도 그 효력이 부정될 수 없게 된다. 넷째, 법의 내용이 타당하지 않더라도 그것을 개정·폐지하는 것이 더 큰 불이익을 초래하는 경우에는 질서의 유지를 위하여 그 법을 그대로 존속시켜야 한다는 법적 사실의 안정성이다. 이에 의하여 법률불소급의 원칙과 행정심판·행정소송에서의 사정재결(事情裁決)·사정판결(事情判決), 소멸시효·취득시효, 공소시효 등이 나타난다.

법적 위임관계설法的 委任關係說 ➜ 국민(國民)과 대표(代表)의 관계.

법정경찰권法廷警察權 ➜ 법정질서유지권.

법정대표설法定代表說 ➜ 국민(國民)과 대표(代表)의 관계.

법정질서유지권法廷秩序維持權 법정의 질서를 유지하고 심리의 방해를 제지하기 위해 재판장에게 인정된 권리이다. 법정경찰권이라고도 한다. 그 내용으로, 재판장은 방청권의 발행, 방청권을 갖지 못한 사람의 입장 금지, 경찰관의 파견 요구, 소란자에 대한 퇴정 명령, 공판정에서의 녹화·촬영·중계방송의 제한 등 다양한 조치를 취할 수 있다. 아울러 법정질서문란 행위자에 대해 100만 원 이하의 과태료를 물게 하거나, 20일 이내의 범위에서 경찰서 유치장, 구치소 또는 교도소에 유치시키는 감치(監置) 처분을 할 수 있다(법원조직법 제58~61조, 법정 등의 질서유지를 위한 재판에 관한 규칙 참조). 국회에서는 국회의장의 경호권으로 나타난다(국회법 제143~154조 참조).

법조일원화法曹一元化 법조일원화란 법조인의 재조경력(판·검사)과 재야경력(변호사)을 일원화한다는 뜻으로, 법조경력을 쌓은 변호사자격소지자(변호사·검사 등) 중에서 법관을 선발하는 제도를 말한다. 2012년 이전에는 사법연수원 수료자 중 성적우수자는 바로 판·검사로 임용하도록 되어 있었으나, 법학전문대학원제도가 도입된 이후, 2011년 법원조직법 개정으로 10년 이상 판사·검사·변호사의 직에 있던 자 중에서 판사를 임용하도록 하였다(동법 제42조). 말하자면 변호사 자격을 취득한 후, 10년 이상 검사 혹은 변호사로서 경력을 쌓아야만 법관으로 임용될 수 있다는 뜻이다.

법주권론法主權論 ㉠ Lehre von der Rechtssouveränität. ➜ 주권이론.

법창조기능法創造機能 ⓔ function of polocy-making, ⓓ Funktion der Rechtsfortbildung. 법형성기능, 정책형성기능이라고도 한다. 사법권의 행사 즉, 법관의 판결이 법을 창조하거나 형성하는 기능을 갖는다는 것을 말한다. 18~19세기 근대법시대에 대륙법계 국가에서는 사법(司法)의 의미를 법의 적용의 측면에만 중점을 두고 있었다. 1789년 프랑스혁명을 거쳐 성립한 1791년 헌법은 Montesquieu 사상의 강한 영향하에 입법·집행 양권으로부터 기관으로서의 독립적 지위를 부여받았지만, 국가작용으로서는 독립이라고는 말하기 어려운 제한적인 것만 인정되었다. 사법은 법률의 단순한 적용이라고 이해되고, 더우기 적용이라 함은 해석을 포함하지 않는 문자 그대로의 기계적인 적용을 의미하였다. 영국은 중세부터 법관은 법을 해석하는 지위를 가지며, 해석을 통하여 법을 형성한다고 생각하였고, 법관의 법창조 내지 법형성의 역할은 17세기에도 인정되었다. 그러나 Montesquieu는, 법관은 「법의 말을 하는 입」에 지나지 않고, 법의 힘 또는 엄정함을 적절히 억제할 수 없는, 단순한 수동적인 존재이어야 한다고 하였다. 사법을 법적용작용으로 좁게 이해하는 프랑스적 관념은, 역사적인 경험을 달리 하는 독일, 오스트리아, 이탈리아 등 다른 대륙제국에도 영향을 미쳤다. 그러나 19세기 후반에 법질서의 무흠결의 도그마가 극복되면서부터 법관은 결코 단순한 「법의 말을 하는 입」이 아닌, 즉 법관은 법실증주의가 지배하는 하에 있어서도 항상 적지 않게 법창조에 관여하여온 것이 명확하게 되었다. 하지만 20세기에 이르러서도, 사법은 법적용권능, 보조적 권력이라고 일반적으로 받아들여져서, 독일 Weimar헌법에서도 본질적으로 변화하고 있지 않았다. 독일의 경우 2차 대전 후의 기본법에서 비로소 헌법재판권을 포함한 모든 사건·쟁송에 최종적인 심판을 내리는 권력이, 입법·집행 양권과 동격의 국가작용으로서, 새로운 재판권(Die rechtsprechende Gewalt)이라는 이름으로 포괄적으로 이해되어, 법관은 단순한 기능만이 아닌 권력보유자(Macht- od. Gewaltinhaber)로 자리매김하게 되고 일반적으로 수용되었다. 이는 사법이 광범위한 법창조·정책형성의 기능을 갖게 되었다는 것과, 특히 판결이 법률적 효력을 갖기에 이른 헌법재판권이 국가권력으로서의 성격을 갖게 되었음을 의미하는 것이었다. 성문법의 흠결이 발생하는 경우, 즉 입법자가 해석자에게 일임하여 고의로 법률에 규정하지 않거나, 입법 당시 예상하지 못한 사태가 발생하는 경우, 그리고 입법기술상의 미비로 인한 경우 등에는 법관이 법을 창조할 수밖에 없는 것이다. 이러한 법창조 내지 법형성에 대하여, 법률의 규율범위 내에서 흠결을 보안하는 수준에 그치는 법률내재적 법형성(gesetzesimmanente Rechtsfortbildung)과 전체 법질서의 범위 내에 있기는 하지만 법률의 내용을 넘어서는 법률초월적 법형성(gesetzesübersteigende Rechtsfortbildung)으로 나누는 견해도 있다. 사법 내지 법관에 의한 법창조는, 명문규정에 없는 일반법리를 정립하는 경우, 사회의 실태에 적합한 법 내지 법제도를 창설하는 경우, 추상적인 법규범을 구체화하는 경우, 법률규정의 내용을 실질적으로 수정하는 경우, 유추적용에 의하여 법률을 보완하는 경우 등에서 나타날 수 있다. 미국의 경우에는 1970년대에 소위 「현대형소송」 내지 「공공소송모델」 혹은 「구조개혁모델」 등을 통하여 사법판결의 적극적인 법창조 내지 정책형성기능을 강조하기에 이르렀다. 사법에 의한 법창조는 무제한적으로 인정되어서는 안된다. 모호한 법규정에 대하여 합리적인 해석론을 제시하거나, 추상적인 법규정을 구체화하는 경우, 그리고 흠결된 법규정의 해석론적 보완 등으로 제한되어야 한다. 2004년에 헌법재판소가 신행정수도건설특별법에 대하여 헌법관습이라는 이론을 근거로 하여 위헌으로 결정한 예가 있었는데, 이는 헌법재판소의 법창조의 일종이었다고 이해되지만, 헌법이론의 허용범위를 넘어서는 과도한 이론정립이었다는 비판이 있다.

법치국가法治國家 Ⓓ der Rechtsstaat. → 법치주의.

법치주의法治主義 Ⓔ doctrine of the rule of law, Ⓓ der Rechtsstaatsprinzip, Ⓕ Etat de droit. 1. **기본개념과 이론** 1) **기본개념** 법치주의란 법에 의한 정치를 말하며, 사람이나 폭력 기타 주관적 수단에 의한 자의적 지배가 아닌 객관적 법이 지배하는 국가원리이자 헌법원리이다. 절대주의 국가를 부정하면서 성립한 근대 시민국가의 정치원리이다. 영·미(英美)에서는 '법의 지배'로 전개되었고, 유럽 대륙에서는 '법치국가'로서 발전하였다. 오늘날에는 전세계적 동의를 얻고 있는 지배질서원리이다. 2) **이론** 영국의 경우 법의 지배란 원래 '누구도 법 이외의 것에 지배되지 않는다. 주권자도 법의 지배에 복종하지 않으면 안 된다'고 하는 영국헌정의 기본원칙을 말하며, 13세기에 「법의 우위」의 사상을 이론화하여 〈gubernaculum〉(통치)와 〈juridictio〉(법=권리)를 준별하였던 Henry de Bracton, 17세기의 E. Coke의 보통법 우위론에 의하여 이론화되었다. 특히 Dicey는 법의 지배의 세 가지 의미를 제시하여, 첫째, 법률의 절대적 우위, 둘째, 국가와 개인 간의 그것을 포함한 법 앞의 평등, 셋째, 헌법상의 제 원칙은 헌법전이 아니라 판례를 통하여 형성된 것이라는 점을 지적하였다. 독일에서는 Otto Mayer에 의하여 법치행정의 원리로 논의되어, 법률의 법규창조력, 법률우위의 원칙, 법률유보의 원칙으로 발전하였다. 2. **법치주의 약사**略史 1) **20세기까지의 역사** 인간공동체의 형성과 유지·존속을 위한 질서원리로서 법치 내지 법의 지배의 원리는 역사적으로 보아, 동양에서는 멀리 고대 오리엔트의 사상과 중국 춘추전국시대의 법가사상, 그리고 서양에서는 그리스·로마의 사상에까지 거슬러 올라가는 것으로 이해되고 있다. 그리스 철학자 플라톤은 그의 저서 「법률론(Laws)」에서 법의 지배를 강조하였다. 서구의 중세에는 그리스도교와 융합된 기존의 로마법과 민족대이동을 통한 게르만법의 또 다른 융합을 통해, 비록 철학과 같이 신학의 시녀로 기능하기는 하였으나, 법개념을 구체화하고 확장시켰다. 서구의 근세와 근대에는 르네상스시대와 절대주의시대를 거치면서 신이 아닌 인간의 본성 혹은 이성에 기초한 자연법론과 국가의 성립에 관한 사회계약설이 주목을 끌게 되었고, 관념주의 법사상과 역사법학파, 공리주의, 법실증주의, 사회주의 등 다양한 법사상들이 백화제방으로 꽃피기 시작하였다. 20세기에 들어서면서 근대 산업자본주의의 산물인 제국주의·침략적 식민주의가 1차 대전으로 종말을 고하였으나, 유럽을 중심으로 한 세계는 다시금 파시즘-반파시즘 및 2차 대전 종식후의 공산주의(사회주의)-자유주의의 대립구도를 형성하면서 극단의 시대(the age of extremes)를 맞이하게 되었다. 세계는 자유주의적인 법치담론과 공산주의적인 혁명담론으로 크게 대립하면서, 지구상의 모든 국가들을 이 담론의 어느 한편에 서도록 강요되었다. 한편, 동아시아 지역에서는 서구법치주의의 수용과정에서 많은 혼란이 전개되었다. 중국의 경우, 약 2천년 동안 유가와 법가가 결합한 유법결합(儒法結合)의 봉건전통사상이 지배하고 있었다. 서구의 식민주의와 제국주의의 침략으로 인하여 반식민지(半植民地)·반봉건(半封建)사회로 전환한 이후 봉건법제를 타파하고 민주주의국가를 추구하였으나 실패하였으며, 20세기 중반(1949년)에 사회주의국가로 변모되었다. 서구(미국)로부터 강제적 개국(1854년)을 강요받았던 일본은 국내의 분열적 대립상황을 군주(천황)중심의 단일권력으로 통일하고, 탈아입구(脫亞入歐)를 기치로 내세우면서 동아시아에서 가장 먼저 서구의 제도와 문물을 도입하였다. 하지만, 서구에서 도입된 자유민권사상과 운동을 수용하여 자유민주적 법치국가로의 변화를 추구하기보다는, 군국주의 국가를 내세워, 서구근대의 유산인 제국주의·침략적 식민주의를 지향하여 아시아 전역에서 서구의 침략적 정책에 동참하였다. 청일전쟁 후 타이완과 요동지역을 점령하여 식민지로 삼았으며, 미국과의 밀약(카쓰라-태프트 밀약: 1905년)을 통해 조선에서의 우선권을 확보하고 본격적으로 조선을 침략하여, 1910년에 강제적으로 병탄하였다. 성리학적 유교국가이었던 조선은 물밀 듯이 밀려들어오는 서구세력에 주체적으로 대응하지 못한 채, 일본제국에 의해 강점되어 2차 세계대전이 종식될 때까지 국토를 점령당하였으며, 2차 대전 종식 후에도 또다시 공산주의와 자유주의의 대립구도 속에서 국토가 분단되는 비극을 맞게 되었다. 2) **21세기적 상황과 방향성** (1) **국제적 신질서의 구축과 지구화** 20세기 후반기에 나타난 국제질서의 변화 중에 중요한 것으로 이슬람세계의 변화와 공산주의·사회주의의 종식이다. 2차 대전 종전 후 아랍사회주의와 범아랍주의를 따라, 아랍의 많은 나라들이 독립하였지만, 석유와 이를 장악하려는 서구의 패권전략 그리고 그에 결탁한 군사독재체제가 장기간에 걸쳐 유지되었다. 서구자본주의의 전개과정에서 배태된 공산주의 내지 사회주의라는 약 70년간의 인류사의 거대한 실험이 서서히 종식되었다. 학자들은 서구사상이 지배하는 새로운 시대를 예상하면서 신자유주의(Neo-liberalism)에 기한 평화와 번영이 전 세계적으로 지배할 것으로 기대하였다. 그러나 그 이후로 민족주의적, 인종주의적, 종교적 및 정치적 분쟁과, 인종학살 및 잔혹행위, 전 지구적인 경제위기, 테러리즘과 전쟁 등등, 새로운 전 지구적인 대립구도가 발생하였고 더욱 복잡하게 전개되었다. 대립구도의 복잡화는 각 대립구도의 이해관계에 따라 문제해결을 더욱 어렵게 하고 있으며, 그 자체 법치주의에 대한 심각한 위협으로 대두되고 있다. 한편, 21세기에 새롭게 등장한 전 지구적 대립구도는 국제관계에 있어서 다극화를 넘어 새로운 국제적 권력관계로 재편되려는 움직임도 감지되고 있다. 문명사적 측면에서 본다면, 인류문명이 지역적으로 분리된 부분적인 것이 아니라 인류 전체의 문명으로 발전하고 있음을 보여주고 있고, 이에 따라 인류사회 전체에 대한 통합적 질서를 구축하고 이를 위한 공통의 지배원리가 요구되고 있다. (2) **세계입헌주의(world constitutionalism)의 가능성** 인류역사에서 과학기술의 발달은 서구의 산업혁명을 거치면서 급속도로 진전하였고, 20세기 후반에 이르러서는 그 발전속도가 상상을 초월할 정도로 되었다. 오늘날에는 한 개인이 전 세계를 상대로 하여 소통할 수 있는 어마어마한 일들이 벌어지고 있다. 지구 저편의 일들이 실시간으로 전달되고 엄청난 양의 정보가 흘러넘치는 세상이 되었다. 교통수단의 발달로 인해 하루에도 수십만 명이 날짜변경선을 넘나들고 있고, 식량, 환경, 보건, 안전, 문화 등 인간의 삶의 전 분야에 걸쳐서 전 인류가 서로의 존재를 서로에게 의존하는 상호의존(interdependency)의 시대로 되어가고 있으며, 과거 한 국가단위의 규범질서와 체계 내에서의 정당화원리와 제도의 모색이 추구될 때와는 비교할 수도 없을 만큼 그 인식범주 자체가 변화되고 있다. 이와 같은 변화에 발맞추어 지구 전체를 단위로 하여 새로운 질서체제를 구축하기 위한 시도들이 이어지고 있다. 규범적 관점에서도 전지구적 입헌주의에 관한 연구가 활발히 이루어지고 있다. 3. **현상적 측면** 1) **탈이데올로기적 경향 - 법치주의의 보편화** 법의 지배에 대한 지지는 서구에만 한정적이지는 않다. 그것은 폭넓은 사회, 문화, 경제, 정치 체제 하의 정부수반들에 의해 인정되어 왔다. 많은 나라들은 정치적 · 경제적 여건에서 서로 다르지만, 이 모두는 법의 지배를 필수적이라고 인정하고 있다. 법의 지배는 그 내포하는 의미가 무엇이냐에 관한 다양한 이견들이 있음에도 불구하고 공동체의 일반적인 지배형식으로 받아들여지고 있다. 2) **지구화시대의 법치주의의 일반적 경향** (1) **미시적 측면 - 법의 생활규범화와 법률 수의 증대** 법의 지배가 발전하면서 나타나는 현상 중의 하나는, 법의 지배가 발전한 나라일수록 개인과 사회생활의 구체적인 영역에까지 법이 규율하고 있다는 점이다. 이는 개인과 사회에 발생하는 다양한 분쟁에 대하여 비법적 수단이 아닌 법적 수단을 통하여 해결하게 되었다는 것을 의미하는 것이며, 생활영역의 다양성만큼이나 법률의 수도 증가하고 있다. 개인 및 사회생활의 거의 모든 영역이 법률에 의해 규율된다는 것은 법의 지배가 그만큼 실질화 · 주체화되었다는 것을 의미하지만, 그런 만큼 「법의 인플레」와 「법률의 홍수」현상을 낳고 있다. 「법의 인플레」 내지 「법률의 홍수」현상은 선진법치국가들에서도 예외없이 나타나는 현상이다. 이러한 문제를 극복하기 위해서는 입법활동을 계획성 있게 행하여 법규의 무절제한 증식을 억제하고 입법과정의 경솔함을 제거하여야 하며, 나아가 입법평가제도를 발전시킬 필요가 있다. (2) **거시적 측면 - 법규범의 실효성의 확대강화** ① **국내적 측면 - 헌법재판의 일반화** 국가행위에 대한 합헌성 통제는 정치적으로도 행해질 수 있고, 사법적으로도 행해질 수 있다. 사법적 통제는 헌법이라는 상위규범을 기준으로 하여 하위규범 혹은 국가의 개별적 행위를 판단하는 제도이다. 19세기 초 미국연방대법원에 의해 확립된 헌법재판제도는 약 100년이 지나면서, 대륙법계에도 이식되었으며, 2차 대전 이후 대부분의 나라들은 헌법에서 직접 헌법재판을 도입하였다. 70년대의 발전을 거쳐 80년대의 정치적 · 사회적 변화의 결과로 헌법재판은 중남미의 많은 나라들에서 수용되었고, 사회주의권이 붕괴된 이후, 중동부의 유럽국가들에서 많은 나라들이 유럽식 헌법재판 모델을 채택하였다. 역사적으로 헌법재판제도가 확립 · 강화되는 과정은 「자연적 정의(natural justice)」의 시기를 거쳐, 「실정적 정의(positive justice)」 내지 「법적 정의(legal justice)」의 시대, 「헌법적 정의(constitutional justice)」의 시대로 진화해 왔다. 이처럼 헌법재판제도가 보편화되는 것은, 정치적 산물로서의 헌법보다는 규범으로서의 헌법의 그것을 더 강조한다는 점에서 그 자체 법의 지배의 확대를 의미하는 것이다. ② **국제적 측면** 오늘날의 세계는 정보통신기술과 교통수단의 발달은 말 그대로 지구촌이라는 표현이 무색하지 않을 정도로 개인과 국가의 존재방식을 변화시키고 있다. 이러한 변화양상은 공동체의 기본질서원리로서의 법의 지배에도 적지 않게 영향을 미치고 있다. 이러한 지구화는 법의 지배에 어떤 영향을 미치고 있는가? 우선, 서구적 전통에서 발달한 법의 지배가 그대로 유지될 수 있을 것인지, 또는 서구 이외의 다른 지역의 규범질서와 어떻게 조화될 수 있을 것인지에 관하여 뚜렷한 해답을 제시하지 못하고 있는 것이 사실이다. 오늘날 지구화와 법의 지배의 변화양상에 대하여는, 법형식주의의 완화, 법의 통일화경향, 국가법과 국제법을 넘어서는 새로운 공법질서의 창설, 공식적 법에 대한 도전 등의 네 가지가 언급되고 있다. 국제적 · 초국가적 · 초지역적으로 연대하여 움직이는 조직들은 지구화시대의 새로운 특징으로 대두되고 있으며, 이들에 의해 국가 및 국가법과 경합하는 독립된 새로운 행위유형을 형성해가고 있다. 3) **법률정보의 대량화와 유통의 용이성** 오늘날 정보통신기술의 발달에 따른 정보의 유통과 전파속도는 상상을 초월할 정도이다. 전세계의 정부와 대학, 국제조직 및 연구기관들은 거의 예외없이 인터넷상에서 접근될 수 있으며, 엄청난 양의 정보들을 저장하고 이를 전 세계를 향하여 개방하고 있다. 지식정보의 존재방식과 그 유통방식 그리고 습득방식이 과거와는 전혀 다른 형태로 바뀌고 그에 따라 지식정보 자체가 특정 개인이나 집단의 전유물이 아니라 인류공통의 자산으로 활용될 수 있게끔 공유되고 있다. 4. **이론적 측면 - 법치주의의 형식과 내용에 관한 논의** 1) **21세기 법치주의의 이론적 공식** 법치주의 내지 법의 지배는 도구적 의미의 지배형식의 하나로서 채택되기 시작하여 특정 개인이나 집단의 주관적·자의적 지배가 아닌 공동체 구성원 전체의 의사에 의한 지배로, 그리고 단순히 형식만이 아닌 그 내용에 있어서 가치론적 이상형까지도 담겨져야 하는 것으로 발전하여 왔다. 역사적으로 변화·발전되어온 이 과정은 그 자체 바람직한 인간공동체를 향한 지속적인 추구와 노력의 결과이기도 하다. 21세기적 상황 하에서 오늘날 논의되고 있는 법치주의에 대한 이론적 설명은 권력의 행사 혹은 정부행위의 최소한의 형식적 기준으로서의 법을 의미하는 법치주의의 최소한의 의미로부터, 내용적으로 실질적 정의와 복지에까지 포함하는 가장 넓은 의미의 그것으로 설명되고 있다. 형식적 이론들은 합법성의 적절한 근거와 형식에 초점을 맞추며(형식적 의미의 법치주의), 반면에 실질적 이론들은 법의 내용에 관한 요건, 즉 정의나 도덕원칙을 준수하여야 한다는 요건을 포함한다(실질적 의미의 법치주의). 2) **형식적 의미의 법치주의** (1) **법에 의한 지배(rule by law)** 법의 지배에 관한 가장 약한 형식적 설명은, 법이 국가가 그 직무를 행하는 수단, 즉 정부가 무엇을 행하든, 법에 따라야 한다는 관념이다. 이에 대한 더 적합한 표현은 '법에 의한 지배'이다. 정부가 법에 따라 행동한다는 것은 법의 지배이념의 한 요소이지만, 법의 지배 전통의 필요조건(sine qua non)인 정부에 대한 법적 제한에는 충분하지 않다. 법은 국가 내지 정부를 제한하기 위해서가 아니라 그 권력에 봉사하기 위하여 존재한다. 이러한 의미의 법치주의는 이슬람국가, 중국 및 20세기의 권위주의 국가들에서 볼 수 있다. 20세기 후반 이후 새롭게 등장하고 있는 법에 의한 지배는 비민주적 국가에서 권력의 정당성을 호도하는 권위주의적 제도와 상당부분 겹치고 있다. 인권의 부정, 대량의 빈곤, 인종분리, 성적 불평등 및 종교박해 등에 기한 비민주적 법체제는 법에 의한 지배라는 의미의 법의 지배에는 꼭 들어맞는다. (2) **형식적 합법성의 강조** 법에 의한 지배로부터 더 발전된 이론적 형태는 도구로서의 법이 갖추어야 하는 형식적 요소로서, 통상 일반성(generality), 장래효(prospectivity), 확실성(certainty), 명확성(clarity) 등을 들고 있다. 20세기 후반에 사회복지국가의 등장에 대응하여 형식적 합법성을 강조하는 법의 지배가 더 이상 작동할 수 없다는 견해도 있었지만, 사회복지국가가 반드시 법의 지배를 위협하지는 않았다. 정부활동의 전반적 확대로 인한 대부분의 정부행위는 재량적 판단이 행해질 것을 요구하는 정책지향적인 것으로, 법규정에 기속되는 정부행위의 전체 비율이 감소되어왔다. 서구 사회는 한 세기 이상 동안 사회복지국가가 사실상 형식적 합법성과 관련될 수 있다는 것을 긍정하였다. (3) **민주주의와 법치주의** 법의 지배에 관한 세 번째의 마지막 형식적 설명은 민주주의를 부가한다. 형식적 합법성과 같이 민주주의는 법의 내용이 무엇이어야 하느냐 하는 것에 관하여 아무 것도 설명해주지 못하지만, 법의 내용을 어떻게 결정하는가를 정하는 결정과정으로서의 의미를 가진다. 법은 피치자의 동의로부터 그 권위를 획득한다. 법관, 정부공직자, 그리고 시민은 사람들에 의해 제정된 바의 법을 준수하고 적용하여야 한다. 이 추론에 따르면, 형식적 합법성, 특히 법적용의 확실성과 평등성이라는 요건은 민주주의로부터 그 권위를 취하며 민주주의에 기여한다. 민주주의가 없이는 형식적 합법성은 그 정당성을 잃어버린다. 하지만, 이 형식적 메커니즘의 어떤 것도 제정되고 시행되는 법이 내용이나 효과에서 도덕적일 것임을 보장하지는 않는다. 3) **실질적 의미의 법치주의** (1) **법치주의의 내포로서의 권리관념** 법의 지배에 관한 실질적 설명은 형식적 법의 지배의 요소들을 포함하되, 다양한 내용적 설명을 부가한다. 가장 일반적인 실질적 설명은 법의 지배 내에 개인적 권리를 포함시키는 견해이다. 대표적 주장자인 로널드 드워킨(Ronald Dworkin)에 따르면, 법의 지배는 시민들 상호간에 가지고 있는 도덕적 권리의무와 국가에 대한 정치적 권리를 포함하여야 한다고 주장한다. 이 주장에 대하여 도덕적 권리나 정치적 권리의 내용이 무엇인가에 관하여 의견일치를 이루어내기가 어렵다는 점에서, 그리고 논란이 있는 문제들을 정치적 영역으로부터 배제할 염려가 있고 그것들을 법관에게 떠넘긴다는 점에서 비판을 받고 있다. 개인적 권리는 어쩔 수 없이 반민주주의적 의미를 가진다. 양자 사이의 균형은 법의 지배에 대한 다툼으로 나타났다. 이에는 민주주의에 부과된 한계, 그리고 법관에게 부여된 권한이라는 두 가지 국면에서 논란이 있다. (2) **법치주의의 내포로서의 인간의 존엄과 정의** 오늘날 법의 지배에 관한 독일의 입장인 법치국가(Rechtsstaat)는 민주주의와 개인적 권리 사이의 긴장을 극적으로 표명한다. 독일에서의 법치국가의 관념은 여러 단계를 거쳐 왔다. 일찍부터 그것은 칸트의 자유주의에 영향을 받았지만, 19세기 중반부터 20세기 중반 즉 2차 대전까지, 그것은 법에 의한 지배(rule by law)로 더 많이 이해되었다. 독일의 전후 헌법인 기본법(Grundgesetz)은 실질적 내용을 법의 지배의 내용으로 수용하여 이를 변경하였다. 법의 지배의 형식적 및 절차적 요소들을 포함하는 한편으로, 모든 국가행위를 지도하는 원칙으로서 인간의 존엄에 대한 존중과 보호를 규정함으로써 법의 지배에 관한 단순히 형식적인 이해를 넘어서고 있다(기본법 제1조 제1 · 2항). 아울러 전 세계에 걸쳐서 헌법재판소에 의한 법률의 사법심사를 널리 채택하는 물결에 편승하여, '사법권의 전 지구적 확산'이라는 뚜렷한 경향이 나타나고 있다. 이들 헌법재판기관들이 수용하는 인간존엄론의 이론적 근거, 내용, 적용영역, 사법해석상의 차이점, 절차상의 존엄의 사용 등에 관하여 완전하게 합의되지는 않고 있지만, 인간의 존엄이라는 명제는 오늘날 전 인류가 공유해야할 공통의 최고가치로 받아들여지고 있다. 어쩌면 앞으로의 세계는 최고가치로서의 인간존엄론과 제도적 틀로서의 세계적 입헌주의를 어떻게 구현할 것인가에 모든 이론과 현실적 노력이 기울여져야 할지도 모른다. (3) **법치주의의 내포로서의 사회복지** 법의 지배에 관한 가장 강력한 실질적 입장은 형식적 합법성, 개인적 권리 및 민주주의를 포함할 뿐만 아니라, '사회복지의 권리'를 추가한다. 사회복지 관념에서 법의 지배는 어느 정도의 분배적 정의를 실현하는 것을 포함하여 사람들에게 더 나은 삶을 살도록 도와주고 그 존재를 고양시키는 등의 적극적인 의무를 정부에 부과한다. 법의 지배의 내용으로 이러한 범주의 권리를 포함하는 것에 대해서는, 몇몇 학자들은 개인적 자유와 실질적 평등 사이의 긴장과 충돌을 증대시키고, 그 성질을 설명하는 것은 완벽한 사회철학을 제안하는 것이라는 이유에서, 법의 지배에 관한 이러한 관념을 반대하였다. 사회적 가치에 관한 논의는 그로 인해 법의 지배의 의미에 관한 다툼으로 다시 재구성되고 있다. 사회복지의 권리가 법의 지배에 내포되는가에 관한 논의는 특히 1990년대 사회주의 및 공산주의 국가들의 변화와도 관련이 있다. 개혁과 개방 이후 헌법재판소의 역할과 관련하여 사회적 복지국가는 개인과 사회, 개인과 국가 사이의 조화된 관계의 고양된 수준을 제시한다. 체제전환기에 사회복지국가의 중요한 기능으로서 사회경제적 및 문화적 인권을 보호하는 문제는 중요하게 다루어져야 한다. 5. **여론**餘論 법치주의의 의미에 관한 형식적 내지 실질적 설명에 공통하는 세 가지 요소는 첫째, 정부가 법에 의해 제한된다는 것, 둘째, 형식적 합법성을 갖추어야 한다는 것, 마지막으로, 법의 지배의 현실적 집행자로서 법관의 지위가 합리적으로 확립되어야 한다는 것 등이다.

법학적국가론 국가란 법규범체계인 법질서 그 자체라고 하여 법과 국가의 동일론에 기초해 있다. Kelsen의 이론이다. ➜ 국가.

법현실주의法現實主義 ⓔ legal realism, ⓖ Rechtsrealismus, ⓕ le réalisme juridique. 1. **서언** 1920년대부터 1940년대까지 미국과 북유럽에서 풍미하였던 법학방법론이다. 법현실주의는 법에 대한 자연과학적 접근을 주장하며, 법학은 자연과학의 방법을 모방해야 한다는 것, 즉 경험적 증거에 의존해야 한다고 주장한다. 법현실주의는 법의 형이상학적 토대를 규정하지 않기 때문에 경험주의적 사고와 밀접한 관련이 있다. 법현실주의자들은 법학을 법의 본질과 의미에 대한 철학적 탐구가 아니라, 자연과학의 가치무관계적(value-free) 방법으로 법을 연구해야 한다고 생각한다. 법현실주의는 법이 그 적용과 분리될 수 없으며, 적용 밖에서 이해될 수도 없다고 주장한다. 이처럼 법현실주의는 마땅히 있어야 할 법이 아니라 실제로 존재하는 법을 강조한다. 법현실주의는 법을 권위 있고 효과적인 결정의 역동적이고 역사적으로 열린 과정으로 이해하며, 법을 폐쇄된 규범 체계로 이해하지 않고 오히려 폐쇄된 법적 질서의 의미에서는 체계화할 수 없는, 사실적으로 결정에 이르는 과정으로 이해한다. 미국은 법현실주의의 고향으로 받아들여지며, 스칸디나비아에서 Axel Hägerström은 법에 대한 경제학적 분석을 통해 또다른 법현실주의 전통을 발전시켰다. 법현실주의는 법학적 실용주의이며 동시에 법사회학과 연결된다. 2. **미국의 법현실주의** 미국에서는 20세기 초, R. Pound, J. C. Gray, B. Cardozo와 같은 법학자들이 법형식주의를 강력하게 비판하여 사회학적 법학을 강조하였고, J. Dewey와 같은 철학자들은 경험적 과학을 모든 지적인 탐구의 모델로 내세우면서, 법은 인간복지를 증진하기 위한 실용적인 도구로 여겨져야 한다고 주장하였다. 법현실주의자에게 가장 중요한 선구자는 연방대법관이자 법학자인 O. W. Holmes Jr.이었다. 1897년 에세이 'The Path of the Law'에서 Holmes는 사법적 의사결정에 대한 형식주의적 접근을 공격하고 실용주의적 또는 도구주의적 방법론을 주장하였다. 1920년대와 1930년대에 Yale과 Columbia의 두 미국 로스쿨이 중심이 된 미국 법학계와, 특히 루스벨트 행정부 내의 연방법관들과 법조인들과 관련이 있다. 주목할 만한 법학자로는 F. Cohen, M. Cohen, A. Corbin, W. W. Cook, R. Hale, W. Hohfeld, K. Llewellyn, U. Moore, H. Oliphant 및 W. Seavey가 있다. 법현실주의는 사법적 의사결정에서 정치가 수행하는 역할을 폭로했으며, 그렇게 함으로써 사법권을 고정되고 공정한 기반 위에 고정시키려는 기존의 노력에 의문을 제기하였다(Keith Bybee). 법학의 한 형태로서 법현실주의는 법이 책에 어떻게 존재하는지보다는 실제로 존재하는 법에 초점을 맞추는 것으로 정의된다. 이를 위해 주로 판사의 행동과 사법적 의사결정 과정에 영향을 미치는 요인에 관심을 가졌다. “결정 뒤에는 판사가 있다. 판사도 인간이다. 인간으로서 인간의 배경을 가지고 있다(K. Llewellyn).” 법적 행위자의 결정과 행동을 이해하기 위해 법현실주의자는 주어진 법적 결과에 도달한 인간행동과 관계를 이해하기 위해 사회과학의 아이디어를 차용하였다. 기본적으로 가치무관계적(value-free) 접근방식 때문에 법현실주의자는 자연법 전통에 반대한다. 법현실주의자들은 이러한 전통은 역사적, 사회적 현상이며 심리학적, 사회학적 가설에 의해 설명되어야 한다고 주장하며, 법에 대한 이론적 가정보다는 경험적으로 조사되어야 하는 인간의 행동에 의해 결정되는 법적 현상을 고려한다. 그 결과 법현실주의는 대부분의 법실증주의에 반대한다. H. L. A. Hart에 의해 이 이론이 오해되기도 하였지만, 오늘날에는 법현실주의자와 개념분석적 법실증주의자들 사이에는, 판결에 대한 정확한 예측과 올바른 법개념의 사용이라는 관심방향의 차이가 있었음이 인정되고 있다. 법현실주의는 주로 19세기 후반과 20세기 초반의 법적 형식주의에 대한 반작용이었고 20세기 초반의 상당한 기간 동안 지배적인 접근방식이었다. 미국의 법현실주의는 ‘20세기 동안 미국에서 가장 중요한 토착적 법학 운동’으로 일컬어지고 있다. **3. 스칸디나비아 법현실주의** 스칸디나비아의 법현실주의는 Axel Anders Theodor Hägerström(1868-1939)에 의해 주도되었다. 그는 영미 분석철학과 비엔나학파의 논리실증주의에 반대하여 스칸디나비아 법현실주의의 선구자로 알려졌다. 그는 법개념이나 용어 및 가치들이 경험과 관찰 그리고 실험, 즉 ‘현실(real)’에 기초하여야 한다고 주장하였다. 권리나 의무도 사실적인 심사에 기초하지 않으면 환상에 불과하다고 하였으며, 모든 가치판단은 단순히 감정적 표현일 뿐이라고 보아, 가치허무주의로 비판되기도 하였다. 그의 제자로서, K. Olivecrona, A. Ross, A. V. Lundstedt, M. Moritz 등이 있다. **4. 주요 주장들** 법현실주의자들의 주요주장들은 ① 소위 법규칙에서 법적 결론을 추론하는 것처럼 보이는 사법 기법에 대한 불신, ② 법의 도구적 성격에 대한 믿음, ③ 법의 도덕적 요소와 법적 요소의 분리 등으로 요약될 수 있다. **5. 비판과 성과** 법현실주의는 1920년대부터 1940년대에 전성기를 누렸다. 1950년대에 법현실주의는 법을 ‘합리화된 정교화(reasoned elaboration)’의 과정으로 보고 ‘입법 목적’ 및 기타 잘 확립된 법적 규범에 호소하면 대부분의 법적 문제에 객관적으로 정확한 답변을 제공할 수 있다고 주장한 법적 절차 운동(legal process movement)으로 대체되었다. 많은 비판자들은 현실주의자들이 법이 간극이나 모순 등으로 ‘어수선한(riddled)’ 정도를 과장하였다고 주장해 왔다. R. Dworkin 및 L. Fuller와 같은 비판자들은 법과 도덕을 첨예하게 분리하려는 법현실주의자들의 시도를 비난하였다. 법현실주의의 많은 측면이 이제 과장되거나 시대에 뒤떨어진 것으로 보이지만, 대부분의 법이론가들은 현실주의자들이 법률 및 법적 추론의 ‘형식주의적’ 또는 ‘기계적’ 개념을 깨뜨리는 데에 크게 기여하였다고 평가된다. 오늘날 법은 엄밀한 과학이 아니며 그렇게 될 수도 없으며, 법관이 사건을 판결할 때 그들이 실제로 무엇을 하고 있는지를 조사하는 것이 중요하다는 것이 널리 받아들여지고 있다. 사법적극주의와 사법자제에 대한 지속적인 논쟁처럼 법학자들은 법관의 행위에 대한 평가에 여전히 의견이 일치하지 않고 있으며, 법관의 판단에 종종 정치적 신념, 개인적 가치, 개인적 성격 및 기타 법외적 요인에 의해 크게 영향을 받는다는 법현실주의자의 핵심주장에는 많은 사람들이 동의하고 있다. 아울러 19세기 후반의 미국과 북유럽이 처한 자연환경이나 삶의 조건들이 유럽의 그것과는 매우 달랐던 점을 고려하면, 유럽적인 법인식에 반발한 현지의 법학자들에게는 법현실주의가 더더욱 현실에 적합한 방식이었을 수도 있다. 이는 오늘날 유럽중심의 법학방법론을 넘어서 다양한 지역중심의 법인식에 대한 요구를 선행적으로 드러낸 것이라고 할 수도 있다.

법형성기능法形成機能 ➜ 법창조기능.

법형식설法形式說 ➜ 예산. 법규범설이라고도 한다.

법획득法獲得 [독] Rechtsgewinnung. 일정한 사태(Sachverhalt)에 관하여 법규범으로 규율하고자 하는 경우, 당해 법규범이 무엇인지를 확인하고 명확히 하는 것을 일컫는다. 법획득의 주체는 민주주의 사회에서 법생활대중의 요구에 기초하여, 입법, 행정, 사법의 각 영역에서 이루어지지만, 통상 법관의 판결에서 빈번히 논의된다. 법획득은 '법생활대중의 권리와 의무의 요구의 적법성을 판정하고 이를 법강제력으로 보장하는 것'으로 표현할 수 있으며, 이는 단지 객관적으로 존재하는 법을 발견하는 것에 그치는 것이 아니라 법대중의 생활상의 요청에서 나오는 권리와 의무에 관한 유권적 판단이고 결국 법대중과 법강제력과의 관계를 정하는 것이라는 견해도 있다. 법관의 법획득은 법발견(Rechtsfindung)과 법형성(Rechtsfortbildung)에 의해 이루어진다. 모든 법획득은 단어의미의 탐구로부터 시작한다. 즉 지배적인 용어사용을 수단으로 한 규범개념의 분석과 결정하고자 하는 사태와의 비교 그리고 적극적, 소극적 혹은 중립적 후보자(대상) 여부에 대한 판단으로 이루어진다(3영역모델). 법관의 법발견은 해석(Auslegung)을 통해 이루어지고, 그러한 해석이 '법문의 가능한 의미'에 머물러 있으면 법발견이 되며, 이를 넘어선 것이면 법의 흠결의 경우이며 이에 대한 보충은 법관의 법형성을 의미한다. 따라서 법획득은 법발견(Rechtsfindung)과 법형성(Rechtsfortbildung)을 포함하는 상위개념(Oberbegriff)으로 이해함이 일반적이다. 법형성과 관련하여 확장해석과 유추, 축소해석과 목적론적 축소 간의 관계에 관한 논의가 있다.

베니스위원회Venice委員會 [영] Venice Commission, [독] die Venidig-Kommission, [프] Commission de Venice. 1. **연혁** 베니스위원회는 세계 헌법재판기관협의체로서, 사회주의 체제가 붕괴된 후 동유럽 체제전환국가들이 서구식 헌법과 헌법재판제도를 도입하고 운영하는데 도움을 주기 위하여 1990.5. 유럽평의회(Council of Europe) 각료이사회의 결의에 의해 그 산하기구로 창설되었으며, 프랑스 스트라스부르에 위치하고 있다. 공식 명칭은 법을 통한 민주주의 유럽위원회(European Commission for Democracy through Law)이지만, 1년에 네 번 이탈리아 베니스에서 개회하기 때문에 '베니스위원회'로 불린다. 동 위원회는 민주주의, 인권 및 법의 지배의 옹호를 목적으로 헌법적 지원, 선거와 국민투표의 감시, 헌법재판소간 협력 및 국제적인 연구 등의 활동을 하는 국제적 헌법자문기구이다. 2022년 현재 총 61개의 회원국으로 구성되어 있다. 유럽평의회의 47개국과 14개 비유럽평의회 회원국, 5개 옵서버 국가, 벨로루시 등 1개의 준회원국(Associate member)을 두고 있다. 우리나라도 2006년부터 정회원국이 되었다. 불어권 헌법재판소연합(Association of Constitutional Courts using the French Language), 남아프리카 공화국, 유럽연합, 팔레스타인자치정부는 특별지위(Special Status)를 부여받았다. 2022.6.에는 우크라이나 몰도바, 조지아 등에게 후보국 지위를 부여하였다. 베니스위원회는 헌법, 국제법, 행정법 등 법학 전공 학자와 대법원 및 헌법재판소 등의 고위 법관, 회원국 정부 고위관료 등 법 전문가로 구성된다. 베니스위원회 위원들은 각 회원국으로부터 4년 임기로 임명되며, 개인의 전문성에 적합한 곳에 소속되어 활동한다. 베니스위원회는 회원국이나 협력기관의 요청이 있을 경우 법적 자문을 제공하고 보고서를 발간한다. 또한 각종 세미나와 컨퍼런스, 교육 워크숍을 개최해 경험을 공유한다. 베니스위원회의 활동은 ① 민주주의 제도와 기본권 ② 선거, 국민투표와 정당 ③ 헌법재판과 일반재판의 3개 분야로 크게 나뉜다. 베니스위원회는 베니스위원회의 활동 프로그램 실행과 사무국의 공동 경비 등 모든 활동이 회원국의 차등이 있는 분담금으로 운영된다. 기부금도 수령할 수 있다. 2. **집행위원회와 사무국의 조직 및 절차** 베니스위원회는 「절차규칙」의 규정에 따라, 집행위원회(Bureau)와 사무국(Secretariat)으로 구성된다. 집행위원회는 위원장과 부위원장(Vice-President), 그리고 위원으로 구성된다. 위원장과 부위원장, 위원의 임기는 2년이며, 정기총회에서 확대집행위원회의 제의를 기반으로 선출된다. 집행위원회 위원장은 베니스위원회 활동을 총괄하며 소위원회(Sub-Commission) 위원장들과 함께 확대집행위원회(Enlarged Bureau)를 구성한다. 회의 의제는 매 회기 초에 사무국이 베니스위원회 위원들의 의견을 취합하고, 집행위원회의 지시에 부합하는 방향으로 사무국이 작성한 초안에 기초하여 채택된다. 3. **사무국의 세부 조직 및 주요 활동** 사무국은 사무총장의 관할 하에 2개의 지원부서와 4개의 국으로 구성된다. 30여 명의 구성원으로 이루어져 있다. 사무국을 구성하는 4개의 국(Division)은 민주적 제도와 기본권국(Democratic Institutions and Fundamental Rights Division), 헌법재판국(Constitutional Justice Division), 선거와 국민투표국(Elections and Referendums Division) 그리고 지역협력국(Neighbourhood Co-operation Division)으로 나뉘어 있다. 민주적 제도와 기본권국은 개헌과 기본권, 국가기관, 사법개혁, 옴부즈맨 관련 문제를 포괄한다. 선거와 국민투표국은 민주선거위원회를 통해 선거 문제에 대해 논의하고, 관련 자료들을 총합해 VOTA 데이터베이스를 운영한다. 헌법재판국에서는 지역 간 협력, 헌법재판소 간 협력을 추구하며, CODICES라는 헌법판례 데이터베이스를 운영한다. 베니스위원회 정기총회는 이탈리아 베네치아에서 3월, 6월, 10월, 12월 1년에 4번씩 개최된다. 베니스위원회는 정부 간 협력기구로 특정 국가가 정회원가입을 희망할 경우 해당 국가 외교부서의 가입 절차를 필요로 한다. EU, OSCE(유럽안보 및 협력기구), 국제헌법학회(The International Association of Constitutional Law, IACL) 등은 베니스위원회의 본 회의에 참석한다.

베버의 지배유형론支配類型論 Max Weber가 저서 '정당한 지배의 세 유형(Die Drei reinen Typen der legitimen Herrschaft)' 및 '직업으로서의 정치(Politik als Beruf)'에서 설명하고 있는 이론이다. 그는 지배의 역사적 발전 형태에 대해 연구하면서 권력과 권위를 구분하였다. 권력(power)은 타인의 의사에 상관 없이, 타인의 행동을 자신의 의지대로 통제할 수 있는 힘을 의미하며, 권력이 정당성을 갖기 위해서는 권위(authority)가 필요하다고 보았다. 권위는 세 가지 형태가 있는데 바로 전통적 권위, 법적 · 합리적 권위, 카리스마적 권위이다. 전통적 권위란 개인의 능력에 의한 것이 아니라 세습되며, 태어날 때부터 갖게 되는 권위를 말한다. 카리스마적 권위란 한 개인의 카리스마, 즉 어떠한 개인이

다른 사람들과 구분되는 특별한 능력, 자질, 또는 초자연적인 힘을 지녔다는 믿음에 기초한 권위이다. 법적 · 합리적 권위란 말 그대로 법과 합리성에 기초한 권위로서, 사람들이 합리적으로 합의하여 결정한 법과 제도에 의한 권위이다. 각각의 권위로부터 정당성의 근거와 행정담당자의 유형 두 가지를 기준으로 하여, 이념형으로서의 지배형식이 구분되는데, 전통적 지배, 법적 · 합리적 지배, 카리스마적 지배의 세 가지 지배유형이 그것이다. 막스 베버는 법적인 지배가 아닌 전통적 권위나 카리스마적 권위(초자연적, 종교적 권위)와 같은 비합리적-정서적 지배는 전근대적 사회에서 이루어진 지배라고 보았으며, 근대사회 이후에는 법적 · 합리적 권위라는 정당성을 갖춘 권력에 의한 지배가 확립되었다고 주장하였다. 이와 같은 지배형태는 '법의 지배원리'가 작동하는 근대국가에서 관료에 의한 지배가 이에 해당된다. 막스 베버의 지배유형은 순수이념형으로 현실국가에서 각각의 지배유형이 다양한 형태로 결합되거나 혼합되어 나타나며, 각각의 지배유형이 정당성을 확보하지 못해 지배유형의 분류는 현실적으로 불가능하다는 비판도 있다. 아울러 법적 · 합리적 지배의 정통성은 통치권을 행사하는 사람들의 권한이 '정해진 절차'에 집착하여 '형식적 합법성'에 전적으로 의존하는 경향이 있다는 비판도 있다.

베스트팔렌 조약(체제) ㉳ The Peace of Westphalia, ㉦ Westfälischer Friede. 베스트팔렌 조약이란 1648.5.15.에서 1648.10.24. 사이에 Osnabrück와 Münster에서 체결되어 프랑스어로 쓰여진 평화조약을 일컫는다. 이 조약의 원인이었던 30년 전쟁을 '최초의 국제전쟁'이라고 부른다. 국제법의 아버지로 불리는 네덜란드의 법학자 그로티우스가 사망한 지 3년 후의 시점이다. 이로써 신성로마제국에서 일어난 30년 전쟁(1618-48년)과 스페인과 네덜란드 공화국간의 80년 전쟁이 끝났다. 이 조약에는 스페인, 프랑스, 스웨덴, 네덜란드의 신성로마제국 황제 페르디난트 3세(합스부르크가)와 각 동맹국 제후들과 신성로마제국 내 자유도시(Freie Reichsstadt)들이 참여하였다. 베스트팔렌 조약은 최초의 근대적인 외교회의를 통해 나온 것으로, 국가주권 개념에 기반을 둔 새로운 질서를 중부 유럽에 세웠다. 1806년까지 이 조약규정은 신성로마제국 헌법의 일부였다. 프랑스와 스페인의 전쟁을 종식한 1659년 피레네 조약도 종종 여기에 포함하기도 한다. 일부 국제법학자들은 베스트팔렌 조약을 국경의 불가침과 주권국가의 국내 문제에 대한 불간섭을 포함하여 현대 국제 관계에 중요한 원칙의 기원이자 근대 외교조약의 효시로 인정하고 있다. 이 때의 웨스트팔리아 평화회의를 '국제법의 출발점'이라고 말한다. 이 조약을 통해서 종교의 자유가 허용되면서 개신교 국가들이 로마 가톨릭교회의 탄압에서 벗어나 생존의 발판을 마련했으며, 역사에서 처음으로 프로이센이 왕국으로 등장하였다. 네덜란드와 스위스는 독립을 인정받았으며, 프랑스는 이 전쟁을 통해서 영토를 확장하였다. 베스트팔렌 조약 이후 서의 프랑스, 동의 스웨덴이 패권국의 지위를 유지한 1648년-1700년을 베스트팔렌 체제(Westphalia System)라고 한다. 베스트팔렌 체제는 스페인 계승전쟁으로 서유럽 패권이 프랑스에서 영국으로 넘어가고, 대북방 전쟁으로 동유럽 패권이 스웨덴에서 러시아로 넘어가면서 종료되었다.

Baird 사건 → Eisenstadt v. Baird, 405 U.S. 438(1972)).

Baker v. Carr 판결, 369 U.S.186(1962) 1. **사실관계** 1901년과 1961년 사이에 Tennessee 주는 크

게 성장하였고 인구 이동도 많았다. 1901년의 인구는 2,020,616명이었고 그 중 487,380명이 투표권을 갖고 있었다. 그러나 1960년의 연방인구 조사에 의하면 Tennessee 주의 인구는 3,567,089명이었고 그 중 2,092,891명이 투표권을 갖고 있었다. 각 county의 유권자수 분포도 많이 변경되었다. 주민의 겨우 37%를 차지하는 county들에서 주상원의원 33명 중 20명이 선출되었고, 상원 선거구의 주민은 최고 131,971명에서 최저 25,190명에 이르렀다. 한편, 하원의 경우 주민의 40%를 차지하는 county들에서 99명의 의원 중 63명이 선출되었고, 하원 선거구의 주민은 최고 42,298명에서 최저 2,340명에 이르렀다. 그러나 Tennessee 주의 선거구는 1901년 이래 의원정수를 재배분하지 않았다. Tennessee 주의 여러 지역에 거주하는 자들이 Tennessee 주의회의 의원정수배분은 "그들의 투표가치를 감소시킴으로써" 연방헌법 수정 제14조의 평등권을 위배하였다는 확인판결(declaratory judgment)을 구하였다. **2. 판결** 1) **연방지역법원** 연방지역법원은 그 해악이 심각하므로 지체 없이 시정되어야 한다는 데는 동의하면서도 원고들의 청구를 각하하였다. 즉 연방지역법원은 Colegrove v. Green 사건은 근거로 하여 원고들이 입법부의 의원정수배분의 위헌성을 다투고 있고, 이는 "정치문제"에 해당하므로 재판의 대상이 되지 않는다고 판시하였다. 2) **연방대법원** 연방대법원은 연방지역법원의 판결을 7:2로 파기하면서 연방대법원의 판시에 따라 더 심리하도록 사건을 환송하였다. **다수의견**을 집필한 Brennan 대법관은 정치문제의 원칙을 분석하면서 정치문제 원칙의 핵심을 다음과 같이 판시하였다. 어떤 문제가 외견상 정치문제를 포함하는 것으로 보이는 것은, ① 헌법자체가 문제해결을 정치를 담당하는 입법부와 행정부에 위임하고 있는 경우, ② 그 문제를 사법적으로 해결하기 위하여 적용할 수 있는 기준이 없는 경우, ③ 명백히 비사법적인 판단의 일종인 정책결정이 미리 정하여지지 않고는 재판하는 것이 불가능한 경우, ④ 입법부와 행정부의 입장을 존중하지 않고는 법원이 독자적으로 사건을 해결하는 것이 불가능한 경우, ⑤ 이미 결정된 정치적 판단을 존중하여야 할 특별한 필요성이 있는 경우, ⑥ 각 부가 한 문제에 대하여 제각기 의견을 발표함으로써 혼란을 야기시킬 가능성이 있는 경우 등이다. 또한 그는 Tennessee 주의 의원정수배분 사건은 미국 각 주의 "공화정체"를 보장하는 "보장규정(gurantee clause)"이라고 알려진 연방헌법 제4조에 해당하는 사건들과 유사하다는 주장에 대한 반박을 많이 하였다. 그 조항에 해당되는 사건은 전통적으로 정치문제에 해당하는 것으로 분류되었다. Brennan 대법관은 그 조항에 관련되는 사건이 재판의 대상이 되지 않는 "정치문제"가 되는 이유는, "어떤 것이 합법적인 정부인가 하는 문제에 대한 결정은 다른 부에 위임하고, …법원이 어떤 정부형태가 공화정인가 하는 문제를 결정할 기준이 없기 때문"이라고 주장하였다. Brennan대법관의 견해에 의하면, Baker 사건은 오직 주의 행위가 헌법에 부합하는가 아닌가 하는 문제를 제기하였을 뿐이었다. 그리하여 그는 보장조항에 의하여 재판의 대상이 될 수 없다는 원칙은 적용되지 않는다고 판시하였던 것이다. **소수의견**을 집필한 Frankfurter대법관은 다수의견이 신결례를 무시하고, "수학적 구렁텅이(mathematical quagmire)"에 빠지게 하였다고 강렬하게 비판하였다. 그는 이 사건은 "다른 형태를 가장한 보장조항문제"라고 하였다. Harlan대법관도 "법원의 권위가 계속하여 국가적으로 존중될 것인가 하는 문제는 오직 법원이 헌법적인 판결을 함에 있어서 얼마나 현명하게 자제를 하는가 하는 점에 달려 있다고 생각하는 자들은, 이 판결에 대하여 깊이 우려할 것이다"는 표현을 하면서 Frankfurter대법관의 의견에 동조하였다. 3. **판결의 의의** 1932년부터 선거구획정과 의원정수배분 문제를 다루기 시작한 연방대법원은 선거구획정이 사법심사의 대상이 되는지의 여부에 관하여 직접적으로 다루지 아니 하였다가, 1946년 Colegrove v. Green, 328 U.S. 549 사건에서 불공정한 의원정수배분(malapportionment) 문제를 최초로 정면으로 다루었다. 다수의견을 집필한 Frankfurter 대법관은, 연방하원의원 선거구획정계획은 전적으로 연방의회에 의하여 정하여져야 할 사안이어서 법원은 이 문제를 판단할 권한이 없으므로, 다시 말하면 쟁점이 "정치문제"를 내포하고 있으므로, 원고는 당사자적격이 없이 사건이 기각되어야 한다고 판시하였다. 이 판결 이후 1946년과 1962년 사이에 연방대법원은, 대개 Colegrogve 사건을 인용하면서, 제소된 의원정수재분배 사건 11건을 모두 기각하였다. 이러한 상황에서 연방대법원은 Baker v. Carr 판결을 선고하였던바, 이 판결 이후 선거구획정문제가 법원의 사법심사의 대상이 되게 되었다. 하지만 선거구 획정의 구체적 기준은 제시하지 않았다. 2년 후인 1964년에 Wesberry v. Sanders, 376 U.S. 1(1964) 판결에서 1인1표 원칙에 따라 3:1의 편차를 가진 주법을 무효화하였다. ➜ 선거구인구비례. ➜ 정치문제.

벤담Bentham, Jeremy 1748.2.15.~1832.6.6. 벤담은 영국의 철학자이자 법학자이다. 15살에 옥스퍼드대학을 졸업하고 변호사가 되었으나 활동은 하지 않았다. 1776년에 「정부론 단편(A Fragment on Government)」을 출간하였고, 「도덕과 입법의 원리 입문(An Introduction to the Principles of Morals and Legislation)」를 통해 '최대 다수의 최대 행복'으로 대표되는 양적 공리주의의 원리를 체계적으로 펼쳤다.

변형결정變形決定 [독] Entscheidungsvariante. 1. **서설** 법률이 헌법재판소에 의해 위헌결정된 경우 제청된 법률의 합헌 또는 위헌만을 선언하는 것이 원칙이지만(정형결정), 일정기간 그 법률의 효력을 지속시키거나, 개정을 촉구하거나, 한정적으로 합헌임을 선언하는 등의 다른 유형의 결정을 할 경우가 있는데, 이를 일컬어 변형결정이라고 한다. 현행 헌법재판소법 제45조는 「헌법재판소는 제청된 법률 또는 법률 조항의 위헌 여부만을 결정한다. 다만, 법률조항의 위헌결정으로 인하여 해당 법률 전부를 시행할 수 없다고 인정될 때에는 그 전부에 대하여 위헌결정을 할 수 있다.」고 규정하고, 또 동법 제47조 제2항은 「위헌으로 결정된 법률 또는 법률의 조항은 그 결정이 있는 날부터 효력을 상실한다.」고 규정하여 법률조항의 위헌여부의 결정과 결정의 효력에 관하여 규정하고 있다. 이 규정들은 위헌법률심사를 위한 헌법소원심판(동법 제68조 제2항)의 경우에도 준용되고 있다(동법 제75조 제6항). 그리고 권리구제를 위한 헌법소원의 경우(동법 제68조 제1항)에서는 위헌확인의 형식을 인정하고(동법 제75조 제3항), 해당 법률 또는 법률조항을 위헌으로 선고할 수 있다(동법 제75조 제5항)고 하고 있다. 이 조문들을 엄격하게 해석할 경우, 헌법재판소가 법률에 대한 위헌결정을 할 경우에 일률적으로 합헌 혹은 위헌의 판단을 할 수 있는 것처럼 보이고, 또 그 효력에 있어서도 원칙적으로 즉시효(향후무효; ex nunc Wirkung)를 채택하고 예외적으로 소급효(ex tunc Wirkung)를 인정하고 있는 것처럼 보인다. 따라서 위헌과 합헌 사이의 다양한 유형의 결정이나, 위헌결정의 효력과 관련하여 즉시효와 예외적 소급효가 아닌 결정은 모두 변형결정이라 할 수 있다. 헌법합치적 법률해석의 법리와 전부부정결정권은 일부부정결정권을 포함한다는 논리에 기초한 것이다. 2. **변형결**

정의 인정여부 독일에서 변형결정은 연방헌법재판소법 제78조에서 위헌법률의 무효를 규정하고 있음에 따라 야기되는 문제점을 해소하고자 연방헌법재판소의 판례로 형성된 것이다. 독일의 변형결정으로는 헌법불합치결정 · 입법촉구결정 · 한정무효결정(Soweit-Nichtigkeit) 및 헌법조화적 법률해석 등을 들 수 있다. 연방헌법재판소는 이러한 다양한 변형결정을 활용하여 문제점을 해결하고 있지만, 연방헌법재판소법의 제정 당시부터 규정된 것은 아니며 연방헌법재판소법의 제4차 개정으로 헌법불합치결정이 간접적으로 법적인 근거를 갖게 되었고, 그 외의 변형결정은 연방헌법재판소의 판례를 통해 형성되었다. 우리 헌법재판소도 그 초기부터 이에 관한 논의가 개진되어 온 바 있고, 그 인정여부와 범위 및 그 효력에 관한 다양한 견해차이가 있다. 그렇다면 현재의 법체제에서 변형결정은 불가능할 것인가? 현대의 복잡다양한 사회현상 내지 헌법상황에 비추어 볼 때 헌법재판은 심사대상 법률의 위헌 또는 합헌이라는 양자택일만이 가능하다고 본다면 다양한 정치 · 경제 · 사회 현상을 규율하는 법률의 합헌성을 확보하기 위한 헌법재판소의 적절한 판단을 가로막아 오히려 법적 공백이나 혼란 등 법적안정성을 해치고, 입법자의 형성의 자유를 제약하는 등으로 국가사회의 질서와 국민의 기본권을 침해할 사태를 초래할 수도 있다. 헌법재판소가 행하는 위헌여부의 판단은 그 성질상 사안에 따라 위 양자의 사이에 게재하는 중간 영역으로서의 여러 가지 변형재판이 필수적으로 요청된다. 위헌결정의 방식에 관한 문제는 위헌법률의 법적 효력의 문제와 직결되어 있고, 법적 효력의 문제는 불가피하게 법효력에 관한 문제로 되며, 따라서 존재와 당위의 법철학적 문제로 된다. 오스트리아의 경우에는 헌법재판소의 판결의 효력을 헌법재판소 스스로 정할 수 있도록 규정하고 있어서 이론적 설명이 비교적 간명하지만, 그렇지 못한 독일이나 우리나라의 경우에는 그 논리적 근거에 관하여 상당한 어려움이 있다. 위헌결정을 무효화할 경우에는 규범 자체가 이미 적용된 현실과 규범 사이의 관련을 고려하지 않을 수 없으며, 입법부에서 법개정 혹은 폐지의 경우에 경과조치 등을 고려하여야 하는 것과 마찬가지로 위헌판단의 과정에서도 고려되어야 한다. 위헌결정의 효력을 전체 법질서와 조화되게 조정하는 것은 헌법재판소의 당연한 의무인 것이다. 따라서 헌법재판소는 위헌결정으로 더 큰 위헌적인 사태가 초래하게 된다고 인정되는 경우에 헌법재판소법의 규정에도 불구하고 그 위헌결정의 효력을 인적 · 물적 · 시적으로 제한하거나, 일부 또는 일시 배제하는 변형결정을 할 수 있어야 한다. 우리 헌법재판소가 변형결정을 선고할 수 있는지에 관해서 본격적으로 논의된 것은 헌법재판소가 국회의원선거법 제33조, 제34조에 관한 위헌법률심판사건(헌재 1989.9.8. 89헌가6)에서이다. 이 사건에서 변형결정의 인정여부에 대해 깊이 있는 논의가 전개되었다. 1) **인정설** 변형결정을 인정하는 헌법재판소의 견해는 국회의원선거기탁금사건의 다수의견에 잘 나타나 있다. 첫째, 헌법재판소법 제45조 본문의 '위헌여부만'이라는 뜻은 헌법재판소는 결코 위헌제청된 전제사건에 관하여 사실적 · 법률적 판단을 내려 그 당부를 심판하는 것은 아니라는 뜻이다. 둘째, 헌법재판소법 제47조 제2항 본문도 이에 상응하여 변용해석하여야 한다. 즉 제45조에 근거하여 한 변형결정에 대응하여 위헌법률의 실효여부 또는 그 시기도 헌법재판소가 재량으로 정할 수 있는 것으로 보아야 하며, 이렇게 함으로써 비로소 헌법재판의 본질에 적합한 통일적 · 조화적인 해석을 얻을 수 있다. 위헌결정과 단순합헌결정 사이에서 문제된 법률의 효력상실의 시기를 정한 날로부터 즉시가 아니라 새 법률이 개정될 때까지 일정기간 뒤로 미루는 방안을 택하는 형태의 주문인 불합치선언이 가능하다. 셋째, 재판의 주문을 어떻게 내느냐의 주문방식의 문제는 아무런 명문의 규정이 없으며, 따라서 재판의 본질상 주문을 어떻게 표시할 것인가는 재판관의 재량에 일임된 사항이다. 넷째, 독일에서도 법률개정으로 인한 실정법에 근거하여 여러 가지 형태의 변형재판 나온 것이 아니라 법개정 이전부터 독일 헌법재판소가 실정법에는 그 뚜렷한 문언을 찾을 수 없는 변형결정을 해왔기 때문에 입법자가 이에 법률개정을 시도해 왔던 것이다. 즉, 독일의 경우 연방헌법재판소법 제78조, 제31조 제2항, 제79조 등은 독일 헌법재판소가 실정법에 근거하지 않는 변형결정을 해왔기 때문에 1970년에 개정된 것이다. 2) **부정설** 변형결정부정론을 취하는 소수의견의 논거는 다음과 같다. 첫째, 헌법 제107조 제1항, 헌법재판소법 제45조 제1항 본문의 규정에 비추어볼 때 헌법재판소는 제청된 법률이 위헌인지 합헌인지를 분명히 정해야 할 의무가 있고, 위헌이라고 결정하면 그에 대한 효력은 헌법재판소법 제47조 제2항에 정해진 대로 발생하는 것이지 헌법재판소가 그 효력을 변경하거나 그 효력발생을 유보시킬 수 없다. 둘째, 위헌결정의 방법에는 법률에 정해진 형식이 따로 없으므로 '반드시 위헌이다' 또는 '헌법에 위반된다'라는 표현이 아니더라도 결정문언의 내용이 위헌이라는 취지로 해석될 수 있으면 되고, 표현방법이 어떠하든 위헌결정이라는 취지로 해석되면 그 효력은 위 제47조에 의하여 해석되는 것이다. 다수의견의 '헌법에 합치되지 아니한다'는 말이나 '헌법에 위반된다'는 말이나, 위헌이라는 뜻에 아무런 차이가 없으므로 주문에서 위헌결정의 효력발생을 유보시켰다 하더라도 그에 상관없이 헌법재판소법 제47조 제2항에 의하여 위헌결정을 한 날에 효력을 상실한다. 만약 이것이 위헌결정이 아니라면 그것에 의하여 위 국회의원선거법 조항의 효력을 상실시키는 효력이 발생할 여지가 없으므로 주문에서 효력을 일정시한까지 유보시킬 여지도 없고, 헌법재판소법 제47조 제1항은 법률의 위헌결정만이 법원기타 국가기관 및 지방자치단체를 기속하도록 되어 있으므로 입법권자에게 일정한 시한까지 법률개정을 촉구하는 취지의 주문은 법적 기속력이 없는 것이 분명한데도 이러한 결정을 할 필요가 없다. 셋째, 독일에서는 위헌결정의 효력에 대하여 원칙적 소급효를 인정하여 위헌결정으로 인하여 초래될 법의 공백과 사회적 혼란을 방지하기 위하여 소급효가 없는 불합치결정을 할 수 있도록 하고 있으나, 우리 법제는 위헌결정의 취지로 해석되면 헌법재판소법 제47조에 정해진 효력이 당연히 발생하고 위헌결정의 효력에 원칙적 장래효를 인정하고 있으며, 위헌결정이 아닌 그 밖의 결정에는 기속력을 인정하지 아니하고 있으므로 주문과 같은 이른 바 변형결정의 형식은 채택하여서는 안된다고 한다. 3) **제한적 인정설** 첫째, 법 제45조 제1항에서 규정하고 있는 '위헌여부만'의 결정은 위헌성확인과 위헌성제거를 위한 입법촉구의 부수적 결정을 배제하는 것은 아니라고 해석된다. 둘째, 위헌결정의 효력은 위헌결정일로부터 효력을 상실한다고 규정하고 있으므로, 국가존립에 위해가 미칠 우려가 있는 정도의 법의 공백이나 사회적 혼란이 예상되는 등 헌법재판소법 제47조 제2항에 명문으로 정한 위헌결정의 효력을 일시 배제하여야 할 극히 이례적인 특별한 사유가 있는 경우가 아닌 이상 결정일로부터 위 법률조항들의 효력을 상실하게 함이 요청된다. 셋째, 법개정이 있을 때까지는 법률이 헌법에 전혀 합치하지 아니할 경우에는 특별한 예외적인 사정이 있는 경우가 아닌 한 가급적 원칙하에 위헌결정을 하고, 위헌성이 있으되 즉시 실효시켜야 할 정도는 아니고 상당기간 내에 입법개정 시까지 그 효력을 지속시킬 필요가 있다고 인정되는 때에는 주문에는 그 위헌성의 정도에 따라 양적 · 질적으로 헌법에 합치되지 아니하는 정도를 나타내어 헌법에 합치하지 않는지를 정하여 위헌성을 확인하는 결정을 하고, 법개정의 여부는 입법권자의 고유의 권한행사에 맡기어야 한다는 것이다. 4) **소결** 변형결정의 인정 여부와 관련하여 견해가 대립되어 있으나, 헌법재판소의 다수의견보다는 제한적 인정설이 타당하다고 본다. 결론적으로 명확한 법적 근거가 없이 현실적인 필요성으로 인해 행해지는 제도가 변형결정제도라고 한다면, 필요한 최소한의 범위에서만 활용되어야 한다. 그것은 바로 우리 헌법이 구체적 규범통제제도를 채택하고 있는 취지에 부합하는 것이라고 하겠다. 3. **변형결정의 유형** 위헌법률심판의 결정형식에는 합헌결정 · 위헌결정 · 심판절차종료선언 · 위헌불선언결정과 변형결정으로 나눌 수 있고, 변형결정에는 헌법불합치결정 · 한정합헌결정 · 입법촉구결정 · 조건부위헌결정 등이 있다. 이상과 같은 변형결정에 대하여 학자마다 서로 다르게 유형화하고 있는데, 예컨대 위헌불선언결정을 합헌결정의 일종으로 파악하고, 변형유형으로 헌법불합치결정 · 한정합헌결정 · 입법촉구결정 · 일부위헌결정 · 적용위헌결정 · 조건부위헌결정 등으로 나누는 견해, 위헌불선언결정을 합헌결정으로 파악하고, 위헌결정을 단순위헌결정과 일부위헌결정으로 구분하며, 변형결정으로 헌법불합치결정 · 한정합헌결정 · 입법촉구결정 · 한정위헌결정 등으로 나누는 견해, 합헌결정과 위헌결정 외에 변형결정으로 위헌불선언결정 · 헌법불합치결정 · 한정합헌결정 · 한정위헌결정 · 일부위헌결정 · 조건부위헌결정 · 부분위헌결정 등으로 나누는 견해, 합헌결정과 위헌결정 외에 헌법불합치결정, 입법촉구결정, 한정합헌결정, 한정위헌결정, 일부위헌결정, 적용위헌결정 등으로 나누는 견해, 한정합헌결정, 한정위헌결정, 헌법불합치결정 등으로 나누는 견해 등이 있다. 우리 헌법재판소는 법률에 관해 합헌결정과 위헌결정이외에도 다양한 변형결정을 선고하고 있다. 헌법재판소가 제시한 변형결정의 유형으로는 헌법불합치결정, 한정합헌결정 및 위헌불선언결정 등을 들 수 있다. 다음에서는 헌법불합치결정, 한정합헌결정, 한정위헌결정, 입법촉구결정, 위헌불선언결정, 기타의 결정유형으로 나누어 살펴본다. 1) **헌법불합치결정** (1) **의의** 헌법불합치결정은 헌법재판소의 평의 결과 심판의 대상인 규범이 위헌임에도 불구하고 이를 즉시 위헌무효화하기 곤란한 사유가 있는 경우에 이 양자를 모두 고려하여 법률에 대해 위헌을 정하면서도 이 법률을 당분간 계속 존속하게 하는 형식, 즉 법률의 위헌성을 인정하면서도 입법자의 입법형성의 자유를 존중하고 법의 공백과 혼란을 피하기 위하여 일정기간 당해법률이 잠정적인 계속효를 가진다는 것을 인정하는 결정형식을 말한다. 헌법재판소도 이 결정형식을 수용하고 있다. (2) **헌법재판소 결정** 헌법재판소가 국회의원선거법 제 33조 · 제34조에 대한 위헌여부 심판에서 헌법불합치결정을 내린 이후 헌법불합치결정을 내린 사례는 2019.7. 기준 250건에 이른다(헌법재판소 사이트 헌법재판통계 참조). 이 결정들에서 「… 헌법에 합치되지 아니한다」, 「위 법률조항은 …을 시한으로 입법자가 개정할 때까지 그 효력을 지속한다」라는 주문을 표현하여 우리 헌법재판소의 헌법불합치결정의 주문형식을 보여주고 있다. 문제는 위헌결정의 효력을 일시 뒤로 미루는 결정형식이 위헌결정된 법률은 결정일로부터 효력을 상실한다고 규정한 헌법재판소법 제47조 제2항에 맞는가 하는 점이다. 생각건대 법의 공백 등의 우려가 없고 반면 국민의 중요한 권리를 침해하는 법률에 대해서까지 헌법불합치결정을 남용하는 것은 헌법보장기관이자 기본권보장기관인 헌법재판소의 존립목적에 맞지 않는다고 할 것이다. 또한 잠정적 효력의 유지로 위헌제청된 당해 재판에서의 당해 법률의 적용여부, 즉 결정의 소급효 여부가 문제되는데, 위 국선법 결정의 제청법원과 항소심법원 간에 소급효 인정 여부를 두고 판결이 엇갈린 바 있었으나 대법원은 당해 사건에서의 예외적 소급효를 인정하였다. (3) **인정근거** 독일 연방헌법재판소의 판례에 의하면 헌법불합치결정을 하는 경우로는 ① 평등권위반의 경우 ② 헌법정책적 고려, ③ 부진정입법부작위의 경우, ④ 입법형성권의 존중 등이다. 첫 번째 경우는 평등권 위반의 특수성에 비추어 국회의 입법형성권을 존중하기 위한 것이며, 두 번째 경우는 규범조화적 해석의 정신에 근거하고 있으며, 세 번째의 경우는 위헌무효를 정할 대상이 없다는 이유 때문에 인정되는 결정형식이다. 한편 평등권과 상관없이 입법형성권의 존중만을 근거로 한 헌법불합치결정은 오늘날 이론상 허용되지 않는다고 보는 것이 다수설이며, 우리의 경우는 위헌이라는 용어가 반드시 독일의 경우와 같이 「폐지(Nichtigerklärung)」한다는 적극적 의사표시가 들어 있지 아니 하므로 부진정부작위에 대해서도 그대로 위헌결정을 하여도 별 문제가 없으므로 이 논거는 우리의 경우에는 적용될 여지가 없다 하겠다. 다만 우리나라 헌법재판소도 첫 번째 유형과 두 번째 유형의 헌법불합치결정을 내린 바 있다. (4) **법적 본질과 결정정족수** 헌법불합치결정은 원래 위헌인 법률을 입법형성권의 존중과 헌법정책적 필요성때문에 당분간 계속 존속하게 하거나 적용하게 하는 것이다. 그러므로 법적 본질은 어디까지나 위헌결정이며, 따라서 헌법불합치결정을 하기 위해서는 재판관 6인 이상의 찬성이 있어야 한다. (5) **불합치결정의 효력** 헌법불합치가 결정된 법률은 ① 평등권의 특수성을 근거로 하는 경우는 무효인 상태로 계속 존속한다. 그러나 더 이상 적용될 수 없다. ② 한편 헌법정책적 고려에 의하여 당분간 효력을 존속하게 하는 경우에는 일종의 미래효를 갖는 위헌결정이다. 헌법불합치결정은 당연히 촉구결정을 내포하게 된다 그러나 입법자에게 지워지는 입법개선의무는 당해 법률이 위헌이라는 헌법불합치결정의 법적 본질로부터 나오는 것이지, 헌법재판소의 입법촉구로부터 나오는 것이 아니다. 따라서 헌법불합치결정을 촉구결정의 일종으로 보는 것은 타당하지 않다. 헌법불합치결정의 일반적 효력은 헌법재판소가 위헌적인 법률임을 확인하고 입법자에게 헌법불합치결정 이후의 헌법에 위반되는 상태를 제거할 의무가 있음을 선언하는 것이다. 불합치결정된 법률은 위헌부분이 제거될 때까지 과도기적으로 효력을 가지고 적용될 수 있다는 점에서 법률의 실효 또는 무효라고 선언하는 위헌결정과 구별되는 것이다. 헌법불합치결정도 헌법재판소법 제47조와 제75조에서 정한 위헌법률심판의 위헌결정이나 헌법소원의 인용결정과 동일하게 모든 국가기관에 기속력이 있다. 그러나 위헌결정은 그 결정이 있는 날로부터 위헌으로 결정된 법률 또는 법률의 조항은 효력을 상실(헌법재판소법 제47조 제2항, 제75조 제5항)하므로 헌법재판소가 위헌을 선언하고 스스로 그 법률효력을 배제하는 폐기적인 효력이 있는 결정임에 반하여, 헌법불합치결정은 헌법재판소가 헌법위반을 확인하기는 하나 당장에 그 법률의 효력이 상실되는 것은 아니다 그 법률의 위헌사항을 가능한 한 신속하게 배제할 것을 입법자에게 맡기는 일종의 입법의무적 효력이 있는 결정이라는 점이 다르다. 독일의 판례는 불합치결정으로 입법자가 새로운 입법을 할 때까지 헌법에 적합한 것은 아니지만 법률이 무효도 아니므로 당해사건의 제청법원은 재판을 정지하여 당사자로 하여금 합헌적인 새 법률의 혜택을 받을 수 있도록 하여야 한다는 것이다. 2) **한정합헌결정** (1) **의의** 법령의 해석여하에 따라서는 위헌이 될 수 있는 부분을 포함하고 있는 법령의 의미를 헌법의 정신에 맞도록 한정적으로 해석하여 위헌판단을 회피하는 해석기술을 법률의 합헌적 법률해석(Verfassungskonforme Auslegung von Gesetzen)이라고 한다. 즉 어느 규범이 합헌으로도 해석되고 위헌으로도 해석되는 경우에는 원칙적으로 합헌인 쪽으로 규범을 해석하여야 한다는 법률해석의 원칙을 합헌적 법률해석 또는 헌법합치적 법률해석이라고 하는데, 헌법재판소는 합헌적 법률해석을 헌법의 일반원리로 이해하고 있다. 합헌적 법률해석에 근거한 변형결정을 한정합헌결정이라고 한다 그러나 합헌적 법률해석과 한정합헌결정은 엄격히 구별하여야 할 개념이다. 왜냐하면 합헌적 법률해석은 법률이 합헌적 요소를 가지고 있는 한 가능하면 그 부분은 유효히 존속할 수 있도록 하자는 데 그 취지를 둔 법률해석의 원칙이라면, 한정합헌결정은 합헌적 법률해석의 결과 질적 일부위헌결정을 하여야 할 사안을 질적 일부합헌결정으로 그 결정형식만을 바꾸어 놓는다는 데 취지가 있기 때문이다. 이 형태의 결정형식 역시 독일 연방헌법재판소가 고안해낸 것인데, 우리 헌법재판소도 한정합헌결정을 광범위하게 인정하고 있다. (2) **헌법재판소 결정** 우리 헌법재판소도 다양한 해석이 가능한 법률에 대해서는 한정축소해석을 할 수 있다고 보고 있다. 그 동안 국가보안법 제7조, 도로교통법 제50조 제2항, 제111조 제3호, 구 집회 및 시위에 관한 법률 제3조 제1항 제4호, 제14조 제1항, 군사기밀보호법 제6조, 제7조, 제10조, 국가보안법 제9조 제2항 등 2019.7. 현재 28건에 대하여 한정합헌결정을 내린 바 있다. 헌법재판소는 「…은 이러한 해석 하에 헌법에 위반되지 아니한다」라는 주문형식으로 한정합헌결정을 선고하고 있다. 그러나 이 결정형식은 헌법재판소법 제45조의 문언에 반하고, 기속력을 가지는 결정은 「위헌결정」이라고 명시하고 있는 헌법재판소법 제47조 제1항에 비추어 그 기속력, 특히 법원 등에 대한 기속력이 의심스러우며 위헌선언 회피의 수단으로 이용될 수 있다는 등의 비판이 있다. 또한 적용위헌이나 일부위헌, 일부합헌등의 경우와 그 구별이 명확하지 못한 것이 사실이다. (3) **인정근거** 한정합헌결정의 인정근거로는 일반적으로 ① 법질서의 통일성 ② 권력분립의 원리 ③ 법률의 합헌성추정의 원리 ④ 국가 간의 신뢰보호 등이 논의된다. (4) **법적성질과 결정정족수** 합헌적 법률해석이란 당해법률을 부분적으로 위헌결정하지 아니하고 어떤 해석에 의할 때 법률이 헌법과 합치한다든가 아니면 불합치한다든가를 확인하는 것에 해당한다. 사실상 법조문을 명시적으로 무효선언하지 않으면서 해석상 일부위헌효과를 가져오게 하는 것이 합헌적 법률해석이다. 따라서 법조문의 내용상의 일부위헌과 다름없는 효과를 가져오는 합헌적 법률해석은 원칙적으로 헌법재판기관만이 적용할 수 있고 그 적용이 허용된다. 독일 연방헌법재판소가 법조문을 배제함이 없이 특정한 사안에 대한 적용가능성을 배제함으로써 법률을 부분적으로 위헌결정하고 있는 것이 그것이다. 우리 헌법재판소가 변형결정인 한정합헌결정을 통하여 법조문을 존치시키면서 제한해석을 한 것은 바로 합헌적 법률해석이 갖는 그러한 성격을 단적으로 보여준다. 이것은 명백한 일부위헌결정과 전부합헌 사이에서 이원론이 거절되는 제3의 영역이 존재한다는 것을 의미하며, 또한 이러한 영역은 법형식주의를 뛰어넘어 실질적인 정의·법적안정성·공공복리를 실현하기 위한 탄력성 있는 제도의 필요성에서 요청된 것임을 알 수 있다. 한정합헌결정은 질적 일부위헌결정이며, 따라서 한정합헌결정을 하기 위해서는 재판관 6인 이상의 찬성이 필요하다. 헌법재판소도 군사기밀보호법 제6조 등에 대한 위헌심판에서 한정합헌결정은 '질적 일부위헌결정'이며, 따라서 한정합헌결정을 하기 위해서는 '재판관 6인 이상의 찬성이 있어야 함'을 명백히 하였다(헌재 1992.2.25. 89헌가104). 합헌적 법률해석의 필요성이 인정된다 하더라도 그것은 무제한 허용될 수는 없으며, 일정한 요건과 한계 내에서 행해져야 한다. 하나의 법률이 어느 정도까지 합헌적으로 해석될 수 있으며 어느 시점에서부터 그 법률이 위헌으로 결정되어야 하는가의 문제가 있다. 헌법재판소의 많은 결정들이 법률의 합헌적 해석과 제정 사이의 한계영역에 놓여 있다고 한 것이나, 입법권자가 가지는 입법기능은 합헌적 법률해석의 이론적 근거인 동시에 그 한계적 의미를 동시에 갖는다고 한 것은 이를 보여준다. (5) **효력** 한정합헌결정은 그 법적 본질이 '질적 일부위헌결정'이기 때문에 합헌으로 한정된 부분 이외에 대해서는 위헌결정으로서의 일반적 효력이 그대로 미친다. 한정합헌결정에 대하여 제청법원은 적어도 이 사건 제청당사자로서 위 심판의 기판력을 받을 것임은 물론, 헌법 제107조 제1항의 규정상 제청법원이 본안재판을 함에 있어서 헌법재판소의 심판에 의거하게 되어 있는 이상 위 헌법규정에 의하여서도 직접 제청법원은 이에 의하여 재판하지 않으면 안될 구속을 받는다 할 것이다(헌재 1990.6.25. 90헌가11). 합헌적 법률해석은 원칙적으로 헌법재판소에 의하여 일부위헌결정과 전부합헌결정 사이에서 내려지는 결정형식이기 때문에 그 결정에 특별한 기속력이 인정되는가의 문제가 제기된다. 왜냐하면 명시적인 위헌결정이 있으면 당해 법규정의 효력이 전면 부인되기 때문에 문제가 없으나, 합헌적 법률해석은 당해 법규정은 그대로 유지하면서 헌법에 합치되지 않는 일정한 해석만을 배제시킴으로써 사실상 부분무효의 효과를 가져오는 것이기 때문이다. 예컨대 합헌적 법률해석의 경우 헌법재판소의 결정주문은 대개 「… 법률은 … 한 경우에 적용되는 것으로 해석하는 한 헌법에 위반되지 아니한다」 라고 하거나 「…법률은 … 경우에 적용된다 할 것이므로 이러한 해석 하에 헌법에 위반되지 아니한다」 라고 하며, 특별히 한정적 위헌결정의 형식을 택하여 「… 법률의 … 에 … 를 포함시키는 것은 헌법에 위반된다」 라는 형태로 이루어 지고 있다. 그런데 여기서 기속력과 관련하여 크게 3 가지의 문제가 제기된다. 첫째, 위헌결정이 아닌 경우에도 결정의 기속력이 인정되는 것인지의 문제, 둘째, 헌법재판소의 결정의 기속력은 결정주문의 내용에 따라 주어지는 것인데, 결정주문이 분명하지 아니할 때 결정이유에서 나타난 내용에 대해서도 기속력을 인정해야 하는지의 문제, 셋째, 기속력이 발생하는 시기가 언제인가의 문제이다. 다만 셋째의 기속력의 효력발생시기의 문제는 합헌적 법률해석의 경우에만 발생하는 문제가 아니라 모든 결정유형에서 동일하게 제기되는 문제이기 때문에 여기서는 앞의 첫째, 둘째가 문제이다. 다만 우리 헌법재판소의 경우는 합헌적 법률해석을 하게 된 결정이유를 결정주문에서 짧고 명확하게 밝힘으로써 결정이유에도 기속력을 인정할 것인가를 둘러싼 오해의 여지를 피하고 있다. 3) **한정위헌결정** (1) **의의** 한정위헌결정은 심판의 대상이 된 법조문을 축소해석한 합헌적 법률해석의 결과라는 점에서 한정합헌결정과 같지만, 심판의 대상이 된 법조문의 해석 중에서 특히 헌법과 조화될 수 없는 내용을 한정해서 밝힘으로써 그러한 해석의 법적용을 배제하려는 결정유형이다. 한정위헌결정에서 주문은, 「… 으로 해석되는 한 헌법에 위반된다.」는 형태로 제시되고 있다. 한정위헌결정은 해석위헌결정과 적용위헌결정으로 나누는 견해도 있고, 적용위헌결정을 배제하고 해석위헌결정에 한정하는 견해도 있다. (2) **헌법재판소 결정** 헌법재판소는「민법 제764조(1958.2.22. 법률 제471호)의 "명예회복에 적당한 처분"에 사죄광고를 포함시키는 것은 헌법에 위반된다.」고 결정한 이래(헌재 1991.4.1. 89헌마160), 2020년1월 현재까지 70건의 한정위헌결정을 내리고 있다. (3) **인정근거** 한정위헌결정은 최종적 헌법해석에 대한 헌법재판소의 과제와 권한에 근거하여, 헌법재판소가 행한 합헌적 법률해석(헌법합치적 법률해석)의 결과물이다(반대견해 있음). 한정위헌결정은 규범통제의 심판대상이 된 법률이나 법률조항에 여러 가지 해석 가능성이 존재하고, 그중 일부는 합헌으로 해석되고 다른 일부는 위헌으로 해석될 수 있다는 것이 확인될 때에, 헌법재판소가 그 법률이나 법률조항의 해석·적용에서 위헌으로 해석되는 의미 부분을 확인하여 그 부분만을 해당 법률이나 법률조항의 의미에서 제거하기 위해서 내리는 것이 일반적이다. 다만 적용위헌결정을 한정위헌결정에 포함시키는 견해에서는 법률문언이 다의적이지 않더라도 그 의미내용 일부가 위헌일 때에도 헌법재판소는 한정위헌결정을 내릴 수 있다고 본다. (4) **법적성질과 결정정족수** 한정위헌결정에 대하여는 변형결정으로 보는 것이 다수의 견해이나, 법률이나 법률조항을 위헌으로 선언하는 헌법재판소 결정, 즉 위헌결정의 효력을 헌법재판소법 제47조 제2항 본문의 문언대로 당연무효나 폐지무효가 아니라 '효력 상실'로 이해한다면, 한정위헌결정과 단순위헌결정은 위헌범위 이외에는 다른 점이 없다는 점에서 단순위헌결정의 한 형식으로 보는 견해도 있다. 한정위헌청구도 실질상 위헌결정의 일종이므로 재판관 6인 이상의 찬성을 요한다고 본다. (5) **효력** ➜ 변형결정의 기속력. (6) **한정위헌청구의 허용성** 이전의 헌법재판소 결정에서는, 헌법재판소법 제41조 제1항의 위헌법률심판제청신청과 제68조 제2항의 헌법소원의 대상은 '법률'이지 '법률의 해석'이 아니므로 소위 한정위헌청구는 원칙적으로 부적법하고, 다만 ① 법률조항 자체의 불명확성을 다투는 것으로 볼 수 있는 경우(헌재 2000.6.1. 97헌바74), ② 심판대상규정에 대한 일정한 해석이 상당기간에 걸쳐 형성·집적되어 법원의 해석에 의하여 구체화된 심판대상규정이 위헌성을 지닌 경우(헌재 1995.5.25. 91헌바20), ③ 위 두 가지 경우에 해당되지는 않지만 법률조항 자체에 대한 위헌의 다툼으로 볼 수 있는 경우(헌재 2000.6.29. 99헌바66등) 등, 3가지의 경우에는 예외적으로 적법한 청구로 보았다. 그러나 헌재 2012.12.27. 2011헌바117 결정에서 판례를 변경하여, 한정위헌청구의 적법성을 인정하였다. 그 논거로, 첫째, 법률조항과 그에 대한 해석은 서로 별개의 다른 것이 아니라 동전의 양면과 같은 것이어서 서로 분리될 수 없다는 것이다. 둘째, '법률 또는 법률조항'과 '법률 또는 법률조항의 해석'은 결코 분리된 별개의 것이 아니며, 따라서 당해사건 재판의 전제가 되는 법률 또는 법률조항에 대한 규범통제는 결국 해석에 의하여 구체화된 법률 또는 법률조항의 의미와 내용에 대한 헌법적 통제라고 한다. 셋째, 규범통제절차에서 한정위헌결정이 법리상 당연하면서도 불가피한 것이라면, 마찬가지로 제청법원이나 헌법소원청구인이 한정위헌청구를 할 수 있다고 봄이 사리상 합당하다는 것이다. 넷째, 제청법원이나 헌법소원청구인이 당해사건 재판의 근거가 되는 법률조항의 특정한 해석가능성이나 적용가능성에 대하여만 제한적·한정적으로 위헌을 주장한다면 헌법재판소로서는 제청법원 등이 주장하는 범위 내에서 위헌여부를 심판하는 것이 원칙이며, 그 이외의 부분까지 위헌여부를 심판하게 된다면 헌법재판소법상의 신청주의나 적법요건으로서의 재판의 전제성에 위반될 수 있다는 점을 든다. 다섯째, 한정위헌청구를 허용하는 것은 입법권에 대한 자제와 존중의 표현이라고 한다. 4) **입법촉구결정** (1) **의의** 입법촉구결정은 독일에서 볼 수 있는 결정으로 결정 당시에는 합헌이지만 위헌으로 될 소지가 있다고 하여 입법자에 대하여 문제되는 법률의 개정이나 보충 등 입법을 촉구하는 결정을 말한다. 이는 당해 재판의 전제가 되지 아니한 법률조항 등에 대해서도 위헌이 될 소지가 있음을 경고하고 입법자의 충분한 임무수행을 유념시키는 목적도 가진다. 즉 입법촉구결정은 규범에 대한 평의 결과 당해 규범이 아직은 합헌이나 조만간 위헌인 상태로 이행할 위험이 큰 경우에 합헌을 정하면서 입법자에게 가능하면 빠른 시일 내에 입법개선을 촉구하는 결정형식인 바, 이를 「촉구결정(Appellentscheidung)」, 「아직은 합헌인 결정(die noch-verfassungsmäßige Entscheidung)」 또는 잠정합헌결정이라고도 한다. (2) **헌법재판소 결정** 우리 헌법재판소는 국회의원선거법 제33조 · 제34조에 대한 헌법불합치결정의 이유설명 부분에서 개정촉구결정의 필요성을 강조함으로써 이를 받아들이는 입장이라고 보여지는데, 아직 직접적으로 입법촉구를 주문에 명시하여 내린 결정례는 없고 입법촉구결정을 내릴 것을 제시한 소수의견은 있었다. 그러나 위 국회의원선거법 결정의 주문이 그 효력지속시한을 정하면서, 「입법자가 개정할 때까지」라는 문언을 첨가한 것과 지방의회의원선거법 제12조 제3호 위헌확인에서 「…선거법 전반에 관한 체계적 재검토와 시정조치가 시급히 요망된다.」는 결정이유는 입법촉구의 의미를 강하게 띠고 있다고 하겠다. (3) **법적 성질과 결정정족수** 촉구결정은 앞으로 위헌의 가능성이 있음을 밝히는 것이기 때문에 어디까지나 합헌결정의 일종이며, 또 그 결정이유에서도 '아직은 합헌'을 명백히 밝히고 있는 것이 일반적이다. 헌법불합치결정과 촉구결정은 양자 모두 입법에 대한 촉구의 내용을 포함하고 있지만, 헌법불합치결정에서의 촉구와 촉구결정에서의 촉구는 그 법적 성질이 같지 않다. 전자는 법적 기속력을 갖는 촉구의 사안(입법자에게 구체적인 법률개정의무를 지우는 것)임에 반하여, 후자는 법적 기속력을 갖지 못한 점(입법자에게 추상적인 입법개선의무를 지우는 것)에서 구별할 수 있다. 결국 촉구결정은 '아직은 합헌인 결정'이라는 의미 그대로 '합헌결정'이다. 따라서 재판관 6인 이상의 찬성을 요하지 않는다. (4) **한계** 입법촉구결정의 가능성은 두 가지라 하겠는데, 첫째는 현재의 법상태가 아직 완전히 합헌이라고 판단하면서 장래의 사실상태 및 법상태를 예견하는 것이다. 이 때에는 심판의 전제성이 결여되어 있으므로 그에 대한 이유의 적시가 필요하다. 둘째는 현재의 법상태가 위헌이지만 이에 대하여 위헌결정이나 불합치결정을 도외시하고 합헌으로 결정하면서 입법촉구에 그침으로서 헌법재판소법상의 주문형태를 도외시하는 것인데 이에도 역시 독자적인 이유의 적시가 필요하다. 헌법재판소가 주로 실제적인 이유에서 촉구결정을 한다면 헌법재판소가 어떠한 사건에서 입법자를 경고할 권한과 의무가 있는지에 관하여 그 이론적인 근거를 찾아 보아야 한다. 이는 결국 헌법상의 국가기관 간의 관할문제이다. 헌법재판소가 입법촉구에 그치는 것은 결국 헌법재판소의 헌법보장기능에 연유한다. 헌법재판소는 정의만을 주장하지 아니하고 자신의 결정에 있어서 이루어지는 헌법질서의 존속에 대한 정치적인 파급효과와 이로서 형성되는 국가사회의 현실을 고려하는 것이다. 선거구획정에 대한 위헌심판의 경우나, 위헌으로 할 규범이 존재하지 아니하는 경우, 즉 입법자의 의무불이행의 경우, 분명히 위헌성이 잠재해 있으나 그 위헌성이 시급하지 아니한 경우 등도 '아직은 합헌'으로서 경고판결이 허용된다고 한다. (5) **효력** 독일연방헌법재판소도 촉구결정을 원칙적인 주문형태로 채용하지는 아니하고, 오히려 주문에서 흔히 '… 법률은 이유에서 적시하는 바에 따라(Nach Maßgabe der Gründe)' 위헌이 아니라는 형태로 선고한다. 그리고 이유에서 입법촉구를 주제로 삼아서 입법자는 각 규정이 위헌의 방향으로 진전됨을 막기 위하여 상황에 적합한 해결을 조속히 시행하도록 보다 집중적인 노력을 하여야 한다는 헌법재판소의 기대를 표시한다. 또한 헌법재판소는 입법자가 합당한 개정을 게을리 한다면 차후의 판결에 있어서는 당해 규범에 대한 위헌결정 또는 불합치결정이 있을 수 있다는 점을 고지한다. 이 판결의 효력은 주문에서 당장의 법적 확인이나 형성을 회피한다는 데에 있다. 입법촉구에는 더 이상의 법적 효과가 부인되어 당해 법률은 합헌인 법률로서 적용된다. 이론상 입법촉구란 판결주문을 도출하는 데 필수적인 부분을 형성하는 이유(tragende Grund)는 아니다. 따라서 이는 법적 구속력을 갖지 않는다. 그러나 헌법재판소가 입법촉구를 하였는데도 입법자가 대체하지 아니한다면 당해 법률은 위헌으로 전락하게 되므로 입법자의 입법에 대한 부담을 지운다는 사실적인 효과는 있을 것이다. 결국 촉구결정은 합헌결정이기 때문에 당해 법률의 효력에 대해서는 아무런 영향을 미치지 못한다. 5) **위헌불선언결정** (1) **의의** 규범통제심판에 있어서 위헌결정 정족수는 재판관 7인 이상 출석과 종국심리에 참석한 재판관 6인 이상의 찬성이 요구되기 때문에 종국심리에 참여한 재판관의 과반수가 당해 법률을 위헌으로 보았음에도 불구하고 그 의견이 6인 이상을 넘지 못한 때에는 위헌결정정족수를 충족시키지 못하므로 위헌을 선언할 수 없는 경우에는 헌법재판소의 견해에 의하면 '헌법에 위반된다고 선언할 수 없다'는 결정형식을 내려야 한다고 하는 바, 이것을 「위헌불선언결정」이라고 한다. 이 결정형식은 법률의 위헌결정은 재판관 6인 이상의 찬성이 있어야 할 수 있도록 규정한 헌법규정 때문에, 비록 위헌의 의견이 재판관의 과반수라 하더라도 위헌결정정족수에 미달하기 때문에 위헌결정을 할 수 없는 경우에 우리 헌법재판소가 내리고 있는 독특한 결정형식이다 . 즉, 재판관 5인이 위헌결정을 내고 4인이 합헌의견을 제시하여 위헌의견이 다수인데도 위헌결정정족수의 미달로 위헌결정을 할 수 없어 내리는 결정이다. (2) **헌법재판소 결정** 우리 헌법재판소는 토지거래허가제 규정의 위반에 대한 벌칙을 규정한 국토이용관리법 제31조의2에 대한 위헌여부심판에서 동조는「… 헌법에 위반된다고 선언할 수 없다」라는 주문을 선고함으로써 이러한 형식의 결정을 내린 바 있다(헌재 1989.12.22. 88헌가13). 위헌결정에 찬성하는 재판관이 종국심리에 관여한 재판관의 과반수가 되지만 위헌결정정족수인 6인에 미달인 때에는 주문에「헌법에 위반된다고 선언할 수 없다.」라고 표시한다. 이는 우리 헌법 제113조와 헌법재판소법 제23조 제2항이 위헌정족수를 재판관 6인 이상의 찬성이라는 가중정족수를 채택함으로써 위헌결정을 할 수 없을 뿐만 아니라 합헌의견이 일반의결정족수인 과반수에 달하지 못하여 헌법에 합치한다는 결정을 할 수도 없다는 전제에서 나온 주문이다. (3) **법적 성질과 요건** 그런데 위헌불선언결정의 주문형태는「… 헌법에 위반되지 아니한다」라는 합헌결정의 주문과 실질적으로 차이가 없다. 변형결정의 의미를 위헌결정이나 합헌결정 외에 모두 변형결정으로 본다면, 위헌불선언결정은 비록 위헌의 의결이 재판관의 과반수라 하더라도 위헌결정정족수에 미달하기 때문에 위헌결정이 아니다.

어쨌든 합헌결정의 주문과 위헌불선언결정의 「… 은 헌법에 위반된다고 선언할 수 없다」 라는 주문은 합헌결정이므로 양자는 차이가 없다. 그렇다면 그 존재하는 현실적 차이점은 사정변경이 있거나 재판관의 구성이 변경될 경우 위헌불선언결정에서의 당해법률이 위헌으로 결정될 수 있다는 점에서 차이가 있다 하겠다. 즉, 위헌불선언결정은 위헌결정정족수의 문제 때문에 나오는 특별한 형식의 결정일 뿐, 그 법적 본질은 어디까지나 합헌결정이므로 특별한 의미를 갖는 변형결정은 아니다. 그러므로 이와 같이 주문이 선고되었다 할지라도, 위헌결정으로서의 기속력이 발생하는 것도 아니고 또 계쟁된 법률조항의 효력에도 영향을 미치는 것이 아니다. 단지 사정변경이 있거나 재판관의 구성이 변경될 경우 당해법률이 위헌으로 결정될 수도 있다는 점에서 입법권자에게 사실상의 기속이라는 의미를 지닐 수 있을지 모르지만, 이 결정유형은 법적으로는 합헌결정으로 취급된다고 할 것이다. 한편 헌법재판소는 '위헌불선언결정'이라는 결정의 형식을 취하고 있는데, 이것을 촉구결정으로 볼 수 있는가가 다투어지고 있으나, 인정할 필요가 없다고 생각한다. 헌법의 수권규범성 때문에 모든 공권력작용은 합헌으로 추정된다. 헌법은 헌법의 권력통제규범성상 한편으로 국가기관에 수권하면서도 다른 한편으로는 그에 대한 통제수단을 마련해 놓고 있다. 헌법 스스로가 국가기관에 부여한 신뢰 내지 합헌성추정력을 깨뜨리기 위한 요건으로서 재판관 6인 이상의 찬성을 제시하고 있다는 것은 그 요건에 의하여 추정력이 깨뜨려지지 않은 한 그 공권력작용은 여전히 합헌으로 남는다는 것을 의미한다. 그러므로 재판관 6인 이상의 찬성으로 이 합헌성을 깨뜨리지 못하는 한 재판부에 평의결과 재판관 과반수가 이를 위헌으로 보았다 하더라도 그 공권력작용이 합헌이라는 법적 본질은 변하는 것이 아니기 때문이다. 다만 재판관 6인 이상의 찬성을 얻지 못했다 하더라도 예컨대 재판관 5인 이상이 이를 위헌으로 보았다는 것은 '아직은 합헌이지만, 위헌에 매우 근접해 있는 상태'라는 것을 의미하기 때문에 이런 경우야말로 독일연방헌법재판소가 체계화한 촉구결정을 하여야 할 전형적인 경우에 해당한다고 보아야 할 것이다. 결론적으로 이를 촉구결정을 이해하지 않는 한 「위헌불선언결정」이라는 변형결정을 인정하여야 이유는 없으며, 이를 촉구결정으로 이해하고 앞으로도 계속 존속시키려 한다면, 위헌불선언결정의 요건으로는 헌법재판소의 견해와는 달리 '재판관 5인 이상이 찬성한 때'로 한정하는 것이 타당하다고 본다. 6) **기타의 결정유형** (1) **일부위헌결정** 일부위헌결정은 1970년대 독일에서 논의된 이른바 '질적 일부위헌(qualitative Teilnichtigkeit)'이라는 개념을 수용하여 우리 헌법재판소가 합헌적법률해석의 한 유형으로 일부위헌결정을 하고 있다. 즉 심판의 대상이 된 법조문을 그대로 놓아둔 채 그 법조문의 특정한 적용사례에 대해서만 위헌이라고 선언하는 것이다. 독일에서는 법률의 문언을 축소제한하거나 또는 문언은 그대로 두고 위헌으로 판단되는 부분만을 「… 한 위헌이다.」라는 주문형식으로 일부를 위헌으로 선언하기도 한다. 일본 등에서는 적용위헌결정도 내리고 있는데, 이는 법률의 조항이 가분적인 경우 위헌부분이 적용되는 한에 있어서 위헌이라고 판단하는 면에서는 일부위헌과도 같다. 헌법재판소 초기에 이러한 유형의 결정이 많이 있었으나, 최근에는 그리 많지 않다. (2) **적용위헌결정** 적용위헌결정은 법령이 위헌무효로 되는 범위를 가능한 한 좁게 한정하려고 하는 이론이다. 적용위헌의 개념은 명확한 것은 아니나, 일반적으로 첫째, 합헌적으로 적용되는 부분과 위헌적으로 적용가능한 부분이 「가분(可分)」의 관계에 있는 법령의 조항에 있어서 위헌부분이 적용되는 한에 있어서 위헌이라고 판단하는 것, 둘째, 법령의 조항자체는 합헌이라고 하더라도 그 적용자가 이를 헌법에서 보장된 권리와 자유를 침해하는 형태로 적용한 경우에는 그 해석적용을 위헌이라고 하는 경우 등을 들 수 있다. 법률의 문언 자체를 그대로 둔 채 법률을 특정한 사안이나 사례에 적용하는 것이 위헌이라는 취지의 결정형식이라고 개념 정의하면서, 적용위헌결정은 법률의 다의적 개념을 전제하지 않아 헌법합치적 법률해석을 전제하지 않으므로, 한정합헌결정이나 한정위헌결정과 구별된다는 견해가 있다. 민법 제764조의 '명예회복에 적당한 처분'에 사죄광고를 포함시키는 것은 헌법에 위반된다는 헌법재판소 결정이 그 예이다(헌재 1991.4.1. 89헌마160). 과거사정리법상의 관련 사건에 민법상의 소멸시효규정을 적용하는 것은 위헌이라는 헌법재판소 결정도 이에 속한다(헌재 2018.8.30. 2014헌바148등 병합). 그런데 이 적용위헌의 해석방법에는 중요한 한계가 설정되어야 한다. 즉, 위헌심판권은 일정한 사건성을 전제로 하여 이에 적용되는 특정의 법령 또는 구체적 처분이 합헌이냐 위헌이냐를 판단하여야 할 것으로서, 법령의 적용 일반 또는 그 적용의 실태를 헌법판단의 대상으로 하여서는 안 되며, 그 보조사실로서 법령 적용의 실태가 고려되는 데에 그쳐야 한다. (3) **조건부 위헌결정** 조건부위헌결정은 법조문의 확대해석을 유도한 결정으로, 축소·제한해야 하는 합헌적 법률해석의 한계를 일탈한 하나의 새로운 유형의 합헌적 법률해석을 시도했다고 한다. 즉 우리 헌법재판소는 구국회의원선거법 제55조의3과 제56조에 대한 헌법소원심판사건에서 「… 경우에는 … 하지 아니 하는 한 헌법에 위반된다.」는 주문의 이른바 조건부위헌결정을 하였다. 그런데 이러한 주문형식의 조건부위헌결정은 심판의 대상이 된 법조문을 '축소 내지 제한해석'한 것이 아니라 오히려 '확대해석'한 결과로서 그러한 확대해석에 의해서 심판의 대상이 된 법조문은 입법권자가 제정한 규범내용과는 '완전히 다른 내용'을 갖게 되기 때문에 합헌적 법률해석의 한계를 벗어난 것이라는 비난을 면할 수 없다. 심판의 대상이 된 법조문 중 문제된 부분만을 위헌결정하는 이른바 「부분위헌결정」의 유형을 선택하는 것이 타당하다. (4) **부분위헌결정** 부분위헌결정은 심판의 대상이 된 법조문은 그대로 놓아둔 채 그 법조문 중 일부문구나 표현만을 위헌이라고 선언하는 결정유형을 말한다. 부분위헌결정은 위헌결정의 한 형식으로서 심판의 대상이 된 법조문의 일부분을 위헌이라고 선언하는 것이기 때문에 심판의 대상이 된 법조문은 그대로 유효하게 놓아둔 채 그 법조문의 특정한 적용사례만을 위헌이라고 선언하는 「일부위헌결정」과는 구별해야 한다. 그렇지만 관념상 혼동을 일으킬 소지가 크므로 혼동을 피하는 뜻에서도 「일부위헌결정」은 한정위헌결정의 형식으로 통일하는 것이 바람직하다. 4. **변형결정의 기속력** → 변형결정의 기속력. 5. **결론** 규범통제심판에서 헌법재판소의 결정형식은 원칙적으로 합헌결정과 위헌결정이고, 위헌결정은 위헌으로 선언되는 범위를 기준으로 하여 전부위헌결정, 일부위헌결정으로 나누어지며, 일부위헌결정은 다시 양적 일부위헌결정·질적 일부위헌결정으로 나누어진다. 질적 일부위헌결정과 양적 일부위헌결정은 위헌으로 선언되는 범위가 양적이냐 질적이냐의 차이에 불과하기 때문에 그 법적 본질이나 효력은 같다. 이와 같이 우리 현행 헌법재판소법은 원칙적으로 규범통제의 결과를 합헌결정과 위헌결정의 두 가지로만 규정하고 있지만, 이 두 양단적인 심판방법으로는 규범통제에서 나타나는 모든 유형의 문제를 전부 포용할 수는 없다. 따라서 독일 연방헌법재판소가 판례를 통해 발전시킨 변형결정을 고려할 필요가 있다. 우리 헌법재판소도 그러한 필요성을 인식해서 합헌결정과 위헌결정이외에 이른바 변형결정을 함께 채택하고 있다. 한정합헌결정, 헌법불합치결정, 입법촉구결정, 위헌불선언결정, 한정위헌결정, 일부위헌결정, 조건부위헌결정, 부분위헌결정 등이 바로 그것이다. 이러한 변형결정은 합헌적 법률해석의 요청과 사법적 자제의 필요성에서 나오는 불가피한 현상이기는 하지만, 이후 보다 합리적인 방향으로 정리될 필요가 있다.

변형결정의 기속력羈束力 1. **기속력의 의의** 기속력은 헌법재판소의 결정에 모순되는 행위를 금지하고, 헌법재판소의 결정에 따라 적극적으로 위헌 또는 위법인 상태를 제거해야 하는 실체법적인 의무를 부과하는 효력이다. 헌법재판소법 제 47조 제1항은 위헌법률심판의 기속력에 대하여 「법률의 위헌결정은 법원 기타 국가기관 및 지방자치단체를 기속한다.」고 규정하고 있고, 헌법재판소법 제68조 제2항이 규범통제형(위헌심사형) 헌법소원에 대하여 헌법재판소법 제75조 제6항 역시 헌법재판소법 제68조 제2항의 헌법소원을 인용할 경우에는 동법 제45조 및 제47조의 규정을 준용하도록 규정하고 있으며, 또한 동법 제75조 제1항은 헌법소원과 관련하여 「헌법소원의 인용결정은 모든 국가기관과 지방자치단체를 기속한다.」라고 규정함으로써 기속력에 대한 법적 근거를 명시하고 있다. 2. **기속력의 내용** 제 47조 제1항 및 제75조 제1항에 의하면 기속력에 따라 모든 국가기관이 헌법재판소의 구체적 결정에 따라야 하며 그들이 장래에 어떤 처분을 행할 때 헌법재판소의 결정을 존중하여야 한다(결정준수의무). 이것은 위헌으로 확정된 상태를 지체없이 합헌적인 상태로 만들어야 한다는 것을 의미한다. 이와 함께 장래에도 헌법재판소의 판결에 따를 의무가 발생한다. 즉 위헌으로 선언된 사항은 중단하고 합헌으로 선언된 범위 안에서 이행하여야 한다. 법규범이 위헌으로 선언된 경우 입법자는 헌법과 불합치한 법적 상태가 없도록 해야 할 근거가 직접 기속효로부터 도출된다. 더불어 기속력은 모든 국가기관이 헌법재판소의 결정에서 문제된 심판대상 뿐만 아니라 동일한 사정하에서 동일한 이유에 근거한 동일내용의 공권력의 행사 또는 불행사를 금지한다(반복금지의무). 3. **기속력의 주관적 범위** 1) **일반론** 헌법재판소법 제47조 제1항, 제67조 제1항, 제75조 제1항에 의하면 헌법재판소결정에 기속되는 것은 '법원기타 국가기관 및 지방자치단체'이다. 헌법재판의 심판절차에 참가한 경우뿐만 아니라 참가하지 않은 경우에도 기속력은 당연히 마친다. 따라서 기속력은 주관적인 측면에서 기판력의 효력을 확장한 것이라고 할 수 있다. 그리고 국가기관이라 함은 입법부, 행정부, 사법부를 포괄하는 국가적 공권을 행사하는 일체의 기관을 포함하는 의미로 해석한다. 그리고 지방자치단체와 기타 공공단체 뿐만 아니라 국가적 공권을 부여받은 사인(공무수탁사인)도 여기에 해당한다. 2) **헌법재판소에 대한 기속력** 헌법재판소법 제47조 제1항 등의 기속력은 직접 헌법재판소에 적용되는 것은 아니다. 헌법재판소는 일반소송에 있어서 법원이 당사자들에게 기판력의 구속을 가할 수 있는 것처럼 단지 기속력과 간접적으로 관계를 맺는다. 헌법재판소결정의 변경은 기속력에 의하여 제한받지 않으며, 헌법재판소법 제23조 제2항 제2호에 의하여 재판관 6인 이상의 찬성이 있으면 가능하다. 따라서 헌법재판소는 전소(前訴)에서 제시한 법적 견해를 후소(後所)에서 포기하거나 취소할 수 있다. 고권행위자가 금지의무에 위반하여 새로이 반복행위나 유사행위를 행한 경우 기속력의 적용을 받음에 따라 그런 고권행위들은 더 이상 헌법에 따른 본안문제에 대해 심사

(Sachprüfung) 받지 아니하고, 헌법재판소는 처음부터 헌법재판소법상의 기속력조항에 위배하였다 하여 각하결정(Aufhebung)을 한다. 이 때에도 물론 사실관계(Sachlage)에 변경이 있는 경우 기속력이 미치지 못하는 것은 당연하다. 3) **입법권자에 대한 기속력** 헌법재판소 결정의 기속력은 물론 입법권자에게도 적용된다. 따라서 규범이 위헌으로 선언된 경우에 규범반복금지의 원칙이 적용되므로 입법권자는 동일 또는 동일유형의 규범을 반복하거나 새로이 제정하지 않아야 한다. 이 경우에도 사정변경이 있는 경우 기속력은 더 이상 미치지 아니한다. 입법권자의 입법부작위에 대하여 헌법재판소가 위헌확인결정을 내린 경우 그 효과가 확인에 그치는 것이 아니라 기속력으로 인해 입법권자는 헌법재판소의 결정내용에 따른 적극적인 입법의무를 부담한다. 규범이 합헌으로 선언된 경우이더라도 입법권자는 그것을 개정하거나 폐기할 수 있다. 4) **법원과 집행기관에 대한 기속력** 법원이나 기타 국가기관 및 지방자치단체가 의도하는 고권행위나 절차방식이 헌법이나 여타의 상위법과 일치하는가 하는 문제를 헌법재판소가 이미 결정한 이후에는 이들이 이와 다르게 판단할 권한이 없다. 기속력에 위배되는 재판은 동시에 헌법침해를 의미한다. 헌법재판소의 법률의 위헌 결정은 제 47조 제2항의 법규적 효력 이외에 법원 기타 국가기관 등에 대해서도 기속력을 지니는 바, 변형결정으로서 헌법불합치선언의 경우 특히 의미가 크다. 이러한 규범이 문제되는 소송은 새로이 법률이 제정될 때까지 중단되어야 한다. 헌법재판소법의 기속력조항은 사정변경이 있는 경우가 아니라면 헌법재판소의 결정을 존중하도록 의무를 부과한다. 심사된 규범이 그 동안에 본질적으로 변경되었고, 그래서 먼저 심사된 규범과는 더 이상 통일하지 아니한 경우에도 마찬가지로 새로운 위헌제청신청은 허용된다. 5) **변형결정과 관련된 헌법재판소와 대법원의 견해 차이** 변형결정 특히 한정위헌결정에 대하여 헌법재판소와 대법원 사이에 그 효력에 관하여 견해차이가 있다. (1) **대법원판례** ① **기속력을 부인하는 판례** ⅰ) **첫째 사례** 1995.11.30.에 헌법재판소는 구 소득세법 제23조 제4항 단서, 제45조 제1항 제1호 단서가 실지거래가액에 의할 경우를 그 실지거래가액에 의한 세액이 그 본문의 기준시가에 의한 세액을 초과하는 경우까지를 포함하여 대통령령에 위임한 것으로 해석하는 한 헌법에 위반된다는 한정위헌결정을 선고하였다(헌재 1995.11.30. 94헌바40등). 대법원은 헌법재판소의 한정위헌결정이 있었는데도 헌법상 조세법률주의와 포괄위임금지원칙에 어긋나지 아니하는 유효한 규정이라고 보아 청구인의 상고를 기각하는 판결을 선고하였다(대판 1996.4.9. 95누11405). 청구인은 동 조항에 따른 과세처분의 취소를 구하는 헌법소원심판을 청구함과 아울러 헌법재판소법 제68조 제1항과 대법원 95누11405 판결의 위헌선언을 구하는 헌법소원심판을 청구하였다. 헌법재판소는 헌법재판소법 제68조 제1항 본문의 '법원의 재판'에 헌법재판소가 위헌으로 결정한 법령을 적용함으로써 국민의 기본권을 침해한 재판도 포함되는 것으로 해석하는 한 헌법재판소법 제68조 제1항은 헌법에 위반된다고 하여 예외적으로 재판소원을 허용하고, 대법원 95누11405 판결은 청구인의 재산권을 침해한 것이므로 이를 취소하면서 국세청의 과세처분도 청구인의 재산권을 침해한 것이라고 하여 취소하였다. 헌법재판소와 대법원 어느 쪽에도 따를 수 없었던 국세청은 양도소득세 체납을 이유로 압류하였던 청구인의 재산압류를 해제하고 공시지가를 초과하여 부과하였던 세금도 취소하였다. 이에 따라 청구인은 이와 관련하여 헌법재판소와 대법원에 제기한 헌법소원과 소를 모두 취하하였다. ⅱ)

둘째 사례 오토바이 운전사인 육군 중사와 민간인인 승용차 운전사의 과실이 경합하여 교통사고가 발생하였다. 승용차 소유자의 자동차종합보험 보험사인 청구인은 승용차 소유자를 대위하여 육군 중사에게 그로 말미암은 손해배상을 청구하였다. 청구인은 육군 중사의 과실로 말미암은 손해배상 부담부분에 관해서 사용자인 대한민국을 상대로 서울민사지방법원에 구상금청구의 소를 제기하였다. 그러나 그 청구가 기각되었고, 항소한 결과 서울고등법원은 청구인의 청구를 일부 인용하는 판결을 선고하였다(서울고법 1991.3.12. 90나19475). 대한민국이 상고한 결과, 대법원은 국가배상법 제2조 제1항 단서규정이 이중배상금지규정으로서 직접 국가에 대하여 손해배상청구권을 행사할 수 없음은 물론 국가와 공동불법행위의 책임이 있는 자가 그 배상채무를 이행하였음을 이유로 국가에 대하여 구상권을 행사하는 것도 허용되지 아니한다는 이유로 1992.2.11. 사건을 원심으로 파기환송하였다. 소송이 서울고등법원에 계속 중, 청구인은 국가배상법 제2조 제1항 단서에 따라서 청구인이 국가에 대하여 구상권을 행사할 수 없다고 해석하는 한, 국가배상법 제2조 제1항 단서는 헌법에 위반된다고 주장하여 위헌법률심판 제청신청을 하였으나, 서울고등법원이 기각하자, 청구인은 1993.6.9. 헌법재판소법 제68조 제2항에 따라서 헌법소원심판을 청구하였다. 한편 서울고등법원은 위 소송에서 1993.12.1. 청구인의 청구를 모두 기각하는 판결을 선고하였다. 이에 청구인이 상고하였지만, 대법원이 청구인의 상고를 기각하는 판결을 선고하여(대판 1994.5.27. 94다6741), 청구인의 소송사건은 확정되었다. 그 후 헌법재판소는 청구인이 제기한 헌법소원사건에서 국가배상법 제2조 제1항 단서 중 「군인 …이 … 직무집행과 관련하여 … 공상을 입은 경우에 본인 또는 그 유족이 다른 법령의 규정에 의하여 재해보상금 등의 보상을 지급받을 수 있을 때에는 이 법 및 민법의 규정에 의한 손해배상을 청구할 수 없다는 부분은, … 공동 불법행위자인 군인의 부담부분에 관하여 국가에 대하여 구상권을 행사하는 것을 허용하지 아니한다고 해석하는 한, 헌법에 위반된다.」는 한정위헌결정을 내렸다(헌재 1994.12.29. 93헌바21). 청구인은 대법원 94다6741 판결을 재심대상판결로 하여 대법원에 재심의 소를 제기하였다. 그러나 대법원은 이른바 한정위헌결정이 선고된 경우는 '헌법소원이 인용된 경우'에 해당하지 아니하여 기속력이 없다는 이유로 청구인의 재심청구를 기각하는 판결을 선고하였다(대판 2001.4.27. 95재다14). 청구인은 위 판결정본을 송달받고 같은 해 6.4. 헌법재판소법 제68조 제1항 본문, 제75조 제7항 및 대법원의 동 판결이 청구인의 기본권을 침해한다면서 이 사건 헌법소원심판을 청구하였다. 그 사이에 보험회사가 다른 보험회사에 인수되었고, 인수한 보험회사가 헌법소원심판청구를 취하하였다. 이에 헌법재판소는 청구인들의 심판청구 취하로 이 사건 헌법소원심판절차는 종료되었다고 선언하였다(헌재 2003.2.11. 2001헌마386). iii) **셋째 사례** 대법원은 구 상속세법 제18조 제1항에 대하여 합헌으로 해석하여, 위 규정이 상속을 포기한 자의 상속세 납세의무의 근거가 될 수 없다고 판결하였다(대판 1998.6.23. 97누5022). 그러나 헌법재판소는 구 상속세법 제18조 제1항 본문 중 '상속인' 부분은 위 '상속인'의 범위에 '상속개시 전에 피상속인으로부터 상속재산가에 가산되는 재산을 증여받고 상속을 포기한 자'가 포함되지 않는 것으로 해석하는 한, 헌법에 위반된다고 한정위헌결정을 내렸다(헌재 2008.10.30. 2003헌바10). 그러자 대법원은 상속개시 전에 피상속인에게서 구 상속세법 제4조 제1항에 따라서 상속재산가액에 가산되는 재산을 증여받고 상속을 포기한 자는 상속세 납세의무를 부담하는 '상속인'에 해당한다고 보기 어려우므로, 그 자가 수유자 등에 해당하지 아니하는 한 상속세를 낼 의무가 없다는 판결을 내렸다(대판 2009.2.12. 2004두10289). ⅳ) **넷째 사례** 구 조세감면규제법 제56조의2에 따라 부과된 법인세 등에 대해 부과처분의 취소를 구하는 소를 제기하고, 그 항소심 계속 중에 부과처분의 근거가 된다고 본 구 조세감면규제법 제56조의2 제1항과 동 부칙 제23조 제1항에 대해서 위헌법률심판제청신청을 하였다가 기각되자, 위 각 조항에 대해서 헌법소원심판을 청구하였다. 청구인은 항소심에서 패소하고 나서 상고하였으나, 2011.4.28. 상고기각판결로 해당 사건은 확정되었다. 헌법재판소는 구 조세감면규제법이 시행되어도 구 조세감면규제법 부칙 제23조가 실효되지 않은 것으로 해석하는 것은 헌법에 위반됨을 확인하는 한정위헌결정을 하였다(헌재 2012.7.26. 2009헌바35등). 청구인은 대법원에 재심을 청구하였다. 하지만 대법원은 구법 부칙조항을 유효하다고 보지 않으면 조세정의에 어긋나는 불합리한 결과가 나온다면서 재심 청구를 기각하였다(대판 2013.3.28. 2012재두299). 청구인은 2013.4.16. 헌법재판소에 재심청구기각판결인 대법원 2012재두299 판결과 이 사건 부과처분의 취소를 구하는 헌법소원심판을 청구하였다. ⅴ) **대법원의 논거** 대법원은 법률적 차원의 논거로서 법원과 헌법재판소 사이의 권력분립 구조와 사법권 독립의 원칙, 그리고 재판절차에 관한 소송법 구조와 헌법정신을 강조하고 있으나 이는 해석상 다툼이 있는 부분이다. 이 외에 대법원의 논거를 요약하면 다음과 같다. 헌법은 권력분립원리에 따라 사법권을 법원에 부여하고, 법령의 해석 · 적용은 사법권의 본질적 부분이므로, 법령의 해석 · 적용 권한은 법원에 전속된다. 그런데 헌법재판소는 사법권을 행사하는 법원 일부가 아니다. 그리고 한정위헌결정은 합헌적 법률해석의 결과인데, 합헌적 법률해석은 법률해석이다. 또한, 법률의 위헌성 심사는 법률통제가 아니라 국회통제이고, 헌법재판소의 규범통제 대상은 법률이지 법률해석이 아니다. 게다가 헌법재판소가 한정위헌결정을 내리는 것은 헌법재판소법 제68조 제1항이 금지하는 재판소원을 인용하는 결과를 가져온다. 따라서 법원의 법률해석의 위헌성을 확인하는 한정위헌결정은 규범통제를 사법통제로 변질시킴으로써 권력분립원리와 사법권 독립의 원칙에 어긋나는 허용되지 않는 변형결정이다. 그래서 한정위헌결정은 헌법재판소의 단순한 의견표명에 불과하고, 한정위헌결정의 기속력은 인정되지 않는다. ② **기속력을 인정한 판례** 헌법재판소가 '국유재산법(1976.12.31. 법률 제2950호) 제5조 제2항을 동법의 국유재산 중 잡종재산에 대하여 적용하는 것은 헌법에 위반된다.'라고 한정위헌결정을 내리자(헌재 1991.5.13. 89헌가97), 대법원은 이 결정을 수용하면서, 위헌으로 결정된 법률(조항)의 효력상실의 소급효는 해당 사건뿐 아니라 위헌결정이 있기 전에 이와 동종의 위헌 여부에 관하여 헌법재판소에 위헌여부심판제청이 되어 있거나 법원에 위헌여부심판제청신청이 되어 있는 경우의 해당 사건과 별도의 위헌제청신청 등은 하지 아니하였으나 위헌 여부가 쟁점이 되어 법원에 계속 중인 모든 일반사건에까지 확대하는 것이 타당하다고 판결하였다(대판 1991.12.24. 90다8176). 또 헌법재판소가 '화물자동차운수사업법시행규칙과 관련하여, 이전에 화물자동차운송사업의 등록을 한 6인승 밴형화물자동차운송사업자에게 적용되는 한 헌법에 위반된다.'라고 선고한 한정위헌결정(헌재 2004.12.16. 2003헌마226등)을 명시적으로 원용하여, 대법원은 재항고인에 대하여 위 위헌결정에 의하여 그 적용이 배제된다고 선고하기도 하였다(대판 2005.8.2. 2004마494). 또한, 헌법재판소가 새마을금고법에 대하여 한정위헌결정을 내리자(헌재 2003.3.27. 2001헌바39), 대법원은 헌법재판소의 한정위헌결정을 직접 언급하지는 않았으나 이 결정에 부합하는 내용으로 종전 선례를 바꾸기도 하였다(대판 2003.10.20. 2002모402). 이 외에 헌법재판소가 민법 제764조(1958.2.22. 법률 제471호)의 '명예회복에 적당한 처분'에 사죄광고를 포함시키는 것은 헌법에 위반된다고 한정위헌결정을 내리고 나서는 사죄광고를 명하지 않았다. 최근에는 집회 및 시위에 관한 법률 제10조 본문 중 '시위'에 관한 부분 및 제23조 제3호 중 '제10조 본문' 가운데 '시위'에 관한 부분은 각 '해가 진 후부터 같은 날 24시까지의 시위'에 적용하는 한 헌법에 위반된다는 헌법재판소의 한정위헌결정이 있었는데(헌재 2014.3.27. 2010헌가2등), 이에 대해서 대법원은 이 결정이 일부 위헌의 취지라고 보아야 하므로, 헌법재판소법 제47조에서 정한 위헌결정으로서 효력이 있다고 하였다(대판 2014.7.10. 2011도1602). 대법원이 기속력을 인정하는 한정위헌결정들은 특정 해석가능성이 아니라 특정 적용가능성을 위헌이라고 선언하는 적용위헌결정 뿐이다. 이에 반해서 대법원이 기속력을 부정한 네 개의 헌법재판소 한정위헌결정은 모두 특정 해석가능성을 위헌이라고 선언한 해석위헌결정이다. 이것은 적용위헌결정에서는 해석의 결과에 대해서는 다툼이 없어서 법률해석권이 누구의 권한인지에 관한 문제가 발생하지 않기 때문일 것이다. 따라서 모든 한정위헌결정에서 기속력 인정 여부가 문제 되는 것이 아니라 오로지 해석위헌결정의 기속력만 대법원이 부정한다는 점에 주목할 필요가 있다. (2) **한정위헌결정의 기속력에 관한 헌법재판소 판례** 헌법재판소는 헌법재판소의 법률에 대한 위헌결정에는 단순위헌결정은 물론 한정합헌결정, 한정위헌결정과 헌법불합치결정도 포함되고 이들은 모두 당연히 기속력이 있다고 한다(헌재 1997.12.24. 96헌마172등). 물론 구체적 사건에서 법률의 해석·적용권한은 사법권의 본질적 내용이지만, 법률에 대한 위헌심사는 당연히 해당 법률이나 법률조항에 대한 해석이 전제되는 것이고, 헌법재판소의 한정위헌결정은 단순히 법률을 구체적인 사실관계에 적용할 때에 그 법률의 의미와 내용을 밝히는 것이 아니라 법률에 대한 위헌성 심사의 결과로서 법률조항이 특정 적용영역에서 제외되는 부분은 위헌이라는 것을 뜻하므로, 헌법재판소의 한정위헌결정은 결코 법률의 해석에 대한 헌법재판소의 단순한 견해가 아니라, 헌법이 정한 권한에 속하는 법률에 대한 위헌심사의 한 유형이라고 한다. 그리고 대법원의 견해처럼 한정위헌결정이 법원의 고유권한인 법률해석에 대한 침해라서 헌법재판소의 결정유형에서 배제되어야 한다면, 헌법재판소는 앞으로 헌법합치적으로 해석하여 존속시킬 수 있는 많은 법률을 모두 무효로 선언하여야 하고, 이로써 합헌적 법률해석방법을 통해서 실현하려는 입법자의 입법형성권에 대한 존중과 헌법재판소의 사법적 자제를 포기하는 것이 된다고 한다. 또한, 헌법재판소 변형결정의 일종인 헌법불합치결정도 개정입법을 할 때까지 심판대상인 법률조항은 문언의 변화가 없이 계속 존속하나, 법률의 위헌성을 확인한 불합치결정은 당연히 기속력을 가지므로 헌법재판소결정의 효과로서 법률 문언 변화와 헌법재판소결정의 기속력은 상관관계가 있는 것이 아니라고 한다(헌재 1997.12.24. 96헌마172등). (3) **맺음말** 대법원은 헌법재판소 한정위헌결정의 기속력을 반복적으로 부정하였다. 대법원은 법률해석은 본래 법원의 고유한 권한임을 주장하면서, 법률의 해석을 위헌이라고 선언하는 한정위헌결정은 법원의 사법권과 권력분립원리 그리고 사법권 독립의 원칙을 침해한다고 한다. 합헌적 법률해석은 법률해석으로서 법원이 독점한다지만, 한정위헌결정은 합헌인 법률해석 가능성을 선택하는 일반적 합헌적 법률해석과는 달리 위헌인 법률해석 가능성을 제거한다는 점을 무시한다. 이러한 대법원의 모습은 최고사법기관이라는 위상에 연연해서 헌법과 헌법재판소법의 관련 조항을 합리적으로 해석하지 못하는 것으로 보인다. 그리고 사법기관의 존립목적은 헌법을 비롯한 모든 법규범의 규범력을 관철함으로써 국민의 기본권을 보장하는 것이다. 그런데 한정위헌결정을 둘러싼 대법원과 헌법재판소의 갈등은 국민의 기본권보장을 지연시키거나 심지어 사실상 내버려두는 결과를 가져올 수 있다. 이것은 사법기관 스스로 자신의 존립목적을 부정하는 것과 다름없다. 이러한 점에서 한정위헌결정의 기속력은 권한다툼의 측면에서 접근하여서 아니 되고, 기본권보장과 사법권의 본질이라는 관점에서 헌법과 헌법재판소법을 합리적으로 해석하는 방향으로 검토되고 이해되어야 한다. 그리고 대법원과 헌법재판소의 관계는 국민의 기본권을 누가 더 보장하는지를 경쟁하는 것이어야 한다. 이러한 관점에서 대법원이 헌법재판소 한정위헌결정을 부정하면서 제시하는 논거는 그 타당성을 인정하기 어렵다. 첫째, 헌법재판소법 제47조 제2항과 제3항을 합리적으로 해석하면, 한정위헌결정은 변형결정이 아니라 단순위헌결정의 하나인 정형결정으로 이해할 수 있다. 따라서 한정위헌결정은 헌법재판소법 제47조 제1항의 위헌결정에 속한다고 보아야 할 것이다. 둘째, 핵심영역보호로 축소된 권력분립원리를 따르면, 헌법 제101조는 헌법에 다른 규정이 없는 한 법원이 사법권을 독점하는 것이 아니라, 법원이 사법작용에서 중심적인 역할을 하고, 민사재판권과 형사재판권으로 이해되는 핵심적인 사법권만은 반드시 법원이 행사하여야 한다는 뜻으로 새겨야 할 것이다. 그리고 헌법 제101조 제1항에서는 법원이 법률해석권을 독점한다는 내용은 도출되지 않고, 법원이 구체적 분쟁사건과 관련한 최종적 법률해석권을, 그것도 법률의 내용이 헌법과 어긋나는지를 심사하는 권한을 제외하고 가진다는 내용만 나온다. 셋째, 헌법재판은 실질적 사법이므로, 헌법재판을 담당하는 헌법재판소는 특수한 법원이다. 따라서 법원과 헌법재판소 사이에서는 사법권 독립의 원칙이 문제 되지 않는다. 넷째, 헌법 제107조 제2항은 법원의 재판권에 당연히 부수되는 명령·규칙에 대한 부수적 규범통제권을 확인하는 것에 불과하지만, 헌법 제107조 제1항은 법원의 재판권에 당연히 부수되는 법률에 대한 부수적 규범통제권을 빼앗아 헌법재판소에 독점시키므로, 법원에는 권한박탈규정으로, 헌법재판소에는 권한창설규정으로 기능한다. 다섯째, 법률과 법률해석은 이론적으로는 몰라도 실무적으로 구별하기 어렵다. 여섯째, 합헌적 법률해석은 법률해석이기는 하지만, 해석 가능성의 위헌성을 확인하는 것은 법률해석이 아니라 헌법해석이다. 즉 해석 가능성의 합헌성을 확인하는 것에 그치는 것이 아니라 해석 가능성을 해석 영역에서 종국적으로 제거하는 것은 법률해석을 넘어 헌법해석에 이른다. 따라서 합헌적 법률해석을 통해서 합헌인 해석 가능성을 선택하여 해당 사건에 적용하는 것은 법원 자신도 할 수 있다. 그러나 합헌적 법률해석을 통해서 위헌인 해석 가능성을 확인하여 해당 사건에 적용하지 않는 것은 헌법재판소만 할 수 있다. 그리고 한정위헌결정은 심판대상인 법률이나 법률조항의 일부 해석 가능성의 위헌성을 직접 확인하여 그것을 종국적으로 제거함으로써 결정 선고 이후에 어떤 국가기관도 그러한 해석을 하지 못하도록 한다. 하지만 법원의 합헌적 법률해석은 해당 법률의 해석 가능성 중에서 합헌적인 해석 가능성을 선택하여 해당 사건을 해결하는 데 그친다. 일곱째, 법원이 헌법재판소 한정위헌결정의 기속력을 부정하는 것은 헌법재판소 권한을 침해하지만, 헌법재판소의 한정위헌결정은 법원의 사법권을 침해하지 않는다. 따라서 한정위헌결정의 기속력을 부정하는 것은 헌법기관충실원칙에 어긋난다. 여덟째, 한정위헌결정을 내릴 때에 규범통제의 대상은 법원의 재판이 아니고, 한정위헌결정의 기속력은 법원의 재판을 취소하는 것이 아니라 대법원판결의 선례적 구속력을 제거하는 것에 그치므로, 한정위헌결정의 기속력이 법원 재판에 영향을 미치는 것은 헌법재판소법 제47조 제1항과 제75조 제6항에 따른 것이므로, 한정위헌결정은 재판소원 인용의 결과가 아니다. 이러한 점들에 비추어 헌법재판소 한정위헌결정의 기속력은 부정될 수 없다. 현재 제기되고 있는 문제점은 종국적으로 헌법개정을 통하여 헌법해석기관에 관하여 통일성을 부여함으로써 해결될 수 있다.

변호사강제주의辯護士强制主義 본인소송을 금지하고 소송수행을 변호사에게 대리시키도록 강제하는 입법주의를 말한다. 현행법상 변호사강제주의는 헌법재판, 민사재판, 형사재판에서 각각 다르게 규정되고 있다. **헌법재판**에서는 변호사강제주의가 가장 필수적인 제도로 채택되고 있다. 헌법재판소법 제25조 제3항에서 「각종 심판절차에서 당사자인 사인(私人)은 변호사를 대리인으로 선임하지 아니하면 심판청구를 하거나 심판 수행을 하지 못한다. 다만, 그가 변호사의 자격이 있는 경우에는 그러하지 아니하다.」고 규정하여 변호사강제주의를 관철하고 있다. 다만 당사자인 국가기관 또는 지방자치단체는 변호사 또는 변호사의 자격이 있는 소속 직원을 대리인으로 선임하여 심판을 수행하게 할 수 있게 하여(동법 제25조 제2항), 임의적 변호사대리를 규정하고 있다. 하지만 실무상으로는 변호사대리가 일반적이다. 헌법소원심판에서는 청구인이 무자력인 경우 국선대리인 선임신청을 통해 국선대리인을 선임할 수 있고, 그 외에도 헌법재판소는 공익상 필요하다고 인정하는 경우 국선대리인을 선임할 수 있다(헌법재판소법 제70조 제1 · 2항). 변호사강제주의에 대하여 헌법재판소는 합헌이라고 결정하였으나(헌재 1990.9.3. 89헌마120; 1996.10.4. 95헌마70), 비판적 견해가 있다. 헌법재판소는 변호사강제주의를 완화하는 경향의 결정도 있다(헌재 1992.4.14. 91헌마156 참조). **형사재판**에서는 변호사강제주의가 헌법재판보다는 약하지만 민사재판보다는 강하게 채택되고 있다. 현행헌법 제12조 제4항은 「모든 국민은 체포 또는 구속을 당한 때에는 즉시 변호인의 조력을 받을 권리를 가진다. 다만, 형사피고인이 스스로 변호인을 구할 수 없을 때에는 법률이 정하는 바에 의하여 국가가 변호인을 붙인다.」고 규정하고 있다. 형사소송법에서는 법원의 변호사직권선정(동법 제33조 제1 · 2항)을 규정하고, 기타의 경우 피고인의 명시적 의사에 반하지 않는 경우 변호인을 선임할 수 있게 하고 있다(동조 제3항). **민사재판**에서는 증권관련 집단소송(증권관련 집단소송법 제5조) 이외에는 변호사강제주의를 채택하지 아니하고 본인 스스로 소송할 수 있다. 다만 대리인을 두는 경우에는 반드시 변호사이어야 한다. 다만, 민사소송에서는 변론능력이 없는 경우, 변호사선임을 명할 수 있다(민사소송법 제144조 제2항). 변호사선임명령을 받고도 지정된 기일까지 변호사를 선임하지 아니한 때에는 법원은 결정으로 소 또는 상소를 각하할 수 있다(동조 제4항). 독일은 지방법원 이상에 변호사강제주의를 채용하고 있다. 변호사강제주의를 실시하기 위해서는 충분한 수의 변호사가 확보되어야 하며, 변호사비용부담을 경감하여야 한다.

변호인선임권辯護人先任權 ⓔ the Right to appoint Counsel. 1. **의의** 변호인선임권이란 형사절차에 있어서 특히 피의자나 피고인에게 인정되는 변호인(Verteidiger, counsel)을 선임 할 수 있는 권리를 말한다. 헌법 제12조 제4항은 「누구든지 체포 또는 구속을 당한 때에는 즉시 변호인의 조력을 받을 권리를 가진다.」고 하여 '변호인의 조력을 받을 권리'를 명문으로 규정함으로써 '변호인선임권'이 국민의 기본권임을 천명하고, 이에 따라 형사소송법은 「피고인 또는 피의자는 변호인을 선임할 수 있다.」(형사소송법 제30조 제1항)고 하여 '변호인선임권'에 관하여 규정하고 있다. 이는 방어방법 중 변호인의 조력을 받게 하는 것이 피의자나 피고인의 인권침해를 방지하기 위하여 가장 효율적이고 중요한 방법의 하나이기 때문이다(헌재 1996.
1.25. 95헌가5). 따라서 구속되지 않은 피내사자도 변호인을 선임할 수 있다. 임의동행의 형식으로 연행된 피내사자의 경우에도 이는 마찬가지이다(대결 1996.6.3. 96모18). 또한 구속된 피의자나 피고인은 물론 구속되지 않은 피의자나 피고인도 변호인을 선임할 수 있다. 불구속 피의자의 경우에도 변호인의 조력을 받을 권리는 우리 헌법에 나타난 법치국가원리, 적법절차원칙에서 인정되는 당연한 내용이고, 헌법 제12조 제4항도 이를 전제로 특히 신체구속을 당한 사람에 대하여 변호인의 조력을 받을 권리의 중요성을 강조하기 위하여 별도로 명시하고 있다(헌재 2004.9.23. 2000헌마138 참조). 불구속 피의자가 피의자신문시 변호인의 조언과 상담을 원한다면, 위법한 조력의 우려가 있어 이를 제한하는 다른 규정이 있고 그가 이에 해당한다고 하지 않는 한 수사기관은 피의자의 위 요구를 거절할 수 없다. 2. **내용** 변호인은 그 선임방법에 따라 사선변호인과 국선변호인으로 구별될 수 있다. 첫째, 사선변호인(Wahlverteidiger)이란 피의자, 피고인 또는 그와 일정한 관계가 있는 사람에 의하여 선임된 변호인을 말한다. 피고인 또는 피의자는 언제나 변호인을 선임할 수 있다(형사소송법 제30조 제1항). 여기서 피고인이나 피의자는 고유한 변호인선임권자가 된다. 구속된 피고인이나 피의자에게는 변호인선임권을 반드시 고지하도록 명문으로 규정되어 있다(형사소송법 제87조1항, 제88조, 제209조). 뿐만 아니라 구속된 피고인 또는 피의자에게는 법원, 교도소장·구치소장 또는 그 대리자에게 변호사를 지정하여 변호인의 선임을 의뢰할 수 있도록 변호인선임의뢰권도 보장되어 있다(형사소송법 제90조, 제209조). 피고인 또는 피의자의 법정대리인, 배우자, 직계 친족과 형제자매도 독립하여 변호인을 선임할 수 있다(형사소송법 제30조 제2항). 배우자란 법률상의 개념이기 때문에 사실상의 배우자는 포함되지 않는다. '독립하여'란 본인의 명시 또는 묵시의 의사에 반한다는 것을 의미한다. 둘째, 국선 변호인(Offizialverteidiger, Pflichtverteidiger)이란 법원에 의하여 선정된 변호인을 말한다. ➜ 국선변호인. 3. **국제인권법상의 규정** 국제인권법(international human rights law)은 보편적 보장과 지역적 보장으로 나눌 수 있는데, 변호인선임권과 관련하여 전자의 예로서는 자유권규약이 거론될 수 있고, 후자의 예로서는 대표적으로 유럽인권협약과 미주인권협약을 들 수 있다. 국제인권법은 변호인선임권과 접견교통권의 보장을 위하여 '공정한 재판을 받을 권리'에 관하여 규정하고 있다. 즉, '공정한 재판을 받을 권리'에 관하여 자유권규약은 제14조에서 규정하고 있고(Art. 14 ICCPR), 유럽인권협약과 미주인권협약은 각각 제6조와 제8조에서 규정하고 있다(Art. 6 ECHR, Art. 8 ACHR). 우리나라는 국제인권법 중 자유권규약에

대하여만 비준하고 있다. 따라서 자유권규약에 관하여는 법률과 동일한 효력이 인정되고 있다고 할 수 있고(헌법 제6조 제1항), 자유권규약이 요구하는 수준을 달성하기 위한 국내 법령의 정비가 필요하다.

변호인辯護人**의 조력**助力**을 받을 권리**權利 **= 변호인의뢰권**辯護人依賴權 ㊐ the right to counsel. 1. **의의** 변호인의 조력을 받을 권리라 함은 범죄 혐의를 받고 있는 사람(피의자 또는 피고인)이 국가의 공권력 행사에 대등하게 맞서 자기의 자유와 권리를 방어하기 위해 법률전문가인 변호인의 조력을 받을 수 있는 권리를 말한다. 검사가 법률전문가로서 국가권력이라는 강제력을 배경으로 하고 있음에 반하여 대부분의 피의자나 피고인은 법률문외한으로서 방어권을 제대로 행사할 수 없다. 그러므로 변호인의 조력이 없으면 무기평등이 이루어질 수 없고 결과적으로 당사자주의에 의한 실체적 진실의 발견이나 공정한 재판의 이념도 실현될 수 없을 것이다. 따라서 피의자·피고인이 그들에게 주어진 헌법상 또는 형사소송법상의 모든 권리를 충분히 행사함으로써 자신을 방어할 수 있도록 그 능력을 보충할 필요가 있으며, 그 능력의 보충을 위하여 이들에게 검사와 대등한 법률지식과 방어능력을 갖고 있는 변호인에 의한 조력을 받을 권리를 보장하여야 하는 것이다. 우리 헌법은 제12조 제4항은 「누구든지 체포 또는 구속을 당한 때에는 즉시 변호인의 조력을 받을 권리를 가진다. 다만 형사피고인이 스스로 변호인을 구할 수 없을 때에는 법률이 정하는 바에 의하여 국가가 변호인을 붙인다.」고 하여 변호인의 조력을 받을 권리와 국선변호인제도를 규정하고 있다. 국선변호인의 조력을 받을 권리까지 기본권의 하나로 보장하고 있는 것이다. 형사소송법의 역사는 곧 변호권확대의 역사라고도 할 수 있다. 2. **변호인의 조력을 받을 권리의 주체** 1) **체포·구속된 피의자·피고인** 헌법 제12조 제4항 본문은 체포 또는 구속을 당한 경우에 변호인의 조력을 받을 수 있다고 규정하고 있다. 따라서 체포·구속된 피의자와 피고인이 변호인의 조력을 받을 권리의 주체임은 명백하다. 다만 이 규정이 피의자에 대하여 일반적으로 국선변호인의 조력을 받을 권리가 있음을 의미하는 것은 아니다(헌재 2008.9.25. 2007헌마1126 참조). 2) **불구속 피의자·피고인** 불구속 피의자·피고인의 경우는 헌법에 명시적으로 규율되어 있지 않다. 이에 대해 헌법재판소는 불구속 피의자의 경우에도 변호인의 조력을 받을 권리는 우리 헌법에 나타난 법치국가원리, 적법절차원칙에서 인정되는 당연한 내용이고, 헌법 제12조 제4항도 이를 전제로 특히 신체구속을 당한 사람에 대하여 변호인의 조력을 받을 권리의 중요성을 강조하기 위하여 별도로 명시하고 있다고 보고 있다(헌재 2004.9.23. 2000헌마138). 그런데 이에 대해 헌법 제12조 제4항의 명문규정은 체포·구속을 당한 경우와 형사피고인의 경우만을 언급하고 있는데, 이러한 법문의 취지는 우리 헌법이 그 입헌 당시에 불구속피의자와 체포·구속된 피의자 및 형사피고인을 개념상 구분하고 그 중 체포·구속된 피의자와 형사피고인에 대하여만 변호인의 조력을 받을 권리를 보장하고 불구속피의자에 대하여는 변호인의 조력을 받을 권리를 헌법적 차원에서는 보장하지 않는다는 취지를 천명한 것으로 보아야 한다는 반대견해가 있었다. 3) **형사절차가 종료된 수형자** 변호인의 조력을 받을 권리는 수사개시시부터 판결의 확정시까지만 인정되므로, 유죄판결이 확정되어 교정시설에 수용 중인 수형자에게는 인정되지 아니한다. 또한 수형자가 형사사건 이외에 민사·행정·헌법소원 사건 등에서 변호사와 접견한 경우에도 헌법상 변호인의 조력을 받을 권리의 주체가 될 수 없다(헌재 2013.9.26. 2011헌마398). 3. **내용** 1) **변호인선임권** ➜ 변호인선임권. 2) **변호인의 조력할 권리** 헌법재판소는 변호인과의 접견교통권은 헌법조항의 문언에 비추어 피의자·피고인 자신에게만 한정되는 기본권이고 변호인의 구속피의자·피고인의 접견교통권까지 파생된다고 할 수는 없고, 따라서 변호인 자신의 구속피의자·피고인과의 접견교통권은 헌법상 보장되는 피의자·피고인의 접견교통권과는 별개의 것으로 단지 형사소송법에 의하여 비로소 보장되는 권리임에 그친다고 판단하였다가(헌재 1991.7.8. 89헌마181), 이후 변호인의 조력을 받을 피구속자의 권리는 피구속자를 조력할 변호인의 권리가 보장되지 않으면 유명무실하게 되므로 피구속자를 조력할 변호인의 권리 중 그것이 보장되지 않으면 피구속자가 변호인으로부터 조력을 받는다는 것이 유명무실하게 되는 핵심적인 부분은, 조력을 받을 피구속자의 기본권과 표리의 관계에 있기 때문에 이러한 핵심부분에 관한 변호인의 조력할 권리 역시 헌법상의 기본권으로서 보호되어야 한다고 판단하여 변호인의 조력할 권리 역시 일정범위에서 헌법상의 기본권이라고 보아 판례를 변경하였다(헌재 2003.3.27. 2000헌마474). 3) **피의자의 국선변호인의 조력을 받을 권리** (1) **헌법재판소** 헌법 제12조 제4항 단서는 문언상 형사피고인의 경우 법률이 정하는 바에 의해 국선변호인의 조력을 받을 수 있는 것으로 규정되어 있다. 따라서 국선변호인의 조력을 받을 권리는 피고인에게만 인정되는지 문제된다. 헌법재판소는「일반적으로 형사사건에 있어 변호인의 조력을 받을 권리는 피의자나 피고인을 불문하고 보장되나, 그 중 특히 국선변호인의 조력을 받을 권리는 피고인에게만 인정되는 것으로 해석함이 상당하다 할 것이고, 따라서 그 헌법규정이 피의자에 대하여 일반적으로 국선변호인의 조력을 받을 권리가 있음을 천명한 것이라고 볼 수 없으며, 그 밖에 헌법상의 다른 규정을 살펴보아도 명시적이나 해석상으로 이를 인정할 근거가 없음은 물론, 더 나아가 사법경찰관이 피의자가 제출하는 국선변호인 선임신청서를 법원에 제출할 의무가 있다고 볼 헌법상의 근거도 없다.」고 하여 헌법상 국선변호인의 조력을 받을 권리는 피고인에게만 인정되는 것으로 판단하였다(헌재 2008.9.25. 2007헌마1126). 반대의견은 체포·구속된 피의자에 대해 즉시 변호인의 조력을 받도록 할 국가의 의무는 헌법 제12조 제4항 본문에 의해 직접 그리고 확정적으로 발생하는 것이므로 동항의 단서에 의해 동항 본문의 내용을 제한할 수는 없다고 보는 것이라고 하여, 무자력인 구속피의자·피고인도 영장실질심문이나 구속적부심사 청구 이전에도 변호인의 조력을 받을 수 있어야 하고, 그러기 위해서는 국선변호인의 조력을 받을 수밖에 없다는 점에서 구속피의자에게도 국선변호인의 조력을 받을 권리가 있다고 하였다. (2) **기소 전 국선변호의 필요성** 형사소송법은 국선변호인의 조력을 받을 권리에 대해 피고인을 중심으로 규정하고 있다. 피고인의 경우 국선변호인의 조력을 받을 수 있는 범위가 계속해서 확대되어 왔고 특히 2006년부터는 모든 구속 사건에 변호인이 필요하도록 하여 필요적 국선사건이 크게 확대되었다. 수사단계에서 피의자가 미리 변호인의 조력을 받을 수 있도록 하는 것이 중요하고, 사선변호인의 조력을 받을 권리가 수사단계의 피의자에게 보장되고 있다는 점을 감안한다면, 국선변호인의 조력을 받을 권리도 수사단계의 피의자에게 당연히 보장되어야 할 것이다. 구속된 피의자의 경우 국선변호인의 도움을 받을 수 있도록 하는 것이 필요하더라도 모든 구속피의자에게 국선변호인을 선임하도록 하기가 쉽지 않다면, 형사소송법 제33조 제2항 제6호에 준하여 피의자가 사형, 무기 또는 단기 3년 이상의 징역이나 금고에 해당하는 사건으로 구속수사를 받을 때는 필요적 국선으로 하고, 점차 모든 구속 피의자로 확대하는 것도 하나의 방법이다. 4) **접견교통권** (1) **법률 규정** 헌법 제12조 제4항 본문은 체포 또는 구속을 당한 사람이 변호인의 조력을 받을 권리를 기본적 인권의 하나로 보장하고 있고, 이러한 취지를 실현하기 위해 형사소송법은 제34조에서 「변호인 또는 변호인이 되려는 자는 신체구속을 당한 피고인 또는 피의자와 접견하고 서류 또는 물건을 수수할 수 있으며 의사로 하여금 진료하게 할 수 있다.」고 규정하여 변호인의 접견교통권을 인정하고 있다. 또한 형사소송법 제91조는 「법원은 도망하거나 또는 죄증을 인멸할 염려가 있다고 인정할 만한 상당한 이유가 있는 때에는 직권 또는 검사의 청구에 의하여 결정으로 구속된 피고인과 제34조에 규정한 외의 타인과의 접견을 금하거나 수수할 서류 기타 물건의 검열, 수수의 금지 또는 압수를 할 수 있다. 단, 의류, 양식, 의료품의 수수를 금지 또는 압수할 수 없다.」고 규정하고 있어 피고인과 비변호인과의 접견교통은 일정한 경우 제한할 수 있도록 하면서도 변호인의 경우에는 그러한 제한을 두지 않음으로서 피고인의 변호인 접견교통권을 한층 강하게 보호하고 있다. (2) **권리의 내용** 변호인의 접견교통권이 가지는 의미에 대해서는 헌법재판소는 「… 변호인의 조력을 받을 권리의 필수적 내용은 신체구속을 당한 사람과 변호인과의 접견교통일 것이다. 변호인은 접견을 통하여 구속된 피의자, 피고인의 상태를 파악하여 그에 따른 적절한 대응책을 강구하고, 피의사실이나 공소사실의 의미를 설명해 주고 그에 관한 피의자·피고인의 의견을 듣고 대책을 의논하며, 피의자나 피고인 진술의 방법, 정도, 시기, 내용 등에 대하여 변호인으로서의 의견을 말하고 지도도 하고, 진술거부권이나 서명날인거부권의 중요성과 유효적절한 행사방법을 가르치고 그것들의 유효적절한 행사에 의하여 억울한 죄를 면할 수 있다는 것을 인식시켜야 하며, 수사기관에 의한 자백강요, 사술(詐術), 유도(誘導), 고문 등이 있을 수 있다는 것을 알려 이에 대한 대응방법을 가르쳐 허위자백을 하지 않도록 권고하고, 피의자로부터 수사관의 부당한 조사(유도, 협박, 이익공여, 폭력 등) 유무를 수시로 확인해야 하며, 피의자나 피고인의 불안, 절망, 고민, 허세 등을 발견하면 그 감정의 동요에 따라 격려하여 용기를 주거나 위문하거나 충고하여야 할 것이다.」라고 판시하고 있다(헌재 1992.1. 28. 91헌마111). 그러면서 국가안전보장, 질서유지, 공공복리 등 어떠한 명분으로도 제한될 수 있는 성질의 것이 아니라고 하였다. 피구금자 또는 피수감자와 그의 변호인 사이의 대담은 법 집행 공무원의 가시거리(可視距離)내에서 행하여 질 수는 있으나 가청거리(可聽距離)내에서 행하여져서는 아니된다. 대법원은 「다른 공동변호인들이 선임되어 있더라도 준항고인은 독자적으로 이 사건 피의자를 접견할 필요가 있고, 변호인들이 수시로 접견권을 행사함으로써 수사기관의 수사에 다소간의 어려움이 발생하였다고 하더라도 총 접견시간 등 여러 사정에 비추어 준항고인이 접견권의 행사를 빙자하여 접견교통을 하려는 것이라고 단정할 수 없으며, 준항고인이 이 사건 피의자들로 하여금 진술거부권을 행사하도록 법률적 조언을 하는 것을 위법하다고 할 수 없고, 준항고인의 접견권 행사가 준항고인 자신을 위한 것이라고 단정할 수도 없다는 등의 이유로 검사의 이 사건 접견불허처분을 위법하다고 원심이 판단한 것은 정당하다.」고 판시하였다(대판 2007.1.31. 2006모656). (3) **권리침해에 대한 구제책** 대법원은 변호인의 접견교통권제한은 헌법이 보장한 기본권을 침해하는 것으로서 그러한 위법한 상태에서 얻어진 피의자의 자백은 그 증거능력을 부인하고 있다(대판 1990.9.25. 90도1586). 다만 다른 변호인과 접견교통을 함으로서 실질적인 변호인의 조력을 받았다고 인정되는 경우 그 이후에 작성된 피의자신문조서에 대해서는 증거능력을 인정하고 있다(서울중앙지법 2007.4.16. 2006고합1365). 법원은 접견교통권이 부당하게 침해된 경우 이는 피고인이나 변호인에 대해 불법행위를 구성한다고 판단하여 손해배상 책임을 인정하고 있다(서울중앙지법 2005.4.15. 99가합98368; 서울중앙지법 2008.7.9. 2007가합42537). 5) **수사기록 열람 · 등사 신청권** (1) **법률 규정** 개정 형사소송법(2007.6.1. 법률 제8496호, 2008.1.1. 시행)은, 피고인 또는 변호인은 검사에게 공소 제기된 사건에 관한 서류 또는 물건의 목록과 공소사실의 인정 또는 양형에 영향을 미칠 수 있는 서류 등의 열람 · 등사 또는 서면의 교부를 신청할 수 있고(제266조의3 제1항), 검사는 국가안보, 증인보호의 필요성, 증거인멸의 염려, 관련 사건의 수사에 장애를 가져올 것으로 예상되는 구체적인 사유 등 열람 · 등사 또는 서면의 교부를 허용하지 아니할 상당한 이유가 있다고 인정하는 때에는 열람 · 등사 또는 서면의 교부를 거부하거나 그 범위를 제한할 수 있으며(제2항), 이 경우 지체 없이 그 이유를 서면으로 통지하여야 하고(제3항), 서류 등의 목록에 대하여는 열람 또는 등사를 거부할 수 없으며(제5항), 피고인 또는 변호인은 검사가 서류 등의 열람 · 등사 또는 서면의 교부를 거부하거나 그 범위를 제한한 때에는 법원에 그 서류 등의 열람 · 등사 또는 서면의 교부를 허용하도록 할 것을 신청할 수 있도록 하였다(제266조의4 제1항). (2) **판례의 태도** 헌법재판소는「개정된 형사소송법 규정에 비추어 보면, 검사는 적어도 서류 등의 목록에 대한 열람 · 등사는 거부할 수 없고, 다만 그 목록에 기재되어 있는 개별적인 서류 등에 한하여 열람 · 등사를 거부할 수 있으나, 그 경우라도 각 서류 등에 대하여 같은 법 제266조의3 제2항의 사유들 중 어느 것으로 열람 · 등사를 거부하는 것인지 각기 개별적으로 밝힌 서면을 작성하여 피고인 또는 변호인에게 통지할 의무가 있다 할 것이다. 즉 검사가 각 서류별 · 물건별로 열람 · 등사 등이 거부되는 사유를 명시하지 않은 채, 정형화된 서식 중 불허부분 난에 '…… 등'이라고 개괄적으로 기재하는 방법으로 열람 · 등사 불허가통지서를 작성하여 통지함으로써 피고인이나 변호인으로 하여금 각 서류별 · 물건별로 거부되는 사유가 개별적으로 무엇인지 알 수 없도록 하는 것은 위법하여 더 이상 허용되지 아니하고, 그와 같이 위법한 조치는 법원에 의한 통제의 대상이 되는 것이다. 그러므로 앞으로는 이 사건의 경우와 같이 각 서류별로 개별적으로 열람 · 등사의 거부사유를 명시하지 않은 채 극히 개괄적인 불허가통지서에 의하여 열람 · 등사를 거부하는 행위가 더 이상 반복하여 행하여질 위험성이 있다고 보기 어렵다 할 것이고, 달리 이와 관련하여 헌법질서의 수호 · 유지를 위한 헌법적 해명이 긴요하다고 볼만한 사정을 찾아 볼 수 없다.」고 판단하여 현행법 하에서는 수사기록 열람 · 등사에 관한 많은 문제가 해결된 것으로 보았다(헌재 2008.2.28. 2005헌마396). (3) **피고인에게 유리한 수사기록의 공개 여부** 피고인에게 유리한 수사기록에 대해 피고인 · 변호인이 수사기록을 열람 · 등사할 수 있도록 하는 것이 피고인의 방어권 행사에도 바람직하고, 공익의 수호자로서의 검사의 객관의무에도 부합하지만, 검사가 수사기록의 공개를 거부할 경우(형사소송법 제266조의3 제2항), 이를 막을 방법이 없고 결국 수사기록의 공개여부는 검찰의 자유의지에 달려 있게 된다. 검사가 수사기록의 열람등사를 거부할 경우 이를 실질적으로 제재할 수 있도록 하는 법 개정이 필요하다고 하겠다. (4) **공소제기 전 수사기록에 대한 열람 · 등사권** 헌법재판소는 피구속자의 변호를 맡은 변호인으로서는 피구속자에 대한 고소장과 경찰의 피의자신문조서를 열람하는 것은 피구속자를 충분히 조력하기 위하여 변호인인 청구인에게 그 열람이 반드시 보장되지 않으면 안되는 핵심적 권리로서 청구인의 기본권에 속한다고 판단하였다(헌재 2003.3.27. 2000헌마474). 열람 · 등사 신청이 허용되는 범위는 피의자신문조사와 피의자 본인이 제출한 서류에 한해서이고, 영장실질심사나 구속적부심 청구사건의 경우에는 고소 · 고발장도 열람할 수 있다(형사소송규칙 제96조의21). 6) **피의자신문 참여권** (1) **법률규정과 판례** 개정 형사소송법 제243조의2 제1항은 「검사 또는 사법경찰관은 피의자 또는 그 변호인 · 법정대리인 · 배우자 · 직계친족 · 형제자매의 신청에 따라 변호인을 피의자와 접견하게 하거나 정당한 사유가 없는 한 피의자에 대한 신문에 참여하게 하여야 한다.」고 규정하고 제3항은 「신문에 참여한 변호인은 신문 후 의견을 진술할 수 있다. 다만, 신문 중이라도 부당한 신문방법에 대하여 이의를 제기할 수 있고, 검사 또는 사법경찰관의 승인을 얻어 의견을 진술할 수 있다.」고 규정하고 있다. 대법원, 헌법재판소는 변호인과 피의자나 피고인은 피의자신문 과정에서도 자유롭게 조언과 상담을 할 수 있는 것으로 판단하고 있다(대판 2003.11.11. 2003모402; 헌재 2004.9.23. 2000헌마138). (2) **권리의 한계** 대법원은 변호인의 참여권을 변호인의 접견교통권에서 파생된 권리로 보고 있다. 그런데 변호인의 접견교통권은 절대적으로 보호되는 권리로 보고 있음에도, 신문을 방해하거나 수사기밀을 누설하는 등의 염려가 있다고 의심할 만한 상당한 이유가 있는 특별한 사정이 있음이 객관적으로 명백하여 변호인의 참여를 제한하여야 할 필요가 있다고 인정되는 경우에는 변호인의 참여를 제한할 수 있다고 보고 있다(대판 2003.11.11. 2003모402). 헌법재판소도 위법한 조력의 우려가 있는 경우에는 참여권 제한이 가능하다고 하였다(헌재 2004.9.23. 2000헌마138). 4. **국선변호제도의 충실화** 우리나라의 국선변호제도는 법원이 국선변호인 명부에 등재되어 있는 개업변호사 중에서 국선변호인을 선정하고, 국선변호인에게 사건당 일정액의 보수를 지급하는 방식을 기본으로 하고 있다. 즉 judicare system에 의한 국선변호가 원칙이다. 대법원은 2005년부터 국선전담변호사제도를 시행하고 있다. 5. **맺음말** 우리나라에서는 대법원과 헌법재판소의 판례를 통해 변호권이 크게 확대되어 왔으나, 최근 판례에서 피의자의 국선변호인의 조력을 받을 권리가 헌법상의 권리는 아니라고 판단한 것에서 보듯이 현행 헌법의 해석을 통한 변호권의 확대도 이제는 어느 정도 한계에 이른 것으로 보인다. 헌법이 개정될 경우 변호인의 조력을 받을 권리에 대해서도 좀 더 체계적이고, 상세한 규정을 두는 것이 필요하다. 변호인의 조력을 받을 권리는 구체적으로 접견교통권, 수사기록 열람 · 등사신청권, 변호인 참여권으로 나타난다. 국선변호제도를 충실하게 운영하고 나아가 법률구조공단에 국선전담부를 두어 국선변호를 담당하도록 할 필요가 있다.

변호인辯護人**의 조력**助力**을 받을 권리**權利**가 있음을 고지**告知**받을 권리**權利 1. **의의** 헌법 제12조 제5항은 「누구든지 체포 또는 구속의 이유와 변호인의 조력을 받을 권리가 있음을 고지받지 아니하고는 체포 또는 구속을 당하지 아니한다. 체포 또는 구속을 당한 자의 가족등 법률이 정하는 자에게는 그 이유와 일시 · 장소가 지체없이 통지되어야 한다.」고 규정하고 있다. 체포 또는 구속의 이유와 변호인의 조력을 받을 권리는 미국 연방대법원이 수정헌법 제5조의 자기부죄거부특권(自己負罪拒否特權: prilege against self-incrimination)에 근거하여 정립한 미란다원칙(➜ 미란다원칙)을 헌법에 명문으로 규정한 것이다. 이 헌법상의 권리는 형사소송법과 법원의 판례를 통하여 구현되고 있다. 2. **주체** 고지를 받을 권리의 주체는 체포·구속을 당한 형사피의자이고, 통지를 받을 권리의 주체는 체포·구속을 당하는 자의 가족 등 법률이 정하는 자이다(형사소송법 제87조). 체포·구속에는 영장에 의한 경우뿐만 아니라 긴급체포·현행범의 체포 등의 경우도 포함한다(형사소송법 제200조의5). 사법경찰리(司法警察吏)가 현행범인으로 체포하는 경우에는 반드시 범죄사실의 요지, 구속의 이유와 변호인을 선임할 수 있음을 말하고 변명할 기회를 주어야 하며, 이러한 법리는 비단 현행범인을 체포하는 경우뿐만 아니라 긴급체포의 경우에도 마찬가지로 적용되는 것이고, 이와 같은 고지는 체포를 위한 실력행사에 들어가기 전에 미리 하여야 하는 것이 원칙이나, 달아나는 피의자를 쫓아가 붙들거나 폭력으로 대항하는 피의자를 실력으로 제압하는 경우에는 붙들거나 제압하는 과정에서 하거나, 그것이 여의치 않은 경우에는 일단 붙들거나 제압한 후에 지체없이 하여야 한다(대판 2010.6.24. 2008도11226). 3. **시기와 방법** 고지의 시기와 방법은 명문의 규정은 없으나, 체포·구속 당시에 구두 또는 서면으로 한다. 통지의 시기 및 방법에 관해서 형사소송법은 지체없이 서면으로 통지하도록 규정하고 있다(동법 제87조 제2항). 수사기관이 고지나 통지의무를 이행하지 아니한 경우 그 이후 수집된 증거는 위법수집증거로서 증거능력이 부정되어야 하며, 수사기관은 의무위반에 따른 불법행위를 이유로 민사상 손해배상책임 혹은 국가배상책임을 질 수 있다.

변호인조력청구권辯護人助力請求權 ➜ 변호인(辯護人)의 조력(助力)을 받을 권리(權利).

별개의견別個意見 ➜ 의견.

별건수사別件搜查·**별건체포·구속**別件逮捕·拘束 1. **의의** 별건수사는 본래 의도하고 있는 사건의 수사를 위하여 다른 사건의 수사를 하는 것이며, 별건 체포·구속이란 본래 의도하고 있는 사건의 수사를 위하여 다른 사건을 이유로 피의자를 체포·구속하는 것, 혹은 수사기관이 본래 수사하려는 중대한 사건에 대하여 구속요건이 구비되지 못한 경우에 이와는 별개의 경미한 사건으로 구속영장을 발부받아 피의자를 구속한 후 본건에 대하여 수사를 하는 것을 말한다. 본래 수사의 목적이 된 사건을 본건(本件)이라고 하고, 체포·구속의 사유가 된 사건을 별건(別件)이라고 한다. 별건수사의 경우 주로 별건 체포·구속이 문제된다. 2. **위법성 여부** 별건 체포·구속의 위법성은 주로 ① A 범죄사실에 대하여 체포·구속사유가 있지만, B 범죄사실에 대하여는 아직 체포·구속하기에 혐의가 부족하여 추가로 수사를 진행하여야 체포·구속을 할 정도의 증거 소명이 가능한 경우에 A 범죄사실을 수사하는 것 외에 B 범죄사실도 수사할 의도를 가지고 먼저 A 범죄사실로 피의자를 체포·구속하는 것이 가능한지와 ② 체포·구속한 후 A 범죄사실에 대하여 수사를 하면서 B 범죄사실에 대하여서도 수사를 하거나, A 범죄사실은 수사를 하지 않거나 간단히 하고 B 범죄사실에 대하여서만 혹은 B 범죄사실을 주로 수사하는 것이 적법한가 하는 문제로 보고 있다. 통설은 ①의 경우에는 처음부터 위법하고, ②의 경우도 체포·구속 후 수사기관의 수사 활동에 따라 원래 적법했던 A 범죄사실로 인한 체포·구속이 위법하게 된다고 한다. 그 근거로는 다음과 같은 것을 든다. i) 별건 구속은 본건에 대한 구속요건이 갖추어지지 않았음에도 불구하고 실질적으로 본건에 대한 구속을 인정하는 결과가 되어 영장주의에 반한다. ii) 별건 구속을 계속할 경우 본건의 구속에 적용되는 구속기간제한을 탈법적으로 우회할 염려가 있다. iii) 별건 구속을 허용하면 자백강요 내지 수사의 편의를 도모하여 별건 구속이 사용될 수 있다. iv) 우리 형사소송법 제208조 제2항이 1개의 목적을 위하여 동시 또는 수단결과의 관계에서 행하여진 행위는 동일한 사건으로 간주하여 재구속을 금지하고 있으므로 별건 구속은 금지된다는 것이다. 그러나 구속 중인 피의자에 대한 통상적인 여죄 수사는 허용된다고 한다. 판례는 별건 체포·구속의 적법성을 직접 다룬 판례는 없으나, 간접적으로 적법하다고 본 판례가 있다(대판 1986.12.9. 86도1875). 여죄수사의 경우 여죄수사의 체포·구속기간의 제한이 문제된다.

별정직別定職 **공무원** ➜ 공무원제도.

병렬적竝列的 **혼합대표제** ➜ 비례대표제.

병정분리주의兵政分離主義 ➜ 병정통합주의.

병정통합주의兵政統合主義 군령·군정일원주의(軍令·軍政一元主義)라고도 한다. 군령(軍令)은 국방목적을 위하여 군을 현실적으로 지휘·명령·통솔하는 작용을 말하고, 군정(軍政)은 국방목적을 위하여 국군을 편성·조직하고 병력을 취득·관리하는 작용을 말한다. 병정통합주의는 군정과 군령을 하나의 행정기관이 관장하여 정부의 책임과 의회의 통제 하에 임무를 수행하는 제도이다. 이에 대하여 병정분리주의(軍令·軍政二元主義)는 군령을 담당하는 군령기관과 군정을 담당하는 군정기관을 분리시켜 군정기관은 일반행정기관이 되게 하지만, 군령기관은 국가원수 소속 하의 일반행정기관과는 별도의 기관이 되게 하는 제도이다. 병정분리주의는 프로이센과 일본제국의 군제로서 군국주의의 위험이 있고, 병정통합주의는 영미법계 국가의 군제로서 정부가 군을 완전히 장악하여 문민우위를 실현하는 제도이다. 현행헌법에서는 제74조에서 「대통령은 헌법과 법률이 정하는 바에 의하여 국군을 통수한다.」고 규정하여 병정통합주의를 채택하고 있다. 대통령은 행정수반의 지위에서 국군통수권을 가지고 국군최고사령관으로서 국군을 지휘·통솔한다. ➜ 국군통수권.

보건保健**에 관한 권리**權利 **= 보건권**保健權 **= 건강권**健康權 ➜ 건강권.

보궐선거補闕選擧 ㉧ special election. 당선인이 임기개시 이후 기타 범법행위로 인한 유죄판결로 피선거권을 상실하거나 사망, 사퇴 등의 사유로 궐석되었을 때 그 자리를 보충하기 위하여 실시하는 선거로, 보결선거(補缺選擧)라고도 한다. 대통령이 궐위된 때는 그 자격을 상실한 날로부터 60일 이내에 후임자를 선거해야 한다(헌법 제68조 제2항). 국회의원이 궐원되는 경우에는, 국회의장이 15일 이내에 대통령과 중앙선거관리위원회에 이를 통지해야 한다(국회법 제137조, 공직선거법 제200조 제4항). 지역구 의원이 궐원되는 경우에는 보궐선거를 실시하며(공직선거법 제200조 제1항), 비례대표 국회의원 및 비례대표지방의회의원에 궐원이 생긴 때에는 선거구선거관리위원회는 궐원통지 후 10일 이내에 그 궐원된 의원이 그 선거 당시에 소속한 정당의 비례대표국회의원후보자명부 및 비례대표지방의회의원후보자명부에 기재된 순위에 따라 궐원된 국회의원 및 지방의회의원의 의석을 승계할 자를 결정하여야 한다. 다만, 그 정당이 해산되거나 임기만료일 전 120일 이내에 궐원이 생긴 때에는 그러하지 아니하다(동조 제2항). 대통령권한대행자는 대통령이 궐위된 때에는 지체없이 중앙선거관리위원회에 이를 통보하여야 한다(동조 제3항). 보궐선거는 재선거(再選擧)와는 다른데, 재선거는 선거에 대한 무효판결이 있거나, 당선인이 임기 개시 전에 사망하거나 사퇴할 때, 선거 소송이 무효로 된 때, 선거 결과 당선인이 없을 때에 선거를 다시 실시하는 것이다. **특례**로서, 보궐선거 등은 그 선거일부터 임기만료일까지의 기간이 1년 미만이거나, 지방의회의 의원정수의 4분의 1 이상이 궐원되지 아니한 경우에는 실시하지 아니할 수 있다(동법 제201조 제1항). 이 경우 지방의회의 의원정수의 4분의 1 이상이 궐원되어 보궐선거 등을 실시하는 때에는 그 궐원된 의원 전원에 대하여 실시하여야 한다(동항 단서).

보나파르티즘 ㉧ Bonapartism, ㉫ bonapartisme. 원래는 프랑스에서 보나파르트가(家)에 대한 충성을 의미하였다. 협의로는 나폴레옹 1세(Napoléon Bonaparte)(제1제정)와 나폴레옹 3세(Louis Napoléon Bonaparte, 제2제정)의 정치체제를 가리킨다. 이 정치체제는 모두 개인의 독재체제이지만 군사적 및 경제적인 국민적 영광을 목표로 인민투표와 보통선거를 지주로 하여 정보와 심벌(symbol)조작을 통치의 수법으로 한 점에 특징이 있다. 보나파르티즘은 의회제민주주의를 기만한 것으로 근대국가의 모순을 나타내고 있다.

ㅂ

보넘판결 ➔ Dr. Bonham's case.

보다 덜 제한적인 수단手段 선택의 원칙 ➔ 필요최소한의 수단선택의 원칙.

보도가치성이론報道價値性理論 ➔ 프라이버시권.

보도報道의 자유 ➔ 표현의 자유.

보댕Bodin, John 1530~1596. 프랑스 앙제(Angers) 출신의 프랑스의 법학자이자 정치학자이다. 종교개혁기에 주저 「국가론(Les six livres de la République, 1576)」을 출판하여 국가의 주권을 강조함으로써 중세의 봉건적인 다원적 질서를 통합하고 교황권력의 간섭을 배제한 근대국가나 절대왕제를 창설한 이론적인 선구자이자 주권론의 창시자가 되었다. 그의 주권론은 정치사회의 유일 · 절대 · 영속 · 불가분의 우월적 권위를 나타내는 것으로서, 크게 세 가지 핵심 내용으로 구성된다. 첫째, 주권은 정치공동체를 구성하는 실질적인 힘이다. 주권이 없는 정치체제는 성립될 수 없고, 제도를 운영하는 권한과 명령 모두 주권으로부터 비롯되며, 가족을 비롯한 모든 집단과 개인은 주권을 중심으로 하나의 통합된 정치공동체를 구성한다. 둘째, 주권은 분할불가능하고 무제한적이며 절대적인 권력이고, 시간의 제약도 기능의 제한도 없다. 주권은 정당성의 토대를 '신법'이나 '자연법'과 같은 보편적 규범에서 찾는다. 그러기에 주권은 '법률'(loi)을 제정할 권한만 아니라, '법률 위에 존재하는 최종명령권(legibus solutus)'을 갖는다. 셋째, 주권은 또 다른 인격(persona)을 갖는다. 주권은 한시적으로 권력을 행사하는 행위자와 구별되지만, '목적' '권한' 그리고 '능력'에 의해 다른 정치권력과 구별되는 것이 아니며, 개인의 소유가 아닌, 하나의 객관적이고 공적인 실체이다. 또한 그는 당시의 위그노 저항운동 등에 나타난 폭군방벌론자에 반대하여 주권자인 군주에 대한 저항권을 명백히 부정하였다. 또한 그는 국가의 역할을 외면적인 질서유지에 한정하고 종교에 대한 관용정책을 지지하였다. 그러나 보댕의 국가론에는 국가나 군주가 신이나 자연법에 의해 구속된다는 중세적인 자연법관이나 토마스적인 계층 질서관이 아직 남아있다. 한편, 그는 정치에서의 덕(德)과 신학에서의 덕을 구별하고, 종교로부터 국가의 독립을 주장하였다.

보라매병원사건 보라매병원 사건은 1997.12.4. 대낮에 술에 취한 환자가 화장실에 가던 도중 계단에서 굴러 떨어져 뇌출혈로 보라매병원에서 응급수술을 받고 중환자실에서 인공호흡기를 달고 회복을 기다리던 중, 환자의 보호자인 부인이 남편의 평상시 술주정과 구타에 불만을 갖고 있던 터에 진료비가 많이 나올 것을 우려해 주위의 만류에도 불구하고 퇴원각서를 쓰고 자진 퇴원하였으나 집에 도착한 직후 사망한 사건이었다. 시동생의 형사고발로 기소되어, 1심 법원은 환자 부인에게는 부작위에 의한 살인죄의 정범을 인정하였고, 신경외과 전문의와 레지던트에게는 부작위에 의한 살인죄의 공동정범의 성립을 인정하였으나 인턴에게는 무죄를 선고하였다. 항소심은 신경외과전문의, 레지던트에게는 작위에 의한 살인죄의 방조범으로 인정하였고 인턴은 무죄를 선고하였다. 상고심인 대법원은 상고를 기각하여 판결이 확정되었다(서울지방법원 남부지원 1998.5.15. 98고합9; 서울고등법원 2002.2.7. 98노1310; 대법원 2004.6.2. 2002도995). 연명치료중단의 허용성에 관하여 많은 사회적 논란을 야기한 사건이다. ➜ 안락사.

보류거부保留拒否 ➜ 법률안거부권.

보석제도保釋制度 [영] bail system, [독] Kaution System, [프] système de caution. 1. **의의** 보석제도는 영미법계에서 유래된 제도로 현행 헌법에 명문의 규정이 없는 제도의 하나이다. 보석이란 보석보증금 납부를 조건으로 하여 피의자 또는 피고인을 석방하는 제도로서 피의자나 피고인의 무죄추정권 및 충분한 방어권을 보장하기 위한 제도이다. 구속영장의 효력은 그대로 존속하고, 다만 그 집행이 정지된다는 점에서 구속의 취소와 다르며 보석금의 납부가 석방의 조건이 된다는 점에서 구속의 집행정지와도 다르다. 또한 구속피고인의 석방제도라는 점에서 구속피의자의 석방제도인 구속적부심사제도와도 구별된다. 2. **종류** 보석에는 보석의 청구가 있으면 법원은 반드시 허가하여야 하는 필요적 보석(권리보석: 형사소송법 제95조))과 보석여부가 법원의 재량에 속하는 임의적 보석(재량보석: 형사소송법 제96조)이 있으며, 청구의 유무에 따라 보석청구에 의하여 법원이 보석을 허가하는 청구보석과 보석청구에 의하지 않고 법원이 직권으로 보석결정을 하는 직권보석으로 구분된다. 3. **청구권자** 보석의 청구권자는 피고인, 법정대리인, 배우자, 직계친족, 형제자매, 호주, 변호인 등이며(형사소송법 제94조), 보석의 청구는 서면으로 해야 한다. 법원에서 보석에 관한 결정을 할 때에는 검사의 의견을 들어야 한다(형사소송법 제97조). 헌법재판소는 1995년 법개정 전 형사소송법 제97조 제3항에 규정된 법원의 보석허가결정에 대한 검사의 즉시항고권 규정은 영장주의·무죄추정권·과잉금지원칙을 위배한 것으로 위헌으로 판단하였고(헌재 1993.12.23. 93헌가2), 1995년 법개정으로 보석결정에 대해서는 항고할 수 없게 하였다. 4. **보석보증금** 보석허가결정을 할 때에는 반드시 보증금을 정해야 한다. 보석된 피고인이 도망하였을 때, 도망 또는 죄증을 인멸할 염려가 있다고 믿을 만한 충분한 이유가 있을 때, 소환을 받고 정당한 이유 없이 출석하지 아니한 때, 또는 주거의 제한, 기타 법원이 정한 조건을 위반하였을 때에는 법원은 결정으로 보석을 취소하고 보증금의 전부 또는 일부를 몰수한다(형사소송법 제98~103조 참조). 5. **보석조건의 효력상실** 구속영장의 효력이 소멸한 때에는 보석조건은 즉시 그 효력을 상실한다(형사소송법 제104조의2).

보안처분保安處分 형벌 이외에 범죄로부터 사회를 방위하기 위한 수단으로서 가해지는 형사제재를 말한다. 형벌보충처분과 범죄예방처분이 있다. 우리나라는 유신헌법(1972)에서 헌법적으로 처음 규정되었다. 이를 근거로 여러 특별법에 보안처분을 규정하였는데, 그 대표적인 것으로는 1980년에 제정된 「사회보호법」이었다. 이 법은 보호감호, 치료감호, 보호관찰의 세 가지 보안처분을 규정하고 있었으나, 2005.8.에 폐지되었다. 대체입법으로 치료감호처분을 유지·보완하기 위한 「치료감호법(2005); 치료감호 등에 관한 법률로 개칭(2015)」과 「보호관찰 등에 관한 법률」(1995년 제정)이 있다.

보이콧 ㉠ boycott, ㉢ Boykott, ㉣ boycott. 부당한 행위에 대항하기 위하여 정치·경제·사회·노동 분야에서 조직적·집단적으로 벌이는 거부운동을 말한다. 보이콧이라는 말은 1880년에 영국의 한 귀족영지 관리인인 C.C.보이콧이 소작료를 체납한 소작인들을 그 토지에서 추방하려다가 C.S.파넬의 지도 아래 단합한 전체 소작인들의 배척을 받고 물러난 데서 생긴 말이다. 노동운동의 경우, 노동자가 사용하는 보이콧과 사용자들이 사용하는 보이콧이 있다. 전자에는 근로자가 사용자에 압력을 가하는 제1차적 보이콧이 있으며, 사용자와 거래관계에 있는 제3자에게 사용자와의 거래관계 중단을 요구하고 불응할 때 상품구입 내지 인력공급을 중단하겠다고 위협하는 제2차적 보이콧이 있다. 후자의 보이콧은 사용자가 파업 또는 직장폐쇄 기간 중 해당 근로자가 다른 사용자에게 취업하지 못하도록 하는 것을 말한다. ➜ 단체행동권. 국제관계에서 사용되는 경우도 있다(예 1980년 올림픽보이콧).

ㅂ

보장국가론保障國家論 ㉠ Ensuring State/Guarantor State, ㉢ Gewährleistungsstaat. 보장국가는 국가가 임무의 많은 부분을 사인에게 위탁하거나 사인과의 협력을 통해 수행함을 원칙으로 하면서도, 국가가 그러한 임무들이 올바로 수행되도록 보증하는 보장책임을 지는 국가의 모습이다. 국가에 의한 보장은 국가가 직접적인 급부의 이행주체에서 물러선 후에도 이를 감독하는 역할을 수행한다는 의미에 그치지 않고, 사적 동력을 활성화하고 공공복리의 실현을 보증하는 규범구조를 갖춤으로써 공적 임무수행을 가능하게 하는 국가를 의미한다. 1990년대 중반부터 독일 공법학계에서 논의되었다. 보장국가는 특히 생존배려 영역에서 재화와 서비스의 기본적 공급을 보장한다는 측면에서 사회국가적(복지국가적) 임무의 계속으로서의 성격을 갖지만, 국가가 직접 개입하여 분배하고 조정하는 사회국가(Sozialstaat)와는 달리 사회문제의 해결에 원칙적으로 직접적인 영향을 주지 않으며, 다만 민간에 의한 임무의 이행이 위험상황에 있거나 공급실패가 나타나는 경우에 한해 보장책임에 근거한 국가의 직접적 개입이 이루어지게 된다. 또한 보장국가는 시민국가의 기반 위에서 사회국가원리를 수용하여 사회적 자율성을 존중하고 이를 활용하기 위한 국가의 역할을 제시한다는 측면에서 자유국가(Liberaler Staat)와 사회국가의 성격이 혼재되고 변용되어 나타나는 특성을 갖는다. 보장국가론의 가장 전형적인 논의영역인 민영화는 일반적으로 시장에서 이행하는 것이 더 바람직한 국가의 임무를 사인에게 이전하는 것이며 일차적으로는 국가역할의 양적 변화를 의미한다. 보장국가에서의 규제의 방식은 규제된 자율규제(regulierte Selbstregulierung)로, 이는 행위자 스스로의 자율규제와 국가에 의한 규제부분을 구분하고, 행위자의 자율규제를 통해 규제의 수용도와 효과를 제고하고자 하는 규제모델이다. 보장국가론을 우리의 법제와 행정에 수용함에 있어 생존배려영역의 민영화 논의를 넘어 전 행정영역에 있어 임무수행방식과 국가의 역할 변화의 문제로 인식하고, 특히 복지국가와 급부행정의 문제를 해결하기 위한 대안으로 받아들이는 것에 대해서는 신중한 검토가 필요하다. 즉 복지국가나 급부행정의 문제를 회피하기 위한 대안으로서 보장국가론이 적용될 수 있는 문제를 인식하고, 보장국가론이 논의될 수 있는 우리의 사회적·경제적 여건에 대한 충분한 실증적 분석을 거쳐 독일의 보장국가론을 어떠한 범위와 내용으로 우리의 문제상황에 적용할 것인지에 대해 논의하는 것이 필요하다.

보장병존형保障竝存型 ➜ 제도보장.

보정의석補正議席 ➜ 초과의석.

보조금補助金 ⓔ subsidy. 국가 또는 지방공공단체가 행정상의 목적을 달성하기 위하여 공공단체·경제단체 또는 개인에 대하여 교부하는 금전적 급부를 말한다. 교부금·조성금(助成金)·장려금·급부금·부담금(負擔金)·보급금·지원금 등 여러 가지 표현이 사용된다. 기본법률로 「보조금 관리에 관한 법률」이 있다.

보조적 권능설補助的 權能說 ➜ 국정조사권.

보충명령補充命令 법률의 내용을 보충한다는 뜻으로, '위임명령'을 달리 표현하는 말이다. ➜ 위임명령.

보충성補充性**의 원리**原理 ⓔ the Principle of Subsidiarity, ⓓ Das Subsidiaritätsprinzip, ⓕ le principe de subsidiarité. 1. **의의** 보충성의 원리란 국가 및 사회정책적 의미의 원리로서 대규모의 사회조직단위는 소규모의 사회조직단위가 사회적 기능을 수행할 수 없는 경우에만 그 사회적 기능을 충족시켜야 한다는 원리를 말한다. 사회에 대한 국가의 작용은 보충적인 것이며, 자율에 기초하여 공동체가 유지되고 그 구성원의 삶이 영위될 수 있는 한 국가의 개입이나 간섭은 금지된다는 것이다. 보충성의 원리는 국가공동체라는 공법관계가 하부단위로서의 사회공동체에 대하여 공법적 개입을 가하는 형식으로 나타난다. 말하자면, 보충성의 원리는 개인과 단체 간, 소단위 단체와 대단위의 단체 간 및 상급단체와 하급단체 간에 응용되는 원리이다. 보충성의 원리는 이와 같이 공법관계가 사법관계로 진입하는 근거가 되는데, 이 경우 보충성의 원리는 국가 또는 상부단위에 직접 그 개입의 요청을 구하는 개개인의 주관적 공권으로서 나타나는 것이 아니라 객관적 지침 또는 질서원리로서의 사회구성원인 사회적 약자를 보호하거나 또는 소규모의 사회적 조직단위가 제 기능을 다할 수 있도록 활동영역을 객관적으로 넓혀주거나 객관법적으로 보장하는 근거가 된다. 2. **적용영역** 1) **사회국가와 보충성원리** 현행 헌법은 사회국가를 명시하고 있지는 않지만, 헌법전문과 사회적 기본권규정을 통하여 이를 구체화하고 있다. 보충성의 원리는 사회국가원리의 구현에 있어서 국가가 담당하여야 할 역할은 원칙적으로 이차적이며 보충적인 것에 그친다는 것을 의미한다. 보충성의 원리는 사회국가원리에서 추론되는 것이지만, 또한 사회국가원리의 한계로 작용한다. 예컨대, 근로자에 대한 최저임금제도나 무의탁노인에 대한 최저생계비의 지원은 사회적 불평등의 관계에 있는 근로자와 스스로의 생계를 해결하지 못하는 사회적 약자로서의 무의탁노인에게 보충성의 원리의 적용하게 되는데, 이를 통하여 사회국가를 실현하게 되는 것으로서 보충성의 원리는 하나의 준거규범이 되는 것이다.

2) **저항권과 보충성의 원리** 헌법수호의 최후수단으로서 저항권은 그 요건을 엄격히 정하여야 한다. 저항권은 명백성과 최후수단성 외에 민주적·법치국가적 기본질서 또는 기본권체계의 전면적 부정 등을 요건으로 하고 있는데(➜ 저항권), 최후수단성과 관련하여 헌법과 법률에 규정된 일체의 법적 구제수단에 의해서도 헌법침해를 막을 수 없으며 다른 대항수단이 가능하지 않는 때에 보충성의 원리에 따른 저항권의 행사가 가능하게 된다. 3) **교육권과 보충성의 원리** 헌법상 교육권의 실현은 한편으로는 국민 개개인에게 교육에 있어서의 균등한 기회를 제공하는 것을 전제로 하며, 다른 한편 국가가 공적제도로서의 학교를 설립하여 교육의 장을 마련하여야 가능한 것으로서, 국가를 통한 보장이 요구되는 기본권이다. 헌법재판소는 「자녀의 양육과 교육에 있어서 부모의 교육권은 교육의 모든 영역에서 존중되어야 하며, 다만, 학교교육의 범주 내에서는 국가의 교육권한이 헌법적으로 독자적인 지위를 부여받음으로써 부모의 교육권과 함께 자녀의 교육을 담당하지만, 학교 밖의 교육 영역에서는 원칙적으로 부모의 교육권이 우위를 차지한다.」라고 하여(헌재 2000.2.27, 98헌가16, 98헌마429(병합)), 사교육분야에서의 원칙으로서의 보충성의 원리를 상기시키고 있다. 자녀의 양육과 교육은 일차적으로 부모의 천부적인 권리인 동시에 부모에게 부과된 의무이지만, 다만 예외적인 경우에 한하여 국가가 개입하여 규율해야 할 필요가 있을 경우에는 이차적으로 국가가 그 기능을 보충하게 되는 것이다. 이러한 의미에서 교육권의 영역에서는 보충성의 원칙이 적용되는 것이다(헌재 1995.7.21. 92헌마144). 4) **헌법소원과 보충성의 원리** ➜ 헌법소원심판. 5) **지방자치와 보충성의 원리** 지방자치의 제도적 보장은 국민주권의 기본원리에서 출발하여 주권의 지역적 주체로서의 주민에 의한 자기통치의 실현이라 할 수 있고, 이러한 지방자치의 본질적이고 핵심적 내용은 어떠한 경우에도 입법 기타 중앙정부의 침해로부터 보호되어야 한다는 것을 의미한다. 국가의 기능은 지방자치단체의 기능을 뒷받침해 주는 데에 그쳐야지 그러한 기능을 무시하고 그것을 자신의 기능으로 흡수해서는 아니 되는 것이 바로 지방자치의 보충성의 원리이다. 지역주민의 자기통치를 실현하기 위한 정치적 의미의 자치에 관하여서는 국가적 개입을 가능하면 최소화하는 것이 바람직하다. 6) **유럽연합과 보충성의 원칙** 보충성의 원칙은 1993.11.1.부터 효력을 발한 마스트리히트조약에 의하여 개정된 EC조약 제3B조(현 EC조약 제5조)에 명시적인 규정으로서는 처음으로 도입되었다. EC조약 제3B조(현 EC조약 제5조)는 「공동체는 본 조약에서 부여하고 있는 권한과 조약에서 위임하고 있는 목표의 범위 내에서 활동한다. 전속적인 관할 사항이 아닌 영역의 경우, 공동체는 조치안의 규모나 효과를 감안할 때 회원국들이 조치안의 목표를 충분히 달성할 수 없고 공동체가 담당할 경우에 이를 보다 훌륭하게 수행할 수 있는 경우에만 보충성의 원칙에 따라 해당 조치를 취할 수 있다. 공동체의 조치는 본 조약의 목표를 달성하는 데 필요한 정도를 넘어서는 안 된다.」고 규정하였다. 이 원칙은 유럽헌법에서도 규정되어, 제1편 제3부의 제11조 제3항에서 「보충성의 원칙에 따라 그 배타적 권한에 포함되지 않은 영역에 대해서는 연합은 제안된 행동의 목표가 회원국에 의해서는 중앙, 지역 및 지방의 어떤 차원에서도 충분하게 달성될 수 없고, 오히려 그 제안된 행동의 범위 또는 효과 면에서 연합차원에서 보다 양호하게 달성될 수 있는 경우에 한하여 행동한다. 연합의 기관은 헌법에 부속된 '보충성 및 비례원칙의 적용에 관한 의정서'에 규정된 보충성의 원칙을 적용한다. 국내의회

는 의정서에 규정된 절차에 부합하여 그 원칙의 준수를 보장한다.」고 규정하였으며, 유럽기본권헌장 전문에도 「본 헌장은 유럽연합의 권한과 과제, 보충성의 원칙을 존중하고, 특히 각 회원국의 공통된 헌법적 전통과 국제적 의무, 유럽연합조약, 공동체조약, 인권 및 기본권보호를 위한 유럽협약, 공동체와 유럽이사회가 채택한 사회헌장, 유럽연합사법재판소 및 유럽인권재판소의 판례로부터 나오는 권리들을 재확인한다.」고 규정하였다. 암스테르담조약에서 채택된 「보충성과 비례성 원칙의 적용을 위한 조건에 관한 의정서」는 보충성과 비례성 원칙의 적용을 위한 조건과 기준을 보다 구체적으로 수립하기 위한 의미를 지니고 있으며, 이러한 의정서를 통하여 유럽연합에서의 보충성의 원칙의 내용이 실질성과 구체성을 확보하게 되었다. 7) **형법과 보충성원칙** 형법은 오로지 사회를 보호하는 데 절대적으로 필수불가결하고 형법이외에 다른 사회통제수단으로는 효과적으로 보호될 수 없는 법익을 보호하기 위해서만 그 투입이 허용된다는 원칙이다. 이는 형법상 보충성원칙의 소극적 내용이다. 국가가 국민이 필요로 하는 것을 스스로 행할 수 없거나 실현 불가능한 경우에 국가가 그것을 배려하고 조력해주는 것을 보충성의 적극적 원칙이라 할 수 있다.

보충적 기본권補充的基本權 다른 기본권에 의하여 보호되지 않는 경우에 보충적으로 적용되는 기본권이라는 의미이다. 행복추구권의 법적 성격과 관련하여, 기본권성을 인정하되 다른 기본권에 대한 보충적 기본권으로서의 성격을 지니기 때문에, 우선적으로 적용되는 다른 기본권이 존재하여 그 침해 여부를 판단하는 이상, 행복추구권 침해 여부는 독자적으로 판단할 필요가 없다(헌재 2000.12.24. 99헌마112).

보통법普通法 ㊌ common law. 독일, 프랑스를 중심으로 하는 유럽 대륙법과 대립되는 법체계로서, 영국에서 발생하여 영국, 미국 등 영어를 쓰는 나라와 홍콩, 싱가포르, 몰타, 호주, 뉴질랜드 등 영국 식민지 국가로 퍼져나간 법체계이다. 영미법(英美法)이라고 하기도 한다. 대륙법과 대립되는 차이점으로, 첫째, 보통법은 원칙적으로 명시적인 법문(法文)이 작성되지 않은 불문법이다. 둘째, 보통법은 판례법이다. 법조문이 기본이 되는 대륙법과 달리 영미법에서는 개별 사건들이 법리의 주춧돌을 이룬다. 셋째, 법원판결의 중요성에 대한 관점의 차이이다. 영미법은 선례구속의 원칙을 사법제도의 최고원칙으로 인정한다. 넷째, 일반적으로 보통법은 '구제책이 있는 곳에 권리가 있다'는 전제에서 출발하지만, 대륙법의 전통은 정반대 입장을 취한다. 즉 '권리가 있는 곳에 구제책이 있다'는 것이다. 다섯째, 13세기부터 영미법은 형사 및 민사 사건에 배심원 심리를 도입하였다. ➜ 영미법.

보통선거普通選擧 ⇔ 제한선거. ➜ 선거의 기본원칙.

보호영역保護領域**=보호범위**保護範圍 ㊈ Schutzbereich. 기본권의 본질 또는 개념적 징표로부터 유래하는 일응의 보호되는 영역을 말한다. 기본권의 내용과 같은 의미로 사용하는 견해와 구분하여 달리 사용하는 견해가 있다. 구분하는 견해에 의하면, 기본권의 내용은 기본권의 주체가 보유하고 행사할 수 있는 헌법상 권리의 유효한 실질적 범위이고, 기본권의 보호영역은 기본권이 구체적인 상황에서 실제로 보장되는 범위를 의미한다고 한다. 보호영역 내지 보호범위만을 사용하는 경우, 보호영역은 공익에 의한 제한 또는 다른 기본권과의 충돌에 따라 비교형량을 한 후 도출되는 결과물로서의 보호영역과 그러한 비교형량 이전에 또는 비교형량과 관계없이 기본권의 본질에서 도출되는 보호영역으로 나누어 설명한다. 후자는 기본권의 내용과 같은 의미이다. 헌법재판소는 보호영역과 내용을 명확히 구분하지 않고, 내용보다는 보호영역이라는 용어를 사용하고 있다. 「… 공권력에 의한 기본권 침해의 위헌 여부를 판단하는 헌법재판에 있어서 먼저 확인하여야 할 것은 공권력에 의하여 침해되었다는 자유나 이익이 과연 헌법상의 어느 기본권조항의 보호영역에 해당하는가 하는 점이다. 만일 공권력에 의하여 침해되었다는 자유나 이익이 문제된 기본권의 보호영역에 속하지 아니하는 것이라면, 그 기본권에 대한 제한 자체가 존재하지 않는 것이므로, 더 이상 그 기본권의 침해 여부를 심사할 필요도 없는 것이다. 따라서 헌법에 열거되어 있는 기본권의 고유한 보호영역을 확정하는 문제는 위헌성 심사의 첫 단계로서 중요한 의미를 가지는 것이다.」(헌재 2009.5.28. 2006헌바109등 별개의견). 기본권의 적용영역과 보호영역을 구별하는 견해(F. Schauer)도 있고, 이에 적극 동조하는 견해도 있다. 적용영역 내에 속한 사항인지의 여부를 판단한 후 구체적으로 비교형량을 거쳐 보호여부를 결정한다는 의미에서 내용·보호영역 구별론을 적용영역·보호영역 구별론으로 대체할 수 있을 것으로 본다.

ㅂ

보호의무保護義務 ㉰ the duty to protect, ㉯ Schutzpflicht, ㉱ devoir de protéger. 한 433, 1019) 보호의무는 다양한 법률관계에서 일방이 상대방에 대하여 생명·신체·재산 등의 이익을 침해하지 않도록 배려하여야 할 주의의무를 말한다. 공법관계와 사법관계 모두에서 보호의무가 발생할 수 있다. 공법관계에서는, 헌법상 기본권에 대한 국가의 보호의무(➜ 기본권보호의무)가 논의되며, 근로계약관계에서 근로자 보호의무, 도로교통법상 운전자의 보행자 보호의무, 개인정보보호와 관련하여 개인정보처리자의 개인정보주체의 보호의무, 재외국민에 대한 국가의 보호의무, 환경관련 보호의무 등, 개인의 기본권에 관련된 이익이나 공동체의 객관적 이익에 대한 보호의무를 규정하는 예가 많고, 사법영역에서는 계약상 채권자의 채무자 보호의무, 상법상의 보호의무 등 사법관계에 내용에 따라 명시적으로 혹은 해석상 보호의무가 규정되어 있다.

보호처분保護處分 ➜ 보안처분.

보훈제도報勳制度 ㉰ veterans affairs system/veterans administration system, ㉯ Veteranangelegenheitensystem, ㉱ système d'administration des anciens combattants. 공훈을 세웠거나 희생된 국가유공자와 그 유족에게 국가가 실질적인 보상을 행함으로써 생활안정과 복지향상을 도모하고, 그들이 국민으로부터 예우를 받을 수 있도록 하며, 국민의 애국정신 함양에 이바지하는 제도이다. 보훈제도는 어느 나라든 국가가 형성되면서부터 필연적으로 발생한 제도이다. 우리나라의 경우에도 옛날부터 국가유공자를 지원하고 예우하는 관서가 있었는데, 신라 때 상사서(賞賜署), 고려시대 고공사(考功司), 조선시대 충훈부(忠勳府)라는 관청을 두어 국가를 위해 공훈을 세운 사람을 예우하였다. 체계적인 한국의 보훈제도의 효시는 1950년 공포된 군사원호법이라 할 수 있는데, 이 법이 시행됨에 따라 당시 사회부 사회국에 군사원호과가 설치되어 공비토벌 중 전사한 자, 또는 군복무 중 순직한 자의 유족에 대한 원호업무가 실시되었다. 1961년 군사원호청이 설치되었고, 1984년 그 동안 시행되어 오던 군사원호보상법, 국가유공자 등 특별보호법, 군사원호보상급여금법, 군사원호대상자녀의 교육보호법, 군사원호대상자임용법, 군사원호대상자고용법, 원호대상자정착대부법 등 7개 법령을 통합·일원화하여 법률 제3742호 '국가유공자예우 등에 관한 법률'을 제정 · 공포하여 85.1.1.부터 시행하기에 이르렀다. 현재 보훈제도의 대상자는 순국선열, 애국지사, 전몰 · 전상 · 순직 · 공상군경, 무공보국수훈자, 6 · 25참전 재일학도의용군인, 4 · 19혁명 사망 · 상이자, 순직 · 공상공무원, 국가사회발전특별공로순직 · 상이자 등이다. 보훈제도의 시책에는 ① 생계를 위한 생활보장시책:보상금지급제도, 직업보도, 대부지원사업, 의료시책, 교육보호 및 양로 · 양육보호, 단체지원사업 등 ② 사회적 예우를 위한 시책, 민족정기 선양사업과 기타 예우시책 등이 있다. 또, 제대군인관리 개선시책이 있다.

복권復權 형의 선고 혹은 파산선고에 따라서 일정한 자격이 상실되는데, 이를 회복시키는 것을 말한다. **형법**에서는, 형의 선고를 받은 자가 피해자의 손해를 보상하고 자격정지 이상의 형을 받음이 없이 일정 기간을 경과한 때에는 본인 또는 검사의 신청에 의하여 그 재판의 실효, 자격의 회복을 선고할 수 있다(형법 제81 · 82조 참조). **사면법**에서는, 형의 선고로 인하여 법령에 따른 자격이 상실되거나 정지된 자로 하여금 형 선고의 효력으로 인하여 상실되거나 정지된 자격을 회복하도록 하는 대통령령 또는 대통령의 처분이다. 일반에 대한 복권(**일반복권**)은 대통령령으로써 하나 특정한 자에 대한 복권(**특별복권**)은 사건본인에게 복권장을 내 주는 방식으로 한다. 이는 일반사면과 특별사면의 차이와 같다. **채무자회생법**에서는, 파산선고를 받은 채무자는 법률이 정한 사유 중의 어느 하나에 해당하는 경우에는 복권된다(채무자 회생 및 파산에 관한 법률 제574조 제1항). 법률이 정한 사유 이외에는 채무자의 신청에 의하여 복권이 가능하다(동법 제575조).

복수국적複數國籍 ➜ 국적.

복수노조複數勞組 [영] Multiple Labor Unions/plural labor unions. 하나의 조직대상에 대하여 두 개 이상의 노동조합이 결성되어 있는 것을 말하는데, 노동조합에 가입하지 않은 노동자가 별도의 노동조합을 결성하거나, 기존의 노동조합이 분열하여 탈퇴자가 노동조합을 결성하는 것을 말한다. 우리나라에서는 2011.7.1.부터 복수노조의 설립이 가능해졌다(노동조합 및 노동관계조정법 참조).

복수정당제도複數政黨制度 [영] multi-party system, [독] System der Pluralparteien, [프] Système des partis pluriels. 둘 또는 그 이상의 정당의 활동을 인정하는 제도를 말한다. 정당결성의 자유는 민주주의 국가에서는 정치적 기본질서의 하나에 속하기 때문에 2개 정당만을 인정하는 제도라기보다 단일정당제를 부인하는 제도라는 데 그 의의가 있다. 단일 정당제를 부인하는 자유 민주주의 사회의 핵심적인 정당 제도로, 복수의 정당들 간의 정책 경쟁을 통해 사회의 다양한 세력들의 이해관계를 국정에 효과적으로 반영할 수 있다.

복위임금지復委任禁止**의 원칙** 법률에서 위임받은 사항을 전혀 규정하지 않고 하위규범에 재위임하는 것이 복위임이며, 이는 허용되지 않는다는 원칙이다. 헌재 1996.2.29. 94헌마213 참조. ➜ 백지위임.

복종계약설服從契約說 ➜ 사회계약론(홉스).

복지국가福祉國家 [영] welfare state, [독] Wohlfahrtsstaat, [프] État providence. 복지 국가는 국민의 인간다운 생활을 위해 국가가 적극적으로 복지 혜택을 부여하고, 국민의 최소한의 생활을 위해 국가가 물질적 급부를 제공하는 국가로서, 국민 전체의 복지증진과 확보 및 행복추구를 국가의 가장 중요한 사명으로 보는 국가를 말한다. 복지국가는 적당한 수준의 경제성장에 의하여 얻어지는 국민소득총액의 증대를 바탕으로 조세정책, 일부 산업의 국유화, 완전고용, 쾌적한 의식주의 확보, 질병자 · 실업자 · 노인과 모자(母子)의 사회보장, 국민연금 등에 의하여 국민들로 하여금 최저한의 건강하고 문화적인 생활을 보장하는 것이다. 오늘날 복지국가는 법이념의 하나로 인식되고 있다. 헌법학계에서는 복지국가를 지칭하는 용어로 사회국가(Sozialstaat)라는 말을 사용하는 경우가 많다. 사회국가는 독일에서 만들어진 개념으로 국가우월적인 독일국가주의의 배경을 가지고 있다. 독일연방헌법에서 사회국가는 규범적 · 조직적 헌법원리의 하나로 기능하는데, 복지국가개념이 20세기에 나타난 보편적인 개념이라면 사회국가는 경제영역과 사회영역에서 국가가 개입할 헌법적 의무를 발생시키는 규범적 원리를 의미한다. ➜ 사회국가. 우리나라에서는 사회국가와 복지국가를 엄밀히 구별하여 그 차별성을 강조하는 견해도 있고, 이념 · 목표 · 내용 등이 유사하기 때문에 동일한 개념범주에 포함시키거나 사회복지국가라는 합성어로 사용하여도 무방하다는 견해도 있다. 복지국가로 사용하는 것이 타당하다는 견해가 우세하다. 헌법재판소도 사회국가, 사회복지국가, 복지국가, 민주복지국가 등으로 사용하고 있다. 우리나라에서는 2010년 이후 보편적 복지국가 논쟁이 이어지고 있다.

복지행정福祉行政**의 원칙** 현대국가는 자유주의적 · 시민적 법치국가에 그치지 않고 국민의 복지향상을 위하여 적극적인 행정활동이 요구되고 있다. 이는 시민적 법치국가에서 사회적 법치국가로 이행하고 있음을 보여준다. 복지행정의 원칙은 사회적 법치국가의 이념에 따라 사회구성원들의 복지를 향상시키기 위한 정부 및 공공복지기관의 행정을 수행하여야 한다는 원칙이다. 복지행정이란 국가 또는 지방자치단체 등의 공공기관이 사회복지 문제를 다루기 위해 복지정책을 수립하고 집행하는 일련의 정책과정이라 말할 수 있다.

복합적 기본권複合的 基本權 통상 기본권은 자유권과 사회권(생존권), 청구권, 참정권 등으로 분류함이 일반적이며 각각의 기본권은 독자적인 성격을 가지는 것으로 이해된다. 이에 개별 기본권들은 위 분류 중의 어느 하나에 속하는 것으로 이해되지만 어떤 기본권은 여러 성격을 동시에 가지는 것으로 파악되기도 한다. 예컨대, 알 권리, 정보기본권, 소비자기본권, 환자의 권리, 청원권, 근로3권 등 많은 기본권들이 여러 기본권의 성격을 겸유하는 것으로 이해되고 있다. 이는 현대사회에서 기본권들 사이의 내용과 성격이 단순히 일의적으로 분류된 하나의 기본권적 특성만으로 파악할 수 없고 상호 연관되어 있음을 나타낸다.

복효적 행정행위複效的 行政行爲 복효적 행위란 효과가 수익적인 것과 침익적인 것을 모두 발생하는 행위를 말하며, 이중효과적 행정행위라고도 한다. 복효적 행위 중에서 이중의 효과가 동일인에게 귀속하는 경우를 혼합효적(混合效的) 행위라 하고, 상이한 자에게 분리되는 경우를 제3자효(第3者效) 있는 행정행위라 한다.

본기본법Bonn基本法 ㊍ Das Bonner Grundgesetz. ➜ 독일기본법.

본래적 헌법원칙本來的 憲法原則 특정 공동체가 처한 개별성을 초월하여 공동체와 인간의 삶에 보편적으로 적용되는 가치와 내용으로서 확인된 것을 말한다. 인간의 존엄과 가치, 인격의 자율성, 보편적인 자유와 권리 등 구성원의 다수결에 의하더라도 폐기할 수 없는 성질을 가진 헌법원칙을 일컫는다.

본론本論**과 방론**傍論 ㊔ *ratio decidendi & obiter dictum.* 판결을 구성하는 부분으로서 결정의 이유를

제시하는 부분으로서의 판결이유(ratio decidendi)와 판결이유와는 상관없이 법원이 제시하는 의견으로서 방론(obiter dictum)이 있다. 판결이유는 '판단을 결정하는 사건의 요체' 또는 '사건이 수립하는 원칙'이다. 다시 말해, 판결이유는 사건의 결론이 의거하는 판단 내에서 법적 추론의 부분에서 파생되고 일치하는 법적 원칙이다. 또한 판결이유는 법원이 특정 판결의 근거를 구성하는 데 사용하는 법적, 도덕적, 정치적, 사회적 원칙을 말한다. 방론(obiter dicta)과는 달리, 영미법에서 판결이유는 일반적으로 선결례구속의 원칙을 통해 하급심 및 이후의 사건에 구속력이 있다. ➜ 방론.

본안사건本案事件 소에 의하여 제기된 청구, 즉 원고의 권리주장이 실체법상 이유가 있는지의 여부 또는 상소에 이한 불복의 주장이 실체법상 이유가 있는지의 여부를 판단할 필요가 있는 사건을 말한다. 본안 전의 가압류 혹은 가처분 사건 등의 신청사건에 대응한다.

본원적 규범통제本源的 規範統制**와 부수적 규범통제**附隨的 規範統制 ㊙ Prinzipale Normenkontrolle und Inzidente Normenkontrolle. **본원적(직접적) 규범통제 또는 주위적 규범통제**라 함은, 문제가 된 규범을 소송대상으로 삼아 기준의 위반여부에 대한 판단에 의해 규범의 효력을 일반적으로 폐기·소멸시키는 사법통제를 말한다. 이 경우 소송실무상 문제가 된 법령의 위헌· 위법여부 또는 효력소멸여부를 청구취지 또는 신청취지에 명시된다. 결정주문(판결주문)에 직접 명령·규칙의 효력여부를 명시하여 선고와 동시에 대상규범에 대한 기판력과 기속력을 발생시켜 사법부와 행정부가 계쟁 소송의 결정(판결)에 구속된다. 헌법재판소가 법령에 대하여 위헌으로 결정하는 경우에 해당 법률 또는 법률조항의 효력이 소멸되어 더 이상 다른 사건에서도 구속력을 발휘하지 못하게 되는 경우가 본원적 규범통제의 대표적인 경우라 할 수 있다. 본원적 규범통제는 소송법상 법령을 대상적격으로 규정하고 있는 경우에만 가능하다. **부수적 규범통제 또는 간접적 규범통제**는 문제가 된 법령의 일반적 효력의 소멸여부를 결정하는 것이 아니라 구체적 계쟁사건과 관련하여 재판의 전제가 되는 근거규범의 위헌·위법여부를 심사하여 무효라고 판단되는 경우에 판결이유 또는 결정이유에 설시하고 해당 계쟁사건에 근거규범으로 적용하지 않는 것을 말한다. 현재 헌법재판소와 법원은 모두 결정이유(판결이유)에 선결문제심리방식에 의한 간접적 통제로서 명령·규칙의 위헌여부를 설시할 수 있다. 이러한 결정(판결)형식은 소송물 외의 쟁점에 대한 방론(obiter dicta)으로서 가능하나 그 부분은 개별적·상대적 효력만 가진다. 헌법재판소는 공권력의 행사 또는 불행사가 위헌인 법률 또는 법률조항에 기인한 것이라고 인정할 때에는, 인용결정에서 당해 법률 또는 법률조항이 위헌임을 선고할 수 있다(헌법재판소법 제75조 제2·3·5조 참조).

본인관련성本人關聯性 ➜ 자기관련성.

본인확인제本人確認制 인터넷게시판을 설치·운영하는 정보통신서비스 제공자에게 본인확인조치의무를 부과하여 게시판 이용자로 하여금 본인확인절차를 거쳐야만 게시판을 이용할 수 있도록 하는 제도를 말한다. 인터넷 이용자가 주민등록번호와 실명을 통해 본인확인을 받은 뒤 사이트에 글을 올리도록 하는 제도로서, 이용자의 본인확인 후, 게시판 등에는 다른 별명이나 ID를 사용할 수 있다. 2007년에 「정보통신망 이용촉진 및 정보보호 등에 관한 법률(약칭: 정보통신망법)」이 개정되면서, 「정보통신서비스제공자로서 제공하는 정보통신서비스의 유형별 일일평균 이용자수 10만 명 이상으로서 대통령령이 정하는 기준에 해당되는 자」에 대하여 게시판이용자의 본인 확인을 위한 방법 및 절차의 마련 등 대통령령이 정하는 필요한 조치를 취하도록 하고(동법 제44조의5 제1항 제2호), 정보통신부장관은 위 규정에 따른 기준에 해당되는 정보통신서비스제공자가 본인확인조치를 하지 않은 경우 본인확인조치를 하도록 명령할 수 있으며(동조 제2항), 이를 이행하지 않는 경우 과태료를 부과할 수 있도록 하였다(동법 제67조 제1항 제1호). 이 규정에 대해 헌법재판소는 침해의 최소성, 법익의 균형성 등이 인정되지 않아 과잉금지원칙에 위반하였다고 하였다(헌재 2012.8.23. 2010헌마47). 동 규정은 2014년 법개정에서 삭제되었다.

본질성이론本質性理論 **= 본질성설**本質性說 ➜ 법률유보.

본질적 내용本質的 內容 **침해금지**侵害禁止**, 기본권의**- 1. **의의** 헌법 제37조 제2항은 「국민의 모든 자유와 권리는 국가안전보장·질서유지 또는 공공복리를 위하여 필요한 경우에 한하여 법률로써 제한할 수 있으며, 제한하는 경우에도 자유와 권리의 본질적인 내용을 침해할 수 없다.」고 하여 기본권제한의 한계를 규정하고 있다. 이 조항은 1960년 헌법(제2공화국)에서 처음 규정되어 1962년 헌법(제3공화국)까지 유지되다가, 유신헌법(1972)에서 폐지된 후 1980년 헌법(제5공화국)에서 다시 규정되어 현행헌법에까지 규정되어 왔다. 독일기본법 제19조 제2항도 같은 내용을 규정하고 있다. 기본권의 근본요소, 핵심존재, 핵심영역, 절대적 핵심 등으로 표현되기도 한다. **2. 법적 성격** 본질적 내용 조항이 객관적 규범규정인지 아니면 주관적 개인의 기본권인지 혹은 양자의 성격을 모두 갖는 것인지에 대하여, 학설은 객관적 규범규정이자 동시에 주관적 기본권이라 함이 다수설이다. 3. **본질적 내용(Wesensgehalt)** 독일에서 '기본권의 본질적 내용'이 무엇인지를 두고 절대설·상대설·절충설의 대립이 있으며, 우리나라에서도 같은 논의가 있다. 1) **본질적 내용의 의미** (1) **학설** ① **절대설** 기본권에는 그 본질을 이루는 불변의 핵심영역이 있으며, 그것이 본질적 내용이라고 보는 견해이다. 그것이 모든 기본권에 공통된 것(예컨대 인간의 존엄성)이냐 각 기본권마다 상이한 것이냐를 두고 인간존엄성설과 핵심영역보장설로 다시 견해가 나뉜다. 절대설에 따르면 기본권의 본질적 내용 침해금지는 과잉금지원칙과 별개의 심사기준이다. 독일연방행정재판소의 입장이라고 한다. ② **상대설** 상대설은 기본권의 본질적 내용은 개별적 기본권에 있어서 이익과 가치의 형량을 통해 구체적으로 확정되고 필요에 따라 제한도 가능하다고 본다. 상대설 중 대표적인 학설은 비례원칙을 위반한 제한이 곧 본질적 내용을 침해한 것이라고 본다. 즉 이 견해에 의하면 본질적 내용 침해금지는 비례원칙의 다른 표현에 지나지 않는다. 독일연방통상재판소의 입장이다. ③ **절충설** 모든 기본권에 공통된 어떤 절대적 가치(인간의 존엄성 등)에다 각 기본권에 특유한 어떤 고유한 가치를 더한 것이 기본권의 본질적 내용이라는 설이다. 이 견해는 절대설의 일종이라고 볼 수 있다. (2) **판례** 헌법재판소의 입장은 일정하지 않으나, 상대설을 따른 결정례가 많다. 판례 중에 기본권의 본질적 내용을 침해했다는 이유로 위헌결정을 한 사례가 여럿 있는데, 그런 경우 헌법재판소는 「과잉금지의 원칙에 위배되어 ……자유의 본질적 내용을 침해하였다.」라는 문구를 쓴다(헌재 2002.9.19. 2000헌바84). 이것은 과잉금지원칙 위반을 곧 본질적 내용 침해로 본 것이며, 이는 상대설의 입장이다. 또 사형제도에 대한 합헌결정에서 「사형이 비례의 원칙에 따라서 적용되는 한 본질적 내용을 침해하지 않는다.」고

하였다(헌재 1996.11.28. 95헌바1). 다만 재산권에 관하여는 분명하게 절대설을 취한 판례들이 있다. 즉 헌법재판소는, 「재산권의 본질적 내용이라는 것은 재산권의 핵이 되는 실질적 요소 내지 근본적 요소를 뜻하며, 재산권의 본질적인 내용을 침해하는 경우라고 하는 것은 그 침해로 인하여 사유재산권이 유명무실해지거나 형해화되어 헌법이 재산권을 보장하는 궁극적인 목적을 달성할 수 없게 되는 지경에 이르는 경우라고 할 것이다.」라고 하고 있고(헌재 1990.9.3. 89헌가95), 「기본권의 본질적 내용은 만약 이를 제한하는 경우에는 기본권 그 자체가 무의미하게 되는 기본권의 근본요소를 의미한다. … 우리 헌법은 정당의 핵심적 기능과 임무를 '국민의 정치적 의사형성에의 참여'로 설정하고 있고, 이러한 정치적 의사형성은 민주적인 과정을 통하여 이루어질 것을 요구하고 있다. 그러므로 이 사건 법률조항들이 정당으로 하여금 위와 같은 핵심적인 기능과 임무를 전혀 수행하지 못하도록 하거나 이를 수행하더라도 전혀 비민주적인 과정을 통할 수밖에 없도록 하는 것이라면, 이는 정당의 자유 그 자체를 무의미하게 하고 이를 형해화하는 것으로서 기본권의 본질적 내용을 침해하는 것이 된다.」라고 하고 있다(헌재 2004.12.16. 2004헌마456; 2003.12.18. 2001헌바91등; 1997.11.27. 97헌바10 등). 재산권의 본질적 내용이 무엇인지 구체적으로 명시한 판례도 있다. 2) **보호의 대상** 본질적 내용의 침해금지를 통하여 보호하려는 대상을 객관적 법원리로 보는 객관설, 보호대상을 개인의 주관적 권리로 보는 주관설이 대립하고 있다. 3) **인간의 존엄과 가치와의 관계** 기본권의 본질적 내용과 헌법상 기본권 보장의 근본규범인 인간의 존엄과 가치는 상호독립적인 문제로 이해해야 한다. 4. **절대적 기본권의 문제** 독일기본법과는 달리 우리나라 헌법에서는 절대적 기본권을 명문으로 규정하고 있지는 않지만, 이론상 양심의 자유에서 내심의 의사, 종교의 자유에서 신앙 등은 법률로써도 제한할 수 없다.

본회의本會議 ➜ 국회의 회기와 회의. 전원회의와 구별된다.

본회의결정중심주의本會議決定中心主義 ➜ 국회의 조직.

봉쇄조항封鎖條項 ➜ 저지조항. ➜ 비례대표제.

뵈켄푀르데의 공식 ➜ 기본권이론.

부계혈통주의父系血統主義 출생에 의한 국적의 부여에 관한 혈통주의 중 아버지가 자국민인 것을 조건으로 자식에게 국적을 부여하는 것을 말한다. ➜ 국적. ➜ 혈통주의.

부담금負擔金 중앙행정기관의 장, 지방자치단체의 장, 행정권한을 위탁받은 공공단체 또는 법인의 장 등 법률에 따라 금전적 부담의 부과권한을 부여받은 자가 분담금, 부과금, 기여금, 그 밖의 명칭에도 불구하고 재화 또는 용역의 제공과 관계없이 특정 공익사업과 관련하여 법률에서 정하는 바에 따라 부과하는 조세 외의 금전지급의무를 말한다(부담금관리기본법 제2조). 특정한 의무이행을 담보하기 위한 예치금 또는 보증금의 성격을 가진 것은 제외한다. 헌법재판소는 「부담금은 조세에 대한 관계에서 어디까지나 예외적으로만 인정되어야 하며, 어떤 공적 과제에 관한 재정조달을 조세로 할 것인지 아니면 부담금으로 할 것인지에 관하여 입법자의 자유로운 선택권을 허용하여서는 안 된다. 부담금 납부의무자는 재정조달 대상인 공적 과제에 대하여 일반국민에 비해 '특별히 밀접한 관련성'을 가져야 하며, 부담금이 장기적으로 유지되는 경우에 있어서는 그 징수의 타당성이나 적정성이 입법자에 의해 지속적으로 심사될 것이 요구된다. 다만, 부담금이 재정조달목적뿐 아니라 정책실현목적도 함께 가지는 경우에는 위 요건들 중 일부가 완화된다.」고 하고 있다(헌재 2004.7.15. 2002헌바42). 또한 「훼손부담금은 개발제한구역 내에 입지하는 시설 등의 설치에 따르는 토지형질변경에 대하여 구역 내·외의 토지가격 차액에 상당하는 경제적 부담을 부과함으로써 구역 내 입지선호를 제거함과 동시에 불가피한 경우로 입지를 제한하여 개발제한구역의 훼손을 최대한 억제하는 한편 개발제한구역의 지정·관리를 위한 재원의 확보에 그 주된 목적이 있으므로, 내용상으로는 개발제한구역 훼손의 원인을 제공한 자에게 부과하는 원인자 부담금 또는 개발제한구역의 지정 및 관리를 통한 쾌적한 생활공간의 확보에서 발생하는 유·무형적 수익에 대한 수익자 부담금으로서의 성격을 가지고, 기능상으로는 개발제한구역 내에서 토지형질변경을 초래하는 건축물의 건축 등 행위를 직접적으로 금지하는 대신 행위자에게 일정한 금전적 부담을 지움으로써 위와 같은 행위를 간접적·경제적으로 규제하고 억제하려는 정책실현목적 부담금으로서의 성격을 갖는다고 볼 것이다.」고 하고 있다(헌재 2007.5.31. 2005헌바47). ➜ 준조세.

부당결부금지不當結付禁止**의 원칙** ㊕ Koppelungsverbot. 부당결부금지의 원칙이란 행정기관이 행정활동을 행함에 있어서 그것과 실질적인 관련이 없는 반대급부와 결부시켜서는 안된다는 행정법상의 원칙이다. 행정기본법 제13조에 규정되어 있다. 부당결부금지의 원칙은 공행정작용에 있어서 부당한 반대급부를 결부시켜서는 아니 된다는 것인데 이 경우 부당한 반대급부인지의 여부는 '실질적 관련성(원인적, 목적적 관련성)을 기준으로 판단한다. 공법상 계약, 행정행위의 부관, 공급거부, 관허사업제한, 급부행정 등의 영역에 이 원칙이 적용된다. 독일에서는 행정절차법과 연방정보보호법에 명시되어 있다.

부당노동행위不當勞動行爲 헌법 제33조는 기본권으로서 노동3권을 규정하고 있다. 노동3권을 적극적으로 보장하기 위해서는 사회경제적으로 우월한 지위를 가진 사용자로부터 부당한 압박이나 처우를 받아서는 안 된다. 사용자가 헌법상 보장된 근로자의 노동3권을 침해하는 일체의 행위를 부당노동행위라 할 수 있다. 「노동조합 및 노동관계조정법」은 사용자의 부당노동행위를 상세히 규정하고 있다(동법 제81조). 헌법재판소는 전임자 급여지급 금지(동조 제4호) 등에 관한 노동조합법 제24조 제2항, 제4항, 제5항이 단체교섭권 등을 침해하지 않는다고 판단하였다(헌재 2014.5.29. 2010헌마606). 또한 사용자가 노동조합의 운영비를 원조하는 행위를 부당노동행위로 금지하는 '노동조합 및 노동관계조정법'(2010.1.1. 법률 제9930호) 제81조 제4호 중 '노동조합의 운영비를 원조하는 행위'에 관한 부분은 노동조합의 단체교섭권을 침해하는 규정으로서 헌법에 합치되지 아니한다는 결정이 있었다(헌재 2018.5.31. 2012헌바90). 부당노동행위로 인해 권리를 침해당한 노동자 또는 노동조합은 구제신청과 조사 및 구제명령 등을 거쳐 구제받을 수 있다(동법 제82~86조).

부대조항附帶條項 ➜ 결부조항.

부동산공개념不動産公槪念 부동산공개념은 부동산인 토지와 건물의 소유권에 대하여 절대적 권리를 인정하지 아니하고 공공의 이익 내지 공공복리의 증진을 위하여 일정한 의무를 부담하거나 제약을 수반하는 것으로 보는 것을 말한다. 과거에는 주로 토지에 대해서만 공개념이 강조되었으나, 도시의 거대화 · 집중화로 인하여 주택문제가 심각한 사회문제로 대두되고 투기 등으로 경제활동을 왜곡하는 경향까지 나타나게 되자, 주택 분야에 대해서도 공공의 이익 내지 공공복리의 증진이라는 헌법적 이념을 반영하여야 한다는 주장이 나타나기 시작하였다. 이에 토지공개념과 주택공개념을 합하여 부동산공개념으로 포괄적으로 이해하고 있다. 헌법규정으로는 직접적이지는 않지만, 주택개발정책 등을 통하여 국민이 쾌적한 주거생활을 할 수 있도록 할 국가의 의무를 규정한 제35조를 근거로 들 수 있다. ➜ 토지공개념.

부령部令 행정 각부의 장이 소관사무에 관하여 법률이나 대통령령의 위임 또는 직권으로 발하는 명령으로, 보통 시행령 또는 시행세칙이라고 하여 공포된다. 법률이나 대통령령의 위임에 의하여 발하는 것을 위임명령, 직권으로 발하는 것을 집행명령이라고 한다. 헌법 제95조에 근거하고 있다. ➜ 행정입법.

부마민주항쟁釜馬民主抗爭 **= 부마사태**釜馬事態 부마민주항쟁 또는 부마민중항쟁(釜馬民衆抗爭)은 1979.10.16.부터 10.20.까지 대한민국의 부산직할시(현 부산광역시)와 경상남도 마산시(현 창원시)에서 유신 체제에 대항하여 일어난 항쟁을 말한다. 1979.5.3. 신민당 전당대회에서 '민주회복'의 기치를 든 김영삼(金泳三)이 총재로 당선된 후 정국은 여야격돌로 더욱 경색되었다. 이어 8.11. YH사건, 9.8. 서울민사지법의 김영삼총재단직무집행정지가처분 인용, 10.4. 김영삼의 의원직 제명 등 일련의 사건이 발생함으로써 유신체제에 대한 야당과 국민의 불만이 크게 고조되었다. 10.13. 신민당 의원 66명 전원이 사퇴서를 제출하였으나 공화당과 유정회 합동조정회의에서 '사퇴서 선별수리론'이 제기되어 부산 및 마산 출신 국회의원들과 그 지역의 민심을 크게 자극하였다. 김영삼의 정치적 본거지인 부산에서는 10.15. 부산대학교에서 민주선언문이 배포되고, 10.16. 5,000여 명의 학생들이 시위를 주도, 시민들이 합세하여 대규모 반정부시위가 전개되었다. 시위대는 16일과 17일 이틀 동안 정치탄압 중단과 유신정권 타도 등을 외치며 파출소 · 경찰서 · 도청 · 세무서 · 방송국 등을 파괴하였고, 18일과 19일에는 마산 및 창원 지역으로 시위가 확산되었다. 이에 정부는 18일 0시 부산 지역에 비상계엄령을 선포하고 1,058명을 연행, 66명을 군사재판에 회부하였으며, 20일 정오 마산 및 창원 일원에 위수령(衛戍令)을 발동하고 군을 출동시켜 505명을 연행하고 59명을 군사재판에 회부하였다. 비록 시위는 진정되었으나, 26일 대통령 박정희가 사망함으로써 유신체제의 종말을 앞당긴 계기가 되었다. 2019.9.17.에 부마민주항쟁 발생일 10월16일을 국가기념일로 지정하였다. 4 · 19혁명, 5 · 18광주민주화항쟁, 6 · 10민주화항쟁 등과 함께 4대 민주화항쟁으로 불린다.

부모양계혈통주의父母兩系血統主義 ➜ 혈통주의.

부산미문화원방화사건釜山美文化院放火事件 미문화원 방화사건은 제5공화국 출범 1년 후인 1982.3.18., 부산지역 대학생들이 부산 미국문화원에 불을 지른 방화사건이다. 약 2시간 만에 진화되었으나, 문화원 도서관에서 공부하던 동아대학교 학생 1명이 사망했고, 5명이 중경상을 입었다. 1980.12.9. 광주미문화원방화사건에 이어 일어난 반미운동 사건이다. 부산 미문화원 사건 이후에도 대구 미국문화원 폭발사건(1983), 서울 미국문화원 점거농성 사건(1985) 등 일련의 반미운동이 일어났다. 5공정권은 북한의 사주를 받은 학생 내지는 반사회성을 지닌 성격이상자들의 난동으로 홍보하고 대대적으로 구속했으며, 구속과정에서 천주교 원주교구 신부 최기식과 한국교회사회선교협의회 관련자들까지 체포하면서 정권과 종교계 간의 싸움으로도 비화되었다. 1983.3.8. 관련자 문부식, 김현장은 대법원에서 사형확정 판결후 무기징역으로 감형되었고, 다른 관련자들도 실형을 선고받았다가 감형 등으로 석방되었다. 부미방 사건, 1차 부미방 등으로 불리기도 한다.

부산정치파동釜山政治波動 6·25전쟁의 와중인 1952년 여름, 제2대 대통령선거에서 재집권하기 위해 임시수도 부산에서 직선제개헌안을 강압적으로 통과시키려 한 이승만정권의 폭력행위로 일어난 일련의 사태를 말한다. 당시 정부는 한국전쟁 발발로 부산에 임시수도를 둔 가운데, 전쟁 중 터져나온 행정상의 무능력·부정부패, 국민방위군 사건과 거창양민학살 사건 등으로 제2대 대통령선거에서 이승만 대통령의 연임이 위태로운 상황이었다. 이에 이승만은 재집권을 위해 대통령직선제와 국회 양원제를 골자로 하는 개헌을 추진하는 한편, 신당운동을 추진하여 1951.12.23. 자유당이 창당되었다. 직선제 개헌안이 1952.1.18.에 국회에 상정되어 재석 163명 중 가 18, 부 143, 기권 1로 부결되자, 이승만은 국민회·조선민족청년단(족청)·대한청년단·노동총연맹 등 어용단체를 동원하여 관제데모를 부추겼고, 정치깡패집단인 백골단·땃벌떼·민중자결단 등의 이름으로 된 벽보·전단이 부산일대를 뒤덮었다. 1952.4. 이승만은 장면 국무총리를 해임하고 장택상을 임명, 그가 이끌던 신라회(新羅會)를 개헌 지지 쪽으로 끌어들였다. 5.25. 부산을 포함한 경남·전남북 일대에 계엄령을 선포하고, 이범석을 내무장관에, 원용덕을 영남지구 계엄사령관에 임명, 의원내각제 개헌추진 주동의원의 체포에 나섰다. 5.26.에 국회의원 50여 명이 탄 버스를 헌병대로 강제로 끌고 가 일부 의원에게 국제공산당과 결탁했다는 혐의를 씌웠다. 정국이 혼란스러운 가운데, 6.20. 이시영·김성수·장면·조병옥·김창숙 등 야당의원 60여 명은 국제구락부에서 〈호헌구국선언〉을 꾀하였으나, 괴한들의 습격으로 무산되었다. 이때 장택상이 이른바 발췌개헌을 추진하였다(1952.6.21. 국회상정). 6·25기념식장에서 이승만저격미수사건이 발발하여 야당은 발췌개헌안에 더 이상 저항하지 못하였다. 개헌결의에 필요한 의원정족수를 채우기 위해 국회의원에게 신분보장 등의 조건을 내걸고 국회 등원을 요청하며, 구속 중이던 국회의원을 석방하는 등의 방법으로 강제연행 및 동원된 국회의원이 국회에 등원하자, 경찰과 군이 국회를 포위하고, 자유당합동파와 신라회 소장의원들이 출입을 통제하는 가운데, 1952.7.4. 출석 166, 가 163, 기권 3으로 통과시켰다. 7.7. 개정헌법이 공포되고 28일 비상계엄령이 해제되었다. 이로써 부산정치파동이 일단락되었다.

부서권·부서제도副署權·副署制度 [영] countersignature, [독] Gegenzeichnung, [프] contreseing. 부서(副署)란 국가원수의 서명에 부서하여 내각 구성원 또는 장관이 서명하는 것을 말한다. 국무총리가 있는 나라에서는 국무총리도 부서한다. 관계 국무위원 및 장관의 책임의 소재를 밝히는 동시에 국가원수의 전횡을 예방하는 효과가 있다. 우리 헌법에는 대통령의 국법상 또는 군사상 행위는 문서로써 하며, 이 문서에는 국무총리와 관계국무위원이 부서하도록 하고 있다(헌법 제82조). 부서 없는 대통령의 국법상 행위의 효력에 대해서는, 무효설과 유효설이 대립되어 있다. 무효설은 부서는 대통령의 권한행사에 대한 견제적 기능을 하는 제도이므로 이를 결여한 대통령의 행위는 형식적 유효요건을 결여한 것이므로 무효라고 본다. 유효설은 부서는 대통령의 국무행위에 관한 유효요건이 아니라 적법요건이기 때문에 부서 없는 대통령의 국법상 행위도 당연무효는 아니고, 위법행위가 되는데 지나지 않는다고 본다. 무효설이 다수설이다.

Bush v. Gore, 531 U.S. 98 (2000) 판결 1. **사실관계** 2000년의 미국대통령선거의 개표과정에서 2000.12.8. 플로리다 대법원은 투표집계기가 놓친 61,000표 이상의 무효표에 대한 주 전체의 재개표를 명령하였다. 부시 선거본부는 즉시 연방대법원에 플로리다 대법원의 결정을 보류하고 재검표를 중단할 것을 요청하였다. Antonin Scalia 대법관은 플로리다 카운티에서 수행되는 모든 수동집계가 불법이라고 확신하고 동료들에게 즉시 정지를 명할 것을 촉구하였다. 12.9.에 법원의 보수적인 5명의 대법관은 부시의 편에서 정지를 명했으며, Scalia는 재검표가 부시의 정당성에 '불필요하고 부당한 구름'을 드리울 것이기 때문에 부시에게 닥칠 수 있는 '회복할 수 없는 피해'를 인용하였다. 반대의견에서 대법관 Stevens는 '합법적으로 행해진 모든 투표를 집계하는 것은 돌이킬 수 없는 피해를 구성할 수 없다'고 하였다. 구두변론은 12.11.로 예정되어 있었다. 2. **판결요지** 법원의견(per curiam opinion) 5-4의 결정에서 법원은 엄격히 평등보호의 근거로 재개표를 중단하라고 판결하였다. 특히, 다른 카운티에서 다른 계산기준을 사용하는 것은 미국헌법의 평등보호 조항을 위반하였다. 이 사건은 또한 II조의 관할 근거에 기하여 주장되었는데, 이에 대해서는 Scalia 대법관, Thomas 대법관, Rehnquist 대법관이 찬성하였다. 그 후 법원은 12.18., Tallahassee에서 예정된 플로리다 선거인단 회의 이전에 주 전체에 걸쳐 통일된 기준을 사용하여 재검표를 완료하기 위해 사건을 플로리다로 돌려보내야 한다는, Breyer 및 Souter 대법관의 구제책에 반대하는 결정을 내렸다. 대신에, 다수의견은 플로리다 대법원이 플로리다 주의회가 다른 방법을 설정할 수 없다고 주장하였다. 그 기한은 법원의 결정이 발표된 지 2시간 후에 도착하였다. 법원은 기한연장을 기각하였다. 대법원의 결정은 플로리다 주 국무장관 Katherine Harris가 행한 투표인증, 즉 25명의 선거인단 투표에서 승리하여 Bush에게 유리했던 이전의 투표인증을 인정하였다. 플로리다의 표는 공화당 후보인 부시에게 271명의 선거인단을 주어 선거인단에서 승리하는 데 필요한 270명보다 1명 더 많은 표를 얻었다. 이로써 Bush가 당선되었다. 3. **판결의 의의** 이 판결은 2000.12.12. 플로리다의 조지 W. 부시와 앨 고어 간의 재검표 분쟁을 해결한 미국 대법원의 획기적인 판결이었다. 이 판결에 대해서는, Stevens 대법관이 예측한 바와 같이, 법원의 평판을 손상시키고, 대법관들을 당파적이라고 생각하게 하며, 선거의 완결성에 대한 미국인의 신뢰를 감소시키는 것으로 더 많은 다수에 의해 비판받았다. 특히 법원의 판결이 평등보호 조항을 왜곡하고 정치문제 법리에 위배된다고 비판되었다.

부의附議 · **상정**上程 · **회부**回附 부의(附議)는 사전상 '토의에 부침', 상정(上程)은 '토의할 안건을 회의 석상에 내어놓음'이라는 의미이지만, 본회의에서 안건을 심의할 수 있는 상태로 만드는 행위는 부의, 위원회 또는 본회의 단계에서 회부된 안건이나 본회의에 부의된 안건을 당일 회의에서 다룰 수 있도록 하는 행위를 상정이라고 한다. 부의와 상정은 권한을 가진 주체에서 차이가 있다. 안건을 부의하는 주체는 일반적으로 위원장이며, 심사기간이 지정된 경우나 상임위 심사를 거치지 않고 본회의에서 안건을 심의하는 경우는 의장이 부의한다. 반면 상정 여부를 결정하는 주체는 의안이 계류된 당해 위원장 또는 의장이 된다. 회부(回附)란 안건 심사 권한을 가진 위원회나 소위원회 등에 '안건을 송부하는 행위'를 말한다. 국회 의안과에서 소관 위원회로 회부할 때에는 국회의장이 주체가 된다. 위원회에서 소위원회로 회부하거나, 상임위원회가 심사를 마친 법안을 법제사법위원회로 회부할 때는 위원장이 주체가 된다.

부작위위법확인소송不作爲違法確認訴訟 ㊄ litigation for affirmation of illegality of omission. 부작위위법확인소송은 행정청이 국민의 법규상 또는 조리상의 권리에 기한 신청에 대하여 상당한 기간 내에 일정한 처분, 즉 그 신청을 인용하는 적극적 처분 또는 각하하거나 기각하는 등의 소극적 처분을 하여야 할 법률상의 응답의무가 있음에도 불구하고 이를 하지 아니하는 경우, 판결시를 기준으로 그 부작위의 위법을 확인함으로써 행정청의 응답을 신속하게 하여 부작위 내지 무응답이라고 하는 소극적인 위법상태를 제거하는 것을 목적으로 하는 것이고, 나아가 당해 판결의 구속력에 의하여 행정청에게 처분 등을 하게 하고 당시 당해 처분 등에 대하여 불복이 있는 때에는 그 처분 등을 다투게 함으로써 최종적으로는 국민의 권리이익을 보호하려는 제도이다(대판 1990.9.25. 89누4758). 부작위위법확인소송이 적법하기 위해선 대상적격, 원고적격, 협의의 소의 이익, 피고적격, 예외적 행정심판전치주의, 제소기간 등을 갖추어야 한다. 행정소송법 제2조 제1항 제2호는 부작위위법확인소송의 대상이 되는 부작위에 대하여 「행정청이 당사자의 신청에 대하여 상당한 기간내에 일정한 처분을 하여야 할 법률상 의무가 있음에도 불구하고 이를 하지 아니하는 것을 말한다.」고 정의하고 있다. 행정소송법은 부작위위법확인소송을 항고소송의 하나로 규정하고 있다(동법 제4조 제3호). 이 소송은 공권력의 불행사를 위법이라고 확인함으로써 결과적으로 공권력행사를 강제하는 것이라 볼 수 있다(행정소송법 제30조 제2항, 제38조 제2항 참조). 따라서 부작위위법확인소송을 통해 실질적으로 의무이행소송의 효과를 기대할 수도 있다. 헌법재판소는 「부작위위헌확인소원은 기본권보장을 위하여 헌법상 명문으로 또는 헌법의 해석상 특별히 공권력 주체에게 작위의무가 규정되어 있어 청구인에게 그와 같은 작위를 청구할 헌법상 기본권이 인정되는 경우에 한하여 인정되는 것」이라고 하고 있다(헌재 1996.2.29. 93헌마186).

부재자투표不在者投票 ㊄ absentee voting. 선거인 명부에 올라 있는 유권자 중 선거일에 투표소에 갈 수 없는 사람에게 투표 참여 기회를 주고자 실시하는 제도로, 2014.6. 실시된 제6회 전국동시지방선거부터 이 제도가 폐지되고 사전투표제도가 도입되었다. 다만 해외거주자의 경우 재외선거라는 이름으로 부재자투표가 계속 시행되고 있다. 재외국민 및 해외거주자의 경우 헌법재판소는 2007년 이전까지는 합헌이라 하였으나(헌재 1999.1.28. 97헌마253; 1999.
3.25. 97헌마99), 이를 변경하여 재외국민에 대하여 투표권제한과 부재자투표를 실시하지 않는 것은 위헌이라는 취지의 헌법불합치를 선고하였다(헌재 2007.6.28. 2005헌마772 헌법불합치, 잠정적용).

부전조약不戰條約 ㊄ Renunciation of War Treaty/Anti-War Treaty. 부전조약이란 1928.8.27. 프랑스의 파리에서 영국·미국·프랑스 등 15개국에 의하여 체결된 전쟁포기에 관한 조약이다. 이 조약은 파리조약, 또는 체결 당시 프랑스 외무장관 A.브리앙과 미국 국무장관 F.B. 켈로그가 주도하였다 하여 '켈로그-브리앙조약(Kellogg-Briand Pact)'이라고도 한다. 주된 내용은 국제분쟁의 해결을 위하여 전쟁을 일으키지 않고 국가정책의 수단으로서의 전쟁을 포기하며 일체의 국제분쟁은 평화적 수단에

ㅂ

의해 해결할 것 등이다. 조약체결 후 다른 나라에도 개방되어 63개국이 조약당사국이 되었다. 전문(前文)과 3개조로 구성되어 있다. 국가정책 수단으로서의 전쟁을 포기할 뿐만 아니라, 분쟁해결을 위한 전쟁이 불법임을 선언하고 체약국간의 일체의 분쟁 및 사태의 해결은 평화적 수단에 의해서만 해결할 것을 규정하고 있다. 그러나 조약을 위반한 경우, 이에 대한 제재방법을 규정하지 못하여 무용지물이 되었다.

부정선거관련자처벌법不正選擧關聯者處罰法 제1공화국 당시 1960.3.15.에 실시한 제4대 대통령 선거 및 제5대 부통령 선거에 이승만과 이기붕을 당선시키기 위해서 갖가지 부정한 방법을 통해서 선거과정과 결과를 훼손시켰다. 이는 결국은 4·19혁명의 원인을 가져왔으며 이를 처리하기 위해, 제2공화국정부하의 국회에서 특별위원회가 구성되어 진상조사를 통해서 관련자들을 처벌하기 위한 법률이 제정되었다. 제2공화국정부는 부정선거관련자를 처벌하기 위하여 제4차 헌법개정을 통해 '반민주행위자'의 헌법적인 처벌근거를 규정하고, 이에 따라 제정한 법률이 「부정선거관련자처벌법」이다(1960.12.31. 제정, 법률 제586호, 1960.12.31. 시행). 이때 '반민주행위자 공민권제한법', '특별재판소 및 특별검찰부조직법', '부정축재특별처리법' 등이 함께 제정되었다. 하지만 법률의 취지대로 집행되지 못한 채, 5·16군사쿠데타에 의하여 철저히 왜곡되었다. 2008.12.19.에 폐지되었다.

부정축재처리법不正蓄財處理法 5·16쿠데타 후 국가재건최고회의(國家再建最高會議)의 의결을 거쳐 1961.6.14. 제정된 것으로, 동법 부칙에서 쿠데타 전인 1961.4.7. 제정된 「부정축재특별처리법」을 폐지하고, 또한 동법 부칙에서 폐지한 국가재건최고회의령 제20호 부정축재처리기본요강을 보완한 것이다. 제정 후 3차의 부분개정이 있었다. 주요내용은, 「부정축재자」개념을 정의하고, 부정축재자를 처리하기 위하여 국가재건최고회의에 부정축재처리위원회를 두고, 부정축재자의 구체적인 처리 및 부정축재대상자의 거주제한 등의 규정을 두고 있었다. 2008.12.19.에 폐지되었다.

부진정소급입법不眞正遡及立法 ➜ 소급입법금지의 원칙.

부진정입법부작위不眞正立法不作爲 ➜ 입법부작위.

부진정경합不眞正競合 = 유사경합.

부진정충돌不眞正衝突 = 유사충돌.

부진정 기본권不眞正 基本權 ㊀ unechte Grundrechte. 진정 기본권이라 함은 개인을 위한 현실적·실질적 권리로서 국가에 대하여 작위 또는 부작위를 요청할 수 있는 주관적 공권을 말한다. 이에 대하여 부진정 기본권이라 함은 헌법이 객관적 질서로서 일정한 문화질서·경제질서·교육제도 등을 규정하고 있는 결과 반사적으로 누리게 되는 권리를 말한다. 문화시설이용권·독과점거부권·교육시설이용권 등이 이에 해당한다. ➜ 기본권의 분류와 체계.

부진정합헌조약不眞正合憲條約 절차상 위헌이지만 실질상 합헌인 조약 혹은 절차상 합헌이지만 실질상 위헌인 조약을 말한다. ➜ 조약.

부차적·파생적 제헌권 ➜ 헌법개정권력.

부총리副總理 ㊂ vice-premier/deputy prime minister. 국무총리가 특별히 위임하는 사무를 수행하는 정무직 공무원이다. 현행 정부조직법에 따르면 부총리는 기획재정부장관과 교육부장관이 겸임하도록 하고 있다(동법 제19조 제3항). 경제정책에 관하여는 기획재정부장관이, 교육·사회·문화 분야에 관하여는 교육부장관이 겸임해 국무총리의 명을 받아 각기 소관 중앙행정기관을 총괄·조정한다(동법 제19조 제4·5항). 또한 국무총리가 사고로 직무를 수행할 수 없을 때 정부조직법에 따라 그 직무를 대행한다(동법 제22조). 부총리는 1963년 처음 정부조직에 도입하여 당시 경제기획원장관이 겸임하였고, 1990.12.부터는 경제기획원장관과 통일원장관 2명이 겸임하였다. 1998.2. 외환위기 때는 정부조직의 구조조정으로 폐지되었다가 2001.1. 부활되어 재정경제부장관과 교육인적자원부 장관이 겸임하였고, 2004.9.에는 과학기술부장관이 추가 3부총리제가 시행되었다. 그 후 2008.2. 폐지되었다가 2014.11. 정부조직법 개정으로 다시 부활하여, 2부총리제로 오늘에 이르고 있다.

부칙附則 ㉷ supplementary provisions/additional rules. 법률이나 규칙을 보충하기 위해 맨 끝에 덧붙이는 규정이나 규칙 내용이다. 일반적으로 본문 규정에 부수되거나 보충적, 구체적 사항을 규정하게 된다. 부칙에 규정하는 사항으로는, 법령의 시행기일에 관한 규정, 기존법령의 폐지에 관한 규정, 그 법령의 시행에 따르는 경과조치에 관한 규정, 다른 법령의 개정에 관한 규정, 벌칙에 관한 경과조치, 기타 용어의 정리, 다른 법률과의 관계 등에 관한 규정 등이 있다. 효력상으로는 본문규정과 동일하다. 법률이 전면개정되는 경우에 기존의 부칙규정의 효력 여부에 관하여 견해대립이 있으나, 통상은 법률 전면개정시 기존 부칙 중에서 필요한 것은 개정법률의 부칙에 옮겨 적는 경우가 많다. 종전의 부칙이 유효한지 여부를 판단할 수 있는 기준을 제시한 대법원 판결(대판 2008.11.27. 2006두19419)과 헌법재판소결정(헌재 2012.5.31. 2009헌바123, 126(병합))이 있다. ➜ 경과규정.

부통령副統領 ㉷ vice-president. 부통령은 대통령제를 채택한 국가 중 일부에서 채용하고 있는 공직이다. 대통령의 유고 시 부통령이 직무를 대행하거나 대통령직을 승계한다. 우리나라에서는 1948년에 부통령제가 도입되었고 1952년 제1차 개정 이후 부통령을 참의원 의장으로 규정하였으나, 제1공화국에서는 참의원의원 선거가 실시되지 않아 참의원이 구성되지 않았다. 제2차 개정 헌법에서는 대통령이 궐위되면 부통령이 대통령이 되고, 남은 임기를 재임하도록 규정하였다. 1960년 제2공화국 수립과 함께 부통령제가 폐지되었다. 부통령이 대통령직을 승계할 경우 새로 부통령을 선출하는 경우도 있고 공석으로 남는 경우도 있다.

북한국적주민北韓國籍住民 ➜ 국적.

북한이탈주민北韓離脫住民 ㉷ north korean refugees/defectors. 북한이탈주민의 법률상의 정의는 「군사분계선 이북지역에 주소, 직계가족, 배우자, 직장 등을 두고 있는 사람으로서 북한을 벗어난 후 외국 국적을 취득하지 아니한 사람」을 말한다(북한이탈주민의 보호 및 정착지원에 관한 법률 제2조 제1호). 과거 냉전시대에는 귀순자, 귀순용사 등으로 불리기도 하였으나, 냉전완화 후에는 탈북주민, 탈북민, 탈북자, 새터민 등으로 불리기도 한다. 새터민이라는 용어는 '새로운 터전에 정착한 주민'이라는 의미로 2005년부터 사용되었으나, 2008년까지만 사용되었고, 오늘날에는 북한이탈주민 혹은 탈북민으로 사용된다. 북한이탈주민의 법적 지위는 남북한의 관계를 어떻게 이해하느냐에 따라 결정된다. ➜ 남북한의 관계. 남북한관계를 대한민국 임시정부의 관점에서 1국가2정부로 이해한다면, 북한주민들도 대한민국의 국적을 가진 것으로 이해할 수 있지만, 이는 민족의 내적 규범질서일 뿐이다. 1948년 유엔의 남한정부 승인 이래 국제적으로는 남북한은 2개의 국가로 인정되고 있다. → 한반도유일합법정부론. 따라서 제3국의 입장에서는 남북한은 엄연한 별개의 국가이기 때문에 북한이탈주민이 제3국에 체류할 경우, 북한정부의 송환요구를 무시할 수 없다. 현실적으로는 비밀리에 조용한 외교교섭을 통해 사실상 남한으로 이송하는 것이 가장 무리없는 해결책이 될 수 있을 것이다. → 국적.

북한헌법北韓憲法 1948.9.8. 최고인민회의 제1기 1차회의에서 승인되고, 다음날인 9.9.에 공포된 조선민주주의인민공화국 인민민주주의헌법(1948년헌법: 5차례 수정보충)과 이를 이어 1972.12.27.에 새로이 제정된 조선민주주의인민공화국 사회주의헌법(1972년 헌법)을 말한다. 1972년 헌법은 2019년10월 현재까지 9차례 걸쳐 수정보충되었다(1992.4.9., 1998.9.5., 2009.4.5., 2010.4.9., 2012.4.13., 2013.4.1., 2016.6.30., 2019.4.11., 2019.8.29.). 1948년 인민민주주의헌법에서부터 1972년 사회주의헌법으로 개정된 이후 김일성의 국가건설 업적이 최초로 서문의 형식을 갖춰 수정된 1998년 김일성헌법과 2012년 김정은 시대의 핵보유국 및 2013년 금수산태양궁전의 성역화를 서문에 보충하고, 2016년 헌법에서는 국방위원회를 국무위원회로 개편, 담당업무를 국방에서 국가전반사업으로 확대하며, 과거 국방위원회 제1위원장을 대신하여 국무위원장의 직위를 가지고 국가를 통치하고 있다. 2019.4.11.의 개정에서는 조선민주주의인민공화국의 국무위원회 위원장을 국가대표로 명시하고 명실상부한 국가수반으로 확정하였다. 2019.8.29. 개정에서는 국무위원회 위원장의 최고인민회의 대의원 겸직을 금지하고, 외교대사의 신임장 소환 및 임명권을 가지며, 국무위원회 위원장은 최고인민회의 법령과 국무위원회 중요정령과 결정을 공포하는 권한을 갖도록 하였다.

분권형 대통령제分權型 大統領制 → 이원정부제.

분담금分擔金 → 부담금.

분리이론分離理論 → 재산권의 사회적 제약(社會的 制約)과 공용침해(公用侵害).

분점정부分占政府 ⓔ divided government. 1. **의의** 분점정부는 대통령제 또는 이원집정부제(준대통령제) 국가에서 행정부 수반인 대통령이 속한 정당(여당)과 입법부의 다수당(야당)이 일치하지 않는 상태를 지칭한다. 여소야대라고도 한다. 외형적으로 분점정부는 의회에서 여당의 국회의원 수보다 야당의 국회의원 수가 많은 경우를 나타내며, 정치적으로는 의회에서 야당이 다수를 차지함으로써 대통령의 행정부와 여당 주도의 국정운영이 안되고 야당 주도의 정국이 되는 것을 말한다. 분점정부 현상이 장점으로 작용할 때는 입법부의 행정부에 대한 감시와 견제기능으로 작용하고, 단점으로 작용할 때는 심각한 정치적 교착상태(political cul de sac)를 발생시킨다. 이원집정부제에서 분점정부가 나타나면 동거정부가 된다. 의원내각제 국가에서는 의회의 다수당이 행정부를 구성하기 때문에 분점정부가 나타나는 일이 드물다. 2. **장점** 원래 대통령제는 국민 전체의 대표로 선출된 대통령이 정치권력의 중심이 되기 때문에, 대통령에게 지나치게 권력이 집중될 경우 자칫 독재로 이어질 우려가 있다. 특히 여대야소가 되어 여당이 국회 다수까지 장악한 경우 더 그렇다. 분점정부는 이러한 일들을 어느 정도 차단할 수 있고, 한편으로는 여와 야의 양보와 협상을 통한 타협정치를 구현할 수 있다. 그 예로 미국의 로널드 레이건 행정부의 여당은 공화당이었지만, 임기 내내 야당이었던 민주당이 다수당이 되어 타협정치를 해냈고, 그 결과 많은 개혁을 이루었다. 대한민국도 노태우 정부 초기 야당이 다수당이 되어 5공 청문회를 열었고, 2016년 말 야당이 다수가 된 상태에서 박근혜-최순실 게이트가 사실로 밝혀지자 박근혜 대통령에 대한 국회 차원에서의 국정 조사 및 특검, 탄핵 절차에 순차적으로 착수할 수 있는 원동력이 되었다. 3. **단점** 분점정부는 의회 다수를 장악한 야당이 정치 권력을 나눠 가지기 때문에 대통령의 국정 운영에 발목을 잡을 수 있다. 특히 대통령 선거와 국회의원 총선거의 선거주기가 불일치할 경우 국회의원 선거가 대통령에 대한 중간평가 성격을 가져 이러한 일이 일어날 수 있다. 미국에서는 분점정부 시기 예산안 협상 실패, 혹은 여야간 정치적 갈등으로 인하여 미국 연방 정부 폐쇄가 일어나기도 한다. 버락 오바마 대통령 시기에는 환자보호 및 부담적정보험법 문제를 둘러싸고 여당인 민주당과 야당인 공화당 간 예산 협상실패로 연방 정부 폐쇄가 일어났으며, 도널드 트럼프 대통령 시기에는 남부 국경장벽 건설을 둘러싸고 여당인 공화당과 야당인 민주당 간의 정치적 갈등 끝에 연방 정부 폐쇄가 일어났다. 우리나라의 경우도 1988년부터 2000년까지 열린 총선거에서 모두 분점정부가 출범하였고, 미국에서도 선거 때면 이러한 일들이 종종 일어났다. 분점정부는 때로는 타협정치를 구현할 수도 있지만, 야당이 1당(특히 과반의석)일 경우 여당에게 불리하게 될 수 있다. 이러한 이유 때문에 우리나라에서는 인위적인 정계 개편을 단행되기도 하였다. 노태우 정부는 3당 합당을 하여 4당 체제를 붕괴시켰고, 김영삼 정부는 야당과 무소속 의원을 영입하여 원내과반의석을 확보했다. 심지어 김대중 정부 역시 야당의원 빼가기, 의원 꿔주기 등으로 분점정부를 무너뜨렸다. 이러한 개편으로 야당이 대통령의 발목을 잡는 일은 거의 없어졌지만, 날치기 통과와 같은 반민주적인 행위들이 종종 일어났다(예 노동법 날치기 사건). 그러나 이어 치러지는 총선에서 분점정부로 돌아가는 일들이 반복되었다.

불가변력不可變力 ➜ 헌법재판소결정의 효력.

불가분조항不可分條項 ➜ 결부조항.

불가쟁력不可爭力 ➜ 헌법재판소결정의 효력.

불고지죄不告知罪 ㊇ crime of non-information/non-notification. 위법한 행위를 한 자를 인지한 상태에서 수사기관에 이를 고지하지 않음로 인하여 성립하는 범죄이다. 국가보안법 제10조와 부정청탁 및 금품 등 수수의 금지에 관한 법률 제22조 제1항 제2호에서 규정하고 있다. 양심의 자유에 위반된다는 비판이 있다.

불기소처분不起訴處分 1. **의의** 검사가 하는 종국처리(終局處理)의 하나로서, 검사가 공소를 제기하지 아니하는 처분을 말한다. 불기소처분이 있으면 피의자는 소추를 면할 수 있으므로 구속된 피의자는 석방하여야 하고, 영치(領置)된 물건은 반환하여야 한다. 그러나 불기소처분은 확정력이 없으므로 한 번 불기소처분을 한 사건이라도 언제든지 수사를 다시 할 수 있고 공소를 제기할 수도 있다. 불기소처분에는 기소유예, 혐의 없음, 죄가 안 됨, 공소권 없음, 기소중지, 공소보류 등이 있다. 이 중 혐의 없음, 죄가 안 됨, 공소권 없음을 **협의의 불기소처분**이라고 한다. 고소 또는 고발이 있는 사건에 대하여 불기소처분을 한 때에는 검사는 처분을 한 날로부터 7일 이내에 그 취지를 고소인 또는 고발인에게 통지하여야 한다(형사소송법 제258조). 또 고소인 또는 고발인의 청구가 있는 때에는 7

일 이내에 그들에게 불기소처분의 이유를 서면으로 설명하여야 하며(동법 제259조), 고소인 또는 고발인이 이 처분에 불복이 있을 때에는 항고 또는 재정신청(裁定申請)을 할 수 있다(검찰청법 제10조, 형사소송법 제260조). 2007년 형사소송법 개정 전까지는 일부 범죄에 대해서만 재정신청을 할 수 있어서 불기소처분이 헌법소원의 대상이 되었으나, 법 개정 후에는 모든 범죄로 확대되었다. **2. 불복방법** 1) **피의자의 불복방법** 혐의없음처분, 죄가안됨처분, 각하처분 등은 피의자에게 불리한 처분이 아니므로, 별달리 다툴 필요가 없는데, 기소유예는 피의사실 자체는 검사가 인정한 것이어서 피의자에게 불리한 것이다. 따라서 피의자는 기소유예처분에 대하여 헌법소원심판을 청구할 수 있다(헌재 2013.8.29. 2013헌마125). 피의자가 혐의없음을 주장하면서 공소권없음에 대한 헌법소원을 할 수 있는지 문제되나, 헌법재판소는 이 경우 '공소권없음'의 처분은 범죄혐의의 유무에 관한 실체적 판단을 하는 것이 아니고 단지 공소권이 없다는 형식적 판단을 하는 것으로서 기소유예처분보다는 피의자에게 유리한 것이므로, 헌법소원이 불가하다고 하고 있다(헌재 2012.7.26. 2011헌마214). 2) **피해자의 불복방법** 고소인과 일부 고발인의 경우, 불기소처분을 받았을 경우, 고소인은 모든 범죄에 대하여, 고발인은 형법 제123조 내지 126조 범죄에 대하여 30일 이내에 검찰항고를 할 수 있고, 검찰항고가 기각되면, 다시 10일 이내에 고등법원에 재정신청을 할 수 있다. 재정신청 기각결정에 대하여는 재판에 영향을 미친 법령위반을 이유로 대법원에 재항고가 가능하다(대판 2010.11.11. 2009도224). 고소장을 제출하지 않은 피해자의 경우, 헌법소원심판을 청구할 수 있다(헌재 2009헌마651, 2012헌마346, 2008헌마716 등).

불매운동不買運動 ➜ 소비자불매운동.

불문법원不文法源 ➜ 법원(法源).

불문헌법不文憲法 ㉮ unwritten constitution/uncodified constitution, ㉯ die ungeschriebene Verfassung, ㉰ constitution non écrite. 불문헌법은 헌법의 기본원칙들이 관습, 용례, 선례의 형태 및 다양한 법률들과 법적 도구들의 형태로 채택되고 있는 헌법의 유형이다. 헌법에 대한 이해는 사법부, 정부 혹은 법 전문가들에 의한 주석서나 해석을 통해 얻어진다. 불문헌법의 모든 요소들은 다양한 공식적 문서에서 성문화된다. 불문헌법은 유연성, 적응성, 탄력성을 가지지만, 헌법의 기본사항을 이루는 용례나 관습에 대한 서로 다른 이해로 말미암아 논쟁이 제기될 수 있는 문제점이 있다. 성문헌법과 달리, 헌법을 정하는 데에 아무런 제약이 없다. 불문헌법이 성문화된 것과 불문헌법 사이의 차이는 정도의 문제이다. 어떤 성문화된 불문헌법도 일정기간의 경과 후에 보충적인 입법이나 관습적 관행으로 번복될 수 있다. 우리나라에서는 신행정수도건설특별법에 대한 위헌결정(2004)에서 헌법적 관습 내지 관습헌법에 근거하기도 하였다. ➜ 관습헌법.

불변기간不變期間 ㉯ Notfrist. 법정기간(法定期間)의 하나로서, 날짜를 늘리거나 줄이지 못하는 기간을 말한다. 조문상 '…불변기간으로 한다'는 명시규정이 있으며, 민·형사소송법상의 항소기간·상고기간·즉시항고기간, 행정소송법상의 출소기간(出訴期間) 등이 이에 속한다. 법원에서 신축할 수 없는 것이 원칙이나, 다만 당사자의 책임으로 돌릴 수 없는 사유로 기간을 도과한 경우에는 예외적으로 추완(追完)이 인정된다.

불소추특권不訴追特權 1. **의의와 입법취지** 1) **의의** 헌법 제84조는 「대통령은 내란의 죄와 외환의 죄를 범한 경우를 제외하고는 재직 중 형사상의 소추를 받지 아니한다.」고 규정하고 있다. 이를 대통령의 형사상 불소추특권이라 한다. 대통령의 불소추특권은 범죄행위가 행해진 시점과 그에 대한 처벌이 이루어지는 시점 간에 시간적 간극이 존재한다는 점이 특징이다. 대통령의 불소추특권이 법위반행위가 있었음을 먼저 확인한 연후에 그 처벌만 퇴임 후로 미루는 것을 의미하는가, 아니면 법위반행위에 대한 확인행위 자체마저도 미루어 두었다가 퇴임 이후에 확인행위와 처벌을 한꺼번에 진행할 것을 의미하는 것인가에 관하여 논란이 있다. 2) **입법취지** 대통령에게 형사불소추특권을 인정하고 있는 이유에 대해서는 대통령이 국가원수로서의 품위를 유지하고 직무집행을 원활히 할 수 있도록 하는 데 그 의미가 있다. 헌법재판소는 「대통령의 불소추특권에 관한 헌법의 규정(헌법 제84조)이 대통령이라는 특수한 신분에 따라 일반국민과는 달리 대통령 개인에게 특권을 부여한 것으로 볼 것이 아니라 단지 국가의 원수로서 외국에 대하여 국가를 대표하는 지위에 있는 대통령이라는 특수한 직책의 원활한 수행을 보장하고, 그 권위를 확보하여 국가의 체면과 권위를 유지하여야 할 실제상의 필요 때문에 대통령으로 재직 중인 동안만 형사상 특권을 부여하고 있음에 지나지 않는 것으로 보아야 할 것이다.」라고 하고 있다(헌재 1995.1.20. 94헌마246). 2. **연혁과 입법례** 1) **연혁** 우리나라의 경우, 대통령의 형사상 불소추특권은 제헌헌법 제67조에 규정되었고, 거의 같은 내용으로 역대 헌법에 줄곧 규정되어왔다. 제헌헌법 당시 유진오박사는 바이마르헌법 제43조를 참고하여 불소추특권을 규정하였다고 하였다. 의원내각제를 채택했던 제2공화국헌법상의 대통령도 불소추특권은 동일한 내용으로 규정되었다. 2) **입법례** **독일**에서 대통령에 대한 불소추특권은 입헌군주제 하에서 통용되었던 군주의 인신(Person)에 대한 불가침성 내지 군주의 불가책임론 사고에 그 역사적 기원을 두고 있다. 독일 기본법은 연방대통령의 형사상 특권에 대해서는 연방하원의 의원에게 인정되는 불체포·소추특권에 관한 규정(제46조 제2~4항)을 준용하고 있다(제60조 제4항). 그 내용으로는, 현행범이거나 범행 후 익일 중에 체포되는 경우를 제외하면 연방의회의 허가를 조건으로 범죄행위에 대한 책임을 지거나 체포될 수 있으며(제46조 제2항), 그 밖에 신체의 자유에 대한 다른 모든 제한의 경우에도 연방의회의 허가를 조건으로 허용된다(동조 제3항). 즉 원칙적으로 현행범 등에 해당하지 않는 한 연방의회의 허가가 있을 경우 그 처벌이나 체포가 가능한 것으로 하고 있다. 더 나아가 연방대통령을 상대로 이루어지는 모든 형사절차 혹은 모든 구금 혹은 그 밖의 모든 신체의 자유에 대한 제한에 대해서는 연방의회의 요구가 있을 경우 이를 중지하도록 하고 있다(동조 제4항). 말하자면, 독일의 경우 연방대통령의 범죄행위를 이유로 한 체포, 구금 및 소추 등 일련의 형사절차가 연방의회의 사전허가를 조건으로 진행될 수 있으며, 개시된 절차 또한 연방의회의 사후 중지요청이 없는 한 지속할 수 있도록 하고 있다. **프랑스헌법**은 제67조 제1항에서 대통령이 그 직무수행행위를 이유로 동 헌법 제53조의2, 제68조에 따른 국제형사재판소의 사법절차와 의회탄핵절차가 진행되지 않는 한 책임을 지지 않는다는 점을 선언하고 있다. 동 헌법 제53조의2는 국제형사재판소의 관할권을 승인하는 조항이며, 동 헌법 제68조 제1항은 대통령에게 명백히 직무집행과 양립할 수 없는 의무위반이 존재하는 경우에 한해 의회가 대통령을 탄핵할 수 있도록 하는 조항이다. 이와 같이 별도의 절차로 대통령의 책임을 묻는 절차가 진행되지 않는 경우 동 헌법 제67조 제2항 및 제3항은 그 경우에도 대통령이 재직 중에는 법원이나 행정당국에 증인으로 소환되거나 조사, 수사 또는 소추의 대상이 될 수 없고, 그럴 경우 시효가 정지되도록 하고 있다(제67조 제2항). 이로 인해 지연된 절차는 임기 종료 후 1개월이 경과한 후에 절차가 개시될 수 있다(동조 제3항). 프랑스헌법은 대통령이 그 직무집행행위에 대해 재임 중 국제형사절차나 의회탄핵절차를 통해 책임을 지는 경우는 별론으로 하고 재임 중에는 대통령이 증인으로 소환되거나 수사 및 조사의 대상이 되는 것을 모두 금지하고 있다. 사실상 모든 절차를 퇴임 이후 일정 시점으로 미루고 있다는 점이 특징이다. **러시아헌법** 제91조에서 대통령은 면책특권을 가진다고 규정하는 한편, 대역죄나 다른 중범죄의 소추에 기해서는 탄핵될 수 있도록 하고 있다(제93조). **미국**의 경우에는 헌법상 연방의원에 대한 면책특권은 명문으로 규정하고 있지만, 이에 반하여 행정부의 수반인 대통령에 대하여는 별도의 명문규정을 두고 있지 않다. **그 외**의 대통령제 국가인 남미의 멕시코나 아르헨티나, 그리고 필리핀의 경우에도 대통령의 형사상 특권을 헌법에 명문으로 규정하고 있지는 않다. 3. **재직 중 수사의 허용여부** 1) **쟁점** 대통령의 형사상 불소추특권은 재직 중에만 인정되는 권리라는 점에서 '임기 종료 후에 공소를 제기할 것을 주장할 수 있는 권리'에 불과하다. '연기된 소추'의 특권에 불과하다. 그런데 형사상의 소추는 수사를 통해 범죄의 혐의를 입증할 것을 전제로 하며, 범죄혐의의 입증은 '적시수사'가 가장 효과적이다. 따라서 '재직 중 소추의 금지'로부터 적시수사를 배척하는 '재직 중 수사의 금지'라는 결론까지 도출할 수 있는가가 문제된다. 2) **학설** 수사부정설은 형사 불소추특권이 '기소에 그치지 아니하고 체포·구금·수색·압수·검증에도 미치는 것'으로 이해함으로써 기소의 전제가 되는 수사행위가 전면적으로 불가능하다고 한다. 수사허용설에는, '법원의 재판을 전제로 하는 공소의 제기와 이와 연관된 체포나 구속이 금지되는 것에 불과하므로 다른 방식의 수사는 가능'하다는 전제에서 '수사를 위한 압수·수색에 한해 허용'되는 것이라 함으로써 압수·수색만 가능하다는 주장, 헌법 제84조는 기소를 금지하는 것에 불과하므로 기소 전 과정에서 강제수사를 금지하는 것은 아니라고 하면서 수사가 전면적으로 허용되는 것으로 보는 견해도 있다. 증인으로 출석시켜 증인신문을 할 수 있는지 나아가 강제구인이 가능한지에 대하여도 긍정·부정의 견해가 있다. 3) **대통령에 대한 수사의 필요성** 대통령이 범죄혐의에 연루되어 그에 대한 수사 여부가 문제될 경우, 특히 내란죄와 외환죄의 경우 수사의 필요성이 있다. 또한 일반범죄의 경우 증거인멸의 우려도 있으므로, 실체적 진실발견과 헌법상 책임원칙의 관점에 비추어 보더라도 수사의 필요성은 인정된다. 다만, 수사의 방법에 있어서는 대통령의 직무수행과 권위를 고려하여 여러 수단이 강구될 수 있을 것이다. 대통령에 대한 수사를 통해 탄핵사유에 해당하는 사실관계가 일차적으로 규명된다면 그것이 소추의결서를 통해 반영될 것이며, 그로써 대통령 탄핵심판절차상의 입증부담은 상당 부분 완화될 것이다. 대통령의 불소추특권이 대통령에 대한 재직 중 수사까지도 전면적으로 배제하는 것이라 보기 어렵다. 4) **대통령에 대한 강제수사 가능성** 대통령에 대한 수사를 허용한다 하더라도 압수·수색과 체포 및 구속 등의 강제수사가 허용될 것인가에 관해서는, 압수·수색은 허용된다고 봄이 일반적이다. 체포에 대해서는 긍정설과 부정설이 대립한다. 긍정설이 다수의 견해로 보인다. 구속에 대해서는 그 기간이 장기간이므로

(통상 10일, 10일 추가 가능) 허용되지 않는다고 봄이 타당하다.

불신임결의不信任決議 ㉧ motion of no confidence, ㉢ Mißtrauensvotum, ㉫ vote de défiance. 의원내각제(의회제)에서 입법기관인 의회가 의결로써 정부 내각을 신임하지 않는다는 취지의 의사표시를 말한다. 의회가 내각불신임안을 결의하면 정부는 그 뜻을 따라 내각 총사퇴를 결정하거나(**연대적 불신임**) 반발의 의미로 의회해산을 단행해야 한다. 의회가 해산되면 총선이 다시 실시된다. 내각총사퇴와 의회해산은 일반적으로 여당의 당수인 총리의 정치적 판단에 따른다. 내각불신임안이 제출되는 주요 사유는, 여당 내의 갈등, 사회적 이슈로 인한 민심 악화로 인해 집권당 당수인 총리가 당내(의회) 통제권을 잃었을 경우, 연립 정부이면 연정에 참여하는 소수 파트너 정당이 총리가 속한 당에 대한 지지철회 및 연정파기 선언을 하고 연정합의에 따라 그 당에 소속되어 행정부에 참여한 각료들이 물러나 이탈한 뒤 불신임안 제출에 응하여 찬성표를 던지는 경우 등이다. 지나치게 잦은 내각불신임안은 정국불안의 원인이 되곤 한다. 대통령제 국가에서는 비슷한 제도로써 탄핵이 존재하나 이 경우는 내각불신임결의보다 절차가 복잡하며 의회는 해산되지 않는다는 차이점이 있다. 일반적으로 내각불신임결의는 의원내각제 국가에서 시행되지만, 대통령중심제에서도 헌법 또는 법률로 따로 정하는 경우도 있다. 우리나라의 경우, 제헌헌법에서는 국무위원의 탄핵에 관한 규정은 있었어도 해임에 관한 명시적인 규정이 없었다. 그러다 발췌개헌(1952)에서 민의원의 국무원불신임결의에 대해 국무총리와 국무위원으로 구성된 국무원이 총사직하도록 규정하였다. 사사오입개헌(1954)에서는 국무위원 개개인의 불신임에 대한 규정으로 바뀌었다. 제2공화국헌법은 의원내각제를 채택하였기 때문에 내각불신임제도가 채택되었다. 제3공화국헌법(1962)에서는 다시 국무위원개개인에 대하여 불신임을 건의하고 특별한 사유가 없는 한, 이에 응하여야 하는 내용으로 다시 규정되었다. 유신헌법(1972)에서는 해임이 강행규정으로 바뀌었고 국무총리에 대한 해임의결에 대하여 모든 국무위원이 책임을 지는 내용으로 바뀌었다(**연대적 불신임**). 제5공화국 헌법(1980)에서는 유신헌법상의 국무위원해임결의제도가 그대로 유지되었으나, 국무총리에 대하여 임명동의를 한 후 1년 이내 국회가 의결할 수 없다는 단서를 두었다. 현행 헌법(1987)에서는 다시 임의규정으로 바뀌었고 국무총리의 해임에도 국무위원이 구속받지 않게 되었다(**개별적 불신임**). 헌법규정에도 불구하고 규정에 따라 국무위원이 물러난 예는 없다. 다만, 해임건의안이 통과된 후 대통령에 의해서가 아니라 국무위원 자신이 사직한 예는 있다. 탄핵안이 의결되었다 하더라도 국무위원 전원에 대한 해임의 효과를 갖지는 아니한다. 지방자치법 상으로는, 지방의회의 의장과 부의장에 대해서도 불신임의결을 할 수 있다(지방자치법 제62조).

불완전입법不完全立法 ➜ 입법부작위.

불체포특권不逮捕特權 ㉧ privilege of freedom from arrest, ㉢ Immunität/Privileg in Bezug auf Verhaftung, ㉫ immunité/inviolabilité. 1. **개설** 1) **의의와 법규정** 현행헌법 제44조에서 「① 국회의원은 현행범인인 경우를 제외하고는 회기 중 국회의 동의 없이 체포 또는 구금되지 아니한다. ② 국회의원이 회기 전에 체포 또는 구금된 때에는 현행범인이 아닌 한 국회의 요구가 있으면 회기 중 석방된다.」라고 규정하여 국회의원의 불체포특권을 명시적으로 보장하고 있다. 헌법규정에 따른 국회의원의 불체포특권이란 현행범인이 아닌 한 어떤 국회의원이든 형사처벌을 가져올 범죄행위를 한 혐의가 있더라도 회기 중에 국회의 동의 없이 체포나 구금이 되지 않고, 만약 회기 전에 어떤 국회의원이 체포되거나 구금되었더라도 국회의 요구가 있으면 회기 중에 한하여 석방시켜주는 특권을 의미한다. **2) 입법연혁** 헌법상으로는 대한민국 임시정부의 대한민국임시헌법(1919.9.11.) 제32조에 처음으로 규정되었고(「臨時議政院議員은 內亂外患의 犯罪나 或 現行犯이 아니면 會期 中에 院의 許諾이 無히 逮捕함을 不得함」, 제2차 개정헌법(1925.4.7.)에서 삭제되었다가, 제3차 개정헌법(1927.4.11.)(제24조)과 제4차(1940.10.9.)(제19조) 및 제5차(1944.4.22.) 개정헌법(제15조)에서 면책특권과 함께 규정되었다. 이 헌법들에서는 약간의 자구상의 차이는 있으나, 「會期 中에 院의 許可없이는 自由의 妨害를 받지 아니하며」라고 하고 있다. 대한민국 정부수립 후에는 1948년 제헌헌법(제49조)부터 현행헌법에 이르기까지 명시적으로 규정되어 왔다. 다만, 1952년 제1차 개정헌법(1952.7.7)부터 1960년의 제4차 개정헌법(1960.11.29.)까지는 양원제를 규정하였으므로, 국회의 체포동의나 석방요구를 함에 있어 양원이 아니라 민의원이나 참의원 중에 어느 한 원(院)의 요구만으로 국회의 체포동의나 석방요구가 가능하도록 하고 있었다. 1962년의 제5차 개정헌법(1962.12.26.)부터 현행 헌법에 이르기까지 면책특권과 함께 불체포특권을 규정하고 있다(현행 헌법 제44조). 북한헌법도 1948년 헌법부터 현행헌법에 이르기까지 최고인민회의 대의원의 불체포특권을 규정하고 있다. 대한민국의 법률상으로는 1960.9.26.의 구 국회법(양원제)에서 처음으로 규정하였고(제27조), 1962년의 5차 개정헌법(제3공화국) 때 국회가 단원제로 변경되면서 1963.11.26.의 구 국회법에서 규정된 후, 2005년 국회법 개정 때까지 동일하게 규정되어 있었다. 2005년 법개정에서는 국회의 체포동의안 표결시한(24시간 이후 72시간 이내)을 추가하였고(국회법 제26조 2항), 2016년 법개정에서는 72시간 이내 표결되지 않은 경우 그 이후 최초로 개의하는 본회의에서 표결하도록 하였다(동조 단서). 2018년 법개정에서 약간의 자구수정을 거쳐 현재에 이르고 있다. 제헌의회 이후 2020.7. 현재까지 모두 58건의 체포동의안이 제출됐지만 국회는 13건만 가결했으며, 16건은 부결했고, 철회 4건, 표결 없이 임기만료로 폐기된 것이 25건이다. 우리나라의 건국헌법 때부터 2020.7. 현재까지 회기 전에 체포 또는 구금된 국회의원에 대한 석방요구를 한 사례는 총 24건이며, 이 중에서 국회 본회의에서 가결된 경우는 12건, 부결된 경우는 6건, 철회된 경우는 2건, 폐기된 경우는 4건으로 각각 처리되었다. **3) 입법례** (1) **영국** 영국에서 불체포특권은 1290년 David 사건에서 국왕이 국왕의 자문위원을 회기 중에 체포하는 것을 허용하는 것은 부적합하다고 선언한 데에서 기원하였다. 1543년에는 Ferrers 사건에서 채무보증을 한 의원이 왕실재판소에 의해 체포된 사건에서 의회가 그 석방을 요구하면서 불체포특권의 인정이 필요하게 되었고, 1603년에 제임스(James) 1세에 의해 의회특권법(Privilege of Parliament Act)에서 이를 명문화하였다. 영국에서 18세기부터 19세기 초까지 제정된 각종의 인신보호법에 의해 국회로부터 의원을 체포할 때에는 사전에 의회의 동의를 얻을 것을 규정했었고, 영국 의회는 의원이 형사사건에 의해 체포 또는 구금될 때에는 즉시 그 사실 및 이유를 통지받을 권리를 가지고 있었다. 현재 영국에서는 이 특권의 중요성이 거의 사라졌다고 평가된다. (2) **미국** 미국은 영국의 영향을 받아 미국 연방수정헌법 제1조 제6절 제1항에서 「… (상하) 양원의 의원은 반역죄와 중죄 및 치안방해죄를 제외한 어떠한 경우에 있어서도 국회의 회기 중에 참석하는 중 및 그 회의에 참석하기 위하여 국회의사당에 오고 가는 중에 체포되지 않는다.」라는 규정을 두고 있다. 이 규정에 의해 미국에서 의원은 모든 기소범죄 즉, 모든 형사범죄에 대해서는 불체포특권이 인정되지 않아 사실상 이 특권은 폐지된 것으로 간주된다. 그리고 미국에서 의원은 모든 소송에 대한 증인이나 배심원으로서 소환되는 의무를 면제 받는다. 미국 연방대법원은, 연방수정헌법 제1조 제6절 제1항 규정을 두고 있는 것은 체포에 있어 형사상의 이유와 민사상의 이유를 구별하여 이 중에서 민사상의 이유로 의원을 체포할 때에 한하여 이 특권을 적용하기 위해서라고 판시하였다 (Williamson v. United States, 207 U.S. 425, 446(1908)). (3) **독일** 독일은 기본법 제46조 제2항에서 「의원은 독일 연방의회의 동의가 있을 때에만 범죄행위를 이유로 책임을 지거나 체포될 수 있다. 다만, 의원이 현행범인 경우나 그 익일 중에 체포되는 경우에는 그러하지 아니하다.」라고 규정하고 있다. 그리고 동조 제3항에서 「독일 연방의회의 동의는 의원의 신체의 자유에 대한 그 밖의 모든 제한을 할 때에 필요하며, 기본법 제18조에 의해 의원에 대한 소송절차를 개시할 때에도 필요하다.」라고 규정하고 있다. 또한 동조 제4항에서 「의원에 대해 행해지는 모든 형사절차와 기본법 제18조에 의한 소송절차 및 의원에 대한 구금과 일체의 신체의 자유에 대한 제한은 독일 연방의회의 요청에 의해 정지된다.」라고 규정하여 국회의원에 대한 불체포특권을 독일 기본법상 명시적으로 인정하고 있다. 주(Land)의 의원에 대해서는 주 헌법이 각각 규정하고 있다. 독일 의회에서는 행정부로부터 의원에 대해 체포동의의 요청이 있을 때 국회의장이 본회의 상정 전에 관련 위원회에 이를 회부하여 그 내용을 조사하도록 하고, 그 조사보고서를 국회의원들에게 제공한 후에 본회의에서 표결하도록 하고 있다. (4) **프랑스** 프랑스 헌법 제26조 제2항에서 「의회 의원은 소속된 원(院)의 사무국(Bureau)의 동의 없이는 중범죄 또는 위법행위로 인하여 체포되거나 자유를 박탈 또는 제한받지 아니한다. 다만, 현행범이나 유죄의 확정판결을 받은 경우에는 적용되지 아니한다.」라고 규정하고 있고, 동조 제3항에서 「해당 의원이 소속된 원의 요구에 따라 회기 중에는 의원에 대한 구금 또는 자유의 박탈 · 제한 · 소추가 정지된다.」라고 규정하고 있으며, 동조 제4항에서 「해당 원은 전항의 적용을 위해 필요한 경우에는 추가회의를 반드시 소집하여야 한다.」라고 규정하고 있다. (5) **일본** 일본국 헌법 제50조에서 「양원의 의원은 법률이 정하는 경우를 제외하고는 국회의 회기 중에 체포되지 아니하며, 회기 전에 체포된 의원은 소속 원(院)의 요구가 있으면 회기 중에 석방하여야 한다.」라고 규정하고 있다. 여기서 '법률이 정하는 경우'란 일본 국회법상 국회의원이 원외에서 현행범죄를 범한 경우와 그 국회의원이 소속하는 원의 동의가 있는 경우가 아니면 국회의 회기 중에 체포할 수 없다는 것을 의미한다. (6) **정리** 국회의원에 대한 불체포특권은 각 나라마다 행정부의 국회에 대한 불법 · 부당한 탄압 또는 억압의 정도에 대한 역사적 배경에 따라 헌법상 또는 관련 법률상 그 보장의 정도가 조금씩 차이는 있지만, 보통 국회의원에 대한 불체포특권을 인정하더라도 회기 중에 한하여 인정하고 있고, 현행범에게는 인정하지 않고 있으며, 국회의원에 대한 체포 시 국회의 동의를 얻도록 하거나 국회의 요청이 있으면 회기 중에 한하여 체포나 구금의 상태에서 일시 석방시켜 주어 국회의원이 국회의 제 기능을 행할 수 있도록 보장해 주고 있다. **2. 법적 성격** 법적 성격에 대해서는 먼저 행정부에 의한 불법·부당한 탄압이나 억압으로부터 국회의원의 의정활동의 수행이 방해되지 않도록 국회의원의 신체의 자유를 보장하는 의회 구성원으로서의 국회의원 개인의 특권이라는 견해(개인적 특권설), 국회의원에 대한 불체포특권은 국회의원의 신체의 자유를 보장하기 위한 것이라기보다는 국회의 정상적인 의정활동을 보장하기 위한 것이라는 견해(의정활동보장설), 행정부의 불법부당한 탄압이나 억압으로부터 국회의 자주적으로 직무활동을 행할 수 있게 보장해 줌과 동시에 국회의원의 자유로운 의정활동을 행할 수 있도록 국회의원의 신체의 자유를 보장해 주기 위한 것이라는 견해(겸유설)가 있다. 불체포특권은 의원의 신체의 자유를 보장함으로써, 자유롭게 의정활동을 할 수 있게 해 주어 대의기관 및 국정통제기관으로서 그 직무를 원활하게 수행할 수 있도록 헌법상 보장되고 있는 것이다(겸유설). 따라서 이 특권은 국회의원의 특권이자 국회의 특권이라고 보는 것이 타당하다. 의정활동보장설이나 겸유설에 의할 때에는 불체포특권을 의원 스스로 포기할 수는 없다고 봄이 논리적이며, 개인적 특권에 의할 때에는 국회의원 개개인은 불체포특권을 스스로 거부하거나 포기할 수 있다고 할 것이다. 3. **내용** 1) **기본내용** (1) **체포·구금에 대한 동의절차** ① **회기 중의 의미** 헌법과 국회법상 국회의원이 가지는 불체포특권은 국회의 집회일로부터 폐회일까지의 기간인 '회기 중'에 한하여 인정되는 것이 원칙인바, 휴회 중도 회기에 포함되므로 휴회 중에도 국회의원은 불체포특권이 인정되어 체포나 구금되지 아니한다. 공직선거법상 선거범에 관한 재판에서 피고인이 2회 이상 불출석하는 경우에는 궐석재판을 진행할 수 있도록 하고 있는데(동법 제270조의2), 이는 불체포특권의 우산 아래 재판의 진행을 고의로 지연시키는 것을 방지하기 위한 규정이다. ② **체포나 구금의 의미** '체포나 구금'의 의미는 일정기간 동안 신체활동의 자유를 제한하여 일정한 장소에 강제로 유치하는 일체의 강제처분을 뜻하므로, 형사소송법상의 강제처분을 포함하여 경찰관직무집행법상의 보호조치와 감호조치 및 격리처분과 같은 행정상의 강제처분도 포함한다. 다만, 헌법과 국회법상 국회의원에 대한 불체포특권은 범죄행위를 저지른 국회의원에 대해 국가의 소추권까지 제한하고 있지 않기 때문에 해당 국회의원을 불구속으로 수사하거나 또는 형사소추하거나 판결확정 후에 그 형을 집행하는 것은 허용된다. ③ **체포·구금의 동의 절차** 의원을 체포하거나 구금하기 위하여 국회의 동의를 받으려고 할 때에는 관할법원의 판사는 영장을 발부하기 전에 체포동의 요구서를 정부에 제출하여야 하며, 정부는 이를 수리(受理)한 후 지체 없이 그 사본을 첨부하여 국회에 체포동의를 요청하여야 한다(국회법 제26조 제1항). 의장은 제1항에 따른 체포동의를 요청받은 후 처음 개의하는 본회의에 이를 보고하고, 본회의에 보고된 때부터 24시간 이후 72시간 이내에 표결한다. 다만, **체포동의안**이 72시간 이내에 표결되지 아니하는 경우에는 그 이후에 최초로 개의하는 본회의에 상정하여 표결한다(동 제2항). 체포동의요청이 있으면 위원회의 심사를 거치지 않고 본회의에서 행정부로부터 해당 의원에 대한 체포나 구금의 이유에 대한 설명을 듣고, 국회법 제112조 제5항에 의해 토론 없이 그 동의 여부를 무기명투표에 의해 표결한다. 이 때 행정부의 해당 의원에 대한 체포동의요청에 대해 해당 국회의원은 스스로 변명을 하거나 다른 의원으로 하여금 이를 변명토록 할 수 있다. (2) **석방요구의 절차** 헌법 제44조 제2항에 따른 석방요구를 발의할 때에는 재적의원 4분의 1 이상의 연서(連書)로 그 이유를 첨부한 요구서를 의장에게 제출하여야 한다(국회법 제27

조). 제44조 제2항에 말하는 '회기 전'이란 회기의 시작 이전뿐만 아니라 전 회기도 포함된다. 체포 동의 혹은 석방요구의 정족수는 일반정족수에 의한다. (3) **계엄선포 중 불체포특권** 계엄 시행 중 국회의원은 현행범인 경우를 제외하고는 체포 또는 구금되지 아니한다(계엄법 제13조). 이는 헌법상 계엄해제요구권(헌법 제77조 제5항)을 보장하기 위한 것으로 회기 중 여부와 상관없이 국회의 동의권 자체가 인정되지 아니한다. 2) **불체포특권의 예외** 국회의원의 불체포특권은 국회의원이 현행범일 경우와 국회가 회기 중이라도 해당 의원의 체포나 구금에 대해 동의할 때에는 예외적으로 이 특권을 누릴 수 없다. 즉, 체포될 수 있다. (1) **현행범일 경우** 현행범인 때에는 국회의원의 불체포특권이 인정되지 않는다. 왜냐하면 현행범으로 체포나 구금되었을 때에는 해당 의원이 범죄를 행한 것이 객관적으로 명백하므로, 행정부에 의해 불법 · 부당하게 체포나 구금이 될 가능성이 거의 없고, 현행범인 국회의원을 일반인과 달리 만약 체포나 구금하지 않게 되면 현저히 형사정의에 반함과 동시에 객관적으로 명백하게 범행을 저지른 해당 의원을 국회의원이란 신분을 이유로 일반인과 달리 체포나 구금을 행할 수 없는 불체포특권을 인정한다면 이는 사회적 신분을 이유로 하여 사회적 특수계급을 창설하는 결과가 되므로 헌법 제11조 제1항과 제2항의 평등원칙에 위반되기 때문이다. 다만, 국회 회의장 안에서의 현행범인 국회의원에 대해서는 국회의 자율권을 존중한다는 의미에서 국회의장의 명령이 있어야 한다(국회법 제150조 단서 참조). 준현행범인일 경우에는 불체포특권이 인정된다. (2) **국회의 동의가 있는 경우** ① **기속 여부** 국회는 행정부의 국회의원에 대한 체포나 구금의 동의요청이 있을 때에 이에 기속되는가의 문제가 있다. 국회의원에 대한 범죄혐의가 행정부에 의해 조작되어 해당 의원을 체포나 구금을 하는 것이 부당한 것일 수 있다는 점과 설사 해당 의원에 대한 체포나 구금이 정당하더라도 그 의원에 대한 체포나 구금에 의해 국회가 제 기능을 수행하는 데 상당한 지장을 초래할 수 있기 때문에 행정부의 국회의원에 대한 체포나 구금의 동의요청에 대해 국회가 반드시 기속되지는 않고 그 동의여부를 재량으로 결정할 수 있다고 보는 것이 타당하다. ② **조건 · 기한을 붙일 수 있는지 여부** 동의 시에 조건이나 기한을 붙일 수 있는가의 문제가 있다. 이에 대해서는 국회가 기한을 정하여 행정부의 국회의원에 대한 체포나 구금에 대해 동의를 해 줄 것이 아니라, 국회가 회기 중 해당 의원의 참석과 활동이 필요할 때에 그 의원에 대한 석방요구결의를 행하면 될 것이며, 국회가 조건을 붙여 행정부의 국회의원에 대한 체포나 구금의 동의를 하는 것은 국회가 해당 의원에 대한 체포나 구금에 정당한 이유가 있어 동의하는 것에 사실상 배치되는 것이므로, 이러한 국회의 동의 이후의 절차는 법관의 판단에 맡기는 것이 타당할 것이다. 따라서 국회가 행정부의 국회의원에 대한 체포나 구금의 동의를 할 때에는 행정부의 요청대로 그 동의를 하든지 아니면 이를 거부하는 형태의 두 가지만 인정하여 그 동의에 어떠한 조건이나 기한을 붙일 수 없다고 할 것이다. 4. **개선방안** 1) **헌법규정** ① **불체포특권을 폐지하는 방안(헌법규정삭제안)** 불체포특권의 악용 또는 남용을 피하기 위해 헌법개정으로 제44조를 삭제하여 국회의원의 불체포특권을 아예 폐지하는 방안을 생각해 볼 수 있다. 그러나 비록 국회의원의 불체포특권이 악용 또는 남용되고 있더라도 이 특권의 헌법적 의미나 취지를 살릴 필요가 있다. 즉 국회의원에 대한 불체포특권을 아예 폐지하는 것은 타당하지 않다. ② **법률적 제한을 두는 근거를 규정하는 방안** 헌법규정에서 불체포특권이 제한되는 경우를 법률로 정하도록 하는 방안이다. 불체포특권은 국회의원이 누릴 수 있는 절대적 권리가 아니라는 점과 국회의원으로 하여금 행정부에 의한 불법 · 부당한 탄압이나 억압을 받지 않고 그 직무를 잘 행할 수 있도록 보장하기 위해 인정된 특권이라는 점에서 악용 또는 남용될 때 이를 제한하는 규정을 법률로 정할 수 있다고 하겠으나, 그 위헌 여부의 다툼이 있을 수 있으므로, 아예 헌법에 근거규정을 두자는 것이다. 2) **법률규정** ① 실체적 개선방안으로는, 불체포특권이 인정되지 않는 범죄로서 법정형 기준 혹은 죄명 등을 국회법 등에 명시하는 방안이다. 다만, 위헌 여부가 문제될 수 있고, 행정부에 의한 체포 · 구금 남용의 우려가 있을 수 있다는 비판이 있다. ② 절차적 개선방안으로, 석방요구안의 발의정족수와 의결정족수를 가중하고, 체포 · 구금의 동의안의 의결정족수를 축소하는 방안이 있다. 석방요구안을 발의할 때에는 국회 재적의원 4분의 1 이상이면 가능하고(국회법 제28조), 의결정족수는 별도로 규정하지 않고 있어, 일반 의결정족수에 의하도록 하고 있다. 따라서 정당 간 야합 등을 통해 국회의원에 대한 체포동의안 부결 혹은 석방요구안 통과로 국회의원의 불체포특권을 남용할 수 있다. 이에 체포 · 구금된 의원에 대한 석방요구안의 발의정족수를 현재 국회 재적의원 4분의 1 이상에서 국회 재적의원 3분의 1 이상으로 대폭 상향하고, 그 의결정족수 및 국회에서 체포나 구금의 동의안의 의결정족수를 각각 국회 재적의원 과반수 등으로 강화하여 그 악용이나 남용을 억제 또는 방지할 필요가 있다. ③ **체포동의안 가결 간주 규정의 신설** 현행 국회법 제26조 제2항은 24시간 이후 72시간 이내에 이를 표결하도록 하고, 표결이 되지 않은 경우, 그 이후 최초로 개의하는 본회의에서 표결하도록 하고 있으나, 72 시간 이내에 표결되지 않은 경우 가결한 것으로 간주하도록 하는 방안이다. 이러한 규정을 두더라도 해당 의원의 체포 · 구금에 대한 최종 판단은 법관이 결정할 것이므로, 의원이 불법 · 부당하게 구속되지는 않을 것이다. ④ **본회의 표결 전 국회 윤리특별위원회의 사전심사 규정 신설** 현행 국회법 제26조 제2항과 동법 제28조에서는 체포 · 구금에 대한 동의안을 표결할 때와 석방요구안을 표결할 때에 모두 어떤 국회 소관위원회의 심사도 거치지 않은 채 본회의에서 표결하도록 하고 있다. 따라서 국회의원에 대한 체포동의안 및 석방요구안에 대하여 국회 윤리특별위원회로 하여금 사전심사를 하고 그 심사보고서를 제공하여 표결하도록 한다면 국회의원의 불체포특권이 남용되는 것을 억제 또는 방지할 수 있을 것이다. ⑤ **체포 · 구금에 대한 동의안 및 석방요구안 의결 시 기명투표 규정 신설** 현행 국회법은 체포동의안 및 석방요구안에 대해 투표할 때에 무기명투표에 의해 표결하고 있다(제112조 제5항: 대통령으로부터 환부(還付)된 법률안과 그 밖에 인사에 관한 안건은 무기명투표로 표결한다.). 불체포특권의 남용방지, 국민의 알 권리 실현, 선거에 의한 국민의 정치적 심판 등을 위하여 기명투표로 함이 바람직하다.

불확정개념不確定概念 법규범이 그 의미상 일의적이거나 명확하지 않은 개념을 사용하는 경우 이를 불확정개념이라 한다. 불확정개념이 사용되었더라도 해석을 통하여 행정청이나 법원의 자의적인 적용을 배제하는 합리적이고 객관적인 기준을 얻는 것이 가능한 경우에는 명확성의 원칙에 위배되지 아니한다(헌재 2004.7.15. 2003헌바35등 참조). ➜ 명확성의 원칙. 행정법상 재량행위와 관련하여 논의된다. 불확정개념도 법개념이므로 근거법규상 이 개념이 사용되었다고 하여 그것이 행정청에 재량권을 부여한 것은 아니다. 그러나 제한적이기는 하지만 불확정개념의 해석, 적용에 있어서 행정청에 판단의 여지가 인정되는 경우에는 그 한도에서 법원의 재판통제가 미치지 않는 것이므로 실질적으로는 재량행위와 같은 의미를 가지는 것이라고 볼 수 있다.

브델vedel, Georges, 1910.7.5.~2002.2.21. 프랑스의 헌법학자로서, 대표제도의 이상과 현실에 대하여, ① 비례대표제는 풍부하고 훌륭한 이론을 제시해주지만, 비현실적이며, ② 2회제(절대적) 다수대표제는 좋은 착상을 제공해 주지만, 부정적이고, ③ 1회제(상대적) 다수대표제는 그 이론적 기반이 제한되어 있지만 효율적이라고 지적하였다.

브랜든버그 심사 Brandenburg test 미국연방대법원이 1969년 Brandenburg 판결에서 명백·현존하는 위험의 원칙에 관하여 제시한 새로운 기준이다. 그 내용은 (1) 긴박한 위험(imminent harm)이 있을 것, (2) 위법행위를 야기할 개연성(likelihood)이 있을 것, (3) 그러한 긴박한 위법상태를 야기할 의도(intent)가 있을 것 등 3가지이다. 브랜든버그 심사는 기존의 요건에 '주관적 의도'의 요건을 새롭게 추가하여, 불법선동적 표현행위의 규제입법에 대한 심사기준으로 가장 엄격한 것이라고 평가된다. ➜ 명백하고 현존하는 위험의 원칙.

브렉시트Brexit 브렉시트는 영국이 유럽연합(EU)을 탈퇴한다는 의미로, 영국(Britain)과 탈퇴(exit)를 합쳐서 만든 합성어이다. 1973년에 EU에 가입한 영국은 1975년과 2016년에 그 탈퇴 여부를 묻는 국민투표가 실시되었고, 2016년 투표에서 51.9 대 48.1로 영국의 유럽연합 탈퇴가 확정되었다. 이 후 유럽연합과의 협상을 거쳐 2020.1.31. 영국은 EU를 탈퇴하였다.

Briheche 판결 ECJ, C-319/03(2004). 1. **사실관계** 프랑스 법령 제90-713호(1990.8.1. 시행) 제5조 제1항 및 법령 제75-765호(1975.8.14. 시행) 제1조는 공무원시험 응시연령에 관해 45세의 제한을 두고 있다. 그러나 법률 제75-3호(1975.1.3. 시행) 제8조 제1항은 '남편의 사망에 따라 일할 의무가 있는 여성'에게 그 연령제한을 면제하고 있고, 동 법률을 수정한 법률 제79-568호(1979.7.7. 시행)는 ⅰ) 3명 이상의 자녀를 가진 여성, ⅱ) '재혼하지 않은 과부', ⅲ) 재혼하지 않은 이혼여성, ⅳ) 최소 1명 이상의 부양자녀를 가진 독신여성 및 미혼여성에 대해 연령제한의 예외를 인정했다. 또한 법률 제2001-397호(2000.5.9. 시행) 제34조는 '최소 1명 이상의 부양자녀를 가진 미혼남성'을 그 예외에 추가했다. 이러한 상황 하에서, 1명의 부양자녀를 두고 있는 48세의 '재혼하지 않은 홀아비'인 Briheche는 프랑스 내무부 주관의 2002년도 공채시험에서 행정조수직에 지원했지만, 탈락했다. 그 이유는 그가 법령 제90-713호 제5조 제1항에 규정된 연령요건을 충족시키지 못했다는 것이다. 이에 Briheche는 내무부에 행정심판을 제기했다. 그는 행정심판에서 법률 제2001-397호의 발효에 따라 45세 연령제한은 더 이상 자신에게 효력이 없다고 주장했다. 내무부는 Briheche의 행정심판을 기각했다. 그 이유는 특정 범주의 여성을 제외하고는 1명 이상의 부양자녀를 두고 있는 '미혼남성'만이 연령제한의 폐지로부터 혜택을 받는다는 것이다. 이에 Briheche는 파리행정법원에 제소했다. 그는 행정소송에서 '재혼하지 않은 과부'에게만 연령제한의 면제라는 혜택을 부여하는 프랑스 국내법 규정이 76/207/EEC 지침에 부합하지 않는다고 주장했다. 파리행정법원은 문제해결을 위해 소송절차를 중단하고, ECJ에 사전결정을 신청했다. 2. **ECJ의 판결** 파리행정법원이 ECJ에 의뢰한 질문은, 공공영역의 고용에 대한 접근기회를 얻는데 있어서 일할 의무가 있는 '재혼하지 않은 과부'에게는 연령제한을 면제하면서도 동일한 상황에 처해있는 '재혼하지 않은 홀아비'에 대해서는 연령제한을 면제하지 않는 국내법 규정이 76/207/EEC 지침 제3조 제1항 및 제2조 제4항에 위배되는지 여부이다. 이에 대해 ECJ는 동 국내법 규정이 76/207/EEC 지침뿐 아니라 유럽공동체조약 제141조 제4항에도 위배된다고 판시했다. ECJ는 국내법 규정이 76/207/EEC 지침 제3조 제1항에 위배된다고 판단했다. 즉, 76/207/EEC 지침 제3조 제1항은 「모든 직업과 직위, 즉 모든 활동영역과 모든 직급에 접근하기 위한 선발기준을 포함한 조건들에 있어서 성에 근거한 어떠한 차별도 없음을 의미한다.」고 규정하고 있는데, 국내법 규정은 공무원의 채용과 관련해서 '재혼하지 않은 과부'에게 연령제한을 면제함으로써 재혼하지 않은 과부와 동일한 상황에 있는 '재혼하지 않은 홀아비'에 대해 성에 근거한 차별하고 있기 때문에 76/207/EEC 지침 제3조 제1항에 위배된다고 판시했다. 또한 ECJ는 국내법 규정이 76/207/EEC 지침 제2조 제4항과 유럽공동체조약 제141조 제4항에도 위반된다고 판시했다. ECJ는 선례에서 확인된 기준들, 즉 ⅰ) 여성과 남성이 동일한 자격조건을 가진 경우에 여성에게 우선권을 자동적·무조건적으로 부여하지 않는 것, ⅱ) 후보자들이 모든 후보자의 특별한 개별적 상황을 고려하는 객관적 평가의 대상이 될 것, ⅲ) 개인적 권리에 대한 예외는 목표를 달성하기 위해 적절하고 필요할 것 등을 언급한 후, ⅰ) 동 국내법 규정이 — 비록 남녀 간의 실질적 불평등을 경감시키고 여성의 노동참여를 촉진시키기 위해 채택되었지만 — '재혼하지 않은 과부'를 포함하여 특정 범주의 여성후보자에게 자동적·무조건적으로 우선권을 부여하고 있기 때문에 76/207/EEC 지침 제2조 제4항에 위배될 뿐 아니라, ⅱ) 동 국내법 규정이 추구된 목표에 비례하지 않는 수단들을 채택하고 있기 때문에 유럽공동체조약 제141조 제4항에도 위배된다고 판단했다. 3. **판결의 의미** Briheche 사건은 공공영역의 고용에 대한 접근기회를 얻는데 있어서 일할 의무가 있는 '재혼하지 않은 과부'에게는 연령제한을 면제하면서도 동일한 상황에 처해있는 '재혼하지 않은 홀아비'에 대해서는 제한을 면제하지 않는 국내법 규정이 문제된 사건이다. 이에 대해 ECJ는 문제가 된 국내법 규정이 76/207/EEC 지침뿐 아니라 유럽공동체조약 제141조 제4항에도 위배된다고 판시했다. 즉, ⅰ) 국내법 규정이 '재혼하지 않은 과부'를 포함하여 특정 범주의 여성후보자에게 자동적·무조건적으로 우선권을 부여하고 있기 때문에 76/207/EEC 지침 제2조 제4항에 위배되고, ⅱ) 국내법 규정이 추구된 목표에 비례하지 않는 수단들을 채택하고 있기 때문에 유럽공동체조약 제141조 제4항에도 위배된다고 보았다. ➜ 적극적 평등실현조치.

비교적 해석比較的 解釋 **= 비교법적 해석** ➜ 헌법의 해석.

비교형량比較衡量 **= 이익형량**利益衡量 **= 법익형량**法益衡量**의 원칙** ➜ 법익형량.

비권력적 국가작용 ➜ 국가작용.

비동의조약非同意條約 ➜ 동의조약.

비례대표제比例代表制 **= 의석비례배분제**議席比例配分制 ㊐ proportional representation system, ㊍ Verhältniswahlsystem, ㉄ système de représentation proportionnelle. 1. **서론** 1) **의의** 비례대표제는 정당의 득표수에 비례해 대의기관의 의석수를 결정하는 선거제도로, 각 정당을 지지하는 유권자의 비율을 의회 구성에 반영하기 위해 생겨난 제도이다. 국민대표기관을 구성할 경우, 그 구성원들의 의석비율이 전체국민의 의사를 비례적으로 반영될 수 있도록 하는 것이 바람직하고, 이는 헌법적 요청이라 할 수 있다. 통상 선거제도는 '유권자가 투표한 표를 어떻게 의석에 반영하는가'에 따라 크게 3가지로 나눌 수 있다. 우선, 득표수가 상대적으로 가장 많은 후보를 당선자로 하는 제도를 '상대다수제'라고 한다. 소선거구제와 결합된다. 다음으로, 전체 유권자 중 일정비율 이상을 득표해야 당선자로 되도록 하는 제도로 '절대다수제'라고 한다. 비율을 50%로 하는 경우에는 1인만 당선되지만(득표가 같을 경우 결선투표로 할 수도 있다), 50%보다 낮게 하면 2인 이상도 가능하다(소수대표제). 마지막으로, 각 정당의 득표수에 비례하여 의석수를 배분하고 당선자를 확정하는 비례대표제가 있다. 의석비례배분제라 함이 더 정확한 표현이다. 득표율과 의석율의 일치율(의석율÷득표율)을 선거의 '비례도(propotional rate)'라고 하는데, 비례도가 높을수록 전체국민의 의사가 정확히 정책결정에 반영된다고 볼 수 있다. 2) **연혁** 비례대표제는 19세기 후반 벨기에의 법학자 동트(Victor d'Hondt)가 고안하였다. 1890년 스위스의 티치노주에 최초로 비례대표제가 채택된 이후 국가 단위의 선거로는 벨기에에서 처음으로 1900년 정당명부제가 채택되었고, 제1차 세계대전을 전후한 시기에 여러 유럽 국가에서도 시행하였다(호주의 태즈메이니아 주(1907), 아일랜드(1919), 바이마르공화국(1919) 등). 현재 비례대표제는 전 세계적으로 소선거구제보다 더 폭넓게 채택되어 있으며, 특히 유럽 연합(EU)의 유럽의회는 전원이 이 방식으로 선출된 의원으로 구성된다. 3) **제도의 취지** 비례대표제도는 투표의 '산술적 계산가치의 평등(Zählwertgleichheit)'뿐만 아니라 '성과가치의 평등(Erfolgsgleichheit)'까지도 함께 실현하려는 제도이기 때문에 '평등선거'의 원리와 잘 조화된다. 또한 소수정치세력의 의회진출을 용이하게 함으로써 '소수의 보호'에 유리한 제도이며, 다수대표선거구에서 선거구분할의 불가피한 불균형을 시정하는 제도이기도 하다. 거대정당의 독점적 의회지배를 막고 다당제로 유도한다. 그러나 비례대표제도가 만능인 것은 아니며, 나름의 단점도 있다. 즉, 선거절차와 과정이 정당의 영향과 주도하에서 행해지기 때문에, 일반대중이 정치에서 소외되기 쉽고, 후보자선정과 순위결정이 정당의 간부들에게 독점되어 금권·파벌정치로 흐를 위험이 있으며, 군소정당난립으로 국민의사가 분열되고 안정된 다수의 형성이 어렵다는 점이 지적되고 있다. 또한 현존의 정치세력의 고착화로 국민의 정치기류의 변화를 선거에 반영할 수 없다는 우려도 있다. 제도의 설계에 따라서는 의회의 절대다수세력의 형성에 이용될 우려도 있다(1991년 이전 우리나라 선거제도-보너스제도). 2. **종류** 비례대표제는 지역선거구와 분리하는 방법(분리형=병립형)과 지역선거구와 연계하는 방법(연동형)이 있다. **분리형(병립형)**은 지역구의석수와 비례대표의석수를 따로 정하고, 지역선거구는 소선거구제 혹은 중대선거구제로 하여 당선자를 결정하고, 비례대표선거구는 전국선거구로 하여, 정당득표수의 비율에 따라 미리 정해진 비례대표의원수를 나누어 의석수를 배분하는 방법이다. 우리나라가 부분적으로 채택하고 있다. 분리형은 지역선거구제를 원칙으로 하고 비례대표제를 보완하는 방법이다. 병렬적 혼합대표제라고도 한다. **연동형**은 전체의석수를 각 정당의 득표비율로 나누어 우선 배분하고, 그 수에서 지역선거구에서 당선된 의원을 빼고 남은 수를 비례대표의원 명단에서 채우는 방법이다. 따라서 연동형은 비례대표제를 원칙으로 하고 지역선거구를 보완하는 방법이다. 의석비례배분제라고 함이 더 정확하다. 연동형은 후보에게 1표, 정당에게 1표를 던지는 '1인2표' 투표방식으로 이루어지는 경우가 대부분이다. 연동형 비례대표제는 정당에 던져지는 표로 전체 의석의 비율을 먼저 정한 후, 각 지역구에서 획득한 의석수가 동 의석을 초과하면 전부 의석으로 인정하고, 미달하면 미달한 수만큼 채워주는 방식이다. 연동형 비례대표제는 '**혼합형 비례대표제**'로도 불리는데, 이를 택하고 있는 대표적 국가로는 독일, 뉴질랜드 등이 있다. 연동형의 경우, 전국을 각 권역으로 나누어 권역당 의원수를 정한 다음 지역선거구제를 가미하되 부족한 의석을 정당득표율에 따라 나누는 방법도 있다. 이를 권역별 연동형 비례대표제라 한다. 3. **구체적 실현형태** 1) **입후보방식** 비례대표선거제에서 입후보방식은 수 백 가지이지만, 대표적인 방식은 정당명부제 방법과 단기이양식 방법이다. '정당명부제 입후보방식(Listenform)'에서는 유권자는 인물이 아닌 특정명부를 선택하는 의미를 갖는다. 다만, 명부제 입후보방식에도 '고정명부제(starre Liste)'와 '가변명부제(lose gebundene Liste)' 그리고 '개방명부제(freie Liste)'의 세 유형이 있다. 고정명부제는 명부의 내용과 순위가 고정되어 있어서 유권자가 이를 변경할 수 없는 것으로 우리나라가 채택하고 있다. 가변명부제와 개방명부제는 유권자가 명부상의 특정인물을 선택함으로써 그 특정인물의 명부내 순위를 변경할 수 있다. 가변명부제와 개방명부제는 유권자에게 명부선택권과 인물선택권을 동시에 부여함으로써 인물선거적 요소를 가미한 것이다. 민주주의의 요청에 더 부합하지만, 그 시행에 기술적인 어려움이 많다. 독일 Bayern 주의회선거에서 채택하고 있으며 좋은 평가를 받고 있다. 무명부식 비례대표제의 방법도 있다. 단기이양식 방법은 유권자들이 정당별 후보자의 이름이 모두 기재된 투표용지에 선호 순위를 기입하는 방식으로 투표가 이루어진다. 그 뒤 총 투표수와 의석 총수를 기초로 당선 최저선이 결정되고, 이 당선 최소 득표수를 획득한 후보자부터 당선자를 결정한다. 그리고 이 최소 득표수를 초과하여 득표된 표들은 투표 용지에 기재된 순위에 따라서 다른 후보자에게 이양된다. 이 제도는 주로 영국과 그 식민지에서 채용되었기 때문에 영국식 비례대표제라고도 한다. 2) **유권자의 투표방법** 고정명부제의 경우에는 유권자에게 명부선택권만이 주어지지만, 가변명부제와 개방명부제는 명부선택권과 인물선택권이 유권자에게 주어진다. 비례대표선거제의 투표방법은 단수투표방법, 복수투표방법, 집중투표방법, 다수투표방법, 선택투표방법, 기속투표방법 등 다양한 방법이 가능하며, 입후보방식에 따라 여러 형태의 혼합이 가능하다. 3) **의석배분방식** 의석배분방식에는 변동의석수 방식과 고정의석수방식이 있다. 변동의석수방식은 선거 전에 의원수를 확정하지 않고 선거인의 투표율에 따라 의석수를 정하는 방법이다(예컨대, 바이마르공화국의 경우, 6만표에 1석). 고정의석수를 놓고 의석을 배분하는 방식에는, 최대잉여법(산술비례제)과 최고평균법(분모수열법)이 있는데, 최대잉여법에는 헤어(Hare)식, 헤어/니마이어(Hare/Niemeyer)식이 있고, 최고평균법에는 돈트(d'Hondt)식, 생라그(Saint-Laguë)식 등이 있다. 그 외에도 각 방식의 단점을 보완하기 위한 수

많은 방법이 제안되어 있다. 4. **저지조항과 초과의석의 문제** 의석배분방식과 관련하여 군소정당의 난립을 막기 위하여 일정한 득표율에 이르지 못하는 경우, 의석배분을 배제하는 이른바 '저지조항(봉쇄조항: Sperrklausel)'을 둘 것인지도 문제된다. 우리나라에서는 현재 국회의원 선거에서 정당득표율 3% 이상이거나 지역구 5석 이상을 득표한 정당에게 의석을 배분한다(공직선거법 제189조 제1항). 독일에서는 정당득표율 5% 이상이거나 지역구 3석 이상이다. 초과의석은 연동형 비례대표제의 경우, 전체 의석수를 득표율에 따라 배분하더라도, 각 정당이 득표율에 따라 배분받은 의석수보다 지역구에서 더 많은 수의 의석을 얻게 되는 경우에, 그 초과하는 의석을 인정할 것인가의 문제이다. 초과의석이 과도하게 많은 경우에는 이를 다시 적정하게 보정하는 **보정의석제도**도 있다(➜ 초과의석). 5. **우리나라의 비례대표제** 우리나라는 1963년 실시된 제6대 국회의원선거에서 처음으로 비례대표제가 채택되었다. 당시의 국회의원선거법(1963.1.16. 폐지제정, 법률 제1256호, 시행 1963.1.16.)은 지역선거구의 1/3의 의원을 비례대표로 선출하되, 지역구선거에서 3석 이상의 의석을 차지하지 못하였거나 그 유효투표총수의 100분의5이상을 득표하지 못한 정당을 제외한 정당에 대하여 지역선거구에서 각 정당이 득표한 비율에 따라 의석을 배분하도록 하고 있었다(동법 제15 · 125조). 1973년 실시된 제9대 국회의원선거는 의원정수의 1/3의 의원을 대통령의 추천에 따라 통일주체국민회의가 선출하도록 하고 있어서 비례대표제는 폐지되었다. 제5공화국하에서 1981년 실시된 제11대 총선거에서 비례대표제가 다시 도입되었다. 의원배분방식은 지역구 의석 1당을 차지한 정당에게 전국구 총의석의 2/3(전국구 92석 가운데 61석)를 몰아주고 나머지 의석을 지역구 5석 이상 획득한 정당에 배분해주는 방식이었다(1981년 국회의원선거법 제15 · 130조). 1987년 민주화 이후 제13대 국회의원 선거에서는 전국구 총의석의 1/2을 지역구 1위 정당이 가져가고 나머지 의석을 지역구 5석 이상의 정당이 지역구 의석 비율에 따라 가져가는 제도로 변경되었다(1988년 국회의원선거법 제15 · 133조). 1992년에 실시된 제14대 국회의원 선거에서는 지역구선거 1위 정당에게 유리했던 조항은 폐지하였으나 여전히 지역구 선거에서 5석 이상의 의석을 차지한 각 정당의 지역구 의석 비율에 따라 전국구 의석을 배분하였다. 더불어 지역구 선거에서 의석을 얻지 못하였거나 5석 미만을 차지한 정당으로서 그 득표수가 유효투표총수의 100분의 3이상인 정당이 있는 때에는 그 정당에 대하여 우선 1석씩을 배분하는 방식으로 변형되어 지역구에서 의석을 차지하지 못한 정당도 원내진입을 할 수 있는 기회가 주어졌다. 1996년 실시된 제15대 국회의원 선거에서는 지역구 선거에서 5석 이상의 의석을 차지했거나 유효투표 총수의 3% 이상을 득표한 정당에 대하여 직전 총선과 다르게 지역구 선거 득표비율에 따라 전국구를 배분토록 하였다. 2000년 실시된 제16대 국회의원 선거에서는 공직선거법 개정으로 전국구 국회의원 선거에서 비례대표 국회의원 선거로 명칭을 교체하였다. 2000년 제16대 국회의원선거에서는 비례대표의 30%를 여성후보자로 할당하였다. 2004년 17대 총선에서는 비례대표의 50%를 여성으로 할당하도록 하였다. 비례대표제 채택 이후 1인1표의 방식으로만 시행되던 투표방식에 대하여 2001년 헌법재판소는 1인1투표 제도를 통한 비례대표 국회의원 의석 배분 방식이 위헌이라고 결정하였다(헌재 2001.7.19. 2000헌마91 · 112 · 134(병합)). 이에 따라 국회의 법개정을 통하여 대한민국 지방선거의 경우 2002년 제3회 전국동시지방선거부터, 대한민국 국회의원 선거의 경우 2004년 제17대 국회의원 선거부터 1인2표 정당명부식 비례대표제가 도입되었다. 이 제도는 제18대, 제19대, 제20대 국회의원 선거 때까지 유지되었다. 제21대 국회의원선거는 2020.1.14. 개정된 공직선거법에 따라 연동형 비례대표제를 채택하였다(제189조 참조). 그러나 원칙적으로 연동형을 채택하면서도 2020.4.15.의 국회의원선거는 지역선거구를 253석으로 고정하고, 연동형비례대표 의석수를 30명으로, 병립형 비례대표의원을 17석으로 하는 기형적 제도를 채택하였다(부칙 제4조). 국민의 의사를 비례적으로 반영하겠다는 연동형 비례대표제의 기본취지를 전혀 반영하지 못하고 있어서 위헌의 의심이 있다. ➜ 대표의 결정방식.

비례성심사比例性審査 ➜ 과잉금지의 원칙.

비례比例**의 원칙**原則 ➜ 과잉금지의 원칙.

비상계엄非常戒嚴 ➜ 계엄.

비상대권非常大權 ➜ 국가긴급권.

비상사태非常事態 ➜ 예외상태. ➜ 국가긴급권.

비원전주의非原典主義 ⓔ non-originalism. ⇔ 원전주의. 비원의주의(非原意主義)라고도 한다. ➜ 미국 헌법해석논쟁.

비자기집행적 조약非自己執行的條約 ⓔ non-self-executing treaty. ⇔ 자기집행적 조약. ➜ 자기집행적 조약. ➜ 조약에 대한 사법심사.

비준批准 ⓔ ratification, ⓓ Ratifizierung, ⓕ Ratification. 비준은 조약 체결의 권한을 가진 전권위원이 조약의 내용에 합의했음을 증명하기 위하여 서명한 조약을, 조약체결권자가 최종적으로 확인하는 행위를 말한다. 조약체결권자는 국가원수 또는 내각수반인 경우가 많다. 통상 국회비준이라는 용어를 사용하는 예가 많으나 이는 잘못된 표현이다. 현행 헌법은 조약의 체결 및 비준권을 대통령에게 부여하며(제73조), 상호원조 또는 안전보장에 관한 조약, 중요한 국제조직에 관한 조약, 우호통상항해조약, 국가나 국민에게 중대한 재정적 부담을 지우는 조약, 또는 입법사항에 관한 조약의 체결·비준에 대하여는 국회의 동의를 얻도록 규정하였다(제60조). 비준은 무조건 또는 전체적으로 해야 하고, 조건부 또는 부분적 비준은 비준의 거절 또는 새로운 조약 내용의 제안이라고 간주되며, 상대국은 이에 대하여 동의·거절·외교교섭 재개 등 어느 것이라도 선택할 수가 있다.

비준동의권批准同意權 헌법상 조약의 체결 및 비준권은 대통령에게 부여되어 있지만(제73조), 상호원조 또는 안전보장에 관한 조약, 중요한 국제조직에 관한 조약, 우호통상항해조약, 국가나 국민에게 중대한 재정적 부담을 지우는 조약, 또는 입법사항에 관한 조약의 체결·비준에 대하여는 국회의 동의를 얻도록 규정하고 있다(제60조). 조약의 비준에 대한 동의권을 비준동의권이라 한다. ➜ 국회의 권한.

비티히Wittig **사건**BGHSt 32, 367 ff.(1984) ➜ 의사조력자살.

비판법학批判法學 ⓔ critical legal studies(CLS). 비판법학은 1970년대에 미국에서 발전한 비판이론학파이다. 실천적 운동의 차원에서 비판법학운동(Critical Legal Studies Movement:CLSM)으로 지칭되기도 한다. CLS 지지자들은 법이 사회의 현상유지를 위해 고안되어 소외된 그룹에 대한 편견을 성문화한다고 주장한다. 전 세계의 비판법학자들의 의견이 매우 다양하지만, 비판법학 연구의 주요 목표에 대한 일반적인 합의가 있다. 즉, 공정하고 엄격한 것으로 가정되는 법원칙의 모호성과 있을 수 있는 선호되는 결과를 입증하고, 법적 결정의 역사적, 사회적, 경제적, 심리적 결과를 드러내며, 법적 절차에 투명성을 부여하기 위하여 법적 분석 및 법적 문화의 탈신비화를 통해 사회적으로 책임 있는 시민의 일반적인 지지를 획득하는 것이다. 이전의 법현실주의와 유사하게 형식논리적 법사고를 배격하며, 법원칙의 근본적 모순성을 폭로하여 헌법해석 및 법해석의 창조적 성격을 강조한다. 비판법학의 지적 기원은 미국의 법현실주의로 추적될 수 있지만, 뚜렷한 학문적 운동으로서 CLS는 1970년대 후반에 완전히 등장하였다. 특히 1960년대와 1970년대의 미국의 민권운동, 여성권리운동, 반전운동의 경험에 깊은 영향을 받아 발전하였다. 미국 국내정치에 대한 비판적 입장으로 시작한 것이 결국 현대 서구사회의 지배적인 법적 이념에 대한 비판적 입장으로 바뀌었다. CLS 학자인 Duncan Kennedy와 Karl Klare에 따르면, 비판법학연구는 법학과 좀더 인도적이고 평등하며 민주적인 사회를 만들기 위한 투쟁을 위한 실천과의 관계에 관심을 두고 있다. R. M. Unger와 일단의 학자들은 인간공존의 표현으로 비판법학을 형성하고자 했으며, 법적 분석을 제도적 대안 개발의 기초로 만들기 위해 새로운 방향으로 그것을 발전시키려고 노력하고 있다. 영국, 프랑스 등에도 강하게 영향을 미쳤다. 1980년대 후반 이후 법철학, 문학, 정신분석학, 미학, 페미니즘, 젠더, 섹슈얼리티, 탈식민주의, 인종, 윤리, 정치, 인권과 같은 분야에서 정교하게 다듬어진 모습을 보여주고 있다. CLS 운동의 저명한 학자로, Drucilla Cornell, Mark Kelman, Alan Hunt, Catharine MacKinnon, Duncan Kennedy, David Kennedy, Martti Koskenniemi, Gary Peller, Peter Fitzpatrick, Morton Horwitz, Jack Balkin, Costas Douzinas, Karl Klare, Peter Gabel, Roberto Unger, Renata Salecl, Mark Tushnet, Louis Michael Seidman, John Strawson 및 Martha Fineman 등이 있다. Laurence Tribe, Michael Dorf, Ronald Dworkin 등의 학자들이 비판법학을 강하게 비판하고 있다. 우리나라에서는 양건 교수가 1980년대에 비판법학운동을 도입하였고 법사회학 및 기초법학자들이 가담하고 있다.

비해석주의非解釋主義 ⇔ 해석주의. ➜ 미국 헌법해석논쟁.

사건·쟁송성事件·爭訟性 ㉢ cases and controversies. 구체적 사건성이라고도 한다. 「사법(司法)」의 개념과 관련하여 전통적 개념과 현대적 개념 사이에 가장 큰 차이를 보여주는 요소이다. 전통적인 몽테스키외적인 사법관념은 실체적인 법률상의 쟁송 혹은 구체적인 법적 분쟁을 전제로 하여 성립되는 관념이다. 미국 헌법도 제3조 제1항(Article III, Section 1)에서 「미국의 사법권은, 하나의 최고법원 및 의회가 수시로 제정·설립하는 하급심 법원에 속한다」고 규정하고, 제2항에서는 「사법권은 … 사건(Cases) … 및 쟁송(Controvercies)에 미친다(extend to)」고 정하고 있다. 따라서 사건·쟁송성 내지 구체적 사건성은 사법관념에 필수적인 요소로 인식되어왔다. 사건이나 쟁송이 되기 위해서는 다음의 요건이 필요하다. ① 대립되는 당사자가 있어야 한다. 동일한 이해관계를 갖는 당사자간의 소송이나 공모소송 혹은 우호소송은 허용되지 않는다. ② 당사자들이 실질적인 법률상 이해관계를 가져야 한다. 즉 이해관계가 대립되지 아니하고 단순히 행정부나 입법부의 행위에 대한 법적 견해를 부여하는 권고적 의견은 허용되지 않는다. ③ 가정적 사실이 아닌 현실적 사실관계에서 비롯되는 분쟁이 존재해야 하고, ④ 이 분쟁에서 당사자의 권리에 대해 판결을 통해 강제집행이 가능하여야 한다. 오늘날 사법심사 내지 헌법재판의 관념이 확립된 이후에는 사건·쟁송성 내지 구체적 사건성이 전제되지 않더라도 사법의 관념이 성립될 수 있다고 본다. ➜ 사법의 관념.

사권박탈법私權剝奪法 ㉢ bill of attainder. 사법적 재판작용을 거치지 아니하고 의회가 법률로써 개인의 권리를 박탈할 수 있게 하는 법을 말한다. 원칙적으로 권력분립의 원칙에 위반되고 법률에 요구되는 일반·추상성을 갖지 못하기 때문에 허용되지 아니한다. 미국연방헌법 제1조 제9항(Article I, Section 9)에서 금지되는 것으로 규정되어 있고, 미국연방대법원은 만장일치로, 「법원의 심리에 의하지 아니하고 어느 개인 또는 어느 단체의 구성원으로 용이하게 특정할 수 있는 자에게 형벌을 과하는 입법인 사권박탈법(私權剝奪法)은 헌법상 금지된다.」고 판결하였다(U.S. v. Lovett, 328 U.S. 303(1946)).

4권분립론四權分立論 국가기능의 분리에 따른 국가권력의 분립이라는 입장에서 국가기능을 4개로 분리하고 이에 따라 4권분립을 주장하는 견해이다. 예컨대, 전통적인 몽테스키외의 3권분립론에서 집행기능을 통치기능과 행정기능으로 분리하여 분리된 국가기관에 담당하게 하는 경우, 4권분립론이 된다. 현대헌법론에서 헌법재판기능을 전통적인 사법기능과 다르게 이해하는 경우에도 헌법재판권, 입법권, 행정권, 사법권의 4권분립론이 성립할 수 있다. 전통적인 국가기능 중 고시(考試)와 감찰(監察)기능을 분리하여 독립된 기관에 담당하게 하는 경우에는 5권분립론이 성립할 수 있다.

사립학교 종교교육私立學校 宗敎敎育 현행 교육기본법은 국공립학교에서 특정 종교를 위한 종교교육을 하여서는 아니된다고 정하여(제6조 제2항), 국공립학교 교육에서의 종교의 중립성을 규정하고 있다.

따라서 비록 교육활동은 아닐지라도 국공립의 초·중·고등학교에서 교사가 특정 그룹의 학생들과 함께 과외의 활동으로 종교활동을 하는 것도 허용되지 않는 것으로 보아야 할 것이다. 사립학교의 경우 원칙적으로 종교교육을 할 자유가 있다. 대법원은「사립대학은 종교교육 내지 종교선전을 위하여 학생들의 신앙을 가지지 않을 자유를 침해하지 않는 범위 내에서 학생들로 하여금 일정한 내용의 종교교육을 받을 것을 졸업요건으로 하는 학칙을 제정할 수 있다.」고 하고(대판 1998.11.10. 96다37268), 기독교 재단이 설립한 사립대학이 학칙으로 대학예배의 6학기 참석을 졸업요건으로 정한 경우, 헌법상 종교의 자유에 반하는 위헌무효의 학칙이 아니라고 보았다(같은 판결). 종립학교에 강제배정된 학생의 경우,「고등학교 평준화정책에 따른 학교 강제배정제도에 의하여 학생이나 학교법인의 기본권에 일부 제한이 가하여진다고 하더라도 그것만으로는 위 제도가 학생이나 학교법인의 기본권을 본질적으로 침해하는 위헌적인 것이라고까지 할 수는 없으나, … 종립학교가 가지는 종교교육의 자유 및 운영의 자유와 학생들이 가지는 소극적 종교행위의 자유 및 소극적 신앙고백의 자유 사이에 충돌이 생기게 되는데, 이와 같이 하나의 법률관계를 둘러싸고 두 기본권이 충돌하는 경우에는 구체적인 사안에서의 사정을 종합적으로 고려한 이익형량과 함께 양 기본권 사이의 실제적인 조화를 꾀하는 해석 등을 통하여 이를 해결하여야 하고, 그 결과에 따라 정해지는 양 기본권 행사의 한계 등을 감안하여 그 행위의 최종적인 위법성 여부를 판단하여야 하며, 종립학교가 고등학교 평준화정책에 따라 학생 자신의 신앙과 무관하게 입학하게 된 학생들을 상대로 종교적 중립성이 유지된 보편적인 교양으로서의 종교교육의 범위를 넘어서서 학교의 설립이념이 된 특정의 종교교리를 전파하는 종파교육 형태의 종교교육을 실시하는 경우에는 그 종교교육의 구체적인 내용과 정도, 종교교육이 일시적인 것인지 아니면 계속적인 것인지 여부, 학생들에게 그러한 종교교육에 관하여 사전에 충분한 설명을 하고 동의를 구하였는지 여부, 종교교육에 대한 학생들의 태도나 학생들이 불이익이 있을 것을 염려하지 아니하고 자유롭게 대체과목을 선택하거나 종교교육에 참여를 거부할 수 있었는지 여부 등의 구체적인 사정을 종합적으로 고려하여 사회공동체의 건전한 상식과 법감정에 비추어 볼 때 용인될 수 있는 한계를 초과한 종교교육이라고 보이는 경우에는 위법성을 인정할 수 있다.」고 하였다(강의석 사건 대판 2010.4.22. 2008다38288, 다수의견).

사면권赦免權 1. **의의와 절차** 1) **의의** 현행헌법 제79조에서는 대통령이 사면·감형·복권을 명할 수 있는 권한에 대해서 규정하고 있으며, 개별법인「사면법」이 있다. 사면은 광의의 사면과 협의의 사면으로 나눠서 살펴볼 수 있다. 광의의 사면은 협의의 사면 이외에 법원에 의한 형의 선고와 그 부수적 효과 및 행정기관에 의한 징계처분의 효과의 전부 또는 일부를 면제시키는 행위까지 포함하는 것으로 사면·감형·복권이 있다. 각각 일반사면·특별사면, 일반감형·특별감형, 일반복권·특별복권으로 나뉜다. 은사권이라고도 한다. 협의의 사면은 감형 및 복권과 구별하여, 형의 선고를 받지 않은 경우에는 공소권을 소멸시키거나 또는 형의 선고를 받은 경우에는 확정판결의 형집행을 면제시키는 것을 의미한다. 협의의 사면의 종류로는 일반사면(Amnestie)과 특별사면(Begnadigung)이 있다(사면법 제2조, 제5조). **일반사면**은 특정범죄를 행한 불특정다수에 대한 사면이므로, 범죄와 형벌을 법률로 정한 국회의 의사를 물어 그 형벌을 면제하도록 하는 것이다. **특별사면**은 이미 형의 선고를 받은 특정인을 대상으로 형의 집행이 면제되거나 형의 선고의 효력을 상실시키는 것을 의미한다(사면법 제3조, 제5조, 제7조). 즉 이러한 사면은 형사소송법이나 그 밖의 형사법규에서 규정하고 있는 절차에 의하지 않고 형선고의 효과 또는 공소권을 소멸시키거나, 형의 집행을 면제한다. 이는 무죄를 의미하는 것은 아니다. 헌법재판소에 의하면 사면은 형의 선고의 효력 또는 공소권을 상실시키거나, 형의 집행을 면제시키는 국가원수의 고유한 권한을 의미하며, 사법부의 판단을 변경하는 제도로서 권력분립의 원리에 대한 예외가 된다고 본다(헌재 2012.4.10. 2012헌마301). 2) **절차** 일반사면은 죄의 종류를 정하여 대통령령으로 하고, 국무회의의 심의를 거쳐 국회의 동의를 받아야 한다(헌법 제79조 제2항, 제89조 제9호; 사면법 제8조). 정부수립 후 총 7차례 시행되었다. 특별사면은 법무부장관이 위원장인 사면심사위원회의 특별사면 적정성 심사를 거쳐 법무부장관이 이를 대통령에게 상신하고, 국무회의의 심의를 거쳐 대통령이 한다(헌법 제89조 제9호, 사면법 제9조, 제10조, 제10조의2). 2. **연혁과 입법례** 서구에서는 함무라비 법전, 고대 그리스와 로마시대에도 사면이 존재하였으며, **우리나라**의 경우 기록상 고구려시대 때부터 사면이 있었다고 전해진다. **영국**에서는 14세기 말 상원의 사법권행사에 대한 국왕의 통제를 확보하기 위하여 국왕에게 은사권이 주어졌고 헨리 8세 때인 16세기 중반에 국왕의 절대적 사면권이 확보되었다. 18세기인 1721년에 의회와 국왕의 사면권을 규정하는 법률이 제정되었다. **미국**의 경우 헌법에서 최초로 사면권을 규정하였고, 연방대법원에 의하여 사면의 법리가 확립되었다(U.S. v. Wilson, 32 U.S. 150(1833); Biddle v. Perovich, 272 U.S. 480(1927); Duncan v. Kahanamoku, 327 U.S. 304(1946); Schick v. Reed, 419 U.S. 256(1974) 등). **독일** 기본법은 대통령의 특별사면권만 인정하고(기본법 제60조 제2항), 일반사면은 의회에서 행하도록 하고 있다. **일본**의 경우 범죄자의 형을 감면한다는 의미를 갖는 赦라는 표현이 고대 일본 역사서로 알려진 일본서기에 기록되어 있고, 그 후의 역사에서도 赦의 권능이 인정되어왔다. 일본제국헌법인 明治憲法에서도 天皇의 은사권이 인정되었으며, 2차 대전 후의 신헌법에도 사면관련 내용이 규정되어 있고, 이를 구체화하는 법률로 은사법(恩赦法)이 있다. **우리나라**의 경우 유교국가 조선에서는 국왕의 사면이 빈번히 행해졌으며, 대한제국의 대한국국제(1899.8.17.)에도 황제의 大赦·特赦·減刑·復權의 권한을 규정하였다. 1919.4.11.의 대한민국임시헌장에서는 사면에 관하여 직접 규정하지 않았으나, 1919.4.25.의 대한민국임시정부장정에서 赦免·減刑·復權을 정하였고(제78조), 1919.9.11.의 대한민국임시헌법에서도 사면을 규정하였다(제15조 제12호). 이후 임시정부 헌법 개정과정에서 삭제되기도 하였으나, 미군정기에 남조선과도약헌안에도 규정되었으며, 1948년의 제헌헌법에 규정되었다(제63조). 3. **사면의 헌법적 정당화** 1) **대통령의 사면권** 대통령에게 사면권이 인정되는 것은 그 권한을 강화하거나, 입법부와 사법부에 대한 대통령의 우월적 지위를 인정하거나 초헌법적인 예외적 권한을 인정하는 것은 아니다. 또한 사면은 권력을 가진 자가 임의로 베푸는 시혜적 행위가 아니다. 사면권은 엄격한 조건 하에서 행사되도록 통제되어야 하며, 예외적인 경우에 한하여, 최후의 수단으로, 필요한 경우에 한하여 보충적으로 행사되어야 한다. 또한 사면권은 형법을 대체할 수 없다는 범위에서만 정당한 작용이고, 보충적·대안적 기능을 가져야 한다. 따라서 사면권의 정당성 문제는 사면권행사의 한계와 통제, 사면권 행사의 제한 방안, 사면권의 헌법적 성질 그리고 사면권 행사의 이유 등의 논의로 귀결된다. 2) **사회통합과 국민통합** 사면권의 정당화 사유 중의 하나는 사회적 갈등과 긴장의 해소를 통한 사회통합 또는 국민화합의 필요성이다. 또한 공동체 유대강화 및 공익증진이라는 목적 실현을 위해 대통령의 사면권이 필요하다. 3) **형사정책적 목적** 사면권 행사의 효과는 공소권 소멸과 형 집행 면제가 핵심 내용이다. 전체 형사법체계에서 보았을 때, 형사정책적 고려를 해야 할 필요성과 형사정책적 목적 달성을 위해 사면이 필요하다는 것이다. 당벌성과 필벌성에 대한 필요의 정도를 사면을 통해 어느 정도 형사정책적 고려가 반영되어 실현될 수 있다. 4) **법원 재판작용 교정** 사면은 법의 적용·판단과 형 선고 등 법원의 전체 재판작용에서 나타날 수 있는 오류, 흠결, 과오 등을 교정하는 기능을 하는 수단이다. 이는 정의 실현의 의미와 기본권의 보호기능 혹은 최후 보호자로서의 역할을 한다. 5) **법치주의 경직성 완화와 법체계 불완전성 시정** 사면은 법체계에서 나타날 수 있는 불완전성을 시정하고, 법치주의원리 실현 과정에서 나타나는 경직성을 완화시켜 준다. 이는 법치주의의 자기교정을 의미하며, 법치주의 특히 형사사법제도의 경직성을 완화함으로써 사회정의 실현과 국민통합에 기여하는 예외적인 조치이다. 또한 사면은 법률체계의 불완전성을 보충하는 역할과 의미를 갖는다. 6) **사정 변경과 의식 변화** 범죄에 대한 법적 평가가 과거와는 달리 현저히 달라졌고, 재심절차란 제한적인 방법으로 이를 교정하기 어려울 때 사면이 그 해소 방법이 될 수 있다. 7) **고도의 정치적 결정** 대통령은 고도의 정치적 결정으로 사면권을 행사할 수 있고, 이러한 대통령의 사면권 행사와 그 내용은 존중되어야 한다. 대통령의 사면권 행사는 통치행위이며, 고도의 정치성을 띤 국정 최고의사결정권자·국가원수의 행위인 통치행위에 대해서는 사법심사를 하는 것은 바람직하지 않다. 4. **사면권행사의 한계와 문제점** 1) **사면권행사의 한계** (1) **헌법상 한계** ① **권력분립의 원칙** 대통령의 사면권은 행정권에 의하여 사법권의 판단을 변경하는 것으로서, 권력분립의 원칙에 대한 예외인 점에서 그 권한행사의 한계가 문제된다. 한계긍정설은, 권력분립의 원칙에 비추어 사법권의 본질적 내용을 침해하는 사면권 행사는 허용되지 않는다는 입장이다. 한계부정설은, 권력분립의 원칙은 권력 상호간의 견제와 균형의 원리에 기초한 것인데, 사면권은 이러한 견제와 균형의 원칙과 관련성이 없을 뿐만 아니라 사면결정의 정당성 여부를 판단할 수 있는 규정이 존재하지 않아 그 반사적 효과로 합목적적 측면에서 완전한 재량권을 가지므로 별개라는 입장이다. 헌법재판소는 「사면은 형의 선고의 효력 또는 공소권을 상실시키거나 형의 집행을 면제시키는 국가원수의 고유한 권한을 의미하며, 사법부의 판단을 변경하는 제도로서 권력분립의 원리에 대한 예외가 된다.」고 판시한 바 있다(헌재 2000.6.1. 97헌바74). 한계를 인정하는 것이 바람직하다. ② **평등의 원칙** 사면권 행사는 헌법상 규정된 평등권의 본질적 내용을 침해해서는 안된다. 평등권 내지 평등의 원칙은 사면권 행사의 일반적 한계가 될 수 있다. 대통령의 자의적인 사면권 행사로 인해 차별을 받을 수 있으므로, 평등의 원칙은 사면권자의 재량권 행사의 자유를 제한하는 기준이 될 수 있다. ③ **절차상 한계** 사면제도는 헌법과 사면법에 의해 규정되어 있는 법적 행위이므로 법적 판단에서 자유로울 수 없으며, 사면권은 헌법상 인정된 권한으로서 헌법상의 제원칙에 위배되어서는 안 되는 헌법적 한계를 가지고 있다. 나아가 대통령의 사면권 행사는 헌법과 법률에 규정된 절차에 의해서만 행사되어야 하고(절차적 정당성), 헌법과 법률의 명문규정과 그 실체적 내용에 위배될 수 없으며, 헌법과 행정법상의 일반원칙에 위반하여 행사되어서는 안된다. 절차와 한계를 넘어선 사면권의 행사는 탄핵소추의 대상이 될 수 있고, 그로 인해 기본권이 침해된 경우에는 헌법소원의 대상이 될 수 있다. (2) **형사법상 한계** 사면의 형사법상의 한계를 긍정하는 견해는 사면제도는 법적 행위이므로 법적 판단에서 자유로울 수 없으며, 오·남용시 위법한 것으로 사법심사의 대상이 된다고 본다. 형법체계와 충돌되거나 형벌목적을 고려하지 않은 사면이 법치국가에서 행해져서는 안 된다. 형사법상 사면은 사법부 판단의 변경으로서 형벌을 배제하므로 장래의 범죄를 예방하는 수단으로 일반예방과 특별예방이라는 형벌목적의 한계에 의해서 제한될 수 있다. 헌법재판소는 「통치행위를 포함한 모든 국가작용은 국민의 기본권적 가치를 실현하기 위한 수단에 불과하므로, 고도의 정치적 결단에 의하여 행해지는 국가작용이라 할지라도 그것이 국민의 기본권 침해와 직접 관련되는 경우에는 당연히 헌법재판소의 심판대상이 될 수 있다.」고 판시하고 있다(헌재 1996.2.29. 93헌마186). 이에 대해 부정하는 견해는 사면은 권력분립의 원칙과 관계없는 제도이고, 법으로부터 자유로운 행위로서, 고도의 정치적 판단을 요하는 통치행위에 해당하며, 이미 법치국가를 벗어난 사면권 행사를 법치국가적 틀 안에서 평가하려는 것 자체에 문제가 있기 때문에 사면권의 본질상 내지 성질상 사법심사의 대상이 되지 않는다고 본다. 결론적으로 보아, 대통령의 사면권행사가 헌법내재적 한계를 갖는지의 여부에 관해서는 사법심사가 가능하다고 보아야 한다. 대통령의 사면권 행사가 정당성을 가지지 않는 경우에는 권한의 자의적인 행사로 법원의 재판을 부정하는 것이며, 객관적인 기준에 따라 그에 해당하는 사람을 모두 포함시키지 않는 한 이는 법의 집행에서 국민을 차별하는 평등권의 침해라는 결과를 가져오므로 법원이나 헌법재판소의 심판대상이 될 수 있다. 2) **사면권행사의 문제점** (1) **사전통제장치의 미흡** 현행법에 의하면, 특별사면은 앞서 사면심사위원회에서 심사, 법무부장관의 상신, 문서주의, 부서제도, 국무회의의 심의 등의 사전통제장치를 구비해 놓고 있지만, 이러한 제도들이 실질적으로 대통령의 자의적인 특별사면을 통제할 수 있는가에 대해서는 회의적인 시각이 많다. 대통령의 사면권 행사에 관한 사전통제장치의 하나로 사면심사위원회의 구성에 대통령과 국회와 대법원의 의사가 적절히 반영되어, 삼권분립에 의해서 위원을 구성할 필요가 있다. (2) **사면권의 남용** 사면권이 정치권력의 이익을 위해 남용된 사례가 많으므로 이에 대한 견제장치가 필요하다. 권력분립 원칙의 예외로서 사면권은 입법권이나 사법권의 본질적 내용을 훼손하지 않는 범위 내에서 합리적 기준에 따라 적정하게 행사되어야 하며, 이를 위해서는 권력분립 원칙의 우위성을 인정하면서 사면권의 한계와 제한을 명확히 규정할 필요가 있다. (3) **사면대상의 불명확** 현행 사면법 제3조의 사면대상자 규정으로, 일반사면의 대상자는 "죄를 범한 자", 특별사면 및 감형의 대상자는 "형을 선고받은 자", 복권의 대상자는 "형의 선고로 인하여 법령에 따른 자격이 상실되거나 정지된 자"라고 함으로써 사면 등의 대상자 선정기준이 포괄적으로 규정되어 있다. 이는 사면의 대상과 기준을 명확하게 규정되어 있지 않음을 보여준다. 사면법에서 사면권 행사의 절차는 물론 공공성이나 형평성 등에 대한 일반적 기준을 정할 필요가 있다. (4) **법치주의와의 충돌 문제** 대통령의 사면권은 합법적인 사법절차에 의하여 부과된 형벌을 무력화시킬 수 있다는 점에서 기본적으로 법치주의와 충돌하는 제도이다. 사면권 행사에는 헌법과 법률의 규정에 따른 일정한 한계가 있다는 것을 전제로 국민적 합의와 공감을 얻을 수 있도록 사면권이 행사되어야 하고, 국가의 형벌권을 무력화하지 않도록 신중하게 행사되어야 한다. 5. **사면권 행사의 통제방안** 1) **사면대상의 제한** 사면의 오·남용을 막기 위해서는 특정유형의 범죄를 사면대상에서 제외시킬 필요가 있다. 특히 유죄판결을 받은 전직 공무원이나 정치인에 대하여 정권교체 후 행하는 사면은 정치사면의 전형적인 경우로서 엄격히 제한되어야 한다. 나아가 대통령의 친인척이나 대통령이 임명한 고위 공직자, 헌정질서 파괴범죄, 전쟁범죄, 테러범죄, 반인륜범죄, 반사회적인 부정부패범죄 등의 경우, 탄핵을 받은 경우, 특별사면을 받고 재범을 한 경우 등에 해당될 경우에는 사면에서 제외시켜야 한다. 2) **사면기간의 제한** 이는 판결확정일부터 일정부분 형기를 마치기 전까지는 특별사면, 감형·복권 등을 할 수 없도록 하여 비정상적인 현실을 시정하고 이를 제도적으로 방지하기 위해 사면기간을 제한하는 것이다. 예컨대, 형기의 일정부분을 경과한 자에 한하고, 벌금·과료·추징금 등의 미납자·집행유예 중인 자에 대한 사면을 금지하는 등이다. 3) **사면심사위원회의 개선** 2007년 사면법 개정으로 사면심사위원회가 신설되었으나, 그 구성 및 권한, 심사의 공개범위 및 시기 등이 대통령의 사면권을 실제로 통제하기에는 어렵다는 비판이 있다. 사면심사위원회의 소속을 대통령 산하로 변경하거나, 위원의 구성을 대통령과 국회 및 대법원장이 추천하는 3인으로 구성하자는 개선안이 제기되고 있다. 아울러 사면심사위원회의 법적 성격도 현재와 같은 자문기관이 아닌 심의기관 내지 의결기관으로서의 지위를 인정해야 할 것이며, 위원을 현재의 법무부장관이 아닌 대통령이 임명하도록 하여 위상을 제고할 필요가 있다. 4) **사면법의 개정필요성** 2007년 사면법 개정 후 2012년에 다시 개정되었으나, 사면권의 행사요건을 엄격히 규정하고 일정한 범위와 한계를 설정하는 제도적 장치를 마련할 필요가 있다.

사법개념司法概念 ➜ 사법의 관념.

사법관국가司法官國家 ㉲ Justizstaat/Richterstaat. 헌법재판제도의 확립으로 통상의 정치과정에서 해결되어야 하는 문제들이 헌법재판소 등의 헌법재판기관으로 이전되고 헌법재판기관의 소수의 재판관들에 의하여 해결됨으로써, 입법기관인 의회의 입법형성의 자유가 약화 내지 무력화되는 현상이 나타나게 된다. 이런 경우에는 정치적 결정이 헌법재판소 재판관들에게 종속되어 사법관의 지배가 나타나고, 권력분립에 따른 국가의 각 권력의 독립성이 훼손되는 현상이 나타난다. 이를 사법관국가라 한다. 사법국가라 칭하기도 한다. 정치영역은 엄격한 법치주의보다는 임의적·재량적 성격을 갖는 민주주의의 원리가 우선되어야 하기 때문에, 규범영역의 보장자로서의 헌법재판기관이 과도하게 정치영역에 개입될 경우에는 규범 자체의 의미내용을 왜곡할 우려가 있으므로, 가능한 한 정치영역의 문제에는 그 개입을 자제할 필요가 있다.

사법국가司法國家 ㉲ Justizstaat. 사법국가는 두 가지 의미로 사용된다. **하나**는, 행정재판제도와 관련하여 행정기관의 행위에 대한 사법심사, 즉 행정재판권을 전적으로 사법기관에 종속하게 하는 국가를 의미한다. 주로 영미법계 국가들이 이에 속한다. ➜ 행정처분심사제. **다른 하나**는, 헌법재판제도의 실질적 보장에 따라 국가의 정책결정이 입법부가 아닌 사법부에 종속하게 되는 국가로서, 정치의 사법화 현상이 강하게 나타나는 국가를 말한다. 이에 따라 사법관의 지배가 나타나고 사법관이 우위에 서는 현상이 나타난다. ➜ 정치의 사법화 ➜ 사법관국가.

사법권司法權 ㉠ the judiciary/the judicial power, ㉣ die Justiz/die Rechtspflege/die Rechtssprechende Gewalt, ㉫ pouvoir judiciaire/judicature. 1. **개설** 국가권력의 한 축으로서의 사법권 혹은 사법기능은 20세기에 들어와 특히 강조되는 국가권력의 영역으로서, 이에 대한 올바른 이해를 위해서는 국가기능과 국가권력의 측면에서 각각 검토할 필요가 있다. 2. **국가기능으로서의「사법기능」** 1) **사법기능의 분리와 제도화의 역사** 역사적으로 볼 때, 국가기능 내지 작용에 대하여 처음으로 이론적으로 분류한 사람은 Aristoteles이다. 그는 국가권력의 세 구성요소를 심의권(Deliberate Assembly, Die beratende Gewalt), 집행권(Executive, Die Verwaltung), 사법권(Courts of Law, Die Rechtspflege)으로 나누고, 이들 각각의 기관에 대하여 어떠한 방법으로 관직을 분배할 것인가에 대하여 상세히 언급하여, 국가의 기능과 국가기관을 구별하여 인식하고 있었다. 오늘날의 권력분립의 이론은, 18세기에 이르러 17세기의 영국의 헌정상의 경험을 프랑스적으로 추상화하여 이론화한 Montesquieu에 의하여 확립되었다. 국가기능의 분화과정, 특히 사법기능의 분화과정은 영국의 헌정사에서 볼 수 있다. 중세 영국의 통치는 관습에 의하여 이루어졌고, 모든 관습 중에서 가장 중요한 것은, 국왕의 법정(curia regis)에서 채택되는 관습이었다. 이 관습의 선택·적용을 통하여 확립된 common law는 중세 영국에 있어서 기본법 내지 고차법(higher law)으로서 기능하고 있었다. 이와 같은 common law를 확인하고 선언하는 것이 초기의 parliament이었다. 따라서 parliament는 원래 국가의 최고법정으로 간주되었던 것이었다. 17세기 후반에서 18세기에 걸친 의회주권의 확립과정은, 또 common law법원의 독립과정이기도 하였다. 1628년의 권리청원과 1660년 이후의 크롬웰의 집정기를 거쳐 1688년의 명예혁명이 성취되는 과정에서 parliament는 상설의 기관이 되었고, 확실한 입법기능을 행하게 되었다. 이에 따라 법원은 순수히 사법기능을 행하게 되었다. 17세기 후반, Charles 2세의 치하 Mathew Hale의 〈법의 3중의 효력론〉(➜ 법의 3중의 효력론)을 거쳐 J. Locke에 이르러 사법기능은 집행권의 일부분으로 인식되었다. 영국에서 사법의 독립에 관한 위협은, 국왕과 귀족원으로부터 야기되고 있었다. 명예혁명의 결과로 권리장전(1689)이 만들어졌음에도 불구하고, 국왕의 대권은 여전히 인정되고 있었는데, 이 국왕의 권한 속에는 법관을 파면할 수 있는 권한도 포함되어 있었다. 왕위계승법에 의하여 법관의 독립조항이 규정되기 전까지는 법관을 파면하는 권한은 국왕에게 속해 있었다. 그리고 법원의 독립을 해칠 우려가 있는 또 하나의 요소는 바로 귀족원(House of Lords)으로부터의 위협이었다. 1701년의 왕위계승법(Act of Settlement)은, 영국의 왕위를 신교도인 국왕 내지 여왕으로 계승시키기 위하여 제정되었지만, 그 제3조의 말미에서 「….. 법관의 임명은 죄과가 없는 한(during good behavior) 계속하는 것이며, 그들의 봉급은 확정되고 확립된다. 그러나 의회의 양원의 요구가 있는 때, 법관을 파면하는 것은 합법이다.」고 규정하였다. 이 규정에서 비로소 법관의 신분이 국왕과 귀족원으로부터 독립하는 것으로 보장되었다. 결국 18세기 초까지의 영국의 헌정사에서 국가의 사법기능은 그 자체 독자적인 권력의 기반을 가지고 있었다기보다는 국왕과 귀족 사이의 권력의 균형 사이에서, 다시 말하면 국왕과 귀족의 권력분점에 대한 반사적 효과로서 사법기능의 독립성이 확보되었던 것이다. 이와 같은 영국의 헌정사는 Montesquieu의 권력분립이론에 지대한 영향을 미쳤으며, 특히 사법권의 독립성 내지 독자성에 대한

Montesquieu의 사법관에 그대로 반영되는 결과가 되었다. 2) **Montesquieu의 사법권에 대한 이해** 17 · 8세기의 계몽기의 유럽사상의 전개과정에서, 법과 자유 그리고 권력의 제약에 관한 유럽국가의 경험적 사실을 18세기의 사회적 요청에 대응하여 이론적으로 정리한 것이 Montesquieu이다. 그는 당시의 사상적 주류이었던, 추상적 개인주의 및 주관적 합리주의의 입장에 서서, 당시의 프랑스 사회가 가진 문제점을 지적하고, 이를 극복하려고 노력하였다. Montesquieu는 17세기 영국에 있어서 현실적인 경험의 구체성을 18세기의 프랑스 사회에 도입하면서 프랑스적으로 추상화시켰다. 그것은 두 사회에 있어서 다른 법경험에 기초한 것이었다. Montesquieu는 정치와 법이 그 구조와 기능에 관하여, 사람들이 생활하고 있는 환경여하에 의존하는 것임을 보여주고, 정치 및 법에 관한 사회학적 이론을 구성하려고 하였다. 이와 함께 Montesquieu는 절대주의의 통치가 자유를 질식시킨다는 강한 신념을 바탕으로 하여 정치와 법의 존재방식을 고찰하여, 개인의 자유의 실현을 위한 헌법적 제 조건을 추구하여, 통치권력의 집행부문과 입법부문으로부터 사법부문을 분리시킬 필요를 이론적으로 해명한 것이다(➜ 권력분립론). 그의 권력분립론은 집행부를 군주의 것으로 보고, 양원제의 입법부를 귀족 및 평민의 것으로 보아, 재판권은 이 도식에 포함시키지 않았기 때문에, 이것을 「말하자면 무(無)인 것」으로 보았다. Montesquieu는 「힘의 균형」의 대상으로서 구체적인 주체적 요소에 관심이 있었기 때문에, 단순한 국가기능으로서의 각각의 권능은 그 대상이 되지 않았다. 재판권은 「무」인 것으로서, 균형화되어야 할 권력으로서의 의미를 갖지 않았던 것이다. 그러나 이것은 재판권이 균형에 관계가 없다는 것을 의미하지는 않는다. 오히려 재판권의 존재방식이 「균형화」에 중대한 관계를 갖는 것이다. 즉 재판권은 본질상 어떠한 정치사회적 힘에도 위임되지 않고, 소유될 수 없는 것이라고 하여, 입법권과 집행권은 군주, 귀족, 평민의 3세력에 분산 소유되는 것이라고 하고, 그럼으로써 그들 사회세력간의 상호억제가 가능하고, 자유의 보장이 이루어진다는 것이다. Montesquieu에 있어서 재판권이 입법권 및 집행권에서 분리되어야 하는 이유는 시민의 정치적 자유를 확보하기 위함이다. 이는 「재판권이 입법권 및 집행권에서 분리되어 있지 않으면, 이 또한 자유는 존재하지 않는다. 만약 재판권이 입법권과 결합하게 된다면, 시민의 생명 및 자유에 대한 권력은 자의적으로 될 것이다. 왜냐하면 법관이 입법자로 되는 것이기 때문이다. 만약 재판권이 집행권과 결합하게 된다면, 법관은 압제자의 힘을 가질 수 있을 것이다.」라는 그의 표현에서 명확하다. 그가 말하는 재판권은 어떠한 특정의 신분에게도, 어떠한 특정의 직업에게도 속하지 않게 하는 보이지 않는 「무(無)」의 권력이었다. 입법권 및 집행권의 보유자로부터 분리된 재판권의 행사에 대해서는, Montesquieu는 누구도 그 행위 내지 부작위에 관하여 법규에 반하여 판결을 내려서는 안되는 것이고, 법관은 법의 말을 하는 입에 불과한 것이고, 법의 힘과 엄정함을 부드럽게 할 수 없는 무생물에 불과하며, 「일종의 확성기」인 것이다. 사법기능은 정책의 수행에 한정되고, 정책의 결정과 통제에까지 미쳐서는 안 된다는 것이 Montesquieu의 생각이었다(Löwenstein). Montesquieu에 있어서 법관의 역할은 법의 적용으로 끝난다. 이와 같이 재판권은 Montesquieu에 있어서는 권력이 아니라 기능적으로 「법의 말을 하는 입」이다. 요컨대 Montesquieu에 있어서는, 권력의 존재방식 및 성질이 정태적으로 고찰되고 있고, 그와 같은 정태적 권력구조 중에서 재판권은 그 자체로서는 「힘」은 아니고 「무」인 것이라고 하고, 그럼에도 불구하고 그 존재방식여부가 「힘」관계에 중대한 영향을 미치는 것이라는, 특이한 기능적 권능으로서 파악되고 있다. 이 특이한 기능에 재판권의 독립의 필요가 인정되고 있는 것이다. 3) **미국의 권력조직화와 사법권의 확립** 미국 식민지인의 영국에 대한 항쟁은 지극히 법적인 색채를 띠고 있었다. 항쟁의 논거는 그들도 영국인이라는 입장에서의 common law상의 권리이었다. 특히 마그나 카르타 제39조가 말하는 「국법(lex terrae=the law of the land)」에 대한 해석에서 식민지인들은 당연히 영국 본국법을 의미한다고 하였고, 영국인들은 마그나 카르타 제39조의 「국법」은 식민지의회에서 제정된 법인 것이라고 하였다. 영국 본국에서 제정된 제정법도 식민지의회에서 채택되지 않는 한, 여기서는 「국법」이 아니라고 하였다. 미국의 혁명과 독립으로 이끄는 데에 기여한 것은 1761년 James Otis의 팸플릿(Writs of Assistance Case, 1761)이었는데, 여기서 그는 Coke의 이론을 넘어서 「사법심사」의 관념을 주장하였다. Otis를 지지하는 사람들은 이 입장에서 1765년의 인지조례에 반대하여 성공하였다. 1776년의 「독립선언」은, 미국 식민지인의 역사적인 정치적 체험에서 나온 것으로, 개인의 권리를 적극적으로 확립하려고 하는 것이었다. 미국에서의 헌법은 통치기구의 법이 아니라, 통치기구를 만드는 인민의 법이었고, 따라서 헌법은 헌법에 의하여 설치된 통치기구의 법령보다 우위에 있는 것이다. 미국헌법의 경우에, 본래 주의 헌법이든, 연방 헌법이든 그들의 헌법의 조직원리로서의 권력분립의 원칙과, 19세기에 이르러서부터 연방대법원에 의하여 해석되고 적용된 권력분립의 원칙과의 관계는, 추상적 원칙의 특수한 구체화로서, 또 역사적 사회적 제 조건에 제약된 실질적 전개로서 취해진 것이었다. 헌법기초 당시에 있어서 Montesquieu의 권력분립론이 고려되고 있었던 것은 현실의 통치작용에 실제적 영향은 거의 주지 않았다. 미국 헌법 주석서인 The Federalist는 미국 헌법상의 사법권에 관하여, 공화정을 구성하는 정부의 3부문의 구성원리로서 각 부문이 각각의 자기자신의 의지를 가지지 않으면 안 되며, 따라서 각 부문의 구성원은 다른 부문의 구성원의 임명에는, 가능한 한 관여하지 않도록 해야 하고, 만약이 원칙에 강하게 집착한다면, 행정, 입법, 사법 각 부문의 최고 담당자의 임명은 동등한 권위의 원천인 인민에 의하여 서로 아무런 교섭이 없는 수단을 통하여 행해지지 않으면 안 된다고 하였다. 사법부를 구성하는 원리는 첫째로, 구성원상 특수한 자격에 비추어, 이러한 자격을 가지는 자를 가장 잘 확보할 수 있는 선택의 방법을 생각해내어야 하고, 둘째로, 사법부 구성원의 종신 임기는 임명권자에 대하여 의존하지 않게 하여야 한다는 것이었다. Hamilton은 다른 부서에 대한 사법부의 특성에 대하여, 사법부는 칼이나 돈지갑에는 인연이 없고 사회의 힘과 부(富)도 이것을 좌우할 수는 없으며, 어떠한 실체적인 결정도 내릴 수가 없는 것으로서, 힘도 의사도 가지지 않고 다만 판단하는 데에 지나지 않는다고 하였다. 또한 헌법의 명백한 취지에 반하는 일체의 입법행위를 무효로 선언하는 것은 법원의 고유한 임무이며, 위탁된 권리에 근거하는 어떠한 행위도 그 권한이 행사되는 근거로 되어 있는 위임자의 취지에 반하는 한 무효라고 하였다. 연방헌법이 제정된 후에도, 연방대법원은 1801년 John Marshall이 대법원장으로 취임하기 전까지는 단 55건만을 판결하였다. Marshall이 연방대법원장으로서 1801~1835년까지 재직하면서, 그 판결을 통하여, 소위 헌법적 법률의 형성에 중요하게 기여하였는데, 그의 판결 중의 하나가 1803년의 Marbury v. Madison 사건에 대한 판결이다(➜ 마버리 대 매디슨 판결). 이 판결을 통하여 Marshall은 이 의회제정법인 법원법을 무효로 선언함으로써 연방대법원의 권한을 강화하는 기회를 포착하려고 하였다. 결국 미국에서 연방대법원의 위헌심사권은 곧 정치적 권력투쟁의 과정에서 반대세력에 대한 정치적 견제의 수단으로 확립된 것이다. Marshall의 헌법 및 사법인식은 주(州) 우위의 사상으로 인해 일시적으로 후퇴하기도 하였으나, Melville W. Fuller (1888~1910 재임) 대법원장 시기에 다시 회복되었으며, Edward D. White (1910~ 1921), William H. Taft (1921~1930) 대법원장 시기를 지난 후, Charles E. Hudges (1930~1941) 대법원장 재임시에는 Roosevelt 대통령의 New Deal 정책관련 입법을 무효화함으로써 행정부의 정책을 저지하기도 하였다. 이에 Roosevelt 대통령은 대법원의 구성을 자기마음에 드는 사람으로 하려는 시도(court-packing plan)를 하기도 하였으나, 실패하였다. Roosevelt의 시도는 1941년에 비로소 성공하여, 과거의 법원(Old Court)을 완전히 자신의 의사에 맞는 사람들로 구성할 수 있게 되었다(New Court). 그러나 비록 Roosevelt 대통령에 의해 대법관 전원이 임명되기는 했어도, 대법원의 분위기는 자유주의적 적극주의자(libertarian activists)들이 지배하였고, 이 시기는 1940년대 말까지 지속되었다. 4) **대륙법계 국가의 사법권의 확립과정** 18세기부터 19세기의 근대법의 시대에 프랑스, 독일 등의 대륙법계 국가에서는 사법의 의미를 법의 적용의 측면에만 중점을 두고 있었다. 1789년의 프랑스 혁명 후 1791년의 헌법은 Montesquieu 사상에 영향을 받아 사법을 법률의 기계적 적용에 엄격히 한정하였다. 사법은 법률의 단순한 적용이라고 이해되고, 더욱이 적용이라 함은 해석을 포함하지 않는 문자 그대로의 기계적인 적용을 의미하였다. 사법을 법적용작용으로 좁게 이해하는 프랑스적 관념은, 역사적인 경험을 달리 하는 독일, 오스트리아, 이탈리아 등 다른 대륙제국의 모델로 되었다. 19세기 후반에 법질서의 무흠결의 도그마가 극복되면서부터 법관은 실제로는 결코 단순한 「법의 말을 하는 입」이 아닌, 즉 법관은 법실증주의가 지배하는 하에 있어서도 항상 적지 않게 법창조에 관여하여온 것이 명확하게 되었지만, 입법 · 집행 양권에 나란한 제3의 국가작용으로서 명확하게 자리매김하지 못하였다. 사법의 성질에 관한 기본적인 사고방식은, Weimar 헌법(제102조 이하 「사법(Rechtspflege)의 장」 참조)하에서도 본질적으로 변화하고 있지 않았다. 전후의 기본법에서 비로소 헌법재판권을 포함한 모든 사건 · 쟁송에 최종적인 심판을 내리는 권력이 새로운 사법권(Die rechtsprechende Gewalt)이라는 이름으로 포괄적으로 이해되었고, 입법 · 집행 양권과 동격의 국가작용으로서 법관은 단순한 기능만이 아닌 권력보유자(Macht- od. Gewaltinhaber)로 자리잡게 되었다. 사법이 광범위한 법창조 · 정책형성의 기능과 함께, 특히 판결이 법률적 효력을 갖기에 이른 헌법재판권이 「권력성」을 갖게 되었음을 의미하는 것이었다. 5) **현대사회와 사법기능의 확대** 오늘날의 상황은 사법기능을 단순히 법적용작용에 머무르게 하고 있지 않다. 현대사회는 공권력에 의한 시민의 사회경제생활에의 배려와 개입이 한층 광범하게 되고 확충되고 있다. 또한 사회경제적 관계의 집단화 · 조직화가 진전되고, 그리고 그 양식이 복잡해지고 있는 상황 하에서, 개개인의 사적 이익 · 권리와 집단적 내지 공공적 이익과의 융합 · 교착이 심화되고 있고, 개개인의 사적 이익 · 권리를 집단적 내지 공공적인이익으로부터 명확히 분리하여 주장하거나 실현하는 것이 곤란하게 되고 있다. 이와 함께 사회의 전반적인 정치화가 진전되어, 시민의 정치적 참여의 채널이 다양하게 되고 있음에도 불구하고, 집단적 · 공공적 이익 중에는 입

ㅅ

법·행정 차원에서의 정책형성과정이라든가 각종의 사적 분쟁해결과정에서 공정한 배려를 받기 어려운 것이 있고, 그 결과 그러한 집단적·공공적 이익이 억압되거나 침해되기 쉬운 것이 있다. 개개인의 사적인 이익·권리를 실효적으로 확보하고 실현하기 위하여는 동시에 불특정다수의 집단적·공공적 이익을 주장하고 옹호하지 않으면 안되는 것이 많다. 그리고 이 집단적·공공적 이익을 가장 실효적으로 주장하고 옹호할 수 있는 것은 입법·행정 차원에서의 정책형성과정에서이지만, 그것이 불가능 내지 현저히 곤란하기 때문에 할 수 없이 우회적이기는 하지만, 최후의 보루로서 재판에 의한 사법적인 보호와 구제가 추구되는 것이다. 그러나 전통적인 의미에서의 사법기능에 초점을 맞추어 구성되어 있는 사법제도로는 이러한 종류의 요구와 기대에 충분히 대응하기 어렵다. 우선은 재판에 의한 심리의 대상으로 되기 어려울 뿐 아니라, 비록 심리의 대상이 되더라도, 사법적 보호·구제의 정당화를 위하여 적절한 법적 근거를 제시하는 것이 용이하지 않은 것이 사실이다. 그래서 이와 같은 전통적인 사법기능의 한계를 타개하기 위하여 다양한 이론상·실무상의 노력이 추구되고 있는 것이다. 전통적인 사법기능이 이처럼 확대되고 있는 것은, 20세기에 들어와 활성화되기 시작한 헌법재판제도의 확립과 함께 제도적으로도 보장되어가는 과정에 있다. 미국의 경우에는 19세기 초에 헌법재판의 하나로 위헌법률심사제도가 확립된 이래, 정책형성기관으로서의 입법부의 권한행사에 사법부가 적극적으로 개입해오고 있는 것은 주지의 사실이다. 또한 서독의 경우에도, 1919년의 바이마르헌법에서는 사법을 「Die Rechtspflege」(WRV 제102조 이하)라고 하고 있었으나, 1949년의 Bonn 기본법에서는 그 제9장의 제목을 「Die Rechtsprechung」이라고 하고, 제92조 본문에서는 「Die rechtsprechende Gewalt」라고 하여, 사법의 기본원리와 본질적인 조직구조, 법관의 지위 및 시민에 대한 재판권의 관계 등을 비로소 헌법적 규율의 대상으로 하고 있다. 이로써 사법권은 입법 및 행정과 헌법구조적으로 대등하게 자리잡게 되었으며, 이 사법권의 내용으로서 헌법재판권(제93조), 일반민·형사 및 행정, 재정, 노동 그리고 사회재판권을 규정(제95조)하여, 광범위한 법창조 내지 법형성기능을 행하는 것으로 하고 있다. 이와 같이 오늘날의 사법기능의 확대 현상은 사법권의 적극적인 법형성 내지 법창조기능으로 나타나고, 이것은 곧 사법권의 권력성을 실질적으로 확보한 것을 의미하는 것이다. 즉 정치권력에 의하여 수동적으로 설정되는 제도 내지 기능이 아니라 적극적으로 자신을 규정하고 정책결정과정에서 독자적인 역할을 행함으로써 하나의 권력으로서 기능하게 된 것이다. 이러한 결과는 전통적인 의미에서의 권력분립이론을 단순한 국가권력의 분립이 아니라 새로운 의미의 것으로 이해할 것을 요청하고 있으며, 그에 따라 고전적인 권력분립이론을 국가기능의 분리라는 새로운 관점에 따라 이해하여, 정책형성, 정책집행, 정책통제 등으로 파악하거나, 기능의 분리와 분배에 따른 기관의 분리를 통하여 권력의 억제와 균형 및 통제를 행하는 기능적 조정원리로 이해하는 견해가 등장하고 있는 것이다. 이러한 사법권의 지위변화는 사법권을 진정한 의미에서의 제3의 국가권력보유자로 만들었을 뿐만 아니라, 정치과정에서 입법권 및 집행권의 대등한 파트너로서의 지위를 가지게 하는 것이다. 3. **국가권력으로서의 「사법권력」** 1) **사법권과 정치과정** (1) **법과 권력의 관계** 법은 여러 사회규범 중의 하나이지만, 그 실효성을 담보하는 것이 국가권력이라는 점이 다른 규범과 다르다. 법이 없는 국가를 상상하는 것은 불가능하고, 법을 유지하는 실력이 존재하지 않는 국가도 있을 수 없다. 권력과 법은 상호의존하는, 사회적 행위의 규율원리인 것이다. 말하자면, 법이 없는 권력은 일시적인 것이고, 권력 없는 법은 환상이다(Macht ohne Recht wäre ephemär, Recht ohne Macht wäre illusionär). 법과 권력의 관계를 이와 같이 상호의존적으로 파악할 때에는, 법규범을 구체화하고 현실화하는 국가제도가 권력적인 기초를 갖지 않는다면, 하나의 환상에 불과하다는 결론에 이르게 된다. (2) **정치제도로서의 사법제도** 사법제도는 정치제도의 한 부분이다. 그것은 다른 정치제도와 상호작용을 통하여 제도의 존재목적을 달성하고자 한다. 사법제도로서의 법원이 정치제도임을 받아들이기는 쉽지는 않지만, 부인할 수 없다. 이와 같이 정치제도로서의 사법제도를 인정하는 것은 법과 정치 사이를 서로 배척하는 것이 아니라 법과 정치 사이의 상호관계 그리고 그 통합을 인정하는 것이다. 따라서 사법제도로서의 법원은 정치적 방식과 법적 방식 사이의 연속체로서 기능하며, 또한 피할 수 없이 양자를 염두에 두고 작용하게 되며, 모든 사법은 사람들이 인정하든 인정하지 않든 정치적이다. 정치제도로서의 사법제도를 인정하는 것은 전통적인 법학방법론에서는 수긍하기 어려운 점이었지만, 오늘날의 법학방법론에서는 이미 극복된 것이며, 오히려 적극적으로 정치제도로서의 사법제도를 긍정함으로써 사법제도의 정치적 의미를 분명히 할 수 있다. 이와 같은 관점을 채택할 경우, 중요정책결정에서의 법원의 기여를 정의하는 데에 도움이 되며, 다른 정부제도와 사법제도와의 관계를 좀 더 정확하게 파악하는 것을 가능하게 해주고, 정치과정으로서의 법관의 임명을 서술하고 이해하는 데에 도움이 된다. 정치제도로서의 사법제도는 또한 정치적 결정에 관하여 적극적인 역할을 하는 경우가 있고, 때로는 정치개혁의 수단으로 되기도 한다. 2) **사법권의 권력성** (1) **헌법재판과 권력성** 전통적인 견해에서는 사법권은 국가권력의 하나라고 하고는 있으나, 실질적으로는 그 자체 권력으로서의 성격을 띠고 있지 않았다. 사법기능을 담당하는 기관에 권력성을 부여하게 된 것은 제2차 세계대전 이후에 비로소 명확하게 확립되었다. 특히 헌법재판의 확립으로 인하여, 헌법재판소가 현대국가의 중심이 되고, 헌법규범의 실효성에 대한 요구가 증대하는 상황에서는 헌법재판을 담당하는 사법제도의 정치적인 역할에 대한 기대가 커지고 있다. 각 국가마다 그 제도적 형상은 조금씩 다르지만, 기능적 의미에서의 헌법재판은 현대국가의 중심적인 과제로 되고 있는 것은 사실이다. 말하자면, 헌법재판을 어떤 기관이 담당하고 있는가라는 제도론적 관점이 아닌, 법창조 내지 정책형성기능을 포함하는 기능으로서의 헌법재판을 담당하는 제도가 정치과정 속에서 어떠한 역할을 할 것인가가 중심적인 과제로 되는 것이다. 이러한 현상은 곧 사법주의(Judicialism)의 보편화 내지 사법국가(Jusdizstaat)화를 의미한다. 이러한 사법주의의 보편화 내지 사법국가화의 경향은 현대사회에서 권력통제를 위한 가장 중요한 방법으로 인정되고 있다. 현대사회에서의 사법주의의 보편화 내지 사법국가화는 제도적으로 두 가지의 유형으로 나타나고 있다. 그 하나는 헌법재판에 관한 미국형의 사법심사제도와 그 둘은 헌법재판에 관한 독일 내지 오스트리아형(대륙형)으로 나타나고 있는 것이다. (2) **사법심사권의 권력성-미국형** 미국의 사법권은 헌법으로부터의 명확한 규정에 의하여 성립하였다기보다는, 역사적 · 경험적으로 확립되어온 것이다. 미국연방대법원의 부수적 위헌심사권은 그 법창조 · 정책형성기능은 지극히 넓고, 정치과정에 미치는 영향력도 대륙형의 헌법재판권에 뒤지지 않는다. 미국의 사법심사권이 강한 권력성과 그에 따른 권력성을 갖는 이유는, 그 가장 중요한 특징으로서, 사법심사권이 전통적인 「사권보호모델(private rights model)」로부터 「특수기능모델(special function model)」로 그 성격이 크게 변하고 있기 때문이다. 이 변천은, 전후 유럽에 있어서 「사법주의」와 대응하여, 기본적으로는 동일한 입헌민주주의의 사상에 의해 지탱되고 추진되어 왔다. 그 결과, 전통적인 사법심사권 하에서 생각되어 왔던 원칙에도 커다란 변화가 있게 된다. 당사자적격(standing)의 요건이 완화된 것, 부수적 위헌심사의 논리적 귀결이라고도 해야할 엄격한 필요성(strict necessity)의 원칙이 법원의 고도의 재량판단에 의하여 엄격히 적용되지 않는 경우가 있게 된 것, 표현의 자유의 우월적 지위의 이론과 관련하여, 법률을 문면상 무효(void on its face)로 하는 막연성(vagueness) 내지 과도한 광범성(overbreath)을 이유로 한 무효의 이론이 판례상 넓게 쓰여지게 된 것 등이 지적되고 있다. 미국 연방대법원이 의회 및 정부(정치권력)의 행위의 「부인」(negating)이라는 수동적인 기능으로부터, 정치권력의 정책의 「재구성(restructuring)」이라는 능동적인 기능으로 이행된 것은 1950년대부터 60년대에 걸친 시기이다. 이 시기는 사회복지정책의 진전으로 행정권이 비대화하고 있는 가운데, 동서냉전이라는 국제정세에 크게 영향받아서 정신적 자유권을 제약하는 입법이 증대하는 시기이었다. 이 시기의 Warren 법원은 의회 및 정부의 정책에 대하여 엄한 견제를 하여, 그것을 위헌이라고 하여 제한한 사법적극주의를 표방한 점에 현저한 특색을 갖는다. 이 적극주의는 「할 수 없다」(cannot do)라는 형태로 정치권력을 제한한 것이 아니라, 평등원칙이 적용되는 사건을 중심으로 하여, 법원 스스로가 적극적으로 일정한 정책을 「해야 한다」(must do)고 하는 형태로 명령하는, 종래와 다른 새로운 적극주의로 발전하여 왔던 것이다. 이 사법적극주의는, 특히 학교교육에 있어서 인종차별철폐, 의원정수재배분 및 주의 교도소·병원의 운영에 관한 사건에 있어서 전형적인 형태로 전개되었다. **공공소송(public law litigation)**이라든가 제도소송 내지 제도개혁소송(institutional reform litigation) 등이 그에 해당한다. 이 소송은, Brown v. Board of Education(349 U.S. 294(1955))에서 발단하여, 쟁점이 사인간의 분쟁이 아니라 공공정책의 운영에 관한 고충이고, 그것이 다수의 당사자, 소송참가인, 조언자(amici)에 의하여 다투어져서, 법관이 실체적인 권리침해를 인정하여 구제수단(remedy)을 논리적으로 도출하는 중립적인 조정자라고 하기보다도, 구제수단의 논의에 적극적으로 참가하는 역할을 행하고, 판결이 내려진 후에도 그 집행을 위하여 계속하여 관여하는 것을 요하는 것으로, 형평법의 전통을 기초로 한 Class Action의 발달과 연방제 등과도 관련하여, 20세기 후반에 급속히 발전하여 온 것이다. 사법권의 정책형성기능에 바탕하여 논의되는 소송의 형태를 「**현대형소송**」이라 하여 전통적인 소송형태와 구별되어 사용되고 있다. 이 「현대형소송」의 공통의 특징으로 다음과 같이 지적되고 있다. 즉 대체로, 소송의 직접당사자가 다수이거나 밀접한 이해관계를 가진 상당한 다수의 제3자가 있고, 재판의 직접적인 대상인 법적 쟁점이 일반적 정책문제와 불가분적으로 관련하고 있거나, 혹은 적용되어야 할 법적 규준에 관하여 의견의 대립이 있거나 하여, 분쟁해결기능에 초점을 맞추는 현행 재판의 제도적 구조와 절차의 제약을 다소 완화하지 않고는 재판에 기대되고 있는 기능을 적절히 행하기 어렵다는 것이다. 현대형소송을 이와 같이 이해하게 된다면, 민사상의 손해배상과 금지가 청구되는, 새로운 유형의 다수당사자의 공해·환경소송과 소비자소송 등, 대부분의 헌법소송과 다수의 행정소송도 현대형

소송에 해당하는 것으로 볼 수 있을 것이다. 미국의 이론전개는 1970년대에 들어와 이 현대형소송에 대한 논의가 활발하게 진행되었다. Achibald Cox는 1976년에 발표한 논문에서 헌법재판(constitutional adjudication)의 하나의 신국면은 계속성의 수단(an instrument of continuity)에서 개혁의 무기(a weapon of reform)로 전환하였다는 것을 지적하여 「헌법재판의 신차원」을 언급하였으며, Abram Chayes는 같은 해에 보다 철저한 **「공공소송모델(public law litigation model)」**을 제창하기에 이르렀다. Chayes는 전통적인 소송모델과 현대형 소송모델을 각각 「전통적 사적소송 모델(traditional model of civil adjudication)」 및 「공공소송 모델」로 구별하고, 각각의 특징을 언급하였다. 이러한 언급들은 현대 미국 사법의 권력성을 엿볼 수 있는 것이다. (3) **헌법재판권의 권력성-대륙형** 사법의 법형성기능 내지 정책형성기능에 관한 독일에서의 논의는 이론적으로 발전되어 인정되고 있다. 전통적인 독일의 법학방법론은 법적 결정을 하나의 수학적 계산으로 이해하여 법관의 법형성기능을 부인하였지만, 19세기 초기의 역사법학파(Die Historische Rechtsschule)와 Eugen Ehrlich를 대표로 하는 19세기말의 자유법운동(Die Freirechtsbewegung)을 거치면서 법관의 법형성기능이 인정되기 시작하였다. 이러한 법관의 법창조 내지 정책형성기능은 헌법재판 뿐만 아니라, 전체 사법, 즉 행정재판이나 민사재판에도 관련된다. 독일에 있어서 사법의 권력성은 미국의 그것과 기본적으로 다른 특색을 갖는다. 그 하나는, 사법의 권력성이 헌법재판권의 권력성이라는 문제로 집약되고 있는 것이다. 그 둘은, 헌법재판권이 입법·집행 양권과 병존하는 진정한 제3권으로서 규정된 사법권(GG 제1조 제3항, 제20조 제2항·제3항, 제92조)의 하나로서, 전통적인 권력분립론에서 말하는 사법과 다른 새로운 의미의 「사법」을 구성하는 요소로 되고 있는 것이다(➜ 사법관념). 헌법재판소는, 입법·행정이라는 정치권력을 통제하여 국가에 있어서 가장 강력한 기관으로서 나타나지만, 정치권력의 보유자들이 재판을 자발적으로 존중하지 않는 한, 통제의 실효성은 궁극적으로는 확보되지 않는 것이다. 말하자면 이와 같은 통제의 실효성의 문제는 이론적인 측면이 아닌, 역사적·경험적 사실에 의하여 확보될 수 있는 것이다. 요컨대, 헌법재판소는, 제도상으로는 최대한의 사법적극주의를 인정하고 있는 것으로, 「정치의 사법화」를 가능하게 하는 반면, 「사법의 정치화」를 초래할 위험성도 커서, 그 결과 재판의 권위를 지켜 정치권력의 통제기능을 잘 행하기 위해서는, 헌법재판소의 권한행사를 통상의 사법권의 권한행사방법의 틀 중에 받아들이려고 하고, 나아가 그 틀을 넘어선 부분에 관해서는 자기억제(self-restaint)에 의하여 스스로의 권한행사를 한계지워야 할 것을 요청받는 것이다. 헌법재판소는 위와 같은 한계를 준수하면서, 기본법해석의 최고의 기관으로서 시대에 따라 사건의 성질에 따라 동요하면서도 체계적·목적론적 해석방법을 취하여, 민주주의, 연방주의 및 법치주의와 같은, 기본법 전체로부터 도출되고 다른 헌법규정이 그것에 복종하지 않으면 안되는 기본원리와 정당국가원칙, 비례원칙 등 일정한 「불문의 원칙」의 존재를 인정하여, 이를 통하여, 인권의 보호, 사회적·경제적 기회의 평등화 추진, 연방제의 중재, 정당민주제의 옹호, 나아가 정부의 정책의 정당화 등 다양한 면에서 광범위하세 법창조·정책형성을 행하여 왔으며, 그 정치적인 영향은 지극히 크다. 물론 개개의 판결은 많은 논의를 야기하고, 「누가 수호자를 수호하는가?(Quis custodiet custodes?)」라는, 헌법재판에 대하여 오래전부터 따라다니는 문제를 제기하여, 「헌법재판관의 지배(Herrschaft der

Verfassungsrichter)」라는 비판도 있기는 하다. 그러나 헌법재판소는 1960년대 후반 이후부터 실용적인 이익형량의 방법을 광범하게 도입하여, 정부의 정책을 정당화하는 기능을 행하게 되고, 일반적으로도 높은 평가를 받고 있다. 특히 추상적 규범통제(GG 제93조 제1항 제2호)의 절차에서 행해지는 고도로 정치적인 사건에 관한 판결의 경우는, 사건과 절차자체의 성질상, 의회가 판결의 취지를 존중하고 그것에 복종하는 경우는 현저하다. 이와 같이 독일의 헌법재판권은 정치권력에 대한 강력한 통제를 가능하게 하는 특색을 가진 제도로서, 미국의 부수적 심사의 경우보다도 법창조 내지 정책형성을 행하는 권력성을 더욱 강하게 띠고 있는 것이다. (4) **사법권의 권력성의 이론적 정당화** 사법권이 국가의 실질적인 제3권으로서의 성격을 가지는 데에 대하여는 민주주의 이념에 기초한 비판이 강하게 제기된다. 이러한 비판은 사법권의 권력성의 실현수단이라 할 헌법재판에 대한 강한 비판으로 나타난다. 이 비판은 세 가지의 기본입장으로 축약할 수 있다. 첫째는, 헌법재판을 담당하는 법관들의 선출 혹은 임명방법과 그들의 판단의 불가변경성과 관련된다. 즉 법관의 선출 혹은 임명방법은 민주적 정당성을 구비하지 못하여 정치적 책임성이 미약하다는 비판과 함께, 그들의 행위에 대한 정치적 통제수단이 결여되어 있다는 비판이 더해진다. 이 비판은 주로 미국에서 주장되는 견해이다(M. Perry, A. Bickel, J.H. Ely). 둘째는, 민주주의 이념에 근거한 다수결의 원리로부터 나오는 비판이 있다. 즉 입법부의 다수결에 의하여 성립한 법률을 무효화하거나 민주적으로 정당화되는 다른 고권행위의 무효화는 곧 다수의 의사를 무시하게 된다는 것이다(➜ 반다수결주의). 셋째는, 권력분립원리로부터 나오는 비판이다. 헌법재판을 행하는 사법권이 다른 기관의 권한을 침해한다는 비판이다. 이러한 비판은 독일에서의 헌법재판에 대한 비판의 논거로 자주 인용된다(K.Hesse, K. Schlaich). 이러한 비판들에 대해 민주주의에 있어서 **헌법재판을 행하는 사법권의 정당성과 한계**에 대하여 학설상으로 네 가지의 기본입장이 구별될 수 있다. 먼저, **해석지향적 입장**에서는 기능적 권력분립이라는 의미에서, 헌법재판을 행하는 사법기관에 허용될 수 있는 유일한 행위가 헌법의 해석에 있고, 모든 법형성이 그것에 복종된다는 것을 주장한다. 이러한 입장은 법원이 실제로 성문규범의 단순한 해석과 적용으로 제한될 수 있다는 전제에 기인한다. 이 해석지향적 학설은 미국서 강하게 주장된 이론이다(H. Black, R. Berger, R. Bork). 둘째로, **사법자제 지향적 입장**은 해석과 법형성, 헌법해석과 헌법형성 및 법과 정치 사이의 유동적인 넘나듦을 인정한다. 이 입장에서 헌법재판기능은 헌법에서 보장된 기본가치의 수호자로서 그리고 민주적인 결정과정이 예외적으로 허용하지 않는 경우에 대한 교정기구로서 작용한다고 본다. 또한 이 입장은 헌법재판과 민주주의 사이의 관계를 긴장상태로 보기 때문에, 이 이론은 원칙적인 사법자제를 주장한다. 따라서 법관은 가능한 한 입법자의 의사를 존중하고, 다만 헌법이 기본권의 침해에 대한 보호를 명하는 곳에서는, 법관은 행동할 필요가 있고 행동해야 한다. 이 입장은 또 정치과정에서 대량적인 간섭을 하는 것을 반대하고 동시에 개인의 보호에 있어서 과도한 자제의 위험을 배제하도록 하는 상세한 규율을 개발하려 한다(A. Bickel, K. Schlaich, K. Hesse, M. Kriele). 셋째로, **절차지향적 입장**은 자제지향적 입장과 같이 권력분립관념으로부터 나오며, 마찬가지로 정당한 헌법재판을 담당하는 법관의 행위의 기능적·법적 한계를 주장한다. 그러나 그것은 민주적 과정의 절차에 관련하는 헌법적인 사건들과, 정치적 영역 이외에서 개인적 이익을 보호하는 권리가 관련된 사건들 사이에 원칙적인 구별을 인정한다. 이러한 이론은, 권력보유자들이 그들의 정치적 적들을 민주적 결정과정에 참여하게 하지 않기 때문에 그 결정이 왜곡될 수 있다는 것, 따라서 법률이 경우에 따라서는 정치적 소수의 정당한 이익을 경시한다는 것을 알고 있다. 그것은 따라서 법원이 먼저 공개적이고 공정한 정치적 과정을 배려해야 하고, 정치적이고 추상적인 기본권의 영역 및 소수자의 보호의 영역에서 이러한 목적을 위하여 헌법을 창조적으로 더욱 발전시키며, 필요한 경우에는 입법자에 반하여 법원의 의사가 관철될 수도 있다는 것을 주장한다 (J.H. Ely). 넷째로, **실체법지향적 입장**은 마찬가지로 정치과정이 헌법상 허용되지 않을 수 있고 그 정치과정의 결과가 헌법재판에 의한 통제에 복종되어야 한다는 것으로부터 나온다. 그러나 그것은 민주적 입법절차를 개선하기보다는, 인간의 기본적 수요와 이익을 출발점으로 채택한다. 이 입장은 정치과정과 헌법재판을 이러한 개인적인 수요를 정당화하는 사회를 형성하고 유지하기 위한 수단으로 보고 있으며, 따라서 입법자가 이러한 과제를 이행하지 않는다면 항상 사법적극주의를 긍정한다. 헌법재판은 이러한 관점에서 공정한 정치과정으로서 뿐만 아니라 실질적으로 정당한 국가 및 사회질서의 옹호자로서 나타난다(L.H. Tribe, M. Perry). 3. **사법(권)의 관념** ➜ 사법의 관념. 4. **사법권의 독립** ➜ 사법권의 독립. 5. **현행헌법상 사법권의 체계** ➜ 사법권의 체계. 6. **사법권의 범위와 한계** ➜ 사법권의 범위와 한계.

사법권독립司法權獨立**의 국제기준**國際基準 [영] International Standards of Judicial Independence. 1. **서언** 사법권독립에 관한 국제적 관심은 NGO의 하나로 1952년에 제안되어 1953년에 설립된 국제법률가위원회(International Commission of Jurist)로부터 시작되었다. 동 위원회는 1978년 재판관 및 변호사의 독립을 위한 센터(the Center for the Independence of Judges and Lawyers:CIJL)를 설립하여 UN의 사법권독립 기본원칙(the UN Basic Principles on the Independence of the Judiciary; 유엔총회결의안 40/32, 40/146, 1985)과 UN 법조인역할 기본원칙(the UN Basic Principles on the Role of Lawyers; 유엔총회 결의안 45/166, 1990))의 정립과 채택에 크게 기여하였다. 또한 국제변호사협회(International Bar Association)도 사법권독립의 기준에 관하여 꾸준하게 관심을 가져, 1982년 사법권독립의 최소기준(Minimum Standards of Judicial Independence)을 발표하였고, 법조윤리와 법전문가의 역할에 관하여 지속적으로 연구하고 있다. 공법학자들의 경우, 이스라엘 예루살렘의 헤브루(Hebrew) 대학의 Shimon Shetreet 교수의 주도로 국제 사법권독립 프로젝트(International Project of Judicial Independence)가 수행되었다. 영미의 저명한 학자들이 참여하여 국제 사법권독립과 세계평화협회(the International Association of Judicial Independence and World Peace:JIWP)를 창설하고 1980년 이래 수 차례의 국제회의를 개최하였다. 1982년 사법권독립의 최소기준에 관한 뉴델리 장전(the New Delhi Code of Minimum Standards of Judicial Independence), 1983년 사법제도의 독립에 관한 몬트리올 세계선언(Montreal Universal Declaration on Judicial System), 2008년의 사법권독립에 관한 마운트 스코푸스 기준(Mt. Scopus Standards of Judicial Independence) 등을 채택하였다. 또한 개별국가의 법관윤리장전을 통합하여 글로벌 법관윤리장전(the Global Code of Judicial Ethics)을 2014년 모스크바 컨퍼런스에서 논의하고 2015년 볼로냐·밀라노 컨퍼런스에서 인준하였다. 협회는

2007년 이래 2016년까지 거의 매년 국제심포지움을 개최하였고, 2018년과 2020년 및 2022년의 심포지움을 통해, 채택된 국제기준의 개정과 새로운 고려사항들을 논의하여 2022년에 국제기준의 최신종합판을 내놓았다. 2. **내용** 2022년의**종합판**은, 전문(preamble), A. 국내법관(National Judges) B. 국제법관(International Judges)로 크게 나누고, **A. 국내법관** 편에서는 1. 사법권독립의 중요성(the Significance of the Independence of the Judiciary), 2. 사법부와 행정부(the Judiciary and the Executive), 3. 사법부와 입법부(the Judiciary and the Legislature), 4. 임기와 법관임명의 특성(Term and Nature of Judicial Appointment), 5. 법관의 해임과 징계(Judicial Removal and Discipline), 6. 언론과 사법부(the Media and the Judiciary), 7. 직무수행의 기준(Standards of Conduct), 8. 공정성과 독립성의 보장(Securing Impartiality and Independence), 9. 사법권의 내부적 독립(the Internal Independence of the Judiciary), 9A. 행정적 심판관(Administrative Adjudicators) 행정심판관(Administrative adjudicatory officers), 공공조사법관(Public Inquiries by Judges), 위원회 기타 준사법적 기구의 공정성 담보, 변호사(lawyer), 온라인 사법(Online Justice) 등에 관하여 상세히 정하고 있다. **B. 국제법관** 편에서는, 10. 독립성(Independence), 11. 지명, 선출 및 임명(Nomination, Election and Appointment), 12. 임기보장(Security of Tenure), 13. 직무와 보수(Service and Remuneration), 14. 특권과 면책(Privileges and Immunities), 15. 예산(Budget), 16. 표현과 결사의 자유(Freedom of Expression and Association), 18. 이전의 사건관여(Past Links to a Case), 19. 이전의 정당관여(Past Links to a Party), 20. 사건결과에서의 이해관계(Interests in the Outcome of a Case), 21. 당사자와의 접촉(Contact with a Party), 22. 임기후의 제한(Post-service Limitations), 23. 공개(Disclosure), 24. 기피(Waiver), 25. 사직강요 혹은 자격상실(Withrawal or Disquaification) 26. 비리행위(Misconducts) 27. 임시법관(Ad hoc Judges) 등을 정하고 있다. 사법권의 독립과 관련한 거의 모든 사항들을 언급하고 있어서 사법제도의 설립과 운영에 많은 참고가 될 것으로 기대된다. 아울러 힘의 논리가 지배하는 국제정치 내지 국제관계의 영역에 대한 규범적 통제를 위하여 그 통제기구로서의 사법권 내지 사법제도를 구상하는 것으로서 의미가 있다.

사법권司法權**의 독립**獨立 ㉠ the independence of the judiciary/judicial independence, ㉦ die Unabhängigkeit der Justiz, ㉣ indépendance judiciaire. 1. **서설** 1) **의의** 사법권의 독립이란 사법권을 행사하는 법관이 누구의 간섭이나 지시도 받지 아니하고 오로지 헌법과 법률에 의하여 그 양심에 따라 독립하여 심판하는 것을 말한다. 사법의 개념본질상 당사자로부터 독립한 공정한 제3자로서의 심판관을 요구하기 때문에(➜ 사법의 관념), 그 독립성은 필수적이다. 또한 사법권의 독립은 입헌민주주의적 국가구조의 요석(Schlußstein)이라거나(K. Löwenstein), 시민적 법치국가의 중요한 조직적 징표라고 여겨지고 있으며(C. Schmitt), 권력분립원리의 실현, 법질서의 안정성 유지 및 공정하고 정당한 재판을 통한 국민의 자유와 권리를 보장하는 데 그 제도적 의의가 있다. 2) **연혁** 사법권의 독립은 영국헌정사에서 18세기 초에 확립되었고(➜ 사법권), 이론적으로 몽테스키외의 권력분립론에서 정립되었다. 독일의 경우 소위 관방사법(Kabinettsjustiz)을 극복하는 데서 비롯되었다. 미국의 버지니아 권리장전이 공정한 형사소송절차와 배심제도를 보장함으로써 성문화되었으며, 1787년의 미연방헌법 제3조 제1항은 오늘날과 같은 형태의 사법권의 독립을 선언한 최초의 헌법으로 알려져 있다. 우리나라 헌법은 제헌헌법에서부터 사법권의 독립을 규정하였으며, 현행헌법은 제101조 제1항에서 「사법권은 법관으로 구성된 법원에 속한다.」, 제103조에서 「법관은 헌법과 법률에 의하여 그 양심에 따라 독립하여 심판한다.」, 제106조 제1항에서 「법관은 탄핵 또는 금고 이상의 형의 선고에 의하지 아니하고는 파면되지 아니하며, 징계처분에 의하지 아니하고는 정직 · 감봉 기타 불리한 처분을 받지 아니한다.」고 규정하여 사법권의 독립을 명시하고 있다. 사법권의 독립은 본래의 의미는 법관의 판결의 자유(Entscheidungsfreiheit)를 의미하지만, 광의로는 법관의 지위의 독립 내지 법관의 신분보장, 즉 법관의 심리적 종속성(psychologische Abhängigkeit)의 배제를 포함한다. 전자를 법관의 물적 독립(Sachliche Unabhängigkeit), 후자를 인적 독립(Persönliche Unabhängigkeit)이라 한다. 2. **사법권 독립의 내용** 사법권의 독립은, 법원의 독립, 인적 독립, 물적 독립 등으로 구성되고, 실천적 과제로서 법관의 자주성과 용단이 요구된다. 1) **법원의 독립** 법원의 독립은 권력분립의 원리에 따라 공정한 재판을 사명으로 하는 법원이 그 조직, 운영 및 기능면에서 입법부와 집행부 등으로부터 독립하여야 한다는 것을 의미한다. 헌법 제101조 제1항이 「사법권은 법관으로 구성된 법원에 속한다.」라고 하고 있는 것은 바로 법원의 독립을 강조한 것이다. (1) **입법부로부터의 독립** 국회와 법원은 조직, 구성, 운영, 기능면에서 상호 독립적이어야 한다. 의원은 법관을 겸직할 수 없고, 국회는 법률에 의해서만 법원을 조직하고 법원의 기능을 규제할 수 있다. 국회가 법원의 재판과정에 개입하거나 재판의 내용에 간섭할 수 없다. 국회의 법관에 대한 탄핵소추권도 법관이 헌법과 법률에 위배한 사실을 요건으로 하는 것이므로, 국회에 대한 법원의 예속을 의미하는 것은 아니다. 입법부와의 관계에서 가장 문제되는 것이 국정감사권과의 관계이다. 국회는 사법행정에 관한 국정감사권을 가지지만, 재판에는 관여할 수 없다. 판결 확정 후 담당법관에 대한 감사도 금지된다. 사법부도 의원 자격심사 · 제명 · 징계 등 국회의 자율권에 속하는 사항에 대해서는 심판할 수 없다(헌법 제64조 제4항). (2) **집행부로부터의 독립** 집행부로부터의 독립은 사법권의 독립에 있어 본질적인 요소이다. 집행부의 구성원과 법관의 겸직은 금지되며, 집행부는 재판에 간섭하거나 영향력을 미칠 수 없다. 사법부는 행정처분이나 명령 · 규칙에 대하여 행정재판권과 위헌명령심사권을 가지며, 행정부는 사법부예산편성권과 일반사면권 및 특별사면권을 가지고 있어서 상호간에 견제와 균형을 이루고 있다. 헌법 제102조 제3항의 법원조직법정주의와 제101조 제3항의 법관자격법정주의도 법원의 집행부로부터의 독립을 위한 것이다. 2) **법관의 물적(재판상 · 직무상) 독립** 법관의 물적(재판상) 독립이란 법관이 재판에 관한 직무를 수행함에 있어서는 오로지 헌법과 법률 그리고 자신의 양심에 따를 뿐 어떠한 세력으로부터도 영향을 받지 않아야 한다는 것을 말한다. 헌법 제103조는 「법관은 헌법과 법률에 의하여 그 양심에 따라 독립하여 심판한다.」라고 하여 법관의 재판상(직무상) 독립을 보장하고 있다. (1) **헌법과 법률에 의한 심판** 헌법과 법률에 의한 심판은 헌법을 정점으로 하는 법질서의 통일성을 유지하고 재판의 정당성을 보장하기 위한 것이다. 헌법에는 성문헌법은 물론 헌법적 관습까지 포함된다. 법률은 형사재판의 경우 형식적 의미의 법률을 의미하지만, 민사재판과 행정재판에서는 일체의 성문법과 실질적 의미의 법률(긴급명령, 조약, 국제관습법), 관습법 또는 조리와 같은 불문법도 포함한다. 다만 절차법에 관한 한 재판의 종류를 불문하고 형식적 의미의 법률에 따라야 하나, 헌법 제76조(대통령의 긴급권)와 제108조(대법원의 규칙제정권)에 의한 예외가 있다. (2) **양심에 따른 심판** 여기서의 양심의 의미에 대하여 법관으로서의 양심을 의미하며, 법관이 적용하는 법 중에서 객관적으로 존재하는 정신을 가리킨다고 하는 객관적 양심설, 법관 개인의 주관적 양심이라고 하는 주관적 양심설, 양심이란 헌법과 법률의 구속에 따라야 한다는 주관적 양심이라고 하는 절충설이 대립한다. 생각건대 양심이란 공정성과 합리성에 바탕한 법조적 양심인 법적 확신을 말한다. 따라서 '법관으로서의 양심'과 법관의 '인간으로서의 양심의 자유'가 충돌하는 경우에는 법관은 자기의 인간으로서의 양심의 자유를 주장할 수 없다. (3) **독립하여 하는 심판** ① **외부작용으로부터의 독립** ⅰ) **타 국가기관으로부터의 독립** 법관의 재판에 국회나 집행부, 헌법재판소 등의 지휘·감독 기타 간섭을 받지 않는 것을 의미한다. 헌법재판소는「형사재판에 있어서 사법권독립은 심판기관인 법원과 소추기관인 검찰청의 분리를 요구함과 동시에 법관이 실제 재판에 있어서 소송당사자인 검사와 피고인으로부터 부당한 간섭을 받지 않은 채 독립하여야 할 것을 요구한다.」고 하고 있다(헌재 1995.11.30. 92헌마44). ii) **소송당사자와 배심원 등으로부터의 독립** 법관은 재판을 함에 있어서 소송당사자로부터 독립하여야 한다. 헌법재판소는「금융기관의 연체대출금에 대해서 회사정리법의 규정에 불구하고 경매를 진행할 수 있게 한 금융기관의 연체대출금에 관한 특별조치법 제7조의3의 규정은 회사정리법상의 법원의 권한을 무력화시키고 금융기관의 의사에 따르지 않을 수 없게 하여 사법권 독립에 위협의 소지가 될 수 있는 특권」이라고 판시하였다(헌재 1990.6.25. 89헌가98내지101). iii) **사회적 · 정치적 세력으로부터의 독립** 법관은 정당 또는 사회단체, 언론기관 등으로부터 독립되어야 한다. 그러나 국민주권의 원리에 따라 주권자로서의 국민은 모든 국가기관의 모든 행위를 비판의 대상으로 할 수 있으므로 청원권의 행사나 언론매체를 통해 재판을 비판할 수 있다. 그러나 그 비판이 재판의 내용 그 자체에 간섭하는 것이거나(청원법 제5조), 사전에 재판에 영향을 미치기 위하여 집단적 행동으로 법관에게 직접 위협을 가하는 것이어서는 아니 된다. 재판의 비판은 법관의 법해석 또는 사실인정에 적용된 법칙을 시비의 대상으로 할 때에만 가능하고, 법관의 전속적 권한에 속하는 사실인정이나 유·무죄의 판단 그 자체를 대상으로 하거나 형사피고인의 무죄추정의 원칙을 근본적으로 부정하는 정도의 비판은 할 수 없다. 다만 재판에 대한 학리적 비판이나 사법민주화를 위하여 소송의 지연, 불완전한 법정질서의 유지, 흉악범에 대한 지나치게 경미한 형량 등에 대한 비판은 가능하다. 따라서 사회적 · 정치적 세력으로부터의 독립은 국민의 사법참여라는 민주주의 관점과 적절한 형량이 요구되는 것이다. ② **사법부 내부로부터의 독립** ⅰ) **상급심법원으로부터의 독립** 헌법은 대법원과 각급법원의 설치 및 재판의 심급제를 인정하고 있으나, 모든 법관은 각기 독립하여 재판권을 행사하고 상급심법원의 지휘·감독 및 그 밖의 간섭을 받지 않는다. 헌법재판소는 대법원의 판례의 선례구속성(stare decisis)을 부인하고 있다. 그 근거로는 우리나라가 대륙법계 국가의 형태를 따르기 때문이라고 한다(헌재 2002.6.27. 2002헌마18). ii) **합의부 재판에서의 법관의 독립** 법관은 합의재판에 있어서 독립하여 직권을 행사하며 사실판단이나 법률판단에 관하여 재판장이나 다른 법관의 지시, 명령에 따르지 않는다. iii) **법원조직법 제8조의 문제**

법원조직법 제8조는 「상급법원의 재판에 있어서의 판단은 당해 사건에 관하여 하급심을 기속한다.」라고 규정하고 있는데, 이는 하급법원이 상급법원의 지시에 따라 재판을 하여야 한다는 것이 아니고, 파기환송사건의 판결에서 상급법원이 행한 법적 판단에 하급심 법원이 기속된다는 것을 의미할 뿐이다. 이는 계층적 상소제도를 인정하고 있는 이상 불가피하다. 하지만 이 기속은 당해 사건에 한하여 그러한 것이고, 다른 사건인 경우에는 동일한 종류의 사건일지라도 하급심법원이 상급법원과 다른 견해를 판시할 수 있다. 따라서 법원조직법 제8조는 법관의 재판상 독립을 규정한 헌법 제103조에 위반되는 것이 아니다(통설). 3) **법관의 인적人的독립** 법관의 인적 독립(신분상 독립)이란 재판상 독립을 확보하기 위한 목적으로 법관의 신분을 보장하는 것을 말한다. (1) **법관인사의 독립** 현행헌법은 「대법원장과 대법관이 아닌 법관은 대법관회의의 동의를 얻어 대법원장이 임명한다.」(제104조 제3항)라고 하여 일반법관의 임명을 사법부의 자율에 일임하고 있고, 법원조직법은 「판사의 보직은 대법원장이 행한다.」(제44조)라고 하여 법원보직권까지도 사법부의 자율에 맡기고 있다(➜ 법관임명방식). (2) **법관자격의 법정주의** 법관의 신분상 독립을 보장하기 위하여 법관의 자격은 법률로 정한다(헌법 제101조 제3항). 법관의 자격을 규정한 법률로서 법원조직법이 있다. 법관의 자격의 전제로서 변호사자격을 요구하는바(법원조직법 제42조 참조), 일본의 경우, 공인된 법과대학의 조교수의 직 이상에 대하여 변호사 자격을 인정하지만 우리나라는 그렇지 아니하여 법과대학 교수의 헌법재판소 재판관 혹은 대법관의 직에 진출하는 것이 차단되어 있다. 최고 사법기관의 구성에 있어서 다양성을 위하여 제도적으로 고려할 필요가 있다. (3) **법관의 임기제와 정년제** ➜ 법관임기제. ➜ 법관정년제. (4) **법관의 신분보장** ① **파면의 제한** 헌법은 「법관은 탄핵 또는 금고 이상의 형의 선고에 의하지 아니하고는 파면되지 아니하며」(헌법 제106조 제1항)라고 하고 있다. ➜ 법관탄핵. ② **불리한 처분의 제한** 헌법 제106조 제1항은 「징계처분에 의하지 아니하고는 정직, 감봉 기타 불리한 처분을 받지 아니한다.」라고 하고 있다. 법관징계법은 법관에 대한 징계의 종류를 견책, 감봉, 정직의 세 가지로 제한하고 있다(동법 제3조 제1항). 법관징계는 법관징계위원회의 의결에 따르고, 대법원장이 집행한다(법관징계법 참조)(➜ 법관징계). ③ **강제퇴직의 제한** 헌법 제106조 제2항은 「법관이 중대한 심신상의 장해로 직무를 수행할 수 없을 때에는 법률이 정하는 바에 의하여 퇴직하게 할 수 있다.」라고 하여, 원칙적으로 임기 전에는 본인의 의사에 반하여 퇴직하게 할 수 없다. 법원조직법 제47조에 의하면 대법관의 경우 대법원장의 제청에 의하여 대통령이, 그 밖의 법관인 경우에는 대법원장이 퇴직을 명할 수 있다. ④ **파견근무의 제한** 법관은 다른 행정부서의 공무원이 될 수 없다(법원조직법 제49조 제2호). 그러나 다른 국가기관의 파견요청이 있고, 그 요청이 타당하다고 인정되며 당해 법관이 이에 동의하는 경우에만 대법원장이 그 기간을 정하여 파견을 허가할 수 있다(동법 제50조). 법관 파견은 사법부 통제를 위한 사법제도의 관료화·계급화의 부작용으로 현행 법률 하에서도 여전히 남아 있다. ⑤ **정치적 중립성** 법관은 정치권으로부터의 영향에서 독립되어야 한다. 법원조직법 제49조는 법관에게 재직 중 국회 또는 지방의회의 의원이 되는 일과 정치운동에 관여하는 일을 금지함으로써 법관에게 정치적 중립을 요구하고 있다(동조 제1호 및 제3호). 이는 공무원의 정치적 중립을 요구하는 헌법 제7조 제2항의 구체화라 볼 수 있다. 다만, 직접 사건에 관련된 것이 아닌 한 법관의 정치적 표현의 자유가 부인되어서는 안된다. 3. **사법권의 행사에 대한 통제** 1) **법원에 대한 국회의 통제** 헌법은 국회의 대법원장·대법관임명에 대한 동의권, 법원예산심의·확정권, 국정감사·조사권, 법관탄핵소추권 등 사법권의 독립을 제한하는 규정을 두고 있다. 2) **법원에 대한 집행부의 통제** 헌법은 법원에 대한 집행부의 통제 간섭으로서 대통령에 의한 대법원장·대법관의 임명, 비상계엄에 있어 법원의 권한에 대한 특별조치, 집행부에 의한 법원의 예산편성, 대통령의 사면권 행사 등을 규정하고 있다. 3) **헌법재판소에 의한 통제** 헌법재판소는 탄핵결정권과 위헌법률심사권을 통하여 사법부를 통제할 수 있다. 그러나 재판에 대한 헌법소원은 금지되어 있다. 4) **국민에 의한 통제** 국민은 여론을 통해 사법권의 남용을 통제할 수 있다. 또한 사법부구성의 민주성을 위하여 법관선거제, 국민심사제, 국민소환제 등이 있으나, 우리나라에는 도입되어 있지 않다. 국민의 사법참여도 사법부에 대한 통제장치로 기여할 수 있으나, 현재의 제도는 제한적이다. ➜ 국민의 사법참여.

사법권司法權**의 범위**範圍**와 한계**限界 1. **사법의 개념과 본질** 1) **사법의 개념** 국가기능으로서의 사법기능은 오늘날 단순히 법을 선언하고 확인하는 것에 그치지 아니하고 적극적으로 법을 창조하고 형성하는 기능까지도 인정되고 있다. 뿐만 아니라 헌법재판기능도 사법기능에 포섭됨으로써 실질적인 국가권력의 일부분으로 인식되고 있다. ➜ 사법의 관념. 2) **사법의 본질** 오늘날 사법기능의 확대와 이를 통한 사법권의 실질화는 기존의 근대적인 의미의 사법권의 본질을 변화시키고 있다. 즉, 근대적인 사법권이 전제했던 구체적 사건성(➜ 구체적 사건성)이 사법권의 본질적 징표가 아니라 단지 사법권의 제도화과정에서 사법권의 범위를 정하는 정책적 선택의 결과로 이해되고 있고, 법형성기능이 확립됨으로써 단순히 현상유지적인 작용만이 아니라 적극적으로 새로운 규범질서를 창조하는 작용으로 받아들여지고 있다. ➜ 사법의 관념. 사법의 관념이 이와 같이 변화되었다 하더라도 사법권 자체의 권한행사를 위해서는 일정한 조건이 필요하다. 즉, (헌법적 분쟁을 포함한) 사건·쟁송성, 당사자적격, 소의 이익, 사건의 성숙성 등이 요구되며, 이는 사법의 본질에 해당한다. ➜ 사법판단적격. 오늘날 사법권의 범위와 한계의 문제는 새로운 사법관념에 따라 재정립될 필요가 있다. 2. **사법권의 범위** 사법권의 범위는 개별 국가의 실정법에 따라 정해질 수 있다. 현행헌법 제101조 제1항은 「사법권은 법관으로 구성된 법원에 속한다.」고 규정하여 문언상 사법권이 법원에 전속하는 것처럼 규정하고 있으나, 사법권이 헌법재판권을 포함하는 것으로 이해하는 입장에서는 현행헌법상 사법권은 법원과 헌법재판소에 분장되어 있는 것으로 본다. 따라서 사법권의 범위와 한계의 문제는 헌법재판권을 포함한 재판권의 범위라고 할 수 있다. 1) **헌법재판권** ➜ 헌법재판권. 2) **민사재판권** 민사재판권은 민사소송에 대한 관할권을 말한다. 민사소송은 사인 사이의 생활관계에 관한 분쟁 또는 이익충돌을 국가가 재판권을 행사하여 법적·강제적으로 해결하고 조정하는 절차이다. 3) **형사재판권** 형사재판권은 형사소송관할권을 말한다. 형사소송은 국가형벌권의 행사와 관련된 일체의 절차를 말한다. 물론 국가형벌권의 행사과정은 제도상 행정권의 일부인 경찰과 검찰에 의해 수행되지만, 형사사법절차의 진행과정에 법원이 필수적으로 관련되어 있다. 4) **행정재판권** 행정소송은 행정법규의 적용에 관련된 분쟁을 심리하고 판단하기 위한 소송절차를 말한다. 행정쟁송제도는 사법국가형과 행정국가형이 있으나 양자는 서로 통합되어가는 경향이 있다. 우리나라는 사법국가형을 채택하고 있다. 3. **사법권의 한계** 1) **실정법상 한계** 헌법상 사법권은 헌법이 정한 기관의 권한에 따라 각각 권한범위 내로 제한된다. 즉, 헌법재판소와 법원은 각각의 권한 범위 내에서만 권한을 행사할 수 있다. 이 외에 예컨대, 국회의원에 대한 자격심사 · 징계 · 제명, 국회의 자율권 등과 같이 헌법상 사법권에 속하는 사항을 헌법재판소나 법원이 아닌 기관에 부여하는 경우에는 그 한도에서 사법권의 한계로 작용한다. 비상계엄 하의 군사재판의 경우, 단심으로 할 수 있게 하는 것도 실정법상 한계에 속한다. 2) **국제법상 한계** 치외법권자와 같이 체류국의 법을 적용받지 아니하는 경우도 사법권이 미치지 아니한다. 우리나라의 경우, SOFA 협정과 같이 우리나라의 사법권이 제약되는 경우도 조약에 의한 한계라 할 수 있다. 조약은 국내법상 법률과 동일한 효력을 갖거나 법률 하위의 효력을 가지는데(➜ 조약), 국내법과 동일한 방법으로 위헌 · 위법 여부에 관하여 심사할 수 있다. 3) **사법본질적 한계** 사법권이 행사되기 위해서는 사건 · 쟁송성, 당사자적격, 소의 이익, 사건의 성숙성 등이 요구된다. 4) **정책적 · 현실적 한계** 사법은 법적용상의 분쟁을 대상으로 하므로, 이를 벗어난 정책적 또는 현실적 판단의 문제는 사법심사의 대상이 되지 아니한다. 훈시규정이나 방침규정, 이행판결, 재량행위 등의 경우에는 일정한 한도에서 사법권이 미치지 않는다. 과거 특별관력관계에 대하여서 사법심사가 부인된 때가 있었으나 오늘날에는 사법심사의 대상이 된다고 봄이 다수의 견해이다. ➜ 특별권력관계. 5) **통치행위의 문제** ➜ 통치행위.

사법권司法權**의 체계**體系 1. **서언** 한 국가의 사법권의 체계는 전체 국가권력의 구조와 체계 내에서 파악할 수도 있고, 사법기관만을 대상으로 파악할 수도 있다. 현행헌법과 같이 헌법재판기관과 통상의 사법기관을 분리하여 규정하는 경우에, 헌법재판기능이 사법기능에 속하는가의 여부 즉 헌법재판소를 사법기관에 포함하여 이해할 것인지의 여부 및 헌법재판소와 법원 특히 대법원의 관계는 어떠한가에 관하여 우선적으로 이해되어야 한다. ➜ 사법의 관념. 헌법재판기능을 일반 사법기능과 분리하여 이해하고 그에 따라 헌법재판기관과 일반사법기관을 별개로 이해한다면, 헌법재판의 성격에 대한 학설상의 대립과 헌법재판소 및 대법원 간의 실무상의 권한의 문제가 드러나게 된다. ➜변형결정의 기속력. 여기서는 현대적인 사법관념에 따라 헌법재판기능을 현대적인 사법관념에 포섭하고 각각의 기능을 담당하는 헌법재판소와 (대)법원의 체계를 검토한다. 2. **현행헌법상의 「사법권」의 체계** 1) **기본체계** 현행헌법은 제5장에서 법원을, 제6장에서 헌법재판소를 두고 있다. 헌법재판소와 법원을 한꺼번에 규정하지 아니하고 각각 다른 장에 규정하고 있다는 점에서 사법작용과 헌법재판작용을 성격상 다른 것으로 이해하는 헌법상의 근거의 하나로 볼 수도 있겠으나, 이는 우리나라 헌정사의 특수한 상황에 기인한 것이지 우리 헌법상의 사법관념을 근대적인 의미로 이해하기 때문인 것은 아니라 할 것이다. 현대적인 의미의 사법관념에 기초하여 현행헌법규정을 통일적으로 이해한다면, 먼저 현행헌법은 국가의 사법기능을 크게 「법원」 및 「헌법재판소」에 맡기고 있는 것으로 이해할 수 있다. 즉 제101조 제1항의 「사법권」을 현대적 의미의 사법권으로 이해하여, 그러한 사법권은 원칙적으로 법원에 귀속하지만, 예외적으로 헌법이 정하는 경우에는 그 정함에 따른다고 할 수 있을 것이다. 말하자면 헌법재판작용은 사법기능에 속하지만 헌법규정에 따라 헌법재판소에 속하는 것으로 이해할 수 있을 것이다. 현행헌법은 사법권을 법원과 헌법재판소가 공히 행사할 것을 요청하고 있는 것이다. 여기서 우리나라 헌법의 사법권의 기본체계는 법원이라는 국가기관과 헌법재판소라는 국가기관에 의하여 행사되고 있음을 알 수 있다. 물론 제도의 대체(大體)인 법원과 헌법재판소의 관계를 이와 같이 이해한다고 하여 현행헌법상의 사법권의 체계가 완전히 해명되는 것은 아니다. 오히려 구체적으로 법원과 헌법재판소 각각의 권한의 내용과 범위 그리고 그 관계가 확정되어야만 헌법상의 사법권의 체계를 정확히 이해할 수 있을 것이다. 즉 이 두 국가기관의 권한이 서로 중복 내지 충돌될 가능성은 없는가 혹은 이 두 기관에 의해서도 포섭되지 못하는 사법권의 영역은 없는가 하는 문제가 명확히 규명될 때에 비로소 사법권의 체계가 명확해진다고 할 것이다. 적어도 두 개의 국가기관이 동일한 국가기능을 행한다고 할 때에 명확한 권한분배가 없이는 두 기관 간에 법적 견해의 차이로 인하여 국민의 기본권이 침해될 가능성은 항상 존재한다. 따라서 두 기관의 권한을 명확히 하여야만 국민의 기본권침해의 가능성을 피할 수 있을 것이다. 이하에서는 헌법상의 법원(제5장)과 헌법재판소(제6장)의 규정의 의미규명을 통해 각 기관이 갖는 권한의 내용과 범위를 획정하고 그 관계를 구체적으로 규명한다. 2) **대법원과 헌법재판소의 권한과 관계** (1) **제101조 제1항의 「사법권」의 의미** 먼저, 헌법 제5장의 규정에 따라 법원이 가지는 사법권의 내용과 범위는 무엇인가? 현행헌법은 제101조 제1항에서 「사법권은 법관으로 구성된 법원에 속한다.」고 함으로써, 현대적 의미의 사법권이 원칙적으로 법원에 귀속함을 선언하고 있다. 그리고 법원이 담당하는 사항에 관해서 구체적으로 법원조직법 규정에서 정하고 있다. 즉 법원조직법 제2조에서는 「법원은 헌법에 특별한 규정이 있는 경우를 제외하고는 일체의 법률상의 쟁송을 심판하고 기타 법률에 의하여 법원에 속하는 권한을 가진다」고 규정하고 있다. 동법에서 「…헌법에 특별한 규정이 있는 경우를 제외하고는 일체의 법률상의 쟁송을 심판하고…」라고 하고 있으므로, 이 때의 「법률상의 쟁송」이 무엇인가를 확정하는 것이 법원의 권한을 구체적으로 확정하는 데에 도움이 된다. ➜ 사법의 관념. 우리 헌법상의 사법권에 대한 이해에 있어서, 법원조직법상의 「법률상의 쟁송」을 구체적 사건성을 갖춘 구체적 소송만을 의미하는 것으로 이해하게 된다면(협의의 사건·쟁송성의 개념), 헌법상의 사법권의 개념을 정함에 있어서 「구체적 사건성」을 개념요소로 인정하게 될 것이다. 그러나 법원조직법상의 「법률상의 쟁송」을 구체적인 분쟁해결의 기준으로 되는 「법 자체」에 대한 분쟁까지 포함하는 것으로 새긴다면(광의의 사건·쟁송성의 개념), 헌법상의 사법권의 이해에 있어서 구체적 사건성을 굳이 강조할 필요는 없게 될 것이다. 헌법 제101조의 사법권의 관념을 위와 같이 이해할 때, 법원은 원칙적으로 헌법재판작용까지도 행할 수 있지만, 헌법상의 다른 규정에 따라 헌법재판작용은 헌법재판소에 맡기고 있는 것으로 이해하는 것이 가능하다. 그러면 제101조의 사법권의 내용을 이와 같이 이해한다고 하여, 법원과 헌법재판소 사이의 권한의 획정이 명확해지는가? 이 점은 예외적인 사법권규정인 헌법재판소규정과의 관계를 고려하여야만 명확해진다. 특히 문제되는 것은 헌법재판소의 권한사항 중에서 헌법소원규정(제111조 제1항 제5호)과의 관계이다. 2) **대법원의 최고기관성 문제 - 헌법 제101조 제2항** 헌법 제101조 제2항은 「법원은 최고법원인 대법원과 각급법원으로 조직된다.」고 규정하고 있다. 이 규정에 근거하여 대법원과 헌법재판소 사이의 최고기관성에 관한 다툼이 제기되었다. 그러나 헌법 제101조 제2항의 문언은 명백히 「최고법원인 대법원」이라고 하고 있지, 「최고 사법기관인 대법원」이라고 하고 있지는 않다. 따라서 동 조항에서 말하는 「최고법원」은 「법원」이라는 조직 중의 「최고기관」을 의미하는 것으로 해석되어야 한다. 물론 이러한 해석이 헌법재판소가 사법기관 중에서 「최고기관」이라거나, 혹은 대법원이 권력분립의 의미에서의 다른 국가기능의 담당기관과의 관계에서 종속적이라는 것을 의미하는 것은 아니다. 대법원은 여전히 정부나 국회에 대응하는 의미에서는 최고의 국가기관 중의 하나인 것이다. 그러면 헌법재판소와의 관계는 어떻게 이해하여야 하는가? 양 기관은 사법권을 서로 분담하여 가지고 있되, 그 권한의 내용과 범위가 서로 다른 것이므로, 적어도 양 기관 사이에는 수직적인 상하관계는 존재하지 아니한다. 말하자면, 권한의 배분에 따라 각각 서로 다른 권한행사를 할 뿐, 양 기관이 그 권한행사에 있어서 수직적인 명령과 복종의 관계 혹은 기속을 받는 관계가 있는 것은 아니기 때문이다. 물론 헌법재판소의 권한으로 하고 있는 사항 중에서 위헌법률심판의 경우(법원의 제청에 의해서든, 당사자의 청구에 의해서든)에는 대법원이 헌법재판소의 결정에 따르도록 되어 있기 때문에, 대법원이 수직적인 의미에서 하급심이 아닌가 하는 의문이 있을 수 있으나, 이는 헌법재판소 설치의 취지를 오해한 데서 기인한다. 즉 헌법재판은 헌법을 판단기준으로 하여 정치적인 문제를 다루게 되므로, 대법원이 이에 개입하는 것은 바람직하지 못하다 하여, 따로 헌법재판소를 설치한 것이었다. 따라서 헌법재판소는 대법원의 상위기관이 아니라 헌법적 쟁송만을 다루는 기관으로서 대법원과 동격의 지위를 갖는 것으로 이해하는 것이 타당하다. 그리고 헌법재판소의 결정에 대법원이 기속되는 것은 헌법재판소가 상급심이기 때문이 아니라 그 전문성에 따른 결정이기 때문에 기속되는 것으로 보아야 할 것이다. 3) **법원의 위헌심판제청권 및 위헌위법명령 · 규칙심사권 - 헌법 제107조 제1항 및 제2항** 헌법 제107조 제1항 및 제2항은 우리나라의 규범통제구조 중 구체적 규범통제의 방법을 정하고 있다. 즉 제1항에서는 「법률이 헌법에 위반되는 여부가 재판의 전제가 된 경우에는 법원은 헌법재판소에 제청하여 그 심판에 의하여 재판한다.」고 하고, 제2항에서는 「명령 · 규칙 또는 처분이 헌법이나 법률에 위반되는 여부가 재판의 전제가 된 경우에는 대법원은 이를 최종적으로 심사할 권한을 가진다.」고 하고 있다. 제1항 규정은 현행헌법이 구체적 규범통제를 채택하고 있는 근거규정으로 이해되고 있는 것이 다수의 견해이다. 그러나 이 규정의 의미는 우리 헌법상 구체적 규범통제를 명시적으로 정하고 있다는 것 이외에 규범통제에 대하여 법원이 관여할 수 있는 구체적 방법을 정하고 있는 것으로 해석할 필요가 있다. 현행헌법상 추상적 규범통제가 허용될 여지가 있느냐의 문제는 별론으로 하고, 적어도 법원이 법률의 위헌여부가 재판의 전제가 되는 경우에는 헌법재판소에 제청하여 그 심판에 의하여 재판하도록 한 것이다. 즉 법원은 법률의 위헌여부가 재판의 전제가 되지 않을 때에는 헌법재판소에 그 위헌여부의 심판을 제청할 수 없다는 소극적 의미로 이해할 수 있을 것이다. 결국 동 조항은 법률에 대한 규범통제의 절차에서 법원이 택할 수 있는 방법을 구체적으로 정하고 있다고 하여야 할 것이다. 물론 재판의 전제성이 무엇을 의미하는가는 학설과 판례에 의해 결정될 것이다. 다음으로 동 제2항은 「명령 · 규칙 또는 처분이 헌법이나 법률에 위반되는 여부가 재판의 전제가 된 경우에는 대법원은 이를 최종적으로 심사할 권한을 가진다.」고 하여 명령 · 규칙 · 처분에 대한 대법원의 최종적 심사권을 정하고 있다. 이 규정의 의미는 법률하위의 규범(처분은 일단 제외하고)에 대한 대법원의 최종적 심사권을 정한 규정이기는 하지만, 그렇다고 하여 법률하위의 규범에 대한 헌법재판소의 관여를 전적으로 배제하는 규정은 아니다. 즉 법문에서 명백히 정하고 있는 것은 「명령 · 규칙 … 이 … 위반되는 여부가 재판의 전제가 된 경우에는 대법원은 …」이라고 하여 반드시 재판의 전제가 되어야만 명령 · 규칙에 대한 대법원의 심사권이 인정된다는 의미인 것이다. 따라서 명령이나 규칙이 재판의 전제가 되지 않고 직접 헌법상 정한 개인의 기본권을 침해하는 경우에는 대법원은 이를 심사할 방법이 없어지는 것이고, 이러한 경우에 개인의 기본권침해에 대한 구제방법이 없다고 한다면, 국민의 기본권보호에 큰 결함이 있게 되는 것이다. 한편 대법원이 '최종적으로' 심사할 권한을 가진다고 할 때, '최종적으로'라는 표현이 갖는 의미는 위헌여부의 판단을 위해 헌법재판소에 제청할 필요가 없이 대법원 스스로 심판을 종료할 수 있다는 의미로 해석하여야 할 것이다. 결론적으로 보면, 헌법 제107조 제1항 및 제2항의 규정은 사법기관의 하나인 법원이 규범통제와 관련하여 가지는 절차적 방법 및 법률하위규범에 대한 통제방법을 정하고 있는 것으로서, 법원은 현대적 의미의 사법권 중 구체적 사건성을 갖는 일반재판과 구체적 규범통제에 관한 일정한 권한을 행사할 수 있도록 하고 있는 것이다. 4) **추상적 규범통제의 문제 - 헌법소원 규정의 의미** 현대적 의미의 사법관념은 구체적 규범통제 뿐만 아니라 추상적 규범통제까지도 모두 포괄할 수 있는 넓은 의미를 지니고 있다. 그러면 우리나라의 현행헌법은 추상적 규범통제에 대하여 어떠한 입장을 취하고 있는가? 우리나라에서는 추상적 규범통제를 인정하지 아니하고 구체적 규범통제만을 인정하는 것으로 보는 것이 일반적인 견해이다. 그러나 현행헌법은 구체적 규범통제의 경우만을 구체적으로 규정하고 있을 뿐, 추상적 규범통제를 배제한다는 명시적인 규정은 두고 있지는 않으며, 또한 헌법재판소의 권한 중 「법률이 정하는 헌법소원에 관한 사항」이라고 하여 헌법소원의 대상이 되는 사항을 헌법사항이 아닌 법률사항으로 하고 있기 때문에, 추상적 규범통제의 방법을 법률로 규정할 수 있게 하고 있는 것이다. 따라서 우리나라 헌법이 추상적 규범통제를 전혀 채택하고 있지 않다고 해석하게 되면 그나마 헌법소원이라는 형식을 통하여 추상적 규범통제를 규정하는 것이 위헌이라는 논리가 성립되어, 헌법소원의 내용 중에 추상적 규범통제의 방법을 규정하는 것이 불가능해진다. 이것은 현행헌법의 정신에 비추어 볼 때 적절하지 아니하며, 적어도 현행헌법은 법률로써 추상적 규범통제를 채택할 여지를 남겨두고 있다고 해석하는 것이 바람직할 것이다. 헌법상 일정한 규정이 없다고 하여 당해 규정이 예상하는 바를 금지한다고 해석하는 것은 지극히 법실증주의적 해석이 아닐 수 없다. 따라서 현행헌법이 추상적 규범통제에 관한 규정을 두고 있지 않다고 하여 추상적 규범통제에 의한 규율을 금지하고 있다고 할 수는 없을 것이며, 더구나 현행헌법이 현대적인 사법관념에 입각하고 있다고 본다면, 적어도 추상적 규범통제에 관한 규정을 구체적으로 두고 있지 않다고 할 수는 있을지언정, 현행헌법이 추상적 규범통제를 금지하고 있다고 해석할 수는 없을 것이다. 그래야만 헌법소원이라는 형식으로라도 추상적 규범통제를 도입할 가능성이 있는 것이다. 3. **맺음말** 현대적 사법관념을 전제로 하여 현행헌법의 사법권의 체계를 구성하면, 1) 현행헌법은 「사법」작용을 법원 및 헌법재판소에 맡기고 있는데, 법원은 구체적 사건성을 가진 법적 분쟁에 대한 일반적인 재판권, 즉 민사 · 형사재판권, 행정재판권, 선거쟁송재판권(대법원 전속) 등을 가진다. 규범통제와 관련해서는, 법률의 경우 구체적으로 재판의 전제가 된 경우에 한하여 헌법재판소에 그 위헌여부를 심판제청하고 그 결정에 따라 재판하도록 하고 있다. 말하자면, 법원은 법률에 대한 규범통제에 관한 한, 재판의 전제가 된 경우에 한하여만 관여할 수 있는 것이다. 이는 재판의 전제성을 갖지 못할 때에는 대법원은 구체적 규범통제의 절차를 진행할 수 없음을 의미한다. 결국 법원은 근대적인 의미의 사법권을 행사하는 국가기관이라 해도 좋을 것이다. 2) 대법원과 헌법재판소는 상호간에 수직적 상하관계에 있는 것이 아니라, 수평적 평등관계이다. 대법원이 헌법재판소의 결정에 따르도록 하는 것은 헌법적 분쟁에 대한 헌법재판소의 전문적인 판단을 존중하라는 의미이며, 이런 점에서 보면, 글머리에 언급한 헌법재판소의 한정합헌해석에 대한 대법원의 기속력 부인이나 헌법재판소에서 취소한 대법원판결의 논리를 고집하는 것은 타당하지 않다고 할 것이다. 그리고 대법원과 헌법재판소는 각각 최고의 사법기관이자, 최고의 국가기관 중의 하나이다. 3) 대법원의 명령·규칙에 대한 위헌·위법심사권은 명령·규칙의 위헌위법여부가 재판의 전제가 된 경우에 한하여 대법원이 최종적으로 이를 심사할 권한을 가지며, 이 때 '최종적으로'라는 표현은 헌법재판소의 관여없이 대법원이 심판을 종료할 수 있다는 의미이다. 4) 추상적 규범통제에 관하여 현행헌법은 명시적인 규정을 두고 있지 않지만, 그렇다고 헌법이 추상적 규범통제를 전면적으로 금지하고 있다고 해석할 필요는 없다. 즉 사법의 현대적 의미를 전제로 하면, 현행헌법상의 사법권은 추상적 규범통제까지도 포함하는 것이고, 다만 구체적인 규정을 두고 있지 않을 뿐인 것이다. 그러므로 하위의 법률로 추상적 규범통제를 도입할 가능성은 충분하다고 할 수 있을 것이다. 특히 「법률이 정하는 헌법소원에 관한 심판」을 헌법재판소의 권한으로 하고 있으므로, 추상적 규범통제에 관한 사항을 법률(헌법재판소법 혹은 특별법)로 구체화할 수도 있을 것이다.

사법방해죄司法妨害罪 ㊎ obstruction of justice, ㊍ Strafvereitelung, ㊋ Entrave à l'exercice de la justice. 사법방해는, 사법제도 특히 검사, 수사관, 혹은 정부공직자의 법적 및 소송업무에 부당하게 영향을 비치거나, 방해하거나 기타 간섭하는 것과 관련된 행위를 말한다. 미국 외의 보통법 국가들에서는 사법과정을 왜곡하는 광범위한 범죄로 다루어지는 경우가 많다. 사법방해는 공직자에 대한 위증과 허위진술, 증인조작, 배심원조작, 증거인멸 등을 포함하는 광범위한 범죄이다. 방해는 협박이나 실제적인 신체적 상해를 통해 법원이나 공무원을 노골적으로 강압하는 것, 정당한 권위의 외양을 훼손하기 위해 법원공무원에 대한 고의적인 선동에도 적용된다. **미국**에서는 1789년 법원법에서 사법방해행위를 법정모독으로 처벌할 수 있게 하였고, 1830년에 법관의 의견을 비난하는 변호사를 투옥한 일이 있은 후, 1831년에 오늘날과 같은 광범위한 사법방해 규정이 연방법으로 규정되었다. 1982년의 범위확장을 거쳐, 2002년의 Sarbanes-Oxley Act에서 더욱 강화하였다. 현재 연방법 Title 18의 Chapter 73 Obstruction of Justice(§§ 1501-1521)에서 상세히 규정하고 있고, 24개 주 및 Washington D.C.에서 사법방해를 규정하고 있다. 허위진술죄(18 U.S.C. Ch.47 §1001)도 처벌된다. 1974년 Nixon 탄핵절차, Reagan 행정부의 이란-콘트라 사건, 1998년 Clinton 탄핵절차, 2002년 Enron 스캔들, 내부자거래 관련 2004년 Martha Stewart 사건, CIA 직원신분은폐에 관한 2007년 Scooter Libby 사건, 2007년 Conrad Black 사건, 2016년 트럼프 탄핵사건, 2021년 Capitol Attack 사건 등 많은 중요한 사건이 사법방해혐의를 포함하였다. **독일**은 형법 제258조에서 규정하면서, 사법방해의 성질을 가진 범죄들을 처벌하는 규정들이 산재해 있다. **일본**은 증인 등의 진술과 관련하여 일본형법 제105조의2(증인등위협) 규정에서 사법방해죄를 정하고 있다. **우리나라**에서는 국제형사재판소관할범죄의 처벌 등에 관한 법률 제16조에서 사법방해죄를 규정하고 있을 뿐, 명시적인 규정이 없다. 다만, 법무부가 2002.12.과 2010.12. 두 차례에 걸쳐 사법방해죄, 즉 참고인의 허위진술죄 도입을 추진하였다. 국내에서의 사법방해죄도입 찬성논의를 보면 미국의 사법방해죄에 대한 규정을 전반적으로 도입하자는 견해와, 주로 미국 연방법 제18장 제1001조의 허위진술만을 처벌하는 규정을 도입하자는 주장이 대립되고 있다. 반대입장은 수사기관의 권한강화와 수사편의주의적 발상이라고 비판한다. 기존 형법규정에서 위계에 의한 공무집행방해죄, 범인도피죄, 증거인멸 및 증인은닉의 죄, 무고죄 등을 적극적으로 적용하면서, 사법방해죄 또는 허위진술죄를 도입하자는 주장이 힘을 얻고 있다.

사법보좌관제도司法補佐官制度 법원조직법 제54조에 따라, 법관의 업무를 소송 업무에 집중시키고, 경매 등 단순업무 · 부수적 일부업무 · 공증업무를 사법보좌관으로 임명된 일반직 법원 공무원에게 맡기는 것으로 사법서비스의 질을 높이기 위한 제도이다. 1994.2.16. 대법원 산하에 설치된 사법제도발전위원회가 사법보좌관제도의 도입을 건의하였다. 1997년 무렵부터 제도의 도입 논의가 본격적으로 시작하였고, 2005년에 이르러 도입 · 시행되었다. 도입 당시 대법원은 사법보좌관제도의 도입 취지를 법관의 업무 중 단순하고 반복적인 업무를 사법보좌관에 맡김으로써 법관으로 하여금 실질적인 쟁송사건에 집중하도록 하기 위한 것이라고 밝혔다. 사법보좌관이 담당하는 업무는 채권자 일방만의 신청에 의하여 결정이나 명령이 발령되어 상대편 당사자의 이의로 민사본안의 재판절차로 이행되는 업무와 이미 권리의무관계가 확정된 재판의 집행업무, 그리고 그밖에 부수적인 업무로 크게 나눌 수 있다(법원조직법 제54조 제2항, 사법보좌관규칙 제2조 제1항). 사법보좌관의 자격 및 선발과 교육 · 연수는 사법보좌관규칙(대법원규칙 제2798호, 2018.8.3. 개정, 2018.8.3. 시행)에서 정하고 있다. 2007년 변호사단체에서 사법보좌관제의 위헌여부에 대한 헌법소원을 제출했으나, 헌법재판소가 2009.2. 기각하며 합헌으로 결정하였다(헌재 2009.2.26. 2007헌바8, 84(병합)).

사법부 예산편성권司法府 豫算編成權 1. **개설** 1) **사법부 예산안편성의 헌법 및 법률규정** 우리나라는 해방 후 미군정기에 과도법원조직법이 제정되면서, 사법예산편성권이 독자적으로 인정된 적이 있었으나, 1948년 제헌헌법에서 예산안편성권을 행정부에 전속시킨 후 현행헌법에 이르기까지 그대로 존치시키고 있다. 현행헌법상 예산안편성권을 정부에 전속시키고 있기 때문에 사법부의 예산안을 편성함에 있어서도 정부의 예산안편성권에 종속할 수밖에 없다. 따라서 국가재정법상의 예산안편성 규정이 사법부의 예산안편성에도 그대로 적용된다. 즉, 중앙관서의 장으로 간주되는 헌법재판소의 사무처장과 법원행정처장은 통보받은 예산편성지침에 따라 각 소관의 예산요구서를 작성하여 매년 6월30일까지 기획재정부장관에게 제출하여야 한다. 다만, 헌법재판소와 법원의 경비는 독립하여 국가예산에 계상하도록 하고 있으며(헌법재판소법 제11조 제1항, 법원조직법 제82조 제1항), 세출예산요구액을 감액하고자 할 때에는 국무회의에서 각 기관의 장의 의견을 구하여야 하고, 정부가 각 기관의 세출예산요구액을 감액한 때에는 그 규모 및 이유, 감액에 대한 각 기관의 장의 의견을 국회에 제출하도록 하고 있다(국가재정법 제40조 제2항). 그러나 사법부의 장의 의견은 정부의 예산감액에 대하여 구속적인 효과를 갖지 못하므로 정부가 예산액을 감액하는 것에 대하여 아무런 견제장치로 기능할 수 없다. 2) **사법부의 예산안요구권과 예산안편성권** 예산안편성권이 정부에 전속되어 있는 현행헌법상의 규정을 그대로 인정하면서 사법부의 예산에 관한 권한을 실질적으로 행사할 수 있게 하기 위하여 예산안편성권과는 다른 예산안요구권이라는 개념을 제도화하자는 주장이 있다. 예산안요구권이란 사법부에 관한 예산안을 편성함에 있어서는 사법부에서 입안된 예산안이 행정부에 의하여 임의로 수정됨이 없이 그대로 국회에서 심의될 수 있도록 요구할 수 있는 권리를 말하는 것으로 이해한다. 이에 대해 예산안편성권은 사법부가 독자적으로 예산안을 편성하여 국회에 제출할 권한을 말하는 것으로 이해한다. 국민의 대표기관인 국회에서, 사법부운영에 필요한 예산을 행정부의 간섭없이 충분하게 심의받을 수 있도록 한다는 취지에서 예산안편성권과는 다른 예산안요구권을 제도화하자는 주장으로, 정부가 사법부의 예산요구내용을 수정할 경우 사법부의 장의 동의를 얻도록 하고 이를 얻지 못한 경우에 수정없이 그대로 정부예산안에 편입시키는 방법과, 동의를 얻지 못하는 경우에 정부예산안과 함께 법원예산요구를 부기하도록 하는 방법을 제안하고 있다. 하지만, 법률로 어느 한 방법을 규정한다 하더라도 정부의 예산안편성권을 실질적으로 침해하여 위헌의 여지가 있다는 반론이 제기될 수 있기 때문에 법률로 규정되지 못하고 있다. 3) **현행규정과 운영의 문제점** 사법부의 예산이 정부의 예산안편성에 전적으로 종속되어 있기 때문에, 사법부의 행정부에 대한 종속화경향을 초래할 위험성이 매우 크고, 실제로 우리나라의 과거의 경험에서도 이러한 경향을 보여왔다. 정권이 새로 들어서는 시점에서 사법부의 예산요구가 위축되는 현상을 보이거나 정권중반 또는 중·후반기에서 사법부요구액과 실제예산의 증가가 함께 이루어지는 '공조추세'가 나타나고 있다고 지적되기도 하였다. 사법부 요구예산에 대한 국회반영률도 정권의 속성에 따라 다르게 나타나기도 하였다. 문제는, 사법부의 예산이 그때그때 정부 및 의회권력의 성향에 따라 결정된다고 할 때 사법의 대국민서비스가 정부 및 의회권력의 의도에 따라 좌지우지될 수 있다는 점이다. 따라서 정부 및 의회권력의 변동이나 성향에 상관없이 사법부가 독자적인 정책결정과 그를 위해 필요한 예산편성을 담당할 수 있도록 하는 것이 요청된다. 2. **독립적 예산편성의 이론적 근거** 1) **권력분립의 실질화와 각 권력의 독자성** 국가권력 중의 하나인 사법권은 오늘날 진정한 제3의 권력의 담당자(a genuine third powerholder)로 기능하게 되었음은 주지의 사실이다. 특히 헌법재판제도의 확립을 통하여 더욱 강화된 사법권의 지위는 사법부를 구성하는 인적 요소와 물적 요소 양자의 독자성을 확립하지 못하면 실현될 수 없다. 사법부 구성원들이 그들의 행위와 판결에 대해 행정부의 각료와 같이 입법부에 대하여 책임을 지는 것은 아니라 할지라도, 사법제도 자체가 입법부에 의해 권한을 부여받지 못하고 또한 재정적으로 뒷받침되지 않는다면, 사법권이 존재할 수 없다는 것은 자명하다. 입법·행정·사법의 각 권력은 국민주권에 근거하고 있음은 물론이거니와 각각의 권한행사는 헌법이 정한 바에 따라 독자적으로 결정되어야 한다. 뿐만 아니라 국민의 인권보장을 최고의 목표로 하는 각 국가기관의 입장에서 볼 때, 헌법에 의하여 자신에게 부여된 국가기능을 최대한 확보할 수 있도록 인적·물적 여건을 조성하는 것도 또한 헌법이 요청하는 원칙이라 할 것이다. 2) **사법부에 대한 과도한 통제의**

배제 사법제도의 물적 요소는, 어떤 종류의 법원을, 어떤 시설을 갖추게 하고, 어디에, 어떤 규모로 설치할 것인가, 사법절차를 어떤 방법으로 구현할 것인가, 또 그 시설과 절차진행 및 인적 요소를 유지하기에 필요한 재정적 지원을 어떠한 방법으로 할 것인가 하는 문제이다. 통상 사법기관의 설치에 관해서는 법률로 정하도록 하는 것이 일반적이므로, 위에 언급한 제반요소들은 입법권력의 의사에 따라 결정될 수밖에 없다. 뿐만 아니라 입법부에 의하여 법률로 결정된다고 하여도, 행정부가 예산편성 및 제출에 관하여 전권을 가지고 있다면, 사법부는 입법부와 행정부의 양자로부터 통제를 받는 결과가 된다. 따라서 입법권 및 행정권과 대등한 지위를 갖는 사법권이 정상적으로 기능하기 위해서는 세 권력 사이의 견제와 균형의 수단도 대등하게 정해져야 하는 것이 바람직할 것이다. 견제와 균형이라는 헌법적 요청이 그 수단의 양적인 측면에서 결정되는 것은 아니지만, 최소한 당해 권력의 존립의 기초에 관한 한, 어느 일방의 권력이 다른 두 권력으로부터 동일한 과정에서 이중적으로 통제를 받는 구조는 헌법상 허용되어서는 안 될 것이다. 3) **사법정책결정의 독자성** 20세기 이후 오늘날에 이르러 법치주의는 형식적 법치주의에서 실질적 법치주의로 변화되었고, 국제적인 차원에까지 법치주의가 확대되고 있다. 이와 같은 법치주의의 확대는 두 측면에서 현실화되고 있는데, 그 하나는, 헌법의 규범성의 확립을 통한 사법의 법창조 내지 법(정책)형성기능의 확보의 측면이며, 다른 하나는, 국민주권주의와 법치주의의 실질화에 따른 법치주의의 생활화와 그로 인한 법치주의적 생활양식의 보편화의 측면이다. 전자는 거시적 측면에서, 국가권력적 측면에서의 사법기능의 확대로서 권력분립원칙의 실질화이자 사법의 정치성의 확대라면, 후자는 미시적 측면에서, 개인의 생활영역에서의 사법기능의 확대라고 할 수 있다. 개인의 삶의 과정에서 나타나는 거의 모든 문제들이 법치주의적 방식으로 해결될 것을 요청하고 있고, 그에 따라 분쟁의 성격이나 소송물의 크기, 사건해결의 용이성 등에 따라 다양한 형태의 사법기능의 제도화를 필요로 하고 있다. 법치주의의 확대에 따른 사법제도의 다양화 및 사법서비스의 확대를 위해서는, 그 실현을 위한 인적·물적 조건이 충족되지 않는다면 불가능하며, 헌법과 법률이 정한 범위 내에서 국민에 대한 사법서비스의 내용과 방식에 관하여 사법권 자체가 독자적으로 결정하고 이를 재정적으로 뒷받침할 수 있어야 한다. 3. **외국의 경우(입법례)** 사법부의 물적 기초로서의 예산에 관하여 헌법에서 그 독자성을 명시하거나(가나, 필리핀, 러시아, 몽골리아, 우크라이나, 칠레 등), 헌법에 전체 예산 중에 사법부예산이 차지하는 비중을 숫자로 명시하는 경우(베네주엘라(제254조: 2%), 파라과이(제249조 제1항: 3%))도 있다. 1) **미국** 미국의 예산편성과정은 제1단계-예산정책 개발, 예산편성지침 시달의 단계, 제2단계-각 부처의 예산요구서 작성·제출하는 단계, 제3단계-관리예산처의 사정단계, 제4단계-예산안 확정과 의회 제출 단계 등 4단계로 이루어지고 있다. 전체 단계는 행정부에 의해 행해지도록 하여 사법부와 입법부의 예산도 행정부에 의하여 편성되지만, 사법부의 예산의 편성 및 제출에 관한 법령의 규정과 관행의 실제에 많은 특징을 두고 있다. 연방사법부의 예산의 편성과 집행에 관한 정책결정은 (연방)사법회의(the Judicial Conference) 산하 예산위원회(the Budget Committee)에서 하고, 의회에 제출할 예산자료의 개발과 준비에 관한 실무는 연방법원행정처(Administration Office of the U.S. Courts)의 예산실에서 담당하고 있다. 예산안은 행정부의 관리예산처(Office of Management and Budget:

OMB)가 시달한 예산편성지침과 계획한도에 의하여 연방법원행정처(Administration Office of the U.S. Courts)에서 작성하여 매년 10월15일까지 관리예산처에 제출한다. 12월 말까지 수정요소를 모두 반영하여 최종적인 예산요구안이 마련되면, 대통령예산안(President's budget)에 포함되어 늦어도 다음해 2월의 첫 번째 월요일까지는 의회에 제출된다. 예산안이 제출되면 사법부예산요청내역서(the Judiciary Budget Submission)를 의회에 보내는데, 이 과정에서 관리예산처는 법률상 사법부예산을 변경할 수 없도록 되어 있다. 미국연방헌법은 사법권의 독립을 보장하기 위하여 법관의 보수를 삭감하는 것을 금지하는 규정을 두고 있다. 즉, 미국연방헌법 제3조 제1항은 「최고법원 및 하급법원의 법관은 선량한 직무행위 동안(during good behavior) 그 직을 보유하고, 그 직무에 대하여 정기적으로 보수를 받으며, 그 보수액은 재직 중 감액되지 아니한다.」고 규정하여 법관의 독립의 한 요소로서 급여의 보장을 정하고 그 한도에서 사법부의 재정의 보장을 규정하고 있다. 2) **영국** 영국의 경우에도 정부만이 예산안제출권을 보유하고 있다. 의회는 예산안에 대하여 폐제삭감권을 지닐 따름이며 이를 증액하거나 새 비목을 설정할 권한이 없다. 이것은 이미 1706년부터 원칙의 하나로서 확립된 것인데 현재에는 영국의회 의사규칙 제78호(Standing Order No.78)로 명문화되어 있다. 영국에서는 비록 법관의 독립된 지위가 일찍부터 확립되었지만, 제도적으로는 상원(The House of Lords) 또는 추밀원(The Privy Council)의 한 부서로 법원이 설치되어 있었기 때문에 예산항목에 별도의 사법부예산을 책정할 필요가 없었다. 따라서 법원예산에 대한 특별한 제도적 장치가 있을 여지가 없으며, 정부의 예산안이 곧 예산이나 다름없다. 2008년 사법개혁 이후 사법부예산에 대한 세부적 개혁이 진행되고 있다. 3) **독일** 독일의 예산안(Haushaltsplan)은 법률의 형식으로 작성되고 정부가 독점적인 제출권한을 가지고 있다(Budgetinitiative, Initiativmonopol Art. 110 Abs. 3, 113 Abs. 1 S. 1). 사법부의 예산에 관하여는 특별한 규정이 없고 사법행정권을 행사하는 법무부가 사법부의 예산을 작성하지만, 헌법재판소가 제출한 예산요구서에 대하여 수정을 가하는 경우에는 헌법재판소의 장이 동의하지 않으면 재무부장관은 그 예산요구서를 그대로 연방정부에 전달하여야 하며, 연방정부도 수정없이 예산안에 첨부하도록 하고 있다(연방대통령, 연방상하원, 연방회계감사원 등도 마찬가지이다. § 28 Abs. 3 BHO). 4) **일본** 일본국헌법은 제7장에서 재정의 장을 따로 두어 정하고 있다. 제7장의 첫머리인 제83조는 재정국회중심주의를 정하고 있다. 또 제86조는 예산편성권을 내각에 일임하고 있다. 헌법의 규정에 따라 재정법에서 예산편성절차를 규정하고 있는데, 재정법(1947년 제정, 법률 제34호, 2002년 최종개정, 법률 제152호) 제2절에서 상세히 규정하고 있다. 일본에서는 사법부에 독자적인 예산안편성권을 인정하고 있지는 않으나, 이른바 이중예산제도를 통하여 사법부의 예산상의 독립성을 인정하고 있다. 즉, 일본 재판소법 제83조 제1항은 「재판소의 경비는 독립하여 국가의 예산에 계상하도록 한다.」고 하고 제2항은 「이 경비 중에 예비비를 두는 것을 원칙으로 한다.」고 하고 있다. 이에 따라 최고재판소의 장은 매 회계연도에 그 소관에 속하는 세입 · 세출, 계속비, 명시이월비 및 국고채무부담행위의 견적에 관한 서류를 작성하여 내각에서의 통합조정에 제공하기 위하여 이를 내각에 송부하지 않으면 안 된다(재정법 제17조 제1항). 재무대신은 이러한 견적을 검토하여 필요한 조정을 하고, 세입 · 세출예산, 명시이월비 및 국고채무부담행위의 개산(概算)을 작성하여 각의의 결정을 거치게 되는데, 내각은 이러한 결정을 함에 있어서 재판소에 관한 개산에 관해서는 미리 최고재판소의 장에게 그 결정에 관한 의견을 구하지 않으면 안된다(재정법 제18조 제1항, 제2항). 내각이 재판소의 세출견적을 감액하는 경우에는 재판소에서 송부되어온 세출견적에 관하여 그 상세를 세입세출예산에 부기(附記)함과 동시에 국회가 재판소에 관한 세출액을 수정하는 경우에 있어서 필요한 재원에 관해서는 명기하도록 하고 있다(재정법 제19조). 일본국 헌법은 사법권의 독립보장을 위하여 재판관보수의 감액을 금지하여 재판소재정에 어느 정도의 독자성을 인정하고 있다. 즉, 일본국 헌법 제79조 제6항은 「최고재판소의 재판관은 모두 정기적으로 상당액의 보수를 받는다. 이 보수는 재임 중 이를 감액할 수 없다.」고 하고, 또 제80조 제2항은 「하급재판소의 재판관은 모두 정기적으로 상당액의 보수를 받는다. 이 보수는 재임 중 감액할 수 없다.」고 규정하여 재판소의 재정에 대하여 어느 정도 독자성을 인정하고 있다. 일본은 2002년 사법개혁 이후 일본변호사연합회, 중의원 법무위원회, 참의원법무위원회 등에서 사법개혁을 달성하기 위한 예산의 증대를 적극 촉구하는 결의가 있었으나, 재무성은 이에 대해 비판적이었다. 5) **사법부 독립에 관한 세계기준** 사법부의 독립에 관한 국제적인 관심은 2차대전 이후 점증하기 시작하여, 국제변호사협회(International Bar Association: IBA)에 의하여 여러 차례의 국제회의가 개최되었고, 1980년대에 들어서면서, 사법부독립의 최소한이 기준을 정립하기 위한 프로젝트가 계획되기에 이르렀다. 1981.5. Lisbon회의에서 초안이 마련되어 1982.3. Jerusalem회의를 거쳐 동년 10월 New Dehli회의(19차) 총회에서 IBA의 최종안(이하 'IBA Code'이라 함)이 채택되었다. 또한 여러 국제 법학연구단체들이 Sicily의 Syracuse에서 회합하여 사법부독립에 관한 Syracuse 초안을 작성하였다. 1983년에는 제1차 사법부독립에 관한 세계회의(the First World Conference on the Independence of Justice)가 캐나다의 Montreal에서 개최되었는데, 이 회의에서 5개의 장으로 이루어진 사법부독립에 관한 세계선언(the Universal Declaration on the Independence of Justice)이 채택되었다. 이와 같은 다양한 국제회의에서 채택된 사법부독립에 관한 문서들에는 예외없이 사법부의 예산에 관한 조항들이 들어 있다. 먼저, IBA Code에서는, 3개항을 할애하여, 「법원의 직무는 관계 정부에 의하여 적절히 재정지원되어야 한다.」, 「법관의 보수와 연금은 적절하여야 하며, 행정부의 통제로부터 독립하여 가격상승을 고려하도록 조정되어야 한다.」, 「(a) 법관의 지위, 독립성, 신분보장 및 적절한 보상은 법률에 의하여 보장되어야 한다. (b) 법관의 보수는 전체적인 공공경제적 수단의 밀접한 부분인 경우를 제외하고는 재직 중 감액될 수 없다.」라고 규정하였다. Syracuse 초안에서는, 역시 3개 항의 재정조항을 두고 있다. 「독립을 보장하기 위하여, 사법부는 사법기능을 적절히 충족하기에 필요한 수단과 재원이 제공되어야 한다.」, 「사법부의 예산은 사법부와 협력하여 권한있는 당국에 의해 수립되어야 한다. 할당된 총액은 각 법원으로 하여금 과도한 업무부담이 없이 기능할 수 있도록 충분하여야 한다. 사법부는 예산요구의 견적을 적절한 당국에 제출할 수 있어야 한다.」, 「법관은 정기적으로 그들의 지위에 걸맞는 등급으로 그들의 직무에 대한 보상을 받아야 하며, 재직 중에는 감액되지 않아야 한다.」고 정하였다. 세계선언에서는, 개별국가의 법관에 대하여 먼저, 「사법행정에 대한 주된 책임이 사법부에 귀속되어야 한다.」고 정하고, 「사법의 독립, 존엄성과 효율성, 법관 및 행정요원 등의 유지 등을 위한 적절한 물적 설비를 포함하여 적절한 사법행정을 위해 인정되는 적당한 재원과 운용예산을 국가가 제공하는 것은 우선시되는 최고의 질서이어야 한다.」고 하고 있다. 또한 사법부의 예산과 관련하여, 「법원의 예산은 사법부와 협력하여 권한있는 당국에 의해 수립되어야 한다. 사법부는 예산상 요구되는 세입세출예산을 적절한 당국에 제출할 수 있어야 한다.」고 정하고 있다. 6) **소결** 여러 나라들의 사례를 살펴보면, 예산안의 편성에 관하여 일차적으로는 행정부에 그 권한을 전속시키고 있다는 점은 예외가 거의 없다. 그러나 행정부가 예산안을 편성하고 이를 의회에 제출하는 단계에서 사법부의 예산을 어떻게 고려하는가 하는 점에서는 나라마다 적지 않은 차이를 보여주고 있다. 그 차이의 핵심은 사법부가 입법부를 직접 상대하는가(미국형) 아니면, 사법부가 행정부를 통하여 입법부를 상대하는가(영국형) 하는 점이다. 전자의 경우에는 행정부는 사법부의 예산에 대하여 별다른 간섭을 할 수 없고 사법부의 예산안에 대하여 입법부가 최종적으로 결정하는 유형이다. 독일의 경우에도 헌법재판소에 관한 한, 이 유형에 속한다. 후자의 경우에는 사법부의 예산이 전적으로 행정부에 의존하는 유형으로 사법부는 행정부를 통하여 간접적으로 입법부와 상대하게 되어 있다. 다만 이 두 유형이 어느 쪽이 더 나은 것인지는 나라마다 가진 상황에 따라 판단하기 쉽지 아니하다. 두 유형의 절충적 유형으로 일본을 들 수 있는데, 사법부가 행정부를 통하기는 하지만, 행정부와 사법부 사이에 이견이 있는 경우에 사법부의 예산요구안을 행정부의 예산안에 부기하여 입법부에 제출하는 유형이다. 이 때 부기된 사법부의 예산요구안은 행정부의 예산안이 아니며 다만 참고자료에 불과하지만 최종적으로는 사법부의 의사에 대하여 입법부가 심사하는 결과가 된다. 하지만, 입법부와 행정부의 권력적 긴밀도에 따라 사법부의 예산이 정해진다는 점에서 사법부예산의 독립성이 확보되기 어려울 수도 있다고 판단된다. 오늘날에는 사법부의 예산의 독자성에 관하여 국제적으로 승인되는 경향이 있음을 알 수 있다. 특히 Syracuse 초안과 몬트리올 선언문에서 보듯이, 사법부의 예산은 사법부 스스로 편성하고 이를 관련당국에 제출하도록 하는 것이 사법부의 독립을 위하여 바람직한 것으로 평가되고 있다. 다만, 개별국가들이 가진 역사적 전통과 헌정의 경험에 따라 그 독립성을 확보하는 방법에 관해서는 일률적이지는 않다. 4. **입법론** 1) **헌법개정의 방법** 현행헌법상 예산안편성권은 전적으로 정부에 귀속되어 있기 때문에, 사법부의 예산안편성권을 인정하기 위해서는 헌법개정을 통하여 근거규정을 두는 것이 가장 확실한 방법이다. 외국의 사례에 비추어 볼 때, 선진국의 경우, 사법부의 예산안편성권을 직접 헌법에 규정한 나라는 거의 없지만, 이 나라들은 대부분 법률상 혹은 관행상 사법부의 예산안편성권이 실질적으로 보장되어 헌법에 사법부의 예산안편성권을 규정할 필요가 없었기 때문이다. 따라서 우리나라의 경우와 같이 사법부의 예산안편성권을 실질적으로 확보할 필요성이 인정되는 경우에는, 헌법개정을 통하여 사법부의 예산안편성권을 규정한다 하더라도 아무런 문제가 없다고 판단된다. 현행헌법을 개정하여 사법부의 예산안편성권을 규정한다면, 제54조 제2항 규정의 단서조항으로 「단, 국회 · 대법원 · 헌법재판소 및 중앙선거관리위원회와 법률이 정한 독립기관의 예산안은 이를 수정하지 아니하고 정부의 예산안에 포함하여야 한다.」는 규정을 둔다면, 이들 기관들의 예산의 독립성을 확보할 수 있을 것이다. 만약 새 헌법에서 별도의 재정의 장을 둔다면, 단서조항으로서가 아니라 별개조항으로 이 규정을 둘 수도 있을 것이다. 2) **법률개정의**

ㅅ

방법 현행헌법을 개정하지 아니하고 사법부의 예산안편성권을 확보하는 방법은 사법부 및 국가재정법상의 독립기관들의 예산요구안을 수정없이 그대로 정부의 예산안에 포함시키도록 하는 방법이다. 이것은 이 기관들에 관한 한 헌법상 규정된 정부의 예산안편성권을 형식화하여 실질적으로 이 기관들과 입법부가 직접 상대하여 각 기관들의 예산안을 심의·확정하도록 하는 방법이다. 헌법규범적인 관점에서 사법부를 포함한 독립기관들의 실질적인 예산안편성권을 확보하는 방법은 두 가지가 있을 수 있다. 그 하나는, 정부가 예산안을 편성할 때, 관행적으로 이 기관들의 예산요구안을 그대로 정부의 예산안에 편입시켜 국회에 제출하는 것이다. 이른바 헌법적 관습의 형태로 예산안을 국회에 제출하는 것이다. 다른 하나는, 법률로 이 기관들의 예산안편성권을 실질적으로 인정하는 방법이다. 즉, 이 기관들의 예산요구안에 대해서는 정부가 조정을 하되, 조정이 되지 않을 경우 수정없이 정부의 예산안에 편입하도록 법률로 명시하는 방법이다. 헌법상 정해진 정부의 예산안편성권을 침해할 수 있다는 주장이 있을 수 있지만, 앞서 언급한 바와 같이, 권력분립의 실질화의 측면, 사법권력과 다른 두 권력 사이의 견제의 형평성의 측면, 그리고 사법정책결정의 독자성 등의 측면에서 사법부의 예산상 독립이, 사법부독립의 한 내포로서, 헌법상 요청되는 원칙으로 이해할 수 있고, 따라서 위헌이라 할 수 없다고 할 것이다. 5. **맺음말** 국가의 사법기능을 효율적으로 수행하기 위해서는 인적 재원 및 물적 재원을 확보하는 것이 필수적이다. 이 인적 및 물적 재원은 직간접으로 행정부를 통하여 의회에 의해 제공된다. 그 기능을 수행하기 위한 재원을 확보하기 위하여 사법부가 외부에 의존하는 것은 독립적이고 공정한 사법집행을 위협할 가능성이 매우 크다. 지갑의 끈을 통제하는 자는 항상 그 지갑의 내용물에 의존하는 사람들의 행위에 영향을 미칠 가능성을 가지게 된다. 우리나라의 경우에도 예산을 통하여 사법부를 통제하여 행정부에 종속시켰던 경험을 가지고 있다. 비록 사법부의 예산이 거의 대부분 사법부의 의도대로 확정된 예도 있지만, 정부 및 의회권력의 변동이나 성향에 상관없이 사법부가 독자적인 정책결정과 그를 위해 필요한 예산안편성을 담당할 수 있도록 하는 것이 요청된다.

사법부작위司法不作爲 사법권도 공권력이므로 작위의무가 있는 사법권한의 경우 그 부작위는 헌법소원의 대상이 될 수 있다. ➜ 헌법소원. 다만 작위의무가 없는 경우에는 헌법소원의 대상이 되지 아니한다. 헌법재판소는 민사소송법 제184조에서 정하는 기간 내에 판결을 선고하도록 하고 있지만, 이 기간 내에 반드시 판결을 선고할 법률상 의무가 발생한다고 볼 수 없으며, 헌법 제27조 제3항 제1문의 신속한 재판을 받을 권리도 직접적이고 구체적인 청구권이 이 규정으로부터 직접 발생한다고 보기 어려우므로, 작위의무를 인정하기 어렵다고 하였으며(헌재 1999.9.16. 98헌가75 참조), 재정신청사건의 공소유지담당변호사가 무죄판결에 대하여 항소를 제기하지 않은 것이 헌법소원의 대상이 되는 공권력의 불행사에 해당하지 않는다고 하였다(헌재 2004.2.26. 2003헌마608).

사법소극주의司法消極主義 ㉧ judicial passivism/judicial restraint. ➜ 사법적극주의와 사법소극주의.

사법심사司法審査 ㉧ judicial review. ㉢ Verfassungsgerichtsbarkeit. ➜ 위헌법률심사. ➜ 헌법재판제도.

사법司法**의 관념** ㉧ the concept of the judiciary, ㉢ der Begriff der Rechtssprechung. 1. **「사법」의 문제상황** 1) **헌법상 제도의 구성과 운용과정** 우리나라 헌법은 9차에 걸친 개정과정을 거치면서 사법제도에 대하여도 여러 차례의 변화가 있었다. 그러나 이러한 변화의 과정 속에서 사법제도는 그 자체 독자적인 논리에 의해서가 아닌, 그때그때의 정치권력의 성격에 따라 종속적으로 설정되고 운용되어왔다. 근대 이후 확립된 권력분립의 원리가, 국민의 기본권을 보호하는 데에 목적이 있었다면, 각 국가기능은 기능 자체의 독자적인 논리에 따라 제도적으로 설정되고 운용되어야만 국민의 기본권보호라는 목적을 달성할 수 있을 것이다. 현행헌법은 제5장에서 법원을, 제6장에서 헌법재판소를 각각 규정하고 있다. 그리하여 헌법재판소가 담당하는 권한이 국가 3권 중 사법권에 속하는가의 여부 및 헌법재판소와 법원 특히 대법원의 관계는 어떠한가에 관하여 다른 해석을 할 여지를 두고 있으며, 이러한 여지는 실제로 헌법재판의 성격에 대한 학설상의 논의와, 특히 변형결정의 효력과 관련하여 헌법재판소 및 대법원 간의 실무상의 권한분쟁으로 나타나고 있다(➜ 변형결정의 기속력). 2) **사법의 관념과 제도화** 개별 국가기관의 권한이 어떻게 정해지느냐의 문제는 헌법과 법률의 해석을 통하여 확정된다. 헌법과 법률의 해석 자체에 견해 차이가 있을 수 있고, 그러한 견해의 차이는 국가기관의 자기중심적 혹은 제도중심적 관점이 아닌, 국민의 기본권보호라는 관점에서 어느 견해가 더 바람직한가에 따라 그 선택여부가 결정되어야 한다. 현행헌법상 헌법재판소와 대법원 간의 권한다툼이 나타나는 원인과 그 해결방법은 현행헌법상의 「사법」 및 「사법권」의 의미내용을 명확히 한 다음, 이를 구체적으로 제도화하고 있는 제도의 문제점을 파악하고, 이 문제점을 최소화하는 방향으로 해석이 행해져야 할 필요가 있다. 2. **「사법」의 관념** 1) **현대사회와 사법기능의 확대** ➜ 사법권. 2. **「사법」의 현대적 관념** 1) **전통적 의미의 사법관념** 전통적인 권력분립이론에서는 국가권력을 입법 · 행정 · 사법의 세 권력으로 나누고 이들 세 개념을 형식적 의미에서의 개념(**형식설**)과 실질적 의미에서의 개념(**실질설**)으로 나누어 설명한다. 형식적 의미의 사법은 「국가기관 중 입법기관 또는 행정기관의 권한을 제외한 사법기관인 법원에 속하는 권한」으로 정의한다. 실질적 의미에서 사법작용을 파악해 보면, 「실체적인 법률상의 쟁송, 즉 대립하는 소송당사자, 대립하는 실질적 이익, 현실의 논쟁존재에 대하여 일반적 · 추상적 법규범을 적용하여 선언하는 것에 의하여 이를 재정하는 작용」, 「구체적인 법적 분쟁이 발생한 경우에, 당사자로부터의 쟁송의 제기를 기다려, 독립적 지위를 가진 기관이 제3자적인 입장에서, 무엇이 법인가를 판단하고 선언함으로써, 법질서를 유지하기 위한 작용」, 「구체적인 쟁송을 전제로 해서 신분이 독립한 법관의 재판을 통해 법을 선언함으로써 법질서의 유지와 법적 평화에 기여하는 비정치적인 법인식기능」이라고 하고 있다. 다만 위의 견해 중 앞의 두 견해는 헌법재판작용도 포함하는 견해이고, 뒤의 견해는 헌법재판작용을 사법작용에서 제외하는 견해이다. 이러한 견해의 차이는 헌법재판의 본질 내지 법적 성격에 대한 견해의 차이에서 비롯되는 것이다. 형식설과 실질설을 통합하려는 **통합설**도 있다. 우리나라 헌법재판소는 「사법(司法)의 본질은 법 또는 권리에 관한 다툼이 있거나 법이 침해된 경우에 독립적인 법원이 원칙적으로 직접 조사한 증거를 통한 객관적 사실인정을 바탕으로 법을 해석 · 적용하여 유권적인 판단을 내리는 작용」이라고 하여(헌재 1996.1.25. 95헌가5), 명확하지는 않지만 전통적인 사법의 관념에 입각하고 있는 것으로 보인다. 그런데 이와 같은 사법관념에 대한 전통적 인식은 앞에서 본 바와 같은 사법기능의 확대현상을 정확히 포섭하지 못하는 난점을 가지고 있어서, 새로운 사법관념을 필요로 하고 있다. 2) **새로운 사법관념(신형식설)** (1) **학설상 논의** 사법관념에 대한 전통적인 이해방식에서는「실질적」 의미 및「형식적」 의미로 구분하여 논의하고 있으나,「실질적」 및「형식적」이라는 형용사가 무엇을 의미하는지에 대해서는 분명하게 언급하고 있지는 않다. 다만「실질적」이라는 것에 대하여 국가작용의 성질 혹은 국가기관의 성격을 기준으로 하여 이해하고,「형식적」이라는 것을 권한을 행사하는 주체인 기관에 주목하여 이해하는 것으로 보인다. 사실 법학에 있어서 형식과 실질이라는 구별기준은 법적 인식의 대상에 관하여 중요한 의미나 관점의 차이를 식별하기 위하여 사용되어 왔고, 따라서 여기서의「형식적」 및「실질적」이라는 형용사도 사법작용의 의미를 인식 혹은 정의함에 있어서 관점의 차이를 표현하기 위하여 사용되고 있는 것이다. 사법작용의 실질적 개념을 구성할 수 있는가에 대하여 일본에서는 전전(戰前)부터 논의가 전개되어 왔지만, 오늘날에는 이와 같은 실질적 개념의 사법관념을 구성함에 있어서 새로운 기준으로 구성하려는 시도가 나타나고 있다. 일본 및 독일에서의 사법관념에 관한 논의에서 대표적인 학자들의 견해를 들어본다. ① **高橋和之의 견해** 高橋和之는 전통적인 의미에서의「실질」「형식」의 관점의 의미를 다르게 이해하려고 한다. 그는, 작용의 성질이라는 관점에서 볼 때에는, 행정과 사법은 둘 다 법집행이므로 서로 다르지 아니하고, 따라서 그러한 의미에서의 사법의 실질적 관념은 성립하기 어렵다고 보고, 작용의 법적 형식을 실질적 관념의 기준으로 보아 사법관념을 재정립하려고 시도한다. 그는 사법이 행해지는 형식으로서의 제 조건에 다음의 세 가지 특징을 지적한다. 첫째로, 사법은 그 **발동조건**에 있어서 행정과 다르다. 즉 사법은 반드시 당사자의 제소가 필요하다. 사법은 작용의 성질상으로는 행정과 같지만, 그것을 행할 수 있는 것은, 법률의 해석·적용에 다툼이 생기고 그 해결을 구하여 소가 제기되었을 때만 작용한다. 이 때 법률의 집행으로서의 해석·적용은 행정의 손에서 사법의 손으로 옮겨진다. 둘째로, 사법에는 행정과는 다른 **절차**가 요구된다. 사법에서의 전형적 행위는 제3자적 입장에서 다툼을 재정하는 것이므로, 재정이 공정할 것을 담보하는 일정한 절차적 원칙이 충족되어야 한다. 예를 들면 재정자는 재정의 결과에 이해관계를 가져서는 안된다든가, 당사자에게 변명의 기회가 부여되어야 한다든가 등이 필요하다. 행정도 경우에 따라서는 사법적 절차가 요구되는 것도 있으나 그같은 절차가 작용의 목적(법률의 집행)상 당연히 요구되고 있는 것은 아닌 점에서 사법과 다른 것이다. 셋째로, 사법에 의한 재정은 **종국성**이 주어진다. 그렇지 않으면 다툼의 해결은 불가능할 것이다. 행정도 다툼의 해결은 가능하나 그 종국성은 인정되지 않는다. 사법에 있어서의 해결은 더 이상 상급심은 존재하지 않는 것이다. 이상의 사항을 기초로 하여 高橋和之는 사법을「적법한 제소를 기다려, 법률의 해석·적용에 관한 다툼을 적절한 절차 아래에서 종국적으로 재정하는 작용」으로 정의하고 있다. 그리고 이러한 권한이 일본국 헌법 제76조에 의하여 법원에 전속되어 있다는 것이다. 바꾸어 말하면 행정권은 이러한 권한, 그 중에서도 특히 다툼을 종국성을 가지고 재정하는 권한을 행사할 수 없다는 것을 의미하는 것이다. 이와 같이 이해하게 되면 사법에 관한 이「형식적」 정의도 권한분배의 역할을 충분히 행할 수 있는 것이라고 한다. 이와 같은 高橋和之의 사법 관념에는 구체적 사건의 해결이라는 요소는 포함되지 않고 있다. 이것은 사법의 관념을 그 법적 형식에 주목하여 파악하여, 사법작용이 미치는 대상은 일단 배제하고 생각한 때문이다. 그는 입법, 사법, 행정의 관념은 그 법적 형식의 관점에서 파악해야 하고, 작용이 미치는 대상의 문제는 별개의 문제로서 생각하는 것이다. 高橋和之의 이러한 이론은 독일의 이론과 유사한 바가 많다. ② **K. Stern의 견해** K. Stern은 기본법상의 사법권을 이해하기 위한 세 가지 지도명제를 다음과 같이 든다. 즉 첫째로, 사법은 독자적인 국가기능이자 다른 국가권력으로부터 분리되어야 하는 "제3의 권력"이다. 무엇이 사법인가는 실질적으로 정해져야 하고, 단순히 조직체적인 개념규정으로는 불충분하다. 둘째로, 오직 법관만이 사법의 과제를 가질 수 있다. 셋째로, 사법은 다른 국가기능으로부터 분리될 뿐만 아니라 특수한 기관으로 조직되어야 하는 독립하고 배타적인 권력으로 파악되어야 한다. 이 명제들을 충족시키기 위하여, 그는 사법기능을 정의하기를, 「사법은 직접 참여하지 않는 자 즉 법관에 의하여 유효한 법을 적용하여, 특별히 규율되는 절차에서 최종적 구속력이 있는 결정으로 되는, 사태에 관한 법적 판단」이라고 한다. ③ **K. Hesse의 견해** K. Hesse도 사법기능의 특성은 구체적인 사건에의 법의 적용(Rechtsanwendung)이나 분쟁의 해결(Streitentscheidung)에 있는 것이 아니라(전자는 행정의 특색이며, 후자는 형사재판에는 적용되지 않는다), 「권리에 관한 다툼이 있거나 또는 권리가 침해된 경우에 특별한 절차에 따라 유권적으로 그리고 그와 함께 구속적이고 자주적인 결정을 내리는 직무」에 있다고 하고 있다. (2) **결어** 위의 각 논의에서 현대적인 사법의 개념을 정립하기 위하여 공통적으로 고려할 요소들로서, 첫째로, **당사자로부터의 제소**가 있어야 한다는 점(수동성), 둘째로, 사법은 **공정성을 가진 제3자**로서의 성격을 가져야 하고 이를 위해서 **특별한 절차**를 필요로 한다는 점(공정성 · 독립성), 셋째로, **헌법 및 법률의 해석 · 적용에 관한 다툼**이 있어야 한다는 점(사건성의 확대), 넷째로, 그 판단이 **최종적 구속력** 즉 **종국성**이 있어야 한다는 점(종국성) 등으로 정리할 수 있을 것이다. 高橋和之의 경우에는 셋째의 사항을 법률의 해석 · 적용이라고 하고 있지만, 헌법의 해석 · 적용도 포함하는 것으로 새겨야 할 것이다. K. Stern과 K. Hesse의 경우에는 첫째의 사항을 언급하지 않고 있으나, 당연한 것으로 보고 있는 것으로 생각된다. 지금까지의 논의에 따라 현대적인 의미의 사법의 개념을 정리해보면, 「공정성을 가진 제3자로서의 법관이 헌법 및 법률의 해석 · 적용에 관한 다툼이 있을 때, 당사자의 제소를 기다려, 특별한 절차에서 행하는 최종적 구속력을 가진 법적 판단」이라고 정의할 수 있을 것이다. 말하자면 근대적 의미의 사법권이 필수적인 요소로 하고 있는 구체적 사건성의 요건은 현대적인 의미의 사법의 관념에는 포함되지 않는 것으로 되며, 헌법에 대한 해석 · 적용에 관한 다툼도 사법관념에 포섭될 수 있는 것이다. 물론, 이러한 새로운 「사법」관념이 모든 국가에 동일하게 적용될 수는 없을 것이다. 그것은 각 국가마다 가지는 헌법규정과 사법전통에 따라 조금씩 다르게 파악될 수도 있을 것이다. 그러나 전통적인 의미의 사법권의 관념만으로는 현대사회의 사법기능을 전면적으로 포섭하지 못하는 것은 분명한 사실이며, 각 국가의 사법을 이해함에 있어서 이와 같은 현대적인 사법관념은 중요한 도구개념으로 사용될 수 있을 것이다. 3) **우리나라 헌법상의 사법의 개념** 현대국가의 사법의 관념을 위와 같이 이해한다고 할 때, 우리나라의 사법기능 및 사법권의 관념도 이에 따라 이해할 필요가 있다. 우리나라의 학설상의 논의에서 보았듯이, 현재의 우리나라의 사법의 관념에 관한 논의는 여전히 근대적인 의미의 사법으로 이해하는 데에 그치고 있다. 적어도 우리나라 헌법상의 사법관념을 이해하기 위해서는, 우리나라의 헌법이 제헌헌법 당시부터 지금까지 현대적 의미의 헌법으로서의 성격을 가진 것이었음을 고려하여야 한다. 그럼에도 불구하고 사법관념에 관한 한, 초기의 논의의 수준을 극복하지 못하고 있었던 것은 그 동안의 헌정사의 전개과정에서 현대헌법의 특징이라 일컬어지고 있는 위헌법률심사제를 포함한 헌법재판제도가 국가권력에 대한 제한기능을 담당하지 못하고 형식화 · 형해화되어온 데서도 그 원인이 있을 것이다. 현행헌법은 사법권에 대하여 제101조에서 「사법권은 법관으로 구성된 법원에 속한다.」(제1항)고 하고 있을 뿐, 사법의 개념에 대해서는 아무런 정함이 없다. 따라서 이 「사법권」이 무엇인가에 대하여 앞서 본 바와 같은 학설상의 대립이 있는 것이다. 현대사회의 사법기능은 그 확대일로에 있으며, 근대적인 사법관념만으로는 충분히 포섭하지 못하는 상황에까지 이르고 있다. 이 점은 우리나라의 헌법의 성격이나 헌법상황도 결코 예외가 아니며, 따라서 현행헌법의 사법권의 체계를 이해함에 있어서도 새로운 사법의 관념에 기초하여 이해하는 것이 필요한 것이다. 현행헌법은 제101조 제1항에서 「사법권은 법관으로 구성된 법원에 속한다.」고 함으로써, 현대적 의미의 사법권이 원칙적으로 법원에 귀속함을 선언하고 있다. 그리고 법원이 담당하는 사항에 관해서 구체적으로 법원조직법 규정에서 정하고 있다. 즉 법원조직법 제2조에서는 「법원은 헌법에 특별한 규정이 있는 경우를 제외하고는 일체의 법률상의 쟁송을 심판하고 기타 법률에 의하여 법원에 속하는 권한을 가진다」고 규정하고 있다. 동법에서 「…헌법에 특별한 규정이 있는 경우를 제외하고는 일체의 법률상의 쟁송을 심판하고…」라고 하고 있으므로, 이 때의 「법률상의 쟁송」이 무엇인가를 확정하는 것이 법원의 권한을 구체적으로 확정하는 데에 도움이 된다. 사법의 현대적 관념과 관련하여 이 「법률상의 쟁송」이 무엇을 의미하는가에 대해서는 우리나라에서는 논의가 별로 이루어지지 아니하고 있기 때문에, 법문의 규정상 우리나라와 거의 유사한 일본에서의 논의를 참고할 필요가 있다. 일본국의 최고재판소 사무총국 총무국 『재판소법축조해설(상)』에서는 일본의 재판소법 제3조에서 말하는 「일체의 법률상의 쟁송을 재판」하는 권한에 관하여, 「재판」이라는 것은 「권리주체 사이에서 구체적인 법률효과의 존부에 관한 다툼이 있는 경우에 있어서, 법규가 정하는 법률요건을 구성하는 법률사실에 해당하는 구체적 사실에 법규를 적용하여, 그 법규가 정하고 있는 법률효과의 구체적 존부를 판단, 확정함으로써, 다툼을 해결하는 작용」이고, 국민의 「재판을 받을 권리」와 표리의 관계에 있는 것으로 이해하고, 「법률상의 쟁송」이라는 것은 「당사자 간의 구체적인 권리의무 혹은 법률관계의 존부(형벌권의 존부를 포함한다)에 관한 분쟁이어서, 법률의 적용에 의하여 종국적으로 해결하여야 하는 것을 말한다」(따라서 「비송사건」은 쟁송에 속하지 않는다)고 하고 있으며, 또한 판례에 있어서도 일관하여 동일하게 판단하고 있다. 그래서 이와 같이 이해되는 재판소법상의 「법률상의 쟁송」은 일반적으로 일본국 헌법에서 말하는 「사법권」의 내실이 되는 「구체적 사건성」의 요건과 결부하여 이해되어 왔다고 말할 수 있다. 「법률상의 쟁송」에 대한 이러한 이해는 ① 당사자 간의 구체적인 권리의무 혹은 법률관계의 존부에 관한 분쟁이라는 것과, ② 법률의 적용에 의하여 종국적으로 해결할 만한 것이어야 한다는 것이다. 그렇다면, 일본국 헌법상의 「사법권」에 관하여 언급되는 「사건 · 쟁송성」의 요건과, 재판소법상의 「법률상의 쟁송」과는 전적으로 같은 범위를 갖는 개념인 것인가? 즉 일본국 헌법상의 「사건 · 쟁송성」의 요건은 ①의 요건에만 관련하는 것인가의 문제이다. ①의 요건을 충족하는 소송은, 동시에 ②의 요건을 충족하는 것으로 될 수 있고, 역으로 ①의 요건을 충족시키지 않으면,

②의 요건을 충족하지 않는다고 생각되어, 양자는 밀접히 관련되어 있다고 생각된다. 다만 형태상으로는 ①의 요건을 만족시키면서 일견 구체적인 권리의무 혹은 법률관계의 존부에 관한 분쟁이라는 형태를 취하고 있지만, ②의 요건을 만족시키지 않는, 요컨대 그 분쟁을 해결하는 기준으로 되는 「법」에 문제가 있는 경우를 생각할 수 있다. 이 때에는 사건의 종국적 해결이 어렵게 되는 것이다. 이 경우 「사건 · 쟁송성」의 요건은 만족하더라도, 재판소법 3조에서 말하는 「법률상의 쟁송」은 아니라고 하게 된다. 따라서 이러한 경우까지 포함하는 「사건 · 쟁송성」의 개념을 재정립하여, 「사건 · 쟁송성」은 ①의 요건을 가리키는 경우(협의의 「사건 · 쟁송성」의 요건)과, ①과 ②의 요건을 포함하여 말하는 경우(광의의 「사건 · 쟁송성」의 요건)의 2종류가 있어서, 헌법에서 말하는 「사법권」에 관하여 소위 「사건 · 쟁송성」의 요건은 광의의 그것이라고 하는 견해가 있다. 高橋和之도 「사건 · 쟁송성」을 구체적인 사건에 한정하지 않고, 행정법학상의 민중소송이나 객관소송 등과 같이 법원에 적법하게 계속되는 사건이나, 추상적 사건도 포함하여 이해하고 있다. 결국 사건 · 쟁송성은 단순한 법률의 해석 · 적용에 관한 다툼만이 아닌 헌법의 해석 · 적용에 관한 다툼까지도 포함하여 넓은 의미로 이해하는 것이 필요하다. 「법률상의 쟁송」에 관한 일본에서의 이와 같은 논의는 우리나라에서도 거의 그대로 인정될 수 있는 논의이다. 따라서 우리 헌법상의 사법권에 대한 이해에 있어서도, 법원조직법상의 「법률상의 쟁송」을 구체적 사건성을 갖춘 구체적 소송만을 의미하는 것으로 이해하게 된다면(협의의 사건 · 쟁송성의 개념), 헌법상의 사법권의 개념을 정함에 있어서 「구체적 사건성」을 개념요소로 인정하게 될 것이다. 그러나 법원조직법상의 「법률상의 쟁송」을 구체적인 분쟁해결의 기준으로 되는 「법 자체」에 대한 분쟁까지 포함하는 것으로 새긴다면(광의의 사건 · 쟁송성의 개념), 헌법상의 사법권의 이해에 있어서 구체적 사건성을 굳이 강조할 필요는 없게 될 것이다. 헌법 제101조의 사법권의 관념을 위와 같이 이해할 때, 법원은 원칙적으로 헌법재판작용까지도 행할 수 있지만, 헌법상의 다른 규정에 따라 헌법재판작용은 헌법재판소에 맡기고 있는 것으로 이해하는 것이 가능하다. 제101조의 사법권의 내용을 이와 같이 이해한다고 하여, 법원과 헌법재판소 사이의 권한의 획정이 명확해지는가? 이 점은 예외적인 사법권규정인 헌법재판소규정과의 관계를 고려하여야만 명확해진다. 특히 문제되는 것은 헌법재판소의 권한사항 중에서 헌법소원규정(제111조 제1항 제5호)과의 관계이다. 헌법재판소와 대법원 사이의 권한다툼의 여지는 이 점에서도 생겨나는 것이다.

사법의 우위優位 [영] judicial supremacy. 헌법재판제도 특히 위헌법률심사제도가 확립된 이후 입법부의 정책결정으로서 법률에 대하여 무효화하는 사례가 많아지고 입법부의 정치적 결정을 사법부가 번복하게 되어 국가권력 중에서 사법부가 상대적으로 우위에 서게 되는 현상을 말한다. 이는 사법관의 지배를 초래하고 사법국가화할 우려가 있고, 사회공동체의 역동성과 국민주권 및 민주주의와 충돌할 우려가 있다. ➜ 사법국가.

사법司法**의 정치화**政治化 [영] politicization of the judiciary. '사법의 정치화'는 사법부가 다른 정치기관들이 결정해야 할 문제나 정책에 대해 적극적으로 개입하여 사법심사의 범위를 확장하고, 정치의 영역 안에 존재하는 부문 내지 기관들과 역할과 기능에 대하여 충돌하게 되는 현상을 말한다. '정치의 사법화'의 반대적 현상으로, '정치의 사법화'가 정치 영역에서의 조정 및 합의기능을 상실한 상황에서 사법부에 최종적 결정을 전가하는 것이라면, '사법의 정치화'는 사법부가 적극적으로 입법부 내지 행정부의 정책결정과 집행과정에 개입함으로써 입법부와 행정부를 과도하게 견제하게 되는 현상이다. 아울러 사법적 의사결정에서 과도한 정치적 편향성으로 인해 헌법과 법률을 왜곡할 우려가 있고 그에 따라 법치주의를 약화시킬 수도 있다. ➜ 정치의 사법화. ➜ 헌법재판의 기능과 한계.

사법일원주의司法一元主義 헌법상 사법기관의 구성에 있어서 하나의 최고법원을 두고 그 아래에 각급법원을 두는 제도를 말한다. 예컨대, 미국의 경우, 연방대법원을 정점으로 하여 연방법원들이 구성되어 있는 것과 같이, 전체 사법기관들을 일원적으로 구성하는 제도이다. 이에 반해 독일과 같이 여러 개의 최고 사법기관을 두거나 프랑스와 같이 병렬적으로 최고 사법기관을 두는 경우는 사법다원주의라 할 수 있다. 우리나라의 경우 헌법재판소와 대법원이 최고 사법기관으로서 병치되어 있으므로 사법이원주의라 할 수 있다.

사법자제司法自制 ㉮ judicial self-restraint. ➜ 사법적극주의와 사법소극주의.

사법작용司法作用 ➜ 국가작용. ➜ 사법의 관념. ➜ 사법권의 범위와 한계.

사법작용설司法作用說 ➜ 헌법재판의 법적 성격.

사법적극주의司法積極主義**와 사법소극주의**司法消極主義 ㉮ judicial activism and judicial passivism, ㉯ richterlicher Aktivismus und richterlicher Selbstbeschränkung, ㉰ activisme judiciaire et passivisme judiciaire. 1. **의의** 법관이 자신에게 요구된 심판사건에 대하여 어떠한 태도나 입장을 가지고 판단할 것인가에 관하여 적극적으로 자신의 권한을 최대한 행사할 것인가 혹은 가능한 한 자신의 권한행사를 자제할 것인가의 문제가 사법적극주의와 사법소극주의의 문제이다. 이러한 경향성의 차이는 통상의 일반법원의 경우에도 당연히 나타나는 것이지만, 특히 추상성과 개방성을 특징으로 하는 헌법을 심판기준으로 하는 경우에는 더더욱 강하게 나타난다. 법관이 적극적으로 헌법의 의미내용을 확대하거나 변화된 의미로 이해하는 경우 혹은 헌법에 명시되지 않은 규범을 보충적으로 판결의 법리로 채택하는 경우에는 때로는 헌법이 예정한 규범질서의 범위를 넘어설 수도 있기 때문에 그 허용여부에 관하여 논란이 있게 된다. 적극·소극을 구별하는 기준이 무엇이냐에 관하여 명확하게 정의되지 못하고, 구별 자체가 단지 경향과 정도의 문제에 불과하기 때문에 사법적극주의와 사법소극주의는 명확하게 개념정의가 이루어지지 못하고 있으나, 이론이 전개된 미국의 경우에는 여러 기준에 따라 그 적극·소극의 기준으로 논하고 있다. 그 첫째는, **선판례와의 차이점을 강조하는 입장**이다. 이는 어떤 사건에서 유사한 다른 사건에 관한 선판례가 있는 경우 그 판례에 동조하느냐의 여부를 기준으로 하는 입장이다. 사법적극주의는 사법적 결정을 할 때 법관들이 판결의 결론에 이르는 여러 요소 중 공적 정책에 관한 개인적 견해를 허용하거나, 특히 헌법위반의 요소를 발견하여 이전 선례를 무시하는 경향, 혹은 판결을 통해 선판례에 엄격히 얽매이지 아니하고 진보적이고 새로운 사회정책을 선호하는 사법부의 철학 등으로 정의된다. 사법적극주의의 중요한 개념적 지표로서 선판례를 자주 뒤집는지의 여부에 주목하는 것이다. 우리나라의 경우에도 이 입장에 따라 사법부도 역사발전과 진보적 사회정책형성에 기여해야 하고, 그러기 위해서는 사법적 선례에 지나치게 기속될 것이 아니라 헌법규범을 시대의 변화에 적응할 수 있도록 탄력적으로 해석함으로써 입법부나 집행부의 행위를 적극적으로 판단하는 것이 바람직하다고 인식하는 사법철학 내지 헌법재판적 철학이라고 정의하는 견해가 있다. 둘째로, **해석의 방법을 강조하는 입장**이다. 이 입장은 법규정의 해석을 법실증주의적 태도에 입각해서 문리적 해석을 통해 문제를 해결할 것인가, 아니면 적극적으로 법규정의 내용을 형성하고 구체화하는 방법을 통한 해석을 할 것인지의 여부에 따라 사법적극주의와 사법소극주의를 구별하고자 하는 입장이다. 이 견해는 사법적극주의를 헌법·법률 자구의 문어적 의미에 얽매이지 않고 선거에 의해 뽑힌 공무원들의 정책적 결정을 대체하는 정책결정을 판결을 통해 감행하려는 진보적인 사법부의 태도라고 이해한다. 우리나라에서도 법원이 적극적으로 정의의 실현의 자세로 법을 해석·적용함으로써 법원이 단순한 조문의 해석·적용에 그칠 것이 아니라 나아가 법해석을 통하여 법창조적 기능까지 발휘하는 것으로 사법적극주의를 정의하고 그 바대입장을 사법소극주의로 이해하는 견해가 있다. 셋째로, **권력분립의 원리를 강조하는 입장**이다. 이 입장은 국가권력기관들의 관계 즉 사법부와 입법부나 행정부의 관계를 중심으로, 사법부가 입법부나 행정부의 결정에 따르기를 거부하는 경향의 유무에 따라 사법적극 여부를 판단한다. 권력분립의 원리가 기초하고 있는 견제와 균형의 이상을 실현하기 위해, 사법부가 행정부나 입법부의 의사나 결정에 곧잘 반대를 제기하여, 다른 두 부에 의한 권력남용을 적극적으로 견제하려는 사법부의 태도나 철학으로 사법적극주의를 정의하고, 판결을 통해 다른 두 부의 의사나 결정에 개입하고 반대하기보다는 자주 '사법부 자제'의 미명 하에 심리 자체를 회피하거나 두 부의 의사나 결정을 존중하고 이에 동조하는 판결을 내리는 사법부의 태도나 철학으로 사법소극주의를 정의한다. 넷째로, **여러 기준을 종합하는 입장**이다. 주로 권력분립의 원리를 강조하면서, ① 사법부가 입법부나 행정부의 의사에 따르기를 거부하는 경향이 있는가, ② 원고적격의 확대 등 재판가능성의 요건을 완화하는 경향이 있는가, ③ 선판례구속의 원칙에 순응하기를 거부하는 경향이 있는가, ④ 헌법·법률·선판례를 융통성있게 해석하는가 등의 4가지 기준으로 이해하는 입장이다. **결론**적으로 보아, 권력분립의 원리를 강조하면서 사법적극주의를 사법부가 입법부나 행정부의 의사나 결정에 곧잘 반대하여, 다른 두 부에 의한 권력의 남용을 적극적으로 견제하는 태도나 철학으로, 사법소극주의를 사법부가 가능한 한 입법부와 행정부의 의사를 존중하고 동조하는 태도나 철학으로 정의함이 타당하다. 이 정의에 의하면, 사법적극주의는 사법진보주의이고 사법소극주의는 사법보수주의라는 등식과는 무관하며, 권력분립의 구도하에서 각 국가들의 사법적극·소극 여부에 대한 고찰이 가능하며, 입법·행정·사법의 국가구도 속에서 사법부를 관찰할 수 있는 거시적 관점을 제공해준다는 장점이 있다. 이러한 정의는 현대 미국헌법학 뿐만 아니라 현대국가들에서의 사법부의 위상을 분석하는 데에 도움이 된다. 2. **연혁** 서구의 사법심사제도는 고대의 고차법(the higher law)사상으로부터 16세기의 Calvin의 사상, 그리고 영국의 E. Coke의 Dr. Bonham's Case를 거쳐, 1803년 미국의 Marbury v. Madison 판결을 통하여 관행적으로 제도화되었다. 미국의 경우 Marbury Case에 대해서도 헌법상 아무런 근거가 없이 그와 같은 판결이 내려질 수 있는가에 관하여 논란이 많았지만, 1857년 Dredscott Case에서 연방대법원이 법률을 위헌으로 선언한 이래 연방대법원이 입법부의 법률이나 행정부의 정책결정에 대하여 제동을 거는 데에 더욱 적극적인 역할을 담당하였다. 1930년대 뉴딜 시대에 연방대법원이 적극적으로 의회법률을 무효로 하자 루스벨트 대통령은 새로운 대법원구성(court-packing)을 통하여 연방대법원을 진보적 세력으로 구축하였고, 이에 따라 사법소극주의가 주된 경향으로 되었다. 1950년대에 다시 사법적극주의가 대두되어 위헌판단이 빈번하였다. 50년대 후반의 소강상태를 거쳐 1960년대 후반에 Warren 법원 시대에 다시 사법적극주의가 대두되고 이 후 1980년대 초반까지 이어졌다. 1980년대 초 Rehnquist 대법원장이 취임한 이후 현재까지 전반적으로 사법소극주의적 경향을 보여주고 있다. 이론적으로는 헌법해석론에 크게 영향을 미쳤다고 평가된다. ➜ 미국 헌법해석논쟁. 3. **사법적극주의와 사법소극주의의 근거** 사법적극주의와 사법소극주의를 둘러싼 가장 큰 쟁점은 헌법의 최고규범성 및 소수자 보호와 민주주의 원리의 충돌이다. 각각의 쟁점에 대하여 어떠한 입장을 갖는가에 따라 그 근거가 달리 제시되고 있다. 이는 자유주의적 정치 및 법이론이 갖는 궁극적인 이율배반성의 소산이다. 1) **사법적극주의의 근거** 사법적극주의는 헌법재판에 있어서 헌법규정의 궁극적 목적을 고려하는 목적론적 해석이 필요하며, 민주주의 원칙에 반한다는 반다수결주의적 비판에 대하여 사법과정 자체도 민주주의적 가치의 보존과 증진에 기여한다는 점, 현대의 행정국가화 경향에 대응하여 헌법의 수호자로서의 기능을 적극적으로 행사하여야 한다는 점, 권력분립원리가 자기목적적이라고 할 수는 없으며, 국민의 기본권보장을 위하여 법률이 헌법에 합치하는지의 여부를 사법부가 적극적으로 확인하여야 한다는 점 등에 근거하고 있다. 2) **사법소극주의의 근거** 연방대법원 판사는 선출되지 않은 권력이자 정치적으로 책임지지 않는 권력이므로 민주적 정당성을 가진 기관의 정책결정을 침해해서는 안 된다는 점, 사법부의 비전문성에 비추어 판결로 정책결정에 개입하는 것은 적절하지 않다는 점, 고도의 정치성을 띤 입법부나 행정부의 행위에 대하여 사법부가 개입하는 것은 부적절하고 사법의 정치화를 초래하기 때문에 스스로 자제하여야 한다는 점, 입법부와 행정부의 행위는 합헌성이 추정되어야 한다는 점 등에 근거하고 있다. 4. **사법적극주의와 사법소극주의의 한계** 1) **사법적극주의의 한계** 사법소극주의의 근거에서 말하는 제 사항들이 곧 사법적극주의의 한계로 된다. 즉, 비선출권력으로서 민주적 정당성이 약한 최고 사법기관이 입법부나 행정부의 정책결정을 침해할 우려가 있으며, 비전문성에 따른 정책적 오판의 우려가 존재하므로 적극적인 판단을 자제할 필요가 있고, 사법의 정치화가 초래되지 않도록 주의할 필요가 있으며, 입법부나 행정부에 정책결정의 우선적 지위를 인정할 필요가 있다는 점 등이 지적된다. 2) **사법소극주의의 한계** 과도한 사법자제는 헌법으로부터 부여받은 사법권의 행사를 포기할 우려가 있고, 자칫 헌법의 실효성을 약화시킬 우려가 있으며, 외견상 중립인 것처럼 보인다 하더라도 오히려 현실정치의 정파성을 드러낼 가능성이 있고, 입법권력과 행정권력이 담합하는 경우에 국민의 인권보호는 결국 사법부에 의하여 수호될 수밖에 없음을 고려하여야 한다.

사법적 민주주의judicial democracy 2차 세계대전 이후 헌법의 최고규범성을 확인하는 헌법재판제도를 통하여 헌법의 규범적 효력을 강화하는 사법심사제도를 구축하여 국법질서의 안정을 도모하는 민주주의의 한 형식이다. 사법국가(Justizstaat)라고도 한다. ➜ 사법국가.

사법적 집행이론司法的 執行理論 ㊎ judicial enforcement theory. ➜ 기본권의 효력.

사법제도 개헌司法制度 改憲 현행헌법의 사법권 관련규정들은 일제강점기와 미군정기에 정립되었으나, 국민주권주의와 민주주의 그리고 사법권독립의 기본원칙에 충실하지 못한 측면이 여전히 남아 있다. 따라서 헌법개정을 통해 다음의 사항들이 반영될 필요가 있다. 1. **사법제도의 기능중심적 통합 규정 필요** 사법의 장에 헌법재판소와 대법원(최고재판소)을 동시에 규정하되, 그 규정방식은 사법에 관한 통칙규정을 두고 이어서 헌법재판소, 대법원(최고재판소), 각급법원(재판소)의 순서로 정하는 방법, 2. **사법관의 명칭 문제** 재판관으로 통일할 필요, 3. **헌법재판소와 대법원의 관계의 명확화 사법권의 통일성 구현**, 4. **헌법재판소 및 대법원의 구성방법의 문제** 민주성과 독립성의 조화, 5. **법관 임명방식의 개선**, 6. **헌법재판소의 장의 문제** 헌법재판소의 장의 임명방법과 임기에 관한 규정 명확화, 7. **헌법재판소 결정의 방법과 효력 문제** 8. **사법예산권 문제** 사법부예산편성권은 사법부에 전속시킬 필요, 9. **사법관의 임기의 문제** 다양한 재판기관 확보 및 심급별 법관임기의 개별화 필요, 10. **사법관의 신분보장의 문제** 보수와 연금 문제, 그리고 징계절차의 기본원칙, 11. **자치사법의 가능성** 등 추가할 필요가 있다.

사법참여제도司法參與制度 ➜ 국민의 사법참여.

사법파동司法波動 사법파동은 법원 고위층 혹은 정치권의 결정에 항의하여 법원의 내부에서 벌어진 항명사태를 일컫는 것으로, 1971년 이후 2018년까지 6차례의 사법파동이 있었다. **제1차 사법파동**은 1971.6.의 국가배상법 제2조 제1항에 대한 위헌결정이 내려진 후, 1971.7.6. 서울지방검찰청 공안부 검사들이 향응접대를 이유로 서울형사지방법원 항소 3부 소속의 이범렬 부장판사와 최공웅 판사, 이남영 서기관의 구속영장을 청구하면서 최초로 사법파동이 벌어졌다. 전국법원판사 455명중 150여명의 판사들은 이것이 판사 개인에 대한 비리가 아니라 검찰이 기소한 공안사건에 대해 법원이 무죄판결을 내린 것에 대한 보복조치로 간주하고 집단으로 사표를 제출하였다. 박정희 대통령이 직접 사태를 무마하였는데 물의를 빚은 검사는 문책 인사를 당하였고 향응을 받은 판사는 사퇴하였으며, 문제를 제기한 판사들은 사표를 철회하였다. **제2차 사법파동**은 1988년에 일어났다. 1987년 6 · 29선언 이후 노태우 정부가 출범한 후 민주화를 요구하는 사회의 목소리를 외면한 채 아무런 자기반성과 변화도 보이지 않자, 1988.2. 일부 소장판사들은 사법부 수뇌부의 개편을 주장하는 「새로운 대법원 구성에 즈음한 우리들의 견해」라는 성명을 발표하였다. 서울 · 수원 · 부산 · 인천지역 소장판사 430여명은 대법원장 선임문제와 관련, '법원 독립과 사법부 민주화'를 요구하는 서명에 참여했다. 결과적으로 노태우 정권이 유임시키려던 김용철 대법원장을 퇴진시키고 그 후임으로 이일규 대법원장을 취임케 하였다. **제3차 사법파동**은 1993년에 일어났다. 1993년 김영삼 정부 출범 후, 서울중앙지법 민사단독 판사들 40여명은 「사법부 개혁에 관한 건의문」을 통하여 사법부의 자기반성 없이는 진정한 개혁이 이뤄질 수 없다는 내용을 발표하였다. 그들은 법원의 독립성 확보를 위한 법관의 신분 보장과 법관회의를 요구하였고, 이로 인해 김덕주 대법원장이 사퇴하였다. **제4차 사법파동**은 2003년에 일어났다. '대법관임명제청파동'이라고도 한다. 2003년 서울지법 북부지원의 박시환 판사가 대법관 인선 관행에 항의한 사건이다. 그는 「대법관 제청에 관한 소장 법관들의 의견」이라는 글을 올려 항의를 시작하였다. 비록 김용담 대법관이 예정대로 인선되었지만 4차 사법파동으로 인해 열린 전국법관회의 이후에 전효숙 서울고법 부장판사가 여성 첫 헌법재판관, 김영란 대전고법 부장판사가 여성 첫 대법관이 되는 등 대법관 인선 관행이 획기적으로 개선되었다. **제5차 사법파동**은 2009년에 일어났다. 2009년, 신영철 대법관이 서울중앙지방법원장에 재직할 시절에 촛불집회 관련 사건에 대해 현행법대로 신속하게 재판할 것을 담당 판사들에게 이메일로 보냈다는 것이 언론에 보도되면서 대법원이 진상조사에 착수했고 신영철 대법관은 사상 최초로 윤리위원회에 회부되었다. 이에 진상조사단과 이용훈 당시 대법원장은 신영철 대법관에게 엄중 경고를 내렸으나, 파문이 쉽게 가라앉지 않으면서 소장판사들이 단독회의를 열었고 결국 박시환 당시 대법관이 이를 5차 사법파동이라고 명명하였다. **제6차 사법파동**은 2018년에 일어났다. 양승태 대법원장이 상고법원을 설치하기 위하여 강제징용판결 등을 정치권과 거래하였다는 의혹으로 임기종료 후 구속되는 사태에까지 이르렀고, 사법부 내부가 심히 동요하였다.

사법판단적격司法判斷適格 **= 사법판단적합성**司法判斷適合性 ㉰ justiciability. 사법판단적격은 사건이 사법적으로 판결하기에 적합한 상태에 있음을 의미한다. 이는 사건·쟁송성(cases and controversies), 당사자적격(standing), 쟁송성상실(mootness; 소의 이익상실), 사건의 성숙성(ripeness) 등을 포함한다. 사건·쟁송성은 미국연방헌법 제3조 제2항에서 규정한 것으로 연방사법권이 미치는 범위를 구체적인 사건이나 쟁송에 한하고 있음을 의미한다(➜ 사건·쟁송성). 이 사건·쟁송성으로부터 당사자와 사건 자체에 대한 소송요건이 도출된다. 당사자적격은 법률의 위헌성, 당해 법률로 인한 손해발생 내지 손해발생의 우려, 손해의 특정성 등을 당사자가 입증하여야 함을 의미한다. 쟁송성상실은 소송개시 시점에서는 당사자적격을 갖추었던 당사자가 사실관계나 법령의 변화로 소송결과에 대한 이해관계를 상실한 경우에 법원은 사건을 각하하여야 한다는 원칙이다. 사건의 성숙성은 사건이 판결을 하여야 할 만큼 성숙되어 있어야 한다는 원칙, 즉 사건에서 나타난 당사자 간의 분쟁이 진행 중이거나 유동적인 경우에는 법원은 사건이 미성숙함을 이유로 각하해야 한다는 원칙이다.

사법행정司法行政 사법재판권의 행사나 재판제도를 운용·관리하기 위하여 필요한 일체의 행정작용으로, 법관의 인사행정, 법원의 조직·구성 등의 운영·관리, 법원시설의 물적 시설관리, 재무관리 등이 있다. 사법행정기관으로서 대법원장과 대법원, 법원행정처 및 각급법원이 있다.

사변事變 국토를 참절하거나 국헌(國憲)을 문란하게 할 목적을 가진 무장반란집단의 폭동을 말한다. 계엄선포의 요건에서 「전시·사변」으로 나누고 있으나, 구별의 실익은 없다. ➜ 계엄.

사·보임辭·補任 ㉰ resignation and appointment, ㉯ Rücktritt und Ernennung, ㉬ démission et nomination. 일반적인 의미로, 사임(辭任)은 '맡아보던 일자리를 스스로 그만두고 물러남'을 의미하고, 보임(補任)은 '어떤 직책을 맡도록 임명하는 것'을 말한다. 위원회중심주의를 채택하고 있는 국회에서 각 상임위원회의 위원으로 선임하는 것이 보임이며, 보임된 의원을 물러나게 하는 것이 사임이다. 국회법 제48조(위원의 선임 및 개선)에서 규정하고 있다. 위원의 '개선'은 위원선임이 있은 후 의원의 자격상실, 보궐선거, 교섭단체에의 가입·탈퇴 등에 의한 각 교섭단체의 소속의원 수의 변동으로 ① 각 교섭단체별 위원할당수를 변경할 필요가 있거나, ② 「국회상임위원회 위원정수에 관한 규칙」의 개정으로 위원정수의 변경이 있는 경우, ③ 부분적으로 상임위원의 변경사유가 있는 경우에 기존 위원의 사임 및 보임을 통해 위원이 변경되는 것을 말한다. 해당 국회의원의 자발적 의사에 따라 사·보임되는 경우에는 아무런 문제가 없으나, 그 의사에 반하여 강제로 사·보임이 이루어지는 경우에는 사실상 위원의 '해임'에 해당하는 것으로서 문제가 있다. 위원의 '해임'에 대해서는 국회법이 침묵하고 있어서 해석상 논란이 있다. 국회의원의 국민대표로서의 지위로부터 유래하는 자유위임(무기속위임)원칙과 정당국가적 성격으로부터 유래하는 정당기속성 사이에 어느 것을 중시하느냐에 따라 강제적 사·보임, 즉 '해임'에 대한 규범적 평가가 달라질 수 있다. 헌법재판소는, 정당이 당론과 다른 견해를 가진 소속 국회의원을 당해 교섭단체의 필요에 따라 다른 상임위원회로 전임(사·보임)하는 조치는 특별한 사정이 없는 한 헌법상 용인될 수 있는 "정당내부의 사실상의 강제"의 범위 내에 해당한다고 보았다(김홍신의원 해임 및 강제보임사건:헌재 2003.10.30. 2002헌라1). 위 사건 이후 「위원을 개선할 때 임시회의 경우에는 회기 중 개선될 수 없고, 정기회의 경우에는 선임 또는 개선 후 30일 이내에는 개선될 수 없」도록 규정이 신설되었다(2003.2.4. 개정 국회법 제48조 제6항). 2017년에도 당론을 따르지 않은 소속의원에 대해 소속 상임위위원직을 '해임'하려는 정당의 요청에 대해 국회의장이 거부한 사례가 있었다(김현아의원 사건). 2019.4.24.에 이른바 '패스트트랙 법안' 지정과 관련하여 명확히 반대의사를 표명한 의원에 대해 소속정당에서 당 위원직을 해임하고 타 의원을 보임한 사례에 대한 권한쟁의심판 사건에서, 헌법재판소는 「위원의 의사에 반하는 개선을 허용하더라도, 직접 국회의원이 자유위임원칙에 따라 정당이나 교섭단체의 의사와 달리 표결하거나 독자적으로 의안을 발의하거나 발언하는 것까지 금지하는 것은 아니」며, 「교섭단체의 의사에 따라 위원을 개선하더라도, 곧바로 국회의원이 일방적으로 정당의 결정에 기속되는 결과를 초래하였다고 단정하기 어렵」기 때문에, 개선행위는 자유위임원칙을 침해하지 않는다고 판단하였다(헌재 2020.5.27. 2019헌라1). 국회법 제46조 제6항의 '회기 중'에 대해서도 '동일한 회기'를 의미한다고 해석하고, 이전의 정기회에서 보임된 위원의 경우 그 후의 임시회에서 개선되더라도 이는 임시회에서의 개선이 아니라 「정기회에서 선임 또는 개선 후 30일 이후」라고 보아 적법하다고 보았다(같은 결정). 위 결정에는 4인의 재판관의 반대의견이 있다. 국회법 개정을 통하여 자발적 사·보임과 강제적 사·보임(위원해임)을 명확하게 정리하여야 하는 사항이다.

사뷔니Savigny, Friedrich Carl von 1779.2.21.~1861.10.25. 프랑크푸르트 출신의 독일 로마법학자이다. 명문가 출신이었으나, 12세에 아버지를, 13세에 어머니를 여의고 먼 친척이었던 황실재판소의 판사에게 양육되었다. 16세에 마르부르크 대학교에 들어갔으며, 괴팅겐 대학교에서도 수학했다. 마르부르크 대학교에서 바이쓰(Philipp Friedrich Weiss) 교수를 만나 로마법 연구에 관심을 갖게 되었다. 1800년에 마르부르크 대학교에서 형법으로 박사학위를 받았고, 동 대학의 강사로 있다 다음 해에는 비정규직 교수로 발탁되었다. 1803년에 「점유권론(Das Recht des Besitzes)」을 발표한 뒤부터 유럽 각지를 여행하며 로마법의 사료를 수집했다. 1810년에 새로 연 베를린대학교에 초대되었고, 2년 뒤에 초대총장이었던 피히테(Johann Gottlieb Fichte)의 뒤를 이어 불과 33세로 총장으로 발탁되었다. 1813년에 1년 만에 총장직을 사임하였는데, 이 즈음 나폴레옹 시대에 독일에 도입된 나폴레옹 법전을 배제할 것인지의 문제와 함께 그 배제 시에 구래의 법을 복구시킬지 아니면 새로운 법제를 도입할 것인지가 논쟁이 되고 있었다. 사비니도 이 논쟁에 참가해, 1814년에는 「입법과 법학에 관한 우리 시대의 사명(Vom Beruf unserer Zeit für Gesetzgebung und Rechtswissenschaft)」을 저술하고, 독일의 법학은 체계화되고 하나로 통일된 민법전을 제정할 수 있을 때까지 아직 성숙하지 못했으며, 법학을 성숙시키는 것이야말로 선결문제라고 주장하며 티보(Anton Friedrich Justus Thibault)와 흔히 법전화논쟁(Kodifikationsstreit)이라고 알려진 논쟁을 벌였다. 「중세시대 로마법의 역사(Geschichte des Römischen Rechts im Mittelalter, 전6권)」를 저술하였으며, 역사법학이라고 불리는 방법을 기초로 하여, 로마법의 근대화에 노력해, 그의 대표작인 「현대 로마법의 체계(System des heutigen Römischen Rechts, 전8권)」를 저술했다. 1861년 베를린에서 사망하였다. 법은 언어와 마찬가지로 민족정신으로부터 자연발생적으로 서서히 생겨나고 소멸하는 것으로서, 개개인의 자의가 아닌, 공동체 안의 공동의 규범의식(Gemeinschaftliches Bewusstsein)에 기반을 두고 있으며, 따라서 입법자의 자의로 인위적으로, 급속하게 변경되거나 폐지되어서는 안된다고 생각하였다. 그리하여 법의 역사적 고찰과 연구, 특히 로마법의 역사적, 체계적, 발전사적 연구에 열중하고, 그것을 통하여 민법학·국제사법학(國際私法學)에 공헌하였다. 사비니가 K.F. Eichhorn, J.F.L. Göschen 등과 함께 창간한 「법제사 잡지(Zeitschrift für geschichtliche Rechtswissenschaft)」는 오늘날도 여전히 계속되고 있다. 그 문하생들은 이른바 판덱텐법학을 발전시켜 독일사법 발전의 기반을 쌓았다.

사사성私事性 ➔ 공공성.

사사오입개헌四捨五入改憲 1952년의 발췌개헌(拔萃改憲)을 통하여 대통령직선제를 채택한 후 1952.8.5. 실시된 선거에서 이승만이 당선되었다. 그러나 장기집권을 획책하기 위하여 자유당과 이승만은, 1차 개헌 후 헌법상 대통령과 부통령의 임기는 4년으로 하고, 재선(再選)에 의하여 1차 중임할 수 있도록 한 3선금지조항(1952년 헌법 제55조)을 개정하고자 하였다. 자유당개헌기초위원으로 이기붕·임철호·윤만석·박일경·백한성·한희석·장경근·한동석 등이 선임되어, 국민투표제 신설, 초대 대통령의 3선금지조항 삭제, 국무총리제 폐지, 국무원에 대한 연대책임제 폐지, 개별국무원에 대한 불신임 인정, 부통령에게 대통령지위 승계권 부여 등을 주된 내용으로 하는 헌법개정안을 마련하였다. 이 개정안은 자유당의 김두한(金斗漢)을 제외한 전체 의원과 윤재욱(尹在旭)을 비롯한 무소속의원 등 총 136명의 서명을 받은 후, 야당의 반대에도 불구하고 1954.11.18. 국회에 상정하고 27. 비밀투표로 표결하였다. 표결결과는 재적인원 203명, 재석인원 202명, 찬성 135표, 반대 60표, 기권 7표였다. 이것은 헌법개정에 필요한 의결정족수인 재적 인원 203명의 3분의 2인 136표에 1표가 부족한 135표 찬성이므로 부결된 것이어서 당시 사회자인 부의장 최순주가 부결을 선포하였다. 그러나 자유당간부회는 재적인원 203명의 3분의 2는 135.3인데, 영점 이하의 숫자는 1인이 되지 못하여 인격으로 취급할 수 없으므로 사사오입하면 135이고, 따라서 의결정족수는 135이기 때문에 헌법개정안은 가결된 것이라고 주장하였다. 서울대학교 문리대 수학과 최윤식교수의 이름까지 팔아(최윤식교수는 공식적으로 자문을 의뢰받은 것이 아니라 제자들이 찾아와 지나가는 말로 203의 3분의2의 정수가 무엇이냐는 질문에 135라고 답했다고 한다) 가결을 주장하였다. 11.28. 자유당의원총회에서 이 주장을 채택하고, 다음날 야당의원이 퇴장한 가운데 번복가결동의안을 상정, 재석인원 125명 중 김두한·민관식 2명을 제외한 123명의 동의로 통과시켰다. 국회는 곧바로 개정헌법을 정부로 이송하고 정부가 당일 공포함으로써 이 헌법은 효력을 발생하였다. 그러나 이 헌법개정은 사실상 위헌이었다. 첫째, 의결정족수가 숫자상 135.3이므로 이것은 하나를 올려 136으로 보는 것이 타당한 것인데, 사사오입의 억지논리를 전개, 의결정족수가 135라고 해석하여 부결된 개정안을 가결로 한 것은 법리상 어긋난다. 이 때문에 사사오입개헌이라는 불명예스러운 이름으로 불리게 되었다. 둘째, 이승만이라는 특정인에게만 대통령의 지위를 영구적으로 헌법적으로 보장하는 것이 결코 민주주의의 이념과 조화될 수 없을 뿐만 아니라 평등의 원칙에도 위반된다. 셋째, 개헌안의 표결결과에 대한 의장 또는 사회자의 의사표시가 취소 또는 번복되는 것은 상당히 타당성있는 근거 없이는 불가능한 것인데, 사사오입개헌에는 그와 같은 타당한 근거 없이 행하여져 법이론상 맞지 않는다는 점이다. 위헌적인 사사오입 개헌으로 출마가 가능하여진 이승만이 1956년의 대통령 선거에서 당선되어 장기집권을 성취하였지만 자유당의 정당성은 사실상 상실되었다. 이 개헌으로 야당 측 의원들은 범야당연합전선으로 대여투쟁을 전개하기 위하여, 11.29. 본회의 퇴장 뒤에 민의원위헌대책위원회를 구성하고 30일에는 호헌동지회라는 원내 교섭단체를 결성하였다. 이들이 전체 야당세력을 규합하여 단일야당의 결성을 추진한 결과, 12.3.부터 신당운동이 전개되어 1955년 민주당(民主黨)과 진보당(進步黨)이 결성되었다. 이 개헌은 우리나라 정치사에 하나의 전환점을 제공하였다. 첫째, 헌법개정이 집권자에게 재집권이나 정권 연장의 법적 기반을 마련해 주는 수단이 되어 버렸다. 발췌개헌과 함께 이 사사오입개헌도 그 수단으로 뒷날 3선개헌과 유신헌법의 전례가 된다. 둘째, 이 개헌에서 국무총리제와 국무원 연대책임제를 폐지하였는데, 이것은 대통령중심제와 의원내각제의 절충형태의 권력구조에서 강력한 대통령중심제로의 전환을 의미하는 것으로 결국 민주헌정의 기본인 삼권분립의 불균형을 가져오게 되었다. 셋째, 대통령 유고시 부통령이 그 지위를 승계하게 함으로써 자유당의 영구집권을 위한 기반을 마련해 주었고, 이후 1956년 정부통령선거에서 자유당은 관권을 동원하여 선거간섭을 자행하였다. 사사오입개헌의 비합법성은 야당을 크게 자극하여 이를 계기로 민주당과 진보당으로 대표되는 범야세력의 통합이 가능해졌다.

사상思想**의 자유**自由 ㉧ Freedom of thought, ㉦ Gedankenfreiheit/die Freiheit des Denkens, ㉫ la liberté de pensée. 사상은 생각이다. 사상의 자유는 생각하는 존재로서의 인간이 어떤 사실이나 관점, 또는 가치에 관하여 타인의 견해와는 상관없이 자신의 방식대로 방해받지 아니하고 자유로이 생각할 자유를 말한다. 인간의 모든 활동은 인간의 정신 활동으로부터 나오는 것이기 때문에, 인간 내면의 자유 중에서 사상과 양심의 자유가 없으면, 표현의 자유와 그 밖의 정신적 자유, 경제적 자유도 그 존립기반을 잃는다. 따라서 사상의 자유는 종교의 자유, 양심의 자유, 표현의 자유를 비롯한 다른 자유의 전제로서 밀접하게 연결되어 있다. 사람의 정신적 활동을 법률로 금지하거나 강제하지 않도록 하기 위해, 기본권의 하나로 여러 나라 헌법에서 이를 보장하고 있다. 현행헌법 제19조에서는 양심의 자유만 규정하고 있으나, '사상의 자유'와 '양심의 자유'는 서로 불가분의 관계에 있기 때문에 '사상과 양심의 자유'라고 함께 불리는 것이 통상적이다. 1948년 제헌헌법 제정 시에 양심의 자유와 사상의 자유를 구분하여 명기하자는 주장도 있었으나, 당시의 극심한 이데올로기 대립의 영향으로 사상의 자유는 명시되지 못하고 양심의 자유만 명시되었다. 헌법재판소는 헌법상 양심의 자유 속에 사상의 자유가 당연히 내포되는 것으로 이해하고, '양심과 사상의 자유' 또는 '사상과 양심의 자유'

라는 표현을 사용한다. ➜ 양심의 자유.

사상思想의 자유시장론自由市場論 ⓔ marketplace of ideas, ⓓ Marktplatz der Ideen, ⓕ la marché des idées. 1. **기본개념과 기원** 사상의 자유시장은, 진리나 사상의 수용성의 시금석은 정부나 다른 어떤 권위에 의해 규정되는 검열자의 견해에 의해서가 아니라, 경제학에서 말하는 자유시장의 관념에 빗대어, 주장되는 진리나 사상 상호간의 경쟁에 의존한다는 생각을 말한다. 사상의 자유시장은 공동체의 운명을 결정하기 위한 관념의 시장으로서 주권자들이 자유롭게 발언하고 토론함으로써 진리가 오류를 이기고 공동체가 올바른 길로 나아가게 하는 공적 토론장이다. 다시 말하여 진리는 자유롭고 투명한 공적 담론으로부터 드러날 것이며, 사상이나 이데올로기는 그 우월성이나 열위성에 따라서 그리고 대중들 사이의 광범위한 수용에 따라 가려질 것이라고 결론짓는다(진리생존설). 이 개념은 자유민주주의에서 언론의 자유, 언론의 책임에 대한 논의에 적용된다. 서로 경쟁하는 사상과 활발한 논쟁에 대한 지지는 영국 시인이자 수필가인 John Milton이 1644년에 출간한 Areopagitica에서 유래하였다. Areopagitica는 허가 없는 출판의 자유를 위한 웅변적인 항변으로서 필연적으로 사상 사이의 공개적 경쟁을 요구하였다. 진실과 허위를 대결하게 하라고 Milton은 주장하였다. 훗날 T. Jefferson은 1785년 버지니아주 종교자유법 전문을 쓰면서 유사하게 주장하였다. 그는 오류를 자유롭게 반박할 수 있을 때 오류의 위험은 그치게 될 것이라고 하였다. Milton은 허가는 용인되어서는 안되며 또 표현하고자 하는 시각을 가진 사람들에게 모욕이라고 주장하였다. Milton은 기독교적인 원죄의식을 통해 자연권적인 인간의 이성과 자율성, 절제가 발현되는 과정을 설명한다. Milton은 어떤 사상이 검열 없이 자유롭게 표현됐을 때 그러한 견해를 피력했던 사람에게는 자신의 생각이 공개적으로 논의되는 과정을 거쳐 검증받을 수 있는 장이 마련되는 것이다. Milton은 Habermas의 '이상적인 의사소통 상황'에 해당되는 '자유롭고 공개적인 대결'이란 열린 공간의 개념을 강조하였다. Milton의 생각은 J. Locke, J. Bentham, J. S. Mill로 이어졌다. Mill은 사회는 그러한 자유로써만이 오로지 잘 기능을 할 수 있다고 생각하였다. Mill은 자유론(On Liberty)에서 정부는 의견을 규정하거나 어떤 원칙이나 주장들을 결정할 수 없다고 주장하였다. 사전억제 또는 사전출판 검열에 반대하는 미국 수정헌법 제1조의 표현의 자유는 Areopagitica의 영향을 받은 직접적인 사례이다. 연방대법원은 Times Film Corp. v. City of Chicago et al. 사건, New York Times Co. v. Sullivan 사건, Eisenstadt v. Baird 사건, Communist Party of the U. S. v. Subversive Activities Control Board 사건 등에서 Areopagitica를 인용하였다. Milton의 자동조정과정과 이성, 관용 그리고 사상의 공개시장 개념은 자유주의의 발아단계에서 주요한 공헌을 하였다. 2. **미국에서의 발전** 식민지 시기 미국에서는 유럽의 왕정과 귀족중심의 사회로부터 벗어나기 위해 언론의 자유운동이 전개되었다. B. Franklin은 자신이 창간한 Pennsylvania Gazette에 1731년 '언론인을 위한 변명'을 발표하고, 사람들의 의견이 다를 때 공중에게 양쪽 의견 모두를 들을 기회를 주면 진리는 언제나 거짓에 대해 승리한다고 주장하였다. 1735년 Attorney General v. John Peter Zenger사건에서 변호인으로 활약했던 A. Hamilton도 배심원들에게 언론의 자유사상을 호소하여 면소판결을 받아냄으로써 이후 명예훼손 혐의에 대해 진실한 의견은 면책이라는 판례로 정립되게 하였다. 미국헌법과 권리장전의 초안자인 J. Madison은 언론의 자유를 제도화하였고, 또 T. Jefferson은 '신문 없는 정부보다 정부 없는 신문을 택하겠다'는 유명한 언설을 남겼다. 사상의 자유시장 개념을 처음으로 주창한 사람은 1919년 Abrams v. U.S. 616(1919) 사건(➜ Abrams v. U.S. 616(1919) 사건)에서 소수의견을 편 연방대법관 O. W. Holmes이다. Holmes는 '명백하고 현존하는 위험의 원칙(clear and present danger doctrine)'을 주장하였다. Holmes는, 대법관 L. Brandeis가 가담한 소수의견에서, 사상의 자유로운 교환(a free exchange of ideas)을 위해 '사상의 자유시장(marketplace of ideas)'개념을 상술하였다. Holmes는 바라는 궁극적인 선은 사상의 자유로운 거래에 의해 보다 더 잘 도달된다면서 진리를 가장 잘 시험하는 것은 경쟁 속에서 그 자신을 받아들이게 하는 사상의 힘이라고 판시하였다. 사상의 자유시장은 모든 사상을 시민이 접근하고 활용가능한 곳에서 표현이 보장되는 환경에 대한 은유이다. 이 의견은 당시에 소수의견이었으나 그 후 매우 큰 영향력을 발휘하였다. 뒤이은 판결에서 대법관 L. Brandeis, L. Hand 등이 Holmes의 견해에 동조하였다. **3. 사상의 자유시장의 가치** T. Emerson은 1960년대 중반까지 수정헌법 제1조 법리의 4가지 가치로, ① 개인의 자기실현을 확실하게 하는 수단, ② 지식을 증진시키고 진리를 발견하기 위한 과정, ③ 사회의 전체 구성원이 내리는 결정에 참여하기 위한 필수적 규정, ④ 보다 더 수용가능성이 있고 따라서 보다 더 안정적인 공동체를 이룩하는 수단을 지적하였다. 사상의 자유시장과 표현의 자유를 보호하는 가치는 '참여민주주의(participatory democracy)'의 이상을 제시하고 있다. **3. 사상의 자유시장에 대한 도전과 비판** 1940년대 미국에서, 언론이 소수의 개인들의 손에 의해 집중되고, 매체 소유자들은 정부개입으로부터 상당히 자유로와진 데에 대해 언론자유위원회를 조직하여 실태를 조사하였다(R. M. Hutchins 위원장). 위원회는 언론이 보다 더 사회적으로 책임을 져야 한다고 주장하였다. 위원회는 정부가 새로운 언론에 재정지원을 하고, 또 독립된 정부기구가 '자유롭고 책임지는 언론(A Free and Responsible Press)'을 위해 언론의 성과를 감독해야 한다고 1947년 제안하였다. Hutchins보고서는 자유언론에서 책임언론으로 미국 언론의 패러다임을 바꾸게 하였다. J. A. Barron은 1791년 이래 매체와 사회의 변화 때문에 시장은 더 이상 작동하지 않는, 시대에 뒤떨어진 개념이라고 비판하면서, 사상의 자유시장이론을 비현실적이고 공상적인 것이라고 덧붙였다. 마르크스주의 철학자 H. Marcuse는 이성적 존재는 의견과 정보의 자유로운 교환에 관여한다는 시장 개념의 근본전제를 인정하지 않았다. A. Meiklejohn은 수정헌법 제1조의 궁극적인 목적에 비추어 볼 때 사상의 시장이 보이지 않는 손을 통해 바람직한 결과들을 자동적으로 생산해낼 것이라고 기대하는 것은 무리라고 보았다. **4. 사상의 자유시장 접근론의 체계와 발전** **1) 체계** 시장모형(marketplace model)은 J. Milton과 J. Locke, J. S. Mill, F. M. Voltaire, J. J. Rousseau, T. Jefferson, A. Smith, O. W. Holmes 등 여러 철학 체계들을 종합한 데서 유래한다. 다섯 가지 역사적 사상의 체계는 첫째, 유럽에 있어서 이성주의 시대(the Age of Reason)로부터 나오는 자유와 개인주의 철학, 둘째, 미국 연방대법관 Holmes와 그의 사상의 자유시장론, 셋째, 개신교 윤리의 노동과 경쟁가치들, 넷째, 사업경쟁에 적용되는 '자연선택(natural selection)'과 '적자생존(survival of the fittest)'의 개념을 갖는 사회적 다윈이즘의 영향력, 다섯째, 수요와 공급의 법칙이 재화와 용역의 흐름을 결정하는 자유방임적 자유시장 접근에 기초한 A. Smith의 자본주의 이론을 들 수 있다. 사상의 자유시장 모형이 갖는 법적 특징들로, 언론체제는 가능한 한 외부통제로부터 자유로워야 하며, 다양하고 다원적이어야 하고, 경쟁적이어야 한다는 점이다. 시장모형은 Milton의 Areopagitica와 Holmes의 사상의 자유시장 이론을 토대로 언론의 자유와 자동조정, 통제, 책임성 측면에서 몇 가지 가정들을 전제로 한다. 우선 이 모형은 지식이 있고 관심이 있는 청중을 전제로 하며, 마찬가지로 어느 정도 잠재적이고 하나의 집단화된 청중을 전제로 한다. 다음으로 시장모형은 언론이 그들의 청중의 바람과 기대들을 충족시키는 데 따라 자동조정된다. 시장모형은 청중들과 언론들 사이에 공생관계가 있다는 것을 상정한다. 책임성과 도덕성은 자유롭게 작동하고 또 지적이고 단일체적이고 도덕적 사람들의 지시들을 표현하는 시장에 의해 결정된다. 시장모형은 책임성에 대해 진실로 민주적으로 접근한다. 언론은 자본주의 사회에서 재정적 지원을 위해 시장에 의존한다. 2) **시장모형과 언론의 책임성** 사상의 자유시장 이론과 시장모형은 언론의 자유와 언론의 책임 양자에 대하여 많은 법적 도전을 받고 있다. 사상의 자유시장 이론에서 시장모형의 목적은 이상적으로 무엇이 다원적 시장체제가 될지를 최대의 개인적 그리고 독립적 편집결정을 허용하는 것이다. 시장에서의 소비자 또는 구매자는 반진리적이고, 불완전하며 비도덕적인 정보를 획득하는 데에 대해 스스로 책임을 지며 이를 거부하고 다른 매체를 선택할 수 있어야 한다(매수자부담원칙). 시장 구성원이 받아들이고 지지하는 언론은 생존하고 번성하게 될 것이다. 구성원이 싫어하거나 거부하는 언론은 고통을 겪고 또 소멸할 것이다. 이것이 궁극적인 책임(ultimate accountability)이다. 그리고 그것이 개인주의와 민주주의, 자유의 정신과 조화를 이루는 사상의 자유시장이론에서 추구하는 책임이다. 현실적으로 시장과 이윤동기는 부패로 이어지는 경향이 있고 또 언론 관리자들의 도덕적 감수성을 제쳐두기 쉽다. 여기서 언론의 집중화로 인해 민주주의의 근본인 다원주의가 위협을 받는 데 대한 경고가 주어진다. 시장모형이 언론다원주의에 의지하기 때문에, 늘어나는 거대 언론기업집단의 발전과 멀티미디어 복합기업들이 시장체제의 기초를 위협하려 한다. 시장모형은 시장이 언론을 조정할 수 있고, 무책임하거나 비윤리적 행동들을 제거하도록 그들에게 압력을 가할 것이라는 것을 상정한다. 그러나 이에 대해서는 의문이 제기된다. 언론의 책임성을 두고 볼 때 시장접근법의 주요 약점 가운데 하나는 개별 공동체 구성원은 언론에 압력을 행사하는 데 권위나 힘을 갖고 있지 않다는 것이다. 따라서 단결된 압력집단을 형성하여 언론의 책임을 주장하면서 권위와 힘을 갖도록 하여야 한다. F. Hayek와 M. Friedman, R. Kirk, J. F. Revel, L. v. Mises, E. Voeglin, A. Rand 등이 이런 입장에 서 있다. 결론적으로, 시장모형은 언론이 시장에 대해 책임을 지고 또 언론에 있어서 자유방임과 매수자부담원칙의 개념 양자는 언론의 자유를 극대화하고 동시에 사람들이 언론으로 하여금 책임지게 한다고 주장한다. **5. 한국에서의 전개** 1) **사상의 자유시장의 제도화** 사상의 자유시장은 우리나라에서도 헌법상 표현의 자유의 규정을 통해 제도화되었다. 1948년 제헌헌법 제13조에서 「모든 국민은 법률에 의하지 아니하고는 언론, 출판, 집회, 결사의 자유를 제한받지 아니한다.」고 규정하여 언론·출판의 자유를 최초로 인정하였고, 일반적 법률유보조항(제28조 제2항)에 따라 제한할 수 있도록 하였다. 제2공화국 헌법은 자유와 권리의 본질적 내용은 침해할 수 없으며, 언론·출판에 대한 허가나 검열과 집회·결사에 대한 허가를 규정할 수 없도록 하였다(제28조 제2항 단서). 당시 다수의 학자들은 이것이 언론의 자유를 절대적 기본권으로 보장하려 한 것이라고 주장하였다. 제3공화국헌법은 제18조 제1항에서 언론 · 출판의 자유를 보장하고, 제2항에서 언론 · 출판에 대한 허가나 검열을 금지함으로써 '사전검열 금지' 원칙을 명문화하였다. 다만, 공중도덕과 사회윤리를 위해 영화나 연예에 대한 검열을 할 수 있도록 하였다. 제3항에서 신문이나 통신의 발행시설기준은 법률로 정할 수 있다고 규정하여 대중매체의 특성에 따른 제도적 특수성을 헌법적으로 고려할 수 있도록 하였다. 이는 시설기준을 통한 언론에 대한 규제의 헌법적 근거를 둔 것이었다. 제5항은 「언론 · 출판은 타인의 명예나 권리 또는 공중도덕이나 사회윤리를 침해하여서는 아니된다.」고 규정하여 언론 · 출판의 자유의 한계를 명시하고 그 사회적 책임을 명확히 하였다. 언론의 자유와 책임성을 동시에 강조하면서 언론의 자유를 제도적 개념으로 인식한 것이다. 구체화하는 법률로 '신문통신 등의 등록에 관한 법률'과 '방송법'을 제정하였다. 1964년 6 · 3사태를 계기로 '언론윤리위원회법'을 제정하였다. 유신헌법은 제18조에서 「모든 국민은 법률에 의하지 아니하고는 언론 · 출판의 자유를 제한받지 아니한다.」고 규정하여 제3공화국헌법이 인정한 언론자유의 우월적 가치나 기능적 중요성에 대한 인식이 배제되었다. 또한 긴급조치에 의하여 정지될 수 있는 기본권으로 격하되었다. 제5공화국헌법은 개별적 법률유보규정을 삭제하고, 언론 · 출판의 자유의 한계와 책임을 규정하였다(제20조). 현행헌법은 제21조에서 집회 · 결사의 자유와 함께 언론 · 출판의 자유를 규정하고 있다. **2) 사상의 자유시장이론의 수용** 사상의 자유시장이론은 우리나라 헌법학계 및 언론법 학계에서 본격적으로 논의되기 시작한 것은 헌법재판소 결정을 통해 언론의 자유, 표현의 자유, 사상의 자유 등이 구체적으로 언급되기 시작하면서부터이다. 언론자유의 법리는 우리 법학계와 언론학계를 중심으로 대체로 두 가지의 규범모델을 형성시키면서 전개된 것으로 볼 수 있다. '자유주의 언론모형'과 '민주주의 언론모형'의 구분이 그것이다. **자유주의 언론모형**은 사상의 자유시장을 그 이론적 전제로 하면서 언론시장에서의 소비와 공급의 사회적 힘에 의존하는 것이 언론자유의 가치를 가장 신장시킬 수 있다는 입장이다. 따라서 정부에 의한 언론의 내용규제를 철저히 배격한다. 이 모형은 정부의 언론정책에 대한 불신을 전제로 하고 있다. 언론매체가 행사하는 대정부견제기능과 비판기능을 높게 평가함으로써 그러한 기능을 수행하는 언론매체에 대해 보다 강한 헌법적 보장을 부여한다. 이 모형이 근거로 하는 현실적인 토대는 자유롭고 다양한 의사형성이 가능한 개방적이고 분권화된 언론환경이다. 검열금지의 원칙 내지 사전제한의 법리(prior restraints doctrine), 표현의 내용규제(content-based regulation)에 대한 엄격한 심사기준의 적용, 명확성의 원칙(the void for vagueness doctrine)과 과도한 광범성의 법리(overbreadth doctrine)가 헌법의 법리로 정립되고 있다. 자유시장 모형에서도 시장의 실패를 막기 위한 정부의 개입은 제한적으로 허용된다. 음란과 명예훼손 등 헌법의 보호를 받지 않는 일정한 유형의 표현에 대해서는 직접적인 정부의 개입이 허용된다. 민주주의 언론모형은 언론의 자유를 공적 토론장의 핵심요소로 간주한다. 언론의 자유시장이 아무리 잘 형성돼있다 하더라도 그것이 곧 바로 진지한 공개토론과 견해의 다양성이라는 민주적 가치의 실현에 기여한다고 믿지 않는다. 언론의 자유시장 모형에는 중대한 결함이 있다. 지금까지의 대중매체 환경에서는 많은 시민이 자신의 견해를 말하고 널리 전달하는 데에 높은 비용이 요구된다. 그 결과 사상의 자유시장은 부자의 언론이나 또는 대중적 호소력을 가진 수익성 좋은 언론만을 선호하는 경향이라는 비판이 제기된다. 따라서 값비싼 언론매체를 이용할 수 없는 가난한 사람에게 언론의 자유시장은 공허한 염불에 불과한 것이다. **민주주의 언론모형**에 있어서는 언론시장이 경쟁적으로 구축되어 있다 하더라도 견해의 다양성을 확보하기 위한 정부규제의 필요성이 인정되게 된다. 민주주의 언론모형에 있어서도 정부가 자신이 원하는 언론을 선별해 규제하는 내용규제가 헌법적으로 허용되는 것은 아니다. 정부는 민주체제의 기능향상을 위해 내용차별적이 아닌 방식으로 언론매체를 규율하는 것은 헌법적으로 가능하다. 민주주의 언론모형에 있어서는 자유주의 언론모형에서와 같이 내용규제(content-based regulation)와 내용중립적 규제(content-neutral regulation)의 엄격한 이분법적 도식에 집착하지는 않는다. 민주주의모형에 있어서는, 다른 종류의 언론이 다소 희생되는 한이 있더라도 정치적 언론(political speech)을 촉진시키고자 하는 강한 열망을 가지고 있다. 법이론적 논의가 구미국가들보다 활발하지 않은 상황에서 헌법재판소는 보다 적극적으로 두 이론을 포용하면서, 자유주의 모형과 민주주의 모형의 균형을 모색하고 있다. 헌법재판소 결정에서는 사전검열금지원칙에 따른 결정(헌재 1996.10.4. 93헌가13;헌재 2001.8.30.;헌재 2008.7.31. 2007헌가4;헌재 2008.10.30. 2004헌가18), 사상의 자유시장이론에 근거한 결정(헌재 1992.6.26. 90헌가23;헌재 1997.8.21. 93헌바51;헌재 1998.4.30. 95헌가16), 민주주의 언론모형에 입각한 결정(헌재 2006.6.29. 2005헌마165:법률개정으로 귀결) 등을 볼 수 있다. 3) **과제 - 인터넷과 사상의 자유시장** 인터넷의 발달에 따른 공적 토론장의 무한확대에 대하여 사상의 자유시장이 용인되어야 하는가에 대한 논의가 증대되고 있다.

사상전향제도思想轉向制度 '사상전향'이란 '반체제 운동의 지도자나 지식인 혹은 형사처벌 중인 사람이 국가권력의 강제에 굴복해 사상이나 자신의 정치적 신념을 변경하는 것'을 의미한다. 이 때의 전향은 외부 세계를 향한 태도표명이 전제되며, 소극적으로 자기가 지니고 있는 특정한 가치나 신념이 잘못된 것이었고, 앞으로는 국가권력이나 지배체계에 충성하겠다는 의사표시를 그 내용으로 한다. 우리나라에서 사상전향제의 뿌리는 일제강점기로 거슬러 올라가, 1933년부터 일제가 일본 내 사상범들과 조선의 독립운동가들에 대해 석방을 조건으로 '일본천황'에 대한 충성을 강요함을 골자로 한 '사법당국통첩'에서 비롯되었고, 1936년에 '조선 사상범보호관찰령'이 제정되어 명문화되었다. 1945년 8.15 해방 뒤에는 잠깐 무력화되었다가 이승만 대통령에 의해 1949년 국가보안법 개정으로 '보도구금(제12조)'이 규정되어 부활하였다. 6.25전쟁 후 1956년에 법무부령인 '가석방심사규정'이 제정되어 공식적으로 법제화되었다. 1933년 당시 사상전향제도를 제정했던 일본국은 일본제국에서 일본국으로 개편되는 과정에서 사상전향제도가 사문화 또는 폐지된 반면, 우리나라의 경우 일본국에서의 사상전향제도보다 53년 더 지속되었고 유사제도인 준법서약제도까지 합하면 86년 더 지속되었다(➜ 준법서약서제도). 북한의 경우 사상전향의 주체와 대상이 다를 뿐 사상전향제도의 잔재가 여전히 남아있다고 할 수 있다.

사생활私生活**의 비밀**秘密**과 자유**自由 ➜ 프라이버시권.

사실상의 정부 ㊐ de facto government. 현행헌법 제3조에 의하여 북한지역에도 대한민국의 주권이 미치고 있는 점에서, 북한지역의 조선민주주의인민공화국은 헌법을 개정하거나 국가로 승인하지 않는 한, 주권국가라고 할 수 없다. 그러나 국제적으로는 엄연히 하나의 국가로 인정되고 있으므로, 국내적 관계에서 북한은 사실상의 정부라 할 수 있다. 다만, 1948.12.12.의 UN의 대한민국 승인에 대하여, 38선 이남에만 대한민국의 주권이 미친다고 할 경우에는 조선민주주의인민공화국을 사실상의 정부라 할 수 없다. ➜ 한반도유일합법정부론.

사실적事實的**인 것의 규범력**規範力 ㊗ Die normative Kraff des Faktischen. 사실 속에 규범으로 바뀔 힘이 내재하고 있다는 사상에 근거하여 법의 타당성의 근거를 힘에서 찾아야 한다는 Jellinek의 주장이다. 법효력의 근거에 관한 여러 주장들 중의 하나이다. 법효력의 근거론은 법률적 효력론, 사실적 효력론, 철학적 효력론으로 나뉘고, 사실적 효력론은 실력설, 여론설, 승인설, 사실적인 것의 규범력설 등으로 나뉜다. 1995년 5 · 18 고소 · 고발사건에 대하여 검찰이 소위 「성공한 쿠데타는 사법심사의 대상이 되지 않는다.」는 논리로 「공소권 없음」의 결정을 내리면서 준거한 이론이었다. 검찰의 논거는 「새로운 정권과 헌법질서 창출을 위한 일련의 행위들에 대해 무너진 구 헌정질서를 토대로 법적 책임을 물을 수 없다.」는 것이었다. 이를 뒷받침하기 위하여 「새로운 법질서가 수립된 경우 법적 안정성의 요구에서 이러한 사태가 법의 기초가 돼 법적 효력을 인정받게 된다.」는 라드부르흐의 견해와 「새로운 정권이 출범한 현실을 인정하고 정권 형성의 기초가 된 사실행위에 대해 사실적인 것의 규범력을 인정해 사후 법적 인증을 해야 한다.」는 옐리네크의 견해 등이 동원되었다. 그러나 새로운 정권의 탄생이 새로운 헌법질서의 창출이라는 혁명으로 이어지려면 국민들이 용납할 수 있는 정당성이 존재해야 한다는 강한 비판이 있었고, 국회에서도 5 · 18 특별법을 제정하여 5 · 18쿠데타에 대한 수사와 기소를 가능하게 하였다.

사실행위事實行爲 1. **의의** 행정작용으로서 사실행위는 사실상의 결과실현을 목적으로 하는 일체의 행위형식을 일컫는 것으로, 권리의 창설 · 박탈이나 의무의 부담 · 면제 등 법률관계의 직접적인 변동을 일으키지 않고, 사실적 결과만을 일으키는 행위를 말한다. 사실행위가 공법과 사법 중 어느 것의 규율을 받게 되는가에 따라 공법적 사실행위와 사법적 사실행위로 나눌 수 있는데, 행정상의 사실행위는 공법적 사실행위에 속한다. 공권력의 행사인가의 여부에 따라 권력적 사실행위와 비권력적 사실행위로 나뉜다. 2. **권력적 사실행위** 권력적 사실행위는 공권력의 행사로서 일반적으로 특정한 법령 또는 행정행위를 집행하기 위한 사실행위를 말한다. 권력적 사실행위는 일정한 법률효과의 발생을 목적으로 하지 않으며, 직접적으로 사실상의 효과를 가져오는 공권력의 행사이다. 무허가건물의 강제철거, 전염병환자의 강제격리, 정신병환자의 강제입원, 단수 · 단전조치나 수형자의 교도소 이송조치, 경찰조사실 피의자에 대한 촬영허용행위, 교도소장의 출정제한행위, 재무부장관의 국제그룹해체지시, 교육인적자원부장관의 학칙시정요구, 결혼경위 기재요구행위, 검사조사실에서의 계구사용행위, 교도소장의 미결수용자의 서신검열, 지연발송, 지연교부, 공정거래위원회의 무혐의 조치 등이 그 예가 된다. 이러한 권력적 사실행위는 법률효과의 발생을 목적으로 하지 않지만 행위 시 국민의 권리 · 의무에 어떤 식으로든 영향을 준다. 항고소송의 대상으로서 처분성을 인정할 것인가에 관하여, ① 수인하명과 집행행위가 결합된 행정행위로 보아, 처분성을 인정하는 일원설(실체법적 개념설)(다수설)과, ② 행정절차법상 '처분'의 개념 중 '그 밖에 이에 준하는 행정작용'에 해당한다고 보아, 처분성을 인정하는 이원설(쟁송법적 개념설) 그리고 ③ 사실행위이므로 행정처분성을 부정하는 부정

ㅅ

설이 있다. 다수의 견해는 이를 행정행위에 준하거나 완전히 같게 취급하거나, 사실행위에서 명령적인 부분을 분리하여 항고쟁송의 대상으로 삼을 수 있다고 보는 견해가 많으며, 판례도 점점 이런 범위를 확대하고 있다. 헌법재판소는 권력적 사실행위에 대해 항고쟁송의 대상이 된다고 단정하기 어렵거나 또는 항고쟁송의 대상이 될 수 있는 경우라고 보더라도 그 권력적 사실행위가 이미 종료되어 항고쟁송에서 소의 이익이 없다고 볼 가능성이 있다는 점을 들어 헌법소원의 대상성을 인정한다.
3. 비권력적 사실행위 비권력적 사실행위는 공권력의 행사와 무관한 사실행위이다. 가령 금전출납, 각종 공공시설 건설, 쓰레기수거나 도로청소, 교시, 상담, 안내, 행정지도 등이 그 예가 된다. 비권력적 사실행위는 법적 행위의 집행과는 무관하게 독자적인 의미를 가진다. 항고소송의 대상으로서의 처분성을 인정할 것인가에 대하여, 실체법적 개념설의 입장에서 처분성을 부정하는 부정설, 쟁송법적 개념설의 입장에서 그 밖의 이에 준하는 행정작용에 해당한다고 보아 처분성을 인정하고, 실효적 권리구제를 위하여 행정쟁송의 대상을 확대하여야 한다는 긍정설이 있다. 판례는 비권력적 사실행위인 행정지도는 처분이 아니라고 하면서도, 상대방이 행정처분으로 인식할 정도라면 그 불이익제거를 위해 처분이 될 수 있다고 본다.

사용료使用料 ㉳ rents. ➜ 준조세.

4월혁명＝4·19혁명 4·19혁명(四一九革命) 또는 4월혁명(四月革命)은 2·28 대구 학생의거, 4·18 고려대학생 피습 사건 등을 거쳐 1960.4.19., 3·15 부정선거의 무효와 재선거를 주장하면서 촉발된 전국민적 저항과 민주화혁명이다. 대통령 이승만이 4.26. 하야를 발표함으로써 이승만의 자유당 정권은 몰락하였고, 이 혁명의 결과로 과도정부를 거쳐 6.15. 3차 개헌으로 제2공화국이 출범하였다. 5·16쿠데타 이후 군사정권에서는 의거(義擧)로 불리다가 문민정부부터 다시 혁명으로 승격되었다.

사유재산제私有財産制 ㉳ Private property system, ㉮ Privateigentumssystem, ㉲ Système de propriété privée. 넓은 뜻으로는 원시공산제(原始共産制)에 대하여 재산의 사유를 인정하는 제도를 말한다. 그러나 근대 사회제도의 한 특색으로서 말할 때에는, 모든 재산 특히 토지 기타 천연자원·공장 등의 생산시설을 사인(私人)의 소유로 하여 국법으로 이를 보호하고, 원칙적으로 소유자의 자유로운 관리·처분에 맡기는 제도를 뜻한다. 이런 의미의 사유재산제도는 근세 초기의 개인주의 사상에 의하여 확립되고, 계약자유의 원칙과 더불어 자본주의 문명의 원동력이 되었다. 사유재산제를 인정하는 사상적 근거는 자유로운 인간이 그의 인격의 자유를 실현하고 자기책임으로 스스로 그의 삶을 꾸려나가는 기초로서 사유재산권을 보장하여야 한다는 인간성이론(독일헌법재판소), 사회의 존립을 보장하고 사회의 복지나 부를 증대시켜 사회구성원들의 행복을 증진시키는 데에 근거가 있다고 보는 사회적 기능효용론, 자신의 노동으로 만든 것은 무엇이든 자신의 소유로 가질 수 있다고 보는 노동소유이론 등이 있다. 루소는 「인간불평등기원론」에서 인간의 불평등의 근원이 재산관념의 형성에 따른 사유재산제에 있다고 보았다. 그는 사유재산제도가 불평등을 초래하긴 하지만 잉여가치를 산출해 학문과 예술을 발전시키는 장점도 있다고 하면서, 사유재산제의 철폐를 주장하지는 않았다. 그러나 자본주의가 고도로 발달함에 따라 재산의 집중 현상이 나타나, 이 원칙을 형식적으로 관철하면 무산계급(無産階級)의 생존을 위협할 뿐만 아니라, 재화를 사회 전체의 이익을 위하여 효율적으로 이용하고자 하는 이상에도 어긋나게 된다. 그러므로 20세기에 들어오면서 차츰 생산수단, 특히 천연자원이나 독점적인 기업시설에 대한 사유재산권을 적당하게 제한하는 경향이 생기게 되었다. 다만 이러한 경향은 국가에 따라 다르다. 우리나라의 경우, 헌법상 토지소유에 대한 제한의 한 방법으로 토지공개념을 도입하고 있고, 꾸준히 논의되고 있다. ➜ 토지공개념.

사이버공간(인터넷)과 표현의 자유 1. **사이버공간의 특성과 표현의 자유** 사이버공간 즉 인터넷상에는 다양한 의사전달 매체들이 존재한다. 다양한 SNS(Social Network Service) 즉, 트위터, 페이스북, 이메일, 카톡, 메시지, 밴드, 유튜브 등 외에도 각종 카페나 개인 블로그 또한 그러한 의사전달이나 정보교환 매체의 기능과 역할을 수행하는 수단들이다. 사이버공간은 시 · 공간의 제약이 없기 때문에, 온라인 상에서의 불법행위의 유포 및 피해의 심각성을 가중시키는 요인이 될 수 있다. 정보의 형식면에서 정보의 양과 질에서 다양성을 보이고 있으며, 내용면에서는 접근의 용이성으로 인해 정보통제자가 뚜렷하게 존재하지 않기 때문에 내용적인 통제가 이루어지지 않아 정보의 바다라고 불릴 만큼 다양한 정보의 유통이 가능하다. 사이버공간은 그 특성으로 인해 개인의 의사표시의 기회와 방식 등이 획기적으로 확대됨으로써 헌법적 권리인 표현의 자유를 크게 확장시키고 있다. 아울러 사이버공간에서의 익명성 등으로 인해 타인의 명예훼손, 저작권침해 등 개인적 · 사회적 법익이 침해되는 경우 또한 증대되고 있는 것이 현실이다. 인터넷을 통한 상호작용은 **소통의 탈중심성, 익명성, 쌍방향성, 시공간적 무제약성, 공적 · 사적 구분의 탈경계화, 공식성과 비공식성의 혼재, 말하기와 글쓰기의 탈경계화, 동시성과 비동시성의 혼재성, 시청각적 · 사회적 단서의 희박성, 정보의 다양성** 등을 포함하고 있다. 이로 인해 인터넷 등 온라인 매체상의 법적 문제의 유형도 달리 나타날 수 있으며 이에 관한 규제의 필요성 문제도 다른 양상으로 나타날 수 있다. 사이버공간에서의 법적 문제는 이론상의 문제들로 그치는 것이 아니라 실제로 사법적 실무에서 그 해결을 요청되는 구체적 문제들로 나타나고 있다. 헌법재판소도 「인터넷은 공중파방송과 달리 가장 참여적인 시장, 표현촉진적인 매체이다…오늘날 가장 거대하고, 주요한 표현매체의 하나로 자리를 굳힌 인터넷상의 표현에 대하여 질서위주의 사고만으로 규제하려고 할 경우 표현의 자유의 발전에 큰 장애를 초래할 수 있다. 표현매체에 관한 기술의 발달은 표현의 자유의 장을 넓히고 질적 변화를 야기하고 있으므로 계속 변화하는 이 분야에서 규제의 수단 또한 헌법의 틀 내에서 다채롭고 새롭게 강구되어야 할 것이다.」라고 하여(헌재 2002.6.27. 99헌마480), 사이버공간에서의 표현의 자유가 현실세계보다 더욱 보장되어야 한다는 점을 강조하고 있다. 그러나 불법정보의 만연 및 저작권침해 · 사생활침해 · 명예훼손행위 등의 사이버범죄 증가라는 역기능도 함께 나타나고 있다. 이에 따라 인터넷심의제도나 본인확인제 · 인터넷실명제, 권리침해조치에 대한 정보통신위원회의 임시조치제도, 사이버모욕죄 등 각종 규제정책이 논의되고 있다. 2. **사이버공간에서의 표현의 자유에 대한 제한** 1) **인터넷상 표현의 자유의 제한가능성** 전통적 언론매체와는 다른 구조를 갖는 인터넷에서의 표현행위는 그 규제의 방식에 관하여 기존의 방식과 어떻게 차별화될 수 있는지에 관하여 다양한 견해가 있다. 사이버공간 규제의 법리는 인격권으로서의 명예와 자유권으로서의 표현의 자유를 어떻게 효과적으로 조화시킬 수 있을 것인가의 문제가 그 핵심이다. 2) **기존법리 적용여부** **유추적용론**은 표현의 자유와 관련된 기존의 법 이론과 원칙들을 인터넷에 그대로 적용하자는 입장이다. 이 주장은 오프라인에서 위법한 것은 온라인에서도 위법하다는 것으로 요약된다. 인터넷은 새로운 형태의 표현수단이지만 표현의 자유의 근간을 실현하기 위하여 인터넷에 기존의 표현의 자유를 그대로 적용하여 이를 보장하여야 한다는 주장이다. **신규제론**은 인터넷의 특성을 이용하여 범죄자 등이 새로운 활동공간으로 활용하고 있다는 전제 아래 새로운 사이버범죄를 차단하기 위하여 규제가 필요하다는 것이다. 특히 반사회적 표현들은 표현의 자유의 한계를 넘은 것으로 보아 엄격한 규제를 요구하고 있다. 구체적으로 필터링, 등급규제조치, 미성년접근금지구역 등을 시행하여야 한다고 주장한다. **자율규제론**은 인터넷의 표현의 자유에 관한 한 새로운 신천지로서 자유롭고 규제가 없는 영역으로 남아 있어야 한다는 주장이다. 그리고 인터넷은 기존의 법률이 대상으로 삼고 있는 대상과는 다르다는 것이다. 특히, 사이버 시민의 규칙 · 문화 · 윤리 · 불문율 등에 정부가 개입하지 않는 상황에서도 이미 인터넷상에는 자율적인 질서가 있으며, 이러한 자율적 질서는 정부가 행하는 규제보다 훨씬 효과적이라고 주장한다. **결론적**으로 인터넷에서 발생한 법률문제 가운데 표현의 자유나 검열과 관련하여 볼 때 전통적인 법률을 적용할 영역과 인터넷 특유의 문제를 구별할 필요가 있다. 특히, 인터넷의 경우 하향방식의 법적 규율을 완전히 부정할 수는 없지만, 오프라인보다도 상향방식의 자율규율 적용을 적극적으로 반영할 때이다. 인터넷의 기술진보의 속도를 고려할 때 전통적인 법률을 통해서는 적절하게 규제할 수 없기 때문이다. 인터넷에서 표현의 자유나 검열의 경우 집중보다는 분산을, 경직된 법적용보다는 유연한 자율규제를, 그리고 국가통제보다는 국가 비 개입을 우선하는 것이 필요하다. 동시에 인터넷에서 형성된 상향방식의 규율을 사회규범화 할 필요도 동시에 존재한다. 즉 가이드라인, 네티켓 등을 기존의 재판이나 법률에서 인정하는 방향으로 나가야 한다. 3. **사이버공간상의 표현의 자유 보호와 제한에 관한 국제기준** 1) **UN** UN 인권이사회는 인터넷상 개인의 표현의 자유를 인정한 최초의 UN 결의로, 2012.7.5. 제20차 회기에서 한국, 브라질, 미국 등의 제안으로 '인터넷상 인권의 촉진, 보호 및 향유' 결의안을 채택하였다(The Promotion, Protection and Enjoyment of Human Rights on the Internet. A/HRC/20/L.13). UN 헌장에 따라 이루어진 동 결의는 1948년 세계인권선언 및 1966년 시민적 · 정치적 권리국제규약과 경제적 · 사회적 · 문화적 권리국제규약 등 관련 인권조약에 들어있는 '인권과 기본적 자유'(human rights and fundamental freedoms)를 재확인하고, 급속한 기술발전으로 전 세계인이 새로운 정보통신기술을 이용하게 됨에 따라 인터넷상 인권, 특히 표현의 자유에 대한 권리행사의 중요성과 관심이 증대되고 있음을 인정한 것이다. 이어 2014.6.10.~6.27.까지 개최된 제26차 회기에서 UN인권위원회는 다시 한 번 '인터넷상 인권의 촉진, 보호 및 향유'에 관한 결의를 채택하여 온라인에서의 인권의 촉진과 보호를 재확인하였다. 동 결의는 인터넷과 다른 기술에서 표현의 자유를 포함한 인권의 촉진, 보호 및 향유의 고려를 지속할 것을 결정한 2012년의 결의를 진전시킨 것이다. 2) **ITU국제통신연합** ITU는 2003년 이래 '정보사회의 필수 기초(essential foundation of the Information Society)'로서 의견과 표현의 자유에 대한 권리를 확인하고 있다. 정보사회세계정상회의(World Summit on the Information Society, WSIS)는 2003년 12월 12일 스위스 제네바에서 개최된 제1차 회의에서 '원칙 선언: 정보사회 구축: 새천년의 세계적 도전(Declaration of Principles:

Building the Information Society: a global challenge in the new Millennium, Doc. No. WSIS-03/Geneva/Doc/4-E)'을 채택하였다. 3) **OECD경제협력개발기구** OECD는 2011.6. Working Party on Information Security and Privacy를 가동하여 가이드라인 제정을 위한 연구, 교육, 적용결과 조사를 하고, 기반시설에 대한 보호 및 국제협력 등에 나서, 정보보호 가이드라인을 제정·보급하였다. 4) **EU유럽연합** EU는 2013년에 'Cybersecurity Strategy of the European Union: An Open, Safe and Secure Cyberspace'라는 이름의 정책을 발표했다. 여기에는 ① 디지털 세상에서 디지털 세상이 아닌 곳에서와 같은 EU의 중요한 가치 적용, ② 기초적인 권리 보호, 표현의 자유, 개인정보와 프라이버시, ③ 정보접근권, ④ 민주적이고 효율적인 다양한 이해관계인의 지배구조, ⑤ 안보를 보장하기 위한 책임 공유라는 다섯 가지 주요한 원칙들이 담겨있다. 4. **문제영역** 1) **명예훼손과 모욕** (1) **특수성** 인터넷상의 명예훼손은 기존의 명예훼손과는 달리 인터넷이라는 새로운 매체가 가지고 있는 특수성이 반영된다. 즉 인터넷에서는 정보발신자의 익명성이 확보될 수 있으며, 누구나 정보발신자가 될 수 있기 때문에 기존의 인쇄매체나 방송매체에 비하여 발생빈도가 높아질 뿐 아니라, 인터넷이라는 범세계적 속성상 그 피해가 빠르고 광범위하게 확산되며, 또한 피해의 지속성도 문제된다. 또한 표현의 자유와의 충돌관계에서도 온라인 매체는 일방적인 신문이나 방송과는 달리 쌍방향성을 특성으로 명예훼손에 대한 반박 가능성에 의하여 매체특성론적 접근의 필요성이 거론되고 있다. (2) **규제법률** 이에 대한 규제법률로는, 정보통신망 이용촉진 및 정보보호 등에 관한 법률(정보통신망법; 제70조), 형법(제309조)이 있다. 대법원은 사실확인 없이 떠도는 소문만 듣고 댓글을 달았더라도 명예훼손이 성립하며(대판 2008.7.10. 2008도2422), 개인블로그 비공개 대화방에서 상대방에게 비밀을 지키겠다는 말을 듣고 명예훼손적인 일대일 대화를 하였더라도 불특정 다수에게 전파될 가능성이 있다고 하여 명예훼손의 공연성이 인정된다고 하였고(대판 2007.2.14. 2007도8155), 온라인 후기의 내용이 공공의 이익에 관한 것이면 특별한 사정이 없는 한 비방목적이 부인되어 정보통신망법상이 명예훼손에 해당하지 않는다고 하였다.(대판 2012.11.29. 2012도10392; 2009.5.28. 2008도8812). 형법상 사이버명예훼손죄를 신설하여야 한다는 견해, 정보통신망법상의 '비방의 목적'을 삭제하여야 한다는 견해, 징벌적 손해배상을 도입하여야 한다는 견해 등의 개선주장이 있다. 2) **혐오표현** 인터넷상의 혐오표현에 대해서는 찬반양론이 있다. 혐오표현의 **규제반대론**의 사상적 기반은 '자유주의적 헌법이론', '언론의 자유주의적 공개시장의 원리'이다. 이는 언론의 자유를 보장함으로써, 거짓과 진리의 자유롭고 공개적인 사상과 논쟁의 대결을 통해 종국에는 진리가 승리하게 될 것이라는 믿음을 기반으로 하고 있다. 반대론자의 주장은 다음과 같다. ① 혐오표현에 대한 규제는 시간과 자원의 낭비이다. ② 경우에 따라서는 혐오표현이 사회적 경각심을 불러 일으킬 수 있기 때문에 은폐되어서는 안된다. 모든 사회성원의 언로를 막아서는 안되며 비이성적이거나 진리가 아닌 언행도 모두 허용하여 오히려 정치적으로 잘못된 언어도 교육적인 목적을 위해 도움이 되도록 해야 한다. ③ 혐오표현의 제한 자체가 소수자의 피해의식을 가지게 하므로 차별을 초래할 수 있다. ④ 법적인 기준을 통하여 억압하게 되면 이는 한편으로 개인의 자연스러운 감정의 발현을 억압하게 된다. 이와 같은 규제 반대론은 차별적 혐오표현에 대한 규제 방법에 있어서 '최소규제(minimal regulation)'의 원칙으로 접근하게 된다. 따라서 형사처벌과 같은 법적 규제보다는 자유로운 언론 활동과 교육을 통한 문제해결, 그리고 차별시정이 필요한 경우 민사소송을 활용한 방법을 택한다. 혐오표현의 **규제 찬성론**은 차별적 혐오표현이 본질적으로 소수자에게 은밀하면서도 심각한 해를 끼친다고 본다. 현실적으로 혐오표현은 위험하며 소수자의 생존과도 직결될 수 있으며, 필연적으로 공동체 안에서 적대적이거나 모멸적인 분위기를 조성한다. 규제찬성론의 논거는, ① 혐오표현은 헌법상 표현의 자유의 보호를 받을 자격이 없다. 차별적 혐오표현의 대상이 되는 이들을 보호하는 차원에서 혐오표현에 대한 제재는 불가피하다. ② 사실상 권력 배분의 불균형으로 인해 사상의 자유시장에서의 공정한 경쟁은 이루어질 수 없다. 권력배분의 불균형은 혐오표현의 희생자를 위협하여 침묵하게 만든다. 인종적, 민족적, 성적 소수자에 대한 뿌리 깊은 편견과 감정의 골로 인해 혐오표현에 반응하는 것은 사상의 자유시장에서 진실에 도달하는 자정(自淨)역할에 아무런 기여도 하지 못한다. ③ 차별적 혐오표현에 의해 초래되는 것은 '평등'의 부재이다. '평등'은 인간의 생존에 있어 가장 중요한 민주주의적 원칙이며, 평등을 위협하는 혐오표현은 적절한 제재가 가능하다면 제한되어 마땅하다. 규제찬성론에서는 혐오표현이 소수자에게 심각한 피해를 가져오며, 혐오표현을 형사적 범죄로 인정하고 있는 국제법적인 경향에 근거하여 혐오표현을 제어할 수 있는 법적인 토대가 마련되어야 한다고 주장한다. **헌법재판소**는 헌법재판소의 판례는 타인의 권리를 침해하는 혐오표현에 대한 규제방식은 원칙적으로 '입법자의 재량'이라고 본다(헌재 2011. 6. 30. 2009헌바199). 입법자는 사이버공간을 규율하는 법을 제·개정하는 과정에서 명확성의 원칙, 포괄적 위임입법금지의 원칙, 죄형법정주의 등 입법에 요청되는 헌법상, 입법기술상 일반적인 요청들도 세심하게 고려하여야 한다. ➜ 혐오표현. 3) **음란물규제** 사이버음란물은 일반적으로 「인터넷상 유통되는 모든 음란한 콘텐츠」를 가리키며 정보통신망법에 의하여 직접 규제되고 있다. 다만, '음란'이란 개념 자체가 사회와 시대적 변화에 따라 변동하는 상대적, 유동적인 것이고 그 시대에 있어서 사회의 풍속, 윤리, 종교 등과도 밀접한 관계를 가지는 것이며(대판 1997.12.26. 97누11287), 인터넷은 진입장벽이 낮고 표현의 쌍방향성이 보장되는 등의 장점으로 오늘날 가장 거대하고 주요한 표현매체의 하나로 자리를 굳혔고, 이와 같은 표현매체에 관한 기술의 발달은 표현의 자유의 장을 넓히고 질적 변화를 야기하고 있으므로, 계속 변화하는 이 분야에서의 규제 수단 또한, 헌법의 틀내에서 다채롭고 새롭게 강구되어야 할 것이다(헌재 2002.6.27. 99헌마480). 헌법재판소는 음란의 개념에 대하여 「음란이란 인간존엄 내지 인간성을 왜곡하는 노골적이고 적나라한 성 표현으로서 오로지 성적 흥미에만 호소할 뿐 전체적으로 보아 하등의 문학적, 예술적, 과학적 또는 정치적 가치를 지니지 않은 것」이라고 규정한 바 있다(헌재 1998.4.30. 95헌가16). 현행법상 사이버음란물에 대한 규제는 형법(제243조), 정보통신망이용 촉진 및 정보보호에 관한 법률(제74조 제1항), 성폭력범죄의 처벌 등에 관한 특례법(제13·14조), 아동·청소년의 성보호에 관한 법률(제11조), 방송통신심의위원회의 규제(정보통신망법 제44조의7) 등에서 규율하고 있다. 4) **저작권침해** 인터넷상 행해지고 있는 수많은 모방과 패러디를 통한 창작은 저작권법에 위반될 가능성이 크다. 이는 저작자의 권리와 저작물을 이용하여 표현한 자의 권리 간의 기본권 충돌이라 할 수 있다. 인터넷상 표현의 자유와 저작권의 기본권의 충돌로 인하여 헌법재판에서 문제가 되는 경우는 저작권법상의 규정에 대하여 위헌여부를 다투는 경우이다. 인터넷상에서의 저작권 보호와 저작물을 이용한 표현의 자유 사이의 균형점에 대한 논의는 헌법상 기본권 충돌의 해결에 있어서도 의미를 지니며, 저작권법의 해석에 있어서도 매우 중요한 의미를 지니고 있다. 저작권법과 인터넷상 정보유통과 관련해서는, 온라인서비스제공자의 면책책임규정, 온라인서비스제공자의 고지·삭제 제도, 저작권 침해 게시물에 대한 온라인서비스제공자의 책임 등이 문제된다. 5) **스팸메일** 스팸메일은 각종 정보통신망이나 인터넷에서 이용자의 의도와는 상관없이 임의로 보내지는 각종 홍보, 상업성 전자우편으로 정크메일(junk mail) 또는 벌크메일(bulk mail)이라고도 불린다. 이러한 메일은 시간낭비, 필요정보 수신방해, 바이러스 감염 등 시스템 손상, 사용요금 낭비 등을 초래할 가능성이 크다. 따라서 현행 정보통신망법은 수신자의 사전동의를 원칙으로 하되, 폭넓은 예외를 두고 있다(제50조). 스팸메일은 광고표현의 자유와도 관련이 되기 때문에 이에 대한 합리적 규율이 필요하다. 헌법재판소는「상업광고에 대한 규제에 의한 표현의 자유 내지 직업수행의 자유의 제한은 헌법 제37조 제2항에서 도출되는 비례의 원칙(과잉금지원칙)을 준수하여야 하지만, 상업광고는 사상이나 지식에 관한 정치적, 시민적 표현행위와는 차이가 있고, 인격발현과 개성신장에 미치는 효과가 중대한 것은 아니므로, 비례의 원칙 심사에 있어서 '피해의 최소성' 원칙은 '입법목적을 달성하기 위하여 필요한 범위 내의 것인지'를 심사하는 정도로 완화되는 것이 상당하다.」고 하고 있다(헌재 2005.10.27. 2003헌가3).

사이클이론(순환이론) 프랑스 제3공화국의 대표적인 헌법학자인 모리스 오류(Maurice Hauriou)가 프랑스 헌법사에 대해, 1929년 그의 저서 '헌법학요론(Précis de Droit constitutionel)'에서 제시한 이론으로, 프랑스 혁명 이후 두 개의 이념상·정치세력상의 흐름이 상호간의 갈등과 투쟁을 연출하였으며, 이 흐름의 상호작용은 각기 일정한 질서에 따라 전개되는 두 개의 정치적 순환이 승계적 형성을 야기하였다고 보는 이론이다. 그 질서는 ① 의회정부에 의한 혁명적 시기 ② 신임투표와 연계된 집행부독재의 집정관 혹은 제정 시기 ③ 의회제적 시기 등의 세 시기로 구분될 수 있다. 이러한 질서의 제1순환은 1789년에 시작하여 60년이 지속된 후 1848년 루이 필립의 통치로 끝난다. 제2순환은 1848년의 혁명으로 시작된다. 혁명 후 강력한 집행부이 필요성에 따라 1848년11월4일의 헌법에서 대통령직선제가 규정되었고, 이에 따라 루이 나폴레옹이 대통령에 당선되었다. 1851년 쿠데타로 루이 나폴레옹의 제2제정이 시작되었으며, 18년간 독재가 이어졌다. 제2제정 말기에 의회제적 균형으로의 회귀의 필요성이 인지되었으며, 1875년 제3공화국 헌법의 의회제적 공화국을 구축하였다. 제2순환이 언제까지 이어지느냐에 대해서는 학자마다 다르다. 1919년에 제2순환이 끝나고 제3순환이 시작되어 1940년에 끝났다고 보고, 1947년 이래 1974년에 제4순환이 끝났다고 보는 견해가 있다.

사자死者**의 기본권주체성**基本權主體性 ➜ 기본권의 주체.

사적 결사설私的 結社說 ➜ 정당.

사전심의제도事前審議制度 ➜ 예술의 자유.

사전억제금지事前抑制禁止 **이론=사전제한금지이론** ➜ 표현의 자유.

사전유지청구권事前留止請求權 일정한 권리관계, 예컨대 상법상 주주와 이사, 환경관련 민사소송에서의 손해배상청구에서의 가해자와 피해자와 같이, 일방의 행위로 인해 타방이 손해를 입을 가능성이 있을 때, 피해자 측에서 상대방의 행위를 중지 · 배제 · 예방을 청구할 수 있는 권리를 말한다. 금지청구권이라고도 한다. 영미법상의 금지명령(injunction), 독일법상 방어청구권(Abwehranspruch), 일본법상 差止請求權 등의 개념을 차용한 것으로 보인다. 민법상으로는 물권적 청구권에 내재한 권리로 인정되며, 채무불이행에 대한 강제이행도 유지청구권의 한 형태로 이해된다. 상법상으로는 실체법상의 권리로 인정하고 있다. 이에는 감사 · 주주 · 사원의 위법행위유지청구권, 주주의 신주발행유지청구권(제402조, 제424조, 제564조의2 참조) 등이 있다. 환경권에 대한 피해구제의 방법으로 토양환경보전법(제10조의3), 민법(제214조) 등을 법적 근거로 볼 수 있으며, 학설과 판례(대판 2007.6.15. 2004다37904, 37911)는 이를 인정하고 있다. 학계와 실무계에서는 민법 채권편에서 유지청구권의 일반적인 근거규정을 신설할 필요가 있다는 주장과 입법노력이 있다.

사전적 · 예방적 규범통제事前的 · 豫防的 規範統制 ➜ 규범통제제도.

사전적 · 예방적 위헌심사제事前的 · 豫防的 違憲審査制 ➜ 규범통제제도. ➜ 헌법재판제도.

사전지시서법 ➜ 의사조력자살.

사전투표事前投票 영 early voting/pre-poll voting/advance polling. 사전투표 또는 조기투표(早期投票)는 유권자가 지정된 선거일 이전에 투표를 할 수 있도록 하는 제도이다. 2012년 개정 공직선거법에 따라 2013.1.1.부터 선거권자는 누구든지 주소에 상관없이 선거일 직전 5일 전부터 2일 동안(사전투표기간) 투표를 할 수 있다(공직선거법 제148조 참조). 서면신고 후 우편으로 투표하는 부재자투표와는 다르다.

사전허가 · 검열제事前許可 · 檢閱制 ➜ 표현의 자유.

사죄광고제도謝罪廣告制度 ➜ 양심의 자유.

사직辭職, **의원의** - ➜ 국회의원의 지위 · 권한과 의무.

사직허가권辭職許可權 ➜ 국회의원의 지위 · 권한과 의무.

Sacchi et al. v. Argentina et al. 판결 ➜ 기후변화소송.

사표死票 선거에서 당선자가 획득한 표를 제외한 나머지 표, 즉 낙선자가 획득한 표로서 대표자를 당선시키는 데 이바지하지 못한 표를 일컫는다. 사표가 많다는 것은 투표에 참여한 유권자의 민의를 제대로 반영하지 못했다는 의미로, 대표성을 충실히 반영하지 못했다는 것을 의미한다. 이의 보완을 위하여 비례대표제나 중 · 대선거구제를 활용하기도 한다.

사학私學**의 자유**自由 사립학교의 설치 및 운영에 대하여 국가로부터 간섭받지 아니할 자유를 말한다. 전통적으로 국가에 의한 교육이 강조되었던 유럽은 사학의 설립과 자유가 매우 제한적이었지만, 미국의 경우에는 사회적 영역에서 사학의 설립이 자유로웠다고 할 수 있다. 그러나 미국은 사학의 공공성(公共性)이 사회적 영역에서 이미 확립되어 있었기 때문에 전통적으로 이름이 있는 사학이 사적인 영리를 도모하기 위하여 이용되는 경우는 별로 많지 않았다. 다만, 사적인 영역에서 사학의 설립이 상대적으로 자유롭기 때문에 영리목적으로 사학을 설립하는 것도 상대적으로 용이하게 되었다. 우리나라의 경우, 해방 이후 국가의 재정이 빈약했던 시기에, 민간 영역 내지 외국 특히 미국의 개신교계통의 지원을 통해 사학이 설립되었으나, 경제적으로 성장한 이후에는 이 사학들의 영리목적 운영으로 인해 많은 병폐가 드러나기도 하였다. 독일의 경우에는 교육 영역이 철저히 국가(또는 주)에 의해 주도되기 때문에 오히려 헌법전에 사학설립의 자유를 규정하고 있기도 하다(GG 제7조 제4항).

사형제도死刑制度 ⓔ capital punishment/death penalty, ⓓ Todesstrafe, ⓕ peine de mort/Peine capitale. 1. **의의** 사형 또는 극형(極刑), 생명형(生命刑)은 사람의 생명을 박탈하여 사회로부터 영구히 제거시키는 형벌로, 살인이나 전쟁범죄와 같이 극단범죄를 범한 자에게 내려지는 형벌이다. 2. **역사** 사형은 역사상 가장 오래된 형벌이다. 일례로, 구약성서에서 알 수 있는 당시 율법(토라)은 대부분 사형으로 범죄를 응징하고 있다. 가장 오래된 실정법인 기원전 18세기의 함무라비 법전은 '눈에는 눈, 이에는 이'라는 동해보복(同害報復)(Lex Talio)사상에 입각한 형벌을 제시하였다. 물론 동해보복은 손해 내지 피해에 대해, 예컨대 소규모 절도에 대해 사형을 가하는 것과 같이, 더 큰 형벌을 가하는 것을 금한다는 측면에서는 합리적인 측면도 있다. 우리나라의 경우 고조선의 8조금법에도 '사람을 살해한 자는 죽음으로 갚는다.'는 조항이 있었다고 한다. 영국에서는 1500년부터 1550년까지 7만 명 이상이 사형으로 목숨을 잃었으며, 화형이나 시체훼손 등 잔인한 형벌을 실시하였다. 18세기 서구 계몽주의 사상이 '인간의 존엄성'을 강조하면서 사형은 점차 줄어들기 시작했다. 근대 형법학의 아버지라고 불리는 체사레 베카리아(Cesare Beccaria)는 저서 「범죄와 형벌」에서 최초로 사형제 폐지를 주장했고, 그 후 서구 사회에서 치열한 논쟁을 거치게 된다. 베카리아는 '인간은 오류 없는 존재일 수 없으므로 사형을 내릴 만큼 충분한 확실성이 결코 보장될 수 없다. 사형은 국민에 대한 국가의 전쟁이요, 법을 빙자한 살인이다.'라고 주장했고, 이러한 견해가 서구에서 점차 확산되었다. 1961년 국제사면위원회(국제엠네스티)가 출범하였고, 1977.12. 사형에 무조건 반대한다는 '스톡홀름 선언'을 발표하면서 처음으로 16개국이 이 안에 서명하게 된다. 2018년을 기준으로 전 세계 162개 국가가 사형제를 법률상 폐지하거나 10년 이상 사형을 집행하지 않아 실질적으로 폐지하였다. 우리나라의 경우 1997.12.30.에 마지막 사형집행이 있었다. 3. **사형폐지 논쟁** 1) **사형존치론(합헌론)** 사형제 존치의 논거로는 첫째, 무고한 일반국민의 생명이 우선한다는 것이다. 둘째, 사형제가 강력한 범죄억제력을 갖고 있다고 한다. 사형은 잠재적 범죄자를 포함하는 모든 국민에게 종신형보다 더 큰 위하력을 발휘하여 강력한 범죄억제력을 가지고 있다고 주장한다. 셋째, 범죄와 형벌 사이의 균형성과 관련하여 극악한 범죄자에게 종신형을 선고하는 경우 형벌로 인한 범죄자의 법익침해 정도가 당해 범죄로 인한 법익침해의 정도 및 범죄자의 책임에 미치지 못하게 된다고 한다. 넷째, 일반국민의 법 감정에 부합하지 않는다. 다섯째, 형사사법의 비용이 절감된다. 2) **사형폐지론(위헌론)** 첫째, 인간의 생명권은 인간의 존엄성과 분리될 수 없는 기본권으로 모든 기본권의 전제가 되는 권리이며, 사형제는 국가가 일정한 공익적인 목적을 달성한다는 명목 아래 살인행위를 하는 것이며, 범죄자라 하더라도 생명이 유지되도록 해야 한다고 본다. 둘째, 사형제의 범죄억제력 및 예방효과가 없다. 사형의 일반 예방적 효과는 현실적으로 범행을 결의한 자에게는 아무런 위협도 되지 않으며, 오직 응보의 기능밖에 없는 형사 정책적으로 무의미한 형벌이라 한다. 셋째, 범죄의 원인에는 범죄인의 악성과 반사회성뿐만 아니라 국가와 사회 환경적 요인도 적지 않은데 국가가 범죄의 모든 책임을 범죄인에게 돌리고 반성의 기회조차 박탈하는 것은 형벌에 있어서 책임의 원칙에 반한다. 넷째, 절대적 종신형을 도입함으로써 범죄인을 사회로부터 격리하는 것이 충분히 가능하므로 굳이 사형이라는 비인도적인 형벌을 유지할 필요가 없다. 다섯째, 미국의 경우 형사사법비용이 사형제를 유지할 때보다 절감한다. 여섯째, 재판은 인간이 행하는 것으로 오판의 가능성을 절대적으로 배제할 수 없다고 한다. 또한 오판에 의해 사형이 집행된 경우 원상회복이 불가능하다. 일곱째, 정치적 수단으로 악용될 우려가 있다. 여덟째, 사형은 범죄자의 생명을 박탈하는 것으로 범죄자에 대한 개선의 가능성을 포기하는 형벌이므로 형벌의 목적의 하나인 개선의 목적에 반하여 사형제의 정당성을 인정할 수 없다. 아홉째, 피해자들의 가족 및 일반 국민의 법 감정과 관련하여 동일한 죄질이더라도 시대적 분위기가 엄벌화에 있는지 관용화에 있는지에 따라 사형양형의 결과가 달라지기도 한 점을 지적하면서 여론을 의식하는 선출직 국회의원들의 소극적 태도, 유족들의 재판 개입 등에 대해 비판하는 견해가 있다. 3) **판례** (1) **대법원** 사형제도는 언제나 국가의 형사정책과 인도상 문제로서 심각하게 고려되고 비판될 문제이기는 하나 이것은 국가의 발전과 도덕적 감정 변천에 따라 그 제도의 입법적 존폐가 문제 될 것이라고 하여 역시 법감정을 사형제도 존치 근거로 하고 있다(대판 1963.2.28. 62도241; 1967.9.19. 67도988; 1983.3.8. 82도3248; 1991.2.26. 90도2906). 대법원은 「사형의 선고 여부를 결정함에 있어서는 형법 제51조가 규정한 사항을 중심으로 범인의 연령, 직업과 경력, 성행, 지능, 교육정도, 성장과정, 가족관계, 전과의 유무, 피해자와의 관계, 범행의 동기, 사전계획의 유무, 준비의 정도, 수단과 방법, 잔인하고 포악한 정도, 결과의 중대성, 피해자의 수와 피해감정, 범행 후의 심정과 태도, 반성과 가책의 유무, 피해회복의 정도, 재범의 우려 등 양형의 조건이 되는 모든 사항을 철저히 심리하여야 하고, 그러한 심리를 거쳐 사형의 선고가 정당화될 수 있는 사정이 있음이 밝혀진 경우에 한하여 비로소 사형을 선고할 수 있다(대판 2006.3.24. 2006도354; 2010.6.10. 2010도4347 등 참조)」고 하고 있다(대판 2015.8.27. 2015도5785, 2015전도105). (2) **헌법재판소** ① **헌재 1996.11.28. 95헌바1 결정** 헌법재판소는 형법 제41조 제1호, 제250조 제1항은 헌법에 위반되지 않는다고 하면서 다음과 같은 논거를 제시하였다. 첫째, 생명권도 헌법 제37조 제2항에 의한 일반적 법률유보의 대상이 될 수밖에 없으나, 생명권에 대한 제한은 생명권의 완전한 박탈을 의미하므로 사형이 비례의 원칙에 따라서 최소한 동등한 가치가 있는 다른 생명 또는 그에 못지아니한 공공의 이익을 보호하기 위한 불가피성이 충족되는 예외적인 경우에만 적용되어야 한다고 하였다. 둘째, 모든 인간의 생명은 자연적 존재로서 동등한 가치를 갖지만 그 동등한 가치가 서로 충돌하게 되거나 생명의 침해에 못지아니한 중대한 공익을 침해하는 등의 경우에는 국민의 생명·재산 등을 보호할 책임이 있는 국가는 어떠한 생명 또는 법익이 보호되어야 할 것인지 그 규준을 제시할 수 있는 것이라 하였다. 셋째, 사형은 죽음에 대한 인간의 본능적 공포심과 범죄에 대한 응보욕구가 서로 맞물려 고안된 "필요악"으로서 불가피한 선택이라면서 지금도 여전히 제기능을 하고 있으므로 정당화될 수 있다고 하였다. 넷째, 타인의 생명을 부정하는 범죄행위에 대하여 행위자의 생명을 부정하는 사형을 그 불법효과의 하나로서 규정한 것은 행위자의 생명과 그 가치가 동일한 하나의 혹은 다수의 생명을 보호하기 위한 불가피한 수단의 선택이라고 하였다. ② **헌재 2010.2.25.**

2008헌가23 결정 첫째, 사형제에 대한 위헌심사의 범위 및 사형제의 헌법적 근거에 관하여 상세히 설시하였다. 사형제가 위헌인지 여부의 문제는 헌법재판소에 최종적인 결정권한이 있지만, 사형제의 존폐문제는 민주적 정당성을 가진 입법부가 결정할 입법정책적 문제라 하였다. 헌법 제110조 제4항은 법률에 의해 사형이 형벌로서 규정되고 그 형벌조항의 적용으로 사형이 선고될 수 있음을 전제로 하여, 사형을 선고한 경우 비상계엄하의 군사재판이라도 단심으로 할 수 없고 사법절차를 통한 불복이 보장되어야 한다는 취지의 규정으로, 문언의 해석상 사형제도를 간접적으로나마 인정하고 있는 것으로 보았다. 둘째, 헌법재판소는 헌법이 절대적 기본권을 명문으로 인정하고 있지 않다고 하면서, 생명권은 헌법 제37조 제2항에 의한 일반적 법률유보의 대상이 된다는 점을 적시하였다. 또한 생명이 비록 이념적으로 절대적 가치를 지니더라도 생명권 역시 헌법 제37조 제2항에 의한 일반적 법률유보의 대상이 된다고 하였다. 그리고 생명권에 대한 제한은 생명권의 완전한 박탈을 의미하므로 생명권 제한이 정당화될 수 있는 예외적인 경우에는 생명권 박탈이 초래된다 하더라도 기본권의 본질적 내용을 침해하는 것이라 볼 수 없다고 하였다. 셋째, 사형제가 헌법 제37조 제2항을 위반한 생명권 침해인가의 여부에 관하여 헌법재판소는 입법목적의 정당성과 수단의 적합성이 있고, 무고한 일반국민의 생명 보호 등 중대한 공익의 보호와 정의실현 및 사회방위라는 공익은 극악범죄자의 생명권보다 작지 않다고 하면서 그 범죄의 잔혹함에 비하여 과도한 형벌이라고 볼 수 없다고 하여 법익균형성을 갖추었다고 판단하였다. 넷째, 사형제가 인간의 존엄과 가치를 규정한 헌법 제10조에 위반되는지 여부에 관하여 헌법재판소는 헌법이 간접적으로나마 사형제를 인정하고 있고, 사형제가 생명권 제한에 있어서 헌법 제37조 제2항에 의한 헌법적 한계를 일탈하였다고 볼 수 없는 이상 범죄자의 생명권 박탈을 내용으로 한다는 이유만으로 인간의 존엄과 가치를 규정한 헌법 제10조에 위배된다고 할 수 없다고 하였다. 또한 사형선고나 집행하는 법관 및 교도관 등이 인간적 자책감을 가질 수 있다는 이유만으로 법관 및 교도관 등의 인간으로서의 존엄과 가치를 침해하는 위헌적인 형벌제도라고도 할 수 없다고 판시하였다. 4. **외국의 입법례와 헌법적 판단** 1) **독일** 독일기본법 제2조 제2항은 「모든 사람은 생명권과 신체를 훼손당하지 않을 권리를 가진다.」라고 규정하고, 동법 제102조에서 「사형은 폐지된다.」라고 규정하고 있다. 이러한 규정 때문에 입법자는 사형을 형벌로 도입할 수 없고 법관은 사형을 선고할 수 없게 되지만, 범인을 국외로 추방하여 사형이 집행되는 사례까지는 사형을 금지하지는 않으며 일정한 경우 종신형에 처하더라도 위헌이 아니라는 것이 연방헌법재판소의 입장이다. 2) **미국** 미국은 2차 세계대전 이후 유럽 각국이 사형제를 폐지하기 시작하자 이에 발맞추어 1967년 사형제에 대한 모라토리엄(Moratorium)을 선언하였지만, 미국 연방대법원은 사형제 자체에 대해서는 위헌결정을 내리지 않았다. 1972년 Furman v. Georgia, 408 U.S. 238(1972) 사건에서 배심원들에게 사형에 관한 광범위한 재량을 부여하고 있는 조지아 주의 사형제를 자의적인 것으로 판단하고, 사형은 잔인하고 이상한 형벌이라는 점을 인정하여 위헌판결을 내렸다. 이 판결에 의해 미국 전역에서 약 4년간 사형집행이 일시적으로 중단된 바 있다. 하지만 4년 후인 1976년 Gregg v. Georgia, 428 U.S. 153(1976)사건에서 조지아주법에서 배심원이 사형을 결정할 수 있는 10개의 가중사유를 두고 있으므로, 이는 명확하고 객관적인 기준을 제시하는 것으로 보아미 연방 수정헌법 제8조 및 제14조 위반이 아니라고 판시하였다. 그리하여 중단되었던 사형집행은 다시 재개되었다. 이후 여러 판결에서 사형제는 위헌이 아니라는 판결이 나왔다. 최근에는 Kennedy v. Louisiana, 957 So, 2d 757(2008) 사건에서 12세 미만인 자에 대한 강간죄에 대하여 사형을 형벌로 규정한 루이지애나 주법 규정을 아동 강간죄에 대해 사형을 규정한 주가 다수의 주가 아니라는 이유로 이른바 Consensus가 형성되어 있지 않다는 이유로 위헌이라는 판결이 나왔다. 미국은 2011년 일리노이 주의 사형 폐지로 17개주가 사형을 폐지하였고 같은 해 11월 오레곤 주가 사형 집행 모라토리엄을 선언한 바 있다. 현재 연방정부 및 34개 주에서 사형제를 인정하고 있다. 3) **일본** 일본에서는 1946년에 평화헌법체제 아래 사형제에 관한 최초의 헌법재판이 제기되었는데, 이에 대해 일본 최고재판소는 1948.3.12. 합헌을 선언하였다. 이후에도 일본은 1949.8.18. 제1소법정판결, 1953.11.19. 제1소 법정판결, 1958.6.27. 제2소법정판결, 1983.7.8. 판결, 1993.9.21. 판결 등에서 사형제는 합헌이라고 일관된 태도를 보이고 있다. 5. **사형제도의 개선방안** 헌법 제110조 제4항 단서는 사형제도를 제한된 범위에서 법률로 규정할 수 있음을 규정할 뿐이지 사형제도를 규정하는 법률을 제정하도록 강제하는 것은 아니다. 따라서 사형제도의 위헌성에 비추어 법률의 제·개정을 통해서 사형제도를 폐지하는 것이 가장 바람직한 방법이다. 하지만 현실적으로 사형제도는 폐지가 매우 어려운 제도이다. 따라서 궁극적으로 사형제도 폐지를 지향하면서 과도기적인 법률의 제·개정을 모색할 필요가 있다. 이러한 입법방향에는 ① 사형선고를 신중하게 하는 입법(자동상소제, 사형 선고의 만장일치제), ② 사형제도 폐해를 제거하는 입법(재심기회 확대, 사형대상 범죄 축소), ③ 과도기적인 사형폐지입법(사형의 시험적 폐지, 사형집행유예제도)을 생각할 수 있다. 그리고 궁극적으로 ④ 사형제도의 대체방안도 검토할 필요가 있다.

사회계약론social contract theory ㊀ Theory of Social Contract, ㊁ Theorie des Gesellschaftsvertrags, ㊂ Théorie du contrat social. 1. **의의** 사람들이 자신을 지배하는 정치적 권위에서 합법적 근거를 찾아내려는 시도 그리고 일반의지의 행위를 통해서 집단의 제 규정과 조건을 결정해내는 태도를 설명하고자 하는 이론 중의 하나이다. 다시 말하여 각 집단의 구성원과 재산을 공동의 힘으로 보호하고 방어할 결사를 어떻게 구성하느냐 하는 문제이다. 모든 인간은 천부의 권리를 가지는데, 자연 상태에서는 이러한 자유와 권리의 보장이 확실하지 않으므로 계약을 맺어 국가를 구성하고 자신들의 권리를 국가에 위임하였다는 이론이 사회계약이론이다. 2. **사회계약론자들** 1) **토마스 홉스(T. Hobbes)의 사회계약론** 인간에 대한 기본적 인식의 전제로서, 인간은 모두 평등하다는 것, 인간은 모두 이기적이라는 것, 인간은 자신의 생명과 재산의 보호를 최우선의 목표로 한다는 것, 그리고 모든 인간은 합리적이라는 것을 전제로 하고 있다. 자연 상태에서는 협력이나 복종을 강제할 수 있는 권한이 존재하지 않으므로 인간은 자기 욕구충족 및 보호를 위해 서로가 서로를 빼앗고 죽이는 공멸만이 존재하는 만인의 만인에 대한 투쟁(bellum omnium contra omnes; the war of all against all)이 필연적으로 발생하게 된다. 그러나 인간은 합리적이므로 이것을 막을 방법을 찾게 되고, 그로 인해서 사람들은 특정한 사람 혹은 집단(assembly)에게 권력을 몰아주게 되는데(**신탁(복종)계약설**), 그가 바로 왕이 되는 것이고, 비로소 갈등상태를 강제적으로 해결할 힘(Force)를 지니게 된다. 기존의 왕권신수설을 부정하고 권력의 절대성을 강조하였다. 2) **존 로크(J. Locke)의 사회계약론** 자연 상태의 인간은 완벽한 자유를 누리면서 완벽한 평등의 상태에서 살아간다. 하지만 자연 상태에서 어느 한 사람이 다른 사람의 권리를 침해하거나, 위해를 가하는 경우가 발생하게 되는 경우, 그 분쟁을 공정히 판단하여 공격자를 처벌하고 무고한 이를 지켜줄 판결이 존재하지 않는다. 인간은 자신의 재산(생명, 신체, 재물 등)을 더욱 잘 보장받기 위하여 적당하다고 판단이 되는 존재에게 자신들의 자연적인 권리, 즉 자신의 자유와 권리를 더불어서 분쟁을 판결할 권리까지 위임한다(**위임계약설**). 이것이 인간이 자연상태를 벗어나 사회를 이루게 되는 계기이다. 개인들의 자연적인 권리를 위임받은 정부는 그 구성원들의 재산을 지키고 그것을 이롭게 하기 위하여 존재한다. 이러한 계약이 이루어지면 구성원은 그 사회의 규칙과 법률에 복종해야 하지만, 그것에 무조건적으로 복종하는 것은 아니다. 정부가 구성원의 재산을 지키지 않고 그것을 잘못 사용하게 되면 그 정부는 해체될 수 있다. 왜냐하면, 자연 상태에서 한 개인이 다른 개인의 권리를 침해하고, 그에게 위해를 가하는 경우나 정부가 그 구성원의 재산을 침해하고, 잘못 사용하는 것은 같은 경우이기 때문이다. 정부가 사회의 형성 목적에 어긋나게 행동하면 그 정부는 해체될 수 있다고 말했다. 3) **루소(J.J. Rousseau)의 사회계약론** 본디 인간은 자연 상태에서 평화롭고 공상적이며, 독자적이고 소규모 집단을 이루어 산다. 경쟁이나 갈등은 없고, 모두가 내면에 감성과 양심을 갖추어 도덕적이다. 그러나 인구가 늘면서 점차 공동체가 형성되고, 노동의 분업화가 이루어지는데 이 과정에서 서로를 비교하게 된다. 이것은 서로에 대한 질투 또는 자만으로 이루어진다. 또한 사유 재산의 개념으로 인해 단순하고 순수했던 인간들이 탐욕스럽고 경쟁적으로 변하며, 결국 불평등이 야기되어 누군가는 재산을 소유하고, 다른 누군가는 그들을 위해 일하는 계급으로서 등장하게 된다. 그리하여 재산이 있는 사람들은 모두의 평등과 보호를 보장하기 위함이라는 이유로 사회 계약을 맺게 된다. 그러나 실상은 오히려 재산을 만들어내는 불평등을 강화하게 되고, 결국 이런 사회 계약은 갈등과 경쟁을 부추기게 된다. 루소는 '인간은 모두 자유롭게 태어났지만, 어디서나 사슬에 매여 있다.'고 하였으며, 자연으로 돌아가기를 촉구했다. 그러나 현실적으로 자연으로 돌아가는 것은 무리이므로, 사회계약의 목적은 대신 자유를 보장하는 것이 된다. 그리하여 개인의 의지 중 공동선을 지키고자 하는 의지들이 모여 보편의지(일반의지)를 이루게 된다. 따라서 주권은 항상 국민에게 속하며, 양도될 수 없다. 국가는 대리인으로서 법을 집행할 뿐이다. 하지만 현실적으로는 이런 방식은 작은 사회에서는 가능하지만 국가 수준의 큰 단위로 넘어가면 실현되기 어렵다. 한편 개인은 일반의지를 타인에게 양도할 수 없고, 법은 일반의지를 실현하기 위해 제정된 것이므로 개인은 법에 복종해야 한다. 그리고 루소는 이 보편의지의 실현을 위해 강력한 직접 민주주의를 제시하였다. 4) **존 롤스(J. Rawls)의 정의론** 사회계약론의 현대적 변용이자 구체화로서 존 롤스는 정의론에서 그 구체적 내용을 제시하였다. 롤스는 사회의 기본적 가치, 즉 자유와 기회, 소득과 부, 인간적 존엄성 등은 평등하게 배분되어야 하며, 이러한 가치의 불평등한 배분은 그것이 사회의 최소 수혜자에게 유리한 경우에만 정당하다고 주장하였다. 롤스는 이러한 사회 정의의 기본 원리로 '기본적 자유 평등의 원리(정의의 제1원리)'와 '차등 조정의 원리(정의의 제2원리)' 두 가지를 제시한다. 롤스는 또한 특정한 정책의 선택이 자신에게 유리할지 불리할지를 모르는 무지의 베일(veil of ignorance)에 가려져 있는 상태, 즉 원초상태(original position)에서 합의되는 일련의 법칙이 곧 사회 정의의 원칙으로 사회협동체를 규제해야 한다고 주장한다. 5) **기타** 오늘날에는 사회계약론에 대해 고티에의 계약주의, 스캔론의 계약주의 등이 논의되고 있다.

사회국가원리社會國家原理 ㊀ Sozialstaatsprinzip. 1. **의의** 1) **개념** 사회국가 개념은 '사회적(sozial)'이라는 개념이 매우 불확정적이기 때문에 정의하기가 매우 어렵다. 사전적 의미에서 사회국가는 모든 시민에게 사회적 정의(Soziale Gerechtigkeit)를 보증할 의무를 갖는 국가를 지칭한다. 여기서 말하는 사회적 정의란 사회적 약자, 특히 경제적 약자에 대한 특별한 배려를 정의의 범주에 포함시키는 것이라 할 수 있다. 사회국가란 사적영역에 대한 국가의 방임을 최선으로 하는 국가가 아니라 적극적으로 개입하고 관여하는 것을 헌법적으로 요구하는 국가, 즉 국가가 국민의 자유와 권리를 소극적으로 보장하는 기능 뿐만 아니라 적극적으로 국민의 자유를 실현할 수 있도록 그 전제를 형성하는 기능으로서 기능이 확대된 국가를 의미한다. 달리 표현하면, 사회국가는 산업혁명 이후의 사회변동을 통하여 조건 지워진 여러 관계들을, 사회의 영역에서도 각자에게 인간의 존엄에 적합한 생활을 보장하고, 복지 수준의 차이를 좁히고, 종속관계를 제거하거나 조정하기 위하여, 개인에게 그의 인격의 발전과 자기책임에 필요한 균등한 기회를 보장하는, 분배하고 급부하며, 지도하고 감독하며, 계획하고 형성하며, 고무하고 조장하는 국가라고 정의할 수 있다. 헌법재판소는「사회국가란 한마디로, 사회정의의 이념을 헌법에 수용한 국가, 사회현상에 대하여 방관적인 국가가 아니라 경제 · 사회 · 문화의 모든 영역에서 정의로운 사회질서의 형성을 위하여 사회현상에 관여하고 간섭하고 분배하고 조정하는 국가이며, 궁극적으로는 국민 각자가 실제로 자유를 행사할 수 있는 그 실질적 조건을 마련해 줄 의무가 있는 국가이다.」라고 하고 있다(헌재 2002.12.18. 2002헌마52). 사회국가는 국가 · 사회일원론에 기초하고 있다. 2) **비교개념** (1) **사회국가와 복지국가** **복지국가**는 주로 영국을 중심으로 권력국가나 나치의 전쟁국가(warfare state)와 대비시켜 국민의 복지 유지와 향상을 국가의 목표로 하는 영국의 국가이념을 복지국가라 부르면서 널리 사용되었다. 특히 1942년 베버리지(W. H. Beveridge)를 위원장으로 한「사회보험 및 관련 서비스 각 행정부의 연락위원회」에서 제출한 베버리지 보고서 발표 이후 본격적으로 사용되었다. 사회국가와 복지국가 두 개념 모두 사회적 곤궁과 질병, 사고, 실업, 재해, 고령 등 생활의 위험을 방지 또는 제거하려 하고, 개인의 안전과 복지를 보장하려고 한다는 점에서 동일하다고 할 수 있다. 하지만 사회국가가 개인의 생활을 가급적 스스로 책임지도록 하는 반면, 복지국가는 국가가 전적으로 개인의 생활을 책임지려고 한다는 점에서 근본적인 차이를 발견할 수 있다. 즉 사회국가는 복지국가와 달리 개인의 생활을 스스로 설계하고 형성하도록 하여 개인 스스로 책임지는 자유의 범위를 확대하려고 하는 것이다. 이는 사회국가의 개념이나 한계에서 언급될 수 있는 보충성의 원리(Subsidiaritätsprinzip)와 밀접한 관련을 갖는다. 오늘날에는 사회국가와 복지국가는 엄격하게 구별하여 사용되고 있지는 않다. 사회국가를 복지국가의 하위개념으로 보기도 하고, 사회국가와 복지국가를 구별하면서도 사회국가 혹은 복지국가라는 용어로 통일해서 사용하기도 한다. 다만 사회국가와 복지국가를 동일시하는 데에 대해 반대하는 견해도 있다. 우리 헌법재판소는 민주복지국가, 문화복지국가, 사회복지국가, 사회국가원리, 복지국가원리 등의 여러 가지 표현으로 표현하고 있어서 그 일관성과 관련하여 비판이 있다. 학계에서는 복지국가원리로 사용하는 것이 일반적이다. ➜ 복지국가. (2) **사회국가와 사회주의국가** 사회국가는 **사회주의국가**(Sozialistischer Staat, proletarischer Klassenstaat)와 구별된다. 사회국가와 사회주의국가 모두 자유시장경제체제에 있어서 노동자의 빈곤화, 자본의 독점화와 부의 집중, 주기적인 경제위기와 대량실업 등의 문제에 대해 비판하면서 이러한 문제의 해결을 추구한다는 점에서 공통점을 발견할 수 있지만, 그 실현방법에 있어서 사회국가는 자유시장경제체제를 유지하면서 개혁(Reform)을 통해 가능하다고 보고, 사회주의국가는 생산수단의 사유를 인정하는 자본주의 질서 하에서는 그러한 개혁이 불가능하다고 보면서 혁명(Revolution)을 통해서만 가능하다고 보는 점에 차이가 있다. 2. **연혁** 1) **독일의 경우** 사회국가는 19세기 후반 독일에서 산업화, 인구증가, 도시화 및 자유주의의 폐해에 대한 반성 등으로 등장한 개념이다. 하지만 헌법적 차원에서 다루어지지 않았고, 입법이나 행정을 통하여 사회보장관련법률의 제정을 통하여 실현되었다. 바이마르 시대에는 사회적 기본권을 헌법전에 규정하였으나, 헌법현실에서 이를 구체화할 가능성이 크지 않았고, H. Heller에 의하여 사회적 법치국가개념이 등장하였다. 2차 대전 후 본 기본법의 제정으로 비록 바이마르 헌법상의 사회적 기본권을 헌법전에 목록화하지는 않았으나, Heller의 사회적 법치국가 이념이 전면에 등장하였고, 기본법 제20조 제1항의 「사회적 연방국가」라는 표현과 제28조 제1항의 「사회적 법치국가」라는 표현에서 사회국가를 지향하고 있음을 명확히 하였다. 사회국가의 내용에 관하여 1950년대에 치열한 논쟁을 거쳐 1960-70년대에 사회국가성의 의미와 내용에 관한 구체화로서 사회적 기본권에 관한 논의가 활발하게 진행되었다. 1980년에 들어와서는 70년대 오일 쇼크 이래 사회적 급부의 제한의 정당화와 법치국가의 강화경향이 나타났다. 오늘날에는 시대상황의 변화에 따라 사회경제적인 균형발전과 사회적 약자에 대한 보호를 통한 사회정의의 실현을 위하여 새로운 시대에 걸맞는 헌법상 사회국가원리의 검토가 행해지고 있다. 2) **독일 이외 국가** 독일 외에 서유럽의 프랑스, 스페인, 터키 등이 독일의 기본법상의 의미의 사회국가 조항을 두고 있으며, 덴마크, 그리스, 아이슬란드, 이탈리아, 말타, 모나코, 네델란드, 스웨덴 등은 사회적 국가목표를 독일 기본법규정과는 다른 형태로 규정되어 있다. 그리고 유럽 외의 지역에서는 아프리카의 다수 국가들과 라틴아메리카의 아이티 등의 국가들 헌법에서 스스로를 사회국가로 규정하고 있다. 미국의 경우, 헌법전에는 명문의 규정이 없지만, 사회국가 이념을 구현하는 사회·노동 관련법률과 연방대법원의 판결을 통하여 사회국가 이념을 구현하고 있다. 그 외에, 국제조직도 사회적 과제로서 각국에 사회국가원칙을 실현하도록 영향을 가할 수 있을 뿐만 아니라 스스로에게 그러한 사회적 과제를 부여하는 규정을 둘 수 있는데, 국제연합은 1945년 국제연합헌장 제45조에 국제적으로 평화적이고 우호적인, 그리고 상호 존중에 기초한 관계가 지배될 수 있는 데에 필요한 안정과 복지의 상태를 이룩하기 위하여 생활수준의 향상, 완전고용, 경제적 사회적 발전과 성장을 위한 전제조건의 진흥, 경제·사회·건강 등의 문제의 해결 및 문화와 교육 등의 분야에서 국제적 협력 및 교육의 진흥, 인종·성별·언어·종교의 차별 없이 인권과 기본적 자유의 일반적 존중 및 실현에 진흥할 것을 규정하고 있다. 3. **현행헌법상 규정** 현행헌법에서 직접 사회국가를 언급하는 명시적 규정은 없으나, 사회국가원리를 구체화하는 여러 규정으로 사회국가원리를 수용하고 있다. 먼저 전문(前文)에서 「… 모든 영역에 있어서 각인의 기회를 균등히 하고 … 안으로는 국민생활의 균등한 향상을 기하고 …」라고 하고, 제10조에서 「모든 국민은 인간으로서의 존엄과 가치를 가지며, 행복을 추구할 권리를 가진다.」라고 하며, 제119조 제2항은 「국가는 균형있는 국민경제의 성장 및 안정과 적정한 소득의 분배를 유지하고, 시장의 지배와 경제력의 남용을 방지하며, 경제주체간의 조화를 통한 경제의 민주화를 위하여 경제에 관한 규제와 조정을 할 수 있다.」고 규정하였다. 또한 제31조부터 제36조에 걸쳐 일련의 사회적 기본권을 보장하고 있으며, 제23조에서는 재산권이 사회적 구속성을 강조하고, 제126조에서는 사영기업의 국공유화가능성 등을 언급함으로써 재산권의 상대화와 사회화를 규정하고 있다. 4. **사회국가원리의 법적 성격** 사회국가원리의 법적 성격에 관해서는 그 규범성을 인정하는 견해와 부정하는 견해가 대립되어 있으나, 사회국가원리는 모든 국가권력의 담당자에게 적극적인 사회형성을 통해 사회적 대립을 조정하고, 그렇게 함으로써 정의로운 사회질서를 마련하도록 그에 상응하는 권한과 의무를 부여하는 직접적 효력을 가진 헌법지침적·수권규범(授權規範)적 성격을 갖는다고 할 수 있다. 또한 그것은 법적 구속력을 갖는 헌법의 기본원리 내지는 국가목표규정임과 동시에 헌법정책적으로도 적극적인 경제·사회·문화정책의 시행을 명령하는 중대한 파급력을 갖는다고 할 수 있다. 사회국가를 구체화하는 제1차적 책임자는 입법부이다. 즉 사회국가원리는 정의로운 사회질서라는 국가목표에 대해서만 천명하고 있을 뿐 그러한 목표를 달성해 나가는 구체적인 방법에 대해서는 침묵하고 있기 때문에, 헌법이 예정하는 사회국가의 범주 내에서 입법부에 광범위한 형성의 자유가 주어진다. 5. **사회국가의 내용** 사회국가의 내용은 '사회적'이라는 용어의 불명확성으로 인해 그 내용을 확정하기가 쉽지 않다. 정의국가설, 평등국가설, 근세국가설, 계획국가설, 급부국가설, 분배국가설 등 다양한 견해가 있다. 일반적으로는 사회적 정의, 사회적 안전, 그리고 사회의무성과 정당한 사회질서 등을 그 내용으로 한다고 할 수 있다. 사회적 정의는 사회공동체에서 국가의 도움을 필요로 하는 자나 경제적 약자에 대하여 인간다운 최소한의 생활을 보장하고, 이를 위하여 국가가 각인에게 균등한 기회를 보장하여야 함을 의미한다. 사회적 정의는 평등의 방법으로 실현된다. 사회적 안전은 국가가 국민에게 안심하고 개인의 생활을 영위할 수 있게 배려하는 것이다. 이러한 배려는 국민의 경제적·문화적 생활능력을 조성하고 배려함으로써 사회적 평화를 달성할 수 있다. 6. **사회국가의 한계** 1) **개념적 한계** 사회국가를 복지국가와 엄밀히 구별하려는 입장에서는, 자기책임의 우선성(Primat der Selbstverantwortung)이나 보충성의 원리(Subsidiaritätsprinzip)와 관련하여, 국민 개개인의 경제활동을 자유롭게 보장하며, 그들의 창의력이나 자율성이 최대한 발휘될 수 있도록 이를 지원하고, 국민들이 자신의 생활을 가급적이면 스스로 책임지도록 하는 방법으로 실현되어야 한다고 한다. 물론 사회적·경제적 약자에 대해서는 국가가 그 최저생활을 보장해야 한다고 한다. 2) **규범적 한계** 사회국가를 어떻게 실현할 것인가는 일차적으로 입법자의 과제라 할 수 있고, 따라서 입법자는 국가과제에 관한 헌법규범으로서의 사회국가 범위 내에서 광범위한 정치적 형성의 자유를 갖는다. 입법자에게 부여되는 정치적 형성의 자유는 무제한의 것이 아니라 기본권을 포함한 헌법적인 틀 안에서만 인정된다. 3) **현실적 한계** 사회국가의 실현을 위해서는 반드시 국가의 급부능력이 필요하며, 이러한 국가의 급부능력에 따라 사회국가는 그 한계를 가질 수밖에 없다. 국가는 사회국가원리를 실현하는 데 필요한 복지재정을 확보하고 재정건전성을 항상적으로 유지할 필요가 있다.

사회권社會權 ㊀ social rights, ㊀ soziale Grundrechte/Recht auf ein menschenwürdiges Dasein, ㊀ droits sociaux. 1. **서론** 1) **의의** 사회권이란 단체주의적 사회정의의 실현을 국가목적으로 하는 사회국가(복지국가)에서 국민이 인간다운 생활을 확보하기 위하여 일정한 국가적 급부와 배려를 요구할 수 있는 권리를 말한다. 생존권적 기본권, 생활권적 기본권, 사회적 기본권, 국가사회권, 생활권 등 다양한 용어가 사용되고 있다. 2) **사회권의 연혁과 사회국가 원리의 헌법적 수용** (1) **연혁** 사회권이 헌법전에 등장한 것은 1차세계대전 이후이며 자본주의 발전에 따른 부의 편재, 빈곤의 확대와 실업의 범람 등이 심각한 사회문제로 대두되자 모든 사회구성원들의 최저한의 인간다운 생존을 보장하고 나아가 실질적 평등이라는 사회정의를 구현하기 위한 사회권사상이 강조되었고 1919년 바이마르 헌법에서는 사회권이 실정화되기에 이르렀다(동 헌법 제151조 제1항). 이러한 바이마르 헌법의 사회권조항은 2차 대전 이후 유럽 각국의 헌법과 세계인권선언 · 유럽사회헌장(1961) 등에 계승되었으며 우리 헌법의 경우 역대헌법에서 사회권을 규정하고 있고 현행헌법은 새로운 사회권의 유형을 추가 · 신설함으로써 그 내용에 다양성을 부여하고 있다. (2) **사회국가 원리의 헌법적 수용** 사회국가 원리를 헌법에 수용하는 양식으로는 ㉠ 사회국가 조항만을 규정하는 경우, ㉡ 명시적인 사회국가 조항을 두지 않고 사회권 등 사회국가적 목표를 개별적으로 헌법에 규정하는 경우, ㉢ 사회국가 조항과 함께 구체적인 사회국가 실현의 방법을 규정하는 경우, ㉣ 사회국가 원리에 관한 아무런 헌법규정도 두지 않는 경우 등이 있다. 우리 헌법은 제헌헌법 이래 현행헌법에 이르기까지 사회국가 조항을 명시적으로 규정하지 아니하고 제119조 이하에서 경제에 관한 국가의 포괄적인 규제 및 조정의 권한 규정을 두는 한편 사회국가 원리에 따른 세부적인 과제를 사회권의 형식으로 규정하고 있다. 2. **사회권의 법적 성격** ➔ 사회권의 법적 성격. 3. **자유권과 사회권의 관계** 1) **자유권과 사회권의 차이** (1) **이념적 기초의 차이** 자유권은 근대 입헌주의 헌법의 이념에 기초해 있다. 즉, 자연법사상, 사회계약론, 계몽주의, 자유주의, 개인주의, 시민국가원리 등에 기초해 있다. 반면에 사회권은 현대복지주의 헌법의 이념에 기초해 있다. 즉 사회정의의 실현을 위한 단체주의, 복지국가, 사회국가, 급부국가원리에 기초해 있다. (2) **법적 성격의 차이** 자유권은 전국가적 권리로서 국가권력으로부터의 침해를 배제하는 소극적 · 방어적 · 항의적 성격의 권리이다. 반면에 사회권은 국가 내적 권리로서 국가의 관여(배려와 급부)를 요청하는 적극적 권리이다. 다만, 권리의 성격과 관련하여 종래 자유권은 구체적 권리이지만 사회권은 추상적 권리라는 이론이 있었으나, 오늘날에는 사회권도 자유권보다는 약하지만 구체적 권리로 이해되고 있다. (3) **권리주체의 차이** 자유권은 천부인권적 자연권이기 때문에 국민 및 외국인의 권리이다. 다만 외국인에 대해서는 일정한 제한이 불가피한 경우도 있다. 하지만 법인은 예외적으로 권리의 주체가 될 수 있을 뿐이다. 반면에 사회권은 국가내적 권리이기 때문에 원칙적으로 자연인 중에서 국민만이 누리는 권리이다. 외국인은 국내법이 허용하는 범위내에서 예외적으로 권리의 주체가 될 수 있을 뿐이다. 또한 법인의 기본권주체성도 부인된다. (4) **기본권의 효력상 차이** 자유권은 모든 국가권력을 직접 구속하는 권리이기 때문에 헌법규범이 바로 재

ㅅ

판규범이다. 사회권도 원칙적으로 자유권과 마찬가지의 효력을 가지기는 하지만, 국가권력 중에서 주로 국회의 입법형성권을 구속하며 재판규범으로서의 성격이 자유권에 비하여 상대적으로 약화되어 있다. 기본권이 대사인적 효력에 있어서도 자유권은 원칙적으로 사인 상호간에도 효력이 미치나, 사회권은 예외적으로 미칠 뿐이다. (5) **기본권의 제한과 법률유보의 차이** 자유권에 대한 제한은 기본권제한적 법률유보를 의미하지만, 사회권에서의 법률유보는 기본권형성적(기본권구체화적) 법률유보를 의미한다. 2) **자유권과 사회적 기본권의 대립관계** 실질적 평등에 중점을 둔 사회권에 따라 경제적 약자의 생존을 보장하려면 결과적으로 경제적 강자의 경제적 자유를 어느 정도 제한하지 않을 수 없으므로 사회적 기본권이 확대되어 갈수록 자유권은 축소되고 약화될 수 있으나 사회적 기본권이 경제적 자유와 창의를 존중하는 자본주의 체제를 유지하려는 측면에서 인정된 것이라면 양자가 반드시 모순·대립관계에 있다고 보기는 어렵다. 3) **자유권과 사회적 기본권의 조화관계** 진정한 의미의 자유는 생존에 대한 위협과 공포로부터 완전히 해방될 때 비로소 가능하기 때문에 사회적 기본권은 자유권을 뒷받침하고 실효적인 것이 되게 하기 위한 수단의 하나이며 따라서 인간의 존엄성 존중과 인격의 자유로운 발현이라는 헌법이념 아래에서 자유권과 사회적 기본권은 조화되는 것이다. 4. **사회권의 내용** 1) **인간다운 생활을 할 권리** ➜ 인간다운 생활을 할 권리. 2) **사회보장수급권** ➜ 사회보장수급권. 3) **교육을 받을 권리와 교육의 자유** ➜ 교육을 받을 권리와 교육의 자유 4) **노동기본권** ➜ 노동기본권. 5) **환경권** ➜ 환경권. 6) **혼인과 가족에 관한 권리** ➜ 혼인과 가족에 관한 권리. 7) **보건에 관한 권리** ➜ 보건에 관한 권리. 5. **사회권과 헌법소송** 1) **입법부작위 헌법소원** 인간다운 생활권 보장에 관한 헌법규정을 구체화하는 입법이 결여된 경우(입법의 부존재)에 국민은 국가에 대하여 직접 헌법규정에 의하여 인간다운 생활권실현에 관한 구체적 입법이 없음을 위헌이라고 주장할 수 있으며 따라서 헌법상 보장된 기본권이 공권력의 불행사, 즉 입법의 부작위로 말미암아 침해되었음을 이유로 헌법재판소에 헌법소원심판을 청구할 수 있다(헌재 1997. 5.29. 94헌마33(1994년 생계보호기준 위헌확인); 2004.10.28. 2002헌마328). 헌법재판소는 제한적으로 진정입법부작위에 대한 헌법소원만을 인정하고 부진정입법부작위에 대한 입법부작위헌법소원에 대해서는 각하로 일관하고 있다. 2) **위헌법률심판·법령헌법소원** 인간다운 생활권 보장에 관한 헌법규정을 구체화하기 위한 입법이 존재하기는 하나 그 내용이 불충분한 경우(입법의 불충분) 또는 국회가 오히려 헌법의 사회권보장규정에 위반되는 내용의 법률을 제정한 경우(위헌적 입법) 국민은 직접 헌법규정을 근거로 당해법률이 위헌이라는 취지의 위헌법률심판을 제기하거나 법령헌법소원을 제기할 수 있다. 3) **국가에 대한 이행청구** 국민의 생활권 보장을 위한 구체적이고 충분한 입법이 존재하는 경우, 당해 법률에 의하여 보장되는 권리에 대응하는 구체적 의무를 국가가 이행하지 않을 때에는 국민은 국가에 대해 당해 법률에 근거하여 그 이행을 청구할 수 있다. 행정권에 의한 사회권의 침해는 적극적 침해와 소극적 침해로 나뉘는데, 이 경우 행정소송이나 권리구제형 헌법소원 등을 통하여 구제받을 수 있다.

사회권의 법적 성격法的 性格 1. **의의** 자유권이 인간이 자신의 의지에 따라 국가의 간섭없이 개인의 삶을 자유로이 영위할 수 있는 기본권을 의미한다면, 사회권은 인간이 사회적 존재로서 국가공동체의 구성원으로 국가 내에서 상호의존적 삶을 영위할 수밖에 없다는 데에서 유래하는 기본권이다. 자유권이 국가로부터의 부당한 간섭의 배제를 의미한다면, 사회권은 국가에 대하여 국가공동체 구성원으로서의 배려를 요구하는 것을 의미한다. 자유권을 정치적 생존권으로, 사회권(생존권)을 경제적 자유권으로 표현하기도 한다. 자유권이 개인을 주체적이고 합리적인 인격체로 파악하여 개인의 삶을 개인의 주체적 결정에 맡기는 것을 전제로 하고 있다면, 사회권은 개인을 국가공동체 구성원으로 파악하여 개인의 삶에 대한 공동체 전체의 배려와 관여를 전제로 하고 있다고 할 수 있다. 그리하여 자유권이 국가로부터 방해받지 아니할 권리로서 국가에 대한 개인의 주관적 권리로 인정되는데 별다른 이의가 없는데 반하여, 사회권의 법적 성격에 대하여는 다툼이 있어 주관적 공권성이 인정되는지 여부조차 다투어지고 있다. 특히 사회권이 권리로서 그 내용을 명확히 확정하기 어렵다는 점, 사회권은 한정된 자원의 배분문제와 관련되어 정치적 기관이 아닌 사법부가 이 문제를 결정하기는 적당하지 아니하다는 점, 사법부가 결정하더라도 국가재정의 제한 등으로 사실상 집행되기 곤란하다는 점 등을 이유로 사회권을 법적 권리로서의 성격에 대하여는 많은 논란이 있다. 현실적으로도 현재 우리나라는 빈부의 양극화로 인해 빈곤인구가 감소하지 아니하고 있다. 고도의 경제성장에도 불구하고 많은 사람들에게 있어서 헌법상의 사회권은 개인이 국가에 요구할 수 있는 권리라기보다는 하나의 장식적 존재로 머물러 있는 것으로 인식되고 있다. 헌법재판소도 사회권 침해를 이유로 특정 법률을 위헌으로 결정하거나 헌법소원을 인용한 예를 찾기가 어렵다. 사회권의 법적 성격에 대하여는 주로 독일의 이론에 근거하여 구체적 권리인가 아니면 추상적 권리 혹은 프로그램에 지나지 않는가에 대한 연구가 주축을 이루고 있으나, 사회권이 인류보편의 권리로 인식될 필요가 있다는 점에서 세계 보편적 차원에서의 논의가 필요하다. **2. 사회권의 법적 성격에 대한 학설과 판례** (1) **학설의 대립** 사회권도 기본권의 한 부분이므로 일반적으로 기본권이 국가의 공권력을 구속하고 제한하듯이 사회권도 원칙적으로 국가권력을 제한하여야 하지만, 사회권의 특수성으로 인하여 그 법적 성격에 대하여는 견해의 대립이 있을 수 있다. 일부 견해는 사회권이 그 실현을 위하여 사회적인 경제적인 물적 기반이 있어야 하기 때문에 법적 구속력이 없다고 주장하기도 한다. 하지만 기본권이 국가에 대하여 국민이 가지는 기본적 권리라는 것을 인정한다면 자유권과 사회권 등 기본권의 종류에 따라 국가에 대한 구속력에 차이가 있다고 보기 어렵기 때문에 이 역시 국가에 대하여 구속력이 있다고 보아야 한다. 그런데 사회권의 구체적 내용을 살펴보면 국가로부터 간섭받지 아니할 자유권적 측면과 국가에 대하여 일정한 환경이나 조건의 조성을 요구하는 청구권적 측면이 있다. 자유권적 측면은 당연히 구속력을 가지지만, 청구권적 성격 내지 요구권적 측면은 개인에게 권리로서 바로 그 실현을 요구할 수 있는지 여부에 대하여는 견해의 대립이 있을 수 있다. 사회권의 법적 성격에 대하여는 학계에서 다양한 학설의 대립을 보이고 있다. 프로그램규정설, 추상적권리설, 불완전 구체적 권리설, 구체적 권리설 등으로 크게 나누어 볼 수 있다. **프로그램규정설**은 사회권은 구체적, 현실적 권리가 아니고 국가의 사회정책적 목표 내지 정치적 강령을 선언한 것에 불과하다고 설명한다. 그 논거로는, 첫째, 사회권은 국가의 재정적 능력에 크게 의존하는 것이므로 국가의 현실적인 경제적, 사회적 역량이나 재정적 능력이 미치지 못하면 현실적으로 실현할 수 없는 장래의 정책목표인 프로그램에 머무를 수밖에 없으며, 둘째, 사회권은 구체적인 내용을 확정할 수 없으므로 그 내용이 확정되지 않아 입법에 의하여 비로소 구체화될 수 밖에 없는 입법자를 위한 프로그램에 지나지 않는다는 이유 등을 들고 있다. 국가목표(Staatszielbestimmung)규정설은 사회권조항들을 헌법이 국가목표를 제시한 규정으로 이해하는 것으로 사회권을 주관적 권리가 아니고 단순히 객관적인 국가목표로 이해한다는 점에서 광의의 프로그램규정설로 이해할 수 있다. **추상적 권리설**은 사회권은 법적인 권리이기는 하지만 그 내용의 구체적·법적 실현을 직접 청구할 수 없고 구체화하는 입법에 의하여 비로소 구체적인 권리가 되는 추상적인 권리에 머무른다고 설명한다. 그 논거로는, 첫째, 우리 헌법상 권리로 선언되어 있기 때문에 문언상 프로그램이 아닌 권리인 것은 틀림없는 사실이며, 둘째, 사회권의 내용이나 보장방법이 추상적이기는 하지만 헌법상 기본권의 내용이나 보장방법이 정도에 차이가 있을지는 몰라도 역시 자유권이나 청구권에 있어서도 구체적이지 않는 것은 마찬가지이므로 이를 이유로 권리성을 부인할 수는 없으며, 셋째, 사회권은 그 내용이나 실현방법이 국가의 구체적 급부를 요구하므로 이것은 역시 구체적 상황에 따라 달라지는 것이어서 그 내용을 확정할 수는 없어 사법절차상으로 사회권을 이유로 바로 그 권리의 침해 여부나 구제를 청구하는 것은 불가능하다는 이유 등을 들고 있다. **불완전 구체적 권리설**은 사회권이 오늘날에는 불완전하나마 구체적인 권리로서의 성격을 지니고 있다는 점을 유의해야 하고, 또 사회권, 특히 인간다운 생활을 할 권리가 정신적 자유에 못지 않게 중요한 의미를 가진다는 점을 감안하여 이제 사회권을 구체적 권리로 파악하여 적극적인 이론구성이 불가피하다고 보고, 이러한 시각에서 일련의 사회권을 불완전하나마 구체적인 법적 권리의 범주에 속한다고 설명한다. 그 논거로는, 첫째, 모든 헌법규정은 재판규범이라는 점이다. 둘째, 절대빈곤층과 사회적 빈곤층에게는 자유권적 기본권이나 정치적 기본권보다 사회권의 실질적 보장이 더욱 절실한 의미를 가지기 때문이다. 셋째, 우리나라와 같이 사회국가의 원리를 지양하는 사회국가적 성격을 가지는 국가의 경우에는 국가의 과제와 목표는 무엇보다도 사회권의 실현에 중점을 두는 것이어야 하기 때문이다. 넷째, 헌법재판제도가 확립된 경우에는 헌법재판이라는 방법을 통하여 헌법불합치·입법촉구결정을 하는 것이 헌법구조상 반드시 불가능하지 않기 때문이다. 이러한 의미에서 사회권은 자유권적 기본권처럼 직접효력을 가지는 완전한 의미에서의 구체적 권리일 수는 없을지라도 적어도 일부 청구권적 기본권이나 정치적 기본권과 동일한 수준의 불완전한 수준이기는 하지만 구체적인 권리로서의 성격을 가진다고 할 수 있다고 한다. **구체적 권리설**은 사회권의 그 역사적 배경과 자연권적 측면, 또는 헌법의 규범논리적 구조에서 연역하여 사회권규정은 실정법적인 규정이고, 현실적으로 청구권이 인정되는 구체적 권리라고 한다. 즉 사회권은 헌법적 권리이며 국가는 사회권을 실현시켜야 할 헌법적 의무가 생기기 때문에 국민은 국가에 대하여 생존에 관한 조치 등을 해줄 것을 적극적으로 요구할 수 있고 국가는 이에 대하여 적극적으로 응할 의무가 있다는 것이다. 또한 국가는 적절한 입법을 해야 할 의무가 있으며 입법을 하지 않거나 불충분하게 하면 그것은 헌법에 위반된다는 것이다. 국가의 부작위는 사회권의 침해가 되기 때문에 사법적 구제의 대상이 된다고 한다. 사회권에 대한 입법부작위에 의하여 국민의 사회권이 침해된 경우에는 헌법소원을 통하여 입법부작위위헌확인과 권리구제를 받을 수 있다고 본다(헌법재판소법 제68조와 제75

조 제2항 내지 제4항). **특수한 견해**로는 사회권은 헌법에서의 보장수준, 국가의 적극적 급부의 구체적 내용, 실현가능성 등에 따라 프로그램적 권리가 될 수도 있고 추상적 권리나 구체적 권리도 될 수 있다는 주장이 있다. 그리고 사회권을 알렉시의 원칙과 규정모델의 구별 이론에 따라 일단 잠정적으로(prima facie) 개인에게 주관적 권리를 부여하지만 이 권리는 형량을 거친 후에야 비로소 확정적인 권리가 될 수 있다는 주장도 있다. (2) **헌법재판소의 입장** 헌법재판소는 경제적, 사회적, 문화적 권리의 하나인 인간다운 생활을 할 권리의 법적 성격에 관하여, '인간다운 생활을 할 권리'는 여타 사회권에 관한 헌법규범들의 이념적인 목표를 제시하고 있는 동시에 국민이 인간적 생존의 최소한을 확보하는 데 있어서 필요한 최소한의 재화를 국가에게 요구할 수 있는 권리를 내용으로 하고 있다고 하면서 구체적 권리로 해석한 적이 있다(헌재 2000.6.1. 98헌마216). 또 헌법재판소는 최소한의 범위 내에서만 구체적 권리성을 인정하고 그 이상의 것은 법률을 통하여 구체화되는 법률적 권리라고 해석하고 있다(헌재 1995.7.21. 93헌가14; 1998.2.27. 97헌가10 등; 2000.6.1. 98헌마216; 2003.7.24. 2002헌마51). 하지만 헌법재판소는 이와는 다른 뉘앙스로 사회권에 대하여 해석하고 있는 경우도 많다. 사회권실현을 단순한 입법자의 광범위한 형성의 자유범위내로 두어 노력의무 정도로만 해석하거나, 생존권적 기본권과 관련된 입법을 하는 경우에는 국가의 재정부담능력, 전체적인 사회보장수준과 국민감정 등 사회정책적인 고려, 제도의 장기적인 지속을 전제로 하는 데서 오는 제도의 비탄력성과 같은 사회보장제도의 특성 등 여러 가지 요소를 감안하여야 하므로 입법자에게 광범위한 형성의 자유가 인정되고, 따라서 헌법상의 사회보장권은 그에 관한 수급요건, 수급자의 범위, 수급액 등 구체적인 사항이 법률에 규정됨으로써 비로소 구체적인 법적 권리로 형성된다고 보아야 한다고 판시하였다(헌재 2002.12.18. 2002헌마52; 2005.7.21. 2004헌바2). (3) **국제연합에서의 사회권의 법적 성격에 대한 논의** 국제연합의 경제적, 사회적, 문화적 권리에 관한 국제규약 제2조 제1항은 「이 규약의 당사국들은 가능한 모든 자원을 동원하여 이 규약에서 정한 권리들이 완전히 구현되는 상태를 점진적으로 이루어내기 위해, 특히 입법적 조치들을 포함하는 모든 적절한 조치들 취해야 한다.」고 규정하고 있다. 사회권 국제규약에서는 점진적으로 경제적, 사회적, 문화적기본권보호를 이행할 것을 규정하였지만 그 의미는 국가의 경제 수준이나 상태가 어떠함에도 불구하고 '즉시 그리고 가능한 한 신속하게' 경제적, 사회적, 문화적기본권을 실현시키기 위한 노력에 착수해야 함을 의미한다. 또한 경제적, 사회적, 문화적기본권에 있어서 차별금지나 경제적, 사회적, 문화적기본권에 대한 적극적 침해를 하지 않아야 할 국가의 의무, 경제적, 사회적, 문화적기본권에 대하여 이미 성립되어 있는 기존 보장 내용을 폐지하거나 철회함으로써 보호정도를 악화시키지 않아야 한다. 그리고 경제적, 사회적, 문화적기본권은 가능한 모든 자원을 동원하여 이루어져야 한다. 경제적, 사회적, 문화적 기본권을 보장하기 위하여 사회권 국제규약을 제정한 후 국제연합은 1986년 '경제적, 사회적, 문화적 권리에 관한 국제규약이행에 관한 림버그원칙(The Principles on the Implementation of the International Covenant on Economic, Social, and Cultural Right)'을 채택하고, 10년 후인 1997년에 '경제적, 사회적, 문화적 권리 침해에 관한 마스트리히트 가이드라인(The Maastricht Guidelines on Violation of Economic, Social, and Cultural Rights)'을 채택하였다. 이 가이드라인은 경제적, 사회적,

문화적 권리의 의의를 명확히 하고, 그 침해를 정의하고 분류하며, 침해에 대한 책임과 구제방법 및 기타 대책을 포함하고 있다. 이 가이드라인은 경제적, 사회적, 문화적 권리의 의미, 작위와 부작위를 통한 권리의 침해, 침해의 책임과 침해의 희생자들에 대한 효과적인 구제조치의 부여 등을 검토하고 있다. 이처럼 1986년 이래 국제적 차원에서 사회권에 대한 보장이 강화되고 있으며, 국제연합의 경제적, 사회적, 문화적 권리를 보장하기 위한 특별기구인 경제적, 사회적, 문화적 권리 위원회의 준사법적 역할과 특별한 다자간 조약들이 체결되었다. 최근에는 개인이 사회권 침해를 받은 경우에는 그 구제를 국제연합에 신청할 수 있는 선택의정서까지 채택되고 있는 실정이다. 3. **사회권의 법적 성격의 이해** 국가공동체는 그 공동체를 구성하는 모든 구성원들에게 공동체 내에서 공동생활이 가능하도록 그 구성원들에게 인간의 존엄과 가치를 상실하지 않도록 배려하여야 할 의무를 진다. 기본권의 이행과 지속적인 발전은 건전하고 효과적인 사회적, 경제적 발전에 의존한다. 인권의 불가분성과 상호의존성은 사회권이 차별없이 평등하게 모든 개인에게 보장되며 특정한 국가의무를 창설하고 사법적 구제를 할 수 있다는 것을 의미한다. 기본권은 자유권이나 사회권, 참정권 등 별개로 나누어지는 것이 아니고 원래는 인간의 존엄과 가치를 보장하기 위한 통합적인 **권리**라고 하여야 할 것이다. 기본권의 핵심적 의미요소로서 국가공동체의 구성원으로서 모든 개인이 원칙적으로 동일한 가치를 가져야 한다는 평등의 원칙은 인간다운 생활이라는 사회권적 요소를 포함하지 아니하고는 허구적인 것에 머무를 수밖에 없다. 평등이 단순히 차별을 금지한다는 것에 머무르지 않고 국가공동체 구성원의 동등한 대우와 동등한 인간적 가치의 실현이라는 적극적인 것이라면 이는 사회권의 보장이 없이는 불가능하다. 사회권의 법적 권리로서의 성격을 부인하는 견해는 사회권을 그 내용이 특정되지 않고 불확실해서 그 내용을 적절히 확정할 수 없으며, 따라서 사회권의 사법적 집행이 불가능하다고 주장한다. 그러나 이는 사회권의 정확한 내용에 대한 이해의 부족에 기인한 것이다. 기본권의 불명확성은 많은 기본권 규정이 추상적 용어와 일반적이고 보편적 어휘를 사용하기 때문이다. 따라서 고전적 기본권인 자유권들도 사회권과 마찬가지로 이러한 문제에 직면하지만 이러한 불명확성에도 불구하고 이들이 법적 권리가 아니라거나 그런 권리들을 사법적으로 실행할 수 없다는 주장을 하지는 않는다. 법률의 제정이나 행정입법 혹은 판례나 법이론을 통하여 이러한 불명확성을 보충하면서 이들을 법적 권리로 인정하고 그 사법적 집행을 당연한 것으로 받아들인다. 최근 사회권 분야에 대하여도 국제연합이나 국제인권기구 혹은 각국의 법규나 결정 혹은 판례 등을 통하여 점차 그 내용을 명확히 하는 작업이 활발히 진행되고 있으므로 **사회권의 내용적 불명확성**은 점차 해소되어 가고 있다고 할 수 있다. 사회권은 기본권으로서 자유권이나 평등권과 마찬가지로 **최대한 보장**되어야 한다. 사회권이 프로그램이 아니고 기본권으로 인정되는 한 다른 요소나 다른 영역에 있어서 어느 정도 불이익이나 훼손이 있더라도 사회권을 보장하여야 한다. 국가는 사회권의 실현에 있어서 판단의 여지(margin of discretion)를 가지지만, 의도적인 역행조치(deliberately retrogressive measures)는 금지되어야 한다. 사회권의 **핵심적 내용**은 다른 분야를 희생하여서도 반드시 보장하여야 하는 국가의 절대적 의무이다. 생명에 연관되는 건강이나, 인간의 사회생활에 있어서 반드시 필요한 최저한의 교육 등은 이러한 사회권의 핵심적 내용을 구성한다. 핵심적 내용이란 바로 우리 헌법 제37조 제2항에서 말하는 기본권의 본질적 내용이라고 할 수 있다. 헌법재판소는 '최소한의 물질적인 생활'의 유지에 필요한 급부를 요구할 수 있는 권리라는 개념을 사용하고 있는데 이 개념이 일종의 핵심적 내용보장을 언급한 것이라 할 수있다. 4. **결론** 사회권도 기본권의 한 부분이므로 일반적으로 기본권이 국가의 공권력을 구속하고 제한하듯이 사회권도 원칙적으로 **국가권력을 제한**하여야 한다. 사회권은 그 실현을 위하여 사회적, 경제적인 물적 기반이 있어야 하고 그 구체적 내용을 확정하기 어렵기 때문에 확정된 법적 구속력을 부여하기가 어려운 것도 사실이다. 사회권을 프로그램이나 추상적 권리로 이해하는 것은 이러한 측면에서 일면의 타당성은 있다. 하지만 기본권이 국가에 대하여 국민이 가지는 기본적 권리라는 것을 인정한다면 자유권과 사회권 등 기본권의 종류에 따라 국가에 대한 구속력의 존재 여부에 차이가 있다고 보기 어렵기 때문에 사회권 역시 국가에 대하여 완전한 **법적구속력**이 있다고 보아야 한다. 국제연합에 있어서도 경제적, 사회적, 문화적 권리에 대하여 법적 권리성을 인정하고 있다. 국가의 존중의무, 보호의무, 실현의무를 인정하고 있다. 비록 점진적 실현을 규정하고 있으나 이는 자유권과 마찬가지로 국가가 사회권을 실현하고 보장하는 데는 공동체 전체 차원에서 일정부분 재량의 여지가 있는 것은 사실이지만 가능함에도 불구하고 정당한 이유없이 보장하지 않는 것을 정당화하는 것은 아니다. 사회권에 대하여 침해가 있는 경우에는 사법권에 의하여 침해에 대한 효과적인 구제를 받을 수 있어야 하고, 적절한 배상을 받을 수 있어야 한다. 손실보상, 손해배상, 원상회복, 재발방지 등을 받을 수 있어야 함을 일반적으로 인정하고 있다. 사회권이 그 내용이 다소 불확정하고 그 보장에 국가의 구체적인 물적 개입이 있어야 권리가 실현될 수 있다는 이유로 사회권을 구체적 권리로 인정할 수 없다는 견해는 타당하지 아니하다. 사회권도 자유권과 마찬가지로 **최대한 보장**되어야 한다. 사회권의 핵심적 내용은 다른 분야를 희생하여서도 반드시 보장하여야 하는 국가의 절대적 의무이다. 이는 기본권의 본질적 내용을 구성하는 부분이라고 할 수 있다. 국제연합의 경제적, 사회적, 문화적 권리의 법적 성격에 대한 국제적 논의에서 이들 권리를 사법적으로 집행가능한 권리라고 이해하고 개인에게 재판상 청구가 가능한 것으로 결론짓는 바와 같이 우리 헌법상의 사회권도 완전한 **구체적 법적 성격의 권리**로 이해하여야 한다. 법적 성격의 구체적 내용으로 존중의무, 보호의무, 실현의무 등을 국가에 부여하고 있는 것으로 보아야 한다. 따라서 사회권을 프로그램이나 국가목표, 추상적 권리, 불완전 구체적 권리로 이해하거나 법률에 의하여 비로소 형성되는 권리로 보는 것은 국제인권법이란 보편적인 시각에서도 타당하지 않다.

사회권社會權의 심사기준審査基準 헌법상 사회권규정을 추상적이든, 구체적이든 주관적 권리로서의 성격을 가지는 것으로 이해하는 경우 그 침해 여부를 심사하는 기준이 무엇인가라는 문제가 제기될 수 있다. **1. 학설** (1) **과소보호금지원칙(Untermaßverbot) 기준** ➜ 과소보호금지의 원칙. 학설상 사회권의 침해여부의 심사기준에 관하여 통상적으로 제시되는 기준은 과소보호금지의 원칙이다. 논자에 따라 과소금지원칙을 단일한 심사기준으로 제시하고 있는 견해도 있지만 당해 사회권의 권리 내용이나 성격, 보호의 필요성 등과 실체적 요소에 따라서 심사기준을 다층적으로 또는 단계적으로 적용하고자 하는 견해도 있다. 과소보호금시원칙을 그 본질에 있어서는 비례성원칙이라고 보는 입장에서는 비례성원칙의 3가지 부분원칙, 즉 수단의 적합성, 침해의 최소성, 협의의 비례성이 모두 검토하고자 하며, 과소보호금지원칙의 부분원칙으로 적합성, 효과성(Effektivität), 상당성을 주장하는 견해도 있다. 이 중 적합성 심사만이 핵심적인 의미를 가질 수 있다고 보고, 적합성심사의 내용을 4층위로 구성하여, ① 유용성(Availability) 심사 ② 접근가능성(Accessibility) 심사 ③ 용인가능성(Acceptability) 심사 ④ 유연성(Adaptability) 심사로 나누는 견해도 있다. (2) **심사기준의 단계화** 사회권에 법적 구속력의 내용이 상이한 규범영역의 층이 있고 각각의 층에 대한 헌법적 보장의 강도가 다르다고 보아 심사기준을 단계화하고자 하는 견해들이다. 이 견해들은 사회권에 있어서도 그 근거는 다르더라도 공통적으로 절대적으로 침해될 수 없는 영역을 상정하고 있다. 예컨대, 본질적 내용이라고 할 수 있는 일정한 핵심영역, 그 바깥에 존재하는 것으로서 법률에 의하여 규율되는 영역, 그리고 법률적 규율의 바깥에 존재하는 영역으로 도식화하고, 각각의 경우 과소보호금지의 원칙이 적용되는 범위를 다르게 이해한다. 즉 본질적 내용으로서의 최소핵심영역에 속하는 급부가 이루어지지 않았다고 하여 곧바로 사회권의 침해라고 판단하지 않고, 비례성원칙에 준하는 엄격한 심사기준에 따라서 그 위헌 여부가 판단될 수 있다고 보고, 과소금지원칙은 상이한 심사강도와 결합하여 비례성심사에 준하는 엄격한 심사와 합리성심사로 나누어 적용되어야 한다고 한다. 2. **헌법재판소의 입장** 우리 헌법재판소는 사회권의 침해 여부의 심사기준으로, 행위규범과 통제규범의 구분을 전제로, 국가의 급부가 국가가 실현해야 할 객관적 내용의 최소한의 보장을 충족하고 있는지의 여부를 판단하거나(최소보장원칙론:헌재 1997.5.29. 94헌마33; 1999.12.23. 98헌바33; 2004.10.28. 2002헌마328; 2009.9.24. 2007헌마1092; 2009.11.26. 2007헌마734 등), 매우 소수이기는 하지만, 주관적 권리로서의 사회권의 '구체적인 권리 내용'을 확인하고 그 충족 여부를 심사하는 결정도 있다(구체적 권리론: 헌재 2006.11.30. 2005헌바25). 남아공의 경우 합리성심사를 채택하고 있다. 자유권적 기본권만을 규정하고 있는 독일의 경우 연방헌법재판소는 급부권적 기본권 중 일부에 대해서, 인간의 존엄과 사회국가원리로부터 사회권을 도출하면서도, 형량의 원칙이나 비례성원칙에 따른 심사를 하지는 않는다. 스위스헌법도 사회권을 명문으로 제한적으로 인정하고 있으며, 상황(context)을 고려하여 침해여부를 판단하고 있다. 3. **소결** 학설의 논의가 종래 사회권의 법적 성격이라는 추상적인 논의에 집중되었지만, 최근에는 주관적 권리로서 사회권의 법적 성질과 권리구조에 대한 이해를 제시하면서 심사기준 일반론과 사회권의 특징에 맞는 심사기준을 정립하려는 연구성과들이 새롭게 등장하고 있다. 다양한 사회권들이 주관적 권리로 전제되어 그 침해 여부가 헌법재판소에서 빈번히 심사되고 있는 상황에서는 이에 관한 이론적 쟁점을 어느 정도 명확히 해명하면서 사회권의 특징에 맞는 심사기준을 수립하는 것이 불가피하다.

사회단체社會團體 사회단체는 비정부조직(non-governmental organization:NGO)이면서 시민사회의 의견과 주장을 상시적으로 대변하는 사회조직이다. 정치적 결사로서의 정당에까지 이르지는 않으면서 시민사회의 지지자들의 확보를 통해 정부나 정당, 기업 또는 언론 등에 영향력을 행사한다. 시민사회의 정책결정에 관한 의사를 직간접적으로 정당 혹은 국가기관에 전달하여 정책결정에 영향을 미치기 때문에 간접민주주의의 보완체로 기능하며, 민주주의의 수호자로서 중대한 역할을 담당한다. 사회단체는 회원의 가입과 탈퇴가 자유로와야 하며, 자발성, 투명성, 공정성, 객관성이 담보되어야 한다. 우리나라는 1987년 민주화 이후 다양한 형태의 사회단체가 출현하였고, 국가의 정책결정과정에 적지 않은 영향을 미쳤다. 2000년대 이후 그 영향력이 다소 감소되기는 하였으나, 여전히 강력한 영향력을 발휘하고 있다. 사회단체는 국가영역과는 별개로 시민들의 자발적 조직이어야 하며, 국가가 개입하거나 특정한 의도를 가지고 규제해서는 안된다. 과거 사회단체등록법이 있었으나, 사회단체신고에 관한 법률로 개정되었다가 1997년 폐지되었다. ➜ 결사의 자유.

사회민주주의社會民主主義 [영] social democracy, [독] Sozialdemokratie, [프] Social-démocratie. 1. **의의** 사회민주주의는 자본주의 경제체제를 혁명 등으로 급격하게 무너뜨리지 않고 점진적으로 사회주의를 추구하는 과정에서 사회정의를 추구하며, 간접민주제를 위한 정책과 소득재분배 정책, 그리고 사회 전반의 이익과 복지 정책을 포함하는 정치적, 사회적, 경제적 이념이며 개량적 사회주의이념으로 이해된다. 따라서 사회민주주의는 자본주의를 더 뛰어난 민주주의적, 평등주의적, 연대주의적 결과로 이끌어 내는 것을 목표로 한다. 사회민주주의는 마르크스주의를 이론적 배경으로 하되, 그 안에 내포된 혁명적 사회주의를 배격하고, 대의제 정치체제를 바탕으로 하는 수정주의적 마르크스주의라고 할 수 있다. 오히려 그 발전과정에서 사회주의의 영향을 받기는 했으나, 개인주의적 자유주의와 집단적 전체주의의 극단적 대립을 넘어서는 새로운 형태의 민주주의라고 봄이 적절하다. 오늘날 사회민주주의는 노인, 아동보호, 교육, 의료, 근로자 보상 등의 보편적인 공공서비스에 대한 지원을 포함한, 불평등을 억제하는 정책에 주된 관심을 두고 있다. 사회민주주의 운동은 노동운동 및 노동조합과의 긴밀한 연계를 가지고 있으며, 노동자들과 다른 경제적 이해관계자들을 위한 공동결정의 형태로 정치권을 넘어 전 사회로 민주주의의 영역을 넓히고자 한다. 2. **발전과정** 20세기 초 마르크스주의를 공식적인 이론적 기반으로 하고 있던 독일 사회민주당의 정치인 에두아르트 베른슈타인은 고전적이고 정통적 마르크스주의를 거부하고 사회주의가 도덕적이고 도덕적인 논쟁에 기초를 두고 점진적인 개혁을 통해 성취되어야 한다는 입장을 발전시켰다. 2차 대전 후 이에 영향을 받은 사회민주당은 의회개혁을 위해 혁명적인 정치를 거부하고 사회화에 전념했다. 이 시기에, 사회민주주의는 사회개량주의와 관련을 짓게 되었다. 2차 대전 이후 유럽의 거의 대부분의 사회민주주의자들은 마르크스주의와의 이념적 관계를 포기하고 자본주의에서 사회주의를 거쳐 공산주의 사회로 이행하는 것을 목표로 하는 대신에 사회정책 개혁을 통한 복지국가 실현에 주력했다. 미국의 경우 20세기 초까지만 해도 사회주의 혹은 사회민주주의 운동이 활발한 나라였으나, 냉전시기에 접어들면서 공산주의 국가들과의 갈등으로 반공주의적 사회분위기가 매카시즘 광풍으로 이어졌고, 이로 인해 비(非)공산주의 계열 좌익 세력마저 공산주의자로 몰려서 탄압당했다. 냉전시기가 끝나고, 빌 클린턴 대통령 이후, 미국 민주당은 기존의 사회자유주의 성향에서 더 진보주의적 성향을 나타내며 중도좌익 스펙트럼으로 변화해가고 있으나, 여전히 사회민주주의를 표방하는 정치인들은 소수이다. 그러나 2016년 민주당 경선에서 사민주의자로 분류되는 버니 샌더스가 돌풍을 끌자, 이들은 미국 좌파의 주류 중 하나로 자리잡게 되었다. 3. **우리나라의 사회민주주의**: 우리나라 헌법은 헌법규정상 명시적으로 사회민주주의를 규정하지는 않았으나, 제헌헌법부터 사회민주적 기본질서를 채택한 것으로 이해된다. ➜ 자유민주주의. ➜ 민주적 기본질서.

사회보상청구권社會報償請求權 ➜ 사회보장수급권.

사회보장수급권社會保障受給權 **= 사회보장청구권**社會保障請求權 [영] social security benefit rights, [독] Rechte auf der Sozialversicherung/Sozialversicherungsanspruch, [프] Droits aux prestations de sécurité sociale. 1. **의의** 사회보장수급권이란 신체장애 · 질병 · 노령 · 출산 · 소득능력의 감소 또는 상실 · 실업 등의 사회적 위험으로 인하여, 보호를 필요로 하는 상태에 있는 개인이, 인간의 존엄에 상응한 인간다운 생활을 영위하기 위하여 국가에 대해 일정한 내용의 적극적 급부를 요구할 수 있는 권리이다. 헌법재판소는 '헌법상의 사회보장권'이라는 표현을 사용하기도 한다(헌재 1995.7.21. 93헌가14; 1999.12.23. 98헌바33; 2005.7.21. 2004헌바2 등 참조). 헌법 제34조 제1항은 「모든 국민은 인간다운 생활을 할 권리를 가진다.」고 하고, 동 제2항은 「국가는 사회보장 · 사회복지의 증진에 노력할 의무를 진다.」고 규정하고 있다. 사회보장이란 출산, 양육, 실업, 노령, 장애, 질병, 빈곤 및 사망 등의 사회적 위험으로부터 모든 국민을 보호하고 국민 삶의 질을 향상시키는 데 필요한 소득 · 서비스를 보장하는 사회보험, 공공부조, 사회서비스를 말한다(사회보장기본법 제3조 제1호). 사회복지란 좁은 뜻으로는 아동 · 노인 · 장애인에 대하여 금전급부 이외의 이른바 서비스급부의 방법으로 행하여지는 여러 활동의 총체를 의미하며, 넓은 뜻으로는 서비스급부 이외에 사회적 약자뿐만 아니라 사회의 모든 구성원에게 그들이 속해 있는 사회와 적절한 관계를 확보할 수 있는 수단을 제공하는 계획적인 사회적 서비스 또는 시설의 체계로 규정할 수 있다. 간단히 말하여, 국민의 생활 안정 및 교육 · 직업 · 의료 등을 보장함으로써 인간다운 삶을 살 수 있게 하는 사회적 노력, 즉 넓은 의미의 사회적 정책을 일컫는 말이다. 개념적으로 비교하면, 사회보장을 통해 사회복지를 달성하는 것으로 이해하면 사회복지가 더 넓은 의미로 이해될 수 있다. 과거 2012년 전면개정 전의 사회보장기본법은 사회복지를 좁은 뜻으로 이해하여 사회복지가 사회보장의 하위개념인 것처럼 규정되어 있었으나(법률 제5134호, 1995.12.30. 제정, 1996.7.1. 시행, 제3조(정의) 제1항 '사회복지서비스 및 관련복지제도' 참조), 전면개정 후 사회보장기본법은 '사회복지서비스 및 관련복지제도'라는 표현을 바꾸어 '관련서비스', '사회안전망'이라는 표현으로 변경함으로써(법률 제11238호, 2012.1.26. 전부개정, 2013.1.27. 시행, 제3조(정의) 제1항 참조), 사회복지를 사회보장보다 넓은 의미로 이해하는 것으로 보인다. 2. **법적 성격** 헌법 제34조의 규정형식을 보면, 제1항에서 개인의 인간다운 생활을 할 권리를 정하고, 제2항은 국가의 의무를 정하여 마치 인간다운 생활을 할 권리는 개인의 기본권이지만, 이를 실현하기 위한 구체적 영역에서는 국가의 의무로서만 인정되고 개인의 기본권으로 인정되지 않는 것처럼 해석할 여지를 두고 있다. 또한 사회보장기본법 제9조에서
「모든 국민은 사회보장 관계 법령에서 정하는 바에 따라 사회보장급여를 받을 권리(이하 '사회보장수급권'이라 한다)를 가진다.」고 규정하고 있기 때문에, 사회보장수급권이 헌법상의 권리인지 혹은 법률상의 권리인지에 관하여 견해가 나뉘지만, 헌법 제34조에서 도출되는 헌법상의 기본권으로 봄이 통설이다. 헌법재판소의 결정례는 사회보장수급권을 독자적인 사회적 기본권으로 인정하는 것(헌재 2003.9.25. 2000헌바94; 2010.4.29. 2009헌바102 등)과 인간다운 생활을 할 권리의 구체화 내지 법률적 차원의 권리로 인정하는 것(헌재 2003.7.24. 2002헌바51)이 혼재한다. 헌법 제34조 제2항의

해석상 사회보장수급권이 입법자의 입법형성 영역에 맡겨져 있음은 부인할 수 없으나, 오늘날 복지국가·급부국가 및 사회국가원리가 강화되어 감에 따라 사회보장수급권의 수요 및 중요성이 증가되고 있다는 점, 입법자가 사회보장이라는 헌법적 의무를 이행하지 않는 경우 개인이 이를 헌법소송을 통하여 다툴 수 있는 점, 주관적 권리여부를 판단하기 위해서 사회보장·사회복지 규정이 규범적 심사기준으로 적용될 수 있다는 점, 헌법의 해석에 의해 입법자의 정치적 형성도 한계를 갖는다는 점 등에 비추어 볼 때 사회보장수급권은 사회적 기본권이라 보는 견해가 타당하다. 또한 사회보장수급권은 재산권으로서의 성격도 아울러 지니며(헌재 1999.4.29. 97헌마133), 개인으로서 행사하는 개인의 권리이자, 국가의 적극적 개입과 급부를 요구할 수 있는 적극적 권리이다. 3. **주체** 사회보장수급권은 인간다운 생활을 할 기본적 내용이기 때문에 인간의 권리로 보는 견해도 있으나, 사회권의 본질이 국가내적인 성격에 기초하므로 국가내적인 국민의 권리로 보는 것이 지배적이다. 사회보장수급권은 자연인의 권리이기 때문에 법인에게는 인정되지 아니한다. 4. **효력** 헌법은 국가의 사회보장·사회복지의 증진에 노력할 의무를 규정하므로, 사회보장수급권이 대국가적 효력을 인정하는 데 이의가 없다. 국가의 사회보장·사회복지의 증진 및 실현의무는 일차적으로 입법자를 구속하는 사회국가적 의무이다. 입법자는 사회보장·사회복지제도를 어떠한 시기에 어떤 형태로 도입할 것인지에 관하여 광범위한 형성권을 가지고 있다. 따라서 국민은 원칙적으로 입법자로부터 특정한 사회보장·사회복지정책의 도입을 요구할 수는 없다. 사회보장수급권의 대국가적 효력은 국가기관에 따라 상이하게 나타날 수 있으며, 사인 사이에도 예외적으로 적용될 수 있다. 비록 국가기관은 아니지만 사회보장기관의 증대로 이들 기관을 매개로 하여 사회보장수급권의 효력이 사적 기관에도 적용될 수 있을 것이다. 따라서 대사인적 효력은 한정적으로 간접 적용될 수 있다. 5. **내용** 사회보장제도란, 질병·장애·노령·실업 등의 사회적 위험으로부터 국민을 보호하고 모든 국민이 인간다운 생활을 영위하고 생활수준을 향상시킬 수 있도록 시행되는 제도로서 사회보험제도·공공부조제도·사회복지서비스 등을 포괄하는 개념이다(사회보장기본법 제2조 및 제3조 제1호 참조). 사회보장수급권은 실체적 사회보장수급권과 절차적 사회보장수급권으로 나눌 수 있다. 1) **실체적 사회보장수급권** (1) **사회보험수급권**社會保險受給權 사회보험(Sozialversicherung)이라 함은 사고가 발생한 경우에 그 위험부담을 국가적인 보험기술을 통하여 다수인에게 분산시킴으로써 경제적 약자의 인간다운 생활을 보장하기 위한 제도이며, 원칙적으로 개인의 보험금 갹출에 의존한다. 따라서 사회보험의 재원은 보험료와 일부 조세이다. 사회보험의 유형으로는 국민건강보험, 연금보험(국민연금, 공무원연금, 군인연금 사립학교교직원연금 등), 산업재해보상보험, 실업보험 등이 있다. (2) **공공부조청구권**公共扶助請求權 공공부조(Sozialhilfe)란 생활불능상태에 있거나 생계의 유지가 곤란한 사람에게 국가가 최종적인 생활보장수단으로 갹출을 요건으로 하지 아니하고 최저생활에 필요한 급여를 제공하는 제도를 말한다. 공공부조는 여타의 사회보장제도에 따른 사회보장이 충분하지 못한 사람들을 위한 사회급여제도로서 수단적·보완적 기능을 갖는다. 현재 대표적인 것으로 생활보호급여를 내용으로 하는 국민기초생활보장법(구 생활보호법)과 의료급여를 내용으로 하는 의료급여법을 들 수 있다. 그 밖에 자녀급여, 주택급여, 모자보건급여, 교육보호도 이에 해당한다. 공공부조는 헌법 제34조 제2항이 규정하는 '국가의 사회보장·사회복지 증진 의무'로서, 국가가 물질적 궁핍이나 각종 재난으로부터 국민을 보호할 의무를 내용으로 하며, 헌법 제34조 제1항의 인간다운 생활을 할 권리의 구체적 실현을 위한 수단적 성격을 가진다(헌재 2011.3.31. 2009헌마617). (3) **사회보상청구권**社會報償請求權 사회보상제도는 국가유공자가 상해 또는 사망하거나 노동능력을 상실함으로써 본인 또는 유족의 생활이 곤궁하게 된 때에 본인이나 부양가족의 생활을 보장하기 위한 제도이다. 이에 관한 법률로 「국가유공자 등 예우 및 지원에 관한 법률」이 있다. (4) **사회복지청구권**社會福祉請求權 전술한 좁은 의미의 사회복지를 청구하는 권리이다. 즉, 국가가 직접 현금이나 현물을 급부하는 것이 아니라 공적서비스의 제공을 통하여 생활의 어려움에 대한 보충적 지원을 하는 것이다. 예컨대 양로원, 고아원, 탁아시설, 직업훈련원 및 각종 갱생원 등을 설치하여 이용할 수 있도록 하는 것이 이에 해당한다. 사회복지에 관한 법률로는 아동복지법, 모·부자복지법, 노인복지법, 장애인복지법 등이 있다. 2) **절차적 사회보장수급권** 절차적 사회보장수급권은 ① 사회보장청구권이 국가기관의 위법·부당한 조치에 의하여 침해되었을 경우에 그 구제를 구할 수 있는 사회보장쟁송권(社會保障爭訟權) ② 사회보장행정절차에 주민들이 참여할 수 있는 사회보장행정참여권(社會保障行政參與權) ③ 사회보장을 구현할 구체적 입법이 없거나 기존법률의 내용이 불충분할 경우 새로운 입법 내지 법의 개정을 요구할 수 있는 사회보장입법청구권(社會保障立法請求權) 등을 들 수 있다. 6. **제한과 한계** 사회보장수급권은 헌법 제37조 제2항의 일반적 법률조항과 과잉금지원칙이 그대로 적용되지 않는다. 헌법재판소 역시 사회적 기본권의 이행여부를 판단함에 있어서 적용할 심사기준으로 과소보호금지원칙을 들고 있다(헌재 1997.5.29. 94헌마33; 2014.2.27. 2012헌바469 등). 또한 사회보장수급권은 법률에 의해 제한되기보다는 법률에 의해 형성·실현·구체화되는 특성을 갖는다. 사회보장·사회복지는 국가재정이 허용하는 범위 내에서 다른 국가정책 내지 과제와의 조정을 통해서 실현될 수밖에 없다. 또한 사회국가의 본질이자 내재적 한계의 특성에 따른다. 사회보장(급여)청구권의 차등지급이 허용되는가에 관하여 헌법재판으로 다투어지는 사례가 많다. 생각건대, 개인의 노력이나 금전적 기여를 통한 사회급여청구권(연금수급권, 산재보상보험청구권)은 차등지급이 허용되지 아니하나, 국가에 의하여 일방적으로 행하여지는 사회급여(사회원호급여 등)는 합리적인 범위 안에서 차등지급이 가능하다고 본다(헌재 2003.7.24. 2002헌마522등; 2003.5.15. 2002헌마90). 그 외에 교도소 구치소에 수용 중인 자를 기초생활보장급여의 지급대상에서 제외시킴으로써 헌법상 용인될 수 있는 재량의 범위를 일탈하여 인간다운 생활을 할 권리를 침해한다고 볼 수 없다(헌재 2011.3.31. 2009헌마617등). 분할연금을 산정함에 있어 법률혼 관계에 있었지만 별거·가출 등으로 실질적인 혼인관계가 존재하지 아니하였던 기간을 전혀 고려하지 아니하고 일률적으로 혼인기간에 포함시키도록 하는 것은 위헌이다(헌재 2016.12.29. 2015헌바182).

사회보장쟁송권社會保障爭訟權 ➔ 사회보장수급권.

사회보장제도社會保障制度 [영] social security system, [독] Sozialversicherungssystem, [프] Système de sécurité sociale. '사회보장'이란 출산, 양육, 실업, 노령, 장애, 질병, 빈곤 및 사망 등의 사회적 위험으로부터 모든 국민을 보호하고 국민 삶의 질을 향상시키는 데에 필요한 소득·서비스를 보장하는 사회보험, 공공부조, 사회서비스를 말한다(사회보장기본법 제3조 제1호). '사회보험'이란 국민에게 발생하는 사회적 위험을 보험의 방식으로 대처함으로써 국민의 건강과 소득을 보장하는 제도를 말한다(사회보장기본법 제3조 제2호). '공공부조'란 국가와 지방자치단체의 책임 하에 생활 유지 능력이 없거나 생활이 어려운 국민의 최저생활을 보장하고 자립을 지원하는 제도를 말한다(사회보장기본법 제3조 제3호). '사회서비스'란 국가 · 지방자치단체 및 민간부문의 도움이 필요한 모든 국민에게 복지, 보건의료, 교육, 고용, 주거, 문화, 환경 등의 분야에서 인간다운 생활을 보장하고 상담, 재활, 돌봄, 정보의 제공, 관련 시설의 이용, 역량 개발, 사회참여 지원 등을 통하여 국민의 삶의 질이 향상되도록 지원하는 제도를 말한다(사회보장기본법 제3조 제4호). ➜ 사회보장수급권.

사회보험社會保險 ➜ 사회보장수급권.

사회보호법社會保護法 상습범, 조직범죄 가담자, 심신장애범, 마약류중독자, 일코올중독자 중 특히 위험한 범죄인에 대하여 사회의 보호와 교육 · 개선 · 치료를 위한 감호와 보호관찰을 행하기 위한 보호처분을 위하여 제정된 법이다. 1980년에 제정되었다가 몇 차례의 개정을 거쳐 2005.8.4. 전면폐지되었다. ➜ 보안처분.

사회복지국가社會福祉國家 ➜ 사회국가. ➜ 복지국가.

사회복지청구권社會福祉請求權 ➜ 사회보장수급권.

사회적 구속성社會的拘束性 사회적 구속성의 문제는 재산권의 본질적 속성인가 아니면 재산권에 부가되는 사회적 속성인가에 따라 그 제약의 근거가 달라질 수 있다. ➜ 재산권의 사회적 구속성.

사회적 기본권社會的基本權 ➜ 사회권.

사회적 대표설社會的代表說 ➜ 국민(國民)과 대표(代表)의 관계.

사회적 법치국가社會的法治國家 ㊀ soziale Rechtsstaat. 1. **의의** 사회국가원리와 법치국가원리가 결합한 국가이념원리로서, 시민적 · 자유주의적 법치국가의 이념을 기초로 하여 사회적 약자에 대한 생존배려와 복지를 위한 국가의 적극적 역할을 강조하는 사회국가원리를 국가권력의 형식원리로서의 법치국가원리를 통해 구현하고자 하는 법치국가의 한 형태를 말한다. 헌법이 보장하는 기본권은 실질적 법치국가의 요소로서 사회국가의 활동을 제약하며 한계를 획정하는 것인 동시에 사회국가(➜ 사회국가)의 목표 내지 방향을 규정하는 것이다. 특히 헌법상 사회적 기본권 규정은 현대 산업사회의 발전에 따라 발생하는 제 과제를 생존배려, 개인의 존엄성 확보의 방향에서 국가 특히 입법자에게 부과하게 된다. 사회적 법치국가의 본질은 헬러에 따르면, ① 국민의 기본권과 권력분립을 보장하는 조직체로서, ② 선거와 국민결의를 통해 표현되는 민주적 정당성에 의하여, ③ 사회생활의 노동질서와 상품질서를 규정함으로써, ④ 시민적 · 자유주의적 법치국가에 의해서는 더 이상 제어될 수 없는 자본주의 사회의 적대적 갈등관계와 무정부적인 요소를 극복하는 것이다. 2. **연혁** 사회적 법치국가 개념은 사회국가 개념의 등장과 함께 그 기본적인 인식이 있었으나, 이를 개념적으로 정립한 사람은 헬러(H. Heller)이다. 물론 헬러 이전에도 1894년에 민주주의, 법치주의, 사회국가를 하나의 체계로 종합하고자 시도한 오프너(Julius Ofner)에 의해서 사용되었으며, C. Brinkmann도 1918년에 'moderne sozialer Rechtsstaat'라는 용어를 사용하기도 하였다. 헬러는 국가학적 관점에서 이를 재정리하였다. 헬러는 국가를 사회와 역사 속에서 객관적이고 현실적으로 작동하는 통일체로 파악하고, 가치공동체를 기반으로 하여 이를 구현하는 민주주의원리에 따라 사회적 동질성을 확보해 간다고 보았다. 사회적 동질성의 전 단계는 우선 시민적, 즉 형식적·법률적 의미에서의 정치적 동질성이 전제되어야 하는데, 이는 모든 사람이 신분적 제약에서 벗어나 정치적으로 동등한 참여권을 가짐으로써 완성된다. 그러나 경제적 강자가 그 세력을 사용하여 민주적 의사형성의 과정에 영향을 미치거나 왜곡하게 되면 형식적 민주주의는 파괴되고 만다. 따라서 형식적 민주주의가 실현되는 것은 실질적으로 경제적 격차의 극복을 전제로 하게 되며, 이는 민주주의가 항상 사회국가적 문제로 된다. 완전하게 형식적인 평등은 사회적 동질성이 존재하지 않는 상태에서 완전한 불평등이 될 것이며, 형식적 민주주의는 지배계급의 독재로 전락한다. 현대의 대중민주주의가 갖는 경제적 불평등과 민주주의 부정의 위기를 극복하기 위해서는 시민적·자유주의적 법치국가를 사회적 동질성을 바탕으로 하는 사회적 법치국가로 발전시켜야 한다. 헬러에게 있어서 사회적 민주주의와 사회적 법치국가는 모두 사회적 이념을 근저에 두고 있다. 사회적 이념은 정치적 민주주의를 경제적인 것으로 진전시키는 것이다. 전자가 정치적으로 신분제를 제거하였다면, 후자는 경제적 계급을 폐지하고자 한다. 헬러의 이러한 관념은 2차 대전 후 기본법의 성립과정에서 멩거(C.F. Menger)에 의해 적극적으로 강조되었지만, Forsthoff와 그 추종자들은 사회국가와 법치국가를 이율배반적으로 대치시키면서 강하게 반대하였다. 법치국가성을 지나치게 강조하면 자칫 사회국가성을 후퇴시키게 되고, 사회국가성을 강조하면 사적 자치 영역을 중시하는 입장에서는 법치국가의 과잉을 초래하게 된다는 것이다. 오늘날에는 K. A. Bettermann과 같이, 법치국가의 변증법적 발전의 한 형태로서 사회적 법치국가를 인식하고 이의 적정한 이론화를 위한 노력이 이어지고 있다. 3. **시민적·자유주의적 법치국가와 사회적 법치국가의 비교** (1) **시민적·자유주의적 법치국가**는 18세기에 절대권력으로부터 시민사회의 존립과 이익을 유지하기 위한 체제이었다. 전근대적인 봉건제와 그 아류인 절대왕정에 대해, 개인주의와 자유주의 사상을 바탕으로 시민사회의 지위를 점차 법적으로 보장받고 확보하기 위한 시도의 결과물이었다. 혁명 후 시민사회의 이익을 방어하기 위한 수단으로 형식적 법치국가를 추구하였다. 헌법학적으로는 19세기 중엽부터 확립된 법실증주의적 사고가 시민적·자유주의적 법치국가의 이론적 토대를 이루어 형식적 법치국가 내지 법률국가로 나아가게 되었다. (2) **사회적 법치국가**는 형식적 법치주의를 넘어 법률이 자유, 평등 그리고 실질적 정의에 부합할 것을 요구하는 것이며, 경제에 대한 법치국가적 규제와 인간다운 삶의 목적을 위한 국가적 계획을 통해 개인의 지위와 신분에 상관없이 모든 사회구성원들에게 능력에 따라 자신을 계발할 수 있는 공정한 기화와 물적 분배를 보장하는 것이다. 이를 위해서는 사회 내에서의 빈부격차, 계급과 계층 간 갈등의 해소를 도모하고 경제적 약자에 대한 보호를 통해 경제민주화를 실현하는 것이다. 4. **사회적 법치국가의 정책** 사회적 법치국가의 정책은 근본적으로 국가가 사회적인 것을 포함하여 모든 측면에서 국민의 복지에 대한 직접적인 책임을 진다는 기본이념에서 출발한다. 이러한 이념에 기초한 정책은 첫째, 최소한의 인간다운 삶을 유지하고 사회적 안전을 보장하기 위한 국가의 개입이다. 최소한이 생활수준의 보장은 자유로운 시장의 진입에 있어서 모든 사람이 동일한 출발선에서 경쟁할 수 있도록 해준다. 즉, 경쟁의 조건으로서, 교육의 기회균등, 최저임금제, 국민보건 그리고 공공부조 등이 이에 해당한다. 둘째, 사회적 법치국가는 집단적 사회보장체계에 의한 소득의 재분배를 통해 경제적 격차에 따른 사회적 동질성의 상실을 방지하는 동시에 노동자의 적극적인 경제적 참여권을 보장한다. 이는 민주적 절차를 통해 경제질서와 사회질서를 평화적으로 재편성할 수 있는 기회를 제공해준다. 국민의 효과적인 참여의 기회가 보장되지 않은 상태에서 사회보장정책만을 강조하면 사회적 법치국가는 단순히 기계적인 분배문제로 전락한다. 특정한 사회집단만이 선별적으로 참여하게 된다면 국가정책은 특정의 이해관계만을 국익으로 선택할 것이기 때문에 사회의 내재적 갈등관계는 해소되지 못하며, 자발적인 참여와 공동결정이 존재하지 않으면 사회적 집단 간의 대립이 첨예화되어 정부가 자율적인 결정과 수행능력을 상실하거나 억압기구화할 위험이 있다. 사회적 법치국가의 정책은 국가의 생산능력과 국제경쟁력의 측면에서도 우월적인 것으로 평가되고 있다. 5. **한국에서의 적용** 우리나라에서의 사회적 법치국가의 형성은 선진 사회국가들의 경험과는 달리, 민주주의의 정착을 위한 성장과 분배 그리고 참여가 동시적으로 해결되어야 하는 과제를 안고 있다. 즉, 우리나라의 시급한 과제가 민주주의, 법치국가 그리고 사회국가를 종합한 사회국가로의 이행이라는 것이다. ➜ 법치주의.

사회적 시장경제질서社會的 市場經濟秩序 [영] social market economic order, [독] Die Ordnung der soziale Marktwirtschaft. 1. **서론** 경제에 대해 국가가 얼마나 영향을 미칠 수 있으며 그 한계가 어디에 있는가의 문제는 근대 이래 2 가지 입장이 있다. 그 하나는 국가가 경제에 강하게 관여할 수 있고 또 그렇게 해야 한다는 입장으로 절대주의 시대의 중상주의적 입장이다. 경제는 국가의 정치적 수단으로 국가의 적극적 개입을 통하여 경제를 부흥시킬 수 있다고 이해되었고, 이를 위해 더 많은 조세를 요구하는 조세국가이었다. 19세기에 들어서자, 국가와 경제에 관해서는 A. Smith의 '보이지 않는 손'에 입각한 자유방임주의적 경제이론이 힘을 얻게 되어 절대주의와 중상주의는 포기되기에 이르렀다. 경제와 사회는 그 고유한 법칙에 따라 전개되어야 하며 국가의 역할은 내외의 국가의 안전성을 보장하는 보호자의 역할에 한정하게 되었다. 19세기 독일에서 확립된 자유주의적 법치국가는 경제적 자유주의와 일치하는 것이었다. 산업자본주의의 자유주의적 경제정책은 급기야 제국주의·침략주의로 귀결되었고, 세계 1·2차 대전을 거치면서 자유주의의 급진적 행태는 점차 퇴조하기 시작하였다. 2차 대전 후에는 자유주의적·시민적 법치국가로부터 사회국가원리가 헌법에 수용되고 경제이론과 정책도 '사회민주적 복지국가'로 특징지워졌으며, 국가와 경제도 사회적 법치국가에 부합하는 사회적 시장경제(sozial Marktwirtschaft)로 재구성되었다. **수정자본주의적 경제질서**라고도 한다. 2. **독일의 사회적 시장경제** 1) **사상적 기초와 개념** (1) **사상적 기초** 독일의 사회적 시장경제이론은 나치하의 경제적 궁핍 속에서 오이켄(Walter Eucken), 뵘(Franz Böhm), 뢰프케(Wilhelm Röpke), 뤼스토우(Alexander Rüstow) 등에 의해 구상된 신자유주의, 질서자유주의(Ordoliberalismus) 등을 거치면서, 전후 1946~1947년대에 알프레드 뮐러-아르막(Alfred Müller-Armack)에 의해 구체화되었다. 뮐러-아르막에게 사회적 시장경제는 '사회적 교정 장치를 가진 시장경제'이며, 사회정책과 시장경세가 조화를 유지하는 경제질서를 의미하였다. 국가의 과제는 공정한 경제질서의 확립·감시이다. 국가는 자신의 경제정책을 통해서 사회적 계층화의 변화(soziale Umschichtungen), 사회적 개입을 하게 된다.

그러나 이러한 국가의 개입이 시장정합성의 기본원칙에 따라 이루어지는 한, 국가의 경제정책적 개입을 통해 그 뒤에서 시장의 작동방식이 가시화(sichtbar)되도록 할 수 있으며, 이러한 시장정합적 국가개입은 시장을 교란시키지 않을 뿐 아니라, 심지어는 시장의 작동방식을 더욱 개선시킬 수도 있다고 주장하였다. 이들의 주장은 에어하르트(Ludwig Erhard)에 의해 실천되었다. 그는 질서자유주의와 사회적 시장경제의 개념을 정책으로 실천하게 되는 계기인 1948년 화폐개혁 및 경제개혁을 주도하였으며, 1949년부터 1963년까지 연방경제장관직을 맡아 사회적 시장경제와 질서자유주의의 이론적 틀을 현실 정치에 실현시키는 데 성공하여 전후 독일경제의 번영을 이룩하는데 크게 기여하였다. 에어하르트는 뮐러-아르막, 오이켄과 함께 사회적 시장경제의 아버지라고 불린다. (2) **개념** 사회적 시장경제의 개념적 목표는 경쟁경제의 기초 위에서 자유로운 이니셔티브를 바로 시장경제적 실적을 통해서 보장하는 사회적 진보와 결합하는 것이다. 이의 개념은 좀바르트(Werner Sombart), 베버(Max Weber), 슘페터(Joseph A. Schumpeter) 등의 경제이론과 1920년대의 철학적 인류학 등에 뿌리를 두고 있다. 사회적 시장경제란 사회적으로 운영되는 시장경제, 즉 민간경제활동의 주체에게 가능한 한 최대의 자유경쟁을 보장하지만, 사회적 형평과 시장질서의 확립을 위해 필요한 만큼의 정부의 시장개입을 허용한다는 것이다. 여기서 '사회적'이란 개념은 경쟁을 최대한 허용하면서 효율성을 추구하는 것 이상의 의미를 갖고 있다. '사회적'이라는 개념은 권력에의 비예속을 의미하며, 사적·공적 권력의 독점이 없는 자유사회를 의미한다. 경제영역에서는 업적경쟁과 결합된 시장이 기본적인 질서 및 조정원리로서 인정되는데, 그 까닭은 시장이 경제적 자유와 복지를 가장 잘 보장하고 다양한 사회보장시스템을 위한 적절한 기초이기 때문이다. 시장에서의 조율이 실패하거나 바람직하지 않은 결과를 초래할 경우에는 국가가 개입해야 한다. 다만 그 개입은 시장 메커니즘의 작동능력, 즉 가격에 의한 공급과 수요의 균형을 방해해서는 안 된다. 국가는 능동적인 사회정책을 통해 사회정의와 사회보장을 위해 배려해야 한다. **사회적 자본주의**라고도 한다. (3) **사상적 특징** 사회적 시장경제의 사상적 특징은 개인의 자유, 경쟁질서, 사회적 보장 세 가지로 요약할 수 있다. 첫째, 개인의 자유와 자유로운 생활환경은 인격과 인간의 자유로운 존엄성을 위한 필수불가결한 요소이다. 둘째, '사회적 시장경제'에서 조정과 경제권력의 견제는 경쟁을 통해서 일어나기 때문에 경쟁이 기능의 필수조건이다. 경쟁은 한 사회의 경제적 능력을 강화시키고 능률을 확보하며 개인적인 창의성과 활동성을 이끌어 낸다. 셋째, '사회적 시장경제'는 시장에서의 자유와 사회적 형평을 결합시킨 체제로서, 이는 시장과 사회적 연대의식이 동등한 것으로 취급되고 사회적 정의가 인간적인 책임의 중요한 일부분이라는 인식에 바탕하고 있다. 2) **사회적 시장경제의 기본원칙** 사회적 시장경제의 기본원칙에는 개인원칙(das Individualprinzip), 연대원칙(das Prinzip der Solidarität), 보충원칙(das Prinzip der Subsidiarität)의 세 가지가 있다. 개인원칙은 개인은 자신의 능력에 따라 자유와 창의력으로 행동하고 그 결과를 스스로 책임지는 시장경제를 근간으로 한다. 그래서 개인원칙을 자기책임원칙(das Prinzip der Eigenverantwortung)이라고도 부른다. 연대원칙은 개인 능력의 차이로 조화로운 사회가 형성되지 못할 경우를 대비한 것이다. 임금이 높을 경우 더 부담하는 조세제도나 능률과는 상관없이 참여해야 하는 보험제도의 예를 들 수 있다. 여기서 능력 있는 자가 능력 없는 자를 위해 얼마나 더 부담할 것인가라는 수준이 문제이다. 이 수준이 너무 높으면 능력을 추구하는 조화로운 사회를 위협할 수 있는 기생적인 행동이 생겨날 것이다. 따라서 개인원칙과 연대원칙을 잘 조화시켜주는 적정수준의 연대가 요구된다. 보충원칙은 개인원칙과 연대원칙으로 충분치 않을 경우 국가가 개입하여 지원하는 원칙이다. 3) **사회적 시장경제의 전개과정** (1) **사회적 시장경제의 확립단계**(1948~1966) 이 시기에는 1948.6. 에르하르트의 화폐개혁, 1949년의 단체교섭법과 1951년 석탄 철강산업의 공동결정법, 1952년 사업장조직법 등이 제정되었고, 1957년 제정된 '독일 연방은행법'은 중앙은행의 강력한 통화안정 정책을 가능하게 하였다. 1958년 '경쟁제한 방지법'은 공정한 경제질서의 확립에 크게 기여하였다. (2) **케인즈의 개입주의**(1967~1982) 1966~1967년의 경기침체는 독일에서 사회적 시장경제의 새로운 발전단계를 요구하는 계기가 되어, 사회적 시장경제의 개념이 다르게 강조되었다. 1967년 제정된 '경제성장 및 안정지원법'은 경기부양정책을 추진하는 바탕이 되었다. 경기안정화정책은 일시적으로 위기를 극복했으나, 1974년과 1979년 두 차례에 걸친 원유파동과 이로 인해 발생한 스태그플레이션으로 인해 결과적으로 실패하였다. (3) **신자유주의와 세계화의 등장**(1982~1989) 1980년대 들어 영미권의 신자유주의 경제체제의 등장으로 세계화 시대가 시작되며 모든 부문에 걸친 글로벌 경쟁이 심화되었다. 콜(Helmut Kohl) 정부는 케인즈의 개입주의를 버리고 시장경제 중심의 정책으로 돌아갔다. 1980년대의 질서정책의 회복은 많은 부분에서 괄목할 만한 경제적 성과를 보였다. (4) **독일통일과 후유증**(1990~1998) 1989년 베를린 장벽 붕괴 후, 통일과정은 서독의 사회적 시장경제체제를 동독지역에 적용시킴으로써 경제, 사회 및 통화의 통합이 추진되었다. 1990.5.18. '새로운 화폐, 경제 및 사회연합을 이룩하기 위한 조약'을 중심으로 서독 화폐가 동독 지역까지 통용되는 화폐통합, 그리고 경제 및 사회통합을 포함한 경제적 통일이 7.1.까지 추진되었고, 10.3. 동독이 서독에 합병됨으로써 정치적 통일이 달성되었다. 그러나 화폐통합과 사회보장제도이 적용에서 많은 부작용이 발생하였다. (5) **21세기적 상황** 21세기적 상황은 인구의 노령화, 노동시장의 악화, 실업률 증가 등으로 사회적 시장경제가 위협받기에 이르렀다. 새로운 개혁프로그램 '아젠다 2010'을 추진하여, 일자리 창출과 노동시장 유연화, 재정개혁 및 조세감면, 사회복지제도 개혁, 교육 훈련 기술혁신 등을 추구하였다. 나아가 하르츠법(Hartz I-IV)을 통해 실업보험금 인하, 직업알선제도 강화, 기업의 고용촉진 등을 추진하였고 최저임금제도 시행되었다. 3. **우리나라 헌법상 경제조항과 사회적 시장경제질서** 1) **경제조항의 연혁** (1) **1948년 헌법** 제헌헌법은 바이마르헌법, 중화민국헌법초안(5·5헌장) 등으로부터 적지 않은 영향을 받았지만, 대한민국임시정부헌법의 이념적 기초라 할 수 있는 삼균주의, 조선임시약헌의 생활균등권, 중국헌법의 영향을 받은 건국강령과 임시헌법, 조선임시약헌 등의 규정과 밀접한 관련성이 있음을 강조하기도 한다. 이러한 논의는 제헌헌법은 외국의 헌법이 아니라 한국의 선행된 헌법구상들과 연속성을 가지고 있다는 것을 보여주는 것이다. 제헌헌법은 시장경제를 지향하고 있지만 통제경제의 성격을 강하게 드러내고 있다. 시장경제를 전제로 하지만 자본주의적 시장경제의 기반이 전혀 형성되지 아니한 현실에서 국가통제적이고 국가계획적인 경제질서의 대폭적인 도입이 불가피했던 것이다. 제헌헌법 규정으로, 사회정의의 실현과 균형있는 국민경제의 발전을 규정한 제84조, 농지개혁에 관한 제86조, 중요한 공공성을 가진 기업의 국공유화에 관한

第87조, 국방상 또는 국민경제상 필요한 경우 사영기업의 국공유화에 관한 제88조, 근로자의 이익분배균점권에 관한 제18조 제2항 등, 국가로부터의 자유보다는 국가형성, 즉 국민의 사회경제적 동질성을 창출하는 과제를 더 시급하게 취급하고 있었다. 제헌헌법의 경제질서는 자유방임주의를 전제로 하되 그 폐단을 방지하고 조정하는 자유민주주의의 통제경제 즉 자유와 계획의 대립되는 두 원리의 조화로 볼 수 있고, 통제경제는 자유경제를 위한 잠정적 조건으로 이해되었다. (2) **1952년 제2차 헌법개정** 1954년 제2차 헌법개정에서 제84조의 원칙규정은 변함이 없으나 각론적인 규정에서 자유주의적인 시장경제로 향한 수정이 가해졌다. 제85조에서는 천연자원의 국유화 원칙을 개정하여 법률이 정하는 바에 의하여 특허를 할 수 있도록 하고, 제87조의 중요한 공공성을 가진 기업의 국·공유화에 관한 규정은 삭제되었다. 대외무역도 국가적 통제에서 육성으로 전환되었다. 제88조(사영기업의 국·공유화)에서 사영기업의 원칙적인 국·공유화를 금지하고 경영에 대한 통제·관리를 할 수 없도록 하였다. 제89조(수용 등)에서도 약간의 개정이 이루어졌다. (3) **1962년 헌법 이후** 1962년에 제정된 제3공화국헌법에서는 경제 장의 편제는 그대로 유지되었으나, 제헌헌법이래 지속되어 온 경제의 기본원칙 조항은 중대한 변화를 가져왔다. 즉, 대한민국의 경제질서는 개인의 경제상의 자유와 창의를 존중함을 기본으로 한다는 규정이 추가되고, 국가는 사회정의의 실현과 균형있는 국민경제의 발전을 위하여 …경제에 관한 규제와 조정을 하는 것으로 개정되었다(제111조). 근로자의 이익균점권은 삭제되었다. 결국 제3공화국헌법의 경제질서는 제111조 제1항에서는 시장경제의 원칙을 선언하고 제2항에서는 경제에 대한 국가적 규제와 조정을 인정하고 있다는 점에서 수정자본주의적 혼합경제체제라 할 수 있으며, 그것은 오늘날 사회적 시장경제질서라는 헌법상 경제규정의 원형을 형성하였다. 제5공화국 헌법에서는 동일한 규정에서 제3항을 추가하여 독과점 규제 조항이 신설되었으며, 농지의 소작제도와 임대차·위탁경영 관련규정이 신설되었다(제113조). (4) **현행헌법** 제119조 제1항은 「대한민국의 경제 질서는 개인과 기업의 경제상의 자유와 창의를 존중함을 기본으로 한다.」고 규정하고, 제2항은 「국가는 균형 있는 국민경제의 성장 및 안정과 적정한 소득의 분배를 유지하고, 시장의 지배와 경제력의 남용을 방지하며, 경제주체간의 조화를 통한 경제의 민주화를 위하여 경제에 관한 규제와 조정을 할 수 있다.」고 규정하고 있다. 2) **헌법상 경제질서의 성격** (1) **학설** ⅰ) **사회적 시장경제질서로 이해하는 견해** 첫째, 사회적 시장경제질서는 독일의 특수한 경제질서라기 보다 자본주의적 자유시장경제질서, 사회주의적 계획경제질서에 대비되는 제3의 경제질서로서 인식하고, 둘째, 사회적 시장경제질서는 시장경제질서를 근간으로 하되 사회정의실현을 위해 경제에 대한 국가의 통제가 인정되는 경제질서를 의미하는 것으로 이해하며, 셋째, 수정자본주의원리를 구체화한 경제질서가 바로 사회적 시장경제질서라는 점 등에 근거하고 있다. ⅱ) **혼합경제질서로 보는 견해** 독일의 특수한 역사적, 경제적 맥락을 가지는 사회적 시장경제질서라는 틀로써 우리 헌법상 경제질서를 설명하는 것은 타당하지 않다고 보고 혼합경제질서로 보는 견해이다. 즉 우리 헌법상 경제조항은 특정분야에서는 단순한 사회적 정의의 실현을 넘는 내용으로 사회조정적이고 계획적인 시장경제의 특징과 사회주의경제질서에 가까운 요소까지도 포함되고 있어 우리의 경제헌법은 사회적 시장경제질서라는 표현만으로는 수용하기 어려운 내용들을 포함하고 있으며, 따라서 정확한 표현은 아니라고 하면서 우리 경제의 헌법적 기본질서는 혼합경제체제 또는 자유주의적 혼합경제체제로 보는 것이 보다 더 정확한 표현이라 하거나, 사회적 시장경제질서는 자유를 최우선적 가치로 보고 경제를 경제질서와 경제과정으로 구분하여 경제질서에 대한 간섭만을 인정하는 질서를 의미하며 경제과정에 대한 직간접적인 조정방식은 배제된다는 점에서 우리 헌법상 경제질서를 사회적 시장경제질서라고 하기는 곤란하다는 견해와 우리 헌법은 원칙적으로 혼합경제체제를 택하고 있으나 보다 구체적인 경제체제에 관해서는 중립적인 입장을 택하고 있다는 견해가 있다. iii) **사회조화적 시장경제질서라고 보는 견해** 현행헌법은 우리 나라의 경제질서가 사유재산제의 보장과 시장경제의 원칙을 기본으로 하면서 사회정의의 실현, 균형있는 국민경제의 성장과 발전, 경제민주화의 실현 등과 같은 사회조화적 요구를 실현하기 위하여 국가가 경제를 규제, 조정할 수 있는 사회조화적 시장경제질서를 지향하고 있다고 한다. (2) **판례** 헌법재판소는 우리 헌법상의 경제질서는 사유재산제를 바탕으로 하고 자유경쟁을 존중하는 자유시장경제질서를 기본으로 하면서도 이에 수반되는 갖가지 모순들을 제거하고 사회복지·사회정의를 실현하기 위하여 국가적 규제와 조정을 용인하는 사회적 시장경제질서로서의 성격을 띠고 있다.」고 하여 사회적 시장경제질서라는 입장에 있다(헌재 1996.4.25. 92헌바47). (3) **결론** 우리 헌법상 경제질서의 장래의 정책에의 개방성과 탄력성, 독일과는 다른 자본주의의 발전을 생각하면 사회적 시장경제질서보다 보다 보편적 개념이며 넓은 의미를 함유한 혼합경제가 우리 헌법상 경제질서를 설명하는 데 보다 적합하다고 할 수 있다. 통설은 사회적 시장경제질서로 보고 있다. 3) **헌법 제119조 해석론** (1) **학설** ⅰ) **제1항을 원칙기본규정으로, 제2항을 예외보충규정으로 보는 견해** 우리 헌법상의 경제질서를 원칙적으로는 시장의 자율성에 맡기고, 예외적으로 균형 있는 국민경제의 성장 및 안정과 적정한 소득분배의 유지, 시장의 지배와 경제력의 남용방지, 경제주체간의 조화를 통한 경제민주화 등의 요청에 따라 국가가 제한적으로 개입하여야 한다는 견해이다. ii) **제1항과 제2항을 전체적 경제 질서로 파악하는 견해** 이 견해는 국가의 경제질서는 궁극적으로는 인간의 존엄을 실현하기 위하여 존재하는 것이므로 우리 헌법 제119조는 경제질서에 자유와 사회적 정의를 결합시킨 규정이라고 파악한다. 또한, 국가의 경제정책은 개인의 경제적 자유의 실질적인 기반을 형성하고 유지하는 역할을 하는 것이므로 경제질서에 대한 국가의 간섭과 형성은 자유시장경제질서에 있어서 필연적인 결과라는 것이다. (2) **헌법재판소** 헌법재판소는「우리 헌법은 전문 및 제119조 이하의 경제에 관한 장에서 균형 있는 국민경제의 성장과 안정, 적정한 소득의 분배, 시장의 지배와 경제력남용의 방지, 경제주체간의 조화를 통한 경제의 민주화, 균형 있는 지역경제의 육성, 중소기업의 보호육성, 소비자보호 등 경제영역에서의 국가목표를 명시적으로 규정함으로써, 우리 헌법의 경제 질서는 사유재산제를 바탕으로 하고 자유경쟁을 존중하는 자유시장경제질서를 기본으로 하면서도 이에 수반되는 갖가지 모순을 제거하고 사회복지·사회정의를 실현하기 위하여 국가적 규제와 조정을 용인하는 사회적 시장경제질서로서의 성격을 띠고 있다.」고 하여(헌재 1996.4.25. 92헌바47; 1998.5.28. 96헌가4등; 2001.6.28. 2001헌마132), 전체적이고 종합적인 경제질서로 이해하는 것으로 보인다. (3) **결론** 제119조를 원칙과 예외의 관계로 해석하는 견해에 대해서는, 헌법규범들 간의 우열관계가 있다고 전제하고 있는 점, 국가의 경제에 대한 개입의 문제를 국가와 자유의 대립관계로 경직시켜 경제질서 형성에서의 국가의 역할을 지나치게 축소시키고 있다는 점 등의 비판이 있다. 따라서 제119조는 전체로서 경제질서를 규정하고 있는 것으로 이해함이 타당하다. 4) **경제질서에 대한 국가 개입의 한계** 현행헌법상의 경제조항(헌법 제9장)에 따른 경제규제 법률들은 기본권의 일반적 법률유보에서 도출되는 기본권제한의 한계에 구속되는가가 문제된다. **헌법 제37조 제2항의 적용대상이 되지 않는다고 보는 견해**는, ① 헌법 제37조 제2항에 규정된 국가안전보장 · 질서유지 · 공공복리의 개념과 경제조항의 유보필요성이 반드시 일치하지 않을 뿐만 아니라 경제정책은 복리증진이나 새로운 질서를 적극적으로 형성해 나간다는 점, ② 사회적 시장경제질서에 의한 기본권제한의 경우, 헌법 제37조 제2항의 비례성원칙이 적용될 여지가 없고 당해 경제관련입법이 헌법규정이 정하는 여러 목적을 실현하기 위한 수단으로서의 적합성 여부만 문제된다는 점, ③ 본질적 내용의 침해금지와의 관계에서 헌법 제120조의 천연자원 등의 사회화나 헌법 제126조에서의 사기업의 국 · 공유화를 가능케 한 헌법의 취지로 보아 본질내용침해금지의 원칙이 경제조항에는 타당하지 않다는 점을 그 근거로 든다. **헌법 제37조 제2항의 적용대상이 된다고 보는 견해**는, ① 헌법의 통일적 해석이라는 측면에서 경제조항과 관련한 기본권침해법률이 헌법 제37조 제2항에 근거하여 위헌적 침해여부가 가려지는 것이 아니고, 단지 경제조항과 무관한 기본권침해법률이 헌법 제37조 제2항의 적용을 받게 되고, ② 모든 기본권침해를 전제로 한 헌법의 일반적 법률유보의 취지에 어긋난다는 점, ③ 경제조항의 목적에만 부합되면 관련된 기본권의 본질적 침해까지도 가능하게 되는데, 이는 헌법의 통일적 해석과는 거리가 멀 뿐만 아니라 오늘날 경제적 자유와 경제적 능력이 다른 기본권을 실현시키는 결정적 전제가 된다는 점을 고려할 때 경제규제조항을 통해서 기본권보장의 공동화 현상이 초래될 위험이 있다는 것을 근거로 든다. 후자가 타당하다. ➜ 시장경제질서.

사회적 신분社會的身分 ⓔ Social Status, ⓓ Sozialer Status, ⓕ Statut social. 1. **서론** 헌법 제11조는 법 앞의 평등원칙과 평등권을 규정하였고, 공적 영역에서뿐만 아니라 사적 영역에 있어서도 차별행위를 금지하고 평등이념을 실현하기 위하여 국가인권위원회법에도 관련 규정을 두고 있다. 헌법규정의 여러 차별금지사유 중 범주의 획정이 쉽지 않은 사유가 바로 '사회적 신분'이다. 국가인권위원회법 제2조 제3호에서 정한 19가지의 차별금지사유 중에서도 가장 포괄적으로 해석될 가능성이 있는 '사회적 신분'의 포섭 범위 혹은 개념 범주를 획정하는 것은 실무상으로도 쉽지 아니하다. 2. **헌법 제11조 제1항 후문의 '사회적 신분'의 의미** 헌법 제11조 제1항 후문의 사회적 신분의 의미를 규명하기 위해서는 먼저, 헌법 제11조 제1항의 구조에 대해 문리적 · 논리적 해석을 시도하고, 이러한 해석과 논리적으로 연결된 '사회적 신분'의 구체적 의미와 포섭범주에 대한 논의를 검토하여야 한다. 1) **사회적 신분의 개념** (1) **학설** ① **선천적 신분설** 선천적 신분설은 헌법 제11조 제1항 후문의 사회적 신분을 출생에 의하여 고정되는 선천적 신분 내지 사회적 지위로 이해하는 입장이다. ② **후천적 신분설** 통설의 입장은 선천적 신분뿐만 아니라 후천적으로 사람이 장기간 점하는 지위로서 일정한 사회적 평가를 수반하는 것을 사회적 신분에 포섭시킨다. 이에 따르면, 인종, 존비속, 가문, 문벌, 귀화인 · 전과자의 자손, 존비속, 부자, 빈자, 사용자, 근로자, 어민, 상인, 농민, 기업인, 탤런트,

불목한(佛木漢), 교원, 공무원, 변호사, 직업상의 지위, 부장, 학생, 특정지역의 주민의 지위 사회적 신분으로 본다. ③ **역사적 차별신분설** 사회적 신분에 의한 차별은 역사적으로 볼 때 헌법 제11조 제1항 후단에서 규정하고 있는 성별에 의한 차별이나 종교에 의한 차별에 준하는 정도로 사회 내에서의 차별과 편견이 입증되는 경우에 국한하여 차별로 보는 입장이다. 이에 따르면 선천적 신분설보다 넓게 사회적 신분에 의한 차별이 인정되지만, 반면 후천적 신분설의 입장보다는 현저히 좁게 사회적 신분에 의한 차별이 인정된다. 심사기준과 관련해서는 사회적 신분에 의한 차별을 금지하고 있는 헌법 제11조 제1항 후단은 전단의 특별규정이며 따라서 엄격심사기준에 따르게 된다. ④ **사회적 편견설(새로운 관점)** 사회적 신분이란, 사회 내에서 발생한 그리고 사회의 발전에 따라 새로이 형성·발생될 수 있는 비정상적인 사회적 편견이 투영된 일정한 사회적 지위를 의미하며, 이러한 비정상적인 사회적 편견을 일반인의 관점에서는 수인 내지 수용할 수 없는 경우에 우리 사회는 차별을 금지해야하는 정당성을 확보하고 사회적 합의의 견지에서 차별의 시정을 요청하는 것으로 보아야 한다. 이러한 사회적 편견설의 입장에 따르면, 기존의 선천적 사회적 신분은 당연히 포함되나, 새로운 후천적 신분의 개념을 일정한 범주로 국한하게 되어 후천적 신분설의 입장보다는 경우에 따라서는 좁게 혹은 넓게 사회적 신분을 정의하게 된다. (2) **헌법재판소** 헌법재판소는「사회적 신분이란 사회에서 장기간 점하는 지위로 서 일정한 사회적 평가를 수반하는 것을 의미한다 할 것이므로, 전과자도 사회적 신분에 해당된다고 할 것이며, 누범을 가중처벌하는 것이 전과자라는 사회적 신분을 이유로 차별대우를 하는 것이 되어 헌법상의 평등의 원칙에 위배되는 것이 아닌가 하는 의문이 생길 수 있다.」고 하였다(헌재 1995.2.23. 93헌바43). 헌법재판소는 후천적 신분설의 입장에서 여러 결정들을 통해, 구체적으로 전과자, 변호사, 농협·수협·축협·농지개량조합·산림조합 등의 장, 정부투자기관의 직원 등을 사회적 신분으로 보고 있다. 그 외에도 존속·비속인 지위, 군인·군무원, 국회의원·지방의회의원, 공무원, 노동법상 사용자, 군법무관, 대학교원과 초중등학교 교원, 흡연자, 소방공무원, 수형자, 국회의원선거후보자 혹은 광역자치단체후보자와 기초자치단체후보자, 비례대표국회의원후보자, 부부인 지위, 상습범, 누범, 교육공무원, 독립유공자 자녀, 직장예비군 대대장, 금융기관의 임직원, 정부관리업체의 간부직원, 해외체재를 이유로 병역연기를 하는 사람, 정부수립 전 이주동포, 지방선거후보자, 국가인권위원회 위원, 배우자와 직계존비속간의 관계, 법관, 정부투자기관 직원, 제주특별자치도통합영향평가심의위원회 심의위원 중 위촉위원의 지위 등은 사회적 신분으로 볼 수 있을 것이다. 2) **헌법 제11조 제1항 전단과 후단의 관계** (1) **학설** ① **예시설** 이는 헌법 제11조 제1항 전단과 후단의 관계를 예시적인 관계로 보는 입장이다. 즉, 제11조 제1항 후문의 "성별, 종교 또는 사회적 신분"에 의한 차별을 제11조 제1항 전문의 '법 앞의 평등'의 내용을 예시한 것으로, 성별 종교, 사회적 신분은 평등권 침해의 '대표적'인 사유로서 '예시'한 것에 불과하다는 입장이다. 이 입장에 따르면, 성별, 종교, 사회적 신분 외에 학력, 정치관, 건강, 연령 등 어떠한 사유로도 불합리한 차별이 금지된다고 한다. 예시설에 따르면 선천적 신분은 물론 후천적으로 취득한 신분도 사회적 신분에 포함된다고 보며, 사회적 신분이란 "사람이 사회에 있어 일시적이 아니고 장기적으로 차지하고 있는 지위"로 보아 전과자, 귀화인, 사용인, 노동자, 교원, 공무원, 부자, 빈자, 농민, 어민, 상인,

학생 등이 포함된다고 한다. ② **후문 독자성설** 헌법 제11조의 전문은 특별히 입법자에게 어떠한 명령도 하지 않는 구조로 되어 있고, 법을 집행하는 자에 대하여 존재하는 법의 의미내용대로 집행해야 한다는 것만을 의미할 뿐인데 반하여, 후문은 어떤 공권력 주체도 성별·종교 또는 사회적 신분 사유로 차별을 해서는 안된다는 금지명령을 하고 있기 때문에 특정한 수범자를 제한하고 있지 않고 있으며 이런 점에서 후문은 독자적인 의미를 가진다는 입장이다. 전문은 "존재하는 법을 일률적으로 집행할 것을 명령"하고 이는데 반하여 후문은 "입법자가 법의 내용을 어떻게 구성하여야 하는가"라는 점을 내용으로 하고 있다고 한다. ③ **엄격심사기준설** 이 견해는 헌법제정권자가 과거의 역사적 경험에 비추어, 성별, 종교 및 사회적 신분에 의한 차별을 헌법사항으로 명시적으로 정하여 금지하는 것이 필요했기 때문에 특별히 규정한 것이라는 입장이다. 이에 따르면, 헌법 제11조 제1항 후문의 "성별·종교 또는 사회적 신분"이 동조 제1항 전문의 '법 앞의 평등'을 예시할 뿐이라고 해석하는 것은 헌법조항을 무의미하게 해석하는 것일 뿐이기 때문에 예시설은 타당하지 않다고 한다. 따라서 후문은 전문의 특별한 규정으로서 전문이 평등심사의 일반적인 원칙을 선언한 것이라면, 후문은 다수결원리에 의해 피해를 당할 수 있는 소수자를 보호하기 위하여 입법을 특별히 통제하기 위한 특별규정으로 이해해야 한다는 입장이다. 또한 이에 따르면, 사회적 신분에 관한 규정은 특히 헌법제정당시 여전히 우리 사회에 잔존하고 있던 유교적 전통으로서의 신분관계, 예컨대, 반·상의 차별, 사농공상의 사회적 계급이나 신분관계가 여전히 문제되었기 때문에 이러한 사유에 의한 차별을 명시적으로 부정하기 위하여 헌법에 규정을 둔 것으로 본다. 따라서 사회적 신분의 개념에 대해서도 그것이 성별, 종교에 상응하는 수준의 의미를 부여할 수 있어야하기 때문에 소위 "역사적 편견이 입증된 경우에 한정"되어야 한다고 본다. 헌법 제11조 제1항 후문의 사회적 신분에 의한 차별에 대한 심사는 엄격한 심사의 대상이 된다고 본다. (2) **헌법재판소** 판례는 원칙적으로 예시설에 따라, 사회적 신분이란 사회에서 장기간 점하는 지위로서 일정한 사회적 평가를 수반하는 것을 의미 한다고 하였다(헌재 1995.2.23. 93헌바43). 이에 따르면, 소위 사회적 신분에 의한 차별은 특별한 차별금지영역으로 포섭되거나 아니면 사회적 신분을 특별히 헌법이 보호하려는 대상이 아닐 뿐만 아니라 역사적으로 볼 때도 특별한 의미를 부여할 만한 소지가 없다는 결론에 이르게 되기 때문에, 사회적 신분에 의한 차별은 합리적 심사기준에 의한 합헌성 심사를 받게 된다는 결론에 이르게 된다. (3) **소결** 헌법상의 '사회적 신분'은 통설에 따라 예시적으로 보는 것이 타당하다. 다만, 헌법 제11조 제1항 후문의 '사회적 신분'의 의미와 국가인권위원회법 제2조 제3호의 '사회적 신분'의 의미를 같은 의미로 볼 것인지가 문제된다. 2005년 개정된 국가인권위원회법 제2조 제3호의 '사회적 신분'은 헌법에서 말하는 사회적 신분보다는 좁게 이해함이 적절할 것으로 생각된다. 3. **국가인권위원회법상의 사회적 신분의 개념** 국가인권위원회법 제2조 제3호에서 정한 '사회적 신분'의 해석과 관련하여, 포괄적 해석론과 한정적 해석론이 있다. 전자는 헌법규정과 같이 모든 사유를 포괄하는 해석이며, 후자는 사회적 신분은 19가지 차별금지사유 중의 하나로 들고 있음에 비추어 사회적 신분의 개념포섭을 일정한 범주 내로 한정해야 한다는 입장이다. 한정적 해석론에 의할 때는 사회적 신분에 의한 차별사유에 대한 특별한 의미를 부여하고, 어떠한 형식으로 사회적 신분개념을 정의할 것인가에 대하여 다시 검토하여야 한다. 즉 문언의 위치상 문제가 있기는 하지만, '사회적 신분'에 의한 차별사유는 다른 차별사유가 포섭하지 못하는 영역을 포섭하기 위하여 만들어진 것으로 동법 제2조 제3호에서 열거하고 있는 차별사유 중에 포섭되지 못하는 사항을 사회적 신분에 의한 차별의 범주에 포섭하는 것으로 이해할 수 있다. ➜ 차별금지법.

사회적 자본주의社會的 資本主義 ➜ 사회적 시장경제질서.

사회적 특수계급社會的 特殊階級 현행헌법 제11조 제2항은 「사회적 특수계급의 제도는 인정되지 아니하며, 어떠한 형태로도 이를 창설할 수 없다.」고 규정하고 있다. 이 규정은 제헌헌법 이래 계속하여 헌법에 규정되어 왔다. 특수계급이란 귀족제도, 노예제도, 조선시대의 반상(班常)제도 등과 같이 개인을 수직적으로 차별하는 기준이 되는 모든 계급을 일컫는다. 법적으로는 이러한 특수계급은 인정될 수 없고, 어떠한 형태로도 허용되지 아니한다. 그러나 사회현실에서는 사실상 계급이 형성되어 있는 경우가 있다.

사회정의社會正義 ㉧ social justice, ㊔ soziale Gerechtigkeit, ㉫ justice sociale. 사회정의란, 개인에게 정당한 몫을 부여하고 그 몫에 대한 권리, 책임의식, 이익을 정당하게 부여하는 것, 기회의 균등한 분배와 투명한 사회를 지향하는 것을 함축시킨 사회철학 용어이다. 사회정의는 어느 한 개인에게 희생을 부여하는 것을 반대하며, 그 희생 강도가 약하나 강하나 차등을 부여하지 않는다. 이 외에도 권리에 대한 책임의식 또한 주장한다. 사회정의에 대해 처음 정립시킨 미국의 진보주의자이자 철학자인 존 롤스가 저작한 「정의론」에서는 사회정의를 「모든 이에게 자유를 완벽하게 누리게 할 수 있어야 하며, 빈곤한 사람들의 복지를 우선으로 배려해야 한다. 또한, 결과의 불평등은 존재하되, 모든 사람에게 기회는 균등하게 주어져야 하는 것이 정의의 원칙이다.」라고 정의하였다.

사회주의 시장경제社會主義 市場經濟 ㉧ Socialist market economy. 사회주의 시장경제는 중화인민공화국이 도입한 경제이론이며 사회주의 정치체제를 기반으로 자본주의를 일부 반영한 경제체제이다. 사회주의 시장경제라는 용어는 1992년 제14차 중국 공산당 전국대표대회에서 중국의 개혁개방을 설명하기 위하여 장쩌민이 도입하였다. 장쩌민은 개혁과 개방 그리고 근대화로의 건설에 박차를 가함으로써, 중국적인 특색을 지닌 사회주의 사업에서 확고한 승리를 쟁취할 것이라고 강조하였다. 그 이론적 기초는 1978년 중국공산당 제11기 3중전회에서 덩샤오핑을 중심으로 한 실용주의자들이 주창한 '중국적 특색을 지니는 사회주의 건설'이라는 구상이다. 계획경제, 통제경제를 원칙으로 하는 사회주의 경제원칙과 경쟁을 핵심으로 하는 시장경제 사이의 모순적 대립을 극복하기 위하여, 武昌, 深圳, 珠海, 上海 등에 거의 10년에 가까운 대규모 개혁의 실험적 실행을 거친 이후 중국지도부는 중국의 사회발전을 위해 가장 필요한 것이 생산력의 급속한 발전이라는 결론에 도달했다. 1987.10. 중국공산당 제13차 전국대표대회에서 중국공산당은 현 중국은 사회주의 초급단계에 처해 있으며, 무엇보다도 먼저 생산력을 크게 발전시키기 위해서는 시장이 조절의 역할을 충분히 발휘해야 한다고 주장하였다. 1992년 덩샤오핑이 深圳, 珠海 등 경제특구와 상하이를 순방하면서 행한 이른바 '남순강화(南巡講話)'를 계기로 개혁 · 개방정책이 가열차게 진행되었다. 1992.10. 중국공산당 제14차 전국대표대회에서는 지난 14년 간 이룩한 개혁 · 개방의 성과를 평가한 후 사회주의 경제의 본질에 대한

ㅅ

인식전환을 표명하여 '사회주의 시장경제'의 건설을 기치로 내세웠다. 1993.11. 「중국공산당 중앙 제13차 3중전회」에서는 상기 중국공산당 제14차 전국대표대회에서 결정된 사항을 토대로 「사회주의 시장경제의 확립에 있어서 제기되는 몇몇 문제에 관한 중국공산당의 결정」을 채택하여, 「사회주의 시장경제」의 기본적인 구조로서 다음과 같은 사항을 제시하였다. 첫째, 공유제(公有制)를 그 근간으로 하여, 여러 가지 종류의 경제구성요소와 함께 공동의 발전이라는 방침을 견지함으로써 국유기업 경영메커니즘 전환의 지속적인 추진, 시장경제 요청에의 적응, 재산권의 명확화, 권리와 책임의 명확화, 행정과 기업의 분리, 과학적 관리 등을 통하여 현대기업제도의 구축 등을 달성한다. 둘째, 전국적인 통일체계를 갖춘 개방적 시장체계의 구축을 통하여 도·농 시장간의 긴밀한 결합, 국내시장과 국제시장 간의 상호연결 실현, 자원의 최적배분 등을 달성한다. 셋째, 정부의 경제관리기능을 전환시킴으로써, 간접적 수단을 위주로 한 완벽한 거시조절수단을 확보함으로써 국민경제의 건전한 운영을 확보한다. 넷째, 노동에 상응하는 분배의 추진을 통해, 효율을 우선시하고 공평성을 고려한 수익분배제도를 적용함으로써, 일부의 지역과 일부의 인민을 우선 부유하게 한 다음, 전체 인민의 부를 상승시킬 수 있는 방안을 장려한다. 다섯째, 다차원적인 사회보장제도의 적용을 통하여, 중국의 상황에 적합한 사회보장제도를 도시와 농촌의 주민들에게 제공함으로써, 경제의 발전과 사회의 안정을 촉진한다. 이상과 같은 중국공산당의 방침을 정리하면, 다음과 같은 특징을 지니고 있는 것이라고 할 수 있다. ① 생산재 소유구조의 다양화-이전까지 중국은 건국이전의 공유제를 위주로 하는 원칙을 고수하고 있었으나, 상기의 발표를 통하여 개인소유, 사영기업 및 외국자본과의 합병등도 사회주의 소유제의 구성요소로서 인정하게 되었다. 즉 국가당국은 국유경제와 집단소유제의 경제를 촉진함과 동시에 개인경제, 사영경제, 외자경제등의 발전을 장려하게 되었던 것이다. ② 주식회사형 현대기업제도의 확립-국유기업을 주식회사의 형태로 전환시키려는 방안을 채택하였고, 비국유기업의 시장참입도 인정하기에 이르렀는데, 그 목표는 소유권과 경영권의 분리, 국유기업을 정부의 직접적인 간섭으로부터 해방, 자주적인 경영, 자율적인 책임을 지는 경영주체로의 전환을 이룩하려는 것이었다. ③ 국내통일시장의 형성-소비재·생산재시장을 확충함과 동시에 금융시장, 노동시장, 부동산시장, 기술시장, 정보시장 등을 육성한다. ④ 간접적 경제조절시스템의 확립-금융·재정제도의 개혁에 의한 거시적 조절수단의 강화를 통하여 정부가 시장규제, 산업정책 등에 의한 시장통제가 가능하도록 한다. 1993.12.에는 새로운 「회사법」을 제정하여 국유기업의 지배구조를 과감히 개혁하기도 하였다. 수정사회주의적 경제질서라고도 한다.

사회주의제국당SRP 해산판결 ➜ SRP 해산판결.

사회주의 헌법 1. ㉠ socialist constitution. 과거 사회주의국가에서 제정되어 시행되고 있는 헌법을 말한다. 헌법의 다양한 분류기준 중, 국가의 사회경제체제의 측면에서 분류할 경우, 자본주의국가헌법과 사회주의국가헌법으로 나누어 볼 수 있다. 사회주의국가헌법에 공통적인 특색은 그 기본원칙으로 사회주의 이념을 천명하고 있으며, 정치·경제·사회의 제 분야의 실질적 지도권은 노동자계급(프롤레타리아) 또는 그 전위당이 장악하고 있다는 점이다. 주권이론에서는 인민(프롤레타리아)주권론, 권력이론에서는 프롤레타리아 독재론에 기초한 민주집중제(민주적 중앙집권주의), 정치적으로는 인민민주주의론, 경제적으로는 계획경제론으로 뒷받침되고 있었다. 1980년대 후반 소련과 동구권의 사회주의가 무너진 이래 사소유권제나 시장경제주의 등 자본주의이념을 도입하고 권력분립제를 도입하는 등 변화를 추구하고 있다. 2. 1972.12.에 채택된 전문(全文) 11장 149조의 '조선민주주의 인민공화국 사회주의헌법'을 약칭하여 부르는 말이다. 이전에는 1947.11.에 구성된 헌법제정위원회가 제정, 1948.9.에 공포한 전문 10장 104조의 '조선민주주의인민공화국 헌법(통칭: 인민민주주의헌법)'을 사용하여 왔다. 1972년에 대한민국에서 소위 '10월유신'이 공표되고 헌법이 변경되자, 북한에서도 헌법을 개정하여 '사회주의헌법'으로 변경하였다. ➜ 북한헌법.

사회학적 국가론 개개인의 관계나 활동이 있어야 사회나 국가가 성립된다고 본다. 따라서 국가란 단체적 통일체나 유기체가 아니라고 본다. 일원적 국가론의 하나이다. 옐리네크는 사회학적 및 법학적 국가론을 설파하여, 사회학적 국가개념은 원시적 통치권을 가지고 정주하는 인간의 단체적 통일체라 하며, 법학적 국가개념은 국가란 원시적 통치권을 가지고 있는 정주하는 국민의 사단으로 이해한다.

사회학적 법학社會學的法學 ㉮ sociological jurisprudence. 사회학적 법학은 20세기 법학사상 가장 중요한 학파 중 하나이다. 미국에서 주요 지지자는 1916년부터 1936년까지 하버드 법대 학장을 지낸 로스코 파운드(Roscoe pound, 1870-1964년)이었다. O. W. Holmes, L. Brandeis, H. F. Stone, B. Cardozo, F. Franlfurter 등이 약간의 견해차는 있었으나, 여러 가지 중요한 태도와 사상을 공유하였다. 오스트리아의 Eugen Ehrlich와 프랑스의 G. Gurvitch의 영향을 받았다. 사회학적 법학 운동은 법의 연구, 해석 및 적용에 대한 지배적인 개념의 개혁을 강조하였다. 파운드는 그것을 '법철학으로서의 실용주의 운동'으로 해석했으며, 그 목적은 법률개혁과 사회진보를 촉진하는 것이었다. 20세기 초 미국 법제도의 병폐에 대한 특별한 진단을 반영한 것으로서, 사회과학과 법학 연구의 분리를 탈피하고 기계적 법학의 배제를 주장하였다. 사회학적 법학의 근본적인 목표는 법규정과 제도의 실질적인 효과에 대한 더 나은 사실적 이해를 개발하는 것이었다. 사회학적 법학의 주요 관심사는 법과 사회가 서로에게 미치는 영향을 연구하는 것이다. 그들은 법을 사회 진보의 도구로 취급한다. 따라서 사회학적 법학은 법적 또는 추가적 도구와 사회이익의 조화와 균형을 촉진하는 기술을 사용하여 사회의 당면한 문제를 해결하기 위한 다면적 접근 방식이라고 볼 수 있다. 사회학적 법학의 주요 특징은 다음과 같다. 첫째, 사회학적 법학은 법의 본질보다는 법의 작용에 더 관심을 갖는다. 그들은 법을 권위 있는 규율의 추상적인 내용이라기보다는 결정과 사법 및 행정 절차에 대한 권위 있는 지침의 집합체로 간주하였다. 둘째, 법을 의식적으로 만들 수 있고 또한 경험에 기초하여 변경, 수정 또는 유지할 수 있는 사회적 제도로 간주한다. 즉, 그것은 법연구에 대한 분석적 접근과 역사적 접근을 모두 종합한다. 셋째, 사회학적 법학은 법의 제재와 강압적 성격보다는 법이 종속되는 사회적 목적과 사회적 목표와 기대를 강조한다. 넷째, 사회학적 법학은 법제도, 해석론, 규율을 기능적으로 보고, 규율의 형식을 최대다수의 최대선을 만족시키기 위한 수단으로 생각한다. 사회학적 법학은 1930년대의 법현실주의의 발전으로 이어졌다.

사회헌법론社會憲法論 ㉮ societal constitution. 근대 정치헌법이 전제군주제와 독재에 대항하는 규범적 틀이었다면, 오늘날 사회헌법은 사회적 권력에 대한 투쟁을 고민하는 과정에서 만들어지고 있다고 보고, 국가 영역에서뿐만 아니라 사회 영역에서도 헌법이 발생하고 있다는 사실에 주목하여, 헌법을 정치체계에만 한정하지 않고 다른 사회체계에도 적용하려는 방법론에 기초하여, 헌법을 새롭게 이해하려는 헌법사회학적 이론이다. 데이비드 시울리(David Sciulli), 귄터 토이브너(Gunther Teubner) 등이 헌법다원주의에 기초하여 주장한 헌법이론으로서 우리나라에도 소개되고 있다.

사회화社會化 ㊎ socialization, ㊍ die Sozialisation, ㊋ socialisation. 사회학적 개념으로서 사회화의 정의는 사회적 상호 작용을 통해 한 사회의 행동 양식과 가치, 규범 등을 습득하고 내면화하는 과정을 의미한다. 사회 변동으로 기존의 지식과 가치가 쓸모없어졌을 때 변화한 사회에 적응하기 위해 새로운 정보와 가치관을 습득하는 과정으로서 재사회화(resocialization), 미래에 속하게 될 집단의 규범을 미리 학습하는 과정으로서 예기사회화(anticipatory socialization), 새로운 문화와 환경에 적응하기 위해 이미 배웠던 것을 버리는 행위로서 탈사회화(desocialization), 인생의 초기에 일어나는 기본적인 사회화로 역할 모방, 놀이 등을 통해 행동 방식을 학습하는 원초적 사회화(primary socialization) 등으로 나뉜다.

사후교정적 위헌심사제事後矯正的 違憲審査制 → 규범통제제도.

사후영장事後令狀 → 영장제도.

산업소유권産業所有權 → 지적 재산권.

산업재해보상보험産業災害補償保險 근로자의 업무상의 재해를 신속하고 공정하게 보상하며, 재해근로자의 재활 및 사회 복귀를 촉진하기 위하여 이에 필요한 보험시설을 설치·운영하고, 재해 예방과 그 밖에 근로자의 복지 증진을 위한 사업을 시행하여 근로자 보호에 이바지하는 것을 목적으로 하는 보험제도이다. 산업재해보상보험법이 제정되어 있다. 동법에 의하여 인정되는 권리가 산업재해보상보험청구권이며, 헌법재판소는 「헌법 제34조 제2항 및 제6항의 국가의 사회보장·사회복지 증진 의무나 재해예방노력의무 등의 성질에 비추어 국가가 어떠한 내용의 산재보험을 어떠한 범위와 방법으로 시행할지 여부는 입법자의 재량영역에 속하는 문제이고, 산재피해 근로자에게 인정되는 산재보험수급권도 그와 같은 입법재량권의 행사에 의하여 제정된 산재보험법에 의하여 비로소 구체화되는 '법률상의 권리'」라고 하여 헌법적 권리가 아니라 법률적 권리로 보고 있다(헌재 2005.7.21. 2004헌바2).

산회散會 → 국회의 회기와 회의.

삼균주의三均主義 독립운동가 조소앙(1887~1958) 선생이 주창한 '삼균주의'는 정치, 경제, 교육의 균등을 통해 개인과 개인의 균등생활을 실현하고 이를 토대로 민족과 민족, 국가와 국가의 균등생활을 이루며, 나아가 세계일가를 추구한다는 이론체계를 말한다. 1918년경부터 싹트기 시작한 평등주의 사상인 삼균주의는 1931년 임시정부의 '대외선언'에서 체계가 정립되었으며, 1941.11. 대한민국 건국강령에서 임시정부의 기본이념 및 정책노선으로 확정되었다. 삼균주의는 국내의 모든 권력과 부력(富力)이 일제에 의해 독점된 현실에서, 한민족의 고유한 역사적 전통에서 민족의 활로를 추구하였다. 또한, 손문(孫文)의 삼민주의(三民主義), 캉유웨이(康有爲)의 대동사상(大同思想), 무정부주의·

사회주의 등 여러 사상들도 영향을 미친 것으로 보인다. 삼균주의는 '균등'을 기본이념으로 하고 있고, 궁극적으로는 균등생활을 실현한다는 데 목적을 두고 있다. 균등생활을 실현하는 단계로서, 일차적으로는 정치·경제·교육의 균등을 통해 개인과 개인의 균등생활을 실현하고, 이를 토대로 민족과 민족, 국가와 국가와의 균등생활을 이루며, 나아가 세계일가를 추구한다는 것이다. 삼균주의는 균등생활을 실현하는 구체적 방법으로, 정치의 균등(均權)은 보통선거제와 기본권리의 보장을 통해, 경제의 균등(均富)은 토지와 대생산기관의 국유를 통해, 교육의 균등(均學·均智)은 국비의무교육을 통해 실현한다는 것이다. 그리고 개인과 개인의 균등은 정치·경제·교육의 균등을 통해, 민족과 민족의 균등은 민족자결을 통해, 국가와 국가의 균등은 식민정책과 자본제국주의를 무너뜨려 실현한다고 하였다.

3단계기준三段階基準 ➜ 평등심사의 기준.

삼부회三部會 ㉥ États Généraux, ㉧ Estates General. 중세에서 근대에 이르기까지 존재했던 프랑스 구체제 하의 신분제(身分制) 의회를 말한다. 삼부회는 1302년 당시 교황 보니파키우스 8세에 대항하던 필리프 4세를 지원하기 위해 사제·귀족·도시의 대표들이 노트르담 성당에 모인 것을 그 기원으로 한다. 제1부 사제, 제2부 귀족, 제3부 평민으로 구성된 국민의회였지만, 그 역할은 왕의 결정에 대한 지지를 표명하는 정도였다. 국왕은 국가 재정의 동원이 필요한 일이 생기거나, 교황과의 대결에서 상대적인 우위를 점하기 위해서 삼부회를 통해 자신의 권한을 강화하고자 했다. 따라서 의회를 소집하고, 의제를 결정하는 권한은 모두 국왕에게 속해 있었다. 의원들에게는 심사권, 상신권만 있을 뿐, 의결권도 인정되지 않았다. 제3신분은 백년전쟁이 한창이던 14세기 중반에 파리의 상인장(商人長) 에티엔 마르셀을 중심으로 한 저항을 시도하였으나 실패하였고, 이후 전국적인 삼부회보다는 소집과 관리가 용이했던 지방 삼부회가 주로 소집되었다. 전국적인 삼부회는 1614년 귀족들의 특권 확장을 위해 열린 이후로 170년간 한 번도 열리지 않았다가, 1789.5. 루이 16세에 의해 다시 열렸다. 당시 프랑스 왕실은 심각한 재정위기에 시달리고 있었는데, 삼부회를 열어서 새로운 세금을 부과하여 위기를 타파하려 하였다. 때문에 삼부회를 통해서 봉건적인 계급제에 대한 개혁을 시도하려던 제3신분 대표들의 주장은 무시되었다. 이에 1789.6.17. 미라보, 시에예스 등의 제3신분 대표자들은 혁명적 국민의회(國民議會)를 소집하였다. 프랑스 왕실은 이들을 무력으로 진압하고자 했고 그 과정에서 프랑스대혁명이 발발하여 구체제의 신분제를 바탕으로 한 삼부제는 종식되었다.

삼선개헌三選改憲 3선개헌은 1969년에 박정희 대통령이 3선을 목적으로 추진한 제6차 개헌을 말한다. 주요 개정 내용은, 1) 대통령의 3기 연임 허용(제69조 제3항) 2) 국회의원 정수 확대(제36조 제2항) 3) 대통령에 대한 탄핵소추 발의선을 의원 30인 이상에서 50인 이상으로 상향조정하고 의결정족수를 3분의2로 강화(제61조 제2항 단서) 4) 국회의원의 각료 기타 직위 겸직 허용(제39조) 등이다. 제3공화국은 4년중임제 대통령제로, 1967.5.3. 제6대 대통령 선거에서 박정희가 상당한 표차로 무난히 당선되기는 했지만, 중임제한으로 3선을 할 수 없었다. 이에 박정희는 1968년 경부터 민주공화당을 통해 3선개헌의 필요성을 역설하게 하고, 중앙정보부 등을 동원하여 반대파를 억압하기 시작하였다. 1969년에 들어서서 야당국회의원을 포섭하고 극렬반대파인 김영삼의원에게 초산테러를 자행하는 등 강력하게 개헌을 추진하였다. 개헌을 저지하기 위해 국회의사당 본회의장에서 점거농성을 벌이던 신민회 의원들을 피해서, 일요일인 1969.9.14. 새벽 2시 국회 제3별관에 몰래 모여 이효상 국회의장의 사회로 찬성 122, 반대 0표로 2분 만에 개헌안을 날치기로 통과시켰다. 비밀투표는 무효라는 야당의 주장과 학생들의 치열한 개헌반대 시위에도 불구하고 개헌안은 1969.10.17. 국민투표에 부쳐졌고, 총유권자의 77.1%가 투표하고 65.1%의 찬성을 얻어 가결되었다. 이 개헌 후 박정희는 1971.4. 제7대 대통령선거에 민주공화당 후보로 출마하여 김대중 후보와 경쟁하여 당선되었으나, 4선개헌은 현실적으로 불가능할 것으로 보고, 종신 대통령제를 추구하여 1972.10.17. 소위 '10월유신'을 통해 본격적인 독재의 길로 들어섰다.

삼심제三審制 [영] Three instance system, [독] Drei Instanzen System, [프] Système à trois instance. 하나의 사건에 대하여 세 번 심판을 받을 수 있는 심급제도(審級制度)이다. 독일 · 프랑스 등 대륙법계의 나라에서는 3심제가 원칙이나, 영미법계에서는 배심제를 채용하고 있어 사실심을 2심급으로 중복하는 것은 무의미하므로 2심제가 통례이다. 3심제는 반드시 절대적인 요청은 아니고, 이를 채용하고 있는 각국의 입법례에서도 소의 가액이나 소송의 종류에 의하여 항소나 상고를 제한하고 있는 경우가 있다. 우리나라는 1심은 지방법원, 2심은 고등법원, 3심은 대법원으로 하는 3심제를 취하여 판결절차에서는 항소와 상고를 인정하며, 결정절차에는 항고와 재항고를 인정하고 있다. 지방법원 또는 지방법원 지원의 단독판사의 판결에 대한 항소는 지방법원 본원합의부에서 관할하고 지방법원 합의부의 제1심 판결에 대한 항소는 고등법원에서 관할한다. 예외적으로 기관소송 · 선거소송 등은 대법원을 제1심으로 하는 단심제로 되어 있으며, 특히 비상계엄하의 군사재판은 특정 범죄 중 법률이 정한 경우에 한하여 단심으로 할 수 있도록 되어 있다(헌법 제110조 제4항).

3원구조론三元構造論 [영] tripartite approach. 1. **의의** 규범적 내지 법적 현상에 대해 존재(현실)-당위(규범)-인간의지의 3요소의 상호관련에 따라 파악하고자 하는 견해이다. 법적 분석의 도구개념으로서의 **존재(Sein, Is)**는 현실(reality), 사실(Fact), 현상(phenomenon), 자연(nature), 사건(case) 등의 표현으로 사용되기도 하는 것으로, '어떤 것이 (사실 내지 현실이)다 (그리고 또 그런 것이 아니다)' 라고 말할 수 있는 모든 것을 포괄하는 사유영역이며, 사실기술적(descriptive)인 언명이다. **당위(Sollen, Ought to)**는 규범(norm), 규율(rule), 계율(commandments), 법칙(law, principle), 가치(value), 명령(imperative), 정당성(legitimacy) 등의 표현으로 사용되기도 하는 것으로, '어떤 것이어야 한다(그리고 또 어떤 것이어서는 안 된다)라고 말할 수 있는 모든 것을 포괄하는 사유영역이며, 명령적 혹은 규정적(prescriptive)인 언명이다. 인간의 **의지(will)**는 의도(intention), 의사(thought, idea), 욕구(desire), 욕망(appetite), 희망(hope) 등으로 표현되기도 하는 것으로, 인간이 어떠한 행위를 할 것인지를 결정하는, 선택 혹은 결정의 능력으로 정의된다. 인간이 자유의지(free will)를 가지는가에 관해서는 철학에서 근본적인 주제로 되어왔지만, 여기서 규범과학으로서의 법학에서 다루고자 하는 인간의 의지는 그 본질의 문제로서보다는 그때그때의 존재와 당위에 대응하는 행위동기로서의 의미를 가지는 것으로 이해하고자 한다. 의지주체로서의 인간은 현상으로서의 존재를 인식하는 인식자이자 판단자이며, 그러한 인식과 판단을 기초로 행위하는 행위자이기도 하다. 현실적으로는 정치인, 입법자, 법관, 개별적 행위자(개인의지), 집단적 행위자(집단의지), 법학자 등이 모두 이러한 의지주체로서의 인간에 포함된다. **2. 존재(현실)-당위(규범)-의지의 상호관련** (1) **시간성과 공간성** 존재와 당위 그리고 의지의 상호관련을 이해하기 위해서는 시간성과 공간성이라는 두 요소를 고려하지 않으면 안된다. 즉, 존재와 당위, 의지라는 각 요소는 각각 시간성과 공간성을 갖는다. 즉 존재는 존재대로, 당위는 당위대로, 인간은 인간대로 시간성과 공간성에 따라 변화한다. 중요한 것은 그러한 변화가 독자적이면서도 상호관련성을 갖는다는 것이다. **존재**는 존재 자체로서 주어져 있는 것이며, 자체로서 시간성과 공간성을 갖는다. 존재의 시간성과 공간성은 존재 자체에 내재하는 것이라 할 수 있다. 그러나 인간에게 의미있는 존재는 인간의 인식범주에 의해서 파악되는 것이다. 따라서 존재에 대하여 어떠한 의미부여를 할 것인가는 인간이 파악하는 존재의 시간성과 공간성에 따른다. 말하자면, '그때(then), 거기서(there)'의 존재, '지금(now), 여기서(here)'의 존재, '그때(then), 여기서(here)'의 존재, '지금(now), 거기서(there)'의 존재는 각각이 결코 동일하다고 할 수 없다. 뿐만 아니라, 존재는 인간이 인식하는 범주에 따라 파악되는 범위가 달라진다. 역사적으로 볼 때, 인간의 인지능력과 과학기술의 발달로 인해 지속적으로 인간의 인식능력이 확대되었고, 이러한 인간의 인식범주의 확대는 기존의 존재에 관한 인식을 확대 · 변화시켰으며, 이에 따라 인간은 변화된(혹은 인식하지 못한) 존재에 관한 새로운 의미부여를 통해 당위를 창출해내는 과정을 반복해왔다. **인간**은 의지를 가진 주체로서 시간성 및 공간성 속에서의 변화주체이다. 인간은 존재와 당위에 의하여 규정되면서, 일정한 시간성과 공간성 속에서 존재를 인식하고 당위를 수용한다. 인간은 오감(五感) 및 의식을 통하여 존재하는 모든 것들에 대하여 이를 완전하게 인식하고자 노력하지만, 결코 그렇게 될 수 없다. 인간이 가진 인식의 한계 때문이다. 인간은 자신의 한계 속에서 인식한 존재를 바탕으로 적극적으로 존재에 새로운 의미를 부여하고 새로운 의지지향(will-orientation)을 통하여 새로운 당위를 창출한다. 즉, 당위는 '의지의 명령(Willensdiktat)'이며, 의욕, 의지적 행위의 의미이다. 당위는 의도적으로 타인의 행위에로 향해진 인간의 모든 의지적 행위(Willensakt)의 주관적 의미이다. 인간의 의지는 한 개인의 그것으로 나타나기도 하고, 한 집단 또는 전체 인민의 그것으로 나타나기도 한다. 인간공동체 내에서 인간의지는 통일된 모습으로 나타나기도 하지만, 대부분의 경우 분열적이고 대립적인 형태를 띠게 된다. **당위**는 존재에 대한 인간의 인식변화에 따라 변화한다. 따라서 존재와 인간이 갖는 시간성과 공간성은 당위에 투영되고 이는 당위의 시간성과 공간성으로 내재하게 된다. 어느 한 시기 어느 곳에서 당위가 결정되는 것은 그때 거기에서의 존재이자 인간의 의지의 반영인 사회적 힘에 의해 결정된다. 아울러 한번 설정된 당위는 존재와 인간을 그 자신의 의도대로 고정시키고자 한다. 즉 인간의 삶의 양식 중의 하나로 기능한다. 객관적이고 완전한 당위가 파악될 수 있는가에 대한 물음은 특정의 시간성과 공간성 내에서만 대답될 수 있다. 당위는 일종의 문화규범으로서 시간성과 공간성을 고려하면 상대화될 수밖에 없다. 시간성과 공간성을 공유하는 경우에는 동일한 당위를 설정할 수 있다. 인류문명이 보편성과 동질성을 갖추어가는 것도 결국 시간성과 공간성을 공유하기 때문이다. (2) **세 요소간의 상호관련성** 존재-당위-의지의 세 요소는 서로 독립적이면서도 밀접히 관련되어 있다. 이 때 독립적이라는 표현은 각각의 요소가 독자적으로 변화 · 전개되어간다는 의미이다. 세 요소는 각각 자신의 논리에 따라 다른 두 요소를 지배하려 하지만, 다른 두 요소들은 또한 각각 스스로의 논리에 따라 변화 · 전개되어 간다. 한 요소의 다른 요소에 대한 지배력이 어떤가에 따라 현상이 결정된다. 만약 세 요소가 모두 일치한다면, 다시 말하여, 존재와 당위 및 인간의 의지가 서로 모순되지 아니하고 하나로 일치될 수 있다면, 그것은 완벽한 세상일 것이며 법을 논의할 필요가 없을 것이다. 그러나 인간사회에서 세 요소가 일치하는 경우는 없다. 왜냐하면 인간이 존재를 완전하게 인식할 수 없고 따라서 완전한 당위를 창설할 수 없기 때문이다. 어느 때 어느 곳에서 존재에 관한 인식을 통하여 완벽하다고 생각되는 원칙과 규범을 창설하더라도, 존재는 인간이 지향하는 의지를 좇아 전개되지는 않는다. 존재와 당위가 일치한다면, 다시 말하여 존재에 대응하는 인간의 의지지향이 설정된 당위와 동일하다면, 그 당위는 사회적으로 규정되고 확인될 필요가 없다. '살인하지 말라'는 당위가 있고, 현실에서도 전혀 살인이 일어나지 않는다면 그 당위(규범)는 더 이상 존재할 필요가 없을 것이다. 아무도 담배를 피우지 않는 사회에서 금연이라는 규범은 무의미할 것이다. 또한 존재와 설정된 당위가 완전히 불일치한 경우에도 그 당위는 필요가 없다. 이것은 존재와 인간의 의지지향이 일치하는데도 설정된 규범이 이에 모순되는 것으로, 그 규범은 폐기될 것이다. 조선시대의 재가금지법(再嫁禁止法)은 오늘의 현실에서는 전혀 무가치한 규범이다. 결국 존재와 당위 그리고 인간의지는 항상 불일치하며 그러한 가운데에 두 요소가 다른 한 요소를 규정짓고, 규정된 한 요소는 두 요소를 규정짓는 상호교차관계라고 할 수 있다. 규범과학으로서의 법학적 분석을 위해서는, 위의 세 요소간의 관계를 명확히 인식하는 것이 필요하다. 존재와 당위 혹은 인간의지 중의 어느 하나만에 집착하여 분석하려고 한다면, 그러한 분석은 세 요소간의 상호불일치를 초래할 것이고, 따라서 현상에 대한 정확한 분석이라고 할 수 없다. 3. **정치학과 3원구조론** 정치는 현실 내에서의 다양한 의지주체들 간의 투쟁의 과정으로 이해할 수 있다. 즉, 하나의 정치공동체 내에서 서로 다른 의지를 가진 의지주체들이 자신들의 의지를 관철하려는 일련의 행위들의 전개과정을 일컬어 정치과정이라고 할 수 있다. 물론 정치공동체가 하나의 공동체로 유지되지 못하고 분열되는 경우에는 국가가 분열되는 것을 의미한다. 4. **헌법학과 3원구조론** 헌법은 현실 내의 의지주체들 간의 행위양식과 의지의 방향성에 대하여 일정한 한계를 설정해주는 역할을 한다. 헌법이 현실에서의 의지주체들의 정치적 무기로 기능하는 것이 그 한 단면이다. 현실 내에서의 의지주체들의 분열적 의지지향을 헌법규범이 통합하는 역할을 하는 것이다. 헌법 자체가 갖는 정치성, 규범성, 이념성은 곧 헌법현실과 헌법규범 그리고 헌법의지로 나타나는 것이며, 이 요소들은 끊임없이 상호작용을 통하여 변화 · 발전해간다. 우리나라 헌법학에서도 논의되는 독일헌법학에서의 세 가지 관점, 즉 규범주의적 헌법이해, 결단주의적 헌법이해, 통합주의적 헌법이해 등은 존재와 당위 및 인간의지의 어느 한 측면만을 강조하는 것으로 볼 수 있다. 즉, 규범주의적 관점은 당위의 측면을 강조한 것이며, 결단주의적 관점은 정치적 통일체에 대한 구성원 전체의 의지적 측면을 강조한 것이고, 통합주의적 관점은 존재로서의 현실의 완전성을 추구한 것이라고 볼 수 있다. 한편, 근대 이후의 헌법의 기본원리인 권력분립원리도 3원구조가 반영되어 있다. 즉, 입법부는 현실의 정치적 의지가 충돌하는 장으로서 의지의 영역이라 할 수 있고, 행정부는 현실적으로 규범을 집행하는 권력이며, 사법부는 규범적 논리에 따라 현실과 의지의 규범정합성 여부를 판단하는 권력으로 이해할 수 있다. ➜ 헌법관. **삼원구조론의 다른 의미**로서 연방국가의 구조에 관한 이론형식에서 법실증주의의 입장에서 설명하는 하나의 이론이다. 즉, 연방국가는 지방(Gliedstaaten)과 연방(Bund, Oberstaat)이 합하여 형성한 전체국가(Gesamtstaat)이기 때문에, 연방국가의 구조는 '지방', '연방' 그리고 '전체국가'의 3원적 구조로 되어 있다는 견해이다. 오늘날에는 거의 포기된 이론이며, 연방과 지방의 2원적 구조론이 통설적 지위를 차지하고 있다.

3·15부정선거 1960.3.15. 자유당정권에 의하여 대대적인 선거부정행위가 자행되었던 제4대 대통령선거와 제5대 부통령선거를 말한다. 3.15.의 투표는 조병옥 후보가 급서한 이후 야당 측이 거의 방관한 상태에서 이루어졌으며, 민주당은 그날 오후 '3 · 15선거는 선거가 아니라 선거의 이름 아래 이루어진 국민주권에 대한 강도행위'라고 규정한 뒤 선거무효선언을 하였다. 개표가 시작된 후 이승만과 이기붕의 득표가 95-99%까지 조작되어 나온 지역이 속출하였고, 이런 터무니없는 집계에 놀란 자유당은 최인규에게 득표수를 하향 조정하라고 지시하였다. 그 결과 최종집계는 총투표자 1,000여만 명 중 이승만 960여만 명으로 88.7%득표, 이기붕 830여만 명으로 79.2%를 득표한 것으로 나타났다. 그러나 이러한 투표와 개표상의 공공연한 부정행위에 대한 전국민의 저항은 3.15. 저녁 마산에서의 부정선거규탄 시위로부터 시작되어 전국적으로 확산되었고, 결국은 4 · 19혁명으로 이어졌다. 4 · 19혁명 이후 부정선거관련자들은 재판에 회부되었으며, 이 재판은 5 · 16군사쿠데타 이후 군사정권으로 이관되었다. 재판 결과, 3 · 15부정선거 당시의 내무부장관이었던 최인규는 발포 명령을 내린 책임자로 사형에 처해졌고, 다른 관련자들도 실형을 받았으나 그 뒤 감형 · 특사 등으로 거의 풀려났다.

3·1운동三·一運動 **= 3·1(공화)혁명**三·一(共和)革命 3 · 1운동(運動)은 1919.3.1.부터 수 개월에 걸쳐 한반도 전역과 세계 각지의 한인단체들에 의하여 대한국의 독립을 선언하고 일본제국의 불법적인 한반도 강점에 대하여 저항권을 행사한 비폭력 시민불복종 운동이자 한민족 최대 규모의 독립운동이다. '3 · 1 독립선언', '3 · 1 혁명', '3 · 1 독립만세운동', '기미독립운동' 등으로 칭하기도 한다. 민족종교인 천도교의 대표인 손병희 등에 의해 주도되었으며, 천도교인, 기독교인, 불교도인이 모두 함께 대표로 참여하였다. 태화관과 탑골공원에서 낭독된 「독립선언서」는 육당 최남선이 기초하였고, 춘원 이광수가 교정을 보고 만해 한용운이 공약 3장을 덧붙였다. 약 3개월 가량의 시위가 발생하였으며, 조선 총독부는 강경하게 진압했다. 3 · 1 운동을 계기로 다음 달인 1919.4.10. 중국 상해에서 임시의정원이 설치되었고, 4.13. 대한민국 임시정부가 수립되었다. ➜ 대한민국임시정부. 3 · 1독립운동에 대한 헌정사적 평가에서, 전제군주국이었던 대한제국을 민주공화국인 대한민국으로 국가형태를 변경하여 근대 국민국가를 천명하였고, 비록 영토에 대한 사실적 지배가 불가능하였더라도 임시정부로서 망명정부의 기능을 수행하였다고 보아, 3 · 1(공화)혁명으로 칭함이 타당하다.

3한계이론三限界理論 ㊀ Schrankentriaslehre. 독일기본법 제2조 제1항은 「누구든지 다른 사람의 권리를 침해하거나 헌법질서 또는 도덕률에 반하지 않는 한 자기의 인격을 자유로이 실현할 권리를 가진다.」 라고 규정하고 있다. 여기서 「다른 사람의 권리」, 「헌법질서」, 「도덕률」의 세 가지 내재적 한계를 다른 기본권에도 적용하려는 입장을 말한다. 일종의 사회공동체유보이론이라고도 볼 수 있다. ➜ 기본권의 제한.

상고심리불속행제도上告審理不續行制度 ➜ 상고제도.

상고제도上告制度 1. **의의** 상고제도는 상소제도의 일부분이다. ➜ 상소제도. 상고사건이 점차 증대하고 있는 현상은 특정국가의 현상만이 아니라 법치주의가 확립된 선진 제 국가들의 공통된 현상으로 나타나고 있다고 판단된다. 2. **입법례** 대부분의 선진 제 국가들에서는 상고사건을 어떻게 줄일 것인가에 관하여 다양한 제도적 장치를 고려하고 있다. 이러한 장치들은 개개의 국가들이 가진 사법제도의 전통과 특성에 따라 다르게 나타나고 있어서 일률적으로 한 나라의 제도를 모방하거나 제도적 우월성을 주장하는 것은 적절하지 아니하다. 예컨대, **미국**의 경우 연방차원의 사법제도상의 상고제한제도를 고찰할 경우에는 50개의 주가 독자적으로 사법제도를 갖추고 있음을 고려하지 않으면 안된다. **영국**의 경우에도 다양한 형태의 하급심법원들이 제도화되어 있고 그에 따라 사실심이 충실하게 이루어지기 때문에 오히려 상소여부에 대하여 원심법원의 허가를 요하도록 하는 것이 정당화될 수 있다. **독일**과 **프랑스**의 경우에도 고유한 사법제도에 적합하게 다양한 상고제한제도를 두고 있으며, **일본**도 또한 그러하다. 이 나라들이 상고심 사건적체와 그에 따른 국민의 불만을 해소하는 해결책의 공통적 특징은 최고법원에 오는 사건수를 조절하는 방법을 채택하는 것이다. 3. **우리나라의 상고제한제도 변천과 각 제도의 문제점** 1) **서언** 우리나라의 사법제도는 일제강점기의 사법제도의 기본틀을 바탕으로 하여 미군정기에 사법부의 독립의 일환으로 대법원이 창설되었다. 1948년의 제헌헌법에서도 앞서 제정된 일본국헌법의 기본틀을 거의 답습하여 제도화되었다. 정부수립 후 10여 년이 경과되면서 대법원의 상고사건이 점증하기 시작하여 상고사건의 제한문제가 본격적으로 대두되기 시작하였다. 2) **상고제한제도의 변천과 문제점** (1) **정부수립 직후**(1948~1949) 상고사건에 관하여 단독사건에 한하여 고법상고부를 두고 있었는데, 1949.9. 법원조직법이 제정된 후 고법상고부가 폐지되어 대법원이 전체 상고사건을 담당하게 되었다. (2) **대법원의 2원적 구성시대**(1959~1961) 정부수립 후 약 10여 년이 경과하자 상고사건이 급격히 증대하였고, 대법원에 대법관이 아닌 법관으로 대법원판사를 두기에 이르렀다. 재판부는 대법관 1인(재판장)과 대법원판사 4인(배석판사)으로 합의부를 구성하였고 주심 대법원판사를 두어 판결하도록 하였다. 그리고 특정사건에 한하여 예외적으로 대법관만으로 구성된 합의부에서 심판하도록 하였고, 연합부를 두었다. (3) **고법 상고부 시대**(1961~1963) 1961년 5 · 16 쿠데타 이후 별다른 여론의 수렴 없이 전격적으로 1961.8.12., 대법원판사의 수를 9인으로 하고 고법상고부를 두는 내용으로 법원조직법이 개정되었고, 대법원이 소부를 폐지하고 전원합의부에 의한 재판을 담당하게 하며, 지법항소부 사건에 대한 상고심을 고법상고부에서 담당하게 하였다. (4) **상고허가제 시대**(1981~1990) 12 · 12 쿠데타 이후 집권한 군부세력에 의해 설치된 국가보위입법회의는 전격적으로 '소송촉진 등에 관한 특례법'을 의결하여 1981.3.1.부터 상고허가제가 실시되었다. 이 제도로 인해 대법원의 업무는 크게 경감하였으나, 위 법을 제정한 정치세력의 취약한 민주적 정당성과 입법과정의 문제점 때문에 1990.1.1.에 폐지되었다. (5) **심리불속행제 시대**(1994) **이후** 1994.9.1.부터 민사 · 가사 · 행정소송사건에 관하여 심리불속행제도가 시행되고 있다. 이 제도는 상고허가제가 폐지된 후 상고사건이 급증하게 되자, 1993.11.에 설치된 사법제도발전위원회에서 상고허가제에 대한 대안으로 제안한 것으로, 상고심절차에 관한 특례법에 규정되어 있다. 형사사건을 제외한 상고사건 가운데 상고이유에 관한 주장이 법이 규정한 특정한 사유를 포함하지 않으면 심리를 하지 않고 상고를 기각하는 것이다. 상고허가제가 1990년 폐지되고, 1994년에 「상고심절차에 관한 특례법」에 의해 도입된 것으로, 형사사건을 제외한 상고사건 가운데 상고이유 주장이 원심판결이 헌법이나 법률에 위배된다는 것이 아니거나, 주장 자체로 이유가 없는 등의 경우 정식재판을 하지 않는 제도이다. 민사소송, 가사소송 및 행정소송(「특허법」 제9장과 이를 준용하는 규정에 따른 소송 포함)의 상고사건(上告事件)에 적용한다(동법 제2조). 해당사유는 동법 제4조 제1항에 상세히 규정되어 있다. 헌법재판소는 헌법상의 재판청구권에 대법원에 의한 재판을 받을 권리를 포함하지 않는다는 전제 하에 일관되게 상고제한제도에 관하여 합헌이라고 판단하고 있다(헌재 1992.6.26. 90헌바25; 1995.1.20. 90헌바1; 1997.10.30. 97헌바37 등 병합; 2007.7.26. 2006헌마551, 2007헌마88, 255 등 병합). 4. **바람직한 상고제도** 바람직한 상고제도는 사법부 구성의 일반원리적 측면, 재판청구권의 내포로서의 상소권(a right to appeal)의 측면, 관할내용의 측면 등을 함께 고려하여 제도화할 필요가 있다. 상고사건의 증대에 대한 대책은 하급심에 의한 사실심의 결론을 최대한 존중하면서 법률심 단계에서 제기되는 문제에만 한정하여 상고를 허용하는 것이 최선의 방법이다. 1980년 헌법 이후부터 대법원에 대법관이 아닌 법관을 둘 수 있는 헌법적 근거도 규정되어 있으므로 적정한 대법관 수의 증원과 함께, 대법원의 2원적 구성의 방법이 위헌성을 최소화하는 방안이 될 수 있다.

상대적 기본권相對的 基本權 기본권의 분류 중 제한가능성을 기준으로 절대적 기본권과 상대적 기본권으로 나누는 바, 절대적 기본권은 어떠한 경우에도 또 어떠한 이유로도 제한되거나 침해될 수 없는 기본권을 말한다. 내심의 자유로서의 신앙의 자유, 양심형성과 침묵의 자유, 연구와 창작의 자유 등이 이에 해당한다. 반면에 상대적 기본권은 국가적 질서나 국가적 목적을 위하여 제한이 가능한 기본권을 말한다. 헌법 제37조 제2항에 따라 제한이 가능한 기본권이다. ➜ 기본권의 분류와 체계.

상대적相對的 **다수대표제 = 상대다수대표선거제** ㉠ plurality system, ㉢ relatives Mehrheitswahlsystem. ➜ 대표의 결정방식.

상대적 통치행위相對的 統治行爲 ➜ 통치행위.

상소제도上訴制度 상소제도는 개인과 개인 사이 혹은 개인과 국가 사이, 기타 다양한 법주체들 사이에 발생하는 법적 분쟁을 해결하기 위한 규범적 판단이 불완전할 수도 있음을 전제로 하여, 단 한 번의 판단에 그치지 아니하고 최초의 판단에 대하여 재심할 수 있는 가능성을 제도화한 것이다. 이는 사법기능이 입법기능 및 행정기능과 구별되는 성질상 차이를 제도화한 것으로, 입법기능과 행정기능은 한 번 실행되면 같은 사안에 대한 재심의 가능성이 없다. 상소제도는 사실인식의 오류, 법규범인식의 오류 및 법주체들의 가치지향의 차이 등을 교정하기 위한 제도적 장치이다. 상소권은 헌법상의 재판청구권의 한 내포로서, 그 성질과 기능 및 작용의 한계 등은 하위법에 의하여 상소제도로 구체화된다. 상소권 및 상소제도는 보통, 그 정확성, 공정성, 일관성 및 규범형성의 구조 등의 가치를 제공하는 관점의 측면에서, 상급심에 의한 하급심 감독이라는 방식으로 실현되며, 상급심이 하급심의 판단을 교정하고 감독하는 도구로 작용하는 하향식 위계구조(a top-down hierarchy)를 가진다. 사법부판결의 일체성을 최종적으로 표명하는 최고사법기관이 자신의 판결을 하급심에 위임하여 그 하급심의 판결로 자신의 판결을 대체할 수 있을 정도로 하급심에서 사건에 대한 심리와 법규범인식이 충실하도록 하는 것이 가장 바람직한 사법제도이며 이러한 구조 하에서는 상소제도는 크게 문제되지 않는다. 그러나 20세기 후반 이후 권리와 법치주의에 대한 인식의 확대로 인하여 분쟁에 대한 법적 해결이 선호되고 있고, 특히 상고사건은 대부분의 나라에서 예외없이 사건수가 증대하는 현상을 보이고 있다. 이 점에서 오늘날 대부분의 나라들에서는 상고심 사건수를 줄이는 제도적 장치를 마련하고자 고심하고 있다. ➜ 상고제도.

상업(적) 광고商業(的) 廣告 ㊀ commercial advertisement, ㊂ komerzielle Werbung, ㊄ publicité commerciale. 상업광고는 상품이나 용역의 잠재적 구매자나 고객으로 하여금 구매하도록 유도하는 것을 목적으로 하는 행위이다. 이러한 행위도 원칙적으로 표현의 자유에 의하여 보호된다. 영리를 목적으로 한다고 하여 표현의 자유의 보호범위에서 배제하는 것은 '국가가 의견표명을 그 동기·대상·내용이나 형태에 따라 평가해서는 안된다'는 요청에 반하는 것이다. 헌법재판소는 「광고가 단순히 상업적인 상품이나 서비스에 관한 사실을 알리는 경우에도 그 내용이 공익을 포함하는 때에는 헌법 제21조의 표현의 자유에 의하여 보호된다. 헌법은 제21조 제1항에서 "모든 국민은 언론·출판의 자유 …… 를 가진다"라고 규정하여 현대 자유민주주의의 존립과 발전에 필수불가결한 기본권으로 언론·출판의 자유를 강력하게 보장하고 있는바, 광고물도 사상·지식·정보 등을 불특정다수인에게 전파하는 것으로서 언론·출판의 자유에 의한 보호를 받는 대상이 됨은 물론이다.」라고 하여 상업광고도 표현의 자유의 보호범위에 속한다고 판단하였다(헌재 1998.2.27. 96헌바2; 2002.12.18. 2000헌마764; 2005.10.27. 2003헌가3 등 같은 뜻). 헌법재판소는 텔레비전 방송광고의 사전심의제가 사전검열에 해당하여 위헌이라고 판단하였다(헌재 2008.6.26. 2005헌마506). 건강기능식품 광고사전심의제에 대하여는 사전검열에 해당하지 않는다고 하여 상업광고를 검열금지원칙의 적용대상에서 배제하려 하였다가(헌재 2010.7.29. 2006헌바75), 의료광고 사전심의제 결정에서 상업광고도 표현의 자유의 보호대상이 되며, 표현의 자유의 보호를 받는 모든 표현물에 대하여 사전검열이 예외없이 금지된다고 하는 종래의 결정으로 입장을 변경하였고(헌재 2015.12.23. 2015헌바75), 건강기능식품 기능성광고 사전심의제 결정(2018.6.28. 2016헌가8) 및 의료기기광고 사전심의제 결정(2020.8.28. 2017헌가35) 등에서 이를 다시 확인하였다.

상임위원회常任委員會 ㊀ standing committee. ➜ 국회의 조직

상임위원회중심주의常任委員會中心主義 ➜ 국회의 조직

상임재판관常任裁判官 헌법재판소의 재판관 중 상임으로 근무하는 재판관을 말한다. 제2공화국 당시의 헌법재판소는 재판관이라 하지 아니하고 심판관이라 칭했으며, 그 보수와 대우는 대법관의 예에 준하도록 하고 있어서(제2공화국 헌법재판소법 제2조 제2항), 모두 상임의 심판관이었다. 그러나 현행헌법에 따른 헌법재판소는 초기에 헌법재판소장을 포함한 6인만이 상임재판관이었다(1988년 헌법

재판소법 제13조). 하지만 헌법재판소가 실질적으로 기능하면서 재판관 전원을 상임으로 할 필요가 있게 되어, 1991.11.30.의 법개정으로 상임재판관 조항(제13조)을 삭제하였다. 이에 따라 헌법재판소 재판관 9인 모두 상임재판관으로 되었다.

상정上程 ➜ 부의 · 상정 · 회부.

상태 – 지위이론狀態 - 地位理論 ➜ 지위이론. ➜ 기본권이론.

상호주의相互主義 [영] reciprocity, [독] Gegenseitigkeit, [프] réciprocité. 상호주의란 국가간에 등가(等價)인 것을 교환하거나 동일한 행동을 취하는 주의로 외교의 기본적인 원리의 하나이다. 호혜주의(互惠主義)라고도 한다. 예를 들면 대사를 서로 교환하거나 외교관을 서로 국외추방하는 것 등이다. 경제관계에서도 적용되는 예가 있다. 예를 들면 GATT(WTO)의 기본적인 하나의 원칙은 호혜주의이다. 그러나 경제분야에서의 상호주의에는 장기적으로 많은 분야에 걸쳐 동일한 가치를 서로 교환한다는 상호주의(일반적 상호주의), 그것에 대해 단기적으로 그리고 특정의 분야(항목)에 대해서 동일한 것을 교환한다는 상호주의(특정의 상호주의)가 있다. 그리고 상호주의에는 가치있는 것을 교환한다는 측면과 박탈한다는 측면의 2가지의 측면이 있다. 따라서 어떤 특정의 분야에서 단기적으로 상대의 가치를 박탈할 가능성을 나타내고 상대로부터 자신이 원하는 것을 획득하고자 하는 상호주의도 낳게 된다. 예를 들면 '눈에는 눈으로, 이에는 이로(보복전략 tit-for-tat)'라는 원리이다. 구체적인 예로서는 미국의 1974년 무역법 제301조이다. 그것은 상대국에게 불공정 무역관행이 있을 때 그것을 제거하지 않으면 보복한다는 것이다. 이러한 보복으로서의 상호주의는 한편으로 '수인(四人)의 딜레마' 상황이 반복하여 나타나는 상황에서는 최종적으로 쌍방 모두 원하는 결과로 이끈다는 것과 동시에 다른 한편으로는 특정의 상대에 대해 보복이 이루어지기 때문에 약육강식의 분쟁을 일으키거나 GATT(WTO)의 무차별원리에 위반할 가능성이 있다. 우리나라 헌법 제6조 제2항은 외국인의 지위에 관하여 상호주의를 채택하고 있다.

상향식 헌법침해上向式 憲法侵害 ➜ 헌법침해.

상황성숙이론狀況成熟理論 ➜ 헌법소원심판(현재성).

새터민 ➜ 북한이탈주민.

샌프란시스코 강화조약 San Fransisco 講和條約 [영] Treaty of San Francisco/Treaty of Peace with Japan/San Francisco Peace Treaty. 샌프란시스코 강화조약은 1951.9.8. 미국 샌프란시스코 전쟁기념공연예술 센터에서 맺어진 일본과 연합국 사이의 평화조약이다. 한국전쟁기 동안 미국 샌프란시스코에서 48개국이 참가하여 서명하여 1952.4.28.에 발효되었다. 조약의 발효로 연합군 최고사령부에 의한 일본의 군정기가 끝나고, 일본은 주권을 회복하였다. 이 조약에 의거해 설계된 국제질서를 샌프란시스코 체제라고 한다. 남북한은 초대받지 못하였으며, 중화민국과 중화인민공화국도 회의에 초청받지 못하였다. 소련은 참가했지만 조약에 서명하지는 않았다. 조약체결과정에서 애초 독도가 명시되었다가 삭제되어 일본국에 의해 두고두고 독도를 자국영토로 주장하는 빌미가 되었다.

생계보호기준生計保護基準 구 생활보호법('국민기초생활보장법'으로 편입)상 보건복지부장관이 고시로 생계보호를 위하여 매년 정하는 생계보호의 기준을 말한다. 헌법재판소는 「국가가 행하는 생계

보호가 헌법이 요구하는 객관적인 최소한도의 내용을 실현하고 있는지의 여부는 결국 국가가 국민의 "인간다운 생활"을 보장함에 필요한 최소한도의 조치는 취하였는가의 여부에 달려있다고 할 것인바, "인간다운 생활"이란 그 자체가 추상적이고 상대적인 개념으로서 그 나라의 문화의 발달, 역사적 · 사회적 · 경제적 여건에 따라 어느 정도는 달라질 수 있는 것일 뿐만 아니라, 국가가 이를 보장하기 위한 생계보호 수준을 구체적으로 결정함에 있어서는 국민 전체의 소득수준과 생활수준, 국가의 재정규모와 정책, 국민 각 계층의 상충하는 갖가지 이해관계 등 복잡하고도 다양한 요소들을 함께 고려하여야 한다. 따라서 생계보호의 구체적 수준을 결정하는 것은 입법부 또는 입법에 의하여 다시 위임을 받은 행정부 등 해당기관의 광범위한 재량에 맡겨져 있다고 보아야 한다.」고 판단하였다(헌재 1997.5.29. 94헌마33).

생라그Sainte - Laguë**식 비례대표제, 생라그**Sainte-Laguë/**쉐퍼스**Schepers**식 비례대표제** ➜ 비례대표제.

생명권生命權 ⓔ right to life, ⓓ Recht auf Leben, ⓕ droit à la vie. 1. **생명권의 의의** 1) **생명권의 개념** 생명권은 인간의 생명에 대한 권리를 말한다. 생명은 살아서 숨쉬고 활동할 수 있는 힘으로 인간의 존엄과 가치에서 가장 본질적인 부분이다. 인간의 모든 자유와 권리는 생명을 전제로 해서만 성립하고 인정할 수 있는 것이기 때문에 생명권은 모든 기본권의 전제이자 원초적인 권리이다. 헌법재판소는 「인간의 생명은 고귀하고, 이 세상에서 무엇과도 바꿀 수 없는 존엄한 인간존재의 근원이다. 이러한 생명에 대한 권리는 비록 헌법에 명문의 규정이 없다 하더라도 인간의 생존본능과 존재목적에 바탕을 둔 선험적이고 자연법적인 권리로서 헌법에 규정된 모든 기본권의 전제로서 기능하는 기본권 중의 기본권이라 할 것이다.」라고 하였으며(헌재 1996.11.28. 95헌바1; 2010.2.25. 2008헌가23), 대법원도 「생명은 한번 잃으면 영원히 회복할 수 없고 이 세상 무엇과도 바꿀 수 없는 절대적 존재이며, 한사람의 생명은 고귀하고 전지구보다도 무겁고 또 귀중하고 엄숙한 것이며 존엄한 인간존재의 근원이다.」고 판시하였다(대판 1967.9.19. 67도988). 2) **'생명'의 개념** 생명권의 대상인 생명을 이해함에 있어 생명을 자연적인 개념으로 이해할 것인가, 법적인 개념으로 이해할 것인가에 대해서는 견해의 대립이 있다. 다수의 견해인 **자연적 개념설**은 Dürich가 정의한 바에 따라 생명권의 대상이 되는 생명(life, leben)이란 자연적 개념으로서 '아직 생명이 아닌 것'(Noch-Nicht-Leben)과 죽음(死, Tod)에 반대되는 인간의 육체적 존재형태(körperliche Daseinsform), 즉 '생존(Lebendigsein)'을 의미하며, 언제부터 언제까지를 생존으로 볼 것인가는 원칙적으로 자연과학적 판단에 따라야 한다는 입장을 취하고 있다. 이 견해에 따르면 생명은 인간의 존재 그자체로 자연적으로 인정되는 것이기 때문에 이러한 자연적 존재에 대하여 사회적 또는 법적인 기준으로 그 가치를 부정하거나 평가할 수 없다. 따라서 '존재할 가치가 없는 생명', '무의미한 생명'이라는 등의 가치판단은 법적으로 허용되지 않는다. **법적 개념설**은 생명이 자연현상이라는 부분을 일부 인정하면서 자연과학적이고 의학적인 바탕 하에서 법적인 개념으로 논의되어야 한다고 한다. 인간의 생명은 그들이 속한 사회 속에서 법의 보호 아래 생명의 평가를 받아야지 자연과학자나 의학자의 손에 맡기는 것은 부당하다고 보고 자연현상이나 사물에 대한 자연과학적 · 의학적 인식은 법학적 기초가 될 수는 있어도, 자연과학적 인식 그 자체가 법적 개념은 될 수 없으므로 생명을 법적 개념으로 보아야 한다는 견해이다.

생명이 하나의 법익으로 보호되려면 생명의 개념은 법적 개념으로 확정되지 않으면 안 된다고 한다. 양 견해는 생명권의 확고한 보장을 추구하려는 목적에서는 공통점이 있고, 양 견해가 그 예외를 인정하고 있다는 면에서 결과적으로는 큰 차이는 없다고 보여진다. 자연적 개념으로 이해하는 견해는 사회적 기능 여하에 따라 특정 생명에 대한 무가치한 생명의 평가를 부정하는데 중점이 있고, 법적 개념으로 이해하는 견해는 가변적인 생리학적·의학적인 생명개념에서 기인하는 법적 안정성의 결여를 방지하자는데 중점이 있다고 할 수 있다. 생존으로서의 생명의 개념은 생리학적 인식방법으로 판단해야 하고 생리학적 제 조건이 존재하는 한 사회적·법적 관점에 따른 생존의 차별적 취급은 원칙적으로 허용할 수 없다고 보는 것이 타당하다. 다만 자연적 개념에 따른다고 하더라도 생명이 충돌하는 경우에는 예외적으로 사회적·법적 평가가 허용된다고 본다면 **절충설**이라고도 할 수 있을 것이다. 2. **생명권의 입법례와 헌법상 근거** 1) **입법례** 생명권은 너무도 당연한 인간의 권리이었기 때문에 오히려 명문화할 필요가 없었다. 근대입헌주의 헌법에서 생명권의 명문화는 1776년 버지니아 권리장전(제1조)과 미국독립선언(제2절)에서 생명과 자유를 향수할 권리를 선언하고 있는 정도로 규정한 것이 대표적인 예이다. 그러나 제2차 세계대전 중에 나치독일과 일본 군국주의 하에서 자행된 인간생명유린사태(집단학살, 생체실험, 단종 등)에 대한 역사적 반성에서 현대헌법에서는 독일과 일본의 헌법에 생명권이 명문으로 규정되기에 이르렀다. 1947년의 일본헌법 제13조 제2항은 「생명, 자유 및 행복추구에 대한 국민의 권리에 관하여는 공공의 복지에 반하지 아니하는 한 입법 기타의 국정에 있어서 최대한도로 존중됨을 요한다.」라고 규정하고 있으며, 독일기본법 제2조 제2항은 「누구든지 생명권과 신체를 훼손당하지 않을 권리를 가진다. 신체의 자유는 불가침이다. 이 권리들은 법률에 근거하여서만 제한될 수 있다.」고 규정하고 있고, 제102조는 「사형은 폐지된다.」고 규정하고 있다. 1992년 슬로바키아 헌법(제15조 제1항), 1992년 파라과이헌법(제4조)도 생명권을 명문화하고 있다. 그리고 국제적 차원에서도 1948년의 세계인권선언은 제3조에서 「모든 사람은 생명·자유 및 신체의 안전을 향유할 권리를 가진다.」고 규정하였다. 1948.12.에 체결된 제노사이드(Genocide)금지협정도 대량학살의 금지를 규정하고 있다. 1966년의 '시민적·정치적 권리에 관한 국제규약'(B규약)은 제6조 제1항에서 명시적으로 생명권을 규정하고 있다. 즉, 「모든 인간은 생명에 대한 고유의 권리를 가진다. 이 권리는 법률에 의해서 보호된다. 누구라도 자의적으로 그 생명을 박탈당할 수 없다.」고 규정하고 있다. 또한 이 규정을 구체화하여 제정된 '사형폐지의정서'(1989)는 「이 의정서의 체약국은, 사형의 폐지가 인간존엄성의 강화와 인권의 점진적인 발전에 기여할 것임을 믿으며, 1948.12.19. 채택된 세계인권선언 제3조와, 1966.12.16. 채택된 B규약 제6조를 상기하며, B규약 제6조는 사형의 폐지가 바람직함을 강력히 제창하고 있는 의미로, 사형폐지를 규정하고 있음을 인식하고, 사형폐지에 관한 모든 조치가 생명권의 향유를 위한 진전으로서 생각되어야 하고, 이 의정서에 의하여 사형폐지를 위한 국제적 공약의 이행을 희망하며, 다음과 같이 합의한다.」고 하면서 사형폐지를 규정하고 있다. 또한 1989년의 '아동의 권리조약' 제6조 제1항에서 「체약국은 모든 아동이 생명에 대한 고유의 권리를 가지는 것을 인정한다.」고 규정하고 있다. 이 외에 1950년의 유럽인권규약(제6조 제1항), 1969년의 미주인권조약(제4조) 및 1981년의 아프리카인권헌장(제4조) 등의 지역적 인권조약에서도 생명권을 규정하고 있다. 2) **헌법상 근거** 우리 헌법상에는 생명 및 생명권에 관한 명문의 규정을 두지 않고 있지만, 통설과 판례는 생명의 권리를 헌법상 권리로 인정하고 있다. 생명권의 헌법이론적 근거에 대해서는 명문규정의 유무에 관계없이 당연한 헌법상 권리라는 점을 강조하는 견해도 있지만, 실정헌법의 해석 · 적용상 헌법적 근거규정을 고찰할 필요가 있다. 생명권의 헌법적 근거에 대해서는, ① 헌법 제10조 인간의 존엄과 가치에서 찾는 견해, ② 신체의 자유를 규정한 제12조 제1항에서 찾는 견해, ③ 헌법에 열거되지 않은 권리를 규정한 제37조 제1항에서 찾는 견해, ④ 헌법 제10조 인간의 존엄성에서 비롯될 뿐만 아니라 생명은 인간의 신체의 안전과 자유의 본질적 기초이므로 인신의 안전과 자유를 규정한 제12조에서 그 근거를 찾는 견해, ⑤ 헌법 제10조와 제12조의 신체의 자유 또는 헌법 제37조 제1항에서 찾는 견해 등 다양하다. 헌법적 근거에 대해서는 인격적 존재로서의 인간이든 육체적 존재로서의 인간이든, 인간의 생명권은 인간의 존엄성을 규정한 제10조와 밀접한 관련이 있음을 부인할 수 없다. 헌법재판소는 생명권을 인정하고 있으나, 그 헌법적 근거에 대해서는 구체적으로 밝히고 있지 않다. 각 견해가 드는 헌법상 근거규정들은 생명권의 근거로서보다는 생명권의 구체화를 위한 규정으로서 의미를 가진다고 보면 그 출발점은 헌법 제10조라고 봄이 적절하다. 3. **생명권의 법적 성격** 1) **자연권성** 생명권은 기본적으로 자연권임을 부정할 수 없다. 생명권은 인간의 고유한 천부의 권리로서 실정화 여부와 관계없이 인정되는 자연권이다. 우리 헌법재판소도 「인간의 생명은 고귀하고, 이 세상에서 무엇과도 바꿀 수 없는 존엄한 인간존재의 근원이다. 이러한 생명에 대한 권리는 비록 헌법에 명문의 규정이 없다 하더라도 인간의 생존본능과 존재목적에 바탕을 둔 선험적이고 자연법적인 권리」라는 점을 분명히 밝히고 있다(헌재 1996.11.28. 95헌바1). 2) **생명권의 이중성** 생명권은 국가에 의한 부당한 생명침해위험을 배제할 것을 요구 할 수 있는 자유권으로서 성격과 타인의 생명침해의 위협으로부터 국가에 대하여 생명을 보호해줄 것을 청구할 수 있는 권리로서 주관적 공권성을 가진다. 또한 생명권은 객관적 가치규범으로서의 측면도 가지고 있기 때문에 국가의 통치구조도 결국 생명권의 존중이라는 가치질서를 그 자신의 목적을 위해 무너뜨릴 수 없으며 이를 존중할 의무를 지며 사인도 생명권을 존중할 의무를 지게 된다. 3) **생존권적 성격 여부** 생명권이 생존권적 성격도 보유하고 있는가에 대해서는 긍정설과 부정설이 대립하지만, 국가에 대한 적극적 청구를 가능하게 한다는 생존권의 특성을 고려하면, 생명권도 생존권적 성격을 당연히 가진다고 본다. 다만, 그 구체화는 사회수급권이나 환경권 또는 보건권을 통하여 이루어지는 것이라 할 수 있다. 4) **절대적 권리 여부** 생명권은 어떠한 경우에도 생명에 대한 침해가 인정되어서는 안 되는 권리인가? 우리 헌법재판소는 「생명권 역시 헌법 제37조 제2항에 의한 일반적 법률유보의 대상이 될 수밖에 없는 것이나, 생명권에 대한 제한은 곧 생명권의 완전한 박탈을 의미한다 할 것이므로, 사형이 비례의 원칙에 따라서 최소한 동등한 가치가 있는 다른 생명 또는 그에 못지아니한 공공의 이익을 보호하기 위한 불가피성이 충족되는 예외적인 경우에만 적용되는 한, 그것이 비록 생명을 빼앗는 형벌이라 하더라도 헌법 제37조 제2항 단서에 위반되는 것으로 볼 수는 없다.」고 판시하여 절대적 권리성을 부정하고 있다(헌재 1996.11.28. 95헌바1; 2010.2.25. 2008헌가23). 4. **생명권의 주체** 1) **일반론** 생명권의 주체는 자연인만이 될 수 있고,

법인은 주체가 될 수 없다. 생명권은 인간의 권리이기 때문에 내국인뿐만 아니라 외국인이나 무국적자도 그 주체가 되며, 예외 없이 모든 자연인이 주체가 된다. 비록 타인에게 해를 주고 사회에 부담이 되는 인간이라 할지라도 그 생명의 가치를 부정할 수 없기 때문에 이들에 대한 안락사나 인간멸절 등은 인정될 수 없다. 생명권은 '살아있음'으로서 인정되는 것인바, 살아있음의 존재는 생명의 시기와 종기를 어떻게 보느냐에 따라 다르다. 우선 생명의 시기를 언제로 볼 것인가가 문제된다. 사람의 생명권 인정은 당연하나 출생이전의 태아나 태아 이전의 배아에게도 생명권의 주체성을 인정할 것인가는 논란이 있을 수 있다. 태아도 생명권의 주체가 될 수 있다는 것이 학설 · 판례의 입장이다. 다만, 언제부터 태아로 볼 것인가를 놓고 의견의 대립이 있을 뿐이다. 또한 태아 이전의 배아도 역시 일정한 조건하에서 독립하여 사람의 개체로 성장할 수 있으므로 보호되어야 한다. 우리의 '생명윤리 및 안전에 관한 법률'은 배아의 보호에 대해서 규정하고 있다. 정자와 난자도 생명은 있으나 사람으로 발전하고 성장할 수 있는 수정된 배아로부터 생명의 시기로 보아야 한다. 사람의 개체로 성장하는 과정에 따라 배아 → 태아 → 사람의 시기와 종기를 구분해서 고찰할 필요가 있다. 태아의 시기는 배아의 종기가 되며 사람의 시기는 태아의 종기가 되기 때문에 생명의 종기는 사람의 종기만 고찰하면 될 것이다. 배아, 태아, 사람의 생명권의 주체성을 인정하더라도 입법정책상 그 침해에 대해서는 다른 취급이 가능하다(예 낙태죄, 살인죄의 차이). 2) **생명의 시기**始期 (1) **배아**胚芽 ➔ 배아. (2) **태아**胎兒 ① **태아의 생명권주체성** 태아도 생명권의 주체가 된다는 점에서는 이설이 없다. 헌법재판소도 「…형성 중의 생명인 태아에게도 생명에 대한 권리가 인정되어야 한다. 따라서 태아도 헌법상 생명권의 주체가 되며, 국가는 헌법 제10조에 따라 태아의 생명을 보호할 의무가 있다.」라고 판시하고 있다(헌재 2008.7.31. 2004헌바81). 결정에서 다수의견과 소수의견은 태아의 생명권의 주체성을 인정하고 있지만, 그 헌법적 근거를 설명함에는 다수의견과 소수의견은 차이를 보이고 있다. 다수의견은 태아 생명권의 인간의 존엄과 가치와 관련성을 명시하지 않고 일반적인 국가의 기본권보호의무(제10조 제2문)의 보호대상으로만 파악한 반면, 소수의견은 인간의 존엄과 가치(제10조 제1문)의 객관적 보호내용으로 국가의 보호의무(제10조 제2문)의 대상임을 주장하고 있다. 독일 연방헌법재판소도 태아의 생명권을 경시한 입법을 무효선언한 바 있다(BVerfGE 39, 1, Urteil v. 25.2.1975). ② **태아의 시기**始期 낙태와 관련하여 언제부터 태아로 볼 것인가가 문제된다. 태아의 시기와 관련해서는 크게 수정시설과 착상시설로 학설이 나뉜다. 앞에서 본바와 같이 수정시설을 취할 경우 배아연구는 모두 낙태죄를 구성하게 되어 연구자체를 불가능하게 하여 착상시설이 다수설이라고 할 수 있다. 독일연방헌법재판소는 생명의 시작은 수태 후 14일이 지난 태아로 보고 있다. 생물학적 개념으로 수정한 때부터 원시선이 생기는 14일까지의 존재(접합체, 상실배, 배반포)를 초기배아(pre-embryo, 전배아)로 분류하여, 2주부터 모든 장기가 형성되는 8주까지의 존재인 배아, 즉 후기배아(post-embryo)와 구별한다. 그리고 8주 이후 장기들이 단순히 양적인 성장을 하는 때의 존재는 태아(fetus)로 분류한다. 그러나 착상 시부터 낙태죄로부터 보호받는 것을 생각하면 생명권의 주체로서의 태아는 후기배아를 포함하는 것으로 해석해야 한다. 즉, 생명권의 주체로서의 배아는 전기배아를 말하고, 태아는 발생학적인 것과는 달리 착상 이후부터로 해석해야 한다. 한편 미국 연방대법원은 독자적 생존가능여부에 따라 생명의 시작을 판단하고 있는 판례가 있다. 즉, Roe v. Wade 사건에서는 태아가 생존할 수 있는 능력(viability)과 관련하여 임신 초기 3월, 그 다음 3월, 마지막 3월에 따라 달리 판단하고 있다. ➜ 낙태. (3) **사람** 태아와 사람의 구분은 어떤 시점에서 이루어지는가는 사람의 시기를 언제로 보느냐의 문제이다. 사람의 시기와 관련해서는 주지하는 바와 같이 진통설, 일부노출설, 전부노출설, 독립호흡설 등이 대립되고 있으나, 민법에서는 전부노출설이 다수설로 되어있고, 형법에서는 진통설이 다수설로 되어 있다. 민법에서는 법률관계의 명확성이라는 측면에서 전부노출설이, 윤리적 요소를 함유하고 있는 형법에서는 사람의 생명을 보호하기 위하여 진통하기 시작한 때부터는 사람으로 보아 이를 보호해야 한다는 진통설이 다수설로 되어 있는 것은 나름대로 타당성을 가진다고 하겠다. 그러나 헌법상 생명의 시기는 민사나 형사적 생명의 시기와 다를 수밖에 없다. 그 이유는 생명공학의 발전에 따른 제반 문제는 종래의 민법이나 형법상의 문제가 아니라 헌법상 인간의 존엄과 가치를 확보하기 위한 헌법해석의 문제이기 때문이다. 앞에서 본 바와 같이 생명권의 주체 면에서는 배아, 태아, 사람이 헌법적으로는 차이가 없다고 보아야 한다. 다만, 개별법에 의하여 합리적 제한의 가능성에 차이가 있을 뿐이다. 3) **생명의 종기**終期 사람의 종기와 관련해서는 세포사설, 심장사설, 뇌사설 등이 주장되고 있다. 사람의 종기를 어느 시점으로 보느냐에 따라서 살인죄의 문제가 대두된다. 즉, 안락사와 장기이식 등 죽음과 관련된 일련의 문제는 형법상 살인죄의 객체로서 '사람'인지의 여부에 관한 문제이다. 의학의 임상학적 측면에서는 전통적으로 심장, 폐, 뇌의 기관의 기능정지 여부 등 3가지 징후를 통하여 죽음을 확인한다. **세포사설**은 세포가 완전히 죽은 시점을 사망으로 보는 학설이다. 가장 완전한 죽음을 의미하지만, 세포사의 시기가 언제인가를 명확히 확인하기가 곤란하며 설사 과학적으로 확인할 수 있다고 하더라도 정확한 죽음을 확인하기 위해서는 모든 사람을 법의학적 심사의 대상으로 삼는 것은 비현실적이라는 비판을 면할 수 없다. **심장사설**은 심장의 기능정지를 사망으로 보는 학설이다. 심장사는 호흡이 정지되고 심장의 박동이 멎고 눈의 동공이 커다랗게 펴져 광반사가 소실된 때를 죽음으로 보는 설인데 지금까지 이 설이 다수설이라고 할 수 있다. 그러나 이 설은 심장기능과 폐기능의 정지를 구별할 경우 심장사설과 폐장사설로 나뉠 수 있다. 형법학계는 전통적으로 호흡정지설(폐기능정지)과 심장박동(맥박)정지설(심장의 기능정지)이 대립하였지만 맥박정지설이 통설이었다. 그러나 최근에는 의과학의 발달과 장기이식의 필요성 등으로 **뇌사설**이 주장되고 있다. 사람의 뇌는 대뇌, 소뇌, 뇌간으로 구성되었는데 대뇌는 사람의 정신작용을, 소뇌는 운동을, 뇌간은 호흡 및 순환기능을 각각 담당한다. 일반적으로 뇌사는 대뇌 및 뇌간의 기능이 정지되었음을 의미한다. 그러나 인공호흡기술의 발전은 대뇌 및 뇌간의 기능이 정지되었음에도 불구하고 인공호흡장치에 의하여 심장의 기능이 유지되도록 할 수 있다. 이것을 뇌사상태라고 한다. 뇌사상태에서도 나머지 다른 기관의 혈액순환이 인공적으로 유지되는 경우에는 이식을 목적으로 하는 장기적출이 가능하게 된다. 통상 뇌사상태에 빠지면 수일 내에 심장도 정지되는 것이 일반적이라 한다. 뇌사는 뇌사이전의 상태 즉 대뇌가 정지되어 정신적 기능이 정지되었지만 뇌간의 기능이 정지되지 않은 경우인 식물인간의 상태와 구별되는데, 식물인간은 튜브를 통한 영양과 수분의 적절한 공급으로 길게는 수십년간 생존할 수 있다. 식물인간은 뇌간의 기능이 정지되지 않았다는 점에서 뇌사자와 달리 살아 있는 생명체로 보아야 한다. 헌법상 생명권의 주체인 사람을 논할 때 뇌사를 죽음의 일반적인 정의로 받아들이기에는 문제가 있다. 뇌사상태의 인간은 죽어가는 인간이지 시체가 아니기 때문에 뇌사를 죽음으로 인정하는 것은 위헌이라는 주장도 있고, 뇌기능이 불가역적으로 소실되었다 하더라도 다른 기능이 살아 있다면 이를 일반적인 죽음으로 보기에는 무리가 따른다. '장기 등 이식에 관한 법률'에서 뇌사의 인정은 뇌사를 일반적인 죽음으로 인정하는 근거가 될 수 없으며, 다른 생명을 살린다는 숭고한 이념과 본인의 (추정적) 동의에 기한다는 점에서 예외적으로 용인되는 생명권의 제한으로 보는 것이 타당하다. 5. **생명권의 내용과 효력** 1) **생명권의 내용보호영역** (1) **생명권의 독자적 권리성** 생명권에 관한 명문규정은 없지만 생명권은 당연히 인정되는 권리이며, 헌법상 근거에 관하여 견해가 나뉘지만, 헌법적 근거를 다른 기본권 규정에서 구하더라도 생명권을 그 기본권의 일부내용으로 다루어서는 안 되며, 생명권의 중요성에 비추어 볼 때 그 독자성을 가지는 권리로 보아야 한다. 이 경우 생명권의 독자의 권리내용이 무엇이냐가 중요하다. 생명권을 독자적 권리로 파악할 경우 대체로 생명에 대한 침해배제권과 생명에 대한 보호청구권으로 대별될 수 있다. (2) **생명권의 구체적 내용** ① **생명에 대한 침해배제권(대국가적 방어권)** 생명권은 무엇보다도 국가의 생명에 대한 침해로부터 이를 방어하는 권리, 즉 국가에 대한 주관적 공권으로서의 성격을 가진다. 말하자면 국가에 대한 부작위청구권으로서의 의미를 가지는 권리이다. 방어권으로서의 생명권은 모든 국민은 자신의 생명에 대해서 국가가 침범하는 경우 이를 중지해달라고 요구할 수 있는 권리를 가지며 이에 상응하여 국가는 모든 국민에게 그의 생명을 침범하는 행위를 하지 않을 의무가 발생한다. 예를 들어 국민은 집단학살이나 우생학적 단종시술과 같이 생명을 단절하는 행위를 중지해줄 것을 요구할 수 있는 권리를 가지며, 국가도 이러한 행위를 하지 않을 의무를 부담한다. 생명권이 국가에 대한 방어권으로서의 성격을 가진다고 하더라도 일반적인 자유권과는 구별된다. 왜냐하면 생명권은 다른 여러 가지 기본권, 특히 정신적, 경제적, 신체적 자유의 전제가 되는 기본권이며, 더구나 자유권은 그것이 침해되더라도 회복이 불가능하지 않지만, 생명권은 그것이 일단 침해되면 사후에 회복이 불가능한 점에서 결정적인 차이점이 존재한다. 따라서 그 보장도 자유권(정신적 자유권을 포함)보다도 특히 강한 보장이 요청된다. ② **생명에 대한 보호청구권** ⅰ) 제3자의 침해에 대한 국가적 보호청구권 생명권은 제3자의 침해로부터 보호하여 줄 것을 국가에 대하여 요구할 수 있는 보호청구권으로서의 성격을 가진다. 기본권의 제3자적 효력을 부정하는 견해도 있지만, 생명권도 객관적 가치질서로서의 성격도 가진다고 보면 제3자적 효력을 인정하지 않을 수 없다. 생명권은 제3자에 의한 생명침해로부터 자신의 생명을 보호해 줄 것을 요구할 수 있는 적극적 보호청구권을 내포하고 있다. ⅱ) 국가의 부작위에 의한 생명침해에 대한 보호청구권 생명권은 국가에 대해 직접적 효력이 미치므로 입법권, 행정권, 사법권 등 국가기관은 이에 기속된다. 따라서 국가기관은 개인의 생명을 보호할 의무를 가지고 있다. 즉, 국가의 의무는 소극적으로 개인의 생명권을 침해하지 않을 뿐 아니라, 적극적으로 개인의 생명권을 보호할 의무를 의미하며 여기에는 제3자에 의한 침해로부터 적극적으로 보호해야 할 의무와 생명의 위협에 빠져 있는 개인이나 집단을 구호하지 않고 방치하는 국가의 부작위도 허용되지 않는다. 화재, 전염병유행 등 생명침해의 위협이 있는 일정한 경우 국가는 국민의 생명보호를 위한 적극적인 작위의무를 진다. 국가는 이를 위하여 각종 보건제도, 산업안전제도 등을 적극 마련해야 할 의무를 지지만, 국민도 국가의 부작위에 대하여 일정한 요건 하에 국가에 생명보호를 청구할 권리가 있다. iii) 소결 이러한 보호청구권으로부터 살인은 금지되며, 기아 · 질병 · 공해 · 사적 폭력 등에 의해 생명의 위협을 받고 있는 국민을 구호하지 않고 방치하는 국가의 부작위도 허용되지 않는다. 국가의 보호는 형법규범의 제정과 같은 규범적 급부를 그 내용으로 하는데, 어떠한 입법행위를 할 것인지는 입법자의 형성의 자유에 속하지만 적어도 최소한의 급부를 이행할 것은 명령된다. ③ **적극적인 생명조성청구권의 포함여부** 생명권이 국가에 대하여 생존을 위한 사회 · 경제적 여건을 조성해 줄 것을 요구할 수 있는 생존권(생명조성청구권)으로서의 성격도 가지는가가 문제된다. 이에 대해서는 인정설과 부정설이 대립하고 있는데 국가에 대한 적극적 청구권으로서 생존권의 특성을 전제하면 생명권은 당연히 생존권적 성격을 가진다고 본다. ④ **생명처분권의 인정여부** 생명권에 있어서도 그 '처분권'이 허용되는가 또는 타인에게 자신의 생명에 관한 처분권을 위임하는 것이 허용되는가의 문제가 제기된다. 자신의 생명에 관한 처분권을 타인에게 위임하는 것은 허용되지 않지만, 자살의 경우에는 타인에게 해를 미치는 것이 아니므로 헌법상 허용된다는 견해도 있지만, 헌법상 자신의 생명에 대한 자유로운 처분권, 즉 자살권은 인정되지 않는다. 단식투쟁을 하는 자의 생명이 위험한 수준에 이른 경우 강제적 생명의 유지조치는 그 방법이 그의 존엄성을 침해하지 않는 한 허용된다. 아울러 자신의 생명에 대한 처분권을 타인에게 위임할 수도 없다. 이 경우 타인은 형법상 촉탁 · 승낙에 의한 살인 및 자살방조죄로 처벌된다. 2) **생명권의 효력** 생명권은 직접적인 대국가적 효력을 가지며, 제3자적 효력도 가진다. 대국가적 효력의 관점에서 보면, 입법, 행정, 사법은 생명권에 구속된다. 국가는 생명을 보호하고 육성할 의무가 있다. 이 의무에는 국가의 직접적인 침해가 금지될 뿐 아니라 일정한 경우에 국가가 국민의 생명이 없어짐을 적극 방지하고 보호해야 할 의무를 진다. 그리고 사인의 침해로부터 생명권을 보호할 책임이 있다. 생명권은 직접 또는 간접적으로 사인 간에 적용될 수 있다. 현행헌법상 국가의 작위 또는 부작위에 의한 부당한 생명침해에 대해서는 국가의 법적 책임이 인정된다. 6. **생명권의 제한과 그 한계** 1) **생명권의 제한가능성** (1) **제한가능한 상대적 기본권** 모든 생명은 등가적으로 평가되어야 하며, 생명에 관하여 사회적 또는 법적으로 평가하는 것은 원칙적으로 허용할 수 없다. 그러나 타인의 생명권의 부정, 둘 이상의 생명권의 충돌의 경우에 생명권의 한계문제가 제기된다. 이는 생명에 대한 법적 평가가 예외적으로 허용되는 경우이다. 생명의 절대성을 부정할 수는 없지만, 개인은 사회와 고립된 존재가 아니라 사회와의 연관 속에 존재하는 사회적 존재로서 개인에게 인정되는 권리는 사회 속에서 상대화될 수 있는데, 생명권도 마찬가지로 볼 수 있다. 우리 헌법재판소는 생명권 역시 헌법 제37조 제2항에 의한 일반적 법률유보의 대상이 되는 권리로 보고 있다. 다만, 다른 기본권에 비하여 생명권의 중요성을 고려하면 "정당한 이유 없이 타인의 생명을 부정하거나 그에 못지 아니한 중대한 공공이익을 침해한 경우에"만 한정하여 국가개입을 인정해야 할 것이다. (2) **헌법에서의 직접적 제한가능성** 우리 헌법규정이 생명권에 대한 성문의 헌법직접적 제한규범을 규정하고 있는가와 관련해서는 헌법 제110조 제4항과 관련하여 다툼이 있을 수 있다. 헌법 제

110조 제4항은 「비상계엄하의 군사재판은 군인·군무원의 범죄나 군사에 관한 간첩죄의 경우와 초병·초소·유독음식물공급·포로에 관한 죄 중 법률이 정한 경우에 한하여 단심으로 할 수 있다. 다만, 사형을 선고한 경우에는 그러하지 아니하다.」고 규정하고 있는데, 이와 관련하여 헌법의 명시적인 문구로만 보면 사형제도를 허용하고 있는 것으로 보인다고 하면서 이 조항을 생명권에 대한 헌법적 제한규범으로 보는 견해도 있다. 다른 사람의 기본권이나 헌법적 법익을 불문의 헌법직접적 제한규범으로 보는가는 별론으로 하더라도, 생명권에 관한 명문의 규정이 없는 우리헌법상 이 규정을 생명권을 헌법에서 직접제한 가능성을 인정한 규정으로 볼 수 있는가는 의문이다. (3) **법률유보에 의한 제한가능성** 우리 헌법은 생명권 자체에 대하여 명시적 규정을 두고 있지 않기 때문에 생명권의 제한을 수권하는 개별적 법률유보조항은 애초부터 문제되지 않는다. 다만, 일반적 법률유보조항인 헌법 제37조 제2항에 의하여 국가안전보장, 질서유지, 공공복리를 위하여 법률로 제한될 수 있는가가 문제될 뿐이다. 이에 대해서는 부정하는 견해도 있지만, 생명권은 법률유보에 의해서도 제한될 수 없는 소위 절대적 기본권은 아니기 때문에, 정당한 이유 없이 타인의 생명을 부정하거나 둘 이상의 생명이 충돌하는 경우 생명권의 제한은 불가피하다. 헌법재판소도 「한 생명의 가치만을 놓고 본다면 인간존엄성의 활력적인 기초를 의미하는 생명권은 절대적 기본권으로 보아야 함이 당연하고, 따라서 인간존엄성의 존중과 생명권의 보장이란 헌법정신에 비추어 볼 때 생명권에 대한 법률유보를 인정한다는 것은 이념적으로는 법리상 모순이라고 할 수도 있다. 그러나 현실적인 측면에서 볼 때 정당한 이유 없이 타인의 생명을 부정하거나 그에 못지아니한 중대한 공공이익을 침해한 경우에 국법은 그 중에서 타인의 생명이나 공공의 이익을 우선하여 보호할 것인가의 규준을 제시하지 않을 수 없게 되고, 이러한 경우에는 비록 생명이 이념적으로 절대적 가치를 지닌 것이라 하더라도 생명에 대한 법적 평가가 예외적으로 허용될 수 있다고 할 것이므로, 생명권 역시 헌법 제37조 제2항에 의한 일반적 법률유보의 대상이 될 수밖에 없다 할 것이다.」고 판시하여 생명권이 일반적 법률유보의 대상이 될 수 있음을 밝히고 있다(헌재 1996.12.28. 95헌바1). 2) **제한의 한계** (1) **과잉금지의 원칙** 생명권이 법률유보조항에 의하여 제한된다고 하더라도 비례의 원칙에 따라서 최소한 동등한 가치가 있는 다른 생명 또는 그에 못지아니한 공공의 이익을 보호하기 위한 불가피성이 충족되는 예외적인 경우에만 허용되어야 한다. 둘 이상의 생명권이 서로 대립하고 있는 경우에 여러 생명을 모두 보호할 수 없는 상황에서 어떤 생명을 우선적으로 보호할 것인가를 결정하는 것은 매우 어려운 일이다. 구체적인 경우 타인의 생명을 부정하는 정당한 이유가 있는지를 따져야 할 것이고 둘 이상의 생명이 충돌하는 경우 형량을 통해서 결정할 수밖에 없으며, 그 형량의 기준은 획일적으로 정할 수는 없고 그때그때 구체적으로 정할 수밖에 없다. 우리 헌법재판소는 상관을 살해한 경우 사형만을 유일한 법정형으로 규정하고 있는 군형법 제53조 제1항의 위헌성이 다투어진 사건에서 「법정형의 종류와 범위를 정하는 것이 기본적으로 입법자의 권한에 속하는 것이라고 하더라도, 형벌은 죄질과 책임에 상응하도록 적절한 비례성이 지켜져야 하는바, 군대 내 명령체계유지 및 국가방위라는 이유만으로 가해자와 상관 사이에 명령복종관계가 있는지 여부를 불문하고 전시와 평시를 구분하지 아니한 채 다양한 동기와 행위태양의 범죄를 동일하게 평가하여 사형만을 유일한 법정형으로 규정하고 있는 이 사건 법률조항은, 범죄의 중대성 정도에 비하여 심각하게 불균형적인 과중한 형벌을 규정함으로써 죄질과 그에 따른 행위자의 책임 사이에 비례관계가 준수되지 않아 인간의 존엄과 가치를 존중하고 보호하려는 실질적 법치국가의 이념에 어긋나고, 형벌체계상 정당성을 상실한 것이다.」고 판시하였다(헌재 2007. 11.29. 2002헌가13). (2) **본질적 내용의 침해 금지** '본질적인 내용'의 의미가 무엇인가를 놓고 절대설과 상대설이 대립된다. ➜ 본질적 내용 침해금지. 우리 헌법재판소는 재산권의 본질적인 내용과 관련해서는 절대설 중 핵심영역설을 취하고 있는 것으로 보이나, 생명권과 관련해서는 상대설을 취하고 있는 것으로 파악된다. 최근의 학설 동향은 절대설을 일관되게 고수하는 것은 무리라는 인식하에 절충설 내지 상대설의 입장이 늘어가는 추세이다. 특히, 생명권의 경우 절대설을 취할 경우 생명권의 제한이 곧 생명권의 박탈이기 때문에 제한하고 남는 것이 있어야 한다는 것이 지켜질 수 없는 면이 있지만, 본질내용침해금지원칙을 유명무실하게 할 수 있다는 상대설에 대한 비판도 무시할 수 없다. 기본적으로 기본권의 본질적 내용을 절대적으로 이해하면서도, 엄격하고 극히 제한된 해석을 통하여 인정된 일정한 경우에는 생명권의 형해화라할 수 있는 생명권의 박탈(본질적 내용의 침해)을 예외적으로 허용할 수 있다고 해석하는 것이 타당하다. 3) **개별적 쟁점** 생명권은 우리 헌법 제37조 제2항의 일반적 법률유보조항에 의하여 제한가능한 기본권이라 할 수 있다. 그러나 이 경우의 제한은 언제나 다른 생명을 보호하기 위한 것에 한해야 하고 과잉금지원칙과 본질내용침해금지원칙에 반해서는 안 된다. (1) **사형제도** ➜ 사형제도. (2) **인공임신중절(낙태)** ➜ 낙태죄. (3) **안락사** ➜ 안락사. 7. **맺음말** 우리 헌법에는 생명권에 관한 명문규정은 없지만, 생명권의 중요성을 아무리 강조해도 지나치지 않다. 이렇게 중요한 기본권을 전체법질서에서 규범력을 가질 수 있도록 이론적으로 뒷받침하고 체계화하는 작업이 중요하다. 생명권이 비록 절대적 권리가 아니고 부득이 일반적 법률유보조항에 의해 제한될 수 있는 상대적 기본권성을 인정하더라도 원칙적으로 생명과 생명의 충돌의 경우에 한정하고 다른 법익과의 형량을 통한 제한가능성은 원칙적으로 부정하여야 한다. 즉, 생명권의 박탈은 타인의 생명권을 보호하기 위한 필요불가피한 경우에만 예외적으로 허용될 수 있으며, 생명권 이외의 인권과 생명권이 충돌하는 경우에는 생명권의 보호가 우선하는 것으로 해석하지 않으면 안 된다. 생명권의 개별적 제한과 관련한 쟁점의 해결에도 이러한 기본원칙은 지켜져야 한다. 생명권의 독자적 권리성을 강조하기 위하여 생명권을 헌법에 명문화하는 것이 필요하다고 생각하며, 사형의 폐지 문제, 존엄사법의 제정 문제, 장기이식문제, 배아복제 문제 등 생명권의 핵심적 문제를 장기적인 목표 하에 체계적으로 다루기 위한 전문가위원회의 구성도 필요하다.

생명윤리生命倫理 ㉰ bioethics, ㉱ Bioethik, ㉲ bioéthique. 생명을 의미하는 bio와 윤리를 뜻하는 ethics의 합성어로 생명윤리 또는 생물윤리로 번역된다. 내용적으로는, 생명에 관한 윤리와, 생물학의 기본원칙에 입각한 윤리의 2가지로 생각할 수 있다. 생명에 관한 윤리는 이제까지 '의사의 윤리', 또는 '의료의 윤리'라고 일컬어왔는데, 의료의 발전과 인권의식의 고양이 서로 연관되어 넓은 입장에서, 안락사를 비롯하여 뇌사나 식물상태에 있는 환자에 대한 치료 계속의 적부, 장기이식·체외수정·출생전 진단·인체실험, 직업적 대리모(代理母)에 의한 임신 등이 관련되어 논의되고 있고, 최근의 생명과학(life science)의 발전과 더불어 생명을 어디까지 인위적으로 조작할 것인가, 개인의 생명존중 등이 문제시되고 있다. 과학기술과 인간가치의 관련을 생각하고 그 윤리를 묻는 분야이다. 유전자조작이나 세포융합 등 생명과학 혹은 생물공학(biotechnology)의 발전에 따라 종래의 생명관만을 고집할 수 없게 되었고 따라서 근래에는 생명을 어디까지 인위적으로 조작할 것인가 등의 문제가 현실적인 문제로 자주 대두되고 있다. 생명윤리는 이러한 윤리문제에 관해 과학과 종교, 법률과 심리학 등 학제간의 차원에서 접근하는 새로운 학문으로 미국을 중심으로 1970년경부터 연구가 진행되고 있다. 우리나라에서는 생명윤리 및 안전을 확보해 인간의 존엄과 가치를 침해하거나 인체에 해를 끼치는 것을 막고, 생명과학기술이 인간의 질병예방 및 치료 등을 위해 이용될 수 있도록 하기 위해 2004년에 '생명윤리 및 안전에 관한 법률'을 제정 · 시행하였다가 2012년에 전면개정하여 시행하고 있다(법률 제11250호, 2012.2.1. 전부개정, 2013.2.2. 시행, 약칭 '생명윤리법'). ➜ 생명권.

생명의 시기始期**와 종기**終期 ➜ 생명권.

생명형生命刑 ➜ 형벌.

생존권生存權 ➜ 사회권.

생존배려生存配慮 ㊂ services of general interests, ㊕ Daseinsvorsorge/Daseinsfürsorge/öffentliche Dienstleitungen, ㊏ services d'intérêt général. 생존배려는 인간다운 삶에 필요한 것으로 간주되는 재화와 서비스를 제공하는 국가의 과제, 즉 기초생활의 보장을 의미한다. 생존배려는 정치 및 사회과학의 논의에서도 중요한 역할을 하는 행정용어이다. 급부행정의 일환으로 여기에는 교통수단, 가스, 수도 및 전기 공급, 쓰레기 처리, 하수 처리, 교육 및 문화 시설, 병원, 묘지, 수영장, 소방대와 같은 일반 대중을 위한 공공 시설의 제공을 포함한다. 오늘날 지방자치단체에서 수행하는 활동이다. 이 용어는 Karl Jaspers와 관련하여 Ernst Forsthoff에 의해 헌법 및 행정법 논의에 도입되었다. 독일에서 생존배려에 대한 법적 근거는 기본법 제28조 2항에 따른 지방자치의 보장에서 '지역공동체의 모든 문제'로 규정하고 있다. 연방헌법재판소는 생존배려는 「시민이 품위 있는 생활을 보장하기 위해 절대적으로 필요로 하는 것」으로 이해하고 있다(BVerfGE 79, 127).

생태적 환경국가론生態的 環境國家論 ㊂ ecological environmental state, ㊕ der ökologische Umweltstaat, ㊏ état environnemental écologique. 1. **자연을 보는 패러다임** 자연을 바라보는 관점은, 절대적이지는 않지만, 크게 인간중심주의(anthropocentrism), 생명중심주의(biocentrism), 생태중심주의(ecocentrism)로 구별될 수 있다. 인간중심주의는 인류를, 생명중심주의는 모든 살아있는 생명체를, 생태중심주의는 전체 생태계를 중심으로 존재를 이해한다. 인간중심주의는 인간이 다른 존재보다 우월하다는 인식 또는 믿음을 기초로 하여, 인간을 자연과 분리하여 보고, 인간이 자연에 비하여 우월한 존재라고 본다. 계몽적 인간중심주의, 탈인간중심주의(nonanthropocentric)로 나뉘어지기도 한다(Bryan G. Norton, Tim Hayward 등). 생명중심주의와 생태중심주의는 인간중심주의와는 달리, 인간을 자연 세계의 일부로 본다. 생명중심주의는 모든 살아있는 생명체는 동등하게 중요하다고 보며, 생태중심주의는 전체 생태계를 중시하는 입장이다. 인간중심주의, 생명중심주의, 생태중심주의에 대한 여러 견해가 있고, 동일한 문서(예컨대, 유엔자연의 권리헌장)에 대해서도 학자에 따라 그것이 인간중심주의적 관점을 내포한 것인지, 생태중심주의적 관점을 내포한 것인지에 관해 서로 다른 해석이 있다.

2. **생태적 환경국가의 개념** 1998년 루돌프 스타인버그(Rudolf Steinberg)는 「생태적 헌법국가(Der ökologische Verfassungsstaat, ecological constitutional state)」라는 저서에서 오늘날의 생태적 환경위기를 타개하기 위해서는 생태적 헌법국가의 단계로 나아가야 한다고 하였다. 그는 헌법국가의 이념적 전개과정을 5단계로 구분하여, ① 개인의 안전보장 단계, ② 법치국가 확립을 통한 개인의 자유와 평등 보장 단계, ③ 민주적 질서확립의 단계, ④ 사회국가의 단계, ⑤ '생태적 헌법국가'의 단계를 설정하였다. 여기서 생태적 헌법국가는 바로 환경보호를 목적으로 하는 '생태적 환경국가(Der ökologische Umweltstaat, ecological environmental state)'를 의미한다고 본다. 국가는 현대사회의 환경위험에 대응하여 시민의 안전을 보장할 환경보전의무를 부담하여, 이에 따라 헌법상의 독자적인 생태적 환경국가원리의 도출이 정당화된다고 본다. 생태적 환경국가는 국가가 자연의 권리를 보호할 것과 그 순환과정을 고려하여 경제발전을 추구할 것을 지향한다. 생태적 환경국가원리는 인간중심주의적인 좁은 의미의 환경국가원리를 포함하여, 생태주의, 자연의 권리 및 미래세대 권리 보호를 포함하는 넓은 의미의 생태적으로 지속가능한 환경국가원리를 말한다. ➜ 생태헌법론.

생태헌법론生態憲法論 ㊀ ecological constitutional theory, ㊁ der ökologische Verfassungslehre, ㊂ théorie constitutionnelle écologique. 생태헌법의 개념은 아직 형성중인 것으로서 다양한 개념정의가 제시되고 있다. 생태헌법은 광범위하게 "생태계의 장기적인 지속가능성을 확보하기 위해 생태원칙들을 헌법규범에 명문화하려는 연구, 실무, 규범적/윤리적 명령(imperative)", "환경입헌주의(environmental constitutionalism)와 생태법(ecological law)의 융합", "자연의 권리와 환경권을 담은 헌법부문" 등으로 정의되고 있는바, 생태계의 지속가능성을 확보하기 위해 생태적 지속가능성, 쾌적한 환경을 향유할 권리, 자연의 권리, 공공신탁법리와 세대간 형평원칙 등의 '생태원칙'들을 명문화한 규범이라고 정의할 수 있다. 생태헌법의 핵심구성요소로서, 자연의 권리와 지속가능한 기후의 보장을 전제로, 핵심원칙으로 생태적 지속가능성, 안전하고, 깨끗하며 건강하고 지속가능한 환경을 향유할 인간의 권리(환경인권), 세대간형평원칙과 공공신탁법리, 자연의 권리, 사전배려원칙(precautionary principle), 의심스러울 때는 자연의 이익으로 원칙(in dubio pro natura), 후퇴금지(non-regression) 원칙 등을 헌법에 규정하여야 한다는 견해(Linda Collins), 생태적 환경국가의 핵심과제로 ① 환경권 보장, ② 지구생태계와 미래세대에 대한 책임 그리고 ③ 동물의 이익주체성의 인정을 꼽으면서, 이를 구현하기 위한 생태헌법의 핵심가치로 ① 자연환경과 생명(동물 등) 가치, ② 생태적 지속가능성, ③ 환경국가원리, ④ 참여(거버넌스)를 제시하는 견해(박태현), 인간의 쾌적한 환경을 향유할 권리와 자연의 권리 2개를 생태헌법의 필수구성요소로 보는 견해 등이 있다(조희문). 생태헌법의 핵심구성요소는 자연의 권리뿐만 아니라, 지구공동체의 구성원인 인간의 쾌적한 환경을 향유할 권리도 포함되며, 세대간 형평원칙을 실현하기 위해 시간적 확장을 통해 미래세대를 보호하는 것도 목표로 한다. ➜ 환경국가원리.

생활규범성生活規範性 ➜ 헌법의 특성과 기능.

생활환경조성청구권生活環境助成請求權 ➜ 환경권.

샤리아법Shariah法 샤리아는 이슬람교의 율법이며 규범체계이다. 샤리아는 코란과 하디스에 나오는 규칙들과 원리들이며 그 후 판례들과 율법으로 편찬되어 샤리아가 되었다. 샤리아는 이슬람의 기본법으로 이슬람공동체의 헌법이며 신적인 뜻을 삶의 모든 상황에 적용한 것이다. 신이 정해준 계시법(啓示法)으로서 종교적 의무, 개인과 사회생활, 상업, 형벌에 이르기까지 모든 것을 규정하고 있다. 이 율법 관념에서는 세속적인 법 영역과 종교적인 의무 관념이 불가분의 관계에 있고 사회규범은 무엇보다도 종교적 의무 관념 그 자체이다. 사법제도에서도 일반법원과 샤리아법원이 따로 개설되어 있다.

서열이론序列理論 ➜ 기본권의 충돌.

선거공영제選擧公營制 1. **의의** 선거공영제는 선거에 드는 비용을 후보자 또는 정당의 정치자금 내지 재력에 의존하지 아니하고, 국가가 선거를 관리하고 그에 소요되는 선거비용을 국가의 부담으로 함으로써 선거의 형평을 기하고 선거비용을 경감하며 나아가 공명선거를 실현하려는 선거제도이다. 2. **구분** 선거공영제는 선거관리위원회의 관리를 원칙으로 하는 관리공영제와 선거비용에 대한 국가부담을 원칙으로 하는 비용공영제로 구분된다. **관리공영제**는 후보자의 선거운동을 각급 선거관리위원회의 관리 하에 두어 선거운동의 기회균등을 지향한다. 공직선거법의 관리공영제 주요 내용으로는 ① 후보자의 선거홍보물을 선거관리위원회가 거리에 첩부 또는 부재자신고인에게 발송(공직선거법 제64~66조) ② 현수막 게시나 자동차·확성장치를 활용한 선거운동을 할 경우 선거관리위원회가 교부하는 표지 부착(동법 제67·79·91조) ③ 후보자가 선정한 참관인에게 투표와 개표과정을 참관하도록 하는 것(동법 제161~162조, 제181조), ④ 대통령선거와 국회의원 선거의 관리준비와 실시에 필요한 경비 및 지방자치관련 선거에 관한 사무 중 통일적인 수행을 위하여 선거관리위원회가 집행하는 경비의 국가 부담(동법 제277조) 등이 있다. **비용공영제**는 경제력의 차이로 인한 기회불균등을 방지하기 위해 국가에서 선거비용을 제공하는 것을 원칙으로 한다. 하지만 선거공영제에 소요되는 비용이 국민의 세금으로 충당되는 만큼 국가가 제공하는 선거비용이 무분별하게 사용되지 않도록 공직선거법에서는 '선거비용의 보전'을 규정하고 있다. 선거결과 당선 혹은 유효투표 총수의 15% 이상을 득표한 경우에는 지출한 선거비용의 전액을, 유효투표 총수의 10% 이상 15% 미만을 득표한 경우에는 지출한 선거비용의 50%를, 비례대표국회의원선거 및 비례대표지방의회의원선거에서 후보자명부에 올라 있는 후보자 중 당선인이 있는 경우에 당해 정당이 지출한 선거비용의 전액을 국가의 예산으로써 선거관리위원회를 통해 정당 또는 후보자에게 보전하도록 하고 있다(동법 제122조의2). ➜ 선거제도.

선거관리選擧管理 [영] electoral management. 1. **의의** 선거의 준비와 실시에 관하여 단계별로 전개되는 일련의 절차를 의미하는 선거과정의 실시·감독 등의 모든 관리작용을 선거관리라 한다. 선거행정이라고도 한다. 선거과정은 일반적으로 선거의 전체 주기를 고려하여 선거법 제정, 선거구 획정, 선거일정 확정, 선거권자 확정, 정당등록, 후보자등록, 선거운동관리, 선거권자에게 선거정보의 제공, 선거비용 내지 정치자금관리, 투표관리, 개표 및 집계, 선거결과의 확정, 분쟁의 해결 등을 포함한다. 2. **입법례** 선거과정의 어느 범위를 선거관리의 대상으로 볼 것인가는 국가마다 같지 아니하다. 선거관리기구에 부여된 선거관리작용의 범위는 일차적으로 선거관리기구 설립시 정치세력간의 합의에 의하여 결정된다. 그래서 국가마다 선거관리기구가 담당하는 선거관리의 범위가 매우 상이하다. **영국**의 경우 2000년 설립된 선거위원회(Electoral Commission)는 직접적으로 선거를 관리하지 않는다. 영국에서 후보자등록, 투표, 개표 등 전형적인 선거관리사무는 선거구별로 임명되는 선거관리관(Returning Officers)이 담당한다. 선거위원회는 선거 및 국민투표에 관한 보고, 선거법 및 선거관행에 관한 검토, 2차적인 선거입법(규칙 제정 등)에 관한 자문, 정당등록에 관한 사무, 정당계좌와 선거비용 지출 등에 관한 규제, 국민투표 및 주민투표의 감독 등을 담당한다. **미국**의 경우, 선거는 각 주법에 따라 실시되기 때문에 연방차원에서는 전형적인 선거관리기구가 없다고 할 수 있다. 그러나 특정 목적을 위하여 연방차원에서 설치된 선거관리기구로는 정치자금 및 선거비용에 관한 사무를 담당하기 위해서 1975년에 설치된 연방선거위원회(Federal Election Commission, FEC)와, 선거인명부관리 및 투·개표시스템의 개선을 지원하기 위해 2003년에 설립된 선거지원위원회(Election Assistance Commission, EAC)가 있다. **일본**의 경우 중앙선거회·도도부현선거위원회·시정촌선거위원회가 각자 권한에 속한 선거를 전반적으로 관리하고 있다. **프랑스**의 헌법위원회는 선거와 국민투표의 관리업무 외에 법률의 위헌심사권과 선거소송에 대한 재판권을 아울러 가지고 있어서 선거에 관하여 총괄적이고도 아주 강력한 관리기구라고 할 수 있다. 즉 선거의 실시·감독만이 아니라 선거규범의 심사와 선거쟁송의 해결까지 담당하고 있는 것이다. 3. **우리나라의 경우** 현행법상 선거관리는 선거에 관한 법률의 제정과 선거쟁송의 최종적 판단을 제외한 나머지 선거과정의 전반적인 관리를 포함하여 선거관리의 범위를 넓게 파악하고 있다. 선거관리는 본질적으로 행정작용 내지 집행작용에 해당하지만, 선거 자체가 새로운 국가권력의 형성이나 정책결정에 직간접적으로 관여하기 때문에 형성된 권력에 의해 행해지는 일반적인 행정작용과는 다르다고 볼 수 있다. 선거관리는 국민주권원리를 보다 직접적으로 실현하는 국가작용으로 정치권력의 형성과 통제에 직접적인 영향을 준다는 점에서 정치적 행정작용이라고 할 것이다. 정치적 행정작용은 정치형성적 행정작용, 정치통제적 행정작용과 정치발전적 행정작용을 포함한다. 따라서 선거관리는 이를 전문적으로 담당할 수 있는, 행정부로부터 독립한 중립적인 선거관리기구에 의하여야 할 것이다. ➜ 선거관리위원회. ➜ 선거제도.

선거관리위원회選擧管理委員會 ㊀ election commission. 1. **의의** 선거와 국민투표의 공정한 관리 및 정당에 관한 사무를 처리하기 위하여 선거관리위원회를 둔다(헌법 제114조 제1항). 중앙선관위는 선거관리·국민투표관리 또는 정당사무를 처리하기 위하여 법령의 범위 안에서 규칙을 제정할 수 있는바(제114조 제6항), 이는 단순한 행정작용이상의 입법권을 수행할 수 있음을 의미한다. 즉 국회입법권의 예외를 인정하고 있다. 또한 선관위는 선거인명부의 작성 등 선거사무와 국민투표사무에 관하여 관계 행정기관에 필요한 지시를 할 수 있으며, 이 지시를 받은 행정기관은 이에 응하여야 한다(제115조). 그리고 선관위는 선거운동을 관리하되 균등한 기회를 보장하여야 하고, 선거비용에 관한 사무를 담당한다(제116조). 아울러 헌법은 선관위가 담당하는 정당사무의 하나로서 정당국고보조금의 관리를 예상하고 있다(제8조 제3항 참조). 선거관리위원회법은 헌법의 규정을 보다 구체화하여

제3조에서 선관위의 직무를 밝히고 있다. 중앙선관위는 자신의 업무범위를 크게 각종 선거·투표관리, 정당사무관리, 정치자금사무관리, 민주시민정치교육, 선거·정치제도연구 등으로 정하고 있다. 2. **헌법상 지위** 1) **중립적·독립적 선거관리기구** 선거관리에 대한 정치권력의 영향이 현실화될 가능성이 큰 상황에서는 정치적 중립성이 확보되도록 선거관리를 헌법적 차원에서 규율할 필요가 있다. 이는 헌법적 명령인 선거완전성(electoral integrity)(➔ 선거완전성)의 요구 때문이다. 2) **국민의 정치적 의사의 민주적 형성과정에의 관여자** 선관위는 국민의 정치적 의사의 민주적 형성과정에 관여하는 기관이다. 우리 헌법은 국민주권원리를 기초로 하되 그 구체적 실현방식으로 대의민주주의, 직접민주주의, 그리고 정당제민주주의에 기인한 여러 제도적 요소를 담고 있다. 이에 따라 주권자인 국민은 선거, 국민투표, 정당설립·참여의 방식으로 정치적 의사를 표시하며, 이는 국민의 정치적 의사의 민주적 형성으로 된다. 선관위는 준법선거(공명선거) 및 선거의 공정성 확보를 위한 감시자·규제자로서만이 아니라, 나아가 민주주의 발전의 지원자의 역할을 담당한다. 3) **입헌민주체제를 위한 기능적 권력통제기관** 선관위는 기능적 권력분립원리에 따라 입헌민주체제를 강화하는 기관이라 할 수 있다. 선관위는 정기적으로 실시되는 선거와 예외적으로 실시되는 국민투표를 통하여 정치권력에 대한 국민의 통제권이 올바로 작동하는 데 기여한다. 4) **합의제기관으로서의 성격** 선관위는 독임제 행정기관이 아니라 위원회 형식의 합의제 기관이다. 3. **선관위와 다른 국가기관의 관계** 1) **국회와의 관계** 선거입법과 관련하여, 국회의 입법권을 전제로 하여 선관위는 선거·국민투표 및 정당관계법률의 제정·개정이 필요하다고 인정하는 경우에 국회에 의견을 표시할 수 있다(선거관리위원회법 제17조 제2항). 또한 중앙선관위는 법령의 범위 안에서 선거사무·국민투표사무 또는 정당사무에 관한 규칙을 제정할 수 있다(헌법 제114조 제6항). 국회는 국정감사·국정조사를 통하여 선관위의 직무수행을 평가할 수 있으며, 감사원은 선관위에 소속한 공무원에 대하여 직무감찰을 실시한다(감사원법 제24조 제3항). 2) **행정부와의 관계** 선거의 실시와 관련하여 각급선관위는 선거인명부의 작성 등 선거사무와 국민투표사무에 관하여 관계행정기관에 필요한 지시를 할 수 있으며, 선거사무를 위하여 인원·장비의 지원 등이 필요한 경우에는 행정기관에 대하여는 지시 또는 협조요구를 할 수 있다(헌법 제115조, 선거관리위원회법 제16조). 이러한 지시를 받거나 협조요구를 받은 행정기관은 우선적으로 이에 응하여야 한다. 또한 선관위는 대통령을 비롯한 행정부의 선거관여행위를 감시·단속할 수 있다. 각급선관위의 위원·직원은 직무수행 중에 선거법위반행위를 발견한 때에는 중지·경고 또는 시정명령을 하여야 하며, 그 위반행위가 선거의 공정을 현저하게 해치는 것으로 인정되거나 중지·경고 또는 시정명령을 불이행하는 때에는 관할수사기관에 수사의뢰 또는 고발할 수 있다(선거관리위원회법 제14조의2). 한편 선관위의 조치에 대하여 행정부가 반발하는 경우 권한쟁의 심판절차를 통하여 헌법재판소가 이를 판단하게 된다. 3) **사법부와의 관계** 선거쟁송과 관련하여 선관위는 법원과 기능적 협력관계를 유지하고 있다. 중앙선거관리위원회의 위원에 대법원장이 추천하는 3인을 포함하고, 각급 선거관리위원회의 위원에 법관을 포함하는 것도, 비판적인 견해가 있기는 하지만, 선관위와 사법부 사이의 협력적 관계를 보여주는 징표이다(선거관리위원회법 제4조 참조). 중앙선관위와 시·도선관위는 지방선거에서 선거와 당선의 효력에 관한 선거소청에 대하여 결정을

해야 한다(공직선거법 제219~220조). 선거소청의 결정에 대해 불복하는 소청인은 각각 선거소송이나 당선소송을 법원에 제소할 수 있다(공직선거법 제222~223조). 그러한 점에서 선거소청은 행정심판에 준한다. 4. **선거관리위원회의 권한** 1) **선거와 국민투표의 관리** 선거관리위원회는 선거운동관리, 투표와 개표관리 및 선거계몽 등의 권한을 행사한다(헌법 제114~116조). 또한 「공공단체 등 위탁선거에 관한 법률」에 따른 위탁선거에 관한 사무를 행한다(선거관리위원회법 제3조 제1항 제4호). 2) **정당사무관리 및 정치자금배분** 중앙선거관리위원회는 정당의 창당 등록, 등록의 취소 등과 같은 정당사무와 정치자금의 배분 등과 같은 정치자금배분사무를 행한다(헌법 제114조 제1항; 정당법 제8 · 11 · 15조, 제36~38조; 정치자금법 제22 · 23 · 25 · 27조). 3) **선거공영제의 실시** 헌법상 선거에 관한 경비는 법률이 정하는 경우를 제외하고는 정당 또는 후보자에게 부담시킬 수 없다(헌법 제116조 제2항). 4) **규칙제정권** 중앙선거관리위원회는 법령의 범위 안에서 선거관리 · 국민투표관리 또는 정당의 사무에 관한 규칙을 제정할 수 있으며, 법률에 저촉되지 않는 범위 안에서 내부규율에 관한 규칙을 제정할 수 있다(헌법 제114조 제6항). 5) **선거사범조사권** 중앙선거관리위원회는 선거사범을 조사하여 검찰에 고발할 수 있는 권한을 가진다(공직선거법 제272조의2 · 3, 선거관리위원회법 제14조의2). ➜ 선거제도.

선거구 인구비례選擧區人口比例 **= 선거구 인구편차**選擧區人口偏差 **= 선거구 인구불균형**選擧區人口不均衡 [영] the ratio of population size between the largest district and the smallest district/population deviation. 1. **의의** 선거구 획정에 있어서 가장 인구수가 많은 선거구와 가장 인구수가 적은 선거구 사이의 인구수의 비례성을 말한다. 투표가치가 외견상으로는 평등하지만 실질적으로는 불평등하게 되면, 헌법상 평등의 원칙을 실질적으로 위반하게 된다. 즉 한 선거구의 투표자 1인의 투표가치가 다른 선거구의 투표자의 그것보다 현저히 떨어지는 경우에 대표를 내기 위해서는 다른 선거구에서보다도 훨씬 많은 투표자가 있어야 하는 것이다. 이는 선거에 따른 대표자가 자칫 주권적 의사를 왜곡하는 결과로 될 수 있고, 따라서 선거구 인구수의 적정한 비례성이 유지되어야 한다. 하지만 선거구간 인구편차를 전혀 없게 할 수는 없기 때문에 일정한 편차를 인정하되 그 편차를 넘는 경우에는 선거구의 획정을 다시 하여야 한다. 이에 대해서는 오늘날 선진 외국에서도 일반적으로 인정되고 있다. 2. **외국의 판례와 입법례** 1) **미국** 미국의 경우 원래 국회의원선거구 획정문제는 정치문제라 하여 사법심사의 대상이 되지 아니한다고 하였으나(Colegrove v. Green(1946), ➜ Colegrove v. Green), 1962년 Baker v. Carr사건(➜ Baker v. Carr)에서 지나치게 불평등한 인구비례의 선거구획정은 사법심사의 대상이 되고, 수정헌법 제14조의 평등보호조항에 위반된다고 하였다. 이 판결에서는 구체적인 선거구획정의 기준은 제시하지 않았다. 2년 후인 1964년에 Wesberry v. Sanders 사건(➜ Wesberry v. Sanders)에서 1인1표원칙에 따라 3:1의 편차를 위헌이라고 판시하였다. 1973년 White v. Weiser 사건에서는 1.1:1을 초과할 수 없다고 판결하였다. 단, 이 기준은 각 주 내 선거구 간 인구편차에만 적용되며, 주 간 선거구 인구편차에는 적용되지 않는다고 하였다. 2) **영국** 영국은 2011년 의회의 투표제도와 선거구법에서, 잉글랜드, 스코틀랜드, 웨일즈, 북아일랜드 각각 '선거구 평균 유권자수'를 기준으로 ±5%편차 이내일 것을 정하였다. 3) **프랑스** 프랑스는 선거법에서 동일한 도(department) 내에서 평균인구의 ±20% 이내의 편차를 허용하되, 단 20%의 인구편차는 충분히 정당한 사유가 있는 경우에 한하여 예외를 설정할 수 있다고 하고 있다. 4) **독일** 독일은 연방선거법에서 인구편차가 ±33.3%(1/3) 이내여야 한다고 규정하였는데, 이에 대하여 연방헌법재판소가 합헌으로 선언하기도 하였다. 그러나 1996년 개정선거법은 선거구 평균인구수 기준 ±15% 이내여야 하며, 편차가 ±25%를 초과하면 새로운 선거구 획정을 해야 한다고 규정하였다. 5) **일본** 일본은 1962년에 선거구인구편차가 문제된 이후 1964년 판결에서 4:1의 편차를 합헌으로 하였다. 이 후 중의원의 경우 3:1의 편차를, 참의원의 경우 5.26:1의 편차를 합헌으로 하였다. 하지만 1994년에 제정된 '중의원의원선거구획정심의회설치법'에서는 각 선거구의 인구 중 그 최다의 것을 최소의 것으로 나누어 얻은 수가 2 이상이 되지 않도록 하였다. 최고재판소는 2005년9월에 실시된 중의원선거에서 2.17:1의 선거구를 합헌으로 하였지만, 2011년 인구비례가 2.17:1인 선거구에 대하여, 2013년 인구비례가 2.43:1인 선거구에 대하여, 2015년에는 인구비례가 2.13:1인 선거구에 대하여 각각 위헌상태라고 판시하였다. 6) **기타** 뉴질랜드는 평균인구수 편차 ±5%(1.1:1)을, 호주는 평균인구수 편차 ±10%(1.22:1)을, 캐나다는 평균인구수 편차 ±25%를 기준으로 하되, 최대:최소 1.67:1을 초과하지 못하도록 하고 있다. 3. **우리나라의 경우** 1) **헌법재판소 1995년 결정** 1996.4.11. 실시된 제15대 국회의원선거를 앞두고 1995년 국회의원선거구획정위원회의 논의를 거친 선거구획정이 선거구간 인구편차가 제14대 국회의원선거에서의 약 5:1이었던 것이 5.87:1로 개악되었다. 이에 헌법재판소는 1995년 결정에서 국회의원선거구 획정은 평등선거 원칙, 국민주권주의, 대의민주주의원리에 입각하여 인구편차는 4:1 이내여야 한다고 하였다(헌재 1995.12.27. 95헌마224등). 이 결정에 대하여는 인구편차의 기준이 지나치게 넓다는 비판이 있었고, 선거구간 인구편차는 4:1의 범위 내에서 재조정되었다. 2) **헌법재판소 2001년 결정** 공직선거법상 경기 안양시 동안구 선거구의 경우 전국 선거구의 평균인구수로부터 +57%의 편차를 보이고 있으므로, 그 선거구의 획정은 국회의 재량의 범위를 일탈한 것으로서 청구인의 헌법상 보장된 선거권 및 평등권을 침해하는 것이라고 하면서, 2001.12.31.을 시한으로 입법자가 개정할 때까지 계속 적용하도록 하는 내용의 헌법불합치결정을 하였다(헌재 2001.10.25. 2000헌마92등). 이 결정에서 헌법재판소는, 「인구편차의 허용한계에 관한 다양한 견해 중 현시점에서 선택가능한 방안으로 상하 33⅓% 편차(이 경우 상한 인구수와 하한 인구수의 비율은 2:1)를 기준으로 하는 방안, 또는 상하 50% 편차(이 경우 상한 인구수와 하한 인구수의 비율은 3:1)를 기준으로 하는 방안이 고려될 수 있는데, 이 중 상하 33⅓% 편차 기준에 의할 때 행정구역 및 국회의원정수를 비롯한 인구비례의 원칙 이외의 요소를 고려함에 있어 적지 않은 난점이 예상되므로, 우리 재판소가 선거구획정에 따른 선거구간의 인구편차의 문제를 다루기 시작한지 겨우 5년여가 지난 현재의 시점에서 너무 이상에 치우친 나머지 현실적인 문제를 전적으로 도외시하기는 어렵다고 할 것이어서, 이번에는 평균인구수 기준 상하 50%의 편차를 기준으로 위헌 여부를 판단하기로 한다. 그러나 앞으로 상당한 기간이 지난 후에는 인구편차가 상하 33⅓% 또는 그 미만의 기준에 따라 위헌 여부를 판단하여야 할 것이다.」라고 하였다. 3) **헌법재판소 2014년 결정** 2001년 결정에서 상하 33⅓%, 인구비례 2:1 또는 그 미만의 기준에 따라 위헌 여부를 판단하여야 한다고 명시한 점에 비추어, 2014년에 헌법재판소는 인구편차 상하 $33\frac{1}{3}$%를 넘어 인구편차를 완화하는 것은 지나친 투표가치의 불평등을 야기하는 것으로, 인구편차의 허용기준을 점차로 엄격하게 하는 것이 외국의 판례와 입법추세임을 고려할 때, 우리도 인구편차의 허용기준을 엄격하게 하는 일을 더 이상 미룰 수 없다고 하고, 현재의 시점에서 헌법이 허용하는 인구편차의 기준을 인구편차 상하 $33\frac{1}{3}$%를 넘어서지 않는 것으로 봄이 타당하며, 따라서 심판대상 선거구구역표 중 인구편차 상하 $33\frac{1}{3}$%의 기준을 넘어서는 선거구에 관한 부분은 위 선거구가 속한 지역에 주민등록을 마친 청구인들의 선거권 및 평등권을 침해한다고 결정하였다(헌재 2014.10.30. 2012헌마190). 4) **결정의 의의와 개선방안** 2014년 결정은 인구편차의 기준을 종전의 3:1에서 2:1로 변경하여 투표가치의 평등성을 확보하고 국민의 대표성을 실질적으로 보장하였다는 점에서 의미가 있다. 하지만, 제 외국의 예에 비추어 볼 때, 인구편차를 최대한 좁히는 것이 바람직하다. 외국의 사례에서는 1.1:1 정도의 기준이 제시되고 있으므로 이에 맞게 조정함이 필요하다 할 것이다. 다만, 선거구획정에는 인구수만이 기준이 될 수는 없기 때문에 인구수 기준은 1.1:1 정도로 하되 다른 여건을 참작하도록 할 필요가 있다.

선거구제選擧區制 1. **의의** 선거구는 국회의원을 선출하는 단위인 지구, 대표를 선출하는 지역적 단위, 전체의 선거인을 선거인단체로 구분하는 표준이 되는 지역 등으로 정의된다. 과거에는 지역이 아니라 신분단체 중심으로 선거구가 정해지기도 하였지만, 오늘날에는 선거인의 자연스러운 공동체를 지역공동체를 기초로 하여 일정한 지역을 기반으로 선거구의 개념을 파악하게 된 것이다. 좀 더 상세히 정의한다면, 후보자의 입후보, 선거권자의 투표 그리고 의석의 배분이 이뤄지는 단위라고 할 수 있다. 일반적으로는 행정 구역이나 지역으로 분할하지만, 유목 민족이 중심이 되는 국가에서는 부족 단위로 선거구를 분할하기도 한다. 2. **구분** 선거구제도는 한 선거구에서 선출되는 대표자의 수에 따라 소선거구제, 중·대선거구제로 나뉜다. 1) **소선거구제** 소선거구제는 하나의 선거구에서 1명의 대표자만을 선출하는 제도이다. 소선거구제는 선거 비용이 적게 들고 유권자가 후보자를 선택하기 비교적 쉬우며 다수당의 출현으로 정국이 안정된다는 장점이 있다. 그러나 후보자 중에서 1명만 당선되기 때문에 인기가 높은 후보나 주요 정당 후보에게 유리하고, 사표(死票)가 많이 발생한다는 단점이 있다. 우리나라에서는 국회의원, 지방자치단체의 장 및 광역의회의원 선거에서 소선거구제를 채택하고 있다. 2) **중·대선거구제** 중·대선거구제는 하나의 선거구에서 2명 이상의 대표자를 선출하는 제도이다. 2~4인을 선출하는 경우 중선거구제, 5인 이상을 선출하는 경우, 대선거구제로 분류하기도 한다. 중·대선거구제는 사표가 적고 정치신인이나 군소정당 후보의 당선 가능성이 높아져 국민의 지지 의사가 비교적 다양하게 반영될 수 있다. 또 지역주의가 약하며 선거가 과열되지 않을 가능성도 크다. 그러나 선거비용이 많이 들고, 상대적으로 많은 수의 후보가 입후보하기 때문에 유권자가 각각의 후보자를 제대로 파악하기 어렵다는 단점도 있다. 따라서 후보자에 대한 검증이 제대로 이루어지지 않은 상태에서 선거가 치러지거나, 유권자들이 투표를 포기하여 투표율이 저하될 수 있다. 우리나라의 기초의회의원 선거는 선거구별로 2~4인의 대표자를 선출하므로 중선거구제로 분류된다. 3. **유사개념** 첫째, 공직선거법 제31조의 투표구가 있다. 투표구는 선거일에 투표하는 선거권자의 편의와 선거관리의 적정을 위하여 구분하는 지역적 단위이다. 여기에서는 입후보가 이루어지지 않고 단지 투표만이 행해진다. 둘째, 선거구규모(district magnitude, Wahlkreisgröße)는 한 선거구에서 선출되는 대표자(의원)의 수를 가리킨다. 선거구 규모의 결정과 선거구의 획정은 구별된다. 선거구 규모의 결정은 선거구에서 선출되는 의원의 수(선거구의 규모)를 결정하는 것을 의미하고, 선거구의 획정은 선거구의 공간적 · 지리적 범위를 분할하는 것을 의미한다.

선거구획정選擧區劃定 ㊎ constituencey demarcation/electoral boundary delimitation/electoral district demarcation, ㊦ Wahlkreiseinteilung, ㊣ Les limites des circonscriptions. 1. **의의** 선거구 획정은 선거구의 경계를 정하는 것이다. 즉, 선거구의 공간적 배분을 의미하며, 이는 그 경계의 설정으로 이뤄진다. 학자에 따라서는 선거구의 획정을 다수대표의 방식을 취하는 경우에 대표자를 선출하기 위하여 전국을 지역의 단위로 분할하여 정하는 것을 말하는데, 여기에는 각 선거구마다 균등하게 유권자수를 배분하는 것도 포함된다고 한다. 2. **선거구획정의 기본원리** (1) **대표성(representativeness)** 선거구는 선거구민이 자신을 대표한다고 생각하는 후보자를 선출할 수 있는 기회가 확보되도록 획정되어야 한다. 이러한 요구는 대의민주제의 원리에 기인한다. 입법권을 가진 국회가 최소 200인 이상의 의원으로 구성되고 그 국회의원이 국민에 의하여 선출되되, 일정한 지역선거구를 통하여 선출되도록 하는 것(헌법 제41조)은 바로 이러한 대표성을 확보하기 위한 것이다. (2) **투표 영향력의 평등(equality of voting strength)** 선거구는 그 인구수가 상대적으로 균등하게 획정되어야 한다. 그래야만 각 선거권자의 투표의 가치 즉 투표의 정치적 영향력의 크기가 동등하게 될 수 있다. 이는 평등선거의 원칙(헌법 제41조 제1항)과 평등선거권(헌법 제11조 제1항, 제24조)의 요청이다. (3) **차별금지** 다수대표선거체계에서 사표의 발생으로 말미암아 소수세력이 상대적으로 불이익을 받는 것은 불가피하다. 그러나 특정 소수집단이 의도적으로 차별받도록 선거구가 획정되어서는 아니 된다. 예컨대 지역적으로 집중되어 있는 소수집단을 여러 선거구로 분할하여 각 선거구에서 소수가 되도록 하는 것은 허용될 수 없다. 이러한 것은 1석선거구제에서 더욱 허용될 수 없다. 이러한 차별금지는 평등선거권 및 평등선거의 원칙에 근거한다. (4) **선거구획정의 독립성 및 비편파성** 선거구 획정기구는 독립적이고 비편파적(impartial)이어야 한다. 더 나아가 선거구 획정기구의 제안은 정부나 입법부에 의하여 수정되거나 거부되어서는 아니된다. 만약 그렇지 아니할 경우, 선거구 획정 주체가 누구든 간에 획정절차를 규율하는 규칙이 동일하게 적용되도록 획정절차를 입법으로 명문화하여야 한다. 즉 선거구 획정절차가 모든 이해관계자에게 호혜주의(reciprocity)적이어야 한다. 그래서 선거구 획정절차에 관련 정치세력들이 모두 참여할 수 있고 또한 그 규칙이 모두에게 수용될 수 있어야 한다. (5) **투명성** 선거의 결과가 종종 불비례적으로 나타날 수 있기 때문에 그 선거결과가 정당한 것으로 받아들여지기 위해서는 선거구 획정절차가 공정하다고 인식될 필요가 있다. 이를 위해서는 선거구 획정절차가 최대한 투명하고, 그 방법이나 기준이 사전에 미리 확립 · 공포되어야 한다. 또한 이해관계자로 하여금 자신의 견해를 표명할 수 있는 청문절차를 마련하는 것이 매우 중요하다. 3. **선거구획정의 기준** 보통 소선거구제를 취하는 국가에서 택하는 선거구 획정의 기준(criteria)으로는 인구의 균등, 지리적 요소, 이익의 일치(이익공동체, community of interest) 등을 들고 있다. 인종 · 민족 · 종교적 소수집단의 대표를 보장하기 위하여 이들을 위한 특별한 선거구를 두기도 한다. 현행헌법은 제41조 제3항에서 「국회의원의 선거구와 비례대표제 기타 선거에 관한 사항은 법률로 정한다.」고 규정하여, 선거제도와 선거구의 획정에 관한 구체적 결정을 국회의 입법재량에 맡기고 있다. 이에 따라 공직선거법 제25조 제1항은 「국회의원지역선거구는 시 · 도의 관할구역 안에서 인구 · 행정구역 · 지세 · 교통 기타 조건을 고려하여 이를 획정하되, ……」라고 규정하여, 국회가 선거구간 인구의 균형뿐 아니라, 행정구역, 지세, 교통사정, 생활권 내지 역사적 · 전통적 일체감 등 여러 가지 정책적 · 기술적 요소를 고려할 수 있는 폭넓은 입법형성의 자유를 가지고 있다. 4. **선거구획정기구** 선거구획정 관할 기관 관련제도는 독립기구 관할형, 선거관리기관 관할형, 입법부 관할형, 행정부 관할형 등으로 그 유형을 구분해 볼 수 있다. 1) **독립기구 관할형** 독립기구 관할형은 영국을 위시해 캐나다, 뉴질랜드, 호주, 인도, 잉글랜드의 지배를 받았던 아프리카 지역 국가 등 역사적으로 영국의 영향력이 미쳤던 국가들에서 보편적인 형태로 자리를 잡았으며, 그 외 독일도 독립기구 관할형에 해당한다. 이 유형의 독립기구 위원회들은 비정치적이거나 비당파적인 위원들을 주로 구성되며, 선거관리나 통계, 지리정보 등을 관할하는 공무원들을 참여시킴으로써 선거구획정에 필요한 정보들을 제공받는 것이 특징이다. 영국, 캐나다, 뉴질랜드, 호주, 인도, 독일, 알바니아 등이 이에 속한다. 2) **입법부 관할형** 입법부 관할형은 명부식 비례대표제를 채택한 국가들로 헌법이나 선거법에 선거구가 고정되어 있기 때문에 주기적인 선거구 경계 재획정이 필요하지는 않으며 인구변동 등을 반영한 의석 재할당 절차만 작동하는 경우이다. 벨기에, 불가리아, 크로아티아, 핀란드, 아이슬란드, 스웨덴, 미국 등이 이에 속한다. 우리나라는 선거구획정위원회를 구성하여 획정안을 제출받지만 최종 결정권은 국회에 있으며 위원회 안의 채택여부도 자유롭고 본회의 표결 등의 강제조항이 없으며 수정권한도 자유롭게 행사한다는 점에서 입법부 관할형으로 분류할 수 있다. 3) **행정부 관할형** 프랑스와 일본은 행정부 관할형으로 분류된다. 프랑스는 1인 선거구 결선투표제를 다시 채택했던 1986년 선거법에 따라 선거구 재획정의 총괄책임이 내무부장관에게 있다. 내무부 장관이 총괄책임을 지긴 하지만, 위원회의 구성권을 가지는 것이며 2008년 시도된 선거구획정을 위한 위원선임에는 상 · 하원 의장 임명 위원을 포함했다. 일본은 '선거구획정심의회법'에 따라 심의회는 내각부 산하에 7인의 위원으로 구성되는데 국회의원은 위원이 될 수 없으며 중 · 참의원 양원의 승인을 얻어야 하고 최종적으로는 총리가 임명하도록 되어 있어 위원구성에 국회와 내각의 합의를 요한다. 4) **선거관리기관 관할형** 선거관리기관 관할형은 일견 독립기구 관할형과 유사하게 보일 수 있으나, 다른 유형으로 구분되는 것은 선거관리기관의 구성이 어떻게 이루어지느냐에 따라 집권정부 혹은 원내 정당들의 입장이 그대로 투영될 수도 있고 중립적으로 운용될 수도 있기 때문에 법적 근거를 가지고 독립기구로 구성되는 유형과는 성격이 다르다. 멕시코, 폴란드, 리투아니아, 나이지리아, 탄자니아 등이 이에 속한다.

선거구획정위원회選擧區劃定委員會 ⓔ Constituency Demarcation Committee, ⓓ Wahlkreiskommission. 1. **설치배경** 국회의원선거구획정위원회는 제15대 국회의원선거 때 처음 국회에 설치된 이래 자문기구로 운영되어 왔고, 국회의원선거구획정위원회가 제출한 선거구획정안은 국회의원지역선거구의 명칭과 그 구역에 관한 법률을 개정하는 때에 이를 존중하도록 하는 선언적 규정만 있었다. 이로 인해 국회의원선거구획정위원회가 제출한 선거구획정안은 정치적 이해에 따라 불합리하게 조정되는 일이 빈번하였고, 매번 선거일에 임박해서야 선거구역이 확정되는 문제점이 반복적으로 발생하였다. 2014.10.30. 헌법재판소가 선거구 간 인구편차를 상하 $33\frac{1}{3}$%(인구비례 2:1)로 결정하면서 제20대 국회의원선거는 선거구의 대폭적인 조정이 불가피해졌고, 이에 따라 선거구획정제도를 개선해야 한다는 요구가 강하게 제기되었다. 정치권에서도 정치개혁의 출발을 알리는 상징적 조치로서 선거구획정제도를 개선하려는 논의가 본격화되었다. 그 결과 2015.6.19. 국회의원선거구획정위원회를 중앙선거관리위원회에 독립기구로 설치하고, 국회의원선거구획정위원회가 제출한 선거구획정안을 1회 한하여 거부할 수 있는 권한만 부여하는 등 사실상 국회의 수정 권한을 포기하는 내용으로 공직선거법(법률 제13334호, 2015.6.19.시행)이 개정되었다. 중앙선거관리위원회는 헌법상 독립기구로서 정치적 중립성이 보장되고, 선거관리 통할 기관으로서 전문성이 높은 데다 조직 설치에 따른 인력 확보 등의 부담이 없다는 점에서 정치·사회적 공감을 얻었다. 이를 바탕으로 제20대 국회의원선거를 위한 국회의원선거구획정위원회는 2015.7.15. 헌정 사상 처음으로 이해당사자인 국회를 벗어나 중앙선거관리위원회에 독립기구로 출범하였고, 제20대 국회의원선거에 적용되는 국회의원지역선거구구역표가 확정된 2016.3.3.까지 운영되었다. 2019년 현재 제21대 국회의원선거를 위한 국회의원선거구획정위원회는 2018.12.7. 공식 출범하였다. **2. 임무** 공직선거법 제25조 제1항에 규정된 선거구획정기준에 따라 공정하게 선거구를 획정하고, 선거구획정안과 그 이유 및 그 밖에 필요한 사항을 기재한 보고서를 임기만료에 따른 국회의원선거의 선거일 전 13개월까지 국회의장에게 제출하여야 한다. **3. 설치** 임기만료에 따른 국회의원선거의 선거일전 18개월부터 해당 국회의원선거에 적용되는 국회의원지역선거구의 명칭과 그 구역이 확정되어 효력을 발생하는 날까지 설치·운영한다. 국회의원선거구획정위원회의 지위는 중앙선거관리위원회에 두되, 직무에 관하여 독립의 지위를 가진다. **4. 위원회 구성** 중앙선거관리위원회위원장이 위촉한 위원 9명으로 구성되며, 위원은 임기 중 직무상 외부의 어떠한 지시나 간섭도 받지 않는다. 국회의원 및 정당의 당원(국회의원선거구획정위원회의 설치일부터 과거 1년 동안 정당의 당원이었던 사람 포함)은 국회의원선거구획정위원회 위원이 될 수 없다. 위원장은 위원 중에서 호선하며, 임기는 국회의원선거구획정위원회 존속기간 동안이다. **5. 권한** 선거구획정업무에 필요한 자료를 국가기관 및 지방자치단체에 요청할 수 있으며, 사무국 구성에 필요한 경우 관계 국기기관에 그 소속 공무원의 파견을 요청할 수 있다. 위원회는 임기만료에 따른 국회의원선거의 선거일 전 13개월까지 선거구획정안을 제출하며, 국회는 재적위원 2/3이상의 찬성으로 의결한다. **6. 지방의회의원선거구의 획정** 자치구·시·군의원지역선거구는 시·도에 설치된 자치구·시·군의원선거구획정위원회에서 행한다(공직선거법 제24조의3). 이를 기초로 광역자치단체의 선거구를 조례로 결정한다. 그 기준은 공직선거법 제26조에서 규정하고 있다.

선거권選擧權 ⇔ 피선거권(被選擧權). ㊎ suffrage/right to vote, ㊍ Wahlrecht, ㊄ Suffrage. **1. 의의** 선거권(suffrage) 또는 투표권(投票權, right to vote)은 선거에서 투표를 할 권리를 말한다. 현행헌법은 「모든 국민은 법률이 정하는 바에 의하여 선거권을 가진다.」고 규정하고 있다(제24조). 선거권을 의미하는 영어 suffrage는 '정치적으로 지지하다', '투표하다'라는 뜻의 라틴어 suffragium에서 유래한 것이다. 민주주의 발전사는 곧 선거권의 확대과정이라고 해도 좋을 만큼 민주주의에서 핵심적인 요소이다. 2. **선거권의 유형** 1) **보통선거권** 보통선거권(universal suffrage)은, 성별, 인종, 사회 계층, 교육수준, 자산의 크기 등에 무관하게 시민권 보유 여부, 연령 등을 기준으로 하여 모든 사람에게 동등하게 주어지는 선거권이다. 정신병력이나 범죄전과에 따라 선거권이 박탈되기도 한다. 18세기에 코르시카 공화국이 25세 이상의 모든 시민에게 제한적 보통선거권을 실시한 것을 최초라고 본다. 1840년 하와이 왕국은 헌법으로 모든 성인 남녀에게 보통선거권을 허용했다. 그러나 1893년 하와이 왕정이 쿠데타로 전복되면서, 현존하는 독립국들 중 여성에게 선거권을 최초로 준 나라는 뉴질랜드가 되었다. 반대개념은 제한선거권이다. 2) **평등선거권** 평등선거권(equal suffrage)은 선거권자가 행사할 수 있는 투표의 수를 동등하게 부여하는 것을 말한다. 즉 '1인1표'를 말한다. 오늘날에는 형식적인 평등만이 아니라 실질적 평등의 요구에 따라 '1표1가'가 요구되고 있다. 반대개념은 차등선거권이다. 3) **여성선거권** 여성선거권(women's suffrage)이란, 말 그대로 여성이 선거에 참여할 권리를 말한다. 1840년에 하와이 왕국이 여성에게 선거권을 허용했지만 1852년 멸망하면서 무의미해졌다. 이후 스웨덴, 영국, 미국 서부의 몇몇 주에서 1860년대에 일부 여성에게 제한적으로 선거권을 주었다. 그러다 1893년 영국 식민지였던 뉴질랜드가 자치국가로서 처음으로 모든 성인여성에게 선거권을 부여했다. 1894년에는 사우스오스트레일리아에서 여성에게 선거권과 피선거권을 모두 부여했다. 한편 러시아제국의 자치령이었던 핀란드 대공국은 1905년 혁명의 결과 이루어진 의회제도 개혁으로 1906년 여성에게 선거권과 피선거권이 모두 부여되었으며 이듬해 치러진 첫 선거에서 약 10%에 해당하는 200석 중 19석의 여성 의원들이 당선되었다. 4) **청소년 선거권** 18세 미만의 청소년에게도 선거권이 부여되어야 한다는 주장이다. 현재 우리나라는 선거연령이 만 18세로 되어 있는데, 이에 대해 18세 미만의 자도 충분히 선거에 참여할 수 있다고 보고 선거연령을 16세 정도로 낮추자는 주장이다. 또한 청소년들이 직접 관련되어 있는 교육관련 선거나 청소년 정책 등의 결정에서는 청소년이 참여할 수 있게 해야 한다는 주장도 있다. 5) **영·유아 선거권** Demeny voting라고도 한다. 어린이들이나 청소년들에게 선거권을 부모가 대신 행사하도록 부여하는 제도이다. 미국의 정치학자 Demeny가 1986년 제안하였고 그와 별도로 프랑스에서 1920년대 논의된 적이 있다. 고령화로 인하여 노인이나 장년층이 과도한 대표권을 가지는 현상을 예방하는 제도이다. 부모는 자기자식을 위해 투표할 것이라는 생각에 기초한다. 부모가 0.5표씩 행사하는 방안과 아들의 투표권은 아버지가, 딸의 투표권은 어머니가 행사하는 방안이 제안되고 있다. 6) **장애인선거권** 신체적 및 정신적 장애인에 대해서도 선거권이 인정되어야 한다. 신체적 장애의 경우, 투표소로의 이동 및 진입의 문제 혹은 투표소 안에서의 기표행위와 관련된 편의제공 문제, 투표권 행사의 전제가 되는 선거정보에 관한 접근성문제, 피선거권과 관련하여 중증장애인 혹은 언어장애인이 후보자가 되는 경우 선거운동에 있어서의 형평성 문제 등이 문제되었다(헌재 2009.5.28, 2006헌마285; 2014.5.29. 2012헌마913; 2009.2.26. 2006헌마626). 정신적 장애의 경우에도 선거권행사를 위한 제도적·물적 장치를 두어야 한다. 3. **선거권관련 헌법재판소 결정** 1) **선거권자 선정방법** 「우리 헌법 아래에서 선거권도 법률이 정하는 바에 의하여 보장되는 것이므로 입법형성권을 갖고 있는 입법자가 선거법을 제정하는 경우에 헌법에 명시된 선거제도의 원칙을 존중하는 가운데 구체적으로 어떠한 입법목적의 달성을 위하여 어떠한 방법을 선택할 것인가는 그것이 현저하게 불합리하고 불공정한 것이 아닌 한 입법자의 재량영역에 속한다고 할 것이다(헌재 2004.3.25. 2002헌마411). 2) **선거권 연령** 2020년 공직선거법 개정에 따라 선거권 연령은 18세로 하향조정되었다(공직선거법, 법률 제16864호, 2020.1.14. 개정). 세계적인 추세에 발맞추어 18세로 하향조정된 것이다. 3) **재외국민 · 부재자 투표권 제한** 재외국민에 대해 투표권을 부여하지 않는 것에 대하여 헌법재판소는 합헌으로 하였다가(헌재 1999.1.28. 97헌마253; 1999.3.25. 97헌마99), 2007년에 헌법불합치 결정을 내렸다(헌재 2007.6.28. 2004헌마644). 부재자에 대해서도 특히 장기간 선박 등에 기거하는 선원들에 대해서도 투표권을 부여하지 않은 것을 헌법불합치로 결정하였다(헌재 2007.6.28. 2005헌마772). 2012년의 법개정으로 거소 · 선상투표가 가능하게 되었다(공적선거법, 법률 제11374호, 2012.2.29. 개정). 4) **거주요건** 지역구국회의원 및 지방자치단체의 장 및 의회의원선거의 선거권자는 일정한 거주요건이 필요하다(공직선거법 제15조 제1 · 2항). 재외국민의 경우 국내거주 재외국민에 대해 그 체류기간을 불문하고 지방선거 선거권을 전면적 · 획일적으로 박탈하는 법 제15조 제2항 제1호, 제37조 제1항은 국내거주 재외국민의 평등권과 지방의회 의원선거권을 침해한다고 결정하여(헌재2007.6.28. 2004헌마644, 2005헌마360(병합)), 2009년에 법이 개정되었다. 5) **외국인** 공직선거법은 일정한 요건 하에 외국인에게도 지방자치단체의 의원 및 장에 대한 투표권을 갖도록 하고 있다(공직선거법 제15조 제2항 제3호). 주민투표법(제5조 제1항 제2호)과 주민소환에 관한 법률(제3조 제2항 제1호)도 일정한 요건을 갖춘 외국인에게 투표권을 인정하고 있다. 6) **수형자** 헌법재판소는 구 공직선거법상의 선거권 요건 중 수형자의 선거권제한(동법 제18조 제1항 제2호)에 대하여 합헌으로 판단하였으나, 집행유예 중인 자와 수형자의 선거권을 제한하고 있는 공직선거법 제18조 제1항 제2호에 대하여, '집행유예 중인 자' 부분은 위헌으로, '수형자'에 관한 부분에 대해서는 헌법불합치를 결정하였다(헌재 2014.1.28. 2012헌마409). 2015년에 「1년 이상의 징역 또는 금고의 형의 선고를 받고 그 집행이 종료되지 아니하거나 그 집행을 받지 아니하기로 확정되지 아니한 사람. 다만, 그 형의 집행유예를 선고받고 유예기간 중에 있는 사람은 제외한다.」로 공직선거법이 개정되었다. 또한 공직선거법 위반, 정치자금법 위반, 형법상 직무관련 수뢰, 특가법상 알선수재 등의 죄를 범한 자로서 다른 범죄와의 경합범에 대해서는, 과거 헌법재판소가 합헌이라 하였으나, 법개정으로 분리 심리하여 따로 선고하도록 하고 있다(공직선거법 제18조 제3항).

선거권연령選擧權年齡 ➜ 선거권.

선거범죄選擧犯罪 1. **의의** 선거범죄는 대선, 총선, 지방선거 관련 공직선거법 등을 위반하거나, 전국동시 조합장 선거 관련 공공단체 등 위탁선거에 관한 법률 등을 위반하는 행위를 말하며, 위반자를 선거사범이라 일컫는다. 공직선거법 제16장에서는 제230~262조의3에 이르기까지 광범위하게 선거범죄를 정하고 있다. 2. **선거범죄로 인한 당선무효** 1) **선거비용의 초과지출로 인한 당선무효**(제263조) 각 공직선거의 선거비용제한액의 200분의 1이상을 초과지출한 이유로 선거사무장, 선거사무소의 회계책임자가 징역형 또는 **300만원 이상**의 벌금형의 선고를 받은 때에는 그 후보자의 당선은 무효로 한다. 다만, 다른 사람의 유도 또는 도발에 의하여 당해 후보자의 당선을 무효로 되게 하기 위하여 지출한 때에는 그러하지 아니하다(1항). 「정치자금법」 제49조(선거비용관련 위반행위에 관한 벌칙)1항 또는 제2항 제6호의 죄를 범함으로 인하여 선거사무소의 회계책임자가 징역형 또는 300만원 이상의 벌금형의 선고를 받은 때에는 그 후보자(대통령후보자, 비례대표국회의원후보자 및 비례대표지방의회의원후보자를 제외)의 당선은 무효로 한다(2항). 2) **당선인의 선거범죄로 인한 당선무효**(제264조) 당선인이 당해 선거에 있어 이 법에 규정된 죄 또는 「정치자금법」 제49조의 죄를 범함으로 인하여 징역 또는 **100만원 이상**의 벌금형의 선고를 받은 때에는 그 당선은 무효로 한다. 이에 대하여 합헌이라는 헌법재판소의 결정이 있다(헌재 2011.12.29. 2009헌마476). 3) **선거사무장 등의 선거범죄로 인한 당선무효**(제265조) 선거사무장·선거사무소의 회계책임자 또는 후보자의 직계존비속 및 배우자가 해당 선거에 있어서 법이 정한 죄를 범함으로 인하여 징역형 또는 **300만원 이상**의 벌금형의 선고를 받은 때에는 그 선거구 후보자(대통령후보자, 비례대표국회의원후보자 및 비례대표지방의회의원후보자 제외)의 당선은 무효로 한다. 다만, 다른 사람의 유도 또는 도발에 의하여 당해 후보자의 당선을 무효로 되게 하기 위하여 죄를 범한 때에는 그러하지 아니하다. 이 규정에 대해 연좌제금지를 규정한 헌법 제13조 제3항에 위반된다고 볼 여지가 있으나, 헌법재판소는 자기책임원리에도 위반하지 아니하고 연좌제에도 해당하지 않는다고 결정하였다(헌재 2005.12.22. 2005헌마19; 2011.9.29. 2010헌마68). 4) **선거범죄의 공소시효** → 선거범죄 공소시효.

선거범죄選擧犯罪**공소시효**公訴時效 선거범죄에 대한 공소시효는 당해 선거일후 6개월(선거일후에 행하여진 범죄는 그 행위가 있는 날부터 6개월)을 경과함으로써 완성한다. 다만, 범인이 도피한 때나 범인이 공범 또는 범죄의 증명에 필요한 참고인을 도피시킨 때에는 그 기간은 3년으로 한다(공직선거법 제268조 제1항). 선상투표 시 선박에서 범한 선거범죄는 범인이 국내 입국 후 6개월이며(동조 제2항), 공무원이 직무와 관련하여 또는 지위를 이용하여 범한 경우는 10년이다(동조 제3항). 과거에는 대통령선거(3월)와 국회의원선거(6월) 그리고 지방의회의원선거(5월), 지방자치단체장 선거(5월) 등으로 나뉘어 있었으나, 1994년 공직선거법으로 통합된 이후 6개월로 통일되었다.

선거부정감시단 → 공정선거지원단.

선거비용選擧費用 '선거비용'이라 함은 당해 선거에서 선거운동을 위하여 소요되는 금전·물품 및 채무 그 밖에 모든 재산상의 가치가 있는 것으로서 당해 후보자(후보자가 되려는 사람을 포함하며, 대통령선거에 있어서 정당추천후보자와 비례대표국회의원선거 및 비례대표지방의회의원선거에 있어서는 그 추천정당을 포함한다.)가 부담하는 비용과 공직선거법 제119조 제1항 각 호의 어느 하나에 해당되는 비용을 말한다. 다만, 공직선거법 제120조 소정의 비용은 선거비용으로 보지 아니한다. 각 공직선거의 비용제한액의 산정방법은 공직선거법 제121조에 상세히 규정하고 있다. 선거비용의 보전은 공직선거법 제122조의2에 규정되어 있다. → 선거공영제.

선거소송選擧訴訟 → 선거쟁송.

선거소청選擧訴請 → 선거쟁송.

선거완전성選擧完全性 ㊎ electoral integrity. 선거완전성은 국제적 기준과 합의에 나타난 바와 같은 보통선거(universal suffrage) 및 정치적 평등의 민주주의 원리에 기초하고, 모든 선거과정에 걸쳐 그 준비와 관리가 전문적이고 공평하고 투명한 선거를 말한다.

선거운동選擧運動 1. **의의** 선거운동이라 함은 당선되거나 되게 하거나 되지 못하게 하기 위한 행위를 말한다. 선거에 관한 단순한 의견개진 및 의사표시, 입후보와 선거운동을 위한 준비행위, 정당의 후보자 추천에 관한 단순한 지지·반대의 의견개진 및 의사표시, 통상적인 정당활동, 명절 및 기념일 등에 하는 의례적인 인사말을 문자메시지로 전송하는 행위 등은 선거운동이 아니다(공직선거법 제58조 참조). 헌법재판소는 「'선거운동'이란, 특정 후보자의 당선 내지 이를 위한 득표에 필요한 모든 행위 또는 특정 후보자의 낙선에 필요한 모든 행위 중 당선 또는 낙선을 위한 것이라는 목적의사가 객관적으로 인정될 수 있는 능동적, 계획적 행위를 말한다.」고 하고 있다(헌재 1994.7.29. 93헌가4등; 2001.8.30. 2000헌마121등). 후보자의 특정이 이루어지지 않은 상태에서 특정 정당에 대한 지지 발언을 한 것은 선거운동에 해당한다고 볼 수 없다(헌재 2004.5.14. 2004헌나1). 현행 공직선거법은 지나치게 선거부정방지에 초점이 맞추어져 있기 때문에 선거운동의 자유를 보장한다기보다는 선거운동의 규제에 더 중점을 두고 있다. 2. **선거운동의 자유** 1) **선거운동의 자유의 중요성** 선거는 국민주권의 행사방법이므로 국민들이 선거의 주체로서 주권을 올바로 행사하기 위하여 스스로 선거운동하는 자유도 국민주권의 내용에 포함된다고 보아 적극적으로 보장하여야 한다. 이러한 선거자유의 원칙은 민주국가의 선거제도에 내재하는 법원리로서 국민주권의 원리, 대의민주주의의 원리 및 참정권에 관한 헌법규정들(제1조, 제24조, 제25조, 제41조 제1항, 제67조 제1항 등)을 근거로 하며, 그 내용으로 선거권자의 의사형성의 자유와 의사실현의 자유, 구체적으로는 투표의 자유, 입후보의 자유 나아가 선거운동의 자유가 있다(헌재 1994.7.29. 93헌가4,6(병합); 2006.7.27. 2004헌마215). 2) **선거운동의 자유의 제한** (1) **시간상 제한** 선거운동은 선거기간개시일부터 선거일 전일까지에 한하여 할 수 있다(공직선거법 제59조). 예비후보자 등의 선거운동, 문자메시지 전송, 인터넷 홈페이지나 전자우편 이용의 선거운동은 선거개시일 전에도 가능하다. (2) **인적 제한** 공직선거법 제60조에 정하는 자는 제3자 선거운동으로서 선거운동이 제한된다. 특히 지방자치단체의 장의 경우에는 엄격히 제한된다(공직선거법 제86조 제2항 참조). (3) **방법상 제한** 공직선거법 상의 여러 규정에서 선거운동의 방법에 관한 제한을 두고 있다. 합동연설회와 정당연설회, 호별방문, 서명운동, 음식물제공, 기부행위, 비방, 향우회, 종친회, 동창회, 국민운동단체, 주민자치위원회, 출판기념회(선거일 전 90일부터 금지), 의정활동보고(선거일 전 90일부터 금지) 등은 금지되며, 선거공약서, 인터넷상 게시판·대화방에서의 지지·반대글 게시, 언론기관의 후보자초청토론회 등은 가능하다. 한편, 공직선거법 제103조 제3항 중 '누구든지 선거기간 중 선거에 영향을 미치게 하기 위하여 그 밖의 집회나 모임을 개최할 수 없다' 부분은 침해의 최소성 및 법익균형성을 침해하여 위헌이라고 결정하였다(헌재 2022.7.21. 2018헌바164). (4) **물적 제한** 정당은 선거에 있어서 당해 선거에 관한 정당의 사무를 처리하기 위하여 법이 정한 일정한 지역 내에 1개소의 정당선거사무소를 설치할 수 있다(공직선거법 제61조의2 참조). (5) **비용상 제한** ➜ 선거비용. (6) **여론조사·출구조사 등 제한** 선거일 전 6일부터 선거일의 투표마감시각까지 선거에 관하여 정당에 대한 지지도나 당선인을 예상하게 하는 여론조사(모의투표나 인기투표에 의한 경우를 포함)의 경위와 그 결과를 공표하거나 인용하여 보도할 수 없다. 이 외에 여론조사결과공표에 대해서는 상세히 규정되어 있다(공직선거법 제108조 참조). 출구조사는 투표소로부터 50미터 밖에서 할 수 있되, 투표마감까지는 공표할 수 없다(공직선거법 제167조 제2항 참조). (7) **낙천 · 낙선운동** ➜ 낙천 · 낙선운동.

선거운동자유選擧運動自由의 원칙 = 자유선거自由選擧의 원칙 ➜ 선거운동.

선거의 기본원칙 1. **선거의 기본원칙의 의의** 대의민주주의 국가에서 선거의 중요성을 고려하여 현행헌법은 대통령선거와 국회의원선거에서 보통선거의 원칙, 평등선거의 원칙, 직접선거의 원칙, 비밀선거의 원칙을 명시적으로 천명하고 있고, 헌법재판소는 헌법에 대한 조화로운 해석을 통하여 자유선거의 원칙을 추가로 확인하고 있다(헌재 1994.7.29. 93헌가4). 민주주의 국가의 선거제도를 지배하는 이 다섯 가지 원칙은 국민 각자의 인격의 존엄성을 인정하고 그 개인을 정치적 단위로 모든 사람에게 자유로운 선거와 참여의 기회를 헌법이 균등하게 보장하는 데에 기초를 두고 있다. 헌법재판소는 이러한 선거제도의 근본원칙은 선거인, 입후보자와 정당은 물론 선거절차와 선거관리에도 적용되며, 「공직선거법」을 제정하고 개정하는 입법자의 입법형성권 행사에도 당연히 준수하여야 하는 원리로 판시한 바 있다(헌재 1989.9.8. 88헌가6). 2. **법규정** 현행헌법 제41조 및 제67조에 각각 국회의원과 대통령은 국민의 보통 · 평등 · 직접 · 비밀선거에 의해 선출한다는 선거의 기본원칙을 규정하고 있고, 공직선거법에서 헌법상의 선거의 원칙과 이념을 구체화하고 있다. 공직선거법 제15조(선거권)에서 19세 이상의 국민에게 원칙적으로 선거권을 인정하여 보통선거의 원칙이 반영되어 있고, 평등선거 및 직접선거의 원칙은 동법 제146조(선거방법)에, 비밀선거의 원칙은 동법 제146조 제3항 및 제167조(투표의 비밀보장)에 반영되어 있다. 3. **기본원칙의 내용** 1) **보통선거** 사회적 신분, 교육, 재산, 인종, 신앙, 성별 등에 의한 자격요건의 제한없이 일정한 연령에 달한 모든 국민에게 원칙적으로 선거권을 인정하는 것으로서 제한선거에 반대되는 말이다. 오늘날에는 보통선거가 선거의 기본원칙으로 되어 있으나, 연혁적으로 보면 매우 점진적으로 발전하였고, 전 세계적으로 완전히 확립된 것은 제2차 세계대전 후이다. 특히 재산 또는 성별에 의한 제한선거가 철폐된 것은 최근의 일이다. 우리나라는 1919년 대한민국임시정부 임시헌장에서부터 「大韓民國의 人民으로 公民資格이 有한 者는 選擧權 及 被選擧權이 有함」이라 하여(제5조), 보통선거에 대한 인식을 보여주고 있었고, 1948년 제헌헌법에서 보통선거를 채택하였다. 현행헌법에서도 대통령 · 국회의원 등의 모든 공직선거에서 보통선거를 시행하도록 규정하고 있다(제24조). 헌법재판소도 「민주주의는 참정권의 주체와 국가권력의 지배를 받는 국민이 되도록 일치할 것을 요청한다. 국민의 참정권에 대한 이러한 민주주의적 요청의 결과가 바로 보통선거의 원칙이다.」라고 하여 이를 확인하고 있다(헌재 1999.5.27. 98헌마214). 선거권자의 국적이나 선거인의 의사능력 등 선거권 및 선거제도의 본질상 요청되는 사유에 의한 내재적 제한을 제외하고 보통선거의 원칙에 위배되는 선거권 제한 입법을 하기 위해서는 기본권 제한입법에 관한 헌법 제37조 제2항의 규정에 따라야 한다(헌재 1999.1.28. 97헌마253 · 270(병합)). 2) **평등선거** 선거인의 투표가치를 평등하게 취급하는 것으로 모든 유권자에게 동등하게 1인1표의 투표권을 인정하는 것을 말한다. 평등선거는 개인마다 능력이나 정치의식의 차이가 있음에도 불구하고 각 개인의 정치의사를 1표로 환원시키는 것으로 선거권의 실질적 평등을 보장하기 위하여 각 선거구의 선거인수와 그 선거구의 의원정수의 비례를 선거구획정을 통하여 균형있게 할 것이 요구된다. 또한, 정당의 득표수와 그 정당의 당선의원의 수가 정당 간에 균형을 이룰 수 있어야 한다. 평등선거란 모든 선거인이 평등하게 한 표를 행사하는 원칙으로서 선거의 참여에서 기회균등과 투표의 성과가치에서 평등을 요구한다. 평등선거의 원칙은 1인1표, 1표1가(one man one vote, one vote one value)의 표현으로 집약될 수 있으며 산술적 계산가치의 평등뿐만 아니라 성과가치의 평등까지도 요구된다. 평등선거의 원칙은 선거구획정이나 비례대표의 의석배분 등에서 투표의 성과가치가 평등하게 배분될 수 있도록 입법의무를 발생시키고, 선거의 참여에 있어서 정당후보자와 무소속후보자간에 차별을 하지 않도록 균등한 기회를 보장하도록 요구한다. 평등선거의 원칙은 평등원칙에서 파생되었다는 점에서 보통선거의 원칙과 같으나 선거권이 인정된다는 전제하에 투표가치의 평등을 주로 의미한다는 점에서 선거권 자체를 제한하는 것과 관련된 보통선거의 원칙과 구별된다. 헌법재판소는 국회의원지역선거구 획정에서 있어 선거구간의 상하 인구편차가 4:1이상인 경우 평등선거의 원칙에 위반된다고 하였다가 다시 그 기준을 강화하여 3:1이상인 경우 위헌으로 판례를 변경하였으며 다시 2:1이 넘지 않도록 입법개선을 촉구하는 헌법불합치결정을 하였다. ➜ 선거구 인구비례. 3) **직접선거** 직접선거란 선거인이 중간선거인를 선정하지 않고 직접 대표자를 선출하는 원칙으로서 간접선거에 대비된다. 유권자가 중간에 다른 중개인을 매개하지 않고 직접 지지할 후보자를 선출함으로써 직접적 신임관계가 성립하게 되며 대표자는 국민에게 직접 정치적 책임을 지게 된다. 오늘날 정당국가화 경향에 따라 정당의 공직후보자 추천과정을 통하여 후보자가 결정되지만 최종적으로 대표자를 선출하는 것이 국민의 직접적 의사를 통하여 확인될 수 있다면 직접선거의 원칙이 충족되는 것으로 본다. 미국의 대통령선거의 경우 선거인단에 의한 간접선거 제도를 채택하고 있지만 유권자에 의하여 선출된 선거인단이 유권자의 지지의사에 기속된다는 점에서 직접선거의 원칙에 위배되는 것은 아니다. 그러나, 비례대표선거에서 이미 투표가 행해진 이후에 비례대표 순위를 정당이 변경하거나 후보자를 추가하는 행위는 유권자의 최종적 의사에 의하여 당선이 완결된 것이 아니기 때문에 직접선거의 원칙에 위배된다. 헌법재판소도 비례대표제를 채택하는 한 직접선거의 원칙은 의원선출 뿐만 아니라 정당의 비례적 의석확보도 선거권자의 투표에 의하여 직접 결정될 것을 요구하는 것이므로 지역구 국회의원 득표율에 따라 비례대표 국회의원을 선출하고 전국구비례대표선출을 위한 1인2표제 비례대표선거를 별도로 실시하지 않은 것은 위헌이라고 결정한 바 있다(헌재 2001.7.19. 2000헌마91등). 4) **비밀선거** 비밀선거란 선거인이 결정한 투표내용이 공개되지 않는 원칙으로서 공개투표에 대비되는 개념이다. 투표가 공개되는 경우 유권자의 자유로운 의사결정을 방해할 우려가 있기 때문에 비밀이 보장되고 있으며, 비밀투표는 주로 투표권의 행사로 인하여 불이익을 받게 되는 경우를 예방하는 효과가 있다. 현대에는 매스미디어가 발달함에 따라 출구조사가 행하여지고 비밀선거의 원칙이 침해될 가능성이 있는데 유권자의 알권리를 충족시키는 측면에서 단순한 여론조사는 비밀선거 원칙에 위반되지 않는다. 현행 공직선거법은 투표소 앞 50m 이내에서의 출구조사를 금지하고 있으며 유권자가 투표지를 공개한 경우에는 무효로 하고 있다(동법 제167조 제2항). 투표의 비밀이 보장되기 위해서는 중립적인 선거관리가 전제되어야 하는 바, 현행헌법은 선거관리위원회를 별도의 독립기관으로 두고 공정한 선거관리를 하도록 하고 있다. 5) **자유선거** 자유선거란 선거인의 외부의 간섭이나 강제를 받지 않고 자신의 선거권을 자유롭게 행사할 수 있는 원칙으로서 강제선거에 대비된다. 이것은 헌법에 명문화되어 있지는 않지만 자유민주주의 체제하에서 내재적으로 당연히 요청되는 법원리이다. 헌법재판소도 「자유선거의 원칙은 비록 우리 헌법에 명시되지는 않았지만 민주국가의 선거제도에 내재하는 법원리인 것으로서 국민주권의 원리, 의회민주주의의 원리 및 참정권에 관한 규정에서 그 근거를 찾을 수 있다. 이러한 자유선거의 원칙은 선거의 전 과정에 요구되는 선거권자의 의사형성의 자유와 의사실현의 자유를 말하고, 구체적으로는 투표의 자유, 입후보의 자유, 나아가 선거운동의 자유를 뜻한다.」고 하고 있다(헌재 1994.7.29. 선고 93헌가4,6(병합)). 이러한 자유선거 원칙의 구체적 내용은 선거의 전과정에 요구되는 선거권자의 의사형성의 자유와 의사실현의 자유를 말하고, 구체적으로는 투표의 자유, 입후보의 자유 나아가 선거운동의 자유를 뜻하는 것으로 판시하고 있다(헌재 1994.7.29. 93헌가4,6(병합); 2006.7.27. 2004헌마215).

선거인단選擧人團 ⓔ electoral college, ⓓ Wahlkollegium, ⓕ le collège électoral. 선거인단은 간접선거에서 유권자들에 의해 선출되어 유권자의 의사를 대신하는 대리자들의 모임을 일컫는다. 중세유럽의 신성로마제국의 황제선출방법에서 유래한 것으로 알려져 있지만, 황제를 선출하는 대리자들이 유권자들로부터 직접 위임받은 것으로 보기 어렵기 때문에 오늘날의 선거인단선거와는 그 양상이 다르다고 할 수 있다. 현대사회에서는 미국대통령선출방법이 선거인단선거를 가장 잘 보여주는 것으로 평가되고 있다. 우리나라에서는 유신헌법 하에서 통일주체국민회의가 대통령을 선출하는 기능을 담당하였는데, 일종의 선거인단 선거라고 할 수 있었고, 제5공화국에서는 그때그때 대통령을 선출하기 위한 선거인단이 선출되었으므로 선거인단 선거라고 할 수 있었다. 오늘날에는 홍콩과 마카오의 행정장관선출을 선거인단선거의 방법으로 행하고 있다. ➜ 대통령선거인단.

선거인명부選擧人名簿 ⓔ elector's list, ⓓ Wählerliste, ⓕ liste des électeurs. 선거인명부는 선거구별로 유권자의 수를 집계하여 유권자들을 등록하여 기록해둔 공부(公簿)이다. 유권자의 수를 파악하고 부정선거를 방지하기 위하여 작성한다. 우리나라에서는 주민등록제도를 이용해서 작성하지만, 전 국민을 의무 등록시키는 체계가 없는 대부분의 국가에서는 선거인명부가 선거는 물론 행정적으로도 중요한 요소로 기능한다. 선거인명부에 등재된 선거권자만이 선거인이 될 수 있다. 그러나 선거인명부는 등록된 자가 선거인임을 확인·공증하는 효력을 가질 뿐이며, 선거인 자격의 형성적 효력을 지니는 것은 아니다. 선거인명부는 선거일 전 12일에, 거소·선상투표신고인명부는 선거인명부작성기간 만료일의 다음 날에 각각 확정되며 해당 선거에 한하여 효력을 가진다(공직선거법 제44조).

선거쟁송選擧爭訟 ⓔ election litigation, ⓓ Wahlstreitigkeiten, ⓕ contentieux électoral. 1. **의의** 선거개표가 끝난 후 당해 선거의 효력과 당선의 효력에 대하여 다툼이 있는 경우 이를 선거쟁송이라 한다. 선거에 관한 쟁송으로는, 선거가 유효임을 전제로 개개인의 당선인 결정에 위법이 있음을 이유로 그 당선의 효력을 다투는 당선소송, 선거 자체의 위법을 이유로 선거의 효력을 다투는 선거소송,

그 밖에 지방선거에서 인정되는 선거쟁송수단으로 당해 선거관리위원회 위원장을 피소청인으로 하여 지방선거에서의 선거 또는 당선에 관한 이의를 제기하는 선거소청이 있다. 공직선거법 제15장에서 규율하고 있다. 2. **선거소청**選擧訴請 지방의회의원 및 지방자치단체의 장의 선거에 있어서 선거의 효력에 관하여 또는 당선의 효력에 관하여 이의가 있는 정당 또는 후보자는, 선거의 효력에 관한 경우 선거일부터 14일 이내에 당해 선거구선거관리위원회위원장을 피소청인으로 하여, 당선의 효력에 관한 경우 당선인결정일부터 14일 이내에 당선인 또는 당해 선거구선거관리위원회위원장을 각각 피소청인으로 하여, 각 관할 선거관리위원회에 소청을 제기할 수 있다(공직선거법 제219조 제1 · 2항 참조). 구체적 절차와 방식은 공직선거법에 규정되어 있다(같은 조). 소청은 행정심판법이 준용되며, 접수한 날부터 60일 이내에 결정되어야 한다(동법 제220 · 221조 참조). 3. **선거소송**選擧訴訟 대통령선거 및 국회의원선거에 있어서 선거의 효력에 관하여 이의가 있는 선거인 · 정당(후보자를 추천한 정당에 한한다) 또는 후보자는 선거일부터 30일 이내에 당해 선거구선거관리위원회위원장을 피고로 하여 대법원에 소를 제기할 수 있다(동법 제222조 제1항). 지방의회의원 및 지방자치단체의 장의 선거에 있어서 선거의 효력에 관한 선거소청의 결정에 불복이 있는 소청인도 대법원 혹은 고등법원에 불복할 수 있다(동법 제222조 제2항 참조). 4. **당선소송**當選訴訟 대통령선거 및 국회의원선거에 있어서 당선의 효력에 이의가 있는 정당(후보자를 추천한 정당에 한한다) 또는 후보자는 당선인결정일부터 30일 이내에, 법규정에 따라 각각 당선인, 중앙선거관리위원회위원장 또는 국회의장, 당해 선거구선거관리위원회위원장을 피고로 하여 대법원에 소를 제기할 수 있다(동법 제223조 제1항 참조). 지방의회의원 및 지방자치단체의 장의 선거에 있어서 당선의 효력에 관한 선거소청의 결정에 불복이 있는 소청인 또는 당선인인 피소청인은 법규정에 따라 각각 당선인, 선거관리위원회 위원장을 피고로 하여 그 결정서를 받은 날(제220조 제1항의 기간 내에 결정하지 아니한 때에는 그 기간이 종료된 날)부터 10일 이내에 대법원 또는 고등법원에 소를 제기할 수 있다(동법 제223조 제2항 참조). 5. **공통사항** 소청이나 소장을 접수한 선거관리위원회 또는 대법원이나 고등법원은 선거쟁송에 있어 선거에 관한 규정에 위반된 사실이 있는 때라도 선거의 결과에 영향을 미쳤다고 인정하는 때에 한하여 선거의 전부나 일부의 무효 또는 당선의 무효를 결정하거나 판결하고(동법 제224조), 선거에 관한 소청이나 소송은 다른 쟁송에 우선하여 신속히 결정 또는 재판하여야 하며, 소송에 있어서는 수소법원은 소가 제기된 날 부터 180일 이내에 처리하여야 한다(동법 제225조). 선거쟁송에는 공직선거법, 행정소송법, 민사소송법 일부규정이 준용된다(동법 제227조). 선거쟁송 시에는 관할 지방법원 또는 그 지원에 투표함 · 투표지 및 투표록 등의 보전신청을 할 수 있다(동법 제228조).

선거제도選擧制度 ㊂ electoral system, ㊀ Wahlsystem, ㊁ système électoral. 1. **의의** 선거는 대중이 공직자나 대표자를 선출하는 의사결정절차로, 대개 투표를 통해 진행된다. 선거는 17세기 이후 현대의 대의제가 등장하면서 일반화되었다. 이 과정은 동호회에서 조합, 회사에 이르기까지 수많은 다른 개인 단체와 사업 단체에서도 사용된다. 사우디아라비아, 레소토, 브루나이 등 국왕이 다스리는 나라는 기본적으로 선거가 없으며, 있다 하더라도 의회선거밖에 없다. 선거는 고대그리스와 고대로마의 역사 초기에 사용되었으며, 중세시대를 거쳐 신성 로마제국의 황제와 교황과 같은 통치자들을 선정하는 데에도 사용되었다. 선거에 참가하는 다수인의 전체를 선거인단(選擧人團)이라 하는데, 선거인단은 합의체(合議體)이므로 선거는 합의체에 의한 지명이라고 할 수 있다. 개개의 선거인이 선거인단의 한 사람으로서 지명에 참가하여 행하는 의사표시를 투표라고 한다. 투표는 보통 서면으로 이루어지지만 반드시 그런 것은 아니다(기명식 혹은 거수식 투표). 선거인단이 지명한 사람, 즉 당선자는 지명을 승낙함으로써 일정한 직의 신분을 얻는 것이므로 선거는 선거인단과 당선자의 합의로 이루어지는 행위라고 할 수 있다. 2. **선거의 기본원칙** ➜ 선거의 기본원칙. 3. **선거구제와 대표제** 1) **선거구제** ➜ 선거구제. 2) **대표제** ➜ 대표의 결정방식. 4. **현행헌법상 선거제도** 1) **의의** 현행법상 선거에 관한 기본법률은 「공직선거법」이다. ➜ 공직선거법. 국회의원선거제도는 소선거구 상대적 다수대표제와 전국구 비례대표제를 채택하고 있다. ➜ 비례대표제. 대통령선거는 상대적 다수대표제를 채택하고 있다. ➜ 결선투표제. 기초 및 광역 자치단체의 장 선거도 상대적 다수대표제를 채택하고 있다. 광역의회와 기초의회는 상대적 다수대표제로 선출되는 의원과 비례대표의원으로 구성된다. 다만, 광역의회는 소선거구제를, 기초의회는 중선거구제를 채택하고 있다. 2) **공정선거와 공직선거법** (1) **통합선거법** ➜ 공직선거법. (2) **공정선거보장을 위한 공직선거법 내용** ① 정당·후보자의 공정경쟁의무 선거에 참여하는 정당·후보자(후보자가 되고자 하는 자를 포함한다. 이하 이 조에서 같다) 및 후보자를 위하여 선거운동을 하는 자는 선거운동을 함에 있어 이 법을 준수하고 공정하게 경쟁하여야 하며, 정당의 정강·정책이나 후보자의 정견을 지지·선전하거나 이를 비판·반대함에 있어 선량한 풍속 기타 사회질서를 해하는 행위를 하여서는 아니된다(제7조 제1항). ② 언론기관의 공정보도의무 방송·신문·통신·잡지 기타의 간행물을 경영·관리하거나 편집·취재·집필·보도하는 자와 인터넷언론사가 정당의 정강·정책이나 후보자(후보자가 되고자 하는 자를 포함)의 정견 기타사항에 관하여 보도·논평을 하는 경우와 정당의 대표자나 후보자 또는 그의 대리인을 참여하게 하여 대담을 하거나 토론을 행하고 이를 방송·보도하는 경우에는 공정하게 하여야 한다(제8조). 언론사가 정치적 경향성을 표현할 수 있는가에 대하여는 현행 공직선거법에서는 허용되지 않는 것으로 이해된다. 선거보도의 공정성을 확보하기 위하여 선거방송심의위원회(제8조의2), 선거기사심의위원회(제8조의3), 인터넷선거보도위원회(제8조의5), 선거방송토론위원회(제8조의7), 선거여론조사심의위원회(제8조의8) 등을 설치하고 있다. 또한 선거보도에 관한 반론보도의 특칙(제8조의4), 인터넷언론사에 대한 정정보도의 특칙(제8조의6)을 규정하고 있다. 규제기구가 너무 다원화되어 있어서 혼란을 초래할 우려가 있다. ③ 공무원의 중립의무 공무원 기타 정치적 중립을 지켜야 하는 자는 선거에 대한 부당한 영향력의 행사 기타 선거결과에 영향을 미치는 행위를 하여서는 아니되며(제9조 제1항), 검사 또는 국가경찰공무원은 공직선거법의 규정에 위반한 행위가 있다고 인정되는 때에는 신속·공정하게 단속·수사를 하여야 한다(동 제2항). 공무원의 정치개입과 관련하여 노무현대통령탄핵사건이 있다(헌재 2004.5.14. 2004헌나1). ④ 사회단체 등의 공명선거추진활동 공직선거법이 정하는 일정한 단체를 제외하고는, 사회단체 등은 선거부정을 감시하는 등 공명선거추진활동을 할 수 있다(제10조). ⑤ 공정선거지원단 ➜ 공정선거지원단. 3) **선거권과 피선거권** (1) **선거권** ➜ 선거권. (2) **피선거권** ➜ 피선거권. 4) **선거구와 의원정수** (1) **선거구** ➜ 선거구.

(2) **의원정수** ➜ 의원정수. (3) **선거구획정위원회** ➜ 선거구획정위원회. (4) **선거구획정** ➜ 선거구획정. 5) **선거기간과 선거일** ① 선거기간 선거기간이란 대통령선거의 경우, 후보자등록마감일의 다음 날부터 선거일까지, 국회의원선거와 지방자치단체의 의회의원 및 장의 선거의 경우, 후보자등록마감일 후 6일부터 선거일까지를 말한다(제33조 제2항). 각 선거별 선거기간은 대통령선거는 23일, 국회의원선거와 지방자치단체의 의회의원 및 장의 선거는 14일로 한다(제33조 제1항). ② 임기만료에 의한 선거일 임기만료에 의한 선거의 선거일은 대통령선거는 그 임기만료일전 70일 이후 첫 번째 수요일, 국회의원선거는 그 임기만료일전 50일 이후 첫 번째 수요일, 지방의회의원 및 지방자치단체의 장의 선거는 그 임기만료일전 30일 이후 첫 번째 수요일로 한다(제34조 제1항). 위 선거일이 민속절, 공휴일 또는 그 전일이나 후일인 때에는 그 다음 주의 수요일로 한다(동 제2항). ③ 보궐선거 등의 선거일 대통령의 궐위로 인한 선거 또는 재선거는 그 선거의 실시사유가 확정된 때부터 60일 이내에 실시하되, 선거일은 늦어도 선거일 전 50일까지 대통령 또는 대통령권한대행자가 공고하여야 한다(제35조). 기타 선거일은 제35조 제2항 이하에 의한다. 6) **선거인명부** ➜ 선거인명부. 7) **후보자** ➜ 후보자. 8) **선거운동과 선거비용** ① **선거운동** ➜ 선거운동. ② **선거비용** ➜ 선거비용. 9) **투표** ➜ 투표. 10) **당선인** ➜ 당선인결정. 11) **재선거와 보궐선거** ① **재선거** ➜ 재선거. ② **보궐선거** ➜ 보궐선거. ③ **선거의 연기** 천재 · 지변 기타 부득이한 사유로 인하여 선거를 실시할 수 없거나 실시하지 못한 때에는 대통령선거와 국회의원선거에 있어서는 대통령이, 지방의회의원 및 지방자치단체의 장의 선거에 있어서는 관할선거구선거관리위원회위원장이 당해 지방자치단체의 장과 협의하여 선거를 연기하여야 한다(제196조). ④ **동시선거의 특례** 선거구의 일부 또는 전부가 서로 겹치는 구역에서 2 이상의 다른 종류의 선거를 같은 선거일에 실시하는 것을 말한다(제202조). 공직선거법 제14장에 상세히 규정되어 있다. 12) **선거쟁송** ➜ 선거쟁송. 13) **선거범죄의 처벌과 당선무효** ➜ 선거범죄. 14) **임기개시**(제14조) 대통령의 임기는 전임대통령의 임기만료일의 다음날 0시부터 개시된다. 다만, 전임자의 임기가 만료된 후에 실시하는 선거와 궐위로 인한 선거에 의한 대통령의 임기는 당선이 결정된 때부터 개시된다. 국회의원과 지방의회의원의 임기는 총선거에 의한 전임의원의 임기만료일의 다음 날부터 개시된다. 다만, 의원의 임기가 개시된 후에 실시하는 선거와 지방의회의원의 증원선거에 의한 의원의 임기는 당선이 결정된 때부터 개시되며 전임자 또는 같은 종류의 의원의 잔임기간으로 한다. 지방자치단체의 장의 임기는 전임지방자치단체의 장의 임기만료일의 다음 날부터 개시된다. 다만, 전임지방자치단체의 장의 임기가 만료된 후에 실시하는 선거와 지방자치단체의 폐치 · 분합시의 선거 등에 의하여 새로 선거를 실시하는 지방자치단체의 장의 임기는 당선이 결정된 때부터 개시되며 전임자 또는 같은 종류의 지방자치단체의 장의 잔임기간으로 한다.

선거중립의무選擧中立義務 ➜ 공무원의 선거중립의무.

선국가적 자유先國家的 自由 ➜ 자유권.

선례구속先例拘束**의 원칙**原則 ㉳ doctrine of stare decisis. 어떠한 사건에 대하여 내린 상급법원(上級法院)의 판결은 그 이후의 동일 또는 유사한 사건에 대하여 구속력을 가진다는 것으로서 영미법(英

美法)의 중요한 특징의 하나이다. 이 원칙으로 인하여 영미법계의 국가는 판례법(判例法)이 가장 중요한 법원(法源)으로 존재하게 된다. 선결례구속의 원칙이라고도 한다. 우리나라는 상급법원의 재판상 판단은 당해 사건에 관하여 하급심을 기속하므로(법원조직법 제8조), 선례구속의 원칙은 채택되고 있지 않다. 따라서 판례법은 법원(法源)이 되지 못한다.

선상투표船上投票 ㊎ Shipboard Polling. 대통령 및 국회의원 선거에서 선거 당일 투표소에서 투표할 수 없는 선원을 대상으로 선상에서 실시하는 부재자 투표의 한 방법이다. 전국동시지방선거 혹은 재보궐선거에는 적용되지 않는다. 2005.8.18. 원양업계 선원들이 당시의 「공직선거법」(2005. 8. 4. 법률 제7681호로 개정된 것) 제38조(부재자신고) 및 제158조(부재자투표)가 선원들에 대한 부재자투표에 관한 절차와 방법을 규정하고 있지 않아 선거권과 평등권이 침해됨을 사유로 헌법소원심판을 청구하여, 헌법재판소에서 헌법불합치 판결을 내림에 따라(헌재 2007.6.28. 2005헌마772) 그 후 법이 개정되어, 2012년 제18대 대통령선거부터 도입되었다. 공직선거법 제38조 제2항 및 제158조의3 참조.

선서宣誓 ㊎ oath, ㊍ Eid, ㊏ Serment. 선서는 성실함을 확실히 보증하기 위해 굳게 다짐하는 일, 또는 법률상 증언이나 직무를 바르게 하기로 다짐하는 일을 일컫는다. 선서에는 공법상 선서, 소송법상 선서, 의회에서의 증인선서로 분류할 수 있다. ① 공법상 선서로서 대통령, 국회의원, 공무원에 취임할 때 하는 선서로 법령을 성실히 준수하고, 직무를 공정히 집행할 것을 맹서하는 것이다(헌법 제60조, 국회법 제24조, 국가공무원법 제55조), ② 소송법상 선서로서 증인 또는 감정인, 통역인등이 각각 양심에 따라 진실을 말하며, 또 성실히 증언·감정·통역할 것을 맹서하는 것을 말한다. ③ 국회에서의 증언·감정 등에 관한 법률상의 선서로서 증인·감정인은 선서의무가 있으며(동법 제7조 제1항), 정당한 이유없이 선서를 거부한자에 대하여서는 선서거부죄로 고발할 수 있게 되어있다(동법 제12·15조). 또한 참고인으로 출석한 자도 본인의 승낙이 있는 경우 선서를 시킬 수 있고(동법 제7조 제2항). 선서를 한 후에는 증인의 위치에서 신문받게 된다(동법 제12조 제2항). 다만 16세 미만의 자나 선서의 취지를 이해하지 못하는 자에 대하여는 선서를 시키지 못하도록 되어 있다(동법 제3조 제4항).

선언판결宣言判決 ㊎ declaratory judgment, ㊍ Feststellungsklage, ㊏ jugement déclaratoire. 선언판결은 소송당사자의 법적 불확실성을 해결하는 법원의 법적 결정이다. 이는 사실적인 또는 있을 수 있는 법적 문제에 관련된 일방 당사자가 민사분쟁에서 하나 이상의 당사자의 권리, 의무 또는 채무에 대해 결론적으로 결정하고 확인하도록 법원에 요청할 수 있는, 법적 구속력이 있는 예방조치의 한 형태이다. 선언판결은 일반적으로 미국에서 형평법상의 구제수단이 아닌 법률상의 구제수단으로 간주되며, 형평법원에서 부여한 구제수단과 유사점이 있기는 하지만 형평법상의 요건의 적용을 받지 않는다. 선언판결은 하나 이상의 다른 구제수단이 수반될 수 있지만 그 자체로 당사자의 조치를 명령하거나 손해배상 또는 금지 명령을 암시하지는 않는다. 선언판결은 실제 사건이나 논쟁을 해결하지 못하기 때문에 일반적으로 권고적 의견과 구별된다. 선언판결은 불일치를 해결하거나 도움을 줄 수 있는 문제에 대해 각 당사자에게 법적 확실성을 제공할 수 있다. 법적 권리를 조기에 해결하면 문제의 다른 문제 중 일부 또는 전부가 해결되는 경우가 많다. 선언판결은 일반적으로 당사자가 소송을 제기할 것이라는 위협을 받았지만 소송이 아직 제기되지 않은 경우, 당사자들 사이에 법률 혹은 계약에 따른 권리가 충돌할 수 있다고 생각하는 경우 또는 동일한 원고의 추가소송을 방지하기 위한 반소의 일부로 제기될 수 있다. 어떤 경우에는 잠재적 피고인에 대한 공소시효가 원고가 손해를 입기 전에 경과될 수 있기 때문에 선언판결이 청구되기도 한다. 미국에서는 지식재산 소송이나 특허침해소송 등에서 많이 활용되며, 독일에서는 민사소송, 행정소송, 조세소송 등에서 다양하게 활용된다.

선전포고宣戰布告 ㊍ declaration of war, ㊈ kriegs-erklrärung, ㊇ déclaration de guerre. 다른 나라에게 전쟁을 공식적으로 선언하는 것을 말한다. 선전포고선언에는 전쟁을 시작하는 날짜와 시간, 그리고 중요한 조건이 붙어 있다. 그러나 선전포고를 하지 않는다고 해서 전쟁을 일으키는 것이 불가능한 것은 아니다. 예로서, 일본제국의 진주만 공습과 한국전쟁이 있다.

선천적 취득先天的 取得 ➜ 국적.

선호투표제選好投票制 **= 대안투표제**代案投票制 ㊍ preferential voting. 유권자가 한 명의 후보에게만 투표하는 1후보 투표제와는 달리, 출마한 후보 모두에게 지지하는 순서대로 순위를 매겨 투표하는 제도이다. 오스트레일리아는 1918년 이 투표제를 채택한 이래 연방 하원의원 선거를 비롯한 몇몇 선거에 적용하고 있다. 예를 들어 A, B, C, D, E의 다섯 후보가 출마했다면 유권자는 투표용지에 지지하는 후보의 순서대로 1번(1순위)~5번(5순위)을 표시한다. 1위 기표수로 1차 집계를 한 뒤 과반수를 얻은 후보가 나오면 당선자가 확정된다. 하지만 과반 득표자가 없을 경우 최하위(5위)에 해당되는 후보를 탈락시키고, 그를 1번(1순위)으로 투표한 유권자의 2번(2순위) 표를 나머지 4명(1~4위)의 후보에게 나누어준다. 만약 그 표까지 합산하여 집계하여도 과반수 득표자가 나오지 않으면 다시 4위 득표자의 2번 지지표를 3명(1-3위)의 후보에게 나눠주는 식으로 과반수 획득자가 나올 때까지 집계를 반복한다. 따라서 1차 집계에서 1, 2위가 아니었던 후보라도 2번 표를 많이 받아 과반수를 얻을 경우 최종 당선자로 확정될 수 있다. 1차 투표에서 과반수 득표자가 없을 경우 1, 2위만을 대상으로 2차 투표를 실시하는 결선투표와는 달리, 선호투표제는 한 번의 투표로 당선자를 가릴 수 있기 때문에 시간과 비용이 절약되고, 자신이 지지한 후보가 1위가 안 되어도 자신의 표가 사표(死票)가 되는 것을 방지하는 효과가 있다. 즉 재투표를 방지하고, 절대다수제의 원칙을 존중하는 투표제라고 할 수 있다. 여러 후보에게 순위를 매겨 투표해야 하므로 투표과정이 복잡하다는 단점이 있다.

성공한 쿠데타 1995.7. 5·18 쿠데타에 대하여 시민사회가 검찰에 고소하였으나, 검찰은 「성공한 쿠데타는 처벌할 수 없다.」는 논거로 「공소권 없음」의 불기소처분을 하였고(➜ 사실적인 것의 규범력), 이에 시민사회는 헌법재판소에 불기소처분에 대한 헌법소원을 제기하였다. 헌법소원에 대한 심리가 진행되는 도중, 정부는 5·18 민주화운동 등에 관한 특별법을 제정하기로 하였고, 이에 시민사회는 1995.11.29. 헌법소원을 취하하였다. 그러나 헌법재판소는 1995.12.15. 헌법소원이 취하되었음에도 불구하고 「객관적인 헌법질서의 수호와 유지를 위하여 중대한 의미를」 가지고 있고, 「전 국민의 기본권과 관계되는 등 헌법질서의 수호 유지를 위한 헌법적 해명이 특히 필요한 경우에는 당사자처분주의는 제한」된다고 하면서, TV 생중계를 하면서까지 당해 헌법소원에 대한 헌법재판소의 입장을 표명하였다(헌재 1995.12.14. 95헌마221 등). 헌법재판소는 5 · 18 쿠데타 후 대통령 선거, 국민투표를 통한 5공화국 헌법의 승인 등은 진상이 은폐되어 있었고, 계엄령 하 강압적 분위기 하에서 국민의 의사가 정확하지 않은 대의기관에 의해 이루어진 투표로서, 국민의 자유로운 주권적 의사에 따라 결정한 것이 아니며, 1987년의 6 · 10 민주항쟁에 의해 제5공화국이 부정되었다고 보았다. 따라서 5 · 17쿠데타는 국민의 정당한 승인이 있었다고 볼 수 없으므로 사실의 규범화가 이루어지지 않았다고 판단하였다.

성과가치成果價值 ➜ 투표가치.

성명권姓名權 ㊀ Namensrecht. 1. **의의** 헌법상의 행복추구권과 인격권의 한 내용을 이루는 것으로서, ① 사회통념상 특정인임을 알 수 있는 방법으로 성명이 함부로 사용, 공표되지 않을 권리, ② 성명이 함부로 영리에 이용되지 않을 권리를 포함한다. 2. **성명권의 법적 성질** 성명권은 사람의 인격적 요소로서 가치의 측면에서 인격권인 동시에 경제주체로서 이익의 측면에서 재산권으로 간주되고 있다. 또한 성명권은 절대적 권리이자 주관적 권리이다. 3. **판례** 자신의 성명 등의 상업적 이용에 대하여 배타적으로 지배할 수 있는 권리를 퍼블리시티권(➜ 퍼블리시티권)으로 파악하고, 원고들이 인격으로부터 파생된 것이기는 하나 독립한 경제적 이익 또는 가치에 관한 것인 이상 원고들의 인격권과는 독립된 별개의 재산권으로 보는 판례도 있다(서울중앙지법 2006.4.19. 2005가합80450). 대법원은 「이름(성명)은 특정한 개인을 다른 사람으로부터 식별하는 표지가 됨과 동시에 이를 기초로 사회적 관계와 신뢰가 형성되는 등 고도의 사회성을 가지는 일방, 다른 한편 인격의 주체인 개인의 입장에서는 자기 스스로를 표시하는 인격의 상징으로서의 의미를 가지는 것이고, 나아가 이름(성명)에서 연유되는 이익들을 침해받지 아니하고 자신의 관리와 처분아래 둘 수 있는 권리인 성명권의 기초가 되는 것이며, 이러한 성명권은 헌법상의 행복추구권과 인격권의 한 내용을 이루는 것이어서 자기결정권의 대상이 되는 것이므로 본인의 주관적인 의사가 중시되어야 하는 것이다.」고 하고 있다(대결 2005.11.26. 2005스26). 자녀의 성(姓)을 강제로 부(父)의 성에 따르게 하는 민법규정(제781조 제1항 본문)은 헌법불합치로 결정되었다(헌재 2005.12.22. 2003헌가5 · 6(병합)). 2005년 법개정에서 단서규정으로 부모가 혼인신고 시 협의한 경우에는 모의 성과 본을 따를 수 있게 하였다.

성문법원成文法源 헌법 · 법률 · 명령, 지방자치단체의 자치법규, 조약 따위의 문장으로 표현되어 일정한 형식과 절차에 따라 공시된 법의 연원을 말한다.

성문헌법成文憲法 ㊂ written constitution, ㊀ geschriebene Verfassung, ㊁ Constitution écrite. 헌법이라는 형식을 갖추고 성문화되어 있는 헌법으로서 형식적 의미의 헌법과 같다. 불문헌법(不文憲法)에 상대되는 개념이다. 헌법이 성문화하기 시작한 것은 18세기 말의 일로 오늘날은 영국, 이스라엘 등 몇몇 나라를 제외하고 대부분의 국가들이 성문헌법을 가지고 있다. 단일 법전을 형성하여 보통 법률보다 강한 형식적 효력이 인정되며 그 개정에 관하여 특별한 절차를 규정하는 것이 보통이다. 성문헌법(成文憲法)은 비교적 권리선언적인 내용을 많이 포함한다. ➜ 헌법의 분류.

성문헌법成文憲法**의 우위**優位 성문헌법국가에서 불문헌법보다 성문헌법이 그 효력상 우선하는 것을 말한다. 따라서 불문헌법은 성문헌법에 대해 보충적 효력만을 가질 뿐이며 성문헌법을 개폐하는 효력을 가질 수 없다. ➜ 관습헌법.

성소수자性少數者 [영] sexual minority. [독] sexuelle Minderheit, [프] Minorité sexuelle. 성소수자는 트랜스젠더(transgender), 동성애자(homosexuality), 무성애자(Asexual), 양성애자(Bisexual), 젠더퀴어(Gender Queer), 간성(intersex), 제3의 성(trigender) 등을 포함하며 성정체성, 성별, 신체상 성적 특징 또는 성적 지향 등과 같이 성적인 부분에서 사회적 소수자의 위치에 있는 사람들을 말한다. 법률상 명확한 규정은 없으나, 경찰청훈령(제771호)인 「인권보호를 위한 경찰관 직무규칙」 제2조 4호에 '성적 소수자' 정의규정으로 「동성애자, 양성애자, 성전환자 등 당사자의 성 정체성을 기준으로 소수인 자」라는 규정이 있다. 성소수자의 권리는 과거에는 불법시되거나 이단시되었으나, 오늘날에는 기본적인 인권으로 인식되어 가고 있으며, 구체적으로는 동성혼, 동성부부의 입양권, 동성애자의 군복무, 고용상 차별 등이 논란이 되고 있다. 성소수와 관련하여 차별을 금지하고 있는 법률은 국가인권위원회법(제2조), 형의 집행 수용자의 처우에 관한 법률(제5조)와 군에서의 형의집행 및 군수용자의 처우에 관한 법률(제6조) 등에서 성적 지향에 따른 차별을 금지하는 규정을 두고 있다. 또한 교육자치(학생인권조례)와 지방인권조례제정에서 성평등과 성적 지향에 따른 차별금지가 규정되고 있다. 우리나라의 경우 2020년에 군대 하사관으로 근무하는 남성이 성전환 후 군에서 강제전역명령을 받은 후 이에 불복하는 재판이 진행되고 있으며, 성소수자에 대한 차별을 금지하는 차별금지법 제정이 논의되고 있다. ➜ 차별금지법.

성숙성成熟性 [영] ripeness. ➜ 사법판단적격.

성적 자기결정권性的 自己決定權 [영] the right to sexual autonomy/sexual self-determination, [독] sexuelle Selbstbestimmungsrecht, [프] autodétermination sexuelle. 1. **의의** 1) **학설** 첫째, 헌법상 성적 자기결정권이란 성생활을 할 것인가, 결혼을 할 것인가, 어린이를 가질 것인가, 가족생활은 어떻게 할 것인가에 대한 자기결정권을 의미한다는 견해, 둘째, 헌법상 성적 자기결정권이란 개인이 각자 스스로 자유롭게 혼전성교·혼외성교·동성 간의 합의에 의한 성적행동에 관한 사항 등을 결정하고 그 결정에 따라 행동할 수 있는 권리라는 견해, 셋째, 헌법상 성적 자기결정권이란 개인이 각자 자신의 성적 도덕관에 의해 성행위에 대해 자유롭게 결정할 수 있는 권리와 성행위의 상대방에 대해 자유롭게 선택할 수 있는 권리를 뜻한다는 견해, 넷째, 헌법상 성적자기결정권이란 성행위의 여부 및 그 상대방을 결정할 수 있는 권리 등 타인과의 관계를 전제로 하는 성적인 접촉이나 성적 행위뿐만 아니라 개인이 독자적으로 할 수 있는 성적 만족 행위를 결정하고 행할 수 있는 권리라는 견해 등이 있다. 2) **판례** 헌법재판소는 성적 자기결정권의 의미나 개념에 대해 개인이 각자 자신의 성행위 여부 및 그 상대방을 결정할 수 있는 권리로 보는 입장(헌재 1990.9.10. 89헌마82)과 개인 스스로 선택한 인생관 등을 바탕으로 사회공동체 안에서 각자가 독자적으로 성적 가치관을 확립하고, 이에 따라 사생활의 영역에서 자기 스스로 내린 결정에 따라 자기책임으로 상대방을 선택하여 성관계를 가질 권리라고 보는 입장(헌재 2002.10.31. 99헌바40·2002헌바50(병합))이 있다. 3) **정리** 헌법상 '성적 자기결정권'이란 개인이 각자 자신의 인생관을 기초로 확립된 성적 가치관에 따라 혼자서 행할 수 있는 성적 만족행위를 결정하고 행할 수 있는 권리를 말한다. 이는 성적 행위의 상대방의 선택이나 행위 여부 기타 성적 만족을 추구할 권리이다. 2. **헌법적 근거** 1) **학설** 인간의 존엄과 가치와 행복추구권 모두에서 구하는 견해, 독자적 기본권으로서 행복추구권에서 구하는 견해, 인간의 존엄과 가치 규정 및 헌법 제37조 제1항에서 구하는 견해, 인간의 존엄과 가치를 일반조항으로 보고, 헌법 제17조 사생활의 비밀과 자유를 특별조항으로 보아 사생활의 비밀과 자유를 우선 적용하여 사생활의 비밀과 자유에서 구하는 견해, 헌법 제37조 제1항의 「헌법에서 열거되지 아니한 자유와 권리」에서 보장된다는 견해 등이 있다. 2) **판례** 헌법 제10조의 인격권과 행복추구권 규정에서 찾는 결정(헌재 1990.9.10. 89헌마82; 1993.3.11. 90헌가70; 2001.10.25. 2000헌바60; 2008.10.30. 2007헌가17 · 21, 2008헌가7 · 26, 2008헌바21 · 47(병합); 2015.2.26. 2009헌바17 · 205 등)이 있고, 인간의 존엄성과 행복추구권 규정 및 헌법 제17조의 사생활의 비밀과 자유 규정에서 찾는 결정(헌재 2002.10.31. 99헌바40 · 2002헌바50(병합))도 있다. 3) **결론**적으로, 성적 자기결정권과 관련한 헌법규정은 제10조 인간의 존엄과 가치 · 행복추구권, 제17조 사생활의 비밀과 자유, 제37조 제1항 헌법에서 열거되지 아니한 자유와 권리 등인데, 이 각각의 규정들은 서로 배척적인 것이 아니라 그 포괄성에 차이가 있을 뿐이다. 따라서 어느 하나 혹은 둘의 규정에만 근거한다기보다는, 구체적 사안에서 보호하고자 하는 이익과 가장 밀접한 규정을 근거규정으로 할 수 있을 것이다. 성적 자기결정권은 일반적으로 사생활의 비밀과 자유에 의하여 보호된다고 할 것이다. 3. **제한과 위헌심사기준** 성적 자기결정권은 개인의 성과 관련된 사생활을 스스로 자율적으로 형성해 나갈 수 있는 자유로서, 개인의 삶의 근본조건이자 근본적인 자유이므로 사회 · 경제적 입법의 경우보다 강하게 보호해야 한다. 따라서 성적 자기결정권을 제한하는 입법에 대한 위헌심사기준인 과잉금지의 원칙 내지 비례의 원칙을 적용할 때 그 위헌심사기준의 정도는 달리 덜 제약적인 수단이 없었는지 또는 성적 자기결정권을 제한하는 입법의 목적을 달성하기 위하여 필요한 최소한의 제한인지를 심사하는 엄격심사의 기준을 적용하는 것이 타당하다. 4. **적용 영역** 1) **형법상 강간죄** 형법 제297조에서 규정하는 강간죄의 성립여부에 대하여 대법원은 다수의 판결에서 대체로 '강간 피해자의 항거가 불가능하도록 할 정도'이거나 '현저히 곤란하게 할 정도'로 판시하고 있는바, 이러한 견해는 강간의 폭행이나 협박의 정도에 대한 학설 중 최협의설을 취하고 있고, 강간 피해자의 성적 자기결정권에 대해 폭넓게 보호해 주지 못하고 매우 협소하게 보호하여 성적 자기결정권을 침해할 수 있는 문제점이 있다. 강간 가해자의 폭행이나 협박의 정도를 우리나라의 경우보다 넓게 인정하여 강간 피해자의 헌법상 성적 자기결정권을 최대한 보호 내지 보장하고 있음을 참고할 필요가 있다. 부부강간의 경우도 2013년 대법원이 인정하였는데, 이 또한 아내의 헌법상의 성적 자기결정권이라는 기본권을 강하게 보호해 주기 위한 판결이라는 점에서 헌법적으로 타당한 판결이다. ➜ 강간죄. 2) **군형법상 추행죄** 군형법 제92조의6 규정이 정하는 추행죄 규정은 형법상 공연음란죄 규정이나 강제추행죄 규정에 대하여 특별법적 지위에 해당한다. 이 규정은 헌법상 명확성의 원칙 및 비례의 원칙에 반하는 위헌적 규정으로 비판받고 있다. 3) **간통죄와 혼인빙자간음죄** 간통죄는 4 차례 합헌결정 후, 2015.2.26.에 7:2의 표결로 위헌으로 결정되었다(헌재 2015.2.26. 2011헌가31 등). 다수의견은 간통죄가 개인의 성적 자기결정권을 제한한다는 이유로 위헌으로 판단하였다. 혼인빙자간음에 대해서도 개인의 성적 자기결정권과 사생활의 자유를 침해한다는 이유로 2009.11.26. 위헌으로 결정되었고, 2012년 형법개정에서 삭제되었다. 4)

아동 · 청소년의 성적 자기결정권 형법상 13세 미만의 미성년자의 경우는 폭행 또는 협박이라는 수단을 요하지 않고 간음과 추행한 행위 전부에 대해 처벌하도록 하고 있으며, 승낙이 있다 하더라도 범죄성립에는 영향이 없다. 13세 이상의 미성년자의 경우는 청소년의 성적 자기결정권 인정과 그들의 승낙 의미를 재고할 필요가 있다.

성적제成績制 ➜ 공무원제도.

성전환자性轉換者 ㊂ transgender, ㊀ Transgender, ㊁ transgenres. 성전환자의 경우, 대법원은 「호적정정 허가는 성전환에 따라 법률적으로 새로이 평가받게 된 현재의 진정한 성별을 확인하는 취지의 결정이므로 호적정정허가 결정이나 이에 기초한 호적상 성별란 정정의 효과는 기존의 신분관계 및 권리의무에 영향을 미치지 않는다고 해석함이 상당하다.」고 하여(대결 2006.6.22. 2004스42), 호적정정을 허용하고 있다.

성직자 범인은닉聖職者犯人隱匿 종교에서 수행자나 혹은 예식의 집전자인 성직자들은 종교법(교리)과 세속법 사이의 차이에 따라 세속법상의 범죄자에 대한 취급방식이 달라질 수 있다. 예컨대, 과거 삼한시대에 소도(蘇塗)는 범죄자가 잠입하더라도 그 범죄자를 체포하기 위하여 침범할 수 없는 곳이었다. 현대에는 사찰, 교회, 성당 등 범죄혐의자들이 피신하여 공권력의 신체구속을 회피하는 사례가 있는데, 이에 세속법과 종교법 사이의 마찰이 발생한다. 법규범적 해결책으로는 종교법에서 보호하고자 하는 이익과 그로 인해 침해되는 세속법상의 침해이익 사이의 형량을 통해 판단하여야 한다는 이익형량설이 다수의 견해이다. 과거 제5공화국 당시에 미문화원방화사건의 범인이 원주로 도피하여 원주카톨릭교구의 성당으로 숨어들자 이들을 은닉한 혐의로 신부가 구속된 사건이 있었다. 이 사건에 대하여 대법원은 「사제가 죄 지은 자를 능동적으로 고발하지 않는 것은 종교적 계율에 따라 그 정당성이 있다고 할 수 있으나, 그에 그치지 않고 적극적으로 은닉, 도피케 하는 행위는 사제의 정당한 직무범위를 벗어나는 것으로서 그 동기나 목적에 있어서 정당성을 인정할 수 없다.」고 하여 범인은닉죄를 유죄로 인정하였다(대판 1983.3.8. 82도3248). 법원의 판결과정에서 성직자인 피고인이 지키고자 하는 교회법상 비호권의 이익과 피고인의 행위로 인해 침해되는 이익 즉, 실정법상의 범인은닉죄와의 관계에 관하여 이익형량설에 입각한 듯한 판결을 내렸으나, 왜 이익형량을 해야 하는지에 관하여는 명확한 판단을 한 것으로 보이지는 않는다. ➜ 종교의 자유. ➜ 미문화원방화사건.

세계인권선언世界人權宣言 ㊂ Universal Declaration of Human Rights, ㊀ Die Allgemeine Erklärung der Menschenrechte, ㊁ Déclaration universelle des droits de l'homme. 세계인권선언은 1948.12.10. 유엔 총회에서 당시 가입국 58개 국가 중 50개 국가가 찬성하여 채택된 인권에 관한 세계선언문이다. 세계인권선언은 1946년부터 준비하기 시작했으며, 미국, 레바논, 중국 등 다양한 국가의 대표들이 모여 기초위원회가 구성됐다. 기초위원회는 이후 호주, 칠레, 프랑스, 소련, 영국 등의 대표들까지 포함되면서 그 범위가 더욱 확장되었다. 이로 인해 모든 지역의 국가가 세계인권선언의 준비과정에 참여할 수 있었으며, 이들의 다양한 종교적, 정치적, 문화적 맥락이 모두 반영될 수 있었다. 칠레 대표 에르난 산타크루스, 인도의 한사 메타, 이집트 대표 오마르 루트피, 중국 대표 장펑춘(張彭春) 등 중소국의 대표들은 경제·사회·문화적 권리를 인권 목록에 확실히 포함시키는 성과를 올렸다. 샌프란시스코 회의에 옵서버 자격으로 참여했던 42 개 국제 NGO 중에는 재미 한인동포들이 1938년 결성한 중한민중동맹단도 포함되어 있었다. 세계인권선언은 당시 유엔인권위원회 소속위원 전원의 논의를 거쳐, 유엔 총회 결의 No. 217 A(III)에서 최종 채택되었다. 414개의 언어로 번역되어, 가장 많이 번역된 유엔총회 문건이다. 1946년의 인권장전 초안과 1948년의 세계인권선언 그리고 1966년의 국제인권규약(➜ 국제인권규약)을 합쳐 국제인권장전이라고 부르기도 한다. 세계인권선언은 유엔의 결의로서 비록 직접적인 법적 구속력은 없으나 오늘날 대부분의 국가의 헌법 또는 기본법에 그 내용이 각인되고 반영되어 실효성이 클 뿐만 아니라 1966년 국제인권규약은 세계 최초로 법적 구속력을 가진 세계적인 인권관련 국제법이다. 전문(前文)과 30개조로 구성되어 있다. 세계인권선언에서 명시하는 30가지 권리와 자유에는 고문을 받지 않을 권리, 표현의 자유, 교육을 받을 권리, 비호를 신청할 권리 등과 생명권, 자유권, 사생활권과 같은 시민적, 정치적 권리도 포함되어 있다. 또한 사회보장을 받을 권리, 건강권, 적절한 주거지에서 살 권리 등의 경제적, 사회적, 문화적 권리도 마찬가지로 포함되어 있다.

세계인권재판소世界人權裁判所 ㉧ Global Human Rights Court/a World Court for Human Rights, ㉣ Weltgerichtshof für Menschenrechte, ㉫ cour mondiale des droits de l'homme. 1. **연혁** 세계인권재판소에 관하여는 일찍이 2차대전 이후 지역성(regionality)을 넘어서 범인류적 차원의 인권보장기관에 대한 필요성을 인식하고, 그에 따라 1946년 설치된 유엔경제사회이사회 산하의 유엔인권위원회(U.N. Commission on Human Rights)에서 논의가 시작되었다. 유엔인권위원회가 성립한 후 국제인권헌장을 기초하면서 이의 감시 및 집행기관으로 국제인권재판소(International Court of Human Rights)에 관한 논의가 보고서에 담기게 되었다(1947). 세계인권재판소의 설립을 위한 결의안 초안을 오스트레일리아가 맡아 초안을 제시하였으나(1947.2.5.), 재판소의 지위와 구성방법에 대한 이견과 2차 대전 후의 냉전과 함께 전개된 국제법의 분열에 따라 각국의 이견이 표출되었고, 위원회의 파리회의에서 부결되었다. 1950-60년대에 인권에 관한 국제적 초점은 인종차별 철폐에 관한 국제협약(ICERD), ICCPR 및 ICESCR을 포함하여 법적 구속력이 있는 인권기준을 설정하는 방향으로 바뀌었고, 지역수준에서 유럽인권규약(ECHR)에 따라 유럽인권재판소가 설립되었다(1959.1.). 국제 인권기준의 효과적인 집행과 이행을 위한 국제적 메커니즘이 필요하다는 주장들이 이어졌고, ICJ(International Commission of Jurists)는 1968년 테헤란에서 열린 제1차 세계인권회의에서 세계인권재판소 설립을 중심적 목표 중 하나로 설정하였다. 테헤란 회의에서 ICJ 사무총장 및 미래의 노벨평화상 수상자인 Sean MacBride는 1968.9. 파리에서의 유네스코 인간의 권리에 관한 국제 NGO회의를 비롯한 수많은 공개 연설, 세미나 및 회의에서 이 문제를 언급하였다. 이 회의에서 유엔고등판무관(UN High Commissioner for Human Rights)의 설치(1993 설치)와 국제법에 따라 개인을 중범죄로 재판하기 위한 국제형사재판소의 설립(1998 설치)이 제안되었으나, 세계재판소의 설치는 유보되었다. 이 외에 자칭 세계시민의 대표자로 구성된 세계정부 주창자들이 1974.6.12. 세계인권재판소(the

World Court of Human Rights) 법률을 발표하였다. 동법은 전문과 23개의 인권조항 그리고 재판소 조직 및 권한, 절차 등에 관한 47개조의 조문을 규정하고 있었다. 1990년대에 냉전이 해소되고, 1993년 비엔나 세계인권회의(World Conference on Human Rights in Vienna)에서 국제인권법의 진보적 발전이 있었다. 한동안 물밑으로 잠복해 있던 세계인권재판소에 관한 논의는 2008년 세계인권선언 60주년을 계기로 하여 UN 관련기구에서 혹은 민간단체에서 논의되기 시작하였다. 2004년 스위스 취리히 대학의 Trechsel, 2007년 오스트리아의 Manfred Nowak 등이 세계인권재판소의 설립에 관한 논문들을 발표하였다. 2008.12.에는 스위스 외무장관 미쉐린 칼미 레이(Micheline Calmy-Rey)가 세계인권선언 60주년을 기념하여 인권의제를 구성하는 8개 프로젝트 중 하나로 세계재판소 설립 추진에 박차를 가했다. 스위스 연방 외무부는 새로운 의제를 실행하기 위해 M. Robinson과 P. S. Pinheiro가 공동의장을 맡은 저명인사 패널(Panel of Eminent Persons)을 설치하였다. 패널 멤버인 Manfred Nowak이 세계재판소 프로젝트를 주도하였다. 2009년에 전문과 63개조로 구성된 세계인권재판소 제안서를 발표한 바 있는 Martin Scheinin과 함께, Julia Kozma의 도움을 받아 전문과 54개조로 구성된 종합적인 법률초안을 작성하였다. 저명인사 패널들은 2010.9. 제안을 승인하였다. 유엔과 무관하게 민간영역에서도 세계인권재판소의 설립에 관한 노력이 이어졌다. 「국경없는 세계운동」을 주도한 Garry Davis의 뒤를 이어 미국변호사인 Mark Oettinger는 2013년 인도의 Lucknow에서 개최된 세계재판소장회의(World Judiciary Summit)에 참여하여 세계인권재판소의 창설을 역설하였다. 2014.12. Oettinger가 주축이 되어 성안한 세계인권재판소설립을 위한 조약안(Lucknow 조약)이 제출되어 재판소장회의의 결의안으로 채택되었다. 이 초안은 34개조로 구성되었다. 세계인권재판소설립에 관한 논의는 2018년에 다시 한번 주목을 받아, 특히 세계인권재판소에 대한 찬반의 논의가 다양하게 전개되었다. 우리나라에서는 김철수 선생이 2021년의 저서(인간의 권리)에서 지금까지의 다양한 인권재판소 법안들을 상세히 검토하고, 31개조의 구성헌장을 제안하였다. 2. **이념적 기초** 세계인권재판소라는 아이디어는 인권에 대한 새로운 인식을 기초로 한다. 인권발달사에 비추어 보면, 인권은 사람을 공간적 및 시간적으로 어느 범주에서 인식하느냐에 따라 그 권리의 내용이 달라질 수 있다. ➜ 인식범주에 따른 기본권분류. 공간적 인식범주의 확장은 개인 기반의 인권(individual-based human rights)으로부터 사회적(국가적) 기반의 인권(society(nation)-based human rights)을 거쳐, 전지구적 혹은 범인류적 기반의 인권(global-based human rights)으로 발전되었다. 시간적 인식범주의 확장은 범인류적 차원에서 과거사에 대한 반성과 피해 당사자에 대한 사과 그리고 적절한 배상으로 전개되고 있다. 아울러 과거 유럽중심적(Euro-centric) 인권인식으로부터 비유럽지역의 기본사상들이 인권인식을 위한 도구개념으로 등장하고 있다. 20세기적 이념으로부터 탈피하여(from 20 century's 'ancient regime' to 21 century's 'new Global Age') 이데올로기 시대의 종언을 확인하고, 서구사상과 동양사상의 조화를 도모하며(1993년 Vienna Declaration and Programme of Action; 5. All human rights universal, indivisible and interdependent and interrelative), 인류의 최고가치로서의 인간존엄(human dignity)을 실현하기 위하여, 상호공존적(co-existential), 상호관련적(interrelated), 상호의존적(interdependent), 상호연결적(interconnected), 상호영향적(interinfluent) 세계관으로, '너 없이 나만'이 아니라 '너 없이 나 없다(not 'without you, only I', but 'without you, without me')라는 인식이 확립되어가는 과정에 있다. 이는 인류공동체의 인식에서 배타적 접근(exclusive approach)이 아닌 관계적 접근(relevant approach)을 의미하며, 서구에서 발전한 개인주의 및 자유주의도 고립적·배타적인 관점에서부터 상호관련적·조화적인 관점으로 새롭게 이해할 것을 요청하고 있다. 특히 모든 사상의 기초라고 할 수 있는 종교의 측면에서도 초종교적(super-religionalism) 인간이해로 종교적 대립을 넘어선 공통적 인간성의 추구를 모색하고 있다. 21세기에 나타나고 있는 이러한 이념의 변화는 종국적으로 세계인권재판소의 설립이라는 인류공동의 과제를 던져주고 있다. **3. 찬반논의** 세계인권재판소에 관한 찬반의 논의는 크게 세계인권재판소 자체에 대한 반대견해와 재판소설치는 찬성하지만 그 구성방법에 대한 반대견해로 나뉜다. 전자의 견해는 첫째, 문화상대주의적 입장에서의 비판으로, 국제인권법이 국내법질서를 위협한다는 미국의 '주권주의 우파(sovereigntist right)'와(Posner, Rabkin), 서구의 제국주의적 글로벌국가의, 인권에 대한 이데올로기적 조작을 공격하는 '비판적 좌파(critical left)로 나뉜다(Chimni, Alston). 둘째, 시스템의 비효율성과 갈등악화가능성에 의한 비판(Trechsel, Alston, Tigrouja), 셋째, 재판소의 정당성 문제에 기한 비판(Dworkin, de Burca), 넷째, 비용문제(Alston), 다섯째, '안보 대 자유'라는 딜레마에 따른 정치적 비현실성과 이상주의에 기한 비판(Roach, Roth) 등을 들 수 있다. 후자의 견해는 세계재판소의 위상에 관하여 자매형(sibling model)으로 할지, 피라미드형(pyramid model)으로 할지에 관한 견해차이다. 이는 세계재판소의 인적 관할(ratione personae), 물적 관할(ratione materiae), 당사자적격(locus standi), 판결의 형태와 효력 등 전반에 걸친 문제이다. **4. 맺음말** 유엔 초기의 국제인권재판소와 이후 세계인권재판소의 역사의 밀물과 썰물은 비록 시대상황에 따라 반복되었지만, 끊임없이 부활하는 프로젝트이다. 역사적으로 빈번히 발생하였던 자유주의적 국제질서의 위기는 자유주의에 대한 '일시적 후퇴'일지언정, 결코 포기할 수 없는 가치이다. 비록 세계인권재판소의 여러 초안이 최고의 플랫폼이라 할 수는 없을지라도, 또 세계재판소의 아이디어가 당장에 현실성이 결여되어 있고 이상주의적인 것이라 하더라도, 21세기에 전 세계적인 인권보호가 직면해야 하는 엄청난 난관과 이를 극복하기 위한 지혜를 모으기 위하여 지속적으로 추구되어야 한다.

세계입헌주의世界立憲主義 ⓔ world/global constitutionalism, ⓓ Welt-Konstitutionalismus, ⓕ constitutionalisme mondial. **1. 논의의 배경** **1) 인식범주의 확장과 전지구적 지배체제** 입헌주의는 현실의 정치적 공동체 내에서 최고의 주권적 권력을 객관적 법규범의 최고법인 헌법으로 통제하고 제한하는 원리이다. 특히 서구의 근대 이후에는 공동체의 주권적 권력인 국가의 권력행사에 대한 제한 및 통제라는 국가조직법적인 측면과 함께, 자유주의 이념에 기초하여 국민의 자유와 권리를 보장하기 위한 것이라는 사고가 대두하게 되었다. 그러나 서구 근대국가의 입헌주의는 단일국가 내부의 구성원들의 자유와 권리를 보장하기 위한 내용에 초점을 맞추어 전개되었다. 20세기 말에 이르러 정보통신분야를 포함하여 이동 및 교류의 수단의 획기적인 발달로 인해 세계는 한 국가단위를 넘어 상호의존적인 인류공동체로 변화하고 있고, 정치·경제·사회의 제반 영역에서 국가 차원을 넘어 전 세계적 단위에서의 활동이 증가하고 있다. 전세계적으로 경제, 사회, 문화 전반의 영역에 걸쳐 인간 공동체 구성원들의 상호작용과 상호의존성이 증대함에 따라 이러한 현상을 규율하기 위한 새로운 조약이나 협정이 등장하고, 이에 따라 구성되는 국제조직과 기관들도 증가하고 있다. 또한 20세기 말에 진행된 냉전체제의 해체와 이후의 새로운 다차원적 세계질서의 수립에 대한 요구가 나타나고 있다. 이는 전인류를 포함하는 정치적 공동체로까지 인식범주가 확대되었고, 그에 걸맞는 지배체제를 구현할 필요성이 있음을 자각하는 것을 의미한다. 2) **세계화와 입헌주의의 국제화** 20세기 막바지에 진행되었던 세계화 및 냉전으로 상징되는 양극 체제의 해체로 인한 다차원적 국제사회의 출현은 기존의 국민국가를 넘어선 새로운 정치공동체의 등장으로 이어졌고 전통적으로 한 국가단위에서 논의되던 입헌주의를 전세계적·범인류적 차원으로 확대개편하려는 시도로 이어지고 있다. 특히 국가만이 전통적인 국제법의 주체이었던 시대에서 개인도 국제법상의 주체로 참여하는 경향이 나타나고 있고, 이는 기존의 국제법적 논의에서 배제되었던 개인의 지위를 한 국가의 주권을 넘어 전지구적·범인류적 차원에서 새롭게 접근해야함을 보여주고 있다. 이는 한 공동체 내의 의지주체들의 자기인식의 확대에 따라 자신의 존재방식에 관한 의지의 변화를 의미하고, 새로운 의지지향으로서 규범적 변화를 요구하는 것이라 할 수 있다. 말하자면, 전통적으로 한 국가단위에서 성취되었던 주권적 권력에 대한 법규범적 통제원리를 범인류적 정치공동체 내에서도 구현하고자 하는 시도이다. **2. 개념의 성립 여부** 1) **서언** 세계입헌주의의 개념은 아직은 명확하게 규정되지는 못하고 있고, 여전히 다루기 어려울 뿐 아니라 형성되고 있는(unwieldy and in-the-making) 개념으로 받아들여지고 있다. 2) **긍정설** 세계입헌주의 개념을 긍정하는 입장에서는 근대 입헌주의 헌법이 기본적으로 견제와 균형의 원리에 입각하여 공동체의 정치적 의사를 형성하거나 제한하는 정치적·법적 질서로서, 법의 지배와 권력분립을 통해 권력의 자의적 행사로부터 개인을 보호하기 위해 등장한 개념으로 보고, 세계화된 공동체에 대해서도 국가 내부의 문제뿐 아니라 국가 간 관계, 나아가 초국가적 관계에서도 공통된 질서를 형성함으로써 개인의 자유와 권리를 보호해야 할 필요성이 높아졌다고 본다. 여기서의 '입헌주의'가 근대적 의미의 입헌주의와 완전히 동일하다고 보기는 어렵더라도, 인식된 공동체의 권력행사의 규칙을 마련함으로써 개인의 자유와 권리를 보호한다는 기본관념은 여전히 유효하다고 이해한다. 이러한 입장에서는 세계입헌주의를 "헌법적 특성(constitutional qualities)을 나타내는 법과 거버넌스, 규범과 행위자들에 관한 다양한, 그리고 공식-비공식을 막론한 전지구적 논의" 혹은 "국제법 질서의 효율성과 공정성을 증진시키기 위해 국제법 영역에 입헌주의적 원칙의 적용을 확인하고 옹호하는 학문적 및 정치적 원리"로 정의한다. 이러한 정의는 전지구적인 헌법화 현상이 국가간 및 초국가간 조직 환경에서 새로이 등장한 규율이나 원칙을 이러한 환경에 적용하려 하는 필요성을 반영하는 것이다. 세계입헌주의 개념에 접근하는 관점으로 크게 A. 규범주의(normative school), B. 기능주의(functionalists school), C. 다원주의(pluralist school)라는 세 가지 입장이 언급되고 있다. A. 규범주의적 관점은 헌법이라는 기준에 비추어 국가의 범위를 넘어선 법적·정치적 관행의 해석과 그에 대한 진보적인 발달 또는 정치적 개혁을 이끄는 법적·도덕적 개념 체계로서 세계입헌주의를 바라보고, 근대국가 차원에서 정립된 입헌주의 규범과 원칙을 전 지구적 차원의 규범적 원칙으로 확대하여 세계질서(global order)를 형성하는 데 관심을 둔다. B. 기능주의적 관점은 현재 국제기구가 처한 환경에서 벌어지는 다양한 교섭과 협상의 과정에서 세계입헌주의를 구상하고, 특정한 규범적 입장을 취하기보다는 어떠한 법제정 주체가 국제관계의 헌법화(international constitutionalization)라는 특질을 구현하는 데 적합한지를 분류하는 방식으로(taxonomic) 접근한다. C. 다원주의적 관점은 앞서의 규범주의적 관점과 기능주의적 관점 양자를 모두 강조하면서, 각 시대에 맞는 입헌주의의 의미를 밝히고자 한다. 또한 세계입헌주의 담론을 다양한 유형으로 범주화하여 구별하려는 시도가 나타나고 있다. A. 자유주의와 민주주의의 개념 대비를 전제로 한 권력제한형 입헌주의(power limiting constitutionalism)와 권력수립형 입헌주의(power establishing constitutionalism), B. 전지구적 질서가 야기하는 획일성 문제의 극복에 주목하여 제시되는 다원적 입헌주의(constitutional pluralism)와 보상적 입헌주의(compensatory constitutionalism), C. 세계입헌주의의 수립 주체, 제도적 장치, 그 핵심적인 원리 내지는 가치, 각종 국내법 및 국제법상 기구와 세계(헌)법과의 관계 등에 주목하여 개념을 세분화한 사회적 입헌주의(social constitutionalism), 제도적 입헌주의(institutional constitutionalism), 규범적 입헌주의(normative constitutionalism), 유추적 입헌주의(analogical constitutionalism)와 같은 범주 구별이 그 예시에 해당한다고 볼 수 있다. 3) **부정설** 이 관점은 세계입헌주의라는 개념 그 자체의 성립 여부에 의문을 제기하거나, 일정한 이론적 접근에 입각해 이를 실효성이 없는 명목상 개념에 해당한다고 보는 입장들이다. 먼저 근대 국민국가로서의 성격을 갖지 못한 조직체에 '헌법'제정권력이 작용하여 만들어진 '헌법', 그리고 그에 근거한 '입헌주의'라는 관념을 검토하는 것 자체가 일종의 모순이라는 취지의 지적이 있다. 다음으로 법실증주의(legal positivism)적 입장을 견지할 경우, 세계입헌주의 담론이 가지고 있는 인권의 보편성과 그 객관적 우위(objective supremacy)에 근거한 접근이 일종의 자연법론적 입장에 바탕을 둔 것이라는 취지의 비판이 있다. 또한 법다원주의의 입장에서 전지구적 법 내지는 세계법의 형성을 도모하는 세계입헌주의는 반(反)다원주의적이고 전체주의적(holistic)인 담론에 해당한다는 비판이 있다. 이 외에도 세계입헌주의가 신자유주의적 경제질서를 보완하는 역할을 수행한다거나, 세계입헌주의가 국내법 질서를 약화시킨다는 점에서 "매우 모호할 뿐 아니라 해로울 수 있는(awfully vague and possibly sinister)" 개념이라는 비판도 있다. 4) **결어-다원적 입헌주의 개념** 현재 시점에서 과학기술의 발전을 중심으로 한 세계화라는 시·공간의 변화로 인해 기존 국민국가 단계에서 논의되던 인간의지와 규범의 관계는 새로운 국면을 맞이하고 있다. 여기서 근대 국민국가 개념에 기초한 법질서를 뛰어넘는 새로운 메타규범(승인규칙)으로서의 세계입헌주의 담론의 필요성이 대두된다. 존재(Sein)의 영역에서 다원적 법질서에서의 인권 개념을 중심으로 한 입헌주의 논의가 만개하고 있는 현상은 세계입헌주의로 표상되는 초국가적 규범 영역의 형성으로 나아가려는, 인간의지의 미래를 향한 태동을 의미하는 것일 수 있다. 이때 세계입헌주의가 추구하는 '세계시민'의 형성은 인간의 존엄성 존중이라는 근본적 이상을 추구하는 이념으로 나타날 수 있을 것이다. 다원적 관점에서 접근한 세계입헌주의는 시간과 공간이라는 요소의 변화에 조응하여 다양한 입장에서 개진되고 있는 세계입헌주의 개념을 구체화하는 하나의 방법론으로 기능함으로써, 이를 실현하기 위한 일종의 이론적 전제로서의 전(全)지구 차원의 사회·문화적 공감대 형성을 가능하게 하는 데 일차적인 실마리를 제공할 수 있을 것이다. 이는 곧 입헌주의 개념의 재구성을 의미한다. 나아가 이를 배경으로 하여 성립된 기반은 세계입헌주의를 구현할 인적·물적 토대의 마련이라는 현실적인 문제 및 더 나아가 이를 규범화하는 문제에 접근할 때에도 어느 정도 유의미한 이정표를 제공할 수 있을 것이다. **3. 구성요소** 세계입헌주의 개념을 긍정하는 입장에서는 그 개념을 이루는 주요 구성요소로서 다양한 (헌)법적 가치를 예시하고 있다. 이를테면 ① A. 법의 지배, B. 권력분립과 견제와 균형, C. 헌법제정권력, D. 인권을 제시하는 입장(A. F. Lang, A. Wiener), ② A. 법치주의, B. 권력분립, C. 인권, D. 민주주의를 제시하는 입장(A. Peters, M. Rosenfeld), ③ A. 권력분립(수평적 및 수직적 권한 분배), B. 최고규범성, C. 안정성(고정성), D. 기본권, E. 사법심사, F. 민주주의와 책임성을 제시하는 입장(J. L. Dunoff, J. P. Trachtmann), ④ A. 권력분립, B. 국가기구의 구조화, C. 개인의 권리 보장, D. 법치주의 및 이를 유지하기 위한 법원 및 절차의 설립(사법심사)을 제시하는 입장(A. Shinar), ⑤ A. 민주주의, B. 법치국가와 법의 지배, C. 권력분립, D. 인권보장을 제시하는 입장(A. L. Paulus) 등이 있다. **4. 보장체계** 세계입헌주의의 주요 구성요소들을 보장하기 위한 체제(system)로서 크게 두 가지 내용이 검토되고 있다. 하나는 구체적인 분쟁이나 사건이 발생했을 때, 세계입헌주의의 규범적 의미를 확인하고 선언함으로써 그 내용을 관철하는 사법심사를 가능하게 하는 제도로서, 지역인권재판소를 포함한 '세계인권재판소'를 설치하는 것이며, 다른 하나는 세계입헌주의의 구성요소 가운데 핵심이라고 할 수 있는 인권보장의 내용을 성문화된 문서로 확인하는 '세계인권헌장'을 제정할 필요가 있다.

세계정부世界政府 ⓔ world/global government, ⓓ die Weltregierung, ⓕ gouvernement mondial. 세계정부는 모든 인류에 대한 관할권을 가지는 단일의 정치적 기관으로, 정치체제와 무관하게 세계 전역을 하나의 국가로서 지배하는 중앙정부를 일컫는다. 역사적으로 많은 학자들이 단일한 세계정부를 구상하였으나, 지금까지는 전 세계의 행정, 입법, 사법을 아우르는 권력을 가진 주체가 존재하지 않았다. UN이 유사한 기관이라 할 수 있지만, UN은 주로 권력기관이라기보다는 자문기관의 역할에 그치고, 기존 국가의 정부 간 협력을 강화하는 데에 주된 목적을 가진 기구이다. 이에 비해 **글로벌 거버넌스**(global governance; **세계지배체제**)는 합의를 집행하는 권력이 존재하지 않을 때, 일국 혹은 1지역 이상으로 영향을 미치는 문제를 해결하는 것을 목적으로 하는 것으로서, 구체적이고 협조적인 문제 해결의 구조이며, 유엔 뿐만이 아니라, 국제공무원이나 다른 비국가적 행위자들(정부 간 조직, NGO, 민간 부문, 시민사회, 개인)을 포함한다. 1970년대 중반 뉴욕주립대학 교수인 이매뉴얼 월러스틴이 주창한 **세계체제론**world system theory은 세계를 하나의 사회체제로 파악하여 중심부와 주변부의 비대칭적 관계를 설명하는 이론으로서, 글로벌 거버넌스나 세계정부론과는 다른 개념이다.

세대간 계약世代間契約 ⓔ the intergenerational contract, ⓓ Generationenvertrag. 세대간 계약은 서로 다른 세대들 간의 계약을 말한다. 이는 미래 세대가 계약을 존중하여, 과거 세대가 그 전의 세대에게 행했던 역무를 과거 세대에게 제공하는 것을 전제로 한다. 가장 빈번히 사용되는 영역은 연금과 같은 사회보장 영역과 환경분야 영역에서이다. 이 개념은 1957년에 Wilfrid Schreiber에 의해 창안되었다. 법학적 개념으로 확립되었다기보다는 아직 생성 중인 개념이다. 70-80년대에 독일의 H. F. Zacher 교수에 의해 환경 및 사회문제에까지 이론적으로 심화시켰고, 헌법학자 P. Häberle에 의해 장기적 헌법질서에 대한 개방적 헌법해석가능성의 해석기준의 하나로 발전되었다. 독일 기본법 제20a조(국가목표(Staatsziel))는 「국가는 미래세대에 대한 책임을 다하기 위하여 헌법적합적 질서의 범위 내에서 입법을 통해 법률과 법의 기준에 따라서 행정권 및 사법을 통해 자연적 생활기반을 보호한다.」고 규정하여, 환경보호조항 속에 국가의 미래세대보호의무와 연결하여 규정하고 있고, 스위스 헌법 제2조 제2항은 「스위스연방은 국가의 공공복리, 지속가능한 발전, 내적 결합 및 문화적 다양성을 촉진한다.」라고 규정하여, 국가목표조항으로서 국가행위의 지속적인 방향과 해석지침으로 작용하도록 규정하고 있다. 헌법이 갖는 세대간 계약으로서의 성격은 헌법의 새로운 특성이라기보다는 헌법 자체에 내재하는 기본적 속성이라 함이 적절하다. 왜냐하면 모든 헌법은 장래에도 지속적으로 유지·존속할 것을 전제로 하기 때문이다. 다만, 헌법이 갖는 세대간 계약으로서의 성격이 헌법해석의 중요한 지침 내지 기속적 심사기준으로서 적용될 수 있을 것인지의 여부는 별개의 문제로 이해되어야 한다. 또한 세대간 계약으로서의 성격은 과거와 미래를 어느 정도 포괄할 것인가 하는 헌법의 시간적 효력범위의 확장과도 관련이 있다.

세비歲費 ㉺ allowances, ㉣ Entschädigung ㉫ Compensation. 국회의원이 매월 지급받는 수당 및 활동비를 말한다. 국회법 제30조는 「의원은 따로 법률이 정하는 바에 의하여 수당과 여비를 받는다.」고 규정하고 있으며, 이에 따라 1973.2.7. '국회의원수당 등에 관한 법률'이 제정된 후, 2022.1.4. '국회의원의 보좌직원과 수당 등에 관한 법률'로 전면개정되었다. 세비의 법적 성격에 대해서는 비용변상설과 보수설이 있으나, 의원과 그 가족의 생계유지를 위하여 국고에서 지급하고 있으므로 보수라고 할 수 있다. 그러나 국회의원수당 등에 관한 법률 제1조는 비용변상설에 입각하고 있다. 보수가 아니라 비용변상이므로 압류가 금지되어 강제집행의 대상이 되지 아니한다. 대판 2014.8.11. 2011마2482, 채권압류 및 추심명령판결 참조.

세입예산歲入豫算 ➜ 예산.

세출예산歲出豫算 ➜ 예산.

Shelly v. Kraemer, 334 U.S. 1(1948) 1. **사실관계** 1945년에 아프리카계 미국인인 Shelly는 미주리 주 세인트루이스에 있는 집을 구입하였다. 구입 당시 Shelly는 1911년 이래 그 집에 권리제한적인 협약이 있었다는 것을 알지 못하였다. 그 권리제한적 협약은 '흑인(Negro)나 몽골(Mongolian) 인종'이 집을 소유하지 못하게 하였다. Louis Kraemer는 Shelly 가족이 집의 소유권을 갖지 못하도록 하는 소송을 제기하였다. 미주리주 대법원은, 그 협약이 원래 당사자들 사이에 순수히 사적인 협약이었기 때문에, 주택구입자에 대하여 강제집행될 수 있다고 판결하였다. 그것은 오랫동안 효력이 있었고 그렇게 집행되어 왔다. 더욱이 그것은 단순히 사람에게보다도 부동산에 부합되었기 때문에, 제3당사자에게도 강제집행될 수 있었다. 실체적으로 유사한 상황이 미시간주의 Detroit의 동종의 사례인 McGhee v. Sipes에서 발생하였는데, 미시간주 대법원은 역시 협약을 유효하다고 하였다. 연방대법원은 두 사건을 병합하고 두 가지 문제를 제시하였다. 그 하나는, 인종에 기반한 협약들이 수정헌법 제14조 하에서 합법적인가? 그리고 그 협약들은 법원에 의해(by a court of law) 집행될 수 있는가하는 것이었다. 2. **판결** 연방대법원은 인종적으로 권리제한적인 협정은, 그것만으로는, 수정헌법

제14조에 의해 보장된 청구인들의 권리를 침해하였다고 할 수는 없다. 사적 당사자들은 그러한 권리제한적인 협약의 사항들을 준수할 수 있지만, 그들은 그러한 협약의 사법적인 강제집행을 구할 수는 없다. 왜냐 하면 그것은 국가행위(state action)이기 때문이다. 그러한 국가행위는 차별적이기 때문에, 주 법원에서 인종에 기반한 권리제한적인 협약의 강제집행은 수정 제14조의 평등보호조항을 위반하는 것이다. 법원은, 주 법원이 백인에 대하여 권리제한적인 협약을 강제집행하기 때문에 권리제한적 협약의 사법적 강제가 평등보호조항을 위반하지 않았다는 주장을 배척하였다. 법원은 수정 제14조가 개인적 권리를 보장하며, 법의 평등한 보호는 불평등의 부과로 성취되지는 않는다고 지적하였다.
3. **판결의 의의** 이 판결은 기본적 인권의 제3자효에 관한 state action 이론의 하나인 사법적 집행이론을 적시한 판결이다. ➜ state action 이론. ➜ 기본권의 대사인적 효력.

셧다운제 ㉨ shutdown system. 사전적 의미로는 공장이나 사업체 혹은 기계의 부품 등을 영구적으로 혹은 일시적으로 폐쇄하거나 중단하는 것을 말한다. 컴퓨터에서는 컴퓨터 시스템의 작동 중지 혹은 시스템 종료를 일컫는다. 주로 컴퓨터 게임물에 대한 규제수단으로 사용된다. 셧다운제는 강제적 셧다운제와 선택적 셧다운제가 있다. 강제적 셧다운제는 하루 중 일정시간을 강제적으로 차단 혹은 폐쇄하는 것을 말하며, 선택적 셧다운제는 사용자 혹은 그 법정대리인이 일정시간 동안 이용대상을 차단 혹은 폐쇄하는 것으로 게임시간선택제라고 하기도 한다. 강제적 셧다운제는 2011년에 도입된 제도로서, 청소년보호법 제2조를 근거로 하는 유해환경 중 유해매체로부터 청소년을 보호하기 위한 정책으로, 청소년의 인터넷 과몰입 예방이 목적이었다(청소년보호법 제26조 ① 인터넷게임의 제공자는 16세 미만의 청소년에게 오전 0시부터 오전 6시까지 인터넷게임을 제공하여서는 아니 된다.). 이에 대해 헌법재판소는 합헌으로 결정하였다(헌재 2014.4.24. 2011헌마659등). 하지만 헌법재판소의 합헌결정에도 불구하고 강제적 셧다운제의 위헌성을 주장하는 목소리가 계속되어, 2021.11.11. 청소년보호법 개정안이 국회 본회의를 통과하였고, 2022.1.1. 시행됨에 따라 강제적 셧다운제는 입법적으로 폐지되어, 선택적 셧다운제로 일원화되었다. 선택적 셧다운제는 게임산업법에 규정되어 있다(동법 제12조의3 참조).

솅엔협정(조약) ㉨ Schengen agreement 유럽 국가간의 자유로운 이동을 보장하는 국경통행 자유화 협약이다. EU 회원국을 중심으로 한 유럽 국가간의 자유로운 이동과 국경철폐를 골자로 하는 협정으로, 비자나 여권심사, 검문 없이 자유롭게 국경을 넘나들 수 있도록 규정하고 있다. 솅겐협정 체결국에 최초 입국한 날부터 180일 안에 최장 90일간 무비자 여행이 가능하다. 1985.6.14. 독일, 프랑스, 벨기에, 네덜란드, 룩셈부르크 5개국이 룩셈부르크의 솅겐(Schengen)이라는 마을에서 역내 국가간 통행제한을 없앨 것을 선언하는 조약을 맺어 솅겐협정이라는 이름이 붙었다. 1990년 이행조약을 체결하고, 1995년부터 효력이 발생되었다. 솅겐협정은 유럽통합에 대한 여러 회의적인 시각을 희석하여 유럽통합을 이루어내는 데 기여하였다. 영국과 아일랜드를 제외한 EU 회원국과 아이슬란드, 리히텐슈타인, 노르웨이, 스위스 등 EU 비회원국 4국 등 28개국이 가입되어 있다. 솅겐협정의 체결로 해당 국가의 국민들은 각국의 국경을 지날 때 별도의 비자나 여권 없이 자유롭게 왕래할 수 있는 것은 물론 세관 신고도 하지 않는다. 만약 가입국 외의 국민이 솅겐협정 가입국가에 입국하고자 할 경우에는 처음 입국한 국가에서만 심사를 받고, 일단 역내에 들어서면 6개월 이내 최대 90일까지 회원국의 국경을 자유롭게 넘나들 수 있다. 2010년대에 이슬람국가(IS)의 테러사태, 시리아와 아프리카로부터 난민 급증 등으로 혼란이 이어지자, 협정을 개정하여야 한다는 목소리가 높아지고 있다.

소극국가消極國家 국가가 국민의 생활에 대해 최대한 간섭하거나 개입하지 않는 국가를 의미한다. 개인주의와 그에 기초한 자유주의를 사상적 배경으로 성립하는 국가이다. 경제학적으로는 애덤 스미스의 자유방임주의에 입각한 고전적 자본주의가 지배하여, 시장의 가격기구에 의한 자동조절기능에 대한 신뢰를 바탕으로 국가의 시장개입을 최대한 억제하였다. 이 국가는 경찰과 군대로써 국가의 치안과 국방을 유지하고, 개인의 자유와 권리를 보장하기 위해 국가가 개인에게 간섭하지 않는다. 인권 중에서 특히 자유권을 중시하였다. 국가가 개인의 삶에 간섭하지 않아 개인의 자유가 보장되고 개인은 자신의 이익과 자유를 위해 최대의 노력을 기울여 이익을 취하며, 이것이 결론적으로 국가의 이익이 된다는 관점이다. 그러나 이로 인해 개인의 능력과 지위에 따라 이익을 보는 정도가 달라지고 부익부 빈익빈이 심화되어 빈부격차가 벌어질 수 있다는 단점이 있다. 야경국가, 경찰국가라고 칭하기도 한다. ➜ 적극국가.

소극적 권한쟁의消極的 權限爭議 ➜ 권한쟁의심판.

소극적 단결권消極的 團結權 ➜ 노동3권.

소극적 표현消極的 表現**의 자유**自由 ➜ 표현의 자유.

소극적 안락사消極的 安樂死 ➜ 안락사.

소급과세금지遡及課稅禁止**의 원칙** ➜ 조세의 기본원칙. ➜ 재정권.

소급무효설遡及無效說 ➜ 당연무효설. ➜ 위헌결정의 효력.

소급입법遡及立法 ㉢ ex post facto law, ㉣ Ex-post-Facto-Gesetz ㉤ loi ex post facto. 새로이 제·개정되는 법을 제·개정 전의 사실에까지 소급하여 적용할 수 있게 하는 것을 말한다.

소급입법개헌遡及立法改憲 1960년 3·15부정선거 관련자 및 부정축재자들을 소급하여 처벌할 수 있도록 한 제4차 헌법개정을 달리 부르는 말이다. 이 개헌은 1960.11.29.에 이루어졌으며 제3차 개헌헌법의 부칙을 추가한 것이다. 이 개정헌법에 따라 특별법이 제정되었고 또한 혁명재판소 및 혁명검찰부가 설치되어 혁명재판이 진행되었다. 그 내용은, 첫째, 4·19혁명의 계기가 된 3·15부정선거 관련자 및 반민주행위자의 공민권 제한과 부정축재자의 처벌에 관한 소급입법권의 부여, 둘째, 그와 같은 자를 다룰 수 있는 특별재판부 및 특별검찰부의 설치를 규정한 것이다. 소급입법개헌을 하게 된 배경은, 허정(許政) 과도정부가 3·15부정선거 관련자 및 부정축재자들을 재판하는 과정에서, 발포책임자에게만 사형이 선고되고, 나머지 피고들은 「대통령·부통령선거법」상(제11장 벌칙) 가벼운 형량이 선고되었고, 그에 따라 대부분의 반민주행위자들이 풀려나는 상황에 이르렀다. 또한 반혁명분자들을 다룰 수 있는 「대통령·부통령선거법」이 대통령직선제에서 내각책임제로 개헌된 6.15.자로 폐지되어 면소판결론이 대두됨으로써 재판상의 혼선을 가져왔다. 이에 격분한 학생 등 혁명세력들이 국회의사당을 점거하고 특별법을 제정하여 소급하여 처벌할 수 있도록 요구함으로써 동 특별법의 헌법적 근거를 마련하기 위하여 행해진 개헌이다. 우리나라 헌정사에서 소급입법을 허용한 최초의 헌법개정으로 비판하는 견해도 있으나, 헌법 자체를 부정하는 반민주적 행위에 대해서는 소급하여 처벌할 수 있다고 보아야 할 것이다.

소급입법금지遡及立法禁止**의 원칙** [독] Rückwirkungsverbot. 1. **서언** 1) **헌법상 의의와 근거** 소급입법금지의 원칙은 법치국가원리에서 파생되는 신뢰보호원칙의 한 내용으로 이해된다. 사후에 제·개정된 법률에 의해 과거의 행위가 소급적으로 규율된다면 법적 안정과 평화는 파괴되고 만다. 현행헌법은 제13조 제1항 전문에서 「모든 국민은 행위시의 법률에 의하여 범죄를 구성하지 아니하는 행위로 소추되지 아니하며」라고 규정하고, 동 제2항에서 「모든 국민은 소급입법에 의하여 참정권의 제한을 받거나 재산권을 박탈당하지 아니한다.」라고 규정하여 소급입법금지원칙을 명확하게 선언하고 있다. 이러한 소급입법금지 원칙은 헌법이 명시적으로 규정한 형벌 부과, 재산권·참정권 제한에 한정되지 않고, 법치국가원리에서 도출되는 일반 원리로서 모든 법규범에 미친다(헌재 2006.5.25. 2005헌바15). 2) **헌법 제13조 제1항 및 제2항의 규범적 의미** 제13조 제1항은 헌법의 기본원칙인 죄형법정주의의 3원칙(법률유보의 원칙, 명확성의 원칙, 소급입법금지의 원칙) 중 소급입법금지 원칙을 명시적으로 선언한 것으로 절대적 소급효금지의 효력을 가지며 예외가 허용되지 않는다. 이에 반하여 헌법 제13조 제2항은 헌법상 소급입법금지원칙을 확인하는 규정으로서 재산권 및 참정권을 절대적으로 보호하는 것은 아니며, 그 적용대상도 재산권 및 참정권에만 한정되는 것은 아니다. 2. **소급입법금지원칙의 내용** 1) **수혜적 소급입법에 대한 허용과 심사기준** 소급입법에 의한 처벌은 원칙적으로 금지 내지 제한되지만, 신법이 피적용자에게 유리한 경우에 이른바 수혜적 소급입법을 할 것인지의 여부는 입법재량의 문제로서 그 판단은 일차적으로 입법기관에 맡겨져 있다. 따라서 이와 같은 수혜적 조치를 할 것인지 여부는 국민의 권리를 제한하거나 새로운 의무를 부과하는 경우와는 달리 입법자에게 광범위한 입법형성의 자유가 인정된다. 따라서 수혜적 법률의 소급입법에 대한 심사강도는 상당한 정도로 완화된다(헌재 1995.12.28. 95헌마196; 1998.11.26. 97헌바67; 2002.2.28. 2000헌바69; 2006.5.25. 2005헌바15; 2008.10.30. 2005헌바32; 2012.8.23. 2011헌바169 등). 2) **진정소급입법과 부진정소급입법** (1) **의의와 구별기준** **진정소급입법**은 새로운 입법이 이미 종료된 사실관계 또는 법률관계에 작용하도록 하는 경우를 말하고, **부진정소급입법**은 새로운 입법이 현재 진행중인 사실관계 또는 법률관계에 작용하도록 하는 경우를 말한다. **부진정소급입법**은 원칙적으로 허용되지만 소급효를 요구하는 공익상의 사유와 신뢰보호의 요청 사이의 교량과정에서 신뢰보호의 관점이 입법자의 형성권에 제한을 가하게 된다. 이에 반하여 진정소급입법은 개인의 신뢰보호와 법적 안정성을 내용으로 하는 법치국가원리에 의하여 특단의 사정이 없는 한 헌법적으로 허용되지 아니하는 것이 원칙이나 예외적으로 국민이 소급입법을 예상할 수 있었거나, 법적 상태가 불확실하고 혼란스러웠거나 하여 보호할 만한 신뢰의 이익이 적은 경우와 소급입법에 의한 당사자의 손실이 없거나 아주 경미한 경우, 그리고 신뢰보호의 요청에 우선하는 심히 중대한 공익상의 사유가 소급입법을 정당화하는 경우에는 허용될 수 있다는 것이 대법원(대판 1994.2.25. 93누20726; 2007.10.11. 2005두5390; 2014.6.12. 2014다12270)과 헌법재판소(헌재 1996.2.16. 96헌가2등; 1999.7.22. 97헌바76등; 2011.3. 1. 2008헌바141)의 판례이다. 진정소급입법과 부진정소급입법의 **구별기준**은 법률이 이미 종결된 과거의 사실관계를 '사후적으로' 침해하는 것인지 여부이다. 법률이 그 시행일이나 법률요건을 통하여 과거의 시점으로 소급하여 규정함으로써 이미 종료된 과거의 법률관계 또는 사실관계를 규율하는 경우 진정소급입법이 된다. 이러한 법률요건적 과거연관(tatbestandliche Rückanknüpfung)은 시행일부터 효력을 갖는 법률을 포함한 모든 법률에서 나타나는 일반적인 문제이다. 왜냐하면 법률은 그 시행 당시 이미 존재하는 어떤 사실 또는 법률관계(이행중인 계약, 직업의 준비, 영업활동, 종전 법률에 근거한 재산권의 행사)에 작용하기 때문이다. 이러한 의미에서 부진정소급효의 문제는 소급입법의 문제가 아니라 신법과 구법의 관계 문제로 볼 수 있고, 신법 적용에 따른 신뢰보호가 문제될 뿐이다. 이미 확정되어 더 이상 증가할 수 없는 법률관계를 사후적으로 변경하는 것을 '목적'으로 하는 법률만이 진정소급입법에 해당한다. (2) **진정소급입법의 예외적 허용** 진정소급입법은 다음과 같은 경우에 예외적으로 허용된다. 첫째, 친일재산환수와 같이, 국민이 소급입법을 예상할 수 있는 경우이다(헌재 2011.3.31. 2008헌바141등). 둘째, 법적 상태가 불확실하고 혼란스러워 보호할만한 신뢰이익이 적은 경우이다. 셋째, 소급입법에 의한 당사자의 손실이 없거나 경미한 경우이다. 넷째, 5 · 18민주화운동 관련법과 같이 신뢰보호의 요청에 우선하는 심히 중대한 공익상의 사유가 있는 경우이다(헌재 1996.2.16. 96헌가2등). 처음 세 가지의 경우는 신뢰 자체의 보호가치가 없거나 경미한 경우에 해당하고, 네 번째 사유는 공익이 중대하여 국민의 신뢰이익에 비해서 현저히 우선하는 경우에 해당한다. (3) **부진정소급입법의 원칙적 허용** 부진정소급입법은 원칙적으로 허용되지만, 한편으로 개인의 법 혹은 제도에 대한 신뢰를 제한하므로, 이러한 신뢰를 훼손하는 입법을 정당화할 만한 공공의 이익이 존재하여야 한다. 따라서 부진정소급입법은 소급효를 요구하는 공익상의 사유와 신뢰보호의 요청 사이의 교량과정에서 신뢰보호의 관점이 입법자의 형성권에 제한을 가하게 되고, 입법자는 침해받은 이익의 보호가치, 침해의 중한 정도, 신뢰를 손상하는 정도, 신뢰침해의 방법, 입법을 통해 실현하고자 하는 공익의 목적을 종합적으로 비교 · 형량하여 판단하여야 한다. 계급정년을 새로이 규정하면서 이를 소급적용하도록 하는 경우(헌재 1994.4.28. 91헌바15등), 과세기간 진행 중에 시행된 법을 과세기간 개시일에 소급하여 적용하는 경우(헌재 1998.11.26. 97헌바58), 법 시행 당시 개발이 진행 중인 사업에 대하여 장차 개발이 완료되면 개발부담금을 부과하는 경우(헌재 2001.2.22. 98헌바19), 징병검사의무 등의 상한연령을 상향하는 법률을 개정하는 경우(헌재 2002.11.28. 2002헌바45), 퇴직연금에 대한 급여액의 산정기초를 종전에 '퇴직 당시의 보수월액'으로 하던 것을 '최종 3년간 평균보수월액'으로 변경하는 경우(헌재 2003.9.25. 2001헌마93등), 선불식 할부거래업자에게 개정 법률이 시행되기 전에 체결된 선불식 할부계약에 대하여도 소비자피해보상보험계약 등을 체결할 의무를 부과하는 경우(헌재 2017.7.27. 2015헌바240) 등은 부진정소급입법으로서 허용된다. 병역법 개정으로 병역면제의 기대가 침해되는 경우(대판 2007.10.11. 2005두5390), 독점판매권 기간 중에 매매행위를 금지하는 법률이 제정된 경우(헌재 2017.11.30. 2016헌바38) 등은 허용되는 입법이다.

소급입법遡及立法**에 의한 재산권박탈금지**財産權剝奪禁止 ➜ 재산권.

소급효遡及效 ㊀ retroactive effect of law, ㊁ Rückwirkung des Gesetzes, ㊂ effet rétroactif de la loi.

소급효란 법률의 효력이 과거의 어느 시점으로 소급하여 발생하는 것을 뜻하는 말이다. 소급효는 법적 정의나 형평성이라는 개념에는 합치될 수 있지만, 법적 안정성을 침해할 수 있다. ➜ 위헌결정의 효력.

소득분배所得分配 ⓔ income distribution, ⓓ Einkommensverteilung, ⓕ la répartition des revenus. 소득분배는 경제활동을 하고 있는 사회경제에서, 생산에 참가한 경제주체 사이에 분업에 의한 생산과정을 통하여 산출되는 생산물이나 소득이 배분되는 것을 말한다. 자본주의 경제에서 각 생산요소가 생산에 공헌하는 정도에 따라서 지주는 지대, 노동자는 임금, 자본제공자는 이자, 자본소유자는 이윤이 소득으로서 분배된다. 경제정책과 분배정의는 경제적 또는 윤리적 이유로 소득을 어떻게 분배해야 하는지에 대한 문제를 다룬다. 일차적인 소득분배는 불균형적이고 불충분하기 때문에 소득과 재산의 차이를 최소화하는 이차적 분배가 필요한데, 이를 위한 수단은 재분배이다. 국가는 경제정책, 조세정책 및 사회정책 등을 통해 소득재분배의 과제를 수행하며, 이를 위한 조정수단은 이전급부, 보조금, 세금부과 및 사회시스템 등이 있다. 현행헌법에서는 '적정한 소득의 분배'를 국가경제정책의 목표로 규정하고 있다(헌법 제119조 제2항). '적정한 소득의 분배'는 시장경제에서의 일차적 분배를 넘어서 국가의 개입을 통한 이차적 소득분배, 즉 소득재분배이다. 이를 위한 수단으로 소득에 대한 누진세율, 최저임금정책, 기초생활보장 등의 사회적 급부, 사회보장제도, 가격통제와 같은 시장에 대한 개입, 경제적 약자에 대한 재산형성지원 등을 들 수 있다.

소득재분배所得再分配 ⓔ redistribution of income(wealth), ⓓ die Einkommensumverteilung, ⓕ Redistribution des richesses. ➜ 소득분배.

소배심小陪審 ➜ 배심제.

소비자보호운동消費者保護運動 ⓔ consumer movement, ⓓ Verbraucherbewegung, ⓕ mouvement de consommation. 1. **서론** 1) **의의** 소비자보호운동은 소비생활의 합리화를 추구하여 소비자 주권을 실현하려는 사회운동을 일컫는다. 헌법재판소는 「헌법이 보장하는 소비자보호운동이란 '공정한 가격으로 양질의 상품 또는 용역을 적절한 유통구조를 통해 적절한 시기에 안전하게 구입하거나 사용할 소비자의 제반 권익을 증진할 목적으로 이루어지는 구체적 활동'을 의미한다.」고 하고 있다(헌재 2011.12.29. 2010헌바54). 2) **연혁** 역사적으로 소비자운동은 1844년 영국을 중심으로 발전한 '생활협동조합'의 활동이 시초이며, 미국에서 본격적으로 전개되었다. 1891년 뉴욕에 소비자연맹이 결성된 것을 시작으로, 1898년 전국소비자연맹(The National Consumers' League), 1929년 소비자연구소(The Consumers' Research: CR) 등이 결성되었고, 1936년 CR에서 분리·발족한 소비자동맹(Consumers' Union: CU)은 상품검사잡지 「컨슈머 리포트 : Consumer Report」를 발행하였다. 1964년 미국의 R.네이더가 시작한 자동차안정성과 관련한 '기업고발운동'은 새로운 형태의 소비자운동을 창출하는 데 기여하였는데, 이를 네이더리즘(Naderism)이라고 한다. 1960년 각국의 소비자단체의 연합조직인 국제소비자연맹(International Organization of Consumers' Union: IOCU)이 결성되어 국제연합과 함께 전 세계적인 소비자운동에 공헌하였다. 우리나라는 1950년대 중반부터 각종 여성단체에 의하여 시작되어 1970년대에는 한국여성단체협의회를 비롯한 많은 여성단체들이 소비자보호운동에 참여하였다. 이

단체들은 주로 소비자보호운동에 관한 조사연구, 소비자시장조사, 소비생활·구매요령 등의 소비자상담 및 각종 소비자교육, 불량상품고발 및 불매운동, 소비자정보지 발간 등의 사업을 전개하고 있다. 대체로 이들 사업에서 가장 큰 비중을 차지하는 것은 소비자고발의 접수와 처리이며, 그 다음이 소비자계몽운동이다. 1980년에 정부는 소비자의 안전, 거래의 적정화, 소비자보호위원회의 설치 등을 규정한 「소비자보호법」을 제정하였고, 2005년에 소비자기본법으로 전면개정하여 소비자보호의 법적·제도적 장치를 마련하고 있다. 3) **입법례** ➜ 소비자의 권리. 2. **기본권성 여부** ➜ 소비자의 권리. 3. **내용–소비자기본법** ➜ 소비자의 권리.

소비자보호운동권消費者保護運動權 소비자보호운동권 또는 소비자운동권은 헌법 제124조에서 정한 국가의 소비자보호운동보장의무를 적극적으로 소비자의 권리의 측면에서 파악하여 소비자가 소비자운동을 할 권리를 가진다고 보는 입장이다. 헌법적 권리로 볼 것인지 혹은 법률상 권리로 볼 것인지에 관하여 논란이 있다. ➜ 소비자보호운동.

소비자불매운동消費者不買運動 ㊇ consumer boycott. 1. **의의** 소비자 불매운동이란 '소비자가 사업자의 행위에 대하여 사업자의 특정 제품의 구매를 거절하거나 제3의 특정기업이 거래를 거절하도록 설득하는 운동'을 말한다. 혹은 하나 또는 그 이상의 운동주도세력들이 개별 소비자들로 하여금 시장에서 특정 구매를 억지하도록 주창함으로써 특정 목표를 달성하고자 하는 시도로 정의하기도 한다. 이러한 행위는 소비자기본법상 단결 및 단체행동권에 포함되는 것으로 이해되고 있다. 2. **성립요건** 헌법 및 소비자기본법상 보장된 소비자불매운동에 해당하기 위해서는, 첫째, 행위자요소(운동주도세력과 개별소비자), 둘째, 운동목표요소(특정 목표의 존재), 셋째, 행위요소(불매행위) 등이 요구된다. 행위자로서 소비자단체와 개별소비자는 소비자기본법상 「사업자가 제공하는 물품 또는 용역을 소비생활을 위하여 사용하는 자 또는 생산활동을 위하여 사용하는 자로서 대통령령이 정하는 자」를 말하므로(제2조 제1호), 사용자단체가 주도하는 불매운동은 소비자불매운동이 아니다. 소비자단체는 반드시 등록된 단체일 필요는 없으며, 일반시민단체도 불매운동의 주체가 될 수 있다고 보아야 할 것이다. 운동목표요소는 반드시 소비자의 권익을 실현하기 위한 운동이어야 한다는 것이다. 권익의 개념을 어떻게 볼 것인가에 관하여 논의가 있을 수 있으나, 가능한 한 넓게 이해할 필요가 있다. 행위요소로서의 불매행위는 행위검토형(action-considered boycott), 행위촉구형(action-requested boycott), 행위조직화형(action-organized boycott), 행위실행형(action-taken boycott) 등으로 나누는 견해도 있으나, 대부분의 불매행위는 위 4 가지 범주속에 포함될 것이다. 3. **법적 허용 한계** 소비자불매운동의 허용한계로서, ⅰ) 불매촉구, ii) 의견투쟁, iii) 비강제성과 정보정확성, iv) 비례성, v) 사전대화의무 등이 제시되기도 하지만, 대체적으로 보아, 첫째, 진실한 사실에 기초할 것, 둘째, 사전에 불매운동대상자와 대화할 것(사전대화의무), 셋째, 참여자인 소비자의 의사결정자유를 존중할 것(의사결정의 자유 존중의무), 넷째, 비폭력적으로 행해질 것(비폭력의무) 등이 제시되고 있다. 4. **법적 효과** 소비자불매운동이 그 성립요건과 허용한계 내의 행위라면 그에 따라 대상기업 등에 명예훼손, 손해 등이 발생하더라도, 헌법 제124조 및 소비자기본법에 따른 합법적인 권리행사로 볼 수 있다. 즉, 소비자불매운동이 형법상 업무방해죄(제314조)에 해당하더라도 법령에 의한 정당한 행위로서(제

20조) 위법성이 조각될 수 있고, 민법상 불법행위책임(제750조)을 지지 않는다.

소비자消費者**의 권리**權利 ⓔ consumer's rights, ⓓ Verbraucherrechte, ⓕ droits des consommateurs. 1. **서론** 1) **의의** 자유시장경제질서를 기본으로 하는 자본주의 경제체제에서는 소비자가 생산품의 종류와 수량, 경제유형, 산업유형 등을 소비자가 직접 선택할 권리를 가진다. 이를 소비자의 권리라 할 수 있다. 2) **연혁** ➜ 소비자보호운동. 3) **입법례** (1) **외국의 입법례** 소비자보호운동에 대한 규정방식과 내용에 관하여는, 소비자권리, 국가 혹은 공공단체의 보호의무, 경제질서 등의 요소들이 관련되어 있고, 이를 모두 규정하는가 혹은 일부만을 규정하는가에 따라 규정내용과 방식이 차이가 있다. 헌법에서 적극적으로 소비자기본권을 인정하는 국가와 기본권으로서가 아니라 국가 혹은 공공단체의 소비자보호의무만을 규정하는 국가로 나뉠 수 있다. 전자는 브라질, 아르헨티나 등 남미국가들과 포르투갈, 스페인, 스위스, 폴란드, 타일랜드, 네팔, 케냐 등이다. 21세기에 헌법을 개정한 나라들은 대부분 소비자기본권을 인정하는 경향이 강하다. 후자는 국가 혹은 공공단체의 보호의무만을 규정하거나 경제질서와 함께 보호의무를 규정하는 국가로서, 안도라, 아르메니아, 리투아니아, 우리나라 등이다. EU 기본권헌장도 「높은 수준의 소비자 보호정책을 보장하여야 한다.」고 하여 권리를 직접 규정하지 아니하고 보호의무를 규정하고 있다(제38조). (2) **우리나라 헌법상 소비자권리 규정의 변천** 우리나라 헌법사에서 소비자관련규정이 처음 도입된 것은 1980년 헌법이었다. 도입과정에서 권리로서 인정할 것인지 또 경제의 장에 규정할 것인지 등에 관하여 논의가 있었으나, 경제의 장에 규정하는 것으로 결론지어졌다(제125조). 1987년 헌법도 이를 그대로 이어받고 있다(제124조). 2. **기본권성 여부** 1) **헌법적 근거** 현행헌법 제124조는 「국가는 건전한 소비행위를 계도하고 생산품의 품질향상을 촉구하기 위한 소비자보호운동을 법률이 정하는 바에 의하여 보장한다.」고 규정하고 있다. 소비자기본법 제4조 제7호는 「소비자 스스로의 권익을 증진하기 위하여 단체를 조직하고 이를 통하여 활동할 수 있는 권리」를 규정하고 있다. 헌법규정의 내용을 보면 소비자보호운동권이라고 하는 국민의 기본권을 보장한다는 의미로 해석될 근거를 정하는 것처럼 보인다. 하지만, 이 규정은 소비자권리의 문제를 단지 소비자보호운동의 차원에서 규정하고 있을 뿐, 소비자권리를 직접 규정하지 않은 점, 헌법 규정상 소비행위를 국가에 의한 계도대상으로 규정하여 소비자의 자율성을 무시하고 있다는 점 등의 비판이 가해지고 있다. 2) **기본권성 여부** 헌법규정에 대하여 소비자의 권리를 헌법상 기본권으로 볼 수 있는지에 대하여 학설은 긍정설과 부정설로 나뉘어 있다. 긍정설은 소비자의 권리를 헌법상의 기본권으로 보는 견해와 '기본권유사적 권리'로 부르자는 견해로 나뉜다. 부정설은 소비자의 권리는 성질상 헌법적 사항이 아니라 법률적 사항에 해당한다고 보는 견해와 객관적 법질서를 보장하기 위한 제도보장으로 보는 견해로 나뉜다. 헌법상 명시적인 규정이 없더라도 해석상 기본권으로 인정할 수 있고, 헌법에 열거되지 아니한 기본권도 인정될 수 있기 때문에 긍정설이 타당하다. 기본권으로 인정하는 경우, 헌법적 근거는 i) 인간의 존엄과 가치 및 행복추구권을 규정한 제10조 및 제124조에서 찾아야 한다는 견해, ii) 헌법 제10조를 이념적 근거규정으로 하고, 제124조를 부분적인 직접적 근거규정으로 하며, 제37조 제1항을 보완적 근거규정으로 하면서 제23조 제1항, 제34조 제1항 및 제6항, 제36조 제3항, 제26조, 제30조 등을 간접적 근거규정으로 보는 견해, iii) 제124조만이 아닌 행복추구권에 관한 제10조와 인간다운 생활을 할 권리인 제34조를 망라하여 파악해야 한다는 견해, iv) 제15조의 직업의 자유로부터 파생하는 권리로서 소비자의 권리 중 자기결정권은 행복추구권에서 파생한다는 견해, v) 제10조와 함께 제124조가 소비자의 권리에 대한 직접적인 헌법 규정이기 때문에 그 근거도 곧장 이에 입각하여 파악해야 한다는 견해, vi) 소비자보호운동권이라는 기본권을 보장한 것으로 이에 기해 소비자의 권리를 기본권으로 인정할 수 있다는 견해, vii) 이 규정이 소비자를 보호하기 위한 사회적 배려의 객관적 원칙인지 또는 소비자운동을 기본권으로 보장한 것인지에 대해 견해의 차이가 있지만 제124조를 기본권을 도출하는 근거라고 볼 수는 없다는 견해 등이 있다. 규정방식에는 문제가 있지만, 제124조에서 직접적인 근거를 구하되, 다른 기본권규정을 간접적인 근거규정으로 봄이 타당하다. 헌법재판소는「소비자의 권리는 헌법 제10조의 행복추구권 내지 행복추구권의 한 내용으로서의 일반적 행동의 자유에서 도출된다. 따라서 소비자가 자신의 의사에 따라 자유롭게 상품이나 시장을 선택하는 것을 제약하는 것은 결국 소비자의 행복추구권에서 파생되는 '자기결정권'도 제한하는 것이다.」라고 하고 있다(헌재 1996.12.26. 96헌가18; 2018. 6.28. 2016헌바77 · 78 · 79(병합)). 또한「자유시장경제에서는 상품의 종류 · 수량과 시장에서의 승패, 판매시장의 진퇴 · 성쇠는 국가가 아니라 소비자가 결정하는 것이다(소비자주권).」라고 하여 소비자주권이라는 표현을 사용하고 있다(헌재 2018. 6.28. 2016헌바77 · 78 · 79(병합)). 3) **법적 성격** 소비자권리의 기본권성을 인정하는 경우 그 법적 성격이 무엇인가에 관하여 견해가 나뉜다. 소비자가 상품이나 용역을 자유롭게 선택할 수 있고 거래상의 경제주체로서 경제적 이익의 침해로부터 자유를 보장받을 수 있는 자유권적 기본권으로 보는 견해, 사업자와의 관계에서 경제적 약자의 지위에 있는 소비자의 생존을 위한 사회권적 기본권으로 보는 견해, 경제적 자유권과 사회권적 성격 등 모두를 가지고 있는 복합적 기본권으로 보는 견해 등이 있다. 복합적 기본권으로 보는 견해가 타당하다. 3. **내용-소비자기본법** 헌법 제124조에 의거하여 소비자의 권리를 마련하고 구체적으로 보장하기 위해 제정된 법률은 소비자기본법을 비롯하여, 독점규제 및 공정거래에 관한 법률, 식품위생법, 제조물책임법, 약관의 규제에 관한 법률, 증권거래법, 물가안정에 관한 법률, 농수산물유통 및 가격안정에 관한 법률, 농산물품질관리법 등이 있다. 이 중 소비자기본법은, 소비자의 기본적 권리 실현을 위하여 국가 및 지방자치단체에 대하여 관계법령 및 조례의 제정 및 개폐의무(법 제6조 제1호), 필요한 소비자보호 시책 수립 및 실시의무(제6조 제3호), 소비자의 건전하고 자주적인 조직활동의 지원 · 육성의무(제6조 제4호)를 부과하고 있고, 사업자에게 소비자보호협력의무(제18조)를 부과하고 있다. 4. **헌법재판소 결정** 1) **소비자의 자기결정권** 소비자는 물품 및 용역의 구입 · 사용에 있어서 거래의 상대방, 구입장소, 가격, 거래조건 등을 자유로이 선택할 권리를 가진다. 이것을 소비자의 자기결정권이라 한다. 헌법재판소는 자도소주구입제도 사건에서 소비자가 자신의 의사에 따라 자유롭게 상품을 선택하는 것을 제약함으로써 소비자의 행복추구권에서 파생되는 '자기결정권'을 제한하고 있다고 하여 소비자의 자기결정권을 설시하였고(헌재 1996.12.26. 96헌가18), 이후에도 '의료소비자의 자기결정권'을 언급하기도 하였다(헌재 2002.10.31. 99헌바76, 2000헌마505(병합)). 2) **소비자가 기업에 대하여 갖는 권리** 헌법재판소는 배당이의의 소를 제기한 자가 첫 변론기일에 불출석한 때 소를 취하한 것으로 보도록 한 민사집행법 제158조 등 위헌소원 사건에서 소비자의 권리 침해 여부를 판단하였다(헌재 2005.3.31. 2003헌바92). 이 결정에서 헌법재판소는 헌법 제124조에 의하여 보호되는 것은 사적 경제영역에서 영리를 추구하는 기업이 제공하는 물품 또는 서비스를 이용하는 소비자가 기업에 대하여 갖는 권리이기 때문에 사적 영역에 적용되는 소비자의 권리를 국가가 제공하는 재판제도 이용의 문제에 적용할 수 없다고 하여, 민사집행법 제158조 등은 법률서비스를 이용하는 소비자의 권리 침해문제가 발생하지 아니한다고 하였다. 이에 대해 헌법상 소비자의 권리를 인정하는 전제에서 내린 결정이라는 견해가 있으나, 헌법 제124조를 헌법상의 기본권으로 이해한 것이 아니라, 제124조에 의하여 소비자기본법이 제정되어 있고 소비자는 기업에 대하여 사적 영역에 적용되는 법률상의 소비자 권리를 행사할 수 있다는 의미로 판시한 것으로 이해된다. 3) **소비자인 국민의 생명 · 신체의 안전에 관한 권리** 헌법재판소는 미국산 쇠고기 수입과 관련한 결정에서 소비자인 국민의 생명 · 신체의 안전에 관한 권리를 언급하고 있다(헌재 2008.12.26. 2008헌마419 · 423 · 436 (병합)). 이는 다른 결정에서도 언급되고 있다(헌재 2015.9.24. 2013헌마384). 이 표현은 소비자를 강조하는 것이 아니라 국민을 강조하는 것으로 보아야 할 것이다. 4) **소비자보호운동권과 소비자불매운동권** (1) **소비자보호운동권** ➜ 소비자보호운동. (2) **소비자불매운동권** ➜ 소비자불매운동. 5. **헌법개정안** 헌법이 개정될 경우, 소비자의 권리를 적극적으로 규정할 필요가 있다. 기존의 경제질서에 장이 아니라 기본권조항에 배치하여 규정하되, 소비자운동도 함께 규정하고, 국가나 공공단체의 보호의무도 규정할 수 있을 것이다.

소비자주권消費者主權 ㊕ consumer sovereignty. 소비자주권이라는 용어를 처음 사용한 사람은 W.M. Hutt(1936)이다. 그는 민주사회에서 국민들이 정치적 주권을 가지듯이, 시장경제에서는 소비자들이 경제적인 주권을 가지고 있다는 의미로 사용하였다. 사뮤엘슨(P. A. Samuelson)은 “무엇이 얼마나 생산되어야 하는가는 소비자들의 화폐투표(dollar votes of consumers)에 의하여 결정된다. 민주정치제도에서처럼 2년이나 4년마다의 투표가 아니라, 수시로 저 상품이 아니고 이 상품을 사겠다는 소비자들의 결정이 투표를 하는 것이다”라고 언급하며 소비자주권의 개념을 지지하였다. 소비자주권의 개념은 시장경제에서 주어진 생산자원으로 무엇을 얼마나 생산할 것인가를 의미하는 사회 전체의 자원배분이 소비자들이 자유로운 선택에 의하여 최종적으로 결정되는 것을 의미한다. 이 개념은 소비자선택의 자유 및 소비자권리와는 구별되는 개념이다.

소선거구제小選擧區制 ➜ 선거구제.

소송구조제도訴訟救助制度 ➜ 법률구조제도.

소수의견少數意見 ➜ 의견.

소수자보호少數者保護**의 원칙 = 소수자존중**少數者尊重**의 원칙** 민주주의는 지금 · 여기에서의 결론을 도출하기 위하여 불가피하게 다수결의 방식을 채택하고 있지만, 다수는 양의 문제이지 질의 문제가 아니므로, 자칫 다수의 횡포를 초래할 수도 있다. 따라서 소수의 보호는 민주주의에 있어서 개념필연적 요소이다. 민주주의에서는 소수에 대한 보호가 확립되지 아니하면 결코 민주주의라 할 수 없다. 소수는 다수의 의사의 수정가능성과 다수와 소수의 이익의 조화를 위하여 중요한 역할을 한다. 소수의 보호를 위한 장치로서 헌법재판 등에 의한 소수자의 권리보호, 야당의 보호, 국정참여기회보장, 양원제, 대통령의 법률안거부제도, 추상적 규범통제제도, 국정조사제도, 청원제도 등을 들 수 있다.

소訴의 이익利益 소의 이익이란 청구의 내용이 본안판결을 받기에 적합한 일반적인 자격인 권리보호의 자격(청구적격)과 원고가 청구에 대하여 판결을 구할 만한 법적인 이익 내지 필요인 권리보호의 이익 또는 필요가 있다는 것을 말한다. ➜ 사법판단적격.

소작제도小作制度 토지소유자가 다른 사람에게 토지를 빌려주고 경작시키는 대가로 지대(地代)를 받는 경작제도를 말한다. ➜ 농지제도. ➜ 경자유전의 원칙.

소한국주의小韓國主義 ➜ 남북한관계.

속인주의屬人主義 ㉺ nationality principle, ㉣ Personalitätsprinzip. ㉫ principe de personalité. 국적을 가진 국민이라면 어느 곳에 있든 국적에 의해 자국의 법률을 적용하는 원칙을 말한다. 국적법에서의 속인주의는 혈통주의로도 불린다. 형법상으로는 형법의 적용범위와 관련하여 자국민의 범죄이면 모두 자국의 법을 적용하는 것을 속인주의라 한다. 속지주의에 대응하는 개념이다.

속지주의屬地主義 ㉺ territorial principle, ㉣ Territorialitätsprinzip, ㉫ principe de territorialité. 한 국가 내에서 발생한 사건이면 당해 국가의 법을 적용한다는 원칙이다. 국적법에서 속인주의 출생지주의로도 불린다. 형법상으로는 자국 영토 내에서 발생한 범죄이면 모두 자국의 법을 적용하는 것을 속지주의라 한다. 속인주의에 대응하는 개념이다.

손실보상제도損失補償制度 ㉺ the loss compensation system. 손실보상제도는 공공필요에 의한 적법한 공권력행사로 인하여 개인에게 과하여진 특별한 희생에 대하여 사유재산권의 보장과 전체적인 공평부담의 견지에서 행정주체가 행하는 손해전보를 말한다. 현행헌법 제23조 제3항은 「공용필요에 의한 재산권의 수용, 사용 또는 제한 및 그에 대한 보상은 법률로써 하되, 정당한 보상을 지급하여야 한다.」고 규정하고 있다. 미국의 경우 수정헌법 제5조의 'taking clause'에서 논의되며, 독일의 경우, 재산권의 사회적 제약과, 손해배상과 손실보상을 통합하려는 국가책임법론에서 논의된다. ➜재산권의 사회적 제약과 공용침해. ➜ 국가책임제도.

손실보상청구권損失報償請求權 ㉺ Claim for loss compensation, ㉣ Anspruch auf Schadenersatz, ㉫ Droit de réclamer une indemnisation pour perte. 1. **의의** 현행헌법 제23조 제3항은 「공용필요에 의한 재산권의 수용, 사용 또는 제한 및 그에 대한 보상은 법률로써 하되, 정당한 보상을 지급하여야 한다.」고 규정하고 있다. 공공필요에 의하여 재산권에 대한 수용 · 사용 · 제한을 하는 경우에는 공법상 특별한 원인에 기하여 특별한 희생이 따르게 되므로 전체의 부담으로 하여 정당한 손실보상을 하는 것이 정의와 공평의 원칙에 합치된다. 손실보상청구권은 손해배상청구권과 함께 행정상 손해전보제도로서 사후적 구제수단이다. 하지만 손실보상청구권은 적법한 공권력의 행사로 인한 재산상 손실을 구제하는 제도이지만, 손해배상청구권은 위법한 공권력의 행사로 인한 재산상 손해를 구제하는 제도라는 점에서 구별된다. 2. **손실보상청구권의 법적 성격** 공용침해로 인하여 특별한 손해가 발생하는 경우에는 당해 손해에 대한 보상규정을 두어야 한다. 그런데 보상규정의 흠결이 있는 경우가 있다. 독일의 경우에는 '수용유사침해이론'의 문제로 해결하고 있으나, 우리의 경우에는 헌법 제

23조 제3항의 성질 및 효력을 어떻게 해석할 것인지에 관한 문제가 대두된다. 1) **학설** **방침규정설**은 국민이 직접 헌법의 규정에 의하여 권리를 행사할 수 있는 것이 아니라, 헌법의 법리에 따른 법률에 의하여 비로소 권리·의무가 발생한다는데 근거를 두고 있다. 따라서 손실보상에 관한 헌법규정은 입법에 대한 방침규정으로서, 행정권이 적법하게 사유재산을 침해한 경우에 이 헌법규정에 의하여 직접 행정권에게 손실보상의무가 성립하는 것이 아니고, 손실보상에 관하여 법률에 명시규정이 있어야 비로소 성립한다고 본다. 오늘날에는 이 설을 취하는 견해는 거의 없다. **위헌무효설**은 헌법 제23조 제3항의 규정은 입법자에 대해 국민의 재산권을 침해하는 입법을 할 때에는 반드시 보상규정을 두어야 하는 구속력을 부여한다는 견해로서 법률이 만약 보상규정을 두지 않은 경우 당해 법률은 위헌무효가 되고, 당해 법률에 기한 행정처분은 위법하게 된다. 이에 의해 사인은 위법한 행정처분에 대해 취소소송을 제기할 수 있으며, 당해 처분으로 인해 입은 재산상 손해에 대해서는 손실보상이 아닌 손해배상을 청구할 수 있다고 본다. **보상입법부작위 위헌설**은 공공필요를 위하여 공용제한을 규정하면서 손실보상규정을 두지 않은 경우 그 공용제한 규정 자체는 헌법에 위반되는 것은 아니라고 보고, 손실보상을 규정하지 않은 입법부작위가 위헌이라고 보는 견해이다. **유추적용설**은 법률이 공용침해 등의 재산권을 규정하면서 손실보상에 관하여 아무런 규정을 두고 있지 아니한 경우에 헌법 제23조 제1항과 제11조에 근거하고 헌법 제23조 제3항과 관계규정의 유추적용을 통하여 보상을 청구할 수 있다는 견해이다. **직접효력설**은 국민에 대한 직접효력설이라고도 하는 이 견해는 손실보상은 법률에 명시적 규정을 요하지 않고 직접 헌법규정에 의하여 피해자에게 손실보상청구권이 발생한다는 것이다. 공용침해에 관한 법률이나 이에 의거한 행위가 보상규정을 두지 않았다 하여 바로 위헌무효라 해석할 것이 아니라, 이것이 일반적으로 당연히 수인해야 할 범위를 넘고 특정인에게 특별한 희생을 과한 것인 때에는 헌법의 보상규정을 직접 근거로 하여 손실보상을 청구할 수 있다고 보는 견해이다. 2) **판례** 대법원은 **유추적용설**의 입장을 채택하고 있는 것으로 보인다(대판 1999.10.8. 99다27231; 2001.9.25. 2000두2426). 헌법재판소는 「도시계획법 제21조에 의한 재산권의 제한은 개발제한구역으로 지정된 토지를 원칙적으로 지정 당시의 지목과 토지현황에 의한 이용방법에 따라 사용할 수 있는 한, 재산권에 내재하는 사회적 제약을 비례의 원칙에 합치하게 합헌적으로 구체화한 것이라고 할 것이나, 종래의 지목과 토지현황에 의한 이용방법에 따른 토지의 사용도 할 수 없거나 실질적으로 사용·수익을 전혀 할 수 없는 예외적인 경우에도 아무런 보상 없이 이를 감수하도록 하고 있는 한, 비례의 원칙에 위반되어 당해 토지소유자의 재산권을 과도하게 침해하는 것으로서 헌법에 위반된다.」고 하여(헌재 1998.12.24. 89헌마214, 90헌바16, 97헌바78(병합)), 보상규정을 두지 않은 개별법률을 **위헌무효**로 판단하고 있다. 3) **결론** 대법원과 헌법재판소의 견해의 차이는 보상규정을 결여한 공용침해의 경우 이를 어떻게 처리할 것인가의 문제로 귀결되는데, 유추적용설을 취하고 있는 대법원은 침해된 재산적 권리에 대한 가치를 보장해 주는 것에 보다 큰 중점을 두고 있는 것으로 보인다. 이에 대해 헌법재판소는 개인의 권리구제보다는 헌법적 가치질서 수호와 위헌적 상태의 해소라는 그 설립취지상 보상규정을 두지 않은 공용침해의 위헌적 상태를 해소하는데 보다 큰 중점을 두고 있다. 헌법재판소의 입장이 타당하다. 3. **손실보상청구권의**

주체 수용·사용·제한 등 적법한 공권력의 행사로 인하여 재산상 특별한 희생을 당한 국민이다. 내국인 뿐만 아니라 외국인 및 법인도 주체가 된다. 4. **손실보상청구권의 내용** 1) **성립요건** 개인의 재산권이 공공필요에 의하여 적법한 공권력의 행사로 인하여 특별한 희생을 당하여야 한다. **재산권**이란 공·사법상 재산적 가치가 있는 모든 권리이다. **공공필요**란 공익사업의 시행이나 공공복리를 달성하기 위하여 재산권의 제한이 불가피한 경우이다. 공공필요의 유무는 공익과 사익을 비교형량하여 결정되어야 한다. **공권력에 의한 침해**란 개인의 재산권에 대한 일체의 침해를 말한다. 헌법 제23조 제1항의 **수용**은 국가·공공단체 또는 사업주체가 공공필요에 따라 사인의 재산권을 강제적으로 취득하는 것을 말한다. **사용**은 공공필요에 따라 국가 등이 개인의 재산권을 일시적·강제적으로 사용하는 것을 말한다. **제한**은 공공필요에 따라 국가 등이 개인의 특정의 재산에 과하는 공법상의 제한을 말한다. 특별한 희생이란 특정인에게 가해지는 일반적인 수인의무를 벗어난 재산권에 대한 희생을 말한다. 2) **보상기준** 정당한 보상이 무엇이냐에 대하여 학설이 대립된다. **완전보상설**은 미국 수정헌법 제5조의 정당한 보상(just compensation)의 해석을 중심으로 발전된 개념으로, 침해된 객관적인 재산적 가치를 완전하게 보상해야 한다는 견해이다. **상당보상설**은 독일기본법 제14조 제3항의 「보상은 공공 및 관계자의 이해를 공정히 고려하여 결정하여야 한다.」라는 규정의 개념과 일응 그 궤를 같이하는 학설로서, 손실보상은 반드시 완전한 보상이어야 할 필요는 없으며, 재산권에 내재하는 사회적 제약 또는 사회적 구속성의 관점에서 공·사익을 비교형량하여 결정하여야 한다는 견해이다. **절충설**은 완전한 보상을 하여야 하는 경우와 상당한 보상만으로 충분한 경우로 나누는 견해로서, '적은 재산'의 침해에 대하여서는 완전한 보상을 하여야 하지만, '많은 재산'의 침해에 대하여는 '상당한 보상'만으로도 족하다는 견해이다. **헌법재판소**는 「헌법이 규정한 '정당한 보상'이란 이 사건 소원의 발단이 된 소송사건에서와 같이 손실보상의 원인이 되는 재산권의 침해가 기존의 법질서 안에서 개인의 재산권에 대한 개별적인 침해인 경우에는 그 손실 보상은 원칙적으로 피수용재산의 객관적인 재산가치를 완전하게 보상하는 것이어야 한다는 완전보상을 뜻하는 것으로서 보상금액 뿐만 아니라 보상의 시기나 방법 등에 있어서도 어떠한 제한을 두어서는 아니된다는 것을 의미한다」고 하여(헌재 1990.6.25. 89헌마107; 2009.9.24. 2008헌바112; 2012.3.29. 2010헌바370; 2013.12.26. 2011헌바162), 일관되게 **완전보상설**에 입각하고 있다. ➔ 재산권의 사회적 제약과 공용침해.

수권규범授權規範 [독] Ermächtigungsnorm. 권한을 부여하는 규범이라는 의미로, 헌법규범의 특성으로서, 국가의 개별기관에 합당한 권한을 부여하는 규범이라는 의미이다. 수권규범으로서의 헌법은 국가기관간의 권한상의 불명확성을 피하기 위하여 명확하게 규정되어야 한다. 국가기관 간 권한이 불분명한 경우에는 권한쟁의심판을 통해 해결하도록 제도화되어 있다(헌법 제111조 제1항 참조).

수권법授權法 [독] Ermächtigungsgesetz. 수권법(授權法)은 비상사태에 입법부가 행정부에 입법권을 위임(委任)하는 법률을 말한다. 일반적으로 1933년 독일에서 나치 독일 정권에 입법권을 위임한 법률을 가리킨다. 전권위임법(全權委任法)이라고도 한다. 정식 명칭은 민족과 제국의 위기를 제거하기 위한 법률(Gesetz zur Behebung der Not von Volk und Reich)이다. 1933.3.24. 나치당과 독일 중앙당

등의 지지를 받아 찬성 441표와 반대 94표로 법률안이 통과되었다. 총 다섯 개 조문으로 구성되어 있었다. 핵심 내용은 입법권을 의회에서 정부로 이양하고, 나치 정부에서 제정한 법률은 연방의회나 연방참의원 및 대통령의 권한과 관련된 것을 제외하면 헌법에 위반되어도 유효로 할 수 있다는 것이었다. 히틀러의 독재를 실행하기 위한 중요 도구이었다. 히틀러는 이 법률에 근거하여 입법부로부터 전혀 견제받지 않는 독립명령을 통해 독재정으로 이행하였다.

수권법률授權法律 권한을 부여하는 법률. 헌법 제75조는 「법률에서 구체적으로 범위를 정하여 위임받은 사항에 관하여 대통령령을 발할 수 있다.」고 규정하고 있는데, 이 때 위임하는 법률을 수권법률이라 한다. 이 규정은 위임입법의 헌법상 근거이자 위임의 한계를 제시하는 것으로, 법률의 명확성원칙이 행정입법에 관하여 구체화된 특별규정이다. 또한 행정입법의 수요와 기본권보장의 원칙과이 조화를 기하기 위하여 위임입법은 허용하되 백지위임은 허용하지 아니한다는 점을 밝히고 있다(헌재 1999.4.29. 94헌바37).

수권적 조직규범 ➜ 수권규범.

수당手當**과 여비**旅費 ➜ 국회의원의 지위 · 권한과 의무.

수면권睡眠權 ㉧ right to sleep, ㉦ Recht auf Schlaf, ㉫ droit de dormir. 잠을 자면서 휴식을 취할 권리를 말한다. 잠은 삶에 있어서 기본적인 것이기 때문에 헌법적 권리로 보장되어야 한다. 독일의 경우 해석상 기본권으로 인정함이 일반적이다. 인도 대법원도 수면권이 기본권임을 인정하고 있다. 우리나라의 경우, 헌법 제37조 제1항의 「헌법에 열거되지 아니한 권리」이면서, 헌법 제10조의 행복추구권으로부터 도출할 수 있다. 공장소음이나 군사훈련 중의 소음 혹은 공사장의 소음 등으로 수면이 방해되는 경우에 헌법적 권리의 침해를 주장할 수 있고, 민사소송상의 손해배상청구의 원인이 될 수 있다.

수반취득隨伴取得 외국인의 자(子)로서 대한민국의 민법상 미성년인 자는 부 또는 모가 귀화허가를 신청할 때 함께 국적취득을 신청할 수 있으며 법무부장관이 부 또는 모에게 귀화를 허가한 때에 함께 대한민국 국적을 취득한다(국적법 제8조). 이를 수반취득이라 한다. ➜ 국적.

수복지구收復地區 수복지구는 1953.7.27. 6 · 25 전쟁의 정전협정으로 구획된 군사분계선(휴전선) 이남과 북위 38도 이북지역 중 대한민국에 편입된 지역을 말한다. 행정권 이양이 완료되기 전에는 여전히 대한민국으로 수복되지 아니한 지역으로 보아 '탈환지구'라고도 불렸다. 38선 이남지역으로 정전협정 전 남한정부의 지배를 받았다가 협정 후 북한지역으로 편입된 지역은 '신해방지구'라 부른다. 수복지구는 1년여 간 유엔과 미군에 의해 군정이 실시되었고, 주권이양을 요구하는 대한민국정부에 대해 유엔은 행정권만을 이양하였다. 이에 대한민국정부는 수복지구 「임시행정조치법[법률 제350호, 1954.10.21. 제정, 1954.11.17. 시행]」으로 동 지역을 대한민국에 편입하였다. 동법은 「수복지구와동인접지구의행정구역에관한임시조치법[법률 제1178호, 1962.11.21. 제정, 1963.1.1. 시행]」으로 개정되었다. 국회의원선거는 1958년 제4대 국회의원선거부터, 지방선거는 1991년부터 시행되었지만, 법적으로는 유엔이 동 지역의 행정권만을 이양했기 때문에 동 지역에 대한 주권행사여부에 관하여 적지 않은 문제가 있다.

수사경력자료搜査經歷資料 수사경력자료란 수사자료표 중 벌금 미만의 형의 선고 및 검사의 불기소처분에 관한 자료 등 범죄경력자료를 제외한 나머지 자료를 말한다(형의 실효 등에 관한 법률 제2조 제6호). 수사자료표란 수사기관이 피의자의 지문을 채취하고 피의자의 인적사항과 죄명 등을 기재한 표로서 경찰청에서 관리하는 것을 말한다(형의 실효 등에 관한 법률 제2조 제4호). 국가는 국가수사업무를 수행함에 있어서 필요한 경우에는 수사대상이 되었던 피의자에 대한 수사경력자료를 보존할 수 있다. 이는 형사사법기능의 효율성을 위하여 기존의 범죄자 혹은 범죄혐의자에 대한 자료를 보존하여 이를 사후의 수사에 활용하고자 하는 것이다. 문제는 협의의 불기소처분(➜ 불기소처분)의 경우, 예컨대 '혐의없음'의 처분을 받은 경우에도 그 수사경력자료를 국가가 보존하는 것이 허용되는가이다. 원칙적으로 협의의 불기소처분의 경우에는 관련 수사자료는 폐기되어야 한다. 형의 실효에 관한 법률에 의하면, 기소유예 처분이나 법원의 무죄, 면소 또는 공소기각의 판결, 공소기각결정 등이 있는 경우는 5년간 보존하도록 하고 있는데(동법 제8조의2 제2항 제3호 단서), 이에 대해서는 위헌의 의심이 있다. 형의 실효에 관한 법률이 법정형에 따라 일정기간 보존 후 폐기하도록 하는 것에 대해, 합헌이라고 결정하였다(헌재 2009.10.29. 2008헌마207).

수사기록 열람·등사권搜査記錄 閱覽·謄寫權 1. **의의** 공판에서 반대신문을 준비하기 위해 사건의 쟁점이 무엇인지를 확인하고 이에 대한 계획을 사전에 세우기 위하여 피고인 측이 수사기록들을 적법하게 확인하고 획득할 수 있는 권리를 말한다. 절차적 정당성과 실체적 진실발견을 위하여 필요한 권리이다. 2. **인정 여부** 수사기록 열람등사권은 피고인의 신속하고 공정한 재판을 받을 권리라는 헌법상 기본권의 중요한 구성요소이자 이를 실현하는 구체적인 수단이 된다(헌재 2010.6.24. 2009헌마257). 변호인의 열람·등사권은 피고인이 방어권을 제대로 행사하기 위한 준비로서, 변호인의 조력할 권리와도 관련이 있다. 공소제기 전인 피의자에 경우 이러한 수사기록의 열람·등사권이 헌법상 기본권으로 동일하게 인정될 수 있을 것인가에 관하여 헌법재판소는 명확한 입장을 표명하지는 않고 있으나, 신속·공정한 재판을 받을 권리, 변호인의 조력을 받을 권리, 무죄추정원칙 내지 무죄추정을 받을 권리 등의 헌법원칙과 함께 피의자의 방어권을 보장하도록 헌법적 권리로 인정함이 타당하다. ➜ 변호인의 조력을 받을 권리.

수상首相 ⓔ prime minister/premier/chancellor, ⓓ Kanzler, ⓕ Premier ministre/chancelier. 수상은 내각 또는 정부를 구성하는 복수의 각료(Ministers) 중 수석(首席, Prime)인 자를 의미한다. 의원내각제에서는 수상이라는 표현이 일반적이며, 일본과 같이 총리대신(總理大臣)이라는 표현을 쓰기도 한다. 대통령제 또는 이원정부제 하에서는 총리라는 표현으로 쓰인다.

수상정부제首相政府制 ⓔ prime ministerial government. ➜ 영국식 의원내각제.

수상제민주주의首相制民主主義 ⓓ Kanzler Demokratie 2차 대전 이후의 독일의 의원내각제를 달리 일컫는 말이다. 재상민주주의, 총리민주주의라고 표현한 경우도 있다. ➜ 독일식 의원내각제.

수색搜索 ⓔ search/rummage, ⓓ Durchsuchung, ⓕ fouille/perquisition. 압수(押收)해야 할 물건이나 체포·구인(拘引)·구류(拘留)하여야 할 범인을 발견하기 위해 사람의 신체·물건·가택을 조사하는 강제처분을 말한다. 헌법상 신체 및 주거의 수색에 대하여는 검사의 신청에 의하여 법관이 발부한 영장을 제시하도록 규정하고 있다(헌법 제12조 제3항 · 16조). 형사소송법상으로는 수사기관에 의한 수색(제137조, 제215~217조, 제219조)과 법원에 의한 수색(제109조)의 두 경우가 있다. 이 외에 국세징수법(국세징수법 제25~28조), 조세범처벌법(조세범처벌절차법 제8~12조), 관세법(제296조, 제300~302조) 등에도 수색이 규정되어 있고, 국제법상으로 인정되는 경우가 있다.

수수료手數料 ㊄ fee/charge/commision ➜ 준조세.

수신료受信料 공영방송을 구성하는 주요한 요인 중의 하나인 공적 재원으로서의 수신료는 공영방송 사업이라는 특정한 공익사업의 소요경비를 충당하기 위한 것으로 일반 재정수입을 목적으로 하는 조세와 다른 특별부담금이다(헌재 1999.5.27. 98헌바70). 전기요금과 병합하여 수신료를 징수하는 것이 텔레비전 수상기 소지자의 재산권을 과도하게 침해하고 법률유보원칙과 평등 원칙에 어긋난다는 위헌 심판 청구를 각하하면서 헌법재판소는 수신료의 역할과 공영방송의 책무를 언급하고 있다. 수신료는 공영방송이 국가나 각종 이익단체에 재정적으로 종속되는 것을 방지할 뿐만 아니라 공영방송 스스로 국민을 위한 다양한 프로그램을 자기 책임 하에 형성할 수 있는 계기를 제공해 주는 효과적이고 적절한 수단으로서 공영방송의 독립성 및 중립성 확보라는 입법목적에 부합한다고 하였다(헌재 2008.2.28. 2006헌바70).

수업권授業權 ➜ 교원의 지위 · 권리와 의무.

수용자受容者 수용자란 수형자 · 미결수용자 · 사형확정자 등 법률과 적법한 절차에 따라 교도소 · 구치소 및 그 지소에 수용된 사람을 말한다(형의 집행 및 수용자의 처우에 관한 법률 제2조 제1호). 수형자보다는 넓은 개념이다. ➜ 수형자.

수용유사적 침해收用類似的 侵害**의 법리** ㊀ Enteignungsgleicher Eingriff. 수용유사적 침해란 타인의 재산권에 대한 위법 · 무책의 공권적 침해를 말한다. 즉 공용침해(수용 · 사용 · 제한)의 요건은 모두 구비하고 있으나, 보상체계를 결하고 있는 경우를 의미한다. 이 경우 위헌무효설에 기하여 손해배상청구를 인정할 수 있으나, 수용유사적 침해와 불법행위는 그 원인 및 효과에 있어서 차이가 있으므로 공용수용의 법리에 준하여 보상청구를 인정하려는 것이 수용유사적 침해이론이다. 수용유사침해제도의 핵심은 위법 · 무책한 침해(예 건축허가신청에 대한 장기간의 위법한 거부)를 국가보상법상으로 구제하려는 데에 있다. 독일에서는 1933년 제국법원에서 처음으로 인정되었다가, 1952년 연방최고법원(BGH)에 의하여 인정되었다. 그러나 1981. 7.15. 자갈채취사건 판결은 수용유사적 침해를 부정 · 배제하는 것이 아니라 그 기원과 형태, 토대와 응용영역, 구성면모와 법적 효과 등에서 근본적으로 새로이 숙고되고 배열되어야 한다는 것이다. 수용유사적 침해의 잠재적 적용영역으로, 의식적인(bewusst) 불법의 재산권침해, 비의도적인(ungezielt) · 의도하지 않은(ungewollt) · 우연한(zufällig) 재산권침해, 사실상의(faktisch;사실행위에 의한) 재산권침해, 위헌적인 내용 · 한계규정 등을 들 수 있다. ➜ 재산권의 사회적 제약과 공용침해.

수용적 침해收用的 侵害 ㊀ enteignende Eingriff. 수용적 침해라 함은 적법한 행정작용의 비전형적이고 의도하지 않은 부수적 결과(atypische und ungewollte Nebenfolge)로서 타인의 재산권에 가해진 침해를 말한다. 예컨대 지하철공사가 장기간 계속됨으로 인해 인근 상점이 오랫동안 영업을 하지 못한 경우, 또는 도시계획으로써 도로구역으로 고시되었으나 공사를 함이 없이 오랫동안 방치해 둠으로 인하여 고시지역 내의 가옥주 등이 심대한 불이익을 입고 있는 경우 등이 이에 해당한다. 요건으로는, 재산권의 침해, 적법한 행정작용의 부수적 결과로 인한 침해, 침해의 직접성, 특별한 희생 등이 요구된다. 우리나라에서 인정할 것인지에 관하여 긍정·부정의 견해가 있다. ➜ 재산권의 사회적 제약과 공용침해.

수인한도론受忍限度論 ➜ 환경권.

수정거부修正拒否 헌법 제53조 제3항은 「대통령은 법률안의 일부에 대하여 또는 법률안을 수정하여 재의를 요구할 수 없다.」라고 하여, 명문으로 일부거부 또는 수정거부를 금지하고 있다. ➜ 법률안 거부권.

수정동의修正動議 [영] amendment motion. 원동의(原動議)의 수정(修正)을 요구하는 동의로서, 원동의에 원칙적으로는 찬성하면서 조건만 일부 수정하는 것이다. 따라서 원동의에 정반대되는 수정동의는 성립되지 않는다. 국회법상 의안에 대한 수정동의(修正動議)는 그 안을 갖추고 이유를 붙여 의원 30인 이상의 찬성자와 연서하여 의장에게 제출한다. 그러나 예산안의 수정동의는 50인 이상의 찬성이 있어야 한다(제95조).

수정사회주의적 경제질서修正社會主義的 經濟秩序 사회주의시장경제질서라고도 한다. 원래 사회주의의 경제질서는 계획경제 내지 통제경제원칙이었으나, 중국의 경우 1993년 헌법개정을 통하여 「사회주의 시장경제」를 표방하였다. 사회주의 시장경제는 사회주의와 시장경제라는 일견 모순적인 결합처럼 보이지만, 중국은 기존의 사회주의 경제원칙의 모순 내지 결함을 보완하기 위하여 시장경제체제를 도입한 것이었다. 이는 정치체제로서의 사회주의 체제와 경제체제로서의 시장경제체제를 결합한 것이다. 장쩌민 주석 재임기에는 '노동자와 농민'만을 인정하였던 기존의 프롤레타리아 계급에 '자본가'계급을 추가하여 사회주의이론에 수정을 가하고 공산당의 당원자격을 확대하였다. 이는 사회주의시장경제를 시행하기 위한 기초이었다. 수정사회주의 경제질서는 일견 자본주의적 경제질서를 수용한 것처럼 보이지만, 가장 중요한 토지소유권에 대해서는 여전히 국가의 소유로 하고 있고, 중요기업에 대한 소유권과 경제정책에 대한 결정권이 여전히 공산당에 남아 있는 점에서 큰 차이가 있다. ➜ 사회주의 시장경제.

수정자본주의적 경제질서修正資本主義的 經濟秩序 ➜ 사회적 시장경제질서.

수정조항修正條項 [영] amendment. 헌법개정에서 수정·증보의 형식을 택하는 경우, 수정된 조항을 의미한다. 미국헌법이 대표적이다. 미국헌법은 1787년 제정된 후, 1791년 수정 10개조를 추가하였고, 이후 수정 27조까지 증보되었다. 수정 27조는 1992년에 203년 만에 헌법개정의 요건(연방 구성주들 중 2/3의 주의 인준)을 충족하여 수정·증보되었다.

수직적垂直的 · **수평적**水平的**권력분립** ➜ 권력분립론.

수평효水平效, **기본권의** - ➜ 기본권의 대사인적 효력.

수형자受刑者 [영] prisoner, [독] die Gefangene, [프] prisonnier. 넓은 뜻으로는 형의 집행을 받는 모든 자를 뜻하나, 좁은 뜻으로는 구금(拘禁)이 수반되는 형(자유형)의 집행을 받고 있는 자를 뜻한다. 미결수용자(未決收容者), 사형확정자나 보호처분에 의하여 소년원에 수용된 자는 이에서 제외된다. 수형자에 대한 규율법률로서 「형의 집행 및 수용자의 처우에 관한 법률」에서는, 「"수형자"란 징역형 · 금고형 또는 구류형의 선고를 받아 그 형이 확정되어 교정시설에 수용된 사람과 벌금 또는 과료를 완납하지 아니하여 노역장 유치명령을 받아 교정시설에 수용된 사람을 말한다.」고 하고(동법 제2조 제2호), 「"수용자"란 수형자 · 미결수용자 · 사형확정자 등 법률과 적법한 절차에 따라 교도소 · 구치소 및 그 지소에 수용된 사람을 말한다.」고 정의하고 있다(동법 제2조 제1호).

숙고기간熟考期間 **= 숙려기간**熟慮期間 [영] careful deliberation. 일정한 행위를 하기 전에 심사숙고하는 기간을 말한다. 민법상 이혼숙려제도(제836조의2). 국회법상 의안자동상정제도(제59조의2) 등에 반영되어 있다. 금융상품투자와 관련하여 투자숙려기간제도가 행정지도로 이용되고 있다.

숙의민주주의熟議民主主義 **= 토의민주주의**討議民主主義 **= 심의민주주의**審議民主主義 **= 대화민주주의**對話民主主義 [영] deliberative democracy/discursive democracy. 숙의민주주의 또는 심의민주주의란 공공 의제에 관한 토론 과정에 시민들이 직접 참여하여 합의에 도달하는 민주적 절차를 의미한다. 숙의(deliberation)가 의사결정의 중심이 되는 민주주의 형식이다. 이것은 합의적(consensus) 의사결정과 다수결원리의 요소를 모두 포함한다. 숙의 민주주의에서 법을 정당화하는 가장 중요한 요건은 단순한 투표를 넘어선 실제적인 숙의라는 점에서 전통적 민주주의 이론과 다르다. 숙의 민주주의는 대의민주주의와 직접민주주의 모두와 양립할 수 있다. 논자에 따라서는 그 구성원들이 권한을 불평등하게 배분하지 않고 법안을 실제적으로 숙의하는 대의기구들을 아우르는 데 사용하기도 하고, 반면에 직접민주주의에서 일반시민들(lay citizens)에 의한 직접적인 의사결정을 지칭하는 데 이 용어를 사용하기도 한다. 「숙의민주주의(deliberative democracy)」라는 용어는 Joseph M. Bessette가 1980년 저술한 〈숙의 민주주의: 공화정부에서 다수결원리(Deliberative Democracy: The Majority Principle in Republican Government)〉에서 처음으로 사용하였다. 피쉬킨(James Fishkin)의 숙의모델, 코언(Joshua Cohen)의 이론 등이 자주 인용된다. 숙의민주주의의 한 방식으로 공론조사(Deliberative polling)가 있다. 공론조사는 공공의제에 관한 토론 과정에 시민들이 직접 참여하여 합의에 도달하는 민주적 절차를 의미한다. 우리나라의 경우, 2017년 문재인정부 출범 이후 원전정책과 대학입시제도에 관하여 공론화과정이 시행되기도 하였다.

순수대표형純粹代表型 ➜ 대의민주주의.

순수법학이론純粹法學理論 [영] the pure theory of law, [독] Reine Rechtslehre, [프] la théorie pure du droit. 순수법학은 법을 이데올로기와 정치적 · 윤리적 · 사회적 요소 등으로부터 완전히 분리하여 실정법 그 자체를 순수하게 객관적으로 인식하고 해석하고자 하는 법이론을 말한다. 순수법학이라는 명칭은 Ernest Roguin의 저서 「la science juridique pure」(1924)에서도 볼 수 있으나, 이론적으로 명확하게 규명하고 체계화한 것은 H. 켈젠의 저서 「Reine Rechtslehre」(1934)에서이다. 켈젠은 법의 과학을 사회학 · 정치학 · 형이상학과 준별하여, 방법론적으로 순수성을 중시하고 실징법의 이론을 규범과학(規範科學)으로서 구축하였다. 순수법학은 존재하고 있는 법 즉 사회적 사실로서의 법현상을 기술하는 것이 아니라, 규범체계로서의 법의 인식을 그 과제로 하였다. 그것은 철학적으로 존재와 당위(當爲)와의 엄밀한 구별에 의거하여 법을 규범의 체계로 삼고 규범의 존재를 타당성에 관련시키는 규범의 논리분석으로 전개된다. 법에 대한 순수한 규범과학적 분석의 귀결로서 법의 단계구조가 나타나는데, 법질서 전체에 타당성을 주는 규범은 근본규범(Grundnorm)으로서 가정된다. 그의 이론의 중핵을 이루는 이와 같은 견해는 여러 가지 점에서 비판되었음에도 불구하고, 순수법학이 금세기의 법이론에 이바지한 공헌은 매우 중요하며, 공법학 · 국제법학에 끼친 영향도 간과할 수 없다. 헌법학에서 법과 국가의 동일성을 강조하는 법실증주의적 헌법이해의 결정적인 논거이기도 하다. 국제법에서 순수법학이 특히 관계가 있고 중요한 것은 국제법우위론을 구성하였다는 것이다. 이것은 켈젠의 초기의 저서의 하나인 「주권의 문제와 국제법의 이론(Das Problem der Souveränität und die Theorie des Völkerrechts)」(1920)에 의해 이루어졌다. 국제법우위론은 국제법과 국내법의 관계에 관한 학설의 하나로 양자가 하나의 통일적인 법질서를 구성하고 그 중에서 국제법이 상위를, 국내법이 하위를 차지한다는 설이다. 그 때까지의 통설은 국제법과 국내법은 각각 다른 법질서로 서로 독립적인 것이었다. 이것에 대해 순수법학은 국제법과 국내법은 서로 상대방의 존립을 전제로 하고 있으며 결국은 하나의 통일적인 법질서를 구성한다고 본 것이다. 따라서 국내법이 일정의 지역 내에서 타당한 것은 국제법으로 정해질 수 있으며 그것은 국내법의 타당성이 국제법의 규정에 기초한 것, 즉, 국내법의 타당성이 국제법에서 유래한다는 것을 의미한다. 이 의미에서 국제법이 상위를 차지하고 국내법은 하위를 차지하게 된다. 이것은 국제법과 국내법의 관계를 순수하게 논리적으로 추구한 성과이다. 이 성과는 국제법에서 매우 중요한 것으로 순수법학이 국제법에 기여한 큰 공적이다. ➜ 국제법존중주의.

Schnorbus 판결 Julia Schnorbus v. Land Hessen(C-79/99)[2000], ECR I-10997. 1. **사실관계** 여성인 Schnorbus는 1997.10.에 제1차 법률시험에 합격했다. 독일 연방법과 Hessen주 법에 따르면, 사법직 또는 고위공무원직을 얻기 위해서는 법률실무교육을 이수하고 제2차 시험에 합격해야 한다. 이에 Schnorbus는 1998.1.에 시작하는 실무교육을 받기 위해 Hessen주 법무부에 신청을 했다. 하지만 1997.12.16. 법무부는 그녀의 신청을 기각했다. 그 이유는 너무 많은 지원서가 도착했기 때문에 「법률교육훈련에 관한 법(Juristenausbildungsgesetz: JAG)」 제24조 제2항 및 「법률교육훈련에 관한 규칙(Juristenausbildungsordnung: JAO)」 제14a조에 따른 선발을 해야 할 필요가 있다는 것이다. 1998.2.11.에도 법무부는 동일한 이유를 들면서 1998.3.에 시작하는 실무교육에 참여할 수 없다고 통보했다. 이에 1998.2.13. Schnorbus는 법무부에 이의신청을 했다. 그녀는 오직 남성만이 수행할 수 있는 의무복무 또는 민간대체복무를 마친 지원자에게 우선권을 부여했기 때문에 선발절차는 여성에 대한 차별이라고 주장했다. 하지만 그녀의 이의신청은 1998.4.2.에 기각되었다. 그 이유는 문제가 된 규정이 의무복무 또는 민간대체복무를 이행할 의무가 있는 지원자가 겪은 불이익을 상쇄하기 위해 고안되었기 때문에 객관적으로 구별되는 요소에 근거하고 있다는 것이다. 이에 1998.4.9. 그녀는 Frankfurt am Main 행정법원에 정식소송을 제기했다. 그녀는 법무부의 불허결정이 불법이라는 선언과 Hessen주가 1998.5.에 개시하는 교육에 교육생으로 자신을 임용할 것을 요구하는 명령을 구했다. 행정법원은 문제해결을 위해 소송절차를 중단하고, ECJ에 사전결정을 신청했다. 2. **ECJ의 판결** 국내법원은

ECJ에 모두 8가지의 질문을 했는데, 그 핵심요지는, 법률실무교육에 대한 지원자의 숫자가 교육정원을 초과하는 경우에 의무복무 또는 민간대체복무를 이행한 지원자에게는 즉시 훈련허가를 하는 반면, 기타 지원자에게는 최장 12개월 동안 교육훈련의 허가를 연기시킬 수 있도록 규정한 국내법 규정이 76/207/EEC 지침에 위배되는지 여부이다. 이에 대해 ECJ는 국내법 규정이 76/207/EEC 지침에 위배되지 않는다고 판시했다. 즉, ECJ는 남성만이 병역의무를 법에 의해 부과받기 때문에 의무복무 또는 민간대체복무를 이행한 사람에게 우선권을 부여하는 조치는 남성에게 유리한 간접차별에 해당되지만, 76/207/EEC 지침 제2조 제4항에는 위반되지 않는다고 보았다. 그 이유는 ⅰ) 국내법 규정이 의무복무 또는 민간대체복무를 이행할 것을 요구받은 지원자가 교육훈련과정에서 경험한 지연을 고려하고 있기 때문에 본질적으로 객관적일뿐 아니라, ⅱ) 국내법 규정은 그러한 교육훈련 지연의 효과를 어느 정도 상쇄하기 위한 의도를 가지고 만들어졌다는 사실이 명백하기 때문이다. 한편, ECJ는 다른 지원자에게 최장 12개월의 손해를 초래할 수 있는 우선권을 부여하는 것은 불균형적(disproportionate)인 것도 아니라고 보았다. 그 이유는 의무복무 또는 민간대체복무 때문에 겪은 교육훈련 지연은 적어도 그 기간(12개월)과 동일하기 때문이다. 3. **판결의 의미** Schnorbus 사건은 법률실무교육에 있어서 의무복무 또는 민간대체복무를 이행한 지원자에게는 즉시 교육훈련을 허가하는 반면, 기타 지원자에게는 최장 12개월 동안 교육훈련의 허가를 연기시킬 수 있도록 규정한 국내법 규정이 문제된 사건이다. 이에 대해 ECJ는 국내법 규정이 ⅰ) 객관적 이유에 의해 정당화되고, ⅱ) 의무복무 또는 민간대체복무의 이행으로 초래된 교육훈련의 지연을 상쇄할 의도를 가지고 만들어졌고, ⅲ) 다른 지원자가 겪는 손해와 우선권 사이에 비례관계가 성립하기 때문에 76/207/EEC 지침에 위배되지 않는다고 판단했다. Schnorbus 사건은 성별과 직접적인 관련이 없는 제대군인을 대상으로 하는 적극적 평등실현조치가 문제된 사건이라는 점에 주목을 끈다. 그러나 ECJ는 이러한 사실에 대해 별도의 언급을 하지 않았을 뿐 아니라 결론을 도출하는 근거도 매우 빈약했다.

Shrestha 판결 ➜ 기후변화소송.

슈미트Schmitt, Carl 1888.6.11.~1985.4.7. 베스트팔렌 주 플레텐베르크(Plettenberg, Westphalia) 출생의 독일의 보수주의 공법학자이자 정치학자이다. 가톨릭을 신봉하는 부모 하에서 자라나, 베를린대학, 뮌헨대학, 스트라스부르크대학 등에서 수학하였다. 날카로운 근대비판을 전개하면서 독자적인 헌법학과 정치사상을 형성하였다. 1916년 스트라스부르크대학 강사를 시초로 본(bonn)대학, 뮌헨대학, 베를린대학 등의 교수를 역임하였다. 그는 「도이블러의 극광(極光)(Theodor Däublers 'Nordlicht')」(1916), 「정치적 낭만주의(Politische Romantik)」(1919), 「로마 카톨리시즘과 정치형식(Römischer Katholizismus und politische Form)」(1923) 등에서 카톨리시즘의 입장에서 주관주의, 경제주의 그리고 기술주의를 고발하고 날카로운 근대비판을 전개하였다. 또한 그는 바이마르 공화국 시대에는 내우외환의 독일위기를 극복하기 위해 자유주의 의회주의 비판을 전개함과 동시에 독재론의 구축에 정력을 기울였다. 그는 「독재(Die Diktatur)」(1921)에서 로마에서 현대에 이르기까지의 독재의 사례를 분석하면서 독재를 위임독재와 주권독재로 대별하고 혁명적인 볼셰비즘의 주권독재에 대항하기 위해 바이마르 헌법 제48조에 기초하여 강력한 긴급권을 갖는 대통령을 위임독재로서 구성하였다. 또한 「정치신학(Politische Theologie)」(1922)에서는 법학과 신학의 비교에 기초하여 신학 개념을 법이나 정치개념의 분석에 도입하고, 켈젠(H. Kelsen)으로 대표되는 법실증주의와 규범주의를 비판하는 한편, 홉스(T. Hobbes)에서 볼 수 있는 인격적인 결단의 개념을 법학의 중심에 두었다. 또한 「현대 의회주의의 정신사적 상황(Die geistesgeschichtliche Lage des heutigen Parlamentarismus)」(1923)에서는 교양과 재산에 기초한 고전적 의회주의에서 대중 민주주의 상황에서의 현대 의회주의로의 의회제의 구조전환을 그려내고, 현대 의회주의가 그 정신적 기반인 토론과 공개성을 상실하였다고 하면서 현대 의회제에 사망선언을 하였다. 또한 「정치적인 것의 개념(Der Begriff des Politischen)」(1932)에서는 정치의 표식을 화해하기 어려운 대립을 의미하는 아군 · 적군(Freund und Feind)의 구별에서 찾고 적군을 한편으로는 경쟁자로, 다른 한편으로는 논쟁의 상대로 환원하는 자유주의의 비정치성을 비판함과 동시에 라스키(H. Laski)나 콜(G.D.H. Cole) 등의 다원주의적 국가론을 공격하고, 국가 주권의 본질을 아군 · 적군의 결단에서 구하였다. 또한 슈미트는 「합법성과 정당성(Legalität und Legitimität)」에서 가치중립적인 합법성의 문제점을 지적하고 반민주주의 정당이 합법성을 이용하여 권력을 장악하고 합법적인 질서를 파괴할 우려가 있다고 경종을 울렸다. 이와 같이 바이마르기의 슈미트의 일련의 저서에서는 '예외상태'에서 법이나 정치를 분석한다는 슈미트 특유의 방법이 관철되어 있으며 '예외상태'를 간과하고 '상태'를 상정한 법실증주의, 자유주의, 의회주의, 다원주의에 대한 철저한 파괴작업이 수행되었다. 또한 슈미트가 1928년에 출판한 「헌법학(Verfassungslehre)」은 헌법제정권력론, 헌법개정권력의 한계론, 제도적 보장론 등에 의해 현대 헌법학에도 지대한 영향을 미쳤다. 슈미트는 1933.1.에 히틀러(A. Hitler)가 정권을 장악하자 5월에 나치당에 입당하여 「국가 · 운동 · 민족(Staat, Bewegung, Volk. Die Dreigliederung der politischen Einheit)」(1933)과 「법학적 사고의 3양식(Über die drei Arten des rechtswissenschaftlichen Denkens)」(1934)을 발표하고 나치즘을 정당화함과 동시에 반유대주의에도 공감하였다. 하지만 1936년에 나치 친위대(Schutzstaffel: SS)가 그를 기회주의자로 고발한 후에는 '계관법학자(桂冠法學者; Reichsfachgruppenleiter)'로서의 지위에서 사임하였으며, 독일의 동방침략을 정당화하는 광역이론을 전개하였다. 2차 대전이 종료된 후에는 미군에 의해 체포되었으며 1년여의 감금 후 고향 플레텐베르크로 돌아갔다. 슈미트는 나치국가 창설에서의 그의 역할에 대해 전혀 후회하지 않았으며, 그로 인해 학계의 자리를 얻을 수 없었다. 학문적 및 정치적 공동체의 주류로부터 밀려났음에도 불구하고 1950년대부터 국제법분야의 연구를 계속하였다. 1962년에 스페인 프랑코 정권 하에서 행해진 연설에서 스페인내전을 국제공산주의에 대응하는 민족해방전이라고 성격지우기도 하였다. 이 때의 연설내용이 「파르티잔이론(Theory of the Partisan)」(1963)으로 발간되었다. 1976년에는 「가치의 전제(Tyrannei der Werte)」를 발간하였다. 테러와의 전쟁에 대한 논쟁적인 정책을 정당화하기 위하여 통일적인 집행이론을 주장하는 미국의 신보수주의에 영향을 미치고 있다고 평가되고 있으며, 시진핑 이후 21세기의 중국정치이론에 중요하게 영향을 미치고 있다고 평가된다. 1985.4.7.에 사망하여 고향 플레텐베르크에 묻혔다.

슈테른Stern, Klaus 1932.1.11.~ . 뉘른베르크 태생의 독일 공법학자이자 노르트라인-베스트팔렌 주 헌법재판소 재판관이다. 1951~55년까지 에어랑엔 및 뮌헨 대학에서 법학과 국민경제론을 수학하였고,

제1국가시험을 통과하였다. 1956년에 「연방헌법재판소의 법률해석과 해석원칙(Gesetzesauslegung und Auslegungsgrundsätze des Bundesverfassungsgerichts)」이라는 논문으로 뮌헨대학 법학교수로 박사학위를 취득하였다. 1956년부터 1960년까지 뮌헨 최고재판소에서 재판관시보를 지냈고, 뮌헨대학에서 조교로 근무하였다. 1960년에 제2국가시험을 통과하여 1961년에 뮌헨대학에서 「경제헌법과 에너지경제법(Wirtschaftsverfassung und Energiewirtschaftsrecht)」으로 공법 및 일반법학 교수자격논문을 취득하였다. 1962년부터 베를린자유대학, 쾰른대학의 국가법 및 정치학 교수로 재직하였고, 1969년부터 1971년까지 쾰른대학 법학 수석교수로 선출되었고, 1971~73년에 총장을, 1973~75년에 부총장을 지냈다. 1976~2000년까지 노르트라인-베스트팔렌 주 헌법재판소의 의회선출 재판관을 재직하였다. 1966~2015년까지 뒤셀도르프의 행정 및 경제학 아카데미의 연구책임자이었으며, 공법, 국가법, 행정법 등을 연구하였다. 저서로, 「독일연방공화국 국법론(Das Staatsrecht der BRD(5 Bde.)」(1977~2011), 「주석기본권(Grundrechte Kommentar)」(2009), 「기본법 60년(60 Jahre Grundgesetz)」(2010) 외에 많은 저작이 있다.

스멘트Smend, Rudolf 1882.1.15.~1975.7.5. 독일의 국법학자이자 교회법학자이다. 신학교수의 아들로 태어나 바젤, 베를린, 본, 괴팅엔 등에서 수학하였다. 1908년에 킬 대학에서 해넬(Albert Hänel)의 지도로 제국재판소(Reichskammergericht)에 관한 연구로 교수자격을 취득하였다. 1909년에 그라이프스발트 대학, 1911년에 튀빙엔 대학의 정규직 교수가 되었다. 1915년 본, 1922년 베를린 프리드리히 빌헬름 대학의 초빙을 받았다. 이 시기 스멘트는 반나치 국민당의 당원이었다. 1935년에 괴팅엔 대학에 자리잡은 후 죽을 때까지 재직하였다. 1944년부터 1949년까지 괴팅엔 아카데미의 회장으로 재직하였으며, 1951년 정년퇴직 후 1965년까지 교회법세미나를 주도하였다. 주 저작으로 「국가형성과 헌법(Verfassung und Verfassungsrecht)」(1928)이 있다. 이 책에서 그는 통합이론을 주창하였다. U. Scheuner, H. Ehmke, K. Hesse, P. Häberle 등이 그의 추종자로 평가된다. 통합이론은 국가적 통합과정의 고유한 가치법칙성을 전제로 하는 한, 급진적인 정치적 내재적 사고(Immanenzdenken)의 모델로 비판된다. 또한 통합이론은 법의 고유한 의미를 소홀히 한다. 그것이 국가이론으로 고찰되는 한, 불분명하고 단편적인 것으로 비판될 것이다. 스멘트는 칼 슈미트의 결단주의적 이론에 학문적인 대척점에 서 있었다. 그의 국가법학을 결집한 「국가법논집(Staatsrechtliche Abhandlungen)」(1954)이 있다.

스미스Smith, Adam 1723.6.5.~1790.7.17. 영국 스코틀랜드 출신의 정치경제학자, 윤리철학자로서, 후대의 큰 영향을 미친 「국부론」의 저자이다. 14살에 글래스고 대학에 입학하여 윤리철학을 공부했다. 1740년 옥스퍼드 대학교에 장학생으로 입학하였으나 1746년에 자퇴했다. 1751년 글래스고 대학 논리학강좌의 교수가 되었고, 이듬해 도덕철학 교수가 되었다. 고전경제학의 대표적인 이론가로서, 경제학의 아버지로 여겨지며, 자본주의와 자유무역에 대한 이론의 기초를 제공했다. 1759년 유럽에 명성을 떨치게 된 〈도덕감정론〉(The Theory of Moral Sentiments)을 발표했으며, 1776년에 2년여의 유럽 여행을 끝내고 고향에 돌아와 「국부론」을 발간하였다. 국부론에서 그는 정부는 민간의 경제생활에 간섭해서는 안 된다는 입장을 표명했다. 각 개인이 자신의 이익을 추구하도록 내버려두면 '보이지 않는 손'이 작용하여 결과적으로 사회 전체의 복지를 증진시키고 국가의 경제가 발전할 수 있다고 주장했다. 그는 국가와 정부의 기능과 역할을 최소한으로 축소시키는 야경국가론을 주장하였다. 이에 따르면 정부의 필수적인 의무를 세 가지로 주장한다. 1) 국가는 다른 나라의 폭력과 침략에서 사회를 보호하기 위해 군사력을 보유해야 한다. 2) 국가는 사회의 모든 구성원을 다른 구성원의 불의나 억압에서 보호하기 위해 사법제도를 엄정하게 세워야 한다. 3) 국가는 사회 전체에는 큰 이익을 주지만 거기서 나오는 이윤이 비용을 보상해 줄 수 없기 때문에 어떤 개인도 건설하고 유지할 수 없는 공공사업과 공공기구를 건설하고 유지해야 한다. 또한 국제적인 경제 질서에서도 자유방임주의를 주장하여, 당시 각국의 정부가 자국의 산업을 보호하기 위하여 보호관세를 부과함으로써 수입을 제한하는 것을 자연적인 자유를 침해하는 일이라고 비난하고, 자연의 법칙에 맞는 경제질서는 국제적 분업에 입각한 자유무역이라고 강조했다. 애덤 스미스는 자유방임주의를 교조적으로 옹호하지는 않았다. 그는 정부의 선의와 역량을 거의 믿지 않았지만, 그럼에도 그는 만약 더 나은 수단이 없다면 개인이 하지 않을 것 같거나 할 수 없거나, 하더라도 잘못될 가능성이 있는 여러 과제를 정부에 맡길 필요가 있다고 보았다.

State Action 이론 1. **의의** 기본권의 대사인적 효력문제를 다루는 미국의 이론으로서, 사인(私人)의 행위를 국가행위(state action)로 의제하여, 국가에 대하여 개인이 가지는 기본권의 효력을 사인에 대해서도 마찬가지로 주장할 수 있도록 하는 이론이다. 다시 말하면, 원칙적으로 헌법이 적용되지 않는 사인간에 행하여진 권리의 침해 또는 제한행위에 있어서, 그 행위가 정부의 기능과 같은 공적 기능의 성격을 가지고 있거나, 주의 공식적인 입법 · 집행 · 사법행위와 어떤 형태로든 깊은 연결관계(nexus)에 있게 되면, 그 사인의 권리침해 또는 제한행위는 state action으로서 헌법규정의 적용을 받게 된다는 것이다. 2. **연혁** 미국연방헌법상 기본적 인권 관련규정들은 국가의 행위, 즉 연방과 주의 행위에 대해서만 그 제한과 의무를 부과하고 있고 사인의 행위는 일반적으로 헌법의 적용대상이 아니다. 권리보장규정의 직접적용대상을 국가의 행위만으로 한정하는 state action이론이 성립한 것은 수정헌법 제14조 제1항의 '어떤 주도 …할 수 없다(No state shall…)'라는 문구를 해석하고 정의해 온 연방대법원의 판례를 통해 구체적으로 확립되었다. 남북전쟁이후 제정된 수정헌법조항들의 가장 큰 목적은 노예제의 폐지와 인종차별의 축출이었고 이를 위해 연방의회는 '사인'에 의한 차별행위에 대해 일련의 민권법(Civil Rights Act)을 제정하여 규제하기 시작하였다. 그러나 수정 제14조 제1항은 '주'에 의한 권리침해만을 금지하였고, 동조 제5항은 연방의회에게 제1항의 적절한 시행을 위한 입법권한만을 부여하고 있어서, 과연 연방의회가 제14조의 효력을 사인에게도 직접 적용시키는 입법을 제정할 권한을 가지는지가 문제되었다. 1883년 Civil Rights Cases에서 연방대법원은 공공장소에서 사인간의 인종차별을 금지한 1875년 민권법의 위헌성여부를 심사하게 되었고 의회의 입법권한의 판단을 위해 먼저 수정 제14조의 적용범위를 설정하여야만 하였다(U.S. v. Cruikshank, 92 U.S. 542 (1875); the Civil Rights Cases, 109 U.S. 3 (1883)). 여기서 법원은 수정 제14조는 주의 행위(state action)만을 금하는 것이고, 사적 권리에 대한 사인의 침해는 이 조항의 주제(subject matter)가 아니라며 문자적 의미 그대로 '공식적인 주의 행위'만이 수정 제14조의 적용대상이 된다는 state action이론을 성립시켰다. 또한 동조 제5항에 따른 연방의회의 입법권한도 동조 제1항을 위반하는 '주'

의 행위에 대한 '구제적(remedial)' 범위 내에서 존재하는 것이기에 사인의 차별행위를 규제하는 적극적 입법은 의회의 권한을 넘는 것으로 위헌임을 선언하였다. Civil Rights판결로 실질적 평등을 위한 연방의 노력은 무산되었고 사인차별규제입법들이 휴면상태에 빠졌으며, 사적인 인종차별은 state action이 아니라는 이유로 헌법의 보호를 받지 못하게 되어 민권보호는 암흑기를 맞게 되었다. 그러나 New Deal과 제2차 세계대전을 거치면서 개인과 소수의 권리를 보호해야하는 국가의 의무와 권한증대를 창출하였으며, 특히 흑인의 권리보호문제는 당시 미국의 가장 중요한 사회문제로 떠올랐다. 사인에 의한 인종차별에 대해 Civil Rights판결이후 의회의 입법공백이 지속되었고, 이를 보충해야하는 몫은 법원에게 돌아갔다. 인종적 불평등을 타파하기 위해 수정 제14조 이외에는 어떤 수단도 없었던 이 시기에 연방대법원이 택한 불가피한 선택은 바로 엄격한 state action개념의 확장이었고, 이는 흑인에 대한 평등보호 요청, 20세기에 등장한 거대 사조직, 20세기 중반 복지 또는 적극국가의 출현에 따른 공·사 구분의 쇠퇴현상 등이 원인이었다. 결국 연방대법원은 1940년대 이후 사법적극주의적 연방대법원의 출현과 더불어 사적 행위의 본질과 주관련성을 근거로 문제된 사인이 전통적으로 배타적인 주의 기능을 행사하고 있는지, 주와 사인의 행위가 공생관계 또는 공동참여자의 관계에 있는지, 주와 사인이 긴밀한 관련성을 가지는지, 사인의 행위가 주권한에 따른 강제나 조장행위에 의한 것이었는지 등의 심사이론을 고안하였고 공식적인 state action이외에 특정한 사인의 행위까지도 state action으로 보아 헌법의 구속을 가능하게 만들었다. 법원이 사적인 권리침해에 대하여 위헌임을 처음 인정한 것은 주의 정당 예비선거에서 흑인을 배제시킴으로써 위헌이 선언된 1920년대였지만, state action의 개념을 법원이 폭넓게 인정하기 시작한 것은 1940년대에 들어서였다. 이때의 사건들도 역시 대부분이 수정 제14·15조에 관련된 인종차별문제로부터 야기된 것들이었다. 이후에도 몇차례 예비선거에서의 인종차별사건에서 state action이 언급되다가 1940년대에 들어서 Marsh v. Alabama, 326 U.S. 501(1946) 사건을 통하여 state action이론이 하나의 확고한 이론으로 정립되게 되었다. 선거의 실시, 도시와 마을의 통치 같은 것은 사인에 의하여 이루어진다 할지라도 전통적으로 주권적인 정부의 기능이며, 이러한 공적 기능을 수행하는 사인은 헌법의 제약에 따라야 한다는 '공적 기능' 이론이 정립되었고, 곧이어 다양한 사건들을 통하여 사적 관계에 주정부가 어떠한 형태로 관련을 맺게 되면 그 사적 관계에서 일어난 권리침해나 제한에 대하여 헌법조항을 적용할 수 있다는 견련관계(연결점; nexus)이론이 나타났다. 그렇지만 1970년대에 들어서자, 보수적 판사의 잇단 영입에 따른 Burger법원이후의 state action접근은 과거 Vinson · Warren법원과는 달리 state action요건을 다시 강화하는 state action개념범위에 대한 축소와 후퇴를 보여주며 state action요건에 대한 원칙론적 입장에 회귀하는 모습을 띠었고 그 결과 state action심사는 모호하고 비일관적이라는 비난을 받기도 하였다. 그러나 state action이론에 대한 비판이나 문제점은 다소 과장된 것이며 사인에 의한 기본권침해를 방지하기 위한 다양한 입법이 제정되고 있는 오늘날 오히려 state action이론은 국가로부터 개인의 자치와 자유를 확보하는 적절한 역할을 하고 있다는 평가도 있다. 이처럼 연방대법원이 헌법상 권리보장 규정의 적용을 위해 state action요건의 충족을 요구하는 근거로는 개인의 자유영역의 보장, 연방주의 보존, 권력분립의 강화 등은 바로 현재 미국의 state action이론의 근거이자 이론

유지의 목적으로 자리잡고 있다. 3. State Action **이론의 내용** 미국에서 인정되는 state action에는 크게 두 가지 유형이 있다. 그 하나는 공적 기능(Public Function)론이고 다른 하나는 기타 여러가지 형태의 견련관계(Nexus)론이다. 1) **공적 기능(Public Function)론** 사적 단체 또는 기업이 행사하는 기능의 성격이 주정부가 행사하는 기능과 충분히 비슷하여 본질적으로 공적 기능으로 볼 수 있을 때, 그 사적 단체나 기업의 해당활동은 헌법상의 제한에 따라야 한다는, 즉 헌법의 적용을 받는다는 이론이다. 공적 기능으로 볼 수 있는 것은 전통적으로 그리고 거의 독점적으로 주정부에 의하여 수행되어온 활동과 기능들을 가리키는데, 선거제도의 운영, 도시나 마을의 통치, 공원 등의 공공시설의 운영, 배심원의 선정 등이 이에 해당된다고 본다. (1) **정당의 예비선거** 처음 공적 기능론이 적용된 분야는 정당의 예비선거(Primary)과정에서였다. 최초의 사건인 Nixon v. Herndon, 273 U.S. 536(1927)에서 국가기관이 아닌 민주당의 예비선거에서 흑인의 투표권을 배제할 수 있도록 한 Texas주법이 수정 제14조 위반이라고 선언되었다. 정당의 집행위원회에게 예비선거에서 투표인자격을 결정할 수 있는 권한을 부여하는 Texas주법도 헌법위반이다(Nixon v. Condon, 286 U.S. 73(1932)). 이 판례는 더욱 확대되어 주법률과는 무관하게 진행되는 사적이고 자발적인 전당대회와(Smith v. Allwright, 321 U.S. 649 (1944)), 백인들의 자발적 클럽에서 실시한 사적인 사전 예비선거에까지(Terry v. Adams, 745 U.S. 461(1953)) 적용되었다. U.S. v. Classic, 313 U.S. 299(1941)은 선거의 실시가 공적 기능임을 분명히 하였다. 여기서 대법원은, 예비선거는 법에 의하여 선거제도의 일부가 된다고 밝히면서, 예비선거에서의 투표인 자격 인정권을 주가 정당에게 위임하는 것은 주의 기능을 위임하는 것이라고 하였다. (2) **마을 · 도시의 통치** 공적 기능론의 대표적인 판례는 Marsh v. Alabama, 326 U.S. 501(1946)로 알려져 있다. 개인회사(the Gulf Shipbuilding Corporation) 소유의 마을(Chikasaw)에서 종교전단을 배부하던 여호와의 증인교 신도에게 주의 가택침입법에 따라 이 행위를 중지하고 떠나라고 명령한 회사의 행위는 수정 제1조, 제14조 위반이라고 판결된 사건이다. 회사 소유의 교량 · 철도 · 페리선박 등의 시설물들은 1차적으로 공중의 편익을 위해서 설치 · 운영되는 것이고, '이의 운영은 본질적으로 공적 기능'이기 때문에 주의 규율에 따라야 한다는 것이다. (3) **공원의 운영** Evans v. Newton, 382 U.S. 296(1966)에서는 공원의 관리, 운영이 사인에게 위임될 수 없는 본질적인 시의 기능이라고 판시되었다. 1911년, Georgia주의 Macon시에 Bacon상원의원의 유언에 따라 백인만이 사용할 수 있는 공원(Baconsfield)이 설치 · 운영되고 있었는데, 시당국이 공원 이사회의 이사로 참여하든 아니든 시가 이 공원의 유지관리에 계속 관련을 맺고 있었으며, 공원은 사적 소유라 할지라도 본질상 시의 기능에 속하는 것이라고 하여, 공원의 인종차별은 수정 제14조 위반이라도 판시되었다. (4) **배심원의 선정** 최근 미연방대법원은 배심원에서 소수인종의 배제를 기도한 사건에서 배심원의 선정은 전통적인 정부기능이라는 이유로 state action의 존재를 인정하였다. Edmonson v. Leesville Concrete Co., Inc., 500 U.S. 614(1991)는 민사사건에서, Georgia v. McCollum, 505 U.S. 42,(1992)은 형사사건에서 각각 전면적 배심원기피(Peremptory jury challenge)를 state action으로 판단하였다. (5) **공적 기능을 부인한 사례** 무엇이 공적 기능인가에 대한 명확한 기준은 없다. Amalagmated Food Employees Union v. Logan Valley Plaza, 391 U.S. 308(1968)에서는 사설 쇼핑센터도 Marsh사건의 회사소유 마을과 똑같이 취급되어 헌법규정이 적용된다고 하였으나, 그 후 Hudgens v. National Labor Relations Board, 424 U.S. 507(1976)에서 이 판결은 번복되었다. Lloyd Corp. v. Tanner, 407 U.S. 551(1972)에서는 반전운동가들이 사유 쇼핑센터에서 전단을 배포하려던 행위는 수정 제1조의 보호를 받지 못한다고 하였고, Jackson v. Metropolitan Edison Co., 419 U.S. 345(1974)에서는 사실상 독점이며 주로부터 면허를 받았다 할지라도 사설 전기회사의 운영은 공적 기능이 아니라고 하였다. Flagg Brothers, Inc. v. Brooks, 436 U.S. 149(1978)에서는 채권 · 채무자간의 분쟁해결절차는 '전통적, 독점적' 주의 기능이 아니라고 하였다. 2) **견련관계(연결점; Nexus)론** 주(정부)가 사인의 행위에 깊숙히 관여 또는 조장하였거나, 주가 그 행위로부터 이익을 얻었다면, 그 사인의 행위는 state action이 되어 헌법의 적용을 받는다는 것이다. 이와 같이 어떤 형태로든 주의 행위가 사인의 행위와 연관을 맺게되는 사례를 통틀어 견련관계(nexus)론이라 하는데, 주의 개입이 있다는 점에서 주의 행위가 개입되지 않는 공적 기능론과 구별된다. 주의 개입유형은 여러 가지 형태로 서로 맞물려 있을 수 있기 때문에 엄격하게 유형화시키기 어려워서 미국에서도 논자에 따라 설명방식이 다르다. (1) **명령(Commandment) 또는 조장(Encouragement)** 사인의 권리침해행위가 주의 입법 · 사법 · 집행기관의 명령 또는 조장에 의하여 행하여진 때에는 state action이 되어 헌법이 적용된다. Shelley v. Kraemer, 334 U.S. 1(1948)가 대표적인 사건인데, 백인들만의 토지거래를 허용하는 제한적 약관에 가입한 사람들 중의 한 사람이 이 약관을 어기고 흑인에게 토지를 팔았을 때, 다른 약관가입자들이 흑인 매수인을 상대로 토지소유금지 소송을 제기한데 대하여, 그와 같은 차별적 계약의 이행을 강제하는 법원의 명령은 인종차별을 허용하는 사법부의 명령이 되므로 수정 제14조 위반이 된다(**사법적 집행이론**). Barrows v. Jackson, 346 U.S. 249(1953)에서도 소수인종에게 토지를 판 백인에게 다른 제한적 약관가입자가 계약위반에 기한 손해배상청구소송을 낸데 대하여, 법원이 손해배상을 강행하도록 허용하거나 요구하는 것은 수정 제14조 위반의 state action이라고 하였다. Peterson v. City of Greenville, 373 U.S. 244(1963)과 Robinson v. Florida, 378 U.S. 153(1964)에서 각각, 식당과 화장실에서의 인종분리를 규정한 입법에 따라 소수인종을 차별한 사인의 행위는 모두 state action에 해당된다고 하였다. Reitman v. Mulkey, 387 U.S. 369(1967)에서는 1964년, 캘리포니아 주민발의로, 인종차별적 주택매매 및 임대차를 가능하게 하는 헌법개정법안이 채택되었는데, 이 법은 개인에게 인종차별을 할 수 있는 권리를 부여하였고, 주로 하여금 사적인 인종차별을 조장하는 효과를 발생시켜 위헌이라고 하였다. (2) **결합 또는 공생관계(Multiple Contacts or Symbiotic Relationships)** 주가 사적 행위에 심각한 개입 또는 결합관계에 있거나 상호이익을 얻는 결합관계에 있다면 그 사적 행위는 state action이 되는 경우가 많다. 그러나 그 결합관계의 정도에 관한 뚜렷한 기준은 없다. Burton v. Willmington Parking Authority, 365 U.S. 715(1961) 사건이 대표적 사례이다(**국유재산이론**). 정부(Delaware주 Willmington시)의 주차시설의 일부를 임차한 개인식당이 흑인을 거부한 이 사건에서, 식당활동이 정부와 충분한 접촉을 보여 주었으므로 그 인종차별행위는 state action이라는 것이다. 이 판결은 사인과 정부와의 접촉의 강도를 측정함에 있어서, ① 공유의 재산의 임대, ② 임대조건에서 정부목적과의 부합여부, ③ 정부의 후원, ④ 정부와의 상호이윤획득 등을 검토함으로써, state action의 결정에 하나의 기준을 제시한 판례로 평가되고 있다. Lugar v. Edmondson Oil Co., Inc., 457 U.S. 922(1982)에서는, 버지니아주의 석유회사가 채무자에게 소송을 제기하여 법원으로부터 채무자 재산 가압류 영장을 발부받아 지구 보안관에 의하여 그 영장을 집행하였는데, 이 가압류절차에서 주법원과 공무원이 합동하여 개입한 것이 적법절차 위반의 state action이 된다고 하였다. 한편, 견련관계가 부인된 사례도 있다. NCAA v. Tarkanian, 488 U.S. 179(1988)에서 사적 당사자인 전국대학체육협회(NCAA)가 네바다주립대학 라스베가스분교(UNLV)의 농구팀 코치(Tarkanian)에 대한 2년간 자격정지를 지시하자 UNLV측은 이를 받아들였으나 코치는 이에 불복 제소하였다. 이때 사적 행위자인 NCAA의 행위를 state actor인 UNLV의 행위로 돌릴 수 있는 공모나 합의와 같은 아무런 요인도 없기 때문에 NCAA의 징계지시는 state action이 아니라고 하였다. (3) **보조(Subsidies or Aid)** 정부가 사적 행위자에 대하여 직접적인 보조를 하거나 특정한 보조금을 주는 경우 그 사인의 행위는 state action이 되는 경우가 있다. 이 때 보조가 일반화된 서비스의 양보다 어느 정도 더 커야 하는가를 결정하는 기준은 없다. 교재를 무상공급하도록 되어 있는 주법 아래에서 인종차별학교 재학생에 대한 무상교재공급(Norwood v. Harrison, 413 U.S. 445(1973))과 인종분리집단에게 공공시설의 독점적 사용을 허가하는 것은 그에 대한 보조금을 주는 효과를 주므로(Gilmore v. City of Montgomery, 417 U.S. 556(1974)) 위헌이라고 하였다(**국가원조이론**). 반면, 학교운영예산의 90% 이상이 공공기금으로 충당된다는 사실만으로는 state action이 되지 않으며, 주로부터 기금지원을 받고 있는 사설 간호기관의 결정에 주가 강제력이나 의미심장한 조장을 가하지 않은 이상 위헌문제를 일으키지 않는다고 하였다(Blum v. Yaretsky, 457 U.S. 991(1982)). (4) **허가(Licensing)와 규제(Regulation)** 미국에서는 허가기업이나 개인에게 그의 활동이나 정책의 일부가 정부에 의하여 규율된다고 하는 이유만으로는 state action을 거의 인정하지 않고 있다. Moose Lodge Number 107 v. Irvis, 407 U.S. 163(1972)에서는, 주의 주류취급면허를 받은 사설 클럽의 인종차별행위에 대하여 주가 일정수의 제한된 업체에게만 주류취급허가를 해주었다는 이유만으로는 사설 클럽의 행위가 state action이 되지는 않는다고 하였고, CBS, Inc. v. Democratic National Committee, 412 U.S. 94(1973)에서는, 반전단체의 광고를 거부한 방송국의 행위는 수정제1조 위반이 아니라고 하였다. Jackson v. Metropolitan Edison Co., 419 U.S. 345(1974)에서는 독점적 면허를 받고 그에 대한 고도의 규제가 있다 하더라도 그 사실만으로는 state action이 되지 않는다고 하였다. 4. **결어** 미국에서 1920년대 처음 state action 이론이 인정된 이후 80년대까지 이를 인정한 판례가 비교적 많이 나왔으나 1980년대 초의 Rendell-Baker와 Blum 판결 이후, Rehnquist 대법원장이 이끄는 미연방대법원은 오히려 state action에 관하여 엄격한 입장을 고수하고 있어 90년대 후반부터는 거의 판례가 나오지 않고 있는 형편이다. 다만 최근에 수정헌법 제1조와 관련하여, 비영리기업의 케이블방송 시청자참여채널운영은 공적 기능이 아니므로 state action이 아니며 따라서 수정헌법 제1조가 적용되지 않고 기업의 편집권 재량이 인정된다고 결정하였다(Manhattan Cmty. Access Corp., v. Halleck, 139 S.C. 1921 (2019)). 오늘날 새로운 매체에 대하여도 state action 이론이 적용되어야 하는지에 관하여 논란이 있다. ➜ 기본권의 대사인적 효력.

스팸메일 ➜ 사이버공간(인터넷)과 표현의 자유.

승인설承認說 ➜ 예산.

승자독식방식勝者獨食方式 [영] Winner takes all. 단 한표라도 이긴 자가 모든 표를 차지한다는 방식이다. 승자일괄득표제라고도 한다. 미국의 대통령선거제도에서 채택하고 있는 방식이다. ➜ 미국대통령선거제도.

시·군법원市·郡法院 [영] Si/Gun Courts. 1. **의의** 시·군법원은 비중이 작은 소송사건은 주거지에서 가까운 지역에 위치한 법원에서 재판을 받도록 함으로써 소송의 신속한 진행과 처리를 촉진하고 국민에게 편익을 제공한다는 취지로 설치된 법원이다. 1994년 이전에는 즉결심판소로 일컬어졌다. 2. **구성** 법원조직법 제33조에 의하면 대법원장이 지방법원 또는 그 지원 소속판사 중에서 그 관할구역 안에 위치한 시·군법원의 판사를 지명하여 시·군법원의 관할사건을 심판하게 하되, 이 경우 1인의 판사를 2 이상의 시·군법원의 판사로 지명할 수 있도록 되어 있다. 3. **관할** 법원조직법 제34조에 의하면 시·군법원은 소액사건심판법의 적용을 받는 민사사건, 화해·독촉 및 조정에 관한 사건, 20만원 이하의 벌금 또는 구류나 과료에 처할 범죄사건(즉결사건), 가족관계의 등록 등에 관한 법률 제75조에 의한 협의상 이혼의 확인 사건을 관장하도록 되어 있다. 시·군법원에서는 주로 소액사건과 가압류, 지급명령 등의 민사업무와 즉결심판과 같은 형사업무를 수행한다. 4. **종류** 시·군법원은 크게 두 종류가 있다. 전임법관이 상주하는 시·군법원과, 지방법원 본원에서 판사들이 파견되는 시·군법원이 있다. 5. **존폐논쟁** 시·군법원 폐지론의 논거로는, 교통 발달과 전자소송의 활성화로 비효율적이며, 교류 단절로 인한 판결의 오류가능성이 크고, 대도시의 경우 군이 법원을 나눌 필요가 없으며, 시·군법원의 필요성이 적어졌다는 점 등이 지적되고 있다. 시·군법원 존치론의 논거로는, 여전히 사법서비스가 취약한 지역이 있다는 점, 전자소송 또한 지원이나 시·군법원 소재지 인구 대부분인 노년층 등에게는 전혀 유용한 수단이 아닌 점, 시·군법원의 업무가 소액사건 위주로 운영되는 점에서 국민의 대사법접근성 측면에서 유지할 필요가 있다는 점 등이 지적되고 있다.

Syracuse 초안草案 [영] Syracuse draft. ➜ 사법권독립의 국제기준.

시민불복종市民不服從 [영] civil disobedience, [독] Ziviler Ungehorsam, [프] désobéissance civile. 전체 법질서의 정당성은 긍정하면서도 자신의 양심에 비추어 정의롭지 못하다고 판단한 개별법령이나 정책을 비폭력적인 방법으로 의도적으로 위반하는 정치적 항의행위를 말한다. ➜ 저항권. 대법원은 낙선운동을 시민불복종운동으로 인정하지 않았다(대판 2004.4.27. 2002도415). ➜ 낙천·낙선운동. ➜ 양심의 자유.

시민적 법치국가市民的 法治國家 ➜ 법치주의. ➜ 사회적 법치국가.

시민적·정치적 권리市民的·政治的 權利**에 관한 국제규약**國際規約 [영] International Covenant on Civil and Political Rights(ICCPR). 제21차 국제연합총회에서 1966.12.16. 채택, 1976.3.23. 발효되었다. 우리나라는 1990.7.10. 발효하였다. 개인의 시민적, 정치적 제 권리의 국제적 보장을 정한 국제조약이다. U.N. 인권위원회에서 세계인권선언에 이어 1954년, 경제적, 사회적, 문화적 제 권리에 관한 규약안(A안)과 시민적, 정치적 권리에 관한 규약안(B안)을 성안하여 제21차 국제연합 총회에서 찬성

106, 반대 0으로 가결되었다. '자유권규약'이라고도 한다. A · B 양 규약에 공통의 총칙, 민족자결권(제1조)의 규정 외에 B규정이 정하고 있는 제 권리로서는 생명의 존중, 18세 미만인 자에 대한 사형과 임산부에 대한 사형집행의 금지(제6조), 고문, 비인도적 처우와 형벌의 금지(제7조), 노예, 강제 노동의 금지(제8조), 자의적 체포구금의 금지(제9조), 억류자의 인도적 처우(제10조), 계약불이행을 이유로 하는 구류의 금지(제11조), 이주 · 출국 · 귀국의 자유(제12조), 외국인추방의 조건과 심사(제13 조), 공정한 재판의 보장(제14조), 형사법불소급(제15조), 법 앞의 사람으로서의 승인(제16조), 사적 생활에 대한 개입금지(제17조), 사상 · 양심 · 종교의 자유(제18조), 표현 · 정보입수의 자유(제19조), 적의선동의 금지(제20조), 평화적 집회의 권리(제21조), 결사의 자유(제22조), 가정 · 결혼의 보호(제23조), 아동보호(제24조), 정치에 관여할 권리(제25조), 법 앞의 평등(제26조), 소수자의 보호(제27조) 등을 규정하고 있다.

시민정부2론 ㊐ Two Treatises on Civil Government. 영국의 철학자 John Locke가 1689년에 출간한 정치철학서이다. 「통치론」으로 번역되기도 한다. 원저의 명칭은 「Two Treatises of Government In the former, The false Principles, and Foundation of Sir Robert Filmer, And his Followers, Are Detected and Overthrown. The latter is Essay concerning The True Original, Extent, and End of Civil Government, London, 1690」이다. 약칭하여 「Two Treatises on Civil Government」라고 하기도 한다. 후기 스튜어트 왕조의 반동화가 진행되면서 왕권신수설이 다시 유행되기 시작한 것을 보고, 이를 비판하면서 1688년의 명예혁명을 지지하고 그 이론적인 기초를 제공하려고 간행한 것이 이 책이다. 이 책에서 로크의 사상은 근대 민주주의 사상의 원형을 이루는 것으로서, 그 영향은 극히 크며, 특히 미국 독립선언이나 프랑스혁명의 인권선언 등에 로크의 영향이 뚜렷하게 나타나 있다. 내용은 1부와 2부로 나누어져, 제1부에서는 필머의 왕권신수설을 강하게 비판한다. 제2부는 정치권력의 기원 · 목적 · 한계에 관한 로크 자신의 적극적 견해를 저술한 것으로서, 정치권력이 발생하는 이전의 자연상태에서 인간은 생명 · 자유 · 재산이라는 자연권을 가진다는 것, 이 자연권을 수호하기 위해서 사람들은 서로 계약을 맺어 국가를 만든다는 것, 따라서 정부는 국민으로부터 권력을 위탁받고 있는 것에 불과하며, 최고의 권력은 항상 인민에게 있다는 것, 정부가 이 위탁에 위배되었을 때 인민은 정부를 바꾸는 '저항권(抵抗權)'을 갖는다는 것 등이다. 이에 더하여 재산권의 발생에 관해서는 노동이 소유를 낳는다는 노동가치설(勞動價値說)이 기술되고 있고, 또한 다수결원리의 기초이론과, 권력의 남용을 방지하기 위한 권력분립이론 등이 기술되어 있다. 1773년에 미국에 소개된 것은 「An Essay concerning the True Original Extent and End of Civil Government, by The Late Learned John Locke, Boston: Re-printed and sold by Epes and Gill, in Queen-Street, 1773」라는 이름으로 원저의 후편만 소개되었다.

시민주권론市民州權論 ㊐ citizen sovereignty. 인류역사의 발전과정에서 신이나 하늘(天) 등 초월적 존재로부터 공동체를 인식하였던 시대로부터 개체로서의 인간의 주체적 자기인식의 시대로 변화되면서, 공동체형성과 유지 · 존속의 원리로서 선택되었던 민주주의 및 그 실현형태로서의 대의제의 핵심개념으로서 주권개념을 그 주체의 측면에서 새롭게 이해하려는 시도 중의 하나이다. 서구의 근대 이후 주권적 주체로서 국민, 인민, 국가 등이 공동체의 정치적 존재를 규정하는 근원적 권력으로서 등장하였고, 그에 따라 국민주권, 인민주권, 국가주권 등의 개념이 공동체의 형성과 유지 · 존속의 기본 개념으로 이해되었다. 20세기의 역사적 경험을 거치면서 각각의 개념들은 나름대로 인류사회의 변화와 발전에 기여하였으나, 오늘날에는 사회구조의 복잡화와 개인욕구의 다양화라는 포스터모더니즘적 상황과 정보통신기술의 발달에 따른 의사소통가능성의 확대 등으로 민주주의 자체의 질적 변화와 발전이 나타나고 있다. 기존의 국가 중심의 인식체계를 넘어, 개체로서의 인간개인과 전체 사회 내지 인류공동체 간의 상호연관성을 중시하고, 개인자유의 증대, 참여의 확대, 공적 영역에 대한 시민감시의 강화, 집중된 권력에 의한 통치가 아닌 다원화된 거버넌스 체제의 시도 등으로 인하여 시민의 정치적 권리가 확대되는 경향을 보이고 있다. 오늘날 시민은 일반적으로 국가나 지역과 같은 정치공동체에서 정치적 주권을 가지고 권리와 의무를 행사하는 법적 구성원을 말하는 것으로 이해된다(박상필). 아울러 시민은 국가나 지역에서 주권의 주체로서 시민성(civility)을 가지고 자신의 권리를 주장하고 공동체의 평화와 발전을 성취하기 위하여 행동하는 시민이다. 이는 개별국가의 구성원인 지위를 넘어 범인류적 차원의 세계시민으로까지 확대하여 이해될 수도 있다. 이러한 이해는 주권개념을 국가중심적으로 이해함을 넘어서 인간주권개념으로 확대되고 있다. 국가주권과 인간(개체)주권 이분론이 그것이다(Kofi Annan). 오늘날 대의민주주의에서 고대 아테네 민주주의에서 가정했던 자율, 참여, 평등, 다원성 등의 가치가 형해화되어, 형식적 민주주의(formal democracy) 내지 절차적 민주주의(procedural democracy)에 그치고 있는 것에 대한 반성으로, 실질적 민주주의를 실현하려는 노력이 시민주권론으로 나타나고 있다. 구체적으로는 결사체 민주주의(associative democracy), 참여민주주의(participatory democracy), 다원민주주의(pluralist democracy), 토의민주주의(deliberative democracy) 등이 새로운 정치기획으로 제시되고 있다. 실질적 민주주의의 발전은 반드시 시민사회의 발달이 동반되어야 한다. 시민사회에서 자발성, 공공성, 자원성(volunteerism), 연대성, 국제성 등이 강한 NGO의 활성화는 시민주권의 확대에 매우 중요하다. 시민주권개념은 아직은 생성 중인 개념으로서, 인간과 그 공동체에 대한 새로운 인식과 그의 헌법이론적 재구성을 필요로 하는 개념이다. 미국에서는 주권적 시민운동(sovereign citizen movement)이라 하여 시민의 능동적 참여를 통한 정부감시와 다양한 사회문제에의 대응을 도모하고 있는데, 이 또한 시민주권론의 한 형태라 할 수 있다.

시에예스Sieyès, Emmanuel-Joseph 1748.5.3.~1836.6.20. 프랑스 정치가 · 헌법이론가이다. Abbé Sieyès로도 불린다. 카톨릭사제가 되려다가 정계에 진출하여 1789년 프랑스혁명 전야에 혁명의 방향과 제3신분의 포부를 명시한 「제3신분이란 무엇인가(Qu'est-ce que le tiers État?)」라는 소책자를 발표하여 유명해졌다. 삼부회 제3신분의 대표로 선출되었으며, 후에 국민의회의 중심인물로 크게 활약하였고 또한 이론가로서 프랑스혁명을 지도하였다. 만년에는 아카데미 회원으로서 저술에 전념하였는데, 그의 사상은 인권선언 및 혁명 후의 헌법제도 확립에 큰 영향을 끼쳤다.

시원규범始原規範 근원이 되는 규범이라는 뜻이다. 헌법은 사회적 실체로서의 헌법제정권력이 창설한 규범이며, 모든 다른 규범들의 근거가 되는 규범이므로 시원규범이라 한다. 헌법은 그 효력의 근거에 있어서도 스스로 시원적인 근거를 가진다고 본다.

시원성始原性 [영] originality, [독] Originalität, [프] originalité. 시원성은 근원이 되는 성질을 말한다.

헌법제정권력이 갖는 성질 중의 하나로 시원성은 스스로 존재하여 근원이 되는 속성을 갖는다. 이 시원성은 어떤 외부적 법규범이나 법질서에 구속되지 않으며 스스로 자율성을 가진다. 입헌주의적 국가체제 하에서는 국가형성의 기초로서 헌법을 전제하는데, 이 때의 헌법은 어디에도 근거하지 아니하고 오직 자존적(自存的) 권력으로서 헌법제정권력이 창설한 헌법 자체에 근거한다. 시원적 권력이 창설한 헌법은 스스로 개정을 위한 방법으로 헌법개정권력을 예정하는 경우가 많은데, 이 때의 헌법개정권력은 제도화된 헌법형성권력이다. 헌법제정권력이 시원적이라는 것은 정당성과 합법성의 원천이 외부로부터 주어지는 것이 아니라 스스로에게 내재해 있다는 것을 뜻한다. 헌법제정권력이 변경되면 헌법 자체의 정당성이 변경되는 것이며, 국가권력조차도 헌법제정권력에 의해 새롭게 창설된다. 국가권력은 철저히 헌법제정권력의 하위개념일 뿐이며 어떠한 경우에도 국가권력이 헌법제정권력을 변경하거나 우위에 설 수 없다.

시원적 제헌권始原的 制憲權 ㊦ pouvoir constituant originairé. ➜ 헌법제정권력.

10월유신 1972.10.17. 제3공화국 말기에 대통령 박정희가 장기집권을 목적으로 단행한 초헌법적 비상조치를 말한다. 1961년 5 · 16 군사쿠데타로 집권한 박정희는 집권과정의 불법성과 부당성을 극복하기 위하여 국민의 정신개혁과 경제개발 사업을 적극 추진하였다. 쿠데타 정부 동안 민간정부로 권력을 이양한 후 군으로 복귀하겠다는 약속을 수 차례 번복하고, 전역 후 새로운 헌법에 따라 대통령이 되어 제3공화국을 출범시켰다. 이후 1969년의 3선개헌을 거쳐 1971년에 다시 대통령에 당선되었다. 종신집권을 도모하였던 박정희는 국민직선으로는 대통령이 될 수 없음을 절감하고, 1971년의 미 · 중수교 등 국제적인 데탕트(화해) 분위기를 틈타, 급변하는 국제정세에 대응하고, 소위 한국적 민주주의를 정착시켜야 한다는 미명 하에, 1972.10.17. 비상조치를 발표하여 모든 민주주의 제도를 정지시키고, 정적들을 억압하면서, 유신체제 구축에 들어갔다. 1972.10.27. 헌법개정안을 공고하고, 11.21. 국민투표가 실시되었다. 91.9%의 투표율과 91.5%의 높은 찬성률을 얻어 소위 「유신헌법(維新憲法)」이 국민투표로 확정되었다(제7차 개헌). ➜ 유신헌법. 헌법시행 전에 통일주체국민회의 대의원선거, 대통령선거 등을 가능하게 한 부칙규정(1조)에 따라, 12.15. 2,359명의 대의원들이 선출되어 '통일주체국민회의'를 구성하고, 11.23. 간접선거를 통해 박정희가 제8대 대통령으로 당선되었으며, 12.27. 헌법시행과 함께 정식 취임하여 제4공화국이 출범하였다(72.12.27). 유신체제는 결국 한국적 민주주의라는 미명하에 장기집권을 위한 철저한 독재체제를 구축한 것이었다. 박정희는 '한국적 민주주의의 토착화'라는 명분을 내걸고 10월유신을 단행하였으나, 그로 인하여 자유민주주의의 기본원칙들이 부정되고 한국의 민주주의는 크게 후퇴하였다. 이에 1973년 유신헌법개정 100만인 서명운동, 1975년 민주회복국민회의 결성, 1976년 민주구국선언, 1979년 부마민주항쟁 등 유신독재체제에 항거하는 민주세력의 투쟁이 계속되었고, 제9호까지 발령된 긴급조치를 통해 강압적인 통치가 자행되었으나, 1979.10.26. 중앙정보부장 김재규의 박정희 저격으로 종말을 고하게 되었다. ➜ 10 · 26 사태.

시위示威**의 자유** ➜ 집회의 자유.

시장경제질서市場經濟秩序 ㊞ market economy, ㊛ Marktwirtschaftsordnung, ㊦ ordonnance sur l'économie de marché. 1. **의의** 시장이란 재화와 서비스의 거래와 교환이 이루어지는 장소이다. 반드시

공간적 요소를 갖추지 않더라도 시장은 형성될 수 있다. 중요한 것은 시장 내의 참여자가 자유로이 참입(參入)과 탈퇴(脫退)가 가능한 곳이어야 한다는 점이다. 참여자 중의 어느 한 주체가 그 시장의 수요와 공급을 조종할 수 있다면 이는 완전한 시장경제질서라 보기 어렵다. 오히려 완전한 시장경제질서는 현실에서 존재하지 않는다고 봄이 타당하다. 왜냐하면 시장 내의 참여자는 누구든지 자신의 이익을 극대화하기 위하여 시장을 조종하고 그에 따른 시장지배력을 극대화하려 하기 때문이다. 따라서 시장은 참여주체들의 이익추구라는 욕구가 가장 적나라하게 드러나는 곳이며, 이익추구 수단의 불법성 여부는 규제의 정도에 따라 달라진다. 시장경제의 가장 중요한 작동원리는 경쟁이다. 시장경제는 공개된 상태에서 가격의 형성·생산 및 고용과 분배를 결정하는 경제구조이기 때문에 경쟁은 필연적으로 경제주체인 개인과 기업의 경제상의 자유를 전제로 한다. 아울러 시장경제질서는 각 경제주체들이 자기책임하에 자유로운 영리활동을 통하여 기본적인 경제문제를 해결하는 시장 중심의 경제체제이므로, 개인의 자유와 사유재산에 대한 권리를 중요한 요소로 하며, 시장의 공급과 수요를 통해 결정되는 가격을 중심으로 거래가 이루어지게 된다. 2. **수용형태** 경제질서의 유형으로, 자본주의적 자유시장경제질서와 사회주의적 계획경제질서 및 사회적 시장경제질서의 세 가지로 나눌 수 있다. ➜ 경제질서. 경쟁을 인정하는 시장경제질서는 자본주의적 자유시장경제질서와 사회적 시장경제질서에서 수용되고 있으며, 사회주의적 경제질서는 원칙적으로 경쟁을 인정하지 않는 계획경제질서이다. 과거 자유주의와 사회주의의 정치적 이데올로기 대립이 극심했던 시기에는 경제적으로는 자본주의적 시장경제와 공산주의적 계획경제 사이의 경쟁이었다고 볼 수 있다. 3. **현대적 상황: 시장경제질서의 탈데올로기성** 사회주의 및 공산주의의 거대한 실험이 종말을 고한 오늘날의 상황에서는 시장경제질서 자체는 정치적 이데올로기와는 무관하게 수용되고 있다. 즉, 과거의 사회주의 제 국가들도 사회주의적 시장경제라는 이름으로 자본주의적인 시장경제질서를 수용하고자 하고 있다. 특히 중국의 경우 80년대 후반이 개혁·개방 이후 이론적 변화를 추구하고 있다. 특히 과거의 '계획적 상품경제'로부터 '사회주의 시장경제'로 전환하면서, 시장경제를 공산당이 주도하는 질서로 규정함과 동시에 시장경제 운영원리인 법치의 원리를 제고하고자 노력하고 있다. 그러나 공산당의 영도와 법치원리는 화학적으로 결합하기에는 매우 이질적인 요소가 많기 때문에 그 이론화와 안정적 정착 여부에 귀추가 주목되고 있다. 4. **사회적 시장경제질서** ➜ 사회적 시장경제질서.

Citoyen 주권 = citizen 주권 국가의 구성원을 일컬을 때, 구성원 전체를 국민(peuple, people)이라 하고, 주권의 행사자로서 개별적인 투표의 참여자를 시민(Citoyen, citizen)이라고 한다. 따라서 Citoyen 주권은 개별적인 주권행사자의 집합체가 주권자라는 의미이다.

시혜적施惠的 **소급입법** ➜ 소급입법금지의 원칙.

신대통령제新大統領制 ➜ 대통령제.

신독립적 권능설新獨立的 權能說 ➜ 국정조사권.

신뢰보호信賴保護**의 원칙** ㉧ Vertrauensschutzprinzip. 1. **의의** 신뢰보호의 원칙이란, 헌법학에서는, 국가행위에 의하여 시행된 법률이나 제도가 장래에도 지속되리라는 합리적인 신뢰를 바탕으로 이에 적응하여 일정한 법적 지위를 형성한 경우에는 국가로 하여금 그와 같은 국민의 신뢰를 가능한 한 보호할 것을 요구하는 것이다. 행정법학에서는, 행정기관의 국민에 대한 언동의 존속성과 정당성에 관한 개인의 보호가치 있는 신뢰를 보호해주어야 한다는 원칙을 의미한다. 2. **근거** 과거에는 민법상의 신의성실의 원칙에서 파생된 논리로 이해하였으나, 현재의 통설은 법의 이념 중 하나인 법적 안정성에서 도출되는 헌법적 원칙으로 이해하는 것이 일반적이다. 우리 헌법재판소도 헌법상 법치국가의 원칙과 법적 안정성에 근거하여 신뢰보호의 원리를 인정하고 있다(헌재 1995.6.29. 94헌바39; 1995.10.26. 94헌바12; 1997.11.27. 97헌바10; 2001.9.27. 2000헌마152; 2004.12.16. 2003헌마226 등). 3. **신뢰보호에 대한 심사기준** 청구인들이 투자한 자본 및 노력들이 비교적으로 적은 경우, 청구인들이 가지는 신뢰이익이 그리 크지 않다. 이러한 경우 새로운 법률조항의 제정으로 인하여 청구인들이 받은 신뢰이익의 침해 정도도 그리 중하지 않다(헌재 2003.10.30. 2003헌바11). 국가가 입법행위를 통하여 개인에게 신뢰의 근거를 제공한 경우, 법률의 존속에 대한 개인의 신뢰가 어느 정도로 보호되는지 여부에 대한 판단기준은 법령개정의 예측성과 유인된 신뢰의 행사여부를 들 수 있다(헌재 2002.11.28. 2002헌바45). 신뢰보호원칙의 위반 여부를 판단하기 위해서는, 한편으로는 침해받은 신뢰이익의 보호가치, 침해의 중한 정도, 신뢰가 손상된 정도, 신뢰침해의 방법 등과 다른 한편으로는 새로운 입법을 통해 실현하고자 하는 공익적 목적을 종합적으로 비교형량하여 판단하여야 한다(헌재 1995.10.26. 94헌바12). 4. **신뢰보호원칙과 다른 원칙과의 관계** 1) **신뢰보호원칙과 소급효금지원칙** 소급입법의 경우 신뢰보호원칙이 적용되나, 소급입법이 아닌 경우(장래에 대해서만 효력을 가지는 경우)에도 신뢰보호원칙이 적용될 수 있는가가 문제된다. 또한 신뢰보호원칙과 소급효금지원칙의 관계에 있어서 양자의 적용영역이 다른 별개의 원칙인가 아니면, 신뢰보호원칙과 소급효금지원칙이 밀접한 관련이 있는가가 문제된다. 신뢰보호원칙은 소급효금지의 근거로서 뿐만 아니라, 소급효금지의 한계로도 작용한다. 2) **신뢰보호원칙과 비례성원칙** 신뢰보호원칙에서 다루는 각 요소와 비례성 원칙에서의 각 요소는 다른 심사도구를 사용하고 있으므로 양 원칙을 다른 독자적 원칙으로 보아야 한다. 기본권 침해 여부를 비례성 원칙으로 심사한 다음, 신뢰보호원칙을 심사기준을 보충적으로 다시 판단할 수 있으나, 신뢰보호원칙 위반 여부를 심사한 다음, 비례성 원칙을 기준으로 다시 심사할 필요는 없다. 3) **신뢰보호원칙과 평등원칙** 신뢰이익의 보호를 위한 경과규정이나 적응보조규정이 오히려 제3자에게 차별 취급의 불이익을 심화시키는 경우 평등권 침해 여부가 문제되는데, 국민의 권리나 이익을 침해하지 않거나 수혜적인 법률의 경우는 신뢰보호의 문제가 아니라, 평등원칙 위반이 고려될 수 있다.

신문訊問 ㉘ examination/interrogation/questioning, ㉢ das Verhör/die Vernehmung, ㉲ interrogatoire → 심문.

신문新聞**의 독과점규제**獨寡占規制 구「신문등의자유와기능보장에관한법률」 제17조는, 1개 사업자의 시장점유율이 전년 12개월 평균 전국 발행부수의 100분의 30 이상이거나, 3개 이하 사업자의 시장점유율의 합계가 전년 12개월 평균 전국 발행부수의 100분의 60 이상인 사업자를 시장지배적 사업자로 추정하고 있었다. 헌법재판소는 이 규정에 대해 입법목적을 달성하기 위한 합리적이고 적정한 수단이 되지 못하여 신문사업자의 평등권과 신문의 자유를 침해한다고 하여 위헌으로 판단하였다(헌재 2006.6.29. 2005헌마165). 동 법률은 2009.7.31. 「신문법」(법률 제9785호, 2009.7.31. 전부개정, 2010.2.1. 시행)으로 전부개정되었다.

신민당총재단직무집행정지가처분新民黨總裁團職務執行停止假處分 **사건** 1. **사실관계** 1979.5.30. 신민당 전당대회에서 총재로 선출된 김영삼은 당선수락연설에서 "닭의 목을 비틀어도 새벽은 옵니다. 민주회복을 위하여 이 한 몸 던지겠습니다."라고 민주화를 위한 투쟁을 예고하였다. 총재단선거에서 친여성향의 후보자 당선을 공작했던 중앙정보부에 대한 박정희의 질타와 정국의 냉각이 이어지는 가운데, 8.11. YH 여공사망사건 등으로 여론이 급격히 악화되자, 박정희정부는 신민당 비주류 의원3인에게 총재선출대의원대회의 결의무효의 소를 제기하고, 총재단의 직무집행을 정지하는 가처분을 신청하게 하였다. 1979.9.7. 서울민사지법 합의16부가 신민당 원외지구당 의원 3명이 낸 '김영삼총재 등 총재단직무집행정지가처분' 신청을 받아들여 직무집행을 정지시키고 다음날에 결정문을 전달하였다(1979.9.8. 79카21709). 당주류파는 이것이 정부와 당내 일부세력이 결탁한 음모라 주장했으나 비주류측은 가처분결정을 수락, 정운갑 전당대회의장을 총재직무대리로 내세웠다. 김영삼 총재는 9.15. NYT 특파원과 기자회견을 하여 박정희 정부를 맹공하였다. 이 인터뷰에서 카터 대통령의 방한반대와 김일성주석 면담용의, 미국의 박정희정권 지지철회 요청 등을 언급하고, 팔레비왕정 독재체제를 무너뜨렸던 이란의 민중혁명을 언급하며, '이는 (팔레비왕정을 지지했던) 테헤란주재 미국대사관의 실책에 의한 것이었다. 한국에서도 미국대사관이 비슷한 전철을 밟지 않기 바란다'고 하였다. 9.22. 공화당과 유정회는 NYT지에 실린 김영삼 총재의 회견기사가 헌정을 부정하고 사대주의발언을 했다고 하여, 1979.10.4. 국회에서 여당단독으로 김영삼총재의 의원직 제명을 의결하였다. 여권의 무리한 제명안 가결은 10.16. YS의 정치적 본거지인 부산과 마산 지역에서의 '부마항쟁(釜馬抗爭)'을 불러왔다. 10 · 26 박정희저격사태 후 1979. 12.12.에 가처분신청인의 소취하로 백지화되었다. 2. **헌법적 쟁점** 총재단직무집행정지가처분을 인용한 서울민사지법의 결정은 정당의 법적 성격에 관한 사법부의 견해를 표명한 사례 중의 하나이다. 법원은 정당에 대해 사적 · 정치적 결사 내지 법인격 없는 사단으로 판단하였다. 더 중요한 것은 정당 내부분쟁에 대하여 법원의 사법심사의 대상이 된다고 판단한 점이다. 아울러 정당에 관하여 직접적으로 규율하는 법규정이 없기 때문에, 상법의 회사법상의 직무집행정지 규정(제407조)을 준용하여 정당총재의 지위에 대한 가처분을 인용한 것은 부적절했다는 비판을 받은 판례이다. ➜ 정당제도.

신법神法 ㉣ *ius divinum/lex divina*, ㉢ divine law, ㉣ Göttliches Recht, ㉣ loi divine. 신법은 신의 의지에 따른 법이라는 의미이다. 서구 중세의 신학자 토마스 아퀴나스는 법을 분류하여, 신법(神法:영원법), 자연법, 인정법(실정법)으로 분류하였다. 근대사회가 성립된 이후 신법이 탈각하고 자연법과 인정법(실정법)의 분류가 중요시되었다.

신분(제)의회身分(制)議會 ➜ 삼부회.

신상정보공개제도身上情報公開制度 ㉢ The Disclosure System of Personal Information (of Sexual Offenders). 구 '청소년의 성보호에 관한 법률'은 신원공개제도를 채택하였으나, 2010년 전면개정된 「아동 · 청소년의 성보호에 관한 법률(약칭: 청소년성보호법)」은 신원공개제도를 폐지하고 신상정보공개제도를 채택하고 있다. 동법 제49조에 의하면, 법원은 아동 · 청소년 대상 성범죄자 혹은 재범 위험자에 대하여 판결로 일정한 공개정보를 「성폭력범죄의 처벌 등에 관한 특례법」 제45조 제1항의 등록기간 동안 정보통신망을 이용하여 공개하도록 하는 명령을 등록대상 사건의 판결과 동시에 선고하여야 한다. 다만, 피고인이 아동 · 청소년인 경우, 그 밖에 신상정보를 공개하여서는 아니 될 특별한 사정이 있다고 판단하는 경우에는 그러하지 아니하다. 여기서 피고인이 아동 · 청소년인지의 여부는 사실심변론 종결시를 기준으로 한다(대판 2012.5.24. 2012도2763). 고지대상자, 고지명령의 집행 등에 대해서는 동법 제50~51조에 규정하고 있다. 아동 · 청소년 대상 성범죄 신고의무자는 동법 제34조에 규정되어 있고, 2019.10.31. 법개정으로 체육단체의 장과 그 종사자를 포함하도록 하였다. 공개명령 및 고지제도는 일종의 보안처분으로 형벌과는 본질을 달리 한다(대판 2012.5.24. 2012도2763).

신속처리대상안건迅速處理對象案件 ➜ 국회선진화법.

신속迅速**한 재판을 받을 권리** ➜ 재판청구권.

신앙信仰**의 자유**自由 ➜ 종교의 자유.

신익희申翼熙 1892.6.9.~1956.5.5 구한말에서 분단기까지의 격동기에 살았던 독립운동가이자, 교육자, 정치가이다. 본관은 평산(平山), 자는 여구(汝耉), 호는 해공(海公)이다. 경기 광주에서 판서 신단(申檀)의 막내아들로 태어났다. 1908년 한성외국어학교 영어과를 졸업하고 일본의 와세다대학 정경학부에 입학하여 한국 유학생들과 학우회(學友會)를 조직하고 총무 · 평의회장 · 회장 등을 역임하였으며 기관지인 「학지광(學之光)」을 발간하여 학생운동을 하였다. 1913년 졸업과 동시에 귀국, 고향에 동명강습소를 열었으며, 서울 중동학교에서 교편을 잡다가 1917년 보성법률상업학교 교수가 되었다. 1918년 최남선 · 윤홍섭 · 최린 · 송진우 등과 독립운동의 방향을 논의, 1919년 3 · 1혁명 당시에는 해외연락 등 중요한 임무를 위해 전면에서 빠지기로 하였다. 해외에 있는 문창범과 홍범도와 연락을 위해 중국에 갔으나 뜻을 이루지 못하고 돌아오는 도중 평양에서 3 · 1혁명을 목격하였다. 그 해 상하이로 망명하여 임시정부수립과 동시에 내무차장 · 외무차장 · 국무원비서장 · 외무총장 대리 · 문교부장 등을 역임하였고 광복과 더불어 1945.12.1. 임시정부 내무부장 자격으로 환국하였다. 귀국 후에는 김구 등 임시정부 계통과는 노선을 달리하여 정치공작대 · 정치위원회 등을 조직하여 이승만과 접근하고, 1946년 대한독립촉성국민회 부위원장, 자유신문사 사장, 국민대학교 초대학장 등을 겸하다가 그 해 남조선과도입법의원 대의원에 피선되어 1947년 의장이 되었다. 지청천의 대동청년단과 합작해 대한국민당을 결성하고 대표최고위원이 되었다. 1948년 제헌국회의원에 당선되어 부의장이 되었다가 의장 이승만이 대통령이 되자 의장에 피선, 정부수립 후 이승만과 멀어지기 시작한 한민당의 김성수의 제의를 받아들여 1949년 민주국민당을 결성하고 위원장에 취임하였다. 1950년 제2대 국회의원에 당선, 다시 국회의장에 피선되고 1955년 민주국민당을 민주당으로 확대 · 발전시켜 대표최고위원이 되었다. 1956년 민주당 공천으로 대통령에 입후보, 자유당의 이승만과 맞서 호남지방으로 유세를 가던 중 열차 안에서 뇌일혈로 급사했다. 1962년 건국훈장 대한민국장이 추서되었다.

신임장信任狀 ㉠ credential, ㉣ Beglaubigungsschreiben, ㉤ lettre de créance. 외교사절단의 장이 그 자

격을 증명하기 위하여 휴대하는 문서를 말한다. 대사나 공사의 경우에는 파견국원수로부터 접수국 원수에게, 대리공사의 경우에는 외무부서의 장 사이에 발행된다. 정본(正本)과 부본(副本) 2통을 작성하여 임지에 도착하였을 때 접수국 외무부서에 도착통지와 함께 부본을 제출하고, 정본은 대사나 공사가 국가원수를 알현할 때에 자신이 직접 제출한다(대리공사는 외무부서의 장에게 제출). 문안에는 사절의 일반적 임무와 사절을 본국의 대표로 신임한다는 내용을 기재하는 것이 일반적이다.

신임투표信任投票 ⓔ plebiscite, ⓓ Plebiszit, ⓕ plébiscite. ➜ 국민투표제.

신속迅速**한 재판**裁判**을 받을 권리** ⓔ right to a speedy trial. 현행헌법 제27조 제3항 제1문은 「모든 국민은 신속한 재판을 받을 권리를 가진다.」고 규정하고 있다. 법문에서 '신속한 재판'은 판결절차 뿐만 아니라 형사절차의 경우 공판절차와 상소심절차 뿐만 아니라 그 전단계인 수사 및 공소제기절차에서도 준수되어야 하며, 민사절차의 경우 판결 후의 강제집행절차도 포함한다. '신속'의 개념에는 시간적 단축 뿐만 아니라 효율적인 절차 운영도 포함한다. 형사소송법과 민사소송법에 구체화되어 있다. 신속한 재판을 받을 권리의 실현을 위해서는 구체적인 입법형성이 필요하며, 폭넓은 입법재량이 허용된다. 따라서 법률에 의한 구체적인 형성이 없이는 신속한 재판을 위한 어떤 직접적이고 구체적인 청구권이 발생하지 아니한다(헌재 1999.9.16. 98헌가75). 신속한 재판과 관련하여 헌법재판소에 의하여 위헌으로 결정된 사례들은 다음과 같다. 국가보안법상 구속기간의 연장규정(제19조)을 동법상의 찬양·고무죄(제7조) 및 불고지죄(제10조)에 대하여도 적용하도록 한 부분은, 과잉금지의 원칙을 현저하게 위배하여 피의자의 신체의 자유, 무죄추정의 원칙 및 신속한 재판을 받을 권리를 침해하는 것으로 헌법에 위반된다(헌재 1992.4.14. 90헌마82). 수사기록에 대한 변호인의 열람·등사의 지나친 제한은 위헌이다(헌재 1995.11.30. 92헌마44). 구 군사법원법(법률 제4704호, 1994.1.5. 개정)상 군검찰관이 아닌 군사법경찰관에 의한 구속기간의 연장은 위헌이다(헌재 2003.11.27. 2002헌마193). 동 조항은 2004.10.16. 개정되었다.

신자유주의新自由主義 ⓔ neo-liberalism, ⓓ Neo-Liberalismus ⓕ néolibéralisme. ➜ 자유주의.

신체身體**를 훼손**毁損**당하지 않을 권리** ⓔ Right to the integrity of the person, ⓓ Recht auf körperliche Unversehrtheit. 1. **의의** 신체를 훼손당하지 않을 권리란 신체의 완전성을 훼손당하지 않을 권리를 말한다. 제2차 세계대전 중 인간존엄의 기초인 신체에 대하여 자행된 비인간적 인체실험·고문·강제거세 등에 대한 반성으로 독일기본법 제2조 제2항에 규정되었다. 2000.12.7. 공포된 유럽연합 기본권헌장에서는 심신을 훼손당하지 않을 권리(Recht auf Unversehrtheit, Right to the integrity of the person)라고 규정하여(제3조), 신체적·정신적 온전성을 훼손당하지 않을 권리로 규정하고 있어서, 신체의 안전성에만 한정하지 않고 정신적 온전성도 포함하고 있다. 우리나라의 경우 학설상 언급하는 견해가 많지 않지 않지만, 정신적 온전성까지 포함하는 것으로 보는 것이 타당하다. 2. **헌법적 근거** 우리 헌법상 명문의 규정이 없지만, 신체를 훼손당하지 않을 권리를 인정함에 이견이 없다. 그 근거로 헌법 제10조의 행복추구권에서 찾는 견해, 헌법 제12조의 신체의 자유에 포함된다는 견해, 헌법 제10조, 제12조 및 제37조 제1항의 헌법에 열거되지 아니한 자유와 권리에서 찾는 견해, 헌법 제10조와 제37조 제1항에서 찾는 견해 등이 있다. 헌법재판소는, 「신체의 자유를 보장하고 있는 것은, 신체의 안정성이 외부로부터의 물리적인 힘이나 정신적인 위험으로부터 침해당하지 아니할 자유와 신체활동을 임의적이고 자율적으로 할 수 있는 자유를 말하는 것」이라고 하고(헌재 1992.12.24. 92헌가8), 「금치 처분을 받은 수형자에 대한 절대적인 운동의 금지는 징벌의 목적을 고려하더라도 그 수단과 방법에 있어서 필요한 최소한도의 범위를 벗어난 것으로서, 수형자의 헌법 제10조의 인간의 존엄과 가치 및 신체의 안전성이 훼손당하지 아니할 자유를 포함하는 제12조의 신체의 자유를 침해하는 정도에 이르렀다고 판단된다.」고 하고 있어서(헌재 2004.12.16. 2002헌마478), 제12조에서 근거를 찾고 있다. 3. **주체** 신체를 훼손당하지 않을 권리는 인간의 권리로서 모든 자연인이 주체가 된다. 대한민국 국민만이 아니라 외국인도 포함한다. 법인은 주체가 될 수 없다. 태아도 주체가 되지만, 사자(死者)는 주체가 될 수 없다. 4. **내용** 신체를 훼손당하지 않을 권리는 크게 신체의 완전성의 유지와 정신의 온전성의 유지로 나눌 수 있다. 전자는 신체의 생리적 기능과 생물학적 외형을 온전하게 유지하는 것을 말한다. 따라서 신체에 대한 강제적 의학실험, 강제거세나 강제불임수술, 법적 근거 없는 혈액채취, 모발이나 수염의 모양을 강제로 변형 또는 절단하는 것 등은 신체를 훼손당하지 않을 권리를 침해한다. 후자는 정신적 고문이나 테러 등 정신적 영적 건강을 침해하는 행위로서 신체를 훼손당하지 않을 권리를 침해한다. 유럽연합 기본권 헌장 제3조 제2항에서는 심신 온전성의 권리 보장과 관련하여, 특히 의학과 생물학 영역(Im Rahmen der Medizin und der Biologie)에서 네 가지의 구체적인 심신의 온전성 보장을 위해 반드시 유의해야할 내용을 규정하고 있다. 즉 첫째, 법률에 개별적으로 정한 바에 따른 사전설명 후(nach vorheriger Aufklärung)의 당사자의 자유로운 동의(die freie Einwilligung des Betroffenen), 둘째, 우생학적 처치 금지(Verbot eugenischer Praktiken), 특히 인간 선별(Selektion von Menschen)을 목적으로 하는 우생학적 처치 금지, 셋째, 신체(身體) 전부와 그 일부의 이윤 목적을 위한(zur Erzielung von Gewinnen) 이용 금지, 그리고 넷째, 인간복제 금지(Verbot des reproduktiven Klonens von Menschen)를 각각 세분화·구체화하여 규정하고 있다. 5. **제한과 한계** 신체를 훼손당하지 않을 권리도 헌법 제37조 제2항에 의하여 제한될 수 있다. 그러나 그 제한은 필요최소한에 그쳐야 하며, 본질적 내용을 침해할 수 없다. 제한의 한계는 실제적 조화의 원칙 내지 규범조화적 운용이 요구된다. 헌법재판소는 「성폭력범죄자의 성충동 약물치료에 관한 법률」상의 약물치료명령과 관련하여, 치료명령의 선고시점과 집행시점 사이에 상당한 시간적 간극이 있어 집행시점에서 발생할 수 있는 불필요한 치료와 관련한 부분에 대해서는 침해의 최소성과 법익균형성을 인정하기 어렵다고 하여 일부위헌으로 결정하였다(헌재 2015.12.23. 2013헌가9).

신체身體의 자유自由 [영] freedom of body, [독] die Freiheit des Körpers/Freiheit für den Körper, [프] liberté du corps. 1. **의의** 신체의 자유는 신체의 안전성과 자율성을 제한·침해당하지 아니하는 자유로서 자유권 중 가장 핵심적인 자유권이며, 1215년 영국의 대헌장에서 최초로 규정되어 1628년 권리청원, 1679년 인신보호법, 1689년 권리장전, 미국의 1776년 버지니아 인권선언, 프랑스 인권선언 등에 규정되었고, 오늘날 세계 대부분의 국가에서 헌법에 명문화하고 있다. 우리나라 헌법에서는 헌법 제12조 및 제13조를 비롯하여 제27조 제3항(신속한 재판, 형사피고인의 공개재판), 제4항(무죄추정의 원칙), 제5항(형사피해자진술권), 제28조(형사보상청구권) 등에 신체의 자유보장에 관한 규정을 명시하고 있다. 신체의 자유는 신체의 안전성과 자율성을 제한당하지 아니하는 천부인권적·초국가적 자연권으로서 모든 인간들이 당연히 향유하는 권리이다. 이는 생물학적·신체적 의미의 건강과 정신적·영적 의미의 건강이라는 의미에서 신체안전의 자유를 포함하는 것으로 넓게 이해된다. 신체를 훼손당하지 않을 권리를 별개로 취급하는 견해도 있으나, 넓게 신체의 자유에 포함된다고 봄이 타당하다. 헌법재판소도 「신체의 자유를 보장하고 있는 것은, 신체의 안정성이 외부로부터의 물리적인 힘이나 정신적인 위험으로부터 침해당하지 아니할 자유와 신체활동을 임의적이고 자율적으로 할 수 있는 자유를 말하는 것」이라고 하여 정신적 건강도 포함한다고 보고 있다(헌재 1992.12.24. 92헌가8). 또한 헌법재판소는 신체의 자유는 정신적 활동의 자유와 더불어 헌법이념의 핵심인 인간의 존엄과 가치를 구현하기 위한 가장 기본적인 자유로서 모든 기본권 보장의 전제조건이라고 판시하였다(헌재 1992.4.14. 90헌마82). 신체의 자유는 헌법상 실체적 보장과 절차적 보장으로 나눌 수 있다. 2. **신체의 자유의 실체적 보장** 1) **죄형법정주의** ➜ 죄형법정주의. 2) **일사부재리의 원칙** ➜ 일사부재리의 원칙. 3) **연좌제 금지** ➜ 연좌제 금지. 3. **신체의 자유의 절차적 보장** 1) **법률주의와 적법절차 보장** (1) **법률주의** 헌법 제12조 제1항 후문은 「누구든지 법률에 의하지 아니하고는 체포·구속·압수·수색 또는 심문을 받지 아니하며, 법률과 적법한 절차에 의하지 아니하고는 처벌·보안처분 또는 강제노역을 받지 아니한다.」고 규정하고 있다. 이 때의 법률은 형식적 의미의 법률을 말한다. 법률과 동일한 효력을 가지는 조약·긴급명령·긴급재정경제명령 등을 포함한다. 체포란 실력으로 일정기간 동안 신체를 구속하여 일정한 장소에 인치하는 것이며, 구속은 구인과 구금을 포함한다. 압수란 소지품을 강제로 취득하는 것이며, 수색이란 사람이나 물건을 발견하기 위하여 신체, 물건 또는 장소에 대하여 강제로 검색하는 것을 말한다. 심문은 구두 또는 서면에 의한 진술을 강요하는 것을 말한다(➜ 심문). (2) **적법절차원리** ➜ 적법절차원리. 2) **영장제도** ➜ 영장제도. 3) **구속적부심사제도** ➜ 구속적부심사제도. 4) **보석제도** ➜ 보석제도. 5) **변호인의 조력을 받을 권리** ➜ 변호인의 조력을 받을 권리. 6) **임의성 없는 자백의 증거능력 및 증명력의 제한** 피고인의 자백이 고문·폭행·협박·구속의 부당한 장기화 또는 기망 기타의 방법에 의하여 자의로 진술된 것이 아니라고 인정될 때 또는 정식재판에 있어서 자백이 피고인에게 불리한 유일한 증거일 때에는 이를 유죄의 증거로 삼거나 이를 이유로 처벌할 수 없다(헌법 제12조 제7항). 7) **묵비권** 묵비권과 진술거부권은 동일한 개념으로 용어의 명칭상 차이일 뿐이다. ➜ 진술거부권. 8) **무죄추정권** ➜ 무죄추정의 원칙. 4. **신체의 자유의 제한과 한계** 1) **일반원칙** 신체의 자유도 기본권제한의 일반원칙에 따라 제한이 가능하다. 체포·구속으로 신체의 자유를 제한하기 위해서는 체포·구속영장이 있어야 한다. 긴급체포·현행범체포와 같이 영장 없이 체포·구속된 경우에는 48시간 이내에 영장이 청구되어야 한다. 이 경우 영장청구를 받은 판사는 원칙적으로 모든 피의자를 심문하여야 한다(형사소송법 제201조의2 제1항). 체포된 이후에는 체포·구속적부심사청구제도 및 보석제도에 의하여 신체의 안전을 도모할 수 있다. 2) **수용자의 기본권제한과 한계** 수용자란 수형자·미결수용자·사형확정자 등 법률과 적법한 절차에 따라 교도소·구치소 및 그 지소에 수용된 사람을 말한다(형의 집행 및 수용자의 처우에 관한 법률 제2조 제1호). 이들은 강제적인 공동생활을 하게 되며 구금의 목적과 관련된 제한적인 기본권에 대해 신체의 자유를 제한받게 된다. 수용자의 기본권 제한에 대한 구체적인 한계는 헌법 제37조 제2항에 따라 구체적인 자유·권리의 내용과 성질, 그 제한의 태양과 정도 등을 교량하여 설정하게 되고(헌재 1999.5.27. 97헌마137등), 수용 시설 내의 안전과 질서를 유지하기 위하여 이들 기본권의 일부 제한이 불가피하다 하더라도 그 본질적인 내용을 침해하거나, 목적의 정당성, 방법의 적정성, 피해의 최소성 및 법익의 균형성 등을 의미하는 과잉금지의 원칙에 위배되어서는 안 된다(헌재 1997.3.27. 95헌가17; 1998.5.28. 95헌바18; 2002.7.18. 2000헌마327). 헌법재판소의 결정에서 **위헌**으로 된 사례들을 보면, 미결수용자의 변호인접견에 교도관이 참여하는 경우(헌재 1992.1.28. 91헌마111), 변호인과 미결수용자의 서신교환시 비밀보장(헌재 1995.7.21. 92헌마144), 군사법원법 등에서 일반인과 접견교통권의 지나친 제한(헌재 2003.11.27. 2002헌마193), 구치소 내 종교행사에 미결수용자 참석금지(헌재 2011.12.29. 2009헌마527), 금치처분 수형자 실외운동 금지(헌재 2016.5.26. 2014헌마289), 금치처분 수형자 일체 집필행위 금지(헌재 2005.2.24. 2003헌마289), 수형자 선거권제한(헌재 2014.1.28. 2012헌마409), 검사조사실에서의 계구사용(헌재 2005.5.26. 2001헌마728), 교정시설 1인당 수용면적이 지나친 협소한 경우(헌재 2016.12.29. 2013헌마142) 등이다. **합헌**인 결정으로, 엄중격리대상자 CCTV설치 24시간 감시(헌재 2008.5.29. 2005헌마137), 수용자 거실 폐쇄회로 TV 계호(헌재 2011.9.29. 2010헌마413) 등이다.

신칸트주의 ㉮ neo-kantianism, ㉯ Neukantianismus, ㉰ Néo-kantisme. 18세기 말 칸트로부터 시작된 독일 관념론이 헤겔에 이르러 절정에 달하였고, 19세기 초에는 이러한 관념론에 반대하여 실증적·자연주의적·유물론적 실재론(實在論)이 유행하기 시작하였다. 헤겔과 유물론적 실재론 사이의 혼란을 극복하고 원래의 칸트로 되돌아가 지식과 과학의 기초를 새로 정립하고자 하는 시도가 나타났는데, 이것이 신칸트주의이다. 1890년대 이후 마르부르크 학파와 서남독 학파에 의해 독자적인 철학체계로 확립되었으며, 영국이나 프랑스, 이탈리아 등에도 전파되었다. 법학분야에서는 Rudolf Stammler, Herman Kantorowicz, Hans Kelsen, Emil Lask, Gustaf Radbruch 등이 이에 속하였다. 특히 2차 대전 이후 Radbruch가 존재·당위를 엄밀히 구별하는 방법이원주의와 상대주의에 기초하여 법철학을 전개하면서 신칸트주의의 부활을 명백히 하였다.

신탁(복종)계약설信託(服從)契約說 ➜ 사회계약론(홉스의 사회계약론).

신행정수도건설특별법결정新行政首都建設特別法違憲決定 ➜ 관습헌법.

실력설實力說 ➜ 국가(국가기원론).

실정권설實定權說 ➜ 기본권의 법적 성격.

실정성實定性 = **실증성**實證性 ㉮ positivity, ㉯ Positivität, ㉰ positiuité. 기본권이 구성요소와 관련하여 실정헌법에 의하여 보장되는 권리로서의 성질을 말한다. 기본권의 실정성은, i) 국가권력의 기본권기속성과 실현의무를 법적으로 강제할 수 있다는 것, ii) 공동체구성원의 기본권준수의무를 국가가 법적으로 강제할 수 있다는 것, iii) 기본권침해행위에 대해 법적 힘으로 배제할 수 있다는 것, iv) 기본권은 법적으로 제한가능하며, 동시에 그 제한에는 한계가 있다는 것 등을 의미한다. ➜ 기본권의 구성요소.

실정화實定化**된 자연권**自然權 기본권 중 성질상 헌법 이전에 자연적 권리로 존재하는 권리를 실정헌법에 규정하는 경우, 실정화된 자연권이라 일컫는다.

실제적 악의actual malice **이론** ➜ New York Times Co. v. Sullivan, 376 U.S. 254(1964) 판결.

실제적 조화이론實際的 調和理論 **= 형평성중시론**衡平性重視論 ➜ 기본권의 충돌.

실질과세實質課稅**의 원칙** 조세평등주의의 파생원칙으로 경제적 실질에 따라 능력에 맞는 공평한 조세부담을 과하려는 과세입법 및 세법적용상의 원칙이다. 국세기본법 제14조와 지방세기본법 제17조에 규정되어 있다. 실질과세의 원칙은 헌법상의 기본이념인 평등의 원칙을 조세법률관계에 구현하기 위한 실천적 원리로서, 조세의 부담을 회피할 목적으로 과세요건사실에 관하여 실질과 괴리되는 비합리적인 형식이나 외관을 취하는 경우에 그 형식이나 외관에 불구하고 실질에 따라 담세력이 있는 곳에 과세함으로써 부당한 조세회피행위를 규제하고 과세의 형평을 제고하여 조세정의를 실현하고자 하는 데 주된 목적이 있다(대판 2012.1.29. 2008두8499). 조세법률주의와 상호보완적이고 불가분적인 관계에 있다. ➜ 재정권.

실질적 법치주의實質的 法治主義 ➜ 법치주의.

실질적 심사기준實質的 審査基準 ➜ 평등권.

실질적 의미의 헌법 ➜헌법의 개념.

실질적 입법설實質的 立法說 ➜ 입법권.

실질적 입헌주의實質的 立憲主義 ➜ 입헌주의.

실질적 최고성實質的 最高性 헌법은 개념내재적으로 최고규범으로서의 특성을 가지는데, 그 최고성은 형식적인 측면뿐만 아니라 실질적인 측면에서도 인정된다. 즉, 헌법은 국가에 대한 근본규범이자 기본권을 정하는 규범이고 이는 공동체 내에서의 최고의 가치를 표현한 것이라 할 수 있다. 따라서 헌법은 가치적으로도 공동체의 최고의 지위를 가지는 규범이다. 실질적 최고성은 형식적 최고성의 바탕을 이룬다. 즉 공동체의 존속과 기본권의 불가침성이 최고의 가치를 가지고 있고 헌법이 이를 정하는 규범이기 때문에 국가의 실정법 체계 내에서 최고의 지위를 갖는다. 헌법의 실질적 최고성을 인정하는 것은 헌법규범을 규범적 가치서열을 갖는 것으로 이해하게 한다. 이로부터 「헌법제정권력-헌법에 의해 만들어진 권력-국가권력」의 위계질서를 성립하게 한다. ➜ 헌법의 개념.

실체적 적법절차實體的 適法節次 ➜ 적법절차.

실체적 진실발견實體的 眞實發見 실체적 진실이란 있는 그대로의 진실 즉, 존재로서의 진실을 말한다. 법적 판단은 사실을 규범에 포섭(subsumption) 하여 규범이 정한 효과를 발생하게 하는 것이므로 무엇보다도 우선적으로 사실관계, 즉 진실을 먼저 확정하여야 한다. 그러나 법적 판단의 대부분은 진실 자체보다는 법적 효과의 부여 여부에 관한 판단이 선행하는 경우가 많다. 즉, 사실로서 특정한 결과가 발생하였을 때 그러한 결과를 낳은 행위에 대하여 어떠한 법규범을 적용할 것인가를 염두에 두고 사실을 찾는 경우가 많다는 것이다. 예컨대, 특정인이 사망한 경우, 사망에 이르게 한 행위 또는 원인이 사람의 고의인지 과실인지 혹은 사람이 개입되지 아니한 단순사고인지 등을 확정하는 과정에서 법적 효과를 염두에 두고 사실을 발견하고자 하는 것이다. 이는 존재로서의 진실이라기보다는 인식으로서의 진실의 문제이다. 양자가 일치한다면 가장 바람직하지만, 인간의 인식능력에 한계가 있으므로 결코 일치하기가 쉽지 아니하다. 실체적 진실발견은 모든 법영역에서 중요하지만 특히 형사법 영역에서 그러하다. 형사법상 진실은 당사자의 처분에 따라 결정될 수 있는 것이 아니기 때문에 국가형벌권을 발동하는 형사사법기관의 직권에 의한 수사를 통해 진실, 즉 사실을 명확히 하여 기소를 하고, 사법관이 자유로운 심증에 기초하여(자유심증주의) 수사된 사실의 진실성 여부를 확정하여 법규범이 정한 법적 효과(형벌)를 부과하게 된다. 이에 비해 민사소송에서는 당사자처분권주의가 우선되므로 실체적 진실발견보다 형식적 진실발견이 우선한다. 헌법재판소는 형사소송법 제308조(자유심증주의)에 관하여, 합헌으로 판단하고 있다. ➜ 자유심증주의.

실효성實效性 ㊇ effectiveness, ㊃ Wirksamkeit, ㊈ efficasité. 법의 실효성이란 법이 실제로 효력을 가지고 있는지 여부의 성질을 말한다. 법이 실제로 시행되고 있을 때에는 법은 실효성을 가지고 있다고 하고, 법이라 하더라도 시행되고 있지 않을 때에는 실효성이 없다고 한다. 규범성 내지 타당성과 대비되는 용어이다.

심계원審計院 우리나라 제1공화국 헌법상 감사기관의 명칭이다. ➜ 감사원.

심급제도審級制度 ➜ 삼심제.

심리불속행審理不續行 ➜ 상고제도.

심문審問 ㊇ inquiry, ㊃ Untersuchung, ㊈ instruction/investigation/recherche. 법원 또는 법관이 당사자 기타 이해관계인에게 개별적으로 서면 또는 구술로 진술하게 하는 것을 말한다. 신문(訊問)과 혼동하는 경우가 많다. 신문(訊問)은 법원이나 수사기관이 판결이나 수사를 위해 해당 사건과 관련된 사람들(예컨대, 당사자나 증인 등)에게 사실관계를 물어 조사를 하는 절차를 의미한다. '신문'은 사실관계를 확인하기 위한 조사절차로서 '묻고 답하기'이고, '심문'은 당사자의 권리구제를 위한 진술기회를 부여하는 것이다. 구속전피의자심문, 법정에서의 심문 등으로 사용된다.

symbiotic relationship test(공생관계 심사) 사인(私人)과 주정부의 관계가 지극히 밀접하여 사인과 정부가 공동으로 행동하고 있다고 말할 수 있는 경우에는, 그 사인은 주의 행위자라고 판단된다는 심사기준을 말한다. 연결점심사(nexus test)가 특정행위에 있어서의 기준임에 대하여, 이 기준의 대상은 사인·주의 양자의 전반적 관계인 점이 차이가 있다. ➜ state action 이론.

심의의결권審議議決權 ➜ 법률제정절차.

심판관審判官 일반적 의미로는 다툼이 있고 사안이나 경쟁에서 판정을 내리는 사람을 일컫는다. 법제도적으로는 군사법원법상 군판사와 함께 군사법원을 구성하는 재판관(군사법원법 제22조 제3항), 구 가사심판법(1991년 폐지)상 동법 소정의 사항을 심판하는 법관, 특허법상 특허심판관(동법 제132조의16), 국세기본법상 국세심판관(동법 제67조) 등이 있다. ➜ 사법관.

심판이익審判利益 심판청구의 이익이라고도 한다. ➜ 헌법소원심판.

심판절차종료선언결정審判節次終了宣言決定 ➜ 헌법소원심판.

심판청구각하결정審判請求却下決定 ➜ 헌법소원심판.

심판회부결정審判回附決定 지정재판부는 전원의 일치된 의견으로 헌법재판소법 제72조 제3항 소정의 각하결정을 하지 아니하는 경우에는 결정으로 헌법소원을 재판부의 심판에 회부하여야 한다. 헌법소원심판의 청구 후 30일이 지날 때까지 각하결정이 없는 때에는 심판에 회부하는 결정이 있는 것으로 본다(헌법재판소법 제72조 제4항). ➜ 헌법소원심판.

10 · 26사태10 · 26事態 1979.10.26.에 중앙정보부장이었던 김재규가 궁정동 안가에서 대통령 박정희를 저격하여 살해한 사건이다. 유신체제(➜ 10월유신) 말기인 1970년대 말에 유신체제에 저항하며 민주주의를 요구하는 국민들의 저항이 극심해지고, 대학생이나 지식인들의 민주화 요구와 노동운동과 농민운동이 활발하게 전개되자, 박정희정부는 긴급조치를 발동하고, 경찰과 정보기관을 동원하여 민주화운동을 억압하였다. 1979.10.에 부산과 마산 지역에서 학생과 시민들이 유신철폐와 민주주의 회복을 요구하면서 시위를 벌인 '부마 민주항쟁'이 발발하자, 박정희정부는 부산에는 비상계엄령, 마산과 창원 지역에는 위수령을 내리고 시위를 강경 진압하였다. 권력의 중요한 축인 중앙정보부의 장이었던 김재규는 대통령 박정희에게 민주화요구를 수용할 것을 건의하려 하였으나, 차지철 경호실장이 이를 가로막아 첨예하게 대립하였다. 김재규는 10.26. 박정희와 차지철을 총으로 살해하였고, 이로써 박정희 정부의 유신체제가 종식되었다.

12 · 12쿠데타12 · 12 Coup d'État 10 · 26사태로 유신체제가 종말을 고하자, 1979.12.12., 전두환과 노태우 등을 중심으로 한 하나회 세력이 최규하 대통령의 승인 없이 계엄사령관인 정승화 육군 참모총장, 정병주 특수전사령부 사령관, 장태완 수도경비사령부 사령관 등을 체포한 사건이다. 보안사령관 전두환은 12 · 12쿠데타로 군부를 장악하고 정치적인 실세로 등장했다. 이후 1980.5. 전두환을 중심으로 하는 신군부는 5 · 17쿠데타를 일으켜 정권을 사실상 장악했고, 5 · 17쿠데타에 항거한 5 · 18 광주 민주화운동을 강경 진압했다. 전두환은 8.22.에 육군 대장으로 예편했고 1980.9. 통일주체국민회의의 선출과정을 거쳐 대한민국 제11대 대통령이 되었다. 1993년 문민정부가 들어서자 김영삼 대통령은 12 · 12사건을 '하극상에 의한 쿠데타적 사건'이라고 규정하였다. 노태우 비자금폭로로 시작된 역사바로세우기 작업은 전두환과 노태우에 대한 고발로 이어졌으나, 1994.12. 검찰은 12 · 12사건은 군사반란이 맞지만 국내의 혼란을 우려하여 기소유예 처분을 내렸다. 이에 5 · 18유족회 등은 기소유예 처분취소를 구하는 헌법소원심판을 청구하였고, 헌법재판소는 1995.1.20. 12 · 12사건 기소유예처분취소청구에 대하여 각하 및 기각 결정을 내렸다(헌재 1995.1.20., 94헌마246). 1995.7. 검찰은 5 · 18 사건은 전두환의 정국 장악의도에 진행됐다는 수사 결과를 발표하면서도 '성공한 쿠데타는 처벌할 수 없다'는 논리로 기소하지 않았다(➜ 성공한 쿠데타). 이후 국회에서 5 · 18 특별법을 제정하였고 신군부 인사들의 새로운 혐의가 발견되자 검찰은 1995.12.에 12 · 12, 5 · 18 사건 재수사에 나섰다. 결국 전두환, 노태우 등의 신군부 핵심인사는 1996.1.23., 5 · 18 사건에서의 내란혐의로, 2.28., 12 · 12 사건에서의 반란혐의로 구속 기소되었다. 12 · 12, 5 · 18 사건 재판 1심에서는 전두환은 사형, 노태우는 무기징역의 판결을 내렸다. 고등법원에서는 전두환에게는 무기징역으로 감경했다. 대법원은 12 · 12 군사반란에 대해서 전두환과 노태우 등에게 반란죄를 인정했다. 대법원은 군사반란과 내란을 통하여 정권을 장악한 후 국민투표를 거쳐 헌법을 개정하고 개정된 헌법에

따라 국가를 통치하여 왔다고 하더라도 그 군사반란과 내란을 통하여 새로운 법질서를 수립한 것이라고 할 수는 없으며, 헌법에 정한 민주적 절차에 의하지 아니하고 폭력에 의하여 헌법기관의 권능행사를 불가능하게 하거나 정권을 장악하는 행위는 어떠한 경우에도 용인될 수 없다고 판시했다(대판 1997.4.17. 96도3376).

십자가+字架 밟기 ➜ 양심의 자유.

ㅇ

아동兒童**의 권리**權利 ㉥ the rights of child/children's Rights, ㉣ Kinderrechte, ㉢ Droits de l'enfant. 1. **아동의 개념** 아동권리협약(Convention on the Rights of the Child)은 아동을 '성인 연령에 달하지 아니하는 한 18세 미만의 모든 사람'으로 정의하고 있다(제1조). 현행법상 아동을 정의하는 기본법은 「아동복지법」이며, 동법은 18세 미만으로 정의하고 있다(제3조 1호). 아동과 혼용되어 사용하고 있는 '청소년'은 「청소년기본법」에서 9세 이상 24세 이하인 사람으로 정의하고 있고(제3조 1호), 민법상 미성년자는 만 19세 미만으로 정하고 있다(민법 제4조). 2. **아동의 권리의 연혁** 아동의 권리에 관한 인식이 확립된 것은 근대 이후이다. 루소나 로크의 사상에서도 아동에 대한 인식이 나타나고 있고, 아동이 스스로 주체적인 인간이자 인격체로서 존중받아야 하는 대상임을 강조하기 시작하였다. 우리나라에서는 1923.5.1. 세계최초로 방정환에 의하여 어린이날 선언문이 발표되었다. 1차 대전 이후 전쟁 중의 아동의 희생과 피해를 자각한 결과, 1924년에 제네바 선언이 공표되었다. 동 선언은 첫째, 아동의 신체적 · 정신적 발달을 위한 필요한 모든 조치를 강구하고, 둘째, 굶주린 아동에게는 음식을, 병에 걸린 아동에게는 치료를, 지진아에게는 원조를, 비행소년에게는 교정을, 그리고 고아와 부랑아에게는 주거와 구호를 주며, 셋째, 아동은 위난에 처하여 가장 우선적으로 구조되어야 하고, 넷째, 아동은 착취로부터 수호되어야 하고 자립의 길로 지도되어야 하며, 다섯째, 아동의 능력이 모든 인류를 위하여 공헌하게 된다는 것을 승인하고 양육되어야 한다는 내용을 골자로 하였다. 1959년에는 아동의 권리선언이 채택되었다. 제2차 세계대전 후 유엔이 창설되면서 1948년에 유엔총회에서 세계인권선언이 채택되고, 제네바 선언을 재검토하여 아동을 '인권의 주체'로서 명확히 하고자 아동의 권리선언을 채택하였다. 1966년에는 "시민적, 정치적 권리에 관한 국제규약(B규약)" 제24조에 '아동의 권리'라는 독립한 조문이 처음으로 등장하였다. 1972년에는 미국의 Foster와 Freed에 의하여 아동의 권리장전이 발표되기도 하였다. 아동권리선언 30주년인 1989.11.20.에 유엔아동권리협약(the United Nations Convention on the Rights of the Child(UNCRC))이 채택되어 1990.9.2. 발효하였다. 2022.11. 기준으로 196개국이 가입되어 있다. 미국은 협약초안과 성립에 중요한 역할을 하였으나, 정치적 및 종교적 보수주의로 인해 인준하지 않았다. 2000.5.25.에 두 개의 선택의정서(optional protocols)가 채택되었다. 첫 번째 의정서는 아동의 군사분쟁참여를 제한하고, 두 번째 의정서는 아동 매매, 아동 매춘 및 아동음란물을 금지하는 것이었다. 아동권리협약은 전문 제3부 총 54조로 이루어져 있다. 협약의 전문은 협약의 기본 정신을 밝히고 있으며, 본문은 제1부 구체적 아동권리의 보장(제1-41조)과 제2부 당사국의 실천의무를 규정한 이행과 감독(제42-45조) 그리고 제3부 협악의 비준절차(제46-54조)로 구성되어 있나. 이 중 제1부의 41개 조항은 아동 정의를 포함한 실천원칙과 방법(제1-6조, 제41조), 그리고 아동권리(제6-40조)의 내용으로 구성된다. 유엔국제아동구호기금(유니세

프: United Nations International Children's Emergency Fund)가 아동권리 옹호를 위해 펼치는 모든 활동의 근간이 되는 것이 이 협약이다. 3. **아동의 권리의 유형** 아동의 권리는 아동이라는 연령적 특성상 성인의 권리와 반드시 일치하지는 않는다. 복지권(welfare rights), 보호권(protection rights), 성인권(adult rights), 부모에 대한 권리(rights against parents)로 분류하는 견해(Freeman), 천부권(entitlements rights), 보호권(protection rights), 의사표명권(representational rights), 권능부여권(enabling rights)으로 분류하는 견해(Coles) 등이 있고, DCI(Defence for Children International)에서는 기본적으로 필요한 사항을 제공할 권리(Provision), 유해한 환경으로부터 보호받을 권리(Protection), 그들의 삶에 영향을 미치는 결정에 참여할 권리(Participation)의 3Ps를 제안하였다. UNICEF는 아동의 권리를 생존권(Survival rights), 보호권(Protection rights), 발달권(Development rights), 참여권(Participation rights)의 4가지로 범주화하였다. 4. **아동권리협약의 일반원칙** 아동권리협약은 4가지 일반원칙을 규정하고 있고, 이 일반원칙들은 아동권리협약의 규정을 해석함에 있어서 핵심적인 기준이 된다. 첫 번째 원칙은 비차별(non-discrimination)의 원칙이다(제2조). 두 번째 원칙은 아동의 최선의 복리원칙이다(제3조 제1항). 세 번째 원칙은 당사국은 아동의 고유한 생명권, 생존권 및 발달권(right to life, survival and development)을 최대한 보장하여야 한다는 것이다(제6조). 네 번째 원칙은, 당사국은 자신의 의견을 형성할 능력이 있는 아동에게 아동에 관한 모든 사항에 대한 의견을 표명할 기회를 주어야 하고, 그런 아동의 의견에 대해서는 아동의 연령과 성숙도에 따라 적절한 비중을 부여하여야 한다는 것이다(제12조). 5. **우리나라** 우리나라는 1990.9.25. 유엔의 아동권리협약에 서명하고 협약 당사국이 되었다. 국내법과 저촉되는 부분에 대해서는 유보조항을 두었으나, 지속적으로 국내법을 개정하면서 협약의 내용을 충실히 수행하고자 하고 있다. 매 5년마다 유엔아동권리위원회에 국가보고서를 제출해왔다.

아리스토텔레스Aristoteles BC 384~322. 고대 그리스의 철학자. 학문 전반에 걸친 백과전서적 학자로서 다양한 분야의 학문을 기초하였으며, 논리학을 확립하였다. 정치사상사에서는 고전적 공화주의의 시원으로 평가되고 있다. 헌법학에서는 그의 국가형태론이 주로 언급된다. 그의 저서 「정치학(Politika)」에서 주권이 누구에게 있으냐에 따라 국가형태를 유형화하여 전제정치, 귀족정치, 민주정치를 나누고, ① 1인에 의한 지배는 군주제와 그 타락형태로 폭군제, ② 소수에 의한 지배는 귀족제와 그 타락형태로 과두제, ③ 다중에 의한 지배는 민주제와 그 타락형태로 폭민제로 구분하였다. 아리스토텔레스의 국가형태론은 로크의 시민정부2론, 몽테스키외의 법의 정신, 루소의 사회계약론에도 적지 않은 영향을 미쳤다.

Abrahamsson 판결 ECJ, C-407/98, 2000.7.6. 1. **사실관계** 1996.6. 스웨덴 Goteborg대학교는 생화학담당 교수 1인을 공모했는데, 공모문에는 해당 직의 임용이 직업생활에서의 양성평등증진에 기여해야 하고, 「평등을 증진하기 위해 창설된 특정 교수직과 연구조교직에 관한 스웨덴 규칙(Swedish Regulation concerning certain professors' and research assistants' posts created with a view to promoting equality: 95년 규칙)」에 따라 적극적 차별이 적용될 수 있음을 명시했다. 이 공모에는 Abrahamsson(여성)과 Anderson(남성)을 포함한 8명의 후보자가 지원했다. 선발위원회는 2

차례의 투표를 실시했는데, 후보자의 과학적 자격조건에 관한 1차 투표에서 Anderson(남성)이 5표로 1위, Destouni(여성)는 3표를 획득했고, 과학적 업적과 95년 규칙을 고려한 2차 투표에서는 Destouni(여성)가 6표로 1위, Anderson(남성)은 2표를 획득했다. 선발위원회는 대학총장에게 Destouni(여성)의 임용을 제안했다. 선발위원회는 Anderson(남성) 대신에 Destouni(여성)를 임용하는 것이 95년 규칙 제3조의 '객관성 요건'에 위반되지 않는다고 언급하면서, 전문가의 평가를 참고하여 Anderson(남성)을 2순위, Fogelqvist(여성)를 3순위로 제안했다. 그런데, 1순위자인 Destouni(여성)가 지원을 철회하자, 대학총장은 평등문제, 특히 95년 규칙과 대학교의 남녀평등계획을 고려한 재심사를 선발위원회에 의뢰했는데, 선발위원회는 평등문제가 이미 첫 번째 결정에서 고려되었을 뿐 아니라 Anderson(남성)과 Fogelqvist(여성) 간의 차이가 상당하다고 생각했기 때문에 재심사를 할 필요가 없다고 결정했다. 이후 총장은 3순위자인 Fogelqvist(여성)를 임용하기로 결정했는데, 그 이유는 Anderson(남성)과 Fogelqvist(여성)의 업적 간의 차이가 객관성 요건에 위반될 정도로 크지 않다는 것이다. 이에 Anderson(남성)과 Abrahamsson(여성)은 대학재심위원회에 이의를 제기했다. Anderson(남성)은 총장의 임용결정이 95년 규칙 제3조와 Kalanke 판결에 위반된다고 주장했고, Abrahamsson(여성)은 자신의 과학적 업적이 Fogelqvist(여성)보다 더 낫다고 주장했다. 이러한 상황에서 재심위원회는 계쟁 중인 절차를 중단하고, 4가지 문제에 대해 ECJ에 사전결정을 신청했다. **2. ECJ의 판결** 우선, ECJ는 Badeck 판결에서 제시한 기준, 즉 여성이 과소대표된 공공서비스 영역에서 여성에게 우선권을 부여하기 위한 조치는 ⅰ) 여성과 남성이 동일한 자격조건을 가진 경우에 여성에게 우선권을 자동적·무조건적으로 부여하지 않는 경우와 ⅱ) 후보자들이 모든 후보자의 특별한 개별적 상황을 고려하는 객관적 평가의 대상이 되는 경우에는 공동체법과 부합되는 것으로 간주된다는 사실을 언급한 후, 재심위원회의 4가지 질문에 대해 답변을 했다. 첫째, 과소대표된 성의 후보자를 임용할 필요가 있고, 후보자 사이의 업적의 차이가 임용결정에서의 객관성 요건에 위반을 초래하지 않을 정도로 크지 않을 경우, 과소대표된 성에 속해 있고 그 공직을 위한 충분한 자격조건을 갖고 있는 공직후보자가 다른 경우(적극적 평등실현조치가 없는 경우)라면 선발될 수 있었을 반대 성의 후보자보다 우선적으로 선발되도록 규정한 스웨덴 국내입법(95년 규칙)이 76/207/EEC 지침에 위배되는지 여부이다. 이에 대해 ECJ는 스웨덴 국내법 규정이 76/207/EEC 지침 제2조 제1항 및 제4항뿐 아니라 유럽공동체조약 제141조 제4항에도 위반된다고 판단했다. 특히 ECJ는 본 사건의 국내법 규정이 Kalanke, Marschall, Badeck 사건에서 검토한 적극적 차별에 관한 국내법 규정과는 다르다는 점에 주목하고 있다. 즉, 본 사건의 스웨덴 국내법규정은 비록 충분한 자격은 있지만 다른 후보자와 동등한 자격조건을 갖고 있지 않은 과소대표된 성의 후보자에게 우선권이 부여될 수 있도록 하고 있다는 것이다. 이러한 전제 하에서, 공직후보자 선발절차는 공석인 직 또는 수행될 책무의 요건에 따른 자격조건의 평가를 포함해야 하고, 그 평가는 자의적 평가를 방지하기 위해 투명하고 재검토될 수 있는 객관적인 기준에 근거해야 하고, 그러한 기준의 목적은 과소대표된 성에 속한 사람의 직업적 경력에 있어서의 불이익을 방지하거나 보상하기 위한 것이어야 하지만, 본 사건의 스웨덴 국내법 규정에 따른 후보자의 자격조건에 대한 평가는 과소대표된 성의 구성원의 직업적 경력에 있어서의 불이익을 방지하거나 보상하기 위한 명백하고 명료한 기준에 근거하고 있다고 보여지지 않는다고 판단했다. 또한 본 사건의 스웨덴 국내법 규정은 일정한 조건을 충족한 경우, 즉 ⅰ) 후보자의 업적 간의 차이가 임용결정에서의 '객관성 요건'에 위반되는 결과를 초래할 정도로 크지 않은 경우와 ⅱ) 과소대표된 성의 후보자자가 충분한 자격을 갖춘 경우에만 자동적으로 우선권을 부여하고 있지만, 그 조건의 범위와 효과는 정확히 판단될 수 없을 뿐 아니라 충분한 자격을 갖춘 사람 중에서의 후보자의 선발은 과소대표된 성에 속하고 있다는 단순한 사실에 궁극적으로 의존하고 있고, 그 결과, 후보자들이 모든 후보자의 특별한 개별적인 상황을 고려하는 객관적인 평가를 받지 않고 있기 때문에 스웨덴 국내법 규정은 76/207/EEC 지침 제2조 제4항에 위배된다고 한다. 한편, ECJ는 어떠한 관점에서도 추구된 목적에 비례하지 않는 것으로 보이는 스웨덴 국내법 규정의 선발방식을 제141조 제4항이 허용하고 있는 것으로 해석될 수는 없다고 보았다. 둘째, 본 사건에서 문제가 된 국내법 규정의 적용이 사전에 제한된 일정한 수의 직 또는 개별 대학교가 채택한 특별프로그램의 일부로서 창설된 직에 대한 임명에 한정되는 경우에도 76/207/EEC 지침에 위배되는지 여부에 대해, ECJ는 본 사건에서 문제가 되고 있는 적극적 차별조치의 범위를 제한하는 것만으로는 그것의 절대적이고 불균형적인 성질이 변경될 수 없고, 그 결과 76/207/EEC 지침 제2조 제1항 및 제4항뿐 아니라 유럽공동체조약 제141조 제4항에도 위반된다고 판단했다. 셋째, 후보자들이 동일하거나 사실상 동일한 업적을 가지고 있는 경우에 과소대표된 성에 속한 후보자에게 반대 성에 속한 후보자보다 우선권을 부여하는 스웨덴 판례상의 원칙이 76/207/EEC 지침에 위배되는지 여부에 대해, ECJ는 후보자들이 모든 후보자의 특유한 개별적 상황을 고려하는 객관적 평가의 대상이 되는 경우에는 공동체법에 부합된다고 보았다. 넷째, 본 사건의 국내법 규정이 하위직 임용에 관련되는지 또는 상위직 임용에 관련되는지에 따라 위의 3가지 질문에 대한 답이 달라지는지 여부이다. 이에 대해 ECJ는 유럽공동체법은 어떠한 경우에도 충원될 직의 수준에 근거해서 고용에의 접근에 관한 남녀평등대우원칙을 달리 적용하지 않는다고 판시했다. 3. **판결의 의미** Abrahamsson 사건은 후보자 사이의 업적의 차이가 임용의 객관성 요건에 위반할 정도로 크지 않을 경우에는 과소대표된 성에 속한 후보자가 충분한 자격조건을 갖고 있다면 그에게 우선권이 부여되는 국내법 규정이 주로 문제된 사건으로, ECJ는 ⅰ) 국내법 규정이 과소대표된 성의 구성원의 직업적 경력에 있어서의 불이익을 방지하거나 보상하기 위한 명백하고 명료한 기준에 근거하고 있지 않고, ⅱ) 후보자들이 모든 후보자의 특별한 개별적인 상황을 고려하는 객관적인 평가를 받지 않고 있기 때문에 76/207/EEC 지침 제2조 제4항에 위배된다고 판단했다. 또한 ECJ는 국내법 규정이 어떠한 관점에서도 추구된 목적에 비례하지 않기 때문에 유럽공동체조약 제141조 제4항에도 위배된다고 판단했다. 이 사건에서 ECJ는 적극적 평등실현조치의 심사기준으로 '비례성원칙'이 적용될 수 있음을 처음으로 시사했다. 그러나 ECJ는 단순히 '추구된 목적에 비례하지 않는다'고 언급하고 있을 뿐이다. ➜ 적극적 평등실현조치.

아시아인권재판소Asia人權裁判所 ㊇ the Asian Human Rights Court. 전지구적 인권보장체계로서 세계인권재판소가 설립되지 않은 상황에서, 지역인권재판소로서 유럽인권재판소와 미주인권재판소 그리고 아프리카인권재판소가 설치되어 상설적으로 혹은 비상설적으로 운영되고 있는 가운데(아랍인권재판소는 설립예정), 아시아지역의 인권재판소를 설치하여야 한다는 목소리가 커지고 있다. 지역단위 인권보장체계를 완성하기 위해서는 지역인권협약 내지 선언이 전제되어야 하고 이를 위하여 당해지역의 국가들 사이에 일정한 정치적 합의가 선행되어야 한다. 현재 아시아지역에서 몇 개의 인권선언이 공표되고 있으나 아시아 전체 혹은 대다수의 국가의 지지를 이끌어내지는 못하고 있다. 물론 유엔이나 국가간 협의에 따라 체결되는 조약으로서 국제적으로 승인되고 있는 인권조약을 선행합의로 인정할 수도 있으나 이 또한 당해 지역의 국가들 사이의 합의를 필요로 한다. 아시아국가들의 공통적인 지역인권협약이 도출되지 못하더라도, 예컨대, 여성이나 아동의 문제, 마약 등 특정범죄, 인종차별 등 인류공통의 과제와 같이 일정한 분야에 대한 지역적 합의를 이끌어내고 그에 대한 재판기능을 담당하는 부분적 인권재판소를 설치할 수도 있다. 아시아지역인권재판소를 설치한다면, 유럽인권재판소와 미주인권재판소 및 아프리카인권재판소 등의 사례들을 참고할 필요가 있다. 2022년 현재 대한민국은 아시아헌법재판소연합을 결성하는 데에 주도적 역할을 담당하였고, 연구사무국을 헌법재판소에 두고 있다. ➜ 아시아헌법재판소연합.

아시아헌법재판소연합亞細亞憲法裁判所聯合 ㊀ Association of Asian Constitutional Courts and Equivalent Institutions:AACC). 아시아헌법재판소연합은 인권보호, 민주주의 보장, 법치주의 구현 및 아시아지역 헌법재판기관들의 독립성증진 및 상호협력을 목적으로 설립된 국제기구이다. 2005.9. 몽골 울란바토르에서 개최된 3차 아시아헌법재판관회의에서 아시아지역 헌법재판기관들의 협의체를 만들 필요성이 최초로 거론되었고, 2007.10. 대한민국 서울에서 개최된 5차 아시아헌법재판관회의에서 대한민국, 몽골, 인도네시아, 필리핀 등 4개국이 공식적으로 연합의 창설을 위한 양해각서를 체결한 후, 2010.7. 인도네시아 자카르타에서 7개의 회원국으로 출범하였다. 2022년 기준 21개의 국가들이 회원국으로 참여하고 있다. 헌법재판에 관한 세계적 국제기구인 베니스 위원회의 아시아 지역 협의체이다. 출범당시 연합규약 제22조에 따르면 상설된 사무국이 없었고 다음 총회를 개최하는 회원국이 임시로 사무국을 운영하였으나, 회원국 사이의 교류를 활성화하기 위해 2016.8. 규약 제22조를 개정하여 공동사무국 형태의 상설사무국으로 행정사무국과 연구사무국 두 곳을 두고, 교육 및 연수기관으로서 별도로 인적자원개발센터를 설치하게 되었다. 개정된 규약 제22조에 따라 행정사무국은 인도네시아 헌법재판소에, 연구사무국은 대한민국 헌법재판소에, 인적자원개발센터는 터키 헌법재판소에 설치되어 있다. 행정사무국(Secretariat for Planning and Coordination, SPC)은 행정 및 재정지원을 주관하며, 아시아헌법재판소연합과 베니스 위원회의 협력 등 기관 차원에서의 대외협력을 담당한다. 인도네시아 헌법재판소가 운영을 맡고 있으며, 인도네시아 자카르타에 위치하고 있다. 연구사무국(Secretariat for Research and Development, SRD)은 판례 및 보고서 데이터베이스화, 학술지 발간 등을 주관하며, 재판관 및 연구관 차원에서의 대외협력을 담당한다. 대한민국 헌법재판소가 운영을 맡고 있다. 인적자원개발센터(Center for Training and Human Resources Development, CTHRD)는 아시아헌법재판소연합 회원국 헌법연구관들을 위한 교육자료 발간 및 연구 프로그램 운영을 주관한다. 터키 헌법재판소가 운영을 맡고 있으며, 터키 앙카라에 위치하고 있다. 매년 여름마다 전 세계의 헌법연구관들을 모아 연수 프로그램을 진행한다. 장래에 아시아인권재판소 설립을 위한 정치적 합의를 위하여 매우 중요한 기관으로 평가할 수 있다.

ILO ㊎ International Labour Organization, ㊍ Internationale Arbeitsorganisation, ㊌ Organisation Internationale du Travail. 1. **의의** 국제노동기구(國際勞動機構, ILO)는 노동 문제를 다루는 유엔의 전문기구로서 스위스 제네바에 본부를 두고 있다. 국제노동기구는 자유롭고 평등하고 안전하게 인간의 존엄성을 유지할 수 있는 노동을 보장하는 것을 목표로 한다. 국제노동기구는 이러한 당면 과제를 수행하기 위하여 노동기본권, 고용, 사회보장, 사회협력과 같은 분과를 운영하고 있다. 2. **역사** 1919년에 제1차 세계대전 이후에 사회운동가들이 주도한 국제적인 노동자보호를 호소하는 운동과 무역경쟁의 형평성 유지, 각국의 노동조합 운동, 러시아 혁명의 영향으로 노동 문제가 큰 정치적인 화제로 떠오른 상황이었다. 그래서 국제적 협조를 통한 노동자의 권리를 보호하여야 한다는 생각이 나타나기 시작했는데, 파리 강화회의에서 국제연맹의 자매기관으로서 국제 노동기구의 설립이 합의되었으며 베르사이유조약 등의 강화조약에 약관으로 기재되었다. 초기 참가국은 43개국이었다. 1944년, 제2차 세계대전 동안 활동이 줄어들고 있는 상황에서 필라델피아선언을 채택하였으며, 전후 활동을 재개하였다. 1946년 유엔의 전문기관으로 편입되었고, 1969년 노벨 평화상을 수상하였다. 1977년, 미국은 사회주의 국가에 대한 비판과 이스라엘 지원을 목적으로 탈퇴하였다. 이후 미국은 1980년에 다시 가입하였다. 2019년 현재 187개국이 가입되어 있다. 현 사무총장은 영국의 가이 라이더이다(2012.5. 이후). 3. **조직체제** ILO의 조직은 크게 총회 · 이사회 · 사무국 · 지역사무소, 그리고 각종 회의와 위원회로 구성되어 있다. 유엔의 다른 전문기구와 달리 하나의 회원국에서 정부, 고용주, 노동자의 대표가 각각 이사회에 대표를 내보낸다. 현재 아메리카, 아프리카, 유럽-중앙아시아, 아시아-태평양 4개의 지역 본부가 있다. 우리나라는 1991년 유엔 가입과 함께 한국노동조합총연맹이 국제노동기구에 가입하였다. 4. **국제노동협약** 2011.6.을 기준으로, 189개의 조약과 201개의 권고가 있다. 우리나라는 1991.12. ILO 정식 회원국이 됐지만, 핵심협약으로 분류되는 8개 협약 가운데 아동노동 금지 · 차별 금지 등 4개 협약만 비준하고, 결사의 자유 제87호와 제98호, 강제노동 금지 제29호와 제105호 등 4개의 협약은 비준하지 않았다.

Eisenstadt v. Baird, 405 U.S. 438(1972) 1. **사실관계** William Baird는 1967.4.6. Boston University에서 피임 및 인구 조절에 관한 강의를 한 후 19세 여성에게 콘돔과 피임용 거품 패키지를 건네주었다. '순결에 대한 범죄'에 관한 매사추세츠 주법은 피임약은 등록된 의사나 약사만이 배포할 수 있으며 기혼자에게만 배포할 수 있도록 하고 있었다. Baird가 중죄로 기소되어 유죄판결을 받은 후, 매사추세츠 대법원에 의해 일부분이 번복되었고, 그 강의는 수정헌법 제1조의 보호를 받았다고 결론지어졌지만, 피임법에 따른 유죄는 인정되었다. 이에 Baird는 연방 지방법원에서 거부된 연방 인신보호 영장을 신청하였다. 제1 순회항소법원은 영장을 승인하고 기소를 기각하라는 명령과 함께 소송을 환송하였다. 이 판결에 대해 사건을 기소한 보안관 Eisenstadt가 연방대법원에 상고하였다. 2. **연방대법원판결** 매사추세츠 법이, Griswold v. Connecticut 판결에서 인정되고 수정헌법 14조에 의해 국가의 침해로부터 보호되는 프라이버시의 권리를 침해하였는가가 쟁점이 되었다. 6대1의 결정으로 법원은 매사추세츠주 법을 파기했지만 프라이버시의 보호를 이유로 한 것은 아니었다. 법원은 미혼자와 기혼자에 대한 법의 구분이 수정헌법 제14조의 평등보호 조항의 '합리성 심사'를 충족하지 못한다고 판결하였다. 기혼부부는 법원의 Griswold 판결에 따라 피임을 할 권리가 있었다. 합리적인 근거 없이 미혼자에게 그러한 권리를 부인하는 것은 치명적인 결함으로 판명되었다. 따라서 법원은 매사추세츠 주법을 무효화하기 위해 Griswold에 의존할 필요가 없었다. 대법관 William J. Brennan, Jr.는 다수의견을 집필하여, 프라이버시의 권리가 무엇인가를 의미한다면, 기혼이든 미혼이든, 모가 아이를 낳을 것인지 부가 아이를 낳을 것인지 결정하는 것과 같이 사람에게 근본적으로 영향을 미치는 문제에 정부의 부당한 개입으로부터 자유로운 것이 개인의 권리라고 하였다. 3. **판결의 의의** 이 결정은 미혼인 사람들에게 사생활의 권리를 확대하고 미국 전역에서 피임약을 합법적으로 사용할 수 있게 하였다. 그 외에도 Carey v. Population Services International(1977)은 16세 미만의 피임약 배포를 금지하는 뉴욕법을 파기했지만 다수의견을 제시하지 못해 널리 인용되지는 않았다. Bowers v. Hardwick(1986) 판결은 동성애자들의 수간(sodomy)의 권리를 부인하였으나, Lawrence v. Texas(2003) 판결은 Bowers 판결을 뒤집고 Eisenstadt를 인용하여 동의한 성인이 사적이고 합의된, 영리를 목적으로 하지 않는 성행위에 참여할 권리가 있음을 인정하였다. Eisenstadt 판결은 프라이버시의 권리를 확립한 판결로서, 20세기에 가장 영향력있는 판결 중의 하나로 인정되고 있다.

아프리카인권재판소Africa人權裁判所 ㉠ The African Court on Human and Peoples' Rights, ㉡ La Cour africaine des droits de l'homme et des peuples. 1. **설립 경과** 아프리카의 탈유럽식민지가 거의 완료된 1960년대에 이르러 아프리카통합을 위한 정치적 노력이 현실화하기 시작하였다. 1963.5.22.-25.에 32개의 아프리카 국가들은 에티오피아의 아디스아바바에 모여서 아프리카통합기구(Organization of African Unity)를 출범시켜, 아프리카의 가치와 전통 및 개발권 등을 확립하고자 노력하였다. 1981.6.28. 감비아의 수도 반줄에서 아프리카인권헌장이 채택되어 1986.10.21. 발효하였다. 1987.11.2.에는 아프리카인권위원회가 설립되었고, 1998.6.9. 아프리카통합기구에서 아프리카인권재판소 설립을 위한 아프리카인권헌장에 관한 의정서를 채택하여 2004.1.25. 발효하였다. 2002.7.9.에는 거의 모든 아프리카 국가들이 참여하는 아프리카연합(African Union)이 출범하였다. 설립을 위한 실무적 과정을 거쳐 2006.7.1. 아프리카인권재판소가 운영을 개시하였다. 2. **설립 목적 및 특징** 아프리카인권재판소는 아프리카연합 회원국의 인권과 자유를 보호하고 향상하기 위하여 설치된 아프리카인권위원회의 기능을 보완·강화하기 위하여 설치되었다. 아프리카인권위원회는 아프리카인권헌장에 따라 사건을 아프리카인권재판소로 이관할 수 있으며, 역으로 재판소 역시 사건을 위원회로 회부할 수 있다. 2022년 현재 아프리카인권재판소 비준국은 27개국이다. 3. **구성** 아프리카인권재판소는 재판소장 포함 총 11인의 재판관으로 구성된다. 재판관은 회원국이 추천한 후보 가운데 아프리카연합 의회에서 투표로 선출되며, 임기는 6년 단임이다. 재판관은 자신의 국적국에 관한 사건을 심사하지 못하며, 재판소장을 제외한 나머지 재판관은 비상근으로 근무한다. 겸직금지 등 신분상 제약이 있다. 회원국 당 한 명의 재판관만 재직할 수 있다. 4. **권한** 재판소의 권한은 크게 네 가지로 나뉜다. 첫째, 자문권한으로, 아프리카연합 회원국, 아프리카연합 기관 또는 아프리카연합이 인정하는 아프리카의 기관의 요청에 따라, 아프리카인권헌장 또는 기타 인권 기구와 관련된 법적 질문에 대한

의견을 제시한다. 단, 인권위원회에서 검토한 사안과 관련이 있는 경우는 제외된다. 둘째, 분쟁 심사권한으로, 인권헌장, 의정서 및 관련 국가가 비준한 인권 관련 규약의 해석 및 적용에 관한 사건과 분쟁에 대하여 심사한다. 다만 심사대상인 분쟁에 제한이 있다. 셋째, 재판소가 내린 결정에 대한 해석권한을 가진다. 넷째, 인권헌장 규정에 부합한 사건에 대하여 협상에 의한 해결을 장려하는 조정기능을 가진다.

안건신속처리제案件迅速處理制 → 국회선진화법.

안건조정위원회案件調整委員會 → 국회선진화법.

안락사安樂死 [영] euthanasia, [독] Euthanasie, [프] euthanasie. 1. **의의와 유형** 심한 육체적·정신적 고통에 시달리는 불치상태의 환자에 대하여 그 고통을 덜어주기 위하여 그 사망시기를 앞당기는 의학적 조치를 말한다. 이에는 네 가지 유형이 있다. 첫째, **순수한 안락사**는, 예컨대 임종의 고통을 제거하기 위하여 적당량의 진정제나 마취제를 사용함으로써 생명의 단축을 수반하지 않고 자연히 사망하게 하는 경우와 같이, 생명 단축을 초래하지 않는 안락사로서 고통을 완화하는 치료행위와 환자의 사망 사이에 직접적인 인과관계가 인정되지 않는 경우를 말한다. 본래의 의미의 안락사이다. 둘째, **직접적 안락사**는 회생가능성이 없는 질병으로 인하여 빈사상태에 빠진 환자에 대하여, 그의 뜻에 따르거나 혹은 환자가 의식이 없는 경우에는 보호자의 뜻에 따라, 인간다운 죽음을 맞이할 수 있도록 인위적으로 생명을 단축시키는 행위를 말한다. 적극적 안락사라고도 한다. 셋째, **간접적 안락사**는 고통을 완화시키기 위한 약물투여와 같은 조치가 필연적으로 생명단축이라는 부수적인 효과를 가져오는 것이다. 넷째, **소극적 안락사**는 환자가 고통으로부터 빨리 해방되게 하기 위하여 생명연장의 적극적 수단을 사용하지 않는 것이다. 예컨대, 수혈·생명연장장치·인공호흡장치 등을 사용하지 않는 것이다. **존엄사**尊嚴死라고 하기도 한다. 단, 존엄사를 의식불명의 식물인간상태에서 연명장치를 제거하거나 치료를 중단하는 경우로 이해하는 견해도 있다. 미국의 경우 존엄사를 자연사와 유사하게 사용하는 경우도 있다. 대법원은 안락사나 존엄사라는 용어가 아닌 '연명의료 중단'이라는 용어를 쓰고 있다(대판 2009.5.21. 2009다17417). 2. **외국 입법례** **네덜란드**는 국가적 차원에서 적극적 안락사가 합법화된 최초의 국가이다. 즉, 1993년 네덜란드는 의사가 말기환자의 자살을 돕거나 환자의 명백한 요구에 따라 환자를 사망케 하여도 형사처벌을 받지 않도록 하는 법안을 통과시켰다. 이 법은 10년 이상 네덜란드에서 행해졌던 진료관행에 법적 효력을 부여한 것인데, 법에 의하여 의사가 처벌을 면하려면 28개의 점검리스트를 따르도록 요구하고 있다고 한다. **스위스**는 1942년부터 관련법을 통해 육체적 질병뿐 아니라 정신적 질환을 앓고 있는 경우에도 의사의 도움을 받아 안락사를 선택할 수 있도록 했기 때문에 수많은 외국인들이 '자살 여행지'로 찾고 있다. 세계 유일의 스위스 안락사 지원 전문병원 디그니타스에서는 1998년 개원 이래 영국인 115명을 포함해 850명이 넘는 환자들이 안락사로 생을 마감했다. 디그니타스는 안락사 비용으로 1만 스위스 프랑(한화 1,170만원)을 받는다. **벨기에**와 같이 독실한 가톨릭 국가에서 2002.9.23. 안락사에 관한 벨기에법이 발효하였다. **영국**의 인권법은 생명권의 의미와 동등한 권리의 의미로 죽을 권리를 인정하지 않고 있다. **미국**에서도 자살조력과 같은 적극적 안락사의 합법화운동은 대부분 실패했으나, 이에 대한 유일한 예외가

Oregon주의 존엄사법이다. Oregon주는 1994년 주민투표를 통하여 미국 최초로 존엄사법을 주민 51%의 찬성으로 통과시켰다. 그러나 이 법안에 대해서는 Oregon주의 의사인 Lee와 Petty 박사 및 말기환자들이 연방헌법상의 평등권 침해라는 이유로 연방법원에 소송을 제기하였고, 제9순회 연방항소법원이 원고들의 당사자 적격이 결여되었음을 이유로 기각하자 원고들은 연방대법원에 상고하였고 1997.10.14. 연방대법원은 원고의 상고를 기각하여 존엄사법은 위헌시비를 벗어났다. Oregon주는 1997.11.4.에 주민의 의사를 재확인하기 위하여 이 법안의 폐지법안을 주민투표에 붙여 약 60%가 반대하고 존엄사법의 존치를 지지하여 1997.11.부터 시행되었다. Oregon주 존엄사법은 의사에 의해 말기질병(6개월 내 사망할 질병)으로 진단되고 자발적으로 죽을 의사를 표시한 Oregon주민만을 적용대상으로 규정한다. **호주**는 1996년 세계 최초로 적극적 안락사를 합법화한 호주는 말기환자 4명을 안락사시켰지만 불과 6개월만에 안락사법이 폐기되는 우여곡절을 겪었다. 현재 호주 8개 주 가운데 3개 주가 '생명연장 장치 제거'를 의료행위로 인정하고 있다. **일본**은 2007.4. 회복의 가망성이 없는 임종말기 환자에 대해 사실상의 소극적 안락사를 허용하는 가이드라인을 제정하였다. 존엄사에 대한 법제화 움직임이 있고 일본존엄사협회는 법제화를 촉구하기위한 서명운동을 벌이고 있다. 비교법적으로 고찰해 볼 때, 전 세계적으로 적극적 안락사를 허용하는 국가는 스위스와 네덜란드, 룩셈부르크, 벨기에, 한때 미국 Oregon주 등이다. 그 외 미국, 유럽 및 대부분 국가가 '적극적 안락사'는 인정하지 않고 있지만, '소극적 안락사(존엄사)'는 일부 국가가 인정해 나가고 있는 추세에 있다. 3. **허용여부** 안락사 유형 중 적극적(직접적) 안락사는 촉탁승락에 의한 살인죄 내지 살인죄에 해당한다(대판 1957.7.26. 4290형상126). 따라서 적극적 안락사는 원칙적으로 인정될 수 없다. ➜ 보라매병원사건. 하지만 소극적 안락사는 엄격한 조건에 따라 인정될 수 있다. 특히 '회복불가능한 사망의 단계'에 있는 환자에게 이루어지는 연명치료를 중단하는 행위가 생명권보호라는 헌법적 가치와 어떻게 조화될 수 있는지가 문제된다. 대법원은 '회복불가능한 사망의 단계'에 있는 환자와 그렇지 않은 환자를 구별하여, '회복불가능한 사망의 단계'에 있는 환자는 그의 인간으로서의 존엄과 가치 및 행복추구권에 기초하여 자기결정권을 행사하는 것으로 인정되는 경우에는 특별한 사정이 없는 한 연명치료의 중단을 허용할 수 있다고 본다(대판 2009.5.21. 2009다17417: 이른바 '김할머니사건'). 연명치료중단에 대한 자기결정권과 관련하여 대법원은, 환자가 회복불가능한 사망의 단계에 이르렀을 경우에 대비하여 미리 의료인에게 자신의 연명치료거부 내지 중단에 관한 의사를 밝힌 사전의료지시가 있는 경우와 그렇지 않은 경우로 구분하여, 사전의료지시의 경우에는 비록 의식이 없이 자기결정권을 행사할 수 없다고 하더라도 연명치료중단에 관한 환자의 의사를 추정할 수 있다고 보았다(위 판결). 이 다수의견에 대하여 반대의견은 환자의 자기결정권은 소극적으로 그 진료 내지 치료를 거부하는 방법으로 행사될 수는 있어도 이미 환자의 신체에 삽입, 장착되어 있는 인공호흡기 등 생명유지장치를 제거하는 것과 같은 적극적 방법으로 행사되는 것은 환자의 자살에 관여하는 것으로 허용되지 않는다고 하였다. 헌법재판소는 죽음에 임박한 환자의 연명치료중단에 관한 자기결정권을 보장하는 방법으로서 '법원의 재판을 통한 규범의 제시'와 '입법' 중 어느 것이 바람직한가는 원칙적으로 입법정책의 문제로서 입법재량에 속한다는 입장이다(헌재 2009.11.26.

2008헌마385). 임종과정에 있는 환자의 연명의료와 연명의료중단 등과 관련하여 '호스피스 · 완화의료 및 임종과정에 있는 환자의 의료결정에 관한 법률(2016.2.3.제정 법률 제14013호, 2017.8.3. 시행)이 제정되어 있다.

알 권리權利 ㉞ the right to know, ㊇ Informationsfreiheit, ㊂ le droit de savoir. 1. **의의** 1) **개념** 알 권리는 소극적 측면에서는 일반적으로 접근할 수 있는 정보원으로부터 의사형성에 필요한 정보를 수집하고 수집된 정보를 취사선택할 수 있는 자유 또는 권리와 모든 정보원으로부터 일반적 정보를 수집하고 처리할 수 있는 권리이며, 적극적 측면에서는 정보원으로부터 방해받지 않고 의사형성 · 여론형성에 필요한 정보를 적극적으로 수집할 수 있는 권리를 말한다. 알 권리는 의사형성에 필요한 정보를 수령할 수 있는 자유(정보취득의 자유), 정보원으로부터 방해받는 일 없이 취재할 수 있는 자유(취재의 자유), 정부에 대해 정보공개를 요구할 수 있는 권리(정보공개청구권), 공공의 이익과 관련된 사항에 대하여 공중이 가지는 알 권리 등 다양한 측면에서 나타난다. 알 권리는 **정보의 자유**와 동일한 의미로 사용되는 헌법상 권리로 이해함이 일반적이다. 2) **기능** 알 권리는 자유로운 의사형성 보장을 통한 민주주의 실현, 자기결정 및 자유로운 인격의 발현, 국민주권의 실질화, 투명 · 공정사회의 실현 등의 기능을 가진다. 2. **연혁과 입법례** 1) **연혁** 정보공개의 측면에서 처음으로 정부보유문서를 공개하도록 한 입법은 1766년 스웨덴의 언론자유법(Freedom of the Press Act)이었다. 알 권리(right to know)라는 용어는 1787년 미국 필라델피아 헌법제정회의에서 처음 사용되었고, 1789년 프랑스 혁명 후 '인간과 시민의 권리선언'제15조는 알 권리라는 용어를 사용하지 않았지만, 정부가 하는 일에 대한 국민의 알 권리를 중요한 권리로 이해하였다. 2차 대전 이후 알 권리를 인권으로서 적극적으로 다루기 시작하였다. 이 시기에는 정보의 자유라는 표현으로 알 권리를 표현하였다. 정보의 자유를 인간의 기본적 인권이고 유엔이 신성시하는 모든 자유의 시금석이라는 내용의 1946년 UN 총회 '결의 59(1)', 1948년 UN 총회에서 채택된 세계인권선언, 1966년 UN총회에서 채택된 '시민적 · 정치적 권리에 관한 국제규약', 유럽이사회(the Council of Europe)가 1950년 채택한 유럽인권협약 등에서 알 권리를 정보의 자유의 측면에서 규정하고 있다. 2) **입법례** 알 권리 또는 정보의 자유를 헌법에 명문으로 규정하거나 헌법재판소의 해석을 통해 헌법상 권리로 인정하는 국가가 증가하고 있다. 인터넷 사이트 Right2info.org에 따르면 공식 문서에 대한 접근권을 헌법상 권리로 보호하고 있는 나라가 2012.1. 기준 59개국이며, 이 중 최소 53개국은 일반 국민이 정보를 이용할 수 있도록 정부에게 의무를 부과하고 있다. 지역별로 보면 아메리카 12개국, 유럽 25개국, 아시아 · 태평양 6개국, 아프리카 16개국 등이다. 이 밖에도 우리나라처럼 최고 사법기관이 해석을 통해 헌법상 권리로 인정한 국가로 캐나다, 프랑스, 인도, 이스라엘 등 5개국이다. 독일의 경우 기본법 제5조 제1항 제1문 후단에 「일반적으로 접근가능한 정보원으로부터 방해를 받지 않고 정보를 수집할 수 있는 권리」를 규정하여, 정보의 자유의 측면에서 알 권리를 보장하고 있다. 미국은 정보의 자유에 관하여 명문으로나 해석상으로나 헌법적 권리로 인정하지는 않는다. 알 권리 또는 정보의 자유는 공공기록물에 대한 접근권보다 넓은 개념이지만, 실제로 알 권리의 가장 중요한 내용은 정부, 특히 행정부가 보유한 기록물에 대한 접근권이다. 3. **헌법적 근거** 1) **학설** ⅰ) 헌법 제21조 표현의 자유에서 찾는 견해, ii) 헌법 제10조 인간의 존엄과 가치 및 행복추구권에서 찾는 견해 등이 있다. 2) **판례** 헌법재판소는 제21조 제1항, 제1조 제1항, 제10조, 제34조 제1항 등에서와 같이 여러 규정을 망라하여 종합적인 근거를 제시하고 있다(헌재 1989.9.4. 88헌마22; 1991.5.13. 90헌마133; 1994.8.31. 93헌마174; 1992.2.25. 89헌가104; 1994.12.29. 92헌바31; 1995.7.21. 92헌마177 등). 3) **검토** 알 권리는 그것이 작용하는 영역에 따라 그 근거가 다르게 파악될 수 있다. 이것은 알 권리 자체가 독자적으로 파악하기에 쉽지 않은 권리인 동시에 포괄적인 권리임을 보여준다. 그런 점에서 알 권리는 여전히 발전하고 있는 권리라고 할 수 있다. 4. **법적 성격** 1) **자유권으로서의 알 권리** 헌법 제21조의 표현의 자유와 헌법 제10조의 인격권으로부터 '알 권리'를 도출하는 경우, 알 권리는 정보를 자유롭게 얻는 개인의 자유를 보호하는 대국가적 방어권, 즉 국가에 대하여 부작위를 요구하는 자유권적 성격을 갖는 권리이다. 알 권리에 의하여 보호되는 행위는 자유롭게 정보를 얻을 권리이며 이는 결국 국민의 자유로운 정보선별권을 의미한다. 2) **복합적 기본권으로서의 알 권리** 헌법재판소는「알 권리의 핵심은 정부가 보유하고 있는 정보에 대한 국민의 알 권리, 즉 정부에 대하여 일반적 정보공개를 구할 국민의 권리」라고 보고 일반적 정보공개청구권을 헌법상 보장된 국민의 기본권으로서 인정하였다(헌재 1989.9.4. 88헌마22). 나아가「"알 권리"는 표현의 자유와 표리일체의 관계에 있으며 **자유권적 성질**과 **청구권적 성질**을 공유하는 것이다. 자유권적 성질은 일반적으로 정보에 접근하고 수집·처리함에 있어서 국가권력의 방해를 받지 아니한다는 것을 말하며, 청구권적 성질을 의사형성이나 여론 형성에 필요한 정보를 적극적으로 수집하고 수집을 방해하는 방해제거를 청구할 수 있다는 것을 의미하는 바 이는 정보수집권 또는 정보공개청구권으로 나타난다. 나아가 현대 사회가 고도의 정보화사회로 이행해감에 따라 "알 권리"는 한편으로 **생활권적 성질**까지도 획득해 나가고 있다.」고 하고 있다(헌재 1991.5.13. 90헌마133). 5. **주체와 효력** 1) **주체** 알 권리는 원칙적으로 자연인인 대한민국 국민이다. 외국인에게도 인정할 여지가 있다. 예컨대 미국의 정보자유법의 경우「누구든지(any person)」 정보공개를 청구할 수 있도록 하고 있다. 이에는 미국국민이든 외국인이든 가리지 아니한다. 따라서 외국인도 알 권리의 주체로 될 수 있다고 봄이 타당하다. 법인도 주체가 된다. 특히 언론기관의 경우 알 권리는 매우 중요한 의미를 가진다. 2) **효력** 원칙적으로 대국가적 효력을 가지는 권리이지만, 예외적으로 사인간에도 적용되는 권리라고 할 수 있다. 6. **알 권리의 내용** 1) **소극적 정보수령권** 정보수령권은 '일반적으로 접근할 수 있는 정보원'으로부터 방해받지 않고 정보를 수령할 수 있는 권리, 즉 신문·잡지·방송 등 자발적 정보제공자가 제공하는 정보를 아무 방해 없이 받아들일 수 있는 권리를 말한다. 알 권리와 언론보도의 자유는 서로 보완관계에 있다. 현실적으로 언론기관의 독과점화 현상은 정보 자체를 왜곡할 우려가 있고, 이는 알 권리를 침해할 가능성이 있다. 또한 언론기관 내부의 문제도 알 권리의 위협적 요소로 될 수 있으므로 기업으로서의 언론과 언론의 공적 과업이 조화될 수 있도록 하여야 한다. 2) **적극적 정보수집권** 정보수집권은 일반적으로 접근가능한 정보원으로부터 능동적으로 정보를 수집할 수 있는 권리를 말하는데 언론매체의 취재의 자유와 개인의 정보수집의 자유를 포함한다. 3) **정보공개청구권** 정보공개청구권은 적극적으로 비자발적 정보원에 대해 정보의 공개를 청구할 수 있는 권리를 말한다. 이에는 개별적 정보공개청구권과 일반적 정보공개청구권을 포함한다. 전자는 대상 정보에 대해 직접적 이해관계 있는 일정범위의 사람이 정보공개를 청구할 수 있는 권리를 말하고 후자는 이해관계에 관계없이 정보공개를 청구할 수 있는 권리를 말한다. 7. **알 권리의 제한과 한계** 1) **의의** 알 권리도 헌법 제37조 제2항에 의해 국가안전보장 · 질서유지 또는 공공복리를 위해 필요한 경우에 한하여 법률로써 제한할 수 있으나 알권리의 본질적인 내용에 대한 제한은 허용되지 않는다. 알 권리의 제한은 정보공개법상 공개제외 대상과 직접적으로 관련된다(공공기관의 정보공개에 관한 법률 제9조 제1항). 2) **국가기밀** 국가기밀 개념은 추상적이고 불확정적 개념이므로 알권리의 실효적 보장을 위해 국가기밀을 한정적으로 해석할 필요가 있다. 헌법재판소는 국가기밀의 의미를 「일반인에게 알려지지 아니한 것으로서 그 내용이 누설되는 경우 국가의 안전에 명백한 위험을 초래한다고 볼 만큼의 실질가치를 가진 사실, 물건, 지식」이라고 하여 한정적으로 해석하고 있다(헌재 1997.1.16. 92헌바6). 3) **사생활의 비밀과 자유** 알 권리와 프라이버시권이 충돌하는 경우에(기본권의 충돌) 이를 어떻게 조화시킬 것인지가 문제된다. 이를 위한 방안으로서 '인격영역이론', '공공이익이론', '권리포기이론', '공적인물이론' 등이 제시되고 있으며 이를 입법적으로 해결하기 위하여 「언론중재 및 피해구제 등에 관한 법률」에서 '정정보도청구권'과 '반론보도청구권'을 인정하고 있다. 4) **기업의 영업상 비밀** 기업의 비밀은 기업의 자유 보장과 재산권 보장 측면에서 그 공개가 제한된다. 그러나 기업의 사회적 영향력이 증대됨에 따라 이에 대한 국민의 알 권리의 중요성도 증대되고 있다. 기업의 재산권 보장과 국민의 알 권리가 충돌할 경우 기본권 충돌에 대한 일반적인 해결방법인 '이익형량의 방법', '과잉금지방법', '대안식 해결방법', '최후수단 억제방법' 등이 검토될 수 있다. 5) **기타** 수도 · 전기 등과 같은 공공재에 관한 정보, 군인사 정보 등의 군사기밀, 유전자식품정보 등 소비자의 알 권리, 근로자의 알 권리, 이동전화 요금체계 등과 같은 통신비밀보호, 의료관련 정보, 범죄피의자 범죄 및 신상정보, 금융관련 정보 등 사회 전영역에서 알 권리의 문제가 대두되고 있다.

알렉시Alexy, Robert 1945.9.9.~. 독일 Niedersachsen 주 Oldenburg 태생으로, 1968년에 Göttingen 대학교에서 법학과 철학을 공부하여 Ralf Dreier의 지도를 받아 1976년에 박사학위 논문 「법적 논증 이론(Theorie der juristischen Argumentation)」으로 학위를 받았다. 1984년에 같은 대학에서 「기본권이론(Theorie der Grundrechte)」으로 교수자격을 취득하였고, 1986년부터 Kiel 대학교 교수로 재직하고 있다.

알렉시의 기본권이론基本權理論 1. **기본관점** Alexy는, 법규칙과 법원리를 구별하여 H.L.A. Hart의 법실증주의이론을 비판한 R. Dworkin의 이론을 비판적으로 수용 · 발전시켜 새로운 형태의 기본권이론을 전개하였다. 그는 독일기본법상의 기본권규정들을 연구대상으로 하여, 분석적 측면, 경험적 측면, 규범적 측면의 세 측면을 포괄하면서 통합적 이론을 목표로 하는 '이상적 기본권이론'을 제안하였다. 그리고 현실에 실재하는 기본권이론을 '현실적 기본권이론'이라 칭하면서 다양한 관점을 포괄하는 '종합적 이론'이 되어야 한다고 주장하였다. 이를 위하여 분석적 구조이론을 강조하면서, 기본권해석론이 기본권규정에서부터 기본권에 관한 구체적 당위판단을 이끌어내는 과정에서 합리적인 논증, 즉 상호주관적인 통제가 가능하여야 한다고 주장하였다. 이러한 논증과 통제가 가능하려면 기본권규범의 구조, 기본권에 관한 논증에서 중요한 모든 개념과 논거형태의 구조에 대한 명료성이 전제되어야 한다. 2. **원칙과 규칙의 구별** Alexy는 먼저 기본권규범을 원칙(Prinzip)과 규칙(Regel)으로 구분한다. 원칙은 '최적화명령(Optimierungsgebote)', 즉 '어떤 것을 법적 가능성과 사실적 가능성에 따라 상대적으로 가능한 한 높은 정도로 실현하도록 하는 명령하는 규범'이며, 규칙은 '확정적 명령(definitive Gebote)', 즉 '사실적 가능성과 법적 가능성의 테두리 내에서 확정된 것(Festsetzungen)을 포함하는 규범'이다. 원리는 잠정적-당위(prima facie-Sollen)를 포함하고 있고, 규칙은 확정적인 당위(definitives Sollen)를 내포하고 있다. 이렇게 구분되는 원칙과 규칙은 그 각각이 서로 갈등을 일으키는 경우에 해결방식에서 차이가 난다. 규칙이 서로 충돌하는 경우에는 하나의 규칙을 무효로 만들거나 하나의 규칙에 '예외조항'을 부가하여 그러한 갈등을 해결한다. 원칙이 서로 충돌하는 경우, 즉 어떤 것이 어떤 한 원리에 따르면 금지되고 다른 원리에 따르면 똑같은 그것이 허용되는 경우에는, 구체적인 사안에서 각각의 원칙이 차지하는 비중이 더 높은 하나의 원칙을 우선하여, 즉 형량을 통하여 충돌을 해결한다. 3. **기본권규범과 그 모델** 기본권규범을 어떤 규범으로 볼 것인지에 대하여 세 가지 모델이 있다. ① 순수 원칙모델 ② 순수 규칙모델 ③ 규칙/원칙 모델 등이 그것이다. 순수 원칙모델에 따르면 기본권은 형량이 필요한 순전한 원칙이다. 순수 규칙모델에 따르면 기본권은 형량이 필요하지 않는 순전한 규칙이다. 규칙/원칙 모델에 따르면 기본권은 이중성이 있어서, 우선적으로 형량이 필요한 원칙이지만, 형량이 된 후에는 규칙으로 바뀔 수 있다. 이 통합모델이 기본권을 이해하는 데에 적절한 것으로 평가되고 있다. ➜ 기본권이론.

R.A.V. v. City of St. Paul, 505 U.S. 377(1992) 판결 1. **사실관계** 1990.6.21. 이른 아침에, 청구인과 다른 몇몇 십대들이 부러진 의자 다리를 테이프로 붙여 조잡하게 만든 십자가를 조립하여, 청구인의 집 건너편에 살았던 아프리카계 미국인 가족의 앞마당에 세우고 불태웠다. 청소년이었던 청구인은 2건의 혐의를 받았는데, 그 중 하나가, 인종, 피부색, 신조, 종교 또는 성별에 근거하여 타인에게 분노나 경계심 또는 분개심을 불러일으키는 상징물의 전시를 처벌하는, 세인트폴 시 편견동기범죄 조례(the St. Paul Bias-Motivated Crime Ordinance) 위반이었다. 2. **판결** 청구인은 동 조례가 내용에 근거하여 수정헌법 제1조에 따라 문면상(facially) 유효하지 않다는 이유로 기각해 줄 것을 청구하여, 하급법원은 이를 받아 들였으나, 미네소타주 대법원은 이를 번복하였다. 이에 청구인은 연방대법원에 상고하였다. 3인의 동의의견과 함께 작성된 판결에서 A. Scalia 대법관은 음란물(Roth v. United States, 354 U.S. 476(1952)), 명예훼손적 표현(Beauharnais v. Illinois, 343 U.S. 250 (1952)) 등과 같이 특정표현의 범주는 헌법상 금지되는 내용으로 인해 규제를 받아왔으며 헌법상 보호를 받지 못하여왔음을 지적하였다. 하지만 Scalia 대법관은 보호되지 않는 표현의 범주에서조차 정부가 내용에 근거한 차별을 하는 것은 제한되며, '도발적 언사'의 경우도 보호되지 않는 표현의 범주이지만, 이들이 사상의 표현의 어떠한 부분도 구성하지 않는다거나 사상의 표명의 본질적 부분이 아니라고는 단정할 수는 없다고 하였다. Scalia 대법관은 St. Paul시 조례가 문제된 조례는 단지 인종, 피부색, 신조, 종교 혹은 성별에 근거하여 모욕이나 폭력을 유발한 '도발적 언사'만을 처벌하므로 이는 헌법상 금지되는 표현의 내용에 근거한 차별이라고 판단하였다. 3. **판결의 의의** 이 판결은 내용근거

규제와 내용중립규제라는 종래의 범주적 접근법과는 달리 헌법상 보호되지 않는 범주에 해당하는 표현일지라도 이에 대한 내용에 근거한 차별은 허용되지 않으며, 엄격심사기준을 충족시켜야 한다고 봄으로써 '보호되지 않는 표현의 범주'에 대하여도 정부가 내용에 근거한 차별을 하는 것은 제한된다고 하였다. 긍정하는 견해와 반대하는 견해가 있다.

알제리사태 ㊐ Algerian War, ㊈ Guerre d'Algérie. 알제리 전쟁은 1954년부터 1962년까지 알제리민족해방전선(FLN, Front de Libération Nationale)과 프랑스 간에 벌어진 전쟁이다. 알제리 입장에선 독립전쟁이고, 프랑스 입장에선 식민지반란군 진압 작전이었는데 1999.6.에 프랑스 의회는 전쟁이 끝난 지 37년 만에 전쟁이었음을 인정하였다. 전쟁의 결과 알제리가 프랑스로부터 독립하였고, 프랑스는 석유와 가스 등 막대한 국부를 잃고, 전쟁 중 프랑스 제4공화국이 붕괴되었다. 제2차 세계대전 이후 탈식민지화의 대세와 흐름을 무시하고 벌어졌던 인도네시아 독립전쟁, 제1차 인도차이나 전쟁, 포르투갈 식민지 전쟁과 더불어 유럽 식민지 열강의 식민지 재침의 예시로 평가받는 전쟁이다. 이 전쟁은 탈식민지화에서 중요한 전쟁이었으며, 게릴라전, 민간인에 대한 테러, 양측의 고문 자행, 프랑스 군대의 대테러 작전 등 복잡한 성격을 보인 전쟁이었다.

암파로Amparo 독일의 헌법소원(Verfassungsbeschwerde)과 비슷한 제도로, 헌법상 보장된 개인의 권리가 침해된 경우에 곧바로 헌법재판기관에 제소할 수 있도록 하고 당해 기관이 발부하는 영장(암파로 영장; recurso de amparo/juicio de amparo)에 따라 암파로 사건으로 된다. 개념상으로는 각 국가마다 약간씩의 차이를 보이고 있다. 암파로는 각 국가마다 관할기관, 심판대상, 제소권자, 판결의 효력 등에서 차이가 있어서 일률적으로 정의하기는 어렵다. 용어에 있어서 amparo를 사용하는 국가는 멕시코(1857년 처음 설치; 2005년 헌법 제103조, 제107조), 아르헨티나(1994년 헌법 제43조), 베네수엘라(1999년 헌법 제27조), 우루과이(법률 제16.011/88호로 규정), 페루(1993년 헌법 제200.2조), 파라과이(1992년 헌법 제134조), 볼리비아(2009년 헌법 제19조), 칠레(2005년 헌법 제20조), 도미니카공화국(헌법상 규정은 없고 판례를 통해 1999년 인정), 에콰도르(2008년 헌법 제95조), 코스타리카(1949년 헌법 제48조), 엘살바도르(1983년 헌법 제247조), 니카라과(1995년 헌법 제45조), 파나마(2005년 헌법 제50조), 과테말라(1993년 헌법 제265조), 온두라스(1982년 헌법 제183조) 등이고 콜롬비아는 Acción de tutela(1991년 헌법 제86조), 브라질은 Mandado de seguranca(1988년 헌법 제5°조, LXIX, LXX)라는 용어를 사용한다.

압도적 이익壓倒的 利益 ㊐ compelling (state) interest. '필요불가결한 이익', '불가결한 주의 이익', '긴절한 이익' 등의 표현으로 사용되기도 한다. 엄격심사기준의 적용요건 중의 하나이다. ➜ 평등심사기준.

압수押收 ㊐ seizure. 국가기관이 증거물 또는 몰수할 물건으로 인정되는 물건의 점유를 취득하는 강제처분을 말한다. 좁은 뜻으로는 형사소송법상의 압수를 의미하나 넓은 뜻으로는 세법(稅法) 기타 법령이 규정하고 있는 강제적 점유취득처분을 모두 포함한다. 헌법상 국민의 기본권을 보장하기 위하여 국가기관이 개인의 사유물을 압수하려면 반드시 법률에 근거가 있어야 하고 법관이 발부한 영장을 제시하도록 되어 있다(제12조 제1 · 3항, 제16조). 형사소송법, 형법, 소년법, 국세징수법, 조세범처벌법, 조세범처벌절차법, 관세법 등에도 규정이 있다. ➜ 영장제도.

애덤스John Adams 1735.10.30.~1826.7.4. 미국 제2대 대통령이다. 1735년 매사추세츠 만 식민지에서 태어났다. 하버드대학을 졸업한 법조인으로서 일찍부터 국가와 국민을 위해 봉사하겠다는 애국심을 구체화했으며, 제1차 및 제2차 대륙회의에 대표로 참가하는 등 미국의 독립운동을 이끌었다. 1796년 선거에서 제2대 대통령으로 당선, 친불적(親佛的)인 공화파(Republican)와 친영적(親英的)인 A. 해밀턴 사이에서 프랑스와의 전쟁의 위기를 회피하는 데 성공하였으나 외인법 및 치안법의 제정, 군비를 위한 과세 등으로 국내정치에서는 무리를 하여 1800년 선거에서는 공화당의 T. 제퍼슨에게 패하였다. 유명한 Marbury v. Madison 판결(1803)이 나타나는 데에 일조한 인물이다. ➜ 마버리 대 매디슨 사건(1803).

애매曖昧하기 때문에 무효이론 ➜ 명확성의 원칙.

액세스권access權 ⓔ right to access. 1. **서론** 1) **의의** 언론매체접근 · 이용권이라고도 한다. 오늘날 액세스권은 전통적 의미의 매스미디어에 대한 액세스권과 디지털 시대의 액세스권으로 개념이 확장되고 있다. 전통적인 의미의 매스미디어에 대한 액세스권은 두 가지로 나뉘어진다. 광의로는 매스미디어에서부터 소외당한 국민이 자기의사를 표명하려고 하는 경우에는 그 방법을 매스미디어에서 구하고, 또 그것을 이용할 권리이다(일반적 이용권). 협의로는 매스미디어에 공표됨으로써 명예훼손을 당한 자가 당해 미디어에 대하여 반론 · 변명 등을 할 수 있는 권리이다(협의의 반론권). 오늘날과 같은 디지털 시대에는 언론자유의 구조가 변화하여 종전의「국가 대 언론 · 국민」의 양면관계가「국가 대 언론 대 국민」의 3면관계가 되고, 이 관계 중 가장 약자인 국민에게 정보를 액세스할 수 있는 구체적 현실적 권리로서 액세스권이 등장하고 있다. 또한 디지털사회의 '파놉티콘(panopticon: '모두 볼 수 있다'라는 의미)'으로서「비인격화된 보이지 않는 규율 권력」은 기존의 일방향적 특성을 쌍방향적 관계로 변화시키고 있다. 디지털사회에서는, 쌍방향적 커뮤니케이션의 특성으로 사이버공간에서 각종 게시판, 블로그, 홈페이지, 미니홈피 등에서 여론형성과 정보교환 그리고 이를 통한 사회운동이,「비인격화된 보이지 않는 규율 권력」의 행사방식으로 만들게 한다. 2) **연혁** 「매스미디어에 대한 액세스권」이라는 개념은 1960년대 후반에 J. A. Barron에 의하여 1967년 처음으로 제기되었고, 미국연방대법원의 Red Lion사건(Red Lion Broadcastion Co. v. FCC, 395 U.S 367(1969))에서부터 본격적인 논의가 시작되었다. Red Lion사건에서 연방대법원은 공중의 이익을 대변하해야 될 방송국의 적극적 의무조항과 방송에 대한 광범위한 반론권을 인정하였고, 가장 중요한 것은 청취자의 권리인 것이지, 방송사업자의 권리는 아니라고 하였다. 이러한 입장은 Rosenbloom v. Metromedia, 403 U.S. 29(1971), Columbia Broadcasting System v. Democratic National Committee, 412 U.S. 94, 134 (1973) 등에도 이어졌다. 2. **법적 성격** 우리나라에서는 헌법상 명문의 규정은 없지만, 액세스권을 기본권의 하나로 인정하고 있다. 학설에서는 정보의 수집이나 처리의 자유는 기본적으로 정보에 대한 자유로운 접근을 전제로 한다는 점에서 정보액세스권(access right to information)으로 파악하는 견해도 있다. 알 권리와 액세스권은 언론의 독과점화 등에 따라 새롭게 인식되는 기본권이라는 점에서 공통된다. 알 권리가 표현의 전제가 되는 정보의 인식과 관련된 권리라면, 액세스권은 의사의 표현 그 자체와 관련된다는 점에서 구별된다. 3. **헌법적 근거** 액세스권의 헌법적 근거로 헌법 제21조 제4항(언론출판의 사회적 책임)을 드는 견해, 표현의 자유의 객관적 질서성에서 찾는 견해, 제21조 제1항(언론·출판·집회·결사의 자유의 보장)·제10조(인간의 존엄·행복추구권)·제34조 제1항(인간다운 생활을 할 권리) 등에서 구하는 견해가 있다. 4. **내용** 액세스권은 넓은 의미의 액세스권과 좁은 의미의 액세스권으로 나눌 수 있다. 넓은 의미의 액세스권은 국민이 매스미디어를 이용하여 자신의 사상이나 의견을 표명할 수 있는 권리이다. 문제는 넓은 의미의 액세스권을 어느 정도까지 인정할 것인가이다. 이를 지나치게 제도화하는 경우에는 언론매체의 편집권에 대한 과도한 침해로 될 수 있기 때문에 한정적으로 인정할 필요가 있다. 의견광고는 액세스권의 한 유형이지만, 상업적 성격을 갖기 때문에 순수한 의미의 언론과 구별된다. 좁은 의미의 액세스권은 매스미디어에 의하여 명예훼손·비판·공격 등을 당한 국민이 당해 매스미디어에 대하여 자기와 관련있는 보도에 대한 반론 내지 해명을 요구할 수 있는 권리이다. ➜ 반론권. 5. **한계** 액세스권은 언론기관의 계약의 자유·언론의 자유를 과도하게 침해해서는 안된다. 액세스권과 언론의 자유가 충돌하는 경우에는 규범조화적 해석이 요구된다.

야경국가夜警國家 ㊀ night-watchman state/minarchy, ㊁ Nachtwächterstaat. 국가의 임무를 국방과 외교, 치안 유지 등 개인의 자유와 사유재산을 보호하기 위한 최소한의 활동으로 한정하는 자유주의 국가관으로 최소주의 국가(minimalist state), 소극국가(negative State)라고도 한다. '야경국가(Nachtwächterstaat)'라는 개념은 독일의 정치학자인 라살레(Lassalle)가 1862년 베를린에서의 연설에서, 애덤 스미스, 리카르도 등의 자유주의 국가관이 노동자의 복지는 소홀히 하며 부르주아지의 특수한 계급적 이익만을 위해 봉사한다고 비판하면서 사용한 데서 비롯되었다. 야경국가를 주장한 자유방임주의 국가관은 절대왕정의 중상주의 정책을 비판하고 신흥 부르주아 계급의 자유로운 이윤추구를 정당화하기 위해 형성되어, 선진 자본주의 국가로 세계 시장에서 우월적인 지위를 지니고 있던 영국이 세계 시장으로 자유롭게 팽창하는 것을 정당화하고 합리화하는 역할을 하였다. 라살레는 국가가 자유를 위해 인류의 발전을 완성시키는 기능을 맡아야 하므로 더 많은 자유와 사회적 정의를 위해 사적 영역에 개입해야 한다고 보았다. 특히 사회적으로 불리한 환경에 놓여 있는 노동자들의 사회적 지위 향상을 위해 노력해야 한다고 보았고, 이 점에서 영국의 자유방임주의 국가관을 부르주아의 특수한 계급적 이익만을 위해 봉사하는 '야경국가'라고 비판하였다.

약국판결 Apotheken-Urteil BVerfGE 7, 377(1958) 1. **사실관계** 헌법소원청구인은 1940년 이후 개업면허를 취득한 약사로서 1956년 약국을 개업하기 위하여 오버바이에른(Oberbayern) 지방정부에 영업허가를 신청하였다. 청구인의 허가신청은 당시 약국의 영업을 위하여 허가의무를 규정하고 있는 바이에른의 약국법(Apothekengesetez)에 근거하여 거부되었다. 동법은 영업허가를 위한 전제조건으로서 어떠한 경우이건 약국경영자는 약사의 면허가 있어야 하고, 기본법 제116조가 의미하는 독일인이어야 하며, 이미 일정기간 약사면허를 소지한 약사로서 영업활동을 하였고, 개인적으로 신뢰할 수 있고 적절하여야만 한다고 규정하고 있다. 그 밖에 동법 제3조 제1항은 약국의 개설을 위한 영업허가의 발급요건을 다음과 같이 규정하고 있다. (a) 의약품을 취급하는 약국으로서 국민의 건강증진의 확보를 위한 공익이 존재할 것, (b) 약국의 경제적 기초가 확보되어 있을 뿐만 아니라, 인근 약국의 경제적 기초를 침해하지 않을 것. 관계관청은 동법 제3조 제1항 (b)에 근거하여 지역(Gemeinde)내에 주민을 위하여 이미 약국이 충분히 존재하고 있다는 이유로 약국개설허가를 거부하였다. 즉 새로운 약국의 경제적 기초가 확보되지 않을 뿐만 아니라 이미 존재하는 약국의 경제적 기초를 위협한다는 것에 근거하였다. 2. **판결요지** 1) 기본법 제12조 제1항은 사회와 경제적 질서의 객관적 원칙으로서 영업의 자유(Gewerbefreiheit)을 선언하고 있는 것이 아니라, 개개인에게 허용된 모든 행위를 직업으로 선택할 수 있는 기본권을 보장하고 있다. 2) 기본법 제12조 제1항에서의 직업의 개념은 원칙적으로 국가에게 유보되어진 활동을 내용으로 하는 직업들과 국가적으로 구속된 직업들을 포함한다. 그러나 공무(öffentlicher Dienst)인 직업들은 기본법 제33조가 넓은 범위에서 특별히 규율하고 있고, 그러한 규율을 가능하게 한다. 3) 하나의 직업활동은 독립적이거나 비독립적인 형태로 행사되도록 할 수 있고, 이 두 가지 형태가 고유한 사회적 중요성을 가지고 있다면, 하나 또는 다른 하나의 직업활동의 선택과 더불어 하나의 형태에서 다른 형태에로의 전환은 기본법 제12조 제1항의 의미에서 직업선택에 해당한다. 4) 기본법 제12조 제1항 제1문에 따른 입법자의 규제의 자유권(Regelungsfreiheit)의 내용과 범위는 기본권의 의미와 사회적 생활에서의 그의 의미를 고려하는 해석을 통하여 널리 사안에 적합하게 정해진다. 5) 기본법 제12조 제1항 제2문에 따른 입법자의 규제권한(Regelungsbefugnis)은 직업행사와 직업선택에 미치지만 그러나 양자에 대하여 동일한 강도로 미치지는 않는다. 입법자의 형성에 관한 권한은 직업행사를 위하여 주어진 것이고 이러한 관점하에서만 마찬가지로 직업선택의 자유에 관여하게 된다. 6) 기본권은 규제유보(Regelungsvorbehalt)에 의하여 충분한 공동체이익의 보장을 담보하고 있는 개인의 자유를 보장한다. 공동체이익과 개인의 자유보장이 조화되게 하기 위한 필요성으로부터 입법자의 개입이 요구된다. 입법자의 개입(Eingreifen)을 위하여 다음의 내용으로부터 차별화의 요청(ein Gebot der Differenzierung)이 도출된다: ① 직업수행의 자유는 공익의 합리적인 고려를 위하여 제한될 수 있다. ② 직업선택의 자유는 특별히 중요한 공익의 보장이 불가피하게 요청되는 한에서 제한될 수 있다. 이 경우, 입법자는 가장 적게 기본권을 제한하는 침해의 형식을 선택하여야만 한다. ③ 직업의 개시를 위한 정해진 전제조건의 설정을 통하여, 직업선택의 자유를 제한하는 경우에 그것은 주관적인 전제조건과 객관적인 전제조건으로 구별될 수 있다. 주관적인 전제조건(특히 소양과 교육)에는 그것이 규정적합한 직업활동의 수행이라는 달성하고자 하는 목적과의 비례를 벗어나서는 아니 되는 의미에서의 비례의 원칙이 적용된다. 객관적인 허용전제조건의 필요성의 증명에는 특히 엄격한 요청이 제기된다. 즉 일반적으로 우월하고 중대한 공익을 증명할 수 있거나 또는 고도의 개연성이 있는 중대한 위험에 대한 방어만이 이러한 조치를 정당화할 수 있다. ④ 기본법 제12조 제1항 제2문에 따른 규제는 항상 직업선택의 자유에 대하여 가장 적은 침해를 가져오는 '단계(Stufe)'로 행해져야 한다. 즉 입법자는 선행하는 단계에서 헌법적합한 수단으로써 위협적인 위험이 유효하게 극복될 수 없다는 것을 명확히 할 수 있는 한에서 비로소 '다음 단계'(die nächste Stufe)'를 밟는 것이 허용된다. 7) 연방헌법재판소는 입법자가 이러한 한계를 준수하였는지에 대하여 심사한다. 객관적인 허용

전제조건에 의하여 자유로운 직업선택이 제한된 경우, 이러한 제한이 우월한 공익의 보장을 위하여 불가피하게 요구되었는지를 심사한다. 3. **판결의 의미** 이 판결은 직업의 자유에 대한 제한의 강도를 3단계로 구분하여 각 단계마다 제한의 정당화요건이 더 엄격해진다는 단계이론을 설시한 판결이다. 직업의 자유를 제한하는 데에 있어서 비례의 원칙을 엄격하게 적용한 결과이다. 이 판결에 기초하여 직업의 자유에 대한 제한의 단계로, ⅰ) **제1단계** '직업행사의 자유'의 제한, ⅱ) **제2단계** 주관적 사유에 의한 '직업선택의 자유'의 제한, ⅲ) **제3단계** 객관적 사유에 의한 '직업선택의 자유'의 제한이라는 단계이론이 확립되었다. ➜ 직업의 자유.

약식명령略式命令 · **약식절차**略式節次 공판절차를 거치지 않고 서면심리(書面審理)만으로 지방법원에서 벌금 · 과료 또는 몰수형을 과하는 명령을 말한다. 약식명령의 청구는 검사가 지방법원에 대하여 공소제기와 동시에 서면으로 하여야 하며, 약식명령을 할 수 있는 사건은 지방법원의 관할에 속한 벌금 · 과료 또는 몰수에 처할 수 있는 사건이다. 이 경우에 추징(追徵) 기타 부수의 처분을 할 수 있다(형사소송법 제448조). 약식명령의 청구가 있으면 원칙적으로 서면심사를 하게 되지만, 법원은 필요한 때에 사실조사를 할 수 있다(동법 제37조 제3항). 약식명령에는 범죄사실 · 적용법령 · 주형(主刑) · 부수처분과 7일 이내에 정식재판을 청구할 수 있음을 명시하여야 하고, 검사 · 피고인에 대한 재판서의 송달로써 고지하여야 한다(동법 제451~452조). 검사 또는 피고인은 약식명령의 고지(告知)를 받은 날로부터 7일 이내에 정식재판의 청구를 할 수 있으며, 피고인은 정식재판의 청구권을 포기할 수 없다(동법 제453조). 약식명령은 정식재판의 청구기간의 경과, 그 청구의 취하 또는 청구를 기각하는 결정이 확정된 때에는 확정판결과 동일한 효력이 있다(동법 제457조). 정식재판 청구기간을 '약식명령의 고지를 받은 날로부터 7일 이내'로 정하고 있는 것에 대하여 헌법재판소는 합헌이라 하였으나, 4인의 헌법불합치의견이 있었다(헌재 2013.10.24. 2012헌바428).

양두제兩頭制 의원내각제 하에서 연립정부가 구성되거나, 이원정부제 하에서 대통령과 수상의 소속 정당이 다른 경우에 서로 정치적 성향을 달리 하는 두 수장이 등장하는 것이 가능하다. 이를 양두제라 한다. 의원내각제 하에서 대통령이 강한 정치적 영향력을 갖게 되는 경우에도 양두제의 가능성이 있다.

양벌규정兩罰規定 위법행위에 대하여 행위자를 처벌하는 외에 그 업무의 주체인 법인 또는 개인도 함께 처벌하는 규정을 말하는 것으로 쌍벌규정이라고도 한다. 헌법재판소는 양벌규정에 대하여 개인이든 법인이든 종업원의 위법행위에 대하여 영업주의 귀책사유의 존재여부를 묻지 않고 종업원이 위법행위를 한 모든 경우에 대하여 영업주에게 자동적으로 형사상의 책임을 지게 하는 것은 법치주의, 죄형법정주의의 당연한 내용인 형벌에 대한 책임주의원칙에 위반되기 때문에 위헌이라고 결정하였다(헌재 2007.11.29. 2005헌가10; 2009.7.30. 2008헌가10; 2009.7.30. 2008헌가14; 2009.10.29. 2009헌가6; 2011.11.24. 2011헌가30; 2013.6.27. 2013헌가10 등).

양성평등채용목표제兩性平等採用目標制 적극적 평등실현조치(➜ 적극적 평등실현조치)의 일환으로 우리나라에서 시행되고 있는 법제 중의 하나이다. 1996년부터 채택된 여성채용목표제 시행 중, 2001년에 군가산점제도가 폐지되었고, 9급 행정직 등의 시험에서 여성이 압도적으로 높은 비율을 차지하게 되자, 2003년에 여성채용목표제를 보완하여 양성평등채용목표제로 전환하였다. 이는 여성과 남성의 평등한 공무원 임용기회를 확대하기 위하여 한시적으로 여성 또는 남성이 시험실시 단계별로 선발예정인원의 일정비율 이상이 될 수 있도록 선발예정인원을 초과하여 여성 또는 남성을 합격시키는 임용방식을 말한다. 공무원임용시험령 제20조에 근거를 두며, 인사혁신처 예규인 균형인사지침(인사혁신처예규 제63호, 2018.12.13. 전부개정)에 상세히 규정되어 있다. 적용대상시험은, 5급 공무원 공개경쟁채용시험, 외교관후보자 선발시험, 7·9급 공무원 공개경쟁채용시험을 대상으로 하되, 교정직렬·보호직렬 및 성별구분모집직렬은 적용을 제외한다(균형인사지침 참조). 실시방법은, 시험실시단위별 채용목표인원은 시험실시단계별 합격예정인원에 30%를 곱한 인원수로 한다. 다만, 검찰사무직렬은 20%로 한다. 합격자 결정방법은 동 지침에 상세히 규정되어 있다. 양성평등채용목표제는 몇 차례의 연장을 거쳐 2022.12.31.까지 시행하도록 하고 있다(동 지침 참조). ➜ 적극적 평등실현조치.

양심良心의 자유自由 ㊎ freedom of conscience, ㊍ Gewissensfreiheit, ㊈ la liberté de conscience. 1. **서언** 1) **헌법규정** 헌법 제19조는「모든 국민은 양심의 자유를 가진다.」고 규정하고 있다. 이는 양심의 자유에 대하여 명문의 규정을 두고 있지 않는 미국연방헌법이나 양심의 자유와 종교의 자유를 같은 조항에 규정하고 있는 독일기본법, 그리고 양심뿐 아니라 사상의 자유도 명시하고 있는 일본헌법과도 다르다. 2) **연혁과 입법례** 서구에서 양심의 자유는 초기에는 종교의 자유와 결합하여 등장하였다. 1776년 미국의 버지니아주 헌법 제16조는 양자를 결합하여 규정한 바 있었으나 1791년의 미연방 수정헌법이나 프랑스 인권선언은 양심의 자유에 대하여 별도의 규정을 두지 않았다. 그러나 그 뒤 독일의 1818년 바이에른헌법이나 1850년 프로이센헌법은 양심의 자유를 종교의 자유와 함께 규정한 바 있었다. 또한 바이마르헌법 제135조나 독일기본법 제4조 제1항은 같은 조항에서 신앙과 양심의 자유를 규정하고 있다. 한편 일본헌법 제19조는 종교의 자유와 별도로 사상 및 양심의 자유의 불가침성을 규정하고 있다. 2. **양심의 자유의 법적 성격** 1) **양심의 자유의 법적 성격** 양심의 자유는 양심의 형성과 결정, 그리고 양심의 실현에 대한 자유권으로서의 성격을 가진다는 점은 의문이 없다. 뿐만 아니라 양심의 자유는 자유로운 정치과정의 전제가 되며 민주적 법치국가에 있어 가치상대주의와 세계관적 중립성, 다수결원리, 관용의 원리와 관련하여 국민의 국가의사형성에의 참여의 보장, 사상과 양심의 다양성과 소수자의 보호 등을 위한 전제가 되는 것이므로 객관적 가치질서로서의 성격도 가진다 할 수 있다. 2) **다른 기본권과의 관계** (1) **일반적 정신적 자유권과의 관계** 사상과 양심의 자유를 정신활동의 자유로서 일반적 성격을 가진다거나 일체의 정신적 자유의 논리적 전제, 또는 인간내면의 정신적 활동의 자유의 총칙적 규정으로 보는 견해도 있다. 이러한 입장에서는 종교의 자유나 학문의 자유 등과 양심의 자유는 특별법과 일반법의 관계로 이해하게 된다. 그러나 양심의 자유가 종교의 자유나 학문의 자유 등과 규범영역을 달리한다고 본다면 때로는 양 기본권의 경합적 관계가 생기는 경우도 있을 수 있으나 언제나 그런 관계가 생기는 것은 아니다. 사실 양심과 사상, 종교, 학문, 예술 등 인간의 정신작용은 논리적으로 명확하게 구분되는 것이 아닐 뿐 아니라 서로 배척적 개념도 아니다. 양심은 신앙이나 사상, 학문 등에 기초한 것이 보통이며 특히 사상, 신앙이나 학문적 견해, 또는 소신이 대외적으로 표현되는 과정에는 윤리적 문제를 수반할 수 있다. 또한 사상의 자유도 양심의 자유의 범주에 넣어서 이해한다면 사상이 신앙이나 학문, 예술 등과 불가분적 문제일 수 밖에 없으므로 사상의 자유에 속하기 때문에 종교의 자유의 문제는 아니라는 식의 논리는 인정하기 어렵다. (2) **표현의 자유 등과의 관계** 양심의 자유를 내면적 자유로 이해하는 경우 표현의 자유 등 양심을 대외적으로 표현, 실행하는 자유와 양심의 자유사이에 경합의 관계는 존재하지 아니한다. 그러나 양심실현의 자유까지 포함하는 것으로 이해하는 경우 표현의 자유, 직업의 자유, 거주이전의 자유 등과는 기본권경합관계가 생기게 된다. 3. **양심의 자유의 주체** **자연인**이 양심의 자유의 주체가 됨은 의문의 여지가 없고 내국인뿐 아니라 외국인도 양심의 자유의 주체가 된다. 문제는 **법인**에게도 양심의 자유가 인정될 수 있는 것인가 하는 점이다. 양심이 오직 인간의 자율적 인격에 의한 결정과 연관되는 고도의 인격적 권리이기 때문에 법인에 대해서는 양심의 자유가 인정되지 않는다고 보는 것이 지배적 견해이다. 이에 대해 양심이 고립적인 것이 아니라 사회적 관련을 가지며 단체에게도 인정하는 경우 단체구성원의 기본권실현에 이바지한다는 점에서 양심의 자유가 단체에 대하여도 인정되어야 한다고 보는 견해도 있다. 사실 양심에 반하여 행동하는 경우 중대한 내심의 고통을 겪는 그러한 양심의 문제는 오직 인간의 자율적 인격성과 관련되는 고도의 인격적 권리이며 그런 점에서 단체는 양심의 자유의 주체가 될 수 없다는 점을 이해할 수 있다. 그러나 이에 대해서는 다음과 같은 의문이 있다. 먼저 법인이나 단체도 선악의 평가나 세계관 등 양심과 사상에 대한 입장을 내부적으로 형성·결정할 수 있고 그에 반하는 행위를 강요받지 않을 자유가 있다고 보아야 하지 않는가, 둘째, 단체가 그 구성원과 다른 독자적 존재가치를 가지는 것이라면 단체의 양심이나 사상의 문제를 그 구성원의 문제만으로 등치할 수는 없는 것이며 그런 점에서 단체의 양심의 자유가 문제될 수 있지 않는가, 또한 양심상의 고통과 같은 것은 인간에게 특유한 현상이지만 단체의 양심에 배치되는 행위를 강요받아 이를 실현한 경우 그 단체의 명예나 지위는 훼손되는 것이 아닌가. 셋째, 단체에 대한 양심의 자유의 보장은 결국 그 구성원의 양심의 자유의 보장의 확장에도 기여하는 것이 아닌가. 또한 개인의 양심과 사상의 형성과 실현은 타인과의 결합과 자유로운 의사소통을 통해 이루어질 수 있으며 그런 점에서 단체에 대한 양심의 자유보장은 개인의 양심의 자유의 실현을 위한 한 조건이 아닌가. 넷째, 헌법상 양심의 자유 속에 사상의 자유도 포함한다고 본다면 이는 인간에 특유한 심리현상으로만 볼 수 없는 것이 아닌가. 그런 점에서 어떤 사상을 형성하고 결정을 하는 것, 그리고 이를 실현하는 것, 그리고 그 사상적 결정에 반하는 행위를 강요받지 아니하는 것에 대해는 법인이나 단체에 대해서도 자유가 인정될 필요가 있다. 4. **양심의 자유의 내용** 1) **양심의 의의** 양심이란 원칙적으로 윤리적 영역의 문제이며 종교나 세계관적 신념의 문제와는 다른 문제이다. 종교와 세계관적 신념이 인간과 세계에 대한 형이상학적 사유체계를 의미한다면 양심은 윤리적 문제이며 구체적 상황에서 어떻게 하는 것이 올바른 것인지에 관한 인간내면의 법정(innere Instanz)을 의미하며 그것은 인식체계의 문제가 아니라 당위의 문제이다. 독일연방헌법재판소도 양심은 — 일반적인 언어적 용례에 따라 — 그에 따른 요구, 촉구, 경고가 인간에 대하여 무조건적 당위의 직접적이고 명백한 명령을 의미하는 현실의 경험적, 정신적 현상으로 이해하였다(BVerfGE 12, 45, 54). 그리하여 기본법 제4조 제3항에 있어 '양심의 결정'은 '진지한 윤리적 결정, 즉 선과 악에 대한 결정으로서 특정상황에서 어떤 개인이 내적으로 구속적이며 무조건적으로 의무지워진 것으로 생각하여 중대한 양심상의 고통없이는 그에 위배되어 행동할 수 없는 것'을 의미하는 것으로 보았다(BVerfGE 12, 45, 55). 그런 점에서 우리 헌법재판소도 「헌법이 보호하려는 양심은 어떤 일의 옳고 그름을 판단함에 있어서 그렇게 행동하지 아니하고는 자신의 인격적 존재가치가 허물어지고 말 것이라는 강력하고 진지한 마음의 소리이지 막연하고 추상적인 개념으로서의 양심이 아니」라고 하고 「어쩔 수 없이 음주측정에 응하였다 하여 내면적으로 구축된 인간양심이 왜곡, 굴절된다고 할 수 없다」고 하였다(헌재 1997.3.27. 95헌가14, 96헌가7(병합)). 그러나 헌법 제19조의 양심이 반드시 이러한 윤리적 문제에 한정한다고 볼 것인가에 대해서는 의문이 있다. 독일기본법 제4조 제1항처럼 세계관적 고백의 자유나 일본과 같이 사상의 자유에 대한 규정이 없으므로 양심의 자유 속에 사상의 자유도 포함된다고 보는 견해가 다수이다. 헌법재판소도 「여기의 양심이란 세계관, 인생관, 주의, 신조 등은 물론 이에 이르지 아니하여도 보다 널리 개인의 인격형성에 관계되는 내심에 있어서의 가치적, 윤리적 판단도 포함된다고 볼 것」이라고 하였다(헌재 1991. 4.1. 89헌마160). 엄밀히 말하면 도덕적 선악의 판단과 평가를 의미하는 양심은 세계와 인생에 대한 논리적, 체계적 사유를 포함하는 사상과 다르나, 사상과 양심은 불가분의 관계를 가지며 사상의 대외적 실현은 양심의 문제로 나타나며 우리헌법이 별도의 사상의 자유를 규정하지 않는 이상 양심의 자유는 양심과 사상의 자유를 포함하는 것으로 이해하는 것이 타당하다 할 것이다. 2) **양심의 자유의 내용** 양심의 자유의 내용에 대해서는 ① 양심의 자유를 내심의 자유로 볼 것이냐, 아니면 ② 내심의 자유와 양심의 소극적 실현의 자유로 볼 것이냐, 나아가 ③ 양심의 적극적 실현까지를 포함하는 자유로 볼 것이냐에 대해 견해가 나누어지고 있다. (1) **양심의 형성과 결정의 자유** 양심의 자유는 내심의 영역에 있어서는 양심의 형성과 결정에 있어서의 자유를 그 내용으로 한다. ① **양심형성의 자유** 개인은 윤리적 선악의 판단기준과 인생과 세계에 대한 인식체계를 자유롭게 형성할 수 있다. 이는 국가가 특정 윤리적 기준이나 공식적으로 인정된 특정사상을 결정하고 이를 적극적으로 개인에게 주입, 강요하거나 그와 다른 윤리적 판단기준이나 사상의 형성을 차단하는 것은 허용되지 아니함을 의미한다. ② **양심결정의 자유** 양심결정의 자유는 자신의 양심과 사상에 따라 특정문제에 대한 선악, 옳고 그름, 논리적 타당여부의 판단에 있어 자유로우며 특정한 결정을 강제당하거나 결정의 방해를 받지 아니함을 의미한다. 이는 이러한 양심상의 결정에 의한 불안이나 공포로 부터의 자유를 의미한다. 또한 국가가 진실함과 올바름에 대한 결정을 하는 것을 부인함을 의미하며 사회적 아웃사이더, 소수자에 대한 관용을 포함한다. (2) **양심실현의 자유** 자신의 양심을 실현하는 것은 두 가지 형태가 있다. 즉 하나는 소극적으로 자신의 양심을 지킬 수 있는 자유이고, 또 하나는 적극적으로 행동이나 표현을 통해 자신의 양심을 실현할 수 있는 자유이다. ① **소극적 양심실현의 자유**(양심을 지킬 자유, 양심유지의 자유) 자신의 사상과 양심을 소극적으로 실현하는 자유로서 자신의 양심을 대외적으로 표현할 것을 강요받지 아니하며 자신의 양심에 반하는 행위를 강요당하지 아니하는 자유를 의미한다. ⅰ) **침묵의 자유** 이는 자신이 어떠한 사상이나 양심을 가지고 있는지를 대외적으로 표현할 것을 강요받지 않는 자유를 의미한다. 사상이나 양심에 대한 대외적 표현을 강제하는 것을 금지하는 것이므로 사실의 진술인 증언의 거부나 취재원비닉권 문제는 원칙적으로 침묵의 자유의 문제는 아니다. 그러나 사실의 진술이 윤리적 문제나 사상의 문제를 수반하는 경우 침묵의 자유가 문제될 수 있다. 한편 침묵의 자유는 일정한 행위를 강제하여 이를 통하여 개인의 양심을 추지하는 것(예 **십자가밟기**)을 금지함을 포함한다. 이와 관련하여 공무원의 **충성선서** 등이 문제된다. 과거 미국의 연방대법원은 공무원 취임에 있어 소극적 선서(공산당원이 아니라는 선서)를 요구하는 것은 기본권을 과도하게 광범위하게 제한하여 적법절차위반이라는 판결(Wieman v. Updegraff(1952))을 한 바 있으나, 반면 적극적 선서(헌법에 대한 충성선서)는 지나치게 광범하다 할 수 없으므로 합헌이라 판결(Cole v. Richardson(105) U.S. 676(1972))한 바 있다. ii) **양심에 반하는 행위를 강요받지 않을 자유** 이는 자신의 사상이나 양심에 반하는 행위를 강요받지 않을 자유를 말한다. 이와 관련하여 종래 우리나라나 외국의 판례상 문제가 된 사안으로 다음의 문제들이 있다. ㉠ **양심적 병역거부 및 양심적 반전론** 양심적 반전론(conscience objection, Kriegsdienstverweigerung)에 관하여 우리 헌법은 독일기본법 제4조 제3항처럼 양심적 반전론을 인정하는 규정을 두고 있지 않아 국방의 의무와 관련하여 그 인정여부가 문제된다. **양심적 병역거부**에 관해 헌법재판소는 2004년 병역기피죄(병역법 제88조 제1항)에 대한 최초의 판단에서 「양심상 결정에 의해 병역을 거부할 권리는 헌법 스스로 이에 관해 명문으로 규정하는 경우에 한해 인정될 수 있으며 매우 중요한 공익인 국가안보를 저해할 수 있는 무리한 입법적 실험을 요구할 수 없다」고 하여 합헌을 결정하였고(헌재 2004.8.26. 2002헌가1), 2011년의 결정에서도 여전히 유지되었다(헌재 2011.8.30. 2008헌가22). 또한 대법원은 과거에는 「종교의 교리를 내세워 법률이 규정한 병역의무를 거부하는 것과 같은 이른바 '양심상의 결정'은 헌법에서 보장한 종교와 양심의 자유에 속하는 것이 아니」라고 하여 현행법상 양심적 반전론이 인정될 수 없다고 하였다(대판 1992.9.14. 92도1534; 1969.7.22. 69도934; 1985.7.23. 85도1094; 1977.4.27. 75누249). 그러나 신앙이나 양심을 이유로 병역의무의 이행을 거부하는 자에 대하여 형사처벌을 통해 종교의 자유나 양심의 자유를 제한하는 것은 과잉금지의 원칙에 위배되며 개인의 신앙이나 양심상의 결정에 반하는 병역의무의 강제보다는 대안적 해결방법을 통해 양심상의 고통을 덜 주는 방법을 선택하여야 한다는 다수의 주장에 따라, 헌법재판소는 2018년에 병역법 제88조 제1항(병역기피죄)를 합헌으로 결정하면서도, 병역종류에 관한 규정(제5조)에 대해서는 '대체복무제를 규정하지 아니한 입법부작위에 해당한다'며 헌법불합치 결정을 선고하고 2019년 말까지 병역법을 개정할 것을 요구하였다(헌재 2018.6.28. 2011헌바379). 또한 대법원도 2018년의 판결에서, 양심을 이유로 병역의무를 거부하는 사람에게 형사처벌을 가해서는 안된다고 하면서, 이는 「양심의 자유를 비롯한 헌법상 기본권보장체계와 전체 법질서에 비추어 타당하지 않을 뿐만 아니라 소수자에 대한 관용과 포용이라는 자유민주주의 정신에도 위배된다. 따라서 진정한 양심에 따른 병역거부라면, 이는 병역법 제88조 제1항의 '정당한 사유'에 해당한다.」고 판시하였다(대판 2018. 11.1. 2016도10912). 헌법재판소 결정과 대법원 판결에 따라 2019년 말에 대체역의 편입 및 복무 등에 관한 법률(법률 제16851호, 2019.12.31. 제정: 대체역법)이 제정되었다. 2021.1.28. 대법원판결은 현역복무를 마치고 예비군훈련을 받는 경우에도 예비군훈련거부가 정당화된다고 하였다(대판 2021.1.28. 2018도4708). 한편 대판 2021.2.25. 2019도

15120 판결과 같은 날 선고된 2021.2.25. 2019도7578 판결은 비종교적 신념을 이유로 한 병역거부가 '정당한 사유'에 해당하는지의 여부를 판단하는 것이 피고인들이 깊고, 확고하며, 진실한 양심에 따라 병역거부를 한 것이라고 인정할 수 있는가라는 사실인정의 문제로 보고, 위 각 판결에서 진실한 양심에 따른 병역거부라고 보기 어렵다고 하여 각 유죄를 확정하였다. 헌법재판소는 진지한 양심의 결정에 따라 예비군훈련을 거부하는 사람에 대한 처벌의 문제는 심판대상조항의 위헌 여부가 아니라 법원의 구체적 판단의 문제로 남게 되었다는 이유로, 구 향토예비군설치법 제15조 제9항 및 예비군법 제15조 제9항 제1호 중 각 해당부분에 대한 위헌법률심판제청은 재판의 전제성이 없어 부적법하다는 각하결정을 선고하였다(헌재 2021.2.25. 2013헌가13). **양심적 반전론**과 관련하여 특정전쟁에 대한 반전론도 문제된다. 이 점에 관해 과거 미국연방대법원은 Gillete v. U.S. 사건(1971)과 Welsh v. U.S. 사건(1970) 등에서 양심적 반전론자는 전쟁 일반에 반대하는 자여야 하고 특정전쟁을 반대하는 것이어서는 안된다고 보았고, 독일연방헌법재판소도 특정전쟁, 특정방법에 의한 전쟁, 특정무기사용을 거부하는 상황제약적인 양심적 반전론자는 독일기본법 제4조 제3항의 양심적 반전론자의 범주에 속하지 않는다고 하였다(BVerfGE 12, 45(1960)). 이에 대해 상황제약적 양심적 반전론도 양심적 반전론의 범주에 넣어야 한다고 보는 견해도 있다. 특수한 전쟁, 즉 특정전쟁이나 특정방법에 의한 전쟁, 특정무기사용을 거부하는 상황제약적 반전론자는 전쟁 자체를 거부하는 것이라기보다 특정전쟁이나 전쟁수행방법에 대한 국가의 정책에 반대하는 의미를 가지며 그런 점에서 이러한 상황제약적 양심적 반전론은 일종의 시민불복종의 문제로 귀착된다 할 것이다. ㉡ **사죄광고** 사죄광고가 양심에 반하는 행위를 강요받지 않을 자유를 침해하는 것은 아닌가가 문제된다. 사죄광고가 양심의 자유와 관계가 있느냐 여부, 양심과 관계가 있다 하더라도 사죄광고에 의한 양심의 자유의 제한이 위헌이라 할 수 있느냐 여부에 관해서는 의견이 나누어져 있다. 이 점에 관해 일본최고재판소 1956.7.4. 판결과 서울민사지법 1969.6.20. 68가1886 판결은 단순히 사실의 진상을 밝히고 사죄한다는 정도의 것인 이상 양심의 자유를 침해하는 것이라 볼 수 없다고 한 바 있고 사죄광고는 양심의 자유의 양심과는 관계가 없다고 보는 견해도 있다. 이에 대해 우리 헌법재판소는 「사죄광고의 강제는 양심도 아닌 것이 양심인 것처럼 표현할 것의 강제로 인간양심의 왜곡, 굴절이고 겉과 속이 다른 이중인격의 강요인 것으로서 침묵의 자유의 파생인 양심에 반하는 행위의 강제금지에 저촉되는 것」이라 하였다(헌재 1991.4.1. 89헌마160). 허위사실을 유포하여 타인의 명예를 훼손한 것이 객관적 사실이고 그러한 행위를 한 자가 이를 인정하는 경우라면 개인의 윤리적 판단에 따라 사죄할 수도 있고 하지 아니할 수도 있는 문제는 아니라고 할 수 있다. 그러나 비록 법원의 확정판결에서 피고가 패소하였다 하더라도 피고가 그 사실을 인정하지 않고 사죄할 의사가 없음에도 사죄광고를 강요하는 것은 그의 도덕적 판단에 배치되는 행위를 강요하는 것으로 양심과 관련된다 할 것이고 일종의 응보적 보복으로 그 목적이 정당화될 수 없고 피고의 양심의 자유에 대한 과도한 제한이라 할 것이다. ㉢ **국기에 대한 경례거부** 이 점에 관해 미연방대법원은 국기에 대한 경례강제는 개인의 자유침해이며 침묵의 자유침해라고 판결한 바 있었지만(West Virginia State Board of Education v. Barnette(1943)), 우리 대법원은 국기에 대한 경례를 거부를 거부한 학생에 대한 제적처분은 정당

하다고 한 바 있다(대판 1976.4.27. 75누249). ㉣ **기타** 그 밖에 헌법재판소는 입법목적과 필요성에 따라 대간첩작전의 수행을 임무로 하는 **전투경찰순경**을 현역병으로 입영하여 복무중인 군인에서 전임시켜 충원할 수 있도록 한 이 사건 법률조항들이 그 자체로서 청구인의 행복추구권 및 양심의 자유를 침해한 것이라 볼 수 없다고 한 바 있고(헌재 1995.12.28. 91헌마80), 또 국가보안법 제10조가 규정한 **불고지죄**는 양심의 자유를 침해하는 것은 아니라고 하였다(헌재 1998.7.16. 96헌바35). 또한 최근 문제된 바 있는 **사상전향문제**와 관련하여 대법원은 구 사회안전법이 반공정신확립이나 전향의사 여부를 보안처분면제요건 또는 보안처분기간의 갱신여부 판단기준으로 하는 것은 죄를 다시 범할 현저한 위험성의 유무를 판단하기 위한 자료를 수집하기 위한 과정에 불과할 뿐 전향의사를 강요하는 것은 아니므로 양심의 자유침해라 볼 수 없다고 하였다(대판 1997.6.13. 96다56115). ② **적극적 양심실현의 자유** 적극적 양심실현의 자유는 자신의 양심에 따라 표현하거나 활동할 수 있는 자유를 의미한다. 적극적 양심실현의 자유를 양심의 자유의 내용으로 볼 것인가에 관해서는 견해가 나뉜다. ⅰ) **긍정설** 이 학설은 헌법 제19조의 양심의 자유에는 양심실현의 자유도 포함된다고 본다. 이 학설은 그 논거로 a. 양심의 불가침성의 보장은 양심에 따라 행동할 자유의 보장도 포함한다는 점, b. 이를 부정하면 양심의 자유의 의미를 내심의 자유로 축소하여 헌법상 보장된 양심의 자유의 의미를 간과하는 것이라는 점, c. 법은 인간의 내면이 아닌, 외부행위를 규율하는 것이며 어차피 내심의 자유는 법에 의해 규율되지 아니하는 영역이며 그런 점에서 사실상 양심의 자유를 보장하는 의미가 없게 된다는 점, d. 양심과 양심에 따른 행위는 인식론적으로도 윤리적으로도 구별할 수 없다는 점, e. 자유로운 인격의 발현과 개인의 자기책임적 사회의 이상의 실현이라는 관점에서 양심실현의 자유가 보장되어야 한다는 점 등을 든다. 우리 헌법재판소는 「헌법 제19조가 보호하고 있는 양심의 자유는 양심형성의 자유와 양심결정의 자유를 포함하는 내심적 자유(forum internum)뿐만 아니라 양심적 결정을 외부로 표현하고 실현할 수 있는 양심실현의 자유(forum externum)를 포함한다고 할 수 있다. 그리고 양심실현은 적극적인 작위의 방법으로도 실현될 수 있지만 소극적으로 부작위에 의해서도 그 실현이 가능하다 할 것이다.」고 하여 이 입장에 서 있다(헌재 1998.7.16. 96헌바35). ⅱ) **부정설** 과거 독일의 통설로서 양심의 자유는 내심의 자유에 한정되고 양심실현의 자유는 언론출판의 자유나 집회결사의 자유 등에 속하는 것으로 본다. 이 학설은 a. 적극설은 개인의 자율적 윤리성의 공존이 가능할 때 실현될 수 있는 이상인데 이러한 이상은 다양한 개인의 양심상의 결정은 수렴될 수 없는 것이며 상충되기 마련이기 때문에 실현될 수 없다는 점, b. 적극설은 결국 양심 자체 또는 적어도 양심에 따른 활동의 자유에 대한 제한을 인정하지 않으면 안되는데 이는 양심의 자유보장을 매우 불안정하게 하는 결과를 초래한다는 점, c. 양심의 자유를 내심의 자유로 한정하더라도 헌법상 기본권보장의 흠결을 초래하지 않는다는 점, d. 현대 과학기술사회에 있어 내면적 양심을 침해할 수 있는 수단이 많아 내심의 자유보장도 의미가 없는 것은 아니라는 점 등을 논거로 든다. ⅲ) **절충설** 이 학설은 과거 독일의 A. Arndt에 의하여 주장되었고, 우리나라와 일본에서 유력한 학설이라 할 수 있다. 이 학설은 양심실현 중 자신의 양심에 반하는 국가의 명령에 대한 거부만을 양심의 자유로 보는 견해로, 작위가 아닌 부작위에 의한 양심의 실현만 포함한다는 입장이다. 이 입장은 a. 적극적 양심실현의 자유는 표현의 자유 등에 속하며, b. 양심상의 결정에 반하는 행위를 강요하는 것은 인간의 존엄에 반하고, c. 사상 및 양심의 표현강제에 의한 침해를 막기 위해 양심의 자유의 추론으로서 침묵의 자유를 인정할 필요가 있다는 점 등을 논거로 든다. iv) **결론** 양심의 자유는 내면에서의 양심의 형성과 결정의 자유만으로서가 아니라 자신의 양심에 따라 행동할 수 있는 자유까지 보장됨으로써 진정으로 인간의 윤리적 가치의 실현에 이바지할 수 있다. 또한 내심의 자유의 보장으로 한정한다면 양심의 자유의 보장의 의미를 극히 제한적으로 이해하는 것이라 할 수 있고 종교의 자유나 학문의 자유 등과 비교하여서도 납득하기 어렵다. 한편 절충설이 양심실현 중 소극적 실현만을 양심의 자유의 내용으로 이해하는 것은 기본적으로 동일한 양심실현을 그 태양을 이유로 양심의 자유와 표현의 자유 등으로 나누는 것으로서 논리적으로 납득하기 어렵다. 그런 점에서 적극설이 타당하다. 다만 이 경우, 양심실현이 타인의 권리나 사회질서를 침해할 수 있으므로 그 제한이 인정되지 않을 수 없고 또한 다른 기본권, 특히 표현의 자유 등과의 경합관계가 문제될 여지가 있다. 5. **양심의 자유의 효력** 1) **대국가적 효력** 양심의 자유가 국가에 대하여 효력을 가짐은 의문이 없다. 양심의 자유는 입법권, 행정권, 사법권, 그리고 헌법개정권력에 대하여도 구속력을 가진다. 2) **대사인적 효력** 양심의 자유가 사인간의 관계에서도 인정되는가 하는 문제에 대하여 과거 일본 최고재판소는 1973년 판결에서 그 적용을 부정한 바 있으나 적용을 인정하는 것이 지배적 견해이다. 다만 직접적으로 적용되는지, 아니면 민법 제103조를 통해 간접적으로 적용되는지에 대해서는 논란이 있다. 간접적용설에 의해 해결하되 양심의 자유를 중대하게 제한하여 인격적 자율성을 가진 인간의 존엄성을 침해할 정도에 이르면 그러한 사법상의 행위는 무효가 된다고 할 것이고 양심의 자유와 개인이나 기업의 직업수행의 자유, 계약의 자유 등을 교량하여 사적 자치에 따라 양심의 자유의 제한이 허용될 수 있는 범위내의 경우는 유효하다 할 것이다. 6. **양심의 자유의 한계와 제한** 1) **한계와 제한** (1) **학설** 양심의 자유를 제한할 수 있는가에 대해서는 ① 양심의 자유에는 내재적 한계가 있으며 내면적 양심의 형성이나 결정의 자유에도 내재적 한계가 존재한다는 내재적 한계설과, ② 양심의 자유는 제한될 수 없다고 보는 절대적 무제약설, ③ 양심의 대외적 실현이나 표현에 대해서는 제한할 수 있으나 내면적 양심의 형성이나 결정에 대해서는 제한할 수 없다는 내심자유무한계설 등이 있다. (2) **판례** 대법원은 헌법이 보장하는 양심의 자유는 정신적인 자유로서 어떠한 사상, 감정을 가지고 있더라도 그것이 내심에 머무르는 한 절대적 자유이므로 제한할 수 없다고 판시한 바 있다(대판 1984.1.24. 82누163; 1975.12.9. 73도3392). 헌법재판소도 「우리 헌법도 제19조에서 양심의 자유를 보장하고 있으며 내심의 의사만으로 범죄가 성립되는 것은 아니라 할 것」이라 한 바 있다(헌재 1997.3.27. 95헌바50). 또 「내심적 자유, 즉 양심형성의 자유와 양심결정의 자유는 내심에 머무르는 한 절대적 자유라 할 수 있지만 양심실현의 자유는 타인의 기본권이나 다른 헌법적 질서와 저촉되는 경우 헌법 제37조 제2항에 따라 국가안전보장, 질서유지, 공공복리를 위하여 법률에 의하여 제한될 수 있는 상대적 자유라 할 수 있다.」고 하였다(헌재 1998.7.16. 96헌바35). (3) **결론** 양심의 대외적 표현이나 실현에 대해서는 제한할 수 있다 할 것이고, 내면적 양심의 형성이나 결정의 자유에 대해서는 국가가 개인의 양심의 형성이나 결정을 이유로 제재할 수 없으나, 전체주의적 세계관이나 인간의 존엄성을 부정하는 사상에 대한 비판을 하는 등과 같은 방법으로 내면적 양심의 세계에 관여하는 것은 극히 예외적으로 허용된다 할 것이다. 자기양심에 반하는 행위를 강요받지 않을 자유는 대외적으로 양심을 실현하는 자유 중 소극적 자유를 의미하므로 이에 대해서는 제한이 가능하다고 보아야 할 것이다. 헌법재판소도 「부작위에 의한 양심실현, 즉 내심의 의사를 외부에 표현하거나 실현하는 행위가 되는 것이고 이는 이미 순수한 내심의 영역을 벗어난 것이므로 이에 대하여는 필요한 경우 법률에 의한 제한이 가능하다.」고 결정한 바 있다(헌재 1998.7.16. 96헌바35). 2) **양심범과 시민불복종문제** 양심의 자유를 내심의 자유로 이해하는 입장에서는 양심실현과 법질서의 충돌이 문제되는 양심범의 문제나 시민불복종의 문제는 양심의 자유의 문제는 아니다. 그러나 양심의 자유의 내용으로 양심실현의 자유를 인정한다면 이러한 문제가 양심의 자유의 문제로서 제기되지 않을 수 없다. 자신의 양심에 배치된다는 이유로 국가의 법을 의도적으로 위배하거나 법적 의무를 이행하지 않는 것이 양심의 자유를 근거로 허용된다면 국가법질서의 극도의 혼란과 무질서가 초래 될 것이며 타인의 권리가 중대하게 침해될 수도 있을 것이다. 또한 양심실현의 자유는 무제한적 자유가 아니라 한계가 있다. 따라서 양심범이나 시민불복종에 대한 처벌을 부인하는 것은 인정될 수 없다. 그러나 '부정의한 정부 밑에서 정의로운 인간이 있어야 할 곳은 감옥 뿐'이라고 한 소로우(H.D.Thoreau)의 표현처럼 부정의한 법이나 정책에 대한 불복종이나 자신의 정의를 실현하기 위해 위법한 행위를 한 양심범에 대하여는 최대한의 관용이 인정되지 않으면 안 될 것이다. 드워킨(R.Dworkin)이 시민불복종에 대한 법적 정당화는 어렵지만 국가는 이에 대하여 관용적 태도를 보여야 한다고 한 것을 이해할 수 있다. 그런 점에서 문제가 된 개인의 양심의 자유와 침해된 공익을 교량하여 처벌 여부를 판단하여야 할 것이고 중대한 개인의 양심의 실현을 위하여 사소한 공익을 침해한 경우는 비난가능성이 없다는 점에서 처벌하여서는 안될 것이다.

양심적 반전론良心的 反戰論 → 양심의 자유.

양심적 병역거부良心的 兵役拒否 → 양심의 자유.

양원제兩院制 → 국회의 조직과 구성.

양육비養育費 ㉢ child support, ㉣ Kindesunterhalt, ㉤ pension alimentaire. 양육비 이행확보 및 지원에 관한 법률(2021.1.12. 개정, 법률 제17897호, 2021.7.13. 시행: 양육비이행법)은 '양육비'를 '민법 제4조에 따른 성년이 아닌 자녀를 보호, 양육하는 데 필요한 비용'이라고 규정하고 있다(양육비이행법 제2조 제1호). 부모는 미성년의 자녀에 대한 공동양육 책임과 비용공동부담의 책임이 있지만, 부모가 이혼하거나 혼외자 등의 이유로 자녀를 실제로 양육하지 않게 되면, 부모의 협의로 정하거나 협의가 이루어지지 못하는 경우 가정법원이 정하여 부모 중 자녀를 실제로 양육하지 않는 일방이 자녀를 실제로 양육하는 상대방에게 일정한 금원을 지급하여야 하는데, 이것이 양육비이다. 양육비 채무자가 양육비 채무를 불이행하거나 이행을 지체하는 경우에는, 부모로서의 양육의무를 이행하지 않는 것이 되고, 자녀의 복리와 생존에 부정적인 영향을 미친다. 이에 국가의 개입을 통해 양육비 채권에 대한 특별한 보호를 해야 할 당위가 발생한다. 부모는 헌법상 기본권으로서 양육의 권리를 가질 뿐만 아니라(헌재 2008.10.30. 2005헌마1156), 의무로서의 성격도 가진다. 양육의무는 자녀에 대한 의무이자 국가에 대한 의무로서, '헌법상 기본의무'로 이해된다. 양육대상인 자녀는 한 개인으로서 헌법 제10조 뿐만 아니라 가족생활의 구성원으로서 헌법 제36조에 따라 자신의 생존과 성장을 보장해줄 것을 국가에 요구할 수 있다. 헌법상 양육권과 양육의무의 실현 및 이행의 과정에서는 '부모-자녀' 혹은 '부모-국가'라는 양면관계가 아닌, '부모-자녀-국가'라는 다면적 관계가 나타난다. 이때 국가의 간섭은 자녀의 복리가 위협받은 경우에 국한되어야 한다. 양육비 이행확보제도의 헌법적 정당성의 문제는 이익형량의 과정으로 귀결된다. 양육비이행확보제도는 민법, 가사소송법, 양육비이행법으로 발전되었다. 양육비 이행확보제도가 적용되기 위한 절차는, ① 민법 제836조의2에 따른 양육비부담조서 및 가사소송법상 양육비 청구 소송 등을 통한 집행권원의 확보(양육비 집행권원의 확보) 후, ② 가사소송법상 이행명령 불이행 또는 담보제공명령 미이행으로 인한 일시금 지급명령까지도 미이행할 경우 가사소송법상 제68조 제1호, 제3호상 감치명령 결정이 내려지는데, ③ 위 가사소송법상 감치명령 결정 이후에도 양육비 채무를 불이행 하는 경우, 양육비이행법상 운전면허정지처분 요청제도, 출국금지, 명단 공개, 형사처벌 등이 행해진다. 양육비이행법상 운전면허정지처분 요청제도에 대해서는 적법절차원칙, 행동(이전)의 자유, 부당결부금지원칙, 평등원칙, 포괄적 위임금지원칙, 명확성원칙 등이 헌법적 문제로 제기될 수 있고, 출국금지제도에 대해서는 거주·이전의 자유(국외 이주의 자유, 출·입국의 자유), 부당결부금지원칙, 포괄적 위임금지원칙 등이 문제될 수 있으며, 명단공개에 대해서는 인격권, 사생활의 비밀, 개인정보자기결정권, 부당결부금지원칙, 포괄적 위임금지원칙 등이 문제될 수 있다. 형사처벌의 경우 신체의 자유(자유형)와 재산권 침해(벌금형)의 가능성이 있으므로, 정치한 입법이 필요하다.

양적 일부위헌量的 一部違憲 ⇔ 질적 일부위헌. ➜ 변형결정.

양형위원회量刑委員會 [영] sentencing commission. 양형위원회는 형(刑)을 정할 때 국민의 건전한 상식을 반영하고 국민이 신뢰할 수 있는 공정하고 객관적인 양형을 실현하기 위하여 양형기준을 설정하고 이와 관련된 양형정책을 연구·심의하는 대법원 소속의 독립된 국가기관이다(➜ 독립기관). 2007년에 신설되어, 법원조직법 제8편(제81조의2~81조의12)에 규정되어 있다. 양형위원회는 위원장 1인과 13인의 위원으로 구성된다.

affirmative action ➜ 적극적 평등실현조치.

언론기관시설법정주의言論機關施設法定主義 헌법 제23조 제3항은 「통신·방송의 시설기준과 신문의 기능을 보장하기 위하여 필요한 사항은 법률로 정한다.」고 하여 언론기관시설법정주의를 규정하고 있다. 이 규정은 제1공화국 당시 자유로운 언론에 의하여 이승만 정부가 전복되었다고 인식한 박정희 쿠데타세력이 제3공화국 헌법에 명시한 규정이다. 이 규정에 의해 제정된 법률로 「신문 등의 진흥에 관한 법률」과 「방송법」, 「잡지 등 정기간행물의 진흥에 관한 법률」 등이 언론기관의 설립에 관한 일정한 제한을 두고 있는 법률들이다. 정기간행물의 등록제, 방송의 허가제, 대기업의 일반일간신문 소유제한, 뉴스통신의 허가제 등이 그것이다. 과도한 시설제한은 자칫 언론의 자유를 침해할 가능성이 있다.

언론매체접근·이용권言論媒體接近·利用權 ➜ access권.

언론중재위원회言論仲裁委員會 ㊎ Press Arbitration Commission; PAC. 언론중재위원회는 언론보도로 인한 분쟁의 조정 및 중재, 언론피해와 관련한 법률상담, 불공정 선거기사 심의 등의 업무를 수행하기 위하여, 「언론중재 및 피해구제 등에 관한 법률」 제7조에 근거하여 설립된 합의제 기관이다. 언론에 의한 기본권 침해에 대한 구제 제도로, 1916년 스웨덴의 내셔널 프레스클럽이 신문평의회를 설치한 것을 효시로 보며, 각국은 위원회, 협회, 법원, 옴브즈만 등 여러 형태로 운영하고 있다. ➜ 반론권.

언론·출판言論·出版**의 자유**自由 ➜ 표현의 자유.

엄격한 심사기준審査基準 ➜ 평등심사의 기준.

엄격형嚴格型 **권력분립** ⇔ 연성형(軟性型) 권력분립. ➜ 권력분립.

업무상 자살방조죄 사건BVerfGE 153, 182(2020) ➜ 의사조력자살.

erga omnes ➜ 대세효.

SRP 해산판결 BVerfGE 2, 1(1952). 1. **사실의 개요** 2차 대전이후 독일에서는 사회주의제국당(Sozialistische Reichspartei: SRP)이 결성되어, 나찌스의 후계정당으로 활동하였다. 연방정부는 공산주의자에 대한 최초의 행정처분으로, 1950.9.19. SRP를 포함하여 13개 조직에 참여하고 있는 사람들을 공직에서 추방하기로 결정하였다. 연방의 관리직원, 노동자 등 공적 직무를 수행하는 자들의 민주적 기본질서에 반하는 정치적 행위에 대한 결정을 내렸던 것이다. 그러나 SRP는 계속하여 각 주마다 기관지를 발행하고 연방정부의 정책에 반대하는 입장에 있었으므로, 연방정부는 SRP에 대하여 1951.11.19. 연방헌법재판소에 기본법 제21조 제2항에 따라 위헌정당해산을 제소하였다. 헌법재판소에 제소한 시기는 1951년의 형법개정법률이 발효한 지 3개월이 채 되지 않은 시기이었다. 1952.10.23.에 판결이 내려졌다. 2. **판결내용** 연방헌법재판소는 판결주문에서 ① SRP가 위헌이며 ② 해산되고 ③ 대체조직을 만들거나 현존조직을 계속하는 것은 금지되며 ④ SRP의 공천으로 의원이 된 자 혹은 판결공고 시까지 SRP에 속한 의원은 연방의회 및 주의회 임기는 대체없이 중지되며 ⑤ SRP의 재산은 몰수된다고 하였다. 이와 함께 연방헌법재판소는 정당해산의 원인으로서의 자유민주적 기본질서의 내용에 관하여 상세히 기술하였다. 그것은 기본법에 구체화되어 있는 기본적 인권, 특히 생명과 그 자유로운 발현을 위한 인격권의 존중, 국민주권주의, 권력분립, 정부의 책임성, 행정의 합법률성, 사법권의 독립, 복수정당원칙과 합헌적인 야당의 결성과 행동권을 가진 모든 정당의 기회균등 등이다.

NLL(북방한계선北方限界線**)** ㊎ Northern Limit Line: NLL. NLL은 대한민국과 조선민주주의인민공화국 사이에 설정된 사실상의 남북간 해상 군사분계선이다. 1953.7.27., UN군사령부와 조선민주주의인민공화국 사이에 정전협정을 체결하였는데, 육상의 군사분계선(MDL)은 합의되었으나, 해상 경계선에 관하여는 연안수역의 범위를 둘러싸고 3해리를 주장한 유엔군 사령부와 12해리를 주장한 조선민주주의인민공화국의 입장차이 때문에 명확한 합의 없이 '연해의 섬 및 해면에 관한 통제권은 1950.6.24. 이전을 기준으로 하되, 서해 5도(백령도·대청도·소청도·연평도·우도)는 UN군 사령관 관할 아래 둔다'는 규정을 두었다. 정전협정 발효 1개월 뒤인 1953.8.30., 마크 웨인 클라크 UN군 총사령관은 정전협정의 취지에 따라 남북 간의 군사적 충돌을 억제할 목적으로 동해상으로는 군사분계선(MDL)의 연장선에, 서해상으로는 38선 이남인 대한민국 서해 5도와 조선민주주의인민공화국 황해도 사이의 해상에 북방한계선(NLL)을 설정하였다. 유엔군사령부는 당시 북방한계선 설정에 대해 대한민국 해군에만 전달하고 조선민주주의인민공화국에는 공식 통보하지는 않았다. 1973년까지 조선민주주의인민공화국이 특별한 이의를 제기하지 않았기 때문에 NLL은 사실상 서해상의 남북간 해상분계선으로서 기능하여 왔으나, 1973.12. 이후 조선민주주의인민공화국이 공식적으로 이의를 제기하였다. 1999.6.15.에 제1연평해전이 발생하면서 커다란 논란을 불러 일으켰으며, 2007년에는 NLL 포기논란으로 큰 정치적 논쟁을 야기하기도 하였다.

엘리트민주주의Elite民主主義 ㊇ elite democracy, ㊈ Elitendemokratie, ㊊ démocratie d'élite. 엘리트 민주주의는 일반적으로 부유하거나 교육을 많이 받은 소수의 사람들이 정치적 의사 결정에 영향을 미치는 민주주의의 모델이다. 엘리트 민주주의 모델은 모든 시민을 위해 최선의 결정을 내릴 수 있는 고도의 정보를 가진 개인의 소규모 그룹으로 정치참여가 제한되어야 한다고 주장한다. Weber나 Schumpeter, Anthony Downs 등의 경우, 고전적 민주주의에서의 성숙한 시민이 형해화되고 합리적이고 적극적인 시민의 역할이 중우(衆愚)와 선동적 정치가들에 의해 왜곡되면서, 공공선의 붕괴로 귀결되었다고 보고, 민주주의에 대한 이상주의적 관념을 탈피하여 시장주의적 관점에서 현실적이고 제한적인 민주주의 모델을 제시하였는데 엘리트민주주의가 그것이다. 다수 대중의 잠재력과 변혁능력을 과소평가했다는 비판이 있다. 미국의 경우 대통령선거인단에서 엘리트 민주주의의 영향을 볼 수 있다. 대중의 선택과 선거인단의 선택이 다른 경우 대중과 엘리트 간의 불일치가 나타나는데, 비록 그 결정이 대중의 의지에 어긋나더라도 주요 정치적 결정을 내리는 책임을 선거인단이라는 소그룹에 두기 때문에 엘리트 민주주의라고 할 수 있다. 참여민주주의 혹은 대중민주주의와 대응된다.

여론재판輿論裁判 사법적 판단과 관련하여 일반국민이나 언론 · 정당 · 사회단체 등이 재판결과를 주도하는 것을 말한다. 특정사건에 관하여 사회적 · 정치적 세력이 일정한 결론으로 간섭이나 압력을 도모하는 것으로서, 사법권독립을 침해할 우려가 있다.

여론조사輿論調査 ㊇ public opinion poll. 여론이란 사람들이 가지고 있는 하나의 신념과 판단을 말하며, 여러 가지 의견을 평가하기도 하고, 누가 어떤 여론을 어느 정도 강하게 지속적으로 가지고 있는가를 알려는 것이 여론조사의 목적이다. 현행 공직선거법은 선거와 관련한 여론조사에 관하여 엄격하게 규율하고 있다. 누구든지 선거에 관한 여론조사결과를 왜곡하여 공표 또는 보도할 수 없으며(제96조), 선거일 전 6일부터 선거일의 투표마감시각까지 선거에 관하여 정당에 대한 지지도나 당선인을 예상하게 하는 여론조사의 경위와 그 결과를 공표하거나 인용하여 보도할 수 없다. 기타 여론조사의 사전신고와 방법, 준수사항, 공표 등에 관하여 상세히 규율하고 있다(제108조 참조).

여성의무공천제女性義務公薦制 공직선거법 제47조는 '여성의무공천제'를 실시하고 있다. 즉, 같은 조 제3항은 정당이 비례대표국회의원선거 및 비례대표지방의회의원선거에 후보자를 추천할 때 그 후보자 중 50% 이상을 여성으로 추천하되 그 후보자명부의 순위의 매 홀수에는 여성을 추천하도록 의무화하고 있으며, 나아가 같은 조 제5항은 정당이 임기만료에 따른 지역구지방의회의원선거에 후보자를 추천할 때 지역구 시 · 도의원선거 또는 지역구 자치구 · 시 · 군의원선거 중 어느 하나의 선거에 국회의원지역구마다 1명 이상을 여성으로 추천하도록 또한 의무화하고 있다. 이는 적극적 평등실현조치의 한 방법이다. ➜ 적극적 평등실현조치.

여성채용목표제女性採用目標制 ➜ 양성평등채용목표제.

여성할당제女性割當制 여성의 사회·공직 진출을 위해 여성에게 일정 비율 이상의 자리를 할당하는 제도이다. 남성 중심의 사회구조와 정치구조에서는 여성의 사회 진출이 어렵기 때문에 이를 교정하기 위한 장치이다. 할당제는 여성의 수적인 대표성 비율이 일정한 수준에 도달할 때까지 체계적인 증가를 목표로 하는 적극적 조치 중의 하나이다. 자격요건과 관련한 할당제, 법적 효력과 관련한 할당제, 목표할당제와 확정할당제 등의 여러 수단이 있다. ➜ 적극적 평등실현조치.

여성후보자추천보조금제도女性候補者推薦補助金制度 임기만료에 의한 지역구국회의원선거, 지역구시·도의회의원선거 및 지역구자치구·시·군의회의원선거에서 여성후보자를 추천하는 정당에 지급하기 위한 보조금을 여성추천보조금이라 한다. 여성에 대한 적극적 평등실현조치의 한 수단으로 정치자금법에 규정되어 있다(제26조). ➜ 적극적 평등실현조치. ➜ 정당보조금.

여소야대與小野大 여소야대는 정부여당이 의회 내에서 소수파를 형성하고 야당이 다수파를 형성하는 경우를 말한다. 의석과반을 차지하는 정당이 없더라도 여당 외에 야당들이 연합하여 다수파를 형성하는 경우에도 여소야대라 할 수 있다. 권력의 정통성이 이원화되어 있는 대통령제의 경우 발생가능하다. 이원집정부제의 경우에도 있을 수 있다. 여소야대에 직면하는 경우, 집권여당이 의원 빼오기나 합당 또는 복당 등을 거쳐 다수파를 형성하고자 하는 경우도 있다.

역사성 ㉮ historicity, ㉯ Geschichtlichkeit, ㉰ historicité. 역사성은 논자에 따라 다양한 의미를 가지는 표현이다. 가장 일반화하여 표현하면, 역사성은 인간의 탁월한 존재방식으로서, 인간이 동식물과 같이 단순히 과거를 축적하는 식으로 존재하지 않고, 과거 속의 존재가능성을 의식적으로 회복하여 현재화하는 식으로 존재한다는 말이다.

역사적 해석歷史的 解釋 ㉮ historical interpretation, ㉯ historische Auslegung. 헌법해석의 한 방법이다. 헌법규정의 의미를 확정함에 있어서 그 규정이 정해지게 된 역사적인 상황과 배경을 중시하여, 헌법이 성립하기까지의 회의록, 심의록, 근거자료, 제안자의 의사 등에 근거하여 그 의미를 밝히는 것을 말한다. 헌법제정권자의 주관적 의사를 파악하려는 것으로 주관적·역사적 해석이라고 한다. ➜ 헌법의 해석.

역차별逆差別 ㉮ reverse discrimination. ➜ 적극적 평등실현조치.

연결점심사連結點審査 ㉮ nexus test. ➜ state action 이론.

연구研究**의 자유**自由 ➜ 학문의 자유.

연금수급권年金受給權 연금수급권은 사회보장수급권의 하나로서 인간다운 생활을 보장하기 위한 사회적 기본권의 성격과 아울러, 연금의 주요재원인 연금보험료의 일부를 수급권자 자신이 부담한다는 점과 이는 재산적 가치가 있는 권리라는 점에서 헌법 제23조에 의하여 보장되는 재산권의 성격을 갖는다(헌재 1994.6.30. 92헌가9; 1996.10.4. 96헌가6 등 참조). ➜ 사회보장수급권. 공무원연금법상의 급여제한을 퇴직 후의 사유에도 적용함은 재산권 침해, 명확성원칙 및 평등원칙에 위배된다는 결정(헌재 2002.7.18. 2000헌바57), 퇴직연금지급정지대상기관을 행정자치부령으로 정하도록 위임한 것이 포괄위임금지원칙에 위배된다는 결정(헌재 2003.9.25. 2000헌바94등), 재혼한 배우자의 연금수급권을 박탈하는 것을 합헌이라 한 결정(헌재 2022.8.31. 2019헌가31), 사립학교교직원연금법상 장기급여청구의 시효를 5년으로 함이 합헌이라는 결정(헌재 2017.12.28. 2016헌바341), 선출직 공무원으로서 받게 되는 보수가 기존의 연금에 미치지 못하는 경우에도 연금 전액의 지급을 정지하도록 정한 군인연금법, 공무원연금법의 관련조항이 과잉금지의 원칙에 위배되어 헌법에 합치하지 않는다는 결정(헌재 2022.1.27. 2019헌바161) 등 다수의 결정이 있다.

연기투표제連記投票制 [영] system of a vote with plural entry. 유권자가 투표용지에 자신이 가장 지지하는 1명의 후보자 이름만을 기입하는 방법을 단기식(單記式)이라 하고, 투표용지에 복수의 후보자 이름을 기입하는 방법을 연기식(連記式)이라 한다. 연기식은 다시 완전연기식과 제한연기식으로 구분되는데, 전자는 각 선거구의 정원수와 동일한 수의 후보 이름을 기입하여 투표하는 제도이고, 후자는 적어도 2명 이상(정원수-1) 수의 후보까지 이름을 기입할 수 있는 투표방식을 말한다.

연대권連帶權 [영] solidarity rights/rights of solidarity, [독] Recht auf Solidarität, [프] droits de solidarité. 개인과 단체가 국내적 혹은 국제적으로 연대하고 단결할 권리를 말한다. 1980년에 멕시코에서 개최된, 새로운 인권으로서 연대권에 대한 유엔심포지움에서는 발전권(the right to development), 평화권(the right to peace), 인류공통유산에 대한 권리(the right to the common heritage of mankind), 의사소통의 권리(the right to communication), 건강 및 생태적 균형을 갖춘 환경에 대한 권리(right to a healthy and ecologically balanced environment), 국제인도적 지원에 대한 권리(the right to international humanitarian assistance) 등이 논의되었다. ➜ 제3세대 인권론.

연대적 불신임連帶的 不信任 ➜ 불신임결의.

연동형 비례대표제連動/聯動型 比例代表制 ➜ 비례대표제.

연명치료延命治療 ➜ 안락사.

연방국가聯邦國家 ➜ 국가형태론.

연방주의자 논집聯邦主義者 論集 [영] the Federalist Papers. 연방주의자 논집(The Federalist Papers)은 미국헌법해설서로서, 1787.10.부터 1788.8.까지 <인디펜던트 저널>을 비롯한 세 개의 뉴욕 신문에 연속으로 게재된 에세이에 다른 8편의 추가하여 편집하여 85편의 글로 엮은 것으로, 1788.8.「연방주의자(The Federalist; A Collection of Essays, written in favor of The New Constitution)」라는 제목의 2권의 책으로 J&A McLean 출판사에 의해 간행되었다. 이 논문은 Alexander Hamilton, James Madison, John Jay 3인이 헌법에 대한 지지를 이끌어내기 위해 썼으며, 출판 당시에는 Publius라는 필명이 사용되었다. 올바른 제목은「The Federalist」이며「The Federalist Papers」라는 제목은 20세기 이후에 사용되게 된 것이다.「The Federalist」는 헌법에서 제안된 정부구조에 대한 철학이나 동기를 명확하고 설득력있는 문장으로 쓰고 있기 때문에, 오늘날에도 미국 헌법해석의 기본문서가 되고 있으며, 정치학의 고전으로 평가받고 있다. Hamilton이 총 51편, Madison이 총 29편, Jay가 총 5편, 제18편과 제20편은 Madison과 Hamilton의 공동집필로 알려지고 있다. 주요내용으로, 정당의 폐해와 공공의 이익에 관한 제10편, 연방주의에 관한 제39편, 인권의 기원에 관한 제43편, 권력에 대한 제약의 필요성을 언급한 제51편, 사법권에 관한 제78편 등이 유명하다. 2000년까지, 연방대법원에서 291회 인용되었다고 한다.

연석회의連席會議 ➜ 국회의 조직.

연성형軟性型 **권력분립** ⇔ 엄격형(嚴格型) 권력분립. ➜ 권력분립.

연성헌법軟性憲法 ⓓ bewegliche Verfassung, ⓕ constitution souple. 헌법개정을 일반 법률과 동일한 절차로 가능하게 하는 헌법을 말한다. 특별한 헌법개정절차를 밟더라도 그 의결정족수가 크게 높지 않은 경우에는 연성헌법이라 할 수 있다(예 1946년 이전의 이태리 헌법).

연좌제連坐制 ⓔ the guilty-by-association system/the involvement system. 연좌제는 조선시대에 널리 통용된 범죄예방대책의 하나였다. 연좌제의 금지는 제5공화국 헌법에서 최초로 규정한 것으로, 현행 헌법 제13조 제3항에「자기의 행위가 아닌 친족의 행위로 인하여 불이익한 처우를 받지 아니한다.」고 명시하여 국민의 기본권 보장을 명문화하고 있다. 불이익한 처우는 국가기관에 의한 모든 불이익을 의미하는 것으로 연좌제를 금지한다는 것은 형벌의 자기책임 원칙과 형사책임 개별화원칙에 충실한 제도구현이라 할 수 있다. 헌법 제13조 제3항에서는 연좌제를 금지하고 있으나 공직선거법에서는 공명선거 구현을 위해서 제265조에 선거사무장, 선거사무소의 회계책임자 또는 후보자의 직계존·비속 및 배우자가 당해 선거에서 매수 및 이해유도죄 내지 당선무효유도죄 또는 기부행위의 금지제한 등의 위반죄를 범함으로 인하여 징역형의 선고를 받은 때에는 그 후보자의 당선은 무효로 한다고 명시하여 연좌제를 채택하고 있다.

연중회기제도年中會期制度 ➜ 국회의 회기와 회의.

열기주의列記主義 ⓔ enumeration principle, ⓓ Enumerationsprinzip, ⓕ principe de dénombrement. ➜ 개괄주의.

엽관제獵官制 ⓔ spoils system. 선거를 통하여 정권을 잡은 사람이나 정당이 공직을 지배하는 정치적 관행으로서, 엽관주의라고도 하며, 성적제에 대응하는 개념이다. 미국에서 발달한 엽관제는 워싱턴 대통령 때부터 시작하여 1820년 '4년 임기법(공직자의 임기를 대통령의 임기와 일치시킴)'에 의해 법적 기초가 마련되었다. 이후 1829년 미국 대통령에 당선된 잭슨이 의회에 제출한 교서에서 엽관제를 국가의 정식 인사정책으로 채택하겠다고 선언한 데서 그를 흔히 엽관제의 시조로 본다. 엽관제는 민의(民意)에 충실하다는 것뿐만 아니라 자기의 지지자들로 공약을 실현할 수 있다는 성격을 가진 반면, 정실(情實)에 따라 관직이 좌우되어 공정하고 안정된 행정이 능률적으로 이뤄지기 어렵다. 또한 행정의 계속성과 전문성이 훼손된다는 비판도 있다. 이 엽관제에 의해 임용된 공무원들의 전문성 부족, 정실주의, 매관매직, 부정부패 등의 부작용이 발생하자 점차 이의 폐해를 방지하기 위해 성적주의(실적주의)가 등장하였고, 정치적 임명을 하는 관직을 제한하고 일반 공무원에 대해서는 성적주의(실적주의)에 따르는 관행으로 점차 변화하였다.

영공領空 영토와 영해의 상공으로서 그 범위에 관하여 무한대설과 지배가능상공설이 있으나, 지배가능상공설이 타당하다. ➜ 영역.

영구세주의永久稅主義 국회가 일단 법률을 제정하면, 그 법률에 따라 국가나 지방자치단체가 매년 계속하여 조세를 부과 징수할 수 있는 주의이다. ➜ (국회의) 재정권.

영국식 의원내각제英國式 議院內閣制 영국에서 수상제도의 시작은 로버트 월폴(Sir Robert Walpole)이 1721년 제1재무대신(First Lord of the Treasury)으로 임명된 이래 1742년까지 재직하는 동안 시작되었다고 보는 것이 통설이다. 영어를 잘 하지 못했던 조지 1세와 조지2세 왕 치하에 월폴의 21년 간에 걸친 집권은 그 당시 국왕들의 전적인 신임을 바탕으로 한 것이어서 오늘날 하원 다수당의 당수가 수상이 되는 것과는 차이가 있는 것이었다. 1780년대 들어 수상의 사직은 내각 전체의 사직으로 이어지는 전통이 생기게 되고, 1832년 제1차 선거법개정 이후 내각의 각료들은 의회에서 나오는 헌법적 관습이 만들어졌다. 1867년 제2차 선거법개정 이후 1880년대에 이르러 선거권확대, 대중적 정당 출현, 정당의 조직화 등으로 하원과 내각 간의 권력의 균형의 변화를 초래하여 통치권력의 중심이 의회로부터 내각으로 이전되어 **내각책임제**로 변질되었다. 20세기 초에는 수상이 장관을 해임할 수 있는 권한과 의회를 해산해줄 것을 국왕에게 요구할 수 있는 권한들이 생겨남으로써 오늘날 영국에서 볼 수 있는 내각책임제로 발전하게 되었다. 1914년 이래 내각책임제는 현대국가의 기능확대에 따른 정부권력의 확대, 수상의 권한강화와 기능의 변화로 인해 **수상정부제**로 변화되었다. 1 · 2차의 세계대전을 거치면서 내각책임제가 수상정부제로 변모하였다는 데에 대하여 제 견해들을 요약하면 다음과 같다. 첫째, 현대국가의 기능확대에 따른 행정권의 강화 및 효율화로 행정기구의 양적 증대, 권력집중적 경향과 정당제 발달에 따른 정당규율의 강화, 내각 · 하원 · 정당에 대한 수상의 지위와 권한의 강화, 둘째, 선출된 수장(elective chief magistrate), 행정기구의 정점(apex), 선출된 군주(elected monarch) 등으로 평가되는 수상의 지위의 강화, 총선거가 정당선택이 아니라 수상선거로 변질되고 있는 점, 셋째, 내각 내에서 수상의 주도권이 강화되어 각의(閣議)가 거의 형식화하고 주요정책결정은 수상에 의해 행해지는 점, 넷째, 수상이 각료임면에 전권을 행사하는 점, 다섯째, 내각의 연대책임제가 행정권의 일체성을 확보하는 수단으로 변질된 점, 여섯째, 하원의 내각에 대한 불신임의결권은 정당제의 발달로 거의 명목적인 것으로 된 점, 일곱째, 정당 내에서 당수인 수상의 지위가 주도적으로 강화된 점 등이 지적되고 있다. **결론**적으로, 불문헌법국가인 영국의 제도적 특징이자 장점은 시대사상, 국가기능의 변천이나 정부관행의 변화에 대하여 획기적인 개혁이 없이 서서히 적응 · 변천되며 또한 그 변천과정이 선명하게 드러나지 않는 데에 있다. 19세기말 이후의 영국의 의원내각제의 변화는 수상지위의 강화경향으로부터 나타났으며, 현대 영국의 수상은 집중된 권력을 담당하고 내각 · 하원 · 정당을 주도하는 지위에 있으면서도 독재화하지 않는 것은 무엇보다 발달한 양당제가 건재한다는 것과 주기적인 총선거가 보장되어 있기 때문이라 할 수 있다.

영국의 국민소환제 1. **제정배경** 2009년 영국 하원의원들의 지출스캔들이 있었다. 스캔들에 연루된 의원들은 자진사퇴하거나 또는 자진사퇴와 함께 형사처벌을 받았으나, 그 의원을 선출한 지역구 유권자들이 이들에 대해 제재할 방법이 없었다. 이에 따라 지역구 유권자가 법률이나 의회규범을 위반한 의원에 대해서 제재하는 방식으로 소환제도가 제안되었다. 정치적 남용의 우려와 강제위임원리의 지배가능성 등으로 반대하는 견해가 많았으나, 국민의 79%가 찬성하였고 10%가 반대하는 데에 그쳤다. 이에 오랜 논의 후에 2015년 국민소환법(Recall of MPs Act 2015)을 제정하여, 2016.3.4.부터 발효하였다. 2. **주요 내용** 1) **소환요건과 소환절차의 개시** 하원의장은 하원의원이 ① 범죄행위로 기소되고 구금형을 선고받거나 기타 사유로 구금이 되는 경우(오로지 정신과적 문제로 구금되는 경우는 제외함)로서 항소기간이 종료된 경우, ② 하원의원직 수행을 14일 이상(회기일수로는 10일 이상) 정지당하거나, ③ 2009년 의회윤리법상 수당의 신고를 허위로 하거나 오해를 유발하는 방식으로 하여 기소된 경우에 이를 청원관(Petition Officer)에게 통지하도록 되어 있다(국민소환법 제1조 내지 제4조). 소환요건이 까다롭게 제한된 것은 유권자들이 정치적인 동기로 소환제도를 남용할 수 있다는 우려 때문이었다. 하원의장으로부터 이러한 통지를 받은 청원관은 소환청원절차를 개시한다. 다만, 다음 하원의원 총선거가 실시될 날로부터 6개월 이내인 경우, 소환청원이 이미 당해 하원의원에 대해서 진행 중인 경우, 하원의원 의석이 이미 공석인 경우에는 이러한 절차를 진행할 수 없도록 하고 있다(제5조). 소환청원(recall petition)에서 대상 의원의 지역구 유권자 10%가 찬성서명을 하면, 당해 하원의원은 의원직을 상실하게 된다(제9조 및 제14조). 2) **청원관의 역할** 청원관의 역할은 소환청원을 개시하고, 선거구민들에게 이 개시를 공지하며, 청원과 관련된 행정을 감독하고 유권자 등록부를 준비한다(제6조 및 부칙 제1호). 3) **소환청원 서명운동** 소환청원 선거원(petition campaigner)에 대해서는 서명운동기간, 지출 및 기부가 제한된다(부칙 제3호 이하). 서명운동기간은 하원의장이 소환청원개시요건을 고지한 다음날부터 시작되며, 청원관이 하원의장에게 청원서명결과를 통지한 날에 종료한다. 4) **소환청원 서명과 보궐선거** 일단 청원관이 소환청원을 개시하면 6주간 당해 의원의 선거구민으로부터 서명을 받는다. 선거구 유권자의 최소 10%가 이에 서명하면 당해 하원의원은 의원직을 잃게 되며 해당선거구에서는 보궐선거가 실시된다. 특이한 점은 소환되어 의원직을 상실한 의원도 이 보궐선거에 입후보할 수 있다는 것이다. 3. **소환 사례** 2020.8. 현재 영국에서 국민소환이 발동한 것은 두 차례이다. 첫 사례는 북아일랜드 North Antrim을 지역구로 하는 민주연합당 소속 Ian Paisley 하원의원이었다. 2013년 두 번의 가족여행에서 스리랑카 정부의 지원을 받았다는 이유로 2018.8.6.에 소환절차가 개시되었으나, 북아일랜드 전체 여론조사에서는 의원직 상실을 찬성하는 여론이 있었지만, 소환찬성 서명은 유권자의 10%에 이르지 못하였고, 이에 의원직이 유지되었다. 이에 대해서는 지역주의와 정당에 대한 충성도가 높은 것이 요인이었다는 분석이 있다. 두 번째 사례는 2019.5.에 있었다. 노동당 소속의 Fiona Onasanya 하원의원이 2017년 과속벌점을 피하기 위해 이전 세입자가 자신의 차를 몰았다고 거짓말을 하여 사법정의 실현을 방해한 혐의로 유죄가 인정돼 2019.1. 징역 3개월을 선고받았다. 이어서 2019.5. 지역구인 Peterborough의 유권자 27.64%가 소환을 요구하는 서명을 해 처음으로 국민소환제로 의원직을 잃었다. Onasanya는 보궐선거에 출마하지 않았지만, 같은 당 소속의 Forbes의원이 당선되었다.

영미법英美法 ⓔ anglo-american law/common law. 1. **의의** 영미법은 관습법의 총체로서, 중세 이래로 영국의 보통법 법원의 판결들을 통해 정립되었다. 넓은 의미의 보통법(Common law)이라고도 불린다. 미국과 영연방공동체국가들에서 오늘날 볼 수 있는 법체계의 유형이다. 유럽과 기타 다른 지역에서 널리 퍼져 있는 로마법(civil law)으로부터 유래된 법체계와 대비된다. 영미법은 좁은 의미에서의 보통법과 형평법(equity law) 및 제정법(statute law)으로 구성되어 있다. 지역적으로는 영국, 웨일즈, 스콧틀랜드, 북아일랜드의 법체계로 구성되었다가, 미국과 영연방국가들을 포함하였고, 20세기 말에 EU 법체계에로 통합되었다가, 2020년 EU를 탈퇴하였지만, EU법의 영향을 크게 받고 있다. 2. **영미법의 기원** 1) **보통법의 기원과 발전** 보통법은 중세 초기 런던 근교 웨스트민스터에 설치된 왕립법정인 왕의 법정(curia regis)에 기원하였다. 초기에는 실질적인 권리보다는 절차적인 구제수단으로 구성되었다. 1066년 노르만의 정복 이전의 앵글로색슨인들은 북유럽의 게르만인들의 법체계와 유사하였다. 노르만 정복 후 중앙집중화, 관료주의 확립, 성문화의 과정을 통해 배심원제, 신성재판(ordeals) 공권박탈(outlawry), 법정출두영장(writs) 등의 앵글로색슨의 법제도 요소들이 보통법으로 살아남았다. Henry II의 통치기간(1154-89) 동안 법제도를 집대성하였다. 교회와 국가는 분리되었고 각각의 법과 법원제도를 갖고 있으면서, 수 세기 동안 재판권이 대립하였다. 로마교회법은 영국 교회법원에서 적용되었지만 그 영향이 유럽의 다른 지역보다는 적었다. 보통법은 토지를 기초로 하는 봉건적 토지법에 기반을 두었다. 소작제가 가장 중심적인 주제이었던 토지법은 13세기에 법률의 제정으로 이어졌으며, 15세기에 토마스 리틀턴 경(Sir Thomas Littleton)에 의해 영국법의 최초의 '법전(textbook)'인 리틀턴의 소유권법(Littleton's Tenures)으로 요약되어 1481년에 발간되었다. 13세기에 세 개의 중앙 법원들 - 재정법원(Exchequer), 민사법원(Common Plea), 왕의 법정(King's Bench) - 이 보통법을 적용하였다. 이 법원들은 지역적 관습들을 약화시키고 중앙집중적 보통법과 사법제도를 형성하는 데에 크게 기여하였다. Henry III (통치기간 1216-72) 치하에서 브랙턴(Henry de Bracton)이 저술한 것으로 알려진 「De legibus et consuetudinibus Angliae (1235; "영국의 법과 관습에 관하여")」라는 책이 출간되었는데, 로마의 법고전인 인스티투치오네스(Institutiones)의 양식을 본떴으며, 로마법에 정통함을 보여주었다. 하지만, 소송과 절차, 법선언에서의 사법판결에의 의존, 절대적인 국왕의 권력을 제한하는 문장 등에 비추어 지극히 영국적이었다. 영국의 유스티니아누스로 불리는 에드워드 I(통치기간 1272-1307)는 중세시대의 법을 성문화하여, 4개의 법률로 정비하였다. 오늘날에는 1285년 이전에 공포된 제정법들은, 제정법이라기보다는 보통법으로 취급된다. 2) **형평법 법원(chancery)과 형평법(equity)의 성장** 법규정들이 모든 가능한 사건들을 모두 정할 수는 없기 때문에 그 기계적인 적용은 때때로 부정의한 결과로 될 수 있었고, 이를 구제하기 위하여, 형평법('양심(conscience)'법)이 개발되었다. 형평의 원칙은 14세기에 들어와 발전되었다. 구체적 사안에서 바람직한 해결책으로서 형평법의 집행은 왕실평의회의 귀족원의장(Lord Chancellor)의 권한이었다가 대법정(the Court of Chancery)으로 발전되었다. 구체적인 사건마다 이익형량을 하고 개인의 잘잘못이나 특성들을 고려하여 공정하고 형평에 맞는 재판을 한 것이다. 이처럼 왕이 행사하는 사법권의 근거가 귀족들이 행사하는 사법권의 근거인 보통법(common law)이 될 수는 없었기 때문에, 이를 형평법(equity)이라고 칭하였다. 형평법은 보통법이 적용되지 않는 특수한 영역에 적용되면서 발전하였고, 보수적이고 일반적인 보통법을 근대화시키는 역할을 하였다. 이처럼 보통법과 형평법은 전형적인 관습법과, 비전형적인 형평성을 대변하면서 불문법의 양대축을 이루었다. 3) **16세기 이후의 보통법의 발전과 E. Coke** 16세기 중반 이후 보통법은 E. Coke에 의하여 크게 발전하였다. ➜ 쿠크.

튜더와 스튜어트 왕조 시기에 Sir Edward Coke는 변호사와 법관으로 뚜렷한 업적을 남겼고, 11권의 저서를 남겼으며, 보통법을 수용가능한 형태로 재서술하여 그것을 보존하는 데에 크게 기여하였다. 튜더 왕조 이래 다양한 분야의 보통법들이 제정법으로 정립되었다. 아울러 17세기 초에는 토지와 관련된 신탁법(the law of trusts)과 같이 형평법의 집대성이 있었다. 철학적으로는 베이컨의 경험주의에 바탕을 두고 귀납법적 방법론을 택하여 구체적 사건에서의 판결과 법리를 중시하며, 개별 판결들에 공통하는 법리를 확립하고자 한다. 3. **영미법의 근대화** 보통법의 발전과 세계 다른 지역에로 보급하는 데에 특별히 영향을 미친 것은 영국 법학자인 W. Blackstone 경이었다. 그의 가장 영향력있는 저작인 영국법주석(the Commentaries on the Laws of England)은 1765년과 1769년 사이에 발간되었고, 네 권으로 이루어져 있다. 이 주석서는 미국에서 영국법지식의 주요원천이었다. 19세기 이후에는 영국의 공리주의 철학자인 J. Bentham은 블랙스톤의 견해를 넘어 (1) 최대 다수의 최대 행복을 달성하기 위하여, 입법자가 법을 만들어야 하고, (2) 법의 목적은 시간과 공간에 따라 변하여야 한다고 하였다. 도덕과 입법 원리입문(An Introduction to the Principles of Morals and Legislation)은 1789년에 발간되었다. 영국법은 19세기 이후 소송법 및 실체법에서 크게 변화하였다. 오늘날에는 보통법(common law)과 형평법(equity)의 경계가 애매해지고, 이를 구분하는 것이 쉽지 않게 됨에 따라 보통법(common law)과 형평법(equity)의 개념 구분 자체가 불필요하다는 주장이 나타났고, 이에 따라 보통법(common law)과 형평법(equity)이 통합되는 현상이 나타나고 있다. 아울러 사법제도도 다양한 형태로 변화하였다. 영국법을 계수한 미국 뿐만 아니라 호주, 뉴질랜드, 캐나다, 아프리카 영국령 식민지, 인디아, 남아프리카 등에서는 지역적 특성을 고려하고 전지구적 법치주의 발전에 따른 혼합적 경향으로 인해 많은 개혁이 이루어지고 있다. 하지만, 국적, 능력, 주소 등의 개인적 법영역, 재산과 상속, 불법행위법, 계약법, 형법과 형사소송 등 거의 대부분의 법영역에서 여전히 영미법적 전통이 고수되고 있다. ➜ 대륙법과 영미법의 비교.

영민고권領民高權 ➜ 주권. 대인고권(對人高權)이라고도 한다.

영상물등급제도影像物等級制度 「영상물」은 영화 및 비디오물(온라인비디오물 포함)을 말한다. 영화 및 비디오물의 진흥에 관한 법률(영화비디오법)에서 영상물의 등급을 정하기 위한 영상물등급위원회를 두도록 하고 있다(동법 제71조). 1967년 '한국예술윤리위원회', 유신시대인 1976년 공연법상의 '한국공연윤리위원회', 1986년 '공연윤리위원회(공윤)' 등 군사정권시대에 사전심의의 방식으로 표현의 자유를 침해하는 구제도가 있었다. 1987년 민주화항쟁 이후 새 헌법이 정해지고 1996년 정부의 사전심의 정책이 폐지되었으나, 관련 법률들이 정치하게 정해지지 못하였기 때문에 법률상 여전히 표현의 자유를 침해하는 경우가 많았다. 이에 헌법재판소가 표현의 자유에 대한 제한을 적극적으로 위헌으로 판단하기 시작하였다. 비디오물에 대한 사전검열을 위헌으로 한 결정(헌재 1998.12.24. 96헌가23; 1999.9.16. 99헌가1), 영화진흥법상 영상물등급위원회가 사전검열기관에 해당하고, 등급보류제도가 검열에 해당한다는 결정(헌재 2001.8.30. 2000헌가9), 외국비디오물 수입시 영상물등급위원회의 수입추천을 받도록 한 음반·비디오물 및 게임물에 관한 법률의 위헌 결정(헌재 2005.2.3. 2004헌가8), 영화진흥법상의 등급분류 중 '제한상영가' 규정이 명확성원칙 및 포괄위임금지원칙 위반으로 위헌이라 한 결정(헌재 2008.7.31. 2007헌가4), 비디오물 등급분류제도를 사전검열로 보아 위헌으로 한 결정(헌재 2008.10.30. 2004헌가18) 등 헌법재판소의 적극적인 결정으로 인해 법률이 정비되기 시작하였다. 2022년 현재 영상물등급제도는 「영화 및 비디오물의 진흥에 관한 법률」에서 규정하고 있으며, 자체등급분류제도가 도입되었다(2022.9.27. 개정법률 제50조의2-제50조의8). 게임물의 경우 게임산업진흥에 관한 법률(게임산업법)에서 별도로 등급분류제도(자체등급분류제도 도입)를 택하고 있다. ➜ 표현의 자유.

영세중립국永世中立國 2개 이상의 국가들이 전쟁을 할 경우 쌍방의 교전국들과 공평한 관계를 유지하면서 어느 편에도 일방적으로 지원하지 않고, 어떠한 편의도 제공하지 않는 국가의 국제법적 지위를 의미한다. 장래의 어떠한 전쟁에서도 중립의 지위를 유지하기로 선언하거나 국제적으로 보장을 받은 국가는 영세중립국(永世中立國) 또는 영구중립국(永久中立國)이라고 한다.

영업營業**의 자유** ➜ 직업의 자유.

영역領域 국가의 구성요소로서 일정한 범위를 가지는 지리적 공간으로, 넓은 의미의 영토와 동의어이다. 영토 · 영해 · 영공으로 구분된다. ➜ 영토조항.

영역이론領域理論 ➜ 프라이버시권.

영역주권領域主權 [영] territorial sovereignty, [독] territoriale Souvereränität, [프] souveraineté territoriale. 자국의 영역 내에서 다른 국가를 배제하고 국가의 기능을 수행하는 힘을 말한다. 육지, 바다 및 그 해저(seabed)와 하층토(subsoil)에까지 미친다.

영유아 선거권嬰幼兒 選擧權 Demeny voting. ➜ 선거권.

영장실질심사제도令狀實質審査制度 영장실질심사제(令狀實質審査制)란, 구속영장이 청구된 모든 피의자는 원칙적으로 법관 앞에서 변호인의 도움을 받아 자유롭게 신문을 받은 뒤 구속 여부를 결정하는 절차를 말하는 것으로 1997.1. 이 제도가 도입되었다. 구속전 피의자심문제라고도 한다. 수사 단계에서 체포영장(제200조의2) 혹은 긴급체포(제200조의3)에 의하여 혹은 현행범(제212조)으로 체포되어 구속영장이 청구될 경우, 구속영장을 청구받은 판사는 지체 없이 피의자를 심문하여야 한다. 이 경우 특별한 사정이 없는 한 구속영장이 청구된 날의 다음날까지 심문하여야 한다. 2006년 법개정 전에는 피의자 · 변호인 · 법정대리인 · 배우자 · 직계친족 · 형제자매 · 가족 · 동거인 · 고용주 등은 법관에게 피의자를 심문해 줄 것을 청구할 수 있도록 하여 임의적 피의자심문을 규정하였으나, 법개정 후 필요적 영장실질심사제를 도입하여 필수적으로 심문하도록 하고 있다. 형사소송법 제201조의2 및 군사법원법 제238조의2에 규정되어 있다. 영장실질심사를 통해 피의자 및 변호인은 피의 사실 및 구속 사유 등에 관한 피의자의 입장을 충분히 말할 수 있는 기회를 갖게 되며, 법관은 그와 같은 심문 결과와 수사기관이 제출한 수사기록 등을 종합하여 구속 요건의 합치와 구속의 당부를 심사하게 된다. 이는 헌법과 형사소송법에 규정된 불구속 재판의 원칙과 무죄추정의 원칙을 실질적으로 구현하기 위한 제도이다. ➜ 영장제도.

영장제도令狀制度 [영] the warrant system. 1. **의의** 1) **헌법규정** 헌법 제12조 제3항은 「체포 · 구속 · 압수 또는 수색을 할 때에는 적법한 절차에 따라 검사의 신청에 의하여 법관이 발부한 영장을 제시하여야 한다. 다만, 현행범인인 경우와 장기 3년 이상의 형에 해당하는 죄를 범하고 도피 또는 증거인멸의 염려가 있을 때에는 사후에 영장을 청구할 수 있다.」고 하여, 적법절차 원리와 영장주의(➜ 영장주의)를 규정하고 있다. 또한 제16조 제2문은 「주거에 대한 압수나 수색을 할 때에는 검사의 신청에 의하여 법관이 발부한 영장을 제시하여야 한다.」고 하여, 주거에 대한 압수·수색의 영장주의를 규정하고 있다. 형사절차에서 행해지는 인신구속 등의 강제처분은 신체의 자유와 같은 중요한 기본권의 침해를 수반하며, 특히 수사기관에 의해 남용될 우려가 현저하다는 점을 고려하여 영장제도를 헌법의 수준에서 보장한 것이다. 이러한 헌법상의 기본원칙을 실현하기 위한 법률이 형사소송법이다. 형사소송법은 헌법이 정한 기본원칙 내에서 선택가능한 다양한 제도적 장치를 두어 형사절차상의 국민의 기본권을 최대한 보장하여야 한다. 형사소송절차의 헌법적합성을 강조하는 원리를 '헌법적 형사소송'이라고 한다. 2) **연혁** 우리나라의 경우, 1895년 대한제국의 재판소구성법 제정으로 최초의 근대적 형사사법제도가 도입되었으나, 재판소구성법과 검찰직제에서 규정한 영장제도는 영장을 신분이 독립된 법관이 발부하도록 한 것이 아니라 검사가 발부하도록 하였고 검사의 독자적인 강제처분권을 인정하였다는 점에서 근대적 의미의 영장주의라고 할 수 없었다. 일제강점기에는 식민사법으로 1912년 '조선형사령' '조선태형령', '범죄즉결례'의 세 법령에 의해 규율되었지만, 일제는 조선형사령 제11조 이하에서, 일본 본토에서 시행중이던 영장제도를 배제하여 식민지배에 효율적으로 변형하여 운영하였다. 미군정기에는 식민지 형사법체계가 비민주적이고 인권보장절차가 마련되지 않은 점을 중대한 인권문제로 인식하여 식민지법령을 폐지하고 검찰과 사법경찰의 권한과 임무를 재조정하는 등 인권보장에 긴요한 영미법계 제도들을 도입하고자 하였다. 1948.3.20. 미군정법령 제176호로 최초로 영장제도를 도입하였고, 1948.3.31. 미군정법령 제180호로 영장발부절차 검사경유원칙을 규정하였다. 1948.7.17. 제헌헌법은 제9조 신체의 자유에 대한 규정에서 사전영장을 원칙으로 하고 예외적으로 사후영장발부를 인정하는 영장제도를 채택하고, 영장발부권한이 법관에게 전속함을 확인하였다. 단, 제헌헌법은 신체의 체포, 구금, 수색에 대하여만 영장주의를 규정하고 오늘날과는 달리 주거의 압수, 수색에 대하여는 영장주의를 규정하지 않았다. 1962.12.26. 제5차개헌(제3공화국 헌법)에서는 제10조 제3항에 「체포·구금·수색·압수에 있어 검찰관의 신청에 의하여 법관이 발부한 영장을 제시하여야 한다.」고 규정함으로써 당시 법률(61년 개정형사소송법) 차원에서 우선 도입된 검사의 영장신청권을 헌법차원으로 격상하여 규정하였다. 또한 동 개정을 통하여 제14조 주거의 자유 관련규정에 주거에 대한 수색이나 압수에 있어서도 법관의 영장을 제시하여야 한다고 최초로 규정하였다. 1987.10.29. 개정된 현행헌법은 제12조 제3항에서 체포·구금·압수·수색시의 영장발부에 대하여 기존의 문구인 "검사의 신청에 의하여" 앞에 적법절차를 추가하여 "적법한 절차에 따라 검사의 신청에 의하여"로 수정하고, 제16조 주거에 대한 압수·수색 관련규정은 그와 같은 문구를 삽입하지 아니한 채 종전대로 유지하였다. 2. **입법례** 1) **독일** 독일의 경우 일반적으로 강제처분권을 행사하는 기관은 검사와 경찰이다. 독일은 수사의 주도권을 검사가 가지고 있다. 독일의 경우도 신체의 자유와 이를 보장하기 위한 사법적 통제 원칙을 헌법상 규정하고 있고, 이를 실천하기 위한 상세한 절차 규정을 형사소송법 등 관련 법률에 마련하고 있다. 2) **미국** 미국연방헌법 수정 제4조는 '불합리한 수색과 압수'(unreasonable searches and seizures)로부터 사생활의 비밀을 침해받지 아니할 권리를 천명하고, 나아가 영장은 상당한 이유(probable cause)에 근거하여 발부되어야 한다고 하고 있으며, 수정 제14조는 적법절차(due process)에 의하지 아니하고는 개인의 생명, 자유 또는 재산을 박탈당하지 아니한다고 규정하여 각 주의 법에도 적용되는 영장주의원칙을 천명하고 있다. 미국의 인신구속제도는 체포와 보석 두 가지 절차로 나누어 볼 수 있다. 미국의 인신구속제도를 규율하는 법규는 연방헌법, 주헌법, 주법규, 주법원 예규(state court rules), 주법원에 의하여 채택된 보통법 상 결정 또는 판결 등이 있다. 미국에서 인신구속제도의 구체적 절차와 방법은 범죄의 종류나 관할에 따라 또는 주에 따라 다소 다르지만 대체로 비슷하다. 3) **프랑스** 프랑스헌법은 '누구든지 자의적으로 구금될 수 없다'고 규정하여 신체의 자유를 보장하고 있다. 프랑스에서는 신체의 자유라 함은 원칙적으로 법관이 발부한 영장(mandat)에 의하지 아니하고는 자의적인 체포(arrestation)나 구금(détention)을 당하지 아니하는 자유를 말하며, 이는 대체로 우리나라에서의 신체의 자유보장에 관한 법리와 별다른 차이가 없다고 본다. 다만, 헌법상 인신구속제도에 대하여 위와 같은 규정 외에는 특별한 별다른 조항을 두고 있지는 않은 편이다. 4) **일본** 일본의 영장제도나 헌법규정의 내용은 비교적 우리나라의 경우와 여러 면에서 매우 유사한 편이라 할 수 있다. 일본 헌법은 체포의 요건(제33조)과 구금의 요건(제34조)을 규정하고 주거의 불가침 조항에서 영장제도(제35조)를 규정하고 있으며, 형사피고인의 권리로서 신속한 공개재판 받을 권리, 증인을 구할 권리, 변호인을 의뢰할 권리를 명문화하였다(제37조). 또한 자기에 불리한 진술강요금지와 자백의 증거능력 제한(제38조), 소급처벌의 금지와 일사부재리의 원칙(제39조) 등을 규정하고 있다. 5) **유럽인권협약** 유럽인권협약 제5조 제1항은 「모든 사람은 자유 및 안전에 관한 권리를 갖는다. 누구든지 다음의 경우와 법적절차에 의하지 아니하고는 자신의 자유를 박탈당하지 아니한다.」고 전단에서 신체의 자유 및 안전에 관한 일반원칙을 제시한 후 세부항목에서 신체자유의 박탈이 가능한 6가지 경우를 열거하고 제2항 이하에서는 인신구속 등과 관련한 권리 및 절차를 열거하고 있다. 3. **내용** 1) **대인적 강제처분-인신구속제도** (1) **인신구속제도의 의의와 종류** 현행법의 인신구속제도에는 체포와 구속이 있다. 체포는 수사초기단계에서 피의자를 단기간 동안 수사관서 등 일정한 장소에 인치하는 강제처분이며, 구속은 수사와 재판을 위해 피의자, 피고인의 신병을 확보하기 위한 강제처분으로 체포에 비하여 장기간에 걸쳐 구금된 자의 자유를 제한한다. 구속에는 공판절차에서 법원이 행하는 구속(제70조), 즉 피고인구속과 수사기관에 의한 구속(제201조), 즉 피의자구속이 있는데, 형사소송법은 법원의 구속에 관해 주로 규정하고 수사기관의 구속은 법원의 구속에 관한 규정을 준용하도록 하고 있다. 구속에는 구금과 구인이 포함된다. 구금이란 피고인 또는 피의자를 교도소 또는 구치소에 감금하는 강제처분이다. 구인은 피고인 또는 피의자를 법원 기타 일정한 장소에 인치하는 강제처분이다. 피고인에 대하여는 구속만 인정됨에 반하여 피의자에게는 구속 이외에 체포제도가 있다. 체포는 수사기관에 의한 체포가 있으며, 영장에 의한 체포(제200조의2)와 영장 없이 행하는 긴급체포(제200조의3) 및 현행범체포(제212조)로 구별된다. (2) **체포** ① **영장에 의한 체포-체포영장제도** 영장에 의한 체포란 상당한 범죄혐의가 있고 일정한 체포사유가 존재할 경우 사전영장에 의하여 일정한 시간 동안 구속(제201조)에 선행하여 피의자에게서 인신의 자유를 빼앗는 수사상의 강제처분을 말한다. 1995년의 개정으로 형사소송법에 규정된 영장에 의한 체포제도(제200조의2)는 임의동행과 보호실유치 등의 탈법적 수사관행을 근절하고 인신구속의 적법한 수사절차확보를 위하여 헌법 제12조의 규정된 체포제도를 구체화한 것이다. 체포의 요건은 범죄혐의의 상당성과 출석요구불응 또는 불응의 우려이다(제200조의2 제1항). ② **긴급체포** ➜ 긴급체포. ③ **현행범체포** 현행범은 누구든지 영장 없이 체포할 수 있고 긴급체포와 함께 영장주의의 예외에 속한다(헌법 제12조 제3항 단서, 법 제212조). 현행범인에 대해 (사전)영장주의의 예외를 인정하는 것은 범행과 시간적으로 밀접해 있어서 범죄의 명백성이 인정되기 때문이다. (3) **구속** ① **구속의 개념과 목적** 구속은 형사절차를 관철시키기 위하여 피의자 또는 피고인의 신체자유를 제한하는 강제처분을 말한다. 피의자구속은 수사절차에서 수사기관이 법관의 영장을 발부받아 하는 구속이고, 피고인구속은 공소제기 후 법원이 피고인을 구속하는 경우이다. 구속은 구금과 구인을 포괄하는 개념이다(제69조). 구인은 피고인을 법원 기타 장소에 인치하는 강제처분이다. 인치기간은 인치한 때로부터 최대 24시간이며, 그 전이라도 구금할 필요가 없으면 피고인을 석방하여야 한다(제71조). 구금은 피고인 또는 피의자를 교도소 또는 구치소에 감금하는 처분이다. 구금은 미결구금을 뜻하고 구류(형법 제41조 제7호)와 구별된다. 구속의 목적은 공판절차의 실행이나 증거의 보존에 있다. 하지만 구속은 개인의 기본권을 중대하게 제한하기 때문에 형사소송법은 엄격한 구속요건을 규정하면서, 법관이 이 요건에 따라 발부하는 영장에 의해서만 할 수 있도록 하고 있다. ② **구속의 요건** 제210조에 의하면 피의자에 대한 구속요건은 i) 범죄혐의의 상당성, ii) 구속사유, iii) 그리고 학설상 인정되는 구속의 비례성이다. 이 세 요건이 충족될 때 검사는 판사로부터 구속영장을 발부받아 피의자를 구속할 수 있다. 그러므로 구속요건은 구속영장발부요건이라고도 할 수 있다. 구속사유는 피의자가 일정한 주거가 없는 경우, 증거인멸의 염려, 도망 또는 도망할 염려가 있는 경우이다(형사소송법 제70조 제1항). 법원이 구속사유를 심사할 때 범죄의 중대성, 재범의 위험성, 피해자 및 중요 참고인 등에 대한 위해우려 등을 고려하여야 한다(동법 제70조 제2항). 법관은 영장을 발부할 때 구속의 목적과 구속이라는 수단 사이에 비례관계가 인정되지 않으면 영장을 발부할 수 없다. ③ **구속 절차** 피의자와 피고인을 구속하기 위해서는 법관이 발부한 영장이 있어야 한다(제70조, 제201조). 피고인에 대한 구속영장의 집행주체는 법원이며, 구속영장은 피고인을 구속하라는 명령장의 성격을 가지고 있다. 또한 판례에 의하면 법원이 피고인에게 구속영장을 발부할 경우 검사의 신청이 필요하지 않다(대결 1996.8.12., 96모46). 피의자에 대한 구속영장의 법적 성질에 대해서는 허가장이라고 보는 견해와 명령장이라는 견해가 대립하고 있다. 명령장설이 유력하다. 피의자구속은 형사소송법 제201조 이하에 상세히 규정되어 있다. 수사단계에서 체포영장(제200조의2) 혹은 긴급체포(제200조의3)에 의하여 혹은 현행범(제212조)으로 체포되어 구속영장이 청구될 경우, 구속영장을 청구받은 판사는 지체없이 피의자를 심문하여야 한다. ➜ 영장실질심사제도. (4) **체포·구속의 적부심사** ➜ 체포·구속적부심사제도. 2) **대물적 강제처분** (1) **개관** 대물적 강제처분에는 증거방법으로 의미 있는 물건이나 몰수할 것으로 예상되는 물건 등을 수집·보전하는 압수·수색·검증이 있다. 압수는 증거방법으로 의미가 있는 물건이나 몰수가 예상되는 물건의 점유를 취득하는 강제처분이다. 압류, 영치 및 제출명령의 세 종류가 있다. 수색은 압수할 물건이나 피의자 또는 피고인을 발견하기 위한 목적으로 사람의 신체나 물건 또는 일정한 장소를 뒤져 찾는 강제처분을 말한다. (2) **압수·수색의 요건** 압수·수색도 수사인 이상 **범죄혐의**가 있어야 한다. 압수·수색은 수사를 개시할 정도의 범죄혐의, 즉 '구체적 범죄혐의'로 충분하다. 형사소송법 제106조와 제109조는 "필요한 때", 제215조는 "범죄수사에 필요한 때" 압수·수색을 할 수 있다고 규정하고 있다(**필요성**). 따라서 압수·수색은 그 대상물이 피의사실 또는 공소사실과 관련이 있는 것이어야 한다. 압수·수색은 **비례성**까지도 요건으로 요구된다. 즉, ① 임의수사로써 같은 목적을 달성할 수 있는 경우에는 허용되지 않고(보충성원칙), ② 증거물이나 몰수물의 수집·보전에 불가피한 범위에 그쳐야 하며(최소침해원칙), ③ 압수·수색에 의한 기본권침해는 피압수자가 받게 될 다양한 불이익의 정도와 균형관계를 이루어야 한다(법익균형성원칙). (3) **압수·수색의 절차** 법원이 행하는 압수·수색도 공판정 외에서 할 경우에는 압수·수색영장을 **발부**해야 한다(제113조). 검사는 범죄수사에 필요한 경우 지방법원판사에게 청구하여 발부받은 영장에 의하여 압수·수색 또는 검증을 할 수 있다. 사법경찰관이 범죄수사에 필요한 때에는 검사에게 신청하여 검사의 청구로 지방법원판사가 발부한 영장에 의하여 압수·수색 또는 검증을 할 수 있다(제215조 1·2항). 압수·수색영장의 유효기간도 7일이며, 법원 또는 법관이 상당하다고 인정하는 때에만 7일을 넘을 수 있다(형사소송규칙 제178조). 압수·수색영장은 검사의 지휘에 따라 사법경찰관리가 집행한다. 검사는 필요에 의하여 관할구역 외에서도 영장을 집행하거나 당해 관할구역의 검사에게 집행지휘를 촉탁할 수 있다. 사법경찰관리도 마찬가지이다(제219조, 제115조, 제117조, 제83조). 압수물의 **환부**는 압수물을 종국적으로 소유자 또는 제출인에게 반환하는 법원·수사기관의 처분을 말한다. 압수물 환부에는 두 가지가 있다. 첫째, 영장을 발부받지 못하는 경우에 행해지는 압수물의 환부이다. 검사 또는 사법경찰관이 긴급체포에 의하여 피의자를 체포하거나 현행범인을 체포하는 경우에 체포현장에서 압수한 물건(제216조 제1항 제2호) 및 긴급체포에 의해 체포할 수 있는 자가 소유, 소지 또는 보관하는 물건으로서 영장청구기간(제200조의4 제1항) 내에 구속영장을 청구하여 법관으로부터 구속영장을 발부받지 못한 경우 압수한 물건은 즉시 환부해야 한다(제217조 제3항). 둘째, 압수를 계속할 필요가 없다고 인정되는 경우에 행해지는 압수물의 환부이다. 압수를 계속할 필요가 없다고 인정되는 압수물은 피고(피의)사건종결 전이라도 결정으로 환부해야 한다(제133조 제1항 전단, 제219조). (4) **압수·수색에서 영장주의의 예외** ① 구속·체포목적의 피의자수사 검사 또는 사법경찰관은 체포(제200조의 2), 긴급체포(제200조의 3), 구속(제201조) 또는 현행범인을 체포하는 경우에 필요하면 영장 없이 타인의 주거나 타인이 간수하는 가옥·건조물·항공기·선거(船車) 안에서 피의자수사를 할 수 있다(제216조 제1항 제1호). ② 체포현장의 압수·수색·검증 검사 또는 사법경찰관이 피의자를 체포, 긴급체포 또는 구속하거나 현행범인을 체포할 때 필요하면 영장 없이 체포현장에서 압수·수색·검증을 할 수 있다(제216조 제1항 제2호). 4. **영장제도의 적용범위** 1) **행정상 즉시강제** 행정상 즉시강제의 경우에도 영장이 필요한가에 대하여 논란이 있다. 판례는 행정상 즉시강제는 그 본질상 행정목적 달성을 위하여 불가피한 한도 내에서 예외적으로 허용되는 것이라 하여, 예외적으로 영장주의가 배제되는 것으로 보고 있다(대판 2008.11.13. 2007도9794 참조). 헌법재판소도「행정상 즉시 강제는 상대방의 임의이행을 기다릴 시간적 여유가 없을 때 하명 없이 바로 실력을 행사하는 것으로서, 그 본질상 급박성을 요건으로 하고 있어 법관의 영장을 기다려서는 그 목적을 달성할 수 없다고 할 것이므로, 원칙적으로 영장주의가 적용되지 않는다고 보아야 할 것이다.」라고 하고 있다(헌재 2002.10.31. 2000헌가12). 2) **권력적 행정조사** 이에 대해서도 영장주의의 예외가 되는지에 관하여 논란이 있으나, 행정조사 중 강제적 조사방법을 수반하는 경우에는 영장이 필요하다고 보아야 한다. 다만, 긴급한 경우에는 예외를 인정할 수 있을 것이다. 5. **주거에 대한 압수·수색과 영장주의** 헌법 제12조 제3항과는 달리 헌법 제16조 후문은「주거에 대한 압수나 수색을 할 때에는 검사의 신청에 의하여 법관이 발부한 영장을 제시하여야 한다.」라고 규정하고 있을 뿐 영장주의에 대한 예외를 명문화하고 있지 않다. 헌법재판소는「헌법 제12조 제3항과 헌법 제16조의 관계, 주거 공간에 대한 긴급한 압수·수색의 필요성, 주거의 자유와 관련하여 영장주의를 선언하고 있는 헌법 제16조의 취지 등을 종합하면, 헌법 제16조의 영장주의에 대해서도 그 예외를 인정하되, 이는 ① 그 장소에 범죄혐의 등을 입증할 자료나 피의자가 존재할 개연성이 소명되고, ② 사전에 영장을 발부받기 어려운 긴급한 사정이 있는 경우에만 제한적으로 허용될 수 있다고 보는 것이 타당하다. 형사소송법(1995.12.29. 법률 제5054호로 개정된 것) 제216조 제1항 제1호 중 제200조의2에 관한 부분은 체포영장을 발부받아 피의자를 체포하는 경우에 필요한 때에는 영장 없이 타인의 주거 등 내에서 피의자 수사를 할 수 있다고 규정함으로써, 앞서 본 바와 같이 별도로 영장을 발부받기 어려운 긴급한 사정이 있는지 여부를 구별하지 아니하고 피의자가 소재할 개연성만 소명되면 영장 없이 타인의 주거 등을 수색할 수 있도록 허용하고 있다. 이는 체포영장이 발부된 피의자가 타인의 주거 등에 소재할 개연성은 소명되나, 수색에 앞서 영장을 발부받기 어려운 긴급한 사정이 인정되지 않는 경우에도 영장 없이 피의자 수색을 할 수 있다는 것이므로, 헌법 제16조의 영장주의 예외 요건을 벗어나는 것으로서 영장주의에 위반된다.」고 하고 있다(헌재 2018.4.26. 2015헌바370, 2016헌가7(병합)).

영장주의令狀主義 ⓔ the doctrine of warrants. 1. **의의** 영장주의는 강제처분의 절차적 통제에 관한 당위론적인 이론이나 원칙·신념 따위를 의미하는 것으로, 영장제도를 설계·운영하는 기준이라고 할 수 있다. 세계 각국의 영장제도는 나라마다 상당한 차이를 보여주고 있는데, 이는 형사절차에서 요구되는 영장주의가 각국의 역사적·사회적 상황에 따라 다르게 구현되었기 때문이다. 영장주의에서 요구되는 기본원칙과 내용은 나라마다 다르지만, 오늘날 기본적 인권보장의 관점에서 대체로 합의되고 있다. 2. **영장주의의 기본원칙** 영장주의의 본질상 혹은 헌법상의 원칙으로 이해되고 있는 것들에는 다음의 원칙들이 있다. 1) **적법절차의 원칙** 적법절차의 원칙은 미국이나 일본국 우리나라 등의 헌법에서 형사절차의 가장 핵심적인 원칙으로 수용하고 있다. 이는 영장제도의 보편적인 구성요소가 되는 것이므로 영장주의의 본질상의 기본원칙에 해당한다고 할 수 있다. 2) **사법(객관적·중립적인 자에 의한) 심사의 원칙** 사법심사의 원칙은 우리나라와 다른 외국에서도 인정되는 영장제도의 공통의 원칙이어서 영장주의의 본질상 기본원칙에 해당한다고 볼 수 있다. 3) **사전영장의 원칙** 일반적으로 학계에서는 영장주의의 개념을 "영장을 제시하지 아니하고는 강제처분을 하지 못한다는 원칙"이라는 식으로 설명함으로써, '사전영장(영장제시)의 원칙'을 영장주의의 기본내용에 포함시키는 태도를 취하고 있다. 따라서 헌법상의 기본원칙이라 할 수 있다. 다만 미국의 경우에는, '사전영장(영장제시)의 원칙'이 영장주의의 본질상 기본원칙으로서 보편적인 원리로 수용하고 있지는 않다. 4) **법관에 의한 영장발부의 원칙** 미국헌법의 경우 영장발부의 주체를 규정하지 않고 있고, 일본국헌법도 영장발부권자를 '사법관헌(司法官憲)'이라고 규정하여 해석상 논란이 있었으나, 오늘날에는 재판관(법관)만이 이에 해당한다고 보고 있다. 미국과 일본의 경우를 고려하면 '법관에 의한 영장발부의 원칙'도 영장주의의 본질상 기본원칙이라기보다는 헌법상 기본원칙이라 할 것이다. 5) **검사에 의한 영장청구의 원칙** 현행헌법 제12조 제3항은 영장청구권자를 '검사'로 한정하였다. 이러한 태도는 미국과 일본 뿐 아니라 다른 어느 나라의 헌법에서도 찾아보기 어렵다. 이는 우리나라의 경우의 헌법상 기본원칙이라 할 수 있다. 6) **영장없는 체포의 경우 사후영장 청구의 원칙** 일본이든 미국이든 무영장 체포시 사후영장 청구를 요구하는 '원칙'이 있다고 하기 어려우므로 그것이 영장주의의 본질상 기본원칙이라고 하기 어렵다. 헌법상 규정된다면 헌법상 기본원칙이라 할 수 있다. 7) **일반영장 금지의 원칙** '일반영장 금지의 원칙'은 영장은 그 대상자(피의자)와 혐의내용 등이 특정되어야 하며 일반영장(白紙令狀)의 발부는 금지된다는 원칙을 말한다. '일반영장 금지의 원칙'이라는 것을 영장발부에 있어서 영장에 기재할 내용과 기재방식에 관한 원칙으로서, '사전영장(영장제시)의 원칙'과 '영장없는 체포의 경우 사후영장 청구의 원칙'에 부수되는 것이다. 따라서 본질상 기본원칙이라기보다는 헌법상 기본원칙이라고 할 수 있다. ➜ 영장제도.

영장청구권令狀請求權 ➜ 영장제도. ➜ 영장주의. ➜ 법관유보의 원칙.

영전수여권榮典授與權 대한민국 국민이나 외국인으로서 대한민국에 공로(功勞)가 뚜렷한 사람에 대하여 서훈(敍勳)하는 것을 영전이라 하며, 이에 대하여 대통령이 갖는 권한을 말한다. 이를 위하여 상훈법(賞勳法)이 제정되어 있다. 이에 따르면, 대한민국 훈장(勳章) 및 포장(褒章)은 대한민국 국민이나 우방국 국민으로서 대한민국에 뚜렷한 공적(功績)을 세운 사람에게 수여하는데, 그 대상은 중앙행정기관의 장(대통령 직속기관 및 국무총리 직속기관의 장을 포함한다), 국회사무총장, 법원행정처장, 헌법재판소사무처장 및 중앙선거관리위원회사무총장, 행정안전부장관이 추천한다. 훈장과 포장은 각각 12종류가 있다. 영전은 법적 취급상 참작사항, 예컨대, 범죄에 대한 양형참작(量衡參酌)과 같이 고려될 수는 있으나, 법적 기속력이 있는 어떠한 특권도 부여될 수 없다.

영전일대榮典一代**의 원칙** 헌법 제11조 제3항은 「훈장 등의 영전은 이를 받은 자에게만 효력이 있고, 어떠한 특권도 이에 따르지 아니한다.」고 규정하고 있다. 영전에 따른 법적 효과는 영전을 수여받은 당사자에게만 효력이 있고 세습되지 아니한다는 의미이다.

영토領土 ⓔ territory, ⓓ Gebiet, ⓕ territoire. 국가의 영역 중에서 주권이 미치는 일정한 토지를 말한다. 영토는 국가영역 중에서도 가장 핵심적인 부분이며, 영토의 경계를 국경이라 하며, 국경선은 당사국간에 특별한 합의가 있으면 그것에 의하여, 특별한 합의가 없으면 해양·하천·호수·산맥 등의 자연적 지형에 의하여 설정된다. 영토에 대한 국가의 주권을 영역권·영유권·영토권의 여러 가지 표현으로 불린다. ➜ 영역. ➜ 주권.

영토고권領土高權 ➜ 주권.

영토변경領土變更 자연적 혹은 인위적 사유로 영토가 변경되는 것으로, 자연적 변경에는 무주지선점, 자연적 영토형성, 해중침몰 등이 있고, 인위적 사유로 영토의 병합·매매·교환·할양 등이 있다. 영토변경의 경우에는 거주민의 국적·적용법률 등 여러 법적 문제가 발생한다.

영토조항領土條項 1. **헌법규정** 1919년 대한민국 임시정부 헌법은 제3조에서 「대한민국의 강토는 구한국의 판도로 함.」이라고 규정되어 있었는데, 1925년 개정헌법에서 영토조항이 삭제되었다가, 1944년 제5차 개정헌법(대한민국임시헌장) 제2조에서 「대한민국의 강토는 대한의 고유한 판도로 함.」으로 다시 규정되었다. 1948년 헌법은 「대한민국의 영토는 한반도와 그 부속도서로 한다.」고 규정하였다. 제2차 개정헌법(1954)은 「대한민국의 주권의 제약 또는 영토의 변경을 가져올 국가안위에 관한 중대사항은 국회의 가결을 거친 후에 국민투표에 부하여 민의원의원선거권자 3분의 2 이상의 투표와 유효투표 3분의 2 이상의 찬성을 얻어야 한다.」(제7조의2)라는 조항을 추가하여 영토변경에 관한 사항을 헌법에 규정하였다. 제5차 개정헌법(1962)은 영토조항을 제3조로 변경하고, 부칙에 「국토수복 후의 국회의원의 수는 따로 법률로 정한다.」(부칙 제8조)라고 규정하여, 현재 상태가 '미수복'상태임을 인정하였다. 영토조항은 1962년 헌법 이래 현행헌법에서 「부속도서」를 「그 부속도서」로 바꾸어 규정되고 있다. 2. **입법례** 세계 각국헌법의 사례를 보면 영토조항이 없는 경우가 대부분이기는 하지만 영토조항을 두고 있는 경우도 적지 않다. 연방국가의 경우 영토조항을 두는 경우가 많고 단일국가인 경우에도 비교적 소수이지만 영토조항을 둔 경우도 있다(코스타리카, 엘살바도르, 멕시코, 네덜란드, 필리핀, 포르투갈 등). 연방국가의 경우 구성국의 명칭을 나열함으로써 일종의 영토적 범위를 규정하는 형식을 취하는 경우가 대부분이다. 캐나다와 독일, 스위스, 나이지리아, 러시아, 인도의 경우 등이 그러하다. 3. **영토조항 정당화이론** 현행의 영토조항을 정당화하는 이론으로 다음이 제시되고 있다. ① 헌법에서 대한민국의 영토범위를 명백히 함으로써 타국에 대하여 침략적 야욕이 없음을 분명히 하고 있다(**국제평화주의론**). ② 대한민국은 한반도유일합법정부이다(**유일합법정부론**). ③ 휴전선 이북지역은 조선민주주의인민공화국이라는 불법적인 반국가단체가 지배하고 있는 미수복지역이다(**미수복지역론**). ④ 영토조항은 구한말의 영토를 승계한 대한민국의 정통성과 직결되는 사안이므로 현실적 상황논리로 해결할 성질의 것이 아니다(**구한말영토승계론**). 4. **관련 쟁점** 헌법상 영토를 직접 헌법에 규정하고 있기 때문에 여러 문제가 제기된다. 먼저 조선민주주의인민공화국(➜ 조선민주주의인민공화국)의 국가성 여부, 통일조항(제4조)과의 조화 문제(➜ 영토조항과 통일조항), 북한지역에 대한 헌법의 효력문제(➜ 영토조항과 통일조항), 북한주민의 지위 문제(➜ 국적), 남북 UN 동시가입의 의미(➜ 영토조항과 통일조항), 남북기본합의서(➜ 남북기본합의서)의 법적 성격 등이 문제된다.

영토조항領土條項**과 통일조항**統一條項 1. **문제의 제기** 현행헌법은 제3조에서 「한반도와 그 부속도서」를 영토로 규정하고(➜ 영토조항), 전문에서 「조국의 평화적 통일의 역사적 사명」을, 제4조에서 「대한민국은 통일을 지향하며, 자유민주적 기본질서에 입각한 평화적 통일정책을 수립하고 이를 추진한다.」고 규정하며, 이 외에도 대통령의 평화통일의무(제66조 제3항), 취임선서(제69조), 국민투표부의권(제72조), 대통령의 자문기구로서 민주평화통일자문회의(제92조) 등의 통일관련 규정을 두고 있다(➜ 통일조항). 영토조항을 문언 그대로 해석하면 휴전선 이북지역에도 대한민국 헌법의 효력이 미치는 것으로 된다. 특히 1972년의 7 · 4남북공동성명 이후, 그리고 1987년의 헌법개정에서 제4조 평화통일조항이 신설된 이후, 국제적으로는 동구권의 붕괴와 독일통일, 냉전체제의 해소, 국내적으로는 「남북교류협력에 관한 법률」(1990)의 제정, 남북한의 UN 동시가입(1991), 「남북합의서」(1992)의 체결과 발효 등의 일련의 해빙분위기 속에서 특히 영토조항(현행헌법 제3조)에 관하여 새로운 해석론이 제시되기 시작하였다. 이에 영토조항과 평화통일조항과의 관계가 문제된다. 2. **영토조항과 평화통일조항의 관계에 관한 해석론** 1) **학설** ① **북한불법단체설** 과거의 다수설로서 대한민국의 헌법은 북한지역을 포함한 한반도 전체에 대하여 효력을 미치고, 북한은 불법단체라는 견해이다. 대한민국은 구한말 대한제국의 영토를 승계한 국가이며, 대한민국정부는 한반도에서 유일한 합법정부이고, 북한지역은 대한민국의 영토이지만 이른바 '조선민주주의인민공화국'이라 불리는 불법단체에 의하여 점령되어 있는 미수복지역으로 대한민국의 주권은 당연히 미치나 통치권이 현실적으로 미치지 못하고 있다고 본다. ② **개정삭제설** 입법론적 해결방안으로 헌법의 영토조항이 평화통일조항과 상호모순되므로 개정 삭제하여야 한다는 설이다. 이 설은 국제적 · 국내적으로 상황변화에 따라 한반도에 현실적으로 두 개의 국가가 존재한다는 전제에서 출발한다. 북한은 이미 대화와 협력, 평화통일의 상대방으로 인정되고 있음에도 불구하고 여전히 북한지역에 남한의 헌법이 효력을 미치며, 따라서 북한을 불법단체라고 해석할 수 있는 근거인 영토조항을 존치시키는 것은 우리의 헌법현실과 모순된다는 것이다. ③ **평화통일조항우위설** 영토조항과 평화통일조항간의 모순을 해결하기 위하여 평화통일조항의 영토조항에 대한 우월적 효력을 인정하는 설이다. 이 설에는 구법(영토조항)에 대한 신법(통일조항) 우선의 원칙, 비현실(분단사실과 국제법상의 원칙의 외면)에 대한 현실(남북분단 사실인식과 영토범위는 국가권력이 미치는 공간까지라는 국제법상의 원칙수용) 우선의 원칙에 따라 해결해야 한다는 설, 일반법과 특별법의 관계에 따라 제4조가 우선한다는 설, 평화통일은 우리 헌법이 지향하는 이념이고 통일정책의 기본성격이므로 헌법이념과 헌법정책상 평화통일조항의 효력이 우선한다는 설 등이 있다. ④ **헌법변천설** 이 설은, 우리 헌법 초기에는 영토조항에 의하여 북한을 불법단체로 보았으나 오랫동안 분단상태가 지속되어 시대상황의 변화에 따라 우리의 통일정책도 변화하였고, 헌법현실이 헌법규범에서 이탈하게 되어 헌법규범을 변경하겠다는 직접적 의사 없이 헌법규범을 다르게 적용함으로써 헌법에 실질적 변화를 발생시키는 '헌법의 변천'을 가져왔다고 보는 것이다. ⑤ **조화적 해석론** 영토조항에 의하여 북한지역도 대한민국의 영토의 일부분이고 장애로 인하여 대한민국의 주권적 권력의 실현이 방해되고 있으나 장애요인이 소멸할 경우 당연히 대한민국의 주권적 권력이 북한지역에도 미치게 된다고 하는 설이다. 대한민국의 통일방안으로 무력통일을 포함한다면 그 한에 있어서는 영토조항과 평화통일조항이 충돌하지만, 그것이 평화적 통일방안이라면 우리 헌법은 무력통일방안을 배제하고 있다고 믿기 때문에 두 조항은 상충되지 아니하고 상호조화된다는 견해, 영토조항의 해석에 있어서 남북분단은 '사실상의 분단'일 뿐 '법률상의 분단'이 아님을 선언한 것이며, 헌법 제4조 등의 '통일'은 '사실상의 통일'(de facto unification)을 뜻하며 '법률상의 통일'(de jure unification)을 뜻하는 것이 아니라는 해석을 하여 헌법 제3조와 제4조의 적응문제(Problem der Angleichung)를 해결한 것으로 보는 견해, 영토조항은 통일한국의 영역범위를 규범적으로 밝힌 것이고, 영토조항과 통일조항에 의하면 "우리의 통일방식은 통일합의서의 체결과 북한지역에 대한 우리 헌법의 효력을 사실상 확대하는 것"이라는 견해, 제3조는 통일에의 책무를 부과하고 있는 목적론적 규정으로, 제4조는 이 책무를 이행하기 위한 기본적 방식과 수단을 규정한 실천적이고 현실적인 규정으로 보는 견해, 영토조항을 대외적 2국가, 대내적으로는 민족내부관계라는 규범적 의미를 내포하는 것으로 보면서, 영토는 한반도 전체이나 실질적 통치권이 한반도 전역에 미치도록 하기 위한 수단으로 무력이 아닌 평화적 방법을 추구하고 있다고 이해하는 것이 양조항의 조화적 해석방법이라는 견해 등이 있다. ⑥ **헌법규범특성론** 헌법의 특성에 착안하여 두 조항의 외견상 모순상태를 해소하려는 것이다. 즉, 헌법만이 상반대조적인 구조를 가질 수 있는 특징을 가지고 있다는 전제 아래, 영토조항은 역사성의 표현이고 평화통일조항은 가치지향개념으로 보는 견해, 영토조항은 명목적·선언적 규정으로, 평화통일조항은 통일의 방법을 명시한 조항으로 보는 견해, 영토조항은 미래지향적·역사적·미완성적·개방적·프로그램적 규정으로, 평화통일조항은 현실적·구체적·법적 규정으로 보는 견해, 영토조항은 최종목적(영토의 범위)으로, 평화통일조항은 이를 실현하기 위한 수단 방법으로 보거나, 영토조항은 통일을 향한 하나의 정치적 선언적 규정으로, 평화통일조항은 그 수단으로 보는 견해, 영토조항은 우리 헌법의 법통이 그 뿌리를 두고 있는 구한말 당시의 영토를 승계했음을 천명한 것이고, 통일조항은 현재 분단된 조국의 현실에서 볼 때 반드시 통일하여야 할 당위성(Sollen)이 있음을 규정한 것으로 보아 서로 상충되지 않는다고 보는 견해 등이다. ⑦ **국제법적 해석론** 국제법의 영토개념을 바탕으로 하여, 실제로 한국의 관할, 영토고권 및 통치권은 남한지역에 한정되었고 오래전부터 국제사회에서 한국의 영토는 남한을 가리키는 것으로 인식되었으므로, 헌법의 영토조항에도 불구하고 남한지역만이 대한민국의 영토라고 보는 견해이다. ⑧ **효력인정론** 이 견해는 두 조항의 효력을 모두 인정하는 설이다. 이 설은 어느 한 조항의 효력을 부인하는 평화통일조항우위설 및 헌법변천설과 구분되고, 조화적 해석론과 헌법규범특성론과 비슷하지만, 차이점은 두 조항의 상충모순관계를 인정하되 두 조항 모두 각자의 현실적 구체적 효력을 인정한다는 점에 있다. 북한정권의 2중적 성격을 인정하면서 두 조항간의 규범조화적 해석을 시도하는 견해, 남북관계의 2중성이 영토조항과 통일조항을 통하여 반영되고 있다고 보고 모순되는 두 조항의 효력을 모두 인정하면서, 서로 다른 방향의 두 조항을 동시에 규정하는 상반구조적 입법기술이 헌법입법의 독특한 방식이고 어느 한 방향으로의 의사확정이 곤란할 때 일정한 헌법적 테두리를 그어놓고 그 한도 내에서 구체화입법에 의하여 그때그때 올바른 결정을 할 여지를 주기 위한 것이라고 설명하는 견해, 영토조항이 북한과의 관계에서 평화공존과 대립적 공존의 현실적 가능성을 모두 내포하고 있고, 통일조항은 규범적으로 통일의 과제를 다시 한 번 확인하고 평화적 통일과 자유민주주의를 통일의 방법과 기초로서 제시하는 것이라는 견해, 제3조는 남북한의 대내적 관계를, 제4조는 남북한의 대외적 관계를 규율하는 것으로 각기 적용영역이 구별되는 것으로 설명하는 견해 등이 있다. 2) **판례** 대법원과 헌법재판소는 과거에는 북한불법단체설에 입각한 판례가 주류이었으나(대판

1955.9.27. 4288형상246; 1957.9.20. 4290형상228; 1961.9.28. 4292형상48; 1965.8.24. 65다1034; 1983.3.22. 82도3036; 1990.9.28. 89누6396; 헌재 1990.4.2. 89헌가113; 1991.3.11. 91헌마21 등 참조), 1990년대 남북교류협력의 강화, UN 가입, 남북기본합의서 체결 등의 상황변화로 인하여 남북한관계의 조화적·협력적 관계를 헌법적으로 수용하고자 하는 노력이 전개되었다. 이에 헌법재판소는 남북교류협력에 관한 결정에서 이른바 남북한 특수관계론을 전개하였다(➜ 남북교류협력에 관한 법률). 다만, 영토조항과 통일조항의 관계에 관하여 직접 언급하고 있지는 않고 있다. 3) **결론** 현행헌법상의 영토조항과 통일조항의 해석을 위해서는 분단기의 남북한 관계에 관한 사실적 인식이 선행되어야 한다. 사실(현실)-규범-의지라는 3원구조에 따라 헌법규범을 이해한다면, 영토조항과 통일조항은 사실적 측면, 규범적 측면, 의지적 측면에서 상당한 불일치를 보여주고 있다. 즉, 영토조항은 통일대한민국을 지향하는 의지로서 표명된 것이고 그 의지지향으로서 규범적으로 헌법에 규정한 것이지만, 사실(현실)의 측면에서는 적실성을 결하고 있다. 이는 대한민국 정부수립 당시 대한민국 국민의 국내적 의지와 UN의 국제적 의지가 서로 달랐던 점에서(➜ 한반도유일합법정부론), 확인할 수 있다. 따라서 영토조항은 의지지향으로서 규범화된 것이며 이는 통일조항도 마찬가지이다. 그러므로 영토조항과 통일조항은 둘 다 사실적 타당성을 가진 규범이 아니라 주권자인 국민의 의지지향을 규정한 것으로 보아야 하고 그런 점에서 서로 모순되지 아니한다고 볼 수 있다. 양 조항은 의지적으로 하나의 국가를 지향하지만(1국가), 사실적으로 두 개의 정부로 분단된 상태에서(2정부) 통일대한민국의 공간적 정체성과 통일방법을 규정한 것으로 볼 수 있다(1국가 2정부론).

영해領海 한 나라의 주권이 미치는 해역. ➜ 영역.

영화상영등급제도映畫上映等級制度 ➜ 영상물등급제도.

예비비지출·승인권豫備費支出·承認權 ➜ (국회의) 재정권.

예비선거제도豫備選擧制度 ➜ 미국대통령선거.

예비후보자제도豫備候補者制度 공직선거에서 정후보가 되기 전에 정후보가 되기 위하여 등록하는 후보이다. 공직선거법 제62조의2 제1항에 따르면, 예비후보자가 되려는 사람(비례대표국회의원선거 및 비례대표지방의회의원선거는 제외)은 동법에서 정하는 날부터 관할선거구선거관리위원회에 예비후보자등록을 서면으로 신청하여야 한다. 구체적인 예비후보자 등록기간은 대통령선거는 선거일 전 240일, 지역구국회의원선거 및 시·도지사선거는 선거일 전 120일, 지역구시·도의회의원선거, 자치구·시의 지역구의회의원 및 장의 선거는 선거기간개시일 전 90일, 군의 지역구의회의원 및 장의 선거는 선거기간개시일 전 60일부터 예비후보자로 등록해야 한다.

예산豫算 ㊂ budget, ㊀ Budget, ㊄ budget. 1. **의의** 1) **예산의 개념** 예산은 1 회계연도에 있어서 국가의 세입·세출에 관한 예정준칙을 내용으로 하고, 국회의 의결에 의하여 성립하는 국법행위형식이다. 실질적 의미의 예산은 한 회계연도에 있어서 국가의 세입·세출에 관한 예정준칙을 말한다. 형식적 의미의 예산은 일정한 형식으로 정부가 작성하고 국회의 심의·의결로 성립되는 국법의 한 형식이다. 실질적 의미의 예산이 국회의 승인을 얻으면 형식적 의미의 예산이 된다. 예산에 대한 법적 규율은 헌법과 국회법 및 국가재정법에 의한다. 2) **예산의 기능** 예산은 국가와 지방자치단체의 정치와 행정활동을 보장하는 현금수지의 추계 및 관리이며, 그 정책결정 및 집행은 국민 및 사회집단의 이해관계와 밀접한 관계를 갖는다. 경제적 측면에서는 자원의 적절한 배분과 경제적 안정·발전 그리고 소득의 재분배 등의 과제를 수행하며, 경제주체로서의 정부의 지위를 뒷받침한다. 정치적 측면에서는 정치권력이 경제정책의 목적을 달성하기 위한 수단이자, 국회와 정부를 연결하는 매개체이다. 3) **예산의 법적 성질** 예산을 법률의 형식으로 할 것인가(예산법률주의) 혹은 법률과 다른 독자적인 법형식으로 할 것인가(예산비법률주의)는 국가마다 다르다. 미국·영국·독일·프랑스 등은 예산법률주의를 채택하고 있다. 예산법률주의는 결산까지도 법률로써 규율하는 실질적 의미의 예산법률주의(프랑스·영국·미국)와 수입과 지출 및 행정기관에 대한 수권규정만을 두는 형식적 의미의 예산법률주의(독일)로 나뉜다. 일본·스위스 및 우리나라는 예산을 특수한 법형식으로 규율하고 있다(예산비법률주의). 예산비법률주의를 택할 경우, 예산의 법적 성격이 문제된다. **훈령설**은 예산은 단순한 견적이 아니라 행정청이 내리는 국가원수의 훈령이라는 설이다. 예산의 구속력은 국회의 의결을 거친 후 국가원수가 재가·공포함으로써 발생한다. **승인설(예산행정행위설)**은 예산의 법적 성격을 부인하고 어디까지나 행정행위로서 국회에 대한 행정부의 의사표시에 지나지 않으며, 국회가 정부에 대하여 지출을 승인하는 것에 불과하다는 설이다. **법형식설(법규범설; 예산국법형식설)**은 예산은 법률과 병립하는 국법의 한 형식이라고 본다. 예산은 한 회계연도에 있어서 국가의 재정행위의 준칙으로서, 법률과 마찬가지로 국회의 의결을 거쳐 제정되는 일종의 법규범이라고 본다(다수설). 법규범설을 받아들이면서도 강제력의 담보수단과 제재장치의 문제점을 적시하면서 준칙규범설을 강조하는 견해도 이에 속한다. 헌법재판소도 다수설의 입장과 동일하다(헌재 2006.4.25. 2006헌마409 참조). **예산법률설**은 예산의 본질과 재정의 민주화이념에 비추어 법률과 동일하다고 보더라도 모순되지 아니한다고 본다. 2. **예산과 법률** 1) **의의** 예산의 법적 성질을 법규범으로 이해할 경우 법률과 어떠한 관계가 있는지가 문제된다. 2) **개념** 예산은 1 회계연도에 있어서 국가의 세입·세출의 예정준칙을 내용으로 하고, 국회의 의결로 성립하는 국법행위형식이며, 법률은 국가기관 및 국민에 대하여 효력을 가지는 것으로, 국회의 의결을 거쳐 제정되는 규범이다. 3) **비교차이점** 예산과 법률을 비교하면 다음 표와 같다.

〈예산과 법률의 비교〉

구분	예산	법률
제출권자	정부	국회의원·위원회와 정부
제출기한	회계연도 개시 90일 전	제한 없음
심의기한	회계연도 개시 30일 전	제한 없음
심의범위	증액 및 새 비목 설치 불가	제한 없음
변경가능성	예산안 수정·철회시 위원회의 동의로도 가능	정부제출법안 수정·철회 시 국회동의 필요
대통령거부권	행사불가	행사 가능
효력발생요건	의결만으로 효력 발생	공포 필요
유효기간	1 회계연도만 효력 있음	원칙적으로 다년도
구속력	국가기관만 구속	국가기관 및 일반국민 구속

4) **상호관계** (1) **변경관계** 예산과 법률은 성질·성립절차·효력이 상이하므로 예산으로 법률을 변경하거나 법률로 예산을 변경할 수 없다. 이는 예산법률주의 국가에서도 마찬가지이다. (2) **구속관계** 예산은 그 경비의 지출을 명하거나 인정하는 법률이 없으면 정부는 지출할 수 없으며, 세입예산도 세입의 근거가 되는 법률이 없으면 징수할 수 없다. 또한 법률로 지출이 인정되더라도 예산이 없으면 지출할 수 없다. 그러나 법률의 근거가 있으면 예산항목이 없더라도 징수할 수 있다. 국회가 예산을 필요로 하는 법률을 제정하는 경우에는 예산심의권은 법률에 의해 제한을 받는다. (3) **예산과 법률의 불일치** ① 예산과 법률은 그 형식·제출권자·제출시기·성립시기·심의절차 등에서 차이가 있으므로, 예산에서 인정되는 지출에 대해 법률이 성립되지 않은 경우(세출예산과 법률의 불일치) 혹은 법률이 있으나 예산이 없는 경우(세입예산과 법률의 불일치)가 발생할 수 있다. 예산법률주의 국가의 경우 이러한 불일치를 발생시키는 법률안을 수리할 수 없도록 하는 경우도 있다(프랑스). ② 불일치의 조정 국회법에서는 예산과 법률의 불일치를 방지하기 위하여 다음의 방안을 규정하고 있다. 첫째, 국회법 제79조의2의 규정에 따라 비용추계서를 요구하거나, 둘째, 국회법 제83조의2에 따라 사전협의를 요구하거나, 셋째, 국회법 제58조 제7항에 따라 정부 및 예산정책처의 의견을 듣도록 하며, 넷째, 예산과 법률이 불일치하는 경우 정부는 추가경정예산제출이나 예비비 기타 운용예산에서의 전용, 관련법률의 제정, 법률시행시기조정 등의 방법을 강구할 수 있다. 3. **예산의 성립** 1) **예산안의 제출** 정부는 매 회계연도마다 예산안을 편성하여 국무회의 심의를 거친 후(헌법 제89조 제4호), 차기 회계연도 개시 90일 전(10월3일)까지 국회에 제출하여야 한다(헌법 제54조 제2항 전단). 제출기한을 회계연도 개시 90일 전까지로 제한한 것은 심의기간 부족으로 예산심의가 부실해지는 것을 방지하고 준예산을 방지하기 위한 것이다. 예산안은 1회계연도마다 편성하는 **1년예산주의**, 국가의 총세입과 세출을 전체로 계상하여 편성하는 **총계예산주의**(예외있음:국가재정법 제53조), 세입·세출을 합하여 하나로 편성하는 **단일예산주의**(회계통일주의)를 택하고 있다. 다만, 특별회계예산, 추가경정예산, 준예산 등의 예외가 있다. 2) **예산안의 심의** (1) **기능 변화** 국회가 예산안을 심의하는 것은 대정부통제기능과 행정의 능률화기능 그리고 재원의 합리적인 배분기능을 가지는 것이다. 과거에는 대정부통제기능이 중점이었으나, 점차로 행정의 능률화기능으로 전환되었고, 오늘날에는 재원의 합리적인 배분기능으로 중점이 이전되고 있다. (2) **예산심의에 관한 최근 동향** 최근에는 ① 통합재정보고서(Aggregate fiscal policy statements)의 의회 제출 경향 ② 위원회의 역할 강화 경향 ③ 의회에 대한 보고제도의 개선과 향상 ④ 의회에 더 많은 자원을 제공하는 경향 등이 나타나고 있어서 의회의 예산심의 수준을 높이는 데에 기여하고 있다. (3) **절차** ① 개관 국회에 제출된 예산안은 정기국회 회기 중에 국무총리의 시정연설과 기획재정부장관의 예산안 제안설명을 거쳐, 소관상임위원회별 예비심사 후 의장보고, 예산결산특별위원회의 종합심사(공청회 포함) 및 본회의 의결을 통해 성립한다(국회법 제84조 참조). 정부의 시정연설은 예산안의 심의절차상 필수과정이다. ② 상임위원회별 예비심사 의장은 예산안과 결산을 소관 상임위원회에 회부할 때에는 심사기간을 정할 수 있으며, 상임위원회가 이유 없이 그 기간 내에 심사를 마치지 아니한 때에는 이를 바로 예산결산특별위원회에 회부할 수 있다(국회법 제84조 제6항). 각 상임위원회별 예비심사는 우리

나라에 특유한 제도로서 그 효용성에 의문이 제기되고 있다. ③ 예산결산특별위원회 종합심사 소관상임위원회의 예비심사가 모두 끝나면 의장은 예산안에 각 소관상임위원회의 보고서를 첨부해 예산결산특별위원회에 회부한다(국회법 제84조 제2항). 상임위원회가 이유 없이 의장이 정한 기간 내에 심사를 마치지 않은 때에는 의장은 예산안을 바로 예산결산특별위원회에 회부할 수 있다(국회법 제84조 제6항). 예산결산특별위원회는 제안설명과 전문위원의 검토보고를 듣고 종합정책질의, 부별심사 또는 분과위원회심사 및 찬반토론을 거쳐 표결한다(국회법 제84조 제3항). 이 경우 종합정책질의를 함에 있어서 위원장은 간사와 협의하여 각 교섭단체별 대표질의 또는 교섭단체별 질의시간할당 등의 방법으로 그 기간을 정한다(국회법 제84조 제3항). 예산결산특별위원회는 소관상임위원회의 예비심사내용을 존중하여야 하며, 소관상임위원회에서 삭감한 세출예산 각 항의 금액을 증가시키거나 새로운 비목을 설치할 경우에는 소관상임위원회의 동의를 얻어야 한다(국회법 제84조 제5항). 다만, 새 비목의 설치에 대한 동의요청이 소관상임위원회에 회부되어 그 회부된 때부터 72시간 이내에 동의여부가 예산결산특별위원회에 통지되지 않은 경우에는 소관상임위원회가 이에 동의한 것으로 본다(국회법 제84조 제5항 단서). ④ 공청회 예산결산특별위원회는 예산안 및 기금운용계획안에 대하여 공청회를 개최하여야 한다(국회법 제84조의3). 다만, 추가경정예산안 또는 기금운용계획변경안의 경우에는 위원회의 의결로 공청회를 생략할 수 있다(동조 단서). ⑤ 본회의 의결 예산결산특별위원회의 심사가 끝난 후 국회의장은 예산안을 본회의에 부의한다(국회법 제84조 제2항). 국회는 회계연도 개시 30일 전(12월2일)까지 예산안을 의결하여야 한다(헌법 제54조 제2항). 예산안의 의결정족수에 관하여는 헌법이나 법률에 특별한 규정이 없으므로, 일반의결정족수 즉 '재적의원 과반수 출석과 출석의원 과반수 찬성'으로 의결한다(헌법 제49조). 국회법에 따른 무제한 토론이 시행되는 경우, 예산안 등과 세입예산안 부수 법률안에 대해서는 무제한토론을 매년 12월1일까지 적용하고, 실시 중인 무제한토론, 계속 중인 본회의, 제출된 무제한토론의 종결동의에 대한 심의절차 등은 12월1일 밤 12시에 종료한다(국회법 제106조의2 참조). 3) **예산안의 확정** 국회는 예산안을 회계연도 개시 30일 전에 의결하여야 하며, 의결된 예산은 정부에 이송되어 대통령이 공고한다. 공고문에는 극회의결 사실, 대통령의 서명과 대통령인(印), 공고일, 국무총리와 관계국무위원의 부서 등의 요건을 갖추어 관보에 게재한다(법령 등 공포에 관한 법률 제8·11조). 예산안의 공고는 예산안의 효력발생요건이 아니다. 예산은 국회의 의결로 성립하여 바로 효력을 발생한다. 4) **예산에 관한 특례: 계속비와 예비비** (1) **계속비**繼續費 한 회계연도를 넘어 계속 지출할 필요가 있을 때에는 정부는 연한을 정하여 계속비로서 국회의 의결을 얻어야 한다(헌법 제55조 제1항). 완성에 수년을 요하는 공사나 제조 및 연구개발사업을 진행하는 경우가 그런 경우이다. 그런 경우에는 그 경비의 총액과 연부액(年賦額)을 정하여 미리 국회의 의결을 얻어야 하며, 그 범위 안에서 여러 회계연도에 걸쳐서 지출할 수 있다(국가재정법 제23조 제1항). 국가재정법은 계속비로 지출할 수 있는 연한을 그 회계연도부터 5년 이내로 제한하고 있다(국가재정법 제23조 제2항). 다만, 필요하다고 인정하는 때에는 국회의 의결을 거쳐 그 연한을 연장할 수 있다(동항 단서). (2) **예비비**豫備費 예비비란 예측하기 어려운 예산외 지출 또는 예산초과지출에 충당하기 위하여 사용목적을 지정하지 않고 총액만 기재하여 예산에 계상하는 비용을 말한다(헌법 제55조 제2항). 국가재정법은 일반회계 예산총액의 1/100 이내의 금액을 예비비로 세입·세출예산에 계상할 수 있도록 하되, 예산총칙 등에 따라 미리 사용목적을 지정해 놓은 예비비는 이와 별도로 세입세출예산에 계상할 수 있도록 규정하고 있다(국가재정법 제22조 제1항). 그러나, 공무원의 보수 인상을 위한 인건비 충당을 위하여는 예비비의 사용목적을 지정할 수 없다(국가재정법 제22조 제2항). 예비비에 계상된 비용 중 얼마를 어떤 목적에 지출할 것인지는 정부의 재량에 맡겨진다. 다만, 예비비의 지출은 차기 국회의 승인을 얻어야 한다(헌법 제55조 제2항). 4. **예산의 불성립과 변경** 1) **예산의 불성립과 임시예산** 새로운 회계연도가 개시될 때까지 예산안이 의결되지 못한 때에는 정부는 국회에서 예산안이 의결될 때까지 ① 헌법이나 법률에 의하여 설치된 기관 또는 시설의 유지·운영, ② 법률상 지출의무의 이행, ③ 이미 예산으로 승인된 사업의 계속 등의 목적을 위한 경비는 전년도 예산에 준하여 집행할 수 있다 (헌법 제54조 제3항 1-3호). 이것을 **임시예산** 또는 **준예산**이라고 한다. 회계연도 개시 전까지 예산안이 국회의 의결을 얻지 못한 경우에 국회의 의결로 단기간(통상 3-4개월) 동안 편성되는 예산을 **잠정예산**이라 하고(미국·영국·일본 등에서 채택), 최소한의 국정운영을 위해 1개월 이내의 예산을 임시로 국회의 의결을 받아 집행하는 **가예산**이라 한다. 우리나라는 잠정예산과 가예산제도를 두지 않았다. 2) **예산의 변경** 예산성립 후 예산을 변경할 필요가 있는 경우에는 추가경정예산과 비상적 예산변경이 있다. (1) **추가경정예산** 정부가 이미 확정된 예산을 변경할 필요가 있을 때에는, 추가경정예산안을 편성하여 국회에 제출하고 그 의결을 얻어야 한다(헌법 제56조). 정부는 국회에서 추가경정예산안이 확정되기 전에 이를 미리 배정하거나 집행할 수 없다(국가재정법 제89조 제2항). 정부는 다음 세 가지 중 하나에 해당하는 경우에만 추가경정예산안을 편성할 수 있다. ① 전쟁이나 대규모 자연재해가 발생한 경우 ② 경기침체·대량실업 등 대내외 여건에 중대한 변화가 발생하였거나 발생할 우려가 있는 경우, ③ 법령에 따라 국가가 지급하여야 하는 지출이 발생하거나 증가하는 경우(국가재정법 제89조 제1항 1~3호). (2) 비상적 예산변경(대통령의 **긴급재정경제처분**) 대통령은 긴급재정경제처분에 의하여 예산을 변경할 수 있다(헌법 제76조 제1항). 필요한 경우에는 재정경제상의 긴급명령도 발할 수 있다. 다만, 헌법 제76조가 규정하는 요건을 갖추어야 하며, 대통령은 지체 없이 국회에 보고하여 그 승인을 얻어야 한다(헌법 제76조 제3항). 국회로부터 승인을 얻지 못한 때에는 그 처분은 그 때부터 효력을 상실한다(헌법 제76조 제4항). 5. **예산의 효력** 예산은 1회계연도 동안 국가기관을 구속한다. 일반국민은 예산에 구속되지 아니한다. 그러므로 국가에 대해 권리가 있는 국민은, 그것이 예산에 계상되어 있는지 여부와 관계없이 언제든지 권리행사를 할 수 있다. 예산의 구속력은 주로 세출예산에 관한 것이며, 세입예산은 별다른 효력이 없다. 세입의 징수는 예산에 계상되어 있지 않아도 법률의 근거만 있으면 할 수 있다. 예산은 국내외를 불문하고 효력이 있다. 따라서 외국공관의 수입·지출에도 적용된다. 예산이 성립하면, 세출예산은 지출의 목적·금액·시기에 대한 구속력을 가질 뿐만 아니라, 기획재정부장관의 승인 혹은 위임이 없으면, 예산이 정한 각 장·관·항 간에 상호 이용할 수 없다(국가재정법 제47조 제1항). 세입예산은 세입예정표 이상의 효력을 갖지 아니한다.

예산국법형식설豫算國法形式說 ➜ 예산.

예산법률주의豫算法律主義 ➜ 예산.

예산비법률주의豫算非法律主義 ➜ 예산.

예산안심의·확정권豫算案審議·確定權 ➜ 예산. ➜ 국회의 지위와 권한.

예산편성권豫算編成權 ➜ 예산.

예산행정행위설豫算行政行爲說 ➜ 예산.

예술藝術**의 자유**自由 [영] freedom of arts, [독] Kunstfreiheit, [프] la liberté artistique. 1. **의의** 헌법 제22조 제1항은 「모든 국민은 학문과 예술의 자유를 가진다.」고 하여 학문과 예술의 자유를 동시에 규정하고 있다. 예술의 자유는 1919년 독일의 바이마르공화국 헌법에서 최초로 규정된 자유권으로 주관적 공권인 동시에 문화국가의 정신을 구현하는 문화적 기본권이다. 예술이란 미(美)를 추구하는 인간의 창조적인 행위를 의미하며 예술은 자기목적적이어야 하므로 상업적 목적인 상업광고물은 예술의 자유에 해당하지 아니한다. 예술의 개념에 대해 독일연방헌법재판소는 '메피스토-클라우스 만' 결정(➜ 메피스토-클라우스 만 결정)에서 「예술활동의 본질은 예술가의 인상, 경험, 체험 등을 일정한 언어형태를 수단으로 하여 직접적인 표상으로 나타내는 자유로운 창조적 형성이다. 모든 예술적 활동은 합리적으로 풀어낼 수 없는, 의식적, 무의식적 과정들의 혼합인 것이다. 예술적 창조에는 직관, 상상 및 예술적 이해가 공동으로 작용한다. 그것은 무엇보다도 (단순한) 통지(전달)가 아니라 표현이며, 더욱이 예술가의 개인적 인격의 가장 직접적인 표현인 것이다.」라고 하였다. 2. **예술의 자유의 법적 성격** 예술의 자유는 인간의 자유로운 인격의 창조적 발현을 위한 주관적 공권이다. 또한 문화국가원리에 기초한 제도로서의 예술을 보장하여야 하는 객관적 가치질서로서의 성격을 가진다. 3. **예술의 자유의 주체** 예술의 자유는 자연인만이 그 주체가 될 수 있는 기본권이다. 다만, 미술관·박물관과 같은 법인이나 단체가 예술의 자유의 주체가 될 수 있는가에 관하여 견해대립이 있다. **긍정설**은 직접적이고 전적으로 예술의 창작과 커뮤니케이션을 통한 전달에 봉사하는 매개체는 예술의 자유의 주체가 된다고 보는 것이 옳고, 이들이 예술의 자유의 주체가 되는 것은 그 구성원 때문이 아니라 그 자체로서 예술의 자유의 주체가 된다. 즉 법인이나 단체도 예술의 자유의 주체가 된다고 본다. **부정설**은 예술의 자유에 내포된 강한 개성적 특성에 비추어 단체나 법인에게 예술의 자유의 기본권주체성을 인정하기 어렵다고 하는 견해, 법인에게는 인정되지만, 단체에게는 인정되지 아니한다고 보는 견해이다. 3. **예술의 자유의 내용** (1) **예술창작의 자유** 예술창작의 자유는 예술창작활동을 할 수 있는 자유로서 창작소재, 창작형태 및 창작과정 등에 대한 임의로운 결정권을 포함한 모든 예술창작활동의 자유를 그 내용으로 한다(헌재 1993.5.13. 91헌바17). 예술창작의 자유는 예술의 자유 중에서 가장 기본적이고 핵심적인 자유권이다. (2) **예술표현의 자유** 예술표현의 자유는 창작한 예술품을 일반대중에게 전시·공연·보급할 수 있는 자유이다. 예술품보급의 자유와 관련해서 예술품보급을 목적으로 하는 예술출판자 등도 이러한 의미에서의 예술의 자유의 보호를 받는다(헌재 1993.5.13. 91헌바17). (3) **예술적 집회·결사의 자유** 예술적 집회·결사의 자유는 헌법 제21조에 규정된 일반적 집회·결사의 자유보다도 특별한 보호를 받는다. 「집회 및 시위에 관한 법률」에서도 신고를 요하지 않는 것으로서 특별히 취급한다(동법 제15조). 4. **예술의 자유의 제한과 한계** 1) **제한**

예술표현의 자유나 예술적 집회·결사의 자유는 헌법 제37조 제2항에 의해서 제한할 수 있으나 예술창작의 자유는 절대적 기본권으로서 국가안보, 질서유지, 공공복리를 위해서도 제한할 수 없다. 예술경향에 대한 국가의 간섭은 예술의 자유에 대한 본질적인 내용을 침해하는 것으로 국가권력에 의해서도 예술의 경향을 간섭하는 것은 금지된다. 2) **사전심의제도** 예술 분야 사전심의제도는 '공연법'(1961년 제정), 구 '영화법'(1962년 제정), 구 '음반에 관한 법률'(1967년 제정) 등으로 대표된다. 이 중 공연법만 약간의 개정을 거쳐 남아 있고, 영화 및 음반 관련 법률은 헌법재판소의 다양한 위헌결정에 따라 수 차례 개정을 거쳐 '영화 및 비디오물의 진흥에 관한 법률'(2006년 제정)로 대체되었다. 또한 새로운 매체의 발달에 따른 게임산업과 음악서비스산업에 대응하기 위하여, '게임산업에 관한 법률'(2006년 제정)과 '음악산업진흥에 관한 법률'(2006년 제정)이 제정되어 있다. 과거 위헌으로 결정된 사례를 보면, 음반 및 비디오물과 게임물과 관련하여, 공연윤리위원회에 의한 사전심의제, 음반에 대한 사전심의제, 외국음반 국내제작 추천제도, 비디오물 등급분류보류제도, 영화와 관련하여, 공연윤리위원회의 사전심의제도, 상영등급분류보류제 등이 위헌으로 결정되어 새로운 법률로 대체되었다. 새로운 법률에 의한 규율에 있어서도, 등급분류와 기준에 관하여 위헌의 의심이 있다는 견해도 있다. 3) **예술의 자유의 한계** 1) **예술의 자유와 음란성** 예술이냐 외설이냐의 문제는 양자택일의 문제가 아니라 구체적으로 어떠한 보호가치 있는 법익이 그 작품에 의하여 침해될 수 있느냐의 문제로 접근되어야 한다. 이와 관련하여 형법상 음서 등 반포에 관한 죄(제243조), 음서 등 제조에 관한 죄(제244조) 등과 아동·청소년의 성보호에 관한 법률 등의 해석적용과 유기적인 관련 속에서 상응하는 단계적 구체화가 필요하다. 2) **예술의 자유와 명예훼손** 예술의 자유와 명예훼손이 문제되는 경우는 주로 문학작품을 통해서이다. 언론·출판의 자유와 명예훼손의 관계에 준하여 생각할 수도 있으나, 예술의 자유를 명문화하고 있는 현행헌법상 구별할 필요가 있다. 명예권도 헌법적으로 보호되는 기본권이므로 명예권에 의한 예술의 자유의 제한도 가능하다. 구체적인 경우에 어느 정도로 제한될 것인가는 사안에 따라 비교형량할 수밖에 없다. 예컨대 저명한 정치인을 교미중인 돼지로 묘사하는 것은 인격권의 침해로 보는 독일연방재판소 결정이 있다(BverfGE 75, 369). 3) **예술의 자유와 청소년보호** 아동포르노와 같이 절대금지음란문서의 경우에는 제작·판매 뿐만 아니라 단순소지나 제공도 처벌되어야 한다. 「아동·청소년의 성보호에 관한 법률」은 아동·청소년이용음란물의 제작·수입 또는 수출, 판매·대여·배포·제공하거나 이를 목적으로 소지·운반하거나 공연히 전시 또는 상영, 제작 알선, 소지 등을 처벌한다(동법 제11조).

예외법원例外法院 재판에 대한 최고법원에의 상소가 인정되지 않거나 또는 헌법이 규정하는 법관의 자격 내지 일반법원의 독립성에 관련된 규정들이 인정되지 아니하는 점을 특징으로 하는 가진 법원을 일컫는다. 현행헌법 제110조 제1항은 「군사재판을 관할하기 위하여 특별법원으로서 군사법원을 둘 수 있다.」고 규정하고 있는데, 이 때의 「특별법원」의 의미와 관련하여 주장되는 견해 중의 하나이다. ➜ 특별법원.

예외상태例外狀態 ㊀ state of exception/state of emergency, ㊁ die Ausnahmezustand, ㊂ État d'exception. 일반적으로 국가의 비상사태 내지 긴급사태를 의미한다. 1921년 Carl Schmitt가 「Die Diktatur」에서

언급한 개념으로, 비상적인 경우에 주권자가 공공의 이익이라는 이름으로 법의 지배를 초월하여 비상수단을 행할 수 있다고 본다. 이 후 1922년 「Politische Theologie」에서 「주권자라 함은 예외상태에 관하여 결단을 내리는 자」라고 정의하고, 정치적 주권을 「예측할 수 없는 긴급사태의 성질상 필요한 것으로 법을 무시하는 능력」으로 정의하였다. 오늘날에는 테러나 폭력 및 살인 등 비상적인 사태에 대응하기 위한 국가의 권한과 관련하여, Giorgio Agamben(State of Exception(2005)), Achille Mbembe(Necropolitics(2019)) 등에 의하여 이론이 수용되고 있다. ➜ 국가긴급권.

예측가능성기준豫測可能性基準 국회가 행정부에 입법을 위임할 경우, 위임하는 법률이 갖추어야 하는 기준의 하나로 헌법재판소에 의해 지적되고 있는 이론이다. 헌법재판소는 위임법률의 명확성과 관련하여 「법률에 이미 대통령령으로 규정될 내용 및 범위의 기본사항이 구체적으로 규정되어 있어서 누구라도 당해법률로부터 대통령령에 규정될 내용의 대강을 예측할 수 있어야 함을 의미하며, 이는 행정권에 의한 자의적인 법률의 해석과 집행을 방지하고 의회입법의 원칙과 법치주의를 달성하려는 데 그 의의가 있다.」(헌재 1991.7.8. 91헌가4; 1995.11.30. 93헌바32)고 하여 예측가능성을 명확성의 한 요소로 이해하고, 이어서 예측가능성 유무의 판단에 대해 「예측가능성의 유무는 당해 특정조항 하나만을 가지고 판단할 것이 아니고 관련 법조항 전체를 유기적 · 체계적으로 종합 판단하여야 하며, 각 대상법률의 성질에 따라 구체적 · 개별적으로 검토하여야 할 것」(헌재 1994.6.30. 93헌가15; 1996.8.29. 94헌마113)이라거나, 「위임의 구체성 · 명확성의 요구 정도는 규제대상의 종류와 성격에 따라서 달라진다. 기본권침해영역에서는 급부행정영역에서 보다는 구체성의 요구가 강화되고, 다양한 사실관계를 규율하거나 사실관계가 수시로 변화될 것이 예상될 때에는 위임의 명확성의 요건이 완화되어야 한다.」(헌재 1991. 2. 11. 90헌가27; 1994.7.29. 92헌바49)고 하고 있다.

옐리네크Georg Jellinek 1851.6.16.~1911.1.12. 독일의 라이프치히 태생. 빈 대학교와 라이프치히 대학교, 하이델베르크 대학교에서 수학하였다. 1872년에 철학박사 학위를 얻고, 빈 대학과 바젤 대학, 하이델베르크 대학에서 강단에 섰다. 19세기 독일을 대표하는 공법학자 · 헌법학자 · 행정법학자이다. 저명한 행정법학자인 발터 옐리네크의 아버지이기도 하다. 종래의 형이상학적 국가이론에서 벗어나, 신칸트학파의 이원론적 방법에 기초하여 법학적 국가론을 체계화하여 실증주의적 국가론을 전개하였다. 그의 법적 관점은 이른바 법실증주의로 불린다. 19세기 후반에 라반트(Laband)로부터 시작된 헌법학을 참된 법률학이 되게 하고 국가를 법률학적으로 파악 · 구성하려고 시도하였으며, 국가법인설을 기초로 해서 국가기관 · 국가작용 등에 관한 체계적 법이론을 구성함과 동시에 국가의 사회학적 고찰의 필요까지도 설명했다. 법학적 · 사회학적인 관점에서 국가의 본질과 국가의 목적에 관한 이론을 체계적으로 정리하고, 「일반국가학(Allgemeine Staatslehre)」(1900)을 출간했다.

옐리네크 · 부뜨미 논쟁 1789년 프랑스 인권선언의 기원을 둘러싸고 독일의 Jellinek는 1776.6.의 미국의 버지니아 인권선언이래 나온 각종 인권선언의 모방이라고 주장하는 데 대해, 프랑스의 Emile Boutmy는 인권선언은 프랑스의 독자적인 사상 특히 장-자크 루소의 사상으로부터 기원한다고 주장하였다. 이 논쟁을 옐리네크-부뜨미 논쟁이라 부른다.

오류Hauriou, M. 1856.8.17.~1929.3.11. 모리스 오류는 프랑스 중서부 Ladiville의 Charente에서 태어나,

보르도 대학에서 법학을 수학하였다. 1879년에 「조건에 관한 연구, 부부간의 유상증자에 의한 계약」으로 박사학위를 받은 후, 로마법과 법제사에 관하여 연구하였다. 1882년에 법학부 교수자격시험에 수석으로 합격하였고, 1883년에 툴루즈 대학의 교수로 임용되었다. 1888년에 법과대학 학장의 요청으로 갑작스럽게 행정법강의를 맡게 되었고, 1892년에 카도 판결(Arrêt Cadot)의 평석을 쓴 것을 계기로 행정판례평석을 계속하여 1892년에 세 권의 책으로 정리하였다. 같은 해에 「행정법개론(Précis de droit administratif et de droit public)」 초판을 간행하였고 11판까지 이어졌다. 12판은 그의 아들인 앙드레 오류가 약간 가필하여 집필하였다. 이 외에도 오류는 「사회운동론」, 「전통적 사회과학」 등의 저술을 남겼다. 1899년에 「행정적 관리론(La gestion administratve)」과 1902년의 「뒤기: 국가 객관법과 실정법(Duguit: L'Etat, le droit objectif et la loi posotive)」에서 기본적인 법인식방법론을 착상하고 이를 보다 세련되고 일반화시켜 '제도이론(la théorie de l'institution)'으로 정립하였다. 오류의 제도이론은 프랑스 법철학과 법사회학의 기초이론으로 발전하여 프랑스 제도학파의 원류를 이루고 있으며, 툴루즈 학파의 대표자로 지칭된다. 헌법학에서 그의 업적은 1910년의 「공법의 원리(Principle de droit public)」, 1923년의 「헌법개론(Précis de droit constitutionel」 등에서 완성되었고, 행정법 영역에서도 괄목할 만한 이론적 성취를 이루었다. 1906년에 툴루즈 법과대학 학장으로 임명되어 정년퇴임한 1926년까지 재임하였다. 1929년에 사망하였다.

Orr 판결 [영] Orr v. Orr, 440 US 268, 99 S.Ct. 1102(1979). 1. **사실관계** Alabama주의 위자료법은 이혼할 경우 남자의 여자에 대한 부양료 지급을 의무화하고 있었다. 이혼판결에 따라 부양료지급의무가 발생한 전남편 Orr이 부양료를 지급하다가 중단하자 전처인 Orr이 법원의 판결을 지키지 않았으므로 법정모욕죄로 전남편 Orr을 제소했다. 이에 전남편 Orr는 동법이 남자에 대해서만 이혼시 부양료 지급을 의무화함으로써 성별에 따른 차별로 평등보호조항에 위배되어 위헌이라 주장하게 되었다. 2. **연방대법원의 판결** 여러 이유 중, 과거의 차별을 줄이기 위해 성별에 기초해 여성을 우대하는 이 법은 입법목적과 실질적으로 관련된 적절한 수단이 아니므로 위헌이다. 성중립적으로 남녀를 구분하지 않고 상대방의 경제적 도움을 필요로 하는 배우자에게 부양료 지급청구권이 발생하도록 하는 것이 이혼의 양당사자를 보호할 수 있는 보다 바람직한 방법이다. 3. **판결의 의미** 이 판결은 이혼시 부양료 지급청구권의 발생과 관련하여 결혼생활중 차별을 받던 부인, 즉, 여성에게 적극적 평등실현조치를 통한 우대를 가하고 있던 Alabama 주법에 대해 입법목적과 수단 사이에 실질적 관련이 없음을 이유로 위헌판결을 한 것이다. ➜ 적극적 평등실현조치.

오를레앙형 의원내각제 ➜ 의원내각제.

originalism ➜ 원전주의(원의주의). ➜ 미국헌법해석논쟁.

5분의 4규칙 미국고용평등위원회의 간접차별 판단기준으로, 어떠한 고용상의 기준에 의하여 소수집단의 비율이 다수집단의 비율의 4/5 미만인 경우에 그 기준을 소수집단에게 불평등효과를 야기한 것으로 간접차별에 해당한다고 판단하는 것을 말한다. 4/5규칙은 통계자료가 존재하는 경우에만 적용될 수 있다는 한계가 있을 뿐만 아니라 소수자의 고용비율이 다수자의 고용비율의 4/5를 초과하는 경우에도 사회적 고정관념 등을 이용하여 차별하려는 의도가 분명한 경우에는 규제대상이 될 수 있다.

5·16쿠데타 4·19 혁명 이후 민주적인 선거로 민주당 정부가 들어섰지만, 개혁의 방향과 속도를 둘러싸고 갈등이 일어났고 사회적 혼란도 적지 않았다. 민주당정부의 개혁이 지지부진한 틈을 이용해 박정희를 필두로 한 군부 세력이 1961.5.16. 새벽에 군사정변을 일으켰는데, 이를 5·16 쿠데타라 한다. 쿠데타 후 국가재건최고회의(➜ 국가재건최고회의)를 구성하고 군정을 실시하였다. 현대사의 한 사건으로 혁명이냐 쿠데타이냐를 두고 집권세력에 따라 다르게 불리었으나, 오늘날에는 군부쿠데타로 정리되었다.

5·17쿠데타 1979.10.26. 박정희에 대한 시해 후 소위 '80년의 봄'으로 민주화가 진행되는 와중에, 1979.12.12. 쿠데타로 국면을 장악한 전두환, 노태우 등의 신군부 세력이 1980.5.17. 0시를 기하여, 제주도지역을 제외하고 선포되었던 비상계엄을 전국으로 확대하고 광주민주화항쟁을 무력으로 진압한 사건이다. ➜ 12·12쿠데타.

5·18특별법5·18特別法 5.18민주화운동 등에 관한 특별법은 1979.12.12.와 1980.5.18.을 전후하여 발생한 헌정질서파괴범죄행위에 대한 공소시효정지 등에 관한 사항 등을 규정함으로써 국가기강을 바로잡고 민주화를 정착시키며 민족정기를 함양함을 목적으로 1995.12.21. 제정된 법률이다(동법 제1조). 5·18민주화운동이란 1979.12.12.과 1980.5.18.을 전후하여 발생한 헌정질서 파괴범죄와 반인도적 범죄에 대항하여 시민들이 전개한 민주화운동을 말한다(동법 제1조의2 제1항). 또한 반인도적 범죄란 위 기간 동안 국가 또는 단체·기관의 민간인에 대한 살해, 상해, 감금, 고문, 강간, 강제추행, 폭행을 말한다(동법 제1조의2 제2항). 1995.7. 검찰은 12·12 및 5·18 사건 관련자를 불기소처분하였으나(➜ 성공한 쿠데타), 이는 사회 각계로부터 거센 비난을 받았다. 1995.10.19. 노태우 전 대통령 비자금이 폭로되고, '6공화국 비리 척결', '노태우 구속' 등이 새로운 의제로 추가되며 특별법 제정운동이 급물살을 타게 되었다. 11.16. 노 전 대통령이 뇌물수수 혐의로 구속되었고, 11.24.에는 김영삼 대통령이 여당에 특별법 제정을 지시하였다. 이에 여야간의 합의를 거쳐 1995.12.21. 「헌정질서파괴범죄의공소시효등에관한특례법」과 「5·18민주화운동등에관한특별법」이 제정되었다. 전자의 법은 헌정질서 파괴범죄에 대하여 공소시효를 배제하는 법이었으며, 후자의 법은 12·12 및 5·18 사건에 대하여 헌정질서파괴범죄로 보아 공소시효의 배제 및 이미 처리된 사건에 관한 재정신청의 특례를 규정하고, 5.18민주화운동으로 인해 처벌받은 자들에게 재심을 청구할 수 있도록 하였다. 「5·18민주화운동등에관한특별법」에 따라 기소된 자들이 재판 중에 동법에 대하여 위헌법률심판을 청구하였으나, 헌법재판소는 1. 동법 제2조가 개별사건법률이지만, 합리적인 이유로 정당화될 수 있다고 보아 합헌이며, 2. 동법 제2조가 소급입법에 해당하는지 여부에 대해서는, 과거에 이미 행한 범죄에 대하여 공소시효를 정지시키는 법률이라 하더라도 그 사유만으로 헌법 제12조 제1항 및 제13조 제1항에 규정한 죄형법정주의의 파생원칙인 형벌불소급의 원칙에 언제나 위배되는 것으로 단정할 수는 없다고 하여 합헌으로 보았고, 3. 형벌불소급의 원칙에 위반되는지 여부에 대해서도, 진정소급입법인가 혹은 부진정소급입법인지에 관하여 재판관들의 견해가 5대4로 갈리었으나, 위헌의견이 6인에 미치지 못하여 합헌으로 되었다. 4. 동 법조항이 부진정소급효를 갖는다고 보더라도 법적 안정성과 신뢰보호의 원칙을 포함하는 법치주의 정신에 위반되지 않으며, 5. 동 법조항이 진정소급효

를 갖는다고 보더라도 경우 법적 안정성과 신뢰보호의 원칙을 포함하는 법치주의 정신에 위반되거나 평등의 원칙에 위반된다고 볼 수 없다고 하였다(헌재 헌재 1996.2.16. 96헌가2 등). 한편, 5 · 18민주화 운동을 비방, 폄훼 및 역사적 사실의 왜곡 · 날조 등으로 국론분열을 조장하고 이를 정치적으로 이용하려는 행위에 대하여 「형법」이나 「정보통신망 이용촉진 및 정보보호 등에 관한 법률」 등 일반법률보다 더욱 강하게 처벌할 필요가 있다는 이유로, 5 · 18민주화운동에 대한 허위사실을 유포하는 행위를 처벌하기 위하여, 2021.1.5., 일부개정되었다(동법 제8조 신설).

Oposa 판결 ➜ 기후변화소송.

옥내 · 옥외집회屋內 · 屋外集會 ➜ 집회의 자유.

옴부즈만제도 ㊊ Ombudsman/ombudsperson/ombud/public advocate, ㊍ Ombudsman system. 옴부즈만은 1809년 스웨덴에서 처음으로 헌법에 채택된 이래 주로 북유럽에서 발전해 온 제도이다. '행정감찰전문인제도'라고도 한다. 옴부즈만은 스웨덴어로 '민의 조사관(commissioner)'이라는 뜻이다. 국회나 정부에 의해 임명되지만, 강력한 독립성을 갖고 있는 것이 특징이다. 우리나라에서는 이러한 옴부즈만 제도를 도입하지 않았으며, 그 기능과 유사한 제도로서, 감사원, 대통령실의 특별감찰반, 국무총리실의 공직윤리지원관, 국민권익위원회 고충처리국 등의 제도이다. 청원제도가 발전된 나라에서는 옴부즈만 제도가 거의 필요하지 않다고 볼 수 있다.

완성된 사실 ㉣ *fait accompli*, ㊊ accomplished fact, ㊍ vollendete Tatsache. ➜ 사실적인 것의 규범력.

완전보상完全報償**의 원칙**原則 ➜ 손실보상청구권.

완전연기투표完全連記投票 ➜ 연기투표.

완화된 심사기준審査基準 ➜ 평등심사기준. ➜ 위헌심사기준.

왕권신수설王權神授說 ㊊ doctrine of the divine right of the kings. 서구의 근세의 절대주의 국가에서 국왕의 권위는 신(神)으로부터 유래하고 그 때문에 국왕은 그 행동에 대해서 의회 등 지상의 어떠한 권위에 대해서도 책임을 지지 않는다는 교의(教義)이다. 유럽 중세에서는 신에 의해 정신적 권위는 로마 교황에게, 지상의 권위는 황제에게 부여된다고 생각하였지만 16세기부터 18세기에 성립한 절대왕정에서는 국왕은 그 영역내의 교회와 국가의 양방의 권위를 자신에게 요구하였다. 영국의 절대주의는 튜더왕조 단계에서는 그렇지 않았으나 스튜어트왕조에 이르러서는 인민의 저항이 표면화하고 왕과 의회와의 항쟁이 심해졌다. 그리하여 튜더왕조에서는 볼 수 없었던 왕권신수설이 제임스 1세에 의하여 창도되었다. 왕은 영국 왕위에 오르기 전에 「자유로운 군주국의 진정한 법」(1598)이라는 논문을 써서, 왕이 지상에서 신의 대리이고 왕권에는 제한이 없으며 의회의 권능은 권고하는 데 그치는 것이라고 논하였다. 그 뒤 1609년 "왕이 신으로 불리는 것은 타당하다. 그 이유는 왕이 지상에 있어서 신의 권력과도 같은 권력을 행사하고 있기 때문이다. 왕은 모든 신민(臣民)을 심판하며, 더욱이 신(神) 이외의 아무것에도 책임을 지지 않는다."라고 주장하였다. 프랑스의 절대주의는 위그노의 격렬한 반항의 뒤를 이어, 엘리자베스와 거의 같은 시대에 부르봉 왕가의 개조(開祖) 앙리 4세에 의하여 확립되었다. 앙리 4세의 법률가 베로아는 「왕권론」(1587)을 저술하여 왕권이 신에 의하여 수립된 것이어서 아무런 제한도 받지 않으며, 왕은 신의 대리로서 신에 대해서만 책임이 있다고 주장하였다. 그 뒤 절대주의는 루이 13세에서 루이 14세에 이르러 최고조에 달하였는데 루이 14세는 스스로 「신은 사람들이 왕을 신의 대리로서 존경할 것을 희망하였다. 신민으로서 태어난 자는 누구이건 무조건 복종하는 것만이 신의 희망하는 바이다.」라고 말했다. 보쉬에는 「성서정치학」(1709)에서 신이 참된 군주이며 지상에 그 대리로서 군주를 두었다고 설명하였다. 근대 이후 국민주권론으로 대체되었다.

외견적 입헌군주제外見的 立憲君主制 **= 외견적 입헌주의**外見的 立憲主義 입헌군주제란 헌법 체계 아래서 세습되거나 선출된 군주를 인정하는 정부 형태이다. 즉 정치적 군주의 권력이 헌법에 의하여 제한을 받는 체제가 입헌군주제라 할 수 있다. 이러한 입헌군주제는 군주의 권한이 헌법에 의해 제한되고 통제된다는 데에 그 특징이 있다. 하지만, 외견상으로는 입헌군주제인 것처럼 보이지만, 사실상 군주 혹은 지도자의 권한이 전혀 헌법에 의해 통제되지 못하고 국민의 인권도 헌법에 의해 보장된다기보다는 국가에 의해 부여된 것으로 인식하는 경우에는 입헌주의는 형식상으로만 나타나고 실질적으로는 독재권력 또는 전제군주정으로 나타나게 된다. 또한 국민의 기본적 인권도 자연권으로 인정되지 아니한다. 독일의 1871년 비스마르크 헌법, 일본의 1889년 메이지 헌법, 우리나라의 군사정권의 헌법 등이 그 예이다.

외국인근로자外國人勤勞者 외국인근로자란 대한민국국적을 가지지 않은 사람으로서 국내에 소재하고 있는 사업 또는 사업장에서 임금을 목적으로 근로를 제공하고 있거나 제공하려는 사람을 말한다. 일반적 규율법률로 「외국인근로자의 고용 등에 관한 법률(약칭: 외국인고용법)」이 있다. 외국인근로자의 경우에도 근로의 권리의 주체가 되고(헌재 2007.8.30. 2004헌마670; 2016.3.31. 2014헌마367), 불법입국 외국인이 불법으로 근로계약을 체결하였더라도 그 계약은 유효하고, 근로기준법상의 근로자에 해당한다(대판 1995.9.15. 94누12067).

외국인外國人**의 기본권주체성**基本權主體性 ➜ 기본권의 주체.

외국인의 부동산소유不動産所有 외국인의 부동산소유에 관해서는 과거 구 「외국인의토지취득및관리에관한법률」, 구 「외국인토지법」 등으로 규제하였으나, 현재에는 「부동산 거래신고 등에 관한 법률」로 규율하고 있다. 동법에서는 상호주의(제7조), 외국인등의 부동산 취득·보유 신고(제8조), 외국인등의 토지거래 허가(제9조) 등이 규정되어 있다.

우선적 처우이론優先的 處遇理論 ➜ 적극적 평등실현조치.

Urgenda 판결 ➜ 기후변화소송.

우월적 지위 이론優越的 地位 理論 ㊎ Preferred Position Doctrine. 우월적 지위의 이론은 이중기준의 원칙을 전제로 하면서, 그 연장선상에서 주장된 이론으로, 미국헌법 수정 제1조의 모든 권리, 특히 표현의 자유는 다른 경제적 자유에 비하여 우월적 지위가 보장되어야 한다는 것이다. 따라서 의회가 표현의 자유를 제한하는 입법을 할 경우 합헌성에 관하여 보다 무거운 입증책임을 져야 한다. 인간이 자신의 사상 신념을 형성하고 이를 외부에 표현하는 것은 인간이 가지는 자연권으로서 성질상 다른 모든 자유에 우선한다고 보는 견해가 있는 반면, 표현의 자유는 다른 모든 자유의 전제조건이 되기 때문에 우월적 지위가 보장되어야 한다는 견해도 있다. 미국헌법의 본질적인 기반은 대의민주정치와 국민자치의 원리이며, 표현의 자유의 보장은 이를 실현하기 위한 불가결의 요소라는 견해도 있다. 즉 경제적 자유의 보장은 이러한 원리와 직접적인 관련성이 없기 때문에 상대적으로 표현의 자유가 강한 보호를 받아야 하는 것은 당연하며, 경제력의 차이에 상관없이 정치과정에 공평하게 참여할 기회를 제공할 필요성에서 표현의 자유의 우월적 지위가 정당화된다고 한다.

우편투표郵便投票 ➜ 거소투표.

워런 법원 Warren Court Earl Warren(191.3.19.-1974.7.9.)이 미국연방대법원의 대법원장으로 재임했던 시기(1953.10.5.-1969.6.23.)를 말한다. Warren은 D.D. Eisenhower에 의해 대법원장으로 지명되었으며, 미국 역사상 가장 영향력있는 대법원장으로 평가된다. Warren은 1953년에 사망한 Fred M. Vinson 대법원장의 후임으로 1969년 은퇴할 때까지 재임하였다. Warren의 후임은 Warren Burger 대법원장이다. Warren 법원은 미국 역사상 가장 진보적인 법원으로 간주된다. 주요판결로, 학교인종분리정책을 위헌으로 한 Brown v. Board of Education(1954) 판결, 선거구인구비례에 관한 Baker v. Carr(1962) 및 Reynolds v. Sims(1964) 판결, 변호인의 조력을 받을 권리에 관한 Gideon v. Wainwright(1963) 판결, 미란다원칙을 확립한 Miranda v. Arizona(1966) 판결, 수정 제1조의 확대적용을 천명한 Engel v. Vitale(1962) 판결, 프라이버시권에 관한 Griswold v. Connecticut (1965) 판결 등 획기적이고 진보적인 판결이 내려졌다.

워터게이트Watergate**사건** ⓔ Watergate Affair. 1972.6. 대통령 R.M.닉슨의 재선을 기도한 비밀공작반이 워싱턴의 워터게이트빌딩에 있는 민주당 전국위원회 본부에 침입하여 도청장치를 설치하려다 발각·체포된 사건이다. 닉슨은 도청사건과 백악관과의 관계를 부인하였으나 사건은폐에 관하여 모의한 내용이 백악관 집무실의 도청장치에 의해 녹음되어 있다는 사실이 밝혀지고, 이를 제출하라는 사법부의 요구에 대하여 닉슨이 거부하자, 국민 사이에 불신의 여론이 높아져 갔다. 1974.8. 하원 사법위원회에서 대통령탄핵결의가 가결된 후, 상원에서 최종적인 탄핵결정이 내려지기 하루 전에 닉슨은 대통령직을 사임하였다. 이 사건 이후 1978년에 특별검사법률이 연방의회에서 통과되어 처음으로 연방차원의 특별검사법이 제정되었다(➜ 미국의 특별검사제).

원고사전배포행위原稿事前配布行爲 1985.2.에 신민당 소속으로 제12대 국회의원에 당선된 유성환 의원이 1986.10.13.에 「이 나라의 국시는 반공이 아니라 통일이어야 한다」는 등의 내용으로 대정부질문을 하였다. 대정부질문을 하기 전에 유의원은 비서 양순석으로 하여금 13일 13시30분경 국회의사당 기자실에서 복사된 위 원고 30여 부를 30여 명의 기자들에게 배포하였는데, 이 행위가 국회의원의 면책특권에 해당하지 않는다고 하여, 11.14. 유의원을 구속하고 재판에 넘겼다. 1987.4.13. 열린 선고공판에서 징역 1년, 자격정지 1년을 선고받았고 1987.6.18. 항소심 1차 공판을 마친 뒤 그동안 담당 재판부가 세 번이나 바뀌었음에도 4년5개월 동안 속행되지 않다가 1991.10.31. 서울고법 형사5부(재판장 권광중 부장판사) 심리로 공판을 열고 유성환 의원에 대한 구형을 마친 뒤 11월초에 선고하였다. 항소심 법원은 공소사실이 국회의원의 면책특권 범위 내라고 하면서 공소기각으로 판결하였고 대법원은 이를 확정하였다(대판 1992.9.22. 91도3317). ➜ (국회의원의) 면책특권.

원구성院構成 ➜ 국회의 회기와 회의.

원내대표院內代表 원내총무라 하기도 한다. 국회 내 교섭단체의 대표를 말한다. → 당3역.

원래元來**의 의도**意圖 · **의사**意思 ㊍ original intent → 미국헌법해석논쟁.

원의주의原意主義 = **원전주의**原典主義 → 미국헌법해석논쟁.

원행정처분原行政處分 1. **의의** 행정처분이 헌법에 위반된다는 등의 이유로 그 취소를 구하는 행정소송을 제기하였으나 청구가 받아들여지지 아니하는 판결이 확정되어 법원의 소송절차에 의해서는 더 이상 이를 다툴 수 없게 된 경우에, 당해 행정처분(원행정처분) 자체가 청구인의 기본권을 침해하였음을 주장하면서 원행정처분의 취소를 구하는 헌법소원심판이 가능한지의 여부가 논란이 되고 있다. 원행정처분에 대해서 헌법소원을 제기할 수 있느냐 하는 문제는 헌법 제107조 제2항이 처분의 위헌성이 재판의 전제가 된 경우에는 대법원이 최종적으로 심사할 권한을 가진다고 하고 있고, 행정처분에 대해서는 행정소송이 인정되고 따라서 법원의 재판으로 귀결되는데 헌재법 제68조 제1항이 법원의 재판을 헌법소원대상에서 제외하고 있으므로 결국 행정처분도 헌법소원의 대상에서 제외되는 것이 아니냐 하는 의문이 생긴다. 그러나 헌법재판소법 제68조 제1항이 명문으로 행정처분을 헌법소원의 대상에서 배제하고 있지 않은 이상 행정소송을 거치고 나서 법원의 판결이 아니라 원행정처분을 대상으로 헌법소원을 제기할 수는 있지 않느냐 하는 해석도 가능하므로 논란의 소지가 있으며 원행정처분에 대한 헌법소원이 인정되지 않는다 하더라도 어떤 경우에도 인정될 수 없는 것인지가 문제된다. 2. **학설 및 판례** 1) **학설** (1) **부정설** 부정설의 논거로, ① 행정처분에 대한 헌법소원을 인정하는 것은 헌법 제107조 제2항에 위배되며, ② 헌법재판소법 제68조 제1항이 헌법소원의 대상에서 법원의 재판을 제외하고 있는 것은 보충성의 원칙과 결합하여 법원의 재판 자체 뿐만 아니라 재판의 대상이 되었던 원행정처분도 제외되는 것으로 보아야 하며, ③ 만약 원행정처분에 대해 헌법소원을 인정하게 되면 행정처분에 대한 심사 뿐 아니라 간접적으로 또는 우회적으로 법원의 재판에 대한 헌법판단을 허용하는 결과가 되어 입법자의 의사에 반하고, ④ 법원의 재판을 거친 후 다시 원행정처분에 대해 헌법소원을 인정한다면 이는 법원의 확정판결의 기판력에 반하는 결과를 초래한다는 것 등을 들고 있다. (2) **긍정설** 긍정설의 논거로, ① 법원의 재판에 대한 직접적 소원과 재판을 거친 원행정처분에 대한 소원은 명백히 구분되어야 하며, 재판 자체에 대해서는 헌법소원이 금지되지만 원래의 행정처분은 공권력행사로서 헌법소원의 대상이 될 수 있다는 점, ② 헌법 제107조 제2항은 대법원에 행정처분의 위헌여부에 대한 전속적 권한을 인정한 것이라기보다 처분이 헌법에 위반되는지 여부가 재판의 전제가 되는 때에는 헌법재판소에 제청할 필요없이 대법원이 최종적으로 심판한다는 의미로 해석해야 하고 그 경우를 제외하고는 처분 자체에 의한 직접적인 기본권침해를 다투는 헌법소원은 가능하다고 할 것이라는 점, ③ 동조동항이 대법원의 최종적 심판권을 규정한 것은 사법부내부에서 최종적으로 심사한다는 것이지 헌법재판소와의 관계에서까지 최종적으로 심리한다는 것을 의미하지는 않는다는 점, ④ 적어도 행정처분의 전제가 된 법률이 헌법에 위반되는데도 재판에서 간과하여 제청하지 않고 넘어간 경우는 아무리 대법원판결이 있었다 하여도 그 행정처분 자체를 소송물로 한 헌법소원은 허용된다고 보아야 하며 또 행정처분의 근거가 된 법률이 위헌인 경우 행정소송을 제기함이 없이 곧바로 헌법소원을 제기할 수 있을 것이라는 점, ⑤ 헌법 재판소법 제75조의 기속력에 의하여 법원판결의 기판력은 깨어질 수 있다는 점, ⑥ 만약 행정처분을 헌법소원의 대상에서 제외한다면 헌법재판소법 제75조 제3·4·5항은 무의미하게 되므로 제68조 제1항과 제75조 제3·4·5항을 규범조화적으로 해석한다면 행정처분에 대한 헌법소원이 인정된다고 보아야 한다는 점, ⑦ 법원의 재판에 대한 헌법소원심판을 봉쇄한 상태에서 보충성을 적용하는 것은 헌법소원심판제도의 법리에 합치되지 않고 체계정합성이 없으므로 보충성이 배제되어야 하는 점 등을 들고 있다. 2) **헌법재판소** 헌법재판소는 1997.12.24. 96헌마172등 사건에서 「행정처분이 헌법에 위반되는 것이라는 이유로 그 취소를 구하는 행정소송을 제기하였으나 법원에 의하여 그 청구가 받아들여지지 아니한 후 다시 원래의 행정처분에 대하여 헌법소원심판을 청구하는 것이 원칙적으로 허용될 수 있는지의 여부에 관계없이, 이 사건의 경우와 같이 행정소송으로 행정처분의 취소를 구한 청구인의 청구를 받아들이지 아니한 법원의 판결에 대한 헌법소원심판의 청구가 예외적으로 허용되어 그 재판이 헌법재판소법 제75조 제3항에 따라 취소되는 경우에는 원래의 행정처분에 대한 헌법소원심판의 청구도 이를 인용하는 것이 상당하다.」고 판시한 이래 일관되게 이러한 입장을 반복하여 왔다(헌재 1997.12.24. 96헌마172; 1998.7.16. 95헌마77; 1999.1.28. 98헌마16; 1999.9.16. 97헌마160; 1999.10.21. 97헌마301; 1999.10.21. 96헌마61등; 2001.2.22. 99헌마605; 2001.2.22. 99헌마409; 2001.6.28. 98헌마485; 2002.5.30. 2001헌마781; 2010.4.29. 2003헌마283 등 참조). 3. **검토** 공권력행사인 행정처분의 기초가 된 사실관계의 인정과 평가 및 당해사건에 적용할 단순한 일반법규의 해석·적용의 문제는 당해사건을 담당하는 법원의 전속적 권한이라 할 수 있고 따라서 원칙적으로 헌법재판소 심판사항이라고 할 수 없지만, 당해 행정처분 자체의 위헌성이나 그 근거법규의 위헌성을 주장하면서 그 취소를 구하는 헌법소원까지도 인정되지 않는다고 하는 것은 타당하지 않다. ① 부정설이 법원의 재판을 헌법소원의 대상에서 제외하고 있다고 해서 보충성의 원칙과 관련하여 법원의 재판의 대상이 되는 행정처분까지 모두 헌법소원의 대상에서 배제하는 것은 사법작용과 행정작용의 대부분을 헌법소원의 대상에서 배제하여 헌법소원제도의 실질을 사실상 부정하는 것으로 헌법 제111조 제1항 제5호에 반하는 것이라 생각된다. ② 원행정처분에 대한 헌법소원을 인정한다 해서 그것이 사실관계의 확정이나 법률의 해석·적용에 관한 법원의 재판에 대한 재심을 의미하는 것도 아니므로 사법권을 침해한다고 할 수도 없다. ③ 헌법 제107조 제2항도 행정처분의 위헌 여부가 재판의 전제가 되는 경우 대법원이 사법부내에서 최종적 심판권을 가진다는 의미로 이해하여야 할 것이고 헌법재판소와의 관계에까지 대법원이 최종적 심사권을 가진다는 의미로 이해해서는 안될 것이다. ④ 헌법재판소법 제68조 제1항이 명문으로 행정처분을 헌법소원의 대상에서 배제하고 있지 않은 이상 동조항이 법원의 재판을 그 대상에서 제외하고 있다 하여 이를 확장해석하여 기본권침해의 가능성이 가장 높다 할 원행정처분까지 헌법소원의 대상에서 배제하는 것은 타당하지 않다. ⑤ 기판력을 이유로 원행정처분에 대한 헌법소원제기를 부정하는 것도 예외적·보충적 권리구제절차로서 헌법소원심판절차가 법원의 확정판결의 기판력에 구속된다고 볼 수 없기 때문에 타당하지 않다 할 것이다. 긍정설이 타당하다.

Weber 판결 ⓔ United Steel Workers of America v. Weber, 433 US 193, 99 S.Ct. 2721 (1979).

1. **사실관계** 단체교섭에 따라 Kaiser알루미늄회사의 흑인노동자 채용목표가 Kaiser회사의 공장이 위치한 지방의 노동인구에서 흑인이 차지하는 비율과 같은 정도가 되도록 정해졌다. Weber는 Louisiana주 Gramercy시에 위치한 Kaiser공장에 고용된 비숙련 백인노동자였는데, 그는 이 프로그램에의 백인지원자들보다는 근무연수가 적었지만 흑인노동자들보다는 근무연수가 많았다. 그는 이 프로그램의 인종차별적인 선발기준이 '1964년의 민권법 제7조(Title VII of the Civil Rights Act of 1964)'에 위배되어 위법이라 주장하면서 Kaiser알루미늄회사와 노동조합을 상대로 소송을 제기했다. 2. **연방대법원의 판결** Brennan대법관에 의해 집필된 다수의견은 민권법 제7조에 대한 Weber의 해석이 자의적인 것으로 옳지 않으며, 그 비숙련노동자의 직업훈련 프로그램은 종래의 전통적인 인종차별을 없애기 위해 '사적 집단'에 의해 '자발적으로(voluntarily)' 채택된 것임을 강조하면서, Weber의 주장을 배척하였다. 이 판결은 어느 정도까지의 적극적 평등실현조치가 허용 가능한 것이고 어느 정도까지가 허용 불가능한 것인지에 대하여 자세히 구분하지는 않았다. 적극적 평등실현조치는 인종간의 균형을 '유지하기' 위한 것이 아니라 명백한 인종적 불균형을 단지 '시정하기' 위한 잠정적인 조치에 불과하고, 따라서 그러한 조치는 종래 전통적으로 소수인종들에게 차단되었던 직업군들에서 드러나는 인종적 불균형을 제거하기 위해 고안된 적극적 평등실현조치를 자발적으로 채택하려는 사적 영역들에게 민권법 제7조가 남겨놓은 재량의 영역에 속하는 것이라 보았다. 3. **판결의 의미** 이 판결은 '고용'에 있어서의 적극적 평등실현조치에 관해 연방대법원이 처음으로 판결을 통해 언급했다는 점에서 그 의의를 가진다. ➔ 적극적 평등실현조치.

Wesberry v. Sanders, 376 U.S. 1(1964) 1. **사실관계** 1960년의 인구조사에 의하면, 제5연방하원의원 선거구의 주민은 823,680명이었고 10개 선거구의 평균 주민수는 394,312명이었으며, 가장 인구가 적은 제9연방하원의원 선거구의 인구는 272,154명이었다. 각 선거구에서는 연방하원의원 한 명만 선출되기 때문에 이러한 인구편차는, 제5연방하원의원 선거구의 의원이 Georgia 주의 다른 연방하원의원 선거구의 의원보다 23배나 많은 주민을 대표하여야만 한다는 사실을 의미하였다. Georgia 주의 제5연방하원의원 선거구의 유권자들이었던 원고들은, 연방헌법 수정 제14조의 평등보호조항과 하원의원은 "인민(people)"에 의하여 선출되고 "각주의 인원수에 따라," 즉 주민수에 따라 각 주의 연방하원의 원수가 배정된다는 연방헌법 수정 제1조 제2항에 근거하여, 그들의 투표권의 완전한 실현이 침해되었다고 주장하였다. 2. **판결** 평등권조항의 의미와 그 적용가능성을 무시하면서 Black대법관에 의하면 집필된 **다수의견**은, "역사적으로 해석할 때 대표는 각 주의 주민에 의하여 선출되어야 한다는 연방헌법 제1조 제2항의 취지는, 연방하원의원 선출을 위한 선거에서 1인의 투표는 가능한 한 다른 사람들의 그것과 가치가 같아야 한다는 것을 의미한다"고 하면서 한 선거구에서의 투표권의 가치가 다른 선거구의 그것보다 높다는 것은 미국의 기본적인 국가이념에 배치된다고 판시하였다. 그러나 Harlan대법관은 반대의견에서, 연방헌법 제1조 제2항은 헌법제정자들의 주 간의 하원의원배분에 관한 관심의 표명이지 주 내의 선거구획정에 관한 그것은 아니라고 주장하였다. 결론적으로 그는 "이 사건에서의 사법적 구제는 우리 정부조직의 기본원칙인 권력분립에 위배된다"고 주장하였다. 3. **판결의 의의** 이 사건은 "1인1표"의 원칙을 적용하여 주법을 무효화시킨 두 번째 사건이었다. ➜ 선거구 인구비례.

위성정당衛星政黨 주로 연동형 비례대표제에서 특정 정당에 우호적인 정당을 따로 만들어 득표에 따른 의석을 확보함으로써 지역구선거에 따른 의석수도 확보하고 비례득표에 따른 의석도 동시에 확보하는 수단으로 설립된 정당을 말한다. 비례대표제의 기본정신을 침해하는 제도로서 전체 유권자의 정치적 의사를 왜곡하는 결과를 낳게 되므로 위헌적이라고 할 수 있다. ➜ 비례대표제.

위안부慰安婦 ➜ 일본군위안부.

위원회의 해임解任 ㉧ Discharge of Committee. 국회의 법률안 심의과정에서 국회에 제출된 법률안은 의장이 이를 인쇄하거나 전산망에 입력하는 방법으로 의원에게 배부하고 본회의에 보고하며, 소관 상임위원회에 회부하도록 하고 있는데(국회법 제81조 참조), 이 때 위원회의 심사 후 본회의에 부의할 필요가 없다고 판단하면 위원회에서 법률안을 폐기한다(국회법 제87조 제1항 본문). 이를 Pigeonhole이라 한다. 하지만 위원회의 결정이 본회의에 보고된 날부터 폐회 또는 휴회 중의 기간을 제외한 7일 이내에 의원 30명 이상의 요구가 있을 때에는 그 의안을 본회의에 반드시 부의하도록 하고 있다(동조 단서). 이는 위원회의 결정을 번복하는 것으로서 위원회를 해임하는 효과를 갖는다. 이를 위원회의 해임이라 한다.

위원회제도委員會制度, **국회의** - ㉧ committee system ㉣ Ausschusssystem ㉫ système de comité. 1. **일반론** 1) **의의** 국회의 의안심의는 본래 본회의에서 행해져야 하지만, 모든 의안을 그렇게 하기에는 적절하지 않으므로, 소수의 위원들로 구성된 위원회에서 사전적·예비적 심사를 한다. 위원회는 의원 가운데서 소수의 위원을 선임하여 구성되는 국회의 내부기관인 동시에 본회의의 심의 전에 회부된 안건을 심사하거나 그 소관에 속하는 의안을 입안하는 국회의 합의제기관이다(헌재 2003.10.30. 2002헌라1). 위원회제도는 강한 위원회제도(위원회중심주의)와 약한 위원회제도(본회의중심주의)로 나뉘는데, 전자는 위원회에서 심의·의결한 내용을 본회의에서 그대로 통과시키는 제도로 미국·프랑스·우리나라가 이에 속하며, 영국과 같이 본회의에서의 심의·의결을 중심으로 하는 경우 위원회의 지위는 약화된다. 2) **연혁** 역사적으로는 특별위원회가 상임위원회보다 먼저 발전하였다. 우리나라 국회의 운영방식은 제5대 국회까지는 본회의중심주의에 입각하였으나, 제6대 국회부터 위원회중심주의로 변화되었다. 3) **기능** 위원회는 의안처리의 효율성과 전문성을 높여 의회주의의 회복에 기여하는 순기능이 있는 반면, 소관행정기관의 이익대표기관으로 전락할 우려가 있고, 압력단체와 연계되기 쉬우며, 의원에게 폭넓은 국정심의의 기회를 박탈하는 역기능도 있다. 위원회는 안건심사의 효율성과 전문성을 제고하고 그 운영의 적정화를 위하여 공청회, 청문회, 연석회의, 소위원회, 상임위원회의 정례화 등을 제도화하고 있다. 4) **문제점** 오늘날 위원회제도의 일반적인 문제점은, 위원회소속이 아닌 일반의원들이 안건내용을 숙지할 수 없게 되어 본회의가 형식화되는 점, 이익집단·이해관계자·로비스트들에 의해 이용되거나 국가전체 이익이 아닌 특수이익의 대표로 전락할 위험이 있는 점, 책임전가현상 및 국정의 통합성이 저해되는 점, 상임위원회가 소관행정부처의 출장소화할 위험이 있다는 점 등이 지적된다. 2. **종류** 국회위원회제도의 기본틀은 상임위원회와 특별위원회이며, 전원위원회와 연석회의가 보조적으로 운영된다. 1) **상임위원회** 상임위원회는 소관사항에 관하여 일정한 의안을 심의하는 상설적 위원회이다. 국회법상 각 행정부처에 대응하는 17개의 상임위원회가 있다(국회법 제37조). 상임위원회 위원정수는 국회규칙으로 정하되, 정보위원회는 12인으로 한다(동법 제38조). 의원은 둘 이상의 상임위원회위원(상임위원)이 될 수 있다. 상임위원의 선임·개선에 관해서는 국회법에 상세히 규정하고 있다(동법 제48조). 상임위원의 임기는 2년이다(동법 제40조). 상임위원장은 본회의에서 선출한다(동법 제41조). 상임위원회는 그 소관사항을 분담·심사하기 위하여 상설소위원회를 둘 수 있다(동법 제57조 제2항). 국회의장이 국회의 의사를 원활히 운영하기 위하여 상임위원회의 구성원인 위원의 선임 및 개선에 있어 교섭단체대표의원과 협의하고 그의 '요청'에 응하는 것은 국회운영에 있어 본질적인 요소이므로, '교섭단체대표의원의 요청'을 서면으로 받고 이 사건 사·보임행위를 한 것은 하등 헌법이나 법률에 위반되지 않는다(헌재 2003.10.30. 2002헌라1 참조). 2) **특별위원회** 둘 이상의 상임위원회와 관련된 안건이거나 특히 필요하다고 인정한 안건을 효율적으로 심사하기 위하여 본회의의 의결로 활동기간을 정하여 두는 위원회이다(국회법 제44조 참조). 활동기한까지 법사위에 체계·자구심사를 의뢰하였거나 심사보고서를 제출한 경우에는 해당안건이 본회의에서 의결될 때까지 존속하는 것으로 본다(동조 제3항). 국회법상 상설특별위원회는 예산결산특별위원회(동법 제45조)와 윤리특별위원회(동법 제46조)가 있고, 비상설특별위원회로 인사청문특별위원회(동법 제46조의3)가 있다. 3) **전원위원회**全院委員會 위원회의 심사를 거치거나 위원회가 제안한 의안 중 정부조직에 관한 법률안, 조세 또는 국민에게 부담을 주는 법률안 등 주요 의안의 본회의 상정 전이나 본회의 상정 후에 재적의원 4분의 1 이상이 요구할 때에는 그 심사를 위하여 의원 전원으로 구성되는 전원위원회를 개회할 수 있다. 다만, 의장은 주요 의안의 심의 등 필요하다고 인정하는 경우 각 교섭단체 대표의원의 동의를 받아 전원위원회를 개회하지 아니할 수 있다(국회법 제63조의2 제1항). 전원위원회는 어디까지나 위원회이기 때문에 본회의를 대체할 수는 없다. 전원위원회 위원장은 의장이 지명하는 부의장으로 한다(동조 제3항). 전원위원회는 전원위원장이 제안자가 되어 의안에 대한 수정안을 제출할 수 있다(동조 제2항). 재적위원 1/5 출석으로 개회하고, 재적위원 과반수의 출석과 과반수의 찬성으로 의결한다(동조 제4항). 4) **연석회의** 둘 이상의 위원회 간의 협의로 열리는 위원회이다. 표결은 할 수 없다(국회법 제63조). 3. **위원회의 운영** 1) **개회 및 의결** 위원회는 본회의의 의결이 있거나, 의장이나 위원장이 필요하다고 인정할 때 혹은 재적위원 4분의 1 이상의 요구가 있을 때에 개회한다(국회법 제52조). 상임위원회는 국회가 폐회 중인 때에도 일정 기일에 정례적으로 개회한다(동법 제53조). 위원회는 재적위원 5분의 1 이상의 출석으로 개회하고, 재적위원 과반수의 출석과 출석위원 과반수의 찬성으로 의결한다(동법 제54조). 2) **소위원회의 운영** 위원회는 특정한 안건의 심사를 위하여 소위원회를 둘 수 있다. 정보위원회를 제외한 상임위원회는 소관 사항을 분담·심사하기 위하여 상설소위원회를 둘 수 있다(국회법 제57조). 소위원회의 인원·예산, 위원장·위원, 공개여부 기타 활동에 관한 사항은 국회법에 상세히 정해져 있다(제57조 제3~8항). 3) **공청회 및 청문회** 소위원회를 포함한 위원회는 중요한 안건 또는 전문지식이 필요한 안건을 심사하기 위하여 그 의결 또는 재적위원 3분의 1 이상의 요구로 이해관계자 또는 학식·경험이 있는 사람 등으로부터 의견을 듣는 공청회를 열 수 있다(국회법 제64조 참조). 또한 소위원회를 포함한 위원회는 중요한 안건의 심사와 국정감사 및 국정조사에 필요한 경우 증인·감정인·참고인으로부터 증언·진술을 청취하고 증거를 채택하기 위하여 위원회 의결로 청문회를 열 수 있다(국회법 제65조). 세부적인 사항은 국회법에 규정되어 있다(동법 제64~65조 참조). 4) **보고** 위원회는 안건 심사를 마쳤을 때에는 심사 경과 및 결과, 그 밖에 필요한 사항을 서면으로 의장에게 보고하여야 하며(국회법 제66조), 위원장은 소관 위원회에서 심사를 마친 안건이 본회의에서 의제가 되었을 때에는 위원회의 심사 경과 및 결과와 소수의견 및 관련위원회의 의견 등 필요한 사항을 본회의에 보고한다(동법 제67조). 세부적인 사항은 국회법에 규정되어 있다(동법 제66~67조 참조). 5) **의사공개의 원칙** 국회의 회의는 공개함이 원칙이다(헌법 제50조 제1항 참조). 따라서 위원회의 회의도 공개함이 원칙이다. 다만, 출석의원 과반수의 찬성이 있거나 의장이 국가의 안전보장을 위하여 필요하다고 인정할 때에는 공개하지 아니할 수 있다(헌법 제50조 제1항 단서 참조).

위임계약설委任契約說 ➜ 사회계약론(로크의 사회계약론).

위임명령委任命令 ➜ 행정입법.

위임사무委任事務 ㊕ Auftragsangelegenheiten. ➜ 지방자치단체의 사무.

위임이론委任理論 ㊎ mandate theory, ㊕ Mandatstheorie, ㊆ théorie du mandat. 대표되는 자와 대표하는 자 사이의 관계에 관한 이론 중, 대표자는 대표되는 자의 의사에 따라야 한다는 견해이다(강제위임). 이 이론에서 대표자는 독립적이지 않고, 대표되는 자의 의사에 종속된다고 본다. 이것은 현대 정당의 출현 이후에 대표의 정당기속성과 관련하여 빈번히 논의된다. 오늘날 유권자들은 개인의 자질에 따라 대표를 선출하기보다는 정당에 투표하는 경향이 강하게 나타나고 있는데, 이 때 대표자와 유권자 사이에는 강한 위임관계가 성립되고, 대표자는 정당노선을 따르고 선거운동 중에 설명된 정책을 수행해야 한다고 한다. 만약 대표자가 선거기간 동안 제시하지 않은 정책에 대해서는 국민투표 등을 통하여 유권자의 결정을 받아야 한다고 주장하기도 한다.

위임입법委任立法 ㊎ delegated legislation. 1. **의의** 위임입법은 헌법이 직접 의회가 아닌 기관에 입법권을 부여하거나(헌법직접적 위임입법), 헌법에서 위임에 관한 일반적 규정에 따라 의회의 입법권을 다른 국가기관, 특히 행정부에 위임하여 국민의 권리와 의무에 관계되는 규율을 할 수 있도록 하는 것(행정입법)을 말한다. 2. **위임입법의 필요성** 헌법직접적 위임입법은 ① 전시 등 비상사태가 발생하였을 때 그 상황에 맞춰 대처할 수 있도록 행정부에게 광범위한 수권을 부여할 필요가 있다는 점, ② 일정 사항은 정치적으로 중립적인 행정기관에 의해 규율하는 것이 적절할 수 있다는 점을 들 수 있다. 위임입법 중 행정입법은 첫째, 전문적·기술적 사항에 대하여 입법이 가능하며, 둘째, 사정의 변화에 즉응하여 기민하게 적응할 수 있으며, 셋째, 법률의 일반적 규정으로써는 지방적 사정과 같은 특수사정에 대한 규율의 곤란성을 극복할 수 있으며, 넷째, 객관적 공정성이 요구되는 경우에 국회가 그것을 일괄적으로 처리하는 것이 반드시 적절하지 못한 분야에 대하여 객관적 공성성의 확보가 가능하게 되기 때문이다. 3. **헌법규정과 근거** 헌법직접적인 위임입법은 긴급명령·긴급재정경제명령(제76조 제1항), 국회규칙(제64조 제1항), 대법원규칙(제108조), 헌법재판소규칙(제113조), 중앙선거관리위원회규칙(제114조 제6항) 등이며, 헌법의 일반위임규정에 따른 행정부위임은 대통령령

(헌법 제75조), 총리령·부령(헌법 제95조) 등이다. 헌법직접적 위임입법은 긴급명령·긴급재정경제명령은 사후에 의회의 통제를 받는다는 점에서, 그리고 그 외의 기관의 규칙제정권은 법률의 범위 내에서 규칙을 제정할 수 있다는 점에서 의회유보의 원칙을 벗어나는 것은 아니라 할 수 있다. 행정입법에 관하여 헌법재판소는 헌법 제75조의 근거가 되는 헌법원리로서 권력분립주의와 함께 국민주권주의, 의회주의, 민주주의, 법치주의를 들고 있다(헌재 1996.10.31. 93헌바14; 1997.12.24. 95헌마390; 1998.5.28. 96헌가1; 2000.1.27. 99헌바23). 특히 헌법 제40조(입법권)와 관련하여 제75조를 국민의 권리와 의무의 형성에 관한 사항을 비롯하여 국가의 통치조직과 작용에 관한 중요한 사항 내지 본질적인 내용에 대한 정책형성기능은 원칙적으로 주권자인 국민에 의하여 선출된 대표자들로 구성된 입법부가 담당하여 법률의 형식으로 수행하여야 하며, 행정부나 사법부는 이와 같이 입법화된 정책을 집행하거나 적용함을 임무로 할 뿐 그들에게 입법기능을 넘겨서는 안된다는 의미로 해석해왔다(헌재 1995.7.21. 94헌마125; 1995.11.30. 91헌바1등; 1995.11.30. 94헌바40; 1996.10.31. 93헌바14; 1998.11.26. 97헌바31). 4. **위임입법에 대한 심사** 헌법직접적 위임입법은 긴급권의 경우 그 발동요건에 관하여 법원의 사법심사가 가능하고, 법률의 효력을 가지므로 헌법재판소의 위헌법률심사 혹은 헌법소원의 대상이 된다. 행정입법인 위임입법은 첫째, 모법에 근거가 있어야 하며(**근거성**), 둘째, 위임입법에 의한 규정은 명확하여야 하며(**명확성**), 셋째, 그 내용이 예측가능하여야 하며(**예측가능성**), 넷째, 특히 처벌법규의 경우에는 이러한 요소 외에도 엄격하여야만(**엄격성**) 허용되는 것이다. 헌법재판소는 위임입법의 위헌여부를 다투게 되는 경우에 있어서 이러한 네 가지의 단계의 순서에 따라서 위헌여부를 심사하고, 각각의 단계의 요소에 비추어 단 한 가지의 요소라도 그 요건을 충족하지 못하는 경우에는 그것은 곧 포괄적 위임입법금지의 원칙에 위배되어 위헌으로 결정을 하게 된다. 5. **위임입법의 한계** 1) **헌법상 한계** 헌법직접적 위임입법의 경우, 각각의 헌법규정에서 그 한계를 정하고 있다. 행정입법의 경우, 헌법 제75조는 수권규범임과 동시에 한계규정이다. 헌법 제75조에는 「대통령은 법률에서 구체적으로 범위를 정하여 위임받은 사항과 법률을 집행하기 위하여 필요한 사항에 관하여 대통령령을 발할 수 있다.」라고 규정하여 수권과 동시에 한계를 정하고 있다. 이러한 점에서 본다면 헌법 제75조에 규정된 「법률에서 구체적으로 범위를 정하여」라고 규정한 것은 첫째, 위임은 수권법률의 존재가 필요하며 수권법률은 합헌적 법률이어야 한다는 것, 둘째, 위임은 구체적이어야 하며 추상적이어서는 안 된다는 것, 셋째, 위임은 전부위임이나 일반적 위임이 아닌 부분적·개별적 위임이어야 한다는 것을 의미하는 것이라 할 것이다. 2) **포괄적 위임입법금지의 원칙** (1) **의의** 행정입법에 해당하는 위임입법에 있어서는 그 위임을 벗어나 입법될 가능성이 매우 높기 때문에 규율대상·범위·기준 등을 명확히 하여야 하며 일반적·포괄적 위임은 허용되지 않는다. 포괄적 위임입법은 법률이 위임하는 사항과 범위를 구체적으로 한정하지 않고, 특정 행정기관에 입법권을 일반적·포괄적으로 위임하는 것을 말하며 이러한 위임은 금지된다는 것이 포괄적 위임입법금지의 원칙이다. 이는 법률에 하위법령으로 규정될 내용·범위의 기본적인 사항들을 가능하면 구체적이고 명확하게 규정하여, 누구라도 그 법률로부터 하위법령에 규정될 내용의 대강을 예측할 수 있어야 한다는 것을 의미한다. (2) **구체성과 명확성 요구의 정도** 헌법재판소는 위임입법의 구체성, 명

확성의 요구 정도는 그 규율 대상의 종류와 성격에 따라 달라질 것이지만, 특히 국민의 기본권을 직접적으로 제한하거나 침해할 소지가 있는 법규에서는 구체성과 명확성의 요구가 강화되어 그 위임의 요건과 범위가 일반적인 급부행정 법규의 경우보다 더 엄격하게 제한적으로 규정되어야 하는 반면에, 규율 대상이 지극히 다양하거나 수시로 변화하는 성질의 것일 때에는 위임의 구체성, 명확성의 요건이 완화될 수 있다고 판시하고 있다(헌재 1999.1.28. 97헌가8). 따라서 처벌법규나 조세법규의 경우에는 구체성과 명확성의 요구가 강화되어 위임의 근거 규정인 법률의 규정 그 자체에서 위임의 범위를 명확히 함과 동시에 구체적으로 위임된 사항의 처리기준과 처리지침을 제시하거나 적어도 그 처리에 대한 대강을 예측할 수 있을 정도로 정해야 한다(**예측가능성**). 급부행정과 관련한 법령의 경우에는 입법자에게 광범위한 입법재량이 부여되는 정치적인 성격이 강한 영역이므로 이에 대한 결정은 1차적으로는 입법적인 정책판단에 유보될 수밖에 없고, 또 급부행정 분야는 사회적·경제적 여건에 따라 적절히 대처할 필요성이 있으므로 미리 법률에 상세하게 규정하는 것은 입법기술상 매우 어렵다는 점에서 위임의 구체성·명확성이 완화되는 경우도 있다. 다만, 오늘날에 있어서는 사회권 영역 내지 사회보장 영역에서도 위임입법의 명확성의 요건을 엄격하게 하여야 한다는 주장이 힘을 얻고 있다. ➜ 행정입법.

위축효과법리萎縮效果法理 ㉧ chilling effect doctrine. 위축효과(chilling effect)는 개인이나 집단이 법이나 규정에 위배될까 두려워 표현을 삼가는 현상을 말한다. 위축효과는 일반적으로 법률이 과도하게 광범위하거나 모호할 때 발생한다. 개인은 보복, 기소 또는 정부의 징벌적 조치에 대한 두려움 때문에 법이 미치는 범위에서 멀리 떨어져 있고자 한다. **미국**의 경우, F. Frankfurter 대법관은 교사들에게 부과된 충성맹세와 관련된 Wieman v. Updegraff, 344 U.S. 183(1952) 판결의 동의의견에서 위축효과를 언급하면서, '충성서약(loyalty oath)은 모든 교사가 특히 계발하고 실천해야 하는 자유로운 영혼의 유희를 위축시키는 명백한 경향이 있다. 그것은 잠재적인 교사들의 모임에서 주의와 소심함을 만든다.'고 하였다. 모호한 법은 자신의 표현 행동이나 말이 언제 선을 넘고 그러한 규칙을 위반하는지 정확히 알지 못하기 때문에 위축시키는 효과를 낳는다. 대법원은 '명백히 모욕적(patently offensive)' 통신과 '외설적인(indecent)' 통신의 온라인 전송을 범죄화한 통신품위법(CDA) 2개 조항의 합헌성을 검토하면서 이를 설명하였지만, 법률에서는 두 용어를 명확히 정의하지 않아 위축효과를 일으켰다. Reno v. ACLU, 521 U.S. 844(1997) 판결에서 법정의견을 집필한 J. P. Stevens 대법관은, 내용에 기한 언론규제의 모호성은 표현의 자유에 대한 명백한 위축효과 때문에 수정헌법 제1조에 대한 특별한 우려를 제기한다고 하였다. 모호한 법률 외에 지나치게 광범위한 법률과 사전제 표현을 제한하는 법률도 표현을 위축시킬 수 있다. W. Brennan 대법관은 Walker v. City of Birmingham, 388 U.S. 307(1967) 판결의 반대의견에서 표현의 자유를 위축시키는 법률은 수정헌법 제1조의 자유를 위한 적절한 수준의 숨쉴 수 있는 공간을 제공하지 않는다고 하였다. New York Times Co. v. Sullivan, 376 U.S. 254(1964) 판결에서 대법원은 많은 주의 명예훼손법이 표현의 자유에 미치는 위축적 영향에 맞서기 위해 공무원에 대한 명예훼손 주장에 대한 새로운 규칙으로 실제적 악의의 원칙을 확립하였다. 언론과 개인이 모든 허위의 진술에 대해 책임을 지도록 하는 법은 명백한 위축효과를 가져오고 중요한 공적 문제에 대한 정치적 담론을 약화시킬 것이다. A. Bickel은 '형사 법률은 위축시키며, 사전적 제한은 얼어붙게 한다'고 하였다. 이러한 사고에서 일부 하급법원 법관은 수정헌법 제1조의 자유에 부정적인 영향을 미치는 법률에 대해 말할 때 '위축효과' 뿐만 아니라 '동결효과(freezing effect)'를 언급하기도 한다. **독일**의 경우, 연방헌법재판소는 1969년부터 위축효과를 언급하기 시작하였다(BVerfGE, 62, 230(244)). 낙태반대론자들이 낙태의사에게 '태어나지도 않은 아이들을 죽이는 전문가', '자궁 속의 유아살해', '홀로코스트에 빗댄 Babycaust' 등의 표현을 담은 전단지를 배포한 데에 대하여 형사적 혹은 민사적 불이익과 같은 법률상의 제재를 동반하는 표현행위에 있어서 '위축효과'를 고려할 필요가 있다고 하였고(BVerfGE 82, 43), 신나치주의자들의 집회와 관련하여 이를 제한하는 법률이 강화되고 있는 데에 대해 '위축효과'에 대한 논의가 과열될 수 있다는 주장도 있다. **우리나라**의 경우, 표현의 자유에 대한 규제에서의 명확성원칙과 관련하여 다수의견 혹은 소수의견에서 '위축효과'를 언급한 결정들이 적지 않다. 헌재 1991.9.16. 89헌마165; 1998.4.30. 95헌가16; 2001.8.30. 2000헌가9; 2002.6.27. 99헌마480; 2003.1.30. 2001헌가4; 2004.1.29. 2001헌마894; 2006.6.29. 2005헌마165; 2008.1.27. 2007헌마700; 2008.6.26. 2005헌마506; 2020.12.23. 2017헌마416; 2021.1.28. 2018헌마456; 2021.11.25. 2019헌마534; 2022.5.26. 2021헌마619; 2022.7.21. 2016헌마388등 참조. ➜ 표현의 자유. ➜ 과도한 광범성의 원칙.

위헌결정권違憲決定權 ㊀ Verwerfungskompetenz. 규범통제기관이 법규범 혹은 국가행위의 위헌 여부에 관하여 심사하는 경우, 위헌심사권과 최종적인 위헌결정권을 모두 갖는 경우와 그렇지 아니하고 일부만 갖는 경우로 나누어진다. 규범통제제도에서 집중형을 취하는 경우에는 위헌심사권과 위헌결정권이 분리되는 것이 일반적이며, 분산형인 경우에는 위헌심사권과 위헌결정권이 통합되어 행사되는 것이 일반적이다. 우리나라의 경우에는 법률의 위헌 여부에 관하여 법원이 의심이 있는 때에는 직권 혹은 당사자의 신청으로 헌법재판소에 심판제청을 할 수 있도록 하고 있기 때문에 위헌심사권과 위헌결정권을 분리하고 있다. 명령·규칙·처분의 경우에는 법원이 위헌심사권과 위헌결정권을 모두 가진다.

위헌결정違憲決定**의 효력**效力 ㊀ Wirkungen verfassungswidriger Gesetze/Wirkung der Verfassungswidrigkeitserklärung. 1. **의의** 위헌결정은 위헌법률심판에서 심판대상인 법률이 헌법에 위반된다는 결정이다. 법원의 제청에 의한 위헌법률심판(헌법재판소법 제4조 이하), 위헌심사형 헌법소원심판에서의 위헌법률심판(동법 제68조 제2항)의 경우를 포함한다. 다만 권리구제형 헌법소원심판의 경우 문제된 공권력의 행사 또는 불행사가 위헌인 법률 또는 법률의 조항에 기인한 것이라고 인정될 때에는 인용결정에서 해당 법률 또는 법률의 조항이 위헌임을 선고할 수 있는데(동법 제75조 제5항), 이 경우도 위헌결정에 포함된다. 탄핵심판, 정당해산심판, 권리구제형 헌법소원심판 등에서도 위헌성판단이 행해지지만, 이는 각각의 심판을 위한 사유이지 직접 당해 심판의 결정으로 되지는 아니한다(➜ 위헌성판단). 위헌결정은 헌법재판소 결정의 하나이므로 헌법재판소 결정의 효력 일반에 관한 내용이 그대로 적용되면서(➜ 헌법재판소 결정의 효력), 위헌결정에 특유한 효력을 갖는다. 말하자면, 헌법재판소 결정은 사법기관의 판결이므로 판결에 귀속되는 일반적 효력은 당연히 헌법재판소

결정의 효력에 속한다. 헌법재판소 결정이 확정되면 그 내용과 유형에 따라 판결의 효력인 확정력과 기속력 그리고 형성력이 생긴다. 2. **효력의 내용** 1) **기속력** 헌법재판소법 제47조 제1항은「법률의 위헌결정은 법원과 그 밖의 국가기관 및 지방자치단체를 기속한다.」고 규정하고 제75조 제6항에서 준용하고 있다. 이에 따라 위헌결정된 법률은 다른 절차 없이 효력을 상실한다. 기속력의 **주관적 범위**는 헌법재판소법에서(제47조 제1항, 제67조 제1항, 제75조 제1·6항) 규정하고 있는 바에 따라, 공권력의 보유자로서 모든 국가기관과 지방자치단체이다. 사인과 사적 단체 또는 정당은 기속하지 아니한다. 헌법재판소 자신에 대해서는 기속력이 인정되지는 아니한다고 봄이 다수설이다. 입법자와의 관계에서는 기속력의 범위에 대해서는 비구속설과 구속설(다수설)이 있다. 기속력의 **객관적 범위**는 결정주문에 따라 결정된다는 점은 다툼이 없다. 결정이유에도 미치는지에 관해서는 중요이유에 기속력을 인정하려는 견해가 있다. 기속력의 **시간적 범위**로서 헌법재판소결정의 효력은 결정 선고와 함께 발생하며, 따라서 헌법재판소결정의 기속력은 결정이 선고된 시점의 사실관계와 법적 상황과 관련하여서만 발생한다. ➜ 기속력. 2) **확정력** (1) **불가변력** 헌법재판소가 결정을 선고하면 자신의 결정에 구속되어 같은 심판에서 자신이 내린 결정을 더 이상 바꾸거나 취소할 수 없다. 불가변력은 실체결정은 물론 절차결정에도 인정된다. 불가변력은 같은 절차 안에서만 미치므로 다른 절차에서 헌법재판소는 이전결정과 다른 결정을 할 수 있다(헌법재판소법 제23조 제2항 제2호). 불가변력은 헌법재판소 자신에 대해서 작용하는 효력이다. 중간결정에도 불가변력이 인정된다. (2) **불가쟁력(형식적 확정력)** 헌법재판소결정이 선고되면 이 결정에 대해서 누구도 더 이상 통상의 소송절차를 통해서 불복하여 다툴 수 없는 효력을 불가쟁력(Unanfechtbarkeit, 형식적 확정력(formele Rechtskraft))이라고 한다. 재심은 원칙적으로 허용되지 않으나, 권리구제형 헌법소원심판에서만 개별적으로 판단하여 예외적으로 허용된다(헌재 2001.9.27. 2001헌아3). 하지만, 일반적 효력이 있는 법령에 대한 헌법소원심판(헌법재판소법 제68조 제1항)과 위헌소원심판(헌법재판소법 제68조 제2항)에서는 재심을 허용하지 않는다. ➜ 헌법재판소 결정의 효력. (3) **기판력(실질적 확정력)** 기판력은 헌법재판소결정에 불가쟁력이 생기면 당사자는 후행 심판절차에서 확정된 헌법재판소결정과 어긋나는 주장을 하지 못하고, 헌법재판소도 확정된 헌법재판소결정에 어긋나는 판단을 할 수 없다는 구속력을 뜻한다. 위헌법률심판의 합헌결정과 법률에 대한 헌법소원심판에서 해당법률이 합헌이라는 이유로 기각한 결정에는 기판력이 인정되지 않는다는 견해가 있으나, 인정함이 타당하다. 기판력의 객관적 범위는 결정주문에만 인정된다(헌법재판소법 제40조 제1항 전문, 민사소송법 제216조 제1항). 결정이유 또는 선결문제에 대한 판단내용은 그 자체로는 기판력이 없다. 기판력의 주관적 범위로서 소송사건의 당사자(청구인, 피청구인, 보조참가인을 제외한 소송참가인)와 그 소송승계인 그리고 헌법재판소 자신에게만 미친다(헌법재판소법 제40조 제1항 전문, 민사소송법 제218조 제1항). 기판력의 시간적 범위로서 헌법재판소의 모든 결정은 선고당시에 존재하거나 예측가능한 사실관계와 법적 상태를 근거로 이루어지므로, 구두변론의 유무와 관계없이 결정선고시에 기판력이 생긴다. ➜ 기판력. 3) **법규적 효력-일반적 효력(대세효)** 헌법재판소법 제47조 제2항에서「위헌으로 결정된 법률 또는 법률의 조항은 그 결정이 있는 날로부터 효력을 상실한다.」고 규정하고, 헌법소원심판절차에서 준용하고 있다(제68조 제2항, 제75조 제6항). 법규적 효력의 근거로서, 헌법재판소법 제47조 제2항을 근거로 한다고 보는 견해가 다수이다. 법규적 효력은 기판력과 마찬가지로 심판대상이 동일한 경우에만 미치고 심사대상물인 법규범에 대해서는 심사된 규범 또는 규범의 부분에만 미친다. 또한 법규범의 위헌성여부를 심사하는 모든 심판유형에서 법규적 효력이 인정된다. ➜ 헌법재판소 결정의 효력. 2. 4) **형성력** 헌법재판소 결정의 효력에 있어서 법규적 효력에 더하여 형성력을 강조하고 헌법재판소 결정의 효력으로 주목할 것을 주장하는 견해가 있다. 이에 따르면 위헌결정에도 형성력이 인정된다고 할 수 있다. ➜ 헌법재판소 결정의 효력. 3. **위헌결정의 효력발생시기** 1) **법규정** 헌법재판소법 제47조 제2항은 「위헌으로 결정된 법률 또는 법률의 조항은 그 결정이 있는 날로부터 효력을 상실한다.」고 하고, 제3항은 「제2항에도 불구하고 형벌에 관한 법률 또는 법률의 조항은 소급하여 그 효력을 상실한다. 다만, 해당 법률 또는 법률의 조항에 대하여 종전에 합헌으로 결정한 사건이 있는 경우에는 그 결정이 있은 날의 다음 날로 소급하여 효력을 상실한다.」고 규정하고 있다. 2014년 법개정 전에는 제2항을 본문으로, 제3항을 단서로 규정하고 있었으나, 형벌조항의 경우 당해 조항의 효력발생시까지 소급효를 인정하는 것이 오히려 사법적 정의에 반할 우려가 있다는 비판에 따라 2014년 법개정에서 당해 형벌조항에 대한 합헌판단이 있었던 경우에는 그 결정이 있은 날의 다음날로 소급하여 효력을 상실하는 것으로 하였다. 2) **이론적 근거** **당연무효설**(**소급무효설**)은 위헌법률은 처음부터(ex tunc) 그리고 법상 당연히(ipso iure) 즉, 형성적 행위를 필요로 하지 않고 법적으로 무효가 된다고 본다. 이에 의하면, 위헌법률은 당연히 효력이 없고 헌법재판소는 기속력을 가지고 단지 위헌법률이 무효임을 확인할 뿐이다. 이에 따르면, 위헌결정에 소급효를 원칙적으로 인정하면서 이를 예외적으로 장래효를 인정한다. **폐지무효설**(**파기무효설**)에 의하면, 위헌법률은 법상 당연히 무효가 되는 것이 아니고 단지 소급적으로 폐지무효되는 것이다. 이에 따르면, 위헌결정은 장래효를 원칙으로 하면서 예외적으로 소급효를 인정한다. 이 경우 헌법재판소의 위헌결정은 확정판결이 아니고 형성판결의 성격을 지닌다. 형벌조항의 경우 위헌결정이 내려지면, 원칙적으로 소급적으로 즉, 당해 형벌조항이 제정된 시점 또는 개정된 시점까지 소급하여 효력을 상실한다. **선택적 무효설**은 소급효를 인정할 것인가 장래효를 인정할 것인가를 사건별로 정할 수 있다고 보는 입장이다. 미국이나 오스트리아의 경우 위헌결정의 효력발생시기는 위헌결정기관이 결정한다. 3) **소급효 인정여부** (1) **학설** ① **원칙적 장래효·예외적 소급효설** 폐지무효설에 입각하여, 위헌결정의 소급효를 확장해석하는 것은 사법부의 법률 해석·적용권의 범위를 벗어나는 것이어서 허용될 수 없고 다만 헌법 제107조 제1항, 법 제75조 제7항의 규정에 비추어 위헌결정의 계기를 부여한 당해사건에 대하여는 예외적으로 소급효를 인정할 수 있다고 보는 견해와, 위헌결정의 효력을 어떻게 정할 것인가는 입법정책의 문제로서 법 제47조 제3항의 문언상 비형벌법규에 대하여는 장래효주의를 취하였음이 명백하고, 다만 법적 안정성 내지 신뢰보호보다 구체적 타당성 내지 정의·형평의 요구가 더 큰 경우 예외적으로 소급효를 인정할 수 있다는 견해가 있다. ② **원칙적 소급효·예외적 장래효설** 당연무효설에 입각하여, 위헌결정의 원칙적 장래효를 규정하고 있는 법 제47조 제3항은 위헌이거나 위헌이 아니라도 형벌법규의 소급효 규정은 당연규정이고 비형벌법규의 장래효 규정은 법적 안정성을 위한 예외규정으로 해석하는 견해이다. (2) **헌법재판소** 헌법재판소는 「위헌결정에 소급효를 인정할 것인지의 여부는 실질적 정의와 법적 안정성 중 어느 것을 중시할 것인가에 대한 입법정책의 문제이지 위헌여부의 문제는 아니다. 형벌법규가 위헌으로 결정된 경우에는 그 처벌의 효력을 지속시켜야 할 법적 안정성의 요구가 없는 반면, 그 외의 법규의 경우에는 법적 안정성의 요구가 절실하다고 보아 소급효를 제한하는 것이므로 위헌이라 할 수 없다. 따라서 소급효를 제한함으로써 구체적 타당성이나 평등의 원칙이 완벽하게 실현되지 않는다고 하더라도 헌법상 법치주의의 원칙의 파생인 법적 안정성 내지는 신뢰보호의 원칙에 의하여 정당화된다고 할 것이고, 특단의 사정이 없는 한 이로써 헌법이 침해되는 것은 아니다. 헌법재판소법 제47조 제2항이 형벌법규 이외의 법률에 대해서는 소급효를 인정하지 않는다고 언제나 소급효를 부인하면 현저히 부정의·불합리한 경우가 생길 수 있으므로 일정한 경우 해석으로 소급효를 인정하여야 한다고 할 것이고 그렇게 본다면 헌법재판소법 제47조 제2항이 위헌이라 할 수는 없다.」고 판시하여 폐지무효설에 입각하고 있는 것으로 이해된다(헌재 1993.5.13. 92헌가10 등). 2014년 개정된 헌법재판소법 제47조 제3항에 대해서도 「심판대상조항은 현재의 상황에서는 위헌이더라도 과거의 어느 시점에서 합헌결정이 있었던 형벌조항에 대하여는 위헌결정의 소급효를 제한함으로써 그동안 쌓아 온 규범에 대한 사회적인 신뢰와 법적 안정성을 확보하는 것이 중요하다는 입법자의 결단에 따라 위헌결정의 소급효를 제한한 것이므로, 이러한 소급효 제한이 불합리하다고 보기는 어렵다. 결국 심판대상조항이 종전에 합헌결정이 있었던 형벌법규의 경우 위헌결정의 소급효를 제한하여 합헌결정이 없었던 경우와 달리 취급하는 것에는 합리적 이유가 있으므로 평등원칙에 위배된다고 보기 어렵다.」라고 하여 합헌으로 결정하였다(헌재 2016.4.28. 2015헌바216). (3) **검토** 헌법재판소는 비형벌법규에 대한 위헌결정의 소급효가 예외적으로 인정될 수 있는 경우로서, ① 위헌결정을 위한 계기를 부여한 당해사건, ② 위헌결정이 있기 전에 이와 동종의 위헌여부에 관하여 헌법재판소에 위헌제청을 하였거나 법원에 위헌제청신청을 한 사건과 따로 위헌제청신청을 아니하였지만 당해 법률 또는 법률조항이 재판의 전제가 되어 법원에 계속 중인 병행사건, ③ 헌법재판소의 위헌결정 이후에 제소한 사건으로서 당사자의 권리구제를 위한 구체적 타당성의 요청이 현저한 반면에 소급효를 인정하여도 법적 안정성을 침해할 우려가 없는 사건 등을 제시하였다(헌재 1993.5.13. 92헌가10). 하지만 대법원은 위헌결정 이후에 위와 같은 이유로 제소된 일반사건에도 미친다고 봄이 타당하다고 하여 위헌결정의 소급효를 대폭 확대하고 있다(대판 1993.1.5. 92다12377; 1995.7.28. 94다20402; 1996.3.12. 95다40755; 2000.2.25. 99다54332). 4) **형벌조항에 대한 위헌결정의 소급효** (1) **원칙적 소급효** 형벌에 관한 법률 또는 법률조항이 위헌으로 결정되는 경우에 그 결정은 법 제47조 제3항 단서에 의하여 원칙적으로 소급효를 갖게 되며 따라서 위헌결정 이전에 공소가 제기되어 법원에 계속 중인 사건에서는 면소판결을 할 것이 아니라 무죄를 선고하여야 하고, 법원의 판결 후 확정 이전에 헌법재판소의 위헌결정이 있게 된 경우 판결에 영향을 미친 헌법·법률의 위반이 있는 때에 해당하여 항소와 상고이유가 된다. 그리고 유죄판결이 확정된 때에는 재심을 청구할 수 있다(법 제47조 제4항). (2) **소급효의 제한** 불처벌의 특례규정이 위헌으로 된 경우와 같이, 위헌결정의 소급효를 인정할 경우 오히려 형사처벌을 받지 않았던 자들에게 형사상의 불이익이 미치게 되는 경우에는 소급효가 인정되지 아니한다(헌재 1997.1.16. 90헌마110). 5) **위헌법률에 근거한 행정처분의 효력** (1) **문제점** 헌법재판소가 행정처분의 근거법률을 위헌으로 결정하였을 때 그 결정의 소급효가 부인된다면 당해 행정처분은 적법한 처분이 되나 당해 사건에 대하여 소급효를 인정하게 되면 행정처분은 위법한 처분이 되고 취소 내지는 무효사유가 있게 된다. 또한 행정처분의 쟁송기간 경과 후에 무효확인소송을 제기하는 경우 근거법률이 위헌이라는 하자가 무효사유인지 아니면 취소사유에 불과한 것인지에 따라 당해 소송의 승패 및 당해사건의 재판의 전제성에 영향을 주게 된다. 말하자면, 행정처분의 근거가 되는 법률에 대한 위헌결정이 행정처분의 취소사유에 해당하는지 아니면 무효사유에 해당하는지가 문제된다. (2) **학설** ① **당연무효설**은 법률이 위헌이라는 흠은 그 법률에 기한 행정처분의 효력을 당연무효로 할 만큼 중대하고, 구체적 규범통제의 실효성 확보라는 측면에서도 법률에 대한 위헌결정이 있으면 그 법률에 근거한 행정처분을 당연무효로 보아야 한다는 견해이다. ② **취소사유설**은 행정처분의 근거법률에 대한 위헌결정이 있더라도 그 흠이 명백한 경우에 해당되지 않을 뿐 아니라 위헌결정이 확정된 행정처분에 영향을 주어서는 법적 안정성을 해하게 되므로 이는 당해 처분의 취소사유에 불과하다는 견해이다. (3) **판례** ① **대법원**은 「법률에 근거하여 행정처분이 발하여진 이후에 헌법재판소가 그 행정처분의 근거가 되는 법률을 위헌으로 결정하였다면 결과적으로 행정처분은 법률의 근거가 없이 행하여진 것과 마찬가지가 되어 하자가 있는 것이 되나 하자 있는 행정처분이 당연무효가 되기 위하여는 그 하자가 중대할 뿐만 아니라 명백한 것이어야 하는데 일반적으로 법률이 헌법에 위반된다는 사정이 헌법재판소의 위헌결정이 있기 전에는 객관적으로 명백한 것이라고 할 수는 없으므로 헌법재판소의 위헌결정 전에 행정처분의 근거되는 당해 법률이 헌법에 위반된다는 사유는 특별한 사정이 없는 한 그 행정처분의 취소소송의 전제가 될 수 있을 뿐 당연무효사유는 아니라고 봄이 상당하다.」고 판시하고 있고(대판 1994.10.28. 92누9463), 여기의 '특별한 사정'에 대해 법원은 '행정처분에 대해 취소소송을 제기하는 것이 법률상 불가능하였다는 등의 사정'이라 하여 극히 한정적으로 보고 있다. ② **헌법재판소**는 원칙적으로 취소사유에 해당하나 「행정처분 자체의 효력이 쟁송기간 경과 후에도 존속중인 경우, 특히 그 처분이 위헌법률에 근거하여 내려진 것이고 그 행정처분의 목적달성을 위하여서는 후행 행정처분이 필요한데 후행 행정처분은 아직 이루어지지 않은 경우와 같이 그 행정처분을 무효로 하더라도 법적 안정성을 크게 해치지 않는 반면에 그 하자가 중대하여 그 구제가 필요한 경우에 대해서는 당연무효사유로 보아야 한다.」고 판시하고 있다(헌재 1994.6.30. 92헌바23). 또한 재판의 전제성과 관련하여서는 「위헌·무효인 법령에 기한 행정처분이 항상 무효인 것은 아니고 그 무효여부는 당해사건을 재판하는 법원이 판단할 사항이지 헌법재판소에서 결정할 사항은 아니다.」(헌재 1998.4.30. 95헌마93)고 하므로 행정처분에 대한 무효확인소송에서 법원이 근거법률조항에 대하여 신청 또는 직권으로 위헌제청을 한 경우 헌법재판소는 무효사유인지 취소사유인지 여부를 판단하지 않고 근거법률조항의 위헌여부에 대하여만 판단하게 된다. (4) **검토** 법률에 대한 위헌결정이 있다고 하여 그 사유만으로 당해 법률에 근거한 행정처분을 당연무효라고 한다면 법적 안정성을 크게 해하게 될 것이므로 당연무효설은 찬성하기 어렵고 법 제47조 제3항의 입법취지에 비추어 보더라도 법률에 대한 위헌결정은 원칙적으로 그 법률에 근거한 행정처분의 취소사유에 해당한다고 봄이 타당하다. 다만, 기본권 구제나 구체적 규범통제의 실효성 확보를 위하여 법률의 위헌성의 정도가 극심하고 그로 인한 중대한 기본권 침해가 있어 이를 구제할 필요가 절실한 반면 법적 안정성의 요구는 비교적 적은 경우에는 권리구제를 위하여 당해처분을 무효로 볼 수 있을 것이다.

위헌법률심사제도違憲法律審査制度 ㉣ Judicial Review System/constitutional review system, ㉢ Verfassungsgerichtsbarkeit, ㉣ jurie constitutionaire. 1. **개설** 1) **의의** 위헌법률심사제란 법률이 그 상위규범인 헌법에 합치되는가 여부를 사법부 내지 특별한 재판기관이 심사하여 헌법에 위배된다고 하는 경우 그 효력을 상실케 하거나 그 법률의 적용을 거부하는 제도를 말한다. 입법부의 위헌법률제정에 대항하여 헌법을 보장하는 사법적 수단으로서 중요시되고 있다. 2) **연혁** 최고규범에 의한 공동체의 형성 및 유지·존속은 인간공동체의 공통적 요구로서 그 연원은 매우 깊다. 고대 동양사회의 다양한 사상적 및 정치적 전통도 어떻게 하면 인간사회를 규범적으로 바람직한 사회로 만들 것인가에 대한 심사숙고의 결과라고 할 것이다. 서구에서는 고대의 고차법(the higher law)사상으로부터 16세기의 Calvin의 사상, 그리고 영국의 혁명기에 그 사상적 기반을 두고 있다고 평가되는 사법심사(judicial review)가 1803년 미국의 Marbury v. Madison 판결을 통하여 관행적으로 제도화된 이후, 약 100년이 지나면서, 대륙법계 특히 독일에서 1920년대 후반에 국사재판권(Staatsgerichtsbarkeit) 논의와 그 제도화로 이어지고, 2차대전이 끝난 후에는 헌법재판권(Verfassungsgerichtsbarkeit)에 관한 논의 및 그 제도화로 이어졌다. 발생사적으로는 미국식 사법심사제와 대륙식 헌법재판소제가 발전되어 왔으나, 오늘날에는 양 제도는 점차 그 차이를 좁히고 서로 보충·융화되어 제도화하고 있다. 3) **유형** (1) **심사기관에 따른 유형** ① **사법심사형(분산형)** 일반법원에 위헌심사권을 부여하여 의회가 제정한 법률이 헌법에 위반된다고 인정할 때에는 법원이 그 적용을 거부하여 행정부의 명령이나 행정처분도 법원이 그 적부를 심사할 수 있는 권한을 가진다. 주로 구체적 규범통제의 방법을 취하고 있다. 미국, 일본, 중남미제국, 우리나라 제3공화국 등이 채택한 제도이다. ② **독립기관형(집중형)** 일반법원과는 분리하여 특별한 재판기관을 두어 위헌법률심사를 포함한 헌법재판을 담당하게 하는 제도이다. 기관의 명칭은, 헌법재판소, 헌법위원회, 헌법평의회 등 여러 명칭이 사용된다. 심판기관의 재판관 구성의 방법(정치적 기관인가, 사법적 기관인가의 성격상 차이), 추상적 규범통제의 허용여부 등에 따라 다시 구분될 수 있지만, 심판기관이 독립되어 있다는 점이 핵심적인 징표이다. ③ **혼합형** 일반법원에게도 위헌법률심사권을 부여하여 구체적 사건에서 위헌법률의 적용거부권을 인정하되, 이에 불복하는 경우 헌법재판기관에 최종적인 결정을 요구하는 경우, 혹은 일반법원이 법률의 위헌여부에 의심이 있는 경우 최고법원에 그 위헌여부를 제청하여 최종적인 결정을 하도록 하는 경우를 포함한다. 최고법원이 헌법재판부를 두고 있는 남미의 예가 이에 속한다고 볼 수 있다. 최고법원이 추상적 규범통제나 사전적·예방적 규범통제를 채택할 수도 있다. (2) **심사방식 내지 범위에 따른 유형** ① **구체적 규범통제만 행하는 국가** 사법심사제를 채택한 국가에서는 일반적으로 구체적 재판에서 적용되는 법률의 위헌 여부가 문제될 때에만 위헌법률심사를 행하는 구체적 규범통제가 행해진다. 이 경우 위헌인 법률을 당해 사건에 적용하는 것을 배제하는 데에 그치는 것이 원칙이며,

예외적으로 위헌법률을 무효화하는 선언적 판결(일반적 효력)을 행한다. 다만, 우리나라와 같이 위헌법률의 일반적 무효를 원칙으로 하면서도 구체적 규범통제만 허용할 수도 있다. ② **구체적·추상적 규범통제를 모두 행하는 국가** 대륙형 헌법재판소를 두고 있는 국가들은 일반적으로 구체적 규범통제와 추상적 규범통제를 모두 행하는 경우가 많다. 독일, 이탈리아 등이 그 예이다. 20세기 후반에 새롭게 헌법재판제도를 채택한 국가들도 양 제도를 모두 채택하는 경우가 않다. 프랑스의 경우, 2008.7.23. 헌법개정 전까지는 추상적 규범통제만이 행해졌으나, 헌법개정 후 구체적 규범통제까지도 모두 행하게 되었다(➜ 프랑스 헌법재판제도). 2. **사법심사제(분산형)의 이론적 기초와 특성** 1) **이론적 기초** 사법심사제는 입법권에 대한 불신과 헌법의 최고법규성 및 권력분립이론 등에 기초하고 있다. ① **입법권에 대한 불신** 독립의 과정에서 미국법조계는 영국의회의 식민지법률에 대한 강한 불신을 갖고 있었고, 식민지지역과 영국본국 사이에 차별을 두는 영국의회의 제정법만능주의에 강력하게 저항하였다. 이에는 의회제정법이 상위의 법에 위반되어서는 안된다는 자연권론과 최고법(higher law)사상이 뒷받침되고 있었다. ② **헌법의 최고법규성** 첫째, 헌법은 통상의 법률보다 상위에 있는 최고법규범이고, 둘째, 사법심사는 권력분립원리에서 이론적으로 귀결되는 것이며, 셋째, 법관은 법해석자이며 그 해석기능은 헌법에도 미치기 때문에 헌법과 법률이 충돌하는 경우 어느 것이 모순인가를 결정할 권한이 있다는 것이다. ③ **권력분립이론** 권력분립이론상 입법권은 헌법의 범위 내에서 법률을 제정하고, 사법권은 헌법의 범위 내에서 법률을 해석하는 것을 그 직무로 하므로, 사법권이 다른 권력과 동격에서 헌법에 구속된다고 한다면, 법원이 헌법에 위반되는 법규범을 구체적 사건에 적용할 수 없는 것은 당연한 논리적 귀결이다. 2) **특성** 사법심사제는 첫째, 법령 기타 국가행위를 위헌으로 적용거부하는 기능 이외에 위헌 여부의 판단결과에 따라서 입법권과 행정권을 견제하는 기능(checking function) 혹은 국가행위를 정당화하는 기능(legitimating fuction)도 행한다. 둘째, 사법심사제는 구체적 위헌심사권을 그 내용으로 하므로, 법관들의 인권의식과 사법철학에 크게 의존한다. 법관이 말하는 것이 곧 헌법이 되므로 법관의 개인적 세계관에 따라 헌법의 의미내용이 변천할 우려가 있다. 셋째, 사법부는 사법본질적 한계를 가지며(➜ 사법의 개념), 정치적 중립성을 유지하기 위하여 스스로 자제하게 되고, 따라서 소극성을 면하기 어렵다(➜ 사법소극주의). 3. **헌법재판소형(집중형)**(➜ 헌법재판제도) 1) **개념과 권한** (1) **개념** 헌법재판소제는 헌법재판작용을 일반의 재판작용과 구별하여 이를 행하는 기관을 특별히 두는 제도이다. 무엇을 헌법재판사항으로 할 것인가는 반드시 일치하지는 않으며 개별 국가마다 헌법에서 규정하기에 따라 다르다. 따라서 헌법재판소가 가진 권한을 포괄하여 헌법재판작용을 정의하는 경우에는 주관적·형식적 개념으로 될 수밖에 없다. (2) **권한** 헌법재판소의 권한은 국가마다 다르지만, 헌법규정에 대한 심사, 법률과 조약, 명령·규칙에 대한 위헌심사, 국가수반·각료의 탄핵, 의회결의안에 대한 심사, 국가수반의 궐위 여부와 권한대행의 결정, 국민발안 심사, 권한쟁의, 정당해산, 국민투표의 위헌 여부심사, 기본권 포기와 정지 심사, 선거심사, 귀화 여부심사, 헌법소원, 비상사태 규범심사 등이 권한으로 되고 있다. 2) **헌법재판의 성격** ➜ 헌법재판제도. 4. **우리나라의 위헌법률심사제** 대한민국 임시정부헌법들에서는 탄핵규정이 있었으나, 위헌법률심사제도가 채택되지 않았다. 제1공화국 헌법은 헌법위원회제도를 두어, 부통령을 위원장으로 하고 대법관 5인과 국회의원 5인의 위원으로 조직되어 정치적 심판기구로 평가되었다. 제2공화국 헌법은 독일식 헌법재판소제도를 채택하였다. 대통령·대법원·참의원이 각 3인씩 선출하는 9인의 심판관으로 구성하며, 법관의 자격이 있는 자이어야 하였다. 성격상 사법기관으로서 기능할 수 있었으나, 5·16 쿠데타로 설치되지 못하였다. 제3공화국에서는 미국식 사법심사제도를 채택하였다. 사법부의 적극적인 사법심사가 기대되었으나, 위헌판결은 별로 많지 않았다. 다만, 1971.6.22.의 국가배상법 위헌판결은 당시의 대법원의 위헌판결 중 백미로 손꼽히고 있다. 제4·5공화국 헌법은 헌법위원회제도를 채택하였지만, 전혀 기능하지 못하는 휴면기관으로 전락하였다. 제6공화국 헌법은 헌법재판소제도를 채택하고, 헌법소원제도를 도입함으로써 실질적인 인권보장기구로 기능하고 있다. ➜ 헌법재판제도(우리나라).

위헌법률심판違憲法律審判 1. **의의** 현행헌법상 위헌법률심판은 법률이 헌법에 위반되는지의 여부가 재판의 전제가 된 경우에 법원이 헌법재판소에 제청하여 그 심판에 의하여 재판하는 것을 말한다(헌법 제107조 제1항). 헌법 제111조 제1항 제1호는 헌법재판소의 관장 사항으로 법원의 제청에 의한 법률의 위헌 여부 심판을 규정하고 있다. 위헌법률심판은 현행헌법상 구체적 규범통제의 하나로서, 법적용의 주체인 법원이 자신이 적용할 법률의 헌법적합성에 관한 의심을 해소하기 위한 절차이다. 따라서 현행헌법상 위헌법률심판은 법원이 주체가 되어 진행하는 절차이다. 물론 간접적으로는 개인의 기본권의 보호와도 관련이 있다. 2. **심판제청권자** 군사법원을 포함한 모든 법원은 독자적 결정으로 직접 위헌 여부심판을 제청할 수 있다(헌법재판소법 제41조). 다만 대법원 이외의 법원이 제청을 하는 경우에는 대법원을 경유하여야 한다(헌법재판소법 제41조 제5항). 이 때 대법원은 제청법원의 심판제청을 심사할 권한이 없으므로, 대법원 경유는 사무적 절차에 불과하다. 당사자가 위헌법률심판제청신청을 한 경우, 법원이 이를 기각하더라도 이에 대해서는 불복할 수 없다. 헌법재판소법 제41조 제4항은 「위헌 여부 심판의 제청에 관한 결정에 대하여는 항고할 수 없다.」고 하고 있는데, 이는 당사자가 위헌제청신청을 한 경우 이를 기각하는 결정과 법원이 직권으로 위헌제청을 하는 결정의 양자에 대해 모두 불복할 수 없다는 의미이다. 다만, 당사자가 행한 위헌제청신청의 기각에 대해서는 곧바로 헌법소원을 제기할 수 있으므로, 그 의미가 반감되며, 동 조항은 법원의 직권에 의한 심판제청에 대해서는 상급심이 관여하지 못하게 한다는 의미를 갖는다. 3. **제청대상** 1) **법률** 원칙적으로 국회가 헌법과 법률이 정한 절차에 따라 제정한 '형식적 의미의 법률'만을 제청할 수 있다. 외국의 법률은 대상이 아니다. 또한 현재 시행 중이거나 시행되었다가 효력을 상실한 법률이어야 한다. 공포는 되었으나 시행되지 아니한 법률은 대상이 아니다. 다만, 공포 후 시행이 될 경우에 기본권의 침해가 명확한 경우에는 헌법소원의 대상이 될 수 있다(➜ 헌법소원). 또한 대상이 되는 법률은 유효한 법률이어야 한다. 헌법재판소에서 위헌결정되어 무효인 법률은 대상이 될 수 없다. 폐지된 법률은 그 법률적용의 효과가 현재의 재판에서 그대로 진행되고 있다면 대상이 될 수 있다. 입법부작위의 경우 원칙적으로 대상이 되지 아니하지만, 부진정입법부작위인 경우에는 대상이 될 수 있다. 2) **법률대위명령** 대통령이 행하는 긴급명령·긴급재정경제명령은 법률과 동위의 효력을 가지므로, 위헌법률심판의 대상이 된다. 다만 대법원과 헌법재판소 간의 견해차이가 있다(➜ 국가긴급권). 3) **조약** 국회의 통의가 필요한 조약은 법률의 효력을 가지므로 대상이 된다. ➜ 조약에 대한 사법심사. 4) **일반적으로 승인된 국제법규** 이에 대해서도 당해 국제법규가 법률의 효력을 가지는 경우에는 대상이 된다. 만약 헌법재판소가 당해 국제법규를 위헌으로 선언하는 경우에는 그 국제법규는 효력을 상실한다. 5) **관습법** 법률과 동일한 효력을 가지는 관습법은 제청대상이 될 수 있다. 4. **제청요건: 재판의 전제성** ➜ 재판의 전제성. 5. **위헌심사기준** ➜ 위헌심사기준. 6. **제청의 효과** 법원이 위헌법률심판을 제청하면 해당 소송사건의 재판은 헌법재판소의 위헌여부의 결정이 있을 때까지 정지된다. 다만 법원이 긴급하다고 인정하면 종국재판 외의 소송절차를 진행할 수 있다(헌법재판소법 제42조 제1항). 7. **위헌심판제청에 대한 결정** ➜ 위헌법률심판제청권. 8. **위헌법률심판결정의 효력** ➜ 위헌결정의 효력.

위헌법률심판제청권違憲法律審判提請權 1. **의의** 현행헌법 제107조 제1항은 「법률이 헌법에 위반되는 여부가 재판의 전제가 된 경우에는 법원은 헌법재판소에 제청하여 그 심판에 의하여 재판한다.」고 규정하고 있다. 이는 법률의 위헌 여부가 재판의 전제가 되는 경우에, 법원이 직권으로 또는 소송당사자의 신청에 따른 결정으로 헌법재판소에 위헌법률심판을 제청할 수 있는 권한을 말한다. 2. **주체** 제청권자는 대법원과 각급법원이다. 직권으로 혹은 당사자의 신청에 의할 수 있지만, 제청권자는 어디까지나 당해 사건을 담당하는 법원이다. 원칙적으로 개별 법관이 제청권을 가지는 것이 적절하나, 현행헌법은 법원에 국한하고 있다. 대법원 외의 법원이 제청을 할 때에는 대법원을 경유하도록 하고 있으나(헌법재판소법 제41조 제5항), 이는 형식적 절차일 뿐 대법원이 위헌여부에 대한 심사권을 갖는다는 의미는 아니다. 3. **법원의 합헌결정권의 유무** 과거 제5공화국 이전까지는 대법원이 문제된 규정을 합헌이라고 판단하는 경우에는 헌법위원회에 위헌심판제청을 하지 않도록 할 수 있었고, 또한 현행헌법 하에서도 법원이 당사자의 위헌법률심판제청신청에 대해 이를 기각하는 경우에는 문제된 규정에 대해 합헌이라고 판단하는 것이므로, 각급법원이 합헌결정권을 가진다고 볼 여지가 있기 때문에, 법원이 합헌결정권을 가지는지에 대해 견해가 나뉜다. **긍정설**은 헌법재판소법 제43조 제4호가 법원이 위헌심판의 제청을 할 때 제청서에 위헌이라고 해석되는 이유를 기재하도록 규정한 점과 동법 제68조 제2항이 제청신청이 기각된 때에 헌법소원심판을 통하여 헌법재판소에 직접 위헌심판을 받을 수 있게 한 점, 사법의 본질상 법률에 대한 심사권은 법관의 고유한 권한인 점 등을 근거로 한다. **부정설**은 일반법원의 합헌결정권을 인정할 수 없다고 보는 견해로서 현행헌법상 위헌여부 심판제청에서 법률에 대한 위헌 여부에 관한 대법원의 판단을 전제로 하지 않는다는 점과 과거 합헌여부에 관한 대법원의 실질적인 심사권을 부여했던 관련규정들이 삭제된 점 등을 들고 있다. **헌법재판소**는 「헌재법 제41조 제4항은 위헌여부심판의 제청에 관한 결정에 대하여는 항고할 수 없다는 것으로서, 합헌판단권의 인정 여부와는 직접 관계가 없는 조항이므로, 그 조항이 바로 법원의 합헌판단권을 인정하는 근거가 된다고 할 수 없다. 또한 헌재법 제68조 제2항은 위헌제청신청이 기각된 때에는 그 신청인이 바로 헌법재판소에 법률의 위헌 여부에 관한 심사를 구하는 헌법소원을 제기할 수 있다는 것으로서, 그 경우에 "위헌제청신청이 기각된 때"라는 것은 반드시 합헌판단에 의한 기각결정만을 의미하는 것이 아니라 재판의 전제성을 인정할 수 없어 내리는 기각결정도 포함하는 것으로 해석되므로, 그 조항 역시 법원의 합헌판단권을 인전하는 근거가 된다고 볼 수 없다.」고 하고 있다(헌재 1993.7.29. 90헌바35). 부정설이 타당하다. 4. **위헌법률심판제청의 요건** 위헌법률심판을 제청하려면 첫째, 법률의 위헌여부가 재판의 전제가 되는 경우이어야 한다. ➜ 재판의 전제성. 둘째, 재판의 전제성 이외에도 구체적 사건성, 당사자적격성, 소의 이익 등 사법권발동의 요건이 충족되어야 한다. 5. **위헌법률심판제청의 대상** 헌법 제107조 제1항은 「법률」이 헌법에 위반되는 여부라고 하고 있으므로, 법률이 대상이 됨은 당연하다. 이 때의 법률이 형식적 의미의 법률인가 혹은 실질적 의미의 법률까지도 포함하는가가 문제된다. 여기서의 법률은 형식적 의미의 법률 뿐만 아니라 법률과 동일한 효력을 가진 법규범 즉, 조약과 긴급명령·긴급재정경제명령도 대상이 된다. 일반적으로 승인된 국제법규도 대상이 된다고 봄이 다수설이다. 공포되지 않았거나 폐지된 법률은 원칙적으로 위헌법률심판제청의 대상이 되지 아니한다. 6. **위헌법률심판제청의 절차** 위헌법률심판의 제청은 법원이 직권으로 혹은 당사자의 제청신청으로 행한다(헌법재판소법 제41조 제1항). 당사자의 제청신청이 있는 경우에는 법원은 기각 혹은 인용의 결정을 하게 되는데, 기각의 경우에는 이에 불복할 수 없다(헌법재판소법 제41조 제4항). 기각된 당사자는 위헌심사형 헌법소원을 제기할 수 있기 때문이다. 대법원 이외의 법원이 위헌법률심판을 제청하는 경우에는 대법원을 경유하여야 한다. 이는 단지 형식적 절차일 뿐이다. 위헌제청결정을 한 후 헌법재판소가 당해 법률을 위헌이라고 결정하거나 그 법률이 폐지되거나 당사자의 소송종료를 초래하는 행위(소·항소·상고 등의 취하, 화해, 청구포기·인낙 등) 등의 사유로 위헌제청의 사유가 소멸한 경우에는 위헌제청결정을 취소하고 그 취소결정정본을 헌법재판소에 송부함으로써 위헌여부심판제청을 철회한다(위헌법률심판제청사건의 처리에 관한 예규 제7조 제4항). 이 경우 헌법재판소의 판단에 따라 헌법적 해명이 필요하다고 하면 위헌심판절차를 계속할 수 있다. 7. **위헌법률심판제청의 효과** 법원이 법률의 위헌 여부 심판을 헌법재판소에 제청한 때에는 당해 소송사건의 재판은 헌법재판소의 위헌 여부의 결정이 있을 때까지 정지된다. 다만, 법원이 긴급하다고 인정하는 경우에는 종국재판 외의 소송절차를 진행할 수 있다(헌법재판소법 제42조 제1항). 재판정지기간의 기산점은 법원이 위헌제청의 결정을 한 때, 그 만료점은 헌법재판소의 위헌여부결정서 정본이 위헌제청법원에 송달된 때로 본다(위헌법률심판제청사건의 처리에 관한 예규 제9조의2 제1항). 8. **위헌법률심판제청권행사의 한계** 법원은 헌법판단을 회피해서는 안된다. ➜ 헌법판단회피이론. 법원은 한정합헌해석과 적용위헌의 판단을 할 수 없지만, 한정위헌제청은 가능하다.

위헌불선언결정違憲不宣言決定 ➜ 변형결정.

위헌성판단違憲性判斷 우리나라 헌법재판제도 하에서는, 법률에 대한 위헌성판단, 탄핵심판에서 탄핵대상자들의 행위의 위헌성 판단, 정당해산심판에서 정당의 목적이나 활동의 위헌성 판단, 헌법소원심판에서 특정 국가행위의 위헌성 판단 등이 있다.

위헌심사권違憲審査權 ㉯ Prüfungskompetemz. ➜ 위헌결정권.

위헌심사기준違憲審査基準 1. **의의** '위헌심사기준'은 두 가지 의미로 사용된다. ① 먼저 헌법판단의 목적이 된 심사대상의 위헌 여부를 심사·논증하는 '척도 내지 방법', ② 다음으로 심사대상의 위헌

여부를 심사하는 강도를 의미한다. 위헌 여부가 문제되는 대상은 크게 법규범과 사실적 행위 양자이며, 이 대상에 대하여 헌법위반 여부를 심사하는 기준이 위헌심사기준이다. 2. **법규정** 1) **성문헌법규정** 위헌심사의 제1차적 기준은 성문의 헌법이다. 모든 성문의 헌법규정은 위헌심사의 기준이 된다. 헌법규정에는 헌법의 기본이념, 국가의 기본요소, 국가 조직원리, 기본권 조항, 국가기관의 권한행사에 관한 기본원칙과 규범 등을 포함한다. 부칙규정도 심사기준이 된다. 말하자면 성문헌법 규정은 전체로서 위헌심사기준이 된다. 또한 성문헌법 규정은 현재 효력을 가진 형식적 의미의 헌법이어야 한다. 과거의 헌법에 규정되었던 사항은 심사기준이 될 수 없다. 다만, 과거의 헌법규정이 현재의 헌법규정에 모순되지 않고 여전히 불문의 헌법원칙으로 해석상 인정될 수 있다면 과거의 헌법규정도 심사기준이 될 수 있다고 보아야 할 것이다. 2) **관습헌법** 헌법재판소는「신행정수도의 건설을 위한 특별조치법」위헌확인 사건에서 국가의 기본적이고 핵심적인 사항으로서 법률로 규율하는 것이 적합하지 아니한 사항에 관하여 형성된 관행이나 관례로서 관습법의 요건(반복계속성, 항상성, 명료성, 국민적 합의성)을 갖춘 경우에는 관습헌법으로서 성문헌법과 동일한 효력이 있고, 위헌심사기준으로 될 수 있다고 판단하였다(헌재 2004.10.21. 2004헌마554등). 그러나 관습헌법에 성문헌법과 동일한 효력을 인정할 수는 없으므로, 위헌심사기준으로 될 수는 없다고 함이 타당하다. ➜ 관습헌법. 3) **조약과 국제법규** 조약 혹은 일반적으로 승인된 국제법규 등은 헌법을 통해 국내법으로 수용된다고 할 것이므로, 심사기준이 될 수는 없다. 4) **위헌심사기준의 통합성** 위헌심사기준은 당사자의 주장이나 일부 국가기관의 견해에 따라 영향을 받지는 아니한다. 위헌심사기준은 심판기관인 헌법재판소가 가지는 헌법에 대한 통합적·전체적 관점에서 결정되어야 한다. 3. **구체적 심사기준** 1) **일반적 위헌심사기준** (1) **과잉금지의 원칙** ➜ 과잉금지의 원칙. (2) **신뢰보호의 원칙** ➜ 신뢰보호의 원칙. (3) **소급입법금지원칙** ➜ 소급입법금지의 원칙. (4) **포괄위임금지원칙** ➜ 위임입법. (5) **적법절차원칙** ➜ 적법절차 원리. 2) **기본권 영역에 따른 개별적 위헌심사기준** (1) **평등권** ➜ 평등심사의 기준. (2) **자유권** ➜ 자유권. (3) **재산권** ➜ 재산권의 사회적 제약과 공용수용. (4) **사회적 기본권** 현대 사회국가원리의 포괄적·적극적·미래지향적 특성으로 인해 사회국가원리와 사회적 기본권의 관계를 밀접하게 파악하면 할수록 사회적 기본권은 권리라기보다는 객관적인 국가의무에 가깝게 되고, 이 점은 사회적 기본권의 위헌심사기준과도 밀접한 관련을 갖는다. 방어권인 자유권적 기본권에 대한 제한이 적극적 행위(작위)에 의하여 이루어지는 반면, 사회적 기본권에 대한 제한은 국가의 소극적 행위에 의해, 즉 필요한 무엇을 명령하거나 급부하지 '않음으로써'(부작위) 이루어진다는 점에서 침해의 방향이 완전히 다르다는 점, 개별적 사회적 기본권에 관한 일부 조항을 제외한 헌법의 사회적 기본권 조항은 매우 추상적이어서 그 자체만으로는 사법심사를 실효적으로 관철하는 데 필요한 구체적인 사법적 기준을 제시하지 못한다는 점, 그리고 무엇보다도 사회적 기본권의 보장이 국가의 경제적 급부능력이라는 사실적 가능성에 그 실현가능성이 좌우된다는 점을 사회적 기본권의 구조적 특성으로 볼 수 있다. ➜ 사회권. 사회적 기본권에 관한 심사기준으로서 공통적인 것은 과소금지원칙(Untermaßeverbot)이다. ➜ 과소보호금지의 원칙. 과소금지원칙은 과잉금지원칙과 마찬가지로 그 본질은 '비례원칙'의 하나라는 데 대체로 견해가 일치하는 것으로 보인다. 이러한 과소금지기준에 따르면, ⓐ 국가가 사회적 기본권의 실현을 위하여 필요한 입법을 전혀 하지 않았거나 ⓑ 또는 국가가 실현해야 할 객관적 내용의 최소한도의 보장에도 이르지 못하였다거나 ⓒ 그 내용이 현저하게 불합리하여 헌법상 용인될 수 있는 재량의 범위를 명백히 일탈한 경우에 한하여 그 입법은 헌법에 위반한 것이 된다. 사회적 기본권에 대한 사법심사의 정도가 과소금지원칙에 그치는 결과 사회적 기본권을 하나의 권리로서 구체화하기 위해서는, 문제되는 사회적 급부와 연계되는 재산권 등의 자유권이나 평등원칙과 병행하여 심사를 함으로써 심사기준을 간접적으로 강화하거나, 심사척도를 전환하는 방법을 모색할 필요가 있다. ➜ 사회보장수급권.

위헌심사단계違憲審査段階 위헌심사, 특히 기본권을 제한하는 공권력행사의 위헌심사는 세 단계로 행해진다. 즉, 첫째, 보호를 요청하는 개인의 행위나 법익이 기본권의 보호범위에 속하는지의 여부 판단, 둘째, 공권력의 행위가 기본권의 보호범위를 제한하는지의 여부 판단, 셋째, 동 제한이 정당한지의 여부 판단이 그것이다. 권한쟁의심판이나 탄핵심판과 같이 기본권의 제한 내지 침해와 직접 관련이 없는 경우에는, 심사의 단계는 각 심판대상인 사실의 확정과 그 사실을 규율하는 헌법규정의 존부 여부 판단, 대상사실의 헌법규정 위반여부 판단의 단계로 행해진다. 기본권에 있어서 위헌심사의 단계는 심사의 강도와 관련이 있다. ➜ 평등심사기준(3단계기준).

위헌심사형 헌법소원違憲審査型 憲法訴願 헌법재판소법 제68조 제2항의 헌법소원, 2종 헌법소원심판사건이라고도 한다. ➜ 헌법소원.

위헌정당해산제도違憲政黨解散制度 ➜ 정당해산제도.

유고有故**, 대통령의 –** 유고는 헌법상의 용어는 아니다. 헌법상으로는 「궐위」와 「사고」로 표현되어 있다(헌법 제71조). 따라서 궐위와 사고의 경우를 모두 포함하여 「유고」라 할 수 있다. ➜ 대통령 권한대행.

유권해석有權解釋 [영] authoritative interpretation/authentic interpretation, [독] authentische Interpretation, [프] interprétation authentique. 1. **의의** 유권해석이란 국가의 권한 있는 기관에 의하여 법의 의미내용이 확정되고 설명되는 것을 말한다. 학리해석(學理解釋)·문리해석(文理解釋)·논리해석(論理解釋) 등에 대응하는 용어이다. 이것은 권한있는 기관의 해석으로서 이에 복종하여야 할 구속력을 가지고 있는 해석이므로 강제해석(強制解釋)이라고도 한다. 2. **종류** 유권해석은 다시 입법적 해석·사법적 해석 및 행정적 해석의 3종으로 나뉜다. (1) **입법적 해석**立法的 解釋 입법적 해석은 입법적 수단으로 법의 의미내용을 확정하는 것이다. 즉 법령으로서 법령의 용어를 해석하는 경우이다. 법규해석이라고도 한다. 이에는 첫째, 동일법령 중에 그 해석규정을 두는 방법으로, 법령상 정의규정이 이에 속한다. 민법 제18조의 '주소'의 정의, 제98조의 '물건'의 정의 등이 그 예이다. 둘째, 부속법규(附屬法規)에 해석규정을 두는 방법이 있다. 법률 하위의 시행령에 정의규정 내지 해석규정을 두는 경우이다. 셋째, 법문 중에 예시를 삽입하여 해석의 표준을 표시하는 방법 등이 있다. 입법적 해석은 그 자체로 독립한 법규이므로 강제력이 있어서 절대적인 권위를 갖는다. 그리고 입법적 해석은 사실상 법규 그 자체이며, 신법규의 제정과 같다고 보아야 할 것이다. (2) **사법적 해석**司法的 解釋 사법적 해석은 법원, 특히 상급법원이 판결을 통하여 내리는 법의 해석이다. 법원에서 하는 것이므로 재판해석이라고도 한다. 구체적 쟁송의 해결을 목적으로 추상적인 법규범의 객관적 의미를 파악하는데 중점을 두므로, 구체적이고 특정한 법적 분쟁에 대한 해석이라 할 수 있으며, 이는 당해 사건에 대하여 최종적인 구속력을 가진다. 성문법주의 국가에서는 판례가 법원에 대하여 법적인 구속력을 갖지 못하므로 사법적 해석은 절대적인 권위는 가지지 못한다. (3) **행정적 해석**行政的 解釋 행정적 해석은 행정관청이 내리는 해석을 말한다. 이것은 행정관청에서 법을 집행하는 형식으로 또는 상급관청이 하급관청에 대하여 회답·훈령·통첩·지령 등을 하는 형식으로 나타난다. 물론 행정관청은 최종적인 권위가 있는 해석은 할 수 없다. 잘못된 법해석에 대하여서는 법원을 통하여 해결할 수 있다.

유기체설有機體說 ⓔ theory of organism, ⓓ das Organismuslehre. 유기체설은 사회는 곧 거대한 유기체, 즉 생명체와도 같아서, 그에 속한 개인들은 생명체를 이루는 세포와 같다고 이해한다. 일반적으로 사회유기체설로 지칭된다. A. Comte, H. Spencer, E. Durkeim 등의 사회학자들에 의해 발전되었다. 국가학에도 영향을 미쳐서, 국가를 이해함에 있어서 국민은 국가유기체를 구성하는 세포에 불과하다고 본다(v. Gierke).

유니언 숍union shop 유니언 숍이라 함은 노동조합이 사용자와의 단체협약으로 근로자가 고용되면 일정 기간 내에 노동조합에 가입하여 조합원 자격을 가져야 하고 노동조합에 가입하지 않거나 탈퇴 또는 제명된 경우에는 해고하도록 정한 조직강제방법을 말한다. 「노동조합 및 노동관계조정법」 제81조 제2호 단서에서는 유니언 숍(Union Shop) 제도의 법적 근거를 규정하고 있다. 이 제도는 단체협약을 통해 종업원인 미가입 근로자에게 조합가입을 강제하며, 또한 노동조합의 탈퇴·제명으로 조합원자격을 상실한 자에 대하여 사용자에게 해고의무를 지움으로써 조직강화를 기하려는 데 그 취지가 있다. 위헌의 논란이 있으나 다수설과 판례는 합헌으로 보고 있다. 단체협약에 정한 기간 내에 근로자가 조합에 가입하지 않거나, 단체협약의 유효기간 중 탈퇴한 경우 사용자는 마땅히 그 근로자를 해고할 의무를 부담한다고 보는 것이 통설과 판례의 입장이다(대판 1998.3.24. 96누16070).

유동적 심사流動的 審査 ⓔ sliding scale. ➜ 평등심사의 강도.

유럽사법재판소Europe司法裁判所 ⓔ The Court of Justice of the European Union(CJEU), ⓓ Der Gerichtshof der Europäischen Union, ⓕ La Cour de Justice de L'Ustice de L'Union Européenne. 정식 명칭은 유럽연합 사법재판소이다. 유럽인권재판소와는 구별되는 사법기관이다. 유럽연합의 최고재판소로서, 1952년 유럽연합 사법재판소가 설립된 이래, 그 임무는 조약의 '해석 및 적용에서' '법이 준수되도록' 하는 것이었다. 그 임무의 일환으로 유럽연합 사법재판소는, 유럽연합 기관의 행위의 적법성을 검토하고, 회원국이 조약에 따른 의무를 준수하도록 보장하고, 국내 심판기관 및 재판소의 요청에 따라 유럽연합 법률을 해석한다. 따라서 재판소는 유럽연합의 사법기관을 구성하며 회원국의 재판소 및 심판기관과 협력하여 유럽연합 법률의 통일된 적용 및 해석을 보장한다. 룩셈부르크에 소재한 유럽연합 사법재판소는, 사법재판소(the Court of Justice)와 일반재판소(the General Court:1988년 창설: 1심재판소) 등 2개의 법원으로 구성되어 있다. 2004년에 설립된 공직자재판소(the Civil Service Tribunal)는 유럽연합의 사법구조 개혁과 관련하여 관할권이 일반재판소로 이관된 후 2016.9.1.에 운영이 중단되었다. 각 회원국마다 고유한 언어와 특수한 법률시스템이 있기 때문에 유럽연합 사법재판소는 다국어 기관이다. 사법재판소는 소장 및 부소장(the President and the Vice President), 재판관(Judge)(27명), 보고관 및 부보고관(Rapporteurs and Assistant Rapporteurs)과 법무관(Advocates General)(11명)으로 구성되어 있다. 재판관과 법무관은 보좌기관인 재판연구관을 직접 선발할 수 있다. 일반재판소는 1심 재판소로서, 각 회원국 당 적어도 한 명의 재판관으로 구성된다. 사법재판소는 재판소에 직접 제기하는 직접소송, 일반재판소의 항소심, 선결적 판결, 의견제시 등의 관할을 가진다. 일반재판소의 관할은 유럽연합의 개별조약에 따른 지식재산권, 경쟁법(반독점법), 국가 보조법(State aid), 테러방지, 정보 접근권, 환경법분야 등등의 영역에서 제기되는 무효소송, 부작위소송, 직원소송 및 계약상 중재조항에 따른 1심 소송 등이다. 유럽사법재판소는 유럽통합 이후 유럽연합의 법치주의적 구조를 구축하기 위하여 지속적으로 노력하고 있으며, 점차적으로 사건수가 증대해가는 경향을 보여주고 있다.

유럽연합Europe聯合 ㉳ European Union, ㉪ Europäische Union, ㉫ Union européenne. 유럽연합 유럽지역에 위치한 27개의 회원국 간의 정치 및 경제 통합체이다. 유럽연합의 인구수는 4억5,000만 명이다. 유럽연합의 기원은 1951년 파리조약으로 창설된 유럽 석탄철강공동체(European Coal and Steel Community; ECSC)와 1957년 로마조약으로 창설된 유럽 경제공동체(European Economic Community; EEC)이다. 1992년 체결된 마스트리히트조약의 발효로 1993.11.1. 유럽연합이 출범하였다. 2004.10.에 EU 헌법조약 초안이 서명되었고, 2007.12.에 유럽헌법인 리스본조약이 서명되어 2009.12.에 발효하여 거대한 유럽연합국가가 탄생하였다. 28개국이던 회원국 수가 2020.1. 영국의 탈퇴로 27개국으로 되었고, 우크라이나가 가입준비를 하고 있다. ➜ 유럽헌법.

유럽연합 기본권헌장基本權憲章 1. **연혁** 1950년대부터 시작된 유럽통합의 과정에서 기본권보장의 중요성을 인식하고 이를 유럽헌법에 반영하도록 강조되었다. 1997. 암스테르담 조약에서 기본권헌장의 중요성이 다시금 강조되었고, 1999.6. 유럽이사회에서 회원국 국가원수와 정부대표, 집행위원회 위원장 대표, 유럽의회의원과 각 회원국 의회의원 대표로 구성된 조직(총 62명으로 구성)이 헌장안을 기초할 것을 결의하였다. 2000.10. Biarritz에서 유럽이사회의 동의, 2000.11. 유럽의회 동의, 2000.12.6. 집행위원회 동의를 거쳐, 2000.12.7. 유럽의회 의장, 유럽이사회 의장 및 유럽집행위원회 위원장이 함께 서명한 기본권헌장을 공포하였다. 2. **내용** 기본권헌장은 기본적으로 총 7개의 장과 54개 조문으로 구성되어 있다. 제1장 '인간의 존엄'(Würde des Menschen(Dignity), 제1~5조)부터 제2장 '자유권' (Freiheiten (Freedoms), 제6~19조), 제3장 '평등권'(Gleichheit(Equality), 제20~26조), 제4장 '연대권'(Solidatität(Solidarity), 제27~38조), 제5장 '시민권'(Bürgerrechte(Citizens' Rights), 제39~46조), 제6장 '사법적 권리'(Justizielle Rechte (Justice), 제47~50조) 그리고 제7장 '헌장의 해석과 적용에 관한 일반 조항'(Allgemeine Bestimmungen über die Auslesung und Anwendung der Charta (General Provisions), 제51~54조) 까지 각 장에서 이에 해당하는 여러 개별기본권을 규정하고 있다. 특히, 기본권 헌장 제1장부터 제6장까지 규정하고 있는 개별기본권에서는 인권과 자유권적 기본권의 보장, 그리고 이와 관련한 중요한 기본원칙 등을 주요 내용으로 포함하고 있다. 이러한 기본 구성과 체계를 갖추고 있는 기본권 헌장은 비교적 풍부한 기본권 조문과 더불어, 상당히 다양하고 구체적인 내용을 규정하고 있다.

유럽인권재판소Europe人權裁判所 ㊎ European Court of Human Rights(ECHR or ECtHR), ㊍ Der Europäische Gerichtshof für Menschenrechte(EGMR), ㊉ Cour européenne des droits de l'homme(CEDH, CrEDH ou CourEDH). 1. **개괄** 유럽인권재판소는 유럽인권협약(ECHR)에 근거하여 설립된 재판소로서, 프랑스 스트라스부르에 소재하고 있다. 유럽인권협약의 모든 서명국의 협약위반과 관련된 입법부, 사법부 및 행정부의 행위를 심사한다. 유럽평의회(Council of Europe)의 46개 회원국 모두가 ECHR에 가입하였다. 따라서 몇몇 국가를 제외하고 모든 유럽국가가 ECtHR의 관할하에 있다. 누구든지 이들 국가 중 하나가 협약에 따른 권리를 침해했다는 주장으로 ECtHR에 항소할 수 있다. 2022년 현재 아이슬란드 재판관 로베르트 라그나르 스파노(Róbert Ragnar Spanó)가 소장을 맡고 있다. 2. **역사** 1953.9.3.에 발효된 유럽인권협약(ECHR)은 또한 가입국이 보장된 보장을 준수하도록 하는 사법부의 설립을 규정하였다. 1959.4.에 15명의 판사로 구성된 첫 번째 재판소가 출범하여 동 9.18.에 Arnold McNair를 초대 재판소장으로 선출하고 소송규칙이 채택되었다. ECtHR은 처음에 상설재판소가 아니었고, 개인이 청원을 제기할 수 없었기 때문에, 1975년까지 20개의 판결만이 선고되었다. 1998.11.1. 발효된 11차 추가 의정서는 ECHR의 보호 메커니즘을 근본적으로 재설계하여 현재 형태의 ECtHR의 탄생을 알렸다. 재판소는 상설로 바뀌었고 상임재판관으로 구성되었다. 개인청원은 모든 회원국에 대해 의무사항이 되었다. 이는 유럽인권위원회(European Commission for Human Rights)의 해산과 함께 이루어졌다. 각료 위원회의 의사결정권도 폐지되었고 그 권한은 ECtHR의 판결 이행을 감시하는 것으로 제한되었다. 이로 인해 청원 숫자가 엄청나게 증가하였다. ECHR의 제14차 추가의정서는 ECtHR의 부담을 줄이기 위해 2004.5.13. 통과되었다. 2011년에 법원에 계류 중인 사건의 수는 150,000건으로 정점에 달했다가, 2016년부터 2021년까지 보류 중인 케이스가 약 60,000개로 일정하게 유지되었다. 2022년 6월 초, 러시아 의회는 ECtHR에서 러시아에 대한 관할권을 박탈하는 법률을 통과시켰다. 3. **조직** ECtHR 총회와 재판관으로 구성된다. **ECtHR 총회**는 유럽인권재판소의 판사 47명 전원이 모이는 총회이다. 총회는 ECtHR의 절차 규칙(Art. 25 lit. d ECHR)의 제정 및 개정, 재판소장 선출, 등록관 선출과 같은 다양한 업무를 수행한다. 재판소의 직무상 필요한 경우 재판소장이 소집하며, 재판소 구성원의 3분의 1 이상의 요청이 있는 경우, 소장은 본회의를 소집할 의무가 있다. 이에 관계없이 적어도 1년에 한 번 본회의를 소집해야 하고, 재판소 재판관 3분의 2 이상이 출석할 때 개의한다. **재판관**은 협약에 서명한 각 국가는 재판관을 파견하며, 현재 47명의 판사가 있다. 재판관은 높은 도덕적 평판을 누리고 고도의 사법직위를 유지하는 데 필요한 요건을 충족하거나 평판이 좋은 법학자이어야 한다. 재판관은 유럽 평의회 의회에서 선출되어 높은 수준의 민주적 정당성을 부여받는다. 후보자들은 평의회의 위원회에서 개인적으로 청문을 거쳐 투표에서 과반수를 얻은 사람이 재판관으로 선출된다. 재판관의 임기는 9년 단임이며, 정년은 70세이다. 재판관은 후임자가 취임할 때까지 그 직을 맡는다. 재판관은 다른 재판관 3분의 2 다수결로 해임을 결정한 경우에만 해임될 수 있다. 스스로 사임할 수도 있다. 재판관의 지위는 개인자격이며, 추천국가를 대표하지는 않는다. 협약에 정한 특권과 면제를 향유하고, 외교관에게 부여된 것과 동일한 특권을 향유한다. 재판부는 5개의 재판부로 구성된다. 유럽인권재판소는 3년 임기로 재판관들이 선출한 소장과 2명의 부소장이 관장한다. 4. **절차** ECtHR은 세 가지 유형의 절차를 두고 있다. 개별청원처리 절차(Applications by individuals)(제34조), 국가간 청원절차(Interstate cases)(제33조) 및 권고의견 절차(Advisory opinion)(제47조) 등이다. 5. **판결의 효과** 유럽인권협약 제46조는「체약당사국은 자신이 당사자인 모든 사건에서 재판소의 최종 판결을 따를 것을 약속한다.」고 명시하고 있어서 모든 가입국가는 ECtHR의 판결에 따라야 한다(대세효). 다만, 재판소는 집행권의 부재로 인하여 행위국가에 대하여 배상금의 형태로만 배상을 부과할 수 있다(제41조). 6. **다른 재판소와의 관계** **유럽연합 사법재판소**(CJEU)는 제도적으로 유럽 인권재판소와 관련이 없다. 두 재판소는 적어도 2009년까지는 서로 다른 조약과 관련되어 있었다. 그러나 모든 EU 국가가 유럽평의회 회원국이기 때문에 인권에 관한 협약의 당사자들도 마찬가지이므로 두 재판소 간의 판례의 일관성에 대한 우려가 있다. CJEU는 유럽인권재판소 판례법을 참조하며, 인권협약은 EU 회원국의 법적 원칙의 일부를 구성하기 때문에 EU의 법률 시스템의 일부인 것처럼 취급한다. 회원국이 협약의 당사국임에도 불구하고 유럽연합 자체는 당사국이 아니다. 다만 EU기관은 EU 니스조약 제6조에 따라 협약에 따른 인권을 존중할 의무가 있다. 또한, 리스본 조약이 2009.12.1.에 발효되었으므로 EU는 이 조약에 서명할 것으로 예상되지만, 2014.12. CJEU는 ECHR 가입을 거부하는 의견을 내기도 하였다. **국내재판소**와 관련하여 유럽인권협약의 대부분의 체약국은 헌법조항, 법령 또는 사법부 판결을 통해 이 협약을 자국의 법률시스템에 통합하였다. ECtHR은 특히 판결의 집행과 관련하여 국내재판소와의 사법적 대화를 고도의 우선순위로 고려하고 있다. 국제법학자들은 유럽인권재판소를 세계에서 가장 효과적인 국제적 인권재판소로 평가하고 있다.

유럽인권협약Europe人權協約 [영] the European Convention on Human Rights (ECHR; 공식적으로는, the Convention for the Protection of Human Rights and Fundamental Freedoms), [독] die Europäische Menschenrechtskonvention(EMRK, 공식적으로는, Die Konvention zum Schutze der Menschenrechte und Grundfreiheiten), [프] La Convention européenne des droits de l'homme(CEDH, 공식적으로는, La Convention de sauvegarde des droits de l'homme et libertés fondamentales). 유럽인권협약은 유럽에서 인권과 정치적 자유를 보호하기 위한 국제협약이다. 당시 새로 구성된 유럽평의회에 의해 1950년에 초안이 작성되었으며 1953.9.3.에 발효되었다. 전문과 제1조, 권리와 자유를 규정한 제1장(제2-18조), 유럽인권재판소를 규정한 제2장(제19-51조), 기타 규정인 제3장(제52-59조)으로 구성되어 있다. 이 외에 16개의 부가의정서(protocols)가 있다. 모든 유럽평의회 회원국은 이 협약의 당사국이며 새로운 회원은 가능한 한 빨리 협약을 비준해야 한다. 이 협약에 의해 유럽인권재판소(ECHR)가 설립되었다. 협약에 따른 자신의 권리를 침해했다고 생각하는 당사국은 재판소에 소송을 제기할 수 있다. 위반을 인정하는 판결은 관련 국가에 구속력을 가지며 관련 국가는 집행할 의무가 있다. 유럽평의회 각료위원회는 판결집행을 감시한다. 협약에는 협약의 기본구조를 수정하는 여러 의정서가 있다. 이 협약은 유럽평의회(Council of Europe) 회원국의 법률에 중대한 영향을 미쳤으며 인권보호를 위한 가장 효과적인 국제조약으로 평가되고 있다. 또한 2000.12.7.에 공포된 유럽연합 기본권헌장에 인권협약의 대부분의 규정들이 계수되었다.

유럽헌법 1. **제정과정** 1951년 석탄철강공동체와 1957.3.25. 로마조약을 통한 유럽경제공동체가 출범하였다. 1967년에는 유럽공동체 집행부의 통합조약, 1968년에는 회원국 간의 관세동맹을 체결하였으며, 70년대의 논의를 거쳐, 1984.2.14. 유럽연합설립조약안이 의결되었다. 1989.11.23. 스피넬리(Spinelli)가 헌법안을 기초할 것을 제안하였고, 1990.7.9. 유럽연합 헌법초안의 내용을 강화할 것을 결의하였다. 1992.2.7. 마스트리히트 조약이 체결되어 1993.11. 발효됨으로써 유럽연합이 탄생하였다. 1997년 암스테르담 조약에서 기존의 여러 조약들을 수정하는 조약이 채택되었고, 1999.1.에는 단일통화인 유로(Euro)가 탄생하였고 1999.5. 암스테르담 조약이 시행되었다. 2000.10. 전문 54개조의 유럽연합기본권헌장이 의결되어 2000.12. 니스회의에서 채택되었다(니스선언). 2001.12.15. 벨기에 리켄에서 유럽평의회가 유럽연합 헌법초안의 작성을 과제로 채택하고, 2002.12.28.~2004.6.18.까지 헌법회의가 총 26차례 총회를 소집하였다. 2003.6.18. 데살로니끼에서 개최된 유럽평의회에 '유럽헌법 제정 조약안(Vertrag über eine Verfassung für Europa)'의 초안이 제출되었으며, 2004.6.17.~18. 브뤼셀에서 유럽평의회가 개최되어 유럽헌법조약을 정식으로 채택하였다. 2004.10.29. 로마에서 회원국 정상들이 유럽헌법에 서명함으로써 유럽연합 헌법조약이 체결되어, 각 회원국의 국내 비준절차를 기다리게 되었다. 하지만 2005.5.과 동 6.에 있었던 프랑스와 네덜란드에서의 비준이 실패로 끝났고, 2006.5. 에스토니아 의회가 유럽헌법 초안을 비준하였으나 전체 회원국의 비준은 실패하였다. 이 후 2007.6. EU 정상회의에서 Merkel 총리의 주도로 헌법조약안 대신 기존 조약들을 개정하는 형식의 개혁조약(Reform Treaty)을 추진하기로 합의하고, EU 27개국 정상회의에서 2007.10.18.~19. 포르투갈의 수도 리스본에서 채택하고 같은 해 12.13.에 조약에 공식 서명하였다(리스본 조약). 대부분의 회원국들은 동 조약에 대한 회원국 비준시 국민투표를 거치지 않는 것으로 이해하여 비준과정이 어렵지 않을 것으로 예상하였으나, 결국 회원국내 정치적 결정사항으로 아일랜드는 국민투표를 거치기로 하였다. 두 차례에 걸친 아일랜드 국민투표에서 통과되었고, 체코 대통령의 서명을 거쳐 2009.12.1. 발효되었다. 리스본 조약은 TEU(Treaty on European Union, 암스테르담 EU조약 개정) 및 TFEU(Treaty on the Functioning of the European Union, 기존 EC조약 수정)으로 구성되어 있다. 2. **유럽헌법의 주요 내용** 1) 개요- 전문과 4개부(部), 5개 기록서와 3개의 설명서 2) 제1부- 59개의 조항으로 구성된 유럽연합의 통치기관에 관한 것 3) 제2부- 니스에서 채택된 유럽연합 기본권헌장 4) 제3부 '유럽연합의 정책범위와 활동방식' - 총 342개의 조항을 구성 5) 제4부- 10개의 조항으로 구성된 종료규정이다.

유류분제도遺留分制度 ㉳ legal reserve/forced share of inheritance ㉲ der Pflichtteil, ㉴ la réserve. 유류분제도란, 피상속인이 증여 또는 유증으로 자유로이 재산을 처분하는 것을 제한하여 법정상속인 중 일정한 범위의 근친자에게 법정상속분의 일부가 귀속되도록 법률상 보장하는 상속법상의 제도이다. 여기서 유류분이란, 상속인에게 귀속되는 것이 법률상 보장되는 상속재산에 대한 일정비율을 말하고, 유류분권은 상속개시 후 일정범위의 법정상속인에게 보장되는 권리로서 상속재산의 일정비율을 확보해 주는 것을 내용으로 한다. 유류분반환청구권은 상속개시 후 확보된 유류분권에 미치지 못하는 부족분이 발생하는 경우 그의 유류분을 침해하는 증여 또는 유증의 수증자 · 수유자에 대해 부족분의 반환을 청구하는 권리로서 유류분권으로부터 파생되어 나오는 권리이다. 유류분제도는 1977.12.31. 법률 제3051호로 「민법」을 개정하면서 신설되었다. 유류분제도는 유언의 자유와 재산처분의 자유 등 피상속인의 재산처분의 자유를 제한하고, 유류분반환청구권에 의하여 수유자 · 수증자의 권리를 제한하며, 공동상속인의 재산권을 제한하는 제도이다. 독일연방헌법재판소는 유류분 제도에 관한 독일민법규정의 합헌성을 지속적으로 확인하고 있다. 우리 헌법재판소도 유류분제도가 입법형성의 자유에 속하는 사항이며, 과잉금지원칙에 위배되지 않는다고 결정하였다(헌재 2010.4.29. 2007헌바144; 2010.12.28. 2009헌바20; 2013.12.26. 2012헌바467 등 참조). 학계에서는 유류분권리자의 범위 축소, 유류분율 조정, 유류분 산정의 기초재산 문제, 유류분반환청구권의 법적 구성과 반환방법의 문제, 유류분결격사유의 신설 등이 논의되고 있다.

유사경합類似競合 ➜ 기본권의 경합.

유사충돌類似衝突 ➜ 기본권의 충돌.

유성환兪成煥 ➜ 원고사전배포행위. ➜ (국회의원의) 면책특권.

유신헌법維新憲法 유신헌법은 ① 통일주체국민회의가 대통령선거 및 국가중요정책에 대한 최고의결기관으로 설치되었고, ② 직선제이던 대통령선거가 통일주체국민회의 대의원들에 의한 간선제로 바뀌었으며, ③ 대통령 임기가 4년에서 6년으로 연장되었고, ④ 국회의원 정수(定數)의 1/3을 대통령의 추천으로 통일주체국민회의에서 일괄 선출하고(유신정우회), ⑤ 국회의원의 임기를 6년과 3년의 이원제(二元制)로 하여 통일주체국민회의에서 선출된 의원은 3년으로 하였으며, ⑥ 국회의 연간 개회일수를 150일 이내로 제한하고, ⑦ 국회의 국정감사권을 없앴으며, ⑧ 초헌법적인 대통령의 긴급조치권을 규정하였으며, ⑨ 대법원장(국회 동의) 이하 모든 법관들에 대한 임명권을 대통령이 갖도록 하였고, ⑩ 지방의회를 폐지하며, ⑪ 대통령이 제안한 헌법개정안은 국민투표로 확정되고, 국회의원의 발의로 된 헌법개정안은 국회의 의결을 거쳐 통일주체국민회의에서 다시 의결함으로써 확정되도록 이원화하였다. 그 밖에도 1972.10.17.의 비상조치와 그에 따른 대통령의 특별선언을 제소하거나 이의를 제기할 수 없도록 헌법에 못박았다. 한마디로 유신체제는 행정 · 입법 · 사법의 3권을 모두 쥔 대통령이 종신(終身) 집권할 수 있도록 설계된 1인 영도적(절대적) 대통령제였다. ➜ 10월 유신.

유엔인권위원회UN 人權委員會[1] ㊎ U. N. Commission on Human Rights(UNCHR), ㊂ UN-Menschenrechtskommission, ㊇ Commission des droits de l'homme des Nations unies. 유엔인권위원회는 2차 세계대전 종료 후 세계의 인권 보호 및 증진을 목표로 하여 유엔 경제사회이사회 산하의 위원회로 설립된 기구이다. 시민적 · 정치적 권리에 관한 국제규약(ICCPR)에 따라 설치된 유엔인권위원회(U.N. Human Rights Committee:UNHRC)와는 구별되는 조직이다. 유엔 헌장 제68조에 기하여 창설된 조직으로, 유엔 여성지위위원회와 함께 유엔의 초창기부터 운영되었던 두 위원회 가운데 하나이다. 설립 이후 그 조직과 권한 및 실무능력에 관한 논란이 있었으며, 세계인권에 좀더 적극적인 기여를 하기 위하여 인권위원회의 권한 및 역할을 증대시켜야 한다는 주장이 있었다. 이에 유엔 경제사회이사회 산하의 인권위원회를 유엔총회 산하의 유엔인권이사회로 격상시키는 결의안이 2004.12.

제시되었고, 2006.3.15. 유엔 총회에서 찬성 170개국 대 반대 4개국의 압도적인 표 차이로 통과하였다. 이에 따라 인권위원회는 2006.6.16. 해체되고, 유엔인권이사회(UN Human Rights Council: UNHRC)가 이를 대체하였다. ➜ 유엔인권이사회.

유엔인권위원회UN人權委員會[2] ⓨ U.N. Human Rights Committee, ⓓ UN-Menschenrechtsausschuss, ⓟ Comité des droits de l'homme. 유엔인권위원회는 1966년에 체결된 시민적 · 정치적 권리에 관한 국제규약(ICCPR)에 의해 설립되었으며, 18명의 전문가로 구성된 조약기구이다. 위원회는 ICCPR의 173개 조약당사국이 조약준수에 관하여 제출한 정기보고서와 ICCPR의 첫 번째 선택의정서의 116개 당사국에 관한 개별청원을 검토하기 위해 1년에 3회의 4주 회의를 개최한다. 위원회는 특정 조약의 이행을 감독하는 10개의 유엔 인권조약기구 중 하나이다. UN인권이사회(UNHRC) 또는 그 전신인 UN인권위원회(UNCHR)와 혼동되어서는 안된다. 유엔인권이사회(UNHRC)와 유엔인권위원회(UNCHR)은 유엔 총회결의와 유엔 헌장에 의해 설립되고, 인권의 전 범위를 논의하는 유엔의 정치적 기구인 반면, 인권위원회(HRC)는 유엔의 전문가 기구로, ICCPR에 의해 설치되고 해당 조약에 관련된 문제만을 논의한다. 인권위원회는 혼란을 피하기 위해 CCPR((Committee on Civil and Political Rights)이라고도 한다. 위원회는 ICCPR 당사국의 위원 18명으로 구성되며, 국가대표가 아닌 개인자격으로 복무한다(ICCPR 제28조). 위원은 유엔본부에서 열리는 ICCPR 당사국 회의에서 선출된다(ICCPR 제29조 및 제30조). 임기는 4년이며, 2년마다 절반이 선출된다((ICCPR 제32조).

유엔인권이사회UN人權理事會 ⓨ UN Human Rights Council(UNHRC), ⓓ UN Menschenrechtsrat, ⓟ Conseil des droits de l'homme des Nations unies. 유엔 인권 이사회는 유엔 총회 보조기관의 하나이다. 유엔 가입국의 인권상황을 정기적, 체계적으로 검토하고 국제사회의 인권상황을 개선하기 위하여, 철저하고 조직적인 인권침해를 해결하고자 만든 상설위원회이다. 유엔 경제사회이사회의 기능위원회 중의 하나였던 유엔 인권위원회(U.N. Commission on Human Rights:UNCHR)를 개편, 발전시켜 2006.3.15.의 유엔총회결의안 60/251를 거쳐 2006.6. 새로 설립되었다. 인권이사회는 연 3회(10주간 이상)의 정례모임 외, 이사국 3분의 1의 요청에 의한 긴급모임(특별회기)도 열리는 상설이사회이다. 또한 인권위원회가 경제사회이사회의 하부에 위치하는 독립기능위원회이었지만, 인권이사회는 총회의 직접적인 하부기구로 승격하였다. 전신인 인권위원회는 53개국의 '위원'으로 구성되어 있었지만, 인권이사회는 47개 '이사국'으로 구성되어 있다. 인권이사회의 이사국은 지역마다 배분되어 아프리카에 13개국, 아시아에 13개국, 동유럽에 6개국, 남미 · 카리브해에 8개국, 서유럽과 그 외의 그룹에 7개국으로 배정되어 있다. 이사회는 유엔 회원국의 인권침해 혐의를 조사하고 결사 및 집회의 자유, 표현의 자유, 신앙과 종교의 자유, 여성의 권리, LGBT 인권, 소수 인종 및 소수 민족의 권리 등 인권전반에 걸쳐 문제인식과 해결을 추구하는 기구이다. 인권이사회의 주요 임무와 목표로서, 1) 인권침해 피해자 보호 2) 인권보호 및 이행 촉진 3) 새로운 개념 및 정책 개발 4) 국제적 및 국가적 차원에서 새로운 인권기준 개발 5) 인권침해 방지 및 예방 6) UN 조직의 인권활동 조정 7) 후속조치 및 실현 등을 표명하고 있다.

유엔한국위원회UN韓國委員會 ⓨ United Nations Commission on Korea; UNCOK. 유엔한국위원회는

유엔한국임시위원단의 뒤를 이어, 1948.12. 점령군 철수촉구, 한반도의 독립·통일·발전 지원을 목적으로 설립된 유엔의 기구이다. 주요 활동으로 한반도의 정치, 경제적 문제 해결 노력, 한반도 상황 유엔 보고 등이 있다. 이후에 유엔한국위원회의 임무는 유엔한국통일부흥위원회(UN Commission for the Unification and Rehabilitation of Korea;UNCURK)가 승계했다. 한국통일부흥위원회는 한국전쟁이 진행 중이던 1950.10. 제5차 유엔 총회에서 설치가 결정됐으며 한반도의 재건, 구호, 통일, 민주정부 성립 등을 목표로 했다. 1973.12. 제28차 유엔 총회에서 만장일치 결의로 해체되었다.

유엔한국임시위원단UN韓國臨時委員團 ㉄ UN Temporary Commission on Korea:UNTCOK. 1946년과 1947년 두 차례의 미소공동위원회가 결렬된 후, 미국은 1947.10. 유엔 총회에 한반도문제를 상정하였다. 유엔 총회는 소련의 불참 속에(찬성 41, 반대 0, 기권 4) 한반도에서 인구비례에 따른 총선거 실시, 유엔한국임시위원단 파견을 결의했다. 이에 따라 호주·캐나다·중국·엘살바도르·프랑스·인도·필리핀·시리아 등 8개국 대표로 구성된 위원단이 1948.1.7. 한국에 도착했다. 우크라이나도 지명되었으나 참여를 거부하였다. 그러나 소련이 위원단의 38선 이북 지역 입북을 거부함으로써 유엔 총회가 결의한 한반도 전체 선거는 무산되었다. 위원단은 선거를 남한지역에서만 실시할 것인가를 심의하는 과정에서, 중국·필리핀·엘살바도르·프랑스는 단독선거라도 실시하자고 주장했고 호주·캐나다·인도·시리아 대표는 반대하였다. 결국 위원단은 독자적 결론을 내지 못하고 유엔 총회에 자문을 구하는 보고서를 제출하였다. 1948.2. 유엔 소총회는 미국이 제출한 남한만의 '단독 총선거안'을 찬성 31, 반대 2, 기권 11로 채택하였다. 총회 결의문의 골자는 '유엔한국임시위원단이 접근할 수 있는 한국의 지역에서 결의 제2호에 서술된 계획을 실행하는 것이 동 위원단의 책임'이라고 규정하였다. 이에 따라 한국임시위원단 위원들은 유엔총회 결의를 실행할 것을 만장일치로 결정하고, 위원단이 접근할 수 있는 지역에서의 선거감시를 공약하였다. 이에 따라 위원단은 논란 끝에 1948.5. 선거안을 찬성 4, 반대 2(호주·캐나다), 기권 2(인도·프랑스)로 가결했다. 유엔총회에서 남한만의 단독선거 실시가 결정되자 남한 내의 정치·사회단체들 사이에서 심각한 분열이 일어났으며, 찬·반의 갈등이 심화되었다. 그러나 선거계획에 따라 남한 전체에 걸쳐 5·10 총선거가 실시되었고 198명의 제헌의원이 탄생하였다. 위원단은 5.25. 선거의 공정성과 합법성을 인정하는 결의안을 채택하였다. 곧 이어 대한민국정부가 수립되었다. 1948.12. 열린 제3차 유엔 총회에서는 유엔 한국임시위원단의 감시하에 남한지역에서 실시된 선거에 따라 수립된 대한민국 정부를 합법정부로 승인하고, 점령군의 즉각적인 철수를 촉구하는 결의안이 채택되면서 유엔한국위원회를 설치하기로 결정했다. 그에 따라 유엔 한국임시위원단의 업무는 유엔한국위원회에 승계되었다.

유엔헌장UN憲章 ㉄ Charter of the United Nations/ UN Charter) 유엔헌장 또는 국제연합헌장(國際聯合憲章)은 국제기구인 유엔의 근본 조약으로, 1945.6.26. 미국 샌프란시스코에서 유엔창립회원국인 51개국 가운데 50개국(나머지 1개국인 폴란드는 2개월 후 서명)이 서명했다. 프랑스, 소비에트 연방, 영국, 미국, 중화민국 등 5개 상임이사국 및 나머지 서명국 대다수가 헌장을 비준한 뒤에 동년 10.24.에 발효되었다. 서문과 19장 111조로 구성되어 있다.

6월민주화항쟁6月民主化抗爭 6월민주화항쟁 또는 줄여서 6월항쟁이라고도 한다. 1987.6.10.부터 6.29.

까지 우리나라에서 전국적으로 벌어진 반독재, 민주화운동이다. 1987년 당시 대통령인 전두환에 의하여 4·13 호헌조치가 선언되고, 부천경찰서 성고문 사건, 박종철군 고문치사 사건 그리고 이한열 사망사건 등이 도화선이 되어 6.10. 이후 전국적인 시위가 발생하였고, 이에 6.29. 민정당 대통령후보이었던 노태우가 대통령 직선제를 수용하는 6·29선언을 발표하였다. 8인 정치회담을 거쳐 1987.10.27.에 헌법이 개정되었고, 1987.12.16. 새 헌법에 따른 대통령 선거가 치러졌다. 독재권력이 아닌 국민의 뜻에 따라 민주적으로 헌법이 개정되도록 한 정치운동이었다.

유일합법정부론唯一合法政府論 ➜ 한반도유일합법정부론.

유진오俞鎭午 1906.5.13.~1987.8.30. 본관은 기계(杞溪)이고 호(號)는 현민(玄民)이며 한성부에서 출생하였다. 일제강점기 때에는 보성전문학교의 교수로 지냈고 고려대학교의 창립 초기 멤버이며, 고려대학교의 총장을 지냈다. 1948년 제헌국회에 참여하여 헌법기초위원회 위원의 한사람으로 제헌헌법을 입안하였으며, 정치활동으로는 제1공화국 기간 중 민국당과 민주당에 참여하였으며, 1959년 장택상 등과 함께 재일동포 북송 반대운동에 동참했다. 그 뒤 윤보선 등과 함께 민주당 구파 계열의 지도자로 활동했으며, 언론, 법률 활동 외에 제3공화국, 제4공화국 기간 중 야당 지도자의 한사람으로 활동했다. 신민당총재를 지냈으며 1969년 3선개헌이 통과되자 충격을 받고 당 총재직에서 물러났다. 이후 정계에서 물러났으며 박정희정부 하에서는 줄곧 야당지도자로 정부 비판에 앞장섰다. 그러나 제5공화국 출범 이후 국정자문회의위원과 국토통일원고문을 지내면서 비판을 받았다. 일제강점기의 친일행적으로 사망 후 고려대학교에 차려진 빈소를 철거하라는 항의를 받기도 하였다. 「헌법해의(1949)」, 「헌법강의(1953)」, 「헌법기초회고록(1981)」, 「구름 위의 명상」, 「유진오 단편집」 등이 있다.

유진오안俞鎭午案 1948년 5·10 선거 후 구성된 제헌국회에서 구성한 '헌법 및 정부조직법기초위원회'에 유진오와 행정연구위원회가 합작한 「헌법초안」을 원안으로 하고, 미군정청 사법부 법전편찬위원회 「헌법기초분과위원회안(일명, 권승렬안)」을 참고안으로 하여 심의하기로 결정하였다. 이 때 제출된 안이 일명 「유진오안」 혹은 「합작안」이다. 유진오는 1947년 가을부터 남조선과도정부 사법부 조선법전편찬위원회의 헌법기초분과위원회 위원으로 활동하면서 본격적으로 헌법초안을 집필하였는데, 1948.5. 초 그간 작업해 온 초안 중 본문만 법전편찬위원회에 제출했는데 이것이 「유진오의 제1회 초고(第一回 草稿)」이다. 이 초고는 법전편찬위원회에 제출한 안과 거의 동일한데, 달리 「사법부제출안」이라고도 한다. 헌법기초위원회는 '합작안'을 원안으로 하여 심의를 진행하였는데, 원안의 양원제 국회 구성을 단원제로 변경했고, 정부 형태는 원안대로 내각책임제로 확정했다. 그리고 경제장에서는 사영기업의 국·공유 이전 범위와 중요산업의 국유화 범위를 축소했으며, 국민경제회의 조항과 적산 국유화 조항을 삭제했다. 이 안이 이승만 박사에 의해 대통령제로 변경되기 전의 「헌법초안」으로 통상 인정된다. 따라서 「유진오안」은 행정연구위원회와 합작하기 전의 「유진오의 제1회 초고(第一回 草稿)」(사법부제출안), 합작 후의 「합작안」, 헌법기초위원회의 심의 도중 제2독회까지의 「헌법초안」 등을 지칭한다고 할 수 있다. 제2독회 후 6.21. 저녁시간에 김성수의 집에서 30여 명이 모여 대통령제로 변경하였고, 이후 3독회를 거친 후 제헌헌법으로 확정되었다. 서술의 맥락에 따라 구체적으로 어느 안을 지칭하는지를 살필 필요가 있다.

유진오·행정연구회공동안俞鎭午·行政硏究會共同案 ➜ 유진오안.

유추해석금지類推解釋禁止**의 원칙** 법률에 명시되어 있지 않은 사항에 대하여 그와 유사한 성질을 가지는 사항에 관한 법률을 적용하는 것을 유추해석(㊀ analogy; ㊁ Analogie; ㊂ analogie)이라고 한다. 형벌법규의 해석에 있어서는 죄형법정주의(罪刑法定主義)의 원칙상 유추해석은 금지되며, 이를 유추해석금지의 원칙이라고 한다. 다만, 대법원은 피고인에게 유리한 유추해석은 죄형법정주의의 취지에 반하는 것이 아니므로 허용된다고 본다. 행위자에게 불리한 경우에 유추해석이 허용되고 있지 않으나 확장해석은 허용된다고 하는 설이 유력하다. 확장해석은 법문언의 가능한 의미를 벗어나지 않는 범위 내에서의 해석이므로 유추해석과 달리 허용될 수 있다는 것이다. 그러나 대법원은 유추해석뿐만 아니라 확장해석도 죄형법정주의의 원칙에 어긋나는 것으로서 허용되지 않는다고 본다.

유회流會 ➜ 국회의 회기와 회의.

6·3사태6·3事態 6·3항쟁 또는 6·3시위라고도 한다. 쿠데타 후 제3공화국 출범으로 대통령에 당선된 박정희가 국교수립을 목표로 한일협상을 하는 데에 대한 반대운동으로 일어난 항쟁을 1964.6.3. 박정희 정부가 계엄령을 선포하여 무력으로 진압한 사건을 말한다. 6.3. 저녁 10시에 선포한 계엄은 7.29. 해제되었다. 이 사태는 박정희정부 초기에 가장 강력한 반정부운동이었으며, 이명박, 이재오, 손학규, 김덕룡, 현승일 등 당시의 주동자들은 후일 정치권에 투신하여 한 시대를 풍미하였다.

6·29선언6·29宣言 ➜ 6월민주화항쟁.

윤곽규범輪廓規範 **= 윤곽질서**輪廓秩序 ㊁ Rahmenvorschrift/Rahmensordnung. 대강(大綱)규범이라고도 한다. 헌법은 그림의 틀에 해당하여 다른 법률들을 포섭하는 법으로 법질서의 윤곽을 그려주는 것이라고 보는 견해이다. 이 견해에 따르면, 윤곽으로서의 헌법은 소수보호의 기본권정신을 강하게 표현하고 있으며, 국민의 기본권은 고정된 윤곽으로서 보호되어야 한다는 것이다. 윤곽으로서의 헌법은 헌법출발의 역사적 이념을 담고 있는 것으로 국가권력에 의해 특히 다수의 결정에 의해 변경될 수 없는 보호대상으로서의 기본권들을 의미한다. 윤곽으로서의 이러한 기본권보호영역을 침해하지 않는 한 입법자는 자유로운 입법형성을 누리게 된다. 그러므로 기본권은 입법권의 한계로 작용하며, 헌법상의 기본권은 입법자가 반드시 지켜야 될 입법형성의 중요한 척도로 작용한다. 기본권을 윤곽규범으로 보는 시각은 기본권의 국가보호의무나 객관적 가치질서로 보는 견해와 대립된다.

윤리심사자문위원회倫理審査諮問委員會 의원의 겸직 및 영리업무 종사와 관련된 의장의 자문과 의원징계에 관한 윤리특별위원회의 자문에 응하게 하기 위하여 윤리특별위원회에 윤리심사자문위원회를 둔다(국회법 제46조의2). 자문위원회는 위원장 1명을 포함한 8명의 자문위원으로 구성하며, 자문위원은 각 교섭단체 대표의원의 추천에 따라 의장이 위촉한다. 자세한 사항은 국회규칙인 「윤리특별위원회 운영 등에 관한 규칙」에서 규정한다. ➜ 윤리특별위원회.

윤리특별위원회倫理特別委員會 국회의원의 자격심사·윤리심사 및 징계에 관한 사항을 심사하기 위해 설치된 특별위원회다(국회법 제46조 제1항). 1991.5.31. 국회법 개정에 따라 설치되었다. 제18대 국회 국회법 개정(2011.5.19.)에서는 '윤리특별위원회 구성 등에 관한 규칙'에서 규정하고 있던 위원정수에 관한 사항을 국회법에서 직접 규정하여 위원장 1명을 포함한 15명의 위원으로 구성하도록 함(국회법 제46조)으로써 예산결산특별위원회 및 인사청문특별위원회의 위원 수가 법률에 규정되어 있는 것과 균형을 맞추었다. '윤리특별위원회 구성 등에 관한 규칙'에서는 보다 구체적으로 15인의 위원 중 위원장을 제외한 위원의 2분의 1은 제1교섭단체소속의원으로 하고 잔여 2분의 1은 제1교섭단체를 제외한 교섭단체소속의원수를 비율에 의하여 구성하며, 어느 교섭단체에도 속하지 아니하는 의원의 위원수에 대하여는 의장이 제1교섭단체를 제외한 교섭단체의 대표의원과 협의하여 정하도록 하는 외에 소위원회, 위원회의 개회의 통지, 심문, 발언 및 변명 등 운영에 필요한 사항을 정하고 있다. 윤리특별위원회는 자격심사 및 징계에 관한 사항을 분담·심사하기 위하여 자격심사소위원회와 징계심사소위원회를 둘 수 있다(윤리특별위원회 구성 등에 관한 규칙 제4조).

은사권恩赦權 ➜ 사면권.

음란표현淫亂表現 ㊎ expression of obscenity, ㊍ Ausdruck von Obszönität, ㊂ expression d'obscénité. 1. **표현의 자유와 음란성** 민주주의의 핵심적 기본권으로서 표현의 자유는 그 자체의 보호영역을 가진다(➜ 보호영역). 현행헌법 제21조 제4항은 언론·출판의 자유(표현의 자유)의 한계로서 「타인의 명예나 권리 또는 공중도덕이나 사회윤리」를 규정하고 있다. 말하자면, 헌법 제21조가 보호하는 표현은 모든 표현이 아니라 헌법적 한계 내에 있는 표현만 보호하는 것이다. '음란성'은 형법 등 다양한 법률에서 법적 규율의 대상으로 되어 있고 특히 음란표현의 경우 표현의 자유의 보호영역에 포함되는지의 여부와 관련하여 논란이 있다. 음란성이 표현의 자유의 보호영역 내에 있는 것인지의 여부는 음란성의 개념 내지 기준에 따라 결정된다. 2. **음란의 개념과 표현의 자유의 보호영역** 표현의 자유와 관련한 법적 규율의 대상이 되는 음란성의 문제는 기본적으로 내용에 근거한 제한의 성격을 갖는다(➜ 내용에 근거한 제한과 내용중립적 제한). 음란의 개념은 헌법재판소와 대법원에서 판례로 정립되어 왔다. 1) **헌법재판소 결정** (1) **헌재 1998.4.30. 95헌가16 결정** 헌법재판소는 1998.4.30. 출판사및인쇄소의등록에관한법률 제5조의2 제5호 등의 위헌제청사건에서 「다양한 의견과 사상의 경쟁메커니즘에 의하여 그 표현의 해악이 해소될 수 없을 때에만 비로소 국가의 개입은 그 필요성이 인정되는 것」이라 하여 사상의 자유시장이론에 근거하여, 「인간존엄 내지 인간성을 왜곡하는 노골적이고 적나라한 성표현으로서 오로지 성적 흥미에만 호소할 뿐 전체적으로 보아 하등의 문학적, 예술적, 과학적 또는 정치적 가치를 지니지 않은 것으로서, 사회의 건전한 성도덕을 크게 해칠 뿐만 아니라 사상의 경쟁메커니즘에 의해서도 그 해악이 해소되기 어렵다고 하지 않을 수 없다. 따라서 이러한 엄격한 의미의 음란표현은 언론·출판의 자유에 의해서 보호되지 않는다.」고 설명하였다. 헌법재판소는 이어 「모든 성적 표현이 음란한 것은 아니기 때문에, 헌법의 보호영역밖에 있는 음란표현과 헌법의 보호영역 안에 있는 성적 표현은 엄밀한 기준 하에 구분되어야 하고 헌법적인 평가 또한 달리하여야 할 것」이라고 강조하였다. 이 기준은 미국의 음란 기준인 Miller 판결의 기준보다 엄격하다(➜ Miller v. California). (2) **헌재 2009.5.28. 2006헌바109등** 「'일단 표출되면 그 해악이 처음부터 해소될 수 없거나 또는 너무나 심대한 해악을 지닌 음란표현'이 존재할 수 있다 하더라도, 어떤 표현이 바로 위와 같은 이유에 의하여 '국가의 개입이 1차적인 것으로 용인되고, 헌법상 언론·출판의 자유에 의하여 보호되지 않는 표현'에 해당하는지 여부는 '표현의 자유'라는 헌법상의 중요한 기본권을 떠나서는 규명될 수 없는 것이다. 따라서 비록 '음란'의 개념을 위와 같이 엄격하게 이해한다 하더라도 '음란'의 내용 자체는 헌법상 표현의 자유의 보호에 관한 법리와 관련하여 그 내포와 외연을 파악하여야 할 것이고, 이와 무관하게 음란 여부를 먼저 판단한 다음, 음란으로 판단되는 표현은 표현자유의 보호영역에서 애당초 배제시킨다는 것은 그와 관련한 합헌성 심사를 포기하는 결과가 될 것이다. 즉, 위와 같이 해석할 경우 음란표현에 대하여는 언론·출판의 자유의 제한에 대한 헌법상의 기본원칙, 예컨대 명확성의 원칙, 검열 금지의 원칙 등에 입각한 합헌성 심사를 하지 못하게 될 뿐만 아니라, 기본권 제한에 대한 헌법상의 기본원칙, 예컨대 법률에 의한 제한, 본질적 내용의 침해금지원칙 등도 적용하기 어렵게 되는 결과, 모든 음란표현에 대하여 사전 검열을 받도록 하고 이를 받지 않은 경우 형사처벌을 하거나, 유통목적이 없는 음란물의 단순소지를 금지하거나, 법률에 의하지 아니하고 음란물출판에 대한 불이익을 부과하는 행위 등에 대한 합헌성 심사도 하지 못하게 됨으로써, 결국 음란표현에 대한 최소한의 헌법상 보호마저도 부인하게 될 위험성이 농후하게 된다는 점을 간과할 수 없다. 헌법 제21조 제4항은 "언론·출판은 타인의 명예나 권리 또는 공중도덕이나 사회윤리를 침해하여서는 아니 된다."고 규정하고 있는바, 이는 언론·출판의 자유에 따르는 책임과 의무를 강조하는 동시에 언론·출판의 자유에 대한 제한의 요건을 명시한 규정으로 볼 것이고, 헌법상 표현의 자유의 보호영역 한계를 설정한 것이라고는 볼 수 없다. 따라서 음란표현도 헌법 제21조가 규정하는 언론·출판의 자유의 보호영역에는 해당하되, 다만 헌법 제37조 제2항에 따라 국가 안전보장·질서유지 또는 공공복리를 위하여 제한할 수 있는 것이라고 해석하여야 할 것이다.」고 하여, 판례를 변경하여 음란한 행위 혹은 물건도 표현의 자유의 보호영역에 포함되지만, 헌법 제37조 제2항에 의하여 제한이 가능하다고 하였다. 2) **대법원 판례** 대법원은 「음란한 문서라 함은 일반 보통인의 성욕을 자극하여 성적 흥분을 유발하고 정상적인 성적 수치심을 해하여 성적 도의관념에 반하는 것을 가리킨다고 할 것이고, 문서의 음란성의 판단에 있어서는 당해 문서의 성에 관한 노골적이고 상세한 묘사서술의 정도와 그 수법, 묘사서술이 문서 전체에서 차지하는 비중, 문서에 표현된 사상 등과 묘사서술과의 관련성, 문서의 구성이나 전개 또는 예술성、사상성 등에 의한 성적 자극의 완화의 정도, 이들의 관점으로부터 당해 문서를 전체로서 보았을 때 주로 독자의 호색적 흥미를 돋구는 것으로 인정되느냐의 여부 등의 모든 점을 검토하는 것이 필요하고, 이들의 사정을 종합하여 그 시대의 건전한 사회통념에 비추어 그것이 '공연히 성욕을 흥분 또는 자극시키고 또한, 보통인의 정상적인 성적 수치심을 해하고, 선량한 성적 도의관념에 반하는 것'이라고 할 수 있는가의 여부를 결정하여야 할 것이다.」라고 일관되게 판시하여 오다가(대판 1995.6.16. 94도2413; 1997.8.27. 97도937 ; 2000.10.27. 98도679 등 참조), 2008년 이래, 구 정보통신망법에서 규정하고 있는 '음란' 개념에 대하여 「사회통념상 일반 보통인의 성욕을 자극하여 성적 흥분을 유발하고 정상적인 성적 수치심을 해하여 성적 도의관념에 반하는 것으로서, 표현물을 전체적으로 관찰·평가해 볼 때 단순히 저속하다거나 문란한 느낌을 준다는 정도를 넘어서서 존중·보호되어야 할 인격을 갖춘 존재인 사람의 존엄성과 가치를 심각하게 훼손·왜곡하였다고 평가할 수 있을 정도로 노골적인 방법에 의하여 성적 부위나 행위를 적나라하게 표현 또는 묘사한 것으로서, 사회통념에 비추어 전적으로 또는 지배적으로 성적 흥미에만 호소하고 하등의 문학적 · 예술적 · 사상적 · 과학적 · 의학적 · 교육적 가치를 지니지 아니하는 것을 뜻한다고 볼 것」이라고 판시하여(대판 2008.3.13. 2006도3558; 2008.3.27. 2006도6317; 2008.5.8. 2007도47129; 2008.7.10. 2008도244), 헌법재판소가 본 '음란'의 개념과 크게 다르지 아니한 입장을 보이고 있다. 3) **판례의 의의** 헌법재판소와 대법원의 음란에 대한 정의는 미국보다도 엄격한 것으로 이해된다. 문제는 음란행위 또는 음란물을 표현의 자유의 보호영역으로 포섭하는 것에 대한 명확한 근거가 제시되어 있지 않다. 이는 기본권의 보호영역에 대한 명쾌한 설명이 없기 때문이다. 오히려 기본권의 적용영역과 그 적용영역 내에서 보호되는 영역으로 나누어(적용영역 · 보호영역론) 표현의 자유 속에 포함되지만 보호되는 영역은 아니라고 함이 더 간명한 것이라 하겠다. **3. 미국의 음란 판례** 1868년 영국의 Regina v. Hicklin 판결은 Comstock 법률에 따라, 비도덕적인 영향을 받아들이는 마음을 가진 사람들을 타락하게 하고 부패하게 하는 경향이 있는 물건을 '음란'으로 보아, H. Balzac, G. Flaubert, J. Joyce, 및 D. H. Lawrence 등의 작품이 단락만 떼어놓고 보거나, 어린이에게 영향을 미친다고 하여 금지하였다. Roth v. U.S., 354 U.S. 476(1957) 판결은 'Hicklin 심사'를 부인하여 음란성을 더욱 엄격하게 정의하여, '그 지배적 주제가 전체적으로 보아, 현재의 공동체 기준을 적용하여 평균인에게 외설적인 관심에 호소하는' 물건이라고 하였다. Memoirs v. Massachusetts, 383 U.S. 413(1966) 판결에서 대법원의 복수의견은 '명백히 불쾌하고(patently offensive)' '전혀 사회적 가치를 보완함이 없는' 것만이 보호되지 않는다고 판결하여, Roth 기준을 재정의하였지만, 그 사건에서 어떤 의견도 대법원의 다수의견을 점할 수 없었고, 음란성 영역에서 법률의 상태는 혼란스럽게 남아 있었다. Jacobellis v. Ohio, 378 U.S. 184(1964) 판결과 Mishkin v. New York, 383 U.S. 502(1966) 판결에서도 음란물에 대해 명확히 정의하지 않았다. Miller 판결(➜ Miller v. California)은 Roth 판결의 일부를 재확인하여 음란물의 판매 및 배포가 수정헌법 제1조의 표현의 자유 보장에 따라 보호되지 않는다고 하였다. 그러나 법원은 모든 형태의 표현을 규제하는 행위의 본질적 위험성을 인정하고 음란물을 규제하기 위한 법령은 신중하게 제한되어야 한다고 하면서, Memoirs 판결에 명시된 음란성의 정의를 뒤집고 세 가지 기준을 고안하였다. 첫째, 현시점의 '공동체 기준(community standard)'을 적용하여, 그 작품이 전체적으로 볼 때, 호색적인 흥미(prurient interest)를 끌 수 있는지를 평균인이 알 수 있는지 여부 둘째, 해당 주법에서 구체적으로 정의한 대로 작품이 성행위 또는 배설작용을 노골적인 방식으로 묘사하거나 설명하는지 여부 셋째, 저작물이 전체적으로 중대한 문학적, 예술적, 정치적 또는 과학적 가치가 결여되어 있는지 여부 등이었다. 이 판결 이후 수백 건의 '음란성' 기소가 진행되었다. 1982년 New York v. Ferber, 458 U.S. 747(1982) 판결에서 대법원은 아동 포르노그라피를 수정헌법 제1조에 의해 보호되지 않는 것으로 선언하고 해당 자료에 대한 뉴욕주의 금지를 지지하였다. Miller 판결이 정립한 기준은 1987년 Pope v. Illinois, 481 U.S. 497 판결에서 자세히 설시되었다. 대법원은 첫 두 갈래는 '공동체 기준'에 따라 평가해야 하지만 세 번째는 작품을 가치있다고 평가하는 '합리적인 사람'이라는 더 높은 기준에 따라 평가해야 한다고 판시하였다. 1987년에 오리건주는 음란성의 범죄화를 폐지한 최초의 주가 되었다. State v. Henry, 732 P.2d 9 판결에서, 오리건주 대법원은 성인서점의 소유자인 E.

Henry에게 유리한 판결을 내렸고, 주정부의 음란법은 오리건주 헌법의 언론의 자유 조항을 위반하였다고 밝혔다. 1997년 대법원은 Reno v. American Civil Liberties Union, 521 U.S. 844(1997) 판결에서 통신품위법(Communications Decency Act)의 음란성금지조항이 위헌이라고 판결하였다. 그러나 2002년 Ashcroft v. Free Speech Coalition, 535 U.S. 234(2002) 판결에서 대법원은 미성년자를 묘사하는 것처럼 보이지만 실제로는 그렇지 않은 성적으로 노골적인 자료는 음란성 규율에서 면제될 수 있다고 판결하였다. American Booksellers Foundation for Free Expression v. Strickland, 560 F.3d 443(6th Cir. 2009) 판결도 '청소년에게 유해한 물건'의 유포 또는 전시를 금지하는 Ohio Revised Code §2907.01(E)와 (J)가 '미성년자에게 유해한 물건'에 대한 법률의 정의가 Miller 판결을 준수하지 않았기 때문에 위헌이라고 하였다. 인터넷의 등장과 관련하여 음란법을 시행하고 적용하는 것은 쉽지 않은 상황으로 되고 있다. 아동포르노방지법(the Child Pornography Prevention Act:CPPA)과 아동 온라인보호법(the Child Online Protection Act:COPA) 모두 Ashcroft v. Free Speech Coalition, 535 U.S. 234(2002) 및 Ashcroft v. ACLU, 542 U.S. 656(2004) 등의 판결에서 위헌으로 삭제된 부분이 있다. ➜ 예술의 자유. ➜ 표현의 자유.

음성권音聲權 ㉧ right to voice 일반적 인격권의 한 내포로서, 자신의 음성, 발언, 대화의 녹음된 것 등에 관한 권리이다. 고유한 언어(eigene Worte)에 관한 권리라고 할 수 있다. 「사람은 누구나 자신의 음성이 자기 의사에 반하여 함부로 녹음되거나 재생, 녹취, 방송 또는 복제·배포되지 아니할 권리를 가지는데, 이러한 음성권은 헌법 제10조 제1문에 의하여 헌법적으로도 보장되고 있는 인격권에 속하는 권리이다. 그러므로 피녹음자의 동의 없이 대화내용을 비밀리에 녹음하고 이를 공연히 재생하는 행위는 피녹음자의 승낙이 추정되거나 사회상규에 위배되지 아니하는 등의 다른 사정이 없는 한 헌법 제10조 제1문에서 보장하는 음성권을 부당하게 침해하는 행위에 해당하여 불법행위를 구성한다」(서울중앙지법 2016.7.21. 2015가단5324874; 서울중앙지법 2019.7.18. 2018나68478).

응능부담應能負擔**의 원칙** ➜ 조세의 기본원칙.

의견意見 ㉧ opinion, ㉣ Meinung, ㉫ opinion. 법률과 관련하여 '의견(opinion)'은 주로 사법적 의견을 말하며, 이는 해당 사건에 대한 법원의 결정을 설명하는 법원의 서면 진술이다. 의견에는 일반적으로 의견을 작성한 판사의 이름, 사실 진술, 관련된 법적 쟁점(issues), 법원의 법리(rationale) 및 판결(holding:결정), 판결문(dicta)과 같은 요소가 포함된다. 의견에는 다음과 같은 종류가 있다. **다수의견**majority opinion은 사건을 판결하기 위한 결정정족수를 넘는 재판관이 찬성하는 사법적 의견이다. 9인 중 6인의 찬성을 요하지만, 5인만 찬성하는 경우와 같이, 결론이 같은 재판관의 수가 과반수가 되더라도 결정정족수에 이르지 못한 경우에는 다수의견이라 할 수 없다. **동의의견**concurring opinion 또는 **동의**concurrence는 다수의견과 결론은 같지만 그 근거가 다른 경우의 별도의 사법적 의견이다. **찬성의견**, **별개의견(별도의견:separate opinion)**, **보충의견** 또는 **개별의견**이라고도 한다. **반대의견**dissenting opinion 또는 **반대**dissent는 다수의견의 결론에 반대하는 의견이다. 다수의견 이외의 의견들을 **소수의견**minority opinion이라 할 수도 있으나, 정확한 용어는 아니다. '비법정의견'이라 함이 정확하다는 견해도 있다. 독일에서는 찬성의견과 반대의견을 **특수의견**das Sondervotum 또는 **소수의견**das

Minderheitvotum이라고 하기도 한다. 말하자면 다수의견이 아닌 의견을 특수의견 또는 소수의견으로 칭하면서, 그 중에 찬성하는 의견과 반대하는 의견을 나눈다. **자문의견**advisory opinion은 법의 해석과 관련한 법원의 진술로서 구속력이 없다. **법원의견(법정의견: per curiam opinion)**은 집필자를 밝히지 않고 법원의 이름으로 제시되는 사법적 의견이다. 다른 의견이 서명되어 표시되는 경우도 있다. **복수의견**plurality opinion은 어떤 의견에서 가장 많은 표를 얻었지만 다수의견에는 미치지 못한 사법적 의견을 말한다. **전문가 의견**expert opinion은 전문적인 지식, 기술, 경험, 훈련 또는 교육을 보유한 증인인 전문가의 증언이다. **방론**obiter dictum은 판결의 판결이유 중 당해 사건의 판결과 직접적인 관계가 없는 부분을 말한다(➜ 방론).

의견진술권意見陳述權 ㉣ *audiatur et altera pars*, ㉢ the right to be heard, ㉤ Anspruch auf rechtliches Gehör, ㉥ droit d'être du entendu. 청문청구권(聽聞請求權)이라고도 한다. 국가기관이 당사자와 관련된 결정을 내리기에 앞서 당사자에게 의견진술의 기회를 제공하도록 요구하는 권리를 말한다. 현행 헌법에서 명문의 규정이 없으나, 인간의 존엄과 법치국가의 원리에서 도출되는 기본권이라고 할 수 있다. 재판절차에서의 의견진술권은 재판청구권(헌법 제27조)에서 직접 도출되는 것으로 보아야 한다. 행정절차나 수사단계에서의 의견진술권은 존엄조항과 법치국가원리에서 도출된다. 재판절차에서는 소송당사자가 국가공권력의 단순한 대상이 아니라 소송의 주체로서 자신의 권리와 관계되는 결정에 앞서서 자신의 견해를 진술함으로써 소송절차와 그 결과에 대하여 영향을 미칠 수 있도록 하는 권리이다. 공정한 재판의 필수적 요소이다. 재판절차에서의 의견진술권은 진술할 권리, 정보를 구할 권리, 진술한 내용을 고려할 것을 요구할 권리(판결이유 기재의무) 등을 그 내용으로 한다.

의결정족수議決定足數 ➜ 정족수.

의료광고醫療廣告 ➜ 상업광고.

의무교육義務敎育 ➜ 교육을 받을 권리와 교육의 자유(교육의 의무와 무상 의무교육)

의사결정意思決定**의 모델** 정치적 문제들이 어떻게 합리적으로 결정되며 규범적 정당화를 통해 해결될 수 있는가에 관한 모델이론을 말한다. 하버마스는 '공민개념과 권리/법 개념 그리고 정치적 의지형성과정의 본질'에 따라 의사형성 및 의사결정의 모델을 자유주의적 모델과 공화주의적 모델, 그리고 '심의정치(deliberative Politik)' 모델로 구분한다. 악셀 호네트는 민주적 의지형성에 대한 규범적 이념을 자유주의, 공화주의, 절차주의로 구분한다. 힘에 의한 모델과 절차에 따른 모델, 공화주의적 모델로 구별하는 견해도 있다.

의사공개議事公開**의 원칙** ➜ 의사원칙.

의사원칙議事原則**, 국회의**- 1. **의의** 국회가 국민의 의사를 대표하고 이를 국정에 반영하는 것은 의사활동을 통해서만 가능한 것이므로 국회의 의사(議事)는 민주적 절차와 효율적이고 자율적으로 운영될 수 있도록 제도화되어야 한다. 국회의 의사는 민주적 정당성을 확보할 수 있도록 절차적 정당성의 원칙과 능률성의 원칙이 조화될 수 있도록 운영되어야 한다. 이를 위하여 헌법과 국회법 그리고 국회규칙은 의사공개의 원칙, 다수결원칙, 일사부재의의 원칙, 회기계속의 원칙, 의사기록의 원칙 등의 기본원칙을 규정하고 있다. 헌법재판소는 「의회민주주의원리는 국가의 정책결정에 참여할 권한을 국민의 대표기관인 의회에 유보하는 것에 그치지 않고 나아가 의사결정과정의 민주적 정당성까지 요구한다. 절차의 민주성과 공개성이 보장되어야만 민주적 정당성도 획득될 수 있다. 의회민주주의국가에서 의사절차는 공개와 이성적 토론의 원리, 합리적 결정, 다원적 개방성, 즉 토론과 다양한 고려를 통하여 의안의 내용이 변경될 가능성, 잠재적인 통제를 가능케 하는 절차의 개방성, 다수결의 원리에 따른 의결 등 여러 가지 요소에 의하여 이루어져야 하지만, 무엇보다도 중요한 요소는 헌법 제49조의 다수결의 원리와 제50조의 의사공개의 원칙이라 할 것이다.」고 하고 있다(헌재 2010.12.28. 2008헌라7). 2. **의사공개의 원칙** 1) **의의** 의사공개의 원칙이라 함은 의사진행의 내용과 의원의 활동을 국민에게 공개하는 것을 말한다. 국회에서의 토론 및 정책결정의 과정이 공개되어야 주권자인 국민의 정치적 의사형성과 참여, 의정활동에 대한 비판과 감시가 가능하게 될뿐더러 의사의 공개는 의사결정의 공정성을 담보하고 정치적 야합과 부패에 대한 방지책으로 작용한다. 2) **의사공개의 원칙의 적용범위** 의사공개의 원칙은 국회 본회의 뿐만 아니라 위원회와 소위원회에도 적용된다. 의사공개의 원칙은 절대적인 원칙은 아니다. 헌법 제50조 제1항은 「국회의 회의는 공개한다. 다만, 출석의원 과반수의 찬성이 있거나 의장이 국가의 안전보장을 위하여 필요하다고 인정할 때에는 공개하지 아니할 수 있다.」고 규정하고 동 제2항은 「공개하지 아니한 회의내용의 공표에 관하여는 법률이 정하는 바에 의한다.」고 규정하고 있다. 국회법 제75조 제1항은 「본회의는 공개한다. 다만, 의장의 제의 또는 의원 10명 이상의 연서에 의한 동의(動議)로 본회의 의결이 있거나 의장이 각 교섭단체 대표의원과 협의하여 국가의 안전보장을 위하여 필요하다고 인정할 때에는 공개하지 아니할 수 있다.」고 하여 본회의의 공개원칙과 예외를 규정한다. 소위원회에 대해서는 국회법 제57조 제5항에서 「소위원회의 회의는 공개한다. 다만, 소위원회의 의결로 공개하지 아니할 수 있다.」고 규정하여 공개원칙을 정하고 있으나, 위원회에 대해서는 국회법상 명시적인 규정이 없지만, 국회가 위원회중심으로 운영되고 있고, 국회법 제71조가 본회의에 관한 규정을 위원회에 준용하도록 규정하고 있으므로 위원회회의에도 당연히 의사공개의 원칙이 적용된다고 보아야 한다. 헌법재판소도 같은 견해이다(헌재 2000.6.29. 98헌마443, 99헌마583(병합)). 3) **의사공개의 원칙의 내용** 의사공개의 원칙은 방청의 자유(국회법 제152~154조), 보도의 자유, 국회의사록의 공표·배포의 자유(국회법 제118조)를 그 내용으로 한다. 국회법은 제55조 제1항에서 「의원이 아닌 사람이 위원회를 방청하려면 위원장의 허가를 받아야 한다.」고 규정하고 있는데, 이에 대하여 헌법재판소는 국회법 제55조 제1항이 위원회의 공개원칙을 전제로 한 것이지, 비공개를 원칙으로 하여 위원장의 자의에 따라 공개여부를 결정하게 하는 것은 아니라고 하였다(헌재 2000.6.29. 98헌마443, 99헌마583(병합)). 또한 본회의 또는 위원회의 의결로 공개하지 아니하기로 한 경우를 제외하고는 의장이나 위원장은 회의장 안에서의 녹음·녹화·촬영 및 중계방송을 국회규칙에서 정하는 바에 따라 허용할 수 있고(국회법 제149조의2), 국회회의록은 의원에게 배부하고, 일반인에게 배포함을 원칙으로 한다(국회법 제118조 제1항). 4) **의사공개의 원칙의 제한** (1) **비공개요건** 헌법은 출석의원 과반수의 찬성이 있거나 의장이 국가의 안전보장을 위하여 필요하다고 인정할 때에는 공개하지 아니할 수 있다고 하고 있다(제50조). 국회법은 의장의 제의 또는 의원 10명 이상의 연서에 의한 동의(動議)로 본회의 의결이 있거나 의장이 각 교섭단체 대표의원과 협의하여 국가의 안전보장을 위하여 필요하다고 인정할 때에는 공개하지 아니할 수 있다고 하고 있다(제75조 제1항 단서). 소위원회도 그 의결로 비공개로 할 수 있다(국회법 제57조 제5항 단서). 실무상으로는 대부분의 소위원회가 비공개로 진행되는 경우가 많은바, 비공개사유를 적극적으로 열거하여 명시할 필요가 있다. (2) **방청제한** 의장은 회의를 공개하더라도 장소적 제약이나 소란이 우려될 경우, 회의장의 질서유지를 위하여 방청인의 수를 제한할 수 있다(국회법 제152조 제2항 참조). 3. **다수결원칙** 헌법 제49조는 「국회는 헌법 또는 법률에 특별한 규정이 없는 한 재적의원 과반수의 출석과 출석의원 과반수의 찬성으로 의결한다. 가부동수인 때에는 부결된 것으로 본다.」고 하여 다수결원칙을 채택하고 있다. 다수결원칙은 결과의 원칙이 아니라 과정과 절차의 원칙이다. ➜ 다수결원리. 4. **일사부재의의 원칙** 1) **의의** 일사부재의의 원칙(ne bis in idem)이란 한 안건이 한 번 국회에서 부결되면 그 회기중에는 다시 동일안건에 대하여 발의 또는 제출하지 못한다는 원칙을 말한다(국회법 제92조). 우리 헌법에는 일사부재의의 원칙에 관한 규정을 두지 아니하고 있다. 따라서 일사부재의의 원칙은 헌법상의 원칙이 아니라 국회법상의 원칙이라고 볼 수 있다. 일사부재의의 원칙은 합의체의 의결이 있으면 그 합의체의 의사는 확정되었다는 데 근거하는 것으로, 합의체의 의사진행의 원활화, 의사의 단일화, 의사결정의 존중 및 소수파의 의사방해(filibuster)를 배제하려는 것이다. 이 원칙은 영국의회에서 17세기 초에 확립된 것으로 각국에서 의사진행의 원칙으로 수용하고 있다. 2) **요건** (1) **국회에서 의결된 안건이 있을 것** 국회의 의결은 의원이 의제에 대해 찬성과 반대의 의결을 표명한 결과를 국회의 의사로 결정하는 것을 말한다. 표결은 의결의 선행행위이고 표결의 결과가 의결되는 것이라고 할 수 있다. 표결정족수에 미달하는 상태에서 표결이 진행되고 재적의원 과반수가 미달된 의원이 투표를 한 상태에서 국회의장이 투표종료선언을 한 경우에 그 투표결과는 「가결」로 볼 여지가 없다. 그렇다면 그러한 투표결과를 의안에 대한 「부결」로 보아야 하는가 아니면 「미결」 또는 「표결불성립」으로 볼 것인가가 문제된다. 헌법재판소의 다수의견을 이를 「부결」로 보아야 한다고 보는데 대해, 소수의견에서는 「미결」 또는 「표결불성립」으로 보고 있다(헌재 2009.10.29. 2009헌라8·9·10). 부결로 보는 경우에는 일사부재의원칙이 적용된다. (2) **안건이 국회에서 부결되었을 것** 가결의 경우에는 번안(飜案)하여 재의할 수 있지만, 일단 부결이 되면 재의가 허용되지 아니 한다. 국회법 제87조(위원회에서 폐기된 의안) 규정에 의한 폐기의 경우에도 부결에 포함되는가에 관하여 포함설·불포함설이 있는데, 불포함설이 다수설이다. (3) **동일회기 중에 재발의 또는 재제출될 것** 동일의안이라고 하더라도 전회기에 의결한 것을 다음회기에 다시 심의하는 것은 일사부재의 원칙의 적용을 받지 아니한다. 임기만료로 인한 폐기의 경우에는 회기를 달리하는 것은 당연하므로 이에 포함되지 아니한다. (4) **발의 또는 제출된 안건이 부결된 안건과 동일안건일 것** 동일안건인지 여부를 판단하는데 있어서는 안건명이나 안건의 종류가 동일한지 여부에 의해 결정되는 것이 아니라 내용이 동일한 것으로 볼 것인지 여부에 의해 결정된다. 부결의 원인이 된 조항을 제외한 기타의 조항을 포함한 별개의 의안이나, 부결된 의안과 실질적으로 같은 내용을 포함하고 있더라도 제안이유·목적달성방법 등을 달리하는 경우에는 동일안건이 아니다. 동일안건이라고 하더라도 새로운 사유가 발생하거나 중대한 사정변경이 있는 때에는 일사부재의 원칙이 적용되지 아니한다. 3) **적용범위** 일사부재의 원칙은 국회심의단계인 본회의심의, 위원회심사단계 등 각 단계에 적용이 된다. 위원회나 소위원회에서 부결된 안건은 당해 위원회나 소위원회에서 심사가 제한된다. 위원회심사는 그 자체로서 국회의사를 확정하지 못하며 단지 본회의 전의 예비심사성격을 띠고 있으므로, 이미 최종적인 국회의사를 결정한 본회의에서 부결한 안건과 동일안건을 위원회에서 심사하지 못하는 것은 당연하다. 그러나 본회의에서 의결로 다시 안건을 소관위원회나 다른 위원회에 회부한 경우(국회법 제94조) 동 원칙이 적용되지 아니한다. 위원회에서 의결로 다시 안건을 소위원회에 회부한 때에도 이 원칙은 적용되지 아니한다(국회법 제71조 참조). 헌법재판소는, 일사부재의원칙을 경직되게 적용하는 경우에는 국정운영이 왜곡되고 다수에 의해 악용되어 다수의 횡포를 합리화하는 수단으로 전락할 수도 있으므로, 일사부재의원칙은 신중한 적용이 요청된다고 하고 있다(헌재 2009.10.29. 2009헌라8, 9, 10(병합)). 4) **일사부재의 원칙에 반하는 의결의 효력** 일사부재의 원칙에 반하는 법률안이 발의 또는 제출되었다고 하더라도 제출된 안건이 무효가 되는 것은 아니고 「의결을 요하지 아니한 안건」, 즉 의결대상이 되지 아니하는 안건으로 처리한다. 일사부재의의 원칙에 반하는 법률안에 대해 심사를 하여 본회의에 보고하였다고 하더라도 심사보고가 무효가 되는 것은 아니다. 일사부재의 원칙에 반하여 발의·제출된 법률안이 의결되거나 의결정족수가 충족되지 아니한 상태에서 투표절차가 종료되었다가 재투표가 개시되어 의사정족수가 충족된 상태에서 의결된 경우라고 하더라도 그 자체가 헌법위반은 아니다. 따라서 법원에 의한 위헌법률심판제청이나 공권력에 의한 기본권의 침해를 이유로 하는 헌법소원의 대상이 되는 것은 아니다. 다만, 일사부재의 원칙에 반하는 의사절차 내지 표결절차가 의원의 심의·표결권을 침해하는 경우에는 권한쟁의심판을 통한 국회의장의 가결선포행위의 취소 또는 무효확인의 가능성이 있다. ➜ 가결선포행위. 5. **회기계속의 원칙** 헌법 제51조는 「국회에 제출된 법률안 기타의 의안은 회기중에 의결되지 못한 이유로 폐기되지 아니한다. 다만, 국회의원의 임기가 만료된 때에는 그러하지 아니하다.」고 규정하고 있다. 회기계속의 원칙은 국회 또는 지방의회에 제출된 법률안 등의 의안이 회기 중에 의결되지 않더라도 그 의안을 폐기하지 않고 다음 회기에 인계하여 계속 심의할 수 있다는 원칙을 말한다. 단, 국회의원 또는 지방의회의원의 임기가 만료하거나 국회가 해산된 경우 이 원칙은 적용되지 않는다. 국회는 임기 중에는 회기가 바뀌어도 동일하다는 전제에 의거한 원칙이다. 회기 종료로 인해 심의 중인 안건이 폐기됨으로써 비롯되는 경제적·시간적 손실을 피할 수 있으며, 심의가 연속성을 가져 처리 효율성을 높일 수 있다는 장점이 있다. 이에 반해 회기 중에 의결되지 않는 의안은 회기만료와 함께 폐기되고 다음 회기에 인계되지 않는다는 원칙은 '**회기불계속의 원칙**'이라 한다. 회기불계속의 원칙은 회기마다 의회가 군주 측으로부터 제출된 의제를 심의하던 시대의 대영의회 관행으로부터 비롯된 것으로, 현재에도 영국의 의회에서는 회기불계속의 원칙을 고수하고 있다. 미국, 프랑스, 한국 등 많은 국가의 의회에서는 회기계속의 원칙을 적용하고 있는데 한국의 경우 제5대 국회까지는 회기불계속의 원칙을 채택하였다가 제6대 국회 이후부터 회기계속의 원칙을 채택하고 있다. 6. **의사기록의 원칙** 1) **의의** 국회의 의사(議事)는 국가행위이므로 기록으로 남겨져야 한다. 이는 당해 국가행위의 존재와 효력 그리고 책임소재 등을 명확히 하기 위하여 필수적이다. 또한 과거의 기록을 통해 현재의 정책결정에 오류를 방지할 수 있도록 해준다. 2) **내용** 의사기록의 원칙은 헌법상 규정되어 있지 않으나, 국회법상 명시되어 있다(국회법 제69조(위원회회의록), 제115조(회의록)). 본회의와 위원회의 의사는 속기로 기록한다(같은 조). 소위원회의 경우 위원회의 회의록을 준용한다(국회법 제69조 제4항).

의사정족수議事定足數 ➜ 정족수.

의사조력자살醫師助力自殺 ㉮ physician-assisted suicide(PAS)/physician- assisted dying(PAD), ㉯ die Sterbehilfe/(ärztlich) assistierter Suizid, ㉰ suicide médicalement assisté/. 1. **서언** 의사조력자살은 의사가 삶을 마치기를 희망하는 환자에게 자살의 수단과 방법을 제공하여 환자의 자살을 도와주는 행위를 의미한다. 즉, 의사가 삶을 마치고자 하는 환자에게 독약과 같은 치사약품의 종류와 그 치사량을 알려주거나, 직접 치사약품을 처방하거나, 또는 그 치사약품을 환자 주변에 놓아두는 행위를 통하여 환자의 자살을 용이하게 도와주는 행위를 말한다. 최근에는 환자 개인이 의료기기에 연결된 컴퓨터로 치명적인 양의 약물을 투여할 수 있도록 컴퓨터 작동시스템을 제공하는 행위도 포함한다. 의사조력자살은 의사조력사망(Physician-Assisted Dying:PAD), 조력사망(Aid in Dying:AID), 임종과정에서의 의료적 조력(medical aide in dying: MAID), 존엄사(Death with Dignity), 혹은 조력자살(Assisted Suicide) 등 다양한 용어들이 혼용되고 있고, 독일에서는 (의사)조력자살((ärztlich) assistierter Suizid) 혹은 사망조력(Sterbehilfe)로 포괄하여 사용한다. 의사조력자살은 형법상 살인죄, 자살교사·방조죄의 문제로 될 수 있기 때문에 그 허용의 근거와 방법 및 한계에 관하여 논란이 있다. ➜ 조력자살. ➜ 죽을 권리. 우리나라의 경우 삶과 죽음에 있어 자기결정권에 대한 요구가 커지면서 환자의 죽음의 의사는 존중되어야 한다는 안락사에 대한 인식이 변화되었고, 연명의료결정법은 회복 불가능한 임종과정에 있는 환자의 자기결정권을 존중하여 연명의료중단결정을 이행하도록 그 허용범위와 요건 및 절차 등을 구체적으로 규정함으로써 이른바 존엄사를 법제화하였다. ➜ 안락사. 그러나 의사조력자살은 허용되지 않고 있으며, 관련법 제정 혹은 기존법의 개정에 대한 요구가 높아지고 있으나 사회적 합의를 도출하지 못하고 있다. 2. **외국의 사례** 1) **미국** 미국에서는 1980년대부터 의사조력자살에 대한 논의와 관심이 나타나기 시작하였고, 1999년에는 자살기계를 만든 케보키언(Jack Kevorkian)에게 징역 25년이 선고되기도 하였다. 의사조력자살을 옹호하는 다양한 시민단체들도 1930년대부터 활동하였는데, 1994년의 오레곤주 존엄사법(Death with Dignity Act)의 통과에 크게 기여하였다. (1) **판례** ① **Cruzan v. Director, Missouri Dept. of Health, 497 U.S. 261(1990)** ⅰ) **사실개요** 1983.1. 당시 25세였던 Nancy Cruzan은 야간운전 중 차량전복사고로 혼수상태에 빠진지 3주가 지난 후 식물인간상태(PVS)에 있는 것으로 진단받았다. 의사는 장기적인 치료를 위해 영양공급튜브를 삽입하였다. 1988년에 Nancy의 부모는 의사에게 영양공급관을 제거해 달라고 요청하였지만, 병원은 튜브를 제거하면 Nancy가 사망할 수 있기 때문에 법원명령 없이는 공급관을 제거할 수 없다며, 이를 거부하였다. 이에 Nancy의 부모는 법원에 제거명령을 신청하였다. 하급심에서 제거명령이 인정되었으나, 미주리 주 대법원은 이를 번복하였다. Nancy의 부모는 연방대법원에 상고하였다. 쟁점은 미주리 주가 Nancy의 부모가 생명유지장치를 제거하기 위해 '명확하고 설득력있는 증거'를 요구할 권리가 있는지 여부이었다. 구체적으로, 연방대법원은 미주리 주가 Nancy의 영양공급관 제거를 거부함으로써 수정헌법 제14조의 적법절차 조항을 위반하고 있는지 여부를 고려하였다. ii) **법원판결** Cruzan 판결은 연방대법원이 심리한 최초의 '죽을 권리' 관련사건이었으며 대법관들은 5대4로 첨예하게 대립되었다. K. A. Quinlan 사건 및 E. Bouvia 사건 등의 사건에서 법원은 치료거부로 사망하는 것과 자살로 사망하는 것의 차이점을 강조하였다. 대법원장 Rehnquist의 다수의견에서 법원은 의사표현을 할 수 있는(competent) 개인이 적법절차 조항에 따라 치료를 거부할 권리가 있다고 판결하였다. 그러나 의사표현을 할 수 없는(incompetent) 개인에 대해 법원은, 개인이 스스로 결정을 내릴 수 있다면 무엇을 원할 것인지에 대한 증거에 대해 미주리 주가 정한 더 높은 기준을 지지하였다. 이 더 높은 증거 기준은 합헌이라고 판단하였다. 왜냐하면 가족구성원이 의사표현을 할 수 없는 사람이 동의했을 수도 있는 결정을 항상 내리는 것은 아닐 수 있고 그러한 결정이 돌이킬 수 없는 조치(예: 생명유지장치 철회)로 이어질 수 있기 때문이다. 동의의견에서 Scalia 대법관은 치료를 거부하는 것이 환자의 사망을 초래할 경우 자살할 권리와 동일하다고 주장하였다. 그는 자살할 권리는 헌법에서 보호하는 적법절차가 아니라고 덧붙였다. iii) **판결의 의의** 연방대법원의 판결 후 Nancy의 부모는 Nancy가 생명유지장치가 종료되기를 원했을 것이라는 추가증거를 수집하였다. 미주리주는 법률이 유지되었기 때문에 사건에서 손을 떼었다. Jasper County 판사는 Nancy의 부모가 '명확하고 설득력있는 증거'라는 증거부담을 충족하였다고 보아, Nancy의 영양공급튜브를 제거하라는 법원명령을 내렸다. 1990.12.14.에 급식관이 제거되었고 Nancy는 1990.12.26.에 사망하였다. Cruzan 판결은 몇 가지 중요한 선례를 남겼다. 죽을 권리는 헌법이 보장하는 권리가 아님을 확인하였고, 표현능력이 없는 환자를 대신하여 제3자가 치료를 거부하는 데 필요한 규칙을 설정하였으며, 이를 각 주가 정할 수 있게 하였다. 또한 살아 있을 때의 유서와 사전의료지시서에 많은 관심을 불러일으켰다. Cruzan 판결은 또한 Nancy Cruzan이 사망한 지 1년이 채 되지 않아 발효된 연방의 환자자기결정법(Patient Self-Determination Act)에 대한 지지를 높이는 데 도움이 되었다. 이 법은 연방기금을 받는 병원과 요양원이 환자에게 사전지시 정보를 제공하고 해당 주의 법률에 따라 이용가능한 죽을 권리의 옵션을 설명하도록 요구하였다. ② **Washington v. Glucksberg, 521 U.S. 702(1997)** i) **사실개요** 불치병환자를 치료하는 의사 4명, 관련 단체, 말기 환자 3명으로 구성된 청구인은 심각하고 고통스러운 말기상태에서 의사에게 죽음에의 도움을 요청하는 것은 수정헌법 14조의 적법절차에 의해 보호되는 자유이익(a liberty interest)에 근거하며, 이에 따라서 자살방조를 중범죄로 처벌하는 워싱턴주 법률이 위헌이라는 주장을 하면서 소송을 제기하였다. ii) **법원판결** 제1심법원은 말기환자의 경우 자살방조행위를 범죄화하는 법률이 적법절차에 대한 권리와 수정헌법 제14조에 의해 보장된 동등한 보호에 대한 권리를 인정하지 않는다는 청구인의 주장을 인정하였다. 제1심법원 판결은 의사의 자살에의 도움을 인식할 수 있고, 자발적으로 행동하고 정신적으로 의사결정을 할 수 있는 자격이 있는 환자에게 이를 금지하는 주법률은 과도한 부담이기 때문에 조력자살을 중죄로 처벌하는 주 법률이 위헌이라고 판단하였다. 연방 항소법원도 말기상태이고 자격을 갖춘 환자에 대한 자살방조를 범죄로 처벌하는 주 법률이 개인의 적법절차 권리를 위반한다는 제1심법원의 판결을 인정하였으며, 항소법원은 개인이 자신이 죽을 시간과 방법을 통제할 수 있는 자유권이 헌법상의 적법절차 조항에 의해서 보호될 수 있다는 결론을 내렸다. 연방대법원은 항소심 법원의 판결을 번복하였다. 이 사건의 판결이 제기한 논쟁 중에서 적법절차 조항과 관련된 것으로서, Cruzan 사건에서 연방대법원은 환자가 원하지 않는 연명의료를 거부할 수 있는 헌법상의 권리가 있다고 인정하였는데, 이 사건은 이러한 권리가 생명을 종결하는데 의사의 도움을 받을 수 있는 권리로까지 확장할 수 있을지에 대해 문제를 제기하였다. 연방대법원은 고의로 다른 사람의 자살 시도를 유도하거나 자살방조를 금지하는 주 법률이 인간의 생명을 보존하고, 자살을 방지하게 하고, 의사라는 전문직의 고결성을 보호하고, 취약계층을 보호하는 것을 포함하여 주의 이익인 공익 보호와 합리적으로 연결되어 있으므로, 수정헌법 제14조의 적법절차 조항을 위반하지 않는다고 판결하였다. iii) **판결의 의의** 이 판결은 Obergefell v. Hodges, 576 U.S. 644(2015)에서도 유지되었고, 2022년의 Dobbes v. Jacson Women's Health Organition(2022) 판결이 이 판결의 공식을 사용한 것이었다. ③ **Vacco v. Quill, 521 U.S. 793(1997)** i) **사실개요** 말기 환자들과 그들의 진료를 담당하는 의사 3명 및 관련 단체는 자살방조를 처벌하는 뉴욕주 형법 규정이 수정헌법 제14조의 평등보호조항(Equal Protection Clause)에 위반한다고 소송을 제기하였다. 청구인들은 정신적으로 의사결정을 할 수 있는 그리고 말기상태의 질환으로 고통을 겪고 있는 환자가 의사에게 자살할 수 있도록 도움을 요청하고 그에 따라 환자에게 진통제나 치명적인 약물을 처방하는 것은 이전부터 행해져 왔던 의료적 관행에 부합하였다고 주장하였다. ii) **법원판결** 제1심법원은 청구인의 주장을 받아들이지 않았다. 이에 반해 항소법원은 자살방조를 처벌하는 뉴욕주 법률이 수정헌법 제14조의 평등보호 조항을 위반한다고 판결하였다. 말기상태의 유사한 상황에 처한 환자들 중에는 연명의료장치를 부착한 경우와 연명의료장치를 부착하지 않은 경우가 있는데 이를 다르게 취급할 합리적 근거가 없음에도 불구하고 연명의료장치를 부착하지 않고 있는 환자들에게 의사의 도움을 받을 권리를 동일하게 취급하지 않는 것은 불공정하며 비합리적이므로, 의사자살방조를 처벌하는 뉴욕주 법률은 수정헌법 제14조를 위반한다고 판결하였다. 연방대법원은 항소법원의 판결을 번복하여, 자살방조를 처벌하는 뉴욕주 법률이 수정헌법 제14조의 평등조항에 위반하지 않는다고 판결하였다. 연방대법원은 뉴욕주가 연명의료중단에 관한 법률을 가지고 있을 뿐 아니라 의사자살방조를 허용하지 않는 것은 "생명을 보존하고 취약한 사람들을 보호하는 데 있어 뉴욕주의 명백한 정당한 이익"의 관점에서 합리적 차별의 근거를 찾을 수 있다고 언급하였으며, 미국 헌법과 그에 따라 수립된 연방시스템의 정상적인 민주적 절차에 근거하여 이루어진 것이라고 밝혔다. iii) **판결의 의의** 이 판결 역시 죽을 권리에 관한 중요한 판결 중의 하나이다. 판결이 만장일치로 이루어진 것이 의미있다. ④ **Gonzales v. Oregon, 546 U.S. 243(2006)** i) **사실개요** 1970년에 제정된 연방 약물규제법(Controlled Substances Act(CSA), 21 USCS §§ 801)은 약물남용에 대처하기 위해 규제약물의 무단 배포 및 유통을 범죄로 처벌하고 있다. 미국의 법무부 장관은 상시적으로 특정 약물에 대한 조사결과를 확인한 후에 약물규제법에 규제약물을 추가, 삭제 또는 변경하고 있으며, 이 때 법무부 장관은 과학 및 의료적 문제에 대해 보건부 장관의 검토의견을 반영하여야 한다. 2001년 법무부 장관은 의료진이 말기 환자에게 생명을 종결시키는 약물을 처방하는 것이 합법적인 의료목적이 아니라는 근거를 제시하면서 규제약물의 처방 금지가 약물규제법(CSA)에 따른 해석규칙(interpretive rule)에 해당한다고 발표하였다. 즉, 자살을 돕기 위해 규제약물을 사용하는 것은 합법적인 의료행위가 아니며 그러한 목적으로 약물을 조제하거나 처방하는 것은 약물규제법 규정에 따라 불법이라고 판단한 것이었다. 오레곤주의 존엄사법(Death with Dignity Act)은 합당한 의학적 판단에 따라 기대여명이 6개월 이하인 말기환자인 오레곤주 거주자가 요청한 치사량의 약물을 조제하거나 처방하는 주 면허를 가진 의사에 대해서 민사상 또는 형사상 책임을 면제하고 있다. 오레곤 주의 존엄사법에 따라서 약물처방을 허용하고 있었으므로, 오레곤 주의 주민인 의사, 약사, 말기환자들은 법무부 장관이 정한 위 해석규칙의 무효를 주장하는 소송을 제기하였다. ii) **법원판결** 제1심법원과 항소심 법원은 위 해석규칙이 무효이고, 법무부 장관의 지시가 위법하다고 판결하였다. 연방대법원은 존엄사법에 따른 의료관행을 존중할 필요가 있으며, 연방의회에서 약물규제법을 입법한 취지는 의사들이 불법 마약거래에 개입하지 못하도록 의도한 것으로서 의료관행의 일반적 기준을 정하려고 의도한 것은 아니라고 판단하였다. 따라서 연방대법원은 약물규제법상의 직무수행에 필요한 범위 내에서 해석규칙을 만들 법무부 장관의 권한에는 오레곤 주 법률이 정한 바에 따라 특별히 승인된 환자의 치료 및 약물처방에 대한 의료관행을 불법이라고 선언할 수 있는 권한이 포함되어 있지 않다고 판결하여, 하급심을 유지하였다. iii) **판결의 의의** 이 판결은 미연방 법무부장관이 삶을 끝내려는 환자에게 오레곤 주법에 따라 약물을 처방한 의사에 대해 연방 약물규제법(the Federal Controlled Substances Act)을 강제할 수 없다고 한 것이다. 미국의 새로운 대법원장 Roberts 법원에서 처음으로 심리된 사건이다. ⑤ **Baxter v. State, 2009 MT 449 (2009)** i) **사실개요** 4명의 의사, 관련 단체(Compassion and Choices), 림프성 백혈병을 앓고 있는 76세의 트럭운전사인 원고는 죽음에의 도움을 받을 헌법상의 권리가 있다는 주장을 하면서 주를 상대로 소송을 제기하였다. ii) **법원판결** 2008.12.5. 주 제1심법원은 말기상태이고 일정한 자격을 갖춘 환자는 몬타나 헌법조문 Art. II 제4조와 제10조에 따라서 존엄하게 죽을 법적 권리(right to die with dignity)가 있다고 판결하였다. 법원은 이러한 권리에는 의사의 도움을 받아 스스로 복용할 약물을 처방받을 권리도 포함되며, 이러한 도움을 준 의사를 살인죄의 형사책임으로부터 보호하는 것도 포함된다고 판단하였다. 2009.12.31. 몬타나주 대법원은 일부 승소, 일부 패소의 형식으로 제1심법원의 원고에 대한 의사의 죽음에의 도움을 허용하는 부분을 승인하였다. 말기환자의 생명종결에 대한 자율적인 동의는 다른 동의면제를 적용하지 않는 한 환자의 자살을 돕는 의사로 하여금 살인혐의로부터 벗어날 수 있도록 적절한 방어를 구성한다는 점을 인정하였다. 몬타나 주 법률에 근거하여 말기환자, 정신적으로 자격이 있는 성인 환자에게 제공되는 죽음에의 의사의 도움(physician aid in dying)은 공공정책에 반하지 않으며, 그러므로 도움을 제공하는 의사는 이러한 도움을 요청한 환자의 유효한 동의를 통해서 형사책임으로부터 보호된다고 판결하였다. iii) **판결의 의의** 의사자살방조를 합법화한 미국의 주 중에서 주 대법원 판결로 허용한 주가 몬타나주이다. 몬타나주 대법원은 이 사건에서 주헌법이 자살에의 도움을 받을 권리를 보호하는 것은 아니지만, 의사자살방조가 주의 공공정책에 위반한다는 몬타나주 대법원의 선례가 있거나 이를 금지하는 주법률이 존재하지 않는다고 판결하였다. 주 대법원의 판결 이후 몬타나 주에서는 의사자살방조가 불법적인 것이 아니어서 환자에게 도움을 주는 의사를 불기소하고 있다. 다만 다른 주와 같이 주 입법을 통해서 의사자살방조를 허용하는 절차적 규정을 마련하고 있지는 않다. 오히려 주 대법원 판결이 있은 2009년 이후 주 의회가 주 대법원의 판결을 번복하기 위해서 합법화를 반대하는 법안을 발의하였지만 성공적인 결과를 얻지 못하였다. (2) **주 입법동향** 의사자살방조를 허용하자는 움직임이 느리지만 눈에 띄게 이루어지고 있다. 미국의 일부 주는 의사조력자살의 합법화를 거부하거나 조력자살을 금지하는 법령을 강화하고 있지만, 2022.2.을 기준으로 미국에서 주 입법으로 의사조력자살(physician-assisted suicide)을 허용하고 있는 주는 10개 주와 컬럼비아 특별구이다. 40개의 주에서는 의사자살방조는 불법이다. 33개의 주는 자살방조를 금지하고 있으며 중죄 또는 경죄로 처벌하는 법률을 가지고 있다. 3개 주(AL, MA, WV)는 불문법의 형식인 보통법에 따라 자살방조를 금지하고 있다. 4개 주(NY, NC, UT, WY)는 자살방조를 금지하는 특별법이나 보통법상의 근거를 가지고 있지 않으며, 자살방조의 적법성에 대해 불분명한 입장이다. (3) **법률의 주요내용** 주 법률에는 의사자살방조를 요청하는 **환자의 적격 요건**에 관한 규정으로, ① 환자는 18세 이상의 성인(adult)이어야 하고, 해당 주에 거주하여야 한다. ② 환자는 스스로 보건의료결정을 할 수 있고 소통을 할 수 있는 자이어야 한다. 의료적 결정을 할 수 있는 능력은 주치의, 자문의사, 정신과 전문의 또는 심리학자의 의견에 의하면 의료결정의 본질과 결과를 이해할 수 있는 능력, 중요한 혜택과 위험, 대안을 이해할 수 있는 능력, 보건의료제공자와 충분한 정보제공에 근거한 결정을 할 수 있고 소통할 수 있는 능력을 말하며, 주치의와 자문의사는 환자의 요청시 이러한 능력이 있는지 확인해야 한다. 추가규정을 두는 주도 있다. ③ 환자는 6개월 이내인 생존가능성을 가지고 있는 말기질환(terminal illness)의 진단을 받아야 한다. 말기진단은 주치의 이외 자문의사(consulting physician)에 의하여 확인되거나 증명되어야 한다. **의사 혹은 자문의의 이행요건**protocols으로, ① 주치의(attending physician)는 해당 환자를 돌보고 말기질환을 치료하는 일차적인 책임이 있는 의사를 말한다. ② 주치의는 대상자인 환자가 기대여명이 6개월 이내의 말기환자라는 것, 그리고 환자가 정신적으로 충분한 정보에 의한 의사결정을 할 수 있는 능력과 자발적으로 의사결정을 할 수 있다는 것을 진단해야 한다. ③ 자문의사(consulting physician)는 환자의 질병에 대해 전문적인 진단과 예후를 할 수 있는 전문성과 경험을 갖춘 의사를 말한다. ④ 의사가 환자의 판단력이 문제가 있다고 의심되는 경우에는 환자에게 심리검사를 받도록 해야 한다는 규정을 두거나 환자를 면허가 있는 정신건강 전문의에게 의뢰해야 한다는 규정을 두고 있다. ⑤ 주 법률는 환자에게 완화의료, 호스피스와 통증완화 옵션을 포함하는 대안들에 대해서 정보를 제공해야 한다는 설명의무 규정을 명시하고 있다. ⑥ 일부 주에서는 약물을 복용할 때 다른 사람의 참관이 가능한 개인 공간(private place)에서 복용해야 한다고 하고 있다. ⑦ 일부 주에서는 의사가 환자에게 그의 친척에게 약물처방을 요청한 사실을 통보하도록 권고해야 한다는 규정을 두기도 한다. **환자요청의 타임라인**과 관련하여 절차적 유예기간은 ① 첫 번째로 의사에게 구두로 요청, ② 15일의 유예기간(waiting period), ③ 의사에게 두 번째 요청, ④ 의사에게 서면으로 요청, ⑤ 처방된 약물을 받을 때까지 48시간 유예기간으로 규정하고 있다. 대부분의 주는 서면 요청서를 작성할 때 적어도 2인의 증인의 입회와 서명을 요건으로 하고 있다. 2) **독일** (1) **판례** ① **비티히**Wittig **사건**BGHSt 32, 367 ff. (1984) i) **사실개요** 심한 관절염과 동맥경화증 등으로 거동이 불편했던 76세의 환자가 가정의인 비티히 박사에게 죽고 싶다는 말과 함께 누구의 도움도 받고 싶지 않으며, 자신을 병원이나 양로원 등에 보내지 말 것을 여러 차례 하였었다. 그러던 중 1981.11.28. 비티히 박사가 환자를 방문했을 때 환자가 모르핀과 수면제를 과다 복용하여 자살을 시도하여 침대에 누워서 이미 의식을 잃어가고 있는 것을 발견했다. 환자는 자신을 병원으로 옮기지 말아달라고 부탁하는 메모지를 손에 쥐고 있었다. 비티히 박사의 진찰 결과 호흡은 있었지만 맥박이 거의 없었고, 심각한 뇌손상 등을 입은 것으로 판단되었다. 또한 살더라도 중대한 후유증을 앓을 수밖에 없다는 사실을 인식하고는 구조를 포기하고 다음 날 아침 환자가 사망할 때까지 환자 곁에서 머물렀다. 검찰은 비티히 박사를 부작위에 의한 촉탁살인죄와 구조불이행으로 기소하였다. ii) **법원의 판결** 주법원과 항소법원은 형법 제216조의 부작위에 의한 촉탁살인죄를 적용하여 처벌할 수 없고, 형법 제323c조의 일반적 구조의무위반에 해당하지도 않는다고 판시하였다. 연방법원은 의사는 치료를 거부하는 환자에 대해서도 기본법 제2조 제2항의 생명과 신체의 완전성에 대한 권리를 존중해야 하지만, 기본법 제2조 제1항에 근거하는 환자의 자기결정권을 존중하는 것 역시 의사의 본질적인 임무라고 하였다. iii) **판결의 의의** 비티히 사건은 환자의 자기결정권을 존중할 의무가 생명보호의무와 충돌하는 경우에 부작위로 나아간 의사의 양심적 결정이 법적으로 지지되었다는 것에 의미가 있다. 비티히 사건에 비판적이었던 학자들은 당시의 형법이 의료행위의 특수성을 전혀 고려하지 않고 있다는 기본적인 인식하에 1986.6. '사망조력 대안적 법안(Alternativentwurf eines Gesetzes über Sterbehilfe, AE-Sterbehilfe)'을 공표하였다. 대안적 법안의 목적은 현행 형법이 고려하지 않고 있는 존엄사(würdiger Tod) 문제를 구체적 입법에 의하여 명확하게 해결하려는 것이었다. 대안적 법안의 주안점은 환자의 자기결정권에 의사도 구속시키려고 하는 데에 있었다. 대안적 법안의 지도적 사고(Leitgedanke)는 다음의 7가지였다. 즉, ① 생존의 강제(Lebenszwang)가 아니라 생명의 보호(환자의 행복, 자기결정권 및 생명의 종기에 있어서의 인간의 존엄의 보호), ② 환자의 의사와 입장을 법적 규제의 기초로 두는 것, ③ 임종을 위한 지원(Hilfe zum Sterben)보다 임종에 있어서의 지원(Hilfe im Sterben) 우선, ④ 법은 의사의 재량행위의 한계로 함, ⑤ 생명의 가치로부터 발생하는 모든 차별을 부정하고, 생명의 보호에 가치를 둠(의심스러울 때에는 생명의 이익으로, In dubio pro vita), ⑥ 의사 등의 구조의무를 한정하여 환자의 자발적 자살(Selbsttötung) 존중, ⑦ 촉탁살인 원칙적 처벌 등이다. 이 법안은 1986.9. 제56회 독일법률가대회 형사법분과에서도 승인을 얻었으나, 법안의 구체적인 법제화는 총론은 찬성하지만 각론은 반대한다는 비판세력의 압력에 부딪혀, 입법이 되지는 못하였다. ② **하케탈**Hackethal **사건**(1987) OLG München, Beschluss vom 31.7.1987 i) **사실개요** 69세의 여성은 수년 전부터 얼굴에 종창이 생겨 여러 번 수술을 받았지만, 암까지 생겨 오른쪽 눈에 심한 통증을 겪었고 오른쪽 눈을 뜰 수 없는 정도가 되었으며, 좌상악부에 종창이 재발하여 퍼지게 되었다. 이후 환자의 상태가 더 악화되어 진통제도 소용이 없게 되자 더 이상 참을 수 없는 극심한 통증과 고통이 계속되었다. 그러던 중 환자는 가정의로부터 조만간 사망할 수 있다는 진단을 받게 되었고, 이에 의사인 하케탈 교수를 찾아가 자신을 죽여달라고 요청하였다. 하케탈 교수는 환자의 의사에 따를 것을 약속하였고, 더 이상 회복이 불가능한 상태라는 것을 확인한 후에 그녀를 입원시켜 독극물(청산가리)을 처방해 주었다. 하케탈 교수는 이를 다른 의사에게 설명하고 그 의사로 하여금 환자에게 독극물을 전달하도록 하였고, 환자는 이날 진찰실에서 처방받은 독극물을 스스로 마신 뒤 사망하였다. 이 사건에 대해 검찰은 하케탈 교수를 형법 제216조의 부작위에 의한 촉탁살인죄로, 독극물을 전달한 의사는 이에 대한 방조죄로 공소를 제기했다. ii) **법원의 판결** 뮌헨 고등지방법원은 이 사건에서 환자가 수일 내로 사망에 이를 수 있음이 명백하였고, 스스로 독극물을 마시고 사망한 점과 환자의 진지하고 명백한 자살의사에 따라 하케탈 교수가 의료적 구조행위를 하지 않았음에 비춰볼 때 그를 형법 제216조의 부작위에 의한 촉탁살인죄나 형법 제323c조의 구조불이행죄로 처벌할 수 없다고 판시하였다. 또한 자살자의 죽음에 대한 희망이 명백하고 진지하며, 자살을 저지함이 고통만을 연장하는 결과일 뿐이라면 그러한 상황에서 자살을 저지하는 것은 형법 제323c조에서 의미하는 구조에 해당하지 않아 구조불이행의 혐의도 없다고 하였다. iii) **판결의 의의** 하케탈 사건은 독일에서 의사조력자살이 원칙적으로 허용되지는 않았던 시점에서도 자살교사방조에 해당하는 행위를 처벌하지 않았다는 점에서 의사조력자살이 위법하지 않다는 결론으로 귀결될 수 있어서 시사하는 바가 크다. ③ **켐프텐 사망조력 사건**Kemptener Sterbehilfe, BGHSt 40, 257(1994) i) **사실개요** 해당 사건에서 기소된 의사 T는 1990년에 당시 요양원 보호병실에 있던 70세 여성 E의 담당 의사였고, 기소된 E의 아들 S가 E의 '체류결정, 의료적 처치 도입 및 재산관리'의 범위 내에서 보호자로 정해졌다. E는 치매 증상을 보였다. 1990.9. 초에 겪은 심정지상태와 관련 소생술로 인해 그녀는 치명적인 뇌손상을 입었다. 이로 인해 음식을 삼킬 수 없게 되자 의사 T는 위와 연결된 호스를 통해 인위적으로 음식을 공급할 것을 처방하였다. 이후 1992년 말부터 발생한 합병증 으로 E는 코와 연결된 호스를 통해 음식을 공급받았다. 1993년 T는 S에게 환자가 나아질 가망이 없으니 호스로 영양을 공급하는 것을 중단하고 차만을 제공할 것을 제안하였다. 그에 따르면 이를 통해 E는 고통 없이 약 2-3주 후에 사망할 것이라고 하였다. S는 이 설명을 신뢰하였고 다른 법적 조언은 구하지 않았다. 그는 몇몇 친구들 및 친척들과 상의한 후 1993.3. 초에 T의 제안에 대해 동의를 표하였다. 이러한 배경에는 E가 8-10년 전에 텔레비전에서 사지가 마비되고 욕창이 생겨 돌봄을 받게 된 사례를 보고 난 후 S에게 자신은 저렇게 죽고 싶지 않다고 말했던 점도 작용하였다. T는 간병인과 사전에 상의 없이 간호사실에 있는 처방용지에 다음과 같이 기재하였다. '의사 T의 동의하에 본인은 본인의 모친에게 현재 보유하고 있는 병에 들어 있는 음식이 소진된 이후부터 혹은 1993.3.15.부터는 단지 차만 제공하기를 원한다.' 요양원의 원장은 이러한 조치가 법적으로 허용되는지에 대해 의구심을 품고 1993.3.17. 켐프텐의 후견법원에 이 사실과 함께 남은 병 음식이 3.22.까지 분량만 있다고 알렸다. 같은 날 켐프텐 후견법원은 해당 계획에 대한 추인을 가처분의 형식으로 거부하였다. 이 사실을 알게 된 S가 1993. 3. 23.에 후견법원에 음식을 차로 전환해달라는 신청을 내었으나, 전문가와 관계자의 청문 및 당사자를 점검한 후에 거부되었다. 이에 따라 T는 치료를 중단하였고, 다른 의사가 E를 전담하였다. E는 1993.12. 말에 폐부종으로 사망하였다. ii) **법원의 판결** ㉠ **켐프텐 주법원의 판결** 주법원은 T와 S가 살인미수(versuchter Totschlag)를 범하였다고 판단하고 벌금형을 내렸다. 주법원은 이 사건이 소극적 사망조력이 아니라고 판단하였다. 동 법원은 소극적 사망조력의 전제로 의사의 신념에 따라 환자의 근원적 고통을 돌이킬 수 없고, 임종기가 시작되어 빠른 시일 내에 환자가 사망하게 됨을 들었다. 그리고 이러한 단계에 이르러야만 비로소 사망조력이 논의될 수 있다고 보았다. 이때에는 의사에게 인공호흡, 혈액 투입, 인위적 영양공급 등을 중지하는 것이 허용된다고 보았다. 동 법원은 이 사건에서는 위와 같은 임종 과정이 아직 진행되지 않았다고 보았는데, E가 인위적인 음식 공급 외에는 생존 능력이 있었고 T가 음식 공급을 중단하는 결정을 내린 후에도 실제로 9개월을 더 살았기 때문이었다. 동 법원의 견해로는 이는 자살조력이 아닌 생명유지조치의 중단이었다. ㉡ **연방법원의 판결** 상고심에서 연방법원은 1994.5.8.에 켐프텐 주법원의 판결을 파기환송하였다. 연방법원은 상고심에서 이 사례가 특수한 정황으로 인해 경계선에 놓여 있으며, 의사의 치료나 조치 중단에 대한 환자의 추정적 동의가 있는 경우에 그러한 중단을 통한 사망이 예외적으로 허용된다고 하였다. 환자의 추정적 동의를 인정하기 위한 요건에는 - 인간 생명의 보호이익을 고려하여 - 현실적 관점에서 엄격한 요청이 설정된다고 하였다. 결정적인 것은 행위시점의 모든 정황을 주의 깊게 형량하였을 때 드러나는 환자의 추정적 의지이다. 여기에는 환자가 사전에 구두 또는 서면으로 표명한 의견 및 종교적 신념, 그 밖의 개인적인 가치관, 연령에 따른 삶에 대한 기대 또는 고통의 정도가 고려된다. 특히 특정한 조치를 일반적으로 '합리적'이거나 '정상'이라고 평가하거나, 분별력이 있는 환자의 이익에 통상적으로 부합한다는 객관적 기준은 그 자체로서 중요하지 않다. 이러한 기준은 개인의 가정적 의지를 파악하기 위한 참조사항만이 될 뿐이다. 만약 구체적인 상황을 사려 깊게 심사하여도 환자의 추정적인 의사를 발견할 수 없다면, 일반적인 가치상정에 상응하는 기준을 택할 수밖에 없다. 그러나 이러한 때에는 자제가 요청된다. 의심스러운 경우에는 의사, 가족 또는 다른 관계자의 개인적 생각보다 인간의 생명보호가 우선한다. 개별 사례에서는 자연적으로 의사의 진단에 따라 어느 정도 회복 가망이 있는지와 환자가 얼마나 죽음에 가까이 있는지가 고려대상이 될 것이다. 일반적으로 인간의 존엄에 부합하는 삶으로 복귀할 가능성이 낮을수록, 그리고 죽음이 임박해 있을수록 치료중단이 납득 가능한 것으로 이해될 것이다. iii) **판결의 의의** 두 법원 판결의 가장 큰 차이는, 원심인 켐프텐 주법원은 연명치료 중단 요건으로 환자가 '사망의 단계'에 진입했을 것을 요구한 반면, 연방법원은 그러한 요건이 필요하지 않다고 본 점이다. 즉, 원심법원은 회복불가능한 환자라도 아직 사망의 단계에 진입하지 않았다면 안락사의 문제가 아니기 때문에 추정적 의사의 존부를 문제삼을 필요가 없다고 하였으나, 연방법원은 예외적으로 회복불가능한 환자의 연명치료 중단에 관한 추정적 의사가 인정된다면 비록 사망의 단계에 접어들지 않았더라도 연명치료를 중단할 수 있다고 한 것이다. 연방법원의 판결은 사망조력에서 당시 형법이 주도하고 있던 관점을 민사적 문제인 후견법원의 허가문제로 시야를 확대했다는 평가를 받는다. 이 판결은 법정후견인이 사망조력에 동의할 경우에 후견법원의 허가가 필요하다는 점을 명시하였다. 그렇지만 해당 규정(민법전 제1904조)이 사망 과정에서의 치료중단에는 적용될 필요가 없으며, 의료적 조치의 의미와 목적이 연명의료의 종결에 있고, 사망과정이 아직 직접적으로 시작되지 않았을 경우의 사망조력에만 적용이 된다고 해석하여 아직 사망과정에 직접적으로 진입하지 않은 환자의 연명의료 중단의 경우에만 후견법원의 허가가 필요하다고 보았다. 이를 계기로 2009.9.1.부터 '환자지시서에 관한 법률(Gesetz zur Patientenverfügung)'을 시행하여 민법전 제4권 가족법상의 후견법에 사전지시서의 법적 근거와 구속력을 규정하고, 후견법원의 개입에 대한 법적 근거를 마련하게 되었다. ④ **뤼벡**Lübeck **사건**BGHZ 154, 205(2003) ⅰ) **사실개요** 이 사건에서 문제된 환자는 2000.11.부터 실외투증후군을 앓고 있으며 이후 위루관을 통해 영양공급을 받고 있었다. 환자와의 접촉은 불가능했다. 담당 구법원은 2001.1.에 환자의 아들(원고)을 후견인으로 임명하고 '환자의 건강을 후견하고, 관청, 시설 등에 대해 환자를 대리'하도록 하였다. 후견 임무는 2001.12.18.에 연장되었다. 환자의 아들은 상황이 개선되지 않을 것으로 예상되고, 환자가 사전에 표명한 소망에 상응하지 않는다는 이유로 2002.4.8. 담당 법원에 위루관을 통한 영양공급을 중단할 것을 신청하였다. 환자의 지시서에는 불가역적 의식상실, 뇌의 중대한 지속적 손상 등의 사태가 발생하는 경우에는 집중치료를 하지 말고, 영양공급을 중단하며 인공호흡 등을 원하지 않는다고 타이핑되어 있었고, 날짜와 장소, 서명은 수기로 기입되어 있었다. 환자의 아내와 딸은 원고의 신청에 동의하고 지지하였으나, 담당 구법원은 법적 근거가 없음을 이유로 신청을 기각하였다. 이에 대한 항고를 주법원이 기각하자 재항고를 하였고 슐레스비히 고등주법원은 다른 고등주법원의 결정과 다른 견해를 취하기 위해 해당 사안을 연방법원의 결정에 맡겼다. ⅱ) **연방법원의 결정** 연방법원은 후견인과 의사 간에 환자의 생명유지 또는 생명연장치료에 관한 의견이 일치하지 않는 경우에 후견법원의 동의를 얻어 치료를 거부할 수 있다고 판시하였다. 연방법원은 환자가 작성한 생명유지조치를 하지 말라는 내용의 서면, 즉 환자지시서의 내용대로 인공적으로 영양을 공급하는 조치를 중단하는 것이 기본법 제1조 제1항의 인간의 존엄성에 근거하는 것으로 보고 이를 허용하였다. ⅲ) **판결의 의의** 뤼벡(Lübeck) 사건 또는 키일(Kiel) 사건이라고도 불리는 이 결정은 환자의 사전지시서의 구속력을 인정한 결정이다. 2003.3.17. 연방법원의 판결 이후 환자의 사전지시서는 원칙적으로 구속력을 갖게 되었다. 동 법원이 내린 판결의 핵심은 돌이킬 수 없는 사망 과정에 진입하였을 때에만 연명의료 조치 중단이 허락될 수 있다는 것으로 사망조력을 켐프텐 판결과 다르게 이해하였다. 즉, 환자가 의사결정을 할 수 없는 상태에서 회복이 불가능한 사망의 단계에 진입하였다면, 후견인의 동의와 후견법원의 허락이 있을 때에 한하여 의사는 환자의 생명유지조치의 중단을 법적으로 유효하게 행할 수 있다는 설시이다. 이는 법원의 개입이 언제 가능한가에 관해서 논의한 중요한 사건이다. 해당 결정은 환자의 기본질환이 돌이킬 수 없는 불치의 상황에 이르렀을 때에야 환자의 사전지시서를 법적으로 고려할 수 있다고 함으로써 자기결정권을 제한한다는 비판을 받았다. 이후 제정된 환자의 사전지시서법(Patientenverfügungsgesetz)에서는 질환의 종류나 시기에 무관하게 사전지시가 고려되어야 한다고 명시(독일 민법전 제1901a조 제3항)함으로써 환자의 자기결정권을 보장하게 되었다. 뤼벡 사건에 관한 판결을 계기로 독일에서는 환자의 자율성을 입법을 통해 보장하려는 노력이 본격적으로 시작되었다. ⑤ **2009년 환자의 사전지시서법** 환자의 사전지시서법은 2009.6.18.에 독일 연방의회를 통과하여 2009.9.1.부터 시행되고 있다. 이는 독일 민법전 제4권 가족법상의 후견법(Betreuungsrecht)을 제3차 개정하여 환자지시서의 내용을 가진 제1091a조와 제1091b조를 삽입한 것이다. 민법의 이러한 개정을 통해 기존의 제1091a조는 제1091c조로 변경되었다. 환자의 사전지시서(Patientenverfügung)란 동의능력이 있는 성인이 추후 발생할 수 있는 동의무능력 상태를 대비하여 문서로써 그가 특정한 치료행위나 의사의 치료에 대해 동의를 하거나 거부한다는 것을 확정해 놓은 것이다. 후견인은 피후견인이 행한 환자의 사전지시서상의 확정이 실제 그의 삶의 상황 및 치료 상황에 적합한지를 조사하고, 이에 상응하는 피후견인의 의지를 존중해야 한다. 환자의 사전지시서는 언제든지 형식 없이 취소될 수 있다. 만약 환자의 사전지시서가 존재하지 않거나 환자의 사전지시서의 확정이 그의 삶의 상황 및 치료 상황에 적합하지 않다면, 후견인은 피후견인의 치료에 대한 소망이나 추정적 의사(mutmaßlicher Wille)를 확정해야 한다. 그리고 그 토대 위에서 후견인은 민법전 제1901a조 제1항에서 말하는 의료적 조치들에 동의 할지 혹은 그것들을 거부할지를 결정해야 한다. 추정적 의사는 구체적인 근거들을 토대로 조사되어야 하는데, 특히 피후견인이 이전에 한 구두 또는 서류상의 표현, 윤리적 또는 종교적 신념, 그리고 기타 개인적인 가치관 등이 고려된다(제1901a조 제2항). 이러한 제1항과 제2항의 내용은 피후견인의 질병의 종류나 질병의 단계에 불문하고 유효하다(제1901a조 제3항). 그리고 어느 누구도 환자의 사전지시서를 작성하도록 의무지워져서는 안되며, 환자지시서의 작성이나 제시가 계약체결의 조건으로 되어서는 안된다(제1901a조 제4항). 동조 제5항의 규정에 따라 제1항부터 제3항은 임의대리인에게도 유효하다. 민법전 제1901b조는 환자의사 확정을 위한 대화라는 부제를 달고 있다. 이에 따르면 치료를 담당하는 의사는 전체적인 상태와 환자에 대한 예측을 고려하여 어떤 의료적 조치들이 사전에 지시가 되었는지를 검사한다. 의사와 후견인은 이러한 조치들을 환자의사를 고려하여 제1901a조에 따라 행해져야 하는 결정을 위한 토대로 논의한다(제1항). 그리고 제1901a조 제1항에 따른 환자의 의사를 확정하거나, 또는 제1901a조 제2항에 따른 환자의 추정적 의사를 확정할 때 현저한 지체가 없이 이루어질 수 있다면 피후견인의 가까운 가족 및 친지들은 의사표시를 하기 위한 기회를 갖는다(제2항). 제1항부터 제2항은 임의대리인에게도 유효하다(제3항). 제1901c조는 문서상 후견의 소망, 사전대리를 규정하고 있다. 어떤 사람이 그가 후견되는 경우를 위하여 후견인의 선발을 위한 제안들이나 후견을 실행(Wahnehmung)하기 위한 소망들을 서류로 표명했다면, 그러한 서류를 보관하고 있는 사람은 후견인 선출절차의 개시를 인식한 이후에는 그 문서를 지체 없이 후견법원에 제출해야 한다. 그리고 이 문서의 소유자는 문서 속에서 당사자가 이러한 업무를 진행하기 위하여 그 사람을 사전에 임의대리인으로 했다는 것을 후견법원에 알려야 한다. 후견법원은 복사본의 제시를 요청할 수 있다. 제1904조는 의료적 조치에 있어서 후견법원의 허가를 규정하고 있다. 동조 제1항은 후견인의 건강상태 검사, 치료행위 또는 의료적 처치에 대한 피후견인의 동의에 관한 규정으로, 의료상의 조치로 인해 피후견인이 사망하거나 또는 중하며 장기간 걸리는 건강상의 손해를 입게 되는 근거가 있는 위험이 존재할 때에 이에 대한 후견인의 동의는 후견법원의 허가를 받아야 한다고 하고 있다. 단서를 통하여서 후견법원의 허가를 통해 발생되는 치료 등의 지연이 피후견인의 위험과 결부된 경우에만 허가 없이 조치들이 취해질 수 있다고 하고 있다. 또한 후견인이 피후견인의 건강상태 검사, 치료행위 또는 의료적 처치에 대하여 동의하지 않거나 동의를 취소하는 경우에, 만일 그러한 의료상의 조치들이 의료적으로 이미 예정이 된 것이고, 그러한 조치를 행하지 않거나 그러한 조치가 중단되면 피후견인이 사망하거나 또는 중하며 장기간 걸리는 건강상의 손해를 입게 되는 근거 있는 위험이 존재할 때에도 역시 피후견법원의 허가를 필요로 한다(제2항). 만일 후견인의 동의, 부동의 또는 동의의 취소가 피후견인의 의사에 부합하는 것이라면 제1항과 제2항에 따른 허가가 주어져야 한다(제3항). 그러나 제1항과 제2항에 따른 후견법원의 허가는 후견인의 동의, 부동의, 또는 동의의 취소가 제1901a조에 따라 피후견인의 의사에 부합한다는 점에 후견인과 치료하는 의사 사이에 의견의 일치가 있으면 필요하지 않다(제4항). 그리고 제5항의 규정에 따라 위의 제1항부터 제4항의 규정들은 임의대리인에게도 유효하다. 임의대리인은 제1항 제1문 또는 제2문에서 말하는 조치에 대해 대리권이 이 조치들을 명시적으로 포괄하고 서면으로 주어진 경우에만 동의하거나, 동의를 하지 않거나 또는 동의를 철회할 수 있다. ⑥ **치사량약물 청구 결정**Urteil vom 02.03.2017 – BVerwG 3 C 19.15. ⅰ) **사실개요** 이 사건에서 원고의 아내는 2002년 사고 이후 목 아래쪽 신체가 전부 마비되었다. 그녀는 인공으로 호흡하였으며 항시적으로 의료적 도움에 의존할 수밖에 없었다. 나아가 잦은 경련이 극심한 고통을 일으켰다. 그녀는 자신의 상태를 감내할 수도 없고 존엄에도 반하는 것이라고 생각하여, 2004.11.12. 연방의약품 및 의료기기연구원(Bundesinstitut für Arzneimittel und Medizinprodukte, BfArM)에 치사량의 약물을 구입하는 것을 허가해 달라고 청구했다. 2004.12.16. 동 연구원은 이를 거부하는 결정을 하였다. 거부결정에 대해 제기된 이의에 대하여, 동 연구원은 2005.3.3. 그녀가 제기한 이의에 대해서는 기각하고, 그녀의 남편이 제기한 이의에 대해서는 각하하였다. 그녀는 이의에 대한 결정이 있기 수일 전에 남편과 딸과 함께 스위스로 가서 디그니타스의 도움을 받아 사망하였다. 원고는 치사량의 약물을 제공하는 것을 거부한 위 연구원의 처분이 위법하였다고 주장하며 소송을 제기하였다. 쾰른 행정법원, 고등행정법원, 헌법재판소는 이 거부행위가 단지 그의 아내의 권리와 관련될 뿐이며 원고에게 자기관련성이 없어 제소할 당사자적격이 없다며 소를 각하하였다. 그러나 유럽인권재판소는 2012.7.19. “제소에 이유가 있는지 여부에 관하여 자국법원이 심사하기를 거부함으로써 원고는 유럽인권협약 제8조 제1항에 따른 사생활의 존중을 받을 권리를 침해당하였다.”고 판결하였다(Koch v. Germany (App no. 497/09) ECHR 19 July 2012). 원고는 유럽인권재판소 판결에 따라 행정법원에 소송절차를 재개해 줄 것을 청구하였다. 행정법원과 항소심 고등행정법원은 기각판결을 내렸다. ⅱ) **판결이유** 연방행정법원은 연방의약청의 거부처분이 위법하였음을 확인하고 해당 범위 내에서 하급심 판결을 파기하는 판결을 내렸다(Urteil vom 02.03.2017 - BVerwG 3 C 19/15). 연방행정법원은 자살할 목적으로 치사량의 약물을 취득하는 것은 ‘원칙적으로는’ 허가될 수 없다고 선언하였다. 그러나 기본법 제1조 제1항과 제2조 제1항이 결합하여 형성하는 일반적 인격권은 “환자가 자신의 의사를 자유로이 형성하고 그 의사에 따라 행동할 수 있을 것”을 조건으로 “심각하고 치유할 수 없는 질병을 앓고 있는 환자가 어느 시점에 어떤 방식으로 자신의 생명을 끝낼지 결정할 권리”도 포함한다며 예외를 인정하였다. “일반적 인격권을 고려할 때 자살의사를 가진 자가 심각하고 불치인 질병으로 인하여 극단적인 긴급상황에 놓여있는 경우에는 자살하기 위해 향정신성의약품을 취득하는 것이 향정신성의약품법규정의 목적과 예외적으로 합치된다.”는 것이다. 이때 극단적인 긴급상황은 “첫째, 중대하고 불치인 질병이 심각한 신체적 고통, 특히 심한 통증과 결부되어 있고, 이 통증이 감당할 수 없을 정도의 고통을 야기하며 결코 충분히 완화될 수 없는 경우, 둘째, 당사자에게 결정할 능력이 있고, 자신의 삶을 종결하려고 자유롭고 진지하게 결정한 경우, 셋째, 죽고 싶다는 소망을 실현할 다른 기대 가능한 가능성이 없는 경우”에 인정된다고 판시하였다. iii) **판결의 의의** 연방행정법원의 판결은 국가로 하여금 자살에 관여할 의무를 지우는 것이며 국가에는 그러한 의무가 없다는 강력한 반발이 있었다. 연방행정법원의 판결에 따르면 연방의약품및 의료기기연구원은 치사량의 약물취득허가 청구가 있으면 심사를 해야 할 상황이었다. 당시 연방보건부장관 그뢰에(H. Gröhe)는 동 판결을 비판하면서 집행을 거부할 것이라 하였다. ‘감당할 수 없는 정도의 고통’이 어느 정도의 수준인지 모호하다는 점과 입법자의 자살방지 정책에 대한 정면 도전이라는 비판도 있었다. 특히 그러한 권리를 어떻게 기본권이론상 설계해야 하는지에 대해서 연방행정법원이 언급하지 않았고, 구체적인 사례에서 실제로 동 법원이 제시한 요청이 존재했는지 여부도 소송 과정이 길어짐에 따라 더 이상 확인할 길이 없어졌다. 이처럼 첨예한 문제를 법률로 확정된 기준도 없는 상태에서 연방의약품 및 의료기기연구원의 결정 권한에 맡긴다는 점 또한 설득력이 떨어지는 이유 중 하나였다. 이 결정 이후 연방의약품 및 의료기기연구원에 수백 건의 약물취득허가 청구가 이어졌으나 허가 또는 거부 결정은 내려지지 않았고 오랫동안 계류되었다가 결국 모두 기각되었다. ⑦ **업무상 자살방조죄 사건** BVerfGE 153, 182(2020) i) **사실개요** 독일 형법(Strafgesetzbuch) 제217조는 2015.11.6., 격렬한 논쟁 끝에 초당파적으로 210명의 의원이 공동으로 발의한 ‘업무상 자살방조(geschäftsmäßige Förderung der Selbsttötung)의 처벌을 위한 법률안’이 연방의회를 통과하면서 형법에 추가된 것으로, 이를 통해 독일 형법에는 처음으로 자살방조에 대해 규율하는 규정이 마련되었다. 이와 함께 제도적 보완책으로 「호스피스 및 통증완화조치의 개선에 관한 법률」(Gesetz zur Verbesserung der Hospiz- und Palliativversorgung in Deutschland, Hospiz- und Palliativgesetz - HPG, BGBl Ⅰ S. 2114)도 도입되었다. 이러한 과정을 거쳐 제정된 형법 제217조에 대해 연방헌법재판소는 동 규정으로 인해 기본권을 침해받았다는 여러 헌법소원 심판청구인들의 주장을 받아들이며 위헌을 선언하였고, 결국 규정은 제정 4년여 만에 무효가 되고 말았다. ‘업무상 자살방조의 처벌을 위한 법률안’의 취지는, 형법 제217조의 취지가 독일 사회 내에서 자살을 위한 조력이 건강 관련 서비스의 한 유형으로 발전하는 것을 막는 것, 즉 여러 임종동행단체들과 개인 활동가들을 통해 ‘조력 자살(assistierter Suizid)’이 정상적인 것으로 여겨질 가능성이 있고, 이에 대한 사회적 적응효과(Gewöhnungseffekt)가 나타날 위험이 있어, 이를 막기 위해서는 업무상 행해지는 자살방조를 처벌의 대상으로 규정해야 한다는 것이다. ii) **판결내용** 연방헌법재판소는 형법 제217조와 관련하여 제기된 4개의 헌법소원들을 병합하여 판결을 내렸다. 환자들, 독일과 스위스 소재 임종지원 단체들, 완화의학과 호스피스의학 분야의 의사들, 상담을 제공하고 경우에 따라서는 스위스로 동행하여 임종지원을 돕는 변호사들이 헌법소원을 제기하였다. 연방헌법재판소는 2020.2.26. ‘업무상 자살방조’에 대해 규정하고 있는 독일 형법(Strafgesetzbuch) 제217조가 위헌이라고 선언하였다. 연방헌법재판소는 환자의 일반적 인격권 침해, 임종지원 단체 및 개인 활동가들의 ‘직업의 자유’ 침해, 헌법합치적 해석 등과 입법자의 자살방조규율에 대한 지침까지 언급하면서, 위헌으로 판단하였다. ㉠ **환자의 일반적 인격권 침해** 연방헌법재판소가 가장 중점적으로 다룬 부분은 형법 제217조가 임종지원 단체의 도움을 받아 죽기를 희망하는 환자의 '죽음에 대한 자기결정권(Recht auf selbstbestimmtes Sterben)'을 침해하는지 여부였는데, 연방헌법재판소는 형법 제217조가 이를 침해한다고 판단하였다. 죽음에 대한 자기결정권은 일반적 인격권에 포함된다고 하면서, 이러한 죽음에 대한 자기결정권은 자살할 자유 또한 포함한다고 보았다. 또한 자살할 자유는 구체적으로 자신의 자살을 조력할 제3자를 찾을 자유, 또 조력이 제공되는 한 이를 요구할 수 있는 자유 또한 포함한다고 볼 수 있는데, 형법 제217조는 이들의 죽음에 대한 자기결정권, 일반적 인격권을 침해한다고 판단하였다. 기본법 제1조 제1항은 인간이 자신의 개성을 스스로 어떻게 이해하고 자각하는지에 대한 인간의 존엄을 보호하며, 그 기준은 기본권 보유자의 의지이고, 이는 일반적인 가치, 종교의 계명, 사회에서 삶과 죽음을 다루는 본보기 또는 객관적 합리성에 관한 생각을 토대로 한 모든 평가로부터 벗어나 있다. 연방헌법재판소는 기본법 제1조 제1항과 연계하여 제2조 제1항에 의해 보호되는 자살권이 제3자로부터 조력을 구할 수 있는 자유를 포함하고, 또 그러한 조력이 제공된다면 이를 이용할 자유도 포함한다고 하였다. 연방헌법재판소는 형법 제217조가 해당 규정의 직접적 수범자가 아닌 경우에도 자살조력을 원하는 심판청구인들의 일반적 인격권을 제한한다고 판시하였다. 연방헌법재판소는 이러한 일반적 인격권에 대한 침해가 정당화될 수 없다고 보았다. 일반적 인격권에 대한 제한에는 합헌적인 법률 근거가 필요하고, 형법 제217조에 규정된 업무상 자살조력 금지는 비례의 원칙에 따라 평가해야 한다. 연방헌법재판소는 형법 제217조가 이에 따른 요건을 충족하지 않는다고 하였다. 먼저 입법자가 사회에서 조력자살이 삶을 마감하는 정상적 형태로 여겨지는 것을 막아 국가의 생명보호의무를 다하려고 했다는 점에서 형법 제217조의 규율 목적은 정당(legitim)하다고 보았다. 수단의 적합성(Geeignetheit)과 관련해서는 위험성이 많은 행위를 형벌을 통해 금지하는 것은 적어도 규정이 의도하고 있는 법익보호(Rechtsguterschutz)를 강제한다는 면에서 효과가 인정되는데, 형법 제217조는 형벌규범(Strafnorm)이기 때문에 기본적으로 적합한 수단에 해당한다고 판단하였다. 다음으로 침해의 최소성과 관련해서는 현재 형법상의 처벌이 아닌 이보다 침해가 덜한 대안적 수단의 효과성에 대해 경험적인 조사결과가 없기 때문에, 입법자가 의도한 규율 목적을 이루기 위해 형법 제217조의 수단이 필요한지(erforderlich) 여부에 대해서는 판단을 내릴 수 없다고 보았다. 하지만 연방헌법재판소는 법익의 균형성 측면에서 볼 때, 형법 제217조의 죽음에 대한 자기결정권 제한(Einschränkung)과 이를 통해 보호되는 공익과의 관계에 있어서 합리적 수준의 균형이 확보되지 못했다고 판단하였다. 형법 제217조의 죽음에 대한 자기결정권 침해는 법익의 균형성 측면에서 정당화될 수 없는 것으로 결론을 내렸다. 다만 연방헌법재판소는 죽음에 관한 자기결정권으로부터 제3자에 대한 자살조력 청구권이 도출되는 것은 아니라고 밝혔다.

ⓛ **임종지원 단체 및 개인 활동가들의 '직업의 자유' 침해** 연방헌법재판소는 형법 제217조가 임종지원 단체들과 개인 활동가들의 기본권 또한 침해하고 있다고 판단하였다. 형법 제217조는 스스로 자살을 결정한 사람들의 일반적 인격권을 침해하고 있고, 이에 따라 이 규정의 직접적 규범수범자인 이들 단체들과 개인 활동가들에 대해서도 무효가 된다고 선언하였는데, 이는 죽음에 대한 자기결정권과 임종 지원을 제공하는 단체들과 개인 활동가들의 기본권들, 특히 기본법 제12조 제1항의 '직업

의 자유(Berufsfreiheit)'와 보조적으로 기본법 제2조 제1항에서 도출되는 '일반적 행동의 자유(allgemeine Handlungsfreiheit)'가 기능적으로 얽혀있는 구조에서 비롯된다고 설명하였다. 자살할 권리와 죽음에 관한 자기결정권을 보장하기 위해서는 결국 이들 단체들과 개인 활동가들의 직업의 자유와 행동의 자유 또한 보장하여 자살조력을 법적으로 허용해야 하는데, 형법 제217조는 이에 반하여 무효라는 판단이다. ㉢ **헌법합치적 해석** 연방헌법재판소는 형법 제217조가 헌법합치적으로 해석될 수 없다고 보았다. 특정 상황에서 자살에 대한 업무상 조력이 허용될 수 있다고 선언하는 방식으로 규범의 적용 범위를 제한하는 해석은 입법자의 의도와 모순되며, 그리하여 충분한 법적 명확성의 요청(기본법 제103조 제2항)에 부합하지 않는 행위, 즉 사법부의 독자적인 입법행위가 될 것이라 하였다. 이는 특히 자기책임적 자살에 대한 지원을 처벌로부터 제외하는 해석에 적용된다고 하였다. 그러한 해석은 입법 목적에 반하는 행동이며, 결과적으로 그러한 해석은 사실상 당해 규정을 공동화시킬 것이라 하였다. 형법 제217조 제1항의 금지로부터 의사들을 제외하는 해석 또한 가능하지 않다. 입법자는 해당 규정을 일반범으로 설계하였으며 의료전문가에 대한 특권을 의도적으로 배제하였다. ㉣ **입법자의 자살방조 규율에 대한 지침** 연방헌법재판소는 형법 제217조에 대한 무효 선언과 상관없이 앞으로도 입법자에 의한 자살조력 규율이 가능하다고 판시하였다. 즉 무효 선언에 의해 임종지원 단체들과 개인 활동가들의 자살조력 행위 자체를 금지할 수는 없게 되었지만, 이들의 업무상 자살방조 행위를 내용적으로 규율할 수 있다는 것이다. 다만 반드시 그 규율은 인간을 스스로 자유로이 결정하고 자기를 발현하는 '정신적-도덕적 존재(geistig-sittliches Wesen)'로 간주하는 것에서 출발해야 한다는 지침을 부여하였다. 덧붙여, 이를 위해 입법자에게 다양한 규율 방법들이 허용될 수 있음을 밝히고, 자살조력 제공의 신뢰성을 보장하기 위한 허가유보(Erlaubnisvorbehalt)에 대해 규정하는 것, 특별히 위험한 형태의 자살조력은 예외적으로 금지하는 것과 같은 구체적 방식을 제시하기도 했다. 또한 이러한 규율이 형법을 통해 이루어지는 것이 가능하며, 위반에 대해 형법상 제재수단을 동원하는 것도 가능하다고 보았다. iii) **판결의 의의** 일반적 인격권과 연계한 인간의 존엄으로부터 죽음에 대한 자기결정권을 인정하고, 이 권리 안에 스스로 목숨을 끊을 권리와 이 과정에서 제3자의 자발적인 도움을 받을 권리도 포함된다는 설시는 동일한 논리로 적극적 사망조력인 촉탁살인(독일 형법 제216조)도 허용될 수 있는 여지가 있다는 논쟁도 촉발시켰다. ⑧ **자살용의약품 취득허가 거부 사건**BVerfGE 153, 182(2020) i) **사실개요** 청구인들은 80대 초반과 70대 후반의 부부로서 연방의약품 및 의료기기연구원(BfArM)에 자살을 목적으로 치사량의 펜토바비탈나트륨 취득 허가를 신청했으나 거절당했다. 그들은 자신의 삶을 스스로 결정하여 종결하는 것을 실현하기 위해 - 연방행정법원의 판례처럼 - 의학적 징후의 형태로 나타나는 '극단적인 위기상황'(extreme Notlage)이 존재하는지 여부에 따라 정해져서는 안 된다고 주장하였다. 연방헌법재판소가 업무상 자살조력금지 조항(구 형법 제217조)을 판결로서 폐지하였으나 헤센 주 의사직역법은 치사량의 약물처방을 허용하지 않고, 자살방조 제의는 실질적으로 존재하지 않는다는 주장이었다. ii) **불수리 결정** 연방헌법재판소는 이 헌법소원이 연방헌법재판소의 구 형법 제217조 폐지 판결(BVerfGE 153, 182)로 인해 적법하지 않다고 판단하고 본안 불수리(Nichtannahme) 결정을 내렸다. 해당 판결로 인해 헌법소원이 보충성(연방헌법재판소법 제90조 제2항 제1문) 요건을 충족하지 않기 때문이다. 청구인들은 판결을 통해 근본적으로 바뀐 상황에서 헌법적으로 인정된 권리인 스스로의 생명을 종결할 권리를 구체적으로 이행할 수 있다고 하였다. 종국적으로 헌법재판소가 실체적 재판을 하게 된다면 제2재판부가 인정한 입법자의 정책적 형성 여지를 광범위하게 축소시키고 형성 결정을 실질적으로 선취하는 결과를 가져올 것이라 하였다. iii) **판결의 의의** 연방헌법재판소의 자살방조금지 조항의 폐지 판결에서 의사직역법 규정은 판단의 대상이 아니었다. 가령 연방의사협회의 표준 의사직업규정(Musterberufsordnung der Bundesärztekammer, MBO-Ä) 제16조 제3문에서는 자살을 방조해서는 안 된다는 내용의 규정을 두고 있었다. 그러나 연방헌법재판소가 판결에서 실질적으로 자살시에 제3자의 조력을 받기 어렵게 하는 상황을 위헌적이라고 설시하자 연방의사협회는 2021년 제124회 의사대회에서 해당 규정을 폐지하였다. 그러면서도 연방의사협회는, 누구도 자살방조를 할 의무가 부과되어서는 안된다고 하였다. 이에 따라 개인이 자살 시에 의사의 도움을 요청할 권리는 존재하지 않는다고 하면서도, 의사들이 환자의 인격과 의지 및 권리, 특히 환자의 자기결정권을 존중하여 행동해야 한다는 연방의사협회 모델규정을 언급하였다. **3. 우리나라의 경우** 우리나라는 형법상 자살방조죄를 규정하고 있고, 자살방조행위는 자살하려는 사람의 자살행위를 도와주어 용이하게 실행하도록 함으로써 성립되는 것으로서, 그 방법에는 자살도구인 총, 칼 등을 빌려주거나 독약을 만들어 주거나 조언 또는 격려를 한다거나 기타 적극적, 소극적, 물질적, 정신적 방법이 모두 포함된다. 의사의 도움에 의한 자살방조죄는 피해자의 의사에 반하지 않는 생명침해라는 점에서 공통점이 있지만 죽음에의 주도적인 역할이 어디에 있는지에 따라서 촉탁 또는 승낙에 의한 살인죄와 구별된다. 다만 연명의료결정법에 따른 요건을 구비한 경우에 한하여 정당행위인 법령에 의한 행위로서 위법성이 조각되어 범죄가 성립하지 않는다는 점에서 양자는 분명한 차이가 있다. 자살방조행위에 대한 합법화의 주요 논거로 자기결정권이 언급되는데(➜ 자기결정권), 자기의 생명에 대한 진지하고도 합리적인 그리고 임의로 행하여진 자기결정이야말로 생물학적 개체인 동시에 사회적 인격체로서 존재하는 인간이 행복을 추구하는 하나의 방식이라고 볼 수 있다는 것이다. 헌법재판소도 이러한 입장에 있다(헌재 2009.11.26. 2008헌마385). 하지만, 헌법재판소가 죽을 수 있도록 도움을 요청할 수 있는 자기결정권 즉 의사자살방조에의 선택권을 개인에게 인정할 수 있을 것인지에 대해서는 명확하지 아니하다. 의사자살방조의 합법화를 위한 논증은 다양하게 행해지고 있다. 즉, 죽을 권리에 타인의 적극적인 도움을 받을 권리가 포함되는지에 대한 논증을 통해서 접근해야 한다는 견해, 임종에 직면한 불치의 질병에 걸린 자가 자살하는 경우에 행위자가 자살을 방조하여 편안한 죽음을 도와주는 행위를 방조적 존엄사라고 하며, 이를 무조건 자살방조죄로 처벌할 수 있는지에 대해 의문을 제기하는 견해, 인도주의적 차원에서 회복될 가망이 없는 말기질환자의 생명의 존엄을 존중한다는 점 및 환자의 자기결정권에 기인한 요청이라는 관점에서 의사조력자살을 허용해야 한다는 견해, 헌법에서 추구하는 정의와 공정성의 가치 즉 자율성과 품위를 상실하지 않고 당사자의 선택에 기반하여 인도적 돌봄을 받을 수 있는가의 문제로 접근하는 견해 등 다양하게 제시되고 있다. 의사조력자살은 단지 환자의 권리에 관한 문제만은 아니다. 환자 자신, 관련되는 의사, 유가족, 사회적 영향 등 다양한 쟁점이 제기되는 문제이기 때문에 그에 대한 다각적인 접근을 통하여 결론지워져야 하는 문제이다. 노인요양원의 경우 한 사람이라도 더 생명을 유지하도록 노력할 것이며, 재산이 많은 환자의 경우 그 상속인들이 어떤 생각을 가질지도 모른다. 또한 의사조력자살을 가장한 살인행위도 있을 수 있다.

의석비례배분제議席比例配分制 ➜ 비례대표제.

의심疑心**스러운 차별**差別 ➜ 평등심사기준.

의심스러운 때에는 공동체의 이익으로in dubio pro communitate ➜ 의심스러운 때에는 자유를 우선으로.

의심스러운 때에는 자유를 우선으로in dubio pro libertate ㊇ (when) in doubt (opt) for freedom, ㊈ Im Zweifel für die Freiheit, ㊉ Dans le doute, opter pour la liberté. '의심스러운 때에는 자유를 위하여'라는 의미의 라틴어이다. 개인의 자유를 공동체의 이익보다 우선하는 원칙을 일컫는 것으로, 자유주의적 법치국가에서 국가의 개입의 한계와 관련하여 논의되며, 자유주의와 공동체주의의 논쟁에서도 빈번히 언급되는 표현이다. 근대적인 소극국가에서는 개인의 자유에 대한 최소한의 개입만을 인정하지만, 현대 적극국가 내지 위험국가의 상황에서는 국가의 역할이 확대될 수 밖에 없다. 즉, 경찰 및 질서관련 규제, 형사법 및 행정법 영역의 확대, 환경과 안전, 전지구적 공동선 등 과거 소극국가와는 전혀 다른 양상을 보이는 현대사회에서, 특히 관련 국가정책은 필연적으로 개인의 자유에 대한 제약을 가져오게 된다. 오늘날에는 특히 공동체주의와의 논쟁에서 개인의 권리와 공동선(common good) 사이에 어느 것을 우선시할 것인가의 문제로 이어진다. 공동선을 우선하는 것을 in dubio pro communitate라고 한다.

의심스러울 때에는 피고인의 이익으로in dubio pro reo ㊇ (when) in doubt, (rule) for the accused, ㊈ Im Zweifel für den Angeklagten, ㊉ dans le doute, en faveur de l'accusé. in dubio pro reo 원칙은 유죄에 대한 의심이 남아 있는 경우 피고인이 법원에서 유죄판결을 받지 않아야 한다는 원칙이다. 판결선고의 주요 원칙은 아리스토텔레스의 법해석의 일부이었으며 로마법에서 인정되었다. 밀라노의 법학자 Egidio Bossi(1487-1546)가 그의 논문에서 처음 언급한 것으로 전해진다. 독일 기본법은 명시적으로 규정하지는 않았지만, 기본법 제103조 제2항, 유럽인권협약 제6조, 형사소송법 제261조에서 파생되는 헌법적 권리로 보고 있다. 독일 법사에서는 1631년 Friedrich Spee von Langenfeld에 의해 기록되었다고 한다. 법원이 판결을 선고할 경우 판결의 근거가 되는 사실은 정확하고 충분히 입증되어야 하는데, 법원이 피고인이 범죄를 저질렀다고 완전히 확신하지 못하는 경우 합리적 의심의 원칙은 피고인에게 의심의 이익이 주어져야 한다고 하는 것이 in dubio pro reo 원칙이다. 모든 사법시스템의 기본원칙으로, 법치주의의 원칙과 형사소송에서 피고인의 권리를 보호할 필요성으로부터 직접적으로 유래한다. 공정한 재판원칙과 무죄추정의 원칙 및 자유심증주의 원칙 등과 밀접하게 관련되어 있다.

의안발의권議案發議權 ➜ 국회의원의 권한과 의무.

의원가택권議院家宅權 ➜ 국회가택권.

의원내각제議院內閣制 = **내각책임제**內閣責任制 = **의회주의제**議會主義制 = **수상정부제**首相政府制 ㊇ parliamentarism/parliamentary system, ㊈ Parlamentarische System, parlamentarische Demokratie. ㊉ régime parlementaire. 1. **의의** 집행부가 대통령(또는 군주)과 내각의 두 기구로 구성되고, 내각이 의회에 의하여 선출될 뿐만 아니라 의회에 대하여 정치적 책임을 지며, 내각불신임권과 의회해산권이 상호 견제수단이 되어 입법부와 행정부 간의 권력적 균형을 이루고 양부 간에 밀접한 공화·협조관계가 형성되는 정부형태를 말한다. 내각책임제, 의원정부제, 의회정부제, 의회주의제, 수상정부제로도 불린다. 2. **연혁** 현대적 의미의 의원내각제는 18세기 초에 성립된 영국의 정치체제인 웨스트민스터 시스템에서 시작된 것으로 본다. 1714년에 독일 하노버가 출신의 조지 1세가 왕위를 승계하였으나, 영어를 유창하게 하지 못함에 따라 각의를 주재하지 않게 됐고, 1721년부터 1742년까지 로버트 월폴(R. Walpole)이 조지 1세의 신임에 따라 전권을 가지고 각의를 주재하면서 이른바 '각료 중의 수석(Primus inter pares, the first in equals)', 즉 총리(Prime Minister, First Minister)라는 개념이 생겼다. 1832년에는 선거법 개정이 이루어지면서 의회가 총리를 정하게 되었고 이로써 왕권에 대한 의회민주주의의 우세가 공고해졌다. ➜ 영국의 의원내각제. 의회주의를 추종하는 국가들이 제1차 세계대전에서 승전한 이후 의회주의의 확산은 가속되었고, 특히 독일 바이마르공화국의 의회제는 다른 나라들에 크게 영향을 미쳤다. 영국의 의원내각제는 다른 나라들에 이식되면서 다양한 형태로 변화·발전되어 오늘날 대통령제와 함께, 정부형태의 고유한 두 축으로 인식되고 있다. 3. **의원내각제의 본질** 의원내각제 정부형태의 기본적인 본질이 무엇인가에 관하여 균형이론과 책임이론이 전개되었다. **균형이론**은 의원내각제가 집행권과 입법권의 균형과 공화라는 두 개의 기본원리에 입각하고 있다고 본다. 의회와 정부 사이에 정부불신임 및 의회해산이라는 각각의 견제수단을 통하여 양 권력 간에 균형을 이루는 것이 의원내각제의 본질이라는 것이다. 또한 양 권력은 상호간에 서로 협력하는 수단들을 통해 권력공화적 원리를 구현하고 있다. 즉, 집행부는 법률안제출권과 법률안공포권을 통해 입법부와 협력관계를 가지며 입법부는 입법권과 집행부의 행위에 대한 동의권 등으로 집행부와 협력관계를 갖는다. 이 견해에 대해서는 균형이 역사적 결과물이지 의원내각제의 논리적 기초는 아니라는 비판이 있다. **책임이론**은 의원내각제의 본질은 국가권력간의 균형에 있다기보다는 의회 앞에 전적으로 책임지는 정부, 즉 집행부의 정치적 책임이 곧 의원내각제의 본질이라고 보는 견해이다. 하지만 헌정의 실제에서는 정치적 책임추궁을 통한 헌정위기의 해소는 오히려 예외적이고 정치적 책임이론만으로 의원내각제를 개념짓기에는 불완전하다는 비판이 있다. 4. **의원내각제의 기본원리** 1) **집행부의 이원적 구조** 의원내각제의 집행부는 대통령(또는 군주)과 내각의 두 기구로 구성되는 이원적 구조를 특색으로 한다. 하지만 의원내각제 하의 대통령이나 군주는 명목적이고 형식적인 권한을 가질 뿐 실질적 권한은 내각이 가진다. 즉, 대통령(또는 군주)은 정치적 상징으로, 내각은 실무적 권력으로 취급된다. 다만, 대통령 또는 군주가 국가긴급 시에 예외적으로 조정적 기능이나 헌법수호기능을 가지는 경우도 있다. 2) **내각의 성립과 존속의 의회 의존** 의원내각제에서는 내각의 수반이 의회에 의하여 선출되고 내각이 의회에 연대하여 정치적 책임을 진다. 따라서 의회가 내각을 불신임하면 당연히 총사퇴하여야 한다. 이 점에서 정부구성의 민주성이 일원적이며, 대통령제보다 강하다고 할 수 있다. 3) **내각불신임권과 의회해산권을 통한 권력적 균형** 의원내각제에서는 입법부와 행정부 사이에 내각불신임권과 의회해산권을 통해 상호견제할 수 있기 때문에 양

권력 간에 권력적 균형이 이루어진다. 내각불신임권과 의회해산권 각각의 기능적 완전성에 따라 의원내각제의 유형이 나뉘기도 한다. 즉, 독일과 같이 일정한 조건이 충족되어야만 내각을 불신임할 수 있는 경우도 있고, 프랑스 제3·4공화국 혹은 바이마르 헌법처럼 내각불신임권이 없거나 실제상 약화되어 유명무실한 경우도 있다. 4) **입법부와 행정부 간의 공화와 협조** 의원내각제의 경우 법적으로는 입법부와 행정부가 분리·독립되어 있지만 정치적으로는 양 기관이 밀접하게 공화·협조관계를 유지한다. 각료와 의원의 겸직이 가능하며, 정부가 법률안제출권을 가지고, 각료의 의회출석발언권이 인정된다. 5. **의원내각제의 유형** 1) **고전적 의원내각제** 의원내각제의 기본원리를 가장 잘 반영하고 있는 의원내각제 형태이다. 프랑스 제3·4공화국의 정부형태이다. 내각불신임권과 의회해산권에 대해 전혀 제약이 없으므로 불신임과 해산이 반복되어 정국이 혼란하고 군소정당이 난립하는 문제점이 있다. 2) **통제된 의원내각제** 독일식 의원내각제라고도 한다. 파괴적 불신임제로 인한 바이마르공화국의 실패를 거울삼아, 건설적 불신임제(➜ 건설적 불신임제)를 채택하여 정국을 안정시키고 행정부 우위의 의원내각제를 구축하였다. 3) **영국식 의원내각제** ➜ 영국식 의원내각제. 6. **의원내각제의 장단점** 1) **장점** 입법부와 행정부의 협조를 통해 신속한 국정처리를 할 수 있고, 입법부와 행정부와의 마찰을 최소화할 수 있으며, 책임정치가 실현될 수 있고, 입법부의 신임을 유지하기 위하여 유능한 인재를 기용할 수 있으며, 정부의 책임성을 확보할 수 있다는 점 등이다. 2) **단점** 입법부와 행정부를 한 정당이 독식할 경우, 정당정치에 치우쳐 견제가 어렵고, 다수정당이 난립한 경우 정국의 불안정이 초래될 수 있으며, 입법부가 정권획득을 위한 정쟁의 장소로 전락할 우려가 있다.

의원자격議員資格**의 발생**發生 · **소멸**消滅 ➜ 국회의원의 지위·권한과 의무.

의원정수議員定數 국민대표기관인 국회의 구성원의 수를 말한다. 통상 의원정수를 헌법에서 범위를 정하여 규정하는 경우가 일반적이지만, 그렇지 않은 경우도 있다. 우리나라의 경우, 연혁적으로 보면, 제헌헌법은 의원정수를 규정하지 아니하고 법률로 정하였는데, 법률에서는 인구를 기준으로 하여 선거구를 정하고 그에 따라 의원정수를 정하였다(1948.12.23. 국회의원선거법 제9~10조). 제헌의회 의원정수는 200명이었다. 5·10 총선에서 198명이 선출되었고, 4·3사건의 여파로 선거가 치러지지 않았던 제주에서 2명이 추가로 선출되었다. 1952년 헌법은 양원제로 구성하였는데, 의원정수는 헌법에 규정하지 않고 법률로 정하였다. 선거구는 구·시·군을 단위로 하되, 인구 15만을 초과하는 때에는 그 초과하는 인구 매 10만마다 1선거구를 증설하였다(1958년 민의원의원선거법). 참의원 의원정수는 58인이었다. 1960년 헌법은 양원제로 구성하였으나 의원정수를 헌법에 규정하지는 않고, 인구비례에 따라 선거구를 정하는 기존의 방식을 채택하였다(1960.6.23. 국회의원선거법). 1962년 헌법은 의원정수를 헌법에 규정하여 150인 이상 200인 이하로 하였다(동법 제36조 제2항). 1963.1.16. 국회의원선거법에서는 인구 20만을 기준으로 하되, 지역구 131인으로 하고 전국구는 지역구의 1/3로 하였다. 1969년 헌법은 의원정수를 150인 이상 250인 이하로 규정하였다(제36조 제2항). 1970.12.22. 국회의원선거법은 지역구 153인이었다. 1972년 헌법은 국회의원의 수를 법률로 정하도록 하였다(제76조 제2항). 1972.12.30. 국회의원선거법은 지역구와 통일주체국민회의 선출 의원을 합하여 219인으로 정하였다(제3조). 1980년 헌법은 국회의원 정수를 200인 이상으로 하였다(제77조

제2항). 1981.1.29. 국회의원선거법은 지역구 184인, 전국구 92인으로 276인이었다. 1987년(현행) 헌법은 국회의원의 수를 법률로 정하되 200인 이상으로 하도록 하였다(제41조 제2항). 세종시 출범 전까지는 299인이었으나, 세종시 1인을 더하여 300인으로 되어 있다. 2020.1.14. 개정 공직선거법은 지역선거구 253인, 연동형 비례대표 30인, 병립형 비례대표 17인으로 정하고 있다(부칙 제4조).

의원직상실議員職喪失 ➜ 국회의원의 지위·권한과 의무. ➜ 정당해산제도.

의원직승계議員職承繼 ➜ 국회의원의 지위·권한과 의무.

의원징계議員懲戒 ➜ 국회자율권.

의장직무대행議長職務代行 ➜ 국회의 회기와 회의.

의정활동보고議政活動報告 현역의원이 자신의 재임 동안 행한 활동을 지역구 유권자들에게 보고하는 행위를 말한다. 선거운동과 관련하여 현역의원과 예비후보자 사이의 선거운동기간 제한의 문제가 제기되며, 기회균등의 원칙에 반한다고 볼 수 있다. 다만, 헌법재판소는 현역의원에게 선거개시일 전일까지 의정보고활동을 허용하는 것이 평등원칙에 위배되는 것인지에 관하여, 「국회의원이 국민의 대표로서의 지위에서 행하는 순수한 의정활동보고일 뿐이고 의정활동보고라는 명목 하에 이루어지는 형태의 선거운동이 아니며, 다만 후보자 사이의 개별적인 정치활동이나 그 홍보의 기회라는 면에서 현실적인 불균형이 생겨날 가능성이 있으나 이는 국회의원이 가지는 고유한 기능과 자유를 가능한 한 넓게 인정하고 보호하는 결과 생겨나는 사실적이고 반사적인 효과에 불과하므로 평등권 등을 침해한다고 할 수 없다.」고 하였다(헌재 2001.8.30. 2000헌마121). 선거운동기간과 관련하여 현역의원과 예비후보자 사이의 선거운동 상의 차별이 문제되는 다양한 사례 중의 하나이다.

의존성원리依存性原理 ㉰ Abhängigkeitsprinzip. 정부형태론에서 입법부와 집행부의 조직·활동·기능이 상호의존적이고 공화적인 경우를 말한다. ⇔ 독립성원리. ➜ 정부형태론.

의지意志 ➜ 삼원구조.

의회거부권제도議會拒否權制度 ㉮ legislative veto. ➜입법적 거부. ➜ 행정입법에 대한 의회의 통제.

의회기議會期 ㉮ legislation period, ㉰ Legislaturperiode. 의회기는 총선거를 통해 국회가 구성된 때로부터 의원의 임기가 만료되는 때까지를 말한다. 입법기라고도 한다. 의회기는 의원들이 동시에 임기를 시작하고 동시에 임기가 종료될 때에는 의원의 임기와 일치한다. 따라서 한 의회기 내에 여러 회기가 존재하게 된다.

의회기불연속議會期不連續**의 원칙**原則 국회의원의 임기만료와 함께 국회에 제출된 모든 의안은 폐기되고, 의회기 내에 해결되지 못한 의안은 새로 선출된 의회에 대시 제출되어야 하고 모든 절차를 다시 개시하여야 한다는 원칙이다. 새로운 의회가 구성된 경우에는 의회 자체의 정당성이 새롭게 부여된 것이기 때문에 이전의 의회와는 단절하고 새롭게 의회의 의사를 결정하여야 한다고 본다. 회기불계속의 원칙과는 구별되어야 한다.

의회우월주의議會優越主義 ㉮ parlamentary sovereignty/parlamentary supremacy 국가 3권 중 입법권을 최고의 지위에 두고 집행권과 사법권을 그 하위에 위치시키는 입장이다. 존 로크도 입법권을 집행권과 외교권 및 국왕의 대권보다 상위의 권력으로서 국가의 최고권력으로 이해하였다. 영국과 같이 의회가 다른 국가권력보다 더 상위에 서는 경우 의회주권국가라 하기도 한다.

의회유보議會留保**의 원칙** ㊕ Prinzip des Parlamentsvorbehalts 의회유보원칙은 의회중심의 입법원칙을 실질적으로 구현하기 위하여 일정 사항에 대해서는 입법위임을 금지함으로써 의회권한을 통제해야 한다는 헌법원칙이다. 본질성이론을 이론적 근거로 한다. 의회유보원칙은 의회로 하여금 일정 영역에 대하여 집행부에의 위임을 금지하고 입법권을 배타적으로 행사할 의무를 부과함으로써 의회를 구속하는 위헌심사기준이다. 법률유보와 의회유보는 역사적으로 그 뿌리를 같이한다고 할 수 있으나, 법률유보원칙이 행정작용에 대한 통제원리라면, 의회유보원칙은 입법작용에 대한 통제원리라는 점에서 기본적으로 구별된다. 헌법재판소는 법률유보원칙을 의회유보원칙을 포함하는 '넓은 의미의 법률유보원칙'의 의미로 사용하고 있으나(헌재 1999.5.27. 98헌바70; 2006.5.25. 2003헌마715등; 2007.11.29. 2004헌마290; 2008.5.29. 2007헌마712; 2009.2.26. 2008헌마370, 2008헌바147등; 2013.7.25. 2012헌바54 등), 적어도 위헌심사기준으로서의 법률유보원칙과 의회유보원칙은 엄격히 구별하여, 법률유보원칙은 의회유보원칙을 제외한 '좁은 의미의 법률유보원칙' 즉 행정작용에 국회가 제정한 형식적 법률의 근거가 요청된다는 의미로만 사용할 필요가 있다. 의회유보의 적용범위를 확정하는 판단기준은 규율대상의 '기본권적 중요성'과 '의회입법절차의 필요성'으로 요약할 수 있다. 헌법재판소의 판례도 의회유보의 적용범위의 판단기준으로서 규율대상의 '기본권적 중요성'과 더불어 의회입법절차의 공개성과 이익조정기능을 제시하고 있다(헌재 2009.10.29. 2007헌바63). 의회유보원칙과 포괄위임금지원칙의 관계가 문제되는데, 의회유보원칙은 위임금지에 해당하는 데 반하여, 포괄위임금지원칙은 위임허용을 전제로 위임의 명확성을 요구하고 있기 때문에, 의회유보원칙과 포괄위임금지원칙은 동일한 원칙이라고 할 수 없고 오히려 단계적으로 적용되어야 한다고 보아야 한다. 위헌심사기준으로서의 의회유보원칙의 약점은 무엇보다도 의회가 스스로 결정하여야 하는 본질적 사항이 과연 무엇이고 이는 무엇을 기준으로 확정할 것인가(본질성설)라는 근본적인 문제에 관한 불확실성에 있다. ➜ 법률유보.

의회입법중심주의議會立法中心主義 ➜ 국회중심입법(國會中心立法)의 원칙.

의회자율권議會自律權 ➜ 국회자율권.

의회정부제議會政府制 ㊍ conventional government, ㊄ régime d'assemblée. 일반적으로 집행부에 대한 의회의 절대적 우위를 특징으로 하는 정부형태로서 집행부 자체가 의회에 종속되는 의회중심제이다. 회의정체(會議政體)라고도 한다. ➜ 정부형태.

의회주권議會主權 ㊍ parliamentary sovereignty. 법적으로 주권이 의회에 있다고 하는 영국의 헌법원리이다. 의회의 우위(parliamentary supremacy) 혹은 의회의 만능(parliamentary omnipotence)라고도 한다. 이 원리는 적극적으로는 의회의 입법권이 무제약임을 의미하고, 소극적으로는 의회와 경합하는 입법권을 가진 자는 존재하지 않는다는 것을 의미한다. 의회의 입법권은 왕위계승의 순위, 국왕의 퇴위 등을 포함하여, 어떠한 사항에도 미칠 수 있다. 위헌입법심사권은 인정되지 않으며, 따라서 의회와 재판소를 비교할 때, 의회의 법이 우위에 선다. 역사적으로는 1689년 명예혁명(Glorious Revolution)이 의회주권의 확립과정에서 중요한 의미를 가진다. 최근에는 특히 유럽공동체의 가입

(1973.1.)에 따라 의회의 입법권이 특정의 분야에 관하여 제약을 받게 된 것, 또 국민투표법(Referendum Act of 1975)에 따라 유럽공동체의 일원으로 잔류하는가의 여부를 묻기 위한 국민투표가 행해진 것은 전통적인 의회주권의 원리와 어울리지 않는 것이 아닌가 하는 문제가 제기되고 있다. 2016.6.23. EU잔류/탈퇴 국민투표 실시 결정과 그 방식은 의회주권을 일시적으로 방기한 집권 보수당의 책임 회피의 성격이 강하다. 대의민주주의의 보완재로서 매우 제한적으로 실행되어야 할 국민투표가 브렉시트 국민투표에서는 사실상 대체재로서 이용되었다. 탈퇴조약에 대해 의회의 의미있는 표결을 보장했으나 의회가 조약 비준을 거부하면 노딜 브렉시트라고 규정해 의회주권을 무시한 행정부의 권한 우위를 강조해왔다. 유권자들의 의사가 변했고 의회가 의회주권을 행사하지 못하는 상황에서 두 번째 국민투표는 정치적 난국을 타개하는데 필요한 대의민주주의 보완재로 기능할 수도 있다.

의회주의議會主義 ㊂ paliamentarism, ㊀ das Parlamentarismus, ㊈ parlementarisme. 1. **의의** 의회주의는 의회에서 의회의원들의 회의체가 국민을 위한 입법을 결정하는 정치시스템을 의미한다. 의회주의는 정부형태와 무관하게 의회가 국가의 정치적 의사결정의 중심이 되도록 하는 원리이다. Hans Kelsen은 의회주의를 "보통의 그리고 평등한 선거권에 의하여, 그리고 민주적으로 선출된 회의체에 의하여, 다수결원리에 따라 중요한 국가의사를 결정하는 것"이라고 정의한다(Vom Wesen und Wert der Demokratie). 대통령제의 경우 행정부 수장인 대통령이 국가정책을 주도하기도 하지만, 최종 정책결정권은 의회가 가지기 때문에 의회주의에 속한다고 할 수 있다. 2. **연혁** 고대 아리스토텔레스의 고전적 정부형태이론에서 아리스토텔레스는 직접민주주의의 형태만 알고 있었기 때문에 대표민주주의의 의미에서 귀족정이나 과두정이 오늘날 의회주의의 선구자라고 할 수도 있다. 그러나 이는 대의원칙이나 대표의 자격 등에서 차이가 있기 때문에, 근대 이후의 의회주의의 모델로 간주되기는 어렵다. 오늘날의 의회주의는 유럽 중세의 신분제의회(등족회의)에 기원한다. 중세 유럽의 왕들은 그들의 통치의 기반이 되는 가신으로 영주와 귀족들을 두었으며, 12세기 이후에는 귀족과 성직자 및 시민대표가 참여하는 신분제의회가 일반화되었다(➜ 삼부회). 독일 프랑스 등에서 신성로마제국의 제국의회에 대표를 파견하면서 근대 초기에 근대적 의회가 형성되기 시작하였다. 현대 의회주의는 영국의회의 발전을 통해 발생하였다. 영국의회는 모범의회(1295), 양원제 확립(1341), 의회개혁(1529-1536) 등을 거치고, 1688 명예혁명, 1689년의 권리장전으로 역사상 처음으로 왕을 위한 단순한 자문기관으로서의 지위를 넘어서서, 정기회의와 의원의 면책특권, 국가재정관여권 등 현대적인 의회의 위상을 갖추기 시작하였다. 납세자와 귀족만 참여하였지만 이후 유럽국가의 의회주의와 대표민주주의의 모델로 발전하였다. 미국독립혁명과 프랑스 대혁명을 거치면서, 의회제의 원리와 근대자연법론, 사회계약론과 결합하여, 근대시민혁명 후의 여러 헌법에서 성문화됨으로써 현대 의회주의가 정착되었다. 19세기 말과 20세기 초는 의회주의의 정착기라 할 수 있다. 유럽국가들 뿐만이 아니라 비유럽국가들도 점차 의회주의를 채택하였으며, 정부에 대한 통제강화와 의회입법의 우위를 강조하는 의회주권의 시대로 진입하였다. 하지만, 양차 대전을 거친 후에는, 의회주의에 대한 회의론이 대두되었고, 극단적인 부정론이 나타나기도 하였다. 이에 근대 입헌주의 이래 쌓아올린 국민주권=의회주권=법률주권의 시대가 종언을 고하고 국민주권의 실질화를 위한 반대표론이 등장하였다. 3. **의**

회주의의 본질 의회주의는 ① 대의제도의 원리에 따라 국민의 대표기관인 의회에 국민적 정당성을 부여하는 원리이며, ② 국민적 정당성에 기초한 의회는 국민의 신임에 기초하여 책임정치를 구현하여야 한다. ③ 국민의 대표로 구성된 의회는 의원의 자유위임의 원리에 따라 공개적이고 개방적인 토론의 장이어야 한다. ④ 의회에서의 충분한 토론과 공론화과정을 거친 후에는 민주주의의 일반원칙인 다수결원리에 따라 최종적인 의사결정이 이루어져야 하며, 이 과정에서 소수파존중의 원리도 지켜져야 한다. ⑤ 궁극적으로 의회주의의 꽃은 정권교체로 구현된다. 4. **의회주의의 위기와 개선방향** 1) 의회주의의 위기 ① 의회주의의 위기는 대의제∥원리가 제대로 지켜지지 않음으로 인하여 야기되는 위기와, 현대국가의 구조와 기능의 변화에 따른 위기로 나누어 볼 수 있다. ② 의회주의의 위기적 현상으로는 정당국가화에 따른 고전적 국민대표원리의 변용과 행정국가화 경향으로 인한 집행부의 강화를 들 수 있다. 2) 개선방향 ① 의회의 중심적 기능을 갖는 정당의 민주화로 의회구성상 민주적 공천과정과 자유투표와 같이 의회활동에 있어서의 정당기속성의 완화가 요청된다. ② 참여민주주의가 활성화되어야 한다. 다양한 이해관계를 국정에 반영하기 위하여 국정참여와 비판 및 토론이 가능하도록 하여야 한다. ③ 의회에서의 토론과 합의과정이 투명하게 공개되어야 한다. 특히 상임위원회의 상시 운영체제가 요청된다. ④ 의회의 전문성을 제고함으로써 행정부종속성을 탈피하여야 한다. 특히 국정감시를 통한 대정부통제로 의회의 기능이 변화한 점을 고려하여 감사기관을 의회와 연계시킬 필요가 있다. 5. **우리나라의 의회주의** 구한말 대한제국기에 의회의 성격을 가진 중추원을 설립하고자 하는 노력이 있었으나(1898.11.2.), 실패로 끝났고, 국권피탈기인 1919.4.10. 임시의정원이 설립되어 대한민국임시정부의 의회의 역할을 담당하였다. 해방 후 대한민국의 정부수립과정에서 남조선과도입법의원, 남조선대한국민대표의원 등 국민대표기능을 담당한 조직이 있었으나, 미군정기라는 시기적 한계가 있었다. 1948년 5·10 총선을 거쳐 제헌의회가 구성되고 헌법제정 및 정부수립의 제 역할을 담당하였다. 1948.8.15. 정부수립 이후 헌법이 9차례 개정되었으나, 의회주의의 기본원칙은 계속 유지되었다. 다만, 실질적인 국민주권주의를 구현하는 제도로서 의회주의는 독재권력에 의하여 빈번하게 왜곡되었고, 현행헌법 하에서도 의회의 구성원인 국민대표 결정방법의 합리성이 논란이 되고 있고, 또한 직접민주제도에 의한 보완이 요청되고 있다. 헌법상으로는 국가의 중요정책에 대한 대통령의 국민투표부의권(제72조)과 헌법개정을 위한 국민투표(제130조 제2항)라는 방식으로 대의제 및 의회주의를 보완하고 있다.

의회주의제議會主義制 ➜ 의원내각제(議院內閣制).

의회해산제도議會解散制度 ㉧ Auflösung des Parlaments. 1. **의의** 1) **광의의 의회해산** 국가기관으로서의 의회의원의 자격을 소멸시키는 일체의 행위를 말하며, 의원임기만료의 경우도 포함한다. 2) **협의의 의회해산** 의회를 구성하는 의원의 자격을 그 법정임기만료 전에 소멸시켜 의회의 존속을 일시적으로 중단하는 것을 말한다. 2. **의회해산형태에 관한 학설** 1) **3분설** 의회해산을 타율적 해산제, 자율적 해산제, 자연해산제의 세 가지로 나누는 입장이다. 타율적 해산제는 의회 이외의 자의 행위에 의하여 행해지는 해산의 경우이며, 주로 국가원수인 군주 또는 대통령에 의한 해산을 일컫는다. 자율적 해산제는 의회내부의 정쟁의 격화, 정당의 난립 등 여러 사정으로 의회가 더 이상 기능하지 못한다고 판단하였을 때 의회 스스로 해산을 결의하는 경우를 말한다. 자연해산제는 특정한 사실의 발생에 의하여 당연히 의회가 해산되는 경우이다. 예컨대, 국왕의 사망, 헌법개정, 국가원수의 탄핵과 해직 등의 사건이 발생한 경우 의회가 자연해산되어 국민에게 다시 신임을 묻는 것이다. 2) **5분설** 의회의 해산을 다섯 경우로 나누어, i) 군주에 의한 해산(monarchische Auflösungsrecht), ii) 대통령에 의한 해산(präsidentielle Auflösungsrecht), iii) 내각에 의한 해산(ministerielle Auflösungsrecht), iv) 국회에 의한 자율해산(Selbstauflösung des Parlaments), v) 국민에 의한 해산(Auflösung auf Volksbegehren) 등으로 나누는 견해이다(C. Schmitt). 3. **의회해산의 유형** 1) **정부에 의한 해산** 1) **영국형 해산제** 영국은 입헌민주정의 발상지로서, 의원내각제 확립 전에는 상하 양원의 의견이 충돌하는 경우나, 국왕이 하원의 의사에 반하여 신내각 임명 후 하원을 해산하고 국민의 신임을 묻는 경우, 그리고 내각의 중요정책에 관하여 국민의 의사를 확인할 필요가 있을 때 의회를 해산하는 경우 등이 있었다. 의원내각제 확립 후에는 의회의 내각에 대한 불신임의 경우, 의회불신임 후 신내각을 구성하고 의회를 해산하는 경우, 의원 임기만료 전에 의원임기를 사실상 단축하고 총선 승리를 목적으로 의회를 해산하는 경우 등이 있었다. 2) **유럽형 해산제** 영국의 의원내각제를 수용한 프랑스, 이탈리아, 독일 등에서 의회해산이 있는 경우이다. 상하 양원 간에 의견충돌이 있는 경우(Austria 헌법), 의회의 내각불신임이 있는 경우(아일랜드 헌법, 1932 스페인 헌법, 독일 Ordenburg 헌법), 의회해산에 내각의 부서를 요하는 경우(그리스 헌법, 레바논 헌법), 하원의 해산에 상원의 동의를 필요로 하는 경우(1875년 프랑스 헌법), 동일사유에 의하여 해산을 반복할 수 없는 경우(바이마르 헌법), 해산사유를 명시해야 하는 경우(레바논 헌법, 스페인 헌법), 의회회기 중 해산을 금하는 경우, 일정한 기간 해산을 금지하는 경우(우리나라 제5공 헌법, 프랑스 제4·5공 헌법), 해산권자의 해산 횟수를 제한하는 경우(구 스페인 헌법)이다. 2) **의회에 의한 해산제** 이에는 의회가 자율적으로 해산하는 자율해산(Selbstauflösung des Parlaments), 국가원수의 사망·해직·탄핵 등의 경우와, 헌법개정의 경우, 국가의 통일·결합 등의 경우의 해산 등이 있다. 3) **국민에 의한 해산** 이에는 국민발안, 정부발안, 타국가기관(상원·지방의회)발안 등으로 의회해산의 국민투표가 있는 경우 직접적으로 해산하는 경우와, 의회 제안의 중요정책에 관한 국민투표가 부결되었을 때 간접적으로 의회가 해산하는 경우를 포함한다. 4. **우리나라의 경우** 우리나라는 제2공화국 헌법에서 의원내각제를 채택하였고, 그에 따라 민의원해산제를 채택하였다. 제4공화국 헌법은 대통령제를 취하면서도 이례적으로 대통령의 무조건적 국회해산권을 명시하였다(제59조). 제5공화국 헌법은 대통령제 권력구조를 취하면서도 약간의 제약을 둔 국회해산권을 명시하였다(제57조). 1987년 현행헌법은 대통령의 국회해산권을 삭제하였다.

2권분립론 ➜ 권력분립론.

이권불개입의무利權不介入義務 ➜ 국회의원의 지위·권한과 의무.

이기붕李起鵬 1896.12.20.~1960.4.28. 충북 괴산 출생. 호는 만송(晩松). 부인 박(朴)마리아와의 사이에 강석(康石)·강욱(康旭) 두 아들을 두었다. 해방 후 이승만의 비서를 지냈고, 서울특별시 시장, 국방부 장관, 민의원 의장 등을 지냈다. 이승만의 지시로 자유당을 창당하였고 이승만의 종신집권을 위하여 사사오입을 강행하였다. 4·19혁명 이후 전 가족이 자살하였다.

이념성理念性 **= 이데올로기성** 헌법은 일정한 이념 내지 이데올로기를 전제로 하여 성립한다. 한 국가에서 이념 내지 이데올로기의 대립이 극심한 경우에는 하나의 국가로 성립하기 어렵다. 왜냐하면 헌법을 창출하는 권력으로서 헌법제정권력이 통일적으로 형성되지 못하기 때문이다. 현실적인 이념의 대립은 각 이념을 포섭하는 더 높은 단계의 이념으로 통합될 수 있어야 하나의 국가로 정치적인 통합이 이루어진다. 결국 하나의 법질서를 창출하는 헌법은 하나의 이념 내지 이데올로기를 통해 나타날 수밖에 없으며, 이를 헌법의 이념성 내지 이데올로기성이라 한다. ➜ 헌법의 특성.

이명박정부李明博政府 2008.2.25.~2013.2.24. 2007.12.19. 제17대 대통령선거에서 야당인 한나라당의 이명박 후보가 당선되어 이듬해 2.25. 대통령에 취임하면서 출범한 정부이다. 1988년에 시작된 제6공화국의 5번째 정부이다. 기본적인 정치이념은 신보수주의로 평가된다. 경제정책에서 과거 박정희정부의 성장정책을 답습하여 국가자본주의였다고 평가되며, 대기업과 중소기업, 그리고 수출산업과 내수산업 사이의 불균형은 예전보다 한층 더 심화되었으며, 재벌그룹에 의한 경제력 집중 역시 사상 최고의 수준으로 올라가게 되었다. 교육정책에 있어서는 평등주의에 입각하기보다는 자사고 확대, 영어 몰입교육, 국가수준 학업성취도 평가의 전면적 실시 등의 정책들이 보여주듯 학력강화를 중점으로 한 수월성 교육을 지향하였다. 임기종료 후 2020.3. 현재 특정범죄가중처벌 등에 관한 법률상 뇌물수수·조세포탈·국고 등 손실·특정경제범죄 가중처벌 등에 관한 법률상 횡령·대통령기록물 관리에 관한 법률위반·정치자금법 위반·직권남용 권리행사방해 등의 죄로 재판을 받고 있다.

2·4파동2·4波動 제1공화국 이승만 집권기에 자유당 정권이 1958.12.24. 국회에서 야당의원들을 폭력으로 몰아내고 「국가보안법」을 비롯한 여러 법안들을 통과시킨 날치기사건이다. 1956년 정부통령 선거에서 이승만이 당선되었으나 이 후 조봉암 등 진보당 간부 체포사건, KNA 납북사건, 진보당의 정당등록취소, 함석헌, 장수영, 최원석 등의 구속으로 정국이 극도로 혼란해졌다. 이에 대응하여 강력한 국가보안법으로 개정하기로 하여, 1958.12.24. 오전 국회의사당 주위에 무장경관들을 배치하고, 일반인들의 통행을 차단한 채, 국회부의장이 경호권을 발동하여, 결사적으로 저항하는 야당의원들을 한 사람씩 축출하여 지하실에 연금시켰다. 자유당의원들만이 남아 「신국가보안법」을 비롯하여 신년도예산안, 「지방자치법」 중 개정안 등 10여 개 법안, 12개의 각종 세법과 27개의 의안을 한희석 부의장 사회로 독회를 생략하고 2시간 만에 일사천리로 통과시켰다. 이 법안 중 국가보안법은 언론과 정치적 반대자의 탄압을 위한 최악의 불합리한 법이었다.

이석기 내란음모사건 이 사건은 국가정보원이 「통합진보당 국회의원 이석기가 통합진보당 경기도당 모임에서 '한반도 전쟁에 대비해 국가 기간시설의 파괴를 위한 준비를 하자'는 등의 발언을 했다.」고 하여 검찰의 수사를 거쳐 내란음모 등 혐의로 형사기소된 사건이다. 최종적으로 내란 음모에 대해 무죄, 내란 선동과 국가보안법 위반에 대해서 유죄를 선고받았으며, 이로 인해 통합진보당이 해산되는 등의 정치적 파장이 일었다. 2014.2.17. 1심 재판부는 이석기 의원에 대한 내란음모·내란 선동·국가보안법 위반 혐의를 거의 대부분 유죄로 인정해 징역 12년에 자격정지 10년을 선고하고 나머지 피고인들에게도 징역 4~7년을 선고하였다. 그러나, 2014.8.11. 서울고등법원의 2심 재판부는 내란죄를 저지르기 위한 구체적인 합의가 있었다고 볼 수 없다고 판단하여, 내란음모 혐의는 무죄로 판단하고 내란선동과 국가보안법 위반 혐의만 유죄로 인정해, 이석기에게 징역 9년과 자격정지 7년을 선고하고, 나머지 피고인들에게도 1심보다 형을 낮춰 징역 2~5년을 선고하였다. 이후 대법원이 이 판결을 확정하였다(대판 2015.1.22. 2014도10978). 이 사건의 여파로 2014.12.19. 통합진보당이 헌법재판소의 위헌정당해산심판 결정에 따라 강제해산되었다. 국제사면위원회에서는 이석기 사건 수감자들을 양심수로 규정하였다.

이성법理性法 ㊎ law of reason, ㊍ Vernunftrecht, ㊋ droit de raison. 이성법은 이성으로부터 근거하여 도출되는 법이라는 의미로서, 17-18세기의 근대적 자연법론에서 자연법의 세속화된 변형이라 할 수 있다. 자연법과 거의 같은 의미로 사용된다. 독일의 H. Grotius, S. Pufendorf, C. Thomasius와 C. Wolff, J. G. Fichte, 오스트리아의 K. A. v. Martini와 F. v. Zeiller 등에 의하여 주장되었다. I. Kant의 형이상학적 법학이론에 영향을 받아 실천이성에 기초하여 자연법으로부터 시대와 사회를 초월하는 보편타당한 법으로서 이성법을 도출할 수 있다고 주장한다. 오늘날 J. Habermas와 초기 J. Rawls, R. Dworkin과 R. Alexy 등도 이 전통에 속한다.

이승만李承晩 1875.3.26.~1965.7.19. 황해도 평산 태생의 정치가로 호는 우남(雩南)이다. 구한말에 한학을 수학하고 배재학당에서 신식교육을 받았다. 협성회, 만민공동회, 독립협회 등에 적극적으로 참여하였고, 매일신문, 제국신문을 창간하였다. 1899년 고종황제 폐위음모사건에 연루되어 5년7개월간 투옥되기도 하였다. 1904.8.9. 특사로 출옥하여 미국으로 건너가 1905년에 워싱턴 DC의 조지워싱턴대학(George Washington University)에 2학년 장학생으로 입학하였다. 1907년 조지워싱턴대학에서 학사, 하버드대학(Harvard University)에서 석사학위를 받았고, 1910년 **프린스턴대학**에서 「미국의 영향 하의 중립론」(Neutrality as influenced by the United States)이라는 논문으로 박사학위를 받았다. 1910.3. 재미동포 조직이었던 국민회에 가입하였으며, 같은 해 8월 귀국하였다. 귀국 직후 황성기독교청년회(YMCA) 청년부 간사이자 감리교 선교사로 활동하던 중 1912년 '105인 사건'에 연루되어 일제의 압박을 받자, 같은 해 4월 감리교 선교부의 도움으로 미국 미네소타에서 열린 국제감리교대회 참석을 빌미로 도미하였다. 이후 1945.10. 귀국 때까지 계속 미국에서 활동하였다. 1913.2. 하와이 호놀룰루(Honolulu)로 활동 근거지를 옮겼다. 같은 해 8월부터 호놀룰루에서 한인감리교회의 한인기독학원을 운영하였으며, 「태평양잡지」, 「한국교회핍박」, 「독립정신」, 「청일전기」 등을 출판하였다. 1918년 제1차 세계대전 종전 후 미국의 우드로 윌슨(T. W. Wilson) 대통령은 '민족자결주의'를 주창하면서 국제연맹(The League of Nations)을 구상하였고, 이승만은 한국을 국제연맹의 위임통치 하에 둘 것을 요청하는 청원서를 1919.2.25. 윌슨 대통령에게 제출하여 장차 완전한 독립을 준다는 보장 하에서 국제연맹의 위임통치를 받는 것이 일본의 식민지로부터 벗어날 수 있는 길이라고 주장하였다. 1919년 3·1운동 직후 노령(露領) 임시정부(1919.3.21. 수립)에 의해 국무 급(及) 외무총장으로 임명되었고, 같은 해 4.10. 구성된 상해 임시정부에서는 국무총리로, 4.23. 선포된 한성임시정부에서는 집정관총재(執政官總裁)에 임명되었다. 1919.6.에는 대한민국 대통령의 명의로 각국 지도자들에게 편지를 보내는 한편 워싱턴에 구미위원부를 설치하였다. 임시정부헌법에 없는 대통령 직책을 사용한 것에 대해 안창호와 갈등을 빚었지만, 상해 임시정부 의정원은 1919.9.6. 이승만을 **임시대통령**으로 추대하여 1920.12.부터 약 6개월 동안 상해에서 대한민국임시정부 대통령직을 수행하였다. 1921.5. 워싱턴에서 개최될 군축회의에 참석할 목적으로 상해에서 미국으로 갔다가 군축회의에 한국 문제를 의제로 상정하는 데에 실패한 후, 1922년 하와이로 돌아갔다. 1925.3.11. 임시정부 의정원은 이승만을 **탄핵**해 대통령직을 박탈하였다. 구미위원부에서 활동하면서 임시정부의 재정을 도맡았던 이승만은 1932.11. 국제연맹에 한국의 독립을 탄원할 임무를 받고 전권대사에 임명되었다. 1933.1.~2. 제네바에서 열린 국제연맹회의에서 한국의 독립을 청원하기 위한 활동을 전개하였다. 이때 오스트리아인 프란체스카 도너(Francesca Donner)를 만났고, 1934.10. 뉴욕에서 결혼하였다. 국제연맹에서의 활동이 인정받으면서 1933.11. 이승만은 **임시정부 국무위원**에 선출되었고, 1934년에는 외무위원회 외교위원, 1940년 **주미외교위원부 위원장**으로 임명되었다. 1942.8.29.부터 미국의 소리(Voice Of America) 방송에서 일본의 패망과 독립운동의 필요성을 강조하는 방송을 시작하였고, 같은 해 9월에는 미국 전략국(Office of Strategic Services)과 연락해 임시정부의 광복군이 미군과 함께 작전을 수행할 수 있도록 연결하는 활동을 하였다. 1945.8.15. 해방 후 10.16. 귀국하였다. 귀국 직전 일본 도쿄에서 맥아더 장군, 하지 미군정 사령관과 회합을 한 후 귀국한 이승만은 조선인민공화국의 주석과 한국민주당의 영수직을 거절하였다. 그 대신 1945.10.23. **독립촉성중앙협의회**를 조직해 회장에 추대되었다. 1945.12.28. 모스크바3상회의 결정서 발표 후 1946.1.8. 국론분열을 막기 위해 한국민주당, 국민당, 조선인민당, 조선공산당 등 좌우익의 주요 정당이 모여 합의한 이른바 '4당 캄파'에 반대하였다. 1946.2.8.에는 독립촉성중앙협의회를 '대한독립촉성국민회'로 확대 개편하였다. 1946.2.14. 미소공동위원회의 개최를 앞두고 미군정이 조직한 **남조선대한국민대표민주의원**에 참여해 **의장**에 선출되었다. 그러나 미군정이 소련군과 타협해 한반도 문제를 해결하려 하자 의장직을 사퇴하고 지방 순회에 나섰다. 그는 미소공동위원회에 반대하며, 1946년 6월 3일에는 정읍에서 "남쪽만의 임시정부 혹은 위원회 조직이 필요"하다고 발언해 38선 이남에서라도 단독정부를 세워야 한다고 주장하였다(**정읍발언**). 1947.9. 미소공동위원회가 완전히 결렬되고, 한반도 문제가 유엔으로 이관되자 유엔 감시 하에서 실시되는 선거에 참여하였다. 1948.5.10. 실시된 국회의원 총선거에서 동대문구 갑 지역구에 당선되었다. 1948.5.31. 국회(**제헌의회**)가 소집되자 선출된 국회의원 중 가장 나이가 많았던 그가 **의장**에 선출되었으며, 7.20. 국회에서 선거에 의해 **대한민국 대통령**에 선출되어 7.24. 대통령에 취임하였다. 1948.12. 대한민국 정부가 유엔으로부터 승인을 받은 후 장면(張勉)을 주미한국대사로 임명하였다. 1949. **반민특위**의 활동으로 일본 및 총독부에 협력하였던 인사들을 처벌하는 것에 대해 **반대**하는 입장을 밝혔고, **농지개혁**을 추진·실시하였다. 통일문제에 대해서는 **'북진통일론'**을 주장해 북한 정부를 인정하지 않았다. 1950.6.25. 한국전쟁이 발발하자 서울을 사수하겠다는 자신의 육성을 라디오 방송으로 틀어놓은 채 한강대교를 폭파한 뒤 대전으로 피신하였다. 1951.11.19. **자유당**을 조직하였다. 또한 국회에서 대통령을 선출하게 되어 있는 헌법을 국민이 **직접 선출하는 것으로 개헌**을 추진하였다. 개헌 추진 과정에서 야당이 반대하자 1952년 임시수도 부산에 계엄령을 실시하였고, 같은 해 대통령 직선제를 골자로 하는 **'발췌개헌안'**을 통과시켰다. 새로운 헌법에 의해 1952.8.5. 실시된 제2대 대통령 선거에서 74.6%의 지지로 재차 당선되었다. 미국의 정전협정 추진에 반대하며 1953.6.18. 반공포로 석방을 지시하였고, 이로 인해 미국 정부와 갈등을 빚었지만, 정전협정에 반대하지는 않되 참여하지 않는 조건으로 미국과 타협하였다. 정전협정을 추진하는 과정에서 미국과의 협의를 거쳐 1953.10.1. '한미상호방위조약'을 조인하였다. 1954년에는 이른바 '**사사오입**四捨五入**개헌**'을 통해 대통령직 연임 제한 조항이 초대 대통령에 대해서는 적용되지 않도록 개정하였다. 1956.5.15. 새로 개정된 헌법에 근거해 대통령 선거를 실시해 56%의 득표로 당선, 제3대 대통령에 취임하였다. 1958.12.24.에는 국가보안법 개정으로 독재권력을 더욱 강화하였다(**2·4파동**). 1960년 제4대 대통령 선거에 부통령 후보 이기붕과 러닝메이트로 출마하였고, 민주당 대통령 후보 조병옥이 선거 중 사망해 무투표 당선되었다. 그러나 **3·15부정선거**로 **4·19혁명**이 발발하자 4.26. 대통령직에서 물러났으며, 경무대를 떠나 이화장(梨花莊)에 잠시 머물다 5.29. 하와이로 망명하였다. 1965.7.19. 하와이 호놀룰루 요양원에서 사망하였다. 같은 해 7.27. 가족장으로 영결식이 있었고, 서울 동작구 국립서울현충원에 안장되었다.

이승만정부李承晩政府 ➜ 이승만.

이원적 법률개념二元的 法律槪念 형식적 법률과 실질적 법률의 구분을 말한다. 1871년 Paul Laband에 의하여 처음으로 구분되었다. ➜ 법률.

이원정부제二元政府制 **= 이원집정부제**二元執政府制 **= 이원집행부제**二元執行府制 ㉢ semi-presidentialism, semi- presidential government, premier presidentialism, hybrid system, ㉣ Mischsystem. 1. **의의** 이원집정부제는 입법부와 행정부 선거가 분리되지만, 대통령이 임명한 내각이 의회의 불신임의 대상이 되는 정부형태이다. 국민이 선출한 의회와 별개로 국민이 선출한 대통령이 있다는 점(민주적 정당성의 이원화)에서 대통령중심제와 유사하지만, 대통령의 내각이 의회의 신임에 구속되기 때문에 분점정부(➜ 분점정부) 하에서는 의원내각제처럼 기능한다. 보통은 대통령중심제와 내각제의 혼합형태, 중간형태, 절충형태 등으로 표현한다. 그래서 혼합정부제라고 부르기도 하지만, 뒤베르제는 이원집정부제는 대통령제와 의원내각제의 중간형태가 아니라, 의회의 선거결과에 따라 대통령제적 국면과 의원내각제적 국면이 번갈아 나타나는 제도라고 설명한다. 독일의 바이마르 공화국(1919~1933)이 이원집정부제의 전형적 사례로 자주 언급되지만, '이원집정부제'라는 용어는 프랑스 제5공화국의 정치형태 묘사를 위해 언론인 뵈브메리가 처음 사용하고 정치학자 뒤베르제의 1978년 연구에 의해 일반화되었다. 프랑스는 대통령과 총리의 소속 정당이 다를 경우 cohabitation이라고 불리는 동거정부가 나타난다. 우리나라에서 이원집정부제는 분권형 대통령제의 의미로 사용되기도 한다. 분권형 대통령제는 국가원수의 권한은 대통령이 갖고, 행정부 수반의 권한은 대통령과 의회에서 선출되는 총리가 나눠 갖는 정부 형태를 말한다. 다만 대통령과 총리가 행정권을 어떻게 나눌지에 따라 그 운영의 구체적인 모습은 다르다. 가령 외교, 국방 등은 대통령이 담당하고, 나머지는 총리가 담당하는 형태, 아예 평상시에는 총리가 행정권을 행사하나, 비상시에는 대통령이 행정권을 전적으로 행사하는 형태도 있다. 2. **명칭** 학자에 따라 이원집정부제 외에 반대통령제, 준대통령제, 분권형 대통령제, 이원정부제, 이원적 정부제, 쌍두정부, 혼합정부 형태, 권력분산형 대통령제, 권력분산형 의원내각제,

이원집행권제, 이원적 의회주의, 이원적 의원내각제, 대통령적 의회주의, 의회주의적 대통령제, 반의원내각제, 반의회제, 절름발이 의원내각제, 부진정 의원내각제 등으로 불리기도 한다. 명칭이 통일되지 못하고 있는 이유는, 이원집정부제가 대통령제와 의원내각제의 각 요소가 혼합된 절충적 정부 형태이기 때문에, 어떤 요소와 성질에 초점을 맞추느냐에 대한 학자들의 관점이 상이한 것에 기인한다. 3. **특징** 대통령제와 의원내각제를 절충한 형태로 보통 대통령은 국민의 직선에 의하여 선출되고 의회에 책임을 지지 않는데 반하여 내각은 의회에 대하여 책임을 진다. 대통령은 총리임명권과 의회해산권을 가지지만, 의회는 내각불신임권은 있지만 대통령에 대한 불신임권은 인정되지 않는다. 대통령과 총리의 소속정당이 다를 경우 정부 운영에 마찰이 자주 발생할 수 있다는 것이 단점이다. 의회에서 총리를 선출하기 때문에 여소야대의 현상이 발생하면 동거정부가 만들어지기도 한다. 이 경우, 두 지도자의 역량에 따라서 견제와 균형을 통해 정책결정과 집행에 효율적으로 작동할 수도 있으나, 갈등과 긴장이 지속될 수도 있다. 한편 프랑스의 경우, 대통령이 총리를 지명하고, 의회는 그에 대해 동의권만을 가지지만, 만약 의회가 여소야대일 경우, 야당에서 추천하는 인사를(주로 제1야당 대표) 총리로 지명하는 것이 관례가 되어 있다.

이유제시의무理由提示義務 ㊀ the duty to give reasons/the obligation to state reasons, ㊁ Begründungspflicht, ㊂ obligation de motiver. 국가가 특정사항에 관하여 결정할 경우 그 결정의 이유를 제시하여야 할 의무를 말한다. 헌법적으로 법치행정의 원칙, 권리구제절차의 보장 및 민주적 질서로부터 도출되는 것으로, 국가결정의 합리성과 통제가능성에 기여한다. 원칙적으로 부담적 행정행위와 법원의 판결에 대하여 존재하는 것으로, 수익적 행정행위와 법규범의 제정은 이유제시가 반드시 필요하지는 않다. 행정법에서는 행정절차법에 규정되어 있다(제23조 제1항).

이익분배균점권利益分配均霑權 제헌헌법 제18조 제2항은 「영리를 목적으로 하는 사기업에 있어서는 근로자는 법률의 정하는 바에 의하여 이익의 분배에 균점할 권리가 있다.」고 규정하였다. 세계헌법사에 유래가 없는 규정이다. 해방 이후의 경제적 균등생활의 보장 이념, 국부의 80%에 달했던 귀속재산의 민족공유 인식, 서구사회의 이익분배제, 전진한 의원 주도의 대한노총이 제헌국회에 제출한 노농 8개조항 청원(기업이익의 30~40% 노동자에 분배) 등을 배경으로 하여 헌법에 규정되게 된 권리이다. 5·16쿠데타 이후 1962년 헌법에서 삭제되었으나, 제헌헌법규정으로서 헌법기초자들의 정신으로 높이 평가될 필요가 있다.

이익원리利益原理 → 조세의 기본원칙.

이익충돌利益衝突 → 이해충돌금지의 원칙.

이익형량利益衡量 → 법익형량.

이적단체利敵團體 사전적 의미로는 「적을 이롭게 하는 단체」라고 할 수 있으나, 법률상으로는 명확한 규정이 없고, 단지 국가보안법 제7조 제3항에서 규정하고 있다. 국가보안법상 이적단체는 「별개의 반국가단체의 존재를 전제로 하여 반국가단체나 그 구성원 또는 시령받은 자의 활동을 찬양, 고무, 선전 또는 이에 동조하거나 국가변란을 선전·선동하는 행위를 목적으로 하는 단체」를 말한다(대판 1997.5.16. 96도2696). 대법원은 「이적단체를 인정할 때에는 유추해석이나 확대해석을 금지하는 죄형법정주의의 기본원칙에 비추어서 단체가 지향하는 노선이나 목적, 활동 등이 국가의 존립·안전이나 자유민주적 기본질서에 실질적 해악을 끼칠 위험성이 있어야 한다.」고 판시하고 있다(대판 2007.3.30. 2003도8165). 남북분단의 상황에서 통일운동 등을 규제하는 개념으로 국가보안법상 가장 문제가 되는 개념이다.

이전移轉의 자유 ㉳ freedom of movement, ㉠ Freizügigkeit ㉫ iberté de circulation. ➜ 거주·이전의 자유.

이주移住의 권리權利 ➜ 거주·이전의 자유.

이중국적二重國籍 한 사람이 합법적인 국적을 2개 이상 가진 경우로서, 복수국적이라고도 한다. ➜ 국적.

이중기준의 원칙(이중기준이론)二重基準의 原則(二重基準理論) ㉳ double standards doctrine. 이중기준의 원칙이란 기본권을 정신·인격적 자유와 사회·경제적 자유로 구별하여, 전자의 제한에 대해서는 후자의 경우보다 더 엄격한 기준을 적용해야 한다는 원칙이다. 전자는 합리성 심사기준 혹은 완화된 심사기준으로 칭해지고, 후자는 엄격한 심사기준으로 불린다. 엄격심사의 근거로서 정신·인격과 관련된 자유권은 인간의 존엄과 가치를 보호하는데 있어서 핵심적 지위를 가지고 있으며, 이를 보장하는 것이 민주정치의 과정에서 불가결하게 요청되기 때문이다. 이에 비해 사회·경제적 자유권은 자유방임적 자본주의로부터 수정자본주의로의 전환을 사법심사에 반영하여 광범한 입법재량을 허용하기에 다소 완화된 기준을 적용하게 된다. 미 연방대법원은 처음에는 표현의 자유에 대한 제한입법에 대한 법원의 심사기준도 계약자유의 원칙이나 소유권 보호 등과 같은 경제적 자유의 제한입법에 대한 심사기준과 다를 바 없다고 하여 표현의 자유에 대한 제한에 있어서도 입법부의 판단을 존중하고, 그것이 자의적이고 불합리하지 않은 이상 합헌으로 판단한다는 합헌성 추정의 원칙을 선언하였다(Gitlow v. New York, 268 U.S. 652(1925)). 그러나 1938년 Carolene 사건에서 Stone 대법관은 표현의 자유에 대한 제한입법을 심사하는 경우에는 경제적 자유에 대한 제한입법을 심사하는 경우보다 고도의 특별한 주의를 요하는 보다 엄격한 기준으로 심사해야 한다는 이중기준의 원칙을 주장하였고(U. S. v. Carolene Products Co., 304 U.S. 144(1938)), 그 이후 많은 판례에 의하여 지지되었다. 이 원칙에 대해서는, 경제적 자유의 중요성을 간과하고 있다는 점, 자유권의 성격에 따라 심사의 기준과 결과가 결정된다는 경직성, 경제·사회 관련 입법에 대한 심사를 실질적으로 포기한다는 점, 실질적 정의 실현에 한계를 갖는 점 등의 비판을 받고 있다. ➜ 평등심사의 기준. ➜ 표현의 자유.

이중배상금지二重賠償禁止 ➜ 국가배상청구권.

이중심사기준 ㉳ double standard. ➜ 평등심사의 기준과 강도.

이중위험금지二重危險禁止의 원칙 ㉳ prohibition against double jeopardy(Double Jeopardy Clause). 동일범죄에 관하여 피고인에게 다시 형사책임을 묻는 것으로, 이를 금지할 것을 미국헌법 수정 제5조에서 규정하고 있다. ➜ 일사부재리의 원칙.

이중처벌금지원칙二重處罰禁止原則 ➜ 일사부재리의 원칙.

이해충돌금지利害衝突禁止의 원칙 ㉳ conflict of interests, ㉠ Interessenkonflikt, ㉫ conflit d'intérêts.

1. **의의** 이익충돌금지의 원칙이라고도 한다. OECD 이해충돌방지 가이드라인(2003)에서는 **이해충돌**을 '공적 의무와 공직자의 사적 이익 사이의 충돌로서, 공적 의무와 책임의 수행에 부당하게 영향을 미칠 수 있는 사적 지위에서의 이익을 공직자가 가지고 있는 경우'라고 정의하고 있다. 일반적으로 '공직자들에 공적으로 부여된 직무수행상의 의무와 사인으로서의 개인의 사적 이해의 충돌' 혹은 '공직자가 자신의 업무와 관련하여 공익보다 사익을 우선시하는 갈등상황'을 의미한다. 제19대 국회에서 제안된 후 임기만료로 폐기된 「부정청탁금지 및 공직자의 이해충돌방지법안」(이상민의원 대표발의)은 '이해충돌'을 '공직자가 직무를 수행함에 있어 공직자 자신의 사적 이해관계가 개입되어 공정하고 청렴한 직무수행이 저해되거나 저해될 우려가 있는 상황 또는 저해된다고 보일 수 있는 상황'이라고 정의하였다(동 법안 제2조 제8호). 그러나 이해충돌에 대한 이러한 이해는 좁은 의미라 할 수 있다. 넓게는 공적 기관이나 사적 기관 자체에서도 이해충돌의 문제는 발생한다. 즉, 공적 기관의 경우 그 권한행사에서 기관 자체의 이익이 관련되는 경우에는 이해충돌이 발생한다. 예컨대, 형사법집행과정에서 검찰구성원이나 경찰구성원의 범죄혐의에 대해 수사하는 경우에는 범죄혐의자 개인의 이익이라기보다는 검찰이나 경찰이라는 국가기관의 권한 자체와 관련되는 것이므로 이해충돌이 발생할 수 있다. 통상 기관이기주의라고 하여 기관 자체의 이익을 위하여 국가이익이나 공공성을 훼손하는 경우가 이해충돌의 대표적 예이다. 2. **입법례** **UN 반부패협약**(2003)은 공공부문의 부패예방을 위하여 협약 당사국이 투명성을 증진하고 이해충돌을 방지하는 체계를 채택·유지·강화할 것을 규정하고 있고(제7조), **OECD 이해충돌방지 가이드라인**(2003)은 이해충돌방지 가이드라인을 마련하여 OECD 회원국에 이해충돌 방지제도 마련을 권고하고, 각국의 이행상황을 관리하고 있다. **G20 반부패행동계획**(2010)은 공직자의 이해충돌 방지, 선물수수 등과 관련한 구체적인 행위기준을 제정하고 엄격하게 시행할 것을 G20 회원국에 권고하였다. **미국**은 「뇌물 및 이해충돌방지법(Bribery, Graft and Conflict of Interest Act, 18 U.S.C.)」을 제정하여(1962년), 이해충돌 방지에 관한 기본적인 내용은 뇌물 및 이해충돌 방지법과 정부윤리법에서 규정하고, 세부 운영절차는 공직자 윤리행위기준에서 규정하고 있다. OECD 국가 중에서 가장 발전된 이해충돌방지 장치들을 운영하고 있으며, 위반행위자에 대해서는 강력한 형사처벌을 하는 등 엄격하게 제도를 운영하고 있다. **캐나다**는 「이해충돌방지법(Conflict of Interest Act)」을 제정하고(2006년), 이해관계업무 참여금지, 이해충돌 유발 외부활동 제한, 친인척에 대한 계약발주 제한 등 공직자의 다양한 이해충돌 방지장치를 규정하고 있다. **프랑스**는 「공직사회의 투명성 및 이해충돌 방지법」을 제정하여, 공직사회의 청렴성, 투명성을 증진하고 공직자가 직면하는 이해충돌 상황을 방지·관리하고, 사적 이해관계 신고 및 공개, 공직자의 재정적 이해관계 관리 등을 통한 이해충돌 방지장치를 규정하고 있다. **독일**은 「부패단속법(Gesetz zur Bekämpfung der Korruption)」(1997년)을 통해, 대가관계와 상관없이 직무수행과 관련한 금품등 수수 행위를 이익수수죄로 규정하여 형사처벌하는 등 금품수수 등으로 인한 이해충돌 상황을 규제하고 있다. **이외**에도 영국, 일본, 호주, 뉴질랜드 등 대부분의 선진국뿐만 아니라 라트비아, 리투아니아, 에스토니아, 몽골 등 개발도상국들도 오래전부터 종합적인 이해충돌 방지제도를 구축하고 그 운영을 통해 공직자의 사적 이해관계를 철저하게 관리함으로써 공공부문에 대한 국민의

신뢰성을 제고하고 있다. 2. **헌법적 의의** 이해충돌금지는 오늘날 단순히 법률적인 차원의 규율의 단계를 넘어 헌법적 차원의 원칙으로 부상하고 있다. 이해충돌이 본질적으로 공공성(公共性)과 사사성(私事性)의 충돌이라는 의미를 가지기 때문에 국가영역이 가지는 공공성이 사적인 이해관계에 따라 좌지우지되는 것은 헌법적으로 용인될 수 없다. 국가의 본질을 가장 극단적으로 개인 혹은 집단의 사적 이익을 극대화하기 위한 수단이라고 하더라도, 개인 혹은 집단 간의 이익의 분배의 원칙은 공정성을 담보로 하지 않으면 안된다. 3. **양태** 이해충돌은 공공성과 사사성이 충돌하는 상황을 말하는 것으로 그러한 충돌상황 자체는 불법이라 할 수 없다. 문제는 그러한 충돌의 경우에 공공성 내지 공적 이익보다는 사적·개인적 이익을 위하여 권한을 행사하는 경우, 혹은 기관의 이익을 위하여 정책결정에 관여하는 경우에 이해충돌의 문제가 발생할 수 있다. 1) **공적 영역** 입법부 영역에서는 먼저, 국회의원의 지위 자체가 갖는 이해충돌의 가능성이 있다. 즉, 국회의원은 전체 국민의 대표자인 지위와 정당원인 지위 및 지역구대표로서의 지위 등을 가지는데, 각각의 지위는 다른 지위와 충돌할 수 있다. 또한 의원·각료 겸직의 경우, 의원의 상임위 배정, 선거구획정, 의원 자격심사, 의원징계 등에서도 이해충돌의 위험이 있다. 행정부 영역에서는 다른 지위를 중복적으로 담당할 수 없도록 하는 겸직금지, 퇴직 후 취업제한, 행정정보이용행위(국토계획, 증권관련 기타), 형사사법집행(검찰·경찰 권한행사) 등에서 이해충돌의 가능성이 있다. 사법부 영역에서도 전관예우, 사법부구성원관련 형사법집행(특별재판부 문제) 등에서 이해충돌의 문제가 야기될 수 있다. 2) **사적 영역** 민법상 대리인과 본인간의 이해충돌, 상법상 주주-경영자 간, 지배주주-비지배주주 간, 주주-채권자 간에 이해충돌이 발생할 수 있다. 공정거래위원회가 관할하는 여러 영역에서도 이해충돌이 야기될 수 있다. 또한 변호사의 직무수행과 관련하여, 변호사의 수임의 자유는 불가피하게 의뢰인의 이익과 충돌할 가능성이 있다.

이해충돌방지법利害衝突防止法 ㊎ Act on the Prevention of Conflict of Interests related to Duties of Public Servants. 공직자가 직무를 수행할 때 자신의 사적 이해관계가 관련되어 공정하고 청렴한 직무수행이 저해되거나 저해될 우려가 있는 상황인 이해충돌을 사전에 예방·관리하고, 부당한 사적 이익 추구를 금지함으로써 공직자의 공정한 직무수행을 보장하고 공공기관에 대한 국민의 신뢰를 확보하려는 목적으로 제정된 법률이다(2021.5.18., 법률 제18191호 제정, 시행 2022.5.19.). 2013년 논의 시작 후 19·20·21대 국회를 거치며 폐기와 재발의를 거듭하다 한국토지주택공사(LH)사태로 급물살을 타서 8년 만에 제정되었다. 국회의원의 이해충돌을 방지하기 위하여 국회법 개정안도 같은 날 의결되어(제4장의2(제32조의2-제32조의6)), 2022.5.30.부터 시행되었다. 주요내용으로는, 가. 사적 이해관계자의 신고 및 회피·기피 신청(제5조) 나. 공공기관 직무 관련 부동산 보유·매수 신고(제6조) 다. 고위공직자의 민간 부문 업무활동 내역 제출 및 공개(제8조) 라. 직무관련자와의 거래 신고(제9조) 마. 직무 관련 외부활동의 제한(제10조) 바. 가족 채용 제한(제11조) 사. 수의계약 체결 제한(제12조) 아. 공공기관 물품의 사적 사용·수익 금지(제13조) 자. 직무상 비밀 등 이용 금지(제14조) 차. 퇴직공직자 사적 접촉 신고(제15조) 등이 규정되어 있다.

이행재결履行裁決 → 이행판결.

이행판결履行判決 ㊍ Leistungsurteil. 민사소송법상으로는, 원고의 주장대로 피고에게 일정한 급부를 명령하는 판결이다. 구 민사소송법에서는 급부판결이라고 하였다. 이행판결은 형성판결이나 확인판결과는 달라서, 이행의무의 존재에 대한 기판력(既判力) 외에 집행력을 가진다. 행정소송법상으로는, 일정한 행위를 이행하라고 명령하는 판결을 말한다. 법원은 행정감독기관이 아니므로 권력분립제도와의 관계에서 항고소송에서는 위법한 행정행위를 취소할 수 있을 뿐이고, 행정청에 대하여 일정한 행위를 하라고 명령하는 판결, 즉 이행판결은 할 수 없다는 것이 통설이다. 행정심판에서는 의무이행심판의 청구가 이유 있다고 인정할 때에는 지체 없이 신청에 따른 처분을 하거나 처분청에 그 신청에 따른 처분을 할 것을 명하는 재결을 할 수 있다(**이행재결**: 행정심판법 제5조, 제43조 제5항).

익명표현匿名表現**의 자유**自由 ➜ 표현의 자유.

인간과 시민의 권리선언 ㉞ Declaration of the Rights of Man and of the Citizen, ㉣ Déclaration des droits de l'homme et du citoyen. 1789년 프랑스혁명 후의 인권선언이다. 자연법 사상의 영향을 받아 자유와 평등, 종교, 출판, 결사의 자유 등 인간의 천부적 권리는 장소와 시간을 초월하여 보편적임을 선언하였다. 전문(前文)과 17개조로 구성되어 있다. 전문은 자연권으로서 천부불가양의 인권, 국가권력의 행사기준으로서의 헌법 등을 규정하고, 제1조는 인간의 자유롭고 평등하게 태어나 생활할 권리, 제2조는 저항권, 제3조는 국민주권, 제4조는 자연권으로서의 자유권과 제한 시의 법률유보, 제5조는 법에 의한 금지, 제6조는 일반의지의 표현으로서의 법, 시민의 입법참여권, 법 앞의 평등, 제7조는 적법절차, 제8조는 죄형법정주의와 행위시법주의, 제9조는 무죄추정권과 법에 의한 체포, 제10조는 발언의 자유, 제11조는 사상과 언론의 자유, 제12조는 공권력의 지위, 제13조는 조세와 능력주의, 제14조는 대표에 의한 조세, 제15조는 행정보고요구권, 제16조는 권력분립의 원칙, 제17조는 소유권의 신성불가침성(절대성) 등을 규정하고 있다.

인간人間**다운 생활을 할 권리** ㉢ Recht auf menschenwürdiges Dasein. 1. **의의와 헌법규정** 1) **의의** 인간다운 생활이란 인간의 존엄을 포함하는 추상적이고 포괄적인 개념이므로 그 개념을 확정하는 것은 쉽지 아니하다. 인간의 존엄성에 상응하는 건강하고 문화적인 생활을 영위할 권리라고 넓게 이해하는 견해, 인간의 존엄에 상응하는 생활, 즉 건강하고 문화적인 '최저한도'의 생활을 할 권리로 다소 좁게 이해하는 견해, 바이마르 헌법의 인간다운 생활, 세계인권선언의 인간의 존엄성에 상응하는 생활, 즉 건강하고 문화적인 '최저한도'의 생활로 설명하는 견해, 물질적 측면에서 물질적 궁핍으로부터의 해방을 주 내용으로 하는 물질적 최저생활권으로 해석하는 견해, 인간이 생존에 필요한 최소한의 물질적 급부를 국가에 대하여 청구할 수 있는 권리로 이해하는 견해 등이 있다. 2) **헌법규정** 현행헌법 제34조 제1항은 「모든 국민은 인간다운 생활을 할 권리를 가진다.」고 규정하고 있다. 또한 이를 보장하기 위한 수단적 사회권들을 제2항 이하에서 규정하고, 제35조에서 환경권을, 제36조에서 혼인과 가족생활, 모성보호, 보건에 관한 국가의 보호 등을 규정하고 있다. 2. **법적 성격** 1) **헌법규정의 성격에 관한 논의** (1) 사회적 기본권의 **총칙적 성격**을 갖는다는 견해 이 견해는 파생적 사회권인 여타의 사회적 기본권을 포괄하는 대원칙이자 주기본권으로서의 성격을 갖는다는 견해이다. (2) 국민의 경제사회적 생활의 **이념적 및 방법론적 기초로서의 성격**을 갖는다는 견해 이 견해는 사회적 기본권 뿐만 아니라 거주·이전의 자유, 재산권 등 사회경제적 생활 영역을 규율하는 기본권의 이념적 기초이자 경제질서의 가치지표이며, 국가에 대한 사회정책적 의무를 부과하는 법적 근거가 된다고 본다. (3) **사회보장에 관한 기본권**으로 이해하는 견해 헌법 제34조를 우리 헌법의 구조적 특성 속에서 파악하여 사회국가원리와는 분리시켜 구체적 대상영역을 갖는 권리로서 독자적인 기본권으로 이해하고 사회보장에 관한 기본권으로 이해하는 견해이다. 2) **구체적 권리성 여부** (1) **학설** ⅰ) **프로그램규정설** 이 권리는 모든 국민이 인간다운 생활을 할 수 있도록 할 국가의 책무를 규정한 것일 뿐이며, 구체적인 권리의 보장은 입법정책에 해당한다고 보는 견해로 오늘날에는 주장하는 사람이 없다. ⅱ) **불완전한 구체적 권리설** 동 권리는 자유권적 기본권처럼 직접적 효력을 가지는 완전한 의미의 구체적 권리는 아니나 불완전하나마 구체적인 권리로서의 성격을 가진다고 보는 견해이다. ⅲ) **구체적 권리설** 동 권리는 이미 그 자체로서 직접적 효력을 갖는 주관적 권리로서의 성격을 가진다고 보는 견해이다. ⅳ) **단계별 구별설** 이 견해는 인간다운 생활의 수준을 ① 육체적 존재형식을 가진 존재로서 생물학적 최저수준, ② 육체적 존재일 뿐만 아니라 정신적·인격적 존재로서의 최소한의 생활수준, ③ 자유로운 인격의 발현과 자기가치를 실현할 수 있는 품위있고 문화적인 생활수준으로 나누고, ①은 구체적 권리, ②는 추상적 권리, ③은 프로그램규정으로 나누는 견해이다. (2) **헌법재판소** 헌법재판소는 헌법 제34조 제1항에서 정한 인간다운 생활을 할 권리는 법률에 의하여 구체화할 때 비로소 인정되는 법률적 권리라고 보며(헌재 1995.7.21. 93헌가14; 2004.10.28. 2002헌마328), 헌법상의 사회보장권도 구체적인 사항이 법률에 규정됨으로써 비로소 구체적인 법적 권리로 형성된다고 본다(같은 결정). (3) **결론** 학설 중에는 단계별 구별설이 타당하다고 본다. 헌법재판소도 이러한 입장에 있다고 이해된다. 3. **주체** 인간다운 생활을 할 권리는 자연인의 권리이기 때문에 법인에게는 인정되지 아니한다. 원칙적으로 내국인의 권리이며, 외국인에게는 인정되지 아니한다. 다만, 인권의 국제적 보장의 정신에 따라 외국인에게도 최소한의 인간다운 생활을 할 권리를 보장할 필요가 있다. 4. **효력** 인간다운 생활을 할 권리는 그 보장단계에 따라 구체적 권리로 인정될 수 있기 때문에 대국가적 효력을 가진다. 「국가가 인간다운 생활을 보장하기 위한 헌법적인 의무를 다하였는지의 여부가 사법적 심사의 대상이 된 경우에는, 국가가 생계보호에 관한 입법을 전혀 하지 아니하였다든가 그 내용이 현저히 불합리하여 헌법상 용인될 수 있는 재량의 범위를 명백히 일탈한 경우에 한하여 헌법에 위반된다고 할 수 있다.」(헌재 1997.5.29. 94헌마33). 구체적인 입법이 없는 경우 급부청구권이 인정되는가에 대하여, 헌법재판소는 「헌법상의 사회보장권은 그에 관한 수급요건, 수급자의 범위, 수급액 등 구체적인 사항이 법률에 규정됨으로써 비로소 구체적인 법적 권리로 형성된다고 보아야 할 것이다.」라고 하고 있다(헌재 1997.7.21. 93헌가14). 인간다운 생활을 할 권리의 대사인적 효력은 기본권의 대사인적 효력에 관한 간접적 효력이론에 따라 일정한 요건 하에 인정된다. 5. **내용** 1) **인간다운 생활을 할 권리의 보장체계** 헌법상 인간다운 생활의 보장체계는 제34조 제1항을 이념적 기초 혹은 원리적 규정으로 하고, 제2항 이하에서 일련의 사회적 기본권을 보장하고 있다. 사회보장수급권(제2~6항), 교육을 받을 권리(제31조), 근로의 권리(제32조), 근로3권(제33조), 환경권(제35조), 보건권(제36조) 등을 보장하고 있으며, 간접적으로 관련이 있는 규정으로 제119조 제2항(경제에 관한 규제와 조정, 제122조(국토의 이용과 보전), 제123조 제4항

(농어민의 이익보호), 제124조(소비자보호운동의 보장 등이 규정되어 있다. 2) **사회보장수급권** → 사회보장수급권. 6. **한계와 제한** 1) **한계** (1) **사회국가실현의 방법적 한계** 사회국가의 실현은 곧 자유의 조건이자 자유의 증대로서의 자율적인 생활설계에 의한 인간다운 생활의 실현을 의미하는 것으로, 자유의 대가·자유의 감소로 인하여 모든 생활이 국가사회보장정책에 의해 규율되는 배급국가로 전락해서는 안된다. (2) **보충성의 원리** 사회보장은 보충성의 원리에 따라 요보호자가 자력을 생활할 수 있도록 지원하는 정도에 그쳐야 한다. 2) **제한** 인간다운 생활권은 수익적 급부로서의 성격을 가지며 그 자체가 공공복리의 실현에 해당하므로 헌법 제37조 제2항에 따른 제한이 적합하지 않은 기본권으로 볼 수 있다. 하지만 이미 법적으로 보장된 급부에 대하여 이를 제한하는 경우에는 제한가능한 기본권으로 될 수 있다. 예컨대, 확정된 사회보장수급권에 대하여 예외적으로 법률에 따라 제한할 수 있다고 보아야 한다. 또한 연금수급권·산업재해보상보험수급권 등과 같이 개인의 노력과 금전적 기여에 의하여 확보된 사회급여청구권은 일종의 재산권으로 보장되므로 차등제한이 허용되지 아니한다. 국가에 의하여 일방적으로 행해지는 사회급여는 제한이 가능하다. 제한하더라도 헌법 제37조 제2항의 과잉금지원칙은 준수되어야 하며, 생활무능력자의 보호청구권의 전면적 제한과 같이 본질적 내용을 침해해서는 안 된다.

인간불평등기원론人間不平等起源論 ㊄ Discours sur l'origine et les fondements de l'inégalité parmi les hommes. 장자크 루소가 1755년 출판한 저서이다. 원래 1753년에 디종의 아카데미가 행한 현상공모에 응모한 논문이었으나 낙선하였고, 2년 후에 제네바공국에서 출판되었다. 본문은 2부로 되어 있다. 제1부는 자연상태의 서술, 제2부는 사회상태의 형성과 그 아래에서의 불평등한 발전을 설명한다. 자연상태의 인간은 고립해서 생활을 영위하고 자기보존의 본능밖에 없는 자연인이다. 이러한 자연상태 아래에서는 불평등이 없으며, 자연인은 완전히 자유롭고 평등하다. 그러나 농업과 야금술(冶金術)의 발달은 사유재산을 낳고 불평등과 빈곤을 증대시키며, 지배와 복종을 확대시키고 폭력이 횡행토록 한다. 부자는 자기이익을 지키기 위해서 계약에 의한 여러 가지 불평등, 부자와 빈자, 강자와 약자, 주인과 노예의 상태를 제도화하고 사회는 무질서한 상태로 된다. 그리고 이 무질서한 상태에서 벗어나기 위하여 사람들은 사회계약을 통해 국가를 창설하는 계약을 맺게 된다. 이 계약은 가상의 사회계약이지만, 그것으로써 국가권력이 승인되고 사유(私有)를 지키며, 불평등을 영속케 하는 법이 확정된다. 그리고 합법적인 권력이 자의적인 권력으로 이행하게 되며, 이어 전제주의가 출현하는 것이다. 이를 바탕으로 하여 불평등은 최고단계에 이른다. 사람들로 하여금 상실한 자연상태를 회복하는 방법은 「사회계약론」에서 상설하고 있다.

인간상人間像 ㊊ image of man, ㊇ Menschenbild, ㊄ image humaine. 인간상이란 인간을 이해하는 하나의 인식체계로서, 존재로서의 인간과 그에 바탕한 본성에 대한 인식에 기초하여 이상적·관념적 지향으로서 도달해야할 인격적 완성체를 의미한다. 인간에 의해 제정되는 모든 법은 반드시 그 속에 어떤 특정한 종류의 인간(즉, 법에 비춰진 인간상)을 전제하고 있고, 또한 인간상의 문제는 모든 법이론의 출발점이 되는 동시에 또한 귀결점이 되는 것이다. 인간상은 인간의 본성에 관한 인식으로부터 유래한다. 인간상은 인간 외의 사회, 자연, 사물, 세계, 우주 등과 연계하여 이해하는 경우도 있고, 오로지 인간만을 중심으로 이해하는 방법도 있다. 동양사상에서 유교사상에서 맹자의 성선설, 순자의 성악설, 성인론, 군자론, 사단칠정론, 불교사상의 부처론, 도가사상의 선인론(仙人論) 등이 있고, 서구사상에서는 고대 그리스의 플라톤의 철인론(哲人論), 아리스토텔레스의 덕인론(德人論), 기독교적 인간관, 칸트의 이성적 인간관, 실존주의적 인간관 등등 모든 사상과 철학은 인간에 관한 기본적인 인식체계를 제시하고 있으며, 이에 기초하여 개인의 행위에 대한 평가와 바람직한 공동체의 상을 제시하고 있다. 인간은 미완성의 불완전한 존재로 태어나 문화적 전통을 간직하고 있는 사회 안에서 다른 인간들과의 만남을 통하여 자기를 완성해 간다. 즉 인간은 사회적·역사적·문화적 존재로서 전체적인 속성을 지니고 있다. 인간의 본성에 관한 다양한 견해가 있지만, 법학적 관점에서는 그때그때 인간에 관한 인식의 내용에 따라 인간성에 관한 사고도 변천되고 이것이 실정법체계 내에 반영된다. 헌법 영역에서 국민의 기본권과 의무에 관한 부분은 기본적으로 인간성에 관한 보장, 인간의 존엄과 가치라는 최고 이상을 선두에 두고, 자유와 평등이라는 관점에서 권리와 의무의 형식으로 열거하여 규정하고 있다. 민법 영역에서는 소유권의 절대성을 강조했던 근대로부터 그 사회성과 공공성을 인정하는 현대적 관념으로 변경되었는데, 이 역시 인간 및 사회에 관한 관념과 인식이 변화된 때문이다. 사회법에서 보는 인간상은 민법과 같은 사법에서의 평등한 인격과는 다른 강자와 약자의 인간모습이다. 형법 영역에서는, 추상적 인간상(전인적·인격적 인간상)을 토대로 하면서도 구체적이고 현실적인 인간상(잠재적 범죄성을 지닌 인간상)에 초점을 맞추고 있다. 추상적인 주체이자 고립된 개체로서 보았던 근대 이전의 인간상이 현대에 있어서도 그대로 더 이상 타당하지 않고 이제는 구체적이고 현실적인 인간으로 보아야 한다. 현대법에 있어서는 추상적이고 일반적인 인간상과 함께 구체적이고 현실적인 인간상이라는 양자 모두를 동시에 고려한 이른바 종합적 인간상을 추구하고 있다. 또한 우리 헌법상의 인간상은 고립된 주관적인 개인도 아니고 공동체구속성과 공동체관련성을 가지고 있는 인격을 의미한다.

인간人間의 존엄尊嚴과 가치價値 ㉣ *dignitas hominis*, ㉢ human dignity, ㉣ Menschenwürde, ㉫ la dignité humaine. 1. **서론** 현행헌법에는 인간의 존엄 내지 개인의 존엄에 관하여 세 개의 규정이 있다. 즉, 제10조에서「모든 국민은 인간으로서의 존엄과 가치를 가지며, …」, 제32조 제3항에서「근로조건의 기준은 인간의 존엄성을 보장하도록 법률로 정한다.」, 제36조 제1항에서「혼인과 가족생활은 개인의 존엄과 양성의 평등을 기초로 성립되고 유지되어야 하며」라고 하고 있다. 입법사적으로 볼 때, 제10조의「인간으로서의 존엄과 가치」라는 표현은 1962년 헌법에서 처음으로 규정되어 이후의 헌법에서 동일한 표현으로 규정되고 있고, 제32조의「인간의 존엄성」이라는 표현과 제36조 제1항의「개인의 존엄」이라는 표현은 1980년 헌법에서 처음으로 규정된 이래 현행헌법에 이르기까지 조문은 달리 하더라도 동일하게 규정되어 있다. 이들 각 규정에서 표현은 약간씩 다르기는 하지만,「인간으로서의 존엄과 가치」와「인간의 존엄성」그리고「개인의 존엄」은 동일한 의미를 가지는 것으로 이해하더라도 무방하다. 1987년 헌법 이후 헌법재판소는 현행헌법상의 인간의 존엄규정에 대하여 다양하게 판결해왔다. 그러나 헌법의 인간존엄 관련규정들에 대한 결정에서 인간존엄만을 직접 근거로 하여 결정한 경우는 거의 없고, 대부분의 결정에서 헌법 제10조 제1문 후단의 행복추구권과 함께 주장되거나 개별기본권과 함께 주장하는 경우가 대부분이다. 헌법재판소에서 인간의 존엄을 직접 근거로 하여 판결하는 경우에는, 그 의미내용을 확정하고 엄밀히 논증되어야 한다. 왜냐하면 기본권 침해의 주장에 대하여 헌법상 규정된 개별 기본권들에 근거하지 아니하고 인간의 존엄성 조항에 직접 근거하여 판결하기 위해서는 인간의 존엄에 관한 엄밀한 해석을 통하여 그 의미내용을 확정하고 이를 기준으로 하여 이에 위반한다고 결론내려야 하기 때문이다. 2. **존엄의 연혁과 근거** 1) **인간존엄론의 연혁** 고대로마에서는 주로 지위(status)를 의미하였다. 이는 존경을 불러일으키는 한 개인의 사회적 역할의 외적 측면, 즉 가치로움을 의미하며, 직무에 재직하는 카리스마와 존중, 지위 혹은 개성을 구체화한 것이었다. 이 개념은 개인으로서의 인간에게 적용되지 않고 기관 및 국가 자체에 적용되어, 형사, 민사, 국제법 영역에서 사용하였다. 한편, Cicero는 동물과 대비하여, 인간 자체로서의 존엄을 인정하였다. 중세에는 인간이 신의 형상으로 만들어졌기 때문에 존엄을 가지는 것이라고 생각하였다(Pico Della Mirandola(1486)). 계몽주의시대에 칸트는 도덕형이상학에 기초하여 이성을 가진 자율적 주체로서 인간의 존엄을 강조하여, 인간 존엄성의 현대적 개념의 아버지로 평가되고 있다. 근대사회에서는 공화주의의 성장과 관련하여 인간의 존엄에 대한 새로운 인식이 확립되었다. 토마스 페인은 프랑스 혁명에 대한 버크의 공격에 대한 1791년의 응답으로 쓴 글에서 '인간의 자연적 존엄성'에 기반한 그의 정치이론을 강조하였다. 또한 여성철학자인 울스톤 크래프트는 인간의 권리에 대한 옹호(1790)와 여성의 권리옹호(1796)라는 두 글에서, 그녀가 선호하는 정치시스템에서 인간의 적합한 상태를 설명하기 위해 존엄성이라는 용어를 사용하였다. 윌리엄 워즈워스는 1805년 서문(The Prelude)에서 '개체인 인간의 존엄성'의 개념은 인간의 가치를 경제적 능력과 기여에 의해 판단되는 것의 대응되는 관점으로 사용하였다. 그 외에도 찰스 르누비어, 루소, 쉴러, 볼리바르(남미), 라살레(독일), 마르크스, 니체 등등이 인간의 존엄에 관한 인식과 관심을 보여주었다. 현대사회에서는 2차대전 후 자끄 마리탱이 토마스 아퀴나스의 신학을 현대상황에 적용하여 유엔헌장과 세계인권선언을 기초하였다. 오늘날 인간존엄론은 현대 민권운동과 페미니스트 운동, 생명윤리영역, 국제정치영역 등 다양한 분야에서 근거지워지고 사용되고 있다. 2) **인간존엄의 근거** 기독교에서는 인간이 신의 형상을 따라 만들어졌다(Man is made in the image of God)는 사상에서 인간의 존엄을 근거지운다. 이슬람교에서는 최고신이 인간에게 이성의 능력을 부여하였기 때문에 인간이 존엄하다고 주장한다. 불교에서는 모든 존재들의 상호관련성과 상호의존성으로 인해 서로 간에 존엄을 공유한다고 생각하였다. 모든 존재들 특히 인간들은 같은 업을 타고 났다는 동업중생(同業衆生), 모든 존재들의 상호의존성과 관련성을 표현하는 인드라망(Indra Net) 등이 이를 나타내고 있으며, 인간들 상호간에 상대방이 없이는 자신도 없다(without you, without me)는 공존사상이 표현되고 있다. 유교에서는 인간으로서의 최소한의 도덕적·윤리적 기초로서 오륜사상에서 기초하여 만물의 영장으로서의 인간관을 표현하고 있다(天地之間 萬物之衆 惟人最貴 所貴乎人者 以其有五倫也). 우리나라의 고유사상에서도 예컨대, 단군의 홍익인간 재세이화(弘益人間 在世理化) 사상, 천도교의 인내천(人乃天) 사상, 한울사상 등이 인간의 존엄의 근거로 제시되고 있다. 3. **인간존엄에 대한 사법적 해석** 1) **인간존엄의 중요성과 법적 지위** 최고의 헌법적 가치라는 의미에서, 다른 인권들보다 우월적인 지위를 가지는가에 대하여 나라마다 차이가 있다. 독일과 헝가리에서 인간존엄은 절대적 효력을 가지며, 다른 법적 이익과 형량하는 방법은 없고, 비례성의 원칙은 인간존엄에 대한 침해가 성립되는 한, 작용하지 아니한다고 본다. 하지만, 헝가리의 경우, 생명권과 관련되지 않으면 다른 권리에 적용되는 같은 유형의 한계에 따르고 있다. 인간존엄은 인권의 위계에서 덜 중요하며, 다른 권리에 우선하지 않는다. 이스라엘, 프랑스도 그러한 것으로 보인다. 2) **법적 성격** (1) **객관적 헌법원리** 인간의 존엄은 먼저, 객관적 헌법원리로서의 성격을 가진다. 즉, 모든 국가활동의 목표를 지시하는 지향원리(Orientierungsprinzip)이자 모든 국가생활의 기준을 제시하는 지도원리(Leistungsprinzip)로서 기능한다. 이에 근거하여 국가는 반전체주의적 성격을 가진 존재로 이해된다. 또한 인간존엄은 모든 법의 궁극적인 해석기준으로 작용한다. 그리고 헌법이나 법률 등에 흠결이 있는 경우 그 보완의 근거로 된다(법의 보충원리). (2) **권리성 여부** 인간의 존엄에 관한 규정이 개인에게 기본권을 인정한 것인가에 관하여 긍정·부정의 견해가 있다. 모든 인간은 자신이 인간으로서 존엄하며, 또 존엄하게 취급되어야 함을 주장할 권리가 있다. 따라서 존엄의 기본권성을 인정하는 것이 타당하다. 현행헌법 제37조 제1항의 헌법에 열거되지 아니한 자유와 권리 규정과 관련하여 해석상 인간의 존엄 규정을 권리로 인정할 필요가 없다는 견해도 있으나, 제헌헌법부터 규정된 헌법 제37조 제1항은 미국헌법에서 유래한 조항이고, 1962년 헌법에 규정된 인간존엄규정은 독일헌법에서 유래한 조항이어서, 해석상 중복적인 측면도 있다. 하지만, 굳이 제37조 제1항이 있다고 하여 인간존엄의 권리성을 부정할 필요는 없다. 입법사적 측면에서 나중에 규정되었더라도 해석상 권리성을 부여하는 데에 아무런 문제가 없다. 3) **개인주의적 관념인가, 공동체주의적 관념인가?** 인간존엄은 공동체의 이념을 중시하는 측면에서 접근하는 것과, 개인의 자유를 촉진함에 있어서 존엄의 역할에 훨씬 초점을 맞추는 것 사이에서 중요한 차이가 있다. 독일 헌법재판소는 공동체주의적 접근법을 채택하며, 미국연방대법원, 캐나다 최고재판소, 헝가리 헌법재판소에서는 개인주의적 접근법에 의하고 있다고 판단된다. 남아공 헌법재판소는 쟁점에 따라 중대하게 나뉘는 것으로 보인다. 4) **권리지지적인 것인가 혹은 권리제한적인 것인가?** 존엄이 권리지지의 근거인 경우는 예컨대 '죽을 권리'의 경우, 개인적인 고통의 상태를 종료하도록 도움을 청하는 것은 존엄에 비추어 허용되는 권리이다. 권리제한의 근거로 되는 경우는 '테러리즘에 대한 전쟁'의 한 부분으로서 시민적 자유에 대한 제한을 뒷받침하기 위하여 사용된다. 예컨대, 무고한 인간생명을 위험에 빠뜨리거나 해치고, 기본적인 자유를 위태롭게 하며, 인간존재의 존엄을 심각하게 해치는 테러행위에 대응하는 입법을 정당화하는 근거로 사용된다. 또한 포르노 영화가 인간의 존엄 특히 여성의 존엄을 저하시키는 것으로 생각되는 경우에는 정당하게 검열될 수 있다고 하는 경우, 인간존엄은 권리의 근거로 뿐만 아니라 권리에 대한 제한으로도 사용된다. 인종주의도 인간존엄에 대한 모욕이며 따라서 인종적 혐오를 조장하는 표현은 정당하게 금지될 수 있다고 본다. 5) **포기가능성** 개인주의적 접근법에서는 인간존엄을 포기할 수 있다고 보며, 공동체주의적인 접근법에서는 포기할 수 없다고 본다. 독일에서는, 헌법재판소가 '인간존엄은 개인의 개별적 존엄 뿐만 아니라 하나의 종으로서의 인간의 존엄도 의미한다. 존엄은 그러므로 개인의 처분에 맡겨지는 것이 아니다.'고 판결하였다. 프랑스의 경우, '난쟁이 던지기'를 금지하는 것은, 인간존엄에 근거하여 정당화된다고 보았다. 캐나다나 남아공에서는 사안에 따라 그 포기여부를 정하고 있다. 6) **존엄을 보는 관점** 각 나라들은 존엄이 희생자의 관점에서 해석되어야 하는지 혹은 '객관적으로' 해석되어야 하는지에 관하여 서로 다르다. 법적 보호를 요구하는 개인의 주관적 감정과 그 주장에 대한 객관적 반응이 모두 고려되어야 한다. 7) **판단주체** 존엄이 특정한 존재에 부여되어야 하는지의 여부의 결정을 누가 할 것인가, 그리고 존엄과 다른 가치들 사이의 균형이 적절한지의 여부를 누가 결정할 것인가도 나라마다 아직은 확립되어 있지 않다. 이는 존엄판단이 입법재량인지 아니면 헌법재판상의 위헌심사기준인지의 문제이다. 예컨대, 낙태규제 법률에서 재판소의 직무는 입법부가 모와 태아의 각각의 존엄을 어떻게 균형을 이루게 하는가를 통제하는 것이 아니라, 그것이 균형을 이루어야 한다는 것을 보장하는 것일 뿐이다. 8) **보호대상과 보호법익** 존엄은 살아있는 사람 뿐만 아니라 사망한 사람에게도 적용된다. 독일에서는, 인간존엄은 또한 사망자 혹은 최소한 그들의 명성을 보호하기도 한다(➜ 메피스토-클라우스 만 결정). 이스라엘의 최고재판소는 '악어-인간경기'쇼가 악어들을 학대하고 고통을 야기하므로 중단되어야 한다고 주장하였다. 태아에게도 인간존엄의 권리가 인정된다고 보는 것이 일반적이다(➜ 낙태). 4. **존엄의 적용영역의 범주화** Andrew Clapham은 인간존엄론을 네 영역으로 범주화하였다. 사람 사이의 비인간적 취급의 금지, 개인적 영역에서의 존엄성, 집단정체성 및 문화의 보호, 최소한의 생활수요 보장 등이 그것이다. 1) **사람 사이의 비인간적 취급의 금지** 이 견해는 유럽인권규약(ECHR) 제3조에 따른 '인격모독적(degrading) 취급'의 관념을 인간의 존엄의 내용으로 보는 견해이다. 예컨대, 심각하게 굴욕을 주거나 떨어뜨리며 명예를 손상하거나 혹은 오명을 뒤집어쓰고 공격당하며, 부도덕하게 중상모략을 당하거나, 오물을 뒤집어쓰거나 낯선 사람들 앞에서 벌거벗긴 채 돌아다니게 하거나 배설물을 먹도록 강요당하거나 누군가의 최고국가지도자나 수반의 초상을 손상하게 하거나 조롱이나 모욕을 야기하도록 의도된 방법 등등은 인간존엄에 대한 훼손으로 인정된다(Ireland v. United Kingdom(2 EHRR 25)). '취급'이 인간의 존엄에 대한 존중을 결여하거나 혹은 감소시켜 굴욕을 느끼게 하는 경우 혹은 공포감, 분노 혹은 열등감을 조성하는 경우에는, 그것은 인격을 떨어뜨리고 또한 제3조의 금지에 포함되는 것으로 볼 수 있다고 하였다(Pretty v. United Kingdom, 35 EHRR (2002)). 미연방대법원은 사형제를 심리하면서, '잔인하고 비정상적인 형벌의 금지에 관한 수정 제8조의 적용을 심리함에 있어서, 그는 비문명적이고 비인간적인 형벌의 부과를 금지하는 것으로서의 수정조항에 관한 이전의 해석론을 요약하였다. 국가는 처벌한다 하더라도, 인간으로서의 내재적 가치를 존중하여 그 구성원들을 취급하여야 한다'고 하였다(Brennan 대법관: Furman v. Georgia, 408 US 238 (1972); Gregg v. Georgia, 428 US 153 (1976)). 캐나다 최고재판소·헝가리 헌법재판소·남아공 최고재판소의 사형제에 대한 판결도 이와 유사하다. 2) **개인적 영역에서의 존엄성** 이는 개인적 선택과 자기만족, 자율성 및 자아실현의 조건들과 관련된 영역이다. 이 범주는 특히 낙태의 권리와 관련하여 파악된다. 미국연방대법원과 헝가리 헌법재판소의 낙태에 관한 판결에서 재판소는 존엄이라는 쟁점이 관련된다고 판단하였다. 3) **집단정체성 및 문화의 보호** 이 범주에 관하여 유럽인권재판소는 남아프리카 인종차별정책에 관한 판결에서 존엄의 개념이 반차별법을 일반적으로 이해하는 데에 가장 적절한 규범적 근거라고 주장하였다. 아메리카인권재판소(IACHR)는 '평등의 관념은 인류의 일체성으로부터 직접적으로 유래하며, 개인의 필수적 존엄과 관련되어 있다'고 결정하였다. 유럽인권재판소, 캐나다, 남아공 등의 헌법적 반차별금지의 의미에 대한 사법적 해석에서도 인간의 존엄은 점차적으로 중요한 기본적인 역할을 하기에 이르렀다. 4) **최소한의 생활수요 보장** 헝가리와 남아공 헌법재판소는 사회경제적 권리에 관한 판결을 뒷받침하기 위하여 존엄을 이끌어내었다. 헝가리 헌법재판소는 사회보장의 권리의 성격과 요건을 심리한 판결에서, 사회보장의 권리가 인간존엄의 권리의 실현을 위해 필요한 모든 복지혜택을 통하여 최소한의 생활을 보장하기 위한 국가의 의무를 수반한다고 하였으며, 사회제도의 구조 속에서 제공되는 혜택들은 인간존엄의 권리의 이행을 보장하는 최소한의 수준을 보장하여야 한다고 하였다. 남아공 헌법재판소는 사회가 인간존엄과 자유와 평등에 근거한 사회이고자 한다면, 사회는 기본적인 생활필수품이 모두에게 제공되는 것을 보장하도록 하여야 한다고 하였다. 이 외에도 남아공 헌법재판소는 영구적인 거주자의 사회보장권을 이끌어내기 위하여 존엄의 관념을 사용하였고, 공동체의 안전한 운송을 제공하기 위하여 국영기업에 의해 제공되는 철도사업 상의 의무를 이끌어내기 위하여도 존엄의 관념을 사용하기도 하였다. 5. **인간의 존엄의 제한** 헌법 제37조 제2항의 기본권 제한이 일반원리에 따라 제한될 수 있다. 주로 문제되는 경우는, 사형제도(➜ 사형제도), 인공임신중절(➜ 낙태), 안락사(➜ 안락사), 정당방위 · 긴급피난 등이다. 제한하는 경우에도 본질적 내용을 침해할 수 없다. 6. **헌법재판소 결정례** 차폐시설이 불충분한 유치장화장실은 인간의 존엄과 가치에서 유래하는 인격권을 침해한다(헌재 2001.7.19. 2000헌마546). 계구사용과 관련하여 양팔을 사용할 수 없도록 금속수갑과 가죽수갑을 착용하게 하는 것은 인간의 존엄성을 침해한다(헌재 2003.12.18. 2001헌마163). 보도자료 배포 후 양손에 수갑을 찬 채 조사받는 모습을 촬영할 수 있도록 허용한 행위는 청구인의 인격권을 침해한다(헌재 2014.3.27. 2012헌마652). 교정시설 수용 시 전자영상검사기로 수용자의 항문부위 신체검사를 하는 것은 인격권의 침해가 아니다(헌재 2011.5.26. 2010헌마775). 상체를 포승줄로 포승하고 수갑을 찬 채 다른 수용자와 연달아 묶는 것은 인격권의 침해가 아니다(헌재 2014.5.29. 2013헌마280). 형사재판에 피고인으로 출석하는 수형자에게 사복착용을 불허하는 것은 인격권을 침해한다(헌재 2015.12.23. 2013헌마712). ➜ 행복추구권.

인격권人格權 ➜ 일반적 인격권.

인격영역이론人格領域理論 ➜ 프라이버시권.

인격人格**의 자유발현권**自由發現權 ➜ 개성의 자유로운 발현권.

인격주의人格主義 ㊀ personalism, ㊂ Personalismus. 자각적 · 자율적인 인격에 절대적인 가치를 부여하고 이에 의거하여 모든 것의 가치를 평가하려는 입장을 말한다. 헌법적으로는 개인주의와 전체주의에 대비되는 사상이다. ➜ 인간상.

인격표지권人格標識權 ➜ 퍼블리시티권.

인공임신중절人工姙娠中絶 ➜ 낙태.

인구조사판결人口調査判決 : BVerfGE 65, 1(1983) ㊂ Volkszählungsurteil. 인구조사 판결은 1983.12.15. 독일연방헌법재판소 결정으로, 일반적 인격권과 인간의 존엄성에 근거하여 정보자기결정권을 확립한 결정이다. 국세판결(國勢判決)이라고도 한다. 개인정보보호의 이정표로 간주된다. 이 결정으로 독일에서 1983.4-5.에 계획된 인구조사가 1987년에 수정된 형태로 실시되었다. 인구조사법(das Volkszählungsgesetz)의 규정에 따르면 인구조사는 1983년 봄에 방문조사의 형태로 전체 인구에 대해 이루어졌다. 이 연방법에 대해 여러 헌법소원이 제기되었다. 1983.4.12., 연방헌법재판소는 헌법소원의 결정이 있을 때까지 인구조사법 시행을 중단하였다. 연방헌법재판소는 1983.12.15. 결정에서 연방법이 청구인의 개인정보자기결정권을 침해했기 때문에 위헌이라고 선언하였다. 연방헌법재판소는 이 권리를 인간 존엄성의 불가침인 기본법(GG) 제1조 제1항과 기본법(GG) 제2조 제1항(인격의 자유로운 발현권)에서 도출하였다. 인구조사 판결은 특히 1990년에 개정된 연방 데이터보호법과 주 데이터보호법에 영향을 미쳤다. 또한, 연방의 목적을 위한 통계에 관한 법률 및 해당 주법과 개별 통계에 관한 수많은 법률은 인구조사판결의 내용에 따라 설계되었다. 2008.2.27. 온라인 검색에 관한 연방헌법재판소 결정은 이 결정과 유사한 판결이다. 지금까지 독일 연방의회는 익명의 데이터수집과 관련하여 적절한 행정청의 요구를 포괄적으로 허용하는 다수결 법률을 제시할 수 없었으며, 구체적이고 정확하게 정의된 문제에 대해 개별 설문조사를 실시하도록 하고 있다. 유럽연합은 인구 및 주택 상황에 대한 포괄적인 데이터 제공을 위한 공통규칙을 제정하였다(Verordnung (EG) Nr. 763/2008 des Europäischen Parlaments und des Rates vom 9. Juli 2008 über Volks- und Wohnungszählungen). 2011년 유럽연합의 인구조사와 2022년 독일의 인구조사는 이러한 요건에 기반하여 시행되었다.

인구(주택)총조사人口(住宅)總調査 [영] census, [독] der Zensus/die Volkszählung, [프] recensement de la population. 정책수립과 각종 통계작성의 기초자료로 활용되는 기본통계를 작성하기 위하여 전국을 대상으로 하는 인구, 주택, 사업체 등에 관한 전수조사(총조사)를 말한다(통계법 제5조의3). 일본에서는 국세조사(國勢調査)라 한다. 우리나라에서는, 등록센서스로 실시하는 인구주택총조사의 주기는 1년, 현장조사로 실시하는 인구주택총조사의 주기는 5년으로 하고, 조사기준연도는 끝자리 수가 “0” 또는 “5”가 되는 해로 한다. 현장조사의 조사기준일시는 조사기준연도의 11월1일 0시 현재로 한다. 10년마다 총조사, 그 사이 5년마다 간이총조사라는 방식으로 진행된다. 인구주택총조사 규칙(기획재정부령) 제5조 참조.

인구편차人口偏差 ➜ 선거구 인구비례.

인권人權 ➜ 기본권.

in dubio pro communitate ➜ 의심스러운 때에는 공동체의 이익으로.

in dubio pro libertate ➜ 의심스러운 때에는 자유를 우선으로.

in dubio pro reo ➜ 의심스러운 때에는 피고인의 이익으로.

인민人民 [영] people, [독] das Volk, [프] Peuple. 고유한 의미의 ‘인민’은 ‘집단을 이루고 있는 사람들’이라는 의미이다. 우리나라에서는 대한제국기에 ‘백성’이라는 말을 대신하여 ‘인민’이라는 용어를 사용하기도 하였으며, 대한민국임시정부기에는 ‘대한민국 인민’이라는 용어로 쓰이기도 하였다. 분단기 이후 제헌헌법 초안에서 ‘인민’이라는 용어가 사용되었으나, 북한이 사용하는 용어라 하여 ‘국민’으로 대체되었다. 상당한 기간 동안 남한의 학계에서 '인민'이라는 용어가 쓰이기도 하였으나, 점차 기피하는 용어로 되어, 오늘날에는 북한, 즉 조선민주주의인민공화국의 용어로 각인되고 있다. 언어의 고유한 의미를 살려 사용할 필요가 있다.

인민민주주의人民民主主義 ➜ 민주주의.

인민주권론人民主權論 ➜ 주권이론.

인민협정人民協定 ㊊ Agreement of the People(1647). 영국의 청교도혁명 때 평등파(平等派: Levellers)가 기초한 정치개혁안을 말한다. 보통선거권을 포함하는 권리의 평등을 주장하였고 인구비례에 의한 선거구의 설치, 의회의 격년선거, 신앙의 자유, 종군강제거부권(從軍强制拒否權), 법 앞에서의 만인의 평등 등을 선언하였다. 1647년 가을의 군회의(軍會議)에서 검토되었으나 독립파에서 강력하게 이를 반대하였다. 1648년 말에서 이듬해 초에 걸쳐 재차 토의, 독립파가 주장하는 선에서 수정한 뒤 의회에 제출되었으나 입법 단계에는 이르지 못하였다.

인민회의제人民會議制 정부형태론에서 의회가 집행부에 대해 절대적으로 우위에 위치하는 의회정부제의 한 형태이다. 공산주의 내지 사회주의 이론에서 '인민'의 대표가 '최고인민회의'를 구성하고 그 구성기관으로 '상임위원회'를 두어 집행부의 역할을 담당하게 한다. 중화인민공화국이나 조선민주주의인민공화국이 인민회의제를 채택하고 있다. 인민회의는 도·시·군 단위의 인민위원회가 있고, 소선거구단위로 선출되는 대의원으로 구성되는 '최고인민회의'가 있다.

인사고권人事高權**과 조직고권**組織高權 ㊍ Organisationshohheit und Personalhohheit. 인사고권은 국가영역 즉, 중앙정부와 지방자치정부에서 각각의 기관에 근무하는 공직자를 스스로 결정하고 감독하는 권한이라고 할 수 있다. 중앙정부는 권력분립원칙에 따라 혹은 헌법상 기관의 독립성 여부에 따라 각 기관의 조직과 인사에 대하여 독립적이고 자율적인 권한을 가진다고 할 수 있고, 지방정부 내지 자치단체의 경우에도 조직과 인사에 대하여도 마찬가지라고 할 수 있다. 우리나라의 경우 행정법 영역에서 지방자치단체의 조직고권과 인사고권이 빈번히 논의된다. 헌법재판소는 조직고권에 대하여, 「조직고권은 지방자치단체가 자신의 조직을 자주적으로 정하는 권능으로서 자치행정을 실시하기 위한 행정조직을 국가의 간섭을 벗어나 스스로 결정하는 권한을 말하고, 이러한 조직고권이 제도적으로 보장되지 않을 때에는 지방자치단체의 자치행정은 그 실현이 불가능하다.」고 하고 있다(헌재 2008.6.26. 2005헌라7). 또한 인사고권에 대해서는, 헌법재판소가 직접 언급하지는 않았으나, 강학상 「지방자치단체가 자신의 임무수행을 위하여 필요한 인적 구성원을 국가로부터 독립하여 선발·임용·해임할 수 있는 지방자치단체의 권한」 혹은 「자방자치단체가 자신의 업무수행을 위하여 필요한 인적 설비인 지방자치단체의 공무원을 선출·임명·승진·강임·해임·징계하고 그 복무와 수당·급료와 후생에 관한 인사행정을 자기책임 하에 규율할 수 있는 권한」이라고 정의하고 있다. 국제법 영역에서도 개별국가가 가지는 고유한 권한이라고 할 수 있다. 하지만 법적으로 명확히 정의되지는 않는다.

인사청문회제도人事聽聞會制度 ㊊ personnel hearings system. 헌법에 의하여 그 임명에 국회의 동의를 요하는 대법원장·헌법재판소장·국무총리·감사원장 및 대법관과 국회에서 선출하는 헌법재판소 재판관 및 중앙선거관리위원회 위원에 대한 임명동의안 또는 의장이 각 교섭단체대표의원과 협의하여 제출한 선출안 등을 심사하기 위하여 인사청문특별위원회를 두며, 관련법률로 인사청문회법(법률 제6271호, 2000.6.23. 제정, 2000.6.23. 시행)이 있다. 법률상 인사청문의 대상인 공직후보자에 대해서는 소관상임위원회에서 실시한다(국회법 제65조의2). 헌법상 반드시 국회의 동의를 요하지 않는 경우에도 법률로 인사청문의 대상으로 할 수 있는바, 이에 관한 규정이 국회법 제65조의2 규정이다. 동 규정에 따르면, 상임위원회는 다른 법률에 따라 다음의 어느 하나에 해당하는 공직후보자에 대한 인사청문 요청이 있는 경우 인사청문을 실시하기 위하여 각각 인사청문회를 연다. i) 대통령이 임명하는 헌법재판소 재판관, 중앙선거관리위원회 위원, 국무위원, 방송통신위원회 위원장, 국가정보원장, 공정거래위원회 위원장, 금융위원회 위원장, 국가인권위원회 위원장, 국세청장, 검찰총장, 경찰청장, 합동참모의장, 한국은행 총재, 특별감찰관 또는 한국방송공사 사장의 후보자 ii) 대통령당선인이 「대통령직 인수에 관한 법률」 제5조 제1항에 따라 지명하는 국무위원 후보자 iii. 대법원장이 지명하는 헌법재판소 재판관 또는 중앙선거관리위원회 위원의 후보자 등이다(동 제2항). 헌법재판소 재판관 후보자가 헌법재판소장 후보자를 겸하는 경우에는 인사청문특별위원회의 인사청문회를 연다. 이 경우 소관 상임위원회의 인사청문회를 겸하는 것으로 본다(동 제5항). 소관상임위원회의 인사청문 후의 청문보고서는 대통령의 인사권행사의 참고자료에 불과하고 구속되지 아니하므로 헌법상 국회의 동의를 받아야 하는 공직후보자와 구별된다. 현행 인사청문회제도에 대해서는, 인사청문회의 이원적 운영을 포함한 공직후보자 도덕성 검증 방법의 개선, 필수적 자료제출사항의 특정 및 미제출에 대한 제재 등을 포함한 자료제출제도의 개선, 공직후보자의 허위진술에 대한 제재 방안, 인사청문회의 증인에 대한 동행명령제도, 인사청문의 기간, 주관위원회 등에 대하여 문제점이 지적되고 있다.

인식범주認識範疇**에 따른 기본권분류**基本權分類 인류역사상 인권(사람의 권리)에 관한 인식은 고대 동·서양의 사상·철학·종교적 배경을 가지지만, 권리선언 내지 인권선언과 같은 정치적 선언에 이어 법적 관점에서 권리를 인식하고 이를 헌법에 규정하기 시작한 것은 서구의 근대사회 특히 18세기 중후반 이후이다. 역사적으로는 영국에서 왕과 귀족 사이의 다툼을 해결하기 위한 여러 제도적 장치들(마그나 카르타, 권리청원, 인신보호법, 권리장전 등)이 선구적 역할을 하였다. 영국에서도 초기에는 신분제 하에서 귀족들의 이익을 위한 것이었지만 점차 개인의 권리에 대한 인식으로 발전하면서 유럽의 여러 나라로 확산되었다. 인권은 사람을 공간적 및 시간적으로 어느 범주에서 인식하느냐에 따라 그 권리의 내용이 달라질 수 있다. 1. **공간적 인식범주의 확장과 인권** 1) **개인 기반의 인권** individual-based human rights 사람을 개인차원으로만 인식한 시대의 인권관념으로 근대적 인권인식이라 할 수 있다. 근대사회를 구축한 사상으로서 개인주의와 자유주의를 바탕으로 한다. 이성을 중시하여 한 개인을 추상적으로 완성된 인격으로 이해하고 그가 갖는 권리는 하늘이 부여한 것(천부인권설)으로서 남에게 양도할 수 없는 일신전속적인 것으로 이해하였다. 이 시대의 권리는 시민적·정치적 권리 그 중에서도 특히 자유권이 중심적이었으며, K. Vasak은 이를 제1세대 인권이라고도 한다. 2) **사회적(국가적) 기반의 인권**society(nation)-based human rights 19세기말에 개인을 넘어선 사회철학이 대두하고 사회주의적 공동체 인식이 등장한 후, 개인을 넘어서서 사회공동체 내지 국가공동체의 범주에서 사람을 인식하기 시작하면서 인권에 대한 인식범주도 확장되었다. 특히 사회주의 및 그 영향을 받은 수정자본주의시대에는 사회적 내지 국가적 기반의 인권이 강조되었다. 이 시대의 인권은 한 공동체 내에서 한 개인의 최소한의 생존과 복지를 위한 권리를 추구한 것으로, 경제적·사회적·문화적 권리 그 중에서도 특히 생존권(혹은 사회권)이 중심적이었다. K. Vasak은 제2세대 인권이라 일컫는다. **3) 전지구적 혹은 범인류적 기반의 인권**global-based human rights 오늘날에는 사람을 인식하는 범주가 전지구적으로 확대되었다. 피부색이나 인종, 종교, 출신지역, 문화, 성별, 교육정도 등 모든 차별적 요소들을 넘어서서 한 사람을 규정하는 범주가 범인류적 차원으로 확대된 것이다. 이 시대의 권리는 말 그대로, 존재하는 인간(human-beings)이기 때문에 갖는 권리로서 특정 사회나 국가의 범주를 넘어서서, 인간의 보편적 권리로서 인간의 존엄에 대한 권리, 연대(solidarity)의 권리, 인류공통유산에 관한 권리, 환경관련 권리, 평화로운 생존의 권리, 인도적 구조의 권리 등, 범인류적 차원에서 추구되는 권리들이다. K. Vasak은 제3세대 인권이라 일컫는다. ➜ 제3세대인권론. **2. 시간적 인식범주의 확장과 인권** 인류역사에서 16세기 이후 서구의 산업혁명과 그 이후 전개된 식민지 제국주의는 지구 전체의 인류에게 근대 및 현대의 삶의 조건들을 변화시키는 계기가 되었다. 그러나 그 전개과정에서 전쟁과 식민지배 그리고 반인류적 행위로 말미암아 반인권적 현상이 나타났다. 이에 대한 반성으로 범인류적 차원에서 과거사에 대한 반성과 피해 당사자에 대한 사과 그리고 적절한 배상이 행해지고 있다. 예컨대, 유럽의 경우 과거 아프리카에 대한 식민제국주의의 정책적 오류를 반성하고 배상하도록 노력하고 있고, 미국의 경우, 아메리카 인디언에 대한 사과 및 배상, 정책의 수정이 추구되고 있다. 호주도 원주민 처우에 대한 반성의 노력이 이어졌다. 이는 인권에 대한 인식이 시간적 범주로까지 확장되었음을 의미한다. 아울러 과거의 역사를 극복하고 공존정책을 추구하는 것이다. **3. 과제** 위 각각의 범주의 권리들은 얼핏 보면 서로 모순되거나 충돌하는 것처럼 보이지만, 서로 보완적이거나 다른 차원의 권리라고 할 수 있다. 각각의 인식범주에 따른 권리에 대하여 구체적인 적용범위와 조화적 해석을 위한 이론화작업이 필요하다.

인신보호법人身保護法 [영] Habeas Corpus Act(1679). 영국에서 권리청원 이후 크롬웰의 독재정치를 거치고, 다시 왕정이 복고되었는데, 왕 찰스 2세는 루이 14세와 손잡고 전제군주로 복귀하려는 움직임을 보였다. 이에 휘그당과 토리당으로 양분된 의회가 찰스 2세를 견제하기 위하여, 부당한 구금에 따른 인권침해를 방지하기 위해 인신보호법을 제정하였다. 영국에서는 일찍이 이유 없는 구금이나 장기간의 구류를 막기 위하여 피구금자의 인신을 재판소에 출두시켜 신속하게 재판을 받게 하는 인신보호영장(人身保護令狀)이 있었다. 그런데 17세기에는 국왕의 특권재판소가 이 영장이 미치지 못하는 지역에 구금하는 등 인권을 침해하였으므로, 그와 같은 폐단을 없애기 위하여 제정되었다. 이 법률은 인신의 자유를 위한 절차적 보장을 강화하고 구속적부심사제를 제도화하였다. 인신보호법은 범죄 혐의자를 구금할 때의 절차를 아주 세밀하게 규정하고 있는데, 핵심은, 어떠한 경우라도 체포 또는 구금된 사람은 가능한 빠른 시간 내에 법관 앞에 가서 체포나 구금의 이유에 대한 판단을 받을 권리가 있다는 것이다.

인신보호영장 [영] writ of habeas corpus. 신체의 자유를 보장하기 위한 영미법상의 제도로서, 불법적인 구금이나 투옥을 당한 자가 법원에 출두하여 구금이 합법적인지의 여부를 판단받을 수 있도록 요구할 수 있는 제도이다. 사람의 신체를 구속하고 있는 자에 대해 피구속자의 신병을 법원 또는 법관 앞에 구속이유와 더불어 제출할 것을 명하고 구속의 이유가 불충분한 경우 법원 또는 법관이 피구속자를 석방하는 영장으로서 부당한 인신구속으로부터 신속히 피구속자의 신체의 자유를 회복시키는 제도이다. 이를 토대로 하여 영국에서는 1679년 인신보호법(Habeas Corpus Act)이 제정되어 반란죄 기타 중죄로 인한 구금으로서 구금의 이유가 구금장에 명시되어 있는 경우를 제외하고는 모든 형사절차에서의 인신구속에 대한 구제절차가 정비되었고, 이후 1814년의 인신보호법에서 형사절차 이외에서의 인신구속에 대해서도 인신보호영장을 통한 구속적부심사제도가 정비되었다.

인신人身의 안전과 자유 인신의 안전과 자유를 좁게 보는 입장은 헌법 제12조 이하에서 규정하는 신체의 자유, 즉 신체활동의 자유에 한정하는 견해이고, 이를 넓게 보는 입장은 생명권과 신체를 훼손당하지 않을 권리를 포함하여 신체의 안전과 자유와 함께 이해하는 견해이다. 전자의 견해에서는 생명권과 신체를 훼손당하지 않을 권리는 인간의 존엄과 가치·행복추구권의 내용으로 이해한다.

인용결정認容決定 ㊂ admission. 헌법재판소의 종국결정에는 크게 각하결정과 인용결정 및 기각결정으로 나누어진다. 각하결정은 청구가 적법하지 않을 때에 내리는 결정으로 절차결정이며, 인용결정과 기각결정은 적법한 청구가 이유 있는지의 여부에 따라 내려지는 결정이다. 인용결정은 심판청구가 이유가 있다고 할 경우에, 기각결정은 심판청구가 이유가 없을 때에 내려지는 결정이다. 헌법소원심판 인용결정의 경우, 인용결정서 주문에서 침해된 기본권과 침해원인이 된 공권력의 행사나 불행사를 특정하여야 한다(헌법재판소법 제75조 제2항). 헌법소원심판의 경우, 심판회부결정을 헌법소원인용으로 오해하는 경우가 있으나, 이는 잘못이다. ➜ 헌법재판의 결정.

인지認知 ㊂ acknowledgement, ㊀ Anerkennung, ㊁ reconnaissance. 생부나 생모가 혼인 외의 출생자를 자기의 자녀로 인정하는 것을 말한다.

인체조직이식人體組織移植 ㊂ the human organ and tissue transplantation, ㊀ menschliche Organ- und Gewebetransplantation, ㊁ Transplantation d'organes et de tissus humains. 인체조직이식은 넓은 의미로는 장기와 신체조직을 모두 포함하여 한 사람으로부터 다른 사람에게 그 조직을 이식하는 것을 말한다. 의학사적으로 보아 장기이식이 먼저 시행·성공하였기 때문에 장기이식이 신체조직이식보다 먼저 발달하여 장기이식이 통상적 표현으로 사용되었지만, 의학기술의 발달로 인해 장기 이외의 다른 신체조직의 이식도 용이하게 되었고 그에 따라 장기와 함께 신체조직의 이식에 관해서도 엄격히 규율할 필요성이 생겼다고 할 수 있다. 우리나라에서는 장기이식과 신체조직이식을 달리 규율하여, 1999년에 「장기이식에 관한 법률」이, 2005년에 「인체조직안전 및 관리에 관한 법률」이 제정되어 여러 차례의 개정을 거치고 있다. 유럽연합의 경우 2004년에 「인체조직 및 세포의 기증, 조달, 검사, 가공, 보존, 저장, 분배를 위한 품질과 안전성기준에 대한 유럽연합지침」을 정하였고, 이를 따라 독일의 경우에는 양자를 통합하여 규율하고 있다. 법적 규율에서는, 장기이식은 기증자의 생명에 직접 영향을 미칠 우려가 크다면, 인체조직의 이식은 생명에 직접 영향을 미치지는 않는 경우가 많다는 점에서 규율의 차이가 있고, 살아있는 자와 사망한 자로부터의 인체조직 적출에 대한 차이도 존재한다. 그 외에 면역억제치료 여부, 뇌사판정필요 여부, 시술자의 전문성 여부, 장기적출과 신체조직적출의 우선성 여부, 관리정도의 문제 등에서 규율의 차이가 있다. 헌법상 인간의 존엄과 가치 및 국가의 생명보호의무, 일반적 인격권 및 자기결정권, 양심의 자유 내지 종교의 자유, 유족의 권리·의무 등 다양한 쟁점들이 제기될 수 있다.

인터넷과 선거운동選擧運動 인터넷을 통한 선거운동은 기존의 선거운동의 방법과는 다른 특성을 가지고 있고, 따라서 그에 대한 규율방식도 달리 평가할 필요가 있다. 즉, 기존의 선거운동방법이 가진 금권·관권선거를 금지하는 취지와는 달리 인터넷선거운동은 훨씬 더 자유롭게 규제를 최소화할 필요가 있고, 더 나아가 공직선거법상 선거운동의 개념에서 인터넷상의 선거운동을 배제하는 것도 고려할 필요가 있다. 우리나라 헌법재판소는 인터넷의 특성을 고려하여 규제적 방향보다는 선거운동의 자유를 강화하는 방향으로 결정을 내리는 경향을 보여주고 있다. 대표적인 결정들을 살펴보면, 휴대전화 문자메시지 전송을 금지하는 것은 합헌(헌재 2009.5.28. 2007헌바24), 선거일전 180일부터 선거일까지 선거에 영향을 미치게 하기 위하여 … 문서·도화의 배부·게시 등을 금지하고 처벌하는 공직선거법 규정상 '기타 이와 유사한 것' 부분에 '인터넷'이 포함된다고 해석한다면 위헌(헌재 2011.12.29. 2007헌마1001 등), 인터넷언론사가 선거운동기간 중 당해 홈페이지의 게시판 등에 실명확인제를 적용하는 것은 합헌(헌재 2015.7.30. 2012헌마734: 판례변경), 언론인의 선거운동을 금지한 구 공직선거법 규정이 포괄위임금지원칙과 선거운동의 자유를 침해하여 위헌(헌재 2016.6.30. 2013헌가1)(법개정), 인터넷언론사에 대하여 선거일 전 90일부터 선거일까지 후보자 명의의 칼럼이나 저술을 게재하는 보도를 제한하는 인터넷선거보도 심의기준 등에 관한 규정이 과잉금지원칙에 반하여 청구인의 표현의 자유를 침해하여 위헌(헌재 2019.11.28. 2016헌마90), 인터넷언론사의 선거운동 관련 실명확인제는 익명표현의 자유와 개인정보자기결정권, 인터넷언론사의 언론의 자유를 침해하여 위헌(헌재 2021.1.28. 2018헌마456 등) 등의 결정이 있다. ➜ 인터넷실명제.

인터넷internet과 표현의 자유 ➜ 사이버공간과 표현의 자유.

인터넷internet 매체 인터넷이란 '네트워크의 네트워크'를 구현하여 모든 컴퓨터를 하나의 통신망 안에 연결(Inter Network)하는 것으로 네트워크와 네트워크 사이를 연결한다는 의미에서 인터넷(Internet)이라고 한다. 과학기술의 발달로 인해 정보저장기술이 획기적으로 발전하고 그렇게 저장된 정보들을 네트워크로 연결하여 손쉽게 유통하게 하는 장치가 인터넷이다. 인터넷은 기존의 대중매체(매스미디어)와 결합하면서 기존의 매체들과는 전혀 다른 특성을 보여주고 있다. 그러한 특성은 수평성, 개방성, 쌍방향성, 글로벌 매체성, 무간섭성, 능동성, 개인성, 동시성, 대량성, 신속성, 익명성 등의 특성을 가지고 있다. 인터넷매체의 이러한 특성은 초언어적 영향, 윤리도덕적 영향, 문화보존차원의 영향, 정치적 영향, 기존매체에의 영향, 저널리즘의 위상 변화 등을 야기하게 되고, 이로부터 다양한 법적 쟁점들이 대두되고 있다. 오늘날 빈번히 제기되는 법적 쟁점들을 살펴보면, 인터넷언론에 대한 규제, 인터넷선거운동, 인터넷상 청소년보호문제, 인터넷 광고규제, 인터넷 내용심의제도, 인터넷 실명제, 인터넷상 불건전정보시정요구, 인터넷상 표현의 자유, 인터넷상 성폭력·음란물규제, 인터넷상 의료광고규제, 인터넷 금융(은행·증권), 인터넷상 명예훼손, 사이버 보안문제 등, 기존의 언론 및 방송에 대한 법적 규율의 차원을 넘어서는 다양한 영역의 문제를 낳고 있다.

인터넷 내용등급제內容等級制 ⓔ Internet Content Rating System. 인터넷에서 유통되고 있는 정보내용에 대하여 누드, 성행위, 폭력, 언어 등의 일정한 범주별로 분류한 뒤, 그것을 전자적으로 표시하여 인터넷 이용자로 하여금 필터링 소프트웨어를 통해 자신의 정보선호도에 따라 정보의 접근을 스스로 통제할 수 있도록 하는 시스템을 말한다. 인터넷 내용규제에 관한 여러 방식들 중에서 기술적 규제이자 자율적 규제에 해당하는 것으로 인식되고 있다. 내용등급제의유형으로는 국가주도등급시스템, 자율등급시스템, 제3자 등급시스템, 등급제 반대입장 등으로 나뉜다.

인터넷신문·방송 「인터넷신문」이란 컴퓨터 등 정보처리능력을 가진 장치와 통신망을 이용하여 정치·경제·사회·문화 등에 관한 보도·논평 및 여론·정보 등을 전파하기 위하여 간행하는 전자간행물로서 독자적 기사 생산과 지속적인 발행 등 대통령령으로 정하는 기준을 충족하는 것을 말한다(신문 등의 진흥에 관한 법률 제2조 제2호). 동법 시행령에서의 취재인력 3명 이상, 편집인력 5명 이상 상시고용 요건(시행령 2조 제1항 제1호 가목)과 취재 및 편집 담당자의 연금 등 가입증명서류(시행령 제4조 제2항 제3호 다·라목)은 위헌으로 결정되어 삭제되었다(헌재 2016.10.27. 2015헌마1026). 「인터넷방송」이란 인터넷을 통하여 방송프로그램을 기획·편성 또는 제작하여 이를 공중에게 전기통신설비에 의하여 송신하는 것으로, 텔레비전방송, 라디오방송, 데이터방송, 이동멀티미디어방송 등을 포함한다(방송법 제2조 제1호 참조). 「인터넷 멀티미디어 방송」이란 광대역통합정보통신망 등을 이용하여 양방향성을 가진 인터넷 프로토콜 방식으로 일정한 서비스 품질이 보장되는 가운데 텔레비전 수상기 등을 통하여 이용자에게 실시간 방송프로그램을 포함하여 데이터·영상·음성·음향 및 전자상거래 등의 콘텐츠를 복합적으로 제공하는 방송을 말한다(인터넷 멀티미디어 방송사업법 제2조 제1호).

인터넷실명제internet實名制 인터넷실명제란 인터넷을 이용하는 경우에 주민등록번호 등의 실명인증 수단을 동원하여 인터넷 이용자의 본인여부를 확인하는 제도이다. 현재 우리나라에서는 정보통신망법상의 제한적 본인확인제(제44조의5 제1항 제2호), 정보통신망법상의 공공게시판 실명제(제44조의5 제1항 제1호), 공직선거법상 선거게시판 실명인증제(제82조의6) 등의 세 가지가 있었으나, 제한적 본인확인제는 헌법재판소에서 위헌으로 결정하였다(헌재 2012.8.23. 2010헌마47). 또한 공직선거법상 선거게시판 실명인증제는 합헌으로 결정되었다가(헌재 2015.7.30. 2012헌마734, 2013헌바338(병합)), 2021.1.에 위헌으로 결정되었다(헌재 2021.1.28. 2018헌마456, 2020헌마406(병합)) → 사이버 공간과 표현의 자유.

1국가2정부一國家二政府 ⓔ one state-two governments system. 하나의 국가 내에 두 개의 정부가 존재한다고 보는 견해이다. 1국가2체제라고 할 수 있지만, 중국의 일국양제와는 다른 개념이다. 우리나라의 경우, 해방 전의 대한민국 임시정부가 있었다가 1948년에 분단 이후 두 개의 정부가 성립하였던 바, 두 개의 정부는 각각이 국가를 표방하고 있지만, 원래 하나이었던 대한민국 임시정부로부터 분단된 두 개의 정부라고 할 수 있다. 물론 대외적으로는 두 개의 국가이지만, 대내적으로는 하나의 국가 아래에 두 개의 정부로 나뉘어져 있다고 보는 견해이다. 말하자면 과거 민족국가이었던 대한민국 임시정부의 하위개념으로 자유주의국가와 사회주의국가를 포섭하고 최종적으로 통일국가인 1국가1정부로 나아가기 위한 잠정적 · 과도적 단계라 할 수 있다. 여기서 1국가는 정치적 의지지향으로서 하나의 통일국가를 지향하는 것이지만, 규범적으로 완전하게 하나의 국가로 되는 것이라 할 수는 없다. 양 정부가 하나의 국가에 속한다는 정치적 의지를 선언하고 통일을 향하여 협력하는 단계에서는 상호 독자적인 체제를 유지하면서, 점차적으로 통일국가에 관한 정치적 합의를 이끌어내고 이어서 규범적으로 통일헌법을 제정함으로써 규범적으로도 1국가1정부에 도달할 수 있다. 헌법재판소가 남북교류법에 관한 판단을 내리면서(헌재 1993.7.29. 92헌바48)(➔ 남북교류협력에 관한 법률), 북한을 「조국의 평화적 통일을 위한 대화와 협력의 동반자」라고 하고 있는데, 이는 헌법규범적 의미에서라기보다는 헌법이 내포하는 정치적 의지지향을 표현하는 것이라 할 수 있다.

1국양제—國兩制 [영] One country, two systems, [중] 一國兩制/一国两制. 일국양제는 중화인민공화국의 정치체제인 사회주의 정치체제 안에서 경제체제인 사회주의체제와 자본주의체제가 공존하는 정치 제도이다. 현재 홍콩과 마카오가 반환된 후 중국정부가 취하고 있는 정책이다.

일년예산주의—年豫算主義 ➔ 예산.

1민족2국가—民族二國家 1972년 동서독의 기본조약의 합헌성 여부에 관하여 서독 연방헌법재판소가 채택했던 법리이다. 하나의 민족이 2 개의 국가를 구성하고 있으며, 두 국가 사이의 관계는 국제법적 관계가 아니라 한 국가 내의 내부관계로 보는 견해이다. 1. **사실의 개요** 동 · 서 양 독일은 오랜 협상을 거친 후 1972.11.8. Bonn에서 전문 및 10개조의 기본조약에 가조인하고 동년 12.21. 정식으로 조인하였다. 이에 대해 서독의 연방상원에서 이를 의결하여 법률로 확정하였다. 이 법률에 대하여 Bayern 주정부는 곧바로 연방헌법재판소에 조약의 합헌성여부에 대한 심사를 신청하고, 동의법률의 부서와 공포를 정지하는 가처분신청을 하였으나, 1973.6.4. 연방헌법재판소는 이를 기각하였고, 다시 조약의 비준서교환을 본안판결이 있을 때까지 중지시켜 달라는 가처분신청을 제출하였으나, 연방헌법재판소는 동년 6.18. 이를 기각하였다. 그리고 동 조약은 동년 6.20.에 발효하였다. Bayern 주정부의 제소이유는 다음과 같다. 첫째, 기본법의 전문은 독일의 민족적 및 국가적 단일성을 유지하여야 한다고 표현하고 전독일국민은 자유로운 자결권을 통하여 독일의 단일성과 자유를 완성하도록 요청되고 있다고 함으로써 독일국민의 의사를 표현하고 있다. 독일의 국가적 단일성은 독일연방공화국이 독일제국(Deutsches Reich)의 계승국가라는 데에 근거한다. 그리고 독일제국은 1945년의 패전에 의하여 몰락한 것이 아니며, 독일연방공화국은 이와 동일하다. 둘째, 이 조약은 독일제국이나 전체독일에 관한 언급이 없기 때문에 독일제국의 몰락이나 불계속에서 출발하였다고 볼 것이고, 또 동 조약 제14조에서 서독의 단독대표권을 포기하여 두개의 주권국가를 인정하고 있는 데서 출발하므로 기본법 전문에 표현된 헌법제정자의 의사에 합치하지 않는다. 셋째, 이와 같은 독일국가의 계속성의 부인과 기본조약 제4조의 전체독일을 위한 행위의 금지는 기본법에 합치되지 아니한다. 2. **판결요지(BVerfGE 36, 1 v. 1973.7.31. Urt.)** 연방헌법재판소는 Bayern 주정부의 제소에 대하여 먼저 기본조약이 동의법률의 형태로 의회의 통제를 요구하는 것임을 인정하고, 사법자제원칙의 목적과 기본법상의 재통일요구의 의미를 설시한 후, 동 조약에서 나타내고 있는 양독의 국가적 지위에 관하여 언급하고 있다. 첫째로, 기본법은 1945년 패전이후 독일제국이 계속 존속하며, 독일연방공화국은 이 독일제국과 동일하고, 따라서 독일민주공화국(동독)은 독일제국에 속하며, 독일연방공화국과의 관계에 있어서 외국으로 간주될 수 없고, 둘째, 기본법이 독일연방공화국의 단독대표권에 대하여 법적으로 근거지우고 있는가에 대하여 헌법재판소에서 심사하고 결정할 하등의 계기가 존재하지 않으며, 셋째, 독일민주공화국은 국제법상의 주체이지만, 독일연방공화국이 긴장완화정책의 수행과정에서 독일민주공화국과 조약을 체결하였다고 하여 독일민주공화국을 법적으로 승인한 것은 아니고, 단지 특별한 성격의 사실상의 승인으로 이해되어야 하고, 넷째, 이 조약은 그 형식에 따라서는 국제법적 조약이며, 그 특수한 내용에 따라서는 무엇보다도 국가자체의 내부관계를 규율하는 조약이며, 다섯째, 이 조약은 독일연방공화국이 기본법에서 요청하고 있는 재통일정책을 추진할 법적 권원(Rechtstitel)을 상실케 하는 것은 아니며, 오히려 연방정부가 독일민족의 국가적 단일성을 재조직할 수 있는 모든 가능성을 추구하는 것을 배제하지 않고, 따라서 위 조약은 독일민족을 하나의 국가로 재통일하는 것을 실현시키는 방향으로 나아가는 제일보이다. 3. **검토** 위에서 나타난 연방헌법재판소의 견해는 독일의 법적 지위에 관하여 계속설을 채택하고 있다. 이 경우에도 동일설을 채택하되 완전동일설이 아닌 부분동일설을 취하고 있다. 그리고 동·서독간의 관계를 전체 독일민족 내의 두개의 국가로 봄으로써 지붕이론(Dachtheorie)에 입각하고 있는 것으로 보인다. 이러한 연방헌법재판소의 판결은 그때까지 논의되어온 독일의 법적 지위에 관한 논의에 종지부를 찍는 것처럼 보였으나, 명확성이 결여되어 있어서 이론상의 흥미를 가중하였다. 즉 연방헌법재판소는 과거로부터 내려오는 동일설에 근거한 판례를 변경할 수 없어서 동일설과 부분동일설 그리고 2개국가설 등을 종합하고 있지만, 이는 논리적으로 상호 모순되는 것이었다. 결국 독일의 법적 지위에 관한 문제는 순법률적으로만 해결될 수 없는 난점을 제공하였고, Schuster나 Kriele와 같이 동독의 지위에 관하여 법적 해결을 구하지 아니하고 정치적 문제로 인식하기까지에 이르는 것이다. 어쨌든 동서독 기본조약에 대한 연방헌법재판소의 판결은 Brandt 수상정부의 동방정책을 헌법적으로 합리화, 정당화시켜주는 결과로 되었고, 이후의 동방정책의 구체적인 추진에 있어서 생겨날 수 있는 문제들을 미리 차단하는 효과를 가지게 되었던 것이다.

일반권력관계一般權力關係 ➜ 특수신분관계.

일반귀화一般歸化 ➜ 귀화.

일반법·특별법 일반법은 법의 효력이 미치는 범위가 특정한 사항에 한정하지 않고 일반적으로 적용되는 법을 말하며, 특별법은 특정의 사람·사물·행위 또는 장소에 국한하여 적용되는 법을 말한다. 양자의 구별은 상대적이다. 가장 중요한 것은 법적용상의 원칙과 관련된 사항으로서, 동일한 사항에 일반법과 특별법이 있는 경우(즉 일반법과 특별법이 경합되는 경우)에는 특별법이 일반법에 우선하여 적용된다는 점에 있다. 즉 '특별법은 일반법에 우선한다.'는 특별법 우선의 원칙에 있다.

일반복권一般復權 ➜ 복권.

일반사면一般赦免 ➜ 사면권.

일반성一般性·**추상성**抽象性**의 원칙** ➜ 법률.

일반영장一般令狀 ➜ 영장제도.

일반의지一般意志 ⓔ general will, ⓕ Volonté générale. 장자크 루소가 1762년에 발표한 「사회계약론」에서 제창한 개념으로, 루소는 '특수의지' (각 개인의 개별의지)와 '전체의지'(특수의지의 총화, 전체의 총의)라는 개념으로 나누고, 그것들과는 별도로 '일반의지'가 있다고 주장하였다. 일반의지는 개인들이 하나의 '도덕적이고 집합적인 신체'를 이룬 연합, 간단히 말해 공동체에 의해 취해진 결정들의 총체이다. 일반의지란 바로 이러한 공동체 또는 공동 자아의 의지이다. 일반의지는 사회계약에 의해 구성된 「공동체의 제한된 심사숙고된 결정(constrained deliberative decision)」이며, 이 때 공동체의 제한된 심사숙고는 항상 공동이익을 촉진한다고 할 수 있다. 공동체의 심사숙고된 결정이 일반의지로 되는 네 가지 조건이 제시된다. 첫째, 심사숙고의 주제는 완벽히 일반적인 것이어야 한다. 둘째, 심사숙고의 결론이 공동체의 모든 성원에게 평등하게 적용되어야 한다. 셋째, 공동체의 모든 성원이 심사숙고에 참여해야 한다. 넷째, 심사숙고하는 모든 개인들이 각자 자신만을 생각해야 하며, 또한 심의하는 사안에 대해서 적절한 정보를 가져야 한다.

일반적 법률유보一般的 法律留保 ➜ 법률유보. ➜ 기본권의 제한.

일반적 인격권一般的 人格權 ⓔ personality rights, ⓓ Allgemeines Persönlichkeitsrecht, ⓕ Droits de la personnalité. 1. **의의** 자신과 분리할 수 없는 인격적 이익의 향유를 내용으로 하는 인격의 자유로운 발현에 관한 권리로서 인격을 형성, 유지 및 보호받을 수 있는 권리를 말한다. 구체적으로 생명, 신체, 건강, 자유, 명예, 정조, 성명, 초상, 사생활의 비밀 등의 보호를 내용으로 하는 권리로서, 인격의 본질적인 가치의 총체이다. 인간의 존엄을 바탕으로 하는 기본권으로서 일반적 인격권(allgemeines Persönlichkeitsrecht)의 보장은 인격주의적 인간상에 기초한 헌법질서구축의 핵심영역을 구성한다. 인격주의적 인간상은 개인주의(Individualismus) 그리고 집단주의(Kollektivismus)의 양극단에 대한 방어적 기능을 하는 양자의 중간적 타협인 인격주의(Personalismus)적 인간상을 의미한다. 또한 인격주의 인간상은 당연히 인간의 도덕적 자율을 전제로 하고 있다. 2. **독일에서의 일반적 인격권의 보장** 독일 기본법 제2조 제1항 제1문은 「개인은 인격의 자유로운 발현권(das Recht auf die freie Entfaltung seiner Persönlichkeit)을 가진다.」고 규정하고 있는데, 연방헌법재판소는 이 규정과 기본법 제1조 제1항(인간의 존엄)을 결합하여 일반적 인격권(das allgemeine Persönlichkeitsrecht)을 보장하는 것으로 이해하고 있다. 독일 기본법 제2조 제1항은 한편으로는 일반적인 행동의 자유를 보장하고 있고, 또 다른 한편으로는 기본법 제1조 제1항과 결합하여 일반적 인격권(allgemeine Persönlichkeitsrecht)을 보장하고 있다. 아울러 민법상으로는 독일민법 제823조 제1항의 '기타의 권리'의 해석을 통하여 판례에 의하여 인정되었다. 일반적 행동의 자유가 자유권에 대한 보충적 일반조항으로 기능하는 데 반하여, 일반적 인격권은 헌법에 명시된 특별한 자유권과 유사한 내용을 가지고 있다. 일반적 인격권은 인격성의 구성요소를 보호하기 위하여 헌법에 명시된 특별한 자유권(die speziellen Freiheitsrechte)을 보충하는 역할을 한다. 일반적 인격권의 다양한 형태는 자기결정(Selbstbestimmung), 자기유지(Selbstbewahrung), 자기표현(Selbstdarstellung)에 효력을 미친다. 일반적 인격권에는 개인의 명예에 대한 보호, 초상권, 도청과 은밀한 녹취로부터 보호받을 권리, 반론권 및 정정보도청구권, 자기정보에 대한 포괄적 자기결정권 등이 포함될 수 있다. 3. **현행헌법상의 일반적 인격권** 1) **헌법적 근거** 인격권보장의 헌법적 근거에 대하여 헌법 제10조의 인간의 존엄과 가치 그리고 행복추구권의 내용으로서 인격의 자유로운 발현권을 그 근거로 드는 견해가 있다. 헌법 제17조의 사생활의 비밀과 자유와 비교하면 인격권은 사생활의 비밀과 자유를 포함하는 권리이다. 따라서 사생활의 비밀과 자유가 일반적 인격권의 근거로 될 수는 없다. 헌법재판소는 초기에는 인간의 존엄과 기본법 제2조 제1항의 인격의 자유로운 발현권을 결합하여 일반적 인격권을 도출하는 독일의 예와 비슷하게 일반적 인격권을 도출하였으나(헌재 1990.9.10. 89헌마82), 점차적으로 일반적 인격권이 헌법 제10조의 인간의 존엄조항으로부터 유래하는 것으로 밝히고 있다(헌재 1991.9.16. 89헌마165; 2003.6.26. 2002헌가14). 2) **적용 영역** 일반적 인격권이 구체적 내용으로는 명예권, 성명권, 초상권, 음성권, 유전자지문이나 DNA 정보 등 유전공학 영역 등을 들 수 있다.

일반적으로 승인된 국제법규國際法規 ➜ 국제법존중주의.

일반적 행동자유권一般的行動自由權 1. **의의** 모든 국민이 행복을 추구하기 위하여 자유롭게 행동할 수 있는 자유권을 말한다. 이에는 적극적으로 행동하는 것은 물론 소극적으로 행동하지 않을 자유도 포함한다. 가치있는 행동인가의 여부는 관련이 없다. 2. **법적 성격** 일반적 행동자유권은 「헌법에 열거되지 아니한 자유와 권리」에 포함되는 권리이다. 기본권을 주기본권과 파생적 기본권으로 분류하는 견해에서는 일반적 행동자유권을 주자유권(主自由權)으로서 포괄적인 자유권으로 본다. 헌법재판소는 포괄적인 의미의 자유권으로서 일반조항적인 성격을 가진다고 본다(헌재 1991.6.3. 89헌마204; 1995.7.21. 93헌가14; 1997.11.27. 97헌바10; 2000.6.1. 98헌마216; 2003.10.30. 2002헌마518). 3. **헌법적 근거** 일반적 행동자유권은 헌법 제10조의 행복추구권에서 도출된다. 헌법에 열거된 구체적인 기본권들 중 어느 하나에 포섭되지 아니하는 행동들을 포괄하는 보호영역으로서 「일반적 행동의 자유」를 인정할 수 있다. 헌법재판소도 일반적 행동자유권은 개성이 자유로운 발현권과 더불어 행복추구권 속에 함축되어 있는 권리로 보고 있다(헌재 1992.4.14. 90헌바23). 「헌법 제37조 제1항에 의하여 경시되지 아니하는 기본권이며 헌법 제10조가 정하고 있는 행복추구권에 포함되는 일반적 행동자유권」이라고 표현하거나(헌재 1998.10.15. 98헌마168), 「행복추구권은 일반적인 행동의 자유와 인격의 자유로운 발현권을 포함」(헌재 2000.4.27. 98헌가16, 98헌마429(병합)), 「행복추구권의 한 내용을 이루는 일반적인 행동의 자유권」(헌재 2001. 1.18. 99헌바63) 등으로 표현되고 있다. 다만, 「일반적 행동자유권」이라는 표현을 사용하지 않아야 한다는 주장도 있다. 4. **내용** 헌법재판소가 결정한 사례들에는 계약의 자유, 사적 자치의 원칙, 미결수용자의 접견교통, 사립학교 운영, 사회복지법인 운영, 대마 흡연 등 개인이 일상적인 생활 속에서 선택할 수 있는 대부분의 행위들을 일반적 행동의 자유로 포섭하고 있다. 다만, 당해 행위가 다른 명시적인 기본권에 의하여 보호되는 경우에는 당연히 그 기본권에 의하여 보호되는 것으로 이해한다. 관련**사례**로서, 4층 이상 건물에 대한 획일적 가입강제(헌재 1991.6.3. 89헌마204:위헌), 기부금품모집의 과도한 제한(헌재 1998.5.28. 96헌가5: 위헌), 국민연금 가입강제(헌재 2001.2.22. 99헌마365: 위헌), 18세 미만자 당구장출입금지(헌재 1993.5.13. 92헌마80: 위헌), 결혼식하객에게 주류와 음식물을 접대하는 행위 처벌(헌재

1998.10.15. 98헌마168: 위헌), 마실 물 선택의 자유 제한(헌재 1998.12.24. 98헌가1: 위헌), 수상레저안전법상 조종면허를 받은 사람이 동력수상레저기구를 이용하여 범죄행위를 하는 경우 조종면허 필요적 취소(헌재 2015.7.30. 2014헌가13: 위헌), 몰래카메라촬영 처벌(헌재 2017.6.29. 선고 2015헌바243: 합헌), LPG를 연료로 사용할 수 있는 자동차 또는 그 사용자의 범위 제한(헌재 2017.12.28. 2015헌마997: 합헌), 주방용오물분쇄기의 판매·사용금지(헌재 2018.6.28. 2016헌마1151: 합헌), '저작자 아닌 자를 저작자로 하여 실명·이명을 표시하여 저작물을 공표한 자'의 처벌(헌재 2018.8.30. 2015헌바158: 합헌), 철거대상 움막들에서 강제분리·퇴거 및 억류·감금한 행위(헌재 2018.8.30. 2014헌마681: 합헌), 전용차로 통행 처벌(헌재 2018.11.29. 2017헌바465: 합헌), 일회적·단발적 판매 목적의 유사군복 소지의 처벌(헌재 2019.4.11. 2018헌가14: 합헌) 등 많은 결정들이 있다. 5. **제한** 일반적 행동자유권도 헌법질서, 타인의 권리 및 도덕률에 위반되지 않는 범위 내에서 인정된다. 또한 헌법 제37조 제2항에 따라 제한될 수 있다.

일반적 헌법유보—般的 憲法留保 ➜ 기본권의 제한.

일반정족수—般定足數 ➜ 정족수.

일반조항—般條項 ⓔ general clause, ⓓ Generalklausel, ⓕ clause générale. 법률상의 요건을 추상적·일반적으로 정하거나 불확정개념을 사용하여 정한 규정으로서, 행정청의 판단 혹은 법원판결에 의하여 구체화되어야 하는 규정을 말한다. 개괄조항이라고도 한다. 법률상 흠결(Lücken intra legem) 혹은 위임의 흠결(Delegationslücken)로 언급되기도 한다. 사법상으로는 우리 민법상 선량한 풍속 기타 사회질서(민법 제103조), 정당한 사유(민법 제103조)를 요건으로 하는 규정 등이 있고, 공법상으로는 불확정개념을 행정행위의 요건으로 하는 규정이나 일정한 사항에 관련된 사항을 일괄하여 규율의 대상으로 하는 규정 등이 있다. 일반조항의 도입은 세 가지 이유로 인정된다. 첫째, 규범이 규율해야 할 사태를 모두 예상하는 것이 기술적으로 불가능하다는 점, 둘째, 법률에 위반되지 않으면서, 변화하는 가치기준과 관점이 고려될 수 있다는 점, 셋째, 입법과정에서 개방적 규정을 통해 합의를 이끌어낼 수 있고, 까다로운 정치적 결정을 법원에 위임할 수 있다는 점 등이다. 일반조항의 사용에 대해서는 법적 안정성이 결여된다는 문제점이 지적된다. 하지만 이는 시간의 경과에 따른 법원에 의한 구체화에 기하여 교정된다. 좀 더 예민한 문제는 일반조항이 내용상 어떻게 충족되는가에 따라 불법적 관념의 문을 열게 할 수 있다는 것이다. 일반조항에 관한 책임있는 방법은 사회적 통제를 통해 그 남용의 위험을 고려하여야 한다는 것이다. ➜ 기본권의 효력.

일본군위안부日本軍慰安婦 ⓔ comfort woman, ⓓ Trostfrauen, ⓕ Femmes de réconfort. 일본군의 성적 욕구를 해결하기 위하여 일본군과 일본정부가 중일전쟁 및 아시아태평양전쟁 당시 일본군 점령지나 주둔지 등의 위안소에 배치한 여성을 일컫는다. 정신대, 위안부, 종군위안부, 일본군성노예 등으로 불리기도 한다. 강제동원의 한 유형으로 취업사기나 유괴, 공권력 등에 의한 협박, 인신매매와 같은 다양한 방법으로 동원되었으나(➜ 강제동원), 일본국은 이를 빈번히 부인하고 있다. 위안부관련 소송으로, 일본국에서는 1998.4.27. 야마구찌 지방재판소 시모노세키 지부에서 국가의 입법부작위에 의한 손해배상으로 각 30만 엔의 위자료청구를 인용하였지만, 항소심인 히로시마 고등재판소의

2001.3.29. 판결은 입법부작위의 위법성을 부정하였다. 일본국 최고재판소도 위안부 피해자가 직접 헌법의 규정에 따라 일본 정부에 손해배상을 청구하는 데에는 부정적이었다(最高裁判所 2004.11.29., 平15才1895判決; 2007.4.27. 最高裁判所 第1小法庭 判決 등). 일본의 법원들은 2차 대전 기간 동안의 위안부 피해와 관련하여 대체적으로 강제연행, 일본군의 관여 등은 사실관계에 대하여는 이를 인정하면서도, 소멸시효의 완성이나 한일청구권협정의 체결로 개인청구권이 소멸하거나 개인이 소구권을 상실하였다고 해석한다. 국제법에 기초한 손해배상청구와 관련하여 일본의 법원은 국제법은 원칙적으로 국가간의 관계를 규율하며, 국제법에 기초하여 개인에게 직접적인 청구권이 발생하지 않는다고 해석한다. 미국의 법원은 국제법상 주권면제의 이론에 따라 관할권을 부정하거나 위안부 피해는 기본적으로 전후처리와 관련된 국가들의 외교문제와 관련된 것이므로 정치문제의 이론에 기초하여 관할권을 행사하지 않는다고 판단하였다(Hwang Geum Joo v. Japan, 413 F.3d 45(2005.6.28.)). 대한민국 헌법재판소는, 일본군위안부로서의 배상청구권이 한일청구권협정 제2조제1항에 의하여 소멸되지 않았으며, 이에 관한 한·일 양국 간 해석상 분쟁을 동 협정 제3조가 정한 절차에 따라 해결하지 아니하고 있는 외교통상부장관의 부작위가 위헌이라고 판단하였다(2011.8.30. 2006헌마788). ➜ 한일청구권협정. 2015.12.28., 박근혜 정부 당시 일본군위안부 문제와 관련하여 한일 양국 정부간의 합의가 있었으나, 당사자의 입장을 반영하지 않은 점, 일본국정부의 법적 책임을 인정하지 않은 점, 밀실협상이었던 점 등의 비판을 받았고, 문재인정부에서 2018.1.9. 위안부 합의의 후속조치 발표에서 대한민국 정부는 앞으로 재협상을 요구하지 않겠다는 입장을 표명하였다. 2021.1.8. 서울중앙지법 민사합의34부는 위안부 피해자 12명이 일본 정부를 상대로 제기한 손해배상 청구 소송에서 “원고들에게 1인당 1억원을 지급하라”고 원고 승소로 판결하였고, 일본국정부가 항소하지 않아 확정되었다. 위안부문제는 강제동원문제의 한 내포로서 한일 간에 첨예한 입장 차이가 있고, 특히 한일청구권협정과 맞물려 해결이 쉽지 않은 상황에 처해 있다. ➜ 한일청구권협정. 일본국위안부 문제의 해결은 위안부 관련 민간단체의 국제적인 활동, 유엔인권이사회(Human Rights Council), 인권위원회(Human Rights Committee)를 포함한 다양한 인권조약감시기구에서의 지속적인 문제제기를 통해 일본국의 태도변화를 추구하는 것이 바람직할 것으로 보인다.

일부거부—部拒否 ㉧ item veto. 일부거부란 국회가 의결하여 이송한 법률안에 대하여 대통령이 일부만을 국회에 환부하여 재심을 요구하는 것을 말한다. 현행헌법상 인정되지 아니한다(헌법 제53조제3항). ➜ 법률안거부권.

일부일처제—夫—妻制 남편이 동시에 복수의 아내를 가지지 않고, 또 아내가 복수의 남편을 가지지 않는 혼인제도를 말한다. 인간사회에서 일부일처제, 일부다처제, 일처다부제, 다부다처제 등 혼인의 다양한 형태가 있을 수 있으나, 헌법상으로는 일부일처제만 허용된다. 따라서 중혼(重婚)과 축첩(畜妾)이 금지된다.

일사부재리—事不再理**원칙** ㉣ *ne bis in idem*, ㉧ not twice in the same (thing), ㉤ nicht zweimal in derselben (Sache), ㉥ pas deux fois pour la même (chose). 1. **일반소송에서의 일사부재리의 원칙** 어떤 사건에 대하여 일단 판결이 내려지고 그것이 확정되면 그 사건을 다시 소송으로 심리·재판하

지 않는다는 원칙. **이중처벌금지의 원칙**이라고도 한다. 일사부재리의 원칙은 로마법에서 인정되어, 그 후 독일의 보통법에서 일시 부정되었다가 19세기의 '개혁된 형사소송' 이후 다시 확립되었다. 현행헌법 제13조 제1항 후문은「모든 국민은 … 동일한 범죄에 대하여 거듭 처벌받지 아니한다.」고 규정하여 이 취지를 명시하고 있다. 여기서 처벌이라 함은 국가가 행하는 일체의 제재나 불이익처분이 모두 포함되는 것은 아니고 원칙적으로 범죄에 대한 국가형벌권의 실행으로서의 과벌만을 의미한다(헌재 1994.6.30. 92헌바38; 2002.7.18. 2000헌바57). 형사소송법상 판결의 실체적 확정력, 곧 기판력(既判力)의 외부적 효력이며, 유죄·무죄의 실체판결이나 면소(免訴)의 판결(실체관계적 형식판결)이 있었을 때에, 같은 사건에 대하여 재차 공소를 제기하여 심판을 구할 수 없다는 원칙이다. 만일 잘못하여 확정판결이 있은 사건에 대하여 다시 공소가 제기된 때에는 실체적 소송조건의 흠결을 이유로 면소의 판결을 하여야 한다(형사소송법 제326조 제1호). 민사소송법상으로는 확정판결에 일사부재리의 효력은 없다. 민사소송의 소송물인 법률효과는 판결이 있은 후에도 새로 발생하고 소멸할 가능성이 있으므로, 엄격하게 동일사건이라는 것을 생각할 수 없기 때문이다. 그러나 최근 민사소송에서도 형사소송과는 다른 점이 있기는 하나, 이념으로서는 일사부재리의 원칙을 인정할 수 있다는 학설이 있다. 헌법재판소와 대법원에 따르면, 보호감호처분과 형벌(헌재 1989.7.14. 88헌가5등), 보안처분과 형벌(헌재 1989.7.14. 88헌가5등), 누범가중처벌(헌재 1995.2.23. 93헌바43), 상습범가중처벌(헌재 1995.3.23. 93헌바59, 단, 헌재 2015. 2.26. 2014헌가16 결정에서 형사특별법에 의한 가중처벌은 새로운 가중처벌사유가 추가될 때에만 정당화될 수 있다고 변경됨), 행정형벌과 행정질서벌인 과태료의 부과(헌재 1994.6.30. 92헌바38), 동일범죄에 대한 외국의 확정판결과 형사처벌(대판 1983.10.25. 83도2366), 동일한 사유로 인한 직위해제처분과 감봉처분(대판 1983.10.25. 83누184), 형벌과 신상공개(헌재 2003.6.26. 2002헌가14), 특정성폭력범죄자에 대한 처벌과 전자장치부착(대판 2009.9.10. 2009전도13) 등은 서로 이중처벌관계에 있지 아니하다. 일사부재리의 원칙은 실체판결의 확정력의 문제인 데에 반하여, 영미법상의 이중위험금지의 원칙은 형사절차가 일정 단계에 이르면 동일절차를 반복할 수 없다는 절차법적 관점이라는 데에 차이가 있다. 2. **헌법소송에서의 일사부재리의 원칙** 헌법재판소법 제39조는「헌법재판소는 이미 심판을 거친 동일한 사건에 대하여는 다시 심판할 수 없다.」고 규정하여 일사부재리를 선언하고 있다. 일사부재리는 이미 심판을 거친 동일한 사건에 대해 적용된다. '이미 심판을 거친 사건'이라 함은 재판부가 심리를 마치고 종국결정을 한 사건을 의미한다. 이 원칙은 헌법재판소 자신에 대해 이미 종국적인 결정을 내린 동일한 사건에 대하여 스스로 번복·변경을 금지하는 것으로, 자기구속력의 실정법적 근거로 될 수 있다. 아울러 당사자에게도 이미 종국결정이 내려진 사건에 대하여 불복을 금지하는 것이다. 이 경우에는 형식적 확정력의 근거로 된다. 중복제소 금지도 일사부재리에서 근거한다는 견해도 있다. 일사부재리와 기판력의 관계에 대해서는 그 효력이 동일한 것인지에 관하여 학설이 대립하지만, 일사부재리는 당사자가 없거나 확정하기 어려운 경우까지 반복금지의 근거를 제공할 수 있다는 점에서 그 효력범위가 다르다고 봄이 적절하다. 헌법재판소는「헌법재판소의 결정에 대하여는 헌법재판소법상 불복신청을 할 수 있는 방법이 전혀 규정되어 있지 아니하고, 오히려 헌법재판소법 제39조는 "일사부재리"라는 표제 아래 "헌법재판소는 이미 심판을 거친 동일한 사건에 대하여는 다시 심판할 수 없다."라고 규정하고 있다. 그러므로 헌법재판소가 각종의 심판절차를 거쳐 선고한 결정은 그 선고와 동시에 곧바로 형식적으로 확정된다고 할 것이므로 취소될 수 없고, 이에 대하여는 헌법소원의 형식에 의하여도 그 취소나 변경을 구하는 심판청구를 제기할 수 없다(헌법재판소 1990.5.21. 고지, 90헌마78 결정 참조) 할 것이다.」고 하고 있다(헌재 1994.12.29. 92헌아2). 일사부재리의 원칙은 위헌정당해산제도에도 적용된다.

일사부재의一事不再議**원칙** ➜ 의사원칙.

일조권日照權 ⓔ right of light/ancient lights. 일조권은 햇빛을 받아 쬘 수 있도록 법률상 보호되어 있는 권리를 말한다. 영국의 경우 common law상으로, 인접지에 면한 건물의 창으로부터 비치는 빛은 법적 기억이 미치지 않는 오랜 시간 동안 계속되어 온 것임을 증명하면 건물의 소유자는 인접지의 소유자로부터 그 채광을 방해받지 않는다는 소극적 지역권이 취득시효에 따라 인정된다. 그 기간은 20년으로 되어 있다. 미국의 경우, 1980년대에 들어와 태양열이용이 가능해지자, 일부 주에서는 옥상의 집열기의 이용을 방해받는 채광방해는 nuisance(안온방해, 생활방해)로 될 수 있다는 판례가 나오고 있다. 주로 환경법과 민법에서 다루어진다. 일조방해 행위가 사회통념상 수인한도를 넘었는지 여부는 피해의 정도, 피해이익의 성질 및 그에 대한 사회적 평가, 가해 건물의 용도, 지역성, 토지이용의 선후관계, 가해 방지 및 피해 회피의 가능성, 공법적 규제의 위반 여부, 교섭 경과 등 모든 사정을 종합적으로 고려하여 판단하여야 하고, 건축 후에 신설된 일조권에 관한 새로운 공법적 규제 역시 이러한 위법성의 평가에 있어서 중요한 자료가 될 수 있다(대판 2002.12.10. 2000다72213). 일조권이 헌법상 권리로 인정될 수 있는가의 여부에 대해서는 확립된 견해나 판례가 없다.

일회제 다수대표제 ➜ 상대적 다수대표제.

1인1표一人一票 **원칙** ➜ 평등선거. ➜ 선거의 기본원칙.

1표1가一票一價 **원칙** ➜ 평등선거. ➜ 선거의 기본원칙.

임기개시설任期開始說 ➜ 의원자격의 발생.

임시예산臨時豫算 ➜ 예산.

임시회臨時會 ➜ 국회의 회기와 회의.

임의규정任意規定 ➜ 강행규정 · 임의규정 · 효력규정 · 훈시규정.

임신중절妊娠中絶 ➜ 낙태죄.

입법개선의무立法改善義務 ➜ 법률개선의무.

입법과정立法過程 ⓔ legislative process, ⓓ Gesetz- gebungsprozeß. 1. **의의** 광의의 개념은 법률을 제정하고 행정부를 감독하는 등 국민을 대표하는 입법부의 모든 기능과 활동 뿐만 아니라 입법에 참여하는 내각과 관료, 정당 · 압력단체 등 공식적 비공식적 기관이나 세력이 의회의 장을 중심으로 입법을 둘러싼 운동이나 작용을 영위하는 전 과정을 의미하며, 협의의 개념은 입법과정을 광의의 개념 중에서 법률제정과 관련한 기술적 · 절차적인 관점에 한정하여, 법률안의 제안, 법률안의 심의와 의결, 법률안의 정부에의 이송, 법률의 공포, 법률의 발효 등 하나의 법률로서의 효력이 발생되기까지의 과정을 의미한다. 통상적으로는 협의의 개념으로 이해한다. 2. **입법과정의 기능과 특징** 1) **입법과정의 기능** 입법과정은 법률제정 그 자체보다도 오히려 정치체계의 유지와 발전을 위하여 극한적인 대립을 완화하고 **정치사회의 통합화**에 이바지하는 기능을 한다. 말하자면, 다원화·다양화하고 있는 국민의 의사를 조정하고 통합하여 입법에 반영함으로써 갈등의 처리와 정치사회의 통합에 기여한다. 또한 입법과정에 **국민이 참여**할 수 있게 함으로써 법률의 내용상의 정당성과 절차적 정당성을 획득하는데 기여할 뿐 아니라 법률의 실효성을 높이는데도 기여한다. 민주국가에 있어서 국가의 중요정책은 의사의 상이에도 불구하고 어떤 결정사항에 대한 합의가 추구되고 있고, 다수의 의견이 그 전원일치에 대한 대안으로 된다는 것에 대한 양해가 구성원상호간에 성립되어 있어야 한다. 최종적으로 다수의 의사가 결정되기까지에는 소수의 의사가 반영되고 언제나 다수의 의사로 될 수 있는 기회를 제공하여야 한다. 입법과정은 그러한 기회를 제공하는 데에 기여함으로써 **소수자의 보호**에 기여할 수 있다. 2) **입법과정의 특징** 입법과정은 법을 정립하는 실천의 과정으로서 사법과정에서처럼 존재하는 법률을 적용하는 것이 문제인 것이 아니라 만드는 법률이 문제인 것이다. 입법과정과 사법과정은 헌법의 구체화과정의 일환이며, 국민의 기본적 합의에 의거하여 국민의 구체적 합의의 현실적·제도적 표현이라는 점에서는 동질의 것이다. 양자는 헌법의 구체화를 목표로 협동관계가 성립하고 상호연계가 가능하다는 점에서 동질적인 것이다. 하지만 입법과정은 사법과정에서 요구되는 증거절차나 입증의무가 필요하지 않으며, 입법과정은 외부적 압력이나 비판에 노출되어 있고, 사법과정에 비해 입법과정은 목적성·기술성이 우선되며, 입법과정은 사법과정보다 훨씬 자유롭고 재량적이다. 결론적으로 말하여 사법과정은 엄격한 규범적 판단과 논리성이 추구되지만, 입법과정은 임의적이고 재량적인 선호 내지 요구가 우선적이다. 3. **우리나라 입법과정의 실제** 우리나라는 헌법상 법률안제출권은 정부와 국회의원이 겸유하고 있다. 따라서 입법과정도 정부의 입법과정과 국회의 입법과정으로 나누어진다. 1) **정부 입법과정** 정부 입법과정은 정부 내의 의사결정과정이 있기 때문에 국회의 입법과정보다 복잡하다. 그 과정을 개괄적으로 보면, ⅰ) 법령의 입안 ⅱ) 관계부처와의 협의 ⅲ) 당정협의 ⅳ) 입법예고 ⅴ) 규제심사 ⅵ) 법제처의 심사 ⅶ) 차관회의·국무회의의 심의 ⅷ) 대통령의 재가와 국무총리 및 관계국무위원의 부서 ⅸ) 국회제출 등의 과정을 거친다. 국회에 제출된 후에는 국회 입법과정에 따르게 된다. 2) **국회 입법과정** 국회 입법과정은 ⅰ) 법률안의 입안 ⅱ) 법률안의 제출 ⅲ) 위원회의 심사 ⅳ) 법제사법위원회의 체계·자구심사 ⅴ) 전원위원회 심사(필요한 경우) ⅵ) 본회의 심의·의결 ⅶ) 정부이송 ⅷ) 공포(거부권 행사시 별도 절차 진행) 등으로 진행된다. ➜ 법률제정절차.

입법과정심사立法過程審査 ㊄ judicial review of legislative process. 1. **개설** 사법심사는 크게 실체적 사법심사와 절차적 사법심사로 나뉠 수 있다. 실체적 사법심사는 다양한 위헌심사기준을 통하여 법률의 실체적 내용이 헌법에 위반되는지를 검토하는 것이라면, 절차적 사법심사는 법률의 성립과정, 즉 입법과정에 대한 심사를 일컫는다. 절차적 사법심사, 즉 입법과정에 대한 심사는 협의의 입법과정과 광의의 입법과정이 문제될 수 있다. 협의의 입법과정은 법률안 발의, 심의, 의결, 공포에 이르는 헌법과 국회법, 국회규칙이 규정한 일련의 입법절차를 뜻한다. 이에 대한 심사의 초점은 입법자의 헌법과 법률이 정한 절차 준수 여부, 즉 입법과정의 '합규성(regularity)' 판단에 놓여있다. 협의의 입법과정에 대해서는 그 방법 강도 효력 등에 다툼이 있을지언정 헌법재판소가 이를 심사할 수 있다(헌재 1997.7.16. 96헌라2). 반면, 광의의 입법과정은 입법자가 결론에 도달하는 과정에서 얼마나 합리적으로 행동했는지 여부, 즉 입법과정의 '합리성(rationality)' 판단에 놓여있다. 예를 들어, 입법과정에서 국회의원의 심의권을 침해한 경우는 협의의 입법과정심사에 해당하고, 의회 내 토론의 합리성 판단은 광의의 입법과정심사에 해당한다. 협의의 입법과정심사는 입법과정에서의 민주주의 원칙을 얼마나 충족하였는가의 심사를 강조하여 사법자제적인 태도의 근거가 될 수 있는 한편(➜ 가결선포행위), 광의의 입법과정심사는 내용을 포함하여 입법과정의 합리성에 대한 적극적 감독을 요청하는 것으로서 사법적극주의적 경향을 띠게 된다. **2. (광의의) 입법과정심사의 내용** 광의의 입법과정심사의 내용은 입법자가 나름대로 정확한 입법사실에 기초하여 장래의 예측판단을 나름대로 합리적으로 내리기 위하여 최대한 노력을 다하였는지의 여부 판단이라는 견해가 있다. 유럽사법재판소, 유럽인권재판소, 독일 연방헌법재판소 등이 (광의의) 입법과정심사를 수용하면서, 선례들에서 입법의 기초사실과 입법자의 진지한 노력 여부를 그 내용으로 제시하고 있다. 입법의 기초사실에 대한 심사는 입법자가 입법사실 중 중요한 사항을 고려하지 못한 경우 혹은 입법사실을 일관되게 고려하지 못한 경우 그 입법과정을 합리적이지 않다고 보아 위헌이라고 한다. 입법자의 진지한 노력 여부는, 의회 내 심의과정의 충실성을 입법의 정당성을 판단하는데 원용하는 논증방식, 의회 내 숙의의 충실성을 넘어서 의견수렴(consultation) 과정의 충실성을 고려하는 논증방식, 입법과정에서 충분히 증거를 수집하고 고려하였는지를 고려하는 논증방식이 있다. **3. (광의의) 입법과정심사의 적용영역** 입법과정심사는 입법재량이 넓은 영역에서 주로 문제된다. 입법과정심사는 입법 '결과'에 대해서는 일단 입법자를 존중하는 태도를 보이면서 그러한 존중을 입법 '과정'에 대한 통제로 상충함으로써, 균형을 유지하고자 하는 접근방법이기 때문이다. 위헌법률심판에서 이 심사방식이 적용될 수 있는 영역으로, 첫째, 사회적 기본권 같은 형성적 권리 영역, 둘째, 기본권충돌 영역, 셋째, 입법동기를 고려해야 하는 영역, 넷째, 장래 예측이 불확실한 영역 등에서 입법과정심사가 적용될 수 있다. **4. 심사강도** (광의의) 입법과정심사는 실체적 심사의 한 내용으로서만 의미를 가질 수 있다. 과잉금지원칙을 적용할 경우, 입법과정심사는 입법자가 기울인 노력여하에 따라 입법자가 인정하고 예측한 입법사실의 합리성을 추정하는 논거로 활용될 수 있다. 이 경우, 입법과정심사는 심사강도를 완화하는 기능을 한다. 자의금지심사나 과소보호금지원칙 등 합리성심사가 적용되는 영역에서 입법과정심사는 헌법재판소의 심사권한을 확장하는 통로로 활용될 수 있다. 입법과정에서 입법자가 입법사실을 적절히 고려하였는지, 그 입법사실을 인정하는데 합당한 노력을 다하였는지 여부를 검토함으로써 심사강도를 높이는 기능을 한다. 입법자의 입법사실 확인과 평가, 장래 예측에 대하여 입법자에 대한 존중 정도를 결정하여 사법심사의 강도를 결정하기 위해 동원되어온 관념이 심사강도론 내지 통제밀도론이다. 독일 연방헌법재판소는 규율대상의 특성, 확실한 판단을 내릴 수 있는 가능성, 관련 법익들의 의미와 비중 등에 따라 심사강도를 명백성통제(Evidenzkontrolle), 납득가능성통제(Vertrebarkeitskontrolle), 강화된 내용통제(intensivierte Inhaltskontrolle)로 나누어 단계화하고 있다. 입법과정심사가 현실 정치과정에 적합하지 않은 수준의 합리성을 입법자에게 요구한다면, 이것은 과도하게 입법자의 권한을 침해하는 것이 될 것이다. 입법과정심사의 심사강도는 문제되는 기본권의 가치와 침해 정도, 입법자가 마주한 과업의 난이도에 따라 달라질 수 있다.

입법권立法權 ㉢ legislative power, ㉣ Gesetzgebungsgewalt, ㉤ pouvoir législatif. 1. **의의** 현행헌법 제40조는 「입법권은 국회에 속한다.」고 규정하고 있다. 입법권이 국회에 속한다고 하는 것은, 입법을 통해서 법률을 제정하거나 개정 또는 폐지할 수 있는 권한이 국회에 있다는 것을 의미한다. 2. **입법권의 개념** 1) **학설** ① **실질설** 정립되는 법규범의 성질내지 내용을 기준으로 정의하는 견해로, 입법권을 「일반적·추상적 법규범을 정립하는 작용」이라고 하거나, 국민의 권리와 의무를 정하는 규범 즉 법규를 정립하는 작용이라고 한다. ② **형식설** 입법권을 규범형식의 하나로서 「법률」을 제정하는 권한으로 보는 견해이다. 법률이라는 규범형식을 중시하기 때문에 그 내용적인 측면은 불문한다. 이 견해에 따르면, 법률의 형식이 아닌 긴급명령·긴급재정경제명령, 조약, 법규적 효력을 갖는 행정입법 등은 국회가 갖는 권한이 아니므로 입법권이라 할 수 없다. ③ **절충설** 이 견해는 헌법 제40조의 입법권은 형식설과 실질설을 절충한 것이라고 본다. 2) **결론** 실질설과 형식설에 집착할 필요 없이 헌법규정을 중심으로 고찰하여, 입법권은 헌법이 국회에 부여한 법규범의 정립권이라고 할 수 있다. 헌법이 국회에 부여하고 있는 입법권은 법률제정권, 헌법개정제안권, 헌법개정안심의의결권, 중요조약의 체결·비준에 대한 동의권, 긴급명령·긴급재정경제명령에 대한 승인권, 국회규칙제정권 등을 포함한다고 할 수 있다. 이러한 이해에 따르면, 국회가 정하는 규범형식은 반드시 「법률」일 것을 요구하는 것이며, 국민의 대표기관인 국회가 「법률」이라는 형식으로 정해야 하는 것은 국민의 권리와 의무에 관한 사항을 포함한다는 의미이다. 이는 곧 법률유보에 관한 여러 견해 중 「본질성이론」(➜ 본질성이론)을 의미한다. 3. **입법권의 특성** 1) **입법의 일반성·추상성** 일반성이란 불특정다수인을 대상으로 하는 성격을 말하고, 추상성이란 불특정한 사항을 규정하는 성격을 말한다. 국회에서 제정하는 법률은 특정인이나 특정사항을 대상으로 하여 한정적·제한적으로 제정된다면 이는 평등원칙을 정면으로 침해하는 것이 된다. 이에 국회가 제정하는 법률의 확실성·공평성·안정성·통일성을 확보하기 위하여 입법의 일반성·추상성이 요구된다. 이러한 입법의 일반성·추상성의 예외로 되는 것이 처분적 법률의 문제이다. 2) **처분적 법률(Maßnahmegesetz)** ➜ 처분적 법률. 4. **입법권의 범위와 한계** ➜ 입법권의 범위와 한계. ➜ 입법과정의 합리성심사

입법권의 범위와 한계 1. **입법권의 범위** 1) **법률제정권** (1) **의의** 헌법 자체가 법률로 정할 것을 규정하는 경우에는 당연히 법률로 규정하여야 한다. 그러나 헌법에 규정이 없다고 하여 법률로 규정하지 못하는 것은 아니다. 국회의 필수적 법률사항은 먼저, 법규사항을 들 수 있다. 국민의 권리와 의무에 관한 사항으로서 대국민적 효력을 가지는 법규사항에 대하여 헌법은 법률로 정하도록 하는 예가 많다. 예컨대, 죄형법정주의, 재산권의 내용과 한계, 각종 청구권, 선거권, 국방의무, 납세의무 등이 그것들이다. 다음으로 조직법률사항을 들 수 있다. 정부조직, 국회조직, 법원조직, 헌법재판소 등 중요 국가기관은 헌법이 법률로 정하도록 하고 있다. 그 외에도 헌법이 법률로 정할 것을 명시하고 있는 경우, 예컨대, 국토의 이용·개발, 사영기업의 국·공유화, 정당, 공무원, 교육제도 등은 반드

시 법률로 정하여야 한다. (2) **법률제정절차** ➜ 법률제정절차. ➜ 국회선진화법. (3) **입법절차에 대한 위헌심사** ➜ 입법절차에 대한 위헌심사. (3) **법률제정권에 대한 통제** 정부는 법률안제출권·대통령의 법률안거부권·법률공포권 등을 통하여 견제할 수 있다. 사법부는 법률의 위헌법률심판제청권, 헌법재판소의 위헌법률심판권 및 헌법소원심판권을 통하여 국회의 법률제정권을 통제한다. 그 외에도 국민의 입법청원, 언론을 통한 비판과 감시, 압력단체의 로비활동, 정당에 의한 견제, NGO의 활동 등을 통하여 국회 법률제정권을 통제할 수 있다. 2) **헌법개정에 관한 권한** 국회는 재적 과반수의 발의로 헌법개정을 제안할 수 있다(헌법 제128조 제1항). 헌법개정안이 제안되면, 국회는 이를 정부에 이송하고 대통령이 20일 이상 공고한 후 60일 이내에 국회에서 의결하여야 한다(헌법 제130조 제1항). 국회 의결 후 30일 이내에 국민투표에 붙인다. 3) **중요한 조약의 체결·비준에 대한 동의권** ➜ 조약. 4) **국회규칙 제정권** 국회는 헌법과 법률에 저촉되지 아니하는 범위 내에서 의사와 내부규율에 관한 규칙을 제정할 수 있다. ➜ 국회규칙. 2. **입법권의 한계** 1) **법규범단계상 한계** (1) **합헌성의 한계** 국회는 국민주권주의, 기본권보장주의, 국제평화주의 등 헌법이 기본원리 내지 이념에 반하는 법률이나 국회규칙, 조약, 긴급명령 등을 제정하거나 동의 내지 승인할 수 없다. 헌법개정안에 대해서도 헌법개정의 한계가 있다. 또한 국회는 헌법 제37조 제2항의 비례의 원칙을 위반할 수 없다. 직업공무원제, 복수정당제, 지방자치제 등의 제도보장 사항에 대해서도 침해해서는 안된다. (2) **국제법적 한계** 헌법 제6조 제1항은 국제법존중주의를 규정하고 있는바, 법률제정권은 이에 기속된다. 다만, 국제법규에 위반되는 법률이라 하더라도 일률적으로 위헌·무효라 할 수는 없다. ➜ 국제법존중주의. 2) **시간적 한계** 헌법 제13조는 형벌불소급의 원칙과 소급입법에 의한 참정권제한 및 재산권박탈금지를 규정하여 국회입법권의 시간상 한계를 규정하고 있다. 3) **절차상 한계** 국회 입법권은 헌법 제53조에 따른 입법절차를 준수하여야 한다. 이에 위반되는 경우에는 앞서 본 바와 같이 위헌법률심판의 대상이 될 수 있다.

입법기立法期 ➜ 의회기.

입법긴급(비상)사태立法緊急(非常)事態 ㊇ Gesetzgebungsnotstand. 독일의 경우, 중대한 정치적 위기상황이나 전쟁 등 비상사태가 발생한 경우에 특별한 의결절차에 의거하여 성립되는 비상법률이 있는데, 이에는 입법긴급사태(Gesetzgebungsnotstand)법률과 방위사태(Verteidigungsfall)법률의 두 가지가 있다. 이 중 **입법긴급사태법률**은 기본법 제81조에 의해 규율된다. 기본법 제81조의 규정에 의하면, 연방대통령은 연방수상 자신의 신임동의가 연방의회의 과반수를 얻지 못하고 연방의회가 해산되지 않는 경우에 연방정부가 어떤 법률안을 긴급한 것이라고 표명했음에도 불구하고 연방의회가 이를 부결한 경우 및 연방수상이 어떤 법률안과 신임의 표명을 요구하는 동의를 결부시켰음에도 불구하고 그 법률안이 부결된 경우에는 연방정부의 신청에 의해 연방참의원의 동의를 얻어 그 법률에 관하여 입법긴급사태(Gesetzgebungsnotstand)를 선언할 수 있다고 규정하고 있다. 이 제도는 통상 정부가 긴급을 요하는 법률안에 관하여 그 조속한 성립을 기대하고 있음에도 불구하고 의회측이 그 심의를 지연시키고 있는 경우에 의회에 일정한 기간 내에 그 법률안을 의결할 것을 요구하는 제도로서, 소수당내각이 출범한 경우 긴급을 요하는 정부제안의 법률안이 연방의회를 통과하지 못하는 경우에 연방정부가 연방의회를 견제하는 하나의 수단으로서 작용한다. **방위사태법률**은 전시 등 이른바 연방이 무력으로 공격을 받거나 그 공격이 직접적으로 위협되고 있는 외부적 위기상태에 처하였을 경우 통상의 입법절차가 아닌 특별한 입법절차가 적용되는 법률을 말한다. 독일기본법에서 규정하는 긴급사태는 자연재해 등(기본법 제35조) 국내적 요인에 의하여 발생한 긴급사태인 내적 긴급사태(innerer Notstand)와 외국으로부터의 공격 등 국외적 요인에 의하여 발생한 긴급사태인 외적 긴급사태(äußerer Notstand)로 분류된다. 내적 긴급사태의 경우에는 연방정부 또는 주정부의 판단에 의거하며, 의회에 의한 긴급사태의 확정을 위한 절차는 필요하지 않다. 외적 긴급사태인 방위사태에 관하여는 기본법에 상세히 규정하고 있다(제115a조).

입법방침규정설立法方針規定說 ➜ 기본권의 효력. ➜ 사회권의 법적 성격.

입법부작위立法不作爲 Gesetzgeberisches Unterlassen. ➜ 기본권의 침해와 구제.

입법사실론立法事實論 1. **의의** 입법사실(legislative facts)이란 법관 및 법원에 의한 법원리의 창출과 선고 또는 입법부의 법시행에 의한 법적 추론(legal reasoning) 그리고 입법과정에 직접 관련되는 사실을 말한다. 달리 말하면, 법령이 제정되기 이전에 존재하고 있던 상태, 그것을 개선하기 위하여 제정된 법령의 실효성, 법령의 제정에 의하여 생기는 손실보다 적은 희생으로 동일한 실효성을 올릴 수 있는 가능성 등 법령의 목적과 수단의 합리성을 실증적으로 검토하는 것을 말한다. 특정 사건의 해결에 관련되는 사실인 사법사실(adjudicative fact)과 대비된다. 입법사실은 직접 소송당사자에게 관련되지 않지만, 법률과 정책 및 재량에 대한 판결의 문제해결에 기여한다. 2. **입법사실의 유형** 헌법소송에서 관련되는 '헌법사실'은 다음의 세 가지로 유형화된다. 1) **헌법적 사법사실 또는 소송사실** 당해 사건에 관한 사실, 즉 사건사실과 사법사실 또는 소송사실(adjudicative facts) 중에서 헌법상 쟁점에 관한 것이다. 전형적으로 소송당사자가 자신의 헌법상 기본권이 침해된 취지를 제기할 때에, 그것을 뒷받침하는 당해 사건의 소송사실이 그것이다. 2) **입법사실** 위헌법률심판에서 문제되는 두 가지 경우, 즉 법령은 합헌이지만 당해 사건에 있어서 법집행의 오류가 있어서 위헌사태가 출현된다는 적용위헌의 주장과 원래 법령 자체가 위헌이므로 그 하자가 당해 사건에 있어서 법집행을 포함하고 있다는 법령위헌이 있는데, 전자의 경우, 당사자의 의사와 관계없이 헌법재판소가 쟁점이 되는 입법사실을 파악하려는 노력과 의사를 갖고 있기 때문에 입법사실을 조사하고, 적극적으로 심사해야 한다. 후자는 소송당사자 자신의 헌법상 기본권이 침해되었다는 주장은 법령의 위헌이라는 객관적 하자의 공격방법과 표리관계에 있다. 헌법재판소는 입법사실을 인식하고 그것에 기하여 법령의 합헌성 여부를 판단하여야 한다. 3) **헌법심사사실** 헌법재판에서 대상이 되는 헌법규범과 관련한 사회적 사실을 말한다. 예컨대 헌법 제34조 제1항의 인간다운 생활을 할 권리란 무엇인지, 제23조 제3항에서 말하는 재산권에 대한 정당한 보상이란 무엇인지 등은 사회관계에 관한 사실적 판단을 배제하면 헌법해석이 불가능한데, 여기서의 사실을 헌법심사사실이라 칭한다. 3. **위헌심판에서의 적용** 위헌법률심사권의 행사와 관련하여 입법자가 입법을 함에 있어서 그것을 필요로 하는 사회적·경제적 사실 등이 당연히 인식되어 있었을 것이므로 입법자에 의한 입법사실의 인식에 착오는 없었느냐, 입법사실은 재판의 시점에서도 존재하는가 등의 논의가 요구된다. 헌법재판소도 위헌심사에 있어서 입법경위 등을 조사하고 입법목적의 정당성 등을 평가하고 있다(헌재 2006.8.31. 2004헌라2; 2010.2.25. 2007헌마956).

입법위임立法委任 ㉳ delegation of legislative power, ㉣ die gesetzgeberische Ermächtigung/Legislative Delegationen. 입법자가 행정부에 자신의 입법권을 위임하는 것을 말한다. 입법권을 위임하는 법률은 '위임법률' 또는 '수권법률'이라 할 수 있고, 입법위임에 의하여 행정권이 명령, 규칙 등 행정입법을 할 경우 입법된 규범을 '위임입법'이라 할 수 있다. ➜ 위임입법.

입법의무立法義務 ㉣ Gesetzgebungspflicht. 국가는 공동체를 유지·존속시키고 국민 개개인이 가지는 자유와 권리를 보호하는 것을 존립의 목적으로 한다. 헌법은 기본권존중의 원리를 채택하여 국민의 일정한 자유와 권리를 공동체의 최고법규범인 헌법에서 보장하고 있고, 헌법 제10조 제2문은 국가의 기본권보장의무를 통해 이 법리를 확인하고 있다. 또한 현행헌법상 기본원리로 실질적 법치국가 원리를 인정하고 있는 것도 입법부인 국회를 비롯하여 헌법이 명문으로 법규범의 정립권한을 부여하고 있는 모든 헌법기관의 입법의무가 부여되는 근거가 된다고 할 수 있다. 그 중 국회의 입법권한은 법규범의 정립작용으로서의 민주국가에서 주권자인 국민의 민주적 지배를 정당화하는 것으로 국가질서를 형성하는 임무이다. 입법권자는 명시적 규정을 통하여 혹은 헌법해석을 통하여 헌법상 부여된 국가적 과제를 입법의 형식으로 수행하게 된다. 이와 같은 입법형성의 의무를 입법의무라 할 수 있다. 이를 이행하지 않는 경우가 입법부작위이다. 입법의무는 법률제정의무, 법률관찰의무, 법률교정의무, 법률개선의무 등을 내용으로 한다. ➜ 입법부작위. ➜ 법률개선의무.

입법작용立法作用 ➜ 국가작용. ➜ 입법권.

입법작용설立法作用說 ➜ 헌법재판의 법적 성격.

입법재량론立法裁量論 ㉳ the theory of legislative discretion. 1. **서론** 헌법 제40조는 「입법권은 국회에 속한다.」고 규정하고 있는 바, 이는 제66조 및 제101조와 더불어 헌법이 권력분립의 원리를 채택하고 있음을 의미하는 동시에 국회가 입법기관임을 나타내고 있다. 입법권을 가진 국회는 입법을 할 것인지 여부, 입법의 시기 및 입법의 내용에 관하여 판단의 자유(**입법형성의 자유**)를 가지게 되는 바, 이를 입법재량이라고 하며, 입법정책이라고 표현되기도 한다. 입법재량은 헌법상 당연한 것으로 인정된다고 할 수 있으나, 구체적으로 어떠한 경우에 어떠한 사항에 대하여 어느 정도의 입법재량이 인정되고 있는지는 헌법규정상 명백하지 않아 해석상 문제를 야기하고 있다. 한편, 입법부의 위헌법률제정에 대한 사법적 견제수단으로 위헌법률심사제가 채택되고 있다. 위헌법률심사에서 헌법상 입법재량에 위탁된 영역이 있을 경우에는 권력분립원리에 비추어 입법부의 정책판단을 존중하고 사법기관의 독자적 판단을 삼가야 한다는 것이 위헌법률심사에 있어서의 입법재량론이다. 문제는 헌법상 입법부에 부여된 입법재량(입법형성의 자유)이 사법기관의 위헌심사를 제약하는 요인으로서 어떠한 지위 내지 의미를 가지고 있는가 하는 것이다. 2. **입법재량의 유형화 이론** 입법재량의 유형화 방법은 실체적으로 헌법규범의 해석으로 입법재량론을 유형화하는 입장과, 위헌법률심사와 관련하여 절차적 측면에 비중을 두고 입법재량을 유형화하는 입장이 있다. 1) **실체적 유형화 이론** (1) **헌법규정에 의한 판단** 입법자의 재량권(입법형성의 자유)은 규율영역에 관한 헌법규정의 존재

여부와 그 형태에 의존하며, 이를 다음과 같이 나누어 볼 수 있다. ① **명확한 개념으로 규정하는 경우** 이 경우에는 헌법상 입법자에게 인정되는 재량의 범위는 매우 협소하다고 해석하여야 한다. 다만 비록 협소하기는 하더라도 국회에 다소간의 재량은 인정되는 것이므로 그 재량범위를 일탈하는 경우에 대하여는 사법심사가 가능하다고 할 수 있다. ② **이른바 불확정개념으로 규정하는 경우** 헌법이 "공공복리", "인간의 존엄", "정당한 보상", "인간다운 생활" 등 이른바 불확정개념이나 다의적 개념을 사용하고 있는 경우에는 입법자에게 비교적 넓은 폭의 재량이 인정될 수밖에 없다. 그러나 그 헌법규정의 취지나 목적, 다른 헌법조항과의 관계나 헌법전체의 원칙 및 정신에 비추어 그 한계가 법적으로 판단될 수 있어야 한다. 헌법 전체의 원리, 인간의 존엄과 가치 및 행복추구권, 평등의 원칙 등에 비추어 재량의 한계를 설정하고, 이를 초월하는 입법은 당연히 위헌이라고 해석하지 않으면 아니 된다. ③ **법률에 위임하거나 유보하는 경우** 헌법이 반드시 국회의 의결을 거쳐 형식적인 법률로 제정하도록 위임하거나 유보하고 있는 사항은 법률로 규정하여야 하는데, 그 내용에 대하여는 당연히 국회에 넓은 재량이 인정되고 있다고 해석하여야 한다(헌재 2000.6.1. 97헌바74; 대판 1997.3.14. 95누17625; 1998.12.22. 97누1563 참조). ④ **헌법이 규정하지 않고 있는 경우** 포괄적인 입법권을 국회에 부여하고 있는 헌법 제40조에 비추어 명시적으로 법률에 의하도록 규정하지 않은 경우에도 당연히 국회가 법률로 규정하도록 전제되어 있다고 할 수 있으므로, 그 구체화를 위한 입법의 경우에는 국회에 넓은 재량이 인정된다고 해석되고 있다. 하지만 무제한한 입법재량이 인정될 수는 없다. 이 경우에 사법부는 입법자가 형성권(입법재량권)의 한계를 넘었는지 여부만 심사할 수 있을 뿐 입법자의 결정이 합리적이고 합목적적이고 정당한 해결책인지 여부는 심사할 수 없는 것이다. (2) **법률의 성격에 의한 판단** ① **시혜적 법률인가 아니면 권리제한이나 의무부과 법률인가 구별하는 입장** 헌법재판소는 「시혜적인 법률에 있어서는 국민의 권리를 제한하거나 새로운 의무를 부과하는 법률과는 달리 입법자에게 보다 광범위한 입법형성의 자유가 인정된다고 할 것이다. 그러므로 입법자는 그 입법의 목적, 수혜자의 상황, 국가예산 내지 보상능력 등 제반사항을 고려하여 그에 합당하다고 스스로 판단하는 내용의 입법을 할 권한이 있다고 할 것이고, 그렇게 하여 제정된 법률의 내용이 현저하게 합리성이 결여되어 있는 것이 아닌 한 헌법에 위반된다고 할 수는 없다.」고 판시하여(헌재 1993.12.23. 89헌마189), 국회가 제정한 법률이 시혜적 성격을 가지는 경우에는 국회의 광범한 입법재량이 인정되나, 반면에 법률이 국민의 권리를 제한하거나 새로운 의무를 부과하는 규제적 성격을 가지는 경우에는 국회의 입법재량은 부인되거나 그 범위가 협소하다고 보는 입장을 견지해오고 있다(헌재 1999.7.22. 98헌바14; 2001.7.19. 99헌마663; 대판 2005.1.27. 2004도7511; 대결 2005.1.27. 2004초기484). ② **정신적 자유 규제법률인가 혹은 경제적 자유 규제법률인가 구별하는 입장(소위 이중기준론)** 전자에 대하여는 입법재량을 인정하지 않거나 혹은 지극히 협소한 범위의 입법재량만을 인정하고, 후자에 대하여는 넓은 입법재량을 인정하는 소위 이중기준론도 법률의 성격에 의하여 입법재량의 인정여부 및 그 범위를 판단하는 대표적인 방법 중의 하나라고 할 수 있으며, 우리의 헌법재판소도 비교적 광범하게 이러한 이중기준론을 채택해오고 있다(헌재 2000.6.1. 99헌마553; 2001.1.18. 2000헌바7). 정신적 자유권은 원칙적으로 제한되지 아니하고, 예외적으로 제한되는 경우에도 그 합헌성 여부에 대한 판단이 경제적 기본권보다 지극히 엄격한 심사기준에 의하여야 하는 반면, 경제적 기본권을 제한하는 경우에는 합리성 기준만으로 충분하다고 설명되고 있다. ③ **기본권보장에 관한 법률인가 혹은 제도적 보장에 관한 법률인가 구별하는 입장** 헌법재판소는 제10조(기본적 인권의 보장), 제37조(헌법에 열거되지 아니한 자유와 권리, 제한)에 따라 기본권은 '최대한 보장의 원칙'이 적용되는 것임에 반하여, 제도적 보장은 '최소한 보장의 원칙'이 적용될 뿐이라고 판시하여(헌재 1997.4.24. 95헌바48), 제도적 보장에 관한 경우에는 입법자인 국회의 광범한 입법재량이 인정되는 반면, 기본권보장에 관한 경우에는 국회의 입법재량은 상대적으로 그 범위가 협소하다고 판단하는 입장을 견지하고 있다. ④ **기타** 헌법재판소는 이미 존재하는 생활양식을 반영하는 법률인 경우에는 폭넓은 입법재량이 인정되는 반면, 주로 새로운 규율을 창설하는 법률의 경우에는 상대적으로 그 범위가 협소하다고 보아「성의 사용에 대한 입법은 주로 새로운 규율을 창설하는 것이라기보다는 이미 존재하는 생활양식을 반영하는 형태로 이루어진다는 점에서 성의 사용에 관한 규율에는 폭넓은 입법형성의 자유가 인정된다고 할 것이다.」고 판시하고 있고(헌재 2005.12.22. 2003헌가5 · 6), 직업의 자유를 제한하는 법률과 관련하여「직업의 자유 중에서도 직업행사의 자유에 관하여는 직업선택의 자유에 비하여 입법자에게 보다 폭넓은 형성의 자유가 인정되는 것」이라고 판시하는 한편(헌재 1993.5.13. 92헌마80; 1999.7.22. 98헌가5), 사회적 기본권의 구체화 법률과 범죄와 형벌에 관한 조항에 대하여 광범한 입법재량이 인정되고 있음을 판시하여 국회가 제정한 법률의 성격에 따라 입법재량의 유무 및 그 범위의 광협을 판단하는 방식을 일반적으로 채택해오고 있다(헌재 2003.12.18. 2002헌바1; 2000.6.1. 98헌마216; 2004.1.29. 2002헌바36 · 55(병합); 2001.10.25. 2000헌바5; 대판 2005.4.29. 2002도7262; 2006.5.12. 2005도5428). 2. **절차적 유형화 이론** 이 견해는 입법재량론을 재판법리의 하나로 파악하면서 위헌법률심사와 관련하여 판례분석을 위한 입법재량론을 유형화하여, '넓은 입법재량론', '좁은 입법재량론', '입법재량론의 부적용' 등의 유형으로 나누고 있다. 넓은 입법재량론은 헌법재판소가 입법부의 정책결정을 거의 전면적으로 존중하는 것을 의미하기 때문에 명백성의 원칙, 즉 입법부의 현저한 권한의 일탈남용이 명백하게 보이지 않는 한 사법심사를 하지 않는다는 법리에 따라 재량통제기능을 가장 소극적으로 행사하는 방식이다. 이 경우 심사기준은 단순히 입법목적이 합리적인가 아닌가를 심사함에 불과한 합리성의 기준 등의 완화된 기준이 적용된다고 한다. 좁은 입법재량론은 입법부의 재량의 여지를 전제하면서도 헌법재판소가 어느 정도 개입하여 판단할 수 있는 심사방법이고, 따라서 이 경우에 심사기준은 엄격한 합리성의 기준 내지 중간심사의 기준이 적용된다고 한다. 입법재량론의 부적용의 경우에는 위헌주장에 대하여 입법부의 판단을 배제하고 재판소가 스스로 판단할 수 있기 때문에 엄격한 심사기준이 적용된다고 한다. 3. **입법재량권과 위헌법률심사와의 상관관계** 1) **적극적 입장과 소극적 입장** (1) **적극적 입장** 이는 입법재량을 널리 인정하고자 하는 입장으로서 입법의 본질을 의회가 행하는 정치적 결정으로서의 법의 창조라고 보는 인식에 기초하고 있다. 이러한 입장은 고전적 대의제이론이나 법률을 국민일반의사의 표현이라고 보는 고전적 법률관과도 맥을 같이 하는 것이며, 의회에 입법권을 수권하는 헌법은 추상적 · 일반적 구속에 그치므로 당연히 입법권에 자유로운 재량이 널리 인정되고, 따라서 입법권의 본래의 모습이 자유재량이므로 궁극적으로 위헌법률심사제를 부정하거나 사법심사를 인정하더라도 그것은 엄격히 사법의 범위에 한정되어야 하며, 의회도 입법의 범위에서는 헌법의 해석권을 가진다고 한다. 이에 따라 입법부의 자유로운 활동을 전면적으로 인정하게 되면 결과적으로 위헌법률심사 자체를 부정하게 되어 궁극적으로는 입법재량의 관념마저 부정되게 될 것이다. (2) **소극적 입장** 이 견해는 헌법과의 관계에서 입법에 대한 재량의 한계를 생각하고 그 범위를 한정하고자 하는 입장으로서, 입법권은 국가최고규범인 헌법에 의하여 부여된 것이라는 사고에 기초하고 있다. 따라서 본래 헌법으로부터 자유로운 입법은 있을 수 없고, 입법은 모두 헌법에 구속되어 오직 헌법이 인정한 범위에서만 재량이 있을 수 있다고 한다. 비록 입법의 영역은 필연적으로 정치의 장이 되지만 정치의 영역에서도 그것이 법적인 것인 한 법적 판단을 이루는 것이며, 이와 관련하여 헌법의 의미를 확정하는 헌법판단은 사법부의 독자적인 고유의 권한이므로 당연히 입법도 전반적으로 사법심사를 받아야 한다고 한다. 2) **위헌법률심사에 있어서 입법재량론의 지위** 위헌심사에 있어서 법률이 입법재량의 범위 내인 경우에는 정책적 당부의 문제에 불과하므로 더 이상 심리할 필요 없이 당연히 합헌판결이 내려지게 된다. 다만, 예외적으로 입법재량의 범위를 일탈하거나 혹은 입법재량이 남용되었다고 인정된 경우에 위헌판결이 내려질 뿐이다. 이와 같이 위헌심사의 체계에서 입법재량론이 차지하는 지위에 관하여 입법재량론이 위헌심사의 실체적 한계를 이루고 있다는 입장과 입법재량론이 곧 심사기준론을 의미한다는 입장으로 나누어진다. ① **실체적 한계설** 이 견해는 입법재량론이 위헌심사의 실체적·제도적 한계를 이루는 것이라는 입장이다. 즉 입법재량이라 함은 헌법규정 자체의 입법위임이나 불확정개념의 사용, 혹은 권력분립상의 권한분배에 따라 입법부에 독점적으로 유보된 일정한 영역을 말하고, 이러한 영역에 관한 입법자의 판단은 위헌심사에서도 최종적인 것으로서 존중되어야 한다는 것이 입법재량론이라고 한다. 이 견해에 의하면 입법재량의 일탈·남용이라 함은 입법부의 독점영역으로부터 당해 입법이 일탈하고 있는 상태를 가리키며 이 경우에는 근본법칙에 어긋나 위헌심사의 대상으로 된다. 입법재량을 헌법상의 재량의 하나로 파악하면서 그 범위가 '위임입법조항의 규정양식', '헌법의 가치결정', '재판소의 심사능력을 고려하여 획정된다'고 설명하고 있다. ② **심사기준설** 입법재량론이 심사기준론을 의미한다는 심사기준설에 의하면 입법재량론이란 심사기준론의 별명에 불과하고, 단지 재량이라는 표현을 사용함으로써 사법소극주의를 포함한 심사기준론을 채용한다는 의도를 명시하고 있을 뿐이므로 위헌심사론과 별개로 입법재량론을 전개할 필요는 없다고 한다. 이 입장은 심사기준론이 기본권의 사법적 구제라는 기본권측면의 접근임에 비하여 입법재량론은 입법측면의 접근일 뿐으로 양자는 표리일체라고 보고 있으며, 따라서 입법재량의 일탈남용이라 함은 완만한 심사기준을 적용하더라도 당해 입법이 위헌으로 되는 상태를 가리키게 된다고 한다. 입법재량이라 함은 재판소가 입법부의 정책판단을 존중하고, 법률의 목적이나 목적달성을 위한 수단에 대해 헌법재판소 독자의 판단을 자제하게 되는 것으로서, 헌법판례를 분석할 때의 입법재량론은 이러한 의미이고 헌법재판소가 법률의 합헌성심사에 사용하고 있는 하나의 수단으로 본다. 4. **판례의 동향** 1) **일반적 동향** 헌법재판소는 입법재량론을 채택하면서 '입법재량'이라는 용어와 '입법형성의 자유'라는 용어를 함께 사용하고 있다. 대법원은 입법재량론을 채택한 대다수 판결에서 헌법재판소와는 달리 주로 입법재량의 개념을 사용하고 있고, 소수의 사건에서 입법재량과 입법형성의 자유의 양 개념을 함께 사용하고 있다. 헌법재판소와 대법원은 헌법판단에 있어서 입법재량론을 매우 광범하게 채택해왔다고 할 수 있으나, 입법재량론에 입각하여 헌법재판이 이루어진 재판결과를 그 내용에 착안하여 살펴보면 국회의 입법재량을 지나치게 넓게 인정하여 입법에 대한 사법심사를 회피하고 국회제정 법률의 합헌성을 사후 추인하기 위한 구실로 입법재량론을 원용하고 있는, 소위 사법소극주의의 수단으로 이를 악용하고 있는 것은 아닌지 의구심이 있다. 왜냐하면 헌법재판소와 대법원은 기본권이나 다른 헌법원리의 침해와 무관하게 오로지 재량권의 일탈이나 남용 등 입법재량의 한계를 벗어났음을 이유로 위헌이라고 판시한 사례는 거의 없기 때문이다. 2) **입법재량에 관한 주요 판례이론** 헌법재판소와 대법원은 입법재량의 한계성을 인정하고, 명백성 내지 현저성의 원칙에 입각하고 있으며, 입법재량론의 유형화와 관련하여 실체적 판단 유형을 채택해오고 있는 것으로 분석되고 있다. ① **입법재량의 한계성원칙** 헌법재판소와 대법원은 '입법재량권을 남용하였거나 그 한계를 일탈한 경우', '입법재량(권)의 범위를 일탈한 경우', '입법재량의 한계를 일탈한 경우', '입법형성에 관한 합리적 재량의 한계를 일탈한 경우' 등 요컨대 입법자가 입법재량권을 남용하였거나 그 범위를 일탈한 경우에 헌법위반의 문제가 야기될 수 있다고 판시하고 있다(헌재 1995.5.25. 91헌마67; 1996.4.25. 92헌바47; 2003.12.18. 2002헌바1; 대판 1990.5.15. 90도357; 2004.10.15. 2003두13243; 2005.4.29. 2002도7262 등). ② **명백성(현저성)의 원칙** 헌법재판소나 대법원은 입법자가 입법재량권을 남용하였거나 그 범위를 일탈하면 바로 위헌의 문제나 무효의 문제가 야기되는 것으로 판단하지는 않고, 입법이 재량범위를 명백하게(현저히) 일탈하였거나, 입법자의 입법재량권 남용 또는 그 범위일탈이 명백히(현저하게) 불합리하거나 불공정한 경우에 한하여 위헌이나 무효의 문제가 발생한다고 판시하여 명백성 내지 현저성의 원칙을 채택해오고 있다(헌재 1993.12.23. 89헌마189; 1999.7.22. 98헌바14; 2005. 6.30. 2004헌바21; 2010.4.29. 2009헌바46; 대결 2000.2.11. 2000카기18; 대판 2001.5.29. 99두7265; 대결 2005.1.27. 2004초기484; 2012.10.25. 2009도13197; 대판 2018.11.1. 2016도10912 등). ③ **실체적 판단유형 채택** 헌법상 입법재량의 허용 여부 및 그 범위 판단에 있어서는 헌법의 규정방법에 의하는 경우와 국회가 제정한 법률의 성격에 의하는 방법으로 구분할 수 있다. 앞서 본 바와 같이, 국회가 제정한 법률의 성격에 따라 입법재량의 유무 및 그 범위의 광협을 판단하는 실체적 유형화이론을 일반적으로 채택해오고 있다. 5. **결어** 헌법재판기관은 입법통제기관으로서 입법재량권의 일탈이나 남용 여부를 적극 심사하여야 한다. 그렇지 않으면 사법소극주의의 빌미로 작용할 위험이 있기 때문이다. 헌법재판소와 대법원은 헌법판단에 있어서 광범하게 입법재량론을 채택하면서 비교적 넓은 범위의 재량권을 국회에 인정하는 입장을 보이고 있는 바, 이와 같은 넓은 입법재량권의 인정은 자칫 위헌심사권의 방기와 같은 결과를 초래할 위험이 있다. 국민의 기본권 보장과 헌법보장이라는 헌법재판의 궁극적 목적에 비추어 넓은 입법재량론의 적용은 어디까지나 예외적인 것으로 판단하는 자세가 바람직하다.

입법재량권남용금지立法裁量權濫用禁止**의 원칙** 입법자의 입법재량권(입법형성의 자유)이 적법절차의 원칙, 비례와 공평의 원칙, 과잉금지의 원칙, 자의금지의 원칙, 신뢰보호의 원칙, 명확성의 원칙 등 헌법이 정한 일반원칙에 위배되어서는 안된다는 원칙이다. ➜ 입법재량론.

입법적 거부立法的拒否 ㊎ legislative veto. 소위 입법적 거부는 만약 행정기관이 규제의 발령과 같은 특정 행위를 한 후에, 그에 대하여 의회가 동의하지 않으면, 원래의 법안에서의 거부조항이 일원 혹은 양원으로 하여금 결의안을 통하여 그 행정행위를 취소할 수 있게 하는 것이다. 그런 점에서 입법적 거부는 대통령의 권한이 아니라 의회의 권한이다. 다만, 결의안은 법률과는 달리, 대통령에게 제출되지 아니하며 대통령은 그것을 거부할 기회를 갖지 못한다는 점에서 대통령의 거부권에 대한 침해의 가능성을 가진다고 볼 수 있다. 의회의 입법적 거부는 1930년대 이래 점차 증가추세를 보여 왔으며, 1970년대 이후 1980년대 초까지는 급격히 증대하여 248개의 법률에서 입법적 거부를 정하고 있었다. 1983년에 이르러 연방대법원은 INS v. Chadha, 462 U.S. 919(1983) 판결에서 7대2로 입법적 거부를 정한 이민귀화법의 위헌을 결정하면서, 동법이 헌법 제1조에서 정한 제출조항과 대통령의 법률안 거부권을 위반하였으며, 또한 헌법 제1조의 양원제규정을 위반하였다고 하였다. ➜ 미국대통령의 권한과 한계.

입법적 불법立法的 不法 **= 입법상 불법**立法上 不法 ㊎ illegal legislation, ㊍ legislatives Unrecht. 1. **의의** 입법적 불법이란 최광의의 의미로는 위헌적인 법률뿐만 아니라 위법한 법규명령, 위법한 조례에 의하여 그 수범자에게 발생된 손해를 의미하며, 광의의 의미로는 법규명령 및 조례를 제외하고 적극적으로 국회에 의하여 제정된 위헌법률에 의하여 수범자에게 야기된 손해를 뜻하며 소극적인 법률제정의 부작위도 여기에 포함된다. 광의의 입법상 불법은 다시 행정청의 구체적인 집행행위가 없이 법률에 의하여 직접 처분적 법률에 의하여 손해가 야기된 경우와 위헌법률에 근거한 행정청의 구체적인 집행행위에 의하여 손해가 발생된 경우로 나눌 수 있다. 특히 구체적인 집행행위 없이 처분적 법률에 의하여 손해가 발생된 경우를 협의의 입법상 불법이라고 한다. 2. **인정 여부** 1) **학설** **전통적**으로 부인하는 견해는, 첫째, 국가와 사회 이원론에 근거하여 국회는 국가기관이 아니라 사회를 대표하는 사회기관으로서 국회의원의 공무원성이 부인된 점, 둘째, 국민이 대표기관인 국회가 제정한 법률은 주권자의 의사로서 이에 대한 어떠한 통제도 있을 수 없다는 점, 셋째, 법률이 갖는 일반성·추상성으로 인해 그에 의하여 직접 손해가 발생할 수 없고 집행행위에 의하여 손해가 발생할 수 있다는 점을 근거로 입법상 불법이 부인되었다. **오늘날**에는 집행적 법률 또는 처분적 법률의 형태의 법률이 증가하고 이에 따라 법률에 의해 직접 개인의 자유와 권리가 침해되는 경우가 있고, 원칙적으로 국회의 입법작용에 의하여 국가배상의 대상이 될 수 있다는 견해가 지배적이다. 다만, 구체적인 책임 요건이 어떠한 것인가에 대하여는 명확히 합의되어 있지 않다. 우리나라 국가배상법의 해석적용에 있어서 과실의 객관화 및 입증책임완화경향이 입법상의 불법행위책임을 인정함에 있어 유리하게 작용할 수 있으나 우리의 국가배상법이 명문으로 과실책임주의를 채택하고 있는 이상, 해석론을 통한 극복에는 한계가 있다고 보고 있다. 궁극적으로는 이에 대한 국가배상법개정 또는 국회법개정 등을 입법적 해결이 추구되어야 할 것이다. 2) **판례** 입법작용으로 인한 국가배상책임을 인정한 사례로, 구 국가보위입법회의법 부칙 제4항에 근거하여 면직당한 국회사무처 및 국회도서관 직원의 국가배상청구 사건판결이 거론된다(서울민사지법 1992.8.28. 91가합84035). 동법이 처분적 법률의 성격을 가지는 데다 헌법재판소의 위헌판결로 입법작용에 대하여 최초로 국가배상책임을 인정한 획기적 판결로 그 의의를 평가하고 있다. 그러나 대법원은 이른바 '거창사건' 판결에서 국회의 입법행위 또는 입법부작위가 국가배상법 제2조 제1항의 위법행위에 해당하는지 여부에 대하여, 국회의원의 입법행위는 그 입법 내용이 헌법의 문언에 명백히 위배됨에도 불구하고 국회가 굳이 당해 입법을 한 것과 같은 특수한 경우가 아닌 한 국가배상법 제2조 제1항 소정의 위법행위에 해당한다고 볼 수 없고, 같은 맥락에서 국가가 일정한 사항에 관하여 헌법에 의하여 부과되는 구체적인 입법의무를 부담하고 있음에도 불구하고 그 입법에 필요한 상당한 기간이 경과하도록 고의 또는 과실로 이러한 입법의무를 이행하지 아니하는 등 극히 예외적인 사정이 인정되는 사안에 한정하여 국가배상법 소정의 배상책임이 인정될 수 있으며, 위와 같은 구체적인 입법의무 자체가 인정되지 않는 경우에는 애당초 부작위로 인한 불법행위가 성립할 여지가 없다고 판시하였다(대판 2008.5.29. 2004다33469).
3. **입법례** 1) **독일** 1980년대 이후 행정상 손해배상과 손실전보제도를 통합하고자 하는 국가책임제도의 논의에 따라 적극적으로 입법적 불법에 대한 논의가 이어져 왔다. 그러나 국가책임의 요건으로서, 공적 직무인가의 여부, 직무상 의무 위반 여부, 직무상 의무의 제3자 관련성, 과실 여부 등에 관하여 명확하게 합의되지 않고 있으며, 지속적으로 논의가 이어지고 있는 상황이다. 2) **일본** 입법행위의 위헌을 이유로 하는 국가배상에 관하여 종래 소극설이 유력했지만, 판례는 국가배상법 제1조에 의한 국가배상소송을 제기할 수 있는 것은 당연하며, 위법·과실의 유무를 판단하는 것이 주류였다고 한다. 다만 실제로 청구를 인용한 것은 '재택투표폐지위헌'소송에 대한 삿포로지방재판소 오타루지부(札幌地裁小樽支部) 昭和49.12.9. 판결 뿐이었다. 항소심에서는 원고의 청구가 기각되었고, 최고재판소는 국회의원의 입법행위는 입법내용이 헌법의 일의적인 문언에 위반하고 있음에도 불구하고 당해 입법을 행한다고 하는 것과 같이 용이하게 상정하기 곤란한 형태의 예외적인 경우가 아닌 한, 국가배상법 제1조 제1항의 적용상 위법의 평가를 받지 않는다고 하여 원고의 청구를 최종적으로 기각하였다. 이 외에 의원정수에 관한 판례들이 있었으나 적극적으로 입법적 불법을 인정한 예는 없다. 3) **프랑스** 입법행위에 대한 국가책임이 성립하지 않는다는 전통적인 원칙은 국가책임을 확장하는 계기가 될 것으로 평가되었던 극소수의 예외를 제외하고는 법원에 의해 의문시되지 않았고 따라서 오늘날까지 유지되고 있다. 4. **헌법적 근거** 입법적 불법에 대한 국가책임을 인정하는 헌법적 근거에 대해서는, 법치국가원리에 내재된 포괄적 권리보호의 명령, 헌법 제10조의 국가의 기본권보호의무, 헌법 제29조의 국가배상청구권 등이 들어지고 있다. 5. **요건상 문제점** 입법작용에 대한 국가의 손해배상책임 인정 여부는 위헌인 법률을 제정한 국회의원의 과실의 인정여부에 달려 있다고 할 것이나, 현행 국가배상법의 과실책임주의에서는 현실적으로나 이론적으로나 어렵다고 본다. 이에 대한 대안으로 과실개념의 객관화가 등장하여 과실을 입법작용의 객관적 하자로 이해하거나 조직과실개념을 원용하여 국회를 합의제 기관인 입법기관 전체로 보아서 법률제정에 참가한 국회의원의 직무상 의무 위반을 근거로 과실을 추정하거나 또는 일응 추정의 법리를 원용하여 입증책임의 완화가 대안으로 제시되기도 한다. 어느 경우에도 국가배상책임의 법적 성격을 자기책임설로 이해하여야

수미일관된 논리가 성립한다.

입법절차立法節次**에 대한 위헌심사** 1. **의의** 국회의 법률제정절차에서 하자가 있을 경우 이에 대한 헌법재판소의 통제가 가능하다. 헌법소원심판, 위헌법률심판, 권한쟁의심판 등이 가능하다. 2. **헌법소원심판** 헌법재판소는「법률의 입법절차가 헌법이나 국회법에 위반된다고 하더라도 그와 같은 사유만으로는 이 사건 법률로 인하여 청구인들이 현재, 직접적으로 기본권을 침해받은 것으로 볼 수는 없다.」고 하여 원칙적으로 입법절차의 하자를 이유로 한 헌법소원을 제기할 수는 없다고 한다(헌재 1998.8.27. 97헌마8등). 또한 법률안 날치기 통과의 경우, 국회의원이나 교섭단체의 헌법소원은 국가기관 또는 그 일부가 제기한 헌법소원으로서 그 청구인적격을 부인하였다(헌재 1995.2.23. 90헌마125). 하지만 지방자치단체의 폐치·분합의 경우, 대상지역주민들의 정당한 청문권 등을 침해받을 수 있다는 점에서 기본권과의 관련성을 인정하였다(헌재 1994.12.29. 94헌마201). 결론적으로, 헌법재판소는 입법절차에 대하여는 국민에게 정당한 입법을 요구할 절차적 기본권을 인정하지는 않지만, 입법절차 자체가 다른 기본권을 침해할 가능성이 있는 경우에는 헌법소원의 청구인적격을 인정하는 경향을 보이고 있다. 3. **위헌법률심판** 위헌법률심판의 경우에는 법률의 내용만이 아니라 입법절차상의 위헌적 요소도 법률의 위헌무효의 사유로 다툴 수 있다고 보아야 할 것이다. 다만, 절차의 하자가 사소한 경우에는 위헌이라고 할 수 없고, 그 하자가 중대하고 명백한 경우에 한한다고 할 것이다. 헌법재판소도 같은 취지이다(헌재 1994.4.28. 91헌바15; 1995.1.20. 90헌바1). 또한 절차상 하자가 있더라도 가결선포한 행위에 대해서는 이를 위헌으로 판단하지 않았다(헌재 1997.1.16. 92헌바6). ➜ 가결선포행위. 4. **권한쟁의심판** ➜ 권한쟁의심판.

입법촉구결정立法促求決定 ➜ 변형결정.

입법형성立法形成**의 자유** ➜ 입법재량.

입법형성立法形成**의 자유**自由 **이론 = 입법의 자유영역이론 = 입법자역할론** ➜ 기본권의 충돌.

입증책임立證責任**의 전환**轉換 **이론**理論 ㊎ a reversal of the burden of proof, ㊍ die Beweislastumkehr, ㊄ renversement de la charge de la preuve. 입증책임 혹은 거증책임은 법원이 판결을 내리기 위한 판단을 하는 데 있어서 어느 한 쪽의 당사자에게 불리하게 가정하여 판단하지 않을 수 없는데 이러한 가정으로 인해 당사자의 한 쪽이 입게 되는 위험 또는 불이익을 말한다. 관련 논의 영역으로, 1. **노동법상 사용자의 부당노동행위의사의 입증책임 전환** 대법원은 부당노동행위의사의 입증책임이 부당노동행위를 주장하는 측(근로자)에 있다는 입장을 일관되게 확립해 왔다. (대판 1991.7.26, 91누2557; 1992.6.23, 92누4253; 1996.9.10, 95누16738; 2007.11.15, 2005두4120; 2009.3.26, 2007두25695 판결 등). 근로자 또는 노동조합에 대한 불이익처분이 근로3권 보장질서를 침해하기 위한 부당노동행위의사에 기초하지 않았음을 사용자가 적극적으로 입증하도록 하고, 그러한 입증이 없거나 부족한 경우 사용자의 부담으로 돌리는 것이 부당노동행위 구제제도의 실효성 확보는 물론 헌법의 근로3권 보장취지에 적합하다고 하여, 부당노동행위 입증에 있어서도 사용자에게 입증책임을 전환시키는 것이 필요하다는 주장이 있다. 2. **산재보험법상** 산재보험급여소송에서 원고인 피재근로자 측이 인과관계에 대하여 증명책임을 부담하는 것이 소송법상의 원칙이나, 증명책임

전환이 논의되고 있다. 3. **의료법상** 의료과오소송에서 원고인 환자 측이 의사의 의료행위상의 과실인 주의의무 위반과 손해의 발생 및 그 사이의 인과관계를 입증하여야 한다고 봄이 원칙이었으나, 판례와 학설에서 입증책임의 전환이 주장되고 있다, 학설상 근거는, 개연성설, 공평손해분담설, 기대가능성설, 규범목적설, 위험영역설 등이 주장되고 있다. 4. **제조물책임법상** 결함요건과 인과관계에 관한 입증책임에서, 오늘날 제품의 생산과정이 철저히 자동화·기계화·고도화하고 있고 그 입증에 있어서도 전문적·기술적 지식과 자료를 요하므로, 제조물책임소송에서 결함존재추정이론 및 사실추정의 이론 등을 통해 원고의 입증책임을 완화하는 방향으로 나아가고 있다(대판 2003.9.5. 2002다17333). 5. **환경관련법상** 환경오염에 대한 배상책임과 관련하여, 환경오염 피해자에게 가해행위와 손해발생 사이에 인과관계의 존재에 관하여 엄밀한 증명을 요하는 것은 거의 불가능하다고 보아, 가해자로 하여금 원인조사와 무해입증책임을 부담하게 함이 형평관념에 적합하다고 본다. 관련이론으로서, 역학적 인과관계론, 사실상 추정론, 표현증명론(表見證明論: Prima Facie evidence) 등이 있다. 6. **도핑제재**에 있어서, 드러난 외관으로 도핑의 사실을 추정함이 통상적이며, 이에 대해 선수측의 입장에서 반증으로 이를 전복하고자 하는데, 이 때 입증책임이 선수 측으로 전환된다. 7. **상법상** 해상운송인의 손해배상책임과 관련하여 상법 제796조 단서에서 운송물에 관한 주의의무 내지 감항능력주의의무에 대한 무과실 입증책임이 송하인 등 하주에게 있다는 규정에 대하여 입증책임전환으로 보는 견해와 일반원칙규정이라는 견해가 있다. 입증책임전환설에서는 우리나라 법상 운송인은 원래 무과실을 입증하여야만 채무불이행책임을 면하지만, 면책사유는 귀책사유의 입증책임을 송하인 등 하주에게 부담시켜 송하인 등 하주가 운송인의 과실의 입증책임을 지는 것은 입증책임을 전환한 것이라고 한다. 8. 은행법, 보험업법 등 **금융소비자보호 관련법상** 판매자의 설명의무와 관련하여 금융회사와 소비자 사이에서 입증책임의 배분이 문제된다.

입헌군주제立憲君主制 ➜ 입헌주의.

입헌적 독재立憲的 獨裁 ㊊ constitutional dictatorship, ㊌ konstitutionele Diktatur, ㊣ dictature constitutionelle. 헌법 자체가 비상사태를 예정하고 이에 따라 입헌주의를 일시적으로 정지하여 독재적 권력행사를 인정하는 것. ➜ 국가긴급권.

입헌주의立憲主義 ㊊ constitutionalism, ㊌ Konstitutionalismus/Verfassungsstaatlichkeit, ㊣ constitutionnalisme. 1. **의의와 본질** 1) **의의** 입헌주의란 국민의 자유와 권리가 국가권력으로부터 침해당하지 않도록 보호하기 위하여 통치관계를 헌법에 규정하고, 국가가 국민에 대하여 행하는 권력작용을 헌법에 구속되도록 하는 「헌법에 의한 통치의 원리를 말한다. 이러한 내용을 규정한 헌법을 입헌주의적 헌법이라 하며, 이 헌법에 따라 운용되는 국가 내지 정치형태를 헌법국가 또는 입헌정치라 한다. 입헌주의는 **형식적 입헌주의**와 **실질적 입헌주의**로 나뉘는데, 전자는 헌법전이라는 성문의 문서에 따라 통치가 행해지는 경우이고, 후자는 성문의 헌법전이 없더라도 국가권력에 대한 제한과 통제가 법규범적 전통으로 확립되어 있는 경우를 말한다. 성문의 헌법전이 있더라도 명목적인 데에 불과하다면 입헌정치라 할 수 없으며, 성문의 헌법전이 없더라도 권력에 대한 일정한 제한과 통제가 가능하다면 입헌정치라 할 수 있다. 2) **본질** 입헌주의의 본질은 국가권력을 규범적으로 제한하는 데에 있다. 과거 법치주의가 확립되지 않은 시대에도 일정한 이념과 제도에 따라 국가권력이 제한되는 경우도 넓은 의미의 입헌주의에 포함시킬 수 있지만, 역사적으로는 법치주의가 확립된 근대 이후 국가권력 및 그 통치작용의 근거가 법적으로 정당화되는 시기의 통치의 원리이다. 따라서 좁은 의미의 입헌주의는 근대시민혁명 이후 등장한 정치원리이다. 2. **연혁** 권력남용을 제한하는 발상은 고대의 신법(神法)관념, 동양사회의 다양한 사상적 전개에서도 나타나지만, 서구의 중세유럽에서 그 논리가 본격적으로 발전하였다. 예를 들면 왕국 기본법은 군주를 구속한다는 주장 외에 로마 사법이나 교회 조직상의 논리를 전용하여 폭군에 대한 저항이나 신분의회에 의한 파면을 용인하는 주장이 나왔다. 또한 신성로마제국에서는 황제가 즉위의 서약을 파기한 경우 제후가 황제에게 검을 사용하는 것을 합법화하는 주장도 나왔다. 그 외에 영국에서는 중세 이래 코먼로(common law)나 마그나카르타 등에 의해 법의 지배원리가 확립되었으며 왕권 측도 그 권력행사를 고대의 국제(Ancient Constitution)에 의거한 것이라고 설명하였다. 단, 이것들은 여전히 신분제적 제약하에 있었다. 그럼에도 불구하고, 국가권력을 규범적으로 제한하고 통제하고자 하는 고전적인 양상들은 넓은 의미의 입헌주의로서 고전적 입헌주의라고 할 수도 있다. 하지만, 국가권력에 대한 법적인 제한과 통제라는 사상은 17·8세기의 서구의 절대군주정치에 대립하는 개념으로 등장하였다. 근대혁명의 이행과정에서 군주권과 타협적 관계를 추구하였던 근대입헌군주국가들은 입헌주의를 「의회가 입법권에 참여하여 군주를 통제하고, 군주의 권한행사에 있어서도 장관의 부서권을 인정하며, 법원이 군주로부터 독립하게 하여 군주의 권력행사에 있어서 헌법상의 제한과 한계를 인정하는 정치원리(G. Jellinek)」로 이해하였다. 이를 근대군주국가의 입헌주의라 할 수 있다(**입헌군주제**). 근대시민혁명을 거친 후 군주정을 폐지하거나(프랑스) 새로운 국가를 창설한 나라(미국)들은 국가로부터 보호되는 시민적 자유와 권리의 존재와 범위를 명백히 하고 이를 실현하기 위한 구체적인 제도적 장치가 헌법에 규정되어 정식의 문서로서 확인하게 되었다. 1776년 미국의 버지니아 권리장전, 1789년 프랑스의 인권선언에서 인권의 보장과 이를 위한 권력의 분립을 내용으로 하는 근대민주국가의 입헌주의가 확립되었다. 미국과 프랑스의 근대적 입헌주의가 확립된 후, 이로부터 영향을 받은 독일은 위로부터의 근대화가 진행되어 외견적 입헌주의가 성립되었다. 1848년 3월혁명을 거쳐 1851년 프랑크푸르트헌법에 의한 독일통일이 무산된 후, 1871년 비스마르크에 의한 독일통일이 성취되었고, 국민주권이 아닌 국가주권이 강조되고, 국민의 자유와 권리가 국가에 의하여 주어지는 것이며, 국가는 그 기관인 군주에 의하여 통치된다고 하는 법실증주의적 헌법이론이 등장하였다. 독일의 이러한 이론은 일본국에 계수되었고, 이후 일제강점기를 겪은 우리나라에도 그 영향을 미쳤다(군부독재정권). 3. **근대적 입헌주의의 기본요소** 근대적 입헌주의는 국가권력에 대한 헌법의 우위를 강조하여, 헌법이 국가에 선행하며, 모든 국가권력이 헌법에 기속되고, 국가권력의 행사는 헌법의 한계 내에 있어야 하고, 한계를 넘는 국가권력의 행사는 실질적으로 배제되어야 한다는 것을 전제로 하는 것이었다. 근대적 입헌주의는 기본권보장주의, 국민주권주의, 권력분립의 원칙, 성문헌법원칙, 경성헌법 등을 그 요소로 한다. 자유주의, 권력분립원칙, 의회주의, 법치주의, 성문헌법주의를 들기도 한다. 4. **현대적 입헌주의의 기본요소** 근대입헌주의는 소극국가원리를 기초로 하고 있었다.

그러나 자본주의의 발달과 함께 격심한 빈부격차, 경제공황과 실업, 제국주의 전쟁(1 · 2차 세계대전) 등으로 국가의 새로운 역할을 모색하게 되었고, 특히 1차 대전 이후 바이마르헌법은 현대적 입헌주의의 효시가 되었다. 현대적 입헌주의는 국민주권의 실질화, 기본권보장의 사회화 · 실질화, 권력융화주의의 경향, 실질적 법치주의, 적극국가화, 헌법재판제도를 통한 헌법의 규범력확보 등을 그 내용적 요소로 하고 있다.

입헌주의적立憲主義的 **긴급권** 평상시의 상태를 유지한 채로 비상사태에 대응하기 위하여 임시적인 조치를 취하는 권한으로서, 제도가 임시적으로 기능할 수 있도록 헌법을 부분적 · 일시적으로 정지하는 것을 법적으로 용인하는 것. ➜ 국가긴급권.

입후보방식立候補方式, **비례대표의**- 개인별 입후보방식과 명부식 입후보방식이 있다. 명부식은 고정명부식과 가변명부식이 있다. ➜ 비례대표제.

잊혀질 권리 ㊂ the right to be forgotten, ㊀ Recht auf Vergessenwerden, ㊇ Droit à l'oubli. 1. **서언** 1) **의의** 잊혀질 권리는 여전히 형성 중인 개념으로서, 인터넷상에서 잠재적으로 나타나 있는 자신과 관련된 정보를 포함하는 각종 자료의 삭제를 요구하여 해당 자료로부터 자유로워질 수 있는 권리라고 일응 정의할 수 있다. 우리말의 문법으로는 '잊힐 권리'라고 함이 정확하겠으나, 통상 '잊혀질 권리'로 사용되고 있다. 인터넷 공간을 배경으로 하는 새로운 권리로서의 '잊혀질 권리'라 함은 권리주체가 스스로 인터넷상에서 지속적으로 검색되는 자신과 관련된 정보자료를 삭제하거나 검색차단을 할 수 있고, 정보제공 서비스와 관련하여 권한이 있는 자(ISP 등)에 대하여 정보삭제나 검색차단, 변경된 정보의 공시와 같은 일정한 조치를 요구함으로써 기존의 정보로부터 정보주체의 의지대로 자유로워질 수 있는 권리로 정의될 수 있을 것이다. 2) **특성** 1) **사후적 권리성** 잊혀질 권리는 타인에게 공개 목적으로 인터넷상에 게시된 자료를 사후적으로 공개된 정보상태에 관한 권리라는 점에서 사후적 권리로서의 특성을 갖는다. 공개 이후의 정보에 대한 일정한 권리를 인정하고 제한의 침해성 및 다른 기본권과의 충돌문제가 발생한다. 2) **지속성** 잊혀질 권리에 대한 침해 상황은 단발성에 그치는 것이 아니라 현실적인 지속성과 동시에 잠재적인 지속성을 띤다. 따라서 피해에 대한 실질적인 예측이 불가능하고 명확한 구제방법이 기술적으로도 용이하지 않다. 3) **구조적 특이성** 잊혀질 권리의 인정여부는 표현의 자유 및 알 권리라는 기본권충돌관계를 전제할 수밖에 없다. 따라서 그 인정 여부 및 범위에 따라 양 권리의 중요성도 형량의 범주에서 모든 헌법적 원칙들이 검토되어야 한다. 2. **연혁** 잊혀질 권리는 프랑스법상 범죄자의 망각권(a right to oblivion: le droit à l'oubli)으로부터 연원하며, 빅토르 마이어 쇤베르거(Viktor Mayer Schönberger)가 잊혀질 권리의 중요성에 대해 발표한 연구논문과 저서를 통하여 본격적으로 논의한 데서 표면적으로 부각되기 시작하고 아울러 세계적인 관심을 불러일으켰다. EU에서 1995.10. 개인정보보호지침(Directive);'EU95지침')을 제정하여 운영하여 오다가, 좀 더 강력하고 통일적인 개인정보보호제도를 시행할 필요성을 인식하고 구체적인 법제도형성을 위해 노력하여 2012.1.25. 새로운 일반데이터보호규칙(General Data Protection Regulation; GDPR) 초안을 공표하였다. 그 사이 2014.5.13. 유럽연합사법재판소(Court of Justice of the European Union: CJEU)가 곤잘레스(Google Spain v. AEPD and Mario Costeja

Gonzalez) 판결을 통해 잊혀질 권리를 공식적으로 인정하였다. ➜ 곤잘레스 판결. 이후 2012년에 공표된 GDPR초안의 수정을 거쳐 2016.4.27. 비로소 '2016 GDPR'이 제정 · 공포되었으며, 2년간의 유예를 거쳐 2018.5.25.부터 유럽 전역에 직접적 효력이 미치도록 하고 있다. 공식발효 직후 'noyb (Non of Your Business)'를 비롯한 비영리기관들이 구글과 페이스북을 GDPR 위반 혐의로 제소했고, 각국 정보보호기관으로 이관되었다. 프랑스 데이터보호 감시기관 CNIL은 구글의 개인정보 처리 과정 중 특히 투명성과 동의절차 등이 GDPR을 위반했다고 지적하면서, 구글에 GDPR 위반 혐의로 5천만 유로 벌금을 부과하였다(2019.1.21.). 한편, CJEU는 정보삭제(de-referencing)의 장소적 범위(geographical scope)에 관하여 구글이 사용자로부터 삭제 요청을 받았을 때, 유럽 내에서만 해당 자료를 제거하면 된다고 판결하였다(2019.9.24., CJEU, C-136/17; C-507/17). 3. **잊혀질 권리의 세계화** 잊혀질 권리에 관한 EU의 논의는 전 세계적으로 확산하고 있다. 1) **아르헨티나** 아르헨티나 대법원은 2014.10.28. 로드리게스(Rodriguez) 사건에서 검색엔진 사업자는 아동 포르노나 범죄를 선동하는 콘텐츠와 같이 대중에게 명백히 위험하거나 해악을 끼치는 표현물에 대한 접근을 제공하는 경우 엄격 책임을 지지만, 다른 사람의 명예나 프라이버시에 부정적인 영향을 미칠 수 있는 콘텐츠에 대해서는 과실 책임을 진다고 판시하였다(Corte Suprema, Civil, Rodriguez M. Belen c/Google y Otro s/ daños y perjuicios, R.522.XLIX., October 29, 2014). 2) **인도** 법률 포털 인디안 카눈(Indian Kanoon)의 검색결과와 이를 링크하는 구글 등 검색엔진의 검색결과에서 자신의 이름을 삭제해달라는 요청이 많고, 이를 인정하는 경우도 있고, 그렇지 않은 경우도 있다. 3) **러시아** 러시아는 잊혀질 권리를 법제화하여 2016.1.1.부터 시행하고 있다. 새로운 법에 따르면, 검색엔진 운영자는 정보주체의 요청에 따라 해당 개인정보의 유통이 러시아법을 위반하거나 또는 해당 개인정보가 부정확하거나 오래되었거나 부적절한 경우 그 정보에의 접근을 차단해야 한다. 그러나 새 법은 검색엔진 사업자에게 검색결과의 삭제 의무를 부과할 뿐이며, 웹 플랫폼에 있는 존재하는 실제 정보에 대한 삭제권까지 인정한 것은 아니다. 4) **영국** EU 탈퇴를 진행 중인 영국의 경우 2017.8. 정보보호법을 개정하여 정보주체가 개인정보 통제권을 더 많이 행사할 수 있도록 하겠다는 정부 계획이 발표되었다. 개정법에는 잊혀질 권리가 포함되어, 정보주체는 소셜 미디어에 자신이 어렸을 때 게재하였던 정보를 삭제하도록 요청할 수 있는 권리를 가진다. 5) **미국** 미국 캘리포니아 주는 18세 미만의 미성년자가 인터넷 웹사이트 운영자에게 개인정보의 삭제를 요청할 수 있는 권리를 입법해, 2015.1.1.부터 시행 중이다. 연방 차원의 입법은 아직 없다. 6) **일본** 일본에서의「잊혀질 권리」는 독자적인 권리로서 다루어 지고 있지 않고, 명예권 또는 프라이버시권의 일부로서 검색결과 등의 삭제를 요구하는 권리로 다루어지고 있다. 2015.12.22. 사이타마 지방법원이 범죄자의 잊혀질 권리를 인정하였으나, 도쿄(東京) 고등법원이 2016.7.12. 사이타마 지방법원 결정을 취소하였고, 최고재판소는 2017. 1. 31. 원고의 항고를 기각하고 위 도쿄 고등법원 결정을 확정하였다. 4. **헌법적 쟁점** 1) **기본권성** (1) **법적 권리설** 잊혀질 권리의 본질은 개인정보 삭제청구권이고 대국가적 공권의 성격을 가지지 않기 때문에 헌법상 권리로 파악하는 것은 무리라고 한다. 이 견해에 따르면, 잊혀질 권리의 구체적 내용은 법률적 차원에서 입법자가 입법을 통해서 어떻게 규율하는가에 달려 있다. (2) **헌법적 권리설** 잊혀질 권리는 법원 재판을 통해서 표현의 자유와 비교형량한 후 인정될 수 있으므로 대국가적 공권의 성격을 가진다고 봄이 타당하다. 국회가 입법할 경우 잊혀질 권리와 표현의 자유가 충돌하는 상황에서 두 기본권이 모두 최대한 실현될 수 있도록 조화의 방법을 찾아야 한다. 잊혀질 권리는 헌법에 열거된 권리는 아니지만, 헌법 제10조의 인간의 존엄과 가치를 실현하기 위하여 불가결한 수단으로서 국가가 헌법에 수용하였는지 여부와 관계없이 헌법적으로 보장된다. CJEU는 구글 스페인 판결에서 잊혀질 권리의 법적 근거로 개인정보보호지침 제12조 b호와 제14조 a호를 상세히 언급하였지만 동시에 유럽연합기본권헌장 제7조(프라이버시권)와 제8조(개인정보 보호)에 의해서 보호되는 기본적 권리(fundamental rights)의 관점에서도 정보주체는 개인정보를 일반 대중에게 공개되지 않도록 요구할 수 있다고 판시하여 잊혀질 권리가 헌법상 권리임을 시사하였다. 2) **헌법적 근거** 잊혀질 권리를 헌법상 권리라고 할 경우 그 성격과 헌법적 근거를 놓고 개인정보자기결정권설과 정보프라이버시권설, 새로운 유형의 인격권설, 혼합적 기본권설 등으로 나뉜다. 대상정보, 규제대상인 행위, 정보주체의 동의여부 등에 있어서 차이가 있으므로 새로운 인격권으로 보되, 혼합적 기본권으로 봄이 타당하다. 3) **적용범위** (1) **표현의 자유와의 충돌 문제** 잊혀질 권리는 비례원칙에 따라 정보의 사회적 가치와 상충하는 다른 기본권의 가치를 비교형량한 후 인정여부 및 적용범위가 결정된다. 잊혀질 권리를 검토하면서 표현의 자유를 침해할 우려 내지 표현의 자유와의 조화를 고려하는 것은 전 세계에서 공통된다. 따라서 표현의 자유와의 비교형량은 잊혀질 권리의 본질이라 할 수 있다. (2) **잠재적 적용범위** 잊혀질 권리는 ① 적법하다고 평가받았던 ② 개인에 관한 표현물이 ③ 인터넷에 더 이상 유통되는 것이 부적법한 경우 정보주체의 요청에 따라 ④ 해당 개인정보의 유통을 금지하는 권리를 의미한다. 잊혀질 권리는 과거 적법하다고 평가받은 정보라고 하더라도 해당 정보가 인터넷에 지속적으로 유통됨으로 인하여 발생하는 새로운 인격권 침해에 대한 구제수단이다. 이 때 시간의 경과에 따른 비교형량의 변화는 법원이 판단한다. 5. **현행 법규** 1) **개인정보보호법** 동법에서는 정보주체는 제35조 제1항에 따라 개인정보처리자가 처리하는 자신의 개인정보에 대한 열람을 요구할 수 있고, 제36조에서 그 개인정보의 정정 또는 삭제를 요구할 수 있는 권리를 규정하고 있다. 또한 정보주체는 제37조에 따라 개인정보처리자에 대하여 자신의 개인정보 처리의 정지를 요구할 수 있다. 다만, 개인정보의 정정·삭제 및 처리 정지 요구에 대한 예외 조항을 두어 이에 해당할 경우 적용되지 않도록 하였다(제58조). 2) **정보통신망법** 동법에서는 정보주체의 정보 삭제 또는 정정 요청권으로 제44조의2에서 일반에게 공개를 목적으로 제공된 정보로 사생활 침해나 명예훼손 등 타인의 권리가 침해된 경우 침해를 받은 사람은 침해 사실을 소명하여 정보통신서비스제공자로 하여금 해당 정보를 삭제하도록 하거나 반박내용의 게재를 요청할 수 있도록 명시하고 있다. 정보통신서비스제공자는 위 요청을 받으면 지체 없이 삭제·임시조치 등의 필요한 조치를 하고 즉시 신청인 및 정보게재자에게 알려야 하고, 삭제요청에도 불구하고 권리의 침해 여부를 판단하기 어렵거나 이해당사자 간에 다툼이 예상되는 경우 최장 30일 동안 해당 정보에 대한 접근을 차단하는 조치를 할 수 있도록 규정하고 있다. 또한 제30조에서는 이용자의 정보파기 요청권을 일부 명시하여, 정보통신서비스제공자 등은 이용자의 동의 철회 시수집된 개인정보를 지체 없이 파기하는 등의 필요한 조치를 하여야 하며 정보통신서비스제공자 등은 이용자에게 오류의 정정을 요구 받으면 지체 없이 정정 또는 정정 불가사유의 안내 등 필요한 조치를 하여야 한다고 명시하였다. 6. **판례** 대법원은 표현의 자유 관점에서 인터넷 상에서 잊혀질 권리를 보호하기 위해 기사삭제 기준을 제시하였다. 즉, 그 표현 내용이 ① 진실이 아니거나 공공의 이해에 관한 사항이 아닌 기사로 인해 ② 현재 원고의 명예가 중대하고 현저하게 침해받고 있는 상태에 있기 때문"에 기사삭제를 허용한다고 판시하였다(대판 2013.3.28. 2010다60950). 그리고 언론의 자유와 인격권이라는 두 가지의 가치가 충돌할 경우에 이를 비교 형량하여 판단하면 된다고 밝혔다.

ㅈ

자갈채취판결 Naßauskiesungsbeschluß, BVerfGE 58, 300(1981) 1. **사실관계** 원고는 1913년 이래 시행되어온 수리법(Wassengesetz)에 의하여 자기의 토지에서 지하수면에 이르기까지 자갈을 채취해 오고 있었다. 1960년에 시행된 상수도법(Wassenerhaushaltsgesetz: WHG; 1976년까지 시행되었다)은 원고의 자유스러운 자갈채취권을 박탈하고, 허가를 받아서 채취할 수 있게 하였고, 허가여부는 허가관청의 재량으로 하게 하였다. 그리하여 원고는 자갈채취를 계속하기 위하여 허가를 신청하였으나, 자갈채취장소가 급수공장의 급수시설(Brunnenanlage)로부터 부분에 따라서는 120m 밖에 떨어져 있지 않아 준설로 인하여 물이 오염되고, 그 물이 취수원까지 흘러들어 급수가 곤란하게 된다는 이유로 허가신청이 거부되었고, 그 허가거부처분에 대하여 의의신청(Widerspruch)을 하였으나 각하되자, 원고가 공용침해를 이유로 손실보상을 청구하였다. 그러나 연방헌법재판소가 손실보상청구권이 없다고 판결한 것이다. 2. **판결** 연방헌법재판소는 과거 여러 판결에서 직간접적으로 설시하여 왔던 기본법 제14조 제1항 제1문의 의미내용을 다시 한 번 명백히 하고 있다. 즉 기본법 제14조 제1항 제1문에 의하여 보장되는 구체적인 재산권은 민법 제903조에 의한 재산권 개념과는 달리 동조 제1항 제2문의 규정상 공·사법의 규정에 의하여 비로소 창설적으로 형성되는 것으로 ① 재산권침해 여부를 판단하기 전에 헌법상 보호되는 재산권의 영역이 어디까지인가를 명백히 밝혀야 하며, 입법자가 재산권의 내용과 제한을 정하는 법률에 의하여 재산권의 내용으로부터 제외하였을 경우는 재산권에 대한 침해도 있을 수 없다. ② 재산권의 외연에 대하여 규정하는 것은 재판관의 임무는 아니고 입법자의 권한에 속하는 것이라고 하면서 결론적으로, 「… 시민이 자기에게 행해진 처분 중에 공용침해를 인정할 때에는 그는 그것에 대하여 법률상의 청구권기초가 존재할 때에만 보상을 청구할 수 있다. 그것을 결하고 있을 때에는 행정법원에서 침해행위의 취소에 노력하지 않으면 안되는 것이며 그것을 행하지 않고 법률에 의해 인정되고 있지 아니하는 보상을 청구할 수 없다. 법률상의 근거를 결하고 있기 때문에 법원도 또한 보상을 명할 수 없는 것이다. …」라고 하였다. 즉, 이 판결의 요점은 결부조항(결합조항: GG 제14항 제3항 제2문)에 위반한 법률에 의한 공용침해에 대하여 항고소송을 제기할 수는 있으나, 손실보상을 청구할 수는 없다고 하였다. 3. **판결의 의의** 이 판결은 보상규정 없는 수용법률은 위헌이고 따라서 이에 근거한 수용적 조치는 위법하며 이 경우 당사자는 보상규정이 없으므로 보상을 요구할 수는 없고 행정법원에서 그 취소를 구해야 한다고 판시한 것으로, 이는 수용유사침해보상을 인정하지 않음으로써 이 경우 인정되던 취소와 보상의 선택권을 부정한 것이었다. 이 판결은 수용유사적 침해를 부정·배제하는 것이 아니라 그 기원과 형태, 토대와 응용영역, 구성면모와 법적 효과 등에서 근본적으로 새로이 숙고되고 배열되어야 한다는 것이다. ➜ 재산권의 사회적 제약과 공용침해.

자격심사資格審査**, 국회의원의**- 국회에서 의원자격의 보유에 필요한 피선거권의 여부, 겸직으로 인한 자격상실 여부 등을 심사한다(헌법 제64조 제2항). 국회법상 제명과 동일한 절차를 거친다(국회법 제138~142조). ➜ 국회의원의 지위·권한과 의무.

자기결정권自己決定權 ㊇ Right of Self-determination, ㊈ Selbstbestimmungsrecht, ㊉ Droit à l'autodétermination. 1. **의의** 자기결정권이라 함은 일반적으로 개인이 일정한 중요 사적 사안에 관하여 공권력으로부터 간섭을 받음이 없이 스스로 결정할 수 있는 권리를 말한다. 각 개인이 지닌 행복추구권을 실현하기 위한 불가결한 조건으로서 각자가 자기의 의사와 책임에 의하여 자기의 인생을 살아가도록 보장될 필요가 있다. 헌법상 명문규정이 없는 자기결정권을 헌법상의 권리로서 인정할 수 있는지 여부의 문제와 관련하여 자기결정권의 법적 성격, 헌법적 근거 및 내용과 제한 등에 대하여 문제가 제기되고 있다. 2. **자기결정권의 헌법적 근거 및 법적 성격** 1) **헌법적 근거** (1) **비교법적 고찰** **미국**에서는 자기결정권에 관련되는 낙태, 죽음, 성적행위, life-style 등의 사안을 개인의 Privacy권의 문제로 논의해 오고 있다. 이미 1890년에 Warren과 Brandeis에 의해 주창된 Privacy권리는 Olmstead v. United States, 277 U.S. 438(1928) 판결에서 수정헌법 제4조와 관련하여 헌법문제로 다루어졌으며, 1965년 연방대법원은 Griswold v. Connecticut, 381 U.S. 479(1965) 판결에서 피임의 자유가 헌법상의 Privacy권이라고 하여 Privacy권이 헌법상의 기본권임을 인정하였고, 1973년 Roe v. Wade, 410 U.S. 113(1973) 판결에서는 낙태의 자유를 Privacy권이라고 선언하여 Privacy권의 기본권성을 재확인하면서 낙태나 피임 등이 자기결정권에 관련된 것임을 밝혔으며, 이후 이 두 판결을 축으로 일련의 판결에 의하여 실체적 적법절차를 보장하고 있는 수정헌법 제14조의 「생명·자유」의 개념이 고도로 개인적인 행위를 자유로이 선택하는 권리(자기결정권)를 포함하고 있다고 천명하고 있다. **독일**에서는 인격의 자유로운 발현권에 관한 기본법 제2조 제1항을 중심으로 인간존엄의 불가침을 선언하고 있는 제1조 제1항을 결부시켜 자기결정권의 헌법적 근거를 찾고 있다. 연방헌법재판소는 1957년 Elfes 판결(BVerfGE 6, 32) 이후 기본법 제2조 제1항이 일반적 행동의 자유를 보장하고 있다는 입장을 견지해오고 있다. 1964년의 일기(Tagebuch) 판결(BVerfGE 18, 146) 이후 연방헌법재판소는 기본법 제2조 제1항과 제1조 제1항에 의거하여 널리 개인의 사적 사안에 대한 간섭을 배제하고 그 존중을 구하는 권리인 일반적 인격권 및 이로부터 파생하는 정보에 관한 자기결정권 등을 도출해오고 있고, 성전환판결(BVerfGE 49, 286)에서 명시적으로 기본법 제2조 제1항과 제1조 제1항에 의거한 일반적 인격권의 일환으로 개인의 자기결정권을 인정하였다. **일본**의 대다수 학자들은 일본국 헌법 제13조에서 자기결정권의 헌법적 근거를 찾고 있다. 제정 초기에는 헌법 제13조의 「생명, 자유 및 행복추구에 대한 국민의 권리)」규정이 프로그램규정에 불과하다고 해석되었으나, 점차 헌법상 명문화되지 않은 특정의 법적 권리를 기초하고 있다고 이해되면서 포괄적 기본권으로 파악되게 되었고, 판례도 이를 따르고 있다(日最高裁(大)判 昭和 44.12.24, 刑事 23-12-1625). 1980년대 이후 행복추구권의 해석과 관련하여 자기결정권의 법적·구체적 권리성 여하의 문제가 제기되고 있는 바, 일부 부정설을 주장하는 학자도 있으나, 대다수는 헌법 제13조 후단의 행복추구권이 특정한 법적권리의 근거라고 하면서 헌법상의 자기결정권도 소위 새로운 인권으로서의 승인요건을 충족하고 있다고 주장하고 있다. (2) **우리나라의 경우** 우리나라에서는 자기결정권을 인격적 자율권으로 파악하여 그 헌법적 근거를 헌법 제10조의 인간의 존엄과 가치·행복추구권에서 구하는 견해와, 헌법 제10조 제1문 전단의 인간으로서의 존엄과 가치를 누리기 위하여 필요한 것이면 그 모두가 헌법 제37조 제1항의 경시되어서는 아니 될 자유와 권리라고 할 수 있고 그 중에 자기결정권도 포함된다는 입장이 있다. 헌법재판소는 형법상 간통죄의 위헌여부에 관한 헌법소원심판의 판결에서 「헌법 제10조는 …개인의 인격권과 행복추구권을 보장하고 있다. 그리고 개인의 인격권·행복추구권에는 개인의 자기운명결정권이 전제되는 것이고, 이 자기운명결정권에는 성행위 여부 및 그 상대방을 결정할 수 있는 성적 자기결정권이 또한 포함되어 있으며…」라고 판시하여 명시적으로 자기결정권을 인정하면서 그 헌법적 근거를 인간으로서의 존엄과 가치 및 행복추구권에서 찾고 있다(헌재 1990.9.10. 89헌마82). 2) **자기결정권의 법적 성격** 자기결정권은 공권력에 대한 부작위청구권으로서의 본질을 가지는 자유권이다. 따라서 자기결정권은 소극적·방어적인 성격을 지니는 권리로서, 개인의 의미있는 자기결정을 위하여 제반 조건의 정비를 요구할 수 있는 적극적인 작위청구권적 측면까지 포함하지는 않는다. 다만, 오늘날 정보화사회의 발달에 따라 Privacy권의 주된 영역으로 등장하고 있는 개인정보자기결정권은 소극적인 자유권의 성격뿐만 아니라 적극적인 청구권의 성격도 아울러 지니고 있는 것으로 발전하고 있기 때문에 영역에 따라서는 자기결정권도 점차 적극적인 청구권으로서의 성격을 가지는 것으로 발전하고 있다. 3. **자기결정권의 주체** 인간의 자율을 존중하는 현대사회에서 개인생활에 대한 국가의 부당한 공권력행사를 방지하고 개성을 신장시키는 적극적 의미를 지닌 자기결정권은 당연히 충분한 판단능력을 갖춘 개인을 전제로 한다. 따라서 충분한 판단능력을 갖추지 못한 자, 예컨대 미성년자나 심신장애자 등에게도 자기결정권의 주체성을 인정할 수 있는가 하는 문제가 제기된다. 헌법상의 자기결정권에 있어서 그 주체를 충분한 판단능력을 갖춘 자에게만 한정시킬 수는 없다. 왜냐하면 헌법 제10조는 모든 국민 개개인에게 오로지 인간이라는 이유만으로 기본적 인권을 보장하고 있기 때문이다. 그러므로 어린이를 포함한 미성년자나 심신장애자 등 판단능력이 결여된 개인까지도 포함한 모든 인간이 헌법상 자기결정권의 주체라고 보아야 하며, 거의 모든 학설이 이러한 입장을 지지하고 있다. 이들에게 자기결정권을 인정한다고 하여 그것이 이들에게 충분한 판단능력을 갖춘 자와 같은 정도의 보장을 한다는 의미는 아니다. 왜냐하면 보호를 필요로 하는 사람들이 있고, 이들에 대해서는 본인보호를 위하여 자기결정을 무시하는 법적 간섭(paternalism)을 하더라도 그것이 정당화될 수 있고 또한 필요함을 부정할 수 없기 때문이다. 4. **자기결정권의 내용** 1) **자기결정권의 범위** 자기결정권의 범위에 관하여 광의설과 협의설로 나눌 수 있다. (1) **광의설(일반적 자유설)** 이 견해는 자기결정권을 광의로 파악하여 널리 일체의 생활영역에 관한 행위의 자유(일반적 행위의 자유)라고 한다. 일본과 독일의 다수설 및 연방헌법재판소 판례의 입장이다. (2) **협의설(인격적 이익설)** 이 견해는 자기결정권을 개인의 인격적 생존에 불가결한 인격적 자율권이라고 한정적으로 파악한다. 이 설은 독일기본법 제2조 제1항의 인격의 자유로운 발현권을 제한적으로 해석하여 「개인의 인격적 영역의 보장」으로 파악하는 독일의 소수설 및 미국의 Privacy권에 관한 판례의 입장이다. (3) **평가** 광의설에 대하여는, 인권의 인플레를 발생시키고, 하나의 헌법상 권리로 간주되기 위하여 필요한 정합성, 한정성, 명확성을 구비하지 않게 되며, 법원이 모든 자유를 헌법상의 권리로 간주하는 것은 민주정의 원리에 적합치 않다는 비판이 가해지고 있다. 한편 협의설에 대하여는, 인격적 이익과 그 이외의 것과의 구별이 불명확하고, 인권의 기저를 이념적인 인격에서 구하려고 하여 헌법상의 권리로 인정되는 범위가 협소해진다는 비판이 제기되고 있다. 자기결정권은 일반적 자유와 관련되는 것으로 봄이 타당하다. 헌법재판소도 형법상 간통죄의 위헌여부에 관한 헌법소원심판의 판결에서 자기결정권이 개인의 인격권과 깊이 관련되고 있음을 밝히고 있다(헌재 1990.9.10. 89헌마82). 2) **자기결정권의 유형** 자기결정권의 내용은 학자에 따라 다소 차이는 있으나, 대체로 생명 · 신체의 처분에 관한 자기결정권, Reproduction의 자기결정권, life-style의 자기결정권, 개인정보자기결정권, 기타의 자기결정권 등으로 구분할 수 있다. 한편 우리나라는 헌법 제17조에서 사생활의 비밀과 자유(Privacy권)을 명문으로 보장하고 있기 때문에 자기결정권으로 파악하고 있는 사항 중 상당부분이 헌법 제17조에 의하여 보장되고, 자기결정권으로 보호되는 영역은 이를 제외한 나머지 사항에 한정된다고 보아야 할 것이다. 3) **자기결정권의 구체적 내용** (1) **생명 · 신체의 처분에 관한 자기결정권** 이는 장기이식이나 의료거부, 특히 존엄사와 같은 생명 · 신체의 처분에 관한 자기결정권을 말하며, 이를 헌법상 인권의 하나로서 인정할 수 있다고 하여도 인간의 인격적 생존의 근원에 관련하여 중요한 많은 문제와 미묘하게 관련되기 때문에 그 조건이나 한계에 대해서는 신중한 검토가 필요하다. 존엄사의 문제와 관련하여 미국 뉴저지주 대법원, Missouri주 대법원, 연방대법원도 이를 인정하였다(Cruzan v. Director, Missouri Department of Health, 110 S. Ct.2841(1990)). 결국 이러한 입장에 의하면 의사결정능력이 있는 사람은 치료를 거부할 수 있고, 따라서 죽을 권리를 가진다고 하게 된다. 이에 대하여 자살방조죄와 다를 것이 없다는 비판도 가해지고 있다. 오늘날에는 장기이식의 문제도 자기결정권의 문제로 포섭되고 있다. (2) **Reproduction의 자기결정권** Reproduction의 자기결정권이라 함은 자식을 가질 것인가 아닌가를 결정할 수 있는 권리를 말하며, 이러한 Reproduction에 관한 사항은 개인의 인격적 생존에 불가결한 중요사항으로서 미국의 학설과 판례상 Privacy권의 중심적인 문제로 인정되고 있고, 일본에서도 헌법상 자기결정권으로 보장된다는 입장이 다수설이다. 그러나 우리나라는 헌법 제17조에서 명문으로 Privacy권을 규정하여 사생활의 자유로운 형성과 영위를 보장하고 있으므로 사생활의 일부 영역으로서 Reproduction에 관한 사항은 헌법 제17조에 의하여 보호된다고 보아야 할 것이다. (3) **life-style의 자기결정권** life-style의 자기결정권은 흡연 · 음주 · 외양 · 복장 · 두발형 기타 취미나 기호 등을 자유로이 결정할 수 있는 권리를 말하는 바, 이러한 life-style의 자기결정권의 범위는 한정적으로 해석하여야 한다. 왜냐하면 자기결정권의 한 유형으로 life-style의 자유를 인정함에 있어서 그 범위를 확대할 경우에는 광의설(일반적 자유설)에 접근하여 그에 따른 문제점을 제기하게 되기 때문이다. 다만 우리나라는 헌법 제17조에서 명문으로 Privacy권을 규정하고 있기 때문에 사생활의 중요영역인 life-Style에 관한 사항도 헌법 제17조에 의해 보장된다고 해야 할 것이다. (4) **개인정보자기결정권** → 개인정보자기결정권. (5) **성적 자기결정권** → 성적 자기결정권. (6) **기타의 자기결정권** 기타의 자기결정권에는 앞의 각 유형으로 분류하기 곤란한 내용이나 자기결정권이론의 발전에 따라 장차 새로이 형성될 중요한 유형의 자기결정권이 포함될 것이다. 헌법재판소는 간통죄의 위헌여부에 관한 헌법소원심판의 결정에서 성행위여부 및 그 상대방 결정에 관한 사항을 헌법 제17조의 Privacy권의 문제가 아닌 성적인 자기결정권의 문제로 파악하고 있다. 5. **자기결정권의 제한** 헌법 제37조 제2항은 「국민의 모든 자유와 권리는 국가안전보장 · 질서유지 또는 공공복리를 위하여 필요한 경우에 한하여 법률로써 제한할 수 있으며, 제한하는 경우에도 자유와 권리의 본질적인 내용을 침해할 수 없다」고 규정하고 있다. 따라서 개인의 자기결정권에 있어서도 권리행사가 오로지 본인의 내심영역에 머물러 있고 외부적인 행위를 수반하지 않는 경우에는 본질적 내용으로만 구성되어 있어서 공권력은 이에 개입할 수 없으나, 권리행사가 외부의 행위를 수반하는 경우에는 국가안보 등을 위하여 필수불가결한 최소한의 범위내에서 공권력이 개입하고 법률로 제한할 수 있게 된다. 한편 법률에 의한 자기결정권의 제한에 있어서 본인보호를 위한 가부장적 제한원리(paternalism)가 타당할 수 있는가, 타당할 수 있다면 그것은 어떠한 경우이며, 그 범위와 한계는 어떠한가 하는 문제가 제기되고 있는 바, 최근에는 한정적이지만 가부장적 기본권 제한을 인정하는 입장이 나타나고 있다. 그러나 자기결정권의 가부장적 제한은 자칫 본인보호라는 미명하에 한계를 일탈할 여지도 있기 때문에 안이하게 이를 인정하는 것은 곤란하다.

자기관련성自己關聯性 = **본인관련성**本人關聯性 ➜ 헌법소원심판.

자기구속력自己拘束力 ➜ 헌법재판소 결정의 효력.

자기부죄금지自己負罪禁止**의 특권**特權 ➜ 진술거부권.

자기정보(관리)통제권自己情報(管理)統制權 ➜ 개인정보자기결정권.

자기지배自己支配 자기지배는 자신이 스스로를 지배한다는 의미로서 민주주의의 핵심내용이며, 치자와 피치자가 일치하는 정치원리를 말한다. 다만 현실적으로 직접민주주의는 가능하지 않으므로 전체 국민이 그들의 대표를 통하여 지배하게 되고, 그에 따라 실제 정치에서는 대표자에 의한 지배로 전화된다.

자기집행적 조약自己執行的條約 ㉧ self-executing treaty. ⇔ 비자기집행적 조약. 미국헌법 제6조 제2항은 「이 헌법, 이 헌법에 의하여 제정된 미국연방의 법률 및 그 권능에 의하여 체결된 또는 장차 체결될 모든 조약은 연방의 최고법이다. 각주의 법관은 그 주의 헌법이나 법률에 반대규정이 있더라도 이에 구속된다.」고 규정하고 있다. 그러므로 미국헌법은 조약에 대하여 이를 수용하고 있다고 보여진다. 그럼에도 불구하고 미국의 법원이 조약을 '자기집행적 조약(self-executing treaty)'과 '비자기집행적 조약(non-self-executing treaty)'으로 구분하여 전자에 대하여는 수용적 태도를, 후자에 대하여는 변형적 태도를 취하고 있다. 즉, 조약은 그것이 법원이나 행정기관에 의하여 국내적으로 적용되기 위하여 특별한 입법을 필요로 하지 않는, 말하자면 특별한 입법적 조치 없이 바로 국내에 적용되는 것과 특별한 입법적 조치를 필요로 하는 것으로 구분할 수 있는데, 전자가 '자기집행적 조약(self-executing treaty)'이며, 후자가 '비자기집행적 조약(non-self-executing treaty)'이다. 구체적으로 어떤 조약이 자기집행적이고 비자기집행적인지의 여부는 조약당사국의 의사를 고려하여 결정하여야 하지만, 결국은 조약해석의 문제로 귀결된다. 여기서 당사국의 의사는 우선 조약문을 통하여 밝혀지겠지만, 그것이 명백하지 않은 경우에는 조약(또는 조항)의 목적 · 성질 · 기타 제반사정을 고려하여 결정되어야 한다. ➔ 조약에 대한 사법심사.

자기책임설自己責任說 ➔ 국가배상청구권.

자도소주구입명령제自道燒酒購入命令制**(헌재 1996.12.26. 96헌가18)** 1. **사실관계** 정부가 70년대 초부터 전국에 400여 개의 소주업체가 난립한 소주시장을 1도1사의 원칙을 최종목표로 하여 통폐합정책을 추진한 결과 소주제조업자의 수는 1981년에 현재의 10개 업체로 통합 · 축소하였다. 자도소주구입제도는 1991년 말에, 주정배정제도는 1992년 말에 폐지되었으나, 자도소주구입제도는 1995년 주세법 제38조의7 규정에 따라 다시 규정되었다. 동 규정은 희석식소주의 총구입액의 100분의 50 이상을 당해 주류판매업자의 판매장이 소재하는 지역과 같은 지역에 소재하는 제조장으로부터 구입하도록 명하도록 하고 있었다. 천안지역 주류판매업자인 제청신청인은, 천안세무서장이 제청신청인의 주세법 제38조의7 위반을 이유로 주세법 제18조 제1항 제9호에 근거하여 한 주류판매업정지처분에 대하여 이의 취소를 구하는 주류판매업정지처분취소의 행정소송을 제기하였고, 주세법 제38조의7 및 제18조 제1항 제9호에 대한 위헌법률심판의 제청신청을 하였다. 2. **헌법재판소 결정** 헌법재판소는, ① 동 구입명령제도의 도입을 통하여 달성하려는 성과가 직업의 자유에 대한 침해의 정도와 현저한 불균형을 이루고 있고, ② '지역경제의 육성'의 목표를 주장하기 위하여는, 문제되는 지역의 현존하는 경제적 낙후성이라든지 아니면 특정 입법조치를 취하지 않을 경우 발생할 지역간의 심한 경제적 불균형과 같은 납득할 수 있는 구체적이고 합리적인 이유가 있어야 하며, ③ 전국 각도에 균등하게 하나씩의 소주제조기업을 존속케 하려는 주세법에서는 수정되어야 할 구체적인 지역간의 차이를 확인할 수 없고, 1도 1소주제조업체의 존속유지와 지역경제의 육성간에 상관관계를 찾아볼 수 없으므로 '지역경제의 육성'은 위 조항의 기본권 침해를 정당화할 수 있는 공익으로 고려하기 어렵다고 할 것이고, ④ 소주시장에 대해서만 이와 같은 조치를 취하는 것에 대해 소주시장과 다른 상품시장, 소주판매업자와 다른 상품의 판매업자, 중소소주제조업자와 다른 상품의 중소제조업자 사이의 차별을 정당화할 수 있는 합리적인 이유를 찾아 볼 수도 없어 평등원칙에도 위반되어, 주세법의 해당 규정은 헌법에 위반된다고 결정하였다. 3. **결정의 의의** 동 결정은 직업의 자유 및 헌법상 '지역경제의 육성'이라는 목표를 명확하게 규정한 결정이다. ➔ 기업의 자유.

자동성自同性**의 원리 = 동일성원리 = 동일성이론** ㊎ theory of identity between rulers and the ruled, ㊍ Identitätstheorie/Identität von Regierenden und Regierten. 동일성의 원리란 현존하는 인민(Volk)이 정치적 통일체와 자기 자신을 아무런 매개 없이 직접적으로 동일시함으로써 정치적 통일체가 구성되는 원리를 말한다. 다시 말하면, 민주주의를 치자와 피치자가 동일한 통치형태로 이해하는 견해이다. C. Schmitt가 대표적이다. 슈미트는 민주주의이념에 기초한 국가를 통치자와 피치자의 동일성 내지 실체적 평등에 기초한 국가형태로 보았고 자신의 이론이 인민의 자기지배라는 고전적인 민주주의의 이상에 가장 근접한 이론이라고 생각하였다. 그리고 선거권의 확대, 선거연령의 인하, 선거주기의 단축, 의회해산과 같은 일련의 민주적 경향과 제도들은 이러한 통치자와 피치자의 동일성을 실현하려는 노력의 산물로 보았다. 아울러 슈미트는 이러한 동일성의 원리가 극대화되는 상태, 즉 순수한 혹은 직접민주주의가 완전히 실현되는 상태가 현실세계에서는 불가능하다는 것을 잘 알고 있었고, 따라서 동일성의 원리와 대극에 있는 '대표의 원리'가 정치적 통일을 형성하는 원리로서 또한 필요하다고 보았다. 이러한 C. Schmitt의 견해는, 국가와 사회의 구별이 사라지면서 더 이상 강조되지 않게 되었다.

자동상정제도自動上程制度 국회의 위원회는 긴급하고 불가피한 사유로 위원회의 의결이 있는 경우를 제외하고는, 예산안, 기금운용계획안 및 임대형 민자사업 한도액안 이외의 의안이 위원회에 회부된 날부터 1. 일부개정법률안: 15일, 2. 제정법률안, 전부개정법률안 및 폐지법률안: 20일, 3. 체계 · 자구심사를 위하여 법제사법위원회에 회부된 법률안: 5일, 4. 법률안 외의 의안: 20일이 경과하여야만 의안을 상정할 수 있다(국회법 제59조 참조). 위원회에 회부되어 상정되지 아니한 의안 및 청원은 위원장이 간사와 합의하는 경우 이외에 위의 각 기간이 지난 후 30일이 지난 날(청원의 경우에는 위원회에 회부된 후 30일이 지난 날) 이후 처음으로 개회하는 위원회에 상정된 것으로 본다(국회법 제59조의2). 이를 자동상정제도라 한다.

자동승계제도自動承繼制度 공직선거법 제200조 제2항에 따르면, 비례대표국회의원 및 비례대표지방의회의원에 궐원이 생긴 때에는 선거구선거관리위원회는 궐원통지를 받은 후 10일 이내에 그 궐원된 의원이 그 선거 당시에 소속한 정당의 비례대표국회의원후보자명부 및 비례대표지방의회의원후보자명부에 기재된 순위에 따라 궐원된 국회의원 및 지방의회의원의 의석을 승계할 자를 결정하여야 한다. 다만, 그 정당이 해산되거나 임기만료일 전 120일 이내에 궐원이 생긴 때에는 그러하지 아니하다(동조 제3항). 이를 자동승계제도라 한다.

ㅈ

자문기관諮問機關 헌법상 대통령은 국가원로자문회의(제90조), 민주평화통일자문회의(제92조), 국민경제자문회의(제93조), 국가안전보장회의(제91조) 등의 자문을 거칠 수 있다. 이 중 필수적 자문기관은 국가안전보장회의이고 나머지 자문기관들은 임의적 기관이다. 원칙적으로 자문기관이기 때문에 대통령은 필수적 자문기관인 국가안전보장회의의 자문에도 기속되지 아니한다.

자문적 국민투표설諮問的 國民投票說 헌법 제72조의 국민투표는 자문적 성질을 가지는 것으로 보아, 대통령과 국회 등이 그 결과에 기속되지 않는다고 본다. 헌법상 대의제도를 더 중시하여 대통령이나 국회는 그 결과를 고려하여 자유로이 정책을 결정하면 된다고 본다. ➜ 국민투표부의권.

자백自白**의 증거능력**證據能力 **· 증명력**證明力 **제한** 5차 헌법개정(1962)에서 신설되었으나, 7차 헌법개정(유신헌법: 1972)에서 삭제되었다가, 8차 헌법개정(1980)에서 재규정되었다. 정식재판에서 피고인의 자백이 그에게 불리한 유일한 증거일 때에는 자백을 유죄의 증거로 삼지 못한다고 규정하고 있다(대한민국 헌법 제12조 제3항, 형사소송법 제310조). 다만, 정식재판이 아닌 약식재판이나 즉결심판에서는 피고인의 자백만 가지고도 유죄를 선고할 수 있다. ➜ 신체의 자유.

자본주의資本主義 ㉧ capitalism, ㊍ Kapitalismus, ㊕ capitalisme. 자본주의는 재화의 사적 소유권을 인정하고, 개인의 의사에 반하거나 비법적 방법으로는 양도할 수 없도록 하는 경제체제이다. 재화의 매매, 양도, 소비 및 이윤의 처분 등에 대한 결정을 개인에게 일임한다. 인간이 가진 이기적 욕망을 사회발전의 동력으로 삼는 자본주의 경제체제에서는 상품 또는 용역의 가격, 투자, 분배 등이 주로 시장 경제를 통해 이루어진다. 역사적으로는 동서양의 고대에 이미 일부 자본주의적 특징을 보이는 조직이 있었고, 서구의 중세 말에는 상업자본이 발달하였으나, 현대 자본주의 경제체제의 제도들은 대부분 16-19세기까지 영국에서 발달한 것들이다. 서양에서는 봉건제도의 종식과 함께 자본주의가 지배적인 사회체제로 자리잡았다. 20세기에 이르러 전 세계적인 산업화가 일어났고 자본주의가 세계 전체에서 지배적인 경제체제로 확립되었다. 자본주의는 세계 각지의 정치, 경제, 문화, 사회적 상황에 따라 다양한 방식으로 수정되고 발전해 왔으며, 사회주의와 혼합경제를 이루기도 하였다. 20세기 한 세기 동안 자본주의는 마르크스주의와 같은 공산주의 국가 경제체제와 대립하였으나, 21세기에는 거의 자본주의적 질서로 바뀌어 가고 있다. 이론적으로는 M. Weber가 「프로테스탄트의 윤리와 자본주의정신(Die protestantische Ethik und der 'Geist' des Kapitalismus)」에서 서구의 근대 자본주의의 발생과 그 근본정신은 16세기에 발흥한 개신교의 윤리에 있다고 주장하였다. 베버는 전통적인 경제체제에 대항하여 자본주의적인 교환이 이루어지고 근대 자본주의로 발전할 수 있었던 원인으로 합리성을 추구하는 '정신'을 들고, 이러한 정신이 개신교, 특히 캘빈주의와 깊은 연관이 있다고 보았다. 역사적 발전과정에 대하여는 여러 견해가 있으나, 가장 최근의 견해로 아나톨 칼레츠키((Anatole Kaletsky)의 그것이 받아들여지고 있다. 그에 따르면, 자본주의의 초기 형태로 16-18세기 사이 신대륙의 발견과 신항로가 개척되고 중상주의 정책과 적극적인 해외 식민지 개척을 통해 발달한 **상업자본주의 시대**, 1776년 A. Smith의 국부론 출간 이후 등장한 산업자본주의 시대와 소수의 자본이 국가 전체의 산업을 넘어 문화까지 독점하는 독점 자본주의 시대를 아우르는 **자본주의 1.0 시대**(1776-1932), 대공황 이후 Roosebelt 의 뉴딜정책으로 경제에 대한 정부의 개입이 허용되고, 기업에 대한 규제가 강화되었던 **자본주의 2.0 시대**(1932-1980), 미국의 레이거노믹스의 채택과 서구사회주의권의 붕괴에 이은 신자유주의 시대의 도래로 인하여 자본주의의 위기로 치달았던 **자본주의 3.0 시대**(1981-2010)**시대**, 제4차 산업혁명, 특히 인공지능과 로봇의 발전으로 자본주의에서 노동의 가치가 절하되고 부의 양극화가 극대화되고 있는 **자본주의 4.0 시대**(2010-) 등으로 구분되고 있다. 역사적 발전과정에서 자본주의의 모순과 위기가 반복되는 과정에서 순수한 개인주의적 자본주의로부터 사회적 자본주의로 변화하는 경향을 보이고 있으며, 과거 사회주의 내지 공산주의 국가들이 자본주의적 경제이론을 일부 수용하면서 사회주의적 시장경제라는 이름으로 경제체제를 전환하고 있다.

자본주의 헌법 자본주의는 생산 수단을 자본으로서 소유한 자본가가 이윤 획득을 위하여 생산 활동을 하도록 보장하는 사회경제 체제로 정의된다. 이 자본주의를 국가의 기본적인 경제체제로 선택한 헌법이 자본주의 헌법이다. 자본주의는 개인주의와 자유주의를 바탕으로 하기 때문에 자본주의 헌법은 필연적으로 자유주의 국가로 된다. 다만 근대의 자유방임적 자본주의와 현대의 수정자본주의는 그 실현형태가 다르다. 즉, 근대의 소유권절대사상을 전제로 하는 자유방임적 자본주의는 자유방임적 시장경제질서를 주축으로 하지만, 현대의 소유권의 사회화 · 상대화를 전제로 하는 자본주의는 사회적 시장경제질서를 주축으로 한다. ➜ 경제질서.

자살용의약품 취득허가 거부 사건BVerfGE 153, 182(2020) ➜ 의사조력자살.

자연권론自然權論 **= 자연권설**自然權說 인간이 태어나면서 가지는 권리로서, 천부인권(天賦人權)이라고도 한다. 국가 이전에 자연권은 존재하며, 국가에 의해 부여받는 것이 아니므로 국가도 이 권리를 침해할 수 없다. 1688년의 명예혁명, 1776년의 미국독립선언, 1789년 프랑스 혁명의 기본적인 사상이 바로 이 자연권이다. 헌법에 규정된 기본권이 자연법상의 권리이냐 실정법상의 권리이냐에 관해서는 대립하는 견해가 있다. ➜ 기본권의 법적 성격.

자연법론自然法論 ㊎ theory of natural law, ㊍ Naturrechtslehre, ㊂ théorie de la loi naturelle. 자연법론이 사변적으로 연구되기 시작한 것은 고대 그리스 시대부터이며, 특히 플라톤과 아리스토텔레스의 자연법론에서 이론화되었다. 그 후 스토아학파를 거쳐 중세 스콜라학파, 특히 토마스 아퀴나스에 이르러 가톨릭신학과 종교철학을 기반으로 하여 그 이론체계가 완성되었다. 이것을 고전적·전통적 자연법론이라 부른다. 르네상스를 거쳐 17세기 이래 대두한 개인주의·합리주의·공리주의 사상은 전통적 자연법론에 도전하여 신학적 유대를 단절하고, 이성(理性)의 자족론(自足論) 위에 새로운 자연법론을 구성하는 데 성공하였다. 이것을 근대자연법론 또는 합리주의적 자연법론이라 부른다. 자연법의 아버지라 불리는 그로티우스(Hugo Grotius), 홉스(Thomas Hobbes), 로크(John Locke), 푸펜도르프(Samuel Pufendorf), 토마지우스(Christian Thomasius), 루소(Jean-Jacques Rousseau), 칸트(Immanuel Kant) 등이 대표적 학자들이다. 근대의 자연법론은 있는 그대로의 자연이나 신과 결부된 자연법에 관한 이론이 아니라, 자연상태에 있어서의 인간, 즉 국가와 실정법을 초월한 인간본성이나 이성(理性)에 기초한 자연법에 대한 이론이었다. 근대자연법론은 기능적인 측면에서 볼 때 두 가지 경향으로 크게 나누어 볼 수 있다. 그 하나는, 국가권력의 절대성과 그에 대한 강력한 통제력을 강조하는 절대주의적 자연법론이며, 다른 하나는 어디까지나 개인을 위한 자유로운 영역을 확보하려고 주장한 자유주의적 자연법론이다. 근대 자연법론은 당시의 사회철학 사조와 더불어 법사상을 지배하여 반봉건투쟁의 이데올로기적 무기로서 기능하였고, 이른바 자연법시대를 이루었으나, 자연개념과 법개념의 다기성으로 인해 분열적 양상을 보여주었고, 프랑스의 나폴레옹 법전(1804, 3편 2281조)의 편찬을 계기로 법학방법론에서 자연법론이 쇠퇴하기 시작하여 이어서 대두한 것이 법실증주의(法實證主義) 사상이었다. 약 1세기에 걸쳐 법학계를 풍미한 법실증주의도 19세기 말의 자유법운동, 사회학적 법사상 등에 의해 서서히 쇠퇴하기 시작하였으며, 특히 1차 대전 후 나치의 수권법(Ermächtigungsgesetz)에 대해 무력할 수밖에 없는 자기모순에 빠져 붕괴하였다. 2차 대전 이후 전통적 자연법사상이, 이른바 신자연법론의 이름으로 부활하여 오늘에 이르고 있다.

자연법론적 연구방법自然法論的 研究方法 ➜ 헌법학 연구의 사상적 기초.

자연自然**의 권리** ㊎ nature's rights. 자연을 권리객체로서만 인정하는 입장에 대응하여, 동물이나 식물 기타 자연적 존재에 권리주체로서의 지위를 인정하고 일정한 권리를 향유한다고 보는 입장을 말한다. 자연은 이에 기하여 소송을 통하여 자연에 대한 침해에 대응할 수 있다고 본다. 미국에서 자연의 권리에 관한 문제를 처음으로 제기한 중요한 문헌으로는 남캘리포니아 대학의 크리스토프 스톤(Christopher Stone) 교수가 1972년에 발표한 「수목의 원고적격(Should Trees Have Standing?)」이라는 논문을 들 수 있다. 이 논문이 집필된 당시, 연방대법원에서 Sierra Club v. Morton, 405 U.S. 727(1972) 사건이 계속 중이었는데, 사건 자체는 각하되었지만, 소수의견

ㅈ

에서 더글라스 판사는 생명이 없는 사물도 경우에 따라서는 소송의 당사자가 되어야 하고 계곡, 산, 강, 호수, 비치, 삼림 등이 스스로의 주장을 할 수 있어야 한다고 하였다. 이 후 수많은 소송이 제기되었다. 2008.9.의 에콰도르 헌법에서 처음으로 헌법상 자연의 권리가 인정되었고, 2011년에는 에콰도르 법원이 이 조항에 기하여, 환경영향평가 없이 도로를 건설하여 강과 주변생태계를 파괴한 것을 원상회복할 것을 구하는 청구인의 소송을 받아들였다. 전지구적 차원에서는 1980년대 이후 자연의 권리에 관한 국제적 및 지역적 차원의 논의가 활성화되었고, 직접 헌법규정으로 명시하지는 않더라도 자연의 권리장전을 선언하거나 법률로 규정하는 나라들이 많아졌다(미국, 호주, 보리비아, 뉴질랜드, 우간다 등). 또한 2010년대에는 판결의 형태로 자연의 권리를 인정한 나라들이 있다(콜롬비아, 인도, 방글라데시, 파키스탄 등). 우리나라에서는 2003년에 천성산 고속철도건설관련 도롱뇽소송이 제기되었으나 각하되었고(대결 2006.6.2. 2004마1148,1149), 2006년 새만금 판결(대판 2006.3.16. 2006두330), 2010년 검은머리물떼새 판결(서울행법 2010.4.23. 2008구합29038), 2019년 오대산산양판결, 2020년 고래 불법포획 판결(울산지법 2020고단3057, 2020고단4634(병합)) 등이 있었으나, 당사자적격 흠결을 이유로 모두 각하되었다.

자연인환원설自然人還元說 법인의 기본권주체성과 관련하여 법인이 자연인 못지 않은 활동을 하고 법인의 활동은 궁극적으로 자연인에게 귀속되는 성질을 가지는 것을 말한다. ➜ 법인의 기본권주체성. ➜ 기본권의 주체.

자연적 정의自然的 正義 ⓔ natural justice, ⓓ natürliche Gerechtigkeit, ⓕ justice naturelle. 아리스토텔레스는 「니코마코스 윤리학」에서 정치적 정의의 부분을 자연적인 정의와 법률적인 정의의 둘로 나누어 설명하였다. 이는 법철학에서 자연법과 실정법의 구별과 내용적으로 동일하다고 볼 수 있다. 자연적 정의는 장소와 상관없이 동일한 힘을 가지고 있으며, 법률적 정의는 공동체 내에서 선택에 따라 정해지는 정의이다.

자유自由 ⓔ freedom/liberty, ⓓ Freiheit, ⓕ liberté. 자유란, 남에게 구속을 받거나 무엇에 얽매이지 않고 자기 마음대로 행동하는 일, 또는 그러한 상태를 일컫는다. 헌법학에서는 헌법을 보는 관점에 따라 자유에 대한 이해가 다르다. 켈젠의 경우, 자유는 국가적 강제질서가 인간의 행동을 규제하지 아니하는 범위 내에서의 반사적 효과로서 이해된다. 슈미트의 경우, 자유는 전국가적·초국가적인 자연적 권리이며, 무제한적인 자유가 목적이 된다. 국가는 그 자유를 보장하기 위한 수단으로 이해된다. 스멘트에 있어서는 개인의 자유는 국가공동체의 통합을 위한 수단으로 이해된다.

자유경쟁自由競爭 ⓔ free competition, ⓓ freier Wettbewerb, ⓕ concurrence libre. 국가 혹은 기타 사회적 세력에 의하여 강제적인 제약을 받지 않고 각자가 자유롭게 경쟁하는 것, 특히 자본주의 사회에서는 국가에 의한 제약이나 간섭없이 각 개인이 이윤을 얻기 위해 서로 경쟁하는 제도의 이념을 말한다. 헌법학에서는 직업의 자유와 관련하여 자유경쟁이 포함되는가가 문제된다. ➜ 직업의 자유.

자유권自由權 ⓔ rights of freedom/liberty, ⓓ Freiheitsrechte, ⓕ droits à la liberte. 1. **자유권 일반이론** 1) **의의** 자유는 일반적으로 어떤 존재가 내부나 외부로부터 구속이나 지배를 받지 않고 원하는 것을 하거나 있는 그대로 존재할 수 있는 상태를 말한다. 영어로는 liberty와 freedom이 모두 자유라는 말로 번역되는데, freedom은 주로 자연적 자유를 의미한다면, liberty는 법적인 권리를 보장한다는 의미에서 억압을 배제하는 것에 중점을 두며, 자유를 행할 수 있는 능력(capability)을 조건으로 할 뿐 아니라 다른 이들의 권리(rights of others)에 따라 제약을 받는 것으로 이해된다. 법적으로 의미있는 것은 liberty라 할 수 있다. 영미에서 civil liberties라는 표현은 이를 보여준다. 철학적으로는 결정론과 자유의지론과 관련된다. 법률적 자유는 국가의 헌법과 법률에 의하여 보장된 개인적 자유 또는 시민적 자유를 의미한다. 자연법의 자유 · 평등사상에 입각하여 시민계급에 의한 민주주의 혁명이 이룩된 이래, 근대국가에 있어서는 보편적으로 국민의 법적 자유가 보장되기에 이르렀다. 자유는 이른바 '국가로부터의 자유(freedom from state)'라는 소극적인 의미와, '국가에 대한 자유(freedom to state)'라는 적극적인 자유로 나누어진다(이사야 벌린). 역사적으로는, 비록 귀족계급의 자유를 위한 것이기는 했지만, 영국의 마그나 카르타(1215), 권리청원(1628), 권리장전(1689) 등의 자유투쟁의 역사가 있고, 특히 유럽에서는 종교개혁과 더불어 종교의 자유가 선제적으로 확립되었다. 새로운 시민사회가 등장한 후, 근대 자연법론에 기초한 천부인권론에 입각하여 미국 독립선언(1787), 프랑스 인권선언(1789) 기타 근대 혁명에서 자유권이 주창되었다. 근대적 자유개념이 국가로부터의 자유라는 소극적 의미를 가졌다면, 20세기의 사회주의의 영향으로 평등이 강조되면서 자유개념이 변화하였다. 즉, 자유란 국가로부터 아무런 제약을 받지 않는다는 것이 아니라 자유를 평등하게 향유할 수 있는 조건을 국가가 적극적으로 조성하고 지원하여야 한다는 의미의 적극적 자유가 확립되었다. 이른바 '평등한 자유'의 조건으로서 사회권 내지 생존권적 권리에까지 자유권의 개념이 확장된 것이다. ➜ 자유의 사회화. 그러나 근대적인 의미, 즉 소극적 의미의 자유권이 모든 자유권의 기초가 된다는 의미에서 여전히 중요성을 가지고 있기 때문에, 헌법상으로는 자유권이 인권의 기초로서 다른 기본권에 앞서서 규정되어 있다. 2) **자유권의 법적 성격** (1) **자연권으로서의 자유권** **법실증주의적 관점**에서는 인간의 자유는 전국가적이지만, 권리로서의 자유권은 국가내적인 것으로 본다. 그러나 **자연법론적 관점**에서는 국가법질서 내에서의 자유권은 자연법적 권리를 확인한 것에 불과하다고 이해한다. 다만, 개인의 자유는 제한불가능한 권리가 아니라 국법질서 내에서 일정한 제한이 가능하다. 현행헌법은 제10조에서 '국가는 개인이 가지는 불가침의 기본적 인권을 확인하고'라고 하고, 제37조 제1항에서 '헌법에 열거되지 아니한 자유와 권리'가 경시되지 아니함을 규정하고 있어서, 기본권의 자연권적 성격을 표현하고 있다고 해석된다. (2) **소극적 · 방어권적 성격** 자유권은 원칙적으로 국가에 대하여 적극적인 작위를 요구하는 것이 아니라 불간섭과 침해배제를 의미하는 국가의 부작위를 요구하는 권리이다. 법실증주의자인 켈젠은 자유권이란 실정법상 자유의 제한에 관한 규정을 두지 않음으로써 개인이 향유하는 반사적 이익에 불과하다고 본다. 그러나 자유권은 소극적 권리이기는 하지만 국가권력의 침해가 있는 경우 이를 배제할 것을 청구할 수 있는 권리라는 점에서 권리성을 부인할 수는 없다. (3) **포괄적 권리성** 법실증주의의 관점에서는 헌법 제37조 제1항의 '헌법상 열거되지 아니한 자유와 권리' 규정이 헌법에 규정되지 아니한 자유와 권리를 창설하는 규정이라고 이해하지만, 자연권설의 입장에서는 확인규정으로서 당연한 규정이며, 자유권의 포괄성을 확인한 규정으로 이해한다. 2. **인신의 안전과 자유** 1) **생명권** ➜ 생명권. 2) **신체를 훼손당하지 않을 자유와 권리** ➜

신체를 훼손당하지 않을 권리. 3. **정신의 안전과 자유** 1) **양심의 자유** ➜ 양심의 자유. 2) **종교의 자유** ➜ 종교의 자유. 3) **학문의 자유** ➜ 학문의 자유. 4) **예술의 자유** ➜ 예술의 자유. 5) **언론·출판의 자유** ➜ 언론·출판의 자유. 6) **알 권리** ➜ 알 권리. 7) **집회·결사의 자유** ➜ 집회·결사의 자유. 4. **사생활의 안전과 자유** 사생활의 안전과 자유는 개인의 신상에 관한 기본권으로서 사람의 육체적 안전과 자유보다는 사람의 인격과 관련된 안전과 자유의 권리이다. 넓은 의미로는 주거의 자유, 사생활의 비밀과 자유, 통신의 자유를 모두 포함하는 것으로 볼 수 있다. 오늘날에는 정보통신기술의 비약적 발전으로 개인의 정보가 다양하게 저장되거나 활용되고 있어서 사생활의 안전과 자유가 침해될 가능성이 점증하고 있고, 그에 따라 헌법상의 관련 기본권만으로는 충분하지 않은 상황이 나타나고 있다. 헌법규정으로 충분히 보장되지 못하는 경우에는 제37조 제1항에 따라 헌법적 권리로 인정하여 보장하여야 한다. 1) **주거의 자유** ➜ 주거의 자유. 2) **사생활의 비밀과 자유** ➜ 사생활의 비밀과 자유. 3) **통신의 자유** ➜ 통신의 자유. 5. **사회·경제적 안전과 자유** 사회·경제적 안전과 자유는 인간의 생존을 위한 사회·경제적 활동과 직결되는 점에서 특히 자본주의적 경제질서와 밀접하게 관련된다. 인간의 사회·경제적 활동을 수행하기 위한 최소한의 요구는 거주·이전의 자유이다. 또한 생활의 기본수요를 충족시키기 위한 직업활동의 자유도 사회·경제적 안전과 자유의 핵심이라 할 수 있다. 개인적 차원에서의 사회·경제적 안전과 자유와 함께, 사적 소유와 관련된 재산에 관한 권리도 핵심이라 할 수 있다. 재산권은 시대에 따라 그 사회적 의미가 다르게 이해되었고, 오늘날에는 재산권 자체의 공공성·사회성이 강조되고 있다. 이로 인해 재산권의 공개념이 논의되고 있다. 1) **거주·이전의 자유** ➜ 거주·이전의 자유. 2) **직업선택의 자유** ➜ 직업선택의 자유. 3) **재산권** ➜ 재산권.

자유민주적 기본질서自由民主的 基本秩序 ➜ 민주적 기본질서.

자유민주주의自由民主主義 ㊎ liberal democracy, ㊍ freiheitliche Demokratie/liberale Demokratie, ㊌ Démocratie libérale. 1. **의의** 자유민주주의는 자유주의와 민주주의가 결합된 정치원리 및 공화제 입헌 정부형태이다. 인간의 존엄성 실현을 위해 개인의 자유와 권리를 보장하며, 권력의 분리와 견제를 지향한다. 이를 보장하기 위해 헌법을 제정하며(입헌주의), 민주적 절차 아래 다수에 의해 선출된 대표자가 국민주권주의와 법치주의의 틀 내에서 의사결정을 하는 체제이다. 2. **용례** 우리나라에서 자유민주주의가 논의될 때에는 두 가지 층위를 갖는다. 하나는, 사회주의/공산주의의 인민민주주의에 대응하는 의미에서 자유주의적인 민주주의를 의미하는 경우이고, 다른 하나는 고전적 자유민주주의로부터 확대된 개념으로서 사회민주주의를 포괄하는 넓은 의미의 자유민주주의를 의미하는 경우가 있다. 이는 자유 개념의 확대와도 관련이 있다. 따라서 자유민주주의를 주장하는 경우에는 그것이 어느 층위에서 주장되는 것인가를 고려하여 논하여야 한다. 넓은 의미의 자유민주주의는 좁은 의미의 자유민주주의와 사회민주주의를 포괄하기 때문에 인민민주주의에 대응하는 의미에서의 민주적 기본질서와 동의어로 될 수 있다. ➜ 민주적 기본질서.

자유방임경제自由放任經制 ➜ 시장경제질서.

자유방임주의自由放任主義 ㊎·㊍·㊌ laissez-faire. 국가의 경제적 간섭이나 규제에 반해서 자유로운 경제활동을 주장하는 사상이다. 경제적 개입주의(Economic interventionism)에 반대된다. 고전적 자유주의의 매우 핵심적인 가치이다. 국가는 국방과 치안만 잘 유지하면 된다는 소극국가를 지향하며, 경제는 시장의 수요와 공급의 원리에 의해 운용되도록 간섭하지 말 것을 주장한다. A. Smith의 「국부론」을 사상적 기초로 한다. 국가가 경제에 개입하지 않았으므로 독점, 과점, 담합, 트러스트 등등의 원인으로 시장의 실패가 나타나고 부의 양극화 현상이 만연하자 이에 대한 비판으로 K. Marx의 「자본론」이 등장하고 급기야 러시아 사회주의혁명이 발발하고 뒤이어 1차 대전 이후 세계대공황(the Great Depression)이 발생하여 자유방임주의에 대한 반성과 수정이 나타났다. J. M. Keynes는 일찍이 「자유방임주의의 종말(The end of laissez-faire)」(1926)이라는 저서에서 국가의 적극적 경제개입을 주장하였다.

자유선거自由選擧 ⇔ 강제선거. ➜ 선거의 기본원칙.

자유시장경제自由市場經濟 ➜ 시장경제질서.

자유심증주의自由心證主義 ㊎ Principle of Free Evaluation of Evidence, ㊍ die freie Beweiswürdigung, ㊉ Principe de libre évaluation des preuves. 자유심증주의란 증거의 증명력, 즉 사실인정을 위한 증거의 실질적 가치를 법률로 규정하지 아니하고 법관의 자유로운 판단에 맡기는 원칙을 말한다. 헌법재판소는 2009.11.26. 2008**헌바**25 **결정**에서 자유심증주의에 대하여 상세히 설명하고 있다. 자유심증주의는 법정증거주의에 대립하는 개념이다. 법정증거주의란 증거의 증명력 평가에 법률적 제약을 가하여 일정한 증거가 존재하면 반드시 유죄로 인정하게 하거나(적극적 법정증거주의), 일정한 증거가 없으면 유죄로 할 수 없도록(소극적 법정증거주의) 법률로 규정하는 것이다. 자유심증주의의 **내용**으로, 자유심증주의는 증거의 증명력, 즉 사실인정을 위한 증거의 실질적 가치를 법률로 규정하지 아니하고 법관의 자유로운 판단에 맡기는 원칙이다. 자유심증주의에 따라서 법관은 증거의 증명력을 판단할 때에 법률이 규정해 놓은 일정한 법칙의 제약을 받지 않고 자신의 합리적 이성에 의하여 사실의 존부에 관한 판단을 하게 된다. 법관은 자유롭게 증거의 취사선택을 할 수 있고, 모순되는 증거가 있는 경우에 어느 증거를 믿는가도 법관의 자유판단에 맡겨지며, 법관은 동일증거의 일부만을 취신할 수도 있다. 신빙성이 없는 증인의 증언이라 할지라도 일정 부분의 증언을 골라내어 믿을 수도 있고, 또한 다수증거를 종합한 결과에 의해서도 사실인정을 할 수 있으며, 간접증거 또는 정황증거에 의하여도 사실을 인정할 수 있다. 자유심증주의는 증명력 판단을 법률로 규정하는 것보다 법관의 자유로운 판단에 맡기는 것이 실체적 진실발견에 더 적합하다는 합리성에 토대를 두는 것이므로, 법관의 자유판단의 합리성을 확보하기 위하여 자유심증주의에 대한 다양한 형태의 **제한**이 인정되고 있다. 법관의 사실인정은 논리법칙과 경험법칙에 합치하여야 하고, 법관은 주관적 불신을 이유로 논리법칙, 경험법칙에 부합하는 증거의 증명력을 부인하거나, 반대로 논리·경험법칙에 반하는 증거를 근거로 사실을 인정할 수는 없다. 이러한 의미에서 자유심증주의는 합리적 심증주의 또는 과학적 심증주의라고도 할 수 있는 것이다. 한편 헌법 제12조 제2항과 형사소송법 제283조의2는 피고인에게 진술거부권을 보장하고 있으므로, 진술거부권의 행사를 피고인에게 불리한 증거로 사용해서는 안된다. 그리고 헌법 제12조 제7항과 형사소송법 제310조는 피고인의 자백이 불리한 유일의 증거인 때에는 이를 유죄의 증거로 삼지 못하게 하여 자백에 대한 보강증거를 요구함으로써 자유심증주의를 제한하고 있다.

자유우선이론自由優先理論 → in dubio pro libertate.

자유위임自由委任 **원칙 = 무기속위임**無羈束委任 **원칙 = 대표위임**代表委任 **원칙** [영] free mandate, [독] freies Mandat, [프] mandat représentatif. ⇔ 명령적 위임, 강제위임, 기속위임. 1. **의의** 대의민주주의에서 대표자가 어느 누구로부터의 구속에서도 기속되지 않는다는, 곧 대표자가 국민 전체, 선거구민, 선거구 그리고 정당과 교섭단체 등에 대하여 독립적인 지위를 가진다는 의미를 가진 헌법상의 원리를 말한다. 그것은 대표하는 자(Repräsentant)와 대표되는 자(Repräsentierte)를 구획적으로 설정하는 정치원리이다. 2. **이론적 근거** 대의제는 대표하는 자(치자)와 대표되는 자(피치자)의 동일성을 부인하는 비동일성을 기본으로 한다. 즉 체제 내에서 정치적 주체를 포괄적인 의미에서 양분하게 하며, 국가권력은 국민으로부터 나온다는 점이 인정되지만, 현실적으로 국가권력의 보유와 행사 간에 존재하는 거리를 상정하고 있는 것이다. 이에 따르면, 정치적 주체의 일원적 구성, 동일성의 정치 및 국민의 자기지배는 하나의 이상이며, 현실적인 차원에서 존재하는 지배자와 피지배자 간의 거리를 제도적으로 인정함으로써 정치적 공동체를 현실화하고자 하는 것이다. 따라서 대의제의 현상형태를 정확히 표현하자면, 그것은 국민에 의한 통치가 아니라 대표에 의한 통치이다. 이런 점에서 대의제는 구조적으로 이원화(Entzweitung)의 문제를 내포하고 있다. 이러한 정치적 주체의 이원적 구성과 그 현상적 심화형태는 특히 자유위임의 논리적 기초가 된다. 독일 기본법은 국회의원의 전체국민의 대표성과 자유위임의 원리를 제38조 제1항 제2문에서 「국민 전체의 대표자로서 개별 의원들은 국회의 업무수행에 있어서 어떤 위임(Aufträge)이나 지시(Weisungen)에 구속되는 것이 아니라, 단지 자신의 양심(Gewissen)에 구속된다.」고 명시하고 있다. 우리나라 헌법은 제46조 제2항에서 「국회의원은 국가이익을 우선하여 양심에 따라서 직무를 행한다.」고 국회의원의 국가이익우선의무를 규정함으로써 국회의원의 자유위임의 원칙을 규정하고 있다. 3. **문제점** 자유위임의 법리는 현대의 정당제 민주주의 발달로 인한 정당국가적 경향이 강화되고 있는 점을 고려해 볼 때 다음의 두가지 측면에서 현실과 모순된다. 첫째, 국회의원은 자신의 재선에 대한 이해관계의 측면에서 소속정당이나 소속정파(Fraktion)로부터 독립적일 수 없다. 둘째, 국회의원의 재정적인 후원과 관련된 이해관계는 의원으로 하여금 다양한 자금원(Geldquelle)으로 자유롭지 못하게 만들고 있다. 이러한 현실을 고려해 볼 때 자유위임의 법리는 헌법이론과 헌법현실이 일치하지 않는 전형적인 경우에 해당된다. 따라서 자유위임의 법리의 전개에 있어서 정당국가적 경향의 강화로 인한 이론과 현실의 괴리를 어느 정도 인정하고 양자의 조화를 위한 시도가 필요하다. 4. **헌법재판소 결정** 우리나라 헌법재판소는 국회의원과 국회의장 간의 권한쟁의심판사건에서, 교섭단체 대표위원이 당론에 반대하는 입장을 고수하는 위원회의 상임위원에 대하여 소속정파의 원내총무가 국회의장에게 상임위원회 사·보임을 요청한 것에 대하여, 국회의장이 「사실상 정당내부의 강제」 이른바 의사정리 권한의 일환으로 이를 받아들인 것이 자유위임의 원칙을 침해하는 헌법위반적인 소속정파의 강제에 해당하는지 여부에 대하여 검토하였다. 우리 헌법재판소는 이러한 국회의장의 행위는 그 절차·과정에 헌법이나 법률의 규정을 명백하게 위반하여 재량권의 한계를 현저히 벗어나 의원의 권한을 침해한 것으로는 볼 수 없다.」고 판시하였다(반대의견 있음)(헌재 2003.10.30. 2002헌라1). 국회의원이 국민대표자로서의 지위와 정당의 대표자로서의 지위가 현실적으로 서로 충돌하는 상황에서 어느 지위를 우선시켜야 할 것인가 하는 문제가 제기된다. 일반적으로 의원은 탈당의 자유가 있을 뿐 아니라, 표결에 있어서도 비밀투표가 보장되어 있으므로, 국가의 이익과 소속정당의 이익이 충돌하는 경우에는 소속정당의 결정과 반대되는 발언이나 표결을 할 수 있고, 헌법 제46조 제2항에서 「국회의원은 국가이익을 우선하여 양심에 따라서 직무를 행한다.」고 규정하고 있으므로 국민의 대표자로서의 지위가 정당의 대표자로서의 지위보다 우선한다고 함이 통설이다. 비례대표 국회의원의 경우에 소속정당의 합당·해산(헌법재판에 의하여 해산된 경우를 제외하고) 또는 당으로부터 제명의 경우에 국회의원직을 계속·보유하여야 하는 당위적인 근거는 바로 자유위임의 법리에서 찾을 수 있다. 하지만, 우리나라의 경우 공직선거법 제192조 제4항에서 비례대표 국회의원 또는 비례대표 지방의회의원이 소속정당의 합당·해산 또는 제명 외의 사유로 당적을 이탈·변경하거나 2 이상의 당적을 가지고 있는 때에는 「국회법」 제136조(退職) 또는 「지방자치법」 제90조(의원의 퇴직)의 규정에 불구하고 퇴직된다고 규정하고 있기 때문에 자유위임과의 관계에서 문제된다. 비례대표 국회의원의 소속탈당시 의원직 상실을 규정한 법률규정의 합헌성의 근거는 위임개념의 변화와 관련된다. 자유위임의 원리도 무제한적인 헌법적 원리가 아니라고 본다면, 자유위임 원리가 어느 정도 명령적 위임의 원리에 의해서 제한이 가해질 수 있다는 견해도 등장하고 있다. 선거에서 특정정당 혹은 지도자에 대하여 결정적 결과를 안겨준 유권자에 의하여 공식적으로 승인된 것으로 간주된 이미 공표된 정책에 따라 통치하는 것에 대한 허가로서의 위임개념을 받아들인다면, 이 위임개념을 근거로 하여 비례대표 국회의원의 당적변경 시 의원직상실을 정당화할 수도 있다. 대의제 민주주의하에서의 대의기관과 주권자의 단절의 문제는 국민의 직접적인 국정참여를 통하여 보완될 수 있다. 이러한 국정참여제도는 행정부에 의한 의회해산제도, 법률안의 국민발안, 국민투표, 헌법개정안에 대한 국민투표제도, 국가원수의 국민에 의한 직접선거제도, 대의기관의 국민소환제도 등을 들 수 있다.

자유自由**의 사회화**社會化 자유란 국가로부터 아무런 제약을 받지 않는다는 것이 아니라 자유를 평등하게 향유할 수 있는 조건을 국가가 적극적으로 조성하고 지원하여야 한다는 의미의 적극적 자유로 변화되었다. 이를 자유의 사회화라 한다. ➜ 자유권.

자유재량행위自由裁量行爲 ➜ 재량행위.

자유주의自由主義 ㊐ liberalism, ㊔ Liberalismus, ㊕ libéralisme. 개인의 자유를 존중하고, 공동체의 구속과 국가의 간섭을 배격하여 개인의 자유를 보장하는 것을 최고의 이념으로 하는 주의 내지 사상이다. 서구에서는 중세가 몰락한 이후 인문주의(人文主義)와 문예부흥을 통하여 자연권과 계몽운동이 전개되었고, 신흥 중산계급인 부르주아에 의해 대표되는 의회제도, 권력분립, 법의 지배, 개인의 자유권의 보장, 사유재산제에 기초한 시장경제의 확립 등을 추구하여 **고전적 자유주의**를 구축하였다. 이러한 자유의 이념은 17~18세기 서유럽의 시민혁명의 결과물 즉, '권리청원'(1628), '권리장전' (1689), '미국 독립선언'(1776), '프랑스 인권선언'(1789) 등에 잘 표현되어 있다. 사상적으로는 로크와 몽테스키외를 통해 칸트에 이르러서는 자유주의는 법치국가 · 권력분립의 사상을 형성하게 되었고 경제면으로는 자유방임주의(Laissez faire)를 강조하였다. 고전적 자유주의는 자본가 계급에 의한 자본의 축적을 정당화하는 사상일 뿐 노동자 계급의 이해인 사회보장제도나 교육제도의 확충을 추구한 것은 아니었다. 고전적 자유주의에 대응하여, 인간 개성의 자유로운 신장을 중시하는 자유주의의 전통적 이념을 유지하면서 고전적 자유주의의 원자론적, 방임적 개인주의의 문제를 극복하려는 사상적 경향으로 **사회적 자유주의**가 대두되었다. 사회적 자유주의자들은 대개 사회를 방임적 자유를 허용해야 하는 원자적 개체들의 조직이라고 보기보다는 오히려 개체들의 자유로운 참여에 의해서 이루어진 유기체적 공동체로 보려고 한다. 특히 사회주의의 대두와 확산에 대응하여 경제적으로는 수정자본주의적 경향을 띠고 있었다. 1980년대 후반의 사회주의권의 몰락으로 세계 경제가 자본주의로 통합되면서 국제적 경쟁이 가열되자, 많은 복지국가에서 시장경제의 활성화에 역점을 두는 반면, 복지 정책을 점차 감소시키는 **신자유주의**가 대두되었다. 1990년대 초반까지 미국과 유럽을 지배하거나 크게 영향을 미치던 신자유주의 체제는 머지않아 그 한계를 드러내기 시작하였다. 영국의 대처리즘은 공기업 등 일부 기업의 효율화라는 부분적 성공에도 불구하고 결국 미약한 성장률 속에 기업 도산과 실업률을 높였다는 비판에 직면했다. 유럽 각국은 1980년대 후반부터 저마다 외국 기업을 유치하기 위해 세제 혜택 부여와 근로 조건 악화를 초래하기도 하였다. 독일의 슈뢰더와 사민당은 이같은 정서를 감안, 신자유주의 정책을 비판하고 복지국가를 찬양함으로써 집권당의 추격을 따돌리고 총선에서 승리를 거두었다. 신자유주의 정책은 일부 선진국에서 복지의 역기능을 줄이고 경제를 활성화시키는 데는 어느 정도 성공하였지만, 상당한 부작용도 일으켰다. 개인과 기업의 자유 경쟁이 보장되는 가운데, 사회 보장의 축소는 빈익빈 부익부 현상을 심화시켰고, 결국 상당한 반발에 부딪치게 되었다.

자유주의적 공법이론 자유주의(➜ 자유주의)를 이론적 기초로 하여 전개하는 공법분야의 이론이다. 초기 근대 시민혁명 시대에는 합리주의와 인본주의 그리고 주관주의를 새로운 신조로 추구하여, 시민의 정치적 생활 영역에서의 외형적이고 공식적인 제도로서 기본권 존중과 권력분립원리를 구현하는 입헌주의를 성취하였다. 시민과 정부 내지 사회와 국가는 서로 대립되는 것으로 이해되었다. 법이론에서는 근세 절대주의 왕권의 법실증주의를 부인하는 근대자연법론이 바탕이 되었다. 근대자연법의 특징은 첫째 합리주의, 둘째 개인주의, 셋째, 급진주의라고 볼 수 있다. 로크, 몽테스키외, 아담 스미스, 존 스튜어트 밀, 허버트 스펜서 등이 근대 자유주의 공법이론의 대표적 학자들이다. 19세기 말 이후 자본주의 제도의 모순이 심각해짐과 동시에 이미 이루어진 자유주의 법질서에 대한 수정의 필요성이 생겨, '법의 사회화' 또는 '개인법으로부터 사회법으로' 등으로 표현되는 일련의 움직임이 나타났다. 이 움직임은 법제상으로 경제법 · 사회법(노동법 · 사회보장법 등)의 발전으로 나타났으며, 야경국가에서 복지국가 · 문화국가로 국가기능의 변화를 가져왔다.

자유주의적 기본권이론 ➜ 기본권이론.

자유투표自由投票 ➜ 교차투표.

자유 · 평등 · 박애自由 · 平等 · 博愛 ㊄ Liberté, Egalité, Fraternité. 프랑스 혁명의 3대 이념으로 알려져

있는 표현이다. 단, Fraternité를 번역한 박애는 형제애, 우애 내지 인류애 혹은 연대를 일본에서 잘못 번역한 말이다. 따라서 자유·평등·형제애로 고쳐 써야 한다.

자유형自由刑 ➜ 형벌.

자유혼自由婚 혼인할 것인지의 여부를 당사자의 자유의사에 따라 자유롭게 결정할 수 있는 혼인제도를 말한다. 강제혼에 대비되는 개념이다.

자율권自律權 ➜ 국회자율권.

자의금지恣意禁止**의 원칙** [독] Willkürverbot. ➜ 평등심사의 기준.

자주법설自主法說 국회규칙의 법적 성질에 관한 학설 중 한 견해이다. 명령설에 대응한다. ➜ 국회규칙.

자치사무自治事務 ➜ 지방자치단체의 사무.

자치입법권自治立法權 [영] competence of autonomous legislation, [독] die autonome Gesetzgebungs-kompetenz, [프] La compétence législative autonome. 1. **의의** 헌법 제117조 제1항은 「지방자치단체는 … 법령의 범위 안에서 자치에 관한 규정을 제정할 수 있다.」고 규정하고 있다. 지방자치단체의 자치입법권은 그 제정 주체에 따라 조례와 규칙 그리고 교육규칙으로 나눌 수 있다. 조례는 지방자치단체가 법령의 범위 안에서 자치에 관한 규정을 제정할 수 있고, 이에 따라 지방의회가 의결로써 제정하는 규범이다(지방자치법 제28조). 규칙은 지방자치단체의 장이 법령이나 조례가 위임한 범위에서 그 권한에 속하는 사무에 관하여 제정하는 규범을 말한다(지방자치법 제29조). 광의의 지방자치단체의 자치입법권은 자주법 혹은 자치법으로 불리며, 조례로 총칭한다(실질적 의미의 조례). 그러나 엄격한 법적 의미에서의 조례는 협의로 국가기관이 제정하는 법령과는 달리 국가로부터 독립된 법인격을 인정받은 행정주체인 지방자치단체가 법령의 범위 안에서 그 권한에 속하는 사무에 관하여 지방의회의 의결에 의하여 제정하는 법형식을 말한다(형식적 의미의 조례). 2. **자치입법권의 본질과 성격** 1) **수직적 권력분립** 지방자치제도는 수직적·기능적 권력통제를 실현하기 위한 통치구조상 필수불가결한 원리로 인식되고 있다. 오늘날 지방자치제도가 이러한 수직적 권력분할의 구체적인 제도로서 기능하고 있는바, 국가와 지방자치단체 간의 권력분배는 적절한 조화를 도모하여야 하고 그 과정에서 지방자치제도의 핵심영역이 침해되어서는 아니 된다 할 것이다(헌재 2014.6.26. 2013헌바122; 1998.4.30. 96헌바623). 문제는 수직적 권력분할의 대상이 되는 권력의 내용이 행정권에 한정되는지 아니면 이를 넘어서서 입법권 등 다른 통치권한까지도 포함될 수 있는지에 대해 견해가 대립하고 있다. 이 문제는 자치입법권의 범위와 한계와도 밀접히 관련되는데, 헌법 제117조 제1항에 의해 직접 보장되고 있는 자치입법권은 헌법으로부터 직접 수권받은 것으로서 법령의 범위 안에서 인정되는 지방자치단체의 고유한 입법권한이라고 보아야 할 것이다. 지방자치단체는 단순히 행정주체에 불과한 것이 아니라 입법권을 포함한 보다 포괄적인 권력주체로서 국가와 수직적인 권력분립관계를 이루고 있다고 보아야 할 것이며, 국가와는 구별되는 독자적인 행정주체이자 독자적인 입법주체로서의 지위를 갖게 되는 지방자치단체의 의결기관인 지방의회는 행정기관이 아니라 고유한 입법기관으로서의 지위를 가진다 할 것이다. 2) **자치입법권의 법적 성격** 지방자치단체의 자치입법권, 즉 헌법 제117조 제1항에 의하여 보장되는 조례제정권은 지방자치단체가 자주적으로 지방의회의 의결을 거쳐 법규를 창설할 수 있는 권한으로, 그 법적 성격에 대해서는 조례위임입법설, 고유권설에 입각한 조례자주입법설, (헌법적) 전래권설에 입각한 조례자주입법설 등이 대립하고 있다. 조례제정권이 국가로부터의 전래되었다는 점을 부정하는 '고유권설에 입각한 조례자주입법설'은 "법령의 범위 안에서" 자치입법권을 부여하고 있는 헌법 제117조 제1항과도 정면으로 배치되는 것이라는 점에서 문제가 있어 보이고, '조례위임입법설' 또한 헌법 제117조 제1항의 "법령의 범위 안에서"를 "법령의 위임에 의하여" 자치입법권을 부여한 것으로 보게 된다는 점에서 역시 문제가 있어 보인다. 따라서 '(헌법적) 전래설에 입각한 조례자주입법설'에 따라 "법령의 범위 안에서"를 '법령에 위반되지 아니하는 범위 안에서'의 의미로 해석하여 법률우위의 원칙을 선언한 것으로 보되 법률유보원칙까지 규정한 것은 아니라고 보아야 할 것이다. 3. **자치입법권의 범위와 한계** 1) **조례제정권의 내용적 범위** 지방자치법 제28조는「지방자치단체는 법령의 범위 안에서 그 사무에 관하여 조례를 제정할 수 있다. 다만, 주민의 권리 제한 또는 의무 부과에 관한 사항이나 벌칙을 정할 때에는 법률의 위임이 있어야 한다.」라고 하고 있다. 또한 지방자치법 제13조 제2항은 지방자치단체의 사무에 관하여 예시하고 있는데, ① 지방자치단체의 구역 · 조직 · 행정관리 등에 관한 사무, ② 주민의 복지증진에 관한 사무, ③ 농림 · 상공업 등 산업 진흥에 관한 사무, ④ 지역개발과 주민의 생활환경시설의 설치 · 관리에 관한 사무, ⑤ 교육 · 체육 · 문화 · 예술의 진흥에 관한 사무, ⑥ 지역민방위 및 지방소방에 관한 사무 등을 들고 있다. (1) **지방자치법 제28조 제1항 단서의 위헌성 문제** **위헌설**은 자치입법권이 헌법 제117조 제1항에 의하여 직접 수권되었으므로 행정입법권과는 달리 헌법 제75조의 적용을 받지 아니하고 "법령에 위반하지 않는 범위 안에서" 자주적으로 조례를 제정할 수 있다고 보아 법령우위원칙만이 적용될 뿐인데, 지방자치법 제28조 제1항 단서조항은 법률유보원칙까지 규정하고 있으므로 위헌이라는 입장이다. **합헌설**은 헌법 제117조 제1항의 자치입법권은 "법령의 범위 안에서" 보장되는데, 여기에서의 "법령의 범위 안에서"란 법령우위원칙뿐만 아니라 헌법 제75조 및 제95조에서 요구하는 법령의 수권도 필요하다고 보는 입장이다. 다만, 지방의회의 민주적 정당성을 고려하여 자치입법권에 대해서는 구체적 위임까지 요구하지 않는다고 한다. (2) **기본권제한의 한계 문제** **위헌설**은 기본권제한에 대한 일반적 법률유보조항인 제37조 제2항이 주민의 기본권제한에도 그대로 적용된다고 보면, 헌법 제117조 제1항을 따로 둔 이유가 퇴색하게 되고, 자치사무에 대한 조례제정권은 국가사무에 대한 국회 입법권에 준하는 것인바 '법령의 범위 안에서'라는 한계 내에서 조례로써 주민의 기본권을 제한하는 것도 타당하기 때문에 헌법 제37조 제2항을 근거로 단서조항의 합헌을 주장할 수 없다고 본다. **합헌설**은 지방자치에 있어서 수직적 권력분할의 대상은 행정권에 한정되므로 자치입법권이 국회 입법권을 대신할 수 없고, 기본권의 최대보장원칙과 일반적 법률유보원칙은 국민인 주민에게도 동일하게 적용되어야 하며, 헌법 제117조 제1항은 제도적 보장에 관한 규정에 불과하고 헌법 제10조와 제37조 제2항보다 실질적으로 열위에 있고, 법률의 수권 없이 조례로써 기본권을 제한할 수 있다고 하면 국회가 기본권 침해에 관한 입법을 해태할 수 있다는 점 등을 강조하고 있다. **결론**적으로 지방자치단체의 자치입법권은 (헌법적) 전래설에 입각한 조례자주입법설의 입장에서, ① 헌법의 직접적인 수권에 의한 것이며, ② '법령의 범위 안'에서라는 법령우위원칙 하에서(형식적 의미에서의 법률유보원칙은 적용되지 않는다), ③ 지방자치단체 구역 내에서 적용된다는 지역적 한계와 자치사무에 대해서만 적용되는 사항적 한계를 준수하면서(헌법 제37조 제2항의 기본권 제한의 일반적 법률유보는 전국민을 상대로 일반적 사항에 대한 법률유보를 의미한다), ④ 민주적 정당성을 확보하고 있는 지방의회에 의해 제정된다는 엄격한 요건 하에서, 마지막으로 ⑤ 여전히 헌법에서 규정하고 있는 다양한 실질적인 기본권침해 심사기준의 적용을 받게 된다고 보는 것이 타당한 해석이다. (3) **벌칙규정의 허용 여부** 인정설은 지방자치단체가 조례에 벌칙규정을 두는 것은 조례의 실효성을 확보하기 위한 것이며, 헌법상 부여된 자주입법권에 포함된다고 본다. 부정설은 벌칙제정권은 헌법상 조례제정권의 범위를 벗어난 것으로 본다. 현행법상 지방자치법 제28조 제1항 단서에서 법률의 위임이 있어야 하는 것으로 규정하고 있으므로 논의의 실익이 없어졌다. 헌법재판소는 「죄형법정주의와 위임입법의 한계의 요청 상 처벌법규를 위임하기 위하여는 첫째, 특히 긴급한 필요가 있거나 미리 법률로써 자세히 정할 수 없는 부득이한 사정이 있는 경우에 한정되어야 하며, 둘째, 이러한 경우일지라도 법률에서 범죄의 구성요건은 처벌대상행위가 어떠한 것일 것이라고 이를 예측할 수 있을 정도로 구체적으로 정하여야 하며, 셋째, 형벌의 종류 및 그 상한과 폭을 명백히 규정하여야 한다.」고 판시하고 있다(헌재 1995.10.26. 93헌바62). 2) **자치입법권의 범위** 첫째, 모법이 조례제정범위를 정하고 있는 경우에는 그 범위 안에서 조례를 정해야 하므로 그 범위의 최소한도 미만이나 최고한도를 초과하여 조례를 제정할 수는 없다. 둘째, 법령상에서 직접 특별한 예외를 인정하면 법령의 범위를 초과할 수 있다. 셋째, 조례를 제정함에 있어서 상급기관의 승인을 받아 조례로 제정하도록 법령에서 정한 경우는 그 절차를 이행하여 조례를 제정하여야 한다. 개별 법률에서 지방자치단체의 조례를 제정하도록 하면서 입법목적상 조례사항 중 특정사항에 대하여는 사전에 소관부처의 승인 등을 거치도록 규정하는 경우가 있다. 이 경우 지방자치단체는 해당 법령의 규정내용에 따라 사전에 상급기관의 승인 등 필요한 선행절차를 거친 후 조례를 제정하여야 한다. 넷째, 법령에서 자치단체장의 고유권한으로 정한 사항은 조례로 침해할 수 없다. 자치단체장은 지방자치법이 정하는 예컨대, 지방공무원에 대한 임명권, 사무의 관리집행권, 직원 및 소속행정기관 및 하급기관에 대한 지휘·감독권, 예산 편성 및 집행권, 규칙제정권 등은 조례로써 이를 침해할 수 없다. 그러나 조례로 정한 자치단체장의 권한은 제한은 가능하다. 다섯째, 앞서 언급한 법령에 부합되어야 한다. 조례가 법령의 위임을 받아 제정된 경우에는 법령이 개정이나 폐지되어 구법에 따라 제정된 조례가 개정된 법령에 부합되지 않으면 그 근거가 없는 것이 되어 조례는 무효가 된다. 따라서 개정법령과 개정조례 사이에는 시차가 발생하는 바, 개정법 부칙에서 충분하고 합리적인 경과규정을 두어야 한다. 그러나 법령이 폐지되고 새로운 대체 법령이 제정되었을 경우에는 구법에 의한 조례는 새로운 대체 법령에 부합되면 그 때부터 효력을 가진다. 3) **조례제정권의 한계** (1) **사항적 한계** 조례는 당해 지방자치단체의 사무에 한하여 제정할 수 있으며, 국가사무 및 다른 지방자치단체의 사무에 대하여는 특별한 규정이 없는 한 조례를 제정할 수 없다. 즉, 조례제정권은 자치사무와 단체위임사무에 한정하며 기관위임사무는 제외된다. 대법원은 「지방자치단체가 조례를 제정할 수 있는 사항은 지방자치단체의 고유사무인 자치사무와 개별 법령에 의하여 자치단체에 위임된 이른바 단체위임사무에 한하고, 국가사무로서 지방자치단체의 장에 위임된 이른바 기관위임사무에 관한 사항(법 제93조 참조)은 조례제정의 범위 밖이라고 할 것이다.」라고 하고 있다(대판 1992.7.28. 92추31). (2) **지역적 · 인적 한계** 조례는 지역단체의 법이므로 그 효력도 속지적으로 발생한다. 법률 또는 조례에 특별한 규정이 없는 한 당해 지방자치단체의 구역 내에 있는 모든 사람에게 효력을 미친다. (3) **법적 한계** 헌법상 지방자치단체에 조례제정권을 인정하는 것은 각 단체의 자율성을 존중하는 것이며, 그에 따라 법적 규율의 차별이 나타날 수 있다. 이 차별은 헌법이 용인하는 범위 내의 것이어야 한다. 헌법이 법률로 정하도록 하는 사항에 대해서는 당해 법률의 위임이 있어야만 조례로 정할 수 있다.

자치입법권自治立法權**과 포괄위임금지**包括委任禁止**의 원칙**原則**의 관계** 자치입법권은 통상 지방자치단체가 그 자치권에 기하여 법령의 범위 안에서 자치에 관한 규정을 제정하는 권한을 말하지만, 헌법재판소는 한국(증권)거래소와 같이 법률의 규정에 따라 설립되고 행정부에 속하지 않는 공법적 기관도 자치기관으로 보아 자치입법권을 가지는 것으로 본다. 따라서 「법률이 정관에 자치법적 사항을 위임한 경우에는 헌법 제75조, 제95조가 정하는 포괄적인 위임입법의 금지는 원칙적으로 적용되지 않는다고 봄이 상당하다.」고 하고(헌재 2001.4.26. 2000헌마122), 「법률이 행정부에 속하지 않는 공법적 기관의 정관에 특정 사항을 정할 수 있다고 위임하는 경우에는 자치입법에 해당되는 영역으로 보아 자치적으로 정하도록 하는 것이 바람직하다.」(헌재 2021.5.27. 2019헌바332; 2006.3.30. 2005헌바31; 2001.4.26. 2000헌마122 등 참조)고 하고 있다. 다만, 「공법적 기관의 정관 규율사항이라도 그러한 정관의 제정주체가 사실상 행정부에 해당하거나, 기타 권력분립의 원칙에서 엄격한 위임입법의 한계가 준수될 필요가 있는 경우에는 헌법 제75조, 제95조의 포괄위임입법금지 원칙이 적용되어야 할 것이다. 한편 법률이 자치적인 사항을 정관에 위임할 경우 원칙적으로 헌법상의 포괄위임입법금지 원칙이 적용되지 않는다 하더라도, 그 사항이 국민의 권리 의무에 관련되는 것일 경우에는, 적어도 국민의 권리와 의무의 형성에 관한 사항을 비롯하여 국가의 통치조직과 작용에 관한 기본적이고 본질적인 사항은 반드시 국회가 정하여야 한다는 법률유보 내지 의회유보의 원칙이 지켜져야 할 것이다.」고 하고 있다(헌재 1998.5.28. 96헌가1). 나아가 「비록 기본적이고 본질적인 것이 아닌 권리와 의무에 관한 사항이라도, 국민의 권리와 의무에 관한 사항을 입법부의 권한 내지 의무로 하는 법치주의 내지 법률유보의 원칙을 고려할 때, 법률에서 정관으로 정하여질 내용을 되도록 범위를 한정시켜 위임하는 것이 바람직하며, 한편 정관으로 제정된 내용은 자의적인 것이어서는 안될 것이다.」고 하고 있다(헌재 2001.4.26. 2000헌마122). 지방자치단체는 헌법상 자치입법권이 인정되고, 법령의 범위 안에서 그 권한에 속하는 모든 사무에 관하여 조례를 제정할 수 있다는 점과 조례는 선거를 통하여 선출된 그 지역의 지방의원으로 구성된 주민의 대표기관인 지방의회에서 제정되므로 지역적인 민주적 정당성까지 갖고 있다는 점을 고려하면, 조례에 위임할 사항은 헌법 제75조 소정의 행정입법에 위임할 사항보다 더 포괄적이어도 헌법에 반하지 않는다고 본다(헌재 1995.4.20. 92헌마264; 2004.9.23. 2002헌바76; 2008.5.29. 2006헌바78 등 참조).

자치재정권自治財政權 ⓓ Recht der kommunalen Selbstfinanzierung. 1. **의의** 자치재정권은 지방자치단체의 사무처리에 필요한 재원을 자율적으로 조달·사용할 수 있는 권한을 지칭하는 것이다. 자치재정권은 재원조달의 자율권, 재원사용의 결정·운용상의 자율권, 재산관리권 등으로 구분해 볼 수 있다. 이러한 자치재정권과 관련하여서도 조세법률주의, 지방채발행의 승인제도, 예산편성지침의 준수의무, 국고보조금제도에 따른 지방비 부담의무 등에 의해 그 자율권이 제약받고 있다. 지방정부의 역할과 기능을 강화해 나가고 내실을 다지기 위해서는 자치입법권, 자치조직권, 자치행정권, 자치재정권의 범위가 확대되어야 한다. 한편 재정적 측면에서 볼 때 지방자치는 「자기책임의 원칙」에 기초하고 있다. 또한 지방자치는 제한적이나마 자유경쟁과 자기책임의 원칙을 도입함으로써 효율성을 제고하고, 공공재의 공급과 비용을 연계시킴으로써 자유에 대한 일정한 규율을 확립하고자 하는 제도이다. 지방정부가 실질적이고 유효한 재정적 재량권을 확보하기 위해서는 재원의 상당 부분을 자주재원을 통해 조달하여야 한다. 2. **자치재정권의 법적 범위와 내용** 1) **조세법률주의와 지방세조례주의** 조세법률주의는 세목과 세율을 법률에 의해 정하도록 하는 것이다. 현재 우리나라는 조세법률주의로 인해 지방세의 세목과 세율에 대한 결정권을 중앙정부가 보유하고 있어 지방재정의 자주권을 제약하고 있으며, 자기책임의 원칙에 입각한 지방재정 운영을 도모하기 어려운 실정이다. 지방자치가 본격적으로 실시될 경우 전국적으로 균일화된 지방세제 외에 개별 자치단체가 스스로 주민동의과정을 거쳐 새로운 세목을 신설하거나 과세대상을 확충할 수 있는 여지가 마련되어야 한다. 2) **중앙·지방정부간 세원분리와 중복과세의 금지** 현재 「국세와 지방세의 조정 등에 관한 법률」에서는 「국가와 지방자치단체는 이 법에 규정한 것을 제외하고는 과세물건이 중복되는 여하한 명목의 세법도 제정하지 못한다.」라고 규정(제4조)함으로써 원칙적으로 중복과세를 금지하는 세원분리방식을 수용하고 있다. 이러한 세원배분 방식은 중앙정부와 지방정부에 과세대상을 분리하여 배분함으로써 중복과세를 금지하여 국민들의 과중한 조세부담을 방지하고, 중앙정부와 지방정부 상호간 세원 침해를 방지함으로써 재정의 자주성을 확보하기 위한 것이라고 할 수 있다. 또한 지방세 자주성의 원칙에 따라 부과징수에 대한 책임의 귀속을 분명히 하자는 데에도 그 목적이 있다. 3) **탄력세율제도** 지방세로 배분된 세원에 대한 조세입법권(정책결정권), 조세수입권(사용권), 조세행정권(부과징수권)을 중앙정부와 지방정부 사이에 어떻게 배분하느냐에 따라 지방정부가 행사할 수 있는 과세자주권의 수준과 범위가 달라지게 된다. 다시 말해서 조세법률주의와 함께 지방세조례주의가 인정되느냐에 따라 지방정부가 누릴 수 있는 과세자주권이 달라지게 된다. 우리나라에서는 조세법률주의를 채택하고 있어 지방세의 세목과 세율에 대한 결정권(조세입법권)을 중앙정부가 보유하고 있다. 다만 조세법률주의의 틀 속에서 지방정부에 과세자주권을 일정 수준 보장하기 위하여 탄력세율제도를 운영하고 있다. 탄력세율제도의 활용을 활성화하기 위하여 1988년에 탄력세율 적용시 도지사를 거쳐 내무부장관의 승인을 받도록 하는 법적 근거를 마련하였다. 이어서 지방자치가 본격적으로 실시된 1991년의 지방세법 개정과정에서는 표준세율의 일정 범위 내에서 지방세 세율을 가감조정할 경우 내무부장관의 승인을 얻도록 하던 것을 「지방의회의 의결을 얻어 조례로 시행할 수 있도록」 함으로써 지방자치단체의 과세자주권을 더욱 확대시켰다. 이밖에 지방자치단체의 과세자주권 확보를 위한 제도적 장치의 하나로서 지방세 납기선택제도를 도입하고 있다. 4) **지방채 발행 승인제도** 현재 지방자치단체의 지방채 발행계획은 상위정부와의 협의 및 중앙정부의 승인을 받도록 하고 있으며, 지방채 발행계획의 총규모와 부처별 정부자금융자계획에 대해서는 중앙의 관련부서와 협의가 필요하다는 제약을 가하고 있다. 이처럼 현재 지방채발행은 지방재정의 건전성 확보라는 원칙아래 중앙정부의 승인하에 운영하고 있다. 3. **현행 자치재정권의 한계와 발전방향** 1) **현행 자치재정권의 한계** 지방자치 실시 이후 지방분권화를 촉진하기 위한 행·재정제도의 개혁 요구가 끊임없이 제기되고 있다. 특히 오늘날 지방화·세계화·정보화로 집약되는 행정환경의 변화와 더불어 지방과 지방정부가 국가 발전의 새로운 동력과 경쟁 단위로 등장하면서 권한과 재원의 분권화가 촉구되고 있다. 현행 재정분권제도는 효율성의 논리보다는 형평성의 논리가 강하게 우선되고 있다. 또한 지방양여금제도, 지방교부세, 지방양여금, 국고보조금 등 지방재정조정제도 전반에 걸쳐 재정력격차를 반영하기 위한 보정제도가 마련되어 있는 점 등도 지방재정제도 설계에 있어서 형평성의 논리가 강하게 작용하고 있음을 보여준다. 현재의 중앙·지방정부간 재원배분체제가 자율과 자주 및 자유경쟁을 통한 자기책임의 확보라는 지방자치의 원리에 적절히 부합하지 못하고 있고, 중앙·지방정부간 사무배분과 경비부담의 불일치로 인해 갈등이 발생하고 있다. 지방정부가 담당하고 있는 업무 중 자치사무와 단체위임사무, 단체위임사무와 기관위임사무간의 구분이 명확치 않아 중앙정부의 감독 범위와 한계는 물론이고, 경비분담의 원칙을 그대로 적용하는 것이 용이하지 않다. 2) **자치재정권의 발전방향** 지방분권시대를 발전적으로 전개하기 위해서는 지방으로의 권한이양을 촉진하는 동시에 중앙·지방정부간 재정관계를 새롭게 설계하여야 한다. 중앙·지방정부간 재원배분체계의 재구조화를 통해 '세입자치'의 폭을 확대하는 가운데 '응익원칙(應益原則)'을 강화하는 것이 필요하다. 또한 진정한 지방분권을 위하여 지방정부의 자기결정권을 확충하고, 행정의 즉응성, 유연성, 종합성을 제고할 수 있다. 사무배분과 경비부담관계, 지방세제도, 지방재정조정제도 등 재원배분에 관련된 제반 제도적 장치를 주민선호의 충실한 반영, 공공사업과 관련된 조세부담의 인식, 정부간 경쟁의 촉진 등과 같은 지방분권제도의 장점을 충분히 발휘할 수 있도록 개편하여야 한다. 이를 위해서는 지방세 과세자주권의 확대, 중복과세금지의 완화, 기관위임사무제도의 정비, 그리고 지방재정조정제도별 기능분화 및 재원배분방식의 개편 등을 집중적으로 검토하는 것이 필요하다. 지방정부의 세입자주성을 확대하기 위해서는 일부 국세의 지방세 이양을 통한 지방세원의 확충과 더불어 지방정부가 세수입의 증감을 자율적으로 결정할 수 있는 과세의 자주성을 제도적으로 보장하는 것이 필요하다. 이를 위해서는 탄력세율제도의 적용 범위를 확대하는 것이 필요하다. 또한 중복과세 금지원칙을 완화 내지 폐지할 필요가 있다. 아울러 '법정외 세목제도'를 도입하는 것도 필요하다. 나아가 지방정부의 과세자주권을 완전하게 보장하기 위해서는 '지방세조례주의'의 제도화도 검토해 볼 수 있을 것이다.

자치조직권自治組織權 [영] self-organizing rights/authorities, [독] die Organisationshoheit von Gemeinden. 1. **의의** 조직고권이라고도 하는 자치조직권은 법령의 범위 안에서 지방자치단체 스스로가 자신의 고유한 재량으로 자신의 내부조직을 형성, 변경, 폐지할 수 있는 권한, 지방자치단체가 활동하기 위해 필요한 조직을 자기책임 하에 설치할 수 있는 권한, 지방자치단체는 헌법과 법률의 범위 내에서 자기의 조직을 자주적으로 정할 수 있는 권능, 지방자치단체가 활동하기 위하여 필요한 외부적·내부적 조직을 스스로 규율할 수 있는 권한 등으로 설명되고 있다. 자치조직권의 세부적인 범위는 행정기구의 편성과 개편권, 자주적인 정원책정권 및 정원관리권과 관련된 내용을 말한다. 2. **우리나라 자치조직권의 현상** 1) **법령에 의한 자치조직권의 침해** 우리나라의 자치조직권은 제도적으로 헌법과 지방자치법을 통해 보장되고 구체적 내용은 조례를 통해 정하도록 되어 있으나, 실질적으로는 대부분의 사항이 대통령령의 범위 내로 제한되고 있다. 즉 「지방자치단체의 행정기구와 정원기준 등에 관한 규정」에 너무 세세한 부문까지 규정하고 있어 자율적인 조직운영을 지나치게 제약하고 있고, 인구규모별로 지방자치단체의 실국 규모 등을 일률적으로 규정하고, 기준인건비 운용에 있어서 각종 정부평가를 통해 정부가 통제를 하고 있으므로 지방행정여건이나 지역적 특성을 감안하는 정원운영을 행할 수 없는 실정이다. 지방자치법에 의하여 부시장·부지사의 수뿐만 아니라 3급 이상의 국장급 수까지 대통령령 등으로 또 다시 규제하고 있는 바, 이는 자치 선진국에서는 찾아 볼 수 없는 현상이다. 2) **자치조직권의 규제로 인한 문제점** 첫째, 법령에 의한 자치조직권의 침해는 헌법이 보장하고 있는 자치권의 본질적 내용을 침해하는 것으로, 이는 결국 헌법이 보장하고 있는 지방자치의 본질을 침해하고 있는 것이다. 둘째, 최근 지방분권으로 인하여 많은 행정사무에 대한 권한이 지방으로 이양되고 있고 또 자치사무의 범위가 확충되어 가는 경향에 있다. 그럼에도 불구하고 기존의 행정조직 및 정원은 법령으로 제한되고 있어, 행정사무의 지방이양 및 자치사무화에 따른 효율적이고 능동적인 변화를 기대하기 어려워진다. 셋째, 주민들의 필요에 의한 자율적이고 능동적인 자치조직의 구성이 어려워져 주민 본위의 지방자치의 이념을 실현하기 어렵다는 것이다. 넷째, 지방자치가 활성화되려면 지방자치단체는 그 지역 및 주민구성 등과 관련한 특징을 반영할 수 있는 조직을 설치할 수 있는 자치조직권이 보장되어야 한다. 아울러 필요한 전문 인력을 채용하며, 기존 인력을 그 전문성에 비추어 적재적소에 기용할 수 있는 인사자치권을 보장받아야 한다. 궁극적으로는 정부의 자치조직권의 지방으로의 완전이양을 통해 지방자치단체의 자율성 강화 및 행정의 민주성을 강조하고, 중앙정부의 간섭 없는 독자적 결정으로 지방자치단체장 선출의 논리적 정당성을 제공하고, 의회 및 주민의 역할을 제고해야 하는 바, 현재의 법령 체제하에서는 이러한 지방자치 본연의 목적을 달성하기 어렵다는 것이다. 3. **자치조직권의 법적 근거** 1) **법적 근거** 자치조직권의 법적 근거로써 먼저 헌법을 들 수 있다. 우리 헌법은 지방자치단체의 조직과 운영은 법률로 정할 것을 명하고 있다. 그러나 지방자치단체 조직의 세세한 범위까지 모두 법령으로 정하라고 하는 것은 아니다. 오히려 자치단체의 조직에 관하여 정하고 있는 법령이 지방자치의 본질 내지는 지방자치의 이념을 침해하는 경우에 그 법령은 위헌적인 법령이 될 수도 있다. 그 외, 현행 지방자치단체의 자치조직권과 관련된 법령으로는, ① 지방자치법, 지방공무원임용령(파견공무원 결원 보충), ② 지방자치단체의 행정기구와 정원기준 등에 관한 규정(시·도, 시·군의 기구설치기준, 지방공무원 정원기준 등 필요사항 규정), ③ 지방자치단체의 행정기구와 정원기준 등에 관한 규정 시행규칙(행정안전부령, 대통령령에서 위임된 사항과 그 시행에 필요한 사항 규정), ④지방공무원 정원 배정규정(훈령, 정원관리기관별 보좌·보조기관에 두는 정원배정에 관한 사항, 공무원 종류별, 직렬별 정원규정)과 기타 각 지방자치단체의 규정으로 의회 사무처 설치 조례 등이 있다. 2) **법령에 의한 자치조직권의 제한** (1) **지방자치법 및 동 시행령** 지방자치법 제123조 제1항에는 부지사·부시장·부군수·부구청장의 정수를 규정하고 있으며, 특별시의 부시장의 정수는 3명 이내, 광역시와 특별자치시의 부시장 및 도와 특별자치도의 부지사의 정수는 2명(인구 800만 이상의 광역시나 도는 3명) 이내 범위를 규정하고 있고, 시의 부시장, 군의 부군수 및 자치구의 부구청장의 정수를 1명으로 규정하고 있다. 지방자치법 제123조 제2항에는 특별시·광역시 및 특별자치시의 부시장, 도와 특별자치도의 부지사는 대통령령으로 정하는 바에 따라 정무직 또는 일반직 국가공무원으로 보하며, 특별시·광역시 및 특별자치시의 부시장, 도와 특별자치도의 부지사를 2명이나 3명 두는 경우에 1명은 정무직·일반직 또는 별정직 지방공무원으로 보하되, 정무직과 별정직 지방공무원으로 보할 때의 자격기준은 해당 지방자치단체의 조례로 정한다고 규정하고 있다. 지방자치법 제125조는 「① 지방자치단체는 그 사무를 분장하기 위하여 필요한 행정기구와 지방공무원을 둔다. ② 제1항에 따른 행정기구의 설치와 지방공무원의 정원은 인건비 등 대통령령으로 정하는 기준에 따라 그 지방자치단체의 조례로 정한다.」고 규정하고 있다. 그리고 지방자치법 시행령 제71조에는 부시장·부지사 등의 수와 직급 등을 규정하고 있는바, 법 제123조 제1항에 따라 특별시의 부시장은 3명, 광역시·특별자치시의 부시장과 도 및 특별자치도의 부지사는 2명(인구 800만 이상의 광역시 및 도는 3명)으로 하며, 국가공무원으로 임명하는 부시장·부지사는 특별시의 경우에는 정무직 국가공무원으로, 광역시·특별자치시·도와 특별자치도의 경우에는 고위공무원단에 속하는 일반직공무원으로 보하되, 그 직무등급은 행정안전부령으로 정한다고 규정하고 있다. 이처럼 우리 지방자치법, 같은 법 시행령 그리고 행정안전부령으로 부시장의 수와 그 사무분장까지 규정하고 있다. 사실상 자치조직이란 이와 같은 법령의 범위 내에서의 제한적이고 한정적인 권한이라고 볼 수 있다. 2) **지방자치단체의 행정기구와 정원기준 등에 관한 규정** 지방자치법 제125조 제2항의 위임에 따라 대통령령인 「지방자치단체의 행정기구와 정원기준 등에 관한 규정」이 제정·시행되고 있다. 이 규정은 중앙정부의 감독기관인 행정안전부장관이 모든 지방자치단체에 매우 구체적이고 획일적 조직 및 인력설계기준을 강요하고 있으며, 규정이 정한 기준과 다르게 기구를 설정한 경우 행정안전부장관에게 강제력 있는 시정요구권을 부여하고 있어(제33조) 지방자치단체의 조직 및 인사자치권을 극도로 제약하고 있다. 이는 결국 중앙정부가 정한 기준에 따라 지방행정의 조직과 인력운용이 수동적이고 의존적이며 소극적인 행정으로 전락하게 하는 문제점을 드러내고 있다.

자치행정권自治行政權 ㉮ the right of self-governing administration, ㉯ Selbstverwaltungsrechts. 지방자치단체가 자기의 사무를 원칙적으로 중앙정부의 간섭을 받지 않고 자주적으로 처리할 수 있는 권능을 말한다. 넓은 의미의 자치행정권에는 자치조직권·자치재정권이 포함된다. 자치행정권의 범위는 지방자치단체가 자기의 독자적 사무를 국가나 상급자치단체로부터 독립하여 관여를 받음이 없이 그 사무를 자주적으로 처리할 수 있는 권한을 말한다. 자치행정권의 의미를 엄격하게 해석하여 순수한 지방적 사무를 처리하는 기능으로 이해할 때에는 자치행정권의 범위는 자치사무에 한정된다. 자치행정권에 포함되는 사무는 지방자치법 제13조 제2항에 규정되어 있다.

작량감경酌量減輕 ➜ 정상참작감경.

잠정예산暫定豫算 ➜ 예산.

잠정적 우대조치暫定的 優待措置 ➜ 적극적 평등조치.

잡종재산雜種財産 국유재산은 2009년 법개정 전까지는 행정재산, 보존재산 및 잡종재산으로 구분하였으나, 법 개정 후 행정재산과 일반재산으로 구분하였다(국유재산법 제6조 참조). 헌법재판소는 국유재산 중 잡종재산(일반재산)도 사인의 재산으로 취득시효의 대상이 된다고 판시하였다(헌재 1991.5.13. 89헌가97).

장기의회長期議會 장기의회는 잉글랜드의 Charles I가 소집한 의회이다. 크롬웰의 청교도혁명기에 잠시 해산되었으나, 이후 재소집되어 1660년까지 지속되었다. 단기의회(➜ 단기의회) 해산후 다시 전제정치를 하던 Charles I는 스코틀랜드에 대한 배상 등 자금이 필요하여1640.11.3. 의회를 재소집하였다. 그러나 새 의회는 의회파가 우세하여 혁명적인 입법을 계속 행하였다. 이에 왕은 의회의 지도자 5명을 반역죄로 탄핵하고 체포하기 위해서 의회에 군대를 보냈다. 의회는 이것을 의회의 특권을 침범하는 것이라 하여 격분, 왕의 계획을 무산시키고 청교도혁명을 일으켰다. 의회 내에서 왕당파는 탈락했지만 장로파와 독립파, 독립파와 수평파 등의 세력간에 대립이 계속되었고, 1660.2.에 장로파가 복귀하여 장기의회가 부활하였다. 그러나 얼마되지 않아 해산되었고 왕정복고기의 의회로 바뀌었다.

장기이식臟器移植 ➜ 인체조직이식.

장래효將來效 = **향후효**向後效 ⓔ ex nunc effect ➜ 위헌결정의 효력.

장면정부張勉政府 4 · 19 혁명 후 1960.6.15.에 헌법이 의원내각제 정부형태로 개정되고, 그에 따라 총선이 실시되었으며, 내각수반으로 장면이 선출되었다. 민주당 정부는 4 · 19 혁명에 따른 다양한 개혁 요구에 소극적으로 대응하였을 뿐만 아니라, 총리였던 장면의 민주당 신파와 형식적인 대통령이었던 윤보선의 민주당 구파 간 파벌갈등까지 벌여 정치적 기반이 약화되어 정책결정과 집행이 원활하지 못했고, 이승만 자유당 정권 청산도 과감히 수행하지 못하였다. 1961.5.16. 소장 박정희를 중심으로 한 군사반란인 5 · 16 군사쿠데타로 붕괴되었다. 쿠데타로 제2공화국 헌법은 효력이 정지되었고, 대한민국 헌정은 이후 1963.12.27. 제3공화국이 출범하기 전까지 국가재건최고회의의 군정(軍政)체제를 지속하였다.

장애인추천보조금障礙人候補者推薦補助金 = **장애인후보자추천보조금**障礙人候補者推薦補助金 임기만료에 의한 지역구국회의원선거, 지역구시 · 도의회의원선거 및 지역구자치구 · 시 · 군의회의원선거에서 장애인후보자를 추천한 정당에 지급하기 위한 보조금으로 최근 실시한 임기만료에 의한 국회의원선거의 선거권자 총수에 20원을 곱한 금액을 임기만료에 의한 국회의원선거, 시 · 도의회의원선거 또는 자치구 · 시 · 군의회의원선거가 있는 연도의 예산에 계상하고, 각 선거에서 장애인후보자를 추천한 정당에 대하여 법이 정한 기준에 따라 배분 · 지급하도록 하고 있다(정치자금법 제26조의2 참조). 적극적 평등실현조치의 하나이다. ➜ 적극적 평등실현조치.

재량행위裁量行爲 ➜ 기속행위와 재량행위.

재산권財産權 ⓔ property right, ⓓ die Eigentumrechte, ⓕ droit de propriété. 1. **의의** 1) **헌법규정**

현행헌법 제23조는「① 모든 국민의 재산권은 보장된다. 그 내용과 한계는 법률로 정한다. ② 재산권의 행사는 공공복리에 적합하도록 하여야 한다. ③ 공공필요에 의한 재산권의 수용·사용 또는 제한 및 그에 대한 보상은 법률로써 하되, 정당한 보상을 지급하여야 한다.」고 규정하고 있다. 이 외에도 지적재산권을 보장하고(제22조 제2항), 소급입법에 의한 재산권의 박탈을 금지하며(제13조 제2항), 제9장 경제의 장에서는 사영기업의 국공유화 및 경영의 통제·관리에 대한 엄격한 요건과 예외적 허용 규정(제126조), 천연자원의 이용 등에 관한 특허(제120조), 소작제 금지(제121조), 국토의 효율적 이용을 위한 제한(제122조) 등 재산권이 무제약적 행사를 제한하기 위한 헌법적 근거를 마련하여 재산권의 보장과 사회적 시장경제질서의 조화를 도모하고 있다. 2) **재산권보장의 연혁** 재산은 인간의 생존을 위한 재화와 용역 등을 가리키는 말로써, 이를 개인적 권리로 인식한 것은 근대 이후이었다. 근대 입헌주의 헌법에서 재산권은 신성불가침의 권리로서 전국가적인 천부인권으로 이해되어, 로크의 시민정부2론, 프랑스 인권선언, 미국헌법 등에 명시되었다. 재산권의 절대적 성격과 계약의 자유는 근대 자본주의 및 근대 시민사회를 떠받치는 법적 지주이었다. 그러나 근대 산업사회의 발달에 따른 빈부격차와 사회적 문제로 인하여 사회주의 사상이 대두하고 재산권의 극단적 공공성이 강조되어 사소유권이 철폐되기에 이르자 자본주의는 자기변신을 도모하지 않을 수 없었고, 바이마르 헌법에 이르러서는 재산권의 절대성과 계약의 자유에 대하여 사회적 구속성을 강조하는 수정자본주의원리가 지배하게 되었다. 2. **재산권보장의 법적 성격** 헌법상 재산권을 보장한다는 것이 어떠한 의미를 갖느냐에 대하여 견해대립이 있다. 1) **학설** (1) **개인적 자유권설** 이 견해에 의하면, 재산권은 원칙적으로 개인이 향유하는 자유권이지만, 그 내용과 한계가 법률로 정해지고 그 행사는 공공복리에 적합하여야 한다는 고도의 사회적 의무성을 수반하는 것이라 본다. (2) **제도보장설** 이 견해에 의하면, 재산권은 헌법규정에 의하여 사유재산제라는 형태로 비로소 보장되는 제도적 보장이며 상대적 보장이라고 본다. (3) **절충설** 이는 권리·제도 동시보장설이라고도 한다. 재산권 보장은 그 내용과 한계가 법률로 정해지는 제도보장이기는 하지만, 일단 사유재산제가 보장되면 재산권은 자유권으로서의 성격을 가지며, 그 수용·사용·제한 등은 공공복리와 국가안전보장·질서유지를 위하여 필요한 경우에 한하여 법률로 정할 수 있다고 본다. 현재 다수설이다. 2) **헌법재판소** 헌법재판소는「재산권보장은 개인이 현재 누리고 있는 재산권을 개인의 기본권으로 보장한다는 의미와 개인이 재산권을 향유할 수 있는 법제도로서의 사유재산제도를 보장한다는 이중적 의미를 가지고 있다.」고 하여 절충설을 취하고 있다(헌재 1993.7.29. 92헌바20). 3) **검토** 헌법상 재산권의 내용과 한계는 법률로 정하도록 하고 있기 때문에 사유재산제도의 본질에 어긋나지 않는 한, 광범위한 입법적 재량이 부여된다. 이러한 의미에서 헌법상 재산권 보장은 권리와 제도를 동시에 보장하는 것이라고 할 수 있다. 재산권의 내용과 한계가 법률로 정해지기 때문에 이 때의 법률은 재산권을 구체화하고 형성하는 의미를 가지므로 헌법상 사유재산제의 보장과 재산권의 보장규정은 권리와 제도가 병존하는 규정이다. 3. **재산권의 주체와 객체** 1) **주체** 재산권의 주체는 모든 국민이다. 자연인은 물론 법인도 주체가 된다. 외국인 및 외국법인은 국가정책이나 조약 등에 따라 특별한 제한이 가능하다. 2) **객체** 재산권이란 공·사법상 경제적 가치가 있는 모든 권리를 말한다. 재산권에는 민법상 소유권 · 물권 · 채권 및 특별법상 광업권 · 어업권 · 특허권 · 저작권과 공법적 성격의 수리권 · 하천점유권 등을 포함한다. 국유재산 중 일반재산(➜ 잡종재산)도 취득시효의 대상이 되므로 개인의 재산권의 객체로 될 수 있다. 헌법재판소 결정에 따르면, 환매권(헌재 1995.2.23. 92헌바12), 공무원연금법상 급여수급권(헌재 1998.12.24. 96헌바73), 사학연금법상 퇴직연금수급권(헌재 2009.7.30. 2007헌바113) 등은 재산권에 속한다고 한다. 하지만 단순한 이익이나 재화획득의 기회, 기업활동의 사실적 · 법적 여건 등은 재산권보장의 대상이 되지 아니한다. 예컨대, 약사의 한약조제권(헌재 1997.11.27. 97헌바10), 관재담당공무원의 국유재산취득기회(헌재 1999.4.29. 96헌바55), 사업계획승인권(헌재 2010.4.29. 2007헌바40), 시혜적 입법의 시혜대상이 될 경우의 기대이익(헌재 2011.7.28. 2008헌바13), 법령에 의하여 구체적 내용이 형성되기 전의 공무원의 보수청구권(헌재 2012.10.25. 2011헌마307), pc방을 금연구역으로 정하여 흡연고객의 이탈로 인한 영업이익의 감소(헌재 2013.6.27. 2011헌마315), 법정이율을 연 5푼으로 정한 민법규정(헌재 2017.5.25. 2015헌바421) 등은 재산권으로 보장되지 아니한다. 4. **재산권의 효력** 재산권은 대국가적 효력을 가지며, 대사인적 효력도 갖는다. 5. **재산권의 내용** 1) **의의** 헌법상의 재산권에 관한 규정은 다른 기본권 규정과는 달리 그 내용과 한계가 법률에 의해 구체적으로 형성되는 기본권 형성적 법률유보의 형태를 띠고 있다. 그리하여 헌법이 보장하는 재산권의 내용과 한계는 국회에서 제정되는 형식적 의미의 법률에 의하여 정해지므로, 재산권의 구체적 모습은 재산권의 내용과 한계를 정하는 법률에 의하여 형성된다(헌재 1993.7.29. 92헌바20; 2001.6.28. 99헌바106). 헌법이 보장하고 있는 재산권은 경제적 가치가 있는 모든 공법상 · 사법상의 권리를 뜻하며(헌재 1992.6.26. 90헌바26), 사적 유용성 및 그에 대한 원칙적인 처분권을 내포하는 재산가치 있는 구체적인 권리를 의미한다(헌재 2002.7.18. 99헌마574; 2005.7.21. 2004헌바57). 2) **재산권의 내용과 한계의 법정주의** (1) **사유재산권 및 사유재산제도의 보장** 사유재산이라 함은 사적 유용성을 가지고 있는 일체의 물건 · 이익을 말한다. 경제적 가치는 주관적인 것이어도 무방하다. 재산권은 제도보장의 성격을 가지기 때문에 법률로써 사유재산제도 자체를 부인할 수는 없다. 이는 재산권의 내용과 한계를 규율하는 입법의 한계이기도 하며, 재산권의 본질적 내용이라 할 수 있다. 따라서 생산수단의 전면적 국 · 공유화는 허용되지 아니한다. (2) **재산권의 내용과 한계의 법정주의** 재산권의 구체적 내용과 한계는 법률에 의해 정해진다. 여기서의 법률은 국회가 정하는 법률 뿐만 아니라 긴급명령, 긴급재정경제명령도 포함한다. '법률로 정한다'의 의미는 사유재산제도의 한계로 보는 견해도 있으나, 재산권 모두에 관련되는 형성적 법률유보로 봄이 타당하다. 헌법재판소도 같은 견해이다(헌재 1993.7.29. 92헌바20). (3) **한계** 재산권의 구체적 내용과 한계에 관한 입법도 헌법 제37조 제2항의 한계를 준수하여야 한다. 3) **소급입법에 의한 재산권박탈의 금지** 헌법 제13조 제2항은 「모든 국민은 소급입법에 의하여 참정권의 제한을 받거나 재산권을 박탈당하지 아니한다.」고 규정하고 있다. 소급입법에 의하여 재산권이 박탈되지 아니하는 것은 진정소급효의 입법이고, 부진정소급효에 의한 재산권박탈은 허용된다. 헌법재판소는 「소급입법은 새로운 입법으로 이미 종료된 사실관계 또는 법률관계에 작용케 하는 진정소급입법과 현재 진행중인 사실관계 또는 법률관계에 작용케 하는 부진정소급입법으로 나눌 수 있는바, 부진정소급입법은 원칙적으로 허용되지만 소급효를 요구하는 공익상의 사유와 신뢰보호의 요청 사이의 교량과정에서 신뢰보호의 관점이 입법자의 형성권에 제한을 가하게 되는데 반하여, 기존의 법에 의하여 형성되어 이미 굳어진 개인의 법적 지위를 사후입법을 통하여 박탈하는 것 등을 내용으로 하는 진정소급입법은 개인의 신뢰보호와 법적 안정성을 내용으로 하는 법치국가원리에 의하여 특단의 사정이 없는 한 헌법적으로 허용되지 아니하는 것이 원칙이고, 다만 일반적으로 국민이 소급입법을 예상할 수 있었거나 법적 상태가 불확실하고 혼란스러워 보호할 만한 신뢰이익이 적은 경우와 소급입법에 의한 당사자의 손실이 없거나 아주 경미한 경우 그리고 신뢰보호의 요청에 우선하는 심히 중대한 공익상의 사유가 소급입법을 정당화하는 경우 등에는 예외적으로 진정소급입법이 허용된다.」고 하고 있다(헌재 1999.7.22. 97헌바76). 친일재산환수문제와 관련하여 헌법재판소는 진정소급입법에 해당하나 허용되는 입법이라 하고 있다(헌재 2011.3.31. 2008헌바141). 그러나 친일재산환수법상 친일재산의 경우, 1948년 헌법에서 보호하는 재산에 포함된다고 볼 수 없고, 그동안 동 재산을 국유화하는 법률이 제정되지 않았기 때문에 불안정한 법률관계를 확정하기 위하여 제정한 법이라 할 수 있다. 따라서 소급입법에 의한 재산권박탈이라 할 수 없다. 4) **무체재산권 및 특수재산권의 보장** **무체재산권**이란 산업재산권(특허권 · 실용신안권 · 상표권 · 디자인권)과 저작권 등과 같이 인간의 지적, 정신적 결과물로서 외형적인 형태가 없는 무체물에 대한 재산권을 말한다. 헌법 제22조 제2항에서 무체재산권의 보호를 규정하고 있다. 당해 지능적 창작물을 독점적으로 이용하는 권리이므로 재산적 가치를 가지나 동산·부동산과 같은 유체물을 지배하는 권리가 아닌 것을 이른다. 용어로는 일제강점기부터 무체재산권, 지적소유권, 지적재산권, 지식재산권 순서로 계속 바뀌어 왔다. 법률상으로는 「지식재산기본법(2011.5. 제정, 2011.7.시행)」이 정해져 있다. 동법 제3조에서 정의하고 있는바, '지식재산'이란 인간의 창조적 활동 또는 경험 등에 의하여 창출되거나 발견된 지식 · 정보 · 기술, 사상이나 감정의 표현, 영업이나 물건의 표시, 생물의 품종이나 유전자원, 그 밖에 무형적인 것으로서 재산적 가치가 실현될 수 있는 것을 말한다. '신지식재산'이란 경제 · 사회 또는 문화의 변화나 과학기술의 발전에 따라 새로운 분야에서 출현하는 지식재산을 말한다. '지식재산권'이란 법령 또는 조약 등에 따라 인정되거나 보호되는 지식재산에 관한 권리를 말한다. **특수재산권**은 헌법 제9장 경제의 장에서 규정하는 특수한 재산권, 즉 자연력, 농지, 국토, 사영기업의 국공유화 등에 관한 규정들은 제23조를 보완하는 의미를 가진다. 6. **재산권행사의 공공복리적합의무** 1) **재산권의 제한원리로서 사회적 구속성** ➜ 재산권의 사회적 구속성. 2) **토지재산권의 특수성과 토지공개념** ➜ 토지공개념. 7. **재산권의 제한** ➜ 재산권의 사회적 제약과 공용침해. 8. **재산권의 침해와 구제** 1) **침해의 유형** 위헌 · 위법인 침해의 유형으로는 제23조 제1항과 제2항에 관련하여, ① 재산권의 한계와 내용을 정한 법률이 사유재산제도의 본질을 침해한 경우 ② 재산권의 본질적 내용을 침해한 경우 ③ 법률이 아닌 조례 · 행정입법 · 행정행위 등으로 재산권이 제한된 경우 등을 들 수 있다. 제23조 제3항과 관련해서는 ① 공공필요가 없는 경우 ② 법률에 의하지 아니한 경우 ③ 사회적 구속성의 범위를 벗어남에도 보상규정이 없는 경우 등을 들 수 있다. 이 외에 소급입법에 의한 재산권박탈도 재산권의 본질적 내용을 침해한다. 2) **구제방법** 위헌 · 위법적인 재산권침해에 대해서는 위헌법률심판 · 헌법소원 · 명령규칙심사를 청구할 수 있고, 국가배상을 청구할 수 있다. ➜ 국가배상청구권. 재산권의 사회적 구속성을 벗어남에도 불구하고 보상규정이 없는 경우에는 학설과 판례가 대립하고 있다. ➜ 손실보상청구권.

재산권의 사회적 구속성社會的拘束性 현행헌법 제23조 제2항은 「재산권의 행사는 공공복리에 적합하도록 하여야 한다.」고 규정하고 있는데, 이는 재산권의 사회적 구속성을 규정한 것으로, 재산권행사의 공공복리적합의무라 한다. 이의 법적 성격에 관해서는 윤리적 의무라는 설도 있으나, 헌법상 한계를 규정한 법적 의무로 봄이 타당하다. 재산권의 사회적 구속성원리는 사유재산제도의 본질적 내용은 보장하되, 재산권이 가진 사회적 의미를 바탕으로 일정한 제약과 통제가 가능하다는 것을 의미한다. 이러한 제약과 통제는 재산권의 내용과 한계를 결정하는 입법자의 형성의 권한의 폭을 넓게 인정한다. 다만, 입법자의 입법형성권도 일정한 한계가 있어서, 재산권과 사회적 시장결제질서의 합리적 조화가 요청된다. 그 한계는 ① 법률에 의할 것, ② 사유재산제도의 본질적 내용을 침해하지 않을 것, ③ 기본권제한의 한계원리(헌법 제37조 제2항)에 위배되지 않을 것 등이다. ➜ 재산권의 사회적 제약과 공용침해.

재산권의 사회적 제약社會的制約**과 공용침해**公用侵害 1. **문제인식의 기초** 현행헌법 제23조는 「① 모든 국민의 재산권은 보장된다. 그 내용과 한계는 법률로 정한다. ② 재산권의 행사는 공공복리에 적합하도록 하여야 한다. ③ 공공필요에 의한 재산권의 수용 · 사용 또는 제한 및 그에 대한 보상은 법률로써 하되, 정당한 보상을 지급하여야 한다.」고 규정하고 있다. 즉, ②항은 재산권행사의 공공복리적합의무를 규정하고 ③항은 공용침해의 경우 그 근거와 기준을 정한 것이다. 이 때 ②항의 경우에는 재산권행사 자체가 공공복리에 적합하도록 제약되어 있으므로, 공공복리에 적합한 경우에는 보상이 없어도 되지만, ③항의 경우에는 공용침해라는 적극적 제약이 있는 경우에 그 근거와 보상이 있어야 함을 의미한다. 그렇다면 ②항과 ③항의 관계는 어떻게 되는가가 문제된다. 이 문제는 재산권보장의 법적 성격, 공용침해의 개념 및 기준, 결부조항의 문제, 수용유사침해의 인정 문제, 보정의무있는 재산권의 내용규정문제, 보충적 보상규정문제, 헌법재판소와 법원, 국회간의 권한분배문제 등을 포함하는, 대단히 복잡하고 종합적 판단을 요하는 문제이다. 특히 헌법 제23조 제3항에 대해 내용규정과 보상규정을 분리하지 않고 함께 봐야 하느냐, 아니면 분리해서 볼 것인가를 놓고 경계이론과 분리이론이 다투어지고 있다. 이 문제는 현행헌법과 유사한 규정을 가지고 있는 독일기본법의 해석론과 맞물려 우리나라에서도 독일의 논의를 수용할 여지가 있는가의 문제로 논의되고 있다. 독일에서는 '경계이론(또는 전환이론)'과 '분리이론'으로 논의되고 있고, 우리나라에서도 이 이론들이 소개되어 있다. 2. **경계이론** 1) **의의** 경계이론(Schwellentheorie: 전환이론(Umschlagtheorie)이라고도 한다)은 독일기본법 제14조 제1항 제2문의 내용 및 한계규정 내지 제2항의 사회구속성과 제14조 제3항의 공용수용은 본질에 있어 다르지 않고 재산권자에 대한 효과, 즉 침해의 정도에 따라 구별된다고 보고 재산권의 내용과 한계규정이 **특별희생**을 주는 경우 수용이 된다고 보는 이론으로 연방일반최고재판소(BGH)의 판례를 통해 발전한 이론이다. 2) **내용 및 근거** (1) 이 이론에 의하면 양자를 구별하는 결정적 기준은 **특별희생**이며 재산권침해가 헌법과 법률에 의해 허용되는지, 손실보상에 관해 법률의 규정이 있는지 여부는 문제되지 않는다. 따라서 그 효과에 있어서는 수용과 유사하나 위법적 침해에 대해서도 합법적 수용의 경우와 같이 보상청구가 허용되어야 한다고 하여 보상은 침해가 합법적이든 위법적이든 관계없이 인정되어야 한다고 하였다. 이에 따라 수용유사침해나 수용적 침해가 인정되었다. (2) 경계이론은 기본적으로 확장된 수용개념에 바탕하고 있다. 즉 바이마르 헌법시대 이래 공용수용의 객체를 토지소유권뿐 아니라 모든 재산가치 있는 사권에까지 확장하였고, 법률에 의한 수용을 인정하였으며, 재산권의 전부 또는 부분적 박탈뿐 아니라 단순한 제한도 공용수용이 될 수 있었다고 보아 종래의 고전적 수용개념에서 벗어나 수용개념을 확장하였으며 이러한 확장된 수용개념은 연방일반최고재판소에서도 유지되었다. 특별희생에 대한 기준도 1952년 판결이래 형식적 기준에 실질적 기준을 도입하였다. 이러한 확장된 수용개념과 실질적 기준의 수용은 국회의 입장에서는 입법을 할 때 공용수용인가, 아니면 재산권의 사회구속성에 해당하는가의 구별이 불명확할 수 밖에 없고 따라서 보상규정을 둘 것인가도 불분명할 수밖에 없으며 양자의 구분이 애매하므로 분리이론에서 보듯이 양자를 별개의 제도로 보기도 어려운 것이다. (3) 이는 재산권에 대하여 특별희생을 주는 경우 그 침해가 위법적이라 하더라도 법원이 보상을 인정함으로써 재산권침해를 정당화하는 것이므로 결과적으로 재산권보장의 의미를 존속보장이 아니라 가치보장으로 이해하는 것이 된다. (4) 이러한 연방일반최고재판소의 견해에 의하면 수용은 희생의 특수한 경우로서 기본법 제14조 제3항은 관습법상으로 인정되어온 희생청구에 대한 특별법이라 보며 보상규정을 두지 않은 특별희생의 경우에도 헌법재판소의 위헌결정을 거칠 필요없이, 그리고 의회의 보상입법이 없음에도 법원이 직접 기본법 제14조에 근거하여 손실보상을 인정할 수 있다고 한다. (5) 독일기본법 제14조 제3항 제2문은 「공용수용은 보상의 종류와 범위를 정한 법률에 의하여 또는 (그러한) 법률에 근거하여서만 할 수 있다.」고 하여 결부조항(➜ 결부조항)을 규정하고 있다. 경계이론은 공용수용은 보상조항을 둔 법률규정에 의하여야 함을 규정하고 있는 결부조항에 대해 별다른 의미를 부여하지 않은 것을 의미한다. 결부조항에 의하면 보상규정을 두지 않은 수용적 침해입법은 위헌이며, 법원이 보상을 명함으로써 그 위헌성을 치유할 수는 없는 것이다. 또한 결부조항의 문제를 피하기 위하여 구제적 보상조항(salvatorische Entschädigungsklausel)을 두는 경우가 있었는데 이러한 조항이 결합조항의 취지를 회피하는 것임에도 연방일반최고재판소는 결부조항과 합치되는 조항으로 보았다. 그러나 연방일반최고재판소의 입장에서는 수용의 합법성은 원래 보상의 전제가 되지 않기 때문에 이러한 조항의 유효성은 별로 의미가 없었다고 할 수 있다. 3. **분리이론** 1) **의의** 연방일반최고재판소의 판례를 통해 발전해 온 경계이론은 연방헌법재판소의 1981.7.15. 이른바 자갈채취판결(BVerfGE 58, 300)에 의해 그대로 유지될 수 없게 되었다. 연방헌법재판소는 자갈채취판결에서 종래의 연방일반최고재판소의 판례가 취해온 입장을 부인하고 재산권자에게 과도한 부담을 주는 내용 및 한계규정도 수용으로 전환되지 않고 위헌적 내용 및 한계규정으로 남는다는 입장을 취하였다. 즉 기본법 제14조 제1항 제2문의 내용 및 한계규정 내지 제2항의 사회구속성과 제3항의 수용을 전혀 다른 기능을 수행하는 제도로 이해하였다. 이를 분리이론(Trennungstheorie)이라 한다. 2) **내용 및 근거** (1) 분리이론에 의하면 양자는 본질적으로 동질적

법적 제도가 아니라 전혀 다른 기능을 수행하기 위한 제도로서 '내용규정, 입법수용, 그리고 행정수용은 기본법이 명백히 구분하여 놓은 독립적 법제도'라고 한다. 연방헌법재판소는 기본법 제14조 제1항 제2문에 따른 내용 및 한계규정을 '입법자에 의해 헌법상 재산권으로 이해되어야 하는 법익으로 판단된 권리와 의무에 대한 일반적이고 추상적 규정'으로 정의하고 그 목적은 재산권의 내용을 법률의 효력발생에 따라 장래를 향하여 일반적 형태로 규정하는 것으로 보았다. 그에 대해 수용에 대해서는 형식적 수용개념을 채택하여 수용의 본질적 징표는 개인의 재산권에 대한 국가적 침해로서 기본법 제14조 제1항 제1문에 의해 보장된 구체적, 주관적 법적 지위의 완전한 또는 부분적 박탈(Entziehung)을 목적으로 한다고 보았다. 그래서 연방헌법재판소는 내용 및 한계규정과 수용과의 구별기준으로 ① 형식적 기준으로서 수용은 구체적이고 개별적인 데 반하여 내용 및 한계규정은 추상적이고 일반적이며, ② 구체적 목적에 의한 구별기준으로서는 수용은 완전한 또는 부분적인 법적 지위의 박탈인 것에 반하여 내용 및 한계규정은 장래에 있어 재산권적 권리와 의무에 관한 객관적이고 법적인 규범화라는 점을 들었다. 그런 점에서 내용 및 한계규정은 정의행위(Definitionsakt)라 한다면 수용은 박탈행위(Entzugsakt)라 할 수 있다. 말하자면 형태와 목적설정에 의해 수용 여부가 정해지는 것이지 재산권침해의 정도와 질이 이를 결정하는 것이 아니라는 것이다. 그래서 기본법 제14조 제1항 제1문에 의해 보장된 법적 지위의 구체적·개별적 박탈로서 수용은 재산권자의 추상적·일반적 권리·의무를 규정하는 내용 및 한계규정이 될 수 없으며, 수용은 내용규정에 대하여 양적으로 더 많은 것이 아니라 질적으로 다른 것이라고 보았다. 말하자면 내용규정은 기본법 제14조 제1항 제1문에 의해 재산권으로 보장되는 법적 지위를 정하고 수용은 이렇게 보장된 법적 지위를 최종적으로 박탈하는 것이다. (2) 이러한 연방헌법재판소의 분리이론은 재산권 관련 입법과 보상에 대한 입법자의 판단의 존중과 재산권보장에 있어 가치보장보다 현상보장이 우선한다는 점, 결부조항의 준수, 그리고 헌법재판소의 법률의 위헌여부에 대한 독점적 심사권에 기하여 위헌적 재산권침해를 규정하는 법률에 대해 일반법원이 보상판결을 통해 해결하는 것은 허용되지 않는다는 점 등을 고려한 이론이라 할 수 있다. (3) 이러한 논리에 따라 연방헌법재판소의 판례는 기본법 제14조의 재산권보장의 내부적 체계에 따라 재산권에 관한 법률을 다음과 같은 세 가지 경우로 구별하였다. 즉 ① 재산권의 내용과 한계를 규정하는 법률, ② 직접적으로 공용수용을 규정하거나(Legalenteignung) 특정 요건 하에서 행정행위를 통해 공용수용을 인정하는 법률, ③ 기본법 제14조 제1항 제2문에 따른 재산권의 내용과 한계규정이지만 소유자에게 비례원칙에 위반하여 과도한 부담을 주는 경우로서 공용수용을 예견하지 않아 보상규정을 포함하지 않는 법률이라는 세 가지 경우이다. ①의 경우는 사회구속성을 의미하며 이는 독일기본법 제14조 제1항 제2문과 제2항에서 나오는 것이다. 다음으로 ②의 경우는 바로 공용수용을 의미하며 기본법 제14조 제3항에 근거한 것으로 재산권의 내용과 한계규정의 범위를 넘은 경우이다. 반면 ③의 경우는 일반적으로는 보상없이 제한할 수 있는 경우에 해당하나 특수한 예외적인 경우 비례성의 원칙에 위배하여 재산권자에게 과도한 부담을 줌으로써 헌법상 재산권보장을 침해하여 위헌인 경우이다. 이러한 예외적 경우가 소위 '조정의무있는 내용규정(die ausgleichspflichtige Inhaltsbestimmung)'의 문제이다. 이러한 조정의무있는 내용규정은 재산권의 내용과 한계를 새로이 규정하는 법률규정에 따라 의도하였든, 하지 않았든 이제까지 보장되어온 법적 지위를 비례에 맞지 않게 제한하여 비례성을 회복하기 위하여서는 조정이 예정되어야 하는 경우를 말한다. 이러한 비례적 조정은 특수한 경과규정에 의한 것 외에도 금전적 보상도 있다. 이러한 조정의무 있는 내용규정에 관해서는 연방일반최고재판소의 광의의 수용개념을 형식적으로는 포기하면서 실질적으로는 기본법 제14조 제1항 제2문의 영역에서 부활시키는 것이 아닌가 하는 비판이 있다. 왜냐하면 언제 과도한 부담이 인정되는가 하는 문제는 결국 과거에 수용과 사회구속성에 관한 구별기준에 의해 판단되기 때문이며 침해의 중요성, 정도, 기간에 비추어 침해가 피해자에게 기대가능한가가 기준이 되어 결국 구별기준으로 실질적으로 '특별희생'에 의해 판단하게 될 것이기 때문이다. 그러나 조정의무있는 내용규정은 수용에 관한 판례를 보완하는 것이라는 점에서 헌법재판소에 의해 인정되어 왔다. (4) 이처럼 재산권자에게 비례원칙에 위배하여 과다한 부담을 주는 재산권내용규정 법률은 위헌이며 그에 의한 침해에 대해서는 구제가 인정되나 연방일반최고재판소 판결과는 달리 연방헌법재판소는 이러한 경우 피해자가 재산권침해의 취소청구와 보상 중 어느 한쪽을 선택할 수 있는 권리가 있는 것은 아니라고 하였다. 즉 1차적으로는 행정법원에 가서 권리구제를 청구하고 2차적으로 보상청구를 하여야 한다고 하였다. (5) 이러한 연방헌법재판소의 판례는 연방일반최고재판소의 판례를 통해 인정된 수용유사침해나 수용적 침해에 대한 보상청구를 부인하고 공용수용의 개념을 축소시켰다. 그리하여 연방헌법재판소의 판례에 따른 기본법 제14조 제3항 상의 공용수용은 ① 직접 법률을 통해 또는 법률을 근거로 하며, ② 특정인의 재산권에 대한, 목적적인 개별적·구체적 침해이며, ③ 주관적 법적 지위의 완전한 또는 부분적 박탈이라는 점으로 나타난다고 할 수 있다. (6) 이에 따라 연방일반최고재판소도 광의의 수용개념과 경계이론에 기초한 내용규정과 수용의 구별을 포기하고 연방헌법재판소의 분리이론에 따르고 있다. 그런 점에서 종래의 경계이론은 원칙적으로는 폐기되었다고 할 수 있다. 그러나 연방헌법재판소의 자갈채취판결이후 수용유사침해에 대한 보상은 법적 기초를 흠결한 것 아닌가의 문제에 대하여 연방일반최고재판소는 보상제도로서 수용유사침해를 포기하지 않았다. 다만 수용유사침해에 대한 보상의 근거로 더 이상 기본법 제14조 제3항이나 일반적인 제14조를 들지 않고 자신의 판례법상 형성된 일반적 희생사상에서 이끌어내고 있다. 이 점에 관해 연방헌법재판소는 1999.12.2. 판결에서 수용유사침해에 대한 보상제도는 헌법에 근거한 것이 아니며 기본법 제14조로부터 국가적 보상의무가 나오는 것은 아니라고 하면서 이러한 판례법상 발전한 관습법상의 희생원칙은 기본법 제14조 제3항 규정에 반하는 것은 아니라고 하였다. 4. **한국헌법상 경계이론과 분리이론의 수용** 1) **헌법재판소판례** 헌법재판소는 1998.12.24., 89헌마214등(병합)결정에서 기본적으로 분리이론에 기초한 결정을 한 바 있다. 즉 ①「이 사건 법률조항에 의한 재산권제한은 … 예외적인 경우에도 아무런 보상없이 이를 감수하도록 하고 있는 한 비례의 원칙에 위반되어 당해 토지소유자의 재산권을 과도하게 침해하는 것으로서 헌법에 위반된다.」「입법자가… 국민의 재산권을 비례의 원칙에 부합하게 합헌적으로 제한하기 위해서는 수인의 한계를 넘어 가혹한 부담이 발생하는 예외적인 경우에는 이를 완화하는 보상규정을 두어야 한다.」② 「보상을 위한 입법의 형태, 보상의 대상과 방법 등도 선택의 여지가 다양하여 과연 어느 것이 가장 바람직하고 합리적인가의 선택은 광범위한 입법형성권을 가진 입법자의 과제로서 입법정책적으로 해결되어야 할 문제이지 헌법재판소가 결정할 성질의 것이 아니다.」고 한 것은 분리이론에 입각하고 있음을 보여주는 것이다. 이러한 입장은 1999.10.21., 97헌바26결정 및 1999.4.29., 94헌바37외 66건(병합)결정에서도 유지되었고, 2003.4.24., 99헌바110등(병합)결정에서 일부재판관의 의견에서도 그대로 유지되고 있다. 그러나 헌법재판소는 1998.12.24. 선고, 89헌마214등(병합)결정에서 「이 사건 법률조항은 오로지 보상규정의 결여라는 이유 때문에 헌법에 합치되지 아니한다는 평가를 받는 것이므로 … 토지재산권의 사회적 한계를 넘는 가혹한 부담을 받은 경우에 한하여 보상입법을 기다려 그에 따른 권리행사를 할 수 있음은 별론으로 하고 이 사건 결정에 근거하여 이 사건 법률조항에 의한 개발제한구역의 지정이나 그에 따른 토지재산권의 제한 그 자체의 효력을 다투거나 이 사건 법률조항에 위반하여 행하여진 자신의 행위의 정당성을 주장할 수는 없다 할 것이다.」고 하여 분리이론과는 다른 내용의 결정을 하고 있다. 2) **국내의 학계에 의한 수용** 종래 국내의 학계에서는 재산권의 사회구속성과 공용수용의 구별에 관해서는 행정상 손실보상의 이론적 근거로 특별희생설을 취하는 것이 보통이었고, 특별희생에 대한 기준으로 형식적 기준설만을 취하는 학자는 없었다. 이는 대체로 경계이론을 수용한 것으로 볼 수 있다. 다만 보상규정이 흠결된 공용수용적 재산권침해에 대한 구제문제와 관련하여 직접효력설, 위헌무효설, 유추적용설(간접효력규정설) 등의 학설이 나누어져 있었다. 대체로 직접효력설이나 유추적용설이 경계이론과 동일한 논리를 가진다면 위헌무효설은 분리이론에 가깝다고 할 수 있다. 한편 최근 분리이론의 수용을 주장하는 견해가 등장하였는가 하면 이에 대해 비판적 견해를 보이는 견해도 있다. 3) **평가** (1) 재산권의 내용규정(사회구속성)과 공용수용의 체계에 관하여 우리 헌법과 독일기본법에는 공통적 문제도 있고 서로 다른 문제도 있다. 경계이론과 분리이론은 독일기본법해석을 둘러싸고 전개된 독일 특유의 논리이므로 규정내용이 동일하다고 할 수 없는 우리 헌법해석에서도 양 이론 중 하나를 택일적으로 수용하여야 하는 것은 아니며 우리 헌법규정과 현실에 맞는 보다 나은 해석적 대안을 마련할 필요가 있다. 경계이론이나 분리이론의 수용 여부는 앞에서 보았듯이 ① 재산권의 사회구속성과 공용수용은 재산권에 대한 침해의 정도에 의해 구별되는 것이 아닌, 서로 독립한 제도인가, ② 재산권보장은 존속보장인가, 아니면 가치보장인가, 그리하여 보상에 의해 재산권침해의 위헌성이 치유될 수 있는 것인가, ③ 재산권침해에 대한 보상문제에 대한 판단권은 국회에 있는가, 아니면 법원에 있는가, ④ 헌법 제23조 제3항을 독일기본법 제14조 제3항처럼 결부조항으로 보아야 할 것인가, 그리하여 보상규정이 결여되어 있으면 재산권제한 자체는 합헌이라 하더라도 보상규정의 결여 때문에 재산권제한입법이 위헌이 되는 것인가, ⑤ 재산권의 내용 및 한계규정 내지 사회구속성에 관한 법률의 위헌성 여부는 오직 헌법재판소만이 판단할 수 있으며 위헌적 내용 및 한계규정 내지 사회구속성규정을 법원이 손실보상을 명함으로써 그 위헌성을 치유할 수는 없는 것인가 등의 문제와 연관되어 있다. (2) 분리이론이 국회와 헌법재판소, 그리고 법원의 관할 문제나 존속보장의 문제에 대해 지적하는 것은 대체로 우리 헌법에도 타당하고, 그런 점에서 경계이론을 우리 헌법해석에 있어 그대로 답습하는 것은 문제이다. 그러나 분리이론이 기초하고 있는 협의의 형식적 수용개념, 사회구속성과 공용수용 간의 구별기준, 그리고 그로 인하여 파생되는 조정의무있는 내용규정의 문제는 그대로 수용하기 어렵다. 즉, 우리 헌법 제23조 제3항은 보상을 요하는 수용적 침해로 공용수용뿐 아니라 사용 · 제한까지 들고 있어 분리이론이 기초하고 있는 협의의 형식적 수용개념은 받아들여지기 어렵고, 그에 따라 조정의무있는 내용규정문제도 분리이론에서 주장하듯이 헌법 제23조 제1항 제2문과 제2항의 문제가 아니라 동조 제3항의 공용제한의 문제로 보는 것이 타당할 것이다. 또한 독일기본법 규정과 같지 않는 우리 헌법 제23조 제3항을 결부조항으로 해석할 필요가 있는가 하는 점에 대해서도 결부조항이 가지고 있는 피할 수 없는 문제를 생각하면 동의하기 어렵다. 뿐만 아니라 재산권의 내용 및 한계규정(사회구속성)과 공용수용은 양자 다 재산권에 있어 공공복리를 실현하는 재산권제한의 표현이라는 측면을 가지며, 비록 사회구속성이 장래에 대한 재산권의 내용과 한계규정을 의미하는 반면, 공용수용은 이렇게 규정된 기존의 재산권의 박탈을 의미하는 점에서 구별되지만 사회구속성도 현실적으로 기존의 구체적 재산권에 대한 제한의 의미를 가지는 점에서 별개의 제도로 보기도 어렵다. (3) 우리 헌법해석상 이와 관련된 구체적 문제를 어떻게 해결하는 것이 타당한가? 현실적으로 재산권의 제한은 다음 몇 가지로 나눌 수 있다. ① 먼저 국회가 재산권의 사회구속성에 해당한다고 판단하여 재산권제한을 규정한 경우로 이에는 ㉠ 그 제한이 합헌이며 그 정도가 특별희생을 주지 않는 경우, ㉡ 제한 자체가 위헌인 경우, ㉢ 제한 자체는 합헌이나 그 제한이 국회의 판단과 달리 재산권자에게 특별희생을 주는 경우가 있고, ② 국회가 공용수용, 공용사용 또는 공용제한에 해당한다 하여 보상규정을 둔 경우로 ㉣ 수용의 적법요건을 갖추었고 정당한 보상을 규정한 경우와 ㉤ 수용의 적법요건을 갖추지 못한 경우, ㉥ 수용의 적법요건은 갖추었으나 보상규정이 정당보상을 규정하지 않은 경우가 그것이다. 이 중 ㉠㉣은 합헌이므로 문제의 소지가 없다. ㉡이나 ㉤의 경우는 그 제한 자체가 위헌이어서 보상을 한다 하여 합헌이 된다 할 수 없는 경우로, 이러한 경우는 그 근거법률은 위헌이며 그에 기초한 행정행위 등은 위법적 행위가 될 것이다. ㉥의 경우는 보상규정이 위헌이며 위헌법률심판이나 헌법소원심판에 의해 보상규정에 대한 위헌결정을 하되 수용 자체를 위헌이라 할 것은 아니다. ㉢의 경우 재산권의 제한 규정 자체는 합헌이나 보상규정을 두지 아니한 입법부작위가 위헌이며 따라서 손실보상규정에 대한 입법부작위에 대한 헌법소원을 통해 해결하는 것이 타당하다. 이 점과 관련하여 종래 헌법재판소가 입법부작위에 대한 헌법소원이 인정되는 경우로 법령에 명시적 위임을 하였음에도 입법자가 이를 이행하지 않을 때를 들고 있는데 이러한 경우가 바로 여기에 해당한다 할 수 있다. 물론 입법부작위에 대한 헌법소원은 입법형성권과 관련하여 넓게 인정될 수는 없는 것이지만 보상입법에 대한 부작위는 헌법 제23조 제3항과 관련하여 입법부작위에 대한 헌법소원이 인정될 수 있는 가장 전형적인 경우라 할 수 있을 것이다.

※ **참고** **대한민국헌법 제23조** ① 모든 국민의 재산권은 보장된다. 그 내용과 한계는 법률로 정한다. ② 재산권의 행사는 공공복리에 적합하도록 하여야 한다. ③ 공공필요에 의한 재산권의 수용 · 사용 또는 제한 및 그에 대한 보상은 법률로써 하되, 정당한 보상을 지급하여야 한다. **독일기본법 제14조** ① 재산권과 상속권은 보장된다. 그 내용과 한계는 법률로 정한다. ② 재산권은 의무를 수반한다. 그 행사는 동시에 공공복리에 이바지하여야 한다. ③ 공용수용은 공공복리를 위해서만 허용된다. 공용수용은 오직 보상의 종류와 정도를 규정하는 법률에 의하여 또는

(그러한) 법률에 근거하여 실행될 수 있다. 보상은 공공의 이익과 관계자의 이익을 정당하게 형량하여 결정되어야 한다. 보상의 수준에 대한 분쟁의 경우에는 일반법원에 소송을 제기할 수 있다. **일본국헌법 제29조** ① 재산권이 침해되어서는 안된다. ② 재산권의 내용은 공공의 복지에 적합하도록 법률로 정한다. ③ 사유재산은 정당한 보상하에 공공을 위해 사용할 수 있다.

재생산권再生産權 ㊎ reproductive rights, ㊍ reproduktive Rechte, ㊏ Droits Reproductifs. **1. 개념** '재생산'은 영어의 'reproduction'의 번역어인데, 사전적으로는 "재생산하는 행위나 과정, 구체적으로는 식물과 동물이 번식하고 근본적으로 유성 또는 무성 생식 과정을 통해 모체의 일부가 분리된 후 새로운 개체로 성장하고 분화하는 과정"을 의미한다(webster). '생식권'이라고 번역하기도 한다. 후손 혹은 자식을 얻을 권리라는 의미에서 '후생권(後生權)' 혹은 '자생권(子生權)'이라 할 수도 있을 것으로 보인다. 국제인권규범에서 재생산권(reproductive rights)이란 '성과 재생산 건강 및 권리(Sexual and Reproductive Health and Right)'의 일부를 이루는 것으로서, 1994년 이집트 카이로에서 개최된 '인구 및 개발에 관한 국제회의(International Conference on Population and Development:ICPD)'의 행동계획(Programme of Action)에서 「재생산권은 모든 커플과 개인들이 자녀의 수, 터울, 시기를 자유롭고 책임 있게 결정할 수 있는 기본적 권리 및 그 권리를 행사할 수 있는 정보와 수단, 그리고 가장 높은 수준의 성적·재생산적 건강을 누릴 권리」라고 정의하였다. 세계보건기구(WHO)도 이러한 정의를 그대로 받아들이면서, 차별, 강압 및 폭력이 없는 재생산에 관한 결정을 내릴 수 있는 모든 사람의 권리도 포함된다고 하고 있다. **2. 연혁** 재생산권이라는 개념이 처음 등장한 것은 테헤란 국제인권회의(1968)에서이다. 이 회의의 최종의정서 제16항은 「모든 부모는 자유롭고 책임 있게 그들의 자녀 수와 터울을 결정할 기본적 인권을 가진다.」고 하여 인구증가의 문제로 다루었던 재생산권을 인권의 문제로 전환시켰다. 이후 부쿠레슈티 세계인구총회(1974), 멕시코시티 제1차 세계여성회의(1975), 멕시코시티 인구에 관한 국제회의(1984), 비엔나 세계인권회의(1993), 카이로 인구 및 개발에 관한 국제회의(1994), 베이징 제4차 세계여성회의(1995) 등 인구관련 및 인권관련국제회의에서 중요한 의제로 다루어졌고, 2006년에는 인도네시아에서의 '성적 지향과 성정체성에 관한 국제인권법적용에 관한 족자카르타 원칙'에 포함되었으나, 아프리카, 카리브해 국가, 이슬람, 러시아 연방 등의 반대로 국제인권법상 일반적인 국제법규로 성립되지는 못하였다. 아울러 경제적·사회적 및 문화적 권리에 관한 국제규약(1966), 시민적·정치적 권리에 관한 국제규약(1966), 여성차별철폐협약(1975), 장애인권리협약(2006) 등의 국제협약에서도 관련규정을 두고 있다. **3. 재생산권의 내용** 1994년 카이로회의의 행동강령(Cairo Programme of Action)에서는 재생산 건강을 "재생산 체계, 기능 및 과정과 관련된 모든 점에서 질병이나 허약함이 없는 것뿐만 아니라 완전한 신체적, 정신적, 사회적 안녕 상태"로, 재생산권을 "모든 커플과 개인들이 자녀의 수, 터울, 시기를 자유롭고 책임 있게 결정할 수 있는 기본적 권리 및 그 권리를 행사할 수 있는 정보와 수단, 그리고 가장 높은 수준의 성적·재생산적 건강을 누릴 권리"라고 하여, 재생산권의 내용을 구체화하였다. 이에 따라 행동강령 이후의 연구에서는 성과 재생산 건강 및 권리를 대체로 '재생산 건강(Reproductive Health), 재생산권(Reproductive Rights), 성 건강(Sexual Health), 성적 권리(Sexual

Rights) 등의 4가지 영역으로 구분해서 정의하고 있다. 재생산 건강관리는 재생산 건강 문제를 예방하고 해결함으로써 재생산 건강과 복지에 기여하는 방법, 기술 및 서비스의 집합으로 정의된다. 단순한 재생산 및 성병 관련 상담과 돌봄이 아닌 삶의 증진과 대인관계 증진을 목적으로 하는 성 건강(sexual health)도 포함된다. 구체적으로는 재생산 건강에는 안전하고 건강한 피임, 임신, 출산 관련 서비스의 이용 보장과 임신중단, 불임 예방 및 관리, 치료에 대한 접근 보장이 포함된다. 재생산권은 모든 커플과 개인이 자녀의 수와 간격, 시기에 대하여 자유롭고 책임 있게 결정하고 그렇게 할 정보와 수단을 가질 권리, 그리고 성과 재생산 건강을 최고 수준으로 달성할 수 있는 권리를 인정하는 것에 달려 있다. 이는 또한 인권 문서에 나타나 있듯이 차별, 강압, 폭력 없이 재생산 관련 결정을 내릴 권리를 포함한다. 성 건강은 단순히 재생산과 성매개 질환과 관련된 상담 및 관리에 국한되지 아니하고, 생명과 인간관계의 증진에 관한 것이며, 인격과 소통, 애정을 긍정적으로 풍요롭게 하고 강화하는 방식으로 성적인 존재의 신체적, 감정적, 지적, 사회적 측면을 통합하는 것을 의미한다. 성적 권리는 인권이며 모든 사람이 차별과 강압, 폭력 없이 다음에 열거하는 것을 할 수 있는 권리를 의미한다. 즉, 성적 권리에는 성과 재생산 건강 서비스에 대한 접근 및 최고 수준의 성 건강을 달성, 성과 관련된 정보의 수집 및 전달, 포괄적 성교육을 받을 것, 신체적 통합성의 존중, 성행위 파트너의 선택 및 합의된 성관계 맺기, 결혼 상대방 및 시기의 선택권, 차별 없는 안전하고 즐거운 성생활의 향유, 자신의 섹슈얼리티, 성적 지향 및 성 정체성에 대한 결정권이 이에 포함된다. 1994년 카이로 행동강령과 이듬해 1995년 베이징 행동강령을 계기로 인구정책과 인권의 측면에서 논의되어 왔던 내용이 일정한 접점을 찾고 확장되면서 '성과 재생산 건강 및 권리'라는 개념이 정립되어, 국제인권규범에서 성과 재생산의 문제는 인권의 문제임을 확인하고 건강과 권한 부여라는 관점에서 논의되어야 한다는 국제적 합의를 공식화하였다. 이는 앞으로의 인구정책에서 무엇을 목표로 삼아야 하고 어떤 점을 고려하여야 하는가에 영향을 준다. 또한, 성과 재생산 건강 및 권리 개념의 정립으로 인하여 개인은 성과 재생산 건강과 관련하여 자율성을 행사한다는 것에 초점을 맞추었다는 점, 성과 재생산 건강을 위한 자원과 서비스에 접근할 권리를 충실하게 보호한다는 점, 이들 권리의 보장은 사회적 지위의 차별에 의해 영향을 받으므로 누구든지 소외되지 않고 충분히 보장받아야 한다는 점을 명확히 하였다는 데 의의가 있다. **4. 우리 헌법상 재생산권** **1) 서론** 2019년 헌법재판소의 낙태죄 헌법불합치 결정(헌재 2019.4.11. 2017헌바127) 이후 우리나라에서도 국제인권규범상 재생산권 담론이 다루어지고 있지만, 재생산권은 국제인권규범으로도, 헌법으로도 당연히 보장된다는 논의에 그칠 뿐, 헌법적으로 어떻게 수용되고 포섭되어야 하는지에 관해서는 깊이있는 연구가 많지 않는 실정이다. 예컨대, 미국의 경우 낙태권에 대해서는 프라이버시권을 기초로 낙태권이 기본적 인권임을 선언하였으나(Roe v. Wade, 401U.S.113(1973)), 평등관점에서의 비판이나 재생산 정의(reproductive justice) 담론에 따른 비판이 제기되었다. 그러나 미국연방대법원은 2022년의 판결에서 프라이버시권에 기한 낙태권조차도 기본적 권리에서 배제하면서 Roe 판결을 번복하였다(➜ 낙태죄. ➜ Dobbs 판결). 재생산권 차원에서 재생산 건강을 포함하고, 이에 기초하여 재생산 건강에 관한 권리와 프라이버시권에 근거한 권리를 보장하고 실행되도록 하는 경우, 재생산권의 내용을 이루는 임신중단의 결정은 출산할 것인지에 대한 여부를 결정하는 고립된 선택이 아닌, 생물학적 조건, 섹슈얼리티, 모성을 둘러싼 여러 측면에서 고려되어야 하는 결정이며, 이에 대한 권리는 헌법적으로 중요하고 기본적인 권리로 인정될 수 있을 것이다. 2) **우리 헌법에서의 재생산권 보장** 현행헌법상 재생산권 관련 기본권은 재생산결정권, 재생산건강권, 평등권, 기타의 관련기본권 등으로 나누어 볼 수 있다. 재생산 결정권에 관한 기본권은 자기결정권, 혼인과 가족생활의 보장, 생명권 및 신체불가훼손권 등이 관련될 수 있고, 재생산 건강권에 관한 기본권은 건강권, 모성보호조항(모성보호 규정과 여성근로자의 보호 및 차별금지규정) 등이 있다. 평등권은 차별받지 않고 재생산권을 보장받을 권리로서, 장애인, 남성, 성적 지향, 혼인 여부, 연령 등이 관련될 수 있다. 이 외에도 재생산권의 행사를 위하여 필요한 정보, 수단, 방법, 자원에 접근할 권리 즉, 정보접근권이 문제될 수 있고, 재생산권과 관련된 교육을 받을 권리도 관련될 수 있다.

재선거再選擧 ㉧ reeletion. 각 공직선거에서 1. 당해 선거구의 후보자가 없는 때 2. 당선인이 없거나 지역구자치구·시·군의원선거에 있어 당선인이 당해 선거구에서 선거할 지방의회의원정수에 달하지 아니한 때 3. 선거의 전부무효의 판결 또는 결정이 있는 때 4. 당선인이 임기개시 전에 사퇴하거나 사망한 때 5. 당선인이 임기개시 전에 당선의 효력이 상실되거나 당선이 무효로 된 때 6. 선거비용의 초과지출로 인한 당선무효 내지 선거사무장 등의 선거범죄로 인한 당선무효로 인하여 당선이 무효로 된 때 등에는 재선거를 실시한다(공직선거법 제195조 제1항). 보궐선거의 실시사유가 확정된 후 재선거 실시사유가 확정된 경우로서 그 선거일이 같은 때에는 재선거로 본다(동 제2항).

재신임 국민투표再信任 國民投票 ➜ 국민투표부의권. ➜ 국민투표제도.

재심再審 ㉧ retrial/new trial, ㉦ Wiederaufnahmeverfahren, ㉫ recours en révision. 재심은 넓은 의미로는 한 번 심사하였던 것을 다시 심사하는 것 일반을 지칭하며, 행정심판이나 노동위원회 등 준사법기관의 경우에도 재심이라는 용어를 쓰기도 한다. 좁은 의미로는 일반적으로는 사법기관의 재심을 지칭한다. 이는 확정판결이나 이에 준하는 것에 대하여 그 효력을 인정할 수 없는 중대한 흠이 있는 경우에 그 확정판결 등을 취소하는 비상구제수단이다. 재심사유는 법률에서 제한적으로 규정되어 있다. 민사소송법(제451조 이하)과 형사소송법(제420조 이하), 군사법원법(제469조 이하)에 규정되어 있다. **헌법재판**에서는 원칙적으로 이미 심판을 거친 동일한 사건에 대하여는 다시 심판할 수 없지만(헌법재판소법 제39조), 명문규정은 없으나, 재심사유가 있으면 예외적으로 재심이 허용된다. 다만, 헌법재판은 그 심판의 종류에 따라 그 절차의 내용과 결정의 효과가 한결같지 아니하기 때문에 재심의 허용 여부 내지 허용 정도는 심판절차의 종류에 따라 개별적으로 판단되어야 한다(헌재 1995.1.20. 93헌아1). 예컨대, 정당해산심판절차에서는 재심을 허용하지 아니함으로써 얻을 수 있는 법적 안정성의 이익보다 재심을 허용함으로써 얻을 수 있는 구체적 타당성의 이익이 더 크므로 재심을 허용하여야 한다. 한편 이 재심절차에서는 민사소송법의 재심에 관한 규정이 준용된다(헌재 2016.5.26. 2015헌아20). 헌법재판에서의 재심은 형사사건에 대해서는 형사소송법을, 그 외의 사건에서는 민사소송법을 준용하도록 하고 있다(헌법재판소법 제47조 제5항, 제75조 제6항 참조).

재외국민在外國民 ㉧ Korean national residing abroad. 재외국민이란 한국국적을 갖고 외국에 거주

하거나 영주권을 갖고 있는 자를 말한다. 재외국민은 재외동포에 포함된다. ➜ 재외동포.

재외동포在外同胞 [영] overseas Koreans. 「재외동포의 출입국과 법적 지위에 관한 법률」 제2조에 따르면, 「1. 대한민국의 국민으로서 외국의 영주권을 취득한 자 또는 영주할 목적으로 외국에 거주하고 있는 자(재외국민), 2. 대한민국의 국적을 보유하였던 자(대한민국정부 수립 전에 국외로 이주한 동포를 포함한다) 또는 그 직계비속으로서 외국국적을 취득한 자 중 대통령령으로 정하는 자(외국국적동포)」를 말한다. 따라서 재외동포는 재외국민과 외국국적동포를 통칭하는 개념이며, 생물학적인 의미의 한민족과는 무관한 개념이다.

재위임再委任 [영] redelegation, [독] die Rückübertragung, [프] redélégation. 어떤 권한의 위임을 받은 자가 다시 다른 기관에 그 권한을 위임하는 것을 말한다. 대통령이 위임받은 입법권을 국무총리 또는 행정각부의 장에게 위임하거나, 국무총리 또는 행정각부의 장이 하위의 기관에게 다시 위임하는 것이다. 원칙적으로 입법권위임의 법리가 적용된다(➜ 위임입법. ➜ 행정입법). 권한이 위임되면 위임기관은 수임기관의 행위에 관하여 책임을 지지 아니한다. 수임기관이 하급기관인 경우 감독책임을 진다. 백지위임 또는 복위임은 허용되지 아니한다. ➜ 백지위임. ➜ 복위임금지의 원칙. 관련규정으로 「행정권한의 위임 및 위탁에 관한 규정(대통령령)」이 있다.

재의요구권再議要求權 [영] right of reconsideration request. 재의요구권은 입법 · 심의 및 의결을 담당하는 조직에게 다시 의결할 것을 요구하는 권한으로, 국회의 법률제정절차에서 대통령이 행하는 재의를 요구하는 경우), 지방자치단체장이나 교육감이 지방의회에 대해 재의를 요구하는 경우 등을 들 수 있다. 국회의 법률안 의결과 정부이송 후 **대통령**이 이에 대하여 재의를 요구하는 것은 법률안거부권이다. ➜ 법률안거부권. **지방자치단체의 장이나 교육감**이 지방의회의 의결사항에 대하여 이의가 있을 때, 그 수리를 거부하고 지방의회의 재의결을 요구하는 권한이다. 이것은 대통령의 법률안거부권에 대응한다. 지방의회의 권력남용이나 위법사항의 발생을 방지하여 주민의 권익을 보호하려는 제도이기도 하다. 지방자치법(제120~121조) 및 지방교육자치법(제28조)에 규정되어 있다. 이 외에 금융통화위원회, 행정조정 등을 규정하는 개별법률에서 재의요구권이 규정된 경우가 있다(한국은행법 제89조 제1항, 축산계열화사업에 관한 법률 제27조 제3항 등).

재정고권財政高權 **= 재정주권**財政主權 [영] financial sovereignty, [독] Finanzhoheit, [프] la souveraineté financière. 재정고권 혹은 재정주권은 재정헌법에서 재정권을 제3자의 영향을 받지 아니하고 독립적으로 규제할 수 있는 권리이다. 기업 자회사나 부실기업 혹은 개인, 무능력자 등을 제외하고, 일반적으로 모든 경제주체는 자체적인 재정고권을 가진다. 국가영역에서는 국가 및 그 하위기관이 재정에 관하여 가지는 독자적인 권한을 일컫는다. 중앙정부는 국가재정에 관한 고권을 가지며, 지방자치단체는 지방재정에 관한 고권을 갖는다. 헌법상으로 재정고권은 과세고권 · 조세입법권 · 재정행정고권 · 재정관할권을 포함한다. 지방자치단체의 재정고권은 지방자치단체의 자치권의 핵심영역의 하나이다.

재정권財政權, **국회의 –** [영] finance competence/financial literacy, [독] Finanzkompetenz, [프] littératie financière. 1. **의의** 1) **재정입헌주의** 재정이란 국가나 지방자치단체 등 공권력의 주체가 공공의 수요를 충족하기 위하여 필요한 재원을 조달하고 이를 관리 · 사용 · 처분하는 일체의 행위를 말한다.

재정의 조달은 국민의 부담을 통해 이루어지며, 이 국민부담의 합리성과 민주성을 제고하기 위하여 재정에 관한 기본사항을 헌법에서 정하는 재정입헌주의를 택하고 있다. 2) **재정의회주의** 재정집행권은 행정부에 속하며, 그에 따라 행정부는 추가경정예산안을 포함한 예산안제출권, 예비비지출권, 긴급재정경제명령 · 처분권을 가진다. 그러나 재정집행의 기본원칙과 집행범위는 국민의 대표기관인 국회의 통제를 받도록 하는 재정민주주의 · 재정의회주의 · 국회중심주의를 택하고 있다. 3) **권한의 유형** 국회의 재정에 관한 권한은, 그 성질에 따라 입법적 권한과 집행적 권한으로, 그 내용에 따라 수입에 관한 권한과 지출에 관한 권한으로, 그 강제성 여부에 따라 재정권력작용과 재정관리작용으로 나눌 수 있다. 국가재정은 기본적으로 수입과 지출의 구조를 가지고 있다. 국회는 이 수입과 지출에 관한 권한을 가진다. 수입에 관해서는 조세법률주의원칙으로 표현되고 있고, 지출 기타의 사항에 대해서는 헌법상 예산심의확정권(제54 · 56조), 결산심사권(제99조), 계속비의결권(제55조 제1항), 예비비지출승인권(제55조 제2항), 기채동의권(제58조 전단), 예산외 국가의 부담이 될 계약체결에 대한 동의권(제58조 후단), 긴급재정경제처분에 대한 승인권(제76조 제3항) 등을 갖는다. 2. **헌법상 조세의 기본원칙** ➔ 조세의 기본원칙. 3. **예산심의 · 확정권** ➔ 예산심의 · 확정권. 4. **결산심사권** 헌법은 국회의 결산심사권을 명시하고 있지 않다. 그러나 헌법 제99조는 「감사원은 세입 · 세출의 결산을 매년 검사하여 대통령과 차년도 국회에 그 결과를 보고하여야 한다.」고 규정하는데, 이 조항을 근거로 국회가 결산심사권을 갖는다고 보는 것이 일반적이다. 정부는 감사원의 검사를 거친 결산을 회계연도마다 다음 회계연도 5.31.까지 제출하여야 한다(국가재정법 제61조). 국회는 결산에 대한 심의 · 의결을 정기회 개회 전까지 완료하여야 한다(국회법 제128조의2). 정기회에서는 다음 회계연도의 예산안을 심의 · 확정해야 하기 때문이다. 국회의 결산심사절차는 예산안의 심의절차와 동일하다(국회법 제84조 제1~6항). 결산의 심사결과 위법 또는 부당한 사항이 있는 때에 국회는 본회의 의결 후 정부 또는 해당기관에 변상 및 징계조치 등 그 시정을 요구하고, 정부 또는 해당기관은 시정요구를 받은 사항을 지체 없이 처리하여 그 결과를 국회에 보고하여야 한다(국회법 제84조 제2항 제2문). 5. **정부의 중요 재정행위에 대한 동의권 · 승인권** 그 밖에도 국회는 정부의 중요 재정행위에 대하여 동의권 및 승인권을 갖는다. 동의는 사전에 하는 것이고 승인은 사후에 하는 것이다. 1) **동의권** (1) **기채동의권** 정부가 국채를 모집하거나 예산외에 국가의 부담이 될 계약을 체결하려 할 때에는 미리 국회의 의결을 얻어야 한다(헌법 제58조). 국가의 채무부담행위는 사항마다 그 필요한 이유를 명백히 하고 그 행위를 할 연도 및 상환연도와 채무부담의 금액을 표시하여야 한다(국가재정법 제25조 제3항). (2) **재정적 부담을 지우는 조약의 체결 · 비준에 대한 동의권**: 국회는 국가나 국민에게 중대한 재정적 부담을 지우는 조약의 체결 · 비준에 대한 동의권을 갖는다(헌법 제60조 제1항). 2) **승인권** (1) **예비비 지출에 대한 승인권**: 예비비의 지출은 차기 국회의 승인을 얻어야 한다(헌법 제55조 제2항). 정부는 예비비로 사용한 금액의 총괄명세서를 다음 연도 5월 31일까지 국회에 제출하여 그 승인을 얻어야 한다(국가재정법 제52조 제4항). (2) **긴급재정경제처분 · 명령에 대한 승인권**: 대통령이 긴급재정경제처분 · 명령을 발한 때에는 지체 없이 국회에 보고하여 그 승인을 얻어야 한다(헌법 제76조 제3항). 국회의 승인을 얻지 못한 때에는 그 처분 또는 명령은 그때부터 효력을 상실한다

(헌법 제76조 제4항). 6. **기금에 대한 국회의 통제** ➜ 기금.

재정민주주의財政民主主義 ⓔ financial democracy. 1. **의의** 재정민주주의는 두 가지 측면에서 이해할 수 있다. 하나는 재정입헌론의 관점이고, 또 다른 하나는 납세자 주권론의 관점이다. 재정입헌론이란 과세를 포함한 국가의 재정 활동은 헌법의 제약 속에 이루어져야 하고, 나아가 국가의 재정활동이 국민의 대표기관인 국회의 의결에 의해 행해져야 한다는 것을 의미한다. 납세자주권론은 재정 주권이 납세자인 국민에게 있음을 뜻하고, 예산 과정에 국민이 참여하여야 함을 의미한다. 어느 관점에서든 재정민주주의를 이해할 때 국민이 적극적으로 예산과정에 자신들의 의사를 반영하고, 예산운영을 감시하여, 능동적 주체로 부각되어야 함은 당연하다. 현실적으로 국민이 직접 참여하는 것은 쉽지 않으므로 국민의 대표 기관인 의회가 국민을 대신하여 재정민주주의의 구현자로 활동하여야 하며, 예산편성과 집행의 과정에서 국민의 뜻이 잘 반영될 수 있도록 하여야 한다. 2. **헌법규정** 현행헌법에서는 재정민주주의의 구현을 위하여 제54조 이하 제59조까지 간략하게 규정하고 있다. 구체적인 내용으로, 예산안 심의·확정 조항(제54조 제1항), 행정부 예산편성권과 국회제출 및 의결 조항(동 제2항), 준예산제도(동 제3항), 국회의 계속비와 예비비(제55조), 추가경정예산제도(제56조), 지출예산으 증액 및 비목신설금지(제57조), 국채모집 등에 대한 국회의 동의권(제58조), 조세법률주의(제59조) 등이다. 3. **재정민주주의 구현을 위한 입법부의 역할 강화** 1) **심의과정에서의 역할강화** 국민의 대표기관으로서 국회는 심의과정에서 정부의 예산편성과정에서 혹시 잘못 설정된 항목은 없는지 다시금 검토하고, 낭비적인 예산에 대하여 행정부에게 타당성을 증명하도록 요구하여야 한다. 내실있는 심의를 위한 방안으로 예산이력제도를 도입하는 것도 필요하다. 또한 결산과정에서는 잘못된 예산 집행이 있었는지, 당초 예산편성안과 집행 사이의 괴리가 있을 경우 이에 대한 적합한 검증을 행정부에 요구하여야 한다. 2) **국민참여의 확대** 예산분야에 있어 국민의 참여는 재정정보 공개나, 예산감시운동으로 나타난다. 주민소송제가 2006년에 도입되었고, 참여예산제도를 통해 지방정부의 재정민주주의가 강화되고 있다. 4. **재정민주주의의 파생원칙** 재정학에서는 예산공개의 원칙, 사전의결의 원칙, 완전성의 원칙, 단일성의 원칙, 통일성의 원칙, 한정성의 원칙 등이 논의되고 있으나, 가장 중요한 것은 재정의 투명성의 원칙이라 할 수 있다. 현행 국가재정법의 경우에도 투명성의 원칙을 저해할 수 있는 규정들이 있으므로 개선할 필요가 있다.

재정신청裁定申請 ⓔ application for adjudication. 재정신청은 국가기관인 검사가 고소나 고발 사건을 불기소하는 경우, 그 결정에 불복한 고소인 또는 고발인이 법원에 그 결정이 타당한지를 다시 묻는 것을 말한다. 2007년 이전의 형사소송법에서는 형법 제123조 내지 제125조의 3개 죄(공무원의 권리행사방해죄, 특수공무원의 체포·감금죄, 특수공무원의 폭행, 가혹행위죄)에 대해서만 재정신청이 가능했다. 하지만 2011.7.18. 개정된 형사소송법에서는 모든 당사자 고소 사건에 대해 검찰에 항고 뒤 재정신청을 할 수 있도록 하였고, 고발 사건은 4가지 사건에 대해서만 재정신청을 가능하게 하였다. 형사소송법 제260조에 규정되어 있다.

재정의회주의財政議會主義 = **재정국회주의**財政國會主義 ➜ (국회의) 재정권.

재정입헌주의財政立憲主義 ➜ (국회의) 재정권.

재정준칙財政準則 ㉧ fiscal rules/fiscal policy rules, ㉣ finanzpolitische Regeln, ㉤ règles budgétaires. 재정준칙의 **개념**으로, IMF는 재정준칙을 “총량적 재정지표에 대하여 구체적인 목표수치를 동반한 재정운용 목표를 법제화한 재정운용 정책”으로 정의하고, 재정준칙의 세 가지 구성요소로 첫째, 헌법 · 법률, 규제정책, 가이드라인, 국제협약 등 법적 토대, 둘째 재정수지, 국가채무, 지출총액 등의 총량적 재정목표, 셋째 재정준칙을 준수하지 못했을 경우에 가해지는 사법적 · 금전적 · 신용적 제재 등의 제재조치로 서술하고 있다. 재정준칙은 국가재정의 네 가지 영역 즉, 수입, 지출, 균형예산, 국가부채에 관하여 재정집행당국의 자의적 판단이나 재량에 의하지 아니하고 규범적으로 규율하고자 하는 것이다. 재정준칙의 **유형**은 목표 재정변수에 따라 재정수지준칙(deficit rules/budget balance rules), 지출준칙(expenditure rules/spending rules), 국가채무준칙(debt rules), 세입준칙(revenue rules) 등으로 분류할 수 있다. 재정수지준칙은 예산적자준칙이라고도 하는데, 예산적자의 규모를 제한하거나 또는 예산흑자의 규모를 규정하는 준칙을 말한다. 지출준칙은 공공지출에 대한 지출한도를 정하는 것으로, 매년 단위가 아니라 다년단위로 한도를 정하는 경우가 많다. 국가채무준칙은 국가채무 상한선을 GDP 대비 국가채무 비율로 설정하여 국가채무의 최고한도를 강제하는 것이다. 세입준칙은 세입의 상한 또는 하한을 설정하는 준칙이며, 추가적인 지출을 위한 정부의 여유자금(windfall) 사용을 제한하는 형식을 취한다. 외국의 입법례로는 재정준칙을 도입한 국가는 1990년 7개국에서 빠르게 증가하여 2015년에는 92개국이 2022년 기준 재정준칙을 수립한 국가는 105개국이 도입하고 있다. 재정준칙의 **효과**에 관하여는, 그 **장점**으로 재정건전성에 기여하며 부채 안정화에 긍정적인 영향을 미치며, 또한 적자재정운용을 방지함으로써 재정책임성을 확보하도록 하며 균형예산에 긍정적인 영향을 미친다. 또한 팽창적 정부지출을 야기하는 경우에 재정준칙이 재정적 완충작용을 함으로써 미래의 재정위기를 대비할 수 있다. **단점**으로는 재정운용의 경직성을 심화시키고, 경기불황기에 확장적 재정정책을 활용하기 어렵게 하여 재정의 경제안정화 기능을 약화시킬 수 있고, 실효성을 우려하는 견해도 있으며, 재정건전성 확보에 대한 정치적 의지가 없는 상태에서 재정준칙이 도입되는 경우 회계조작, 지표왜곡, 예산외기관 활용 등 회피수단이 사용될 수 있다. 또한 재정준칙 실행상의 어려움이 지적되고 있다. **우리나라의 상황**에서는 20대 국회인 2020.12.에 재정준칙을 정하는 국가재정법 개정안이 제출되었으나, 임기만료로 폐기되었고, 21대 국회인 2021.6.에 다시 제안되었으나 아직 법률로 만들어지지 못하고 있다. 재정준칙을 도입하는 것이 쉽지 않을 것으로 예측된다. 왜냐하면, 행정부와 입법부가 예산과정에서 상호견제하고자 하는 경향이 강하여, 국회의 정책결정권자들이 결정권의 일부를 스스로 포기할 가능성은 낮기 때문이다. 다만, EU와 같은 초국가적 경제공동체에 가입하게 되면 재정준칙 도입이 의무사항이 될 수도 있다.

재정진단제財政診斷制 지방자치단체의 장이 대통령령이 정하는 바에 의하여 재정보고서를 행정안전부장관에게 제출하면 행정안전부장관이 재정분석을 하고 분석결과 재정의 건전성과 효율성이 현저히 떨어지는 지방자치단체에 대하여 대통령령이 정하는 바에 의하여 재정진단을 실시하는 제도이다. 지방재정법 제55조 이하 참조.

재정헌법財政憲法 ㉧ the constitutional rules on public finance/financial constitution/fiscal constitution,

㊕ die Finanzverfassung, ㊆ constitution financière/constitution fiscale. 1. **개념** 1) **국가재정**public finance; Staatsfinanzen; finances publique**의 개념** 국가재정은 널리 국가운영을 위하여 필요한 재원(財源)을 말하는 것으로, 공공부문의 모든 수입과 지출, 특히 국가예산과 관련된 재정경제적인 수입과 지출을 통상적으로 일컫는 말이다. 이와 관련된 모든 활동을 '재정활동'이라 할 수 있다. 좀 더 상세히 보면, 재정활동은 국가나 지방자치단체가 공공의 수요를 충족하기 위하여 조세·부담금·기여금의 징수, 보유자산의 매각 및 국·공채 발행 등으로 필요한 재원을 조성하는 행위와 공공재와 공공서비스 등을 제공하는 지출행위 그리고 국가재산을 관리·사용·처분하는 모든 행위를 통칭한다. 국가는 국가재정에 관하여 배타적으로 규율하고 취급할 수 있는 고권을 갖는다(재정고권;Finanzhoheit). 국가는 경제적 면에서 가장 큰 경제주체이므로, 국가재정은 시장영역과 기능적 및 구조적인 상호작용을 통해 전체 국민경제의 유지·안정과 성장에 매우 중요한 역할을 담당한다. 국민경제에서 국가의 역할 비중이 높을수록 국가재정이 미치는 영향이 크다고 할 수 있다. 국가의 재정활동이 합리적이고 건전하게 운영된다면, 국민경제의 안정과 지속적인 성장을 도모할 수 있지만, 그렇지 못한 경우에는 국가는 재정위기에 봉착하게 된다. 역사적으로 국가재정의 위기는 곧 집권세력 뿐만 아니라 국가 자체의 위기를 초래한 예가 적지 않다. 특히 근대 이후의 민주주의 및 법치주의적 국가운영이 요청되는 상황에서 국가재정에 대한 법적 규율은 필수적이고 핵심적인 요소로 자리잡고 있다. 과거에는 국가재정에 대한 법적 규율을 법률적 차원에서 시행하는 예가 많았으나, 오늘날에는 헌법적 차원으로 끌어올려 재정의 기본원칙과 이를 구체화하는 규범적 틀을 규정하는 경향이 확대되고 있다. 2) **재정헌법의 개념** 일반적으로 재정헌법은 재정제도를 규율하는 성문헌법과 불문헌법상의 모든 규정을 총칭하는 것으로, '국가의 예산, 재산, 채무관련 경제영역 및 조세관련 기본질서영역에서 재정과정과 재정질서를 규율하는 헌법규범의 총체'이다. 다시 말하여, '재정영역으로 포함시킬 수 있는 국가의 경제적 활동영역인 조세, 기금, 특별회계, 예산, 국가채무 등에 대한 헌법적 규율을 총체적으로 파악한 개념을 '재정헌법'이라고 할 수 있다. 독일의 경우, 학자에 따라서는 최광의의 개념으로 화폐제도를 포함하기도 하지만, 통상 광의로 이해하여 '공적 재정관리 즉 연방국가의 분배를 포함하는 국가적 재정고권, 전체경제의 평형에 대한 의무를 포함하는 국가예산제도 및 조세제도의 기본질서에 관련된 제 헌법규범의 총체'라고 하며(K. Stern), 광의의 재정헌법개념을 좁은 의미의 재정헌법과 예산헌법으로 나누어 설명하기도 한다. 2. **재정헌법의 규율구조** 재정헌법은 재정관련 법규정 중에서 헌법적 의미를 갖는 규정들을 헌법규정으로 체계화하는 것이다. 상당수의 나라들은 헌법에 재정에 관한 장을 독립적으로 규정하지만, 다른 장에 분산하여 규정하는 경우도 있다. 내용적으로 볼 때, 재정헌법은 총론적 규정, 재정수입 관련규정, 재정지출관련 규정, 재정통제관련 규정으로 나눌 수 있다. **총론적 규정**은 재정에 관한 헌법적 규율의 기본원리로서 예컨대, 재정민주주의, 재정입헌주의, 재정법치주의, 재정의회주의, 예산제도 등이 이에 포함될 수 있다. **재정수입관련 규정**은 재정확보를 위한 헌법적 규율의 기본원리로서 예컨대, 중앙정부와 지방정부의 조세 및 준조세관련규정, 국채발행 규정이 이에 포함될 수 있다. **재정지출관련 규정**은 국가의 중앙정부와 지방정부 및 지방자치단체 사이의 재정의 분배·조정에 관한 기본원칙, 재정준칙, 지출법률주의 등이 포함될 수 있다. **재정통제관련**

규정은 결산심사제도, 감사제도, 예산집행감독제도 등을 고려할 수 있다. OECD는 재정헌법을 「한 국가의 재정정책을 지도하는, 한 국가의 기본법에 명시된 일련의 규칙과 구조의 체계」로 이해하고, 특히 연방국가의 재정헌법규정을 비교하는 구성요소로서, 1) 지방정부가 자신의 재정정책을 수행하는 권한(자율성) 2) 지방정부가 재정정책 결과에 대해 책임을 지는 정도(책임성) 3) 지방정부가 연방 차원의 재정정책을 형성할 수 있는 정도(공동결정제) 4) 지방정부간 예산규칙의 강도(예산규정의 기본구조) 5) 재정정책의 안정성 등의 5가지 구성요소를 제시하고 있다. **3. 우리나라의 재정헌법** 우리나라의 재정헌법은 제헌헌법이 재정의 장을 따로 두었다가(제7장), 4차 개정에 이르기까지 장의 순위가 변동되었다. 제3공화국 헌법에서 재정 장의 각 규정을 관련국가기관의 규정에 분산하여 규정하여 독립적인 장을 두지 않았고, 현행헌법에까지 이르렀다. 재정관련 규정들이 재정수입과 예산안의 심의·확정에만 치중되었다는 평가를 받고 있다. 현행헌법상 재정관련 규정들을 살펴보면 다음과 같다(헌법 제54-61조, 제97조 이하(감사원)). 1) **총론적 규정** ① **재정입헌주의** 국가의 재정활동은 개인의 기본권 신장과 실현에 관한 도구이며, 국민의 인간으로서 존엄과 가치의 실현 및 기본권보장이라는 국가적 책무의 수행을 위한 물적 기초이자, 국력의 실제적인 표현임과 동시에 국민경제의 성장을 위한 자원의 적정배분과 경제안정 등 국가정책 수행을 위한 중요한 수단이 된다. 동시에, 국가재정을 확보하기 위하여 국가 및 지방자치단체가 공권력에 의한 강제력을 통하여 반대급부 없이 재원을 과징하기 때문에, 사유재산권의 침해의 우려가 있고, 이의 민주적 정당성 및 타당성을 확보하기 위하여 재정에 관한 기본사항을 헌법에서 정하는 재정입헌주의를 채택할 필요가 있다. 재정입헌주의는 재정입법에 있어 입법자를 구속하고, 입법자는 헌법상의 수권적 범위 내에서 재정제도와 재정기준을 구체화하는 기본적 틀이 된다. 만약 이러한 수권적 범위를 이탈하거나, 남용하는 경우 이러한 제도와 개별 조항은 위헌이 되며, 재정관련 헌법소송이 발생할 경우 행정부와 국회가 보유한 재정권한의 남용은 권한쟁의심판의 대상이 될 수 있는 제도적 기반을 마련하는 근거가 된다. ② **재정민주주의(재정의회주의)** 재정민주주의란 국가재정의 확보와 집행 그리고 통제가 국민의 의사에 합치하는 방향으로 행사될 때에만 정당화될 수 있다는 이념으로서, 이를 실현하기 위한 방안으로 우리 헌법은 국회와 행정부 간에 재정관련 권한을 배분함으로써 견제와 균형을 통해 재정민주주의의 이념을 구현하고, 국민의 재정부담을 최소화하기 위한 노력을 하고 있다. ③ **재정법치주의** 재정법치주의란 재정에 대한 통제에 있어 사전에는 법률에 의한 구속으로, 사후적으로는 분쟁이 발생하는 경우, 사법심사에 맡기는 것을 의미한다. 이는 재정민주주의의 실현의 수단이다. ④ **예산제도** ➜ 예산. 2) **재정수입관련 규정** ① **조세법률주의** 조세법률주의란 과세요건법정주의로 칭하는 납세의무자, 과세물건, 과세표준, 세율 등의 과세요건 및 조세부과·징수의 절차를 법률로 정해야 할 것을 의미한다. 준조세도 포함된다. ➜ 조세의 기본원칙. ➜ 준조세. ② **조세평등주의** ➜ 조세의 기본원칙. ③ **기채동의권** 헌법 제58조에 따라 국채의 모집과 예산 외에 국가의 부담이 될 계약의 체결에 대한 의결권 등을 각각 규정하여 국회가 국가의 재정작용에 관한 강력한 통제를 행사하도록 하고 있다. ➜ 기채동의권. ➜ 재정권, 국회의-. ④ **조약체결·비준 동의권** 특히 국가나 국민에게 중대한 재정적 부담을 지우는 조약 또는 입법사항에 관한 조약의 체결 비준에 대한 동의권을 가지도록 하고 있다(헌법 제60조 제1항). ➜ 조약. 3) **재정지출관련 규정** 현행헌법상으로는 예산제도 이외에 재정지출에 관한 규정은 전무하다고 할 수 있다. 재정준칙이나 의회의 예산수정권 등 재정의회주의의 원칙과 관련된 규정은 제헌헌법 당시부터 존재하지 않았다. 4) **재정통제관련 규정** ① **결산심사권** ➜ 결산심사권. ➜ 재정권, 국회의-. ② **국정감사 · 조사권** ➜ 국정감사 · 조사권. ③ **감사원제도** ➜ 감사원. 4) **재정헌법 개헌론** ① 재정 장(章)의 독립적 규정화 ② 예산법률주의 및 지출법률주의의 도입 여부 ③ 예산편성권의 소재 ④ 국가재정에 대한 독립적 감사제도의 문제 ⑤ 국회의 예산수정권한의 문제 ⑥ 재정준칙의 도입 여부 ⑦ 지방세에 관한 지방의회의 자주결정권 문제 ⑧ 감사원의 지위와 기능 재편 ⑨ 재정에 관한 실체적 규정의 명문화 ⑩ 헌법규정과 법률규정(국가재정법)의 정비 등이 논의되고 있고, 적극적으로 헌법에 수용할 필요가 있다.

재판공개제裁判公開制 ➜ 공개재판.

재판관자격법정주의裁判官資格法定主義 헌법재판소재판관의 경우, 법관자격을 요구하고 있고(헌법 제111조 제2항), 헌법재판소법은 1. 판사, 검사, 변호사 2. 변호사 자격이 있는 사람으로서 국가기관, 국영 · 공영 기업체, 「공공기관의 운영에 관한 법률」 제4조에 따른 공공기관 또는 그 밖의 법인에서 법률에 관한 사무에 종사한 사람 3. 변호사 자격이 있는 사람으로서 공인된 대학의 법률학 조교수 이상의 직에 있던 사람 등을 자격요건으로 하고 있다. 헌법재판소 재판관의 경우 변호사 자격이 없더라도 공법학 교수도 자격을 인정하여야 한다는 견해가 있다. ➜ 법관자격법정주의.

재판관회의裁判官會議 헌법재판소규칙의 제정과 개정, 제10조의2에 따른 입법의견의 제출에 관한 사항, 예산 요구, 예비금 지출과 결산에 관한 사항, 사무처장 · 사무차장 · 헌법재판연구원장 · 헌법연구관 및 3급 이상 공무원의 임면(任免)에 관한 사항, 특히 중요하다고 인정되는 사항으로서 헌법재판소장이 재판관회의에 부치는 사항 등을 의결하기 위하여 헌법재판소에 헌법재판관 전원으로 구성되는 재판관회의를 둔다(헌법재판소법 제16조). 재판관회의는 재판관 7명 이상의 출석과 출석인원 과반수의 찬성으로 의결한다(동조 제2항). 재판관전원으로 구성되지만 재판권을 행사하지 않는다는 점에서 전원재판부와 다르다.

재판권裁判權 [영] jurisdiction, [독] Zuständigkeit, [프] jurisdiction. 사법기관이 다툼이 있는 사건을 해결하기 위하여 갖는 권한을 말한다. 헌법재판기관을 사법기관으로 보는 경우에는 헌법재판권도 포함한다. 이 외에 민사재판권, 형사재판권, 행정재판권, 군사재판권 등으로 나뉠 수 있다. 사법권이라는 말과 동일한 의미로 쓰이기도 한다. ➜ 사법권.

재판규범성裁判規範性 재판규범은 사회규범에 위배되는 행위에 대하여 판정하고 강제하고 혹은 권리 · 의무 관계 및 책임의 소재에 관한 다툼을 판정하기 위한 재판에 관한 준칙이다. 근대 법전의 대부분은 이러한 종류의 재판규범으로서, 일정한 요건에 해당되는 행위를 한 자에게 일정한 제재를 가하는 기준으로서 이 판정을 행하게 되는 법관이 적용한다. 이 점에서 재판규범은 사람들에게 일정한 작위 · 부작위를 의무화하고 있는 행위규범과는 다르다. 재판규범으로 적용할 수 있는 성질을 재판규범성이라 한다.

재판부작위裁判不作爲 당사자가 청구한 재판에 대하여 정당한 사유없이 재판을 지연하거나 전혀 진행하지 않는 경우에 재판부작위가 나타날 수 있다. 헌법상 재판청구권에 대한 침해로서 헌법소원의 대상이 될 수 있다. ➜ 재판청구권.

재판소구성법裁判所構成法 재판소구성법은 조선국 시기인 1895년(고종 32년)3월25일(양력 4월19일) 법률 제1호로 제정되었다. 이 후 두 차례에 걸친 전면개정과 세 차례에 걸친 부분개정이 있은 뒤 1909.10.28. 법률 제28호로 폐지되었다. 조선국에서 서구 사법제도를 최초로 도입하면서 제정된 법률이다. 일본국의 「裁判所構成法」을 본떠 일본국의 전적인 도움 아래 만들어진 것으로 보는 견해가 있으나, 이에 대해 조선국의 개화파 관리들의 역할도 무시할 수 없다는 견해도 있다. 어느 입장이든 조선국에서 독자적으로 서구의 사법제도를 도입하였다는 점은 명백하다. 1895년 제정된 법은 전문 61개조로 구성되었으며, 골자는 다음과 같다. 첫째, 재판소는 지방재판소·개항장재판소·순회재판소·고등재판소·특별법원 등 5종을 두도록 했고, 지방재판소에는 사정에 따라 지청을 둘 수 있게 하였다. 둘째, 각 재판소의 설치 위치와 관할 구역은 법부대신이 별도로 정하게 하였다. 셋째, 1심재판소로 지방재판소와 개항장재판소를 두었다. 전자는 일체의 민형사사건을, 후자는 내국인의 민형사사건뿐만 아니라 외국인의 내국인에 대한 민형사사건도 아울러 담당하게 하였다. 2심재판소로 순회재판소 및 고등재판소를 두었다. 전자는 지방재판소 및 부산·원산의 개항장 재판소의 판결에 대한 상소를, 후자는 한성 및 인천 개항장재판소 판결에 대한 상소를 담당하게 하였다. 그리고 특별법원은 왕족의 범죄에 관한 형사사건을 재판하도록 했는데, 초심이면서 동시에 종심이었으며 상소를 불허하였다. 당시 재판제도는 2심제였다. 넷째, 재판소 직원으로는 판사·검사·서기·정리를, 고등재판소와 특별법원에는 재판장을 추가로 두도록 하였다. 다섯째, 재판은 공개하게 하였다. 여섯째, 고등재판소와 특별법원은 합의체재판소이고, 나머지는 단독판사가 재판을 담당하게 하였다. 1895년에 제정된 법이 가지는 의미는, 첫째 법률조문이 근대적 양식으로 표기되었고, '법률'이라는 명칭을 지닌 최초의 법률이라는 점이다. 둘째 근대 사법제도의 효시를 이루는 법이고, 사법권을 행정권으로부터 독립시키려고 하였다는 점이다. 법률은 이와 같이 정해졌으나 실제로는 법이 정한 바대로 재판소가 구성되지는 못했다. 즉, 독립된 재판소로 구성된 것은 고등재판소, 지방재판소 중 한성재판소 및 경기재판소뿐이었다. 그리고 순회재판소는 한 번도 개설되지 않았다. 한성 및 경기재판소를 제외한 나머지 지방재판소와 개항장재판소는 각 도 감영과 개항장 감리서에 합설(合設)되었고, 특별법원은 필요할 때 고등재판소에서 임시로 개설되었던 것이다. 그 뒤 1899.5.30. 전면개정되었다. 이는 1895년 법이 제정된 이후 지방행정제도가 개편되고, 개항장이 증설되었으며, 1898.2. 독립재판소인 한성재판소와 경기재판소가 각각 한성부와 경기도관찰부에 합설되는 등 많은 변화가 있었기 때문이다. 전문 66개조로 구성된 개정된 법의 골자는 다음과 같다. 첫째, 고등재판소를 평리원으로 개편하였다. 전자는 한성지방재판소의 상소만을 담당했는데, 개편된 후자는 모든 지방 및 개항시장재판소(개항장재판소의 개칭)의 재판에 대한 상소를 담당하는 2심재판소였다. 둘째, 당분간 지방재판소 및 개항시장재판소는 각 도 관찰부와 개항시서(開港市署)에 설치하고 관찰사 및 감리가 판사를 겸임하게 하였다. 셋째, 순회재판소는 당장 설치하지 않기로 하였다. 1899년 개정법의 특징은 재판기관을 모두 지방행정기관에 합설하고 지방관이 판사를 겸임하게 하여, 사법권을 행정권으로부터 분리시키려 한

ㅈ

1895년에 제정된 법에서 후퇴한 점이다. 1905년 우리나라가 일제의 반식민지가 된 이후 1907년 정미7조약 이후 사법권이 박탈되어 1907.12.23. 다시 전면 개정되었다. 전문 39개조로 구성된 개정안의 골자는 다음과 같다. 첫째, 재판소를 구(區)재판소·지방재판소·공소원·대심원 등 4종을 두도록 하고, 3심제도가 채택되었다. 단독제인 구재판소를 신설해 경미한 사건을 다루도록 하고, 기존의 지방재판소·개항시장재판소·한성부재판소를 지방재판소로 일원화해서 1심으로 구재판소가 관장하는 사건 이외를 합의 심판하는 한편, 구재판소의 항소심을 제2심으로 담당하게 하였다. 그리고 종전의 평리원을 공소원으로 개편해 지방재판소의 합의사건에 대한 2심을 담당하게 했으며, 3심으로 대심원을 신설해 공소원의 재판에 대해 상고를 관장하게 하였다. 둘째, 각급 법원에 소장 또는 원장을 두어 사법행정사무를 감독하게 하였다. 그리고 검사국과 그 장으로 검사장을 두었고, 대심원 검사국에는 검사총장을 두었다. 그리고 법원사무를 담당하는 서기과를 두었다. 셋째, 각급 법원에 재판부, 즉 민사부·형사부를 두었고, 부에는 부장을 두었다. 넷째, 왕족에게 특별한 대우를 하기 위해 설치한 특별법원을 폐지하고 그 소관사항을 대심원에게 관장하게 했으며, 아울러 왕족의 민사사건은 지방재판소에서 각각 다루게 하여 왕실에 대한 특별한 대우를 감소시켰다. 이와 같은 개정으로 인해 우리나라 사법은 표면적으로는 근대적인 제도를 완비한 것처럼 보였으나, 내실에 있어서는 사법기구가 담당해야 할 자국주권과 자국민의 재산 및 인권을 전혀 보호해주지 못하고, 도리어 우리나라 침략을 위한 일제의 보조기구로 전락하고 있었다. 각지에서 항일투쟁을 전개한 의병들이 이 법에 의해 구성된 각급 재판소에서 유죄판결을 받고 수난을 당한 것이 그것을 명백히 나타내주고 있는 것이다. 1909.7.12. 일제에게 우리나라의 사법 및 감옥에 관한 사무가 약탈당한 뒤, 우리나라 정부에 사법기구가 없어지게 됨에 따라 1909.10.28. 이 법이 폐지되었다. 1910.8.27.의 강점조약 이후 조선반도의 사법은 동 10월의 조선총독부재판소령(제령 6호)에 의하여 규율되었으며, 일본국 본국과의 사법통일문제가 빈번히 대두되었다.

재판소원裁判訴願 ㊎ the constitutional complaints on the judgment. ㊕ Urteilsverfassungsbeschwerde.
1. 서론 재판소원이란 법원의 재판이 공권력의 행사에 해당한다는 것을 전제로, 법원의 재판으로 인하여 헌법상 보장된 기본권을 침해받았음을 이유로 이에 대한 구제를 받기 위하여 제기하는 헌법소원을 말한다. 현행헌법 제111조 제1항 제5호는 헌법재판소의 소관사항으로 「법률이 정하는 헌법소원에 관한 심판」을 규정하고, 헌법재판소법 제68조 제1항 본문은 「공권력의 행사 또는 불행사로 인하여 헌법상 보장된 기본권을 침해받은 자는 법원의 재판을 제외하고는 헌법재판소에 헌법소원심판을 청구할 수 있다.」고 규정하고 있다. 헌법재판소법 규정에 따르면, 재판소원이 허용되기 위해서는 헌법재판소법 제68조 제1항 본문 가운데 법원의 재판에 대해 헌법소원의 제기를 금지하는 부분이 일부위헌이라는 결정이 선고되어야 하고, 그러하지 아니한 상태에서의 헌법소원은 대상적격의 결여를 이유로 각하된다(헌재 1989.2.14. 89헌마9). 이러한 헌법재판소법의 규정에 대하여 위헌의 논란이 지속적으로 제기되었으나, 헌법재판소는 동 규정이 원칙적으로 헌법에 위반되지 아니한다고 보면서도 「법원이 헌법재판소가 위헌으로 결정하여 그 효력을 전부 또는 일부 상실하거나 위헌으로 확인된 법률을 적용함으로써 국민의 기본권을 침해한 경우」까지도 법원의 재판에 대한 헌법소원이

허용되지 않는 것으로 해석하는 한도 내에서 헌법에 위반된다고 보아(헌재 1997.12.24. 96헌마172 · 173), 위헌의 논란을 일단 종식시켰다. 하지만 재판소원을 인정할 것인지의 여부에 관하여 여전히 논란이 되고 있다. 2. **입법례** 1) **재판소원을 인정하는 국가** ① **독일** 독일은 기본법 제93조 제1항 4a호에서 「누구나 공권력에 의하여 기본권 또는 제20조 제4항, 제33조, 제38조, 제101조, 제103조 및 제104조에 규정된 권리가 침해되었음을 주장하는 자가 제기하는 헌법소원」이라고 규정하여 헌법소원의 대상을 제한하고 있지 않고 포괄적으로 규정하여 입법작용과 행정작용 및 사법작용 즉, 법원의 재판을 헌법소원의 대상으로 인정하고 있다. 이에 근거하여 독일 연방헌법재판소법 제90조에서도 독일 기본법 제93조 제1항 4a호와 같은 취지의 규정을 두어 헌법소원의 대상을 제한하지 않고 있어 재판소원을 허용하고 있다. ② **체코** 체코는 헌법 제87조 제1항 d호에서 헌법재판소의 권한의 하나로 「헌법상 보장된 기본권과 자유를 침해하는 공권력기관의 확정된 결정 및 기타 조직에 대한 헌법소원을 제기할 수 있다.」라고 규정하여 체코헌법에서 헌법소원의 대상을 제한하고 있지 않으며, 체코 헌법재판소법 제72조 제1항에서 「자연인이든 법인이든 법원의 재판이나 기타 공적 기관에 의한 조치나 처분으로 인하여 헌법상 보장된 자유의 권리가 침해된 경우에는 헌법소원을 제기할 수 있다.」라고 규정하여 헌법재판소의 권한의 하나인 헌법소원의 대상을 포괄적으로 인정하여 재판소원을 허용하고 있다. ③ **스페인** 스페인은 헌법소원과 유사한 암파로제도를 택하고 있다. 헌법 제161조 제1항 b호에서 「기본권의 침해를 이유로 법률이 정한 경우에 법률이 정한 형태로 제기되는 헌법소원(amparo)」이라고 규정하여 헌법소원의 대상을 제한하고 있지 않다. 스페인 헌법재판소법 제41조 제2항에서는 모든 공권력작용을 헌법소원의 대상에 포함시키고 있고, 동법 제44조에서는 사법기관의 작위나 부작위에 의해 헌법상 보장된 자유와 권리가 직접 침해된 경우 권리구제를 위한 모든 심급을 거친 후 헌법소원을 제기할 수 있다고 규정하고 있어 재판소원을 허용하고 있다. ④ **스위스** 스위스는 분산형 헌법재판제도를 도입하면서도 연방재판소(Bundesgericht)에 헌법소원심판권을 인정하였다. 스위스 연방헌법 제113조와 스위스 연방법원조직법 제84조에서 헌법소원의 범위에 연방의 공권력의 행위는 그 대상으로 하지 않고, 단지 주(칸톤)의 행정작용과 입법행위 및 법원의 판결을 모두 포함하고 있어 재판소원을 허용하고 있다. 과거에는 헌법소원의 대상이 제한적이었으나, 최근의 법개정으로 범위가 확대되었다. 연방법원에 민사소원(Beschwerde in Zivilsachen), 형사소원(Beschwerde in Strafsachen), 공법소원(Beschwerde in öffentlichen Angelegenheiten)과 같은 정규적 소원(odrdentliche Beschwerde)을 제기하는 것이 허용되지 않을 때 보충적 헌법소원(Subsidiäre Verfassungsbeschwerde)을 제기할 수 있다. 2) **재판소원을 인정하지 않는 국가** ① **오스트리아** 오스트리아는 연방헌법 제139조 제1항과 제140조 제1항 및 오스트리아 헌법재판소법 제89조에서 법률이나 명령에 의하여 국민의 기본권이 침해된 경우에 헌법재판소에 헌법소원을 제기할 수 있고, 오스트리아 연방헌법 제144조 제1항과 오스트리아 헌법재판소법 제82조에서는 행정처분에 의하여 국민의 기본권이 침해된 경우에 헌법소원을 제기할 수 있게 규정하고 있다. 다만 오스트리아는 2008.7.1.부터 망명재판소의 결정으로 인하여 자신의 헌법상 권리나 위법한 일반규범의 해석 · 적용으로 권리가 침해되었다고 주장하는 자에 한하여 헌법재판소에 재판소원을 청구할 수 있는 제도를 신설하였다. ② **슬로바키아** 슬로바키아는 헌법 제127조에서는 헌법소원의 심판대상을 행정작용에 국한하여 재판소원을 금지하고 있다. 3. **재판소원의 인정 여부** 1) **학설** (1) **긍정설** 긍정하는 입장의 논거는 법원의 재판을 헌법소원의 대상에서 제외시키는 것은 ① 보충성의 원칙과 관련하여 법원에 의해 침해된 국민의 기본권을 보장할 방법이 차단하는 것이고, ② 헌법소원제도를 형해화시키는 것으로서 헌법소원제도의 본질에 반한다고 하며, ③ 헌법 제27조 제1항의 재판청구권을 합리적 이유없이 과도하게 제한하는 것이라고 한다. 또한 ④ 법원의 재판에 대하여 헌법소원을 통한 헌법적 통제를 부정함으로써 기능적 권력분립에 반한다고 한다. (2) **부정설** 부정하는 입장의 논거는 ① 어떤 국가기관의 행위를 헌법소원의 대상으로 할 것인가는 헌법상 입법정책의 문제지, 헌법소원제도의 본질로부터 당연히 결론지워지는 것은 아니라고 하며, ② 법원의 재판을 헌법소원의 대상으로 할 경우 소송만능주의로 인한 남소현상으로 헌법재판소의 기능이 마비되고 헌법재판소의 업무부담이 극도로 증대될 것이라고 한다. ③ 법원의 재판을 헌법소원의 대상으로 인정하고 있는 나라는 독일 등 소수에 불과하다고 하며, ④ 재판과정에서의 오판가능성은 불가피한 현상이며, 헌법재판소에게 재판에 대한 헌법소원을 인정함으로써 그 위험성이 감소되지 않는 것이므로 그 인정실익이 극히 적다고 한다.⑤ 법원의 재판에 대해 헌법소원을 인정한다면 헌법재판소가 사법권을 행사하는 결과가 되어 결국 대법원 상위에 제4심을 인정하는 결과가 되어 헌법 제101조 제2항의 취지에 반하게 된다는 점을 든다. 2) **헌법재판소** (1) **원칙적 부정** 헌법재판소는 일찍이 「판결에 관한 헌법소원은 법원의 재판에 대하여 헌법소원의 심판이 청구된 경우에 해당하므로, 더 나아가 살필 필요도 없이 부적법한 소원임을 면치 못할 것이다.」라고 하여 재판소원에 대한 원칙적 부정의 입장을 견지해 오고 있다(헌재 1989.2.14. 89헌마9(법원의 확정판결); 2004.8.26. 2003헌마412(위헌제청불행사 결정); 2004.9.23. 2003헌마19(판결이유 불설시판결); 2008.9.25. 2006헌바23(위헌제청신청기각 결정); 2012.11.29. 2012헌마53(안내서 불송달 부작위) 등). (2) **예외적 인정** 헌법재판소는 「헌법재판소법 제68조 제1항이 원칙적으로 헌법에 위반되지 아니한다고 하더라도, 법원이 헌법재판소가 위헌으로 결정하여 그 효력을 전부 또는 일부 상실하거나 위헌으로 확인된 법률을 적용함으로써 국민의 기본권을 침해한 경우에도 법원의 재판에 대한 헌법소원이 허용되지 않는 것으로 해석한다면, 위 법률조항은 그러한 한도내에서 헌법에 위반된다.」고 하여, 처음으로 제한적으로 재판에 대한 헌법소원을 인정하였다(헌재 1997.12.24. 96헌마172). 이후 헌법재판소는 재판소원의 범위를 확대하여, 「예외적으로 헌법소원의 대상이 되는 법원의 재판이란, 헌법의 최고규범성 및 헌법상 부여받은 헌법재판소의 규범통제권을 관철하기 위하여 부득이 취소되어야 하는 재판을 의미하며, 이러한 재판은 '헌법재판소가 위헌으로 결정한 법령을 적용한 재판'에 한정되는 것이 아니라, '헌법재판소 위헌결정의 기속력을 부인하는 모든 재판'을 포함하는 것이다.」라고 하여, 재판소원의 범위를 확대하였다(헌재 2003.4.24. 2001헌마386). 3) **검토** 첫째, 헌법재판소법 제68조 제1항에서 재판소원을 금지하는 것은 이러한 헌법소원제도의 본질 및 체계정당성의 원칙에 반한다는 점, 둘째, 헌법재판소법 제68조 제1항에서 법원의 재판에 대해서만 헌법소원의 대상범위에서 배제하는 것은 합리적 사유 없이 사법부에 대해 차별적인 특권을 부여한 것으로서 헌법 제11조의 평등권에 반한다는 점, 셋째, 재판소원을 금지하는 것은 법원의 재판에 의해 기본권을 침해받았을 때 광범위하고 효과적인 기본권 구제수단의 마련을 요구할 수 없게 하므로, 재판청구권을 침해한다는 점, 넷째, 헌법재판소가 헌법소원을 통해 기본권을 침해하는 법원의 재판을 심사하는 것은 대법원의 지위나 권한을 훼손하는 것이 아니며, 심급의 문제도 아니라고 할 것이며, 재판소원을 허용하더라도 권력분립의 원칙에 반하지 않는다는 점, 다섯째, 재판소원을 허용해서 헌법소원이 폭주할 우려는 헌법정책적인 방안을 통하여 해결하여야 하는 문제라는 점 등에 비추어 재판소원을 인정함이 타당하다.

재판의 독립獨立 재판의 독립이란 법관이 재판에 관한 직무를 수행함에 있어서는 오로지 헌법과 법률 그리고 자신의 양심에 따를 뿐 어떠한 세력으로부터도 영향을 받지 않아야 한다는 것을 말한다. 재판상의 독립 또는 직무상의 독립이라고도 한다. ➜ 사법권의 독립.

재판의 전제성前提性 ㉓ the prerequisite to a trial/the preconditional relevance ㉱ die Entscheidungserheblichkeit. 1. **의의** 1) **법규정** 현행헌법 제107조 제1항은「법률이 헌법에 위반되는 여부가 재판의 전제가 된 경우에는 법원은 헌법재판소에 제청하여 그 심판에 의하여 재판한다.」고 규정하고, 헌법재판소법 제41조 제1항은「법률이 헌법에 위반되는지 여부가 재판의 전제가 된 경우에는」이라고 하고, 동법 제68조 제2항은「제41조 제1항에 따른 법률의 위헌 여부 심판의 제청신청이 기각된 때에는 그 신청을 한 당사자는 헌법재판소에 헌법소원심판을 청구할 수 있다.」고 규정하고 있다. 따라서 위헌법률심판청구를 하기 위해서는 법률의 위헌 여부가 재판의 전제가 되어야 한다. 2) **'재판의 전제성'의 의미** '재판의 전제성'이란, 구체적 소송사건을 해결하기 위한 선결문제라는 것을 의미한다. 즉, '재판의 전제'라 함은, 첫째, 구체적 사건이 법원에 계속 중이어야 하고, 둘째, 위헌여부가 문제되는 법률이 당해 소송사건의 재판에 적용되는 것이어야 하며, 셋째, 그 법률의 위헌여부에 따라서 법원이 다른 내용의 재판을 하는 경우를 말한다. 2. **'재판'의 의미** 재판이라 함은 판결 · 결정 · 명령 등 그 형식 여하와 본안에 관한 재판이거나 소송절차에 관한 재판이거나를 불문하며, 심급을 종국적으로 종결시키는 종국재판 뿐만 아니라 중간재판도 이에 포함된다. 헌법재판소는 증거채부결정, 인지첩부를 명하는 보정명령, 지방법원판사의 구속영장발부 여부에 관한 재판 등에 대하여 재판의 전제성의 재판에 해당한다고 판시하였다(헌재 1996.12.26. 94헌바1). 영장발부 여부에 관한 재판도 포함된다고 해석되므로 지방법원판사가 구속영장발부단계에서 행한 위헌여부심판제청은 적법하다(헌재 1993.3.11. 90헌가70). 3. **'전제성'의 의미** 재판의 전제성의 구성요소는 다음과 같다. 1) **구체적인 사건이 법원에 현재 계속 중일 것** 당해사건은 법원에 원칙적으로 '적법'하게 계속되어 있어야 한다. 그러므로 당해사건이 부적법한 것이어서 법률의 위헌여부를 따져 볼 필요조차 없이 각하를 면할 수 없는 것일 때에는 당해사건이 이미 해결되었기 때문에, 적법요건인 재판의 전제성을 흠결한 것으로 각하하여야 한다(헌재 1992.8.19. 92헌바36; 2000.11.30. 98헌바83; 2005.3.31. 2003헌바113; 2007.10.4. 2005헌바71). 당해 사건이 적법하게 계속되었더라도 위헌제청 이후 심리기간중의 사후변경으로 인하여 당해사건이 종료된 경우에는 재판의 전제성이 인정되지 않는다(헌재 1993.12.23. 93헌가2). 법원에서 당해 소송사건에 적용되는 재판규범 중 위헌제청신청대상이 아닌 관련법률에서 규정한 소송요건을 구비하지 못하였기 때문에 부적법하다는 이유로 소각하 판결을 선고하고 그 판결이 확정되거나, 소각하 판결이 확정되지 않았더라도 당해 소송사건이 부적법하여 각하될 수밖에 없는 경우에는 당해 소송사건에 관한 재판의 전제성 요건이 흠결되어 부적법하다(헌재 2000.11.30. 98헌바83; 2005.3.31. 2003헌바113; 2007.10.4. 2005헌바71). 헌법재판소법 제68조 제2항에 의한 헌법소원심판의 경우, 헌법재판소의 결정 이전에 당해 소송사건이 확정되어 종료되더라도 재판의 전제성이 소멸된다고 볼 수 없다(헌재 1998.7.16. 96헌바33등). 헌법재판소법 제68조 제2항에 의한 헌법소원심판의 청구 이후 당해소송에서 청구인 승소판결이 확정된 경우, 헌법재판소가 위헌결정을 한다 하더라도 당해사건 재판의 결론이나 주문에 영향을 미치는 것도 아니므로 재판의 전제성이 부정된다(헌재 2000.7.20. 99헌바61; 2012.7.26. 2011헌가40). 2) **위헌 여부가 문제되는 법률이 당해 소송사건의 재판과 관련하여 적용되는 것일 것** 당해사건에 적용되지 않는 법률에 대한 위헌제청의 경우, 재판의 선결문제가 아니기 때문에, 재판의 전제성이 없어 각하해야 한다(헌재 1993.7.29. 92헌바48; 2005.12.22. 2003헌바76; 2005.12.22. 2003헌바109; 2007.4.26. 2006헌바10). 심판대상조항이 개정되어 소급하여 규율하는 경우, 구법조항의 위헌 여부는 재판의 전제성이 인정되지 않는다(헌재 2006.6.29. 2004헌가3). 형사사건에 있어서, 공소가 제기되지 아니한 법률조항의 위헌 여부는 원칙적으로 당해 형사사건의 재판의 전제가 될 수 없다. 심판의 대상이 되는 법률은 법원의 당해사건에 직접 적용되는 법률인 경우가 대부분이겠지만, 당해재판에 적용되는 법률이라면 반드시 직접 적용되는 법률이어야 하는 것은 아니고, 양 규범 사이에 내적인 관련이 있는 경우에는 간접적으로 적용되는 법률규정에 대해서도 재판의 전제성을 인정할 수 있다(헌재 1996.10.31. 93헌바14). 3) **법률의 위헌 여부에 따라 당해 사건을 담당한 법원이 다른 내용의 재판을 하게 되는 경우일 것** 법원이 '다른 내용의' 재판을 하게 되는 경우라 함은 원칙적으로 법원이 심리중인 당해 사건의 재판의 결론이나 주문에 어떠한 영향을 주는 것뿐만이 아니라, 재판의 결론을 이끌어내는 이유를 달리하는 데 관련되어 있거나 또는 재판의 내용과 효력에 관한 법률적 의미가 전혀 달라지는 경우도 포함한다(헌재 1993.12.23. 93헌가2; 2000.6.29. 99헌바66등; 2005.12.22. 2004헌마947). 행정처분에 대한 쟁송기간이 경과된 후에 그 행정처분의 근거가 된 법률에 대한 위헌 여부에 대한 심판청구를 한 경우에는 당해 사건을 담당하는 법원이 그 법률에 대한 위헌결정이 있는 경우 다른 내용의 재판을 할 예외적인 사정이 있는지 여부에 따라 재판의 전제성 유무가 달라지게 된다고 할 것인데, 그 법률에 대한 위헌결정이 행정처분의 효력에 영향을 미칠 여지가 없는 경우에는 그 법률의 위헌 여부에 따라 당해 사건에 대한 재판의 주문이 달라지거나 재판의 내용과 효력에 관한 법률적 의미가 달라질 수 없는 것이므로 재판의 전제성을 인정할 수 없게 된다(헌재 2010.12.28. 2009헌바429). 제1심인 당해사건에서 헌법재판소법 제68조 제2항의 헌법소원을 제기하였는데, 당해사건의 항소심에서 항소를 취하하여 원고 패소의 원심판결이 확정되었다. 이 경우에도 당해사건에 적용되는 법률이 위헌으로 결정되면 확정된 원심판결에 대하여 재심청구가 가능하므로(헌법재판소법 제75조 제7항) 원심판결의 주문이 달라질 수 있으므로 청구인들이 당해사건의 항소심에서 항소를 취하하였다고 하더라도 이 사건에서 재판의 전제성이 인정된다(헌재 2015.10.21. 2004헌바170). 당해 사건인 재심사건에서 재심개시결정을 하지 않은 채 심판대상조항에 대해 위헌제청을 한 경우에는 재판의 전제성이 부인된다(헌재 2016.3.31. 2015헌가36). 4. **전제성구비 여부의 판단** 1) **법원의 제청의무** 재판의 전제성 구비 여부에 관한 판단은 1차적으로 법원이 가진다. 헌법 제107조 제1항의 요건이 충족되는 경우, 법원은 법률의 위헌여부에 대하여 헌법재판소에 위헌제청을 해야 할 의무를 갖게 된다. 법원은 당해 사건에 적용되는 법률의 위헌여부를 심사해야 할 의무와 권한을 가지고 있으며, 그 심사의 결과 위헌의 의심이 있는 경우에는 당해 절차를 정지하고 법률의 위헌 여부를 헌법재판소에 제청함으로써 법률을 잠정적이나마 적용하지 않을 권한을 갖는다. 법원의 제청의무와 관련하여, 다른 법원이 이미 동일한 법률에 대하여 위헌제청을 한 경우에도 위헌제청을 하여야 하며, 다른 법원이 동일한 법률에 대하여 위헌제청을 하였기 때문에 그 결과를 기다리기 위하여 재판절차를 정지하는 것은 허용되지 않는다. 2) **위헌성 의심의 정도** 법원은 담당법관 스스로의 법적 견해에 의할 때 법률조항에 대하여 단순한 의심을 넘어선 합리적인 위헌의 의심을 가지고 있다면, 위헌여부의 심판을 제청할 수 있다. 이는 '단순한 의심'과 '위헌에 대한 확신' 사이의 중간적 입장이라 할 수 있다. 법률의 위헌성에 대하여 법원의 합리적인 의심이 존재하는지의 여부는 제청서의 필요적 기재사항인 '위헌이라고 해석되는 법률 또는 법률의 조항' 및 '위헌이라고 해석되는 이유'(헌법재판소법 제43조 제3호 및 제4호)를 통해서 객관화되고 확인될 수 있다. 5. **전제성 구비의 판단시점** 재판의 전제성은 법원에 의한 위헌제청의 시점뿐만 아니라 헌법재판소에 의한 위헌법률심판의 시점에도 충족되어야 한다(헌재 1993.12.23. 93헌가2). 제청법원은 위헌제청 이후 당해소송의 당사자가 사망한 경우나 법률이 개정·폐지된 경우에는 재판의 전제성이 아직도 존재하는지를 검토해야 하고, 제청요건이 더 이상 존재하지 않는다면, 법원은 위헌제청을 철회해야 한다. 헌법재판소는 「위헌여부심판이 제청된 법률조항에 의하여 침해된다는 기본권이 중요하여 동 법률조항의 위헌 여부의 해명이 헌법적으로 중요성이 있는데도 그 해명이 없거나, 동 법률조항으로 인한 기본권의 침해가 반복될 위험성이 있는데도 좀처럼 그 법률조항에 대한 위헌여부심판의 기회를 갖기 어려운 경우에는 설사 그 심리기간 중 그 후의 사태진행으로 당해 소송이 종료되었더라도 헌법재판소로서는 제청 당시 전제성이 인정되는 한 예외적으로 객관적인 헌법질서의 수호·유지를 위하여 심판의 필요성을 인정하여 적극적으로 그 위헌 여부에 대한 판단을 하는 것이 헌법재판소의 존재이유에도 부합하고 그 임무를 다하는 것이 될 것이다.」라고 하여, 당해 소송이 종료되었더라도 객관적인 헌법질서의 수호·유지를 위하여 심판의 필요성이 인정되는 경우 예외를 인정한다(헌재 1993.12.23. 93헌가2).

재판裁判의 지연遲延 재판의 지연에 대해서는 주로 헌법소원의 대상이 되는가가 문제된다. 헌법재판소는 재판의 지연을 다투는 헌법소원은 곧 '법원의 재판'을 다투는 헌법소원이기 때문에 허용되지 않는다고 한다. 헌재 1998.5.28. 96헌마46; 1999.9.16. 98헌마75 등 참조.

재판작용裁判作用 = 사법작용司法作用 ➜ 사법의 관념.

재판절차진술권裁判節次陳述權 ➜ 재판청구권.

재판청구권裁判請求權 [독] Justizgewährungsrechtsanspruch/Recht auf gesetzliche Richter/Recht auf rechtliches Gehör. 1. **서언** 1) **헌법규정** 헌법 제27조 제1항은 「모든 국민은 헌법과 법률이 정한 법관에 의한 재판을 받을 권리를 가진다.」라고 규정하여 국민의 재판을 받을 권리를 보장하고 있다.

ㅈ

헌법은 제27조 제1항에서 제5항에 걸쳐 재판청구권에 관하여 규정하고 있으며, 이외에도 제12조의 불리한 진술의 강요금지, 변호인의 조력을 받을 권리에 관한 규정과 제13조의 형벌불소급의 원칙과 이중처벌금지, 소급입법금지의 규정, 제5장 법원에 관한 규정들, 제6장 헌법재판소에 관한 규정들은 재판청구권과 관련된 규정들이다. 2) **의의** 재판청구권이라 함은 독립된 법원에 의하여, 적법한 절차에 따라, 정당한 재판을 받을 권리를 말한다. 헌법재판소는 「재판청구권은 재판이라는 국가적 행위를 청구할 수 있는 적극적 측면과 헌법과 법률이 정한 법관이 아닌 자에 의한 재판이나 법률에 의하지 아니한 재판을 받지 아니하는 소극적 측면을 아울러 가지고 있다.」고 하고(헌재 1998.5.28. 96헌바4), 「재판청구권은 재판절차를 규율하는 법률과 재판에서 적용될 실체적 법률이 모두 합헌적이어야 한다는 의미에서의 법률에 의한 재판을 받을 권리뿐만 아니라, 비밀재판을 배제하고 일반 국민의 감시 하에서 심리와 판결을 받음으로써 공정한 재판을 받을 수 있는 권리를 포함하고 있다.」고 하고 있다(헌재 1996.12.26. 94헌바1). 또한 재판청구권에 관한 입법형성권의 한계에 대하여 「절차적 규정들에 의하여 법원에의 접근이 합리적인 이유로 정당화될 수 없는 방법으로 어렵게 된다면 재판청구권은 사실상 형해화될 수 있으므로 바로 여기에 입법형성권의 한계가 있다.」라고 하고 있다(헌재 2006.2.23. 2005헌가7). 3) **연혁** 재판을 받을 권리는 영국의 Magna Carta의 배심제도에서 그 시원을 찾아 볼 수 있으며, 1791년 프랑스 헌법에서 명문화되기 시작하여 대륙법계 국가에 전파되었고, 미국에서는 적정절차보장이라는 형식을 취하고 있다. 20세기에는 국제인권규약에서도 적극적으로 수용되고 있다. 우리나라 헌법은 제헌헌법 이래 헌법에서 명시되어 있다. 2. **법적 성격** 재판청구권은 헌법상 보장된 기본권을 보장하기 위한 사법절차상 기본권 또는 소송상 기본권이라는 점에서 보조적 · 형식적 기본권이자, 주관적 공권이다. 절차적 기본권 관련법률에 대한 위헌심사기준은 합리성원칙 내지 자의금지원칙이 적용된다(헌재 2005.5.26. 2003헌가7). 3. **재판청구권의 주체** 자유와 권리의 주체가 될 수 있는 자는 누구나 재판청구권의 주체가 된다. 자연인인 국민 뿐만 아니라 외국인에게도 인정된다. 법인도 내 · 외국 법인 모두에 인정되며, 법인 아닌 사법상 결사에게도 인정된다(헌재 1991.9.16. 89헌마165). 4. **재판청구권의 효력** 재판청구권은 모든 국가권력을 기속하며 사인사이에도 간접적용된다. 헌법재판소는 수형자에게 출정비용 불예납이나 영치금과의 상계 동의가 없었다는 이유로 소송변론기일에 출정을 제한하는 것은 청구인의 재판청구권을 과도하게 침해하였다고 판단하였다(헌재 2012.3.29. 2010헌마475). 5. **재판청구권의 내용** 1) **'헌법과 법률이 정한 법관'에 의한 재판을 받을 권리** (1) **의의** '헌법과 법률이 정한 법관'이라 함은 ① 헌법 제101조 제3항에 따라 제정된 법원조직법 제42조에 규정된 자격을 구비하고, ② 헌법 제104조와 법원조직법 제41조에 따른 절차에 따라 적법하게 임명되었으며, ③ 헌법 제105조와 제106조에 규정된 임기, 정년과 신분이 보장되고(인적 독립), ④ 헌법 제103조에 의하여 직무상 독립이 보장되는 (물적 독립) 법관에 의하여야 하며, ⑤ 법원의 구성과 관할 및 그 사무분배 등에 관한 법률의 규정에 의하여 권한이 있고, ⑥ 제척 기타의 사유에 의하여 법률상 그 재판에 관여하는 것이 금지되지 아니한 법관을 말한다(헌재 1992.11.12. 91헌바8). (2) **'헌법과 법률이 정한 법관에 의하지 아니한 재판'을 받지 않을 권리** 모든 국민은 '헌법과 법률이 정한 법관에 의하지 아니한 재판'을 받지 않을 권리를 갖게 된다. 법관에 대한 대법원장의 징계처분취소청구소송을 대법원이 단심재판으로 하는 것에 대하여 사실확정도 대법원의 권한에 속하여 법관에 의한 사실확정의 기회가 박탈되었다고 볼 수 없어 재판청구권을 침해하지 않는다고 하였다(헌재 2012.2.23. 2009헌바34). 이 외에 헌법재판소는 ① 국가배상법 제16조에서 배상심의회의 배상결정에 재판상화의와 동일한 효력을 부여하는 것에 대하여 재판청구권을 침해하는 것으로 판단하였으며(헌재 1995.5.25. 91헌가7), ② 특허심판 이후 곧바로 대법원에 상고할 수 있도록 한 구특허법 제186조 제1항에 대하여도 특허청의 행정공무원의 심결이나 보정각하명령에 있어서 법관에 의한 사실확정 및 법률적용의 기회가 보장되어 있지 않음'을 이유로 위헌으로 판단하였다(헌재 1995.9.28. 92헌가11). 이와는 달리 ③ 현역군인 또는 군판사에 의한 군사법원의 군사재판에 대하여는 '군대조직 및 군사재판의 특수성을 고려'하여 필요하고 합리적인 이유가 있는 것으로 보아 합헌으로 판단하였고(헌재 1996.10.31. 93헌바25), ④ 조세범처벌법, 경범죄처벌법,도로교통법 등에 의한 통고처분에 대하여는 처분받은 당사자의 임의의 승복을 발효요건으로 하고, 불응시 정식재판절차를 보장되므로 합헌인 것으로 판단하였다(헌재 1998.5.28. 96헌바4). (3) **배심제와 참심제** ➜ 국민의 사법참여. ➜ 배심제. ➜ 국민참여재판. (4) **군사재판** ➜ 군사법원. (5) **검사의 기소유예처분** ➜ 불기소처분. 2) **'법률'에 의한 재판을 받을 권리** (1) **의의** '법률'에 의한 재판을 받을 권리라 함은 절차법이 정한 절차에 따라 실체법이 정한 내용대로의 재판을 받을 권리를 말한다. 이는 재판에 있어서 법관의 자의와 전단을 방지하고 합헌적인 실체법과 절차법에 의한 재판의 형성을 보장하기 위한 것이다. (2) **'법률'의 의미** 이 때의 '법률'은 실체법에 있어서는 형사재판에서는 형식적 의미의 법률만을, 민사와 행정재판에 있어서는 형식적 의미의 법률 외에 일체의 성문법, 이와 저촉되지 않는 관습법, 조리와 같은 불문법도 포함한다. 이와 달리 절차법의 경우 형식적 의미의 법률에 한한다. 또한 그 법률의 내용에 있어서는 합헌적일 것을 요구한다. 헌법재판소는 반국가행위자의처벌에관한특별조치법 사건에서 「법률에 의한 재판이라 함은 합헌적인 실체법과 절차법에 따라 행하여지는 재판으로서 죄형법정주의와 적법절차원리에 합치」할 것을 요하는 것으로 판시한 바 있다(헌재 1993.7.29. 90헌바35). 3) **'재판'을 받을 권리** (1) **의의** '재판'을 받을 권리라 함은 적극적으로는 국가에 대하여 재판을 청구할 수 있는 권리를 의미하며, 소극적으로는 헌법과 법률이 정한 재판을 제외하고는 재판을 받지 아니할 권리를 말한다. 구체적으로는 민사재판, 형사재판, 행정재판을 의미하며, 이때 대법원의 재판을 받을 권리와 헌법재판을 받을 권리도 당연히 포함되는 것인지에 대하여는 견해가 대립하고 있다. (2) **'재판'을 받을 권리에 '대법원의 재판을 받을 권리'가 포함되는지 여부** ① **문제제기** 현행헌법상 대법원의 재판을 받을 권리가 기본권으로 보장되는지 여부에 대한 명시적 규정이 없기 때문에, 법률상으로 규정되고 있는 상고제한규정의 위헌성과 관련하여 논의가 제기되고 있다. ② **학설** ⅰ) **긍정설** 대법원의 재판을 받을 권리를 기본권으로 보는 견해는 법 제101조 제2항에서 '법원은 최고법원인 대법원과 각급 법원으로 조직된다'고 규정하고 있는 점, 법 제110조 제2항에서 군사법원의 상고심이 대법원인 점, 법 제110조 제4항에서 비상계엄하의 단심재판을 예외로 규정한 점을 들어 이를 긍정한다. ⅱ) **부정설** 부정설은 현행헌법상 명문규정이 존재하지 아니하며, 상고문제는 입법정책에 불과하다는 것을 이유로 이를 부정한다. ③ **판**

례 대법원은 「모든 사건에 대해 획일적으로 상소할 수 있게 하느냐 않느냐는 것은 특단의 사정이 없는 한 입법정책의 문제」라는 입장을 표명하였다(대판 1989.10.24. 89카55). 헌법재판소도 대법원의 입장을 그대로 답습하여, 소액사건심판법 제3조에 대한 합헌결정(헌재 1992.6.26. 90헌바25), 소송촉진등에관한특례법 제11조, 제12조의 상고허가제에 대한 합헌결정(헌재 1995.1.20. 90헌바1), 형사소송법 제262조 제2항에 대한 위헌소원(헌재 1996.10.31. 94헌바3), 상고심절차에대한특례법 제4조에 대한 합헌결정(헌재 1997.10.30. 97헌바37) 등에서 「모든 사건에 대해 상고법원의 구성법관에 의한, 상고심절차에 의한 재판을 받을 권리가 포함된다고 할 수 없으며, 이는 입법정책의 문제」인 것으로 판시하였다. 헌재 2005.9.29. 2005헌마567; 2009.4.30. 2007헌마589; 2012.5.31. 2010헌마625 등도 이를 답습하고 있다. ④ **검토** 헌법 제101조 제2항에서 대법원을 최고심으로 하여 그 아래로 심급을 달리한 각급 법원을 두었으며, 헌법 제110조 제2항에서 군사법원의 상고심으로 대법원으로 정한 것 등으로 미루어 대법원을 최고심으로 하는 사법제도를 명기하고 있으므로 헌법을 통일적으로 해석할 때, 상고권은 헌법상 권리이며 따라서 재판을 받을 권리에는 대법원의 재판을 받을 권리가 포함되는 것으로 봄이 타당하다. 또한 상고법원과 같이 새로운 각급법원을 창설하여 대법원의 재판을 받을 권리를 차단하는 경우 삼심제의 위반과 과잉금지원칙을 위반하였다는 의심을 피하기 어렵다. (3) **'재판'을 받을 권리에 '헌법재판을 받을 권리'가 포함되는지 여부** ① **헌법재판소** 헌법재판소법 제68조 제1항에 대한 헌법소원에서 「재판청구권은 사실관계와 법률관계에 관하여 최소한 한 번의 재판을 받을 기회가 제공될 것을 국가에게 요구할 수 있는 절차적 기본권을 뜻하므로, 기본권의 침해에 대한 구제절차가 반드시 헌법소원의 형태로 독립된 헌법재판기관에 의해 이루어질 것만을 요구하지는 않는다.」고 판시하였다(헌재 1997.12.24. 96헌마172등). ② **검토** 헌법 제111조 제2항은 헌법재판소는 법관의 자격을 가진 9인의 재판관으로 구성되는 것으로 규정하는 바, 헌법 제27조 제1항의 법관에는 헌법재판소의 재판관이 포함되는 것으로 볼 수 있으며 기본권의 실효성 있는 보장이라는 헌법재판의 취지에 비추어 볼 때, 헌법재판을 받을 권리도 헌법상 보장된 기본권이라고 봄이 타당하다. (4) **군사법원의 재판을 받지 않을 권리** 일반 국민은 원칙적으로 군사법원의 재판을 받지 아니할 권리가 있다(헌법 제27조 제2항 참조). 군사법원의 관할에 속하는 특정범죄와 다른 일반범죄가 경합할 경우, 특정 군사범죄에 관해서는 군사법원이 전속적 재판권을 가지지만, 다른 일반범죄에 대해서는 재판권을 행사할 수 없고, 그 반대의 경우도 마찬가지이다(대결 2016.6.16. 2016초기318 참조). (5) **비상계엄 하의 단심제** 헌법 제110조 제4항은 비상계엄 하에서 군사법원에 의한 단심제를 규정하고 있다. 이는 국민의 재판청구권에 대한 중대한 제한이지만 헌법상 규정되어 있으므로 위헌 여부를 논할 수 없다. 4) **'신속한' 재판을 받을 권리** (1) **의의** 헌법 제27조 제3항은 '신속한 재판을 받을 권리'를 규정하고 있다. 신속하지 아니한 재판은 판결의 타당성과 실효성을 확보하지 못하게 되고 소송당사자에게 피해를 입히게 되므로 이를 방지하기 위한 규정이다. 어떠한 경우에 재판이 지연된 것인가에 있어서는 사건의 내용, 심리의 곤란 여부, 지연의 원인과 정도, 피고인에 대한 영향 등을 종합하여 판단하여야 한다. (2) **헌법재판소의 결정** 형사재판에 있어서 구속기간의 지나친 연장, 검사보관의 수사시록에 대한 변호인의 열람·등사의 지나친 제한은 위헌이다. 이 외에 헌법재판소는 ① '재판이 지연된 까닭이 재판부 구성원의 변경, 재판의 전제성과 관련된 본안심리의 필요성, 청구인에 대한 송달불능 등인 경우에는 법원이 재판을 특별히 지연시킨 것이 아니라'고 판단하였다(헌재 1993.11.25. 92헌마169). 그러나 ② 국가보안법상 찬양고무죄와 불고지죄에 대하여 구속기간 연장을 인정하는 규정에 대하여 신속한 재판을 받을 권리를 침해한 것으로 보아 위헌으로 판시한 바 있으며(헌재 1992.4.4. 90헌마82), ③ 항소법원으로 기록 송부시 검사를 경유하게 하여 소송기록의 송부가 지연되도록 한 것에 대하여도 「피고인의 헌법상 기본권을 침해하고 법관의 재판상 독립에도 영향을 주는 것으로 과잉금지원칙에 반하여 피고인의 신속, 공정한 재판을 받을 기본권을 침해하는 것」으로서 위헌으로 판시하였다(헌재 1995.11.30. 92헌마44). 또한 군사법경찰관에 의한 구속기간 연장은 위헌으로 판시하여(헌재 2003.11.27. 2002헌마193), 법이 개정되었다. 5) **'공개' 재판을 받을 권리** ➜ 공개재판을 받을 권리. 6) **'공정한' 재판을 받을 권리** (1) **의의** 공정한 재판을 받을 권리는 헌법상 명문의 규정은 없으나 국민의 기본권보호라는 재판청구권의 목적 달성을 위하여 법 제27조에 의하여 당연히 인정되는 것으로 봄이 타당하다. ➜ 의견진술권. (2) **헌법재판소 결정** 헌법재판소는 ① 공판기일 전 증인심문절차에 관한 형사소송법 제221조의2 제5항에 관하여 「공정한 재판을 받을 권리 속에는 신속하고 공개된 법정의 법관의 면전에서 당사자주의와 구두변론주의가 보장되어 당사자가 공소사실에 대한 답변과 입증 및 반증하는 등 공격, 방어권이 충분히 보장되는 재판을 받을 권리가 포함되어 있는 것」으로 보아(헌재 1996. 12.26. 94헌바1), 위헌으로 판시한 바 있으며, ② 국가보안법위반사건피고인의 변호사가 열람등사를 신청한 수사기록에 대하여 검사가 이를 거부한 사건에서 공정한 재판을 받을 권리를 침해한 것으로 보았다(헌재 1997.11.27. 94헌마60). 7) **무죄추정의 원칙** 헌법 제27조 제4항은 「형사피고인은 유죄의 판결이 확정될 때까지는 무죄로 추정된다.」고 규정하는 바, 이는 피의자와 피고인의 인권을 옹호하고 오판을 방지하기 위한 것으로서 공정한 재판을 받을 권리를 실질적으로 보장할 수 있는 역할을 한다. ➜ 무죄추정의 원칙. 8) **형사피해자의 재판절차진술권** 헌법 제27조 제5항은 형사피해자의 재판절차진술권을 인정하는 바, 이는 법관이 피해자의 진술을 청취하여 공정한 재판을 하도록 하고, 피해자의 사법절차적 기본권을 보장하기 위한 것이다. 이 때의 피해자는 문제되는 범죄로 인하여 불이익을 받게되는 자로서 넓게 해석한다. 「범죄피해자보호법」에서 상세히 규율하고 있다. 헌법재판소는 「검사의 자의적인 불기소처분에 대하여 형사피해자는 평등권과 재판절차진술권이 침해되었음을 이유로 헌법소원심판을 청구할 수 있다.」고 판시한 바 있으며(헌재 1989.4.17. 88헌마3), 「형사실체법상으로는 직접적인 보호법익의 주체로 해석되지 않는 자라 하여도 문제되는 범죄 때문에 법률상 불이익을 받게되는 자라면 재판절차진술권의 주체가 될 수 있다.」고 판시하였다(헌재 1993. 3.11. 92헌마48). 6. **재판청구권의 제한** 1) **헌법적 제한** 헌법상 국회의원의 자격심사 · 징계 · 제명에 대해서는 법원에 제소할 수 없도록 하고 있는데(제64조 제4항), 이는 재판청구권에 대한 제한을 의미한다. 2) **법률상 제한** 재판청구권도 국가안전보장 · 질서유지 또는 공공복리를 위하여 제한할 수 있다(헌법 제37조 제2항). 이러한 법률로 헌법재판소법 · 법원조직법 · 행정소송법 · 민사소송법 · 형사소송법 · 군사법원법 · 소액사건심판법 등을 들 수 있다. 헌법재판소법상 3인 재판부제도, 변호사강제주의, 권리구제형 헌법소원의 제소기간, 재판소원 배제 등이 재판청구권의 제한의 예이다. 소송법상 상고 및 항고 · 항소의 제한, 비상계엄하의 군사재판의 단심제, 범죄인인도법상 서울고등법원 단심제, 행정소송상 제소기간 ➜ 제소기간. 지방세법상 심사청구기간과 그 기산점 규정(위헌; 헌재 1993.12.23. 92헌바1), 보호관찰처분을 다투는 행정소송의 집행정지 불허(위헌; 헌재 2001.4.26. 98헌바79), 사정판결, 형사소송상 피고인의 공판기일출석권제한(위헌; 헌재 1998.7.16. 97헌바22), 피고인 등의 반대심문권 제한(위헌; 헌재 1996.12.26. 94헌바1), 항소법원의 기록송부시 검사경유(위헌; 헌재 1995.11.30. 92헌마44), 형사보상결정 단심제(위헌; 2010.10.28. 2008헌마514등), 재정신청기각결정 불복금지(위헌; 헌재 2011.11.24. 2008헌마578), 수용자의 변호인접견시 접촉차단시설 설치(위헌; 헌재 2013.8.29. 2011헌마122) 등 재판의 개시와 절차진행의 과정에서 재판청구권이 빈번히 문제된다. 3) **제한의 한계** 법관에 의한 사실확정과 법률의 해석적용의 기회에 접근하기 어렵도록 제약이나 장벽을 쌓아서는 아니된다고 할 것이며, 만일 그러한 보장이 제대로 이루어지지 아니한다면 헌법상 보장된 재판을 받을 권리의 본질적 내용을 침해하는 것으로서 우리 헌법상 허용되지 아니한다(헌재 1995.9.28. 92헌가11). 재판청구권은 기본권의 실효성 있는 보장을 위한 권리이므로 재판청구권의 내용을 해석함에 있어서는 인간의 존엄성과 기본권 보장이라는 목적 아래, 헌법 전체의 체계정합성을 고려하여 파악하는 것이 요구된다.

재한외국인처우기본법在韓外國人處遇基本法 약칭은 외국인처우법이다. 재한외국인에 대한 처우 등에 관한 기본적인 사항을 정함으로써 재한외국인이 대한민국 사회에 적응하여 개인의 능력을 충분히 발휘할 수 있도록 하고, 대한민국 국민과 재한외국인이 서로를 이해하고 존중하는 사회 환경을 만들어 대한민국의 발전과 사회통합에 이바지함을 목적으로 제정된 법률이다. 2007.5.17. 법률 제8442호로 제정되어 2007.7.18. 시행되었으며, 2017년에 일부개정되었다(법률 제14974호).

재해예방의무災害豫防義務 ➜ 기본권보호의무.

쟁의행위爭議行爲 ➜ 노동3권.

쟁점별합의제爭點別合議制 ➜ 평결의 방식.

저작자 · 발명가 · 예술가著作者·發明家·藝術家**의 권리** ➜ 지적 재산권.

저지조항沮止條項 **= 저지규정**沮止規定 **= 봉쇄조항**封鎖條項 ㊎ exclusion clause/legal threshold, ㊆ Sperrklausel. 비례대표제의 의석배분과정에서, 전체 유권자 중 일정한 비율의 득표를 얻지 못하거나 지역선거구에서 일정수의 의석을 얻지 못한 경우에 비례의석을 배분하지 않는 규정을 말한다. 이로 인해 당해 정당은 국민대표기관인 의회에 의석을 갖지 못하게 된다. 통상 전체 유권자의 3% 혹은 5%로 정하는 경우가 많다. 우리나라에서는 현재 국회의원 선거에서 정당득표율 3%이상이거나 지역구 5석 이상을 득표한 정당에게 의석을 배분한다(공직선거법 제189조 제1항). 독일에서는 정당득표율 5%이상이거나 지역구 3석이상이다. ➜ 비례대표제.

저항권抵抗權 저항권 ㊎ right of resistance/right to resist, ㊆ Widerstandsrecht, ㊈ Résistance à l'oppression. 1. **서언** 1) **의의** 저항권이란 민주적 · 법치주의적 헌정질서를 침해하거나 파괴하려는 공권력에 대하여 국민이 저항할 수 있는 최후의 비상수단적인 권리를 말한다. 헌법재판소는 「저항권은 국가권력에 의하여 헌법의 기본원리에 대한 중대한 침해가 행하여지고 그 침해가 헌법의 존재 자체를 부인하는 것으로서 다른 합법적인 구제수단으로는 목적을 달성할 수 없을 때에 국민이 자기의 권리·자유를 지키기 위하여 실력으로 저항하는 권리」라고 정의하고 있다(헌재 1997.9.25. 97헌가4). 2) **구별개념** 저항권은 혁명권, 시민불복종권 및 국가긴급권과 비교되는 개념이다. 저항권은 헌법질서 유지를 위해 행사되는 것인데 비하여, 혁명권은 새로운 헌정질서를 창출하기 위해서 행사된다는 점이 차이점이다. 그러므로 저항권은 신질서 창출을 위해서는 행사할 수 없다. 저항권은 헌법질서 유지나 국민의 기본권 보장을 위한 것으로 행사요건이나 목표에 있어서 엄격한 제한을 받는다는 점에서 정의에 반하는 개별법령이나 정책의 변혁을 위해서 국민들이 국가권력에 불복종하는 시민불복종과 비교된다. 저항권은 아래로부터의 헌법보장수단인데 비하여, 국가긴급권은 국가의 자구행위로서 위로부터의 헌법보장수단인 점에서 구별된다. 3) **연혁** 저항권을 인정한 사상가는 로크와 피히테를 들 수 있다. 로크는 자연권이론과 사회계약론에 근거하여 근대적 저항권이론을 체계화하였다. 저항권에 대해 부정적인 사상가들은 국가에 대한 보호보다 국가를 통한 보호를 강조한 홉스와 헤겔, 칸트, 루터, 캘빈 등을 들 수 있다. 다만 홉스의 경우에는 부당한 형벌권발동에 대하여 자연권으로서의 저항권이 인정된다고 보았다. 저항권이 국민의 헌법상 당연한 권리로 규정된 것은 근대 이후라 할 수 있으며, 1776년 미국의 독립선언은 「어떠한 정부의 형태라 할지라도 천부적 인권을 확보하기 위한 목적을 훼손하는 경우에는 정부를 변경·폐지하고 신정부를 수립할 권리를 가진다.」라고 규정하고 있다. 저항권은 1776년 미국의 버지니아 권리선언, 1789년 프랑스 인권선언, 1791년과 1793년 프랑스헌법, 1946년 독일 헤센 주 헌법 등에서 규정하였다. 1949년의 서독기본법 제정 당시에는 저항권을 규정하지 않았으나 1968.6. 개정된 서독기본법에서는 저항권을 헌법에 직접 명시하였다(GG 제20조 제4항). 우리나라에서는 1960년 4·19 혁명, 1980년 5·18 광주민주화항쟁 및 1987년 6·10 민주항쟁 등이 저항권의 표현이라고 받아들여지고 있다. 2. **본질과 법적 성격 및 유형** 1) **저항권의 본질** 저항권의 본질에 대해서는 세 견해가 있다. 첫째, 헌법보장을 위한 방법으로 보는 헌법보장수단설, 둘째, 기본권보장을 위한 기본권의 일종으로 보는 기본권설, 셋째, 다수설인 양면설(병존설)을 들 수 있다. 양면설은 저항권은 헌법보장을 위한 수단과 기본권 보장을 위한 기본권으로서의 성격을 동시에 가진다고 보는 견해이다. 2) **법적 성격** 저항권의 법적 성격에 대해서는 실정법상의 권리로 보는 실정권설과 자연권설(초실정권설)로 보는 견해가 대립하고 있다. 실정권설은 19C 독일의 법실증주의자들이 주장하는 것으로 저항권은 실정헌법에 명문화된 경우에만 인정된다는 견해이다. 자연권설(초실정권설)은 자연법사상가들이 주장한 것으로 저항권은 전국가적·초국가적인 자연법상의 권리이므로 실정헌법 상의 명문화 여부와 상관없이 인정된다는 것으로, 오늘날의 다수설이다. 3) **유형** 저항권은, 수동적 저항권, 방어적 저항권, 공격적 저항권의 3유형으로 분류하는 견해(Burdeau), 수동적 저항, 능동적 저항, 혁명, 폭군살해의 4 유형으로 분류하는 견해(Messner), 실력적 저항권, 비실력적 저항권으로 나누는 견해(Rivero), 수동적 저항권, 능동적 저항권으로 나누는 견해(Herzog) 등이 있다. 3. **인정 여부** 1) **학설** (1) **인정설** 인정설의 논거로서, ① 헌법 제10조와 제37조 제1항은 인간의 존엄성과 기본권의 전국가성을 선언함으로써 저항권을 간접적으로 인정하고 있고, ② 헌법전문이 저항권의 표현이라 할 수 있는 3·1운동과 4·19민주이념의 계승에 대해 규정하고 있는 것은 우리 헌법이 저항권을 인정하는 것을 의미하며, ③ 기본권은 본질적으로 저항권을 포함하고 있으며 자유권은 그 자체가 저항권이라 할 수 있고, ④ 저항권은 본질적으로 제도화될 수 없는 권리로서 자연권성을 가지므로 헌법규정의 존부에 관계없이 인정되는 것이며, ⑤ 헌법상 국민주권원리는 민주적 기본질서를 침해 시 그를 수호하기 위하여 저항권을 인정하는 것을 포함한다는 것 등이 있다. (2) **부정설** 부인하는 논거로 ① 저항권은 본질적으로 이데올로기적 개념이지 실정법적 개념이 아니므로 그것이 헌법에 규정되는지 여부와 상관없이 실정법상 권리로 인정될 수 없으며, ② 법실증주의적 관점에서 악법도 법이며 자연법에 근거한 저항권은 인정될 수 없고, ③ 국가권력의 남용은 제도적으로 국민의 기본권보장과 권력분립을 통해 방지가능한 것이며 법적 안정성을 파괴할 위험이 있는 저항권은 인정할 필요가 없으며, ④ 헌법이 저항권을 인정하는 명문의 규정을 두고 있지 않다는 점 등이 있다. 2) **판례** **독일** 연방헌법재판소는 독일 공산당 사건에서 독일 공산당의 행위는 사회질서를 파괴하려 하였기 때문에 저항권이 성립하지 아니한다고 하였다. 저항권은 헌법질서의 유지·회복을 위한 헌법수단으로만 인정되고 명백한 불법정부에 대한 저항권은 현대적 법률관에 의할 때 당연히 인정된다고 하여, 공산당(KPD) 판결에서 공산당의 행위는 저항권으로 인정하지 않았음에도 불구하고 저항권은 당연한 권리로 인정한 바 있다. ➜ KPD 해산판결. 우리나라 **대법원**의 견해는 1975년 인혁당사건(대판 1975.4.8. 74도3323)과 1980년 김재규 내란사건(대판 1980.5.20. 80도306)에서 저항권을 자연법상의 권리로 보면서도 실정법상으로는 인정할 수 없다고 판시하였다. 그러나 김재규 내란사건에서 소수 대법관의 의견은 저항권은 헌법에 명문화되어 있지 않더라도 일종의 자연법상의 권리로 인정해야 한다는 견해를 표명하였다. 이후 대판 2010.12.16. 2010도5986 전원합의체 판결을 통해 이 두 판결의 일부가 폐기되었으나, 폐기된 부분은 긴급조치 제1호를 합헌이라고 판단한 부분에 한정되므로 현재까지 저항권에 대한 대법원의 기존 태도는 유지되고 있는 것으로 볼 수 있다. **헌법재판소**는 국회법상의 소정의 협의없는 개의시간 변경과 회의일시를 통지하지 아니한 행위는 저항권 행사의 대상이 될 수 없다는 견해를 보인 바 있다(헌재 1997.9.25. 97헌가4). 또한 통합진보당 해산 결정에서 「저항권은 공권력의 행사자가 민주적 기본질서를 침해하거나 파괴하려는 경우 이를 회복하기 위하여 국민이 공권력에 대하여 폭력·비폭력, 적극적·소극적으로 저항할 수 있다는 국민의 권리이자 헌법수호제도를 의미한다. 하지만 저항권은 공권력의 행사에 대한 '실력적' 저항이어서 그 본질상 질서교란의 위험이 수반되므로, 저항권의 행사에는 개별 헌법조항에 대한 단순한 위반이 아닌 민주적 기본질서라는 전체적 질서에 대한 중대한 침해가 있거나 이를 파괴하려는 시도가 있어야 하고, 이미 유효한 구제수단이 남아 있지 않아야 한다는 보충성의 요건이 적용된다. 또한 그 행사는 민주적 기본질서의 유지, 회복이라는 소극적인 목적에 그쳐야 하고 정치적, 사회적, 경제적 체제를 개혁하기 위한 수단으로 이용될 수 없다.」라고 하여 헌법보호수단인 저항권이 체제 개혁이라는 적극적 목적을 위해서는 행사될 수 없다고 판시하였다(헌재 2014.12.19. 2013헌다1). 3) **검토** 저항권은 최후의 비상수단적 권리인 동시에 헌법보장제도로서의 이중적인 성격을 내재하고 있는 것으로, 명백한 불법정부에 대한 저항권은 현대적 법률관에 의할 때 당연히 인정되는 권리이다. 현행헌법에는 저항권에 관하여 직접적으로 명문화된 규정은 없으나, 현행헌법상으로도 저항권이 인정된다고 보는 것이 다수적인 견해이다. 헌법전문의 「불의에 항거한 4.19 민주이념을 계승」한다는 규정은 저항권을 간접적으로 명시한 것이다. 4. **저항권의 주체** 저항권의 주체는 국민, 외국인, 법인 및 정당이다. 저항권의 최종적이고 궁극적인 주체는 국민이며 국가기관은 저항권의 주체가 될 수 없다. 5. **저항권 행사요건** ① 국가공권력 행사의 불법행위가 객관적으로 볼 때 명백하고 전면적이어야 한다. ② 다른 수단으로는 헌법질서를 유지할 수 없는 경우에 행사되어야 하는 보충성, 최후성 및 예비성이 있을 것을 요한다. ③ 저항권의 행사는 헌법침해의 중대성이 야기되어 헌법의 존재가 부정되는 사태가 발생되는 경우에 행사해야 한다. ④ 저항권의 행사는 헌법의 기본적인 질서유지를 위한 소극적인 목적을 위해서 행사되어야 한다. ⑤ 저항권의 행사는 필요한 범위 내에서 합법적인 수단과 방법에 의해서 최소한도 내에서 행사되어야 한다. 6. **저항권행사의 효과** 저항권의 행사는 형법상 공무집행방해죄가 외형상 존재하나, 헌법보장을 위한 수단이면서 기본권 보장을 위한 기본권으로서의 성격을 내재한 것으로 위법성조각사유에 해당하므로 범죄행위가 성립하지 아니한다. 저항권 행사가 성공한 경우에는 기존의 헌법질서가 회복되어 사실상 실정법 위반의 책임 문제는 발생하지 않는다. 반면 저항권 행사가 실패한 경우에는 실정법 위반의 책임을 지는지 여부가 문제된다. 통상 저항권의 행사는 현실적인 실력의 대결로 인해 단기적으로는 실패로 끝나는 경우가 많지만, 중·장기적으로 저항권의 행사가 성공하는 경우가 많다. 특히 우리나라의 경우에는 장기간의 민주화과정이 곧 저항권의 행사과정이었다고 할 수 있다. 1987년 이후 「민주화운동 관련자 명예회복 및 보상 등에 관한 법률」과 「5·18 민주화운동 등에 관한 특별법」등 과거사를 재평가하고 그 정당성을 회복하는 일련의 조치들은 곧 저항권이 성공하여 민주적 법치국가가 실현되고 있음을 의미한다.

적극국가積極國家 1차 대전 이후 1930년대에 대공황을 극복하기 위한 뉴딜정책의 성공으로 국가의 적극적 시장개입의 필요성에 대한 공감대가 형성되었다. 이에 빈부격차를 해소하기 위한 국가의 적극적 시장개입이 용인되었다. 경제학적으로는 국민소득론을 중시하는 케인즈의 수정자본주의에 따른 혼합경제체제가 채택되었다. 또한 국가에 대한 적극적 권리이자 국가에 대한 자유를 의미하는 사회적 기본권을 중시하였다. 국가는 국민 전체의 윤택한 삶을 위해 국민 생활에 적극적으로 개입하도록 요구되었다. 이러한 적극적 국가는 국민연금 등 사회 보장 제도, 독과점의 규제, 환경 보전 등의 정책들을 실시하여 그 역할을 확대하였으나, 국가의 지나친 시장 개입으로 인한 여러 가지 부작용이 발생하여, 시장의 자율기능이 훼손되고, 지나친 규제와 과도한 세금 부담, 정경유착의 발생으로 오히려 기본적 인권을 침해하는 예가 적지 않게 나타났다. 이에 대응하여, 1980년대 이후에는 국가의 시장개입을 자제하고 다시 시장경제를 활성화하기 위한 신자유주의(신보수주의) 국가관이 미국과 영국 등 선진국중심으로 등장하였다. 신자유주의는 복지 감축, 규제축소, 세금부담 감축, 노동 시장의 유연화, 공기업의 민영화, 세계화를 통한 자유무역, 작지만 강한 정부 등을 추구하였다. ➜ 소극국가.

적극적 안락사積極的 安樂死 ➜ 안락사.

적극적 자유積極的 自由 ➜ 자유권.

적극적 평등실현조치積極的 平等實現措置 ㊇ Affirmative Action. 1. **의의** 1) **의의** 적극적 평등실현조치란 일반적으로 성별, 인종, 민족, 종교 기타 사유로 인한 사회적 소수집단의 과거 혹은 현재의 차별적 관행과 불평등한 처우를 개선하여 사회 전반의 실질적 평등을 실현하기 위하여 특정 목표집단에게 잠정적이고 한시적으로 행해지는, 적극적이고 실질적인 정책이나 프로그램을 의미한다. 이 외에 다른 표현으로, '정치적 대표성이 소외되었던 집단, 즉 전통적으로 차별을 받아온 소수집단을 일정한 영역에서 보다 많은 특혜를 누리도록 해주려는 제반 시도' 또는 '현존하는 그리고 계속적인 차별을 철폐하기 위해, 과거의 차별의 지속적인 효과를 보상하기 위하여, 그리고 미래의 차별을 방지하기 위한 체제와 절차를 만들기 위하여 계획된 일련의 조치' 등으로 정의하기도 한다. UN의 경우 '차별을 철폐하고 평등을 촉진할 목적으로 기존의 차별로 인한 (현재 여성의) 권리행사의 장애를 조정하기 위하여 기존의 차별로 인한 영향을 없앨 수 있도록 현재의 사회·정치·경제구조를 개선할 수 있는 조치로서 차별로 인한 영향이 없어질 때까지 행해지는 잠정적 조치'로 정의한다. '적극적 평등화조치', '잠정적 우대조치', '약자보호정책', '적극적 조치', '우선적 처우이론(preferential treatment)', '호혜적(호의적) 처우 이론(benign treatment)' 등으로 표현되기도 한다. 과거 근대의 평등사상이 자유를 골고루 향유하기 위한 '자유의 평등', 주로 정치영역에서의 '정치적 평등'을 지칭하면서 기회에 있어서의 추상적 평등을 의미하는 '형식적 평등'의 법리로 발전하였다면, 현대국가에 있어서의 평등은 국민의 생존과 관련한 '생존의 평등', 주로 경제적·사회적 영역에 있어서의 평등을 의미하는 '경제적·사회적 평등'을 추구하면서 결과에 있어서의 평등까지 포함하는 '실질적 평등'의 법리를 전개하게 된 것이다. 2) **정당화 근거와 비판론** 1) **정당화 근거** (1) **이론적·현실적 정당화 근거** **공리주의·사회통합론적 관점**에서는 사회적 차별이 고착화되고 이로 인한 사회갈등이 심화되는 현실에서 적극적 평등실현조치를 통해 제도적으로 차별을 개선하고 갈등을 완화하여 사회통합에 유리해진다는 점을 근거로 든다. **정의론의 관점**에서는, 모든 것을 같게 대우하는 것이 아니라, 같은 것을 같게 다른 것을 다르게 대우하는 것이 정의의 원리이고 이는 곧 개인의 특성에 따른 합리적 차별을 인정하고 평등을 실질적으로 실현하는 것으로서 적극적 평등실현조치는 이러한 정의론에 부합한다고 한다. 또한 과거 역사적으로 차별받아온 계층에 대하여 보상한다는 측면에서 정의에 부합하는 것이며, 부당한 차별의 역사가 있었는지 여부와 무관하게 평등주의를 실현하고 사회정책적 목적을 실현하며 등가성을 넘어 필요를 기준으로 한 배분을 실현한다는 점에서 배분적 정의에 부합하는 것이라고 한다. (2) **헌법적 정당화 근거** 현행헌법은 제11조 제1항 제1문에서 평등권 내지 평등원칙을 규정하고 있고, 이로부터 적극적 평등실현조치의 근거가 도출될 수 있다고 보는 견해가 있다. 동 조항으로부터 사실적 평등, 결과적 평등의 보장까지 도출될 수 있는지에 대하여 견해의 대립이 있지만, 법적 평등이 보장됨에도 현실의 차별적 관행으로 인하여 법적 평등이 보장되지 않은 경우에 대하여 이러한 차별을 폐지하고 법적 평등을 실질적으로 보장하는 것을 추구하는 것이 적극적 평등실현조치라면, 이러한 적극적 평등실현조치의 근거를 헌법 제11조 제1항 제1문에서 찾는 것도 가능할 것이다. 아울러 적극적 평등조치가 시행되는 영역에 관한 개별적인 평등권조항이 있다면, 당해 규정이 근거규정으로 될 수도 있다. 즉, 헌법 제32조 제4항의 여성의 근로에 대한 특별한 보호, 제34조 제3

항의 여성의 복지와 권익향상의무, 동 제5항의 장애인 보호의무 등의 규정이 근거로 될 수 있다. 그 외에도 현대헌법상 실질적 평등을 추구하는 것은 민주주의원리, 사회국가원칙에도 부합하기 때문에 이 원리들로부터 근거를 찾을 수도 있다. 2) **비판론** (1) **이론적 측면** 적극적 평등실현조치는 적용대상인 사람에게 유리한 차별대우를 하는 것으로서 헌법의 평등원리, 특히 법 앞의 평등 보장 및 기회균등의 원칙에 반한다는 비판이 있다. 즉 '역차별(reverse discrimination)'을 초래한다는 점이다. 적극적 평등실현조치는 특정집단에게 우선적 기회를 제공함으로써 그로 인해 다른 정당한 자격을 가진 자들로 하여금 평등한 기회 및 대우를 보장받을 기회를 박탈당하게 한다는 것이다. 또한 과거의 차별 피해자와 현재 적극적 평등실현조치의 수혜자가 일치하는 것이 아니어서 보상의 원칙에 반하고 공정하지 않다고 비판한다. 우대조치를 받는 자들이 한정되어 있어서 애초의 정책목적을 달성하기 어렵다는 비판도 있다. 그러나 최소한 기존의 불이익한 처우로 인한 불평등을 해소하고 이를 보상한다는 차원에서는 적극적 평등실현조치가 정당화될 수 있으며, 아울러 장래에 그러한 불평등이 해소될 때까지 한정적으로 취하는 조치라는 점에서 정당화될 수 있다 할 것이다. (2) **실제적 측면** 적극적 평등실현조치는 혜택을 받는 집단에 대한 구분지음을 통해 편견을 조장하고 해당 그룹에 대하여 오히려 사회적 저평가로 열등감을 불러일으킬 수 있으며 사회적 갈등이 발생한다고 비판된다. 실효성이 없다는 비판도 있다. 2. **연혁과 입법례** 1) **미국에서의 발전과정** 미국에서 적극적 평등실현조치의 기원은 남북전쟁 직후 흑인노예들의 사회동화를 위한 각종 연방법률에까지 거슬러 올라간다. affirmative action이라는 용어를 처음 사용한 사람은 연방정부의 공공계약에서 인종을 고려하지 않고 모든 사람에게 동등한 기회를 줄 것과 그 과정에서 affirmative action을 취할 것을 요구하는 행정명령을 발동한 J.F. Kennedy 대통령으로 알려져 있다. 이후 L.B. Johnson 대통령에 이르러 소수인종을 우대하는 결과지향적 채용정책을 포함하는 현대적 의미의 affirmative action이 확립되었다. 이 시기에는 주로 과거의 차별에 대한 보상정책이 핵심내용이었다. 1970년대에 들어와 적극적 평등실현조치의 또 다른 정당화 논리로서 적극적 평등실현조치가 고용, 하도급 계약, 교육과 같은 영역에서 다양성(diversity)을 촉진한다는 것이었다. 사법적 차원에서 본격적으로 다룬 것은 1978년 연방대법원의 **Bakke 판결**이다. ➜ Bakke 판결. 이 판결에서는 인종에 대한 정원할당이 위헌이지만, 적극적 평등조치 자체에 대한 전면적 부정은 아니었다. 이 후 이혼 시 부인에게만 부양료 지급청구권을 인정하고 있는 Alabama주의 위자료법을 위헌으로 한 Orr v. Orr, 440 US 268, 99 S.Ct. 1102(1979) 판결(➜ Orr 판결), 고용영역에서의 적극적 평등실현조치에 대하여 합헌으로 결정한 United Steel Workers of America v. Weber, 433 US 193, 99 S.Ct. 2721(1979) 판결(➜ Weber 판결), 제대군인에 대한 공직채용특혜는 평등이나 적극적 평등실현조치와 무관하다고 본 Personal Administrator of Massachusetts v. Feeney(1979) 판결(➜ Feeny 판결) 등이 있었다. 소수인종에 대한 적극적 평등실현조치에 **엄격심사를 적용한 최초의 판결**은 Richmond v. J.A. Croson Co., 488 US 469, 109 S.Ct. 706(1989) 판결이었다. ➜ Croson 판결. 또한 소수인종 우대의 선거구 획정에 대한 Miller v. Johnson, 515 US 900, 115 S.Ct. 2475(1995) 판결은 엄격심사 후 위헌으로 판단하였다. ➜ Miller v. Johnson 판결. **2003년**에는 대학입학전형에서 적극적 평등실현조치를 사용하는 문제에 관한 기념비적인 두 판결을 선고하였다. 그 중 하나인 Grutter 사건에서는 Michigan 주립대학 법학대학원은 학생 구성체의 다양성을 추구하면서, 특히 적게 대표된 소수인종집단 출신 학생들의 '임계량'(critical mass)을 확보할 수 있는 입학전형정책을 실시한 것이 문제되었다. 이 목적을 달성하기 위하여 이 대학은 정원할당제(quota)를 사용하는 대신에 입학전형에서 인종을 정성적인 '가점요소'(plus factor)로 사용한 데에 대해 합헌으로 판단하였다. ➜ Grutter 판결. 하지만, Gratz 판결에서는, 미시간주립대학의 학부입학전형정책은 덜 대표된 소수인종에 속한 지원자에게 100점 만점 중 20점을 부여한 데 대하여, 엄격심사기준의 '정치하게 재단된 수단'이라는 요소를 충족시키지 못하였다는 이유로 위헌으로 판결하였다. ➜ Gratz 판결. 이후 2013년의 Fisher v. University of Texas 판결(Fisher I 판결: ➜ Fisher I 판결)과 2016년 Fisher v. University of Texas 판결(Fisher II 판결: ➜ Fisher II 판결)에서 텍사스 오스틴 주립대학 입학정책의 합헌성 여부가 다투어졌으며 인종을 고려한 정책에 대하여 합헌으로 결정하였다. 2) **유럽연합 및 유럽사법재판소 판결** (1) **적극적 평등조치의 법적 기초** ① **1차 법원**法源 적극적 평등실현조치에 관한 유럽연합의 1차 법원은 「유럽연합운영조약 (Treaty on the Functioning of the European Union: TFEU)」이다. 동 조약 제19조 제1항은 「조약의 다른 조항을 손상시키지 않고, 조약에 의해 연합에 부여된 권한의 한계 내에서, 유럽의회의 동의를 얻은 후 특별입법절차에 따라 만장일치로 행동하는 이사회는, 성별, 인종적·민족적 기원, 종교 또는 신념, 장애, 연령 또는 성적 지향에 근거한 차별을 타파하기 위해 '적절한 조치'를 취할 수 있다.」고 규정하여 적극적 평등실현조치를 취할 수 있는 직접적인 근거 규정을 두고, 동 조약 제157조 제4항은 「노동생활에서의 남성과 여성 간의 실질적으로 충분한 평등을 보장하기 위해, 평등대우원칙은 회원국이 과소대표된 성이 직업활동을 추구하는 것을 용이하게 하거나 직업경력에서의 불이익을 금지 또는 보상하기 위해 '특별한 혜택을 제공하는 조치'를 유지하거나 채택하는 것을 방해해서는 안 된다.」라고 규정하고 있다. 또한 「유럽연합기본권헌장(the Charter of Fundamental Rights of the European Union: CFR)」의 제23조는 「남녀평등은 고용, 노동, 임금을 비롯한 모든 분야에서 보장되어야 한다. 평등원칙은 과소대표된 성을 위하여 '특별한 혜택을 제공하는 조치'의 유지나 채택을 방해해서는 안 된다.」고 규정하여 적극적 평등실현조치에 대한 근거를 제공하고 있다. ② **2차 법원**法源 유럽연합은 2차 법원, 특히 지침(directives)을 통해서도 적극적 평등실현조치에 관한 법적 근거를 제공하고 있다. 이와 관련된 지침은 크게 ⅰ) 성별, 즉 남녀평등과 관련된 것과 ⅱ) 그 이외의 것에 관련된 것으로 대별된다. 전자는 a. 「고용과 직업에 있어서의 남녀평등기회 및 평등대우원칙의 이행에 관한 2006.7.5.자 유럽의회 및 이사회 지침 2006/54/EC」과 b. 「재화와 서비스에의 접근 및 공급에서 남녀평등대우원칙을 이행하기 위한 2004.12.13.자 이사회 지침 2004/113/EC」이 있다. 후자는 a. 「인종적 또는 민족적 기원에 관계없이 사람 간에 평등대우원칙을 이행하기 위한 2000.6.29.자 이사회 지침 2000/43/EC」과 b. 「고용 및 직업에서의 평등대우에 관한 일반원칙의 설립에 관한 2000.11.27.자 이사회 지침 2000/78/EC」 등이 있다. (2) **주요 판례** 여성이 과소대표된 영역에서 승진후보자인 남녀가 동등한 자격을 갖는 경우에는 자동적으로 여성에게 우선권을 부여하는 국내법 규정을 허용하지 않은 Kalanke 판결(➜ Kalanke 판결), 여성이 과소대표된 영역에서 승진후보자인 남녀가 동등한 자격을 갖는 경우에 여성에게 우선권을 부여하되, 그 우선권이 번복될 수 있는 '유보조항'을 둔 국내법 규정의 허용여부에 관하여 이를 인정한 Marschall 판결(➜ Marschall 판결), 여성이 과소대표된 공공서비스 영역에서 남여후보자가 동일한 자격조건을 갖추고 있을 경우, 임용·승진, 교육훈련 자리의 배분, 면접기회의 부여, 위원회의 구성 등에 있어서 일정한 비율 이상을 여성으로 채우는 것(목표제 또는 유연한 결과할당제)을 내용으로 하는 여성발전계획을 채택할 것을 요구하고 있는 국내법 규정의 허용여부에 관하여 이를 긍정한 Badeck 판결(➜ Badeck 판결), 후보자 사이의 업적의 차이가 임용의 객관성 요건에 위반할 정도로 크지 않을 경우에는 과소대표된 성에 속한 후보자가 충분한 자격조건을 갖고 있다면 그에게 우선권이 부여되는 국내법 규정의 허용 여부에 관하여 이를 허용할 수 없다고 한 Abrahamsson 판결(➜ Abrahamsson 판결), 성별과 직접적인 관련이 없는 제대군인을 대상으로 하는 적극적 평등실현조치가 문제된 사건인 Schnorbus 판결(➜ Schnorbus 판결), 적극적 평등실현조치의 심사기준과 관련해서 처음으로 '비례성원칙'을 직접 언급한 Lommers 판결(➜ Lommers 판결), 공공영역의 고용에 대한 접근기회를 얻는데 있어서 일할 의무가 있는 '재혼하지 않은 과부'에게는 연령제한을 면제하면서도 동일한 상황에 처해있는 '재혼하지 않은 홀아비'에 대해서는 제한을 면제하지 않는 국내법 규정의 허용 여부에 관하여 이를 인정하지 않은 Briheche 판결(➜ Briheche 판결) 등이 있다. 3) **기타** 이 외에도 독일, 프랑스, 캐나다 등의 국가에서 적극적 평등실현조치를 위한 입법이 제정되어 있다. 3. **사법심사기준** 적극적 평등실현조치에 대한 합헌성 심사의 기준으로는 그 '대상'에 대한 일반적인 차별에 적용되는 합헌성 심사기준이 적용된다. 즉, 인종에 따른 적극적 평등실현조치에 대해서는 엄격심사가, 성별에 따른 적극적 평등실현조치에 대해서는 중간수준심사가 적용되는 것이다. 1) **성별에 따른 적극적 평등실현조치** 미국에서는 '성별에 따른 적극적 평등실현조치'가 '인종에 따른 적극적 평등실현조치'가 발달한 이후 늦게 탄생했으며, 따라서 적극적 평등실현조치는 주로 '인종에 따른 적극적 평등실현조치'에 집중되어왔고 '성별에 따른 적극적 평등실현조치'는 그 수도 많지 않았고 그것이 연방대법원의 위헌심사의 대상이 된 적도 흔치 않았다. 연방대법원은 '성별에 따른 적극적 평등실현조치'가 관련된 사건에 평등심사시 중간수준심사를 적용하면서, 과거의 차별을 보상하기 위해 남성이 아니라 여성들에게만 특혜를 제공하는 차별은 '중요한 정부이익에 실질적으로 연관'되면서 과거의 과오를 보상하기 위해 '정치하게 재단된(narrowly tailored) 경우' 합헌이라고 판시해 왔다. 그러나 이 경우 연방대법원은 주장된 '자애로운 목적(benign purpose)'이 진짜 목적인지를 결정하기 위해 면밀한 조사를 행해야함을 강조했다. 그 예로는 1974년의 Kahn v. Shevin판결을 들 수 있다. 동 판결은 과부들에게는 재산세를 면제해주고 홀아비들에게는 이를 면제해주지 않는 주법은 과부들의 더 큰 재정적 어려움을 고려해 보았을 때 합헌이라고 판시했다. 또한, Orr v. Orr판결(1979)에서도 이혼시 여성인 전처에게만 부양료 지급청구권을 인정함으로써 여성에 대한 적극적 평등실현조치를 내용으로 하고 있었던 Alabama주법에 대해 중간수준심사를 적용하였고, 결혼생활 중에 차별받은 부인을 보상해야한다는 입법목적과 그 수단인 입법 사이에 '실질적 관련(substantially related)'이 없어 위헌이라고 판시한 바 있다. 2) **인종에 따른 적극적 평등실현조치** 적극적 평등실현조치의 본류는 엄격심사가 적용되는 '인종에 따른 적극적 평등실현조치'이다. 1978년에 선고된 Bakke판결의 법리는 연방대법원에 의해 1980년대까지 고수되었다. 즉, 과거의 차별에 대한 보상의 의미를 가지는 적극적 평등실현조치는 쉽게 정당화되었지만, 과거의 차별에 대한 보상보다는 구성원의 다양성의 증진의 의미를 가지는 적극적 평등실현조치는 인종을 여러 고려요소들 중의 하나로서만 고려할 수 있었고, 인종에 따른 적극적 평등실현조치이므로 합헌성심사에 엄격심사가 적용되었다. 관련판례로, United Steelworkers of America v. Weber 판결(1979)(➜ Weber 판결), Fullilove v. Klutznick 판결, Local 28 of the Sheet Metal Workers v. EEOC 판결, City of Richmond v. Croson 판결(1989)(➜ Croson 판결), Adrand Constructors Inc. v. Pena 판결(1995), Miller v. Johnson(1995) 판결(➜ Miller v. Johnson 판결), Hopwood v. Texas(2000) 판결, Grutter v. Bollinger(2003) 판결(➜ Grutter 판결), Gratz v. Bollinger(2003) 판결(➜ Gratz 판결), Fisher I(2013) 판결(➜ Fisher I 판결), Fisher II(2016) 판결(➜ Fisher II 판결) 등이 있다. **유럽연합과 유럽사법재판소의 경우**에도, 적극적 평등실현조치 그 자체의 정당성을 긍정하고 있고, 적극적 평등실현조치를 '개인적 권리(차별받지 않을 권리)의 예외'로 보아 엄격한 해석을 하고 있으며, 심사기준으로 '비례성원칙'을 도입하기 시작하였고, 심사기준의 다원화 가능성을 암시하고 있다는 점이 지적되고 있다. 4. **우리나라에서의 적용** 우리나라의 경우에도 성별이나 빈곤으로 인한 사실상의 차별 또는 결과적 차별을 시정하기 위한 특별한 조치를 법률이 정하고 있다. 즉, 「양성평등기본법」 제20조 제1항은 "국가와 지방자치단체는 차별로 인하여 특정성별의 참여가 현저히 부진한 분야에 대하여 합리적인 범위에서 해당 성별의 참여를 촉진하기 위하여 관계 법령에서 정하는 바에 따라 적극적 조치를 취하도록 노력하여야 한다."고 규정하여 사실상의 성차별을 시정할 수 있는 적극적 우대조치를 시행할 수 있는 기본적 근거를 마련하였다. 동법은 구체적으로 정책결정과정(제21조), 공직참여(제22조), 정치참여(제23조), 경제활동참여(제24조) 등의 영역에서 여성과 남성의 평등이 이루어질 수 있도록 적극적으로 지원하는 시책을 마련할 것을 요구하고 있다. 이에 따라 「공무원임용시험령」 제20조 제1항은 '양성평등채용목표제'를 채택하고 있다. ➜ 양성평등채용목표제. 여성관리자임용목표제, 국공립대 여교원임용목표제, 여성과학기술인 채용목표제 등이 채택되고 있다. 또한 「공직선거법」 제47조는 '여성의무공천제(여성공천할당제)'를 실시하고 있다. ➜ 여성의무공천제. 「법학전문대학원 설치 · 운영에 관한 법률 시행령」 제14조 제2항은 법학전문대학원 입학시험에서 신체적 또는 경제적 여건이 열악한 계층을 대상으로 학생을 선발하는 '사회적 취약계층 특별전형'을 실시하도록 요구하고 있다. 「정치자금법」에서는 여성추천보조금제도(동법 제26조) 및 장애인추천보조금제도(동법 제26조의2)를 도입하고 있고, 또 「지방대학 및 지역균형인재 육성에 관한 법률」도 적극적 평등실현조치의 일환으로 지역인재의 공무원임용기회를 확대하고(동법 제12조), 지방대학 입시에서의 일정비율 유지(동법 제15조), 지방대 출신자에게 지역인재할당제가 채택되고 있다(동법 제13조 등). 「장애인 차별금지 및 권리구제 등에 관한 법률」, 「남녀고용평등과 일 · 가정 양립 지원에 관한 법률」에서도 적극적 평등실현조치의 취지를 반영하고 있다.

적법절차適法節次 **원리** ㊎ due process of law, ㊍ ein ordnungsgemäße rechtsstaatliche Prozess/ ein ordentliches Gerichtsverfahren, ㊄ droit à un procès équitable/la procédure prévue par la loi. 1. **의의** 적법절차라 함은 입법·집행·사법 등 모든 국가작용은 정당한 법률을 근거로 하고 정당한 절차에 따라 발동되어야 한다는 헌법원리를 말한다. 달리 말하면 모든 공권력의 행사는 절차상의 적법성을 갖추어야 할 뿐만 아니라 공권력행사의 근거가 되는 법률의 실체적 내용도 합리성과 정당성을 갖추어야 한다는 법리가 적법절차의 원리라 할 수 있다. 헌법재판소는 「헌법 제12조 제3항 본문은 동조 제1항과 함께 적법절차원리의 일반조항에 해당하는 것으로서, 형사절차상의 영역에 한정되지 않고 입법, 행정 등 국가의 모든 공권력의 작용에는 절차상의 적법성 뿐만 아니라 법률의 구체적 내용도 합리성과 정당성을 갖춘 실체적인 적법성이 있어야 한다는 적법절차의 원칙을 헌법의 기본원리로 명시하고 있는 것」이라고 판시하고 있다(헌재 1992.12.24. 92헌가8; 1997.3.27. 96헌가11; 1997. 11.27. 92헌바28). 현행헌법 제12조는 형사사법절차에서의 적법절차에 관하여 규정하고 있다. 2. **연혁** 적법절차는 영국의 대헌장 제39조에 「자유인은 동료의 적법한 판결이나 국법에 의하지 않고는 체포·구금되지 않으며, 재산과 법익을 박탈당하지 않고, 추방되지 않으며, 또한 기타 방법으로 침해받지 않는다.」고 한 조항에서 기원하여, 1335년 에드워드 3세 치하의 제정법과 1628년 권리청원에서 계수되었다. 그 후 미국 연방헌법과 각주의 헌법에 수용되었고, 1791년 미국 수정헌법 제5조 제3문과 1868년 미국 수정헌법 제14조에서 명문화되었다. 우리나라는 현행헌법 이전에는 「누구든지 법률에 의하지 아니하고는」으로 규정하고 있었으나, 1987년 현행헌법에서 처음으로 영미법계의 국가에서 국민의 인권을 보장하기 위한 기본원리의 하나로 발달되어 온 적법절차의 원칙을 도입하여 「누구든지 법률과 적법한 절차에 의하지 아니하고는」으로 표현하여 헌법에 명문화하였다. 적법절차는 법의 제재 이 외에 정부에 의하여 생명, 자유, 재산을 자의적으로 부인하는 것으로부터 안전장치로 작용한다. 연방대법원은 이 조항들이 절차적 적법절차, 실체적 적법절차, 불명확한 법률의 금지, 권리장전의 편입을 위한 수단 등으로 해석하고 있다. 독일 등 대륙법계의 국가에서도 이에 상응하여 일반적인 법치국가원리 또는 기본제한의 법률유보원리로 정립되게 되었다(헌재 1992.12.24. 92헌가8 참조). 3. **적법절차의 내용** 첫째, 적법절차는 절차적 적법성 뿐만 아니라 절차의 적정성 내지 정당성까지 요구하는 것으로 해석되어야 한다. 둘째, 적법절차의 법은 실정법만을 의미하는 것이 아니라 넓은 의미의 법을 의미한다. 따라서 형식적 의미의 법률 뿐만 아니라 명령이나 조례·규칙을 포함하며, 정의·의적법절차조항의 목적은 전제적 정치행동에 대하여 개인의 기본권을 보장하려는데 있다. 적법한 절차에 있어서 절차란 실체적 권리의 실현을 위한 수단 내지 기술적 순서나 방법을 말하지만, 여기서는 특히 고지·청문·변명 등의 방어기회의 제공절차를 말한다. 헌법재판소는 「적법절차원칙에서 도출할 수 있는 가장 중요한 절차적 요청 중의 하나로, 당사자에게 적절한 고지를 행할 것, 당사자에게 의견 및 자료 제출의 기회를 부여할 것을 들 수 있」다고 하고 있다(헌재 1994.7.29. 93헌가3등; 1996.1.15. 95헌가5; 2002.6.27. 99헌마480; 2003.7.24. 2001헌가25; 2007.4.26. 2006헌바10). 4. **적법절차의 적용영역** 오늘날 적법절차원리는 **헌법의 일반원리**로서, 헌법규정상 단지 신체의 안전과 자유에 한정하는 원리가 아니라 모든 공권력작용에 있어서 지켜야할 기본원리로서의 가치를 가지며, 단순히 절차적 정의의 구현을 위한 원리에 한하는 것이 아니라 공권력행사의 근거가 되는 적정한 실체법의 원리로까지 확장된다. 따라서 적법절차는 사법절차 · 입법절차 · 행정절차에 모두 적용되는 원리이다. **행정절차**에 대해서는, 절차의 적정성을 담보하기 위하여 행정절차법이 제정되어 있다. 관련판례로, 청문기회없는 변호사업무정지(헌재 1990.11.29. 90헌가48: 위헌); 선거관위원회법상 의견진술기회 없는 중지 등 명령(헌재 2008.1.17. 2007헌마700: 합헌), 수뢰죄공무원 당연퇴직규정(헌재 2013.7.25. 2012헌바409: 합헌), 범칙금미납자 즉결심판(헌재 2014.8.28. 2012헌바433: 합헌), 형사재판 중인 자의 출국금지(헌재 2015.9.24. 2012헌바302: 합헌), 아동 · 청소년대상 성범죄자 신상정보고지(헌재 2016.5.26. 2014헌바68: 합헌), 전원개발촉진법상 의견청취절차(헌재 2016.10.27. 2015헌바358) 등. **입법절차**에 대해서도 적법절차가 적용되어야 한다. 관련판례로, 법률안 변칙처리사건(헌재 2003.10.30. 2002헌라1:기각), 기초의원선거구변경(헌재 2007.11.29. 2005헌마977) 등. 특히 헌법재판소는 조세법률주의와 관련된 사안에서 실질적 법치주의와 실질적 적법절차의 의미를 동일시하고 있다(헌재 1994.6.30. 93헌바9). 5. **적법절차원리와 헌법 제37조 제2항과의 관계** 현행헌법상 적법절차의 원칙을 위와 같이 법률이 정한 절차와 그 실체적인 내용이 합리성과 정당성을 갖춘 적정한 것이어야 한다는 것으로 이해한다면, 그 법률이 기본권의 제한입법에 해당하는 한 헌법 제37조 제2항의 일반적 법률유보조항의 해석상 요구되는 기본권제한법률의 정당성 요건과 개념상 중복되는 것으로 볼 수도 있을 것이나, 현행헌법이 명문화하고 있는 적법절차의 원칙은 단순히 입법권의 유보제한이라는 한정적인 의미에 그치는 것이 아니라 모든 국가작용을 지배하는 독자적인 헌법의 기본원리로서 해석되어야 할 원칙이라는 점에서 입법권의 유보적 한계를 선언하는 과잉입법금지의 원칙과는 구별된다고 할 것이다(헌재 1992.12.24. 92헌가8). 하지만 헌법재판소는 적법절차원리와 과잉금지원칙을 적용하기도 하여, 「노동조합법 제46조 중 "제42조의 규정에 의한 구제명령에 위반하거나" 부분은, 노동위원회의 확정되지 아니한 구제명령을 그 취소 전에 이행하지 아니한 행위를 동법 제43조 제4항 위반의 확정된 구제명령을 위반한 경우와 차별함이 없이 똑같이 2년 이하의 징역과 3,000만원 이하의 벌금이라는 형벌을 그 제재방법과 이행확보수단으로 선택함으로써, 국민의 기본권 제한방법에 있어 형평을 심히 잃어 위 법률규정의 실제적 내용에 있어 그 합리성과 정당성을 더욱 결여하였다고 할 것이므로 헌법상의 적법절차의 원리에 반하고 과잉금지의 원칙에도 저촉된다고 할 것이다.」고 하고 있다(헌재 1995.3.23. 92헌가14).

적용무효適用無效**=적용상 무효**適用上 無效 ➜ 문면심사와 적용심사.

적용영역 · 보호영역 구별론適用領域 · 保護領域 區別論 ➜ 보호범위.

적용위헌결정適用違憲決定 ➜ 변형결정.

적정임금適正賃金 ㊀ prevailing wage, ㊁ angemessener Lohn, ㊂ salaire en vigueur. 노동자들이 인간다운 삶을 영위하기 위하여 필요한 적정한 임금을 일컬어 적정임금이라 한다. 적정임금은 본질적으로 실증적 개념이 아니라 규범적 개념이다. 즉 가치판단에 따라 구체적 개념이 달라질 수 있다. 예를 들어 주주의 이익만을 고려하는 회사라면 임금인상은 최소화 될 것이고, 노조가 극단적으로 강성일 경우 주주 배당금은 0원에 그치고 모든 부가가치를 임금으로 돌리게 될 것이다. 적정임금을 어떻게 산정할 것인가는 임금결정요소로서 기업의 지불능력, 기업의 생산성, 시장임금수준과 동종 경쟁업체의 임금전략, 노동자의 직무성과, 노사관계, 노동비용개선을 위한 회사의 정책방향 등을 고려하여 결정된다. 최소한으로는, "임금은 생산에 대한 노동의 기여도와 같은 수준에서 결정"되어야 하며, "임금으로 인해 소득분배가 악화되어서는 안 된다"는 두 가지 명제를 충족할 수 있어야 한다. 기업의 입장에서는 노동소득분배율로 나타난다. 적정임금 산정은 노동소득분배율에 따라 이루어진다. 이 방법은 적정한 임금인상 및 적정이익의 확보가 가능한 적정 노동소득분배율이 유지되도록 임금을 조정하는 방식이다. 이 노동소득분배율은 노동장비율 · 자본생산성 · 부가가치율 등에 의해 좌우되기 때문에 업종별 · 규모별로 상이하게 나타난다. 적정 노동소득분배율을 계산하는 방식은 단순분배율 방식과 회귀식을 이용한 방식 등이 있다.

적합성適合性**의 원칙** 방법의 적절성의 다른 표현이다. ➜ 과잉금지의 원칙.

전국교직원노동조합全國敎職員勞動組合 ⓔ Korean Teachers and Educational Workers' Union. 교직원들의 지위 향상과 권리 획득 및 교육 여건의 개선을 도모하려는 노동조합이다. '**전교조**'로 약칭된다. 우리나라에서는 4 · 19 이후 교원노동조합운동이 활발히 전개되었으나, 5 · 16 군사쿠데타 이후 교원노조 설립이 어려움을 겪다가, 1987.9.27. 전국교사협의회(전교협)가 출범하였는데, 전교협은 1989.5.28. 교원노조가 합법화되어 있지 않은 상황에서 전국교직원노동조합을 결성하였다. 국민의 정부 수립 후 교원노조의 합법화가 추진되어 1998년 하반기에 「교원노조법」이 국회에 상정되고 1999.1.6. 법이 국회를 통과함에 따라 전교조의 합법화가 실현되었다. **설립목적**은 교직원이 교육의 주체로서 민족 · 민주 · 인간화 교육을 실천하기 위한 참교육 운동을 전개하는 것이다. **주요활동**은 연대 활동, 정책 제시, 다양한 참교육 실천운동이다. 특히 합법화 쟁취를 위해서 전국민주노동조합총연맹(민주노총)과 긴밀히 협력하고, 다른 사회단체들과 연대하여 북한동포 돕기운동을 전개하였다. 1993.8. 국제교원노동조합총연맹에 가입하였으며, 여러 차례 교육정책안을 제시하였다. 또한 교권옹호를 위한 교권상담 창구와 전문성 신장을 위한 교과별 모임을 운영하고 있다. **조직**은 대의원대회를 정점으로 감사위원회 · 중앙선거관리관리위원회 · 중앙위원회 · 위원장 · 중앙집행위원회 · 중앙상임집행위원회의 상부 기구가 있고, 중앙집행위원회 아래 상설위원회(참교육실천 · 유치 · 초등 · 중등 · 사립 · 여성 · 특수교육 · 보건 위원회) · 전문산하기구(참교육연구소 · 교과연합 · 참교육상담소) · 16지부(252개 지회, 8,000개 분회), 중앙상임집행위원회 아래 정책실(3국) · 조직실(4국) · 교육선전실(3국 및 대변인)이 있다. 2013.10.에 고용노동부는 해직교원을 조합원으로 인정하는 규약에 대해 수정 및 시정명령을 내렸고, 이를 이행하지 않자 **법외노조 통보**를 받기도 했다. 대법원은 교원노조법, 노동조합법 등의 관련 시행령규정을 무효화하였고(대판 2020.9.3. 2016두32992), 이에 따라 노조법 시행령이 2021.6.29. 개정되었다.

전국구 의원승계全國區 議員職 承繼 국회의원선거에서의 전국단위 선거구를 기초로 하여 선출된 비례대표의원이 사망, 사직, 퇴직, 제명, 당적변경, 소속정당해산 기타 사유로 의원자격이 소멸된 경우 다른 사람이 그 의원직을 승계하는 것을 일컫는다. 지방의회의원선거의 경우에 비례대표의 단위선거구에서의 비례대표의원이 그 자격을 상실하는 경우에도 마찬가지이다. 주로 위헌정당해산의 경우에 해산된 정당소속의 비례대표의원의 자격상실여부가 문제된다. ➜ 국회의원의 지위 · 권한과 의무. ➜

정당해산제도.

전권대표全權代表 전권위임대표, 특명전권위원 또는 특명전권대표라고도 한다. 특명전권대사로 임명할 수도 있다. 법률상 정부대표와는 구별되어 쓰이고 있으나 개념적으로는 정부대표가 더 포괄적인 것이다. 「정부대표 및 특별사절의 임명과 권한에 관한 법률」 참조.

전문前文 ㉧ preamble, ㉦ Präambel, ㉬ Préambule. 1. **의의** 법령의 조항 앞에 있는 문장을 말한다. 대부분 전문(前文)의 내용은 법령의 제정과정·목적 또는 기본원칙을 선언하는 것이 보통이다. 전문의 내용이 법의 목적 또는 기본원칙을 선언하고 있을 경우 이것은 법규범(法規範)으로서의 효력을 갖는다. 우리나라 법령의 전문으로서 가장 대표적인 것은 헌법의 전문이다. 헌법전문을 절대적 의미의 헌법에 속하는 자유민주주의원리와 이에 따른 여러 제도를 표명하는 실질적 헌법의 일부이다. 2. **내용** 현행헌법의 전문은 헌법의 성립유래와 국민주권주의, 대한민국 임시정부의 법통계승, 자유민주주의, 민족적 민주주의를 통한 조국의 평화통일, 국민의 자유과 권리의 보장, 국제평화주의 등을 표명하고 있다. 내용의 구성과 체계 면에서 볼 때, 매우 잘 구성되어 있다는 평가를 받는다. 다만 문장이 고어체 혹은 문어체로 되어 있어 쉬운 말로 바꾸어야 한다는 주장이 있다. 3. **헌법전문의 법적 성격 - 규범적 효력 인정 여부** 1) **학설** (1) **인정설** 헌법전문은 헌법제정권력의 소재를 밝히고, 국민의 이념적 합의 또는 근본적 결단의 본질적 부분을 내포하고 있으므로 법적 규범력을 가진다고 본다. 오늘날 대륙법계 국가 대부분과, 일본, 우리나라의 다수설이다. 헌법전문의 규범성을 인정한다고 할 때에도 재판규범으로 인정할 수 있는가에 대하여 긍정·부정의 견해와, 본문규정에서 구체화되어 있지 아니한 권리나 불명확한 권리에 관하여 한정적으로 재판규범이 된다는 절충적인 견해로 나뉜다. (2) **부정설** 헌법전문은 헌법의 유래, 헌법제정의 목적, 헌법제정에 관한 국민의 일반적인 의사를 단순히 선언한 것에 불과하므로 법적 효력이 없다고 본다. 2) **판례** 헌법재판소는 「헌법은 그 전문에 "정치, 경제, 사회, 문화의 모든 영역에 있어서 각인의 기회를 균등히 하고"라고 규정하고, 제11조 제1항에 "모든 국민은 법앞에 평등하다"고 규정하여 기회균등 또는 평등의 원칙을 선언하고 있는바, 평등의 원칙은 국민의 기본권 보장에 관한우리 헌법의 최고원리로서 국가가 입법을 하거나 법을 해석 및 집행함에 있어 따라야할 기준인 동시에, 국가에 대하여 합리적 이유없이 불평등한 대우를 하지말 것과, 평등한 대우를 요구할 수 있는 모든 국민의 권리로서, 국민의 기본권중의 기본권인 것이다.」라고 하여 재판규범성을 인정하고 있다(헌재 1989.1.25. 88헌가7). 또한 「우리 헌법의 전문과 본문의 전체에 담겨있는 최고 이념은 국민주권주의와 자유민주주에 입각한 입헌민주헌법의 본질적 기본원리에 기초하고 있다. 기타 헌법상의 제원칙도 여기에서 연유되는 것이므로 이는 헌법전을 비롯한 모든 법령해석의 기준이 되고, 입법형성권 행사의 한계와 정책결정의 방향을 제시하며/나아가 모든 국가기관과 국민이 존중하고 지켜가야 하는 최고의 가치규범이다.」라고 하고 있다(헌재 1989.9.8. 88헌가6). 3) **검토** 인정설이 타당하다.

전심절차前審節次 ㉧ pre-procesure, ㉦ Vorverfahren, ㉬ préprocédure. 전심절차는 법원의 절차가 진행되기 전에 당국이 내린 결정을 심사하는 절차로서, 이의신청, 소청 등이 포함된다. 행정심판의 경우 1998.3.1. 이전에는 필요적 전치주의를 채택하였으나, 이후에는 임의적 전치주의로 변경되었다.

2022.11. 현재 전심절차로서 필요적 전치주의는 공무원에 대한 징계 기타 불이익처분(국가공무원법 제16조 제1항, 지방공무원법 제20조의2, 교육공무원법 제53조 제1항), 각종 세법상의 처분(국세기본법 제56조 제1항, 관세법 제120조 제2항, 단 지방세법은 필요적 전치규정에 대한 위헌결정으로, 이의신청과 심사청구규정만 존치하고 있다), 노동위원회 심판사건(노동위원회법 제26조), 도로교통법상 운전면허처분(도로교통법 제142조) 등이 있고, 특허사건의 경우 특허심판원이 제1심으로 되어 있어서 전심절차라고 할 수 없다.

전원위원회全院委員會 ➜ 국회의 조직.

전원재판부全員裁判部 ➜ 헌법재판소(우리나라).

전원합의체全員合議體 ➜ 대법원의 조직.

전자감시제도電子監視制度 [영] Electronic Monitoring. 전자감시란 축적된 개개인의 데이터베이스를 활용하여 개인의 생각과 행동을 감시하는 것을 뜻한다. **전자감시제도**란 일정한 조건으로 석방 또는 가석방된 범죄자가 지정된 시간에 지정된 장소에 있는지 여부를 확인하기 위해서 범죄자의 손목 또는 발목에 전자감응장치를 부착시켜 유선전화기 또는 무선장비를 이용하여서 원격 감시하는 새로운 제도를 말한다. 이는 미국에서 본격적으로 처음 시행된 후 프랑스, 이탈리아, 캐나다, 호주, 영국 등으로 확산되었다. 대한민국에서 시행되고 있는 관련 법률로는 「특정범죄자에대한위치추적전자장치부착등에관한법률(일부개정 2010.4.15 법률 제10257호)」이 있다. 미국에서 1983년에 처음 실시되었다. **전자감시의 방식**에는 크게 단속적 감시시스템, 계속적 감시시스템, 탐지시스템이 있다. 현재 시행중인 특정 성폭력범죄자에 대한 위치추적 전자장치 부착에 관한 법률의 감시방식은 탐지시스템의 일종으로 볼 수 있다. 탐지시스템은 감시대상자가 부착하고 있는 소형발신기로부터 나오는 지속적인 무선신호를 감지하여 감시대상자가 주거에 있는지에 대한 여부를 확인하는 방식이다. 감시자가 자동차로 감시대상자의 주거지 부근을 지날 때, 감시대상자에게 부착된 송신기로부터 신호를 수신한다. 미국의 경우도 특정 성범죄자에 대하여 GPS를 이용하여 지속적이고 적극적인 감시가 가능한 형태의 전자감시제도를 입법하고 있다. **제도의 필요성**을 긍정하는 견해가 많지만, 일반적인 행동의 자유를 크게 제약함으로써 사생활 형성의 자유를 침해할 우려가 있다는 비판도 있다. 대법원은 특정 성폭력범죄자에 대한 위치추적 전자장치 부착에 관한 법률에 의한 전자감시제도는 일종의 보안처분으로, 과잉금지의 원칙, 일사부재리의 원칙 등에 위배된다고 볼 수는 없다고 보고 있다(대판 2009.5.14. 2009도1947; 2009.9.10. 2009도6061).

전자청원제도電子請願制度**=온라인청원제도** [영] electronic petition system(e-petition system), [독] elektronisches Petitionssystem, [프] système de pétition électronique. 전자청원 또는 온라인청원은 전자문서를 통하여 제출하는 청원을 말한다. 일정한 수 이상의 전자서명을 받으면 청원서가 의회나 정부기관에 제출되고, 그에 대하여 답변을 하도록 하는 경우가 일반적이다. 전자청원제도의 시초는 2000년에 전자청원을 시범적으로 도입한 스코틀랜드 의회이다. 청원이 접수되면 6주간 공개되고, 그 기간 동안 동의하는 사람의 서명을 받을 수 있다. 공개되는 모든 청원을 청원위원회에서 검토하므로 청원 동의자 수는 심사절차에 영향을 미치지 않는다. 영국은 영국의회에서 전자청원을 운영하고 있다. 1

ㅈ

만 명이 서명하면 정부의 답변을 받게 되며 10만 명이 서명할 때에는 의회에서 논의된다. 2014년 영국 정부와 영국하원이 공동으로 전자청원시스템을 운영하도록 하는 제안에 따라 2015년부터 정부와 하원이 공동으로 전자청원시스템을 운영한다. 스코틀랜드나 웨일스, 북아일랜드에서는 별도의 전자청원시스템을 운영하고 있다. 미국에서는 백악관에서 위 더 피플(We the People)이라는 전자청원시스템을 운영하였다. 2011.9.22. 오바마행정부에서 개설되었으며 초기에는 30일간 5,000명의 동의를 받으면 공식답변을 하도록 하였다. 2011.10.3.에 기준을 30일간 25,000명으로 늘린 후 2013.1.에 기준을 30일간 10만 명으로 늘렸다. 바이든행정부 출범 이후 위 더 피플 도메인이 삭제되었다. 독일에서는 2005년부터 독일 연방의회에서 전자청원을 운영하고 있으며, 프랑스에서는 2020.1.23. 프랑스 상원에서 전자청원 플랫폼서비스를 개시하였다. 법안에 관한 청원은 6개월간 10만 명의 서명을 받으면 의장단의 검토를 거쳐 1명 또는 여러 명의 상원의원의 의원발의입법의 형태로 발의되고, 통제임무에 관한 청원은 6개월간 10만 명의 서명을 받으면 의장단의 검토를 거쳐 상원의 통제임무가 신설된다. 유럽의회에서는 청원권이 유럽시민의 기본권이라는 인식 하에 유럽의회 청원 웹사이트를 운영하고 있으며 유럽의회의 청원위원회에서 청원을 심사한다. 우리나라의 경우 전자청원의 시작은 문재인정부 출범 초기에 열린 청와대 국민청원이다. 미국의 전자청원제도를 벤치마킹하여 우리도 국민들의 청원에 답하자는 아이디어를 문재인 대통령이 받아들여 청와대 국민청원 게시판이 개설되었다. 30일 이내에 20만 명이 서명한 청원에 대해서 정부 또는 청와대 책임자가 답변하도록 하였다. 청와대 국민청원은 문재인 대통령의 임기종료와 함께 운영을 종료하였다. ➜ 청원권.

전제정專制政 ㉧ autocracy, ㉩ Autokratie, ㉤ autocratie. 전제정은 한 개인이나 집단이 절대 권력으로 통치하는 정부 형태이다. 군주·귀족·독재자·계급 정당의 어느 것이든, 지배자가 국가의 모든 권력을 장악하여 아무런 제한이나 구속이 없이 마음대로 그 권력을 운용하는 정치체제를 말한다. 민주정·입헌정치·공화정의 반대 개념으로서 권위주의, 독재정치의 일종으로 분류되기도 한다. 군주제와 결합하면 전제군주국이 된다.

전지구적 정의운동global justice movement 전지구적 정의운동 혹은 글로벌 정의운동은 '기업의 세계화'에 반대하고 경제 자원의 평등한 분배를 촉진하는 세계화된 사회 운동의 네트워크이다. 이 운동은 주류언론에 의해 세계화에 반대하는 운동으로 분류되지만, 운동가들은 그들이 소통과 사람들의 세계화를 지지하고 오직 기업권력의 세계적 확대에만 반대한다고 주장한다. 현상적으로 전지구적 차원의 교류와 영향이 일상화된 상황에서 단지 한 국가내적인 차원의 정의만을 추구할 수 없고, 전지구적 차원에서 새로운 형태의 정의가 추구되어야 한다고 본다. 또한 가장 강력하고 급속도로 세계화를 추진하는 다국적 내지 초국적 기업들이 그들의 사적 이익의 최대화를 위하여 개별 국가들에게 정의에 반하는 행동을 하는 데에 대하여 적극적으로 대처하기 위한 운동이다. 이로 인해 법의 관념조차도 변화되고 있다. ➜ 법치주의.

전직대통령前職大統領**의 예우**禮遇 헌법 제85조「전직대통령의 신분과 예우에 관하여는 법률로 정한다.」는 규정에 따라「전직대통령 예우에 관한 법률(1969.1.22. 제정, 2017.3.21. 일부개정)」이 제정되어 있다. 전직대통령에게는 연금, 유족연금, 기념사업 지원, 묘지관리 지원 등이 있고, 그 밖에 경호 및 경비 등의 예우가 있다. 다만, 재직 중 탄핵결정을 받아 퇴임한 경우, 금고 이상의 형이 확정된 경우, 형사처분을 회피할 목적으로 외국정부에 도피처 또는 보호를 요청한 경우, 대한민국의 국적을 상실한 경우 등에는 예우를 배제한다.

전체주의全體主義 ㉠ totalitarianism, ㉣ das Totalitarismus, ㉢ le totalitarisme. 전체주의는 공동체, 국가, 이념을 개인보다도 우위에 두고, 개인을 전체의 존립과 발전을 위한 수단으로 여기는 사상이다. 전체주의는 모든 야당을 금지하고 국가와 그 주장에 대한 개인 및 집단의 반대를 불법화하며 공공 및 사생활에 대한 통제와 규제를 극도로 높은 수준을 행사하는 정부 및 정치체제의 한 형태이다. 권위주의의 가장 극단적이고 완전한 형태로 간주된다. 전체주의 국가에서 정치권력은 독재자(전체주의 독재)와 절대군주와 같은 독재자들에 의해 유지되는 경우가 많으며, 이들은 시민을 통제하기 위해 국가가 통제하는 대중 매체를 통해 선전을 방송하는 포괄적인 캠페인을 사용한다. 1950년대 이후에 학문적 연구대상으로 되었다. 이 시대에는 반공주의와 매카시즘의 정치운동이 심화되고 전체주의의 개념을 제2차 세계대전 이전의 반파시즘을 냉전의 반공주의로 전환시키는 도구로 사용하기도 했다. 독일 철학자인 한나 아렌트는 「전체주의의 기원」에서 전체주의가 갖는 여러 가지 특징을 규정하여, ① 대중의 열의를 쉬운 개념으로 묶어서 간단하게 보이는 해결책을 제시하고 이에 따라 구체적인 계획도 표어화하여 대중을 동원한다는 점, ② 스스로의 집단이 유일하며, 특수한 역사적 사명감을 지녔으며, 대중이 '커다란 사건'에 참여하고 있음을 강조하는 점, ③ 생활의 모든 부분을 통제할 수 있는 유능한 비밀경찰을 운영하는 점, ④ 대중이 주도하는 폭력적 사고와 직접 행위가 일상적인 것으로 되며, 정부가 이것을 장려하는 점 등을 지적하였다. 또 미국 정치학자인 칼 요아힘 프리드리히는 「전체주의 독재와 전제정치」에서 전체주의 독재의 여섯 가지 특징으로, ① 유일 사상이 존재하는 점, ② 유일 합법정당이 존재하는 점, ③ 비밀경찰에 의한 테러 정치가 이루어지는 점, ④ 무기에 대한 독점이 이루어지는 점, ⑤ 문화 및 미디어에 대한 광범위한 통제가 이루어지는 점, ⑥ 국가계획에 의한 통제 경제가 이루어지는 점 등을 지적하였다.

전통문화傳統文化 전통문화란 한 나라에서 오랜 옛날로부터 오늘에 이르기까지 하나로 이어져 내려온 문화적 바탕 또는 맥락을 말한다. 헌법 제9조는 「국가는 전통문화의 계승·발전과 민족문화의 창달에 노력하여야 한다.」고 규정하여 우리나라의 전통문화를 잇고 지속적으로 발전시켜 민족문화를 창달하여야 함을 의무지우고 있다. 1980년 제8차 헌법개정 때 동일한 내용으로 헌법 제8조로 처음 규정되었고 1987년 제9차 헌법개정 때 제9조로 편입되었다. 우리나라의 전통문화는 시간적으로 우리 민족이 살았던 고대의 시대로부터 오늘날에 이르기까지, 그리고 공간적으로는 과거 고대시대에 우리 민족의 강역이었던 지역에 남아 있는 유무형의 문화유산을 모두 아우를 수 있다. 다만 시공간적인 범주 내에서 파악할 수 있는 유무형의 문화유산에 대하여 직접 국가의 관여를 인정할 수 있는 것은 아니다. 규범적으로는 민족문화유산의 존속 그 자체를 보장하는 것이고, 또 문화는 언제나 변화하는 것이기 때문에 오늘날의 관점에서 수용될 수 없는 것이면 전통이라 하여 무조건 보호하여야 한다는 주장은 성립될 수 없다. 헌법재판소는 동성동본금혼과 관련하여 「특정의 인간행위에 대하여 이를 국가가 법규범을 통하여 규제할 것인가, 아니면 단순히 관습이나 도덕에 맡길 것인가의 문제는 인간과 인간, 인간과 사회의 상호관계를 함수로 하여 시대와 장소에 따라 그 결과를 달리할 수 밖에 없는 것이고 결국은 그 사회의 시대적 상황과 사회구성원들의 의식 등에 의하여 결정될 수 밖에 없다고 본다.」고 하고, 「헌법 제9조의 정신에 따라 우리가 진정으로 계승 · 발전시켜야 할 전통문화는 이 시대의 제반 사회 · 경제적 환경에 맞고 또 오늘날에 있어서도 보편타당한 전통윤리 내지 도덕관념이라 할 것이다.」라고 하고 있다(헌재 1997.7.16. 95헌가6등).

절대군주국絶對君主國 ⓔ absolute monarchy, ⓖ absolute Monarchie, ⓕ monarchie absolue. 군주가 권력행사에 있어서 법적으로 혹은 정치적으로 아무런 제약을 받지 않는 국가이다. 「짐이 곧 국가이다」라는 말로 표현되며, 군주에게 모든 국가의사결정과 집행의 권한이 부여되어 있는 국가이다. ➜ 절대주의국가.

절대설絶對說 ➜ 본질적 내용 침해금지.

절대적 기본권絶對的 基本權 ➜ 기본권의 분류와 체계.

절대적絶對的 **다수대표제 = 절대다수대표선거제** ⓔ majority system, ⓖ absolutes Mehrheitswahlsystem. ➜ 대표의 결정방식.

절대적 부정기형금지絶對的 不定期刑禁止**의 원칙** ➜ 죄형법정주의.

절대적 통치행위絶對的 統治行爲 ➜ 통치행위.

절대주의 국가絶對主義 國家 ⓔ absolute state/absolutist state, ⓖ der absolute Staat, ⓕ l'état absolu. 1. **성립배경** 15세기 말에서 18세기에 서구에서 봉건중세와 본격적인 근대 사이의 과도기에 성립된 정치체제이다. 절대주의(Absolutism) 혹은 절대왕정기(Absolute Monarchy)라고 달리 부르기도 한다. 절대왕정이 전형적인 정치형태로서 완전하게 성립한 것은 17세기 이후이지만 이 시기는 봉건제의 위기가 표면화되면서 종교개혁과 그에 따른 종교전쟁, 그리고 대항해시대의 지리상 발견 등으로 국가의 역할에 대한 새로운 요구가 등장하였다. 이에 유럽 각국의 군주들은 왕권을 강화하기 위하여 강한 군대를 기르기에 힘쓰는 한편, 새로 일어난 상공업자들과 손을 잡고 중상주의(重商主義)와 보호무역 정책을 써서 국부(國富)를 증가시켰다. 절대주의의 물결을 타고 16-7세기 동안 전제국가를 이룩한 나라들은 스페인 · 네덜란드 · 영국 · 프랑스 · 러시아 등이었는데, 그 중에서도 프랑스 전제군주가 가장 강력하였다. 2. **개념** 절대주의는 '지배자가 아무런 제약을 받지 않고 국가의 전체 권력을 행사하는 정치체제'를 말하는데 전제주의(Despotism) 혹은 참주정(Tyranny) 등과는 구별되는 개념이다. 즉, 절대주의는 일반적 의미의 전제주의를 지칭하는 것이 아니라 유럽사의 한 특정한 시대에 출현한 정치형태를 지칭하는 말이다. 절대주의 시대는 봉건사회로부터 근대시민사회로 넘어가는 가교의 시대라고 말할 수도 있는데 봉건제도 그 자체를 완전히 해체하거나 폐지한 것이 아니고 영주와 교회의 권력을 절대군주에게 통합시키고 또한 신흥시민계급의 지지를 받아 그 위에 군림하는 정치형태이다. 왕권은 제후들이나 시민들로부터도 제한을 전혀 받지 않는 절대적 존재로 등장하여 그 이전부터 있어온 신분제의회마저도 그 기능이 점차 정지되었다. 절대군주에게 집중화된 절대권력은 봉건영주와 교회의 권력에는 대립되는 것이었으나, 봉건제도 그 자체를 폐지한 것은 아니었다. 집중화된 절대왕정의 정치권력은 그 본질상 중세의 영주와 교회의 정치권력 즉, 지방분권적 정치권력과도 상반되는 것이었으나 다른 한편으로는 자본주의적인 정치형태인 자유주의의 정치권력과도 대립되는 개념이다. 이 절대주의 국가에 대항하는 과정에서 근대의 자유주의적 국가가 확립되었다. **3. 특징과 이론적 기반** **1) 절대주의의 특징** 절대주의 국가는 무엇보다도 상비군의 확립, 통치자에게만 의존하는 관료적 기구의 설립, 교회를 국가와 중상주의 경제체제로 통합하는 것을 특징으로 한다. 절대주의의 정치권력은 중앙집권적 통일국가를 형성하여 봉건적 신분관계를 대신하는 시민적인 자유평등의 토대를 닦고, 중상주의에 의하여 Guild체제를 Manufacture체제로 전진시킴으로써 자본주의적 발전을 허용하였으나 이는 어디까지나 절대주의의 정치권력을 옹호하기 위한 수단에 불과하였으며 본질적으로 자본주의적 시민계급 그 자체의 발전을 위한 것은 아니었다. 따라서, 이 시대의 정치권력은 봉건주의와 자본주의 모두에 모순된 일종의 기형적인 권력형태였다. 절대주의를 유럽적 통치형태로 처음 묘사한 것은 역사학자 빌헬름 로셔(Wilhelm Roscher)이었는데, 그는 분파적 절대주의(denominational absolutism)로 시작하여 궁중 절대주의(courtly absolutism)로 바뀌고 마침내 계몽적 절대주의(enlightened absolutism)로 끝나는 일련의 단계를 제시하였다. 2013년에는 Perry Anderson이 「절대주의국가의 계보(The Lineage of the Absolutist State)」라는 책에서 유럽의 절대주의 국가를 상세히 분석하고 있다. **2) 철학적 토대** 절대주의는 장 보댕(1529-1569)이 이론화한 왕권신수설(➜ 왕권신수설)에 기반을 두고 있다. ➜ 보댕. ➜ 왕권신수설.

절차적 적법절차節次的 適法節次 ➜ 적법절차.

절차적 정당성節次的 正當性 [영] procedural legitimacy. 정당성은 특정 사회의 정치체제 · 정치권력 · 전통 등을 올바르다고 인정하는 일반적 관념을 의미하는데, 통상 실체적 정당성과 절차적 정당성으로 나뉘어진다. 절차적 정당성은 특정의 결과를 산출하는 데에 사용된 방법 및 절차가 정당하다고 받아들여지는 상태나 성질을 의미한다. ➜ 정당성.

절차지향적 사법심사이론節次指向的 司法審査理論 ➜ 헌법재판의 이론적 정당화.

절충형 정부형태折衷型 政府形態 대통령제와 의원내각제를 절충한 중간적 모델을 총칭하는 개념이다. 행정권의 이원화 여부와 대통령제와 의원내각제의 상호 가미정도에 따라 다양하게 분류될 수 있다. ➜ 이원정부제.

접견교통권接見交通權 ➜ 변호인의 조력을 받을 권리.

정교분리政敎分離**의 원칙**原則 ➜ 종교의 자유.

정기회定期會 ➜ 국회의 회기와 회의.

정년제停年制 [영] compulsory retirement plan/age limit system/mandatory retirement. 공공기관이나 민간기업 등에서 근무하는 사람이 일정한 연령에 도달하거나 일정기간 동안 승진하지 못하고 동일계급에 머물 경우 자동적으로 퇴직하게 하는 제도이다. 정년제는 나라마다 그 구현형태가 다르다. 미국에서는 정년제를 연령차별로 간주하여 원칙적으로 금지하고 있는 한편, 독일과 프랑스 등의 유럽 국가들에서는 노령연금의 수급개시 연령과 연계하여 그 연령 이상의 정년 설정에 대해 연령차별의 예외로 인정하고 있다. 일본에서는 연금수급 개시연령에 도달할 때까지 고령자의 고용이 보장되도록 사용자에게 정년연장 등의 조치를 취할 의무를 부과하고 있다. 공직에 있어서의 정년제에는 연령

정년제 · 근속정년제 · 계급정년제 등 3가지가 있다. **연령정년제**年齡停年制란 공무원이 일정한 연령에 달하면 퇴직하게 하는 제도로서 가장 널리 채택하고 있다. 현재 우리나라 공무원의 정년(停年)은 2008년 개정된 국가공무원법 제74조 제1항이 「… 다른 법률에 특별한 규정이 있는 경우를 제외하고는 60세로 한다.」고 규정하여 60세 정년을 원칙으로 하고 있다. **근속정년제**勤續停年制란 공직에 들어간 후 일정한 기간이 지나면 자동적으로 퇴직시키는 제도를 말한다. 이 제도는 공무원이 아무리 승진하고 능력개발을 하더라도 장기간 근무하였다면 강제퇴직되므로 공직의 유동성을 높여주는 것 이외에는 별로 효용성이 없다. 그래서 근속정년제는 패기와 참신한 인재로 신진대사가 이루어져야 할 군인에 주로 적용되고 있다. **계급정년제**階級停年制란 공무원이 일정한 기간 승진하지 못하고 동일한 계급에 머물러 있으면 그 기간이 만료된 때에 자동적으로 퇴직시키는 제도를 말한다. 계급정년제는 군인이나 경찰 공무원에게 주로 적용하고 있다. 헌법상으로는 법관의 정년에 대해서만 규정하고 있다(헌법 제105조 제4항). 법원조직법상 대법원장과 대법관의 정년은 각각 70세, 판사의 정년은 65세로 한다(동법 제45조 제4항). 「국가공무원법」과 「지방공무원법」상 공무원의 정년은 60세이다(국가공무원법 제74조; 지방공무원법 제66조). 기타 정년에 관한 사항은 개별법률에서 규정하고 있다.

정당국가론政黨國家論 라이프홀츠의 정당국가론은 그가 1952년에 행한 연설을 기초로 저술한 "현대 민주주의의 구조변화"(Strukturwandel der modernen Demokratie)에서 정리되었다. 그는 비례대표제가 다수대표제와는 달리 정당의 존재를 전제로 하는 것은 사실이지만 정당국가화 경향이 반드시 비례대표제의 도입으로 귀결되지 않으며 또한 다수대표제를 취하는 국가에서도 나타나고 있음을 지적했다. 이 발표에서 그는 칼 슈미트와 의견을 달리 하였다. 칼 슈미트와 라이프홀츠는 반다원주의자라는 면에서 공통점을 지니지만, 칼 슈미트가 대중민주주의에서의 정당국가가 기본적으로 국가의 통일성을 해체하는 경향이 있다고 본 것과는 달리 라이프홀츠는 정당국가화 자체는 국가의 통일성과 모순되지 않으며 정당이 사회의 다원주의적 이해관계로부터 독자성을 유지하는 것을 당면과제로 보았다. 라이프홀츠의 정치적 입장은 선거제와 관련된 보다 구체적인 논의에서 보다 잘 드러난다. 그는 이념적으로 다수대표제를 선호하는 자유주의와 온건보수주의자들에 대해 소수자를 대표하는 데에서 비례대표제가 지니는 전략적 측면을 강조했던 것이다. 1920년대 말부터 바이마르공화국에서 정치적으로 중도적 입장을 취하던 자유주의세력과 온건보수세력이 약화되고 정치적 스펙트럼이 양극화하는 상황에서 이데올로기 공방보다는 입헌주의적이고 중도적 입장의 약화를 방지하려 했던 실용적인 접근이었고 평가할 수 있다. 제2차 세계대전 이후 라이프홀츠는 현대 민주주의의 구조변화로 인해 전통적 민주주의로부터 현대의 민주적 정당국가로의 변화하였다고 주장하였다. 국민투표적 민주주의에서 다수유권자의 의지가 일반의지가 되는 것처럼 정당국가에서는 정부와 의회에서의 다수정당의 의지가 일반의지와 동일시된다는 것이다. 이렇게 볼 때 정당민주주의에서 일반의지는 대표제적 요소의 도움 없이 동일성원리만으로 형성되게 된다. 라이프홀츠가 1950년부터 주창했던 정당국가론은 독일 연방헌법재판소의 초기 판례에서 거의 반영되었다. 하지만 독일 연방헌법재판소가 라이프홀츠의 정당국가론과 결별하는 결정적인 계기는 1966년의 정당재정에 대한 결정이었다. 독일 연방헌법재판소는 이 결정에서 정당은 기본적으로 "개인과 국가의 매개체(Zwischenglieder zwischen dem Einzelnen und dem Staat)"이며 결코 국가조직의 영역으로 편입될 수 없음을 명확히 하였다. 이는 법적인 근거가 없는 상태에서 정당에 대해 국고를 지원하는 행위의 헌법적 정당성을 부정하는 것으로 연결되었다. 이후 1977년의 선거광고 결정에서 독일 연방헌법재판소는 정당과 국가의 관계를 보다 명확히 정리하였다. 정당은 "국가기관 내에서의 의사형성에 참여함을 목적으로 하는 시민들의 결사체"이지만 국가는 어떠한 정당이 국가권력을 장악했는가와는 무관하게 국가는 모든 국민의 국가이며 때에 따라 변하는 다수정당과 일치하는 것이 아니라고 하였다. 이로써 국민과 정당 및 정당과 국가를 무리하게 동일시하려 했던 정당국가론이나 민주헌정이 확립되기 이전의 이론이라는 비판을 받던 국가와 사회의 분리도식을 모두 극복하는 정당의 헌법상의 지위론이 제시되었다고 볼 수 있다.

정당국가적 민주주의 1. **대의제 민주주의에서 정당국가적 민주주의에로** 근대입헌국가에 있어서 민주주의의 일반적인 형태는 대의제 민주주의를 의미하였지만, 보통선거의 원칙과 이에 따른 대중민주주의의 실현에 따라 정당이 국민여론을 형성하고 이를 국정에 전달하는 매개체로 등장함에 따라 종래의 대의민주주의의 구조적 변화가 수반되었다. 즉, 국민의 정치적 의사형성과정에서 정당의 매개를 필수적으로 요구하게 되고 일부국가헌법은 정당국가의 발전에 따라 이를 헌법에 수용하게 되었다. 이러한 현실에 착안하여 라이프홀츠는 정당국가에 의한 대의제 민주주의의 구조적 변화와 국민투표적 민주정치의 합리화된 현상형태로서의 정당국가를 주장하게 되었고, 정당국가가 서구민주주의의 보편적인 형태로 자리잡게 되었다. 이러한 변화는 대의제 민주주의를 규정하는 헌법과 정당국가적 현실이 상충하는 현상을 초래하였고, 또한 정당에 대한 헌법규정을 두고 있는 경우 대의제 민주주의 헌법규정과 정당에 관한 헌법규정 사이에 어떻게 조화시킬 것인가가 헌법해석에서도 논란이 되기 시작하였다. 2. **정당국가적 민주주의의 구조변화** 1) **대의제 민주주의의 플레비시트 민주주의로** 현대 정당국가는 대의제의 정치원리가 아니라 플레비시트 민주주의의 합리화된 현상형태를 의미한다. 국민의사는 정당을 통해 나타나며, 정당을 통해 국민은 행동가능한 존재로 나타난다. 정당국가적 민주주의에 있어서는 정부와 의회의 당시의 다수정당의 의사가 국민의 총체적 의사와 동일시된다. 2) **국민대표개념의 변화** 대의제 민주주의에 있어서 국민대표는 출신선거구나 특정집단의 대표자가 아니라 전 국민의 대표이며, 국민대표와 국민과의 관계는 자유위임의 개념에 의해 설명된다(➜ 국민대표). 그러나 현대대중민주주의에서 국민대표는 동시에 정당의 명령에 따르고 정당의 의사를 대변하여 정당강제에 구속된다. 정당과 국회의원의 관계는 명령적 위임관계가 성립한다. 국가의 정치적 의사결정은 형식적으로는 국가기관에 의해 이루어지지만, 실질적으로는 정당을 통해 이루어진다. 국민은 정당을 통해 행동가능한 존재로 나타나고 선거는 정당의 정책에 대한 플레비시트적 의미를 가진다. 그리하여 선거에서 결정한 근본정책을 변경하거나 정당간의의석분포의 변경 등은 정당국가적 민주주의에 배치되며 새로운 선거를 요한다는 주장도 있다. 3) **국회의원상像의 변화** 과거의 자유주의적 대의제 민주주의는 명망가민주주의(Honoratioren Demokratie)이었으나, 정당제 민주주의에서는 개인의 명성이나 능력·공적도 중요하지만, 이러한 개인적 요소보다는 소속정당에 의해 선출되는 면이 강하다. 이에 따라 국회의원은 정당의 한 구성원으로서 정당의 통일적이고 일치단결된 행동 속에서만 그 의사를 표현할 수 있는 직업정치가 혹은 전문가를 의미한다. 4) **선거의 의미변화** 대의제 민주주의에서는 국회의원의 선거는 인물선거를 의미하였다. 그러나 정당국가적 민주주의에서는 국회의원선거는 인물선거라기보다는 플레비시트적인 의미, 즉 정당의 정책에 대하여 투표하는 경향을 갖는다. 이처럼 국회의원선거가 국민투표적 성격으로 변화하면 종래의 자유위임의 개념은 중대한 변질을 감수하지 않으면 안되며 사실상 명령적 위임을 인정하는 결과가 된다. 5) **토론과 공개성의 의미변화** 자유주의적 대의제 민주주의에서 공개적 토론과 표결은 자유위임과 필연적으로 결합한다. 그러나 정당국가적 민주주의에서는 국회는 고유한 성격을 잃어버리고 정당이나 교섭단체에서 이미 결정한 사항을 등록하는 정당대리인들이 만나는 장소로 변화하였다. 라이프홀츠는 오늘날 의회에서의 토론은 대의제적 의회주의가 전제로 한 창조적·건설적 성격을 거의 상실하고 의원들의 발언은 의사당에서 다른 의견을 가진 의운들을 설득하기 위해서가 아니라 장래의 정치적 결정에 있어서 그 토론으로 영향을 받게 되는 능동적 국민들에게 향해져 있으며, 그런 점에서 토론은 국민투표제적 성격을 갖게 된다. 정당국가에서는 정치적 중점이 의회에서 정당과 능동적 시민에게로 이행하게 된다. 6) **정당강제의 강화** 정당국가에서 국회의원은 정당의 의사를 집행하는 기관으로 바뀌었다. 이에 따라 정당국가적 민주주의에서는 국회의원이 소속정당의 지시에 따르도록 하고 정당당원 간의 동일성을 보장하기 위하여 정당강제가 행해진다. 이에 따라 유권자의 국회의원에 대한 책임추궁의 문제는 그 의미를 상실하게 되었다. 정당강제는 비례대표제의 도입, 원내총무에 의한 의원활동의 감시와 독려, 재정적 수단 또는 백지위임서의 제출, 사퇴선서, 공천과정의 조작, 의원의 정책개발의 정당 예속 등이 있다. 3. **비판과 정당국가론의 위기** 1) **정당국가론에 대한 비판** 첫째, 라이프홀츠류의 정당국가론은 애초부터 너무 과장되고 정치현실에 맞지 않다는 비판이 있다. 정당국가론에서 주장하는 자유주의적 대표원리와 민주적 동일성원리의 극단적 대비는 정치현실에 맞지 않으며, 의원의 정당에 대한 예속을 너무 강조하는 것도 적절하지 않다고 한다. 둘째, 정당국가론이 대의제 민주주의에 기초하고 있는 헌법과도 부합하지 않는다는 비판이 있다. 셋째, 대의제도와 정당국가가 애초부터 조화될 수 없는 것은 아니라는 점이다. 의회주의는 역사적으로 오나결된 이념이 아니라 시대에 따라 변화되는 개념이며, 정당이란 의회주의 그 자체와 상용할 수 없는 이질적 존재가 아니라 의회주의에 내재하는 제 원리의 산물이라고 본다. 넷째, 대의제 민주주의는 상황변화에 따라 변화가능한 원리이고, 정당 간의 투쟁이 의회주의의 본질에 포섭될 수 있다고 한다. 다섯째, 라이프홀츠의 정당국가론은 국민과 정당간의 동일성을 인정하지만, 이는 모든 능동적 시민이 정당으로 조직화될 때에만 타당한 주장일 뿐, 유권자의 소수만이 정당에 참여하는 현실에서는 국민이 정당만을 통하여 행동가능한 존재로 된다는 것은 타당하지 않다. 국민은 정당을 통해서가 아니라 정당에 대하여 결정한다는 것이 보다 정확하다. 여섯째, 라이프홀츠의 정당국가론은 국가의 의사와 정당의 의사를 동일시함으로써 국가와 정당을 동일시하고 이러한 국민과 정당, 정당과 국가라는 이중적 동일화를 통하여 국가와 사회의 구별을 포기하고 있다. 하지만 정당과 국가의 의사를 동일시할 수는 없으며, 정당은 사회의 한 부분이지 그 자체가 국가기관은 아니다. 2) **정당국가의 위기징후** 오늘날이 대중민주주의가 어느 정도 정당국가일 수밖에 없다는 점을 인정하더라도, 정당국가화의 정도는 나라마다 다르다. 정당국가의 위기의 징후는 다음의 사실들에서 감지된다. 첫째, 정당에 대한 불신이다. 정당의 이합집산과 정치적 이념의 결여, 정치적 부패, 지역할거구도와 관련한 정당의 지역성, 정당내부의 비민주성, 공개성의 결여, 당리당략에 집착하는 편협한 전술적 사고, 공약의 불이행, 도덕성의 결여 등으로 인하여 정당에 대한 불신이 크고 이는 정당정치의 쇠퇴, 정치혐오를 낳는다. 둘째, 참여민주주의를 통해 국민의 정치주도적 경향이 강화되고 있고 이는 정당의 영향력감소로 이어진다. 이는 일면 정당의 역할을 보충하고 지원하기도 하지만, 타면으로는 정당과 경쟁관계를 형성하게 된다. 셋째, 오늘날에는 정치적 힘의 중심이 정당보다는 거대기업이나 이익단체·매스미디어에 넘어가고 있다. 정당은 이러한 영향력집단에 종속적인 경향을 보여주고 있다. 넷째, 정당의 중개적·통합적 기능이 약화되고 있다. 4. **정당국가현상과 대의제민주주의의 조화가능성** 양자는 서로 충돌과 긴장관계를 조성하고 헌법해석상 적지 않은 문제를 낳지만, 양자는 그 발전단계가 다르고 때로는 충돌하는 것처럼 보이지만 상호배척적으로 이해해서는 안된다. 대의제원리에 대하여 정당국가적 원리가 우선한다거나, 혹은 그 반대의 입장에서 어느 한 측면만을 강조하는 것은 타당하지 않다. 자유위임의 정당관련성을 부인할 수는 없지만 그렇다고 하여 의원의 대표적 지위를 부정하는 결과를 가져오는 정당국가 우선적 결론은 허용되어서는 안된다.

정당기속政黨羈束 ➜ 무기속위임의 원칙.

정당대표설政黨代表說 ➜ 국민(國民)과 대표(代表)의 관계.

정당등록제도政黨登錄制度 정당은 정치적 결사의 한 형태이다. 정치적 결사를 법적으로 어떻게 취급할 것인가는 사회단체에 대한 법적 취급과 관련하여 고려하여야 한다(➜ 사회단체). 정치적 결사의 경우 사회영역에서 자율적으로 존재하도록 법적 간섭을 하지 않을 수도 있고 신고를 하게 할 수도 있으나, 정당의 경우에는 이와는 달리 정당법상의 특권을 가질 수 있기 때문에 등록을 필수적인 성립요건으로 할 수도 있다(정당법 제4조). 따라서 정당등록제도는 헌법적으로 문제되지 아니한다. 정당 외의 정치적 결사는 사회단체로서 규율된다. ➜ 정당제도.

정당보조금政黨補助金 ➜ 정치자금규제.

정당성正當性 ㊀ legitimacy, ㊁ Legitimität, ㊂ légitimité. '정통성'이라고도 한다. 정치적 지배를 안정적인 것으로 하기 위해서는 피지배자 측의 일정의 복종 의지가 필요하다. 피지배자의 복종을 얻은 정치적 지배는 정치적 권위를 획득하고 또한 그것을 지지하는 정당성의 신뢰를 유지하고자 한다. '정당성'이란 이상과 같이 획득된 지배질서 및 그 타당성에 대한 신념을 말한다. Max Weber는 정당성이 뒷받침된 지배를 합법적 지배, 전통적 지배, 카리스마적 지배의 3가지로 정리하기도 하였다. 근대 이후의 정치형태는 합법적 지배가 그 정당성의 중심에 있으며, 특히 Carl Schmitt 이래 합법성과 정당성의 관련이 중요한 문제가 된다. 법치주의와 관련하여 합법성과 정당성이 동일시되었던 시기가 형식적 법치주의 시대이었다면, 오늘날의 실질적 법치주의는 합법성과 정당성이 반드시 일치하지는 않는다. 정치학계에서 정리된 바에 따르면, Beetham은 정당성을 구성원들이 정당하다고 받아들이는 규칙(justifiable rules)이나 확실한 동의(evidence of consent)에 의해 권력이 획득되었을 경우 발생하는 것이라고 보고, 그 근거를 법적 타당성(legal validity), 도덕적 정당화

(moral justifiability), 믿음에 기초한 정당성(belief in legitimacy)으로 구분한다. 이와 유사하게 Coicaud는 정당성이란 통치할 권리의 인지와 그 통치 권력에 대한 정치적 복종으로 구성되고, 이는 동의(consent), 법(law), 규범(norm)이라는 세 요건을 필요로 한다고 한다.

정당에 대한 헌법의 태도(취급) ➜ 정당제도.

정당의 법적 성격法的 性格 ➜ 정당제도.

정당의 자유 ➜ 정당제도.

정당재정政黨財政 정당의 수입원은 국가와 사인에 의한 직접적 혹은 간접적 재정지원을 모두 포함한다. 사인에 의한 직접적 재정지원은 당비와 정치헌금(기탁금과 후원금)으로 이루어지고, 사인에 의한 간접적 지원은 현물이나 급부를 무료 또는 싼 값으로 제공하는 것을 포함한다. 국가에 의한 재정지원은 정당운영자금과 선거경비의 보조로 이루어지는 직접적인 국고보조 및 당비와 정치헌금에 대한 세제혜택을 통하여 간접적으로 이루어진다. 정당의 재정에 관하여 규율하는법으로 「정치자금법」이 있다. ➜ 정치자금 규제.

정당제도政黨制度 ⓔ political party system, ⓓ politische parteiensystem, ⓕ système de parti politique. 1. **개설** 1) **정당의 개념** 헌법상 정당의 개념에 관한 명시적인 규정은 없다. 정당법 제2조는 「정당이라고 함은 국민의 이익을 위하여 책임있는 정치적 주장이나 정책을 추진하고 공직선거의 후보자를 추천 또는 지지함으로써 국민의 정치적 의사형성에 참여함을 목적으로 하는 국민의 자발적인 조직을 말한다.」고 정의하고 있다. 정당이란 선거에 참여하거나 의정활동 등을 통해 국민의 정치적 의사형성에 참여함을 목적으로 하는 자발적인 정치적 결사를 말한다. 2) **정당의 개념요소** 첫째, 정당은 민주적 기본질서와 국가의 기본질서를 긍정해야 한다. 둘째, 정당은 정치적인 주장이나 정책들을 추진하기 위한 정강이나 정책을 가지고 있어야 한다. 셋째, 정당은 정권획득을 목적으로 하는 단체이다. 따라서 정당은 특정한 이념적 경향이 확실한 경우에도 정권획득을 포기하는 정당은 허용되지 않는다는 것이 지배적인 견해이다. 넷째, 정당은 국민의 권익보장과 국민의 의사형성에 참여하는 단체이므로 조직과 활동에 있어서 계속성과 영속성을 가져야 한다. 3) **의회제 민주주의와 정당제 민주주의** 의회제 민주주의는 18~19세기에 출현한 것으로 국민의 대표자인 국회의원을 선출하여 국민의 의사를 위임하여 국정을 수행하게 하는 형태인데 반하여, 정당제 민주주의는 20세기에 출현하였다. 의회제 민주주의에서 국민은 선거를 통해서 의사를 표시하는 정치적 · 이념적 통일체이다. 국가권력은 분립되어 견제와 균형의 원리가 작용한다. 의회민주주의 하에서 대표자는 자기의사에 따라서 권한을 행사하는 자유위임을 원칙으로 한다. 선거는 국가기관을 구성하는 대표자의 선출행위이며, 국회의원은 국민대표이다. 이에 대하여 정당제 민주주의에서 국민은 정당의 중개를 통하여 계속적 · 자발적으로 정치에 참여하는 실질적 행위의 통일체이다. 정당제 민주주의 하에서는 정당을 중심으로 국가권력이 통합된다. 국민의 대표인 의회의원들은 독립성 · 자주성이 상실되고 정당에 기속되어 자유위임의 원칙이 변질된다. 또한 선거는 국가기관의 구성과 정당에 대한 국민투표적 성격을 동시에 가진다. 4) **정당에 대한 헌법의 태도** 트리펠(H. Triepel)은 정당과 헌법의 관계를 4단계로 나누어, 적대시 단계(미국 헌법의 기초자와 루소), 무시 및 무관심 단계, 승인 및 합법화 단계(바이마르공화국 헌법), 헌법에의 편입단계(우리나라 제2공화국)로 설명하였다. 2. **정당의 연혁과 정당국가화 경향** 1) **연혁** 영국에서의 정당제도의 기원은 왕의 특권을 옹호하는 토리(Tories)정당과 왕의 특권을 반대하는 휘그(Whigs)정당에서 유래되었다. 그 후 토리당은 보수당으로 발전하여 노동당과 함께 영국의 양당제가 형성되었다. 미국에서의 정당제도는 독립 후 연방 반대주의자들이 민주당을 창당한 후 1854년 공화당이 창당되었다. 우리나라 헌법상 정당규정이 최초로 규정된 것은 3차 개정헌법으로 의원내각제를 채택하였던 1960년 헌법이었다. 1962년 헌법에서는 현행헌법상의 정당조항의 원형이 규정되었다. 특히 정당추천을 받지 못하면 국회의원 후보가 될 수 없도록 하고 있어서, 극단적 정당국가 시기이었다. 1980년 헌법은 정당의 운영자금의 국고보조를 규정한 최초의 헌법이다. 1987년 헌법은 정당해산심판기관을 헌법재판소로 바꾸었을 뿐 1980년 헌법을 거의 수용하였다. 2) **정당국가화 경향** 라이프홀쯔(Leibholz)는 현대정치가 정당정치이며 대의제와 정당국가는 조화될 수 없다고 주장하였다. 그는 19세기의 대의적·의회적 민주주의는 20세기에 정당국가적·국민투표적 민주주의로 변화되었다고 주장하였다. 헤세(K. Hesse)는 현대 정당국가는 국민에 의한 지배가 아니라 정당에 의한 지배라고 주장하였다. ➜ 정당국가적 민주주의. 3. **정당의 헌법상 지위** 헌법상 정당이 어떠한 지위를 갖는가에 관하여는 역사적인 상황과 정치적 발전의 단계에 따라 다르게 전개되었다. 1) **학설** (1) **헌법기관설** 헌법기관설이란 정당을 헌법상의 기관으로 보는 견해를 말하며, 국가기관설이라고도 한다. 라이프홀쯔(Leibholz)와 초기 독일 헌법재판소 판례의 태도이기도 하다. (2) **사법적 결사설** 사법적 결사설이란 정당을 자유의사에 의한 사인간의 사법적인 단체로 보는 견해이다. 사법적 결사설의 주장자는 옐리네크(G. Jellinek)와 포르스트호프(E. Forsthoff)를 들 수 있다. (3) **중개적 기관설** 중개적 기관설이란 정당을 국민과 국가간의 정치적 의사를 매개하는 기관으로 보는 견해이며, 중개적 권력체설 또는 제도적 보장설이라고도 한다. 2) **판례** 헌법재판소는 「정당은 자발적 조직이기는 하지만 다른 집단과는 달리 그 자유로운 지도력을 통하여 무정형적이고 무질서적인 개개인의 정치적 의사를 집약하여 정리하고 구체적인 진로와 방향을 제시하며 국정을 책임지는 공권력으로까지 매개하는 중요한 공적 기능을 수행하기 때문에 헌법도 정당의 기능에 상응하는 지위와 권한을 보장함과 동시에 그 헌법 질서를 존중해 줄 것을 요구하고 있는 것이다.」라고 하고 있다(헌재 1991.3.11. 91헌마21; 1996.3.28. 96헌마18). 3) **결어** 중개적 기관설이 우리나라의 통설이며 헌법재판소의 판례이다. 4. **정당의 법적 형태** 정당의 법적인 형태에 관해서는 사적 정치결사설, 사법상 법인격이 없는 사단설과 헌법제도와 결사의 결합체로 규정하는 혼성체설이 대립하고 있다. 그러나 정당의 법적 형태 혹은 성격을 일률적으로 판단할 수는 없고 문제된 법률관계에 따라 다르게 이해함이 오늘날의 일반적인 경향이다. 법원의 판례에 따르면, ① 사법상의 사단으로 본 사례(신민당총재단 직무집행정지 가처분신청 사건: 서울민사지법 1979.9.8. 79카21709). ② 자치적 정치단체로 본 사례(의장직무행사정지 가처분결정 사건: 서울민사지법 1987.7.30. 87카30864). 헌법재판소의 결정에서는, ① 법인격없는 사단으로 본 견해(정당의 재산귀속관계에 대한 사건: 헌재 1993.7.29. 92헌마262). ② 기본권 주체성과 헌법소원 청구능력을 인정한 사례(헌재 1991.3.11. 91헌마21) 등이 있다. 5. **정당의 설립과 조직** 1) **정당의 설립** 정당의 설립은 자유이며, 복수정당제는 보장된다. 정당의 설립은 자유이므로 등록제는 인정하나 정당설립의 허가제는 헌법정신에 위배되므로 인정되지 아니한다. 현행 정당법에서는 정당설립의 등록제를 채택하고 있다. 또한 헌법 제8조 제1항에서는 복수정당제를 규정하여 야당의 존재를 인정하고 있다. 정당은 일반결사에 관한 제21조보다 특별한 결사이므로 특별한 보호를 받는다. 복수정당제는 제도적 보장에 해당함을 물론, 헌법개정의 한계이다. 2) **정당의 설립요건** (1) **발기인 및 당원의 자격** 정당법상 예외적인 경우(제22조 제1항 각호)를 제외하고 국회의원 선거권이 있는 자는 누구든지 정당의 발기인 및 당원이 될 수 있다. 입당 및 탈당에 관해서는 정당법 제23~27조의2에 상세히 규정되어 있다. (2) **창당준비위원회** 정당의 창당활동은 발기인으로 구성하는 창당준비위원회가 이를 하며, 법정의 사항을 중앙선거관리위원회에 신고하여야 한다(제5 · 7조). 창당준비위원회는 중앙당의 경우에는 200명 이상의, 시 · 도당의 경우에는 100명 이상의 발기인으로 구성한다(제6조). 창당준비위원회는 창당의 목적범위안에서만 활동을 할 수 있으며(제8조 제1항), 정당의 창당집회는 공개하여야 한다(제10조 제1항). (3) **중앙당과 시 · 도당** 2004년 법개정 전까지는 정당은 중앙당과 지구당으로 구성되었으나, 법개정 후에는 지구당제도를 없애고 시 · 도당제로 변경하였다. 정당은 5 이상의 시 · 도당을 가져야 하고(제17조 제1항), 각 시 · 도당은 당해 시 · 도당에 주소를 둔 1천인 이상의 당원을 가져야 한다(제18조). 이 요건에 대해서는 헌법재판소의 합헌결정이 있다(헌재 2006.3.30. 2004헌마246). 시 · 도당의 창당에는 중앙당 또는 그 창당준비위원회의 승인이 있어야 한다(제9조). 3) **정당의 기구와 운영** 정당은 민주적인 내부질서를 유지하기 위하여 당원의 총의를 반영할 수 있는 대의기관 및 집행기관과 소속 국회의원이 있는 경우에는 의원총회를 가져야 한다(제29조). 정당의 유급사무직원, 당비, 재정보고 등에 대하여 명시적인 규정이 있다(제30 · 31 · 34 · 35조 참조). 정당의 대의기관의 결의와 소속 국회의원의 제명에 관한 결의는 서면이나 대리인에 의하여 의결할 수 없다(제32조). 정당소속 국회의원의 제명은 당헌이 정하는 절차를 거치는 외에 그 소속 국회의원 전원의 2분의 1 이상의 찬성이 있어야 한다(제33조). 정당은 헌법과 법률에 의하여 활동의 자유를 가지며(제37조), 보조금배분대상인 정당은 정책연구소를 두어야 하고(제38조), 공직선거 전에 정책토론회를 개최하여야 한다(제39조). 6. **정당의 권리와 의무** 1) **정당의 특권** 정당은 설립 · 활동 · 존립 · 해산상의 특권을 가진다. 정당설립의 자유는 비록 헌법 제8조 제1항 전단에 규정되어 있지만 국민 개인과 정당의 '기본권'이라 할 수 있고, 당연히 이를 근거로 하여 헌법소원심판을 청구할 수 있다. 정당법상 정당등록요건을 다투는 정당(청구인)이 청구한 사건에서도 헌법 제21조 제1항 결사의 자유의 특별규정으로서, 헌법 제8조 제1항 전단의 '정당설립의 자유'가 침해 여부가 문제되는 기본권이라고 할 것이다(헌재 2006.3.30. 2004헌마246). 정당설립의 자유는 설립할 정당의 조직형태를 어떠한 내용으로 할 것인가에 관한 정당조직 선택의 자유 및 그와 같이 선택된 조직을 결성할 자유를 포함한다(헌재 2004. 12. 16. 2004헌마456). 정당은 정치적 의사형성에 참여할 권리, 균등한 경쟁기회를 보장받을 권리, 각급 선거관리위원회 위원과 선거참관인 지명권, 정당운영자금 국고보조를 받을 수 있는 권리 등을 가진다. 2) **정당의 의무** 정당은 민주적 기본질서 긍정의무, 국가기본질서 긍정의무, 당내 민주주의 의무(➔ 당내민주주의) 및 정당재산의 연례보고 의무를 진다. 7. **정당의 소멸** 1) **정당의 등록**

취소 (1) **등록취소 요건**(정당법 제44조) 정당이 법정 시·도당수(제17조) 및 시·도당의 법정당원수(제18조)의 요건을 구비하지 못하게 된 때, 최근 4년간 임기만료에 의한 국회의원선거 또는 임기만료에 의한 지방자치단체의 장선거나 시·도의회의원선거에 참여하지 아니한 때에 등록을 취소한다. 임기만료에 의한 국회의원선거에 참여하여 의석을 얻지 못하고 유효투표 총수의 100분의2 이상을 득표하지 못한 때에도 등록취소가 가능하였으나, 2014.1.28. 헌법재판소에서 위헌으로 결정되었다(헌재 2014.1.28. 2012헌가19, 2012헌마431(병합)). (2) **등록취소의 효과**(정당법 제48조) 정당이 등록취소된 경우에는 그 잔여재산은 당헌이 정하는 바에 따라 처분하고, 당헌에 따라 처분되지 않은 재산은 국고에 귀속한다. 등록이 취소된 정당은 동일한 명칭이나 대체정당 창당은 인정한다. 등록취소에 대해서는 행정심판이나 행정소송을 통해서 불복신청을 제기할 수 있다. 2) **자진해산**(정당법 제45조) 정당은 그 대의기관의 결의로써 해산할 수 있다. 정당이 해산한 때에는 그 대표자는 지체 없이 그 뜻을 관할 선거관리위원회에 신고하여야 한다. 3) **정당의 강제해산** ➜ 정당해산제도. 8. **정당과 정치자금** ➜ 정치자금규제. 9. **국회의원의 국민대표성과 정당대표성** 1) **국민대표성과 정당대표성** ➜ 정당국가적 민주주의. 2) **국회의원의 당적 변경** ➜ 당적 변경.

정당해산과 의원자격議員資格 ➜ 정당해산제도.

정당해산제도 [영] party dissolution, [독] Parteiverbot. 1. **서언** 1) **의의** 헌법 제8조 제4항은 「정당의 목적이나 활동이 민주적 기본질서에 위배될 때에는 정부는 헌법재판소에 제소할 수 있고, 정당은 헌법재판소의 심판에 의하여 해산된다.」고 규정하여 정당의 강제해산에 대하여 규정하고 있다. 위 제도는 과거 진보당이 행정청의 자의적 처분에 의해 해산된 것을 반성하여 제2공화국 헌법에서 최초로 도입된 이래 현행헌법까지 계속 규정되어왔다. 2) **제도의 취지** 민주주의는 다원성을 보장하고 가치상대주의에 기초하고 있으나, 그렇다 하더라도 민주주의를 부정하고 파괴하는 민주주의의 적에 대한 관용까지는 포함할 수는 없다는 방어적 민주주의를 표현한 것이다. 한편 민주적 기본질서에 반하는 정당의 존립을 부인하면서도 그 해산을 헌법재판소의 심판에 의해서만 가능하게 함으로써 행정부의 일방적·자의적인 처분에 의한 정당해산을 방지하고, 정당의 특수한 성격에 비추어, 일반결사보다 그 존립을 헌법에 의해 두텁게 보호하고자 하는 것이다. 결국, 이 조항은 정당의 한계를 규정하면서도 정당에 존립상의 특권을 부여한 것이라 할 수 있다. 헌법재판소는 「정당해산심판제도는 운영 여하에 따라 그 자체가 민주주의에 대한 해악이 될 수 있으므로 일종의 극약처방인 셈이다. 따라서 정치적 비판자들을 탄압하기 위한 용도로 남용되는 일이 생기지 않도록 정당해산심판제도는 매우 엄격하고 제한적으로 운용되어야 한다. '의심스러울 때에는 자유를 우선시하는(in dubio pro libertate)' 근대 입헌주의의 원칙은 정당해산심판제도에서도 여전히 적용되어야 할 것이다.」라고 하고 있다(헌재 2014.12.19. 2013헌다1). 2. **정당해산의 실질적 요건** 1) **해산의 대상이 되는 정당** 헌법 제8조의 해산의 대상이 되는 정당은 원칙적으로 중앙당이 중앙선거관리위원회에 등록을 필한 기성정당에 한한다. 정당의 방계조직이나 위장조직, 대체정당 등은 일반결사에 불과하여 행정처분으로 해산될 수 있고 여기의 정당에 해당하지 않는다. 한편 정당으로서의 실질적 요건을 완비했고 다만 등록절차를 진행 중에 있는 창당준비위원회의 경우에는 준정당으로 보아 해산을 함에 있어서 헌법

제8조 제4항에서 정한 요건과 절차를 갖추도록 해야 한다. 형식적 요건을 완비하기 전에 행정부에 의한 해산이 가능하다면 정치탄압으로 악용될 소지가 있기 때문이다. 2) **목적이나 활동** 정당의 '목적'이나 '활동'이 모두, 또는 그 중 하나가 민주적 기본질서에 위배될 때에 실질적 요건이 충족된다. 정당의 목적이 민주적 기본질서에 위배되는지는 정당의 공식적인 강령이나 당헌의 내용, 그밖에 당수 및 당간부의 연설, 당기관지, 당의 출판물, 선전자료, 기타 당원의 활동으로 보아 파악할 수 있는 그 정당의 전체적 성격에 의해 판단되며, 정당이 위헌성을 인식할 것을 필요로 하지 않는다. 정당의 활동에는 정당 명의의 활동 뿐 아니라 그 구성원인 당수, 당간부 및 평당원의 활동이 포함된다. 헌법재판소는「당대표의 활동, 대의기구인 당대회와 중앙위원회의 활동, 집행기구인 최고위원회의 활동, 원내기구인 원내의원총회와 원내대표의 활동 등 정당 기관의 활동은 정당 자신의 활동이므로 원칙적으로 정당의 활동으로 볼 수 있고, 정당의 최고위원 등 주요 당직자의 공개된 정치 활동은 일반적으로 그 지위에 기하여 한 것으로 볼 수 있으므로 원칙적으로 정당에 귀속시킬 수 있을 것으로 보인다. 정당 소속의 국회의원 등은 비록 정당과 밀접한 관련성을 가지지만 헌법상으로는 정당의 대표자가 아닌 국민 전체의 대표자이므로 그들의 행위를 곧바로 정당의 활동으로 귀속시킬 수는 없겠으나, 가령 그들의 활동 중에서도 국민의 대표자의 지위가 아니라 그 정당에 속한 유력한 정치인의 지위에서 행한 활동으로서 정당과 밀접하게 관련되어 있는 행위들은 정당의 활동이 될 수도 있을 것이다.」고 하고 있다(헌재 2014.12.19. 2013헌다1). 3) **민주적 기본질서를 위배할 것** 헌법 제8조 제4항의 민주적 기본질서가 무엇을 의미하는지에 대해서는 견해의 대립이 있다. 우선 정당의 민주적 기본질서는 오로지 자유민주적 기본질서만을 의미한다는 견해가 있다. 헌법이 경제적 질서로서의 사회민주주의까지 수용하는 것일지라도 정치적 질서로서의 자유민주주의에의 위배만을 정당해산사유로 규정할 수 있는 것으로 반드시 사회민주주의를 포함해야 할 필연적인 이유가 없으며, 그렇다면 정당의 존립과 활동의 자유를 최대한 보장하려는 위 규정의 취지에 따라 가능한 한 그 범위를 좁혀서 해석하는 것이 필요하다는 것을 논거로 한다. 이와 달리 민주적 기본질서는 사회민주적 기본질서도 포함하는 것이라고 보는 견해가 있다. 현행헌법이 경제적 자유에 대한 규제와 조정, 공공복리를 위한 자유와 권리의 제한을 이미 정하고 있는 등 헌법의 현실은 자유민주주의에 의한 수정을 의미하고 있는데 민주적 기본질서를 곧 자유민주적 기본질서라고 하는 것은 민주주의의 이념을 자유와 형식적 평등으로 국한하려는 사고이며 복지와 사회정의의 요소를 무시한 이론이라는 것이다. 생각건대 헌법의 제 규정은 통일적으로 해석해야 하며, 사회민주적 기본질서라고 그 규정을 해석한다 하더라도 그 개념의 범위를 넓고 유연하게 해석할 수 있어 남용의 위험도 없으므로 후자의 견해가 타당하다. 헌법재판소는「민주적 기본질서는, 개인의 자율적 이성을 신뢰하고 모든 정치적 견해들이 각각 상대적 진리성과 합리성을 지닌다고 전제하는 다원적 세계관에 입각한 것으로서, 모든 폭력적·자의적 지배를 배제하고, 다수를 존중하면서도 소수를 배려하는 민주적 의사결정과 자유·평등을 기본원리로 하여 구성되고 운영되는 정치적 질서를 말하며, 구체적으로는 국민주권의 원리, 기본적 인권의 존중, 권력분립제도, 복수정당제도 등이 현행헌법상 주요한 요소라고 볼 수 있다.」고 하고 있다(헌재 2014.12.19. 2013헌다1). 4) **비례의 원칙 준수** 헌법 제8조 제4항에서 비례의 원칙을

명문으로 규정하고 있지는 않으나, 정당설립과 가입의 자유는 헌법 제8조 제1항과, 제21조 제1항에 의해 보장되는 기본권이라는 점에서 이를 제한하는 위 규정을 적용함에 있어서도 비례의 원칙이 적용된다고 보아야 할 것이다. 따라서 정당이 비록 민주적 기본질서를 위반함이 분명하다 할지라도 반드시 정당해산의 방법을 동원하지 않아도 민주적 기본질서의 방어가 가능하다면 정당해산조치를 해서는 안 된다고 본다(헌재 2014.12.19. 2013헌다1 참조). 3. **정당해산의 절차** 1) **정당해산의 제소** 정부는 정당해산의 실질적 요건이 구비되었다고 판단할 경우 국무회의의 심의(헌법 제89조 제14호)를 거쳐 헌법재판소에 그 해산을 제소할 수 있다. 여기서 정부의 제소권 행사가 기속행위인지 재량행위인지 견해가 나뉘어 있으나, 헌법에서 명문으로 '제소할 수 있고'라고 규정하고 있으며 정부가 민주적 정치과정에 의해 문제를 해소하고자 할 경우 이를 존중해 주어야 하고, 또 해산보다 이것이 더 바람직하므로 재량행위로 보는 것이 타당하다. 정부는 정당해산심판의 청구자에 해산을 요구하는 정당을 표시하고 청구 이유를 기재해야 한다(헌법재판소법 제26조, 제56조). 헌법재판소가 정당해산심판 청구를 받은 때에는 그 청구서의 등본을 피청구인인 정당에 송달해야 하고(동법 제27조 제1항), 헌법재판소장은 그 사실을 국회와 중앙선거관리위원회에 통지해야 한다(동법 제58조 제1항). 2) **헌법재판소의 심판** 헌법재판소는 청구인의 신청 또는 직권으로 종국결정의 선고 시까지 피청구인의 활동을 정지하는 결정을 할 수 있다(동법 제57조). 이는 민주적 기본질서에 어긋나는 정당의 활동을 조속히 차단함으로써 방어적 민주주의를 실현하고 국법질서의 안정에 기여할 수 있으나, 가처분결정을 받은 정당은 비록 해산심판청구가 기각되더라도 회복할 수 없는 손해가 발생할 수 있으므로 가처분결정은 매우 신중하여야 한다. 통합진보당해산심판사건에서 헌법재판소는 가처분신청이 있었으나, 본안결정과 같은 날 이를 기각하였다(헌재 2014.12.19. 2013헌사907). 헌법재판소는 재판관 중 6인 이상의 찬성을 얻어 정당해산의 결정을 할 수 있다(헌법 제113조 제1항, 헌법재판소법 제23조 제2항). 헌법재판소법 제59조는「정당의 해산을 명하는 결정이 선고된 때에는 그 정당은 해산된다.」고 규정하고 있어, 위헌정당의 해산결정은 창설적 효력을 가진다. 정당해산심판에는 헌법재판소 법에 특별한 규정이 있는 경우를 제외하고는 헌법재판의 성질에 반하지 아니하는 한도에서 민사소송에 관한 법령을 준용한다(헌법재판소법 제40조 제1항). 3) **해산결정의 집행** 헌법재판소가 정당해산을 결정한 경우에는 정당해산을 명하는 결정서는 피청구인 외에 국회, 정부 및 중앙선거관리위원회에도 송달하여야 한다(헌법재판소법 제58조 제2항). 통지를 받은 선거관리위원회는 해산결정을 받은 정당의 등록을 말소하고 그 뜻을 지체없이 공고하여야 한다(정당법 제40조). 4. **해산결정의 효과** 1) **정당의 해산** 해산결정의 선고시점에 정당은 자동적으로 해산되며, 이후의 중앙선거관리위원회의 정당의 등록 말소 및 공고하는 행위는 단순히 선언적·확인적 효력만을 갖는다. 해산결정이 확정된 정당은 그 때부터 불법결사가 되므로 행정청이 행정처분을 통해 정당의 존립과 활동을 금지할 수 있다. 정당이 등록취소되거나 자진해산한 때에는 그 잔여재산은 당헌의 정하는 바에 따라 처분할 수 있도록 한 데 비하여(정당법 제41조 제1항), 헌법재판소의 해산결정에 의하여 해산된 정당의 잔여재산은 국고에 귀속되도록 하여(동조 제3항), 정당의 대표자가 임의로 재산을 처분하지 못하도록 하였다. 그러나 필요적 국고귀속은 재산권에 대한 중대한 제약이 되고, 당해 정당의 이념이 문제되는 것인데 물적 기반까지 박탈해야 할 필연성은 부족하다는 점에서 문제가 있다. 또한 해산결정으로 해산된 정당의 대표자 및 간부는 해산된 정당의 강령과 동일하거나 유사한 것으로 정당을 창설하지 못하며(정당법 제42조), 해산된 정당의 명칭과 같은 명칭은 정당의 명칭으로 다시 사용하지 못한다(정당법 제43조 제2항). 2) **소속의원의 자격상실 여부** 헌법과 헌법재판소법 및 정당법에서는 헌법재판소의 위헌심판에 의해 해산된 정당의 소속국회의원 혹은 지방의회의원이 그 의원으로서의 자격도 상실하게 되는지에 관해 명시적인 규정을 두고 있지 않다. 다만, 공직선거법에서 「비례대표국회의원 또는 비례대표지방의회의원이 소속정당의 합당·해산 또는 제명외의 사유로 당적을 이탈·변경하거나 2 이상의 당적을 가지고 있는 때에는 「국회법」 제136조(퇴직) 또는 「지방자치법」 제90조(의원의 퇴직)의 규정에 불구하고 퇴직된다.」는 규정이 있을 뿐이다. 중대한 입법적 흠결이다. 독일의 경우, 연방헌법재판소가 판결로 해산된 정당에 소속된 연방의회의원 또는 주의회의원은 의원자격을 상실한다고 판시(BVerfGE 2, 73; 5, 392)함에 따라 연방선거법에 명문규정을 두었다. 우리나라의 경우, **소속국회의원**에 대해서는 **학설**상으로는 ① 국회의원의 국민대표성이 중시하는 입장에서 무소속의원으로 남는다는 견해(의원직유지설), ② 정당제 민주주의의 원리를 중시하는 입장에서 국회의원 신분을 소속의원 모두가 상실한다는 견해(의원직상실설), ③ 비례대표의원의 경우 정당대표성이 강하다는 점에서 비례대표의원의 경우에만 의원직을 상실한다는 견해(지역구·비례대표분리설)가 대립하고 있다. **헌법재판소**는 「어떠한 정당을 엄격한 요건 아래 위헌정당으로 판단하여 해산을 명하는 것은 헌법을 수호한다는 방어적 민주주의 관점에서 비롯되는 것이고, 이러한 비상상황에서는 국회의원의 국민대표성은 부득이 희생될 수밖에 없다.」고 하면서, 「헌법재판소의 해산결정으로 해산되는 정당 소속 국회의원의 의원직 상실은 정당해산심판제도의 본질로부터 인정되는 기본적 효력으로 봄이 상당하므로, 이에 관하여 명문의 규정이 있는지 여부는 고려의 대상이 되지 아니하고, 그 국회의원이 지역구에서 당선되었는지, 비례대표로 당선되었는지에 따라 아무런 차이가 없이, 정당해산결정으로 인하여 신분유지의 헌법적인 정당성을 잃으므로 그 의원직은 상실되어야 한다.」고 판단하였다(헌재 2014.12.19. 2013헌다1). 2015.1.6. 통합진보당 소속 국회의원이었던 5인은 국회의원의 지위 확인을 구하는 소송을 제기하였다. 이에 대해 서울행정법원은 헌법재판소의 해산정당 소속 국회의원의 의원직 상실 결정은 헌법재판소의 헌법의 해석·적용에 관한 최종적 권한에 근거하여 이루어진 것으로서 법원이 이를 다시 심리·판단할 권한이 없고, 국회의원 지위 확인 청구는 실질적으로는 헌법재판소 결정의 효력을 직접 다투는 것을 내용으로 하는 소송이므로 법원이 이를 다시 판단할 수 없어 부적법하다고 각하하였다(서울행정법원 2015.11.12. 2015구합50320). 이 판결은 2021.4.29. 대법원에서 확정되었다(대판 2021.4.29. 2016두39856). **지방의회의원**의 자격이 상실되는가에 관하여 헌법재판소는 침묵하고 있으나, 중앙선거관리위원회는 지방의회의원을 지역구와 비례대표의원으로 분리하여 공직선거법 제192조 제4항에 따라 비례대표의원만 퇴직결정을 하였다. 이에 대해 통합진보당 소속 비례대표 지방의회의원 6인은 각급법원에 퇴직처분 취소 등을 구하는 소송을 제기하였다. 서울행정법원은 중앙선거관리위원회의 의결은 처분으로 볼 수 없고, 설령 처분으로 본다 하여도 각 통보가 모두 각급 선거관리위원회의 명의로 이루어진 것이므로 그에 대한 취소소송은 각급선거관리위원회를 상대로 제기해야 한다면서 부적법 각하하였다(서울행정법원 2015.9.10. 2015구합52937). 전주지법도 퇴직안내 통보는 헌법재판소 결정 및 중앙선거관리위원회 의결에 따른 의원직 상실을 확인하는 내용이어서 취소소송의 대상이 되는 처분으로 볼 수 없고, 전라북도선거관리위원회가 의원퇴직에 관한 결정을 하였다 하더라도 전라북도선거관리위원회는 이러한 결정을 할 권한이 없는 것이어서 그같은 결정의 기속력을 인정할 수 없다고 하며 부적법 각하하였다(전주지법 2015.11.25. 2015구합63). 전라북도의회의장을 상대로 비례대표 지방의회의원 퇴직처분 취소 등을 구하는 청구에 대하여서는, 전라북도의회의장의 통지는 확인에 불과하고 처분에 해당하지 않는다고 하여 부적법 각하하였다(전주지법 2015. 11. 25. 2015구합407). 하지만, 2016.4.25. 광주고법 전주 제1행정부는 이현숙 도의원이 의원직의 지위에 있다는 판결을 내렸다. 이 판결은 2021.4.29. 대법원에서 확정되었다(대판 2021.4.29. 2016두39825). 2016.5.19. 광주전남지역 지방의원도 광주지법 제1행정부의 판결에서 승소하였다.

정당해산제소권政黨解散提訴權 ➜ 정당해산제도.

정당화요구권正當化要求權 ㊐ right to justification. 기본권에 대해 국가가 개입하여 기본권을 축소시키는 경우, 국가에 대하여 해당 행위의 정당성을 입증하도록 요구할 수 있는 권리를 말한다. 기본권에 간섭 혹은 침해하는 국가행위의 단계와 함께 헌법재판소의 위헌심사단계에서도 정당화가 필요하다. 헌법재판소의 기본권심사절차에서 자유권과 사회권의 통합적 심사구조와 기준의 확립의 가능성과 관련된다.

정당후원회政黨後援會 ➜ 정치자금 규제.

정리해고제整理解雇制 ㊐ dismissal of redundancy. 정리해고란 경제적·기술적 여건의 변화에 따른 경영여건을 개선하기 위해 기업이 근로자를 해고하는 것을 말한다. 그동안 우리나라에서는 판례를 통해 ① 사용자가 해고를 하지 않으면 사업을 계속할 수 없다고 인정되는 경우 ② 산업구조조정 등 불가피한 사유로 기구를 개편하거나 작업부서를 폐쇄했으나 근로자를 타 부서로 전직시켜 사용할 수 없는 등 특별한 사정이 인정되는 경우에 한해서만 정리해고를 할 수 있도록 되어 있어 기업이 문을 닫을 정도로 경영이 악화되었을 때에만 동원할 수 있게 되어왔으나 1998.2. 노사정 합의에 따라 '긴박한 경영상 이유가 있을 때' 할 수 있도록 명문화되었다. ➜ 노동의 권리.

정무직政務職 **공무원** ➜ 공무원제도.

정보공개제도情報公開制度 ㊐ system of the disclosure of official informations. 1. **개념** 1) **의의** 정보공개제도는 유형에 따라 다양하게 정의할 수 있다. 이는 국가기관, 지방자치단체, 정부투자기관, 그 밖의 공공기관이 보유·관리하고 있는 정보를 국민의 청구에 의해 공개하거나, 또는 중요정보를 사전에 국민에게 제공함으로써 국민의 알권리를 보장하고 국정운영에 대한 국민참여와 투명성을 제고시키기 위한 제도적 장치를 의미한다. 즉, 광의의 정보공개는 국가나 지방자치단체의 등의 행정기관이 보유 관리하고 있는 정보나 행정기관의 정책결정 과정을 국민이나 주민의 청구에 의해 공개하는 것을 말한다. 이 같은 정보공개에 대한 개념은 구체적으로 다음과 같이 구분하여 설명 할 수 있다. ① 국민 개개인의 청구에 의한 의무적인 정보공개(협의의 정보공개) ② 각종 법령에 의한 정부의 일방적 공표행위(정보공표의무 제도) ③ 행정기관 스스로의 결정에 의한 자발적인 정보공개(자발적 정보제공). 가장 최광의의 정보공개제도에는 '행정기관이 보유하고 있는 정보를 외부인에게 제공하는 일체의 행위'로서 행정정보의 공개여부가 공개청구에 의한 것은 물론 국가의 재량에 맡겨져 있는 정보제공까지를 의미 하는 것으로 여기에는 ①, ②, ③의 개념 모두를 포함한다. 반면에 협의의 정보공개는 의무적 정보공개만을 의미하는데 이는 공개청구에 의하여 국가기관이 해당관련자나 일반국민에게 개시하는 것으로 ①이 여기에 해당한다. 한편, ①과 ②는 각기 유형은 다르지만 정보공개제도를 구성하는 체제의 하나로써 각각 사후적 정보공개와 사전적 정보공개라고 할 수 있으며, ①과 ②의 두 체제가 결합하여 광의의 개념으로 설명되는 정보공개제도를 구성하고 있다. 즉, 정보공개는 표면상으로는 공개청구가 없더라도 정보를 공표하는 '자발적 정보공개제도'와, 공개청구요구에 의하여 정보를 개시하는 '의무적인 정보공개제도'의 이원적인 구조로 나뉘어진다. 실제 미국정보공개법은 일정의 행정정보를 연방공시록에 공시하도록 의무화함과 동시에 일정의 행정정보에 대해서는 열람실을 설치해서 누구라도 열람 가능하도록 이를 법적으로 규정하고 있으며, 누구에게나 정보공개청구권을 보장하고 있다. 한편, ③의 개념은 자발적인 정보 제공에 해당하는데, 정보공표와 정보제공은 다음과 같이 구분된다. '정보공표'는 사인이 공개청구권을 행사하지 않아도 사전적인 행정정보의 공표 등에서처럼 국가가 행정정보를 공표할 의무를 가지는 것으로 이러한 공표제도는 행정기관이 법령 등 관계 규정에 의하여 특정사항을 정기적으로 국민에게 의무적으로 공표하는 제도로서, 공고·고시·법령공포 등이 이에 해당한다. 이 제도는 의무적 공표라는 점에서 정보제공과도 구별된다. '정보제공'은 일반대중에 대한 행정기관의 자발적 정보제공으로 행정정보공개운영지침 등을 들 수 있는데 국민은 이를 근거로 행정정보의 공개를 청구할 수는 없다. 정보제공은 엄밀한 의미에서 정보공개제도라고는 할 수 없다. 반면에 행정정보공개는, 정보공개청구권자 측에서 공개청구요구가 있을 경우 이를 보유하고 있는 정부는 일정의 예외사유에 해당하지 않는 한 정보를 공개해야만 하는 것이다. 2) **관련법률** 정보공개제도가 실현될 수 있도록 규율하는 법으로는 좁게는 국가의 「공공기관의 정보공개에 관한 법률(약칭:정보공개법)」이 있고, 넓게는 지방공공단체를 포함한 공공기관의 문서공개조례(정보공개조례)를 포함, 대체로 국가 및 지방공공단체의 정보공개에 관한 일반법을 가리킨다. 이 법률은 공개거부에 대해 실효성 있는 구제의 방법이 확보될 것을 전제조건으로 한다. 실제, 미국정보공개법은 일정의 행정정보를 연방공시록에 공시하도록 의무화함과 동시에, 일정의 행정정보에 대해서는 열람실을 설치해서 누구라도 열람 가능하도록 이를 법적으로 규정하고 있으며, 누구에게나 정보공개청구권을 보장하고 있다. 일반적으로 정보공개제도라고 할 때 종종 청구에 의한 공개제도에만 관심이 집중이 되는 경향이 있지만, 양자는 하나의 체제이고, 양쪽 모두 필요한 제도라고 해야 할 것이다. 이런 측면에서, 2004.1.에 전면 개정된 우리나라의 정보공개법 제7조에서 사전공표제도를 도입하여 공개를 의무화한 것은 의의가 있다. 2. **정보공개제도의 필요성** 디지털 혁명에 의한 고도정보화 사회는 소수에게 독점되었던 정보를 다수의 정보이용자들이 공유할 수 있게 하였다. 즉, 국가 등은 과거에는 상상도 할 수 없었던 방대한 양의 정보를 보유·처리할 수 있게 되었다. 정보화 사회에서 정보가 곧 힘이라는 것을 감안한다면 공권력에 의한 정보의 독점은 많은 문제를 야기할 수 있다. 정보공개제도는 국민주권의 이념에 따라 행정문서를 청구할 수 있는 권리를 부여하여 국민의 알 권리를 보장하고 공정하고 민주적인 행정추진에 기여 하는 데에 목적을 두고 있으며 정보공개제도의 필요성은 구체적으로 다음과 같다. (1) **국민의 알 권리 보장** 정보공개청구제도는 국민의 알 권리를 충족시키기 위하여 필요한 전제조건이 된다. 헌법상 언론·출판의 자유에서 비롯된 국민의 알 권리는 국민들의 생활에 직간접적 영향을 미치는 국가활동 전반에 관한 정보에 접근할 수 있는 정보공개청구권을 포함하고 있다. 즉, 알 권리는 읽을 권리 및 들을 권리와 함께 인간의 인격형성을 위한 전제이며, 개인의 자기실현을 가능케 하는 권리로서 인간의 행복추구권의 중요한 내용이다. ➜ 알 권리. (2) **국정에 대한 국민 참여 확대 및 민주정치의 강화** 정부는 사회문제와 관련된 정보를 가장 많이 보유·관리하고 있으며, 국정참여과정에서 올바른 의사결정을 하기 위해서는 국민들이 이러한 정보를 공유하고 있어야 한다. 국민은 행정에 관한 많은 정보를 가지게 됨으로써 올바른 의사와 여론을 형성시킬 수 있고, 행정권의 객체에서 참여의 주체가 될 수 있는 것이다. 따라서 정보공개는 국민에 의한 정치를 구현하기 위하여 필수적으로 요구된다. 주권자로서 국민이 국정에 관한 올바른 판단을 내려서 합리적인 조정, 통제를 하기 위해서는 국정활동에 관한 정보를 자유롭게 접근이용이 가능해야 한다. (3) **행정의 투명성과 신뢰성 확보** 공공기관이 보유·관리하는 정보에 대한 국민들의 자유로운 접근을 보장함으로써 행정의 투명성이 확보될 수 있고, 공공기관이 적극적으로 중요정보를 사전에 공개할 때 국민의 신뢰를 얻을 수 있다. 또한 정보공개는 행정관료의 행동양식에 직접 작용하여 행정의 책임성을 제고시킬 수 있는 유효한 수단이 되기도 한다. 더욱이 정보공개제도는 행정의 책임성을 확립하기 위하여 제시하고 있는 여러 가지 행정통제수단 중 가장 쉽고 빠르게, 그리고 적은 비용으로 적용할 수 있는 수단이라는 점에서도 정보공개제도는 필요하다. (4) **국민의 권리와 이익의 보호** 정보공개제도는 국민의 권리와 이익의 보호나 국민에게 봉사하는 행정을 위해서도 필요하다. 국민은 자신들의 권리나 생명·건강·심신의 안전·생활을 보호하기 위해서 수시로 관련정보를 획득하여 공공기관에 대하여 생활이익의 침해원인에 대한 해명과 적절한 방지책 및 구제책을 강구하여 주도록 요구할 수 있는 권리가 보장되어야 한다. 정보공개제도는 국민의 권리와 이익의 보호나 손해를 미연에 방지하는 데 있어 크게 공헌할 것이며 또한 국가가 국민의 경제·사회생활 면 뿐만 아니라 교육·문화활동 면에 봉사하도록 하는데 크게 기여할 것이며, 국민의 행정참여 확보의 필요조건이다. 3. **정보공개제도의 순기능과 역기능** (1) **순기능** 정보의 자유로운 유통의 수단이 되는 정보공개제도가 갖는 순기능에는 여러 가지가 있다. 즉, 알 권리의 보장에 의한 표현의 자유, 국민의 참정권의 보장, 정치과정의 투명성 확보, 필요한 자료의 입수로 자아실현, 등 여러 가지 측면에서 정보공개로 인한 긍정적인 효과를 논의 할 수 있을 것이다. 정보는 권력의 원천이자 자유의 조건이다. '아는 것이 힘이다'라는 베이컨의 말처럼, 정보는 단순한 데이터나 지식이 아니라 그 자체가 곧 힘(power)인 것이다. 정치공동체 내에서 정보의 지배는 권력의 원천이자 자유의 조건인 것이다. 정보격차(digital divide)의 문제는 단순히 복지차원의 문제로서만이 아니고 이러한 정보와 권력, 그리고 지유의 상관관계는 비단 오늘날의 정보사회에서만 의미를 가지는 것이 아니다. 정보공개제도의 시행은 소수층이 누리던 정보의 독점적인 생산·보유관리로부터 정보가 자유롭게 유통됨에 따라 공동체의 권력구조 및 개인의 자유를 결정하는 핵심조건인 정보를 국민 모두가 공유할 수 있게 되는 것이다. (2) **역기능** 정보공개제도의 역기능은 정보공개제도에 대한 반대의 논거로 제시되기도 한다. 정보공개제도의 역기능으로는 ① 정보공개로 인해 주요 외교·국방·안보 등 국가기밀의 무분별한 유출가능성과 이에 따른 국익의 침해 가능성, ② 정보공개제도 운영과 국가기밀의 보호조치 강구를 위한 정부부담의 증가, ③ 사생활 정보의 유출에 따른 프라이버시의 침해, ④ 경쟁상대 기업이나 우리나라 경제정책의 비밀 탐지를 위한 산업스파이 등 경제전쟁에의 목적으로 악용될 위험성, ⑤ 범죄자나 그 집단에 의한 악용 우려, ⑥ 정보공개로 제보자의 신원노출을 우려한 정보제공 의무자나 정보의 임의 제공자가 기피하여 공공기관의 정보수집에 대한 지장 초래 및 정보내용의 왜곡 우려, ⑦ 정보공개를 위한 문서목록작성, 정보공개를 담당한 전담기구 설치 및 인력충원과 구제절차 및 소송수행을 위한 행정부담의 증가, ⑧ 공개 청구 민원인이 많아질 경우 정상적인 업무수행의 지장초래와 만성적인 업무 정체현상 초래, ⑨ 정치적으로 민감한 사항이나 중요한 문서작성의 기피 및 파괴의 위험성, 부실한 정보 유통이나 조작된 정보의 공개 우려, 공무원들의 사기 위축과 소극적인 업무추진 우려, 행정의 능률성 및 효율성 저하 가능성, 정보의 접근에 대한 형평성을 상실할 우려 등을 들 수 있다. 그러나 정보공개제도의 이러한 역기능은 목적적 개념이 아니라 단지 수단이나 절차적 개념의 문제라고 여겨지므로 민주주의혁명이라고도 할 만한 정보공개제도의 긍정적인 효과를 상쇄시킬만한 반대의 논거는 되지 못한다고 본다. 따라서 정보공개제도를 실시함에 있어서, 정보공개제도의 긍정적인 기능의 효과를 고려해 볼 때 어느 정도의 부정적인 기능을 불가피하게 감수해야 하겠으나 그 범위를 극복할 수 있도록 이를 최소화할 수 있는 제도적 보완에 대한 노력이 뒤따라야 할 것이다. 5. **입법례** 1) **스웨덴** 스웨덴은 1766년 「출판자유법(the Freedom of the Press Act)」을 제정하여 세계 최초로 정보공개제도를 둔 나라이다. 이 법률에서 모든 시민에게 공문서에 접근·이용할 수 있는 공문서공개제도를 규정하였다. 1772년 이래 국왕에 의해 제한되기도 하였으나, 1809년 혁명 이후 1810년에 재확인되었고 여러 차례 개정을 거쳐 강화되었다. 이 외에 데이터법과 비밀보호법이 정보공개제도 관련법률로 시행되고 있다. 2) **미국** 미국은 1966년에 연방차원의 정보자유법(the Freedom of Information Act; Pub.L. 89-487)이 제정되었고, 워터게이트 스캔들 이후 프라이버시법(the Privacy Act of 1974), 투명정부법(the Government in the Sunshine Act of 1976), 정부윤리법(the Ethics of Government Act of 1978) 등에서 더욱 강화되었다. 이 후 전자정보공개법(Electronic Freedom of Information Act Amendments of 1996), 정보공개권한부여법(Intelligence Authorization Act of 2002), 열린정부법(OPEN Government Act of 2007), 월스트리트개혁 및 소비자보호법(The Dodd-Frank Wall Street Reform and Consumer Protection Act of 2010) 등이 개정 혹은 제정되었다. 3) **독일** 독일은 미국과 달리 정보공개법이 일반법의 형태로 규정되어 있지는 않으며, 출판기관에 대해서만 정보청구권이 개별 주의 출판법에 의해 보장되고 있다. 일반국민이 일반적으로 행정정보를 청구할 수 있는 가능성은 행정절차법에서 도출되는 것으로 해석되고 있다. 즉 연방행정절차법 제29조에서 보장하고 있는 행정절차상 이해관계인의 주장 및 방어를 위하여 필요한 범위 내에서의 문서열람청구권을 정보공개청구의 문제로 이해하고 있다. 이 제도로 불충분한 경우 환경정보공개법과 같이 개별 법영역에서 별도의 정보공개청구제도가 규정되고 있다. 4) **프랑스** 프랑스의 정보공개제도 관련법률은 1978년 제정된 「행정과 공중의 관계개선에 관한 법률(행정문서액세스법)」과 1979년 제정한 「이유의 부기에 관한 법률(이유부기법)」 및 「공문서에 관한 법률(공문서법)」 등 3개의 법률이 있다. 규정방식과 적용범위가 미국과는 다른 형태를 띠고 있다. 5) **일본** 일본은 중앙정부 차원이 아니라 지방자치단체의 조례를 통해 정보공개제도가 규범화된 특징을 갖고 있다. 최초로 정보공개조례가 제정된 것은 1982.3.의 山形縣의 金山町의 공문서공개조례로 알려져 있다. 정보공개법은 1999년에 제정되었다. 6) **기타** 핀란드는 1951년에 「공문서공개에 관한 법률」을, 캐나다는 1982년에 「정보액세스법」을, 덴마크에서는 1971년에 「행정문서액세스법」을, 노르웨이는 1971년에 「행정공개에 관한 법률」을, 네덜란드는 1980년에 「공적 정보의 액세스에 관한 법률」을, 호주는 1982년에 「정보자유법」을, 뉴질랜드는 1987년에 「연방행정기관의 정보공개에 관한 법률」을, 오스트리아는 1988년에 「연방행정기관의 정보공개에 관한 법률」을 각 제정하여 시행하고 있다. 6. **우리나라 정보공개제도** (1) **도입배경과 역사** 우리나라는 1980년대부터 학계에서 행정정보공개제도에 대한 필요성이 꾸준히 제기되어 오다가 1991.11. 청주시의회가 행정정보공개조례를 의결함으로써 지방자치단체 차원의 정보공개제도가 처음 도입되었다. 이 후 정부차원의 논의가 본격적으로 시작되어 1992년말 제14대 대통령 선거에서 각 당 후보들이 모두 공식적으로 정보공개법 제정을 공약으로 내세우면서 정보공개법 제정논의가 본격화되었다. 1993.1.부터 정부는 정보공개제도를 도입하기 위한 노력을 기울였고, 1996.12.31. 「공공기관의 정보공개에 관한 법률(법률 제5242호)」로서 공포하였다. 이 정보공개법제정은 세계에서 12번째로 제정 · 시행된 것이었고, 아시아에서는 최초로 입법화한 것이었다. 동 법률은, 2003.12.23. 개정에 대한 심의를 거쳐 2004.1.29. 전면개정을 거쳐 오늘날에 이르고 있다. (2) **정보공개제도의 목적** 정보공개법 제1조는 「이 법은 공공기관이 보유 · 관리하는 정보에 대한 국민의 공개 청구 및 공공기관의 공개 의무에 관하여 필요한 사항을 정함으로써 국민의 알 권리를 보장하고 국정에 대한 국민의 참여와 국정 운영의 투명성을 확보함을 목적으로 한다.」고 규정하여, 국민의 알 권리 보장, 국민의 국정참여, 국정운영의 투명성 확보 등 세 가지를 법률의 목적으로 하고 있음을 밝히고 있다. (3) **정보공개제도의 내용** ① **정보공개청구권자 및 정보공개청구의 대상** i) **정보공개의 원칙** 법 제3조는 「공공기관이 보유 · 관리하는 정보는 국민의 알권리 보장 등을 위하여 이 법에서 정하는 바에 따라 적극적으로 공개하여야 한다.」고 규정하고 있다. 여기서 공공기관이 보유 · 관리하는 '정보'는 '공공기관이 직무상 작성 또는 취득하여 관리하고 있는 문서(전자문서 포함) · 도면 · 사진 · 필름 · 테이프 · 슬라이드 및 그 밖에 이에 준하는 매체 등에 기록된 사항'을 말하며(법 제2조 제1호), '공개'는 '공공기관이 이 법에 따라 정보를 열람하게 하거나 그 사본 · 복제물을 제공하는 것 또는 「전자정부법」 제2조 제10호에 따른 정보통신망을 통하여 정보를 제공하는 것 등'을 말한다(법 제2조 제2호). ii) **정보공개청구권자(정보공개청구의 주체)** 법 제5조 제1항은 「모든 국민은 정보의 공개를 청구할 권리를 가진다.」고 하여, 대한민국국민이면 모두 정보공개청구의 주체가 됨을 밝히고 있다. 외국인은 대통령령이 정한 바에 따르도록 하고 있다(동 제2항). 대통령령에서는 국내에 주소를 두고 거주하는 자나 학술 · 연구를 위하여 일시 체류하는 자와 국내에 사무소를 둔 법인 또는 단체로 정하고 있다. iii) **정보공개청구의 대상(정보공개의무자)** 정보공개의 의무를 지는 '공공기관'은 국가기관(국회 · 법원 · 헌법재판소 · 중앙선거관리위원회, 중앙행정기관(대통령 소속기관과 국무총리 소속기관 포함) 및 그 소속기관, 「행정기관 소속 위원회의 설치 · 운영에 관한 법률」에 따른 위원회, 지방자치단체, 「공공기관의 운영에 관한 법률」 제2조에 따른 공공기관, 그 밖에 대통령령으로 정하는 기관이다. 대통령령으로 정한 기관은 각급학교, 지방공기업, 지방자치단체 출자기관 및 출연기관, 특수법인, 사회복지법인 보조금수급기관 등이다. 언론기관과 정당 등도 포함하여야 한다는 견해가 있다. iv) **정보공개법의 적용제외정보** 법 제4조 제3항은 「국가안전보장에 관련되는 정보 및 보안 업무를 관장하는 기관에서 국가안전보장과 관련된 정보의 분석을 목적으로 수집하거나 작성한 정보에 대해서는 이 법을 적용하지 아니한다. 다만, 제8조 제1항에 따른 정보목록의 작성 · 비치 및 공개에 대해서는 그러하지 아니한다.」고 규정하여 국정원 등에서 수집 · 작성한 일정정보에 대하여는 정보공개법의 적용을 원천적으로 배제하고 있다. 이 규정에 대해서는 안보관련 비공개정보에 관한 제9조 제1항 제2호와 법 제20조 제3항 행정소송상 비밀자료 제출면제 규정 등을 종합적으로 해석하면 정보공개법이 오히려 비밀보호법으로 기능할 수 있기 때문에 법 제4조 제3항을 삭제하여야 한다는 주장이 있다. v) **정보목록의 작성 · 비치 등** 법 제8조 제1항은 「공공기관은 그 기관이 보유 · 관리하는 정보에 대하여 국민이 쉽게 알 수 있도록 정보목록을 작성하여 갖추어 두고, 그 목록을 정보통신망을 활용한 정보공개시스템 등을 통하여 공개하여야 한다. 다만, 정보목록 중 제9조 제1항에 따라 공개하지 아니할 수 있는 정보가 포함되어 있는 경우에는 해당 부분을 갖추어 두지 아니하거나 공개하지 아니할 수 있다.」고 규정하여 정보목록과 정보공개시스템을 갖출 것을 요구하고 있다. 단서규정에 대해서는 이를 폐지하여야 한다는 견해가 제시되고 있다. ② **정보공개의 유형** i) **행정정보의 사전공표** 행정정보의 사전공표라 함은 공공기관이 보유 · 관리하는 중요정책 · 사업 · 예산집행 등에 관한 정보에 대하여는 국민의 공개청구가 없더라도 공개의 구체적 범위, 공개의 주기 · 시기 및 방법 등을 미리 정하여 공표하고 이에 따라 정기적으로 공개하여야 하는 것을 말하며, 이러한 정보로, 법 제7조 제1항은, 국민생활에 매우 큰 영향을 미치는 정책에 관한 정보, 국가의 시책으로 시행하는 공사(工事) 등 대규모 예산이 투입되는 사업에 관한 정보, 예산집행의 내용과 사업평가 결과 등 행정감시를 위하여 필요한 정보, 그 밖에 공공기관의 장이 정하는 정보 등을 규정하고 있다. 위 사항 외에도 공공기관은 국민이 알아야 할 필요가 있는 정보를 국민에게 공개하도록 적극적으로 노력하여야 할 의무가 있다(법 제7조 제2항). ii) **국민의 청구에 의한 공개** 이는 공공기관이 보유 · 관리하는 정보의 공개를 국민이 청구하는 경우에 공공기관은 법 제9조 제1항 각호의 비공개대상정보가 아닌 한 정보공개법이 정한 절차에 의하여 공개하는 것을 말한다. 헌법재판소는 정부의 정보공개의무는 국민의 청구가 있어야 발생한다고 본다(헌재 2004.12.16. 2002헌마579). 정보공개청구는 문서로 혹은 구술로 청구할 수 있다. 자세한 절차는 법 제10조에 규정되어 있다. ③ **비공개대상정보** i) **일반원칙** 정보공개법은 청구된 모든 정보의 공개를 원칙으로 하며 비공개대상정보는 한정적으로 열거하고 있고, 열거된 비공개대상정보이 비공개를 임의화하여 공개하지 아니할 수 있다고 규정하였다(법 제9조 제1항). 또한 비공개의 필요성이 없어진 경우에는 그 정보를 공개 대상으로 하여야 하고 비공개 대상 정보의 범위에 관한 세부 기준을 수립하고 이를 공개하도록 하고 있다(법 제9조 제2·3항). ii) **비공개대상정보의 유형과 문제점** a) **법령상의 비밀정보** 이는 「다른 법률 또는 법률에서 위임한 명령에 따라 비밀이나 비공개 사항으로 규정된 정보」를 말한다(법 제9조 제1항 제1호). 그 입법취지는 비밀 또는 비공개사항으로 다른 법률 등에 규정되어 있는 경우에는 이를 존중함으로써 법률 간의 마찰을 피하자는 데에 있다. b) **국익관련정보** 이는 「국가안전보장·국방·통일·외교관계 등에 관한 사항으로서 공개될 경우 국가의 중대한 이익을 현저히 해칠 우려가 있다고 인정되는 정보」를 말한다(동 제2호). 알 권리의 한계를 이루는 국가기밀이나 군사기밀이 이에 해당한다. c) **국민의 생명·신체 및 재산에 관한 정보** 이는 공개될 경우 국민의 생명·신체 및 재산의 보호에 현저한 지장을 초래할 우려가 있다고 인정되는 정보를 말한다(동 제3호). d) **형사사법적 정의의 실현에 관련된 정보** 이는 진행 중인 재판에 관련된 정보와 범죄의 예방, 수사, 공소의 제기 및 유지, 형의 집행, 교정(矯正), 보안처분에 관한 사항으로서 공개될 경우 그 직무수행을 현저히 곤란하게 하거나 형사피고인의 공정한 재판을 받을 권리를 침해한다고 인정할 만한 상당한 이유가 있는 정보를 말한다(동 제4호). 이 규정에 대해서는 비공개대상의 범위가 너무 광범위하다는 비판이 있다. e) **의사형성과정의 정보** 이는 감사·감독·검사·시험·규제·입찰계약·기술개발·인사관리에 관한 사항이나 의사결정 과정 또는 내부검토 과정에 있는 사항 등으로서 공개될 경우 업무의 공정한 수행이나 연구·개발에 현저한 지장을 초래한다고 인정할 만한 상당한 이유가 있는 정보를 말한다(동 제5호). 이에 대해서도 비공개대상의 범위가 너무 광범위하다는 비판이 있다. f) **개인에 관한 정보** 이는 해당 정보에 포함되어 있는 성명·주민등록번호 등 개인에 관한 사항으로서 공개될 경우 사생활의 비밀 또는 자유를 침해할 우려가 있다고 인정되는 정보를 말한다(동 제6호). 단 단서에서 일정한 예외가 있다. g) **법인 등 경영상의 비밀관련정보** 이는 법인·단체 또는 개인의 경영상·영업상 비밀에 관한 사항으로서 공개될 경우 법인 등의 정당한 이익을 현저히 해칠 우려가 있다고 인정되는 정보를 말한다(동 제7호). 단 사업활동에 의하여 발생하는 위해(危害)로부터 사람의 생명·신체 또는 건강을 보호하기 위하여 공개할 필요가 있는 정보나 위법·부당한 사업활동으로부터 국민의 재산 또는 생활을 보호하기 위하여 공개할 필요가 있는 정보는 공개대상이 된다. h) **공익관련정보** 이는 공개될 경우 부동산 투기, 매점매석 등으로 특정인에게 이익 또는 불이익을 줄 우려가 있다고 인정되는 정보를 말한다(동 제8호). ④ **정보공개절차 및 불복구제절차** i) **절차**(정보공개법 제10~17조) 정보공개 청구가 있는 경우, 10일 이내에 공개여부를 결정하고, 이를 통지하며, 제3자와 관련이 있는 경우에는 제3자의 의견을 들을 수 있다. 필요한 경우 다른 기관에 이송하며, 정부투자기관의 경우 정보공개심의회를 거친다. 정보공개는 원본공개를 원칙으로 하나 사본이나 복제물로 공개할 수도 있다. 또한 전자적 형태로 공개할 수도 있다. 비용은 실비범위 안에서 청구인이 부담하도록 하며 감면할 수 있다. ii) **불복방법**(정보공개법 제18~20조) 비공개결정에 대해서는 이의신청, 행정심판, 행정소송 등이 가능하다. ⑤ **정보공개제도 총괄 및 정보공개운영실태평가**(동법 제22~28조) 정보공개제도의 정책 수립 및 제도 개선 사항 등에 관한 기획·총괄 업무는 행정안전부 장관이 관장한다(동법 제24조 제1항). 기타 정보공개제도 운영실태 평가, 정보공개

처리실태의 개선권고, 자료제출 등 협조요청, 정보공개운영에 관한 보고서의 국회 제출 등에 관하여 정보공개법에서 상세히 규정하고 있다.

정보공개청구권情報公開請求權 ㊈ right to claim of the information disclosure. ➜ 정보공개제도.

정보情報**의 자유**自由 ➜ 알 권리.

정보자유법情報自由法 ㊈ freedom of information act. ➜ 정보공개제도.

정보분리情報分離**의 원칙**原則 ➜ 개인정보 보호의 원칙.

정보처리情報處理**의 원칙**原則 ➜ 개인정보 보호의 원칙.

정보통신망이용명예훼손죄情報通信網利用名譽毁損罪 ➜ 사이버공간(인터넷)과 표현의 자유.

정보통신망이용음란죄情報通信網利用淫亂罪 ➜ 사이버공간(인터넷)과 표현의 자유.

정복설征服說 실력설이라고도 한다. ➜ 국가.

정부대표政府代表 ㊈ government delegates. 특정한 목적을 위하여 정부를 대표하여 외국정부 또는 국제기구와 교섭하거나 국제회의에 참석하거나 조약에 서명 또는 가서명하는 권한을 가진 사람을 일컫는다(정부대표 및 특별사절의 임명과 권한에 관한 법률 제1조 참조). 정부대표는 특명전권대사로 임명할 수 있다. 외국에서 거행되는 주요 의식에 참석하거나 특정한 목적을 위하여 정부의 입장과 인식을 외국정부 또는 국제기구와 교섭하거나 국제회의에 참석할 수 있는 권한을 가진 사람을 '특별사절'이라 한다(같은 법 제1조 참조).

정부위원政府委員 현행 헌법 제62조는 국무총리 · 국무위원 또는 정부위원의 국회출석발언권 및 답변의무를 규정하고 있는데, 이 때 「정부위원」은 정부조직법에서 규정하고 있다. 즉, 국무조정실의 실장 및 차장, 부 · 처 · 청의 처장 · 차관 · 청장 · 차장 · 실장 · 국장 및 차관보와 과학기술정보통신부 · 행정안전부 · 산업통상자원부의 본부장 등이 정부위원이 된다(정부조직법 제10조 참조).

정부유사설政府類似說 **= 국가유사설** ➜ 기본권의효력.

정부조직법정주의政府組織法定主義 ⇔ 정부조직비법정주의(政府組織非法定主義). 정부조직에 관한 기본적인 사항을 헌법 및 법률사항으로 엄격히 하는 것이 정부조직법정주의이고, 정부조직에 관하여 대통령 혹은 집행부의 수반에게 폭넓은 재량을 부여함으로써 정부조직에 관한 기본적인 사항도 법률사항으로 하지 않는 것이 정부조직비법정주의이다. 19세기에는 행정조직의 자유가 강조되었으나, 20세기에는 행정조직법정주의로 대체되었다. 20세기에도 프랑스 · 이탈리아 등은 여전히 정부조직비법정주의에 따르고 있다.

정 · 부통령직선제 통상 대통령과 부통령은 짝을 이뤄 입후보하는 경우가 일반적이지만(running-mate system), 대통령과 부통령을 별도로 분리하여 각각 국민의 직선으로 선출하는 제도가 정 · 부통령직선제이다. 과거 우리나라에서 1952년 1차 개헌(발췌개헌)에서 채택되었던 제도이다. ➜ 발췌개헌. 이 후 1952.8.5.에 실시된 정 · 부통령선거에서 이승만과 함태영이 당선되었다. 제헌헌법부터 제도화된 부통령은 국무원의 구성원이 될 수 없었고 사실상 실권이 거의 없는 기관이었다. ➜ 부통령.

정부형태론政府形態論 ㊈ government system, ㊇ régime politique. 1. **의의** 정부형태라는 용어는 특정국가의 헌정체제를 지칭하기도 하고, 좀 더 일반적인 의미로는 집행권과 입법권과의 관계에 관한 문제로 보기도 한다. 정부형태의 개념적 정의는 국가권력의 관점에서 본 넓은 의미의 정부형태와 권력분립의 원칙에 기초한 좁은 의미의 정부형태로 나누어 볼 수 있다. **광의의 정부형태**는 국가권력의 관점에서 정부형태를 보는 것으로 어느 특정 시대에 있어서 한 국가의 정부를 형성하는 데에 기여하는 사회적·제도적 질서의 총체라고 할 수 있다. 정부형태를 거시적 관점에서 접근하여 정당성 원리, 제도 구조, 정당제도 그리고 국가형태와 역할 등의 구성요소를 통하여 정부형태를 결정하려는 시도는 헌정제도나 정치체제 또는 헌정체제의 전반에 걸친 이해의 틀 속에서 정부형태를 보고자 한다. 주로 프랑스에서 논의된다. **협의의 정부형태**는 국가권력구조에 있어서 권력분립의 실현형태를 말한다. 즉, 권력분립의 원칙에 입각한 국가권력의 조직적·구조적인 실현형태가 정부형태이다. 이 협의의 정부형태는 i) 입법·행정·사법부를 전부 포함하여 총체적 정부기관의 조직과 작용의 형태를 말하는 정부형태, ii) 입법부와 행정부 양자 간의 관계를 중심으로 하여 보통 대통령제와 의원내각제로 나누어 이해하는 정부형태, 이보다 좁게 이해하여, iii) 입법부와 사법부에 대응하는 행정부나 집행부를 지칭하는 것으로 행정부의 조직·작용의 형태를 의미하는 경우, iv) 대통령제에 있어서 대통령을 제외한 순수한 정부를 의미하는 경우 등으로 나눈다. 2. **정부형태의 분류** 1) **전통적 분류** 전통적 견해는 제도적인 면에 초점을 맞추어 국가권력의 관계, 특히 입법부와 행정부가 상호독립적 관계인지(독리성원리), 아니면 공화관계인지(의존성원리)에 따라 의원내각제와 대통령제로 구분하였다. 그러나 이 두 가지 기본형태는 해당국가의 헌법현실 속에서 형성되었기 때문에 양자에 속하지 않는 제3의 정부형태로서 의회제 내지 회의제를 독자적인 정부형태로 인정하는 견해가 있고, 또 이원정부제나 절충형 정부형태를 제3의 유형으로 인정하는 견해도 있다. 2) **현대적 분류** 정부형태를 국가권력의 상호관계를 기준으로 분류하는 정태적인 분류 이외에 기능적 측면에서 또는 현실적으로 국가권력의 통제여부나 권력행사의 민주성 여부에 따른 동태적인 분류방법이 나타나고 있다. **뢰벤슈타인(Löwenstein)**은 정부형태를 권력통제여부와 권력행사의 민주성 여부에 따라 전제적 정부형태와 입헌민주적 정부형태로 나누고, 후자를 의원내각제, 대통령제, 의회정부제, 집정부제 등으로 분류하였고, 특히 의원내각제를 고전적 의원내각제, 혼성 의원내각제, 통제된 의원내각제, 제어된 의원내각제 등으로 세분하였다. **파이너(S.E. Finer)**는 현대적 정부형태의 기본유형을 자유민주주의 국가의 정부형태, 전체주의국가의 정부형태, 제3세계국가의 정부형태 등으로 나누었으며, **슈탐멘(Stammen)**은 의원내각제, 대통령제, 입헌민주주의적 정부형태, 권위주의 내지 공산주의 국가의 현대전제주의적 정부형태, 제3세계 정부형태 등으로 나누었다. **뒤베르제(Duverger)**는 자유민주주의 체제와 권위주의체제로 나누고 전자에는 유럽형과 미국형이 있고, 후자에는 사회주의적 독재체제, 자본주의적 권위주의체제 등이 속한다고 보았다. 3. **정부형태의 기본유형** 1) **의원내각제** ➔ 의원내각제. 2) **대통령제** ➔ 대통령제. 3) **제3유형의 정부형태** (1) **이원정부제** ➔ 이원정부제. (2) **의회정부제** 일반적으로 집행부에 대한 의회의 절대적 우위를 특징으로 하는 정부형태로서 집행부 자체가 의회에 종속되는 의회중심제이다. 회의정체(會議政體)라고도 한다. 의회정부제에서는 의회가 국가권력구조의 정점에 위치하므로 모든 국가기관에 대하여 절대적으로 우위를 점한다. 집행부는 전적으로 의회에 종속하며, 양자의 관계는 위임자와 수임자의 관계에 비유할 수 있다. 집행부구성원의 의회선출과 연대책임, 국가원수의 부재가 특징이다. 집행부의 존립은 전적으로 의회에 의존하므로 의회가 해산하면 집행부도 해산한다. 의회는 상시개회한다. 의회가 모든 국가기관을 지배하므로 권력체계가 일원적이다. 의회정부제의 사례로는 영국의 장기의회와 국민공회제, 스위스의 집정부제, 중국이나 북한의 인민의회제를 포함할 수 있다. 4. **우리나라의 정부형태** 1) **임시정부기** 대한민국임시정부기의 정부형태는 대통령제(대한민국임시헌법), 국무령제(國務領制 대한민국임시헌법), 국무위원제(대한민국임시약헌), 주석제(主席制: 대한민국임시약헌) 및 주·부석제(대한민국임시헌장)로 전개되었으나, 기본구조는 임시의정원을 중심으로 한 의원내각제 내지 집단지도체제의 성격을 띠고 있었다. 2) **제헌헌법** 유진오 헌법초안은 의원내각제를 구상하였으나, 이승만의 의도에 따라 대통령제로 변경되었다. 대통령과 부통령을 두었고 임기 4년의 중임제한을 둔 점에서 미국식 대통령제와 유사하였지만, 합의체 의결기관이었던 국무원제도를 두고 국무총리제를 채택한 점에서 오히려 이원정부제에 가까웠다. 3) **제2공화국(1960 헌법)** 4·19 혁명 후 3차 개헌을 통해 의원내각제가 채택되었다. 고전적인 의원내각제와 양원제를 기본구조로 하였으나, 5·16 쿠데타로 좌절되었다. 4) **5·16 쿠데타 후** 쿠데타 후 국가재건비상조치법에 따른 국가재건최고회의에 의해 정부가 운용되었는데, 이는 입법·행정·사법의 전권을 장악한 과도기적인 회의체정부의 성격을 가지고 있었다. 5) **제3공화국(1962 헌법)** 제3공화국의 정부형태는 미국식 대통령제에 가장 유사하였다. 하지만 국무총리제도와 국무총리·국무위원 해임건의제도를 두어 의원내각제적 요소도 동시에 내포하였다. 헌정의 실제에서는 독재정부로서 국가권력의 전권을 대통령이 실질적으로 장악하였다. 6) **제4공화국(1972 헌법)** 소위 유신헌법상 정부형태는 대통령제를 채택하였으나, 통일주체국민회의와 헌법위원회를 형식화하여 권력분립을 형해화하고 신대통령제적 정부형태를 나타내었다. ➜ 유신헌법. 7) **제5공화국(1980 헌법)** 신군부의 쿠데타를 거쳐 성립한 제5공화국 정부는 박정희 정부의 아류정부로서, 정부형태상 대통령제를 채택하였으나, 기본성격상 유신헌법과 별반 다르지 않았다. 8) **현행헌법(1987)** 현행헌법상 정부형태는 대통령제를 기본구조로 하고 있지만, 의원내각제적 요소가 상당히 가미되어 있어서 헌정운용상 이원정부제로 기능할 가능성이 매우 크다고 평가된다. 이에 따라 현행헌법상의 정부형태를 기존의 대통령제중심적인 관점에서 벗어나 독자적으로 이원정부제로 이해하여야 한다는 견해도 유력하다. ➜ 이원정부제.

정상참작감경情狀參酌減輕 정상참작감경은 2020년 형법 개정 전에 작량감경으로 사용되던 표현이나 법개정 후에는 정상참작감경으로 명문화되었다. 정상참작감경은 법률상의 감경사유가 없더라도 법률로 정한 형이 범죄의 구체적인 정상에 비추어 과중하다고 인정되는 경우에 법관이 그 재량에 의하여 형을 감경하는 것으로 형법 제53조에 규정되어 있다. 법률상의 감경이라 함은 심신장애자의 범죄라든가 미수와 같이 형을 감경하여야 하거나 또는 형을 감경할 수 있는 것이 법률상 명시적으로 정하여져 있는 경우를 말한다(형법 제55조). 감경의 정도는 법률상의 감경도 작량감경과 같은 것으로 형법 제55조에 규정하고 있다. 또 법률상의 감경(가중)을 하는 경우에도 다시 작량감경을 할 수 있다. 즉 이중으로 감경할 수 있다는 것이다. 헌법재판소는 정상참작감경에 대하여, 형벌의 정당성과 균형성, 즉 책임과 형벌의 비례성과 관련하여 법관의 양형선택과 판단권을 극도로 제한하고 있고 또

범죄자의 귀책사유에 알맞는 형벌을 선고할 수 없도록 법관의 양형결정권을 원천적으로 제한하는 경우에 위헌으로 결정한 예가 많다. (헌재 1992.4.28. 90헌바24(특정범죄가중처벌등에관한법률); 2003.11.27. 2002헌바24; 2014.9.25. 2013헌바208; 2015.2.26. 2014헌가16 등; 2019.2.28. 2016헌가13; 2021.11.25. 2019헌바446등; 2022.5.26. 2021헌가32; 2022.8.31. 2022헌가10; 2022.8.31. 2022헌가14 등). 다만, 범죄행위의 불법성이 크고 죄질이 불량함을 고려하여 정상참작감경을 하더라도 집행유예는 선고할 수 없도록 하겠다는 입법적 결단에 해당하는 경우에는 합헌으로 판단하고 있다(헌재 2019.12.27. 2018헌바381; 2019.12.27. 2018헌바46; 2020.3.26. 2017헌바129 등).

정의론正義論 ㉢ justice, ㉣ Gerechtigkeit, ㉥ justice. 인간이 사회생활을 영위함에 있어서 마땅히 지켜야 할 보편타당한 생활규범의 이념을 말한다. '아리스토텔레스'는 정의를 배분적 정의와 교환적 정의(등분적 정의, 평균적 정의)로 분류하였다. 배분적 정의는 권리의 향유, 납세 · 영예 등과 같이 공법생활을 규제하는 질서의 근본이념으로서 단체와 그 구성원 또는 국가와 국민의 관계를 비례적으로 조화시키는 이념이다. 이에 비하여 교환적 정의는 손해배상 또는 유상계약에 있어서의 급부와 반대급부의 관계와 같이 사생활을 규제하는 질서의 근본이념으로서, 개인 대 개인 사이의 동등한 대가적 교환을 내용으로 한다. 현대 정의론은 존 롤스로부터 출발한다고 평가된다. 롤스의 정의론에 대해 마이클 샌델의 비판이 있다.

ㅈ

정전停戰 · **휴전**休戰 · **종전**終戰 ㉢ truce · armistice · end of war, ㉣ Waffenruhe · Waffenstillstand · Kriegsende/ende des Krieges. 정전은 부상자구조 등의 특정목적을 위하여 전투작전을 단기적으로 중단하는 것을 말하며, 휴전은 전쟁에서 적대행위를 중단하는 것을 말한다. 대개 휴전을 위하여 정전을 한다. 우리나라에서는 정전과 휴전을 혼용하는 예가 많다. 정전은 전투행위를 완전히 멈추는 것이며 교전 당사국들이 정치적 합의를 이룰 수 없어 전투행위만 정지하는 것을 뜻한다. 반면 휴전은 적대행위는 일시적으로 정지되나 전쟁은 계속되는 상태를 의미하며 일반적으로 전쟁의 종료를 선언하는 강화조약(혹은 평화조약)의 전 단계이다. 국제법상 휴전은 여전히 전쟁상태를 의미한다. 1953.7.27. 조인된 정전협정의 정식 명칭은 「유엔군 총사령관을 일방으로 하고 조선인민군 최고사령관 및 중국인민지원군 사령관을 다른 일방으로 하는 한국 군사정전에 관한 협정(Agreement between the Commander-in-Chief, United Nations Command, on the one hand, and the Supreme Commander of the Korean People's Army and the Commander of the Chinese People's volunteers, on the other hand, concerning a military armistice in Korea)」이다. 이를 줄여서 정전협정이라 부른다. 그런데 우리나라에서는 정전협정보다는 휴전협정이라는 표현을 더 많이 쓴다. 종전은 전쟁을 완전히 끝내는 것을 말한다. ➜ 종전선언.

정정보도청구권訂正報道請求權 ㉢ the right to the Request for Report on Corrected Statement, etc. 1. **의의** 사실적 주장에 관한 언론보도 등이 진실하지 아니함으로 인하여 피해를 입은 자(피해자)는 해당 언론보도 등이 있음을 안 날부터 3개월 이내에 언론사, 인터넷뉴스서비스사업자 및 인터넷 멀티미디어 방송사업자에게 그 언론보도 등의 내용에 관한 정정보도를 청구할 수 있다(언론중재 및 피해구제 등에 관한 법률 제14조 제1항). 다만, 해당 언론보도 등이 있은 후 6개월이 지났을 때에는 그러하지 아니하다(동조 단서). 법률은 언론사 등의 대표자의 정정보도청구 수용여부, 수용 시 정정보도 방법, 청구거부 사유, 정정보도 내용과 방법, 인터넷 사업자의 자료보관 등에 관하여 정하고 있다(동법 제15조 제2~8항). 2. **용어의 연혁** 이전의 언론법제에서도 정정보도청구권이라는 표현은 규정된 적이 있었다. 즉 1980년 언론기본법에서 처음 규정하고, 이후 정기간행물의 등록 등에 관한 법률, 방송법 등에서 '정정보도청구권'이 규정되었는데, 이 규정에 대해서는, 그 표현이 정정보도청구권임에도 불구하고 그 내용상 언론기관의 사실적 보도에 의한 피해자가 그 보도내용에 대한 반박내용을 게재하여 줄 것을 청구할 수 있는 권리로 보아야 할 것으로서 이른바 반론권(反論權)을 입법화한 것이라는 헌법재판소의 결정이 있었고(헌재 1991.9.16. 89헌마165; 1996.4.25. 95헌바25), 그에 따라 정간물법은 그 용어를 개정하여 '반론보도청구권'으로 정리한 바 있었다(1995.12.31. 개정법률). 그런데 2005.1.27. 새롭게 제정된 언론중재 및 피해구제 등에 관한 법률(언론중재법)에서는 산재해 있던 반론권을 일원화하여, 정정보도청구권, 반론보도청구권, 추후보도청구권 등을 언론보도로 인한 피해자의 권리구제수단으로 규정하여, 기본적인 규율을 하고 있다. 3. **법적 성격** 1) **학설** ① **반론권설** 이 견해는 언론중재법상의 정정보도청구권을 반론권제도에 포섭되는, 피해자의 이름으로 허위보도의 정정을 구하는 권리라고 보고 있다. 이 견해는 정정보도와 반론보도에 관한 정의규정의 비교와(언론중재법 제2조 16호 및 17호), 각 청구권의 요건으로 언론보도의 진실성 여부에 대한 차이만 있을 뿐이라는 점, 청구권의 행사방식에 관해 반론보도청구권에 정정보도청구권 규정을 준용하고 있는 점을 종합하면, 반론권에는 언론보도의 내용의 진실여부와 관계없이 그와 대립되는 반박적 주장을 담은 반론보도문과 진실하지 아니한 언론보도 내용의 전부 또는 일부를 진실에 부합되게 고친 사실적 주장을 담은 정정보도문의 공표를 함께 구할 수 있음을 분명히 하고 있고, 다만 그 정정보도문은 피해자가 자신의 이름으로 허위 보도내용의 시정을 구하는 것이라고 한다. 그러므로 언론중재법상 정정보도청구권은 종래 반론권제도에서 당연히 인정되어 온 정정보도를 구하는 권리와 반론보도를 구하는 권리의 내용을 형식적으로 분리하여 법적으로 개념화한 것일 뿐이라고 보는 것이 타당하다고 한다. ② **민법 제764조에 의한 권리설** 이 견해는 언론중재법상의 정정보도청구권을 불법행위의 결과로서 인정되는 민법 제764조에 근거한 원상회복청구권의 일종이라고 보는 견해이다. 그 근거로서는 정정보도청구권 행사 요건에 있어 언론사에게 허위보도에 대하여 고의·과실이나 위법성을 필요로 하지 않으나, 정정보도문의 게재나 방송의 주체, 방법, 내용, 효과 등 그 실질적 사항 등이 민법 제764조에 의한 명예회복에 적당한 처분으로서 정정보도를 구하는 권리에 관한 그것과 같음을 들고 있다. ③ **새로운 권리설** 헌법상 언론보도의 자유는 보호되어야 하지만, 그 언론보도의 자유는 무제한한 것이 아니라 헌법 제21조 제4항에 의한 제한이 따르므로, 언론·출판으로 인하여 명예나 권리가 침해된 피해자는 피해의 배상을 청구할 수 있는 바, 그 피해배상의 내용에는 금전적인 배상뿐만 아니라 명예회복에 적합한 조치도 포함된다고 할 수 있다. 그러한 조치 중의 하나로 언론사의 진술 형식으로 허위보도에 대하여 정정을 구할 수 있다. 정정보도와 반론보도는 원보도내용의 진실 여부를 신청인이 입증할 필요가 있느냐의 여부에만 차이가 있을 뿐 나머지 점에서는 본질상 다름이 없는 것이므로 정정보도청구권은 특별한 성격의 새로운 권리를 창설한 것이라고 보아야 한다. 2) **판례** 과거 언론기본법과 정기간행물등록등에관한법률에서 규정한 정정보도청구권에 대하여 대법원(대판 1986.1.28. 85다카1973)과 헌법재판소(헌재 1991.9.16. 89헌마165)는 이른바 반론권을 입법화한 것이라고 하여 정정보도청구권은 그 보도내용의 진실여부를 따지거나 허위보도의 정정을 청구하기 위한 것이 아니라고 하였다. 그러나 2005년의 언론중재법에서는 반론보도청구권과 함께 정정보도청구권을 규정하였고, 헌법재판소는 이러한 언론중재법상의 정정보도청구권의 법적 성격과 관련하여 반론보도청구권이나 민법상 불법행위에 기한 청구권과는 전혀 다른 새로운 성격의 청구권이라고 판시하여(헌재 2006.6.29. 2005헌마165), 정정보도청구권은 반론권을 입법화한 것이라는 이전의 입장을 변경하였다. 종전에는 정간물법에 규정된 정정보도청구권의 법적 성질을 민법의 일반규정에 따른 청구권이고, 다만 명예훼손의 경우에는 명예의 실질적인 회복을 위하여 민법 제764조에 따라서 손해의 배상과 별도로 인정되는 특수한 권리라고 해석하는 것이 보통이었다. 그런데 새 법률은 정정보도청구권을 규정하면서, 이를 위해서는 '언론사의 고의·과실 등 주관적 요건이나, 위법성의 객관적 요건을 요하지 아니한다.'고 규정하고(언론중재법 제14조 제2항), 오로지 '사실적 주장에 관한 진실되지 아니한 언론보도'가 있으면 충분한 것으로 규정함으로써, 언론중재법에 의한 정정보도청구권은 민법 제750조 이하의 일반불법행위 성립을 위한 요건을 필요로 하는 민법상의 권리와는 별개의 권리임을 명백히 하고 있다. 3) **소결** 현행 언론중재법상의 정정보도청구권은 반론보도청구권(좁은 의미의 반론권)이나 민법상의 권리와는 구별되는 새로운 청구권으로 해석하는 것이 타당하다. 개념상 과거의 법률이 좁은 의미의 반론권만을 인정하고 그 표현을 정정보도청구권이라고 하여 반론권으로서의 성질을 가지는 것으로 이해하였다면, 현행법은 넓은 의미의 반론권을 인정하고 이에는 정정보도청구권과 반론보도청구권 및 추후보도청구권 등을 인정한 것이라고 할 수 있다. 4. **정정보도청구권의 행사** 1) **청구인** 정정보도청구권의 행사 주체는 사실적 주장에 관한 언론보도가 진실하지 아니함으로 인하여 피해를 입은 자이다. 정정보도청구권은 언론보도가 허위임을 전제로 한다는 점에서 반론보도청구권과 구별된다. 민사소송법상 당사자능력이 없는 기관 또는 단체도 사회생활상 하나의 단위로서 활동하고 있는 사회적 개체인 경우, 정정보도청구권의 대상이 되는 원문보도가 민사소송법상 당사자능력이 있는 자에 대하여만 이루어지는 것이 아니므로, 언론보도에 의하여 침해된 피해자의 권리구제를 위해 인정하고 있는 정정보도청구권의 취지상 원문보도의 보도 대상이 된 사회적 개체마다 이를 인정하는 것이 타당하다. 따라서 사회생활에서 하나의 활동단위로 특정할 수 있는 인적 결사라든가 학교, 병원, 유치원 등 영조물도 이를 운영하는 법인과 별도로 하나의 기관으로서 정정보도청구권의 주체로 인정된다. 그리고 국가 또는 지방자치단체의 기관인 관청도 그 구성원과는 독립하여 공적인 권위를 가지고 국가목적 수행의 권한이 있는 항구적인 조직인 경우에는 정정보도청구권의 주체로 될 수 있다 할 것이다. 여기의 관청은 행정청과는 다른 개념으로서 일반의 행정각부 외에도 법원, 국립대학의 각 단과대학 등 공적인 과업을 수행하는 기관이 포함되며 국회, 외국의 관청도 포함된다. 2) **행사요건** 정정보도청구권을 행사하기 위해서는 먼저 i) 사실적 주장에 관한 언론보도 등이 있어야 하고, ii) 언론보도 등이 진실하지 아니함으로 인하여 피해가 발생하여야 한다. 정정보도청구권 행사에 있어서 고의나 과실, 혹은 위법성이 필요한

지 여부에 대해서 문제가 발생하는데 언론피해구제법은 명시적으로 정정보도청구에 있어 언론사 등의 고의·과실과 위법성을 필요로 하지 않는다고 규정하고 있다(언론중재법 제14조 제2항). 이 규정에 대해서 헌법재판소는 합헌이라고 하였으나(헌재 2006.6.29. 2005헌마165, 314, 555, 807, 2006헌가3(병합)), 같은 결정에서 정정보도청구의 소를 민사집행법상 가 처분절차에 의하여 재판하도록 규정한 언론중재법 제26조 제6항 본문 전단 중 '정정보도청구' 부분이 신문사업자인 청구인들의 공정한 재판을 받을 권리와 언론의 자유를 침해하였다고 판단하였다. 3) **거부사유** 언론사는 i) 피해자가 정정보도청구권을 행사할 정당한 이익이 없는 경우, ii) 청구된 정정보도의 내용이 명백히 사실에 반하는 경우, iii) 청구된 정정보도의 내용이 명백히 위법한 내용인 경우, iv) 상업적인 광고만을 목적으로 하는 경우, v) 청구된 정정보도의 내용이 국가, 지방자치단체 또는 공공단체의 공개회의와 법원의 공개재판절차의 사실보도에 관한 것일 경우에는 정정보도를 거부할 수 있다(언론중재법 제15조 제4항). 5. **정정보도의 방법** 언론사가 행하는 정정보도에는 원래의 보도내용을 정정하는 사실적 진술, 그 진술의 내용을 대표할 수 있는 제목과 이를 충분히 전달하는 데 필요한 설명 또는 해명을 포함하여야 하며, 위법한 내용을 제외한다(언론중재법 제15조 제5항). 정정보도는 공정한 여론형성이 이루어지도록 그 사실공표 또는 보도가 행하여진 동일한 채널, 지면 또는 장소에 동일한 효과를 발생시킬 수 있는 방법으로 이를 하여야 하며, 방송의 정정보도문은 자막과 함께 통상적인 속도로 읽을 수 있게 하여야 한다(언론중재법 제15조 제6항). 한편 이 법에 따른 정정보도청구 등과 관련하여 분쟁이 있는 경우 피해자 또는 언론사 등은 중재위원회에 조정을 신청할 수 있으며(언론중재법 제18조 제1항), 당사자 양쪽은 정정보도청구 또는 손해배상의 분쟁에 대하여 중재부의 종국적 결정에 따르기로 합의하고 중재를 신청할 수 있으며 이 결정은 확정판결과 동일한 효력이 있다(언론중재법 제24~25조). 그리고 언론사의 위법행위로 인하여 재산적, 정신적 손해를 받은 자는 손해배상을 청구할 수 있으며(언론중재법 제30조 제1항), 법원은 피해자의 청구에 의하여 손해배상을 갈음하여 또는 손해배상과 함께, 정정보도의 공표 등 명예회복에 적당한 처분을 명할 수 있다(언론중재법 제31조). 6. **입증책임** 정정보도청구권은 보도내용의 허위를 전제로 하므로 언론사의 보도내용의 허위여부를 누가 입증해야 하는지 문제된다. 언론중재법 제15조 제2항에서는 정정의 대상인 보도내용이 방송이나 인터넷신문의 보도과정에서 성립한 경우에 있어서는 당해 언론사가 그러한 사실이 없었음을 입증하지 않는 한 그 사실의 존재를 부인하지 못한다고 규정할 뿐 구체적인 허위입증의 문제에 관하여는 규정하고 있지 않다. 이에 대해 정정을 주장하는 언론피해자가 언론보도가 허위라는 사실을 입증해야 한다는 견해가 있다. 이 견해에 따르면 언론피해자에게 입증을 부담하게 하는 경우 정정의 결과를 얻기 위해서는 많은 시간과 노력을 해야 한다는 부담이 있지만, 언론사의 잘못을 지적하여 언론사의 항복을 받는 것이므로 피해회복의 강도가 훨씬 높기 때문에 정정보도청구가 반론보도청구를 행사하는 경우보다 선호될 것이라고 평가한다.

정족수定足數 ㉢ quorum, ㉣ Quorum, ㉤ quorum. 정족수란 다수인으로 구성된 합의체에서 회의진행과 의사결정에 필요한 일정한 수를 말한다. 정족수에는 의사정족수(議事定足數)와 의결정족수(議決定足數)가 있다. 의사정족수는 합의제기관의 과정을 진행하는 데 필요한 구성원의 출석수를 말한다. 개의정족수(開議定足數)라고도 한다. 국회의 의사정족수는 재적의원 5분의 1 이상이다(국회법 제73조 제1항). 국회가 회의 도중에 의사정족수에 미달하게 된 때에는 의장은 회의의 중지 또는 산회(散會)를 선포한다(국회법 제73조 제3항). 의결정족수는 합의체기관의 의결이 성립하는 데 필요한 구성원의 찬성표수를 말한다. 국회는 헌법 또는 법률에 특별한 규정이 없는 한, 그 재적의원 과반수의 출석과 출석의원 과반수의 찬성으로 의결한다. 가부동수인 경우에는 부결된 것으로 본다(헌법 제49조). 이것을 국회의 일반의결정족수(一般議決定足數)라고 하는데, 이 이외에 특별의결정족수(特別議決定足數)가 요구되는 경우가 있다. 대통령이 환부(還付)한 법률안에 대한 재의결(제53조 제4항), 국무총리 또는 국무위원에 대한 해임의 건의(제63조 제2항), 의원의 제명의결(제64조 제3항), 탄핵소추의결(彈劾訴追議決)(제65조 제2항), 헌법개정안의 의결(제128조 제1항) 등이 그것이다. 상법상 주주총회의 의사 또는 의결을 위하여 정족수를 요구하는 것도 있다(상법 제368조 제1항, 제434조 등 참조).

※ 헌법 및 국회법상 정족수

정족수	사 유
10인 이상	회의 비공개 발의, 일반의안 발의
20인 이상	국무총리 · 국무위원 출석요구발의, 긴급현안질문, 징계요구발의, 의사일정변경발의
30인 이상	위원회 폐기 의안의 본회의부의 요구, 의안 수정동의, 자격심사청구
재적 1/5 이상	본회의 · 위원회 의사정족수, 기명 · 호명 · 무기명 투표요구
재적 1/4 이상	구속의원 석방요구발의, 임시회집회, 국정조사요구, 전원위원회 요구, 휴회 중 재개요구
재적 1/3 이상	국무총리 · 국무위원 해임건의 발의, 대통령 이외의 자 탄핵발의, 무제한토론 요구
재적과반수출석/출석다수	임시의장과 상임위원장 선출, 예결위원장 · 윤리특위위원장 선출, 대통령선거 최다득표자 2인 이상일 때 대통령 선출
재적 과반수	헌법개정안 발의, 대통령 탄핵소추 발의, 의장 · 부의장 선출, 계엄해제요구, 국무총리 · 국무위원 해임건의 의결, 대통령 제외 고위공무원 탄핵의결, 신속처리안건 지정동의 요구
재적과반수출석/출석과반수 찬성	대통령의 거부권행사 법률안 재의결
재적 1/4 출석/ 출석과반수찬성	전원위원회에서의 의안의결
재적 3/5 이상 찬성	신속처리안건 지정동의의결, 무제한토론종결동의
재적 2/3 이상 찬성	의원 제명, 대통령탄핵소추의결, 의원자격심사결정, 헌법개정안 의결

정지적 거부권停止的 拒否權 ➜ 법률안 거부권.

정책결정政策決定 ㊐ policy-making. 정책이란 국가나 정부 혹은 단체 · 개인이 앞으로 나아갈 노선이나 취해야 할 방침을 말한다. 일반적으로는 정부 또는 정치단체가 취하는 방향을 가리킨다. 국가의 정책을 국책(國策)이라고도 부르는데, 오늘날에는 정당을 비롯하여 노동조합이나 경영자단체 및 개인의 정책이라도 그 내용과 성질이 공공적인 것이라면 정책이라고 하며, 미국에서는 이것을 공공정책(public policy)이라 부르고 있다. 정책결정은 정책을 정하는 것으로서, 국가영역에서는 입법 · 행정·사법의 각 영역이 일정한 헌법적 한계 내에서 정책을 결정한다. 행정학에서는 행정기관이 국가목표를 설정하고, 그것을 달성하기 위한 정책대안을 작성해 그 결과를 예측·분석하고 채택하는 동태적인 과정을 말하지만, 헌법학에서 국가의 기본적인 정책결정은 헌법의 위임에 따라 법률이라는 형식으로 입법부가 결정한다. 따라서 헌법학에서 정책결정은 원칙적으로 입법부가 담당한다. 입법부의 규범형식인 법률은 당해 법률이 다루는 영역에 관한 정책결정이다. 행정학 영역에서 말하는 정책결정과 헌법학에서 말하는 정책결정 사이에 오해가 있어서는 안되며, 사용하는 맥락에 따라 그 의미를 명확히 이해하여야 한다.

정책결정기능政策決定機能=**정책형성기능**政策形成機能 ➜ 법창조기능.

정책법원政策法院 ⇔ 권리구제법원(權利救濟法院). 사법의 정책형성기능에 따라 과거회귀적인 개인의 권리구제 측면보다는 장래의 정책결정에 더 중점이 주어지는 경우 이러한 법원의 역할을 정책법원이라 칭한다. 하지만, 사법에 의한 정책형성은 권리구제를 위한 개별적인 판결에 부수적으로 주어지는 효과이므로 이를 독자적으로 정책법원으로 칭함은 적절하지 않다. 미국의 공공소송이나 제도개혁소송 등도 개별적인 판결에 부수하여 인정되는 효과일 뿐이지 정책결정자로서의 법원의 지위가 독자적으로 부여되어 있어서 인정된다고 보기는 어렵다. ➜ 사법의 관념.

정책실명제政策實名制 정책실명제란 정책의 투명성과 신뢰를 높이기 위해 정책을 결정·집행하는 과정에서 담당자 및 참여자의 실명과 의견을 기록·관리하는 제도이다. 「행정 효율과 협업 촉진에 관한 규정」 제3조 14호에 따른 정의이다. 정책실명제에 따라 정책을 수립·집행하였더라도 폭넓은 재량이 인정되며, 사업 추진 결과가 기대에 미치지 못한다는 사유만을 징계사유로 삼을 수 없다고 함이 대법원 판례이다(대판 2017.12.22., 2016두38167).

정체政體 ➜ 국체·정체론.

정체순환론政體循環論 ⓔ anakyklosis(anacyclosis) 정체순환론은 그리스의 역사가 폴리비오스가 주장한 이론으로서, 정체는 왕정-귀족정-민주정으로 순환한다는 이론이다. 최초의 정치체제는 '원시 군주정'(monarchia)이다. 인간들도 동물들과 같이 스스로를 지키기 위해 무리를 이루고, 무리 중에 가장 강하고 용감한 자가 우두머리가 된다. 이 우두머리를 중심으로 구성된 정치체제가 '원시 군주정'이다. 원시 군주정은 공동체 구성원 사이의 연대감이 확장되고, '선악'과 '정의'의 개념이 생성되면서, 신민의 동의와 법적 정당성을 가진 '왕정'(basileia)로 변화한다. 이후 신민의 존경을 받던 선조의 후광 외에 아무 능력도 없는 세습군주가 통치하면서, 왕정은 폭력과 공포에 의존하는 '참주정'(tyrannida)으로 전락한다. 이때 폭정에 견디지 못한 몇몇 뛰어난 사람들이 다른 신민들의 지지를 바탕으로 반란을 일으켜 새로 구축한 정치체제가 '귀족정'(aristokratia)이다. 이렇게 구축된 귀족정도 혁명 세대가 사라지고, 혁명의 과정을 모르고 자란 귀족자제들의 교만이 극에 이르면서, 소수의 특권층의 이익에 봉사하는 '과두정'(oligarchia)으로 전락한다. 그래서 왕도 귀족도 모두 경멸하는 인민들이 그들 스스로가 다스리는 '민주정'(demokratia)을 세우게 된다. 그러나 군중의 귀만 즐겁게 하는 선동가들이 활개를 치면서, 민주정은 '중우정'(ochlokratia)으로 전락하고 만다. 그리고 이런 무정부 상태에서 법과 정의를 회복하고자 한 사람이 등장하면서, 정치체제의 순환이 완성된다. 이는 혼합정체론에 의해 막을 수 있다고 주장한다. 그의 저서 역사(Historiai) 제6권에서 주장하고 있다. 정체순환론과 혼합정체론은 원래 플라톤과 그의 제자 아리스토텔레스가 주장했던 것인데, 폴리비오스가 집대성한 것으로서, 그의 정체순환론은 오늘날 미국의 건국에도 영향을 주었다.

정치문제政治問題 ⓔ political question. 1. **의의** 정치문제의 의미내용에 관해서는 명확히 개념이 정립되어 있지 않으나, 일반적으로 정치문제의 법리란 국가기관(의회 · 정부)의 행위의 적법성을 사법부(헌법재판소 혹은 법원)가 심사하는 경우에 있어서 그 사법심사의 대상이 되는 국가행위 중에서 고도의 정치성을 내표한 문제는 법적 문제라기보다는 정치적 문제로 파악하여 사법부가 그에 대한 판단을 하지 아니하고 오히려 정치적 기관에 의해 정치적으로 판단하게 한다는 원칙을 의미한다. 이 개념은 실정법상 인정된 개념이 아니라 판례와 학설에 의해 확립된 것으로서 논리적으로 일관된 법체계를 구성하는 것이 쉽지 않다. 2. **정치문제의 법리에 관한 미국의 판례와 이론** 1) **판례** 미국에서 정치문제의 법리를 확립한 판례들 중 가장 중요한 판결이 **Luther v. Borden**, 48 U.S. (7How)1(1849) 판결이다. 이 판결은 로드아일랜드 주의 구정부를 전복하려는 세력과 구정부 사이에서 신정부파인 Borden이 구정부파인 Luther를 체포하려고 가택에 침입한 데 대하여 주거침입죄로 기소되어, 구정부의 합법성이 논쟁이 된 사건이었다. 사건에서 쟁점이 된 것은 어느 쪽이 정통정부인가의 문제와 구정부가 계엄을 선포한 행위가 공화정체를 위반한 것이었는가의 두 가지가 문제되었는데, 연방대법원은 연방사법부가 공화정체 보장조항하에서 경합되는 두 개의 주정부의 어느 쪽이 정통정부인가를 결정할 수 없고, 다만 주정부가 공화적인 상태인가 아닌가를 심사할 수 있다고 하였다. 다음으로 **Coleman v. Miller**, 307 U.S. 433(1939) 판결이 중요하다. 이 판결은 연방의회의 헌법수정의 발의에 대하여 주의회에서 거부한 후 13년 경과 후 다시 승인하는 것이 연방헌법 제5조에 규정된 정당한 절차에 따라 성립한 것인가의 여부에 관한 것이었다. 연방대법원은, 연방헌법 제5조는 비준에 관하여는 규정하지만 거부에 관하여는 어떤 기술도 없기 때문에 그 성립 여부는 연방의회가 판단할 사항이라고 하였다. 또한 헌법수정안의 비준의 기간은 헌법에 규정이 없기 때문에 법원이 판단할 사항이 아니라고 하였다. 본 판결 중에서 휴즈 대법관은 「당해문제가 정치문제인가 아닌가를 결정함에 있어서 결정적인 요인은 미국의 정치제도 하에서의 정치부문의 결정에 종국성을 부여하는 것이 적당한 것인가 그리고 사법부가 판단을 내리기 위한 충분한 기준이 결여되어 있느냐의 여부에 있다」고 판단하였다. 자주 인용되는 표현이다. 선거구획정과 관련하여 내린 **Colegrove v. Green**, 328 U.S. 549(1946) 판결은 불공정한 의원정수배분(malapportionment) 문제를 최초로 정면으로 다루었다. 다수의견을 집필한 Frankfurter 대법관은, 연방하원의원 선거구획정계획은 전적으로 연방의회에 의하여 정하여져야 할 사안이어서 법원은 이 문제를 판단할 권한이 없으므로, 다시 말하면 쟁점이 "정치문제"를 내포하고 있으므로, 원고는 당사자적격이 없이 사건이 기각되어야 한다고 판시하여, 선거구인구비례에 대한 사법심사를 배척하였다. 선거구인구비례에 대하여 사법심사의 대상이 된다고 한 최초의 판결이 **Baker v. Carr**, 319 U.S. 186(1962) 판결이다. 이 판결에서 Brennan 대법관은 정치문제의 특징으로 여섯 가지를 지적하여, ① 헌법자체가 문제해결을 정치를 담당하는 입법부와 행정부에 위임하고 있는 경우, ② 그 문제를 사법적으로 해결하기 위하여 적용할 수 있는 기준이 없는 경우, ③ 명백히 비사법적인 판단의 일종인 정책결정이 미리 정하여지지 않고는 재판하는 것이 불가능한 경우, ④ 입법부와 행정부의 입장을 존중하지 않고는 법원이 독자적으로 사건을 해결하는 것이 불가능한 경우, ⑤ 이미 결정된 정치적 판단을 존중하여야 할 특별한 필요성이 있는 경우, ⑥ 각 부가 한 문제에 대하여 제각기 의견을 발표함으로써 혼란을 야기시킬 가능성이 있는 경우 등으로 제시하였다(Baker test). 이 후 다수의 판결에서 유지되었다. 또 다른 정치문제 법리관련 판결로, **O'Brien v. Brown**, 409 U.S. 1(1972) 판결이 있다. 이 판결은 정당의 전국대회대의원의 자격심사문제는 정치문제로서 사법심사의 대상이 되지 않는다고 한 것이었다. 1975년 **Cousins v. Wigoda**, 419 U.S. 477(1975) 판결에서도 연방대법원은, O'Brien 판결을 인용하여 정당의 전국대회의 대의원자격심사는 당의 자유에 맡겨진 것으로서 사법심사이 대상이 되지 않는다고 판시하였다.

2) **이론**　(1) **고전적 이론**(classical theory)　이 이론에 따르면, 정치문제는 엄격히 헌법문언의 해석문제라고 보고, 정치문제임을 판단하는 것은 사법적 재량의 문제는 아니라고 한다. 사법심사권한은 궁극적으로 무엇이 법인가를 말하여야 하는 헌법적 의무에 근거한다. 이 말은 어떤 사안에 대한 판결과 논란이 사법부에 맡겨지면 사법부는 법을 발견하고 해석하며 적용하는 데에 있어서 독립된 판단을 하여야 한다는 것이다. 대표적인 학자는 Herbert Wechsler인데, 그는 정치문제법리는 오로지 헌법이 다른 정부기관에 대하여 분쟁이 생긴 문제의 해결을 그 텍스트에서 명백하게 스스로 위임한 경우에만 적용된다고 한다. Baker 사건에서 Brennan 대법관과 Douglas 대법관도 이에 입각하였다. 고전적 이론의 경우 정치문제의 판단근거가 명확하다는 점에서는 이론의 여지가 없으나 실제로 판결에서 헌법적 해석만으로 사법심사를 배제한다고 하는 경우가 많지 않으며 헌법텍스트의 조문 이외에 다른 근거를 들어 당해 사안을 정치문제로 판단한 판결이 많다는 점에서 충분한 이론적 근거로 되기에는 부족하다는 비판이 있다. (2) **신중한 이론**(prudential theory)　이 이론은 정치문제를 고전적 이론과는 달리 유연하게 파악하여, 반드시 헌법원리에 근거하지 않아도 어떤 특정한 상황에서는 사법부가 헌법적 판단을 하지 않아도 좋다고 본다. 이 입장에서 정치문제란 무언가 보다 훨씬 유연하고 신중함이 요구되는 무엇인가이지 그것이 어떤 대원칙이거나 헌법구조상으로 정당화되는 것은 아니라고 한다. M. Finkelstein은 사법적 영역이 완전히 배제되는 영역이 있다고 한다. Scharpf는 기회이론, 인지이론 및 규범이론의 세 가지로 설명한다. 기회이론은 법관이 중립적인 결정자가 아니라는 점과 법원도 스스로 정치적 생존에 대한 고려를 하게 된다는 두 가정을 토대로 하여, 정치문제 법리가 두 요소 즉, 강제이행의 불가능성과 사회적 합의의 결여라는 요소로 구성되어 있다고 한다. 법원이 판결을 내렸음에도 그것을 강제로 이행할 방법이 없다면 그러한 문제에 대해서는 판단하지 않는 것이 공리이며, 일반국민이 강하게 그 사안에 대하여 법원이 판단하는 것을 반대하는 경우에 법원은 판단을 유보하여야 한다는 것이다. 인지이론은 적용할 수 있는 법원칙이 없으면 사법심사를 자제하여야 하며, 이 경우 정치문제가 된다고 말한다. 이 이론은 일종의 사법적 불가지론(judicial agnosticism)이라 할 수 있다. 규범이론은 Bickel의 주장으로, 법원은 법원칙을 보전하고 수호하며 방어할 의무를 지는 기관이며 법원의 이러한 역할은 사법심사권을 행사함에 있어서 법원에게 사법재량을 부여한다고 한다. 이 입장은 법원이 정치문제에 관하여 관여하지 않는다

는 것이 중요한 것이 아니라 법원이 이를 다른 기관에게 맡김으로써 가장 올바른 판단을 하게 된다는 것이 중요하다고 말한다. (3) **기능적 이론**(functional theory) Scharpf는 위의 고전적 이론과 신중한 이론을 비판하면서, **기능적 이론**을 제시한다. 이 이론은 원래 모든 국가행위에 대한 최종적인 판단인 사법심사는 사법부의 영역이고 또한 의무이지만, 그 사안을 판단하기에 사법기능적 한계가 있는 경우에는 예외적으로 사법심사를 거부하는 것이 정당화된다고 한다. 그는 고전적 이론이나 신중한 이론이 갖는 치명적 취약점은 정치문제라고 판단한 경우의 사례들이 가지는 예외적인 성격과 협소하게 제한되는 성격을 무시한 채 일반화를 시도하려고 한 점이라고 비판한다. 그는 사법기능의 한계로 말미암아 정치문제 법리가 기능적 한계를 갖는 경우로 세 가지를 든다. 첫째, 법원이 적정한 정보를 얻기 어려운 경우, 둘째, 결정 또는 판결의 일관성이 필요한 경우, 셋째, 다른 정치기관의 보다 광범위한 책임에 대 한 존중이 필요한 경우 등이다. **결론적**으로 보아, 오늘날 미국 연방대법원은 정치문제에 관하여 위의 이론의 어느 하나에만 근거지우고 있지는 않다. 고전적인 입장을 근본적인 기준으로 하되 그 성격상 정치문제에 관하여 신중이론과 기능이론이 모두 필요한 근거로 활용될 수 있다고 보고 있다. 3. **우리나라의 이론과 판례** 1) **이론** 이른바 통치행위(정치문제)에 대하여 우리나라의 다수설과 판례가 취하고 있는 것으로 보이는 **사법부자제설**은, 이른바 통치행위(정치문제)도 원칙적으로 사법심사의 대상이 되지만 사법심사를 함으로써 오히려 사법부가 정치화할 위험이 초래되고 사법권독립을 약화시키는 부정적 결과를 가져오거나, 또는 사법심사로 말미암아 커다란 국가적 손해가 발생될 수 있으므로 사법부 스스로가 정책적으로 이른바 통치행위(정치문제)에 대한 심사를 자제해야 한다고 한다. 이에 대해 **기능적 한계론**은 사법심사에서 배제되는 고도의 정치성을 띤 최고국가기관의 행위를 인정하지 않는다. 다만 법적 기준이 없거나, 또는 법적 기준에 따라 심사를 한 후에 더 이상 사법기능이 개입할 수 없는 정치영역의 고유문제에 대하여는 사법이 그 기능상 더 이상 심사를 할 수 없다고 주장한다. 2) **헌법재판소 결정례** 이른바 통치행위 내지 정치문제에 해당된다고 볼 수 있는 사례들에 대해 헌법재판소가 내린 결정들 중 주요한 사례들은 긴급재정명령등 위헌확인사건(헌재 1996.2.29. 93헌마186), 이라크파병위헌확인사건(헌재 2004.4.29. 2003헌마814), 신행정수도건설 특별조치법위헌확인사건(헌재 2004.10.21. 2004헌마554 · 566[병합]), 국회의원과 국회의장등 간의 권한쟁의사건(헌재 2009.10.20. 2009헌라8 · 9 · 10[병합]) 등이 있다. ➜ 통치행위론.

정치성政治性 ➜ 헌법의 특성과 기능.

정치政治**의 사법화**司法化 ⓔ judialization of politics. 정치영역과 민주적인 시민사회영역 내지 공론의 장에서 논의되어야 할 문제들이 사법부에 이관되어 소수 엘리트 법관들에 의해 결정됨으로써, 민주적인 정치과정에서 해결되어야 할 문제들이 사법부의 의해 해결되거나 선점(先占)되는 현상을 말한다. 광범위한 권력장치의 자율화과정에서 생겨나는 국가의 주요한 정책결정이 정치과정이 아닌 사법과정으로 해소되는 현상이라 할 수 있다. 법관의 선출 및 임명에 국민의 참여가 보장되고 있지 않은 제도에서 민주적 정당성이 없는 사법부가 국민의 대의기관인 국회가 제정한 법률이나 선출직 공무원이 결정한 정책을 무력화시키는 것은 결론적으로 재판관들이 또 다른 입법자 내지 초입법자의 역할을 하거나 정책결정자의 역할을 하는 결과로 이어진다는 비판을 받고 있다. ➜ 헌법재판의 기능과 한계.

정치자금 규제政治資金 規制 1. **서언** 1) **정치자금규제의 필요성** 대의민주주의에서는 국민대표선출을 위한 선거와 국민의 적극적인 정치적 의사형성을 위한 정당은 중요한 공적 기능을 수행하고 있다. 선거제도와 정당제도가 제대로 기능하기 위해서는 필수적으로 재정이 요구된다. 특정 정당이나 정치인에 대한 정치자금의 기부는 그의 정치활동에 대한 지지·지원인 동시에 정책적 영향력 행사의 의도 또는 가능성을 내포하고 있다는 점에서 일종의 정치활동 내지 정치적인 의사표현이라 할 수 있다. 이러한 점에서 정치자금에 대하여 아무런 규제를 하지 않을 경우 정치권력과 금권이 결탁하여 민의의 왜곡과 정치적 부패를 초래하여 헌법이 지향하는 정당제 민주주의를 훼손시킬 우려가 크다. 따라서 정치자금에 대한 규제가 필요하지만 어느 정도의 규제가 적절한가의 문제는 간단하지 않다. 2) **정치자금법상의 정치자금** 정치자금이란 정치인이나 정당이 정치활동을 하는데 필요한 일체의 경비를 말한다. 우리나라는 정부 수립 직후부터 정치자금의 제도화를 추구하였으나 실효를 거두지 못하였으며, 1965년 법률 제1685호 「정치자금에 관한 법률」이 제정된 후, 기탁금제, 후원회제도, 국고보조금제도 등 수 차례의 개정이 이루어졌다. 2005년에는 「정치자금에 관한 법률(정치자금법)」을 전면개정하여 관련규정들을 대폭 정비하였다. 현행 「정치자금법」에 의하면 정치자금은 「당비, 후원금, 기탁금, 보조금과 정당의 당헌·당규 등에서 정한 부대수입, 그 밖에 정치활동을 위하여 정당(중앙당창당준비위원회를 포함한다), 「공직선거법」에 따른 후보자가 되려는 사람, 후보자 또는 당선된 사람, 후원회·정당의 간부 또는 유급사무직원, 그 밖에 정치활동을 하는 사람에게 제공되는 금전이나 유가증권 또는 그 밖의 물건과 그 자의 정치활동에 소요되는 비용」을 말한다(법 제3조 제1호 참조). 이와 같이 정치자금법상 허용되는 정치자금의 종류로는 당비, 기탁금, 후원금, 국고보조금 등이 있으며, 정치자금은 정치활동을 위하여 소요되는 비용으로만 지출되어야 하며 사적 경비 또는 부정한 용도로는 지출할 수 없다(법 제2조 제3항). 정치자금 중 당비의 경우는 정당의 당원들을 통해서 정당 내부에서 조달되어질 수 있다는 점에서 후원금, 기탁금, 국고보조금과 구별될 수 있다. 정치자금법상 "당비"라 함은 「명목여하에 불구하고 정당의 당헌·당규 등에 의하여 정당의 당원이 부담하는 금전이나 유가증권 그 밖의 물건」을 말하며(법 제3조 제3호), 소속 정당의 당원으로 가입을 한 후에만 납부할 수 있다. 정당은 당원들의 당비에 의해 운영되는 것이 원칙이지만, 현실적으로 당비만으로 정당이 필요로 하는 모든 경비를 충당하는 것은 어려운 일이다. 그렇다면 정당의 수입 구조 중에서 당비가 차지하는 비율이 어느 정도여야 적정한 것인가가 문제되는데 이는 정당의 자율성을 평가하는 것과도 관련성을 가진다. 전체수입 중 당비 비율이 낮아지는 것은 정당의 자율성이 낮아진다는 것을 의미하며 당비납부를 통한 참여민주주의 실현이라는 측면에서도 바람직하지 않다. 하지만 정당이 오로지 당비수입에만 의존하는 경우 그 정당은 국민전체의 관심을 얻거나 지지를 받는데 어려움이 있을 수 있다는 점이 함께 고려되어야 한다. 당비와 관련해서 특정인을 공직선거의 후보자로 추천하는 것과 관련하여 정치자금수수가 금지(정치자금법 제32조, 공직선거법 제47조의2)되기 전에는 비례대표 후보가 되기 위해 당비 명목으로 거액의 공천헌금을 제공하는 것이 문제되어 왔다. 고액의 당비는 공천을 위한 것이 아니라 하더라도 이를 납부한 소수가 정당에 대하여 미치는 영향력은 클 수밖에 없으며, 이러한 소수에 의하여 정당의 중요 정책이나 의사가 결정되는 것은 민주주의 훼손을 가져 올 수 있기 때문에 바람직하지 않다. 하지만 현행법상 당비의 상한액에 관한 제한이 없으며, 고액납부자의 명단을 공개하는 제도도 없기 때문에 이를 제한할 수 있는 방안이 마련되어 있지 않다. 정치자금 중 정당이 외부로부터의 자금에 의존하는 기탁금, 후원금, 국고보조금이 중요하다. 2. **기탁금** 1) **기탁금제도의 의의와 내용** 기탁금이라 함은「정치자금을 정당에 기부하고자 하는 개인이 정치자금법의 규정에 의하여 선거관리위원회에 기탁한 금전이나 유가증권 기타 물건」을 말하며(법 제3조 제5호), 정당에 정치자금을 기부하고자 하는 자는 기명으로 선거관리위원회에 기탁하여야 한다(법 제22조). 정치자금법 제정 당시 가장 중요한 자금조달 수단은 기탁금제였으며, 도입 당시에는 기부한도액에 대한 제한 규정이 없었지만 1980년 개정법을 통하여 일정한 한도액이 규정되었다. 현행 기탁금제도는 국고보조금을 받을 수 있는 정당에게만 지급되며(법 제27조), 당원이 될 수 없는 공무원과 사립학교 교원도 기탁금을 기부할 수 있도록 되어 있다(법 제22조 제1항; 2005년 법개정에서 신설). 그리고 기부자가 특정정당을 지정하거나 기탁금의 배분비율을 지정할 수 있는 지정기탁금제도가 아니라 단지 일정액을 기탁하면 국고보조금 배분비율에 따라 중앙선거관리위원회가 각 정당에 배분 · 지급하는 일반기탁금제도로 정치발전기금 내지 정당발전기금의 성격을 가진다. 일반기탁금제도는 기부자 개인이 가지고 있는 정치적 선호를 반영할 수 없으며, 기탁금 제공을 통하여 정치적 영향력을 행사할 수 있는 가능성이 적어서 기탁금을 기부하고자 하는 동기가 줄어들게 된다. 기탁금제도에 대한 규제와 관련해서 문제되는 중요한 것으로는 지정기탁금제 재도입여부, 법인 · 단체의 정치자금 기부 허용 여부이다. 2) **지정기탁금제 폐지 및 재도입 문제** 지정기탁금제는 기탁금 배분에 있어서 기부자의 의사를 실제적으로 반영할 수 있는 장점을 가지고 있음에도 불구하고 이를 폐지하게 된 것은 정치현실에서 정치자금이 집권당으로만 집중되었기 때문이다. 즉 소수정당이나 야당을 포함하는 정당 전체를 위한 정치자금조달 수단이 되지 못하고 여당에만 집중되는 정치자금의 불평등한 배분상황이 지속되어지자 야당은 이의 폐지를 주장하였으며 결국 1997년 폐지되었다. 하지만 기탁금제도를 보다 활성화하기 위해서는 지정기탁금제를 재도입하여야 한다는 주장이 제기되고 있다. 중앙선거관리위원회는 개인이 선거관리위원회에 정치자금을 기탁하는 때에 기탁금의 50%에 해당하는 금액까지는 특정정당에 지급하여 줄 것을 조건으로 기탁할 수 있도록 하되, 특정 정당에 지급을 조건으로 하는 금액은 기탁금 상한액(1억원)의 25%를 초과하지 못하도록 하는 내용의 제한적 지정기탁금제를 허용하는 의견을 제시하기도 하였다. 현 시점에서는 재도입의 필요성 정도가 크지 않으며 문제점을 심화시킬 수 있는 요소들의 보완에 대한 논의가 충분히 이루어졌다고 보기 어렵다는 주장이 설득력을 얻고 있는 것으로 보인다. 3) **법인 · 단체의 기탁금 기부금지와 허용여부** (1) **법인 · 단체의 정치자금기부 금지** 법인이나 단체의 정치자금 기부의 규제와 관련하여 초기에는 일반적으로 법인이나 단체의 정치자금은 허용하면서 특정 단체에 대해서만 이를 제한하는 것이었다. 특히 정치자금의 기부를 전경련과 같은 경제단체나 기업인에게는 적극 권장하면서 노동단체에 대해서는 엄격히 금지한 것이 문제되었다. 이는 다양한 이익집단의 이해를 반영하지 못한 것으로서 노동단체의 정치참여를 차별적으로 제한하는 것이었다. 이러한 불평등한 규제는 1999년 헌법재판소에 의하여 노동조합에 대한 정치자금기부 금지는 평등원칙에 위배되어 위헌이라고 판단되어(헌재 1999.11.25. 95헌마154), 2000.2.16.「정치자금법」의 개정으로 노동단체의 정치자금 기부금지 조항이 삭제됨으로써 노동조합의 정치자금 기부를 허용하였다. 하지만 2002년 불법대선자금 사건의 여파로 2004.3.12. 개정된 법은 기업의 정치헌금을 원천적으로 봉쇄하고, 단체의 과도한 정치적 영향력 행사를 통한 민주적 의사형성과정 왜곡 및 단체구성원의 의사왜곡을 방지하기 위하여 법인·단체의 정치자금 기부를 절대적으로 금지하였다. 따라서 정치자금은 개인만 기부할 수 있고 외국인, 국내외의 법인 또는 단체는 기부할 수 없으며, 누구든지 국내외의 법인 또는 단체와 관련된 자금으로 정치자금을 기부할 수 없도록 하였다(법 제31조). 이에 대해 헌법재판소는 합헌으로 판단하였다(헌재 2010.12.28. 2008헌바89). (2) **법인·단체의 기탁금 기부 허용여부** 종래 법인이나 단체의 기탁금을 포함한 정치자금 기부금에 대해서는 정경유착으로 인한 폐해 방지가 우선되어야 하는지 아니면 정치자금 모금의 조달의 필요성과 용이함이 고려되어야 하는지, 정치적 의사표현의 자유의 측면에서 법인 단체의 기탁금 기부 금지를 어떻게 평가할 수 있는가를 중심으로 지속적으로 허용여부에 대한 의견이 나뉘어져 왔다. 불허용설은, 정경유착으로 인한 폐해방지, 단체구성원의 정치적 의사표현의 자유의 침해 방지를 근거로 제시하며, 헌법재판소의 판단과 같이, 단체기부금지는 표현의 내용에 따른 규제가 아니어서 내용중립적인 방법제한이므로 정치적 표현의 자유의 본질을 침해하지 않는다고 한다. 이에 대해 허용설은 첫째, 법인이나 단체의 정치적 표현 내지 활동이 존중되어야 한다는 점, 둘째, 법인·단체의 정치자금 기부가 정치자금의 원활한 창구가 될 수 있으며 정당정치의 발전이 이루어질 수 있다는 긍정적인 측면, 셋째, 법인·단체의 경우 후원금 기부가 금지되고 있는 상황에서 기탁금의 기부까지 허용되지 않을 경우 법인·단체가 합법적인 방법으로 정치자금을 제공할 수 있는 길은 없으므로 합법적이지 않은 방법이 동원될 수 있다는 점 등을 지적하고 있다. 결론적으로, 법인이나 단체의 집단적 정치적 표현은 개인의 것보다 표현의 자유에 미치는 효과가 크다는 점에서 자금지원을 통한 정치적 표현의 행사는 제한의 필요성이 상대적으로 크다는 점, 정경유착의 위험이 여전히 상존하고 있는 점 등에 비추어 허용이 어려운 측면이 있으나, 법인이나 단체의 정치자금 기부를 통한 정치적 표현의 자유를 절대적으로 금지하기보다는, 기부한도액 상한제한, 법인·단체의 내부적 의사결정 경유 등, 필요한 최소한의 제한을 가하는 제도를 마련함이 적절하다. 3. **후원금** 1) **후원금제도의 의의 및 내용** 정치자금법상 "후원회"는「정치자금의 기부를 목적으로 설립·운영되는 단체로서 관할 선거관리위원회에 등록된 단체」이며(법 제3조 제7호 참조), 1980년 도입된 이후「정치자금법」개정 시마다 후원회 가입자격을 완화하거나 후원회구성자격을 확대하여 정치자금 수요자에게 정치자금모금이 가능할 수 있도록 그 범위를 확대하여 왔다. 그러나 이렇게 구성자격을 확대하여 오던 개정방향과 달리 2004년 개정된「정치자금법」은 부칙 제2조에 중앙당 및 시·도당의 후원회에 관한 경과조치를 두어 2006.3.13. 정당후원회를 폐지하였다가, 2015.12.23. 헌법재판소의 헌법불합치 결정 이후 다시 규정하였다(후술). 후원금은 기탁금제가 지정기탁금제 폐지로 인해 상대적으로 유명무실하게 된 이후 더욱 중요성을 갖게 되었으며, 익명 기부가 허용되지 않는 기탁금과는 달리 익명으로 기부하는 것이 허용된다. 2) **개인후원회제도** (1) **개**

인후원회제도의 변천 정당과 달리 개인의 경우 1989.12.30. 개정된 「정치자금법」에서 국회의원(입후보등록자 포함) 후원회제도를 신설하여 처음으로 개인후원회제도를 도입하였으며, 2004.3.12. 개정법은 지역구 국회의원선거의 예비후보자 뿐만 아니라 대통령선거경선예비후보자와 중앙당 대표의 당내경선후보자에게도 후원회 지정권한을 인정하였다. 다만 국회의원 선거와 관련해서 후보자등록 전인 입후보예정자의 경우에는 공직선거법 제60조의2 제1항의 규정에 의하여 등록한 국회의원 예비후보자에게 한정하여 후원회를 둘 수 있도록 하고 있다. 이에 대해 헌법재판소이 합헌결정이 있었다(헌재 2005.2.3. 2004헌마216). 지방선거후보자들의 경우 2005년 개정된 「정치자금법」은 시·도지사후보자에게, 2010.1.25. 개정법은 지방자치단체장 선거의 후보자에게 후원회지정권한을 인정함으로써 종래 지방자치단체자 중 후원회가 금지되던 기초자치단체장 선거후보자에게까지 확대되었다. 하지만 「공직선거법」의 적용을 받는 선거 가운데 지방의회의원선거의 후보자 및 예비후보자, 지방자치단체장선거의 예비후보자는 후원회지정권자에서 제외되어 있었다. 2) **지방선거후보자의 후원회 금지에 대한 헌법재판소 결정** 시·도의원에 대해서는 후원회 구성을 금지한 정치자금법 조항이 평등의 원칙에 위반되는지 여부가 문제된 사건에서 헌법재판소는 국회의원과 시·도의원의 활동범위의 차이 등을 들어 시·도의원에 대해서는 후원회 구성을 금지한 것이 평등원칙에 위반되지 않는다고 판시하였다(헌재 2000.6.1. 99헌마576). 또한 또한 헌법재판소는 정치자금법 제6조와 관련하여 대통령선거의 예비후보자와 국회의원선거의 예비후보자는 후보자로 등록하기 이전이라도 후원회를 구성하여 후원금을 모금함으로써 향후 선거에 대비하는 것이 가능한 반면에 광역자치단체장선거의 경우 예비후보자를 배제하고 후보자만 후원금을 모금할 수 있도록 하고 있는 규정에 대하여 2021.12.31.을 시한으로 개정하도록 하는 헌법불합치를 선고하고(2019.12.27. 2018헌마301등), 지방의회의원의 경우 예비후보자를 포함한 후보자 모두에게 후원회에 관하여 아무런 규정을 두지 아니한 규정의 예비후보자 부분에 대하여 위헌심판이 청구된 것에 대하여 인용의견이 5인에 그침으로써 기각하였다(같은 결정). 헌법재판소는 국회의원과 지방자치단체 장간에는 지위, 성격, 기능 등에서 차이가 있음을 분명히 하고 있다. 3) **정당후원회제도** (1) **정당후원회제도의 내용과 변천** 1980년 처음 도입된 정당후원회제도는 정당의 중앙당에 한하여 후원회를 둘 수 있도록 하였으나, 1989년 개정 정치자금법은 중앙당 외에 시·도지부, 지구당도 독자적으로 후원회를 둘 수 있게 하였다. 또한 1994년 개정 정치자금법은 후원회를 둘 수 있는 지구당 중 '교섭단체'라는 요건을 삭제함으로써 원내 교섭단체를 구성하였는지 여부와 상관없이 모든 정당의 지구당에 후원회를 둘 수 있도록 허용함으로써 정치자금이 정당후원회를 중심으로 조달될 수 있도록 이를 확대하였다. 그리고 1995년 개정에서는 중앙당후원회의 기부한도를 50억원에서 100억원으로, 선거가 있는 해에는 이를 두 배로 상향조정하였으며, 1997.11.14. 개정에서는 중앙당 후원회의 기부한도를 100억원에서 200억원으로 상향조정하였다. 하지만 2004년 불법 정치자금 수수로 인한 정경유착을 막기 위하여 정당후원회는 2년 유예기간을 두고 폐지하기로 결정되었으며, 2006.3.13. 정당후원회제도는 전면 폐지되었다. 그러나 2015.12.23. 헌법재판소의 헌법불합치 결정 후 다시 법개정이 있었다. (2) **현행법상의 정당후원회제도** 정당후원회는 정치자금법의 규정에 의하여 정치자금의 기부를 목적으로 설립·운영되는 단체로서 관할 선거관리위원회에 등록된 단체를 말한다. 정치자금법 제6조에 따르면, 중앙당창당준비위원회를 포함한 중앙당, 국회의원선거의 당선인을 포함한 국회의원, 대통령선거의 후보자 및 예비후보자, 정당의 대통령선거후보자 선출을 위한 당내경선후보자, 지역선거구 국회의원선거의 후보자 및 예비후보자, 중앙당 대표자 및 중앙당 최고 집행기관의 구성원을 선출하기 위한 당내경선후보자, 지방자치단체의 장선거의 후보자 등은 후원회를 지정하여 둘 수 있다(제6조 제1항). 2008년 법개정 이전에는 중앙당과 시·도당이 후원회지정권자가 될 수 있었으나, 2008년 법개정으로 후원회지정권자가 될 수 없도록 하였고, 이에 대하여 헌법재판소가 2017.6.30.을 시한으로 헌법불합치 결정을 내렸다(헌재 2015.12.23. 2013헌바168). 이에 따라 시·도당을 제외하고 중앙당만 후원회지정권을 갖도록 법이 개정되었다(2017.6.30 법률 제14838호). 누구든지 자유의사로 하나 또는 둘 이상의 후원회의 회원이 될 수 있다(동법 제8조 제1항). 후원회의 기부한도는 중앙당 50억, 대통령 선거비용제한액의 100분의 5에 해당하는 금액, 국회의원 1억5천만원, 지방자치단체장 선거비용제한액의 100분의 50에 해당하는 금액이다(동법 제12조 참조). 4) **후원회 모금 한도 증액에 대한 특례** 정치자금법은 선거시 후원회모금한도를 증액할 수 있도록 하고 있다. 즉 후보자를 선출한 정당의 지역구 국회의원의 경우, 대통령선거와 임기만료에 의한 국회의원선거와 동시지방선거가 있는 연도에는 연간 모금·기부한도액의 2배를 모금·기부할 수 있도록 되어 있다(법 제13조 제1항 참조). 국회의원들 중에서도 지역구의원의 경우에만 가능하고, 비례대표의원의 경우에는 이러한 특례가 인정되지 않는다. 이에 대하여 비례대표국회의원도 연간 모금 기부한도액의 특례에 있어서 비례대표국회의원을 지역구 국회의원과 다르게 규정하는 것은 평등권을 침해하는 것으로서 불합리하다는 주장이 있다. 4. **국고보조금제도** 1) **국고보조금제도의 의의 및 내용** 헌법은 제8조 제3항에서 「국가는 법률이 정하는 바에 의하여 정당운영에 필요한 자금을 보조할 수 있다.」고 규정하여 정당보조의 가능성을 직접 규율하고 있으며, 이에 따라 정치자금법은 국고보조금을 인정하고, 이를 「정당의 보호·육성을 위하여 국가가 정당에 지급하는 금전이나 유가증권」(제3조 제6호)으로 정의하고 있다. 정당에 대한 국고보조금지원은 정당이 가지는 공적 기능에 대한 강조, 정당이 국고보조금을 지원받음으로써 사적 기부자로부터 자유로울 수 있어서 정당의 독립성이 강조되고 이를 통해 사적 기부자의 의사가 아닌 국민의 의사를 반영한 정책을 형성할 수 있는 반면, 정당국가에서 정당이 정치자금을 예산에 임의로 계상하며, 재정적으로 국민에게 의존하는 대신 국가에 의존하게 하여 국민과 국가의 중개자로서의 정당의 기능을 저하시키는 문제점을 안고 있다. 보조금제도에 관한 각국의 입법례를 보면, 정당활동을 위한 보조금을 지급하고 있는 국가는 우리나라와 일본, 독일 등이며, 이에 반해 미국이나 영국 등은 정당활동에 대한 직접적인 국고보조금은 지급되지 않으며, 다만 선거비용에 대한 보조나 야당에 대한 보조 등이 제공되고 있을 뿐이다. 현행 국고보조금은 경상보조금, 선거보조금, 여성추천보조금(➜ 여성후보자추천보조금제도), 장애인추천보조금(➜ 장애인추천보조금)으로 4종류로 구분할 수 있다. 정당의 국고보조금 지출은 정당활동의 자유를 보장하는 측면에서는 자유롭게 집행하는 것이 바람직하지만 정당국고보조금의 공적 보조적 성격을 감안하여 지출에 있어서 일정한 용도제한이 필요하다. 현행 국고보조금에 대해서는, 정치활동비에 비하여 정당을 운영하는데 소요되는 기본경비의 비중이 지나치게 높다는 점이 지적되고 있다. 2) **국고보조금의 적정성 문제** 국고보조금은 명확한 지급기준에 따라 지급되어야 하며, 합리적으로 배분되어야 한다. 즉 실질적인 형평성을 유지하기 위하여 정당별로 그 규모 및 활동력 등에 상응하게 차등지급하여야 한다. 국고보조금을 배분하는 기준은 의석수나 총 득표수, 정당득표율 등으로 개별국가의 역사와 정치풍토 내지 정치환경에 따라 다양하게 나타나고 있다. 우리나라의 경우 국고보조금은 지급 당시 동일 정당의 소속의원으로 교섭단체를 구성한 정당에 대하여 100분의 50을 정당별로 균등하게 분할하여 배분 · 지급하고, 이후 의석수, 득표수비율 등을 기준으로 배분 · 지급된다(법 제27조 참조). 교섭단체를 주된 기준으로 하여 국고보조금을 배분하는 것은 유권자 지지에 기반을 두지 않은 이질적 기준으로서 헌법적으로 문제가 있다는 비판이 있다. 헌법재판소는「정당의 공적기능의 수행에 있어 교섭단체의 구성 여부에 따라 차이가 나타날 수밖에 없고, 이 사건 법률조항이 교섭단체의 구성 여부만을 보조금 배분의 유일한 기준으로 삼은 것이 아니라 정당의 의석수비율과 득표수비율도 함께 고려함으로써 현행의 보조금 배분비율이 정당이 선거에서 얻은 결과를 반영한 득표수비율과 큰 차이를 보이지 않고 있는 점 등을 고려하면, 교섭단체를 구성할 정도의 다수 정당과 그에 미치지 못하는 소수 정당 사이에 나타나는 차등지급의 정도는 정당 간의 경쟁상태를 현저하게 변경시킬 정도로 합리성을 결여한 차별이라고 보기 어렵다.」고 보아 합헌으로 판단하였다(헌재 2006.7.27. 2004헌마655). 현행 국고보조금 배부기준은 교섭단체와 의회진출정당에게 유리하게 규정된 것으로서 이는 정당간의 기회균등 원칙에 반하고 정당의 새로운 참입을 사실상 불가능하게 할 수 있다. 정당의 원내교섭단체구성여부를 중요한 기준으로 삼기 보다는 국민의 지지도를 반영한 선거득표비율을 중요한 기준으로 삼아야 할 것이다. 독일의 경우처럼 당비뿐만 아니라 소액후원금까지 연동하여 국고보조금을 지급하는 방안도 고려될 필요가 있다. 3) **기타** 현행법상 정당은 선거가 실시되는 연도에는 경상보조금 외에 선거보조금이 추가로 지급된다. 또한 선거공영제의 실시에 따라 정당은 국가나 지방자치단체로부터 선거비용을 보전받고 있다. 즉 선거에 참여하는 정당은 후보자등록마감일 후 2일 이내에 선거보조금을 국고로부터 지원을 받게 되고(법 제25조 제4항), 선거 후 일정 득표율을 얻은 경우 선거비용의 전액 혹은 절반을 다시 국가 또는 지방자치단체의 부담으로 보전받게 된다. 또 다른 문제는 선거보조금의 반환에 관한 것이다. 선거보조금은 해당 선거의 후보자 등록마감일 후 2일 이내에 정당에게 지급되는데, 선거보조금을 받은 정당의 후보자가 선거운동 중 사퇴하여 선거운동을 할 필요가 없게 된 경우에는 이를 반납해야 하는 것이 당연함에도 근거규정이 없음을 이유로 반환하지 않아 소위 '먹튀'논란을 불러일으켰다. 따라서 정당이 추천한 후보자가 선거기간 중 사퇴하거나 등록무효되어 선거운동을 할 필요가 없는 경우에는 선거보조금을 반환할 수 있도록 근거조항을 마련할 필요가 있다. 5. **결어** 정치자금 규제의 방안으로서 정치자금을 제공할 수 있는 자나 모금이 허용되는 자에 대한 규제는 평등의 문제를 제기하며 이는 실질적인 정치적 영향력의 차이를 가져온다. 또한 정치자금 배분방식에 있어서의 불균형 역시 중요한 평등의 문제를 제기한다. 한편으로 정치자금은 차별과 불균형의 문제만이 아니라 이를 통한 국민의 정치적 표현의 자유를 보장하고 그 보장의 수준을 보여준다는 점에서 규제만이 최선책은 아니다. 현행법상 정당후원회가 부활되어 거액의 국고보조금을 유지할 필요가 있는가에 대한 비판을 감안하여, 법인이나 단체의 정치자금기부 허용을 통하여 그 의존도를 완화시키는 방향으로 전환할 것이 요구되며, 지급의 상한을 정하는 것이 필요하다.

정치자금법政治資金法 ➜ 정치자금 규제.

정치작용설政治作用說 ➜ 헌법재판의 법적 성격.

정치적 다원주의政治的 多元主義 ⓔ political pluralism, ⓓ politischer Pluralismus, ⓕ pluralisme politique. 제1차 세계대전 전후부터 활발해진 정치사상으로 다원적 국가론이라고도 한다. 국가와 개인 사이에 다양한 사회집단이 존재하고 그 집단의 자율성을 확보함으로써 개인의 자유를 확보하고자 하는 견해이다. 20세기에 들어 국가기능이 확대됨과 동시에 전전(戰前)의 불안정한 국제 정세 속에서 민족주의에 기반을 둔 국가우월적 경향으로 인하여 통제가 강화됨으로써 개인의 자유를 위협하는 상황에 처하게 되었다. 거대화한 국가 앞에 개인은 무력화되어 근대 시민사회에서의 국가 대 개인이라는 도식은 의미를 갖지 못하게 되었다. 그 한편으로 집단의 분출이라는 현상이 있는데 그 집단을 국가에 대치시켜 국가의 무제한적 권력화에 제동을 걸고자 하였다. 이러한 정치적 다원주의는 영국에서는 J. 피기스(N. John Neville Figgis), E. 베이커(Ernest Barker), A.D. 린세이(Alexander D. Lindsay), H. J. 라스키(Harold J. Laski), G.D.H. 콜(George D. H. Cole), 프랑스에서는 L. 뒤기(Léon Duguit), 미국에서는 R.M. 맥키버(Robert M. MacIver) 등에 의해 주장되었다. 이 다원론자들은 각각 독자의 이론을 전개하고 있지만, 다음과 같은 공통점이 있다. 즉, 헤겔(G.F.v. Hegel)적인 국가관, 즉 개인과 국가의 합체, 윤리와 정치의 동일성을 주장하여 국가 절대이론을 부정하고, 국가도 자주적으로 운영되고 있는 종교적 · 경제적 · 직능적 집단과 병렬적으로 존재하는 한 집단에 불과하다고 생각한다. 국가도 여러 집단과 마찬가지로 목적을 가지고 있어야 하며 국가의 존속은 그 목적을 실현함으로써 국민으로부터 지지와 동의를 얻기 때문에 가능한 것이지 국가 자체가 권력을 가지고 있기 때문은 아니다. 국가주권은 절대 · 불가분이라고 생각되어 왔지만 그것도 집단으로 분할되어 있다고 본다. 따라서 국가의 절대적 우위성은 인정하지 않고 사회를 조정한다는 기능 때문에 상대적 우위성만을 인정한다. 이와 같이 집단에 의해 국가를 포위하고 국가권력을 집단으로 분할함으로써 집단의 자유 · 자율 더 나아가 개인의 자유를 확보하고자 하였다. 라스키는 노동조합을, 피기스의 경우는 종교단체를, 린세이는 교회 · 국가의 2원사회를 중요시하였다.

정치적 대표설政治的 代表說 ➜ 국민(國民)과 대표(代表)의 관계.

정치적 사법政治的 司法 ⓔ political justice, ⓓ Politische Justiz. 정치과정에서 권력과 사법이 어떠한 관련이 있는가에 대해서는 한 국가의 민주주의와 법치주의의 성숙도에 따라 다르게 이해할 수 있다. 이에 관해서는, 정치적 권력에 의한 사법, 정치적 목적을 위한 사법, 정치적 문제에 대한 사법으로 나누어 볼 수 있다. 1. **정치적 권력에 의한 사법을 의미하는 경우** 이 의미의 정치적 사법은 정치적 권력이나 영향력을 획득 혹은 유지 · 확대하거나 제한 혹은 파괴하려는 목적을 위하여 사법적 절차를 사용하는 것을 말한다. 이것은 사법기능의 판단에 사실적 · 정치적 힘이 작용하는 경우이다. 정치에 의하여 사법기능이 좌우된다는 의미의 정치적 사법은 전체주의 내지 권위주의 독재국가의 경우, 혁명 등에 의하여 구제도가 붕괴되고 새로운 정치체제가 형성되는 경우 등에 흔히 볼 수 있는 것이다. 과거 1930년대와 1940년대의 소련의 스탈린시대의 정적 숙청재판, 프랑스 제3공화정의 지도자들에 대한 리용의 재판, Nüremberg와 동경에서 있었던 제2차 세계대전의 전범재판, 1950년대 후반과 1960년대 초기에 튀르키예, 우리나라, 쿠바 등에서 있었던 정치적 재판들이 이에 속한다. **2. 정치적 목적을 위한 사법을 의미하는 경우** 이는 사법작용의 독립, 즉 법규범의 독자성과 사법기관의 독립성이 확립되어있는 국가에서 정치적 목적을 달성하기 위하여 사법절차를 사용하는 것이다. 최소한 법규범의 독자성이 확보되어 있고, 재판과정에 참여하는 당사자들에 대하여 사법절차자체의 중립성이 확보되어 있기는 하지만, 사법의 판단기준이 되는 헌법 또는 법률이 정치적 목적을 담고 있어서 정치적 반대자에 대한 억압에 이용되는 경우이다. 이러한 의미의 정치적 사법은 과거의 서독에서 특히 잘 볼 수 있다. 즉 1950년대와 60년대의 법적 급진주의나 학생운동 등에 대한 사법절차, 그리고 공산주의에 대한 탄압 및 그 수단으로서 독일공산당(KPD)에 대한 해산과 그 후속조치들이 그것이다. 우리나라의 통합진보당 해산결정도 이에 속한다고 볼 수 있다. **3. 정치적 문제에 대한 사법을 의미하는 경우** 이것은 정치적인 문제에 대하여 사법적 절차에 따라 이를 심사하는 것을 말한다. 다시 말하면 국가기능 중 사법기능이 정치적인 문제에 대하여 어떠한 역할을 할 것인가를 문제삼는 것이다. 전통적인 견해에서는, 정치적인 문제에 대하여 권력분립의 원칙상, 그리고 사법권의 성격상 적절하지 아니하다고 하여 사법권의 범위에서 제외하였지만, 오늘날에는 실질적 법치국가원리가 확립되고 최고규범으로서의 헌법의 규범성을 실질적으로 확보하기 위한 헌법재판제도가 확립됨으로써 과거에 인정되었던 통치행위 내지 정치문제의 범위가 축소되는 경향이 있다. 특히 헌법재판제도의 확립은 과거의 통치행위 내지 정치문제에 대하여 최소한의 규범적 통제를 할 것을 요청하는 것이다. 이 통제의 과정에서 정치의 사법화 혹은 사법의 정치화의 문제가 야기된다. ➜ 정치의 사법화. ➜ 사법의 정치화.

정치적 사법기능政治的 司法機能 ➜ 헌법재판의 법적 성격. ➜ 정치적 사법.

정치적 자유주의政治的 自由主義 [영] political liberalism, [독] politischer Liberalismus, [프] libéralisme politique. 원래 자유주의는 근대 유럽에서 르네상스, 종교전쟁 및 시민혁명의 과정을 통하여 부르주아들에 의하여 생성·발전되었다. 이들은 만인의 사회적 평등, 종교·사상·언론의 자유, 관용, 집회와 결사의 자유, 인권의 보장을 주장하였고, 이런 자유를 보장하기 위하여 민주주의와 법치주의를 주장하였다. 이런 주장을 정치적 자유주의(political liberalism)라고 부를 수 있다. 현대의 정치적 자유주의는 '정의론'의 저자인 존 롤즈(John Rawls)에 의해 정초되었으며, 마이클 샌델이나 마이클 왈쩌로 대표되는 공동체주의와 지속적으로 논쟁을 벌이고 있다. 롤즈는 다양한 가치관을 인정하는 관용을 핵심내용으로 하는 주장을 정치적 자유주의라고 불렀다. 정치적 자유주의는 다원적 사회구성과 다양한 견해들 사이의 갈등 상황에서 정치적 결사체를 구성하고 공존과 안정을 유지할 수 있는 조건을 제시하려 한다. 정치적 자유주의는 다원주의적 상황에서 합의 가능한 정치적 결사의 조건을 찾고자 하는 도덕적 의지의 표현이다. 또한 정치적 자유주의는 개인주의적이며 원자론적인 경제적 자유주의에 대한 낭만주의자들의 비판에 대응하기 위해 자유주의를 새롭게 개조하려는 노력의 한 형태이다. 정치적 자유주의는 최소한의 공통된 도덕관에 의존하며, 그 정당화의 규범적 기반은 상호

존중과 관용이다. 롤즈는 이러한 절차적 규범에 근거해 공적 토론이 이루어지는 경우 민주사회 내에서 공유될 수 있는 합리적 원칙이 합의의 형태로 도출될 수 있고, 그 원칙이 논리적으로 정당화될 수 있다고 본다.

정치적 중립성政治的 中立性 ⓔ political neutrality, ⓓ politsche Neutralität. 중립성은 어느 한 편으로 편향되지 않음을 의미한다. 정치적 중립성은 특정 정치적 관점이나 정치집단의 이익에 치우치지 않는 것을 말한다. 헌법상으로는 국군(제5조 제2항), 교육(제31조 제4항), 공무원(제7조 제2항) 등에 명시적인 규정이 있다. 특히 교육에서 정치적 중립성은 특정의 정치적 교육을 하지 않는 것이 아니라 특정의 이데올로기나 가치관을 강요하는 편파적 교육의 금지를 의미하는 것이다. 교육에 있어서는 정치적 중립성이라기보다는 오히려 '공정성'으로 표현함이 적절하다.

정치적 파업政治的 罷業 단체행동권을 기본권으로 보장하는 중요한 이유 중의 하나는 노동자들의 집단적인 참여를 통한 사회 전반에 대한 민주주의 확대에 있기 때문에 정치파업도 헌법상의 단체행동권으로 보장된다. 따라서 부정선거 반대 파업, 선거공간 정치개혁촉구파업도 단체행동권으로서 보장된다. 다만 정권이나 체제 타도 등의 순수한 정치적 파업은 포함되지 않는다고 봄이 다수설이다. 최소한 노동법 개정문제, 사회보장제도 확충, 경제정책 반대 등 노동자의 사회적, 경제적 지위와 관련된 산업적 정치파업은 정당성을 가진다(산업적 정치파업).

정치적 표현政治的 表現**의 자유** 1. **의의** 정치적 표현의 자유란 정치적 의견과 정치사상을 자유로이 외부로 표현하는 자유를 말한다. 민주정치에서 필수불가결한 자유이다. 근대 민주정치는 정치적 의견을 전제로 선거와 투표를 통하여 주권을 행사하며 따라서 정치적 의견의 형성을 촉진하여 선거와 투표의 본래의 목적을 발휘하게 하는 언론·출판의 자유는 민주정치의 생명이라 할 수 있다. 오늘날 정치적 표현의 자유는 다른 모든 형식의 자유의 모체이며 불가결한 전제로 인정될 뿐만 아니라 자유민주적 헌법의 근본가치이며 자유민주적 기본질서의 구성요소로서 우월적인 지위를 갖는 것이다. 헌법재판소는 「정치적 자유권이라 함은 국가권력의 간섭이나 통제를 받지 아니하고 자유롭게 정치적 의사를 형성·발표할 수 있는 자유라고 할 수 있다. 이러한 정치적 자유권에는 정치적 의사를 자유롭게 표현하고, 자발적으로 정당에 가입하고 활동하며, 자유롭게 선거운동을 할 수 있는 것을 주된 내용으로 한다.」고 하고 있다(헌재 2004.3.25. 2001헌마710). 2. **정치적 표현의 자유의 법적 성격** 정치적 표현의 자유는 민주정치의 필수적 요소로서의 여론형성의 자유인 동시에 여론형성의 책임으로까지 인정되고 있다. 정치적 언론·출판·집회·결사의 자유는 개인적인 자유권으로서 중요시될 뿐만 아니라 민주정치를 가능하게 하는 제도보장으로서도 중요하다. 3. **정치적 표현의 자유의 주체** 정치적 표현의 자유의 주체는 국민이다. 외국인에게는 일정한 한도 내에서 정치적 표현의 자유를 인정해야 한다는 견해가 다수이다. 즉, 정주외국인의 경우 지방자치단체 선거에 투표권을 인정할 수 있다고 본다. 법인이나 단체의 경우, 내국법인·단체에 한하여 정치활동의 자유가 인정된다. 법인이나 단체의 경우, 정치자금기부의 주체로 되는가와 관련하여 논란이 있다(➜ 정치자금 규제). 4. **정치적 표현의 자유의 내용** 정치적 표현의 자유는 정치적 언론·출판·집회·결사의 자유로 나타난다. ➜ 표현의 자유. 1) **정치적 표현 등을 발표·게재할 자유** 정치적 언론·출판의 자유는 최대한 보장되어야 하는데, 특히 정당의 정책활동 및 정당상호간의 정책비평과 의견광고 등은 최대한 보장되어야 한다. 2) **정당당적표방의 자유** 국민 개개인은 자신의 정치적 지향과 가입정당을 자유로이 표명할 자유를 갖는다. 과거 기초자치단체의원은 정당 표방을 금지하였으나 위헌으로 선언된 후(헌재 2003.1.30. 2001헌가4), 정당추천을 받을 수 있도록 법률이 개정되었다. 3) **선거홍보의 자유** 국민은 선거에서 자유로이 자신의 의사를 표명하고 홍보할 자유를 갖는다. 하지만 이 자유는 공직선거법상 강하게 제약되고 있다. 헌법재판소는 「그 제한은 선거운동 또는 의사표현의 내용 그 자체나 모든 선거운동방법의 전반에 대한 전면적인 제한이 아니라 선거운동 내지 의사표현에 있어서의 특정한 수단, 방법, 즉 특히 폐해의 우려가 크다고 인정되는 인쇄물, 녹음 등의 배부, 살포 등 선거운동방법에만 국한되는 부분적인 제한에 불과하므로, 이로써 선거운동의 자유 내지 표현의 자유가 전혀 무의미해지거나 형해화된다고 단정할 수 없다. 그러므로, 위 조항은 과잉금지의 원칙이나 본질적 내용의 침해금지원칙에 위반하여 선거운동 내지 표현의 자유를 제한하고 있다고 할 수 없다.」고 하고 있다(헌재 2001.12.20. 2000헌바96등). 4) **정치적 전단 살포의 자유** 정치적 목적을 위하여 정치적 주장을 담은 전단 등을 자유로이 살포할 수 있다. 이 자유는 경범죄처벌법상 규제될 수 있으나 원칙적으로 허용된다고 보아야 한다. 5) **정치적 시위의 자유** 정치적 시위는 민주정치과정에서 일종의 청원권과 같은 효과를 갖는다. 시위의 자유는 집회의 자유 뿐만 아니라 표현의 자유, 일반적 행동자유권 등의 복합체로 인정된다. 현행법상 「집회 및 시위에 관한 법률」에서 규율된다. ➜ 집회·결사의 자유. 6) **정치적 결사의 자유** 정치적 결사의 자유는 정치적 표현의 자유의 한 부분으로서, 정당결성의 자유와 함께 정당활동의 자유로서 보장된다. 정당의 형태에 이르지 않은 정치적 결사도 자유로이 결성하고 활동할 수 있다. 5. **정치적 표현의 자유의 제한과 한계** 1) **제한** 헌법 제37조 제2항의 국가안전보장·질서유지·공공복리를 위하여 필수불가결한 경우에 한하여 법률로써 제한할 수 있다. 정치적 집회는 집회 및 시위에 관한 법률로 제한할 수 있다. 집시법상 허용되지 않는 집회는, 헌법재판소의 결정에 의하여 해산된 정당의 목적을 달성하기 위한 집회 또는 시위, 집단적인 폭행·협박·손괴·방화 등으로 공공의 안녕질서에 직접적인 위협을 가할 것이 명백한 집회 또는 시위(동법 제5조), 무신고시위(동법 제6조), 야간옥외집회(동법 제10조) 등이다. ➜ 집회·결사의 자유. 외국인, 국내외 법인·단체는 정치자금을 기부할 수 없다(정치자금법 제31조). ➜ 정치자금 규제. 정치적 표현의 자유는 특수신분관계에서 제한될 수 있다. 공무원·군인·군무원·경찰공무원 등이 그것이다. 정치적 표현의 자유는 긴급명령이나 비상계엄에 의하여 제한 될 수 있다. 2) **제한의 한계** 정치적 표현의 자유를 제한하는 법률도 정치적 표현의 자유의 본질적 내용을 침해할 수는 없다. 사전검열이나 사전허가는 허용되지 아니한다. ➜ 표현의 자유.

정치활동정화법政治活動淨化法 1962.3.16. 5·16군사쿠데타 이전 또는 이후에 특정한 지위에 있었거나 특정한 행위를 한 자의 정치적 활동을 일정기간 정지시키기 위하여 「국가재건비상조치법」에 의하여 제정된 법률을 말한다. 전문 12조 및 부칙으로 되어 있다. 이 법은 금지되는 정치적 행위의 정의를 명시하고, 정치활동금지자 및 그 적격심판청구와 판정, 정치정화위원회의 설치, 정치적 행위 금지의 해제 등에 관하여 규정하였다. 이 법은 헌법에의 위배 여부에 관계없이 효력을 지속하며, 이에 대하여는 이의를 할 수 없도록 하였다(1962년 헌법 부칙 제4조 참조). 정치활동의 정화라 함은 공직선거에서의 후보자가 되는 것, 공직선거에서 특정 후보자의 당선·낙선을 위하여 선거에 관한 연설을 하거나 선거에 영향을 미치는 연설을 하는 것, 정당·정치적 사회단체결성의 발기준비를 위한 직위에 취임하거나, 정당·정치적 사회단체에 가입, 또는 고문 등 기타 이에 준하는 지위에 취임하는 것, 정치적 집회의 주최자·연사가 되는 것, 위 각 경우의 특정 정당·정치적 사회단체 또는 정치인의 정치활동 등을 원조 또는 방해하는 것을 말한다. 정치활동피규제자의 범위는 과거의 「반민주행위자공민권제한법」에 해당하는 자, 동법의 공민권제한의 판정·결정을 받은 자, 1960.7.29.로부터 1961.5.15.까지 국회의원의 직에 있던 자, 이 기간 중 국무총리·국무위원·심계원장·감찰위원장·대사·공사의 직에 임명된 자, 이 기간 중 민주당·통일사회당·민족통일당·홍사단 등 군소정당의 간부급에 있던 자이다. 또한, 「부정축재처리법」에 의하여 처벌·환수·취소·추징·배상·변제·징수·벌금 및 기타 처분을 받은 자도 이에 포함되었다. 정치활동피규제자는 1962.5.31.까지 정치활동정화위원회의 판정을 받게 되며, 1968.8.15.까지 정치활동이 금지되었다. 이들 판정에 대해서는 행정소송 등 일체의 불복신청이 금지되었다. 유사한 법률로, 1980년 전두환 신군부에 의한 「정치풍토쇄신을 위한 특별조치법」이 있다. 정치활동정화법은 2008.12.19.에 폐지되었다.

정치파동政治波動 정치적인 현상이나 사태가 발생하여 커다란 영향을 미치는 것을 정치파동이라 한다. 우리나라에서는 1952년 발췌개헌의 부산정치파동, 1958년 2·4 보안법 정치파동, 1971년 항명파동, 2005년 대연정파동 등 정치적으로 그 파장이 크게 일어나고 영향이 컸던 사건들을 일컫는다.

정통성正統性 ㊎ legitimacy, ㊍ Legitimität, ㊏ légitimité 사전적 의미로는 사회의 정치체제, 정치권력, 전통 등을 올바르다고 인정하는 일반적 관념으로 정의된다. 정당성과 동일한 의미로 사용되는 경우가 많다. M. Weber는 전통, 카리스마 그리고 합법성의 세 근거로 정통성을 유형화하였다.

정형결정定形決定 헌법과 헌법재판소법이 정하고 있는 결정방식을 말한다. 현행헌법재판소법 제45조는 「헌법재판소는 제청된 법률 또는 법률 조항의 위헌 여부만을 결정한다. 다만, 법률조항의 위헌결정으로 인하여 해당 법률 전부를 시행할 수 없다고 인정될 때에는 그 전부에 대하여 위헌결정을 할 수 있다.」고 규정하고, 또 동법 제47조 제2항은 「위헌으로 결정된 법률 또는 법률의 조항은 그 결정이 있는 날부터 효력을 상실한다.」고 규정하여 법률조항의 위헌여부의 결정과 결정의 효력에 관하여 규정하고 있다. 이 규정들을 엄격히 해석하는 경우에는 위헌 혹은 합헌인 결정과 장래효만을 인정할 수 있는데, 이러한 결정형식이 정형결정이다. 이 정형결정에 변용을 가한 것이 변형결정이다. ➜ 변형결정.

정회停會 ➜ 국회의 회기와 회의.

제네바조약, 대륙붕에 관한 - 유엔해양법협약이라고도 한다. 1958년 제네바에서 개최된 〈제1차 유엔해양법 회의〉에서 최초로 채택되었으며, 이후 1960년에 〈제2차 유엔해양법 회의〉가 개최되었으나 영해의 범위에 관한 문제를 해결하지 못함으로써 성과 없이 끝났다. 〈제3차 유엔해양법 회의〉는 1973년 개최된 이래 10년 간 계속되었는데 1982. 12.10.에 마침내 자메이카의 몬테고베이에서 17장 320개 조로 구성된 「유엔해양법협약」과 9개의 부속서 및 「제3차 유엔해양법협약 최종의정서」로 구성된 부속문서를 채택하였다. 그 후 14년이 지난 1994.11.16에 각국이 비준을 거쳐 동 협약이 발효하였고, 이를 계기로 세계 각국은 영토경계의 획정 및 다양한 형태의 어업관리를 활발하게 시행하고 있다. 1958년 유엔해양법협약에서는 연안에 인접하되 영해 밖에 있는 해저구역(海底區域)의 해상(海床) 및 해저지하로서 상부수역(上部水域)의 수심이 200미터까지의 것, 또는 그 한도를 넘는 경우에는 상부수역의 심도(深度)가 해저구역의 천연자원의 개발을 가능하게 하는 곳까지의 것을 말하는 것으로 되었다.

제노사이드금지협정Genocide禁止協定 「집단살해죄의 방지와 처벌에 관한 협약」으로도 불린다. 제3차 UN총회에서 1948.12.9.에 결의안 제260호로 채택되고, 1951.1.12.에 발효하였다. 우리나라는 1951.12.12.에 적용되었다.

제대군인가산점 결정(헌재 1999.12.23. 98헌마363) 1. **사실관계** 제대군인지원에 관한 법률(1997.12.31. 법률 제5482호: 2006년 전면개정) 제8조는 제대군인이 법정의 채용시험에 응시한 때에는 필기시험의 각 과목별 득점에 각 과목별 만점의 5퍼센트의 범위 안에서 대통령령이 정하는 바에 따라 가산하도록 하고, 동 시행령에서 2년 이상 복무한 자는 만점의 5%, 2년 미만 복무한 자는 만점의 3%를 가산하도록 하고 있었다. 이에 7급 및 9급의 국가공무원시험을 준비중이던 여대 졸업생 1인과 재학생 4인, 그리고 타 대학에 재학 중인 신체장애자 남성 1인이 동 규정들에 대하여 헌법상 보장된 평등권, 공무담임권, 직업선택의 자유를 침해하고 있다고 주장하면서 1998.10.19. 이 사건 헌법소원심판을 청구하였다. 2. **헌법재판소 결정** 헌법재판소는 ① 동 가산점제도가 헌법상의 근거를 갖지 못하며, ② 동 제도가 실질적으로 성별에 의한 차별이고, 신체건장한 남자와 병역면제자 및 보충역복무를 하게 되는 자를 차별하는 제도이며, ③ 동 제도는 엄격한 심사척도가 적용되고, ④ 동 제도는 결과적으로 여성과 장애인 등 이른바 사회적 약자들의 희생을 초래하고 있으며, 우리 법체계 내에 확고히 정립된 기본질서라고 할 '여성과 장애인에 대한 차별금지와 보호'에도 저촉되므로 정책수단으로서의 적합성과 합리성을 상실한 것이며, ⑤ 차별취급을 통하여 달성하려는 입법목적의 비중에 비하여 차별로 인한 불평등의 효과가 극심하므로 가산점제도는 차별취급의 비례성을 상실하고 있어서 평등권을 침해하였으며, ⑥ 공직자선발에 관하여 능력주의에 바탕한 선발기준을 마련하지 아니하고 해당 공직이 요구하는 직무수행능력과 무관한 요소를 기준으로 삼는 것은 국민의 공직취임권을 침해하는 것으로서 공무담임권을 침해하였다고 결정하였다. 3. **결정의 의의** 동 결정은 공무담임에 있어서 실질적인 남녀평등을 확립하는 계기가 된 판결이다. 이 결정이 내려진 이후 군복무 남성들에 대한 처우문제가 다양하게 논의되었고, 동 가산점제도를 부활해야 한다는 목소리도 적지 않다. 이 결정은 헌법재판에서의 심사기준 특히 평등심사기준을 자의금지심사에서 엄격심사와 완화된 심사라는 2중 기준의 심사로 전환한 최초인 결정인 점에도 의의가 있다. ➜ 평등심사의 기준. ➜ 가산점제도.

제도보장론制度保障論 ㊀ Einrichtungsgarantien/institutionelle Garantien. 1. **서언** 1) **제도보장론의 생성배경과 내용** (1) **바이마르 헌법에서 기본권의 이해** 제도보장 및 제도보장이론은 바이마르헌법 하에서 헌법학에 의하여 형성된 이론으로, 헌법해석의 산물이다. 제도보장이론은, 기본권의 구속을 받지 않는 입법자의 침해로부터 개인의 재산권영역과 같은 특정 생활영역을 보호하기 위하여 형성된 이론이다. 바이마르 헌법에서 기본권에 대한 이해는 군주와 시민사회의 대립과 이원주의에 기초하여, 군주의 자의적 지배에 대한 방어권으로, 그리고 프로그램적 성격의 것으로 이해되었다. 지배적 견해는 헌법과 법률 사이에는 우위관계가 없으며, 이에 따라 입법자는 헌법과 법률을 임의로 개정할 수 있다고 하는 것이었다. 그 결과, 입법자는 기본권의 구속을 받지 않는 것으로 간주되었고, 헌법제정권력과 입법권은 일치하는 것으로 이해되었기 때문에 법률에 대한 헌법의 우위도 인정되지 아니하였다. 이러한 배경 하에서, 기본권을 입법자의 무제한적인 형성권으로부터 보호하고자 하는 학문적 시도가 등장하였는데, 이것이 제도보장론이었다. (2) **칼 슈미트의 제도보장론** 칼 슈미트 이전에 사법학자인 M. Wolff는 1923년 그의 논문 '라이히헌법과 재산권'(Reichsverfassung und Eigentum)에서 바이마르 헌법에 의하여 보장된 재산권과 관련하여 '제도보장'(Institutsgarantie)이란 개념을 사용하면서, 헌법상 재산권규정은 개인의 주관적 권리를 보장할 뿐만 아니라 법적 제도로서 사유 재산을 보장하며, 이러한 제도보장은 무엇보다도 입법자에 대하여 효력을 가지는 것으로 입법자의 무제한적인 형성권으로부터 제도를 보호하는 것이라고 하였다. 그 후, 공법학자인 칼 슈미트(Carl Schmitt)가 1928년 그의 저서 '헌법학'에서 제도보장의 사고를 체계화함으로써 '제도보장'은 헌법학의 새로운 개념으로 본격적으로 등장하였다. 칼 슈미트는 제도보장이론을 제시함으로써 입법자의 형성권을 제한하고자 시도하였고, 입법자를 헌법규범에 구속시키기 위해서는 입법자에 대한 헌법의 우위를 주장하는 것은 필수적이었다. 제도보장론은 헌법의 우위를 부인하는 바이마르 헌법학에서 재산권 등 특정 기본권과 관련하여 헌법의 우위를 인정하기 위한 하나의 시도였다. 슈미트는 '순수한 기본권'과 '제도보장'을 대치시키면서, 오로지 국가 내에서만 존재하고 그 본질에 있어서 제한적이며 단지 입법에 의한 제거를 불가능하게 하고자 하는 목적을 가진 '제도보장'은 기본권과 구분되어야 한다고 하였다. 기본권의 경우 개인과 국가 사이의 '배분의 원리'가 적용되기 때문에 입법자가 기본권의 제한을 별도로 정당화해야 한다는 점에서 오늘날의 비례의 원칙의 구속을 받는 반면에, 제도보장의 경우 '배분의 원리'가 적용되지 않기 때문에 제도보장에 의한 구속은 배분의 원리에 기초할 수 없다고 하였다. 슈미트는 '헌법적으로 보장되는 제도'를 사유재산제, 혼인·가족제도와 같은 사법(私法) 영역에서의 '제도보장'(Institutsgarantie)과 국가존립의 기반이 되는 제도로서 선거제도, 정당제도, 지방자치제도, 교육제도 등 공법(公法) 영역에서의 '제도적 보장'(institutionelle Garantie)으로 구분하였고, 입법자가 제도를 제한하고 형성할 수는 있으나 제거해서는 안 된다고 하면서, 제도보장에 의하여 제도의 존속만이 보장되는 것이 아니라 제도의 역사적 발전과정에서 전형적이고 본질적인 것으로 형성된 특정한 특징도 유지되어야 한다고 서술하였다. 슈미트의 제도보장이론은 그 당시 공법학계의 전반적인 지지를 받았다. 제도보장이론은 자유권에 주관적 성격 외에도 객관적 성격과 내용을 인정한 최초의 시도라고 할 수 있다. 2) **제도보장의 개념** (1) **고전적 개념** 제도보장의 보호대상은 사회학적 의미에서의 제도, 즉 사회적 현실의 특정 현상이나 사회적 형성물(soziales Gebilde)로서의 제도, 즉 실제적 제도개념(faktischer Institutionenbegriff)가 아니라, 헌법이 그 존속을 보장하기 위하여 수용한 규범적 형성물로서, 대부분의 경우 사회의 의식에서 오랫동안 깊게 뿌리내려 역사적으로 형성되고 발전된 규범체계(Normenkomplexe)이자 법적 형성물(rechtliches Gebilde)로서 법학적 제도개념(juristischer Institutionenbegriff)이다. 과거 헌법국가의 역사적 발전과정에서 국가에 의한 위협의 우려가 있기 때문에, 공동체에 있어서 중요한 의미와 고유한 가치를 가지며 장래에도 계속 존속해야 하는 특정한 규범적 형성물을 헌법적으로 특별히 보호하고자 하는 것이 바로 제도보장이다. (2) **기본법하의 개념** 1949년 제정된 본(Bonn) 기본법은 제도보장을 명시적으로 규정한 바는 없으나, 학계에서 제도보장의 사고는 다시 부활하였다. 특히 연방헌법재판소는 칼 슈미트의 제도보장이론에 따라 '사법상의 제도보장'과 '공법상의 제도적 보장'으로 구분하면서, 기본권의 영역에서는 혼인과 가족생활, 사립학교의 자유, 재산권 등을 주관적 권리를 넘어서 제도보장을 포함하는 것으로 이해하였고, 기본권 외의 영역에서 지방자치행정과 직업공무원제도의 보장을 제도적 보장으로 이해하였다. Scheuner, Maunz, Stein 등의 논의를 거쳐, Klein은 제도적 보장(institutionelle Garantie)과 제도보장(Institutsgarantie)의 상위개념으로서 제도보장(Einrichtungsgarantien)을 사용하기 시작하였고, 학계에서 일반적으로 수용되었다. 한편, 바이마르헌법 하에서 제도보장이론에 의하여 인정된 '고전적인 제도보장' 외에 입법자에 의한 법적 형성을 요구하는 기본권을 둘러싸고 제도보장의 인정여부에 관한 견해가 갈리고 있다. 즉, 전통적으로 형성된 제도보장의 범위를 넘어서 시간의 흐름에 따라 제도로서 새롭게 형성된 영역에 대하여 제도보장을 확대하는 것이 가능한지 여부가 문제된다. 개념을 이처럼 확대하는 경우에는, 언론제도, 가족제도 등은 자유권의 객관적 측면을 통하여 언론의 자유를 형성하는 입법자를 구속할 수 있으므로 제도보장에 의하여 보호하고자 하는 바가 자유권의 객관적 측면에 의하여 충분히 보호된다. 따라서 굳이 제도보장으로 이해할 필요가 없다. 3) **제도보장의 효력** (1) **최소한 보장의 원칙** 입법자는 제도를 형성하면서 동시에 위협한다는 점에서, 제도보장과 입법자의 관계는 이중적이다. 제도보장의 일차적 보호효과는 제도의 제거 및 본질적인 침해에 대한 방어에 있다. 제도보장의 경우, 제도의 핵심적 영역 또는 본질적 내용이 보장되어야 한다는 의미로 보호의 기능이 축소된다. 제도보장의 보장내용은 전통적으로 형성된 '제도의 핵심적 영역'에 국한되고, 보호의 효과는 '최소한의 보장'에 그친다. (2) **핵심영역이론** 기본법 하에서도 학설과 판례가 바이마르 헌법학의 제도보장이론을 그대로 수용함에 따라 기본법상의 제도보장의 효력에 있어서도 바이마르 헌법학의 견해가 그대로 유지되었다. 독일 연방헌법재판소도 학계와 마찬 가지로 바이마르 헌법학의 제도보장론을 수용하여, 제도보장의 보호내용을 '핵심영역이론'으로 구체화하였다. 연방헌법재판소는 이미 초기의 판례에서 제도보장의 보호내용을 '핵심영역'(Kernbereich) 및 '핵심부분'(Kernbestand) 등으로 표현하여 언급하였다. 4) **핵심영역 또는 본질적 내용** (1) **제도의 과거연관성** 제도보장이 보호하고자 하는 것이 '제도의 핵심적 영역'이라면, 제도보장에 의하여 보호되는 핵심적 영역과 보호되지 않는 그 외의 영역 사이의 경계설정의 문제가 제기된다. 이러한 구분은 '핵심과 껍질' 의 구분 또는 '침해할 수 없는 내부적 영역과 법적 형성이 가능한 외부적 영역', '헌법적으로 허용되지 않는 본질적 침해와 허용되는 입법적 형성' 등으로 달리 표현할 수 있다. 이러한 구분은 모든 제도보장의 본질적 문제이다. 여기서, 제도보장에 의하여 입법자로부터 보호되는 대상인 제도의 핵심적 영역 또는 본질적 내용이 무엇인지의 문제가 규명되어야 한다. 핵심적 영역의 문제는 일차적으로 과거에 형성된 제도의 본질을 밝히는 문제이다. 제도보장의 경우, 헌법제정자가 과거의 역사적 경험에 비추어 특정 제도를 가치 있는 것으로 간주하여 보장의 필요성을 인정하였기 때문에, 제도의 본질을 해석함에 있어서 헌법제정자의 관점이 일차적으로 고려된다. 제도보장의 과거 연관적 성격으로 말미암아, 제도의 본질을 밝히는 방법도 일반적 법해석원칙인 객관적 해석이 아니라 일차적으로 주관적 · 역사적 해석이다. 나아가, 제도의 핵심적 영역은 양적으로 파악될 수 있는 것이 아니라, 오로지 제도의 본질을 기준으로 삼아 질적 · 내용적으로만 파악될 수 있다. 이러한 시도는 개별 구성요소를 확정하는 어려움이 있고, 나아가 이러한 방법으로는 단계적 · 점층적으로 이루어지는 제도의 변화와 공동화를 방지할 수 없으므로, 채택될 수 없는 방법이다. (2) **근본적 구조원칙** 제도의 핵심적 영역이 내용적으로 무엇인지를 확정하기 위해서는 우선 당해 제도에 특수한 형태를 부여하고 각 제도의 구조와 유형을 결정하는 본질적 특징인 '근본적 구조원칙'을 밝혀내야 한다. 제도의 역사적 형태가 제도의 구조원칙을 밝히기 위한 출발점이다. 제도보장의 유지적 · 보존적 기능으로 말미암아 '제도의 과거연관성'은 제도보장에 내재하는 본질적인 요소이고 제도의 역사적 형태는 헌법제정자의 사고의 바탕을 이루고 있기 때문에, 일차적으로 헌법제정자의 사고가 중요하다. 이러한 구조원칙은, 법인식의 변화로 인하여 제도에 대한 근본적인 이해가 변화하지 않는 한, 입법자에 의하여 변경되어서는 안 된다. 그러나 제도의 과거연관성에 기초하는 역사적 해석방법은 절대적이거나 유일한 기준은 아니다. '법인식의 변화'나 '제도에 대한 근본적인 이해의 변화'로 인하여 원래 역사적으로 형성된 제도의 본질적 특징도 변화할 수 있는 가능성을 배제할 수 없다. 이러한 경우 제도의 구조적 특징이 새롭게 정의되어야 한다. 2. **헌법국가에서 제도보장의 의미와 기능의 변화** 1) **현대 헌법의 성격의 변화** 현대헌법은 바이마르헌법과는 달리 형식적이고 가치상대적인 헌법이 아니라 특정한 가치체계에 대한 결정을 담고 있는 '가치지향적인 헌법'이다. 헌법은 특정한 가치체계의 표현으로서 헌법을 구성하는 모든 제도와 규범은 특정한 기본가치를 실현하기 위한 수단과 도구로 이해된다. 헌법은 자유민주국가의 가치결정적 근본규범이다. 나아가, 헌법은 국가 법질서 내에서 최고의 규범으로서 모든 법규범에 대하여 우위를 차지할 뿐만 아니라 입법자를 비롯한 모든 국가기관을 구속한다. 이러한 내용의 헌법의 우위는 헌법에 명시적으로 규정되어 있지 않지만 헌법재판을 통하여 보장되고 관철된다. 오늘날의 헌법국가에서 모든 헌법규범이 국가기관을 구속하는 규범적 성격을 가지며, 국가기관에게는 헌법규범에 담겨있는 실체적 내용을 실현해야 할 의무가 부과된다. 이러한 헌법질서에서 자유권은 개인의 주관적 공권이자 객관적 법규범이라는 이중적 성격을 가진다. 자유권은 단순히 개인의 주관적 권리로서 대국가적 방어권에 지나지 않는 것이 아니라, 헌법의 기본원리와 함께 헌법질서를 구성하는 헌법의 기본적 가치결정을 내재하고 있다. 객관적 법규범으로서의 자유권은 '입법자'에 대해서는 입법을 통하여 자유권의 가치결정을 실현해야 할 의무를 의미하고, '법적용기관'인 행정청과 법원에 대해서는 법규범의 해석과 적용을 통하여 자유권의 가치결정을 실현해야 할 의무를 뜻하게 된다. 2) **제도보장에 대한 이해의 근본적인 변화** 헌법의 전반적인 성격이 이와 같이 변화함에 따라, 제도보장에 대한 이해도 달라져야 하며, 제도보장과 입법자의 관계도 변화해야 한다. 모든 헌법규정의 규범적 구속력은 제도보장의 의미와 기능에 대하여 영향을 미칠 수밖에 없다. 바이마르헌법 하에서 형성된 '제도보장'이란 법적 유형도 그 기능과 목적에 있어서 변환이 이루어진다. 바이마르공화국 에서 제도보장의 의미와 기능이 '전통적으로 형성된 규범체계의 핵심을 유지'하고자 한 것에 있었다면, 오늘날의 헌법국가에서 제도보장의 의미와 기능은 헌법적 가치결정의 실현, 가령 기본권적 제도보장의 경우(사유재산권제도나 혼인제도 등)에는 개인의 자유로운 인격발현에 봉사하는 것으로 근본적으로 변화하였다. 오늘날 입법자에 대한 특별한 구속력이나 제도의 유지, 법질서의 안정성 등은 더 이상 제도보장의 특징을 서술하는 요소가 아니다. 오늘날의 헌법국가에서 특정제도가 입법자에 의하여 폐지되거나 공동화되어서는 안 된다는 것을 주장하기 위하여 더 이상 제도보장이란 법적 사고를 필요로 하지 않는다. 헌법국가에서 제도보장을 통하여 입법자에게 제시되는 주된 지침과 구속은 더 이상 '전통적으로 형성된 제도의 규율모델'이 아니라, '헌법에 의하여 제도보장에 부여된 목적과 기능'으로부터 나온다. 이로써 제도보장의 보장내용은 역사적으로 전통에 의하여, 나아가 기능적으로 헌법의 가치결정에 의하여, 즉 전통과 기능의 2가지 관점에서 헌법해석을 통하여 확정된다. 제도보장의 보장내용을 결정함에 있어서 전통적 요소는 헌법의 가치결정에 대하여 단지 부차적·보완적으로 기능한다. 따라서 전통적인 규범체계의 핵심은 헌법적 가치결정에 반하지 않는 경우에만 입법자를 구속한다. 예컨대, 사유재산제도의 보장은 민법상의 재산권을 보호하는 전통적인 사법질서의 핵심을 유지하고자 하는 것이 아니라, 재산권적 영역에서 개인의 자유실현의 물질적 기초로서의 재산권의 헌법적 기능에 비추어 개인의 자유행사에 기여하고자 하는 것이다. 따라서 사유재산제도의 보장내용은 전통적인 사유재산제도의 규범적 핵심뿐만 아니라 재산권의 자유보장적 기능에 의하여 확정된다. 혼인제도나 직업공무원제도의 보장내용도 헌법이 예정한 근본적 구조원칙에 따라 새롭게 이해되어야 한다. 3. **우리 헌법상의 제도보장론** 1) **학설** (1) **구별론** 기본권의 보장과 제도의 보장을 구별하는 논의는 바이마르 헌법하에서 전개된 독일 헌법학의 논의를 차용한 논의이다. 구별론은 기본권은 주관적인 권리인데 반하여 제도보장은 객관적인 법규범이라고 한다(보장대상). 기본권과 제도보장이 결부되어 있다고 하더라도 성질에 있어서는 기본권은 본질적으로 전국가적 자연권임에 반하여 제도보장은 권리를 그 속에 내포하더라도 원래가 법에 의하여 내용이 형성되고 규율되는 국가내적인 것이라고 한다(보장의 성질). 그리고 보장의 기능에 있어서도 기본권은 최대한의 보장인데 반하여 제도보장은 최소한의 보장이라고 한다(보장정도). 기본권의 보장은 권리보장이기 때문에 기본권보장규정을 근거로 헌법소원심판의 청구 등 소송을 제기할 수 있으나 제도보장규정은 그 자체를 직접 근거로 하여 이런 소송을 제기할 수 없다고 한다(소제기가능성). 다만 재판규범성을 인정하는 것은 동일하다. 기본권보장과 제도보장을 구별하는 견해는 양자의 관계에 대해 헌법에는 기본권에 제도보장이 수반하는 경우(제도보장의 기본권수반형)와 양자가 병존하는 경우(보장병존형), 제도보장으로 인하여 기본권이 부수적으로 보장되는 경우(기본권의 제도종속형)가 있다고 한다. 이것은 권리와 질서는 개념상 서로 다른 것이라는 것을 전제로 하는 것인데, 견해에 따라서는 기본권에 권리로서의 성질과 질서로서의 성질이 공존한다고 하면서도 기본권과 제도보장을 구별하는 경우도 있다. (2) **구별지양론** 기본권보장과 제도보장의 구별을 지양하여야 한다는 견해는, 먼저, 기본권과 제도보장을 엄격히 구별한 C. Schmitt의 이론에 대하여 비판적인 입장을 견지한다. 구별지양론은 기본권의 이중성을 인정하는 견해에서 나타나고 있다. 구별지양론은 헌법에서 제도를 보장하고 있는 제도의 보장이라 할지라도 그 속에 담겨 있는 주관적 권리를 완전히 도외시하고 그 객관적 질서의 면만을 내세울 수는 없다고 한다. 가령 혼인·가족제도, 사유재산제도, 대학의 자치제도 등이 비록 해당 생활영역에 대한 제도의 보장이라고 하더라도 여기에는 기본권이 포함되어 있다고 본다. 구별지양론은 제도의 보장에서도 그 유형에 따라 '주관적 권리'와 '객관적 질서'로서의 내용에 강약의 차이가 있을 따름이고, 주관적 권리의 보장이 배제되어 있는 것이 아니라고 본다. 기본권의 본질을 자연권으로 이해하는 견해에서는 구별지양론을 찾아보기 어렵다. 다른 견해로, 제도보장이란 전통적·역사적으로 성립된 기존의 제도를 헌법적으로 보장하는 것이라 하면서 대학의 자치, 지방자치제도, 직업공무원제도, 복수정당제도, 가족제도, 사유재산제도 등을 예로 들면서 바이마르 헌법에서 이러한 제도의 헌법적 보장이 기본권장에 기본권과 함께 규정되어 있기 때문에 이 제도보장과 기본권을 구별하여 개념화할 필요가 있었다고 본다. 그리고 예컨대 대학의 자치나 지방자치와 같은 경우에는 독일에서는 중세시대까지 거슬러 올라가는 오랜 역사와 전통을 지니고 있는 제도이며, 이러한 제도가 기본권의 신장에 기여하여 왔다고 인식하고 있다. 그러한 만큼 이러한 제도가 법률에 의하여 함부로 바뀌고 혹은 폐기되는 것을 헌법으로 막아야 할 필요가 있었다고 본다. 그러나 우리나라에서는 일찍이 이러한 제도가 전통적·역사적으로 형성되어 우리에게 전래되어 온 것이 있느냐 하며 의문을 가진다. 오히려 우리는 이러한 제도를 새롭게 형성해 나가야 하는 입장에 서 있는 것으로 주장한다. 그렇다면 대학의 자치, 지방자치제도, 직업공무원제도, 복수정당제도 등에 관한 우리나라 헌법의 규정은 입법 등으로 도입·형성하여야 할 제도를 규정한 것이지 제도보장을 규정한 것은 아니라 한다. 프랑스나 독일에서 제도를 인식상의 문제로 삼아온 것의 바탕을 들여다보면 유럽에 있어서 민주주의, 자유주의, 개인주의라는 개념과 이에 관한 인식을 둘러싼 논의 속에서 이들 개념범주와는 다른 사회질서 또는 실정법상의 질서를 형성하는 비주관주의적, 비자유주의적, 비개인주의적인 영역을 어떻게 처리할 것이냐 하는 문제가 놓여 있음을 발견할 수 있다. 아울러 객관과 주관이라는 이분법 인식을 저변에 두고 혼란스런 논란을 계속하는 이런 논의에 과연 우리가 같이 빠져들어 고민해야 할 필요가 있는가 하는 점을 숙고해보면 그간의 논의에 한 새로운 성찰을 해볼 여지도 없지 않다고 본다. 2) **헌법재판소** 헌법재판소는 초기의 결정부터 일관되게 사유재산제도, 혼인제도, 직업공무원제도, 지방자치제도 등을 헌법적으로 특별하게 보장되는 법제도로 파악하면서 대표적으로 직업공무원 제도와 관련하여 제도보장의 개념과 의미를 「제도적 보장은 객관적 제도를 헌법에 규정하여 당해 제도의 본질을 유지하려는 것으로서, 헌법제정권자가 특히 중요하고도 가치가 있다고 인정되고 헌법적으로 보장할 필요가 있다고 생각하는 국가제도를 헌법에 규정함으로써 장래의 법발전, 법형성의 방침과 범주를 미리 규율하려는 데 있다.」고 하고, 「이러한 제도적 보장은 주관적 권리가 아닌 객관적 법규범이라는 점에서 기본권과 구별되기는 하지만 헌법에 의하여 일정한 제도가 보장되면 입법자는 그 제도를 설정하고 유지할 입법의무를 지게 될 뿐만 아니라 헌법에 규정되어 있기 때문에 법률로써 이를 폐지할 수 없고, 비록 내용을 제한한다고 하더라도 그 본질적 내용을 침해할 수는 없다. 그러나 기본권의 보장은 … '최대한 보장의 원칙'이 적용되는 것임에 반하여, 제도적 보장은 기본권 보장의 경우와는 달리 그 본질적 내용을 침해하지 아니하는 범위 안에서 입법자에게 제도의 구체적인 내용과 형태의 형성권을 폭넓게 인정한다는 의미에서 '최소한 보장의 원칙'이 적용될 뿐인 것이다.」라고 하여(헌재 1997.4.24. 95헌바48), 제도보장의 효력을 제도의 핵심영역 또는 본질적 내용의 보호에 제한하고 있다. 제도보장의 개념과 관련하여, 서구 민주국가와는 달리 제도형성에 관한 고유한 역사와 전통을 결여하고 있는 우리의 경우, '역사적·전통적인 관점'에서 제도보장의 내용을 확인하고자 하는 것은 서구의 제도보장의 역사를 우리의 것으로 의제하지 않는 이상 불가능하므로, 이러한 점에서 제도보장 개념의 수정은 불가피하다. 따라서 헌법재판소는 「헌법제정권자가 특히 중요하고도 가치가 있다고 인정되고 헌법적으로 보장할 필요가 있다고 생각하는 제도」라는 표현을 통하여, 제도보장이란 서구에서 형성된 규범체계를 우리 헌법제정권자가 특별히 헌법적 보호의 필요성이 있다고 인정하여 수용한 것으로 그 개념을 일부 수정하고 있다. 그럼에도 헌법재판소의 위 판시내용에 의하면, 제도보장에 대한 헌법재판소의 이해가 아직도 여전히 바이마르헌법 하에서 형성된 제도보장이론의 공식, 즉 제도보장은 제도를 폐지와 공동화의 위험으로부터 보호하는 것이라는 사고에 기초하고 있음을 확인할 수 있다. 3) **검토** 전통적인 제도보장이론의 기능은 입법자가 헌법의 구속을 받지 않는 헌법적 상황에서 형성된 제도보장의 사고는, 모든 국가권력이 헌법의 구속을 받는 헌법국가에서 독자적인 의미와 기능을 크게 상실하였다. 오늘날 기본권의 이중적 성격으로 말미암아 제도보장의 기능을 대체하고 있다. 변화한 헌법적 상황에서 제도보장의 의미를 찾는다면, 첫째, 기본권의 영역에서 제도보장의 기능은 개인이 자유를 행사하기 위하여 입법자의 법적 형성에 의존하고 있다는 것을 표현함으로써 자유행사를 위하여 그에 필요한 법질서를 형성해야 할 입법자의 의무를 부과하는 것에 있다. 둘째, 기본권이 개인의 주관적 권리이자 객관적 규범이라는 인식, 즉 기본권의 이중적 성격이 학계와 판례에서 아직 확고히 자리잡지 못한 것이 우리 헌법학의 현실이고, 이러한 상황에서 기본권을 개인의 대국가적 방어권으로만 이해하는 경우에는 제도보장은 기본권의 객관적인 측면을 통하여 기본권의 효력을 보완한다는 점에서, 아직도 고유한 의미를 가진다. 셋째, 모든 헌법규정에 규범적 구속력이 인정됨에도 불구하고, 기본권영역 외에 위치하는 공법상의 제도적 보장도 여전히 의미를 가진다. 제도적 보장은 그 성격에 있어서 헌법적 보장의 특수한 형태이다. 제도적 보장으로 인하여 공법상의 특정한 제도가 단순히 법률에 의하여 보호되는 것이 아니라 헌법에 의한 특별한 보호를 받음으로써, 헌법상의 지위를 누리고 헌법 개정을 통하지 않고서는 폐지될 수 없다는 강화된 '존속 보호'를 누린다. 4. **결어** 헌법국가에서 제도보장의 의미와 기능이 변화함에 따라, 제도보장의 효력, 즉 입법자가 제도보장에 의하여 어떠한 구속을 받는지의 문제도 달리 판단되어야 한다. 제도를 형성하는 법률의 위헌심사에 있어서 '역사적으로 형성된 제도의 본질적 내용이나 핵심적 영역'이 아니라 일차적으로 '제도를 도입한 헌법의 가치결정'이 심사기준이 된다. 입법자는 제도를 구체적으로 형성함에 있어서 제도보장이론의 의미에서의 '핵심영역의 보장'을 넘어서 '제도보장에 관한 헌법적 가치결정'에 의하여 구속을 받는다. 이로써 제도보장의 효력은 '제도보장이론에 의한 최소한의 보장'을 넘어서 '헌법적 가치결정에 따른 보장'으로 확대된다. 입법자는 '제도를 보장하는 헌법적 결정'과 '이와 상충하는 다른 법익'을 교량함에 있어서 실제적 조화의 원칙에 따라 양 법익을 모두 가능하면 최대한으로 실현할 수 있도록 규율해야 한다. 오늘날에는 제도보장에 관한 새로운 접근과 이해방법이 절실한 상황이다.

제도이론制度理論 통상 제도는 확정되어 정의되고 자족적이면서 통일성을 갖는 신념과 행위의 관행적 조직체로 정의된다. 제도(Institution) 개념은 '교육' 혹은 '법의 중요원칙' 내지 '규범적 기본형태'를 뜻하는 라틴어 'instituere'에서 유래하여, 사뷔니, 카우프만에 의하여 사용되었다. 1919년에 바이마르 헌법 제119조의 혼인제도에 관한 F. Giese의 논의에서도 기본권과 법제도로서의 성격을 동시에 가진다는 생각이 논의되었고, M. Wolff에 의하여 바이마르 헌법 제153조 제1항의 사유재산제도(재산권)와 상속제도(상속권)에 대하여 주관적 권리로서 뿐만 아니라 법제도로서 보장된다는 의미에서 제도개념을 사용하였다. 법학에서 최초로 체계적인 제도이론을 확립한 것은 모리스 오류이다. 오류는, 1925년에 저술한 「제도와 창설의 이론(La théorie de l'institution et de la fondation)」에서, 제도란 사회적 환경 속에서 법적으로 실현되고 지속되는 활동이나 사업의 이념을 말하며(사업의 이념), 이러한 이념을 실현하기 위하여 기간들을 가진 권력이 조직되며(조직된 통치권력), 이념의 실현에 관련된 사회적 집단의 구성원 간에 권력의 기관들에 의하여 지도되고 절차에 의해 규제되는 공동의 표시(동의의 표시)가 발생한다. 오류는 제도를 인적 제도와 물적 제도로 나누어 설명한다. 오류의 제도이론은 베르그송의 생의 철학에 영향을 받아 제도를 생명론적으로 구성하여 제도는 법적으로 탄생하여 생활하다가 소멸한다고 설명한다. 오류의 제도이론은 프랑스와 다른 나라들의 법학과 사회학 이론에 크게 영향을 미쳤다. 특히 독일에서는 칼 슈미트의 제도보장이론과 해벌레의 제도적 기본권이론의 이론적 토대가 되었다.

제도적 기본권이론制度的 基本權理論 ➜ 기본권이론.

제도적 보장制度的 保障 ➜ 제도보장.

제도종속형制度從屬型 ➜ 제도보장.

제도화된 제헌권制憲權 ➜ 헌법개정권력.

제명除名, **국회의원의** - ➜ 국회의원의 지위 · 권한과 의무.

제4의 국가작용설國家作用說 ➜ 헌법재판의 법적 성격.

제3세대 인권론第三世代人權論 ㉠ third generation human rights. 1. **의의** 1979년 유네스코의 법률자문위원이었던 K. Vasak은 1972년 「제3세대 인권에 관하여(Pour une troisiéme génération des droits de l'homme)」라는 논문에서, 프랑스 혁명의 3대 이념이었던 자유, 평등, 우애(박애)를 각각의 세대의 권리근거로 대응시키면서, 시민적 · 정치적 권리인 1세대 인권은 국가의 간섭 · 개입을 배제하는 소극적 권리로, 경제적 · 사회적 · 문화적 권리인 2세대 인권은 국가의 적극적인 의무를 통한 일정한 분배정의를 확립하기 위한 적극적 권리로 설명하고, 이에 비해 3세대 인권은 전통적인 개인적 권리가 아닌 집단적 권리유형으로서, 개별국가의 헌법 영역을 초월하여 실현되는 권리, 즉 인민과 그 자국정부 간의 관계가 아닌 세계의 모든 정부와 국제조직을 그 의무자로 하는 권리라고 보았다. 자유권과 사회권이라는 이분법적이고 대립적 성격에 근거한 범주 분류가 근대이후 서구의 역사

발전에서 전개된 인권담론을 지나치게 이데올로기적으로 접근하고 단순화시켰다는 비판적 시각을 가지고 Vasak은 제3의 인권범주를 제안한 것이다. 이는 인권의 주체인 인간에 대한 시공간적 인식 범주의 확대와도 관련이 있다. 과거 제1세대 인권이 개인에 기반을 둔(individual-based) 인권이었고, 제2세대 인권이 사회 내지 국가에 기반을 둔(society(nation)-based) 인권이었다면, 제3세대 인권은 전체 인류에 기반을 둔(global-based) 인권인 것이다. Vasak은 제3세대 인권을, 인권의 보편성, 불가분성, 상호의존성이라는 본질을 잘 보여줄 수 있는 권리유형으로서, '연대'의 원칙에 근거한 집단적 권리로서 '개인, 국가, 공적·사적 결사, 국제공동체 등 모든 사회적 행위자들의 협력적 노력에 의해서만 실현될 수 있는 권리'로 이해하였다. 2. **제3세대 인권의 특징** 첫째, 제3세대 인권은 제1세대 인권과 제2세대 인권과 비교하여 정치적 색채가 적다. 둘째, 제1세대 인권과 제3세대 인권이 법적 강제 수단을 통하여 국가에 의하여 이루어짐에 반하여, 제3세대 인권은 사회 동반자 곧 개인, 국가, 공·사의 단체 및 국제 공동체가 연대 책임을 인정하는 것을 전제로 해서만 가능하다. 특히 그 권리 의무자인 국가에게 적어도 하나 혹은 그 이상의 공동의 의무(joint obligation)가 부과된다. 셋째, 제1세대 인권과 제2세대 인권이 국가내부의 문제로 제기되어 국내법의 차원에서 해결되고 국제법적 인정을 받은 것과는 달리, 제3세대 인권은 국내법적 차원이 아닌 국제법적 차원에서 제기되고 그 인정을 요구하고 있다. 넷째, 제1세대 인권과 제2세대 인권의 주체가 개인임에 대하여, 제3세대 인권의 주체는 그것이 민족이든 집단이든 집단이다. 제3세대 인권은 개인의 권리이자, 개인의 권리로 축소될 수 없는(not reducible) 집단적 권리의 성격을 가진다. 다섯째, 제3세대 인권은 제1세대 인권과 제2세대 인권에 대한 종합(Synthese)으로 묘사될 수 있다. 그러나 제3세대 인권을 종합권(Syntheserecht)으로 획득한다는 말은 이미 인정되어 있는 제1세대 인권을 제3세대 인권으로 대체한다는 의미가 아니라, 이미 존재하는 인권을 새로운 인권으로 보충한다는 의미이다. 결국 제1세대 인권과 제2세대 인권이 이미 국제법 질서에서 완성된(in esse) 권리라고 한다면, 제3세대 인권은 생성 중에 있는(in fieri) 또는 그 인정을 요구하고 있는 권리라고 할 수 있다. 3. **제3세대 인권의 권리·의무주체** 1) **제3세대 인권의 권리주체** 제1세대 및 제2세대 인권의 권리주체는 인간 개개인(human individual)으로서, 국내외의 인권문헌에서 '모든 사람(everyone)', '모든 인류(every human being)', 혹은 '어느 누구도(no one)'와 같은 문구로 표현되며, 이 권리의 의무보유자·권리보호의무자로서 국가에게 권리의 존중(respect), 보호(protect), 충족(fulfill)의 의무가 부여된다. 이에 비해 개인, 인민(people), 국가가 제3세대 인권의 권리보유자이자 의무보유자라는 점이 제3세대 인권론의 특징이자 쟁점중 하나이다. 예컨대, 제3세대 인권의 하나로 제시되는 발전권(right to development)의 권리보유자에 관하여, 「유엔발전권선언」(1986)은 '모든 개인과 인민'이 발전권의 주체이며, 국가 또한 발전이익의 공정한 분배에 있어 권리와 의무를 가진다고 규정함으로써 발전권이 개인뿐만 아니라 인민(people)과 국가의 권리로 인정될 여지를 제시했다. 이에 비해 「아프리카인권헌장」(1981)에서는 발전권을 모든 인민들(peoples)의 권리로 규정하였는데, 이 차이에 대해서는 서구세계의 '고립되고 추상적인 원자적 개인'이라는 인간에 대한 이해와는 달리 아프리카에서는 인간을 '연대의 정신에 의해 행동하는 한 집단의 통합적 구성원'으로 보기 때문이라고 설명하기도 한다.

2) 제3세대 인권의 의무주체 제1세대 및 제2세대 인권론에서 의무주체는 주로 국가였으나, 제3세대 인권론에서 의무주체는 개인과 '인민'을 포함한 여러 수준의 집단들, 국가 및 나아가 국제공동체까지 포괄한다. 「유엔발전권선언」에서는 발전권에 대한 책임을 개인과 인민과 국가에게 부여하고 있고(제2조), 개발도상국의 신속한 발전을 촉진하기 위한 효과적인 '국제적 협력'을 강조(제4조)함으로써 정부간 국제기구(IGO), 비정부 기구(NGO), 국제비정부기구(INGO) 등 비국가행위자들(non-state actors)의 협력의무를 규정하고 있다. 발전권을 '발전에 대한 권리이자 발전과정에 대한 권리로서 인간의 삶의 질 향상'을 궁극적 목표로 하는 양도할 수 없는 인권으로 보는 시각에서는, '발전'과 '인권'과 '민주주의'간의 상호적 관계, 즉 인권의 완전한 실현을 위해서는 포괄적인 경제적·사회적·문화적·정치적 발전이 필요하고, (발전으로부터 산출되는 이익의 공정한 분배에 있어) 민주주의원칙에 따른 발전과정에의 참여권의 보장이 발전의 핵심적 요소라고 보는 인식에서 구체적 권리는 아니라 하더라도 종합적·포괄적 성격의 인권으로는 파악할 수 있다. 4. **제3세대 인권의 내용** 제3세대 인권에 속하는 권리로 거론되는 것으로는, 발전권(개발권), 평화권, 환경권, 인류공동의 유산에의 참여와 향유의 권리(문화유산에 대한 권리), 인도주의적 구제권(인간적 도움을 요구할 권리), 자결권, 천연자원에 대한 권리, 커뮤니케이션에 대한 권리, 세대 간 불평등에 대한 권리 등이 있다. 이 중 발전권, 평화권, 환경권의 세 가지가 가장 대표적인 것으로 인정되고 있다. 제3세대 인권은 생성도중에 있으면서 그 인정을 요구하고 있는 인권이므로 새로운 다양한 형태의 인권이 나타날 가능성이 크다. 5. **제3세대 인권론의 과제와 제도화의 요건** 1) **신자유주의 세계화와 제3세대 인권 담론** 제3세대 인권담론은 1970년대 이후 빠르게 진행되던 선진국(북부)의 초국적 경제권력의 극단적인 이윤 추구과정, 즉 신자유주의 세계화과정에서 필연적으로 발생하는 불평등을 교정하기 위한 일련의 흐름 속에서 개발도상국(남부)의 저개발에 대한 북부 국가들의 책임을 국제적으로 인정하기 위한 '정치적' 담론이자 '윤리적' 담론으로 주장되었다. 제2세대 인권이 제1세대 인권의 교정자로서 국가의 적극적 개입으로 경제적·사회적 차별을 일정하게 수정하려는 움직임을 보였지만, 초국적 자본의 국가 경계를 넘나드는 전방위적 이익추구를 위해 IMF(국제통화기금), 세계은행, WTO(세계무역기구), OECD(경제협력개발기구)와 같은 선진국가들의 초국적 거버넌스에 의해 개별 국가의 산업구조, 금융구조가 재편됨으로써 개별국가가 가진 불평등해결능력은 한계에 부딪히고 있다. 특히 제3세계 개발도상국들의 발전 역량이 신자유주의 시장논리에 심각하게 종속되어 저개발과 빈곤의 만연이라는 도전에 직면해 있는 현실에서, 이 문제를 국제적 협력으로 해결하기 위한 정치적 주장을 '인권'이라는 윤리적·규범적 근거로 정당화시키려는 시도가 바로 '제3세대 인권론'이다. 제3세대 인권론이 내재하고 있는 개념요소들을 정리하고 이에 대한 비판과 반박을 수용하여 인권개념을 정립하기 위한 이론적 논의와 함께 이 인권을 실제 현실에 적용하여 이행가능한 것으로 만들어나가는 제도와 규범을 형성하는 것이 제3세대 인권담론의 과제라고 할 수 있다. 2) **제3세대 인권 제도화의 요건** 유네스코는 '인권의 이론적 기초에 대한 심포지엄'(1948)에서 권리를 '이것 없이는 일정한 사회의 역사적 단계에서 인간으로서 자신을 충족시키기 위한 수단이 상실되어 그 공동체의 적극적 구성원으로서 최선을 다할 수 없는 삶의 조건'으로, 자유를 '속박의 부재뿐만 아니라 인간이 사회의 물질적

발전에 의해 허용되는 최고수준으로 그 공동체의 부에 기여하고 공동체 구성원으로서 최대한 참여할 수 있는 사회·경제적 조건의 명확한 구조(organizations)'로 정의하였다. 이와 같은 인권기준을 국제인권규범으로 전환시키는 과정은 순수히 개념적, 과학적 논증절차라기 보다는 다른 차원의 기준, 즉 실행가능성(practicability)이라는 요건이 추가되는 복잡한 '정치적 과정'이라고 할 수 있다. 이런 맥락에서 국제인권협약상의 권리는, ① 근본적(fundamental)일 것, ② 광범위하게 인정되고, 모두에게 보장된다는 의미에서 보편적(universal)일 것, ③ 단순한 기준설정보다는 국가에 대해 법적 의무를 발생시키기에 충분할 만큼 명확한 정식화(precise formulation)가 가능할 것 등의 일반적 요건을 충족해야 한다고 볼 수 있다. 특히 3세대의 새로운 인권의 정립에 있어서는, 그 권리들이 인간존엄성에 대한 새로운 위협에 대한 대응이라는 현실적 필요성을 근거로 요구되었다는 점을 생각하면, '이행가능성(실행가능성)'은 권리의 성립요건으로 중요하게 고려되어야 한다. 이행가능성은 구체적으로 '사법심사가능성(justiciability)'의 문제와도 관련이 있다. 6. **결어** 제3세대 인권론은 아직은 확고한 독자적 인권범주로 정립되었다고 볼 수 없다. 하지만 인권인식의 기초로서 인간에 대한 인식의 범주가 확대되는 상황에서는 확대된 범주에 걸맞는 인권인식이 필요하다. 과거 제1세대 인권과 제2세대 인권이 각각의 시대변화에 따른 인간인식 범주의 확대로 인하여 새로운 인권인식으로 나아갔듯이 이제 글로벌 시대의 인간인식의 범주확대는 곧 인권인식의 변화로 이어지는 것은 자연스러운 현상이다. 문제는 그러한 인권의 규율방법과 실현을 위한 이론적 접근 그리고 그 제도화의 방법에 관한 연구가 이어져야 한다는 것이다. 제3세대 인권이 '현재에 현실적으로 충족될 수 없고 쉽게 성문화될 수 없는 유토피아적 열망'이며 기껏해야 비구속적인 명문화(codification)과정에 머무르고 있다는 지적은 현실을 그대로 설명해줄 수는 있어도 인간의 강력한 동시대적 요구와 기대를 과소평가하고 법발전의 역사를 간과한 것이다.

제3자 개입금지第三者介入禁止 1980년 노동관계법을 개정할 때 국가보위입법회의가 노사관계를 해당 기업의 노사 당국자에 국한시킬 목적으로 신설한 조항이다. 1980년 당시 노동조합법 제12조의2와 노동쟁의조정법 제13조의2에 「직접 근로관계를 맺고 있는 근로자나 해당 노동조합 또는 사용자 기타 법령에 의하여 정당한 권한을 가진 자를 제외하고는 누구든지 쟁의행위, 노동조합의 설립과 해산, 노동조합에의 가입·탈퇴 및 사용자와의 단체교섭에 관하여 관계당사자를 조종·선동·방해하거나 기타 이에 영향을 미칠 목적으로 개입하는 행위를 하여서는 아니된다.」라는 규정을 신설하였고, 이후 노동조합을 탄압하는 대표적인 근거로 이용되었다. 헌법재판소는 '제3자 개입금지조항'에 대해 합헌으로 결정하였으나(헌재 1993.3.11. 92헌바33; 2004.12.16. 2002헌바57), 노동계와 시민단체들은 줄곧 '제3자 개입금지' 조항을 삭제하도록 요구해왔다. 2006.12.30. '노동조합 및 노동관계조정법'을 개정하여 관련조항을 삭제함으로써 2007년부터 '제3자 개입금지' 규정은 완전히 폐지되었다.

제3자 소송담당第三者訴訟擔當 ➜ 권한쟁의심판.

「제3신분이란 무엇인가」 ㊥ Qu'est-ce que le Tiers État? 프랑스의 정치가 E.J.시에예스(1748~1836)가 프랑스 혁명 전야에 저술한 소책자이다. 1789년 출판된 이 책자는 그 해에 발생한 프랑스혁명에 지대한 영향을 끼쳤다. 구제도(ancient regime) 시기의 프랑스는 성직자, 귀족 및 기타의 3개 계급으로 성립되었으며, 전 2개의 신분은 당시 전 인구의 1% 이하에 불과하였고 나머지는 모두 제3신분이었다. 국민의 대부분을 구성하면서도 정권을 차지하지 못한 제3신분인 평민들에게 시민권과 자유를 얻기 위하여 일어서라는 내용을 담고 있어서, 프랑스 혁명의 정신적인 원동력을 제공하였다.

제소기간提訴期間 [영] period of filing/an action. 소제기기간이라고도 한다. 처분 등의 상대방 또는 제3자가 소송을 적법하게 제기할 수 있는 기간을 말한다. 제소기간이 지나치게 짧거나 불분명한 경우에는 재판청구권을 침해할 수 있다. 헌법재판소는 즉시항고의 제기기간을 3일로 한 데에 대하여 두 차례 합헌결정을 하였다가(헌재 2011.5.26. 2010헌마499; 2012.10.25. 2011헌마789), 재판청구권 침해로 판례를 변경하였다(헌재 2018.12.27. 2015헌바77; 2015.9.24.2013헌가21 결정도 같은 뜻). ➜ 재판청구권.

제3자효第三者效 [독] Drittwirkung. 법률관계에 있어서 직접 참여하는 자를 당사자라 하며, 당사자 이외의 자를 제3자라 한다. 헌법학에서 제3자가 문제되는 경우는 기본권의 제3자적 효력으로 빈번히 사용되는데, 엄밀히 말하면, 기본권의 효력이 문제되는 경우는 제3자효라고 표현하는 것은 적절하지 않다. 왜냐 하면 기본권의 제3자적 효력은 곧 대사인적 효력을 말하는 것으로, 기본권침해행위의 주체가 제3자인 경우에 문제된다. 따라서 제3자는 기본권침해의 당사자이지 침해에 따른 법률관계의 제3자가 아니다. 사인 사이에 기본권침해행위가 있는 경우, 국가는 기본권보호의무가 문제될 뿐이다.

제척기간除斥期間 제척기간이란 어떤 종류의 권리에 대해 법률상으로 정한 존속기간으로, 당해 기간 내에 행사하지 않으면 권리가 소멸한다. 어떠한 권리를 일정한 기간 내에 행사할 것을 강제함으로써 법질서를 조속히 안정시키려는 목적을 가진다. 당사자의 약정에 의하여 그 기간의 연장 또는 단축이 허용되지 아니한다. 소멸시효와 비교하여, 소멸시효는 시효의 중단이 인정되지만, 제척기간은 중단이 인정되지 아니한다. 또한 소멸시효는 당사자가 주장하여야 하지만, 제척기간은 법원이 직권으로 고려하며, 소멸시효는 소급효가 적용되지만 제척기간은 장래효가 적용된다. 제소기간과도 구별된다. ➜ 제소기간.

제척 · 기피 · 회피제도除斥 · 忌避 · 回避制度 법관 · 법원서기관 · 법원사무관 · 법원주사 또는 법원주사보 등이 사건에 관하여 제척(除斥) 또는 기피의 원인이 있다고 생각하여 스스로 사건의 취급을 피하는 것을 말한다. 현행 민사소송법(제49 · 50조)과 형사소송법(제24조)에서 규정하고 있다. 제척은 법관 등이 법률에 정한 제척의 사유에 해당되면 법률상 당연히 해당 사건에 관한 직무를 행할 수 없는 경우이고, 회피는 법관이 해당 사건에 관하여 제척 또는 기피의 사유가 있다고 판단하여 스스로 직무의 집행에서 탈퇴하는 것이며, 기피는 당사자가 법관 등에게 제척이유가 있거나 공정한 재판을 기대하기 어렵다고 생각될 때 법원에 신청하여 해당 법관을 직무집행에서 배제하도록 하는 것이다.

제퍼슨Jefferson, Thomas 1743.4.13.~1826.7.4. 버지니아주(州) 태생. William and Marry 대학교 졸업 후 1767년 변호사가 되었고, 1769년 버지니아 식민지의회 하원의원이 되었다. 1775년 버지니아 대표로서 제1 · 2차 대륙회의에 참가하였고, 1776년 독립선언문 기초위원으로 선출되어 독립선언문을 기초하였다. 1783년 연방의회 의원이 되어 신생공화국의 기초를 다지는 데 이바지했다. 1785년 프랑스 주재공사에 임명되고, 1789년 G.워싱턴 행정부의 초대 국무장관에 취임했다. 해밀턴이 주도하는 연방파(聯邦派)에 대하여 민주공화당을 결성하여 그 지도자가 되었는데, 이것이 현재의 민주당의 기원이다. 1796년 부통령, 1800년 제3대 대통령에 당선되어 새 수도 워싱턴에서 취임식을 거행한 최초의 대통령이 되었다. 1804년 재선되고, 1809년 4월에 정계에서 은퇴하였다. 1819년 Virginia 대학교를 설립하고 학장에 취임하였다. 독립선언 50주년 기념일에 사망하였다.

제퍼슨형型 **대통령제** ➔ 미국대통령제 실현형태.

제한군주제制限君主制 ➔ 입헌군주제.

제한권력이론制限權力理論 국가의 어떤 행위도 헌법적 한계를 넘어서는 안되는 제한된 권력에 의한 국가일 때에만 국가작용이 권위와 정당성을 가진다는 이론이다.

제한선거制限選擧 ⇔ 보통선거. ➔ 선거의 기본원칙.

제한연기투표制限連記投票 ➔ 연기투표.

제한통고制限通告 ➔ 집회의 자유.

제헌국회制憲國會 **= 제헌의회**制憲議會 대한민국제헌의회(大韓民國制憲議會)는 1948.5.10. UN한국임시위원단(UNTCOK)의 감시 아래 총선거가 실시된 후, 1948.5.31. 구성되고 1950.5.30.까지 활동한 국회를 말한다. 대한민국에서 최초로 국민의 직접투표로 선출된 국회의원을 구성원으로 한 국회이다. 제헌의회는 대한민국의 제1공화국이 수립되기 전인 1948.5.31.에 구성되었으므로 엄밀히 말하면, 미군정기에 그 임기가 시작되었다. 7.17. 헌법 제정 · 공포, 7.20. 초대 대통령 이승만 선출, 부통령 이시영 후보 선출, 8.15. 대한민국 정부수립 선포식 및 초대 대통령 취임 등의 활동을 하였다. 특히 반민족행위처벌법을 제정하여 친일청산에 노력하였으나, 이승만 정부에 의해 좌절되었다.

제헌헌법制憲憲法 제헌의회에서 제정한 헌법이라는 의미로서, 1948년 헌법을 일컫는 경우에 사용된다. '건국헌법' 혹은 '1948년 헌법' 등으로 칭하는 경우도 있으나, 제헌의회에서 제정한 헌법이라는 의미를 감안하여 제헌헌법이라 함이 적절하다.

조력자살助力自殺 ⓔ assisted suicide, ⓓ (Beihilfe zum Suizid/die Sterbehilfe, ⓕ aide au suicide. 조력자살은 다른 사람의 도움을 받아 자살하는 것이다. 좀 더 상세히 말하면, 불치의 질환이나 회복불가능한 퇴행성 질환으로 살 수 있는 날이 얼마 남지 않은 사람, 질병으로 인해 참을 수 없는 고통을 받고 있는 사람이 의사나 다른 사람들로부터 도움을 받아 스스로 목숨을 끊는 것이라고 할 수 있다. 안락사의 한 형태이다. ➔ 안락사. 과거에는 스스로 자살하든 조력을 받아 자살하든, 자살행위를 범죄시하고 자살자의 시신을 끌고 다니며 모욕하거나 도덕적으로 비난하는 것이 일반적이었으며, 조력자가 누구이냐에 상관없이 자살에 조력하는 행위 자체를 범죄로 보아 처벌하였다(예컨대, 현행 형법상 자살교사 · 방조죄(제250조 제2항)). 오늘날에는 죽을 권리에 대한 논의가 활발해지면서, 일정한 자격을 가진 의료인의 도움을 받아 자살하는 것을 비범죄화하고 합법화하여야 한다는 목소리가 높아지고 있다. 일반적으로 의사나 다른 의료서비스 제공자의 도움을 받는 자살을 의사조력자살(Physician-assisted suicide(PAS) 혹은 Physician-assisted death(PAD))이라 하여 합법화하는 나라가 많아지고 있다. ➔ 의사조력자살. 논자에 따라서는 '자살'이라는 용어가 부정적인 영향을 미치기 때문에, 조력자살(assisted suicide)이라는 용어를 사용하는 것을 반대하고 조력사망(assisted dying)이라 고 할 것을 강력히 주장하기도 한다. 독일에서는 조력사망(Sterbehilfe; 혹은 사망조력)이라 하여, 적극적 조력사망, 소극적 조력사망, 임종동행(Sterbebegleitung) 등으로 나누어 설명하기도 한다. 독일에서의 조력자살(Beihilfe zur Selbsttöttung/assistierter Suizid)은 일찍이 1980년대의 비티히(Wittig) 사건(BGHSt 32, 367 ff.(1984)), 하케탈(Hackethal) 사건(OLG München, Beschluss vom 31.7.1987) 등에서 논의되기 시작하였고, 켐프텐 사망조력 사건(Kemptener Sterbehilfe, BGHSt 40, 257(1994)), 뤼벡(Lübeck) 사건(BGHZ 154, 205(2003)) 등을 통해 사법부의 판결로 점차적으로 상세하게 논의되어 왔다. 2009년에는 환자의 사전지시서법이 독일 민법 제1091a조, 제1091b조로 규정되어 동 9.1.부터 발효되기에 이르렀다. 이 후 치사량약물 청구 결정(Urteil vom 02.03.2017 - BVerwG 3 C 19.15.), 업무상 자살방조죄 사건(BVerfGE 153, 182(2020)), 자살용의약품 취득허가 거부 사건(BVerfGE 153, 182(2020)) 등이 헌법소원 등의 형태로 사법부의 판단을 구하였고, 죽음에 대한 환자의 자기결정권과 국가의 보호의무 사이에 구체적인 규율가능성과 태양, 그리고 그 한계에 관하여 지속적으로 논의되고 있다. ➜ 의사조력자살.

조례條例 ➜ 자치입법권.

조례제정 · 개폐청구제도條例制定·改廢請求制度 1. **서언** 1) **의의** 조례제정개폐청구제도란 지방의회의원이나 지방자치단체장 이외에 일정 수의 주민에게도 조례의 제정 개정 및 폐지를 청구할 수 있도록 함으로써 사실상 주민에게도 조례안발의권을 인정하는 제도로서 지방행정에의 주민의 직접참가(참정)의 수단인 주민 직접청구제도의 하나이다. 지방자치법 제19조와 「주민조례발안에 관한 법률」에서 상세히 정하고 있다. 이러한 직접청구제도는 지방행정의 조직 및 작용에 관한 중요사항에 대하여 선거권을 갖는 주민이 일정수 이상의 연서로써 지방행정 내지 정치에 대한 직접적인 발언권을 제도상 보장한 것으로서 국가나 지방에서 모두 불가피하게 채택하고 있는 간접민주제를 보완하기 위한 직접민주정 제도의 하나이다. 2) **기능** 주민의 직접참가(참정) 수단인 조례제정개폐청구제도는 대의제의 보완기능, 주민자치적 지방자치이념의 구현기능, 지방자치단체 통합(로컬 거버넌스) 기능 등을 갖는다고 할 수 있다. 2. **주요내용** 청구권자 및 청구인수, 청구대상, 청구인 대표자 증명 및 서명요청, 청구 상대방 및 청구절차, 지방의회에의 부의, 지방의회의 심사 결정 등은 지방자치법 제15조 및 동법 시행령에 상세히 규정되어 있다. 3. **제도상 문제점 및 개선방안** 제도적인 문제점 및 개선방안으로는 첫째, 청구인수의 합리적 규정이다. 각 지방자치단체가 자율적으로 조례로 더 구체화할 수 있도록 함이 타당하다. 둘째, 조례로 구체적인 범위 미규정시 의제규정 마련도 필요하다. 셋째, 청구대상의 확대이다. 주민에 의한 조례제정개폐청구가 있다 하더라도 결국은 의회의 의결로 결정되므로, 적절한 남용방지 대책과 함께 청구대상의 범위를 조금 더 확대할 필요가 있다. 넷째, 청구상대방의 다양화이다. 현재는 청구 상대방이 지방자치단체장으로 한정되어 있지만, 경우에 따라서는 직접 지방의회에 청구하는 것도 고려되어야 할 것이다. 다섯째, 청구인 대표자 증명서 교부, 서명수집 등 관련 절차 담당 기관을 당해 선거관리위원회로 변경하는 것이다. 상설 선거관리 전문기관인 선거관리위원회가 담당하는 것이 업무의 전문성, 능률성 뿐 아니라 업무처리의 중립성, 공정성, 객관성을 담보함에 있어서도 더 큰 장점이 있다. 여섯째, 의회심사 결정방식의 다양화이다. 현재 인정되는 결정방식 외에 대안(제시)도 추가할 필요가 있다. 일곱째, 지방자치단체장의 주민청구조례안의 지방의회에의 부의기간 단축 및 지방의회 처리기간의 규정이다. 현행법에는 지방자치단체장은 청구수리 후 60일 내에 주민청구조례안을 지방의회에 부의하도록 규정되어 있으나 청구수리 후 20일 내지 30일 이내로 단축할 필요가 있으며, 또한 부의된 주민청구조례안에 대한 지방의회에서의 처리기간은 부의한 청구수리 후 60일 내에 처리하도록 하고 부득이한 경우에 30일 범위에서 연장할 수 있도록 할 필요가 있다고 생각된다. 여덟째, 서명 등에 대한 이의제기시 구제수단 보완이다. 현행법상은 서명 등에 대한 이의는 지방자치단체장에게 할 수 있도록 하고 있으나, 그 결정에 불복시 구제수단은 결여되어 있는바, 불복수단으로서 행정쟁송제도의 도입이 필요하다.

조병옥趙炳玉 1894.5.21.~1960.2.15. 본관 한양(漢陽). 호 유석(維石). 충청남도 천안(天安)에서 출생하였다. 공주영명학교(公州永明學校)를 거쳐 1911년 평양숭실학교(平壤崇實學校)를 졸업, 1914년 연희전문(延禧專門)을 졸업하고 곧 미국으로 건너가 펜실베이니아주(州) 킹스턴의 와이오밍고교에 입학, 1918년 졸업하였다. 이어 Columbia 대학교에 입학하여 경제학을 전공하는 한편, 한인회(韓人會)·흥사단(興士團) 등의 단체에 참여하여 독립운동을 하였으며, 1925년 같은 대학에서 철학박사학위를 획득하였다. 곧바로 귀국하여 연희전문 전임강사로 있으면서 1927년 신간회(新幹會) 창립위원·재정총무를 역임하였다. 1929년 광주학생운동의 배후조종자로 검거되어 3년간 복역하였다. 1932년 조선일보사 전무 겸 영업국장에 취임하였으며, 1937년 수양동지회(修養同志會)사건으로 2년간 투옥되었다. 1945년 8·15광복을 맞이하여 송진우(宋鎭禹)·장덕수(張德秀) 등과 한국민주당을 창당하고, 미군정청의 경무부장에 취임하였다. 1948년 대통령특사·유엔 한국대표 등을 역임하고, 1950년 6·25전쟁 때 내무장관으로 재임했으나, 대통령 이승만과의 의견충돌로 사직하고, 반독재투쟁의 선봉에 나섰다. 1954년 제3대 민의원(民議員)에 당선되고, 이듬해 민주당(民主黨) 최고위원이 되었으며, 1956년 대표최고위원에 선출되어 야당을 지도하였다. 1958년 제4대 민의원에 당선되고, 1960년 민주당의 공천을 받아 대통령선거에 입후보하였으나 선거를 1개월 앞두고 미국의 월터리드 육군의료센터에서 가료 중 병사하였다. 1962년 건국훈장 독립장이 추서되었다.

조봉암曺奉岩 1899.10.29.-1959.7.31. 조봉암은 20세기 우리나라의 격변기를 살았던 정치인이다. 본관은 창녕(昌寧)이며, 호는 죽산(竹山), 인천 강화 출신이다. 1919년에 경성 YMCA 중학부에 입학하여 여운형, 박헌영, 이승만, 김규식, 장면, 여운홍 등과 교유하였다. 3·1 운동 후 상하이로 망명하여 상하이 임시정부 경무국 소속으로 재직하였다. 임시정부 내의 파벌다툼에 실망하여 1921년에 일본으로 건너가 주오대학(中央大学) 전문부 정경학과에 입학하였다. 재학 중 박열이 조직한 공산주의 계열 단체인 흑도회(黒濤会)에 가담하여 공산주의사상에 심취하였다. 1922년 귀국하여, 10월 코민테른의 지령을 받고 소련으로 건너가 소련에서 열린 베르흐네우딘스크 대회에 한국인 공산주의자 대표로 참석하였다. 이 후 모스크바 동방노력자공산대학(東方勞力者共産大學)을 2년 수료하고, 1925년 조선공산당이 조직되었을 때, 조직중앙위원장을 지냈으며 고려공산청년회의 간부가 되었다. 소련, 중국, 만주 등을 오가며 독립운동을 하며 공산주의 운동을 하였다. 1927년에는 임정 요인들을 상대로 민족유일당 운동을 추진하기도 하였으나 실패하였다. 1932.9. 상하이 프랑스 조계에서 일본경찰에 체포, 국내로 송환되어 신의주형무소에서 7년간 복역하고 출옥하였고, 출옥 후 인천에서 지하 노동단체를 조직, 비밀리에 활동하다가 1945.1. 다시 검거되었다. 해방과 동시에 석방되어 조선공산당, 건국준비위원회 인천부지부, 민족주의민주전선 인천부지부 등에서 활동하였으나 1946.5. 박헌영(朴憲永)과의 갈등을 계기로 사상전향하여 좌우합작운동에 참여하였고 남북협상노선을 걷다가 1948년 제헌국회의원 선거에 출마하여 당선되었다. 1948.7. 국회 헌법기초위원장으로 헌법제정에 참여한 뒤 대한민국 정부수립에 참여하였으며 대한민국 제1대 농림부장관과 제2대 국회부의장을 역임하였다. 농림부장관 재직 당시 농지개혁을 주관하여 성공적으로 완수하였다. 1948년 이후 윤치영(尹致暎) 등과 이정회, 대한국민당 등에서 활동하였고, 1956.11.10. 진보당을 결성하여 위원장으로 선출되었다. 제2대 대통령선거에 무소속으로 출마하였으나 낙선하였고, 제3대 대통령선거(1956.5.15.)에 출마하여 30%라는 지지율을 얻어 파란을 일으키기도 하였다. 1958.1.14. 진보당의 위원장으로 있던 조봉암과 진보당의 주요 당간부들이, 북한의 지령을 받은 남파간첩인 양명산과 밀회하여 정치자금을 건네받고, 북한이 주장하는 평화통일에 동조하여 이를 추진해왔다는 이유로 구속되었다. 당시 이승만은 북진통일론을 주장하여 정부여당의 통일정책으로 삼고 있었는데, 조봉암은 진보당의 당기관지 <中央政治> 10월호(57년)에서 평화통일론을 주장하고 있었다. 1심에서는 국가보안법위반에 대하여 징역 5년을 선고받았고, 다른 혐의는 무죄로 되었으나, 1958.10.25. 항소심에서 사형이 선고되었다. 1959.2.27. 대법원에서 상고가 기각되었고, 1959.7.31. 교수형을 당하였다. ➜ 진보당 사건. 그의 사형집행은 당대에도 사법살인이라는 비판이 제기되기도 하였다. 2011.1.20. 대법원에서 재심하여 무죄판결을 내려 복권되었다. 2011년 국가보훈처는 조봉암이 1941년 일제에 150원의 국방헌금을 냈다는 당시 매일신보의 신문기사가 나왔다는 이유로 독립유공자 심사를 보류하였다.

조선민주주의인민공화국朝鮮民主主義人民共和國 Democratic People's Republik of Korea(DPRK). 1948.9.9., 한반도의 38선 이북지역에 수립된 사회주의국가의 정식 명칭이다. 1945.8.15. 일본이 항복하자, 한반도에는 38도선을 경계로 남북에 각각 미·소 양군이 진주하게 되고, 소련군 점령하의 북한에서는 임시인민위원회가 조직되어 농지개혁·산업국유화 등 일련의 〈민주개혁〉이 수행되었다. 1948년 남한에 단독정부가 수립되자, 북한에서도 최고인민회의 선거를 실시, 헌법을 채택하고 김일성을 수상으로 하는 조선민주주의인민공화국을 선포했다. 조선민주주의인민공화국은 소련을 비롯한 공산권국가들의 승인을 받았다. ➜ 북한헌법. ➜ 남북한관계.

조선적朝鮮籍 1945년 2차 대전 종전 후 주일 미군정(GHQ)에 의해 당시 재일조선인들에게 편의상 부여된 일본 외국인등록제도상의 적(籍)이다. 일본 정부는 이들을 '구 조선호적등재자 및 그 자손(일본국적 보유자는 제외) 가운데 외국인등록상의 국적표시를 아직 대한민국으로 변경하지 않은 사람'이라고 해석한다. 북한은 수교가 되어 있지 않기 때문에 고려하지 아니한다. 일본정부통계(e-Stat) 사이트에 따르면 2019.12. 기준으로 조선적은 28,096명으로 나타나 있고 매년 그 수가 줄어들고 있다. 우리나라에서는 집권 정부에 따라 그 취급이 달라져 왔다. 보수정부 하에서는 무국적자로 취급하면서 남북교류법 및 여권법 상 여권에 갈음하는 여행증명서를 발급하지 않았다가, 김대중·노무현 정부 이래 국내에 입국할 수 있는 여행증명서를 발급하였지만, 이명박 · 박근혜 정부에서는 다시 여행증명서를 발급하지 않았다. 2009년에 오사카 거주의 조선적 보유자가 오사카 총영사에게 여행증명서를 신청하였다가 거부되어, 이에 대한 불복으로 여행증명서 발급거부처분취소소송을 제기하였고, 1 · 2심을 거쳐 대법원에 상고하였다. 대법원은 「조선적 재일동포는 구 남북교류법상 여행증명서를 소지하여야 대한민국에 왕래할 수 있다고 봄이 타당하다.」고 하였다(대판 2013.12.12. 2010두22610). 현행법상 국적의 범위에 관하여 엄격하고 좁게 이해하고 있으나, 과거 대한제국기의 신민이었던 자와 그 후손 및 일제강점기에 「조선」의 적을 가졌다가 해방 후 대한민국과 조선민주주의인민공화국의 어느 나라의 국적도 갖지 않은 자와 그 후손에게까지 국적의 범위를 확장할 필요가 있다.

조세고권租稅高權 국가의 과세권능을 국가의 주권적 고권의 하나로 이해하는 것이다. 과세고권이라고도 한다. 지방자치단체도 일정한 범위에서 조세고권을 가지는 것으로 볼 수 있다. ➜ 자치재정권.

조세국가(원리)租稅國家(原理) ㊀ der Steuerstaat/das Steuertaatsprinzip. 조세국가란 국가의 재정수입을 위하여 국가의 영리활동이나 준조세를 통하지 않고 조세를 통하여 국가재정을 충당하는 것을 원칙으로 하는 국가이다. 조세국가는 조세 외의 부담을 원칙적으로 부인하면서, 엄격한 요건 하에서만 예외적으로 허용하는 국가로서, 조세 외의 경제적 부담은 별도의 정당성을 요한다. 오늘날의 사회국가는 급부국가이며 급부국가는 필연적으로 조세국가이다.

조세법률주의租稅法律主義 ➜ 조세의 기본원칙.

조세租稅**의 기본원칙** 1. **의의** 조세라 함은 국가나 지방자치단체 등 공권력주체가 재원조달의 목적으로 과세권을 발동하여 일반국민으로부터 직접적인 반대급부가 없이 강제적으로 부과 · 징수하는 과징금을 말한다(헌재 1991.11.25. 91헌가6). 조세의 부과와 징수는 국민의 재산권에 중대한 침해를 야기하기 때문에 의회가 제정하는 법률에 의하도록 함이 국민주권주의와 법치주의에 적합하며 민주국가헌법의 공통된 기본원칙이다(헌재 2001.11.29. 2000헌바95 참조). 조세정의를 실현하기 위하여 조세법률주의를 견지하면서도 국민의 실질적 재산권보장을 위하여 조세평등주의와 조화될 수 있도록 하여야 한다(헌재 1998.3.26. 96헌바57 참조). 2. **조세법률주의** 1) **의의와 연혁** 조세법률주의는 조세평등주의와 함께 조세법의 기본원칙으로서, 법률의 근거없이 국가는 조세를 부과 · 징수할 수 없고, 국민은 조세의 납부를 요구받지 않는다는 원칙이다(헌재 1989.7.21. 89헌마38). 조세법률주의는 1215년 영국의 마그나 카르타에서 연원하였고, 1689년 권리장전, 1776년 미국 버지니아권리장전에서 원칙으로 확립된 후 입헌주의의 핵심요소로 자리잡게 되었다. 우리나라의 경우 대한민국임시헌법(1919년) 제48조에서 조세법률주의를 표방한 규정이 있었고, 미군정기의 헌법안에도 예외없이 규정하였으며, 제헌헌법에서 「조세의 종목과 세율은 법률로써 정한다.」(제90조)고 규정한 이후 현행헌법(제59조)에 이르기까지 거의 변하지 않고 규정되어왔다. 2) **입법례** 조세법률주의의 입법례로는 일년세주의와 영구세주의가 있는데, 전자는 국가나 지방자치단체가 조세를 부과 · 징수하기 위해서는 국회가 그에 관한 법률을 연도마다 새로이 제정하여야 하는 주의이며, 후자는 국회가 일단 법률을 제정하면, 그 법률에 따라 국가나 지방자치단체가 매년 계속하여 조세를 부과 징수할 수 있는 주의이다. 현행헌법 제59조 규정이 어느 방식을 채택하는가에 대해서는, 별도의 규정이 없는 한 법률의 효력이 영구적이라는 점에서 영구세주의를 채택하고 있다고 봄이 통설이다. 3) **내용** (1) **과세요건법정주의** 과세요건법정주의란 납세의무를 발생하게 하는 납세의무자, 과세물건, 과세표준, 세율 등 과세요건과 조세의 부과·징수절차를 모두 국민의 대표기관인 국회가 제정한 법률로써 정하여야 한다는 원칙이다(헌재 1989.7.21. 89헌마38). 하지만 사회현상의 복잡다기화와 국회의 전문적·기술적 능력의 한계 및 시간적 적응능력의 한계로 인하여 조세부과에 관련된 모든 법규를 예외없이 형식적 의미의 법률에 의하여 규정한다는 것은 사실상 불가능할 뿐만 아니라 실제에 적합하지도 아니하기 때문에, 경제현실의 변화나 전문적 기술의 발달에 즉시 대응하여야 할 필요 등 부득이한 사정이 있는 경우에는 법률로 규정하여야 할 사항에 관하여 국회 제정의 형식적 법률보다 더 탄력성이 있는 행정입법에 위임함이 허용된다(헌재 1996.6.26. 93헌바2). 위임입법의 한계로서 예측가능성의 유무는 「당해 특정조항 하나만을 가지고 판단할 것은 아니고 관련 법조항 전체를 유기적·체계적으로 종합 판단하여야 하며, 각 대상법률의 성질에 따라 구체적·개별적으로 검토하여야 한다(헌재 1994.6.30. 93헌가15 등(병합); 2001.11.29. 2000헌바23)(➜ 위임명령). 특히 조세입법의 경우 그 과세요건은 극히 전문기술적인 판단을 요하는 경우가 많으므로, 그러한 경우의 위임입법에 있어서는 기본적인 조세요건과 과세기준이 법률에 의하여 정하여지고 그 세부적인 내용의 입법을 하위법규에 위임한 경우 모두를 헌법상 조세법률주의에 위반된다고 할 수 없다(헌재 2002.6.27. 2000헌바88). (2) **과세요건명확주의** 과세요건명확주의는 과세요건을 법률로 규정하였다고 하더라도 그 규정내용이 지나치게 추상적이고 불명확하면 과세관청의 자의적인 해석과 집행을 초래할 염려가 있으므로 그 규정 내용이 명확하고, 일의적이어야 한다는 것이다(헌재 1989.7.21. 89헌마38). 조세법규는 해석상 모호함이 없도록 명확히 규정되어야 하지만, 다소 포괄적이고 추상적인 용어를 사용하더라도, 당해 조세법규의 체계 및 입법취지 등에 비추어 그 의미가 분명하여질 수 있다면 이러한 경우에도 명확성을 결여하였다고 하여 그 규정이 과세요건명확주의에 위반된다고 할 수는 없다(헌재 1995.11.30. 94헌바40등; 1996.8.29. 95헌바41). 과세요건명확주의 문제는, 납세자의 입장에서 어떠한 행위가 당해 문구에 해당하여 과세의 대상이 되는 것인지 예견할 수 있을 것인가, 당해 문구의 불확정성이 행정관청의 입장에서 자의적이고 차별적으로 법률을 적용할 가능성을 부여하는가, 입법기술적으로 보다 확정적인 문구를 선택할 것을 기대할 수 있을 것인가 여부 등의 기준에 따른 종합적인 판단을 요한다(헌재 2002.5.30. 2000헌바81). (3) **소급과세금지의 원칙** 소급과세금지의 원칙은 새로운 입법으로 과거에 소급하여 과세하거나 또는 이미 납세의무가 존재하는 경우에도 소급하여 중과세하여서는 안 된다는 원칙을 말한다(헌법 제13조 제2항; 2002.2.28. 99헌바4; 2003.6.26. 2000헌바82; 2012.

12.27. 2011헌바132). 소급과세금지의 원칙은 헌법상 신뢰보호의 원칙과도 직접적으로 연계되는데, 국세기본법 제18조 제3항, 지방세기본법 제20조 제2항 등에서 명문으로 규정하고 있다. (4) **엄격해석의 원칙** 조세법규의 해석과 적용은 국민의 재산권이 침해되지 않도록 엄격하게 행하여야 한다. 조세법규의 해석에 있어 유추해석이나 확장해석은 허용되지 아니하고 엄격히 해석하여야 한다(헌재 1996.8.29. 95헌바41; 대판 2009.8.20. 2008두11372). 이미 실효된 법률조항을 유효한 것으

로 해석하여 과세의 근거로 삼는 것은 헌법상 권력분립의 원칙과 조세법률주의의 원칙에 위배되어 헌법에 위반된다(헌재 2012.5.31. 2009헌바123 참조). 4) **조세법률주의의 예외** 조세법률주의의 예외로서, 조례에 의한 지방세의 부과·징수, 조약에 의한 협정세율, 긴급재정경제명령 등이 있다. 지방자치법 제152조는 「지방자치단체는 법률로 정하는 바에 따라 지방세를 부과·징수할 수 있다.」고 규정하고, 지방세기본법 제5조 제1항은 「지방자치단체는 지방세의 세목(稅目), 과세대상, 과세표준, 세율, 그 밖에 지방세의 부과·징수에 필요한 사항을 정할 때에는 이 법 또는 지방세관계법에서 정하는 범위에서 조례로 정하여야 한다.」고 규정하여, 법률에 직접 근거하지 아니하고 법률에 정한 범위 내에서 조례로서 과세할 수 있음을 정하고 있다. 또한 조약에 의해서도 관세에 관하여 협정세율을 정할 수 있도록 하고 있다(관세법 제73조). 이러한 조약은 국민에게 재정적 부담을 지우는 조약으로서 국회의 동의가 필요하다(헌법 제60조 참조). 대통령은 긴급재정명령을 통하여 조세에 관하여 규율할 수 있다(➜ 긴급재정경제명령). 3. **조세평등주의** 조세평등주의는 조세법률주의와 함께 조세법의 기본원칙의 하나로서, 조세공평주의·공평과세의 원칙 등으로 불려지기도 한다. 조세평등주의는 헌법 제11조의 평등의 원칙 또는 차별금지의 원칙의 조세법적 표현이라고 할 수 있다. 따라서 국가는 조세입법을 함에 있어서 조세의 부담이 공평하게 국민들 사이에 배분되도록 법을 제정하여야 할 뿐만 아니라, 조세법의 해석·적용에 있어서도 모든 국민을 평등하게 취급하여야 할 의무를 진다(헌재 1989.7.21. 89헌마38 참조). 1) **공평조세의 의미** 이익설의 관점(이익원리) 혹은 등가원리(等價原理)는 국가로부터 제공받는 이익(편익)에 비례하여 조세를 부담하는 것이 공평하다는 입장이며, 능력설의 관점 혹은 담세력원리(擔稅力原理)는 조세를 부담할 수 있는 경제적 지불능력에 비례하여 부담하는 것이 공평하다고 보는 입장이다. 현대의 재정의 주류는 능력설에 기초하고 있다. 능력원리에 따라 조세부담의 공평을 실현하기 위해서는, 동일한 경제능력을 가진 사람에게는 동일한 액의 조세를 부과하고(수평적 공평), 상이한 경제적 능력을 가진 사람에게는 상이한 액이 조세를 부과하여야 한다(수직적 공평)고 본다. 헌법재판소도 기본적으로 능력설에 입각하고 있다(헌재 1995.6.29. 94헌바39 이하 여러 결정). 조세평등주의를 실현하기 위해서는, 실질과세의 원칙과 응능부담의 원칙이 적용되어야 한다. 2) **실질과세의 원칙**은 경제적 실질에 따라 능력에 맞는 공평한 조세부담을 과하려는 과세입법 및 세법 적용상의 원칙으로서(헌재 1989.7.21. 89헌마38), 국세기본법 제14조 및 지방세기본법 제17조에 규정되어 있다. 실질과세의 원칙은 「헌법상의 기본이념인 평등의 원칙을 조세법률관계에 구현하기 위한 실천적 원리로서, 조세의 부담을 회피할 목적으로 과세요건사실에 관하여 실질과 괴리되는 비합리적인 형식이나 외관을 취하는 경우에 그 형식이나 외관에 불구하고 실질에 따라 담세력이 있는 곳에 과세함으로써 부당한 조세회피행위를 규제하고 과세의 형평을 제고하여 조세정의를 실현하고자 하는 데 주된 목적이 있」고, 「조세법률주의와 상호보완적이고 불가분적인 관계에 있다.」(대판 2012.1.29. 2008두8499). 3) **응능부담의 원칙**은 조세의 부과와 징수를 납세자의 담세능력에 상응하여 공정하고 평등하게 할 것을 요구하며 합리적 이유없이 특정의 납세의무자를 불리하게 하거나 우대하는 것을 허용하지 않는 것이다(헌재 1997.10.30. 96헌바14). 「조세평등주의가 요구하는 담세능력에 따른 과세의 원칙은 한편으로 동일한 소득은 원칙적으로 동일하게 과세될 것을 요청하며(이른바 '수평적 조세정의'), 다른 한편으로 소득이 다른 사람들간의 공평한 조세부담의 배분을 요청한다(이른바 '수직적 조세정의'). 그러나 이러한 담세능력에 따른 과세의 원칙이라 하여 예외없이 절대적으로 관철되어야 한다고 할 수 없고, 합리적 이유가 있는 경우라면 납세자간의 차별취급도 예외적으로 허용된다(헌법재판소 2002.8.29. 2001헌가24). 4. **준조세** 조세라는 명칭이 붙어 있지 않지만, 조세법률주의의 적용을 받는 사항을 준조세라 한다(➜ 준조세).

조세평등주의租稅平等主義 ➜ 조세의 기본원칙.

조소앙趙素昂 1887.4.30.~1958.9.10. 조소앙은 일제 강점기의 독립운동가이자 정치인, 교육자이다. 경기도 파주(坡州) 출신이며, 본관은 함안(咸安)이다. 본명은 조용은(趙鏞殷)이며, 자는 경중(敬仲)이다. 필명으로 사용하던 조소앙(趙素昂)이 후에 개명한 이름으로 굳어졌다. 조성기(趙成基)라고도 불린다. 1919.2.1. 대한독립선언서를 작성하였고, 곧바로 일본 도쿄로 건너가 유학생들을 지도하여 2·8 독립선언을 작성하도록 지도하였다. 1919년 3·1공화혁명 직후인 4.11. 중국 상하이에서 대한민국 임시정부를 수립하기로 결의하고, 삼균주의 이념을 바탕으로 첫 헌법인 대한민국 임시헌장을 작성했다. 이후 대한민국 임시의정원과 정부에서 활동하였다. 임시정부 외무부장, 한국독립당 당수 등으로 활동했고 김구·여운형 등과 시사책진회 등을 조직하였으며, 임시정부의 외교활동과 이론 수립에 참여하였다. 1945년 광복 후에 귀국하여 임시정부 법통성 고수를 주장하였고, 김구, 이승만 등과 함께 우익 정치인으로 활동하다가 1948.4.에 김구, 김규식 등과 남북협상에 참여하였다. 남북협상 실패 후에는 노선을 바꾸어 대한민국 단독정부에 찬성하고 지지하였다. 1950년 제2회 국회의원 선거에 서울시 성북구에 출마해서 전국 최다득표로 국회의원에 당선되었지만, 1950년 6.25 전쟁 당시 조선민주주의인민공화국으로 피랍되었다. 납북 후에 그는 조선민주주의인민공화국에서도 존경받았지만, 조선민주주의인민공화국 체제에 협조하지 않은 것으로 알려졌다. 유교 학맥으로는 할아버지 조성룡의 문인이며, 종교 사상적 활동으로는 삼균주의 사상가이자 육성교(六聖敎)를 창시한 바 있다. 정치·경제·교육의 균등을 말하는 삼균주의는 중국 기독교 정치가 쑨원의 삼민주의와 일본 유학시절에 번역한 천부인권론의 기독교적 '만민평등사상'에 영향을 받아 1918년부터 정립한 정치사상이다. 대한민국의 건국에 기여한 공로를 인정받아 1989년 건국훈장 대한민국장을 받았고, 이듬해인 1990년 조선민주주의인민공화국에서 조국통일상을 받았다.

조약條約**(일반)** ㊂ treaty, ㊈ Vertrag, ㊇ traité. 1. **개념** 1) 조약법에 관한 비엔나협약(이하 '비엔나협약')은 '조약이라는 것은 국가 간에 문서의 형식에 의해 체결되고 국제법에 의해 규율되는 국제적 합의(단일의 문서이든, 2개 이상의 문서이든 무관하며, 명칭의 여하에 관계없다)를 말한다(조약법에 관한 비엔나협약(1969) 제2조 제1항(a))'고 정의하였다. 국제적 합의이기 위해서는 국제법주체(해당 조약의 당사자 능력자) 간의 '자유의사에 의한 동의'를 원칙적으로 체결하여 유효하게 성립한 조약은 당사국을 구속하고 당사국이 성실하게 준수할 것을 요구할 수 있는 것이어야 한다. 2) 조약의 **명칭**은, 협약(convention), 협정(agreement), 합의(arrangement), 규약(covenant), 헌장(charter), 의정서(protocol), 일반의정서(general act), 최종의정서(final act), 선언(declaration) 등 다양하게 표현되고 있으며, 명칭의 사용규칙이나 명칭에 의한 효력의 차이는 명확하지 않다. '가(잠정)협정

(modus vivendi)'은 당사국의 국내승인의 절차의 간략화에 의해 기본조약에 부수하는 효력을 갖는 것으로 해석되어 있다. 3) **분류** (1) **당사자의 수**에 따라, 두 당사자에 의한 양자간 조약(bilateraltreaty)과 셋 이상의 당사자에 의한 다자간 조약(multilateral treaty), (2) **내용**에 따라서, 일반국제법의 정립(국제입법)을 목적으로 하는 입법조약(law-making treaty)과 당사자간의 이해조정을 목적으로 하는 계약조약(contract treaty), 다자간 조약에서 제3국의 가입을 인정하는 개방조약과 원칙으로서 이것을 예정하지 않는 폐쇄조약, 법전화조약 등 세계의 대다수 국가가 합의하는 일반조약(general treaty), (3) **체결절차**에 따라, 전권대사(plenipotentiary)가 협정본문에 관하여 합의를 보더라도 최종적으로 국가원수가 서명한 비준서의 교환이나 기탁을 요하는 정식조약(treaty concluded in a solemn form)과, 국가원수의 비준을 요하지 않거나 그 성립과정에서 의회의 참여가 배제되는 약식조약(treaty concluded in a simplified form), (4) **국내법적 효력**에 따라, 국내 법률과 동등한 효력을 갖는 조약, 법규명령의 효력을 갖는 조약, 행정명령의 효력을 갖는 조약 ➜ 고시류조약, (5) 국내적 적용을 위하여 **특별한 입법을 필요로 하는가**의 여부에 따라, 특별한 입법을 요하지 않는 자기집행적 조약(self-executing treaty)과 이를 필요로 하지 않는 비자기집행적 조약(non-self-executing treaty) 등으로 분류할 수 있다. ➜ 자기집행적 조약. 2. **조약체결절차** 1) **기본적 구조** 전통적인 조약체결절차는 우선 각국의 조약체결권자(대부분의 경우는 원수 또는 행정부의 장)로부터 전권위임장을 부여받은 대표자(전권위원:plenipotentiary)가 조약체결을 위한 협상을 하고 조약문이 정리되면 각 대표자가 이것에 서명(조인:signature)하여 조약문을 확정한다. 이어서 조약체결권자가 이 조약문을 심사하고 전권위임장의 범위 내이면 비준(ratification)하여 조약으로 약속되었던 것에 대한 국가의 동의를 확정한 후에 비준하였다는 취지를 증명하는 비준서를 교환함으로써 조약의 효력이 발생하는 것이 일반적이다. 조약체결에 의회의 관여를 인정하는 경우에는 당해 의회의 관여절차가 종료하면 비준 전에라도 효력을 인정할 수 있다. 이 경우 서명국의 비준이 의무는 아니다. 오늘날에는 민주적인 조정의 필요성이 높은 중요한 조약은 종래와 같은 절차에 의하지만 기타의 조약에 대해서는 간이 조약체결절차를 이용하는 예가 많다. 어떠한 절차를 채용할 것인지에 대해 조약협상국의 완전한 임의에 맡겨져 있다(비엔나협약 제11조). 또한 최근에는 조약문의 확정과 동시에 가능한 범위에서 조약을 잠정적으로 적용하는 잠정적 적용(provisional application)이 이용되는 경우도 있다(비엔나협약 25조). 2) **체결절차** 비엔나협약은 조약체결에 관한 절차를 규정하여, 채택(adoption) – 확정(인증)(authentication) – 조약에 구속된 것에 대한 동의(서명, 문서의 교환, 비준, 수락(acceptance), 승인(approval) 또는 가입 외에 합의가 있는 경우에는 그 다른 방법) – 기탁(deposit) – 발효(entry into force) 등으로 규정하고 있다. 국내 헌법에서 별도의 체결절차(예컨대, 의회의 비준동의 혹은 동의법률제정 등)가 필요한 경우에는 이를 거쳐야 한다. 3. **조약의 효력** 1) **일반적 효력** 국제법적 관점에서는, 유효하게 체결된 조약은 당사국을 구속하고(pacta sunt servanda 원칙)(비엔나협약 제26조), 원칙적으로 제3국에 권리를 부여하거나 의무를 부과하지 않는다(비엔나협약 제34조). 강행규범을 제외하고 국제관습법과도 국제법상의 효력은 동일하며 특별법 우위의 원칙과 신법(新法)우선의 원칙 등이 적용된다. 국내법적 관점에서는 조약의 국내법적 효력과 관련하여

조약우위설과 **헌법우위설**이 있다. 조약은 국민주권주의에 기초하여 헌법제정권력이 제정한 헌법에 의하여 체결되었고, 헌법은 국가의 최고규범이며, 헌법 부칙 제5조의 「이 헌법 시행 당시의 법령과 조약은 이 헌법에 위배되지 아니하는 한 그 효력을 지속한다.」고 하고 있으므로, 조약은 헌법보다 하위의 규범이라고 하여야 한다. 헌법우위설이 다수설이다. 2) **적용범위** i) 조약의 불소급 조약은 그 효력이 당사국에 대해서 발생하는 날 전에 실행된 행위, 동일 전에 발생한 사실 또는 동일 전에 소멸한 사태에 관하여 해당 당사국을 구속하지 않는다(비엔나협약 제28조). 단, 강화조약 등의 예외도 존재한다. ii) 적용지역 조약은 특별한 의도가 조약 자체에서 또는 다른 방법으로 명확히 확인되는 경우를 제외하고 각 당사국을 그 영역 전체에 대해서 구속한다(비엔나협약 제29조). iii) 동일사항에 대하여 복수의 조약을 적용할 수 있는 경우에는 종래부터 신법우위의 원칙과 특별법 우위의 원칙 등이 타당하다. 단, 국제연합헌장에 기초하는 의무는 우선한다(국제연합 헌장 103장). 3) **무효원인** 다음의 경우에는 무효가 된다. i) 조약에 구속된다는 국가의 동의가 해당국의 조약체결 기능에 관한 국내법의 규정에서 기본적인 중요성을 갖는 규칙에 명백하게 위반인 경우(비엔나협약 제46조) ii) 조약에 구속된다는 국가의 동의를 표명하는 대표자가 권한에 부과된 특별의 제한을 넘어서고 또한 해당제한이 동의의 표명에 앞서 다른 협상국에 통고되어 있는 경우(비엔나협약 제47조) iii) 조약에 구속된다는 자국의 동의가 다른 협상국에 의한 자국의 대표자의 매수(買收)의 결과 표명된 경우(비엔나협약 제50조). iv) 착오, 사기에 의한 조약(비엔나협약 제48~49조). v) 강제에 의한 조약 조약에 구속되는 것으로의 국가의 동의의 표명이 해당국의 대표자에 대한 강제의 결과 이루어진 경우(비엔나협약 제51조) 및 국가에 대한 국제법위반의 무력에 의한 위협 또는 무력행사의 결과, 조약이 체결된 경우(비엔나협약 제52조). vi) 조약이 일반국제법의 강행규범에 위반하는 경우(비엔나협약 제53조). i)~iv)는 무효원인을 갖는 국가만이 무효를 원용할 수 있고(상대적 무효), v)~vi)은 모든 국가가 무효를 주장할 수 있다(절대적 무효). 4. **조약의 해석** 조약의 해석권은 원칙적으로 각각의 조약 당사국이 갖는다. 단, 조약 당사국이 그 조약상 또는 사후의 합의에 의해 국제사법재판소 등의 제3의 기관에 조약의 해석을 일임하는 경우는 그 기관의 해석에 의한다. 5. **조약의 개정 · 수정** 조약의 개정이라는 것은 조약 자체를 변경하는 것을 말하고, 조약의 수정이라는 것은 다자간 조약에서 조약의 내용을 합의에 의해 일부의 당사 국간에 변경되는 것을 말한다. 조약의 개정은 당사국간의 합의에 의한다(비엔나협약 제39조). 다자간 조약의 개정에 있어서 제안국은 개정을 위한 제안을 모든 체약국에 통고해야 하고, 각 체약국은 그 제안에 대하여 취해진 조치에 대한 결정 및 그 조약의 개정협상 및 체결에 참가할 권리를 가지고 있으며, 개정 후의 조약 당사국이 될 수 있는 자격을 갖는다(비엔나협약 제40조 제2 · 3항). 개정 전의 조약 당사국이 개정 후의 조약 당사국이 되지 않는 경우에는 해당국은 개정 후의 조약이 아니라 종래와 같이 개정 전의 조약에 의한 구속을 받는다(비엔나협약 제40조 제4항). 조약의 수정은 2개국 이상의 당사국간에 이루어질 수 있지만 수정된 조약이 원래의 조약과 양립하는 것과 다른 당사국의 법적 지위에 영향을 미치지 않는 것이 조건이다(비엔나협약 제41조). 6. **조약의 종료 · 운용정지, 탈퇴** 조약의 종료는 조약이 국제법상의 효력을 상실함으로써 해당조약 당사국이 조약 이행의무가 면제된 것을 말하고, 조약에서의 탈퇴 또는 조약의 폐기라는 것은 다자간 조약에 대해서 탈퇴국(폐기국)이 일방적으로 해당조약에 구속되지 않겠다는 의사를 표명함으로써 다른 조약 당사국과의 관계에서 조약 이행의무가 면제되는 것을 말하며(비엔나협약 제70조), 조약의 운용정지라는 것은 운용정지 중 운용정지와 관계에 있는 당사국간에 있어서 조약 이행의무가 면제되는 것을 말한다(비엔나협약 제72조). 조약에 기초한 경우 또는 모든 당사국의 동의가 있는 경우에는 조약의 종료·운용정지 또는 조약에서의 탈퇴가 이루어진다(비엔나협약 제54조·제57조). 모든 당사국이 동일사항에 대하여 나중의 조약을 체결하며, 먼저의 조약과 나중의 조약이 동일하지 않고 동치에 적용할 수 없는 경우에는 먼저의 조약은 종료한다(비엔나협약 제59조 제1항). 양자간조약에 대해 그 일방의 당사국이 중대한 조약위반을 한 경우에는 상대방의 당사국은 조약의 종료 또는 운용정지를 주장할 수 있으며(비엔나협약 제60조 제1항), 다자간 조약에 대해서 그 하나의 당사국이 중대한 조약 위반을 한 경우에는 위반에 의해 특별히 영향을 받은 당사국은 조약의 운용정지를 주장할 수 있고, 다른 모든 당사국은 일치하여 합의함으로써 조약을 종료시키거나 혹은 조약의 운용을 정지할 수 있고, 위반이 조약에 기초한 의무이행의 계속에 대한 모든 당사국의 입장을 변경하는 것인 경우에는 위반국 이외의 당사국은 조약의 운용정지를 주장할 수 있다(비엔나협약 제60조 제2항). 조약의 후발적 이행불능의 경우에는 조약의 종료·운용정지 또는 조약에서의 탈퇴를, 일시적인 이행불능에 대해서는 조약의 운용정지만을 주장할 수 있다(비엔나협약 제61조 제1항). 조약체결시에 존재한 사정으로 조약에 구속된 것에 대한 당사국의 동의의 불가결의 기초를 이루고 있던 것에 대해서 당사국이 예견하지 않았던 근본적인 변화가 발생한 사정변경의 경우에는 조약의 종료 또는 조약에서의 탈퇴를 주장할 수 있다(비엔나협약 제62조 제1항). 단, 국경을 확립하는 조약 및 사정의 근본적 변화가 원용 당사국의 국제적인 의무위반에 유래하는 경우에는 본 원칙은 적용되지 않는다(비엔나협약 제62조 제2항). 일반국제법의 새로운 강행규범이 기존의 조약과 저촉하는 경우에는 그 조약은 종료한다(비엔나협약 제64조). 7. **조약의 등록** 국가 또는 국제조직이 체결한 조약을 공표하기 위해 국제조직에 기탁하도록 하고 있다. 비밀외교를 방지하기 위한 목적으로 국제연맹에서 최초로 설치되었으며 국제연합에 이어졌다. 국제연합 가입국은 체결한 모든 조약을 국제연합 사무국에 등록해야 한다(국제연합헌장 제102조 제1항; 비엔나협약 제80조). 8. **조약에 대한 사법심사** ➜ 조약에 대한 사법심사.

조약법에 관한 비엔나 협약 ㊐ Vienna Convention on the Law of Treaties(VCLT). 조약법에 관한 비엔나협약은 국가들 사이의 조약을 규율하는 국제적 협정이다. '조약에 관한 조약'으로 알려져 있으며, 조약이 어떻게 정의되고 기초되며 개정되고 해석되며 일반적으로 작용하는지에 관한 종합적인 규칙과 절차, 및 지침을 정하고 있다. 1969.5.23.에 비엔나에서 채택, 1980.1.27. 발효되었다. 당사국은 2019.1. 기준 116개국이다. 우리나라는 1980.1.27. 이 협약의 당사자가 되었다. 조약법에 관한 일반조약으로서 1969년에 국제연합 조약법회의에서 채택된 조약이다. 전문과 조약 본문(85개조)및 부속서로 이루어져 있으며 국제연합이 중심이 되어 체결된 중요한 입법조약의 하나이다. 조약에 관한 국제법의 제규칙(조약법)은 오랜 세월에 걸쳐 관습법으로서 형성되어 왔지만 국제관계를 보다 원활하게 발전시키기 위해 그 법전화가 필요하게 되었다. 1968년과 1969년의 2회기에 걸쳐 비엔나에서 개최된 국제연합 조약법회의는 국제법위원회가 작성한 초안을 기초로서 심의를 진행하여 1969.5.23. '조약법에 관한 비엔나협약'을 채택하였다. 동 협약은 조약의 체결절차와 효력발생, 다자간 조약에 대한 유보, 조약의 준수·적용과 해석, 제3국에 대한 효력, 개정과 변경, 무효·종료와 운용정지, 피기탁자의 임무, 통고, 정정, 등록 등 조약에 관한 제규칙을 망라한 일반조약으로서 획기적인 것이다. 동 협약이 국가 간의 조약만을 규율의 대상으로 하였기 때문에, 국가와 국제조직 간 혹은 국제조직 간에 체결되는 조약을 규율하기 위하여 '국가와 국제조직간 또는 국제조직 상호간의 조약법에 관한 비엔나협약(Vienna Convention on the Law of Treaties between States and International Organizations or between International Organizations)'이 1986.3.21.에 비엔나에서 채택되었으나, 2020년 현재 아직 발효되지 않았다. 전문 및 86개조와 부속서로 이루어져 있다.

조약條約**에 대한 사법심사**司法審査 1. **서설** 조약이란 둘 이상의 국가나 국제기구 등과 같은 국제법주체간의 합의로서 국제법에 의해 규율되는 국제법규범이다. ➜ 조약. 헌법 제6조 제1항은 「헌법에 의하여 체결·공포된 조약과 일반적으로 승인된 국제법규는 국내법과 같은 효력을 가진다.」라고 하여 조약의 효력에 대해 규정하고 있다. 국제법의 국내적용과 관련하여 헌법위반 여부가 문제되는 경우 그 심사절차, 심사방법, 심사의 효력 등이 문제된다. 2. **조약의 효력** 1) **국제법적 효력** 조약이 국제법적 효력을 갖기 위해서는 조약체결에 관한 국제법적 요건에 합당하여야 한다. 이에 관하여 조약법에 관한 비엔나협약이 체결되어 있다. 국제법적 효력을 갖게 되면 국가 간에는 조약의 내용대로 이행할 의무를 지게 된다. 그러나 국제법적 효력이 곧 국내법적 효력을 의미하는 것은 아니다. 2) **국내법적 효력** (1) **요건** 헌법 제60조 제1항에서는 조약을 체결·비준할 경우 사전에 국회의 동의를 얻어야 한다고 규정하고 있다. 국회의 동의는 대통령의 비준행위를 헌법적으로 정당화시켜주는 것이므로 국회의 동의는 원칙적으로 대통령이 비준하기 전에 있어야 할 것이다. 한편, 국회의 동의가 필요한 조약을 규정하고 있는 제60조 제1항이 열거조항인지 예시조항인지 문제가 된다. 국가의 중요한 조약이 아닌 단순한 행정협조적이고 기술적인 사항에까지 국회의 동의를 요한다고 보기는 어려우므로 열거조항으로 보는 것이 타당하다. 따라서 행정협정, Visa협정, 문화교류협정 등과 같이 국가간의 단순 행정협조적이고 기술적인 사항에 관한 조약은 국회의 동의를 요하지 않고 대통령의 체결·비준만으로 국내법상 효력이 발생하고 헌법 제60조 제1항에 열거된 조약에는 국회의 동의가 있어야 국내법상 효력이 발생한다. (2) **효력의 내용** 헌법 제6조 제1항에서는 조약이 '국내법'과 같은 효력을 가진다고 규정하고 있는데 여기서 '국내법'이 국내'법률'로서의 효력을 말하는지 아니면 다른 단계의 법규범의 효력도 포함하는지가 문제된다. 헌법 제60조 제1항을 예시조항으로 보는 견해에 의하면 모든 조약이 국회의 동의를 얻어야 하기 때문에 모든 조약이 국내'법률'로서의 효력을 가진다고 할 것이다. 그러나 열거조항으로 보는 견해에 따르면 국회의 동의를 요하는 조약은 '법률'로서의 효력을 가지지만 국회의 동의를 요하지 않는 조약은 법률보다 하위단계인 '명령'으로서의 효력을 가진다고 할 것이다. 3. **조약에 대한 위헌심사** 1) **문제점** 조약이 영토할양·매매나 국민의 지위변경과 같이 헌법의 효력을 제약하는 주권적 사항인 경우에는 국회의 동의만 있으면 조약을 체결·비준할 수 있다고 해석하는 것은 타당하지 않다. 오히려 이러한 조약이 있으면 그 위헌여부의 심사가 더 필수적이라고 할 수 있다. 다만, 위헌심사를 거쳤음에도 유효한 조약으로 판단된다면 이는 헌법개정의 문제로 이전된다. 법률이 그러한 바와 같이 조약도 애당초 합헌이었으나 시간의 경과 후에 위헌이 될 수도 있다. 이 경우에는 법률에 대한 위헌심사에 준하여 취급할 수 있을 것이다. 2) **조약 위헌심사 허용 여부** **위헌심사부정설**은, 조약우위설에 입각하여 조약과 헌법이 충돌할 경우 조약이 우선한다고 보아 위헌심사를 부정한다. 또한 헌법 제107조나 제111조에 조약이 열거되어 있지 않고, 조약은 국가 간의 합의이므로 고도의 정치성을 갖는 일종의 통치행위이며, 헌법상 국제법존중주의를 규정하며, 국제질서 또한 헌법질서만큼 중시할 필요가 있다는 점을 근거로 든다. **위헌심사긍정설**은 헌법우위설의 입장에서 헌법이 조약보다 상위규범이며, 조약이 국민의 권리의무에 관한 사항을 담고 있는 경우 실질적으로 법규로서의 성질을 갖고, 조약에 대한 국회의 동의는 실질적으로 입법행위를 의미하며, 사법부는 헌법준수의무가 있으므로 위헌인 조약을 적용할 수 없다는 점 등을 근거로 한다. 다만, 헌법우위설의 입장에서도 조약은 국내법과는 달리 고도의 정치성을 띠는 것이고 조약체결은 통치행위적인 성질을 갖기 때문에 사법심사의 대상이 될 수 없다고 하여 조약에 대한 위헌심사를 부정하는 견해도 있다. 그러나 통치행위라고 할지라도 국민의 기본권침해와 직접 관련되는 경우에는 위헌심사의 대상이 될 수 있다는 **헌법재판소**의 판시(헌재 1996.2.29. 93헌마186; 2004.10.21. 2004헌마554등)에 비추어 조약이 국민의 기본권을 침해할 경우에는 당연히 위헌심사가 인정된다고 본다. 또 헌법 제111조 제1항 제5호의 「법률」에는 법률의 효력을 가지는 조약이나 국제법규도 포함되며, 헌법재판소가 국내법의 위헌여부를 심판하는 이상 국내법의 효력을 가지는 조약의 위헌여부도 심판할 수 있다고 하는 것이 타당하다. 헌법재판소도 헌법재판소법 제68조 제2항에서 정하고 있는 「법률」에는 조약도 포함되어 있다고 판시하였다(헌재 2001.9.27. 2000헌바20). 따라서 조약에 대한 위헌심사는 가능하다. 비구속적 합의의 경우, 조약과 구별되고 헌법소원의 대상이 되지 않는다 함이 헌법재판소의 결정이다(헌재 2019.12.27. 2016헌마253: 이른바 '위안부합의'). 4. **조약에 대한 위헌심사절차** 국회의 동의를 요하는 조약은 법률의 효력을 가지므로 헌법재판소가 위헌법률심판이나 헌법소원의 형태로 그 위헌성을 심사한다. 국회의 동의를 요하지 않는 조약은 명령으로서의 효력을 가지므로 재판의 전제가 되는 경우는 헌법 제107조 제2항에 따라 대법원이 최종적으로 심사하고, 재판의 전제없이 직접 기본권을 침해하는 경우에는 헌법재판소가 헌법소원형태로 위헌여부를 심사한다. 5. **위헌선고된 조약의 효력** 헌법재판소가 조약에 대해 위헌이라고 선고한 경우 원칙적으로 조약의 국제법적 효력에는 영향이 없다. 조약은 어디까지나 국제법규범이기 때문에 특정국가의 국내법 위반이라는 이유로 조약의 효력이 국제법적으로 무효화된다고 할 수는 없기 때문이다. 따라서 헌법재판소에 의해 위헌으로 선고된 조약은 국내법으로서만 효력을 가지지 못한다. 이러한 결정에 국회나 정부는 기속되므로 조약에 따른 권한을 행사할 수 없고 의무도 이행할 수 없다. 그리고 비자기집행조약의 경우 그 시행을 위하여 구체화한 법률 또는 명령을 제정할 수 없으며, 제정된 경우에는 해당 법률 내지 명령에 대해서 헌법재판소가, 명령에 대해서는 대법원도 위헌심사를 할 수 있다. 결국 위헌 선고된 조약을 이행할 수 없게 되므로 국가는 국제적으로 책임을 지게 될 것인 바, 조약당사국과 새로 교섭을 하는 등으로 문제를 처리하게 될 것이다.

조약우위설條約優位說 ➜ 조약.

조약의 종료終了 ➜ 조약.

조약의 체결締結 · **비준**批准 ➜ 조약.

조약條約**의 체결절차(현행헌법상)** 1. **조약체결의 일반적 절차** 조약의 교섭 · 체결은 하나의 연속되는 흐름으로 이루어진다. 이 흐름을 나누어 보면, ① 조약체결계획(정책) 수립 → ② 조약문안의 교섭 → ③ 조약문안의 확정(문안에 대한 교섭 완료) → ④ 법제처 심사 → ⑤ 국무회의 심의 → ⑥ 대통령 재가 → ⑦ 조약문에 대한 서명(서명을 요하지 않는 각서교환 등의 경우에는 각서교환 행위 등) → ⑧ 필요시 국회 동의 → ⑨ 조약의 발효 → ⑩ 조약 공포의 순서로 이루어진다. 이 절차는 상대방 국가와의 관계에서 이루어지는 대외적(국제적) 절차와 국내체계에서 이루어지는 대내적(국내적) 절차로 이루어진다. 2. **조약의 국내적 체결절차** 1) **의의** 정부조직법 제25조는「외교부장관은 외교, 외국과의 통상교섭 및 통상교섭에 관한 총괄 · 조정, 국제관계 업무에 관한 조정, 조약 기타 국제협정, 재외국민의 보호 · 지원, 재외동포정책의 수립, 국제정세의 조사 · 분석에 관한 사무를 관장한다.」고 규정하고 있다. 즉, 조약업무의 일반에 관한 사항은 외교부장관이 관리하게 되어 있다. 2) **조약의 국내적 체결절차** (1) **조약체결에 관한 정책결정** 이 과정은 어떠한 조약을 어느 국가를 상대로 어떠한 교섭을 할 것인가를 국내적으로 정하는 단계이다. 양자조약의 경우, '어떠한 조약을 어느 국가와 체결할 것인가'하는 문제는 정부가 스스로 정한다. 조약을 체결할 필요가 있는 국가를 선정하여 교섭을 제의하면서 모델조약안을 전달한다. 다자조약의 경우 상대국가의 선택보다는 '어떠한 조약을 가입하고, 비준의 대상으로 할 것인가'하는 사안이 중요시된다. 일반적인 다자조약의 교섭은 국제연합과 같은 정부 간 기구에서 주권국가면 누구나 참가할 수 있는 포럼에서 조약안의 형성이나 교섭 단계에서부터 외교부 및 관련부서는 포럼에 지속적인 참가를 통하여 대한민국의 입장을 개진한다. 이어서 해당 다자조약의 서명 · 가입 또는 비준 여부를 결정한다. (2) **전권대표의 임명 및 협상개시** 대통령은 조약체결권자로서 조약을 직접 체결할 수 있다(헌법 제73조). 그러나 대통령이 모든 조약에 있어서 직접 조약체결권한을 행사하는 것은 아니고, 외교부장관이나 전권위임장을 받은 정부대표에 의하여 조약을 체결하게 하는 것이 일반적이다. 정부수반이나 외교부장관은 전권위임장 없이도 국가를 대표하여 조약을 체결할 수 있으며, 전권위임장을 수여받은 정부대표는 전권위임장을 제시하여 다른 국제법 주체와 조약을 체결할 수 있다. (3) **조약문의 작성과 수정** 조약체결에 관한 정책결정이 끝나면 외교부와 관련부서는 조약의 협상을 위한 조약문을 작성한다. 양자조약의 경우에는 상대국에 제시할 우리 측 초안 또는 상대국으로부터 접수한 초안에 대하여 관련부처와 협의 후 우리 측 의견을 확정하기 전에 관계국은 조약국의 의견을 조회하여야 한다. 국제법률국은 그 내용의 명확성 여부, 타 국내법이나 조약과의 상충 여부, 국회의 동의 필요 여부, 조약의 형식구비 여부, 조약문의 국문본(국문번역문)과 각 언어본 준비 여부 등등을 심사한다. 다자조약의 경우에는 외교부와 관련부처가 협의하여, 기제출된 초안에 대한 심사를 행하고 개정안 등을 준비한다. 이후 작성된 조약문을 가지고 상대 국제법 주체와 교섭하고, 교섭과정에서 조약문을 계속 수정하는 과정을 거친다. (4) **가서명**initialing 협상의 결과로 조약문을 채택하면 전권대표는 조약문을 인증하게 된다.

조약문의 인증은 서명, 정부의 승인을 조건으로 하는 서명 또는 가서명으로 행하여진다. 대한민국의 경우 일반적으로 조약문에 가서명을 한 후 국내 절차를 거친 후 서명을 하는 방식을 취하고 있다. 가서명은 양측대표가 자기 이름의 두문자(頭文字)를 조약문의 각 쪽 좌·우측 끝에 표시하는 형식으로 행한다. (5) **법제처에의 심사의뢰** 전권대표가 조약문에 가서명을 하면, 서명을 위한 국내 절차를 거치게 된다. 가서명된 조약문에 대하여 외교부 국제법률국은 법제처에 심사를 요청한다. 법제처는 국무회의에 상정될 법령안과 조약안에 대한 심사를 관하는 국무총리소속 하의 기관이다(정부조직법 제23조 제1항). 법제처는 조약안과 국내법령의 저촉여부, 국내적 시행을 위한 입법조치의 필요성 등을 심사하고, 조약문의 국회 동의 여부에 대하여 의견을 제시할 수 있다. 실무상으로도 외교부는 법제처의 의견을 존중하고 있다. (6) **국무회의의 심의** 법제처의 심사가 완료된 조약문은 국무회의에 상정된다(헌법 제89조제3호). 조약안은 서명하기 전에 국무회의의 심의를 거치는 것이 관행이자 타당한 헌법해석이었지만, 조약이 서명된 후에 사후적으로 국무회의가 조약안에 대하여 추인한 사례도 있지만, 예외적 경우에만 인정되어야 할 것이다. (7) **대통령의 재가** 국무회의의 심의를 거친 조약안은 국무위원인 외교부장관과 국무총리에 의해 부서된 후 대통령의 재가를 받게 된다. 국회의 동의가 요구되지 않는 조약은 대통령의 재가가 곧 최종적인 의사결정이 된다. 대통령의 재가를 받은 조약은 상대국과 정식으로 서명을 하게 된다. 반면에 국회의 동의를 요하는 조약에 해당하면, 조약안은 국회로 송부되어, 국회의 동의를 얻으면 다시 대통령에게 송부된다. 이때 대통령은 다시 어떠한 문건에 서명하는 행위를 하지 않으므로 국무회의 직후 대통령의 재가는 일종의 '정지조건부 최종의사 결정'이라고 볼 수 있다. (8) **조약에 대한 서명** 대통령의 재가를 받은 조약안에 대하여 서명할 수 있는 권한은 대통령, 외교부장관을 통하여 권한을 위임받은 전권대표가 상대국의 대표와 조약에 서명하게 된다. 가서명 없이 서명을 한 조약은 조약에 서명한 때에 조약안이 확정된다. 최근에는 서명식을 거치지 않고 발효시키는 간이조약(treaty concluded in a simplified form)의 체결이 증가하고 있다. (9) **국회의 체결·비준 동의** 조약에 서명한 후에, 헌법 제60조 제1항에 의하여 국회의 동의를 요하는 조약에 해당하는 경우에는 조약안에 대한 동의를 국회에서 얻은 경우에만 대통령은 조약에 비준할 수 있다. 조약은 '발효'됨으로써 당사국의 의무가 발생하고 국내법적으로는 '공포'되어야 효력을 가지게 되므로 대상 조약이 '발효 및 공포'되기 전에 국회의 동의를 받으면 되는 것으로 본다. 서명과 동시에 발효해야 하는 조약은 서명에 앞서 국회의 동의를 받아야 한다. (10) **대통령의 비준** 국무회의 심의와 국회의 동의를 요하는 조약에 대한 국회동의를 거치면, 대통령은 조약안에 대하여 비준한다. 대통령의 비준은 조약의 체결에 필요한 국내절차의 완료를 의미하며, 이로부터 조약에 대하여 구속을 받겠다는 동의가 표시된다. 대통령의 비준은 비준서를 조약상대국과 교환함으로써 이루어지며, 최근에는 비준서 교환 대신 조약당사자가 발효에 필요한 국내절차를 완료하였음을 상호 통보함으로써 해당 조약을 발효시키는 등 보다 간소한 형식도 활용되고 있다. (11) **조약의 공포 및 고시** 조약이 서명이나 비준에 의하여 성립한다면, 국내법적 효력을 발하기 위해서 조약은 공포되어야 한다(헌법 제6조 제1항). 조약 공포문의 전문에는 국회의 동의 또는 국무회의 심의를 거쳤다는 것을 기재하고, 대통령이 서명한 후, 대통령 인을 찍고 그 일자를 명기하여 국무총리와 관계국무위원이 부서하고, 관보에 게재하여 공포한다. '고시류조약'은 고시에 의하여 국내법적 효력을 발생한다. 3. **조약의 국제적 체결절차** 조약이 적법하게 성립하기 위해서는 국제법상 규정된 일련의 절차를 거쳐야 한다. 즉, 조약은 당사국의 정부대표에 의한 교섭을 거쳐 조약문이 채택 · 인증되면 이들에 의하여 서명되고, 조약체결권자에 의하여 서명 · 비준이 되며, 비준서를 상호 교환하는 등의 절차를 거쳐 정식으로 체결된다. 국제적 체결절차는 ① 교섭 → ② 조약문의 채택과 인증 → ③ 조약의 구속을 받겠다는 동의(서명, 조약을 구성하는 문서의 교환, 비준, 수락, 승인, 가입 또는 '기타 합의된 방법') → ④ 조약의 효력발생과 등록 및 공표 등의 절차를 거친다.

조중변계조약朝中邊界條約 조중변계조약은 1962.10.12. 조선민주주의인민공화국과 중화인민공화국 간에 평양에서 체결한 국경조약으로, 1964.3.20. 베이징에서 양국이 의정서(조중변계 의정서: 朝中边界议定书)를 교환함으로써 발효되었다. 중국어로 中朝边界条约이라 한다. 1909.9.4., 조선이 외교권을 박탈당한 상태에서 청나라와 일제(日帝)는 간도협약을 체결하여 두만강을 국경으로 하고, 백두산정계비를 기점으로 하여 석을수(石乙水)를 그 상류의 경계로 정하였다. 1945.8.15., 일제가 패망함으로써 일제가 체결한 조약인 간도협약은 무효가 되었고, 이에 새로 국경선을 정하기 위해 체결된 조약이 조중변계조약이다. 이 조약은 백두산 · 압록강 · 두만강을 경계로 하는 양국의 국경선을 명확히 하는 내용을 담고 있고, 조선민주주의인민공화국 김일성과 중화인민공화국 周恩來(저우언라이)가 양국을 대표하여 서명하였다. 조약의 내용은 백두산, 압록강, 두만강 그리고 서해 영해의 국경선에 관한 내용을 정하고 있다. 조약문에 따르면 백두산 천지(天池)의 경계선은 천지의 54.5%는 조선민주주의인민공화국에, 45.5%는 중화인민공화국에 속하도록 하였다. 또한, 조약에는 압록강과 두만강의 경계 및 두 강의 하중도와 사주의 귀속에 관한 내용으로, 양측 국경의 총 451개 섬과 사주 가운데 조선민주주의인민공화국은 264개의 섬과 사주(砂洲, 모래톱)에 대해(총 면적 87.73 ㎢), 중화인민공화국은 187개의 섬과 사주(총 면적 14.93 ㎢)에 대해 영토권이 있음을 의정서에서 열거하고 있다. 양측이 모두 비밀로 하였기 때문에 그 구체적 내용은 1999년까지 세상에 알려지지 않았다. 이 조약은 양국이 모두 그 체결을 공식적으로 인정한 바 없는 비밀조약이므로 한반도 통일과정이나 그 이후에 국경분쟁의 불씨가 될 가능성을 남겨 놓고 있다. 한반도 전체를 영토로 규정하고 있는 대한민국 헌법의 입장에서는 동 조약이 위헌 · 무효라고 주장하는 견해도 있다. 하지만, 38선 이남만을 대한민국이라고 보는 UN의 입장에서는 동 조약이 국제법상 유효하다고 볼 수도 있다.

조직강제제도組織强制制度 = **가입강제제도**加入强制制度 ➜ 유니언 숍(union shop).

조직고권組織高權 ➜ 인사고권과 조직고권.

조직규범組織規範 = **조직법률**組織法律 ㊄ organic law. 헌법은 공동체의 정치적 통일체로서 국가를 조직하고 창설하는 규범으로서의 성질을 가진다. 헌법이 국가를 조직하는 경우 국가의 여러 기능에 따라 국가권력을 배분하고 체계정합적으로 조직한다. 이를 위한 헌법하위법이 곧 조직법률이다. 헌법은 국가 중요기관의 조직을 반드시 법률로 정하도록 하여 국가조직법률주의를 채택하고 있다. 이 사항들은 반드시 국회를 통과한 형식적 법률만으로 규정하여야 하며, 위임명령이나 자치법규에 백지위임할 수는 없다. 조직법률에 대한 헌법재판 내지 위헌심사가 문제된다. 현행헌법과 법률에서는 조직법률에 대한 직접적인 위헌심사가 허용되어 있지 않다. 다만, 국회의 입법절차에서 권한쟁의의 형태로 간접적으로 그 효력을 다툴 수 있을 뿐이다.

조화調和**의 원칙**原則 상반하는 헌법규범이나 헌법원칙을 최대한으로 조화시켜 동화적인 효력을 나타낼 수 있도록 해석하여야 한다는 지침을 말한다. 헌법재판소는 규범조화적 해석을 강조한다(헌재 1991.9.16. 89헌마165). 기본권이 충돌하는 경우, 헌법의 통일성을 유지하기 위하여 상충하는 기본권 모두가 최대한으로 그 기능과 효력을 발휘할 수 있도록 조화로운 방법을 모색하되, 법익형량의 원리, 입법에 의한 선택적 재량 등을 종합적으로 참작하여 심사하여야 한다(헌재 2005.11.24. 2002헌바95,96, 2003헌바9(병합)). 실제적 조화의 원칙이라고도 한다. ➜ 기본권의 충돌.

존엄권尊嚴權 ➜ 인간의 존엄과 가치.

존엄사尊嚴死 ➜ 안락사.

존재存在 ➜ 삼원구조.

종교宗敎**의 자유**自由 **I. 종교의 자유 1. 종교의 개념 1) 종교개념의 개방성과 상대성** 종교가 무엇인가를 명확히 정의하기는 어렵지만, 종교를 정의하는 것은 헌법적인 자유로서 보장의 범위와 효력을 정하기 위하여 필요한 전제이다. 표준국어대사전은 '종교'를 「신이나 초자연적인 절대자 또는 힘에 대한 믿음을 통하여 인간생활의 고뇌를 해결하고 삶의 궁극적인 의미를 추구하는 문화체계」라고 정의한다. 종교의 자유 자체가 서구적 인권발달과정에서 확인되고 이론화되었기 때문에 종교의 개념도 또한 서구적 관념에 따라 설명하는 것이 일반적이다. 서구적 관점에 따라 종교를 정의하여, 「인간의 형이상학적인 신앙을 그 내용으로 하는 것으로서 상념의 세계에만 존재하는 초인적인 절대자에 대한 귀의 또는 신과 내세(피안)에 대한 내적인 확신의 집합개념」이라 하거나, 「인간의 상념의 세계에서만 존재할 수 있는 신이나 절대자 등 초월적 존재를 신봉하고 그것에 귀의하는 것」이라고 하는 견해도 있고, 동양적인 종교관념을 포섭하여, 「초자연적·초개인적 존재나 본질(초월자, 신, 조물주, 절대적 존재, 무(無), 공(空) 등)에 대하여 이를 경외하고 숭배하거나 믿는 개개인의 주관적 확신과 그에 기초한 행위」나 「신이나 초월적 존재 또는 거룩한 것에 대한 믿음이나 절대적 의존의 감정」 등으로 정의하는 견해도 있다. 개념정의의 공통적 요소들은 '초월자' 혹은 '절대자' 등의 개념을 포함하고 있는데, 이는 '상대자'인 인간 개인이 상정하는 관념적 표현인 점에서 개념모순을 내포하고 있다. '상대자'로서의 인간이 '절대자'를 인식한다는 것 자체가 지극히 주관적일 수 있고, 그렇게 인식된 '절대자'의 상대성을 드러내는 것일 뿐이기 때문이다. 따라서 종교의 개념은 '사람과 자연, 세계 및 우주에 관한 정신적 신념의 체계이자 문화체계' 정도로만 정의하고, 그러한 신념의 체계가 현존의 법질서에서 어느 정도로 허용될 수 있는가의 문제, 즉 그 신념체계가 공동체의 법질서에서 어느 정도 제한될 수 있는가의 문제로 접근하는 기능적 접근법이 더 유용할 것으로 보인다. 다만, '사람과 자연, 세계 및 우주에 관한 정신적 신념의 체계' 라는 정의는 '사상의 자유'와 구별이 어렵게 된다는 비판이 있을 수 있지만, 사상의 자유와 종교의 자유는 신념의 체계이면서 '믿음'을 핵심으로 한다는 점에서 본질적으로 차이가 없고, 다만 종교의 자유의 발달사에서 서구적 관념의 인권개념에 사상의 자유보다 종교의 자유가 먼저 인식되었다는 발생사적 이유 때문에 종교의 자유와 사상의 자유가 분리되어 논의된 점을 고려할 필요가 있다. 현상적으로 볼 때, '절대자' 혹은 '초월자'를 표방하는 종교, 이른바 유일신교(mono-theism)는 필연적으로 배타성(exclusivity)을 가지고 시비(是非)와 선악(善惡)을 구별하는 경향을 갖게 된다. 이는 곧 현실적으로 많은 사회적 논란을 일으키는 근본원인으로 작용할 수 있다. 오늘날에는 과학을 통하여 인간의 완성을 이룰 수 있다는 자칭 과학종교(Scientology)도 있다. 2) **종교와 미신** 종교와 미신의 구별은 매우 어렵다. 한 때 미신이라 여겨지던 것도 종교로 바뀔 수 있으며, 기성종교도 타락하면 미신으로 될 수 있다. 종교가 타락하는 것은, 절대적인 진리 혹은 구원자의 제시, 맹목적 복종 강요, 미래의 이상향을 통한 구원의 강조, 목적을 위한 수단의 정당화, 물질적 가치의 포기 강요, 종교적 반대자들에 대한 탄압의 정당화 등을 통해 드러난다. 2. **종교의 자유의 연혁** 인권으로서의 종교의 자유는 서구의 기독교의 변천사와 관련이 있다. 종교개혁기에 구교와 신교 사이의 갈등은 그 정치적 함의와 함께 종교의 자유를 주창하는 계기로 되었다. 1517년 M. Luther에 의해 시작된 종교개혁은 유럽 전역을 종교적인 투쟁의 소용돌이로 몰아넣었고 1555년의 아우구스부르크 평화협정(Augusburger Religionsfrieden)과 1648년의 베스트팔리아 평화협정(Westfälische Frieden)을 거치면서 신·구교간 관용이 싹트기는 했으나 영주의 종교의 자유만 확보되었을 뿐 개인의 권리로서의 종교의 자유는 보장되지 못하였다. 완전한 종교의 자유가 주장되면서 법적으로 보장되기 시작한 것은 17세기 초 미국 식민지에서였다. 종교의 자유가 법적으로 처음 인정된 것은 1647년 미국식민지 Rhode Island의 법에서이었고 명시적으로 처음 규정된 것은 1663년 영국왕에 의해 미국식민지에 부여된 식민지헌장에서이었다. 18세기 말에 와서야 종교의 자유가 헌법과 인권선언에 본격적으로 채택되었고 종교의 자유가 헌법상 최초로 명기된 것은 1791년의 미국 헌법 수정 제1조이었다. 오늘날 세계각국의 헌법은 거의 예외 없이 종교의 자유를 규정하고 있다. 국제적 차원에서도 종교의 자유의 보호를 규정하고 있다(1948년 세계인권선언 제18조; 1966년 국제인권규약(B규약) 제18조; 1950년 유럽인권규약 제9조 등). 우리나라는 제헌헌법에서부터 종교의 자유를 규정하였다(제12조). 3. **종교의 자유의 법적 성격과 주체** 1) **법적 성격** 신앙의 자유나 종교적 행위의 자유는 국가에 의한 간섭이나 영향 또는 침해에 대한 방어권, 즉 주관적 권리로서의 성격을 갖는다. 종교의 자유는 주관적 권리로서 신앙의 형성이나 유지, 그리고 신앙을 고백하거나 침묵할 자유를 비롯하여 여러 가지 종교적 행위의 자유를 국가가 간섭하거나 영향력을 행사하는 것을 방어하는 권리이다. 또한 종교의 자유는 객관적 가치질서로서의 성격을 갖는다. 즉 종교의 자유는 객관적인 민주주의질서 그리고 법치국가질서의 기본요소로서 국가의 종교적 및 세계관적 중립성의 근거가 된다. 그러한 중립성은 자유로운 정치과정의 전제이며 또한 법치국가의 기초이다. 종교의 자유는 자유로운 정신적 형성과정을 보장해 줌으로써 중요한 가치관들이 국가적 영향으로부터 벗어나서 자유롭게 형성되도록 하게 해준다. 이러한 보장을 통해 하나의 신앙이나 세계관만이 존립하는 것을 막아준다. 신앙 또는 세계관은 복수적으로 존재할 때에만 헌법이 중요시하고 있는 자유로운 정치적·정신적 과정의 요소로서 작용할 수 있다. 2) **종교의 자유의 주체** 종교의 자유의 법적 성격은 자연인으로서의 인간의 권리이므로 종교의 자유의 주체는 내국인만이 아니라 외국인에게도 무국적자도 그 주체성이 인정된다. 따라서 외국인 선교사도 종교의 자유를 향유할 수 있는 주체가 된다.

법인 역시 종교의 자유의 주체가 되는바, 종교의 자유에 내포되어 있는 신앙의 자유는 자연인만이 주체가 되지만 종교교육이나, 종교적 행사, 종교적 집회·결사의 자유는 법인도 주체가 될 수 있기 때문이다. 미성년자도 주체가 되지만 태아는 그 주체가 될 수 없다. 미성년자는 언제부터 부모의 교육으로부터 독립하여 종교의 자유의 행사능력을 갖게 되는가의 문제에 대하여 우리나라에서는 아무런 규정을 두고 있지 않다. 독일에서는 만 14세가 되면 신앙선택의 자유를 법적으로 보장하고 있다(Gesetz über die religiöse Kindererzieung(1921)). 4. **종교의 자유의 내용과 보호영역** 전통적으로 종교의 자유는 스스로 종교를 결정할 종교선택의 자유와 그 선택에 기초하여 외부적으로 표현하는 종교실현의 자유로 대별하여 종교의 자유의 보호영역을 논의하고 적용하여왔다. 내심의 영역인 종교선택의 자유는 종교를 가질 적극적 자유뿐만 아니라 아무런 종교도 가지지 않을 소극적 자유도 포함한다(신앙의 자유). 종교선택의 자유는 내심의 상태에 머무르는 것이므로 외부로 실현되지 아니하는 한 공동체의 이익과 충돌할 개연성이 적다. 따라서 현실적인 법생활에서 중요한 것은 외부로 실현하는 종교실현의 자유가 주로 문제가 된다. 종교실현의 자유에 대하여도 다양한 입장에서 여러 분류가 있지만 소극적 종교실현의 자유로 자신이 종교를 가지고 있는지의 여부는 물론 어떤 종교인지 외부로 표현하도록 강제당하지 아니할 침묵의 자유와 이를 적극적으로 표현할 종교고백의 자유, 종교행사의 자유, 종교적 결사의 자유, 선교(포교)의 자유, 종교교육의 자유가 있다. 종교실현의 자유는 대개 표현행위를 그 본질적 요소로 하기 때문에 서구에서는 표현의 자유의 특별영역으로 종교의 자유를 헌법화하는 경향이 있다. 우리나라의 경우에도 종교실현의 자유와 표현의 자유가 특별법과 일반법의 관계에 있음을 원칙적으로 인정하는 경향이 강하다(헌재 2001.9.27. 2000헌마159). 1) **신앙의 자유** 신앙의 자유는 종교의 자유의 핵심이다. 신앙의 자유란 신앙을 갖거나 가지지 않을 자유를 말한다. 신앙의 자유는 신앙을 형성하는 데 있어서 어떤 형태로든 국가적 영향력을 행사하는 것을 금지하며 국가에 의한 신앙의 강제를 금지한다. 신앙의 자유는 또한 신앙 선택의 자유, 즉 신앙을 변경(개종)할 자유와 신앙을 포기할 자유도 보장한다. 신앙의 자유는 양심의 자유의 종교적 측면이며 특별법적 지위를 가진다. 종교의 자유 중 신앙의 자유는 인간의 내심의 작용이므로 어떠한 이유로도 제한될 수 없는 절대적 자유이다(통설·판례). 다만 신앙의 자유는 내재적 한계에 의한 제한이 가능하다는 견해도 있고, 종교의 자유는 내면적 자유인 신앙의 자유를 포함하여 헌법 제37조 제2항에 근거하여, 법률에 의한 제한이 가능하다는 견해도 있다. 신앙의 자유에는 신앙선택·변경(개종)의 자유, 즉 특정의 종교를 믿거나 선택한 종교를 변경할 수 있는 자유와, 신앙고백·신앙불표현(신앙침묵의 자유) 및 무신앙의 자유, 즉 믿지 아니할 자유(무종교의 자유)가 포함된다. 따라서 공직취임시에 특정종교의 신앙을 취임조건으로 하거나 종교적 시험을 부과할 수 없으며(미국연방헌법 제6조 제3항 단서), 국가나 공공단체가 행정상의 필요에서 국민의 종교실태를 조사할 경우에도 신앙 여부를 표현하도록 강요하여서는 아니된다. 2) **종교적 행사의 자유(종교의식의 자유)** 종교적 자유는 종교적 행위의 자유를 보장한다. 종교의 핵심인 신앙은 내심의 영역에만 머무는 것이 아니라 여러 가지 형태의 행위를 통해 밖으로 표현된다. 우선 동일한 신앙을 가진 사람들이 공동으로 종교의식을 행하고 이를 통해 그들의 신앙을 증진시키고 신앙을 실천하게 된다. 종교적 행사(종교의식)의 자유라 함은 기도·예배·독경·예불·축전 등 신앙을 외부에 나타내는 모든 의식이나 축전을 자유롭게 행할 수 있는 것을 말한다. 여기에는 종교적 의식을 개인이 임의로 행할 수 있을 뿐만 아니라 강요당하지 않을 자유 또한 방해나 금지당하지 않을 자유를 말한다. 여기서 '의식'이라 함은 종교상의 의식은 물론 종교적 형식에 의한 혼인, 장례의 의식을 의미한다. 종교의 본질적 부분은 신앙이지만 신앙은 단지 내심의 작용으로 머무는 것이 아니고 외부행위로 나타나기 마련이다. 이러한 의미에서 외부행위를 수반하지 아니하는 종교는 존재할 수 없으며, 신앙에 수반되는 제반행위의 자유를 인정하지 아니한다면 실제에 있어서 종교의 자유는 보장될 수 없다. 그러므로 개인적 또는 집단적으로 행하는 종교적 행사를 방해하거나 금지할 수 없음은 물론 종교적 의식이나 집회에의 참가를 강제할 수도 없다. 3) **종교적 집회·결사의 자유** 종교의 자유는 종교적 집회·결사의 자유를 보장한다. 종교적 집회라 함은 종교적인 목적으로, 같은 신앙을 가진 사람들이 일시적인 모임을 자유롭게 가질 수 있는 것을 말하고, 종교적 결사라 함은 이들이 서로 결합하여 단체를 조직하는 것을 말한다. 종교적 집회·결사의 자유라 함은 종교를 위한 집회나 단체형성의 자유는 물론 그러한 집회 및 단체에 참가 또는 가입하거나 그로부터 자유로이 탈퇴할 수 있는 자유를 말한다. 또한 누구나 종교적 회합이나 단체에 참가를 강요당하지 아니한다. 이 자유는 일반적 집회·결사의 자유에 대해 특별법적 지위에 있으므로 종교적 집회와 결사는 일반적 집회와 결사보다 특별한 보호를 받는다. 예컨대 집회 및 시위에 관한 법률(제15조)은 종교집회에 대해서는 집회 및 시위의 신고제 등을 적용하지 않는다고 명시하고 있는 것 등이 그것이다. 이러한 자유가 보장되므로 국가는 종교적 집회나 종교단체의 조직을 금지할 수 없고 그에 관하여 인가제를 규정할 수도 없다. 대법원도 「… 종교단체는 사회단체등록에 관한법률에 의한 등록을 요구하지 않고 있기 때문에 동명이질의 종교단체가 등록하여 일방의 등록취소를 청구하는 것은 행정소송상 이익이 없다.」고 하였다(대판 1964.7.23., 64누42). 최근 코로나 팬데믹으로 인해 종교적 집회의 자유와 방역 사이의 충돌이 문제되고 있다. ➜ **코로나 팬데믹과 인권**. 종교결사의 자유는 단체내부사항에 관한 자치, 즉 자율권을 포함한다. 대법원은 1981년 「종교단체의 권징결의(勸懲決議)는 권리의무에 관계되는 법률관계를 규율하는 것이 아니므로 사법심사의 대상이 되지 아니한다」고 하여 자율권을 인정하는 중요한 판결을 내렸다(대판 1981.9.22. 81다276; 1978.12.26. 78다1118). 종교적 결사의 자유는 자연인이 종교단체를 결성하는 것은 물론 종교단체가 합병, 분리하는 것과 이종의 종교가 공통문제를 연구하기 위한 결사를 조직하는 것도 포함된다. 또, 종교단체가 법인격을 취득한 것이 종교법인인데 이것은 법인으로서의 성질과 종교단체로서의 성질이 있다. 전자의 세속성(世俗性)은 법인격이 관여하고, 후자의 초속성(超俗性)은 헌법이 보장한다. 종교적 결사의 자유는 종교단체의 내부에 자율권을 가지므로 단체의 주요구성원의 선정에 관한 자유를 가진다. 대법원도 「소속교인들의 총의에 의하여 자율적으로 그의 대표자 및 기타의 임원을 선임하고 … 종교 자유의 원칙에 따라 소속교인의 총의에 따라 그 소속할 노회도 선거할 수 있다.」고 하고 있다(대판 1967.12.18., 67다2202). 4) **선교(포교)의 자유** 종교의 자유는 선교(포교)의 자유를 보장한다. 선교의 자유란 자신의 종교적 확신을 다른 사람에게 선전하고 전파하는 자유를 말한다. 선교는 자기의 신앙을 선전 전파함으로써 신앙을 실천하는 자유로서 소극적인 신앙고백과는 달리 적극적으로 신자를 규합하기 위한 신앙의 실천행위이다. 종교의 자유에는 자신이 신봉하는 종교를 선전할 수 있는 자유와 신자를 규합하기 위한 선교(선교활동)의 자유가 포함된다. 선교의 자유에는 다른 종교를 비판하거나 다른 종교의 신자에 대하여 개종을 권고할 수 있는 자유가 포함된다. 종교단체에서 행하는 봉사활동이나 종교적 모금운동도 선교의 일환으로서 보장된다. 종교(선교활동)의 자유는 국민에게 그가 선택한 임의의 장소에서 자유롭게 행사할 수 있는 권리까지 보장한다고 할 수는 없다(헌재 2008.6.26., 2007헌마1366; 해외위난지역(아프가니스탄) 선교행위 금지사건). 5) **종교교육의 자유** 종교의 자유에는 종교교육의 자유가 포함된다. 종교교육의 자유란 종교적 교리에 기초하여 가정이나 학교에서 교육할 수 있는 자유를 말한다. 특히 종교교육을 목적으로 사립학교(종립학교)를 설립하거나 이러한 사립학교에서 특정종교교육을 실시하는 것은 원칙적으로 허용된다고 볼 것이다. 그러나 국가나 지방자치단체가 국·공립학교에서 특정종교를 위한 종교교육을 실시하는 것은 정교분리의 원칙에 따라 금지된다(교육기본법 제6조 제2항 참조). 그러므로 종교의 자유를 보장하고 있는 국가에서는 누구에게든지 국가가 종교교육을 강제하지 못한다. 또 취학의무가 인정된 초등학교에서는 특정 종교교육을 실시할 수 없으며 개개의 학생들의 종교에 의한 차별대우를 하여서는 안된다. 뿐만 아니라 취학의무는 없다 하더라도 사실상 다수의 국민이 교육을 받는 국·공립학교에서는 특정 종교교육을 실시 할 수 없다(대판 1989.9.26. 87도519). 따라서 종교교육의 자유의 주체는 사립학교에 한정된다. 사립대학은 종교교육 내지는 종교선전을 위하여 학생들의 신앙을 가지지 않을 자유를 침해하지 않는 범위 내에서 학생들로 하여금 일정한 내용의 종교교육을 받을 것을 졸업요건으로 하는 학칙을 제정할 수 있다(대판 1998.11.10. 96다37268). 고교평준화정책으로 인해 학생이 자신이 원하지 않는 종교교육을 강요받을 경우, 기본권충돌의 문제가 제기될 수 있고, 이의 해결은 구체적인 사안에서의 사정을 종합적으로 고려한 이익형량과 함께 양 기본권 사이의 실제적인 조화를 꾀하는 해석 등을 통하여 이를 해결하여야 하고, 그 결과에 따라 정해지는 양 기본권 행사의 한계 등을 감안하여 그 행위의 최종적인 위법성 여부를 판단하여야 한다고 하고 있다(대판 2010.4.22. 선고, 2008다38288; 대광고사건) **5. 종교의 자유의 효력** 종교의 자유는 원칙적으로 국가의 권력으로부터 보호하고자 하는 대국가적 효력을 가지는 방어권으로서의 자유를 의미하지만, 국가 이외의 모든 잠재적 침해자로부터의 보호 즉, 사인에 의한 침해까지도 부정하는 제3자적 효력(간접적용설)을 가진다. 그러므로 근로관계에 있어서의 사용자가 종교를 이유로 근로조건에 관하여 차별대우를 할 수 없다. 형법은 제12장에서 신앙에 관한 죄를 규정하고 있다(제156조 이하). 그러나 종교단체 내부에서의 징계권을 행사하는 것은 허용된다(대판 1978.12.26. 78다1118; 1981.9.22. 81다276; 1983.10.11. 83다233; 1984.7.24. 83다카2065). **6. 종교의 자유의 한계와 제한** 헌법체계상 종교의 자유는 제37조 제2항에 따라 법률로써 제한할 수 있다. 종교의 자유 중 내면적 자유인 신앙의 자유와는 달리 종교적 행사의 자유, 종교적 집회·결사의 자유, 선교의 자유 등은 외부에 나타나는 행위이기 때문에 헌법유보나 법률유보에 의하여 제한될 수 있는 상대적 자유권이다(대판 1995.4.28. 95도250). 종교의 자유를 제한하는 경우 명백하고 현존하는 위험의 원칙이나 과잉금지의 원칙에 위반되지 않아야 하며, 이익형량이 필요하고, 그 본질적 내용은 침해할 수 없다. 사교(邪敎)나 사이비종교에 해당하는 것은 물론이고 종교적 단체가 국가의 존립을 위태롭게 하거나 종교적 의식·축전·행사 등이 공서양속 또는 안녕질서를 침해할 경우에는 법률로써 금지 또는 제한할 수 있다. 요컨대 종교활동에 대한 법적 제한은 당해 종교를 믿는 신도들의 건전한 상식과 종교권에 의한 자율적인 규제가 요구된다고 할 것이다. **II. 국가의 종교적 중립성의 원칙** **1. 국교부인과 정교분리의 원칙** **1) 의의** 헌법 제20조는 「① 모든 국민은 종교의 자유를 가진다. ② 국교는 인정되지 아니하며, 종교와 정치는 분리된다.」라고 규정하여 종교의 자유와 국교부인 및 정교분리의 원칙을 선언하고 있다. 종교의 자유가 개인의 자발성(voluntarism)을 존중하는데 목적이 있다면 정교분리의 원칙은 국가와 종교단체의 중립성의 존중에 있다고 볼 수 있다. 정교분리의 원칙은 국가와 종교의 결별을 의미하고 정치에 대한 종교의 중립, 국가에 의한 종교의 동등한 처우 등을 그 내용으로 한다. 종교평등의 원칙, 종교중립의 원칙 등은 국교부인과 정교분리의 원칙의 전제가 된다. 국교부인과 정교분리의 원칙에 따라 종교단체에 대한 국가의 간섭은 배제되어 각 종교단체에 대하여 평등한 지위가 보장된다. 우리 헌법은 종교의 자유를 규정하면서 국가의 종교적 중립성의 원칙에 따라 국교는 인정되지 아니하며 정치와 종교는 분리된다고 하여 국교부인과 정교분리를 명백히 하고 있다. 국교부인의 원칙이라 함은 국가가 특정종교를 국교로 지정하는 것을 금지한다는 것으로서 국가의 비종교화를 의미한다. 정교분리의 원칙에는 국가와 종교의 분리는 물론이고 국가나 정치에 대한 종교의 중립과 국가에 의한 모든 종교의 동등한 처우(예컨대 특정종교에 대한 우대 또는 차별금지)를 포함한다. **2) 종교의 자유와 국교부인·정교분리의 원칙과의 관계** 우리 헌법상 제20조 제1항의 종교의 자유와 제2항의 국교의 부인과 정교분리의 원칙을 당연히 포함하고 있는가, 아니면 제2항은 독자적 원칙인가 하는데 관하여 견해가 갈리고 있다. 즉 종교의 자유는 그 연혁상 국교제도를 중심으로 한 대립과 투쟁에서 성립하였고 정교의 분리없이 종교의 자유가 보장될 수 없다는 것은 분명하기 때문에 종교의 자유만을 규정하는 경우에도 종교의 자유에는 정교분리의 원칙이 당연히 포함된다는 견해이다(**인권설**). 국교부인과 정교분리의 원칙은 종교의 자유에서 파생된 원칙일 뿐 종교의 자유 중 당연히 포함되는 것은 아니며, 그 이유는 종교의 자유는 성질상 개인을 위한 주관적 공권을 의미하는 데 대하여, 국교부인과 정교분리의 원칙은 국가와 종교단체의 상호관계에 관한 제도적 보장으로서 정교분리의 원칙은 국교제도에 의한 역사적 폐혜를 고려하여 완전한 종교의 자유를 보장하기 위해 정교의 분리가 필수적이기 때문에 이를 규정하여 종교의 자유를 간접적으로 보장한 것이라는 견해가 있다(**제도보장설**). 이에 따르면 정교분리의 원칙을 위반하는 경우 직접 개인에 대한 종교의 자유의 침해가 아니기 때문에 이를 침해하는 경우 소송상 원고적격이 인정되지 아니한다고 한다. 통설은 국가가 특정한 종교와 결합하여 다른 종교를 압박하던 역사적 사실에 비추어 종교의 자유를 완전히 보장하기 위하여 규정한 제도적 보장(institutionelle Garantie)으로 보고 있다. **2. 국교부인과 정교분리의 원칙의 내용** **1) 종교의 정치(국가)에 대한 불간섭** 정교분리의 원칙은 국가가 종교에 간섭하지 못하는 것처럼 종교도 정치(국가)에 간섭하는 것을 금지한다. 따라서 종교가 정치에 간섭하거나 종교단체가 정치활동을 하는 것은 금지된다. 과거 국교가 인정되던 제도하에서 또는 제정일치제하에서 종교가 정치에 직접적으로 간섭하고 관여하던 것은 말할 것도 없고 종교적 정당이 아닌 종교단체가 단체의 존립목적과는 달리 전적으로 모든 정치적 문제에 관여하는 것은 종교의 정치에 대한 간섭이 되므로 이것도 금지된다. 그러나 종교단체도 이익 단체나 사회단체와 마찬가지로 국민의 정치적 의사형성과정에 참여하는 것 자체가 금지되지는 않는다. 즉 종교가 종교적 이해관계에 관련되는 문제 또는 국민적 관심사에 관해 정치적 의사형성과정에서 활동하는 것은 금지되지 않으며, 오히려 그러한 활동은 오늘날과 같은 민주주의 국가에서 필요에 따라서는 요청된다고도 볼 수 있다. 물론 이러한 활동은 종교의 자유의 차원에서 보장되는 것이 아니라 일반 국민들과 마찬가지로 정치적 자유권에 의해 보장될 뿐이다. 구체적 사안에 따라서는 정치의사형성과정에서도 종교의 자유에 따라 보호되어야 할 때가 있다. 신도가 소속종교단체의 통제나 지시를 받음이 없이 개인적 차원에서 정치활동을 하거나 소속종교단체와는 별도로 신자들이 결사를 조직하여 정치활동을 하는 것은 무방하며, 종교단체의 경우도 모든 이익단체나 사회단체와 마찬가지로 국민의 정치적 의사형성과정에 참여하는 것이라든지 종교적 이해관계에 관련되는 문제 혹은 국민적 관심사에 대해 정치적 의사의 형성과정에 참가하는 것은 금지되지 않는다. 만약 이를 금지하면 종교인을 무종교인에 대해서 차별을 하는 것이 되기 때문이다. 종교가 정치적 활동을 위하여 정당을 설립하거나 그러한 정당에서 대통령이나 국회의원후보를 공천하여 당선시키는 것도 가능하다는 견해도 있다. **2) 국가에 의한 종교교육 · 종교활동금지** 국가나 지방의 공공단체는 종교적 교육의 실시나 그 밖의 종교적 활동을 할 수 없다. 종교의 자유는 종교교육의 자유를 보장하지만, 국가(국 · 공립학교)는 특정의 종교적 교육이나 종교적 활동을 할 수 없다(교육기본법 제6조 제2항). 그러나 종교학(Religionswissenschaft)과 같은 일반적 성격을 지닌 종교교육은 인정된다. 또한 국가나 지방자치단체는 적극적으로 종교적 행사를 하거나, 그 소속공무원에 대하여 종교적 행위를 강제하거나 특정종교에의 가입이나 그로부터의 탈퇴를 강요할 수 없음은 물론이고 공직취임시에 특정종교의 양식에 따르는 선서를 요구할 수도 없고, 국가나 지방자치단체가 행하는 모든 행사는 특정종교의 양식에 따를 수 없다. 독일의 경우 국 · 공립학교 등 공공기관에 종교적 상징물을 설치하는 것이나 이슬람교를 믿는 여학생에게 남녀합반체육수업을 받도록 강제하여 이슬람율법인 코란에서 금지하고 있는 것들을 침해하는 것도 종교의 자유를 침해한 것이라고 판시하였다. ➜ 국공립학교에서의 종교의 자유. **3) 국가에 의한 특정종교의 우대 또는 차별의 금지** 국가가 특정종교를 특별히 보호하거나 억압하기 위하여 재정적 · 경제적 특혜를 부여하거나 부당한 차별대우를 하는 것은 금지된다. 수형자들의 교화를 위하여 교도소 내에 기독교회만을 설립하거나 불교사찰만을 설립한다면, 그것은 특정한 종교를 위하여 국유지를 제공하는 것이 되기 때문에 위헌의 여지가 있다. 그러나 종교법인이 일정한 면세조치를 받는 것은 내국공익법인 · 기타 법인에 대한 면세조치의 일환으로(민법 제32조의 비영리법인에 대한 법인세면제) 허용되는 것일 뿐이며 특별한 우대조치가 아니다. 또한 문화재보호를 위해 사찰에 국고를 지출하는 것은 결과적으로 특정한 종교에 대한 우대가 되지만 이는 문화재보호라는 별개의 이익 때문에 허용된다. 그러나 크리스마스와 석가탄신일의 공휴일제는 추석이나 설날처럼 특별한 종교적 의미가 없는 하나의 습속으로 일반사회에서 인식되고 있기 때문에 특정한 종교에 대하여 우대를 하고 있는 것은 아니다(헌재 2001.9.27., 2000헌마159; 제42회사법시험제1차시험시행일자위헌확인).

종국결정終局決定 → 헌법재판소결정의 종류.

종전선언終戰宣言 ㉧ declaration of the end of war, ㊀ Erklärung des Kriegsendes, ㊄ déclaration de fin de guerre. 종전선언은 전쟁을 종식하고 상호간의 적대행위를 청산한다는 내용을 담은 선언을 의미하는 것으로, 우리나라에서는 주로 6·25전쟁에 대한 종전선언을 가리킨다. 6·25전쟁의 정전협정(→ 정전·휴전·종전) 당사국이 유엔(미국), 중국(인민지원군), 조선민주주의인민공화국 등 3당사자이므로, 종전선언이 이루어진다면, 3 당사자들과, 실질적 당사국인 대한민국이 참여하는 형태로 행해져야 할 것이다. 과거 노무현정부(참여정부)와 문재인정부에서 추진한 바 있다. 노무현정부 시기에는 2007 남북정상회담에서 종전선언 추진에 합의하였으나 성과를 거두지 못하였다. 이후 문재인정부가 집권하며 2018 제1차 남북정상회담에서 다시 한번 종전선언 추진에 관해 공표하였고, 여당 및 진보성향의 정의당이 종전선언 합의에 찬성하였다. 반면 국민의힘 등 보수정당은 종전선언의 효과나 진의에 대해 회의적으로 접근하여 반대하였다. 헌법상 영토조항과 대통령의 평화통일의무조항에 위배된다는 위헌주장이 있으나 타당하지 않다. 6·25전쟁이 내전이 아니라 국제적 전쟁이었음을 고려하면, 남북한관계도 국제적 관점에서 이해하여야 하고, 정전상태인 현재의 상황에서 더 나아가 가능한 한 평화적인 상황으로 전환하기 위해서는 종전선언은 오히려 필수적 과정이다. 국제적 관점에서 남북한은 별개의 국가이고, 정전협정 이후 남북한 사이의 긴장관계를 해소하는 것은 헌법상으로 허용되는 대통령의 통치행위이자 정치행위이며, 종전선언은 평화적 수단으로 통일국가로 나아가기 위한 과정적 성격을 지니기 때문에 헌법적으로 전혀 문제되지 아니한다.

종합부동산세법綜合不動産稅法 → 토지공개념.

죄형법정주의罪刑法定主義 ㉣ *nulla poena sine lege*, ㉧ no penalty without a law, ㊀ Grundsatz nulla poena sine lege 1. **서언** 1) **의의** 죄형법정주의는, 죄형전단주의(罪刑專斷主義)에 대하는 개념으로, 범죄와 형벌은 미리 법률에 규정되어야 한다는 형법상의 원칙으로서, 어떠한 행위가 범죄로 되며 또한 그에 대하여 어떠한 형벌을 과하여야 할 것인가를 사전에 성문화된 법률 즉 제정법(Gesetz)에 규정되어야 할 것이라는 사상을 말한다. 형식적 의미로는 「법률이 없으면 범죄도 형벌도 없다(nullum crimen, nulla poena sine lege).」는 원칙으로, 「법률이 없으면 범죄도 없다.」와 「법률이 없으면 형벌도 없다.」는 두 가지 의미를 포함하고 있다. 실질적 의미로는 정당하지 않은 법률에 의해서는 국가형벌을 부과할 수 없다는 원칙으로서, 실질적 불법개념과 형법의 보장규범적 기능을 강조하는 의미를 가진다. 2) **죄형법정주의의 필요성** 죄형법정주의는 과거 국가형벌권이 자의적으로 행사되어 국민의 자유와 권리를 침해하는 것을 방지하기 위한 원리로 확립되었다. 오늘날에도 국가형벌권을 법률에 구속시킴으로써 시민의 자유와 권리를 보장해야 할 필요성은 여전히 남아 있다. 아울러 실질적 법치주의의 확립에 따라 죄형법정주의는 법률에 의한 국가형벌권의 형식적 구속이라는 의미 이외에 법률에 의해 시민에게 형벌이 부과되는 경우에도 「언제나 그 법률은 정당한 법률이어야 한다」는 요청을 담고 있다. 이 외에도 죄형법정주의는 범죄와 형벌을 미리 규정함으로써 규범에 맞게 행위하도록 하는 사회교육적 학습효과를 기대할 수 있고, 일반인의 법의식에 규범의 요구를 내면화시켜 사회질서의 안정에 이바지할 수 있다. 또한 죄형법정주의를 통해 범죄예방의 적극적 기능을 강조함으로써 새로운 형사정책적 의미를 발견할 수 있다. 2. **법적 근거와 의미** 1) **법적 근거** 현행헌법 제12조 제1항은 「누구든지 법률에 의하지 아니하고는 체포 · 구속 · 압수 · 수색 또는 심문을 받지 아니하며 법률과 적법한 절차에 의하지 아니하고 처벌 · 보안처분 또는 강제노역을 받지 아니 한다.」고 하고, 제13조 제1항은 「모든 국민은 행위시의 법률에 의하여 범죄를 구성하지 아니하는 행위로 소추되지 아니 한다.」고 하고 있다. 이를 구체화하여 형법 제1조 제1항 「범죄의 성립과 처벌은 행위시의 법률에 의한다.」고 하고, 형사소송법 제323조 제1항 「형의 선고를 하는 때에는 법령의 적용을 명시하여야 한다.」고 규정하고 있다. 2) **의미** 죄형법정주의를 헌법과 형법에 명시하는 것은 죄형법정주의가 헌법적 지위를 가짐으로써 형법적용(법관의 구속)뿐만 아니라 형사입법(입법자의 구속)에 대해서도 타당하다는 것을 명확히 하는 것이며, 형법 제1조 제1항의 '행위시의 법률'규정은 죄형법정주의의 선언인 동시에 행위시법주의를 규정한 것이다. 3. **연혁과 사상적 배경** 1) **연혁** 죄형법정주의의 기원은 1215년 영국왕 존(John)이 국민에게 형벌 기타의 제약은 법률에 의하여서만 과할 것을 약속한 「마그나 카르타(Magna Charta)」 제39조에 유래한다. 그 후 「마그나 카르타」의 사상은 1628년의 「권리청원」(Petition of Right)과 1689년의 「권리장전」(Bill of Rights)에 계수되어 확립되었다. 그리고 1774년 미국 필라델피아에서 개최된 제1차 대륙회의에서 채택되고 그 후 1776년 버지니아인권선언 제8조를 비롯하여 각 주의 권리선언(Declaration of Rights)에 계수되었다. 1787년 미국 연방헌법 제1조 9절 제3항에 「어떠한 형사사후법(ex post facto law)도 제정되어서는 아니된다.」고 규정되고 1791년의 미국연방헌법 수정 제5조에는 「누구도 법률의 적합한 절차(due process of law)에 의하지 않으면 생명 자유 또는 재산은 박탈당하지 아니한다.」고 명시되었으며 1870년의 수정 헌법 제14조 제1절에도 같은 취지를 규정하고 있다. 아울러 프랑스 인권선언 제8조(1789)에서 「누구든지 범죄이전에 제정 · 공포되고 적법하게 적용
된 법률에 의하지 아니하고는 처벌되지 않는다.」고 천명하였으며, 1810년의 프랑스형법(나폴레옹형법) 제4조에 계승되었다. 유럽 제국가들은 이에 영향을 받아 헌법 또는 형법에 이 원칙을 명시하게 됨으로써 죄형법정주의는 근대법치국가의 형법상 기본원리로서 확립되었다. 1948년 국제연합에서 채택된 세계인권선언(Universal Declarartion of Human Rights) 제11조 제2항에서도 죄형법정주의를 확인하였다. 2) **사상적 배경** 죄형법정주의는 계몽주의시대 절대국가권력에 대한 시민저항 · 혁명의 산물이었고, 그 철학적 · 정신사적 기초는 17~18세기 서구 계몽주의에 기반을 두고 있다. 대표적 사상가로, 홉스(Hobbes), 몽테스키외(Montesquieu), 루소(Rousseau), 칸트(Kant), 베카리아(Beccaria), 포이어바흐(Feuerbach) 등이 있다. 특히 베카리아는 그의 「범죄와 형벌」에서, 법과 국가는 사회계약의 산물이며, 형벌의 목적은 불법으로부터 범죄인을 격리하는 것이고, 이러한 형벌집행에 의해 일반인은 위하를 받음으로써 범죄로부터 멀어진다고 하였다(위하(威嚇)이론, 일반예방주의). 이는 범죄와 형벌이 법률에 미리 확정되어 있음을 전제한 것이었다. 그는 사형폐지론, 죄형균형론, 법적용의 엄격성, 유추해석의 절대적 배격 등을 주장하였다. 또한 포이어바흐는, 인간은 이성적 존재이므로 범죄와 형벌을 미리 법률에 규정해 두면 일반인들이 범죄로 얻을 쾌락과 형벌로 받을 고통(불쾌)을 비교하여 범죄를 단념하게 만드는 심리적 강제로 작용할 수 있다는 심리강제설을

주장하였다. 4. **죄형법정주의의 내용** 죄형법정주의는 범죄와 형벌은 국회가 제정한 성문의 법률, 즉 형식적 의미의 법률에 의해야 한다는 원칙으로서, 위임입법의 허용 여부와 그 한계가 문제된다. 백지형법은 형벌구성요건만 있고 범죄구성요건은 다른 규범(보충규범)에 위임하는 것으로, 원칙적으로 허용되지 아니한다. 다만, 범죄구성요건의 전부 또는 일부를 보충규범에 위임하는 위임입법은 입법기술상 불가피하다고 할 수 있고, 다만 그 한계가 문제된다. 위임입법의 허용조건으로서, 입법기술적 한계로 모든 금지내용을 예외 없이 형식적 의미의 법률에 담는 것이 사실상 불가능하고 실제에 적합하지도 않는 경우, 특히 긴급한 필요시 또는 법률로 자세히 정할 수 없는 부득이한 사정이 있는 경우, 수권법률(위임법률)이 범죄구성요건의 점에서는 처벌대상인 행위가 예측 가능할 정도로 구체적일 것(포괄위임입법금지의 원칙), 형벌구성요건의 점에서는 형벌의 종류 및 범위를 명확히 규정할 것 등이 언급된다. 또한 죄형법정주의는 법률이 갖추어야 할 명확성이 요구된다. 헌법재판소는, 「죄형법정주의는 범죄의 구성요건과 그에 대한 형벌의 내용을 국민의 대표로 구성된 입법부가 성문의 법률로 정하도록 함으로써 국가형벌권의 자의적인 행사로부터 개인의 자유와 권리를 보장하려는 법치국가형법의 기본원칙으로서, 형벌법규의 "보장적 기능"을 수행하는 것이다. 따라서 형사처벌의 대상이 되는 범죄의 구성요건은 형식적 의미의 법률로 명확하게 규정되어야 하며(명확성의 원칙), 만약 범죄의 구성요건에 관한 규정이 지나치게 추상적이거나 모호하여 그 내용과 적용범위가 과도하게 광범위하거나 불명확한 경우에는 국가형벌권의 자의적인 행사가 가능하게 되어 개인의 자유와 권리를 보장할 수 없으므로 죄형법정주의의 원칙에 위배된다.」(헌재 1995.9.28. 93헌바50), 「죄형법정주의에서 파생되는 명확성의 원칙은 누구나 법률이 처벌하고자 하는 행위가 무엇이며, 그에 대한 형벌이 어떠한 것인지를 예견할 수 있고, 그에 따라 자신의 행위를 결정할 수 있도록 구성요건이 명확할 것을 의미하는 것이다」(헌재 2000.6.29. 98헌가10; 2001.1.18. 99헌바112) 등으로 판시하고 있다. 5. **파생원칙** 1) **관습형법금지의 원칙** 이는 범죄와 형벌은 국회가 제정한 성문의 법률에 의해야 한다는 원칙을 의미한다. 「마그나 카르타」 사상에서 유래하는 파생적 원리로서, 관습법이 직접적인 형법의 법원(法源)이 될 수 없다는 것이다. 관습법은 일정한 사회에서 상당한 기간 동안 관행이 존재하고 그 구성원들로 하여금 법적인 확신을 갖게 하는 사회생활상의 관습적인 규범으로서 법적인 효력을 가지는 것으로 입법기관인 국회에서 제정된 법률이 아니다. 가령 이러한 관습법을 형법이라 하여 적용하게 되면 피고인은 그 존재가 애매한 법에 의하여 처벌을 받게 되며, 또 그 모호한 관습법을 적용하는 것은 법관이므로 법관의 지나친 재량과 전단을 허용한다는 결과가 되어 개인의 자유 권리가 부당하게 침해될 우려가 있는 것이다. 피고인에게 유리한 관습법적용이 허용되는가에 관해서는 긍정, 부정의 견해가 있으나, 긍정설이 다수설이다. 2) **소급효금지의 원칙(형벌불소급의 원칙)** 이것은 「마그나 카르타」사상과 심리강제설에서 유래하는 파생적 원리이다. 죄형법정주의는 범죄와 형벌을 미리 성문법에 법정화하는 원칙이므로 형법의 효력을 소급하는 것을 금한다. 형법의 효력을 소급하면 행위당시에 범죄가 되지 않았던 것이 그 행위이후에 제정되는 법률에 의하여 범죄로 되거나 형이 가중될 염려가 있으며 개인의 자유 권리는 국가의 형벌권에 의하여 함부로 침범될 가능성이 있는 것이다. 그러나 행위당시의 법률에 의하여 범죄로 되거나 형이 중하던 것이 행위이후에 제정된 법률에 의하여 범죄로 되지 않거나 그 형이 가벼워지는 경우에는 형법의 효력을 소급하여도 개인의 자유 권리를 침해할 염려가 없으므로 소급효 금지의 원칙을 고집할 필요가 없을 것이다. 보안처분에 대한 소급효금지원칙 적용여부에 관해서는, 원칙이 적용되어야 한다는 긍정설이 다수설이다. 3) **유추해석금지의 원칙** 죄형법정주의는 범죄와 형벌을 성문법에 명확히 규정하여 법관으로 하여금 형벌법규해석의 지나친 재량을 막아야 한다는 삼권분립사상에 유래하는 것이다. 그러므로 법률에 직접 명시되지 아니한 사실에까지 해석을 유추하는 것을 금한다. 유추해석은 법규에 직접 명시된 규정은 없으나 그와 유사한 사실에 적용하는 경우로서 이를 허용하게 되면 형벌법규에 명시되지 아니한 사실에까지 해석을 추정하게 되므로 개인의 자유·권리가 부당하게 침해될 염려가 있다. 죄형법정주의는 형법의 해석을 엄격한 문리해석에 국한하여 행하여야 하고, 해석상「의심스러운 경우에는 피고인의 이익으로(In dubio, pro reo)」해석하는 것이 요청된다. 즉 피고인을 유죄판결하려면 적극적으로 그 죄를 증명함을 요하고, 그 증명이 없을 때에는 무죄선언을 하여야 하는 것이다. 4) **절대적 부정기형 금지의 원칙** 죄형법정주의는 범죄와 형벌을 확정하여 법정화하는 원칙이므로 형기를 일정하게 하지 않고 선고하는 부정기형을 금한다. 이것은 심리강제설에서 유래되는 결론으로서 형의 종류와 범위를 절대적으로 규정하지 않고 법관에게 선택의 재량을 부여함은 부당하게 형기가 정하여질 염려가 있고, 또한 부정기형을 허용할 경우에 수형자의 석방이 행형관리에 의하여 자의로 결정될 가능성이 있어서 개인의 자유 권리가 부당하게 침해될 우려가 있다는 데서 부정기형은 금지된다. 죄형법정주의의 그 본래의 취지에 의하면 선고형이 확정되어야 함은 물론 법정형도 일정하여 법관의 자유재량을 엄금하는 것이 요청된다. 5) **적정성의 원칙** 이는 죄와 형을 정하는 법률 자체는 올바른 법률(정법)이어야 한다는 원칙으로 죄형법정주의에 전제되어 있다. 이 원칙은 헌법규정(제10조 인간의 존엄, 제37조 단서 기본권의 본질적 내용의 침해금지 등)으로부터 도출되는 법치국가원칙, 비례성원칙, 과잉금지의 원칙 등에 근거하고 있다. 죄형법정주의의 현대적 의미로서, 실질적 죄형법정주의, 실질적 법치주의, 실질적 불법개념 등의 내용을 가지는 것으로 국가형벌권이 실질적 정당성을 가져야 함을 의미한다. 이에는, 필요성의 원칙, 실질적 불법성의 원칙, 죄형균형성의 원칙 등이 요청된다. 6) **형벌책임주의**刑罰責任主義 행위자의 책임과 형벌과의 관계를 규율하는 원리이다. 형법상의 책임의 본질은 행위자에 대한 비난가능성에 있다. 행위가 구성요건에 해당하고 또한 위법하더라도 책임성(비난가능성)이 없으면 범죄는 성립하지 않고, 따라서 처벌할 수도 없다는 원칙이다. 파생원칙으로, ① 구성요건에 해당하는 위법행위를 한 자를 범죄자로서 형벌을 과하려면 행위자에게 책임능력이 있고, 또한 고의나 과실이 있어야 한다. 형법상 14세 미만자는 형사책임무능력자로서 벌하지 아니하며(제9조), 심신상실자의 행위도 벌하지 아니하고, 심신미약자의 행위는 그 형을 감경한다(제10조). ② 형의 양정(量定)은 그 책임에 대응하여 이루어져야 한다. 형법 각칙에 각죄의 형을 개별적으로 규정하고 있을 뿐만 아니라, 형법 총칙에서 정범(正犯)보다 종범(從犯)을, 기수범보다 미수범을 감경하거나 감경할 수 있게 한 것(제25, 제32조) 등도 이 원칙의 표현이다. ③ 책임은 행위자에게만 있다. 따라서 연좌형(連坐刑)은 금지된다(헌법 제13조 제3항). 민법상의 책임주의는 개인의사자치의 원칙에 따라 본인의 의사에 기한 법률행위에 대하여서만 본인이 책임을 지며, 고의

ㅈ

나 과실이 없는 행위에 대해서는 불법행위의 책임을 지지 않는 것을 의미한다. 헌법재판소는 양벌규정에 대하여 형벌책임주의에 반하여 위헌이라고 하였다(헌재 2013.6.27. 2013헌가10; 2007.11.29. 2005헌가10; 2009.7.30. 2008헌가10; 2009.10.29. 2009헌가6). 다만 법인의 대표자가 그 업무에 관하여 위법행위를 한 경우에 당해 법인에게 벌금형을 과하는 것은 형벌책임주의에 반하지 않는다고 하였다(헌재 2010.7.29. 2009헌가25; 2013.10.14. 2013헌가18).

주거권住居權 ㉺ right to housing. 1. **의의** 주거권은 ① 적정한 주거에 거주할 권리(right to adequate housing), ② 인간의 존엄성에 적합한 주택조건을 향유할 권리, ③ 인간의 기본적인 생존권적 입장에서 최소한 주거생활을 할 권리 ④ 기본적 인권으로서 적절한 주거를 보장받을 권리, ⑤ 인간으로서의 존엄과 가치를 유지하는데 필요한 주거수준을 확보하고 이를 누릴 수 있는 권리 등 다양하게 정의되고 있다. 현행헌법에서는 주거권을 구체적으로 규정하고 있지는 않지만, 환경권을 규정한 헌법 제35조, 거주·이전의 자유를 규정한 헌법 제14조, 주거의 자유를 규정한 헌법 제16조 등에서 관련된 규정을 하고 있다. 주거기본법 제2조에서는 주거권을 「물리적·사회적 위험으로부터 벗어나 쾌적하고 안정적인 주거환경에서 인간다운 주거생활을 할 권리」로 정의하고 있다. 2. **주거권의 입법례** 국제사회의 주거권 실현을 위한 노력의 출발점은 1948년 유엔의 「세계인권선언」이다. 세계인권선언은 '적절한 주거에 대한 권리'가 인권의 실현에 있어서 매우 중요하고 핵심적인 권리라는 점을 강조하였다. 1966년에는 유엔에서 「경제적·사회적·문화적 권리에 관한 국제규약」이 채택되었는데, 제11조에서 '적절한 주거의 지속적인 향상에 대한 권리'를 규정하여 주거권의 보편적인 권리로서의 성격을 분명히 하였다. 이 외에 「모든 형태의 인종차별 철폐에 관한 국제협약」, 「아동의 권리에 관한 협약」, 「모든 이주노동자와 그 가족의 권리보호에 관한 국제협약」에서 각각 인종에 따른 주거권 차별금지와 여성, 아동, 이주노동자의 주거권을 보장하고 있다. 국제사회의 주거권의 실현을 위한 노력은 유엔의 주도로 인간정주회의가 개최되면서 더욱 구체화되었는데, 제1차 회의는 1976년 「인간정주에 관한 벤쿠버 선언」으로 주거권이 진일보하게 되었다. 세계인권선언(Universal Declaration of Human Rights) 제25조 제1항은 「모든 사람은 식량, 의복, 주거, 의료, 필수적인 사회 역무를 포함하여 자신과 가족의 건강과 안녕에 적합한 생활 수준을 누릴 권리를 가지며, 실업, 질병, 불구, 배우자와의 사별, 노령, 그 밖의 자신이 통제할 수 없는 상황에 따른 생계 결핍의 경우 사회보장을 누릴 권리를 가진다.」고 규정하고 있다. 세계인권선언은 그 형식에 있어서 법적인 구속력이 없는 단순한 정치적·도덕적 성격을 지닌 문서이며, 단지 유엔회원국에 대하여 권고적 의미만을 지닌다. 3. **주거권의 법적 성격** 주거권을 헌법적 권리로 볼 수 있는가에 대하여는 명확하게 확립되어 있지 않다. 주거권을 사회권으로 보든, 환경권으로 보든, 자유권으로 보든, 국가의 재정 능력 등에 의해 현실적으로 제한을 받게 되는 것은 인정하더라도 주거권은 인간의 존엄성을 유지하기 위한 최소한의 전제조건이므로, 인간이 누려야 할 기본적인 인권으로서의 성격을 가진다고 할 수 있다. 다만, 헌법해석상 주거권이 인정된다고 하더라도 곧바로 국가에 주택의 공급 등을 청구할 수 있는 구체적인 권리를 도출할 수는 없다. 4. **주거권의 헌법규정화의 필요성** 흑인 분리정책의 철폐 이후 남아프리카 공화국의 헌법과 법률체계는 서구 선진국을 능가하는 진보성을 보여주고 있다. 남아프리카 공화국은 주거의 권리와 관련해서 헌법에서도 명시적으로 규정하고 있다. 따라서 우리나라의 헌법에서도 주거권의 권리성을 명확하게 하는 것이 필요하다. 현행헌법 제335조 제3항에서 「…주거생활을 할 수 있도록 노력해야 한다.」는 국가의 의무규정을 다른 기본권과 같이 모든 국민을 주거권의 수범자로 명확히 하여 「모든 국민은 적절한 주거에서 생활할 권리를 가진다.」로 개정하여, 독립된 주거권 조항으로 신설할 필요가 있다. 또한, 인간다운 생활을 할 권리를 실현하기 위해서는 주거권에 따라 최저기준을 보장하고, 그것이 이행되지 않을 때 청구권으로 인정하여 주거생활의 안정이 될 수 있도록 일반적인 권리로 인정해야 할 것이다.

주거住居의 자유 ㉢ Unverletzlichkeit der Wohnung. 1. **서언** 1) **의의** 주거의 자유란 인간의 체류와 활동을 위한 사적 공간인 주거에 관하여는 개인의 자유로운 영역으로 인정하여 국가가 공간적으로 이를 침해할 수 없다는 것을 의미한다. 주거의 완전성(Integritat)을 보호하기 위한 것으로 주거의 불가침(Unverletzlichkeit der Wohnung)이라고 불리기도 한다. 주거는 사생활영역에서 '인간실존의 중점'으로서 또한 '개인의 인격발현을 위한 공간적 영역'으로서 특별한 의의를 갖는다. 주거의 자유는 개인에게 '은거할 수 있는 영역(Ruckzugsbereich)'을 보장하며 자신의 거소에서 '조용히 있고(in Ruhe gelassen zu werden)'싶은 인간의 욕구를 확보해 준다. 즉 주거의 자유는 개인의 인격의 발현과 자주적인 생활형성을 위한 공간적 기초를 보장해 준다. 2) **연혁** 개인의 사적 공간영역의 불가침성은 고대 그리스와 로마시대의 법에서도 인정되었다. 로마법에서는 국가공권력은 가정의 대문 앞에서 머문다는 법언으로 표현되는 주거의 불가침이 인정되었다. 게르만법은 가택의 평온(Hausfrieden)이라는 특별한 제도를 만들어내었고, 1215년의 대헌장(Magna Charta, 제52조)은 봉건영주의 권리로서 방해받지 않을 주거의 권리를 규정하였다. 이로부터 '내 집은 나의 성(My house is my castle)'이라는 영국의 속담이 연유하며 점차 보통법적 성질을 갖게 되었다. 주거의 자유가 처음 기본권으로 인정된 것은 1776년의 버지니아 권리장전(제10조)이었다. 그 후 1776년의 펜실베니아 헌법과 1780년의 매사추세츠헌법에도 유사한 보장이 규정되었다. 미국 연방헌법은 1791년의 수정헌법 제4조에서 주거의 자유를 보장하고 있다. 1831년의 벨기에헌법(제10조), 1849년의 프랑크푸르트헌법(제140조), 1850년의 프로이센헌법(제6조), 바이마르헌법(제115조)등으로 그 역사적 맥락이 이어져 왔고 오늘날에는 거의 모든 헌법이 이를 규정하고 있다. 국제적 차원에서도 세계인권선언 제12조 제4)와 시민적 정치적 권리에 관한 국제규약 제17조 제5)도 주거의 불가침을 규정하고 있다. 주거의 자유에서 역사적으로 중요한 또 하나의 요소는 사적 주거에 대한 군인의 강제주둔이다. 주거의 자유가 기본권이란 관념이 확립되기 이전에는 군인은 전쟁수행을 위하여 사적 공간을 함부로 징발하거나 혹은 사적 주택이나 공간에 함부로 숙영하고 주둔 생활을 하였다. 이것은 개인으로서는 사적 생활의 평화와 안정을 위협 받는 것으로서 개인이 수용하기에는 너무 고통스러운 것이었다. 따라서 미국 수정헌법 제3조는 「평화시에 군대는 어떠한 주택에도 그 소유자의 승낙을 받지 아니하고는 사영할 수 없다. 전시에 있어서도 법률이 정하는 방법에 의하지 아니하고는 시영(私營)할 수 없다.」라고 규정하고 있다. 우리 헌법은 1948년의 제헌헌법의 경우 제10조에서 개별적 법률유보하에 거주·이전의 자유와 함께 주거의 자유를 규정하였다. 4·19혁명 이후 1960년 제3차 개헌당시 이 법률유보조항이 삭제되었다. 1962년 제5차 개헌당시 거주·이전의 자유에서 독립하여 지금과 같이 별개의 조항에서 규정되어(제14조) 현행헌법에 이르고 있다. 3) **주거의 자유와 다른 기본권과의 관계** (1) **사생활의 비밀과 자유와의 관계** 주거의 자유는 헌법 제10조의 인간의 존엄과 가치 내지 행복추구권에서 나오는 일반적 행동자유권의 구체적 실현형태라고 보아야 한다. 따라서 사적 공간 영역과 관련하여 일반적 행동자유권이 문제되는 경우에는 이는 주거의 자유문제로서 다루어야 한다. 우리 헌법은 독일이나 미국헌법 등과는 달리 사생활의 비밀(제17조)과 주거의 자유를 동시에 규정하고 있다. 여기서 양자와의 관계가 문제로 된다. 헌법상의 주거의 자유나 사생활의 비밀도 모두 광의의 프라이버시(privacy)의 개념에 포함시킬 수 있다. 주거의 자유와 사생활의 비밀을 기본권경합관계로 보아 기본권경합의 법리로 이를 해결하여야 한다는 견해와 주거의 자유를 사생활의 비밀에 대한 특별규정으로 보아 주거의 자유의 법리만에 의하여 해결하여야 한다는 견해가 있다. 사생활의 비밀은 보다 포괄적인 개념이고 주거의 자유가 사생활비밀 침해의 특별한 형태라는 점에서 후자의 견해가 문제를 보다 단순히 해결할 수 있는 견해라고 본다. 주거침입개념의 전통적 관념에 비추어 물리적인 공간침해가 있으면 이를 주거의 자유침해로 해석하고 그렇지 아니하고 단순히 기능상 주거의 평온을 해한 경우에는 사생활침해로 보는 것이 타당하다. 따라서 주거에 직접 신체적으로 진입하거나 혹은 도청기나 기타 물리적 물체를 투입시키는 것은 주거의 자유침해로 보아야 하지만 단순히 망원경으로 엿본다거나 혹은 증폭기 등으로 주거내 소리를 탐지한다거나 잠복하여 주거에 대한 출입상황을 관찰하는 행위 등은 사생활침해로 해석하여야 할 것이다. (2) **주거급부권과의 관계** 주거의 자유는 단순히 주거생활을 간섭받지 않을 권리로서 주관적인 방어권으로서의 성격만 가지고 있을 뿐 국가에 대하여 적극적으로 주거공간을 요구할 급부청구권을 포함하지는 않는다. 주거요구권은 생존권으로서 헌법 제35조 제3항과 관련될 뿐 주거의 자유와는 관계가 없다. ➜ 주거권. 2. **법적 성격** 주거의 자유는 한편으로 주관적 권리로서의 성격을 가지며, 다른 한편으로 객관적 질서의 요소로서의 성격을 갖는다. 우선 주거의 자유는 모든 형태의 주거에 대한 국가권력의 침해에 대한 방어권이다. 이 규정은 모든 국가기관에 대한 방어권이며 국가의 위임을 받은 사인(私人)에 대해서도 마찬가지이다. 주거의 자유는 또한 다른 모든 기본권과 마찬가지로 객관적 질서의 기본요소로서의 성격을 갖는다. 3. **주체** 주거의 자유의 주체는 모든 자연인이다. 내국인만이 아니라 외국인이나 무국적자에게도 인정된다. 왜냐하면 주거의 자유란 국가를 전제로 하지 않는 인간의 사적 생활을 보장하가 위한 인간의 권리이기 때문이다. 미성년자도 그 주체가 된다. 주거의 자유는 법인이나 법인격없는 사단이나 재단 등 단체에도 인정되느냐에 대하여는 견해의 대립이 있다. 부정설은 법인은 주체가 될 수 없으며 공장이나 학교 등의 주거 경우에는 원칙적으로 당해 생활공간의 관리자인 공장장이나 교장이라고 한다. 긍정설은 주거의 개념을 단순히 자연인이 개인적으로 체류하는 장소만이 아니라 집단적으로 체류하는 장소도 포함된다고 보아야 하고 영업공간 등도 주거개념에 포함된다고 한다. 긍정설이 타당하다. 다만, 공법인의 경우에는 주거침입죄의 객체로 되는 것은 가능하더라도 주거의 자유의 주체성이 인정되지는 않는다. 주체와 관련하여 구체적인 경우 누가 주거의 자유를 주장할 수 있는 권한을 갖느냐의 문제가 제기된다. 원칙적으로 주거재산권에 대한 실체적 권원과 관계없이 그때그때의 소지자가 주거의 자유를 주장할 수 있다. 타인소유의 주거, 호텔객실의 투숙객도 마찬가지이다. 소유관계 여부와 상관없이 사실상의 거주관계가 중요하다. 4. **내용** 1) **주거의 개념** 헌법상의 주거의 개념은 프라이버시(privacy)와 밀접한 관계를 갖고 있으며, 이를 넓게 이해하는 것이 통설이다. 주거란 인간의 체류(거주)와 활동을 위한 장소로 만들어진, 누구에게나 출입할 수 있도록 개방되지 않은 모든 사적 공간을 말한다. 여기서 사적 공간이란 함부로 발을 들여 놓을 수 없고, 들여다 볼 수 없으며 엿들을 수 없는 자신만을 위한 공간을 말한다. 구체적인 경우 주거인지 여부를 판단하는 기준으로는 사적영역성, 격리성, 안전성·안식처성, 외부세계와의 단절성 등을 들 수 있는데 주관적으로 주거의 목적을 갖고 있는지와 객관적으로 식별가능성이 있는지가 결정적으로 중요하다. 따라서 기차역의 대합실이나 지하철 대기실과 같은 공공장소의 휴게소는 공간적 한계설정이 어렵기 때문에 주거라고 할 수 없다. 교도소의 감방의 경우, 반대 견해가 있으나, 제한적 한도 내에서 주거로 인정하여야 한다고 본다. 주거의 자유가 보장받는 주거는 주거의 소유권이나 이용권 등 주거에 대한 실체적 권원을 전제로 하는 개념이 아니다. 따라서 임차인이 명도판결을 받았더라도 명도가 집행될 때까지는 여전히 주거의 자유를 가진다. 다만 이 경우에도 집행관이 강제집행을 위하여 거주에 출입하는 경우에는 주거의 자유 보호상 기본권제한에 관한 비례의 원칙 등 헌법적 요건을 갖추어야 한다. 거주용 주택, 셋방, 호텔방, 지하실, 차고, 다락방, 계단, 난간, 캠핑용 자동차, 선박이나 선박의 객실, 텐트, 병원입원실 등도 포함된다. 또한 사람이 거주하는 건물의 안마당, 경계가 정해진 정원, 울타리로 둘러싸인 인근의 놀이터 등도 주거의 자유에 의해 부수적으로 보호된다. 사업장이나 영업소의 공간도 주거의 개념에 포함되며 주거의 자유에 의해 보호되느냐에 관하여, 부정설이 있으나, 긍정설이 독일이나 우리나라의 지배적 견해이다. 다만, 모든 사람에게 출입이 개방되어 있는 영업장 특히 상점이나 백화점은 영업시간 중에는 주거의 자유의 보호를 받지 못한다. 2) **주거의 자유의 보호법익** 주거의 자유의 보호법익은 사생활이 전개되는 공간적 영역의 평온성과 완전성이다. 공간적 영역의 평온성과 완정성에서 문제로 되는 것은 외부로부터의 출입금지와 자유 그리고 내적 주거생활의 평온성 두 가지를 상정하여 볼 수 있다. 주거의 자유의 보호법익은 외부로부터 출입금지만이 아니라 국가권력에 대한 개인적·가족적인 고유영역의 보호(Einhegungsbefugnis)이다. 보호법익과 관련하여 주거의 외부적 자유와 주거의 내부적 자유를 구별할 필요가 있다. 먼저 주거의 외부적 자유에서는 사적 평온구역 내지 가정의 자율영역이 문제된다. 이로부터 국가에 대하여 다음과 같은 구체적 권리들이 나온다. 즉 자유로운 주거의 선택과 개인적 또는 연합적 주거의 설립, 자신의 주거체류와 제3자의 체류를 포함하는 친족의 자유로운 주거체류, 체류를 부여한 경우 이를 종결시킬 권리 그리고 국가기관의 물리적(körperlich) 진입이나 망원경에 의한 관찰 등 비물리적 진입에 대하여 주거를 폐쇄할 수 있는 권리 등이다. 주거의 내부적 자유는 정신적인 내심의 자유보다는 약화된 것이지만 그와 유사한 것으로서 무엇보다도 조용히 있을 수 있는 권리 내지 안식처 및 은신처적 성격의 권리를 의미한다. 내부적 자유란 주거활동 공간내에서의 행동의 자유, 내부이용의 자유를 의미한다고 할 수 있다. 3) **주거의 자유의 불가침성** 헌법 제16조 제1문의 「주거의 자유를 침해받지 아니한다.」라는 말은 주거소지자의 의사에 반하는 침입이나 체류를 금지하는 것을 의미한다. 다만 제16조 제2문에 따라 검사의 신청에 의하여 법관이 발부한 영장을 제시하고 주거에 대한 압수나 수색을 할 수 있으며, 법적 근거가 있는 경우 주거의 자유는 제한될 수 있다. 여기서 승낙과 관련하여 우선 승낙의 권한을 가진 자는 주거의 자유의 주체 또는 그 대리인이다. 거주자의 승낙은 명시적인 것만이 아니라 추정적인 것도 포함된다. 절도의 목적으로 동의를 얻어 침입한 경우, 대리시험을 치르기 위한 시험장출입 등과 같이 거주자의 동의가 있었다고 하더라도 불법행위를 할 목적으로 들어간 경우에는 주거의 침입이 되고 형법상 주거침입죄(제319조)가 성립된다. 공동주거인 경우 주거의 자유 주체의 일부 동의를 받아 주거출입을 한 경우라도 다른 공동의 주거주체의 동의를 받지 않은 경우에는 다른 공동주거자의 주거자유 침해로 보아야 한다. 동의를 받은 경우에도 동의의 내용을 고려하여야 한다. 설령 출입을 허용하였다고 하더라도 몰래 카메라 등을 소지하여 주거 내부를 비밀리에 촬영하는 것은 주거의 자유 내지 사생활침해로 보아야 한다. 4) **침해태양** 주거의 자유는 그 주체의 동의나 승낙 없이 직접 또는 기술적 보조수단을 통해 간접적으로 주거에 들어가거나 머무는 경우 침해된다. 특히 주거에 대한 압수나 수색은 국가권력에 의한 침해의 전형적인 예이다. 주거 내에 도청기를 설치하는 것, 음향탐지기나 망원경 그리고 적외선 카메라 등을 통해 엿듣고 들여다보는 감시행위 등도 주거의 자유의 침해나 혹은 사생활침해가 된다. 다만 국가기관이 주거에 들어가지 않고 정보를 수집하는 것은 침해가 되지 않는다. 주거의 자유는 주거라는 장소와 거기에서 생활하는 사람이나 그곳에 존재하는 물건에 대한 보호를 의미하므로, 그 압수·수색시의 영장제도, 내부생활의 도청금지 등을 포함한다. 최근에는 전산망을 통한 컴퓨터통신 내지 인터넷에 의하여 타인의 사적 영역으로서의 컴퓨터공간에 들어가 불법적 행위를 하는 해킹(hacking) 등이 행해지는 바, 이 역시 주거의 자유에 대한 침해로 보아야 한다는 견해가 있다. 원하지 않는 스팸메일이나 팩시밀리전송, 광고지 투입 등도 사적 주거공간에서의 평온을 해치는 것이므로 주거의 자유에 대한 침해가 될 수 있다고 본다. 5. **주거의 자유의 효력** 주거의 자유는 주관적 권리로서 대국가적 효력을 갖는다. 즉 주거의 자유는 국가권력이 주거에 대해 어떤 형태로든지 간섭하거나 영향력을 행사하거나 또는 침해하는 데 대한 방어권으로서 대국가적 효력을 갖는다. 또한 주거의 자유는 전체 법질서의 객관적 요소로서 사인(私人)에 대하여도 효력을 갖는다. 즉 주거의 자유규정은 사인상호간의 관계에서도 직접 또는 간접으로 적용되며 사인을 구속한다. 6. **주거에 대한 압수·수색과 영장주의** 헌법은 주거에 대한 압수나 수색의 남용을 막고 주거의 자유를 보다 강하게 보호하기 위해 주거에 대한 압수나 수색의 경우 검사의 신청에 의하여 법관이 발부한 영장을 제시하도록 하고 있다(제16조 제2문). 1) **영장제도와 그 예외** 주거에 대한 압수나 수색을 하기 위하여는 정당한 이유와 적법절차에 의해 발부된 영장이 필요하다. 영장을 요청하기 위하여서는 우선 정당한 이유란 범죄혐의가 있어야 하고 이를 수사해야 할 객관적 필요성이 있어야 한다. 영장은 법관이 발부한 것이어야 하고, 영장에는 압수할 물건과 수색할 장소 등이 명시되어야 하며(형소법 제114조 제1항) 그 대상을 포괄적으로 기재하는 일반영장(general warrant)은 금지된다. 다만 형사소송법 제216조 제1항에 의하여 긴급체포나 현행범인을 체포할 때에는 합리적인 범위 내에서 영장 없이 주거에 대한 압수나 수색을 할 수 있지만, 사후영장을 받아야 한다. 구속영장을 집행하거나 긴급체포를 하는 경우에 피구속자가 그 당시 현존하는 장소의 수색에는 영장이 필요없다. 다만 체포영장에 의한 체포의 경우, 영장을 발부받을 수 없는 긴급한 사정이 없는 경우에도 영장 없이 피의자 수사를 할 수 있도록 하고 있었으나(개정 전 형사소송법 제216조 제1항 제1호), 헌법재판소가 헌법 제16조가 영장주의를 규정하면서 그 예외를 규정하지 않은 것은 헌법규정의 흠결이라 보고 하위법률인 형사소송법에서 그 예외를 규정하는 것이 바람직하다는 취지로 헌법불합치 결정을 하였다(헌재 2018.4.26. 2015헌바370, 2016헌가7(병합)). 이에 따라 형사소송법 제216조 제1항 제1호는 2019.12.31. 개정되어, 「피의자 수사」를 「피의자 수색」으로 개정하고, 「다만, 제200조의2 또는 제201조에 따라 피의자를 체포 또는 구속하는 경우의 피의자수색은 미리 수색영장을 발부받기 어려운 긴급한 사정이 있는 때에 한정한다.」의 규정을 추가하여, 헌법규정상 흠결된 예외를 법률에서 명시하였다. 비상계엄의 경우에는 영장제도가 배제될 수 있다. 민사집행법 제5조의 규정에 의한 민사강제집행을 위한 수색의 경우에는 영장이 필요없다고 보아야 한다. 2) **행정상의 절차와 영장제도** 주거에 대한 영장주의가 행정상의 즉시강제나 행정조사와 같은 행정절차에도 적용되는가의 문제가 제기된다. 행정상 즉시강제의 경우, 영장필요설, 영장불요설, 절충설로 나뉘어 있다. 생각건대 첫째, 영장을 요구하는 헌법규정들은 연혁상 형사법상의 원칙에서 연유하고 있다는 점, 둘째, 헌법상 사후영장에 의할 수 있는 예외가 즉시강제에는 거의 적용될 여지가 없다는 점, 셋째, 행정경찰은 물론이요, 보안경찰의 경우에도 미리 업무상 특별감독관계가 성립되어 있는 일이 많은 점, 넷째, 모든 즉시강제에 영장주의를 관철함은 결국 즉시강제를 부정하는 것이 된다는 점, 다섯째, 현행의 즉시강제수단 중에는 강제수단이라기보다는 보호수단으로 볼 수 있는 것이 있다는 점 등에서 볼 때 원칙적으로 영장을 필요로 하지 않는다고 보아야 한다. 다만, 조치가 경찰상 즉시강제와 형사책임추급의 두 가지 목적으로 행사되는 경우에는 형사책임추급 쪽에서 형사사법권의 발동이므로 영장을 요한다고 해석하여야 한다. 결국 절충설이 타당하다. 단, 비례의 원칙 등 기본권제한의 일반법리는 지켜져야 한다. 헌법재판소도 행정상 즉시강제는 그 본질상 급박성을 요건으로 하고 있어 법관의 영장을 기다려서는 그 목적을 달성할 수 없다고 할 것이므로, 원칙적으로 영장주의가 적용되지 않는다고 하면서 급박한 상황에 대처하기 위한 것으로서 그 불가피성과 정당성이 충분히 인정되는 경우에는 영장 없는 불법게임물의 수거를 인정한다고 하더라도 이를 두고 헌법상 영장주의에 위배되는 것으로는 볼 수 없다고 보았다(헌재 2002.10.31. 2000헌가12). 행정조사의 경우, 원칙적으로 영장이 필요없고 다만 형사절차와 연결될 경우에만 영장이 필요하다고 해석하는 것이 타당하다고 본다. 7. **주거의 자유에 대한 제한과 한계** 주거의 자유도 타인의 권리보호, 도덕률이나 헌법질서 등 내재적 한계가 문제가 될 수도 있지만, 제37조 제2항에 따른 법률에 의한 제한이 있다. 주거의 자유는 주로 제37조 제2항에 따라 국가안전보장 · 질서유지 또는 공공복리를 위하여 필요한 경우 법률에 의해 제한된다. 주거의 자유를 제한하는 법률로는 형사소송법(제106조 이하, 제216조), 경찰관직무집행법(제7조), 소방법(제5조, 제41조 등), 감염병예방법(제42조, 제51조), 국제징수법(제26조), 우편법(제5조 제1항), 자연재해대책법(제41조등), 근로기준법(제103조 제1항), 마약류관리에관한법률(제41조), 관세법(제296조) 등 많은 법이 있다. 이러한 법률들이 주거의 자유를 제한하는 경우에도 법률이 규정한 목적의 달성을 위해 필요한 최소한에 그쳐야 하고, 주거의 자유의 본질적 내용이 침해되어서는 안 된다.

주관적 공권主觀的 公權 ➜ 공권.

주관적 공권성主觀的 公權性 ➜ 기본권의 법적 성격.

주관적·역사적 해석 ➜ 헌법의 해석.

주권主權 [영] sovereignty, [독] Souveränität, [프] souveraineté. 국가의사를 결정하는 최고권력을 말한다. 주권개념의 계보는 고대 로마법 사상에까지 거슬러 올라가는 것으로 알려져 있다. 주권이라는 말을 정치사회의 유일·절대·영속·불가분의 응집적 우월적 권위를 나타내는 것으로서 자각적으로 정식화한 최초의 사상가는 16세기 프랑스의 장 보댕(Jean Bodin)이었다. ➜ 주권이론.

주권면제主權免除 [영] sovereign immunity, [독] souveräne Immunität, [프] immunité souveraine. 주권면제란 주권을 가진 자가 누리는 법적인 면책의 상태를 말한다. 주권자의 면책특권(sovereign immunity) 또는 왕의 면책특권(crown immunity)이라고도 한다. ➜ 면책특권. 국제법상으로는 주권면제(또는 국가면제)란 일국의 국내법원이 타국 또는 타국의 재산에 대해서 재판관할권을 행사하지 못하게 함으로써 국가들을 서로의 재판관할권으로부터 보호하기 위한 국제법규칙이다. 역사적으로 크게 절대면제주의와 제한면제주의로 구분된다. 오늘날 대부분의 국가들은 과거의 고전적·전통적인 절대면제주의를 폐기하고 제한면제주의를 지지하는 관행을 보여주고 있고, 미국, 영국, 캐나다, 호주 등 주요 국가들의 경우 제한면제주의에 입각한 관련 국내법을 제정·시행하고 있으며, 관련 국제협약들 역시 제한면제주의를 기초로 하고 있다. 대표적인 입법사례인 미국의 「외국주권면제법」(FSIA)과 영국의 「국가면제법」(SIA), 국제법적으로 수용하고 있는 대표적인 입법사례인 「유럽 국가면제협약」과 「UN 국가면제협약」을 들 수 있다. 우리나라도 이에 관한 국내입법 필요성이 제기되고 있다.

주권이론主權理論 [영] theory of sovereignty, [독] Souveränitätstheorie, [프] theorie de la souveraineté. 1. **서언** 주권이라는 용어는 국가의사를 결정하는 최고 권력을 말한다. 주권개념의 계보는 고대 로마법 사상에까지 거슬러 올라가는 것으로 알려져 있다. 프랑스에서는 14세기 초 국왕 필립 4세(Philippe Ⅳ; 1268~1314)가 프랑스지역에 대한 자신의 통일적 지배권을 합리화·정당화하기 위하여 사용한 것으로 알려져 있다. 이러한 주권개념의 확립에 기여한 것이 쟝 보댕(J. Bodin; 1530~1596)이었다. 그 후 홉스와 루소 등도 이와 같은 보댕의 주권이론에 입각하여 군주주권론과 인민주권론을 주장하였다. 근대 이후에는 켈젠의 법주권론, 슈미트의 결단주의적 주권론, 영국의 의회주권론 등 다양한 주권이론이 전개되었다. 2. **군주주권론** 1) **보댕의 주권이론과 군주주권론** 보댕은 그가 활동할 당시의 정치상황을 바탕으로 하여 저서 「국가에 관한 6권의 책(Les six livres de la République, 1576)」에서 근대국가의 본질적 특성인 주권의 개념을 처음으로 정립하였다고 평가된다. 보댕은 주권을 국가의 절대적이고 항구적인 최고의 권력으로서 주권은 시원적이며 불가분의, 불가침의 포괄적인 국가권력으로서 대외적으로 독립의, 대내적으로 최고의 권력으로서 그 배타적 성격을 인정하였다. 또한 보댕의 군주주권론에서도 주권에는 한계와 제한이 있었다. 보댕의 주권이론은 주권과 주권자를 분리하여 이해함으로써 국가권력을 교황 또는 군주로부터 독립시킬 수 있는 계기를 제공하였고, 근대의 민족단위의 중앙집권적 통치질서확립이라는 요청을 정당화하는 이론적 바탕이 되었으며, 특히 국가와 국가권력에 대한 체계적인 설명을 하였다는 점에서 획기적인 것이었다.

2) **홉스의 주권이론과 군주주권론** 홉스는 1651년에 저술한 「리바이어던(Leviathan)」에서 주권이론과 군주주권론을 주장하고 있다. 홉스는 인간의 본성에 대해서 욕망과 이성이 공존하고 있고, 욕망과 이성은 인간의 자기보존의 목적에 따라 움직인다고 보았다. 그래서 그는 본질적으로 자기보존의 권리가 자연상태에서 인간이 가지는 자연권이라고 이해하였다. 자연상태에서 인간은 '만인에 대한 만인의 투쟁상태'에 있게 된다고 한다. 이를 중지하기 위해서 인간은 사회계약을 통하여 국가를 형성한다. 사회계약은 구성원 개인의 자유의사에 의하여 개인 상호간의 계약으로 성립하는데, 자기보존의 자연권을 비롯한 자신의 모든 자연권을 포기하여 주권자에게 양도하고 통치자에게 절대복종할 것을 내용으로 하는 계약을 체결한다. 이를 통해 비로소 국가가 성립되고, 주권자에게 위임된 권력은 무제한의 것이며 그가 결정하는 것은 어떤 것이나 그의 인민에 의하여 결정되어진 것으로 간주되며 인민에 대하여 구속력이 있다고 한다. 홉스는 '국가의 항구적이고 절대적인 최고의 권력'이라는 보댕의 주권개념을 더욱 강화하여 주권을 '절대무제한'의 국가권력이라고 정의하여 절대주권사상을 확립하였다고 할 것이다. 홉스의 사회계약론은 개인의 자율성을 바탕으로 절대군주제를 정당화하려는 군주주권론에 해당한다고 할 것이다. 이런 점에서 홉스는, 그가 확립한 절대무제한의 주권사상을 전제로 하여 군주에게 절대무제한의 권력을 부여하는 방법으로 시민계급의 이기심을 억제하고 통일적 지배권을 확립하여 정치공동체의 법적 평화를 실현할 것을 주장하였다.

3. **프랑스의 인민주권론과 국민주권론** 1) **인민주권론(Peuple 주권론)** **루소**의 주권관과 인민주권론은 그의 「사회계약론(Du Contrat social; 1762)」에 잘 나타난다. 루소는 자연상태에서의 혼란을 극복하여 인간이 태어날 때부터 가지고 있는 자유와 평등을 지키기 위하여 구성원들 간의 계약으로 사회를 형성한다고 한다. 사회계약은 국가에게 모든 구성원을 지배할 절대적 권력인 주권을 부여한다고 한다. 국가는 사회계약이 유명무실한 것이 되지 않도록 하기 위해서 일반의사 (volonté générale)에 복종하기를 거부하는 자는 누구를 막론하고 그것을 따르도록 강요하여야 한다고 한다. 그리고 국민의 일반의사의 행사인 주권은 양도할 수 없으며, 분할할 수 없는 것이라고 한다. 그러면서도 한편으로는, 주권자는 신성한 사회계약에 따라 성립되는 만큼 사회계약에 저촉되는 행위는 절대 하여서는 아니 되며 따라서 구성원이 계약에 따라 가지는 자유와 권리를 침해하여서는 아니 되며, 주권은 일반의사의 지도를 받으므로 일반적이어야 하고 공익을 지향하여야 하며, 주권은 '개인의 자유와 평등의 보장'과 '구성원의 참여와 동의에 의한 통치'라는 사회계약의 목적에 위배되어서는 안 된다고 하여 한다고 하여 주권의 한계를 인정하고 있다. 인민주권론은 국민주권론에 대하여 반대하여, 시민 위에 위치한 하나의 우월적인 존재로서 Nation을 부정한다. 그에 따라 선거는 반드시 보통선거여야 하며, 다른 사람들과 더불어 Peuple을 형성하는 각 개인은 주권의 일부분을 가진다. 주권자로서의 Peuple은 항시 그의 권력을 행사하여야 한다. 왜냐하면 주권은 불가양 · 불가분의 것이기 때문이다. 따라서 주권은 여러 권력이나 기관에 위임되거나 분리될 수 없다. 분리된 여러 기관에 주권을 위임하는 것은 인민주권원리에 반하게 된다. 주권의 위임은 주권이 대표자에 의하여 사실상 박탈되는 것을 의미하며 주권의 분할은 주권을 무력

하게 하는 것이다. 인민주권론에 따르면 당선자는 Peuple에 의하여 통제되어야 한다. 모든 Peuple이 한자리에 모이는 것이 불가능하다면 직접민주주의방식으로서 국민투표를 할 수도 있다. 이에 선거인이 기속적으로 명령한 바에 따라서 활동하도록 대표자에게 부과된 위임, 즉 강제위임의 원리를 취하게 된다. 이에 따라 정부는 대표자에게 복종하여야 하며 이 당선자들은 Peuple에 복종하여야 한다. 그리하여 국민발안 · 국민투표제도(직접민주제)를 통하여 항시 Peuple에 복종하는 단원제 국회로 모든 권력이 융화된 회의정체가 인민주권원리의 논리적 귀결이다. 2) **국민주권론(Nation 주권론)** 국민주권론은 루소의 인민주권론에 대칭되는 개념으로서 몽테스키외의 '법의 정신'에서 제시하고 있는 순수대표제에서 그 이론적 기초를 찾을 수 있다. 국민주권원리는 Nation을 구성하는 Peuple의 상위에 Nation을 정립한다. 선거인은 선거를 하지만 그 투표행위는 권리가 아니고 기능이다. 선거인은 Nation의 이름으로 이 기능을 행사한다. 이 기능은 하나의 의무이다. 선거권은 이를 행사할 만한 능력이 있는 시민에게 부여되어야 하며, 선거권을 행사할 만한 능력이 없는 시민에게는 선거권을 부여하지 않아야 Nation의 이익에 부합한다. Nation 주권론에 의하면 선거는 보통선거일 필요가 없으므로 선거권은 자격을 갖춘 사람에게만 부여된다. 즉 사회적 책임을 다할 수 있는 유식하고 재산이 있는 사람만이 Nation의 이익을 표명할 능력을 가지기 때문에 선거는 제한선거일 수밖에 없다. 여기에 국민주권이론의 귀족지향적 성격이 드러난다. Nation 주권이론에 의하면 선거에서 당선된 사람들로 구성된 Nation의 대표는 자유롭게 Nation의 의사를 대표한다. Peuple이나 선거인이 Nation의 대표를 통제할 수는 없다(자유위임, 무기속위임). 이와 같이 자유위임의 원리에 입각한 대의제는 순수대표이론으로서 이는 국민주권개념에 내포되어 있다. 다른 한편 국민주권이론은 권력분립원리에 의하여 순수대표이론을 제도적으로 보장해 준다. 3) **인민주권론과 국민주권론의 비교** 양 주권론을 비교하여 도표로 하면 다음과 같다.

	국민주권론	인민주권론
주권의 주체	통일체로서의 전체국민	구체적 개인의 총합
민주정 형태	대의민주주의 원칙	직접민주주의 원칙
유권자 자격	제한적 유권자 - 제한선거제	제한불가 - 보통선거제
대표의 성격	자유위임	기속위임
권력분립원리	원칙적 권력분립	임의적 권력분립

4. **법주권론** 법의 주권(Souveränität des Rechts)과 국가의 주권(Souveränität des Staates)을 동일시하면서 국가의 통치기능을 다름 아닌 법의 통치기능이라고 주장하고, 국가의 통치현상을 오로지 '규범의 통치(Herrschaft von Normen)' 방식으로만 설명하려는 입장이다. H. Krabbe, Jellinek, Kelsen 등의 입장이다. 이 견해는 입헌주의 초기에 전제군주의 전단(專斷)을 막기 위하여 실정헌법의 의미를 강조할 수밖에 없었던 역사적 의미를 갖는다. 철저하게 법체계의 관점에서만 주권 개념을 파악한 체계중심적 사고모델이라고 평가할 수 있다. 켈젠은 국가에 대해 '사회학적인 국가'와 '법적인 국가'라는 이중적인 지위를 부여하는 옐리네크(G. Jellinek)와는 달리, 국가를 철저하게 법적인 측면에서만 파악한다. 이로 인해 국가의 가장 강력한 힘인 주권 역시 법체계에 흡수된다. 법체계가 온전하게 작

동만 한다면, 굳이 주권과 같이 법을 초월하는 권력을 인정할 필요가 없다. 그런데도 만약 주권을 인정해야 한다면, 국가가 아닌 법체계 자체의 주권, 즉 인격적 개념이 아닌 체계적 개념으로서 주권을 인정할 수 있을 뿐이다. 5. **슈미트의 결단주의적 주권론** 칼 슈미트의 결단주의(Dezisionismus)는 주권 개념에서 선명하게 드러난다. 슈미트의 주권 개념은 1922년에 처음 출판된『정치신학』제1장 첫줄에서 인상 깊게 등장한다. 여기서 칼 슈미트는「주권자란 비상사태를 결정하는 자이다.」라는 유명한 언명으로써 주권 혹은 주권자를 정의한다. 슈미트에 따르면, 이는 주권을 한계개념으로서 정의한 것이다. 왜냐하면 '비상사태'(Ausnahmezustand)는 한계상황을 지칭하는 것이기 때문이다. 슈미트는 법에 구속되지 않는 초월적이고 절대적인 힘으로서 기존의 법을 정지시키거나 폐지하는 힘, 새로운 법을 창출하는 힘을 주권이라 한다. 칼 슈미트가 정의내린 주권자 개념에서는 '비상사태'와 '결정'이 전면에 등장한다. 바로 이 점에서 슈미트의 사상을 결단주의라고 지칭한다. 국민은 한편으로는 자신이 제정한 법에 구속되지만, 다른 한편으로는 법이 제대로 작동할 수 없는 비상사태에서 법을 폐지하거나 새로운 법을 제정할 수 있다. 이러한 사고는 궁극적으로는 민주주의가 법치주의보다 우선한다는 생각을 배후에 깔고 있다. 물론 정상상태에서는 민주주의와 법치주의가 서로 조화를 이루면서 작동할 수 있지만, 비상사태에서는 민주주의와 법치주의가 대립할 수밖에 없고, 이러한 대립관계에서는 민주주의가 우선권을 갖는다. 슈미트는 법실증주의와 순수법학에 의해 법체계 속에서 형해화된 주권 개념을 인격적 주권으로 복원하고자 한다. 신학적 세계관이 지배하던 당시에는 절대적 인격체인 군주가 신을 대신하여 주권을 행사하였지만, 사회가 근대화되면서 주권은 유기체적 통일체인 국민에게 양도되고, 결국에는 법체계로 귀속된다. 이를 통해 주권 개념의 신학적 색깔은 사라진다. 슈미트에 따르면, 국가를 이해하기 위해서는 신학적 세계관을 원용해야 하고, 바로 그 점에서 정치과학이 아닌 정치신학이 요청되는 것이다. 또한 이 점에서 마치 신의 왕국처럼 국가는 실존해야 한다. 슈미트는 정치신학을 복원함으로써 인격적 주권자를 복원하는 동시에 법실증주의와 자유주의, 낭만주의, 보편주의, 무정부주의 등에 의해 위협받고 있던 국가의 의미를 되살리려 하였다. 칼 슈미트는 자유주의와 법실증주의가 정초한 시민적 법치국가가 국가존속에 필수적인 주권 개념을 해체하였다고 비판한다. 슈미트는 이러한 자유주의적·보편주의적·무정부주의적 흐름에 맞서 인격적 주권을 복원하고, 적과 동지의 투쟁을 본질로 하는 정치적인 것을 강조한 것이다. 이는 근대 이후 서구사회에서 지속적으로 진행되던 사회체계의 기능적 분화에 맞서 국가로 대변되는 정치체계의 우위성을 다시 회복시키고자 한 것으로도 이해할 수 있다. 슈미트에 따르면, 국민은 헌법제정권력의 주체로서 주권을 행사한다. 슈미트의 논리에 따르면, 국민은 주권자로서 비상사태를 결단할 수 있다. 즉 실정헌법질서가 위기에 처한 경우, 국민은 기존의 실정헌법을 정지시키거나 폐지한 후 새로운 헌법질서를 창출할 수 있다. 다만 여기서 주의해야 할 점은, 슈미트가 말하는 국민은 개별적이면서 다원적인 국민이라기보다는, 루소가 말한 것처럼, 유기적·추상적인 국민통일체라는 것이다. 슈미트는 법실증주의적 법치국가가 주장하는 근대 자유주의적·시민적 법치국가의 자유주의적 의회주의를 비판하고, 합법성과는 구별되는 정당성의 독자적 가치를 강조한다. 슈미트의 이론은 예외상태를 강조하기 때문에 시민적 법치국가의 순기능보다는 역기능이 더욱 부각된다. 뿐만 아니라 독재를 옹호하는 이론으로 진전되기 쉽다. 슈미트는 독재를 크게 두 가지로 구분하여, '위임적 독재'(kommissarische Diktatur)와 '주권적 독재' (souveräne Diktatur)로 나누는데, 전자는 실정헌법이 그 권한과 범위를 예정하고 있는 독재를 말하고, 후자는 기존의 실정헌법, 즉 헌법률을 정지시키거나 폐지하고 새롭게 헌법을 창출할 수 있는 독재를 말한다. 위임적 독재가 헌법률에 구속된다면, 주권적 독재는 헌법률을 초월한다. 그 점에서 후자의 독재가 '주권적' 독재인 셈이다. 슈미트는 바로 이러한 주권적 독재를 옹호한다. 켈젠과의 헌법의 수호자논쟁에서 슈미트는 라이히대통령이 헌법의 수호자가 되어야 한다고 옹호하였다. 이는 자칫 '국민의 이름'이라는 미명 아래 주권적 독재를 할 수 있는 것이다. 우리나라의 유신헌법이 그러하였다. 6. **사회주의 주권론** 사회주의의 주권이론은 계급혁명론에 기초하여 노동자 · 농민(proletariat)이 주권을 가진다고 본다. 프롤레타리아주권이라고 한다. 7. **현대적 주권개념의 모색** 전통적인 주권론의 대안으로 제시된 이론은 크게 세 가지 유형으로, 의사소통적 주권론, 분화된 사회적 주권론, 개인화 · 보편화된 주권론으로 나타나고 있다. 첫째, **의사소통적 주권론**은 종전의 인격적 주권이나 법적 주권을 의사소통적 주권으로 전환하려는 시도로서, 독일의 사회철학자 하버마스(J. Habermas)의 작업이 대표적인 경우에 해당한다. 하버마스는 자신이 정립한 합리적 대화이론(rationale Diskurstheorie)을 법영역에도 적용하여 민주주의 원리를 새롭게 파악한다. 그에 따르면, 민주주의 원리는 대화원칙(Diskursprinzip)이 법영역에서 구체화된 것이다. 의사소통적 주권은 법적 주권을 넘어설 뿐만 아니라, 특정한 인격적 통일체가 행사하는 권력이 아니라 다원적인 시민이 대화와 토론을 통해 집단적으로 행사하는 권력이라는 점에서 슈미트의 주권 개념과도 다르다. 또한 민주주의가 정치적 영역에서만 작동하는 원리가 아니라 우리 삶의 보편적 형태로서 사회 모든 영역에서 작동할 수 있는 원리로 이해한다. 민주주의 원리를 대화원칙으로 이해하면, 정치영역 이외의 사회 각 영역에서도 민주주의를 적용할 수 있고, 주권 개념 역시 확장적으로 이해할 수 있다. **분화된 사회적 주권론**은 독일의 법사회학자 Teubner가 최근 수행하는 작업이다. 한편으로는 루만의 체계이론을, 다른 한편으로는 초국가적 법다원주의를 수용한 Teubner는 전체 사회체계의 분화에 따라 사회의 각 부분체계들이 독자적으로 규범을 생산해 나가는 현상에 주목한다. Teubner는 이를 초국가적 영역까지 확장해, 오늘날 국가의 경계를 넘어서는 초국가적 공동체가 형성되고 있으며, 이들 공동체들은 독자적으로 법규범을, 심지어는 헌법적 규범을 생산하고 있다고 진단한다. Teubner는 이를 '자기헌법생산레짐'(Autokonstitutionelles Regime)이라는 개념으로 구체화한다. 이에 따라 헌법 개념은 두 가지 변화를 맞게 된다. 첫째는 헌법이 국가의 고유한 개념으로만 머무는 것이 아니라, 사회의 독립분화에 맞게 분화 또는 부분화(Fragmentation)되고 있다는 점이고, 둘째는 초국가적 공동체가 헌법을 생산하는 헌법의 초국가화가 진행되고 있다는 점이다. 이러한 이론구성에 따라 주권 개념도 한편으로는 국가가 아닌 사회 각 영역에서도 주권을 말할 수 있게 되고, 다른 한편으로는 국가의 경계를 넘어서는 초국가적 레짐에서도 주권을 말할 수 있게 된다. 국가적 주권 개념은 해체되고, 이를 대신해 분화된 사회적 주권이 등장하는 것이다. **개인화 · 보편화된 주권론**은 최근 비판이론계열에 속하는 정치철학자들에게서 찾아볼 수 있다. 여기서 주권을 개인화 · 보편화한다는 것은, 첫째, 주권을 개인화한다는 것은 근대화과정을 통해 집단적 개념으로 변모한 주권을 다시 개별적·인격적 개념으로 바꾼다는 것이다. 물론 그렇다고 칼 슈미트가 그랬던 것처럼, 주권을 통일체적·인격적 개념으로 파악하는 것이 아니라, 각 개별 인격, 특히 강력한 국가권력이나 사회적 체계로부터 배제된 주체나 벌거벗은 생명들의 고유한 권력으로 파악하는 것이다. 둘째, 주권을 보편화한다는 것은 주권의 귀속주체를 보편적으로 확장한다는 것을 뜻한다. 주권의 귀속주체를 보편적으로 확장한다는 것은 국가 또는 국적을 기준으로 하여 주권의 귀속주체를 정하는 것이 아니라, 해당 국가의 국민이 아닌 경우에도 주권자로 인정하겠다는 것을 함의한다. 이를테면 미등록 외국인, 이른바 불법체류자라 할지라도 이들 불법체류자가 우리의 '이웃'에 해당하는 경우에는 국민과 동등한 주권자로 인정하겠다는 것이다. 이렇게 주권자의 범위를 보편적으로 확장하고자 하는 시도의 배후에는 국가와 국경이라는 기준을 해체하려는 보편주의가 놓여 있다. 우리나라에서 최초 논의되고 있는 시민주권론도 이에 속한다고 볼 수 있다. ➜ 시민주권론. 8. **우리나라의 국민주권주의** 1) **연혁** (1) **대한민국임시정부 시기** 1919년 3·1혁명 이후 성립한 대한민국임시헌장은 이전의 대한제국이 대한국국제에서 표방하였던 군주주권을 변경하여「민주공화제」로 함을 명시하였고(제1조), 곧 이어 개정한 대한민국임시헌법은「大韓民國의 主權은 大韓人民 全體에 在함」이라 하여(제2조), 주권이「대한인민」 전체에 속함을 명시하였다. 이는 프랑스식의 인민주권이나 국민주권과 같은 개념적 분화를 전제로 한 것이 아니라, 전체로서의 대한인민, 즉 오늘날의 의미에서「국민」에게 주권이 있음을 표방한 것이었다. 다만, 실질적인 주권행사가 불가능한 상황이었기 때문에, 이를 임시대통령에게 위임하거나(임시헌법(1919.9.11.) 제6조), 광복운동자가 대신 행사하는 것으로 하였다(1925.4.7. 임시헌법; 1927.4.11. 임시약헌; 1940.10.9. 임시약헌; 건국강령 제2장 五). (2) **대한민국 헌법** 1948년 대한민국 헌법은「대한민국의 주권은 국민에게 있고 모든 권력은 국민으로부터 나온다.」라고 하여 국민주권주의를 천명하였다(제2조). 이 규정은 오늘에 이르기까지 그 표현에서 약간의 변경이 있기는 하였으나 그대로 유지되고 있다. (3) **조선민주주의인민공화국 헌법** 분단 후 북한 지역에 성립한 조선민주주의인민공화국 헌법은「조선민주주의인민공화국의 주권은 인민에게 있다.」고 규정하여(제2조), 사회주의적「인민주권」을 표방하였다. 그러나 이 때의「인민」은 사회주의에서 말하는 노동자·농민(proletariat)을 의미하는 것으로 프랑스에서의「인민주권(peuple주권)」과는 다른 개념이었다. 2) **대한민국 헌법상 국민주권주의** (1) **헌법규정** 현행헌법 전문은 국민이 헌법을 제정하였으며, 이를 국민투표에 의하여 개정하였음을 선언하고 있고, 제1조 제1항은 민주공화국을 규정함과 동시에, 제1조 제2항에서「대한민국의 주권은 국민에게 있고, 모든 권력은 국민으로부터 나온다.」라고 하여, 국민주권원리를 명문으로 선언하고 있다. (2) **주권보유자인「국민」의 의미** 헌법규정에서 말하는「국민」은 유권자 전체라거나 사회계약 참가자인 인민의 총체의 의미가 아니라, 일체의 자연인인 국민의 총체로서 정치적·이념적 통일체로서의 의미이다. 다만 국가의 의사결정에 참여하거나 공직자를 선출하는 경우에는 일정한 자격을 가진 자에 한하도록 하여 그 주권의 행사를 방법적으로 제한을 두는 것이다. (3) **주권자인「국민」의 법적 성격** 주권의 주체 내지 보유자인 국민이 단지 정치적·이데올로기적 개념인지 아니면 헌법의 정치적 가치의 근원 내지 법적 구속력의 근원인 법적 개념인지에 대하여 견해대립이 있으나, 헌법 제1조 제2항은 최고규범으로서의 헌법의 핵심을 이루는 것으로서 근본규범이며, 국가의사결정이 국민에 의하여 이루어져야 한다는 규범적 의미를 가진 것이다. 또한 헌법개정의 한계이자 헌법 각 조항의 해석기준으로 되는 것이다. 따라서 「국민」은 법적 개념으로 보아야 한다. (4) **국민주권주의의 구현형태** ① 간접민주제 원칙 · 직접민주제 가미 국민주권주의를 구현하는 방법으로 간접민주제를 원칙으로 하고 직접민주제를 가미하고 있다. 즉, 간접민주제로서 의회제도를 보장하고 대통령을 직접선거하며, 국민대표기관으로 하여금 대신 행사하게 하고 있다. 직접민주제로서 국민투표제를 채택하고 있다. ② 정당제도 현행헌법은 국민주권주의를 실현하는 현대적 제도로서 정당제도를 보장하여 국민의 정치적 의사를 형성하여 국가정책결정에 반영하고 있다. ③ 기타 이 외에도 지방자치제, 직업공무원제, 청원권 등 기본권보장과 그 목적을 실현하기 위한 권력분립주의 및 법치주의 등을 제도화하고 있다.

주권적 독재主權的 獨裁 ⓓ souveräne Diktatur. 극도의 비상사태에서 헌법의 틀이나 수권을 초월하여 긴급권을 행사하는 것. 초헌법적 긴급권이라고도 한다. ➜ 국가긴급권.

주기본권主基本權 ➜ 기본권의 분류와 체계.

주론主論:ratio decidendi **= 본론** ➜ 본론과 방론.

주문主文 ⓔ tenor/statement of final judgment, ⓓ Urteil/Beschluss. 판결의 결론부분을 말한다. 기판력의 효력과 범위를 결정하는 부분이다. 주문은 가능한 한 간결하고 명확하게 기재하여야 한다. 헌법재판소는 주문별 평결방식을 택하고 있다. ➜ 평의와 평결.

주문별합의제主文別合議制 ➜ 평결의 방식.

주민결정住民決定 ➜ 주민참여제도.

주민등록제住民登錄制 ⓔ residents registration system, 주민등록이라 함은 행정기관이 관할구역 안에 거주하는 주민의 거주상황과 이동실태를 파악하여 공부(公簿)에 기록하는 제도이다. 주민등록제도는 일제강점기에 조선인에 대한 감시와 통제를 목적으로 제정된 朝鮮寄留令 및 寄留手續規則에서 시작되었다. 대한민국 정부수립 후 5 · 16 쿠데타세력이 1962.1.15.에 寄留法(법률 제967호)을 제정하였다가, 몇 달이 지나지 않아 폐지하고 주민등록법(1962.5.10. 제정, 법률 제1067호, 시행 1962.6.20.)으로 대체하였다. 이 후 수 차례의 개정을 거쳐 현재에 이르렀다. 주민등록번호는 생년월일과 성별 및 지역 등을 표시할 수 있는 13자리의 숫자로 작성되도록 하고 있다. 주민등록법은 행정의 효율화와 주민복지 등에 이바지하도록 하였으나, 정보통신기술의 발달 등으로 주민등록번호의 도용으로 인한 개인정보누출 등이 사회적 문제점으로 대두되었다. 주민등록번호에는 한 개인의 생년월일 및 성명 등의 정보가 포함되어 있기 때문에 그 자체로서 프라이버시 침해의 위험성을 내포하고 있으며, 오늘날 일상적이라 할 수 있는 인터넷 상의 사이트는 거의 예외 없이 회원가입 시 개인의 주민등록번호를 필수적으로 기입할 것을 요구하여, 타인의 번호도용이나 가짜 주민번호가 심각한 사회문제로 대두되기 시작하였다. 이에 헌법재판소에 동법의 문제점이 빈번히 위헌법률심판이나 헌법소원의 형태로 제기되었고, 헌법재판소의 결정에 따라 동법 및 관련법률이 제 · 개정되었다. 2011.3.29. 「개인정보보호법」이 제정되어 2011.9.30. 시행되었고, 2013.8.6.에는 동법을 개정하여 주민번호에 한하여는 정보주체의 동의를 통한 수집도 금지시켰으며, 동법에서 허용하는 경우 이외에는 주민번호를 수집하지 못하게 하는, 이른바 주민번호수집법정주의를 채택하였다. 헌법재판소의 관련 결정은 다음과 같다. 주민등록 **직권말소제도**는 국민의 본질적인 기본권을 침해하는 것이라고 볼 수 없고, 따라서 사생활의 비밀과 자유나 가족생활보장권 등을 침해하고 있다고 볼 수 없다(헌재 2005.5.26. 2004헌마408). 시장·군수 또는 구청장이 개인의 지문정보를 수집하고, 경찰청장이 이를 보관·전산화하여 범죄수사목적에 이용하는 것은 모두 개인정보자기결정권을 제한하는 것이기는 하지만, **지문날인제도**가 과잉금지의 원칙에 위배하여 청구인들의 개인정보자기결정권을 침해하였다고 볼 수는 없다(헌재 2005.5.26. 99헌마513등). 주민등록번호 **변경**에 관한 규정을 두고 있지 않은 심판대상조항은 과잉금지원칙에 위배되어 개인정보자기결정권을 침해한다. 심판대상조항에 대하여는 헌법불합치결정을 선고하되, 2017.12.31.을 시한으로 입법자가 개선입법을 할 때까지 계속 적용하기로 한다(헌재 2015.12.23. 2013헌바68 등: 2016.5.29. 법개정). 주민등록법 시행령에 따르면, **열 손가락 지문** 전부를 주민등록증 발급신청서에 날인하도록 규정하고 있는바, 지문정보가 유전자, 홍채, 치아 등 다른 신원확인수단에 비하여 간편하고 효율적이며, 일정한 범위의 범죄자나 손가락 일부의 지문정보를 수집하는 것만으로는 열 손가락 지문을 대조하는 것과 그 정확성 면에서 비교하기 어렵다는 점 등을 고려하면, 이 사건 시행령조항이 과도하게 개인정보자기결정권을 침해하였다고 볼 수 없다(헌재 2015.5.28. 2011헌마731). 현행 주민등록법에 대해서는 법률유보의 원칙, 포괄적 위임금지의 원칙, 과잉금지의 원칙 등을 준수하도록 개정할 필요성이 주장되고 있다. 즉, 주민등록법상 주민등록번호를 부여하기 위하여 필요한 사항은 중요하고 본질적인 사항에 해당한다고 할 수 있으므로, 그 기초적인 사항을 주민등록법에 직접 규정하고 일정한 사항을 하위명령에 위임하여야 법률유보의 원칙, 포괄위임금지의 원칙에 위반되지 않을 것이며, 주민등록번호의 생성·부여 방식을 바꾸어 주민등록번호가 개인의 정보를 표시하지 않으면서 개인을 식별할 수 있는 다른 방법, 예컨대 임시적인 임의번호 부여방식 등으로 정해질 수 있도록 하는 것이 과잉금지의 원칙에 위반되지 않을 것이다. 또한 주민등록번호의 사용목적을 제한하고 대체수단을 마련하여 개인식별수단의 다양화를 꾀할 필요가 있고, 주민등록번호에 대한 통제방법을 강화할 필요가 있다.

주민소환제住民召還制 ➜ 주민참여제도.

주민자치住民自治 ➜지방자치제도.

주민직선제住民直選制 지방의회와 지방자치단체의 장의 선출을 주민들의 직선에 의하도록 하는 것으로, 직접선거에 의하여 양 기관의 정당성을 각각 부여하는 것이다. 이는 상호견제와 균형을 도모할 수도 있으나, 양 기관이 대립과 반목을 계속할 경우 갈등해결이 쉽지 않다. 따라서 지방의회의 직선과 지방자치단체의 장의 간선제를 택할 수도 있다.

주민참여제도住民參與制度 1. **헌법상 주민참여** 현행헌법은 주민이 지방행정에 직접 참여할 수 있는 방안을 명시하고 있지 않다. 국정의 운영에 있어서는 모든 권력은 국민으로부터 나온다는 국민주권주의가 천명되어 있고, 국민의 기본권을 보장하기 위한 규정들이 열거되어져 있지만, 지방행정의 주체인 주민의 지방행정에의 참여에 대해서는 일체 언급을 하고 있지 않다. 헌법 제117조와 제118조의 단 두 개의 조문을 통해 최소화된 지방자치의 원칙만을 선언하고 있을 뿐이다. 이는 서구 선진국의 여러 나라들이 그 헌법전 속에 지방자치와 관련된 사안들에 대한 주민투표권과 법안 발의권을 부여하고 있는 것에 비하면, 우리 헌법은 지방행정과 관련된 주민의 권리에 대해서는 무심할 정도로 회피하고 있다. 헌법재판소는 지방자치는 국민주권주의와 자유민주주의의 이념구현에 이바지함을 목적으로 하는 제도라고 본다(헌재 1991.3.11. 91헌마21). 그리하여 지방자치는 국민주권의 기본원리에서 출발한, 주권의 지역적 주체인 주민에 의한 자기통치의 실현이므로 헌법이 제도적으로 보장하는 것으로 본다. 지방자치는 권력분립적이고 지방분권적인 기능을 통하여 지방자치는 지역 주민의 기본권 보장에도 이바지 한다고 언급한다(헌재 1998.5.29. 2005헌라3). 그럼에도 헌법재판소는 주민참정권은 헌법상의 기본권이 아니라 법률상의 권리로 보고 있다(헌재 2005.12.22. 2004헌마530). 그리고 국회의 입법에 의하여 지방자치권이 침해되었는지 여부를 심사함에 있어서는 지방자치권의 본질적 내용이 침해 되었는지 여부를 심사하면 족하고, 기본권 침해를 심사하는데 적용되는 과잉금지원칙이나 평등원칙은 적용되지 않는다고 한다(헌재 2010.10.28. 2007헌라4). 이러한 헌법재판소의 결정례는, 입법 기타 중앙정부의 침해가 지방자치단체의 존립 자체를 부인하거나 각종 권한을 말살하는 것이라면 본질적인 침해이나, '국가 전체 차원'의 고려에서 합리적이거나 지방자치단체에 구체적인 결정권 행사의 여지가 남아 있다면 지방자치의 본질적 침해가 되지 아니한다. 2. **법률적 차원의 주민직접참여제도** 지방행정에의 주민직접참여제도에 관해서는 「지방자치법」 및 「지방분권법」에서 주로 정하고 있다. 1) **조례제정·개폐청구제도** ➜ 조례제정·개폐청구제도. 2) **주민감사청구제도** 주민은 자신의 법률상 이익과 관계없이 지방자치단체의 사무 전반에 관하여 감사청구가 가능하고, 그 결과에 승복하지 못하는 경우에는 주민소송을 제기할 수 있다는 점이 이 제도의 핵심이다(지방자치법 제21조). 다만, 일정 수 이상의 주민연서가 필요하고, 비재무회계에 대해서는 주민소송으로 연결되지 못하고, 재무회계 사항에 대해서만 주민소송으로 연계된다는 특징이 있다. 주민감사청구제도의 문제점으로서는 첫째, 주민감사청구와 주민소송은 본질적 견련성을 가지지 않음에도 불구하고 입법적으로 연결시키고 있다는 것이다. 둘째, 현행 지방자치법은 사무처리가 있었던 날이나 끝난 날부터 3년이 지나면 제기할 수 없는 청구기한의 제한이 있다(동법 제21조 제3항). 3) **주민소송제도** 주민소송은 지방자치법상의 주민감사청구를 한 자만이 제기할 수 있는 '주민감사청구전치주의'를 취하고 있음이 특징이다. 그러나 주민감사청구와 주민소송은 상호간의 견련성이 없으므로 굳이 전치를 할 필요는 없다는 것과, 내부 제보자에 대한 보상금지급 방안마련이나 독자적 소송 절차의 필요성이 지적되고 있다. 또한, 사법부의 판단 과정에서는 위법성의 범위를 어디까지 인정할 것인가에 대한 문제가 법리상의 주요 문제로 떠오르고 있다. 주민소송이 소송으로서의 본래의 역할보다는 '소송을 통한 이슈 제기의 수단'으로 변칙 운용되는 것은 아닌가 하는 점이다. 그렇지 않다면 소송 자체가 주민이 승소하기 어려운 구조, 즉 위법한 재무회계 행위에 대한 입증이 어려운 점도 하나의 원인이라고 생각한다. 4) **주민소환제도** 주민소환제도는 2006.5.24.의 지방자치법 개정으로 도입되었다. 현행 법제상 마지막으로 도입된 주민직접참여제도이다. 이에 관한 상세한 규정은 「주민소환에 관한 법률」 및 「제주특별자치도법」에 규정되어 있고, 「지방교육자치에 관한 법률」(제24조의2)에 의해 교육감도 소환의 대상이다. 이 법에 따라 지방자치단체장과 투표로 선출된 지방의회 의원을 소환할 수 있다. 특별시장 · 광역시장 · 도지사는 해당 지방자치단체의 주민소환투표 청구권자 총수의 100분의 10 이상의 서명을 받아야 하고, 시장 · 군수와 자치구의 구청장은 100분의 15 이상, 지역선거구 시 · 도의회 의원 및 지역선거구 자치구 시 · 군의회 의원은 100분의 20 이상의 서명을 받아 관할 선거관리위원회에 청구할 수 있다. 주민소환 투표가 실시되어 해당 지방자치단체 유권자 총수의 3분의 1 이상이 투표하고, 유효투표 총수의 과반수가 찬성하면 확정된다. 주민소환제도의 문제점에 대해서는 대체적으로 다음과 같은 점들이 지적되고 있다. 먼저, 주민소환의 사유가 법정되어 있지 않아 너무 포괄적이라는 점이다. 다음으로는 소환이 가능한 시기가 너무 짧다는 점, 소환의 대상에 비례대표의원이 제외된 점 등이다. 주민소환은 사법절차에 의한 시정이 어려운 공직자에 대한 '정치적 신뢰관계의 상실에 따른 주민대표성의 제거'라 할 수 있기 때문에 주민의 주관적 판단에 기초한 정치적 선택의 절차로 이해하는 것이 옳다(헌재 2009.3.26. 2007헌마843). 따라서 '정치적 문제'라면 어떠한 사유에 대해서도 소환할 수 있다는 것이므로 사유를 법정(法定)할 필요는 없을 것이다. 다음은, 임기 개시부터 1년 동안, 임기 만료 1년 전부터는 주민소환투표청구를 할 수 없도록 한 기간이 지나치게 길다는 지적이 있다. 그러나 이는 자칫 정당간의 정쟁 등으로 인하여 행정의 공백을 초래할 수 있으며, 이 기간은 주민의 선택으로 뽑힌 선출직 공직자들에 대한 일종의 신뢰기간이라고 할 수 있고, 주민소환제는 어디까지나 주민들의 마지막 선택이라는 점에서 신중을 기하여야 하는 점을 감안한다면 적절한 제한기간이라고 생각한다. 그러나 비례대표의원이 제외된 것은 제도개선이 필요해 보인다. 독일과 일본 역시 비례대표의원을 소환의 대상으로 하고 있다. 그 외 주민소환의 공고만으로 곧바로 권한 정지가 되도록 하는 법 제21조는 주민소환의 남용을 초래할 우려가 있으므로 삭제하는 것이 바람직하다는 주장도 있다. 제도 도입 후 지금까지 소환투표까지 간 경우가 총 8건에 불과하고, 나머지는 모두 도중에 중단되었다. 이는 주민소환이 실제 주민투표로 이어지기에는 지나치게 요건이 엄격함을 말해주고 있다. 물론 지나친 요건의 완화로 지방정치의 불안정을 초래할 수 있다는 우려도 있겠지만, 제도가 제도로서 운영될 수 있도록 과감한 요건의 완화가 필요하다. 5) **주민투표제도** 주민투표권의 성격에 관한 통설과 헌법재판소 결정은 헌법이 보장하는 참정권이 아니라 법률이 보장하는 참정권이라고 보고 있다(헌재 2001.6.28. 2000헌마735; 2005.10.4. 2005헌마848). 주민투표제도의 문제점으로서는, 국가정책에 관한 주민투표의 경우 그 요구권자가 중앙행정기관으로 독점되어 있는 점, 대상의 구체적 범위가 불명확한 점, 실시구역의 범위를 어디로 할 것인지는 투표결과에 중요한 영향을 미침에도 구역설정에 지방의 의견수렴절차가 없는 점 등을 들 수 있다. 그 외, 공직선거일전 60일 전에는 실시를 못하도록 하고 있는 것이나, 주민투표의 개표 요건인 투표수가 투표권자의 1/3 이상을 요구하는 것은 너무 엄격한 기준이라는 것 등이다. 주민투표의 개표요건의 완화주장에 대해, 정치적 악용 방지의 필요성과 개정된 공선법에 따라 주민투표에도 사전투표의 활용이 가능함으로써 주민투표 활성화를 통한 개표요건의 충족이 가능하다는 견해가 있으나, 주민투표의 활성화를 위하여 전반적인 요건의 완화가 필요하다고 본다. 제도 시행 후 15년이 경과하였음에도 불구하고 단 8건 만이 시행되었음은 주민투표의 요건 완화의 필요성이 있다는 것을 말해주고 있다. 6) **주민참여예산제도** 주민참여예산제는 지방재정법과 지방재정법 시행령에 근거를 두고 있다. 지방재정법이 2011.8.4. 개정되면서 「지방자치단체의 장은 대통령령으로 정하는 바에 따라 지방예산 편성 등 예산과정에 주민이 참여할 수 있는 제도를 마련하여 시행하여야 한다.」(제39조)고 규정한데 이어 「지방자치단체의 장은 주민참여예산제도를 통하여 수렴한 주민의 의견서를 지방의회에 제출하는 예산안에 첨부하여야 한다.」고 규정하기에 이르렀다(제39조 제3항). 따라서 각 지방자치단체단체의 장은 지방예산 편성과정에 주민이 참여하는 제도를 마련하여야 하는 사항이 의무사항이 되었으며, 이 경우 예산 편성과정에 참여한 주민의 의견을 수렴하여야 할 뿐만 아니라 수렴된 의견이 지방의회에 예산안에 첨부되어야 한다. 주민참여제도의 문제점의 개선방안으로, 주민참여범위의 확대, 예산과정의 투명성 확보, 주민참여예산에 대한 전문성의 강화, 지역적 특성에 맞는 참여예산제, 지방자치단체의 역량강화 등이 지적되고 있다. 3. **여론**餘論 주민직접참여제도에 대한 전체적인 제도 점검이 필요하다. 특히 각 제도의 요건 완화에 대한 점검이 필요하고, 실질적인 주민참여가 가능하도록 제도 개선을 꾀해야 할 것이다. 아울러, 각 제도의 문제점에서 지적한 점들은 적극 개선이 되어야 할 것이다. 주민참여제도와 관련하여 중요한 것은 선거권의 연령제한이다. 2019.12.31.의 법개정으로 선거권 연령이 만 18세로 되었으므로 국회의원과 대통령선거뿐만 아니라 지방선거와 교육감선거, 주민투표, 주민소환, 조례제개정 및 폐지청구, 주민감사청구 등에서 적극적인 참여가 기대된다.

주민투표제도住民投票制度 ➜ 주민참여제도.

주민투표권住民投票權 ➜ 주민참여제도.

주민투표법住民投票法 ➜ 주민참여제도.

주석제主席制 ➜ 대통령제.

주식백지신탁제도株式白紙信託制度 주식백지신탁제도라 함은 공직자의 재산과 그가 담당하는 직무사이에 발생하는 이해충돌(conflict of interests)을 사전에 회피하고, 공직자가 직위 또는 직무상 알게 된 정보를 이용하여 주식거래를 하거나 주가에 영향을 미쳐 부정하게 재산을 증식하는 것을 방지하며, 국민에 대한 봉사자로서 직무전념의무를 다하도록 하기 위해 일정금액을 초과하는 주식을 보유하고 있는 경우에는 그 주식을 매각하거나 그 주식의 관리·운용·처분 권한 일체를 수탁기관에 위임하여 자신의 재산이 어떠한 형태로 존속하는지 알 수 없도록 신탁계약을 체결하도록 하는 제도를 말한다. **공직자윤리법**에서 규율하고 있다(제14조의4 이하). 이러한 주식백지신탁제도는 미국의 1978년 정부윤리법(Ethics in Government Act)에서 그 유래를 찾을 수 있으며, 우리나라에서는 2005.11.8.부터 시행되었다. 이 제도는 직무관련성이 인정되는 주식을 보유한 국회의원에 대하여 그 주식을 매각 또는 백지신탁하도록 강제하고 있는데, 이것이 헌법상 과잉금지의 원칙(헌법 제37조 제2항 전단) 또는 본질적 내용의 침해금지 원칙(헌법 제37조 제2항 후단)에 위배하여 재산권을 침해하는지 여부, 매각 또는 백지신탁의 대상이 되는 주식의 보유한도액을 결정함에 있어 국회의원 본인 뿐만 아니라 본인과 일정한 친족관계가 있는 자들의 보유주식 역시 포함하도록 하고 있으므로 연좌제금지를 규정한 헌법 제13조 제3항에 위배되는지 여부, 주식에 대하여만 백지신탁의무를 규정하고 있으므로 부동산 등 다른 재산을 보유한 국회의원들과의 관계에 있어 평등권(헌법 제11조 제1항) 침해 여부 등이 문제될 수 있으나, 헌법재판소는 합헌으로 결정하였다(헌재 2012.8.23. 2010헌가65).

주택공개념住宅公概念 ➜ 부동산공개념.

주한미군駐韓美軍 ㊄ United States Forces Korea(USFK) 주한미군은 한미상호방위조약과 주한미군지위협정(SOFA)에 따라 대한민국에 주둔하는 미국 군대이다. 미국 인도태평양 사령부 소속의 육군 제8군이어서 '미 8군'이라 칭하기도 한다. 경기도 평택에 사령부가 있다. 주한미군의 사령관이 유엔군사령관을 겸직한다. 현재 남북대치 상황에서 군사조직은 형식상 한국군, 미군, 유엔군이 존재하며, 한미연합사령부가 조직되어 한국군과 미군에 대한 지휘권을 갖고 있다. 남북통일 문제 및 극동아시아 지역의 평화유지와 관련하여 주한미군철수문제가 정치적으로 민감하게 다루어져 왔다.

죽을 권리權利 ㊄ the right to die, ㊃ das Recht auf (selbstbestimmtes) Sterben, ㊇ le droit de mourir. 1. **개념** 죽을 권리는 생명권의 주체가 생명의 종결, 즉 죽음의 시기와 방법을 스스로 선택할 수 있는 권리이다. 죽을 권리는 자살의 권리, 연명치료 거부의 권리(연명치료거부권), 의사 등의 도움을 받아 죽을 권리(조력자살) 등을 내용으로 한다. 죽을 권리는 존엄하게 죽을 권리를 당연히 포함한다. ➜ 안락사. ➜ 의사조력자살. 자신의 행위로든, 치료할 수 있는데도 치료를 받지 않겠다는 선택이든 혹은 타인의 도움을 받아 스스로 죽음을 선택하는 것, 즉 넓은 의미의 자살은 서구에서는 일찍부터 범죄시되거나 도덕적으로 비난받는 행위로 받아들여졌고, 동양적 관점에서도 예컨대, 불교적 관점에서는 자신에게 지워진 업장을 현세에서 중단하고 회피하는 것이라는 점에서 업을 해소하지 않는 것으로서 또 다른 업을 짓는 것으로서 중생이 선택할 것이 아니라고 볼 수 있다. 오늘날에는 극심한 육신의 고통을 동반하면서 치료와 회복의 가능성이 전혀 없는 환자나, 생에 대한 더 이상의 기대를 갖지 못하는 고령자 등의 경우, 스스로 생을 마감할 결정을 하고 그에 따라 존엄하게 죽을 수 있도록 허용함이 오히려 인간의 존엄에 부합한다고 보는 견해가 늘고 있다. 허용하지 않음으로써 더 비참하거나 사회적 비난을 받는 죽음으로 취급되는 것이 올바른 해결책인가에 대한 반성의 반영이라 할 수 있다. 2. **헌법적 근거** 죽을 권리를 인정하는 경우, 그 헌법적 근거는 무엇인가에 대하여 여전히 논란이 있다. 헌법에서 직접 죽을 권리를 명시적으로 규정하는 예는 없지만, 자기 생명에 대한 처분권을 인정하여야 한다는 입장이 있다. 헌법적으로 자기결정권은 인격의 자유발현을 위하여 중요한 인권이며, 자신의 생명에 대한 종결결정도 이 자기결정권에 포함된다는 입장이다. 논자에 따라서는 양심의 자유, 종교의 자유, 사생활의 자유 등에서 근거를 찾는 견해도 있고, 신체와 소유물에 대한 완전한 처분권을 가진다는 Locke의 소유권사상에서 논거를 찾는 견해도 있다. 또한 조력자살의 경우 타인의 도움을 받지 못하는 환자의 경우 스스로 죽을 수도 없다는 점에서 조력없이 죽을 수 있는 사람과의 차별이라고 보아 평등권을 주장하는 견해도 있다. 다른 한편으로 헌법원리적 측면에서 대다수의 사람이 죽을 권리에 찬성함에도 현실적으로 기존의 종교나 사회윤리가 이를 억압하고 있다는 관점에서 민주주의원리에 기하여 이를 인정하여야 한다는 견해가 있고, 생명종결에 임박한 자에 대하여 인적·물적 자원을 소비하는 것보다는 다른 사람들의 사회보장을 위해 사용함이 더 적절하다는 관점에서 사회국가원리를 주장하는 견해도 있다. 그러나 죽을 권리를 인정하는 견해들이 주장하는 논거들은 여전히 충분히 설득력을 가진다고 보기는 어려우며, 동일한 논거로써 죽을 권리에 대한 반대의 입장을 정당화하려는 경우도 적지 않다. 헌법적으로 죽을 권리는 '논쟁 중인' 혹은 '생성 중인' 권리인 상태이다. 3. **죽을 권리의 내용** 1) **자살의 권리** 자살은 정신적으로는 또 하나의 자신의 존재방법일 수 있다. 자살할 용기가 있다면 어떻게든 살아남아서 삶을 도모하여야 한다는 비판도 있지만, 이는 자살자에게는 무용한 비판이다. 즉 도저히 자신의 존재를 유지하기 어려운 상황이거나 죽음만이 자신을 지킬 수 있다고 믿는 사람에게는 삶 자체가 치욕일 수 있기 때문이다. 더욱이 육신의 생명의 유지가 의료적으로 불가능하거나 스스로 가치가 없다고 생각하는 사람이 스스로의 선택에 따라 존엄하게 죽을 수 있도록 허용하는 것이 더 적절할 수 있다. 자살의 권리를 인정할 수 없다고 강변하더라도 현실적으로 자살자는 나타나고 자살자에 대하여 사후적으로 가해지는 비난이나 남은 자들에게 지워지는 고통을 고려하면, 오히려 자살의 권리를 인정하여 그에 대비하게 하는 것이 인간의 존엄을 실현하는 수단일 수 있다. 2) **연명치료거부권** 연명치료 거부는 존엄사 또는 소극적 안락사라고 불리기도 한다. 연명치료는 의학적 관점에서 의료행위를 시행하더라도 환자를 치료할 수 없는 상황에서 환자의 생명을 연장하기 위하여 행해지는 치료를 의미한다. 의료법상의 의사는 환자치료의무가 있고, 현재까지 발달한 의료수단으로 연명이 가능하다면, 의사는 연명치료를 거부할 수 없다. 한편 시행된 연명치료로 생명의 연장이 가능하더라도 도저히 회생의 가능성이 없이 단지 생명만 연장할 뿐이라면, 의료적으로나 남은 가족 등의 고통 또한 감내하기 어려운 경우가 있다. 연명치료 중단으로 환자는 짧은 시간 내에 사망에 이를 수 있다. 즉 연명치료 중단은 죽음을 전제로 시행되는 것이다. 따라서 연명치료 중단요구권 또는 연명치료 거부권은 죽을 권리의 한 내용이다. 헌법재판소와 대법원은 헌법 제10조의 인간의 존엄성 및 행복추구권에서 파생되는 자기결정권의 한 모습으로 이해한다(헌재 2009.11.26. 2008헌마385; 대판 2009.5.21. 2009다17417). 개인은 자기 운명을 스스로 결정할 수 있고, 자기 운명을 결정하는 내용에는 연명치료 중단이 포함된다. 3) **의사조력자살** ➜ 의사조력자살.

준공무원準公務員 ➜ 공무원제도.

준대통령제準大統領制 ㊐ semi-presidential regime. ➜ 대통령제. ➜ 이원정부제.

준법서약서제도遵法誓約書制度 좌익수나 양심수들에게 가석방 결정의 전제조건으로 대한민국 체제와 법을 준수하겠다는 내용을 작성하게 한 서약서로, 1998년 김대중 정부가 간첩이나 사상범 등을 대상으로 한 사상전향제를 전면 폐지하면서 도입됐다. 하지만 준법서약서도 사상전향제의 변형에 불과하다는 논란이 계속되면서 2003년 참여정부 출범 이후 국가보안법 위반사범과 집시법 위반사범의 가석방 과정에서 받던 준법서약이 폐지됐다. 하지만 사회안전법을 대신해 1989년 도입된 보안관찰법에는 준법서약서 조항이 그대로 남아 있었다가, 보안관찰처분 면제를 신청할 때 의무적으로 제출하는 서류에서 준법서약서를 삭제하는 내용의 「보안관찰법 시행령 · 시행규칙 개정안」을 2019.10.8. 공포 · 시행하여, 폐지됐다. ➜ 양심의 자유.

준예산準豫算 ➜ 예산.

준조세準租稅 ㊐ quasi-tax. 1. **의의** 조세라는 명칭은 붙어 있지 않지만 조세법률주의의 적용을 받는 금전을 말한다. 준조세는 법적으로 조세가 아니기 때문에 세법에 의해 통제를 받는 국세나 지방세보다 관할 부처에 많은 재량권이 허용되고, 재원의 사용처나 적정 규모에 대한 국회의 직접적인 통제를 벗어나 있으므로 조성이나 운영이 비교적 쉽다. 그러나 이러한 각종 준조세는 가계에는 세부담을, 기업에게는 불필요한 자금부담을 주고 원가상승 요인으로 작용하는 부작용을 낳기도 한다. 이에 따라 정부는 국민과 기업에 경제적 부담을 주는 각종 불합리한 준조세를 정비하고 부담금의 신설을 억제하기 위한 2002.1.부터 '부담금관리기본법'을 시행하고 있다. 준조세에는 부담금, 수수료, 사용료 등이 있다. 부담금은 일반적으로 특정한 공익사업에 이해관계를 가지는 자가 그 경비의 전부 또는 일부를 국가나 공공단체에 부담하여야 하는 공법상의 금전납부의무를 말한다. 수수료는 국가나 공공단체가 사인을 위하여 행하는 공적 역무에 대한 반대급부로서 징수하는 요금이다. 사용료는 공공시설의 이용 또는 재산의 사용에 대한 요금이다. 부담금은 (일반)부담금과 특별부담금으로 나뉜다. 2. **부담금** 1) **의의** 부담금관리기본법 제2조는「이 법에서 "부담금"이란 중앙행정기관의 장, 지방자치단체의 장, 행정권한을 위탁받은 공공단체 또는 법인의 장 등 법률에 따라 금전적 부담의 부과권한을 부여받은 자가 분담금, 부과금, 기여금, 그 밖의 명칭에도 불구하고 재화 또는 용역의 제공과 관계없이 특정 공익사업과 관련하여 법률에서 정하는 바에 따라 부과하는 조세 외의 금전지급의무(특정한 의무이행을 담보하기 위한 예치금 또는 보증금의 성격을 가진 것은 제외한다)를 말한다.」고 규정하고 있다. 반대급부인 특별한 경제적 이익이 보장이 없더라도 부담금을 정할 수 있다. 2) **부담금부과 요건** 부담금은 예외적으로만 인정되어야 하며, 조세로 할지 부담금으로 할지에 관하여 입법자의 선택권을 허용하여서는 안 되고, 부담금 납부의무자는 공적 과제에 대하여 '특별히 밀접한 관련성'을 가져야 하며, 장기적인 부담금의 경우 그 징수의 타당성이나 적정성이 입법자에 의해 지속적으로 심사될 것이 요구된다. 다만, 부담금이 재정조달목적뿐 아니라 정책실현목적도 함께 가지는 경우에는 위 요건들 중 일부가 완화된다(헌재 2004.7.15. 2002헌바42 참조). 부담금부과에 의한 재산권의 제한에도 헌법적 근거가 필요하며, 기본권제한의 일반원리(헌법 제37조 제2항)가 적용된다. 3) **유형별 부담금부과요건** (1) 재정조달 목적의 부담금 특정한 반대급부 없이 부과될 수 있다는 점에서 조세와 유사하므로 조세법률주의, 평등원칙, 국회의 재정감독권 등과 기본권제한의 일반원칙이 적용된다. (2) 정책실현 목적의 부담금 예컨대, 개발제한구역훼손부담금과 같이, 헌법의 기본적 재정질서와는 별개로 개별행위에 대한 명령·금지와 같은 직접적인 규제수단을 사용하는 대신, 부담금이라는 금전적인 부담의 부과를 통하여 간접적으로 국민의 행위를 유도하고 조정함으로써 사회적·경제적 정책목적을 달성하고자 하는 것이다. 그 수단의 적절성이나 부담의 공평성을 고려하여야 한다. 3. **특별부담금** 특별부담금은 공적기관에 의한 반대급부가 보장되지 않는 금전급부의무를 설정하는 것이라는 점에서 조세와 유사하나, 특별한 과제를 위한 재정충당을 위하여 부과된다는 점에서 일반적인 국가재정수요의 충당을 위하여 부과되는 조세와는 구분되고, 무엇보다도 특정집단으로부터 징수된다는 점에서 일반국민으로부터 그 담세능력에 따라 징수되는 조세와는 다르다(헌재 2001.11.29. 2000헌바23). 헌법재판소는 과밀부담금(헌재 2001.11.29. 2000헌바23), 수신료(헌재 1999.5.27. 98헌바70), 수질개선부담금(헌재 1998.12.24. 98헌가1) 등을 특별부담금으로 보고 있다. 특별부담금을 부과함으로써 국민의 재산권을 제한하는 법률규정이 헌법에 위배되지 않기 위하여는 헌법 제37조 제2항에서 정하고 있는 과잉금지의 원칙이 지켜져야 하고, 평등의 원칙에 위배되어서는 아니된다(헌재 1999.10. 21. 97헌바84; 1998.12.24. 98헌가1; 2001. 11.29. 2000헌바23). 특별부담금도 법률의 근거가 있어야 하지만, 이는 조세법률주의에 따른 것이라기보다는 국민의 재산권에 관한 제한에 필요한 법률유보원칙의 내용으로 이해된다.

준현행범準現行犯 ➜ 현행범.

중간심사中間審査 **= 중도적 심사**中道的 審査 ➜ 평등심사기준.

중간형태설中間形態說 ➜ 정당.

중개적 권력체설仲介的 權力體說 중개적 기관설, 중간형태설, 매개체설 등으로도 불린다. ➜ 정당.

중립성中立性 ➜ 국가중립성.

중립의무中立義務 ㉮ duty of (state) neutrality, ㉯ (staatliche) Neutralitätspflicht, ㉰ devoir de neutralité (de l'état). 국가의 중립성이 요구되는 영역에서 국가가 중립적 입장을 견지해야 하는 의무를 말한다. 구체적으로 노동 영역에서 단체협약입법에서의 중립의무, 정당 영역에서의 규율입법에서의 중립의무 등을 들 수 있다. 국가가 어느 정도로 중립성을 유지하여야 하는가는 국가중립성에 대한 입장의 차이에 따라 달라질 수 있다. 즉, 국가중립성을 적극적 중립성 내지 약한 중립성으로 이해할 경우에는 국가의 중립의무의 강도가 약화될 수 있다. ➜ 국가중립성.

중선거구제中選擧區制 ➜ 선거구제.

중소기업中小企業**의 보호**保護 현행헌법의 사회국가적 성격은 경제정책을 통한 정의로운 경제질서를 형성할 것을 요청하고 있으며, 이를 위하여 헌법 제9장 경제의 장을 두고 있다. 중소기업은 생산과 고용의 증대에 기여하고 부(富)의 편중과 부당한 경쟁을 방지하며, 국민경제 전체에 지대한 영향을 미치는 것으로 평가된다. 하지만, 중소기업은 대기업에 비하여 자금력이나 기술수준, 경영능력 등에서 열세한 지위에 있기 때문에 대기업과의 경쟁에서 불리한 위치에 놓이는 경우가 많다. 우월적 지위에 있는 거대기업이 중소기업을 흡수·통합하는 것은 그리 어렵지 않게 되고 자칫 국민경제에 부정적 영향을 미칠 수 있으므로, 국가가 중소기업을 지원하는 방법으로 경쟁상의 불리함을 조정하여 가능한 한 균등한 경쟁조건을 형성하게 하는 것이다. 이는 지본주의적 시장경제질서에서 공정한 경쟁을 도모하기 위한 적극적 정책의 하나이다. 자본주의 시장경제질서에서 국가는 중립적일 것을 요청하지만, 경쟁의 조건 자체에서 어느 일방에 치우친다면 이는 시장경제질서 자체를 무너뜨릴 위험을 내포하는 것이다. 따라서 국가는 '경쟁에서의 균등'을 확립하기 위하여 적극적으로 개입하지 않을 수 없다. 물론 중소기업의 보호를 위한 국가의 정책이 공정하고 자유로운 경쟁을 촉진하는 방향으로 행해져야지 경쟁 자체를 배제하는 방법으로 행해져서는 안된다. 중소기업 보호정책은 세제상의 혜택이나 금융지원, 가격통제, 제품구매 등 다양한 방식으로 행해질 수 있다.

중앙선거관리위원회中央選擧管理委員會 ➜ 선거관리.

중우정치衆愚政治 ㉠ *ὀχλοκρατία*/okhlokratía, ㉡ *ochlocratia*, ㉮ ochlocracy, ㉯ Ochlokratie, ㉰ ochlocratie. 중우정치란 중우 즉, 다수의 어리석은 민중이 이끄는 정치를 이르는 말로, 민주주의의 단점으로 지적되는 것이다. 플라톤은 다수의 난폭한 폭민들이 이끄는 정치라는 뜻의 '폭민정치'라고 하였고, 아리스토텔레스는 다수의 빈민들이 이끄는 '빈민정치'라고도 하였다. 이런 중우정치는 올바른 민주제가 시행되지 못하고, 하나 또는 몇몇 집단이 수를 앞세워 정치를 이끌어가는 형태로, 민주주의의 단점이 심해지면 만들어지는 정치이다. 플라톤은 아테네의 몰락의 원인으로 '중우정치'를 꼽았다. 그는 '중우정치'의 병폐를 지적하여, 대중적 인기에 집중하고 요구에 무조건 부응하는 사회적 병리현상, 개인의 능력과 자질 그리고 기여도 등을 고려하지 않는 그릇된 평등관, 개인이 절제와 시민적 덕목을 경시하고 무절제와 방종으로 치닫는 현상, 엘리트주의를 부정하고 다중의 정치로 흘러가 중우정치의 양태로 변질될 가능성 등을 지적하였다. 포퓰리즘과 유사하다. 다만, 현민(賢民)과 중우(衆愚)를 구별하는 기준이 애매하고, 그때그때의 정치상황에서 결정주체인 대중이 결정에 필요한 충분한 정보와 결정의 계기를 가질 수 있는가라는 관점에서 보면, 민주적 결정은 언제든지 중우의 결정으로 귀결될 가능성을 가지고 있다. 중우정치를 피하기 이해서는 다수 시민의 주체적 자각과 능동적·적극적 참여를 토대로 충분한 정보와 논의의 틀을 갖춘 공론의 형성과정이 중요하다.

중의원衆議院 일본의 양원제 국회에서 하원을 이르는 말이다. 상원은 참의원(參議院)이라 한다. 통상 양원 중 하원을 이르는 말로 쓰이기도 한다.

중임제한重任制限 중임은 두 번 재직한다는 의미로서, 중임제한은 맥락에 따라, 두 번 할 수 없다는 의미와, 두 번만 할 수 있다(중임만 할 수 있다)는 의미를 갖는다. ➜ 대통령임기제.

즉결심판卽決審判 범증이 명백하고 죄질이 경미한 범죄사건을 신속·적정한 절차로 심판하는 것을 즉결심판이라 하고, 「즉결심판에 관한 절차법(즉결심판법)」으로 규율한다. 즉결심판은 관할경찰서장 또는 관할해양경찰서장이 관할법원에 청구한다(동법 제3조 참조).

증거채부결정證據採否決定 [독] Entscheidung über Beweisantrage. 증거결정절차에서 당사자의 신청으로 증거조사를 실시할지의 여부를 결정하는 것으로, 채택결정, 기각결정, 직권결정 등의 세 가지가 있다. 민사소송법과 형사소송법에 각 규정되어 있다. 헌법소송에서는 '재판의 전제성'에서 말하는 '재판'에 증거채부결정도 포함된다는 점에 의의가 있다(헌재 1996.12.26. 94헌바1 참조). ➜ 재판의 전제성.

증보식 헌법개정增補式 憲法改正 ➜ 헌법개정.

증언거부권證言拒否權 [영] right to refuse to testify, [독] Zeugnisverweigerungsrecht, [프] droit de refuser de témoigner. 증언거부권이란 증언의무가 있는 증인이 일정한 법률상의 사유를 근거로 증언을 거부할 수 있는 권리이다. 형사소송법은 누구든지 자기나 친족 등이 형사소추 또는 공소제기를 당하거나 유죄판결을 받을 사실이 발로될 염려있는 증언을 거부할 수 있다고 규정하고 있다(제148조). 증언거부권이 있는 증인은 증언을 거부할 수 있을 뿐이고 증인으로서의 출석 자체를 거부할 수는 없다. 민사소송법도 증언거부권을 규정하고 있다(제314조). 형사소송법 제160조는 재판장은 증언거부권이 있는 증인에게 증언거부권을 고지할 것을 규정하고 있다. 이에 형사소송법에서는 증언거부권을 고지받지 않은 자의 허위진술이 위증죄가 되는지에 관하여 논란이 있다. 독일기본법은 국회의원의 권리의 하나로서, 「의원은 그의 의원으로서의 자격을 신뢰하여 그에게 사실을 밝힌 자 또는 그가 의원의 자격으로 사실을 밝힌 상대방 및 그 사실 자체에 관하여 증언을 거부할 권한이 있다. 이 증언거부권이 미치는 한 문건의 압수는 허용되지 아니한다.」고 명시적으로 규정하고 있다(제47조). 헌법 또는 국회법상 명시적 규정이 없는 우리나라의 경우, 국회의원의 면책특권과 실질적으로 관련되는 것으로서, 형사소송법상의 진술거부권과 함께 당연히 인정된다고 봄이 타당하다. 헌법재판소는 「국회에서의 증언·감정 등에 관한 법률」에서, 형사소송법과 달리 증언거부권 고지 규정을 두고 있지 않은 것이 평등원칙에 위배되지 않는다고 결정하였다(헌재 2015.9.24. 2012헌바410).

증오범죄憎惡犯罪 ➜ 혐오표현.

지구당地區黨 구 정당법(2004.3.12. 개정 전 법률) 제3조에서 정당은 수도에 소재하는 중앙당과 국회의원지역구를 단위로 하는 지구당으로 구성하도록 하였으나, 법 개정 후 「시·도당」으로 변경되었다. ➜ 정당제도.

지문날인제도指紋捺印制度 ㊇ fingerprint identification system, ㊈ Fingerabdruckidentifikationssystem, ㊊ système d'identification d'empreintes digitales. 1. **서언** 지문(指紋)은 손가락 끝마디의 안쪽에 피부가 융기(隆起)한 선 또는 점으로 형성된 무늬를 말한다((경찰청) 지문 및 수사자료표 등에 관한 규칙, 경찰청훈령 제1065호, 제2조 1호). 지문날인제도는 시민사회에 대한 통제의 수단인 동시에 시민의 권리를 존중하는 수단이 될 수도 있다. 2. **연혁** 지문을 개인식별수단으로 사용한 역사는 고대로부터라고 알려져 있지만, 범죄인 식별수단으로 사용한 사람은 1897년 영국령 인도에서 E.R. Henry 경이었으며, 그에 의해 헨리식 지문분류법(Henry Classification System)이 개발되기도 하였다. 미국은 1906년에 도입하였으며, 유럽에서도 20세기 초에 여러 나라에서 보편화되었다고 알려져 있다. **일본**에서는 1909년에 법무성 행형과에 지문과가 설치되어 기결수를 중심으로 십지지문 자료를 확보하기 시작한 것이 지문제도의 출발점이었으며, 1931년 만주국에서 지문이 찍힌 거주증을 항시 소지하도록 하였고, 1940.6.의 외국인등록법에서 외국인 지문날인제도를 도입하려고 했으나, 조선인단체의 강력한 반발로 무산되었다. 1947년 오사카 지역에서 다시 조선인등록증에 지문을 날인하도록 한 적이 있었으나, 격렬한 저항에 부닥쳐 외국인의 지문날인에 관한 구상을 접어야 했다. 1952.4.28. 외국인 등록시 지문날인 및 제출이 의무화하는 외국인등록법이 제정되었고, 1955.4.부터 외국인등록증의 전면교체를 통해 재일외국인에 대한 지문날인을 강제하는 제도가 본격적으로 실시되었다. 그러나 재일 한국인들이 중심이 되어 지문날인 거부운동이 치열하게 전개되었고, 1985.7.부터 실시되는 외국인등록증의 대량교체를 앞두고, 재일 한국인들의 지문날인제도 철폐의 움직임이 다시 거세졌다. 지문날인을 둘러싼 저항운동은 인권침해의 여부를 다투는 소송으로 비화되었다. 법리적으로는 주로 일본국헌법 제13조 및 제14조, 제31조, 국제인권규약 등에 위반되는 것인지를 둘러싸고 논란이 벌어졌다. 1984.6.14. 요코하마 지방재판소 판결(横浜地裁 昭58 (第)282號, 昭59.6.14.14) 및 1984.8.29. 도쿄 지방재판소 판결(東京地裁 昭58特 (第)349號, 昭59.8.29)은 지문날인제도의 위헌성을 인정하는 데 이르지는 못했지만, 지문을 강요당하지 않을 권리가 헌법 제13조에 의해 보장되며, 지문이 개인을 식별하는 신체적 특징임에 비추어 프라이버시권으로서 헌법 제13조를 통해 보장된다는 점을 인정한 바 있다. 2001년 9·11 테러의 영향으로 **미국** 의회는 2002.5.8. 「국경보안과 비자개혁법」(Enhanced Border Security and Visa Entry Reform Act of 2002)을 제정하고, 동법에서 비자면제국들에 생체여권 프로그램(Biometric Visa Program)을 의무화하였다. 2008년 말부터 미국에 입국하는 모든 외국인에 대해 10개의 모든 손가락의 지문을 채취하도록 하고 있다. 오늘날에는 독일을 포함한 EU, 일본, 영국 등에서 테러위협에 대처하고 범죄예방을 위한 개인식별시스템을 제도화하고 있다. **우리나라**는 1968년 초 1·21사태 이후 국민감시수단으로 1968년 주민등록제도가 도입된 당시부터 지문채취를 인정하였으며, 열 손가락 전부의 지문을 채취하도록 한 것은 1975.8.26. 개정된 주민등록법시행령에서 처음 규정하였다. ➜ 주민등록제도. 법문상 '지문'이라는 표현이 사용된 것은 1997.12.17. 개정 주민등록법인데, 개인식별수단으로서 지문 외에 홍채, 혈관 기타 다양한 수단들이 개발되었기 때문에 '지문'을 그 중의 하나로 명확히 규정한 것이었다. 지문을 채취할 피의자의 범위는 2022년 현재 「지문을채취할형사피의자의범위에관한규칙」에 따르면, 형법 및 41개 법률에서 정한 피의자를 그 대상으로 하고 있다. 이 외에 경범죄처벌법, 형의 집행 및 수용자의 처우에 관한 법률, 행형법 등에서 지문날인제도를 정하고 있다. 외국인의 경우 출입국관리법, 여권법 등에서 연령, 체류기간 등에서 제한이 있기는 하지만, 여전히 지문등록을 의무화하고 있다. **2. 헌법적 쟁점 1) 정당화 요건** 지문날인을 통한 국가적 감시의 한계는 개인의 자기정보통제권의 적정한 보장과의 조화 여부이다. 자기정보통제권이 절대적 권리라고 할 수는 없기 때문에 헌법 제37조 제2항에 따라 제한할 수 있고, 그 제한에 있어서는 법률유보원칙과 과잉금지원칙 등과 같은 기본권제한의 일반원칙이 충족되어야 한다. **2) 법률유보원칙 위배 여부** 현행 지문날인제도의 기본적 법률은 「주민등록법」이다. 주민등록 시 열 손가락지문 채취에 대해서는 헌법재판소의 합헌결정이 있다. ➜ 주민등록제도. **3) 과잉금지의 원칙 위배 여부** 자기정보통제권의 제한에 있어서 과잉금지의 원칙이 준수되려면 자기정보통제권을 제한하려는 목적이 정당하여야 할 뿐만 아니라, 그 제한의 방법이 목적을 달성하는 데 적합하고 그 정보처리가 필요최소한에 그쳐야 하며, 그로 인한 피해가 달성하려는 공익보다 적어야 한다. 과잉금지의 원칙은 개인정보처리와 관련하여, 목적구속의 원칙, 수집제한의 원칙, 정확성·안전성의 원칙, 정보분리의 원칙, 시스템공개의 원칙, 익명성의 원칙 등의 세부적인 원칙으로 나타난다. ➜ 개인정보 보호의 원칙. **3. 결어** 현행의 지문날인제도는 법률에 근거가 불충분하여 기본권제한에서의 법률유보원칙에 위배되며, 과잉금지의 원칙을 충족한다고 보기 어렵다는 비판이 있다. 특히 외국인에 대하여 지문날인을 요구할 수 있는 요건을 좀 더 구체적이고 명확하게 정비할 필요가 있고, 생체정보를 수록하는 전자여권의 도입 문제도 그 법적 근거를 분명하게 마련하는 것이 선행되어야 한다. 여권발급의 신청과 관한 사항이 현행 여권법에서 대통령령에 전적으로 위임되고 있는 문제점을 시정하는 것이 시급하다.

지방교육자치제도地方教育自治制度 ➜ 교육을 받을 권리와 교육의 자유.

지방법원地方法院 ➜ 법원의 지위와 조직.

지방분권주의地方分權主義 [영] decentralisation, [독] Dezentralisierung/ Dezentralisation, [프] décentralisation. **1. 개념 1) 강학상 개념** 지방분권의 개념은 학문영역마다 다양하게 이해된다. 중앙집권에 대비되는 말로서, 지방분권은 개념내재적으로 중앙집권을 전제한다. 역사적으로 보아, 하나의 국가공동체를 형성하는 과정은 지방적 국가들이 연합하여 하나의 중앙정부를 구성하는 상향식 과정과 하나의 중앙집권국가가 그 영역을 확장하여 점차 지방을 정복·통합해가는 하향식 과정으로 행해졌다고 볼 수 있다. 상향식 과정에서는 예컨대, 미국과 같이, 지방적 국가공동체의 통치권을 중앙정부에 부분적으로 이양하는 방식으로 연방국가가 형성되었다고 한다면, 하향식 과정에서는 강력한 중앙정부가 지방을 흡수하여 중앙과 지방 사이에 강한 지배적 상하복종관계를 형성하는 것이다. 오늘날에는 일면으로, 주권적 독립국가들 사이에 점차 통합을 지향하는 경향이 있지만(세계화: 예컨대, 유럽연합), 타면으로, 지방적 공동체의 자율성과 독자성을 강화하여야 한다는 주장도 중요하게 받아들여지고 있다(지방화). 개별 국가들마다 역사적으로 상이한 국가형성의 과정이 있기 때문에 지방분권의 개념도 또한 획일적으로 규정하기가 쉽지 않다. 한 국가 내에서 권력의 집중정도에 따라 지방분권을 이해하면, 중앙집권국가는 정책결정권과 정책집행권 및 지방자치단체 통제권이 중앙정부에 집중되어 지방정부 내지 지방자치단체의 자율성과 독자성이 미약한 국가이며, 지방분권국가는 분권화된 국가체제로서, 국가의 의사결정권이 하나의 정치조직에 집중되어 있지 않고, 수직적 관계에 있는 각 정치단위에 분산되어 있는 정치조직원리라고 할 수 있다. 연방국가에서 구성주들의 자율성과 독자성이 보장되는 경우와, 단일국가에서 수직적 권력분립을 통한 지방정부 내지 지방자치단체의 자율성과 독자성을 강하게 인정하는 경우이다. 한편 중앙집중적 권력구조를 가진 국가들에서 지방분권을 말할 때에는 중앙정부의 권한을 지방정부에 이양하는 정치원리를 의미하기도 한다. 예컨대, 연방제국가가 아닌 단일국가형태이면서 지방분권성(décentralisée)을 헌법에서 직접 선언하고 있는 프랑스에서 분권(décentralisation)은 국가조직의 근간이자 방식으로서, 중앙정부에서 지방정부로의 '권한 이양'의 의미로 사용하는 것이다. 대비되는 개념으로 분산(deconcentration)이 있다. 분산은 하나의 동일한 위계적 행정조직에서 최상위 기관이 내린 결정이 하위 기관에 이전되는 것이고, 결정권을 가진 기관은 여전히 동일하게 유지되는 것이며, 이 때의 분산은 집권을 구체화하는 한 방식이다. 지방분권의 내용은 행정 영역만을 의미하는 경우도 있고, 입법과 사법을 모두 포함하는 경우도 있다. 2) **법제도적 개념** 현행헌법은 제8장에서 지방자치단체의 권한과 종류(제117조), 지방자치단체의 조직(제118조)에 관한 규정을 두어, 우리나라 지방자치제도에 관하여 간략하게 규정하고 있다. 지방분권 및 지방자치에 관한 구체적인 부분은 하위법률로 정하고 있다. 지방분권 관련 현행법제의 규정으로 「지방자치분권 및 지방행정체제개편에 관한 특별법」(약칭: 지방분권법, 시행 2018.3.20., 법률 제15501호, 2018.3.20. 일부개정)이 있다. 이 법률은 1999년의 「중앙행정권한의지방이양촉진등에관한법률」, 2004년의 「지방분권특별법」, 동법이 개정된 「지방분권촉진에 관한 특별법」, 전면개정된 2008년의 「지방행정체제개편에 관한 특별법」 등의 여러 법률을 통합하여 2013년에 「지방분권 및 지방행정체제개편에 관한 특별법」으로 제정되었다가 2018년에 법률의 명칭을 변경한 것이다. 지방분권법 제2조 제1호는, 「"지방자치분권"이란 국가 및 지방자치단체의 권한과 책임을 합리적으로 배분함으로써 국가 및 지방자치단체의 기능이 서로 조화를 이루도록 하고, 지방자치단체의 정책결정 및 집행과정에 주민의 직접적 참여를 확대하는 것을 말한다.」고 규정하고 있다. 법문의 표현만으로는 지방분권의 의미를 명확하게 확인할 수 있는 것은 아니지만, 전통적으로 우리나라가 중앙집권국가로서의 성격을 지녀왔음을 고려하면, 현재의 국가가 가진 중앙집권적 성격을 탈피하여 중앙으로부터 지방으로 권한을 이양하되, 중앙과 지방을 분리하는 것으로까지 국가목표를 규정한 것은 아니라고 할 것이다. 나아가 지방분권이 행정권한의 배분만이 아니라 입법권 및 사법권까지도 포함하는 것인지는 더더욱 명확하지 않다. 3) **지방분권과 지방자치 및 연방제** 지방분권과 지방자치의 개념적 차이에 관하여, 지방자치는 지방분권을 전제로 한다고 보거나 지방분권과 지방자치를 혼용하는 경우도 있다. 지방자치와 지방분권은 밀접한 관련이 있는 개념이지만, 혼용될 수 있는 같은 개념이거나 포함될 수 있는 개념은 아니다. 즉, 지방분권은, 중앙정부 하에서 지방정부 내지 지방자치단체의 권한의 배분과 그 운용원리를 정하는 기술적 원리가 아니라, 중앙과 지방 사이의 기본적인 권한의 배분과 운용원리를 수직적 지배 · 종속의 관점에서가 아니라 양자를 대등하다고 보는 관점에서 접근하는 것으로서, 국가공동체 전체의 조직원리이자 구조원리로서 기능하도록 하는 것이다. 지방분권과 연방제의 관계 문제는 국가연합, 연방국가, 단일국가로 통상 구분하는 국가형태와 관련된다. 분권의 정도에 따라 연방국가도 분권적 연방국가와 집권적 연방국가로 나누고, 단일국가도 집권적 단일국가와 분권적 단일국가로 나누는 견해도 있고, 연방국가, 지역(지방)중심 정치분권형 단일국가, 지방분권형 단일국가, 중앙집권적 단일국가로 구분하는 견해도 있다. 세계화와 지방화를 현대사회의 특징으로 본다면, 중앙집권적 국가공동체도 지방분권을 실질적으로 구현하는 것이 가장 바람직한 국가라고 할 수 있기 때문에, 지방분권을 기존의 단일국가, 연방국가의 개념으로 이해하여 단순히 중앙정부의 권한배분의 문제로 보기보다는, 지방의 자율성과 독자성을 충실하게 실현하면서 그를 통하여 전체 국가의 실질적인 존재방식을 추구하는 것으로 이해함이 적절할 것이다. 이는 개체로서의 인간을 자율성과 독자성을 가진 주권적 주체로서 파악하여, 중앙-지방의 종속적 관계가 아니라 스스로 자신의 존재방식을 결정하도록 하는 것이다(자기지배:self-government). 즉, 지방분권원리는 자기지배의 실천원리로서의 의미를 갖는 것이다. 2. **현행헌법상 지방자치제도와 지방분권** 현행헌법상 지방자치제도는 중앙집권적 권력구조이 역사적 배경과 중앙집중적 정치현실, 그리고 근대화 및 산업화로 인한 지역불균형과 수도권 편중으로 말미암아 국가의 전 영역이 중앙에 집중되고 중앙정부의 권한과 사무를 지방정부 내지 지방자치단체가 단순히 집행하는 양상을 보여주고 있다. ➜ 지방자치의 기본법제. 이로 인해 지방자치제도에 대한 개혁문제가 헌법적 차원에서 헌법개정의 문제로, 법률적 차원에서 중앙정부 권한의 지방이양의 문제로 나타나고 있다. 특히 헌법은 지방자치 내지 지방분권의 기본원칙을 정하는 것인 만큼, 지방분권이라고 할 만한 새로운 헌법상의 중앙과 지방 간의 관계 정립을 위해서는 기존의 헌법체계를 유지하면서 일부 조항이나 요소를 편입하는 정도로는 부족하다 할 것이며, 지방자치에 대한 새로운 헌법적 패러다임을 설정할 필요가 있고, 그에 걸맞는 지방분권형 헌법개정이 필요하다. 특히 지방자치에 대한 내용이 지나치게 추상적이고 간략하게만 규정되어 있어 종래의 중앙집권적 구조를 입법 또는 헌법해석의 확장을 통해 추진하기 어려운 측면이 있고, 특히 지방자치 보장의 본질내용을 침해하지 않는 한 지방자치에 대한 원칙과 기준마저 국회입법으로 구체화할 수 있도록 포괄적으로 유보하고 있기 때문에 적어도 이러한 기본적 원칙, 기준 정도라도 헌법에 직접 규정할 필요가 있다. 또한 현행 지방자치 규정의 문언의 한계, 자치입법권에 대한 제한, 지방자치단체의 종류의 법률유보로 인한 불안정성, 지방재정 보장 미비가 문제로 지적되었으며, 지방분권을 추진하는데 장애로 작용하는 상호 충돌 가능한 종전 규정의 문제가 있기 때문에,

이러한 현행헌법조항을 유지한 채로는 종래의 중앙집권적 국가구조를 개선하고 지방분권화를 추구하는데 한계가 있는 것이고 이에 따라 법률의 차원이 아닌 헌법 차원에서 지방분권 헌법개정이 요청된다. 헌법을 개정한다면, ① 지방분권원칙의 헌법적 명문화(예컨대, '대한민국은 지방분권국가를 지향한다.') ② 지방권력의 자율성과 독자성의 강화(보충성원칙의 완화, 권한배분의 기본원칙 규정) ③ 자치입법권과 자치재정권의 강화 등을 명시할 필요가 있다.

지방세地方稅 ➜ 조세.

지방의회地方議會 ➜ 지방자치의 기본법제.

지방자치단체의 사무事務 지방자치단체에서 스스로 처리하는 사무는 자치사무, 기관위임사무, 단체위임사무로 나뉘어진다. 자치사무는 지방자치단체가 자기의 책임과 부담하에 자치단체의 존립유지 또는 주민의 복지증진을 위하여 처리하는 사무, 기관위임사무는 법령의 규정에 의해 국가 또는 상급자치단체로부터 지방자치단체의 장에게 처리를 위임하는 사무, 단체위임사무는 지방자치단체의 본래의 사무가 아니고 각 개별 법령에 의하여 국가 또는 타 지방자치단체로부터 위임받아 처리하는 사무를 각 의미한다. 이러한 분류는 일본식 지방자치제도에서 기원한다. 자치사무나 단체위임사무의 경우 특별히 문제될 여지가 크지 않지만, 기관위임사무의 경우 문제가 많다. 단순히 중앙의 사무를 위임하는 것이 아니라, 지방자치단체장을 중앙의 하위행정기관의 지위에서 위임을 하게 된다. 한국의 경우는 자치사무와 기관위임사무가 대부분이다. 지방자치법 제11~15조에 규정되어 있다. ➜ 고유사무.

지방자치단체의 장長 ➜ 지방자치의 기본법제.

지방자치단체장 선거권 및 피선거권의 법적 성격 이에 관해서는 그 법적 성격에 대한 헌법재판소의 결정이 중요하다. 먼저 헌법재판소는, 1994년의 결정의 보충의견에서 「주민에 의한 단체장의 직접선거권은 헌법상 필수적으로 요청되는 헌법상 보장된 기본권의 보장규정에 의한 것이 아니라, 이를 입법자의 결단에 의하여, 그 고유권한 내에서 정하여진 법률상의 권리라고 해석하여야 한다.」고 하였다(헌재 1994.8.31. 92헌마174). 그러나 2016년 결정에서는 「공직선거 관련법상 지방자치단체의 장 선임방법은 '선거'로 규정되어 왔고, 지방자치단체의 장을 선거로 선출하여온 우리 지방자치제의 역사에 비추어 볼 때 지방자치단체의 장에 대한 주민직선제 이외의 다른 선출방법을 허용할 수 없다는 관행과 이에 대한 국민적 인식이 광범위하게 존재한다고 볼 수 있다. 주민자치제를 본질로 하는 민주적 지방자치제도가 안정적으로 뿌리내린 현 시점에서 지방자치단체의 장 선거권을 지방의회의원 선거권, 더 나아가 국회의원 선거권 및 대통령 선거권과 구별하여 하나는 법률상의 권리로, 나머지는 헌법상의 권리로 이원화하는 것은 허용될 수 없다. 그러므로 지방자치단체의 장 선거권 역시 다른 선거권과 마찬가지로 헌법 제24조에 의해 보호되는 헌법상의 권리로 인정하여야 할 것이다.」라고 하여(헌재 2016.10.27. 2014헌마797), 헌법상 권리로 인정하였다. 헌법상 권리설이 타당하다.

지방자치단체조합地方自治團體組合 [영] Local Government Association. 지방자치법 제176조는 「2개 이상의 지방자치단체가 하나 또는 둘 이상의 사무를 공동으로 처리할 필요가 있을 때에는 규약을 정하여 지방의회의 의결을 거쳐 시·도는 행정안전부장관의 승인, 시·군 및 자치구는 시·도지사의 승인을 받아 지방자치단체조합을 설립할 수 있다. 다만, 지방자치단체조합의 구성원인 시·군 및 자치구가 2개 이상의 시·도에 걸쳐 있는 지방자치단체조합은 행정안전부장관의 승인을 받아야 한다.」고 규정하고 있다. 지방자치단체조합은 지방자치단체의 일부사무를 공동으로 처리하기 위한 공법인으로 특별지방자치단체의 일종이다. 상세한 사항은 지방자치법 제8장 이하 참조.

지방자치법상地方自治法上의 소송訴訟 현행 지방자치법은 지방자치단체장의 지방의회 재의결에 대한 소송(제120조 제3항, 제192조 제4항, 제6항), 감독 행정청의 지방의회 재의결에 대한 소송(제192조 제4항, 제6항, 제7항), 지방자치단체 자치사무에 대한 감독 행정청의 취소 정지권 행사에 대한 지방자치단체장의 이의소송(제188조 제6항), 위임사무에 관한 직무이행명령에 대한 이의소송(제189조 제6항), 행정안전부장관의 매립지 귀속결정에 대한 지방자치단체장의 이의소송(제5조 제9항)을 규정하고 있다. 이러한 지방자치법 상의 소송들은 대법원을 관할법원으로 하고 있어 그 법적 성질에 있어 기관소송과 권한쟁의심판 및 항고소송과의 관계가 논의되고 있다.

지방자치地方自治의 기본법제地方自治制 1. **지방자치단체의 의의와 근거** 지방자치단체라 함은 국가 내의 일정한 지역을 기초로 하고 그 지역의 주민을 구성원으로 하여 지역주민 혹은 그 대표자가 지역의 고유사무 혹은 국가로부터 위임받은 사무를 수행하는 독립된 법인격을 가진 단체를 말한다. 지방자치단체는, 인적 구성요소로서의 **주민**, 공간적 요소로서의 **지역**, 헌법으로부터 유래한 **자치권**, 어느 정도 독립적인 **지방사무의 수행** 등의 네 가지 요소로 구성된다. 관할구역경계설정에 관한 다툼이 있는 경우, 명시적인 규정이 있으면 그에 따르고 규정이 없는 경우에는 경계에 관한 불문법을 따르며 불문법도 존재하지 않으면 형평의 원칙에 입각하여 합리적이고 공평하게 관할구역의 경계를 획정하여야 한다는 기준을 제시하고 있다(헌재 2015.7.30. 2010헌라2). 지방자치단체의 영토고권은 헌법 및 법률상 인정되지 아니한다(헌재 2006.3.30. 2003헌라2). 자치권은 자치입법권·자치조직권·자치행정권·자치재정권을 가진다. 지방자치단체의 사무는 자치사무·단체위임사무·기관위임사무가 있는데(➜ 자치단체의 사무), 자치사무가 고유사무이며, 단체위임사무는 법률에 의한 지방자치단체 사무이며 기관위임사무는 국가 또는 상위 지방자치단체가 위임한 사무로서 지방자치단체의 장의 사무이다. 2. **지방자치단체의 종류** 지방자치단체의 종류는 법률로 정한다. 지방자치법은 일반지방자치단체로 특별시·광역시·특별자치시·도·특별자치도(광역자치단체), 시·군·구(기초자치단체)를 두며(동법 제2조 제1항), 특정한 목적을 수행하기 위하여 필요하면 따로 특별지방자치단체를 설치할 수 있다(동법 제2조 제3항, 제12장 참조). 법률로 주민투표를 거쳐 지방자치법상의 기관구성형태와는 다른 기관 구성을 할 수 있다(동법 제4조 제1항). 광역자치단체와 기초자치단체라는 용어는 법률상의 용어는 아니다. 3. **지방자치단체의 기관과 권한** 1) 지방자치단체의 **기관** (1) **지방의회** 지방자치단체의 의결기관인 지방의회의 조직은 법률로 정한다(헌법 제118조 제2항). 지방의회는 지방의회의원으로 구성되며, 보통·평등·직접·비밀선거에 따라 선출한다(지방자치법 제38조). 임기 4년의 지방의회의원은 명예직에서 유급직으로 전환되었다(동법 제40조). 직무상 상해 혹은 사망의 경우 보상을 받을 수 있다(동법 제42조). 법정의 직을 겸할 수 없다(동법 제43조). 비상근직의 경우 겸직금지 대상이 아니다(헌재 1991.3.11. 90헌마28). 지방의회는 매년 2회 정례회를 개최하고 조례에 따라 임시회를 정할 수 있다(동법 제53 · 54조 제2항). 지방의회의 권한은 지방자치법 제47-52조에 규정되어 있다. 이 중 행정사무감사와 조사가 중요한 기능이다. 의장 또는 부의장이 법령을 위반하거나 정당한 사유 없이 직무를 수행하지 아니하면 지방의회는 재적의원 4분의 1 이상의 발의와 재적의원 과반수의 찬성으로 불신임을 의결할 수 있으며, 불신임이 의결되면 그 직에서 해임된다(동법 제62조). 의원의 경우 징계로 경고, 사과, 출석정지, 제명이 가능하다(동법 제100조). 제명의 경우 2/3의 찬성을 요한다(동법 제100조 제2항). 지방의회에도 회기계속의 원칙 · 일사부재의의 원칙이 적용된다(동법 제79 · 80조). (2) **단체의 장** 헌법은 지방자치단체의 장의 선출방법에 대해 법률에 위임하고 있고(헌법 118조 제2항), 지방자치법은 주민이 보통 · 평등 · 직접 · 비밀선거에 따라 선출하도록 하고 있다(동법 제107조). 장의 임기는 4년이며 3기에 한하여 계속 재임할 수 있게 하고 있다(동법 제108조). 헌법재판소는 계속 재임을 3기로 제한한 것에 대해 합헌으로 결정하였으며(헌재 2006.2.23. 2005헌마403), 주민직선에 대해 당연시하고 있다(헌재 2016.10.27. 2014헌마797). 구 지방자치법상 금고 이상의 형의 선고를 받은 지방자치단체의 장에 대해 부단체장이 그 권한을 대행하도록 한 데에 대해(2007년 지방자치법 제111조 제1항 제3호), 헌법재판소는 처음에는 합헌으로 결정하였다가(헌재 2005.5.26. 2002헌마699), 무죄추정 원칙의 위반과 과잉금지원칙의 위반을 이유로 위헌으로 결정하였다(헌재 2010.9.2. 2010헌마418). 동 조항은 2011.5.30. 법률개정에서 삭제되었다. 공소제기 후 구금상태에 있는 경우 여전히 부단체장이 권한대행을 한다(동법 제124조 제1항 2호). 지방자치단체의 장은 지방자치단체를 대표하고, 그 사무를 총괄하며(동법 제114조), 소속직원을 지휘 · 감독한다(제118조). 광역자치단체는 2~3인의 부시장을 둘 수 있다(지방자치법 제71조, 지방분권 및 지방행정체계개편에 관한 특별법 제42조). 2) **지방자치단체의 권한** (1) **고유사무처리권** 지방자치단체는 주민의 복리를 위하여 지방행정권을 가진다. 주민복리에 관한 사무를 고유사무라 한다. 개정지방자치법은 자치사무라고 칭하고 있다. 이는 지방자치단체가 지방의 이익을 증진시키기 위하여 자기목적으로 행하는 사무이다. 이에는 지방자치단체의 구역 · 조직 · 행정관리, 주민복리증진, 농림 · 상공업 등 산업진흥, 지역개발과 주민의 생활환경시설의 설치 · 관리, 교육 · 체육 · 문화 · 예술의 진흥, 지역민방위 및 지방소방 등에 관한 사무를 담당한다(지방자치법 제13조). 지방자치단체는 그 사무를 처리함에 있어서 주민의 편의 및 복리증진을 위하여 노력하여야 하며(동법 제12조 제1항), 법령이나 상급지방자치단체의 조례를 위반하여 그 사무를 처리할 수 없다(동법 제12조 제3항). (2) **재산관리권** 지방자치단체는 재산관리권과 지방재정에 관한 권한을 가진다. 국가와 지방자치단체는 지역 간 재정불균형을 해소하기 위하여 국가와 지방자치단체 간, 지방자치단체 상호 간에 적절한 재정조정을 하도록 노력하여야 한다(지방자치법 제136조). 재산관리에 관한 사항은 지방자치법상 합리적 조직운영과 적정한 규모의 유지에 관한 제12조 제2항, 조세, 사용료 등의 부과, 공공시설의 설치 · 관리에 관한 제47조, 건전한 재정운영에 관한 제137조 제1항, 지방채권 · 채무에 관한 제139조 등에 규정되어 있다. (3) **자치입법권** ➜ 자치입법권. (4) **주민의 권리 · 의무** ① 주민의 권리 주민은 당해 지방자치단체의 의회의원과 단체장을 선거할 선거권과 피선거권을 가진다. ➜ 지방자치단체장 선거권 및 피선거권의 법적 성격. 외국인도 일정한 요건 하에 선거권을 갖는다(공직선거법 제

15조 제2항 제3호). 이 외에도 주민은 법률과 조례에 정한 바에 따라, 공공시설이용권, 조례제정·개폐청구권, 감사청구권, 주민소송권, 주민투표권, 청문권, 주민소환권 등을 가진다. ② 주민의 의무 주민은 법령으로 정한 바에 따라 소속 지방자치단체의 비용을 분담할 의무를 가진다(지방자치법 제27조). (5) **주민소환제도** ➜ 주민참여제도. (6) **자치권의 제한** 헌법상 지방자치는 법률유보규정에 종속하게 되어 있어서 입법형성권에 의해 제약을 받는다. 입법권은 단체사무나 단체기능에 대하여 규율할 수 있는데, 이 때 분권적 과제의 이행을 우선하여야 하고, 국가사무의 과도한 위임을 피해야 한다. 또한 단체기능과 관련해서도 전권능성과 자기책임성에 대한 과도한 제한이 되지 않도록 하여야 한다. 4. **지방교육자치** ➜ 교육을 받을 권리와 교육의 자유. 5. **지방자치단체에 대한 지도·감독** 국가가 지방자치단체를 감독하는 방법은 입법적 통제·행정적 통제·사법적 통제로 구별된다. 국정감사도 가능하다(국정감사 및 조사에 관한 법률 제7조). 지방자치법상으로, 지방자치단체의 사무에 대한 지도와 지원(제184조), 국가사무나 시·도사무처리의 지도·감독(제185조), 중앙행정기관과 지방자치단체간 협의조정(제187조), 위법·부당한 명령·처분의 시정(제188조), 단체장에 대한 직무이행명령(제189조), 지방자치단체 자치사무에 대한 감사(제191조) 등이 가능하며, 특히 지방의회의 의결이 법령에 위반되거나 공익을 현저히 해친다고 판단되는 경우, 단체장은 재의를 요구하거나 재의결 후 대법원에 제소 및 집행정지신청을 할 수 있다(제192조). 6. **제도적 개선점** 과거 우리나라의 지방자치제는 하향식의 통제중심으로 제도화되거나 운영되어 왔다. 이를 극복하기 위해서는 하향식 지방자치가 아닌 상향식 지방자치의 제도화가 필요하다. 지방자치의 강화는 필연적으로 연방국가와 유사해지게 되므로, 헌법에서 미리 이를 대비할 필요가 있다. 장래에 헌법이 개정되는 경우, ① 분권국가의 천명, ② 주권재민의 이념 및 주민으로서의 자치권 명시, ③ 사무배분기준의 명확화, ④ 중앙정부와 지방정부간의 관계 규정, ⑤ 자치입법권의 보장, ⑥ 자주재정권의 보장, ⑦ 지방자치단체의 제소권, ⑧ 지방자치단체의 종류 명기 등이 명시될 필요가 있다.

지방자치제도地方自治制度 [영] local autonomy/local selfgovernment, [독] kommunale Selbstverwaltung, [프] autonomie communale/government local autonomie. 1. **개설** 1) **의의** 지방자치제도란 일정한 지역을 단위로 일정한 지역의 주민이 그 지방주민의 복리에 관한 사무·재산관리에 관한 사무·기타 법령이 정하는 사무(헌법 제117조 제1항)를 그들 자신의 책임하에 자신들이 선출한 기관을 통하여 직접 처리하게 함으로써 지방자치행정의 민주성과 능률성을 제고하고 지방의 균형있는 발전과 아울러 국가의 민주적 발전을 도모하는 제도이다(헌재 1991.3.11. 91헌마21; 1996.6.26. 96헌마200; 1999.11.25. 99헌바28; 2004.12.16. 2004헌마376). 2) **헌법적 기능** (1) **국가권력 집중방지기능** 지방자치를 통해 지역의 특색을 살려 다원적인 정치질서를 유지하고 중앙정부와 지방자치단체 간의 권력을 수직적으로 분할하여 행사함으로써 권력의 집중을 방지한다. (2) **민주주의 실현기능** 지방자치는 국민자치를 지방적 범위내에서 실현하는 것이므로 지방시정(施政)에 직접적인 관심과 이해관계가 있는 지방주민으로 하여금 스스로 다스리게 한다면 자연히 민주주의가 육성·발전될 수 있다는 소위 "풀뿌리 민주주의"를 그 이념적 배경으로 하고 있는 것이다(헌재 1991.3.11. 91헌마21). 이는 곧 지방분권주의에 기반을 둔 민주주의의 실현을 의미한다. (3) **지방행정의 효율성 제고기**

능 지역주민이 자신과 밀접한 지방행정에 직접 참여할 수 있으므로 지방행정의 효율성이 제고될 수 있다. (4) **지역의 균형있는 발전 도모기능** 지방자치제도는 지역주민이 주체가 되어 지방정부의 구성과 권한행사에 관여하게 함으로써 지역특성에 맞는 행정을 가능하게 하여 지역의 발전을 도모하고, 헌법이 추구하는 국토의 균형있는 발전을 실현하는 데에 기여한다. 2. **헌법상 지방자치의 보장** 1) **연혁** 우리나라는 조선에 이은 대한제국기까지 중앙집권적 국가이었고, 향청, 향약, 향회 등 일정 수준 지방민에 의한 자치를 허용하고 있었다. 일제강점기에 조선총독부를 정점으로 13도 · 11부 · 317군를 두고 1930년대에 도회(都會), 부회(府會), 읍회(邑會), 면협의회(面協議會)를 두어 외형상 지방자치를 도입한 듯이 보였지만 실상은 중앙집중식의 억압적 식민통치제도를 감추기 위한 것일 뿐 전혀 지방자치제도라 할 수 없었다. 3 · 1공화혁명 후 대한민국임시정부 시기에는 국토강점으로 인해 지방자치를 제도화할 여지가 전혀 없었다. 해방 후 미군정기에는 남조선과도입법의원에서 지방자치조직법안을 만들고 지방관리와 지방의원을 주민직선으로 선출할 것을 규정하기도 하였지만, 군정청은 이를 수용하지 않았다. 정부수립 후 지방행정에 관한 임시조치법이 공포되고 이어서 1949.7.4. 지방자치법이 공포되었다. 하지만 지방자치제도는 사회불안정을 이유로 연기되었고, 전쟁 중인 1951.12.31. 개헌과 함께 지방자치선거를 실시하기로 결정하였다. 1952.4.25. 및 동년 5.10.에 시 · 읍 · 면의원 선거와 도의원 선거가 시행되었고, 이 때 선출된 지방의원들이 국회해산촉구 관제데모를 하는 등 1952.7.4. 1차 개헌(발췌개헌)에 직접적인 영향을 미쳤다. 1차 개헌 후 독재권력을 강화한 이승만정부는 지방자치법을 개악하여 지방자치제도가 정상적으로 기능할 수 없게 하였다. 4 · 19혁명 후 민주적으로 개정된 지방자치법에 따라 모든 지방자치단체의 장과 지방의회의원이 직선제로 선출되게 되었고, 1960.12.12.부터 29.까지 4차례에 걸쳐 제3차 지방선거가 실시되었다. 하지만 혁명 후의 중앙정치권의 혼란과 정당의 혼미에 따라 지방정치도 혼란을 겪어야 했다. 1961년 5 · 16쿠데타 후에는 「지방자치에관한임시조치법」에 의해 지방자치법이 무력화되었고, 1962년 헌법(제3공화국 헌법)이 시행되면서 헌법적인 근거까지 얻게 되는데, 동 헌법 역시 지방자치에 관한 규정을 두고 있기는 하였으나, 부칙 제7조 제3항에서 지방자치의 실시에 대한 유보조항을 두고 있었다. 이후 30년 동안 지방자치는 실시되지 못하였다. 1987년의 새로운 헌법에 따라 1988.4.6. 지방자치법이 전면적으로 개정되었고, 몇 차례의 지방자치법의 개정과정을 거쳐 1991.3.26. 및 6.20.에 각각 기초자치단체 및 광역자치단체의 의회의원 선거가 실시되어, 30년만에 지방자치제도가 부활하게 되었다. 2) **지방자치제의 본질** (1) **지방자치권의 본질** 지방자치의 본질에 대해서는 고유권설(기본권보장설)과 자치권위임설(전래권설) 및 신고유권설로 나뉘고 있다. **고유권설**固有權說은 자치권을 기본권과 동일하게 이해하는 입장으로서 지방자치단체는 자생적 단체로서 스스로 고유한 인격과 지배권을 가진다고 본다. 이 설은 프랑스 혁명기의 지방권(Pouvoir municipal) 사상과 독일 지방자치단체의 고유권력(eigene öffentliche Gewalt)론 및 자연법이론에 바탕을 둔 것이다. 지방자치의 본질은 천부인권설에 의거하여 개인의 기본권이 국가 이전에 부여되고 있는 것처럼, 지방자치단체도 고유의 권리로서 자치권을 가진다고 보는 것이다. **전래권설**傳來權說은 자치권도 국가의 통치권에서 전래되고 국가에 의하여 승인된 것으로서, 자치권은 국가에서 부여된 한도 내에서만 행사할 수 있다고 본다. 지방자치단체는 법의 창조물이며 자치권은 국가의 통치권으로부터 전래된 것에 불과하다고 보아, 지방자치단체는 헌법과 법률의 테두리 안에서의 자치를 의미하기 때문에 국가로부터 승인받은 경우에만 국가를 대신하여 그 권한을 행사할 수 있다는 것이다. **신고유권설**新固有權說은 자치권을 고유권설처럼 자연권에서만 찾는 것이 아니라 실정헌법의 해석상 자연권적 성격을 도출할 수 있다는 견해이다. 이 설은 헌법의 기본권보장원리와 국민주권원리에 근거하여 지방자치권의 본질을 찾으려고 하는 것으로서, 그러한 원리에서 실정헌법의 해석상 자치권은 자연권적 성격을 갖는다는 것이다. 신고유권설에 의하면, 국가와 지방정부를 병립·대등한 지위에 있는 것으로 보고, 국가와 지방정부간 각각 고유한 사무영역을 인정하며, 주민의 기본권보장에 있어서 일차적인 기획·입안사무도 국가가 아닌 지방정부가 하는 것이 적절하다고 본다. 이 설은 지방자치단체에 폭넓은 자치권을 보장하기 위하여 주장되는 것이다. 전래권설이 통설이지만, 신고유권설이 더 타당한 것으로 보인다. (2) **지방자치권의 법적 성격** 지방자치의 헌법적 보장의 법적 성격에 관해서는 **자치고유권설(기본권보장설)**의 입장에서는 자치권은 국가에 대하여 개인이 가지는 천부적 자연권이라고 본다. 이에 대하여 C. Schmitt에 의하여 주장된 **제도적 보장설**은 지방자치제도의 법적 성격을 규명하는데도 적용되어 독일뿐만 아니라 우리나라와 일본에서도 통설적 지위를 차지하고 있다. 헌법재판소도 제도적 보장설을 지지하면서 일관되게 언급하고 있다(헌재 1994.4.28. 91헌바15등; 1997.4.24. 95헌바48; 2001.6.28. 2000헌마735; 2003.3.27. 2002헌마573 등). 하지만, 제도보장의 대상인 제도에 관련된 사건에서 때로는 최소보장 원칙하에서 심사하고(헌재 1994.4.28. 91헌바15등; 1997.4.24. 95헌바48), 때로는 최대보장 원칙하에서 비례의 원칙이나 과잉금지의 원칙을 적용하고 있다(헌재 1994.12.29. 94헌마201; 1995.3.23. 94헌마175; 2006. 2.23. 2005헌마403 등). 제도보장이론 자체나 혹은 최소한 지방자치제에 대한 기존의 제도적 보장설에 대한 재검토가 요청되는 사항이다. 3. **지방자치의 유형** 1) **주민자치와 단체자치** 입헌민주국가에서 지방자치의 본질과 관련하여 그 개념적 요소로서 주민자치와 단체자치를 들고 양 요소의 통합적 관념을 지방자치의 개념으로 이해하는 것이 통설이다. **주민자치**는 영국에서 오랜 전통과 경험으로 형성된 자치(self-government)사상을 기초로 지역주민이 국가의 지방행정을 자율적으로 처리한다는 것이다. 민주주의를 이념적 기초로 하는 주민자치의 핵심은 ⅰ) 자치기관은 국가행정조직의 일부로서 의결기관과 집행기관이 분리되어 있지 않고(기관통합주의), ⅱ) 고유사무와 위임사무의 구별이 불명확하고, ⅲ) 자치단체의 권한은 법률에 의하여 개별적으로 부여되며(개별적 수권주의), ⅳ) 지방세는 독립세주의를 채택하고, ⅴ) 자치단체에 대한 감독은 입법적·사법적 감독을 원칙으로 한다. **단체자치**의 핵심은 ⅰ) 자치기관은 국가행정조직으로부터 독립된 기관으로 의결기관과 집행기관이 분리되어 있고, ⅱ) 고유사무와 위임사무의 구별이 명확하고, ⅲ) 자치단체의 권한은 국가에 의하여 포괄적으로 부여되며, ⅳ) 지방세는 부가세주의를 채택하고, ⅴ) 자치단체에 대한 감독은 행정적 감독을 원칙으로 한다. 두 요소는 지방자치의 개념적 요소로서, 지방자치가 궁극적으로 중앙집권적인 자의적 권력의 지배에 대항하는 민주주의적 통치체계의 구조적 측면이라는 점을 고려하여 통합적으로 파악함이 타당하다. 4. **지방자치의 내용** 현행헌법상 지방자치보장의 내용에 대하여는 독일기본법 해석론의 영향을 받아 첫째, 제도적 권리주체로서 지방자치단체의 존립의 보장, 둘째, 자기책임성과 전권한성을 원칙으로 포괄적인 자치권의 보장을 내용으로 하는 객관적 법제도의 보장, 셋째, 자치권이 침해된 경우 이에 대하여 소송으로 구제받을 수 있도록 하는 주관적 법적 지위의 보장 등으로 설명하거나, 포괄적인 사무의 보장, 자기책임성의 보장, 자치권의 보장 등으로 설명하고 있다. 그리고 헌법재판소는 자치단체의 보장, 자치기능의 보장, 그리고 자치사무의 보장을 헌법 제117조와 제118조가 보장하고 있는 지방자치의 본질적 내용으로 보고 있다(헌재 1994.12.29. 94헌마201; 2001.6.28. 2000헌마735). 5. **지방자치의 기본법제** ➜ 지방자치의 기본법제.

지방재정조정제도地方財政調整制度 ㊎ local financial adjustment system, ㊍ System des kommunale Finanzausgleichs, ㊄ système local d'ajustement financier. '지방재정조정제도'란 국가가 지방자치단체에 대하여 표준적인 최소한의 행정수준(national minimum)을 유지하는 데 필요한 재원을 보장해 주면서, 아울러 지방자치단체 간의 재정력 격차를 완화시키기 위해 국세수입의 일부 또는 기타 재원을 일정 기준에 따라 지방자치단체로 이전하여 주는 제도를 말한다. 우리나라의 지방재정조정제도는 '임시지방분여세법'이 1951년 한시법의 형태로 시행되었다가, 1958년 '지방재정교부금법'을 제정하여 지방재정조정교부금제도를 최초로 시행하게 되었다. 지방재정조정제도는 중앙 혹은 상위 지방자치단체로부터의 재원의 이전을 통해 취약한 재정력을 극복하고 지방 간 재정불균형을 완화시킴으로써 지방자치단체의 재정적 자율성을 보장하고 책임성을 확보하여 지방재정권을 온전히 향유하게 하는 것을 목적으로 한다. 지방자치법은 지방재정의 조정에 관한 규정으로 「국가와 지방자치단체는 지역 간 재정불균형을 해소하기 위하여 국가와 지방자치단체 간, 지방자치단체 상호 간에 적절한 재정 조정을 하도록 노력하여야 한다.」고 규정하고 있다(동법 제136조). 현행법상 지방재정조정제도는 재원이전의 주체에 따라 두 가지 유형으로 나눌 수 있다. ① 하나는 중앙정부가 지방자치단체에 재원을 이전·지원하는 '중앙정부와 지방자치단체 간 지방재정조정제도'이며, ② 나머지는 광역자치단체(특별시·광역시·도)가 기초자치단체인 일반 시·군·구에 재원을 이전·지원하는 '광역자치단체와 기초자치단체 간 지방재정조정제도'이다. 지방교부세, 국고보조금은 전자에 속하며, 자치구 조정교부금, 시·군 조정교부금, 시·도비 보조금은 후자에 속한다. 「지방교부세법」과 「보조금관리에 관한 법률」에 의하여 규율된다. 헌법적으로는 지방재정제도를 포함한 지방재정권의 침해여부를 다투는 권한쟁의심판에서 주로 문제된다. 헌법상의 자치권의 범위는 법령에 의하여 형성되고 제한되며, 다만 지방자치단체의 자치권은 헌법상 보장을 받고 있으므로 비록 법령에 의하여 이를 제한하는 것이 가능하다고 하더라도 그 제한이 불합리하여 자치권의 본질을 훼손하는 정도에 이른다면 이는 헌법에 위반된다고 할 것이다(헌재 2002.10.31. 2002헌라2; 2006.2.23. 2004헌바50; 2009.5.28. 2007헌바80 등 참조). 헌법재판소는 국회의 입법에 의하여 지방재정권이 침해되었는지 여부를 심사함에 있어서는 그러한 제한이 불합리하여 헌법적 한계를 넘어섰는지에 대한 판단은 지방재정권의 본질적 내용이 침해되었는지 여부에 달려있고, 기본권침해를 심사하는 데 적용되는 과잉금지원칙이나 평등원칙 등을 적용할 것은 아니라고 하였다(헌재 2002.10.31. 2002헌라2; 2009.5.28. 2006헌라6; 2010.10.28. 2007헌라4 등 참조). 즉 지방자치를 제도적으로 보장함에 따라 헌법상 지방재정권의 침해여부를 심사한다는 것은 '최소보장 원칙'을 심사기준으로 하여 '본질내용침해금지 원칙' 위반 여부만을 가리는 것이라고 할 수 있다. 지방자치권 제한의 문제는 해당 자치권의 본질, 자치권의 기능, 헌법적 연혁과 보장의 내용 등을 종합적으로 고려해서 판단해야 할 것이며, 나아가 미래의 지방자치 제도의 발전에 어떠한 영향을 끼칠 것인가까지도 고려하여 시대에 적합하게 해석 · 해결되어야 한다.

지방채地方債 ㉧ municipal bond. 지방채란 재정수단 확보의 한 방법으로 지방자치단체가 채무자가 되어 제3자로부터 자본을 차용하는 것을 말한다. 지방채는 타 행정주체에 대한 기채인 내부적 기채와 사인으로부터의 기채인 외부적 기채가 있고, 방식으로 채무증서방식과 증권방식이 있다. 지방재정법 제11조 이하에서 상세히 규율하고 있다.

지배계약설支配契約說 = **복종계약설** ➜ 사회계약론.

지배支配**의 정당성**正當性 ㉧ legitimacy to rule. 지배와 복종의 관계를 안정시키기 위해서는 지배자와 피지배자 양자 사이에 그 지배가 정당한 것임을 인정하는 근거에 대한 신념이 필요하다. 막스 베버(Max Weber)는 지배의 유형에 대해 논하는 과정에서 3종류의 지배, 즉 카리스마적 지배, 전통적 지배 그리고 합법적 지배를 들었다. 카리스마적 지배란 지도자의 카리스마, 신이나 하늘로부터 받은 설명할 수 없는 비일상적인 힘에 의한 지배를 의미한다. 인간의 이해를 초월한 것에 어떠한 의미를 부여하는 능력 또는 인간의 역량을 초월한 큰 자연의 힘에 대처하는 방법을 지시하는 능력이라고 해도 좋을 것이다. 지배자에게 카리스마적인 속성이나 행동을 기대하고 그것을 보는 사람들에 대해서는 카리스마가 지배 정당성이 되는 것이다.

지붕이론 ㉠ Dachtheorie. 한 지붕 아래에 두 개의 국가가 성립되어 있다고 하는 이론으로, 동서독기본조약에 대한 서독 연방헌법재판소의 법리이다. ➜ 동서독기본조약. ➜ 1민족2국가.

지시권指示權 ㉧ authority to order/authority to issue directives, ㉠ Weisungsbefugnis, ㉣ le droit de donner des instructions. 지시권은 일방의 우월과 타방의 종속을 내용으로 하는 법적 또는 계약적 관계에서 우월적 지위에 있는 자가 종속적 지위에 있는 자에게 특정의 행위를 하도록 명령하는 권한을 일컫는다. 노동계약상의 고용주의 권한, 회사법상 그룹 내에서 모회사의 자회사에 대한 명령권, 상급 행정기관의 하급행정기관에 대한 지시를 발할 수 있는 권한 등이 있다. 구두 또는 서면으로 발해질 수 있다. 계약관계라고 하더라도 예컨대 프리랜서와 같이 독립적인 행위를 전제로 하는 경우에는 지시권이 없다.

지식재산권知識財産權 ➜ 지적재산권. ➜ 재산권.

지역균형발전地域均衡發展 지역균형발전이란 용어 그대로 국가 내의 여러 지역이 균형적으로 발전하는 것을 의미한다. 국가균형발전과 같은 의미이다. 현행헌법은 전문에서 「국민생활의 균등한 향상을 기」하도록 하고, 제9장 '경제' 규정에서 지역균형발전과 관련한 조항을 두고 있다. 또한 2004년 「국가균형발전법」을 제정하여 균형발전의 기본법으로 하고 있다. 동법은 제2조 제1호에서 「"국가균형발전"이란 지역 간 발전의 기회균등을 촉진하고 지역의 자립적 발전역량을 증진함으로써 삶의 질을 향상하고 지속가능한 발전을 도모하여 전국이 개성있게 골고루 잘 사는 사회를 구현하는 것을 말한다.」고 정의하고 있다. 지역 간 불균형은 과도한 중앙집권에 따른 중앙과 지방 간의 수직적 권력불균형과 선별적 · 집중적 개발에 따른 지역 간의 수평적 불균형을 포함하는데, 이는 정치적 불균형과 경제적 불균형으로 특징지을 수 있다. 이 두 가지 불균형이 지방자치의 정착 · 발전에 장애요인으로 작용할 수 있으며, 따라서 이의 해소를 위한 노력으로 지방분권과 지역균형발전이 필요하다고 할 수 있다. 지역균형발전은 지역 간에 성장의 과실(果實)을 단순히 균등하게 배분하는 것이 아니라 지역 간의 '창의적인 경쟁'과 '민주적 참여'의 원칙 하에서 각 지역의 잠재력을 최대한 살릴 수 있는 기회가 보장되고, 국가 전체적으로 최선의 시너지 효과를 낼 수 있는 것이어야 한다. 상생발전 또는 공생발전이라고 표현하는 학자도 있다.

지역적 인권규약地域的 人權規約 전 세계적 차원에서 채결 혹은 결의되는 규약이 아니라 세계의 지역 단위에서 채택 혹은 체결되는 인권규약들을 말한다. 유럽지역의 경우, 유럽인권협약(European Convention on Human Rights: ECHR; 1950)을 위시한 12 개의 규약이 있고, 유럽연합의 경우, 유럽연합기본권헌장(2000)이, 아메리카의 경우, 인간의 권리의무에 관한 아메리카선언을 위시한 8개의 규약이, 아프리카의 경우, 3개의 규약과 의정서가 있고, 아시아와 아랍 지역에도 다수의 인권규약이 있다.

지역(적) 인권보장체계地域(的) 人權保障體系 ➜ 국제적 인권보장체계.

지위이론地位理論 ㊍ Statuslehre. 국가와 국민의 관계를 법인격을 가진 법주체 상호간의 권리 · 의무 관계로 파악하는 옐리네크(G. Jellinek)의 입장에서 개인과 국가의 관계를 설명하는 이론이 지위이론이다. 상태-지위이론(Zustand-Status Lehre)이라고도 한다. 이에 따르면, 국민은 국가에 대해 네 가지 지위를 갖는다, 즉, 적극적 지위, 소극적 지위, 능동적 지위, 수동적 지위 등이다. 적극적 지위에서 '수익권(受益權)'이, 소극적 지위에서 '자유권'이, 능동적 지위에서 '참정권'이, 수동적 지위에서 국가에 대한 '의무'가 나온다고 하는 견해이다. 옐리네크는 이 이론에 기초하여 기본권을 이해하여, 기본권을 개인의 국가에 대한 방어권이자 주관적 공권으로 이해한다. 그러나 개인의 기본권은 전능적 국가의 은총에 기초하고 있는 것으로, 국가에 의해 개인에게 부여되는 시혜로서 언제든지 국가가 회수할 수 있다고 본다. 오늘날 자유권의 사회권화현상이 보편화되고 있다는 점에서 연혁적인 의미만 있다는 비판이 있다. 다만 알렉시와 같이 지위이론의 분석적 탁월함을 높이 평가하여 재해석하려는 입장도 있다. ➜ 기본권이론.

지적재산권知的財産權 ㊐ intellectual property. 지적 재산권이라 함은 문학 · 예술 · 과학 · 기술 등 인간의 정신적 창작활동의 결과 생산되는 무형의 산물에 대한 배타적 권리를 말한다. 지식재산권이라고도 한다. 지적 재산권은 그 종류가 다양하지만, 크게 저작권, 산업소유권 및 제3의 권리로 대별된다. 저작권은 예술적 · 인문과학적 창작의 산물인 저작물에 대하여 저작자가 가지는 일신전속적 권리로서, 저작인격권과 저작재산권을 주된 내용으로 한다. 산업소유권은 특허권 · 실용신안권 · 의장권 · 상표권 등 산업적 무체재산권을 총칭하는 개념이다. 제3의 유형의 권리는 현대 정보화사회의 출현에 따라 새로이 생성되는 컴퓨터 소프트웨어 · 반도체칩 · 데이터베이스 · 영업비밀 등이 있으며 그 중요성이 점점 더 커지고 있다. ➜ 재산권.

지정재판부指定裁判部 ➜ 헌법소원심판.

직권면직職權免職 임용권자의 일방적 의사와 직권에 의해 행해지는 면직행위를 말한다. 국가공무원법 제70조는 제1항에서 직권면직의 사유를 적시하고, 제2항 이하에서 그 절차를 규정한다. 근무성적 불량 및 대기명령 기간 중 능력의 향상 또는 개전의 정이 없다는 사유로 직권으로 면직하는 경우에는, 국가공무원의 경우에는 징계위원회의 동의를, 그리고 지방공무원의 경우에는 인사위원회의 동의를 얻어야 한다.

직권상정職權上程 직권상정은 국회의장이 직권으로 안건을 본회의에 상정해 처리하는 것을 말한다. 국회법 제85조에 규정되어 있다. 직권상정 권한은 의회의 자율성과 독립성 및 의사진행의 효율성을 위한 권한이지만 소수파의 의견이 무시될 위험성을 갖고 있다. 2012년 국회선진화법 도입 이전에는, 위원회가 이유 없이 기간 내에 안건 심사를 마치지 않으면 의장은 중간보고를 들은 후 다른 위원회에 회부하거나 바로 본회의에 부의할 수 있도록 하여 직권상정할 수 있도록 하였으나, 국회선진화법 도입 이후에는 천재지변의 경우, 전시·사변 또는 이에 준하는 국가비상사태인 경우, 의장이 각 교섭단체대표의원과 합의하는 경우 등 세 가지에 해당하는 경우에만 직권상정을 할 수 있도록 제한하였다(국회법 제85조 제1항).

직능대표제職能代表制 ➜ 대표의 결정방식.

직무감찰권職務監察權 ➜ 감사제도.

직무상 독립職務上 獨立 ➜ 사법권의 독립.

직무이행명령職務履行命令 지방자치단체의 장이 법령의 규정에 따라 그 의무에 속하는 국가위임사무나 시·도위임사무의 관리와 집행을 명백히 게을리하고 있다고 인정되면 시·도에 대하여는 주무부장관이, 시·군 및 자치구에 대하여는 시·도지사가 기간을 정하여 서면으로 이행할 사항을 명령할 수 있다(지방자치법 제189조 제1항). 주무부장관이나 시·도지사는 해당 지방자치단체의 장이 제1항의 기간에 이행명령을 이행하지 아니하면 그 지방자치단체의 비용부담으로 대집행하거나 행정상·재정상 필요한 조치를 할 수 있다. 이 경우 행정대집행에 관하여는 「행정대집행법」을 준용한다(동 제2항). 지방자치단체의 장은 제1항의 이행명령에 이의가 있으면 이행명령서를 접수한 날부터 15일 이내에 대법원에 소를 제기할 수 있다. 이 경우 지방자치단체의 장은 이행명령의 집행을 정지하게 하는 집행정지결정을 신청할 수 있다(동 제3항).

직업공무원제도職業公務員制度 ⇔ 엽관제. 1. **의의** 헌법은 제7조 제2항에서 「공무원의 신분과 정치적 중립성은 법률이 정하는 바에 의하여 보장된다.」고 규정하고 있다. 헌법은 직업공무원제도를 헌법적 제도로서 보장하면서, 신분보장과 정치적 중립성을 본질적 구성요소로 하는 직업공무원제도를 법률로써 형성해야 할 의무를 입법자에게 부과하고 있다. 직업공무원제도를 헌법적 제도로서 보장한다는 것은 무엇보다도 입법자에게 직업공무원제도를 유지하고 구체적으로 형성해야 할 의무를 부과한다는 것을 의미한다. 직업공무원제도란, 국가공권력의 행사를 전문적 지식과 능력, 충성적인 의무이행에 기초하는 공법상의 근무관계에 있는 공무원에게 위임함으로써 안정적이고 효율적인 행정을 확보하고 나아가 국가생활을 형성하는 정치적 세력에 대한 균형적 요소로 기능하게 하고자 하는 제도이다. 2. **연혁** 현대적 직업공무원제도는 그 기원을 유럽의 절대군주시대에 두고 있다. 당시의 군주는 봉건적 신분국가를 극복하고 국가권력을 통합하기 위하여 국가행정의 합리적이고 현대적인 개혁을 추진하였고, 이를 관철하기 위해서는 '군주에 대하여 책임을 지고 그에 의하여 부양되며 전문적 교육을 받고 직업적으로 근무하는 직업공무원제도'를 필요로 하였다. 계몽군주시대에 이르러, 군주는 자신을 스스로 '국가의 공복'으로 이해하고자 노력하였고, 이에 따라 종래 '군주의 공복'인 공무원집단은 점차 '국가의 공복'으로 이해되었다. 19세기 및 20세기 초의 입헌군주국가는 행정부의 수장인 군주에 대한 공무원의 충성과 복종의 관계를 존속시키면서, 동시에 공무원에게 헌법과 법률을 준수해야 할 의무를 부과하였다. 이로써 직업공무원제도는 법치국가의 실현에 중요한 기여를 하게 되었다. 3. **직업공무원제도의 본질적 구성요소** 1) **공무원의 충성의무** 직업공무원제도의 본질적 특성에 속하는 것은 공무원의 충성의무이다. 민주국가에서는 충성의무는 국민에 대한 충성의무이다. 충성의무는 오늘날 공무원법에서 정치적 충성의무(국가와 헌법에 대한 충성의무), 명령복종의 의무, 공정의 의무, 비밀엄수의 의무, 직무전념의 의무, 품위유지의 의무 등으로 구체화되어 있다. 국가공무원법은 공무원의 다양한 의무를 규율하면서 공무원의 충성의무 중에서 가장 중요한 의무인 '국가와 헌법에 대한 충성의무'를 명시적으로 규정하고 있지 않지만, '국가와 헌법에 대한 충성의무'를 당연한 것으로 전제하고 있다고 볼 수 있다. 2) **공무원의 신분보장** 공무원의 신분보장은 일차적으로, 공무원의 충성의무 및 이로 인하여 필연적으로 수반되는 기본권제한에 대한 보상으로서 제공되는 국가의 보호·배려의무의 이행에 해당한다. 나아가, 공무원의 신분보장은 공무원의 지위를 법적·경제적으로 보장함으로써 동시에 직무수행의 독립성과 전문성, 공정성을 확보하고자 하는 것이다. 공무원의 신분보장은 인사와 직무수행에 대한 외부의 영향력행사를 차단하는 효과를 가진다(헌재 2004.11.25. 2002헌바8). 공무원지위는 우선 법적으로 보장되어야 한다. 직업공무원관계의 기본유형은 종신직 공무원이다(종신제 임명의 원칙). 공무원의 신분보장은 합리적인 공익상의 사유에 의하여 정당화되지 않는 이상 공무원의 의사에 반하여 불리한 신분조치를 취하는 것을 금지한다. 국가공무원법은 부당한 휴직, 강임, 면직, 기타 징계처분의 금지를 규정한다(제3조, 제68조, 제78조 등). 다만, 공무원이 그가 현재 보유하고 있는 것의 현상유지를 요구할 권리, 위임된 공적 과제를 변경이나 축소 없이 행사할 권리, 특정 정년을 요구할 권리는 인정되지 않는다(헌재 2000.12.14. 99헌마112(교육공무원의 정년단축)). 공무원의 신분보장은 경제적 보장 없이는 사실상 실현될 수 없기 때문에, 공무원에 대한 국가의 경제적 보장을 통하여 보완되어야 한다. 직업공무원제도를 구성하는 중요한 요소 중 하나가 '국가의 부양원칙'이다. 국가는 공무원에게 위임된 직무에 상응하는 적정한 급여를 제공해야 할 의무를 진다. 국가는 공무원이 생계와 노후를 걱정할 필요 없이 직무에 전념할 수 있도록, 공무원에게 적정한 급여와 연금을 제공해야 하는 의무를 진다. 국가의 부양원칙은 부양가족으로 인하여 공무원에게 발생하는 부양의무도 현실에 부합하게 고려할 것을 요청한다. 3) **공무원의 정치적 중립성** 공무원의 정치적 중립성은 공무원의 공익실현의무로부터 나오는 당연한 요청이자 공익실현을 위한 불가결한 수단이다. 공무원이 모든 사회적·정치적 세력에 대하여 중립성과 등거리를 유지하는 것은 공익실현을 위하여 필수적인 것이다. 또한 공무원의 정치적 중립성에 대한 요청은 정당민주주의가 기능하기 위한 필수적 조건이다. 공무원제도는 정권의 교체에 따른 정치적 변화와 무관하게 지속되어야 한다. 정치적으로 중립적인 국가행정만이 정당민주주의에서 정권교체 및 새로운 정권에 대한 적응을 가능하게 하고, 정치적 세력에 대한 평형추의 역할을 한다. ➜ 공무원의 기본권제한. 4) **능력주의(성적주의)** 직업공무원제도의 본질을 구성하는 또 다른 요소는 능력주의(Leistungsprinzip)이다. 능력주의란, 공무원의 임용과 승진에 있어서 단지 공무원의 '능력과 적성'만이 유일한 기준으로서 고려될 수 있다는 원칙이다. 다수의 국민이 제한된 공직을 가지고 경쟁하는 경우, 평등민주주의의 관점에서 볼 때 직업공무원의 선발에서 고려될 수 있는 유일한 합헌적 기준은 '공직에의 적격성', 즉 '능력과 적성'일 수밖에 없다. 공무원의 임용과 승진에 있어서 공직에의 적격성이 결정적인 기준이 되어야 한다. 능력주의에 기초한 공무담임권은 민주적 평등의 산물이며, 직업공무원제도가 기능하기 위한 불가결한 전제조건이다. 능력주의는 공무원의 임용 및 승진과 관련하여 평등원칙의 구체화된 헌법적 표현이다.

직업교육장선택職業教育場選擇의 자유 ➜ 직업의 자유.

직업선택職業選擇의 자유 ➜ 직업의 자유.

직업수행職業隨行의 자유 ➜ 직업의 자유.

직업職業의 자유 ㊂ freedom of occupation and profession, ㊀ Berufsfreiheit. ㊁ Liberté professionnelle et droit de travailler. **직업의 자유** 1. **서언** 1) **의의** 헌법 제15조에서 「모든 국민은 직업선택의 자유를 가진다.」고 하여 직업선택의 자유를 보장하고 있다. 동 규정은 '직업선택의 자유'만을 규정하고 있지만, '직업수행의 자유'도 함께 보장하고 있는 것으로 해석함이 일반적이다. 직업(Beruf)이라 함은 생활의 기본적인 수요를 충족시키기 위한 계속적 소득활동을 의미하며 그러한 내용의 활동인 한 그 종류나 성질을 불문한다(헌재 1993.5.13. 92헌마80). '직업'은 사회적 또는 법적으로 이미 형성된 직업상(像)뿐만 아니라, 다양하게 해석가능하고 새롭게 등장하는 직업상을 포함해야 한다. 이러한 직업 개념에는 수많은 비정형적 행위 유형도 포함되게 된다. 그러므로 '직업'이란 광의로 보아, 일정한 기간 동안 생활의 기초를 형성하고 유지하기 위한 활동으로 정의할 수 있다. 2) **기능** 헌법 제15조에서 의미하는 직업의 자유 보장은 인격의 경제적 발현을 보장하는 것이다. 직업의 자유는 개인적 생활의 기초와 영업의 존속 기반을 제공하는 기능뿐만 아니라, 객관적으로 경제활동의 기반을 보장하는 기능도 한다. 2. **헌법상 직업의 개념적 징표** '직업'의 개념요소로 '생활수단성', '계속성'을 들 수 있다. '공공무해성'이 필요한가에 대해서는 이견이 있다. 1) **생활수단성** 직업에 해당하려면, 그 활동이 생활의 기초를 형성하고 유지하는데 필요한 활동이어야 한다. 따라서 단순한 여가활동이나 취미활동은 헌법상 직업이라 말할 수 없다. 그렇다고 구체적인 경우에 있어서 그 활동이 실제로 생계를 보장할 수 있을 정도로 충분한 생활비를 벌어야 하는 것은 아니다. 또한 하나의 직업만이 아니라 두 가지 또는 그 이상의 겸업이나 부업을 가지고 있더라도 생계의 기초를 형성하고 유지하는데 필요한 활동인 경우에는 모두 직업이라 할 수 있다. 2) **계속성** 직업으로 인정되기 위해서는 그 활동이 적어도 일정기간 계속되는 활동이라는 '계속성'을 지녀야 한다. 그러나 계속성의 요건을 충족했는지 여부는 각각의 구체적인 경우에 따라 판단할 수밖에 없다. 휴가기간 중에 하는 일, 수습직으로서의 활동, 대학생이 본업이라 하더라도 방학기간을 이용하여 또는 휴학 중에 학비 등을 벌기 위해 학원강사로서 일하는 행위는 계속성을 갖춘 것으로 본다. 계속성을 갖추었는지 여부는 특정 기간의 활동이 예정되어 있어 직업의 자유와 관련하여 미래지향성을 지니고 있는지 여부에 달려있다. 생활의 기초를 형성하고 유지하는데 필요한 활동으로서 중요한 역할을 하는지 여부가 실질적인 기준으로 작용한다. 3) **공공무해성 여부** 어떤 활동이 직업에 해당되려면 사회적으로 허용되는 소득활동으로서 공공무해성을 지녀야 한다는 주장이 있으나, 헌법재판소는 직업의 개념요소로서 공공무해성을 거론하지 않고 있다. '공공무해성'을 직업의 개념 제한적 요소로 삼게 된다면, 공공무해성을 의심받는 직업은 직업의 자유의 보호영역에 포함되지 못하게 되므로, 직업의 자유를 축소시키고 제약하는 결과에 이른다. 헌법상 직업 개념을 사회적으로 '허용된' 행위만으로 제한하게 되면, 공공무해성 여부는 법률의 금지규정에 근거하여 판단할 수밖에 없다. 이는 법률의 금지규정에 의해 헌법상 직업 개념이 설정되게 되고, 헌법상 직업의 자유가 법률에 의해 침해되는 결과에 이르게 된다. 따라서 공공무해성은 직업의 개념적 징표로 삼아서는 안된다. 3. **직업의 자유의 주체** 자연인 중에서 내국인은 당연히 직업의 자유의 주체가 된다. 1) **외국인** 헌법재판소는 외국인도 제한적으로라도 직장 선택의 자유를 향유할 수 있다고 보아야 한다고 보고 있다(헌재 2000.8.31. 97헌가12). 이 사건에서 헌법재판소는 직장선택의 자유를 '인간의 권리'로 보아 외국인에게도 기본권주체가 될 수 있다고 판시하였다. 헌법재판소는 어떠한 기본권이 국민의 권리에 해당하는지, 아니면 인간의 권리에 해당하는지에 대한 확립된 구분기준을 제시하지 않고 있다. 또한 인간의 권리일지라도 외국인에게 인정되는 '기본권'과 입법정책적 문제로서 법률에 의해 외국인에게 인정되는 '권리'로 나누어지게 된다. 헌법이론상 동일하게 기본권이라 불리지만, 외국인의 입장에서는 기본권이 될 수도 법률상 권리가 될 수도 있기 때문에, 법적용자의 자의가 개입될 소지가 높다. 2) **법인** 자연인뿐만 아니라 사법(私法)상 사법인(私法人)도 직업의 자유의 주체가 된다(헌재 1996.3.28. 94헌바42). 그러나 공권력의 행사자인 공법인은 기본권의 주체가 아니라 국민의 기본권 보호자 내지 기본권 실현을 해야 할 책임과 의무를 지는 지위에 있는(헌재 2014.6.26. 2013헌바122), 기본권 '수범자(授範者)'이다(헌재 2006.2.23. 2004헌바50). 사법인(私法人)이 일부는 공적인 부분을, 일부는 사적인 부분을 담당하는 '혼합기업'은 기본권 주체로 인정될 수 있는지가 문제된다. 독일 연방헌법재판소 판례에 의하면, 국가가 그 법인의 재산 절반 이상을 소유하고 있는 경우와 같이 특정 법인에 '지배적인 영향력'을 행사하는 경우, 공적 과제를 수행하는 것으로 간주하여 기본권 주체성을 부정하고 있다. 4. **직업의 자유의 법적 성격** 직업의 자유는 헌법질서 내에서 개성신장의 수단으로서 주관적 공권(방어권)으로서의 성격을 갖는다. 또한 국민 개개인이 선택한 직업의 수행에 의하여 국가의 사회질서와 경제질서가 형성된다는 점에서 사회적 시장경제질서의 객관벅 법질서의 구성요소이기도 하다(헌재 1996.8.29. 94헌마113). 5. **직업의 자유의 효력** 직업의 자유는 모든 국가권력을 직접적으로 구속하는 대국가적 효력을 가진다. 대사인적 효력은 간접적으로 적용되지만, 비교적 많은 제한이 따른다. 대법원은 영업상 자유의 대사인적 효력을 일반적으로 인정하지는 않는다(대판 1964.5.19. 63다915). 6. **직업의 자유의 내용** 1) **보장내용에 따른 구분** 직업의 자유에는 모든 국민이 원하는 바에 따라 어떤 직업을 자유롭게 선택할 수 있는 자유(직업선택의 자유)와 선택한 직업을 자유롭게 수행할 수 있는 자유(직업수행의 자유), 그리고 여러 개의 직업을 선택하여 동시에 함께 수행할 수 있는 자유(겸직의 자유) 등이 포함된다. (1) **직업선택의 자유** 자신이 원하는 직업을 자유롭게 선택하는 자유를 '직업선택의 자유'라 한다. 즉, 특정직업을 선택할 것인지 여부에 관한 자유이다. 직업을 자유로이 전환할 수 있는 자유(전직(轉職)의 자유)는 다른 직업을 선택하는 것이므로, 직업선택의 자유에 포함된다. 또한 법인의 설립은 그 자체가 간접적인 직업선택의 한 방법이다. (2) **직업수행의 자유** '직업수행의 자유'는 자신이 선택한 직업을 자기가 원하는 방식으로 자유롭게 수행할 수 있는 자유이다. 이에는 직업을 구체적으로 수행하는 공간적 장소인 직장을 자유로이 선택할 수 있는 직장선택의 자유, 직업수행과 관련된 전문교육을 제공하는 직업교육 관련 시설이나 기관을 의미하는 직업교육장을 자유로이 선택할 수 있는 직업교육장 선택의 자유를 포함한다. 일반적인 교양교육 및 기초지식의 전달과 이해를 목표로 하는 교육기관에서의 교육은 헌법상 '교육을 받을 권리'에 속하는 반면, 해당 직업수행과 관련된 직업교육을 위한 직업교육장 선택의 자유는 '직업수행의 자유'에 속한다. 2) **직업수행의 주체에 따른 구분** (1) **영업의 자유** 영업의 자유는 개인의 생활의 기초를 이루는 계속적·독립적·수익적 활동을 할 수 있는 자유를 의미한다. 영업의 자유는 직업이라는 '행위'에 중점이 있다고 보여지므로, 직업수행의 자유에 속한다고 생각한다. 헌법재판소도 '직업수행의 자유'에 '영업의 자유'가 포함되는 것으로 보고 있다(헌재 2001.6.28. 2001헌마132). (2) **기업의 자유** 기업의 자유는 기업이 기업 스스로를 자유롭게 설립하고 운영하며 폐업·청산할 자유라고 할 수 있다. 기업의 자유의 헌법적 근거를 헌법 제119조 제1항에서 구하는 견해와 헌법 제15조에서 구하는 견해 등이 있으나, 헌법재판소는 제15조의 내용으로 보고 있다(헌재 2017.3.10. 2016헌나1). 3) **경쟁의 자유** 헌법 제15조에는 경쟁의 자유를 보장하는 규정이 없지만, 헌법재판소는 경쟁의 자유는 당연히 직업의 자유에 의하여 보장되고, 다른 기업과의 경쟁에서 국가의 간섭이나 방해를 받지 않고 기업활동을 할 수 있는 자유를 의미한다고 판시하고 있다(헌재 2018.6.28. 2016헌바77). 경쟁의 자유와 관련하여, 지원금이나 보조금이 헌법적으로 문제된다. 국가나 제3자의 보조금이나 지원금이 경쟁에서의 상당한 불이익으로 작용하고 특정한 결과를 사실상 불가능하게 만드는 경우, 즉, 일정한 영역에서 경쟁이 완전히 불가능한 경우, 경쟁의 자유는 침해되게 된다. 경쟁의 자유는 경쟁이 왜곡되는 경우에 공정한 경쟁이 이루어지도록 보장하기 위한 것이다. 예를 들면, 이동통신서비스 시장에서 과도한 지원금 지급을 제한하는 것은 경쟁의 왜곡을 방지하기 위한 제도적 장치이다(헌재 2017.5.25. 2014헌마844). 7. **직업의 자유의 제한** 1) **제한의 목적** 직업의 자유에 대한 제한은 직업의 종류만큼이나 다양하게 제한의 가능성을 가지고 있다. 직업의 자유도 본질적인 내용에 대한 침해가 아닌 한 국가안전보장·질서유지 또는 공공복리를 위하여 법률로서 제한될 수 있는 것이며 또 직업의 자유가 보장된다고 하여 그것이 반드시 특정인에게 배타적인 직업선택권이나 독점적인 직업활동의 자유를 보장하는 것은 아니다(헌재 1997.10.30. 96헌마109). 법률이 일정 전문분야에 관하여 자격제도를 마련하고 그 자격자의 업무영역에 관하여 상당한 법률상 보호를 하고 있는 경우에 있어서도 그 자격자 이외의 자에게 동종업무의 취급을 허용할 것인가의 문제는 기본적으로 그 제도를 도입하게 된 배경과 목적, 해당 전문분야 업무의 성격 등을 입법자가 종합적으로 고려하고 합목적적으로 판단하여 결정할 입법정책의 문제라 할 수 있다(헌재 1996.4.25. 94헌마129, 95헌마121(병합); 1997.4.24. 95헌마

273; 1997.10.30. 96헌마109). 2) **제한의 방법** (1) **비례의 원칙** 직업선택의 자유와 직업행사의 자유는 기본권주체에 대한 그 제한의 효과가 다르기 때문에 제한에 있어서 적용되는 기준도 다르며, 특히 직업수행의 자유에 대한 제한은 인격발현에 대한 침해의 효과가 일반적으로 직업선택 그 자체에 대한 제한에 비하여 작기 때문에, 그에 대한 제한은 보다 폭넓게 허용된다고 할 수 있다. 직업행사의 자유를 제한하는 법률이 헌법에 위반되지 아니하기 위해서는 직업행사에 대한 제한이 공익상의 이유로 충분히 정당화되고, 입법자가 선택한 수단이 의도하는 입법목적을 달성하기에 적정해야 하며, 입법목적을 달성하기 위하여 동일하게 적절한 수단들 중에서 기본권을 되도록 적게 제한하는 수단을 선택하여야 하고, 제한의 정도와 공익의 비중을 비교형량하여 추구하는 입법목적과 선정된 입법수단 사이에 균형적인 비례관계가 성립하여야 한다(헌재 2005.2.3. 2003헌마930). (2) **단계이론 (Drei-Stufen Theorie)** 단계이론이란 직업의 자유를 제한함에 있어서 지켜야 할 한계이론으로서 첫째, 직업의 자유의 제한을 제한의 정도가 낮은 단계부터, 1단계로, 특정 영업의 신고의무, 상점의 영업시간의 제한, 의사 · 약국 · 공증인 · 변호사 등의 경쟁제한 등과 같은 직업행사의 자유의 제한, 즉 **직업행사의 방법을 제한**하는 것이며, 2단계로 법조인자격, 기능사자격 등 직업의 자유의 주체의 일정한 주관적 전제조건의 충족, 즉 **주관적 사유**에 의한 직업결정의 자유의 제한, 다시 말하면 할 수 있는 사람만 할 수 있게 하는 것이며, 3단계로 기본권주체의 주관적 요건과는 상관없이 객관적 전제조건의 충족, 즉 **객관적 사유**에 의한 직업결정의 자유의 제한, 즉 일정한 조건 하에서만 직업을 수행할 수 있게 하는 것으로 구별하고 둘째, 직업의 자유를 제한하는 경우 가장 적은 침해를 가져오는 단계에서 제한해야 하며, 셋째, 제한의 정도가 클수록 입법형성의 자유가 축소되어 위헌성판단에서 엄격한 심사를 요한다는 이론이다. 독일 기본법 제12조 제1항 후문에는 「직업수행은 법률에 의하여 또는 법률에 근거하여 규제할 수 있다.」고 규정되어 있기 때문에 직업선택의 자유는 법률로써 제한할 수 없는 상황이었다. 말하자면 독일 기본법에는 직업선택의 자유를 제한할 수 있는 명문 근거조항이 없다. 이러한 상황에서 직업선택의 자유를 법률로써 제한하기 위해서 독일 연방헌법재판소가 개발한 이론이 '3단계이론'이다. 우리 헌법재판소도 「직업결정의 자유나 전직의 자유에 비하여 직업종사의 자유에 대하여는 상대적으로 더욱 넓은 법률상의 규제가 가능하다」고 하였고, 「당사자의 능력이나 자격과도 상관없는 객관적 사유에 의한 이러한 제한은 직업의 자유에 대한 제한 중에서도 가장 심각한 제약이 아닐 수 없다. 따라서 이러한 제한은 월등하게 중요한 공익을 위하여 명백하고 확실한 위험을 방지하기 위한 경우에만 정당화될 수 있다고 보아야 한다.」고 함으로써 단계이론을 수용하고 있다(헌재 1990.10.15. 89헌마178; 2002.7.18. 99헌마574; 2008.11.27. 2005헌마161; 2016.10.27. 2015헌바360; 2018.6.28. 2016헌바77 등 다수의 판례). 우리나라 헌법에서는 직업수행의 자유뿐만 아니라, 직업선택의 자유도 헌법 제37조 제2항에 의해 법률로써 제한할 수 있으므로, 우리나라 헌법 체계에서는 3단계이론을 굳이 적용하지 않아도 되며, 3단계이론과 비례성원칙과의 관계에서 양 지위의 불명확성과 단계이론 적용상의 경직성 등은 실무상 심각한 헌법적 충돌을 유발할 수 있기 때문에 우리나라 헌법상 3단계이론 적용이 필요하다고 보기 어렵다는 비판이 있다. (2) **단계이론과 과잉금지원칙의 관계** 단계이론은 우리 헌법 제37조 제2항의 과잉금지의 원칙과 별개의 기본권제한

의 한계이론이 아니라 과잉금지 원칙이 직업의 자유에서 구체화·특수화되는 경우라고 할 수 있다. 즉 1단계 제한의 경우 광범위한 규제가 가능하다는 것은 과잉금지의 원칙을 완화한 것이고, 3단계 제한의 경우 명백하고 현존하는 위험을 방지하기 위한 것이라는 것은 과잉금지의 원칙을 가중한 것으로 볼 수 있는 것이다. 3) **제한의 한계-본질적 내용의 침해금지** 현행헌법질서 내에서 제37조 제2항의 취지상 직업의 자유를 법률로써 제한하는 경우에도 그 '본질적 내용'을 침해할 수는 없다.

직위해제職位解除 ㉧ position cancel. 직위해제란 공무원에게 그의 직위를 계속 유지시킬 수 없다고 인정되는 사유가 있는 경우에 이미 부여된 직위를 소멸시키는 것을 말한다. 일명 '대기명령(待機命令)'이라고 부른다. 국가공무원법 제73조의3 제1항에 직위해제의 사유가 규정되어 있다. 직위해제는 공무원법상의 징계처분에는 포함되지 않으나 사실상 징계와 같은 목적에 사용되고 있기 때문에 법적으로 이를 엄격히 제한하고 있다. 임용권자가 직위해제할 수 있는 대상 공무원으로는, 직무수행능력이 부족하거나 근무성적이 극히 나쁜 자, 파면·해임·강등 또는 정직에 해당하는 징계 의결이 요구 중인 자, 형사사건으로 기소된 자(약식명령이 청구된 자는 제외), 고위공무원단에 속하는 일반직공무원으로서 법 소정의 사유로 적격심사를 요구받은 자, 금품비위, 성범죄 등 대통령령으로 정하는 비위행위로 인하여 감사원 및 검찰·경찰 등 수사기관에서 조사나 수사 중인 자로서 비위의 정도가 중대하고 이로 인하여 정상적인 업무수행을 기대하기 현저히 어려운 자 등으로 되어 있다(법 제73조의3). 비록 직위해제를 한 경우에도 위의 사유가 소멸된 때에는 임용권자는 지체없이 직위를 다시 부여하여야 한다. 뿐만 아니라 직위해제된 자에 대하여는 능력 회복이나 근무성적의 향상을 위한 교육훈련 또는 특별한 연구과제의 부여 등 필요한 조치를 하여야 한다.

직장폐쇄職場閉鎖 ➜ 노동3권.

직접민주주의直接民主主義 ㉧ direct democracy. 직접민주주의란 유권자가 직접적으로 정치결정에 참여하는 정치체계로, 간접민주주의에 대응하는 개념이다. 직접민주주의의 전형적인 예는 고대 그리스의 도시국가(폴리스)에서 볼 수 있다. 여기에서 민주주의는 비교적 소규모의 공동체를 무대로 하여 종교나 관습을 공유하는 동질성이 높은 구성원에 의해 운영되었으며 직접민주주의의 조건이 정비되어 있었다. 통치기구의 중심에는 민회(民會)가 있고 정책결정의 권한은 이 민회가 갖고 있었다. 모든 자유민의 성인 남자에게는 18세가 되면 자동적으로 민회에 출석할 자격이 주어져 정치결정에 직접 참여할 수 있었다. 관직은 시민 중에서 추첨으로 선출되었다. 이러한 민주주의가 정상적으로 기능하기 위해서는 시민들이 공동체와의 일체감과 공적 책임감이 유지되어야 한다. 직접민주주의가 타락하게 되면 중우정치(衆愚政治)로 전락한다. 현대국가에서 직접민주주의를 실현하고 있는 국가는 스위스의 일부 주(칸톤)와 코뮌, 미국의 뉴잉글랜드 등의 지역에서 한정적으로 실시되고 있다. 오늘날에는 간접민주주의에 대한 보완적·시정적 제도로서, 국민투표(referendum), 국민발안(initiative), 국민소환(recall) 등의 직접민주적 제도가 시행되고 있다. ➜ 국민투표제. 지방자치법은 조례의 제정·개폐, 사무감사, 의회해산, 수장·의원·주요 공무원의 해직에 대한 직접 청구가 제도화되어 있다. ➜ 주민참여제도.

직접선거直接選擧 ⇔ 간접선거(間接選擧). ➜ 선거의 기본원칙.

직접성直接性 **= 직접관련성**直接關聯性 ➜ 헌법소원심판.

직접적용설直接適用說 ➜ 기본권의 효력.

직접적 효력규정설直接的 效力規定說 ➜ 기본권의 효력.

직접참정권直接參政權 국민이 국가의 의사형성이나 정책결정에 직접 참여할 수 있는 권리를 말한다. 국민발안, 국민표결, 국민소환 등의 권리가 있다. ➜ 직접민주주의.

진리생존설眞理生存說 ➜ 사상의 자유시장론.

진보당進步黨**사건**事件 자유당 독재정권 시절이던 1950년대 중반 활동했던 혁신계열 정당이다. 1956년 조봉암(曺奉岩)을 중심으로 한 진보세력이 조직했다. 1955년 민주당의 창당과정에서 배제된 조봉암, 서상일, 박기출, 신숙 등 혁신세력은 별도로 혁신계 신당을 조직할 것을 협의하고 1956.1.26. '진보당추진위원회'를 구성했다. 같은 해 5월, 조봉암과 박기출이 각각 대통령, 부통령 후보로 출마했다. 조봉암 후보는 개표 결과 216만 표를 얻었다. 이승만의 당선을 막지는 못했으나 돌풍을 일으킨 결과로, 이를 바탕으로 창당 작업이 가속화됐다. 그러나 조직상의 의견대립으로 서상일계가 중도탈퇴, 조봉암계 단독으로 11.10. 서울시 공관에서 진보당 결성식을 갖고 위원장에 조봉암, 간사장에 윤길중 등 임원을 선출했다. 이 날 결성식에서 3대 정강을 채택했는데, 그 내용은 책임있는 혁신정치, 수탈 없는 계획경제, 민주적 평화통일이었다. 우리 사회의 경제체제로서 '사회민주주의'를, 통일방안으로는 북진통일이 아닌 '평화통일'을 기치로 내건 것은 당시 반공이데올로기가 지배하던 정치 상황에서는 매우 파격적인 것이었다. 그러나 진보당은 이후 가혹한 탄압을 받는데 이는 조봉암의 높은 인기에 위기의식을 느낀 이승만에 의한 것이었다. 1958.1.12. 윤길중 등 5명의 간부가 경찰에 검거되고, 이어 15일에는 조직부장 김기철 등 4명의 간부가 추가로 구속된다. 사전에 피신했던 조봉암은 간부진이 모두 구속되자 자진출두했다. 검찰은 2.16. 진보당간부들을 기소했는데 조봉암은 간첩죄, 국가보안법 위반 및 무기불법소지 혐의였다. 검찰은 또 진보당에 대해서는 당의 평화통일론이 대한민국의 존립을 부인하며, 정강정책이 북한 노동당의 정책과 상통하는 내용으로 대한민국의 헌법을 위반한 불법단체라고 규정했다. 2.25.에는 재판도 열리기 전에 진보당의 등록이 취소되었다. 7.2.의 제1심 선고공판에서 조봉암에게 국가보안법 위반죄를 적용, 징역 5년을 선고하고 그 밖의 진보당 간부들에게는 무죄를 선고했다. 그러나 1959.2.27.의 대법원 판결에서 조봉암에게 사형이 선고되었고 7.31. 사형이 집행됐다. 진보당 사건을 계기로 평화통일론 등 통일정책에 대한 공개적인 논의가 동결되었고 혁신정당의 활동은 위축되었다. 사건 49년만인 2007.9. 진실화해를 위한 과거사위원회는 진보당 사건에 대해 이승만 정권에 의한 비인도적이고 반인권적인 인권유린이자 정치탄압사건이라고 결론짓고 국가의 사과와 명예회복 조치를 권고했다. 이어 2011.1.20. 대법원은 조봉암의 재심사건 선고 공판에서 대법관 13명 전원일치 의견으로 무죄를 선고했다(대판 2011.1.20. 2008재도11).

진술거부권陳述拒否權 ㉨ right to remain silent, ㉣ recht zu schweigen, ㉫ droit de garder le silence. 1. **서언** 1) **의의** 진술거부권은 피고인 또는 피의자가 공판절차나 수사절차에서 법원이나 수사기관의 신문에 대하여 진술을 거부할 권리를 말한다. 묵비권이라고도 한다. 진술거부권은 비인간적인 고문에 의한 자백강요를 근절하고, 피의자 또는 피고인의 인권보장과 당사자주의 하에서 무기평등의 원칙을 실질적으로 실현하기 위하여 인정된 것이다. 우리 헌법 제12조 제2항은 「모든 국민은 고문을 받지 아니하며, 형사상 자기에게 불리한 진술을 강요당하지 아니한다.」라고 선언하고 있고, 형사소송법 제244조의3과 제283조의2 및 제266조의8 제6항에서 피의자 · 피고인의 진술거부권으로 구체화되어 있다. 진술거부권을 고지하지 않은 채 획득한 진술은 그 증거능력을 부정하는 것이 우리나라의 학설 · 판례의 태도이다. 2) **연혁** 진술거부권은 17세기말 영국의 사법절차에 기원을 두고 있는 **자기부죄금지의 특권**을 규정한 미국의 수정헌법 제5조의 영향을 받았다 할 수 있다. 그런데 미국의 수정헌법 제5조의 진술거부권은 특권으로 우대한다는 정도로서 의미를 부여하고 있기 때문에 그 특권으로서의 권리를 포기하고 증인으로 진술할 수 있는 반면, 우리나라는 헌법상의 기본적 권리로서 진술거부권이 인정되고 있어 그 포기가 허용되지 아니한다는 점에서 차이가 있다. 우리 헌법상 기본권으로 인정된 진술거부권이 종전의 형사소송법에 규정되어 있었으나 피의자에 대한 진술거부권의 고지가 실무관행상 형식적으로 이루어지고 있다는 지적을 많이 받아 왔는데, 이를 시정하기 위하여 2007년 피의자 · 피고인에 대한 진술거부권에 관한 조문을 정비 · 개정하였다. 3) **기능** 우리 헌법에서 진술거부권을 인정하는 이유는 첫째 피고인 또는 피의자의 인권을 실체적 진실발견이나 사회정의의 실현이라는 국가이익보다 우선적으로 보호함으로서 인간의 존엄과 가치를 보장하고 나아가 비인간적인 자백의 강요와 고문을 근절하려는데 있고, 둘째 피고인 또는 피의자와 검사 사이에 무기평등을 도모하여 공정한 재판의 이념을 실현하는 데 있다. 2. **진술거부권의 고지** 1) **서언** 형사피의자나 피고인이 진술거부권을 행사하기 위하여 수사기관이나 법원의 신문에 대하여 자신에게 진술을 거부할 수 있다는 권리가 있음을 알아야 한다. 개정형사소송법은 단순한 고지에 그치지 아니하고, 피의자가 진술거부권을 가지고 있다는 사실뿐만 아니라 진술거부권의 행사나 불행사가 어떤 법률적 효과가 있는지를 이해할 수 있도록 규정하고 있으며(법 제244조의3 제1항), 더 나아가 진술거부권 고지에 대한 절차적 담보를 위한 질문과 답변 장치까지 마련하고 있다(동조 제2항). 또한 피고인에 대하여는 인정신문 전에 피고인에 대한 진술거부권을 고지하도록 규정하고 있으며(법 제283조의2, 제284조, 형사소송규칙 제127조), 공판준비 기일에 출석한 피고인에 대하여도 진술거부권을 고지하여야 한다(법 제266조의8 제6항). 따라서 진술거부권을 고지하지 않거나 거부권고지의 절차에 위반하여 얻은 증거는 증거능력이 배제된다는 것이 학설상 일치된 견해이며 판례(대판 2007.11.15. 2007도3061; 2009.3.12. 2008도11437)의 태도이다. 2) **진술거부권고지의 대상** (1) **피의자와 피고인** 현행법상 진술거부권 고지의 대상이 되는 자는 피의자와 피고인인데, 피고인에 대한 진술거부권 고지는 공판절차상 또는 공판준비 기일에 재판장이 고지함이 법률상 명백하다. 즉 공판기일에서의 고지(법 제283조의2 제2항)와 공판준비 기일에서의 고지(법 제266조의8 제6항)가 그것이다. 그러나 형사 피의자에 대하여는 언제, 어떤 상황 하에서 진술거부권을 고지하여야 하는지 분명하지 아니하다. 즉 현행 법률상 「검사 또는 사법경찰관은 피의자를 신문하기 전에 진술거부권이 있음을 고지하여야 한다.」(법 제244조의3)고 규정하고 있는데, 언제부터 어떤 상황 하에서 조사대상자가 피의자가 되는지, 피의자 이 외의 진술자 예컨대 참고인에게 고지하지 않아도 되는지 분명하지 않다. 다만 판례에서는 수사기관이 조사대상자에 대한 범죄혐의를 인정하여 수사를 개시하는 행위를 한 때 피의자의 지위가 인정되는 것으로 보아야 하므로 이러한 지위에 있지 아니한 자에 대하여는 진술거부권이 고지되지 아니하였더라도 진술의 증거능력은 부정할 것은 아니라고 하여(대판 2011.11.10. 2011도8125), 진술거부권의 고지는 피의자에 한하고 있고 피의자 지위에 있지 아니한 참고인 등은 진술거부권이 고지되지 않더라도 그 진술의 증거능력은 부정되지 않는다. 체포나 구금상태뿐만 아니라 불구속 상태에서 신문을 받는 피의자에게도 반드시 진술거부권을 고지하여야 한다. (2) **진술거부권 대상의 범위** 개정 형사소송법 제244조의3의 적용에서 진술거부권은, 이설이 있으나, 피의자신문과 조사나 진술도 포함된다. 3) 진술거부권의 고지의 담보 개정 형사소송법은 제244조의3 제1항에 고지사항을 자세히 규정하고 제2항에 제1항의 고지를 담보하는 조항을 두었다. 즉, 검사 또는 사법경찰관은 진술거부권에 관한 4가지 사항을 알려준 때에는 피의자가 진술을 거부할 권리와 변호인의 조력을 받을 권리를 행사할 것인지 여부를 질문하고, 이에 대한 답변을 조서에 기재하도록 되어 있다. 이 경우 피의자의 답변은 피의자로 하여금 자필로 기재하게 하거나 검사 또는 사법경찰관이 피의자의 답변을 기재한 부분에 기명날인 또는 서명하게 하여야 한다(법 제244조의3 제2항). 이러한 진술거부권 고지의 담보에 관한 법 규정을 위반한 피의자신문조서에 대하여 대법원은 증거로 쓸 수 없다고 하고 있다(대판 2013.3.28. 2010도3359). 3) **진술거부권의 내용** 진술거부권은 현재의 피의자나 피고인으로서 수사나 공판절차에 계속 중인 자 뿐만 아니라 장차 피의자나 피고인이 될 자에게도 인정되며, 더욱 행정절차나 국회에서의 조사절차에서도 보장이 된다. 진술거부의 대상은 형사상 자기에게 불리한 진술이며, 그 내용은 진술강요의 금지이다. 형사상자기에게 불리한 진술이기 때문에 민사책임이나 행정상의 책임과 관련하여 자기에게 불리한 진술은 진술거부권의 대상에 포함되지 않는다고 본다. 피의자·피고인의 진술거부권과 관련하여 성명, 나이, 주소 등의 인적사항이 그 대상이 되는가에 대하여 다수설은 인적사항에 대하여도 진술거부권이 허용되어야 한다고 본다. 3. **진술거부권의 불고지와 불완전고지** 우리나라의 학설과 판례는 진술거부권을 침해한 진술거부권의 불고지에 대한 효과로서 피의자신문조서의 증거능력을 부정하고 있으며 다른 견해는 없다. 나아가 진술거부권 고지 담보를 위한 개정형사소송법 제244조의3 제2항의 위반에 관련하여 대법원은 법조문 그대로 작성하지 아니한 피의자신문조의 증거능력을 인정할 수 없다고 판시하고 있다(대판 2013.3.28. 2010도3359). 진술거부권을 고지는 하였으나 불완전하게 고지한 경우 진술증거의 증거능력이 문제될 수 있다. 미란다 원칙에서는 진술거부권의 취지만 고지된다면 일정한 경우 증거능력이 배제되지 않는다고 보고 있다.

진정소급입법眞正遡及立法 ➜ 소급입법금지의 원칙.

진정입법부작위眞正立法不作爲 ➜ 입법부작위. ➜ 기본권의 침해와 구제.

진정眞正 **기본권** ㉦ echte Grundrechte. ➜ 기본권의 분류와 체계.

진정합헌조약眞正合憲條約 절차상 및 실질상 합헌인 조약. ⇔ 부진정합헌조약. ➜ 조약.

질문권質問權 ➜ 국회의원의 권한과 의무.

질서유지秩序維持 ➜ 기본권의 제한.

질서유지권秩序維持權 ➜ 국회자율권.

질서자유주의秩序自由主義 [독] Ordoliberalismus. 자유주의의 한 분파로 독일식의 경제자유주의를 일컫는 말이다. Walter Eucken이 주장하여 Eucken 신자유주의라고도 부른다. 독일의 사회적 시장경제질서의 사상적 기반이다. 자유시장을 중시하지만 열린 시장의 경쟁질서를 확립하기 위하여 국가의 역할을 중시한다. 국가는 장기적인 안목의 질서정책에 한정하여 경제에 개입할 수 있고, 특정한 목적을 달성하기 위한 과정정책을 통한 개입은 최소화하여야 한다는 원칙을 주장한다. 여기서 질서정책이란 시장에서 경쟁질서를 유지하기 위하여 게임규칙을 정하는 경제정책이며, 과정정책이란 게임결과를 개선하거나 변경하기 위하여 국가가 시장에 개입하는 정책을 말한다. Eucken은 국가의 역할에 대하여 ① 강력한 국가 ② 정부권력의 억제 ③ 경제정책의 지속성 ④ 질서정책의 우위성을 강조하였다.

질서자율권秩序自律權 ➜ 국회자율권.

질의권質疑權 ➜ 국회의원의 권한과 의무.

질적 일부위헌質的 一部違憲 ⇔ 양적 일부위헌. ➜ 변형결정.

집단분쟁해결제도集團紛爭解決制度 [영] collective dispute resolution system, [독] Kollektives Streitbeilegungssystem, [프] système de règlement collectif des conflits. 1. **개념** 집단분쟁(collective dispute)이라 함은 국가와 사인 사이 혹은 사인과 사인 사이에 일정한 행위로 말미암아 다수인에게 피해를 발생시키는 경우 이러한 피해를 회복하고자 하는 집단적 다툼을 일컫는다. 집단분쟁에서의 피해는 피해의 집단성과 피해회복의 곤란성을 가지는 경우가 대부분이다. 국가작용으로서 공권력의 행사 또는 불행사로 인하여 다수인에게 피해가 발생하는 경우 원칙적으로 국가배상 혹은 손실보상을 통하여 그 손해(내지 피해)를 회복시킬 수 있지만, 피해가 광범위하여 다수인에게 결쳐 있고 또 피해액을 산정하기가 쉽지 아니하거나 소액에 그치는 경우에는 배 · 보상을 확정하기가 쉽지 아니하다. 행정쟁송을 통해 구제받고자 하더라도 절차적 장애가 적지 아니하다. 사인과 사인 사이에서 다수의 피해자와 소액의 피해가 발생하는 경우에도 정규의 소송을 통해 구제받기에는 적절한 소송수단이 제도화되어 있지 아니하다. 특히 현대사회에서는 소비자집단과 생산자 사이의 대량거래와 반복거래가 일상화되고 있고 그러한 거래에서 소비자에게 피해가 발생한 경우 그 피해는 소액에 그치는 경우가 많다. 따라서 소비자의 입장에서는 피해를 회복하기 위해서는 최종적으로 소송을 통할 수밖에 없고 그런 경우에는 피해액보다 더 큰 비용이 들 수도 있다. 이러한 집단분쟁을 해결하기 위한 방안으로 소송적 수단과 소송외적 수단이 모색되고 있다. 2. **소송적 수단** 집단분쟁의 소송적 수단으로 **민사소송법상** 공동소송, 선정당사자소송, 법인격없는 사단의 당사자적격 인정 등의 방법이 있으나, 대표적인 것으로 선정당사자소송을 들 수 있다. 그러나 선정당사자소송은 개별 당사자들이 선정행위를 필요로 하기 때문에 복잡하고 번거로우며, 승소하더라도 판결의 효력이 제한적이며, 선정의 임의성으로 인한 문제를 안고 있고, 소송절차의 어려움 등의 문제를 안고 있다. **특별법상**으로는 증권관련집단소송제도(증권관련 집단소송법(2004.1.20. 제정 2005.1.1. 시행), 소비자단체소송제도(소비자기본법 제70조: 2006.9.27. 전부개정) 등이 제도화되어 있으나, 포괄적인 집단소송법제는 제정되지 못하고 있다. 소비자 분야, 환경 분야, 행정서비스 분야, 개인정보 관련 분야, 공정거래 분야 등 다양한 분야를 포괄할 수 있는 포괄적인 집단소송법이 제정될 필요가 있다. 영국의 집단소송명령제도(Groop Litigation Order), 미국과 캐나다의 집단소송(class action), 독일의 단체소송(Verbandsklage), 프랑스의 단체소송(Litiges Collectifs) 등을 참고할 필요가 있다. **3. 소송외적 수단** 집단분쟁을 해결하기 위한 소송외적 수단으로는 대체적 분쟁해결제도(Alternative Dispute Resolution:ADR)가 있다. 이에는 협상, 화해, 알선, 조정, 중재 등 제3자의 관여나 당사자 간의 직접적인 교섭 등의 방법으로 행해지는 집단분쟁해결방식이다. 대표적으로는 집단분쟁조정제도가 있다. 현재 소비자 집단분쟁조정제도(소비자기본법 제60조 이하), 개인정보 집단분쟁조정제도(개인정보보호법 제49조 이하), 약관 집단분쟁조정제도(약관의 규제에 관한 법률 제24조 이하) 등이 법률로 규정되어 있다. 개별적인 분야의 분쟁조정제도를 포괄하여 일반적·포괄적인 집단분쟁조정법이 집단소송법과 함께 제정될 필요가 있다.

집총거부執銃拒否 ➜ 양심의 자유.

집행권이원주의執行權二元主義 이는 주로 혼합정부제 내지 이원정부제에서 나타나는 특징이다. 즉, 집행부를 구성함에 있어서 국민이 직접 대통령을 선출함과 동시에 의회의 다수파의 수장을 수상으로 하여 집행부를 이원적으로 구성하는 것이다. 국가 3권 중의 하나인 집행부를 이원적으로 구성함으로써 민주적 정당성을 이원화하는 구조이다. ➜ 이원정부제.

집행력執行力 헌법재판소법에는 종국결정이 가지는 집행력에 대하여 일반적으로 정하는 명시적인 규정은 없고, 다만, 정당해산심판의 경우에만 명시하고 있다(헌법재판소법 제60조). ➜ 헌법재판소 결정의 효력.

집행명령執行命令 ➜ 행정입법.

집행작용執行作用 ➜ 국가작용.

집회·결사集會·結社**의 자유** ㊈ freedom of assembly and association, ㊦ Versammlungs und Vereinigungsfreiheit, ㊇ liberté de réunion et d'association. 1. **의의** 현행헌법은 제21조 제1항에서 「모든 국민은 … 집회·결사의 자유를 가진다.」라고 규정하여 집회의 자유를 보장하고 제2항에서는 「집회 결사에 대한 허가는 인정되지 아니한다.」라고 규정하여, 집회에 대한 허가제도를 금지하고 있다. 집회·결사는 집단적 성격의 표현이다. 집회나 결사는 사회의 질서유지에 미치는 영향력이 언론이나 출판보다는 훨씬 직접적이기 때문에 언론·출판의 자유보다는 더 강력한 국가의 통제를 받는다. 집회·결사의 자유는 표현의 자유의 한 부분이라는 점 때문에 언론·출판과 함께 동일한 조문에 함께 규정함이 일반적이지만, 별도로 규정하는 국가도 있다. 집회·시위는 헌법질서, 타인의 권리, 도덕률 등에 위배되지 않도록 행사되어야 한다. 집회·시위의 자유는 평화적(friedlich), 비폭력적(gewaltfrei), 비무장(unbewaffnet)으로 행사되어야 하며, 타인의 기본권, 공익과 조화되어야 한다. 2. **집회·결사의 자유의 기능** 집회·결사의 자유는 집회나 집단행동을 통하여 단순히 자신의 의사를 표명하는 데에 그치는 것이 아니라 다른 사람들과의 의견교환을 통하여 새로운 여론을 형성할 수 있는 유효한 수단이다. 이에 집회·결사의 자유는 표현의 자유의 실질화를 위한 조건 또는 보완적 기능을 가진다. 또한 집회·결사의 자유는 민주주의의 실천을 위한 불가결한 전제로서, 특히 소외된 정치적 소수자들이 자기의 목소리를 정치과정에 반영할 수 있는 방편이라는 점에서 다수결원리에 의하여 진행되는 현대대의제도를 보완하는 기능을 가진다(헌재 1992.1.28. 89헌가8, 반대의견 참조). 집회의 자유는 개인의 인격발현의 요소이자 민주주의를 구성하는 요소라는 이중적 헌법적 기능을 가지고 있다(헌재 2003.10.30. 2000헌바67). 3. **집회의 자유** 1) **집회의 개념** 집회란 다수인이 일정한 장소에서 공동목적을 가지고 회합하는 일시적 결합체를 말한다. 대법원은 2인 이상이면 다수로 본다(대판 2012.5.24. 2010도11381). 헌법재판소는 집회는 「일정한 장소를 전제로 하여 특정 목적을 가진 다수인이 일시적으로 회합하는 것을 말하는 것으로 일컬어지고 있고, 그 공동의 목적은 '내적인 유대관계'로 족하다.」는 입장이다(헌재 2009.5.28. 2007헌바22; 2014.1.28. 2011헌바174등; 대판 1983.11.22. 83도252). 공동목적은 집회에 참가한 다수인이 적어도 내적인 유대감에 의한 의사접촉이 있어야 한다. 집회의 자유에 있어서 시위가 포함되느냐에 관하여 논란이 있으나, 시위행진을 장소이동적인 집회 내지 이동하는 집회로서 집회이 자유에 포함된다고 봄이 통설 · 판례이다. 2) **집회의 자유의 법적 성격** 집회의 자유는 공동의 목적을 위하여 타인과 집회를 개최할 수 있는 헌법상 보장된 자유권적 기본권으로 1차적으로 집회에 대한 국가권력의 간섭이나 방해를 배제할 수 있는 주관적 공권으로서의 성격을 가진다. 동시에 민주국가에서의 집단적 형태의 정보교환과 시위를 보호하는 것이므로 정치적 또는 민주적 기본권이라고 할 수 있다. 집회의 자유는 원칙적으로 대국가적 방어권적 성격의 자유권이다. 그러나 집회는 공공장소를 이용하거나 교통 통제가 이루어지는 등 다소간의 사회적 배려가 있어야 하는 경우가 많고, 국가는 집회의 자유의 실질적 보장을 위해 집회 참가자와 일반 공중 간의 이해관계의 충돌을 조정해줄 필요가 있다. 이러한 점에서 집회의 자유는 한정적으로 국가를 향한 청구권으로서의 성격도 어느 정도 갖는다고 보아야 할 것이다. 3) **집회의 자유의 주체** 집회의 자유는 집단적으로 행사되는 기본권이지만,집단의 권리가 아니라, 개인의 권리이다. 집회의 자유란 인간의 본성에서 유래하는 타인과 함께 있을 자유를 보호대상으로 한다. 외국인도 타인과 접촉하고 연대감을 공유하려는 인간으로서의 본성을 가지므로 집회의 자유는 국적을 불문하고 모든 인간에게 보장된 권리라고 할 것이다. 세계인권선언 제20조 제1항도 「누구를 막론하고 평화적인 집회와 결사의 자유를 누릴 권리를 가진다.」라고 규정하고 있다. 또한 미성년자도 단지 법규범의 객체가 아니라, 성장하는 인격체로서 일정한 정신적 성숙도에 도달하였다면 사안에 따라서 집회의 자유의 주체가 될 수 있다. 부모가 미성년자와 직접적인 연관성이 없는 집회현장에 자신의 아이를 대동하는 것은 미성년자의 기본권이 아니라 부모의 교육권이 적용되어야 할 것이다. 4) **집회의 자유의 효력** 집회의 자유는 주관적 공권이므로 모든 국가권력을 구속한다. 또한 대사인적 효력은 간접적용설에 따라 보장된다. 집회 및 시위에 관한 법률 제3조는 집회 또는 시위의 방해 내지 질서문란의 금지와, 집회 또는 시위의 방해우려에 대한 보호요청을 규정하여 집회의 자유의 대사인적 효력을 규정하고 있다. 5) **집회의 자유의 내용** (1) **집회의 유형** ① **옥내집회와 옥외집회** 현행 집시법 제2조 제1호는 「옥외집회란 천장이 없거나 사방이 폐쇄되지 않은 장소에서 여는 집회」라고 정의하고 있으며 헌법재판소는 '공중이 자유로이 통행할 수 있는 장소'라는 제한적 개념이 없는 집시법상의 옥외집회 정의가 헌법에 합치된다는 입장이다. ② **시위와 행진** 집시법 제2조 제2호는 「'시위'란 여러 사람이 공동의 목적을 가지고 도로, 광장, 공원 등 일반인이 자유로이 통행할 수 있는 장소를 행진하거나 위력 또는 기세를 보여, 불특정한 여러 사람의 의견에 영향을 주거나 제압을 가하는 행위」라고 정의하고 있다. 헌법재판소는 옥외집회의 개념과 같이 시위의 개념에 '공중이 자유로이 통행할 수 있는 장소'라는 장소적 제한개념이 불필요하다고 한다(헌재 1994.4.28. 91헌바14; 2014.3.27. 2010헌가2등). ③ **우발적 집회와 긴급집회** 우발적 집회(Spontanversammlung)란 일반적으로 주최자와 주관자가 없이 개인들이 자발적으로 모인 집회를 의미한다. 우발적 집회는 목전의 시급한 사안으로 집회개최의 결정과 시행이 즉각적으로 발발한 집회이다. 긴급집회(Eilversammlung 또는 Blitzversammlung)란 미리 계획되었고 주최자도 있지만 집시법이 요구하는 48시간 전의 신고의무를 지킬 수 없는 집회를 뜻한다. 우발적 집회는 신고서를 제출할 집회주최자가 없으므로 신고의무가 면제된다고 해석되어야 한다. 긴급집회의 경우, 헌법재판소는 그러한 신고조차 하지 아니하는 경우에도 48시간 이내에 신고를 할 수 없는 긴급한 사정이 있고, 옥외집회나 시위가 평화롭게 진행되어 타인의 법익이나 공공의 안녕질서에 대한 직접적인 위험이 명백하게 초래된 바가 없다면, 위법성이 조각되거나 책임이 조각되는 경우도 가능하다는 입장이다(헌재 2014.1.28. 2011헌바17). ④ **주간집회와 야간집회** 집시법 제10조 본문은 해가 뜨기 전이나 해가 진 후에는 옥외집회 또는 시위를 금지하고 있다. 다만 야간옥외집회는 '집회의 성격상 부득이하여 주최자가 질서유지인을 두고 미리 신고한 경우에는 관할 경찰서장은 질서 유지를 위한 조건'을 붙여 허용할 수 있도록 규정하고 있다. 1994년에 헌법재판소는 야간의 옥외집회 및 시위를 원칙적으로 금지한 집시법 제10조가 헌법에 위반되지 아니한다고 결정하였다(헌재 1994.4.28. 91헌바14). 그러나 2009년에 헌법재판소는 선례를 변경하여 집시법 제10조 중 「옥외집회 부분과 그 위반시 처벌조항인 제23조 제1호 중 '제10조 본문의 옥외집회' 부분은 헌법에 합치되지 아니하며 위조항들은 '2010.6.30.을 시한으로 입법자가 개정할 때까지 계속 적용된다.」는 잠정적용 헌법불합치결정을 내렸다(헌재 2009.9.24. 2008헌가25). 아울러 2014.3.27. 헌법재판소는 「제10조 본문 중 '시위'에 관한 부분 및 제23조 제3호 중 '제10조 본문'가운데 '시위'에 관한 부분은 각 '해가 진 후부터 같은 날 24시까지의 시위'에 적용하는 한 헌법에 위반된다.」라고 하여, 한정위헌결정을 내렸다(헌재 2014.3.27. 2010헌가2등). 이어서 2014.4.24. 야간옥외집회와 야간시위를 금지하고, 다만 옥외집회의 경우 예외적으로 관할 경찰관서장이 허용할 수 있도록 한 구 집시법 제10조와 그 처벌조항을 '일몰시간 후부터 같은 날 24시까지의 옥외집회 또는 시위'에 적용하는 한 헌법에 위반된다는 한정위헌결정을 다시 내렸다(헌재 2014.4.24. 2011헌가29). 이 결정들에 대하여 집시법의 관련규정에 대한 법문의 개정은 없는 상태이며, 헌법재판소의 결정에 따라 그 적용이 제한되어 있다. ⑤ **공개집회와 비공개집회** 집회는 누구나 자발적으로 참가할 수 있는 공개집회와 특정한 인적 범위의 사람에게만 참가가 허용되는 비공개집회로 구별된다. 집시법 제4조는 「집회 또는 시위의 주최자 및 질서유지인은 특정한 사람이나 단체가 집회나 시위에 참가하는 것을 막을 수 있다. 다만, 언론사의 기자는 출입이 보장되어야 하며, 이 경우 기자는 신분증을 제시하고 기자임을 표시한 완장을 착용하여야 한다.」고 규정하고 있다. 이 조항은 옥내집회에만 적용하는 것이 타당하다. (2) **특히 집회 · 시위의 장소 제한** 헌법재판소는 2018년 이전과 이후로 나누어 옥외집회와 시위금지 장소에 관하여 견해를 달리하였다. 2018년 이전에는, 2003년에 국내주재 외국의 외교기관 인근에서의 집회를 예외 없이 금지하는 집시법 제11조 제1항(100m 이내 금지)에 대해 위헌결정(헌재 2003.10.30. 2000헌바67등 병합)이 있었으나, 2005년부터 2010년 사이에 선고된 동 조항의 다른 집회·시위 금지 장소에 대해서는 일관되게 합헌으로 판단하였다(헌재 2005.11.24. 2004헌가17 결정(각급 법원 부분: 2009.12.29. 2006헌바13 결정도 같은 뜻), 헌재 2009.12.29. 2006헌바20등 결정(국회의사당 부분), 헌재 2010.10.28. 2010헌마111 결정(국내 주재 외국의 외교기관 부분)). 이후 2018년 이후 같은 조항의 국회의사당 인근(헌재 2018.5.31. 2013헌바322등 결정), 국무총리 공관 인근(헌재 2018.6.28. 2015헌가28등 결정), 각급 법원 인근(헌재 2018.7.26. 2018헌바137 결정)에서의 집회금지 조항을 대상으로 헌법불합치 결정이 이어졌다. 2018년 헌법재판소가 선고한 세 건, 즉 국회의사당, 국무총리 공관 인근, 그리고 각급 법원을 대상으로 옥외집회와 시위금지 장소를 설정한 동법 조항에 대하여 각 헌법불합치결정을 선고한 결정들은 모두 2019.12.31.을 시한으로 법개정을 촉구하여, 2020.6.9. 동법 조항이 개정되었다. 그러나 개정에도 불구하고, 대통령 관저 인근(헌재 2022.12.22. 2018헌바48등 결정), 국회의장 공관 인근(헌재 2023.3.23. 2021헌가1 결정)에서의 집회금지 조항을 대상으로 2024.5.31.까지 개정할 것을 시한으로 하는 헌법불합치결정이 이어졌다. 개정법률의 규제방식이 집회와 시위의 장소에 대한 '원칙적 금지, 예외적 허용' 형태의 규제는 헌법재판소의 결정 취지에 어긋난다는 비판이 제기되고 있고, 시행령을 통한 금지장소의 설정, 이격거리의 일괄적용의 문제, 금지장소의 불명확성 등이 논란이 되고 있다. 6) **허가여부의 문제** 집시법 제6조는 옥외집회 및 시위의 신고를 규정하고 있는데, 이에 대하여 신고제가 허가제로 운용될 위험성이 있기 때문에 위헌이라는 견해가 있다. 집시법상 일정한 신고절차만 밟으면 일반적·원칙적으로 옥회집회 및 시위를 할 수 있도록 보장하고 있으므로, 집회에 대한 사전신고제도는 헌법 제21조 제2항의 사전허가금지에 반하지 않는다고 할 것이다. 신고제가 실제로 허가제로 변용되었다는 비판은 우선 신고사항 너무 많고 상세한 내용을 요구하고 있어서 행정청이 실질적 심사를 하고 있다는 점을 문제로 지적하고 금지통고사유가 너무 다양하여 신고제와 결부된 금지통고는 집회를 일반적·원칙적으로 금지하는 허가에 속한다고 한다. 그러나 집회가 금지하고 있는 '허가'는 기본권제한의 원칙과 한계를 규율하고 있는 헌법 제37조 제2항의 예외적 조항이다. 즉, 기본권제한의 절대적 금지사유이므로 예외조항은 원칙적으로 엄격하게 해석하는 것이 타당하다. 4. **결사의 자유** ➜ 결사의 자유.

징계懲戒, 공무원의 – ➜ 직업공무원제도.

징계懲戒, 국회의원의 – 국회법 제155조 이하에 따르면, 국회는 의원이 법 소정의 어느 하나에 해당하는 행위를 하였을 때에는 윤리특별위원회의 심사를 거쳐 그 의결로써 징계할 수 있다. 다만, 의원이 의장석 또는 위원장석을 점거하고 그 해제를 위한 조치에 응하지 않은 행위를 하였을 때에는 윤리특별위원회의 심사를 거치지 아니하고 그 의결로써 징계할 수 있다고 하고 있다. 절차는 의원 20인 이상의 찬성을 얻어 징계를 요구할 수 있으며 징계요구서가 윤리위를 통과할 경우 본회의 의결을 거쳐야 한다. 징계의 종류는 공개회의에서 경고, 공개회의에서 사과, 30일 이내의 출석금지, 제명 등이 있다. 징계요구안이 윤리위원회에 회부되면 윤리위는 비공개심사를 통해 위 4가지 징계 가운데 어떤 징계를 내릴 것인지 심사보고서를 작성하고, 과반수 의결로 통과시켜 본회의에 제출한다. 본회의에서 '제명'은 재적의원 3분의2 이상, '다른 종류의 징계'는 재적의원 2분의 1 이상 출석, 출석의원 2분의 1 이상 찬성이 있으면 의결된다.

징병제徵兵制 ㊎ conscription, ㊍ Wehrpflicht, ㊋ service militaire. 병역의무의 이행방법으로서 병역은 크게 징병제와 모병제로 나뉘는데, 징병제는 일정연령 이상의 국민에게 군인으로 일정기간 동안 강제적으로 복무하게 하는 제도이다. 국민개병제(國民皆兵制)라고도 한다. 국민 중 남성에게만 강제적으로 복무하게 하는 경우도 있고(우리나라), 남녀를 가리지 않고 복무하게 하는 경우(이스라엘)도 있다. 모병제(募兵制)는 전문적 군인들을 모집하여 직업군인으로 복무하게 하는 제도이다. 이 외에도 민병제, 선택적 징병제 등 다양한 형태의 병역제도가 있다.

ㅊ

차등선거差等選擧 ⇔ 평등선거. 불평등선거라고도 한다. 선거권을 부여하되 선거권의 내용, 즉 투표수나 투표가치에 차등을 두는 선거이다. ➜ 선거의 기본원칙.

차별금지법差別禁止法 ㉥ Anti-discrimination Law, ㉣ Antidiskriminierungsgesetz, ㉫ Loi anti-discrimination. 1. **개설** 1) **의의** 차별금지법은 헌법상의 평등이념에 따라, 정치·경제·사회·문화 등 모든 생활영역에서 합리적 이유가 없는 모든 형태의 차별을 금지하고 평등을 증진하기 위한 법을 일컫는다. 헌법상의 자유이념과 그 구체화로서의 자유권 영역은 실체법과 절차법상 상당한 정도의 진전이 이루어지고 있으나, 평등원칙 내지 평등권은 여전히 추상적 이념의 수준으로 남아 있다. 차별금지법 내지 평등기본법의 제정은 추상적 수준에 머무르고 있는 평등의 이념을 구체화하여 헌법의 최고이념인 인간의 존엄을 실현하기 위한 노력의 일환이다. 2) **법제정 상황** 헌법상 평등이념을 실현하기 위한 방법으로서는 생활의 구체적 영역별로 차별행위를 특정하고 이에 대한 법적 규율을 명시하는 개별적 차별금지법이 있고, 이러한 법들에 공통적으로 적용될 수 있는 총론적 의미에서의 포괄적 차별금지법이 있을 수 있다. 현행 법체계 내에서 개별적 차별금지법으로는 「장애인차별금지 및 권리구제에 관한 법률(장애인차별금지법)」, 「남녀고용평등과 일·가정 양립 지원에 관한 법률(남녀용평등법)」, 「양성평등기본법」, 「고용상 연령차별금지 및 고령자고용촉진에 관한 법률(연령차별금지법)」, 「기간제 및 단시간근로자 보호 등에 관한 법률(기간제법)」, 「파견근로자 보호 등에 관한 법률(파견법)」 등을 들 수 있으며, 이 외에도 정보소외계층차별금지법안, 성차별·성희롱금지법안, 학력차별금지법안, 인권기본법안, 혐오범죄법안, 지역차별금지법안 등이 논의되고 있다. 포괄적 차별금지법안은 17대 국회 회기인 2006년에 처음 발의 된 이후 20대 국회에 이르기까지 다양한 법안이 발의되었으며, 21대 국회에서도 여러 법안이 제안되어 있을 뿐 입법되지 못하고 있다. 3) **포괄적 차별금지법(평등기본법)의 필요성** (1) **개별법상 차별금지사유와 차별영역의 통합** 개별적 차별금지법은 특정 사유 또는 영역과 관련하여 특별히 차별을 금지할 필요성이 있기 때문에 제정되거나 발의된 것이다. 개별적 차별금지법만으로는 차별을 전부 아우를 수 없기 때문에, 포괄적 차별금지법을 두어 모든 차별금지사유와 영역을 포괄적으로 규율하고, 특별히 필요성이 있는 영역에 대해서는 개별적 차별금지법으로 보완하는 방식으로 전체 차별금지법 체계를 구성하는 것이 체계적인 법률체계와 효율적인 규율을 위해서 바람직하다. (2) **차별구제의 실효성 강화** 포괄적 차별금지법은 실효성 있는 차별구제, 즉 차별시정기구를 단일화하여 효과적이고 효율적인 차별구제 및 차별금지정책을 수행하기 위해서도 필요하다. 특히 여러 개별적 차별금지법에 저촉되는 복합차별(combined discrimination)에 대처하는 데에도 도움이 된다. 또한 차별의 개념, 차별금지사유, 차별영역 등을 통일적으로 규정함으로써 차별구제의 실효성을 제고할 수 있다. (3) **헌법이념으로서의 평등의 구체화** 현행 헌법 제

11조 제1항은「누구든지 성별·종교 또는 사회적 신분에 의하여 정치적·경제적·사회적·문화적 생활의 모든 영역에 있어서 차별을 받지 아니한다.」고 규정하고 있다. 헌법상 평등의 이념은 단순히 헌법이념으로서가 아니라 법률적 차원에서 구체화되어야 한다. 자유권의 이념이 구체화된 데에 비하면 평등의 이념은 현대헌법에 이르러 구체화되고 있다. 그러한 의미에서 포괄적 차별금지법 내지 평등기본법이 제정될 필요가 있다. 법안 명칭과 관련해서는 입법례에 따라 '차별금지법', '차별금지기본법', '동등대우법', '일반평등대우법', '평등대우법', '평등과 차별금지에 관한 법률' 등 다양한 명칭이 있으나, 평등의 증진이라는 측면에서 '평등기본법' 또는 '평등과 차별금지에 관한 기본법'으로 함이 적절할 것이다. 2. **입법례** 외국의 경우 포괄적인 차별금지법의 명칭은 다양하며, 차별사유와 영역, 구제기구와 절차도 각양각색이다. 비사법적 절차에 의한 구제기구는 국가인권기구로 각국의 법률체계와 법문화, 민주주의와 인권의 발전정도에 따라 그 위상과 기능이 다양하다. 민주주의의 발전정도에 따라서 보더라도 국가권력의 남용으로부터 국민의 기본권을 지키는 것이 주요과제인 국가와 평등권의 실현이 주과제인 국가는 차별관련 입법, 사법, 비사법적 구제기구의 상황이 상이하다. 캐나다 인권법(Canadian Human Rights Act, 1977), 독일의 일반평등대우법(Allgemeines Gleichbehandlungsgesetz, 2006), 영국의 평등법(Equality Act, 2010), 미국의 민권법 제7편(Civil Rights Act, Title VII, 1964), 뉴질랜드의 인권법(Human Rights Act, 1993) 등이 세계적으로 잘 알려진 포괄적인 차별금지법들이다. 3. **포괄적 차별금지법의 내용** 1) **목적과 적용범위** 포괄적 차별금지법의 목적은 차별의 피해를 구제하고 평등을 증진함으로써 평등권과 인간존엄을 실현하는 데에 있다. 차별에 대한 기본법으로서의 법의 취지를 명확하게 하는 것이 중요하다. 적용범위의 경우, 현행 인권위원회법은 제4조에서「이 법은 대한민국 국민과 대한민국의 영역에 있는 외국인에 대하여 적용한다.」고 규정하여 자연인에게만 적용되는 것처럼 표현하고 있다. 그러나 평등은 법인에게도 적용될 수 있으므로, 차별금지법은 법인도 포함하여야 한다. 또한 외국인과 외국법인인 경우에도 일정한 경우 적용될 수 있도록 하여야 한다. 특히 해외진출 한국기업의 외국인 노동자의 경우도 포함할 필요가 있다. 2) **차별금지사유** (1) **차별금지사유의 열거 문제** 포괄적 차별금지법의 위상을 확고하게 하기 위해서는 차별금지사유를 포괄적으로 상세하게 규율할 필요가 있다. 차별금지사유와 관련하여「헌법」은 성별, 종교, 사회적 신분 등 세 가지를 규정하고 있고,「국가인권위원회법」은 성별, 종교, 장애, 나이, 사회적 신분, 출신지역, 출신 국가, 출신 민족, 용모 등 신체 조건, 기혼·미혼·별거·이혼·사별·재혼·사실혼 등 혼인 여부, 임신 또는 출산, 가족 형태 또는 가족 상황, 인종, 피부색, 사상 또는 정치적 의견, 형의 효력이 실효된 전과(前科), 성적(性的) 지향, 학력, 병력(病歷) 등 19가지를 규정하고 있다. 차별금지사유가 너무 많다는 지적도 있지만, 차별금지사유는 가능한 한 구체적으로 나열할 필요가 있으며, 열거적 규정이 아니라 예시적 규정으로 두는 것이 바람직하다. 차별금지사유에는 대체로 '보편적'이라고 할 수 있는 사유가 있고, 국가별 특성이 반영된 차별금지사유도 있을 수 있다. 유럽연합 기본권헌장이나 주요 국가들의 차별금지법을 참조하면, 성별, 장애, 연령, 인종, 출신민족·국가, 성적지향, 종교, 정치적 신념 등을 보편적인 차별금지사유라고 본다면, 출신학교, 건강상태, 고용형태, 경제적 지위, 재산, 노조활동, 문화 등은 나라별 특수성을 반영한 차별금지

사유라고 할 수 있을 것이다. 유전자정보와 같이 과거에는 문제되지 않았던 차별금지사유가 새롭게 문제될 수도 있다. 차별행위는 차별금지사유에 해당한다고 무조건 성립하는 것이 아니라, 합리적 이유가 없고 진정직업자격 등의 예외에 해당하지 않는 경우에만 성립하는 것이다. 따라서 차별금지사유가 많다고 해서 특별히 법이 남용되거나 불합리한 결과를 초래할 가능성이 있다고 보기는 어렵다. (2) **차별금지사유의 적용범위** 차별금지사유가 모든 차별의 종류와 영역에 공통적으로 적용되도록 할 것인지도 문제될 수 있다. 즉, 모든 차별금지사유가 모든 영역에서 적용되게 할 것인지 아니면, 차별의 종류와 영역에 따라 차별금지사유가 각기 적용되도록 할 것인지에 관해서는 면밀히 검토할 필요가 있다. 3) **차별의 유형** (1) **차별의 유형 일반** 이는 어떤 행위와 경우에 차별이라고 할 것인지에 관한 문제이다. 차별의 개념, 차별의 종류, 차별의 형태 등으로도 논의된다. 영국 평등법은 보호되는 속성(protected characteristics, 차별금지사유)을 별도의 장에서 규정하고, 이어서 금지되는 행위(prohibited conduct)라는 장을 두어, 그 안에 차별의 종류를 직접차별, 복합차별, 간접차별로 규정하고, 괴롭힘과 불이익조치는 '기타 금지되는 행위'로 규정하고 있다. 차별의 원인이 된 사유와 그에 기한 행위를 분리규정하고 있다. 우리나라의 경우에도 차별의 원인과 그에 기한 행위의 유형을 분리규정할 필요가 있다. (2) **간접차별과 복합차별** 간접차별이란 외견상 차별금지사유와 관련하여 중립적인 기준을 적용했으나 결과적으로 특정 개인이나 집단에게 불리하게 된 경우를 말한다. 복합차별은 차별사유가 중첩된 경우이다. 복합차별을 두는 이유는 어느 하나의 사유에 근거했는지 각각 입증할 필요가 없게 해서 소수자를 두텁게 보호하기 위함이다. 예컨대, 여성 노인이 차별을 받았다면, 이 여성 노인은 본인이 여성으로서 차별을 받은 것인지, 연령 때문에 차별을 받은 것인지를 각각 개별적으로 입증할 필요가 없으며 직접차별과 복합차별을 동시에 주장할 수도 있다. (3) **괴롭힘(harassment)** 괴롭힘은 개인이나 집단에 대하여 존엄성을 해치거나, 수치심·모욕감·두려움을 야기하거나 적대적·위협적·모욕적인 분위기를 조성하는 등의 방법으로 신체적·정신적 고통을 주는 일체의 행위이다. 괴롭힘은 연령, 장애, 성전환, 인종, 종교 및 신념, 성, 성적 지향, 결혼 여부, 임신, 모성 등 여러 사유에서 가능하므로 그 구체적 사유를 어느 정도로 범위를 정할 것인지를 고려하여야 한다. (4) **혐오표현의 문제** 차별을 표시하거나 조장하는 행위도 차별의 범위에 포함시킬 수 있다. 특히 신문, 라디오, 인쇄 매체 등을 통해 혐오표현을 공표하는 행위나 광고를 통한 차별공표 등도 금지되어야 한다. ➜ 혐오표현. (5) **차별지시(instruction to discriminate)** 차별지시는 차별하도록 지시하는 행위로서, 차별금지법상 금지되는 행위로 규율된다. 차별지시는 직접적으로 차별을 유발하기 때문에 그 자체로 차별행위로 간주하는 것이 적절하다. (6) **차별의 표시·암시** 차별행위 표시·암시는 차별금지법상 차별행위를 하겠다는 의도를 표명하는 것이다. 예컨대 특정 국가 출신의 레스토랑 출입을 저지하는 것뿐만 아니라, 출입을 금한다고 써 붙인 것 자체도 차별로 간주된다. 차별의 표시·암시는 직접적으로 차별로 이어진다는 점에서 차별행위로 평가될 수 있다. (7) **불이익조치(victimisation)** 불이익조치란 차별을 받았다고 주장하는 자가 차별시정기구에 구제를 신청했다는 이유로 불이익한 조치를 당하는 것을 말한다. 차별 그 자체라기보다는 차별행위에 부수되는 행위로 봐야 할 것이며, 따라서 차별의 개념이나 범위에 포함시키는 것보다는 별도로 규정할 필요가 있다.

4) **차별 영역** 차별영역이란 차별이 금지되는 행위영역을 뜻한다. ① 고용(모집, 채용, 교육, 배치, 승진·승급, 임금 및 임금외의 금품 지급, 자금의 융자, 정년, 퇴직, 해고 등을 포함), ② 재화·용역 등의 공급이나 이용, ③ 교육기관에서의 교육 및 직업훈련 등을 차별영역으로 들 수 있다. 법령과 정책의 집행이 차별영역으로 분류될 수 있는지에 관해서는 논란이 있다. 5) **차별금지의 예외** 차별금지사유를 이유로 한 불평등 대우가 모두 금지되는 차별인 것은 아니며, 포괄적 차별금지법이 차별금지의 예외에 관한 일반적인 기준을 제공할 필요가 있다. 차별금지의 예외는 개별영역마다 별도로 규정하는 것이 적절하다. 특히 종교를 이유로 한 차별의 예외는 우리나라에서 적지 않은 논란을 낳고 있다. 종교적 예외규정을 둔다면, 특정 종교조직의 특성상 종교를 이유로 한 차별 대우를 하지 않으면 그 종교조직의 본질적인 목적을 수행하기가 불가능한 경우에 한정되어야 할 것이며, 그 경우에도 최소한의 필요한 범위 내에서만 예외가 허용되어야 할 것이다. 6) **국가와 지방자치단체의 의무** 포괄적인 차별금지법이 평등기본법으로서의 역할을 하기 위해서는 헌법 이념으로서의 평등에 대한 지향과 구체적인 실천과제를 명시할 필요가 있다. 이를 위해서는 국가, 지자체, 기업, 개인의 책임 관련 규정을 규정할 필요가 있다. 특히 국가와 지자체의 의무는 평등실현을 위한 정책, 교육 및 훈련, 홍보 등에 관한 의무 등을 가능한 한 상세히 규정하는 것이 바람직하다. 4. **맺음말** 포괄적인 차별금지법 내지 평등기본법의 제정은 현대사회의 인권의 발달과정에서 한걸음 더 진전하고 있음을 보여주는 예이다. 개인 중심의 자유권의 구체적 확립에 이어, 인간존엄을 기초로 한 개인과 개인 사이의 평등한 관계를 사회적으로 확립하는 계기를 제공해주는 것이다. 나아가 범인류적인 차원에서 보편적인 인권존중으로 나아가는 발판을 마련하는 것이기도 하다.

차별금지사유差別禁止事由 ➜ 평등권. ➜ 차별금지법.

착취설搾取說 **= 계급투쟁설**階級鬪爭說 **= 계급국가설**階級國家說 ➜ 국가(국가기원론).

참심제參審制 ➜ 국민의 사법참여.

참여권參與權 ㊕ Mitwirkungsrechte od. Teilhaberechte. 넓은 의미의 참여권(Mitwirkungsrechte)은 협력권이라고도 한다. 이는 공동체의 구성원인 개인은 정신적·사회적 및 정치적 생활과 '정치적 의사의 예비형성' 및 국민의 직접적·정치적 의사형성에 참여할 권리, 말하자면 공동체의 질서가 현실성을 얻고 정치적 통일이 형성되는 공동체생활에 참여할 권리를 의미한다. 구체적으로는 노동자의 직장협의회 참여권, 의회의원의 참여권, 유럽연합에서 연방의회의 참여권 등이 언급되고 있다. 좁은 의미의 참여권(Teilhaberechte)은 국가적 급부에의 참여를 요구할 개인의 권리를 의미한다. ➜ 급부권.

참여민주주의參與民主主義 ㊎ participatory democracy. 참여민주주의는 다수가 의사 결정과정에 자발적으로 참여하는 민주주의를 포괄적으로 설명하는 용어이다. 정치적 집단 내의 모든 구성원들에게 의사 결정 과정에서 의미있는 기여를 할 수 있는 기회를 만들려고 노력하며, 그런 기회에 접근하는 사람들의 범위를 확장하는 방법을 찾는다. 참여민주주의는 정치 체제의 방향과 운영에 있어서 유권자의 광범위한 참여를 강조한다. 참여민주주의에 있어서 '참여'란 민주주의 자체의 정통성의 원천임과 동시에 시민의 '운명자결권'의 행사를 의미한다. 따라서 '참여'의 범위는 선거를 통한 간접적 참여에 그치지 않고 정치과정에 대한 직접참여 또는 지역, 직장, 국제기구 등 모든 영역에서의 '참여'로 확장된다. 현대의 정치는 20세기를 특징짓는 여러 변화, 즉 국민국가의 발달, 사회 단위의 대규모화, 중간단체의 급증, 복잡한 국제관계, 정치적 쟁점의 복잡화, 행정기구의 비대화를 경험하면서 사람을 '의지 있는 시민'으로 만드는 '참여'의 의의를 살리기보다 그들을 효율적으로 통치하는 기술을 연마하는데 부심하는 경향이 있었다. 이것에 반성을 촉구한 것이 1960~70년대에 선진 각국에서 높아진 '새로운 사회운동' 즉 학생운동, 환경운동, 평화운동, 차별철폐운동 등의 물결이다. 참여민주주의는 이러한 운동의 정신적 지주가 되어 단순한 자유주의에 신랄한 의문을 던지고 그것을 대신하는 사회원리를 모색해 왔다. 최근에 참여민주주의는 지역사회의 재생과 국제적 시민연대를 목표로 하는 글로벌 데모크라시(global democracy)와의 관련 속에서 다시 주목받고 있다. 우리나라에서 참여민주주의는 참여정부가 주장한 이념이다.

참의원參議院 1. **우리나라**의 참의원은 제1·2공화국 헌법하에서 양원제 국회를 구성하였던 상원을 일컫는다. 하원에 해당하는 민의원(民議院)과 함께 국회를 구성하였다. 발췌 개헌 이후의 제1공화국 헌법에도 참의원의 설치가 규정은 되어 있었으나, 민의원만 구성되었고 참의원은 실제로 구성되지 못했다. 제1공화국(발췌개헌) 헌법상의 규정에 의하면 한국의 부통령은 참의원의 의장을 겸하는 규정이 있었다. 그러나 야당인사가 부통령이 당선되면서 자유당 정부는 참의원 구성을 허용하지 않았다. 참의원 선거가 열린 것은 4·19 혁명 이후, 제2공화국 헌법개정(3차 개헌) 이후인 1960.7.29. 실시된 제5대 국회의원 선거에서였다. 이 때 참의원 58석을 선출하였는데, 인원은 전남/경북/경남은 각 8명씩, 서울/경기/충남/전북은 각 6명씩, 충북/강원은 각 4명씩, 제주는 2명으로 구성되어 있었다. 유권자는 지역구가 전남/경북/경남일 경우 1~4인을, 서울/경기/충남/전북일 경우 1~3인을, 충북/강원은 1~2인을, 제주는 1인에 투표할 수 있었다. 참의원 의원의 임기는 6년이며, 3년마다 그 수의 1/2를 개선(改選)하게 되어 있었다. 1960.8.8.부터 임기가 시작되었으나, 5·16 군사쿠데타로 10개월 만에 해산되었다. 2. **일본국**의 상원을 일컫는 용어이다. 하원은 중의원(衆議院)이다.

참정권參政權 ㉮ political rights/suffrage, ㉯ das politisches Teilnahmerecht, ㉰ le suffrage. 1. **의의** 참정권은 주권자인 국민이 국가기관의 형성과 국가의정치적 의사형성에 참여하는 권리이다. 정치적 자유권이라고도 한다. 과거 전제정치하에서는 일부 특권계층에게만 참정권이 부여되었으나, 18-19세기 프랑스와 미국의 인권선언을 계기로 그 이후에는 많은 민주주의국가에서 일반국민들에게 평등하게 참정권을 인정하였다. 현행헌법 제24조에는 선거권, 제25조에는 공무담임권, 제72조 및 제130조 제2항에는 국민투표권을 각 규정하고 있다. 2. **법적 성격** 참정권은 직접·간접적으로 국가권력에 참가하는 능동적 성질의 기본권이다. 여기에는 정치운동의 권리까지 포함되는데, 이 권리는 국가내적인 국민의 권리이며, 일신전속적 권리익 때문에 국민 개인의 불가양·불가침의 권리로서 대리행사가 불가능한 권리이다(헌재 1989.9.8. 88헌가6). 그리고 참정권은 자연법상의 인간의 권리가 아니라 실정법상의 국민의 권리이다. 권리인 동시에 의무인가에 대하여 논란이 있으나, 윤리적·도의적 의무는 인정할 수 있어도 법적 의무는 인정할 수 없다. 헌법에서 직접 선거의무를 규정한 나라로 그리스, 벨기에, 오스트리아, 이탈리아 등이 있고, 불이행시 벌금이나 자유형까지도 부과할 수 있도록 하는 나라도 있다. 3. **참정권의 주체** 참정권의 주체는 국민에게만 인정되는 국가내적 권리이므로 외국인과 법인(法人)에게는 인정되지 않는다. 공직선거법은 일정한 요건하에서 외국인에게도 지방자치단체의 의원 및 장에 대한 투표권을 갖도록 하고 있다(동법 제15조 제2항 제3호). 주민투표법과 주민소환에 관한 법률도 일정한 요건을 갖춘 외국인에게 투표권을 갖도록 하고 있다(동법 제3조 제2항 제1호). 4. **참정권의 내용** 참정권의 내용은 일정한 연령과 결격사유가 없는 자에게 보장한 간접참정권인 선거권과 피선거권이 있고, 직접참정권인 국민투표권과 국민발안권, 국민소환권 등이 있다. 1) **선거권 및 피선거권** ➜ 선거권. ➜ 피선거권. 2) **공무담임권** ➜ 공무담임권. 3) **피선거권** : 「헌법」 제25조에 모든 국민은 법률이 정하는 대로 공무담임권을 가진다. 공무담임권은 입법·사법·행정·지방자치단체·공공단체 등에서 일체의 직무를 담당할 수 있는 권리를 말하며, 여기에는 국가기관에 피선거권이나 임명에 의하여 중요직에 취임할 수 있는 권리까지 포함된다. 따라서 이는 피선거권을 포괄하는 광의개념이라 할 수 있다. ➜ 피선거권. 4) **직접참정권** 국민이 국가의 의사형성에 직접 참가할 수 있는 권리를 말한다. 직접민주제를 위한 제도로서는 넓은 의미의 국민투표제에 해당하는 국민거부(popular veto), 국민발안(initiative), 국민표결(referendum), 국민소환(recall), 상의적(相議的) 국민투표, 의회해산국민투표, 신임투표(plebiscite) 등이 있다. ➜ 직접민주주의. 5. **참정권의 제한** 1) **헌법 제37조 제2항에 의한 일반적 제한** 참정권도 기본권제한에 관한 일반원리에 따라 제한될 수 있다. 하지만 국민주권주의의 실현을 위해서는 참정권의 제한은 최소한으로 하여야 한다. 2) **소급입법에 의한 참정권제한의 금지** 헌법 제13조 제2항은 「모든 국민은 소급입법에 의하여 참정권의 제한을 받…지 아니한다.」라고 규정하고 있다. 과거 반민족행위처벌법, 반민주행위자공민권제한법, 정치활동정화법, 정치풍토쇄신을 위한 특별법 등에서 과거의 행위에 소급하여 참정권 제한의 원인으로 하였던 사례가 있었으므로, 이의 배제를 위한 규정이다. 3) **제한의 한계** 참정권의 제한에 있어서도 과잉금지의 원칙, 본질적 내용의 침해금지 등의 한계가 준수되어야 한다.

창당준비위원회創黨準備委員會 ➜ 정당제도.

책임이론責任理論 ➜ 의원내각제.

책임정치責任政治**의 원리**原理 사전적 의미로 「책임」의 의미는 다의적이지만, 책임정치와 관련한 의미는 '어떤 일에 관련되어 그 결과에 대하여 지는 의무나 부담, 또는 그 결과로 받는 제재'를 말한다고 볼 수 있다. 오늘날 현대민주국가의 통치구조를 지배하는 구성원리의 하나로 보는 견해가 있다. 책임정치라 함은 '국가권력의 담당자가 헌법이나 법률에 위반되는 행위를 하거나 실정을 한 경우에 책임을 지고 그 직에서 사임하는 정치방식'으로 정의되고 있다. 책임정치의 구현은 개별국가의 정치적 전통, 정치문화, 국민의 정치적 의식 등에 따라 결정된다. 정부형태와 관련하여, 책임정치는 의원내각제에서 가장 잘 실현될 수 있다. 즉, 의회의 내각불신임권과 수상의 의회해산권에 의하여 상호 정치적 책임을 추궁할 수 있고, 이 때 최종적으로 정치적 책임의 소재에 관하여 국민이 결정하게 된다. 대통령제의 경우에는 의회와 대통령이 상호 간의 책임을 추궁할 수 있는 제도가 원칙적으로는 존재하지 않는다. 다만, 의원내각제적 요소가 가미되어 있는 우리나라의 대통령제의 경우, 국무총리·국무위원해임건의건, 국회출석 및 답변요구권, 탄핵소추제도 등으로 책임을 추궁하는 제도적 장치들이 있다. 국정의 수행과 관련하여 정치적·도의적 책임은 당사자 본인 또는 그 임명권자의 책임의식과 공인의식에 좌우된다고 할 수 있다.

처분성處分性 1. **행정소송법상** '처분'은 행정청이 행하는 구체적 사실에 관한 법집행으로서의 공권력의 행사 또는 그 거부와 그밖에 이에 준하는 행정작용이다. 행정청의 행위 중에서 처분성이 있는 행위에 대해서만 취소소송이 인정되므로 어떠한 행위에 처분성이 인정되는가는 취소소송의 대상이 되는가와 밀접한 관련이 있다. 또한 헌법소원의 인정 여부와 관련하여 취소소송의 대상이 되지 아니하는 때에는, 다른 구제방법이 없는 경우 헌법소원의 대상이 될 수 있으므로 처분성의 개념은 헌법소원의 대상범위와도 관련이 된다. 즉, 행정소송의 최종적 관할권을 가진 대법원이 처분성의 개념을 좁게 한정하게 되면 그만큼 헌법재판소의 헌법소원의 대상범위는 넓어질 수 있다. 실제로 헌법재판소는 대법원이 처분성을 인정하지 않는 행정청의 행위에 대하여 헌법소원을 인용하기도 하였다. 행정행위 중에서 정정신청반려행위(헌재 1999.6.24. 97헌마475), 공무원임용시험계획 공고행위(헌재 2001.9.27. 2000헌마159), 선거방송토론회결정 및 공표행위(헌재 2004.3.25. 2003헌마404), 공정거래위원회 심사불개시결정(헌재 2004.3.25. 2002헌마402) 등에 대하여 헌법소원을 인정하였다. 이 외에 권력적 사실행위(헌재 1993.7.29. 89헌마31), 통치행위(헌재 1996.2.29. 93헌마186) 등도 헌법소원으로 인정되었다. 헌법재판소의 적극적 헌법소원 인정으로 대법원의 기본권보장기능이 약화됨으로 인하여 행정소송법의 개정을 통하여 처분성의 개념을 확대하고자 하고 있다. 행정소송법상의 처분개념이 학문상 행정행위(실체법상 개념)와 동일한지 여부에 관하여는 일원설과 이원설로 학설이 나누어져 있고, 이원설이 다수설이다. 종전에는 실체법적 개념설에 입각하여 처분성의 개념을 좁게 인정하였으나, 오늘날에는 처분성의 개념을 쟁송법적 개념설에 입각하여 처분성의 개념을 확대하고 있다. 학설·판례는 형식적 행정행위, 권력적 사실행위 등 행정행위가 아닌 공권력 행사에도 처분성을 인정하고 있다. ➜ 행정소송제도. 2. 권리주체가 자신의 자유의사에 의해 이를 양도하거나 포기할 수 있는 권능을 말한다. **헌법학**에서는 **기본권의 구성요소** 중의 하나로 논의된다. ➜ 기본권의 구성요소.

처분적 법률處分的 法律 ㉠ Maßnahmegesetz. 1. **개념** 처분적 법률이란 일반적·추상적 사항을 규율하는 일반적 법률과는 달리 사법·행정을 매개로 하지 않고 직접 구체적인 사건을 규율하거나 특정인에게만 적용되어 직접 국민에게 권리나 의무를 발생하게 하는 법률을 의미한다. 이에 대해 처분적 법률을 좁은 의미와 넓은 의미로 나누어, 좁은 의미의 처분적 법률은 '법률의 집행을 매개로 하지 않고 적용될 수 있도록 구체적으로 규정된 법규범'이라고 하고, 개별적 법률은 '특정한 개인이나 사건 또는 시간에 한정하여 적용되는 법률'이라고 한다. 그리고 넓은 의미의 처분적 법률이란 이 둘을 포함하는 것으로서, '집행을 매개로 하지 않고 적용될 수 있거나 특정한 범위의 개인(개별인 법률)이나 사건(개별사건 법률) 또는 시간(한시법)에만 적용될 수 있도록 구체적이고 개별적으로 규정된 법규범'을 의미한다고 하는 견해도 있다. 2. **유형** 처분적 법률의 유형으로 개별인 법률, 개별사건 법률, 한시적 법률을 드는 견해가 전통적이고 일반적이다. 1) **개별인 법률**(Einzelpersonengesetz) 일정한 범위의 개별인을 규율하는 법률을 개별인적 법률이라고 하는데, 개별인적 법률의 예로는 재일교포 북송저지 특수임무수행자 보상에 관한 법률, 특수임무수행자 보상에 관한 법률, 부정선거관련자처벌법, 정치활동정화법, 부정축재처리법 등을 들 수 있다. 헌법재판소도 인정하고 있다(헌재

2005.6.30. 2003헌마841: 뉴스통신진흥에관한법률 제10조). 2) **개별사건법률**(Einzelfallgestz) 이는 개별적이고 구체적인 사안을 규율하는 법률을 말한다. 구체적인 예로는 긴급금융조치법, 긴급통화조치법, 5·18민주화운동 등에 관한 특별법, 제주 4·3 사건 진상규명 및 희생자 명예회복에 관한 특별법 등을 들 수 있다. 헌법재판소는 개별사건법률은 원칙적으로 평등원칙에 위배되는 자의적 규정이라는 강한 의심을 불러일으키는 것이지만, 개별법률금지의 원칙이 법률제정에 있어서 입법자가 평등원칙을 준수할 것을 요구하는 것이기 때문에 특정규범이 개별사건법률에 해당한다 하여 곧바로 위헌을 뜻하는 것은 아니며, 이러한 차별적 규율이 합리적인 이유로 정당화될 수 있는 경우에는 합헌적일 수 있다고 하였다(헌재 1996.2.16. 96헌가2 등). 3) **한시적 법률**(Zeitgesetz) 한시적 법률은 일정한 기간을 특정하여 법률이 스스로 규정하고 있는 기간에만 시행되는 법률을 의미한다. 주로 임시조치법의 형태로 제정되는 경우가 많다. 3. **처분적 법률의 인정 여부** 처분적 법률은 권력분립 원리, 평등 원칙의 관점에서 논란이 되었다. 과거에는 입법행위와 집행행위를 엄격하게 구별하여 권력분립의 원리상 법률에서 직접적으로 조치를 취하는 국가작용은 행정작용에 속하므로 입법부는 법률의 형식으로 이러한 작용을 할 수 없다고 보았다. 하지만 현대국가에서는 다양한 규율대상이 등장하면서 입법단계에서부터 특정대상을 상대로 구체적으로 규율할 정당한 이유가 인정되는 경우에는 개별입법이 허용된다는 견해가 주류로 되었다. 특히 현대의 복지국가적 요청에서 부득이 인정할 수밖에 없다고 본다. 또한 헌법재판소는 「우리 헌법은 개별사건법률에 대한 정의를 하고 있지 않음은 물론 개별사건법률의 입법을 금하는 명문의 규정도 없다. 개별사건법률금지의 원칙은 "법률은 일반적으로 적용되어야지 어떤 개별사건에만 적용되어서는 아니된다"는 법원칙으로서 헌법상의 평등원칙에 근거하고 있는 것으로 풀이되고, 그 기본정신은 입법자에 대하여 기본권을 침해하는 법률은 일반적 성격을 가져야 한다는 형식을 요구함으로써 평등원칙위반의 위험성을 입법과정에서 미리 제거하려는데 있다 할 것이다. 개별사건법률은 개별사건에만 적용되는 것이므로 원칙적으로 평등원칙에 위배되는 자의적인 규정이라는 강한 의심을 불러일으킨다. 그러나 개별사건법률금지의 원칙이 법률제정에 있어서 입법자가 평등원칙을 준수할 것을 요구하는 것이기 때문에, 특정규범이 개별사건법률에 해당한다 하여 곧바로 위헌을 뜻하는 것은 아니다. 비록 특정법률 또는 법률조항이 단지 하나의 사건만을 규율하려고 한다 하더라도 이러한 차별적 규율이 합리적인 이유로 정당화될 수 있는 경우에는 합헌적일 수 있다.」라고 하고 있다(헌재 1996.2.16. 96헌가2등). 4. **처분적 법률에 대한 사법심사** 현행헌법상 규범통제는 재판의 전제가 된 경우에만 심사하는 구체적 규범통제만이 허용되므로, 처분적 법률에 대한 위헌법률심사를 곧바로 인정할 수는 없다. 하지만 처분적 법률로 인하여 권리침해의 직접성과 현재성이 인정된다면 헌법소원을 통하여 구제받을 수 있다. 이 경우는 보충성 원칙의 예외가 될 수 있다. 헌법재판소도 「공권력의 행사 또는 불행사로 인하여 헌법상 보장된 기본권을 침해받은 자는 헌법소원심판을 청구할 수 있으며 여기의 공권력에는 입법권도 당연히 포함된다 할 것이므로 입법부의 공권력행사 가운데 가장 주된 형태인 입법권 행사, 즉 법률에 대한 헌법소원심판도 가능함은 헌법재판소법 제68조 제1항의 해석상 당연하다. 다만, 모든 법률이 다 헌법소원심판의 대상이 되는 것은 아니고 청구인 스스로가 당해 법률규정과 법적인 관련성이 있어야 할

뿐 아니라 당해 법률의 규정에 의하여 별도의 구체적 집행행위의 매개없이 직접적으로 헌법상 보장된 기본권을 현재 침해당하고 있는 경우, 즉 자기성 · 직접성 · 현재성이 구비된 경우에 한정됨을 원칙으로 한다.」고 하고 있다(헌재 1991.3.11. 91헌마21).

천부인권설天賦人權說 인간은 하늘(天)이 부여한(賦) 권리를 가진다는 의미로서, 인간은 태어나면서부터 자유롭고 평등한 인격과 스스로의 행복을 추구하는 권리를 가진다는 이론이다. 이 학설은 18세기 유럽에서 시민계급이 대두하면서, 근세의 계몽적 자연법사상에서 제창된 자연법이론의 하나이다. 기독교가 국가공동체구성의 원리로부터 배척된 이후 이성에 기초한 인간관이 확립되고 그러한 인간의 최소한의 권리로서 초국가적 · 자연적인 불가침의 인권이 강조되었다. 국가의 역할은 이와 같은 천부인권을 소극적으로 보장하는 데 그치며(자유주의적 국가관 · 기본권관), 따라서 국가권력이라 할지라도 천부인권은 침해할 수 없다고 하는 것이다. 홉스, 로크, 루소 등의 계몽사상가들이 주창하였으며, 미국 독립선언, 프랑스 인권선언 등 근대혁명의 이론적 · 사상적 기초가 되었다.

청구권적 기본권請求權的 基本權 1. **일반이론** 1) **의의** 청구권적 기본권은 기본권보장을 위한 기본권, 권리구제를 위한 기본권, 수익권 등 다양하게 표현되고 있다. 청구권적 기본권은 국민이 국가에 대하여 적극적으로 특정의 행위를 요구하거나 국가의 보호를 요청하는 주관적 공권이다. 2) **법적 성격** 청구권적 기본권은 반사적 이익이 아니라 헌법에 의해서 직접적이고 구체적인 효력이 부여된 구체적 권리이다. 자유권에 대비하여 국가로부터의 자유를 의미하는 소극적 권리가 아니라 국민이 국가기관에 특정한 행위를 요구할 수 있는 적극적인 권리이다. 즉 국가에 대하여 특정한 행위를 요구하거나 청구를 할 수 있는 권리를 의미한다. 청구권적 기본권은 기본권 실현을 위한 기본권이라는 점에서 절차법적 기본권이다. 또한 청구권적 기본권은 국가내적인 권리로서의 성격을 가진다. 3) **주체** 청구권적 기본권의 주체는 원칙적으로 국민이다. 하지만 재판청구권과 같이 외국인도 기본권의 주체가 될 수 있다. 또한 자연인만이 아니라 법인도 성질상 허용되지 않는 경우 이외에 주체가 될 수 있다. 4) **효력** 청구권적 기본권은 국가기관을 구속하는 대국가적 효력을 가진다. 사인간에도 효력을 갖는가에 대하여 논란이 있으나 특정한 범위 내에서 간접적으로 적용된다고 봄이 타당하다. 5. **내용** 1) **청원권** ➜ 청원권. 2) **재판청구권** ➜ 재판청구권. 3) **국가배상청구권** ➜ 국가배상청구권. 4) **손실보상청구권** ➜ 손실보상청구권. 5) **형사보상청구권** ➜ 형사보상청구권. 6) **범죄피해자구조청구권** ➜ 범죄피해자구조청구권.

청구기각결정請求棄却決定 ➜ 헌법재판의 결정.

청구기간請求期間 '청구'라 함은 '상대편에 대하여 일정한 행위나 급부를 요구하는 일'을 말한다. 청구기간은 법률상 권리를 가진 자가 사인이나 국가에 대하여 일정한 요구를 할 수 있는 기간이라 할 수 있다. '제소기간'으로 불리는 경우도 있다. 헌법재판소법, 행정심판법 등 개별법률에서 정하는 경우가 많고 청구기간이 문제되는 경우, 대부분 합헌으로 결정되고 있다. 입법부작위에 대한 헌법소원에서는 청구기간의 제한이 없다(헌재 1994.12.29. 89헌마2; 조선철도주식 보상금청구사건). 청구기간을 일정한 기간으로 제한하는 것이 위헌인 경우도 있다(헌재 2019.7.25. 2017헌마1329;변호사시험성적공개청구기간제한 사건).

청구성請求性 ➜ 기본권의 구성요소.

청렴의무清廉義務 ➜ 국회의원의 권한과 의무.

청문청구권聽聞請求權 ➜ 의견진술권.

청문회聽聞會 ㉠ hearings, ㉡ die öffentliche Anhörumg. 청문회는 정책결정과정에서 사실이나 진상의 규명·정보의 수집·관련 전문가의 의견을 청취하기 위하여 회합하는 것을 말한다. 주로 국가기관에서 행해지는 경우가 많다. 국회의 청문회는 그 내용에 따라 입법청문회·조사청문회·인사청문회로 구분된다. 입법청문회는 입법 현안에 관련된 정보와 전문적 지식의 청취에 목적이 있으며, 조사청문회는 쟁점현안의 사실이나 진상의 규명에 초점을 둔 것이다. 인사청문회는 주요 공직인사 후보자의 적임성을 검증하기 위한 청문회이다. 우리나라에서는 국회법상으로 1988년에 처음 도입되었고, 같은 해 8월 「국회에서의증언·감정등에관한법률」(법률 제4012호)을 제정하여 국정감사 및 국정조사에서의 입법 및 조사청문회의 개최를 가능하게 하였다. 인사청문회는 제15대 국회의 마지막 회기였던 2000.2.에 국회법 개정(법률 제622호)을 통하여 도입되어 지속적으로 개정되어왔다(국회법 제46조의3, 제65조의2 참조). 우리나라의 인사청문회는 미국과 필리핀 헌법의 제도를 참고하여 도입하였다. 인사청문회는 그 대상자를 계속 확대하여 2020년 현재 62개 직이 대상으로 되어 있다. 인사청문회에 대해서는 3권분립에 따른 견제와 균형의 원칙을 위반하고 있고, 헌법 제40조의 입법권을 남용한 것이며, 법치국가의 기본 정신과 취지에 맞지 않다는 비판이 있다. ➜ 인사청문회제도.

청소년青少年 현행법상 청소년은 9세 이상 24세 이하인 사람을 말한다(청소년기본법 제3조 1호). 다른 법률로 다르게 정할 수 있다. '아동'과 혼용하여 사용되고 있다. ➜ 아동의 권리.

청원권請願權 ㉠ right to petition, ㉡ Petitionsrecht, ㉢ droit de pétition. 1. **의의** 청원권이라 함은 국민이 공권력과의 관계에서 일어나는 여러 가지 이해관계 또는 국정에 관해서 자신의 의견이나 희망을 진술할 권리를 말한다. 헌법재판소는 「청원권은 공권력과의 관계에서 일어나는 여러 가지 이해관계, 의견, 희망 등에 관하여 적법한 청원을 한 모든 국민에게, 국가기관이 청원을 수리할 뿐만 아니라, 이를 심사하여, 청원자에게 적어도 그 처리결과를 통지할 것을 요구할 수 있는 권리」라고 하고 있다(헌재 1994.2.24. 93헌마213등). 현행 청원법은 2020.12.22. 전부개정되어 2021.12.23. 시행되었다(법률 제17701호). 2. **제도적 의의** 오늘날 사법적인 권리구제절차의 정비와 의회제도의 발달로 인해서 청원권이 갖고 있는 고유한 기능은 많이 퇴색되었지만, 청원권은 우선 국민적 관심사를 국가기관에 표명할 수 있는 수단으로서, 국회와 국민의 유대를 지속시키거나 강화시켜주는 수단으로서, 국회의 국정통제의 기초를 마련해 준다는 점에서 그 의의를 가질 뿐만 아니라 엄격한 절차와 형식에 의한 통상의행정적·사법적 권리구제수단에 의존함이 없이 비공식적인 권리구제수단으로서의 기능을 갖는다는 점에서 그 의의가 있다. 3. **법적 성격** 청원권의 법적 성격에 대해서는 자유권설, 참정권설, 청구권설, 참정권과 청구권의 이중적 성격설 등이 있다. 청원권은 자신의 정치적 견해를 밝힐 수 있다는 점에서 참정권적인 성격도 있지만, 단순히 자신의 이해관계 내지 관심사에 관하여 자유롭게 의견이나 희망을 진술하는 권리에 그치는 것이 아니라 국가에게 자신의 청원과 관련된 사항에 대하여 수리와 심사의무를 요구할 수 있다는 점에서 청구권적 성격이 청원권의 본질적 성격이라 할 수 있다. 4. **청원권의 주체와 객체** 청원권의 주체는 자연인으로서의 일반 국민 뿐만 아니라 외국인 및 법인에게도 인정된다. 다만 특수신분관계에 있는 국민의 경우 자신의 직무와 관련된 청원이나 집단적 청원은 제한될 수 있다. 청원권의 대상은 헌법상 「국가기관」이라 하고 있으나, 청원법상, 중앙정부 소속기관, 지방자치단체와 그 소속기관, 법령에 따라 행정권한을 가지거나 또는 위임·위탁받은 법인·단체 또는 그 기관이나 개인이다(청원법 제4조). 5. **청원권의 효력** 대국가적 기본권이지만 사인 간에는 간접적으로 효력을 미칠 수 있다. 헌법상 국가의 청원심사의무만 규정하고 있으나(제26조), 청원법은 국가의 청원심사·처리의무와 90일 이내 결과통지의무(제21조), 차별대우금지의무(제26조)를 규정하고 있다. 국회에 대한 청원은 소관상임위원회에서 처리한다(국회법 제124조). 청원권은 청원사항의 처리결과에 이유까지 명시할 것을 요구하지는 않는다(헌재 1997.7.16. 93헌마239). 6. **청원권의 내용** 1) **청원사항** 청원사항으로는 피해의 구제, 공무원의 위법·부당한 행위에 대한 시정이나 징계의 요구, 법률·명령·조례·규칙의 제정·개정 또는 폐지, 공공의 제도 또는 시설의 운영, 그 밖에 국가기관 등의 권한에 속하는 사항 등이다(청원법 제5조). 중앙정부기관과 지방자치단체에 대한 청원은 청원법에 의하여 처리되며, 국회에 대한 청원은 국회법규정에 의해서 처리된다. 2) **청원의 방법과 절차** 청원은 문서로 하며, 이 때의 문서에는 전자문서도 포함한다(청원법 제9조 제1항). 전자문서로 제출하는 청원(온라인청원)은 본인임을 확인할 수 있는 전자적 방법을 통해 제출하여야 하며 이 경우 서명이 대체된 것으로 본다(동조 제2항). 국회·대법원·헌법재판소·중앙선거관리위원회 등은 별도의 온라인청원시스템을 구축할 수 있다. 행정부, 대법원, 헌법재판소, 중앙선거관리위원회 각각의 규칙으로 정하도록 하고 있다(동조 제3항). 국회와 지방의회에 청원을 하는 경우에는 의원의 소개를 얻거나, 국회규칙으로 정하는 기간 동안 국회규칙으로 정하는 일정한 수 이상의 국민의 동의를 받아 청원할 수 있다(국회법 제123조 제1항, 지방자치법 제85조 제1항). 문서는 전자문서도 포함한다(국회법 제123조 제2항 참조). 헌법재판소는 의원소개제도를 합헌이라고 한다(헌재 1999.11.25. 97헌마54; 2006.6.29. 2005헌마604). 3) **청원의 심사와 처리(법 제12-23조)** 청원기관에 제출된 청원서는 지체없이 접수되어야 하며, 공개청원인 경우에는 청원심의위원회를 거쳐 공개여부를 결정하고 그 결과를 청원인에게 통지하여야 한다. 청원서를 접수한 기관은 청원서에 미비한 사항이 있다고 판단할 때에는 그 청원인에게 보완하여야 할 사항 및 기간을 명시하여 이를 보완할 것을 요구할 수 있다. 청원서를 접수한 기관은 청원사항이 그 기관이 관장하는 사항이 아니라고 인정되는 때에는 그 청원사항을 관장하는 기관에 청원서를 이송하고 이를 청원인에게 통지하여야 한다. 청원을 수리한 기관은 성실하고 공정하게 청원을 심사·처리하여야 한다. 청원을 수리한 기관은 청원의 심사에 필요하다고 인정할 때에는 청원인, 이해관계인 및 학식과 경험이 풍부한 사람으로부터 진술을 들을 수 있다. 이 경우 진술인에게는 예산의 범위에서 여비와 수당을 지급할 수 있다. 청원을 관장하는 기관이 청원을 접수한 때에는 특별한 사유가 없는 한 90일 이내에 그 처리결과를 청원인에게 통지하여야 한다. 청원을 관장하는 기관은 부득이한 사유로 제3항의 처리기간 내에 청원을 처리하기 곤란하다고 인정하는 경우에는 60일의 범위 내에서 1회에 한하여 그 처리기간을 연장할 수 있다. 이 경우 그 사유와 처리예정기한을 지체 없이 청원인에게 통지하여야 한다. 청원인은 일정한 경우에 청원결과에 대하여 이의신청을 할 수 있다. 이전의 청원법에서는 없었던 제도이다. 7. **청원권의 제한과 한계** 청원권도 헌법 제37조2항에 따라 제한될 수 있다. 청원법상으로는, 청원불수리사항(제6조), 반복청원 및 이중청원의 처리(제16조), 모해청원금지(제25조) 등이 규정되어 있다. 국회에 대한 청원에 대해서는 국회법 제123조 이하에서 상세히 규정하고 있다. 8. **청원과 옴부즈만 제도** ➜ 옴부즈만 제도.

청원제도請願制度 ㊎ petition system, ㊍ petitionssystem, ㊈ système de pétition. ➜ 청원권.

체감연기투표遞減連記投票 ➜ 연기투표.

체계적 해석體系的 解釋 ➜ 헌법의 해석.

체계정당성體系正當性**의 원리 = 체계정합성**體系整合性**의 원리 = 체계적합성**體系適合性**의 원리** ㊍ Systemgerechtigkeit/Systemgemäßheit. 1. **의의** 체계정당성, 체계정합성 또는 체계적합성의 원리란 입법기능에서 존중되어야 하는 원칙으로서 법규범 상호간에 규범구조나 규범내용면에서 서로 상치 내지 모순되어서는 아니 된다는 원칙이다. 헌법재판소는「체계정당성이라 함은 일정한 법률의 규범상호간에는 그 내용과 체계에 있어서 조화를 이루고 상호 모순이 없어, 결국 모든 규정의 내용과 체계가 상호 모순과 갈등 없이 그 본래의 입법목적의 실현에 합치되고 이바지하는 것을 말한다.」고 하거나(헌재 1995.7.21. 94헌마136),「'체계정당성'의 원리라는 것은 동일 규범 내에서 또는 상이한 규범간에 (수평적 관계이건 수직적 관계이건) 그 규범의 구조나 내용 또는 규범의 근거가 되는 원칙면에서 상호 배치되거나 모순되어서는 안된다는 하나의 헌법적 요청(Verfassungspostulat)」이라고(헌재 2004.11.25. 2002헌바66) 설명하고 있다. 개별법률규정이나 개별법은 독립적으로 존재하는 것이 아니라 다른 법령과 상호 유기적으로 결부하여 전체적인 법제도와 법령의 체계를 구성하는 것이며 이들 규정 사이에는 조화의 관계 내지는 균형의 관계가 존재하여야 하는 것이다. 2. **체계정당성의 헌법적 근거와 기능** 체계정당성의 원칙은 국가공권력에 대한 통제와 이를 통한 국민의 자유와 권리의 보장을 이념으로 하는 법치국가원리로부터 도출된다. 헌법상의 제도에 관한 체계정당성의 요청이 존중되지 아니하면 이는 제도상의 결함이라고 할 수 있다. 법은 헌법, 법률, 위임입법 등으로 구성되는 수직적인 단계구조를 지니고 있으며, 동일한 법규범의 효력단계에서는 일반법-특별법과 구법-신법 등의 수평적인 법령구조를 지니고 있다. 이러한 법령의 수직적 및 수평적인 구조와 체계 하에서 입법권이 권력분립원칙에 의하여 수평적으로 분배되고 보충성원칙에 의하여 수직적으로 분배될 경우, 각 규율권한을 가진 단체나 개인들이 행하는 규율기능들이 지속적으로 상호 모순된다면 각 단체나 개인들은 하나의 국가, 하나의 법공동체로 통합될 수가 없다. 체계정당성의 요청은 동일법률 내는 물론 수평적·수직적 법규범상호간에도 규범의 구조나 내용면에 있어서 모순·충돌이 없어야 한다는 것을 말한다. 우리나라에서 실정법규로는 헌법·법률과 행정법규인 대통령령·총리령·부령, 자치법규인 조례와 규칙 등이 있다. 이들 법령들은 각각 독립적인 체계를 지니고 있는 별개의 법령이지만, 법질서 전체가 내용적으로나 논리적으로 모순된 체계를 지니고 있으면 안 될 것이다. 전체의 법령은 헌법을 정점으로 하여 법령의 규정들이 상호간에 모순되지 않는 체계를 형성하여야 한다. 3. **체계정당성의 내용** 어떠한 법령이 법체계 내에서 모순되는 규정을 두고 있거나 비체계적인 방식으로 규정된 경우에는 중대한 결함을 내포하고 있는 것이며, 입법자는 입법의 기능과 효율성을 도모하고 법체계의 통일성과 체계성을 유지하기 위하여 각 법령 상호간의 모순과 저촉을 배제하여야 하며 법령체계 가운데 조화와 균형의 관계가 유지되도록 하여야 한다. 체계정당성이라는 기준은 자의성을 배제한 결과정합성, 적합성, 신뢰보호 등의 원칙과 연관을 지니는 복합적인 원칙이라고 할 수 있다. 체계정당성은 이미 규율되고 있는 어떠한 생활영역에서 입법자에 의하여 스스로 선택되는 기준과 가치를 결과정합적으로 구체화시키기를 요청하게 된다. 법체계 전체의 관점에서 이거나 아니면 한 법률의 체계 내에서 일관성이 없거나 모순되는 것은 우선은 법해석과 법해석의 원칙 — 예를 들어 구법에 대한 신법 우선적용의 원칙이나 일반법에 대한 특별법 우선적용의 원칙 — 등을 통하여 해결되어야 한다. 가중처벌을 규정하는 형사특별법, 일부다처제를 주장하는 종교의 규제, 공평과세원칙을 위반하는 세법제정, 지방자치단체의 조례 혹은 규칙의 제정 등에서 체계정당성의 원리가 요구된다. 4. **입법자의 형성의 자유와 체계정당성의 원리와의 관계** 입법자의 형성의 자유란 헌법에 의하여 입법자에게 부여된 입법권을 행사함에 있어서 입법자는 판단의 자유를 지닌다는 것을 의미한다. 입법목적을 달성하기 위하여 가능한 여러 수단 가운데 어느 것을 선택할 것인가의 문제는 입법재량에 속하는 것이지만, 입법자는 이러한 선택에 있어서 완전히 자유롭지는 못하며, 일정한 한계를 지니게 된다. 입법자의 입법재량권은 자유재량이 아닌 기속재량이며, 입법자의 형성의 자유는 방임된 자유가 아니라 책임있는 자유라고 할 수 있다. 입법자의 형성의 자유에 대한 한계로서는 적법절차의 원칙, 비례와 공평의 원칙, 과잉금지의 원칙, 자의금지의 원칙, 신뢰보호의 원칙, 명확성의 원칙 등에 위배되는 입법을 하여서는 아니 된다. 입법자가 입법의 체계화를 위하여 노력하여야 하는 구체적인 사항은 ① 특정의 문제를 새로이 규율하는 법률은 적어도 가능한 한 현존하는 법질서의 기초를 유지하면서 체계성있게 제정할 것 ② 새로운 법률을 제정하는 경우에는 가능한 한 기존법질서의 체계 속에 편입하는 방향으로 모색하여야 할 것이며 개정하는 경우에도 현존하는 법질서를 파괴하지 않도록 유의할 것 ③ 법률전체와 상호 조화를 도모한다는 취지에서 주기적으로 법전 전체를 정비하여 실효성없는 법률을 개폐할 것 등을 들 수 있다. 체계정당성은 내적 체계와 외적 체계의 두가지 관점에서모두 갖추어져야 한다. 즉, 법령은 한편으로는 법질서의 체계에 올바르게 편입될 수 있어야 하며, 그 자체 또는 규율 상호간에 모순되지 말아야 한다는 내적 체계성(Innere Systematik)의 요청이 충족되어야 하고, 다른 한편으로는 그 내용파악이 가능하고 정당하게 이해될 수 있도록, 또한 그 상호관계가 해명될 수 있도록 편제되어야 한다는 외적 체계성(Äussere Systematik)의 요청이 충족되어야 한다. 5. **체계정당성의 원리 위반의 경우** 체계정당성 또는 법질서의 통일성에 위반되는 내용이 있다고 하여 그것이 반드시 위헌성이 있다고는 할 수 없다. 법질서의 상하위계가 있으며 입법시점을 달리하는 동급 법규상호간에 모순이 있을 수도 있고 일반적인 법규범에 대한 특별한 규정이나 특례규정이 입법되는 경우에는 우선 해석을 통하여 해결되는 경우가 있다. 이를 해결하기 위한 원칙으로, 첫째, 법규에 각각의 담당분야가 있다는 소관사항의 원칙, 둘째 상위의 법규는 하위의 법규에 우선한다는 법규의 형식적 효력의 원칙, 셋째 동등한 법형식 사이에 일반법과 특별법의 관계에 있지 아니한 경우에는 후법이 전법에 우선한다는 후법우선의 원칙, 넷째 동등한 법형식 사이에서는 일반법보다 특별법이 우선 적용된다는 특별법 우선의 원칙 등이 있다. 6. **헌법재판소의 결정례** 헌법재판소는 평등원칙 위반여부를 심사하면서 체계정당성의 원리를 적용하고 있다. 헌법재판소는 「조세를 회피하려는 목적이 명의신탁에 인정되는 경우에도 명의신탁을 증여로 추정하여 증여세를 부과하도록 한 입법의 선택에는 합리적인 이유가 존재하고 여기에 입법재량의 한계를 현저히 일탈한 잘못이 있다고 볼 수 없고 따라서 체계부정합으로 인한 위헌의 문제는 발생하지 않는다.」고 하였다(헌재 2004.11.25. 2002헌바66). 또한 특정범죄가중처벌 등에 관한 법률 제5조의3 제2항 제1호에 대한 헌법소원에서 동 법률조항의 법정형이 살인죄와 비교하여 형벌체계상의 정당성과 균형을 상실한 것인지 여부를 판단한 사건에서 「과실로 사람을 치상하게 한 자가 구호행위를 하지 아니하고 도주하거나 고의로 유기함으로써 치사의 결과에 이르게 한 경우에 살인죄와 비교하여 그 법정형을 더 무겁게 한 것은 형벌체계상의 정당성과 균형을 상실한 것으로서 헌법 제10조의 인간으로서의 존엄과 가치를 보장한 국가의 의무와 헌법 제11조의 평등의 원칙 및 헌법 제37조 제2항의 과잉입법금지의 원칙에 반한다.」고 판단하고 있다(헌재 1992.4.28. 90헌바24). 이 외에 폭력행위 등 처벌에 관한 법률(헌재 2004.12.16. 2003헌가12), 구 국가공무원법 제69조에 의한 공무원의 당연퇴직사유(헌재 2003.10.31. 2002헌마684), 화재로 인한 재해보상과 보험가입에 관한 법률(헌재 1991.6.3. 89헌마204), 택지소유상한에 관한 법률(헌재 1994.7.29. 92헌바49), 독점규제 및 공정거래에 관한 법률(헌재 1995.7.21. 94헌마136) 등의 결정에서 체계정당성에 근거하여 판단하고 있다.

체류滯留**와 거주**居住**의 자유 = 국내 거주·이전의 자유** ➜ 거주·이전의 자유.

체포·구속이유고지제도逮捕·拘束理由告知制度 1. **개념** 현행헌법 제12조 제5항은 「누구든지 체포 또는 구속의 이유와 변호인의 조력을 받을 권리가 있음을 고지받지 아니하고는 체포 또는 구속을 당하지 아니한다. 체포 또는 구속을 당한 자의 가족 등 법률이 정하는 자에게는 그 이유와 일시·장소가 지체없이 통지되어야 한다.」고 하여 체포·구속이유고지제도를 규정하고 있다. 이 제도는 영국의 구속이유표시제도와 미국의 영장주의 및 적법절차의 일환인 '미란다원칙'을 제도화한 것이다. ➜ 미란다원칙. 체포·구속을 당한 경우에 그 이유를 알지 못하거나 변호인의 조력을 받을 권리가 있음을 알지 못한다면, 변명의 기회가 부여되지 못하고 적절한 방어수단도 강구하지 못한다. 또한 피의자가족의 입장에서도 체포 또는 구속의 이유와 시기·장소 등을 알지 못할 때에는 그 불안감이 극도에 달할 것이므로, 개인의 인권보장을 위하여 위와 같은 고지제도가 필요하다. 2. **법적 성격** 이 제도는 객관적 제도로서의 성격과 더불어 피의자와 가족 등이 수사기관으로부터 체포 또는 구속의 이유 등에 관하여 통지받을 권리(알 권리)라는 주관적 공권으로서의 성격을 아울러 가진다. 3. **내용** 체포·구속이유고지제도는 두 가지 내용을 갖는다. 그 하나는 형사피의자에 대하여 체포 또는 구속의 이유와 변호인의 조력을 받을 권리를 고지하는 것이며, 다른 하나는 형사피의자의 가족과 변호인 등에 대하여 체포 또는 구속의 이유와 일시·장소를 통지하는 것이다. 이 권리는 체포 또는 구속을 당하는 경우에 성립하며, 고지대상자는 형사피의자(체포·구속의 이유 및 변호인조력청구권) 및 그 가족 등 법률이 정하는 자(체포 또는 구속의 이유와 일시·장소, 변호인조력청구권)이다. 고지시기는 체포 또는 구속 당시이며, 가족 등에게는 체포 또는 구속 직후 '지체없이' 하여야 하며, 통지의 방식은 서면으로 행해져야 한다. 수사기관이 이 의무를 이행하지 않았을 경우에는 직권남용에 의하여 처벌된다.

체포 · 구속적부심사제도逮捕 · 拘束適否審査制度 1. **개설** 1) **의의** 체포 · 구속적부심사제도란 수사기관에 의해 체포 또는 구속된 피의자에 대하여 법원이 그 체포 또는 구속의 적법여부를 심사하여 석방하는 제도를 말한다(제214조의2 제1항). 구속영장에 의하여 구속된 피의자에 대하여 구속의 적당유무를 결정하는 제도로서 법관이 발부한 영장에 대한 재심절차 내지 항고적 성격을 가진다. 구속적부심사제도는 수사기관에 의하여 불법 · 부당하게 구속되어 있는 피의자를 구제하기 위한 제도이며, 궁극적으로 국민의 신체의 자유를 보장하기 위한 제도이다. 2) **연혁** 우리나라에서 구속적부심사제도가 최초로 도입된 것은 1948년 미군정 법령 제176호에 의해서이다. 그리고 1948년 제헌헌법 제9조 제3항에서 헌법상의 기본권으로 선언되었으며, 1953년 제정된 형사소송법에도 수용되었다. 1972년 유신헌법에서는 구속적부심사규정을 삭제하였고, 형사소송법에서도 삭제되었다. 제5공화국 헌법 제11조 제5항이 구속적부심사제도를 부활시킴으로써 1980년 개정된 형사소송법 제214조의2가 다시 도입하였다. 그러나 당시 형사소송법은 법률위반과 중대한 사정변경을 청구이유로 제한하고 있었고 검사인지사건과 공안사건 및 법정형이 중한 사건에 대해서는 청구권을 배제하였기 때문에 그 범위가 상당히 축소되었다. 1987년 개정된 현행헌법은 제12조 제6항에서 「누구든지 체포·구속을 당한 때에는 적부의 심사를 법원에 청구할 권리를 가진다.」고 규정하여 그 제한을 철폐하고, 형사소송법의 내용도 변경하였다. 특히 1997년부터 시행된 제8차 개정형사소송법 제214조의2에서는 적부심사의 대상을 구속뿐만 아니라 체포로까지 확대하였다. 2. **체포 · 구속적부심사의 청구 및 사유** 1) **청구권자** 현행 형사소송법은 구속뿐만 아니라 체포영장에 의한 체포의 경우에도 그 적부심사를 법원에 청구할 수 있다고 규정하고 있다(동법 제214조의2). 구속적부심사의 **청구권자**는 체포 또는 구속된 피의자, 그 변호인 · 법정대리인, 배우자, 직계친족, 형제자매, 가족 및 동거인 또는 고용주가 청구할 수 있다(동법 제214조의2 제1항). 피의자를 체포 또는 구속한 검사 또는 사법경찰관은 체포 또는 구속된 피의자와 그 밖의 청구권자 중에서 피의자가 지정하는 자에게 구속적부심사를 청구할 수 있음을 알려야 한다(동법 제214조의2 제2항). 2) **청구사유** 체포·구속적부심사는 구속의 위법여부에 대한 심사로서 체포 또는 구속의 적부가 심사대상이다. 구속적부심사의 청구사유는 구속의 적부이며, 구속의 불법과 부당도 포함된다. 체포 또는 구속의 위법여부는 심사시를 기준으로 판단한다. 체포 또는 구속의 위법은 두 가지 유형, 즉 구속 자체의 위법과 구속의 계속의 위법으로 나누어 판단한다. 3. **법원의 심사** 체포 · 구속적부심사 청구사건은 **지방법원 합의부 또는 단독판사**가 심사한다. 합의부 사건의 경우에도 법원은 피의자의 심문을 합의부원에게 명할 수 있다. 체포영장 또는 구속영장을 발부한 법관은 심사에 관여하지 못한다. 다만 체포영장 또는 구속영장을 발부한 법관 외에는 심문 · 조사 · 결정을 할 판사가 없는 경우에는 그러하지 아니하다(형사소송법 제214조의2 제12항). 구속적부의 심사를 청구받은 법원은 지체없이 **심문기일**을 지정하여야 한다. 심문은 청구서가 접수된 때부터 48시간 이내에 이루어져야 하므로(동법 제214조의2 제4항) 심문기일은 그 기간 내로 정해져야 한다. 4. **법원의 결정** 구속적부심사의 청구에 대한 결정은 피의자에 대한 심문이 종료된 때로부터 24시간 이내에 해야 한다(형사소송규칙 제106조). 심사청구 후 피의자에 대하여 공소제기가 있는 경우에도 기각 혹은 석방결정을 할 수 있다(형사소송법 제214조의2 제4항 제2문). 법원의 기각 혹은 석방결정에 대해서는 항고할 수 없다(동법 제214조의2 제8항). 5. **피의자의 보석** 구속적부심사의 청구가 있는 경우 법원이 내릴 수 있는 결정에는 구속된 피의자에 대하여 출석을 보증할 만한 보증금의 납입을 조건으로 하여 석방을 명하는 것도 포함되어 있다(형사소송법 제214조의2 제5항 이하 참조). 6. **개선점** 체포·구속적부심사제도에 대해서는, 체포적부심사의 의의에 대한 재인식, 피고인에 대한 청구권 인정, 심사기간의 구속기간산입, 기각결정에 대한 이유의 명시와 항고의 허용 등의 개선점이 지적되고 있다.

체포동의안逮捕同意案 ➜ 불체포특권.

체포영장逮捕令狀 ➜ 영장제도.

초과의석超過議席 ㊀ Überhangsmandat. 연동형 비례대표제에서 각 정당이 득표율에 따라 배분받은 의석수보다 지역구에서 더 많은 수의 의석을 얻게 되는 경우 배분된 의석수를 초과하는 의석을 말한다. 독일의 경우 초과의석이 과다하게 많아져서 정당득표율에 따른 의석수보다 의석수가 많아지게 되어 오히려 비례성을 침해하는 결과가 되자, 이에 대해 평등원칙의 위반을 이유로 헌법소원이 제기되어 연방헌법재판소에 의해 헌법불합치 결정이 내려졌다(BVerfGE 131, 316(2012)). 이에 따라 연방선거법이 개정되어 보정의석제도가 도입되었다. **보정의석(Ausgleichsmandat)제도**는 초과의석으로 인해 나타나는 불비례성을 보정하기 위하여 초과의석을 할당받은 정당 이외에 다른 정당에게 비례성에 적합하도록 의석을 더 배분하는 제도이다. 2020.1.14.에 개정된 우리나라 공직선거법에서는 초과의석의 문제는 고려되지 않고 있다. 즉 특정 정당이 정당득표율보다 더 많은 의석을 획득하는 경우 지역선거구 253석의 일부분이므로 그대로 의석으로 인정되고 다만 비례배분에 의한 의석할당을 받지 못하는 결과로 된다. 이는 연동되는 의석을 30석으로 제한하였기 때문이다(동법 부칙 제4조 참조). ➜ 비례대표제.

초상게재권肖像揭載權 ➜ publicity권.

초상권肖像權 ㊂ the portrait right. 1. **개념** 초상권은 자기의 용모나 자태가 자신의 의사와는 다르게 함부로 촬영·제작·모사·이용·공표되지 않을 인격적 이익 내지 권리이다. 좀 더 넓은 의미로는, 초상권을 자신의 용자(容姿)가 자기 명예나 신용 등과 관련하여 갖는 인격적 이익으로 보고 넓은 의미의 초상권에는 자신의 용자를 묘사한 사진·회화 뿐만 아니라 사회통념상 특정인임을 알 수 있는 갖가지 신체적 특징이나 목소리 등도 포함된다고 보거나, 사람의 얼굴·음성·성명·서명 기타 사회통념상 특정인이라고 식별할 수 있는 특성이 함부로 촬영되어 공표되거나 광고 등에 무단사용되는 것을 방지할 수 있는 권리로서, 사람의 얼굴 이외에 음성·성명·서명 등을 포괄하는 의미로 이해하기도 한다. 법원도 관련 판례를 통해서 초상권을 사람이 자신의 초상에 대하여 가지는 인격적·재산적 이익, 즉 사람이 자기의 얼굴이나 기타 사회통념상 특정인임을 식별할 수 있는 신체적 특징에 관하여 함부로 촬영 또는 그림묘사되거나 공표되지 아니하며 영리적으로 이용당하지 않을 권리로서(서울지법 1997.8.7. 97가합8022), 이러한 초상권은 헌법적으로 보장되는 권리라고 판시해 왔다(대판 2006.10.13. 2004다16280). 2. **초상권 인정범위** 초상권의 개념을 법적 권리로 인정할 것인가의 문제는 법률로 명문이 규정을 두기 이전부터 별다른 논쟁없이 받아들여져 왔으나, 2005년 언론중재 및 피해구제등에 관한 법률(약칭: 언론중재법)(법률 제7370호, 2005.1.27. 제정, 시행 2005.7.28.) 제5조에서 인격권의 보장 등에 대해 규정하면서 그 인격적 가치의 한 내용으로 초상에 대한 권리에 관해 명시적인 규정을 둔 이후에도 그 구체적 개념과 인정범위에 대해서는 약간의 논란이 있다. (1) **초상권의 개념적 요소** '특정인임을 식별할 수 있는 신체적 특징'과 관련하여 초상권을 목소리나 성명·서명 등을 포함하는 개념으로 볼 수 있을 것인가가 문제된다. 초상권의 보호범위의 문제는 그 식별표지가 무엇이든 간에 '나로 인식되는 나의 모습'을 보호하기 위한 관련된 표지들의 종합적인 판단의 문제로 보아야 한다. 말하자면, 초상권의 보호범위로서의 초상은 사람의 신체적인 특징을 포함하여 그것을 통해 그 사람의 동일성을 파악할 수 있게끔 해주는 일체의 가시적인 개성들이라고 봄이 타당하다(서울고법 1996.2.2. 95나25819). 초상권 침해를 인정하게 되는 판단기준에 대하여 법원은 '사회통념상' 또는 '사회 일반인이 보아' 특정인으로 식별할 수 있는 경우로 판시하고 있다(서울중앙지법 2005.9.27. 2004가단235324). (2) **초상권과 퍼블리시티권의 관계** 초상권을 인격권적 성격의 초상권과 재산권적 성격의 초상권으로 나누고, 그 중 특히 재산권적 성격의 초상권의 경우에 권리 자체를 일신전속성에서 벗어나 양도성과 상속성을 인정할 수 있도록 하기 위한 현실적인 필요성에 기인하여 퍼블리시티권으로 구분하여 인정해야 한다는 주장이 있다. ➜ 퍼블리시티권. 퍼블리시티권이 새로이 또는 독자적인 권리의 모습으로 도입된다 하더라도 퍼블리시티권의 근저는 초상권의 내용을 바탕으로 하는 것으로서, 퍼블리시티권은 초상권의 재산적 가치를 인정하기 위한 다른 하나의 권리보호수단으로 보아야 할 것이고, 초상권의 본질인 인격권으로서의 성격이 달라지는 것은 아니라고 해야 할 것이다. 3. **초상권의 법적 성격과 근거** 2005년 언론중재법에 인격권의 보장이 규정되면서 그 인격적 가치의 한 내용으로 '초상'이 명문으로 조문화되면서 초상권의 법적 권리성은 이론의 여지가 없다(헌재 2005.12.22. 2004헌마530; 2014.4.24. 2012헌마287). 아울러 명문의 규정이 없는 초상권이 과연 헌법적 권리성, 즉 기본권성이 인정되는가에 대해서도 거의 이론이 없다. 다만 그 근거가 무엇인가에 대해서는 논자에 따라 약간씩 차이가 있다. 헌법재판소는 일반적인 행동의 자유, 일조권, 인격권, 초상권, 성명권, 명예권, 자신의 혈통을 알 권리 등이 우리 헌법에 구체적으로 열거되지는 않았지만 결코 경시될 수 없는 권리로 판시하여왔다(헌재 2002.1.31. 2001헌바43 등). 기본권으로서의 초상권의 침해 여부를 다룬 헌법재판소의 결정은 '사람은 자신의 의사에 반하여 얼굴을 비롯하여 일반적으로 특정인임을 식별할 수 있는 신체적 특징에 관하여 함부로 촬영당하지 아니할 권리를 가지고 있다고 보았다(헌재 2014.3.27. 2012헌마652). 우리 헌법질서 내에서 초상권의 법적 성격은 헌법에 명시적으로 열거되지 않았으나 경시되어서는 안되는 헌법적 권리로서, 그 근거는 주거의 자유(제16조), 사생활의 비밀과 자유(제17조), 통신의 비밀(제18조) 등으로 구체화되는 권리이다. 초상권의 헌법적 근거에 대하여 헌법재판소는 일관되게 일반적 인격권을 판시하고 있다. 초상권의 바탕이 되는 일반적 인격권의 헌법적 근거가 헌법 제10조이건 헌법 제10조와 헌법 제37조 제1항의 상호관계에서 나오는 것이건 간에 초상권은 언론중재법이나 기타 다른 법률에의 규정 유무와 상관 없이 적어도 우리 헌법질서 내에서는 그 기본권성이 인정되는 권리라고 할 것이다. 4. **초상**

권의 보호의 관련쟁점 우리 헌법질서 내에서 초상권 보호의 문제는 기본권의 서열관계 유무, 언론의 자유와 언론기관의 자유(보도의 자유)의 구분, 그리고 절대적 권리 혹은 절대적 기본권의 헌법적 허용 내지 인정 유무 등의 문제와 관련될 수 있다.

총계예산주의總計豫算主義 ➔ 예산.

총리령總理令 국무총리가 소관사무에 관하여 법률이나 대통령령의 위임 또는 직권으로 발하는 명령을 말한다. 헌법 제95조는 「국무총리 또는 행정각부의 장은 소관사무에 관하여 법률이나 대통령령의 위임 또는 직권으로 총리령 또는 부령을 발할 수 있다.」고 규정하여, 국무총리에게 총리령을 발할 수 있는 권한을 부여하고 있다. 법률이나 대통령령의 위임에 의하여 발하는 명령을 위임명령이라 하고, 직권으로 발하는 명령을 집행명령 또는 시행명령이라고 한다. 위임명령인 경우에는 구체적으로 위임받은 범위 내에서 법규사항을 규정할 수 있으나, 직권으로 발하는 집행명령인 경우에는 법규사항을 규정할 수 없고, 다만 법률이나 대통령령을 집행하기 위하여 필요한 시행세칙만을 규정할 수 있을 뿐이다. 총리령과 부령(部令)의 효력관계에 관해서는 동등하다는 설과 총리령이 우월하다는 견해 대립이 있다. 헌법상 국무총리는 대통령을 보좌하고 행정에 관하여 대통령의 명을 받아 행정각부를 통할하는 지위에 있고(제86조 제2항), 정부조직법상 국무총리는 대통령의 명을 받아 각 중앙행정기관의 장을 지휘·감독하며, 중앙행정기관의 장의 명령이나 처분이 위법 또는 부당하다고 인정할 때에는 대통령의 승인을 얻어 이를 중지 또는 취소할 수 있으므로(제15조), 실질적으로 총리령이 부령보다 우월하다고 보아야 할 것이다. 따라서 총리령에 위배되는 부령은 효력을 상실하며, 부령은 총리령에 위배되는 규정을 할 수 없다고 보아야 한다.

총장직선제總長直選制 ➔ 학문의 자유.

총통總統 ➔ 대통령제.

최강효력설最强效力說 ➔ 기본권의 경합.

최고규범성最高規範性 한 공동체 내의 법규범구조 중에서 최고·최상의 지위에 있는 규범으로서의 성질을 말한다. 헌법의 특성 중의 하나이다.

최고법사상最高法思想 ㉣ *lex superior*, ㉔ the higher law. 헌법 혹은 제정법보다 상위에 있다고 여겨지는 법이 있다는 법사상이다. 영국의 경우 1610년 Dr. Bonham's Case에서 E. Coke는 「의회의 법률이 보편적 권리와 이성에 반하고, 혹은 위배되며, 혹은 실시하기에 불가능할 때에 코먼 로는 그것을 통제하며 그 법률을 무효로 판단할 것이다.」라고 선언하여, 의회제정법보다 common law가 우선함을 밝히고 의회제정법을 무효로 하였다. 이를 최고법사상 혹은 고차법 사상이라 한다. 하지만 의회우월주의(parliamentary supremacy)가 확립된 이후에는 최고법 혹은 고차법(高次法)은 의회제정법에 흡수되었다.

최소침해最少侵害**의 원칙 = 피해의 최소성원칙** ➔ 과잉금지의 원칙.

최약효력설最弱效力說 ➔ 기본권의 경합.

최저생계最低生計**의 보장**保障 ➔ 인간다운 생활을 할 권리.

최저임금제最低賃金制 ㉔ minimum wage system. 국가가 노사 간의 임금결정과정에 개입하여 임금의 최저수준을 정하고, 사용자에게 이 수준 이상의 임금을 지급하도록 법으로 강제함으로써 저임금 근로자를 보호하는 제도를 말한다. 최저임금제는 근로자에 대하여 임금의 최저수준을 보장하여 근로자의 생활안정과 노동력의 질적 향상을 꾀함으로써 국민경제의 건전한 발전에 이바지하게 함을 목적으로 한다. 우리나라에서는 1953년에 「근로기준법」을 제정하면서 최저임금제의 실시근거를 두었으나, 실질적으로는 1986.12.31.에 최저임금법을 제정·공포하고 1988.1.1.부터 실시하게 되었다. 헌법상으로는 1987년 헌법에 처음으로 최저임금제를 명시하였다(제32조 제1항). 2000.11.24.부터 근로자를 사용하는 모든 사업 또는 사업장에 적용되고 있다. 최저임금법에 의하면, 최저임금은 매년 3.31. 고용노동부 장관이 최저임금위원회에 심의를 요청하고, 매년 8.5.까지 최저임금을 결정하여야 한다. 최저임금을 결정하는 최저임금위원회는 근로자 측 9명, 사용자 측 9명, 고용노동부 장관이 지정한 공익위원 9명 등 총 27명으로 구성돼 있다. 2020년에는 8,590원으로 결정되었다. ➜ 노동의 권리.

최적입법의무最適立法義務 입법과정에서 입법자가 최상의 입법은 아니더라도 최적의 입법을 하여야 하는 의무를 말한다. 입법과정에서 사안의 쟁점에 관한 충분한 검토와 논의가 있었는지, 법률안에 대하여 이해관계를 가진 사람들이 충분히 의사표시를 할 기회를 가졌는지, 소수의견은 충분히 반영되었는지, 표결은 합리적인 조건 하에서 이루어졌는지 등이 그 내용이다. 이는 입법과정에서 실질적으로 요구되는 절차와 내용을 확보하였는지의 문제이다. 특히 법률의 입법과정에 대한 헌법재판소의 심사에서 어느 정도까지 심사할 것인가의 문제와 관련된다.

최적화最適化**의 요청**要請 법익형량에서 충돌하는 두 법익이 최적의 효력을 발휘할 수 있도록 양자 사이의 경계가 설정되어야 한다는 요청이다. ➜ 법익형량.

최초구독가능시설最初購讀可能時說 ➜ 법률안공포권.

추가경정예산追加更正豫算 ➜ 예산.

추밀원樞密院 ㉧ privy council=Crown Council=Council of State. 통상적으로는 군주제국가에서 군주를 자문하는 기관을 일컫는다. 오늘날에도 입헌군주제 국가에서 국왕을 자문하는 기관으로 남아 있는 경우가 있다. 우리나라의 경우, 고려시대 왕명의 출납과 궁중의 숙위·군기를 맡아보던 중추원의 후신이 추밀원이었다. 이후 여러 차례 그 명칭이 바뀌었다.

추상성抽象性 ㉧ abstractiveness, ㊀ Abstraktheit, ㊂ caractère abstrait. 사전적으로 추상성은 개별적이고 구체적인 대상으로부터 공통된 속성을 추출하여 개념을 형성하는 언어의 특성을 말한다. 법학에서는 구체적인 사물이나 사태(事態)에 해당하는 것이 아니라 그러한 사물이나 사태 일반에 대하여 적용되거나 지칭하는 경우에 '추상적'이라는 표현을 사용한다. 예컨대, 추상적 권리와 구체적 권리라는 표현을 사용하는 경우, 전자는 권리 자체가 구체적으로 현실화되지는 않은 채 권리만이 존재한다고 하는 경우이고, 구체적 권리는 직접 구체적인 사물이나 사태에 대응하여 현실적으로 권리를 실현할 수 있는 경우라 할 수 있다. 헌법재판에서 추상적 규범통제라 할 경우 일반적인 규범(법률 혹은 기타 규범) 자체에 관하여 심사하는 것을 말하고, 구체적 규범통제라 할 경우 법률(혹은 기타 규범)이 현실적으로 적용되어 구체적 사건이 발생하여 법률(혹은 법률조항)이 상위규범에 위반되는지의 여부가 문제되는 것을 말한다. ➜ 규범통제제도.

추상적 권리설抽象的權利說 ➜ 사회권의 법적 성격.

추상적 규범통제抽象的 規範統制 ➜ 규범통제제도.

추후보도청구권追後報道請求權 **= 해명권**解明權 [영] Right to Require Relevant Press Organization, etc. to Make Further Report. 1. **의의와 연혁** 1) **의의** 언론 등에 의하여 범죄혐의가 있거나 형사상의 조치를 받았다고 보도 또는 공표된 자가 그에 대한 형사절차가 무죄판결 또는 이와 동등한 형태로 종결되었을 때에는 그 사실을 안 날부터 3개월 이내에 언론사 등에 이 사실에 관한 추후보도의 게재를 청구할 수 있는 권리를 말한다(언론중재법 제17조 제1항 참조). 말하자면, 범죄와 관련된 보도로 피해를 입은 자에게 자신의 결백을 공표할 수 있는 기회를 보장하는 것이 추후보도청구권이다. 2) **연혁** 추후보도청구권은 1987년 제정된정기간행물의 등록 등에 관한 법률'에서 범죄혐의자나 형사상 조치를 받았다고 보도된 후 유죄판결 이외의 형태로 종결 된 자에게 추후보도청구권을 최초로 부여한 후, 1995년 동법 개정에서 추후보도청구권자의 범위를 축소하여 규정한 후, 언론중재법에서 행사기간을 연장하는 등 일부내용을 개정하여 규정하고 있다. 2. **요건과 행사절차** 1) **요건** 언론중재법은 추후보도청구권의 요건과 행사 절차와 관련하여 청구권자의 요건과 행사기간을 제외하고는 정정보도청구권의 규정을 준용하도록 하고 있다(제17조 제3항). 언론에 의하여 범죄혐의자 또는 형사상의 조치를 받았다고 보도되었으나 그 후 무죄판결 또는 이와 동등한 형태로 종결된 자가 해당 언론사를 상대로 추후보도청구를 할 수 있다(제17조 제1항). 여기서 범죄혐의자라 함은 형법 기타 특별법이 규정한 범죄구성요건에 해당하는 죄를 저질렀다고 객관적으로 의심이 가는 자를 의미한다. 무죄판결 또는 이와 동등한 형태로 종결된 형태로 종결된 경우라 함은 범죄사건이 수사기관의 무혐의 처분이나 사법부의 무죄판결로 형사사건 절차가 종료한 경우를 의미한다. 검찰의 기소유예, 기소중지, 공소보류 등의 처분은 무혐의 판단에 기인한 것이 아니므로 추후보도청구의 사유가 되지 못한다. 법원의 면소판결과 공소기각의 판결, 공소기각의 결정은 무죄 증거와는 무관한 형사소송법에 규정된 형식적 사유로 형사사건이 종결된 것이므로 역시 추후보도청구의 사유가 될 수 없다. 법원이 형사사건에 관하여 언론에 보도된 혐의 내용 중 일부 무죄판결을 한 경우라면 그 범위 내에서 추후보도청구권을 인정할 수 있다. 언론에 범죄 관련 당사자로 보도된 후 무죄판결 등을 받고 사망한 경우, 언론중재법에 명문의 규정은 없지만 해석론으로 그 상속인이 사망자와 가족의 명예회복을 위해 추후보도청구권을 행사할 수 있다고 보아야 한다. 추후보도청구권은 범죄관련자로 보도된 자가 무죄판결 또는 이와 동등한 형태로 종결된 사실을 안 날로부터 3월 이내에 행사하여야 한다. 무혐의를 이유로 불기소처분을 받은 경우에는 당사자에게 불기소처분이 통지 된 날 즉 송달된 날부터 3월의 기간을 계산하여야 한다. 언론사가 이행하는 추후보도에는 청구인의 명예나 권리회복에 필요한 설명 또는 해명이 포함되어야 한다(제17조 제2항). 2) **행사절차** 추후보도청구권의 행사는 정정보도청구권에 관한 언론중재법의 규정을 준용한다(제17조 제3항). ➜ 정정보도청구권.

축조심사逐條審査 의안심사의 한 방법으로 제출된 의안의 각 조항을 일일이 낭독하면서 조항별로 의결하는 심사방식을 말한다. 축조심의라고도 한다. 축조심사는 조항별로 이루어져 있어서 각 내용을 구분할 수 있는 헌법안이나 법률안, 조례안, 규칙안 등을 심사할 때 주로 이용된다.

출구조사出口調査 ⓔ exit poll. 출구조사는 투표 당일에 투표를 마치고 나온 유권자를 상대로 어느 후보를 선택하였는지를 묻는 선거 여론조사의 한 방법이다. 선거와 관련된 여론조사의 하나로서 선거 당일에 투표소에서 투표를 막 마치고 나오는 유권자를 상대로 어느 후보를 선택하였는지를 조사하는 방법이다. 출구조사는 투표의 비밀의 보장과 충돌할 수 있지만, 투표의 공정성과 평온성을 침해하지 않고 투표자 스스로 투표내용을 밝히는 것이므로 비밀선거의 원칙에 반하지 아니한다. 미국에서는 표현의 자유를 보장하는 수정헌법 1조에 따라 출구조사가 보장되어 있다. 1967년 Warren Mitofsky가 켄터키 주지사 선거에서 CBS 방송을 위하여 시범적으로 출구조사를 처음 실시한 뒤 이듬해 CBS에서 대통령 선거의 개표방송에 활용하였다. 이후 여러 방송사에서 각각 출구조사를 시행하여 경쟁이 과열되었고, 1980년 대통령선거 때는 동부지역 유권자가 투표한 내용이 서부지역에서 투표를 시작하기 전에 보도되어 서부 유권자들이 동부의 투표형태를 그대로 따르는 현상이 나타나는 등 문제점도 드러났다. 1990년 미국의 방송·통신사들은 이러한 부작용을 해소하고자 공동출자하여 출구조사 전문회사인 VRS(Voter's Research and Survey)를 발족시켰다. VRS는 1993년 VNS(Voter News Service)로 명칭을 변경하여 오늘에 이르며, ABC · NBC · CBS · CNN · FOX 등 5개 방송사와 AP통신의 6개 회사가 참여하고 있다. VNS는 출구조사를 위한 설문지를 준비하고, 유권자들은 투표소 현장에서 이 설문지에 답변한다. 이 설문지에는 투표자의 성별·나이·직업·학력·종교 등 인적 사항과 소속정당, 지지하는 후보를 선택한 이유와 그 후보에게 투표하기로 결정한 시점, 과거의 투표내용, 낙태 등 특정한 이슈에 대한 찬반 여부 등을 묻는 자세한 항목이 포함된다. 우리나라에서는 1995.12. 개정 「공직선거 및 선거부정방지법」에 따라 대통령선거를 제외한 선거에서 투표소로부터 500m 밖에서 출구조사를 실시할 수 있도록 제한적으로 허용되었다. 2000.2.에는 대통령 선거를 포함한 모든 선거의 투표소 300m 밖에서 출구조사를 실시할 수 있도록 법률이 개정되었고, 그해 4월 제16대 국회의원 선거에서 KBS · MBC · SBS 3사가 참여하여 사실상 첫 출구조사가 실시되었다. 이후 출구조사 실시 거리가 2004.3.에는 투표소 100m 밖으로 완화되었고, 2012.2. 개정된 「공직선거법」에는 다시 투표소 50m 밖으로 완화되었다. 현행 공직선거법에 따르면, 출구조사 실시는 텔레비전 및 라디오 방송국과 「신문 등의 진흥에 관한 법률」에 따른 일간신문사에 한하여 비밀투표를 침해하지 않는 방법으로 하여야 하며, 투표 마감시각까지 그 경위와 결과를 공표할 수 없도록 규정되어 있다(제167조 제2항).

출국出國**의 자유**自由 → 거주·이전의 자유.

출생지주의出生地主義 → 속지주의.

출석요구권出席要求權·**질문권**質問權,), **국무총리 및 국무위원에 대한** - → 국정통제권.

충성선서忠誠宣誓 → 양심의 자유.

취임승낙설就任承諾說 → 의원자격의 발생.

취재원비닉권取材源秘匿權 → 취재의 자유.

취재取材**의 자유** 1. **의의** 매스컴대사전에 의하면, 취재란 '신문·잡지·방송·통신 등의 언론에서 내고기사(內稿記事)의 작성을 위한 각종의 자료(materials)들을 찾아내서 수집하는 것'으로 정의하고 있다. 규범적 영역에서도 취재의 개념은 크게 다르지 않다고 볼 수 있다. 따라서 개인적인 차원에서 자신이 원하는 자료를 찾고 수집하는 행위는 취재라고 할 수 없다. 말하자면 취재는 신문 등의 정기간행물을 발행하기 위하여 기사작성에 필요한 기초자료 내지 정보를 수집하는 행위를 취재라고 할 수 있다. 취재의 자유는 이러한 의미의 취재를 자유롭게 행할 자유를 의미한다. 2. **취재의 자유의 본질** 취재의 자유는 언론의 자유의 한 내포로서, 언론활동에 종사하는 기자 등 저널리스트들이 취재활동을 행함에 있어서 국가권력의 간섭이나 방해에 대하여 이의 배제를 요구할 수 있는 '주관적 공권'으로서의 성질을 가진다는 데에는 이론이 없다. 다만 보도의 자유와는 달리 취재의 자유를 헌법적 권리로 볼 것인가 혹은 법률상의 권리로 볼 것인가에 대해서는 견해다툼이 있다. 취재의 자유가 전통적인 언론의 자유에 포함되는가에 대한 사회적 합의가 부족하고, 취재의 자유를 기본권으로 인정하기에는 실정헌법적 근거가 부족하며, 취재의 자유의 내용이 불분명하고, 기본권으로 인정할 경우 그 제한은 기본권제한원리에 따라야 하므로 입법이 쉽지 않으며, 취재활동과 개인의 기본권침해의 가능성이 크기 때문에 비교형량이 쉽지 않다는 점 등을 근거로 헌법적인 기본권으로 인정하기에는 부적절하다는 견해가 있다. 이에 대해 취재와 보도는 엄격히 분리되기 어려운 언론의 자유의 요소이며, 취재활동을 통해 얻을 수 있는 공익이 존재한다는 점에서 제한적이지만 헌법적 권리로 인식하여 헌법적으로 보호할 필요가 있다는 견해가 있다. 한편, 취재의 자유를 매스미디어의 공적 기능을 보장하기 위한 객관적 질서로 이해하는 경우에는, 취재의 자유의 주관적 권리성보다는 국가에 대해 적극적으로 취재의 자유를 실현해야할 의무로서 취재의 자유의 내용을 확정하여야 하는 입법을 하도록 요구하는 것으로 이해하게 된다. 이 경우에는 취재의 자유와 관련된 입법은 기본권제한입법이 아니라 기본권형성입법으로 되며, 과잉금지원칙이 아니라 과소보호금지(Untermaßverbot)원칙이 심사기준이 된다. 결론적으로 취재의 자유는 매스미디어의 기능보장을 위한 헌법적 명령에 따라 국가권력의 적극적 행위에 의해 그 내용이 형성되는 것이며, 개별법률에서 언론종사자들에게 보장되는 구체적 권리는 그 기능보장에 합치되는 한계 내에서 부여되는 '창설적 권리'로 이해함이 타당하다. 3. **취재원비닉권**取材源秘匿權 1) **의의** 취재원 비닉권이란 언론매체의 종사자로서 일정한 정보를 수집한 자가 자신이 수집한 정보의 출처 즉, 정보의 기초가 되는 내용이나 정보제공자의 이름 등을 비밀로 할 수 있는 권리 또는 검찰의 수사과정이나 법원의 재판과정에서 이에 대한 증언을 요구받았을 때 이를 거부할 수 있는 권리를 뜻한다. 헌법 제21조에서 보장하고 있는 언론·출판의 자유는 주로 뉴스 등을 보도할 '보도의 자유'를 의미하는바, 이러한 보도의 자유는 취재의 자유가 보장됨으로써 비로소 가능한 것이다. 즉, 취재의 자유가 보장되지 않고 '주는 뉴스'만을 편집·보도하는 경우에 그것은 이미 언론의 기능을 상실한 output의 창구에 지나지 않기 때문에 취재의 자유는 언론·출판의 자유 중 보도의 자유의 불가결한 내용에 해당한다. 2) **헌법적 보장의 필요성** (1) **긍정설** 취재원을 비닉해야 하는 이유로, 첫째, 취재원 공개는 익명을 조건으로 정보를 제공한 취재원의 '익명언론권'이라는 취재원 자신의 표현의 자유라는 헌법적 이익을 침해받는 결과가 되기 때문이다. 둘째, 취재원 비닉권이 헌법상 보장되지 않는다면 취재원이 후환·보복 또는 처벌 등으로 경제적·사회적 불이익을 받을 우려가 있어 그는 기자에게 정보의 제공을 꺼리게 되고, 정보의 자유로운 유통을 막아 결국 국민의 알 권리가 축소되거나 봉쇄되어 보도의 자유가 침해될 수 있다. 셋째, 취재원에 대한 진술의 강제는 언론기관의 인력과 자원의 낭비, 독립된 언론기관의 위상의 침해, 취재의 활동 위축 등으로 언론·출판의 자유를 해치게 되는 등이다. (2) **부정설** 첫째, 취재원비닉권을 인정한다면 공정한 재판의 실현과 실체적 진실의 발견이 어려워지게 된다. 둘째, 취재원비닉권을 인정한다면 정보의 왜곡이나 조작의 위험이 커지게 되므로, 진정한 언론·출판의 자유를 실현할 수 없게 될 위험이 있다. 셋째, 언론인과 취재원 사이의 담합으로 인한 여론조작과 호도의 위험을 방지할 필요가 있다. (3) **검토** 취재원비닉권이 헌법상 인정되지 않는다면 취재원의 봉쇄효과를 가져오게 되어 언론이 진실보도와 사실보도 및 공정보도를 위한 공적기능을 수행하기 어렵게 되고, 민주주의를 실현하는 것이 대단히 어려워지기 때문에 취재원비닉권은 헌법상 취재의 자유에 포함되는 것으로 보아 이를 헌법상 보장할 필요가 있다. 3) **취재원비닉권의 주체와 객체** (1) **주체** 취재원비닉권의 주체는 '미디어의 보도자'를 뜻하는바, 여기서 '미디어'란 '신문, 통신, 라디오, TV, 영화, 잡지 등 전문적인 커뮤니케이션의 활동을 수행하는 조직'을 의미한다. 취재원비닉권을 보장하는 입법이 신설된다면 독일의 예에 따라 취재원비닉권의 향유 주체의 범위를 '신문 등의 자유와 기능보장에 관한 법률상의 정기간행물이나 방송법상의 방송의 준비·제작·배포에 직업적으로 종사하고 있거나 종사했던 자'로 한정함이 바람직하다. (2) **객체 – 보호대상** 취재원비닉권의 객체로는 취재원의 구체적인 성명이나 주소, 취재원과의 의사소통을 했던 내용, 취재의 메모, 필름 등 취재원의 신원이 밝혀질 수 있는 일체의 사항을 들 수 있다. 따라서 한번 공표된 것이거나 공중 앞에서 취재된 것 등은 취재원비닉권의 객체가 되지 않는다고 보는 것이 타당하다. 그리고 취재원비닉권의 객체로 보호대상이 되는 정보로는 취재한 정보 중 이미 기사화된 정보 이외에도 아직 기사화되지 않고 기자가 소지하고 있는 정보도 포함되는 것으로 넓게 보는 것이 바람직하다. 4) **취재원비닉권의 제한과 한계** 취재원 비닉권도 헌법 제37조 제2항에 의해 국가안전보장이나 질서유지 또는 공공복리를 위해 관련 법률에 의해 과잉금지의 원칙56)에 벗어나지 않는 범위에서 제한을 할 수 있다. 한계와 관련하여, 형사소송법 제149조에서는 직무상의 비밀과 증언거부권을 규정하고 있고, 동법 제112조에서는 직무상의 비밀을 보장하기 위하여 압수를 거부할 수 있는 권리를 규정하고 있다. 형사소송법의 해석상 언론기자가 법정에서 증언을 거부하면 형사소송법 제151조·제152조·제161조에 의한 형사처벌을 받게 된다. 하지만, 언론기자의 취재원은 민사소송법 제315조 제1항 제2호에서의 '직업의 비밀'에 해당한다고 해석하는 것이 타당하다.

취학의무就學義務 ➜ 교육을 받을 권리와 교육의 자유(교육의 의무와 무상 의무교육).

치사량약물 청구 결정BVerwG 3 C 19.15.(2017) ➜ 의사조력사망.

치외법권治外法權 ㊎ extraterritoriality, ㊈ Extraterritorialität, ㊇ extraterritorialité. 치외법권은 외국인이 자신이 체류하고 있는 국가의 국내법 적용을 면제받고 자기 국가의 주권을 행사할 수 있는 권리를 말한다. 프랑스의 법학자 피에르 에로(1536~1601)가 치외법권의 원리를 창안하였다고 알려져 있다. 그러나 치외법권이라는 용어와 구체적인 개념은 18세기 말에 와서야 사용되기 시작하였다. 치외법권이라는 말은 마르텐스(Georg F. v. Martens, 1756~1821)가 국제법에 관한 저술에서 처음 사용하면서 국제적인 법률 용어로 통용되기 시작하였고, 곧 이어 영어를 포함한 여러 언어로 번역되었다. 치외법권이 국제 협약으로 성립된 것은 1961년의 「외교관계에 관한 빈 협약(Vienna Convention on Diplomatic Relations)」에서이다. 치외법권의 내용은 다음의 세 가지로 나눌 수 있다. 첫째, 재판권 적용의 면제이다. 외교사절에게는 접수국의 형사재판권, 민사재판권 및 행정재판권 적용이 면제된다. 이 특권은 외교사절의 재임 기간 동안에만 유효하며, 외교사절 신분을 상실한 뒤에는 재임 기간 동안의 행위에 대하여 재판권이 행사될 수 있다. 둘째, 행정권 적용의 면제이다. 외교사절은 접수국의 강제처분을 면제받는다. 접수국은 경찰권 또는 행정권의 발동으로 외교사절을 체포하거나 구금할 수 없으며, 외교사절에게는 각종 조세와 부과금, 그리고 군사적 의무가 면제된다. 셋째, 통신과 이동의 자유이다. 외교사절에게는 공무 수행을 위한 자유로운 통신이 허용되며 보장된다. 그리고 접수국은 국가안전을 위하여 출입이 금지되어 있거나 규제된 지역에 관한 법령에 따를 것을 조건으로 외교사절에게 이동과 여행의 자유를 보장하여야 한다. 국제법상 치외법권을 향유할 수 있는 자는 외국의 국가원수와 그 가족 및 수행자, 외교사절과 그 가족, 국제기구의 대표와 직원, 승인을 받고 주둔하는 외국의 군인 또는 군함 등이 있다.

치자 · 피치자治者 · 被治者 **동일성이론**同一性理論 ➜ 자동성의 원리.

친일재산환수親日財産還收 친일반민족행위자 재산의 국가귀속에 관한 특별법(친일재산귀속법: 법률 제7769호, 2005.12.29. 제정) 제2조 제2호는 '친일재산'을 「친일반민족행위자가 국권침탈이 시작된 러 · 일전쟁 개전시부터 1945년 8월 15일까지 일본제국주의에 협력한 대가로 취득하거나 이를 상속받은 재산 또는 친일재산임을 알면서 유증 · 증여를 받은 재산을 말한다.」고 규정하고 있다. 헌법재판소는 친일재산귀속법에 대한 판단에서, 다수의견은, 동법이 진정소급입법이기는 하지만, 예외적으로 국민이 소급입법을 예상할 수 있었던 경우와 같이 소급입법이 정당화되는 경우에는 허용될 수 있고, 헌법상 재산권보장에 위배되지 않으며, 평등의 원칙과 연좌제금지의 원칙, 적법절차 원칙, 이중처벌금지 원칙 등에 위배되지 않는다고 판단하였다. 하지만, 친일재산이 1948.8.15.에 성립된 대한민국 헌법상 보호되지 않는 재산이고, 동 재산은 대한민국 정부가 수립되었을 때에 실질적으로 국유이었다는 점에 비추어 보면, 동법이 진정소급입법이라기보다는 부진정소급입법이라고 보는 일부별개의견이 타당하다고 판단된다.

7단계이론7段階理論 ➜ 헌법의 해석.

7 · 4남북공동선언 7 · 4 남북 공동성명은 1972.7.4. 대한민국과 조선민주주의인민공화국 당국이 분단 이후 최초로 통일과 관련하여 합의, 발표한 공동성명이다. 1972년 대통령 박정희의 지시로 중앙정보부장 이후락이 조선민주주의인민공화국에 파견되어 김일성과 만나 자주 · 평화 · 민족대단결의 3대 통일 원칙을 합의하고 성명을 발표하였다. 성명발표 이후, 남북은 남북조절위원회를 구성하고 서울과 평양을 오가며 여러 차례 회의를 하였다. 그러던 1973.8.28. 북한은 평양방송을 통해 남북조절위원회 평양 측 김영주 공동위원장 명의로 남북대화를 중단한다는 성명을 발표하였다. 1973.6.23.에 있었던 남한의 '6 · 23선언'이 '2개 조선'을 획책하는 분열주의 노선이라며 맹비난을 했으며, 이를 빌미로 진행되어 오던 남북대화를 중단하였다. 이 공동성명은 남북의 양 정권이 통일을 위해 노력하겠

다는 최초의 합의로서 의의를 가진 최초의 남북회담이었다. 또한 기존의 외세의존적이고 대결지향적인 통일노선을 거부하고 올바른 통일의 원칙을 도출해냈다는 점에 의의가 있다. 이 남북간의 기본합의를 바탕으로 노태우 정부의 한민족 공동체 통일 방안(1989), 남북한기본합의서(1991.12.13.), 김대중정부의 6·15 남북공동선언(2000), 노무현정부의 10·4 남북공동선언(2007), 문재인정부의 4·27 판문점선언(2018) 등으로 이어졌다.

침묵沈默**의 자유**自由 ➜ 양심의 자유.

침해侵害**의 자기관련성**自己關聯性 · **직접성**直接性 · **현재성**現在性 ➜ 헌법소원.

침해적 법률유보侵害的 法律留保 ➜ 법률유보.

ㅋ

Carvalho and Others v. The European Parliament and the Council 판결 → 기후변화소송.

KPD 해산판결 BVerfGE 5, 85(1956). 1. **사실의 개요** 1945년 재건된 독일공산당(Kommunistische Partei Deutschlands)은 마르크스주의를 이론적 기초로 하는 노동자계급의 전위정당으로서 49년부터 재군비반대와 평화조약체결 및 독일재통일의 요구를 내걸고 활발히 활동하였다. 당시 KPD는 1949.8.의 연방의회선거에서 선출된 15명의 의원을 갖고 강령과 규약을 지닌 정당이었다. 그러나 서방점령당국은 48년 및 50년에 KPD의 제 기관지의 금지를 명했고, Adenauer를 수상으로 하는 서독 연방정부도 1950.9.19.의 정부결정에 따라 KPD는 자유민주적 기본질서를 파괴하는 조직이므로 연방관청의 관리, 직원 또는 노동자가 KPD에 속해 있는 것은 국가에 대한 충성의무와 일치하지 않는다고 선언하고, 1951.4.24.의 결정에서는 재군비반대의 국민투표운동이 KPD가 지지하는 계획적 행동이어서 연방의 헌법질서에 대한 적극적인 반항이라는 뜻을 확인하였다. 연방정부는 이른바 좌익정당의 추방정책을 결심한 것이다. 이에 따라 연방정부는 1951.11.22. 연방헌법재판소에 제소하여 KPD가 '그 목적 또는 그 당원의 태도에 의해 자유민주적 기본질서를 침해하거나 폐지하며, 또는 독일연방공화국의 존립을 위태롭게 하는 정당은 위헌이다'고 정한 기본법 제21조 제2항의 의미에 따라 위헌이라는 취지의 확인을 구하였다. 이 제소는 SRP에 대한 제소가 있은 후 3일 만에 제기된 것이다. 2. **판결내용** 연방헌법재판소는 판결주문에서 ① KPD가 위헌이며 ② 해산되고 ③ 대체조직을 만들거나 현존조직을 계속하는 것은 금지되며 ④ KPD의 재산은 몰수된다고 하였다. 연방헌법재판소는 다음과 같이 판결 이유를 제시하였다. 첫째, 기본법의 전문은 정치적 및 법적 의미를 가지며, 모든 국가기관은 독일통일을 위하여 노력할 법적 의무를 가지고, 그 처분을 이러한 목적에 두어야 하며, 재통일을 법적으로 방해하거나 사실상 불가능하게 하는 모든 것은 중지되어야 한다. 둘째, 연방정부가 모든 상황을 고려하여 헌법적 보호의 요청에 따라 BVerfGG 제43조에 따른 제소를 하거나 이를 유예할 것인가의 여부는 정치적 재량의 문제이다. 셋째, KPD의 금지는 전독일통일의 선거의 경우에 있어서 공산당의 재인정을 당연히 부인하는 것은 아니다. 넷째, 기본법 제21조 제2항은 직접적으로 적용할 수 있는 법이다. 다섯째, 자유민주적 기본질서의 최고원리를 승인하지 않는다는 것만으로 곧 위헌이 되지는 않으며, 현존질서에 대한 적극적인 투쟁적 공격적 태도가 부가되지 않으면 안된다. 여섯째, 기본법 제21조 제1항은 형법 제81조처럼 구체적인 착수를 요구하지 않는다. 그것은 당의 정치적 방침이 원칙적이고 지속적인 경향을 가지고 자유민주적 기본질서와 투쟁하려는 의도에 의해 결정되면 충분하다. 일곱째, 기본법 제5조 제3항에 의해 보호되는 학문적 이론과 제21조 제2항에서 말하는 정치적 목적사이의 한계는, 숙고하여 얻어진 인식이 정당에 의해 그 자신의 의사로 채택되고 그 자신의 정치적 행동의 동기로 되는 데에 있다. 여덟째, 정당은 그것이 모든 자유로운 민주적 기본질서일반을 손쉽게 배제하기 위한 과도기로서 이용하기 위하여 독일에서의 현재의 그것과는 다른 자유로운 민주주의의 사회적 정치적 각인을 추구할 때는 이미 위헌이며, 이러한 배제는 재통일과 관련하여 혹은 재통일이후에 비로소 행해져야 할 것이다. 아홉째, 정당을 기본법 제21조 제2항의 의미에서 위헌으로 하는 견해에는 어떤 경우든 정당을 실현하려고 생각하는 것 뿐만 아니라 상황이 유리할 때에만 정당을 구체화하려고 하는 것까지도 포함된다. 열째, 기본법상 저항권은 다음과 같은 요건하에서 실현될 수 있다. 즉 저항권은 보전적인 의미에서, 즉 긴급권으로서 법질서의 유지나 재건을 위해서만 사용될 수 있다. 저항으로 투쟁대상이 되는 불법은 명백하여야 한다. 법질서에 의해 규정된 모든 법적 수단이 실효성있는 구제의 가능성을 제공하지 못하고 저항의 실행이 법의 유지나 재건을 위하여 마지막으로 남아있는 수단이어야 한다. 위와 같은 여러 이유에서 KPD는 그 목적과 태도에 있어서 위헌성을 가지기 때문에 해산되었던 것이다. 3. **검토** 1952년의 SRP해산판결과 1956년의 KPD해산판결은 냉전체제하에서 서방진영의 이데올로기를 고수하고 Adenauer의 친서방정책을 강화하는 데에 큰 힘이 되었던 것은 사실이다. 위 판결의 내용에서도 상세히 나타나고 있는 것과 같이 자유민주적 기본질서를 수호하기 위하여서는 동질서를 파괴하려는 정치집단에 대해서는 이를 허용하지 않는다고 하여 방어적 내지 투쟁적 민주주의의 논리가 확립된 것이다(➔ 방어적 민주주의). 그리고 연방헌법재판소는 이러한 정당의 금지가 기본법에 의해 시간적으로 그리고 물적으로 지배되는 영역에 대해서만 타당하다고 하여 기본법 제21조 제2항과 제146조 사이의 긴장관계를 해소하였다. 이 판결들을 포함하여 1950년대의 공산주의자 및 공산주의정당에 대한 정치적 탄압은 정치적 목적을 달성하기 위하여 사법적 수단을 사용하는 정치적 사법으로서의 성격을 가졌던 것으로 평가되었다. 1951년 개정형법의 규정과 함께 강화되었던 공산주의자에 대한 정치적 탄압에 대하여 그 재판과정에서, 그리고 국제사면위원회에서 기본법 제21조 제2항의 적용을 엄격하게 할 것을 요청하였고, 50년대 말과 60년대에 들어와서는 정치적 사법에 대한 공개적이고 활발한 논의에 이르게 되었다. 이에 따라 1962년의 형법전 개정초안이 마련되었으나 개정되지 못하였고, 1968.6.25. 제8차 형법개정법률에서 비로소 여러 문제점들이 개정되어 1968.8.1. 효력을 발생하게 되었다. 그리고 동년 6.28. 연방의회는 그때까지 정치적 형법에 의해 공산주의의 탄압에 관련되었던 사람들에 대한 사면을 결정하였다. 아울러 독일공산당에 대한 재허용문제도 논의되었는데, 1968.9.26. Kurt Bachmann에 의하여 DKP(Deutsche Kommunistische Partei)라는 이름으로 독일공산당이 재건되었다. 결론적으로 공산주의에 대한 탄압의 형태로서 SRP 및 KPD에 대한 해산판결을 포함하는 정치적 사법은 서독의 자유민주주의의 이데올로기 형성에 지대한 역할을 하였고, 반공산주의 정착에 크게 기여하였으며, 객관적으로 정치적 인식의 형성을 위한 기능을 행할 수 있었던 것이다.

칸트 I. Kant 1724.4.22.~1804.2.12. 1. **생애** 프로이센 왕국 Königsberg 태생. 마구(馬具) 장인인 아버지 요한 게오르그 칸트와 독실한 경건주의 기독교인 어머니 안나 레기나 도로테아 로이터 사이의 열 한 자녀들 중 넷째로 태어났다. 13살 때 어머니가 세상을 떠났고(1737), 1740년 16살 때 Königsberg 대학에 입학해 6년간 공부했다. 생계를 위해 가정교사로 일한 후, 1755년 31살 때 Königsberg 대학으로 돌아와 1770년까지 사(私)강사로 지냈다. 1770년 46살 때 Königsberg 대학 논리학, 형이상학 강좌담당 정식교수로 임용됐다. 57살 때부터 역저를 출가하기 시작하여, 「순수이성비판(』(Kritik der reinen Vernunft)」(1781), 「형이상학 서설(Prolegomena zu einer jeden künftigen Metaphysik, die als Wissenschaft wird auftreten können)」(1783)을 내놓았고, 「세계 시민적 관점에서 본 보편사의 이념(Idee zu einer allgemeinen Geschichte in weltbürgerlicher Absicht)」(1784), 「도덕형이상학원론(Grundlegung zur Metaphysik der Sitten)」(1785), 「자연과학의 형이상학적 기초(Metaphysische Anfangsgründe der Naturwissenschaft)」(1786)를 내놓았다. 「실천이성비판(Kritik der praktischen Vernunft)」(1788), 「판단력 비판(Kritik der Urteilskraft)」(1790)을 출간함으로써 이른바 3대 비판철학서가 완결되었다. 이 외에 「영구평화론(Zum ewigen Frieden)」(1795), 「도덕형이상학(Die Metaphysik der Sitten)」(1797) 등 많은 저서가 있다. 1804.2.12. 고향인 Königsberg 시에서 사망하였다. 칸트의 묘비명에는 "내 머리 위에는 별들이 빛나는 하늘이 있고, 내 가슴 속에는 도덕적 법칙이 있다(Der bestirnte Himmel über mir und das moralische Gesetz in mir)."는 유명한 말이 새겨져 있다. 2. **칸트의 인간관** 칸트는 인간존재를 '동물적 · 본능적 존재로서의 인간'(homo paenomenon)과 '도덕적 · 이성적 존재로서의 인간'(homo noumenon)의 두 측면에서 이해한다. 따라서 인간의 본성 가운데는 '동물성(Tierheit)'과 '인간성(Menschheit)'이 공존하고 있다. 그런데 칸트의 계몽주의적 인간관에 의하면, 인간은 이미 태어날 때 하나의 인간으로 규정되어 있는 존재가 아니라, 살아가면서 자신을 비로소 하나의 인간으로 만들어 나가는 규정적 존재로 파악되어 있다. 이와 같이 인간을 동물적 · 본능적 존재로부터 도덕적 · 이성적 존재로 해방시키는 인간화 작업을 그는 '계몽'(Aufklärung) 또는 '계발'(Kultur)이라고 하였다. "인간은 그 자신에 의하여 설정한 목적에 따라 자기 자신을 완성시킬 능력을 가지고 있으므로 자기창조의 본성을 가지고 있는 존재이다. 따라서 인간은 그에게 부여된 이성능력을 사용하여 자신을 이성적 존재로 만들 수 있다(도덕형이상학 원론)."라는 말이 이를 잘 보여준다. 미완성으로 창조된 인간은 그에게 부여된 이성능력을 사용하여 자기 자신을 인간으로 완성시켜 신이 남겨 놓은 그 "창조의 여백"(das Leere der Schöpfung)을 스스로 메우라는 것이다. 인간의 이 제2의 창조능력은 인간의 '제2의 본성으로서의 이성'이다. 칸트에 의하면, 이성의 본질은 자율성(Autonomie)에 있다고 한다. 이는 인간이 이성을 통하여 자기입법(Selbstgesetzgebung), 자기결정(Selbstbestimmung), 자기목적설정(Selbstbezweckung) 등을 자율적으로 할 수 있는 '도덕적 자유'를 뜻한다. 칸트는 자기입법의 자율성과 인간존엄의 관계에 관하여, "의지는 단순히 법칙에 복종하는 것이 아니라, 그가 자기입법적으로, 따라서 바로 그 자기입법에 의하여 비로소 법칙에 복종하는 것으로 보지 않으면 안된다(이 점에서 그 자유의지 자체를 법칙의 창시자로 보아야 한다).", "따라서 의지가 단순히 도덕법칙에 복종한다는 데 그 존엄성이 있는 것이 아니라, 도덕법칙을 고려하여 동시에 자기입법적으로, 바로 그 자기입법에 의하여 법칙에 복종한다는 데 그 존엄성이 있는 것이다."라고 하고 있다(도덕형이상학원론). 따라서 자율성이 인간적 존재, 즉 모든 이성적 존재의 존엄의 근거이다. 3. **칸트의 윤리관** 인간의 존엄은 인간이 그의 동물성으로부터 벗어나서 하나의 인격적 존재로 되기 위한 유일하고 절대적인 실질적 윤리가치이기 때문에 어느 누구에 의해서도 불가침이다. 그리고 바로 이 점에서 인간존재는 하나의 수단적 존재가 아닌 목적적 존재로 다루어질 것이 윤리적으로 요구된다. 존엄성에 걸맞게 취급되기 위해서는 인간과 인간 사이의 관계가 서로 목적으로서 존중되는 관계에 놓여 있지 않으면 안된다. 이러한 인간 상호간의 인격존중의 원칙은 인간다운 질서의 제1의 존재형식이며, 그것은 동시에 인간행위를 구속하는 제1의 윤리규범으로 나타난다. 이에 따라 칸트는 "너는 인간성을, 그것이 너 자신의 것이건, 타인의 것이건, 항상 동시에 목적으로서 존중할 것이며, 결코 단순한 수단으로 사용하지 말라."라고 하였다(도덕형이상학원론). 개인과 개인 사이건, 집단과 집단 사이건, 국가와 국가 사이건, 국가와 국민 사이건 질서주체 사이에는 반드시 독립성, 즉 주체성이 있어야 하고, 그리고 그 주체성에 바탕하여 서로 쌍방적으로 동시에 수단화하고 목적화하는 관계가 수립되어야 한다는 것이다. 이것을 '상호성의 원칙'(prinzip der Gegenseitigkeit od. Wechselseitigkeit) 또는 '황금률'(golden rule)이라고 한다. 4. **칸트의 법관**法觀 칸트는 법의 개념을 "법이란 한 사람의 자의(恣意)가 다른 사람의 자의와 자유의 일반법칙에 따라 서로 양립할 수 있는 조건의 총체이다."라고 정의하고 있다(도덕형이상학). 이 법의 정의는 결국 모든 사람이 평등하게 자유로울 수 있는 질서원칙을 뜻한다. 이 질서원칙하에서 모든 사람은 타인과의 사이에서 수단적 존재가 아닌 목적적 존재로서 이른바 목적의 왕국에서 살 수 있게 된다. 그러나 "모든 사람이 목적적 존재일 수 있는 일반법칙"은 인간의 자유를 무제한으로 허용할 수는 없다. 왜냐하면 그 자유권은 타인과의 사이에서 "타인의 자의(恣意)로부터 독립할 권리," 즉 그 자유가 모든 다른 사람의 자유와 서로 충돌되지 아니하고 양립할 수 있는 한계를 넘는 자유의 남용은 타인의 자유를 침해할 것이므로 그 한계 내에서 제한되지 않으면 안된다. 자유의 일반법칙에 따르면, 자유는 언제나 그 제한요소로서 평등을 전제하고 있으며, 마찬가지로 평등 또한 자유를 전제하지 않으면 안된다. 왜냐하면 불평등은 자유의 양립을 불가능하게 하고, 부자유는 평등성의 바탕을 결하기 때문이다. 자유와 평등의 이러한 개념적 상호제약성은 공존자 사이의 인격의 독립성으로부터 나오는 당연한 논리적 귀결이다. 칸트는 이것을 "어느 누구도 상호적으로 구속될 수 있는 이상으로 타인에 의하여 구속당하지 아니할 독립성의 권리"라고 말한다(도덕형이상학). 그러므로 공존상황에 있어서는 자유와 평등은 상호제약적으로 일방이 타방을 전제하고 있다. 즉 자유는 평등 가운데서만 존재할 수 있고, 평등은 자유 없이는 있을 수 없다. 따라서 '자유의 일반법칙'은 자유의 평등성이 균형잡혀 있는 상태, 즉 만인이 평등하게 자유로울 수 있는 질서상태의 존재구조를 두고 말하는 것이다. 5. **칸트의 국가관** 칸트가 파악하는 국가개념에는 두 가지 의미가 있다. 하나는 '이념으로서의 국가'이고, 그 다른 하나는 '힘으로서의 국가'이다. 이념으로서의 국가는 그에게 있어서는 순수실천이성원칙의 선험적 형식을 뜻하며, 이 원칙에 따라서 하나의 '시민헌법'(eine bürgerliche Verfassung)이 사회계약의 관념을 매개로 하여 인간사회에 확립된다(도덕형이상학). 그러므로 그는 국가를 정의하여 "다수의 인간이 법의 일반법칙하에 통합된 것(Vereinigung einer Menge von Menschen unter Rechtsgesetzen)"이라고 한다(도덕형이상학). 칸트의 국가는 이념상으로는 인간의 존엄을 존중하고 보호하는 실질적 법치국가를 의미한다. 그러나 개념상으로는 최강의 힘을 가지고 강제권을 행사하는 권력국가의 모습으로 드러난다. 칸트의 국가론에 있어서 이 양 국가개념, 즉 이념으로서의 국가와 힘으로서의 국가가 모순관계에 놓일 때, 다시 말하면 국가가 지배를 할 충분한 힘은 가지고 있으나, 그 힘을 이념에 반하여 인간의 존엄을 침해하고 인권을 탄압하는 데 사용한다면 어떻게 해야할 것인가? 즉 지배자인 군주가 폭군으로 변하여 국민을 탄압할 때 저항을 해야 할 것인가, 말 것인가가 문제된다. 칸트는 이 때 저항은 하되, 폭력을 쓰지 말고 합법적인 방법으로 하라고 말한다. 칸트의 국가론은 국가권력의 본질을 인간의 존엄의 이념으로써 도덕적으로 근거지을 수는 있었지만, 저항권을 부인함으로써 그 인간의 존엄으로써 국가권력의 한계를 근거짓지는 못했다. 6. **칸트의 영구평화론** 자유의 철학자 칸트는 「영구평화론」에서도 영구평화상태를 추구한 것이 아니라, 실은 국제사회의 영구자유상태가 어떻게 가능할 것인가를 추구하고 있다. 칸트는 그 방법으로 각 국가의 주권적 자유를 안전하게 보장할 수 있는 세계시민적 헌법을 만들어 그 국제헌법을 지킴으로써 안전보장의 목적을 달성하자는 것이다. 그 국제헌법의 구성원리로서 칸트는 여기에서도 자유의 일반법칙을 원용하고 있다. 즉 한 국가의 주권적 자유가 다른 국가의 주권적 자유와 서로 충돌하지 않고 양립할 수 있는 자유의 공존조건을 규범화하여 그 규범을 준수하면 영구평화가 확립될 수 있다는 것이다. 종래까지는 전쟁을 통하여 이 주권적 자유를 획득하려 하고, 그 획득한 자유를 또한 지키려고 하였던 것이다. 칸트는 국제사회에서 전쟁을 종식시키고, 진정한 평화를 정착시키기 위해서는 국제헌법을 제도화할 수밖에 없다는 결론에 이르렀던 것이다. 그러나 그는 세계시민적 국제헌법을 구상하는 데 있어서 하나의 정부로써 이루어진 세계정부적 국가와 같은 것을 머리에 그리고 있었던 것은 아니다. 그는 오늘날의 UN과 같은 국제연합의 연방주의를 추천하고 있다. 칸트가 구상하고 추천한 세계시민적 헌법은 오늘날 UN과 같은 국제연합으로 탄생되어 지금은 현실화되었다. 특히 국가간의 전쟁방지와 안전보장에 관한 사항은 안전보장이사회의 역할과 기능에 속해 있다. ➜ 방법이원론.

Kalanke 판결 EuGH, Urt. v. 17.10.1995, C-450/93. 1. **사실관계** 독일 Bremen주는 공원국 과장직을 공모했는데, 남성인 Kalanke와 여성인 Glissmann이 최종후보에 올랐다. 인사위원회는 Kalanke의 승진을 제안한 공원국에 반대하면서 동 사안을 조정위원회에 회부했다. 조정위원회는 「Bremen주 평등법(Landesgleichstellungsgesetz: LGG)」 제4조에 따라 여성후보자인 Glissmann에게 우선권이 부여되어야 한다고 결정했다. 이에 Kalanke는 노동법원에 소송을 제기했다. 그는 i) 자신이 Glissmann보다 더 나은 자격조건을 갖고 있고, ii) LGG 규정이 Bremen 헌법, 독일 기본법 및 독일 민법 제611a조와 부합하지 않는다고 주장했다. 그러나 1심 법원과 항소심 법원은 그의 청구를 기각했다. 이에 Kalanke는 연방노동법원에 상고했고, 연방노동법원은 심리 중 몇 가지 문제, 즉 LGG 규정이 76/207/EEC 지침 제2조 제1항 및 제4항에 위배되는지에 대해 ECJ에 사전결정(preliminary ruling)을 신청했다. 2. **ECJ의 판결** 1) **질문요지** 독일연방노동법원이 ECJ에 의뢰한 질문의 요지는 i) 여성이 과소대표된 영역에서 승진후보자인 남녀가 동등한 자격을 갖는 경우에는 자동적으로 여성에게 우선권을 부여하고, ii) 한 부서 내의 관련 인적 집단에서의 각각의 임금 수준 또는 조직표 상의 직무 수준에서 여성이 적어도 직원의 절반을 차지하지 않으면 과소대표가 존재하는 것으로 간주하는 LGG 규정이 76/207/EEC 지침 제2조 제1항 및 제4항에 위배되는지 여부이었다. 2) **ECJ의 판결** ECJ는 LGG 규정이 76/207/EEC 지침에 제2조 제1항 및 제4항에 위배된다고 판시했다. 우선, ECJ는 76/207/EEC 지침 제1조 제1항과 제2조 제1항을 고려할 때, 동 지침은 제1조 제1항에서 “승진을 포함한 고용에의 접근 등에 관한 남녀평등대우원칙을 회원국에서 실현하는 것"을 목적으로 규정하고 있고, 제2조 제1항에서 평등대우원칙을 "직접 또는 간접적으로 성을 이유로 하는 어떠한 차별도 없는 것"으로 규정하고 있는데, 이러한 규정에 비추어볼 때, 승진후보자인 남녀가 동등한 자격을 갖는 경우, 여성이 과소대표된 영역에서, 자동적으로 여성에게 우선권을 부여하는 LGG 규정은 성에 근거한 차별에 해당된다고 보았다. 다음으로, ECJ는 "여성의 기회에 영향을 미치는 기존의 불평등을 제거함으로써 남성과 여성의 동등한 기회를 증진하는 조치를 방해하지 않는다."고 규정하고 있는 76/207/EEC 지침 제2조 제4항 하에서 LGG 규정이 허용될 수 있는지에 대하여, ⅰ) 76/207/EEC 지침 제2조 제4항은, 사회생활의 현실에 존재할 수 있는 불평등의 실제적 사례를 제거 또는 감소시키는 것을 목적으로 하는 조치를 허용하기 위해 특별히 그리고 배타적(전적)으로 고안되었고, 그 결과, ⅱ) 76/207/EEC 지침 제2조 제4항은 승진을 포함한 고용에의 접근과 관련한 국내조치, 즉 노동시장에서 경쟁할 수 있는 능력과 남성과 동등한 위치에서 성공(career)을 추구할 수 있는 능력을 향상시키기 위하여 여성에게 특별한 이익을 제공하는 국내 조치를 허용한다고 판시했다. 그러나 ECJ는 76/207/EEC 지침 제2조 제4항은 동 지침에 규정된 '개인적 권리(성을 이유로 차별받지 않을 권리)의 예외'이기 때문에 엄격하게 해석되어야 한다고 하면서, ⅰ) 임용 또는 승진을 위한 '절대적이고 무조건적인 우선권'을 여성에게 보장하고 있는 LGG 규정은 평등기회증진을 넘어서는 것으로 76/207/EEC 지침 제2조 제4항에서 규정된 예외의 한계를 일탈하는 것이고, 게다가 ⅱ) 한 부서 내의 모든 등급과 레벨에서 남녀의 동등한 대표성의 달성을 추구하는 한, 그러한 제도는 76/207/EEC 지침 제2조 제4항이 예정하고 있는 '기회의 평등'을 '이러한 기회평등의 제공에 의해 도달할 수 있는 결과로 대체'하고 있기 때문에 허용될 수 없다고 판시했다. 3. **판결의 의미** Kalanke 사건은 여성이 과소대표된 영역에서 승진후보자인 남녀가 동등한 자격을 갖는 경우에는 자동적으로 여성에게 우선권을 부여하는 국내법 규정이 문제되었는데, ECJ는 적극적 평등실현조치 그 자체의 정당성은 긍정했지만, 그러한 조치는 개인이 가지는 평등권에 대한 예외이기 때문에 엄격히 해석하여, 비록 남녀가 동등한 자격을 갖추고 있는 경우라 하더라도 적극적 평등실현조치가 여성에게 '무조건적이고 절대적인 우선권'을 부여한다면, 이것은 '기회의 평등이 아닌 결과의 평등을 추구하는 하는 것'이기 때문에 평등권에 대한 예외의 한계를 일탈한 것이라고 보았다. 다만, 어떤 것이 '무조건적이고 절대적인 우선권'에 해당되는지, 그리고 왜 그러한 것이 76/207/EEC지침에 위배되는지에 대해 구체적인 논거를 제시하지 못하고 있다.

캐기Kägi, Werner 1909.8.26.~2005.10.4. 스위스의 헌법학자이다. 1909년 Biel에서 태어나 Davos에서 어린 시절을 보냈다. 취리히, 베를린, 런던 등지에서 수학하고 1937년에 취리히 대학의 시간강사가 되었다. 1943년에 교수자격논문으로 「Die Verfassung als rechtliche Grundordnung des Staates」을 출간하였고 1952년에 취리히 대학의 국제법, 국가법, 교회법, 헌법사 등의 정교수로 되었다. 캐기는 개혁 개신교도로서 현실에 적극적으로 참여하였다. 1973년에 베른 대학의 신학부에 의해 명예학위를 받았다. 1977년에는 예루살렘의 헤브루 대학 법학부의 명예교수가 되었다.

casting vote ➔ 가부동수.

켈젠Kelsen, Hans 1881.10.11.~1973.4.19. 오스트리아 출신으로 오스트리아, 독일, 스위스, 미국 등에서 활약한 공법학자이다. 프라하의 유대인 가정에서 태어나 두 살 때 그는 가족과 함께 빈으로 이주했다. 빈 대학에서 법학을 공부했고 1906년 박사학위를 취득했다. 1911년 공법과 법철학을 가르칠 수 있는 자격(habilitation)을 취득했고, 그의 첫 번째 주요 저서 「국법학에서의 주요문제(Hauptprobleme der Staatsrechtslehre)」를 출판했다. 1912년에 마그레테 본디와 결혼하여 두 딸을 두었다. 1919년 빈 대학에서 공법과 행정법 정교수가 되었다. 그는 빈에서 「공법 저널(the Journal of Public Law, Zeitschrift für Öffentliches Recht)」을 편집, 출판하였다. 대법관 카를 레너의 간곡한 부탁으로, 켈젠은 새로운 오스트리아 헌법을 입안하는 데 종사했고, 1920년에 제정되어 오늘날까지도 오스트리아 헌법의 기초를 이루고 있다. 켈젠은 헌법재판소에 종신 임명되었다. 1925년, 그는 베를린에서 「일반국가학(Allgemeine Staatstheorie)」을 출판했다. 헌법재판소의 몇몇 지위에 대한 정치적 논쟁들이 증가하고 보수적 분위기가 팽배함에 따라, 비록 당원은 아니었지만 사회민주주의를 존경한 켈젠은 1930년 재판소에서 해임되었다. 1930년 켈젠은 쾰른 대학에서 교수직을 받아들였다. 1933년 독일에서 나치가 권력을 잡게 되자, 그는 직장에서 해임되었고 스위스의 제네바로 이주·망명하여 1934년부터 1940년까지 제네바 고등국제연구소에서 국제법을 가르쳤다. 1934년 「순수법학(Reine Rechtslehre)」의 초판을 출간하였다. 제네바에서 그는 더욱 국제법에 관심을 갖게 되었다. 또한 그는 독일이 체코슬로바키아를 점령할 때까지 프라하의 대학에서 교수로 있었다. 1940년 미국으로 이주하여 1942년 하버드 법대에서 O. W. Holmes를 가르쳤고, 1945년 캘리포니아 버클리대학의 정치학 정교수가 되었다. 이 기간 동안, 그는 더욱 국제법과 국제연맹 같은 국제기구에 대한 논쟁을 다루었다. 켈젠은 20세기 최고의 탁월한 법학자로 평가된다. 그의 엄격하고 논리적인 법실증주의는 근본규범(Grundnorm)이라는 개념을 도출하였다. 근본규범은 헌법과 하위 법령, 조례와 규칙으로 구성된 실정법 체계에서 헌법의 상위에 존재하는 근원규범이다. 명령의 준거는 법률이 되고, 법률의 준거는 헌법이 되고, 헌법의 준거는 가설적인 근본규범이 된다(➔ 법단계설). 법학에서 사실과 존재의 문제를 배척하고 규범과 당위에 초점을 맞추어 순수법학을 구축하였다. 켈젠의 업적은 정치학이나 사회학의 일부분으로 인식되었던 법학을 독자적으로 확립하여 이론화·체계화한 것에 있다. 2차대전 이후 그의 법실증주의가 역설적으로 그가 혐오했던 나치에 의해 악용되어 법률적 불법의 탄생과 그의 철학이 연관이 있다는 비판이 있었다. 독일연방헌법재판소가 자연법론을 주장한 라드부르흐의 이론을 채택하게 되고, 자연법론이 점차 득세하고 법실증주의의 힘은 약해지면서 켈젠의 법사상도 약화되는 듯 보였다. 그러나 나치의 법률적 불법은 켈젠이 비판받을 부분이 아니며 오히려 켈젠은 법철학을 깊이를 심화시키고 법학을 법학답게 했다고 변호하는 견해도 상당하다. 법실증주의와 관련된 논란을 떠나, 그의 법실증주의와 순수법학은 20세기 법철학사에 큰 영향을 끼쳤다는 점은 누구도 부인할 수 없다. 그의 문하생들은 그의 이론을 확장하기 위해 오스트리아의 빈 학파와 체코슬로바키아의 브르노 학파 같은 학파를 형성했다. 영어권에서, H. L. A. Hart와 J. Raz는 비록 단호한 방식으로 켈젠의 실증주의를 벗어났지만, 켈젠의 영향을 깊이 받은 법철학자들이다. 반면 독일의 저명한 법철학자 칼 슈미트와 켈젠 간에는 학문적인 논쟁이 있었다. 켈젠이 주장하는 존재와 당위의 준별에는 여러 가지 문제가 있으나 그것에 입각해서 법의 순수한 이론을 수립한 공적으로 법학계에서 20세기의 최대의 법학자의 한 사람으로 꼽히기도 하였다.

켐프텐 사망조력 사건 Kemptener Sterbehilfe, BGHSt 40, 257(1994) ➜ 의사조력자살.

코로나 팬데믹과 인권 Corona-pandemic and Human Rights Ⅰ. **서언** 1. **개설** 코로나-19 또는 COVID-19(Coronavirus 19)는 중증급성호흡기증후군 감염증의 일종으로, SARS-CoV-2(Severe acute respiratory syndrome coronavirus 2: 제2형 중증급성호흡기증후군 코로나바이러스) 또는 2019년 신종 코로나바이러스(2019 novel coronavirus, 2019-nCoV)라고도 불린다. 중국 우한시에서 발생한 것으로 강하게 추정되며, 명칭에 대하여 우한폐렴, 신종코로나, 코로나19 등 논란이 있다가 2020.1.에 2019-코로나바이러스감염증(COVID-19)라는 명칭으로 통일하였다. 우리나라에서는 2020.2.에 언론 등에서 코로나19로 사용할 것을 권고하였다. 세계보건기구(WHO)는 2020.1.에 세계적 보건비상사태를 선포하고, 2020.3.11.에 팬데믹(pandemic)을 선언하였다. 2023.1. 현재, 발생 후 3년여 동안 여러 변이 바이러스가 출현하여 수차례의 대유행이 반복되면서, 전 세계에서 확진자가 6억 명을 넘어서고, 사망자가 670만 명을 넘어서는 등, 전지구적인 보건위기상황을 보여주고 있다. 인류 역사에서 감염병은 세균의 시대로부터 바이러스의 시대로 전개되었다. 세균의 시대이었던 과거 14세기 중엽 유럽의 흑사병(페스트)이 창궐하여 수천만 명의 사망자를 내었으나, 1918년 스페인독감 이후로 바이러스의 시대로 바뀌었다. 2003년의 사스(SARS), 2015년의 메르스(MERS) 등으로 새로운 종류의 바이러스 질병이 등장한 것이다. 인류는 감염병에 의하여 진화한다는 주장도 있지만, 인간에 의해 초래된 무분별한 자연 및 동물서식지의 파괴, 기후변화 등으로 초래된 자연계의 불균형을 회복하려는 자연의 역습일 수도 있다. 코로나19의 경우, 고도의 감염위험성, 긴 잠복기, 증상불명확, 고치명성, 변이발생의 용이성 등으로 인하여 전지구적으로 심각한 보건위기를 초래하고 있다. 특히 시·공간적으로 매우 근접한 오늘날의 상황에서는 한 국가에서 감염병이 발생하면 전지구적으로 동시적으로 퍼지는 양상을 보여주고 있고, 따라서 위기대응을 개별국가에만 맡겨둘 수 없는 상황이다. 2. **보건위기에 대한 대응양상** 심각한 보건위기에 대한 대응은 각 국가의 생활감각과 문화적 차이 그리고 시민의식의 차이로 인해 적지 않은 차이를 보여주고 있다. 유럽의 경우, 발생 초기에는 영국, 스웨덴 등의 나라에서 의학적 관점에서 집단면역을 통한 위기극복을 시도하였으나, 변이바이러스가 발생하여 그 확산을 막기에는 부족하였고, 결국 집단면역정책을 포기하고 백신접종과 강력한 사회적 통제수단을 채택하기에 이르렀다. 우리나라에서는 2003년의 사스(SARS), 2015년의 메르스(MERS) 등의 경험을 통해 감염병 대처를 위한 법제가 정비되었고, 그에 따라 코로나19에 대해서도 적절한 대응을 한 것으로 평가되어 K-방역으로 전세계적 모범으로 불리기도 하였다. 세계의 여러 나라에서도 비상적인 긴급 내지 예외상황에서 평상시와 다른 보건정책을 집행하여, 검역(quarantine), 감염(의심)자 동선추적과 이동경로 공개, 역학조사과정에서의 강제조사와 진단강제, 마스크 착용강제, 이동제한, 집회제한, 재택명령, 사회적 거리두기, 재택근무, 지역단위 봉쇄정책, 백신접종강제 및 독려와 백신패스제, 백신접종완료자 인센티브제, 시설 및 영업의 제한과 폐쇄조치, 강제격리 및 입원조치, 출입국통제와 격리조치, 의료·요양시설의 출입제한, 예방접종강제와 미접종자 불이익조치 등이 행해졌고, 기존의 보건시스템을 전면적으로 개혁하여 새로운 시스템을 구축하였다. 개별국가 차원에서의 대응과 더불어 전세계적 차원에서 팬데믹에 대한 위기대처방안이 WHO를 중심으로 추구되었으나, 국제적 협력, 특히 백신보급의 문제는 심한 불평등의 양상을 보여주고 있다. **3. 팬데믹에 대한 법적 규율** 팬데믹에 대한 대응은 개인의 일상생활의 전반에 걸쳐 영향을 미친다. 앞서 언급한 다양한 보건정책들은 각각이 개인의 생활영역에서의 기본권과 밀접하게 관련이 있고, 그에 따라 개별기본권 침해에 대한 합헌성 여부가 문제될 수 있는 것들이다. 더욱이 침해되는 개별기본권의 보호영역에서 당해 침해의 정당성 여부는 기본권의 중대성 여부에 따른 심사강도의 차이로 인해 그 합헌성이 달리 판단될 수도 있다. 다양한 보건정책들은 개별국가 내에서는 사적 영역에 공법적 영역이 침투하는 것이며, 개인의 사적 영역과 공동체적 영역이 혼재하고, 대응과정에서 개인의 기본권을 제한하는 형태로 나타나며, 그에 따라 그러한 제한의 헌법적 허용성 여부가 다양하게 쟁점이 되었다. **1) 법적 규율의 기본구조와 쟁점** 보건위기 상황에서 위기를 극복해야할 1차적 책임은 국가에 있다. 이는 우리나라의 경우 헌법상 국가의 기본권보장 및 보호의무(제10조)와 재해예방 및 보호의무(제34조)로부터 유래한다. 팬데믹 대응에 대하여 개별국가의 국내적인 차원에서는, 감염자-국가-비감염자의 3 당사자 사이의 법적 규율이 헌법적으로 어떻게 정당화될 수 있는가의 문제로 나타난다. 즉 감염자와 국가 사이, 비감염자와 국가 사이, 감염자와 비감염자 사이의 3 영역구조에서 각각의 주체의 권리와 권한 및 의무의 헌법적합성을 규명하는 것이 중점이 되는 것이다. 아울러 보건의료체계 종사자들에 대하여 국가가 의료인으로서의 의무를 강제하는 경우 의료진의 복종의무도 문제될 수 있다. 시민적 자유를 중시하는 입장에서는 주로 권리기반(rights-based) 접근법을 채택하며, 공동체나 국가우월적인 사고에서는 의무기반(duty-based) 접근법이 강조되고 있다. 다만 시민적 자유를 중시하더라도 권리로서보다는 의무로서의 안전의무를 국민의 기본의무 중의 하나로 인정하여야 한다는 주장이 성립할 수 있다. 의무기반 접근법은 국가의 기본권보장의무 및 재해예방의무와 함께 개인의 공동체에 대한 안전협력의무를 강조하는 견해이다. 행정법적으로 위험방지법상 전통적 경찰책임론에서 현대적 위험방지협력의무론으로 대체하여야 한다는 주장도 이에 속한다. 말하자면, 헌법상 권리로서의 안전권에 기하여 국가 및 사회의 안전을 다루는 법적 형식으로서가 아니라, 안전의무를 국민의 기본의무로 승인하고 이로부터 팬데믹에 대응하는 국가의 행위를 정당화하여야 한다는 견해이다. 국민의 기본의무로서 국방의 의무와 논리적으로 유사하다. **2) 법적 규율의 양태** 첫째, **감염자와 국가 사이**에서의 법적 규율의 양태는, (신고의무자의) 신고 및 보고, 감염자에 대한 역학조사, 감염자 동선추적 및 공개, 감염자 치료를 위한 강제격리(코호트격리 포함) 및 입원조치, 재택명령, 시설 및 영업제한과 폐쇄명령, 타인접촉금지명령, 출입국금지조치 등이 시행될 수 있다. 둘째, **비감염자와 국가 사이**에서의 법적 규율의 양태는, 지역폐쇄, 집합제한, 출입자명단 작성 등 방역지침준수명령, 이동제한, 감염병 전파 매개체의 처분명령, 시설폐쇄 및 사용금지명령, 비의료기관 시설동원명령, 백신접종의무화, 기타 감염병예방에 필요한 적절한 조치들이 있을 수 있다. 셋째, **감염자와 비감염자 사이**에서의 법적 규율은 사인(私人)과 사인(私人) 사이의 행위준칙에 관한 문제이고, 이에 관하여 국가가 개입하는 양태를 띠게 된다. 또한 사적 시설에의 출입제한과 같이, 사인이 다른 사인의 행위를 제한하는 경우에도 사인에 의한 기본권침해의 문제로 될 수 있다. 특히 감염자의 법위반행위로 인해 비감염자가 감염되는 경우, 그에 대한 감염자의 책임을 어떻게 정할 것인가가 문제될 수 있다. 넷째, **의료진과 국가 사이**에서의 법적 규율로서, 의료자원의 배분과 관련하여 의료서비스의 우선순위 결정의 문제, 재난상황에서 의료인에 대한 업무개시명령, 의료진의 감염피해에 대한 보상의 문제 등이 법률적 차원에서 규율될 필요가 있다. 3) **국가의 규율방식과 규율정도** 국가가 감염병의 치료와 확산방지를 위해 취하는 수단들은 임의적이든 강제적이든 국가행위로서의 성격을 띠는 것이며, 따라서 엄격히 법치주의 원칙에 따라 행해져야 한다. 특히 기본권을 제한하거나 침해하는 경우에는 법률유보원칙이 준수되어야 한다. 물론 구체적인 경우에 대응하여 의회가 정할 수 없거나 그때그때의 상황에 대응하는 수단들에 대해서는 행정입법에 위임하되 위임입법의 법리가 지켜져야 한다. 하지만 입법부가 대응할 시간적 여유가 없는 경우에는 초법적 긴급사태 내지 예외상태(Ausnahmezustand)로 보아 긴급권이 발동될 여지도 있다. 국가의 규율정도에 대해서는 사회 및 개인의 안전과 개인적 자유 사이의 형량의 문제로 된다. 위기적 상황에서 자유보다는 안전을 우선시하는 것이 정당화될 수도 있다. 다만 자유에 대한 제한은 일시적이어야 하며, (넓은 의미의) 비례의 원칙이 준수되어야 하고, 자유의 본질적 내용을 침해하는 것이어서는 안된다. 또한 정밀한 재단(narrow tailoring)을 통해 세밀하게 규율하여야 한다. 4. **손해전보의 문제** 코로나 19의 유행에 대응하여 방역 및 예방접종강화와, 격리 및 이동제한, 시설폐쇄와 영업중단 등 개인의 일상생활과 경제활동을 제한하는 국가의 조치가 행해지면서, 그로 인한 손해 내지 손실에 대한 보상이 문제될 수 있다. 손실보상은 감염병검역 및 치료과정에 참여하는 의료진 및 의료시설에 대한 보상, 예방접종 후의 부작용으로 인한 손실 보상, 영업활동 등의 제한 혹은 금지로 인한 손실보상, 코로나19로 인한 근무불능, 가족 등의 치료를 위한 업무중단, 재택명령으로 근로제공불가 등 다양한 영향을 받는 노동자의 손실에 대한 보상 등이 문제될 수 있다. Ⅱ. **개별국가의 구체적 대응** 1. **우리나라** 국가의 감염병대응의무는 헌법상 국가의 기본권보장 및 보호의무(제10조)와 재해예방 및 보호의무(제34조)로부터 유래한다. 우리나라 「감염병예방법」은 2003년 사스(SARS)의 유행을 겪은 후 질병관리본부가 출범하고, 2009년 「감염병의 예방 및 관리에 관한 법률」이라는 명칭으로 전부개정되었다. 코로나 19 위기와 관련하여 2020.3.4. 개정 · 공포된 「감염병예방법」은 감염병으로 인한 국가위기상황에 보다 효율적으로 대처할 수 있도록 감염병에 관한 강제처분 권한을 강화하고, 역학조사관 규모를 확대하는 등 현행 제도의 운영상 나타난 일부 미비점을 개선·보완하려는 것을 목적으로 개정되었고, 위기대응의 현실에 맞게 수 차례 개정되었다. 질병관리본부도 질병관리청으로 승격하였다. 보건위기에 대한 대응은 필연적으로 개인의 기본권의 제한을 수반하게 되는바, 기본권 제한의 법률유보원칙을 준수하여 명확성의 원칙 및 포괄위임금지의 원칙을 준수해야 한다. 현행 「감염병예방법」은 방역에 관한 주요 결정 권한들을 질병관리청장과 지방자치단체의 장에 대폭 위임하여 광범위한 재량을 부여하고 있다. 감염병예방법에 따른 기본권 침해의 위험성을 제거하기 위하여는, 개인정보 자기결정권, 신체의 자유, 재산권 및 직업의 자유, 교육받을 권리와 교육의 자유, 종교의 자유 등을 고려하여야 한다. 팬데믹 초기에는 격리명령위반, 집합금지 행정명령 위반, 역학조사 방해 등으로 처벌되는 사례가 많았다. 코로나19에 대응하는 과정에서 나타난 손해전보의 문제에 대해서는, 2015년 메르스 피해로 인한 손해배상청구에 대하여 이를 인정하는 대법원판결(대판 2019.3.14. 2018다223825)과 부정하는 대법원판결(대판 2022.6.25. 2020다221136)이 있다. 코로나19로 인한 손해전보는 감염병예방법 및 소상공인 보호 및 지원에 관한 법률(소상공인법)에 따라 국가가 보상할 수 있도록 하고 있다(감염병예방법 제70조 이하, 소상공인법 제12조의2 이하 참조). 공무원 등 특정집단에 대한 백신접종의무화도 공무원이 가지는 기본권을 최대한 존중하고 실현하는 방향으로 시행되어야 한다. 2. **독일** 독일 연방의회는 코로나19 위기 대응을 위해 2021년까지 총 4차례(2020.3.27.; 2020.5.18.; 2020.11.18.; 2021.4.22.)에 걸쳐 「인간 감염병의 예방 및 퇴치를 위한 법률(감염병예방법:Infektionsschutzgesetz:IfSG))」을 개정하였다. 연방정부는 연방상원(Bundesrat)의 동의를 얻어 일반행정규칙(allgemeine Verwaltungsvorschrift)을 발령할 수 있다. 주 정부는 연방법에서 정한 요건을 준수하는 한, 법령으로 전염병의 예방을 위한 명령 및 금지사항을 규정할 수 있다. 독일 연방의회는 코로나19 사태가 터지자마자 2020년 추가예산법, 기업 유동성 부족 해결을 위한 경제안정화자금법, 경기부양 및 위기극복 관련법, 조세지원법 등과 같은 경기회복 및 경제안정화 지원 분야입법, 고용시장 안정입법, 사회적 약자 보호입법, 소상공인 보호 및 가계지원 입법, 행정절차 특례인정입법, 연방의회 의원 활동비 동결입법 등 긴급한 관련입법 23개를 속전속결로 의결했다. 보건 비상사태에 대한 제반 처분에 대한 다툼으로, 마스크착용의무의 일반적 인격권제한 여부, 외출제한조치의 정당성 여부, 집회의 자유의 제한 여부, 집단적 종교행사 금지의 합헌성 여부, 사업장 폐쇄의 합헌성 여부 등이 문제되었다. 독일의 경우 비상적 조치와 관계되는 기본권들 어느 하나도 경시하지 않으면서 이익형량과 규범조화적인 방법으로 접근하고 있다. 3. **미국** 미국의 경우 2023.1. 기준 사망자가 100만 명을 훌쩍 넘겨 전 세계에서 코로나로 인한 사망자가 가장 많은 나라 중이 하나로 기록되고 있다. 발생 초기 트럼프 행정부의 무원칙적 대응이 혼란을 야기하였고, 바이든 행정부에 들어서서도 그 대처가 허술하여 많은 비판을 받았다. 특히 미국은 자유주의적 경향이 강한 국가이기 때문에 보건위기 대응조치로서 마스크 착용의무화, 백신접종의무화, 강제격리, 사회적 거리두기, 집회금지, 지역봉쇄 등에 대하여 강하게 저항하는 양상을 보여주고 있다. 또한 의료접근성이 낮고, 의료보험체계가 보편적이지 않으며, 빈부격차와 인종갈등 등으로 인해 보건위기에 적절하게 대응하지 못하는 문제점을 보여주고 있다. 주별로 차이는 있으나 코로나19 확산에 대응하여 미국은 사회적 거리두기 뿐만 아니라 근로자·학생·의료종사자 등에 대한 백신접종 의무화, 긴급하지 않는 낙태수술의 연기, 노상투표의 금지 등 강도 높은 기본권 제한조치를 실시하고 있다. 이에 대응하는 소송들에 대한 일련의 판례들은 정부의 처분이 기본권의 본질적인 부분을 침해하거나, 처분의 목적과 수단 간의 실질적 관련성을 인정하기 어렵다는 사정이 없는 한 사법부의 개입을 최소화하고 행정부의 판단을 존중하는 모습을 보여주고 있다. 코로나 위기와 같은 비상적 보건위기 상황에서는 공중보건을 위한 국가의 재량권이 넓게 인정되고, 엄격심사의 대상이 되는 기본권 제한 영역일지라도 그 심사기준은 목적과 수단 사이에 진정한 실질적 관련성을 중심으로 판단하는 것이 적절하다는 것이다. 4. **프랑스** 2020.1., 프랑스에서 최초의 코로나19 감염자가 발생한 이후로, 이에 대응하기 위하여 「코로나19 대응에 관한 2020.3.23. 긴급법률 제2020-290호(Loi n°2020-290 du

23 mars 2020 d'urgence pour faire face à l'épidémie de covid-19)」에 '보건비상사태(état d'urgence sanitaire)'를 신설하고 이를 근거로 이동제한, 집회금지, 확진자 격리, 개인정보 수집 등의 코로나19 대응 조치를 시작하였다. 이후 보건패스(Pass sanitaire) 없이는 식당과 카페 등 다중이용시설 출입을 하지 못하도록 엄격한 조치를 취하였다. 지금까지 프랑스에서 보건비상사태 하에서 감염병 확산을 방지하기 위한 법률, 데크레(Décret) 및 법률명령들이 제정 및 개정되었고, 이러한 법적 근거를 기반으로 보건비상사태 하에서 기본권을 제한하는 조치가 취해졌다. 3차례의 봉쇄령을 거쳐 2022.3.14.에 일부 예외를 제외하고 일상회복을 위한 조치가 취해졌다. 프랑스 헌법재판소(Conseil constitutionnel)는 보건비상사태 및 그 연장에 관한 8개 법률에 대해서 이동제한에 따른 왕래의 자유, 집회의 자유, 종교의 자유, 사생활존중권 등 위헌 여부에 대한 판단(사전적 위헌법률심판)을 행하였다. 국가 전면봉쇄조치를 요구하는 청구인들의 청구에 대하여 국사원(Conceil d'Etat)은 수상이 영토 전체에 대한 전면봉쇄 결정을 하지 않은 것이 심각하고 명백히 불법적이라고 볼 수 없다고 하였으며, 종교적 집회금지에 대해서는 공중보건보호의 목적에 합당하다고 판결하였다. 이 외에도 백신접종자의 지역 간 이동금지에 대한 판단, 식당 및 카페 폐쇄조치의 필요성과 비례성에 대한 판단 등에서는 정부의 조치가 헌법에 위반되지 않는다고 판단하였다. 다만 스키리프트 접근금지 조치에 대한 판단에서는 이러한 조치는 필요하지도 않고 비례하지도 않는다고 하여, 즉시 개방할 것을 명하였고, 변호인 접견권 침해 판단에서도 법집행의 정지를 명하였다. 프랑스 헌법재판소의 판결에서는 이전의 자유, 개인적 자유, 사생활존중, 집회의 자유, 고용권 등이 문제되었고, 법률의 명확성 원칙, 평등원칙, 죄형법정주의 등이 판결의 논거로 활용되었다. **Ⅲ. 국제적 대응과 문제점** **1. 서언** 팬데믹의 시작부터 몇몇 정부는 정보 통제, 비평가 감금, 진실 은폐강요 등으로 시민적 및 정치적 권리들을 위반하였고, 권위주의 지도자들은 위기를 사용하여 권력을 장악하였다. 팬데믹은 깊은 구조적 불평등을 노출시켰으며, 비차별이라는 핵심적인 인권원칙에 위배되었다. 국제적 대응은 자금이 부족하고 조정되지 않았으며, 민족주의 전략과 필수 의료자원의 매점매석으로 방해가 되었다. **2. 인권침해와 Covid19** 전지구적 보건위기에 대처하는 과정에서 ① 불평등의 팬데믹 ② 연대의 부재가 확인되었다. 이에 Covid-19에 대한 인권적 대응으로 ① 권리기반 회복의 기금마련 ② 의료 기술의 공평한 배분 ③ 글로벌 비축 ④ 지식재산 개혁 ⑤ 정확한 보건정보에 대한 권리 ⑥ 공중보건 비상사태 동안 시민적 및 정치적 권리 보호 ⑦ 팬데믹 조약에 인권을 포함시키는 것 등이 강조되고 있다. **3. 정의(Justice)에 적합한 글로벌 보건** 보건권을 위한 새로운 권리기반의 국가 및 전지구적 거버넌스는 보건에 대한 권리를 실현하기 위한 행동으로, 첫째, 경제, 사회 및 문화적 권리위원회의 보건형평성에 대한 일반적인 의견 표명, 둘째, 글로벌 보건에 관한 프레임워크 협약(the Framework Convention on Global Health) 체결을 통해, 평등, 참여 및 책임이 진전과 보건기금 지원 확대, 전지구적으로 모든 행위자의 투명성과 책임 향상, 셋째, 보건형평성을 극대화하기 위한 종합적, 체계적, 포괄적인 일련의 행위로서 개별국가의 보건평등프로그램 개발, 넷째, 세계 보건총회의 결의안 채택, 마지막으로, 지역사회 주도 및 시민사회 주도의 거버넌스 확립 등이 지적되고 있다. **4. 전지구적 보건안보와 인권보호** 세계 보건안보 및 인권은 분리할 수 없는 조합으로서, 보건을 세계적인 공공재로 취급하고,

권리와 형평성에 근거한 새로운 법적 도구를 요구한다. 2022.12. 현재 WHO는 2024년 상반기 제정을 목표로 정부간 협상기구(the intergovernments negotiating body: INB)를 통해 국제적 보건 비상사태 대응을 위한 국제협약을 체결하기를 제안하였다.

코커스caucus ➜ 미국대통령선거.

코트-패킹 플랜 Court-Packing Plan 코트 패킹 플랜(법원재구성플랜)은 미국 대통령 루스벨트에 의해 주도된 1937년의 사법절차개혁법안(The Judicial Procedures Reform Bill of 1937)을 일컫는다. 대통령 루스벨트는 연방대법원이 뉴딜입법들을 여러 차례 위헌이라고 결정하자 이에 호의적인 대법관들을 증원하기 위하여 이 법안을 제출하였다. 법안의 핵심내용은 70세 6개월을 넘는 대법관에 대해 최대 6명까지 추가적인 대법관을 임명하는 권한을 대통령에게 부여하는 것이었다. 1869년 법원조직법(the Judiciary Act of 1869)에서는 연방대법원이 대법원장 1인과 8인의 대법관으로 구성되도록 규정하였다. 루스벨트의 제1기 대통령재임 중에 연방대법원은 여러 뉴딜입법들을 위헌으로 결정하였다. 루스벨트는 이 법안들이 정부의 헌법적 권한을 위반하지 않는다고 결정하도록 새로운 추가적인 연방대법관들을 임명함으로써 대법원의 구성을 변경하여 위헌판결들을 번복하려 하였다. 연방헌법이 연방대법원의 규모를 규정하지 않았기 때문에, 루스벨트는 연방의회가 연방대법원의 규모를 변경할 권한을 가진다고 지적하였다. 법안은 양 정당의 의원들에게는 법원에 부정한 수단을 쓰는 것으로 비쳐졌고, 부통령 J. N. Garner를 포함하여 많은 민주당원들이 반대하였다. 이 법안은 루스벨트의 'court-packing plan'으로 알려지게 되었다. 1936.11.에, 루스벨트는 재선에 성공하였다. 몇 달 후, 루스벨트는 한 대법관이 70세에 이르고 은퇴하지 않을 때마다 새 대법관을 추가하여 연방사법부를 재조직하자고 제안하였다. 법률안은 1937.2.5.에 공개되었고, 1937.3.9. 루스벨트의 아홉 번째 방송대담의 주제이었다. 대법원장 Hughes가 반대하는 의견을 제시하기도 하였다. 3주 후 대법원은 West Coast Hotel Co. v. Parrish 사건에서의 워싱턴주 최저임금법을 합헌으로 하는 의견을 공개하였다. 5대4의 평결은 대법관 Owen Roberts의 입장번복의 결과이었다. Roberts는 이전에 대부분의 뉴딜입법에 반대하였기 때문에, 그의 지지는 대통령이 법원에 가하였던 정치적 압력의 결과로 여겨졌다. 혹자는 그의 번복을, 법원을 뉴딜에 좀 더 우호적이도록 만들려는 정치적 압력을 완화함으로써 대법원의 사법적 독립을 유지하려는 노력으로 해석하였다. 루스벨트의 입법제안은 최종적으로 실패하였다. 법안은 민주당 상원사법위원회 위원장 H. F. Ashurst가 청문을 지연시킴으로써 상원 사법위원회에서 165일 동안 보류되었고, 상원 다수파의 리더이자 주된 옹호자이었던 J. T. Robinson의 사망으로 더욱 난관에 봉착하였다. 상원은 하급심법원을 개선하는 것으로 내용이 완화된 법안을 통과시켰고, 루스벨트는 이 법안에 서명하였다. 루스벨트는 대법원의 재구성에는 실패하였지만 궁극적으로 그의 뉴딜입법에 호의적인 법원에서의 다수를 확보하는 데에 성공하였다. 1937년 W. V. Devanter대법관의 은퇴 후 대법원은 루스벨트에게 우호적으로 바뀌었고, 1938년 B. Cardozo의 사망, G. Sutherland의 은퇴, 1939년 L. Brandeis와 P. Butler의 은퇴, 1941년 J. C. McReynolds와 C. E. Hughes의 은퇴 등으로, 루스벨트가 재임한 1933년에 재임했던 대법관은 단 두 명만이 남게 되었다. 나중에 대법원장 W. Rehnquist는 '루스벨트 대통령은 법원재구성(court-packing)의 전쟁에서 패했지만, 연방대법원에 대한 통제전쟁은 승리하였다'고 평가하였다.

Colegrove v. Green 판결 ➜ 선거구획정. ➜ 정치문제 법리.

Conceil Constitutionnel 프랑스의 헌법재판기구로서 헌법평의회, 헌법위원회, 헌법재판소, 헌법원 등으로 번역된다.

Conseil d'État 프랑스의 최고 국가정책결정기구이자 최고행정법원으로서, 국가평의회, 국참사원 혹은 국사원으로도 번역된다.

쿠데타Coup d'État 쿠데타는 프랑스어로 정부에 일격을 가한다는 뜻으로, 선동을 통한 군대 등을 이용하여 무력으로 정권을 무너뜨리거나 빼앗는 일을 통상적으로 지칭하는 단어이다. 보통 내부적으로 정권이 불안한 상태에서 발생하고, 지배계급내부의 단순한 권력 이동이 이루어지는 경우가 많다. 체제 변혁을 목적으로 하는 혁명과는 구별된다. 다른 표현으로는 정변(政變) 또는 사변(事變)이 있다. 새뮤얼 헌팅턴은 변혁적 쿠데타, 정권수호적 친위쿠데타, 거부의사의 쿠데타 등 세 가지로 분류한다. 우리나라에서는 5 · 16쿠데타(1961), 12 · 12쿠데타(1979), 5 · 17쿠데타(1980) 등이 있다.

Cour de Cassation 프랑스에서 민 · 형사사건 등 일반재판에 관한 최고법원으로서, 파기원, 파훼원, 대법원 등으로 번역된다.

쿠크Coke, Edward 1552.2.1.~1634.9.3. 17세기 영국의 식민지 사업가, 판사, 정치인이다. 법의 지배를 주장한 것으로 유명하다. 케임브리지에서 공부하고 1578년 법정변호사가 되었다. 1592년에는 런던시의 법관, 이어서 법무차관에 임명되었다. 1593년에는 하원의원으로 선출되었으며, 1594년에는 법무대신이 되었다. 그는 「왕은 어느 누구보다 위에 있는 사람이지만, 신과 법 아래에 있다(The King himself should be under no man, but under God and the Law).」라는 유명한 법언을 남길 만큼 영국에서의 법의 지배를 강력히 주장한 사람이다. 그는 의회의 특권이 판례로부터 나오고 그것에 구속된다고 지적했으며, 1609년 Calvin's Case에서 「자연법은 영국법의 한 부분이며 신으로부터 비롯되어 영원하며 변하지 않기 때문에 세속적인 법에 우선한다.」고 선언하였다. 1610년의 보넘 판결(Dr. Bonham's case)에서는 「의회제정법이 일반권리 또는 이성에 반하거나, 모순되거나, 실행이 불가능한 경우에는 보통법(common law)이 그것을 통제하며 그러한 법을 무효라고 결정할 것이다.」라고 하였다. 후에 하원의원이 된 에드워드 쿠크는 1628년의 권리청원을 주도하였다. Dr. Bonham's case는 오늘날 위헌법률에 대한 사법심사의 시원으로 평가되는 판결이다. 저서로 「영국법제요(Institutes of the Lawes of England)」와 「판례집(Law Reports)」이 있다.

Croson 판결 City of Richmond v. J. A. Croson Co., 488 U.S. 469 (1989). 1. **사실관계** Richmond 시의회는 공공건설사업을 수주한 사업자가 계약금액의 30%를 반드시 소수인종이 경영하는 사업체(minority business entities, MBE)에 하도급하도록 의무화하는 '유보정책'을 실시하였다. 이 유보정책의 목적은 공공건설사업에서 소수인종이 경영하는 벤처기업을 육성하려는 것이었다. 리치몬드 시는 이 정책을 입안할 때 다음과 같은 연구결과를 참고하였다. 즉, 리치몬드 시의 50%가 흑인임에도 불구하고 1978년부터 1983년 사이에 시당국이 체결한 공공계약의 0.67%만이 MBE와 체결되었고, 공공사업자협회에도 소수의 MBE만이 회원으로 가입되어 있다는 것이었다. 2. **연방대법원의 판결** 이

ㅋ

판결에서 연방대법원은 과거의 광범위한 차별을 근거로 계약액을 유보하는 것은 정당화될 수 없으며, 30%라는 수치는 정교하게 맞춘 것이라고 볼 수 없다고 판시하였다. O'Connor 대법관이 집필한 다수의견은 아무리 긍정적인(benign) 내용이라고 하더라도 인종을 감안하는 모든 조치에는 엄격심사를 적용하여야 한다고 주장하였다. 엄격심사를 적용하지 않으면, 인종을 기준으로 구별하는 것이 시혜적인(benign) 것인지 아니면 교활한 차별을 유발하는지를 규명할 수 없다는 것이 그 이유였다. 리치몬드 시는 과거의 차별을 일반화하여 적용하였는데, 연방대법원은 과거 특정한 업계에서 차별이 있었다는 막연하고 비정형적인(amorphous) 주장만으로는 경직된 인종별 할당(quota)을 사용하는 것을 정당화할 수 없다고 보았다. 지역의 차별적 행위가 소수인종을 체계적으로 배제하는 데 수동적으로라도 참여하는 정도에 이르러야 비로소 시당국이 이 차별적 행위를 철폐할 수 있을 것인데, 이 사건에서 리치몬드 시당국은 인종을 기준으로 공공계약을 할당하여야 할 절박한 공익을 입증하지 못하였다고 연방대법원은 판단하였다. 3. **판결의 의의** 이 판결은 적극적 평등실현조치에 엄격심사를 적용한 최초의 판결로서, 연방대법원은 적극적 평등실현조치의 합헌성심사에 전통적인 차별유형들에 적용했던 것과 똑같은 기준을 적용해야함을 분명히 하였다. 즉, 소수인종에 대한 우대조치도 '인종'에 근거한 차별이 되기 때문에 평등법리의 일반론을 적용하더라도 이것에 대한 위헌성 심사는 엄격심사가 되어야 한다는 것이다.

ㅌ

탄력적 근로시간제彈力的 勤勞時間制 ➜ 근로조건기준의 법정주의.

탄핵소추권彈劾訴追權 ➜ 탄핵제도.

탄핵심판위원회彈劾審判委員會 우리나라 제5차 개헌(1962) 및 제6차 개헌(1969) 때 탄핵사건을 심판하기 위하여 설치되어 있던 헌법상의 기관이다. 대법원장을 위원장으로 하고, 대법원판사 3인과 국회의원 5인으로 구성하되, 대법원장을 심판할 때에는 국회의장이 위원장을 맡도록 하였다. 1972년 유신헌법에서 헌법위원회가 탄핵사건을 담당하게 되어 폐지되었으며, 9차 개헌(1987)부터는 헌법재판소가 탄핵사건을 심판하게 되었다.

탄핵재판소彈劾裁判所 우리나라 제1공화국 당시 헌법에 정한 일정한 고급공무원이 그 직무수행에 있어서 헌법 또는 법률을 위반함으로써 탄핵의 대상이 되었을 때, 국회의 소추에 따라 심판하기 위하여 설치하였던 재판소이다. 제헌헌법에서 탄핵심판을 행하기 위하여 탄핵재판소의 설치를 명문화하고(제47조), 1950년 법률 제101호로 탄핵재판소법이 제정됨으로써 제1공화국 때에는 탄핵재판소라는 독립기관에서 탄핵심판을 담당하였다. 탄핵재판소는 부통령이 재판장이 되며, 대법관 5인과 국회의원 5인의 심판관으로 구성되었다. 단, 대통령과 부통령을 심판할 때에는 대법원장이 재판장의 직무를 행한다. 탄핵판결은 심판관 3분의 2 이상의 찬성이 있어야 하며, 탄핵판결은 탄핵대상자인 공무원을 공직으로부터 파면함에 그친다. 그러나 민사상이나 형사상의 책임이 면제되는 것은 아니다. 제3차 개헌(1960)에서 헌법재판소를 신설함으로써 탄핵재판소는 폐지되었고, 제5차 개헌(1962)에서는 다시 헌법재판소를 폐지하고 탄핵심판위원회를 두어 이로 하여금 탄핵사건을 심판하게 하였다. 제4공화국(1972) 때에는 헌법위원회가 탄핵심판을 담당하였으나 전혀 기능하지 못하였고, 현행헌법(1987)에서는 헌법재판소가 탄핵심판을 담당하게 되었다.

탄핵제도彈劾制度 ㊎ impeachment, ㊍ Anklage von Amtsträgern, ㊏ la mise en accusation. 1. **총설** 1) **탄핵제도의 의의** 탄핵제도(impeachment, Anklage)는 고위공직자에 의한 하향식 헌법침해로부터 헌법을 보호하기 위한 헌법보호제도의 하나로서, 일반사법절차에 따라 소추하거나 징계절차로서 징계하기가 곤란한 대통령을 비롯한 고위공직자나 법관 등 신분이 보장된 공무원이 직무상 중대한 비위를 범한 경우에 이들을 의회가 소추하여 처벌하거나 파면하는 제도를 말한다. 탄핵제도는 국민의 대의기관인 국회가 탄핵소추기관이 되고 독립한 헌법기관인 헌법재판소(혹은 상원)가 탄핵심판기관이 되는 점에서 형사재판제도와 다르다. 또한 헌법에 의해 신분이 철저히 보장되는 대통령과 법관 등을 주된 탄핵소추의 대상으로 하는 점에서도 차이가 있다. 2) **연혁** 탄핵제도의 기원을 그리스와 로마에서 찾는 견해도 있지만, 오늘날의 근대적 의미의 탄핵제도와는 다르다. 근대적 의미의 탄핵제도가 영국에서 시작되었다고 보는 데에는 이의가 없다. 영국에서의 탄핵제도가 근대적 의미의 제도로 발전하게 된 것은 1399년 헨리 4세에 의해 법적으로 제도화된 헨리4세법(The Statute I Henry IV. c.14)이었다. 이 후 1805년 멜빌사건이 있기까지 무려 70여건의 탄핵소추가 있었지만, 그 후로는 탄핵소추사건은 하나도 발생하지 않고 있다. 영국에서 발전한 탄핵제도는 미국에 전파되어 1787년의 미국연방헌법에서 최초로 헌법에 명시되었다. 그 후 다시 유럽대륙으로 전파되었으며, 기타 아시아와 아프리카의 국가들에게도 영향을 미쳐 오늘에 이르고 있다. 3) **탄핵제도의 기능** (1) **권력통제수단** 탄핵제도는 발생연혁을 살펴볼 때 권력통제의 메카니즘으로 시작되었다. 영국에서 탄핵제도가 처음 도입될 당시, 국왕과 법관의 경우 의회에 대해서는 물론이고 어느 헌법기관에 대해서도 책임을 지는 방법이 없었던 것이고, 따라서 국왕의 보호를 받는 고위공직자와 법관에 대한 권력통제의 필요성에서 탄핵제도가 창안된 것이다. 이 후 그 범위를 점차 확대하여 국왕의 신임을 받는 고위공직자를 파면하고 다시금 공직에 발을 내디딜 수 없도록 막기 위한 제도적 장치로서 탄핵제도가 유용하게 활용되었다. (2) **고위공직자의 법적 책임추궁** 탄핵제도는 의회에 대해 정치적 책임을 지우기에 적합하지 않은 국왕과 법관에 대하여, 철저한 신분보장을 전제로 활동을 보장하지만 헌법과 법률을 위반한 경우까지도 그 신분이 보장될 수 없음을 고려하여 법적 책임을 부과하는 제도이다. 법적 책임을 묻는 제도이기 때문에 탄핵제도는 다른 권력통제수단들에 비하여 자주 활용되지 않았다. (3) **헌법보호수단과 특수한 형사소추수단으로서의 기능 확대** 오늘날에 있어서 탄핵제도는 권력분립원리의 시각에서 권력통제수단일 뿐만 아니라 헌법보호수단으로서도 중요한 기능을 하고 있다. 헌법보호의 중요성과 함께 헌법재판이 도입되고 대부분의 국가에 있어서 헌법재판사항의 하나로 탄핵제도가 채택되고 있는 것은 바로 탄핵제도의 본질과 기능이 헌법보호수단임을 보여준 것이라고 할 수 있다. 우리 헌법재판소도 「행정부와 사법부의 고위공직자에 의한 헌법위반이나 법률위반에 대하여 탄핵소추의 가능성을 규정함으로써, 그들에 의한 헌법위반을 경고하고 사전에 방지하는 기능을 하며, 국민에 의하여 국가권력을 위임받은 국가기관이 그 권한을 남용하여 헌법이나 법률에 위반하는 경우에는 다시 그 권한을 박탈하는 기능을 한다. 즉, 공직자가 직무수행에 있어서 헌법에 위반한 경우 그에 대한 법적 책임을 추궁함으로써, 헌법의 규범력을 확보하고자 하는 것이 바로 탄핵심판절차의 목적과 기능인 것이다.」고 하고 있다(헌재 2004.5.14. 2004헌나1). 한편 탄핵제도는 일반형사재판절차와 비교하여 특별한 소추절차적 성격을 가진다. 대통령에 의하여 임명되고 그의 지휘와 감독을 받는 검찰이 대통령을 소추한다는 것이 사실상 불가능하고, 또한 법관을 검찰이 소추하고 동료인 법관들이 재판한다는 것이 기대하기 어려우며, 기타의 고위공직자에 대해서도 검찰권행사가 편파성을 보일 경우 일반형사재판절차를 통한 사법정의는 기대할 수 없기 때문에, 예외적인 경우에 대비한 특별한 소추절차로서, 헌법을 보호하려는 것이 탄핵제도이다. 4) **탄핵제도의 정치적 가치** 정부형태와의 관계에서 탄핵제도의 유용론과 무용론이 전개되고 있다. **탄핵제도유용론**은 ㉠ 고위공직자들이 탄핵을 두려워하는 나머지 비행을 자제할 것이고, ㉡ 공분을 발산할 수 있는 합법적 수단을 강구하지 않으면 국민이 혁명이나 폭력과 같은 비상수단에 호소할지 모른다는 이유로 탄핵제도가 유용하다고 보며(다수설), 이에 대하여 **탄핵제도무용론**은 ㉠ 역사적인 경험에 비추어 볼 때, 대통령제국가에서는 탄핵제도가 거의 운용되지 않고 있으며, ㉡ 의원내각제국가에서는 내각불신임제도에 의하여 탄핵제도의 목적을 달성할 수 있으므로, 탄핵제도는 심리적·사회적 효과를 가지는 것일 뿐 비현실적인 제도로서 헌법의 장식물에 지나지 않는 것이라고 한다. **결론적으로** 의원내각제 정부형태의 국가에서도 정치적 책임을 지지 않는 고위공직자가 존재하는 한 탄핵제도에 의하여 책임을 추궁할 필요가 있다. 또한 대통령제 정부형태의 국가에서는 고위공직자 가운데서 정치적 책임을 지는 공직자는 많지 않기 때문에 탄핵제도의 필요성은 더욱 커진다. 즉 대통령을 비롯한 고위공직자와 법관 모두가 정치적 책임을 지지 않기 때문에 법적 책임을 묻는 탄핵제도의 필요성은 매우 크다고 할 수 있다. 5) **탄핵제도와 사법권독립과의 관계** 탄핵제도, 특히 법관에 대한 탄핵제도의 운영과 관련하여 사법권독립과의 관계가 문제될 수 있다. 탄핵제도는 법원의 일반적 재판작용에 대한 권력통제의 수단이 아니라 헌법과 법률을 위반한 법관 개인에 대한 특별한 형사소추절차로 평가되는 점에서 사법권독립과는 직접적 관계는 없다고 본다. 또한 법관의 비위에 대해 그 책임을 물을 수 있는 제도적 장치가 되어 있는 경우 탄핵제도는 실효성이 적어진다. 법관 임기제의 경우 재임명을 거부하면 되기 때문에 탄핵제도는 그 실효성이 적어지는 반면, 법관 정년제 내지 법관 종신제로 나아가면 탄핵제도의 실효성은 크다. 2. **외국의 입법례** 1) **영국** 영국의 탄핵제도의 기원을 멀리 중세의 왕의 법정(Curia Regis)에서 찾는 견해도 있지만, 통상 그 기원을 1376년 에드워드 3세 치하에서 발생한 Latimer사건으로 본다. 이 사건은 에드워드 3세 말기의 실정을 바로잡을 목적으로 소집된 선량의회(Good Parliament)에서 평민원이 직접 국왕의 대신과 고문을 공격하기 위하여 귀족 Latimer, Neville과 평민 Lyons, Ellys, Peachy, Bury를 탄핵하고, 이에 대하여 귀족원이 국왕의 문무관의 요구를 거스르면서 심리·판결한 사건이다. 이 사건은 대신책임제(大臣責任制)의 원리를 확립하고 군주주권을 「의회에서의 군주주권」으로까지 끌어내린 계기가 된 것으로 평가받고 있다. 영국에서 탄핵제도는 여러 단계의 과정을 거쳐 발전되었다. ① Henry 4세의 제정법(The Statue I Henry IV. C. 14): 1376년 Latimer사건 이후 1399년에 제정된 이 법에 따라 귀족원이 탄핵을 심리하기 전에 평민원의 소추가 먼저 있어야 한다는 원칙이 확립되었다. ② 왕권강화로 인한 탄핵제도의 휴면기: 1459년 Stanley사건 이후로 약 160년간 탄핵이 이루어지지 않았는데, 그 이유는 강력한 왕권으로 말미암아 의회가 탄핵절차에 의하여 특정인을 추방하려 하지 않고 오히려 특정인을 처벌하는 내용을 의결하여 국왕의 승인을 받는 입법(사권박탈법, Bill of Attainder)의 방식을 선택하였기 때문이다. 사권박탈법의 제정은 사실상 탄핵과 동일한 목적을 가지고 있다. 그러면서도 사권박탈법은 사법행위인 탄핵과 달리 입법행위에 해당하기 때문에 특별한 증거가 없어도 또한 하등의 소환절차를 거치지 않고서도 심지어 사형에 처하는 결의를 할 수 있었다. 최초의 사권박탈법에 해당하는 것으로는 1477년의 Clarence 공작에 대한 법률을 들 수 있다. 그 이후로 특히 James 1세 시대에 이르기까지 사권박탈법이 탄핵을 대신하여 자주 이용되었다. ③ 탄핵제도의 재등장: Stewart왕조의 등장과 함께 의회가 상대적으로 세력을 얻는 과정에서 발생한 1621년의 Mompesson사건을 비롯하여 1806년의 Melville사건에 이르기까지 185년간에 걸쳐 54건의 탄핵이 이루어졌다. 이 때 이루어진 탄핵은 귀족만이 아니라 일반 평민들도 그 대상으로 삼았다. ④ 의원내각제의 확립에 따른 탄핵 효용성의 감소: 내각의 존속이 의회에 의존하게 되면서 굳이 탄핵절차를 통한 책임의 추궁이 필요하지 않게 되었다. 이로 말미암아 1806년의 Melville사건 이후 탄핵이 이루어지지 않게 되었다. 2) **미국** 미국의 탄핵제도는 그 연혁에 있어서 이미 1787년의 연방헌법제정 이전에 영국의 선례를 계승하여 각 주의 헌법에서 채택되었다. 즉 1776년의 버지니아주 헌법과 사우스 캐롤라이나주 헌법, 1780년의 매사추세츠주 헌법 등에서 영국의회의 탄핵제도를 도입하였으며, 그 후 연방헌법의 제정과정에서는 영국의 탄핵제도를 새로운 미국의 정치제도에 적용하기 위해서 헌법기초자들 사이에 활발한 논의가 전개되었고, 그 결과 오늘날의 탄핵제도의 헌법적 기초를 마련하게 되었다. 미연방헌법상 탄핵제도에 관한 조항인 제2조 제4항은 「대통령, 부통령 및 합중국의 모든 공무원은 반역죄, 수뢰죄 기타의 중대한 범죄 또는 비행에 의해 탄핵되어 유죄판결을 받는 경우에는 면직된다.」라고 규정하고 있으며, 제1조 제2항은 「탄핵을 행하는 권한은 하원에 전속한다.」고 하여 정부고관에 대한 소추의 권한을 하원에 전속시키고 있다. 또한 제1조 제3항에서는 「모든 탄핵에 대한 재판권은 상원에 전속되며, 상원의 재판에 있어서 출석의원 3분의 2이상 동의를 얻지 못하면 유죄판결을 받지 아니한다.」라고 규정하고 있다. 이 탄핵의 규정은 영국의 관행으로부터 영향을 받기는 했으나, 헌법상 엄격한 3권분립을 전제로 하여 행정부와 사법부에 속하는 공직자의 부정행위를 처벌하는 특별한 권한을 의회가 행사하는 탄핵제도를 새로운 형태로 고안해 낸 것이다. 미국헌법의 채택 이래 오늘에 이르기까지 하원에 의해 탄핵 소추된 사람은 총 17명에 불과하고, 그 중 7명만이 상원의 탄핵결정으로 유죄판결을 받았다. 대통령에 대한 최초의 탄핵은 1868년의 앤드루 존슨(Andrew Johnson) 대통령에 대한 탄핵이었으나, 상원에서 1표 차이로 유죄판결을 면하였다. 존슨 대통령 탄핵사건 이후 미국에서의 탄핵 사례는 대부분이 연방법원 판사에 대한 탄핵이었으며 대통령에 대한 탄핵문제는 거의 거론되지 않았다. 그 후 1970년대에 들어와 닉슨 대통령에 대한 탄핵은 현대적 상황하에서 새롭게 탄핵에 관한 기본적 문제들을 제기하게 되었다. 그러나 닉슨 사건 이후 국민들은 탄핵에 대해 별로 관심을 갖지 않았으며, 1980년대에 3명의 연방 판사에 대한 탄핵결정이 있었어도 일반인들은 거의 그 사실을 알지 못할 정도로 무관심하였던 것이다. 그러다가 1990년대 후반에 클린턴 대통령에 대한 탄핵사건을 계기로 미국의 학계에서는 헌법상의 탄핵제도에 관한 논의를 활발하게 전개시키는 계기가 되었다. 2019년 말에는 트럼프 대통령에 대해 하원이 탄핵소추를 하였고, 2020.2.5. 탄핵사유인 '권력 남용(52대48)'과 '의회 방해(53대47)' 혐의 모두를 부결시켰다. 미국의 탄핵제도는 헌법상의 통치구조에 있어서 행정부와 사법부에 대한 의회의 유효한 통제수단으로 발전하여 왔으나, 그 탄핵제도의 내용을 정확하게 이해하는 것은 용이하지 않다. 그 이유는 우선 탄핵조항에 관한 헌법 원문상의 표현이 매우 불명확하고 모호하게 규정되어 있어서 해석상 적지 않은 어려움을 겪어 왔기 때문이다. 탄핵 사건에 관한 선례들에서도 의회는 헌법상의 쟁점이 되는 것들에 대한 명확한 가이드라인을 제시해 주지 못했다고 할 수 있다. 그러므로 연방헌법이 제정된 지 두 세기가 지난 현대적 상황에 있어서 미국의 탄핵제도는 아직도 해결되어야 될 많은 과제들을 안고 있으며 제도적 보완의 필요성이 요청되고 있다. 3) **프랑스** (1) **탄핵제도의 도입과 발전과정** 탄핵제도가 프랑스에 도입된 것은 대혁명 후이다. 초기의 프랑스의 탄핵제도는 영국의 오랜 전통을 모방하여 적용하였고, 그것은 1946년 헌법, 즉 프랑스 제4공화국헌법 이전까지 대체로 계속되었다. 즉 국민에 의해 직선으로 선출된 하원이 탄핵소추권을 행사하고 상원이 탄핵심판을 담당하는 형태로 운영되었다. 그러나 제4공화국헌법에 의해 추진된 상원의 약화현상과 더불어 탄핵심판권이 양원과 구별되는 고등탄핵재판소로 넘어간 이후 오늘에 이르기까지 그 전통이 남아 있다. 다만 제4공화국헌법에서는 고등탄핵재판소의 구성에 있어서 하원에서 선출하되, 그 3분의 2는 하원의원 가운데서 선출하고 나머지 3분의 1은 외부에서 선출하는 것으로 하였었다. 그러나 제5공화국헌법에 있어서는 과거와의 중간방식을 택하여 선출하였다. 즉 고등탄핵재판소의 구성을 정식 재판관 24명과 보조 재판관 12명으로 구성하되, 그 2분의 1씩을 하원과 상원이 각각 선출하도록 하였고, 하원이 선출한 재판관은 5년의 하원의원의 임기 동안 재임하며, 상원이 선출한 재판관은 각기 3년마다 3분의 1씩 개선되도록 하였다. 1993년의 헌법개정에 의하여 프랑스의 탄핵제도는 큰 변화를 맞게 되었다. 제5공화국 초기헌법이 고등탄핵재판소를 설치하여 대통령과 고위공직자(정부구성원)에 대한 탄핵심판을 통합하여 관할하였으나, 1993년 개정헌법은 대통령과 정부구성원에 대한 탄핵심판을 분리하여 대통령에 대한 탄핵심판은 기존의 고등탄핵재판소가 맡고, 정부구성원에 대한 탄핵심판은 헌법 제68-1조에 의해 신설된 공화국탄핵재판소가 맡도록 함으로써 탄핵심판을 2원화한 것이다. 이렇게 헌법개정을 통해 탄핵심판을 2원화 한 이유는 고등탄핵재판소의 경우 정치인인 현역의 국회의원들로 구성되기 때문에 정부구성원들의 중죄와 경죄의 책임을 묻기에는 적합하지 않은 조직이라는 점 때문이다. (2) **탄핵대상** 프랑스헌법은 탄핵심판의 대상을 대통령과 정부구성원으로 명시하고 있다. 즉 헌법 제68조 제1항은 「대통령은 대역죄(haute trahison)를 제외하고는 그 직무수행 중에 행한 행위에 대하여 책임을 지지 아니한다. 대통령은 양원에서 공개투표로서 그 구성원들의 절대다수에 의한 양원일치의 표결에 의하여 양원이 의결하지 아니하고는 소추될 수 없다. 이 경우 대통령은 고등탄핵재판소의 재판을 받는다.」고 하여, 대통령이 탄핵심판의 대상임을 명시적으로 규정하고 있다. 또한 제68-1조 제1항은 정부구성원이 탄핵심판의 대상임을 밝히고 있다. 공화국탄핵재판소에서 탄핵심판을 받게 되는 대상인 정부구성원에는 수상과 장관 및 정무차관이 이에 속하며 경우에 따라서는 각부차관도 탄핵심판의 대상이 된다고 본다. (3) **탄핵사유** **대통령**에 대한 탄핵사유로는 헌법 제68조에서 대역죄에 국한하고 있기 때문에 대역죄를 제외한 직무수행과 관련된 범죄행위에 대해서는 책임을 지지 않는다. 다만 대역죄의 개념과 관련하여 구체적으로 어떠한 행위가 대역죄에 해당하는가를 헌법이나 고등탄핵재판소에 관한 법률이 정의하고 있지 않기 때문에 논란이 있다. 죄형법정주의에 위배된다는 주장과 대역죄에 대한 범죄 구성요건을 규정한 법률이 없으므로 대통령을 탄핵할 수 없다는 주장도 있다. 대통령 탄핵사유에 대해서는 대역죄에 대한 정의가 명확하게 내려지지 않은 까닭에 해석을 통한 해결만이 가능할 뿐이다. 그리고 그 해석은 최종적인 심판권을 가진 고등탄핵재판소가 구체적인 사례를 전제로 유권해석을 내릴 경우에만 가능한 것으로 이해되고 있다. **정부구성원**에 대한 탄핵사유는 매우 광범위하다. 즉 정부구성원이 일반 형법전상의 모든 중죄와 경죄를 그 직무수행과 관련하여 범하였을 경우에 제소된다고 하였기 때문이다. 그리고 정부구성원의 탄핵사유는 직무수행 중, 즉 행위시법에 따라 책임을 지는 것이므로 법률불소급의 원칙이 적용된다. (4) **탄핵소추의 절차와 효과** ① 대통령에 대한 탄핵소추는 양원에 의하여 절대다수의 표결로 각각 행해진다. 상하 양원 모두 재적의원 10분의 1 이상의 동의를 따라 발의된다. 탄핵소추안이 발의되면 이것은 양원 각각의 특별위원회(commission ad hoc)에 회부된다. 양원에 특별위원회의 보고서가 상정되면 일반적인 절차에 따라 토론을 거쳐 양원은 개별적으로 표결에 부친다. 양원이 대통령의 탄핵소추안에 대해 각각 재적의원 과반수의 찬성으로 의결하면, 탄핵심판을 고등탄핵재판소에 청구할 수 있다. 탄핵소추가 의결되면, 검찰총장은 그 사실을 통보받은 때로부터 24시간 이내에 고등탄핵재판소의 소장과 예심위원회 위원장에게 통보해야 하며, 예심위원회가 고등탄핵재판소에 대한 탄핵심판의 제소권자가 된다. 예심위원회는 양원에서의 탄핵소추과정상 절차적인 문제점이 없는지를 조사하며, 특히 의회에 의하여 탄핵소추된 사실이 과연 존재하는가에 대한 평가를 한 후 고등탄핵재판소에의 제소여부를 결정한다. 프랑스헌법과 고등탄핵재판소에 관한 법률에는 대통령이 탄핵소추가 되더라도 직무집행이 정지된다는 규정이 없다. 탄핵제도에서도 무죄추정의 원칙이 적용되어야 한다고 본 까닭이다. 특히 다른 나라와 달리 형사처벌이 수반되는 프랑스 탄핵제도의 본질상 무죄추정의 원칙이 철저히 지켜져야 하는 것이기 때문이다. ② 정부구성원에 대한 탄핵소추는 헌법 제68-2조 제2항이 구체적으로 규정하고 있다. 즉 「정부구성원의 직무 중에 행한 행위가 중죄나 경죄에 해당하고, 이로 인하여 피해를 입었다고 주장하는 사람은 누구나 조사위원회에 제소할 수 있다.」고 하여, 정부구성원에 대한 탄핵소추의 발의기관이 특정기관으로 정하여진 것이 아님을 알 수 있다. 즉 대통령의 경우 의회만이 탄핵소추를 발의할 수 있는 것과 달리 정부구성원에 대하여는 그에 의하여 피해를 입었다고 주장하는 사람은 누구나 탄핵소추를 조사위원회에 제소할 수 있고, 조사위원회는 제소에 대하여 심의한 다음 공화국탄핵재판소에의 탄핵소추여부를 결정한다. 정부구성원에 대한 탄핵소추절차는 헌법 제68-2조 제3항에서 대강을 정하고 있다. 즉 「조사위원회는 그 절차의 종결을 명하거나 공화국탄핵재판소에 제소하기 위해 사건을 대법원 검찰총장에게 이송할 것을 명한다.」라고 하여, 조사위원회의 권한과 처리방법의 대강을 정하고 있다. 그리고 제4항은 대법원 검찰총장이 직권으로 조사위원회의 의견을 가지고 공화국탄핵재판소에 제소할 수 있도록 하였다. 대통령에 대한 탄핵소추의결의 경우와 마찬가지로 정부구성원에 대한 탄핵소추의결도 그들의 직무수행에 아무런 영향을 미치지 않는다. 그것은 이미 지적한 것처럼 형사처벌이 수반되는 프랑스탄핵제도의 본질상 무죄추정의 원칙이 적용되어야 하기 때문이다. (5) **탄핵심판** **대통령**에 대한 탄핵심판의 경우 탄핵심판기관은 헌법 제67조 제1항에 의해 구성된 고등탄핵재판소이다. 고등탄핵재판소에서의 청구인은 검찰총장이 된다. 고등탄핵재판소는 평의를 마치면 탄핵여부에 대한 결정을 하며, 표결은 비밀투표로 하고 절대다수로 결정한다. 만약 탄핵이 결정되면 파면됨은 물론이고 형벌을 부과할 것인지가 곧바로 결정된다. 형벌부과에 대한 표결은 최고형에 해당하는 형벌에 대한 것부터 2회씩 표결하며, 투표자 과반수를 얻지 못하면 점차 낮은 형벌로 내려가며 표결한다. 프랑스의 탄핵심판결정은 파면이라는 행정법적 책임추궁에 그치지 않고 형법에 의한 책임을 묻는 것을 특징으로 한다. 즉 대통령의 경우 정치적 책임을 묻는 선거가 있기 때문에 탄핵심판을 통한 책임추궁이 이뤄지는 것은 예외적인 것임에도 불구하고, 고등탄핵재판소가 형벌의 종류와 내용까지도 결정하는 재판기능을 하고 있다. 고등탄핵재판소의 탄핵심판결정에 대하여는 어떠한 이의 제기나 불복절차가 허용되지 아니한다. 또한 탄핵심판결정에 대해서도 일사부재리의 원칙이 적용되어 동일한 사안에 대하여 다시 탄핵소추가 이뤄질 수 없다. **정부구성원**에 대한 탄핵심판은 헌법 제68-1조 제2항에 근거하여 공화국탄핵재판소가 심판을 맡는다. 공화국탄핵재판소에서의 변론 및 심판 절차에 관하여 법률에 규정이 없는 경우에는 형사소송법을 준용한다. 변론절차를 마친 후 공화국탄핵재판소는 제소된 자의 유죄여부에 관해 판결을 내린다. 재판관의 표결은 제소된 자마다 분리하여 각각의 소인에 따라 행해지며, 그 표결에는 절대다수의 찬성이 요구되며, 방식은 비밀표결에 의한다. 제소된 자에게 유죄선고를 하는 경우, 양형을 위해 표결이 행해진다. 공화국탄핵재판소의 결정에 대해선 대통령의 경우와는 달리 대법원(La Cour de Cassation)에의 상소가 가능하며, 이에 관해 대법원은 3개월 내에 판결을 내려야 한다. 대법원이 공화국탄핵재판소의 결정을 파기한 경우에 그 사건은 파기된 결정에 관여한 재판관 이외의 자들로 구성된 공화국탄핵재판소로 환송된다. 4) **독일** (1) **개관** 독일의 탄핵제도는 기본법 제61조(연방대통령에 대한 탄핵소추), 기본법 제98조 2 · 5항(연방 및 주 법관에 대한 탄핵소추)과 이를 구체화한 연방헌법재판소법 제12조 4 · 9호(연방대통령과 연방 · 주 법관에 대한 탄핵재판권), 연방헌법재판소법 제49~57조(연방대통령에 대한 탄핵재판절차) 및 제58~62조(연방 및 주 법관에 대한 탄핵재판절차) 등에 의하여 규율되고 있다. (2) **탄핵대상** 기본법 제61조와 제98조는 탄핵소추대상자를 **연방대통령과 연방 · 주법관**으로 한정하고 있다. 따라서 연방수상이나 각료에 대한 탄핵은 인정되지 아니한다. 이는 기본법이 바이마르헌법과는 달리 연방수상이나 각료에 대하여는 정치적 책임의 추궁으로 충분하다고 보기 때문이다. 전직대통령, 대통령권한대행자인 연방상원 의장도 탄핵의 대상이 될 수 있다고 봄이 다수설이다. 법관에 대한 탄핵제도는 헌법적대적인 행위를 한 법관에 대한 투쟁을 그 대상으로 제한하고 있기 때문에 현행헌법질서에 대한 반대자로 알려진 자를 법관으로 임용할 것인가는 일반 공직근무법에 따라 규율된다. 연방헌법재판소의 재판관은 연방법관의 자격을 가지고 있지만(기본법 제94조 제1항 제1문, 연방헌법재판소법 제3조 제2항), 기본법 제98조 제2항에 의한 탄핵의 대상이 되지 아니한다. (3) **탄핵사유** 연방대통령의 경우, 기본법 제61조 제1항과 연방헌법재판소법 제49조 제1항은 「기본법 또는 기타의 연방법률의 고의적 침해」를 이유로 대통령을 탄핵소추할 수 있다고 규정하고 있다. 「기본법 또는 기타의 연방법률」을 위배한 경우이어야 하므로, 직무집행과 관련한 단순한 부도덕이나 정치적 무능력 은 탄핵소추의 사유에 해당되지 아니한다. 사적 영역에 해당하는 행위도 포함된다고 본다. 사소한 위반행위를 사유로 하여 탄핵절차가 개시되는 될 가능성은 사실상 거의 없다. 단순한 과실에 의한 위배는 탄핵소추사유가 되지 아니한다. 법관의 경우, 법관이 「직무상 또는 직무 외에서 기본법의 원칙(Grunsätze des GG)이나 주의 헌법질서(verfassungsmäßige Ordnung eines Landes)에 위반한 때」에 탄핵될 수 있다. 위반행위는 직무상 뿐 아니라 직무 외 영역에 속하는 행위일 수도 있다. 따라서 법관의 사법권의 행사와 관련된 것 이외에도 사적 영역에서의 위반도 탄핵사유가 된다. (4) **탄핵의 절차** **연방대통령**에 대한 탄핵의 소추권은 연방하원과 연방상원에 각각 부여되어 있다. 이들의 탄핵소추권은 독자적인 것이어서 각자 기본법 제61조 제1항의 요건을 충족하면 탄핵소추를 의결할 수 있다. 대통령에게 탄핵사유가 발생한 경우에 소추권 있는 기관은 탄핵사유를 안 때로부터 3개월 이내에 탄핵소추를 하여야 한다(연방헌법재판소법 제50조). 연방대통령에 대한 탄핵절차의 개시와 진행은 연방대통령의 사직·퇴임으로 영향을 받지 않는다(연방헌법재판소법 제51조). 탄핵절차가 개시된 이후에 대통령의 사임을 허용하게 되면 사실상 탄핵에 의한 파면을 면탈하는 결과가 초래되어 탄핵제도를 유명무실한 것으로 만들기 때문이다. 대통령에 대한 탄핵소추의 발의를 위해서는 적어도 연방하원 재적의원 4분의 1 또는 연방상원의 표수의 4분의 1 이상의 찬성이 있어야 한다. 탄핵소추의 의결을 위해서는 연방하원 재적의원의 3분의 2 또는 연방상원 표수의 3분의 2 이상의 찬성이 있어야 한다. 탄핵의 소추는 양원의 의장에 의하여 이루어진다(연방헌법재판소법 제49조 제2항). **연방법관**에 대한 탄핵의 소추는 연방하원 의원 과반수의 찬성으로 의결하여야 한다. 한편 주법관에 대한 탄핵소추권자는 기본법 제98조 제5항 제1문에 따라 주의 입법자의 입법에 따라 결정된다. 연방법관에 대한 탄핵절차에는 기본적으로 연방대통령에 대한 탄핵절차규정들이 준용된다(연방헌법재판소법 제58조 제1항). (5) **탄핵재판** **연방대통령**에 대한 탄핵재판은 소추장(Anklageschrift)을 연방헌법재판소에 제출함으로써 개시된다(연방헌법재판소법 제49조 제1항). 소추장에는 탄핵의 원인이 된 작위 또는 부작위, 증거자료, 위반된 헌법 또는 법률의 규정 등을 기재하여야 한다. 또한 소추장에는 연방하원 재적의원 3분의 2 이상의 찬성으로 또는 연방상원의 표수의 3분의 2 이상으로 소추의결이 행해졌다는 확증이 포함되어 있어야 한다(동법 동조 제3항). 연방하원이나 연방상원의 의결 후 각 의장은 소추장을 작성하여 1개월 이내에 연방헌법재판소에 제출한다(동법 동조 제2항). 연방헌법재판소법 제50조는 「소추권있는 기관이 탄핵의 기초되는 사실을 안 때로부터 3월 이내에 탄핵소추를 하여야 한다.」라고 하여 탄핵소추의 시효를 규정하고 있다. 탄핵재판절차가 개시된 이후에 연방하원이나 연방상원은 각각 재적의원 과반수로 탄핵의 소추를 철회할 수 있다. 탄핵사건의 재판은 연방헌법재판소 제2원에서 관장한다(연방헌법재판소법 제14조 제2항). 연방헌법재판소는 재량적으로 혹은 기속적으로 예비조사를 명할 수 있다(연방헌법재판소법 제54조 제1항). 연방헌법재판소는 구두변론에 의거하여 판결하게 된다(연방헌법재판소법 제55조 제1항). 연방헌법재판소는 심리를 위해 대통령을 소환할 수 있다. 「연방헌법재판소는 탄핵소추 후 가처분으로써 연방대통령의 직무집행을 정지시킬 수 있다」(독일기본법 제61조 제2항, 연방헌법재판소법 제53조). 이와 같이 탄핵소추의 의결이나 탄핵재판의 청구와 함께 대통령의 직무집행이 자동적으로 정지되는 것이 아니라 연방헌법재판소가 탄핵소추의 사유를 참작해서 재량으로 직무집행의 정지 여부를 결정할 수 있다. 탄핵재판에 대한 판결은 다른 경우에서와 같이 심리의 내용과 증거조사의 결과에서 얻어진 자유심증에 따라 평의를 거쳐 이뤄진다(연방헌법재판소법 제30조 제1항). 고의적인 법의 위반이나 대통령직에서의 해직에 대한 판결은 모두 원의 구성원 3분의 2 이상의 찬성으로 이뤄진다(연방헌법재판소법 제15조 제3항). **법관**에 대한 탄핵재판의 개시 및 절차에 대하여도 대통령에 관한 규정들이 준용된다. 단 대통령의 경우와는 달리 연방헌법재판소에의 신청은 연방의회의 수임자에 의하여 대리된다(연방헌법재판소법 제58조 제4항). (6) **탄핵판결의 효력** 탄핵재판판결의 효력은 명문의 규정이 없으나 탄핵판결에 관하여 별도의 이의절차가 있을 수 없으므로 판결선고일로부터 발생한다고 보아야 할 것이다. 단심으로 이루어지는 탄핵재판은 판결선고일이 바로 판결확정일이라고 할 것이다. 따라서 연방헌법재판소에 의하여 대통령직에 대한 해직판결이 내려지면 판결의 선고와 함께 해직된다(연방헌법재판소법 제56조 제2항 제2문). 이와 동일하게 법관에 대한 파면선고가 내려지면 그와 동시에 법관은 해직된다(연방헌법재판소법 제59조 제2항). 대통령의 경우와는 달리 법관에 대한 탄핵재판에 대하여는 재심절차가 마련되어 있다(연방헌법재판소법 제61조). 5) **일본** ➜ 법관탄핵.
3. **우리나라의 탄핵제도** 1) **서언** (1) **탄핵제도의 변천** **1948년 제헌헌법**은 탄핵소추의 대상으로 대통령, 부통령, 국무총리, 국무위원, 심계원장, 법관과 기타 법률이 정하는 공무원을 규정하고 있었다(제46조). 법률에 의하여 정해질 공무원으로 감찰위원장, 고시위원장, 각 처장, 검찰관, 외교관 등이 학자들에 의해 거론되었다. 탄핵소추의 사유는 위의 공무원이 「그 직무수행에 관하여 헌법 또는 법률에 위배한 때」이다. 이와 같은 탄핵소추사유규정은 약간의 표현을 달리한 채 오늘날까지 그대로 유지되고 있다. 소추기관은 국회로서 탄핵소추의 발의를 위해서는 국회의원 50인 이상의 연서(連署)가 있어야 하며, 그 결의를 위해서는 재적의원 3분의 2 이상의 출석과 출석의원 3분의 2 이상의 찬성이 있어야 한다. 탄핵의 심판은 법률로써 설치된 탄핵재판소에서 행하도록 하였다(제47조). 탄핵재판소는 부통령이 재판장의 직무를 행하고, 대법관 5인과 국회의원 5인이 심판관이 되었다. 단 대통령과 부통령이 탄핵의 대상이 될 때에는 대법원장이 재판장의 직무를 행하기로 하였다. 탄핵심판은 심판관 3분의 2 이상의 찬성이 있어야 했다. 탄핵결정은 공직으로부터 파면되는 것에 그쳤다. 단 이로 말미암아 민사상이나 형사상의 책임이 면제되는 것은 아니었다. **1952년 제1차 개정헌법**은 양원제를 내용으로 하는 개헌으로 말미암아 탄핵소추는 민의원의원 50 이상의 발의가 있어야 하며, 그 결의는 양원합동회의에서 각원의 재적의원 3분의 2 이상의 출석과 출석의원 3분의 2 이상의 찬성이 있어야 하였다(제46조). 그리고 탄핵재판소의 심판관은 5인의 대법관과 참의원의원 5인으로 구성되었다. **1954년 제2차 개정헌법**에서는 탄핵의 대상에서 국무총리가 삭제되었다. 그리고 국회의 탄핵소추는 민의원의원 30인 이상의 발의가 있어야 하며, 그 결의는 양원에서 각각 그 재적의원 과반수의 찬성이 있어야 하였다(제46조 제2항). **1960년 제3차 개정헌법**은 4 · 19혁명으로 말미암아 정부형태가 의원내각제로 변경되었다. 탄핵대상자는 대통령, 헌법재판소재판관, 법관, 중앙선거관리위원회위원, 심계원장, 기타 법률이 정하는 공무원이었다(제46조). 여기서 종전과 달리 국무위원이 탄핵의 대상에서 제외된 것은 국회의 불신임결의권을 활용하기 위함이라고 해석되었다.탄핵소추는 민의원의원 30인 이상의 발의가 있어야 하며, 그 결의는 양원에서 각각 그 재적의원의 과반수의 찬성이 있어야 하였다. 탄핵심판은 헌법재판소에서 이루어지게 되었다(제83조의3). 헌법재판소의 심판관은 9인으로서 대통령, 대법원, 참의원이 각 3인씩 선임하였다(제83조의4). 탄핵판결은 심판관 6인 이상의 찬성이 있어야 하였다. 1960년 헌법에서 탄핵소추의 결의를 받은 자는 탄핵판결이 있을 때까지 그 권한행사가 정지된다는 규정(제47조)이 처음으로 신설되었다. **1962년 제5차 개정헌법**은 대통령제로 바뀌었고, 탄핵대상자는 대통령, 국무총리, 국무위원, 행정각부의 장, 법관, 중앙선거관리위원회위원, 감사위원 기타 법률에 정한 공무원이었다(제61조). 탄핵소추는 국회의원 30인 이상의 발의가 있어야 하며, 그 의결은 재적의원 과반수의 찬성이 있어야 하였다. 탄핵심판은 탄핵심판위원회가 담당하되, 이는 대법원장을 위원장으로 하고 대법원판사 3인과 국회의원 5인의 위원으로 구성되었다. 단 대법원장이 탄핵의 대상이 된 경우에는 국회의장이 위원장이 된다. **1969년 제6차 개정헌법**은 탄핵의

대상에 따라 탄핵소추의결정족수를 달리하였다. 즉 대통령에 대한 탄핵의 경우에는 그 밖의 경우와는 달리 국회의원 50인 이상의 발의가 있어야 하며, 그 결의는 재적의원 3분의 2 이상의 찬성이 있어야 하였다. 이때로부터 대통령과 그 밖의 공무원에 대한 탄핵을 달리 취급하기 시작하였다. **1972년 제7차 개정헌법**에 의하면, 탄핵대상자는 대통령, 국무총리, 국무위원, 행정각부의 장, 헌법위원회위원, 법관, 중앙선거관리위원회위원, 감사위원, 기타 법률에 정한 공무원이었다(제99조). 국회가 탄핵을 소추함에 있어서 재적의원 3분의 1 이상의 발의가 있어야 하며 그 의결은 재적의원 과반수의 찬성이 있어야 한다. 단 대통령의 경우에는 재적의원 과반수의 발의와 재적의원 3분의 2 이상의 찬성이 있어야 탄핵을 소추할 수 있었다. 탄핵심판은 별도의 기관인 헌법위원회에서 이루어진다. 헌법위원회는 대통령에 의하여 임명된 9인의 위원으로 구성되되, 이 9인중 3인은 국회에서 선출하고 3인은 대법원장이 지명하고 나머지 3인은 대통령이 직접 선정한다. 탄핵의 결정은 위원 6인 이상의 찬성이 있어야 한다. **1980년 제8차 개정헌법**은 탄핵제도에 관하여는 1972년 헌법과 동일하였기 때문에 탄핵제도가 제대로 활용되기가 쉽지 않았다. 1985.10.18. 신민당소속 국회의원 102명이 당시 유태흥 대법원장에 대하여 탄핵소추결의안을 발의하였으나, 10.21.에 재석의원 247명 중 찬성 95표, 반대 146표, 기권 5표, 무효 1표로 부결되었다. (2) **현행헌법상 탄핵제도** 현행 탄핵제도에 관한 규범으로는 헌법 제65조(국회의 탄핵소추권과 그 결정의 효력), 헌법 제111조 1·3항(헌법재판소의 탄핵심판권)과 이를 구체화한 국회법 제130~134조(탄핵소추절차), 헌법재판소법 제48~54조(탄핵심판절차) 등이 있다. 헌법은 탄핵권을 소추권과 심판권으로 나누어 전자를 국회에 주고, 후자를 헌법재판소에 주고 있다. 이는 의회사법의 개념으로 탄핵제도가 의회를 중심으로 발전하였다는 연혁적인 이유와 탄핵의 대상이 갖는 고도의 정치성을 고려한 현실적 이유 그리고 실질적으로 사법작용에 해당하는 탄핵심판을 독립적인 기관인 헌법재판소가 담당하는 것이 바람직하다는 이론적인 이유에서 각각 정당화되고 있으나, 양자가 분리된 결과로 탄핵제도에 의한 국회의 집행부 및 사법부에 대한 통제가 실제에 있어서 약화되었다고 봄이 타당하다. (3) **헌법적 기능** 탄핵제도의 기능은 탄핵제도의 구성요소에 관한 헌법 및 법률상의 규정 이외에도 정부형태와 정당체제, 심판기구인 헌법재판소의 중립성을 담보하는 재판관선출방식 그리고 국민과 국회의 헌법에의 의지 등에 따라 그 내용이 결정된다. 대통령중심제의 정부형태를 취하고 있는 우리나라에서 탄핵제도는 책임정치의 구현을 일차적으로 요구하는 기능을 갖는다. 국민에 의한 직선으로 임기가 보장된 대통령을 국회의 소추와 헌법재판소의 결정으로 임기 전에 파면하는 것은 선거를 통한 국민의 심판을 미리 국회와 헌법재판소가 대신하는 점, 국회의 소추가 국민다수의 여론을 따라 이뤄지는 것을 전제로 한다면 대통령에 대한 탄핵은 사실상 아래로부터의 국민적 저항을 의미한다는 점에서 탄핵제도는 최후의 보충적인 권력통제수단으로 기능한다. 대통령 이외의 공직자에 대한 탄핵은 고위공무원이 위헌·위법행위를 하였으나 대통령에 의하여 책임추궁이 이뤄지지 않는 경우에, 탄핵에 의하여 이들을 파면하는 것은 대통령의 임면권을 대행하는 것으로 볼 수 있다. 이 외에 법관, 헌법재판소 재판관, 중앙선거관리위원회 위원, 감사원장, 감사위원 등에 대한 탄핵은 헌법과 법률에 충실한 직무집행을 강요함으로써 혹시 있을 수 있는 임명권자를 향한 의식적 또는 무의식적 편향에 대한 견제력으로 작용할 수 있다.

또한 탄핵제도는 간접적이나마 국민의 기본권을 보호하는 기능을 한다. 탄핵제도는 실질적인 권력통제장치 및 헌법보호장치가 될 수 있다. 2) **탄핵의 대상** 헌법 제65조 제1항과 헌법재판소법 제48조는 탄핵소추대상자로서 대통령 · 국무총리 · 국무위원 · 행정각부의 장, 헌법재판소 재판관 · 법관, 중앙선거관리위원회 위원 · 감사원장 · 감사위원, 기타 법률이 정하는 공무원을 들고 있다. 대통령권한대행자도 탄핵의 대상이 되어야 함은 물론이다. 다만, 대통령권한대행자에 대한 탄핵소추 및 심판결정의 정족수는 대통령의 경우에 준하여 판단하여야 할 것이다. 대통령 이외에 국무총리, 국무위원 그리고 행정각부의 장을 탄핵심판의 대상으로 하는 것은 이들이 사실상 대통령의 권한행사의 통로임을 생각할 때 이들에 대한 탄핵은 결국 대통령에 대한 탄핵을 대신하는 의미를 아울러 갖기 때문이라고 본다. 현실적으로 대통령에 대한 탄핵의 소추가 용이하지 아니하기 때문에 이들에 대한 탄핵은 대통령에 대한 탄핵이 갖는 정치적 의미를 담고 있다고 하겠다. 국회의원이 국무총리나 국무위원을 겸하는 경우 국회의원으로서의 직무상 행위를 사유로 그를 국무총리나 국무위원직으로부터 파면하도록 탄핵소추를 할 수 있다고 볼 것인가가 문제될 수 있다. 생각건대 비록 동일인이 국회의원과 국무총리 또는 국무위원을 겸한다 하더라도 직책이 구별되는 만큼 국회의원으로서 행한 직무행위를 이유로 탄핵을 소추할 수는 없다고 보아야 한다. 「기타 법률이 정하는 공무원」의 범위를 어떻게 파악하느냐에 관하여 여러 견해가 있으나 탄핵제도의 취지를 생각할 때 여기서의 공무원은 일반사법절차나 징계절차에 의한 소추나 징계처분이 곤란한 고위직 내지 특정직공무원을 의미한다고 하겠다. 이에 해당하는 자로서는 검찰총장과 대검차장을 비롯한 검사 · 각 처장 · 정부위원 · 각군 참모총장 · 경찰청장 · 고위외교관 그리고 정무직 또는 별정직고급공무원 등을 들 수 있다. 3) **탄핵사유** 헌법 제65조 제1항과 헌법재판소법 제48조는 탄핵의 사유를 탄핵의 대상에 따라 달리 규정하지 않고 모든 대상에 대하여 「그 직무집행에 있어서 헌법이나 법률을 위배한 때」라 하여 이를 포괄적으로 규정하고 있다. (1) **'직무집행에 있어서'** 탄핵소추의 사유는 「그 직무집행」에 관한 것이어야 한다. 여기에서 '직무'란 법제상 소관 직무에 속하는 고유 업무와 사회통념상 이와 관련된 업무를 말하고, 법령에 근거한 행위뿐만 아니라 대통령의 지위에서 국정수행과 관련하여 행하는 모든 행위를 포괄하는 개념이다(헌재 2004.5.14. 2004헌나1; 2017.3.10. 2016헌나1). 따라서 직무집행이라 함은 소관직무로 인한 의사결정 · 집행 · 통제행위를 포괄하며 추상적인 법제상의 직무에 근거하여 구체적으로 외부로 표출 · 현실화된 작용을 말한다. 대통령의 직무상 행위는 법령에 근거한 행위뿐만 아니라, '대통령의 지위에서 국정수행과 관련하여 행하는 모든 행위'를 포괄하는 개념으로서, 예컨대 각종 단체 · 산업현장 등 방문행위, 준공식 · 공식만찬 등 각종 행사에 참석하는 행위, 대통령이 국민의 이해를 구하고 국가정책을 효율적으로 수행하기 위하여 방송에 출연하여 정부의 정책을 설명하는 행위, 기자회견에 응하는 행위 등을 모두 포함한다(헌재 2004.5.14. 2004헌나1). 「그 직무집행」과 무관한 사항으로는 첫째, 사생활에 관한 사항과 둘째, 탄핵대상자가 겸직을 하는 경우에 그 겸직에 해당하는 사항을 들 수 있다. 우리 헌법과 법률의 해석론으로는, 사생활에 관한 사항은 물론 겸직에 해당하는 직무수행은 탄핵소추의 사유에 해당하지 않는다고 새겨야 할 것이다. 취임 전이나 퇴직 후의 행위가 탄핵소추의 사유가 될 수 있는가이다. 현직중의 행위뿐 아니라 전직시의 행위까지도 탄핵소추의 사유가 되는가에 관해서는 긍정설과 부정설이 대립하고 있다. 탄핵을 징계처분의 하나로 보는 입장에서는, 전직시의 행위에 대해서는 그 자가 전직으로부터 사퇴함과 동시에 그 탄핵소추사유가 소멸된 것으로 보아 부정설을 주장하고 있다. 우리 헌법은 「탄핵결정은 공직으로부터 파면함에 그친다.」라고 하여 탄핵의 징계처분적 성격을 명백히 밝히고 있으므로 부정설이 타당하다고 하겠다. 국무위원으로서의 직위를 갖고 있던 자가 국무총리로 된 경우 국무위원으로서 행하였던 직무집행행위를 이유로 그를 탄핵할 수 있다고 볼 것인가? 긍정함이 타당하다. (2) **'헌법과 법률'을 위배한 경우** 이 때의 '헌법'에는 명문의 헌법규정뿐만 아니라 헌법재판소의 결정에 의하여 형성되어 확립된 불문헌법도 포함된다. '법률'이란 단지 형식적 의미의 법률 및 그와 등등한 효력을 가지는 국제조약, 일반적으로 승인된 국제법규 등을 의미한다(헌재 2004.5.14. 2004헌나1; 2017.3.10. 2016헌나1). 직무집행과 관련한 단순한 부도덕이나 정치적 무능력 그리고 정책결정상의 과오는 탄핵소추의 사유에 해당되지 아니한다. (3) **헌법과 법률을 '위배한 행위'** 헌법과 법률을 위배하였다 함은 주로 직무집행에 있어서 헌법과 법률상의 권한을 유월(逾越)하거나 작위·부작위의무를 이행하지 않은 것을 의미한다. 이러한 위배행위에는 고의나 과실에 의한 경우뿐만 아니라 법의 무지로 인한 경우도 포함된다고 보아야 한다. 현행헌법은 「그 직무집행에 있어서 헌법과 법률을 위배한 때」라고 규정하고 있는데 문언 그대로 헌법과 법률을 위배한 모든 행위를 탄핵소추사유로 볼 것인가에 관해서는 견해가 갈린다. 형사상의 범죄뿐만 아니라 헌법 또는 법률에 위배하는 전부의 행위를 탄핵사유로 보는 견해와 탄핵제도의 성질로 보아 그 위법행위가 명백하고도 중대함을 요한다고 보는 견해가 대립한다. 탄핵소추의결과 함께 자동적으로 권한행사가 정지되는 경우에 탄핵사유의 확대해석은 탄핵을 둘러싼 정쟁을 불러일으킴으로써 정치적 불안정을 초래할 수 있다. 따라서 탄핵사유를 헌법과 법률에 대한 「중대한」 위배로 제한하여 해석하는 것이 바람직하다고 보며, 특히 대통령에 대한 탄핵의 경우에는 더욱 그러하다. 4) **탄핵의 절차** (1) **탄핵소추절차** 대통령을 소추하는 경우에는 국회재적의원 과반수의 발의가 있어야 하고 그 외의 자를 탄핵소추하는 경우에는 국회재적의원 3분의 1 이상의 발의가 있어야 한다(헌법 제65조 제2항). 국무총리·국무위원에 대한 탄핵소추 발의정족수는 국무총리·국무위원에 대한 해임건의안 발의정족수와 같다(헌법 제63조). 따라서 이들에 대한 해임건의가 받아들여지지 않을 것으로 생각되는 경우에는 이들에 대하여 탄핵소추를 발의하는 것을 예상할 수 있다. 그런데 국무총리·국무위원의 직무집행에서의 헌법위반 또는 법률위반을 이유로 국회가 해임건의를 의결하였으나 대통령에 의하여 해임건의가 받아들여지지 않은 경우에, 국회가 다시 이들을 대상으로 탄핵소추를 의결할 수 있다고 볼 것인가? 결론적으로 말해서 국회는 동일한 사유를 이유로 다시 탄핵소추를 의결할 수 있다고 본다. 왜냐하면 국무총리와 국무위원의 위헌·위법 여부에 대하여 확정적인 판결이 내려진 적이 없어서 일사부재리의 원칙이 적용될 여지가 없으며 또한 해임건의권과 탄핵소추권은 서로 다른 기초·절차·효과를 가진 별개의 제도이기 때문이다. 탄핵소추의 발의에는 피소추자의 성명·직위와 탄핵소추의 사유·증거 기타 조사상 참고가 될만한 자료를 제시하여야 한다(국회법 제130조 제3항). 이 때 증거 기타 참조자료를 첨부하지 않은 발의서는 명문의 규정이 없으나 부적법한 것으로 보아 국회의장이 이를 보정하도록 요구해야 한다고 본다. 국회가 탄핵소추를 하기 전에 소추사유에 관하여 충분한 조사를 하는 것이 바람직하다는 것은 의문의 여지가 없다. 그러나 국회의 의사절차에 헌법이나 법률을 명백히 위반한 흠이 있는 경우가 아니면 국회 의사절차의 자율권은 권력분립의 원칙상 존중되어야 하고, 국회법 제130조 제1항은 탄핵소추의 발의가 있을 때 그 사유 등에 대한 조사 여부를 국회의 재량으로 규정하고 있으므로, 국회가 탄핵소추사유에 대하여 별도의 조사를 하지 않았다거나 국정조사결과나 특별검사의 수사결과를 기다리지 않고 탄핵소추안을 의결하였다고 하여 그 의결이 헌법이나 법률을 위반한 것이라고 볼 수 없다(헌재 2004.5.14. 2004헌나1). 국회법에 탄핵소추안에 대하여 표결 전에 반드시 토론을 거쳐야 한다는 명문규정은 없다(헌재 2017.3.10. 2016헌나1). 탄핵소추안을 각 소추사유별로 나누어 발의할 것인지 아니면 여러 소추사유를 포함하여 하나의 안으로 발의할 것인지는 소추안을 발의하는 의원들의 자유로운 의사에 달린 것이다(헌재 2017.3.10. 2016헌나1). 탄핵소추의 발의가 있은 때에는 의장은 즉시 본회의에 보고하고, 본회의는 의결로 법제사법위원회에 회부하여 조사하게 할 수 있다(국회법 제130조 제1항). 회부받은 법제사법위원회는 지체없이 조사·보고하여야 한다(국회법 제131조 제1항). 이를 조사함에 있어서 국정감사및조사에관한법률이 규정하는 조사의 방법 및 조사 시의 주의의무규정을 준용한다. 국회의원이 탄핵소추사건을 조사함에 있어서 주의의무규정을 위반할 시에는 국회의 의결로 징계를 받게 된다(국회법 제155조 제2항 제6호). 조사를 받는 국가기관은 조사를 신속히 완료시키기 위하여 충분한 협조를 하여야 한다(국회법 제132조). 본회의는 법제사법위원회에 회부하기로 의결하지 아니한 때에는 본회의에 보고된 때로부터 24시간 이후 72시간 이내에 탄핵소추의 여부를 무기명투표로 표결한다(국회법 제130조 제2항). 한편 법제사법위원회에 의하여 조사·보고된 때에는 본회의는 명문의 규정은 없으나 위 조항에 준하여 동일한 시간이내에 탄핵소추여부를 표결하여야 한다고 볼 것이다. 대통령에 대한 소추의 의결은 재적의원 3분의 2 이상의 찬성이 있어야 하고 그 외의 자에 대하여는 재적의원 과반수의 찬성이 있어야 한다(헌법 제65조 제2항). 본회의에서의 탄핵소추의결은 피소추자의 성명·직위·탄핵소추사유를 표시한 「소추의결서」로써 한다(국회법 제133조). 그런데 국회법 제130조 제2항의 규정시간 이내에 표결이 이루어지지 않은 경우에 탄핵소추안이 폐기된 것으로 본다(동항 단서). 탄핵소추의 의결이 있는 때에는 의장은 지체없이 소추의결서의 정본을 법제사법위원장인 소추위원에게, 그 등본을 헌법재판소·피소추자와 그 소속기관의 장에게 송달한다(국회법 제134조 제1항). (2) **탄핵소추의결의 효과** ① **권한행사정지** 탄핵소추가 의결된 자는 소추의결서가 본인에게 송달된 때로부터 헌법재판소의 탄핵심판이 있을 때까지 권한행사가 정지된다(헌법 제65조 제3항, 국회법 제134조 제2항). 여기서 권한행사의 시점이 국회의 탄핵소추의결시가 아니라 소추의결서가 피소추자에게 송달되는 시점임을 주의하여야 한다. 이와 같은 권한행사정지는 공적 직무의 권위를 유지하기 위한 것으로 설명된다. 이 규정에 따르면 이 기간중의 직무행위는 위헌·무효가 된다. ② **사임·해임의 금지** 소추의결서가 송달되면 임명권자는 피소추자의 사직원을 접수하거나 해임할 수 없다(국회법 제134조 제2항). 당사자의 사임이나 임명권자의 해임을 허용하게 되면 사실상 탄핵에 의한 파면을 면탈하는 결과가 초래되어 탄핵제도를 유명무실한 것으로 만들기 때문이다. 탄핵심판결정선고 이전에 피소추자가 당해 공직에서 파면되면 탄핵심판청구를 기각하여야 한다(헌법재판소법 제53조 제2항). 탄핵심판 계류중에 탄핵대상자의 임기가 만료된 경우에는, 임기만료후 특정한 법률상의 이익, 예컨대 전직대통령의 예우 등과 같이 법정의 이익이 주어지는 경우에는 탄핵심판이 계속될 필요가 있다고 봄이 적절하다. (3) **탄핵심판** ① **절차규정** 탄핵심판에서는 국회법제사법위원회 위원장이 소추위원이 된다(헌법재판소법 제49조 제1항). 소추위원이 소추의결서의 정본을 헌법재판소에 제출함으로써 탄핵심판청구의 효력이 발생한다. 소추의원은 이 의결서에 증거서류 또는 참고자료를 첨부할 수 있다(헌법재판소법 제26조). 의결서의 정본을 접수한 헌법재판소는 그 등본을 피소추자에게 송달하여야 한다(헌법재판소법 제27조 제1항). 송달을 받은 피소추자는 헌법재판소에 답변서를 제출할 수 있다. 탄핵소추의결을 한 국회가 임기만료된 경우에 탄핵심판절차는 영향을 받는다고 볼 것인가? 이에 대하여 우리는 명문규정을 두고 있지 않고 있다. 탄핵제도가 직무집행에 있어서 위헌·위법행위를 한 자를 공직에서 추방함으로써 헌법질서를 수호하는 것을 기능으로 하기 때문에 국회가 임기만료로 해산하더라도 탄핵심판절차는 계속 진행되어야 한다고 본다. 이때의 소추위원은 새로이 구성된 국회의 법제사법위원회 위원장이 될 것이다. 국회가 탄핵심판절차가 개시된 이후에 자신의 의결로 탄핵의 소추를 철회할 수 있다고 볼 것인가가 문제될 수 있다. 독일과는 달리, 우리는 이를 명문으로 규정하고 있지 않기 때문에 해석상 논란이 있을 수 있으나, 제1심판결의 선고 전까지 공소를 취소할 수 있다는 형사소송법 제255조를 준용해서 헌법재판소의 결정선고 이전에까지 국회는 탄핵소추를 철회할 수 있다고 볼 것이다(헌법재판소법 제40조 제1항, 형사소송법 제255조). 이 때의 의결정족수를 얼마로 볼 것인가가 문제된다. 독일의 경우, 대통령에 대하여는 연방의회재적의원 과반수의 찬성 또는 연방참사원 투표의 과반수를 요하고 있다. 이는 탄핵소추의결을 좌절시키는 데 필요한 연방의회 재적의원 또는 연방참사원 표수의 3분의 1보다는 가중된 수치이다. 그 이유는 이미 탄핵재판절차가 개시되어서 이 절차가 연방헌법재판소에 의하여 주관되고 있기 때문이라고 한다. 한편 법관에 대하여는 별도의 규정을 두고 있지 않으나 연방의회의 통상적인 의결방식에 따라(기본법 제42조 제2항 제1문) 역시 투표의 과반수의 찬성을 요한다고 하겠다. 우리의 경우에도 탄핵소추를 철회하려면 탄핵소추의결을 좌절하는 데 필요한 정족수 이상의 정족수가 최소한으로 요구된다고 하겠다. 따라서 대통령의 경우에 과반수의 의결이 필요하다고 본다. 한편 그 외의 탄핵대상자의 경우에는 통상의 의결방식에 따라 역시 과반수의 의결이 요한다고 하겠다. ② **탄핵심판의 심리** 탄핵심판은 구두변론에 의하며(헌법재판소법 제30조 제1항), 공개리에 한다(헌법재판소법 제34조). 이때 당사자는 피소추자와 소추위원(국회법제사법위원회 위원장)이다. 소추위원은 심판의 변론에 있어 피소추자를 신문할 수 있다. 이와 같이 피소추자를 재판부가 아닌 소추위원이 신문할 수 있게 한 것은 탄핵심판절차가 형사소송에 준하기 때문이라고 하겠다. 재판부가 변론을 열 때에는 기일을 정하고 당사자와 관계인을 소환하여야 한다(헌법재판소법 제30조 제3항). 당사자가 변론기일에 출석하지 아니한 때에는 다시 기일을 정하되, 다시 정한 기일에도 당사자가 출석하지 아니하면 그 출석없이 심리할 수 있다(헌법재판소법 제52조). 재판부는 탄핵심판의 심리를 위하여 필요하다고 인정하는 경우에는 당사자의 신청 또는 직권에 의하여 증거조사를 할 수 있다. 또한 재판부는 다른 국가기관 또는 공공단체의 기관에 대하여 심판에 필요한 사실을 조회하거나, 기록의 송부나 자료의 제출을 요구할 수 있다. 탄핵심판절차에는 헌법재판소법에 특별규정이 있는 경우를 제외하고는 민사소송에 관한 규정과 형사소송에 관한 규정이 준용된다. 단 형사소송에 관한 규정이 민사소송에 관한 규정과 저촉될 때에는 민사소송에 관한 규정은 준용하지 아니한다(헌법재판소법 제40조). 피소추자에 대한 탄핵심판청구와 동일한 사유로 형사소송이 진행되고 있는 때에는 재판부는 심판절차를 정지할 수 있다(헌법재판소법 제51조). 이 때 심판의 정지기간 및 심판재개시기에 관하여는 규정이 없으나 그 구체적인 결정은 재판부의 재량에 속한다고 볼 것이다. 그렇지만 정지기간의 장기화로 말미암아 헌법재판소법 제38조의 심판기간(180일)을 경과해서는 안 된다고 할 것이다. ③ **탄핵심판의 결정** 탄핵사건의 심판은 재판관 전원으로 구성된 재판부에서 관장하며, 변론의 전취지와 증거조사의 결과를 종합하여 정의 및 형평의 원리에 따라 행한다. 재판부는 7인 이상의 출석으로 사건을 심리하고, 재판관 6인 이상의 찬성으로 탄핵을 결정한다(헌법 제113조 제1항, 헌법재판소법 제23조 제2항). 이와 같은 의결정족수의 가중은 탄핵결정에 있어 신중을 기하기 위함이다. 탄핵심판청구가 이유 있는 때에는 피소추자를 공직에서 파면하는 결정을 선고하므로 예컨대 「피청구인 …를 대통령직에서 파면한다.」라는 형식을 취하게 된다. 반면 탄핵심판청구가 이유 없을 때에는 기각결정을 한다. 전술한 바와 같이 피소추자가 결정선고이전에 당해 공직에서 파면된 경우에는 심판청구를 기각하여야 한다(헌법재판소법 제53조 제2항). 피청구인이 임기만료로 퇴직한 경우, 각하함이 헌법재판소결정(헌재 2021.10.28. 2021헌나1)이다(➜ 법관탄핵).
(4) **탄핵심판결정의 효과** 탄핵심판 결정의 효력은 명문의 규정이 없으나 탄핵심판에 관하여 별도의 이의절차가 있을 수 없으므로 결정선고일로부터 발생한다고 보아야 할 것이다. 단심으로 이루어지는 탄핵심판은 결정선고일이 바로 결정확정일이라고 할 것이다. 탄핵심판 결정이 선고되면 헌법재판소 서기는 지체없이 결정서 정본을 작성하여 당사자에게 송달하여야 한다(헌법재판소법 제36조 제4항). 또한 이를 관보에 게재하여 공시하여야 한다. 탄핵심판청구가 이유 없다고 판단되어 기각결정이 내려진 경우 권한행사정지의 효력이 종료하게 된다. 이 시점은 헌법재판소의 종국결정의 송달일이 아니라 결정의 선고일이 된다. 반면에 탄핵결정이 선고된 경우에는 다음과 같은 효력이 발생하게 된다. 첫째, 탄핵결정은 공직자를 공직으로부터 파면한다. 그러나 탄핵의 결정으로 민사상이나 형사상의 책임이 면제되는 것은 아니다(헌법 제65조 제4항, 헌법재판소법 제54조 제1항). 징계적 처벌에 해당하는 탄핵결정과 민·형사재판간에는 일사부재리의 원칙이 적용되지 아니한다. 따라서 탄핵결정이 있은 후에 별도로 민사소송이나 형사소송의 제기가 가능하다. 둘째, 탄핵결정에 파면된 자는 일정기간 공직취임이 금지된다. 「탄핵결정에 의하여 파면된 자는 결정선고가 있는 날로부터 5년이 경과하지 아니하면 공무원이 될 수 없다.」(헌법재판소법 제54조 제2항). 이 규정에 대해서는 위헌성이 다투어지고 있다. 위헌설은 동조항이 헌법상 보장되고 있는 국민의 공무담임권을 박탈 내지 제한하는 것으로서 위헌이라고 한다. 반면 합헌설은 탄핵제도의 실효성을 확보하기 위해서는 일정기간의 시한부 공직취임제한이 부득이하며, 헌법이 「파면함에 그친다」 함은 우리의 탄핵이 영국식의 형사재판이 아니라는 것을 명백히 하는 데에 중점이 있는 것이지 파면 이외의 일체의 불리한 조치를 금지하는 것이 아니므로 이를 위헌으로 볼 수 없다고 한다. 합헌설이 타당하다. 셋째, 탄핵결정을 받

은 자에 대하여 대통령의 사면권행사가 제한된다고 할 것인가가 논란이 있으나, 탄핵제도의 실효성을 확보하기 위해서 역시 대통령의 사면이 허용될 수 없다고 하겠다. 5) **개선점** (1) **탄핵의 대상** 법률에 의하여 탄핵대상자를 추가적으로 정하는 것에 대해, 현재의 법은 개별법에 규정하는 방식으로 하고 있으나, 탄핵과 관련된 일반법으로 '탄핵심판에 관한 법률'을 제정하여 탄핵의 대상을 확정짓는 것이 필요하다. (2) **탄핵의 사유** 현재 탄핵사유는 「그 직무집행에 있어서 헌법이나 법률을 위배한 때」라고 하고 그 중대성 여부에 관해서는 규정이 없으므로, 헌법재판소법 및 국회법에서 명백하게 규정할 필요가 있다. (3) **탄핵의 절차** 현행법은 탄핵사유의 시효를 규정하지 않고 있으므로 탄핵대상자의 직무집행에 있어서 탄핵사유가 발생한 경우에 국회는 원칙적으로 그가 공직에 있는 한 언제든지 탄핵소추를 발의할 수 있다. 이는 탄핵소추로 말미암아 생겨날 수 있는 여러 정치적·행정적·사법적 공백 내지 혼란을 고려해 볼 때 요청되는 법적 안정성의 원칙에서 바람직하지 않다고 본다. 대통령에게 탄핵사유가 있음을 소추기관이 안 때로부터 3월 이내에 탄핵소추를 하여야 한다는 독일의 입법례 뿐 아니라 법관이나 공무원의 징계사유에 일정한 시효를 규정하고 있는 우리의 법률(법관징계법 제8조와 국가공무원법 제83조의2)을 생각하더라도 탄핵사유의 시효를 명문으로 규정하는 것이 바람직하다. 또한 법제사법위원회의 조사기간도 명시할 필요가 있다. (4) **소추의결에 따른 권한행사의 정지** 헌법과 국회법은 소추의결서가 본인에게 송달되면 그 때로부터 권한행사가 즉시 정지된다고 규정하고 있다. 헌법개정사항이기는 하지만, 독일과 같이 독립된 탄핵심판기관인 연방헌법재판소로 하여금 재량으로 직무집행정지의 가처분 여부를 판단하도록 하는 것과 대통령의 권한 중 탄핵심판에 영향을 줄 수 있는 권한을 제외하고는 행사할 수 있도록 하는 것도 가능하다. 프랑스의 경우와 같이 무죄추정의 원칙을 적용하여 직무정지가 이뤄지지 않도록 하는 것도 입법론으로 고려해야 한다. (5) **소추의결서 제출기한** 현행법에는 소추의결서를 작성한 후 언제까지 헌법재판소에 제출하여야 하는가에 관하여는 명문의 규정이 없다. 탄핵소추장을 작성한 지 1월내에 연방헌법재판소에 발송하도록 요구하고 있는 독일의 입법례처럼 기한을 명시할 필요가 있다. (6) **탄핵소추의 철회** 탄핵의 소추의 철회 여부에 대해서도 명문의 규정이 없으므로 명시할 필요가 있다. 독일의 경우, 대통령에 대하여는 연방하원 재적의원 과반수의 찬성 또는 연방상원 투표의 과반수로 철회할 수 있도록 하는 것도 참고할 만하다. 명문으로 규정할 필요가 있다. (7) **법관탄핵에 대한 상세한 규정의 필요** 현행법은 법관의 탄핵에 대해서는 탄핵제도 일반에 따르도록 하고 있다. 일본의 경우, 재판관탄핵법을 따로 두어 상세히 규정하고 있는 점에 비추어 우리나라에서도 법관탄핵에 관한 법률을 상세히 정할 필요가 있다.

태아胎兒 ➔ 기본권의 주체.

태업怠業 ⓔ sabotage, ⓓ Sabotage, ⓕ sabotage. ➔ 단체행동권.

택지소유상한宅地所有上限**에 관한 법률** ➔ 토지공개념.

토론·표결권討論·表決權 ➔ 국회의원의 권한과 의무

토지거래허가제土地去來許可制 ➔ 토지공개념.

토지공개념土地公槪念 ⓔ public concept of the land/concept of public ownership of land, ⓓ

Gemeingutbegriff des Bodens, ㊥ concept public du terrain. 1. **기본개념** 토지공개념은 토지가 공공재(公共財)라는 생각에 바탕을 두고 기존의 토지소유권절대 사상에 변화를 도모하는 개념이다. 헌법재판소에 따르면, 「토지소유권은 이제 더 이상 절대적인 것일 수가 없었고 공공의 이익 내지 공공복리의 증진을 위하여 의무를 부담하거나 제약을 수반하는 것으로 변화되었으며, 토지소유권은 신성불가침의 것이 아니고 실정법상의 여러 의무와 제약을 감내하지 않으면 안 되는 것으로 되었으니 이것이 이른바, 토지공개념(土地公槪念) 이론인 것이다.」라고 하고 있다(헌재 1989.12.22. 88헌가13). 다시 말하면, 토지소유권은 신성불가침의 절대적인 권리가 아니라 공공의 이익 내지 공공복리의 증진을 위하여 제한될 수 있다는 것이 '토지공개념'의 의미이다. 일반적으로 자본주의 경제에서는 소유권의 불가침을 인정한 기반 위에서 경제가 운용된다. 그런데 토지는 유한성 · 고정성 · 비대체성, 재화생산의 본원적 기초로서의 성질을 가지고 있어서 강한 사회성과 공공성을 지니고 있다. 스미스(A. Smith), 리카르도(D. Ricardo), 밀(J. S. Mill) 등의 경제학자들은 토지의 사유권 보장을 비판하고 공공성을 강조하여 땅 주인이 받는 불로소득을 비판했다. 1919년 독일 바이마르 헌법에서도 「토지의 경작과 이용은 토지소유자의 공동체에 대한 의무이다. 노동과 자본 투하 없이 이루어지는 토지가격 상승은 전체의 이익을 위해 이용돼야 한다.」고 밝히고 있다. 이러한 토지공개념은 토지의 소유 및 이용의 제한 외에도, 지대로 인한 수익의 제한, 토지 처분의 제한 등의 형태로도 적용될 수 있다. 이 조항을 원용해 여러 나라들이 사회 전체의 복리를 위해 토지소유권 등을 제한할 수 있는 법적 근거를 마련해 놓고 있다. 우리나라 헌법 제23조 제1항 제2문, 제23조 제2항, 제119조, 제120조, 제122조, 제123조 등에서 토지재산권의 가중적 규제에 대한 헌법적 근거를 마련하고 있다. 이 근거들에 의하여 행해지는 토지에 대한 규제는 곧 토지공개념에 기한 규제이다. 2. **인정 여부** 토지공개념을 인정할 것인지에 관하여 헌법재판소는 별다른 이의없이 수용되고 있으나(헌재 1989.12.22. 88헌가13), 학계에는 견해가 나뉜다. 즉 토지공개념에 대해 사유재산제를 부인하는 것이라는 견해와 사유재산에 대한 제한이기는 하지만 오히려 사유재산제를 지키는 것이라는 견해 등이 있다. 토지공개념이론은 재산권의 사회적 구속성 내지 공공복리적합의무라는 재산권에 관한 헌법상 일반이론에 대하여 토지의 특수성을 강조하는 이론이고, 헌법상 시장경제원리를 뛰어넘는 초헌법적 원리라고 할 수는 없기 때문에 사유재산제를 부인하는 것이라는 시각은 적절하지 않다. 중요한 것은 토지공개념의 실천법률이 헌법상의 기본권제한의 일반원리, 즉 과잉금지원칙을 준수하였는지, 그리고 재산권의 본질적 내용인 사적 유용성과 원칙적인 처분권을 인정하는지의 여부이다. 3. **구체적 법률과 제도** 우리나라에서는 1980년대 후반 부동산 투기 억제를 위해, 일정한 지역 내의 토지거래계약의 허가를 규정한 국토이용관리법상의 「토지거래허가제」(1978.12.5.의 개정에서 신설됨), 유휴지의 가격 상승분에 최대 50%의 세금을 부과하는 「토지초과이득세법(제정 1989.12.30. 법률 제4177호, 1998.12.28. 폐지)」, 택지 · 관광단지 조성 등 개발사업 시행자로부터 개발이익의 50%를 환수하는 「개발이익 환수에 관한 법률(법률 제4175호, 1989.12.30., 제정, 1990.1.1. 시행)」, 특별시와 광역시 내 개인택지 중 200평을 초과한 땅에 대해 부담금을 부과하는 「택지소유상한에 관한 법률(법률 제4174호, 제정 1989.12.30., 1990.2.28. 시행, 1998.9.19. 폐지)」, 도시계획상 개발제한구역을 설정하는 「도시계획법

(법률 제2291호, 1971.1.19., 전부개정, 1971.7.20. 시행)」, 지방자치단체가 부과하는 종합토지세와는 별도로 일정기준을 초과하는 토지와 주택소유자들의 전국소유현황을 분석해 누진세율을 적용하여 국세청이 부과하는 「종합부동산세법(법률 제7328호, 2005.1.5., 제정, 2005.1.5. 시행)」 등 토지공개념 관련 법·제도를 마련하였다. 4. **헌법재판소 결정** 1) **토지거래허가제**의 위헌 여부 헌법재판소는 ① 사유재산제도의 보장은 타인과 더불어 살아가야 하는 공동체생활과의 조화와 균형을 흐트러뜨리지 않는 범위 내에서의 보장인 점, ② 토지재산권의 본질적인 내용이라는 것은 토지재산권의 핵이 되는 실질적 요소 내지 근본 요소를 뜻하는 점, ③ 국토이용관리법(「국토의 계획 및 이용에 관한 법률」로 전면개정, 법률 제6655호, 2002.2.4. 제정, 2003.1.1. 시행) 제21조의3 제1항의 토지거래허가제는 사유재산제도의 부정이 아니라 그 제한의 한 형태이고 토지의 투기적 거래의 억제를 위하여 그 처분을 제한함은 부득이한 것이므로 재산권의 본질적인 침해가 아니며, 헌법상의 경제조항에도 위배되지 아니하고 현재의 상황에서 이러한 제한수단의 선택이 헌법상의 비례의 원칙이나 과잉금지의 원칙에 위배된다고 할 수도 없는 점, ④ 같은 법률 제31조의2가 벌금형과 선택적으로 징역형을 정함은 부득이 한 것으로서 입법재량의 문제이고 과잉금지의 원칙에 반하지 않으며, 그 구성요건은 건전한 법관의 양식이나 조리에 따른 보충적인 해석으로 법문의 의미가 구체화될 수 있으므로 죄형법정주의의 명확성의 원칙에도 위배되지 아니하는 점 등을 들어 헌법에 위배되지 않는다고 하였다(헌재 1989.12.22. 88헌가13, 4인의 위헌의견 있음). 2) **토지초과이득세법**의 위헌 여부 헌법재판소는, ① 토지초과이득세법의 미실현이익에 대한 과세제도는 극히 예외적인 제도임에도 신중성이 결여되었으며, ② 과표를 전적으로 대통령령에 맡긴 것은 잘못이고, ③ 지가의 등락에 관계없는 징세는 헌법상 사유재산권보장에 위반되며, ④ 임대토지를 유휴토지로 하고 대통령령으로 예외를 규정한 것은 위헌이며, ⑤ 고율의 단일비례세로 한 것은 고소득자와 저소득자 간의 평등을 저해하며, ⑥ 유휴토지의 범위가 택지소유상한에 관한 법률이 소유제한범위와 상충될 뿐만 아니라, 토초세액 전액을 양도세에서 공제하지 아니한 것은 실질과세원칙에 위배되므로 헌법에 합치되지 아니한다는 등을 이유로 하여 헌법불합치를 선언하였다(헌재 1994.7.29. 92헌바49등). 이 결정 이후 1998년에 토지초과이득세법은 폐지되었다. 3) **개발이익 환수에 관한 법률**의 위헌 여부 헌법재판소는, 부과대상토지의 가액산정에 대해 일부위헌결정을 내린 것을 제외하고는(헌재 1998.6.25. 95헌바35등(병합)), 포괄위임금지의 원칙이나 재산권보장에 위반되지 않는다고 결정하였다(헌재 2000.8.31. 99헌바104; 2002.5.30. 99헌바41; 2016.6.30. 2013헌바191 등). 4) **택지소유상한에 관한 법률**의 위헌 여부 헌법재판소는, ① 소유목적이나 택지의 기능에 따른 예외를 전혀 인정하지 아니한 채 일률적으로 200평으로 소유상한을 제한함으로써, 어떠한 경우에도, 어느 누구라도, 200평을 초과하는 택지를 취득할 수 없게 한 것은, 헌법상의 재산권을 과도하게 침해하는 위헌적인 규정이며, ② 택지를 소유하게 된 경위나 그 목적 여하에 관계 없이 법 시행 이전부터 택지를 소유하고 있는 개인에 대하여 일률적으로 소유상한을 적용하도록 한 것은, 입법목적을 달성하기 위하여 필요한 정도를 넘는 과도한 침해이자 신뢰보호의 원칙 및 평등원칙에 위반되고, ③ 경과규정에 있어서, "법 시행 이전부터 개인의 주거용으로 택지를 소유하고 있는 경우"를, "법 시행 이후에 택지를 취득한 경우"나 "법 시행 이전에

취득하였다고 하더라도 투기목적으로 취득한 택지의 경우"와 동일하게 취급하는 것은 평등원칙에 위반되며, ④ 아무런 기간의 제한도 없이, 매년 택지가격의 4% 내지 11%에 해당하는 부담금을 계속적으로 부과할 수 있도록 하는 것은, 짧은 기간 내에 토지재산권을 무상으로 몰수하는 효과를 가져오는 것이 되어, 재산권에 내재하는 사회적 제약에 의하여 허용되는 범위를 넘는 것이고, ⑤ 부담금 납부의무자가 건설교통부장관에게 매수청구를 한 이후 실제로 매수가 이루어질 때까지의 기간 동안에도 부담금을 납부하여야 하도록 하는 것은 입법목적을 달성하기 위하여 필요한 수단의 범위를 넘는 과잉조치로서, 최소침해성의 원칙에 위반되어 재산권을 과도하게 침해하는 것이라는 등의 이유로 위헌으로 결정하였다(헌재 1999.4.29. 94헌바37 등). 이 법률은 헌법재판소 결정 전인 1998.9.19.에 폐지되었다. 5) 도시계획법상 **개발제한구역설정**의 위헌 여부 헌법재판소는 개발제한구역제도 그 자체는 원칙적으로 합헌적이지만, 개발제한구역의 지정으로 말미암아 일부 토지소유자에게 사회적 제약을 넘는 가혹한 부담이 발생하는 예외적인 경우에 대하여 보상규정을 두지 않은 것에 대하여 헌법불합치결정을 하였다(1998.12.24. 89헌마214등). 이 결정 이후 「개발제한구역의 지정 및 관리에 관한 특별조치법(법률 제6241호, 2000.1.28., 제정, 2000.7.1. 시행)」이 제정되었다. 6) **종합부동산세법**의 위헌 여부 종합부동산세의 헌법적합성 여부에 관해서는 여러 헌법적 쟁점들이 다투어졌다. ① 과세대상 부동산에 대하여 부과되는 재산세 또는 양도소득세와의 관계에서 이중과세가 아닌가, ② 미실현이익에 대한 과세이며 부동산의 원본가액을 잠식하여 재산권을 침해하는 것은 아닌가, ③ 종합부동산세를 국세로 규정한 것이 지방재정권을 침해한 것은 아닌가, ④ 일정범위의 부동산 보유자에 대하여 일률적 또는 무차별적으로 상대적 고율인 누진세율을 적용하여 부과하는 것이 주택보유자의 재산을 과도하게 침해하는 것은 아닌가 등의 쟁점들이 문제되었다. 헌법재판소는 세대별 합산규정은 위헌이며, 주택분 종합부동산세는 한 주택 소유자에 대하여 보유기간이나 조세지불능력을 고려하지 않고 일률적으로 부과한 것에 대해서는 헌법불합치결정을, 나머지 부분에 대해서는 합헌결정을 내렸다(헌재 2008.4.24. 99헌바110등).

토지초과이득세법土地超過利得稅法 ➜ 토지공개념.

토크빌Tocqueville, A. de Alexis Charles Henri Maurice Cierel Comte de Tocqueville, 1805.7.29.~1859.4.16. 프랑스의 정치학자 · 역사가 · 정치가로서, 19세기 전반에 지배적이었던 전통적 자유주의의 대표적 사상가이다. 노르망디(Normandy)의 귀족 가정에서 출생하여 법률을 배운 뒤에 1827년 베르사유재판소 배석판사로 재직하였다. 1831년 정부의 명을 따라 미국을 시찰, 미국의 국정을 분석하여 보고한 「미국의 민주 정치(De la Démocratie en Amérique 5권(1835~1840)」은 큰 반향을 불러 일으켜 13판을 거듭했다. 1848년 입법의회 의원, 1839년 외상이 되었으나, 1852년 나폴레옹 3세의 쿠데타에 반대하여 체포되고, 공직에서 은퇴한 후, 역사 연구에 전심했다. 저서로 미완으로 남은 「구제도와 프랑스혁명(De L'Ancien Régime et la Révolution)」(1856)은 프랑스혁명이 루이 14세까지의 역사과정의 결말이라는 것을 논한 것으로, 혁명사에 새로운 방향을 주었다.

통고처분通告處分 통고처분이라 함은 법원에 의하여 자유형 또는 재산형에 처하는 과벌제도에 갈음하여 행정관청이 법규위반자에게 금전적 제재를 통고하고 이를 이행한 경우에는 당해 위반행위에 대한 소추를 면하게 하는 것을 말한다(헌재 1998.5.28. 96헌바4). 통고처분은 이와 같이 법관이 아닌 행정공무원에 의한 것이지만 처분을 받은 당사자의 임의의 승복을 발효요건으로 하고 불응시 정식 재판의 절차가 보장되어 있으므로 통고처분에 대하여 행정쟁송을 배제하고 있는 이 사건 법률조항이 법관에 의한 재판받을 권리를 침해한다든가 적법절차의 원칙에 저촉된다고 볼 수 없다(위 결정).

통법부화通法府化 국회의 권한은 입법권이 가장 중요한 것이었으나, 오늘날 정당정치의 발달, 국가기능의 확대에 따른 행정부의 전문성 강화, 국회운영에 있어서 위원회중심주의의 강화 등으로 인하여 극회가 단지 행정부가 제출하는 법안이나 행정부의 요구에 따른 법률제정에 그치는 현상이 나타나고 있고, 이를 일컬어 국회의 통법부화라 한다.

통신시설기준법정제通信施設基準法定制 ➔ 언론기관시설법정주의.

통신通信**의 자유** ㊀ Korrespondennzgeheimnis. 1. **의의와 법적 성격** 1) **의의** 통신의 자유란, 통신, 전신, 전화 등의 수단에 의하여 의사나 정보를 전달 또는 교환하는 경우에 그 내용이 본인의 의사에 반하여 공개되지 아니하는 자유를 말한다. 통신이라고 함은 신서 · 전신 · 전화 기타의 우편물 등 통신기관을 통하여 수수되는 일체의 의사전달수단과 물품을 의미한다. 통신의 자유, 즉 통신의 비밀의 불가침이란 통신 · 전화 · 전신 등의 통신수단에 의하여 개인이 그들의 의사나 정보를 자유롭게 전달 · 교환하는 경우에 그 내용이 본인의 의사에 반하여 공권력에 의하여 침해당하지 아니하는 자유를 말한다. 헌법 제18조는 「모든 국민은 통신의 비밀을 침해받지 아니 한다.」고 규정하여 통신의 비밀의 불가침을 의미하는 통신의 자유를 보장하고 있다. 통신의 비밀을 보장하고 있는 것은 개인의 사생활의 비밀을 보장하며 개인의 인격을 보호하는 것이다. 헌법이 통신의 자유를 기본권으로서 보장하는 것은 사적 영역에 속하는 개인간의 의사소통을 사생활의 일부로서 보장하겠다는 취지에서 비롯된 것이라 할 것이다. 그런데 개인과 개인 간의 관계를 전제로 하는 통신은 다른 사생활의 영역과 비교해 볼 때 국가에 의한 침해의 가능성이 매우 큰 영역이라 할 수 있다. 왜냐하면 오늘날 개인과 개인간의 사적인 의사소통은 공간적인 거리로 인해 우편이나 전기통신을 통하여 이루어지는 경우가 많은데, 이러한 우편이나 전기통신의 운영이 전통적으로 국가독점에서 출발하였기 때문이다. 사생활의 비밀과 자유에 포섭될 수 있는 사적 영역에 속하는 통신의 자유를 헌법이 별개의 조항을 통하여 기본권으로 보호하고 있는 이유는, 이처럼 국가에 의한 침해의 가능성이 여타의 사적 영역보다 크기 때문이라고 할 수 있다. 2) **법적 성격** 통신의 비밀의 보장은 ⅰ) 주거의 자유와 더불어 사생활의 비밀을 보호하기 위한 불가결의 수단이며, 개인간에 자유로운 의사형성을 가능하게 하여 사생활의 영역을 넓혀주며, ⅱ) 사회구성원 상호간에 커뮤니케이션이 원활히 이루어질 수 있도록 촉진하는 기능을 하므로 표현의 자유의 성격과도 깊은 관계가 있다. 2. **통신의 자유의 효력** 통신의 자유는 수사기관이나 정보기관과 같이 국가기관으로부터의 통신의 비밀이 침해되지 않기 위하여 보장된 자유로서 대국가적 효력을 갖는다. 또한 통신의 자유는 국가에 대한 자유인 동시에 제3자에 대한 자유를 의미하므로 사인(私人)간에 있어서도 효력을 갖는다. 3. **통신의 자유의 내용** 1) **통신의 비밀** 통신의 비밀에서 보호대상인 통신의 개념은 매우 넓게 해석하여야 한다. 통신비밀보호법(제2조 1~3호)에서 "통신"이라 함은 우편물 및 전기통신을 말한다. "우편물"이라 함은 우편법에 의한 통상우편물과 소포우편물을 말한다. "전기통신"이라 함은 전화 · 전자우편 · 회원제정보서비스 · 모사전송 · 무선호출 등과 같이 유선 · 무선 · 광선 및 기타의 전자적 방식에 의하여 모든 종류의 음향 · 문언 · 부호 또는 영상을 송신하거나 수신하는 것을 말한다. 통신의 개념요소에는 장소적 개념은 필요하지 않다. 따라서 통신의 비밀은 통신(우편물과 전기통신) 및 대화이 비밀로 이해할 수 있다. 2) **불가침** 통신비밀의 '불가침'이라 함은 본인의 의사에 반하여 그 내용 등을 인지하는 것을 금지하는 것이다. 따라서 본인의 동의없이 통신수단을 개봉 · 도청 · 열람하는 행위는 금지된다. 직무상 적법하게 지득한 것이라도 이를 누설하여서는 안된다. 통신의 비밀에 의하여 보호되는 대상은 비단 정보의 내용에 한정되지 아니하고 그 당사자 및 수신지와 발신지, 정보의 형태, 발신횟수 등 정보에 관한 일체를 포함한다. 통신비밀보호법은 누구든지 법규정에 따르지 아니하고 우편물의 검열 · 전기통신의 감청 또는 통신사실 확인자료의 제공을 하거나 공개되지 아니한 타인간의 대화를 녹음 또는 청취하지 못하도록 하고 있으며(제3조), 이를 위반한 자에게는 형벌을 부과할 수 있다(제16조 제1항 제1호). 위법하게 타인의 통신의 비밀을 침해한 자는 우편법, 통신비밀보호법, 형법 등에 의해 처벌될 수 있다. 민법상으로 불법행위책임도 인정된다. 그 외에도 국가공무원법, 우편법, 전기통신사업법, 정보통신망 이용촉진 및 정보보호 등에 관한 법률 등에서 통신비밀의 누설이나 개인정보침해에 대하여 규정하고 있다. 정보통신법상 본인확인제도는 위헌으로 결정되었다(헌재 2012.8.23. 2010헌마47). 4. **통신의 자유의 제한** (1) **헌법 제37조 제2항에 의한 제한** 통신의 자유도 절대적인 것이 아니므로, 국가의 안전보장 · 질서유지와 공공복리를 위하여 필요한 경우에 법률로써 제한할 수 있다(제37조 제2항). 이에 해당되는 법률로는 「통신비밀보호법」(우편물 검열, 전기통신감청, 대화의 녹음 · 녹취), 「국가보안법」(반국가단체와의 통신금지), 「형사소송법」(피고인관련 우편물의 검열 · 제출명령 · 압수처분 등), 「파산법」(파산관리인의 파산자 우편물 개피허용), 「행형법」(교도관의 검열하에 서신수발), 「전파관리법」 등이 있다. (2) **통신의 자유와 영장주의** 통신의 자유를 정당하게 제한하는데 영장주의가 적용되는가에 대하여 헌법에는 명문의 규정이 없으나, 형사소추를 위하여 통신의 비밀을 제한하는 경우에는 압수 · 수색에 관한 영장주의가 적용되어야 한다고 하겠다. 「통신비밀보호법」은 범죄수사를 위한 통신제한조치(제6조), 국가안보를 위한 통신제한조치(제7조), 긴급통신제한조치(제9조) 등을 상세히 규정하고 있다. (3) **감청의 문제와 감청의 예외적 허용요건** 감청이란 전기통신에 대하여 당사자의 동의없이 전자장치 · 기계장치 등을 사용하여 통신의 음향 · 문언 · 부호 · 영상을 청취하거나 공독하여, 그 내용을 지득 또는 채록하거나 전기통신의 송 · 수신을 방해하는 것을 말한다(통신비밀보호법 제2조 제7호). 전화선에 의한 감청이건 전자장치에 의한 감청이건 모두 통신의 자유에 대한 제한이고 동시에 사생활의 비밀의 침해가 되거나 경우에 따라서는 주거의 자유의 침해가 되기도 한다. 감청은 법률의 근거가 있는 경우에 한하여 허용된다. 감청(도청)을 규제하는 법률로는 미국의 종합범죄방지 및 가두안전법(1968년), 독일의 감청법(1968년), 영국의 감청법(1985년), 일본의 통신방수법(通信傍受法)(1999), 우리나라의 통신비밀보호법(1994년) 등이 있다. (4) **기타** 통신의 자유에 대한 제한과 관련된 법률은 국가보안법, 남북교류협력에 관한 법률, 전파법, 형의 집행 및 수용자의 처우에 관한 법률 등이 있다. 특히 인터넷과 관련하여 정보통신망 이용촉진 및 정보보호 등에 관한 법률이 상세히 규정하고 있다. ➜ 사이버공간과 표현의 자유.

통신자료취득행위通信資料取得行爲 전기통신사업법상 수사기관 등에 의한 통신자료 제공요청은 임의수사에 해당하는 것으로, 헌법소원의 대상이 되는 공권력의 행사에 해당하지 않는다. 또한 영장주의와 명확성원칙, 과잉금지원칙 등을 위반하는 것은 아니지만, 통신자료 취득에 대한 사후통지절차를 규정하고 있지 않은 것은 적법절차원칙에 위배하여 청구인들의 개인정보자기결정권을 침해하여 위헌이다(헌재 2022.7.21. 2016헌마388 등:헌법불합치).

통일정책統一政策 1. **서언** 해방 후 미군정과 소점령 하에 있었던 남북한은 민족 내부의 강력한 의지를 바탕으로 통일국가 수립을 위하여 좌우합작운동, 남북연석회의(남북협상) 등의 노력이 있었으나 실패로 끝나고 말았다. 1948년 분단된 남북한 지역에 각각의 정부가 수립된 이후, 양 정부는 서로 상대방 정부를 불법정부로 규정하고 적대적·배타적 관계로 출발하였다. 그러면서도 양 정부는 통일국가를 달성하여야 한다는 국가적 과제를 설정하고 그 성취를 위한 정책을 전개하여 왔다. 하지만 국가를 통일한다는 정치적 성취는 단순히 공간적 통합을 의미할 뿐만 아니라 규범적 통합까지도 성취되어야만 완성될 수 있는 것이다. 통일국가를 달성하기 위해서는, 국내외의 정치적·사회적 현실을 담아내고 수용하는 양 분단국의 정치적 주체들이 통일에 대한 강한 의지를 표출하였을 때에, 통일국가에 이르는 정치적 합의를 이끌어내는 일정한 정치과정을 거쳐 최종적으로 규범적 통일을 의미하는 하나의 통일헌법을 제정하는 단계에 이르러야 한다. 2. **분단 이후 국제정치적 환경** 1) **냉전시대의 개막** 1948년 분단 이후 남북한은 각각의 체제정비에 진력하면서도 1950년 북한의 남침으로 인해 민족상잔의 전쟁을 겪었다. 전쟁까지 치를 만큼 극도의 적대적 대립관계를 초래한 것은 세계적 차원에서 전개된 이데올로기의 대립의 결과물이었다. 이른바 근대의 산업자본주의의 쓰라린 결과물이었던 1·2차 세계대전이라는 열전(hot war)이 종식된 후에 새롭게 대두된 자유주의적 자본주의 진영과 사회주의적 공산주의 진영은 미·소를 주도국가로 하여 극단적인 대립 속에서 서로 적대시하는 냉전(cold war)으로 돌입하였다. 1961년 베를린 위기, 1962년 쿠바미사일 위기, 1964년 미국의 베트남전 참전 등으로 유럽, 아시아, 중남미로 연결되는 세계적 냉전구조의 벨트가 형성되었다. 이러한 국제정세의 여파는 갓 식민지 상태에서 벗어난 한반도에 그대로 반영되었다. 새로운 국가건설의 사상적 기초를 어떻게 할 것인가에 대한 민족 내부의 견해 차이는 통일국가 건설이라는 과제를 도외시하고 세계사적 대립구도 속에 몰입되어 냉전의 전초기지화하고 말았다. 3·8선을 경계로 하여 성립한 두 개의 정부는 자유주의(자본주의)와 사회주의(공산주의) 간의 세계사적 대립구도에 그대로 편입되어 냉전적 적대정책을 지속할 수밖에 없었다. 2) **냉전체제의 완화와 이데올로기 체제의 약화** 1960년대 후반에 전개된 전세계적 화해무드(데탕트)로 인해 미국과 소련은 1960년대 후반 대결의 한계를 인식하고 긴장완화를 모색하였다. 1950년대 후반 시작된 중·소분쟁을 거치면서 소련은 대중 견제를 위해 미국에게 접근해야 할 필요가 있었고, 미국도 중·소분쟁을 적극적으로 활용하여 대소관계를 개선할 필요성을 느꼈다. 이러한 배경에서 미국과 소련은 1969년부터 협상을 시작하여 1972년 「전략무기제한협정」(SALT)을 체결함으로써 긴장완화를 도모하였다. 또한 국제적 데탕트는 미·중화해로 나타났다. 미국은 1969년 「닉슨독트린」을 발표하여 아시아문제의 아시아화와 아시아지역에서 미국의 역할을 축소할 것임을 선언하였다. 1971년의 핑퐁외교를 거쳐 닉슨은 1972.2. 중국을 방문하여 「상하이 성명」을 발표함으로써 미·중관계 개선의 돌파구를 열었다. 미·중관계 개선은 일본에도 영향을 주어 1972.9. 일본과 중국의 국교가 수립되었다. 미·소 데탕트, 미·중 화해, 일·중 국교수립 등 국제적 데탕트는 냉전구조의 한축이었던 한반도에도 변화의 바람을 불러 일으켰다. 미, 중, 일, 러는 국제적 긴장완화에 상응하여 한반도에서 남북한이 긴장완화를 모색하는 것이 동북아 지역의 안정과 평화에 유리하다고 판단하였다. 자유주의적 서방진영과 사회주의적 공산진영 간 냉전적 대립구도 속에서는 남북한의 독자적 행동반경이 극도로 제약되어 있었다. 3) **탈냉전시대와 새로운 세계질서의 등장** 1980년대 후반과 1990년대 초 사회주의국가들의 체제전환은 냉전체제의 해체를 가져왔다. 사회주의권의 패권국가이자 냉전체제의 한 축이었던 소련이 1991.12. 해체되었다. 소련의 붕괴를 전후하여 동유럽 사회주의국가들의 체제전환이 빠른 속도로 진행되었다. 이 과정에서 냉전의 상징이었던 베를린장벽이 무너지고 1990년 독일이 통일되었다. 사회주의권의 붕괴는 냉전체제를 근본적으로 뒤흔들었다. 1989년 미·소 정상은 몰타회담에서 냉전체제의 종식과 평화공존을 선언하였다. 1991.7. 미·소간 전략무기감축협정(START)이 체결되었으며, 9월 부시 미대통령의 전술핵 폐기선언, 10월 고르바쵸프의 전술핵 전면 폐기선언 등 국제적 군축이 뒤따랐다. 미·소는 1992.2. 동반자관계를 선언하고 6월 전략핵무기 감축협정을 확대하기로 합의하였다. 이 후 국제질서는 이데올로기 대립에서 승리한 듯이 보였던 신자유주의에 의하여 지배되었으며, 미·소의 양극적 질서가 아닌 다극적 질서로 재편되게 되었다. 이슬람세계가 세계정세의 한 축으로 부상하고 중국이 새로운 강자로 등장하면서 세계는 과거의 양극적 질서보다도 훨씬 복잡한 양상을 띠고 있다. 특히 중국의 부상과 함께 미·중 패권경쟁, 중·일 세력경쟁, 미·일신안보협력 강화 등 동북아질서의 세력재편이 진행되고 있다. 특히 북한의 핵문제가 시급하게 해결하여야 할 과제로 대두되었다. 3. **남북한의 통일정책** 1) **냉전 초기(1950~60년대)** 남북한 정부의 통일정책은 그때그때의 국제정치적 환경과 국내 정치권력의 의지적 요인이 복합적으로 작용하면서 전개되어왔다. 6·25 전쟁을 거친 후 남북 양 정부는 전후 복구사업에 매진하였고, 각각 원조체제와 사회주의 동원체제라는 대조적 방법을 통해서 전후복구에 몰두하는 한편, 체제의 정통성을 확립하기 위해 노력하였다. 남북한은 상호 이념적 대립과 안보위협을 강조하면서 대내적으로 체제유지에 몰두하였다. (1) **남한의 통일정책 1950년대에 이승만정부**는 대내적으로 경제복구 및 정치적 정통성 확보를 위해 노력하면서 대외적으로는 북한체제와의 경쟁이라는 이중적 문제를 안고 있었다. 통일문제에 대해서는 '북진통일론'을 주장하였다. 현실성을 결여한 '북진통일론'은 경제적 어려움과 독재에 대한 국민들의 불만을 무마시키는 정치적 슬로건으로 활용되었으며, 반공 및 '승공통일론'과 연결되어 반대세력을 탄압하는 정치적 도구로 이용되었다. 1961년 쿠데타로 집권한 **박정희 정부**는 한·미동맹체제에 의존하여 북한의 위협으로부터 안보를 보장받는 한편 군사력 배양을 뒷받침할 수 있는 경제발전에 중점을 두었다. 통일정책은 '선건설 후통일론'이었다. 박정희정부의 경제발전전략은 분단체제에서 생존하기 위한 생존전략이자 체제경쟁의 성격을 띠고 있었다. 선건설 후통일론은 경제적 역량이 뒷받침되지 않는 한, 통일 논의는 공허한 이념논쟁에 불과하다는 인식에 바탕한 것이었다. (2) **북한의 통일정책** 이 시기의 북한은 6.25 전쟁후 폐허가 된 경제재건에 총력을 기울였다. 북한은 사회주의권으로부터 지원을 확보하는 한편, 동원전략에 입각하여 급속한 경제복구를 시도하였다. 북한은 북한지역의 체제강화를 토대로 통일을 추진하겠다는 '민주기지론'을 주장하였다. 민주기지론은 북한지역에서 혁명기반을 조성하고 남한의 진보주의 세력과 통일전선을 형성하여 통일을 추진하겠다는 혁명전략이자 통일전략이었다. 민주기지론은 북한지역의 경제복구와 체제건설을 바탕으로 대남혁명을 주도하겠다는 북한식 '선건설 후통일론'이라고 할 수 있었다. 북한은 3대 혁명역량 강화노선을 채택하여 북한 내부의 혁명역량 강화, 남한의 혁명지지 세력 확산, 국제적 연대 확산을 추진하고, 미국의 베트남전 참전을 기화로 한반도 무력통일을 달성할 수 있다고 판단하여 다양한 무력도발을 감행하였다. 한편, 북한은 1960.8. 연방제에 기초한 통일방안을 제시함으로써 통일담론의 경쟁에서 기선을 장악하였다. 북한이 제안한 연방제는 과도적 성격의 남북연방제를 기반으로 남북총선거를 실시하여 통일국가를 건설하자는 단계적 통일방안이었다. 2) **냉전완화기(1970~1980년대)** 1970년대에 들어와 세계적 냉전구조에 균열조짐이 보이자, 남북한은 남북대화를 통해 활로를 모색하였다. 1980년대 초반 남한에서의 신군부세력 집권과 북한에서의 1980년 6차 당대회 김정일 후계체제의 확립은 각각 대내적 정통성 확보와 국제적 이미지 제고를 위해 남북대화를 모색하게 하였다. 즉, 남한의 신군부는 부족한 정통성을 보완할 수 있는 방안을 남북대화에서 찾고자 하였고, 북한은 남북대화를 통해서 정통성이 취약한 남한의 군부정권의 기반을 뒤흔드는 한편, 남북관계 진전의 성과를 김정일 승계체제의 공고화에 활용하고자 하였다. (1) **남한의 통일정책** **박정희정부**는 1960년대의 급속한 경제성장을 발판으로 하여 1970년 광복절기념사에서 북한에게 무력을 포기하고 선의의 체제경쟁을 할 것을 제안하였다. 박정희정부의 평화공존에 대한 입장은 1973년 6.23 선언에도 반영되었다. 1971.8. 이산가족 문제를 해결하기 위해 남북적십자회담이 성사되었으나 실질적인 성과는 없었다. 한편 남북관계의 전반적 문제를 논의하기 위한 고위급대화가 진행되었고, 남북한 고위급 대표간의 비밀회담을 거쳐 1972년 '7·4 남북공동성명'이 발표되었다. 7·4 남북공동성명은 분단 후 남북한 당국이 합의한 최초의 공식 문건으로 이후 '남북기본합의서', '6·15 남북공동선언' 등 남북한 간 중요한 공식 문건에서 인용되는 준거틀이 되었다. 7·4 남북공동성명에서 명시된 자주, 평화, 민족대단결의 3대 원칙은 이후 남북한의 모든 중요한 합의 문건에서 재확인되었으나, 남북한이 구체적 의미를 다르게 해석함에 따라 논란거리가 되기도 하였다. 하지만, 1970년대 초반 남북대화는 구체적인 성과없이 중단되었다. 남북 상호간에는 아직도 체제지향적 통일정책이 주된 정책방향이었고 따라서 남북의 양 체제는 서로 조화되기가 쉽지 않았으며, 더욱이 남북한의 집권 정치세력이 그들의 권력을 더욱 공고히 하는 데에 통일정책이 이용된 측면도 없지 않았다. 신군부 **전두환정부**는 1980년에 발표한 북한의 고려연방제에 대응하는 성격의 「민족화합 민주통일방안」을 1982년에 발표하였다. 이 방안은 남북한 대표의 협의에 의해 통일헌법을 제정하고 총선거를 실시하여 통일국가를 달성하자는 내용을 담고 있었다. 이 방안에서 주목할 점은 통일까지의 과도적 조치로 남북한 기본관계에 대한 잠정협정을 체결하여 남북관계를 진전시키자는 과도단계를 설정했다는 점이다. (2) **북한의 통일정책** 북한은 1980년에 기존의 통일방안을 체계화하여 「고려연방제 창립방안」을 발표하였다. 북한은 기존 연방제의 틀을 유지하면서도 연방제를 과도단계로 설정하였던 기존 방안과 달리 연방제를 통일국가의 최종형태로 제시하였다. 고려연방제는 「1민족 1국가 2체제」로 남한과 북한의 사상, 제도의 차이를 인정하는 기초위에서 남한과 북한의 지역정부로 구성된 연방제의 통일국가를 형성한다는 것이다. 남한에 등장한 신군부정권과의 체제경쟁을 계속하면서 김정일 정권을 공고히 하는 가운데, 1984.9. 북한이 남한의 수재민에게 수재물자 제공을 제안함에 따라 남북 적십자간 수재물자 지원을 위한 실무접촉이 이루어졌다. 이를 계기로 이산가족문제를 해결하기 위한 남북적십자회담이 재개되어 1985.9. 남북이산가족 및 예술공연단의 교환방문이 실시되었다. 이산가족 및 예술단의 교환방문은 분단 후 최초로 이루어졌다는 점에서 큰 관심을 모았다. 아울러 수재물자 전달로 시작된 남북대화는 경제회담, 국회회담 등으로 확대되었으나, 그러나 1986.1. 말 북한이 일방적으로 대화중단을 선언함에 따라 모든 형태의 남북대화는 중단되었다. 3) **탈냉전기(1990년 이후 현재까지)** 냉전체제의 해체는 한반도에도 엄청난 변화의 바람을 몰고 왔다. 냉전체제에서 서방진영 대 공산진영 간 대립의 틀에 갇혀 있던 남북한은 공존과 통일의 가능성을 탐색하였다. 사회주의권의 붕괴로 인해 자신감을 얻은 남한은 공세적인 통일정책을 추진한 반면, 열세에 처한 북한은 방어적 입장에서 체제 생존에 역점을 두었다. 냉전체제 해체의 충격에 직면하여 남북한은 공존과 협력을 모색하고 통일의 가능성에 대해서 검토하게 되었다. (1) **남한의 통일정책** 1987년에 집권한 **노태우정부**는 외교와 통일정책에서 전향적이고 공세적 입장을 취하여, 민주화세력이 독점하고 있던 통일담론의 주도권을 확보하는 한편 1988년 서울 올림픽의 성공적 개최를 위해 적극적으로 북방외교와 통일정책을 전개하였다. 1988년 「7.7선언」에서 남북한 간 상호교류와 자유왕래를 포함한 남북한 협력방안을 제안하였다. 그리고 1989년 「남북교류 · 협력에 관한 기본지침」 발표, 1989.9.의 '한민족공동체통일방안' 발표, 1990년 「남북교류 · 협력에 관한 법률」 제정 등 남북교류 · 협력을 실질적으로 촉진하기 위한 법적 장치들을 마련하였다. **김영삼정부**는 1994년, 노태우 정부의 '한민족공동체통일방안'을 「민족공동체통일방안」으로 수정 · 보완하였다. 민족공동체통일방안은 국가 중심으로부터 공동체 중심으로 통일방안의 중심을 이동시켰다는 의미를 지니고 있다. 이 방안은 북한의 고려연방제에 대응하는 남한의 체계적인 통일방안이었다. 민족공동체통일방안은 3단계(화해 · 협력단계, 남북연합단계, 통일국가단계) 통일과정을 제시하였다. 화해 · 협력단계에서 남북한은 기본합의서의 이행에 의해 화해를 증진하고 각 분야에서 협력을 확대하고, 남북연합에서 남북한은 독자적인 주권을 유지하되 「남북연합헌장」을 채택하여 정상회의, 연합의회, 연합각료회의, 연합회의사무처 등 제도적 장치를 마련하여 남북관계를 제도화하며, 남북연합은 1민족 2국가 2체제로 남한과 북한은 국제사회에서 독립된 개별적 주권국가로 존재하되 민족내부관계에서는 기능적으로 결합된 느슨한 형태의 공동의 집을 마련하고, 최종적으로 남북한은 통일헌법 제정에 의해 총선거를 실시하여 통일국가를 달성하게 된다는 것이다. 1998년 집권한 **김대중정부**는 통일방안을 구체화하기보다 남북관계를 현실적으로 진전시킬 수 있는 정책방향을 마련하는 데 중점을 두었다. 김대중정부의 대북포용정책은 3대원칙(무력불용, 흡수통일 배제, 교류 · 협력 확대)을 바탕으로 정경분리원칙, 신축적 상호주의, 접촉창구의 다원화 등을 실천하는 데 역점을 두었다. 대북포용정책은 가공적 통일단계에 대한 논의를 하는 것보다 현실적으로 남북연합과 비슷한 상황을 조성함으로써 사실상의 통일(de facto unification)을 달성하고자 했다. 2000년 3월 김대중대통령은 베를린선언을 발표하여 인도적 지원 및 교류차원에 한정되었던 남북경제관계를 북한의 경제발전을 지원할 수 있는 종합적 개발지원전략으로 전환할 것을 제안하였다. 베를린선언은 북한에게 농업협력과 도로·철도·항만 등 사회간접자본 건설을 제안한 한반도형 마샬 플랜이었다. 북한에게 경제공동체 건설방안을 제시한 베를린선언은 남북정상회담에 대해서 북한이 호응할 수 있는 여건을 조성했다. 2000.6.15. 분단 반세기만에 최초로 남북정상회담이 성사되었고 그 결과로 통일원칙, 통일방안, 인도적 문제, 교류·협력, 남북대화의 5가지 사항에 대한 합의를 담은 「6·15 공동선언」이 채택되었다. 특히 6·15 공동선언 제2항에서 '남측의 연합제안과 북측의 낮은 단계의 연방제안이 서로 공통성이 있다고 인정하고 앞으로 이 방향에서 통일을 지향시켜 나가기로 하였다'는 것은 남북한이 처음으로 통일방안에 대해 공식적으로 절충점을 찾았다는 점에서 큰 의미가 있다. 북한은 2000.10.6. 김일성의 고려민주연방공화국 창립방안 제시 20돌을 맞아 「하나의 민족, 하나의 국가, 두 개 제도, 두 개 정부 원칙에 기초하되 북과 남에 존재하는 두 개 정부가 정치·군사·외교권 등 현재의 기능과 권한을 그대로 갖게 하고 그 위에 민족통일기구를 내오는 방법으로 북남관계를 민족공동의 이익에 맞게 통일적으로 조정해 나가는 것이 낮은 단계의 연방제」라고 설명하였다. **노무현정부**는 김대중정부의 대북포용정책을 계승하여 평화번영정책을 추구하였다. 평화번영정책은 외교·안보·통일의 포괄적 국가발전전략, 평화와 번영의 병행 추진, 동북아차원의 평화번영 추구, 대내적 합의기반 중시 등을 원칙으로 설정하였다. 그리고 평화번영정책은 추진과제로 북한핵문제의 평화적 해결, 한반도평화체제 구축과 동북아안보협력, 남북경제공동체 형성과 동북아경제협력 등을 제시하였다. 노무현정부하에서 2007.10. 제 2차 남북정상회담이 개최되어 「10·4 정상선언」이 채택되었다. 10·4 정상선언은 6·15 공동선언의 준수, 상호존중과 신뢰구축, 군사적 적대관계 종식과 평화체제 구축, 경제협력, 사회문화분야 협력, 인도적 사업 추진 등의 내용을 포함하였다. 2008년 들어선 **이명박정부**는 북핵문제 해결과 통일준비를 강조하는 방향으로 통일정책의 무게중심을 이동시켰다. 이명박정부는 김대중·노무현정부의 10년 동안 추진되었던 공존형 통일정책을 전면 재검토하였다. 이명박 정부는 과거 통일정책이 핵문제를 해결하지 못하였으며 북한의 변화가 미흡하고 남북관계의 비정상화가 초래되었다고 판단하였다. 그 대신 이명박정부는 비핵·개방·3000을 제시하였다. 비핵·개방·3000은 북한이 비핵화를 하면 북한의 개방을 지원하여 국민소득 3,000달러를 달성하도록 협력하겠다는 것이다. 이명박대통령은 2010.8. 3대공동체 통일구상을 발표하였다. 3대공동체 통일구상은 평화공동체, 경제공동체, 민족공동체를 단계적으로 추진함으로써 통일을 달성하겠다는 것이다. 이 구상의 특징은 민족공동체통일방안을 계승하되 북핵문제의 해결을 위해 평화공동체 형성을 강조한 것이다. **박근혜정부**도 통일준비를 강조하는 공세적 통일정책에 중점을 두고 있었다. 박근혜정부는 핵문제의 비중을 신축적으로 해석하고 민생문제, 신뢰형성등을 강조한 한반도신뢰프로세스를 대북·통일정책으로 제시하기도 하였으나, 2014년 초부터 통일대박론을 제기하고 통일준비론으로 정책구상을 변화시켰다. 박근혜대통령은 몇 차례 기회를 통해 인도적 지원, 환경협력, 문화협력 등을 시발점으로 한 작은 통일론을 제시하였다. 아울러 박근혜정부는 통일준비를 본격화하기 위해 반관·반민형태의 통일준비위원회를 출범시켰다. 이명박·박근혜 양 정부는 통일을 실현하기 위한 구체적 실천 방안보다는 그 준비단계에 중점을 둠으로써 통일을 현실화하려 하기보다는 준비단계의 현실정치적 효과에만 치중하였던 것으로 평가될 수 있다. **문재인정부**는 남북관계를 신뢰수준보다는 보다 현실적인 국가생존전략으로 보고 있다. 제3차 북핵위기에서 2017.5. 집권한 문재인 정부는 8.15 경축사에서 평화를 생존전략으로 제시하였고 평화를 우리만의 문제가 아닌 동북아와 세계의 문제로 인식하고 있다. 베를린구상을 통해 나타난 문재인정부의 통일정책은, 시급한 안보상황을 해소하고 평화체제의 구축을 위해 한미동맹을 주축으로 강력한 안보를 확보하여, 북한 핵의 불능화를 위해 국제사회의 강력한 대북제재에 동참하며 더불어 북한을 대화의 장으로 불러들인다는 것으로 결코 전쟁을 위한 제재가 아니며 평화체제를 달성하기 위한 '적극적 평화'를 위한 제재라고 할 수 있다. 이렇게 확보한 남북 및 북미 대화를 통해 북핵불능과 평화공존을 제도화(법제화)하여 정권에 관계없이 실행하도록 함으로서 북한과의 신뢰를 구축하고 한편 북한의 북미수교와 북일수교를 통해 개혁개방을 이끈다는 계획이다. 문재인정부의 한반도 정책은 3대 목표, 4대 전략, 5대 원칙으로 표현되고 있다. 3대 목표는 ① 북핵문제 해결 및 항구적 평화 정착 ② 지속 가능한 남북관계 발전 ③ 한반도 신경제공동체 구현, 4대 전략은 ① 단계적·포괄적 접근 ② 남북관계와 북핵문제의 병행 추진 ③ 제도화를 통한 지속가능성의 확보 ④ 호혜적 협력을 통한 평화적 통일기반 조성 등이며, 5대원칙은 ① 당사자 주도(특히 한국 주도) ② 강한 안보 ③ 상호존중 ④ 국민소통 ⑤ 국제협력 등을 제시하고 있다. 2) **북한의 통일정책** 김정은 정권은 장성택 처형 등 대대적 권력구조 개편을 통해 정치적 기반을 안정화하고 김정은시대를 열어 나가기 위한 전략수립에 몰두하고 있다. 김정은 정권의 국가전략은 경제건설·핵무력 병진노선에 입각한 공세적 대외·대남전략으로 요약된다. 북한은 핵위협을 통해 남북관계에서 우위를 차지하는 한편, 파상적으로 대남평화공세를 병행하고 있다. 김정은은 핵능력을 바탕으로 국력 열세를 만회하는 한편 남한과 새로운 대결구도를 형성하고자 하고 있다.

※ 대한민국통일정책

시기	상호인식	통일방식	정치적 배경과 방안
제1공화국 (1948~60: 이승만정부)	• 실체부인, 적대시 • 수복 대상	• 북진통일론 • UN 감시하 남북한 총선거	• 정부수립시 선포 • 제네바 정치회담
제2공화국 (1960~61: 장면정부)		• 북진통일론 폐기 • UN감시하 남북한총선거	• 외무장관 7개항 외교정책 성명 (1960)
제3공화국 (1962~72: 박정희정부)	〃	• 선건설 후통일 • 자주·평화·민족대단결 3대 원칙 합의	• 평화통일구상(1970) • 7·4남북공동성명(72.7.4.)
제4공화국 (1972~79: 박정희정부)	• 북한실체인정 • 평화공존정책	• 평화정착-신뢰조성-자유총선거 • 선평화 후통일	• 평화통일외교정책선언 (73.6.23.) • 평화통일 3대 기본원칙
제5공화국 (1980~88: 전두환정부)	〃	• 통일헌법에 따른 총선거	• 남북한 최고책임자회의 제안 • 민족화합 민주통일방안
제6공화국 (1988~93: 노태우정부)	• 상호체제 인정 • 선의의 동반자	• 과도남북연합-통일헌법 • 자주·평화·민주 기본원칙 제시	• 7·7선언(1988) • 한민족공동체 통일방안

시기	상호인식	통일방식	정치적 배경과 방안
김영삼정부 (문민정부: 1993~98)	• 상호체제인정 • 화해 · 협력 대상	• 화해협력-남북연합-통일국가 3단계구상 • 민주적 합의, 공존공영, 민족복리 3대기조	• 3단계 3기조 통일정책(1993) • 민족공동체 통일방안
김대중정부 (국민정부: 1998~2003)	• 화해 · 협력대상 • 햇볕정책	• 흡수통일 배제 • 평화공존, 평화교류, 평화통일 3원칙 • 국가연합-연방제-완전통일3단계	• 남북정상회담(2000.6.13.) • 6 · 15 남북공동선언
노무현정부 (참여정부: 2003~2008)	• 대북포용정책 계승 • 평화번영정책	• 핵문제 평화적 해결, 평화체제구축, 남북경제공동체 구상	• 남북정상회담 • 10 · 4정상선언(2007)
이명박정부 (2008~2013)	• 상호주의정책 • 통일준비정책	• 비핵화 · 개방지원 • 평화공동체, 경제공동체, 민족공동체 통일구상	• 비핵 · 개방 · 3000 • 3대 공동체 통일구상(2010)
박근혜정부 (2013~2017)	• 공세적 통일정책 • 통일준비정책	• 인도적 지원, 환경협력, 문화협력 • 작은 통일론	• 드레스덴선언(2014) • 통일대박론 • 한반도신뢰프로세스 • 통일준비위원회 출범
문재인정부 (2017~2022)	• 국가생존전략으로서의 통일정책 • 적극적 협력대상	• 비핵화 원칙 • 점진적 · 단계적 통일 • 남북한기본협정 체결	• 한반도운전자론 • 베를린구상(17.7) • 4 · 27 1차정상회담 및 판문점선언(18.4.) • 2차 남북정상회담(18.5) • 6 · 12 북미정상회담 • 3차 남북정상회담 및 9 · 19평양공동선언(18.9)

통일조항統一條項 우리나라의 영토의 통일성에 관해서는, 대한민국 임시정부 시기에는 「대한민국의 강토는 구한국의 판도로 함」(1919.9.11.: 1차 개정)이라고 하거나, 「대한민국의 강토는 대한의 고유한 판도로 함」(1944.4.22.: 4차 개정)이라 하여, 영토의 정체성(identity)을 헌법상으로 규정하였으나 분단상황에서 통일을 목적으로 하는 규정은 없었다. 미군정기의 남조선과도약헌은 「남북조선이 통일된 임시정부」라는 표현을 사용하였으나 이는 분단을 전제로 함이 아니라 미군과 소련이 점령한 지역을 포함한 통일국가를 건설한다는 의미이었다. 제헌헌법에서도 비록 분단국가로 출발하였으나 통일관련조항은 없었다. 이는 제헌헌법이 「한반도와 그 부속도서」를 영토로 하여 헌법이 당연히 전체 한반도에 미치는 것으로 의도하였고 따라서 통일이라는 헌법적 의도를 갖출 필요가 없었기 때문으로 보인다. 헌법상 남북이 분단되어 있다는 사실을 처음으로 표현한 것은 제5차 개정헌법(1962) 부칙 제8조에서 「국토수복 후의 국회의원 수는 따로 법률로 정한다.」라는 규정의 '국토수복'이라는 표현을 통해서이다. 당시 헌법상 국회의원 수가 150~200인으로 규정되어 있어서 통일될 경우 북한지역의 국회의원 수를 정하기 위한 규정이었다. 헌법상 통일관련규정이 좀 더 상세히 규정된 것은 **1972년 헌법(유신헌법)**에서이었다. 동 헌법은 헌법 전문(前文)에 「조국의 평화적 통일의 사명에 입각하여」라고 하고, 제35조 및 제38조에서 「통일주체국민회의」규정을, 제43조 제2항에서 대통령의 영토보전의무와 평화통일의무를, 제46조 대통령 취임선서규정에서 「조국의 평화적 통

일」을, 부칙 제10조에서 지방의회 구성시기와 관련하여 「조국통일」을 각 언급하였다. 이 규정들은 제헌헌법 이후 헌법의 공간적 효력범위를 한반도로 하여 한반도 내에 하나의 국가만이 존재한다는 주장을 포기하고 사실상 당시의 영토가 남북한으로 분단되어 있고 두 개의 국가가 존재한다는 사실을 헌법적으로 인정한 것으로 이해할 수 있다. 다만 헌법규정의 영토조항은 여전히 한반도와 부속도서라고 하고 있었으므로, 규범적으로 및 의지적으로는 한반도가 대한민국 영토임을 인정하지만, 현실적으로 분단되어 있다는 것을 헌법적으로 명시한 것이다. 1980년 헌법(5공헌법)은 유신헌법과 별반 달라지지 않았으며, 평화통일정책자문회의를 신설하였고, 대통령의 국민투표부의권에 '통일'을 명시하였다. 현행헌법은 전문에서 「평화적 통일의 사명」을, 제4조에서 「대한민국은 통일을 지향하며, 자유민주적 기본질서에 입각한 편화적 통일정책을 수립하고 이를 추진한다.」는 규정을, 제92조에서 「민주평화통일자문회의」를 각 규정하고, 대통령의 조국의 평화적 통일의무, 취임선서, 국민투표부의권 등에 통일관련 표현을 규정하였다. ➜ 영토조항과 통일조항의 관계.

통일주체국민회의統一主體國民會議 1972.10.17. 비상조치선포(10월 유신) 이후 1972.11.21. 유신헌법이 공포되어 제4공화국이 출범하면서, 조국통일의 정책에 관한 국민의 주권적 수임기관으로서 규정된 헌법기관이다. 가장 중요한 기능은 유신헌법의 핵심인 대통령의 간접선출이다. 유신헌법 제35조에 따르면 통일주체국민회의는 국가의 최고기관이자 주권적 수임기관으로서 조국의 평화적 통일을 위한 중요한 정책을 결정하는 기관이다. 국민이 직접선거로 6년 임기의 대의원을 선출하고, 대의원들은 대통령과 국회의원 정수의 3분의 1(유신정우회)을 선출했다. 또한 국회가 발의·의결한 헌법개정안을 최종 확정하고 통일정책을 심의하는 기능도 담당했다. 1972.12.5. 초대 대의원 선거에서 2,359명의 대의원이 선출됐다. 당시 전국 투표율은 70.3%이고 206개 선거구에서 225명이 무투표 당선됐다. 이렇게 뽑힌 대의원들이 같은 해 12.23. 초대 통일주체국민회의 제1차 회의를 열어 제8대 대통령으로 박정희(朴正熙)를 선출했다. 1978.7.6. 제2대 통일주체국민회의 제1차 회의에서 박정희를 다시 제9대 대통령으로 선출한 데 이어 10·26정변 후인 1979.12.에는 최규하를 제10대 대통령으로, 1980.8.에는 전두환을 제11대 대통령으로 선출했다. 통일주체국민회의는 의장이자 대통령인 박정희의 친위·관제 기구로서 역할을 수행하다가 1980.10. 27. 공포된 제5공화국 헌법부칙에 의해 해체되었다. 근거법이었던 「통일주체국민회의법」은 국회에 의한 법률개폐과정을 거치지 못하여 그간 법률로 남아 있다가 2018년에 들어서 폐지되었다. ➜ 10월 유신.

통제경제질서統制經濟秩序 ➜ 경제질서.

통제統制**된 의원내각제**議院內閣制 ➜ 건설적 불신임투표제. ➜ 의원내각제.

통치권統治權 통치권은 헌법에 근거를 갖는 국가적 의사의 힘으로서, 내정과 외정을 포함한 전체로서의 국정에 대한 영도적 권력을 의미한다. 헌법재정권력 및 주권보다는 하위의 개념이며, 행정권보다는 상위의 개념이다. 주권과 대비할 때, 주권은 최고권력으로서 모든 권력의 상위에 위치하는 것이라면, 통치권은 주권에서 유래하고 주권에 의해 조직된 권력이며, 주권은 국민에게 귀속되지만 통치권은 헌법에 의해 구성된 국가기관(입법부·행정부·사법부)에 귀속되고, 주권은 단일불가분이지만 통치권은 분할과 양도가 가능하다. ➜ 주권.

통치기구론統治機構論·**통치조직론**統治組織論 ➜ 국가조직론.

통치기능이론統治機能理論 ⓔ governmental function theory. ➜ 기본권의 효력.

통치작용統治作用 ➜ 국가작용.

통치행위론統治行爲論 ⓔ prerogative/acts of state/political question, ⓓ Regierungsakte/rechtswegfreie Hoheitsakte, ⓕ acte de gouvernement. 1. **의의** 통치행위란 법치주의원칙이 확립되고 국가기관의 행위의 합법성에 대한 통제가 일반적으로 인정된 법제 하에서의 예외적 현상으로서, 고도의 정치적 의미를 가진 국가행위 내지는 국가적 이익에 직접 관계되는 사항을 대상으로 하는 행위라 하여, 그에 대한 법적 판단이 가능함에도 불구하고 법원의 합법성의 심사에서 제외되는 행위를 말한다. 다시 말하자면 국가기관의 행위가 국민의 권익을 침해하는 등의 이유로 인하여 사법적 심사 내지 법적 통제의 대상이 되어야 함에도 불구하고 고도의 정치성과 국가적 이익으로 말미암아 사법적 심사로부터 제외되는 행위를 말한다. 비록 고도의 정치적 성격을 띤 집행부의 행위일지라도 ① 헌법이 국회의 승인을 얻도록 하고 있거나 ② 헌법 또는 법률에 그 행사절차와 요건이 엄격히 규정되어 있거나 ③ 국민의 기본권보장에 중대한 영향을 미치는 것으로서 사법적 심사의 대상이 되어야 할 행위를 **상대적 통치행위**라고 하기도 한다. 2. **입법례** 1) **영국** 영국에서는 일찍부터 국왕은 소추의 대상이 아니다(The king is immune from suit)라는 원칙이 확립되어 있었으므로 의회해산, 수상임명, 정부해산, 사면권의 행사 등 국왕의 대권행위(prerogative act)는 사법심사에서 제외되었으며, 또한 의회주권이 확립되어 '의회의 각원은 그 특권에 관한 유일한 법관이다'라는 원칙이 고수되어 왔던 결과 의회의 특권에 속하는 의회소집, 의원징계행위 등에 관한 법원의 심판권은 부인되고 있다. 다만 국왕대권 인정여부와 범위에 대하여 선결문제로서의 심사는 가능하였다. 2) **미국** 미국에서 정치문제(Political Question)란 문제의 해결이 타 정부부처(입법부 또는 행정부)의 배타적 심사권한에 속하거나, 적절한 사법심사의 기준이 결여되어 있거나, 또는 법원의 판결의 집행력을 보증할 수 없기 때문에 법원이 사법적 결정을 하는 것이 적절하지 않다고 즉, 사법심사의 대상이 되지 않는다고 결정하는 문제를 의미한다. 미국에서 통치행위가 인정되는 분야는 주로 대통령 또는 의회의 권한 영역으로서 외교분야, 전쟁수행과 관련된 국방분야, 헌법개정분야 등이다. 통치행위가 처음으로 인정된 판결은 1849년의 Luther v. Borden 판결이지만, 통치행위의 인정과 관련된 구체적인 범위를 결정하는 데는 Baker 판결이 중요하다. ➜ Baker v. Carr 판결. 3) **프랑스** 통치행위의 탄생지인 프랑스에 있어서 통치행위라는 개념은 실정법 내지는 학설에 의하여 정립된 것은 아니고 국참사원(Conseil d'État)의 판결의 결과물이다. 프랑스에서 통치행위는 행정주체의 행위로서 재판적 통제에서 배제되는 행위를 말한다. 통치행위는 행정재판소와 사법재판소의 통제를 받지 않으며 나아가 불법행위에 의한 손해배상청구소송의 대상도 되지 아니한다. 통치행위의 판단기준에 관한 학설로는 정치적 동기설과 통치기능·행정기능 구별설, 경험적 구별설로 나뉜다. 정치적 동기설에 의하면 특정행위가 통치행위로 되는 것은 그 고유한 속성에 의하는 것이 아니라, 그 행위의 동기가 정치적이라는 사실에 기인한다는 것으로서, 통치행위의 결정기준을 그 추구 목적에서 구하는 견해이다. 이 설은 그 내용상 구체적 기준이 결여되어 있으므로, 권력의 남용 현상을 야기할 우려가 컸기 때문에, 학계를 포함하여 Conseil d'Etat 내부에서도 비판의 대상이 되었고, 그 결과 1875년의 나폴레옹공 판결에서 동 견해는 포기되었다. 통치기능·행정기능 구별설에 따르면 통치기능은 기본적으로 행정기능과는 구별되는 것이므로, 전자에 속하는 행위는 행정적 성격을 가지지는 아니한다는 것이다. 따라서 이러한 행위는 행정재판소의 재판통제를 받지 아니하며 또한 사법재판소도 그것이 행정권의 행위라는 점에서 재판관할권을 가지지 아니한다는 것이다. 동 견해에 따르면 통치행위의 범위가 현저하게 축소된다. 다만, 문제점은 정부의 행위를 통치기능과 행정기능으로 구분하는 것은 매우 어려운 문제이라는 것이다. 경험적 구별설은 주로 판례에 의한 것으로, 통치행위에 대해서 논리적으로 정의하기 보다는 경험적으로 정의하고자 시도하였으며, 현재에 이르고 있다. 그리하여 통치행위는 Conseil d'État와 관할재판소가 그 재판관할에서 배제하고 있는 소위 통치행위목록에 속하는 행위라고 일응 정의할 수 있다. 판례상 경험적 방식에 따라 정립되고 있는 통치행위목록은 점차 축소되고 있는 바, 그것은 내용상으로는 정부의 대의회관계의 행위와 국제관계에 관한 행위로 양분할 수 있다. 정부의 대의회행위는 유권자의 소집공고, 입후보등록거부처분 등을 들 수 있다. 국회의 소집, 그 회기의 종결 또는 연장, 국회의 해산 및 국회의 의사일정에 관한 조치도 통치행위에 포함시킬 수 있다. 입법절차에 관한 정부의 행위로서 정부의 법안제출거부, 그 제안상의 지연 및 제출된 법안의 취소를 들 수 있다. 법률의 공포행위도 통치행위에 속한다. 대통령의 비상대권의 발동결정, 법률안 기타 문제의 국민투표에의 부의행위, 헌법재판소 구성원의 1/3에 해당하는 위원의 임명행위 및 국제조약 및 법률안에 대한 헌법재판소에의 제소행위 등이 통치행위로 인정된다. 국제관계에 관한 행위는 전쟁수행행위, 국제조약의 체결 및 그 폐기행위, 조약의 협상 및 서명행위 및 국제조약의 비준과 그에 관한 사전조치는 통치행위로서 재판통제에서 배제된다. 조약의 이행에 관련된 문제는 그 성질상 Conseil d'État에 제소될 수는 없는 것이다. 국제관계에 있어서는 정부의 행위가 국제관계로부터 분리될 수 있는 행위로 인정되면 사법심사의 대상이 된다. 오늘날 판례상의 통치행위의 범위는 현저하게 축소되었다. 통치행위에 대한 경험적 규정방식에 있어서도 학설·판례에 의하여 통치행위의 범위는 축소되고 있다. 4) **독일** 제2차 세계대전 이전까지는 행정소송에 있어서 열기주의를 취한 결과 통치행위의 문제가 발생되지 아니하였다. 그러나 제2차 세계대전 후에는 행정소송에 대하여 개괄주의를 취하게 되었고, 비로소 재판적 통제로부터 자유로운 고권적 조치(gerichtsfreie Hoheitsakte)가 문제되기 시작하였다. 독일 연방헌법재판소는 국민의 삶을 보호하는 것은 국가의 의무이고, 이러한 의무를 어떠한 방식으로 수행할 것인가의 문제는 국가기관에 맡겨져야 하며, 정부는 법원에 의하여 심사되지 아니하는 행위영역을 가진다고 결정하였다(BVerfGE 44, 322). 독일에서 통치행위의 예로는 연방하원에 의한 연방수상의 선출, 연방수상의 정치지도 기준의 설정, 의회에 의한 예산법률을 통한 예산의 확정, 연방대통령의 법률안의 서명·공포, 연방수상의 연방장관의 임명·해임 등을 들 수 있다. 5) **일본** 독일과 마찬가지로 일본도 제2차 세계대전 이전까지는 행정소송의 대상과 관련하여 열기주의(列記主義)를 취하였으므로, 통치행위의 관념이 문제가 되지 아니하였다. 그러나 제2차 세계대전 후에는 행정소송 개괄주의를 취하게 되면서 통치행위의 인정여부가 문제되었다. 다수의 학설과 판례는 통치행위의 관념을 인정하고 있다. 3. **통치행위의 인정여부에 대한 학설** 1) **긍정설** (1) **재량**

행위설 재량행위설은 통치행위는 헌법에 근거하는 국가최고기관에게 인정된 자유재량행위로 파악될 수 있는 고도의 정치적 재량행위이고, 따라서 이러한 통치행위는 행정청의 재량에 대해서는 사법심사가 행해지니 아니한다는 원칙에 따라서 사법심사가 배제된다는 견해이다. (2) **사법자제설** 사법자제설은 통치행위에 대해서도 접근하는 방법에 있어서 사법부가 심사를 할 수는 있지만 하지 아니한다는 것이다. 즉 통치행위도 법률을 적용하여 해결할 수 있는 법률문제인 이상 원칙적으로는 사법심사가 미치지만, 사법부가 정치적 결단으로 이루어지는 정치의 무대에 개입하지 않기 위해 고도의 정치적 행위에 대한 판단을 자제한다는 견해이다. (3) **권력분립설(내재적 한계설)** 권력분립설은 권력분립의 원칙을 엄격하게 고수하는 경우에, 권력의 한 축인 사법부가 판단하여서는 아니되는 내재적 한계가 존재한다는 견해이다. 정치적 책임이 없는 사법부가 판단할 수 없는 영역이 존재하는 데 이러한 영역을 통치행위라고 보는 견해이다. 이러한 권력분립설의 기저에는 정치적 문제는 정치적 책임을 부담하는 의회나 정부 등에 의하여 정치적으로 해결되어야 한다는 것이다. (4) **통치행위독자성설** 통치행위독자성설이란 통치행위가 고도의 정치성을 가지기 때문에 그 본질상 소송절차에 의한 사법권의 판단이 배제되는 것이라고 보는 견해이다. 통치라는 것은 국가전체에 대한 지도와 영도를 말하며, 통치행위는 국가전체를 정치적으로 영도하는 독자적인 헌법행위이다. 즉 통치행위는 헌법상의 최상급성을 갖는 행위이므로 그것이 법률적 측면을 갖는 것을 이유로 하여 법원에 의한 법률적 가치판단의 대상으로 함에는 부적합하고 오히려 그 정치적 측면에 주목하여 정치적 비판의 대상으로 하는 것이 합리적이라고 본다. 2) **부정설** 부정설은 현대국가에서는 법률적 판단의 대상이 될 수 있는 국가작용은 모두 사법심사의 대상이 되어야 한다는 전제에서 판단할 때, 실질적 법치주의가 확립되고 헌법상 재판을 받을 권리와 행정소송제도가 개괄주의를 취하고 있는 상황에서 사법심사가 처음부터 면제되는 통치행위의 관념을 인정할 수 없다는 견해이다. 3) **제한적 긍정설** (1) **분리될 수 있는 행위이론** 국제관계에 있어서의 정부행위가 통치행위라 하더라도 국제관계로부터 분리될 수 있는 행위로 인정되면 사법심사가 가능하다는 이론이다. 모든 정치적 문제가 통치행위라는 이름으로 사법심사에서 배제되는 것은 방지되어야 하는바, 정치적 문제를 진정한 의미의 정치적 분쟁과 정치적 법률분쟁으로 구분하고, 전자는 법원의 위헌심사에서 배제될 것이나, 후자는 마땅히 법원의 심사대상이 된다는 이론도 분리될 수 있는 행위이론에 포함시킬 수 있다. (2) **예외적 인정설(정책설)** 통치행위는 정책적 관점에서 다만 국가의 존립에 극도의 혼란을 초래할 수도 있는 정치적 사안들의 경우에 정책적 관점에서 예외적으로 인정될 수 밖에 없다는 견해이다. 4) **검토** 통치행위긍정설 중에서 재량행위설에 대해서는 현대의 법치국가에 와서는 재량행위라 할지라도 재량권을 일탈 남용한 재량권의 일탈·남용의 경우에는 위법한 행위로서 사법심사의 대상이 되며, 통치행위를 재량행위로 보아서 사법심사가 불가하는 것은 논리적으로 타당하지 않다. 사법자제설에 대해서는 해악의 대소는 법원의 심사를 받은 연후에야 명확하게 되므로, 법원의 과도한 자제는 헌법상의 기본권을 수호해야 할 법원이 중대한 의무를 태만히 하는 것이 아닐 수 없다는 비판과 사법부가 헌법상 주어진 심사권을 포기하는 것은 그 자체가 이미 정치적인 결정이라는 비판이 있다. 권력분립설에 대해서는 민주주의 내지 권력분립원칙의 본질이 바로 국민의 자유와 권리를 수호하는데 있다면, 국민의 자유와 권리를 침해하고 제한하는 행위에 대해서는 통치행위라 하더라도 사법심사를 하여야 한다는 비판이 있다. 통치행위독자성설에 대해서는 독자적인 국가작용이라는 의미와 사법심사의 배제가 언제나 결합될 수 있는 것은 아니라는 비판이 있다. 통치행위부정설에 대해서는 현실적으로 정부의 행위 중에서 사법심사를 회피하여야 할 행위가 있다는 비판이 있으며, 제한적 긍정설 중에서 분리될 수 있는 행위이론에 대해서는 분리하기가 쉽지 않다는 비판이 있으며, 정책설에 대해서는 사법자제설과 마찬가지의 비판이 가능하다. 통치행위란 집행부의 행위이건 입법부의 행위이건 불문하고 헌법상의 권력분립을 주된 이유로 한 미국식의 위헌심사면제형의 소위 정치문제(political question)를 말하는 것이 아니고, 집행부의 행위에 범위를 국한하여 헌법적 행위로 분류되어 행정소송의 대상이 되지 않는, 프랑스형의 소위 정부행위(acte de gouvernement)를 말한다. 이러한 의미의 통치행위를 인정할 수 있는가가 문제되는바, 이러한 의미의 통치행위는 긍정될 수밖에 없다고 판단된다. 그리고 통치행위의 존재를 긍정하는 경우에는 집행부의 행위가 고도의 정치성을 가지는 헌법적 행위이기 때문에 그 본질상 행정소송의 대상이 되지 아니한다는 통치행위독자성설이 가장 타당하다고 보인다. 4. **통치행위와 국가배상청구소송** 통치행위가 일반적 사법심사로부터 제외된다고 할 때, 통치행위로 인한 손해도 국가배상청구소송으로부터도 제외되는 것인가가 문제된다. **긍정설**은 국가배상에 있어 위법성의 판단은 통치행위가 법적 근거에 의하여 이루어졌는가를 판단하는 것으로서 통치행위와 국가배상의 문제는 결부지어 생각할 이유가 없으므로 통치행위를 인정할지라도 국가배상청구소송은 가능하다는 견해이다. **제한적 긍정설**은 통치행위라 하더라도 누구나 일견하여 헌법이나 법률에 위반되는 것으로서 명백하게 인정될 수 있는 등 특별한 사정이 있는 경우 또는 국민의 기본권 침해와 직접 관련되는 경우에는 통치행위에 대해서도 손해배상의 문제를 제기할 수 있다는 견해이다. **부정설**은 국가배상청구소송도 일반적 사법심사에 포함되므로 통치행위로 인하여 발생한 손해에 대해서는 국가배상청구소송이 배제된다는 입장이다. 그리고 통치행위의 법적 효과는 통치행위의 위법성 여부가 사법심사의 대상이 되지 않는다는 것이므로, 항고소송이나 국가배상소송에서도 통치행위는 소송요건이므로 소가 각하를 면치 못한다. **검토**하건대, 통치행위에 대해서 일반적 사법심사가 배제되기는 하나, 국가배상청구소송의 문제는 피해자의 구제의 문제로서 통치행위를 인정하는 근거와는 차원을 달리하는 문제라고 할 수 있다. 따라서 긍정설이 타당하다. 5. **통치행위에 대한 판례** 1) **법원의 판례** (1) **계엄선포행위** 대법원은 대통령의 계엄선포와 관련된 재판권 재정신청에 대한 결정에서 대통령의 비상계엄선포행위는 「고도의 정치적 군사적 성격을 지니고 있는 행위로서 그것이 누구나 일견 헌법이나 법률에 위반되는 것이 명백하게 인정될 수 있는 것이라면 몰라도 그렇지 아니한 이상 당연 무효라고는 단정할 수 없다. 계엄선포의 당 부당을 판단할 권한과 같은 것은 오로지 정치기관인 국회에만 있다.」고 판시하였다(대재 1964.7.21. 64초4: 재판권쟁의에 대한 재정신청). 또한 대법원은 「대통령의 계엄선포행위는 고도의 정치적, 군사적 성격을 띠는 행위라고 할 것이어서, 그 선포의 당, 부당을 판단할 권한은 헌법상 계엄의 해제요구권이 있는 국회만이 가지고 있다 할 것이고, 그 선포가 당연무효의 경우라면 모르되, 사법기관인 법원이 계엄선포의 요건 구비 여부나, 선포의 당, 부당을 심사하는 것은 사법권의 내재적인 본질적 한계를 넘어서는 것이 되어 적절한 바가 못된다.」고 판시하였다(대재 1979.12.7. 79초70). (2) **국회 특별위원회결의** 서울고등법원은 「국회의 특별위원회 및 국회 본회의의 결의는 국회가 그에게 부여된 고도의 자주성과 자율성에 의하여 그의 책임 아래 종국적으로 처리한 의회 회의로서 이른바 통치행위의 하나이며 이러한 행위는 비록 그것이 법률상의 쟁송에 의한 유무효의 판단이 법률상 가능한 경우라도 법원의 심판대상이 되지 아니한다.」고 판시하였다(서울고법 1966.2.24. 65구246). (3) **군사시설보호구역의 설정 · 변경 또는 해제** 군사시설보호법에 의한 군사시설보호구역의 설정, 변경 또는 해제와 같은 행위는 행정청에 의한 공법행위라는 점에서는 넓은 의미의 행정행위라고 할 것이나 이는 행정입법행위 또는 통치행위라는 점에서 협의의 행정행위와 구별되며 따라서 이와 같은 행위는 그 종류에 따라 관보에 게재하여 공포하거나 또는 대외적인 공고, 고시 등에 의하여 유효하게 성립되고 개별적 통지를 요하지 아니한다(대판 1983.6.14. 83누43). (4) **성공한 군사반란 및 내란행위** 대법원의 다수의견은 「우리나라는 제헌헌법의 제정을 통하여 국민주권주의, 자유민주주의, 국민의 기본권보장, 법치주의 등을 국가의 근본이념 및 기본원리로 하는 헌법질서를 수립한 이래 여러 차례에 걸친 헌법개정이 있었으나, 지금까지 한결같이 위 헌법질서를 그대로 유지하여 오고 있는 터이므로, 군사반란과 내란을 통하여 폭력으로 헌법에 의하여 설치된 국가기관의 권능행사를 사실상 불가능하게 하고 정권을 장악한 후 국민투표를 거쳐 헌법을 개정하고 개정된 헌법에 따라 국가를 통치하여 왔다고 하더라도 그 군사반란과 내란을 통하여 새로운 법질서를 수립한 것이라고 할 수는 없으며, 우리나라의 헌법질서 아래에서는 헌법에 정한 민주적 절차에 의하지 아니하고 폭력에 의하여 헌법기관의 권능행사를 불가능하게 하거나 정권을 장악하는 행위는 어떠한 경우에도 용인될 수 없다. 따라서 그 군사반란과 내란행위는 처벌의 대상이 된다.」고 판시하였다(대판 1997.4.17. 96도3376). 이 판결의 반대의견은 고도의 정치문제라고 하였다. (5) **대북 송금행위** 「통치행위의 개념을 인정한다고 하더라도 과도한 사법심사의 자제가 기본권을 보장하고 법치주의 이념을 구현하여야 할 법원의 책무를 태만히 하거나 포기하는 것이 되지 않도록 그 인정을 지극히 신중하게 하여야 하며, 그 판단은 오로지 사법부만에 의하여 이루어져야」 하며, 「남북정상회담의 개최는 고도의 정치적 성격을 지니고 있는 행위라 할 것이므로 특별한 사정이 없는 한 그 당부를 심판하는 것은 사법권의 내재적 · 본질적 한계를 넘어서는 것이 되어 적절하지 못하지만, 남북정상회담의 개최과정에서 재정경제부장관에게 신고하지 아니하거나 통일부장관의 협력사업 승인을 얻지 아니한 채 북한측에 사업권의 대가 명목으로 송금한 행위 자체는 헌법상 법치국가의 원리와 법 앞에 평등원칙 등에 비추어 볼 때 사법심사의 대상이 된다.」고 판단하였다(대판 2004.3.26. 2003도7878). 2) **헌법재판소의 결정례** (1) **대통령의 긴급재정경제명령발동행위** 헌법재판소는 「대통령의 긴급재정경제명령은 국가긴급권의 일종으로서 고도의 정치적 결단에 의하여 발동되는 행위이고 그 결단을 존중하여야 할 필요성이 있는 행위라는 의미에서 이른바 통치행위에 속한다고 할 수 있으나, 통치행위를 포함하여 모든 국가작용은 국민의 기본권적 가치를 실현하기 위한 수단이라는 한계를 반드시 지켜야 하는 것이고, 헌법재판소는 헌법의 수호와 국민의 기본권 보장을 사명으로 하는 국가기관이므로 비록 고도의 정치적 결단에 의하여 행해지는 국가작용이라고 할지라도 그것이 국민의 기본권 침해와 직접 관련되는 경우에는 당연히 헌법재판소의 심판대상이 된다.」고 결정하였다(헌재 1996.2.29. 93헌마186). (2) **정부의 이라크파병행위** 헌법재판소는 「이 사건 파병결정은 대통령이 파병의 정당성뿐만 아니라 북한 핵 사태의 원만한 해결을 위한 동맹국과의 관계, 우리나라의 안보문제, 국·내외 정치관계 등 국익과 관련한 여러 가지 사정을 고려하여 파병부대의 성격과 규모, 파병기간을 국가안전보장회의의 자문을 거쳐 결정한 것으로, 그 후 국무회의 심의·의결을 거쳐 국회의 동의를 얻음으로써 헌법과 법률에 따른 절차적 정당성을 확보했음을 알 수 있다. 그렇다면 이 사건 파견결정은 그 성격상 국방 및 외교에 관련된 고도의 정치적 결단을 요하는 문제로서, 헌법과 법률이 정한 절차를 지켜 이루어진 것임이 명백하므로, 대통령과 국회의 판단은 존중되어야 하고 헌법재판소가 사법적 기준만으로 이를 심판하는 것은 자제되어야 한다.」고 결정하였다(헌재 2004.4.29. 2003헌마814). (3) **한미연합군사훈련** 헌법재판소는 「한미연합 군사훈련은 1978. 한미연합사령부의 창설 및 1979.2.15. 한미연합연습 양해각서의 체결 이후 연례적으로 실시되어 왔고, 특히 이 사건 연습은 대표적인 한미연합 군사훈련으로서, 피청구인이 2007.3.경에 한 이 사건 연습결정이 새삼 국방에 관련되는 고도의 정치적 결단에 해당하여 사법심사를 자제하여야 하는 통치행위에 해당된다고 보기 어렵다.」고 결정하였다(헌재 2009.5.28. 2007헌마369).

통합이론Integrationslehre **= 통합주의**統合主義 **= 통합과정론적 헌법관**統合過程論的 憲法觀 ➜ 헌법관.

통합진보당統合進步黨 **해산결정** 헌재 2014.12.19. 2013헌다1. 1. **사안** 통합진보당 해산심판사건은 대한민국 정부가 헌법재판소에 통합진보당에 대한 정당해산심판을 청구하여, 헌법재판소가 처음으로 정당해산을 결정한 사건이다. 2013.11.5. 박근혜정부는, 헌정 사상 처음으로 법무부가 긴급 안건으로 상정한 '위헌정당 해산심판 청구의 건'을 국무회의에서 심의·의결하고 헌법재판소에 통합진보당해산심판청구소송을 제기하였다. 대통령 박근혜는 유럽출장 중 전자결재를 하였다. 2014.11.25. 최종변론을 하였으며 같은 해 12.19. 선고되었다. 이 사건과 관련한 정당활동정지 가처분신청 사건은, 본안사건에 관한 종국 결정을 선고하였으므로 가처분 사유가 없어, 관여 재판관 전원 일치된 의견으로 이를 기각하였다(헌재 2014.2.27. 2014헌마7). 헌법재판소 결정에서 인용(찬성) 8명, 기각(반대) 1명의 의견으로 인용으로 결정되었다. 이 결정에서 헌법재판소는 소속 국회의원 5명의 의원직도 상실 선고하였다. ➜ 정당해산. 2. **쟁점** 1) **내란음모혐의단체와의 동일성 여부** 통합진보당의 경기도당원들로 구성되었다고 하는 단체가 내란음모 혐의를 받고 있는 사건과 관련하여 이 단체를 통합진보당과 동일하게 볼 수 있는지가 통합진보당의 활동이 위헌성을 갖는지에 대한 중요쟁점이었다. ➜ 이석기 내란음모사건. 2) **비례대표 부정경선 사건 및 야권단일화 경선 여론조작 사건 관련** 헌법재판소는 통합진보당 비례대표 부정경선 사건, 중앙위원회 폭력 사건, 국회의원 관악을 선거구 여론 조작 사건 등, 내란 및 강령 이외 피청구인의 기타 활동과 관련해서도 판시하였다. 헌법재판소는 해당 사건들이 내용적 측면에서는 국가의 존립, 의회제도, 법치주의 및 선거제도 등을 부정하는 것이고, 수단이나 성격의 측면에서는 자신의 의사를 관철하기 위해 폭력·위계 등을 적극적으로 사용하여 민주주의 이념에 반하는 것이라고 판시하였다. 3) **정당해산심판에서 민사소송법준용조항 및 가처분조항 사건** 통합진보당은 정당해산심판에서 민사소송법을 준용하는 조항 등이 헌법에 위배된다며 헌법소원을 제기하였다. 헌법재판소는 2014.2.27. 정당해산심판에서 민사소송법을 준용하는 것이 합헌이라고 판결하였다(헌재 2014.2.27. 2014헌마7). 3. **영향** 1) **소속 국회의원직 상실과 재출마** 이 사건으로 소속 국회의원 5명이 그 직을 상실하였다. 중앙선거관리위원회는 이들 중 지역구 3석에 대하여는 2015.4.29.에 보궐선거를 실시하고, 비례대표 2석에 대해서는 보충하지 않는다고 했기 때문에 19대 국회의 임기가 종료될 때까지 국회의 의석수는 2석이 줄어든 298석이 되었다. 다만 선고 이후 별도 사건에서 유죄가 확정된 이석기를 제외한 4인의 경우 국회의원의 피선거권 제한은 없어서 2015.4.29. 보궐선거 출마는 가능하였으며 의원직을 상실한 지역구 의원 3명 중 2인이 재출마하였으나 당선되지는 못하였다. 2) **지방의회의원의 지위상실여부** 지방의회의원의 자격이 상실되는가에 관하여 헌법재판소는 침묵하고 있으나, 중앙선거관리위원회는 지방의회의원을 지역구와 비례대표의원으로 분리하여 공직선거법 제192조 제4항에 따라 비례대표의원만 퇴직결정을 하였다. 이에 대해 통합진보당 소속 비례대표 지방의회의원 6인은 각급법원에 퇴직처분 취소 등을 구하는 소송을 제기하였다. 서울행정법원은 중앙선거관리위원회의 의결은 처분으로 볼 수 없고, 설령 처분으로 본다 하여도 각 통보가 모두 각급 선거관리위원회의 명의로 이루어진 것이므로 그에 대한 취소소송은 각급선거관리위원회를 상대로 제기해야 한다면서 부적법 각하하였다(서울행정법원 2015.9.10. 2015구합52937). 전주지법도 퇴직안내 통보는 헌법재판소 결정 및 중앙선거관리위원회 의결에 따른 의원직 상실을 확인하는 내용이어서 취소소송의 대상이 되는 처분으로 볼 수 없고, 전라북도선거관리위원회가 의원퇴직에 관한 결정을 하였다 하더라도 전라북도선거관리위원회는 이러한 결정을 할 권한이 없는 것이어서 그같은 결정의 기속력을 인정할 수 없다고 하며 부적법 각하하였다(전주지법 2015.11.25. 2015구합63). 전라북도의회의장을 상대로 비례대표 지방의회의원 퇴직처분 취소 등을 구하는 청구에 대하여서는, 전라북도의회의장의 통지는 확인에 불과하고 처분에 해당하지 않는다고 하여 부적법 각하하였다(전주지법 2015.11.25. 2015구합407). 하지만, 2016.4.25. 광주고법 전주 제1행정부는 이현숙 도의원이 의원직의 지위에 있다는 판결을 내렸다. 2016.5.19. 광주전남지역 지방의원도 광주지법 제1행정부의 판결에서 승소하였다. 3) **통합진보당의 재심 신청** 통합진보당 측은 오류 등을 이유로 재심을 신청하였으나 각하되었다(헌재 2016.5.26. 2015헌아20).

퇴직금중간정산제退職金中間精算制 퇴직금을 수급할 수 있는 근로자가 요구하는 경우에는 근로자가 퇴직하기 전에 해당 근로자의 계속근로기간에 대한 퇴직금을 미리 정산하여 지급할 수 있는데(근로자퇴직급여 보장법 제8조 제2항), 이를 퇴직금중간정산제라 한다.

퇴직보험제退職保險制 근로자퇴직급여 보장법의 시행일인 2005.12.1. 이전에 사용자가 근로자를 피보험자 또는 수익자로 하여 대통령령으로 정하는 퇴직보험 또는 퇴직일시금신탁에 가입하여 근로자가 퇴직할 때 일시금 또는 연금으로 수령하게 하는 경우에는 근로자퇴직급여 보장법 제8조 제1항에 따른 퇴직금제도를 설정한 것으로 본다. 근로자퇴직급여 보장법 부칙 제2조에 규정되어 있다.

투칭논쟁Tutzing論爭 1978.10.1., Tutzing에서 열린 Die Evangelischen Akademie에서 당시 서독의 정치지도자들(연방대통령 W. Scheel, 연방의회의장 K. Carstens(CDU), 연방수상 H. Schmidt(SPD), 연방헌법재판소 E. Benda(CDU))이 모두 모인 자리에서 독일민주주의에 대한 논의가 있었다. 여기서 연방수상인 Schmidt는 연방헌법재판소를 포함하는 모든 헌법기관이 취해야할 <자기제한의 필요성>을 언급하고, 모든 국가기관이 그의 권한을 한계선상에까지 행사할 수는 없으며, 헌법재판소는 그에 관한 입장을 명확히 하여야 한다고 하였다. 이에 반대당 소속의 연방헌법재판소장 E. Benda는, 분개하여 주장하기를, 헌법재판관은 누구에 의해서도 교정될 수 없고, 교정할 것이 아무 것도 없도록 행동한다고 하고, 수상의 주장이 헌법적으로 유지될 수 없는 것이라고 반박하였다. 이 논쟁은 3시간 가량 지속되었으나, 결론이 내려지지 않았고, 이후에도 헌법재판소는 그 권한을 최대한 행사하여 다른 헌법기관의 권한에 간여하였다. 이 논쟁을 Tutzing 논쟁이라 한다.

two-track 이론理論 언론의 자유를 침해하는 형태를 크게 두 가지로 나누어 설명하는 견해를 말한다. 미국 헌법학상, L. Tribe가 언론의 자유제한에 관하여, 언론의 내용 제한과 정부의 다른 목적에 기한 제한으로 나누는 것, Stone이 표현의 내용에 근거한 제한과 내용과 관계없는 제한으로 분류하는 것, Barrett가 표현의 내용에 대한 정부통제와 표현의 시간, 장소, 또는 방법에 대한 통제로 나누어 분류하는 것, Nowak과 Rotunda가 내용에 근거한 제한과 내용에 근거하지 않은 제한 등으로 나누는 것 등이 그것이다. ➜ 내용에 근거한 제한과 내용중립적 제한.

투표가치投票價値 ㊐ vote value, ㊔ Stimmenwert, ㊕ valeur des votes. 한 표의 투표가 결과산출에 미치는 영향력의 크기를 말한다. 유권자 간 동일한 수의 투표권을 의미하는 1인1표(one man, one vote)의 산술가치(계산가치, 표면가치)와 1표의 가치를 평등하게 하는 1표1가(one vote, one value)의 성과가치(결과가치)로 나뉜다. ➜ 선거의 기본원칙.

투표권投票權 ➜ 선거권.

transgender ➜ 성전환자.

트리펠Triepel, Heinlich 1868.2.12.~1946.11.23. Leipzig에서 출생하여, Freiburg 대학에서 법학과 재정학을 공부하였으며, Leipzig 대학에서 Schmidt, Sohm, Windscheid, Roscher 등으로부터 수학하였고, Karl Binding 수하에서 학위를 받았다. 1880~1894 동안 Leipzig에서 법관시보로 일하였다. 1913년부터 베를린 대학의 국가법, 행정법, 교회법, 국제법 등의 교수로 재직하였다. 「국제법과 국내법(Völkerrecht und Landesrecht: 1899)」, 「국가법과 정치(Staatsrecht und Politik: 1926)」, 「국가헌법과 정당(Die Staatsverfassung und die politischen Parteien: 1928)」, 「국사재판권의 본질과 발전(Wesen und Entwicklung der Staatsgerichtsbarkeit: 1929)」 외에 다수의 논문과 저서가 있다.

특권부여이론特權賦與理論 ㊐ governmental regulation theory. ➜ 기본권의 효력.

특권제도特權制度 ㊐ privilege, ㊔ Privileg, ㊕ privilège. 1. **의의** 특권(特權)이란, 사전적 의미로 특정한 개인이나 집단에 대하여 인정하는 특별한 권리나 이익, 또는 의무의 면제를 의미한다. 현행헌법 제11조 제1항은 「모든 국민은 법 앞에 평등하다. 누구든지 성별·종교 또는 사회적 신분에 의하여 정치적·경제적·사회적·문화적 생활의 모든 영역에 있어서 차별을 받지 아니한다.」고 규정하고, 제2항은 「사회적 특수계급의 제도는 인정되지 아니하며, 어떠한 형태로도 이를 창설할 수 없다.」고 규정하고 있으며, 제3항에서는 「훈장 등의 영전은 이를 받은 자에게만 효력이 있고, 어떠한 특권도 이에 따르지 아니한다.」고 하여 평등의 원리를 규정하고 있다. 2. **헌법재판소 결정** 헌법재판소는「독립유공자 본인에 대한 부가연금지급에 있어 그 공헌과 희생의 정도에 따라 차등을 두는 것은, …보상의 원칙에 부합하는 것일 뿐만 아니라 실질적 평등을 구현한 것으로서 합리적인 이유가 있」고,「독립유공자 본인에 대한 부가연금지급에 있어 그 공헌과 희생의 정도에 따라 차등을 두는 것이 합리적인 것이라면, 그 유족에 대한 부가연금지급에 있어서도 독립유공자 본인의 서훈등급에 따라 차등을 두는 것은 합리적인 이유가 있다.」고 판단하였다(헌재 1997.6.26. 94헌마523). **국가유공자**와 그 유족 등에게 우선적 근로의 기회를 제공함으로써 이들의 생활안정을 도모하고, 다시 한번 국가사회에 봉사할 수 있는 기회를 부여하기 위하여 국가공무원 채용시험에 있어 10%라는 비교적 높은 가산점을 부여하는 가산점제도는 헌법 제32조 제6항에 근거한 것으로 불합리한 차별이 아니라고 하고 있다(헌재 2001.2.22. 2000헌마25). 그러나「오늘날 가산점의 대상이 되는 국가유공자와 그 가족의 수가 과거에 비하여 비약적으로 증가하고 있는 현실과, 취업보호대상자에서 가족이 차지하는 비율, 공무원시험의 경쟁이 갈수록 치열해지는 상황을 고려할 때, 위 조항의 폭넓은 해석은 필연적으로 일반 응시자의 공무담임의 기회를 제약하게 되는 결과가 될 수 있으므로 위 조항은 엄격하게 해석할 필요가 있다. 이러한 관점에서 위 조항의 대상자는 조문의 문리해석대로 "국가유공자", "상이군경", 그리고 "전몰군경의 유가족"이라고 봄이 상당하다.」고 하여 헌법불합치 결정을 하였다(헌재 2006.2.23. 2004헌마675등). 이에 국회가 법률을 개정하여 국가유공자, 상이군경, 전몰군경의 유가족의 경우 10%, 국가유공자의 가족과 유족 등의 경우 5%를 가산하도록 하였다(국가유공자등예우및지원에관한법률 제31조). **제대군인가산점제도**도 위헌으로 결정되었다. ➜ 제대군인가산점결정.
3. **헌법상의 예외적인 특권** 현행헌법상 평등권의 예외로서 일반결사에 대한 정당의 특권(헌법 제8조), 국회의원의 불체포특권(제44조)과 면책특권(제45조), 내란 또는 외환의 죄를 범한 경우를 제외하고는 재직중 형사상의 소추를 받지 아니하는 대통령의 형사상 특권(제8조)이 있다. 1) **정당의 특권제도** ➜ 정당제도. 2) **국회의원의 특권제도** ➜ 국회의원의 특권. 3) **대통령의 특권제도** ➜ 대통령의 특권.

특별감찰관特別監察官 특별감찰관은 대한민국 대통령의 친인척 등 대통령과 특수한 관계에 있는 사람의 비위행위에 대한 감찰을 담당하는 차관급 정무직 공무원이다. 임기는 3년으로 중임할 수 없으며 정년은 65세까지이다. 감찰대상자는 대통령의 배우자 및 4촌 이내 친족, 대통령비서실의 수석비서관 이상의 공무원이다(특별감찰관법 제5조). 특별감찰관법은 2014.3.18. 제정되어, 동년 6.19. 시행되었다.

특별검사법률特別檢事法律 ➜ 특별검사제도.

특별검사제도特別檢事制度 [영] special prosecutor/independent counsel system. 1. **의의** 특별검사제도는 권력분립제도의 보조적인 예방수단으로서, 형사법집행과정에서 나타날 수 있는 이해관계의 충돌 및 그로부터 야기될 수 있는 불공정성의 외양을 피하기 위하여 정규의 형사법집행체계 내의 수사 및 기소 담당자가 아닌, 기관 외의 담당자를 임명하여 형사법집행권한을 행사하게 하는 제도이다. 형사법의 집행은 국가와 사회의 안전과 질서의 유지, 그리고 건전한 사회형성을 위한 기초로서 가장 강력한 국가기능 중의 하나이며, 대통령제 하의 대통령은 형사법집행을 포함하는 전체 법집행에 대하여 최종적으로 국민에게 책임을 지는 주체이다. 하지만 형사법집행과정에서 대통령과 그 보좌진 및 고위 공직자들의 범죄를 수사할 경우에는 법집행의무와 대통령 및 그 보좌진들 개인 그리고 그들이 속한 정파 사이의 이해관계의 충돌을 야기할 수 있다. 법집행책임이 있는 행정부가 행정부 내의, 특히 직접 법집행을 담당하는 법무부 등의 고위직 공무원과 관련이 있는 범죄를 조사한다는 것은 외형상 자신의 사건을 자신이 담당하는 모습을 띠게 되는 것이다. 이 때 조사의 당사자와 조사의 대상인 자들은 상호간에 이해관계가 대립되게 되고, 이에 따라 조사의 객관성과 공정성에 의심을 야기하게 되는 것이다. 특별검사제는 형사법집행의 과정에서 정치를 배제하는 것(removing politics from the administration of justice)이 목적이며, 이를 위하여 미국에서 창안된 제도가 특별검사제이다. 2. **미국의 특별검사제도** ➔ 미국의 특별검사제도. 3. **우리나라의 특별검사제도** 1) **유사 제도** 우리나라에서의 특별검사제는 특별검사의 관념을 어떻게 이해하느냐에 따라 그 역사를 달리 파악할 수 있다. 즉, 특별검사제를 형법위반 사건에 대한 조사를 정규의 형사법집행기구가 아닌 임시적인(ad hoc) 기구 혹은 개인에게 맡겨 형사법집행을 행하는 것으로 이해한다면, 해방 직후 구성되었던 군정 소속의 특별검찰청, 정부수립 후 반민특위 소속의 특별검찰부, 4 · 19혁명 이후의 특별검찰부, 5 · 16 쿠데타 이후의 혁명검찰부 등도 모두 특별검사제의 범주에 들어간다고 볼 수 있다. 그러나 이러한 기구들은 비상적인 경우에 과거의 청산을 위하여 설치되는 특별한 제도라고 할 것이므로, 평상시의 정규적인 형사법집행의 과정에서 정규의 검사를 배제하고 형사법집행기관 외에서 검사를 임명하는 것과는 구별되는 것이다. 평상시에 정규적인 형사법집행기관에 특정 사건을 조사하게 하는 데에서 생기는 이해관계의 충돌을 방지하기 위하여 정규기관 외에서 검사를 임명하여 검사의 권한을 행사하도록 하는 제도로 특별검사제를 이해한다면, 기존의 우리나라의 법제도 중, 공직선거법상의 재정신청(동법 제273조 이하)과 형사소송법상의 재정신청(동법 제260조 이하)에 의한 공소유지 변호사를 포함할 수 있다. 그러나 공소유지 변호사는 그 권한이 공소유지 및 제한적 수사에 한정되므로(형사소송법 제265조 제2항), 제도의 기본취지에서는 여기서의 특별검사와 유사하지만 구별되어야 한다. 2) **연혁** 특별검사제 입법노력은 1995년부터 제기되었다. 광주민중항쟁에 대한 특별검사제법안(1995.7.), 수서사건 특검제법안(1996.10), 부패방지법안(1996.11.), 한보사태 관련 특별검사제법안(1997.6.), 대선자금 관련 특별검사법안(1998.8.) 등이 제출되었고, 동 10.1.에는 참여연대에서 특별검사제 토론회를 개최하기도 하였다. 최초로 법률로 성립한 것은 1999.9.30. 제정된「한국조폐공사노동조합파업유도및전검찰총장부인에대한옷로비의혹사건진상규명을위한특별검사의임명등에관한법률」이다. 이 후 11 차례에 걸쳐 특별검사법률이 제정 · 시행되었고, 2014.3.18.에 특별검사임명에 관한 일반법률로서「특별검사의 임명 등에 관한 법률(특검법)」이 제정되었다. 그러나 일반법률이 제정된 이후에도 개별사건에 대한 특별검사임명에 관한 법률이 2 차례 제정되어, 개별사건에 대한 특별검사법률은 총 12건이 되었다. 각 법률은 다음과 같다. ①「한국조폐공사노동조합파업유도및전검찰총장부인에대한옷로비의혹사건진상규명을위한특별검사의임명등에관한법률」 1999.9.30. 제정 ②「주식회사지앤지대표이사이용호주가조작 · 횡령사건및이와관련된정 · 관계로비의혹사건등의진상규명등을위한특별검사의임명등에관한법률」 2001.11.26. 제정 ③「남북정상회담관련대북비밀송금의혹사건등의진상규명을위한특별검사의임명등에관한법률」 2003.3.15. 제정 ④「노무현대통령의최측근최도술 · 이광재 · 양길승관련권력형비리의혹사건등의진상규병을위한특별검사의임명등에관한법률」 2003.12.6. 제정 ⑤「한국철도공사 등의 사할린유전개발사업 참여관련 의혹사건 진상규명을 위한 특별검사의 임명 등에 관한 법률」 2005.7.21. 제정 ⑥「삼성비자금 의혹 관련 특별검사의 임명 등에 관한 법률」 2007.12.10. 제정 ⑦「한나라당 대통령후보 이명박의 주가조작 등 범죄혐의의 진상규명을 위한 특별검사의 임명 등에 관한 법률」 2007.12.28. 제정 ⑧「검사 등의 불법자금 및 향응수수사건 진상규명을 위한 특별검사의 임명 등에 관한 법률」 2010.7.12. 제정 ⑨「2011.10.26. 재보궐선거일 중앙선거관리위원회와 박원순 서울시장 후보 홈페이지에 대한 사이버테러 진상규명을 위한 특별검사의 임명에 관한 법률」 2012.2.22. 제정 ⑩「이명박 정부의 내곡동 사저부지 매입의혹사건 진상규명을 위한 특별검사의 임명 등에 관한 법률」 2012.9.21. 제정 ⑪「박근혜 정부의 최순실 등 민간인에 의한 국정농단 의혹사건규명을 위한 특별검사의 임명 등에 관한 법률」 2016.11.22. 제정 ⑫「드루킹의 인터넷상 불법 댓글 조작 사건과 관련된 진상규명을 위한 특별검사의 임명 등에 관한 법률」 2018.5.29. 제정 ⑬「특별검사의 임명 등에 관한 법률(특검법)」 2014.3.18. 제정 등이다. 3) **특별검사법률의 내용과 문제점** (1) **내용** 개별사건에 관한 특별검사법률은 내용적으로 보아 크게 차이가 없으며, 대부분의 내용이 일반법으로서의 특별검사법률로 수용되고 있다. 특별검사의 임명 등에 관한 법률은 전문 23개조, 부칙으로 구성되어 있는데, 특별검사의 수사대상(제2조), 특별검사 임명절차(제3조), 특별검사후보추천위원회(제4조), 결격사유(제5조), 정치적 중립 및 직무상 독립의무(제6조)를 규정하고 있다. 제3장에서 특별검사의 권한과 의무를 규정하고, 제4장에서 사건처리절차, 제5장에서 특별검사의 지위 및 신분보장, 제6장에서 회계보고, 재판관할 기타 보칙을 정하며, 제7장에서 벌칙을 정하고 있다. (2) **문제점** **수사대상**과 관련하여 국회 혹은 법무부장관이 필요하다고 의결 혹은 판단한 사건이라 하고 있다. 형사법집행과정에서 정치(politics)를 배제하기 위한 제도가 특별검사제라면, 특히 국회가 정치적 중립성과 공정성 등을 이유로 특별검사의 수사가 필요하다고 한 것은 오히려 정치적 목적으로 특별검사에 의한 수사를 요구할 가능성이 크기 때문에 특별검사의 제도적 취지에 반한다고 할 수 있다. **임명방법**과 관련하여 헌법상의 대통령의 공무원임명권에 대한 침해여부가 가장 논란이 되는 것이다. 개별사건 특별검사법률들은 대법원장, 대한변협회장, 야당 등에 후보자를 추천하게 한 적이 있으나, 최종적으로는 대통령이 임명하도록 하였다. 일반법인 특검법은 특별검사후보자추천위원회에서 2인의 후보자를 추천하게 하고 그 중 1인을 대통령이 임명하게 하고 있다. 미국에서 법원특별부가 특별검사를 임명하는 것이 위헌의 논란이 있었던 것을 감안한 것으로 여겨지지만, 우리나라의 경우, 특히 대통령이 수사대상인 경우에는 정면으로 이해관계의 충돌이 있을 수 있기 때문에, 법원 혹은 헌법재판소가 임명하게 하는 것도 논의해 볼만하다. **직무범위**와 관련하여 특별검사 임명 추천서에 게재된 사건(담당사건)에만 한정하고 직무범위를 이탈하는 파생사건은 수사하지 못하게 하고 있다(제7조 제3항). 최소한 권한확장을 위한 절차를 규정할 필요가 있다. 특별검사 등의 **수사기밀유지의무**도 국민의 알 권리를 충족시킨다는 의미에서 일정한 법적 규율로 수사브리핑 등을 할 수 있게 함이 타당하다. **수사기간**은 20일의 준비기간 경과 후 60일을 원칙으로 하고 1차에 한하여 30일의 기간을 연장할 수 있도록 하고 있는데(법 제10조), 이는 매우 부적절하다. 미국의 경우 수사기간에 전혀 제한이 없기 때문에 장기간의 수사가 문제된다면, 1년 이내 등으로 수사기간을 제한하는 것도 고려할 만하다. 특별검사의 해임에 관해서는 5 가지로 정하고 있는데(법 제15조), 특히 문제되는 것은 직무범위이탈과 검사의 일반적 의무위반의 경우이다. **해임사유**는 가능한 한 포괄적인 규정을 두어야 할 필요가 있다. 우리나라에서는 특별검사의 수사대상이 된 사람에 대하여 **이의신청**이라는 과도한 방어수단을 규정하고 있다(제20조). 현행 법률이 자칫 진실규명을 위한 법이라기보다는 조사대상자보호를 위한 법이라는 비난을 면하기 어렵다. 4) **결어** 현행 특별검사법률은 그 수사대상, 특별검사 임명방법, 특별검사 직무범위와 의무, 수사기간, 수사보좌진, 해임사유, 보고서, 수사대상의 인권보호, 재판기간 등등의 문제에서 졸속입법이라는 비난을 면하기 어렵다. 2019.12.에 「고위공직자범죄수사처 설치 및 운영에 관한 법률」이 제정되어 현행 특검법은 거의 사문화될 것으로 여겨진다.

특별검찰부特別檢察部 ➜ 특별재판소.

특별권력관계特別權力關係 ➜ 특수신분관계.

특별귀화特別歸化 ➜ 귀화.

특별법우선特別法優先**의 원칙** ➜ 일반법 · 특별법.

특별법원特別法院 1. 의의 헌법 제110조 제1항은 「군사재판을 관할하기 위하여 특별법원으로서 군사법원을 둘 수 있다.」고 규정하고 있다. 여기서 특별법원이 무엇을 의미하는가에 관하여 견해대립이 있다. **특수법원설**은 법관의 자격을 가진 자가 재판을 담당하고 최고법원에의 상고가 인정될지라도 그 권한의 한정, 그 대상의 특수성, 그 인적 구성의 특수성 및 그 재판의 임시성 등을 내용으로 하는 법원을 의미한다고 본다. **예외법원설**은 재판에 대한 최고법원에의 상소가 인정되지 않거나 또는 헌법이 규정하는 법관의 자격 내지 일반법원의 독립성에 관련된 규정들이 인정되지 아니하는 점에 특징을 가진 법원을 일컫는다. **결론**적으로 특별법원은 법관의 자격이 없거나 재판의 독립을 위하여 필요한 신분보장을 받지 못하는 자가 심판을 담당하거나, 그 재판에 대한 최고법원에의 상소가 인정되지 아니한 법원으로 보는 예외법원설이 타당하다(다수설). 2. **군사법원 외에 특별법원이 허용되는가의 여부** 특별법원을 예외법원으로 파악하는 경우 헌법상 근거가 있는 군사법원 외에 특별법원이 인정될 수 있는지에 관하여 견해대립이 있다. **긍정설**은 특별법원의 조직 및 그 법원의 법관의 자격을 법률로 정하는 경우에는 위헌이 아니라고 보는 견해이다. **부정설**은 사법권독립의 예외가 되는 특별법원의 설치에 관하여 군사법원만을 규정하는 점, 헌법 제101조 제2항이 '최고법원인 대법원'이라고 규정하여 원칙적으로 대법원을 최종심으로 하는 점, 헌법 제105조 제3항에서 일반법관이 임기를 일률적으로 규정하고 있는 점, 헌법 제106조에서 법관의 신분보장을 규정한 점 등에서 군사법원 외에 특별법원은 허용되지 않는다고 본다. 3. **특별법원으로서의 군사법원** ➜ 군사법원.

특별복권特別復權 ➜ 복권.

특별부담금特別負擔金 ㊀ Sonderabgabe. ➜ 준조세.

특별사면特別赦免 ➜ 사면권.

특별사절特別使節 ㊎ special envoys. 외국에서 거행되는 주요 의식에 참석하거나 특정한 목적을 위하여 정부의 입장과 인식을 외국정부 또는 국제기구에 전하거나 외국정부 또는 국제기구와 교섭하거나 국제회의에 참석할 수 있는 권한을 가지는 사람을 일컫는다. 정부대표 및 특별사절의 임명과 권한에 관한 법률 제1조 참조.

특별위원회特別委員會 ➜ 국회의 조직.

특별의결정족수特別議決定足數 ➜ 정족수.

특별재판소特別裁判所 1. **반민족행위자처벌법 상의 특별재판부와 특별검찰부** 일제강점기 당시 일본에 협력한 친일파의 행위를 반민족행위로 규정하고 이를 처벌하기 위하여 제정한 반민족행위자처벌법에서 규정한 공소담당 검찰부이다. 반민족행위처벌법은 반민족행위를 조사하기 위하여 국회의원 10인으로 구성되는 반민족행위특별조사위원회를 두어 조사보고서를 특별검찰부에 제출하도록 하고, 대법원에 특별재판부를 두어 재판을 담당하게 하며, 특별재판부에 특별검찰부를 설치하여 공소를 제기하도록 하였다. 2. 4 · 19 **혁명 후의 특별재판소및특별검찰부조직법 상의 특별재판소와 특별검찰부** 4 · 19 혁명 후 부정선거관련자처벌법에 해당하는 자를 수사, 심판하기 위한 특별재판소와 특별검찰부를 설치하였는데, 특별재판소에는 소장 1인과 심판부 5부 및 연합심판부를 두었고(동법 제2 · 3조), 특별검찰부는 부장 1인과 30인 이내의 검찰관을 두었다(동법 제4 · 5조).

특별정족수特別定足數 ➜ 정족수.

특별회特別會 ➜ 국회의 회기와 회의.

특별희생特別犧牲 ➜ 재산권의 사회적 제약과 공용침해.

특수경력직特殊經歷職 **공무원** ➜ 공무원제도.

특수계급特殊階級 ➜ 사회적 특수계급.

특수법원설特殊法院說 특별법원의 의미와 관련한 학설의 하나이다. ➜ 특별법원.

특수신분관계特殊身分關係 ㊈ Sonderstatusverhältnis. 1. **의의** 특수신분관계라 함은 특별권력관계를 달리 이르는 말이다. 특별신분관계, 혹은 특별행정법관계로 불리기도 한다. 특별권력관계는 일반적인 권력관계에 대응하는 개념으로서 법률규정이나 당사자의 동의 등 특별한 법적 원인에 의거하여 성립하며, 공법상의 특정한 목적달성이 필요한 한도 내에서 당사자의 일방이 상대방을 포괄적으로 지배하고, 상대방이 이에 복종함을 내용으로 하는 공법상의 특수한 법률관계를 말한다. 이에는 국가와 공무원의 관계(복무관계), 국공립학교와 재학생의 관계(재학관계), 교도소와 수형자의 관계(수감관계), 국공립병원과 전염병환자의 관계(입원관계), 국공립공원과 이용자의 관계(이용관계) 등이 있다. 오늘날에는 공법상 특별관력관계는 일반권력관계에 대응하는 것으로 이해되지 아니하고 단지 국가와 국민 사이에 일정한 법적 원인에 따라 특수한 신분관계가 발생할 뿐이라고 한다. 2. **특수신분관계와 법치주의** 1) **의의** 특수신분관계는 일반권력관계와의 차이에 따라 법치주의원리의 적용여부에도 차이가 발생한다. 2) **학설** 전통적인 특별권력관계이론에서는 특별권력관계는 일반권력관계에 적용되는 법치주의원리가 적용되지 아니하는 '법으로부터의 자유로운 영역'으로서, 권력주체가 구체적인 법률의 근거가 없더라도 포괄적 지배권을 발동하여 상대방의 자유를 제한하고 명령 · 강제할 수 있다고 보았다(절대적 구별설). 오늘날에는 특별권력관계가 존재함을 부인할 수는 없으나, 그것은 상대적 차이에 불과하며, 일반국민으로서의 지위가 특수화된 것으로서 법치주의에 대한 상대적 제한만이 가능하다고 보는 견해(상대적 구별설)와, 특별권력관계에도 법치주의원리가 당연히 적용되고, 법률의 개별적 근거가 필요하다는 구별부인설이 등장하였다. 상대적 구별설이 다수설이다. 3. **특수신분관계와 기본적제한** 1) **의의** 절대적 기본권은 그 본질상 기본권의 제한이 불가능하지만 상대적 기본권은 특수신분관계의 목적 달성을 위한 합리적 범위 내에서 일정한 기본권의 제한이 가능하다. 2) **헌법에 의한 제한** 특수신분관계가 법규에 의하여 강제적으로 성립한 경우에는 헌법에 이에 관한 근거가 있어야만 제한이 가능하다. 예컨대 헌법상 공무원의 노동3권제한, 군인·군무원 등의 이중배상금지(헌법 제29조 제2항), 군인·군무원의 군사재판원칙(헌법 제27조 제1항) 등이 있다. 3) **법률에 의한 제한** 특수신분관계가 법률에 의거하여 성립한 경우에는 당연히 이에 관한 법률에 근거가 있어야 한다. 또한 특수신분관계가 당사자 사이의 합의에 따라 임의로 성립한 경우에도 법률에 그에 관한 최소한의 근거가 있어야만 제한이 가능하다. 4. **특수신분관계와 사법적 구제** 특수신분관계에 있어서의 처분이 사법심사의 대상이 될 수 있는지에 관하여 학설대립이 있다. 법률의 근거가 없는 한 사법심사를 인정할 수 없다는 부정설, 외부·내부관계로 나누어 외부적 관계에 한정하여 사법심사를 인정하는 제한적 긍정설, 처분에 대해 사법심사가 가능하다는 전면적 긍정설이 있다. 헌법상 기본권보장과 법치주의원리에 비추어 볼 때 특수신분관계라 하여 사법심사의 대상에서 원천적으로 배제하는 것은 허용되지 아니한다. 다라서 행정소송이나 헌법소원이 가능하다. 다만 순수히 내부적 사항이라거나 자유재량이 인정되는 영역 내에서의 처분은 위법이 아니라 부당에 그치므로 사법적 구제가 인정되지 아니할 수도 있다.

특수재산권特殊財産權 ➜ 재산권.

특임장관特任長官 ㉺ Minister for Special Affairs. 2008.2.에 신설되었다가 2013.3.에 폐지된 직으로 과거에는 정무장관, 무임소장관이라고 하기도 하였다. 국무위원으로 내각을 구성하는 일원이면서도 정부의 특정한 행정 업무를 담당하지 않는 장관이다. 특임장관은 대통령이 특별히 지정하는 사무 또는 대통령의 명을 받은 국무총리가 특히 지정하는 사무를 수행한 기관이다.

특허법원特許法院 ➜ 법원의 지위와 조직.

특허심판원特許審判院 ㉺ Intellectual Property Trial and Appeal Board, 약칭: IPT. 특허심판원은 특허·실용신안에 관한 취소신청, 특허·실용신안·디자인·상표에 관한 심판과 재심 및 이에 관한 조사·연구 사무를 관장하는 특허청의 소속기관이다. 1998.3.1. 발족하였으며, 대전광역시에 위치하고 있다. 상급법원으로 특허심결취소소송을 담당하는 특허법원, 상고심을 담당하는 대법원이 있다. 2014.6.11.의 특허법 개정으로 특허법 제7장 이하에서 규정되어 있다(동법 제132조의16 이하 참조).

특허쟁송特許爭訟 산업재산권(특허·실용신안·의장·상표 등)에 관하여 분쟁이 있을 경우, 그 분쟁을 심리·결정하는 쟁송을 말한다. 특허쟁송은 특허심판 및 특허소송으로 구성되어 있다. 특허심판 및 특허소송 제도는 대법원을 최종심으로 하고, 행정기관인 특허청이 그 전심으로서 특허법상의 쟁송을 심리·결정하는 제도로서, 행정행위와 사법행위의 중간적 성격을 지닌다. 특허 관련 사건의 분쟁은 전문적인 고도의 기술적 판단이 요구되므로 심판의 전문성과 공정성을 확보하기 위하여 특허심판원에서 1심을 담당하고, 불복 시 2심인 고등법원급의 특허법원(1998년 설립)을 거쳐 3심인 대법원에 상고하도록 하고 있어서, 법원의 심급구조로는 2심 재판제가 채택되어 있다. 1995.1.5. 특허법 개정 전까지는 특허심판이 심판과 항고심판으로 되어 있고 불복할 경우 대법원에 상고할 수 있도록 하였으나, 헌법재판소에 의하여 헌법불합치로 결정되었다(헌재 1995.9.28. 92헌가11등). 이 후 1998년에 특허법원과 특허심판원이 설치됨으로써 특허쟁송이 2심으로 되었다. ➜ 특허심판원. ➜ 법원의 지위와 조직.

Tinker 판결 Tinker v. Des Moines Independent Community School District, 393 U.S. 503 (1969) **1. 사실관계와 쟁점** 1965.12., Des Moines의 일단의 학생들이 16세의 Christopher Eckhardt의 집에서 회의를 열어 베트남전쟁의 휴전을 지지한다는 공개전시를 계획하였다. 그들은 휴가철 내내 검은 완장을 차고 12.16.과 새해 전날에 단식하기로 결정했습니다. Des Moines 학교의 교장은 이 계획을 알게 되었고 12.14.에 만나 완장을 착용한 학생은 완장을 제거해야 하며 이를 거부하면 정학을 받게 된다는 입장을 전달하였다. 12.16. Mary B. Tinker와 Christopher Eckhardt는 완장을 차고 학교에 갔다가 귀가조치되었다. 다음날 John Tinker도 마찬가지의 조치를 당했다. 학생들은 계획된 시위가 끝나는 설날이 되어서야 학교로 돌아갔다. 학생들은 학부모를 통해 학생의 표현의 권리를 침해한 교육구(school district)를 상대로 소송을 제기했고 교육구가 학생을 징계하지 못하도록 가처분을 신청했다. 지역법원(district court)은 사건을 기각하고 교육구의 조치가 학교규율을 유지하는 데 합리적이라고 판결하였다. 미국 제8순회 항소법원은 의견없이 판결을 확정하였다. 연방대법원의 상고심에서 상징적 항의의 한 형태로 공립학교에서 완장을 착용하는 것을 금지하는 것은 수정헌법 제1조에 의해 보장된 학생들의 언론의 자유 보호를 침해하는 것인가가 문제되었다. **2. 판결내용** Abe Fortas 대법관은 7-2 다수의견을 집필하여, 완장이 참여하는 사람들의 행동이나 행위와 완전히 분리된 순수한 말을 나타낸다고 판결하였다. 법원은 또한 학생들이 학교 부지로 걸어들어갈 때 언론의 자유에 대한 수정헌법 제1조의 권리를 잃지 않았다고 판결하였다. 언론의 억압을 정당화하기 위해 학교 관계자는 문제의 행위가 학교운영을 '물질적으로 그리고 실질적으로 방해'할 것임을 입증할 수 있어야 한다. 이 경우 교육구의 조치는 실질적인 방해가 아니라 방해가 될 수 있다는 두려움에서 비롯된 것임이 분명하다. **3. 판결의 의의** 이 판결은 학생의 표현의 자유에 관한 연방대법원의 선구적 판결이다. 하지만 학생들의 표현의 자유에 관한 전반적인 기준을 제시한 것은 아니었다.

ㅍ

파견근무派遣勤務, **법관의** - 다른 국가기관으로부터 법관의 파견근무 요청이 있는 경우, 업무 성질상 법관을 파견하는 것이 타당하다고 인정되고 해당 법관이 이에 동의하는 때에는 대법원장은 이를 허가할 수 있다(법원조직법 제50조). 다만 대통령비서실에는 파견될 수 없다(동법 제50조의2 제1항). 과거 법관을 청와대비서실에 파견하는 것이 대통령의 사법부통제를 위한 목적으로 남용되었다는 비판을 받아 청와대에 파견하는 것을 금지한 것이다(2020.2.4. 개정). 또한 국제기구, 외국의 정부 또는 연구기관에서의 업무수행 및 능력개발을 위하여 필요한 경우에 대법원장은 법관의 신청 또는 동의를 받아 해당 법관을 국제기구, 외국의 정부 또는 연구기관에 파견할 수 있다(법관의 국제기구 파견 등에 관한 규칙 제2조). 현재 법관이 파견되고 있는 곳으로 헌법재판소, 감사원, 통일부, 국회, 외교부(재외공관), 국제형사재판소(International Criminal Court, ICC), 헤이그국제사법회의(Hague Conference on Private Law, HccH), 베트남 법원연수원(현 법원아카데미) 등이 있다.

파기환송 · 파기이송 · 파기자판破棄還送 · 破棄移送 · 破棄自判 **파기환송**은 상소심에서 심리한 결과 원심판결에서 법률에 규정되어 있는 일정한 사유, 즉 파기사유가 있고, 원판결을 지지할 수 없다고 인정될 경우에는 상소법원은 이를 파기하게 되는데(상고심에서 제1심판결까지 파기하는 경우도 있다), 이 경우 원판결은 파기되기 때문에 그 사건에 대하여 다시 재판을 하여야 할 필요가 있다. 이때에 이 재판을 그 상소법원 자체가 하는 경우를 파기자판이라 하고, 사건을 원심법원(상고심에서 제1심법원이 원심법원이 되는 경우도 있다)에 환송하고 거기에서 재판하도록 하는 경우를 말한다. 민사소송법 제436조, 형사소송법 제366조에 규정되어 있다. **파기이송**은 사후심 법원이 상소이유가 있다고 인정하여 원심판결을 파기하고 원심법원과 동등한 다른 법원에 사건을 이송하는 일을 말한다. 민사소송법상에 있어서는 상고법원이 원심판결을 파기하는 때에, 사건을 원심법원에 환송하기보다 원심법원과 동등한 다른 법원에 심리시키는 것이 편리하다고 생각되면, 사건을 원심법원과 동등한 다른 법원에 이송한다. 그 밖에 제1심의 전속관할 위반을 발견하였을 때에, 파기자판의 내용으로써 제1심판결을 파기한 사건을 관할법원에 이송하는 경우가 있다. 항소심에서도 관할위반을 이유로 제1심판결을 취소한 때에는 항소법원은 판결로 사건을 관할법원에 이송하여야 한다. 형사소송법상에 있어서는 항소법원은 관할인정이 법률에 위반됨을 이유로 원심판결을 파기하는 때에는 원칙적으로 사건을 관할법원에 이송하여야 한다. 상고법원은 관할인정이 법률에 위반됨을 이유로 원심판결 또는 제1심판결을 파기하는 경우에는, 판결로써 사건을 관할법원에 이송하여야 한다. 또 원판결을 파기하고 자판하지 않을 때에는 사건을 판결로써 원심법원과 동등한 다른 법원에 이송한다. 민사소송법 제436조와 형사소송법 제397조, 군사법원법 제434조에 규정되어 있다. **파기자판**은 상소심법원이 상소이유가 있다고 인정하여 원심판결을 파기하고 파기환송하거나 파기이송하지 않고 사건에 대하여 스스로 재판하는 것을 말한다. 민사소송법상에서는 (1) 확정한 사실에 대한 법령적용의 위배를 이유로 하여 판결을 파기하는 경우에 사건이 그 사실에 의하여 재판하기 충분한 때, (2) 사건이 법원의 권한에 속하지 아니함을 이유로 하여 판결을 파기하는 때에는 상고법원은 사건에 대하여 종국판결, 즉 파기자판을 한다(민사소송법 제437조). 형사소송법상에서는 항소법원은 항소이유 있다고 인정한 때에는 원심판결을 파기하고 다시 판결을 하여야 한다(형사소송법 제364조 제6항). 즉 항소심은 원칙으로 파기자판하여야 한다. 상고법원은 원심판결을 파기한 경우에 그 소송기록과 원심법원과 제1심 법원이 조사한 증거에 의하여 판결하기 충분하다고 인정한 때에는 피고사건에 대하여 직접 판결을 할 수 있다(형사소송법 제396조 제1항).

파리협정Paris協定 ㊀ Paris Agreement, ㊂ Übereinkommen von Paris, ㊁ Accord de Paris. 파리협정은 교토의정서의 한계를 극복하기 위하여 2020년 교토의정서가 만료된 후, 2021.1.부터 적용되는 교토의정서를 대체할 새로운 기후변화협정으로서 2015.12.12 파리에서 열린 21차 유엔기후변화협약 당사국총회(COP21) 본회의에서 195개의 당사국이 참여해 채택된 협약이다. 2016년 제23차 기후변화당사국총회에서 195개국의 만장일치로 채택되었다. 파리협정은 종료시점이 없는 협약으로써 지구의 평균 온도가 산업화 이전에 비해 2도 이상 상승하지 않도록 하고 최종적으로 모든 국가들이 이산화탄소 순 배출량 0을 목표로 하여 자체적으로 온실가스 배출 목표를 정하고 실천하자는 협약이다. 기존 교토의정서가 주로 온실가스 배출량을 줄이는 데 집중했다면, 파리협정은 감축뿐만 아니라 적응과 재원, 기술이전, 역량배양, 투명성 등 다양한 분야에서 관심을 기울였다. 교토의정서는 1차 공약기간 동안 감축 의무를 부담하는 국가가 40개 정도였으나 파리협약은 195개국으로 확대하면서 교토의정서가 가지고 있었던 한계를 보완했으며 선진국은 온실가스 배출량의 절대량을 감축하고, 개발도상국은 경제 전반에 걸친 감축 방식을 사용하도록 권장하는 등 국가의 책임 수준에 따라 감축 의무를 배당하였다. 협약의 주요 내용을 보면 전 세계는 최대한 빨리 배출량을 급속하게 감축해야 하며 21세기 후반에는 자체적으로 발생한 온실가스 배출량만큼 흡수량을 증가하여 배출과 흡수 사이의 균형을 달성해야 한다. 또한 당사국들은 스스로 정한 감축목표(NDC)를 5년마다 제출하여 이행사항들을 주기적이고 투명하게 점검하고 이전보다 더 높은 수준의 목표를 담고 있는 새로운 NDC를 제출해야 한다. 2017.6. 미국의 탈퇴 선언과 2020.11.4.의 미국의 공식 탈퇴에도 불구하고, 여전히 세계 탄소배출의 87%에 달하는 200여 개 국가가 협정을 이행중이다. ➜ 기후변화소송.

파면결정罷免決定 ㊀ decision of removal, ㊂ Entfernung aus dem Beamtenverhältnis, ㊁ licenciement disciplinaire. 파면은 국가공무원법상 징계의 일종이다. 국가공무원법은 징계의 종류로서, 파면, 해임, 강등, 정직, 감봉, 견책으로 구분하고 있다(동법 제79조). 파면과 해임은 공무원연금법상 차별취급한다. 형벌에 의한 당연퇴직, 헌법재판소의 심판에 의한 탄핵의 경우에도 파면으로 취급한다(공무원연금법 제64조, 헌법재판소법 제53조 제1항). 헌법재판소 재판관 및 법원의 법관은 탄핵 또는 형의 선고에 의하지 아니하고는 파면되지 아니한다(헌법 제112조 제3항, 제106조 제1항). 헌법재판소의 탄핵결정에 대해서는 별도의 규정이 없으나, 불복할 수 없다고 봄이 타당하다.

파산법원破産法院 = **회생법원**回生法院 ➜ 법원의 지위와 조직.

파생적 기본권派生的 基本權 → 기본권의 분류와 체계.

파업罷業 ⓔ strike, ⓓ Streik, ⓕ grève. 노동자들이 노동조합의 지휘 하에, 또는 그들의 자발적인 방식으로 사용자에게 노무의 제공을 중단하는 집단적인 쟁의행위를 말한다. 파업은 노동자들의 가장 전형적 쟁의행위로 노동력을 판매한 노동자들이 일시적으로 노동력의 제공을 거부함으로써 자신을 고용한 사용자들에게 그들의 권익을 개선하기 위한 요구를 수용하도록 압박하는 행동이다. 해방 이후 우리나라 현대사에서 노동자의 파업은 헌법상의 권리임에도 불구하고 권위주의적 정치권력의 유지와 경제개발의 명분에 의해 심각하게 통제되어 왔으며, 그 결과 민주화 시기마다 그동안 억압된 노동자들의 불만 표출과 더불어 심각한 양상으로 발생하였다. 1987년 민주화 이후에도 노동자의 파업에 대해 사용자들이 업무방해와 손해배상으로 법적인 대응을 취함으로써 그 쟁의행위는 상당히 제한되고 있는 상황이다. 한편 일부 노동조합들이 과거의 노동통제에 대한 반발로서 전투주의적인 노동운동을 지향하며 과도한 파업투쟁에 의존하고 있다는 지적을 받고 있기도 하다. 공무원과 교원의 노동조합은 파업, 태업 등의 쟁의행위가 금지된다. → 노동3권.

8인정치회담8人政治會談 1987년 6 · 10 민주화항쟁으로 민정당 대통령후보 노태우의 6 · 29 선언이 있게 되자, 여야 간에 개헌을 위하여 여야 간에 합의된 개헌전담회의체이다. 민정당에서는 권익현, 윤길중, 최영철, 이한동 의원이, 야당에서는 이중재, 박용만, 김동영, 이용희 의원이 참여하였다. 19차의 회의를 거쳐 첫 회의가 열린 지 한 달만인 1987.8.31. 1987년 헌법의 초안을 완성하였다.

패스트트랙fast track → 국회선진화법.

퍼블리시티publicity**권** ⓔ the right of publicity, 1. **서언** 1) **의의** 퍼블리시티권은 개인의 성명 · 초상이나 기타의 자기동일성(identity)표지를 상업적으로 이용하여 경제적 이익을 얻거나 그러한 사용을 통제 · 제한할 수 있는 배타적 권리로 정의된다. 일반적으로 자신의 동일성(identity)으로서 성명 · 닉네임 · 펜네임 · 초상 · 이미지 · 서명 · 사진 · 음성 · 캐릭터 · 개인과 관련된 물체에서 나타난 개성 등이 권리없는 타인에 의해 상업적으로 이용되는 것을 방지하는 권리라 할 수 있다. 이는 개인의 신상과 관련하여 전통적인 인격권인 생명 · 신체 · 자유 · 정조 · 성명 중에 재산적 가치를 가진 권리를 추출해낸 것이다. 2) **연혁** 미국에서 퍼블리시티권은 1941년 제5연방항소법원의 O'Brien v. Pabst Sales Co. 에서 단초가 되어, 1953년 연방 제2고등법원의 Haelan Laboratories Inc. v. Topps Chewing Gum Inc., 202 F.2d 866 (2d Cir.), cert. denied, 346 U.S. 816(1953) 판결에서, Jerome Frank 판사에 의해 그 용어가 만들어지고, 처음으로 인정되었다. 1954년에 Nimmer는 퍼블리시티권을 '자신이 스스로 창조하였거나 타인으로부터 매수한 공표가치를 통제하고 그로부터 이익을 얻을 수 있는 권리'라고 하였으며, 1977년에는 연방대법원도 Zacchini v. Scripps-Howard Broadcasting Co., 433 U.S. 562, 97 S. Ct. 2849, 53 L. Ed. 2d. 965, 2 Media L. Rep. 2089, 205 U.S.P.Q. (BNA) 741 (1977) 판결에서 퍼블리시티권을 언급하고 이를 인정하기에 이르렀다. 1995년의 부정경쟁 리스테이트먼트(Restatement of the Law, Unfair Competition)는, 퍼블리시티권을 부정경쟁방지법의 한 내용으로 파악하였다(Restatement Third, Unfair Competition § 46 (1995). 2009년에 McCarthy는 '자신의 동일성의 상업적 이용을 통제하는 모든 사람의 고유한 권리'라고 설명하였다. 현재 우리나라는 퍼블리시티권에 관한 법률상 명문규정이 없을 뿐만 아니라, 판례도 아직 제대로 형성되지 않은 상황이다. 학계에서는 퍼블리시티권을 하나의 독립된 권리로서 배타적 재산권의 측면을 인정하고 양도성과 상속성을 인정하려는 견해보다는 프라이버시권에 속하는 권리로서 인격권의 재산적 측면의 승인이라고 파악하여 인격권의 일부로 보는 견해가 다수이다. 1993년 서울민사지방법원의 판결로서 뉴스위크지가 이화여대 정문을 나오는 5명의 여대생으로부터 사전 동의 없이 사진을 찍어, "돈의 노예들"이라는 주제로 우리나라의 사회적 상황에 대한 비판을 담은 기사의 중간에 삽입하여 게재한 사건에서 법원은 초상권 침해를 인정하고 동시에 원고에 대한 정신적 위자료를 지급하라고 판시하였다(서울민사지법 1993.7.8. 92가단57989). 퍼블리시티권과 관련된 사안이었으나 초상권침해로 판시된 사례이다. 퍼블리시티권에 관한 최초의 판례는 1998년 대법원에서 자기정보통제결정권을 바탕으로 판시한 사건이다(대판 1998.7.24. 96다42789). 또한 영화배우 이영애씨가 화장품회사와 1년간 광고모델 계약을 체결한 후, 계약기간이 만료된 후에도 초상을 광고 등에 무단으로 사용한 피고 화장품회사에 대하여 퍼블리시티권을 침해하였음을 이유로 손해배상을 청구한 사건에서 연예인의 재산권적 퍼블리시티권을 인정하였다(서울중앙지법 2004.12.10. 2004가합16025). 2007년에는 엔터테인먼트 회사(스크린엠엔비)가 일본 미디어회사와 계약을 맺고 원고 배우들의 사진을 유료로 인터넷 · 모바일을 통해 서비스를 한 데 대하여, 전지현 등 한류스타의 퍼블리시티권 침해를 이유로 손해배상청구를 하였고, 법원은 이를 인정하여 원고일부승소를 판결하였다. 2014.7. 대법판결 및 「부정경쟁방지법 개정안」(2021.12.7. 공포 2022.6.1. 시행) 참조. 2. **퍼블리시티권의 법적 성격** 1) **재산권설** 퍼블리시티권을 자신의 성명 · 초상 · 이미지 · 서명 등 기타의 동일성을 영리의 목적으로 이용하여 재산적 이익을 취할 수 있는 재산권의 성격을 지는 권리로서 양도 · 상속할 수 있고 존속기간을 가진다고 본다. 이 견해는 초상이 갖는 인격적 가치를 보호하기 위한 권리는 초상인격권 내지 초상프라이버시권이고, 퍼블리시티권은 인격적 속성이 갖는 경제적 가치만을 배타적으로 지배하는 권리이므로 인격적 요소와는 별개의 순수한 재산권으로 파악하는 입장이다. 미국과 우리나라 학설과 판례에서의 다수설이라고 할 수 있다. 2) **인격권설** 퍼블리시티권의 객체인 사람의 인격적 요소에 대한 경제적 가치에는 재산권 개념의 필수적 요소인 특정성이 결여되어 있기 때문에 퍼블리시티권은 재산권이 아니라 인격권이며, 이용허락을 받은 자의 권리만이 재산권(청구권)에 해당하는 것으로 보고 있으며, 퍼블리시티권은 그 자체가 일신전속적인 성질을 갖는 인격권이기 때문에 양도와 상속은 불가능하다고 본다. 이와 같이 인격권적 측면의 자유권으로 볼 때 일신전속적인 성격으로 이전성이 제한되어 양도성과 상속성은 인정되지 않는다. 퍼블리시티권은 초상권의 재산적 가치를 인정하기 위한 다른 하나의 권리보호수단으로 보아야 할 것이고, 초상권의 본질인 인격권으로서의 성격이 달라지는 것은 아니라고 보는 견해도 있다. 3) **소결** 퍼블리시티권은 인격권적 요소와 재산권적 요소를 모두 지닌 양면적 성격을 가지고 있으며, 그 기원이 인격권적 요소에서 비롯되었다 할지라도 재산권적 요소를 취하는 것이 현재 다수의 견해이며, 판례의 경향도 퍼블리시티권을 인정하고 있으며 재산권설의 입장을 취하는 것으로 판단된다(서울중앙지법 2008.11.6. 2008가합66455; 서울중앙지법 2009.9.30. 2009가합49341). 그 결과 퍼블리시티권 침해에 대한 손해배상의 범위도 원칙적으로 재산상의 손해만을 인정하고 있다. 이러한 퍼블리시티권의 법적성격은 그 권리의 양도성과 상속성의 인정에 있어서 밀접한 관련이 있다. 퍼블리시티권에 관하여 재산권의 성격으로 볼 때에는 양도 · 상속성이 그 전제가 될 수 있는바 퍼블리시티권의 객체로 볼 수 있는 '사람의 동일성(identity)'의 경제적 가치라고 할 때에는 재산권에서 인정하는 특정성이 결여되어 있으므로 재산권이라기보다는 사람들이 자신들의 프라이버시권을 포기할 수 있는 권리에 불과하다고 볼 것이나 계약을 통해서 그 동일성(identity)을 경제적으로 이용할 때에는 '배타적 · 독점적인 재산권'으로 인정할 수 있을 것이다. 3. **퍼블리시티권의 내용 및 한계** 1) **내용** (1) **주체** 주체와 관련하여 초기에는 공적인물이나 유명인에 한정하였으나 점차 일반인으로 확장되는 경향에 있고, 법원도 상대적으로 잘 알려지지 않은 '일반인의 동일성'도 경제적 가치를 가질 수 있다는 견해를 취하고 있다. 망자에게도 인정된다고 함이 다수설이다. 법인이나 단체도 그 명칭이 경제적 가치가 있는 경우가 충분히 가능하다고 보며 판례에서도 법인의 인격권을 인정하는 예에 비추어 볼 때에 퍼블리시티권의 주체가 될 수 있다고 보는 것이 타당하다. (2) **보호대상** 인정범위에 대하여 다수설은 퍼블리시티권은 인간의 자기동일성을 나타내는 징표만을 보호한다고 보는 반면, 소수설은 퍼블리시티권은 동일성의 가치 즉 퍼블리시티 가치 일반을 보호한다고 한다. 퍼블리시티권에 의하여 보호되는 객체는 개인이 타인과 구별될 수 있는 인격적 징표(personal identity), 즉 자기동일성을 말하며, 성명 · 초상 · 음성 등의 타인과 구별될 수 있는 모든 징표를 말한다. 미국 판례에서도 특정인을 연상시키는 물건이나 문구의 사용을 퍼블리시티권의 객체로 인정한 사례가 있다. 그러나 극중 캐릭터는 저작권의 대상으로 봄이 타당할 것이다. (3) **기타 권리와의 관계** ① **상표권**과의 관계 상표권과 관련하여 퍼블리시티권의 침해를 주장하기 위해서는 소비자의 혼동을 주장해야 하는 것은 아니지만, 개인의 성명이나 초상은 그것이 '상품이나 서비스의 출처에 관한 식별력'을 가진다면 혼동가능성을 낳게 하는 침해행위로부터 상표로서 보호될 수 있다고 보고 있으며 국내 상표법에서도 이와 유사한 취지의 규정이 있다(상표법 제6조, 제7조 참조). ② **저작권**과의 관계 저작권과의 관계에서 저작권법은 기본적으로 개인의 정신적 노력에 의한 사상이나 감정의 표현인 창작물을 보호한다. 이에 반하여 퍼블리시티권은 개인의 성명 · 초상 등 동일성의 상업적 가치를 보호하는 권리로서 자신의 동일성이 지니고 있는 높은 고객흡인력과 이러한 고객흡인력을 얻기 위해서 개인이 투여한 부단한 노력을 보호하기 위해서 인정된 권리로서 저작인격권에 속하는 것(공표권, 성명표시권, 동일성유지권)과는 본질적으로 다르다는 것을 보여준다. 영화나 TV드라마의 특정역할의 캐릭터도 상품광고나 영리목적에 이용하는 경우 배우의 퍼블리시티권 침해의 문제가 될 수 있다. ③ **초상권**과의 관계 퍼블리시티권과 그 침해를 가장 많이 인정한 서울중앙지방법원은 초상권을 촬영거절권, 이용거절권, 재산권으로서의 초상권(또는 '초상영리권')으로 나누고 이중 '재산권으로서의 초상권'을 퍼블리시티권의 일부로 보는 입장이다(서울중앙지법 2007.12.12. 2007가합22441). '퍼블리시티권'과 '초상권'은 별개의 권리이므로 각각의 손해의 발생은 별도로 논의해야 한다는 견해도 있다. 2) **한계** 퍼블리시티권은 개인의 동일성 가치가 상업적으로 이용되어 본인의 동일성에 대한 경제적 가치가 침해되는 것을 방지하기 위한 것이므로 언론기관 등에 의하여 비상업적으로 보도 · 논평되거나, 타인에 의한 우발적 사용에 대하여는 대항할 수 없다고 본다. 프라이버시권과 관련해서 명예훼손이 인정되는지의 여부는 별개이다. 특정인의 동일성의 표지를 그의 동의 없이 헌법상의 표현의 자유에 기초하여 만들어진 상품(즉 유명인이 실린 뉴스기사, 유명인의 전기나 영화 등)을 선전하는 과정에서 그의 초상, 성명, 이미지 등 기타의 동일성을 사용한 경우 퍼블리시티권과 표현의 자유사이에 충돌이 생기게 된다. 이러한 경우 미국의 주류적인 견해는 유명인의 기사나 사진이 실린 과거의 잡지를 사용하여 자신의 잡지사의 광고를 한 경우에는 퍼블리시티권의 침해가 되지 않는다고 보고 있다. 4. **침해 및 구제수단** 법원은 퍼블리시티권의 적용에 있어서 공적 인물이론을 채택하여 개인의 초상이나 기타 동일성을 타인이 사용할 때 수인한도가 있다고 적용해 왔다. 그러나 미국에서는 이러한 논리에 대해 1960년 이후 공적 인물이라 하더라도 자신의 동일성을 본인이 상업적으로 사용함으로써 향유할 수 있는 가치까지도 공적 인물이라는 이유로 포기하여야 하는지, 또한 타인이 동의 없이 이를 상업적으로 이용하는 것까지 수인해야 하는지에 대하여 문제를 제기해 왔다. 이러한 이유에서 상업적 이용의 판단기준이 중요하며, 퍼블리시티권 침해로 인한 손해발생에서 사안별로 판단기준을 정하여 그에 따른 구제수단을 제시하는 것이 필요하다. 1) **매체에 의한 퍼블리시티권의 침해유형** (1) **광고 이용** 광고는 퍼블리시티권 침해에 이용되는 가장 빈번한 수단이다. 개인의 동일성가치를 광고에 이용하는 유형은 미국판례에서도 볼 수 있듯이 상품판매광고에서부터 음식, 출판물, 영화의 홍보와 같은 각종 선전에 이르기까지 다양한 생활영역에 걸쳐서 나타나고 있다. (2) **상품홍보 이용** 현대사회에서 보다 소비자에게 매력적인 상품임을 호소하기 위하여 유명인의 가치를 이용하려는 경향이 더욱 강해지고 있다. 개인의 동일성가치가 큰 사람의 사진이나 이름 등이 상품에 이용됨으로써 고객흡인력을 유발할 수 있을 것이다. (3) **도메인 네임 이용** 도메인 네임(domain name)을 선점하여 유명인과는 전혀 관련이 없는 부당한 금전적 이익을 취할 목적으로 당해 사이트가 운영되고 있다면, 개인의 성명을 이용하여 부당한 이익을 취하는 것으로써 퍼블리시티권 침해로 보고 있다. 우리나라에서 유명인이 인터넷 도메인 네임으로 사용된 예는 일명 '트위스트 김 사건'에서 법원은 원고의 명예·성명권 등의 인격권을 침해한 것으로 보았는데(서울중앙지법 2007.11.7. 2005가합112203), 이 경우 퍼블리시티권의 침해로 보는 것이 더 타당하지 않을까 한다. (4) **게임물 이용** 프로야구선수 등과 같이 스포츠에 종사하는 스포츠스타들은 그 직업적 특성상 게임물의 등장인물로 특정될 수 있어서 퍼블리시티권의 침해가 문제될 수 있다. 법원은 「유명 프로야구 선수들의 허락을 받지 아니하고 그 성명을 사용한 게임물을 제작하여 상업적으로 이동통신회사에 제공한 것은 위 프로야구 선수들의 퍼블리시티권을 침해한 것」이라고 판시한 바 있다(서울중앙지법 2006.4.19. 2005가합80450). 2) **무권리자의 퍼블리시티권 침해유형** (1) **동의 없는 무단사용** 타인의 사진을 허락 내지 동의 없이 광고에 이용하는 행위는 퍼블리시티권 침해를 구성함은 당연하나, 어려운 문제는 그 타인의 동일성과 유사한 이미지를 광고에 사용한 경우이다. 이에 대하여 우리나라 판례는 임꺽정 광고사건에서 임꺽정의 이미지가 그 캐릭터의 특정유명인과 동일성을 가진다고 판단하여 특정인의 동일성이 식별 가능할 때 퍼블리시티권 침해를 인정하고 있다. (2) **동의나 계약범위를 벗어난 부정사용** 광고에서 타인의 성명이나 초상을 사용하는 경우 동의의 범위를 벗어나 초상이나 성명을 사용하는 경우를 부정사용이라고 할 수 있는 것이다. (3) **권리자의**

허락범위를 벗어난 사용 영화의 한 장면을 다른 제품광고에 그대로 사용하는 경우 특별한 사정이 없는 한 영화배우는 적절한 범위 내에서 영화광고를 목적으로 자신의 초상사용을 허락한 것으로 보는 것이 타당할 것이다. 그러나 영화홍보의 범위를 넘어서 영화의 흥행으로 인한 다양한 캐릭터 상품판매나 영화내용을 책으로 출판하는데 해당 배우의 초상이나 동일성(identity)의 이미지가 들어간 경우에는 영화 제작자나 기획사의 허락만으로는 정당한 사용이라고 볼 수 없으며, 해당 배우의 허락이나 새로운 계약이 필요할 것이다. 3) **구제수단** 미국의 경우 퍼블리시티권 침해에 대한 구제수단은 금지처분청구(금지명령)과 손해배상청구(금전배상)로 대별될 수 있으며, 뉴욕주법은 변호사 비용의 지급에 대해서도 규정하고 있다. 그 밖에 폐기청구, 부당이득반환청구, 명예회복조치 등이 있을 수 있다. 우리나라의 경우에도 금지처분청구와 손해배상청구가 퍼블리시티권 침해에 대한 주된 구제수단이 되겠지만, 그와 함께 부당이득반환청구, 명예회복청구, 반론보도청구 등이 구제수단이 될 수 있는지의 여부도 함께 검토해 볼 필요가 있을 것이다. (1) **손해배상청구** 퍼블리시티권 침해는 민법 第750조의 불법행위에 해당하므로 피해자(퍼블리시티권자, 그 이용허락이 있었던 경우에는 이용권자)는 가해자를 상대로 손해배상을 청구할 수 있을 것이다. 이 경우 주로 정신적 손해와 재산적 손해가 문제되며, 인격권으로 보든지 재산권으로 보든지 손해발생은 인정되지만 손해배상액 산정에서 차이가 있을 수밖에 없을 것이다. 인격권으로 볼 때에는 위자료의 성격으로 보아 재산권으로 볼 때의 재산적 손해보다 배상액이 줄어들 가능성이 많을 수 있다. 미국의 경우 징벌적 손해배상(punitive damage)를 인정하고 있다. (2) **금지청구** 퍼블리시티권이 본질에 있어서 인격권에 속한다고 보는 입장을 취하는 경우에는 퍼블리시티권침해를 이유로 금지청구를 인정할 수 있다. 우리나라에서 퍼블리시티권의 침해시 재산권유사의 절대적 배타적인 권리로 판단하여 방해배제 및 예방청구권을 규정한 민법 214조를 유추 적용하여 금지청구권을 인정할 수 있고, 퍼블리시티권에 기하여 금지청구권이 발생하므로 물권적 청구권을 유추 적용해서 그 침해를 해결할 수 있을 것이다. (3) **부당이득반환청구** 퍼블리시티권의 침해를 통해 침해자는 법률상 원인 없이 타인에게 속한 초상·성명 등의 동일성가치의 재산적 이득을 얻고 타인에게 손해를 가한 결과가 되므로 퍼블리시티권자는 침해자를 상대로 부당이득반환청구를 할 수 있다. 부당이득반환청구를 인정할 경우에는 손해배상청구권이 민법 제766조 제1항의 불법행위로 인한 손해배상청구권 규정의 단기의 소멸시효에 걸리지 않고 소멸시효 기간이 길어지므로 실익이 있다고 할 수 있다. (4) **명예회복청구** 퍼블리시티권은 재산권적 성격을 가지므로 인격권침해로 인해 피해자의 명예가 훼손된 경우에는 적용영역이 다른 퍼블리시티권을 인정할 필요는 없을 것이며, 명예훼손의 경우에는 민법 제764조(명예훼손경우의 특칙)를 직접 적용하면 해결 될 수 있을 것이다. (5) **반론보도청구 가능성** 퍼블리시티권에 대한 침해가 동의 없이 언론매체 등을 이용한 광고를 통해 이루어진 경우에 동일성의 침해를 입은 피해자가 직접 반론보도청구를 할 수 있을 것인가의 여부가 문제가 된다. 긍정하는 견해는 권리자는 자신의 승낙 없이 무단으로 광고에 이용되고 그 광고가 공표됨으로 인하여 받은 정신적 고통이 있음은 경험칙상 당연한 것이므로 퍼블리시티권의 권리자는 반론보도청구권을 가진다고 볼 수 있다. 부정하는 견해는 반론보도를 인정한다면 언론매체사마다 일일이 초상, 성명권자의 동의서를 첨부하여야 하는 번거로움이 생기고 시급을 다투는 광고실무상 이는 불가능하다는 점을 근거로 든다. 허용될 수 없다고 보는 것이 타당하다.

public forum doctrine = 공적광장이론 = 공공장소이론 1. **의의와 연혁** 1) **의의** 공적광장이론은 미연방대법원판례를 통하여 확립된 이론이다. 표현의 자유는 종종 거리(streets), 공원(parks), 보도(sidewalks) 등과 같은 그 행사 장소(place)를 필요로 하는데, 표현을 위해 국민은 어떤 공적재산(public property)을 이용할 권리가 인정되며 또 어떤 상황에서 인정되는지, 표현에 대한 규제는 어떻게 가능한지에 관한 이론이다. 공적광장에서의 표현활동은 민주적 과정의 필수적인 부분이기 때문에, 미연방대법원은 특히 정치적 메시지를 전달하기 위해 공적광장에서 집회하고 자신을 표현하고자 하는 집단들에 대해 수정헌법 제1조에 의거하여 강하게 보호하였다. 2) **연혁** 표현목적으로 특정한 장소(예컨대 거리, 공원, 보도)에 접근하는 것에 대해 연방대법원은 1897년 Davis 사건에서 정부를 그 공적재산(예컨대 거리, 공원, 보도)의 소유자로 취급하여, 정부가 정부재산인 거리나 공원에서 표현을 금지하는 것은 개인이 자기소유 집에서 그것을 금지하는 것과 마찬가지라고 하면서, 표현목적을 위해 정부재산을 사용할 권리를 인정하지 않았다(Davis v. Commonwealth of Massachusetts, 167 U.S. 43(1897)). 약 40년 후 1939년 Hague 사건에서 연방대법원은 정부가 거리를 소유한다는 생각에서 벗어나 정부를 거리, 공원, 보도의 '수탁자(trustee)'로 취급하기 시작하였다(Hague v. Comm. for Indus. Org., 307 U.S. 496(1939)). 공적광장이론은 이 사건에서 연방차원에서 처음으로 나타났다. 이 사건에서 Roberts 대법관은 '거리와 공원의 소유권이 누구에게 있든지 간에, 그것들은 옛날부터 공공의 사용을 위해 위탁되어 왔고, 옛날부터 집회, 시민들 간 생각 소통, 그리고 공적 문제 논의 등의 목적을 위해 사용되어 왔다. 거리와 공적 장소의 그러한 사용은 옛날부터 시민의 특권, 면책, 권리, 그리고 자유의 일부분이었다. … 그 특권은 절대적인 것이 아니라 상대적인 것이며, 공공의 안락과 편의(general comfort and convenience)에 맞게 그리고 평화와 선량한 질서(peace and good order)에 부합하게 행사되어야 한다. 그러나 그 특권은 규제의 형식으로 침해되거나 거부되어서는 안된다.'고 하였다. 이 견해는 1983년의 Perry 사건에서 공적 광장의 3가지 유형이 확립되기까지 중요한 기준이 되었다(Police Dep't v. Mosley, 408 U.S. 92, 96-99(1972); Promotions, Ltd. v. Conrad, 420 U.S. 546(1975); Widmar v. Vincent, 454 U.S. 263, 264-65(1981) 등). 3. **유형** 1983년 Perry 사건(Perry Education Association v. Perry Local Educators' Association, 460 U.S. 37(1983))에서 학교가 단체교섭대표권이 있는 교원노조에게만 학군내의 학교간 우편시스템 사용을 허용하고 경쟁적 지위에 있는 단체교섭대표권이 없는 교원노조에게는 허용하지 않는 것이 문제되었다. 연방대법원은 경쟁조합을 우편시스템 사용에서 배제하는 것을 지지하면서 공적광장의 세 가지 유형을 밝혔다. 첫 번째 유형은, '**전통적 공적광장**(traditional public forum)', '전형적인 공적광장(quintessential public forum)', 또는 '진정한 공적광장(true public forum)'이다. 연방대법원은 Hague 사건을 원용하면서, 거리와 공원 같은 전통적인 또는 전형적인 공적광장을 인정하였다. 전통적 공적광장에서 정부는 모든 표현행위를 금지해서는 안되며, 표현내용에 의거한 규제는 엄격심사를 받는다. 두 번째 유형은, '**중간광장**(middle forum)'이다. 여기에는 '지정된 공적광장(designated public forum)'과 '제한된 공적광장(limited public forum)'이 있다. 연방대법원은 Widmar 사건을 원용하면서, 표현활동을 위한 장소로서 공공의 사용을 위해 정부가 개방한 공적재산을 언급하였다. 이 범주에서 정부는 그 시설의 개방적 성격을 무한하게 유지하도록 요구받지는 않을지라도 정부가 그렇게 하는 한 전통적 공적광장에 적용되는 것과 동일한 심사기준이 적용된다(지정된 공적광장). 그런데 연방대법원은 판결문 각주에서 공적광장은 특정한 집단의 사용이나 특정한 주제논의를 위해서와 같은 제한된 목적을 위해서 설정될 수 있다(제한된 공적광장)고 하였는데, 이 범주에 적용될 심사기준을 밝히지는 않았다. 세 번째 유형은, '**비공적광장**(non-public forum)'이다. 연방대법원은 전통이나 정부의 지정에 의하지 않은 공적 의사소통을 위한 광장을 언급하였다. 이 범주에 적용될 심사기준은 합리성기준이다. 그래서 표현규제가 합리적이고 공무원이 화자(speaker)의 견해에 반대한다는 이유만으로 표현을 억압하려는 것이 아닌 한, 정부는 자신이 의도한 목적을 위해 광장을 유보할 수 있다. 4. **장단점** **장점**은, 첫째, 공적재산에서의 표현 권리가 문제된 사건에서 모든 것에 우선하는 분석틀을 제공한다. 둘째, 광장분석은 표현문제 분석틀을 제공할 뿐만 아니라 모든 정부이익들이 동등한 가치를 갖지 않고 또 그 정부이익들이 항상 표현활동에 우선해서는 안 된다는 실질적 인식까지 포함한다. 셋째, 표현 권리들을 광장의 지리적 또는 기능적 특성에 결부시키는 것은 어떤 표현이 허용될지를 예상가능하게 함으로써 무엇이 허용될지에 관한 불명확성으로부터 발생할 수 있는 표현위축의 위험을 감소시킨다. 넷째, 특정한 방법의 표현을 위하여 장소를 개방함으로써 정부는 모든 시간동안 광장 안에서 행해지는 표현에 대한 모든 통제를 상실하지 않는다는 것을 확신하게 된다. **단점**으로 지적되는 비판은, 첫째, 공적광장의 유형을 결정하는 기준이 명확하지 않다. 둘째, 공적광장 유형의 불명확성과 광장유형을 나타내는 용어사용 및 적용기준에서도 많은 혼란이 있다. 셋째, 공적광장이론이 Hague 사건에서 광범하게 표현보호적인 이론으로 등장했으나 현재에 이르면서 오히려 표현제한적인 이론으로 많이 작용하고 있다는 점이다. 공적광장이론을 비판하는 학자들은 대체로 공적광장이론을 완전히 포기해야 한다고 주장하기보다는 이론수정을 주장한다. 5. **새로운 문제** 인터넷시대에 케이블 방송과 같은 사적 주체가 운용하는 공론장은 공적 광장이 아니며, 단순히 사유재산이나 공간이 공론장이나 공적 의사소통의 창구가 된다고 하여 공적 기능성 내지 공적 조정성이 인정되는 것은 아니라고 하였다(Manhattan Community Access Corp., v. Halleck, 1935. C. 1921 (2019)). 4인의 반대의견은 공적 기능성을 인정하였다.

페인Paine, Thomas 1737.1.29.~1809.6.8. 영국 Norfolk 출생의 철학자이자 정치학자, 혁명가이다. 1776년에 미국에서 「상식(Common Sense)」을 출판하여 독립이 가져오는 이익을 주장하여 큰 영향을 미쳤다. 영국, 미국, 프랑스를 오가면서 미국독립의 당위성과 정당성을 역설하고, 프랑스혁명을 반대했던 에드먼드 버크와 논쟁을 벌였으며, 일생을 혁명가로 살았던 사상가이다. 「상식(Common Sense)」 외에도 「인간의 권리(Rights of Man)」, 「토지분배의 정의(Agrarian Justice)」 등의 저서가 있다.

편집권編輯權 [영] editorial rights, [독] redaktionelle Rechte, [프] droits éditoriaux. 출판의 자유의 한 내포이다. 특히 소유자인 경영진이 것인지 발행인을 포함한 편집진의 것인지에 관하여 논란이 있다. 원칙적으로 발행인을 포함한 편집진에게 있다고 함이 타당하다. ➜ 표현의 자유.

평결評決**의 방식**方式 ➜ 평의와 평결.

평등권平等權 **= 평등원칙**平等原則 [영] equal rights/equal protection of law, [독] Gleichheitsrechte/Gleichheitssatz, [프] droits à l'égalitè/principe d'égalité. 1. **서언** 1) **의의** 평등은 사전적 의미로는「권리, 의무, 자격 등이 차별 없이 고르고 한결같음」으로 정의된다. 평등이 무엇인지에 대해서는 논자에 따라 기회 균등, 결과의 평등, 고려의 평등 등 다양한 의미로 사용되고 있다. 이는 '무엇'을 평등의 대상으로 삼아야 하는지, '어떤 기준'에 따라 평등하게 대우해야 할지 등에 관하여 입장이 다르기 때문에 나타나는 것이다. 2) **연혁** 평등권 내지 평등원리는 서구의 고대에 플라톤이나 아르스토텔레스에 의해서도 논의되었고, 중세에서는 '신 앞의 평등'이 강조되기도 했으나, 권리로서의 평등 내지 헌법적 원리로서의 평등에까지 이르지는 않았다. 근대적 평등권 내지 평등원리는, 1776년 미국 버지니아 권리장전에서 헌법적 원리로 수용되었고, 1789년 프랑스혁명에서 자유·형제애와 함께 3대 기본이념으로 채택되어 1791년 헌법에 편입되었다. 오늘날에는 대부분의 나라에서「법 앞의 평등」이라는 표현으로 도입되어 있다. 3) **평등의 개념분류** (1) **절대적 평등과 상대적 평등** 인간존재의 절대성을 전제로 하여 공동체 내에서 인간에 대한 차별을 최소화하고 가급적 '평등의 최대화'를 지향하는 것이 절대적 평등이며, 인간의 다양성에도 불구하고 모든 인간을 모든 측면에서 똑같이 대우해야 한다거나 모든 개인들을 균질화된 사회로 나아갈 것을 요구한다. 이에 대해 각자의 잠재적·후천적 능력과 기여도 및 필요의 상이성에 따라 합리적 근거가 있는 경우에 다르게 취급하는 것을 정당화하는 것이 상대적 평등이다. (2) **형식적 평등과 실질적 평등** 형식적 평등은 동일한 혹은 유사한 상황에 있는 사람에 대하여 동일하게 대우하여야 한다는 것이다. 동일한 혹은 유사한 상황에 있는 사람에게 차별적인 기준을 적용하여 다르게 취급하였다면 이는 형식적 평등을 위반한 것이다. 이 평등은 동일한 혹은 유사한 상황인가에 대한 판단이 우선된다. 실질적 평등은 취급의 내용이 정의와 법원리에 합당하여야 한다는 것이다. 법적으로는 법의 내용이 헌법적 정의에 합당하여야 한다는 것이다. 내용상 헌법적 정의와 법원리에 위반하는 것을 적용하였다면 이는 실질적 평등을 위반하는 것이 된다. 이러한 평등은 차별에 중립적인 법률에 의해서도 침해될 수 있다. (3) **기타** 이 외에 시민적 평등, 정치적 평등, 사회적 평등, 자연적 평등으로 나누는 견해(J, Bryce), 사법적·정치적 평등, 사회적 평등, 기회의 평등, 경제적 평등으로 나누는 견해(Sartori), 기회의 평등, 조건의 평등, 결과의 평등으로 나누는 견해(Turner) 등이 있다. 4) **평등권과 평등원칙** 용어상으로 평등권(권리설)과 평등원칙(원칙설)을 두고 어느 것이 적절한가에 대하여 견해대립이 있다. 권리개념의 관점, 법문언의 위치, 평등규정의 포괄성, 다른 기본권과의 경합문제, 헌법 제37조 제2항과의 관계 등과 관련하여 평등권과 평등원칙 간의 견해대립이 있으나, 원칙이자 권리로서의 성격을 겸유한다고 본다. 헌법재판소는「평등의 원칙은 국민의 기본권 보장에 관한 우리 헌법의 최고원리로서 국가가 입법을 하거나 법을 해석 및 집행함에 있어 따라야할 기준인 동시에, 국가에 대하여 합리적 이유없이 불평등한 대우를 하지 말 것과, 평등한 대우를 요구할 수 있는 모든 국민의 권리로서, 국민의 기본권중의 기본권인 것이다.」라고 하여(헌재 1989.1.25. 88헌가7), 평등원칙과 평등권을 동시에 인정하고 있다. 2. **평등규범의 헌법적 구체화** (1) **일반적 평등원리규정** 현행헌법은 전문(前文)에서「정치·경제·사회·문화의 모든 영역에 있어서 각인의 기회를 균등히 하고, … 안으로는 국민생활의 균등한 향상을 기하고」 라고 하여 평등의 원리를 규정하고, 제11조에서 「① 모든 국민은 법 앞에 평등하다. 누구든지 성별 · 종교 또는 사회적 신분에 의하여 정치적 · 경제적 · 사회적 · 문화적 생활의 모든 영역에 있어서 차별을 받지 아니한다. ② 사회적 특수계급의 제도는 인정되지 아니하며, 어떠한 형태로도 이를 창설할 수 없다. ③ 훈장 등의 영전은 이를 받은 자에게만 효력이 있고, 어떠한 특권도 이에 따르지 아니한다.」고 규정하고 있다. (2) **개별적 평등원리규정** 헌법 제32조는 교육의 기회균등을, 제32조는 여성근로자의 차별금지를, 제36조는 혼인과 가족생활에 있어서 양성의 평등을, 제119조 제2항은 경제의 민주화를, 제123조 제2항은 지역 간의 균형있는 발전 등을 규정하고 있다. 이 규정들은 헌법이 명시적으로 차별을 금지하거나 평등대우를 명하는 경우에 해당한다. (3) **평등규정의 의미** 우리 헌법이 추구하는 평등의 이념은, 인간으로서의 존엄과 가치에서 파생되는 인격의 평등을 기초로, 첫째 '기회균등'의 원칙, 둘째 '자유주의적 평등' 또는 '자유민주주의적 평등'의 원칙, 셋째 '사회적 평등의 지향(상향식 평등화의 원칙)'을 내용으로 하는 것이라 할 수 있다. 헌법재판소는 「평등의 원칙은 결코 일체의 차별적 대우를 부정하는 절대적 평등을 의미하는 것이 아니라 법의 적용이나 입법에 있어서 불합리한 조건에 의한 차별을 하여서는 안된다는 것을 뜻하고, 개인의 기본권신장이나 제도의 개혁에 있어 법적가치의 상향적 실현을 보편화하기 위한 것이지 불균등의 제거만을 목적으로 한 나머지 하향적 균등까지 수용하고자 하는 것은 결코 아니다.」라고 하고 있다(헌재 1990.6.25. 89헌마107; 2009.3.26. 2007헌마988, 2008헌마225(병합)). 3. **법 앞의 평등** 1) **'법' 앞의 평등** 여기서의 '법'은 형식적 의미의 제정법 뿐만 아니라 실질적 의미의 법을 의미한다. 따라서 모든 형태의 법규범, 즉 법률 · 명령 · 조례 · 규칙 등의 성문법과, 불문법, 국제법 등을 포함한다. 2) **'법 앞의' 평등** '법 앞에' 평등하다는 것은 법의 적용과 집행이 평등하여야 한다는 법적용의 평등(Rechtsanwendungsgleichheit: 형식적 평등) 즉, 「법 앞의 평등」 뿐만 아니라, 법의 내용도 인간을 평등하게 대우하여야 한다는 법제정의 평등(Rechtssetzungsgleichheit: 실질적 평등) 즉, 「법의 평등」을 의미한다. 이는 법집행자가 법을 적용함에 있어서 평등하게 적용하여야 하며 입법자도 또한 내용상 불평등한 법을 제정할 수 없다는 것을 의미한다(입법자구속설). 헌법재판소도 동일한 입장이다(헌재 1989.5.24. 89헌가37; 1992.4.28. 90헌바24; 2000.8.31. 97헌가12 등). 다만, 입법자구속설에 대하여는, ① 법의 내용이 평등한가, 평등하지 아니한가는 법의 집행과 무관하다는 점, ② 법의 내용이 평등하여야 한다는 것은 자연적 · 헌법적 정의를 구현할 것을 요구하는 실질적 법치주의의 요청에 따른 위헌심사제를 통해 구명되는 것이므로 굳이 동 조항으로부터 법내용의 평등을 이끌어낼 필요가 없는 점, ③ 독일의 경우, 기본법 제1조 제3항에 의해 모든 헌법조항에 대해 입법자가 구속된다고 규정하고 있으므로, 입법자구속설이 타당하다고 할 수 있으나, 우리나라 헌법은 그러한 규정이 없는 점 등을 이유로 반대하는 견해가 있다. 3) **'평등'의 의미** 평등은 상대적 평등을 의미한다. 이는 합리적 근거가 있는 차별은 평등의 원칙에 위반되지 않음을 의미한다. 또한 평등은 적법한 상태와 행위만이 보호의 대상이 된다. 예컨대 과속차량 중 어느 한 차량에만 벌금을 부과하는 경우에 다른 과속차량에게도 마찬가지의 벌금을 부과하도록 요구하는 것처럼 불법에 대한 평등한 취급을 요구하는 것은 인정되지 않는다. 간접차별의 경우 사안에 따라 평등의 내용에 포함될 수 있다. 3. **평등심사의 기준** ➔ 평등심사의 기준. 4. **평등권의 효력** 평등원리 내지 평등권은 국가와 개인 사이 뿐만 아니라 개인과 개인 사이에도 널리 적용된다. 헌법재판소는「평등원칙은 원칙적으로 입법자에게 헌법적으로 아무런 구체적인 입법의무를 부과하지 않고, 다만, 입법자가 평등원칙에 반하는 일정 내용의 입법을 하게 되면, 이로써 피해를 입게 된 자는 직접 당해 법률조항을 대상으로 하여 평등원칙의 위반여부를 다툴 수 있을 뿐」이라고 하고 있다(헌재 1996.11 28. 93헌마258; 2003.1.30. 2002헌마358). 하지만 특별한 법규정이 없는 한, 평등원리는 사법상 권리남용금지의 법리나 신의성실의 원칙 등을 통하여 간접적으로 적용된다. 5. **평등권의 구체적 내용** 1) **차별금지사유** 헌법 제11조 제1항 제2문는 차별금지사유로「성별·종교 또는 사회적 신분」을 들고 있다. 이에 대하여 예시적인지 열거적인지에 관하여 견해대립이 있다. 예시규정설은 헌법 제11조 제1항은 헌법상의 개별적인 평등명령 및 차별금지규정들에 대한 일반조항, 즉 헌법상 평등관련 기본규정이라는 것이다. 따라서 헌법 제11조 제1항 제1문과 제2문은 실질적으로 동일한 의미를 가지게 되어 하나의 규범적 내용을 제1문과 제2문이 다른 방식으로 표현하고 있다고 한다. 또한 제1문은 법적 평등의 근거조항이고, 제2문은 모든 생활영역에서 사실적 차원의 평등 즉 실체적 결과에서의 평등의 근거조항이라는 점에서 의미가 있다고 한다. 열거규정설은 헌법 제11조 제1항은 제1문의 일반적 평등원칙과 제2문의 개별적 평등원칙으로 이루어져 있다고 보고, 각각 평등권의 일반조항과 성별·종교 또는 사회적 신분에 의한 차별을 금지하는 차별금지규정으로 기능한다는 것이다. 제2문의 차별금지사유는 열거규정으로 '성별·종교 또는 사회적 신분'에 의한 차별은 제2문에 의해 금지되고, 그 외의 사유 예를 들어 학력·정치관·건강·연령 등에 의한 차별은 제1문의 보호를 받는다는 점에서 평등 요청에 대한 규범적 의미가 다르다고 한다. 예시규정설이 타당하다고 본다. (1) **성별** 남녀의 성에 따른 차별과 관련하여 많은 법률들이 제정되어 있다. 양성평등기본법, 남녀고용평등과 일·가정 양립지원에 관한 법률, 공직선거법상 여성후보자추천제, 민법(친족상속편), 국적법, 병역법, 형법 등의 여러 법률에서 남녀의 취급상 차별을 규정하고 있고, 이에 대하여 다양한 판례들이 형성되어 왔다. 예컨대, 동성동본금혼규정, 군가산점제도, 국적선택상 부계혈통주의, 성과 본의 선택, 남성만의 병역의무, 강간죄의 객체, 종중원 자격, 정리해고대상자의 선택, 여성할당제 등에 관한 판례들이 있다(각 항목 참조). (2) **종교** 우리나라의 경우 다종교사회로서 종교간 갈등이 첨예하지는 않으나, 국가에 의한 종교적 차별의 문제는 적지 않은 문제를 낳고 있다. 예컨대, 국가시험의 공휴일 시행, 양심적 병역거부, 종립학교의 종교교육과 학생에 대한 처우, 특정종교에 대한 지원이나 차별취급 등이 문제된다. (3) **사회적 신분** 사회적 신분이란 사람이 사회에서 일시적이 아니고 장기적으로 차지하는 지위를 의미한다. 구체적으로 전과자, 귀화인, 사용인, 노동자, 교원, 공무원, 직업상 지위, 부자, 빈자, 농민, 어민, 상인, 학생, 장애인, 산업연수생 등을 포함한다. 선천적 신분과 후천적 신분을 구별하여, 사회적 신분은 선천적 신분을 의미한다는 견해도 있으나, 선천적 신분은 물론 후천적 신분도 포함하는 것으로 봄이 타당하다. 헌법재판소도 같은 입장으로, 누범(헌재 1995.2.23. 93헌바43)이나 상습범(헌재 1989.9.29. 89헌마53)에 대한 가중처벌을 평등위반이 아니라고 한다. 존속살해죄의 경우 존속·비속의 지위는 사회적 신분에 포함되지만(헌재

2013.7.25. 2011헌바267), 증여의 경우 배우자나 직계존비속인 지위(헌재 1992.2.25. 90헌가69), 자기 또는 배우자의 직계존속 고소불가(형사소송법 제224조)의 경우 직계존속인 지위(헌재 2011.2.24. 2008헌바56)는 사회적 신분으로 인정하지 아니한다. (4) **기타 사유** 이 외에 언어, 인종, 출신지역 등에 의한 차별금지를 들 수 있다. 2) **차별금지 영역** (1) **정치** 정치적 영역에서의 평등은 선거권, 피선거권, 국민투표권, 공무담임권 등에서 문제된다. 선거권 연령(헌재 1997.6.26. 96헌마89: 입법재량), 입후보 예정 지방자치단체의 장 조기사퇴(헌재 2003.9.25. 2003헌마106: 위헌), 공무원의 선거기획행위(합헌 결정: 2005.6.30. 2004헌바33; 위헌결정: 헌재 2008.5.29. 2006헌마1096), 예비후보자의 선거홍보물 수량제한(헌재 2009.7.30. 2008헌마180: 합헌), 외국교육과정 이수경력의 수학기간 기재(헌재 2010.3.25. 2009헌바121: 합헌), 선거운동기간 전 선거운동금지의 예외로서 인터넷 홈페이지에 의한 선거운동(헌재 2010.6.24. 2008헌바169: 합헌), 무소속 예비후보자의 후보 미등록시 기탁금 미반환(헌재 2010.12.28. 2010헌마79: 합헌), 비례대표 시·도의회의원 후보자의 사전선거운동 등 금지(헌재 2011. 3.31. 2010헌마314: 합헌), 선거범죄로 인해 당선무효로 된 자의 보전기탁금 및 보전선거비용의 반환(헌재 2011.4.28. 2010헌바232: 합헌), 초중등교원의 정당가입금지(헌재 2014.3.27. 2011헌바42: 합헌), 공직선거법상 선거범죄의 공소시효 특칙(헌재 2015.2.26. 2013헌바176: 합헌), 후보자배우자의 명함배부(헌재 2016.9.29. 2016헌마287: 위헌), 선거구획정(➜ 선거구인구비례), 정당에 대한 특별대우(➜ 정당제도), 기탁금(➜ 기탁금) 등 많은 결정이 있다. (2) **경제·사회** 경제·사회 영역의 평등관련 헌법재판소 결정은 매우 많다. 이 영역의 경우 각 사안에서 관련 기본권에 대한 1차적 판단과 함께 평등원칙이 부차적으로 판단되는 예가 많다. (3) **문화** 교육·문화·정보 등에서의 차별도 금지된다. 그러나 능력에 따른 차별은 인정된다. 6. **평등권의 제한** 1) **헌법상 평등권의 예외로서의 특권** ➜ 특권제도. 2) **헌법상 공무원에 대한 제한** (1) **공무원인 근로자의 노동3권 제한** ➜ 노동3권. (2) **군인·군무원 등의 이중배상금지** ➜ 국가배상제도. 3) **법률상 제한** 헌법 제37조 제2항에 따라 국가안전보장·질서유지·공공복리를 위하여 필요한 경우에 법률로써 제한할 수 있다. 공무원·군인·수형자 등의 특수신분관계에 있는 자에 대하여도 법률로 평등권을 제한할 수 있다. 공무원의 노동3권과 관련하여 '사실상 노무에 종사하는 자'에 대하여 노동3권을 보장하는 것과 관련된 결정이 있다. ➜ 노동3권. 7. **평등권의 침해와 구제절차** 평등권 침해에 대해서는 일반적인 기본권침해에 대한 구제절차를 이용할 수 있다. 청원권, 재판청구권, 행정쟁송권, 국가배상청구권, 형사보상청구권, 위헌법률심사제, 위헌·위법 명령·규칙·처분심사제, 헌법소원제도 등의 구제방법이 있다. 8. **적극적 평등실현조치** ➜ 적극적 평등실현조치. 9. **간접차별** ➜ 간접차별.

평등선거平等選擧 ⇔ 차등선거. ➜ 선거의 기본원칙.

평등심사의 기준基準 1. **위헌심사기준** 문제된 사안에 대한 헌법적 판단을 위하여 활용될 수 있는 헌법적 차원의 위헌심사기준은 사안에 따라 다양하게 나타난다. 이에는, 과잉금지원칙과 과소보호금지의 원칙, 신뢰보호의 원칙, 적법절차 원칙, 본질적 내용침해금지 원칙, 법률유보원칙-포괄위임입법금지원칙, 명확성의 원칙, 평등의 원칙, 명백·현존 위험의 원칙, 단계이론, 선거의 제 원칙, 소급입법금지원칙, 경계이론-분리이론 등 당해 사안의 해결을 위하여 요구되는 다양한 헌법원칙들이 있다. → 위헌심사기준. 평등심사기준에 있어서는 자유권의 심사에서 적용되는 비례의 원칙(과잉금지의 원칙)을 평등권에 대한 심사에서도 적용될 수 있는지가 논의되어 왔다. 우리 헌법해석상 평등권에 관한 논의는 독일에서의 논의와 미국에서의 논의가 적지 않게 영향을 미쳤다고 볼 수 있다. 2. **독일연방헌법재판소의 평등심사기준** 1) **헌법규정** 독일기본법 제3조는, 제1항에서 「모든 인간은 법률 앞에 평등하다.」고 하여 일반적 평등원칙을 규정하고, 제2항에서 「남자와 여자는 동등한 권리를 갖는다. 국가는 여성과 남성의 동등한 권리의 사실적인 실현을 증진하고 현존하는 불이익을 제거하기 위하여 노력한다.」, 제3항에서는 「누구도 성별, 가문(Abstammung), 종족(Rasse), 언어, 고향과 출신(Heimat und Herkunft), 신앙, 종교적 또는 정치적 견해 때문에 불이익이나 특혜를 받지 아니 한다. 누구도 장애를 이유로 불이익을 받지 아니한다.」고 규정하여 개별적 평등원칙을 규정하고 있다. 1994년 독일기본법개정 이전에는 제2항에서 「남성과 여성은 동등한 권리를 가진다.」라고만 규정하였는데, 이 규정에 대하여 독일연방헌법재판소와 학설은 남녀의 법적·형식적·절대적 평등으로 이해하여 여성에 대한 적극적 평등실현의 근거가 아니라고 보았다가(BVerfGE 37, 217(1974)), 1980년대에 판례변경을 통해 이 규정이 여성에 대한 적극적 보호의 의미도 포함된다고 판시하였다(BVerfGE 74, 163(1979); 85, 191(1992)). 이 후 독일은 1994년 기본법개정을 통하여 제3조 제2항 제2문을 추가함으로써 적극적 평등실현조치에 대한 헌법적 근거를 마련하였다. 이 외에 개별적 평등규정으로 제6조 제5항(혼인 중의 자와 혼인 외의 자의 평등), 제33조 제1항(국민의 권리와 의무의 평등), 제2항(공무담임권의 평등), 제3항(종교적 차별의 금지), 제38조 제1항(평등선거) 등 평등에 관한 여러 규정을 두고 있다. 2) **평등심사기준의 변화 - 3 단계 기준** 독일연방헌법재판소는 평등원칙 위반여부의 심사를 위한 기준을 3 단계로 나누어 평등심사기준을 정립하였다. 가장 일반적이고 오랜 기간 동안 사용되었던 **자의금지(Willkürverbot)의 정식 단계**, '인적 평등'의 경우에는 보다 엄격한 비례성(Verhältnissmäßigkeit)심사를, '물적 평등'의 경우에는 새로운 정식(die neue Formel)을 적용하는 '**새로운 정식 단계**', 일반적 평등원칙은 규율대상과 차별기준에 따라 각각 단순한 자의금지로부터 비례성의 요청에 이르기까지 입법자를 구속하는 다양한 한계를 도출해내는 '**최신의 정식(die neueste Formel)' 단계** 등의 3 단계기준을 확립하였다. 평등심사에 있어서 1980년대 초반에 이르기까지는 평등원칙을 자의금지원칙으로 해석하였다. 자의금지의 원칙 수립에 중요한 역할을 한 Leibholz에 의하면, '법 앞에서의 평등'이란 올바른 법에 대한 요청으로서, 올바른 법은 정의의 개념을 전제로 하기 때문에 같게 또는 다르게 취급하는 것이 정의로워야 하는 것을 의미하나, 정의란 내용적으로 규정될 수 없고 다른 도덕적 가치와 마찬가지로 불변의 고정된 실체가 아니라 인간 공동체와 함께 끊임없이 변화하므로, 이러한 정의의 상대성 때문에 결국 '법률 앞의 평등'도 '입법과 집행(사법과 행정)이 동시대의 법의식에 비추어 "자의적"이지 아니한 행위를 할 것'을 요구할 수밖에 없다고 하여, "자의금지의 원칙"이 평등심사의 판단기준이 된다고 하였다. 하지만 '자의금지의 원칙'만으로 모든 평등문제를 해결하기에는 역부족이었고, 독일연방헌법재판소가 자의적인 재판을 스스로 자제하기 어렵다는 비판을 면하기 어려웠다. 이러한 비판을 계기로 독일연방헌법재판소는 1980

년 이후에 내용적으로 보다 명확하고 구체적인 기준을 제시하려고 노력하여, 독일민사소송법 제528조에 대한 위헌제청 및 헌법소원사건결정에서 제1재판부는, 법률이 의도하는 차별이 인적집단에 따른 차별(인적 차별)인가 아니면 인간의 생활관계나 행위에 따른 차별(사항적 차별)인가로 구분하여, 「인적 차별의 경우에는 두 인적 집단 사이의 차별대우를 정당화할만한 정도로 성질과 비중에 있어서 차이가 없음에도 불구하고 달리 취급한다면 평등권에 위반된다.」는 소위 '새로운 공식'(die neue Formel)을 엄격심사 기준으로 제시하였다(BVerfGE 55, 72(1980)). 뒤 이어 1992년 '노동조합의 심의원조'결정에서 새로운 공식의 수정공식을 제시하였고(BVerfGE 88, 5(1992)), 1993년에 성전환자법이 출생당시의 성과 다른 성적 정체성을 지니는 자가 이름을 바꾸려면 25세에 이르러야 한다는 규정이 헌법에 위반된다고 결정하면서 평등심사와 관련된 이른바 '새로운 공식'의 수정내용(최신의 공식)을 제시하였다('성전환자법' 결정(BVerfGE 88, 87(1993)). 이 결정에서 연방헌법재판소는 「모든 인간이 법률 앞에 평등하다는 원칙은 일차적으로 정당화될 수 없는 인적 차별을 막아야 하므로 입법자가 인적 집단을 달리 대우하는 경우에는 일반적으로 엄격한 기속을 받으며, 인적 속성이 독일기본법 제3조 제3항에 열거된 사유인 성별, 출신성분, 인종, 언어, 고향, 사회적 신분, 신앙, 종교, 세계관에 가까워질수록, 그리고 따라서 그와 관련된 불평등취급이 소수자의 차별을 초해할 위험이 크면 클수록 이러한 구속은 더욱 엄격해진다.」고 하여 인적 차별과 물적 차별만 구별한 이른바 '새로운 공식'을 보완하였다. 그 밖의 결정에서도 연방헌법재판소는 일반적 평등원칙은 유일하게 통일된 심사척도를 내세우지 않고 규율대상과 차별표지에 따라서 입법자에게 단순한 자의금지부터 비례성요구에 대한 엄격한 구속에 이르기까지 다양한 한계가 제공한다고 하며, 그 비례성요구는 독일기본법 제3조 제3항에 열거된 인적 표지에 가까울수록 더욱 강해진다고 판시하였다(BVerfGE 96, 169(1997)). 하지만 차별심사에 있어서 비례성심사를 좁은 의미의 비례성심사 즉, 법익의 균형성심사에 국한함으로써, 자유권침해에 관한 심사에서 행하는 넓은 의미의 비례성심사는 하지 않고 있다. 제1재판부가 이른바 '새로운 공식'에 의해 심사기준을 두 가지로 적용하고 있는 것과 달리, 제2재판부는 전통적인 자의금지원칙에 의한 평등권심사기준을 고수하고 있는 것처럼 이해되었으나, 1996년의 '외국근무수당(Auslandszuschlag)'결정(BVerfGE 93, 386(1996))에서 제1재판부의 수정된 '새로운 공식'을 수용하는 것으로 보이는 결정이 있었고, 현재에는 제1재판부와 제2재판부 사이에 큰 차이는 없는 것으로 이해되고 있다. 3) **자의성 심사와 비례성 심사의 관계** 자의성 심사 결과와 비례성 심사 결과가 항상 일치하는 것은 아니다. 우선, 자의성 심사 결과가 합헌이라고 해서 비례성 심사 결과도 항상 합헌이 되는 것은 아니다. 자의성 심사와 비례성 심사는 그 결과에서 중대한 차이를 초래할 수 있다. 따라서 자의성 심사가 적용되는 영역에서 비례성 심사를 추가·적용하는 것은 입법형성권을 침해할 수 있기 때문에 권력분립의 관점에서 허용되지 않는다. 그러나 자의성 심사 결과가 위헌이면 비례성 심사 결과도 항상 위헌이다. 따라서 비례성 심사가 적용되는 영역에서 자의성 심사를 먼저 적용하는 것은 논증의 경제성을 제고할 수 있다. 비례성 심사에 앞서 자의성 심사를 적용하더라도 입법형성권이 침해되지 않으며, 자의성 심사의 결과로서 이미 일반적 평등원칙 위반이라는 결론이 나올 수 있기 때문이다. 물론 자의성 심사 결과는 합헌이지만 비례성심사 결과가 위헌이 되는 경우에는 비례성 심사를 생략할 수 없다. 그렇다면 자의성 심사만이 적용되는 영역에서 비례성 심사를 추가·적용하는 것은 금지되지만, 비례성 심사가 적용되는 영역에서는 자의성 심사를 먼저 적용하더라도 문제가 되지 않는다. 따라서 자의성 심사와 비례성 심사는 택일관계에 있는 것이 원칙이지만, 비례성 심사가 적용되는 영역에서는 선후적용관계에 있다고 보아도 무방할 것이다. 3. **미국 연방대법원의 평등심사기준** 1) **평등규정의 변천과 해석** 헌법제정자에 의해 제정된 초기 미국연방헌법은 미국독립선언에서 인간의 평등을 명시적으로 인정하고 있으나, 헌법에는 평등에 관한 규정을 두지 않았다. 평등조항은 미국의 남북전쟁(1861~1865) 이후 통과된 3개의 수정헌법(제4차 수정헌법)을 통해 나타났다. 1865년 수정헌법 제13조는 노예제도를 폐지하였고, 1868년 수정헌법 제14조는 시민권의 평등한 보장 및 법에 의한 시민의 평등한 보호를 규정하였으며, 1870년 수정헌법 제15조는 흑인에게 투표권을 부여할 것을 규정하였다. 미국연방대법원이 수정헌법 제14조에 대해 최초로 해석을 하게 된 1873년 Slaughter House, 83 U.S. 36 (1873) 판결에서는 수정헌법 제14조에 흑인에 대하여 명백하고 규정하고 있지 않기 때문에 경제적 사항에는 적용이 없다고 판시하여 이 규정을 좁은 의미로 해석하였다. 하지만 1886년 Yick Wo v. Hopkins, 118 U.S. 356 (1886) 판결에서는 이 평등규정이 중국계 인종에게도 적용된다고 판시하였고, Santa Clara County v. Southern Pacific R.R., 118 U.S. 394 (1886) 판결에서 경제적 사항에 확대 적용하여 수정헌법 제14조의 규정이 평등에 관한 일반규정으로서의 역할을 수행하게 되었다. 미국연방대법원은 1897년의 Gulf, C. & S. F. Ry. Co. v. Ellis, 165 U.S. 150 (1897) 판결에서 합리적 심사(rational basis test)기준을 적용하였고, 1938년에 United States v. Carolene Products, 304 U.S. 144, 152 (1938) 판결의 각주 4번에서 연방의회입법에 대한 존중을 기본 골격으로 한 엄격한 심사(strict scrutiny)기준의 공식을 정립하였다. 연방대법원은 평등보호와 관련된 사건에서도 '엄격한 심사'와 '합리성심사'로 이루어진 2단계의 심사기준(two-tiered scrutiny)을 모델로 하였다. 1976년 Craig v. Boren, 492 U.S. 190 (1976) 판결에서 '중간심사기준(intermediate level of scrutiny)'을 처음 적용하였다. 2) **합리성 심사기준(rational basis test)** 전통적인 평등보호영역인 대부분의 경제적, 그리고 사회복지에 관한 입법은 '의심스러운 차별(suspect classification)'이나 '기본적인 권리(fundamental rights)'가 관련되지 않은 영역으로 단순한 합리성 심사기준을 적용하였는데, 이는 입법자가 선택한 수단(차별)이 정당한 입법목적과 합리적인 관계가 존재하면, 그러한 차별은 평등보호조항을 위반하는 것이 아니라는 판단을 내리는 것이다. 이러한 합리성심사 기준에 의해 심사될 때, 어떤 법률이 입법자의 입법형성권을 존중해야할 영역이라면 정부는 최소한의 논증부담만을 부담하게 되고, 규율하는 법률에 대하여 법원은 일반적으로 합헌성을 추정해야 한다. 이 기준은 1897년의 Gulf, C. & S. F. Ry. Co. v. Ellis 사건에서 처음 제시되었고, 1920년에 Royster Guano Co. v. Virginia, 253 U.S. 412 (1920) 사건에서 판례상 원칙으로 확립되었다. 합리성 심사기준이 적용되는 경우에는 정부가 정당한 목적을 추구하는지와 선택된 수단이 정부의 목적에 합리적인 관련을 갖고 있어야 한다는 두 요건만 만족시키면 된다. 이 심사기준에서는 원고가 입증책임을 지는데, 원고가 어떠한 법률이 정당한 목적을 달성하기 위한 것이 아니라든가 법률이 그 목적을 달성하기 위한 합리적인 수단이 아니라는 점을 입증하지 못하면 그 법률은 합헌으로 판결된다. 이 심사는 가장 완화된 심사기준으로 연령에 따른 차별, 빈부와 관련된 차별, 장애에 따른 차별, 성적 지향에 따른 차별 등의 영역에서 적용된다. 경제적-사회적 규제(economic-social regulation)를 위한 차별을 내용으로 하는 법률의 평등심사에는 거의 반드시 적용되고 있다. 이러한 심사기준은 대단히 느슨한 것이어서 Gunther는 '사실상 아무것도 아닌(virtually none in fact)' 것으로 평가하였다. 3) **엄격한 심사기준(strict scrutiny standard)** 이 심사기준은 가장 높은 단계의 심사기준으로서, 합리성 심사기준이 재판관의 해석의 여지가 크고, 권리의 침해가능성이 크다는 문제점이 나타나면서, 평등보호에서도 엄격한 심사를 하기 시작하였다. 엄격한 심사기준은 어떠한 법률이 인종(race), 출신국적(national origin), 민족성(Ethnicity) 일정한 경우의 외국인(alienage)과 같은 '의심스러운 구분'에 의한 차별을 하는 경우나 '기본적인 권리'에 영향을 주는 경우에 적용하는 심사기준이다. 이 심사기준에서는 어떠한 법률이 긴절한 정부의 목적을 달성하기 위하여 필수불가결하여야 합헌으로 판단되는데, 이는 정부에 무거운 입증책임을 부담한다. 이 심사기준은 1938년에 United States v. Carolene Products 사건에서 정립되었다. 연방대법원은 1942년에 Skinner v. Oklahoma, 316 U.S. 535 (1942) 사건에서 최초로 엄격한 심사(strict scrutiny)를 명확한 용어로 사용하였다. 그리고 1944년에 Korematsu v. United States, 323 U.S. 214 (1944). 사건에서 인종 및 국적에 대한 차별은 수정헌법 제14조의 평등보호조항 하에서 '즉시 위헌의 혐의가 있는 것'이라고 하였으나, 동 사건은 합헌으로 판결되었다. 1950년 후반 Warren법원시대(1953-1969)에 엄격한 심사기준은 활발하게 적용되었는데, 1958년에 NAACP v. Alabama, 357 U.S. 449 (1958) 사건에서는 결사의 자유에 대한 제한을 정당화하기 위해서는 '**필수 불가결한 이익**(compelling interest)'이 있어야 한다고 하였으며, 1963년에 Sherbert v. Verner, 374 U.S. 398 (1963) 사건, Kramer v. Uinon Free School District, 395 U.S. 621 (1969) 사건, Shapiro v. Thomson, 394 U.S. 618 (1969) 사건 등에 적용되었다. 엄격한 심사기준이 적용되어야 할 요건으로는 어떠한 법률이 정부가 정당하고 중요하고 필수불가결한 목적이라고 여기는 것, 즉 기본적인 헌법상의 가치 제한을 정당화 할 수 있는 중대한 가치를 구현하려는 목적이 있어야 하며, 어떠한 법률의 목적을 달성시키기 위해서 적용하는 차별이 중요한 이익을 증진시키기 위해 다른 방법으로서는 동일한 목적을 합리적으로 실현할 수 없을 정도로 필수적인 방법이어야 하며 이러한 요건을 충족시키지 못하는 차별은 위헌으로 판단된다. 이 엄격한 심사기준은 정부에게 입증책임이 있는데, 정부는 심사대상 법률이 필수불가결한 정부의 목적에 기여하고 나아가 그러한 이익의 달성을 위해 필수적인 것임을 입증해야 한다. 이 심사기준이 적용되는 영역으로는 '의심스러운 구분'에 의한 차별이나 '기본적인 권리'에 영향을 주는 차별의 경우이다. '의심스러운 구분'에 의한 차별로는 인종, 종교, 출신국적, 민족성, 외국인인 지위, 그리고 재산의 다과(多寡)에 의한 차별의 경우가 있는데, 이는 수정헌법 제14조의 평등보호조항에 의해 보호된다. 그리고 '기본적인 권리'에 영향을 주는 차별로는 연설의 자유, 언론의 자유, 집회의 자유, 피고인의 권리, 사생활권, 종교행사의 자유, 주간 여행의 자유, 그리고 투표권에 영향을 주는 경우로써, 이는, 예외는 있지만, 수정헌법 제5조의 적법절차조항에 의해 보호된다. 반면에 연방대법원은 복지(welfare)나 교육(education)에 관한 권리 등은 기본적인 권리로 인정하기를 거부하였다. 4) **중간심사기준**(intermediate level of scrutiny) 중간심사기준은 전통적인 평등원칙심사인 합리성심사와 엄격한 심사의 중간단계의 심사로써, 이는 2단계 심사기준만으로 적용하기 어려운 경우에 적용하는 심사기준이다. 이 심사기준은 엄격한 심사보다는 완화되게, 합리성심사보다는 엄격하게 심사하는 심사기준이다. 이 심사기준은 어떠한 법률이 '중요한(important)' 정부의 목적과 '실질적인(substantially)' 연관성이 있으면 법원에 의해 지지된다는 것이다. 이 중간심기준을 적용할 경우에는 정부가 입증책임을 부담한다. 중간심사기준은 합리성 심사와 엄격한 심사로 이루어진 2단계 심사기준의 문제점을 보완하기 위해 고안되었는데, 이 두 심사기준의 문제점으로는 첫째, 2단계 심사기준은 위헌성이 강한 차별과 그렇지 않은 차별을 구별하는 데에 실질적인 기준의 제시를 못하며, 둘째, 차별로 인하여 본질적 권리를 침해하는 경우에 엄격한 심사기준이 적용되는데, 2단계 심사기준은 본질적 권리를 정의하는 데에 거의 아무런 기준도 제시하지 못하였으며, 셋째, 2단계 심사기준이 평등보호조항의 사건에서 매우 극단적인 결과를 야기하는 바, 합리성 심사기준을 적용하는 경우, 거의 합헌의 판결이 그리고 엄격한 심사기준을 적용하는 경우에는 거의 위헌의 판결이 내려졌다. 그리하여 2단계 심사기준으로는 중간적 중요성을 갖는 권리나 계층을 위한 어떠한 여지의 존재도 판단할 수 없었다. 이에 Marshall 대법관은 San Antonio v. Rodriguez, 411 U.S. 1, 100 (1973) 판결과 Massachusetts Board of Retirement v. Murgia, 427 U.S. 307 (1976) 판결에서 획일화된 2단계 심사기준의 시정을 주장하였고, 1976년에 Craig v. Boren, 492 U.S. 190 (1976) 판결에서 중간심사기준을 정립하였다(**3단계 심사기준**). 중간심사기준은 입법부에 의해 선택된 수단 또는 차별은 중요한 정부목적에 관련되어야 한다는 것으로 어떠한 법률이 중요한 정부의 입법목적에 실질적으로 관련이 있다면 그 법률은 합헌이 될 것이라는 것이다. 즉, 정부의 목적은 단지 '정당한' 목적에 그쳐서는 안 되고 법원이 '중요한' 것으로 인정할 수 있어야 하며, 또한 그 법률에 의한 차별수단이 정부의 목적을 달성하는 데에 실질적으로 관련이 있음을 법원이 믿을 수 있어야 한다. 연방대법원은 이 중간심사기준이 적용되는 경우로 '준의심스러운 차별(Quasi Suspect Classifications)' 즉, 성별에 의한 차별, 혼인 외 출생자에 대한 차별, 교육과 관련한 불법체류 외국인 자녀에 대한 차별, 상업적인 언론의 자유 및 공공장소에서의 언론의 자유와 관련된 차별 등에서 적용된다고 보고 있다. 하지만 이 중간심사기준의 적용영역에 대해 모든 대법관들이 동의한 것은 아니고 약간의 견해차이가 있는 바, 이 심사기준의 적용영역이 명확하게 확립되지는 않는 듯하다. 5) **유동적 척도이론**(sliding scale system) 유동적 척도이론은 연방대법원 대법관들이 다중심사기준에 대해 비판을 하면서 중간 심사기준이 나타나기 이전인 1970년부터 판결의 반대의견으로 나타났다. 이에 대한 대표적인 대법관은 Thurgood Marshall 대법관으로서, 2단계 또는 3단계에 의한 심사보다 더욱 세분화하는 '유동적 척도이론'을 헌법재판의 원칙으로 할 것을 주장하였다. 그는 1970년 Dandridge v. Williams, 397 U.S. 471 (1970) 판결의 반대의견에서 이 유동적 척도이론을 처음 제시하였다. 이 유동적 척도이론은 1973년 San Antonio Indep. School Dist v. Rodriguez, 411 U.S. 1, 100 (1973) 판결의 반대의견에서 Marshall 대법관에 의해 더욱 체계화되었는데, 그는 엄격심사와 합리성 심사기준의 두 범주로 유형화하여 평등보호 사건을 살펴보는 것을 부인하고, 다수의견에서 말하는 엄격심사를 요하는 기본적인 권리는 헌법자체에서 찾을 수 있는 확립된 권리만을 포함한다는 의견을 받아들일 수 없다고 하면서, 심사기준은 불리한 영향을 받은 이익의 헌법적, 사회적 중요성 및 차별의 원인이 된 근거의 불평등함(invidiousness)에 따라 적용해야 한다고 주장하였다. 이러한 유동적 척도이론은 중간심사기준을 채택하는 결정적인 동기를 제공하였고, 일정한 심사기준을 명백하게 규정하지 아니함으로써, 개개 사건에 적용하여 구체적 타당성을 구현할 수 있다는 장점이 있다. 6) **최근의 엄격한 평등심사기준의 동향** 엄격한 심사기준에 대하여 1972년 Gunther의 '이론상 엄격하지만, 사실상 치명적인(strict in theory, but fatal in fact)'이라는 말처럼, 심사기준의 엄격함 때문에 사실상 위헌이라는 결과가 결정되어 있는 사법심사기준이라는 비판이 제기되고 있다. 최근에는 엄격심사를 적용하는 경우에도 전후 상황에 따라 사법심사의 결과가 달라질 수밖에 없다는 견해가 '상황론적 엄격심사(contextual strict scrutiny)'라는 이름으로 강력하게 대두되고 있다(Adarand Constructors v. Pena, 515 U.S. 200(1995)). 4. **우리나라 헌법재판소의 평등심사기준** 헌법재판소는 창립 초기부터 평등심사에 있어서 매우 적극적인 태도를 보여왔고, 평등심사에 있어서 그 논증의 설득력을 높이기 위해 상당한 노력을 기울였다. 헌법재판에 있어서 평등위반 여부에 관한 심사기준은 평등심사에 있어서 이정표적 결정으로 평가받고 있는 제대군인가산점 사건 결정(헌재 1999.12.23. 98헌마363) 이전의 심사기준과 동 결정 이후의 심사기준으로 크게 구분할 수 있다. 1) **제대군인가산점 결정 이전** 동 결정 이전에는 헌법재판소는 원칙적으로 자의금지원칙을 기준으로 심사하였고 이따금 비례의 원칙에 의한 심사도 병행하였다. 하지만, 비례의 원칙에 의한 심사를 한 경우에도 비례심사의 본질에 해당하는 '법익의 균형성(협의의 비례성)'에 대한 본격적인 심사는 하지 않았다. (1) **자의금지원칙에 의한 합리성심사** 헌법재판소는 자의금지원칙에 입각하여 차별을 정당화할 수 있는 합리적 근거나 이유가 있는지 유무를 기본적으로 심사하였다. 합리적 근거가 있는 차별인가의 여부는 그 차별이 인간의 존엄성이라는 헌법 원리에 반하지 아니하면서 정당한 입법목적을 달성하기 위하여 필요하고도 적정한 것인가를 기준으로 판단하여야 한다고 판시한 바 있다(헌재 1994.2.24. 92헌바43). 또한 헌법재판소는「평등원칙의 위반 여부에 대한 헌법재판소의 판단은 단지 자의금지의 원칙을 기준으로 차별을 정당화할 수 있는 합리적인 이유가 있는가의 여부만을 심사하게 된다.」라고 판시하여, 자의금지원칙에 의한 평등심사의 법리를 확인하였다(헌재 1997.1.16. 90헌마110). (2) **예외적인 비례원칙 심사** 헌법재판소는 금융기관연체대출금특별조치법 사건(헌재 1989.5.24. 89헌가37), 상속세법 사건(헌재 1992.2.25. 90헌가69), 주택건설촉진법 사건(헌재 1994.2.24. 92헌바43), 회사정리법 사건(헌재 1992.6.26. 91헌가8) 등에서 자의금지원칙에 의한 심사 외에 비례의 원칙에 기하여도 평등심사를 하였다. 하지만 헌법재판소는「그동안 헌법재판소는 평등심사에 있어 원칙적으로 자의금지원칙을 기준으로 하여 심사하여 왔고, 이따금 비례의 원칙을 기준으로 심사한 것으로 보이는 경우에도 비례심사의 본질에 해당하는 '법익의 균형성(협의의 비례성)'에 대한 본격적인 심사를 하는 경우는 찾아보기 힘들었다고 할 수 있다.」고 하여, 스스로 비례원칙에 의한 평등심사를 거의 하지 않았음을 자인하고 있다(헌재 2001.2.22. 2000헌마25). 2) **제대군인가산점 결정 이후** 헌법재판소는 1999년 제대군인가산점 사건결정(헌재

1999.12.23. 98헌마363)의 평등권 침해 여부 판단 부분에서, 평등위반 여부 심사기준에 관하여 「평등위반 여부를 심사함에 있어 엄격한 심사척도에 의할 것인지, 완화된 심사척도에 의할 것인지는 입법자에게 인정되는 입법형성권의 정도에 따라 달라지게 될 것이다. 첫째, 헌법에서 특별히 평등을 요구하고 있는 경우 엄격한 심사척도가 적용될 수 있다. 헌법이 스스로 차별의 근거로 삼아서는 아니 되는 기준을 제시하거나, 차별을 특히 금지하고 있는 영역을 제시하고 있다면, 그러한 기준을 근거로 한 차별이나 그러한 영역에서의 차별에 대하여 엄격하게 심사하는 것이 정당화된다. 둘째, 차별적 취급으로 인하여 관련 기본권의 중대한 제한을 초래하게 되는 경우 입법형성권은 축소되어 보다 엄격한 심사척도가 적용되어야 할 것이다.」라고 한 후, 엄격심사의 내용에 관해서는, 「엄격한 심사를 한다는 것은 자의금지원칙에 따른 심사, 즉 합리적 이유의 유무를 심사하는 것에 그치지 아니하고 비례성원칙에 따른 심사, 즉 차별취급의 목적과 수단 간에 엄격한 비례관계가 성립하는지를 기준으로 한 심사를 행함을 의미한다.」라고 판시하였다. 이러한 심사기준은, 평등심사에 있어서 단일한 기준에 의하여 심사를 하지 않고, 완화된 심사와 엄격심사의 두 가지 서로 다른 기준에 의하여 심사를 하는 2중기준(double-standard)이라는 점에서, 독일연방헌법재판소나 미국 연방대법원의 평등심사기준과 유사성이 있다. 이 결정 이후 헌법재판소는 이중기준을 매우 제한적으로 해석한 사례도 있기는 하지만(헌재 2003.9.25. 2003헌마30), 여러 결정에서 이중기준을 그대로 유지하고 있다. 3) **평등심사기준의 대안 모색** 첫째, 제대군인가산점 관련 위헌확인사건에서의 '헌법에서 특별히 평등을 요구하고 있는 경우'는 헌법이 차별금지기준을 제시하거나 차별금지영역을 제시하고 있는 경우로 제한하여 볼 특별한 이유가 없고, 우리 헌법상 평등의 이념 중의 하나인 '상향식 평등화'의 달성을 위해 우대명령을 하고 있는 경우 또는 헌법상 국민의 의무에 관한 것들도 함께 전체적으로 살펴봄으로써 우리 헌법이 특별히 요구하고 있는 평등의 내용을 가려야 할 것이다. 둘째, 제대군인가산점 관련 위헌확인사건에서의 '차별적 취급으로 인한 관련 기본권의 중대한 제한을 초래하는 경우'는 차별취급으로 인하여 제한되는 기본권이 '인간의 존엄성을 실현하는 데에 있어서 불가결하고 기본적인 자유' 또는 '개인의 핵심적인 자유영역'과 관련된 기본권에 해당하면 '중대한' 기본권으로 보고 엄격한 심사기준을 적용하는 것이 옳다고 할 것이다. 셋째, 평등심사기준의 문제는 기본적으로 민주주의와 헌법재판의 조화, 헌법재판소의 적정한 역할, 헌법재판소와 국민의 대표기관인 국회, 정부와의 기능배분 등의 문제까지 포함하는 여러 가지 관점에서 접근하여야 할 것이다.

평생교육平生教育 ㊂ life-long education, ㊃ Erwachsenenbildung, ㊄ éducation permanente. 1. **헌법규정과 의의** 현행헌법 제31조 제5항은 「국가는 평생교육을 진흥하여야 한다.」고 하여, 사회권의 하나인 「교육을 받을 권리 및 교육의 자유」조항에서 평생교육을 규정하고 있다. 평생교육의 개념을 정의하기는 쉽지 않으나, 평생교육법 제2조는 평생교육의 개념을 다음과 같이 정의하고 있다. 「평생교육이란 학교의 정규교육과정을 제외한 학력보완교육, 성인 기초·문자해득교육, 직업능력 향상교육, 인문교양교육, 문화예술교육, 시민참여교육 등을 포함하는 모든 형태의 조직적인 교육활동을 말한다.」고 하고 있다. 즉, 우리나라의 평생교육법에서는 학교의 정규교육과정을 평생교육의 범주에서 제외시키고 사회교육활동에서 나타나는 조직적 교육, 좀 더 엄밀하게 말하면 비형식적(non-formal) 교육을 평생교육으로 정의하고 있다. 평생교육을 「한 개인이 태어나서 죽기 전까지의 수직적 통합과, 가정과 학교를 포함한 모든 생활공간의 수평적 통합을 통하여 언제, 어디서나 필요한 때 자신의 학습욕구를 충족시킬 수 있는 형식적·비형식적·무형식적 교육활동」으로 정의하는 견해도 있다. 2. **취지** 평생교육은 단순히 개개인이 평생에 걸친 학습기회를 확대하는 것뿐만 아니라 교육기회의 불평등을 시정하여 교육의 평등을 실현해야 하는 과제를 달성하기 위하여 등장한 것이다. 평생교육은 누구나 자신의 학습동기에 따라 언제든지 학습할 수 있는 기회를 보장하는 것이다. 기존의 교육제도 내의 학습망을 넘어 사회 전체를 학습의 장으로 구축하고, 개인의 삶에서 지속적으로 학습이 가능한 학습네트워크를 형성하며, 이를 통해 교육기회를 전체 공동체구성원들에게 균등하게 제공하는 것이다. 오늘날에는 4차 산업혁명과 관련하여 새로운 평생교육체계를 구축할 필요성이 커지고 있다. 3. **법률적 구체화** 국가가 지는 평생교육진흥의무를 실현하기 위하여 1982.12. 사회교육법이 제정되었다가, 1999년 평생교육법으로 전면개정되어 오늘날에 이르고 있다(법률 제16677호, 2019.12.3. 일부개정, 2019.12.3. 시행).

평의評議**와 평결**評決 ⓔ deliberation and verdict. 1. **의의** 평의는 의견을 서로 교환하여 평가하거나 심의하거나 의논하는 것을 말한다. 헌법재판소의 평의는 헌법재판소 재판관 전원이 참석해 사건심리에 필요한 절차를 논의하고 의견을 교환하는 회의를 말한다. 평결은 평의를 거쳐 사안에 관하여 최종적인 결론을 이끌어내는 것을 말한다. 현행법제 하에서 평의와 평결이 논의되는 것은 주로 국민참여재판과 헌법재판에서이다. 2. **국민참여재판에서의 평의와 평결** 「국민의 형사재판 참여에 관한 법률」 제47조는 배심원 등의 비밀준수의무를 규정하고, 「국민의 형사재판 참여에 관한 규칙」 제41조 및 제42조에서 평의와 평결의 방식을 정하고 있다. 3. **헌법재판소 심판절차에서의 평의와 평결** 1) **평의 절차** 평의에 회부하고자 하는 주심재판관은 평의요청서를 작성하여 각재판관에게 배포하고, 평의일정을 확정한 후 안건목록과 평의일자를 각 재판관에게 통보한다. 평의에서는 주심재판관이 사건검토내용을 요약·발표하고 의견을 주고 받는다. 평의를 마치면 평결을 하게 된다. 2) **평결의 방식** 쟁점별 평결방식과 주문별 평결방식이 있다. 쟁점별 평결방식은 적법요건이나 본안에 해당하는 문제를 각 쟁점별로 각각 표결하여 결론을 도출하는 방식이며, 주문별 평결방식은 적법요건이나 본안에 해당하는 문제를 각 쟁점별이 아니라 전체 결론부분에 초범을 맞추어 표결하여 결론을 내는 방식이다. 헌법재판소는 주문별 합의제를 취해 왔다(헌재 1994.6.30. 92헌바23). 3) **평결대상과 평결순서** 평결대상과 평결순서는 논리적인 관점, 소송법적 관점 및 실체법적 관점을 기초로 정한다. 기본적으로 소송요건에 관련한 문제를 본안에 관한 문제보다 먼저 심리하고 결정한다. 즉 적법요건을 먼저 심사하고 표결하여 결정하고 그 후 본안관련 문제를 표결하여 결정한다. 적법요건에 해당하는 청구기간, 기본권침해, 보충성원칙, 권리보호이익 등에 관하여 전체적으로 평결할 것인지 혹은 개별적으로 평결할 것인지 문제된다. 우리나라의 경우 주문별 평결이 원칙이므로 각 개별 요건에 대하여 다수의 의견이 되지 않더라도 전체 결론에서 부적법하다는 결론에 도달할 수 있다. 본안문제의 평결의 순서는 쟁점별 평결방식에 따른다. 심판대상이 단수나 복수인 때에는 개별 법조문이 각각 헌법규정에 어긋나는지를 별도로 평결한다. 심판기준이 단수나 복수인 경우에는 일반적인 경합의 경우와 일반-특별의 관계에 있는 경우를 나누어보아야 한다. 즉 적용될 헌법규정이 경합하는 경우에는 각각을 별도로 판단하여야 한다. 다만 어느 한 규정의 위반이 확인되면 다른 규정을 판단할 필요는 없다. 일반-특별의 관계에 있는 경우에는 특별 규정을 먼저 판단하여 그 위반이 인정되면 일반규정을 판단할 필요는 없다. 위반이 인정되지 않는 경우에는 일반규정을 판단하여야 한다. 4) **여러 의견이 대립하는 경우 주문결정** (1) **주문선택** 명시적인 규정이 없으므로, 헌법재판소법 제40조 제1항에 따라 법원조직법 제66조의 '합의에 관한 규정'을 준용할 수 있다. 법원조직법 제66조 제2항은 「합의에 관한 의견이 3개 이상의 설(說)로 나뉘어 각각 과반수에 이르지 못할 때에는 다음 각 호의 의견에 따른다. 1. 액수의 경우: 과반수에 이르기까지 최다액(最多額)의 의견의 수에 차례로 소액의 의견의 수를 더하여 그 중 최소액의 의견 2. 형사(刑事)의 경우: 과반수에 이르기까지 피고인에게 가장 불리한 의견의 수에 차례로 유리한 의견의 수를 더하여 그 중 가장 유리한 의견」고 규정하고 있다. (단순)합헌과 (단순)위헌 사이의 변형결정의 각각의 의견을 순서대로 나열한 후 결정정족수에 이르기까지의 결정방식을 선택하는 것이다. 헌법재판소는 구체적 사건에서의 평결방식은 결정문에서 구체적으로 적시하고 있다(헌재 1992.2.25. 89헌가104; 1997.7.16. 95헌가6; 2002.8.29. 2000헌가5; 2003.4.24. 99헌바110등; 2007.3.29. 2005헌바33; 2007.5.31. 2005헌마139; 2009.9.24. 2008헌가25등). (2) **결정문 기재순서** 주문에 관하여 여러 의견이 있는 경우 법정의견을 먼저 쓰고 다른 의견을 쓰는 것이 원칙이다. 5) **평의의 비공개** 평의는 공개하지 않는다(헌법재판소법 제34조 제1항). 이는 평의과정 및 각 재판관들의 개별의견 및 그 의견의 수 등을 공개하지 않는다는 의미이다(헌재 2004.5.14. 2004헌나1). 6) **결정문 작성** 결정문은 주심재판관이 다수의견이면 주심재판관이 작성하고, 소수의견이면 다수의견의 재판관 중에서 초안 작성자가 정해진다. 다수의견도 소수의견도 아닌 의견을 가진 경우에는 별도의견으로 작성된다. 초안 작성 후 각 재판관들의 검토과정을 거쳐 결정문 원안이 확정된다. 재판관이 의견을 변경하려는 경우에는 선고 전에 재평의를 요구할 수 있다.

평준화정책平準化政策 → 교육을 받을 권리와 교육의 자유.

평화국가원리平和國家原理 평화국가원리란 침략적 전쟁을 금지하고, 국제적으로 평화를 유지하며 국제법질서를 존중하는 것을 기본이념으로 하는 원리이다. 헌법에서 직접적으로 평화국가임을 천명하는 예는 많지 않으나, 보편적인 인류사가 전쟁으로 점철되어온 것을 고려하면, 전쟁을 피하고 평화적인 삶을 추구하는 것은 단지 한 국가만의 요청이 아니라 모든 인류의 공통적인 요구이다. 이는 인간존엄의 실현원리이기도 하다. 이에 대한민국은 평화적 공동체의 오랜 역사적 경험을 헌법전에서 명문화하여 헌법적 원리로 수용하고 있다. 현행 헌법은 제4조에서 평화적 통일정책의 수립·추진, 제5조에서 국제평화의 유지와 침략적 전쟁의 부인, 제6조에서 조약과 일반적으로 승인된 국제법규의 존중, 외국인의 지위보장, 제66조, 제69조, 제92조 등에서 평화적 통일의무 및 그 실천기구 등을 규정하고 있다.

평화적 생존권平和的生存權 = **평화권**平和權 ⓔ the right to live in peace/the right to peace. 1. **의의** 평화적 생존권 혹은 평화권은 말 그대로 평화롭게 살 권리이다. 평화권은 제3세대 인권으로 불리는 연대권의 한 내용으로 이해된다. → 제3세대 인권. 일본에서의 평화적 생존권과 국제사회에서 논의되고 있는 평화권은 약간 구분된다. 즉 일본에서의 평화적 생존권은 시민 평화소송을 통해 헌법재판에서 그 권리론이 일정부분 확립되었지만 국제사회의 평화권은 아직 결의수준에 불과하다는 것, 그리고 전면적인 전쟁을 부정하지 않는 평화권과 달리 일본의 평화적 생존권은 일체의 전쟁과 무력의 보유를 금지하고 있기 때문에 국제사회에서의 평화권과 비교하여 보다 더 소극적인 평화를 지향하고 있다는 부분에서 차이가 있다. 우리나라 헌법재판소는 변경 전의 결정에서 침략전쟁에 강제되지 않고 평화적 생존을 할 수 있도록 국가에 요청할 수 있는 권리'라고 정의하였다(헌재 2006.2.23. 2005헌마268). 2. **평화이론** 갈퉁(Galtung)에 따르면 평화는 직접적 폭력 · 구조적 폭력 · 문화적 폭력 등의 폭력에 대처하는 방식으로서 소극적 평화와 적극적 평화로 나뉠 수 있다. **소극적 평화**(negative peace)는 직접적 폭력의 제거를 통해 평화를 달성할 수 있다는 것인데, 특히 국제관계에서의 전쟁부재(absence of war)에 초점을 두는 평화론이라 할 수 있다. 즉, 소극적 평화론은 전쟁과 같은 직접적인 무력의 사용이나 폭력이 존재하지 않는 것만으로도 평화를 이야기할 수 있다는 것으로, 냉전시대를 거치면서 강조된 '국가안보'에 중점을 두는 평화에 대한 사유체계라고 할 수 있다. 이에 대해 **적극적 평화**(positive peace)는 앞서 살펴본 직접적 폭력의 제거뿐만 아니라 구조적 · 문화적 폭력의 문제까지 해결되어야 보다 인간답게 살 수 있는 조건이 형성된다는 내용의 평화이론이다. 적극적 평화론에서는 평화의 개념을 단순히 전쟁의 부재로만 인식하지 않고 인간의 기본적인 욕구(basic human needs)충족, 경제적 복지와 평등, 그리고 인간과 자연의 가치가 구현되고 보전되는 진정한 사회경제적 진보 속에서 도출되는 것으로 본다. 적극적 평화는 직접적 폭력과 전쟁이 없더라도 대다수 공동체 구성원의 삶이 빈곤과 기아, 착취와 억압 등의 환경에 노출되어 내부적으로 빈부격차 · 지역격차 등이 확대되고 불균형발전이 이루어진다면 그 공동체는 여전히 취약한 안보상황에 놓여있는 것으로 간주하며, '국가안보'(national security)를 넘어서는 '인간안보'(human security)에 주목하는 견해이다. '소극적 평화'에 관한 내용은 직접적 폭력의 제거, 전쟁방지, 국가안보 등의 가치와 연계시킬 수 있는 헌법전문, 헌법 제4조, 제5조, 제39조 등으로부터 도출할 수 있다. '적극적 평화'에 관한 내용은 구조적 · 문화적 폭력의 제거, 삶의 질을 낮추는 일상문제의 해결, 인간안보 등의 가치와 연계시킬 수 있는 헌법전문, 헌법 제6조, 제10조, 제31조-제36조(이른바 사회적 기본권 규정), 제37조, 제38조, 제119조 등으로부터 도출할 수 있다. 3. **평화권의 헌법적 권리성 여부** 평화권이 헌법적 기본권으로서 헌법에서 도출될 수 있는가에 대하여는 견해대립이 있다. 1) **학설** (1) **헌법적 권리부정설** 현행헌법상 평화권은 일본 헌법과 달리 우리 헌법에는 평화적 생존권에 대한 명시적 언급이 없고, 현행헌법 체계상 평화적 생존권 고유의 보호영역을 확정하기 어렵기 때문에 '대한민국 헌법상의 평화'는 침략전쟁이 없는 상태를 의미하므로 헌법적 권리로 인정하기 어렵다는 입장이다. (2) **추상적 권리설** 평화권은 단지 국가정책의 방향만을 제시할 뿐이어서 국가목적규정이나 입법위임으로 이해될 뿐이고, 그에 따른 효력만 인정되어야 한다는 입장이다. 이 입장은 평화권 자체는 인정하지만 일상적인 생활이익을 넘어서는 독자적인 소의 이익을 찾기가 곤란하기 때문에 평화권을 직접적인 재판규범으로 활용할 수 없다고 본다. (3) **구체적 권리설** 헌법상 평화권은 인간존엄과 행복추구를 규정한 헌법 제10조 뿐만 아니라 헌법에 나타나 있는 평화실현에 관한 여러 관련 조항들에 의해 도출될 수 있고, 나아가 그것은 정치적 규범이나 재판규범으로도 사용할 수 있다는 입장이다. 평화적 생존권은 그저 소극적으로 국가권력의 간섭만을 배제하는 권리에 그치지 않고 국가에 대하여 평화주의적인 정책을 수립하고 실천할 것, 무력공격에 가담하지 않을 것 등을 요구하고 청구할 수 있는 청구권적 권리로서의 성격도 동시에 가진다는 것이다. 2) **헌법재판소** (1) **헌법적 권리성을 인정한 결정** '대한민국과 미합중국 간의 미합중국 군대의 서울지역으로부터의 이전에 관한 위헌확인소송'에서 헌법재판소는 「오늘날 전쟁과 테러 혹은 무력행위로부터 자유로워야 하는 것은 인간의 존엄과 가치를 실현하고 행복을 추구하기 위한 기본 전제가 되는 것이므로, 달리 이를 보호하는 명시적 기본권이 없다면 헌법 제10조와 헌법 제37조 제1항으로부터 평화적 생존권이라는 이름으로 이를 보호하는 것이 필요하다. 그 기본 내용은 침략전쟁에 강제되지 않고 평화적 생존을 할 수 있도록 국가에 요청할 수 있는 권리라고 볼 수 있을 것이다.」라고 하였다(헌재 2006.2.23. 선고 2005헌마268). 이 결정은 비록 권리침해의 직접성이나 현재성을 인정할 수 없다고 하여 기각되기는 하였으나, 헌법재판소가 평화적 생존권이라는 권리를 인정하였다는 점에 큰 의미가 있었다. (2) **헌법적 권리성을 부정한 결정** 헌법재판소는 '전시증원 연습 등 위헌 확인 사건'에서 「평화적 생존권을 헌법에 열거되지 아니한 기본권으로서 특별히 새롭게 인정할 필요성이 있다거나 그 권리내용이 비교적 명확하여 구체적 권리로서의 실질에 부합한다고 보기 어렵다 할 것이다.」라고 하면서, 「평화적 생존권이란 이름으로 주장하고 있는 평화란 헌법의 이념 내지 목적으로서 추상적인 개념에 지나지 아니하고, 개인의 구체적 권리로서 국가에 대하여 침략전쟁에 강제되지 않고 평화적 생존을 할 수 있도록 요청할 수 있는 효력 등을 지닌 것이라고 볼 수 없다. 따라서 평화적 생존권은 헌법상 보장되는 기본권이라고 할 수는 없다 할 것이다.」라고 하여(헌재 2009.5.28. 2007헌마369; 2010.11.25. 2009헌마146), 헌법적 권리성을 부정하였다. 3) **검토** 우리 헌법재판소는 '소극적 평화'개념에 입각하여 평화를 이해하고 있다. 또한 평화개념의 추상성 등으로 인해 그 법적 권리성과 구체적 권리성의 가능성이 부정되어야 할 이유는 없다고 보아야 한다(일본 나고야 고등재판소 자위대의 이라크 파병 정지소송 판결문). 헌법재판소는 적극적 평화에 관한 헌법 조항도 적극적으로 해석하는 경향이 있었지만, 예산·입법·정책과 같은 보다 구체적이고 각론적인 수준에서는 적극적 평화에 관한 헌법 조항을 소극적으로 해석하는 경향을 보여주고 있다. 인간안보나 적극적 평화와 관련된 구체적인 생존권에 대한 해석을 적극적으로 할 필요가 있다.

평화통일주의平和統一主義 ➜ 통일정책.

폐지무효설廢止無效說 ➜ 위헌결정의 효력.

폐회閉會 ➜ 국회의 회기와 회의.

포괄적 기본권包括的 基本權 권리의 내용상 다른 기본권과 함께 헌법상 열거되지 아니한 자유와 권리까지도 포함하는 기본권을 의미한다. 인간의 존엄과 가치, 행복추구권 등의 법적 성격과 관련하여 언급된다. ➜ 인간의 존엄과 가치. ➜ 행복추구권.

포괄적 위임입법금지包括的 委任立法禁止**의 원칙** ➜ 위임입법.

포괄적 차별금지법包括的 差別禁止法 ➜ 차별금지법.

포로捕虜에 관한 제네바협정 ㉧ Geneva Convention Relating to the Treatment of the Prisoners of War of August 12, 1949. 제네바협정은 전쟁으로 인한 희생자 보호를 위하여 스위스의 제네바에서 체결된 국제조약을 의미한다. 제네바조약이라고 하거나 국제 적십자에서 주도하였기 때문에 적십자 조약이라고 하기도 한다. 인도주의에 기반한 국제법의 첫 사례로 볼 수 있는 국제조약으로 국제적십자를 창립한 앙리 뒤낭의 노력으로 이루어진 협정이며 1684년부터 1949년까지 총 4회에 걸쳐서 체결된 일련의 조약들을 의미한다. 이 중 포로에 관한 협정은 제3협약이다. 포로의 대우에 관한 1929.7.12.의 제네바협약을 개정하기 위하여 1949.4.21.부터 8.12.까지 제네바에서 개최한 외교회의에서 체결되었고, 1950.10.21. 발효하였다. 우리나라는 1966.7.11. 국회의 동의를 받아, 1966.8.16. 발효하였다.

표결表決 ㉧ voting, ㉤ Abstimmung, ㉣ vote. 1. **의의** 합의체의 구성원들이 의안에 대해 찬반 혹은 가부를 결정하는 것을 말한다. 표결의 결과를 의결이라 한다. 통상적인 표결정족수는 「구성원 과반수의 출석과 출석 구성원 과반수의 찬성」이다. 회의 개의 후 표결에 들어가기 위해서는 보통 표결을 위한 정족수를 확인하여야 한다. 국회법에는 제6장 제5절에서 표결을 규정하고 있다. 국회법상 일반 의결정족수는 「재적의원 과반수의 출석과 출석의원 과반수의 찬성」이다(제109조). 2. **표결방법** 1) **간이표결(이의여부표결)** 의장/위원장이 구성원들한테 이의가 있는지를 물어서 이의가 없을 경우 만장일치로 가정하고 안건을 가결 선포하는 것이다. 표결절차 전부를 생략할 수 있다. 단, 이의가 있는 구성원이 1명이라도 있는 경우 반대토론을 진행하고 정식 표결절차에 돌입해야 한다. 국회법에서는 본회의와 달리 상임위원회에서는 간이표결(이의여부표결)이 원칙이다. 2) **기록표결** 투표에 참여한 의원 및 찬성의원과 반대의원의 성명을 회의록에 기록하는 표결방식이다. 3) **전자투표** 국회법 제112조(표결방법) 「① 표결할 때에는 전자투표에 의한 기록표결로 가부(可否)를 결정한다.」고 하여 전자투표를 원칙으로 하고 있다. 우리나라 제15대 국회에서 도입되었다. 4) **기명 투표** 투표용지에 가부여부와 투표한 의원의 성명을 기재하여 투표하는 방법이다. 전자투표가 도입되면서 잘 쓰이지는 않지만 헌법개정안의 경우 반드시 기명투표 방식으로 표결을 진행하여야 한다(국회법 제112조 참조). 5) **호명 투표** 서기나 속기사가 구성원 하나하나의 찬반여부를 물어가며 찬반을 정리하고 표결하는 방법이다. 시간이 걸리지만, 구성원 개개의 의사를 정확히 알 수 있는 장점이 있다. 우리나라 국회에서는 거의 사용되지 않지만, 미국 상원에서 장관 등 중요 공직자의 임명동의안과 같은 중요한 안건을 의결할 때 많이 쓰며, 미국 의회 양원에서 중요 법안을 의결할 때도 호명표결을 하는 경우가 많다. 6) **비기록 표결** 회의록에 가결여부만 기록하고 찬반의원의 성명을 기록하지 않는 방법이다. 7) **구두표결(발성표결)** 영어로 Oral Vote라고 한다. 구성원이 직접 찬성, 반대의 의견을 소리내어 소리가 큰 쪽을 택하여 표결하는 방법이다. 8) **무기명 투표** 인사와 관련된 사항(국회의장단 선거, 국회 상임위원장 선거, 국무총리 임명안, 탄핵소추안 등)의 경우 투표용지를 사용하여 무기명으로 투표한다. 국회법으로 정해진 일부 사항들의 경우에는 전자 무기명투표라는 방식을 사용하는데, 방식은 일반 무기명 투표 장소에 비치되어 있는 전용 단말기를 사용하여 투표한다. 9) **기립표결** 구성원들을 기립하게 하여 기립한 구성원의 수를 세어 표결을 하는 것이다. 가장 일반적인 방법이나 전자투표가 도입되면서 거의 행해지지 않는다. 일본 참의원 본회의는 기립표결이 원칙이며 중의원도 일본 내각총리대신 지명투표를 제외한 모든 안건에 기립표결이 원칙이다. 10) **거수표결** 거수를 하게 해서 찬반다수를 가려서 가부를 결정하는 방법이다. 3. **표결의 결과** 1) **가결과 부결** 가결은 안건에 대하여 의결정족수의 찬성에 의하여 통과되는 것이다. 부결은 안건을 받아들이지 않기로 결정한 것이다. 우리나라의 경우 가부동수일 경우에는 부결로 처리한다(헌법 제49조 제2항). 국회법에 가부동수 부결과 의결정족수 미달 부결에 관한 규정이 다르게 되어 있어서 정확히 구분해야 한다. 가부동수 부결이 발생하면 국회의장은 부결 선포 시에 국회법 상 안건 부결이 아닌 헌법 제49조 단서에 의한 부결이라고 선포해야 한다. ➜ 가부동수.

표현表現**의 자유**自由 ㊄ freedom of expression, ㊍ freie Meinungsäußerung, ㊈ liberté d'expression. 1. **표현의 자유의 의의와 정당화이론** 표현의 자유는 정신적 자유와 정치적 자유의 중핵으로서 자신의 의사를 외부에 표현하고 전달하며, 자신의 의사표현을 통해서 여론형성에 참여할 수 있는 권리를 말한다. 민주사회에서 표현의 자유는 개인의 사회 문화적 개성신장만이 아니라, 사회구성원 간 자유로운 의사접촉을 통해 여론을 형성하여 정치적 통합을 확보하는 방법적 기초로서 민주정치의 필요불가결한 자유이다. 현행헌법은 제21조에서 언론 · 출판의 자유 및 집회 · 결사의 자유의 보장, 언론 · 출판에 대한 허가 · 검열 및 집회 · 결사의 허가의 금지, 언론 · 출판의 사회적 책임에 관한 규정을 두고 있다. 표현의 자유의 보호에 정당성을 부여하는 이론은 크게 사상의 자유시장(marketplace of ideas) 이론, 자기지배(self-government) 이론, 자기만족(self-fulfillment) 이론 등이 있다. (1) 사상의 자유시장 이론 ➜ 사상의 자유시장 이론. (2) 국민의 자기지배 이론 민주주의 사회에서 주권자인 국민은 스스로 지배하기 위하여 필요한 정보에 자유로이 접근하여야 하며, 자기 의사를 자유로이 밝힐 수 있어야 한다는 입장이다. 치자가 갖는 힘의 정당성은 피치자의 동의에서 나오며, 피치자가 자기의 동의권을 행사하기 위해서는 개인적인 판단과 공동의 판단을 내리는 데 필요한 표현의 자유를 충분히 누려야 한다. 대표적 학자인 Meiklejohn은 "표현의 자유의 원칙은 추상적인 자연법이나 이성의 법이 아니다. 이것은 공공의 문제는 보통선거에 의하여 결정되어야 한다는 미국인의 가장 기본적인 약속에서 연유된 것"이라고 설명하였다. (3) 국민의 자기만족 이론 자기만족 이론에 따르면, 표현은 "인간이 생각을 발전시키고, 정신적으로 탐구하고, 스스로를 긍정하는데 필요한 내적 부분"이다. 이 이론에서는 표현이 개인의 자기개발이나 자기만족에 도움이 되는 한 보호되어야 한다고 주장한다. 2. **표현매개체**表現媒介體**의 범위** 헌법 제21조가 보장하는 표현의 자유는 전통적으로는 사상 또는 의견의 자유로운 표명(발표의 자유)과 그것을 전파할 자유(전달의 자유)를 의미하고, 그 내용으로서는 의사표현 · 전파의 자유, 정보의 자유, 신문의 자유 및 방송 · 방영의 자유 등이 있는데, 의사표현 · 전파의 자유에 있어서 매개체는 담화 · 연설 · 토론 · 연극 · 방송 · 음악 · 영화 · 가요 등과 문서 · 소설 · 시가 · 도화 · 사진 · 조각 · 서화 등 모든 형상의 의사표현 또는 의사전파의 매개체를 포함한다(헌재 1993.5.13. 91헌바17; 2001.8.30. 2000헌가9; 2002.4.25. 2001헌가27). 또한 인터넷 등 온라인 매체도 헌법이 보장하는 표현의 자유의 보호대상이 된다. 헌법재판소도 청소년유해매체물로 결정된 매체물 내지 인터넷 정보라 하더라도 이들은 의사형성적 작용을 하는 의사의 표현 · 전파의 형식 중의 하나이므로 언론 · 출판의 자유에 의하여 보호되는 의사표현의 매개체에 해당된다고 하고 있다(헌재 2004.1.29. 2001헌마894). 3. **표현의 대상인 '의사'의 개념** 표현의 자유의 대상인 '의사'의 개념에 대해서는, 합리적이고 평가적인 사고의 과정을 거친 평가적 의사만으로 파악하는 견해(평가적 의사설)와 단순한 사실의 전달까지 포함되는 것으로 보는 견해(사실포함설)의 대립이 있다. **평가적 의사설**에 의하면 의사표현의 자유는 사람의 사상을 존중함으로써 표현된 내용의 주관적 경향을 존중하려는데 그 의의가 있다고 보고, 단순한 사실의 전달은 의사의 개념에 포함되지 않는다고 본다. 반면 **사실포함설**에 의하면 평가적인 의사와 단순한 사실의 전달을 확연하게 구별하는 것이 쉽지 않고, 인식론적 근거에서 평가를 수반하지 않는 사실전달이란 존재하지 않으며, 어떤 사실에 대한 주장은 일반대중이 공적 의사를 형성하는데 결정적인 역할을 하고, 의사를 단순한 사실의 전달까지도 포함하는 것으로 이해하여야 표현의 자유를 흠결 없이 보호해 줄 수 있기 때문에 의사를 넓게 해석해야 한다고 본다. 사실포함설이 타당하다. '허위사실의 표현행위'도 헌법 제21조가 규정하는 언론·출판의 자유의 보호영역 내에 있다고 보는 것이 헌법재판소의 결정이다(헌재 2010.12.28. 2008헌바157 보충의견). 4. **표현의 자유의 보호범위** 1) 모든 내용의 의견표명 표현의 자유는 의견의 내용이나 질과 관계없이 의견을 표명하는 것 자체를 보호한다. 일단 모든 표현은 보호영역 내에 포함되어 보호된다. 표현이 허용되는가 아닌가는 보호범위 내에 속하는가 아닌가에 달려 있다. 2) 소극적 표현의 자유 표현의 자유는 자신의 의견을 적극적으로표명하고 전파할 자유 뿐만 아니라 자신의 의견을 표명하지 않을 자유도 포함된다. 따라서 국가가 특정의 표현을 표명하는 것을 금지하는 것 뿐만 아니라 특정의 의견을 표명할 의무를 부과하는 것도 금지된다. 부과된 의무가 자신의 의견이 아니라 타인의 의견인 경우에는 표현의 자유의 문제가 아니라 일반적 행동자유권의 문제로 된다. 3) 익명표현의 자유 익명표현의 자유도 표현의 자유에 포함된다. 따라서 인터넷상의 본인확인제나 실명확인제는 표현의 자유와 개인정보자기결정권을 침해한다(헌재 2012.8.23. 2010헌마47). ➜ 인터넷실명제. 5. **표현의 자유의 한계** 표현의 자유가 기본권으로 보장된다고 해도 절대적이고 무제한적으로 보장되는 것이 아님은 물론이며, 표현의 자유 역시 일정한 한계를 갖고 있다. 자유로운 의사표현이 오히려 사회통합과 유대를 저해하는 방법으로 활용되거나 그로 인해 공동체의 존립 자체가 파괴되거나 공동체에 소속되어 있는 다른 구성원들의 인간성과 인격이 파괴되는 것까지를 허용하는 것은 아니기 때문이다. 헌법 제21조 제4항도 「언론·출판은 타인의 명예나 권리 또는 공중도덕이나 사회윤리를 침해하여서는 아니된다. 언론·출판이 타인의 명예나 권리를 침해한 때에는 피해자는 이에 대한 피해의 배상을 청구할 수 있다.」라고 명시함으로써 다원화된 현대정보산업사회에서 언론·출판이 가지는 사회적 의무와 책임을 명시하고 있으며, 표현의 자유도 헌법 제37조 제2항에 따라 국가안전보장·질서유지 또는 공공복리를 위하여 필요한 경우에 한하여 본질적 내용을 침해하지 않는 범위 내에서 법률에 의해 일정한 제한을 받을 수 있다. 6. **표현의 자유의 제한의 한계 (표현의 자유 규제의 합헌성판단기준)** 표현의 자유는 자유민주적 정치체제의 전제가 되는 것으로 다른 기본권보다 상대적으로 우월적 지위를 갖지만 절대적 자유라고 볼 수는 없으므로, 헌법 제37조 제2항과 헌법 제21조 제4항에 의해 법률에 의해 규제될 수 있으며, 법률이 아닌 대통령의 긴급명령과(헌법 제76조) 비상계엄선포시의 특별한 조치(헌법 제77조, 계엄법 제9조)에 의해서도 규제될 수 있다. 다만, 표현의 자유를 제한하는 경우에도 그 본질적 내용을 침해하는 것은 금지되며, 필요최소한의 제한에 그쳐야 한다. 표현의 자유는 다른 자유권보다는 우월적 지위를 부여하려는 이론(우월적 지위이론)이 미국에서 특히 발전하였다. ➜ 우월적 지위이론. 1) **사전억제금지의 원칙(허가 및 검열의 금지)** 헌법 제21조 제2항은 「언론·출판에 대한 허가나 검열은 인정되지 아니한다.」고 규정함으로써 표현의 자유에 대한 사전억제금지를 명시하고 있다. 이러한 언론·출판에 대한 허가·검열금지의 취지에 관하여 헌법재판소는 정부가 표현의 내용에 관한 가치판단에 입각해서 특정 표현의 자유로운 공개와 유통을 사전봉쇄하는 것을 금지하는 데 있으므로, 내용규제 그 자체가 아니거나 내용규제의 효과를 초래하는 것이 아니라면 위의 금지된 허가에는 해당되지 않는다고 본다(헌재 1992.6.26. 90헌가23). 검열이란 행정권이 주체가 되어 사상이나 의견 등이 발표되기 이전에 예방적 조치로서 그 내용을 심사·선별하여 발표를 사전에 억제하는, 즉 허가받지 아니한 것의 발표를 금지하는 제도를 뜻한다. 헌법재판소는 「검열은 일반적으로 허가를 받기 위한 표현물의 제출의무, 행정권이 주체가 된 사전심사절차, 허가를 받지 아니한 의사표현의 금지 및 심사절차를 관철할 수 있는 강제수단 등의 요건을 갖춘 경우에만 이에 해당하는 것」이라고 판시하고 있다(헌재 1996.10.4. 93헌가13). 헌법재판소는 검열의 경우 사전적인 것만 검열에 해당한다고 보고 있으나, 그 시기와 관련하여 사후적인 검열도 포함한다고 보아야 할 것이다. 2) **명확성의 원칙** ➜ 명확성의 원칙. 3) **합헌성추정배제의 원칙** ➜ 합헌성추정배제의 원칙. 4) **명백하고 현존하는 위험의 원칙** ➜ 명백하고 현존하는 위험의 원칙. 5) **과도한 광범성의 원칙** ➜ 과도한 광범성의 원칙. 6) **이중기준(double standard)의 원칙** 정신적 자유와 경제적 자유를 구별하여 정신적 자유에 대해 우월한 지위를 인정하는 이론이다. 그 근거로서 정신적 자유가 최고의 자연권이라고 하는 자연권설, 진리발견을 위하여 불가결한 사상의 자유시장의 확보는 경제적 자유시장보다도 고도로 요청된다는 설, 사상표현의 자유는 대표민주제의 필수적인 전제로서 특별히 보장되어야 한다는 대표민주제론 등이 있다. 헌법재판소는 이중기준의 원칙을 정면으로 인정하지는 않고 있다(헌재 1991.6.3. 89헌마204; 단 반대의견에서 인정). 7) **필요**必要**한 최소한**最小限**의 수단선택**手段選擇**의 원칙**原則 표현의 자유를 제한하는 특정의 조치가 다른 대체가능한 어느 수단보다도 규제의 정도가 약한 수단이어야 한다는 이론으로, 특정의 사안에서 채택된 규제수단보다도 덜 규제적이면서도 소기의 목적을 달성할 수 있는 다른 수단이 있다면 그 선택된 규제조치는 위헌이 된다는 것이다. 덜 제한적인 수단선택의 원칙(the principle of Less Ristrictive Alternative:LRA)이라고도 한다. LRA 기준은 표현의 자유에만 특유한 것이 아니고 기본적 인권의 일반적 제한에 적용되는 위헌심사기준이기도 하다. 규제수단에 초점을 둔 위헌심사기준이다. 8) **기타** 이 외에 미국에서 등장한 이론으로 이익관계균형이론, 당사자적격완화이론, 입증책임전환이론 등이 있다.

표현表現**의 자유**自由**와 명예훼손**名譽毁損 ➜ 명예권.

푸펜도르프Pufendorf, Samuel Freiherr v. 1632.1.8.~1694. 10.26. 독일의 법철학자·국제법학자이다. Sachsen의 Dorfchemnitz에서 태어나 Berlin에서 사망하였다. 하이델베르크 대학, 스웨덴의 룬드대학 등의 교수로 재직하였다. 인간의 사회성을 기초로 하는 그로티우스(H. Grotius)와 투쟁성을 기초로 하는 홉스(T. Hobbes)를 절충한 학자로 평가된다. 인간을 움직이는 것은 자기보존 충동이지만 개인은 무력하기 때문에 사회성을 촉진하지 않으면 생존이 불가능하다고 하여 계약에 의한 국가의 창조를 주장하였다. 근대 주권국가의 주장자이다. 그는 자연법 · 국제법론자로서 뿐만 아니라 역사가, 논쟁가로서도 활약하였다. 주요저서는 「자연법과 국제법(De jure naturae et gentium, 전8권)」(1672), 「독일제국 국제론(De statu Imperii Germaniri)」(1667)이 있다. 법은 유일신과 이성에 의해 만들어졌다는 입장이기 때문에 조약과 관습을 법원으로서 인정하지 않는다. 그로티우스(Grotius)에 이어 국제법의 창시자의 한 사람으로서, 자연법의 특성을 살려 가장 완성된 형태로 국제법의 이론과 철학적 기초를 제시하였다고 평가된다.

풀뿌리민주주의grass-roots democracy 1935년 미국 공화당의 전당대회에서 사용되기 시작한 말이다. 의회제에 의한 간접민주주의에 반대하는 시민운동 · 주민운동 등을 통하여 시민들이 직접 정치에 참여하는 참여민주주의를 일컫는 말로 사용된다. 우리나라에서는 지방자치가 민주주의의 풀뿌리라고 이해하는 경우가 있지만, 이는 'grass-roots'를 말 그대로 '풀뿌리'로 해석하여 민주주의와 결합하여 사용한 것이다. 그러나 'grass-roots'의 사전적 의미에는 '대중, 서민, 민중, 민초'라는 뜻도 있기 때문에, 정확히 말하면, '대중민주주의', '서민민주주의', '민중민주주의', '민초민주주의' 등으로 번역할 수 있을 것이다. 다만 이러한 표현들은 시대적 영향으로 잘못 오해될 가능성도 없지 않다. 'grass-roots democracy'를 우리나라의 전통적인 표현으로 민본(民本)이라는 말을 차용하여 민본민주주의라고 불러도 좋을 것이다.

품위손상행위品位損傷行爲 국가공무원법상 공무원징계사유의 하나이다(국가공무원법 제78조 제1항 제3호「직무의 내외를 불문하고 그 체면 또는 위신을 손상하는 행위를 한 때」). 헌법재판소는, 「공무원 징계사유로 규정한 품위손상행위는 '주권자인 국민으로부터 수임받은 공무를 수행함에 손색이 없는 인품에 어울리지 않는 행위를 함으로써 공무원 및 공직 전반에 대한 국민의 신뢰를 떨어뜨릴 우려가 있는 경우'를 일컫는 것으로 해석할 수 있고, 그 수범자인 평균적인 공무원은 이를 충분히 예측할 수 있다. 따라서 이 사건 법률조항은 명확성원칙에 위배되지 아니한다.」고 하고 있다(헌재 2016.2.25. 2013헌바435 국가공무원법제63조등 위헌소원).

Future Generations 판결 ➜ 기후변화소송.

Peuple 주권론主權論 ➜ 주권이론.

프라이머리 ㊊ primary. ➜ 미국대통령선거제도.

프라이버시권privacy權 ㊊ the right to privacy, ㊈ Schutz der Privatsphäre, ㊇ la liberté de la vie privée/la protection de la vie privée. 1. **서언** 1) **의의** 현행헌법 제17조는 「모든 국민은 사생활의 비밀과 자유를 침해받지 아니한다.」고 규정하고 있다. 이 규정은 1980년 헌법(5공헌법)에서 처음 규정되었다. 프라이버시권 혹은 사생활의 비밀과 자유의 개념에 대해서는 현행헌법이 사생활의 비밀과 자유를 명시하고 있기 때문에 양자 사이의 개념의 차이를 인정할 것인지와 관련하여 견해가 나뉜다. **제1설**은 사생활의 비밀과 자유와 프라이버시권을 구별하는 견해로서, 사생활의 비밀과 자유를 사생활의 평온을 침해받지 아니하고 사생활의 비밀을 함부로 공개당하지 아니할 권리로 좁게 이해하고 프라이버시권은 사생활의 비밀과 자유를 포함하여 통신의 비밀, 인격권, 초상권, 성명권, 명예권, 주거의 자유 등을 포함하는 광범위한 권리로 이해한다. **제2설**은 사생활의 비밀과 자유를 소극적으로는 '사생활을 함부로 공개당하지 아니하고 사생활의 평온과 비밀을 요구할 수 있는 법적 보장'으로 이해하고 적극적으로는 '자신에 관한 정보를 관리, 통제할 수 있는 법적 능력'으로 이해한다. 이러한 견해는 프라이버시권과 사생활이 비밀과 자유를 동일하게 이해한다. **제3설**은 미국의 판례에서 나타난 입장으로 프라이버시권을 사생활의 비밀과 자유 뿐만 아니라 개인의 행동의 자유영역까지 확장하여 가장 넓게 이해한다. 다수설은 헌법 제17조의 사생활의 비밀과 자유가 제2설에서의 프라이버시권 개념을 의미한다고 보고 있다. 다만, 자기정보통제권을 전부 사생활의 비밀과 자유에 포함시키는 것은 자기정보통제권의 범위를 지나치게 협소하게 이해하는 것이므로 부적절하며, 그렇다고 사생활의 비밀과 자유에서 자기정보통제권을 전적으로 배제하는 것도 적절하지 아니하다. 정보화 사회에서의 프라이버시권은 '사생활을 공개당하지 않을 권리', '사생활의 자유로운 형성과 발전을 방해받지 아니할 권리' 뿐만 아니라 '자기와 자기 책임 하에 있는 자에 관한 정보를 통제할 수 있는 권리'로 파악함이 타당하다. 따라서 사생활의 비밀과 자유는 프라이버시권과 동일한 것으로 이해하되, 자기정보통제권 중 사생활과 관련된 내용을 관리·통제할 수 있는 권리로 이해함이 타당하다. 2) **연혁** 프라이버시의 개념은 영미의 Common Law에서 그 기원을 찾을 수 있는데 19세기 후반부터 독자적인 권리로 인정되기에 이르렀다. 프라이버시가 독자적인 권리로 인식되는 데에는 Warren과 Brandeis의 'The Right to Privacy'(1890)라는 논문으로부터이었다. 이 후 주 차원에서 판결과 법률이 제정되었으며, 1965년에 연방대법원에서 수정헌법 제14조에 의하여 보호되는 권리로 인정되었다(Griswold v. Connecticut, 381 U.S. 479(1965)). 독일은 프라이버시의 권리를 헌법에 명시하고 있지는 않으나, 판례와 학설에서 모두 인정하고 있다. 헌법적 근거로는 인간의 존엄성, 인격의 자유로운 발현권(GG 제2조 제1항), 주거의 자유(GG 제13조), 통신의 자유(GG 제10조), 종교·양심의 자유(GG 제4조 1·3항), 혼인과 가족(GG 제6조 제1항) 등에서 구하고 있다. 일본의 경우도 명시적인 규정이 없으나 행복추구권(일본국헌법 제13조 제1항)에서 근거를 찾고 있다. 국제적으로도 세계인권선언(1948), 국제인권규약(B규약), 유럽인권규약 등에서 규정하고 있다. 개별국가의 경우, 미국의 프라이버시보호법(Privacy Act, 1974), 독일의 연방정보보호법(Bundesdatenschutzgesetz, 1977), 프랑스의 정보처리·축적·자유에 관한 법률(La loi relative á l'informatique aux fichers et aux libertés, 1978), 영국의 정보보호법(Data Protection Act, 1984), 일본의 행정기관이 보유하는 전자계산기처리와 관련된 개인정보에 관한 법률(1988) 등이 있다. 우리나라의 경우, 1994년에 공공기관의 개인정보보호에 관한 법률이 공포되었다. 3) **헌법규정** 현행헌법은 제10조에서 인간의 존엄과 가치 및 행복추구권을, 제12조에서 신체의 자유를, 제14조에서 거주의 자유를, 제16조에서 주거의 자유를, 제18조에서 통신의 자유를, 제22조에서 학문과 예술의 자유를, 제23조에서 재산권의 보장을, 제36조에서 혼인 및 가족생활의 보호를 각 규정하고 있어 프라이버시를 포괄적으로 보호하고 있다. 아울러 제17조에서 명시적으로 사생활의 비밀과 자유에 관한 규정을 두고 있다. 2. **프라이버시권의 보호법익** 프라이버시권의 보호법익은 크게 세 측면에서 살펴볼 수 있다. 첫째, 사법상의 견지로부터의 프라이버시권의 보호법익은 성명권의 침해, 초상권의 침해, 과거의 경력·병력 등의 폭로, 신서의 개피(開披), 전신·전화의 도청, 미행, 엿보기, 가족관계의 폭로나 비방중상 등으로부터의 보호이고, 둘째, 공법상의 견지로부터의 프라이버시권의 보호법익은 전신·전화의 도청, 사상조사로서의 부당한 가택수사나 지문채취, 미행, 경찰관의 직무집행에 의한 불필요한 입회조사, 적법절차에 위반된 인신자유의 침해 및 불법 주거침입·압수수색, 불이익한 진술의 강요 등으로부터의 보호이며 셋째, 행정기관의 개인정보 수집·이용 등에 관한 보호법익은 보유한 개인정보, 정보공개의 정도, 행정기관 상호간의 정보제공의 정도, 개인정보의 열람과 정정, 삭제권, 불복신청제도의 인정여부 등을 들 수 있다. ➜ 사이버공간과 표현의 자유. 3. **프라이버시권의 법적 성격** 프라이버시권은 사생활의 비밀을 국가가 공표하거나 사생활의 자유로운 형성이나 전개를 방해하거나 간섭하거나 자신의 정보를 통제하려는 것에 대해 국가가 간섭하거나 방해하는 데에 대한 방어권인 개인의 주관적 공권이며, 또한 헌법질서 전체를 형성하는 객관적 법규범으로서의 성격을 가진다. 4. **프라이버시권의 주체** 원칙적으로 자연인이며, 외국인, 무국적자에게도 보장된다. 사자(死者)의 경우에도 보호되는 경우가 있다. 법인이나 권리능력없는 사단의 경우 긍정, 부정의 견해가 있으나, 인격권의 주체가 될 수 없기 때문에 주체가 될 수 없다고 봄이 타당하다. 5. **프라이버시권의 효력** 프라이버시권은 주관적 공권으로서 대국가적 효력을 가진다. 또한 전체 법질서의 객관적 요소로서 사인에 대해서도 효력을 가진다. 직접 보호되는가 혹은 간접적용되는가의 문제는 사안에 따라 달리 판단되어야 한다. 6. **프라이버시권의 내용** 사생활의 비밀과 자유는 구체적으로 사생활의 자유(Freiheit des Privatlebens)와 사생활의 비밀(Indiskretion des Privatlebens)로 나눌 수 있는데, 전자가 사생활의 설계 및 그 내용에 대해서 외부로부터의 간섭을 받지 아니할 권리라고 한다면, 후자는 사생활과 관련된 전혀 사사로운 나만의 영역이 본인의사에 반해서 타인에게 알려지지 않도록 나만이 간직할 수 있는 권리이다. 프라이버시권의 내용은 사생활의 비밀과 자유에 대한 불가침 및 자신에 관한 정보의 통제권을 내용으로 한다. 구체적인 침해태양을 보면 다음과 같다. 1) **사생활의 비밀의 침해** (1) **사생활에의 침입** 개인의 일상적이고 정상적인 사생활을 침해하여 개인으로 하여금 불안이나 불쾌감 등을 유발하는 행위이다. 이 침해는 주로 심리적인 것으로 불법 주거침입, 생활방해, 고의적인 정신적 고통을 입히는 것에 포함되지 않는 것 또는 헌법적인 권리위반에 대한 구제 밖에 있는 것을 보호하기 위한 것이다. 이러한 침해행위는 국가권력에 의하여서는 사인의 행위에 의해서도 행하여진다. 침해 방법은 물리적 힘에 의한 침해(trespassing)와 쳐다보기, 엿듣기(cavesdropping), 도청(wiretapping, bugging, microphones) 등이 있다. 가령 타인이 거주하는 장소에 동의 없이 들어가거나 그 점유하고 있는 주거에 침입한 경우, 창문을 통하여 주거 안을 들여다 본 경우, 학교건물의 신축으로 인하여 인접주택의 주민에 대하여 소음과 불면·불안을 야기한 경우, 고가철도의 부설로 타인의 주택내부를 들여다 본 경우, 확성기를 사용하여 지나치게 가두선전을 하는 경우, 상점에서 무단으로 쇼핑백을 뒤진 경우, 나아가 타인의 전화나 사적 대화를 도청하거나 이를 속기한 행위, 비밀리에 녹음한 경우, 불필요한 전화를 계속 또는 장시간 걸어댄 경우, 채무자의 근무처를 찾아가 징계처분을 받게 할 것 같은 언동을 한 경우, 타인의 예금구좌를 부당하게 조사한 경우, 권원없이 혈액검사를 하는 것 등이 이에 속한다. 사생활에의 침입이 불법행위에 해당하려면 사생활에의 침입이 합리적인 사람에게 납득할 수 없는 것이어야 하는데 그 판단을 위하여 수단의 적절성과 정보를 얻는 목적이 고려된다. (2) **난처한 사사의 공개** 이 유형의 프라이버시 침해는 신문, 잡지, 영화, TV 등의 매스미디어에 의하여 대중들에게 사생활이 공개되는 경우로서 개인의 사생활과 관련된 일을 함부로 공표하거나 기타 사적인 사항을 공개하는 것에 의하여 발생한다. 명예훼손이 사람의 평판을 해하는 허위의 정보를 포함하고 있는데 반하여 이 유형의 프라이버시권은 진실한 정보에 의하여도 발생될 수 있다는 점에서 구별된다. 이 유형의 프라이버시 침해행위가 불법행위로 성립되기 위하여는 다음의 세 가지 요건을 갖추어야 한다. 첫째, 사적사항의 공개는 사실을 공적으로 공중에게 알려져야 하고 좁은 의미의 사적폭로이어서는 안된다는 것이다. 즉, 공표(public disclosure)가 있어야 한다. 둘째, 그 알려진 사실이 사적 생활, 습관, 행위, 관계 등의 사적 사항(private facts)이어야 하며 공적인 사실의 폭로는 프라이버시 권리를 침해하지 아니한다. 부인의 골반부위의 X선 사진의 지상공개, 기형적인 코의 사진을 의학잡지에 게재한 행위, 제왕절개수술을 촬영하여 약속과 다르게 영화관에서 상영하는 행위, 환자가 혼수상태에 있을 동안에 촬영한 추한 안면사진의 공개, 전라의 사진을 사진보도지에 게재한 경우, 저명한 극작자의 부부간의 문제나 자녀교육방침에 관한 흥미본위의 기사, 에이즈환자의 사진을 과거의 경력과 함께 보도한 경우, 잡지의 과거 정기구독신청사실을 보도한 경우, 약 12년 전의 전과를 공표한 경우 등은 프라이버시의 침해가 인정된다. 이 유형에 속하는 프라이버시 침해는 보도의 자유와 관련하여 복잡한 문제를 야기할 수 있다. 셋째, 공개된 사실이 통상의 감수성을 가진 합리적인 인간에 있어서 심히 무례하여 받아들일 수 없는 것이어야 한다. 즉 그 사회의 관습과 통상의 관념이 용납하지 아니하는 사항에 관한 공표에 대해서만 책임이 있다. (3) **오해를 낳게 하는 표현** 이 유형의 프라이버시 침해는 허위나 과장된 사실의 공표를 통하여 일반공중으로 하여금 개인에 관한 오해를 유발시키는 경우를 말한다. 공표된 내용이 사소하고 부수적인 것이 아니라 본질적이고 상당한 것이어야 한다. 이 유형은 과장이나 허위 또는 허구의 사실을 발표하거나, 신문잡지의 기사 또는 소설에 허위와 진실을 혼합시킨 발표를 하거나 타인명의의 무단사용 또는 사진의 무단전용 등을 자행하여 일반인의 눈에 당해인이 진실과 다르게 보이도록 하는 행위를 말한다. 이런 행위는 동시에 명예훼손의 성립요건에도 해당되는 경우가 많다. 이 유형의 침해양태는 Prosser 교수의 분석에 따르면 다음의 세 가지 형식이 있다. 첫째, 특정인의 의견이나 발언이 아닌 것을 그의 것인 양 허위로 왜곡·발표하는 경우나 타인의 청원서(petition)에 타인의 이름을 불법사용하는 경우이다. 예컨대 본인이 동의하지 아니한 것을 본인의 동의가 있는 것처럼 하여 세상에 발표하거나 언론사가 본인의 견해에 관한 취재내용을 무단히 축소,왜곡하여 보도하는 경우 등이 그것이다. 둘째, 어떤 사실의 합리적 연관성이 없는 정황을 나타내거나 무관한 사진을 사용하여 개인에 대하여 허위의 인상을 주고 감정을 침해하는 경우이다. 어떤 사실을 설명하기 위하여 합리적 관련성이 없는 사진을 사용하는 것은 이 유형의 프라이버시 침해에 해당된다. 셋째, 무고한 자의 이름, 사진, 지문 등을 현상수배자 리스트에 올리거나 여러 사람이 찍은 사진을 두사람의 것 외에는 오려내어 오인을 자아내는 경우이다. (4) **성명 또는 초상의 영리적 사용** 이 유형의 프라이버시 침해는 특정인의 성명이나 상호, 경력 등의 인격적 징표들을 영업적 이익의 확보를 위해 이용하는 것이다. 여기에는 경제적 이익의 보호 뿐만 아니라 정신적 이익의 보호도 포함된다. 이 유형에 속하는 것은 원고의 인격적 이익을 침해하고 피고에게 경제적 이익을 주는 것으로서 권리침해로서는 명백한 성격을 가지며 프라이버시권리구제도 이 부류에서 가장 먼저 시작되었다. 그것은 이 유형이 권리침해는 기존의 재산권 법리로써 구제할 가능성이 용이하였기 때문이었다. 이 유형은 최초의 사건인 Pavesich v. New England Life Insurance Co., 122 Ga. 190, 50 S.E. 68(1905) 사건에서 법원이 원고의 동의없이 신문광고에 사진이 사용된 것을 프라이버시 침해라고 판시한 이후, 피고가 사용한 성명이나 사진, 초상 등이 원고와 일치된다는 것과 원고의 동의없이 광고 혹은 거래의 목적으로 사용되었다는 것이 입증되면 불법행위가 성립되는 것으로 보고 있다. 따라서 단순히 이름을 적시했다거나 우발적인 사용만으로는 프라이버시의 침해가 성립된 것이 아니다. 대법원은 공개된 사진, 성명, 성별, 출생연도, 직업, 직장, 학력, 경력 등을 동의 없이 수집·제공한 행위에 대하여 프라이버시를 침해하지 않았다고 판시하였다(대판 2016.8.17. 2014다235080). 2) **사생활의 자유의 침해** 사생활의 자유에 대한 침해는 사생활의 자유로운 형성과 전개, 즉 사생활의 자율을 방해 또는 간섭하는 경우이다. 예컨대, 결혼, 이혼, 임신, 낙태, 성생활, 자녀 양육, 교육, 장발, 의복, 취미생활 등에 관하여 침해하는 경우이다. 3) **자신에 관한 정보의 통제권에 대한 침해** 개인정보자기결정권의 대상이 되는 개인의 신체, 신념, 사회적 지위, 신분 등과 같은 개인의 인격주체성을 특징짓는 사항으로서 그 개인의 동일성을 식별할 수 있는 일체의 정보에 대하여 침해하는 경우이다. 오늘날의 정보화사회에서는 개인의 정보가 쉽게 유통되고 본인이 알지 못하는 사이에 유통되고 공개되는 예가 많다. 특히 잘못된 개인정보가 저장·유통·공개되는 경우에 그 피해는 예측을 불허한다. 개인에 관한 정보를 보호하고 사생활의 영역과 인격을 보호하기 위해서는 개인정보가 자의적으로 수집될 수 없게 하고, 자신의 정보에 대한 접근권을 인정하여 확인·열람할 수 있게 하여야 하며, 오류가 있는 경우 정정·사용중지·삭제 등을 요구할 수 있어야 한다. 5. **프라이버시권의 제한과 한계** 1) **개설** 프라이버시권은 국가안전보장이나 공공복리 및 질서유지를 위하여 제한될 수 있다(헌법 제37조 제2항). 또한 본질적 내용을 침해해서는 안된다. 그런데 프라이버시에 대한 침해는 언론·출판의 자유와 상충하는 경우가 많고, 이에 따라 프라이버시권과 언론의 자유와의 경계선이 문제가 된다. 프라이버시권과 언론의 자유 사이의 조화를 위한 이론, 즉 프라이버시에 대한 침해가 정당화되는 여러 가지 이론이 있다. 독일에서는 국가이익 또는 언론의 보도이익과 개인의 이익이 서로 충돌하는 경우, 보호되는 사생활영역을 영역별로 구별하여 그 보호의 정도를 달리하는 소위 '**영역이론**'이 법익형량의 지침으로 고려되고 있다. 영역이론이란, '보호되는 생활관계 또는 개인정보가 자기결정의 핵심적 영역 또는 인격적 핵심과 어느 정도로 밀접한 관계가 있는지'에 따라 침해된 사생활영역의 비중을 판단하려는 시도이다. 원칙적으로 사생활비밀의 보호가 존재하지 않는 '공적 영역'에 대하여, 사생활영역을 내밀한 사적 영역(intimsphäre), 사적 영역(Privatsphäre), 사회적 영역(Sozialsphäre) 등의 3개의 영역으로 구분한다. 내밀한 사적 영역은 원칙적으로 침해될 수 없는 사적 생활형성의 핵심영역이며, 사적 영역은 비례원칙의 엄격한 적용 하에 중대한 공익상의 이유로 또는 언론보도의 이익이 우위를 차지하는 경우 그 제한이 정당화되며, 사회적 영역에서는 국가에 의한 제한에 덜 엄격한 기준이 적용되며 언론보도가 일반적으로 허용된다고 본다. 결국, 사생활영역에 대한 제한은 '사회적 연관성'의 정도와 '개인적 연관성'의 정도에 따라 그 허용여부 및 정도가 결정된다고 본다. 2) **권리포기의 이론** 권리포기(waiver)란 일정한 사정하에서는 어떤 사람이 자기의 프라이버시권을 포기하는 의사를 가지는 것으로 인정하거나 또는 법률상 포기한 것으로 간주하는 것을 말한다. 이 경우 프라이버시를 공개하더라도 아무런 침해행위가 되지 않는다. 예컨대 자살자나 세인의 주목을 끄는 지위나 직업을 가진 사람은 프라이버시 권리를 포기했다고 인정된다. 그러나 이 권리포기의 이론은 본인이 명백하게 자기의 사생활의 공개를 반대하는데도 불구하고 그 포기의 의사가 있는 것으로 간주하는 것은 지나친 기교이며 유명인일지라도 그이 프라이버시 권리가 어느 정도 축소된다고 할지라도 전부가 상실되는 것은 아니라는 점에서 타당하지 않다는 비판을 받고 있다. 3) **공익과 보도가치성(public interest and newsworthiness)의 이론** 프라이버시권은 공공의 이익이 되는 사항인 경우 공개를 저지할 수 없다. 여기의 공공의 이익이란 프라이버시 권리보다 상회하는 표현행위에 포함된 이익으로, 일반국민의 알 권리와 관련된다. 즉 사회구성원이 어떤 사실을 아는 데 대하여 정당한 관심을 가지며, 또한 그것을 아는 것이 사회에 이익이 되는 것은 공공의 이익에 해당된다. 일반인의 알 권리에 대상으로 될 수 있는 것은 어떤 가치를 가지는 것이어야 한느냐에 대하여 미국의 판례는 보도적 가치, 교육계몽적 가치 및 오락적 가치 등을 들고 있다. 그러나 공공의 이익에 관한 보도라고 하더라도 거기에 허구나 허위의 요소가 가미되어 세인의 눈에 그릇 인식되는 경우에도 개인의 프라이버시의 침해가 성립될 수 있다. 구체적인 상황에 따라 판단하여야 할 것이다. 뉴스가치성(newsworthiness)은 공적 이익(public interest), 공적 인물(public figures), 공적기록(public records) 이라는 세 가지의 요소를 가지고 있다. 4) **공적 인물(public figure)의 이론** 공적인물의 이론이란 프라이버시가 침해되었다고 주장하는 자의 사회적 지위에 따라 그 사람의 프라이버시 권리의 한계를 정하려고 하는 이론이다. 미국 연방대법원의 New York Times v. Sullivan 사건(1964)에서 확립된 법리이며, 오늘날까지도 적용되고 있다(Nike, Inc. v. Kasky, 539 U.S. 654(2003). 이 판결에서 실제적 악의이론(actual malice rule)이 수립되었다. 유명인의 프라이버시는 공적관심사항으로서 일반인의 알 권리의 대상이 되므로 그 사람의 사생활의 범위가 좁아지는 것은 어쩔 수 없다. 이러한 사람은 그의 사적사항이 공개되더라도 통상인에 비하여 수인해야 할 경우가 많으며 유명인에 따라서는 자기에 관한 것이 널리 세인에 알려지기를 오히려 바란다고도 할 수 있다. 여기에는 자신의 자발적인 행동으로 인하여 일반인이 주시를 끄는데 성공한 사람 예컨대 대통령, 국회의원, 고급공무원, 재계지도자, 문화 · 예술계지도자 · 배우 · 가수 · 프로야구선수 · 복서 · 엔터테이너 · 공무원 · 유명한 발명가나 탐험가 · 전쟁영웅이나 일반병사 · 무용가 · 음악가 등 뿐만 아니라 스스로는 원하지 않았지만 국민의 관심의 대상이 되어버린 자(voluntary public figures) 예컨대 범인이나 피해자 등도 이에 포함되는 것이다. 공적인물이 프라이버시가 제한된다는데 대한 **이론적 근거**로는 첫째, 공적 인물은 자기사사의 공개를 동의한 자로서 이에 항의할 권리를 상실했다고 보는 것이다. 이것은 자발적으로 유명인이 된 자에게는 타당한 이론이 될 수 있다. 둘째, 공적 인물이라 할 수 있는 자의 인격이나 사건은 이미 공적인 것으로 되어 있으므로 프라이버시라고 볼 수 없다는 것이다. 셋째, 언론은 헌법상 언론의 자유를 보장받고 있으므로 일반인의 정당한 관심을 가지고 공적 인물에 대해서는 대중에게 그것을 알릴 특권을 가진다는 것이다. 공적 인물은 그 프라이버시가 제한된다고 할지라도 일정한 **한계**를 가지고 있다. 아무리 공적 인물이라 해도 모든 사생활이 보호될 수 없다는 것은 헌법상 인간의 존엄과 가치, 행복추구권에 반하며 공적 인물의 순수한 사생활은 보호되어야 한다. 공적 인물이라고 할지라도 그에게도 순수한 사생활이 있으며 일단 공적 관심사항이 된 유명인의 사생활도 영구적인 것이 아니라 시간의 경과에 따라 사적 사항으로 환원되는 것이다. 시간의 흐름과 공적 인물과의 관계도 일률적으로 단정할 수 없고 원고가 차지했던 지위의 공공성의 정도, 사건의 성격, 현재에 미치는 영향, 세월의 장단 등의 요소를 고려하여 프라이버시와 공공의 이익과를 비교형량하여야 한다. 6. **프라이버시권 침해에 대한 형사책임** 1) **사생활에의 침입에 대한 형사책임** 사생활에의 침입에 관하여는 그 수단이나 방법이 타인의 주거를 무단침입한 경우에는 형법상 주거침입죄(제319조 제1항)가 성립되고, 일단 적법하게 타인의 주거를 들어갔다 하더라도 그 후 거주자의 퇴거요구에 불응한 경우에도 퇴거불응죄(동법 제319조 제2항)가 되며, 타인의 신체나 주거를 무단 수색한 경우에도 주거수색죄(동법 제321조)에 해당된다. 타인에 대한 생활방해 예컨대, 정당한 이유없이 길을 막거나 뒤따르거나 몹시 거칠게 겁을 주는 말 또는 행동으로 불안케 하거나(경범죄처벌법 제1조 24호) 악기 · 라디오 · TV · 전축 · 종 · 확성기 · 전동기 등의 소리를 지나치게 크게 내거나 큰소리로 떠들거나 노래를 불러 이웃을 시끄럽게 한 경우 (동법 제1조 26호)도 프라이버시의 침해이다. 봉합이나 비밀장치된 타인의 신서, 문서 또는 도화를 개파한 자는 비밀침해죄(형법 제316조)에 해당된다. 국가기관이나 사인이 법에 의한 절차에 의하지 아니하고 우편물을 검열하거나 전기통신의 감청을 하거나 공개되지 아니한 타인간의 대화를 녹음 또는 청취한 경우에는 통신비밀보호법(제3조, 제16호)에 의한 처벌대상이 된다. 2) **난처한 사사의 공개에 대한 형사책임** 사생활의 공개에 관하여는 그 내용이 명예훼손적 언사를 포함하고 있는 경우에는 명예에 관한 죄에 해당된다. 의사나 변호사, 종교인 등이 직무상 취득한 타인의 비밀을 누설한 경우에는 업무상비밀누설죄(형법 제317조)에 해당된다. 특정의 기관이나 관계자가 특정목적의 자료를 목적외로 사용하거나 누설하는 것을 금지하고 있는 경우가 많다. 공공기관의 개인정보 보호에 관한 법률, 정보통신망 이용촉진 및 정보보호 등에 관한 법률, 신용정보의 이용 및 보호에 관한 법률, 신용카드업법 등이 그것들이다. 수사나 재판 등 사법절차와 관련하여 피해자나 피의자, 피고인 등 소송관계자의 인권을 보장하기 위하여 일정한 범위내에서 그들의 인적사항 등의 공개가 금지되고 있다. 소년법, 가사소송법, 성폭력범죄의 처벌 등에 관한 특례법, 특정강력범죄의 처벌에 관한 특례법 등이 있다. 3) **오해를 불러 일으키는 표현에 대한 형사책임** 타인의 이름을 도용하여 공표하거나 광고하는 경우 형법상 사문서위조(제231조)나 동 행사죄(제234조) 또는 자격모용에 의한 사문서작성죄(제232조)에 해당될 수 있다. 또 타인의 초상 등 사진을 무단사용하거나 공표권 · 성명표시권 등 저작인격권을 침해하여 저작자의 명예를 훼손하거나 저작자 아닌 자를 저작자로 하여 실명 · 이명을 표시하여 저작물을 공표한 때에는 저작권법상 저작권침해죄(제98조), 부정발행죄(제99조)에 해당될 수 있다. 4) **성명이나 초상 등의 영리적 사용에 대한 형사책임** 타인의 성명이나 상호 등 인격적 징표를 영업적 이익의 확보를 위해 이용하는 경우 부정경쟁방지법에 저촉될 수 있다. 즉 국내에 널리 인식된 타인의 성명·상표 등을 사용하거나 이것을 이용한 상품을 판매 또는 수입·수출하여 타인의 상품과 혼동을 일으키거나(제2조 제1항 가목), 타인의 영업상의 시설 또는 활동과 혼동을 일으키게 하는 경우(같은 호 나목)에는 이 유형의 프라이버시권을 침해하는 것이 된다.

프라이버시보호와 개인데이터의 국제유통에 관한 가이드라인에 관한 경제협력개발기구 이사회권고 국제기관에 의한 개인정보보호를 위하여 경제협력개발기구(OECD)rk 1980.9.23. 채택한 권고이다. 전 세계의 개인정보보호법제의 기틀로 인식되고 있다. 이를 바탕으로 EU에서 '개인데이터보호조약'이 채택되었고, 우리나라에서도 1989.12. 개인정보보호법 시안을 만들게 되었으며, 1994년 「공공기관의 개인정보보호에 관한 법률」을 거쳐, 「개인정보보호법(법률 제10465호, 2011.3.29. 제정, 2011.9.29. 시행)」으로 정착되었다. 위 「가이드라인에 관한 이사회권고」는 8개의 개안정보보호 기본원칙(수집제한의 원칙, 정보정확성의 원칙, 목적명시의 원칙, 이용제한의 원칙, 안전성확보의 원칙, 공개의 원칙, 개인참가의 원칙, 책임의 원칙)이 규정되어 있다. 이 가이드라인은 2010년부터 개정작업이 시작되어, 2013.7.에 OECD 정보통신정책위원회(Committee for Digital Economy Policy: CDEP)에 의해 개정 가이드라인이 승인·채택되었다. 개정안은 위험관리기반 접근방법에 따른 구체적인 프라이버시 보호방안과, 글로벌 차원의 프라이버시 보호를 위한 상호운용성(interoperability)의 두 영역에 관한 것이었다.

프랑스대통령선거 프랑스의 대통령은 국가원수로서 헌법을 수호하고 국가의 계속성 및 공권력의 정상적 운영을 보장하며 프랑스의 독립 및 영토보존의 책임을 진다(프랑스헌법 제5조). 임기는 5년이며 1회에 한하여 연임할 수 있다(제6조). 2000년의 헌법개정을 통하여 이전에 7년이었던 임기를 5년 중임으로 개정하였다. 대통령선거에 관해서는 프랑스 헌법 제7조에서 상세히 규정하고 있다. 동 규정에 따르면, 국민의 직접 보통선거에 의해 선출되며 1차 투표에서 절대다수 득표자가 없는 경우 상위 득표자 2명에 대해 결선투표한 후, 최다 득표자가 대통령으로 당선된다. 현 대통령의 임기만료 35일 내지 20일 이전에 후임자를 선출한다. 대통령이 궐위되는 경우 상원의장이 권한을 대행한다. 후임자의 선거는 궐위 개시일부터 35일 내지 20일 이전에 후임자를 선출한다. 선거의 연기, 재선거 등을 규정하고 있다.

프랑스인권선언 [영] Declaration of the Rights of Man and of the Citizen, [프] Déclaration des droits de I'homme et du citoyen. ➜ 인간과 시민의 권리선언.

프랑스 헌법재판제도憲法裁判制度 1. **연혁** 프랑스 대혁명(1789~1799) 이후 입법부 우위의 사고와 법원에 대한 강한 불신으로 위헌심사권을 부정하였다. 1946년 제4공화국 헌법은 구 헌법위원회(Comité Constitutionnel)제도를 설치하였으나, 단 1회만 소집하였다. 1958.10.4. 공포된 제5공화국 헌법에서 헌법평의회(Conseil Constitutionnel)를 설치하여 사전적·추상적 위헌심사권을 인정하였다. 2. **구성** 헌법평의회는 9인의 재판관으로 구성하되, 당연직 재판관이 추가되었다. 재판관은 대통령, 하원의장 및 상원의장이 각 3인씩 임명하도록 하였다. 재판관의 임기는 9년이며, 연임할 수 없게 하였다. 재판관은 매 3년마다 3인씩 교체하도록 하고 있으며, 전직 대통령은 종신의 당연직 재판관이 된다. 당연직 재판관에 대하여 2008년의 개정에서 이를 삭제하자는 상원의 제안이 있었으나 하원에서 부결되어 그대로 유지 되었다. 헌법평의회 의장(President)은 재판관 중에서 대통령이 임명하며, 가부동수인 경우에 결정권을 가진다. 2008년 법개정에서 재판관들에 의해 의장을 선출하자는 제안이 있었으나, 하원에서 부결되었다. 재판관의 자격은 연령이나 전문적 자격요건은 없으나, 정부 공무원이나 의회, 유럽 의회 및 경제사회심의회 위원과의 겸직은 허용되지 않는다. 3. **권한** 1) **법령에 대한 합헌성 심사** 헌법평의회는 법령에 대한 사전적 합헌성 심사와 사후적 합헌성 심사를 담당한다. 2008년 법개정 전에는 사전적 심사만 담당하였으나, 법개정 후 사후적 심사도 가능하게 되었다. 조직법률과 의원발의 국민투표부의 법률안은 공포 전에, 양원의 의사규칙은 시행 전에 필수적으로 헌법평의회의 합헌성 심사를 거쳐 합헌 판결을 받아야 공포 · 시행될 수 있다(의무적 심사). 기타 법률 및 조약은 대통령, 수상, 상 · 하원 의장 또는 60명 이상의 상 · 하원의원이 제청한 경우에 공포 및 비준 전에 위헌여부를 심사하고, 합헌 판결을 받아야 공포 및 비준될 수 있다. 사후적 합헌성 심사는 개정 전에는 매우 예외적으로만 허용되었으나, 2008년의 개정으로 제도화되었다. 심사절차는 구체적 소송에서 당사자가 재판에 적용될 법률규정의 위헌성에 대한 이의를 제기하고 그 심사를 신청하면 최고행정법원(Conseil d'Etat) 혹은 최고사법법원(Cour de Cassation)이 그 필요성 여부를 판단하는 여과절차를 거친 후 최종적으로 헌법평의회에 제청하도록 하고 있다. 사후심사의 결정의 효과는 원칙적으로 폐지효(장래효)를 가지고 예외적으로 헌법평의회가 그 효력을 조절할 수 있게 하고 있다. 2) **선거소송** 대통령 및 국회의원선거에서의 선거감독, 선거소송 심판 및 투표결과의 공표, 국민투표실시의 적법성 감독 및 투표결과 공표권을 가진다. 3) **대통령 유고시의 권한** 대통령유고에 대한 판단권, 대통령 궐위 · 유고 이후 후임대통령선거에 관한 권한을 가진다. 4) **헌법사항 자문** 헌법 제16조에 의한 대통령의 비상조치 발동에 대한 자문과 비상조치권행사의 요건존속에 대한 판단권을 가진다. 비상조치권행사의 요건존속여부는 조치발동 후 30일 경과 후에는 하원의장, 상원의장, 60인의 하원의원 혹은 60인의 상원의원의 청구로 그 존속여부를 심사할 수 있고, 60일이 경과하면 헌법재판소에서 직권으로 심사를 하고 의견을 제시하는 권한을 가진다. 이 외에 대통령 선거 및 국민투표에 관하여 정부가 의뢰한 사항에 대하여 자문할 수 있다. 5) **기타** 행정부제출 법률안의 의사일정 상정에 관한 심판권이 신설되었다. 4. **심리 등** 헌법평의회는 7인 이상의 재판관이 참석한 재판관 전체회의에서 심리 및 결정을 한다. 결정은 모든 국가기관에 대하여 구속력을 가지고 최종적이어서 불복할 수 없다. 선거소송의 심사는 각 3인의 재판관으로 구성된 3개 지정재판부 중 1개 지정재판부에 회부되고, 결정은 투표에서 선거절차에까지 효력을 미치며 선출된 후보자의 해임 결정도 가능하다. 심리의 토의와 표결은 비공개이다.

프랑스혁명 ⓔ French Revolution, ⓕ Révolution française. 1789.5.5.~1794.7.28. 프랑스혁명은 프랑스에서 일어난 자유주의 혁명이다. 프랑스혁명은 엄밀히 말해 1830년 7월 혁명과 1848년 2월 혁명도 함께 일컫는 말이지만, 대개는 1789년의 혁명만을 가리킨다. 이때 1789년의 혁명을 다른 두 혁명과 비교하여 프랑스 대혁명이라고 부르기도 한다. 절대왕정이 지배하던 프랑스의 앙시앵 레짐(Ancien Régime)하에서 자본가계급이 부상하고, 미국의 독립전쟁으로 자유의식이 고취된 가운데 인구 대다수를 차지하던 평민의 불만을 가중시켜 마침내 흉작이 일어난 1789년에 봉기하게 되었다. 부르봉 왕조의 절대주의적인 구제도를 타파하여 근대 시민 사회를 이룩한 시민 혁명이다. 1789.5.5. 루이 16세가 국가 재정궁핍과 흉작으로 삼부회를 소집하였으나, 표결방식에 대한 이견으로 파행하였다. 이에 제3신분인 평민대표들이 6.17. 별도로 영국식의회인 '국민의회'를 결성하고 동의없는 세금 징수를 거부한다고 선언하였으나, 루이 16세는 국민의회의 해산을 명하고 회의장을 폐쇄하였다. 6.20. 평민대표들은 테니스코트에 모여 헌법제정까지 국민의회를 해산하지 않기로 맹세하고 서약문을 작성하였고(테니스코트의 맹세), 7.9. 국민의회를 제헌국민의회로 개칭하고 헌법제정에 착수하였다. 7.14. 무력진압을 기도하는 왕당파에 맞서 무기탈취를 위해 바스티유 감옥을 습격함으로써 혁명이 시작되었다. 8.4. 봉건제폐지를 선언하고, 8.26. 프랑스인권선언을 발표하였다. 루이 16세가 봉건제폐지와 인권선언의 재가를 거부하고 10.1. 호화연회를 개최하자, 성난 파리시민들이 베르사이유로 행진하여 루이 16세를 굴복시키고 봉건제 폐지와 인권선언을 재가하게 하였다. 루이 16세가 파리로 귀환한 후 사회개혁작업이 지속되는 도중, 루이 16세의 탈출기도가 발각되었고(바렌사건), 프로이센과의 동맹(필니츠 선언)으로 국면을 타개하고자 하였으나, 오히려 외국과의 내통행위로 받아들여졌다. 1791.9.3.에 제한선거와 입헌군주제를 골자로 한 새로운 헌법(1791년 프랑스 헌법: 입헌군주제)이 공포되었다. 1792.7. 프로이센의 침공에 대응한 의용군 등이 왕가를 굴복시켜 왕족을 탑에 유폐시킨 후 왕권을 정지하고 보통선거를 통한 국민공회 구성을 시작하였다. 새로 선출된 국민공회는 1792.9.21. 군주제를 폐지하고 다음날 공화정을 선포함으로 프랑스 제1공화정이 수립되었다(쟈코뱅 헌법). 1791년 프랑스헌법은 불과 1년 만에 폐지되었다. 1793.1.21. 루이 16세가 처형되었고, 공포정치가 지속되는 중에, 1794.2.4. 노예제를 폐지하는 법률이 통과되었다. 1794.7.28. 공포정치에 저항하는 반대파들에 의해 로베스피에르가 탄핵당하고 처형된 후(테르미도르반동), 1795.9.23. 새로이 헌법을 통과시키고(공화력 3년헌법), 총재정부를 수립하였다. 1799.11.9. 나폴레옹은 쿠데타를 일으켜 총재정부를 전복시키고 통령정부를 수립하여 제1통령의 자리에 올랐다. 프랑스 혁명으로 태어난 프랑스 제1공화국은 나폴레옹에 의해 시작된 프랑스 최초의 제정으로 인해 10여 년 만에 단명하며 막을 내렸다. 또한 나폴레옹이 실각한 후 혁명으로 붕괴된 부르봉 왕조가 부활하였다(1814.4.). 프랑스 혁명은 앙시앵 레짐을 무너뜨렸지만 혁명 후 수립된 프랑스 공화정이 나폴레옹 보나파르트(Napoléon Bonaparte)가 일으킨 쿠데타로 무너진 후 75년간 공화정, 제국, 군주제로 국가 체제가 바뀌며 굴곡된 정치 상황이 지속되었으나 역사상으로 민주주의 발전에 크게 기여했다. 프랑스혁명은 크게 보면 유럽과 세계사에서 정치권력이 왕족과 귀족에서 자본가계급으로 옮겨지는, 역사 분야에서 완전히 새로운 시기를 열어 놓을 만큼 뚜렷이 구분되는 전환점이었다.

프랑크푸르트헌법 ㊀ Verfassung des Deutschen Reiches/Frankfurter Reichsverfassung/Paulskirchenverfassung. 프랑크푸르트 국민의회가 Paulskirche에서 1849.3.27.에 공포되었으며, 1849.3.28.에 제국법률공보(Reichs Gesetzblatt)에 수록되면서 발효하였다. 비스마르크의 주도로 독일이 통일된 후 성립한 1871년의 독일국 헌법과 구분하기 위하여 비공식적인 이름인 '프랑크푸르트 헌법' 또는 '파울교회 헌법'으로 불리기도 한다. 헌법소원을 최초로 규정하였고, 검열폐지와 언론의 자유, 이전의 자유, 결사와 집회의 자유, 신앙의 자유, 교파에 대한 평등권, 학문의 자유 등 근대적 자유권을 포괄적으로 규정하여, 이후의 헌법전에 지대한 영향을 미쳤으며, 바이마르헌법으로까지 이어졌다. 또한 재정균등화정책을 추구하여 재정헌법에 관해서도 상세한 규정을 두었다. 양원제, 배심제를 채택하였으며, 세습군주제 국가를 표방하였다. 프랑크푸르트 국민의회가 프랑크푸르트 국가헌법을 승인하고 프로이센 왕국의 프리드리히 빌헬름 4세를 독일황제로 추대하였으나, 보수적이었던 프리드리히 빌헬름 4세가 거부함으로써 새로운 국가의 구성은 사실상 좌절되었다. 이후 1850년 프랑크푸르트 국민의회가 해산되면서 자유주의 혁명은 완전히 실패로 끝났다.

Friends of the Irish Environment 판결 ➜ 기후변화소송.

프로그램적 기본권 ➜ 사회권의 법적 성격.

프로 보노pro bono 프로 보노란 '공익을 위하여 Pro Bono Publico For the Public Good' 라는 뜻의 라틴어의 약어로서, 전문가가 자신의 전문성을 자발적이고 대가없이 공공(사회)을 위해 봉사(Public Service) 하는 것을 뜻한다. ➜ 공익소송.

프롤레타리아 주권론 Proletariat 主權論 ➜ 주권이론.

Privilege of Parliament Act(1603) 국회의원의 불체포특권을 명문화한 영국의 법률이다. 오늘날에도 그 효력을 일부분 유지하고 있다.

플라톤Platon BC 427~347. 고대 그리스의 철학자로 객관적 관념론의 창시자이다. 소크라테스의 제자이다. 40세경 아테네 교외의 아카데미아에 학교를 열어 교육에 임하였으며, 또한 많은 저작(30권이 넘는 대화편)을 썼다. 그의 철학은 피타고라스, 파르메니데스, 헤라클레이토스 등의 영향을 받았으며, 그 당시의 유물론자 데모크리토스의 사상과 대립하였다. 헌법학에서는, 국가형태론에서 주로 언급된다. 플라톤은 그의 저서 「국가론」에서, ① 법과 관습에 의하여 지배되는 세 개의 국가형태(군주제 · 귀족제 · 절제된 민주제)와, ② 이 국가들의 변질된 형태인 세 개의 국가형태(폭군제 · 과두제 · 극단적 민주제)로 구분하였다.

Planned Parenthood v. Casey(1992) 판결 ➜ 낙태죄. ➜ Dobbs 판결.

플레비시트plebiscite ➜ 국민투표제.

Feeney 판결 Personal Administrator of Massachusetts v. Feeney 442 US 256, 99 S.Ct. 2282 (1979). 1. **사실관계** Massachusetts주의 주법에 의하면, 제대군인은 비슷한 자격조건을 가진 비제대군인에 비해 공무원직 채용에 우선적 고려대상이었다. 제대군인들은 거의 전부가 남자였기 때문에 Feeney는 그 우선적 대우가 여성에 비해 남성을 우대하는 것으로 운영되었으므로 헌법상의 평등보호조항에 위배된다고 주장하면서 소송을 제기했다. 하급심법원들은 위헌판결을 내렸고 상고에 의해 연방대법원이 이 사건을 심리하게 되었다. 2. **연방대법의 판결** Stewart 대법관이 집필한 다수의견은, 성별에 따른 차별의 목적을 입증하지 못하면 주로 남성들로 구성된 집단에게 공무원직 채용의 특혜를 주는 법은 헌법상의 평등보호조항에 위배되지 않아 합헌이라고 판시했다. 이 주법은 '평등'의 문제가 아니라 과거의 군봉사에 따른 국가봉사의 공로에 대한 '보상(compensation)'이 되며 따라서 당연히 합헌이 된다고 보았다. 3. **판결의 의미** Feeney판결은 법이 문면상으로는 차별적이 아니라면, 그 차별의 결과가 이럴 수 있겠다는 정도의 차별목적이 아니라 '고의'에 이르는 정도의 차별목적이 있어야 그것이 부당한 차별이 되어 수정헌법 제14조의 평등보호조항에 위배된다는 점을 분명히 하였다. ➜ 적극적 평등실현조치.

피선거권被選擧權 ㊂ eligibility, ㊀ Wählbarkeit, ㊈ éligibilité . ⇔ 선거권. 피선거권은 선거권 · 국민투표권 및 공무원과 배심원이 되는 권리와 더불어 국가권력에의 참가를 내용으로 하는 적극적인 권리인 참정권의 일부이다. 우리나라에서는 공직선거법에서 통합하여 규정하고 있다(동법 제16조). 이에 따르면, ① 40세 이상의 국민은 대통령의 피선거권이 있다. ② 25세 이상의 국민은 국회의원의 피선거권이 있다. ③ 선거일 현재 계속하여 60일 이상 당해 지방자치단체의 관할구역 안에 주민등록이 되어 있는 주민으로서 25세 이상의 국민은 그 지방의회 의원 및 지방자치단체의 장의 피선거권이 있다. 금치산선고를 받은 자, 선거사범으로서 법이 정한 시한이 지나지 않은 자, 법원의 판결에 의해 선거권이 정지 또는 상실된 자, 금고 이상의 형의 선고를 받고 그 형이 실효되지 아니한 자, 법원의 판결 또는 다른 법률에 의하여 피선거권이 정지되거나 상실된 자는 피선거권이 없다(제19조).

Fisher I 판결 Fisher v. Univ. of Texas at Austin(Fisher I), 133 S. Ct. 2411 (2013). 1. **사실관계** 텍사스주립대학은 2005년부터 적극적 평등실현조치를 도입하여 개인성취지수를 심사할 때 인종을 고려하기 시작하였다. 2008년 백인여성인 Abigail Fisher는 '상위 10퍼센트 전형'으로 충원되는 몫을 제외한 나머지 정원을 놓고 텍사스 대학에 지원하였으나 불합격하자 소송을 제기하였으며, 대학 측의 인종의식적인 입학정책이 수정헌법 제14조의 평등보호조항을 침해한다고 주장하였다. 2. **연방대법원의 판결** 연방대법원은 연방제5항소법원이 엄격심사기준을 적절하게 적용하지 않았다는 이유로 원심을 파기하고 환송하였다. 3. **판결의 의미** Fisher I 판결은 대학의 입학정책에서 인종에 관한 적극적 평등실현조치의 사용을 판단함에 있어서 원리적 변화를 가져오지는 않았지만 대학의 부담을 증가시켰다. 엄격심사기준은 입학정책에서 인종의 사용에 대한 사법심사기준으로 유지되었으며, 교육적 다양성은 필요불가피한 이익으로 유지되었다. ➜ 적극적 평등실현조치.

Fisher II 판결 Fisher v. University of Texas at Austin, 136 S.Ct. 2198(2016). 1. **사실관계** Fisher I 판결의 파기환송심에서 연방제5항소법원은 대학이 종합적(holistic) 평가를 하면서 인종을 고려하는 것은 대학의 설립목적을 지지하는 다양성을 성취하기 위하여 필요불가결한 수단이라고 다시 한 번 지지하였다. Fisher는 이번에도 연방대법원에 상고하였다. 2. **연방대법원의 판결** 법정의견을 집필한 Kennedy 대법관은 선례인 Fisher I 사건에서 세 가지 주요법리를 추출하여 강조하였다. 첫째, 대학이 입학전형절차에서 인종요소를 사용할 때 그 목적이 헌법에 합치하며 또한 절박하다는 점과, 인종요소를 사용하는 것이 그 목적을 달성하는 데 필수불가결하다는 점을 명백하게 밝혀야 한다는 것이 엄격심사가 요구하는 바이다. 둘째, 학생구성체의 다양성으로부터 나오는 교육적 편익을 추구하여야 한다는 대학의 판단과, 학생구성체의 다양성이 대학의 목표를 달성하는 데 기여한다는 점에 대하여 대학이 분명한 근거를 가지고 확고한 원칙에 입각하여 설명하면 법원은 이를 존중하여야 한다. 셋째, 엄격심사기준 중 정교하게 맞추어진 수단이어야 한다는 점을 분석할 때에는 법원은 대학의 입장을 그대로 존중하지는 않는다는 것이다. 연방대법원은 대학 측의 다양한 노력과 대학 측의 주장을 뒷받침하는 여러 데이터와 사실들을 지적하며 상고인 Fisher의 주장들을 배척하였다. 3. **판결의 의미** Fisher II 판결에 대하여 일부는 이를 평등한 교육기회를 위한 승리로 보았으며, 또한 소수자 공동체에 대한 관심이 사회적 분열을 치유하고, 다양성이라는 교육적 유용성을 실현하기 위한 문제임을 승인한 것으로 긍정적 평가를 내린다. 하지만 적극적 평등실현조치의 합헌성을 주장함에 있어서 증거상의 부담을 증가시켰다. 즉 인종을 고려하는 입학정책이 정치하게 재단되어야 하고, 대학에게 적극적 평등실현조치가 왜 필요한지에 관한 다양한 통계와 증거를 대학담당자에게 면밀히 수집할 것을 요구하였다. ➜ 적극적 평등실현조치.

피의자심문참여권被疑者審問參與權 ➜ 변호인의 조력을 받을 권리.

pigeonhole 법률안 심의과정에서 위원회심의 후 본회의에 부의할 필요가 없다고 판단하여 위원회에서 법률안을 폐기하는 것을 말한다. ➜ 위원회의 해임. ➜ 법률제정절차.

피켓팅 ㊀ picketing, ㊁ Streikposten, ㊂ piquets de grève. 효과적인 쟁의행위를 위해 사업장이나 공장 입구 등에서 플래카드를 들고 파업반대자들이 공장에 출입하는 것을 막고 파업에 참여하지 않은 근로희망자에게 파업에 동조할 것을 요구하는 행위로서, 피케팅 행위만으로는 독립적인 쟁의행위로 인정되지 않으며 태업이나 보이콧에 부수적으로 행해지는 쟁의행위의 일종이다. ➜ 노동3권.

피해被害**의 최소성**最少性 ➜ 과잉금지의 원칙.

피해자被害者 ➜ 범죄피해자구조청구권.

필리버스터 ㊀ filibuster, ㊁ Filibuster, ㊂ faire de l'obstruction. 필리버스터는 합법적 의사진행 방해를 의미하는 의회 운영절차의 한 형태로서, 입법부나 여타 입법기관에서 구성원 한 사람이 어떤 안건에 대하여 장시간 발언하여 토론을 포기하고, 진행되는 표결을 지연하거나 완전히 막고자 하는 행위이다. 스페인어 '필리부스테로(filibustero)', 프랑스어 '플리뷔스티에르(flibustier)', 네덜란드어 '브리부이터(vribuiter)'에서 유래한 말로 도적, 해적 등을 뜻하는 말이다. 이다. 미국에서 보통 미국 중앙정부를 전복하고자 하던 남부 주의 모험가들을 이르는 말이었으나, 이들의 행태가 토론을 전횡하여 의사진행을 방해하는 것이 보통이었기 때문에 나중에 의사진행방해자를 이르는 말이 되었다. 우리나라에서는 국회선진화법의 일종인 국회법 제106조의2에서의 '무제한 토론'제도가 필리버스터를 제도화한 것이다. ➜ 국회선진화법(무제한토론제도).

필수불가결必須不可缺**한 이익**利益 ➜ 평등심사의 기준.

필수적 심의사항必須的 審議事項, **국무회의의** - ⇔ 임의적 심의사항. ➜ 국무회의.

필요적 국선변호제도必要的 國選辯護制度 ➜ 국선변호제도.

필요최소한의 수단선택의 원칙 ➜ 표현의 자유.

ㅎ

하케탈Hackethal **사건**OLG München, Beschluss vom 31.7.1987 ➜ 의사조력자살.

학리해석學理解釋 ㊈ doctrinal interpretation, ㊇ *interpretatio doctrinalis*, ㊆ wissenschaftliche Interpretation/dogmatische Interpretation. 학리해석이란 학리적 사고에 의하여 법의 의미내용을 확정하는 것을 말한다. 일반적으로 법의 해석은 이것을 의미한다. 이 해석은 유권해석과 같은 구속력은 없다. 이것은 다시 문리해석(文理解釋)과 논리해석(論理解釋)으로 나누어진다. ➜ 헌법의 해석.

학문學問**의 자유**自由 ㊈ freedom of science, ㊆ Wissenschaftsfreiheit/Freiheit der Wissenschaft, ㊄ La liberté académique. 1. **의의와 헌법규정** 학문이란 진리의 탐구를 위한 진지하고 계획적인 활동이다. 학문에 대한 권리는 개인이 정신적·문화적 생활영역에서 자신의 인격을 자유롭게 발현할 수 있는 권리이며, 나아가 사회 전체의 발전, 즉 문화국가를 창조하는 기초가 되고, 문화적 생활을 가능하게 하는 권리이다. 현행헌법은 제22조 제1항에서 「모든 국민은 학문과 예술의 자유를 가진다.」고 규정하고 있다. 2. **연혁** 서구 중세에는 기독교의 억압적 지배 하에 모든 학문은 기독교의 교리를 정당화시켜주는 도구에 불과하였고, 그에 반하는 모든 사상과 정신적 활동은 탄압받았다. 르네상스 이후 그리스 철학의 영향으로 계몽주의와 인문주의가 활발히 꽃피게 되고 이어 학문과 신앙의 자유가 강조되기 시작하였다. 영국에서는 F. Bacon과 J. Milton이 학문의 자유를 강조하였고, 프랑스에서는 파리대학을 중심으로 자유로운 사상과 지식을 추구하는 경향이 배태되었으며, 독일에서는 Fichte, Schelling 등에 의해 주장되었다. 학문의 자유가 처음으로 헌법에 규정된 것은 1848년 프랑크푸르트 헌법이었으며, 1850년 프로이센헌법을 거쳐 1919년 바이마르 헌법에서 규정되었다. 오늘날에는 거의 모든 국가의 헌법이 학문의 자유를 규정하고 있다. 3. **법적 성격** 자유권설과 제도보장설이 있다. 학문의 자유는 연구와 교수 및 연구결과의 발표나 학문활동을 위한 집회·결사에 있어서 국가의 간섭을 받지 아니할 방어권으로서 주관적 권리로서의 성격을 갖는다. 기본권의 이중적 성격을 긍정하는 입장에서는 당연히 객관적 질서로서의 성격을 가지는 것으로 본다. 학문의 자유의 한 내포인 대학의 자치는 제도보장으로서의 성격을 가장 뚜렷하게 가진다. 4. **주체** 학문의 자유는 국민 뿐만 아니라 외국인도 누리는 권리이다. 대학 등의 연구기관도 학문의 자유의 주체가 될 수 있다(헌재 1992.10.1. 92헌마68). 대학생은 학문의 자유의 주체가 되지만, 중·고등학교의 교사나 학생들은 주체가 되지 못한다. 5. **내용** 1) **연구의 자유** 연구란 학문의 자유의 핵심으로서, 계획적으로 그리고 방법론에 따라 새로운 지식을 찾기 위한 노력이다. 연구의 결과가 기존의 사상 및 가치체계와 상반되거나 저촉되더라도 용인되어야 한다(대판 1982.5.25. 82도716). 오늘날에는 과학기술의 발달로 인해 예컨대, 체세포복제와 같이 인간의 존엄을 해칠 가능성이 있는 분야까지도 연구의 대상이 되고 있고, 이에 대한 규제의 가능성을 놓고 논쟁이 진행 중이다. 2) **연구결과를 발표할 자유** 이는 연구를 통해 얻은 결과를 외부에 자유로이 공개하는 것을 말한다. 외부에 대한 표현이라는 점에서 표현의 자유와 중첩될 수 있지만, 학문의 자유가 더 강하게 보호되어야 한다. 또한 공개의 장소에 따라 보호의 정도가 달라질 수 있다. 이 자유는 연구결과 발표의 대상, 형식, 방법, 내용, 시기와 장소를 자유롭게 선택할 수 있는 것을 말한다. 3) **교수**教授(**강학**講學)**의 자유** 이는 대학 등의 고등교육기관에서 자유로이 가르칠 자유를 말한다. 초·중·고의 교사는 연구자로서의 지위에서는 연구 및 연구발표의 자유를 가지지만, 교육자로서의 지위에서는 교수의 자유를 가진다고 보기 어렵다. 4) **학문적 집회·결사의 자유** 이는 공동으로 연구를 하거나 연구결과를 발표하기 위하여 집회를 개최하거나 단체를 결성하는 자유이다. 학문적 집회에는 집회 및 시위에 관한 법률이 적용되지 않는다(집회 및 시위에 관한 법률 제15조). 6. **효력** 학문의 자유는 대국가적 권리로서 국가권력에 의하여 침해되거나 간섭을 받지 아니할 권리이다. 사인 간에는 간접적용된다. 특히 학내 구성원간 갈등으로 분쟁이 발생하는 경우에는 학문의 자유의 대사인적 효력이 문제될 수 있다. 7. **대학의 자치** 1) **의의와 근거** 역사적으로 학문연구와 교수가 주로 대학에서 전개되었기 때문에 학문의 자유의 문제는 주로 대학의 자유가 문제되었다. 이는 곧 대학의 자치를 의미한다. 대학의 자치의 헌법적 근거에 대해서는 헌법 제31조 제4항「… 대학의 자율성은 법률이 정하는 바에 의하여 보장된다.」는 규정에서 찾는 견해와, 제22조 제1항과 제31조 제4항의 양 규정에서 찾는 견해가 있으나, 제22조 제1항의 규정이 우선적이라고 보아야 한다(헌재 1998.7.16. 96헌바33). 2) **주체** 기본적 주체는 대학교수이다. 대학자치의 핵심은 교수의 자치이다. 대학의 3주체를 교수·학생·직원으로 보아 이들 3주체간의 대등관계를 주장하는 견해도 있으나, 타당하지 않다. 학생의 자치도 학문활동과 관련하여 제한적으로 인정된다. 오늘날에는 사학법인의 경우, 재단의 자치를 강변하는 사례가 적지 않으나, 이는 타당하지 않다. 3) **학내질서유지의 문제** 대학은 학내의 질서유지에 대한 책임과 권한을 갖는다. 이는 학내가택권과 질서유지권을 그 내용으로 한다. 그러나 대학의 대처능력을 넘어서는 경우에는 경찰의 개입이 불가피한 경우가 있다. 이 때 경찰개입의 1차적 판단권은 반드시 대학에 주어져야 한다. 대학내 정보활동 등도 허용되지 아니한다. 4) **내용** 대학의 자유는 대학의 인사·학사·시설·재정 등 대학과 관련된 모든 사항을 자주적으로 결정하고 운영할 자유를 말한다. 오늘날에는 대학수장인 총장선출의 방법에 관하여 **총장직선제**가 논란이 되고 있고, 대학의 **학생선발권**의 자율성이 강조되고 있다. 8. **제한과 한계** 학문의 자유 중에서 연구의 자유는 절대적으로 보장되어야 하지만, 연구결과발표의 자유나 교수의 자유는 일정한 제한이 가해질 수 있다. 그러나 가능한 한 법률에 의한 제한은 자제되어야 한다. 제한되더라도 본질적 내용을 침해해서는 안 된다.

한계조항限界條項 ㉩ Grenzklausel. 말 그대로의 의미로는「한계를 정하는 규정」을 의미한다. 헌법학에서는 주로 헌법개정의 한계에 관한 논의에서 언급된다. 헌법이 명문으로 헌법개정의 한계를 정하여 일정한 헌법규정을 개정대상에서 제외하는 경우(실정법적 한계), 그러한 한계조항의 법적 성격 문제를 헌법이론적으로 어떻게 설명할 수 있는가가 논의된다. 독일의 헌법이해론 즉, 결단주의적 헌법이해, 규범주의적 헌법이해, 통합주의적 헌법이해의 각각의 이론에서는 개정한계조항에 대하여 다르게 이해한다. 결단주의적 헌법이해에서는 '근본결단'으로서의 헌법(Verfassung)의 내용은 헌법률

ㅎ

(Verfassungsgesetz)과 달리 헌법개정권력에 의하여 결코 침해될 수 없다고 본다. 규범주의적 내지 법실증주의적 헌법이해에서는 한계조항 자체가 개정의 대상이기 때문에 헌법개정의 한계를 부인하지만, 헌법이 정한 절차에 따라 개정되는 경우, 헌법조항 사이에 우열이 없음에도 불구하고 한계조항보다는 개정의 절차조항을 우선시하는 문제가 있다. 통합주의적 헌법이해에서는 헌법변천과 헌법개정의 구별을 애매모호하게 한다는 비판이 있다.

한미상호방위조약韓美相互防衛條約 대한민국과 미합중국간의 상호방위조약(大韓民國-美合衆國間-相互防衛條約, Mutual Defense Treaty between the Republic of Korea and the United States of America)의 약칭이다. 1953.10.1. 체결되고 1954.11.18. 조약 제34호로 발효된 대한민국과 미국간의 상호방위조약이다. 미국이 체결한 상호방위조약은 영국, 필리핀, 일본, 대한민국의 네 나라이다. 한미상호방위조약은 전문과 본문 6조 및 부속문서로 되어 있다.

한미행정협정韓美行政協定: SOFA [영] The ROK-US Agreement on Status of Force in Korea. 1966.7.9. 서울에서 한국정부 대표 외무부장관과 미국정부 대표 국무장관 간에 조인되어, 1967.2.9.에 발효된 협정으로, 정식 명칭은 '대한민국과 아메리카 합중국 간의 상호방위조약 제4조에 의한 시설과 구역 및 대한민국에서의 합중국 군대의 지위에 관한 협정'이다. 협정 성립 이전에는 이와 관련되는 협정으로서 1950.7.12. 대전에서 체결된 '재한 미국군대의 관할권에 관한 대한민국과 미합중국간의 협정'이 있었는데, 여기서는 주한 미국군의 재판관할권을 미국군법회의가 가진다고 규정하였다. 휴전 성립 후 한국정부에서는 이 협정을 대신할 새로운 정식 협정을 체결할 것을 미국정부에 제의하였고, 본 협정이 성립하였다. 이 협정은 전문 31조로 된 본문과 합의의사록 · 합의양해사항 · 교환서한 등의 3개 부속문서로 구성되어 있다. 형사재판권에 관하여 협정 제22조는, 미국과 한국의 전속적 재판권을 규정하고 있다. 그러나 합의의정서에서는 한국측은 미국군 당국의 요청이 있을 때 재판권행사가 중요하다고 결정하는 경우를 제외하고는, 이 1차적 권리를 포기한다고 규정하고 있어서 문제가 있다.

한반도유일합법정부론韓半島唯一合法政府論 1948.8.15.의 대한민국정부수립 및 1948.9.9. 조선민주주의인민공화국 수립으로 남북한에 각각 정부가 성립하자, 유엔은 1948.12.12. 총회에서 대한민국이 유엔의 결의에 의하여 성립한 국가임을 승인하였다. 이 때 유엔이 승인한 대한민국이 한반도 전체에서 유일한 합법정부인가에 관하여 이를 긍정하는 견해가 한반도유일합법정부론이다. 하지만 유엔총회결의 No. 195(III)의 의미를 두고 서로 다른 해석이 있어왔다. 유엔의 결의 내용에 대해서는, 3 · 8선 이남에서 유일한 합법정부라고 이해함이 타당하다는 견해가 다수이다. 또한 1950년 6 · 25 전쟁 발발 직후 유엔소총회의 결의에서도 침략군이 3 · 8선 이북으로 퇴각할 것을 결의하였고, 9 · 28 서울수복 후 10.1. 3 · 8선 이북으로 북진하였을 때, 이승만정부가 점령지역에 대하여 주권을 주장하면서 통치권을 넘길 것을 유엔과 미국에 요구하였으나, 미국과 유엔은 1950.10.12. 유엔소총회에서 대한민국이 3 · 8선 이남에서 유일한 합법정부임을 재확인하였다. 1953.7.27. 휴전협정 후 3 · 8선 이북의 연천, 양양, 고성 등의 점령지역에 대하여 유엔이 1년여의 군정을 실시하였으며, 1954년에 이 지역들을 대한민국에 편입하는 법률(수복지구임시행정조치법, 법률 제350호, 1954.10.21. 제정, 1954.11.17. 시행)을 제정하여 이 지역들에 대한 행정권을 이양받았으나, 주권을 완전히 회복한 것은 아니다. 결론적으로 유엔이 승인한 대한민국은 한반도 전체에서 3·8선 이남의 지역임이 역사적 사실이다. 현실-의지-규범이라는 3원구조의 관점에서 보면, 한반도유일합법정부론은 현실에 기반을 둔 견해라기보다는 정치적 의지의 표현으로 봄이 타당하다. 아울러 규범적으로도 남한의 대한민국정부의 헌법이 북한지역에까지 규범력을 갖는다고 보기보다는 통일을 위한 의지지향으로서의 의미를 가진다고 봄이 적절하다.

한시적限時的법률 일정한 기간에 한하여 효력이 있는 것으로 제정된 법률을 말한다. 한시법이라 약칭하기도 한다. 법률의 효력상실시기를 법률 자체에서 예정하고 있거나 해석상 효력상실시기를 예측할 수 있는 경우도 포함한다. 효력이 상실된 후 당해법률의 효력을 추급(追及)할 수 있는가에 대하여 인정설, 부정설(다수설), 동기설 등으로 학설이 나뉜다. 판례는 동기설에 입각하는 것으로 보인다(대판 1988.3.22. 87도2678). ➜ 처분적 법률.

한일기본조약韓日基本條約 한일기본조약(韓日基本條約)은 대한민국과 일본국간의 기본관계에 관한 조약(大韓民國-日本國間-基本關係-關-條約)의 약칭으로서, 대한민국과 일본국이 일반적 국교 관계를 규정하기 위해 1965.6.22.에 조인한 조약이다. 4개 협정과 25개 문서로 되어 있다. 4개 협정은 한일어업협정(韓日漁業協定), 재일교포의 법적 지위 및 대우 협정, 대한민국과 일본국 간의 재산 및 청구권에 관한 문제의 해결과 경제협력에 관한 협정(韓日請求權協定), 대한민국과 일본국 간의 문화재 및 문화협력에 관한 협정(文化財協定) 등이다. 이 중 특히 한일청구권협정에서의 개인배상청구권의 포기 여부를 둘러싸고 일본국 최고재판소와 대한민국 대법원 사이에 해석상 차이가 있고, 논란이 되고 있다. ➜ 한일청구권협정.

한일청구권협정韓日請求權協定 한일청구권협정은 1965년 한일기본조약(➜ 한일기본조약)이 체결됨에 따라 대한민국과 일본 사이에 체결된 협정이다. 정식 명칭은 대한민국과 일본국간의 재산 및 청구권에 관한 문제의 해결과 경제협력에 관한 협정(Agreement on the Settlement of Problem concerning Property and Claims and the Economic Cooperation between the Republic of Korea and Japan)이다. 이 협정에서 일본은 한국에 대해 일제강점기 조선에 투자한 자본과 일본인의 개별 재산 모두를 포기하고, 3억 달러의 무상 자금과 2억 달러의 차관을 지원하고, 한국은 대일청구권(對日請求權)을 포기하는 것에 합의하였다. 이 협정에 대해, 일제강점기 강제동원(징용) 피해자들이 일본국과 대한민국 사법부에 일본 기업에 대한 손해배상을 청구한 사건에서, 그 내용과 효력에 관하여 여러 쟁점이 제기되고 다투어졌다. 1997년에 피해자 4인이 일본국 사법부에 제기한 사건은 2001.3.27. 오사카지방재판소, 2002.11.19. 오사카고등재판소, 2003.10.9. 일본최고재판소에 의하여 각 기각되었고, 확정되었다. 이에 원고 4인은 2005.2.28. 대한민국 법원인 서울중앙지방법원에 손해배상청구소송을 제기하였고, 2008.4.3., 서울중앙지법 민사합의 10부는 원고 패소판결을 내렸다. 이에 원고들이 항소하였으나, 2009.7.16. 서울고법 제21민사부는 원심과 마찬가지로 패소 판결하였다. 한편, 헌법재판소는 2000년 결정에서, 한일청구권협정(➜ 한일청구권협정) 제3조제2항에 따라 한국인 피징용부상자 및 그 유족들의 대일청구권에 관한 한·일 양국간의 중재요청을 하지 않은 부작위가 위헌이라고 주장한 사건에서 「협정의 해석 및 실시에 관한 한·일 양국 간의 분쟁을 중재라는 특정 수단에 회부하여 해결하여야 할 정부의 구체적 작위의무와 청구인들의 이를 청구할 수 있는 권리가 인정되지 아니한다.」고 판시하였으나(2000.3.30. 98헌마206 중재요청불이행 위헌확인사건), 2011년 결정에서는 위 결정과 사건을 구별하여, 「협정의 해석에 관한 분쟁을 해결하기 위한 다양한 방법 중 '특정 방법을 취할 작위의무'가 있는지 여부가 아니라, '이 사건 협정의 해석에 관한 분쟁을 해결하기 위하여 위 협정의 규정에 따른 외교행위 등을 할 작위의무'가 있는지 여부」라고 하였다. 이어, 한일기본조약의 일부분인 한일청구권협정에서 개인청구권이 소멸되었는지의 여부에 관하여, 헌법재판소는 「대한민국은 한일청구권협정 제3조에 따라 일본국을 상대로 외교적 교섭이나 중재절차를 추진하여 한일청구권협정의 위헌성을 제거할 의무가 있을 뿐만 아니라, 한일청구권협정으로 인하여 청구인들이 일본국에 대한 손해배상청구권을 행사할 수 없게 된 손해를 완전하게 보상할 책임을 진다고 선언하여야 한다.」고 하여, 일본군위안부로서의 배상청구권이 한일청구권협정 제2조 제1항에 의하여 소멸되지 않았으며, 이에 관한 한·일 양국 간 해석상 분쟁을 동 협정 제3조가 정한 절차에 따라 해결하지 아니하고 있는 외교통상부장관의 부작위가 위헌이라고 판단하였다(2011.8.30. 2006헌마788). 이 결정이 있은 후, 대법원은 2012.5.24. 판결에서, 원고승소 취지의 파기환송 판결을 내렸고(2012.5.24. 2009다68620), 2013.7.10. 서울고법 민사19부(윤성근 부장판사)는 파기환송심에서 '원고에게 각 1억원을 지급하라'며 원고 일부승소로 판결하였다. 파기환송판결 후 7인의 원고가 동일한 손해배상금청구소송을 제기하였다. 이 후 박근혜 정부 하의 양승태 사법부에서 재판거래 등의 사법농단사건으로 판결이 지연되다가, 2018.10.30. 대법원이 고등법원 판결에 대한 확정판결을 선고하였다(2018.10.30. 2013다61381, 전원합의체). 강제동원관련 손해배상청구소송은, 국제재판관할권 유무, 피고적격 유무, 일제강점기의 불법성 여부, 외국판결의 국내적 승인의 요건 문제, 소멸시효 문제, 협정의 무효 여부 등 다양한 쟁점들이 주장되었으나, 가장 큰 핵심적 쟁점은 **개인청구권의 소멸 여부**이었다. 대법원의 **다수의견**은, 「일제강점기에 강제동원되어 기간 군수사업체인 일본제철 주식회사에서 강제노동에 종사한 甲 등이 위 회사가 해산된 후 새로이 설립된 신일철주금 주식회사를 상대로 위자료 지급을 구한 사안에서, 甲 등의 손해배상청구권은, 일본 정부의 한반도에 대한 불법적인 식민지배 및 침략전쟁의 수행과 직결된 일본 기업의 반인도적인 불법행위를 전제로 하는 강제동원 피해자의 일본 기업에 대한 위자료청구권인 점, '대한민국과 일본국 간의 재산 및 청구권에 관한 문제의 해결과 경제협력에 관한 협정의 체결 경과와 전후 사정들에 의하면, 청구권협정은 일본의 불법적 식민지배에 대한 배상을 청구하기 위한 협상이 아니라 기본적으로 샌프란시스코 조약 제4조에 근거하여 한일 양국 간의 재정적·민사적 채권·채무관계를 정치적 합의에 의하여 해결하기 위한 것이었다고 보이는 점, 청구권협정 제1조에 따라 일본 정부가 대한민국 정부에 지급한 경제협력자금이 제2조에 의한 권리문제의 해결과 법적인 대가관계가 있다고 볼 수 있는지도 분명하지 아니한 점, 청구권협정의 협상과정에서 일본 정부는 식민지배의 불법성을 인정하지 않은 채 강제동원 피해의 법적 배상을 원천적으로 부인하였고, 이에 따라 한일 양국의 정부는 일제의 한반도 지배의 성격에 관하여 합의에 이르지 못하였는데, 이러한 상황에서 강제동원 위자료청구권이 청구권협정의 적용대상에 포함되었다고 보기는 어려운 점 등에 비추어, 甲 등이 주장하는 신일철주금에 대한 손해배상청구권은 청구권협정의 적용대상에 포함되지 않는다」고 하였고, **1인의 별개의견**으로, 「이미 환송판결은 '甲 등의 손해배상청구권은 청구권협정의 적용대상에 포함되지 아니하고, 설령 포함된다고 하더라도 그 개인청구권 자체는 청구권협정만으로 당연히 소멸하지 아니하고 다만 청구권협정으로 그 청구권에 관한 대한민국의 외교적 보호권이 포기되었을 뿐이다'라고 판시하였고, 환송 후 원심도 이를 그대로 따랐다. 상고심으로부터 사건을 환송받은 법원은 그 사건을 재판할 때에 상고법원이 파기이유로 한 사실상 및 법률상의 판단에 기속된다. 이러한 환송판결의 기속력은 재상고심에도 미치는 것이 원칙이다. 따라서 환송판결의 기속력에 반하는 상고이유 주장은 받아들일 수 없다.」고 하였으며, **3인의 별개의견**은, 「청구권협정 및 그에 관한 양해문서 등의 문언, 청구권협정의 체결 경위나 체결 당시 추단되는 당사자의 의사, 청구권협정의 체결에 따른 후속 조치 등의 여러 사정들을 종합하여 보면, 강제동원 피해자의 손해배상청구권은 청구권협정의 적용대상에 포함된다고 봄이 타당하다. 그러나 청구권협정에는 개인청구권 소멸에 관하여 한일 양국 정부의 의사합치가 있었다고 볼 만큼 충분하고 명확한 근거가 없는 점 등에 비추어 甲 등의 개인청구권 자체는 청구권협정으로 당연히 소멸한다고 볼 수 없고, 청구권협정으로 그 청구권에 관한 대한민국의 외교적 보호권만이 포기된 것에 불과하다. 따라서 甲 등은 여전히 대한민국에서 신일철주금을 상대로 소로써 권리를 행사할 수 있다.」고 하였다. **2인의 반대의견**은, 「청구권협정 제2조는 대한민국 국민과 일본 국민의 상대방 국가 및 그 국민에 대한 청구권까지 대상으로 하고 있음이 분명하므로 청구권협정을 국민 개인의 청구권과는 관계없이 양 체약국이 서로에 대한 외교적 보호권만을 포기하는 내용의 조약이라고 해석하기 어렵다. 청구권협정 제2조에서 규정하고 있는 '완전하고도 최종적인 해결'이나 '어떠한 주장도 할 수 없는 것으로 한다'라는 문언의 의미는 개인청구권의 완전한 소멸까지는 아니더라도 '대한민국 국민이 일본이나 일본 국민을 상대로 소로써 권리를 행사하는 것은 제한된다'는 뜻으로 해석하는 것이 타당하다. 결국, 대한민국 국민이 일본 또는 일본 국민에 대하여 가지는 개인청구권은 청구권협정에 의하여 바로 소멸되거나 포기되었다고 할 수는 없지만 소송으로 이를 행사하는 것은 제한되게 되었으므로, 甲 등이 일본 국민인 신일철주금을 상대로 국내에서 강제동원으로 인한 손해배상청구권을 소로써 행사하는 것 역시 제한된다고 보는 것이 옳다.」고 판단하였다. 이 판결에 대해 일본국은 강력히 반발하였으며, 과거사 문제와 함께 한일간에 해결되지 않은 쟁점으로 남아 있다. 2022년에 출범한 윤석열정부는 대법원 판결에 대해 순수히 국내적 해결을 제안하고 일본국의 책임을 기대하는 방식의 해결책을 제시하였으나, 2023년 3월 현재 국내의 적지 않은 반발을 불러 일으키고 있다.

한정위헌결정限定違憲決定 ➜ 변형결정. ➜ 변형결정의 기속력.

한정합헌결정限定合憲決定 ➜ 변형결정.

한정합헌해석 ➜ 헌법의 해석.

Halleck 판결 ➜ State Action 이론. ➜ public forum doctrine.

함무라비 법전 Hammurabi 法典 ㊊ Code of Hammurabi,)은 기원전 1792년에서 1750년에 바빌론을 통치한 함무라비 왕이 반포한 고대 바빌로니아의 법전이다. 아카드어가 사용되어 설형문자로 기록되어 있다. 우르남무 법전 등 100여 년 이상 앞선 수메르 법전이 발견되기 전까지 세계에서 가장 오래된 성문법으로 알려져 있었다. 형법상 '눈에는 눈으로'의 탈리오 법칙(lex talionis)가 지배하고 있었던 것으로 알려져 있다. 282개조로 구성되어 있었다.

합리성 심사기준合理性 審査基準 = **합리적 심사기준**合理的 審査基準 ➜ 평등심사의 기준.

합리적 권력구조론合理的 權力構造論 = **기능적 권력통제이론**機能的 權力分立理論 ➜ 권력분립론.

합리화된 의원내각제 ➜ 의원내각제.

합법성合法性 합법성은 현존하는 실정법체계에 합치하는 상태를 말한다. 정당성과 쌍을 이루어 주로 논의된다. ➜ 정당성.

합의제合議制 = **합의체**合議體 [영] council system, [독] Ratssystem, [프] système de conseil. 여러 사람으로 구성되는 합의체(合議體)에 조직의 의사결정권을 부여하고, 그 운영 또는 행정이 여러 사람의 합의에 의하여 이루어지도록 하는 조직형태를 말한다. 합의형 또는 다수지배형이라고도 부르며, 단독제(單獨制)와는 상반되는 개념이다. 합의제 조직은 특히 의사결정이나 그 집행에 있어서 보다 신중을 기할 필요가 있거나, 정치적 중립 및 행정의 공정성이 강조될 경우, 또 업무의 결정 및 처리에 각계의 전문가로부터 의견을 들을 필요가 있을 경우 등에 적합한 조직 유형이다. 그러나 합의제는 단독제에 비하여 책임의 소재가 불명확하고, 행정이 지연되기 쉬우며, 시간과 비용이 낭비적일 수도 있다는 단점도 없지 않다. 사법권의 행사와 관련하여, 합의제(合議制)는 법원이 제소된 사건을 재판할 경우 2인 이상의 법관으로 구성된 합의부에 의하여 재판하는 제도를 말한다. 합의제는 재판의 공정성을 꾀할 수 있다는 장점이 있으나, 재판의 신속을 도모하기 어렵다는 단점이 있다.

합헌결정合憲決定 ➜ 헌법재판소 결정의 종류.

합헌결정권合憲決定權 합헌판단권, 합헌심사권이라고도 한다. 현행헌법은 헌법의 최고해석기관을 명시하지 않고 있으며, 헌법재판소와 대법원의 이중적 헌법재판제도를 취하고 있다. 여기서 법원의 합헌판단권의 인정여부가 문제가 된다. 만약 법원도 합헌판단권을 갖는다면 헌법해석의 불일치가 있을 수 있고 이럴 경우 헌법해석을 둘러싸고 논란과 법적 불안정이 있게 된다. 1972년 헌법(유신헌법)과 1980년 헌법은 「법률이 헌법에 위반되는 여부가 재판의 전제가 된 경우에 법원은 법률이 헌법에 위반되는 것으로 인정할 때에는 헌법위원회에 제청하여 그 결정에 의하여 재판한다.」고 정함으로써 법원의 합헌심사권을 인정했다. 더불어 헌법위원회법은 법원의 위헌여부 제청이 있을 경우, 대법원은 대법원 판사 2/3 이상의 합의체에서 제청법률의 위헌여부를 심사해서 위헌이라고 인정할 때에만 제청서를 헌법위원회에 송부하도록 함으로써 불송부결정권을 유지했었다. 현행헌법상으로는 두 규정이 모두 삭제되어 법원의 위헌심판제청을 규정하는 헌법 제107조 제1항에서는 단지 「법률이 헌법에 위반되는 여부가 재판의전제가 된 경우에는 법원은 헌법재판소에 제청하여」 라고만 규정되어 있다. 그래서 법원의 합헌심사권의 인정 여부를 둘러싸고 견해대립이 있다. (1) **법원의 합헌판단권 부인론**은 ① 제107조 제1항은 법률이 헌법에 위반되는 여부가 재판의 전제가 된 경우에는 법원은 헌법재판소에 위헌법률심판을 제청할 권한만은 가질 뿐 법률에 대한 위헌여부의 심사권인 전심권은 가지고 있지 않은 것으로 규정한 것으로 보아 법원의 합헌결정권을 인정하지 않는다는 것이다. 또한 법원이 당사자의 위헌제청신청권을 기각할 수 있는 사유를 매우 제한적으로만 인정한다. 이렇게 보는 입장에서는 법원이 위헌 여부를 예비적으로 판단하여 결정으로 기각할 수 있도록 한 헌법재판소법 제41조 제4항, 제68조 제2항, 제69조 제2항은 위헌으로 보고 따라서 동법 제68조 제2항의 헌법소원은 삭제되어야 한다고 한다. ② 법원의 합헌결정권은 인정되지 않으며 당사자의 위헌제청신청사건에 있어서 법원은 오직 몇 가지 제한된 경우만을 제외하고는 합헌여부에 대한 판단 없이 곧바로 제청결정을 하여 헌법재판소로 보내는 것이 현행헌법에 합치하는 해석이라고 본다. 따라서 법원이 합헌결정권이 있음을 전제로 합헌이라고 판단하면 제청신청기각을, 위헌이라고 판단하면 제청결정을 하던 종래의 운영태도는 지양되어야 하며 헌법재판소법 제43조 제3호와 제4호가 제청서의 기재사항으로 「위헌으로 해석되는 법률 또는 법률의 조항」과 「위헌이라고 해석되는 이유」를 들고 있는 것은 과거의 헌법위원회법 제14조 제4호를 그대로 답습한 것으로 지금의 헌법재판에서는 불필요한 규정이며, 헌법재판소법의 입법과정에서 헌법 제107조 제1항의 취지를 간과한 오류의 결과로 보고 있다. 이러한 견해는 현행헌법 제107조 제1항이 5공화국 헌법 제108조 제1항에 규정되어 있던 「법률이 헌법에 위반되는 것으로 인정할 때」라는 문구를 삭제하였으며, 하급법원의 위헌제청에 대한 대법원의 불송부결정권을 규정하였던 구 헌법위원회법 제15조 제2항과 헌법위원회에의 위헌법률심판제청결정에 관한 구 법원조직법 제7조 제1항 제4호가 폐지되었다는 점에 기초하고 있다. 그리하여 이러한 입장에서는 위헌법률심사제청신청에 대한 기각 또는 각하의 사유는 일부 제한적으로만 인정될 수 있다고 한다. 그 인정사유로는 ① 합헌이 명백한데도 소송지연을 목적으로 한 위헌신청제청, ② 재판의 전제가 되는 법률, 즉 본안사건의 판단에 관하여 적용할 법률이 아닌 때에만 기각 또는 각하할 수 있다고 하거나 ③ 오로지 소송의 지연을 목적으로 한 것이거나 ④ 심판의 대상인 법률이 계속 중인 사건에 대한 재판의 전제가 되는 것이 아닌 때이거나 ⑤ 이미 헌법재판소의 위헌여부에 대한 심판을 거친 동일한 법률에 관한 것일 때를 제외하고는 그 스스로의 합헌 여부에 관한 판단을 개입시킬 것 없이 바로 헌법재판소의 위헌법률심사제청을 하여야 한다고 한다. (2) **법원의 합헌판단권 인정론**은 다음의 근거를 들고 있다. ① 헌법재판소제도에 관한 오랜 경험을 가지고 있는 독일과 오스트리아의 경우 법률에 관한 위헌결정권은 헌법재판소가 독점하지만 합헌결정권은 일반법원에도 있는 것으로 해석하고 있다. 이것이 바로 일반법원의 제청결정과 헌법재판소의 심판절차의 복합적 구조로 이루어지는 구체적 규범통제의 이론적 기초가 된다고 할 수 있는바, 그렇다면 유사한 헌법재판소제도를 가지고 있는 우리의 경우도 일반법원은 법률의 위헌여부에 관하여서도 실질적인 심사권을 갖되 그 범위는 '합헌결정권'에 한정되는 것으로 해석함이 타당하다는 것이다. ② 법관의 법률심사권은 '법치주의와 사법권의 본질'에서 나오는 것으로 법관은 헌법과 법률에 의하여 그 양심에 따라 독립하여 심판하는 것이며, 한시도 헌법을 법적 사고에서 제외할 수 없을 뿐만 아니라 제외하여서도 안 된다고 한다. 그래서 당사자의 신청에도 불구하고 사실을 확정하고 법률을 적용함에 있어 그 상위법인 헌법에 비추어 그 뜻을 해석하고 이에 위배되는 여부를 검토함은 법원의 일차적인 임무라 할 것이다. 따라서 법관이 당해법률이 위헌인지 직권으로 검토하였다 하더라도 합헌으로 해석하게 되었다면 위헌제청을 하지 아니함은 당연하다고 한다. 이런 입장에서는 위헌에 대한 '확신'까지 반드시 필요한 것은 아니고 위헌에 대한 어느 정도의 개연성이 있다고 판단되는 경우에는 위헌법률심판을 제청해야 한다고 한다. 따라서 합헌에 대한 확신이 있는 때에는 제청신청을 기각할 수 있고, 위헌의 의심은 있으나 확신은 없을 때, 다시 말해 '위헌의 확신도 합헌의 확신도 없는 때'에는 헌법재판소에 위헌심사를 제청해야 한다고 한다. 헌법재판소법 제43조 제3호와 제4호가 제청서의 기재사항으로 「위헌이라고 해석되는 법률 또는 법률의 조항」, 「위헌이라고 해석되는 이유」를 들고 있는 것이나 동법 제68조 제2항이 법률이 위헌여부심판의 제청신청이 '기각'된 때에 헌법소원을 제기토록 한 것은 이러한 입장에 기초한 것으로 이해한다. (3) **검토** 우리 헌법이 헌법재판소를 두고 있고, 또 헌법 제107조 제1항의 규정이 5공화국 때의 헌법 제108조와는 달리 '법률이 헌법에 위반되는 것으로 인정할 때에는'이라는 구절이 삭제되었다는 점에서 법원이 최종적으로 법률의 합헌성의 결정을 하는 것은 타당하지 않다. 그러나 일차적으로 '합헌성심사'는 할 수 있다고 보아야 할 것이다. ➜ 위헌결정권.

합헌성추정合憲性推定**의 원칙** ➜ 합헌적 법률해석.

합헌성추정배제合憲性推定排除**의 원칙** '합헌성의 추정'은 국민의 대표기관인 입법부의 사상을 존중하는 민주정치의 원리와 삼권분립의 원칙의 기초이며 사법심사에 있어서 자기제약의 하나로서 사법심사제도에서 중요한 원칙의 하나이다. 이 합헌성추정에 관하여 Stone 대법관은 수정 제1조의 자유의 경우에 일반적인 합헌성의 추정은 배제됨을 밝힌 바 있다(United States. v. Carolene Products Co, 304 U.S. 144(1938)). 합헌성의 추정이 배제된다고 하여 당해법률의 위헌성이 추정된다는 의미는 아니고, 이것은 다만 자유사회에 있어서 언론의 자유의 각별한 중요성을 강조하려는 것이며 '합리적인 근거'에 의하여도 규제될 수 없는 권리는 아니라는 사실이다. 말하자면, 표현의 자유를 제한하는 법률에 대한 사법심사에서 합헌임을 전제로 위헌 여부를 심사하는 것이 아니라, 위헌임을 전제로 합헌 여부를 심사하는 것을 말한다.

합헌적 법률해석合憲的 法律解釋 ㉰ verfassungskonforme Auslegung. 1. **의의** 합헌적 법률해석(verfassungskonforme Auslegung)이란 하나의 법률규정이 여러 가지로 해석될 수 있는 경우(곧 부분적으로는 합헌적으로도 해석될 수 있고, 부분적으로는 위헌적으로도 해석될 수 있는 경우)에 그 법률규정은 합헌으로 해석되어야 한다는 법률의 해석지침을 말한다. 헌법합치적 해석이라고도 한다. 합헌적 법률해석은 미국연방대법원이 정립한 합헌성추정의 원칙을 독일연방헌법재판소가 수용하여 발전시킨 것이다. 합헌적 법률해석은 한편으로는 어떤 법률에 대해서 헌법합치적 해석이 가능하다면 그 법률의 효력을 지속시켜야 한다는 소극적 내용과 다른 한편으로는 법치국가원리가 허용하는 한 헌법의 정신에 상응하도록 법률의 내용을 제한·보충 또는 새롭게 형성해야 한다는 적극적 내용을 포함한다. 2. **구별개념** 1) **헌법지향적 해석과의 구별** 합헌적 법률해석에 있어서는 어떤 법률규정이나 그의 해석가능성을 헌법적 기준에 따라 측정하여 경우에 따라서는 배척하게 된다. 따라서 합헌적 법률해석은 해석의 여지가 있는 법률규정을 해석하고 적용함에 있어서 헌법의 기본적 결정을 존중할 것을 요구하는 이른바 '헌법지향적 해석(verfassungsorientierte Auslegung)'과는 구별된다. 2) **법률의 위헌심사와의 구별** 합헌적 법률해석은 법률의 위헌심사와도 구별된다. 물론 합헌적 법률해석은 주로 규범통제과정에서 문제되는 것이 보통이다. 그러나 합헌적 법률해석은 규범통제를 반드시 전제하는 것은 아니다. 합헌적 법률해석에서 헌법은 '해석규칙'(Auslegungsregel)으로 기능함에 반해서, 법률에 대한 규범통제에서는 헌법은 '저촉규범'(Kollisionsregel), 곧 심사기준으로 기능한다. 따라서 양자는 매우 밀접한 관계를 갖고 있지만 양자가 추구하는 목표는 다르다. 3. **근거** 합헌적 법률해석은 헌법의 최고규범성에서 나오는 **법질서의 통일성**과 권력분립의 정신에서 나오는 **입법권의 존중** 및 모든 법규범은 그것이 제정·공포된 이상 일단 효력이 있다는 **'법률의 추정적 효력(favor legis)'**을 그 이론적 근거로 한다. 합헌적 법률해석은 실무상으로는 일찍이 미연방대법원에 의하여 발전되었고, 독일연방헌법재판소도 초기판결에서부터 이 방법을 자주 활용하고 있다. 우리 헌법재판소도 소극적 내용에 한정된 것이기는 하지만 합헌적 법률해석의 당위성을 확인하고 있다(헌재 1989.7.21., 89헌마38). 3. **합헌적 법률해석의 전형-한정합헌해석** ➜ 변형결정. 4. **합헌적 법률해석의 한계** 합헌적 법률해석에는 법률의 무효를 통하여 발생할 수 있는 불안정성을 피할 수 있다는 장점이 있다. 그에 반해서 합헌적 법률해석에는 헌법재판소가 합헌적 법률해석을 수단으로 입법자의 의도, 곧 위헌적이고 따라서 지탱될 수 없는 해석가능성을 배제함으로써 입법자를 무시하게 되는 위험도 있다. 따라서 합헌적 법률해석이라 하더라도 일정한 한계가 있다. 첫째, 문리해석의 한계로서, 합헌적 법률해석은 법문언의 명백한 의미와 다른 의미로 해석되어서는 아니된다. 둘째, 합헌적 법률해석은 당해 법률의 입법목적과 완전히 다른 해석을 하여서는 아니된다. 셋째, 합헌적 법률해석은 법률의 효력을 지속시키기 위해서 헌법규범의 내용을 지나치게 확대해석함으로써 헌법규범이 가지는 정상적인 수용한계를 넘어서는 안된다는 기능적 한계(헌법수용적 한계)가 있다. 즉, 법률의 헌법합치적 해석이 '헌법의 법률합치적 해석'(gesetzeskonforme Auslegung der Verfassung)이 되어서는 안된다는 한계이다. 5. **합헌적 법률해석의 기속력** 합헌적 법률해석에 따른 헌법재판소의 결정은 변형결정의 일종인 한정합헌의 결정으로 나타나는데, 이의 기속력에 대해서는 헌법재판소와 대법원 사이의 다툼이 있다. ➜ 변형결정의 기속력. ➜ 헌법의 해석.

항고소송抗告訴訟 행정소송은 항고소송, 당사자소송, 민중소송, 기관소송으로 나뉜다(행정소송법 제3조). 항고소송은 취소소송, 무효 등 확인소송, 부작위위법확인소송의 3가지 소송으로 나뉜다(행정소송법 제4조). 이 중에서 취소소송은 행정청의 위법한 처분 등을 취소 또는 변경하는 소송이며, 무효 등 확인소송은 행정청의 처분 등의 효력 유무 또는 존재 여부를 확인하는 소송이고, 부작위위법확인소송은 행정청의 부작위가 위법하다는 것을 확인하는 소송이다(행정소송법 제4조). 항고소송의 제1심 관할법원은 피고의 주소지를 관할하는 행정법원이며, 1998.3.1. 이후 3심제로 운용되고 있다(행정소송법 제9조 이하 참조).

항구성恒久性 ➜ 헌법제정권력.

항목거부項目拒否 = Line Item Veto ➜ 법률안거부권. ➜ 미국대통령의 권한과 한계.

해난쟁송海難爭訟 해사쟁송을 말한다. 해양 및 내수면(內水面)에서 선박과 관련하여 발생한 사고로 인한 분쟁을 해결하기 위한 쟁송을 말한다. 과거에는 해난심판법으로 규율되었으나, 1999년 법개정 이후 「해양사고심판법」으로 규율되고 있다.

해명권解明權 ➜ 추후보도청구권.

해밀턴Hamilton, Alexander 1755(1757).1.11.~1804.7.12. 알렉산더 해밀턴은 미국의 법률가이자 정치인, 재정가, 정치 사상가이다. 미국 건국의 아버지(Founding Fathers) 중 한 명으로 꼽히며, 1787년 미국 헌법의 제정에 공헌했다. 초대 워싱턴 정부 시절 재무부장관으로 재직했다. 해밀턴은 카리브해의 네비스 섬에서 스코틀랜드인 아버지와 위그노 혈통의 어머니에게서 태어났다. 조지 워싱턴과 뜻을 같이 하는 연방주의자로 토머스 제퍼슨을 비롯한 반연방주의자와 대립하였다. 특히 토머스 제퍼슨과 초기 재정정책으로 많이 대립했는데, 해밀턴이 독립전쟁 때의 빚을 모든 주가 공평하게 나눠 내자고 한 반면에 제퍼슨은 자신 주의 빚은 자신 주가 갚으라고 하였다. 해밀턴의 기반 지역이었던 뉴잉글랜드는 공업위주 지역이라 빚이 많았는데, 결국 수도를 북부인 뉴욕에서 남부와 북부 경계선 즈음에 위치한 워싱턴 D.C로 옮기고 모든 빚을 나눠 갚는다는 절충안을 내놓았고 제퍼슨이 이를 수용하게 된다. 제퍼슨과는 1791년 미국 제1은행 설립 당시에도 큰 마찰을 빚었는데, 제퍼슨은 은행설립에 반대했으나 해밀턴은 수정헌법을 근거로 설립을 주장했고, 당시 대통령 워싱턴이 해밀턴의 주장을 들어줌으로서 미국중앙은행을 설립하게 된다. 이 당시 제퍼슨은 왕당파라며 강도 높게 비판했다. 워싱턴이 정계에서 물러난 뒤 연방주의자당은 애덤스파와 해밀턴파로 나뉘게 되고, 결국 1800년 대통령 선거에서 제퍼슨에게 대통령을 내주고 의회마저 장악당하게 된다. 1800년 미국 대통령선거에서는 두려워하는 에런 버(Aaron Burr) 대신 토머스 제퍼슨을 대통령으로 만드는 것을 도와주기도 했으나 1804년 당시 부통령 에런 버와 결투를 벌이다 버에게 살해당했다. 사후 10달러 지폐에 새겨졌다. 제임스 매디슨, 존 제이와 함께 「연방주의자 논집(The Federalist Papers)」을 저술하였다.

해밀턴형型 **대통령제** ➜ 미국대통령제 실현형태.

해석解釋 ⓔ interpretation, ⓓ Interpretation/Auslegung, ⓕ interprétation. 일반적으로 여러 가지 현상이나 언어표현이 지니는 의미를 명확히 하는 것을 말한다. 독일에서는 Interpretation과 Auslegung을 구별하여 사용하는 경향이 있는데, 전자는 법문보충(Rechtssatzergänzung)을 포함하는 넓은 의미로 법발견(Rechtsfindung)과 동일한 의미로 사용하고, 후자는 법문보충을 포함하지 않는 좁은 의미의 해석으로 사용한다. ➜ 법획득.

해석주의解釋主義 ⇔ 비해석주의. ➜ 미국헌법해석논쟁.

해양안전심판원海洋安全審判院 해양사고사건을 심판하기 위하여 「해양사고의 조사 및 심판에 관한 법률(해양사고심판법)」에 따라 해양수산부장관 소속으로 설치된 행정심판기관이다. ➜ 해난쟁송.

해임건의제도解任建議制度 ⓔ proposal of retirement. ➜ 국무총리 · 국무위원해임건의권.

핵심영역核心領域 ⓓ Kernbereich. 기본권의 본질적 내용을 달리 표현하는 말이다. 근본요소(Grundsubstanz), 핵심존재(Kernbestand) 등으로 표현하기도 한다.

행복추구권幸福追求權 ⓔ the right to pursue one's happiness, ⓓ das Recht vom Streben nach dem eigenen Glück, ⓕ le droit de rechercher son bonheur. 1. **서언** 1) **헌법규정** 현행헌법은 제10조 제1문에서 「모든 국민은 인간으로서의 존엄과 가치를 가지며, 행복을 추구할 권리를 가진다.」고 하여, 인간의 존엄과 가치 및 행복추구권을 규정하고 있다. 2) **연혁 및 입법례** 행복추구권은 J. Locke의 사상의 영향을 받은 것으로 1776년 버지니아 권리장전 제1조와 같은 해의 미국 독립선언 제2절에서 규정하고 있었으며, 1947년 일본국 헌법 제13조 제2항에서도 규정하고 있다. 우리나라 헌법은 미국 헌법의 영향을 받아 제8차 헌법개정(5공헌법) 제9조에서 최초로 명문화되었다. 행복추구권의 도입과 관련하여 개념의 추상성과 모호성 그리고 내용적 불명확성 등으로 인하여 개헌 시에 삭제하여야 한다는 주장까지 등장하고 있다. 2. **기본권성 여부** 1) **기본권성 부인설** 행복추구권을 기본권으로 보지 아니하는 견해에 의하면, 행복추구권은 어떤 구체적 권리를 내용으로 한다기보다는 인간으로서의 존엄과 가치를 존중받으며 살아갈 수 있는 모든 국민의 당위적이고 이상적인 삶의 지표를 설정해 놓음으로써 인간의 존엄과 가치가 갖는 윤리규범적 성격과 실천규범적 성격을 강조하는 것이라고 이해한다. 2) **기본권성 인정설** 행복추구권이 인간의 존엄과 가치와 병렬적으로 규정되고 있음에 비추어 양자를 병렬적으로 판단하여 기본권성을 인정하는 견해이다. 또한 헌법규정상 '행복을 추구할 권리를 가진다'라고 규정하고 있어서 권리성을 부인하기 어렵다고 본다. 3) **헌법재판소** 헌법재판소는 인간의 존엄과 가치 및 행복추구권을 헌법재판의 준거규범으로서 병렬적으로 적시하기도 하고 행복추구권만을 따로 독자적인 기본권으로 인정하기도 한다. 이에 따라 기본권으로서의 행복추구권 속에 일반적 행동자유권(➜ 일반적 행동자유권)과 개성의 자유로운 발현권(헌재 1998.5.28. 96헌가5), 성적 자기결정권(➜ 성적 자기결정권), 소비자의 자기결정권(헌재 1996.12.26. 96헌가18) 등이 내포되어 있으며, 일반적 행동자유권으로부터는 계약의 자유도 파생된다고 본다(헌재 1991.6.3. 89헌마204). 3. **법적 성격** 1) **주관적 공권성** 행복추구권은 독자적인 기본권으로서의 성격과 함께 다른 기본권과 결합하여 헌법에 열거되지 아니한 새로운 기본권을 도출하는 근거로 되기도 한다. 행복추구권의 내용이 추상적이고 주관적이기는 하지만 주관적 공권으로서의 성격을 인정하는 데에는 문제가 없다. 2) **자연권성** 행복추구권은 헌법상의 명문화 여부와는 상관없이 개인에게 인정되는 자연법상의 권리이다. 다만 명문화되든 그렇지 않든 그 내용이 무엇인가를 확정하는 것이 쉽지 않기 때문에 그 실현의 법리를 구성하는 것이 문제될 뿐이다. 3) **포괄적 · 보충적 권리성** 행복추구권이 포괄적 권리인가에 대하여는 이는 그 밖의 개별적 기본권과 구별되는 단하나의 독자적인 권리로서 사생활의 비밀과 자유, 환경권 등을 보장하는 것이라는 견해도 있으나 행복추구권은 인간이 행복을 추구하는 데 필요한 것이며 헌법에 열거되지 아니한 자유와 권리까지도 그 내용으로 하는 포괄적 기본권으로 이해하여야 할 것이다. 한편 행복추구권은 다른 기본권에 대한 보충적 기본권으로서의 성격을 지니므로 우선적으로 다른 기본권이 존재하여 그 침해 여부를 판단하는 이상 행복추구권 침해여부를 독자적으로 판단할 필요가 없다. 4) **행복추구권의 적극적 권리성 여부** 행복추구권을 포괄적인 주관적 공권으로 볼 경우 그것이 자유권적 기본권을 의미하는 것인지, 아니면 사회적 기본권이나 청구권적 기본권까지도 포괄하는 것인지에 대하여 견해가 대립되는데, 헌법재판소는 「국가유공자예우 등에 관한 법률」에 대한 위헌제청사건에서 「헌법 제10조의 행복추구권은 국민이 행복을 추구하기 위하여 필요한 급부를 국가에게 적극적으로 요구할 수 있는 것을 내용으로 하는 것이 아니라, 국민이 행복을 추구하기 위한 활동을 국가의 간섭없이 자유롭게 할 수 있다는 포괄적인 의미의 자유권으로서의 성격을 가진다.」고 판시하여(헌재 2000.12.14. 99헌마112), 자유권적 기본권과 같은 소극적인 권리로 파악하고 있다. 행복추구권에 대한 과부하나 무력화의 우려 때문에 사회권까지 포괄하는 것에 반대하는 견해도 있으나, 오늘날 국가는 단순히 국민의 자유를 침해하지 않아야 하는 측면 뿐만 아니라, 국민의 자유실현에 적극적으로 개입할 것이 요구되는 바, 단순히 국가가 행복을 추구하기 위한 자유를 침해하지 않는데 그친다면, 행복추구권의 내용의 많은 부분이 현실적 규범적 효력을 잃을 우려가 있으므로, 그 포괄적 권리성에 비추어 최소한의 수준에서 사회적 기본권과 같은 적극적 권리성의 성격도 가진다고 봄이 타당하다. 4. **행복추구권의 주체 및 내용과 효력** 1) **주체** 행복추구권은 자연법사상을 바탕으로 하고, 인간의 존엄성 존중과 밀접, 불가분의 관계를 가진 인간의 권리를 의미하므로, 국민뿐만 아니라 외국인도 향유할 수 있어야 한다. 그러나 행복추구권은 인간의 권리를 의미하므로, 자연인만이 누릴 수 있고, 법인은 그 주체가 될 수 없다. 2) **내용** 행복추구권을 포괄적 기본권으로 이해한다면, 그 내용도 다양한 것이 될 수밖에 없다. 헌법재판소는「헌법 제10조에 의거한 행복추구권은 헌법에 열거된 기본권으로서 행복추구의 수단이 될 수 있는 개별적 기본권들을 제외한 헌법에 열거되지 아니한 권리들에 대한 포괄적인 기본권의 성격을 가지며, '일반적 행동자유권', '개성의 자유로운 발현권', '자기결정권', '계약의 자유' 등이 그 보호영역 내에 포함된다.」고 판시하고 있다(헌재 1997.3.27. 96헌가11; 2005.4.28. 2004헌바65). 이 외에도 생명권, 신체를 훼손당하지 않을 권리, 인격권, 평화적 생존권, 휴식권, 수면권, 일조권, 스포츠권 등을 들 수 있다. ➜ 각 항목 참조. 3) **효력** 행복추구권은 대국가적 효력과 제3자적 효력을 아울러 가지고 있다. 행복추구권이 침해된 경우에는 1차적으로는 개별적 기본권에 의해서 구제되며, 2차적 · 보충적으로 행복추구권의 침해행위가 무효임을 이유로 침해행위배제청구와 침해예방청구에 의하여 구제받을 수 있다. 5. **행복추구권의 제한** 행복추구권은 타인의 권리나 도덕 및 헌법질서를 침해하여서는 아니 된다. 또한 국가안전보장 · 질서유지 또는 공공복리를 위하여 필요한 경우에 제한될 수 있다. 단, 본질적 내용을 침해할 수 없다. 헌법재판소는 음주측정(헌재 1997.3.27. 96헌가11), 미성년자당구장출입(헌재 1996.2.29. 94헌마13), 좌석안전띠(헌재 2003.10.30. 2002헌마518), 건강보험강제가입(헌재 2013.7.25. 2010헌바51), 기능경기대회참가자격제한(헌재 2015.10.21. 2013헌마757), 공공기관공문서 한글전용(헌재 2015.10.21. 2012헌마854) 등의 사건에서 행복추구권을 근거로 하여 판시하고 있다.

행위규범行爲規範**과 통제규범**統制規範 헌법이 갖는 규범적 기속의 성질에 따라 분류하는 것으로, 예컨대, 입법자와 같이 적극적으로 형성적 활동을 하는 국가기관에게 헌법은 행위의 지침이자 한계로 작용하는 행위규범이지만, 헌법재판소나 법원과 같이 다른 국가기관의 행위의 합헌성을 심사하는 기준으로 적용하는 경우에 헌법은 통제규범이 된다. 헌법을 행위규범으로 받아들이는 국가기관은 그 선택된 행위가 당해 행위규범 내에 있는 한 다양한 선택을 할 수 있지만, 통제규범 내지 재판규범으로 헌법을 받아들이는 재판기관은 당해 행위가 헌법적 한계 내에 있는가에만 한정하여 판단하게 된다. 물론 당해 행위가 최적의 것인지의 여부는 구체적인 사안에 따라 유동적이고 가변적이지만, 원칙규범으로서 헌법규범을 구체적인 사안에 따른 현실화가능성을 고려한 후에 규칙규범으로서 확정적으로 명령된 기준으로 변형하여 입법자의 행위를 통제할 수 있게 된다. 헌재 1997.5.29. 94헌마33; 1998.9.30. 98헌가7; 2009.9.24. 2007헌마1092; 2009.11.26. 2007헌마734 등 참조.

행정行政 ㊎ the administration/the executive, ㊍ die Verwaltung, ㊏ l'administration. 행정에 대한

개념 정의는 견해가 다양하다. 소극설(공제설)은 국가작용 가운데 상대적으로 개념정의가 가능한 입법과 사법을 제외한 나머지를 행정으로 보며, 적극설 가운데 목적설은 일반적으로 행정과 사법의 차이를 구분하며, 사법(司法)은 법의 실현을 목적으로 하여 법에 구속되는 작용이지만, 행정은 국가목적 실현 또는 공익 실현을 목적으로 하는 사법 이외의 작용이라고 한다. 적극설 가운데 양태설(樣態說)은 현대 행정의 적극적 · 형성적 성격을 전제로 하여 행정을 정의하는 입장으로, 행정이란 공익상 필요한 결과를 실현할 목적으로 행하는 기술적 · 정신적 · 법적 사무의 전체라고 본다. 또한 행정이란 법 아래서 법의 규제를 받으면서 현실적 · 구체적으로 국가목적의 적극적 실현을 향하여 행하여지는 통일성을 가진 계속적 · 형성적 국가활동이라고 본다.

행정계엄行政戒嚴 ➜ 계엄.

행정계획안行政計劃案 헌법소원의 대상 여부와 관련하여, 사실상의 준비행위 내지 사전안내로서 행정계획안은 행정처분이나 공권력의 행사는 아니지만, 헌법소원의 대상이 될 수 있다. 헌법재판소는 서울대학교 입시요강 관련사건에서 이를 확인하고 있다(헌재 1992.10.1. 92헌마68 참조).

행정국가行政國家 ㉑ the administrative state, ㉖ der Verwaltungsstaat, ㉗ l'état administratif. 국가의 입법 및 사법기능에 비해 행정기능이 특별히 우월한 국가를 말한다. 20세기 들어 국가의 복지기능이 강조되면서 행정이 사회안정자(stabilizer)로서의 역할뿐만 아니라 사회변동의 촉진자(fertilizer of social change) 역할까지 수행하는 행정국가화 현상은 선 · 후진국을 막론하고 보편적인 현상으로 나타나고 있다. 현대국가에서 행정부가 준입법적 · 준사법적 기능까지 수행함으로써 입법부와 사법부의 기능이 상대적으로 약화되고, 행정 기능이 양적 · 질적으로 확대되고 있다.

행정국가형行政國家型 ⇔ 사법국가형. ➜ 사법국가.

행정권行政權 행정권은 일반 행정을 행하는 국가의 통치권을 말한다. 크게는 지방 자치 단체가 행하는 자치 행정권도 여기에 포함하며, 대통령을 수반으로 하는 정부에 속한다(헌법 제66조 제4항). 대통령은 국회의 동의를 얻어 국무총리를 임명하고, 기타의 국사행위에 의하여 행정작용을 행한다. 행정부만이 행정권을 행사하는 것은 아니며, 행정부 밑에 국가를 위하여 의사를 결정, 표시하는 행정 각부의 기관을 두고 행정부는 스스로 일반 행정을 행하는 동시에 행정 각부의 장을 지휘 · 감독한다. 따라서 행정부는 행정권의 최고 기관이지만 유일한 기관은 아니다.

행정권수반行政權首班 ➜ 대통령의 지위와 권한.

행정규칙行政規則 **= 행정명령**行政命令 ㉖ Verwaltungsvorschrift. ㉗ disposition/régle administrative. ➜ 행정입법.

행정기본법行政基本法 ㉑ General Act on Public Administration, ㉖ Grundverwaltungsgesetz, ㉗ loi générale sur l'administration publique. 1. **의의 및 법적 성격** 1) **「행정기본법」 제정의 의의** 행정법 영역에서 일반적인 성문의 행정실체법이 없었던 상태에서 행정의 실체법을 형성하는 임무는 학설과 판례에 맡겨져서, 행정의 비민주성, 비효율성, 소극성 등의 문제점을 안고 있었다. 이에 행정실체법에 관한 일반 성문법전의 제정 필요성이 제기되어 왔으며, 2021년 「행정기본법」이 제정되었다. 독일이나 미국, 일본, 네덜란드, 대만 등에서 우리나라와 유사하게 행정기본법 내지 행정절차법이 제정되었으나, 내용상 행정실체법을 전면적으로 아우르는 법률을 제정한 것은 우리나라가 가장 앞서 있다고 할 수 있다. 행정기본법은 (1) 행정실체법의 법전화 및 통일적 행정법제에 기여하고, (2) 국민의 권익보호 및 기업활동의 편의를 제고하며, (3) 적극행정 및 행정투명성 확보를 위한 원동력으로 작용하고, (4) 재판규범으로서 행정에 관한 1차적인 법인식의 근거로 되며, (5) 개별법률제정에 있어서 기본사항에 관한 입법자의 입법부담을 완화하고, (6) 규제혁신의 효율적 추진에 기여할 것으로 평가되고 있다. 행정법학에 있어서도 과거에는 불문의 행정법원칙의 형성·발전에 중점을 두었으나, 장래에는 행정기본법의 해석·적용이 중점이 될 것으로 받아들여지고 있다. 2) **「행정기본법」의 법적 성격과 기능** 행정기본법의 법적 성격 및 기능으로, **첫째,** 행정기본법은 「**기본법**」으로서 성격을 가진다. 동법은 행정 '실체'에 대한 통칙법으로서 개별 법률들과 정합성을 유지하면서 행정법 통칙으로서 기능할 것이라는 점과 장래 통합행정법전으로의 확장성을 가지는 법률이므로 '기본법'이다. **둘째,** 행정기본법은 「**일반법**」으로서 성격을 가진다. 「행정기본법」은 관련된 적용범위와 대상 모두에 효력을 가지고 적용되는 법이다. **셋째,** 행정기본법은 「**행정법 총론**」으로서, 행정법 실무의 부담을 경감하고, 행정법의 체계를 형성하며, 국민의 권익을 구제하며, 입안 및 법령정비의 모델로 기능한다. **2. 「행정기본법」의 제정과정** 「행정기본법」 제정 이전에도 행정실체적 내용을 포함하는 법률안이 1987.7. 「행정절차법안」으로 입법예고까지 된 일이 있었으나, 국회 제출이 되지 못하고 폐기되었다. 이후 1996.12.31. 「행정절차법」이 '절차' 중심으로 제정되었다. 2019.2.12. 국무회의에서 대통령의 지시를 계기로 이에 관한 논의가 시작되었고, 7월부터 법제처와 행정법학계의 긴밀한 협력이 시작되었다. 2019.9. 「행정법제혁신 추진단」을 출범시켰고, 그와 함께 '행정법제혁신 자문위원회(위원장: 홍정선)'가 구성되었다. 자문위원회는 3개의 분과위원회로 구성되어, 1분과위원회는 총칙, 행정법 일반원칙, 정부입법활동 분야를 맡았고, 2분과위원회는 처분 분야를 담당하였으며, 3분과위원회는 처분 이외의 행정활동에 관한 영역을 맡았다. 자문위원회가 마련한 초안을 가지고 3차례의 충청권, 호남권, 영남권 공청회가 열렸고, 16개 기관과 관계부처 협의를 거친 후 의견수렴결과를 반영한 법률안을 2020.6. 입법예고하였다. 그 이후 법제처 심사와 국무회의 의결을 거쳐 국회에 제출되었다(2020.7.8.). 국회에 제출된 「행정기본법안」은 총 4개의 장 43개 조문으로 최종 확정되었고, 이 「행정기본법안」은 국회 법제사법위원회 심사를 거쳐 2021.2.26. 국회 본회의를 통과하였으며, 2021.3.16. 정부에 이송된 법률안은 국무회의에서 의결되어 2021.3.23. 공포되었다. **3. 행정기본법의 체계와 주요내용** 1) **「행정기본법」의 기본체계** 「행정기본법」은 본문 제4장 40조, 부칙 7조로 구성되어 있다. **제1장 총칙**(**제**1-7**조**)은, 제1절 목적 및 정의, 다른 법률과의 관계, 제2절 기간의 계산 규정, **제2장 행정의 법원칙**(**제**8-13**조**)은 법치행정의 원칙, 평등의 원칙, 비례의 원칙, 성실의무 및 권한남용금지의 원칙, 신뢰보호의 원칙, 부당결부금지의 원칙 규정, **제3장 행정작용**(**제**14-37**조**)은 제1절 처분, 법 적용의 기준, 처분의 효력, 결격사유, 부관, 위법 또는 부당한 처분의 취소, 적법한 처분의 철회, 자동적 처분, 재량행사의 기준, 제재처분의 기준, 제재처분의 제척기간 등 규정, 제2절 인허가의제의 기준, 인허가의제의 효과, 인허가의제의 사후관리 등 규정, 제3절 공법상 계약 규정, 제4절 과징금 규정, 제5절 행정상 강제 규정, 제6절 그 밖의 행정작용 규정, 제7절 처분에 대한 이의신청 및 재심사 규정, **제4장 행정의 입법활동 등**(**제38-40조**) 행정의 입법활동, 행정법제의 개선, 법령해석 등 규정, **제5장 부칙**(**제1-7조**)으로 구성되어 있다. 부칙은 시행일 규정(제1조)으로, 2021.9.24. 시행 규정과 2023.3.24. 시행규정을 정하고, 적용례 규정(제2-7조)을 두고 있다. 2) 행정기본법의 **주요 내용**은, 국민의 법집행 예측가능성 제고에 관한 규정, 국민의 권리구제 확대를 위한 규정, 적극행정 및 규제혁신 촉진을 위한 규정, 행정의 효율성 및 통일성 제고를 위한 규정이 있다. 4. **다른 법률과의 관계** 1) **「행정기본법」과 「행정절차법」** 1996년 제정된 「행정절차법」은 일부 실체법적 내용이 있기는 하지만, 대부분 행정작용의 사전절차에 관한 규정으로 이루어져 있다. 앞으로 「행정기본법」은 「행정절차법」과 통합된 하나의 일반행정법전이 되어야 한다는 의견이 나오고 있다. 2) **「행정기본법」과 행정쟁송법** 「행정심판법」과 「행정소송법」은 쟁송절차적 목적의 법률들이지만, 실체법규가 결여되어 왔다는 지적이 있어왔다. 「행정기본법」은 공무원들에 대한 행위규범성을 가질 뿐만 아니라, 재판규범성도 인정된다. 3) **「행정기본법」과 행정상 강제집행법** 행정상 강제는 개별법을 통해 인정되고 있으며, 현행법상 행정상 강제를 아우르는 일반법은 없었다. 기존의 「행정대집행법」, 「국세징수법」, 개별법에 따른 이행강제금 등에 관련된 학설과 판례의 내용이 「행정기본법」의 일반규정들을 통해 통일적으로 제도화됨에 따라 행정상 강제에 대한 국민의 이해도를 높일 수 있게 되었다. 5. **장래의 과제** 장기적 관점에서는 개별 행정영역에서 일반적 지위를 갖는 법률들을 행정기본법에 반영하여 행정기본법을 통합 행정법전으로 진화시켜 나아갈 필요가 있다.

행정법원行政法院 ➜ 법원의 지위와 조직.

행정부작위行政不作爲 ㉥ administrative omission, ㉦ administrative Unterlassung, ㉣ omission administrative. 1. **의의** 행정부작위란 국가나 지방자치단체가 규제권한이나 감독권한 혹은 처분권한 등이 있음에도 불구하고 아무런 권한행사를 하지 않는 것을 의미한다. 이에는 행정입법부작위와 사실행위로서의 행정행위의 부작위를 포함한다. 행정소송법 제2조 제1항 제2호는 행정쟁송의 대상이 되는 '부작위'라 함은 「행정청이 당사자의 신청에 대하여 상당한 기간내에 일정한 처분을 하여야 할 법률상 의무가 있음에도 불구하고 이를 하지 아니하는 것을 말한다.」고 하고 있다. 2. **행정부작위에 대한 구제방법** 1) **행정입법부작위에 대한 구제방법** 행정입법부작위에 대해서는 헌법소원, 입법청원 등의 방법이 있다. (1) **헌법소원** 행정입법부작위에 대한 헌법소원이 인정되기 위하여는 첫째, 행정청에게 헌법에서 유래하는 행정입법의 작위의무가 있어야 하고, 둘째, 상당한 기간이 경과하였음에도 불구하고, 셋째, 행정입법의 제정(개정)권이 행사되지 않아야 한다(헌재 1998.7.16. 96헌마246 등 참조). 당해 행정입법이 대통령령의 위임에 따라 부령으로 정해져야 하는 경우에도, 삼권분립의 원칙, 법치행정의 원칙을 당연한 전제로 하고 있는 우리 헌법 하에서 행정권의 행정입법의무는 헌법적 의무라고 보아야 한다. 왜냐하면 법률이 행정입법을 당연한 전제로 규정하고 있고 그 법률의 시행을 위하여 그러한 행정입법이 필요함에도 불구하고 행정권이 그 취지에 따라 행정입법을 하지 아니함으로써 법령의 공백상태를 방치하고 있는 경우에는 행정권에 의하여 입법권이 침해되는 결과가 되기 때문이다(헌재 1998.7.16. 96헌마246 참조). 진정 행정입법부작위는 헌법소원으로 구제가 가능하지만, 부진정 행정입법부작위는 수익적 처분의 신청에 따른 거부처분에 대한 항고소송에서의 부수적 규범통제로 해결하는 것이 바람직하다. 행정입법의 부작위법확인청구가 인용된 판례도 있다(헌재 2002.7.18. 2000헌마707). (2) **항고소송의 가능성** 현행 행정소송법 하에서 처분의 적극적 변경소송, 또는 의무이행소송이 전혀 불가능한 것은 아니라고 보는 견해도 없지 않다. 행정소송법(제4조 제1호)이 취소소송을 「행정청의 위법한 처분등을 취소 또는 변경하는 소송」으로 규정하고 있음을 이유로 처분의 '적극적 변경'을 구하는 소송도 가능하다고 보는 입장이 있고, 그밖의 법정외 항고소송, 무명항고소송도 가능하다는 입장이 있다. 대법원은 반복하여 「행정청에 대하여 행정상의 처분의 이행을 구하는 청구는 특별한 규정이 없는 한 행정소송의 대상이 될 수 없다.」고 판시하고 있다(대판 1990.10.23. 90누5467; 1992.8.19, 86누223 등). 2) **행정부작위에 대한 구제방법** (1) **의무이행심판** 행정청의 부작위의 경우 상대방은 행정심판법상 의무이행심판을 제기할 수 있다. 재결청이 심리한 결과 응답신청권이 인정되면, 재결청이 직접 신청에 대한 응답처분을 하거나, 응답을 할 것을 명할 수 있다(행정심판법 제32조 제5항). 나아가 행정행위발급청구권 또는 협의의 행정개입청구권까지 인정되는 경우에는, 재결청이 직접 허가등 처분을 하거나, 허가 등을 할 것을 명할 수 있다. (2) **항고소송의 가능성** 행정소송법상 구제방법으로, 통설 및 판례에 따르면, 항고소송의 대상인 부작위에 해당하기 위하여는, 첫째, 권리의무 관련성이 있을 것, 둘째, 구체적인 공권력의 부작위가 있을 것, 셋째, 일정기간 내에 처분이 없을 것, 넷째, 법규상, 조리상 응답신청권이 있을 것을 요한다고 한다(행정소송법 제2조 제1항 제2호). (3) **국가배상법상 구제방법** 부작위가 국가배상법 제2조의 요건에 해당하는 경우에는 국가배상청구가 가능하다. ➜ 국가배상청구권.

행정부 특권行政府 特權 ➜ 미국대통령의 권한과 한계.

행정상 즉시강제行政上 卽時强制 행정상 즉시강제란 행정강제의 일종으로서 목전의 급박한 행정상 장해를 제거할 필요가 있는 경우에, 미리 의무를 명할 시간적 여유가 없을 때 또는 그 성질상 의무를 명하여 가지고는 목적달성이 곤란할 때에, 직접 국민의 신체 또는 재산에 실력을 가하여 행정상 필요한 상태를 실현하는 작용이며, 법령 또는 행정처분에 의한 선행의 구체적 의무의 존재와 그 불이행을 전제로 하는 행정상 강제집행과 구별된다(헌재 2002.10.31. 2000헌가12).

행정소송제도行政訴訟制度 1. **의의** 행정법상의 법률관계에 관한 분쟁에 대하여 법원이 정식소송절차에 의하여 행하는 재판을 말한다. 행정소송의 기능은 개인의 침해된 권익을 구제하는 행정구제기능과 행정작용의 위법여부의 심사를 통한 행정통제기능으로 구분되나, 우리나라의 행정소송은 행정구제를 주된 기능으로 하고 있다. 주관소송인 항고소송과 당사자소송을 중심으로 구성되어 있으나, 객관소송인 기관소송과 민중소송도 예외적으로 인정하고 있다. 2. **유형** 크게 대륙형과 영미형으로 나뉘는데, 전자는 행정부 소속의 행정법원을 설치하여 행정소송을 관할토록 하고(행정국가형) 후자는 민사소송, 형사소송과 마찬가지로 일반법원에서 행정소송을 관장한다(사법국가형). 1) **대륙형** 이 유형에 속하는 행정소송제도를 갖고 있는 프랑스와 독일이 대표적이다. 하지만 두 나라의 행정소송제도는 세부적인 면에서 특징을 달리하고 있다. 프랑스는 우리나라의 행정법원에 해당하지만 사법부와 독립된 국참사원(Conceil d'Etat)을 설치하여 행정소송을 관할토록 하고 있다. 프랑스의 취소소송은 월권소송이 중심이 되는데 취소를 통하여 이익이 있는 자는 누구나 원고가 될 수 있어, 객관소송으로 간주된다. 독일은 과거 프랑스와 같이 사법부와 독립된 행정법원을 설치하였으나, 2차 세계대전 종전 후에는 영미와 같이 사법부 소속의 행정법원을 두고 있다. 독일 행정소송의 유형은 취소소송, 의무이행소송, 확인소송, 이행소송으로 구분되며 프랑스와 달리 주관소송의 성격을 띤다. 2) **영미형** 이 유형의 행정소송제도는 주로 영국과 미국 및 그 제도가 주로 이식된 국가들에서 운영하고 있다. 이 유형의 행정소송제도는 행정의 법 적용에 대한 특수성을 인정하지 않으며, 따라서 행정 관련 소송 역시 사인과 동일한 법에 의하여 규율되고 있다. 그러나 실질적으로 행정사건에 대한 법원의 심사가 원칙적으로 법률문제에 한정되고, 행정 관련 사안에서의 소송유형, 절차 상 특수성이 인정되고 있다. 3) **우리나라의 행정소송제도** 우리나라는 제헌헌법 이래 헌법에서 행정사건도 법원이 관할하도록 규정하고 있어 사법국가형에 속한다. 그리고 1951년 행정소송법이 제정되어 1984년까지 약 30여 년간 시행되었으나, 행정소송을 지나치게 포괄적으로 규정하고, 개괄주의에도 불구하고 부작위는 제외되었으며, 원고적격 규정 부재, 지나치게 짧은 제소기간, 집행부정지 원칙 등의 문제가 있었다. 이러한 문제는 일본국 헌법과 최고재판소의 판결에 영향을 받은 결과이었다. 이러한 문제를 시정하기 위해, 1984년 개정에서는 행정소송의 종류를 항고소송, 당사자소송 등으로 다변화하고, 원고적격을 명시하였으며, 1994년 개정에서는 행정법원을 신설하여 3심제를 채택하였다. 1심은 서울의 경우 서울행정법원에서 관할하며, 나머지 지역은 각 지역의 지방법원 본원에서 맡는다. 2심은 해당 지역을 관할하는 고등법원이 맡고, 3심은 다른 재판과 동일하게 대한민국 대법원이 맡는다. 행정소송에 관한 일반법이 행정소송법이다. 행정소송법이 아닌 다른 법률에 근거한 행정소송으로는 주민소송(지방자치법) 외에, 선거소송(선거의 종류에 따라 1심을 고등법원 또는 대법원이 관할한다), 특수소송(대법원이 관할하는 단심제. 가장 대표적인 것은 조례안재의결무효확인 사건)이 있지만, 좁은 의미의 행정소송은 행정소송법 소정의 그것만을 지칭한다. 4) **한계** 사법의 본질상 한계와 권력분립에서 오는 한계가 있다. 전자는 구체적 사건성이 있는 사건이나 법률상 이익이 있는 자만이 원고로 인정된다는 한계를, 후자는 재량 및 판단여지 등의 한계를 말한다. 5) **종류** (1) **목적에 따른 분류** 행정소송의 목적에 따라 주관적 소송과 객관적 소송으로 분류할 수 있다. 전자는 개인의 권리 · 이익의 구제를 주된 내용으로 하는 소송으로, 항고소송과 당사자소송으로 나뉜다. 특허소송이나 해사소송도 이에 속한다. 후자는 개인의 권리 · 이익이 아니라 행정법규의 적정한 적용의 보장을 내용으로 하는 행정소송이다. 이에는 민중소송과 기관소송이 있다. 항고소송에 대하여 주관적 소송인가 객관적 소송인가에 대하여 견해대립이 있으나, 주관 · 객관의 구분은 상대적이고, 항고소송이 개인의 법률상 이익을 중심으로 구성되어 있으므로 주관적 소송에 속한다고 본다. (2) **성질에 따른 분류** 성질에 따라 형성소송 · 이행소송 · 확인소송으로 구분된다. 형성소송은 행정법상의 법률관계를 변동시키는 판결, 즉 형성판결을 구하는 소송으로, 다툼이 있는 행정행위의 취소 · 변경을 통해 행정법관계의 변경을 가져오는 소송이다. 평성판결은 판결 자체로 법률관계의 변경 · 폐지를 가져오므로 별도의 집행의 문제를 남기지 않는다. 하고소송 중 취소소송이 이에 속한다(다수설). 이행소송은 원고가 피고에게 일정한 직무행위를 구할 실체법상의 이행청구권을 확정하고 그에 의한 이행을 명하는 판결(이행판결)을 구하는 소송으로 급부소송이라고도 한다. 이행판결은 특정의 작위 또는 부작위, 수인 등을 명하는 판결로서, 직접 법률관계의 변동을 가져오는 것이 아니므로 집행의 문제를 남긴다. 의무이행소송이나 이행명령을 목적으로 하는 당사자소송이 이에 속한다. 확인소송은 특정한 권리나 법률관계의 존부, 행정행위의 유·무효 등의 확인을 구하는 소송으로, 원칙적으로 권리 또는 법률관계만이 확인소송의 대상이 된다. 확인판결은 법률관계의 변동이 아니라 법률관계의 증명·확인을 행하는 선언적 판결이라는 점에서 형성판결·이행판결과 구별된다. 확인판결에 의해 일정한 법률관계가 확정되는 효과를 갖는다. 항고소송 중 무효등 확인소송, 부작위위법확인소송이나 공법상의 법률관계의 존부를 확인받기 위한 당사자소송이 이에 속한다. (3) **내용에 따른 분류(행정소송법상 분류)** 내용에 따른 분류는 현행 행정소송법상의 분류이기도 하다(제3조). 크게 항고소송, 당사자소송, 민중소송, 기관소송으로 구분된다. **항고소송**은 행정청의 처분등이나 부작위에 대하여 제기하는 소송으로, 취소소송·무효등확인소송·부작위위법확인소송으로 구분된다(행정소송법 제4조). 학설상 무명항고소송이 주장되나 대법원은 일관되게 이를 인정하지 않고 있다. **당사자소송**은 행정청의 처분 등을 원인으로 하는 법률관계에 관한 소송 그 밖에 공법상의 법률관계에 관한 소송으로서 그 법률관계의 한쪽 당사자를 피고로 하는 소송으로 실질적 당사자소송과 형식적 당사자소송으로 구분될 수 있다. 실질적 당사자소송은 행정상 손실보상청구·손해배상청구소송, 기타 공법상의 법률관계에 관한 소송 등이 있다. 형식적 당사자소송은 실질적으로 행정청의 처분 등을 다투는 소송이지만, 행정청을 피고로 하지 아니하고 당해 처분 등을 원인으로 하는 법률관계의 한 쪽 당사자를 피고로 하여 제기하는 소송이다. 특허법(제191조)과 토지보상법(제85조 제2항) 등에서 명시적으로 형식적 당사자소송을 인정하고 있다. **민중소송**은 국가 또는 공공단체의 기관이 법률에 위반되는 행위를 한 경우 직접 자기의 법률상의 이익에 관계없이 그 시정을 구하기 위하여 제기하는 소송으로, 행정법규의 위법한 적용을 시정하기 위하여 일반 민중이나 선거인에게 제소권을 부여하는 객관적 소송이다. 공직선거법상 선거소송, 국민투표법상의 소송이 이에 속한다. **기관소송**은 국가 또는 공공단체의 기관상호간에 있어서의 권한의 존부 또는 그 행사에 관한 다툼이 있을 때에 이에 대하여 제기하는 소송으로, 헌법재판소법 규정에 의하여 헌법재판소의 관장사항으로 되는 소송은 제외한다. 이에는 지방자치법(제192조 제4항), 지방교육자치법(제28조 제3항)상 인정되어 있다.

행정심판제도行政審判制度 ㊎ administrative appeals system, ㊍ Verwaltungswiederspruchsverfahren, ㊏ Système de jugement administratif. 1. **의의** 행정청의 위법 또는 부당한 처분 그 밖에 공권력의 행사·불행사 등으로 인한 국민의 권리 또는 이익의 침해를 구제하는 심판절차를 말한다. 행정소송과 함께 행정상 쟁송의 일종으로서, 넓게는 행정기관에 의한 모든 심판절차를 뜻하며, 소청심사·국세심판·재결신청 등도 포함하나, 좁게는 행정심판법이 정하는 것만을 의미한다. 2. **우리나라 행정심판제도의 연혁** 행정심판법 이전에는 1951년 이래 시행되어 온 소원법(訴願法)이 있었다. 소원법은 총 14개의 조문으로 구성된 간단한 법으로 취소심판만을 인정하고 있었다. 1985.10.1. 소원법을 대체하여 행정심판법이 새로 제정되었다. 총 43개조로 구성된 행정심판법의 주요특징은 행정심판의 대상을 행정청의 위법부당한 처분이나 부작위로 하고, 행정심판의 종류로 세 가지의 항고심판(취소심판, 무효등확인심판, 의무이행심판)을 규정하였으며, 행정심판기관을 재결청(재결기능)과 행정심판위원회(심리의결기능)로 구분하여 규정하였고, 청구인적격 피청구인적격을 규정하였으며, 사정재결제도를 도입한 것 등이다. 행정심판법은 약 10여년간 시행되다가 행정편의 위주로 운영되어 국민의 권익구제수단으로서의 기능이 미흡하다는 문제가 지적되면서 대폭 개정되어 1996.4.1.부터 시행되었다. 주요 개정내용은 중앙행정기관의 장이 재결청이 되는 심판청구를 국무총리소속하의 행정심판위원회에서 심리 의결하도록 하였고, 행정심판위원회의 위원수를 증가시키고 민간인위원이 과반수가 되도록 하였으며, 심판청구를 처분청을 경유하여 하도록 하였던 것(경유제도)을 직접 재결청에 제출할 수 있게 하였고, 심판청구기간을 종전 처분이 있음을 안 날부터 60일 이내에서 90일 이내로 연장하였으며, 행정심판의 심리에서 당사자가 구술심리를 신청한 경우 서면심리가 필요하다고 인정되는 경우 외에는 구술심리를 하도록 하여 구술심리를 확대하였고, 행정청이 의무이행심판의 인용재결에 따르지 않을 경우 재결청이 직접 처분할 수 있는 직접처분제도를 도입하였다는 것 등이다. 2008년 부패방지 및 국민권익위원회의 설치와 운영에 관한 법률(부패방지권익위법)이 제정되어 종래 국민의 권익보호를 위한 기능을 수행하던 행정심판위원회, 국민고충처리위원회, 국가청렴위원회를 통합하는 국민권익위원회가 구성되었다. 이에 따라 행정심판법도 2008.2.29. 개정되었다. 주요내용은 국무총리 행정심판위원회를 국민권익위원회에 두고, 국민권익위원회의 부위원장 중 1인이 국무총리행정심판위원회의 위원장이 되도록 하며, 종래의 재결청 제도를 폐지하고 행정심판의 심리 재결을 모두 행정심판위원회가 맡도록 한 것 등이다. 특히 종래에는 행정심판기관이 재결청과 재결청 소속의 행정심판위원회로 이원화되어 행정심판위원회는 심리의결만을 담당하고 비록 의결된 대로 재결하는 형식적인 권한이기는 하지만 재결청이 재결하는 기능을 수행하였었는데, 행정심판의 재결청이 누구인가 하는 것이 매우 복잡하여 국민들에게도 불편을 초래했을 뿐 아니라 행정심판의 처리기간이 늦어져 권리구제가 지연된다는 지적이 있어왔다. 이에 따라 개정법에서는 재결청 제도를 폐지하고, 행정심판기관을 행정심판위원회로 단일화하게 된 것이다. 행정심판법은 2010.1.25.에 전부개정되었다. 행정심판청구사건이 매년 큰 폭으로 증가하고, 행정심판의 준사법절차화에 따라 국민의 권익구제를 강화하기 위한 것이 주요 개정이유이다. 주요내용은 국무총리행정심판위원회의 명칭을 중앙행정심판위원회로 변경하고, 특별행정심판의 남설을 방지하기 위하여 관계 행정기관의 장이 개별법에 특별행정심판을 신설하거나 국민에게 불리한 내용으로 변경하고자 하는 경우 미리 중앙행정심판위원회와 협의하도록 하였으며, 행정심판위원회의 회의 정원을 7명에서 9명으로 늘리고 회의시 위촉위원의 비중도 4명 이상에서 6명 이상으로 늘렸고, 중앙행정심판위원회는 위원장 1명을 포함한 50명의 위원으로 구성하되, 위원 중 상임위원은 4명 이내로 하였으며, 청구인의 신속한 권리구제를 위하여 심판청구사건 중 자동차운전면허행정처분과 관련한 사건은 4명의 위원으로 구성하는 소위원회에서 심리 의결할 수 있도록 하였고, 절차적 사항에 대한 행정심판위원회의 결정에 대해 이의신청제도를 도입하였으며, 행정청의 처분이나 부작위 때문에 발생할 수 있는 당사자의 중대한 불이익이나 급박한 위험을 막기 위하여 당사자에게 임시지위를 부여할 수 있는 임시처분제도를 도입한 것 등이다. 2016.3.29.에는 행정심판위원회 운영의 전문성 및 효율성을 제고하기 위하여 중앙행정심판위원회의 위원을 50명 이내에서 70명 이내로, 기타 행정심판위원회의 위원을 30명 이내에서 50명 이내로 각각 증원하는 등 현행 제도의 운영상 나타난 일부 미비점을 개선 보완하는 개정이 있었고, 2017.4.18.에는 재결의 실효성을 높이기 위하여 거부처분에 대한 취소재결이나 무효등확인재결에 따르는 재처분의무 규정을 신설하고, 재처분의무에 대한 실효성 확보를 위하여 간접강제제도를 도입하였다. 그리고 2017.10.31.에는 경제적 사유로 대리인 선임이 곤란한 청구인 등 사회적 약자에게 행정심판위원회가 대리인을 선임하여 지원하는 규정(행정심판법 제18조의2조)과 양 당사자 간의 합의가 가능한 사건의 경우 행정심판위원회가 개입 조정하는 규정(행정심판법 제43조의2)을 신설하였다. 우리나라의 행정심판제도는 행정소송의 전심절차라는 점에서 독일식의 행정심판제도를 그 기본모델로 출발하였지만 행정심판을 임의절차로 하고, 재결청을 없애고 행정심판위원회를 행정심판기구로 단일화하였으며, 행정심판위원회의 위원수를 늘리면서 민간위원이 과반수가 되도록 운영하는 등의 제도개혁으로 독일식 모델과는 완전히 달라지게 되었다. 이와 같은 변화는 과거 행정심판이 행정청 위주로 형식적으로 운영되고 인용률 또한 매우 저조했던 것에 대한 반성으로 그 동안 여러 차례에 걸쳐 행정심판을 활성화하려고 기울였던 노력의 결과이다. 우리나라 행정심판은 최초에는 대륙법계의 모델에서 출발하였지만, 그 동안 우리나라의 사정에 맞게 여러 차례에 걸쳐 변모하면서 이제는 다른 나라에는 그 예가 없는 '한국형 행정심판제도'로 발전하게 되었다고 볼 수 있다. 3. **행정심판기관** 현재 행정심판기관은 일반행정심판기관(중앙, 17개 시·도, 17개 시·도 교육청, 5개 고등검찰청, 4개 지방교정청, 감사원, 헌법재판소, 국회사무처, 법원행정처 등 46개)과 특별행정심판기관(조세심판원, 토지수용위원회, 소청심사위원회 등)으로 나뉘어져 있다. 4. **개선논의** 첫째, 행정절차와 행정심판의 조화방안, 둘째, 고충처리절차와 행정심판을 통합하는 방안, 셋째, 특별행정심판에 대한 통제방안으로 이의신청과 행정심판의 명확화 방안, 넷째, 특별행정심판을 중앙행정심판위원회로 통합하는 방안, 다섯째, 심판부제도의 도입, 여섯째, 재심판 제도의 도입, 일곱째, 당사자심판, 예방적 금지심판 등 행정심판의 유형을 확대하는 방안 등이 논의되었으며, 최근에는 행정심판제도의 단순화, 전문화, 독립화를 추구하는 방향으로 개선이 논의되고 있다.

행정심판전치주의行政審判前置主義 행정처분에 대하여 다른 법령에 의하여 행정심판·심사의 청구·이의신청 기타 행정기관에 대한 불복신청을 할 수 있는 경우에는 이에 대한 재결을 거친 후가 아니면 소를 제기할 수 없도록 하는 제도이다. 1998.3.1.부터 시행된 개정 행정소송법은 이전의 필요적 행정심판전치주의를 폐지하고 임의적 행정심판전치주의를 채택하였다. 특별행정심판의 경우 행정심판전치주의가 적용되는 예가 있다. 행정심판전치가 필수적인 개별입법례를 보면, 공무원징계 기타 불이익 처분 등에 관한 소송(국가공무원법 제16조, 지방공무원법 제20조의2), 각종 조세에 관한 소송(국세기본법 제56조 제2항), 해양수산부장관 등의 선박검사 등 처분에 관한 소송(선박안전법 제72조), 재결주의를 채택한 결과 행정심판을 거침이 불가피한 소송으로 토지수용위원회의 재결에 관한 소송(토지보상법 제85조), 노동위원회의 결정에 대한 행정소송(노동위원회법 제27조) 등이 있다.

행정입법行政立法 ⓔ administrative legislation, ⓓ Gesetzgebung der Verwaltung, ⓕ règlement administratif. 1. **서언** 1) **의의** 행정입법은 실정법상의 용어가 아닌 강학상의 용어로서, 일반적으로 행정기관이 법조의 형식으로 일반적·추상적인 규범을 정립하는 작용 또는 그에 따라 정립된 규범을 말한다. 여기서 '일반적'이란 그 규범의 적용대상이 불특정 다수인에게 적용된다는 의미를 가지고, '추상적'이란 불특정 다수의 사안에 적용된다는 의미를 가진다. 행정입법은 의회가 정한 범위 내에서 위임받은 입법권을 행정부가 행사하는 것으로 의회입법과 구별된다. 또한 행정청이 개별적·구체적으로 행하는 행정행위와 구별된다. 행정입법은 위임입법으로 지칭되는 경우도 있지만 위임입법은 입법권의 위임에 의해 법규범을 정립하는 작용으로서 행정입법보다 넓은 개념이다. ➜ 위임입법. 위임입법 중 그 수나 일반 국민에게 미치는 영향 등을 감안할 때 가장 중요한 의미를 지니는 것이 행정입법이라는 점에서 위임입법과 행정입법을 동일시하기도 한다. 2) **필요성 및 법적 근거** (1) **필요성** 과거에는 행정입법은 의회입법의 원칙과 권력분립의 원칙에 위반되는 것으로 여겨졌으나, 오늘날 국가의 성격이 자유국가에서 사회국가로 변화되어 행정부의 기능이 양적으로 확대되고, 질적으로 전문화되면서 전통적인 의회입법의 원칙 및 권력분립의 원칙도 국가기능의 합리적인 수행을 위하여 권한의 분배가 이루어져야 한다는 기능적 권력분립주의로 변화되었다. 이에 따라 오늘날의 국가에서 행정부에 의한 입법이 제도적으로 정착되고 있다. 하지만 행정입법이 인정되고 있다 하더라도 그 범위 내지 한계는 국가에 따라 다양할 뿐 아니라 시대에 따라 차이가 있다. 행정입법의 필요성은, ① 행정이 전문화·기술화되면서 고도의 전문적·기술적 입법사항이 증대되어 의회보다 전문지식과 정보를 가지고 있는 행정기관이 행정입법으로 규범을 정립하는 것이 적절하다는 점, ② 현대국가에서 행정수요에 신속하고 탄력적인 대응이 요구되지만 많은 시간이 소요되는 의회의 심의와 절차로 그 수요를 충족시키기가 어렵다는 점, ③ 법률의 일반적인 규정으로 지방적 특수상황에 대응하는 것이 어려울 수 있다는 점 등을 들 수 있다. 이에 헌법재판소는 전기통신기술영역을 규율하고 있는 전기통신사업법은 다른 법률에 비해 고도의 전문성과 기술성이 필요하고 현실의 변화에 신속하게 입법적 대응이 필요한 분야의 법률이므로 그 세부적이고 기술적인 규율을 국회에서 입법하는 것보다 행정부에서 제정하는 것이 적절하다고 판시하여 행정입법의 필요성을 인정하고 있다(헌재 2007.7.26. 2005헌바100). (2) **법적 근거** 헌법 제75조는 「대통령은 법률에서 구체적으로 범위를 정하여 위임받은 사항과 법률을 집행하기 위하여 필요한 사항에 관하여 대통령령을 발할 수 있다.」고 규정하고, 제95조는 「국무총리 또는 행정각부의 장은 소관 사무에 관하여 법률이나 대통령령의 위임 또는 직권으로 총리령 또는 부령을 발할 수 있다.」고 규정하여 행정입법을 인정하고 있다. 2. **종류** 행정입법은 법규성을 가지는가 여부에 따라 법규명령과 행정규칙으로 구분한다. 즉 행정입법 중 법규명령은 대외적으로 일반적 구속력을 가진다. 이에 반해 행정규칙은 행정기관 내부에서 그 조직과 활동을 규율하는 규범으로서 법규적 성질을 가지지 않는다. 법규명령과 행정규칙은 ① 일반적·추상적인 규범이라는 점, ② 행정의 기준이 되는 규범으로서, 행정기관이 준수하여야 한다는 점에서 공통적이다. 1) **법규명령** 법규명령은 행정권이 정립하는 일반적·추상적 규정으로서 법규의 성질을 갖는 것을 의미한다. 법규명령은 행정주체와 국민에 대해 직접적으로 구속력을 가지고 재판규범이 되고 이에 위반한 행위를 하면 위법행위가 된다. (1) **수권의 범위·효력에 의한 분류** 법규명령은 수권의 범위와 효력을 기준으로 헌법대위명령(비상명령), 법률대위명령, 법률종속명령(위임명령, 집행명령)으로 구분할 수 있다. **헌법대위명령**은 헌법에 직접 근거하여 발하는 명령이면서 헌법의 일부규정의 효력을 정지시키거나 보완하기 위하여 발해지는 헌법적 효력을 가지는 것을 말한다. 일반적으로 국가비상시에 발생하게 되므로 '비상명령'이라고도 지칭한다. **법률대위명령**은 헌법에 직접 근거한다는 점에서 비상명령과 같다. 하지만 긴급명령과 긴급재정 · 경제명령과 같이 법률적 효력을 가지는 명령을 의미한다. **법률종속명령**은 법률보다 하위의 효력을 지니고 있다. 법률이 위임한 범위 안에서 규율한 '위임명령'과 법률의 집행에 필요한 사항을 규율한 '집행명령'으로 구분된다. (2) **권한의 소재 및 법형식에 의한 분류** 권한의 소재를 기준으로 법규명령은 헌법상 인정되는 법규명령과 헌법 이외의 법령에 근거한 법규명령으로 구분할 수 있다. 헌법상 인정되는 법규명령은 헌법 제76조에 의한 대통령의 긴급명령, 긴급재정 · 경제명령, 헌법 제75조에 의한 대통령령, 헌법 제95조에 의한 총리령, 부령이 있다. 그리고 중앙선거관리위원회는 헌법 제114조에 의하여 법령의 범위 안에서 선거관리 · 국민투표관리 또는 정당사무에 관한 규칙을 제정할 수 있으므로 헌법상 인정되는 법규명령이다. 헌법 이외의 법령에 근거한 법규명령은 「감사원법」 제52조에 따른 감사원 규칙, 「독점규제 및 공정거래에 관한 법률」 제48조 제2항에 따른 공정거래위원회규칙, 「금융위원회법」 제16조에 따른 금융감독위원회규칙이 있다. 이에 대해서 법규명령인가 행정규칙인가에 관하여 견해대립이 있다. 판례는 법령의 위임에 따라 행정기관이 그 법령을 시행하기 위하여 필요한 구체적인 사항을 규정한 것이라면 제정형식이 고시, 예규, 훈령, 지침 등이라 하더라도 그 내용이 상위법령의 위임한계를 이탈하지 아니하는 한 상위법령과 결합하여 대외적 구속력을 갖는 법규명령으로 기능을 하게 된다고 판시하고 있다(헌재 2006.12.27. 2005헌바59). 2) **행정규칙** (1) **내용에 의한 분류** 행정규칙은 내용에 따라 조직규칙, 재량준칙, 규범해석규칙 등으로 분류된다. 조직규칙은 행정기관의 설치, 내부질서 · 권한절차를 규율하는 행정규칙을 의미한다. 규범해석규칙은 법규의 적용에 있어 그 해석과 적용지침을 정하는 규칙을 의미한다. 재량준칙은 행정기관에 재량권이 있는 경우에 통일적이고 동등한 재량행사를 확보하기 위해 어떠한 방식으로 재량을 행사할 것인가에 관한 행정규칙을 의미한다. → 규범구체화적 행정규칙과 규범해석적 행정규칙. (2) **형식에 의한 분류** 행정규칙은 형식을 기준으로 고시, 훈령, 예규, 지시, 일일명령 등으로 구분된다. 고시는 행정기관이 법령의 규정에 따라 일정한 사항을 불특정 일반인에게 알려주는 행정규칙을 의미한다. 훈령은 상급관청이 하급관청에 대해 장기간에 걸쳐 그 권한의 행사를 일반적으로 지시하기 위하여 발하는 명령을 의미하고 지시는 상급기관이 직권이나 하급기관의 문의에 대하여 하급기간에 구체적 · 개별적으로 발하는 명령을 말한다. 예규는 행정사무의 통일을 기하기 위해 반복적인 행정사무의 처리기준을 제시하는 법규문서 외의 문서를 의미하고, 일일명령은 출장 · 당직 · 시간외 근무 · 휴가 등 일일업무에 관한 명령을 말한다. 하지만 그 내용이 일반적 · 추상적인 규율이 아닌 것은 행정규칙이 아니다. 3. **범위와 한계** 1) **법규명령의 한계** 현행헌법 제75조는 「법률에 구체적으로 범위를 정하여」라고 명시하고 있다. 이는 행정입법의 범위와 한계를 설정하고 있는 것이다. 즉 입법권의 위임은 법률에 근거가 있어야 하고, 그 위임의 목적, 내용 및 범위가 법률에 구체적이고 명확하게 규정되어야 한다. 이에 따른 법규명령의 한계는 구체적으로 다음과 같다. (1) **법규명령의 일반적 한계** ① **법률유보원리에 의한 한계** 행정입법의 한계는 법률유보원리로부터 도출될 수 있다. 법률유보는 행정이 법률에 의한 수권을 받은 경우만 할 수 있다는 원칙을 의미한다. 다수설인 중요사항유보설(본질성설)에 따르면 법률의 규율이 요구되는 본질적인 사항에 관한 행정입법은 원칙적으로 허용되지 않는다. 이에 따르면 법률제정에 의한 입법권자의 규율정도는 사안에 따라 상이하게 적용되므로 일정한 사항에 관해 항상 일률적으로 행정입법이 금지되는 것은 아니다. 다만 헌법이 입법권자에게 요구하는 최소한의 규율밀도에 해당하는 범위 안에 있을 경우에 행정입법으로 규정되는 것이 허용되지 않는다고 볼 수 있다. 예를 들자면 죄형법정주의, 조세법률주의 등과 같이 법률에 직접 규율할 것을 요구하는 사항들은 입법권자가 법률로 제정할 의무가 있다. 또한 그 한도 이내에서 행정입법으로 규정할 수 없다는 행정입법의 한계를 규정한 것이다. 즉 죄형법정주의에 의해 범죄구성요건이나 벌칙규정은 포괄적으로 행정입법에 위임되는 것이 금지되고 최소한 처벌원칙 형벌의 종류 등에 대하여 명확한 기준이 근거법률에 규정되어야 하므로 행정입법으로 규정할 수 없다. ② **법률사항적 한계** 헌법에 의해 반드시 법률로 정하도록 규정한 사항에 대해서는 곧바로 행정입법의 한계가 성립될 수 있다. 즉 헌법이 일정한 사항을 법률로 정하도록 규정한 결과에 의한 행정입법의 한계로서, 헌법정책적 한계라고도 한다. 가령, 이 경우에 법률사항에 관한 것은 그 규율밀도를 다양하게 이해할 수 있을지라도 당해 헌법규정 해석에 의해 도출되는 규율밀도의 요구범위에서는 위임입법이 허용되지 않는다는 의미에서 위임입법의 한계가 성립된다고 볼 수 있다는 것이다. ③ **입법권의 한계로 인한 행정입법의 한계** 헌법 제40조는 의회입법의 원칙을 인정하면서 입법권을 명시적으로 제한하고 있지 않다. 하지만 입법권도 일정한 한계가 있기 때문에 행정입법도 입법권의 범위와 한계 내에서 일정한 한계를 가진다. 이에 따라 행정입법은 상위법우선의 원칙에 따라 최상위법인 헌법의 구속을 받고, 헌법상 기본권존중주의, 국민주권주의, 권력분립주의의 원리에 따른 한계, 사실상의 한계, 국제법상의 한계, 시간적 제한 등의 적용을 받는다. 행정입법은 그 수권규정에 의해 제정되는 위임명령이므로 헌법·법률 등 상위법령에 우선시킬 수 없다는 점에서 법논리적인 한계를 가진다. (2) **헌법상 한계** 헌법 제75조의 「법률에서 구체적으로 범위를 정하여」는 위임은 구체적·개별적 수권이어야 하고, 일반적·백지수권은 허용되지 아니한다는 것을 의미한다. 즉 수권법률의 존재가 필요하고 수권법률은 합헌적 법률이어야 한다는 것이다. 또한 위임은 구체적이어야 하고 추상적이어서는 안 된다는 것이다. 그리고 위임은 일반적 위임이나 전부위임이 아닌 개별적·부분적 위임이어야 한다고 해석된다는 것이다. 2) **행정규칙의 한계** 행정규칙은 일반적으로 행정조직 내부에서의 사무처리에 대한 기준을 설정하는 것으로 법률의 수권 없이 제·개정이 가능하므로 헌법에서 행정규칙에 대한 한계를 도출하기는 어렵다. 다만 행정규칙은 법규성을 갖지 않으므로 국민의 권리·의무를 규율할 수 없다는 본질적 한계를 가진다. 행정규칙은 법률, 상위규칙, 비례원칙 등 행정법의 일반원칙에 반하지 않는 범위 내에서 규율하여야 할 것이다. 그리고 목적상 필요한 범위 내에서 규율하여야 한다는 법령의 일반적인 원칙에 따른 한계도 있다. 헌법재판소는 법률이 입법사항을 법규명령의 형식이 아닌 행정규칙의 형식으로 위임하는 것도 합헌이라고 판시하였다(헌재 2001.10.28. 99헌바91). 대법원은 행정규칙의 형식을 취하지만 근거법령에 의해 위임을 받아 제정된 행정규칙은 실질적으로 법규명령으로서 대외적 효력을 갖는다고 판시하였다(대판 1988.3.2. 87누653). 4. **행정입법에 대한 통제** 1) **통제의 필요성** 오늘날 행정국가에서 의회법률은 골격입법에 그치고 세부적·기술적인 사항은 행정입법에 위임하는 것이 일반적인 현상이 되었다. 오늘날 행정입법은 국민의 권리와 의무에 미치는 실질적인 영향력은 법률을 능가하고 있다. 이에 따라 의회입법의 원칙과 권력분립의 원칙이 형해화되고 국민의 기본권이 침해될 가능성이 높아졌다. 의회입법원칙과 법치주의 원칙에서 볼 때 행정입법의 민주성과 합리성을 보장하기 위해서는 행정입법에 대한 통제의 필요성이 더욱 증대하고 있다. 2) **통제방법** 전통적인 통제방법은 사법부에 의한 통제가 중심이 되어 왔으나 사후적이며 소극적이라는 점에서 한계가 있다. 행정입법에 대한 통제방법은 각국의 헌법구조, 정치적·사회적 배경, 실정법 질서 등에 따라 상이하게 나타나지만, 통제주체에 따라 입법부에 의한 통제, 사법부에 의한 통제, 행정부에 의한 통제, 국민에 의한 통제로 구분할 수 있다. (1) **입법부에 의한 통제** ➜ 행정입법에 대한 의회의 통제(입법례). 행정입법권은 입법부로부터 위임된 것이므로 입법부는 위임기관으로서 행정입법권이 위임의 목적이나 한계 내에서 적법·타당하게 행사되고 있는지 여부를 감독할 수 있어야 한다. 나아가 권력분립의 이념에서 볼 때 의회가 행정입법을 적절하게 통제할 필요가 있다. 하지만 행정입법에 대한 입법부의 통제는 행정의 전문화·복잡화로 인해 전문성이 부족한 의회는 행정입법의 내용을 실질적으로 분석하여 통제하기가 어렵다는 한계가 있다. 더욱이 다수당이 여당인 경우에는 의회의 국정감시능력이 약화시켜 행정입법에 대한 효과적인 통제를 어렵게 한다. 입법부에 의한 통제는 통제의 직접성을 기준으로 직접적 통제와 간접적 통제로 구분된다. ① **직접적 통제** 직접적 통제는 행정입법의 성립·효력발생에 대한 동의권이나 승인권, 유효하게 성립된 행정입법의 효력을 소멸시키는 권한을 의회에 유보하는 방법을 의미한다. 영국의 '의회제출절차'나 독일의 '동의권 유보' 등이 그 예이다. 현행 헌법 제76조의 긴급권행사에 대한 의회 사후승인은 넓은 의미에서 행정입법에 대한 국회의 직접적인 통제수단으로 볼 수 있다. 또한 국회법 제98조의2에 따른 행정입법의 국회 제출 및 검토제도는 행정입법을 직접 대상으로 통제한다는 점에서 직접적 통제방법이라고 할 수 있다. 하지만 행정입법의 성립이나 효력발생을 국회의 승인이나 결의 등에 유보가 없을 뿐 아니라 시정요구권도 없기 때문에 국회가 행정입법의 효력에 대하여 직접적으로 영향을 미칠 수 없기 때문에 직접적 통제방법으로 보기에 미흡한 점이 있다. 한편 행정절차법은 대통령령의 제·개정을 위해 입법예고를 하는 경우에 소관 상임위원회에 이를 제출하도록 규정함으로써 국회의 행정입법 통제에 기여하고 있다. ② **간접적 통제** 간접적 통제는 입법부가 행정입법의 성립이나 효력 발생에 직접적으로 관여하는 것이 아니라 입법부가 가지는 행정부에 대한 감시수단을 통해 간접적으로 통제하는 방법을 의미한다. 헌법상 국회의 간접적 통제의 대표적 방법은 국정감사 및 조사(제61조), 본회의 대정부질문(제62조), 국무총리·국무위원에 대한 해임건의권(제63조), 탄핵소추권(제65조)이 있다. 그리고 위원회에서의 업무보고 및 질의·답변, 예산과 법률의 심사 등을 통한 통제도 간접적 통제로 볼 수 있다. 이 외에도 위법한 행정입법이 존재하는 경우에 행정입법의 근거가 되는 수권법률을 개정·폐지하는 방법으로, 그 수권을 제한·철회함으로써 행정입법을 통제할 수 있다. (2) **사법부에 의한 통제** 행정입법에 대한 적법성통제의 기본은 사법부에 의한 통제라 할 수 있다. 특히 사법부는 국민의 기본권을 보호하기 위한 최후의 보루라는 점에서 그 의미가 크지만, 기본적으로 사후적 통제이므로 시간과 경비가 많이 소요되어 신속하게 구제하기 어렵다는 점에서 문제가 있다. 사법부에 의한 통제는 법원에 의한 통제와 헌법재판소에 의한 통제로 구분될 수 있다. ① **법원에 의한 통제** 사법부에 의한 행정입법의 통제는 크게 추상적 규범통제와 구체적 규범통제로 구분될 수 있다. 현행헌법은 행정입법의 위헌·위법 여부를 최종적으로 대법원이 심사함으로써 행정입법을 통제하게 되어 있는 구체적 규범통제를 채택하고 있다(제107조 제2항). 이에 행정입법에 대한 효력을 직접 소송을 통해 다툴 수 없다. 법원은 법규명령의 위헌·위법 여부가 재판의 전제가 된 경우에만 그 사건의 심판을 위한 선결문제로 다루어질 수 있다. 행정입법에 대한 심사결과가 위헌·위법으로 확정된 경우에 그 행정입법의 효력은 무효가 된다는 견해, 흠이 중대·명백한 경우에만 무효가 된다는 견해, 흠이 있는 경우에도 무효가 되는 것이 아니라 법원에 의해 당해 사건만 적용이 거부된다는 견해로 나뉜다. 행정소송법 제6조는 행정소송에서 대법원의 판결에 의해 명령·규칙이 헌법 또는 법률에 위반된다는 것이 확정된 경우에 대법원은 그 사유를 지체 없이 행정자치부장관에게 통보하여야 한다. 통보를 받은 행정자치부장관은 지체 없이 이를 관보에 게재하여 공고하도록 규정되어 있어 법규명령의 효력을 간접적으로 다투는 효과가 있다. ② **헌법재판소에 의한 통제** 헌법재판소는 명령·규칙에 대한 위헌여부에 대하여 예외적으로 심사권을 가진다. ➜ 명령·규칙 최종심사권. ➜ 헌법소원. (3) **행정부에 의한 통제** 행정부에 의한 행정입법에 대한 통제는 행정부가 스스로 행정입법의 문제점을 개선함으로써 이른바 자기통제로서 행정입법의 정당성과 합법성을 담보할 수 있도록 한다는 측면에서 의미가 있다. 행정부에 의한 행정입법의 통제는 효율성이 높고, 법령 상호간의 충돌·모순을 방지할 수 있으며, 입법부와 사법부의 관여를 줄일 수 있는 장점이 있는 반면, 기본적으로 내부통제라는 점에서 공정성의 확보에 한계가 있고, 해당 부처 간의 이해대립이 첨예한 경우 내부통제가 이루어지기 힘들다는 단점이 있다. 행정부의 자율적 내부통제방법은 감독기관의 감독권에 의한 통제, 법제처 등 특정심사기관의 심사에 의한 통제, 헌법, 행정심판법, 행정절차법 등에 의한 절차적 통제 등으로 구분될 수 있다. (4) **국민에 의한 통제** 국민에 의한 행정입법의 통제방법은 행정입법의 제정에 있어서 청문회·공청회 등을 통해 이해관계인이나 국민의 의견을 청취하거나 언론, 각종 압력단체의 활동 등에 의한 여론을 통해 행정입법의 적법성과 적정성을 확보하는 방법이다. 이러한 국민에 의한 통제방법은 각국에서 행정입법절차에 관한 일반법을 제정함으로써 보편화되고 있다. 일반법으로 규정되어 있지 않는 경우에 개별법으로 규정하거나 행정관행으로 정착되어 국민에 의한 통제가 중요한 역할을 담당하고 있다. 우리나라는 행정절차법에서 행정상 입법예고제도와 공청회제도를 규정하고 있다.

행정입법에 대한 의회의 통제(입법례) 1. **의회에 의한 통제의 당위성** 행정입법에 대한 의회통제는 의회와 행정부와의 관계를 어떻게 설정할 것인가, 더 나아가 행정부에 대한 의회의 영향력을 어느 정도로 설정할 것인가에 대한 문제와 관련이 된다. 행정입법에 대한 의회통제의 정당성은 민주적 정당성 제고, 의회 중심주의의 정착, 권력분립의 원칙에 기초한 견제와 균형, 사법적 통제의 한계 극복 등의 관점에서 정당화될 수 있다. 2. **입법례** 의회에 의한 행정입법 통제는 각국의 역사적 배경, 헌법이념, 권력분립구조 및 정부형태 등의 차이에 따라 다양하게 나타나고 있다. 1) **영국** 의회주권의 원리가 일찍부터 발달한 영국에서 입법권은 국민의 대표기관인 의회에 속한다. 하지만 20세기에 들면서 행정기능이 증가됨에 따라 의회의 수권에 의한 행정입법이 점차 확대되었고, 의회주권과 법의 지배원리를 수호하기 위한 합리적인 방안을 모색하기 위한 노력에 의해 행정입법에 대한 의회통제제도가 발전되어 왔다. 통제방법 중 가장 효과적인 통제방법은 법률에서 행정입법을 제정하도록 행정부에 입법권을 부여하면서 행정부에게 행정입법을 제정할 때 의회에 행정입법을 제출하도록 규정하고 있는 '의회의 제출절차(Laying before Parliament)'이다. 영국은 행정입법이 의회에 제출되면 본회의에서 심사하는 것이 원칙이다. 하지만 시간상의 제약 등으로 인해 심사가 형식적으로 흐르게 됨에 따라 본회의의 심사를 효율적으로 하기 위해 미리 행정입법을 심사하여 본회의에 보고하는 특별위원회를 설치하였다. 본회의의 심사절차는 단순제출절차(bare laying procedure), 거부결의절차(negative resolution procedure), 승인결의절차(affirmative resolution procedure), 초안의 제출절차 등으로 이루어져 있다. 이 중 거부결의절차와 초안제출절차가 보편적으로 사용되고 있다. 위원회의 심사는 본회의의 심사절차가 많은 정보과 시간이 필요하기 때문에 행정입법에 대한 의회통제를 보다 효율적으로 하기 위해서 행정입법에 대한 검토와 그 결과를 본회의에 보고할 위원회의 설치가 고려되었다. 이에 따라 상·하원 행정입법합동위원회, 상원의 위임권한심사위원회 및 행정입법본안위원회가 설치·운영되고 있다. 2) **미국** 미국 연방헌법은 행정입법에 대하여 명확한 근거규정을 가지고 있지 않다. 하지만 미국은 연방국가로 출발하였던 초기부터 연방정부의 행정입법권을 인정하고 있었다. 그리고 남북전쟁 이후 각종 위원회들이 새롭게 만들어지면서 연방행정위원회들의 광범위한 행정입법은 당연한 것으로 받아들여졌다. 이에 따라 행정입법은 국민들의 거의 모든 생활에 영향을 미치게 되었다. 이에 연방의회는 행정위원회의 활동을 공식적 또는 비공식적 방법에 의해 감시할 수 있고, 감독청문회의 개최나 조사권의 발동을 할 수 있도록 되어 있다. 미국의 경우 행정입법에 대한 의회의 통제는 크게 **의회거부권제도**(Legislative veto)와 **의회심사제도**(congressional review)로 나눌 수 있다. 의회거부권제도는 1939년에 도입되어 연방의회가 행정입법이나 명령을 거부할 수 있는 권리를 법률에 유보하는 것으로, 연방의회의 행정입법에 대한 견제장치의 역할을 하였다. INS v. Chada, 462 U.S. 919(1983) 판결에서 의회거부권이 위헌으로 선고받았고 이에 대응하여 의회심사법(Congressional Review Act)이 새로 제정되었다. 의회심사법에 따른 의회심사제도는 의회거부권제도의 문제점을 보완한 것으로, 행정기관이 제정하는 모든 행정위원회의 최종법령안 또는 중간최종법령안을 의회와 의회감사원에 제출하여 심사하는 제도로서, 의회의 행정입법에 대한 통제를 강화하려는 것이다. 의회거부권제도는 1939년에 도입되어 1983년 연방대법원에서 무효가 될 때까지 많이 활용되었던 제도이다. 이 제도는 행정위원회에서 행정입법을 시행하기 이전에 의회에 제출하게 하고, 제출된 행정입법안은 상·하 양원의 공동의결이나 단일의결 또는 해당 위원회에서 의결하면 대통령의 승인 없이 무효로 된다. 미국은 초기에 입법권을 행정기관에 위임하는 것을 허용하지 않았다. 하지만 20세기에 들어와 연방의회가 많은 행정기관을 설치하여 행정업무를 수행함에 따라 행정기관은 기본정책을 행정입법에 의해 처리하기 시작하였다. 이에 연방의회는 행정입법에 대한 통제를 시작하였고 근거법률을 개정하는 방법 외에 연방의회가 의회거부권제도를 새롭게 만들어 행정입법을 통제하게 되었다. 연방의회는 모법에서 행정부에게 행정입법을 제정할 수 있는 권한을 부여한다. 이에 행정기관은 행정입법안을 만들어 행정입법의 시행 이전에 연방의회에 제출할 의무를 부과하고 연방의회는 이에 대한 거부로써 그 행정입법을 무효화할 수 있도록 한 것이다. 이러한 제도는 법률에 규정되어 있는 경우만 허용된다. 의회거부권제도는 정책의 형성에 있어 입법부와 행정부가 협동하도록 하는 긍정적인 측면이 있지만 헌법의 의도와 취지는 의회가 대통령의 거부권을 거치지 않고 어떠한 행위도 법률의 효력을 가질 수 없도록 명확하게 규정하고 있다. 대통령의 거부권은 법률의 제정절차에 있어서 대통령의 참여를 보장함으로써 권력분립원칙을 실현하기 위한 것이다. 이에 따라 대통령의 거부권을 거치지 않는 의회거부권은 위헌으로 볼 수 있다는 문제점이 지적되었다. 의회거부권이 연방대법원에서 위헌으로 판결됨에 따라 연방의회는 위헌결정 내용을 보완하여 1996년에 의회심사법률을 제정함으로써 새롭게 행정입법에 대한 의회심사제도를 도입하게 되었다. 의회심사법은 주요행정입법에 대해서 그 시행 60일 전에 의회에 제출할 것을 규정하고 대통령 서명의 대상이 되는 신속한 불승인절차를 규정하게 된 것이다. 또한 모든 행정위원회는 최종법령안이나 중간최종법령안을 양원과 회계감사원(GAO)에 제출하도록 규정하고 있다. 의회심사제도는 크게 ① 행정위원회의 행정법령안 제출제도, ② 연방의회의 행정법령안에 대한 불승인공동의결제도, ③ 의회감사원의 행정법령안에 대한 의회보고제도로 구분될 수 있다. 3) **독일** 독일. 연방의 정부형태는 의원내각제이고 독일의회는 상·하 양원으로 구성되어 있다. 독일의 경우 행정입법에 대한 의회의 통제는 기본적으로 입법부의 협력이라는 주제로 논해지고 있다. 의회의 행정입법에 대한 협력의 형태는 다양하게 나타나고 있다. 행정입법에 대한 의회의 통제제도는 사전협력제도, 연방참의원의 동의권 유보제도, 수정권 유보제도, 폐지권 유보제도, 행정입법안 제출제도 등이 있다. 행정입법안 제출제도는 1994년에 신설된 기본법 제80조 제3항에 규정되어 있다. 이 외에도 청문이나 기본법 제80조 제3항에 근거를 둔 의회에의 제출이 있다. 4) **프랑스** 프랑스의 행정입법은 법률과의 관계에 따라 헌법 제21조에 의한 집행명령, 헌법 제37조에 의한 독립명령, 헌법 제38조에 의한 법률명령으로 나눌 수 있다. 제정권자에 따라 수상 또는 대통령이 제정하는 시행령, 장관이 제정하는 부령으로 구분할 수 있다. 프랑스의 행정입법 통제는 형식적으로 행정부의 행위에 의한 명령이지만 내용적으로 법률사항에 관하여 규율하는 법률명령에 대한 의회의 승인, 헌법위원회의 비법률화 심사가 있다. 비법률화심사는 헌법 제37조 제2항과 제44조에 의해 법률사항과 행정입법사항의 구분에 관한 심사를 하는 헌법위원회가 행정입법 영역에서 제정된 법률을 심사하는 것을 의미한다. 법률영역에서 제정된 행정입법은 국참사원의 월권소송을 통해 다툴 수 있다. 입법과정에서 법률안 또는 수정안이 법률사항이나 헌법 제38조에 의한 의회의 승인을 받은 법률명령을 위반하는 경우에 종래에 정부만이 헌법위원회에 제소할 수 있었다. 하지만 2008년 개정을 통해 2009년 3월부터 상·하원의 의장도 신청이 가능하게 된다. 5. **일본** 일본에서는 독립명령에 대해서 인정되지 않고 위임명령과 집행명령만 인정되고 있다. 행정입법 중 법규명령은 내각이 제정하는 정령, 각부와 각성에서 제정되는 내각부령이나 성령, 위원회 의장이 제정하는 규칙 등이 있다. 행정규칙으로 훈령, 통달이나 행정처분과 관련된 심사기준, 처분기준 및 행정지도 요강 등이 있다. 일본의 행정입법 통제는 법원에 의한 사법적 통제 위주로 되어 있다. 의회에 의한 행정입법 통제는 ① 재해대책기본법 제109조 제4항에 따른 재해긴급사태와 관련된 정령에 관한 의회의 사후적 승인, ② 건강보험법 부칙 제4조에 따른 건강보험 의료비와 관련된 후생노동성의 고지에 관한 의회의 사전 승인, ③ 국가행정조직법 제25조 제1항에 따른 국가행정조직에 관한 정령의 제정, 개정 및 폐지에 관한 사후승인이나 보고를 받는 것이 주로 내용을 이루고 있다. 하지만 이러한 사후승인이나 보고에 의한 통제는 그 사례가 한정적이며, 실효적인 법적수단이 되지 못한다고 보고 있다.

행정입법부작위行政立法不作爲 ➜ 행정부작위.

행정재판권行政裁判權 ➜ 재판권.

행정쟁송제도行政爭訟制度 1. **의의** 행정쟁송제도는 넓은 의미로는 행정상 법률관계에 관하여 분쟁이 있을 경우 이해관계인의 쟁송제기에 따라 그 분쟁을 판정하는 절차로서, 행정심판과 행정소송 그리고 간이소송으로 이의신청과 헌법소원 등을 모두 포함하는 개념이다. 좁은 의미로는 행정심판과 행정소송을 의미한다. 우리나라의 행정쟁송제도는 영미식 사법국가형을 채택하여 행정쟁송도 일반법원에서 관할하도록 하고 있다. 다만, 행정사건의 특수성을 고려하여 대륙법계적 요소로서 행정심판제도를 두고 있다. 과거에는 행정심판전치주의를 채택하여 행정소송을 제기하기 위해서는 반드시 행정심판을 거치도록 하였으나, 1998.3.1. 행정소송법의 개정으로 행정심판임의주의를 채택하였다. 행정소송의 심급도 지방법원에 해당하는 행정법원을 1심으로 하는 3심제를 채택하였다. 2. **기능** 1) **국민의 권익구제기능** 행정쟁송은 하자 있는 행정작용에 의하여 국민의 권익이 침해된 경우에 행정작용의 취소·변경을 통하여 침해된 권익을 구제하는 기능을 갖는다. 행정소송이 최종적 수단이 된다. 2) **행정의 자기통제기능** 행정쟁송제도는 행정의 합법성 및 합목적성을 보장하기 위한 행정통제제도로서 기능한다. 행정쟁송제도는 행정의 통제를 위한 가장 실효성 있는 수단이다. 위의 양 기능 중에서 국민의 권익구제기능이 우선적이며 이를 통해 행정에 대한 통제를 도모할 수 있다. 3. **행정쟁송의 종류** 1) **분쟁의 종류에 따라** 행정쟁송제도는 분쟁의 종류에 따라 실질적 쟁송과 형식적 쟁송으로 나뉜다. 전자는 분쟁의 존재를 전제로 하여 일정한 절차에 따라 행해지는 쟁송으로서, 행정심판상 항고심판, 당사자행정심판이 이에 속하고, 후자는 청문절차와 같이, 분쟁의 존재를 전제로 하지 않고 행정행위의 사전절차로서 행해지는 쟁송이다. 2) **쟁송의 성질에 따라** 행정쟁송제도는 쟁송의 성질에 따라 항고쟁송과 당사자쟁송으로 나뉜다. 전자는 행정행위의 위법·부당을 주장하며 그 취소나 변경을 구하는 쟁송이다. 행정청의 처분이 반드시 전제되며, 따라서 언제나 복심적(覆審的) 쟁송이다. 후자는 대등한 당사자 사이의 법률상 분쟁에 관한 쟁송으로서, 1차적 행정작용 그 자체가 쟁송의 형식으로 행해진다. 예컨대 손실보상소송이나 급여청구소송, 토지수용재결신청 등과 같이 시심적 쟁송으로서의 성질을 갖는다. 다만 토지수용재결보상액의 증감청구소송과 같이, 실질적으로는 항고쟁송이지만, 형식적으로 당사자쟁송으로서 행해지는 경우가 있다. 3) **쟁송의 절차에 따라** 행정쟁송제도는 쟁송의 절차에 따라 정식쟁송과 약식쟁송으로 나뉜다. 전자는 심판기관이 제3자인 법원인 행정소송을 말한다. 따라서 법원에서의 심리절차는 구두변론에 따르고 엄격한 절차를 거쳐야 한다. 후자는 정식쟁송의 요건 중 절차가 생략되거나 최소화되어 있다(행정심판법 제5장 이하). 4) **쟁송의 단계에 따라** 행정쟁송제도는 쟁송의 단계에 따라 시심적(始審的) 쟁송과 복심적(覆審的) 쟁송으로 구분된다. 전자는 법률관계의 형성·존부에 관한 1차적 행정작용 자체가 쟁송의 형식으로 행해지는 쟁송을 말하며, 당사자쟁송의 1심, 형식적 쟁송, 토지수용재결신청 등이 이에 속한다. 후자는 이미 행해진 행정행위의 하자를 이유로 그에 대한 재심사를 구하는 형식의 절차를 의미하며, 항고쟁송이 이에 속한다. 5) **쟁송의 목적에 따라** 행정쟁송제도는 쟁송의 목적에 따라 주관적 쟁송과 객관적 쟁송의 구분된다. 전자는 소송당사자 개인의 권익을 구제하는 것이 목적이며, 따라서 제소권은 직접적인 법률상 이익을 가진 사람만이 가질 수 있다. 항고쟁송이나 당사자쟁송 등의 행정쟁송이 이에 속한다. 후자는 행정법규의 객관적 적법성을 유지하거나 일반공공의 권익을 보호하는 것을 직접 목적으로 하는 쟁송으로 이해관계인 이외의 자에게도 제소권이 있다. 선거소청이나 선거소송, 당선소송 등과 같이 행정법규의 위법한 적용을 시정하기 위하여 일반 민중이나 선거인에게 제소권을 부여하는 민중소송과, 국가 또는 공공단체 상호간의 권한의 존부 혹은 그 행사에 관한 다툼이 있는 경우의 권한쟁의심판이나 권한쟁의소송이 이에 속한다. 6) **심판기관에 따라** 행정쟁송제도는 심판기관에 따라 행정심판과 행정소송으로 나뉜다. 행정심판은 행정기관에 의한 심리와 재결이 행해지며, 행정소송은 법원에 의하여 심리와 재결이 행해진다. ➜ 행정심판제도. ➜ 행정소송제도.

행정절차行政節次 넓은 의미의 행정절차라 함은 행정청이 행정활동을 함에 있어서 거치는 모든 절차를 의미한다. 이러한 넓은 의미의 행정절차는 입법권의 작용에 있어서의 입법절차, 사법권의 작용에 있어서의 사법절차에 대응하는 개념으로 사용된다. 좁은 의미의 행정절차는 행정입법절차, 행정처분절차, 행정계획확정절차, 공법상계약절차, 행정지도절차 등 행정의사결정에 관한 절차로서의 사전절차를 의미한다. 즉 행정청이 공권력을 행사하여 행정에 관한 결정을 함에 있어 요구되는 외부와의 일련의 교섭과정을 말하며, 환언하면 종국적 행정처분의 형성과정상에 이루어지는 절차라 할 수 있다. 이러한 좁은 의미의 행정절차는 대외적으로 국민과의 관계에서 거치는 절차로서 행정조직내부에서만 이루어지는 행정의 준비절차와는 구별된다. ➜ 행정절차법.

행정절차법行政節次法 ㉺ administrative procedures act, ㊀ Verwaltungsverfahrensgesetz, ㊄ Code des relations entre le public et les administrations. 1. **의의와 법규정** 행정절차에 관한 공통적인 사항을 규정하여 국민의 행정 참여를 도모함으로써 행정의 공정성·투명성 및 신뢰성을 확보하고 국민의 권익을 보호하기 위하여 제정된 법이다(행정절차법 제1조). 행정절차법 제정을 위한 노력은 1987년에 행정절차법안을 입법예고하기도 하였으나, 동 법안은 정부 및 학계의 논란으로 국회제출이 보류되고 1996년에 새로이 행정절차법안을 입법예고하여 1996.12.31.에 법률 제5241호로 행정절차법을 제정·공포하여 1998년에 시행하였다. 2. **근거** 헌법 제12조 제1항에는 형사절차에서의 적법절차를 규정하고 있으며, 이 규정은 행정절차에서도 마찬가지로 적용되는 것으로 이해되고 있다(헌재 1990.11.19. 90헌가48). 따라서 행정절차법은 헌법 제12조 제1항에 근거하고 있다. 법률로서 1998년에 시행된 행정절차법이 있다. 3. **내용** 행정절차법은 총 7개장 54개조 부칙으로 구성되어 있다. 제1장 총칙은 제1절(제1~5조)에 목적·정의 및 적용범위 등, 제2절(제6~8조)에 행정청의 관할 및 협조, 제3절(제9~13조)에 당사자등, 제4절(제14~16조)에 송달 및 기간·기한의 특례를 규정하고 있다. 제2장 처분절차에는 제1절(제17~26조)에 처분의 신청, 다수의 행정청이 관여하는 처분, 처리기간의 설정·공표, 처분의 사전통지, 의견청취, 처분의 이유제시, 처분의 방식, 처분의 정정, 고지를, 제2절(제27~37조)에 의견제출 및 청문을, 제3절(제38~39조의2)에 공청회를 규정하고 있다. 제3장 신고절차(제40조)에는 제40조에서 자기완결적 신고에 대한 사항을 규정하고 있다. 제4장은 행정상 입법예고절차(제41~45조)에서는 행정상 입법예고, 예고방법, 예고방법, 의견제출 및 처리와 공청회에 대한 규정을 두고 있다. 제5장은 행정예고절차(제46~47조)에서는 행정예고와 준용에 대하여 규정하고 있다. 제6장은 행정지도절차(제48~51조)로 행정지도의 원칙, 행정지도의 방식, 의견제출 및 다수인을 대상으로 하는 행정지도에 관한 규정을 두고 있다. 그리고 제7장(제52~54조)에서는 비용의 부담, 참고인 등에 대한 비용지급 및 협조요청 등에 대한 규정을 두고 있다.

행정처분行政處分 ㊍ Verwaltungsverfügung. 행정처분이라 함은 행정청이 행하는 구체적 사실에 관한 법집행으로서의 공권력의 행사 또는 그 거부와 그밖에 이에 준하는 행정작용을 말한다(행정심판법 제2조 제1호, 행정소송법 제2조 제1호 참조). 행정처분은 실체법상의 개념으로 강학상으로는 행정행위라는 용어가 사용되고 있다. 행정행위와 처분이 같다는 견해(실체법상 개념설; 일원론)과 처분이 행정행위보다는 넓은 개념으로 보는 견해(쟁송법상 개념설; 이원론)가 나뉜다.

행정처분심사제行政處分審査制 1. **의의** 행정처분이 헌법이나 법률에 합치되는지의 여부를 심사하는 제도를 말한다. 헌법 제107조 제2항은 「명령·규칙 또는 처분이 헌법이나 법률에 위반되는 여부가 재판의 전제가 된 경우에는 대법원은 이를 최종적으로 심사할 권한을 가진다.」고 규정하여 행정입법에 대한 심사권과 행정처분에 대한 심사권을 최종적으로 대법원에 부여하고 있다. 2. **유형** 1) **분류** 행정재판을 사법재판소의 관할로 하느냐 혹은 독립한 행정재판소를 설치하느냐에 관하여 영미의 사법국가형(Justizstaat)과 대륙의 행정국가형(Verwaltungsstaat)으로 구분된다. (1) **행정국가형** 독일과 프랑스 등을 비롯한 대륙법계국가들은 일반재판소와 구별되는 별도의 행정재판소를 두어 행정재판을 담당하게 하고 있다. 이 제도는 프랑스의 국참사원(Conceil d'État)의 설치에서 시작하여 독일, 오스트리아 등의 유럽국가들에 계수되었다. 프랑스에서는 대혁명 이전부터 사법부와 군주 사이의 대립이 극심하여 사법권과 행정권이 상호 독립할 것을 강하게 요청하였으며, 법복귀족이라 불리던 사법관들에 대한 불신으로 행정재판권을 사법부에 부여하는 것을 꺼리게 되었다. 이에 엄격한 권력분립원칙에 따라 행정권과 사법권을 준별하고 행정권의 범위에 속하는 사항에 대한 사법권의 관여를 엄격히 금지하였다. 대혁명 이후에는 혼란을 극복하기 위하여 강력한 행정체제를 수립할 필요성에 따라 행정작용이 신속·강화를 요청하는 정치적 필요성이 가미됨으로써 행정사건은 행정재판소에서 심사하게 하였다. 이러한 국가에서는 사법권은 민·형사재판권만을 의미하였다. (2) **사법국가형** 영미법계 국가들은 모든 사건을 사법재판소의 통일적인 관할 하에 두었다. 영국의 경우 중세 이래의 성좌재판소(Star Chamber) 등의 특별재판소를 폐지하고 법의 지배(rule of law) 원리에 따라 국가기관의 행위의 적법성 여부의 심사도 사법재판소의 관할로 하는 것이 국민의 기본권보장을 위한 권력분립원리에 따라 정당화되었다. (3) **양 제도의 비교** 양 제도는 특수한 역사적 배경과 경험을 통해 형성되었기 때문에 어느 제도가 우월하다고 하는 것은 적절하지 않다. 행정재판은 행정감독을 위한 제도로서 행정권력의 자율성이 강조되는 점에서는 양 제도가 동일하다. 대체로 사법국가형은 개인의 권리보장에 충실하다고 할 수 있고, 행정국가형은 행정작용의 특수성과 재판의 합목적성을 중시하는 제도라 할 수 있다. 오늘날에는 양 제도가 서로 근접하는 경향을 보인다. 즉 행정국가형에서도 행정사건의 대상을 열기주의에서 개괄주의로 전환하여 개인의 권리보장에 충실하도록 하고 있고, 사법국가형에서도 행정사건의 특수성을 인정하여 하급 특별재판소를 설치하는 등의 행정권의 준사법적 권한을 인정하는 경향이 있다. (4) **장단점** ① 사법국가형은 엄격한 신분과 자격을 요하는 사법관으로 구성되므로 독립적이고 공정하게 재판이 행해지지만, 행정국가형은 행정관출신의 재판관으로 구성되는 경우가 많으므로, 정치적 재판이 될 우려가 있다. ② 행정국가형은 사법재판소와 행정재판소 사이의 관할쟁의를 위한 관할쟁의재판소가 필요한 경우가 있으나, 사법국가형은 그럴 필요가 없다. ③ 행정국가형은 사법재판소와 행정재판소 사이의 선택적 제소가능성을 고려하여야 하지만 사법국가형은 그렇지 않다. ④ 사법국가형은 법해석과 판례의 통일성을 도모할 수 있다. 3. **우리나라의 행정처분심사제** 1) **헌법규정** 헌법 제107조 제2항 및 제3항에서 사법국가형을 채택하고 있고, 행정심판의 근거를 정하고 있다. 법원조직법도 전심으로서 행정기관에 의한 심판을 금지하지 않고 있다(법원조직법 제2조 제2항). 2) **우리나라 행정처분심사제의 특색** ➜ 명령 · 규칙 심사권. ➜ 행정심판제도.

행정협정行政協定 ㉭ executive agreement. 국회의 승인을 필요로 하지 않고 행정부가 단독으로 체결하는 국가 간의 협정을 말한다. 이에 해당하는 조약으로는 조약의 위임에 의한 사항, 조약의 시행을 위하여 필요한 사항 또는 정부의 행정권에 관한 사항을 정하는 조약 등을 들 수 있다. 미국의 경우 의회의 동의를 얻어 체결하는 조약(treaty)과 의회의 동의 없이 체결할 수 있는 조약을 행정협정 내지 행정부협정(executive agreements)이라 구분하면서 비동의조약을 폭넓게 용인하고 있다. 하지만 우리나라와 미국의 비동의조약은 개념상의 차이, 근거되는 헌법상의 권한의 차이, 헌법상의 동의대상조약의 차이 등에서 서로 별도로 논의되어야 한다. 독일에서도 행정협정을 인정하고 있다. 행정협정은 법률의 수권범위 내의 사항을 대상으로 하거나, 조약의 이행을 위한 사항을 그 대상으로 하며 임시 또는 급박한 업무를 처리하기 위하여 체결된다. 행정협정은 대통령의 서명과 동시에 효력이 발생된다.

허가 · 검열許可 · 檢閱 ➜ 표현의 자유.

헌법憲法**(용어)** ㉭ Constitution, ㊙ Verfassungsrecht, ㊕ droit constitutionnel. 국가의 조직과 구성에 관한 법이다. 근대 이후에는 국민주권주의에 기초하여 국가의 조직과 구성을 설계하고 국민의 자유와 권리를 보장하는 국가의 기본법이자 최고법을 말한다. 영미법적 사고에서의 헌법은 대륙법계 국가들과는 다른 의미로 이해하고 있다. 즉, 미국연방대법원 대법관 C. E. Hughes는 「법관이 그것이라고 말하는 것이 바로 헌법이다(The constitution is what the judge it is).」라고 하였다. 우리나라, 일본국, 중국 등에서는 헌법이라는 개념을 국제(國制), 헌장(憲章), 국헌(國憲), 약헌(約憲), 장정(章程) 등으로 표현하기도 하였는데, 이는 영어의 constitution, constitutional law, 독일어의 Verfassung, Verfassungsrecht이라는 말을 엄격히 구별하지 않고 번역어로 사용한 것이다. 실정헌법을 지칭하는 것으로 헌법전이라는 말을 사용하기도 한다. '헌법'이라는 용어의 연원을 살펴보면, '憲法'이라는 말은 중국의 戰國時代(403~221 B.C.) 문헌인 國語 '晉語' 九의 "賞善罰姦 國之憲法也" (선한 행위를 한 자에게 상을 주고 간악한 자에게는 벌을 주는 것이 국가의 헌법이다)라는 문장과 管子의 "能出號令明憲法矣"(호령을 내리고 헌법을 밝힐 수 있다)라는 문장에까지 소급할 수 있다. 그 이후 後漢書, 書經, 禮記, 唐律疏議 등 중국의 문헌에서는 헌법이라는 말이 법을 통칭하는 것으로 사용되었다. 중국에서 처음으로 오늘날의 의미로 '헌법'이라는 말을 사용한 것은 1893년 鄭觀應이 盛世危言이라는 책에서이었다. 일본국에서는 日本書紀와 1820년에 편찬된 憲法捷覽과 憲法傳聞叢書 등에서 법령을 통칭하는 말로 헌법이라는 말을 사용하였다. 서구의 constitution이나 constitutional law라는 개념이 동양에 들어오는 과정에서 國憲, 律例, 根本律法, 國制, 朝綱, 國憲, 國綱, 朝憲, 國憲, 政典, 政體라는 말이 일본국에서 먼저 사용되다가 1873년 箕作麟祥(1846~1897)이 佛蘭西法律書 憲法이라는 번역서를, 林正明이 合衆國憲法과 英國憲法이라는 번역서를 각 출간하면서, 오늘날의 constitution이나 constitutional law를 지칭하는 말로써 헌법이라는 용어를 처음 사용하였다. 우리나라에서는 법령을 통칭하는 國制라는 용어가 조선시대에 편찬한 高麗史에 보이고 '헌법'이라는 말은 1884.1.30. 한성순보에 실린 '구미입헌정체'라는 글에서 오늘날의 의미로 쓰인 것이 가장 초기의 것으로 나타나 있다. 실정헌법에서 오늘날의 의미로 처음 사용된 것으로는 1889년에 반포된 일본국의 대일본제국헌법과 1908년에 반포된 중국의 欽定憲法大綱, 우리나라에서 1919.9.11. 반포된 大韓民國臨時憲法 등이 있다.

헌법간접적 제한憲法間接的 制限 ➜ 기본권의 제한. ➜ 법률유보.

헌법개정憲法改正 [영] constitutional amendment, [독] Verfassungsänderung, [프] amendement constitutionnel/amendement á la constitution. 1. **서언** 1) **의의** 헌법이 스스로 정한 개정절차에 따라 기존 헌법의 동일성을 유지하면서, 헌법의 조문이나 문구를 의식적으로 수정·삭제·증보함으로써 헌법전의 내용을 변경하는 것을 말한다. 헌법개정은 성문헌법과 경성헌법을 전제로 한 개념이다. 2) **종류** 헌법개정의 방식에는 일부개정·전면개정·증보 등 세 가지 방법이 있다. **일부개정**은 헌법전(憲法典)의 하나 또는 수개의 조항을 변경하는 것이며, 통상의 헌법개정은 대부분 일부개정이 보통이다. 다만, 개정부분이 너무 많아 이전의 헌법과 다른 모습을 갖게 되는 경우에는 헌법개혁(Verfassungsreform)이라 칭하기도 한다. **전면개정**은 현행헌법의 전문을 새로 고쳐 쓰는 것이며 이 경우에도 반드시 헌법의 개정절차에 따라야만 된다. 이에 따르지 아니한 전면개정은 명목상의 개정이라 하더라도 실질적으로는 새 헌법의 제정에 해당한다. **증보**增補는 기존의 헌법조항 자체는 그대로 두고 별개의 새로운 조항을 추가하는 것을 말한다. 이 경우에 기존헌법의 조항과 새로 추가된 증보조항이 저촉되면 증보조항의 효력에 따른다([예] 미국헌법). 3) **유사개념** 헌법개정과 유사한 개념으로 헌법의 변천과 C. Schmitt가 분류한 헌법의 파괴, 폐지, 파훼, 정지 등과 구별된다. (1) **헌법의 변천(변질)**(Verfassungswandlung) 헌법개정절차에 의한 개정이 없이, 즉 헌법문언은 그대로 두면서 법원의 해석 또는 국회나 정부의 관행에 의하여 헌법규정의 의미나 내용에 변화를 가져오는 것을 말한다. 헌법변천의 문제는 헌법규범의 의미내용의 구체화에 관한 문제이다. 미국의 위헌법률심사권 확립, 노르웨이 등 북유럽국가의 헌법상의 국왕의 법률안재가권, 행정입법권 등이 형식화·명목화한 것, 일본국의 평화헌법조항(제9조)의 군대보유금지규정을 방어용 군대의 보유를 금지하는 것은 아니라는 해석을 통해 자위대를 둔 것 등을 들 수 있다. ➜ 헌법변천. (2) **헌법의 파괴**(Verfassungsvernichtung) 혁명 등으로 전체로서의 헌법의 기본적 동일성을 상실시키고 헌법제정권력을 변경시키는 것을 말한다. 보통 혁명에 의하여 발생한다. 프랑스혁명 후 루이 16세의 군주제헌법 파괴, 1917년 러시아혁명 후 제정러시아헌법의 파괴, 1918년 독일 11월혁명 후 군주제헌법의 파괴 등이 이에 속한다. 헌법의 파기, 폐기로도 불린다. (3) **헌법의 폐지**(Verfassungsbeseitigung) 헌법제정권력은 변경시키지 않으나 헌법이 정한 개정절차에 의하지 아니하고 기존헌법을 폐지하여 헌법의 변경을 가져오는 것을 말한다. 헌법의 폐지라고도 한다. 헌법제정권력을 그대로 둔 채 헌법을 변경하는 것이기 때문에 헌법의 교체(대체)라고도 할 수 있다. 1946년 프랑스헌법을 1958년에 드골헌법으로 교체한 것, 5 · 16 군사쿠데타 후 제3공화국헌법으로 교체한 것 등이 그 예이다. (4) **헌법의 침해**侵害(Verfassungsdurchbrechung) 헌법문언은 그대로 둔 채, 개개의 경우에 예외적으로 일부의 헌법조항의 적용을 배제하고 그 조항에 위배되는 다른 조치를 하여 헌법을 침해하는 것으로 헌법의 파훼 또는 침훼라고도 한다. 헌법의 규범력이 있다면 당연히 위헌적 행위로서 헌법적 책임을 져야 한다. (5) **헌법의 정지**(Verfassungssuspension) 비상시기에 헌법의 일부조항 또는 전부의 효력을 일시적으로 정지시키는 것으로 비상사태(예컨대, 계엄의 경우)가 해소되면 정지되었던 헌법조항의 효력은 다시 회복된다. 바이마르헌법 제48조 제2항의 비상사태 선포 시 일부 기본권조항의 정지, 5 · 16쿠데타 후의 비상조치, 1972년 10월유신의 비상조치, 1980년 5 · 17조치 등이 그 예이다. 2. **헌법개정권력(제도화된 제헌권)** 헌법개정권력은 성문헌법을 개정하기 위하여 헌법자체에서 정하고 있는 권력으로서, 제도화된 제헌권, 부차적 · 파생적 제헌권 등으로 불리기도 한다. 헌법개정권력은 헌법제정권력에 의하여 규정되는 권력이므로 그에 종속된다. 또한 헌법개정권력은 헌법제정권력이 정해놓은 방식과 절차에 의하여 정해지므로 그 권력의 행사에 엄격한 제약이 따른다. 주권은 때때로 헌법제정권력과 동의어로 사용되기도 하는데, 그러한 한도에서 주권은 헌법개정권력보다 상위의 개념이라 할 수 있다. 또한 통치권은 헌법에 의하여 창설된 권력인 점에서 헌법개정권력과 차이가 있지만, 헌법개정권력은 그 권력의 행사를 통하여 통치권의 내용을 변경할 수 있으므로 헌법개정권력이 통치권보다는 상위의 개념이다. 헌법제정권력=주권>헌법개정권력>통치권으로 표시할 수 있다. 3. **헌법개정의 방법과 절차** 1) **방법** 일반적으로 성문헌법(경성헌법)의 개정방식에는 다음과 같은 것이 있다. (1) 헌법의 개정을 국민투표로써 결정하는 경우, 즉 국회의 의결을 거친 후 헌법개정안을 국민투표에 붙여서 최종적으로 결정하는 것(우리나라 · 일본 · 필리핀 등). (2) 헌법개정을 일반국회에서 하되 그 절차를 엄격하게 하는 경우, 즉 일반법률의 경우보다 다수의 출석과 동의를 요하거나(독일), 2회의 의결을 요하는 경우(브라질) (3) 헌법개정을 위한 특별 헌법회의를 구성하여 개정하는 경우(1875년의 프랑스헌법개정회의, 미국의 헌법개정방식 중 헌법회의를 소집하는 경우), 연방국가의 헌법개정에서 연방의회의 의결 외에 각 주(州)의 비준을 요구하는 경우(미국) 등이다. 2) **절차** 각 나라의 개헌절차는 그 나라의 헌법에 나와 있으며, 개헌과정은 해당 헌법이 연성헌법인지 경성헌법인지 또는 단일헌법인지 아니면 미국헌법처럼 다중헌법인지에 따라 달라진다. 헌법개정안을 발의하는 방식은 정부에게 독점적으로 부여하는 경우, 의회에서 발의하는 경우, 국민이 직접 발의하는 경우 등으로 나눌 수 있다. 연방제 국가에서는 각 주의 입법기관에서 각자 결정하여 그 나라에 소속되어 있는 전체 주의 다수가 찬성하여 발효되는 방식을 사용하지만, 중앙집권제 국가에서는 국민다수의 찬성을 기준으로 하는 경우가 많다. 4. **헌법개정의 한계** 1) **헌법이론상 한계** (1) **한계부인설** 법실증주의적 입장에서는 헌법개정의 한계를 부정한다. 그 논거를 보면, ① 국가성립과 더불어 제정된 헌법은 개정만이 있을 뿐이다. 사회가 변화하면 헌법도 변화하기 때문에 헌법개정의 한계를 인정할 수 없다. ② 헌법규범 사이의 우열을 인정할 수 없다(헌법규범등가론). 따라서 헌법개정의 한계를 규정하는 헌법규범도 개정의 대상이 될 수 있다. ③ 헌법제정권력과 헌법개정권력의 차이를 인정할 수 없다. ④ 현실적으로 한계를 벗어난 헌법개정에 대하여 무효를 선언할 기관이 없다. ⑤ 헌법도 상대적 규범이므로 현재 세대의 규범이나 가치를 장래 세대에 강요할 수 없다. (2) **한계긍정설** 헌법제정권력과 헌법개정권력의 본질적 차이를 인정하는 입장에서는 한계긍정설을 취한다. 그 논거를 보면, ① 헌법제정권력과 헌법개정권력은 각각의 발동조건에서 차이가 있다. 즉 헌법개정권력은 헌법제정권력이 정해놓은 조건에 따라 발동될 수 있을 뿐이다. ② 헌법제정권력이 정한 헌법의 근본규범을 개정하는 것은 이미 헌법의 동일성을 상실하므로 헌법개정이라 할 수 없다. ③ 헌법규범 사이에는 우열이 있을 수밖에 없다. ④ 자연권과 같이 역사적으로 헌법제정권력이 기본적 가치로 인정하는 것은 개정할 수 없다. (3) **검토** 각 논거에 비추어 볼 때, 한계긍정설의 논거가 더 설득력이 있다고 볼 것이므로 한계긍정설이 타당하다. 2) **헌법내재적 한계(실정법상 한계)** 헌법에서 개정을 금지한 개정금지조항은 헌법개정권력에 의하여 개정할 수 없다고 보아야 한다. 헌법개정의 대상의 제한은 개별국가의 헌정체제 및 사회적·문화적 특수성을 유지하는 데에 기여하므로, 이는 개정할 수 없다고 보아야 한다. 또한 헌법개정의 대상이 될 수 없음을 명시한 사항은 개정할 수 없다고 보아야 한다. 헌법에 따라서는 헌법제정 혹은 개정 후 일정한 시간이 경과하여야만 헌법을 개정할 수 있도록 하는 예도 있다. 3) **헌법개정의 한계를 벗어난 개정의 효력** 헌법개정의 한계를 넘어선 개정은 원칙적으로 무효라 할 것이지만, 헌법현실과 헌법의지가 변경된 헌법을 기성의 사실로 수용한다면, 헌법규범이 사실상 변경될 것이다. 만약 헌법의지가 변경된 헌법을 수용하지 않는다면 저항권의 발동으로 이어질 수도 있다. 4) **현행헌법상 대통령임기변경제한규정** 헌법개정의 한계와 관련하여 현행헌법은 제128조 제2항에서 「대통령의 임기(任期) 연장 또는 중임(重任)변경을 위한 헌법개정은 제안 당시의 대통령에 대하여는 효력이 없다.」고 규정하고 있다. 이 규정이 헌법개정에 대한 실정법적인 제한인가에 대해 이론이 없는 바는 아니지만, 이 규정은 임기연장 또는 중임변경을 위한 헌법개정을 하지 못한다는 뜻의 개정한계조항(改正限界條項)이 아니고, 임기연장 등을 위한 헌법개정도 가능하나, 다만 대통령의 장기집권을 방지하기 위하여 헌법개정 제안 당시의 대통령에 대해서만 개정의 효력을 배제한다는 헌법개정효력의 적용대상 제한조항일 뿐이라고 봄이 다수설이다. 5. **우리나라 헌법의 개정절차** 현행헌법은 10장에 그 개정에 관한 규정을 두고 있다. 헌법개정은 제안(대통령, 국회의원)-공고(대통령)-국회의결(국회)-국민투표-확정공포의 단계를 거친다. 헌법개정의 제안권자는 대통령과 국회의원이다(제128조 제1항). 대통령은 국무회의의 심의를 거쳐(제89조 제3호), 국회의원은 재적의원 과반수의 찬성을 얻어(제128조 제1항) 헌법개정을 제안할 수 있다. 제안된 헌법 개정안은 그 내용을 국민에게 알리기 위하여 20일 이상의 기간동안 이를 공고하여야 한다(제129조). 헌법개정안은 대통령이 발의한 것이든 국회의원이 발의한 것이든, 공고된 날로부터 60일 이내에 국회가 의결하여야 하는데 그 의결에는 국회재적의원 3분의 2 이상의 찬성이 있어야 한다(제130조 제1항). 국회의 의결을 거친 헌법개정안은 국회가 의결한 후 30일 이내에 국민투표에 회부되고 여기에서 국회의원 선거권자 과반수의 투표와 투표자 과반수의 찬성으로 확정된다(제130조 제2항). 이처럼 모든 헌법개정안을 국회의 의결과 국민투표에 의하여 확정되도록 함으로써 헌법의 개정절차를 과거의 헌법보다 까다롭게 하고, 국회의 의결을 필수적인 절차로 한 것은 그만큼 국회의 기능을 강화하고 정치적 목적을 위한 빈번한 헌법개정을 방지할 수 있게 한다는 의미를 가진다. 이상과 같은 절차에 의하여 확정된 헌법개정은 대통령이 즉시 이를 공포해야 한다(제130조 제3항).

헌법개정권력憲法改正權力 ㊎ amendment power, ㊕ verfassungsändernde Gewalt, ㊗ pouvoir constituant institué. ➜ 헌법개정.

헌법개정의 한계 ➜ 헌법개정.

헌법관憲法觀 1. **의의** 헌법관(Verfassungsanschauung)이라 함은 말 그대로 헌법을 보는 관점이다. 독일에서는 헌법이해(Verfassungsverständnis)라는 표현을 사용한다. 헌법은 한 국가의 통치질서의 기본원리를 담고 있고, 가장 강력한 효력을 갖는 것으로 받아들여지고 있다. 하지만 헌법의 본질이 무엇이며, 왜 가장 우선적인 효력을 가지는지에 관해서는 헌법을 보는 관점에 따라 차이가 있다. 헌법을 통합과학적으로 파악할 때에는 현실-의지-규범이라는 3 요소를 고려하지 않으면 안된다. 각 요소는 상호간에 독자적인 영역으로서 그 작용의 현상과 원리가 다르지만, 서로 영향을 미치게 되어 있다. 이 3 요소 중의 어느 요소에 더 중점을 두어 헌법을 이해하느냐에 따라 헌법을 이해하는 방법과 원리가 다르게 나타난다. 특히 19세기 후반부터 20세기 초반까지 독일의 헌법학을 주도해온 세 이론은 각각 3 요소 중의 어느 하나에 중점을 두는 이론으로 발전해 왔다. 세 이론은 규범주의적 관점·결단주의적 관점·통합주의적 관점으로 논의된다. 2. **규범주의적(법실증주의적) 헌법이해** 1) **주요내용** (1) **국가학** 법실증주의는 자연법의 존재를 부인하고 실정법만을 법학의 대상으로 보는 입장이다. 법실증주의는 헌법의 규범적 측면만을 보고 규범 외적인 요소(정치적·사회적·윤리적 요소 등)를 고려하지 않는다는 점에서 '규범주의'라고도 부른다. 규범주의는 게르버(K. v. Gerber), 라반트(P. Laband) 등에 의하여 확립되었으며, 옐리네크(G. Jellinek)에 의해 더욱 체계화되었고, 이론적으로 켈젠에 의하여 완성되었다. 법실증주의(legal positivism)는 원래 영국에서 시작된 법사상인데, 독일에서 법실증주의는 국가학(Staatslehre)과 결합하여 매우 독특한 모습으로 발전하였다. 옐리네크의 저서「일반국가학(Allgemeine Staatslehre, 1900)」은 국가학을 집대성한 책으로 일컬어진다. 이 책에서 그는 법의 규범적 측면만을 본 종래의 입장을 비판하고, 법의 '사회적 측면'과 '규범적 측면'을 모두 강조하였다. 이런 입장을 이른바 '방법이원론'이라고 한다. 그는 법이란 '사회적 사실이 국민의 동의를 통해 규범화한 것'이라고 하였으며, 법의 본질을 '완성된 사실(fait accompli)', '사실적인 것의 규범력' 등의 말로 설명하였다. 옐리네크는 사실 그 자체를 법으로 본 것이 아니고, 국민이 그것을 규범이라고 확신하게 될 때 법이 된다고 하였다. (2) **국가법인설** 법실증주의에 따르면 헌법은 국가가 그 자신의 고유한 권리로 성립시킨 최고규범이다. 따라서 법의 정당성 문제를 따지는 것은 무의미한 일이라고 본다. 옐리네크에 의하면, 국가는 독립된 권리능력과 행위능력을 가지는 법인으로서(국가법인설) 어떤 것에도 구속되지 않고 스스로 자기의사를 결정할 권리를 가진다(국가주권설). (3) **헌법제정과 헌법개정의 한계 부인** 헌법의 내재적 논리에 의하여 스스로 정당화되므로, 헌법의 제정과 개정에는 한계가 없다고 본다. (4) **헌법의 최고규범성-근본규범** 오스트리아의 켈젠(H. Kelsen)은 법실증주의를 이론적으로 완성하였다. 그는 존재와 규범(당위)의 엄격한 구별을 주장하며, 실정법의 효력근거로서 '근본규범(Grundnorm)'이라는 개념을 제시하였다. 켈젠이 말하는 '근본규범'은 자연법과는 전혀 다른 개념이며, 헌법을 포함한 실정법의 이론적·이념적 근거로 기능하는 '가상적 개념'에 불과하다. 근본규범의 내용에 관하여 그는 '헌법이 정하는 대로'라고 말할 뿐이다. 그는 스스로 그의 이론을 '순수법학(reine Rechtslehre)'이라고 불렀다. 그는 실정법들 사이에는 '헌법-법률-명령-규칙'의 서열이 존재하고 이 순서에 따라 효력의 우열이 결정된다고 주장하였다('법단계설'). 따라서 헌법이 최고규범으로서 효력을 갖는 것은 법규범의 내재적 논리로부터 당연히 도출되는 결론이라고 보았다. 켈젠의 법단계설은 유럽에서 위헌법률심사의 이론적 기초가 되었다. ➜ 법실증주의. 2) **평가** 법실증주의는 법규범의 독자성을 확립한 점에서는 가장 큰 성과를 달성하였다고 평가할 수 있다. 하지만 관점의 편협성으로 인하여 다음과 같은 비판을 받는다. (1) **정치에의 종속** 독일의 법실증주의는 당시 독일의 국가주의적 헌법(1850년 프로이센헌법과 1871년 독일제국헌법)을 주어진 전제로 수용하였다. 따라서 규범주의 헌법이론이 표방한 헌법의 비정치화는 실제로는 현실정치에의 철저한 종속을 의미하는 것이었다. (2) **실정법만능주의** 국가는 스스로의 주권적 권위에 의해 어떤 법이라도 제정할 수 있고 그 법은 내용이 어떠하든 언제나 내재적 논리에 의하여 정당화된다고 주장함으로써 실정법만능주의에 빠졌으며, 독재자에 의하여 악용될 여지를 남겼다. (3) **현대헌법에서 부분적 수용** 오늘날 헌법은 국민주권을 근본원리로 받아들이고 있으므로, 규범주의 헌법이론은 현대헌법에서 수용되기 어렵다. 하지만 규범주의적 헌법이해에서 주장하는 규범논리주의는 오늘날 헌법재판제도의 이론적 기초로 되고 있다. 3. **결단주의(Dezisionismus)적 헌법이해** 1) **주요 내용** (1) **결단(Dezision/Entscheidung)으로서의 헌법** 결단주의는 바이마르헌법 하에서 칼 슈미트(C. Schmitt)가 주창한 이론이다. 칼 슈미트는 그의 저서 「헌법학(Verfassungslehre: 1928)」에서 헌법은 헌법제정권력의 의지의 산물로서, '헌법제정권력의 주체가 자신의 정치적 실존에 대하여 내린 정치적 결단'이라고 주장했다. 이 정치적 결단이 헌법의 정당성의 근거이자 효력의 근거이다. 그의 주장에 의하면, 헌법의 최고규범성은 헌법제정권자가 가지는 '정치적 결단'으로부터 오는 것이므로, 다른 논리나 규범에 의하여 정당화될 필요가 없다. 따라서 새롭게 제정되는 헌법은 국민의 새로운 정치적 결단의 표현이므로 언제나 정당성을 가진다. (2) **헌법과 헌법률의 구분** 결단주의적 헌법이해의 특징은 '헌법(Verfassung)'과 '헌법률(Verfassungsgesetz)'을 구분한다는 것이다. 결단의 내용 중 '근본적 결단'과 '기타의 결단'으로 나누어 전자를 '헌법'으로 후자를 '헌법률'로 파악한다. (3) **헌법제정권력과 헌법개정권력의 구별** 그는 헌법제정권력과 헌법개정권력을 구별하여, 헌법제정권력에는 한계가 없지만 헌법개정권력에는 한계가 있다고 주장하였다. 즉, 헌법제정권력자의 근본결단인 '헌법'은 헌법개정의 대상이 될 수 없으며, '헌법률'만이 헌법개정의 대상이 될 수 있다고 하였다. 2) **평가** 결단주의적 헌법이해는 결단의 주체가 갖는 정치적 의지에 중점을 두는 견해이다. 따라서 철저히 주의주의적 사고(主意主義的 思考: voluntaristische Denken)에 기반을 두고 있다. (1) **선존**先存**하는 국가** 결단주의적 헌법이해는 국가를 선존하는 정치적 통일체로 전제한다. 이는 국가를 인간의 끊임없는 의식적 노력에 의하여 새롭게 형성되고 유지되는 것으로 보는 입장에서는 수용하기 어렵다. 이 점에서 현대민주주의이론과 모순될 가능성이 있다. 칼 슈미트는 독일에서 처음으로 국민주권을 주장하였지만, 이는 국민주권을 자연법적 당위로 주장한 것이 아니고, 기존의 바이마르 헌법의 헌법제정권력이 국민에게 있다는 사실을 설명한 것으로, 기성질서로서의 바이마르헌법의 해석론에 지나지 않는다. **(2) 독재에의 악용 가능성** 새로운 헌법은 언제나 국민의 새로운 정치적 결단으로서 정당성을 가진다는 논리는 독재자들에 의해 악용될 가능성이 크다. 3. **통합주의(Integrationstheorie)적 헌법이해** 통합주의(또는 통합과정론)는 스멘트(R. Smend)가 주장한 이론이다. 1) **주요 내용** (1) **사회통합원리로서의 헌법** 스멘트는 국가를 '다양한 이해관계를 가진 사회구성원이 하나의 정치적인 생활공동체로 동화되고 통합(Integration)되어가는 항구적인 과정'이라고 보고, 헌법은 그러한 통합과정을 규율하는 법질서라고 하였다. 그의 이론은 그 후 헤벌레(P. Häberle), 헤세(K. Hesse) 등에 의하여 계승·발전되었다. (2) **과정을 중시하는 헌법이론** 통합주의는 헌법을 '완성된 규범(규범주의)'이나 '일회적인 정치적 결단(결단주의)'으로 보지 않고, '항구적인 통합과정'을 규율하는 법질서로 보아 '과정'의 측면을 중시하였다. 스멘트에 따르면, "헌법이란 국가의 법질서이며 좀더 정확히 말하면 생활의 법질서, 즉 국가의 통합과정의 법질서이다. 이 과정의 의미는 국가의 전체적 생활(Lebenstotalität des Staates)을 항상 새롭게 형성하는 것이며 헌법이란 이 통합과정의 개별적 측면을 법적으로 규정한 것이다."라고 정의한다. 이 견해는 규범(Norm)과 현실(Wirklichkeit)의 상호관련성을 강조하면서 현실의 통합을 위해 규범으로서의 헌법이 기여하여야 한다고 본다. 2) **평가** 통합주의는 '규범'을 '사실' 속에 끌어들임으로써 헌법의 규범성을 지나치게 소홀히 취급했다는 지적을 받는다. 한편 '부분'보다 '전체'를 강조하고, '다양성'보다 '통합'을 강조한 것은 헤겔의 권위주의적 국가철학의 영향을 받았으며 독재자의 헌법이론으로 악용될 소지가 있다는 지적이 있다. 이러한 지적에 대하여는, 스멘트가 말하는 '통합'은 연대의식의 조성에 의한 동화적 통합을 뜻하기 때문에 전체주의적 성향을 띤 강제적 통합이론과는 그 본질을 달리한다는 반론이 있다. 4. **종합적 평가** 독일에서 전개된 세 이론은 헌법현실-헌법의지-헌법규범의 세 요소 중 어느 한 측면만을 강조하는 이론이다. 오늘날 헌법에 대한 이해는 어느 한 요소에 국한하여 이해하여서는 안된다. 세 요소를 모두 고려하면서 각 요소의 상호관련성을 기초로 하여 적절히 조화시키는 이해가 요구된다고 본다. ➜ 삼원구조론.

헌법국가憲法國家 ㉠ Verfassungsstaat. 헌정국가라고도 한다. 과거 법치국가의 발전과정에서 국민의 자유와 권리를 제한하거나 의무를 부과하는 경우에 의회가 제정하는 법률에 의하여야 하는 것으로 이해되었다. 이를 법률국가(Gesetzesstaat)라 한다. 오늘날에는 헌법재판에 의하여 헌법의 규범력이 확보되고 법률도 헌법적 정의와 자연적 정의에 위반되어서는 안되는 것으로 이해됨으로써, 법률적 차원이 아니라 헌법적 차원에서 국민의 자유와 권리가 확보되어야 하는 것으로 되었다. 이러한 국가를 헌법국가라 한다. 헌법국가는 헌법에 의하여 국가가 창설되고, 국가와 국민을 규율하는 법률도 헌법에 합치되어야 하며, 국가작용도 또한 헌법에 합치되어야 함을 요구한다.

헌법관습법憲法慣習法 ➜ 관습헌법.

헌법규범의 단계구조 헌법규정 사이의 효력상의 차이를 인정하여, 헌법제정규범-헌법핵-헌법개정규범-헌법률의 단계구조를 이루고 있다고 보는 견해이다. 법실증주의의 입장에서는 헌법과 하위규범 간의 단계구조는 인정하지만, 헌법규범 내부에서 헌법규정 사이의 우열을 인정하지는 않는다. ➜ 헌법관. ➜ 법단계설.

헌법규정憲法規定**에 대한 위헌심사**違憲審査 현행헌법재판제도에서의 위헌법률심사의 심판대상과 관련하여, 원칙적으로 '법률'을 그 대상으로 하고 있고, 이 때의 법률은 '형식적 의미의 법률'을 의미하므로, 기존의 헌법규정이나 개정된 헌법규정은 그 심판대상으로 되지 아니한다. 헌재 1995.12.28. 95헌바3 참조.

헌법기관구성권憲法機關構成權 헌법기관은 헌법이 구체적으로 특정의 기관을 명시하여 정하고 있는 기관을 말한다. 헌법의 위임에 따라 설치되는 법률기관과 다르다. 헌법기관구성권은 권력분립원칙에 따른 3권 간의 견제와 균형 및 조화를 위하여 한 권력이 다른 권력에 대하여 기관구성에 관여하는 형태로 규정되어 있다. 1) **대통령의 헌법기관구성권** ➜ 대통령의 지위와 권한. 2) **국회의 헌법기관구성권** (1) **국회의 주요공직자임면통제** ① **헌법규정에 따른 권한** 국회는 대법원장 및 대법관(헌법 제104조), 헌법재판소장(헌법 제111조 제4항), 국무총리(헌법 제86조 제1항), 감사원장(헌법 제98조 제2항)등의 경우에는 임명에 대한 동의권을 가지며, 헌법재판관 중 3인(헌법 제111조 제3항), 중앙선거관리위원회 위원 중 3인(헌법 제114조 제2항) 등은 국회가 직접 선출하여 대통령이 임명하도록 한다. ② **법률상의 권한** 국회는 헌법기관이 아닌 국가기관을 구성함에 있어서 법률로, 예컨대, 임명동의 혹은 인사청문 등의 일정한 관여의 방식을 정할 수 있다. 국회법상 인사청문의 대상이 폭넓게 확대되어 있다. 다만 헌법상 대통령의 권한인 인사권에 대한 인사청문은 기속력을 가질 수 없다. (2) **인사청문제도** ➜ 인사청문제도. (3) **소극적 기관구성권** 이미 구성되어 있는 국가기관의 구성원에 대하여 그 직을 박탈하는 권한을 소극적 기관구성권이라 할 수 있다. 이에는 국무총리 · 국무위원 해임건의권(➜ 국무총리 · 국무위원 해임건의권), 특정공무원에 대한 탄핵소추권(➜ 탄핵소추권)이 있다. 3) **대법원장의 헌법기관구성권** 대법원장은 대법관임명제청권(헌법 제104조 제2항), 헌법재판소재판관지명권(헌법 111조 제3항). 중앙선거관리위원회위원 지명권(헌법 제114조 제2항), 법원직원임명권(법원조직법 제53조), 각급판사임명 · 보직권(헌법 제104조 제3항, 법원조직법 제44조) 등의 권한을 가진다. 이 외에도 법률에 따라 행정부에 속하는 각종의 위원회 혹은 조직의 구성원들을 추천하도록 하는 예가 많다.

헌법기관설憲法機關說 ➜ 정당제도.

헌법기초위원회憲法基礎委員會 헌법기초위원회는 1948년에 대한민국헌법을 제정하기 위하여 제헌국회에서 선출한 위원으로 구성되었던 위원회이다. 헌법기초위원회는 1948.6.1. 제헌국회 본회의에서 헌법기초위원 선임을 위한 전형위원을 각 도별로 1명씩 10명을 선출하고, 이들이 30명의 헌법기초위원을 선출하였으며, 사법부 · 법조계 · 교수 등 각계에서 권위자 10명을 전문위원으로 선임하였다. 헌법기초위원장은 서상일(徐相日)이 선출되었다. 전문위원으로는 유진오(兪鎭午) · 권승렬(權承烈) · 노용호(盧龍鎬) · 윤길중(尹吉重) · 고병국(高秉國) · 한근조(韓根祖) · 차윤홍(車潤弘) · 임문환(任文桓) · 노진설(盧鎭卨) · 김용근(金龍根) 등이 선임되었다. 제헌헌법의 제1단계 초안은 1946.3.1. 행정연구위원회 · 헌법분과위원회가 작성하였던 전문 88조의 초안이 있었고, 유진오의 기초안이 있었다. 제2단계 초안으로는 국회헌법기초위원회의 기준안으로 채택되어 토의한 초안이 있었다. 이 초안은 유진오의 초안이 중심이 되고, 여기에 행정연구회 · 헌법분과위원회의 초안과 권승렬안을 참고로 하여 유진오 · 장경근(璟張根) · 노용호 · 차윤홍 · 윤길중 · 최영하(崔永夏) · 황동준(黃東準) 등 9명이 1948.5.31. 기초완료한 것으로 전문과 108조로 이루졌다. 헌법기초위원회는 유진오 전문위원이 입안한 초안(내각책임제, 양원제, 3권분립)을 기초로 하고, 법전편찬위원회(위원장 김병로)가 작성하여 제출한 헌법초안, 임시정부헌장, 민주의원에서 제정한 임시헌장, 임시약헌 등과 구미 각국의 헌법을 참고안으로 하여 기초에 착수하고 유진오 안을 본안으로 권승렬 안을 참고안으로 삼을 것을 결정하였다. 권승렬 안은 상하양원제, 내각책임제, 농지개혁, 중요기업의 국영화를 4대 기본원칙으로 하였으며, 본안인 유진오안과 대동소이하였다. 1948.6.3.부터 22.까지 16차의 회의를 열어 전문 10장 102개조의 헌법안을 기초하였다. 정부형태에 관하여 이승만의 강한 반대가 있었고, 초안은 하룻밤 새 내각책임제에서 대통령중심제로 바뀌었다. 6.23. 국회본회의에 상정되어, 질의 · 토론 · 축조심의 순서로 심의되어, 7.12.에 완료하였다. 이어 7.17. 공포하였고, 7.20. 정부통령선거제를 실시하여 196명 중 180표로 이승만을 대통령으로, 133표로 이시영을 부통령으로 선출하였다.

헌법내재적 한계憲法內在的 限界 ➜ 기본권의 제한.

헌법다원주의憲法多元主義 ㊇ constitutional pluralism, ㊈ konstitutioneller Pluralismus/Verfassungspluralismus, ㊉ pluralisme constitutionel. 헌법다원주의는 두 가지 용례로 사용된다. 그 하나는, 독일의 법사회학자 Günther Teubner가 N. Luhman의 체계이론을 법적으로 적용하여, 헌법의 성립과 본질을, 다원적 부분사회의 헌법규범화라는 의미에서, 정치(국가)헌법을 넘어 사회헌법으로 이해하고자 하는 견해이며, 다른 하나는 유럽연합(EU)의 입헌주의를 이론적으로 정립하고자 하는 시도로서, 경험적 및 규범적 접근으로 EU헌법과 구성국헌법 사이의 관계를 설명하고자 하는 견해이다. **1. Günther Teubner의 헌법다원주의** Teubner는 사회학자 N. Luhmann의 체계이론을 현대사회의 법적 문제에 응용하여 헌법다원주의를 주창하였다. 그의 근본적 전제는 오늘날 사회는 여러 자율적 부분사회로 나뉘어져 있다는 것이다. 이에 따르면 전체 사회는 사회에서 요청되는 각자의 기능에 근거하여 각자의 기능체계, 즉 정치, 경제, 법, 과학, 학문, 예술 등과 같은 부분사회로 분화(differentiation)되어 있다. 정치체계도 또한 부분사회의 하나가 되었으며 국가는 그 정치체계의 일부일 뿐이다. 기능적으로 분화된 사회는 기능을 준거로 하여 다양한 부분사회로 분화되어 갈등하며, 다른 부분사회의 작동을 자신의 고유한 논리 안에 종속시키려 하는 자기팽창의 경향을 가지고 있지만, 자신들의 존재론적 존립기반을 다른 부분사회들의 존재에 의존하고 있다. Luhmann은 헌법을 정치와 법의 구조적 접속으로 좁게 이해하지만, Teubner는 헌법개념을 법과 다른 부분사회들과의 구조적 접속으로 확대하여 이해한다. 이로써 헌법은 국가(정치) 헌법이라는 좁은 개념에서 사회헌법으로 확대된다. ➜ 사회헌법론. 부분사회들의 자율성이 증가하면서 정치와 대립이 심해지고, 이 두 진영 사이에 힘이 균형을 이루는 순간 어느 쪽도 주도권을 갖지 못하는 권력의 공백 현상으로 이어지는데, 이 지점에서 법은 자율성을 갖게 된다. Luhmann이 구조적 접속으로서 헌법을 정치체계에 한정해서 보았다면, Teubner는 이 과정을 일반화하여 다른 부분사회와 법의 관계에 적용한다. 이를 통해서 사회의 각 분야에서도 헌법화가 진행되고 있음을 증명하고 있다. 말하자면 부분사회의 자율성과 역동성에 기초하여 헌법적 틀이 형성되고, 국가는 부분사회가 팽창하면서 발생하는 부작용을 적절히 통제하여 그것이 다른 체계의 합리성을 완전히 지배하지 않도록 조정하는 틀을 만들어 내는 것이다. 이를 헌법다원주의라 한다. 2. **EU 입헌주의에서의 헌법다원주의** 유럽통합의 결과물인 EU에서 서로 다른 헌법이론과 실제를 가진 개별국가들을 구성국으로 하는 EU헌법이 성립되고, 이에 유럽 입헌주의의 본질을 이론적으로 어떻게 설명할 것인가의 물음에 대한 해답 중의 하나가 헌법다원주의이다. 헌법다원주의는 독일 연방헌법재판소의 마스트리히트 판결(➜ 마스트리히트 판결)에 대한 대응으로 1990년대 중반에 헌법다원주의가 등장했다고 주장된다. 헌법다원주의는 유럽 입헌주의 자체의 정체성을 정의하는 것이 아니라 서로 다른 입헌적 질서(개별국가 및 연합)가 본질적으로 어떠한 관계인가를 정의하고자 하는 것이다. 헌법다원주의는 EU헌법과 개별국가 헌법 사이의 헌법적 충돌의 위험이 있고, 이를 해결하는 최종적 권위에 대한 헌법적 주장들 사이의 논쟁이다. EU 정치의 본질을 가장 잘 포용하고 규제할 수 있는 이론으로 받아들여지고 있으며, 주로 헌법다원주의와 EU헌법 및 입헌주의 일반 간의 관계가 논의의 초점이 되고 있다. 헌법다원주의에는 세 가지 주장이 제시되고 있다. 1) **경험적 주장(the empirical claim)** 헌법다원주의의 출발점은 경험적이다. 헌법다원주의는 위계적으로 규율되지 않는 잠재적인 헌법적 갈등의 맥락을 형성하는, 최종 권위에 대한 헌법적 근거와 주장의 다양성 현상을 확인한다. EU법에서 헌법다원주의는 유럽사법재판소(the European Court of Justice:ECJ)와 개별국가 헌법재판소 사이의 담론적 실제로 일반적으로 설명되는 것을 서술하여 헌법적 충돌의 위험을 줄이고 최종적 권위에 대한 각자의 주장을 수용하는 것을 목표로 하였다. 헌법다원주의의 핵심적 실증적 주장을 요약하면, 헌법다원주의는 (동일한 법체계에 속하면서) 서로 다른 법질서 사이에서 최종적 권위에 대한 헌법적 주장이 경쟁하는 현재의 법적 현실과 그들을 수용하려는 사법적 시도이다. 이것은 EU의 헌법다원주의를 법질서의 다원주의(EU와 개별국가)로 생각하는 것이 더 적절한지 또는 (개별국가의 법질서를 유럽의 법질서의 일부로 두면서) 동일한 법질서 내에서 권위에 대한 헌법적 주장의 다원주의로 생각하는 것이 더 적절한지에 대한 질문을 남겨두고 있다. 법질서가 법을 상징적-규범적 현상으로 지칭한다면, 법체계는 법질서가 생산되고 재생산되는 법실천(입법 · 재판 · 법학)을 가리킨다. 이러한 구별을 이용하여 우리는 EU와 개별국가의 법질서를 자율적이지만 동일한 유럽의 법체계의 일부로 생각할 수 있다. 유럽의 법체계는 법질서들에 대한 약속을 의미하며 각각의 주장들을 수용하고 통합할 의무를 부과한다. 경험적 주장은 유럽사법재판소와 개별국가 헌법재판소가 서로 경쟁하는 헌법상의 주장을 인식하고 따라서 헌법적 충돌의 위험을 최소화하기 위해 각자의 주장을 수용함으로써 행동한다고 주장한다. 개별국가 헌법재판소와 유럽사법재판소의 기본권 법학이 좋은 예이다. 상충되는 주장이 존재할 수 있는 경우, 이러한 주장을 조정하기 위하여, 그들은 우월성 및 직접적 효력과 같은 EU법의 원칙과, 독일 헌법재판소의 '-하는 한(so lange)' 원칙 또는 이탈리아 헌법의 대응한계(counter-limits)와 같은 국내법 하에서 개발된 원칙을 모두 사용한다. 또한 또 다른 통상적인 경험적 도전은 EU의 새로운 조약(또는 그 목적을 위한 모든 EU 법령)이 국가 헌법과 충돌할 때마다 국가 헌법을 수정하는 예에서 출발한다. 개별국가 헌법과 EU조약 사이에 가능한 충돌이 감지될 때마다 수정된 것은 EU조약이 아니라 개별국가 헌법이었다. 개별국가 비준대상 조약(EU조약 개정 포함)에 대한 사전적(ex-ante) 헌법심사를 허용하는 국가 시스템에서 조약이 비준되기 전에 이러한 헌법합치성 요건은 최종적 권한이 궁극적으로 국가 헌법에 달려 있다는 증거가 될 것이다. 그러나 그러한 헌법적 통제는 조약의 비준과정의 일부로 이루어지며, 따라서 조약 개정과정 자체의 일부로 더 잘 이해된다. 이러한 주장에 대해, 헌법다원주의가 새로운 것이 아니고, EU법 일원론(monism)으로서 국가법 하의 일원론과 다르지 않으며, 기존의 법적 관행에 적합하지 않고, 또 EU법에 따른 결정에 저항적인 구성국에 대하여 효과적인 집행수단이 결여되어 있다는 반론이 있다(A. Somek). 2) **규범적 주장**(the normative claim) 헌법다원주의의 경험적 논제는 최종적 권위의 문제가 여전히 열려 있다고 진술하는 것으로 제한되는 반면, 규범적 주장은 최종적 권위의 문제가 열려 있어야 한다는 것이다. Heterarchy(이질성)는 최종적 권위에 대한 헌법적 주장이 경쟁하는 상황에서 규범적 이상으로서 위계구조(hierachy)보다 우월하다. 헌법다원주의는 EU에 최종적 권위에 대한 입헌적 주장이 있음을 인정하면서, 규범적으로 그러한 주장이 정당하다고 가정한다. 헌법다원주의는 EU의 헌법적 주장의 정당성을 인정하는 것이며, EU에서 헌법다원주의의 진정한 출발점이다. 유럽 입헌주의의 정당화(justification)와 정당성(legitimacy)은 개별국가의 입헌주의와 관련하여 헌법적인 부가적 가치에서 도출되어야 한다. 헌법적이고 민주적인 부가가치의 세 가지 주요 원천을 확인할 수 있다. 첫째, 유럽의 입헌주의는 개별국가의 민주주의의 포용성을 촉진한다. 유럽통합을 약속함으로써 EU국가는 다른 회원국의 시민과 이익을 위해 민주주의를 상호개방하는 데 동의한다. 이는 입헌주의에 내재된 포용의 논리를 확장한 것이다. 둘째, 유럽 입헌주의는 개별국가의 민주주의가 개별적 통제를 회피하는 초국가적 과정에 대한 통제권을 집단적으로 되찾도록 허용한다. 전자의 경우 외부로 향하는 민주적 외부성(국외적 이익에 영향을 미치는 국가)이라고 한다면, 후자는 내부로 향하는 민주적 외부성(국내적 이익에 영향을 미치는 국가 외부의 결정 및 프로세스)이라 할 수 있다. 셋째, 유럽 입헌주의는 또한 개별국가의 민주주의에 대해 스스로 부과한 외부적인 입헌적 규율의 한 형태를 구성할 수 있다. 국내의 정치적 오작동이 외부적 제약에 의해 더 잘 교정될 수 있는 경우가 많이 있다. 예를 들어 경로의존적이거나 특정 이익에 의해 사로잡힌 국가정책을 합리화하기 위해 국가의 정치프로세스를 강제할 수 있다. 개별국가의 입헌주의는 여전히 많은 경우에 헌법적 가치에 대한 최고의 대리자이며 유럽 입헌주의의 권력집중 및 남용가능성에 대한 보증 역할을 한다. 국가와 유럽의 헌법질서 사이에 다원주의가 유지되어야 하는 것은 서로의 헌법적 결점을 상호교정함으로써 발생하는 헌법적 부가가치이다. 권위의 충돌 가능성이 유럽 법질서의 붕괴로 이어지지 않는 한, 유럽 입헌주의의 다원주의적 성격은 환영할 만한 발견으로 받아들여야 하며 해결책이 필요한 문제가 아니다.
3) **강력한 규범적 주장**(the thick normative claim) 헌법다원주의의 더 강력한 규범적 주장은 현재 상황에서 그것이 개별국가의 입헌주의나 그를 모델로 한 EU 입헌주의의 형태보다 입헌주의의 이상에 더 가까운 근사치를 제공한다는 것이다. 헌법다원주의는 단순히 헌법적 권위 충돌의 위험에 대한 해결책이 아니며, 다원주의의 증가와 권력의 탈영토화라는 현재의 맥락에서 입헌주의의 이상을 가장 잘 표현한 것이라고 본다. 다원주의는 입헌주의에 내재되어 있고, 입헌주의는 그러한 다원주의를 동시에 보장하고 규제하는 것을 목표로 한다. 즉, 입헌주의의 역설에 반영된 공동선에 대한 이해, 사상 및 비전의 다원주의와 현대 자유주의적 형태가 수용한 민주적 숙의와 헌법상의 권리 사이의 균형이 그것이다. 입헌주의의 세 가지 역설은, 소수에 대한 두려움과 다수에 대한 두려움 그리고 누가 결정하는지에 대한 질문이다. 그것들은 입헌주의의 핵심인 상충되는 가치를 화해시키려는 시도를 동시에 수용한다는 점에서 역설적이다. 그들 모두와 관련하여 개별국가의 입헌주의는 입헌주의의 촉진자이자 제한자로 볼 수 있다. 헌법다원주의는 정치적 권위와 정치적 공간의 변화하는 성격에 입헌주의를 적응시키는 것에 만족한다. 문제는 정치적 무결성과 그에 상응하는 이상인 일관성과 법질서의 보편성을 보호하면서 입헌주의를 적응시키는 것이다. 헌법다원주의는 탈국가적 세계에서 입헌주의의 이상을 추구하는 가장 좋은 방법이지만, 기존의 개별국가 중심의 입헌주의에서 시급히 벗어나야 한다. 즉, 입헌주의를 탈국가적 정치공동체의 요구에 맞게 갱신하기 위해서는 다원주의와 통일성 사이에 새로운 화해가 시도되어야 한다. 헌법다원주의의 미래는 항상 입헌주의를 지배해 온 다원주의와 통합의 상반되는 힘을 다시 조화시킬 수 있는지의 여부에 달려 있다.

헌법률憲法律 ➔ 헌법규범의 단계구조.

헌법변천憲法變遷 = **헌법변질**憲法變質 ㊀ Verfassungswandlung. 헌법규범이 현실과 유리되어 그 실효성을 담보할 수 없는 경우에 헌법이 예정한 헌법개정절차와 방법을 거치지 아니하고 헌법규범을 달리 해석적용함으로써 헌법의 의미와 내용에 실질적인 변화를 초래하게 하는 것을 말한다. 의식적으로 규정을 수정·삭제·추가하는 헌법개정과 구별된다. 또한 헌법규정의 문언상 의미·한계 내에서 이루어지는 헌법해석과 달리 헌법변천은 기존 헌법규정의 규범력이 없다는 판단과 동시에 새로운 내용의 규범적 효력을 인정하는 것이다. 옐리네크는 ① 헌법해석에 의한 변천 ② 정치적 필요에 의한 변천 ③ 오래 계속된 관행에 의한 변천 ④ 국가권력불행사에 의한 변천 ⑤ 헌법의 흠결을 보충하고 보완하기 위한 변천 등으로 분류하고 있다. 헌법변천은, 엄밀하지는 않지만, 장기간에 걸쳐 평온하게 반복·계속된 사실관계가 유권해석에 의하여 불변·명료하게 확립되어 있을 것(물적 요소), 제정헌법의 규범력이 상실되고 사실에 대한 규범으로서의 가치를 인정하는 법적 확신 내지 국민적 합의가 존재할 것(심리적 요소)을 요한다. 헌법변천의 예로서, 미국의 경우, 1803년 Marbury v. Madison case에서 확립된 연방대법원의 위헌법률심사권, 연방헌법 제2조의 선거인단을 통한 간접선거의 대통령선거방식이 직접선거와 마찬가지로 작동하는 것 등이 있고, 일본의 경우, 1947년 헌법 제9조의 전력(戰力)보유금지 규정이 있으나, 1954년 이후 자위대라는 이름으로 사실상 전력을 보유하는 것에 대하여, 모든 국가는 자위권(自衛權)을 가지며 이를 위한 군대는 전력으로 볼 수 없다는 해석에 따라 군대를 보유하게 되었다. 우리나라의 경우, 제1·2차 개헌 후 참의원제도를 두었지만, 실제로 구성되지 않는 것이나, 제3공화국 이래 지방자치제도가 헌법에 규정되었지만 1991년까지 실시되지 않은 것에 대하여 헌법변천이라는 견해가 있으나, 이는 헌법위반사태에 불과할 뿐 헌법변천이라 보기는 어렵다. ➜ 헌법개정.

헌법보장규범 ➜ 헌법의 보장.

헌법보장수단憲法保障手段 ➜ 헌법의 보장.

헌법불합치결정憲法不合致決定 ➜ 변형결정.

헌법소원심판憲法訴願審判 1. **의의** 헌법소원이란 공권력에 의하여 헌법상 보장된 국민의 기본권이 침해된 경우에 헌법재판소에 제소하여 그 침해된 기본권의 구제를 청구하는 제도이다. ➜ 헌법소원제도. 현행헌법 제111조 제1항 제5호는 헌법재판소의 권한으로, 「법률이 정하는 헌법소원」을 규정하고 헌법재판소법 제68조 내지 제75조는 헌법소원심판을 규정하고 있다. 헌법재판소법 제68조는 본래의 의미의 헌법소원(권리구제형 헌법소원; 제68조 제1항의 헌법소원)과 위헌법률심사형 헌법소원(위헌심사형 헌법소원)의 두 유형을 규정하고 있다. 2. **법적 성격** 헌법소원은 개인의 주관적인 기본권보장기능과 위헌적 공권력행사를 통제하는 객관적 헌법질서보장기능을 가진다. 헌법재판소는 「헌법소원의 본질은 개인의 주관적 권리구제 뿐 아니라 객관적인 헌법질서의 보장도 하고 있으므로 헌법소원에 있어서의 권리보호이익은 일반법원의 소송사건에서처럼 주관적 기준으로 엄격하게 해석하여서는 아니된다. 따라서 침해행위가 이미 종료하여서 이를 취소할 여지가 없기 때문에 헌법소원이 주관적 권리구제에는 별 도움이 안되는 경우라도 그러한 침해행위가 앞으로도 반복될 위험이 있거나 당해 분쟁의 해결이 헌법질서의 수호·유지를 위하여 긴요한 사항이어서 헌법적으로 그 해명이 중대한 의미를 지니고 있는 경우에는 심판청구의 이익을 인정하여 이미 종료한 침해행위가 위헌이었음을 선언적 의미에서 확인할 필요가 있는 것이다.」고 반복하여 확인하고 있다(헌재 1992.1.28. 91헌마111; 1995.7.21. 92헌마144 등). 3. **권리구제형 헌법소원(원래의 의미의 헌법소원)** 1) **의의** 헌법재판소법 제68조 제1항은 「공권력의 행사 또는 불행사로 인하여 헌법상 보장된 기본권을 침해받은 자는 법원의 재판을 제외하고는 헌법재판소에 헌법소원심판을 청구할 수 있다. 다만, 다른 법률에 구제절차가 있는 경우에는 그 절차를 모두 거친 후가 아니면 청구할 수 없다.」고 규정하고 있다. 1종 헌법소원심판사건이라고 한다. 2) **청구인 적격** 헌법재판소법 제68조 제1항의 헌법소원의 청구인은 공권력의 행사 또는 불행사로 인해 헌법상 보장된 기본권을 침해받은 자이다. 이에는 자연인뿐만 아니라 법인도 포함된다. 권리능력 없는 사단, 정당, 노동조합 등의 일반단체도 포함된다. 다만 청구인적격 여부는 자기관련성이 문제될 수 있으므로 사안에 따라 달라질 수 있다. 전문대학 기성회이사회(헌재 1991.6.3. 90헌마56), 한국신문편집인협회(헌재 1995.7.21. 92헌마177), 전국 시도교육위원협의회(헌재 2009.3.26. 2007헌마359), 사단법인 한국기자협회(헌재 2016.7.28. 2015헌마236), 사이버대학(헌재 2016.10.27. 2014헌마1037) 등은 청구인적격이 부인된다. 공권력의 행사자인 국가·지방자치단체, 또는 그 조직의 일부, 공법인도 청구인적격이 부인된다. 지방자치단체, 지방자치단체의 장, 지방자치단체 의결기관, 국회 상임위원회, 지방자치단체 교육위원, 국회의원 등도 부인된다. 다만 공권력주체라 하더라도 국·공립대학이나 공영방송국과 같이 국가에 대하여 독립성을 가지는 독자적 기구로서 해당 기본권 영역에서 개인들의 기본권실현에 이바지하는 경우에는 예외적으로 기본권주체로서 청구인적격이 인정될 수 있다(예 서울대학교). 헌법재판소는 「개인의 지위를 겸하는 국가기관이 기본권의 주체로서 헌법소원의 청구적격을 가지는지 여부는, 심판대상조항이 규율하는 기본권의 성격, 국가기관으로서의 직무와 제한되는 기본권 간의 밀접성과 관련성, 직무상 행위와 사적인 행위 간의 구별가능성 등을 종합적으로 고려하여 결정되어야 할 것이다.」라고 하고 있다(헌재 2008.1.17. 2007헌마700). 3) **심판대상** 권리구제형 헌법소원은 '공권력의 행사 또는 불행사'이다. 적극적인 공권력의 행사는 물론 부작위에 의한 공권력의 불행사도 포함한다. 헌법재판소는 「행정권력의 부작위에 대한 소원의 경우에 있어서는 공권력의 주체에게 헌법에서 유래하는 작위의무가 특별히 구체적으로 규정되어 이에 의거하여 기본권의 주체가 행정행위를 청구할 수 있음에도 공권력의 주체가 그 의무를 해태하는 경우에 허용된다고 할 것」이라 하고 있으므로(헌재 1991.9.16. 89헌마163), 작위의무가 없는 공권력의 불행사에 대한 헌법소원은 부적법하다. 행정기관의 내부적 의사결정에 대한 청구의 거부는 공권력의 불행사에 해당하지 않는다(헌재 2004.8.26. 2003헌마916). 한일청구권협정상 해석상 분쟁의 해결절차를 불이행한 것은 작위의무위반의 위헌인 부작위이다(헌재 2011.8.30. 2006헌마788; 2011.8.30. 2008헌마648). 국가인권위원회의 진정각하결정과 진정기각결정, 방송통신심의위원회의 시정요구도 공권력의 불행사에 해당하지 않는다. (1) **입법작용에 대한 헌법소원** ① 법률 법률의 경우 법률이 별도의 구체적 집행행위를 기다리지 않고 직접적으로, 그리고 현재적으로 헌법상 보장된 기본권을 침해하는 경우에 한정됨을 원칙으로 한다(헌재 1990.6.25. 89헌마220). 법규에 대한 헌법소원은 자기관련성, 현재성, 그리고 직접성의 요건을 갖추게 되면 그것만으로 적법한 소원심판청구로 되어 허용이 된다(헌재 1991.3.11. 90헌마28). ② 헌법규범 헌법핵에 위반되는 헌법률에 대해서 학계는 인정하려는 견해가 있으나, 헌법재판소는 부정적이다. ③ 긴급명령·긴급재정경제명령 이는 법률과 동등한 효력을 가지므로 헌법소원심판의 대상이 된다. ④ 입법부작위 ➜기본권의 침해와 구제. ⑤ 폐지법률과 개정법률 기본권의 침해가 있는 경우 헌법소원이 가능하다. ⑥ 조약 조약도 헌법소원이 가능하다. ⑦ 명령·규칙에 대한 헌법소원 명령·규칙이 구체적 집행절차를 매개로 아니하고 그 자체에 의하여 직접·현재 국민이 기본권을 침해하는 경우에는 헌법소원의 대상이 된다(헌재 1990.10.15. 89헌마178; 1995.12.28. 91헌마114; 1993.5.13. 92헌마80). 형식이 행정규칙이라 하더라도 실질적으로 법규명령의 성격을 가진다면 헌법소원의 대상이 된다(헌재 1992.6.26. 91헌마25). ⑧ 조례 조례도 헌법소원의 대상이 된다. 조례에 대한 헌법소원에서는 침해의 직접성과 보충성이 문제된다. ⑨ 기타 국회의 의결 등 헌법소원의 대상이 될 수 있다. (2) **행정에 대한 헌법소원** ① 통치행위 ➜ 통치행위. ② 행정입법부작위 ➜ 행정입법부작위. ③ 행정규칙 헌법재판소는 「법령의 직접적인 위임에 따라 위임행정기관이 그 법령을 시행하는데 필요한 구체적 사항을 정한 것이면, 그 제정형식은 비록 법규명령이 아닌 고시, 훈령, 예규 등과 같은 행정규칙이더라도 그것이 상위법령의 위임한계를 벗어나지 아니하는 한, 상위법령과 결합하여 대외적인 구속력을 갖는 법규명령으로서 기능하게 된다고 보아야 할 것인바, 청구인이 법령과 예규의 관계규정으로 말미암아 직접 기본권침해를 받았다면 이에 대하여 바로 헌법소원심판을 청구할 수 있다.」고 하고 있다(헌재 1992.6.26. 91헌마25; 2000.6.29. 2000헌마325; 2004.1.29. 2001헌마894). ➜ 명령 · 규칙 심사권. ④ 행정처분 행정처분에 대해서는 행정소송이 가능하므로 원칙적으로 헌법소원이 허용되지 않는다. 다만 행정소송을 거친 후 원행정처분에 대하여 헌법소원이 인정될 것인가에 대하여 논란이 있다. ➜ 원행정처분. ⑤ 행정부작위 ➜ 행정부작위. ⑥ 검사의 불기소처분 ➜ 불기소처분. ⑦ 권력적 사실행위, 행정계획안 등 ➜ 사실행위. ➜ 행정계획안. ⑧ 행정상 사법행위 원칙적으로 헌법소원의 대상이 되지 아니한다. 다만 행정청이 행한 작용이면 가능한 한 공권력의 행사로 보아 헌법소원의 대상이 되도록 함이 기본권의 보장에 충실한 것이 될 것이다. ⑨ 기타 행정기관 내부의사결정행위, 어린이헌장 제정 · 선포행위, 적용법조 구문, 내사종결처리, 내부적 감독작용, 단순 질의회신 등등에 대하여 대상성을 인정하지 아니한다. (3) **사법司法에 대한 헌법소원** ① 법원의 일반적 행정작용 일반적으로 인정되지만, 법령질의회신, 변론제한 등에 대해서는 인정되지 아니한다. ② 법원의 재판 ➜ 재판소원. ③ 기타 사법부작위 작위의무가 없는 공권력의 불행사에 대한 헌법소원은 부적법하다. 사법부작위의 경우에도 동일하다. 4) **헌법상 보장된 기본권의 침해** 헌법소원심판청구를 위해서는 헌법상 보장된 '자기'의 '기본권'이 '직접' 그리고 '현재' '침해'되어야 한다. (1) **헌법상 보장된 기본권** 헌법상 보장된 기본권은 명시적인 기본권 뿐만 아니라 해석상 도출가능한 기본권이어야 한다. 정당설립의 자유는 기본권에 포함된다. 제도적 보장, 헌법의 기본원리, 주민자치권 등은 헌법상 보장된 기본권이 아니다. 주민투표권은 헌법상 보장된 기본권이 아니라 법률상의 권리이다. 국회의석분포결정권 내지 국회구성권, 국회의원심의 · 표결권도 헌법상 보장된 기본권이 아니다. (2) **자기관련성(eigene Betroffenheit)** 본인관련성이라고도 한다. 청구인은 스스로 공권력작용에 법적으로 관련되어야 한다. 제3자는 특별한 사정이 없는 한 기본권침해에 직접 관련이 있다고 할 수 없다(헌재 1993.7.29. 89헌마123). 어떠한 경우에 제3자의 자기관련성을 인정할 수 있는가의 문제는 무엇보다도 법의 목적 및 실질적인 규율대상, 법규정에서의 제한이나 금지가 제3자에게 미치는 효과나 진지성의 정도, 규범의 직접적인 수규자에 의한 헌법소원제기의 기대가능성 등을 종합적으로 고려하여 판단해야 한다(헌재 1997.9.25. 96헌마133). 수혜적 법령의 경우에는, 수혜범위에서 제외된 자가 자신이 평등원칙에 반하여 수혜대상에서 제외되었다는 주장을 하거나, 비교집단에게 혜택을 부여하는 법령이 위헌이라고 선고되어 그러한 혜택이 제거된다면 비교집단과의 관계에서 청구인의 법적 지위가 상대적으로 향상된다고 볼 여지가 있는 때에 비로소 청구인이 그 법령의 직접적인 적용을 받는 자가 아니라고 할지라도 자기관련성을 인정할 수 있다(헌재 2010.4.29. 2009헌마340). 국회 탄핵소추안 가결행위에 대한 헌법소원에서 헌법재판소는 「국회가 대통령 탄핵소추안을 가결한 행위는 헌법 제65조에 규정된 국회의 탄핵소추권의 내용을 이루는 절차적 행위로서 청구인과 같은 일반 국민을 그 행위의 대상으로 하고 있지 아니하다. 따라서 청구인은 이 사건 심판대상 행위에 의하여 자기의 기본권을 직접 침해받는 자가 아니므로 이 사건 심판청구는 자기관련성이 없다.」고 하고 있다(헌재 2013.10.1. 2013헌마631; 2016.12.27. 2016헌마1073). (3) **직접성(Unmittelbarkeit)** 직접관련성이라고도 한다. 청구인은 공권력의 작용으로 말미암아 직접 기본권이 침해되어야 한다.

직접성은 법령소원에서 특히 문제된다. 기본권침해의 직접성이란 집행행위를 기다리지 아니하고 법령 그 자체에 의하여 자유 제한, 의무부과, 권리나 법적 지위의 박탈이 생긴 때를 의미한다(헌재 2017.8.31. 2015헌마134). 법률이나 법률조항이 구체적 집행행위를 예정하면 직접성 요건이 결여된다. 법령이 시혜적 내용인 경우 직접성이 부인된다. 간접적 또는 반사적 불이익도 직접성을 결여한다. 법령이 집행기관의 재량을 인정하지 아니하고 하나의 행위만을 예정하는 경우에는 직접성이 인정된다(헌재 1995.2.23. 90헌마214). 직접성 요건불비는 사후적으로 치유될 수 없다. (4) **현재성(Gegenwartigkeit)** 현재관련성이라고도 한다. 청구인의 기본권이 현재 침해당하고 있어야 한다. 다만 기본권침해가 장래에 발생하더라도 그 발생이 확실한 경우에는 현재성이 인정된다(**상황성숙이론**). 장래 실시가 확실한 대학입시요강, 공포 후 시행 전인 법률 자체, 장래 실시가 확실한 선거 등은 현재성이 인정된다. 즉, 기본권침해가 가까운 장래에 있을 것이 확실하고 그 침해를 기다리게 되면 구제가 곤란하게 될 뿐만 아니라 법익 자체가 중대한 경우에는 현재성이 인정된다. (5) **권리보호의 이익** 원고가 청구에 관하여 판결을 구하는 데 필요한 법률상의 이익을 권리보호의 이익 또는 심판(청구)의 이익이라고 한다. 민사소송에서는 권리보호의 이익이 없는 경우에는 법원은 소를 각하하게 된다. 헌법학에서는 헌법소원의 요건 중의 하나로서 요구되는 것이다. 다만, 민사소송과는 달리, 헌법소원제도가 주관적 권리구제 뿐만 아니라 객관적인 헌법질서 보장의 기능도 있기 때문에, 헌법재판소는 「헌법소원이 주관적 권리구제에는 별 도움이 안되는 경우라도 그러한 침해행위가 앞으로도 반복될 위험이 있거나 당해분쟁의 해결이 헌법질서의 수호·유지를 위하여 긴요한 사항이어서 헌법적으로 그 해명이 중대한 의미를 지니고 있는 경우에는 심판청구의 이익을 인정하여 이미 종료한 침해행위가 위헌이었음을 선언적 의미에서 확인할 필요가 있다」고 한다(헌재 1991.7.8. 89헌마181; 1992.1.28. 91헌마111; 1997.11.27. 94헌마60). 침해의 반복위험성이란 단순히 추상적, 이론적인 가능성이 아닌 구체적 실제적인 것이어야 하고 이 점은 청구인이 입증할 책임이 있다(헌재 1997.6.26. 97헌바4). 5) **보충성의 원칙과 예외** (1) **보충성의 원칙** 헌법소원은 기본권침해를 제거할 수 있는 다른 수단이 없거나 헌법재판소에 제소하지 아니하고서도 동일한 결과를 얻을 수 있는 법적 절차나 방법이 달리 없을 때에 한하여, 예외적으로 인정되는 최후적 기본권보장수단이다. 헌법재판소법 제68조 제1항 단서는 「다만, 다른 법률에 구제절차가 있는 경우에는 그 절차를 모두 거친 후가 아니면 청구할 수 없다.」고 규정하여, 헌법소원의 보충성을 정하고 있다. 원칙의 취지는 헌법소원을 예비적·최후적 구제수단화함으로써, 남소나 민중소송화를 막자는 것이다. (2) **보충성원칙의 예외** 헌법소원심판 청구인이 그의 불이익으로 돌릴 수 없는 정당한 이유있는 착오로 전심절차를 밟지 않은 경우 또는 전심절차로 권리가 구제될 가능성이 거의 없거나 권리구제절차가 허용되는지의 여부가 객관적으로 불확실하여 전심절차 이행의 기대가능성이 없을 때에는 그 예외를 인정하는 것이 청구인에게 시간과 노력과 비용의 부담을 지우지 않고 헌법소원심판제도의 창설취지를 살리는 방법이다(헌재 1989.9.4. 88헌마22). 법령 자체에 대한 헌법소원에 대하여는 보충성원칙이 인정되지 아니한다. 보충성요건의 치유이론이 있으나 일률적으로 적용하기는 어렵다. 6) **헌법소원심판의 절차** (1) **청구기간** 헌법소원의 심판은 그 사유가 있음을 안 날부터 90일 이내에, 그 사유가 있는 날부터 1년 이내에 청구하여야 한다. 다만, 다른 법률에 따른 구제절차를 거친 헌법소원의 심판은 그 최종결정을 통지받은 날부터 30일 이내에 청구하여야 한다(헌법재판소법 제69조 제1항). 이 규정은 재판청구권을 침해하지 아니한다(헌재 2007.10.25. 2006헌마904). 국선대리인 선임을 청구한 경우에는 청구기간은 국선대리인선임신청이 있는 날을 기준으로 한다(헌법재판소법 제70조 제1항). 법령에 대한 헌법소원의 경우, 당해 법령이 적용된 날을 의미한다고 봄이 타당하다. 진정입법부작위의 경우에는 청구기간이 제약이 없다(헌재 1994.12.29. 89헌마2). (2) **청구형식** 헌법소원의 심판청구서에는 청구인 및 대리인의 표시, 침해된 권리, 침해의 원인이 되는 공권력의 행사 또는 불행사, 청구 이유, 그 밖에 필요한 사항을 기재하여야 한다(헌법재판소법 제71조 제1항). 상세한 사항은 헌법재판소 심판규칙에서 정하고 있다. (3) **변호사강제주의** ➜ 변호사강제주의. (4) **공탁금의 납부** 헌법재판소는 헌법소원심판의 청구인에 대하여 헌법재판소규칙으로 정하는 공탁금의 납부를 명할 수 있다(헌법재판소법 제37조 제2항). 이는 독일의 헌법소원남소부담금제도를 도입한 것이다. 헌법재판소는 헌법소원의 심판청구를 각하하는 경우와 헌법소원의 심판청구를 기각하는 경우에 그 심판청구가 권리의 남용이라고 인정되는 경우에 해당하는 경우에는 헌법재판소규칙으로 정하는 바에 따라 공탁금의 전부 또는 일부의 국고귀속을 명할 수 있다(헌법재판소법 제37조 제3항). 7) **헌법소원심판의 심리** (1) **서면심리 원칙** 헌법소원심판은 서면심리에 의하지만, 재판부가 필요하다고 인정하는 경우에는 변론을 열어 당사자·이해관계인 그 밖의 참고인진술을 들을 수 있다(헌법재판소법 제30조 제2항). (2) **지정재판부의 사전심사** 헌법재판소법 제72조는 지정재판부에 의한 사전심사제를 규정하고 있다. 헌법재판소장은 헌법재판소에 재판관 3명으로 구성되는 지정재판부를 두어 헌법소원심판의 사전심사를 담당하게 할 수 있다(제1항). 지정재판부는 다른 법률에 따른 구제절차가 있는 경우 그 절차를 모두 거치지 아니하거나 또는 법원의 재판에 대하여 헌법소원의 심판이 청구된 경우, 청구기간이 지난 후 헌법소원심판이 청구된 경우, 대리인의 선임 없이 청구된 경우, 그 밖에 헌법소원심판의 청구가 부적법하고 그 흠결을 보정할 수 없는 경우 등에는 지정재판부 재판관 전원의 일치된 의견에 의한 결정으로 헌법소원의 심판청구를 각하한다(제3항). 지정재판부는 전원의 일치된 의견으로 각하결정을 하지 아니하는 경우에는 결정으로 헌법소원을 재판부의 심판에 회부하여야 한다. 헌법소원심판의 청구 후 30일이 지날 때까지 각하결정이 없는 때에는 심판에 회부하는 결정이 있는 것으로 본다(제4항). 헌법소원의 각하 혹은 심판회부결정이 있는 경우에는 결정일로부터 14일 이내에 청구인 또는 그 대리인 및 피청구인에게 통지하여야 한다(제73조 제1항). (3) **이해관계인 등의 의견제출(제74조)** 헌법소원의 심판에 이해관계가 있는 국가기관 또는 공공단체와 법무부장관은 헌법재판소에 그 심판에 관한 의견서를 제출할 수 있다. 제68조 제2항에 따른 헌법소원이 재판부에 심판회부된 경우에는 법무부장관 및 당해 소송사건의 당사자에게 헌법소원심판청구서의 등본을 송달한다. 8) **헌법소원심판의 결정** (1) **심판절차종료선언결정** 헌법소원심판청구인이 사망하였으나 수계할 당사자가 없는 경우(민사소송법 제233조: 1992.11.12. 90헌마33; 1994.12.29. 90헌바13), 또는 헌법소원심판청구인이 헌법소원심판청구를 취하하는 경우에 절차를 종료하는 결정을 내린다. 소의 취하에 관한 민사소송법 제266조가 헌법소원심판절차에 준용된다. 5·18불기소처분취소 헌법소원심판에서는 소취하로 심판절차는 종료되었으나, '특히 중대한 의미를 갖는 헌법적 해명의 필요성'에 따라 결정선고를 하였다(헌재 1995.12.15. 95헌마221). (2) **심판청구각하결정** 헌법소원심판이 대상이 되지 못하거나 청구요건을 갖추지 못하여 청구가 부적법한 경우에 내리는 결정이다. 요건결정이라고도 한다. 각하결정의 사유는 헌법재판소법 제72조 제3항에 열거되어 있다. 각하결정은 불복할 수 없다. (3) **청구기각결정** 기각결정은 청구가 이유없을 때 내리는 결정이다. (4) **인용결정** 본안심리결과 청구가 이유있다고 받아들이는 결정이다. 재판관 6인 이상의 찬성이 있어야 한다(헌법 제113조 제1항). 헌법재판소법 제75조에 상세히 규정되어 있다. 인용할 때에는 인용결정서의 주문에 침해된 기본권과 침해의 원인이 된 공권력의 행사 또는 불행사를 특정하여야 한다. 또한 기본권 침해의 원인이 된 공권력의 행사를 취소하거나 그 불행사가 위헌임을 확인할 수 있다. 인용결정의 경우, 헌법재판소는 공권력의 행사 또는 불행사가 위헌인 법률 또는 법률의 조항에 기인한 것이라고 인정될 때에는 인용결정에서 해당 법률 또는 법률의 조항이 위헌임을 선고할 수 있다. 9) **인용결정의 효력** (1) **기속력** 헌법소원의 인용결정은 모든 국가기관과 지방자치단체를 기속한다(헌법재판소법 제75조 제1항). ➜ 기속력. (2) **재처분의무** 헌법재판소가 공권력의 불행사에 대한 헌법소원을 인용하는 결정을 한 때에는 피청구인은 결정 취지에 따라 새로운 처분을 하여야 한다(헌법재판소법 제75조 제4항). (3) **재심청구** 헌법소원이 인용된 경우에 해당 헌법소원과 관련된 소송사건이 이미 확정된 때에는 당사자는 재심을 청구할 수 있다(헌법재판소법 제75조 제7항). 10) **헌법소원심판의 비용** (1) **비용** 헌법재판소의 심판비용은 국가부담으로 한다. 다만, 당사자의 신청에 의한 증거조사의 비용은 헌법재판소규칙으로 정하는 바에 따라 그 신청인에게 부담시킬 수 있다(헌법재판소법 제37조 제1항). 헌법재판소규칙은 '헌법재판소 증거조사비용규칙'이다. (2) **공탁금의 국고귀속** 헌법재판소는 헌법소원의 심판청구를 각하하는 경우, 헌법소원의 심판청구를 기각하는 경우에 그 심판청구가 권리의 남용이라고 인정되는 경우의 어느 하나에 해당하는 경우에는 헌법재판소규칙으로 정하는 바에 따라 공탁금의 전부 또는 일부의 국고 귀속을 명할 수 있다(헌법재판소법 제37조 제3항). 11) **가처분** ➜ 가처분. 4. **위헌심사형 헌법소원(우리나라 특유의 헌법소원)** (1) **의의** 헌법재판소법 제68조 제2항은 「제41조 제1항에 따른 법률의 위헌 여부 심판의 제청신청이 기각된 때에는 그 신청을 한 당사자는 헌법재판소에 헌법소원심판을 청구할 수 있다. 이 경우 그 당사자는 당해 사건의 소송절차에서 동일한 사유를 이유로 다시 위헌여부 심판의 제청을 신청할 수 없다.」고 규정하고 있다. 2종 헌법소원심판사건이라 한다. (2) **법적 성격** 위헌심사형 헌법소원은 법원의 재판에 대한 헌법소원을 인정하지 않으면서 심판제청신청인의 권리구제와 객관적 규범통제제도를 채택하는 우리나라 특유의 제도이다. 법적 성격에 대하여 법원의 기각결정에 대한 헌법소원이라는 입장과 위헌법률심사라는 입장이 있으나, 양자를 겸유한다고 본다. 헌법재판소는 위헌법률심사라고 본다(헌재 1993.7.29. 92헌바48; 2004.2.26. 2003헌바31). (3) **청구인적격** 위헌심사형 헌법소원의 청구인적격은 모든 재판에서의 당사자이다. 행정소송의 피고인 행정청도 당사자가 될 수 있다(헌재 2008.4.24. 2004헌바44). 법규정에서 말하는 「당해 사건의 소송절차」는 상소심소송절차와 파기환송심의 전후 절차까지도 포함한다. 당해 사건의 일련의 절차에서 한 번 심판제청을 하였다가 기각된 후 다시 청구하는 것은 허용되지 아니한다(헌재 2007.7.26. 2006헌바40; 2011.5.26. 2009헌바419). (3) **재판의 전제성** 위헌법률심판과 마찬가지의 재판의 전제성이 요구된다. ➜ 재판의 전제성. (4) **심판대상** 제68조 제2항의 헌법소원의 대상은 재판의 전제가 되는 법률이지 대통령령은 대상이 될 수 없다. 법률과 동일한 효력을 가지는 관습법도 대상이 된다(헌재 2016.4.28. 2013헌바396). 입법부작위는 이에 해당하지 아니한다(헌재 2011.2.15. 2011헌바20). (5) **결정** 위헌심사형 헌법소원의 결정유형은 위헌법률심판의 결정유형과 같다. 결정의 효력, 변형결정 등도 모두 위헌법률심판에서의 논의와 같다. (6) **재심청구** 제68조 제2항의 헌법소원심판이 인용된 경우에는 관련 소송사건이 확정된 경우에는 재심청구가 가능하다.

헌법소원제도憲法訴願制度(일반론) ㊄ constitutional complaints/constitutional appeal, ㊅ Verfassungsbeschwerde, ㊆ recours constitutionel/recours en matiére constitutionelle. 1. **의의** 입법권·집행권·사법권 등의 국가공권력에 의하여 개인이 가지는 기본권이 직접 그리고 현실적으로 침해되었다고 주장하는 국민이 헌법재판기관에 직접 기본권의 보호를 청구할 수 있는 제도이다. 헌법소청(憲法訴請)이라고도 한다. 이는 개인적 권리의 침해 및 국가에 대한 개인적 권리의 보호 등의 소위 주관적 헌법재판과 관련된다. 헌법적 권리의 침해를 구제받을 수 있는 개인의 구제수단으로는, 인신보호절차(the Habeas corpus proceedings), 정보보호절차(Habeas data), 직무집행영장(mandamus), 금지명령(prohibition), 권한개시영장(quo-warranto), 국가에 대한 개인의 보상책임 등을 통해 허용될 수 있다. 남미의 경우 암파로(amparo)를 통해 개인의 권리보호가 행해진다. 2. **연혁과 입법례** 헌법소원은 우선적으로 정부기관의 개별적 행위에 의한 헌법적 권리의 침해에 대한 특수한 보충적 법적 구제수단이다. 헌법소원의 선행제도는 13-16세기의 아라곤법에서 찾을 수 있다. 유럽에서는 프랑스 외에 폭넓게 헌법소원제도가 채택되어 있다. 독일에서는 1495년의 Reichskammergericht 제도에서 도입하였다. 스위스는 1874년 헌법과 1874년 및 1893년 법률에서 특수한 헌법소원을 도입하였다. 독일에서는 헌법소원은 연방 및 란트 차원에서 도입되어 있다. 아시아에서는 우리나라, 대만, 몽골, 구소련에서 독립한 여러 국가들이 헌법소원을 인정하고 있다. 아프리카에서는 베냉, 케이프베르데, 모리셔스, 세네갈, 수단 등이 헌법소원을 인정한다. 중앙 및 남아메리카에서는 헌법소원과 유사한 제도로 암파로제도가 채택되어 있다. ➜ 암파로. 국제적 차원에서, 유럽인권규약(1950), 시민적 및 정치적 권리에 관한 국제협약(1966), 미국인권협약(1969), 인권에 관한 중남미위원회 및 재판소 헌장(1979), 유럽공동체협약(1992) 등에서도 소원의 형태로 기본적인 권리와 자유의 보호에 대한 특수한 법적 구제수단을 예상하고 있다. 3. **헌법소원제도의 기본구조** 1) **보호대상** 헌법소원에 의하여 보호되는 대상은 일반적으로 헌법적 자유와 권리에 향해져 있고, 헌법소원에 의해 보호되는 권리의 범위는 개별제도에서 특별히 한정되지는 않는다. 다만 몇몇 국가의 경우 헌법소원의 대상이 되는 자유와 권리가 한정되는 경우도 있다. 2) **국가공권력의 행위** 문제되는 국가공권력의 행위는 개별적 행위이다. 스위스와 오스트리아에서는, 헌법소원은 행정적 규범에 대해서만 제기할 수 있는데, 독일에서는, 법률을 포함하여 모든 수준의 규범을 문제삼을 수 있다. 스페인, 슬로베니아, 구유고, 몬테네그로 등에서는 법률은 간접적인 헌법소원의 대상이 될 수 있다. 브라질, 독일 등에서는 입법부작위도 헌법소원의 대상이 될 수 있다. 3) **헌법소원 청구권자** 헌법소원 청구권자는 일반적으로 개인이지만, 오스트리아, 독일, 스페인, 스위스, 구유고, 몬테네그로 등에서는 법적 주체(entities)들이 명시적으로 권한을 가질 수 있다. 검찰관이 제기할 수 있는 나라도 있다(스페인, 포르투갈). 4) **사전구제절차의 필요 여부** 법적 구제수단의 사전적 소진은 필수적 전제조건이지만, 헌법재판소가 이 조건의 충족과는 무관하게 사건을 취급할 수 있는 예외가 있다(독일, 슬로베니아, 스위스). 5) **청구기간** 청구기간의 제한은 20일부터 3개월까지 다양하게 정해져 있는데, 통상 1개월이다. 6) **가처분제도** 대부분의 제도들은 임시적인 정지명령(금지명령) 혹은 최종판결이 있을 때까지 문제된 행위의 집행을 임시적으로 정지하는 명령을 규정하고 있다. 7) **판결의 효과** 헌법재판소 판결은 대체로 당사자 간에 파기적인 효과를 가진다. 그리고 결정의 주된 문제가 법규범일 경우에는 대세효를 가진다.

헌법소청憲法訴請 ➔ 헌법소원제도.

헌법순환이론憲法循環理論 ➔ 사이클이론(순환이론).

헌법에 열거列擧**되지 아니한 자유**自由**와 권리**權利 ㊇ Non-Enumerated Rights Retained by People. 1. **서언** 1) **헌법규정** 현행헌법 제37조 제1항은 「국민의 자유와 권리는 헌법에 열거되지 아니한 이유로 경시되지 아니한다.」고 규정하고 있다. 이 규정의 취지에 대해서 헌법재판소는 「헌법에 명시적으로 규정되지 아니한 자유와 권리라도 헌법 제10조에서 규정한 인간의 존엄과 가치를 위하여 필요한 것일 때에는 이를 모두 보장함을 천명하는 것이다.」라고 판시한 바 있다(헌재 2002.1.31. 2001헌바43). 2) **입법례** (1) **미국** 1787년 헌법에는 권리장전규정이 없었고, 1791년 미국 수정헌법 제9조는 「특정한 권리를 헌법에 열거함으로 인하여 국민이 보유한 다른 권리들이 부인되거나 제한적인 것으로 해석되어서는 안 된다(The enumeration in the Constitution, of certain rights, shall not be construed to deny or disparage others retained by the people).」고 규정하였다. (2) **독일** 독일에서는 열거되지 아니한 기본권에 대한 논의가 많지 않았다. 그 까닭은 기본법 제2조 제1항의 포괄적 기본권(Auffanggrundrecht)으로부터 학설과 판례에 의해서 기본법에 언급되지 아니한 많은 기본권들이 도출되고 있기 때문이다. 그럼에도 불구하고 열거되지 아니한 기본권은 존재하는 것으로 볼 수 있고, 연방헌법재판소의 판결에서도 언급하고 있다. 이에 속하는 기본권으로는, 일반적 행동자유권(BVerfGE 6, 32), 일반적 인격권(BVerfGE 54, 148), 임차인의 점유권(BVerfGE 18, 121), 공정한 재판을 받을 권리(BVerfGE 57, 250), 형벌에 있어서 책임주의원칙(nulla poena sine culpa)(BVerfGE 50, 125; 50, 205; 80, 244; 86, 288; 45, 187 등) 등이 헌법에 열거되지 아니한 기본권으로 인정되고 있다. (3) **스위스** 헌법상 열거되지 않은 기본권은 스위스연방법원이 1960년대 이후로 사용한 개념이다. 연방법원은 이 개념으로 재산권보장, 의사표현의 자유, 집회의 자유, 신체의 자유, 모국어 사용의 자유(Sprachenfreiheit), 생존배려를 받을 권리 등을 인정하여 왔다. 1999.4.18. 전면 개정되어서 2000.1.1.부터 시행된 스위스 헌법은 재산권보장은 새 헌법의 제26조에, 표현의 자유는 제16조에, 언어의 자유는 제18조에, 신체의 자유는 제10조에, 집회의 자유는 제22조에, 생존배려를 받을 권리는 제12조에 규정되었다. 하지만 열거되지 아니한 자유와 권리는 시대의 상황에 따라 다시 나타날 수 있고, 그리고 연방법원이 제시하고 있는 근거에 따라 다른 권리의 행사의 전제가 되거나 민주적 또는 법치국가적 구성부분이 되는 경우에는 다시 열거되지 아니한 자유와 권리는 언제든지 다시 나타날 수 있다고 보고 있다. (4) **오스트리아** 오스트리아의 경우 켈젠의 법실증주의적 경향이 강하게 영향을 미치고 있기 때문에 헌법에서 규정하지 아니한 기본권을 인정하는 데에 매우 인색하다. 그럼에도 불구하고 헌법상 열거되지 아니한 기본권 또는 헌법원칙들은 헌법질서에 내재하는 것으로 인정하고 있다. 이에는 신뢰보호의 원칙, 사적자치의 원칙, 환매권(Rücküberreignung), 일반적 재판청구권의 보장(allgemeine Rechtsweggarantie), 인간의 존엄 등이 인정되고 있다. 2. **헌법 제10조와 제37조 제1항의 관계** 헌법 제10조 후문은 「국가는 개인이 가지는 불가침의 기본적 인권을 확인하고 이를 보장할 의무를 진다.」고 규정하고 제37조 제1항은 「국민의 자유와 권리는 헌법에 열거되지 아니한 이유로 경시되지 아니한다.」고 규정하고 있는바, 두 규정 사이의 관계에 관하여 견해의 대립이 있다. 1) **학설** (1) **주의적 규정 또는 확인적 규정이라는 견해(입법자의무규정설)** 이 견해는 헌법 제10조를 초국가적인 천부인권의 실정권화로 보면서, 헌법 제37조 제1항은 헌법 제10조에 의하여 확인·선언된 천부인권의 포괄성을 주의적으로 규정한, 주의적 규정 혹은 확인규정으로 이해한다. 즉 이 견해는 헌법 제10조로부터 헌법에 열거되지 아니한 기본권이 인정된다고 한다. 또한 제37조 제1항 규정을 입법자의 의무규정으로 이해하는 견해도 기본적으로는 이 견해에 입각하고 있는 것으로 보인다. (2) **권리창설규정이라는 견해** 이 견해는 법실증주의적 입장에서, 헌법 제10조 대신에 헌법 제37조 제1항을 헌법에 열거되지 아니한 기본권의 창설규정으로 이해한다. 법실증주의적 입장과 달리, 미국 연방헌법 수정 제9조와의 관계에서 볼 때, 헌법에 열거되지 아니한 자유와 권리의 근거로 제37조 제1항을 이해하는 견해도 이에 속한다. (3) **상호보완 또는 목적·수단관계라는 견해** 이 견해는 헌법 제10조와 헌법 제37조 제1항을 상호보완관계에 있는 포괄적 근본규범으로 보고, 이로부터 헌법에 열거되지 아니한 기본권이 창설된다고 이해한다. 또한 이 견해는, 창설된 기본권도 헌법 제10조의 인간의 존엄과 가치를 실현하기 위한 수단으로서의 성질을 가진다고 한다. 즉 헌법 제10조의 인간의 존엄과 가치와 헌법 제37조 제1항에서 말하는 국민의 자유와 권리도 목적과 수단의 관계를 형성한다고 한다. 2) **판례** 헌법재판소는 주의적 규정 또는 확인규정이라고 보는 것으로 보인다. 헌법재판소는 「'부모의 자녀에 대한 교육권'은 비록 헌법에 명문으로 규정되어 있지는 아니하지만, 이는 모든 인간이 국적과 관계없이 누리는 양도할 수 없는 불가침의 인권으로서 혼인과 가족생활을 보장하는 헌법 제36조 제1항, 행복추구권을 보장하는 헌법 제10조 및 "국민의 자유와 권리는 헌법에 열거되지 아니한 이유로 경시되지 아니한다"고 규정하는 헌법 제37조 제1항에서 나오는 중요한 기본권이다.」라고 하여 처음으로 헌법 제37조 제1항을 언급하고 있다(헌재 2000.4.27. 98헌가16; 같은 취지 2008.10.30. 2005헌마1156; 2009.10.29. 2008헌마454). 다만, 헌법에 명시적인 규정이 없는데도 기본권으로 인정한 여러 결정이 있으나, 직접 제37조 제1항을 근거로 제시하지 않고 있고 또 그 이유를 설시하지도 않고 있다. 대법원도 「헌법 제37조 제1항은 국민의 자유와 권리는 헌법에 열거되지 아니한 이유로 경시되지 아니한다고 선언하고 있으나, 이는 기본권은 불가침의 권리임을 전제로 하여 기본권은 헌법에 열거되지 아니하였다는 이유만으로 경시되어서는 아니된다는 주의적 규정이고」라고 하고 있다(대판 1990.1.24. 89카50 결정). 3) **검토** 헌법재판소는 헌법 제37조 제1항을 헌법에 열거되지 아니한 자유와 권리의 기본권성을 도출하는 헌법적 근거로 사용하고 있으나, 제37조 제1항의 우선적인 수범자는 입법자라고 보아, 헌법에 열거되지 아니한 자유와 권리를 기본권으로 인정함에 있어서 기존의 다른 헌법조항을 우선적으로 고려하여, 개별 기본권조항으로부터 도출할 수 있다면 그에 의하고, 그렇지 않으면 포괄조항인 헌법 제10조 혹은 다른 기본권조항을 결합하여 그 근거조항으로 찾아야 한다고 보는 것이 논리적이다. 3. **구체적 내용** 제37조 제1항 규정을 주의적 혹은 확인적 규정으로 보거나 상호보완 또는 목적 · 수단관계로 이해하는 경우에는 제37조 제1항을 직접 근거로 적시하지 않더라도 헌법에 열거되지 아니한 자유와 권리를 제37조 제1항과 연계하여 언급하고 있다. 제37조 제1항을 열거되지 아니한 자유와 권리의 근거규정 내지 창설규정으로 이해하는 경우에는 헌법재판소에서 직접 제37조 제1항을 근거로 제시할 경우에만 기본권으로 인정된다고 본다. 헌법 제10조와 연계하여 열거되지 아니한 자유와 권리로 인정되는 기본권은 일반적 인격권(헌재 1991.9.16. 89허나165; 2001.7.19. 2000헌마546), 성적 자기결정권(헌재 2015.2.26. 2009헌바17), 소비자 자기결정권(헌재 1996.12.26. 96헌가18), 일반적 행동자유권(헌재 1991.6.3. 89헌마204; 1993.5.13. 92헌마80), 알 권리(헌재 1989.9.4. 88헌마22; 1992.2.25. 89헌가104), 생명권(헌재 1996.11.28. 95헌바1), 명예권(대판 1993.6.22. 92도3160), 성명권(헌재 2005.12.22. 2003헌가5), 초상권(헌재 2014.3.27. 2012헌마652) 등이다(➜ 각 항목 참조). 헌법재판소는 「헌법에 열거되지 아니한 기본권을 새롭게 인정하려면, 그 필요성이 특별히 인정되고, 그 권리내용(보호영역)이 비교적 명확하여 구체적 기본권으로서의 실체 즉, 권리내용을 규범 상대방에게 요구할 힘이 있고 그 실현이 방해되는 경우 재판에 의하여 그 실현을 보장받을 수 있는 구체적 권리로서의 실질에 부합하여야 할 것이다.」라고 하고 있다(헌재 2009.5.28. 2007헌마369). 한편, 오늘날 새로운 인권으로 거론되는 사항으로는 사회권과 정보기본권(디지털 기본권)이 주목되고 있다.

헌법憲法**에의 의지**意志 [독] Wille zur Verfassung. 헌법제정권력자인 국민이 갖는 헌법을 수호하고 실현하려는 의지를 「헌법에의 의지(Wille zur Verfassung)」 또는 「규범에의 의지(Wille zur Norm)」라 할 수 있다. ➜ 권력에의 의지.

헌법연구관憲法硏究官 헌법재판소장의 명을 받아 사건의 심리(審理) 및 심판에 관한 조사 · 연구에 종사하는 직을 말한다. 헌법재판소법 제19조에 규정되어 있다. 헌법연구관에 임용되기 위해서는, 예외는 있지만, 헌법연구관보를 거치도록 되어 있다(헌법재판소법 제19조의2).

헌법연구원憲法硏究員 헌법 및 헌법재판 연구와 헌법연구관, 사무처 공무원 등의 교육을 위하여 설치된 헌법재판연구원에 두는 직위이다. 헌법재판연구원은 원장 1명을 포함하여 40명 이내로 하고, 원장 밑에 부장, 팀장, 연구관 및 연구원을 두도록 하고 있다(헌법재판소법 제19조의4 제2항).

헌법우위설憲法優位說 ➜ 조약.

헌법위원회憲法委員會 [영] Constitutional Council of Korea. 헌법위원회는 우리나라 제헌헌법과 유신헌법 및 제5공화국 헌법에서 위헌법률심사, 위헌정당해산심판, 탄핵심판 등 헌법에 관한 분쟁을 담당하는 헌법기관이었다. 단, 제헌헌법의 경우, 탄핵심판은 탄핵재판소에서 관할하였다. ➜ 헌법재판제도.

헌법위임憲法委任 ㉰ Verfassungsauftrag. 헌법위임은 특정의 헌법기관(주로 입법기관)에게 헌법에서 구체적으로 명시된 행위를 하여야 할 의무를 부과하는 것을 말한다. 입법기관에게는 입법위임(gesetzgebungsauftrag)으로 나타나며, 행정기관이나 사법기관 및 감독기관에게도 헌법위임이 있을 수 있다. 헌법위임은 수임기관에게 입법의무를 부과하며, 만약 수임기관이 입법의무를 이행하지 않을 경우에는 '입법부작위에 의한 헌법소원'을 제기할 수 있다. ➜ 기본권의 침해와 구제(입법부작위에 의한 침해와 구제).

헌법유보憲法留保 ㉮ constitutional reservation, ㉰ Verfassungsvorbehalt/Vorbehalt der Verfassung, ㉱ réserve constitutionnelle. 1. **의의와 개념구조** 헌법유보는 말그대로의 의미로 이해하면, 「특정의 사항을 헌법에 맡기어 정하도록 한다」는 의미이다. 언어적 의미로서 「유보(Vorbehalt)」는 특정 기관이나 제도 등에 특정의 사항을 맡기어 정하도록 하는 것을 일컫는다. 기존의 헌법학에서는 주로 기본권의 제한과 관련하여 논의되었으나, 오늘날에는 국가조직법 영역도 헌법유보의 내용으로 논의된다. 독일에서는 국법학 내에서 드물게 논의되다가 EU헌법의 규범성확보와 관련하여 1990년대 전후로 논의가 시작되었고, EU법과 개별구성국의 헌법 사이의 관계와 관련하여 2000년대 이후에 활발히 논의되고 있다. 독일의 논의에서 헌법유보 및 법률유보는 법치국가원리를 구현하기 위한 우위의 원리(Vorrangsprizip)와 유보의 원리(Vorbehaltsprinzip)가 구체화된 것으로 이해한다. 우위의 원리는 행정의 근거가 되는 하위규범은 헌법규범에 모순되어서는 안된다는 것으로, 규범충돌이 있는 경우, 하위규범은 무효로 된다는 원리이다. 유보의 원리는 입법자의 행위는 헌법에 수권근거가 있어야만 고려될 수 있다는 것이다. 헌법유보는 언어표현상 법률유보와 유사성을 가지기 때문에 법률유보와 유사한 의미를 가진다고 볼 수도 있으나, 법률유보와는 개념구조에 차이가 있다. 법률유보(Vorbehalt des Gesetze/Gesetzesvorbehalt) 는 (넓은 의미에서) 국가의 중요조직을 정하거나, 기본권을 제한하는 경우에 법치국가원리에 따라 실정법체계 내의 최상위규범인 헌법이 정한 방식(법률)에 따라 행해져야 한다는 것을 의미한다. 법률유보는 법률의 우위(Vorrang des Gesetzes)와 함께 행정의 합법률성원칙(Gesetzmäßigkeit der Verwaltung)의 구성요소를 이루고 있다. 법률유보는 실정법체계 내에서 헌법이 갖는 규범단계적 우위를 표현하는 것이다. 즉 만드는 권력(헌법제정권력)에 따라 만들어진 헌법에서 정하는 입법권력의 규범형식이 법률이고, 그 법률에 행정이 기속된다는 것을 의미한다. 법률유보의 개념구조를 이와 같이 국가조직 혹은 기본권제한을 하는 경우 상위의 헌법의 수권에 따라 정해져야 한다는 헌법상의 기본원칙이라고 이해한다면, 헌법유보의 개념구조 또한 헌법의 내용이 규범단계적 관점에서 헌법상위의 근거에 따라 정해져야 한다는 것을 의미한다. 즉 헌법을 만드는 권력(pouvoir constituant)이 헌법을 제정할 때 각 구성권력(입법 · 행정 · 사법:pouvoir constitué)의 권한의 한계를 규정하였다면, 이를 헌법유보라고 할 수 있다. 헌법유보를 헌법에 무엇을 규정하여야 하는지에 대한 결정이라고 할 경우에는 실정헌법의 효력근거와 관련된 제 논의와 직결된다. 즉, 결단주의적인 C. Schmitt의 견해에 따르는 경우에는, 정치적 실체로서의 헌법제정권력의 의사를 근거로 하기 때문에 헌법제정권자의 의지 내지 의사가 헌법에서 정하도록 하는 사항이 곧 헌법유보사항이 될 것이며, 규범주의적인 H. Kelsen에 따를 경우에는 근본규범(Grundnorm)이 헌법에 맡기어 정하도록 하는 것이 헌법유보사항이 될 것이다. 또한 통합주의적인 R. Smend에 따를 경우에는, 현실의 시간적 흐름에 따라 그때그때의 헌법적 원리를 확인하고 확정하게 될 것이다. 2. **헌법유보의 분류** 1) **적극적**positiv **및 소극적**negativ **헌법유보** 어떤 사항이 헌법에 (강제적으로) 규정되어야(muss) 하는가 혹은 (당위적으로) 규정되어야(sollte) 하는가의 문제가 적극적 헌법유보이고, 어떤 사항이 규정될 필요가 없는가(darf nicht) 혹은 규정되지 않아도 되는가(sollte nicht)의 문제가 소극적 헌법유보이다(C. Waldhoff). 2) **명시적 또는 부분적**ausdrücklich/partiell **헌법유보와 불문의**ungeschrieben **헌법유보** 헌법에서 명시적으로 국가적 권한의 행사나 기본권제한의 한계 등을 규정하는 경우 이를 명시적 헌법유보라고 할 수 있고, 헌법해석상 예컨대, 헌법내재적 한계와 같은 해석론은 불문의 헌법유보라 할 수 있다. 명시적 또는 부분적 헌법 유보는 기본권제한입법의 한계(GG §2①), 연방국가적 권한배분 방식(GG §30, §70 ①, §83), 주의 동질성요청(GG §28①) 등이 그 예이다. 헌법문언의 참조(Verweisungen) 및 개시(Öffnungen)는 명시적인 소극적 헌법유보로서 이해될 수 있다. 예컨대 선거제도 연방법률위임(GG §38③), 연방의회의 의사규칙 제정(GG §40① ii), 국제법의 일반 규율(GG §25) 등이 그 예이다. 3) **본원적**originär **헌법유보와 파생적**abgeleitet **헌법유보** 헌법제정권력(pouvoir constituant)과 제정된 권력(pouvoir constitué)의 근본적인 구별을 전제로 하여, 헌법제정권력에 의한 유보는 본원적 헌법유보이며, 제정된 권력 즉, 헌법개정권력에 의한 유보는 파생적 헌법유보라 할 수 있다. 3. **우리나라의 경우** 우리나라에서는 헌법유보의 개념에 대해서도 명확히 합의되지 않고 있다. 헌법이 기본권의 제한을 입법자에게 위임하지 아니하고 스스로 기본권을 제한한다는 의미에서 헌법직접적 제한 또는 헌법적 한계로 표현하기도 하고, 입법자가 기본권을 제한하는 경우에 준수해야 하는 헌법적 지침으로서 입법자의 형성권을 제한한다고 하는 견해도 있다. 헌법제정권력과 헌법의 관계에서 볼 때, 헌법유보는 헌법제정권력자가 특정 기본권에 대하여 일정한 제한을 둔다는 의미이고, 그러한 의미에서 헌법직접적 제한이라고 하여도 무방하며 아울러 입법자의 형성권을 제한하는 기준으로서의 성격을 갖는다고 할 수 있다. 헌법유보에 해당하는지의 여부가 논의되는 헌법규정으로, 헌법 제8조 제4항(정당해산), 제21조 제4항(언론·출판의 사회적 책임), 제23조 제2항(재산권행사의 공공복리적합의무), 제29조 제2항(군인 등의 국가배상제한), 제33조 제2항(공무원의 근로3권 제한) 등이 있다. 4. **보론** 헌법유보이론은 아직 명확하게 확립되지는 않고 있다. 이는 헌법학에서의 근본적인 이론 즉, 헌법의 타당성의 근거와 법적 성격, 그리고 그 본질에 관한 이론과 헌법제정 및 헌법개정권력론 등 다양한 헌법이론적 쟁점들이 관련되어 있기 때문이다. 아직은 발전단계에 있는 논의이다. ➜ 기본권의 제한.

헌법憲法**의 개념**概念 1. **개념** 1) **국가공동체와 헌법** 헌법이란 국가공동체의 법적 기본질서의 총체로서, 국가의 조직과 작용, 정치적 의사형성 그리고 국민과 국가의 관계를 규정하거나 형성하는 모든 규정들의 총체를 말한다. '창설하다, 설치하다, 구성하다'라는 뜻을 갖는 라틴어 constituere에서 유래하여, 영어와 프랑스어로는 constitution, 독일어로는 Verfassung이라고 한다. constitutional law, droit constitutionell, 또는 Verfassungsrecht라는 말은 특정의 상태 또는 형태를 구성하는 법, 즉 기초법 내지 근본법을 뜻한다. 가족, 종교, 사회, 문화, 교육, 군사, 기업 등의 영역에서 형성되는 인류의 다양한 공동체의 형식 중에서 국가공동체의 형성과 유지·존속에 관련되는 법이 헌법이다. 국가공동체는 시대에 따라 그 시대에 최고의 권위를 가지는 정치체로서, 각 시대의 권위의 원천 즉, 정당성의 근거에 따라 그 형태와 지위가 설정되었다. 예컨대, 동양의 유교국가는 유교적 정당성을 기초로 형성되었으며, 서양의 중세는 *기독교적 정당성을 기초로 형성되었다. 서구의 근대 이후에는 국가형성의 정당성의 근거가 법치주의에 기반을 둔 입헌주의로 바뀌었으며, 그에 따라 근대 이후의 국가는 그 정당성의 기초를 법에 두게 되었다. 헌법은 국가의 법질서의 근간이자 핵심원리로서 국가 자체의 형성과 존립의 근거로 되었다. 2) **헌법개념의 역사적 발전** (1) **고유한 의미의 헌법** 통시대적으로 모든 국가공동체는 그 나름의 국가구성원리와 통치의 원리를 가지고 있었으며, 이러한 의미에서 모든 국가는 헌법을 가지고 있었다고 할 수 있다. 이를 고유한 의미의 헌법 혹은 본래적 의미의 헌법이라 한다. (2) **근대입헌주의적 의미의 헌법** 혁명을 통해 중세를 극복하고 등장한 근대국가는 국가로부터의 자유를 핵심으로 하여 헌법을 통해 국가권력을 제한하고 개인의 기본권을 보장하는 기본원리를 헌법에 규정하게 되었다. 구체적으로는 ⅰ) 국민주권주의 ⅱ) 기본권보장의 원리 ⅲ) 권력분립원리 ⅳ) 성문헌법주의 ⅴ) 경성헌법 원리 등의 요소를 특징으로 한다. 논자에 따라서는 자유주의, 권력분립원리, 의회주의, 법치주의, 성문헌법주의를 들기도 한다. (3) **현대적·복지주의적 헌법** 현대적 헌법은 사회적 기본권을 보장하여 국민의 인간다운 생활을 보장하며, 나아가 국민의 복지향상을 위한 적극국가·행정국가로 나타나며 사회적 법치주의에 입각하고 있다. 기존의 근대입헌주의적 헌법의 기본요소들이 새롭게 변화되어, ⅰ) 국민주권주의의 실질화 ⅱ) 기본권보장과 사회적 정의의 구현 ⅲ) 사회적 법치주의 ⅳ) 적극국가화 ⅴ) 권력융화주의 ⅵ) 사회적 시장경제의 보장 ⅶ) 헌법의 최고규범성 확보를 위한 헌법재판제도의 보장 등을 그 내용으로 하고 있다. 3) **실질적 헌법과 형식적 헌법** (1) **실질적 헌법** 이는 국가의 조직과 작용의 기본원칙을 정하는 국가의 기본법 전부를 말한다. 법에 정하는 내용이 국가의 기본원칙을 정하는 것이면 그 법형식을 불문하고 모두 헌법이라고 본다. 고유한 의미의 헌법과의 구별에 대하여 긍정·부정의 다양한 견해가 있으나, 고유한 의미의 헌법은 법치주의와 같은 이념적 근거와는 무관하게 파악하는 개념이라면 실질적 의미의 헌법은 엄격히 법치주의적 관점에서 이해하는 점에서 차이가 있다고 본다. 문제는 헌법에 속하는 사항을 법률로 규정할 수 있느냐의 문제이다. 헌법적 내용이기 때문에 반드시 헌법에 규정되어야 하지만 헌법개정의 난관에 따라 헌법을 개정하지 아니하고 법률로 규정하는 경우 헌법적 효력을 인정할 수 있느냐가 문제된다. 이는 기존의 헌법의 해석상 헌법원리의 확인이거나 흠결보충에 해당하는 경우에는 헌법적 효력을 갖는 것으로 볼 필요가 있다. (2) **형식적 헌법** 법의 내용에 상관없이 헌법에 규정되어 있는 것이면 모두 헌법으로 보는 입장이다. 헌법전의 존재 여부에 따른 헌법이해이다. 영국에 헌법이 없다고 하는 경우에는 형식적 의미의 헌법전이 없다는 의미이다. 1999년 개정 전 스위스 헌법의 마취 후 가축도살규정이나 미국 수정헌법상 알콜음료규정 등은 헌법사항이 아님에도 헌법에 규정된 것이다. (3) **양자의 관계** 형식적 의미의 헌법은 실질적 의미의 헌법과 중복되지만 반드시 일치하지는 않는다. 오늘날에는 헌법의 규범력이 실질화하고 헌법재판제도에 따라 헌법해석의 문제가 헌법학과 헌법실무에서 중요한 역할을 하게 되었기 때문에, 실질적 헌법개념과 함께 형식적 헌법개념도 마찬가지로 중시되어야 한다. 2. **헌법관과 헌법개념** 헌법해석학에서는 헌법을 보는 관점에 따라 헌법에 대한 이해가 달라진다. ➜ 헌법관. 따라서 헌법을 보는 관점은 곧 헌법의 개념과도 관련이 있다. 1) **규범주의적 헌법개념** 옐리네크는「헌법이란 일반적으로 국가의 최고기관을 정하고 그 구성방법과 상호관계 및 권한을 확정하며 나아가 국가권력에 대한 개인의 기본적 지위를 정한 법규」라고 정의한다. 법실증주의의 관점에서 헌법은 국가의 조직과 작용에 관한 근본규범으로 이해한다. 현실과 의지의 영역을 배제하고 헌법을 독자적인 실정법 규범체계의 최고규범으로 이해한다. 이에 따라 법질서 전체의 단계(계층)구조가 인정된다. ➜ 법단계설. 2) **결단주의적 헌법개념** C. Schmitt에 따르면,「헌법은 실존하는 정치적 통일체가 그의 고유한 정치적 실존의 양식과 형태에 대하여 내린 근본결단」이라고 정의한다. 헌법이 제정되기 전에 정치적 의지를 가진 의지주체들이 정치적 투쟁을 거쳐 최종적으로 정치적 실존에 관한 결단을 내린 것이 헌법이라는 것이다. 법이란 힘과 권위를 가진 실력자의 의지의 결단이며 당위의 근원으로서의 존재의 표현이며 이에 근거하여 법은 효력을 갖는다고 본다. 이 때의 결단은 곧 켈젠에 있어서 근본규범과 동일시할 수 있다고 보는 견해도 있다. 3) **통합주의적 헌법개념** 대표적 통합론자인 스멘트는「헌법이란 국가의 법질서이며 좀 더 정확히 말하여 생활의 법질서, 즉 국가의 통합과정의 질서이다. 이 과정의 의미는 국가의 전체적 생활을 항상 새롭게 형성하는 것이며 헌법이란 이 통합과정의 개별적 측면을 법적으로 규정한 것이다.」라고 정의한다. ➜ 헌법(용어).

헌법憲法의 국제법화國際法化 ➜ 국제법의 헌법화.

헌법憲法의 규범력規範力 법규범으로서의 헌법이 갖는 규범성이 현실적으로 실현되는 힘을 말한다. 헌법의 규범적 효력이라고도 할 수 있다. 헌법을 보는 관점에 따라 헌법이 규범력을 가지는 근거가 무엇인가에 대하여 다르게 이해한다. ➜ 헌법관.

헌법의 기능機能 ➜ 헌법의 특성과 기능.

헌법의 변천變遷 ➜ 헌법개정.

헌법의 보장(보호) ㊀ Verfassungsschutz/Verfassungsgarantie/Verfassungssicherung. 1. **의의** 헌법의 안정성과 실효성을 보장하여 헌법의 존속을 확보하는 것은 규범과 사실의 긴장관계를 해소하고 사실을 규범에 종속하게 하는 문제이다. 이러한 헌법보장의 문제는 개별국가의 정치문화와 역사적 경험 등에 따라 다르게 나타날 수 있으며, 단순한 제도론이나 기구론에 그치는 것이 아니라 정치학적, 법철학적 문제로 될 수 있다. 1) **협의의 헌법보장** 협의의 헌법보장은 국가의 최고규범으로서 헌법 자체의 효력의 보장을 말한다. 달리 말하면, 정치적·사회적 이념과 타협의 산물인 헌법에 강력한 영속성을 부여하고 헌법이 정치·사회적 변화에 대해서도 탄력성을 가지도록 함으로써 헌법의 실효성을 확보하려는 것이 헌법보장제도의 의의라고 할 수 있다. 2) **광의의 헌법보장** 광의의 헌법보장은 협의의 헌법보장 뿐만 아니라 국가의 보장을 포함한다. 이는 헌법의 규범력 뿐만 아니라 특정한 국가의 법적·사실적 존재 자체를 내외의 침해로부터 보호하는 것을 말한다. 2. **헌법보장의 보호법익** 헌법보장의 보호법익은 헌법질서의 기초 특히 국가형태, 국가조직, 정치적 국가생활의 자유, 자유권과 타 기본권의 존립이라 할 수 있다. 헌법은「아래로부터」뿐만 아니라「위로부터」도 침해 내지 파괴될 수 있고, 국내 뿐만 아니라 국외로부터도 침해될 수 있다. 대부분의 국가들은 이러한 헌법침해 내지 헌법파괴의 우려를 배제하기 위하여 헌법 자체에서 헌법수호기관을 두는 경우가 많다. 3. **헌법보장의 유형** 1) **옐리네크** 옐리네크(Jellinek)는 사회적 보장, 정치적 보장, 법적 보장으로 구분한다. 사회적 보장은 사회윤리 · 종교 · 습속 등의 문화적 힘을 보유하는 강력한 사회세력에 의해 헌법이 실효성이 유지되는 것을 말한다. 정치적 보장은 특정 국가체제를 형성하는 정치질서의 힘의 관계에 의하여 헌법의 실효성을 보장하는 것으로서, 제도적으로는 권력분립에 따른 3권간의 견제와 균형이 그 한 양태이다. 법적 보장은 위헌적 헌법침해에 대응하여 엄격한 법적 절차에 따라 강제력으로 규율하는 것으로, 법적 질서의 보장과 권리의 보장으로 나뉠 수 있다. 제도적 측면에서는 법적 통제장치, 개별적 책임제도, 사법적 재판제도, 개인적 권리구제제도 등이 있다. 2) **켈젠** 켈젠은 헌법의 보장을 오로지 헌법위반의 입법을 저지하기 위한 수단으로 한정하여 이해한다. 그 수단으로서, 사전적 · 예방적 보장, 사후적 · 광정적 보장, 인적 보장, 물적 보장 등으로 구분한다. 3) **메르크** 메르크(Merk)는 광의 · 협의로 나누어, 광의의 헌법보장으로 국가권력의 헌법상 제한, 공법상의 보상, 헌법상 선서, 공무원과 주의 책임, 공무원의 법적 지위보장 등을 들고, 협의의 헌법보장으로 감독적 보장, 재판적 보장 등을 들고 있다. 4) **뷔르도** 뷔르도(Burdeau)는 조직적 보장과 비조직적 보장으로 구분한다. 전자에는 제도화된 보장으로 실체적 보장과 절차적 보장으로 나뉜다. 후자에는 저항권이나 국가긴급권의 행사가 포함된다. 5) **슈테른** 슈테른(Stern)은 독일기본법 하의 헌법보장제도를 나누어, 형사법적 보장, 기본권실효제도, 정당과 결사의 해산제도, 결사의 금지, 행정적 헌법보장 등을 들고 있다. 4. **헌법보장의 수단 · 방법** 1) **정치적 보장방법** 정치적 보장방법으로는 각 국가기관의 위헌적 권력행사를 상호 견제하는 권력분립제도, 기관 상호간, 혹은 지방분권제도, 연방제, 직업공무원제, 감찰제도 등의 권력통제제도 등이 있다. 2) **사법적 보장방법** 이에는 위헌법률심사제, 탄핵제도, 위헌정당해산제도, 기본권실효제도, 위헌 · 위법 명령 · 규칙 심사제도, 형법상 처벌제도 등이 있다. 3) **선언적 보장방법** 이에는 헌법의 최고법규성의 선언, 헌법준수의무 선언, 경성헌법의 채택, 반헌법적 행위의 금지 선언 등을 헌법에 규정하는 방법이다. 4) **미조직적 보장방법** 자연법적, 초헌법적 방법으로, 초헌법적 국가긴급권이나 저항권의 행사가 있다. 5. **헌법의 수호자** 1) **헌법의 수호자 논쟁** ➜ 헌법의 수호자논쟁. 2) **헌법의 수호자로서의 공직자** 공직자는 원칙적으로 1차적인 헌법의 수호자이다. 국가원수는 헌법준수의무를 지고 있고, 비상사태에 당면하여 국가긴급권을 통하여 헌법을 수호할 책임을 지고 있다. 그러나 비상사태 여부의 판단이나 그 극복방안에 대하여 자칫 자의적인 권력행사의 위험이 있기 때문에 국가원수의 헌법수호수단으로서 국가긴급권의 행사는 신중하여야 한다. 헌법에서 명시적으로 헌법수호기관을 두는 경우도 있다(독일). 3) **최후의 헌법수호자로서의 국민** 국가기관은 원칙적으로 헌법을 수호할 책무를 지고 있으나, 현실적으로 국가기관에 의하여 헌법이 침해될 가능성이 적지 않고 따라서 궁극적으로는 국민이 헌법수호의 최종적 · 최후적 권리를 갖는다고 보아야 할 것이다. 이는 국민이 주권자라는 국민주권주의 관점에서는 당연한 귀결이다. 국민은 최종적으로는 저항권의 행사를 통하여 헌법을 수호할 수 있다. ➜ 저항권. 6. **우리나라의 헌법수호제도** 1) **헌법규정** 헌법상의 헌법보장수단으로, 정치적 보장방법으로 ⅰ) 권력분립제도 ⅱ) 국무총리와 국무위원 해임건의제도 ⅲ) 공무원의 정치적 중립 보장 ⅳ) 헌법개정 국민투표 ⅴ) 국가긴급권제도 등을 규정하고, 사법적 보장방법으로, i) 위헌법률심사제도 ii) 위헌정당해산제도 iii) 탄핵제도 iv) 위헌명령심사제도 v) 국헌문란자 처벌제도 등을 규정하며, 선언적 보장방법으로 헌법준수의무의 선서제도, 경성헌법제도 등이 규정되어 있다. 2) **초헌법적 보장수단** 헌법을 보장하기 위한 최종적 수단으로 저항권이 인정된다고 본다. ➜ 저항권.

헌법의 분류分類 **= 헌법의 유형**類型 1. **의의** 헌법은 분류 내지 유형화의 기준에 따라 다양한 분류가 가능하다. 1) **존재형식 내지 성문화 여부에 따른 분류** 헌법은 성문화여부 내지 존재형식에 따라 성문헌법과 불문헌법으로 구별한다. 성문헌법은 법전의 형식을 갖춘 헌법이며, 대부분의 국가는 성문헌법을 가지고 있다. 성문헌법은 대부분 경성헌법으로서의 성격도 가지고 있다. 불문헌법은 법전의 형식을 갖추지 않고 헌법사항에 대한 관습에 의하여 확립된 헌법이며, 영국·뉴질랜드 등을 대표적 국가로 들 수 있다. ➜ 관습헌법. 2) **개정절차의 난이에 따른 분류** 헌법은 개정절차의 난이에 따라 경성헌법과 연성헌법으로 구별한다. 경성헌법은 헌법의 개정절차가 일반법률의 개정절차보다 엄격한 헌법이고, 연성헌법은 헌법의 개정절차가 일반법률의 개정절차와 동일하여 쉽게 개정될 수 있는 헌법이다. 불문헌법은 모두 연성헌법이지만, 성문헌법이 모두 경성헌법인 것은 아니다. 3) **제정주체에 따른 분류** 헌법은 제정주체에 따라 흠정헌법·협약헌법·민정헌법·국약헌법으로 구별한다. **흠정헌법**欽定憲法은 군주에 의하여 제정된 헌법이며, 우리나라 대한제국의 대한국 국제, 프랑스의 루이 18세의 헌법과 일본의 명치헌법 등이 이에 속한다. **협약헌법**協約憲法은 군주와 국민의 합의에 의하여 제정된 헌법이며, 프랑스의 1830년의 헌법 등이 이에 속한다. **민정헌법**民定憲法은 국민에 의하여 제정된 헌법이며, 오늘날 민주국가의 헌법은 모두 이에 속한다. **국약헌법**國約憲法은 여러 국가의 합의에 의하여 제정된 헌법이며, 독일의 1871년의 제국헌법과 미국의 1787년의 헌법 등 연방국가의 헌법이 이에 속한다. 4) **독창성 여부에 따른 분류** 헌법은 독창적인가 모방적인가에 따라 독창적 헌법과 모방적 헌법으로 구별한다. 독창적 헌법은 독창적으로 제정한 헌법이며, 미국헌법과 프랑스의 1793년의 헌법, 구소련 헌법, 1931년의 중국헌법 등이 이에 속한다. 모방적 헌법은 타국의 헌법을 자국의 정치현실에 적합하도록 모방한 헌법으로, 대부분의 국가의 헌법이 이에 속한다. 5) **국가형태에 따른 분류** 국가형태가 단일국가인가 연방국가인가에 따라 단일국가헌법과 연방국가헌법으로 구분할 수 있다. 6) **존재론적 분류** ➜ 헌법의 존재론적 분류. 7) **기타 분류방법** 헌법은 경제체제에 따라 자본주의 헌법과 사회주의 헌법으로 구별할 수 있고, 정부형태에 따라 대통령제헌법·의원내각제헌법·의회정부제헌법 등으로 구별할 수 있다. 2. **우리나라 헌법의 분류** 우리나라 헌법은 성문헌법·민정헌법·규범적 헌법·모방적 헌법·단일국가헌법·경성헌법·자본주의헌법·대통령제헌법이다.

헌법憲法**의 수호**守護 ㉧ Verfassungsschutz. 헌법의 수호는 국가의 수호보다는 좁은 개념으로 국가공동체의 헌법적 질서를 수호하는 것을 말한다. 헌법수호의 보호대상은 국가의 수호와 존속이 아니라 헌법에 의하여 확정된 국가의 헌법적 질서이다. 말하자면, 헌법의 핵심가치를 지키는 것을 말한다. 체제수호라고도 할 수 있다. 헌법 제66조 제1항은 「대통령은 국가의 독립·영토의 보전·국가의 계속성과 헌법을 수호할 책무를 진다.」고 규정하여 국가수호와 헌법수호를 구별하고 있다. 국가수호란 국가의 존속을 내·외부의 공격으로부터 보호하고자 하는 국가의 제도 및 조치를 말한다. 국가의 존속은 국가의 존립, 그 법적·정치적 독립성 및 영토의 불가침성을 포함한다. 체제수호와 정권수호는 명백히 다르다.

헌법憲法의 수호자논쟁守護者論爭 [독] der Hüter der Verfassung. 바이마르 헌법 하에서 헌법의 수호자가 누구이냐에 대하여 Kelsen과 Schmitt 사이에 논쟁이 있었다. Schmitt는 국회와 법원은 헌법의 보장자가 될 수 없으며, 오직 대통령만이 중립적 권력으로서 헌법의 수호자가 된다고 보았다. 그러나 Kelsen은 헌법위반의 법률을 저지하고 헌법을 수호할 책임은 대통령, 의회, 헌법재판소가 모두 진다고 보았다.

헌법憲法의 우위優位 [영] supremacy of the constitution, [독] Vorrang der Verfassung. 헌법의 우위는 모든 국가의 행위가 헌법에 모순되어서는 안된다는 것을 의미하는 것으로, 헌법이 일반법률 혹은 국가행위에 대하여 구속성(Verbindlichkeit)과 기준성(Maßgeblichkeit) 및 관철성(Durchsetzbarkeit)을 가진다는 것을 의미한다. 또한 법질서의 단계구조에 따라 헌법이 규범구조 속에서 가장 정상에 있음을 의미한다. 헌법이 실질적으로 우위에 있기 위해서는 위헌적인 국가작용을 구속적으로 통제하고 배제할 수 있는 제도적 장치가 갖추어져야 한다. 이 제도가 헌법재판제도이다. 헌법과 다른 규범 혹은 행위가 서로 상충할 때에는 헌법이 우위에 서서 상충하는 행위나 규범을 무효화한다.

헌법의 정지停止 [독] Verfassungssuspension. ➜ 헌법개정.

헌법의 존재론적 분류存在論的 分類 칼 뢰벤슈타인(K. Löwenstein)은 기존의 헌법분류의 방법과 달리 크게 독창적 헌법과 모방적 헌법으로 나누는 방법과 존재론적으로 분류하는 방법론을 제시했다. **독창적 헌법**이란 외국의 헌법을 모방하지 않고 독창적인 내용을 가진 헌법을 말한다. 이 헌법의 예는 1787년 미연방헌법의 대통령제, 1793년의 프랑스헌법의 국민공회 정부제, 1918년 소련연방 레닌헌법에서의 평의회제, 1931년 중국 국민당헌법의 오권분립제, 1935년 폴란드 필수츠키(pilsudski) 헌법의 신대통령제 등이다. **모방적 헌법**은 외국의 기존헌법을 그 국가의 정치적 현실에 적합하도록 재구성한 헌법을 일컫는다. 대부분의 헌법은 이 종류에 속한다. 존재론적 분류는 헌법규범과 정치적 현실이 일치하는가 아니하는가를 기준으로 하여 분류하는 방법이다. 규범적 헌법(規範的 憲法), 명목적 헌법(名目的 憲法), 장식적 헌법(裝飾的 憲法 : 가식적 헌법, 의미론적 헌법)으로 분류된다. **규범적 헌법**(normative constitution)은 현실적으로 최고규범으로서의 실효성을 발휘하고 있는 헌법이다. 이러한 헌법은 개인의 자유와 권리의 보장을 최고이념으로 할 뿐 아니라 현실의 권력과정을 규범적으로 구속하기 때문에 완전한 규범력을 발휘한다. 서유럽 국가들과 북미국가들의 헌법이 이에 해당한다고 볼 수 있다. **명목적 헌법**(nominal constitution)은 헌법은 있지만 그 내용을 실현할 제여건이 미비하여 그 헌법이 현실적 규범으로서의 기능을 발휘하지 못하고 단지 명목적인 것에 불과한 헌법을 말한다. 그러나 언젠가는 규범력을 발휘할 시기가 올 것이라는 기대만은 할 수 있는 헌법이다. 아시아·아프리카 개발도상국의 헌법이 이에 해당된다. **장식적 헌법**(semantic constitution)은 개인의 자유와 권리의 보장이 아니라, 현재 권력을 장악하고 있는 개인 또는 집단의 지배를 안정시키고 영구화하는 데 이용되는 수단 내지 도구에 불과한 헌법을 말한다. 히틀러의 독일 제3제국헌법, 뭇솔리니의 파시스트헌법, 구소련·동구권의 헌법, 유신헌법 등이 이에 속한다. 뢰벤슈타인은 또

이념적 · 프로그램적 헌법과 실용적 헌법을 구별하고 있는데 전자는 특정한 이념이나 프로그램을 지니고 있는 헌법을 의미하며 후자는 이념적으로는 중립적이거나 실용주의적 성격을 지닌 헌법(통치절차에 관한 기술적 규정만을 둔다)을 의미한다. 전자에는 자유주의이념과 사회주의 이념을 포함하는 1919년 바이마르 헌법, 사회적 복지국가 원리를 선언하는 1917년 멕시코 헌법, 종교적 이데올로기의 색채를 지닌 1933년 포르투갈 헌법, 1946년 파키스탄 헌법, 사회주의 이념을 기초로 하는 1948년 헝가리 헌법이 있으며, 후자에는 독일의 통일에 목표를 맞추고 있는 1871년 비스마르크 헌법이 있다.

헌법의 침훼憲法侵毁 ㉧ Verfassungsdurchbrechung. 헌법침해 · 헌법파훼라고도 한다. ➜ 헌법개정.

헌법의 통일성統一性 헌법은 전체로서 사회공동체를 정치적인 통일체로 조직하기 위한 법질서를 뜻하기 때문에 하나하나의 법조문이 독립적으로 어떤 의의를 가지는 것이 아니라 모든 조문이 상호불가분의 밀접한 관계를 가지고 서로 보충 · 제한하는 기능을 가진다. 이것이 헌법의 통일성을 의미하는 것으로, 이를 실현하기 위하여 두 가지 원칙이 확립되고 있다. 그 하나는 이익형량의 원칙이며 다른 하나는 조화의 원칙이다. ➜ 이익형량. ➜ 조화의 원칙.

헌법의 특성特性**과 기능**機能 1. **헌법의 특성** 헌법은 그 개념상 사실로서의 측면, 규범으로서의 측면, 그리고 의지로서의 측면을 가진다(➜ 삼원구조). 따라서 헌법은 각각의 측면에서 특성을 가지고 있다. 1) **사실적 측면에서의 특성** ① **정치적 투쟁의 결과물**로서의 헌법 - 헌법의 **정치성** 헌법은 정치세력 간의 정치적 투쟁이나 타협의 과정을 통하여 이루어진 것이다. 정치적 투쟁은 현실 내에서 정치적 의지주체들 간의 투쟁과 타협의 과정을 의미하며, 그 투쟁과 타협은 원칙적으로 선험적이거나 선존하는 규범에 의존하지는 않는다. 그러한 의미에서 헌법은 정치적 통일체에 대한 정치주체들의 시원적 결단의 산물이다. 물론 헌법제정 이후의 개정과정은 기존의 헌법적 틀 내에서의 헌법규정의 변경을 의미하기 때문에 그 한도에서 정치성이 제약된다고 볼 수 있다. 또한 헌법이 성립된 이후에는 정치성은 헌법적 틀 내에서 헌법이 인정하는 임의성과 재량성의 범위 내로 축소된다. ② 현실 **통합기제**로서의 헌법 헌법은 국가공동체의 통합을 위한 기제로서의 특성을 가진다. 국가공동체의 정치적 현실에서는 다양한 정치적 기제, 예컨대, 종교, 사상, 군사력, 자본 기타 사실적 힘들이 공동체 통합의 기제들로 작용하지만, 입헌민주국가에서는 헌법이 최우선적인 통합기제이다. ③ 헌법의 **이념성**과 **역사성** 헌법은 일정한 이념과 가치질서를 그 내용으로 하는 것이 특징이다. 헌법의 이념과 가치는 헌법의 중핵이기 때문에 이에 반하는 헌법변경은 위헌이 된다. 그러나 이념과 가치도 역사적 상황과 조건에 따라 변화될 수 있기 때문에 헌법해석을 통해 그 변화를 개방적으로 수용할 필요가 있다. 또한 헌법은 역사적 상황과 조건에 따라 만들어지는 규범이기 때문에 역사의 흐름 속에서 그 의미를 가진다. 따라서 헌법규정의 의미도 역사적 상황과 조건에 따라 재해석될 여지를 갖고 있다. 2) **규범적 측면에서의 특성** ① **최고규범성** 헌법은 국법체계 내에서 최고의 지위를 가지며, 형식적으로 최상의 효력을 갖는 법규범이다. 그러나 이는 자유주의적 법치주의 국가의 경우에 그러하며, 구 공산주의 국가의 경우에는 공산당의 강령이나 결정이 형식상 더 우위에 있는 경우도 있었다. 헌법의 최고규범성은 켈젠의 법단계설에서 가장 명확히 표현되고 있다. 헌법은 실정법체계 내에서 가장 최고의 단계에 위치하며 모든 하위법규범의 근거로 받아들여진다. 켈젠은 헌법자체의 효력의 근거는 근본규범(Grundnorm)이라고 한다. ② **수권적**授權的**조직규범성** 헌법은 다른 국가규범을 조직하고 국가기관에게 권한을 부여하는 수권규범이며, 다른 하위 법형식을 근거지우는 규범이다. ③ **기본권보장 · 권력제한규범성** 헌법의 최고목표는 국민의 기본권보장이며, 이를 위하여 권력기관의 권한을 제한하고 상호 견제와 균형을 규정하고 있다. 헌법상 기본권제한의 원리와 한계도 결국 국가권력의 기본권침해에 대한 제한형식을 정함으로서 국가권력을 제한하는 것을 의미하는 것이다. ④ **생활규범성** 헌법은 국민의 생활상의 행위기준으로서 작용한다. 과거 헌법이 단지 정치적 선언에 그치는 경우에는 국민의 일상생활과는 무관하다고 인식되었으나, 오늘날에는 헌법의 존재의의가 국민의 기본권보호에 있고, 국민의 일상생활 전반이 헌법적 테두리 내에서 수행되고 있다. ⑤ **헌법의 규범적 불완전성-헌법규범의 개방성** 헌법규범은 그것이 만들어질 때의 정치적 필요와 의지주체들의 결단을 통하여 형성되지만, 내용적으로 완전하거나 완비된 것일 수는 없다. 따라서 외교활동이나 정당활동 등과 같이 규범화되는 사항 자체의 특성에 따라 상세히 규정하기 어려운 경우에는 개괄적으로 규정을 두되, 그 해석가능성을 열어두어야 한다. 또한 시대의 변화와 역사적 상황의 변천에 따라 새롭게 해석되거나 보충될 가능성을 열어두어야 한다. ⑥ **헌법제정규범 · 헌법개정규범**으로서의 헌법 헌법은 헌법제정주체를 확인하고 헌법이 가진 이념과 원리 및 헌법제정의 과정을 선언하는 규범으로서 헌법제정규범으로서의 성격을 가진다. 또한 헌법개정의 주체와 방법 및 절차를 규정하여 헌법의 동일성을 유지할 수 있도록 한다. 3) **의지적 측면에서의 특성** ① **동일한 정치적 의지(지향)로서의 헌법** 헌법은 특정 시대와 상황에 대응하는 의지주체들의 최소한의 동질적인 정치적 의지지향으로서의 의미를 갖는다. 헌법이 규정하는 내용들에 대한 최소한의 동의를 부인하는 정치적 주체들은 반국가적 · 반헌법적 의지를 표명하는 것이고 따라서 이들은 헌법 및 하위법률이 정한 처벌을 받을 수 있다. 만약 반국가적 · 반헌법적 의지주체들의 의지지향이 현실적으로 실현된다면 이는 쿠데타이거나 혁명으로 평가될 수 있다. 이는 헌법제정권력의 교체를 의미하는 것이며, 따라서 새로운 헌법제정으로 귀결된다. ② **정치적 무기로서의 헌법** 헌법은 권력투쟁의 수단에 관한 합의로서의 성격을 갖는다. 예컨대, 과거의 역사에서는 전쟁(내전), 암투, 암살 등 권력을 획득하기 위한 수단에 제약이 없었으나, 입헌주의 하에서 권력투쟁은 헌법이 정한 방식에 따라 행해질 것을 요구한다. 정치적 현실 내에서 권력에 관하여 서로 다투는 의지주체들은 그 다툼의 무기로서 헌법을 이용한다. 정치적 의지실현을 위하여 규범으로서의 헌법이 중요한 무기로 선택되는 것이다. 헌법에 규정된 3권 간의 상호 견제와 균형의 수단과 제도들은 각 권력의 의지실현을 위한 제도적 장치이자 정치적 무기이다. ③ **국가의사결정(정책결정)의 메커니즘으로서의 헌법** 헌법은 국가의사결정 즉, 정책결정의 절차원리로서의 특성을 갖는다. 국가의사가 헌법이 정한 절차를 위반하는 경우에는 위헌으로 평가되기 때문에 국가의사결정의 권한을 가진 자, 예컨대, 대통령과 정부, 국회 등의 국가기관의 구성원들은 헌법이 정한 방식으로 자신들의 의지(의사)를 실현하지 않으면 안된다. 2. **헌법의 기능** 1) **국가창설기능** 정치적 · 역사적 의미의 국가는 헌법에 선존할 수 있으나, 법적 의미의 국가는 헌법에 의하여 창설된다. 헌법은 국가를 창설하고 그 국가의 인적 · 공간적 · 이념적 정체성(identity)을 규정한다. 2) **국민통합 기능** 헌법은 모든 국민을 하나의 생활공동체 혹은 운명공동체의 구성원으로 동화시키고 통합하는 기능을 갖는다. 3) **기본권보장기능** 입헌민주적 법치국가의 존재근거는 국민의 기본권을 보장하고, 인간의 존엄을 최고가치로 하는 헌법의 이념을 실현하는 데에 있다. 4) **권력통제기능** 헌법은 국가의 통치기구를 구성하고 조직하는 기본법이므로 국가기관을 구성하는 동시에 국가기관 상호간의 견제와 균형을 유지하도록 함으로써 국가권력의 자의적 행사나 남용을 통제하는 기능을 가진다. 5) **정치적 안정화 기능** 헌법은 국가정책결정의 과정인 정치적 영역의 행위기준과 원칙을 제시하고 그 테두리 내에서 작용하게 함으로써 정치적 안정을 도모하여 공동체의 의사결정과정을 평화적이고 안정적일 수 있도록 하는 기능을 가진다. 6) **공동체의 안전과 평화유지 기능** 헌법은 국가적 기본질서를 설정하고 이를 유지하기 위한 기관과 절차를 형성하여 국가와 국민간, 혹은 국민 상호간에 발생하는 분쟁을 평화적으로 해결하여 국민전체가 안정적인 생활을 할 수 있도록 하며, 이를 통해 평화를 유지하는 기능을 가진다. 7) **국민생활준칙기능** 헌법은 생활규범으로서 국민개개인의 행위에 대한 준칙으로 기능한다. 헌법질서의 내용은 헌법의 정신과 이념 그리고 기본원칙을 구체화하는 법률을 통하여 실현된다. 생활상의 준칙이 되는 하위법률이 헌법에 위반하는 경우에는 그 효력이 부인된다.

헌법의 폐기憲法廢棄 ㉰ Verfassungsvernichtung. 헌법파기라고도 한다. ➜ 헌법개정.

헌법의 폐지憲法廢止 ㉰ Verfassungsbeseitigung. 헌법대체 · 헌법폐제라고도 한다. ➜ 헌법개정.

헌법의 해석解釋 ㉧ constitutional interpretation, ㉰ Verfassungsinterpretation/ Verfassungsauslegung, ㉫ interprétation constitutionnelle. 1. **의의** 헌법해석이란 일반적 · 추상적으로 규정되어 있는 헌법조문의 내용을 구체적 사실에 적용할 수 있도록 분명히 하고 구체화하며 또한 법적인 의미를 정확하게 밝혀내는 작업을 뜻한다. 넓은 의미로는 헌법의 새로운 형성(Verfassungsfortbildung)이나 법문보충(Rechtssatzergänzung)을 포함하는 개념이다. 그러나 헌법의 해석은 헌법이나 헌법제정자가 정하지 않은 예외적인 경우(헌법흠결의 경우)를 제외하고는 주로 실정헌법의 의미를 명확히 하는 것에 한정된다. 헌법은 정치적 타협의 산물로서 추상적이고 일반적인 표현이 많고, 장래에 실현될 목표로서의 의미를 가지며, 또한 헌법제정 후 새로운 사회적 변화에 따라 그 의미내용이 달라질 여지를 갖고 있다. 따라서 내용적으로 광범하고 불확정적인 헌법규범의 내용을 확인하고 구체화하며 헌법을 법전 속의 문자로부터 끄집어내어 현실화시키는 작업인 헌법해석은 매우 중요하다. 왜냐하면 헌법해석은 합리적이고 통제할 수 있는 절차를 통하여 헌법적으로 타당한 결과를 발견하고, 이 결과를 합리적이고 통제할 수 있게 논증함으로써 법적 확실성과 법적 예측가능성을 창출하는 것을 과제로 하기 때문이다. 헌법해석의 중요성은 헌법재판제도를 채택하여 구체적 법령이나 사건들을 헌법적 기준에 따라 판단하여야 하는 경우에는 더욱 크다고 할 수 있다. 2. **헌법해석의 종류** 헌법의 해석에는 해석주체에 따라 유권해석과 학리해석으로 나뉜다. 유권해석은 해석권한이 있는 국가기관이 행하는 해석이다. ➜ 유권해석. 학리해석은 헌법의 의미를 명확히 하기 위하여 학문적 방법론에 따라 행하는 해석을 말한다. 불문헌법국가에서는 법원(法源)으로 인정되기도 하지만(영국), 성문헌법국가에서는 참고자료에 그칠 뿐이다. ➜ 학리해석. 3. **헌법해석의 방법** 1) **전통적 해석방법** (1) **Savigny의 해석방법** 헌법과 법률의 규범구조가 동일하다는 전제하에서 사비니(C. v. Savigny)가 제시한 법률의 해석원칙, 곧 문법적 해석, 논리적 해석, 역사적 해석, 체계적 해석의 4단계 해석방법이다. 문법적 해석은 자구(문구)해석이라고도 하며, 입법자가 사용한 언어법칙을 해명함에 있다. 해석의 출발점과 한계를 자구의 의미에서 찾지만, 많은 경우에 자구는 단 하나의 해석만을 인정할 만큼 확정적이지 않다는 점에서 문제가 있다. 논리적 해석은 법문의 자구에 구속됨이 없이 논리적 조작에 의하여 법문을 해석하는 것을 의미한다. 논리적 해석의 방법에는 확장해석, 축소해석, 반대해석, 물론해석, 보정해석 등의 방법이 있다. 역사적 해석은 법문을 해석함에 있어 규범성립에 있어서의 역사적 소여를 해석의 중요요소로 이해한다. 역사적 해석을 위해서는 법률안의 이유서, 제안자의 의견, 의사록 등이 중요한 의미를 갖는다. 체계적 해석은 법률체계 내에서의 법문의 위치에 따라 다른 법조문들과의 관계를 따져 해석하는 것을 말한다. 그러나 체계적 해석에서는 규범의 특정한 위치에의 배치, 곧 형식적 전후관계를 따라야 하느냐 또는 사항적 전후관계를 따라야 하느냐의 문제가 해결되어 있지 않다. (2) **전통적 해석방법의 계승** 사비니의 법률해석방법을 오늘날의 헌법해석에도 그대로 계승하는 학자도 있으나(Forsthoff), 좀 더 분화시켜 논하기도 한다. 즉, 문리적 해석, 체계적 해석, 역사적 해석, 목적론적 해석, 헌법합치적 해석으로 5단계로 나누는 견해(Larenz), 어학적 해석, 논리적 해석, 체계적 해석, 역사적 해석, 비교법학적 해석, 법제정자의 주관적 해석, 목적론적 해석의 7단계로 나누는 견해(Wolff/Bachof)가 있다. 독일연방헌법재판소는 「법문의 자구 또는 법문이 위치하는 의미의 전후관계에서 법문에 표현되어 있는 입법자의 객관적 의사가 법문해석에 있어 결정적이다. 그에 반하여 법문의 의미에 대한 입법절차에 관여한 기관 또는 그 구성원의 '주관적 의사'는 중요하지 않다. 법문의 성립사는 … 원칙들에 따른 해석의 타당성을 입증하거나 객관적 이론만으로는 해결될 수 없는 의문이 있는 경우에만 중요하다.」고 하면서(BVerfGE 1, 299), 객관적 의사를 밝히는 구체적 해석방법으로 「규범의 문구로부터의 해석(문법적 해석), 규범의 관련으로부터의 해석(체계적 해석), 규범의 목적으로부터의 해석(목적론적 해석), 법률자료와 성립사로부터의 해석(역사적 해석)」을 들고 있다(BVerfGE 11, 126). 2) **헌법에 고유한 해석방법** (1) **Böckenförde의 분류** 헌법의 해석을 기존의 법률해석방법에 한정시키지 않고, 일반법률과는 다른 특성을 가지는 헌법을 해석하기 위해서는 헌법에 고유한 해석방법이 있어야 한다는 것이다. 헌법에 고유한 해석방법으로는 Böckenförde에 따르면, '전통적 · 해석학적 방법'(die klassisch-hermeneutische Methode), '토픽적 · 문제변증론적 방법'(Die topisch-problemorientierte Methode), '해석학적 · 구체화적 방법'(die hermeneutisch-konkretisierende Methode) 및 '현실과학지향적 방법'(die wirklichkeitswissenschaftlich-orientierte Methode)의 네 가지 방법이 있다. 토픽적 · 문제지향적 방법은 헌법은 그 내용이 개방적이고 광범위하며, 실용적이고 불확정적일 뿐만 아니라 문제에 대한 설명이 규범과 체계보다 우위에 있다는 데에서 출발하여, 논증의 근거점인 topos를 중요시하는데, 법규범도 하나의 topos에 불과하며, 결코 기속적인 것이 아니다. 이에 따르면 헌법해석은 개방적인 논증과정이며, 동시에 해석에 참여한 자들 사이의 공감대 속에 존재하는 '선이해(Vorverständnis)'가 해석에 대한 '선결정'(Vorentscheidung)을 좌우한다. 이 방법은 실정법을 무시하고 있으며, 더 나아가서 topos의 설정에 있어 주관이 배제되지 않을 때 독단론으로 치달을 위험이 있다. 해석학적 · 구체화적 방법은 뮐러(Müller)에게서 영향을 받은 헤세(Hesse)

가 특히 강조하고 있다. 이 방법은 헌법해석은 헌법이 명백하게 결정하지 않은 문제에 답하려고 하는 경우에 필요하고 문제가 되기 때문에, 헌법해석은 일종의 법창조행위(구체화)라는 인식을 근거로 삼고 있다. 물론 이 경우에도 해석은 헌법규범에 기속되어 있기 때문에 단지 제한적으로만 창조적이다. 이 방법은 토픽적·문제지향적 성격을 가진다. 따라서 이 방법에서는 규범프로그램을 확인하고 규범영역을 분석하는 과정을 밟는다. 그러나 해석학적·구체화적 방법은 문제의 우위가 아닌 헌법조문의 우위에서 출발한다는 점에서 토픽적·문제지향적 방법과 구별된다. 이 방법은 헌법해석을 헌법의 계속형성에만 한정시키고 있다는 점에서 문제가 있다. 현실과학지향적 방법은 사회학적 헌법해석방법이라고도 한다. 이 방법은 자구(문구)와 이론적 추상성이 아닌 헌법의 의미와 현실이 헌법해석의 기반과 척도가 되어야 한다는 데에서(이른바 통합론에서) 출발한다. 그리고 헌법의 의미는 헌법이 그 속에서 국가가 국가의 생활현실을 갖는 통합과정의 법질서라는 점에서 관찰된다고 한다. 법학적 방법론이라기 보다는 사회학적 방법론이라는 한계가 있다. (2) **검토** 헌법도 법률이므로, 우선적으로는 전통적인 방법을 따라 해석을 하고, 전통적인 방법만으로는 해석이 불가능한 경우에는 헌법조문을 근거로 하면서도 토픽적 방법을 접합시키고 있는 해석학적·구체화적 방법에 따르는 것이 바람직하다고 생각된다. 또한 헌법의 해석은 구체적 사안의 모든 상황을 고려하는 가운데 헌법규범의 의미를 밝히고 구체화시키는 것이어야 한다. 오히려 중요한 것은 헌법의 특수성 때문에 헌법해석에는 구체적으로 무엇을 지침으로 삼아야 하는가라는 문제를 결정하는 것일 것이다. 4. **헌법해석의 지도원리와 한계** 1) **헌법해석의 지도원리** 헌법을 해석할 때 항상 그 정신과 취지를 해석과정에 반영시켜야 하는 것을 헌법해석의 지도원리라고 할 수 있다. 헌법해석의 지도원리로서는 헌법의 통일성의 원리, 실제적 조화의 원리, 기능적 적정성의 원리, 통합작용의 원리와 헌법의 규범력의 원리를 들 수 있다. (1) **헌법의 통일성의 원리** 헌법은 그 자체로서 하나의 통일체를 이루기 때문에 하나의 헌법조문은 다른 헌법조문과의 상호관련 속에서 고찰되어야 하고 고립적으로 분리해서 고찰해서는 안된다. 따라서 하나의 헌법조문을 해석하는 경우에도 해당조항만을 대상으로 해서는 안되고 그 조문을 헌법 전체와 관련하에서 고찰해야 한다. 결국 헌법의 통일성의 원리는 헌법의 규범은 다른 헌법규범과 모순되지 않도록 해석되어야 한다는 것을 의미한다. (2) **실제적 조화의 원리** 실제적 조화의 원리란 서로 상반되는 헌법규범이나 헌법의 원칙을 최대한으로 조화시켜 모든 헌법규범이나 헌법의 원칙이 동시에 가장 잘 실현되도록 주의해야 한다는 원리를 말한다. 실제적 조화의 원리는 헌법의 통일성의 원리와 밀접한 관련이 있으며, 헌법규범 내의 계층구조를 부정하는 사고에 기초하고 있다. 헌법상 보호되는 모든 보호법익 상호간에 충돌이 생기는 경우 실제로는 법익형량의 방법에 의해서 문제가 해결된다. 그러나 실제적 조화의 원리는 법익형량이 불가피한 경우라도 성급한 법익형량이나 추상적 가치형량에 따라 양자택일적으로 하나의 법익만을 실현하고 다른 법익을 희생시켜서는 안된다고 한다. 헌법재판소는 실제적 조화의 원리를 규범조화적 해석이라고 부르면서 이를 채용하고 있다. (3) **기능적 적정성의 원리** 이는 헌법을 해석하는 기관은 자기에게 배정된 기능의 테두리 내에 머물러야 하고 해석의 방법이나 결론에 의하여 헌법이 정한 다른 기관의 기능의 분배를 변경시켜서는 안된다는 원리이다. (4) **통합작용의 원리** 이는 헌법상의 (조직)규범들을 해석함에 있어서는 헌법의 기능적 과제로서 그 규범들이 가장 커다란 통합적 효력을 발휘할 수 있도록 해석되어야 한다는 원리이다. 따라서 헌법적 문제를 해결하는 데 있어서 정치적 통일을 조성하고 유지하는 작용을 하는 관점이 우선되어야 한다. 그러나 이러한 관점은 합헌적이어야 한다는 한계가 있다. (5) **헌법의 규범력의 원리** 이는 헌법적 문제의 해결에 있어서 그때그때의 주어진 여러 가지 조건하에서 헌법규범에 최적의 실효성을 부여하는 관점을 우선시켜야 한다는 원리를 말한다. 2) **헌법해석의 한계** 헌법의 해석은 원칙적으로 명문의 실정헌법 즉 성문헌법을 전제로 한다. 곧 실정헌법의 문언(texts)은 헌법해석이 넘을 수 없는 한계이다. 따라서 헌법의 해석은 첫째, 헌법의 문언상 구속적 규정이 존재하지 않는 경우, 둘째, 법문언을 더 이상 의미있게 이해할 가능성이 없는 경우, 셋째, 어떤 해석이 법문언과 명백하게 모순되는 경우 등에는 헌법해석이 더 이상 가능하지 않게 된다. 5. **합헌적 법률해석(헌법합치적 법률해석)** ➜ 합헌적 법률해석. 6. **결어** 헌법의 해석은 그 지도원리이자 지침을 고려하면서 헌법의 개방성을 전제로 한 헌법의 통일성과 연속성을 확립하고, 아울러 헌법해석의 한계 내에서 다원적이고 적극적인 방법론적 다양성을 추구할 필요가 있다.

헌법憲法**의 효력근거**效力根據 법치주의와 입헌주의의 실현기제로서의 헌법이 효력을 가진다는 것은 헌법의 내용이 현실에서 수용되고 구체화되며, 위반이 있을 경우에는 그에 대한 적절한 처벌이 이루어진다는 것을 의미한다. 이처럼 헌법이 현실적으로 효력을 가진다고 할 때, 헌법이 실효성을 가진다고 할 수 있다. 헌법이 현실적으로 효력을 가지는 근거가 무엇이냐에 관하여는, 헌법을 이해하는 이론적 전제에 따라 달라질 수 있다. 일반적으로 법의 효력근거에 대해서는, 현실을 지배하고 강제하는 힘을 가진 자의 명령이라고 보는 **실력설(지배설)**, 실정법에 대한 평가나 가치척도로 작용하는 상위의 근본적 법에 효력근거가 있다고 보는 **이념설(자연법설)**, 순수 당위적 근거에서만 법의 효력을 구할 수 있다는 **규범적 근거설(근본규범설)**, 법에 복종하는 자의 승인에서 근거를 찾는 **승인설**, 공동체 구성원이자 주권자인 헌법제정권력자의 의사로부터 정당성과 효력이 근거한다고 보는 **의사(지)설** 등의 견해가 있다. 이 중 사실적인 것에서 근거를 찾는 견해가 실력설과 승인설이며, 규범에서 근거를 찾는 견해가 이념설과 규범적 근거설이며, 의사설은 실력설과 이념설을 결합하고 있다. 즉, 헌법의 궁극적인 효력의 근거는 주권자인 국민 전체의 의사이지만, 그 의사는 이념적 정당성과 권위를 갖춘 것이어야 한다고 보고 있다. 삼원구조적으로 이해한다면, 헌법의 효력근거는, 당위적으로 정당성을 갖춘, 공동체 구성원인 주권적 주체들의 의사가, 현실적으로 지배적인 실력을 갖추는 경우에 헌법이 효력을 갖는다고 할 수 있다.

헌법장애상태憲法障礙常態 ⓔ constitutional disorder, ⓓ Verfassungstörung, ⓕ touble constitutionel. 헌법장애상태란 독일헌법학에서 국가긴급권과 구별하여 사용되는 개념으로, 헌법기관이 헌법상 부여된 기능을 이행할 수 없는 경우 즉, 헌법기관의 기능이행불능상태가 발생한 경우를 말한다. 헌법이 규정하는 정상적인 수단에 의하여 비정상상태를 극복할 수 있다는 점에서 국가비상사태와 차이가 있다. 독일에서는 바이마르헌법에 규정되었으나(§48), 기본법에는 규정되지 않았다. 대신 기본법 제81조에 의한 입법긴급사태(Gesetzgebungsnotstand)와 기본법 제35조에 의한 방위사태법률(Verteidingsfall)이 있다. 방위사태는 내적 긴급사태(innerer Notstand)와 외적 긴급사태(äußerer

Notstand)로 구분되는데, 전자는 기본법 제35조, 후자는 기본법 제115조a에 상세히 규정되어 있다. 우리나라의 경우에도 헌법기관이 장기간 충원되지 못하거나 정치적 대립으로 인하여 헌법기관이 권한을 행사하지 못하는 경우에 헌법장애상태를 초래한 것으로 평가할 수 있다.

헌법재판憲法裁判**과 민주주의**民主主義 헌법재판과 관련하여 빈번하고 지속적으로 논란이 되는 것이 민주주의와의 조화 문제, 즉, 국민에 의해 선출되지도 않고 책임지지도 않는 사법부에 의한 위헌심사가 다수지배와 대의제 민주주의와 상용할 수 있는가 하는 문제이다. 미국의 경우, 최근 Bush v. Gore, 531 U.S. 98(2000) 사건과 일련의 진보적 의회입법에 대한 위헌판결과 관련하여, 진보주의법학자들에 의해 사법심사제와 민주주의의 모순이 지적되고 있다. F. Frankfurter 대법관은, 사법부는 과두정적이며 비민주적 기관의 성격을 가지는데 이러한 기관이 다수결과정을 통해 형성된 의회의 의사를 뒤집는 사법부우위는 국민에 의한 민주주의와 상용할 수 없다고 지적하였는데, 이는 헌법재판의 본질적 문제를 제기하는 것이다. 미국의 경우 헌법재판과 민주주의의 조화를 위한 대표적 이론의 하나라 할 수 있는 정치과정이론은, 사법심사제도가 민주주의에 맞게 운영되어야 한다고 하고, 선거에 의해 선출되지 아니한 법관의 개인적 가치에 의해 그 실질적 의미가 결정되는 것은 민주주의에 적합하지 않으며, 다수지배의 과정에 문제가 있을 때 그를 시정하기 위하여 사법심사가 행해져야 한다고 하였다(J. Ely). 통상 헌법재판이 민주주의에 도움이 된다는 견해의 근거는, 첫째, 헌법재판소는 위헌적 국가권력 행사를 통제함으로써 민주주의에 기여한다는 것, 둘째, 헌법재판소는 전통적인 수평적 권력분립을 확장함으로써 민주주의적 헌정질서 구현에 기여한다는 것, 셋째, 헌법재판소는 소수자의 인권보호를 통해 다원적 민주주의의 이상을 구현한다는 것, 넷째, 헌법재판소는 재판절차를 통하여 심의 민주주의를 구현하는 장을 제공함으로써 민주주의에 기여한다는 것, 다섯째, 헌법재판소는 정당해산심판을 통해 반민주적이거나 위헌적인 정당을 강제해산시킴으로써 민주적 기본질서 즉 민주주의 핵심원리들을 수호함으로써 민주주의에 기여한다는 것 등이다. 그러나 이러한 논거들이 그 자체로 정당화되기 위하여는 헌법재판소와 헌법재판작용을 그 목적과 성질에 맞게 작동할 수 있도록 하는 전제조건들이 충족되어야 한다. 이 전제조건들은 첫째, 헌법재판소 구성의 다양성과 임명의 정치적 독립성이 보장되어야 하고, 둘째, 성숙한 정치문화를 통해 정치적 문제를 과도하게 헌법재판소에 떠넘기지 않아야 하며, 셋째, 헌법재판소 스스로도 헌법수호자로서의 사명과 민주주의원리에 충실한 헌법해석을 통해 민주주의를 수호하여야 한다는 점 등이 지적되고 있다.

헌법재판권憲法裁判權 ➜ 재판권.

헌법재판소결정의 종류種類 1. **헌법재판소 결정의 의의** 헌법재판소 결정은 헌법소송절차에 따라 심리와 평의를 거쳐 헌법재판소가 최종적으로 확정하여 선고하는 종국판결을 말한다. 2. **결정서의 구성** 종국결정을 할 때에는 ① 사건번호와 사건명 ② 당사자와 심판수행자나 대리인의 표시 ③ 주문 ④ 이유 ⑤ 결정일을 기재한 결정서를 작성하고 심판에 관여한 재판관 전원이 서명·날인하여야 한다(헌법재판소법 제36조 제2항). 이유는 사건개요와 심판대상, 청구인들의 주장과 이해관계기관의 의견, 적법요건에 대한 판단, 본안에 대한 판단, 결론, 소수의견(별도·별개의견, 보충의견, 반대의견)으로 구성된다. 3. **헌법재판소 결정의 종류** 종국결정은 일반 사법재판과 같이 각하결정과 인용결정으로 나뉜다. 각하결정은 청구가 적법하지 않은 때에 내리는 결정으로 절차결정이다. 인용결정과 기각결정은 적법한 청구가 이유 있는지에 대한 결정이다. 본안결정의 구체적 형태는 각 심판절차에 따라 다양하게 나타난다. 1) **위헌법률심판** 제청기각결정으로 단순합헌결정과 제청인용결정인 단순위헌결정(헌법재판소법 제45조), 그리고 변형결정(한정합헌결정, 한정위헌결정, 헌법불합치결정)이 있다. 2) **위헌소원심판** 청구기각결정인 단순합헌결정과 청구인용결정인 단순위헌결정과 변형결정(한정합헌결정, 한정위헌결정, 헌법불합치결정)이 있다. 3) **헌법소원심판** 청구기각결정과 청구인용결정이 있다. 인용결정의 경우, 심판대상이 법령이면 위헌법률심판과 동일하게 단순위헌 및 변형결정으로 나타나고, 공권력에 대한 심판이면 공권력행사 취소결정, 공권력행사 위헌확인결정, 공권력불행사 위헌확인결정으로 나타난다. 이 외에 심판절차종료선언이 있다. ➜ 심판절차종료선언. 4) **탄핵심판** 탄핵심판청구가 이유 없거나, 피청구인이 결정선고 전에 파면되는 경우(헌법재판소법 제53조 제2항) 청구기각결정을 하고, 심판청구가 이유 있을 때 피청구인을 해당 공직에서 파면한다는 주문을 포함한 탄핵결정(헌법재판소법 제53조 제1항)을 한다. 5) **정당해산심판** 심판청구가 이유 있으면 정당의 해산을 명하는 결정을 선고한다. 이유가 없으면 청구기각결정을 선고한다. 6) **권한쟁의심판** 헌법재판소는 심판의 대상이 된 국가기관 또는 지방자치단체의 권한의 유무 또는 범위에 관하여 판단한다(헌법재판소법 제66조 제1항). 이 때 헌법재판소는 권한침해의 원인이 된 피청구인의 처분을 취소하거나 그 무효를 확인하는 결정을 할 수 있고, 헌법재판소가 부작위에 대한 심판청구를 인용하는 결정을 한 때에는 피청구인은 결정 취지에 따른 처분을 하여야 한다(헌법재판소법 제66조 제2항). 심판청구가 취하되는 경우, 심판절차종료선언을 한다. ➜ 변형결정.

헌법재판소결정의 효력效力 1. **의의** 헌법재판소의 종국결정은 확정력, 기속력, 형성력, 법률요건적 효력, 집행력 등을 가진다. 확정력은 불가변력(자기기속력; 자박력(自縛力)), 불가쟁력(형식적 확정력), 기판력(실질적 확정력)을 포함하며, 기속력은 광의로 불가변력, 불가쟁력, 기판력, 협의의 기속력 등을 포함하는 넓은 의미로 이해하는 견해도 있으나, 협의의 개념으로 이해함이 적절하다. 법률요건적 효력은 법규적 효력 혹은 구성요건적 효력 혹은 사실효 등으로 부르기도 한다. 집행력은 헌법재판의 실효성을 확보하기 위하여 결정의 집행에 대하여 직접 규정하는 경우에 발생한다. 이 외에도 선례적 구속력을 인정하는 견해가 있다. 2. **확정력**(Rechtskraft, res iudicata) 확정력은 헌법재판소의 결정이 선고된 경우, 수범자 사이의 법적 평화를 회복하고 유지함으로써 법적 안정성을 확립하고 분쟁을 해결하기 위한 전제이다. 헌법재판소법에는 직접 확정력을 규정하고 있지는 않지만, 기판력의 본질인 일사부재리(제39조), 민사소송법의 준용(제40조 제1항) 등으로 확정력을 인정하고 있다. 확정력에는 불가변력, 불가쟁력, 기판력으로 구성된다. 1) **불가변력(Unwiderruflichkeit)** (1) **의의** 불가변력(不可變力)은, 자기기속력(自己羈束力) 혹은 자박력(自縛力)으로도 불리는 것으로, 헌법재판소가 동일한 사건에서 한 번 결정을 선고하면 그것으로 재판은 확정되고 헌법재판소 스스로도 당해 절차에서 그 결정을 취소하거나 철회할 수 없도록 구속을 받게 되는데, 이를 불가변력이라 한다. (2) **근거** 불가변력은 재판에 대한 신뢰와 법적 안정성에 근거를 두고 있다. 이는 재판의 본질에서 유래하는 것으로 헌법재판소도 「헌법재판소는 이미 심판을 거친 동일한 사건에 대하여 다시 심판할 수 없는 바(헌법재판소법 제39조), 이는 헌법재판소가 이미 행한 결정에 대해서는 자기기속력 때문에 이를 취소·변경할 수 없으며 법적안정성을 위하여 불가피한 일이기 때문이다.」라고 하고 있다(헌재 1989.7.24. 89헌마141; 2005.5.3. 2005헌아11; 2007.1.16. 2006헌아65). (3) **결정의 경정**更正 헌법재판소 결정이 불가변력을 가지더라도 표현상 오류, 계산착오, 기타 이와 유사한 오류를 바로잡는 결정의 경정은 인정된다. 판단의 오류나 판단유탈은 경정사유가 되지 못한다. 헌법재판소는 직권 또는 당사자의 신청으로 경정결정을 할 수 있다. (4) **재심** 불가변력은 헌법재판소의 재심에 영향을 미치지 않는다. 2) **불가쟁력**(Unanfechtbarkeit) 헌법재판소 결정이 선고되면, 당해 결정에 대해서는 누구도 다시 불복하여 다툴 수 없다. 이를 불가쟁력(不可爭力) 혹은 형식적 확정력(形式的 確定力: formele Rechtskrft)이라고 한다. 헌법재판소도 당연히 이를 인정하고 있다(헌재 1990.5.21. 90헌마78; 1994.12.29. 92헌아1; 1996.1.24. 96헌아1 등). 전원재판부 결정이든 지정재판부의 결정이든 모두 불가쟁력이 있다. 다만 불가쟁력은 재심을 방해하지는 않는다. 3) **기판력(실질적 확정력)**(materielle Rechtskraft) ➜ 기판력. 4) **기속력**(Bindungswirkung) ➜ 기속력. 5) **형성력**(Gestaltungswirkung) (1) **의의** 형성력은 일반 소송법이론을 따르면 형성판결이 확정되었을 때 재판 내용대로 새로운 법적 관계가 생기거나 종래 법적 관계가 바뀌거나 사라지는 효력을 말한다. 형성력은 별도의 다른 행위 매개 없이 판결 그 자체에서 주문 내용대로 직접 발생하며, 원칙적으로 실정법적 근거가 있을 때만 인정된다. 형성력의 본질에 대해서는 의사표시설(국가적 처분행위설), 기판력(근거)설, 법률요건적 효력설이 있다. (2) **형성력을 갖는 헌법재판소 결정** 형성력은 형성의 소가 인용되는 형성판결에서만 발생한다. 헌법재판소의 개별심판 중에서 탄핵심판(헌법 제111조 제1항 제2호), 정당해산심판(헌법 제111조 제1항 제3호), 기본권을 침해하는 공권력 취소를 목적으로 하는 헌법소원심판(헌법 제111조 제1항 제5호, 헌법재판소법 제68조 제1항), 피청구기관의 처분의 취소를 목적으로 하는 권한쟁의심판(헌법 제111조 제1항 제4호, 헌법재판소법 제66조 제2항)이 형성의 소에 속한다. 그리고 법률의 효력상실을 목적으로 하는 위헌법률심판(헌법 제111조 제1항 제1호)과 위헌소원심판(헌법재판소법 제111조 제1항 제5호, 헌법재판소법 제68조 제2항)을 형성의 소로 볼 수도 있다. 형성의 소에 해당하는 헌법재판소의 개별심판들은 인용결정이 내려져야 비로소 법적 관계가 변동된다. 따라서 형성의 소에 해당하는 헌법재판소의 개별심판들의 인용결정은 형성력을 갖는다. (3) **형성력의 범위** ① 주관적 범위 형성력은 해당 심판의 관계인뿐 아니라 제3자에게도 미친다. 형성력에 대세적 효력을 인정하는 이유는 헌법재판이 사인의 권리구제만을 목적으로 하는 것이 아니라 객관적 헌법질서 보호를 목적으로 하기 때문이다(헌법재판의 2중적 성격). 형성력이 발생하는 형성의 소는 명문규정으로 허용되는 때만 인정하는 것이 원칙이다(형성의 소 법정주의). 형성력의 내용은 명문규정으로 구체화하여야 한다. 따라서 헌법재판소법은 개별 심판절차에서 형성력을 구체적으로 규정한다(헌법재판소법 제53조 제1항, 제59조, 제66조 제2항, 제75조 제3항). 형성력의 대세효를 제한 없이 인정하면 헌법재판에 관여하지 않은 제3자가 예측할 수 없는 손해를 입을 수도 있다. 제3자를 보호하기 위하여 형성력의 대세효를 제한할 수 있다. 이러한 제한은 형성력의 예외이므로 원칙적으로 명문규정이 있을 때만 허용된다(예 헌법재판소법 제67조 제2항). ② 객관적 범위 탄핵심판의 탄핵결정은 피청구인을 해당 공직에서 파면시키고(헌법재판소법 제53조 제1항), 정당해산심판의 정당해산결정은 정당을 해산시키며(헌법재판소법 제59조), 권한쟁의심판의 취소결정은 청구인의 권한을 침해한 피청구기관의 처분을 취소시키고(헌법재판소법 제66조 제2항), 헌법소원심판의 취소결정은 기본권침해 원인이 된 공권력 행사를 취소시킨다(헌법재판소법 제75조 제3항). 형성력은 결정주문에 한정된다. ③ 시간적 범위 형성력은 형성판결이 확정되었을 때 발생한다. 탄핵결정은 결정이 선고된 때부터 효력이 발생한다. 정당해산결정은 창설적 효과가 있어서 그에 따른 정당해산 효과는 해산결정이 있는 날부터 발생한다. 권한쟁의심판의 취소결정은 원칙적으로 소급효가 있다. 헌법소원심판의 취소결정도 권한쟁의심판의 취소결정과 마찬가지로 성질상 소급효가 있을 수 없는 때를 제외하고는 원칙적으로 소급효가 있다. 6) **법률요건적 효력(Tatbestandswirkung)** (1) **의의** 법률요건적 효력은 법률이 확정판결의 존재를 구성요건으로 하여 일정한 실체법적 법률효과를 발생시키는 것, 달리 말하여, 법규범에 대한 헌법재판소의 위헌심판결정에 대하여 일반구속력을 가지고 일반사인(대세적 효력)에게도 그 효력이 미치는 것을 말한다. 법규적 효력, 구성요건적 효력 또는 사실효라 부르기도 한다. (2) **근거** 명문의 규정은 없으나, 헌법재판소법 제47조 제2항의「위헌으로 결정된 법률은 효력을 상실한다.」고 한 규정이 법률요건적 효력의 법적 근거라는 견해가 유력하다. (3) **법률요건적 효력이 인정되는 결정** 법규범에 대한 헌법재판소의 위헌결정에 법규적 효력이 부여된다. 이 외에 규범확인적 결정(normbestätigende Entscheidung), 헌법불합치결정, 헌법합치적 해석(verfassungskonforme Auslegung)의 경우에도 법규적 효력이 인정된다. (4) **효력범위** ① 주관적 범위 법규적 효력은 법규범에 대한 헌법재판소의 결정이 당사자나 국가기관 뿐만 아니라 모든 사람에 대하여 그 효력이 미친다(대세효). ② 객관적 범위 법률요건적 효력은 결정주문에만 부여되고 , 결정이유에는 부여되지 않는다. 또한 심사의 대상이 된 법규범 또는 법규범의 일부에 대해서만 그 효력이 미친다. ③ 시간적 범위 법규적 효력도 시간적 한계를 가지며 기판력과 기속력의 시적 한계와 동일한 기준에 따라 판단된다. 7) **선례적 구속력** 헌법재판소 결정이 선고되면 이후에 헌법재판소는 이전 결정에서 판시한 헌법이나 법률의 해석적용에 관한 의견에 일단 구속된다. 영미법상 선결례구속의 원칙과 대비될 수 있다. 이는 절대적 구속력이 아니라 상대적 구속력이며, 헌법재판소는 언제든지 자신의 결정을 변경할 수 있다.

헌법재판소제도憲法裁判所制度 ㉳ constitutional court, ㉲ Verfassungsgerichtshof, ㊂ Cour constitutionnelle/conseil constitutionnel. 1. **의의** 헌법보호를 위한 재판적 절차인 헌법재판을 독립적인 기구인 헌법재판소에 담당하게 하는 제도이다. 이는 헌법재판작용을 일반재판작용과 구별하여 그 특수한 성격에 따라서 헌법재판작용을 행하는 기관을 별도로 두는 것을 의미한다. 헌법재판작용의 핵심인 위헌법률심사제도를 포함하여 헌법재판작용에 해당하는 사항들을 관장한다. ➜ 헌법재판제도. 2. **특성** 헌법재판의 유형으로서 분산형에 비해 하나의 기관에 헌법재판사항들을 집중함으로써 헌법과 헌법해석의 통일성을 도모할 수 있는 장점이 있다. 하지만 헌법재판소의 권한을 어떻게 정하느냐에 따라 실질적인 헌법재판기관으로 기능하지 못할 수도 있다. 3. **우리나라의 헌법재판소제도** ➜ 헌법재판제도(우리나라).

헌법재판연구원憲法裁判研究院 헌법재판연구원은 헌법 및 헌법재판 연구와 헌법연구관, 사무처 공무원 등의 교육을 위하여 설립된 대한민국 헌법재판소 소속기관이다. 헌법재판소법 제19조의4에 근거하고 있다. 2010.5.4. 헌법재판소법 개정법률 공포 후 2011.1.1.에 출범하였다.

헌법재판憲法裁判**의 기능**機能**과 한계**限界 1. **헌법재판의 기능** 1) **서언** 헌법재판은 법규범으로서의 헌법의 실효성을 확보하고 헌법이 지향하는 이념과 가치 및 국가적 정체성을 보장하고 유지하는 기능을 갖는다. 구체적으로는 다음과 같은 기능을 가진다. 2) **기본권보호기능** 헌법재판은 국가권력의 기본권기속성과 국가권력의 절차적 정당성의 확보를 통해 국민의 자유와 권리를 보장하는 것이 일차적 목표이자 기능이다. 특히 헌법소원제도는 인권보장을 위한 대표적인 헌법재판제도이다. 헌법상의 기본권규정과 법률유보 및 기본권제한입법의 한계조항 등은 헌법재판제도를 통하여 그 규범적 효력이 확보되어야만 그 실효성을 가질 수 있다. 헌법재판제도는 모든 국가적 권능의 정당성의 근거인 동시에 국가권력의 최종적 목적인 국민의 기본권보장을 가장 실질적으로 확보해주는 제도이다. 3) **헌법보호기능** 헌법재판은 최고규범으로서의 헌법을 상향식 내지 하향식 침해로부터 보호하여 헌법의 규범적 효력을 유지하고 국가법질서를 보호하는 기능을 가진다. 정당해산심판, 탄핵심판, 권한쟁의심판, 기본권실효제도 등이 헌법의 보호수단이다. 4) **권력통제기능** 헌법재판은 헌법을 침해하거나 벗어나려는 권력에 대하여 이를 견제하고 감시하는 기능을 가진다. 오늘날 국가권력은 입법·행정·사법의 세 권력으로 구성되어 있고, 각각의 권력은 권력으로서의 속성에 따라 최대한 자신의 권력을 다른 권력보다 우위에 두기 위하여 때로는 헌법이 정한 권한범위를 넘어서려는 시도를 하게 된다. 이에 대하여 헌법재판은 국가구성적 원리에 기초하여 각 권력의 한계를 확인하고 이탈행위에 대하여 제재를 하는 기능을 한다. 특히 다수에 의한 권력의 횡포에 대하여 소수에게 이를 견제할 장치를 둔 것은 민주적 정치질서의 보장을 위하여 매우 긴요한 것이다. 예컨대, 소수에 의한 사전적 규범통제장치나 권한쟁의제도가 그 예이다. 5) **정치적 평화보장기능** 헌법재판은 국가 내의 다양한 정치세력들의 힘의 투쟁에 대하여 그 기준과 방법을 제시함으로써 헌정질서 내에서 평화적으로 정치투쟁이 전개되도록 하는 기능을 가진다. 모든 권력은 목적달성을 위하여 수단과 방법을 가리지 않는 속성을 지니고 있고 이에 대하여 적절한 통제를 하지 않는다면 국가사회는 극도의 혼란을 초래할 가능성이 있다. 헌법이 정치적 목적달성을 위한 무기로서의 성격을 가지기 때문에 모든 사회세력과 국가권력은 헌법이 정한 바의 평화적인 수단과 방법을 이용하도록 요구하는 것이다. 이를 위배할 경우에는 헌법재판을 통해 그 행위가 저지될 수 있다. 예컨대, 권한쟁의심판이나 정당해산제도 등이 그 제도적 장치이다. 6) **교육적 기능** 헌법재판은 헌법이 가진 이념과 가치를 확인하고 보장함으로써 정치·경제·사회·문화 등 모든 영역에서 합헌적 질서를 형성하고 국민들을 계도하는 기능을 가진다. 2. **헌법재판의 한계** 1) **민주주의원리와 헌법재판** 헌법재판은 국민에 의해 선출되지 않는 재판관들에 의하여 국민의 선거에 의하여 구성된 대의기관이 제정한 법률이 무효화되거나 중요한 정책결정이 배척되거나 정치적 문제들이 해결된다는 점에서 민주주의원리와 충돌되는 현상을 보여준다. ➜ 반다수결주의. 이에 따라 헌법재판 자체에 대하여 '정치의 사법화'와 '사법의 정치화'를 우려하는 목소리들이 있다. ➜ 정치의 사법화. ➜ 사법의 정치화. 이에 헌법재판이 정치영역에 의하여 과도하게 정치적 투쟁수단으로 변질되는 것을 방지하고, 또한 사법영역이 과도하게 정치영역에 개입하는 것을 자제하는 것이 필요하다. 정치영역이 헌법재판을 과도하게 정치적 무기화하는 것은 규범적 영역이라기보다는 정치문화적 영역이라 할 것이므로 민주주의의 성숙에 의존할 수밖에 없다. 하지만 사법의 정치화문제는 사법영역 자체가 스스로 자제함으로써 이를 최소화할 수 있다. 물론 사법영역의 자제 역시 규범적 당위에서 도출되는 것이 아니라 정치제도로서의 사법제도가 갖는 역사적 경험과 사법부 구성원의 의지에 의존할 것이다. 2) **규범적 한계** 헌법재판의 한계는 규범적 측면에서 헌법과 헌법소송법에 의하여 설정된다. 헌법에 의한 한계는 헌법재판기관에 부여되는 권한의 범위와 내용에 따라 결정된다. 이러한 권한부여는 헌법재판기관이 행하는 심사의 기준과는 다르다. 예컨대, 입법자에게 광범위한 형성권이 인정되는 경우에, 이는 헌법이 형성권을 인정한 때문이지 헌법재판소가 그 형성권을 인정하기 때문인 것은 아니다. 헌법재판소는 헌법이 인정한 광범위한 형성권을 확인하여 스스로 자제할 뿐이다. 헌법소송법에 의한 한계는 헌법에 의해 설정된 헌법재판제도를 구체화하는 헌법소송법에 의해 정해지는 한계이다. 헌법소송법은 추상적으로 설정된 헌법상의 헌법재판제도를 구체화하면서 그 관할사항이나 심판절차, 결정의 방식과 효력 등을 규정한다. 예컨대, 재판소원을 인정할 것인지의 여부는 헌법상 명시되어 있지 아니하지만, 헌법재판소법에 의하여 배제되는 것이 대표적이다. 말하자면 헌법재판제도는 헌법에 의하여 골격인 기본구조가 설정되고 헌법소송법에 의하여 살붙여지는 것이다. 이러한 헌법재판소법은 다른 국가기관과의 관계에서 그 관할과 경계를 설정하는 기능을 가지며, 헌법재판소는 이에 당연히 구속된다. 3) **기능적 한계** 헌법재판의 기능적 한계는 사법기관인 헌법재판소의 권한과 기능의 한계를 의미한다. 이는 권력분립원리에 따라 사법기능을 담당하는 헌법재판소가 가지는 한계이다. 헌법이 정하는 권력의 기능적 배분과 한계원리는 헌법재판소에도 그대로 타당하다. 헌법재판기능을 사법기능의 하나로 이해한다면 헌법재판기능도 사법기능이 갖는 본질적 특성, 즉, 수동성, 공정성, (추상적) 사건성, 독립성, 종국성 등을 갖는다. 4) **사실적 한계** 헌법재판의 사실적 한계는 헌법재판소의 결정을 스스로 집행할 수 없다는 점이다. 즉, 헌법재판소가 결정을 하더라도 다른 국가기관이 이를 무시하거나 배척하는 경우에는 헌법재판소는 무력해진다는 점이다. 헌법재판소의 권위는 국민과 국가기관이 이를 존중하여 충실히 따를 경우에만 확보될 수 있다. 물론 그러한 존중은 헌법재판소의 결정이 엄밀한 헌법적 논리와 합리성 그리고 그때그때의 헌법적 과제에 대한 헌법재판관들의 자기인식에 바탕하는 것이다. 5) **독일에서의 논의** 독일의 경우, 헌법재판의 한계설정을 위한 노력들 중에는 헌법 내지 기본권의 효력범위를 제한하는 헌법이론을 통해 헌법재판에 한계를 설정하려는 시도도 있다(Forsthoff, Böckenforde). 이러한 헌법이론들은 헌법재판에 한계를 설정할 수 있는 상당한 잠재력을 가지고 있으나, 다양한 기본권의 위협상황에 탄력적·효율적으로 대처할 수 없다는 문제점이 있다. 다른 한편, 헌법규범의 규율밀도(실체법적 관점)와 헌법의 기능질서(기능법적 관점)의 비중과 의미를 어떻게 보느냐에 따라 실체법설과 기능법설, 절충설이 있다. (1) **실체법설** 전통적인 견해로 헌법재판의 과제와 그 한계는 실체 헌법규범의 해석·적용을 통해 밝혀진다고 본다. 헌법이 헌법재판소의 기능영역·권한영역의 근거인 동시에 한계가 되는 것으로, 방법론적 규칙에 따라 해당 헌법규범들의 의미와 효력범위를 밝히면 그로부터 헌법재판소의 개입의 한계도 논리적으로 추론된다는 것이다. 이에 의하면 통제의 강도는 기본권규범의 규율의 밀도에 의해 결정된다. 실체법설은 기본권의 구속력의 강도와 헌법재판소의 통제강도가 일치하는 수렴모델(Konvergenzlösung)을 취하게 된다. 실체법설의 관점에서는 헌법에 의해 부여된 헌법재판소의 해석권한의 범위가 미결의 문제로 남거나 충분히 조명되지 못하거나 아예 다뤄질 수 없다는 비판을 받고 있다. 또한 헌법의 통일성의 관점에서 볼 때 권력분립원리와 민주주의원리도 기본권해석에 대하여 한계를 설정할 수 있다는 비판이 있다. 기본권규정처럼 개방적이고 추상적인 규범들의 규율밀도가 높다는 것을 입증할 수 없다는 비판도 제기된다. 결국 실체법설은 기본권규범들의 규율밀도를 헌법재판소 스스로 결정하는 것이므로, 한계를 스스로 규정한다는 문제점이 있다. (2) **기능법설** 기능법설의 이론적 출발점은, 헌법규범의 개방성과 추상성으로 인하여 헌법이 헌법재판관을 구속한다는 사실이 헌법재판의 한계를 충분히 설정할 수는 없다는 보고, 두 가지 방향에서 이를 보완하고자 한다. 그 하나는, 헌법이 부여한 각 기관의 특성, 작용방식, 구조로부터 헌법이 그 기관에 부여한 기능과 권한을 추론하는 설이다. 이 설은 헌법재판소가 국가기관들로 구성된 협연에서 무엇을 의미 있게 할 수 있으며, 어떠한 역할을 수행할 수 있느냐를 묻는다. 그에 따라 헌법재판소의 기관구조는 그에 상응하는 기능배정의 조건이자 기능제한의 조건이 된다. 어쨌든 이 설의 핵심은 “의심스러운 경우에는 구조적으로 문제의 결정에 가장 근접해 있는 기관이 결정을 내릴 수 있는 정당성을 가지고” 있다는 테제로 요약된다. 입법부와 헌법재판소가 모두 입법활동을 한다면, 의심스러운 경우에는 헌법재판관이 입법자를 대신하여 또는 입법자와 나란히 더 합리적으로 또는 보다 많은 경험을 가지고 무엇을 할 수 있는지를 판단할 수 있다고 한다(Rinken). 기능법설의 또 다른 입장은 헌법재판소의 기본권해석에 대한 한계설정을 위하여 헌법의 구조원리들 내지 헌법이 헌법재판소에게 부여한 기능에 의거한다. 이 설은 헌법에 의하여 구현된 권력분립을 전제로 하여 이 국가기능질서에서 입법자에게는 형성기능이 부여되어 있는 반면, 헌법재판소에게는 통제기능이 부여되어 있다거나 원칙적으로 위헌적 공권력조치를 폐기할 수 있는 기능만 부여되어 있는 것으로 이해하려고 한다. 기능법설은 기능적 고려를 통한 기본권 제한이 어느 정도까지 허용되는지의 문제에 대한 해답을 전적으로 기능법적 측면에만 의거해서는 얻어질 수 없고 실체법적 측면을 함께 고려할 때에만 얻어질 수 있다고 본다. 미국의 정치문제이론이나 사법부자제론 그리고 전래의 권력분립논거나 민주주의논거 역시 기능법적 논거이다. 기능법적 논거들에 대해서는 무엇보다도 명확한 윤곽을 결여하고 있을 뿐만 아니라, 전통적인 기준들에 비하여 헌법재판의 범위와 한계에 대하여 보다 확실한 준거를 제공할 수 있는지 의문이고 또 그렇기 때문에 헌법재판으로 하여금 지나치게 까다롭다거나 관대하다는 등의 비판에 쉽게 노출시킬 것이라거나 기본권이 때로는 헌법재판에 형성활동을 요구하기도 한다는 비판이 제기된다. (3) **절충설** 절충설은 순수 기능법적 논거에 비하여 실체법적 측면에 명백히 높은 비중을 부여한다. 다만 절충설은 입법자에게 기능적 여지를 인정하는 것이 필요하다고 보기 때문에 실체법설과는 구분된다. 절충설은 다시 행위규범과 통제규범을 구분하는 방식으로 기능법적 측면을 고려하는 K. Hesse의 견해와 민주주의원리를 기능법적 고찰의 핵심으로 삼는 R. Alexy의 권한설로 세분할 수 있다. 행위규범과 통제규범 구분설은 동일한 헌법규범이 입법자에게는 행위규범으로, 헌법재판소에게는 통제규범으로 작용하기 때문에 그 규범에 의거하여 적극적으로 행위하여야 하는 입법자에게는 헌법재판소가 통제할 수 없는 여지가 발생한다고 본다. 권한설(Kompetenzieller Ansatz)은 민주주의원리에 기초하고 있다. 민주주의원리는 입법자에게 가능한 한 넓은 여지를 부여할 것을 요구하는 일응의 형식원리로서 실체적 원리인 기본권과 형량을 거쳐 그 관철의 정도가 결정된다. 권한설은 입법자에게 여지를 남겨둠으로써 헌법재판에 대한 한계를 설정한다. 이 설은 순수 실체법설에 비하여 입법자의 민주적 정당성을 보다 많이 고려하는 동시에 순수 기능법설의 편협성을 극복할 수 있다. 이 설의 장점은 기본권적 측면과 기능적 측면을 상호 대비시켜서 입법자의 여지를 확정한다는 점에서 다른 이론들에 비하여 상대적으로 명쾌한 논증구조를 가지고 있다는 것이다. 권한설에서는 민주주의원리에 의하여 기본권의 실체적 효력의 범위가 축소되고, 그 결과로서 입법자에게는 기능적 여지가 발생하게 된다. 그러므로 권한설은 기본권의 실체적 효력범위와 헌법재판소의 통제범위가 상호 일치하는 수렴모델의 일종으로 평가할 수 있다. 권한설에 대해서는 먼저 민주주의원리에 의거하여 기본권을 제한할 수 없음에도 불구하고 기본권과 민주주의를 대립시키고 형량함으로써 기본권을 제한하고 있다는 비판이 제기될 수 있을 것이다. (4) **평가** 헌법해석에 한계를 설정할 수 있는 방법론에 대한 독일 학계의 평가는, 헌법해석의 방법론적 제한 가능성을 신뢰하는 설과 그러한 가능성을 불신하면서 헌법이론의 역할이나 기능법적 논거를 통한 헌법해석의 제한가능성에 보다 많은 신뢰를 보내는 입장의 두 가지로 나뉜다. 전통적인 법해석방법론이 헌법해석에 필요한 헌법이론적 논증에 한계를 설정할 수는 없어도, 헌법이론이나 기능법적 논증이 방법론에 의한 헌법해석의 한계설정 기능을 완전히 대체할 수 없다고 본다. 그러므로 법해석의 수단들을 충분히 활용하는 것은 한계설정과 관련하여 포기할 수 없는 요소라고 할 것이다. 절충설 중에서도 헌법규범의 입법자에 대한 구속의 정도와 헌법재판소의 통제권한 사이에 간극을 인정하지 않는 권한설이 보다 타당한 입장이라고 할 것이다.

헌법재판憲法裁判**의 법적 성격**法的性格 1. **의의** 1803년 미국의 Marbury v. Madison 사건에서 확립된 위헌법률심사제도는 약 100년 후 유럽에서 국사재판권으로 수용되었고, 20세기에는 헌법재판제도가 현대입헌주의 헌법의 중요한 핵심요소로서 받아들여지게 되었다. 기존의 권력분립이론에 따른 입법작용·행정작용·사법작용에 더하여 헌법재판작용을 새로운 국가작용으로 인식하게 되었다. 이에 새로운 국가작용으로서의 헌법재판작용이 기존의 국가작용과 대비하여 혹은 헌법재판작용 자체의 고유한 본질에 따라 새로운 국가작용으로 이해할 것인지에 관하여 견해의 대립이 있어 왔다. 이 견해들은 입법작용설, 사법작용설, 정치작용설 및 제4의 국가작용설로 나뉘어 있다. 2. **학설** 1) **입법작용설** 이 견해는 헌법재판을 통해 법률의 효력을 객관적으로 상실시키는 헌법재판소의 권한에 비중을 두고 헌법재판의 본질을 이해하려고 한다. 의회의 입법작용이 '적극적 입법작용'이라면 헌법재판소의 법률에 대한 규범통제작용은 '소극적 입법작용'이라 할 수 있다고 본다. 또한 헌법재판은 헌법에 근거한 재판이라기보다는 헌법의 내용을 확정하는 재판으로서 사법이 아니라 본질적으로 입법이고 헌법제정이라고 본다. 2) **사법작용설** 헌법재판도 결국 헌법규범에 대한 법해석작용을 그 본질로 하는 것이므로, 일반 법률의 해석작용과 마찬가지로 전형적인 '사법적 법인식작용'이라고 보는 견해이다. 주요한 논거로서, 헌법재판이란 헌법상 헌법재판소라는 표제하에 인정되는 국가작용으로서 그 담당기관도 재판소로 명명되고 있다는 점, 사건성과 권력발동의 수동성을 기초로 한 재판절차상의 특성, 담당기관이 입법권 및 행정권과 구별되는 독립기관이라는 점, 당해사건과 관련하여 최종적인 유권적 판단작용을 한다는 점 등이 제시되고 있다. 켈젠의 입장과 같이 엄격한 법실증주의적 관점에서도 헌법재판은 헌법규범과 하위규범 사이의 합치성 여부를 판단하는 사법작용이라고 본다. 3) **정치작용설** 헌법은 헌법제정권자의 정치적 결단의 산물이므로 정치적 법인 헌법을 둘러싼 분쟁은 정치적 분쟁이지 법적 분쟁이라고 할 수 없다고 본다. 헌법분쟁(Verfassungsstreitigkeit)을 해결되지 아니한 정치적 분쟁(politische Streitigkeit)으로 보고 이를 해결하기 위해서는 정치적 타협이 필요하다고 본다. 아울러 헌법규범의 내용과 관련한 문제점이나 다양한 의견들은 정치적으로 해결되어야 하는 문제이지 법적 분쟁의 해결방법으로는 결정될 수 없다는 것이다. 이 이론은 헌법재판이란 헌법의 해석 · 적용이고, 이는 정치적 성격을 그 특성으로 하는 헌법을 전제로 하는 것이므로 헌법재판은 실질적으로 정치적 성격을 가진다는 것이다. 4) **제4의 국가작용설** 헌법재판은 국가의 통치권행사가 언제나 헌법정신에 따라 행해질 수 입법 · 행정 · 사법 등의 국가작용을 통제하는 기능을 하기 때문에 사법작용일 수도 없고 입법작용일 수도 없을 뿐만 아니라 그렇다고 행정작용일 수도 없는 독특한 성격의 제4의 국가작용이라는 것이다. 헌법재판은 비록 헌법해석이라는 법인식기능을 통하여 행해지지만, 법인식은 헌법재판의 목적이 아니라 수단에 불과하기 때문에 이로 인하여 헌법재판이 사법작용이 되는 것은 아니라는 입장이다. 3. **검토** 입법작용설은 헌법재판의 본질을 이해함에 있어 주로 규범통제만을 염두에 두고 있으나, 오늘날에는 규범통제 외에도 헌법재판의 관할사항으로 하고 있다. 따라서 이 설은 헌법재판의 범위를 지나치게 좁게 파악하는 것이다. 설혹 헌법재판의 범위를 규범통제권한으로 좁혀서 이해한다 할지라도, 헌법재판소에는 본래적 입법작용이라 할 수 있는 새로운 법제도의 창설권한이 없다. 헌법재판소가 행하는 규범통제는 헌법을 수호하고 국민의 기본권을 보장하라는 헌법적 명령의 수행일 뿐이다. 헌법재판의 결과 소극적 입법에 이른다 할지라도 이는 헌법재판기관이 '위헌적 법률의 존속을 배제해야 한다'는 헌법적 과제를 수행한 결과일 뿐 '소극적 의미에서의 입법' 그 자체가 목적은 아니다. 정치작용설은 헌법의 정치적 결단으로서의 성격만을 지나치게 강조하는 칼 슈미트의 입장에 기초한 것으로 헌법의 규범으로서의 성격을 완전히 무시한다. 헌법분쟁을 정치적 분쟁으로 보더라도 기존의 헌법의 의미내용과 관련되는 사항이면 무엇이 헌법인가에 대한 해석작업이 필요하고 이는 정치적인 문제가 아니라 법적인 문제인 것이다. 헌법재판은 그 정치적 성격으로 인하여 법해석작용으로서의 본질을 상실하는 것이 아니라, 다만 정치적 성격을 가진 사법작용이 될 뿐이다. 제4의 국가작용설은 헌법재판소의 기능을 전통적인 3권의 어느 하나에 귀착시키는 것이 어렵기 때문에, 문제를 정면에서 해결하는 대신 문제를 회피하는 방식으로 적극적 문제해결을 포기하고 있다는 비판을 받는다. 또한 기능적 측면에서 국가작용으로서의 헌법재판작용이 새롭게 추가되었다면 이는 기존의 권력분립의 일반론인 3권분립이 아니라 4권분립으로 이해되어야 한다는 점에서 무리가 있다. 헌법재판작용이 전통적인 권력분립이론에서 말하는 국가작용에 포섭되기가 쉽지 않기 때문에 제4의 국가작용으로 보는 것은 적절하지 않다. 결론적으로 보아, 사법작용설의 근거에 더하여, 전통적인 국가작용 중 사법작용의 개념을 확대하여 헌법재판작용까지도 포함하는 것으로 이해하면 헌법재판작용을 사법작용으로 보아도 문제가 없을 것이다. ➜ 사법의 관념.

헌법재판憲法裁判의 이론적 정당화理論的 正當化 헌법재판을 포함한 사법권이 국가의 실질적인 제3권으로서의 성격을 가지는 데에 대하여는 민주주의 이념에 기초한 비판이 강하게 제기된다. 이러한 비판은 사법권의 권력성의 실현수단이라 할 헌법재판에 대한 강한 비판으로 나타난다. 이 비판은 세 가지의 기본입장으로 축약할 수 있다. 첫째는, 헌법재판을 담당하는 법관들의 선출 혹은 임명방법과 그들의 판단의 불가변경성과 관련된다. 즉 법관의 선출 혹은 임명방법은 **민주적 정당성**을 구비하지 못하여 정치적 책임성이 미약하다는 비판과 함께, 그들의 행위에 대한 정치적 통제수단이 결여되어 있다는 비판이 더해진다. 이 비판은 주로 미국에서 주장되는 견해이다(M. Perry, A. Bickel, J. H. Ely 등). 둘째는, 민주주의 이념에 근거한 **다수결의 원리**로부터 나오는 비판이 있다. 즉 입법부의 다수결에 의하여 성립한 법률을 무효화하거나 민주적으로 정당화되는 다른 고권행위의 무효화는 곧 다수의 의사를 무시하게 된다는 것이다. 이 비판은 특히 스위스에서 강하다. 셋째는, **권력분립원리**로부터 나오는 비판이다. 헌법재판을 행하는 사법권이 다른 기관의 권한을 침해한다는 비판이다. 이러한 비판은 독일에서의 헌법재판에 대한 비판의 논거로 자주 인용된다(K. Schlaich, K. Hesse). 이와 같은 비판들에 대해 민주주의에 있어서 헌법재판을 행하는 사법권의 정당성과 한계에 대하여 학설상으로 네 가지의 **기본입장**이 구별될 수 있다. 먼저, **해석지향적 입장**에서는 기능적 권력분립이라는 의미에서, 헌법재판을 행하는 사법기관에 허용될 수 있는 유일한 행위가 헌법의 해석에 있고, 모든 법형성이 그것에 복종된다는 것을 주장한다. 이러한 입장은 법원이 실제로 성문규범의 단순한 해석과 적용으로 제한될 수 있다는 전제에 기인한다. 이 해석지향적 학설은 미국서 강하게 주장된 이론이다(Black 대법관, R. Berger, R. Bork 등). 둘째로, **사법자제지향적 입장**은 해석과 법형성, 헌법해석과 헌법형성 및 법과 정치 사이의 유동적인 넘나듦을 인정한다. 이 입장에서 헌법재판기능은 헌법에서 보장된 기본가치의 수호자로서 그리고 민주적인 결정과정이 예외적으로 허용하지 않는 경우에 대한 교정기구로서 작용한다고 본다. 또한 이 입장은 헌법재판과 민주주의 사이의 관계를 긴장상태로 보기 때문에, 이 이론은 원칙적인 사법자제를 주장한다. 따라서 법관은 가능한 한 입법자의 의사를 존중하고, 다만 헌법이 기본권의 침해에 대한 보호를 명하는 곳에서는, 법관은 행동할 필요가 있고 행동해야 한다. 이 입장은 또 정치과정에서 대량적인 간섭을 하는 것을 반대하고 동시에 개인의 보호에 있어서 과도한 자제의 위험을 배제하도록 하는 상세한 규율을 개발하려 한다. 이러한 입장은 미국에서 50-60년대에 지배적이었지만(A. Bickel, H. Wechsler), 오늘날에는 오히려 독일에서의 지배적 이론으로 되고 있다(K. Hesse, K. Schlaich, M. Kriele 등). 셋째로, **절차지향적 입장**은 자제지향적 입장과 같이 권력분립관념으로부터 나오며, 마찬가지로 정당한 헌법재판을 담당하는 법관의 행위의 기능적·법적 한계를 주장한다. 그러나 그것은 민주적 과정의 절차에 관련하는 헌법적인 사건들과, 정치적 영역 이외에서 개인적 이익을 보호하는 권리가 관련된 사건들 사이에 원칙적인 구별을 인정한다. 이러한 이론은, 권력보유자들이 그들의 정치적 적들을 민주적 결정과정에 참여하게 하지 않기 때문에 그 결정이 왜곡될 수 있다는 것, 따라서 법률이 경우에 따라서는 정치적 소수의 정당한 이익을 경시한다는 것을 알고 있다. 그것은 따라서 법원이 먼저 공개적이고 공정한 정치적 과정을 배려해야 하고, 정치적이고 추상적인 기본권의 영역 및 소수자의 보호의 영역에서 이러한 목적을 위하여 헌법을 창조적으로 보다 발전시키며, 필요한 경우에는 입법자에 반하여 법원의 의사가 관철될 수도 있다는 것을 주장한다. 대표적인 학자는 J. H. Ely이다. 넷째로, **실체법지향적** 입장은 마찬가지로 정치과정이 헌법상 허용되지 않을 수 있고 그 정치과정의 결과가 헌법재판에 의한 통제에 복종되어야 한다는 것으로부터 나온다. 그러나 그것은 민주적 입법절차를 개선하기보다는, 인간의 기본적 수요와 이익을 출발점으로 채택한다. 이 입장은 정치과정과 헌법재판을 이러한 개인적인 수요를 정당화하는 사회를 형성하고 유지하기 위한 수단으로 보고 있으며, 따라서 입법자가 이러한 과제를 이행하지 않는다면 항상 사법적극주의를 긍정한다. 헌법재판은 이러한 관점에서 공정한 정치과정으로서뿐만 아니라 실질적으로 정당한 국가 및 사회질서의 옹호자로서 나타난다(L. H. Tribe, M. Perry).

헌법재판제도憲法裁判制度(일반론) ㊎ constitutional adjudication system/constitutional review system/judicial review system, ㊈ System der Verfassungsgerichtsbarkeit, ㊇ system de la justice constitutionelle. 1. **서론** 1) **의의** 헌법재판은 여러 가지로 정의될 수 있으나, 대체로 보아, 좁은 의미에서는 사법기관이 법률의 위헌여부를 심사하여 그 효력을 상실하게 하거나 그 적용을 거부하는 작용으로 이해되고, 넓은 의미에서는 헌법을 적용함에 있어서 헌법의 내용과 의미에 대하여 분쟁이 발생한 경우에 독립된 헌법재판기관이 헌법을 유권적으로 선언하여 그 분쟁을 해결하는 작용으로 정의되고 있다. 근대 이후의 입헌주의에서 좁은 의미의 헌법재판 즉, 위헌법률심사제도에 관하여, 그 사상적 근원이나 이론적 근거가 무엇인가는 별론으로 하고, 최초로 사법기관에 의한 판결의 형태로 성립한 것은 1803년의 미국 연방대법원의 Marbury v. Madison 판결이다(➜ 마버리 대 매디슨 사건). 위헌법률심사제도를 핵심으로 하는 좁은 의미의 헌법재판은, 헌법 자체가 갖는 정치적 규범으로서의 특성과 국가조직(수권)규범으로서의 특성으로 인해 탄핵제도, 선거재판, 권한쟁의 등 현실의 정치적 분쟁과 국가조직의 권한행사의 합헌성에까지도 판단대상으로 하여 그 규범적 판단의 영역을 확대해 왔고, 그 결과 오늘날의 넓은 의미의 헌법재판개념으로 정착되기에 이르렀다. 2) **헌법재판의 본질** 헌법재판은 인간의 정치적 의지가 충돌하는 장(場)인 현실에서 분쟁해결의 수단으로서의 법, 그 중에서도 특히 실정법의 최고규범이라 할 수 있는 헌법으로 그 분쟁을 해결하는 것이다. 과거 근대사회에서는 사회 및 국가의 최고규범으로서의 헌법은 단지 정치적 선언으로서만 기능하여, 국가행위의 합헌성에 대한 통제는 단지 정치적 통제가 위주이었으나, 오늘날에는 정치적 통제를 넘어 사법적 통제에까지 확대되었다. 이는 근대 이전의 자연적 정의로부터 근대국가의 법적 정의로, 나아가 현대국가에서 헌법적 정의로 변천하였음을 의미한다. 한편, 정치적 의지가 가장 극명하게 충돌하는 장인 입법부에서 제정된 법률을 헌법규범에 근거하여 무효로 하는 위헌법률심사제도는 본질상 헌법의 규범적 최고성의 원리와 의회의 최고성이 충돌하는 것을 의미한다. 이는 역동적인 정치과정 속에서 그때그때 입법부를 지배하는 정치적 의지를 국가공동체의 기본원리를 정한 헌법규범으로 통제한다는 점에서 규범으로 의지를 통제하는 것이며, 규범 자체가 현실 내에서 의지주체에 대하여 실질적 지배력을 갖지 못한다면 기대할 수 없는 것이다. 그 실질적 지배력은 현실 내의 행위주체들이 이를 승인할 때에 확보될 수 있다. 3) **헌법재판의 법적 성격** ➜ 헌법재판의 법적 성격. 4) **헌법재판의 기능과 한계** ➜ 헌법재판의 기능과 한계. 2. **헌법재판의 역사** 1) **1차 대전 이전** 고대 아테네 법률은 오늘날의 헌법에 비견될 수 있는 nomoi와 오늘날의 명령(decree)에 비견될 수 있는 psephisma를 구별하였다. 명령(a psephisma)이 형식상으로나 실체상으로나 nomoi와 양립할 수 없다는 것으로 이해되었다. 헌법재판의 초기적 형태는 1180년 즉, 고대 게르만 제국, 13세기 중엽의 프랑스, 17세기의 포르투갈 Phillips 법전 등에서 보이고 있다. 불문헌법국가인 영국은 Dr. Bonham's Case(1610)에서 보통법의 제정법에 대한 우위를 확인하면서 위헌법률심사제의 기원이 되었다고 평가되고 있고, 특히 탄핵제도에서 발전하였다. 1803년 미국에서 Marbury v. Madison 판결이 있은 후, 19세기에는 오스트리아, 스위스, 노르웨이, 루마니아 등에서 헌법재판을 도입하였다. 2) **1차 대전과 2차 대전 사이** 양차 세계대전 사이의 발전은 '오스트리아기(the Austrian period)'로 불린다. 1920년 헌법은 오스티리아의 법학자인 메르클(Adolf Merkl)과 켈젠(Hans Kelsen)의 저서에 따라, 예방적으로 법률의 합헌성을 심사하는 배타적 권한을 가진 오스트리아 헌법재판소의 설립을 표명하였다. 오스트리아 모델의 사례에 따라 2차 대전 전에 헌법재판은 체코슬로바키아(1920), 리히텐슈타인(1925), 그리스(1927), 이집트(1941), 스페인(1931) 및 아일랜드(1937) 등의 국가에서 도입되었다. 그러나 전쟁으로 인해 헌법재판소의 권한행사가 거의 이루어지지 못하였고, 이미 설립된 기관은 실무상 활성화되지 못하였다. 3) **2차 대전 이후 80년대까지** 2차 대전 이후에는 의회주권의 원리를 대신하여 헌법의 최고성의 관념이 통용되고 헌법재판이 입법권과 사법권으로부터 독립한 특수한 기관에 의해 수행되어 크게 발전하였다. 대부분의 나라들은 2차 대전 이후 직접적으로 헌법재판을 도입하였다. 헌법재판은 아시아, 중남미, 아프리카 등에서 널리 퍼졌다. 70년대에는 헌법재판에 있어서 새로운 발전의 시기로서, 몇몇 남부유럽국가들에서 독재를 폐지하고 헌법재판을 도입하는 정치적 변화를 특징으로 하였다. 또한 기존의 국가들은 헌법재판제도를 대폭 개선하였다. 80년대의 정치적·사회적 변화의 결과로 헌법재판은 중남미의 많은 나라들에서 또한 변화하기 시작하였다. 이 지역에서는 아르헨티나의 헌법재판제도가 특히 주목을 받을 만하였다. 4) **사회주의권 붕괴 이후** 80년대 후반 사회주의권이 붕괴된 이후에는 중부 및 동유럽 국가들에서의 헌법재판의 도입과 독립국가연합(CIS)에서의 헌법재판의 도입으로 이어졌다. 헌법재판의 도입은 이전의 권력통합원리의 해체를 수반하였다. 많은 나라들이 유럽식 헌법재판 모델을 채택하고 있는데, 이는 사회적 발전의 안정성의 신뢰할 만한 보장을 수립할 필요성에 의해 요구되고 있다. 3. **헌법재판제도의 유형** 1) **서언** 헌법재판의 유형을 결정하는 기준은 시간적(사전적-사후적), 전문기관 여부(집중형-분산형), 효력(소급효-장래효; 일반효(대세효)-개별(당사자)효), 재판관직무(전담형-부수형), 심사대상(열거형-예시형) 등 다양한 기준에 따라 모델을 결정할 수 있으나, 가장 일반적인 기준으로 전문적 심사기관의 존재여부에 따라 집중형과 분산형(비집중형)으로 나누는 것이다. 오늘날에는 집중형과 분산형을 혼합한 혼합형도 나타나고 있다. 2) **분산형** 주로 미국연방대법원의 헌법재판을 시초로 하여 제도화된 것이다. 헌법문제는 모든 통상소송절차에서(부수적으로) 모든 통상법원에 의해 다루어진다(분산형 혹은 산재형(diffuse) 혹은 산개형(disperse) 심사). 그것은 개별적이고(specific) 사후적인(posterior) 심사로서, 이에 의하면 제도 내의 최고법원이 재판권의 통일성(the uniformity of jurisdiction)을 부여한다. 분산형 제도에서는, 판결은 원칙적으로 당사자들 사이에만(only inter partes) 효력을 가진다. 원칙적으로 법률의 위헌성에 관한 판결은 선언적(declaratory)이며, 소급적(retrospective), 즉 소급하는(ex tunc) 것이다. 물론 법원은 선결례구속의 원칙(the principle of stare decisis)에 따라 구속된다. 이 제도는 **유럽**에서는 덴마크, 에스토니아, 아일랜드, 노르웨이, 스웨덴이, **아프리카**에서는 보츠와나, 감비아, 가나, 기니, 케냐, 말라위, 나미비아, 나이지리아, 셰이셸군도, 시에라리온, 탄자니아가, 중동에서는 이란, 이스라엘이, **아시아**에서는 방글라데시, 피지, 인디아, 일본, 키리바티, 말레이시아, 마이크로네시아, 나우루, 네팔, 뉴질랜드, 팔라우, 파푸아뉴기니, 싱가포르, 티벳, 통가, 투발루, 바누아투, 서사모아가, **북미**에서는 캐나다, 미국이, **중남미**에서는 아르헨티나, 바하마, 바베이도스, 볼리비아, 도미니카, 도미니카공화국, 그레나다, 가이아나, 아이티, 자마이카, 멕시코, 세인트크리스토퍼/네비스, 트리니다드토바고 등이 채택하고 있다. 3) **집중형** 오스트리아형이라고도 한다. 이 제도는 헌법의 최고성원칙과 의회의 최고성원칙 사이의 상호관련을 포함하여 1920년대 Kelsen의 이론에 근거하고 있다. 이에 따르면, 헌법문제는 특수한 절차에서, 특별히 자격있는 재판관 혹은 통상의 최고재판소 혹은 고등법원 혹은 그 특별부에 의해 다루어진다(집중식 헌법재판). 구체적 심사가 가능하기는 하지만, 원칙적으로 그것은 추상적 심사이다. 귀납적(aposteriori) 심사에 더하여, 사전적(a priori) 심사도 역시 가능하다. 판결은 이를 내리는 기관의 절대적 권한에 관련하여 대세효(일반효: an erga omnes effect)를 가진다. 헌법재판을 행하는 기관은 헌법재판소형과 최고재판소형(혹은 그 특별부(special chambers)) 및 헌법평의회형으로 나뉜다. **헌법재판소형**은, **유럽**에서는 알바니아, 안도라, 아르메니아, 오스트리아, 벨로루시, 보스니아헤르체고비나연방, 불가리아, 크로아티아, 체코공화국, 그루지아, 독일(주 헌법재판소 병치), 헝가리, 이태리, 라트비아, 리투아니아, 룩셈부르크, 마케도니아, 몰타, 몰도바, 폴란드, 루마니아, 러시아연방(주 헌법재판소도 병치), 슬로바키아, 슬로베니아, 스페인, 터키, 우크라니아 등이 있고, **아프리카**에서는 앙골라, 베냉, 중앙아프리카공화국, 이집트, 적도기니, 가봉, 마다가스카르, 몰리, 르완다, 남아공, 토고 등이, **중동**에서는 사이프러스, 팔레스타인, 시리아 등이, **아시아**에서는 키르키즈스탄, 몽골리아, 대한민국, 스리랑카, 타지키스탄, 타일랜드, 우즈베키스탄 등이, **중남미**에서는 칠레, 수리남 등이 채택하고 있다. **최고재판소(혹은 그 특별부)형**은 **유럽**에서는 벨기에, 아이슬란드, 리히텐슈타인, 모나코 등이, **중동**에서는 예멘이, **아프리카**에서는 부르키나파소, 부룬디, 카메룬, 챠드, 에리트리아, 니제르, 수단, 우간다, 자이르, 잠비아 등이, **아시아**에서는 필리핀이, **중남미**에서는 코스타리카, 니카라과, 파나마, 파라과이, 우루과이 등이 채택하고 있다. **헌법평의회형**은 **중동**에서는 레바논이, **아프리카**에서는 모리타니아, 세네갈이, **아시아**에서는 캄보디아, 카자크스탄 등이 채택하고 있다. 4) **혼합형(미국형과 대륙형의 혼합)** 이 모델은 분산형과 집중형의 양자의 요소를 모두 가지고 있다. 헌법재판소 혹은 최고재판소(혹은 그 특별부)의 헌법재판권에도 불구하고, 특정 국가의 모든 일반법원은 헌법과 일치하지 않는 것으로 여겨지는 법률을 적용할 권한을 갖지 못한다. **헌법재판소형**은 **유럽**에서는 포르투갈이, **중남미**에서는 콜롬비아, 에콰도르, 과테말라, 페루 등이, **최고재판소(혹은 그 특별부)형**은 **유럽**에서는, 그리스, 스위스가, **아시아**에서는 인도네시아, 타이완 등이, **아프리카**에서는 케이프베르데가, **중남미**에서는 브라질, 엘살바도르, 온두라스, 베네주엘라 등이 채택하고 있다. 5) **프랑스형(대륙형)** 이 유형에서는 헌법문제는 특수한 헌법재판기관(가장 흔한 것은 헌법평의회) 혹은 통상의 최고재판소의 특수한 부(chambers)(집중된 헌법재판)에 의해 특수한 절차에서 심사되도록 되어 있다. 헌법재판이 주로 예방적 성격을 가진다(프랑스의 경우 사후적 심사를 도입하였다). **유럽**에서는 프랑스가, **아프리카**에서는 알제리아, 코모로스, 지부티, 아이보리코스트, 모로코, 모잠비크 등이 채택하고 있다. 6) **신영국식공동체형** 이 유형은 미국식 혹은 유럽식 모델의 어느 것에도 분류될 수 없다. 그것은 통상의 재판관들로 구성되는 최고재판소의 재판권에 따른 집중식 헌법재판으로 특징지워진다. 원칙적으로, 사후적(a posteriori) 심사가 가능하며, 예방적(apriori) 재판과 최고재판소의 권고적 기능을 포함한다. 판결은 대세효(일반효)의 효과를 가진다. 모리셔스(Mauritius)가 대표적이다. 7) **국제적 헌법재판기구** 오늘날에는 각 대륙의 인권재판소와 같이 국제적인 헌법재판기구가 등장하고 있다. 4. **헌법재판권의 관할** 헌법재판의 관할사항은 국가마다 많은 차이가 있다. 1) **예방적 심사권한** 예방적 심사권한은 규범이 확정되기 전에 다양한 방법으로 심사하는권한이다. 이에는 헌법규정, 국제조약, 법률, 행정입법, 국가수반의 규범(명령 등), 주 혹은 자치체의 규범, 기타 예산법률, 의회내부규칙 등도 사전적 예방적 통제의 대상이 될 수 있다. 예방적 심사는 규범의 확정 전에 반드시 거치도록 하고 있는 절차이다. 2) **사후적(저지적) 심사권한** 이에는 추상적 심사와 구체적 심사로 나뉜다. (1) **추상적 심사** 헌법 · 헌법개정 · 헌법규정, 국제협정(연방국가와 연방기관 사이의 협정 포함), 법률, 의회결의안, 행정입법, 국가수반의 규범, 법률상 기관의 공포된 규제수단, 국가 법규범의 국제협정과의 합치성, 지역협정/ 연방국가내에 한정된 연방구성공화국 협정, 기타 규칙 등에 대한 추상적 심사권한이다. (2) **구체적 심사** 일반 사법기관에 의해 요구되는 전문화된 헌법재판권한이다. 3) **해석기능** 헌법 및 법률과 기타 규정의 의미에 관하여 최종적으로 유권해석을 하는 권한이다. 4) **규정의 집행** 규정의 집행이 헌법과 합치하는지 여부에 관련된 문제를 결정하는 권한이다. 5) **법률상의 규율의 부재** 법적 공백의 헌법합치성 여부를 판단하는 권한이다. 6) **국민발안에 대한 심사** 국민발안의 헌법적합성 여부를 심사하는 권한이다. 7) **권한쟁의** 최고 정부기관들 사이, 국가와 지역 혹은 지방자치체 사이, 지방 혹은 지역자치체들 사이, 재판소와 다른 정부기관들 사이, 연방구성주들의 헌법재판소들 사이, 기타 특별 관할분쟁을 해결하는 권한이다. 8) **정당해산** 정당의 위헌적 규범과 활동의 문제에 관련된 판결을 내리는 권한이다. 9) **국민투표 심사** 국민투표가 헌법과 합치하는지에 관한 판결을 내리느 권한이다. 10) **선거심사** 선거과정이 헌법 및 법률과 합치하는지에 관한 판결을 내리는 권한이다. 의회선거의 결과확인도 포함한다. 11) **인권의 보호(헌법소원 및 유사한 헌법적 구제수단)** 이는 인권보호수단으로서의 헌법소원, 자치체(communities)에 의해 청구되는 헌법소원, 시민의 입법제안, 귀화(nationalisation) 여부의 판단 등을 포함한다. 12) **직무수행능력 심사** 국가수반이나 기타 국가기관 담당자의 궐위 여부, 국가원수의 선서 수용 등의 권한이다. 13) **탄핵심판** 국가수반 혹은 구성주 수반, 법관 등 기타 국가기관 담당자의 탄핵에 관한 심판을 하는 권한이다. 14) **기타 권한** 국제법 위반, 헌법재판소 재판관의 임명·면책특권 등에 관한 판결, 긴급사태선언에 관한 의견, 국제재판소에 의해 내려진 판결의 집행, 헌법개정의 제안, 자문기능 등의 권한이 있다. 5. **헌법재판소 결정의 효력** ➜ 헌법재판소결정의 효력. ➜ 위헌결정의 효력. 6. **헌법재판소 재판관의 지위** 1) **재판관의 임명** 헌법재판소 재판관의 임명이나 선출에 헌법기관이 미치는 영향은 제도마다 다르다. 헌법재판소 재판관의 선출이나 임명에 적용할 수 있는 방식으로, ① (대의기관의 참여 없는) 임명식 제도 ② (의회) 선출식 제도 ③ 혼합식 제도(임명 및 선출) ④ 고위직 사법공직자들로부터 미리 결정되는 경우 등이다. 2) **재판관의 임기와 연임·정년** 헌법재판소 재판관의 임기는 6년, 12년, 15년 등 다양하며, 9년인 나라가 다수이다. 헌법재판소 재판관의 정치적 독립성 원칙을 보장하기 위하여 대부분의 제도들은 연임을 허용하지 아니한다. 다만 종신임기인 경우(미국), 정년을 정하는 경우(60세, 70세), 재임을 허용하는 경우가 있다. 재판관으로 임명되기 위한 최소 연령은 30세, 35세, 40세 등의 예가 있다. 3) **신분상 지위-면책특권, 겸직불가능성, 실체적 독립 및 의전순위 등** 대부분의 국가들은 헌법재판소 재판관들의 면책특권을 인정한다. 헌법재판소 재판관의 독립적 지위는 그에 상응하는 실질적 독립 및 적절한 의전상 순위를 인정하는 것을 의미한다. 각각의 사항은 주로 헌법재판소법에 의해, 때때로 특수한 의회법률에 의해 혹은 헌법재판소에 의해 채택되는 내부규정에 의해 규정된다. 헌법재판소 재판관 직의 특수한 지위는 특정활동과의 겸직불가능성(incompatibility)관직은 학문적 및 예술적 활동과는 겸직 가능하지만, 정치적 및 상업적 활동과는 겸직을 허용하지 않는다. 정치적 활동과 관련하여, 정당가입의 절대적 금지로부터 선거전 일정기간 동안 가입금지, 혹은 정당의 기구에의 가입금지까지 다양한 범위에 걸친다. 헌법재판소 재판관의 공개된 활동이 헌법재판소의 투명성 및 견해의 다양성에 기여한다는 주장도 있다. 4) **헌법재판소의 독립성** 헌법재판소의 독립을 위해서는 예산상의 독립이 중요하다. 또한 조직적 자율성도 헌법재판소의 독립에 크게 영향을 미친다. 헌법재판소 재판관들에게는 일정한 급여와 후생복리가 제공되어야 한다. 헌법재판소의 독립적 지위는 헌법재판소 소장의 임명방식과도 밀접히 관련된다. 그 독립성은 소장이 그 동료들에 의해 임명되는 경우에는 더 커진다. 대부분의 나라에서는 헌법재판소 재판관의 자격과 전문적 경험은 높은 기준을 따르고 있다. 후보자는 평균적인 법적 경험 이상이어야 할 뿐만 아니라 그 판결의 정치적 결과에 대해 고도의 예민한 감성을 가져야 한다. 실제상 헌법재판소 재판관들은 일반 재판소 재판관, 변호사, 원로 정부공직자, 법학교수, 혹은 정치인들과 같은 오랜 법조 경험을 가진 최상급의 법조인들로부터 배타적으로 선출된다. 가끔 특수한 자격이 요구되기도 한다(벨기에와 같이 해당지역의 언어구사능력).

헌법재판제도憲法裁判制度(우리나라) 1. **서언** 우리나라는 성리학적 유교국가로부터 입헌주의적 근대국가로 이행하는 과정에서 일본제국의 강점을 경험하였고, 3·1공화혁명을 거치면서 대한민국임시정부로 국가체제가 변경되었다. 임시정부헌법은 대한제국의 전제군주정으로부터 민주공화정으로 변경된 헌정체제를 표방하였고, 그 헌법은 소략하기는 하더라도 근대국가로서의 면모를 갖춘 것이었다. 임시정부헌법에서는 본격적인 헌법재판제도를 도입하지는 않았으나, 헌법재판제도 중의 하나인 탄핵제도를 도입하였고, 실제로 대통령 이승만에 대한 탄핵이 성공하기도 하였다(1925). 1945년

해방 이후 정부수립기에는 비록 헌법이 존재하지는 않았으나, 미군정 하의 대법원에서 당시 시행되고 있었던 의용민법의 처의 무능력규정(제14조)을 무효로 하기도 하였다. 정부수립 후 제헌헌법이래 현행헌법에 이르기까지 우리나라 헌법재판제도는 많은 변화를 겪어 왔다. 역대헌법을 통하여 우리나라는 헌법재판유형에 있어 집중형과 비집중형 양자 모두를 경험하였다. 2. **역대 헌법재판제도** (1) **제헌헌법(1948년)** 제헌헌법은 제5장 법원에 대법원과 하급법원을 규정하면서(제76조) 한편으로 같은 장에 헌법재판기관으로서 헌법위원회를 두었다(제81조). 헌법위원회는 부통령을 위원장으로 하고 대법관 5인과 국회의원 5인의 위원으로 구성하며(제81조), 법원의 제청에 의해 위헌법률심판을 관할토록 하였다. 즉 법률이 헌법에 위반되는 여부가 재판의 전제가 된 때에는 법원은 헌법위원회에 제청하여 그 결정에 의하여 재판토록 하였다(제81조). 그와 함께 대법원은 법률이 정하는 바에 의하여 명령·규칙과 처분이 헌법과 법률에 위반되는 여부를 최종적으로 심사할 권한이 있음을 규정하였다(제81조). 사안에 따라 집중형과 비집중형을 선택적으로 규정한 특이한 헌법재판제도를 규정하였다. 또한 탄핵재판에 관해서는 탄핵재판소를 두었다(제47조). 동헌법상 헌법위원회는 4·19혁명으로 폐지될 때까지 6회에 7건의 위헌법률심판을 하였다. (2) **제2공화국헌법(1960년)** 1960년의 제2공화국헌법은 헌법재판소제도를 도입하였다. 동 헌법은 제7장에 일반법원에 관하여 규정하고 제8장에 헌법재판소를 규정하면서 헌법재판소로 하여금 ① 법률의 위헌여부심사 ② 헌법에 관한 최종적 해석 ③ 국가기관간의 권한쟁의 ④ 정당의 해산 ⑤ 탄핵재판 ⑥ 대통령·대법원장과 대법관의 선거에 관한 소송을 관할토록 하였다(제83조의3). 그러면서도 대법원은 법률이 정하는 바에 의하여 명령·규칙과 처분이 헌법과 법률에 위반되는 여부를 최종적으로 심사할 권한이 있음을 규정하였다(제81조). 헌법재판소의 심판관은 9인으로 구성하되 대통령·대법원·참의원이 각 3인씩을 선임토록 하였다(제83조의4). 그러나 헌법재판소는 헌법재판소법이 1961.4.17.에야 제정되었고 동년 5.16. 군사쿠데타가 발발하여 실제로 구성되지 못하였다. (3) **제3공화국헌법(1962년)** 1962년의 제3공화국헌법은 미국식의 사법심사제를 채택하였다. 그리하여 「법률이 헌법에 위반되는 여부가 재판의 전제가 된 때에는 대법원은 이를 최종적으로 심사할 권한을 가진다.」고 하여(제102조 제1항), 위헌법률심사권을 법원에 부여하고 또한 과거 헌법대로 「명령·규칙·처분이 헌법이나 법률에 위반되는 여부가 재판의 전제가 된 때에는 대법원은 이를 최종적으로 심사할 권한을 가진다.」고 하여 명령·규칙·처분의 위헌·위법심사권을 법원에 부여하였다(제102조 제2항). 뿐만 아니라 정당해산심판권도 대법원에 주었다(제7조 제3항, 제103조). 다만 탄핵심판에 관하여는 탄핵심판위원회를 따로 두었다. 제3공화국헌법에서의 위헌법률심판은 하급법원에서는 비교적 활발하게 운용되었다 할 수 있으나 대법원에서는 활성화되지 못했고 대법원이 위헌판결을 한 것은 1971.6.22.의 국가배상법 제2조 제1항 단서와 법원조직법 제59조 제1항 단서에 대한 판결이 유일하다. 그나마 이 위헌판결의 파장의 결과 유신헌법에서는 법원의 위헌법률심사권은 박탈되게 되었다. (4) **제4공화국헌법(1972년)** 1972년의 소위 유신헌법은 제7장에서 법원에 관하여 규정하고 제8장에 별도로 헌법위원회를 두고 헌법위원회로 하여금 ① 법원의 제청에 의한 법률의 위헌여부 ② 탄핵 ③ 정당의 해산에 관하여 관할토록 하였다. 위헌법률심판의 경우 「법률이 헌법에 위반되는 여부가 재판의 전제가 된 때에는 그 법원은 헌법위원회에 제청하여 그 결정에 의하여 재판한다.」고 규정하였다(제105조 제1항). 그러나 종래의 헌법에 따라 「명령·규칙·처분이 헌법이나 법률에 위반되는 여부가 재판의 전제가 된 때에는 대법원은 이를 최종적으로 심사할 권한을 가진다.」고 하여 명령·규칙·처분의 위헌·위법심사권은 법원에 부여하였다(제105조 제2항). 헌법위원회는 9인의 위원으로 구성하고 대통령이 임명하되, 위원 중 3인은 국회에서 선출하는 자를, 그리고 3인은 대법원장이 지명하는 자를 임명토록 하였다. 그러나 동헌법에 따라 제정된 헌법재판소법은 위헌법률심판에 있어 하급법원의 위헌법률심판제청에 대한 대법원의 불송부결정을 인정하였고 그 결과 대법원은 사실상 합헌결정권을 행사하였다. 그런데 대법원은 헌법위원회에 한 번도 위헌법률심판제청이나 제청송부를 한 적이 없어 위헌법률심판이 한 건도 이루어지지 않았다. 또한 탄핵소추나 정당해산제소도 없어 헌법위원회는 '휴면기관'화 하였다. (5) **제5공화국헌법(1980년)** 제5공화국헌법은 헌법재판에 관해서는 제4공화국헌법을 답습하여 제5장에서 법원에 관하여 규정하고 제6장에 별도로 헌법위원회를 두고 헌법위원회로 하여금 ① 법원의 제청에 의한 법률의 위헌여부 ② 탄핵 ③ 정당의 해산에 관하여 관할토록 하였다. 다만 위헌법률심판의 경우 제4공화국헌법에서 대법원의 합헌결정권문제와 관련하여 논란이 있었던 점을 고려하여 「법률이 헌법에 위반되는 여부가 재판의 전제가 된 경우에 법원은 법률이 헌법에 위반되는 것으로 인정할 때에는 헌법위원회에 제청하여 그 결정에 의하여 재판한다.」고 하여 법원의 합헌판단권을 명시적으로 인정하였다(제108조 제1항). 또한 종래의 헌법의 예를 그대로 답습하여 명령·규칙·처분의 위헌·위법심사권은 법원에 부여하였다(제105조 제2항). 헌법위원회는 9인의 위원으로 구성하고 대통령이 임명하되, 위원 중 3인은 국회에서 선출하는 자를, 그리고 3인은 대법원장이 지명하는 자를 임명토록 하였다. 동 헌법하의 헌법위원회법은 하급법원이 위헌법률심판을 제청하는 경우 대법원을 경유토록 하고 또 대법원의 합의부에서 필요하다고 인정하는 경우 불송부할 수 있음을 규정하였다(법 제15조). 이러한 절차적 문제와 관련하여 대법원은 한 건의 위헌법률심판도 하지 않았고 헌법위원회는 여전히 휴면기관으로 남아 있었다. 6) **현행헌법(1987)** 현행헌법은 헌법재판기관을 이원화하고 있다. 즉 헌법재판소를 두어 ① 법원의 제청에 의한 법률의 위헌여부 심판 ② 탄핵의 심판 ③ 정당의 해산심판 ④ 국가기관 상호간, 국가기관과 지방자치단체간 및 지방자치단체 상호간의 권한쟁의에 관한 심판 ⑤ 법률이 정하는 헌법소원에 관한 심판에 관한 사항을 관장토록 하고 있다(헌법 제111조 제1항). 또한 헌법 제107조 제2항에서는 「명령·규칙 또는 처분이 헌법이나 법률에 위반되는 여부가 재판의 전제가 된 경우에는 대법원이 이를 최종적으로 심사할 권한을 가진다.」고 하여 부분적으로 미국형 내지 비집중형을 채택하고 있다. 아울러 헌법 제5장에서는 사법권은 법관으로 구성된 법원에 속한다고 하고(제101조 제1항), 대법원을 최고법원으로 하고 있다. 그리고 헌법재판소에 관하여 제5장 법원과 독립한 별개의 기관으로 제6장에서 규정하고 있다. 이러한 규정형식은 헌법재판소가 독일의 경우와 달리 사법부의 일부가 아니며 헌법재판소와 법원은 상호독립한 기관임과 동시에 각자 자신의 관할이 범위 내에서 헌법을 해석하고 재판한다는 것을 의미한다. 이러한 구조와 관련하여 헌법재판소법 제68조 제1항은 법원의 재판을 헌법소원의 대상에서 제외하고 있다. **3. 현행헌법재판소의 헌법상 지위** **1) 헌법재판기관** 헌법재판소는 우리나라의 헌법재판기관으로서 위헌법률심판 · 탄핵심판 · 정당해산심판 · 권한쟁의심판 · 헌법소원심판을 관장한다(헌법 제111조 제1항). 이것은 중요한 헌법재판사항을 거의 모두 포함한 것이다. 그러나 제2공화국 헌법상의 헌법재판소와는 달리, 헌법재판소가 헌법재판사항을 모두 관장하지는 않는다. 위헌법률심판은 법원의 제청이 있는 경우에만 할 수 있고(헌법 제111조 제1항 1호), 법원은 명령 · 규칙 또는 처분이 헌법에 위반되는 여부가 재판의 전제가 된 경우에 직접 이를 심사할 수 있으며, 대법원은 이를 최종적으로 심사할 권한을 가진다(헌법 제107조 제2항). 헌법재판소는 법률에 저촉되지 않는 범위 안에서 심판에 관한 절차, 내부규율과 사무처리에 관한 규칙을 제정할 수 있다(헌법 제113조 제2항). 헌법재판소는 법률의 위임이 없더라도 헌법에 근거한 고유권한으로 규칙을 제정할 수 있다. 내부규율과 사무처리에 관한 규칙은 행정명령으로서의 성격을 가지기 때문에 반드시 헌법적 근거를 가질 필요가 없지만, 심판절차에 관한 규칙은 국민의 권리 · 의무에 관한 사항으로서 대국민적 구속력을 가지는 법규명령이므로 반드시 헌법적 근거를 두어야 한다. 2) **최고사법기관의 하나** 헌법재판의 본질을 사법작용으로 보는 통설에 따르면, 헌법재판소는 대법원과 함께 최고사법기관의 하나이다. 따라서 대법원과 헌법재판소의 관계를 어떻게 볼 것인지가 문제된다. (1) **대등한 관계** 대법원과 헌법재판소는 원칙적으로 대등한 관계에 있으며, 다만 그 관장사항을 달리할 뿐이다. 즉, 헌법재판소는 헌법재판에 관한 최고사법기관이고, 대법원은 헌법재판을 제외한 모든 사법영역에서 최고사법기관의 지위에 있다. 헌법 제101조 제2항은 대법원에 대해 '최고법원'이라는 말을 쓰고 있지만, 대법원이 최고법원이라는 것은 법원조직 내에서 최고법원이라는 의미이다. 한편 법률의 위헌여부가 재판의 전제가 된 경우에 법원이 헌법재판소에 제청해 그 심판결과에 따라 재판하도록 한 것(헌법 제107조 제1항)은 헌법재판소가 법원보다 우월한 지위에 있기 때문이 아니고, 헌법의 최고규범력과 구체적 규범통제제도로부터 나오는 당연한 귀결이다. (2) **갈등관계** 헌법재판소와 대법원이 각각 최고사법기관 중의 하나이기 때문에 그 권한의 행사과정에서 권한다툼이 나타나기도 하였다. 특히 대법원의 명령 · 규칙에 대한 위헌심사권 및 법원의 법률해석권과 관련하여 헌법재판소와 대법원 사이에 상당한 견해차가 드러나기도 하였다. ① 명령 · 규칙의 위헌심사권 문제: 헌법 제107조 제2항은 「명령 · 규칙 또는 처분이 헌법이나 법률에 위반되는 여부가 재판의 전제가 된 경우에는 대법원은 이를 최종적으로 심사할 권한을 가진다.」고 규정한다. 그런데 헌법재판소는 명령 · 규칙이 직접 국민의 기본권을 침해하는 경우에 명령 · 규칙을 대상으로 하는 헌법소원을 허용한다. ➜ 헌법소원심판. ② 법률해석권 문제 이는 헌법재판소의 변형결정, 특히 한정위헌결정과 관련하여 헌법재판소와 대법원 사이의 법률해석권 및 기속력에 관한 견해차이이다. ➜ 변형결정의 기속력. (3) **최고기관성 여부** 헌법재판소가 국가의 최고기관인가 하는 논의가 있다. 권력분립원리가 지배하는 근대헌법에서 입법부 · 집행부 · 사법부는 각자 대등한 지위에서 서로 견제하고 균형을 이루는 것이므로, 입법부 · 집행부 · 사법부가 모두 국가최고기관이라고 말할 수 있으며, 헌법재판소도 최고사법기관의 하나이므로 최고기관이라고 할 수 있다. 4. **헌법재판소의 구성** 1) **재판관** 헌법재판소는 법관의 자격을 가진 9인의 재판관으로 구성하며, 전원 대통령이 임명한다(헌법 제111조 제2항). 다만, 재판관 중 3인은 국회에서 선출하는 자를, 3인은 대법원장이 지명하는 자를 임명해야 하므로(동조 제3항), 대통령은 3인에 대해서만 실질적인 임명권을 갖는다.

이런 구성방식은 3권분립을 고려한 것이라고 생각되나, 대법원과 헌법재판소의 관계를 생각해 볼 때 대법원장에게 재판관 3인의 지명권을 준 것은 정당하다고 보기 어렵다. 「헌법재판소법」이 규정하는 재판관의 자격은 대법관의 자격과 동일하다(헌법재판소법 제5조 제항). 재판관의 임명은 국회의 동의를 요하지 않으나, 헌법재판소법은 재판관 전원에 대하여 인사청문을 하도록 규정하고 있다(헌법재판소법 제6조 제2항). 따라서 대통령은 재판관을 임명하기 전에, 대법원장은 재판관을 지명하기 전에 국회에 인사청문을 요청해야 한다(헌법재판소법 제6조 제2항 제2문). 재판관에 대한 인사청문은 국회소관상임위원회(법제사법위원회)에서 한다(국회법 제62조의2 제2항). 다만, 헌법재판소장은 국회의 동의를 요하므로 인사청문특별위원회에서 한다(국회법 제65조의2 제1항). 2) **재판관의 지위와 신분보장** 헌법재판소 재판관의 임기는 6년으로 하며 연임할 수 있다(헌법 제112조 제1항; 헌법재판소법 제7조 제1항). 헌법재판소장의 대우와 보수는 대법원장의 예에 의하며, 재판관은 정무직으로 하고 그 대우와 보수는 대법관의 예에 의한다(헌법재판소법 제15조 제1항). 재판관의 정년은 65세이며, 헌법재판소장인 재판관의 정년은 70세이다(헌법재판소법 제7조 제2항). 재판관은 탄핵 또는 금고 이상의 형의 선고에 의하지 않고는 파면되지 아니한다(헌법 제112조 제3항). 헌법재판소 재판관은 정당에 가입하거나 정치에 관여할 수 없다(헌법 제112조 제2항). 헌법은 헌법재판의 독립에 관하여 아무런 규정을 두고 있지 않으나 법관의 자격에 비추어 당연한 사항이며, 헌법재판소법에서 「재판관은 헌법과 법률에 의하여 그 양심에 따라 독립하여 심판한다.」고 규정하고 있다(헌법재판소법 제4조). 3) **헌법재판소장** 헌법재판소의 장은 국회의 동의를 얻어 재판관 중에서 대통령이 임명한다(헌법 제111조 제4항). 헌법재판소장은 헌법재판소를 대표하고, 헌법재판소의 사무를 총괄하며, 소속공무원을 지휘·감독한다(헌법재판소법 제12조 제3항). 헌법은 헌법재판소장의 임기에 대해 아무런 규정을 두지 않았기 때문에, 다음 두 가지가 문제된다. 첫째는, 헌법재판소장으로 임명하기 위해 재판관 임명이 선행되어야 하는가의 문제이다. 행정각부의 장의 경우, 헌법 제94조는 '국무위원 중에서' 임명하도록 규정하고 있지만, 국무위원 임명과 장관임명이 모두 동시에 이루어지고 있다는 점을 고려하면, 동일인을 재판관으로 임명함과 동시에 헌법재판소장으로 임명할 수 있다고 봄이 타당하다. 「국회법」은 대통령이 임명하는 헌법재판소 재판관 후보자가 헌법재판소장 후보자를 겸하는 경우에는 소장 후보에 대한 인사청문특별위원회의 인사청문회만을 열고 재판관 후보에 대한 소관상임위원회의 인사청문회는 따로 열지 않는다고 규정하여 이를 확인하고 있다(국회법 제65조의2 제5항 참조). 이 경우 인사청문특별위원회의 인사청문회는 소관상임위원회의 인사청문회를 겸하는 것으로 본다(같은 항 제2문). 둘째, 이미 임기가 시작된 기존의 재판관 중에서 헌법재판소장을 임명하는 경우 그 임기를 어떻게 볼 것인가이다. 헌법이 헌법재판소장의 임기를 따로 규정하지 않은 이상 그런 경우에는 재판관의 잔여임기 동안만 소장으로 재직하고 퇴직하는 것으로 보아야 한다. 그러나 재판관은 연임이 허용되므로(헌법 제112조 제1항; 헌법재판소법 제7조 제1항), 재판관이 중도에 사퇴하고 새로 재판관으로 임명됨과 동시에 헌법재판소장으로 임명된 경우에는 그 때부터 새로 임기가 시작된다고 봄이 타당하다. 5. **헌법재판소의 조직** 헌법재판소의 조직은 법률로 규정하도록 위임되어 있다(헌법 제113조 제3항). 헌법재판소법은 재판관회의, 사무처, 헌법연구관, 헌법재판연구원, 헌법재판소장 비서실 등으로 조직된다(헌법재판소법 제2장). 6. **헌법재판소의 일반심판절차** 1) **개설** 헌법재판은 일반심판절차와 특별심판절차로 나누어 행해진다. 일반심판절차는 헌법재판소의 전체 절차를 아우르는 절차구조와 원칙을 정하는 것으로 헌법재판소법이 규정하고 있다(동법 제3장 제22-40조). 심판절차를 규율하는 법원(法源)은 헌법과 헌법재판소법 및 헌법재판소 심판규칙이 직접적 법원이며, 소송절차에 관한 다른 법령들, 즉 민사소송법, 형사소송법, 행정소송법이 준용될 수 있다. 헌법재판은 객관소송의 성격, 직권주의, 비용 국가부담, 종국결정의 효력의 특수성 등 다른 소송절차와는 상이한 특성을 가지기 때문에, 다른 소송법을 준용하는 경우에도 특성에 맞게 준용하여야 한다. 준용에는 일반적으로 민사소송법, 탄핵심판의 경우 형사소송법, 권한쟁의 및 헌법소원의 경우 행정소송법을 준용하는 총괄적 준용과, 특정 사항에 대하여 다른 법률을 준용하도록 명시하는 개별적 준용이 있다. 준용하더라도 헌법재판의 성질에 반하지 않아야 하는 한계가 있다. 직접적 법원이나 준용법률이 없는 경우에는 헌법재판소가 헌법재판의 특성에 따른 한계 내에서 해석적 보충을 할 수 있다. 2) **재판부 구성과 심판정족수(제22-23조)** ① **재판부** 헌법재판소에 재판관 전원으로 구성되는 재판부(**전원재판부**)를 둔다. 헌법재판소법에 특별한 규정이 없는 한 헌법재판소의 모든 심판은 재판부에서 관장한다. 재판장은 헌법재판소장이 되며, 심판청구에 대한 보정요구, 수명(受命)재판관의 지정 등 심판진행에 대한 지휘권을 갖는다. 재판부는 재판관 7명 이상의 출석으로 사건을 심리한다. 재판부는 종국심리에 관여한 재판관 과반수의 찬성으로 사건에 관한 결정을 한다. 다만, 법률의 위헌결정, 탄핵의 결정, 정당해산의 결정, 헌법소원에 관한 인용결정을 하는 경우 및 종전에 헌법재판소가 판시한 헌법 또는 법률의 해석, 적용에 관한 의견을 변경하는 경우에는 재판관 6명 이상의 찬성이 있어야 한다. 헌법재판소장은 재판관 3명으로 구성되는 **지정재판부(헌법재판소법 제72-73조)**를 두어 헌법소원심판의 사전심사를 담당하게 할 수 있는데, 현재 3개의 지정재판부를 설치·운영하고 있다. 지정재판부는 재판관 전원의 일치된 의견에 의한 결정으로 헌법소원심판청구를 각하할 수 있다. 지정재판부는 전원의 일치된 의견으로 각하결정을 하지 않는 경우에는 결정으로 헌법소원을 재판부의 심판에 회부하여야 하고, 헌법소원심판 청구 후 30일이 지날 때까지 각하결정이 없는 때에는 심판에 회부하는 결정이 있는 것으로 본다. ② **제척·기피·회피(제24조)** 재판관이 당사자이거나 당사자와 일정한 친척관계에 있는 경우 등 재판관이 구체적인 사건에 관하여 헌법재판소법 제24조 제1항이 정하는 특수한 관계가 있는 경우에는 그 사건에 관한 직무집행에서 **제척**된다. 재판관에게 공정한 심판을 기대하기 어려운 사정이 있는 경우 당사자는 그 재판관에 대하여 **기피**신청을 할 수 있다. 재판관이 스스로 제척·기피의 사유가 있다고 인정하는 때에는 재판장의 허가를 받아 특정사건의 직무집행을 **회피**할 수 있다. 3) **당사자 등(제25조)** ① **청구인·피청구인** 헌법재판절차에서 자기 이름으로 심판을 청구하는 자를 청구인, 그 상대방을 피청구인이라 한다. 헌법재판의 당사자는 심판절차에 참여할 권리, 심판의 내용에 관하여 자신의 주장을 뒷받침할 수 있는 자료를 제출하고 의견을 진술할 권리 등을 가진다. 또한 증거조사를 신청할 수 있다. ② **이해관계인·참가인** 위헌법률심판 및 헌법소원심판에서 재판부는 필요하다고 인정하는 경우에는 변론을 열어 당사자·이해관계인, 그 밖의 참고인의 진술을 들을 수 있다. 위헌법률심판의 경우에는 당해 소송사건의 당사자 및 법무부장관이, 헌법소원에서는 이해관계가 있는 국가기관 또는 공공단체와 법무부장관이 의견서를 제출할 수 있다. 헌법재판소의 심판절차에 관하여 법에 특별한 규정이 있는 경우를 제외하고는 민사소송에 관한 법령이 준용되므로(헌법재판소법 제40조 제1항 전문) 심판결과에 이해관계를 가진 제3자는 보조참가 등 소송참가를 할 수 있다. ③ **대표자 · 소추위원** 헌법재판소의 각종 심판절차에 있어서 정부가 당사자 또는 참가인인 때에는 법무부장관이 정부를 대표한다. 탄핵심판에 있어서는 국회 법제사법위원회의 위원장이 소추위원이 되어 심판을 청구하고 변론에 관여한다. ④ **대리인 · 국선대리인** 각종 심판절차에서 당사자인 국가기관 또는 지방자치단체는 변호사 또는 변호사의 자격이 있는 소속 직원을 대리인으로 선임하여 심판을 수행하게 할 수 있다. 각종 심판절차에서 당사자인 사인은, 자신이 변호사의 자격을 가진 때를 제외하고는, 변호사를 대리인으로 선임하지 아니하면 심판청구나 심판수행을 하지 못한다(변호사강제주의). 헌법소원심판을 청구하려는 자가 변호사를 대리인으로 선임할 자력이 없는 경우에는 헌법재판소에 국선대리인을 선임하여 줄 것을 신청할 수 있다. 헌법재판소는 당사자의 국선대리인선임신청이 헌법재판소규칙에서 정한 무자력 요건을 충족한 때 또는 국선대리인선임신청이 없더라도 공익상 필요하다고 인정할 때에는 무자력 요건과 상관없이 변호사 중에서 국선대리인을 선정한다. 다만, 그 심판청구가 명백히 부적법하거나 이유없는 경우 또는 권리의 남용이라고 인정되는 경우에는 국선대리인을 선정하지 아니할 수 있다. 국선대리인에 대한 보수는 국고에서 지급한다. 4) **심판의 청구(제26-29조)** 헌법재판소에 대한 심판청구는 신청주의, 서면주의, 도달주의를 원칙으로 하여, 심판절차별로 정해진 청구서를 헌법재판소에 제출함으로써 한다. 청구서는 방문, 우편 및 인터넷을 통하여 제출할 수 있다. 다만, 위헌법률심판에서는 법원의 제청서, 탄핵심판에서는 국회의 소추의결서의 정본으로 청구서를 갈음한다. 심판청구서에는 필요한 증거서류 또는 참고자료를 첨부할 수 있다. 심판청구의 변경은 원칙적으로 허용되지만, 일정한 경우 인정되지 아니한다. 재판장은 심판청구가 부적법하나 보정할 수 있다고 인정되는 경우에는 상당한 기간을 정하여 보정을 요구하여야 한다. 일단 보정이 있는 때에는 처음부터 적법한 심판청구가 있는 것으로 본다. 청구서 또는 보정서면을 송달받은 피청구인은 헌법재판소에 답변서를 제출할 수 있다. 청구의 취하에 대해서는 법상 아무런 규정이 없으나, 원칙적으로 청구를 취하할 수 있다. 다만, 헌법소송의 특성상 사적 자치 및 처분권주의가 제한될 수 있으므로 취하가 있더라도 본안판단을 할 수 있다. 5) **심판절차** ① **송달과 답변서 제출(제27 · 29조)** 헌법재판소가 청구서를 접수한 때에는 지체 없이 그 등본을 피청구기관 또는 피청구인에게 송달하여야 한다. 위헌법률심판의 제청이 있으면 법무부장관 및 당해 소송사건의 당사자에게 그 제청서의 등본을 송달한다. 청구서 또는 보정 서면을 송달받은 피청구인은 헌법재판소에 답변서를 제출할 수 있다. 답변서에는 심판청구의 취지와 이유에 대응하는 답변을 적는다. ② **심판의 지휘와 공개(제34 · 35 · 39조의2)** 심판의 변론과 종국결정의 선고는 심판정에서 행한다. 다만, 헌법재판소장이 필요하다고 인정하는 경우에는 심판정 외의 장소에서 할 수 있다. 재판장은 심판정의 질서와 변론의 지휘 및 평의의 정리를 담당한다. 헌법재판소 심판정의 질서유지와 용어의 사용에 관하여는 「법원조직법」 규정을 준용한다. 심판의 변론과 결정의 선고는 공개한다. 다만, 결정으로 비공개를 할 수 있다. 서면심리와 평의는 공개하지 아니한다. 헌법재판소의 심판에 관하여는 「법원조직법」 제57조 제1항 단서와 같은 조 제2항 및 제3항을 준용한다. 누구든지 권리구제, 학술연구 또는 공익 목적으로 심판이 확정된 사건기록의 열람 또는 복사를 신청할 수 있다. 다만, 헌법재판소장은 법 소정의 어느 하나에 해당하는 경우에는 사건기록을 열람하거나 복사하는 것을 제한할 수 있다. ③ **심판기간과 심판비용(제37-39조)** 헌법재판소는 사건을 접수한 날부터 180일 이내에 종국결정의 선고를 하여야 하며, 재판관의 궐위로 7명의 출석이 불가능한 때에는 그 궐위기간은 심판기간에 산입하지 아니한다. 위 심판기간을 정한 헌법재판소법 조항은 훈시적 규정이므로, 헌법재판소가 심판기간인 180일 이내에 반드시 종국결정을 선고해야 할 법률상 의무가 있는 것은 아니다. 헌법재판소의 심판비용은 국가가 부담한다. 다만, 당사자의 신청에 의한 증거조사의 비용은 헌법재판소규칙이 정하는 바에 따라 그 신청인에게 부담시킬 수 있다. 헌법재판소는 헌법소원심판의 청구인에 대하여 헌법재판소규칙으로 정하는 공탁금의 납부를 명할 수 있다. 헌법재판소는 이미 심판을 거친 동일한 사건에 대하여는 다시 심판할 수 없다(일사부재리). 6) **심리(제30-31조)** ① **방식과 절차** 헌법재판의 심리는 구두변론과 서면심리에 의한다. 심리절차는 민사소송법에 따라 준비절차와 변론절차로 구성된다. 탄핵의 심판, 정당해산의 심판 및 권한쟁의의 심판은 구두변론에 의한다. 위헌법률의 심판과 헌법소원에 관한 심판은 서면심리에 의한다. 다만, 재판부는 필요하다고 인정하는 경우에는 변론을 열어 당사자, 이해관계인, 그 밖의 참고인의 진술을 들을 수 있다. 재판부가 변론을 열 때에는 기일을 정하여 당사자와 관계인을 소환하여야 한다. ② **증거조사(제31 · 32조)** 재판부는 사건의 심리를 위하여 필요하다고 인정하는 경우에는 당사자의 신청 또는 직권에 의하여 당사자 또는 증인 신문, 증거자료의 제출요구 및 영치, 감정 또는 검증 등의 증거조사를 할 수 있다. 재판부는 결정으로 다른 국가기관 또는 공공단체의 기관에 심판에 필요한 사실을 조회하거나, 기록의 송부나 자료의 제출을 요구할 수 있다. 다만, 재판 · 소추 또는 범죄수사가 진행 중인 사건의 기록에 대하여는 송부를 요구할 수 없다. 7) **평의와 평결** ➜ 평의와 평결(헌법재판소 심판절차에서의 평의와 평결). 8) **종국결정(제36조)** 재판부가 심리를 마친 때에는 종국결정을 한다. 종국결정을 할 때에는 사건번호와 사건명, 당사자 또는 대리인의 표시, 주문, 이유, 결정일을 기재한 결정서를 작성하고, 심판에 관여한 재판관 전원이 서명날인하여야 한다. 심판에 관여한 재판관은 결정서에 의견을 표시하여야 한다. ➜ 헌법재판소결정의 종류. 9) **가처분** ➜ 가처분. 10) **재심** ➜ 재심. 7. **특별심판절차** 1) **위헌법률심판** ➜ 위헌법률심판. 2) **탄핵심판** ➜ 탄핵심판. 3) **정당해산심판** ➜ 정당해산제도. 4) **권한쟁의심판** ➜ 권한쟁의심판. 5) **헌법소원심판** ➜ 헌법소원심판. 8. **현행헌법상 헌법재판제도의 문제점과 개선방안** 1) **헌법재판소와 법원의 규정체계** 법해석의 통일성과 헌법재판의 일원화를 위해서는 헌법재판소와 법원을 통합적으로 규정할 필요가 있다. 다만, 헌법재판소와 법원을 하나의 기관으로 하기보다는 독일의 경우와 같이 최고사법기관을 다원화하는 것이 적절하다. 헌법재판소, 일반대법원, 행정대법원 등으로 최고사법기관을 두어 독립적으로 권한을 행사하게 하고, 사법부 최고의사결정기관으로 사법평의회 혹은 사법원 등을 두는 방안도 고려할 수 있을 것이다. 2) **최종적 헌법해석기관의 일원화 문제** 현행의 헌법재판은 헌법재판소와 대법원으로 나뉘어 있으나, 헌법해석권한을 헌법재판소에서 전담할 수 있도록 함이 적절하다. 3) **헌법재판소 재판관의 수의 문제**

외국의 예에서는 재판관의 수를 15인으로 하는 나라가 많다. 우리의 경우에도 헌법재판소 결정의 신중성과 다양성을 고려하여 재판관의 수를 확대할 필요가 있다. 예비재판관을 둘 필요도 있다. 4) **재판관의 임기와 정년** 외국의 경우, 임기가 9년, 12년, 종신 등의 다양한 예를 볼 수 있는데, 우리나라의 경우 임기를 연장하되, 단임으로 하자는 주장이 있다. 정년의 경우, 헌법에서는 규정을 두지 않고, 헌법재판소법에서 65세로 하였다가(구 헌법재판소법 제7조 제2항) 2014년 법 개정에서 70세로 정하고 있는데(헌법재판소법 제7조 제2항), 이는 위헌의 의심이 있다. 5) **헌법재판소장의 선출방식과 임기** 현행헌법과 헌법재판소법에서는 이에 관하여 명시적인 규정이 없다. 이로 인해 우리 헌정사에서는 정치적 논란이 되기도 하였다(전효숙 재판관 소장임명사건). 헌법에 명시할 수 없다면 헌법재판소법에라도 명시할 필요가 있다. 6) **헌법재판소의 관할 관련** 이와 관련하여, 추상적 규범통제가 배제되어 있다는 점, 재판소원이 배제된 점, 법률과 명령·규칙에 대한 위헌심사를 이원화한 점, 변형결정의 근거가 없는 점, 탄핵제도에서 탄핵대상과 탄핵소추사유의 불명확, 정당해산제도에서의 해산제소사유의 불명확 등이 언급되고 있다. 7) **새로운 관할의 문제** 헌법재판소의 관장사항으로 추상적 규범통제와 선거소송재판권을 포함하여야 한다는 주장이 있다.

헌법쟁송憲法爭訟 ㊍ Verfssungsstreitigkeiten. 헌법쟁송 또는 헌법재판이 무엇을 의미하는가에 대해서는 헌법을 보는 이해방법에 따라 다르게 정의한다. 헌법쟁송을 헌법규범에 대한 법해석작용으로 이해하는 규범주의적 입장에서는 헌법쟁송은 헌법규범과 하위규범 사이의 합치성 여부를 다투는 쟁송으로 이해하며, 헌법을 헌법제정권력이 자신의 정치적 실존에 대하여 내린 정치적 결단이라는 결단주의적 입장에서는 헌법쟁송은 아직 해결되지 아니한 정치적 결단에 대한 다툼으로서 정치적으로 해결되어야 한다고 본다. 헌법재판의 법적 성격의 문제와 관련이 있다. ➜ 헌법재판의 법적 성격.

헌법적 관습憲法的 慣習 ➜ 관습헌법.

헌법적 대표설憲法的 代表說 ➜ 국민(國民)과 대표(代表)의 관계.

헌법전문憲法前文 ㊎ preamble, ㊍ Präambel, ㊏ préambule. 1. **의의** 헌법전문은 형식적 및 실질적 관점에서 이해할 수 있다. 형식적 의미의 헌법전문은 헌법전문이 헌법의 도입 부분에 위치하고, 전문(preamble) 또는 서문(foreword, preface)이라는 표제를 갖춘 성문헌법의 구성부분을 말한다. 실질적 의미의 헌법전문은 내용적인 관점에서 헌법의 기본원리나 헌법제정, 개정의 역사를 기술한 성문헌법의 구성부분을 말한다. 오늘날 대부분의 입헌주의 국가는 형식적 의미의 헌법전문을 가지고 있다. 헌법전문과 관련하여 문제가 되는 것은 전문의 기능이 정확히 무엇인가이다. 헌법본문이 국민의 권리나 의무 또는 국가기관의 권한을 구체적으로 규정하는 형식을 취하고 있는 반면 전문은 정치적 선언, 호소, 약속 등의 형식으로 표현된다. 이런 점에서 헌법전문이 선언적 기능과 사회통합적 기능을 한다는 점은 의문이 없지만 이것이 과연 규범적 기능을 하는지에 대해서는 논란이 있을 수 있다. 설령 규범적 기능을 인정한다 하더라도 구체적인 사건에서 단순히 헌법해석의 지침에 그치는 것인지 아니면 나아가 기본권이나 헌법상 의무의 근거가 되거나 헌법개정의 한계를 설정하는 것인지에 대해서는 의견이 나뉠 수 있다. 2. **헌법전문의 주요 내용** 헌법전문을 실질적 의미로 이해하는 경우에 헌법전문에 기술되는 내용은 대체적으로 다음과 같은 몇 가지로 정리할 수 있다. 첫째, 주권의 소재이다. 대부분의 헌법전문은 주권의 소재를 밝히고 있다. 일부 국가의 경우에는 일반적인 의미에서의 국민을 주권자로 정하고 있다. 국가에 따라 국민과 대의기구를 공동의 주권자로 정하거나 대의기구만을 주권자로 정하는 경우도 있으며, 주권의 소재에 대해 전혀 언급하지 않는 헌법전문도 있다. 연방국가의 경우에는 일반적으로 구성주와 그 주민들을 주권자로 정하는 경우가 많다. 둘째, 역사적 기술이다. 일반적으로 헌법전문에는 언어나 민족전통과 관련하여 국가 또는 국민에 대한 역사적 기술이 나타난다. 이는 공동체의 정체성을 형성하는 기능을 한다. 또한 여기에서는 국가 창설에 영향을 미친 과거의 역사적 사건이 언급된다. 셋째, 국가가 지향하는 궁극적 목표이다. 헌법전문에는 해당 국가가 지향하는 여러 가지 궁극적 목표가 기술된다. 다만 이 같은 목표들은 보편성·추상성을 띠는 경우가 많다. 그 예로 정의·박애주의·인권보장, 사회주의나 자본주의 경제질서와 같은 국가경제질서의 목표, 연방국가의 경우에 연방의 발전과 유지 등을 들 수 있다. 넷째, 국가의 정체성이다. 헌법전문은 보통 국가적 신념에 대한 기술을 담고 있다. 헌법전문에 제시되는 헌법적 신념이나 철학의 예로는 천부인권이나 자유의 보장, 인간의 존엄성 등을 들 수 있다. 3. **헌법전문의 역사적 기원** 헌법전문은 최초의 근대입헌주의 헌법인 미국헌법이 전문을 채택한 것으로부터 비롯하고 있다. 미국 헌법전문은 헌법교육과 헌법적 담론 형성에 핵심적인 메시지를 담고 있다. 그럼에도 미국의 사법부가 헌법전문을 직접적인 근거로 판결을 선고한 경우는 그리 많지 않았으며, 헌법전문으로부터 특정한 기본권을 도출하거나 헌법전문에 근거해 기본권을 제한할 수 있다는 주장을 받아들이지 않았다. 미국 연방대법원은 헌법전문은 헌법해석의 지침이 될 수는 있지만, 이로부터 직접 국민의 기본권이나 연방정부의 권한이 도출되지는 않는다는 입장을 제시해오고 있다. 4. **헌법전문의 기능** 헌법전문은 대체적으로 다음과 같은 몇 가지 기능을 수행한다. 첫째, 교육적 기능이다. 헌법전문은 성문헌법전의 가장 중요한 구성부분 중의 하나로서 국민들에게 헌법을 홍보하는 기능을 담당한다. 둘째, 설명적 기능이다. 헌법전문은 헌법제정의 이유를 밝히고 헌법이 지향하는 궁극적 목표를 제시한다. 셋째, 형성적 기능이다. 헌법전문은 국가적 정체성을 공고히 하는 정치적 구심점으로 기능한다. 넷째, 법규범으로서의 기능이다. 헌법전문은 국가와 국민의 행위규범으로 작용하고 재판에 적용되는 재판규범으로 기능한다. 5. **우리나라 헌법전문의 경우** 1) **내용** 우리 헌법도 전문을 두고 있으며, 헌법의 성립유래와 국민주권주의, 대한민국 임시정부의 법통계승, 자유민주주의, 민족적 민주주의를 통한 평화통일, 국민의 자유와 권리의 보장, 국제평화주의 등을 명시하고 있다. 2) **규범적 성격** 헌법전문의 내용 중에 추상적인 용어로 기술되어 있는 역사적 배경이나 헌법제정자의 다짐 등은 규범적 기능을 갖는다고 보기 어렵다. 그러나 국민주권주의, 자유민주주의, 평화통일주의, 민족주의, 복지국가주의, 국제평화주의 등은 규범적 기능을 갖는다고 보아야 한다. 따라서 이들은 국가기관을 구속하는 규범적 효력을 가지며, 이에 따라 입법자에게는 입법의 지침으로서, 법적용기관에게는 헌법과 법률 해석의 기준으로 기능하고 헌법재판기관에게는 공권력행사의 위헌성을 심사하는 재판규범이 된다. 또한 이들은 헌법개정의 한계로 작용한다. 우리 헌법전문에서 헌법해석의 지침이나 헌법개정의 한계로 작용하는 부분으로부터 기본권을 도출할 수 있는가에 대해서는, **전문과 본문이 일치하는 경우**에는 당연히 전문도 법적 성격을 가진다. **전문과 본문이 일치하지 않는 경우**, 특히 전문에만 있는 경우에는 그 내용이 본문과 충돌하지 않는 한 재판규범으로 작용한다고 볼 수 있다. 헌법재판소는 「전문에서 "3.1운동으로 건립된 대한민국임시정부의 법통을 계승"한다고 선언하고 있다. 이는 대한민국이 일제에 항거한 독립운동가의 공헌과 희생을 바탕으로 이룩된 것임을 선언한 것이고, 그렇다면 국가는 일제로부터 조국의 자주독립을 위하여 공헌한 독립유공자와 그 유족에 대하여는 응분의 예우를 하여야 할 헌법적 의무를 지닌다.」라고 하여 전문으로부터 국가의 헌법적 의무를 도출하고 있다(헌재 2005.6.30. 2004헌마859). 다만 적극적으로 기본권이 도출될 수 있는지에 대해서는 명확하지 않다. 우리 헌법은 자유권, 청구권, 참정권, 평등권에 이어 사회권까지 규정하고 있고, 헌법 제10조와 같은 포괄적 기본권 조항을 두고 있으며, 이에 덧붙여 헌법 제37조 제1항에서 헌법에 열거되지 않는 기본권까지 보장하고 있다. 또한 일반론적인 측면에서도 기본권은 통치구조와 달리 비교적 헌법해석의 여지가 넓은 영역이다. 따라서 우리 헌법의 경우에 헌법에 열거되지 않은 기본권을 굳이 헌법전문에서 도출할 필요는 없을 것이다.

헌법정책학憲法政策學 헌법정책학은 헌법규범과 헌법현실을 일치시킬 목적으로 헌법규범을 실현할 제 조건을 강구하거나, 헌법규범이 헌법현실에 적합한 것이 되게 하기 위한 헌법개정의 방향·목표 등을 제시하는 것을 과제로 하는 분과이다. 이에 대해서는 '헌법정책학' 자체의 개념적 유용성이 크지 않다는 이유에서 반대하는 견해도 있다.

헌법제정憲法制定 ㉮ constitution making, ㉯ Verfassungsgebung. 헌법제정권력자가 헌법제정권력을 행사하여 국가의 새로운 기본적 법규범인 헌법을 창조하는 행위로서, 사실적 개념으로서의 헌법의 형성과 구별된다.

헌법제정권력憲法制定權力 ㉮ constituent power/constitution-making power, ㉯ verfassungsgebende Gewalt, ㉰ pouvoir constituant (originaire). 1. **서론** 1) **의의** 정치권력의 귀속과 행사에 관한 근본규범을 정립하는 권력으로, 한 국가의 새로운 법질서를 창출하는 헌법규범을 정립하는 권력이다. 프랑스에서는 시원적 제헌권이론으로 전개되었다. 헌법제정권력론(시원적 제헌권이론)은 1789년 프랑스 혁명과 더불어 새로운 법질서를 창출하는 과정에서 **시에예스**A.Sieyes에 의하여 강조되었다. 시에예스는 헌법제정권력을 시원적이고 창조적인 권력으로 제3신분에 속하는 것이라고 주장하였다. 하지만 당시 상황에 비추어 국민투표가 불가능할 것으로 생각하여 귀족·성직자·시민계급의 대표로 구성된 제헌의회를 주장하였다. 시에예스의 이론은 19세기와 20세기 초의 독일 법실증주의 헌법학에서는 전면 부인되었다. 법실증주의에서는 헌법제정권력과 헌법개정권력 및 입법권은 모두 동일한 것이며 사실적 힘으로서 구별되지 않는다고 보았다. C. Schmitt는 헌법제정권력을 부인한 법실증주의를 배척하고 이를 다시 부활시켰다. 그는 헌법의 정당성을 규범이 아닌 헌법제정권력의 정치적 결단에서 구하여, 형성된 권력이 아닌 형성하는 권력으로서의 시원성을 강조하였다. 따라서 헌법제정권력은 당연히 헌법개정권력과 입법권보다 상위의 권력이며, 헌법제정권력에는 한계가 없다고 보았다. 헌법제정권력이론은 법철학 내지 국가철학적 주제로서 근대 이후의 국가학 내지 헌법학의 이론적 출발점이라 할 수 있다. 2) **본질** 헌법제정권력은 새로운 법이념에 기초하여 국가의 새로운 법질서를 창출하는(**창조성**) 제1차적이고 시원적인 권력이다(**시원성**). 그것은 기존의 어떠한 법질서에도 구속되지 아니하고 스스로 행하는(**자율성**) 권력이라는 점에서 헌법개정권력(제도화된 제헌권; pouvoir constituant institué)과는 구별된다. 또한 헌법제정권력은 헌법에 제도화된 틀 속에서 행사되는 입법권 · 행정권 · 사법권 등의 국가권력의 포괄적 기초가 되기 때문에 통일적이고 분할될 수 없는(**통일성 · 불가분성**) 권력이다. 헌법제정권력의 논리적 기초는 국민주권주의에 기초한 근대입헌주의의 탄생과 직결되므로 주권자는 헌법제정권력을 항구적으로 향유(**항구성**)할 뿐만 아니라 헌법제정권력이 주체인 국민도 그것을 양도할 수 없다(**불가양성**). 그러므로 헌법제정권력은 이론상 위임될 수 없다. 헌법제정권력이 행사되는 경우는 그 행사 자체를 평가할 수 있는 기준이 있을 수 없기 때문에 무조건적이며 스스로를 정당화할 수 밖에 없다. 이는 곧 혁명적 정당성을 의미하는 것이며 방법적으로는 제헌권 자체의 의사표시로서 선거라는 행위를 통해 드러난다. 3) **구별개념** 헌법제정권력과 구별되는 개념으로는, 주권, 헌법개정권력, 입법권, 통치권 등이다. 주권은 국가공동체 내에서 최고의 권위와 권력을 가지는 것을 의미하므로 주권자가 헌법제정권력자임은 당연하다. 다만 양자 사이의 선후관계에서는 주권이 우선한다. 주권자는 곧 헌법제정권력자이며 그로부터 헌법이 창설되고 그 헌법이 헌법개정권력을 규정하므로, 헌법개정권력은 제도화된 제헌권이라 할 수 있다. 또한 헌법제정권력에 의해 창설된 국가권력은 헌법에 의하여 수권된 권력으로서 통치권을 그 내포로 한다. 하지만 헌법제정권력에 의해 창설된 통치권의 본질적 부분을 변경하는 제도화된 제헌권 즉 헌법개정권력의 행사는 자칫 헌법제정권력 자체를 변경할 수도 있기 때문에 한계가 있다. 2. **헌법제정권력의 실현과 혁명** 새로운 법질서를 창설하는 헌법제정권력의 행사는 필연적으로 혁명적일 수박에 없다. 이는 기존의 법이념을 변경하여 새로운 법이념을 창설하는 것이므로 기존의 질서에 대해서는 필연적으로 저항적일 수박에 없다. 이 점에서 혁명과 쿠데타가 구별될 수 있다. 혁명과 쿠데타의 본질적 차이는 그 기본이념과 궁극목적에 있다. 혁명은 국민에게 헌법제정권력을 다시 부여하지만, 쿠데타는 단지 현 집권세력을 축출하고 새로운 집권세력으로 교체될 뿐이다. 3. **헌법제정권력의 정당성과 적법성** 정당성과 적법성은 본질적으로 서로 다른 범주에 속하는 개념이지만, 서로 이율배반적이거나 배척적인 것은 아니다. 헌법제정권력은 정당성을 부여하지만 반드시 합법성과 동일시되지는 않는다. 정당성이 창출하는 질서는 반드시 법적 질서로 한정되지는 않는다(예컨대 사회주의적 질서). 따라서 합법성은 정당성에 기초하여 창출된 질서가 법적 질서로 나타날 때 비로소 논의될 수 있다. 오늘날 법치주의적 질서는 인류보편의 질서로 인식되고 있으므로 헌법제정권력에 의해 창출된 질서가 법치주의적 질서로 되고 그에 따라 합법성도 인정될 수 있다. 4. **헌법제정권력의 한계** 1) **학설** (1) **한계부인설** 시에예스(A.Sieyès)는 헌법제정권력이 시원적인 권력이라는 점에서, 슈미트(C.Schmitt)는 헌법제정권력이 헌법제정권자의 의지에서 나오는 힘이라는 점에서 헌법제정권력 행사의 한계를 부인한다. (2) **한계긍정설** 케기(Kägi)는 불변의 근본규범에, 마운쯔(Maunz)는 자연법상의 원리에, 뷔르도(Burdeau)는 법이념을 헌법제정권력의 한계로 보았다. 독일연방헌법재판소는 초실정법적 원칙에 구속된다고 본다. 우리나라의 통설도 한계긍정설이다. 2) **헌법제정권력 한계의 내용** (1) **절차상의 한계** 헌법제정권력의 행사로 비로소 실정법인 헌법이 제정되므로 헌법제정권력의 행사에는 실정법상의 한계는 없다. 다만 국민이 헌법제정 권력자이므로 국민의 기본적 합의가 반영될 수 있도록 하기 위하여 헌법제정안에 대한 공고, 여론수렴절차 등이 요구된다. (2) **초실정법적 자연법상 한계** 인간의 존엄성 존중은 초국가적인 자연법에서 유래하기 때문에 헌법제정권력도 이에 구속된다고 본다. (3) **보편적 법원칙상 한계** 헌법제정권력은 정의·형평·법적 안정성 등의 관념과 국민주권·민주주의·평화주의와 같은 이념적 한계를 지니고 있다. 헌법제정 당시의 시대사상, 정치이념, 생활감각 등의 시대보편적 이데올로기와 일치해야 한다는 견해도 있다. (4) **국제법적 한계** 제2차 세계대전에 패배한 독일이나 일본의 전후 헌법제정 과정에서 볼 수 있듯이 헌법의 제정에 승전국이 영향력을 행사하는 경우가 있다. 3) **헌법제정권력의 한계를 넘은 헌법제정** 헌법제정의 한계를 벗어나 헌법이 제정된 경우 이는 위법의 문제가 아니라 정당성의 문제일 뿐이다. 즉 헌법제정의 한계를 벗어난 헌법 조문이 정당하지 않다고 할 수 있으나 제정헌법은 합법성의 최고 근거이므로 위법의 문제를 논할 수 없고, 헌법재판절차 등을 통하여 이를 무효화할 수 없다. 다만 국민은 주권자로서 헌법제정권자이므로 국민의 뜻에 반하는 헌법제정을 정치적으로 부정하는 저항권을 행사할 수 있다. 헌법제정권력은 국민적 정당성에 기초한 법이념으로 구체화될 때 비로소 민주주의적 이데올로기로서의 가치를 가진다.

헌법제정의회 [영] constitutional convention, [독] Verfassungsgebende Versammlung, [프] Assemblée constituante. 헌법제정권자가 다양한 정치·사회세력의 대표들로 의회를 구성하고 이 의회에서 헌법을 성안하고 통과시키는 경우에, 이 의회를 일컫는다. **헌법제정회의**라고도 한다. 1787년 미국헌법, 1791·1848·1875년 프랑스헌법, 1976년 포르투갈헌법 등의 예가 있다. 헌법제정 후 의회가 소멸될 수도 있고, 계속 존속할 수도 있다. 또한 기존의 의회가 새로운 선거 없이 헌법제정의회로 전환될 수도 있다. 우리나라의 경우에도 1948.5.10. 총선을 거쳐 의회(제헌국회)를 구성하고 이 의회에서 헌법을 통과시켰으며, 헌법제정 후 계속 존속하였다.

헌법직접적 제한憲法直接的 制限 ➜ 기본권의 제한.

헌법충성憲法忠誠**의 의무**義務 [영] the duty of loyalty to the constitution, [독] die Pflicht zur Verfassungstreue, [프] l'obligation de se conformer à la constitution. 헌법충성의무란 국가와 그 법적 기본질서로서의 헌법에 대하여 충성하여야 한다는 것을 의미한다. 합헌적 법률과 이에 근거한 국가행위에 대한 복종의무를 의미하는 '법복종의무(Rechtsgehorsamspflicht)'와는 다른 개념이다. ➜ 법복종의무. 국가와 헌법에 대하여 충성할 의무는 국민의 기본적 의무라고 할 수는 없다. 왜냐하면, 헌법이 허용하지 않는 정치적 결사, 예컨대 위헌정당과 같은 결사가 아닌 한, 일반국민은 현행의 헌법질서를 부정하고 투쟁할 자유를 가지기 때문이다. 변화하는 현실에 대응하는 새로운 헌법질서를 추구하는 것은 국민의 정치적 자유에 속한다. 따라서 헌법과 국가에 대한 국민의 충성의무는 법적으로 강제할 수 없는 윤리적 의무이지 법적 의무는 아니다. 하지만 공적 직무를 수행하는 공무원은 현행 헌법을 긍정해야 하며 현행의 헌법 및 법률의 규정을 존중하고 이행하며 공직수행에 있어 이를 구체적으로 구현해야 한다. 이러한 공직자의 헌법충성의무는 민주주의 적에게는 자유를 주지 않는다는 방어적 민주주의에서 유래한다. 헌법에의 충성의무는 공무원의 적격여부를 판단하는 중요한 기준이다. 요컨대, 헌법은 일반국민에 대해서는 국가와 헌법에 대한 충성의무를 부과하지 않지만, 공무원에 대해서는 이러한 충성의무를 부과하는 것이다. 헌법충성의무는 국가에 따라 다양하게 나타난다. 우리나라의 경우, 애국가제창이나 국기경례 거부, 국민의례거부행위 등 헌법충성과 관련된 논란이 있었고(헌재 2014.12.19. 2013헌다1(통합진보당 해산결정)), 군인복무시 입영 및 임관선서에서도 규정되어 있다(군인의 지위 및 복무에 관한 기본법 시행령 제17조). 독일의 경우, 학문의 자유의 한계로서 헌법충성의무가 규정되어 있고(GG Art.5 Abs. 3), 연방공무원법 §63에서 공무원의 헌법 및 법률준수의 선서의무가 규정되어 있으며, 군인법에도 관련규정이 있다(Soldatengesetz §7). 일본국 헌법 제99조는「천황 … 기타의 공무원은 이 헌법을 존중하고 옹호할 의무를 갖는다.」라고 규정을 두고 있다. 미국의 경우 공무원의 임용조건으로 요구되는 충성선서, 연방법의 보호를 받기 위한 조건으로 노동조합간부에게 요구된 충성선서, 귀화조건으로 요구되는 귀화인에 대한 충성선서, 변호사협회 가입시 변호사에게 요구되는 충성선서 및 각 주법에 의해 규정되고 있는 교사와 교수의 충성선서 등 헌법충성의무와 관련된 다양한 현실적 태양들과 관련판례들이 있다.

헌법침해憲法侵害 ➜ 헌법개정(헌법의 침해). 국가통치기관으로부터 유래하는 하향식 헌법침해와 국민으로부터 유래하는 상향식 헌법침해가 있다.

헌법판단회피론憲法判斷回避論 ㊎ Constitutional Avoidance. 1. **의의** 미연방대법원은 19세기 초반부터 제정법 해석에 있어서 위헌의 소지를 회피할 수 있는 해석을 우선적으로 채택해야 한다는 헌법판단회피 원칙을 일반적으로 적용하여 왔다. 헌법판단회피 원칙은 U.S. ex rel. Attorney General v. Delaware & Hudson Co., 213 U.S. 366 (1909) 판결에서 현대적인 형태를 취하였고, Ashwander v. Tennessee Valley Authority, 297 U.S. 288 (1936) 판결의 보충의견에서 연방법원의 권한범위를 형성하는 핵심 원칙 중 하나로 자리 잡았다. 보충의견에서 Brandeis는「헌법문제가 기록에 의하여 적절히 제기되어 있더라도 만약 사건을 처리할 수 있는 다른 이유가 존재하는 경우에는 법원은 그 헌법문제에 대해서는 판단하지 않는다. 그리하여 만약 사건의 하나는 헌법문제를 포함하고 다른 하나는 법률문제를 포함한다는 두 가지 이유 중 어느 하나에 의하여 해결될 수 있다면 법원은 후자만으로 결정한다.」고 하고,「의회의 법률의 효력이 문제된 경우에 합헌성에 관하여 중대한 의심이 제기되더라도 법원이 그 헌법문제를 회피할 수 있는 법률해석이 가능한가 아닌가를 먼저 확정하는 것이 기본적인 원칙이다.」라고 하였다. 이후 연방대법원은 표현의 자유, 노동관계, 위임입법의 한계 등 다양한 영역의 제정법 해석에서 위 원칙을 적용하였다. 2. **찬반론** 헌법판단회피 원칙은 전통적으로 사법자제와 입법자 존중의 관점에서 정당화되어 왔다. 또한 위헌적 의심을 회피하는 해석을 택하는 것이 위헌의 소지가 있는 제정법을 무효화하는 것보다 의회에 의한 민주적 해결의 가능성을 높인다는 장점도 거론되어 왔다. 그러나 다른 한편, 위 원칙이 실제로는 헌법적 판단을 회피하는 것이 아니며 사법자제 또는 입법자 존중의 요청에도 부응하지 못한다는 비판, 헌법판단회피 원칙이 연방대법원으로 하여금 책임을 방기하도록 하거나, 일관된 기준 없이 제정법을 왜곡할 수 있도록 한다는 비판 등이 그것이고, 이러한 난점을 강조하면서 이 원칙을 포기하자는 주장이 제기되기도 하였다. 그러나 제정법 해석에 있어서 위헌적 의심이 있는 해석보다 그러한 의심을 피할 수 있는 합헌적 해석을 우선시해야 한다는 요청은 헌법의 최고규범성을 인정하는 동시에 입법과 사법을 분리시키고 있는 헌정체제에서 필연적인 것이므로 포기될 수 있는 것이 아니다. 단, 헌법판단회피 원칙이 곧 사법자제라는 단순한 등식은 성립할 수 없으며, 그 적용양상에 따라 때로는 사법자제의 요청에, 때로는 헌법규범의 강력한 관철이라는 요청에 부응할 수 있다고 보는 것이 적절하다. 3. **우리나라에서의 적용** 헌법판단회피 원칙에 대한 논의는 법원의 헌법합치적 해석과 위헌법률심판제청의 이해와 관련된다. 병역법 제88조 제1항 본문 제1호에 관한 하급심 법원의 헌법합치적 해석과 위헌제청, 그에 따른 헌법재판소 결정(헌재 2018.6.28. 2011헌바379) 등의 과정에서 볼 수 있는 바와 같이, 법원의 헌법합치적 해석은 위헌제청을 통한 헌법적 판단의 개시를 회피하는 의미가 있으므로, 그 논의가 헌법합치적 해석의 기준 및 위헌제청과의 관계에 관한 문제들을 새롭게 규정하고 답하는데 도움을 줄 수 있다. 법원의 헌법합치적 해석은 위헌의 의심을 야기하는 초기해석을 배제하고 대안적 해석을 취하라는 명령으로서 일종의 '약한 형태의 사법심사'로서의 구조를 지니며, 헌법합치적 해석을 정당화하는 위헌의 의심 정도는 위헌제청의 범위와 반비례하는 상관관계를 가진다. 대법원과 하급심의 판례에서도 위헌의 의심 정도에 대한 차등적 접근이 이루어지고 있음을 시사하는 표현들을 찾을 수 있는데, 합헌적 해석의 기준으로서의 위헌의 의심 정도는 법원의 논증부담에 영향을 미치는 의미있는 요인으로 보아야 한다. 즉, 법원은 그러한 의심의 존부와 정도에 관하여 헌법재판소 결정례 등 필수적인 기준들을 참조하면서 논증을 제시할 필요가 있다. 헌법합치적 해석을 정당화하는 초기해석에 대한 위헌의 의심은 차등적으로 적용될 수 있다. 즉, 다른 영역에 비하여 헌법이 특별한 보호를 명하는 기본권의 영역, 헌법합치적 해석이 보다 민주적 방식을 해결을 촉진할 수 있는 영역에 있어서는 합헌적 해석을 정당화하는 위헌적 의심의 정도가 상대적으로 완화되는 것으로 이해하는 것이 타당할 것이다.

헌법평의회憲法評議會 ㉧ constitutional council. 헌법재판기능을 담당하는 국가기관의 명칭으로 국가에 따라 헌법재판소(constitutional court)라는 명칭 대신 사용되는 용어이다. 프랑스, 이란, 카자흐스탄, 캄보디아, 카메룬, 레바논, 스리랑카 등의 국가에서 헌법재판기관의 명칭으로 규정되어 있다. 우리나라에서는 헌법재판소라고 번역하는 예가 많다.

헌법합치적 법률해석憲法合致的 法律解釋 ➜ 합헌적 법률해석.

헌법핵憲法核 ㉤ Verfassungskern. 헌법핵은 헌법제정권자가 내린 근본결단에 속하는 사항을 의미한다. C. Schmitt가 그의 헌법학(Verfassungslehre;1928)에서 분류한 것으로, '헌법(Verfassung)'은 정치적 통일체의 종류와 형식에 관한 전체결단으로서 절대적 의미의 헌법이며, '헌법률(Verfassungsgesetz)'은 그 외의 헌법규정으로서 상대적 의미의 헌법이라고 한다. 여기서 '헌법'을 헌법핵으로 이해함이 일반적이다. Schmitt는 헌법핵을 개정하는 것은 새로운 헌법의 제정이며, 헌법률만이 개정대상이 된다고 본다. 독일의 경우, 기본법 제79조는 「연방을 각 주로 편성하는 것, 입법에 있어서 주의 원칙적인 참여 또는 제1조와 제20조에 규정된 원칙 등에 저촉되는 기본법의 개정은 허용되지 아니한다.」 고 규정하고 있는데, 이는 결코 개정될 수 없는 것으로 받아들여지고 있다. 독일의 경우, 기본법 제1조의 인간의 존엄, 제20조의 연방주의, 법치국가, 사회국가, 민주주의, 저항권 등을 헌법핵으로 보고 있으며, 영구조항(Ewigkeitsklausel)이라고도 한다. 우리나라의 경우 헌법개정과 관련하여 헌법핵과 헌법률을 구별하여 개정의 대상을 정하려는 견해도 있다.

헌법현실 헌법규범에 대응하여 사실적으로 전개되는 현실을 말한다. 헌법현실은 특정 헌법이 작동되는 장이면서, 의지주체들의 의지가 충돌하는 장이기도 하다. 의지가 충돌하는 장이 헌법규범에 의하여 제도화되어 있는 경우에는, 예컨대 의회 내에서의 정치세력 간의 다툼과 같이 제도 내에서의 충돌로 나타난다. 하지만 헌법현실은 제도내적인 부분 외에도 제도외적인 부분에서도 나타난다. 헌법규범이 추구하는 이상적 상태와 헌법현실이 보여주는 실상은 완전히 일치하기는 어렵다. 하지만 그 구성원들의 의지에 의하여 헌법규범과 헌법현실이 끊임없이 합치되도록 추구되어야 한다.

헌정국가憲政國家 ➔ 헌법국가.

Hegel, Georg Wilhelm Friedrich(1770.8.27.-1831.11.14.) 헤겔은 독일관념론을 완성한 것으로 평가받는 Preußen의 철학자이다. 1770년 독일 Baden-Württemberg주의 주도인 Stuttgart에서 태어났으며, 1778년부터 1792년까지 Tübingen신학교에서 수학했다. 그 후 1793년부터 1800년까지 스위스의 수도인 Bern과 독일 Hessen주 Frankfurt에서 가정교사 생활을 했는데 이 때 청년기 헤겔의 사상을 보여주는 종교와 정치에 관한 여러 미출간 단편들을 남겼다. 첫 저술 「Fichte와 Schelling의 철학 체계의 차이」가 발표된 1801년부터 주저 「정신현상학(Phänomenologie des Geistes)」이 발표된 1807년 직전까지 Jena 대학에서 사강사 생활을 했다. 그 후 잠시 동안 독일 Bayern주 Bamberg에서 신문 편집 일을 했으며, 1808년부터 1816년까지 독일 Bayern주 Nürnberg의 한 Gymnasium에서 교장직을 맡았다. 그리고 2년 간 독일 Baden-Württemberg주 Heidelberg대학에서 교수직을 역임한 후, 1818년 독일 Berlin대학의 정교수로 취임했다. 칸트의 이념과 현실의 이원론을 극복하여 일원화하고, 정신이 변증법적 과정을 경유해서 자연·역사·사회·국가 등의 현실이 되어 자기발전을 해가는 체계를 종합·정리하였다. 주요 저서로 「정신현상학」, 「대논리학(Enzyklopädie der Philosophischen Wissenschaften Im Grundriss)」, 「법철학강요(Grundlinien der Philosophie des Rechts)」, 「미학강의(Ästhetik, oder Die Philosophie der Kunst)」, 「역사철학강의(Vorlesungen über die Philosophie der Weltgeschichte)」 등이 있다. 1831년 콜레라로 사망했으며, 자신의 희망대로 피히테 옆에 안장되었다. 헤겔에 있어서 법은 객관적 정신의 즉자적(卽自的:an sich) 현실화인 저차원(低次元)의 단계의 것으로서, 참다운(보편적) 자유를 목표로 하여 도덕의 단계, 다시 도의태(道義態)의 단계로 변증법적인 발전을 하여 간다. 이 도의태의 단계에서 정신은 사랑(愛)의 공동체인 가족으로부터 그것의 부정인 개인주의적 이익공동체로서의 시민사회로 전진하고, 다시 시민사회의 부정을 매개로 하여 국가라는 최고의 단계에 변증법적으로 발전하여 간다고 본다. 이 국가라는 완성단계에서 정신은 완전한 자기실현(보편적 자유)을 얻는다. 국가를 이념과 현실의 완전한 합치, 최고·최종의 것으로 보는 헤겔의 사상은 국가절대주의에 빠지고 당연히 국제법질서까지도 부정한다.

헤렌킴제Herrenchimse**회의** 2차 대전 후 서독 기본법을 제정하기 위한 회의로서, 헤렌킴제 섬에서 개최되었다. 1945.5.7. 독일의 항복 이후, 전승국들은 초기에는 독일을 하나의 국가로 성립시키고자 하였으나, 1947.3.10.의 모스크바 3상회의에서 소련의 제안으로 통일독일에 대한 구상이 달라졌다. 전승국동맹이 분열한 가운데, 1948.6.24.에 시작된 베를린봉쇄 이후 동서독 지역의 정치적 상황은 급변하였다. 전승국들은 1948.7.1.의 프랑크푸르트 문서에서 서부독일의 주지사들에게 제헌회의를 소집하여 헌법을 제정할 것을 요구하였으나, 주지사들은 제헌회의가 아니라 의회협의체로 하고, 헌법이 아니라 기본법으로 할 것을 주장하였다. 1948.7.25.에는 주지사들의 결정으로 헌법문제를 위한 전문가위원회를 구성하여 8.10.-23. 동안 헤렌킴제 섬에서 회의를 가졌다. 이 전문가위원회는 Maunz와 Nawiasky가 주도적이었다. 1948.8. 하반기에 시행된 선거를 거쳐 서부독일 주들의 65명 및 베를린의 5명을 구성원으로 하는 의회협의체를 구성하고(9.1.), K. Adenauer를 의장으로 선출하였다. 전문가위원회의 초안에 대한 제1독회 이후 1948.9.5. 총괄위원회와 5개의 전문위원회를 설치하였다. 의회협의체는 서독의 명칭을 독일연방공화국(Bundesrepublik Deutschland)으로 하고, 핵심적인 헌법원리들과 국가조직을 확정하였다. 전승국 미국, 영국, 프랑스의 다양한 반대와 논란에도 불구하고, 1949.4.24.에 최종적인 안을 확정하여, 4.25.에 군정청의 승인을 받았다. 의회협의체 총괄위원회는 기본법 초안을 5.6.에 완료하고 전체 총회에 회부하였다. 1949.5.6.과 5.8.의 제2, 제3 독회를 거친 후 같은 날인 5.8.에 표결하여 53:12로 초안을 승인하였다. 5.12.에 군정으로부터 승인을 받았고, 1949.5.8., 5.20., 5.21. 각일에 10개주의 표결이 행해졌다. 바이에른주만이 거부하였지만 나머지 주들은 찬성하였다. 5.23.에 공식적으로 기본법의 원안을 확정하였고, 연방관보 제1호로 공포되었다. 군정장관들은 1949.4.14.에 기본법과 더불어 선거법도 의결하도록 의회협의체에 위임하였는데, 의회협의체는 기본법 제137조 제2항에 의해 스스로에게 최초의 연방의회, 최초의 연방회의(Bundesversammlung), 최초의 연방대통령의 선거에 관한 규정권한을 위임받고, 이를 이용하여, 선거법, 연방회의법을 의결하였다. 연방의회선거는 1949.8.14.에 실시되어 9.7.에 본에서 구성되었다. 연방회의는 Theodor Heuss를 연방대통령으로 선출했다. 그의 제안에 의거하여 연방의회는 1949.9.15.에 Konrad Adenauer를 최초의 연방수상으로 선출하였는데, 그는 1949.9.20.에 공직선서를 하고 CDU/CSU, FDP, DP와의 연립정부를 구성함으로써 그의 자리에 취임하였다.

헤세Hesse, Konrad 1919.1.29.~2005.3.15. 1919년에 동프로이센의 Königsberg(현 러시아의 칼리닌그라드)에서 태어나 1950년에 괴팅겐 대학교에서 박사 학위를 취득하고, 1955년에 국가법과 행정법 및 교회법의 교수 자격을 얻었다. 1965년에 프라이부르크 대학교 교수를 시작으로 교편을 잡고, 1961년부터 1975년까지 바덴-뷔르템베르크주 최고행정법원 판사로 있었다. 1975년부터 1987년까지 독일연방헌법재판소 재판관으로 활동했으며, 특히 1983년의 인구조사 판결에서 개인정보자결권(Recht auf informationelle Selbstbestimmung)이라는 용어를 처음 사용하였다. 2003년부터는 바이에른주 학술원 회원이 되었다. 2005년에 프라이부르크에서 영면하였다. 대표적 저작으로 「독일헌법원론(Grundzüge des Verfassungsrecht der Bundesrepublik Deutschland)」이 있다. 이 저서는 1995년까지 20번의 개정을 거쳤고, 전 세계 140여 개 국어로 번역되었다.

헤어/니마이어 Hare/Niemeyer**식 비례대표제** → 대표의 결정방식.

헬러Heller, Hermann Ignaz 1891.7.17.-1933.11.5. 오스트리아령 테센(Teschen)에서 출생하여, 비인, 그라츠, 인스브루크,키일 대학에서 법률학과 국가학을 배우고, 1915년 그라츠 대학에서 학위를 취득하였다. 1차 대전 후 키일 대학에서 교수자격논문을 준비하는 한편, 당시 키일 대학 교수이었던 라드브루흐와 함께 노동자대중의 교육기관인 「민중대학(Volkshochschule)」의 창설에 참가하면서, 1920년에는 사회민주당에 입당하였다. 1920년 키일 대학의 강사가 되었지만, 승진의 길이 막혀 1922년 라이프치히 대학에서 다시 교수자격을 취득하였다. 1927년 「주권론(Die Souveränität. Ein Beitrag zur Theorie des Staats und Völkerrecht)」을 출판하자 베를린대학에서 이를 높이 평가하여 조교수로 초빙하였다. 이 후 C. Schmitt, R. Smend와 함께 공법학자·정치학자로서 명성을 얻게 되었다. 1932.3.부터 프랑크푸르트 대학의 정교수가 되었다. 1933.3. 나치의 권력장악으로 대학에서 추방되었고, 런던에서 강연한 후, 스페인으로 가서 마드리드 대학의 법학부 교수로 부임하였다. 망명 중에도 「국가학(Staatslehre)(1934)」의 집필에 몰두하였다. 집필 중 심장병이 재발하여 1933.11.5. 42세의 나이로 사망하였다. 사회적 법치국가 개념을 최초로 사용하였다. 주저로 「Hegel und der nationale Machtstaatsdenken in Deutschland(1921)」, 「Sozialismus und Nation(1925)」, 「Rechtsstaat oder Diktatur(1930)」, 「Staatslehre(1934)」 등이 있다.

혁명革命 ㊂ revolution, ㊀ Revolution, ㊄ révolution. 혁명은 권력이나 조직 구조의 갑작스런 변화를 의미한다. 이념적 변화로 인해 정치·경제·사회·문화 등 분야에 있어서 급격한 변화 및 체제 변혁이 나타나는 것이다. 일반적으로는 정치적 혁명에 한정하여 사용하는 경우가 많으며, 이 경우에는 시민 등의 집합체가 시민운동, 봉기 등을 일으켜서 기존의 정치체제를 급격하게 변경하는 것을 의미한다.

현대 사회복지주의적 헌법 → 헌법의 개념.

현대적 입헌주의現代的 立憲主義 **헌법** → 헌법의 개념.

현대형 소송現代型 訴訟 → 공익소송. → 사법권.

현실적 기본권現實的基本權 현실적으로 효력을 가지는 기본권을 일컫는 말이다. 프로그램적 기본권에 대응하는 표현이다.

현실적(실제적) 악의現實的(實際的) 惡意 **이론** → New York Times Co. v. Sullivan 판결. → 명예훼손.

현재성現在性 → 헌법소원심판.

현행범現行犯 ㊂ in flagrante delicto/a flagrant offender, ㊀ in flagranti/crimen flagrans, ㊄ flagrant délit. 현행범은 범죄를 실행하는 중이거나 혹은 실행한 직후인 자를 말한다. 형사소송법은 범행실행 중 또는 실행직후 누구든지 영장 없이 체포가능하도록 하고 있다. 다만, 50만원 이하의 벌금, 구류 등에 속하는 경범죄를 저지른 경우에는 신원이 확인되지 않아 주거를 확인할 수 없는 경우에 한해서만 영장없이 체포가 가능하다(형사소송법 제214조). 검사 또는 사법경찰관리가 아닌 자가 현행범인을 체포한 때에는 즉시 검사 또는 사법경찰관리에게 인도하여야 한다(형사소송법 제213조 제1항).

혈통주의血統主義 ㉣ *jus sanguinis*. 국적결정에 있어서, 자녀의 출생지가 어디든지 부모가 가지는 국적과 같은 국적을 그 자녀에게 부여한다는 국적취득에 관한 하나의 원칙이다. 속인주의가 국적법에 반영되는 경우 혈통주의로 된다. 출생지주의(속지주의)와 대비된다. 혈통주의에는 부(父)의 혈통을 중시하여 우선시하는 **부계혈통주의**와 모(母)의 혈통을 중시하여 우선시하는 **모계혈통주의**, 그리고 부모 양계의 혈통을 동일하게 고려하는 **부모양계혈통주의**가 있다. 우리나라의 국적법은 혈통주의에 출생지주의를 가미하고 있다. 즉, 출생한 당시에 부 또는 모가 대한민국의 국민인 자, 출생하기 전에 부가 사망한 때에는 그 사망한 당시에 부가 대한민국의 국민이었던 자, 부모가 모두 분명하지 아니한 때 또는 국적이 없는 때에는 대한민국에서 출생한 자는 대한민국 국적을 취득한다(국적법 제2조 제1항). ➜ 속인주의. ➜ 국적.

혐연권嫌煙權 흡연권에 반대되는 권리를 의미하는 것으로 담배연기를 싫어할 권리이다. ➜ 흡연권.

혐오표현嫌惡表現 ㊎ hate speech, ㊍ Hassrede, ㊌ discours de haine. 1. **서언** 1) **문제상황** 혐오표현(hate speech) 문제는 최근에 많은 국가들에서 문제가 되고 있다. 혐오표현과 혐오범죄(hate crime)라는 용어는 1980년대에 미국에서 만들어진 용어이다. 일반적으로 인종, 민족, 종교, 성, 성적지향 등과 같은 특정한 속성을 가진 집단에 대하여 혐오를 고취시키려는 의도와 효과를 갖는, 그리고 표적에 대해 비방, 모욕, 심지어 인격말살의 극단적인 형태를 취하는 것으로, 대상이 되는 당사자에게만 피해를 주는 것이 아니라 당사자와 같은 집단과 함께 사회 전체에 좋지 않은 영향을 준다는 점에 심각성이 있다. 이에 혐오표현을 법적 규제의 대상으로 편입시켜야 한다는 주장들이 제기되고 있다. 2) **혐오표현의 개념** 혐오표현이라는 용어를 사용하기 시작한 미국의 경우, 혐오표현은 보통 "특정한 집단에 대한 증오(hatred)를 나타내는 표현, 개인의 인종, 종교, 민족, 또는 출신국가 등을 표적으로 삼는, 욕하거나, 공격하거나, 또는 모욕하는 표현, 개인이나 집단의 국가적, 인종적, 종교적, 민족적 정체성을 표적으로 삼아 욕하는, 모욕하는, 괴롭히는 표현으로서, 넓게는 집단 명예훼손(group libel), 또는 특정 개인이나 집단의 존엄 또는 평판에 대한 공격을 포함하고, 좁게는 특정한 개인이나 집단에 대한 '증오나 폭력을 선동하는' 표현"이라고 개념정의하고 있다. 미연방대법원은 최근에 Alito 대법관이 법정의견으로 판시하기를, "인종, 민족, 성, 종교, 연령, 장애, 또는 기타 유사한 이유에 의거하여 비하하는 표현은 혐오적이다(hateful); 그러나 우리 자유언론법학의 최고의 자랑은 우리가 혐오하는 생각을 표현할 자유를 보호한다는 것이다."라고 하였다. 유럽인권재판소는 유럽평의회 각료회의에서 채택한 정의에 따라서 "인종적 혐오, 외국인혐오, 반유대주의, 또는 공격적인 국가주의나 자민족중심주의, 소수자 · 이주민 · 이주민 출신 사람을 향한 차별과 적대감 등으로 표현되는 불관용을 포함한 그 밖의 다른 불관용을 바탕으로 혐오를 확산, 선동, 고취, 또는 이를 정당화하는 모든 형태의 표현"이라고 정의하며, UN인종차별철폐위원회는 '혐오표현'을 "인간존엄성과 평등에 대한 기본적인 인권원칙을 거부하고, 개인이나 집단의 사회적인 지위를 훼손하려 하는, 타인을 향한 표현의 형태"라고 이해한다. 이처럼 혐오표현은 아직 명확하게 정의되지 않고 있다. 개념정의에는 ⅰ) 혐오표현이란 소수자에 대한 편견 또는 차별을 확산시키거나 조장하는 행위 또는 어떤 개인, 집단에 대해 그들이 소수자로서의 속성을 가졌다는 이유로 멸시 · 모욕 · 위협하거나 그들에 대한 차별, 적의, 폭력을 선동하는 표현이라 하거나, 인종, 민족, 종교, 성별 및 성적지향 · 성별정체성 등에 기하여 역사적으로 차별을 받아온 집단에 대한 부정적 편견에 기반한 적대적 표현행위라고 정의하여, **소수자만이 그 대상이라는 견해** ⅱ) 혐오표현이란 첫째, '특정집단에 대한 혐오나 반감 혹은 적대감을 표현하는 행위', 둘째, '표현행위자 이외의 특정 대상들에 대한 극도의 부정적인 평가가 포함된 표현행위자 자신의 표현 내지 진술' 셋째, '특정 대상에 대한 인종, 출신국가, 종교, 성적지향, 성별, 장애

등 스스로 주체적으로 바꾸기 어려운 사안에 기초하여 개인 또는 집단을 공격·협박·모욕하는 언행' 넷째, '지역·민족·인종·국적·종교·장애·성별·성정체성·연령 등 일정한 속성을 이유로 특정집단이나 특정집단 구성원에 대해 차별·모멸·혐오적인 의사를 표현하거나 다른 사람들도 이에 동참하도록 선동·선전하는 것' 등으로 정의하여 **중립적 표현을 사용하는 견해** iii) 형사적 규제 대상이 되는 협의의 혐오표현은 인종, 성별, 민족, 국적, 종교, 장애 등 객관적으로 해악성이 큰 차별사유를 이유로 개인이나 집단을 혐오하거나 폭력을 선동하는 표현으로, 반면 비형사적 규제 대상이 되는 혐오표현은 위의 사유에서 기타 차별적 사유를 이유로 하는 혐오를 포함하여 광의로 정의하여, **협의 및 광의로 나누는 견해** iv) 개인의 인격권 등의 권익을 침해하는 '협의의 혐오표현', 소수자집단에 대한 차별을 유발하는 '광의의 혐오표현', 다른 사회 구성원에 대한 적의적인 공격행위인 '최광의의 혐오표현'으로 나누고, "혐오표현을 넓게는 인종, 민족, 국적, 성 정체성 및 성적지향 등의 속성에 대한 혐오감의 표현으로 이들 속성을 지닌 사람의 집단에 대한 혐오표현으로 정의할 수 있고(=최광의의 혐오표현), 그보다 좁게는 그 중에서 소수자에 대한 혐오표현 및 차별표현으로 정의하여(=광의의 혐오표현)" **협의, 광의, 최광의로 나누는 견해** 등 개념이 명확히 합의되지는 않고 있다. 2. **혐오표현의 유형** 영국의 인권단체인 아티클19(Article 19)은 심각성에 따른 혐오표현의 3 가지 유형 분류를 제안하고 있다. ⅰ) 제한되어야 하는 '혐오표현' 국제형사법과 자유권규약 제20조 제2항은 국가는 형사적, 민사적, 행정적 조치 등을 통해 특히 중한 형태의'혐오표현'를 금지해야 할 의무가 있다고 규정하고 있다. ⅱ) 제한될 수 있는 '혐오표현' 국가는 자유권규약 제19조 제3항을 준수하는 선에서, 그 밖의 다른 형태의 '혐오표현'을 금지할 수 있다. iii) 법 테두리 내의 '혐오표현' 자유권규약 제19조 제2항에 따라 제한으로부터 보호받지만, 불관용과 차별에 대한 우려를 제기하고 국가의 중요한 대응을 요구하는 표현 등이다. 3. **입법례** 1) **미국** 미국은 전통적으로 표현의 자유를 매우 중요시 하는 국가로, 혐오표현에 대한 규제에 있어서도 다소 소극적인 태도를 보인다. 혐오표현 규제에 대해 찬반이 대립하고 있고, 일부 차별이나 편견에 근거한 행위(bias crime)를 금지하는 개별법만 존재할 뿐이다. 미국에서 일부 학설은 혐오표현을 법적으로 규제해야 한다는 견해가 있고 현재도 규제 여부를 둘러싼 논란은 지속되고 있다. 미국은 연방정부 차원뿐만 아니라 많은 주에서도 차별이나 편견에 근거해 행해지는 일정한 범죄에 관한 법률(이른바 「증오범죄법」)을 가지고 있으며, '행위'에 관해서는 그 동기에 주목해 일반 범죄행위와는 법적으로 다른 취급을 하는 것이 판례에 따라 용인되고 있다. 한편, 미국의 차별금지법으로는 미국 「민권법」 제7장(Title VII of the Civil Rights Act of 1964), 「1991년 민권법(The Civil Rights Act of 1991)」, 「장애인법(Americans with Disabilities Act)」, 「고용상 연령차별금지법(The Age Discrimination in Employment Act of 1967)」, 「평등임금법(The Equal Pay Act of 1963)」 등이 있다. 2) **영국** 폭동, 불법집회, 소란행위, 특정 법률 위반 등 공공질서와 관련된 일반법 위반을 예방하기 위한 영국의 1986년 공공질서법(Public Order Act 1986)은, "인종적 증오심을 색, 인종, 국적(시민권 포함) 또는 민족 또는 민족 출신을 기준으로 구별되는 영국 내 그룹에 대한 증오"라고 정의하고 있다. 이 법률에 의하면, 인종혐오, 종교혐오, 성적 지향 혐오를 선동하는 발언 등 혐오표현을 한 자는 2년 이하의 징역 또는 벌금에 처해진다(1986년 공공질서법

제27조 제3항). 3) **프랑스** 프랑스 인권선언(Déclaration des droits de l'homme et du citoyen de 1789)은 "인간은 권리에 있어 자유롭고 평등하게 태어나 생활하며, 공익에 근거한 사회적 차별만 가능하다"고 선언(제1조)하고 있다. 또한 프랑스 헌법(Constitution du 4 octobre 1958)은 "프랑스는 불가분적, 비종교적, 민주적, 사회적 공화국으로, 출신, 인종 또는 종교에 따른 차별 없이 모든 시민이 법 앞에 평등하며, 법률은 남성과 여성이 선출직 및 그 임기, 직업적·사회적 책무에 있어 동등하게 취급해야 한다"고 규정(제1조)하고 있다. 언론자유에 관한 법률(Loi du 29 juillet 1881 sur la liberté de la presse_Version consolidée au 14 juin 2018)에서는 "특정 인종, 민족, 종교, 성별, 성적 취향, 장애 여부 등을 이유로 개인 또는 집단에 대해 명예훼손을 하는 경우 1년 이하의 징역 또는 45,000유로 이하의 벌금에 처한다"고 규정하고 있다(제32조). 4) **독일** 독일연방공화국 기본법에 따르면 "누구든지 자기의 의사를 말, 글 및 그림으로 자유로이 표현·전달하고 일반적으로 접근할 수 있는 정보로부터 방해받지 않고 알 권리를 가지지만, 일반법률의 조항, 청소년 보호를 위한 법규 및 개인적 명예권에 의해 제한"된다(기본법 제5조). 독일 형법에 따르면 일부 주민에 대한 증오심을 선동하거나 그에 대한 폭력적·자의적 조치를 촉구하는 행위를 통하여 공공의 평온을 교란시킨 자에게 3월 이상 5년 이하의 자유형을 부과한다(제130조 제1항). 또한 일부 주민, 민족적·인종적·종교적 집단 또는 민족성에 의하여 분류된 집단에 대한 증오심을 선동하거나 이들에 대한 폭력적·자의적 조치를 촉구하거나, 일부 주민 또는 위 집단을 모욕 또는 악의로 비방하거나 허위사실에 의하여 명예를 훼손함으로써 인간의 존엄을 침해하는 것을 그 내용으로 하고 있는 문서를 "반포하는 행위, 공연히 전시·게시 등을 하는 행위 등"을 한 자 또는 그 내용의 표현물을 방송·미디어 또는 정보통신망을 통하여 반포한 자에게 3년 이하의 자유형 또는 벌금형에 처한다(제130조 제2항). 최근 독일에서는 인터넷상 혐오표현을 규제하기 위한 「사회 관계망에서의 법집행 개선법(Gesetz zur Verbesserung der Rechtsdurchsetzung in sozialen Netzwerken)」이 2018.1.1. 시행되었다. 5) **국제인권협약** **시민적·정치적 권리에 관한 국제규약**(B규약, International Covenant on Civil and Political Rights; ICCPR)은 도덕적 구속력만을 가진 세계인권선언을 바탕으로 하여 법적 구속력을 가진 기본적이고 보편적인 국제인권법으로 마련되었다. ICCPR은 "차별, 적의 또는 폭력의 선동이 될 민족적, 인종적 또는 종교적 증오의 고취는 법률로 금지된다"고 규정하고 있다(ICCPR 제20조 제2항). **모든 형태의 인종차별철폐에 관한 국제협약**(International Convention on the Elimination of All Forms of Racial Discrimination; CERD)은 '인종차별'을 인종, 피부색, 가문 또는 민족이나 종족의 기원에 근거를 둔 어떠한 구별, 배척, 제한 또는 우선권을 말하며 이는 정치, 경제, 사회, 문화 또는 기타 어떠한 공공생활의 분야에 있어서든 평등하게 인권과 기본적 자유의 인정, 향유 또는 행사를 무효화시키거나 침해하는 목적 또는 효과를 가지고 있는 경우로 정의하고 있다(제1조 제1호). 체약국은 인종차별 효과를 가진 정부, 국가 및 지방정책을 면밀히 조사하고 이러한 효과를 가진 법류를 개정, 폐기시키는 조치를 취할 의무 및 인간, 집단 또는 조직에 의한 인종차별을 해당 사정에 따라 입법을 포함한 모든 적절한 수단으로 금지하고 종결시켜야 하는 의무 등을 진다(제2조). 또한 인종이나 특정 피부색 또는 특정 종족의 기원을 가진 인간의 집단이 우수하다는 관념이나 이론에 근거를 두고 있거나

어떠한 형태로든 인종적 증오와 차별을 정당화하거나 증진시키려고 시도하는 모든 선전과 조직 등을 범죄로 선언해야 한다(제4조). **여성에 대한 모든 형태의 차별철폐에 관한 협약**(Convention on the Elimination of All Forms of Discrimination Against Women; CEDAW)은 "여성에 대한 차별"을 정치적, 경제적, 사회적, 문화적, 시민적 또는 기타 분야에 있어서 결혼여부에 관계없이 남녀 동등의 기초위에서 인권과 기본적 자유를 인식, 향유 또는 행사하는 것을 저해하거나 무효화하는 효과 또는 목적을 가지는 성에 근거한 모든 구별, 배제 또는 제한을 의미한다고 정의하고 있다(제1조). 또한 일방의 성이 열등 또는 우수하다는 관념 또는 남성과 여성의 고정적 역할에 근거한 편견, 관습 및 기타 모든 관행이 사라지도록 적절한 조치를 취해야 하며(제5조), 국가의 정치적 및 공적생활에서 여성에 대한 차별을 없애기 위해, 모든 공공기구에의 피선거권 및 정부정책의 입안 및 동 정책의 시행에 참여하며 공직에 봉직하여 정부의 모든 직급에서 공공직능을 수행할 권리 등을 여성에게 확보하도록 하고 있다(제7조). **장애인의 권리에 관한 협약**(Convention on the Rights of Persons with Disabilities; CRPD)은 "장애로 인한 차별"을 정치적, 경제적, 사회적, 문화적, 민간 또는 다른 분야에서 다른 사람과 동등하게 모든 인권과 기본적인 자유를 인정받거나 향유 또는 행사하는 것을 저해하거나 무효화하는 목적 또는 효과를 갖는, 장애를 이유로 한 모든 구별, 배제 또는 제한을 의미하는 것으로 정의하고 있다(제2조). 또한 장애인에 대한 차별을 구성하는 기존의 법률, 규칙, 관습 및 관행을 개정 또는 폐지하기 위한 조치 및 개인, 기관 등에 의해 행해지는 장애를 이유로 한 차별을 철폐하기 위한 조치를 취해야 한다(제4조). 4. **혐오표현에 대한 규제** 엄격한 의미에서 우리나라 현행 법률에 혐오표현의 정의규정이 없기 때문에, 혐오표현 규제에 대한 논의는 아직은 성급한 측면이 없지 않다. 그러나 혐오표현의 범주에 포섭될 여지가 있는 「장애인차별금지 및 권리구제 등에 관한 법률」, 「문화기본법」, 「방송법」등의 법률이 있고, 「차별금지법안」·「증오범죄 통계법안」·「혐오표현규제법안」등의 법률안이 발의되었다가 임기만료로 폐기 또는 철회되는 등, 혐오표현 규제 움직임이 나타나고 있다. 우리나라의 경우, 차별금지법에서 장애를 이유로 장애인 또는 장애인 관련자에게 집단따돌림, 비하 등을 유발하는 언어적 표현이나 행동을 금지하고, 그 실효성을 확보하기 위해 징역형 또는 벌금형을 부과하고 있다. 그러나 차별금지를 혐오표현과 동일한 의미 또는 혐오표현의 한 종류로 해석하지 않는 경우, 차별금지법상 규제를 혐오표현 규제로 볼 수 없는 한계가 있다. 우리나라의 경우, 혐오표현 규제에 대한 명확한 근거 법률이 없는 상황에서 인터넷 혐오표현규제 필요성도 커지고 있다. 인터넷상 혐오표현을 규제하는 명확한 법률이 존재하지 않아 그 개념 정의가 불가능한 상황에서, 우리가 현재 논하는 있는 혐오표현은 혐오표현이기 때문에 규제되는 것이 아니라, 현행 법률상 규제대상이 되는 명예훼손, 모욕죄, 인터넷상 불법정보 등에 해당되어 형법, 정보통신망법 등 개별 법률에 의해 규제가 된다는 것이다. 따라서 사회적으로 혐오표현에 대한 규제가 필요하다는 공감대가 충분히 형성되어 그 근거 법률을 제정하기 위해서는, 혐오표현의 법적 정의, 금지되는 혐오표현의 유형, 위반 시 처벌 등에 관한 내용을 구체적이고 명확하게 규정하여 피규제자의 예측가능성을 확보할 수 있는 법률을 마련해야 할 것이다.

협동조합설립권協同組合設立權 헌법 제123조 제5항은 농·어민의 자조조직의 육성을 규정하고 있는

데, 이에 대하여 자조조직인 협동조합을 설립할 권리를 기본권으로 인정하자는 주장이 있다. ➔ 농·어민 및 중소기업의 보호·육성.

협력권Mitwirkungsrechte ➔ 참여권.

협약헌법協約憲法 ➔ 헌법의 분류.

형벌刑罰 [영] punishment/penalty, [독] die Strafe/die Bestrafung, [프] les sanctions. 법률이 정하는 범죄행위를 행한 자에게 부과되는 형벌은 생명형(death penalty/Todesstrafe), 자유형(die Freiheitsstrafe/Haftstrafe), 명예형(Ehrenstrafe), 재산형(Geldstrafe) 등이 있다. 생명형은 사형을 말하고, 자유형은 행위자의 신체의 자유를 구속하는 형벌이다. 우리나라 형법은 자유형으로 징역, 금고, 구류를 규정하고 있다. 과거 전근대적 사회에서는 체벌이나 신체의 훼손 등이 있었으나(신체형:Körperstrafen), 오늘날에는 허용되지 아니한다. 재산형은 범죄행위에 대한 처벌로 재산적 부담을 과하는 것이다. 우리나라에서는 벌금과 과료, 몰수를 규정하고 있다. 명예형은 일정한 자격을 일시적으로 혹은 영구적으로 박탈하는 형벌이다. 우리나라 형법은 자격상실과 자격정지를 규정하고 있다. 공무원이 되는 자격, 공법상의 선거권과 피선거권, 법률로 요건을 정한 공법상의 업무에 관한 자격, 법인의 이사, 감사 또는 지배인 기타 법인의 업무에 관한 검사역이나 재산관리인이 되는 자격 등이다.

형벌불소급 원칙刑罰不遡及 原則 ➔ 죄형법정주의.

형벌책임주의刑罰責任主義 ➔ 죄형법정주의.

형사보상제도刑事補償制度 [영] criminal indemnity, [독] strafrechtliche Entschädigung, [프] indemnité pénale. 1. **서언** 1) **의의** 형사보상이란 피의자 또는 피고인으로 구금되었던 자가 불기소처분이나 무죄판결을 받은 경우에 법률이 정하는 바에 의해 국가에 대하여 청구할 수 있는 정당한 보상을 말한다(헌법 제28조). 범죄규명이나 형사소추 이행과정에서 범인이 아님에도 불구하고 형사피의자나 형사피고인으로 취급되어 국가기관에 의해 구금되었던 자는 부당한 구금으로 인해 발생한 물질적·정신적 피해를 보상해줄 것을 국가에 대해 청구할 수 있는데, 이를 일컬어 형사보상청구권이라고 한다. 형사사법기관의 귀책사유로 인하여 범인이 아닌 자가 부당하게 구금을 당하였다면 국가배상제도가 고려될 수 있다. 그러나 형사사법기관이 사건의 진실을 밝혀가는 과정에서 과오를 범하였다고 하더라도 해당 기관의 고의나 과실을 입증하는 것은 용이하지 않은바, 국가의 불법행위가 인정되기도 어렵다. 반면 형사보상청구권은 원인행위의 비난가능성을 고려하지 않고 결과책임을 지운다는 점에서 특징적이다. 요컨대 형사보상청구권은 부당한 인신구속과 관련해서 국가배상청구권이 가지는 한계를 보완한 제도라고 평가된다. 한편 현행헌법은 구금되었던 자에 대한 형사보상만을 규정하고 있으나, 「형사보상 및 명예회복에 관한 법률(형사보상법)」은 사형 및 벌금·과료·몰수 등 재산형의 집행을 받은 자에 대한 형사보상도 규정하고 있다. 2) **근거** 수사나 공판 과정에서 무죄로 판명된 피의자 또는 피고인은 당해 형사절차에 연루됨으로써 부당한 신체적·정신적 피해를 입은 것으로 인정된다. 형벌권 행사가 불기소처분이나 무죄판결로 귀결된다면 국가는 그 권한행사가 위법하지 아니하였더라도 그로 인해 피해를 입은 자에게 보상을 해야 할 당위성이 인정된다. 이에 헌법 제28조는 형사보상청구권에 대한 법적 근거를 마련하고 있고, 그 규정에 따라 형사보상법이 형사보상 및 명예회복에 관한 구체적인 절차와 방법을 규정하고 있다. 2. **형사보상제도의 법적 성격** 1) **학설** (1) **구제의무설** 형사보상제도가 유럽에 도입되었을 당시에 그 성격은 단순한 구제의무로 파악되었다. 즉 국가는 손해를 입은 자를 구제해야 할 단순한 의무를 부담할 뿐 고의·과실이 없는 국가에게 법적 보상의무를 인정할 수는 없다고 본 것이다. 이 견해에 의할 때 형사보상은 국가의 법적 의무가 아니므로 그 보상은 실제 손해에 걸맞은 것이 아니어도 되고, 일정한 조건을 붙이는 것도 가능하다. 다만, 형사보상청구권을 헌법상 권리로 규정하고 있는 우리나라에서는 이 학설을 취하는 견해가 없다. (2) **공평설** 공평설은 형사보상을 공법상의 손실보상과 유사한 것으로 이해하는데, 국가의 책임이 없어도 형사보상이 가능하다는 점에 주목한다. 또한 이 견해는 형사보상을 국가의 위법행위에 대한 손해배상으로 파악할 경우 국가의 형사사법권 행사에 대하여도 정당방위가 허용될 여지가 생긴다는 문제점을 지적하기도 한다. (3) **법률의무설** 법률의무설은 형사보상도 국가기관의 객관적·사후적 위법을 이유로 배상이 이루어지는 것이므로 공법상의 손해배상의 성격을 가진다고 파악한다. 객관적으로 위법한 공권력의 행사로 손해가 발생한 경우 공무원의 고의·과실을 묻지 않고 국가가 그 공권력 행사의 상대방에게 손해를 배상해 주는 무과실손해배상이라고 보는 것이다. 2) **검토** 형사보상제도의 본질에 관한 논의는 형사보상의 내용 내지는 범위와 연관된다. 형사보상을 국가배상으로 이해한다면, 보상의 기준은 현행 「국가배상법」을 따르게 된다. 한편 형사보상을 손실보상으로 이해할 때에는 손실보상과 관련된 헌법 제23조 제3항의 해석이 문제된다. 동 조항에서는 공공필요에 의한 재산권의 수용·사용·제한에 대한 보상은 법률이 정하는 바에 의하되, '정당한 보상'을 지급하도록 규정하고 있다. 손실보상의 기준에 대해서는 일반법은 없고 각 단행법에서 개별적으로 규정하고 있다. 그러나 손실보상은 일반시장에서 통용되는 객관적 가치의 보상과 영업상 손실의 보상이나 이전료 보상 등의 부대적 손실에 대한 보상을 넘어서는 것을 그 내용으로 하지 않으며, 정신적 손해도 보상하지 않는다. 우리 법원은 형사보상제도는 일종의 '손실보상청구권'으로서 공무원의 고의·과실을 요건으로 하지 않으며 손해의 입증도 필요 없기에 국가배상과는 그 성격이 다르다고 말한다. 헌법상 형사보상은 국가배상제도와 따로 규정되어 있고, 보상의 요건이 있으면 바로 보상을 청구할 수 있다는 점에서 무과실보상책임을 인정한 것이라고 보아야 할 것이다. 한편 **형사보상청구권과 국가배상청구권의 관계**를 보면, 국가가 공권력을 행사하는 과정에서 피해를 입은 개인에게 그 손실을 보상한다는 면에서는 두 청구권이 공통되지만, 국가배상청구권은 국가기관 측에 고의 또는 과실이 존재할 것을 요건으로 하고 있음에 반하여 형사보상청구권은 국가기관 측에 고의나 과실이 있을 것을 요건으로 하지 않는다는 점에서 차이가 있다. 형사절차에 관하여 경찰 등의 기관에게 고의·과실이 있는 경우 국가배상을 청구할 수 있다(헌재 2010.10.28. 2008헌마514, 2010헌마220(병합) 참조). 다만 판례는 「무죄의 판결이 확정되더라도, 수사기관의 판단이 경험칙이나 논리칙에 비추어 도저히 그 합리성을 긍정할 수 없는 정도에 이른 경우에만 귀책사유가 있다고 할 것이다.」라고 하여 수사기관의 고의·과실을 인정하는 데 있어서 엄격한 조건을 제시하고 있다(대판 2013.2.15. 2012다203096). 형사보상청구권과 손해배상청구권은 경합할 수 있다. 3. **형사보상제도의 연혁** 1) **서구** 전제주의 시대에는 형사절차 수행 과정에서 발생한 손해를 보전해준다는 관념이 없었고, 계몽적

인도주의 이후 형사보상과 관련된 전환점이 생겼는데, 1776년에 프로이센의 프리드리히 대왕(Friedrich der Große)이 발한 「소송의 단축에 대한 신법령」에는 형사보상에 관한 내용이 포함되어 있었다. 19세기 후반에 들어서는 산업혁명의 결과로서 사회적 입법이 이루어지기 시작하였다. 그러한 추세 하에 형사보상제도의 도입이 논의되었고, 1880년대에 이르러서는 독일, 프랑스, 오스트리아, 스웨덴, 노르웨이, 덴마크, 스페인, 포르투갈 등이 형사보상을 입법하였는데, 보상범위 등의 구체적 내용은 국가별로 차이가 있었다. 영국에서는 형사보상에 대한 입법이 존재하지 않았고, 보통법상의 권리로 형사보상을 청구하는 것도 인정되지 않았으나, 국왕의 은사(恩赦)로서 행정적인 절차에 의해 보상금이 지급되었다. 미국에서도 형사보상청구권은 보통법상의 권리로 인정되지는 않았으나 현재는 연방 및 워싱턴 D.C.를 비롯한 30개 주가 형사보상에 관한 법규를 마련하고 있다. 2) **우리나라** 일제강점 하의 식민통치시기에 조선형사령에 의하여 일본의 구 형사보상법이 우리나라에도 적용되었으나 실효성이 적은 형식적이고 명목적인 것에 불과하였다. 현재의 형사보상은 법률 제494호로 1958년 제정되고 1959.1.1. 시행된 「형사보상법」에 따라 이루어져 왔는데, 동법의 제정 이후 7차례에 걸친 개정을 통하여 점차적으로 보상기준이 완화되고 청구대상이 확대되었다. 2011년에는 명칭도 「형사보상 및 명예회복에 관한 법률」로 변경되었다. 4. **현행법상 형사보상제도형사보상청구권의 내용** 1) **형사보상의 요건** 형사보상은 무죄판결을 받거나 기소유예처분 이외의 불기소처분을 받은 자가 구금 또는 형의 집행을 받았을 것을 요건으로 한다(형사보상법 제2조, 제27조). (1) **무죄판결 혹은 불기소처분** ① **무죄판결** 「형사소송법」에 따른 일반 절차 또는 재심이나 비상상고 절차에서 무죄재판을 받아 확정된 사건의 피고인이 미결구금을 당하였을 때에는 형사보상법에 따라 국가에 대하여 그 구금에 대한 보상을 청구할 수 있다(형사보상법 제2조 제1항). 상소권회복에 의한 상소, 재심 또는 비상상고의 절차에서 무죄재판을 받아 확정된 사건의 피고인이 원판결에 의하여 구금되거나 형 집행을 받았을 때에는 구금 또는 형의 집행에 대한 보상을 청구할 수 있다(동법 제2조 제2항). 무죄의 재판을 받는다는 것은 무죄의 재판이 확정된 것을 의미하는데, 판결 주문에서 무죄가 선고된 경우뿐만 아니라 판결 이유에서 무죄로 판단된 경우에도 미결구금 가운데 무죄로 판단된 부분의 수사와 심리에 필요하였다고 인정된 부분에 대해서는 보상을 청구할 수 있다. 증거불충분으로 인해 무죄가 선고된 경우도 형사보상의 대상에 포함시키는 것이 타당하다. 또한 면소 또는 공소기각의 재판을 받아 확정되었더라도 그러한 면소 또는 공소기각의 재판을 할 만한 사유가 없었더라면 무죄재판을 받을 만한 현저한 사유가 있었을 경우에도 구금에 대하여 형사보상을 청구하는 것이 가능하다(형사보상법 제26조 제1항). 동일성이 인정되는 범죄사실에 대하여 이미 확정판결이 있음에도 불구하고 국가가 구금하고 재차 기소하였다면 일사부재리원칙에 의거하여 면소의 선고를 해야 할 것인바(형사소송법 제326조 제1호), 그 과정에서 이루어진 구금에 대하여 보상을 하는 것은 당연하다 할 것이다. 그러나 사면이 있거나, 공소시효가 완성되었거나 범죄 후의 법령개폐로 형이 폐지되는 등의 사유로 면소가 선고된 경우에는 사안에 따라서 실체재판을 받았더라면 무죄판결을 받았을 경우도 있을 수 있고 반대로 유죄판결을 받았을 경우도 있을 수 있다. 공소기각의 재판에 있어서도 친고죄에 대하여 고소가 취소된 경우나 반의사불벌죄에 대하여 처벌을 희망하지 아니하는 의사표시가 있거나 처벌을 희망하는 의사표시가 철회된 경우 등에 대해서는 역시 사안에 따라 무죄재판을 받을 만한 현저한 사유가 존재할 수도 존재하지 않을 수도 있다. 따라서 무죄재판을 받을 만한 현저한 사유의 존부는 보상심리과정에서 밝혀진 구체적 사실을 토대로 판단해야 할 것이다. 대법원은 형벌에 관한 법령이 헌법재판소의 위헌결정으로 소급하여 효력을 상실하였거나 법원에서 위헌·무효로 선언된 경우에는 당해 법령을 적용하여 공소가 제기된 피고사건에 대해서 무죄를 선고하여야 한다고 하였다(대판 2013.4.18. 2011초기689). ② **불기소처분** 피의자로서 구금되었던 자 중 검사로부터 공소를 제기하지 아니하는 처분을 받은 자는 국가에 대하여 "피의자보상"을 청구할 수 있다. 다만, 여기의 불기소처분에는 ⅰ) 기소유예처분(형사소송법 제247조), ⅱ) 종국적인 처분이 아닌 불기소처분, ⅲ) 구금된 이후 공소를 제기하지 아니하는 처분을 할 사유가 있는 경우는 포함되지 아니한다(형사보상법 제27조 제1항 단서). 피의자보상과 관련하여 기소유예처분을 받은 자, 불구속 피의자·피고인에 대해서도 형사보상이 이루어져야 한다는 의견이 제기되는데, 일정한 명예회복을 위한 조치는 필요하다고 할 수 있으나, 형사보상은 어렵다고 본다. (2) **구금 또는 형의 집행** 형의 집행이 문제가 되는 것은 상소권회복에 의한 상소·재심 또는 비상상고절차에서 무죄판결을 받아 확정된 사건에 있어서, 원판결에 의하여 형이 집행된 경우라 하겠다(형사보상법 제2조 제2항). 미결구금이란 수사 또는 공소의 목적을 달성하기 위하여 피고인 또는 피의자를 판결이 선고될 때까지 구금하는 강제처분이다. 미결구금은 신체의 자유를 박탈한다는 점에서 형의 집행과 동일시되므로 형법 제57조에 의해 그 일수를 본형에 산입한다. ① **미결구금에 대한 보상과 형집행에 대한 보상의 경합** 상소권회복에 의한 상소·재심 또는 비상상고의 절차에서 무죄재판을 받은 자가 미결구금과 형의 집행을 받은 경우에는 양자에 대한 보상을 청구할 수 있다(형사보상법 제2조 제1항, 제2항). 영장 없이 불법구금된 기간도 미결구금기간에 포함시켜야 할 것이다. ② **민주화운동 관련자 명예회복 및 보상 등에 관한 법률** 민주화운동과 관련하여 수사기관에 불법체포·구금된 후 고문 등에 의한 자백으로 유죄판결을 받고 복역함으로써 입은 피해에 대하여 "민주화운동관련자 명예회복 및 보상심의위원회"의 보상금 등 지급결정에 동의한 경우, 「민주화운동관련자 명예회복 및 보상 등에 관한 법률」 제18조 제2항에 따라 재판상 화해와 동일한 효력이 발생하며 나중에 재심절차에서 무죄판결이 확정된 경우, 그 부분 피해를 재판상 화해의 효력이 미치는 범위에서 제외할 수 없다. ③ **긴급조치에 의한 구금** 구 「국가안전과 공공질서의 수호를 위한 대통령긴급조치」(긴급조치 제9호)에 의하여 수사를 진행하고 공소를 제기한 수사기관의 직무행위나 유죄판결을 선고한 법관의 재판상 직무행위가 공무원의 고의 또는 과실에 의한 불법행위에 해당하지 않으나 긴급조치 제9호 위반의 유죄판결에 대하여 재심절차에서 무죄판결이 확정된 경우, 피고인이나 상속인이 형사보상을 청구할 수 있다(대판 2014.10.27. 2013다217962). ④ **치료감호** 2011년에 단행된 형사보상법 전면개정으로 치료감호법 제7조에 따라 치료감호의 독립 청구를 받은 피치료감호청구인의 치료감호사건이 범죄로 되지 아니하거나 범죄사실의 증명이 없는 때에 해당되어 청구기각의 판결을 받아 확정되는 경우에는 국가에 대하여 구금에 대한 보상을 청구할 수 있게 되었다(형사보상법 제26조 제1항 제2호). ⑤ **보호감호** 보호감호의 집행에 대해서도 형사보상을 청구할 수 있다고 보아야 한다. ⑥ **보안감호** 보안감호처분의 집행에 대해서 형사보상을 청구할 수 있는지에 관해서 법원은 해석으로 이를 인정하기는 힘들고, 입법을 통해 해결되어야 한다고 판단한 바 있다(서울고법 2016.2.1. 2014코114). (3) **형사보상 불허사유** ① **피고인보상** ⅰ) 형법 제9조(형사미성년자) 및 제10조 제1항(심신장애자)의 사유에 의하여 무죄재판을 받은 경우, ⅱ) 본인이 수사 또는 심판을 그르칠 목적으로 허위의 자백을 하거나 다른 유죄의 증거를 만듦으로써 기소, 미결구금 또는 유죄재판을 받게 된 것으로 인정된 경우, ⅲ) 1개의 재판으로써 경합범의 일부에 대하여 무죄재판을 받고 다른 부분에 대하여 유죄재판을 받았을 경우에 법원은 재량에 의하여 보상청구의 전부 또는 일부를 기각할 수 있다(형사보상법 제4조). ② **피의자보상** ⅰ) 본인이 수사 또는 재판을 그르칠 목적으로 거짓 자백을 하거나 다른 유죄 증거를 만듦으로써 구금된 것으로 인정되는 경우, ⅱ) 구금기간 중에 다른 사실에 대하여 수사가 이루어지고 그 사실에 관하여 범죄가 성립한 경우, ⅲ) 보상을 하는 것이 선량한 풍속이나 그 밖에 사회질서에 위배된다고 인정할 특별한 사정이 있는 경우를 들 수 있는데, 이 경우 피의자보상의 전부 또는 일부가 지급되지 아니할 수 있다(형사보상법 제27조 제2항). 2) **보상 내용** 형사보상법 제5조는 형사보상청구권자에게 정당한 보상이 될 수 있도록 상세히 규정하고 있다. 동조 1-7항 참조. 3) **보상청구기간** 보상청구는 무죄재판이 확정된 사실을 안 날부터 3년, 무죄재판이 확정된 때부터 5년 이내에 하여야 한다(형사보상법 제8조).

형사보상청구권刑事補償請求權 ➜ 형사보상제도.

형사사법기능刑事司法機能 ㊈ function of administration of criminal justice. 형사사법기능은 국가의 기능 중에서 공동체의 안전보장과 질서유지를 위하여 일정한 행위를 범죄로 정하고 이의 적발과 처벌을 위한 조직과 기구의 권한과 책임을 설정하는 기능이다. 헌법상으로는 범죄를 입법부의 법률로 정하고, 이의 적발과 처벌을 위한 기구로 수사 및 기소기구와 사법부기구를 두고 있다. 구체적으로는 경찰 및 검찰 그리고 법원이 형사사법기능을 담당한다. 물론 담당조직과 기구의 명칭을 어떻게 하며, 기능작용의 기본원리를 어떻게 할 것인가는 헌법이 정하는 바에 따른다.

형사재판권刑事裁判權 ➜ 재판권.

형사피해자진술권刑事被害者陳述權 ➜ 재판청구권.

형성력形成力 ➜ 헌법재판소결정의 효력.

형성적 국가작용形成的 國家作用 ➜ 행정.

형성적 법률유보形成的 法律留保 ➜ 법률유보.

형식적 법치주의形式的 法治主義 ➜ 법치주의.

형식적 의미의 헌법 ➜ 헌법의 개념.

형식적 의미의 법률 ➜ 법률.

형식적 입법설形式的 立法說 ➜ 입법권.

형식적 입헌주의形式的 立憲主義 ➜ 입헌주의.

형식적 최고성形式的 最高性 국가의 실정법 체계 내에서 최고의 지위를 갖는 것을 일컬어 형식적 최고성이라 한다. 실정법의 체계에서는 통상 헌법-법률-명령-규칙의 위계가 존재하는데, 헌법은 실정법체계에서 가장 상위의 지위에 있다. ➜ 법단계설. 헌법의 형식적 최고성은 하위법을 창설하는 형식적 근거이며, 존재근거이자 효력의 근거로 이해된다. 하위법은 어떠한 경우에도 헌법에 위배될 수 없으며, 헌법에 위배되는 하위법규범은 효력을 상실한다. 헌법의 형식적 최고성은 국제법과의 관계에서도 유지된다.

형식적 확정력形式的 確定力 ➜ 불가쟁력. ➜ 헌법재판소결정의 효력.

형평법衡平法 ➜ 영미법. ➜ 보통법.

형평성衡平性**의 원칙**原則 둘 이상의 기본권이 충돌하는 경우, 법익형량에 의하여 어느 하나의 기본권만을 절대적으로 우선시키고 그 밖의 기본권을 후퇴시킬 것이 아니라, 충돌하는 기본권 모두가 최대한으로 그 효력을 유지할 수 있게 함으로써, 각 기본권 간의 형평이 유지될 수 있도록 하는 원칙을 말한다. ➜ 기본권의 충돌.

호별방문戶別訪問 1. **의의** 호별방문은 선거에 있어서 후보자나 운동원이 개개의 유권자를 집집마다 방문하여 입당권유나 투표의뢰 등을 하는 행위를 말한다. 공직선거법 제106조는 호별방문을 금지하고, 이에 위반하는 경우, 처벌하도록 하고 있다(제255조 제1항 제17호). 법문에서 말하는 호별의 '호(戶)'와 '방문(訪問)'이 무엇을 의미하는지와, '다수인이 왕래하는 공개된 장소'가 어떤 의미인지가 주로 문제된다. 후보자추천을 받기 위한 호별방문은 허용된다(헌재 2009.9.24. 2008헌마265). 2. **호별방문** 1) **'호'의 의미** 호별방문의 대상이 되는 호는 일상생활을 영위하는 거택에 한정되지 않고 일반인의 자유로운 출입이 가능하도록 공개되지 아니한 곳으로서 널리 주거나 업무 등을 위한 장소 혹은 그에 부속하는 장소라면 이에 해당할 수 있다(대판 2010.7.8. 2009도14558; 2015.9.10. 2015도8605). 그 구체적인 해당 여부는 선거운동을 위하여 공개되지 않은 장소에서 조합원을 만날 경우 생길 수 있는 투표매수 등 불법·부정선거 조장 위험 등을 방지하고자 하는 호별방문죄의 입법 취지와 보호법익에 비추어 주거 혹은 업무용 건축물 등의 존재 여부, 그 장소의 구조, 사용관계와 공개성 및 접근성 여부, 그에 대한 조합원의 구체적인 지배·관리형태 등 여러 사정을 종합적으로 고려하여 이루어져야 한다(같은 판결). 2) **'방문'의 의미** 호별방문죄는 연속적으로 두 집 이상을 방문함으로써 성립하고, 반드시 그 거택 등에 들어가야 하는 것은 아니므로, 방문한 세대수가 3세대에 불과하다거나 출입문 안으로 들어가지 아니한 채 대문 밖에 서서 인사를 하는 것도 호별방문에 해당한다(대판 1979.11.27. 79도2115; 2000.2.25. 99도4330; 2002.6.14. 2002도937). 타인을 면담하기 위하여 방문하였으나 피방문자가 부재중이어서 들어가지 못한 경우에도 성립한다(대판 1999.11.12. 99도2315). 특정 조합원의 집만을 일자를 달리하여 비연속적으로 방문한 것만으로는 호별방문에 해당하지 아니한다(대판 2002.6.14. 2002도937). 3. **'다수인이 왕래하는 공개된 장소'** 다수인이 왕래하는 공개된 장소란 해당 장소의 구조와 용도, 외부로부터의 접근성 및 개방성의 정도 등을 종합적으로 고려할 때 '관혼상제의 의식이 거행되는 장소와 도로·시장·점포·다방·대합실'과 유사하거나 이에 준하여 일반인의 자유로운 출입이 가능한 개방된 곳을 의미한다(헌재 2019.5.30. 2017헌바458). 일반인의 자유로운 출입이 가능하도록 공개된 장소인지 여부는 그 장소의 구조, 사용관계와 공개성 및 접근성 여부, 그에 대한 선거권자의 구체적인 지배·관리형태 등 여러 사정을 종합적으로 고려하여 판단하여야 한다(대판 2010.7.8. 2009도14558; 2015.9.10. 2014도17290). 3. **위헌 여부** 1) **합헌설** 호별방문금지규정은 선거의 공정을 보장하기 위하여 필요한 규제이며, 허용되는 규제라 본다(일본 최고재판소). 헌법재판소는 호별방문 조항이 선거운동을 위하여 공개되지 않은 장소에서 유권자를 만날 경우 생길 수 있는 투표매수 등 불법·부정선거 조장 위험을 방지함으로써 선거의 공정과 평온을 확보하기 위해 도입된 것이고(헌재 2016.12.29. 2015헌마509; 대판 2015.9.10. 2014도17290), 아울러 목적의 정당성, 수단의 적합성, 침해의 최소성, 법익균형성 등의 과잉금지원칙에 위반하지 않는다고 판단하였다(헌재 2019.5.30. 2017헌바458). 이전의 결정에서는 반대의견에서 침해의 최소성과 법익의 균형성을 위반하여 위헌이라는 견해가 있었으나(헌재 2016.12.29. 2015헌마509, 1160(병합)), 2019년 결정은 전원일치의 합헌으로 결정하였다. 2) **위헌설** 위의 2016년 헌법재판소 결정의 반대의견에서 침해의 최소성 및 법익균형성의 위반을 이유로 위헌의 의견을 제시하였다((헌재 2016.12.29. 2015헌마509, 1160(병합)) 김이수, 이진성 재판관). 3) **검토** 합헌설이 타당하다.

호의적 처우이론好意的 處遇理論 ➜ 적극적 평등실현조치.

호주제도戶主制度 호주제도는 가족관계를 호주(戶主)와 그의 가족으로 구성된 가(家)를 기준으로 규정하는 것으로, 2007.12.31. 이전의 민법의 가(家)제도 또는 호적제도(戶籍制度)를 말한다. 이는 호주를 중심으로 호적에 가족집단(家)을 구성하고 이를 아버지에서 아들로 이어지는 남계혈통을 통해 대대로 영속시키는 제도였다. 호주제 존속을 옹호하는 측에서는 유교적 전통이라 주장하였으나, 오히려 가(家) 내에서 수직적 질서를 강요하는 제도로서 오늘날의 민주주의 및 자유주의 국가에서는 적합하지 않은 제도로 평가되었다. 헌법재판소의 위헌결정으로(헌재 2005.2.3. 2001헌가9등 병합), 호주제가 규정된 민법규정(제778조 이하)이 2005.5.31. 개정·삭제되었다.

Hohfeld의 권리론權利論 ➜ 권리론.

혼인婚姻**과 가족**家族**에 관한 권리** 1. **서언** 헌법 제36조 제1항은 「혼인과 가족생활은 개인의 존엄과 양성의 평등을 기초로 성립되고 유지되어야 하며, 국가는 이를 보장한다.」고 규정하고 있다. 이 규정은 개인의 존엄과 양성의 평등을 기초한 혼인과 가족생활 및 국가의 보장을 천명한 것이다. 동 규정은 헌법 제10조 헌법 인간의 존엄과 가치 및 제11조의 평등권을 특별하게 한 번 더 규정한 것이다. 그 배경에는 특히 혼인 및 가족영역에서 가부장적이며 여성차별적인 전통에 대한 반성이 놓여 있다고 볼 수 있으며, 이 규정을 통해 헌법제정권자들이 가부장적 가족제도를 폐기하고 양성의 평등과 개인의 존엄을 기반으로 하는 민주적 가족제도를 천명한 것이라고 할 수 있다. 이에 따라 혼인과 가족생활은 구성원 개인의 존엄과 양성의 평등을 기초로 성립·유지되어야 하며, 이러한 기초 하에 성립된 혼인과 가족제도는 국가의 특별한 보호를 받는다(헌재 2000.4.27. 98헌가16). 2. **법적 성격** 1) **학설** (1) **사회적 기본권설** 제36조가 조문체계상 사회권 영역에 속해 있고, 현대에서는 혼인과 가족생활의 영역에 국가가 적극적으로 개입해야 하고, 또한 이 영역에서 개인의 존엄과 양성평등을 국가가 보장해야 하므로 사회권이라고 본다. 사회권으로 보는 경우에도 구체적인 내용은 학자마다 조금씩 차이가 있다. 먼저 혼인과 가족에 대한 권리의 내용으로 혼인의 순결과 혼인의 자유, 부부의 평등을 들면서, 혼인의 순결은 일부일처제를 의미하고 혼인의 자유에는 혼인여부, 배우자 선택, 혼인 시기의 결정에 대한 자유를 의미한다고 파악하는 입장이 있다. 이 입장은 사회권으로 보았지만 그 내용은 자유권적 성격으로 파악하고 있는 점이 특징이다. (2) **자유권과 사회권 겸유설** 이 견해는 자유권적 측면과 사회권적 측면을 모두 갖는다고 본다. 자유권적 성격으로, 배우자 선택과 혼인생활 영위의 내용 결정에 대한 자유로서 혼인의 자유와, 혼인의 결과로 구성된 가족에 대해서 국가가 원칙적으로 간섭을 하지 않아야 하며, 중대한 헌법적 가치와 충돌되는 경우 국가적 개입이 예외적으로 허용된다고 보는 가족의 자유를 포함한다. 사회권적 측면으로, 혼인의 경우 국가가 인구정책적 측면이나 사회정책적 측면에서 간접적 수단을 사용하는 것이 허용되며, 결혼한 사람에게 조세혜택이나 가족수당, 배우자수당 등을 지급하는 것이 허용되는 점에서 사회권적 측면을 인정해야 한다고 본다. 그리고 가족의 경우 출산 및 양육에 대한 국가의 다양한 법제, 가족생활보호를 위해 국가가 취하는 다양한 정책들은 사회권적 성격에서 이루어진다고 본다. (3) **제도보장설** 이 견해는 동 규정이 비록 사회권규정에 위치하고는 있지만, 혼인과 가족에 관한 민주적 원칙을 규정한 것에 불과하며, 권리로서 규정하고 있지 않기 때문에 제도보장에 불과하다고 본다. 2) **헌법재판소** 헌법재판소는 혼인과 가족에 대한 권리의 법적 성격에 대하여 분명한 견해를 제시하고 있지는 않지만, 민법 제809조 제1항 위헌제청 사건에서 「모든 국민은 스스로 혼인을 할 것인가 하지 않을 것인가를 결정할 수 있고 혼인을 함에 있어서도 그 시기는 물론 상대방을 자유로이 선택할 수 있는 것이며, 이러한 결정에 따라 혼인과 가족생활을 유지할 수 있고 국가는 이를 보장해야 한다.」고 판시한 바 있다(헌재 1997.7.16. 96헌가6등). 또한 제36조 제1항 규정이 혼인과 가족생활에 불이익을 주지 않을 것을 명하고 있고, 적극적으로 적절한 조치를 통하여 혼인과 가족을 지원하고 제3자에 의한 침해로부터 혼인과 가족을 보호해야 할 국가의 과제와 소극적으로 불이익을 야기하는 조치를 통하여 혼인과 가족생활을 차별하는 것을 금지해야 할 국가의 의무를 포함하는 것이라고 하는 결정도 있다(헌재 2011.11.24. 2009헌바146). 3) **검토-복합적 성격** 헌법 제36조 제1항의 혼인 및 가족생활의 권리는 프로그램적 규정이 아니라 개인의 주관적 공권의 성격과 제도보장이자 원칙규범으로서 객관적 법질서의 측면도 함께 가지고 있다. 따라서 규범의 내용은 ① 모든 사람은 국가의 간섭 없이 인간의 존엄과 양성평등에 기초한 혼인과 가족생활에 대해 결정하고 영위할 자유를 가진다는 것 ② 사회적 변화에 따라 입법자는 혼인제도와 가족제도의 내용에 변화를 가할 수 있으나 제도보장이므로 그 본질적 내용을 입법자가 침해해서는 안 된다는 것 ③ 제36조 제1항은 가치결정적인 원칙규범으로서 입법자는 혼인 및 가족에 불리한 규정을 정하면 안 된다는 것으로 파악할 수 있다. 기본권으로서 혼인에 대한 권리는 대 국가적 방어권으로서 일반적으로는 자유로운 혼인에 대한 권리를 의미하고 자유로운 혼인에 국가의 침해를 배제를 요청할 수 있다. 혼인을 하지 않을 자유도 소극적 혼인의 자유로서 헌법 제36조 제1항에 포함된다고 할 것이다. 3. **혼인과 가족에 관한 권리의 주체** 혼인과 가족에 관한 권리는 자연인으로서의 국민에 한정되는 것이 아니라 외국인에게도 인정되어야 한다. 법인에게는 인정되지 아니한다. 성전환자(transgender)의 경우, 호적상 성별정정을 인정하고 있다(➜ 성전환자). 4. **혼인과 가족에 대한 권리의 보호범위 및 내용** 1) **혼인의 보호범위 및 내용** 혼인은 개인의 자유결정에 따라 양성간에 지속적인 관계를 맺는 목적으로 형성된 생활공동체로서 개인의 존엄과 양성평등을 기반으로 하며, 혼인의 성립과 해제시 국가의 공동협력(Mitwirkung)을 필요로 한다. 제36조 제1항에서는 혼인이 '양성의 평등'을 기초로 성립되고 유지되어야 함을 규정하고 있다. (1) **동성혼의 문제** ➜ 동성혼. (2) **중혼, 이혼의 문제** 제36조 제1항에서 보호하는 혼인은 단일혼이며 중혼은 보호대상이 아니다. 그러나 그 사이에 태어난 아동은 가족에 대한 권리에 따라 보호된다. 주관적 권리인 혼인의 권리에 따라 혼인체결의 자유, 혼인관계유지의 자유, 이혼의 자유에 대한 권리가 보호되며, 대국가적 방어권으로서 국가에 의한 이러한 자유의 침해가 금지된다. 따라서 이혼에 대한 권리는 제36조 제1항의 원칙적인 가치판단에 따르면 예외적인 것이기는 하지만 부부가 파탄되었을 경우 이혼의 자유로서 보장이 된다. (3) **호주제도** ➜ 호주제도. (4) **'자**子**'의 성**姓 구 민법에서는 자의 성은 부(父)의 성을 따르도록 강제하였으나, 2005년 법개정으로 원칙적으로 부(父)의 성에 따르되, 부부 간에 협의가 있는 경우 모(母)의 성을 따를 수 있도록 하였다(제781조 제1항 단서). 오히려 혼인신고서에 부부의 협의된 의사를 명시할 수 있게 함이 적절하다. 2) **가족의 보호범위 및 내용** 혼인, 혈연이나 입양 등 국가적인 인정을 통해 생성되는 가족이란 부부와 혈족, 자녀들의 자연적인 생활공동체 및 교육공동체로서 구성원간의 존엄과 양성의 평등을 기반으로 성립되고 유지되어야 한다. 비교적 영구적인 생활공동체인 가족은 생활동반자적으로 자녀를 양육·교육하며, 사회화 기능을 수행 하고, 구성원들의 경제적 수요를 공동으로 해결하는 한편 구성원들의 정서적 유대를 충족시키는 기능을 수행한다. 헌법 제36조 제1항의 규정에 따른 가족을 어떻게 정의하고 범위를 정해야 하는지, 즉 양성혼을 기반으로 하여 구성된 가족만이 포함된다고 볼 수 있는지가 문제가 될 수 있다. 동 규정이 혼인과 가족을 병렬적으로 연결하고 있어서 마치 가족은 양성의 혼인을 통해서만 구성될 수 있는 것처럼 해석될 여지가 있기 때문이다. 「건강가정기본법」에서는 가족을 혼인·혈연·입양으로 가족이 구성된다고 규정하고 있으며, 가정이란 가족구성원이 생계 또는 주거를 함께 하는 생활공동체로서 구성원의 일상적인 부양·양육·보호·교육 등이 이루어지는 생활단위를 말한다고 하고 있다. 민법 제779조에서는 가족의 범위를 ① 배우자, 직계혈족 및 형제자매 ② 직계혈족의 배우자, 배우자의 직계혈족 및 배우자의 형제자매(생계를 같이 하는 경우에 한함) 라고 규정하고 있다. 헌법과 민법, 건강가정기본법상의 가족규정을 종합하여 보면 헌법 제36조 제1항의 가족을 혼인을 통해 이루어지 가족에 한정될 수 없다. 따라서 양성간의 혼인은 가족을 이루는 하나의 방법이지 가족을 이루는 유일한 방법이 아니라고 할 수 있다. 헌법 제36조 제1항의 가족을 양성혼에 기반한 가족으로만 파악하게 되면 현대사회에서 나타나는 다양한 가족유형들을 포괄하는데 한계를 가지게 된다. 그 결과 이 새로운 유형의 가족들을 인정하여, 가족의 형태와 기능의 다양성을 인정하는 것이 필요하다. 가족의 제도적 보장은 가족에 대한 사회적 변화를 반영한 입법을 금지하는 것이 아니라 전래적 가족의 본질을 형해화하는 입법을 금지하는 것이다. 따라서 제36조 제1항의 보호를 받는 가족의 범위를 이처럼 확대하여도 가족제도를 형해화한다고 볼 수 없다. 따라서 적극적으로 '**가족구성권**'이라는 기본권을 개념화하고 인정하더라도 제36조 제1항과 모순되지는 않는다. 제36조 제1항의 내용으로는 먼저 가족구성원의 자기결정권을 들 수 있다. 부부는 자녀수 및 출산시기의 결정을 자유롭게 할 수 있다. 부부의 성생활에 있어서의 자기결정권도 포함되므로 부부강간이 범죄로서 처벌되는 근거를 제공한다. 자녀의 복리를 위한 예외적인 경우를 제외하고 원칙적으로 국가의 간섭 없이 부모와 자녀가 가족으로서 함께 살 권리를 가진다. 명문규정은 없으나 부모는 자연권으로서 자녀에 대한 교육의 권리를 가진다. 3) **기타 쟁점** 혼인 및 가족과 관련하여, 친양자제도, 부부별산제, 부부소득합산과세, 자녀합산과세, 친생부인의 소의 제척기간, 혼인관계종료 후 출생자의 전남편의 친생자 추정 등이 문제되었다. 헌법 제36조가 혼인과 가족을 위한 기본권으로 기능을 하기 위해서는 다음과 같이 제36조를 개정할 필요가 있다. 첫째, 제1항이 가진 문제의 해결을 위해서는 헌법개정을 통해 인간의 존엄과 '양성평등'에 기반한 혼인과 가족생활 보장규정에서 인간의 존엄과 '평등'에 기반한 혼인과 가족생활보장으로 개정될 필요가 있다. 둘째, 건강권을 규정하고 있는 동조 제3항「모든 국민은 보건에 관하여 국가의 보호를 받는다.」는 규정은 혼인과 가족에 관한 조문의 체계에 부합하지 않는다. 따라서 별도의 조문으로 보건권을 규정할 필요가 있다. 셋째, 독일 기본법 제6조와 같이 헌법 제36조가 혼인 및 가족기본권으로 확립되기 위해서는 자연권으로서의 부모의 자녀교육권, 가족의 함께 살 권리와 예외적 국가에 의한 가족분리, 혼인 외 출생아동에 대한 차별금지 등의 규정이 도입될 필요가 있다.

혼인퇴직제婚姻退職制 여성에 한하여 혼인하면 퇴직할 것을 조건으로 채용하거나 취업규칙 등에 의하여 여성의 혼인을 퇴직의 사유로 정하는 근로계약을 말한다. 결혼이라는 신분상의 변동에 의해 그 근로자의 의사, 능력, 근무조건 등과는 관계없이 일률적으로 근로자의 지위를 상실케 하는 제도이다. 주로 여자근로자의 경우에 문제가 되는데 임신·출산을 이유로 하는 임신퇴직제 혹은 출산퇴직제도 있다. 이는 원칙적으로 성별을 이유로 한 차별로서 그 합리적인 근거를 찾아 낼 수 없는 것이므로 단체협약, 취업규칙, 근로계약 등에 이를 명시하더라도 헌법·근로기준법·남녀고용평등과 일·가정 양립지원에 관한 법률에 위반하므로 효력이 없는 것으로 해석된다. 또한 혼인퇴직계약에 따라 해고한 경우에는 정당한 이유 없는 해고에 해당한다. 현행「남녀고용평등법」 제11조 제2항은「사업주는 여성 근로자의 혼인, 임신 또는 출산을 퇴직 사유로 예정하는 근로계약을 체결하여서는 아니 된다.」고 규정하고 있다. ➜ 평등권.

혼합대표제混合代表制 ➜ 대표의 결정방식.

혼합민주주의混合民主主義 원칙적으로 간접민주제(대의제)를 실시하면서, 일정한 경우에 직접민주제를 도입하여 국가정책이나 의사를 결정하는 민주주의를 말한다. ➜ 직접민주주의.

혼합정부제混合政府制 ➜ 이원정부제.

혼합정체론混合政體論 왕정, 귀족정, 민주정 등의 세 가지 체제의 요소를 전부 가지고 있는 정체를 말한다. 폴리비오스가 주창한 이론이다. 그에 따르면, 로마공화정에서 집정관(consul)이 최고의 명령권과 지휘권을 가지는 것은 왕정의 요소이며, 원로원(senatus)의 존재는 귀족정의 요소이며, 민회(assembly)는 민주정의 요소이다. 이 세 기구가 국가 권력을 공평하게 나누어 가지고 상호 견제를 통해 균형을 이룬다는 것이다. 따라서 어느 하나가 방종으로 흐르면 즉시 다른 두 기구가 이를 견제하여 정상으로 되돌리므로, 정치체제의 타락을 막고 국가를 안정화시키는 장치가 확립되어 있었다고 보았다. 이것을 '혼합정체(mixte System)'라고 부른다. 폴리비오스는 로마 공화국의 정치체제를 혼합정체로 파악하고, 로마가 패권을 장악하게 된 최고의 정치체제라며 극구 찬양했다.

홉스Hobbes, Thomas　1588.4.5.~1679.12.4. 1588년 잉글랜드 윌트셔 웨스트포트에서 교구 목사(Vicar)의 아들로 태어났다. 홉스는 Malmesbury school에 입학하여 언어에 뛰어난 자질을 보였고, 열네 살에 옥스퍼드 대학의 청교도적 학풍의 막달렌 단과대학(Magdalen Hall)에 입학하여 5년간 공부해 학사학위를 받았다. 프랜시스 베이컨, 데카르트, 보일 등과 교유하였다. 1629~1631년 사이 프랑스를 여행하면서 유클리드의 기하학을 알게 되었고, 여기서 기하학의 논증방법을 학문의 주요 방법으로 받아들였다. 그는 열렬한 절대군주제 지지자였는데, 당시 영국에서 장기의회가 결성되자 프랑스로 도피 생활을 떠나기도 했다. 그는 90세 나이에도 저서를 출판할 만큼 만년에도 왕성하게 학문활동을 하였다. 그는 1679.12. 초, 캐번디시가 한 저택에서 91세 일기로 생을 마감했다. 홉스는 사회계약에 대해 언급한 최초의 근대 정치철학자이다. ➜ 사회계약설. 홉스는 국가를 리바이어던이라고 불렀으며, 이는 국가가 사회계약에 의해 만들어진 인공적 산물이라는 점을 강조하기 위해서였다. ➜ 리바이어던. 저서로, 「펠로폰네소스 전쟁사(번역)」(1629), 「법의 요소들(Elements of Law)」(1640), 「리바이어던(Leviathan)」(1651) 등이 있다.

홍범 14조洪範十四條　홍범 십사조는 1894년 음력 12월12일(1895.1.7.) 제정 · 선포된 우리나라 최초의 근대적 헌법이다. 1895.1.7.(고종 32년), 고종은 세자와 대원군 · 종친 및 백관을 거느리고 종묘에 나아가 먼저 독립의 서고문(誓告文)을 고하고 이를 선포하였다. 1.8.에 이를 전 국민에게 반포하였다. 이 서고문을 홍범 14조라 하며, 근세 최초의 순한글체와 순한문체 및 국한문 혼용체의 세 가지로 작성하여 발표하였는데, 순한글체에서는 홍범 14조를 '열 네 가지 큰 법'이라 표기하였다. 주요내용은 자주독립국가 천명, 전제군주국임과 왕실의 정치관여 배제, 조세법령주의, 왕실재정의 분리, 인재해외파견, 군제확립, 죄형법정주의, 공정인사 등이다.

확정력確定力　➜ 헌법재판소 결정의 효력.

환경국가원리環境國家原理　㊂ principle of environmental state, ㊀ der Umweltstaatsprinzip, ㊇ principe de l'état environnemental. 1. **개념**　'환경국가(Umweltstaat)'라는 용어는 1980년대 후반 독일에서 등장하였다. 당시 독일에서는 헌법적 차원의 환경문제에 대한 진지한 논의가 이루어져 헌법상 기본권으로서 환경권을 규정하거나, 국가목표로서 환경보호를 설정하자는 논의들이 있었으며, '법치국가, 민주국가'와 같이 병렬적으로 '환경국가원리'를 인정하자는 견해들이 등장하였다. 환경국가라는 개념을 처음으로 사용한 미하엘 클뢰퍼(M. Kloepfer) 교수에 따르면 "환경국가"는 "환경의 불가침성을 국가의 과제 및 결정의 척도와 절차목표로 하는 국가(제도)"를 말한다. 다시 말하면 "환경국가라 함은 국가가 달성해야 될 중요과제로서 환경보호를 인정하고, 이를 국가의사결정의 기준이자 근거로 삼는 국가"를 말한다. 환경국가는 개인의 자유와 사회보장수급권과 같은 개별적인 권리를 보장하는 것을 넘어, 환경이라는 공공재에 대한 국가적 보호를 통하여 인간의 존엄을 구현한다는 점에서 법치국가나 사회국가와 구별된다. 환경국가원리에 대해서는 다양한 개념정의가 이루어지고 있다. 환경보호에 대한 국가목표를 강조하여 환경국가원리를 "헌법의 기본원리로서 환경보호를 국가적 목표로 삼는 국가의 이념적 기초이자 지도원리"라고 보는 견해, 국가의 자연생태계의 선순환을 유지할 의무까지 환경국가원리의 개념에 포함하여 “국가가 자연생태계의 선순환을 유지할 수 있도록 예방적 · 사후교정적 모든 노력을 다할 것을 요구 된다”라는 견해도 있다. 오늘날 환경국가원리는 환경보호와 주관적 권리인 환경권 보장을 그 핵심적 내용으로 하고 있다. 환경국가원리는 ① 객관적 원리로서 국가목표조항이나 ② 기본권으로서 환경권 조항을 통하여 구현되며 그 구체적 내용은 입법자에게 유보되어 있다. 다만, 환경국가원리에서 입법자의 유보는 자유재량적 유보가 아니라 헌법기속적 · 구체화적 법률유보에 해당한다. **2. 헌법원리 인정 여부** 환경국가원리가 헌법의 기본원리로 인정될 수 있는지에 대해서는 견해가 나누어진다. 헌법 전문과 개별 헌법조항에 따라 헌법해석상 환경국가원리가 인정된다는 견해와 함께, 헌법개정을 통하여 환경국가원리를 분명히 규정해야 한다는 견해가 있다. 환경국가원리가 인정될 수 있다는 견해는 헌법 제35조 제1항 전단의 기본권으로서의 환경권 조항과 후단의 환경보호의무조항, 그리고 제35조 제2항의 환경권 내용과 행사에 관한 법률유보조항 등 이미 현행 헌법상 환경국가원리의 주된 헌법적 근거가 규정되어 있다고 본다. 그 외에도 미래세대 보호에 관한 헌법 전문, 인간의 존엄과 가치, 행복추구권, 국가의 기본권보장조항을 규정한 헌법 제10조, 재산권의 한계를 정한 제23조, 균형있는 국토와 자원 개발을 규정한 제120조, 국토의 균형있는 이용 · 개발과 보전의무를 규정한 제122조 등 헌법 전반의 규정들을 바탕으로 현행 헌법이 환경국가원리를 수용한고 있다고 본다. 생각건대, 국가 또는 사인에 의한 환경권 침해로부터 보호는 오늘날의 기후위기 상황에서 항구적인 가치이념이자 중대한 가치이념에 해당하며, 헌법 전문, 헌법 제35조 등에 따라 환경국가원리가 헌법의 기본원리로 인정될 수 있을 것이다. 다만, 환경국가원리가 민주주의원리나 법치주의원리와 같은 정도의 헌법의 기본원리로서의 지위를 점하는지에 대하여는 여전히 명확하지 않으므로, 환경기본권과 국가목표조항의 형식이 공존하는 현행 환경권 조항의 틀은 유지하되, 자연과 인간의 관계를 재정립하는, 탈인간중심화된 생태적 환경기본권조항과 생태적 국가목표조항을 포함하는 헌법개정이 필요하다. **3. 효력** 환경국가원리가 헌법의 기본원리라고 볼 때, 다른 헌법상 기본원리와 마찬가지로 모든 법령해석의 기준으로 작용하며, 입법권의 범위와 한계를 제시하고, 국가정책결정의 방향을 제안하며, 헌법개정의 한계로 작용하는 등의 효력이 있을 수 있다. 헌법재판소는 헌법의 기본원리의 규범성과 해석지침으로서의 재판규범성까지 인정하고 있어서(헌재 1996.4.25. 92헌바47), 헌법의 기본원리로서 환경국가원리는 헌법재판의 기준으로 공권력의 행사 또는 불행사가 이에 위배되는지 여부를 판단할 수 있다. 환경국가원리는 한편으로는 국민의 환경권을 인정하지만 동시에 환경보전의무를 부담시키며, 다른 기본권과의 비교형량에 있어 환경권(환경이익)에 대한 인식의 변화를 요구한다. 법원과 헌법재판소는 환경국가원리를 헌법을 비롯한 모든 법령해석의 기준으로 삼아야 하며, 특히 헌법재판소는 기본권을 제한하는 입법의 합헌성 심사시 환경국가원리를 해석기준으로 적용해야 한다. 헌법재판소는 또한 환경국가원리에서 파생되는 국제환경법원칙들(지속가능발전 원칙, 사전배려원칙, 세대간 형평원칙)을 재판규범으로 삼거나 재판시 적극적으로 고려하여, 동 원칙들을 위반한 공권력의 행사 혹은 불행사로 국민의 기본권이 침해되는 경우에는 위헌임을 선언할 수 있을 것이다. **4. 한계** (1) **다른 헌법의 기본원리와의 관계** 환경국가원리는 기존의 헌법 질서 내에서 인정되는 것이므로, 다른 헌법의 기본원리(민주국가, 법치국가, 사회국가원리)와 조화를 이루어야 하며, 기존의 헌법질서는 그 한계로 작용한다. 환경국가원리는 비례성 원칙에 따라 다른 헌법상 기본원리와 형량되어야 한다. 또한 환경국가원리는 중요한 가치이지만, 다른 헌법적 가치나 기본권에 무조건 우선하는 것은 아니다. 환경보호를 이유로 민주적 절차를 생략한 채 국민의 기본권에 광범위한 제한을 가해서는 아니 된다. 법치국가원리에 위반하여 처분적 법률을 제정하는 등의 방식을 사용해서도 안 되며, 법적 안정성, 신뢰보호원칙, 명확성의 원칙, 소급입법금지원칙 등 법치국가원리의 부분원칙들을 준수해야 한다. 헌법상 보장된 국민의 자유권 등 기본권도 환경국가원리 실현의 한계로 기능한다. 환경보호를 위한 정책은 다른 기본권과의 비례관계를 유지하면서 수행되어야 한다. (2) **인간중심주의적 한계** 협의의 환경국가원리는 자연과 인간을 구분하는 이분법적 사고를 바탕으로 인간의 자연에 대한 지배나 이용을 당연시한다는 점에서 '인간중심주의적 한계'를 가진다. 자연보호도 자연의 내재적 가치를 인정하기 보다는 인간의 이익을 위한 자연보호를 상정하고 있다. 이를 극복하기 위하여 새로운 패러다임으로 생태주의(ecology)와 지구법학을 근간으로 자연의 권리를 존중 내지 인정하는 내용의 생태적 환경국가원리(생태국가원리)가 주장되고 있다. 우리나라에서도 아동·청소년이 제기한 기후변화소송 등 미래세대소송이 증가하고 있으나, 현행 헌법의 해석만으로는 미래세대의 권리를 도출하기 힘들고, 기후위기에 맞서 미래세대를 보호할 수 있는 사법적 구제수단이 사실상 없다. 또한 우리 법원은 생명체의 권리가 문제가 된 사건에서 도롱뇽, 검은머리물떼새, 오대산 산양의 원고적격을 인정하지 않아 왔지만(➜ 자연의 권리), 향후 자연의 내재적 가치와 자연의 존재기본권을 인정하고, 한층 강화된 국가의 자연의 권리 보호의무(생태계 보호의무)를 헌법전문과 개별규정에 포함할 필요가 있다. 현행 헌법이 현재세대의 인간의 이익(인간을 위한 자연보호)을 중심으로 규정하고 있으며, 헌법해석만으로는 아직 태어나지 않은 미래세대나 자연의 권리까지는 보호할 수 없다는 점을 고려할 때, 헌법개정시 생태적 환경국가원리를 전문, 총강, 그리고 개별 기본권조항에 명시할 필요가 있다. ➜ 생태적 환경국가론.

환경권環境權 ⓔ environmental right, ⓓ Umweltrecht, ⓕ droit environnemental. 1. **서언** 1) **헌법규정** 현행헌법은 제35조에서 「① 모든 국민은 건강하고 쾌적한 환경에서 생활할 권리를 가지며, 국가와 국민은 환경보전을 위하여 노력하여야 한다. ② 환경권의 내용과 행사에 관하여는 법률로 정한다. ③ 국가는 주택개발정책등을 통하여 모든 국민이 쾌적한 주거생활을 할 수 있도록 노력하여야 한다.」고 규정하고 있다. 이에 헌법에서 말하는 환경의 의미, 규정의 목적이 무엇이며, 법적 성격, 헌법적 효력 등을 명확히 할 필요가 있다. 2) **연혁** 환경권은 근대입헌주의헌법의 기본권사상인 인간이 누리는 천부인권의 개념으로 주장된 것이 아니라, 20C에 이르러 심각한 공해발생과 환경파괴현상이 나타나게 되어 등장하게 된 대표적인 현대적 유형의 인권이라 할 수 있다. 최초의 환경에 관한 법률은 1970년 미국의 국가환경정책기본법이라 할 수 있고, 독일은 1972년 헌법을 개정하여 환경에 관한 조항을 규정하고 있다. 국제적 차원에서도 1972.6.에는 스톡홀름선언, 1992.6.에는 리우선언이 있었다. 우리나라는 제8차 헌법개정(1980)에서 최초로 환경권을 규정하였고, 현행헌법에서 환경권의 내용과 행사에 관한 법률주의를 규정하고 쾌적한 주거생활환경권을 신설하였다. 1990년 환경보전정책의 기본방향을 정한 것으로 환경정책기본법이 제정되었고, 대기환경보전법·수질환경보전법·소음진동규제법 · 유해화학물질관리법 · 환경오염피해분쟁조정법 · 환경영향평가법 · 환경관리공단법 등 46개의 개별법률을 제정하여 환경권을 구체화하고 있다. 3) **환경권의 특성** 환경권은 환경에 영향을 미치는 인간의 행위를 규제함으로서 실효성이 있는 권리이므로, 타 기본권의 제한을 전제로 한다는 특성을 가지고 있다. 따라서 국가의 환경보호정책은 환경권으로 인해 수익자와 피해자를 동시에 발생시키는 양면적 효력을 지니고 있다고 볼 수 있다. 아울러 환경권은 국가와 국민의 환경보전노력의무에 의해 실현될 수 있는 권리이므로, 타 기본권에 비해 의무성이 강한 특성을 가지고 있다. 산업발전을 억제하는 장애요인으로 기능할 수 있는 기본권이라는 특성이 있지만, 경제발전과 반드시 적대적인 관계를 갖는다고 볼 수만은 없다. 또한 환경권은 현존세대만의 권리가 아니라 미래세대를 위한 권리라는 성격을 가지고 있다. 2. **환경권의 개념** 사전적 의미의 '환경(environment, Umwelt)'이란 생물에게 직접 또는 간접으로 영향을 주는 자연적 조건이나 사회적 상황으로서 생물이 생활하는 주위의 상태를 의미한다. 현행헌법상 환경권 규정에는 환경의 개념이 정의되어 있지 않다. 헌법상의 환경조항과 관련하여, 환경권과 환경보전의무에서의 환경개념, 법적 성격 및 그 효력 등과 관련이 있기 때문에 헌법상 '환경'에 대한 개념을 사전적인 의미로만 해석할 수는 없다. 1) **학설** (1) **자연환경설** 헌법상의 '환경'은 산, 산림, 대기, 물, 일조 등과 같은 자연환경만을 의미한다고 보는 견해이다. 이 견해는 환경권이 논의되고 있는 형성 배경을 감안하여 환경권을 권리로서 실효성 있게 보호하려면 환경을 자연환경에 국한시켜 이해해야 하고, 사회 환경을 포함시킬 경우에는 다른 기본권과의 구별을 어렵게 한다는 점을 그 논거로 하고 있다. (2) **생활환경포함설** 헌법상의 '환경'은 자연환경뿐만 아니라 생활환경을 포함한다는 견해이다. 이 견해는 환경정책기본법에 근거하여 물, 폐기물, 소음, 진동, 악취 등 사람의 일상생활과 관계되는 환경을 말한다고 한다(제3조 제1호). 이 견해에 따르면, 환경은 일반적으로 대기, 물, 토양, 산, 호수, 하천과 같은 자연환경, 역사적 문화적 유산을 포함하여 도로, 공원을 포함하는 인공환경, 교육, 주거 등을 포함하는 사회적 환경으로 나누어지는데, 환경권은 자연 대 인간관계를 말하는 것으로서, 환경권의 대상인 환경은 물, 대기, 공기와 같은 자연환경과 일조, 소음, 경관, 조망 등 생활이익으로서 가치를 지닌 생활환경으로 보아야 한다고 주장한다. (3) **사회 · 문화적 환경 포함설** 헌법상의 '환경'은 자연환경, 생활환경은 물론이고 사회적 환경, 문화적 환경까지도 포함하여야 한다는 견해이다. 즉, 환경권을 문화적 유산이나 도로 · 공원 · 교육 · 의료 등 사회적 환경을 포함한 좋은 환경 속에서 살 권리를 의미한다고 본다. 헌법 제35조 제3항에 쾌적한 주거생활권을 보장하고 있기 때문에, 헌법상 환경의 개념을 자연환경, 생활환경은 물론이고 사회적 환경, 문화적 환경을 포함하는 것으로 본다. 2) **판례** 헌법재판소는 「건강하고 쾌적한 환경에서 생활할 권리를 보장하는 환경권의 보호대상이 되는 환경에는 자연환경뿐만 아니라 인공적 환경과 같은 생활환경도 포함된다.」고 하여(헌재 2008.7.31. 2006헌마711), 생활환경 포함설에 입각하고 있다. 대법원은 「어느 토지나 건물의 소유자가 종전부터 향유하고 있던 경관이나 조망, 조용하고 쾌적한 종교적 환경 등이 그에게 하나의 생활이익으로서의 가치를 가지고 있다고 객관적으로 인정된다면 법적인 보호의 대상이 될 수 있다.」고 판시하였다(대판 1997.7.22. 96다56153). 한편, 부산고등법원은 「헌법상 규정된 '환경권'은 사람이 인간다운 생활을 영위함으로써 인간으로서의 존엄을 유지하기 위하여 필요적으로 요구되는 것이기 때문에 인간의 생래적인 기본권의 하나로서 인간다운 생활을 위한 필수적인 절대권이며, 모든 사람에게 다 같이 보장되는 보편적인 권리로서의 성질을 가진다 할 것이고, 이러한 환경권의 내용인 환경에는 자연적 환경은 물론이고, 역사적, 문화적 유산인 문화적 환경도 환경권의 대상인 환경의 범주에 포함시켜야 하며, 그 뿐만 아니라 사람이 사회적 활동을 하는 데 필요한 사회적 시설도 인간의 생활에 필요 불가결한 사회적 환경으로서 이에 포함됨은 당연하며, 신청인이 내세우는 주장의 요지 또한 교육환경의 일종으로서 역시 위 사회적·문화적 환경의 범주에 속한다고 할 것이다.」고 하여(부산고법 1995.5.18. 95카합5), 넓게 이해하고 있다. 3) **검토** 환경정책기본법 제3조에서는 '환경'의 개념을 '자연환경'과 '생활환경'으로 정의하고, '자연환경'은 '지하·지표(해양을 포함한다) 및 지상의 모든 생물과 이들을 둘러싸고 있는 비생물적인 것을 포함한 자연의 상태(생태계 및 자연경관을 포함한다)를 말한다.'고 규정하며(제3조 제2호), '생활환경'은 '대기, 물, 토양, 폐기물, 소음·진동, 악취, 일조(日照) 등 사람의 일상생활과 관계되는 환경을 말한다.'고 규정하고 있다(제3조 제3호). 자연환경설은 헌법상 '환경'의 개념을 '자연환경'으로 국한함으로써 헌법상 환경권의 보호범주를 좁게 해석하여 환경권 실현보다는 환경보호에 적극적이라는 비판을 면할 수 없고, 현행헌법 제35조 제3항에 주택정책이 규정되어 있어 헌법개정을 불가피하게 해야 되는 결과를 초래하게 된다. 그리고 생활환경포함설은 기본권의 실효성을 강조한 나머지 환경에 대한 개념을 좁게 해석하게 되어 환경개념의 총체성과 다양성, 환경개념 요소들 간의 상호작용 및 발전가능성에 비추어 바람직하지 않다는 비판을 면할 수 없다. 또한 환경법체계상 환경정책기본법은 형식적 효력상 환경개별법률 우위에 있다고 볼 수 없으므로 환경정책기본법에 정의되어 있는 환경개념을 토대로 상위규범인 헌법상 '환경'의 개념을 해석할 이유는 없다. 반면, 사회·문화적 환경 포함설은 헌법상 '환경'의 개념을 '자연환경'과 '생활환경' 뿐만 아니라 '사회적 환경, 문화적 환경'으로 광범위하게 인정함으로써 다른 기본권 영역과의 구별이 모호해져 환경권의 실효성이 약화될 우려가 있기는 하지만, 환경권의 개념을 확대함에 따라 다른 기본권 영역에서 보호하고 있는 보건권, 교육권 등을 제외한다면 기본권의 충돌 내지 보호영역의 혼란 등의 문제는 발생하지 않을 것이다. 국제사회에서 환경권의 중요성이 현저히 커지고, 환경피해가 국경을 초월하여 발생하고 있으며, 환경오염원인자가 과거와는 다르게 그 범위가 생활환경과 사회, 문화적인 영역까지 넓어지고 있는 현실을 감안하면, 환경권의 실질적 보장을 위해서 제3설과 같이 확장시켜 정의하는 것이 바람직하다. 3. **법적 성격** 1) **학설** (1) **자유권설** '건강하고 쾌적한 환경'을 향유할 수 있는 권리를 환경권 침해의 예방과 배제를 청구할 수 있는 방어적 청구권으로 이해하는 견해이다. (2) **사회권설** 환경권은 국가에 대하여 쾌적한 환경을 요구할 수 있는 권리로서, 인간다운 생활을 보장하기 위한 사회적 기본권으로 이해하면서 사회적 기본권의 자유권적 측면을 인정하려는 견해이다. 환경권은 그 실현이 국가의 급부형성에 의존하지만, 개인이 국가에 대하여 특정한 급부를 요구하는 청구권이 중심이 되어 국가에 대한 적극적 요구와 이에 대응하는 국가를 통한 보장으로 구성되는 사회적 기본권의 하나로 이해하는 견해이다. (3) **총합적 기본권설** 환경권은 인간의 존엄성 존중을 그 이념적 기초로 하면서 여러 가지 성격을 아울러 가진 총합적 기본권이라는 견해이다. (4) **종합적 기본권설**

환경권은 사실상 모든 기본권의 전제조건이기 때문에 모든 기본권과 성질을 공유하고 있으며, 국가와 국민의 환경보전의무를 전제로 한 권리와 의무의 복합 형태이기 때문에 그에 맞는 성격규명이 요구될 뿐이므로 환경권의 법적 성격을 자유권·사회권·인격권 등과 같이 획일적으로 규정하는 것은 의미가 크지 않고 종합적 기본권으로 평가해야 한다는 견해이다. 2) **판례** 헌법재판소는 「환경권은 건강하고 쾌적한 생활을 유지하는 조건으로서 양호한 환경을 향유할 권리이고, 생명·신체의 자유를 보호하는 토대를 이루며, 궁극적으로 '삶의 질' 확보를 목표로 하는 권리이다. 환경권을 행사함에 있어 국민은 국가로부터 건강하고 쾌적한 환경을 향유할 수 있는 자유를 침해당하지 않을 권리를 행사할 수 있고, 일정한 경우 국가에 대하여 건강하고 쾌적한 환경에서 생활할 수 있도록 요구할 수 있는 권리가 인정되기도 하는바, 환경권은 그 자체 종합적 기본권으로서의 성격을 지닌다.」고 하고 있다(헌재 2000.12.14. 99헌마112; 2002.12.18. 2001헌마546; 2008.7.31. 2006헌마711). 3) **검토** 종합적 성격의 권리라 함이 타당하다. 4. **주체** 환경권은, 환경 그 자체를 대상으로 하는 것이 아니라, 건강하고 쾌적한 환경에서 생활할 권리를 의미하므로, 환경권의 주체는 자연인에 한하고 법인은 제외된다. 다만, 환경권의 특성에 비추어 미래세대의 환경권주체성이 문제될 수 있다. 현재에는 환경에 영향을 미치지 않지만, 미래세대에 가서 환경권이 침해될 우려가 있다고 할 경우, 미래세대의 환경권침해를 이유로 현재 구제를 청구할 수 있는가의 문제이다. 5. **내용** 1) **공해예방청구권** 공해예방청구권이란, 국가·공공단체 또는 사인이 환경파괴행위를 할 우려가 있는 경우 환경권이 침해되기 이전에 환경침해를 하지 않도록 사전적으로 예방적 조치를 요구할 수 있는 권리를 말한다. 현재 환경영향평가제도를 시행하고 있으므로, 국가는 개발정책을 시행함에 있어 환경에 영향을 미치는 정도를 고려하여 개발정책을 시행하여야 한다. 2) **공해배제청구권** 공해배제청구권이란, 국가나 사인의 행위로 인하여 환경이 침해된 경우 사후적으로 환경침해행위를 배제할 것을 요구할 수 있는 권리이며, 또한 환경침해로 인하여 손해가 발생한 경우 손해배상을 청구할 수 있다. 환경침해행위에 대한 손해배상책임은, 사업자의 고의·과실을 요하는 과실책임이 아니라, 무과실책임을 의미한다. 3) **생활환경조성청구권** 생활환경조성청구권이란, 국가에 대하여 건강하고 쾌적한 생활환경을 조성하고 보존해 줄 것을 요구할 수 있는 권리를 말한다. 우리 현행헌법상의 환경권에 이러한 생활조성청구권이 포함되어 있는가에 대하여는 다소 설이 나뉘어져 있으나, 우리 현행헌법은 쾌적한 주거생활환경을 위해 국가에 대해 일정한 의무를 부과하고 있고, 국가의 환경보존노력의무를 규정하고 있으므로 생활환경조성청구권이 인정된다고 보아야 할 것이다. 여기서의 환경이란, 자연환경·인공환경(도로, 공원, 교량 등) 등과 쾌적한 주거환경을 포함한다. 다만, 생활환경의 조성청구는 국가의 환경조성계획으로 인하여 국민의 자유영역을 좁히는 역기능으로 작용할 수 있다. 국가의 환경조성계획에 의해 개인이 자유로이 접근할 수 있는 구역이 금지구역으로 변할 가능성이 있기 때문이다. 6. **효력** 환경권은 대국가적 효력과 사인간에도 효력을 미친다. 국가적 효력이란, 국가로부터 환경권을 침해받지 아니할 권리라는 자유권적 측면과, 국가에 대해 적극적으로 환경을 보전해 줄 것을 요구할 수 있는 사회권적 측면으로서의 성격을 동시에 갖는다. 다만, 사인적 효력에 대하여 사인간의 직접 적용된다고 보는 견해와, 간접적으로 적용된다고 보는 견해로 나뉘어져 있다. 7. **한계와 제한** 환경권도 헌법 제37조 제2항에 따라 법률로써 제한할 수 있다. 다만, 제한하는 경우에도 본질적 내용을 침해할 수 없는 바, 환경권의 본질적 내용의 침해에 관하여는 견해가 나뉘어져 있다. 인명이나 신체에 결정적인 위협을 주는 제한을 본질적 내용의 침해로 보는 견해와, 환경권의 제한에 과잉금지의 원칙을 어긴 경우에 본질적 내용의 침해가 된다고 보는 견해이다. 즉 국가의 개발정책으로 인한 공익과 환경침해로 인한 사익 사이에, 기본권을 제한하는데 있어서 준수해야할 원칙인 과잉금지의 원칙을 위배한 경우에 환경권의 본질적 내용을 침해하였다고 보는 견해이다. 8. **환경권의 침해와 구제** 1) **공권력에 의한 침해와 구제** 공권력의 적극적 발동에 의한 침해와 공권력의 소극적 대응으로서 인한 침해가 있다. 특히 후자의 경우, 공해시설 설치허가, 낮은 수준의 오염물질 배출기준 규정 등으로 환경권의 침해가 있을 수 있다. 입법부작위의 경우 헌법소원이 가능하다. 2) **사인에 의한 침해와 구제** 사후적 구제방법으로 민사상 손해배상청구와 사전적 구제방법으로 사전유지청구가 가능하다. 손해배상책임의 위법성판단과 관련하여 수인한도론이 정립되어 있다. **수인한도론**은 환경권에 대한 침해가 합리적인 이유가 있고 경미한 경우에는 수인의 의무가 있다고 보고, 피해가 일반인으로 하여금 통상 견딜 수 없는 한도를 넘은 경우에만 환경침해가 위법하다는 이론이다. ➜ 일조권. 3) **환경오염피해분쟁기구** 환경분쟁조정법은 환경분쟁의 조정과 해결을 위하여 환경분쟁조정위원회를 설치하고 있다(제4조). 4) **공해소송에서의 원고적격 확대와 입증책임론** 공해소송에서는 오염으로 인한 피해자의 범위가 광범위하므로, 원고적격을 확대하여야 한다(**원고적격의 완화이론**). 또한 손해의 발생에 대한 입증책임과 관련하여, 입증책임을 전환하려는 개연성이론이 전개되고 있다. **개연성이론**이란, 환경침해와 손해발생사이에 있어서 인과관계의 증명은 과학적으로 엄격한 증명을 요하지 아니하고, 어느 정도의 인과관계가 존재한다는 상당한 정도의 개연성이 있음을 입증하므로 족하다는 이론이다. ➜ 개연성이론. 대법원도 인과관계의 입증에 관하여 개연성의 입증만으로 족하다고 판시하고 있다(대판 2009.10.29. 2009다42666). 미국에서는, **공공신탁이론**이 연방대법원의 판결에 반영되고 있다. ➜ 공공신탁이론.

환경법環境法**의 기본원칙**基本原則 환경법의 기본원칙은 헌법의 환경권 규정과 환경보호에 관한 기본법인 환경정책기본법, 기타 개별 환경법의 규정들로 도출될 수 있다. 1. **사전예방의 원칙** 사전예방의 원칙이란 환경보호를 위해서는 환경에 대한 오염이 발생한 후 그 오염을 제거하는 것만으로는 부족하며 이를 넘어서 사전에 환경오염이 발생하지 않도록 노력하여야 한다는 원칙을 말한다. 사전예방의 원칙은 사전배려의 원칙과 구별되는 개념이다. 사전배려는 잠재적 위험에 대한 것인 반면에 예방의 원칙에서의 예방은 확인된 위험에 대한 것이다. 사전예방의 원칙은 「환경정책기본법」 제1조, 제8조, 「환경영향평가법」 제1조와 각종 환경입법을 통하여 구현되고 있다. 2. **사전배려의 원칙** 사전배려의 원칙은 위험이 불확실한 경우에도 그 위험으로 인한 손해가 중대하고 회복할 수 없는 경우에는 그 위험이 확실하게 되기 이전에도 그 위험을 방지하거나 축소하는 사전배려조치를 취할 수 있다는 법원칙을 말한다. 사전배려원칙이 적용되기 위해서는, 첫째, 과학적 불확실성이 존재하여야 하고, 둘째, 최소한의 과학적 근거가 존재하여야 하며, 셋째, 수긍할 수 있는 위험이 존재하여야 하고, 넷째, 수인가능성이 없어야 하며, 다섯째, 손해가 중대하고 회복할 수 없는 것이어야 하고, 여섯째, 비례의 원칙에 합치하여야 한다. 3. **원인자책임의 원칙** 원인자책임의 원칙이란 자기 또는 자기의 영향권 안에 있는 자의 행위나 물건으로 인하여 환경오염의 발생에 원인을 제공한 자가 그 환경오염의 방지 제거 및 손실보전에 관하여 책임을 진다는 원칙을 말한다. 「환경정책기본법」, 「해양환경관리법」등에 규정되어 있다. 4. **협동의 원칙** 협동의 원칙이란 환경보전의 과제를 달성하기 위하여 의사형성과 결정과정에서 국가, 지방자치단체 및 사회가 협동하여야 한다는 원칙을 말한다. 「환경정책기본법」상의 국가 및 지방자치단체의 책무, 사업자의 책무에 이은 국민의 권리와 의무로 규정되고 있다. 다수의 개별 환경법에서도 그대로 유지되고 있다. 5. **지속가능한 개발의 원칙** 지속가능한 개발의 원칙이란 개발을 함에 있어서 환경을 고려하여 환경적으로 건전한 개발을 하여야 한다는 원칙을 말한다. 지속가능한 개발의 원칙은 환경의 향유 또는 자원이용에 있어서 세대 간의 형평성의 보장, 현 세대에 있어서 개발과 환경의 조화를 내용으로 한다. 「국토기본법」, 「국토의 계획 및 이용에 관한 법률」 「환경정책기본법」등 우리나라 법체제에서 상당부분 수용되고 있다. 6. **정보공개 및 참여의 원칙** 오늘날 환경행정정책의 목적달성을 위한 수단의 하나로 정보공개 및 참여의 원칙이 강조되고 있다. 동 원칙은 국민의 권리보호라는 측면에서도 중요한 의미를 지닌다. 이에는 환경상 조치에 관한 정보의 공개, 환경오염시설의 설치에 대한 의견진술이나 협의, 환경오염시설의 감시, 환경계획의 수립에 대한 주민의 참여 등이 포함된다. 「공공기관의 정보공개에 관한 법률」, 「행정절차법」 등이 제정되어 있다.

환경보전의무環境保全義務 ➔ 국민의 기본의무.

환경분쟁조정위원회環境紛爭調整委員會 ➔ 환경권.

환경정책기본법環境政策基本法 ➔ 환경권.

환경피해분쟁조정제도環境被害紛爭調整制度 ➔ 환경권.

환매권還買權 적법하게 수용된 토지가 당해 공익사업에 필요 없게 되거나 이용되지 아니하였을 경우에 종전 토지소유자가 그 원래의 토지소유권을 회복할 수 있는 권리를 말한다. 환매권은 헌법이 보장하는 재산권의 내용에 포함되는 권리라 할 수 있다(헌재 1994.2.24. 92헌가15등; 2020.11.26. 2019헌바13). 헌법재판소는 「공익사업을 위한 토지 등의 취득 및 보상에 관한 법률」에서 환매권 발생기간을 '10년'으로 하고 있는 것이 헌법에 합치되지 아니한다고 결정하였다. 2021.8.10.에 법률이 개정되었다.

환부거부還付拒否 ➔ 법률안거부권.

황견계약黃犬契約 ㉠ yellow dog contract. 사용자가 노동조합을 약화시키기 위하여 노동자에 대하여 고용계약을 체결할 때 노동조합에 가입하지 아니할 것을 내용으로 하거나, 또는 이미 노동조합에 가입한 때에는 탈퇴하고 특정조합에 가입할 것을 내용으로 하는 계약을 체결하는 행위를 말한다. 노동자의 노동3권을 침해하는 것으로 우리나라에서는 부당노동행위로 취급하여 금지되며 무효이다.

회계검사권會計檢査權 ➔ 감사제도.

회계검사원會計檢査院 ➔ 감사원.

회계연도會計年度 ㉠ fiscal year, ㊀ Veranlagungsjahr/Haushaltsjahr, ㉣ année d'imposition. 예산의 세입과 세출을 구분하고 정리하기 위한 기간, 쉽게 말해서 예산의 집행이 시작되어 끝나는 1년간을 회

계연도라 한다. 국가나 지방자치단체의 재정 활동은 사실상 계속적인 것이지만, 예산 및 결산의 제도를 통해 효율적인 민주적 통제와 관리·계획의 기능을 수행하기 위해 어느 일정기간을 구분하여 수입과 지출을 명확히 할 필요가 있다. 이러한 필요성에서 예산의 유효기간을 제도화한 것이 회계연도(會計年度)라고 하며, 모든 재정적 활동은 이 회계연도를 기준으로 하여 이루어진다. 보통 1년을 1기(期)로 하여 이를 '1회계연도'라고 하지만, 그 개시일(開始日)은 나라에 따라 다르다. 또 그 호칭도 회계연도가 시작되는 역년(曆年, calendar year)으로 연도를 부르는 경우와 끝나는 역년을 부르는 경우가 있다. 우리 나라를 비롯하여 프랑스·독일·중국·네덜란드등 많은 나라에서는 회계연도 개시일을 매년 1월 1일로 정하고 있다. 그러나 미국은 10월 1일, 일본·영국·캐나다 등은 4월 1일, 이란은 3월 21일 등과 같이 나라마다 회계연도 개시일이 다른 경우도 있다. 우리나라의 국가재정법 제2조는 정부와 지방자치단체의 회계연도를 매년 1월 1일에 시작해 동년 12월 31일에 종료하도록 규정하고 있다.

회기會期 ➜ 국회의 회기와 회의.

회기계속會期繼續**의 원칙**原則 ➜ (국회의) 의사원칙. 미국의 경우 하원의 의회기가 워낙 짧다보니 의회기가 끝나면 법안이 폐기된다고 설명하는 경우가 많이 있지만, 입법기가 짧아서 회기계속 혹은 불계속 원칙을 논하는 것은 큰 의미가 없다. 하지만, 동일 입법기(2년)에는 법안이 살아있고 따라서, 아주 엄밀히 말하면 회기계속으로 볼 수 있다. 상원·하원 모두 2년마다 입법기(의회기)가 만료되어 법안이 폐기된다. 말하자면 매년 번갈아서 회기계속과 불계속이 반복된다. 하지만, 동일 입법기 즉, 2년 이내에는 회기계속의 원칙이 적용된다(미국하원의사규칙 제11장 제6조 참조). 우리나라는 회기불계속의 원칙에서 회기계속의 원칙으로 변경되었다. 즉, 제헌헌법부터 1960.11. 헌법까지는 회기계속 관련 규정이 없었고, 국회법에서 회기불계속 원칙을 정한 바가 있었다. 1948년 제정 국회법 제61조는 「회기중에 의결되지 아니한 의안은 차기국회에 계속되지 아니한다. 단, 국회의 결의에 의하여 그 폐회중 위원회에 계속심사케한 의안은 예외로 한다. 회기 중에 부결된 의안은 그 회기 중에는 다시 제출하지 못한다.」고 규정하였다. 1962년 헌법에서부터 회기계속원칙을 정하면서 변경되었다. 현행 헌법 제51조에서는 「국회에 제출된 법률안 기타의 의안은 회기 중에 의결되지 못한 이유로 폐기되지 아니한다. 다만 국회의원의 임기가 만료된 때에는 그러하지 아니하다.」고 하여 회기계속원칙을 택하나, 새로 의회가 구성되는 때에는 예외적으로 회기불계속이다. 불문헌법국가인 영국은 회기불계속 원칙이기는 하지만, 본회의에서 회부동의(carry-over motion)를 의결하면 해당 법률안(carry-over bills)은 폐기되지 않고 다음 회기에 계속 심의한다. 일본도 회기불계속원칙이라고 헌법에 명시되어 있다. 회기계속의 원칙은 의회활동의 효율성, 장기미처리 법률의 효율적인 처리를 위한 제도라고 이해된다.

회부回附 ➜ 부의·상정·회부.

회생법원回生法院 ➜ 법원의 조직과 구성.

회의공개會議公開**의 원칙** ➜ 의사원칙.

회의정부제會議政府制 **= 의회정부제**議會政府制 ➜ 정부형태론(의회정부제).

회피回避 ➜ 제척 · 기피 · 회피제도.

효력규정效力規定 ➜ 강행규정 · 임의규정 · 효력규정 · 훈시규정.

후원회後援會 ➜ 정치자금규제.

후천적 취득後天的 取得 ➜ 국적.

훈령설訓令說 ➜ 예산.

훈시규정訓示規定 ➜ 강행규정 · 임의규정 · 효력규정 · 훈시규정.

휘그당Whig黨 [영] Whig Party. 영국에서 1660년 청교도혁명 이후 왕정복고기에 찰스 2세의 왕위계승 문제로 카톨릭신자이었던 요크 공 제임스(Duke of York, James II)의 즉위를 반대하던 파당들의 명칭이었다. 즉위에 찬성하던 토리당과 함께 영국 정당의 시초로 받아들여지고 있다. 1830년대에 토리당은 '보수당'으로, 휘그당은 '자유당'으로 명칭을 변경하였다.

휴회休會 ➜ 국회의 회기와 회의.

흠정헌법欽定憲法 [독] Oktroyierte Verfassung. ➜ 헌법의 분류.

흡연권吸煙權 담배를 필 권리를 말하는 것으로, 담배연기를 싫어할 권리를 의미하는 혐연권과 대비되어 언급된다. 헌법재판소는, 흡연권과 혐연권은 기본권이 충돌하는 것이지만, 흡연권보다 혐연권을 상위의 기본권으로 보아, 흡연권은 혐연권을 침해하지 않는 한에서 인정되어야 한다고 본다(헌재 2004.8.26. 2003헌마457). 기본권의 충돌을 기본권 서열이론으로 해결한 예이다. ➜ 기본권의 충돌(기본권의 위계질서론).

히잡결정 ➜ 국공립학교에서의 종교의 자유.

大韓民國憲法

前　　文

유구한 역사와 전통에 빛나는 우리 대한국민은 3·1운동으로 건립된 대한민국임시정부의 법통과 불의에 항거한 4·19민주이념을 계승하고, 조국의 민주개혁과 평화적 통일의 사명에 입각하여 정의·인도와 동포애로써 민족의 단결을 공고히 하고, 모든 사회적 폐습과 불의를 타파하며, 자율과 조화를 바탕으로 자유민주적 기본질서를 더욱 확고히 하여 정치·경제·사회·문화의 모든 영역에 있어서 각인의 기회를 균등히 하고, 능력을 최고도로 발휘하게 하며, 자유와 권리에 따르는 책임과 의무를 완수하게 하여, 안으로는 국민생활의 균등한 향상을 기하고 밖으로는 항구적인 세계평화와 인류공영에 이바지함으로써 우리들과 우리들의 자손의 안전과 자유와 행복을 영원히 확보할 것을 다짐하면서 1948년 7월 12일에 제정되고 8차에 걸쳐 개정된 헌법을 이제 국회의 의결을 거쳐 국민투표에 의하여 개정한다.

1987년 10월 29일

제1장 총　　강

제1조 ① 대한민국은 민주공화국이다.

② 대한민국의 주권은 국민에게 있고, 모든 권력은 국민으로부터 나온다.

제2조 ① 대한민국의 국민이 되는 요건은 법률로 정한다.

② 국가는 법률이 정하는 바에 의하여 재외국민을 보호할 의무를 진다.

제3조 대한민국의 영토는 한반도와 그 부속도서로 한다.

제4조 대한민국은 통일을 지향하며, 자유민주적 기본질서에 입각한 평화적 통일 정책을 수립하고 이를 추진한다.

제5조 ① 대한민국은 국제평화의 유지에 노력하고 침략적 전쟁을 부인한다.

② 국군은 국가의 안전보장과 국토방위의 신성한 의무를 수행함을 사명으로 하며, 그 정치적 중립성은 준수된다.

제6조 ① 헌법에 의하여 체결·공포된 조약과 일반적으로 승인된 국제법규는 국내법과 같은 효력을 가진다.

② 외국인은 국제법과 조약이 정하는 바에 의하여 그 지위가 보장된다.

제7조 ① 공무원은 국민전체에 대한 봉사자이며, 국민에 대하여 책임을 진다.

② 공무원의 신분과 정치적 중립성은 법률이 정하는 바에 의하여 보장된다.

제 8 조 ① 정당의 설립은 자유이며, 복수정당제는 보장된다.

② 정당은 그 목적·조직과 활동이 민주적이어야 하며, 국민의 정치적 의사형성에 참여하는데 필요한 조직을 가져야 한다.

③ 정당은 법률이 정하는 바에 의하여 국가의 보호를 받으며, 국가는 법률이 정하는 바에 의하여 정당운영에 필요한 자금을 보조할 수 있다.

④ 정당의 목적이나 활동이 민주적 기본질서에 위배될 때에는 정부는 헌법재판소에 그 해산을 제소할 수 있고, 정당은 헌법재판소의 심판에 의하여 해산된다.

제 9 조 국가는 전통문화의 계승·발전과 민족문화의 창달에 노력하여야 한다.

제 2 장 국민의 권리와 의무

제10조 모든 국민은 인간으로서의 존엄과 가치를 가지며, 행복을 추구할 권리를 가진다. 국가는 개인이 가지는 불가침의 기본적 인권을 확인하고 이를 보장할 의무를 진다.

제11조 ① 모든 국민은 법 앞에 평등하다. 누구든지 성별·종교 또는 사회적 신분에 의하여 정치적·경제적·사회적·문화적 생활의 모든 영역에 있어서 차별을 받지 아니한다.

② 사회적 특수계급의 제도는 인정되지 아니하며, 어떠한 형태로도 이를 창설할 수 없다.

③ 훈장등의 영전은 이를 받은 자에게만 효력이 있고, 어떠한 특권도 이에 따르지 아니한다.

제12조 ① 모든 국민은 신체의 자유를 가진다. 누구든지 법률에 의하지 아니하고는 체포·구속·압수·수색 또는 심문을 받지 아니하며, 법률과 적법한 절차에 의하지 아니하고는 처벌·보안처분 또는 강제노역을 받지 아니한다.

② 모든 국민은 고문을 받지 아니하며, 형사상 자기에게 불리한 진술을 강요당하지 아니한다.

③ 체포·구속·압수 또는 수색을 할 때에는 적법한 절차에 따라 검사의 신청에 의하여 법관이 발부한 영장을 제시하여야 한다. 다만, 현행범인인 경우와 장기 3년 이상의 형에 해당하는 죄를 범하고 도피 또는 증거인멸의 염려가 있을 때에는 사후에 영장을 청구할 수 있다.

④ 누구든지 체포 또는 구속을 당한 때에는 즉시 변호인의 조력을 받을 권리를 가진다. 다만, 형사피고인이 스스로 변호인을 구할 수 없을 때에는 법률이 정하는 바에 의하여 국가가 변호인을 붙인다.

⑤ 누구든지 체포 또는 구속의 이유와 변호인의 조력을 받을 권리가 있음을 고지받지 아니하고는 체포 또는 구속을 당하지 아니한다. 체포 또는 구속을 당한 자의 가족등 법률이 정하는 자에게는 그 이유와 일시·장소가 지체없이 통지되어야 한다.

⑥ 누구든지 체포 또는 구속을 당한 때에는 적부의 심사를 법원에 청구할 권리를 가진다.

⑦ 피고인의 자백이 고문·폭행·협박·구속의 부당한 장기화 또는 기망 기타의 방법에 의하여 자의로 진술된 것이 아니라고 인정될 때 또는 정식재판에 있어서 피고인의 자백이 그에게 불리한 유일한 증거일 때에는 이를 유죄의 증거로 삼거나 이를 이유로 처벌할 수 없다.

제13조 ① 모든 국민은 행위시의 법률에 의하여 범죄를 구성하지 아니하는 행위로 소추되지 아니

하며, 동일한 범죄에 대하여 거듭 처벌받지 아니한다.

② 모든 국민은 소급입법에 의하여 참정권의 제한을 받거나 재산권을 박탈당하지 아니한다.

③ 모든 국민은 자기의 행위가 아닌 친족의 행위로 인하여 불이익한 처우를 받지 아니한다.

제14조 모든 국민은 거주·이전의 자유를 가진다.

제15조 모든 국민은 직업선택의 자유를 가진다.

제16조 모든 국민은 주거의 자유를 침해받지 아니한다. 주거에 대한 압수나 수색을 할 때에는 검사의 신청에 의하여 법관이 발부한 영장을 제시하여야 한다.

제17조 모든 국민은 사생활의 비밀과 자유를 침해받지 아니한다.

제18조 모든 국민은 통신의 비밀을 침해받지 아니한다.

제19조 모든 국민은 양심의 자유를 가진다.

제20조 ① 모든 국민은 종교의 자유를 가진다.

② 국교는 인정되지 아니하며, 종교와 정치는 분리된다.

제21조 ① 모든 국민은 언론·출판의 자유와 집회·결사의 자유를 가진다.

② 언론·출판에 대한 허가나 검열과 집회·결사에 대한 허가는 인정되지 아니한다.

③ 통신·방송의 시설기준과 신문의 기능을 보장하기 위하여 필요한 사항은 법률로 정한다.

④ 언론·출판은 타인의 명예나 권리 또는 공중도덕이나 사회윤리를 침해하여서는 아니된다. 언론·출판이 타인의 명예나 권리를 침해한 때에는 피해자는 이에 대한 피해의 배상을 청구할 수 있다.

제22조 ① 모든 국민은 학문과 예술의 자유를 가진다.

② 저작자·발명가·과학기술자와 예술가의 권리는 법률로써 보호한다.

제23조 ① 모든 국민의 재산권은 보장된다. 그 내용과 한계는 법률로 정한다.

② 재산권의 행사는 공공복리에 적합하도록 하여야 한다.

③ 공공필요에 의한 재산권의 수용·사용 또는 제한 및 그에 대한 보상은 법률로써 하되, 정당한 보상을 지급하여야 한다.

제24조 모든 국민은 법률이 정하는 바에 의하여 선거권을 가진다.

제25조 모든 국민은 법률이 정하는 바에 의하여 공무담임권을 가진다.

제26조 ① 모든 국민은 법률이 정하는 바에 의하여 국가기관에 문서로 청원할 권리를 가진다.

② 국가는 청원에 대하여 심사할 의무를 진다.

제27조 ① 모든 국민은 헌법과 법률이 정한 법관에 의하여 법률에 의한 재판을 받을 권리를 가진다.

② 군인 또는 군무원이 아닌 국민은 대한민국의 영역 안에서는 중대한 군사상 기밀·초병·초소·유독음식물공급·포로·군용물에 관한 죄 중 법률이 정한 경우와 비상계엄이 선포된 경우를 제외하고는 군사법원의 재판을 받지 아니한다.

③ 모든 국민은 신속한 재판을 받을 권리를 가진다. 형사피고인은 상당한 이유가 없는 한 지체

없이 공개재판을 받을 권리를 가진다.

④ 형사피고인은 유죄의 판결이 확정될 때까지는 무죄로 추정된다.

⑤ 형사피해자는 법률이 정하는 바에 의하여 당해 사건의 재판절차에서 진술할 수 있다.

제28조 형사피의자 또는 형사피고인으로서 구금되었던 자가 법률이 정하는 불기소처분을 받거나 무죄판결을 받은 때에는 법률이 정하는 바에 의하여 국가에 정당한 보상을 청구할 수 있다.

제29조 ① 공무원의 직무상 불법행위로 손해를 받은 국민은 법률이 정하는 바에 의하여 국가 또는 공공단체에 정당한 배상을 청구할 수 있다. 이 경우 공무원 자신의 책임은 면제되지 아니한다.

② 군인·군무원·경찰공무원 기타 법률이 정하는 자가 전투·훈련등 직무집행과 관련하여 받은 손해에 대하여는 법률이 정하는 보상외에 국가 또는 공공단체에 공무원의 직무상 불법행위로 인한 배상은 청구할 수 없다.

제30조 타인의 범죄행위로 인하여 생명·신체에 대한 피해를 받은 국민은 법률이 정하는 바에 의하여 국가로부터 구조를 받을 수 있다.

제31조 ① 모든 국민은 능력에 따라 균등하게 교육을 받을 권리를 가진다.

② 모든 국민은 그 보호하는 자녀에게 적어도 초등교육과 법률이 정하는 교육을 받게 할 의무를 진다.

③ 의무교육은 무상으로 한다.

④ 교육의 자주성·전문성·정치적 중립성 및 대학의 자율성은 법률이 정하는 바에 의하여 보장된다.

⑤ 국가는 평생교육을 진흥하여야 한다.

⑥ 학교교육 및 평생교육을 포함한 교육제도와 그 운영, 교육재정 및 교원의 지위에 관한 기본적인 사항은 법률로 정한다.

제32조 ① 모든 국민은 근로의 권리를 가진다. 국가는 사회적·경제적 방법으로 근로자의 고용의 증진과 적정임금의 보장에 노력하여야 하며, 법률이 정하는 바에 의하여 최저임금제를 시행하여야 한다.

② 모든 국민은 근로의 의무를 진다. 국가는 근로의 의무의 내용과 조건을 민주주의원칙에 따라 법률로 정한다.

③ 근로조건의 기준은 인간의 존엄성을 보장하도록 법률로 정한다.

④ 여자의 근로는 특별한 보호를 받으며, 고용·임금 및 근로조건에 있어서 부당한 차별을 받지 아니한다.

⑤ 연소자의 근로는 특별한 보호를 받는다.

⑥ 국가유공자·상이군경 및 전몰군경의 유가족은 법률이 정하는 바에 의하여 우선적으로 근로의 기회를 부여받는다.

제33조 ① 근로자는 근로조건의 향상을 위하여 자주적인 단결권·단체교섭권 및 단체행동권을 가진다.

② 공무원인 근로자는 법률이 정하는 자에 한하여 단결권·단체교섭권 및 단체행동권을 가진다.

③ 법률이 정하는 주요방위산업체에 종사하는 근로자의 단체행동권은 법률이 정하는 바에 의하여 이를 제한하거나 인정하지 아니할 수 있다.

제34조 ① 모든 국민은 인간다운 생활을 할 권리를 가진다.

② 국가는 사회보장·사회복지의 증진에 노력할 의무를 진다.

③ 국가는 여자의 복지와 권익의 향상을 위하여 노력하여야 한다.

④ 국가는 노인과 청소년의 복지향상을 위한 정책을 실시할 의무를 진다.

⑤ 신체장애자 및 질병·노령 기타의 사유로 생활능력이 없는 국민은 법률이 정하는 바에 의하여 국가의 보호를 받는다.

⑥ 국가는 재해를 예방하고 그 위험으로부터 국민을 보호하기 위하여 노력하여야 한다.

제35조 ① 모든 국민은 건강하고 쾌적한 환경에서 생활할 권리를 가지며, 국가와 국민은 환경보전을 위하여 노력하여야 한다.

② 환경권의 내용과 행사에 관하여는 법률로 정한다.

③ 국가는 주택개발정책등을 통하여 모든 국민이 쾌적한 주거생활을 할 수 있도록 노력하여야 한다.

제36조 ① 혼인과 가족생활은 개인의 존엄과 양성의 평등을 기초로 성립되고 유지되어야 하며, 국가는 이를 보장한다.

② 국가는 모성의 보호를 위하여 노력하여야 한다.

③ 모든 국민은 보건에 관하여 국가의 보호를 받는다.

제37조 ① 국민의 자유와 권리는 헌법에 열거되지 아니한 이유로 경시되지 아니한다.

② 국민의 모든 자유와 권리는 국가안전보장·질서유지 또는 공공복리를 위하여 필요한 경우에 한하여 법률로써 제한할 수 있으며, 제한하는 경우에도 자유와 권리의 본질적인 내용을 침해할 수 없다.

제38조 모든 국민은 법률이 정하는 바에 의하여 납세의 의무를 진다.

제39조 ① 모든 국민은 법률이 정하는 바에 의하여 국방의 의무를 진다.

② 누구든지 병역의무의 이행으로 인하여 불이익한 처우를 받지 아니한다.

제3장 국 회

제40조 입법권은 국회에 속한다.

제41조 ① 국회는 국민의 보통·평등·직접·비밀선거에 의하여 선출된 국회의원으로 구성한다.

② 국회의원의 수는 법률로 정하되, 200인 이상으로 한다.

③ 국회의원의 선거구와 비례대표제 기타 선거에 관한 사항은 법률로 정한다.

제42조 국회의원의 임기는 4년으로 한다.

제43조 국회의원은 법률이 정하는 직을 겸할 수 없다.

제44조 ① 국회의원은 현행범인인 경우를 제외하고는 회기 중 국회의 동의없이 체포 또는 구금되지 아니한다.

② 국회의원이 회기 전에 체포 또는 구금된 때에는 현행범인이 아닌 한 국회의 요구가 있으면 회기 중 석방된다.

제45조 국회의원은 국회에서 직무상 행한 발언과 표결에 관하여 국회외에서 책임을 지지 아니한다.

제46조 ① 국회의원은 청렴의 의무가 있다.

② 국회의원은 국가이익을 우선하여 양심에 따라 직무를 행한다.

③ 국회의원은 그 지위를 남용하여 국가·공공단체 또는 기업체와의 계약이나 그 처분에 의하여 재산상의 권리·이익 또는 직위를 취득하거나 타인을 위하여 그 취득을 알선할 수 없다.

제47조 ① 국회의 정기회는 법률이 정하는 바에 의하여 매년 1회 집회되며, 국회의 임시회는 대통령 또는 국회재적의원 4분의 1 이상의 요구에 의하여 집회된다.

② 정기회의 회기는 100일을, 임시회의 회기는 30일을 초과할 수 없다.

③ 대통령이 임시회의 집회를 요구할 때에는 기간과 집회요구의 이유를 명시하여야 한다.

제48조 국회는 의장 1인과 부의장 2인을 선출한다.

제49조 국회는 헌법 또는 법률에 특별한 규정이 없는 한 재적의원 과반수의 출석과 출석의원 과반수의 찬성으로 의결한다. 가부동수인 때에는 부결된 것으로 본다.

제50조 ① 국회의 회의는 공개한다. 다만, 출석의원 과반수의 찬성이 있거나 의장이 국가의 안전보장을 위하여 필요하다고 인정할 때에는 공개하지 아니할 수 있다.

② 공개하지 아니한 회의내용의 공표에 관하여는 법률이 정하는 바에 의한다.

제51조 국회에 제출된 법률안 기타의 의안은 회기중에 의결되지 못한 이유로 폐기되지 아니한다. 다만, 국회의원의 임기가 만료된 때에는 그러하지 아니하다.

제52조 국회의원과 정부는 법률안을 제출할 수 있다.

제53조 ① 국회에서 의결된 법률안은 정부에 이송되어 15일 이내에 대통령이 공포한다.

② 법률안에 이의가 있을 때에는 대통령은 제 1 항의 기간내에 이의서를 붙여 국회로 환부하고, 그 재의를 요구할 수 있다. 국회의 폐회중에도 또한 같다.

③ 대통령은 법률안의 일부에 대하여 또는 법률안을 수정하여 재의를 요구할 수 없다.

④ 재의의 요구가 있을 때에는 국회는 재의에 붙이고, 재적의원과반수의 출석과 출석의원 3분의 2 이상의 찬성으로 전과 같은 의결을 하면 그 법률안은 법률로서 확정된다.

⑤ 대통령이 제 1 항의 기간내에 공포나 재의의 요구를 하지 아니한 때에도 그 법률안은 법률로서 확정된다.

⑥ 대통령은 제 4 항과 제 5 항의 규정에 의하여 확정된 법률을 지체없이 공포하여야 한다. 제 5 항에 의하여 법률이 확정된 후 또는 제 4 항에 의한 확정법률이 정부에 이송된 후 5일 이내에

대통령이 공포하지 아니할 때에는 국회의장이 이를 공포한다.

⑦ 법률은 특별한 규정이 없는 한 공포한 날로부터 20일을 경과함으로써 효력을 발생한다.

第54조 ① 국회는 국가의 예산안을 심의·확정한다.

② 정부는 회계연도마다 예산안을 편성하여 회계연도 개시 90일전까지 국회에 제출하고, 국회는 회계연도 개시 30일전까지 이를 의결하여야 한다.

③ 새로운 회계연도가 개시될 때까지 예산안이 의결되지 못한 때에는 정부는 국회에서 예산안이 의결될 때까지 다음의 목적을 위한 경비는 전년도 예산에 준하여 집행할 수 있다.

1. 헌법이나 법률에 의하여 설치된 기관 또는 시설의 유지·운영
2. 법률상 지출의무의 이행
3. 이미 예산으로 승인된 사업의 계속

第55조 ① 한 회계연도를 넘어 계속하여 지출할 필요가 있을 때에는 정부는 연한을 정하여 계속비로서 국회의 의결을 얻어야 한다.

② 예비비는 총액으로 국회의 의결을 얻어야 한다. 예비비의 지출은 차기국회의 승인을 얻어야 한다.

第56조 정부는 예산에 변경을 가할 필요가 있을 때에는 추가경정예산안을 편성하여 국회에 제출할 수 있다.

第57조 국회는 정부의 동의없이 정부가 제출한 지출예산 각항의 금액을 증가하거나 새 비목을 설치할 수 없다.

第58조 국채를 모집하거나 예산외에 국가의 부담이 될 계약을 체결하려 할 때에는 정부는 미리 국회의 의결을 얻어야 한다.

第59조 조세의 종목과 세율은 법률로 정한다.

第60조 ① 국회는 상호원조 또는 안전보장에 관한 조약, 중요한 국제조직에 관한 조약, 우호통상항해조약, 주권의 제약에 관한 조약, 강화조약, 국가나 국민에게 중대한 재정적 부담을 지우는 조약 또는 입법사항에 관한 조약의 체결·비준에 대한 동의권을 가진다.

② 국회는 선전포고, 국군의 외국에의 파견 또는 외국군대의 대한민국 영역안에서의 주류에 대한 동의권을 가진다.

第61조 ① 국회는 국정을 감사하거나 특정한 국정사안에 대하여 조사할 수 있으며, 이에 필요한 서류의 제출 또는 증인의 출석과 증언이나 의견의 진술을 요구할 수 있다.

② 국정감사 및 조사에 관한 절차 기타 필요한 사항은 법률로 정한다.

第62조 ① 국무총리·국무위원 또는 정부위원은 국회나 그 위원회에 출석하여 국정처리상황을 보고하거나 의견을 진술하고 질문에 응답할 수 있다.

② 국회나 그 위원회의 요구가 있을 때에는 국무총리·국무위원 또는 정부위원은 출석·답변하여야 하며, 국무총리 또는 국무위원이 출석요구를 받은 때에는 국무위원 또는 정부위원으로 하여금 출석·답변하게 할 수 있다.

第63조 ① 국회는 국무총리 또는 국무위원의 해임을 대통령에게 건의할 수 있다.

② 제1항의 해임건의는 국회재적의원 3분의 1 이상의 발의에 의하여 국회재적의원 과반수의 찬성이 있어야 한다.

第64조 ① 국회는 법률에 저촉되지 아니하는 범위 안에서 의사와 내부규율에 관한 규칙을 제정할 수 있다.

② 국회는 의원의 자격을 심사하며, 의원을 징계할 수 있다.

③ 의원을 제명하려면 국회재적의원 3분의 2 이상의 찬성이 있어야 한다.

④ 제2항과 제3항의 처분에 대하여는 법원에 제소할 수 없다.

第65조 ① 대통령·국무총리·국무위원·행정각부의 장·헌법재판소 재판관·법관·중앙선거관리위원회 위원·감사원장·감사위원 기타 법률이 정한 공무원이 그 직무집행에 있어서 헌법이나 법률을 위배한 때에는 국회는 탄핵의 소추를 의결할 수 있다.

② 제1항의 탄핵소추는 국회재적의원 3분의 1 이상의 발의가 있어야 하며, 그 의결은 국회재적의원 과반수의 찬성이 있어야 한다. 다만, 대통령에 대한 탄핵소추는 국회재적의원 과반수의 발의와 국회재적의원 3분의 2 이상의 찬성이 있어야 한다.

③ 탄핵소추의 의결을 받은 자는 탄핵심판이 있을 때까지 그 권한행사가 정지된다.

④ 탄핵결정은 공직으로부터 파면함에 그친다. 그러나, 이에 의하여 민사상이나 형사상의 책임이 면제되지는 아니한다.

제4장 정 부

제1절 대 통 령

第66조 ① 대통령은 국가의 원수이며, 외국에 대하여 국가를 대표한다.

② 대통령은 국가의 독립·영토의 보전·국가의 계속성과 헌법을 수호할 책무를 진다.

③ 대통령은 조국의 평화적 통일을 위한 성실한 의무를 진다.

④ 행정권은 대통령을 수반으로 하는 정부에 속한다.

第67조 ① 대통령은 국민의 보통·평등·직접·비밀선거에 의하여 선출한다.

② 제1항의 선거에 있어서 최고득표자가 2인 이상인 때에는 국회의 재적의원 과반수가 출석한 공개회의에서 다수표를 얻은 자를 당선자로 한다.

③ 대통령후보자가 1인일 때에는 그 득표수가 선거권자 총수의 3분의 1 이상이 아니면 대통령으로 당선될 수 없다.

④ 대통령으로 선거될 수 있는 자는 국회의원의 피선거권이 있고 선거일 현재 40세에 달하여야 한다.

⑤ 대통령의 선거에 관한 사항은 법률로 정한다.

第68조 ① 대통령의 임기가 만료되는 때에는 임기만료 70일 내지 40일전에 후임자를 선거한다.

② 대통령이 궐위된 때 또는 대통령 당선자가 사망하거나 판결 기타의 사유로 그 자격을 상실

한 때에는 60일 이내에 후임자를 선거한다.

第69조 대통령은 취임에 즈음하여 다음의 선서를 한다.

"나는 헌법을 준수하고 국가를 보위하며 조국의 평화적 통일과 국민의 자유와 복리의 증진 및 민족문화의 창달에 노력하여 대통령으로서의 직책을 성실히 수행할 것을 국민 앞에 엄숙히 선서합니다."

第70조 대통령의 임기는 5년으로 하며, 중임할 수 없다.

第71조 대통령이 궐위되거나 사고로 인하여 직무를 수행할 수 없을 때에는 국무총리, 법률이 정한 국무위원의 순서로 그 권한을 대행한다.

第72조 대통령은 필요하다고 인정할 때에는 외교·국방·통일 기타 국가안위에 관한 중요정책을 국민투표에 붙일 수 있다.

第73조 대통령은 조약을 체결·비준하고, 외교사절을 신임·접수 또는 파견하며, 선전포고와 강화를 한다.

第74조 ① 대통령은 헌법과 법률이 정하는 바에 의하여 국군을 통수한다.

② 국군의 조직과 편성은 법률로 정한다.

第75조 대통령은 법률에서 구체적으로 범위를 정하여 위임받은 사항과 법률을 집행하기 위하여 필요한 사항에 관하여 대통령령을 발할 수 있다.

第76조 ① 대통령은 내우·외환·천재·지변 또는 중대한 재정·경제상의 위기에 있어서 국가의 안전보장 또는 공공의 안녕질서를 유지하기 위하여 긴급한 조치가 필요하고 국회의 집회를 기다릴 여유가 없을 때에 한하여 최소한으로 필요한 재정·경제상의 처분을 하거나 이에 관하여 법률의 효력을 가지는 명령을 발할 수 있다.

② 대통령은 국가의 안위에 관계되는 중대한 교전상태에 있어서 국가를 보위하기 위하여 긴급한 조치가 필요하고 국회의 집회가 불가능한 때에 한하여 법률의 효력을 가지는 명령을 발할 수 있다.

③ 대통령은 제1항과 제2항의 처분 또는 명령을 한 때에는 지체없이 국회에 보고하여 그 승인을 얻어야 한다.

④ 제3항의 승인을 얻지 못한 때에는 그 처분 또는 명령은 그때부터 효력을 상실한다. 이 경우 그 명령에 의하여 개정 또는 폐지되었던 법률은 그 명령이 승인을 얻지 못한 때부터 당연히 효력을 회복한다.

⑤ 대통령은 제3항과 제4항의 사유를 지체없이 공포하여야 한다.

第77조 ① 대통령은 전시·사변 또는 이에 준하는 국가비상사태에 있어서 병력으로써 군사상의 필요에 응하거나 공공의 안녕질서를 유지할 필요가 있을 때에는 법률이 정하는 바에 의하여 계엄을 선포할 수 있다.

② 계엄은 비상계엄과 경비계엄으로 한다.

③ 비상계엄이 선포된 때에는 법률이 정하는 바에 의하여 영장제도, 언론·출판·집회·결사의

자유, 정부나 법원의 권한에 관하여 특별한 조치를 할 수 있다.

④ 계엄을 선포한 때에는 대통령은 지체없이 국회에 통고하여야 한다.

⑤ 국회가 재적의원 과반수의 찬성으로 계엄의 해제를 요구한 때에는 대통령은 이를 해제하여야 한다.

第78条 대통령은 헌법과 법률이 정하는 바에 의하여 공무원을 임면한다.

第79条 ① 대통령은 법률이 정하는 바에 의하여 사면·감형 또는 복권을 명할 수 있다.

② 일반사면을 명하려면 국회의 동의를 얻어야 한다.

③ 사면·감형 및 복권에 관한 사항은 법률로 정한다.

第80条 대통령은 법률이 정하는 바에 의하여 훈장 기타의 영전을 수여한다.

第81条 대통령은 국회에 출석하여 발언하거나 서한으로 의견을 표시할 수 있다.

第82条 대통령의 국법상 행위는 문서로써 하며, 이 문서에는 국무총리와 관계 국무위원이 부서한다. 군사에 관한 것도 또한 같다.

第83条 대통령은 국무총리·국무위원·행정각부의 장 기타 법률이 정하는 공사의 직을 겸할 수 없다.

第84条 대통령은 내란 또는 외환의 죄를 범한 경우를 제외하고는 재직중 형사상의 소추를 받지 아니한다.

第85条 전직대통령의 신분과 예우에 관하여는 법률로 정한다.

제 2 절 행 정 부

제 1 관 국무총리와 국무위원

第86条 ① 국무총리는 국회의 동의를 얻어 대통령이 임명한다.

② 국무총리는 대통령을 보좌하며, 행정에 관하여 대통령의 명을 받아 행정각부를 통할한다.

③ 군인은 현역을 면한 후가 아니면 국무총리로 임명될 수 없다.

第87条 ① 국무위원은 국무총리의 제청으로 대통령이 임명한다.

② 국무위원은 국정에 관하여 대통령을 보좌하며, 국무회의의 구성원으로서 국정을 심의한다.

③ 국무총리는 국무위원의 해임을 대통령에게 건의할 수 있다.

④ 군인은 현역을 면한 후가 아니면 국무위원으로 임명될 수 없다.

제 2 관 국무회의

第88条 ① 국무회의는 정부의 권한에 속하는 중요한 정책을 심의한다.

② 국무회의는 대통령·국무총리와 15인 이상 30인 이하의 국무위원으로 구성한다.

③ 대통령은 국무회의의 의장이 되고, 국무총리는 부의장이 된다.

第89条 다음 사항은 국무회의의 심의를 거쳐야 한다.

1. 국정의 기본계획과 정부의 일반정책
2. 선전·강화 기타 중요한 대외정책

3. 헌법개정안 · 국민투표안 · 조약안 · 법률안 및 대통령령안
4. 예산안 · 결산 · 국유재산처분의 기본계획 · 국가의 부담이 될 계약 기타 재정에 관한 중요사항
5. 대통령의 긴급명령 · 긴급재정경제처분 및 명령 또는 계엄과 그 해제
6. 군사에 관한 중요사항
7. 국회의 임시회 집회의 요구
8. 영전수여
9. 사면 · 감형과 복권
10. 행정각부간의 권한의 획정
11. 정부안의 권한의 위임 또는 배정에 관한 기본계획
12. 국정처리상황의 평가 · 분석
13. 행정각부의 중요한 정책의 수립과 조정
14. 정당해산의 제소
15. 정부에 제출 또는 회부된 정부의 정책에 관계되는 청원의 심사
16. 검찰총장 · 합동참모의장 · 각군참모총장 · 국립대학교총장 · 대사 기타 법률이 정한 공무원과 국영기업체관리자의 임명
17. 기타 대통령 · 국무총리 또는 국무위원이 제출한 사항

第90조 ① 국정의 중요한 사항에 관한 대통령의 자문에 응하기 위하여 국가원로로 구성되는 국가원로자문회의를 둘 수 있다.

② 국가원로자문회의의 의장은 직전대통령이 된다. 다만, 직전대통령이 없을 때에는 대통령이 지명한다.

③ 국가원로자문회의의 조직 · 직무범위 기타 필요한 사항은 법률로 정한다.

第91조 ① 국가안전보장에 관련되는 대외정책 · 군사정책과 국내정책의 수립에 관하여 국무회의의 심의에 앞서 대통령의 자문에 응하기 위하여 국가안전보장회의를 둔다.

② 국가안전보장회의는 대통령이 주재한다.

③ 국가안전보장회의의 조직 · 직무범위 기타 필요한 사항은 법률로 정한다.

第92조 ① 평화통일정책의 수립에 관한 대통령의 자문에 응하기 위하여 민주평화통일자문회의를 둘 수 있다.

② 민주평화통일자문회의의 조직 · 직무범위 기타 필요한 사항은 법률로 정한다.

第93조 ① 국민경제의 발전을 위한 중요정책의 수립에 관하여 대통령의 자문에 응하기 위하여 국민경제자문회의를 둘 수 있다.

② 국민경제자문회의의 조직 · 직무범위 기타 필요한 사항은 법률로 정한다.

제3관 행정각부

제94조 행정각부의 장은 국무위원 중에서 국무총리의 제청으로 대통령이 임명한다.

제95조 국무총리 또는 행정각부의 장은 소관사무에 관하여 법률이나 대통령령의 위임 또는 직권으로 총리령 또는 부령을 발할 수 있다.

제96조 행정각부의 설치·조직과 직무범위는 법률로 정한다.

제4관 감 사 원

제97조 국가의 세입·세출의 결산, 국가 및 법률이 정한 단체의 회계검사와 행정기관 및 공무원의 직무에 관한 감찰을 하기 위하여 대통령 소속하에 감사원을 둔다.

제98조 ① 감사원은 원장을 포함한 5인 이상 11인 이하의 감사위원으로 구성한다.

② 원장은 국회의 동의를 얻어 대통령이 임명하고, 그 임기는 4년으로 하며, 1차에 한하여 중임할 수 있다.

③ 감사위원은 원장의 제청으로 대통령이 임명하고, 그 임기는 4년으로 하며, 1차에 한하여 중임할 수 있다.

제99조 감사원은 세입·세출의 결산을 매년 검사하여 대통령과 차년도국회에 그 결과를 보고하여야 한다.

제100조 감사원의 조직·직무범위·감사위원의 자격·감사대상공무원의 범위 기타 필요한 사항은 법률로 정한다.

제5장 법 원

제101조 ① 사법권은 법관으로 구성된 법원에 속한다.

② 법원은 최고법원인 대법원과 각급법원으로 조직된다.

③ 법관의 자격은 법률로 정한다.

제102조 ① 대법원에 부를 둘 수 있다.

② 대법원에 대법관을 둔다. 다만, 법률이 정하는 바에 의하여 대법관이 아닌 법관을 둘 수 있다.

③ 대법원과 각급법원의 조직은 법률로 정한다.

제103조 법관은 헌법과 법률에 의하여 그 양심에 따라 독립하여 심판한다.

제104조 ① 대법원장은 국회의 동의를 얻어 대통령이 임명한다.

② 대법관은 대법원장의 제청으로 국회의 동의를 얻어 대통령이 임명한다.

③ 대법원장과 대법관이 아닌 법관은 대법관회의의 동의를 얻어 대법원장이 임명한다.

제105조 ① 대법원장의 임기는 6년으로 하며, 중임할 수 없다.

② 대법관의 임기는 6년으로 하며, 법률이 정하는 바에 의하여 연임할 수 있다.

③ 대법원장과 대법관이 아닌 법관의 임기는 10년으로 하며, 법률이 정하는 바에 의하여 연임할 수 있다.

④ 법관의 정년은 법률로 정한다.

제106조 ① 법관은 탄핵 또는 금고 이상의 형의 선고에 의하지 아니하고는 파면되지 아니하며, 징계처분에 의하지 아니하고는 정직·감봉 기타 불리한 처분을 받지 아니한다.

② 법관이 중대한 심신상의 장해로 직무를 수행할 수 없을 때에는 법률이 정하는 바에 의하여 퇴직하게 할 수 있다.

제107조 ① 법률이 헌법에 위반되는 여부가 재판의 전제가 된 경우에는 법원은 헌법재판소에 제청하여 그 심판에 의하여 재판한다.

② 명령·규칙 또는 처분이 헌법이나 법률에 위반되는 여부가 재판의 전제가 된 경우에는 대법원은 이를 최종적으로 심사할 권한을 가진다.

③ 재판의 전심절차로서 행정심판을 할 수 있다. 행정심판의 절차는 법률로 정하되, 사법절차가 준용되어야 한다.

제108조 대법원은 법률에서 저촉되지 아니하는 범위 안에서 소송에 관한 절차, 법원의 내부규율과 사무처리에 관한 규칙을 제정할 수 있다.

제109조 재판의 심리와 판결은 공개한다. 다만, 심리는 국가의 안전보장 또는 안녕질서를 방해하거나 선량한 풍속을 해할 염려가 있을 때에는 법원의 결정으로 공개하지 아니할 수 있다.

제110조 ① 군사재판을 관할하기 위하여 특별법원으로서 군사법원을 둘 수 있다.

② 군사법원의 상고심은 대법원에서 관할한다.

③ 군사법원의 조직·권한 및 재판관의 자격은 법률로 정한다.

④ 비상계엄하의 군사재판은 군인·군무원의 범죄나 군사에 관한 간첩죄의 경우와 초병·초소·유독음식물공급·포로에 관한 죄중 법률이 정한 경우에 한하여 단심으로 할 수 있다. 다만, 사형을 선고한 경우에는 그러하지 아니하다.

제 6 장 헌법재판소

제111조 ① 헌법재판소는 다음 사항을 관장한다.

1. 법원의 제청에 의한 법률의 위헌여부 심판
2. 탄핵의 심판
3. 정당의 해산 심판
4. 국가기관 상호간, 국가기관과 지방자치단체간 및 지방자치단체 상호간의 권한쟁의에 관한 심판
5. 법률이 정하는 헌법소원에 관한 심판

② 헌법재판소는 법관의 자격을 가진 9인의 재판관으로 구성하며, 재판관은 대통령이 임명한다.

③ 제 2 항의 재판관중 3인은 국회에서 선출하는 자를, 3인은 대법원장이 지명하는 자를 임명한다.

④ 헌법재판소의 장은 국회의 동의를 얻어 재판관중에서 대통령이 임명한다.

제112조 ① 헌법재판소 재판관의 임기는 6년으로 하며, 법률이 정하는 바에 의하여 연임할 수 있다.

② 헌법재판소 재판관은 정당에 가입하거나 정치에 관여할 수 없다.

③ 헌법재판소 재판관은 탄핵 또는 금고 이상의 형의 선고에 의하지 아니하고는 파면되지 아니한다.

제113조 ① 헌법재판소에서 법률의 위헌결정, 탄핵의 결정, 정당해산의 결정 또는 헌법소원에 관한 인용결정을 할 때에는 재판관 6인 이상의 찬성이 있어야 한다.

② 헌법재판소는 법률에 저촉되지 아니하는 범위안에서 심판에 관한 절차, 내부규율과 사무처리에 관한 규칙을 제정할 수 있다.

③ 헌법재판소의 조직과 운영 기타 필요한 사항은 법률로 정한다.

제 7 장 선거관리

제114조 ① 선거와 국민투표의 공정한 관리 및 정당에 관한 사무를 처리하기 위하여 선거관리위원회를 둔다.

② 중앙선거관리위원회는 대통령이 임명하는 3인, 국회에서 선출하는 3인과 대법원장이 지명하는 3인의 위원으로 구성한다. 위원장은 위원중에서 호선한다.

③ 위원의 임기는 6년으로 한다.

④ 위원은 정당에 가입하거나 정치에 관여할 수 없다.

⑤ 위원은 탄핵 또는 금고 이상의 형의 선고에 의하지 아니하고는 파면되지 아니한다.

⑥ 중앙선거관리위원회는 법령의 범위 안에서 선거관리·국민투표관리 또는 정당사무에 관한 규칙을 제정할 수 있으며, 법률에 저촉되지 아니하는 범위 안에서 내부규율에 관한 규칙을 제정할 수 있다.

⑦ 각급 선거관리위원회의 조직·직무범위 기타 필요한 사항은 법률로 정한다.

제115조 ① 각급 선거관리위원회는 선거인명부의 작성등 선거사무와 국민투표사무에 관하여 관계 행정기관에 필요한 지시를 할 수 있다.

② 제 1 항의 지시를 받은 당해 행정기관은 이에 응하여야 한다.

제116조 ① 선거운동은 각급 선거관리위원회의 관리하에 법률이 정하는 범위안에서 하되, 균등한 기회가 보장되어야 한다.

② 선거에 관한 경비는 법률이 정하는 경우를 제외하고는 정당 또는 후보자에게 부담시킬 수 없다.

제 8 장 지방자치

제117조 ① 지방자치단체는 주민의 복리에 관한 사무를 처리하고 재산을 관리하며, 법령의 범위 안에서 자치에 관한 규정을 제정할 수 있다.

② 지방자치단체의 종류는 법률로 정한다.

제118조 ① 지방자치단체에 의회를 둔다.

② 지방의회의 조직 · 권한 · 의원선거와 지방자치단체의 장의 선임방법 기타 지방자치단체의 조직과 운영에 관한 사항은 법률로 정한다.

제9장 경 제

제119조 ① 대한민국의 경제질서는 개인과 기업의 경제상의 자유와 창의를 존중함을 기본으로 한다.

② 국가는 균형있는 국민경제의 성장 및 안정과 적정한 소득의 분배를 유지하고, 시장의 지배와 경제력의 남용을 방지하며, 경제주체간의 조화를 통한 경제의 민주화를 위하여 경제에 관한 규제와 조정을 할 수 있다.

제120조 ① 광물 기타 중요한 지하자원 · 수산자원 · 수력과 경제상 이용할 수 있는 자연력은 법률이 정하는 바에 의하여 일정한 기간 그 채취 · 개발 또는 이용을 특허할 수 있다.

② 국토와 자원은 국가의 보호를 받으며, 국가는 그 균형있는 개발과 이용을 위하여 필요한 계획을 수립한다.

제121조 ① 국가는 농지에 관하여 경자유전의 원칙이 달성될 수 있도록 노력하여야 하며, 농지의 소작제도는 금지된다.

② 농업생산성의 제고와 농지의 합리적인 이용을 위하거나 불가피한 사정으로 발생하는 농지의 임대차와 위탁경영은 법률이 정하는 바에 의하여 인정된다.

제122조 국가는 국민 모두의 생산 및 생활의 기반이 되는 국토의 효율적이고 균형있는 이용 · 개발과 보전을 위하여 법률이 정하는 바에 의하여 그에 관한 필요한 제한과 의무를 과할 수 있다.

제123조 ① 국가는 농업 및 어업을 보호 · 육성하기 위하여 농 · 어촌종합개발과 그 지원등 필요한 계획을 수립 · 시행하여야 한다.

② 국가는 지역간의 균형있는 발전을 위하여 지역경제를 육성할 의무를 진다.

③ 국가는 중소기업을 보호 · 육성하여야 한다.

④ 국가는 농수산물의 수급균형과 유통구조의 개선에 노력하여 가격안정을 도모함으로써 농 · 어민의 이익을 보호한다.

⑤ 국가는 농 · 어민과 중소기업의 자조조직을 육성하여야 하며, 그 자율적 활동과 발전을 보장한다.

제124조 국가는 건전한 소비행위를 계도하고 생산품의 품질향상을 촉구하기 위한 소비자보호운동을 법률이 정하는 바에 의하여 보장한다.

제125조 국가는 대외무역을 육성하며, 이를 규제 · 조정할 수 있다.

제126조 국방상 또는 국민경제상 긴절한 필요로 인하여 법률이 정하는 경우를 제외하고는, 사영기업을 국유 또는 공유로 이전하거나 그 경영을 통제 또는 관리할 수 없다.

제127조 ① 국가는 과학기술의 혁신과 정보 및 인력의 개발을 통하여 국민경제의 발전에 노력하여야 한다.

② 국가는 국가표준제도를 확립한다.

③ 대통령은 제 1 항의 목적을 달성하기 위하여 필요한 자문기구를 둘 수 있다.

제10장 헌법개정

제128조 ① 헌법개정은 국회재적의원 과반수 또는 대통령의 발의로 제안된다.

② 대통령의 임기연장 또는 중임변경을 위한 헌법개정은 그 헌법개정 제안 당시의 대통령에 대하여는 효력이 없다.

제129조 제안된 헌법개정안은 대통령이 20일 이상의 기간 이를 공고하여야 한다.

제130조 ① 국회는 헌법개정안이 공고된 날로부터 60일 이내에 의결하여야 하며, 국회의 의결은 재적의원 3분의 2 이상의 찬성을 얻어야 한다.

② 헌법개정안은 국회가 의결한 후 30일 이내에 국민투표에 붙여 국회의원선거권자 과반수의 투표와 투표자 과반수의 찬성을 얻어야 한다.

③ 헌법개정안이 제 2 항의 찬성을 얻은 때에는 헌법개정은 확정되며, 대통령은 즉시 이를 공포하여야 한다.

부 칙

제 1 조 이 헌법은 1988년 2월 25일부터 시행한다. 다만, 이 헌법을 시행하기 위하여 필요한 법률의 제정·개정과 이 헌법에 의한 대통령 및 국회의원의 선거 기타 이 헌법시행에 관한 준비는 이 헌법시행 전에 할 수 있다.

제 2 조 ① 이 헌법에 의한 최초의 대통령선거는 이 헌법시행일 40일 전까지 실시한다.

② 이 헌법에 의한 최초의 대통령의 임기는 이 헌법시행일로부터 개시한다.

제 3 조 ① 이 헌법에 의한 최초의 국회의원선거는 이 헌법공포일로부터 6월 이내에 실시하며, 이 헌법에 의하여 선출된 최초의 국회의원의 임기는 국회의원선거후 이 헌법에 의한 국회의 최초의 집회일로부터 개시한다.

② 이 헌법공포 당시의 국회의원의 임기는 제 1 항에 의한 국회의 최초의 집회일 전일까지로 한다.

제 4 조 ① 이 헌법시행 당시의 공무원과 정부가 임명한 기업체의 임원은 이 헌법에 의하여 임명된 것으로 본다. 다만, 이 헌법에 의하여 선임방법이나 임명권자가 변경된 공무원과 대법원장 및 감사원장은 이 헌법에 의하여 후임자가 선임될 때까지 그 직무를 행하며, 이 경우 전임자인 공무원의 임기는 후임자가 선임되는 전일까지로 한다.

② 이 헌법시행 당시의 대법원장과 대법원판사가 아닌 법관은 제 1 항 단서의 규정에 불구하고 이 헌법에 의하여 임명된 것으로 본다.

③ 이 헌법 중 공무원의 임기 또는 중임제한에 관한 규정은 이 헌법에 의하여 그 공무원이 최

초로 선출 또는 임명된 때로부터 적용한다.

제5조 이 헌법시행 당시의 법령과 조약은 이 헌법에 위배되지 아니하는 한 그 효력을 지속한다.

제6조 이 헌법시행 당시에 이 헌법에 의하여 새로 설치될 기관의 권한에 속하는 직무를 행하고 있는 기관은 이 헌법에 의하여 새로운 기관이 설치될 때까지 존속하며 그 직무를 행한다.

편저자소개

이헌환(李憲煥)

아주대학교 법학전문대학원 교수

편저자는 능인고등학교 졸업 後, 서울대학교 법과대학(1982)과 동 대학원 석사과정(1985) 및 박사과정을 이수하고, 동 대학교에서 「정치과정에 있어서의 사법권에 관한 연구」라는 제목으로 박사학위를 받았다(1996). 1990년부터 서원대학교 법학과에서 교수로 재직하였으며, 학생처장과 학술정보원장을 역임하였다. 미국 위스콘신 로스쿨의 방문학자로 1년간 체류하였다(1997~1998). 2006년 9월 이후 아주대학교 법과대학, 2009년 3월 이후 아주대학교 법학전문대학원의 헌법전공교수로 재직하고 있다. 아주대학교 법학도서관장과 법학연구소장을 역임하였고, 대법원 법관인사위원회 인사위원, 세계헌법학회 한국학회 총무이사, 법과사회이론학회 회장, 한국공법학회 회장, 사학분쟁조정위원회 위원장 등을 역임하였다. 2020년 1월부터 2021년 8월까지 대법원의 사법행정자문회의 산하 상고제도개선특별위원회 위원장으로 참여하였으며, 2021년 9월부터 2023년 8월까지 헌법재판연구원 원장으로 재직하였다.

저서로는, 특별검사제 — 미국의 제도와 경험(2000), 법과 정치(2007), 미국법제도 입문(공역, 2013), 법치주의란 무엇인가(역서, 2014), 사법권의 이론과 제도(2016), 헌법 새로 만들기(2017), 한국정치와 정부(공저, 2020) 등이 있으며, 사법시험 1·2차 시험위원과 다수의 국가시험 위원을 역임하였다.

증보판
대한민국 헌법사전

초판발행 2020년 10월 20일
증보판발행 2023년 6월 25일

엮은이 이헌환
펴낸이 안종만·안상준

편 집 이승현
기획/마케팅 정연환
표지디자인 맹성규
제 작 고철민·조영환

펴낸곳 (주) 박영사
서울특별시 금천구 가산디지털2로 53, 210호(가산동, 한라시그마밸리)
등록 1959. 3. 11. 제300-1959-1호(倫)
전 화 02)733-6771
f a x 02)736-4818
e-mail pys@pybook.co.kr
homepage www.pybook.co.kr
ISBN 979-11-303-4437-9 93360

정 가 74,000원